本课题研究获国家社会科学基金资助

本书出版得到国家文物局重点文物保护
专项资金及北京市文物局出版基金支持

内 容 简 介

1985～1991 年北京市文物研究所军都山考古队以冀北山地东周时期含直刃匕首式青铜短剑为主要内涵特征之一的文化遗存为专题，在北京市延庆县军都山进行了考古调查，并选定了玉皇庙、葫芦沟、西梁垙三处墓地作了科学发掘，共发掘东周时期墓葬 594 座，出土各类富有特点的大小文物 6 万余件。其中以玉皇庙墓地规模最大，出土文物最为丰富，所获资料系统而完整，是迄今冀北山地一带所发现的此类文化遗存中最具代表性和有重要学术价值的一批资料，其文化面貌既不同于燕和中原文化，也不同于同时期的夏家店上层文化，特命名为玉皇庙文化。发掘者从地望、时代、文化内涵与埋葬制度特征，以及经济形态特点，并结合历史文献记载考证，“玉皇庙文化”的主人应与中国先秦历史上以畜牧和游牧为生的山戎部族有关，军都山墓地应是东周时期聚居在这一带地域的山戎部落墓地。

这三处墓地的考古学资料，对探索冀北山地此类文化遗存的源流与发展具有突破性意义，对历史学、考古学、民族学、科技史与艺术史研究具有重要参考价值。

本书介绍的为玉皇庙墓地的资料，葫芦沟、西梁垙两处墓地的考古发掘报告也将近期出版。

北京文物与考古系列丛书

军 都 山 墓 地

——玉皇庙

北京市文物研究所　编著

文 物 出 版 社

北京・2007

封面题签　宿　白
封面设计　张希广
责任编辑　于炳文
　　　　　王　铮
责任印制　张道奇

图书在版编目（CIP）数据

军都山墓地：玉皇庙／北京市文物研究所编．—北京：文物出版社，2007.10
ISBN 978-7-5010-2126-0

Ⅰ．军…　Ⅱ．北…　Ⅲ．墓葬（考古）－发掘报告－延庆县－东周时代　Ⅳ．K878.85

中国版本图书馆 CIP 数据核字（2007）第 022397 号

军　都　山　墓　地

——玉皇庙

北京市文物研究所　编著

*

文 物 出 版 社 出 版 发 行

（北京市东直门内北小街 2 号楼）

http://www.wenwu.com

E-mail:web@wenwu.com

新　华　书　店　经　销

北京燕泰美术制版印刷有限公司印刷

889×1194　1/16　印张：143.75　插页：4

2007 年 10 月第 1 版　2007 年 10 月第 1 次印刷

ISBN 978-7-5010-2126-0　（全四册）定价：1200.00 元

第　一　册

目　　录

苏秉琦先生关于开展军都山考古调查和视察葫芦沟、玉皇庙墓地的三次谈话 …… (1)
序 …… 佟柱臣 (6)
前言 …… (11)

第一章　绪论 …… (1)
　地理环境与历史背景 …… (1)
　课题的确立与调查、发掘经过 …… (3)
　开展多学科综合研究 …… (4)
　关于玉皇庙墓地的保护与利用 …… (7)
第二章　玉皇庙墓地 …… (9)
　壹　墓地概况 …… (9)
　　一　墓地位置与地貌特征 …… (9)
　　二　墓葬的发现、发掘、分区与编号 …… (11)
　　三　地层堆积 …… (12)
　　四　墓地分期 …… (14)
　　五　保存状况 …… (14)
　　六　发掘成果 …… (18)
　贰　葬制与葬俗 …… (21)
　　一　墓向 …… (21)
　　二　头向 …… (22)
　　三　墓葬形制与填土包含物 …… (22)
　　四　墓葬规格 …… (56)

五　葬具 …… (60)
六　葬式 …… (72)
七　性别与年龄 …… (74)
八　覆面葬俗 …… (97)
九　异常葬例 …… (104)
一〇　殉牲 …… (106)
一一　圹内积石、镇墓石、封顶石 …… (153)
一二　随葬品陈放位置 …… (158)
（一）陶器 …… (158)
（二）金器 …… (164)
（三）青铜器 …… (164)
（四）石制品 …… (221)
（五）玛瑙、绿松石制品 …… (237)
（六）骨器 …… (240)
（七）蚌饰品 …… (255)
（八）贝饰品 …… (256)
（九）竹制品 …… (256)
（一〇）皮革残件 …… (258)
叁　墓葬资料 …… (259)
一　春秋早期墓葬（34座） …… (259)
二　春秋早中期墓葬（43座） …… (310)
三　春秋中期墓葬（78座） …… (370)
四　春秋中晚期墓葬（39座） …… (462)
五　春秋晚期前段墓葬（126座） …… (512)
六　春秋晚期后段墓葬（80座） …… (680)
肆　随葬器物 …… (781)
一　陶器 …… (790)
1. 陶质 …… (790)
2. 制法 …… (792)
3. 纹饰 …… (792)
4. 器形 …… (794)
（一）夹砂系陶器 …… (794)
罐 …… (794)
杯 …… (841)

盂 …… (841)
(二) 泥质系陶器 …… (841)
非折肩罐 …… (842)
折肩罐 …… (846)
灰陶壶 …… (864)
灰陶豆 …… (866)
黑、褐陶盂 …… (867)
讨论 …… (868)
1. 关于陶系及其早晚数量变化特点 …… (868)
2. 陶器分布特点 …… (870)
3. 随葬陶器与墓葬规格级别及性别和年龄的关系 …… (870)
4. 关于陶器组合问题 …… (877)
5. 夹砂系陶器的型式分布及年代分期 …… (877)
6. 夹砂系陶罐的型式变化规律 …… (881)
7. 泥质系陶器的型式分布及年代分期 …… (886)
8. 泥质系陶器的型式变化规律 …… (890)
9. 泥质系陶器纹饰的分类、分布与年代分期 …… (892)
二　金器 …… (894)
牌饰 …… (896)
项饰 …… (896)
耳环 …… (896)
串饰 …… (896)
包金铜贝 …… (896)
讨论 …… (898)
三　青铜器 …… (899)
(一) 礼器 …… (901)
1. 中原式礼器 …… (901)
(1) 烹煮器 …… (901)
鼎 …… (901)
(2) 食器 …… (901)
敦 …… (901)
钵 …… (901)
匕 …… (902)
(3) 酒器 …… (903)
罍 …… (903)
杯 …… (904)

斗 ……………………………………………………………… (904)
(4) 水器 ……………………………………………………………… (905)
盘 ……………………………………………………………… (905)
匜 ……………………………………………………………… (905)
铆 ……………………………………………………………… (905)
2. 土著礼器 ……………………………………………………………… (908)
镀 ……………………………………………………………… (908)
讨论 ……………………………………………………………… (908)
(二) 兵器 ……………………………………………………………… (913)
戈 ……………………………………………………………… (913)
讨论 ……………………………………………………………… (914)
直刃匕首式短剑 ……………………………………………………………… (915)
讨论 ……………………………………………………………… (959)
(1) 关于玉皇庙青铜短剑型式、分布与年代特点 ……………………………… (959)
(2) 青铜短剑的形制发展规律 ……………………………………………… (960)
Ⅰ 短剑长度的发展变化规律 ……………………………………………… (961)
Ⅱ 短剑剑身长度比例的发展变化规律 ……………………………………… (963)
Ⅲ 短剑剑格的发展变化规律 ……………………………………………… (964)
Ⅳ 短剑剑柄的发展变化规律 ……………………………………………… (968)
Ⅴ 短剑剑首的发展变化规律 ……………………………………………… (971)
(3) 青铜短剑纹饰的变化规律 ……………………………………………… (976)
(4) 青铜短剑的分布与墓葬规格级别的关系 ………………………………… (986)
铜镞 ……………………………………………………………… (988)
讨论 ……………………………………………………………… (999)
(三) 工具 ……………………………………………………………… (1006)
削刀 ……………………………………………………………… (1006)
讨论 ……………………………………………………………… (1052)
(1) 青铜削刀的分布与年代 ……………………………………………… (1052)
(2) 关于凸环首青铜削刀 ……………………………………………… (1054)
(3) 关于扣环首青铜削刀 ……………………………………………… (1057)
(4) 玉皇庙青铜削刀的纹饰及演变规律 ……………………………………… (1058)
(5) 玉皇庙青铜削刀演变规律 ……………………………………………… (1066)
(6) 从重量和通长看玉皇庙青铜削刀持续发展的稳定性 ………………………… (1071)
(7) 从刀身与刀柄的长度比值看玉皇庙青铜削刀的实用功能 ……………………… (1075)
(8) 关于女性墓与儿童墓的青铜削刀 ………………………………………… (1076)
(9) 出土青铜削刀的墓葬级别与性别的关系 ………………………………… (1077)

锛 …… (1079)
讨论 …… (1085)
斧 …… (1088)
凿 …… (1088)
讨论 …… (1095)
锥 …… (1095)
讨论 …… (1107)
针 …… (1112)
讨论 …… (1113)
锥（针）管具 …… (1113)
讨论 …… (1131)
盒形器 …… (1136)
讨论 …… (1138)
瓶形器 …… (1139)
（四）马具 …… (1139)
衔 …… (1139)
镳 …… (1140)
节约 …… (1142)
马具铜泡 …… (1144)
串饰 …… (1148)
环 …… (1148)
环箍 …… (1150)
（五）装饰品 …… (1151)
1. 佩饰 …… (1151)
铜丝耳环 …… (1151)
讨论 …… (1161)
牌饰 …… (1176)
讨论 …… (1188)
镜形饰 …… (1189)
讨论 …… (1192)
小铜珠 …… (1192)
讨论 …… (1195)
铃形饰 …… (1196)
讨论 …… (1198)
小铜箍 …… (1199)
讨论 …… (1200)

坠饰 …… (1201)
讨论 …… (1217)
卷云纹三联珠形铜饰项链 …… (1219)
2. 服饰 …… (1219)
带钩 …… (1219)
讨论 …… (1225)
带扣 …… (1227)
讨论 …… (1228)
带卡 …… (1229)
讨论 …… (1236)
带饰 …… (1238)
讨论 …… (1247)
铜环 …… (1247)
讨论 …… (1248)
铜泡 …… (1250)
讨论 …… (1257)
大铜扣 …… (1261)
讨论 …… (1266)
小铜扣 …… (1270)
讨论 …… (1284)
双联小铜扣 …… (1285)
讨论 …… (1287)
其他饰件 …… (1288)
（六）货币 …… (1289)
尖首刀币 …… (1289)
四 石、玛瑙、绿松石制品 …… (1293)
（一）石器与石制品 …… (1294)
1. 生产工具 …… (1294)
砺石 …… (1294)
讨论 …… (1295)
细石器 …… (1299)
2. 其他制品 …… (1299)
石杯 …… (1299)
算珠形石珠 …… (1299)
讨论 …… (1300)
3. 装饰品 …… (1301)

白石管 ……………………………… (1301)
讨论 ……………………………… (1305)
小白石珠 ……………………………… (1306)
讨论 ……………………………… (1314)
黑石管 ……………………………… (1316)
小黑石珠 ……………………………… (1316)
讨论 ……………………………… (1321)
（二）玛瑙制品 ……………………………… (1322)
玛瑙环 ……………………………… (1322)
玛瑙珠 ……………………………… (1322)
讨论 ……………………………… (1327)
（三）绿松石制品 ……………………………… (1328)
绿松石管 ……………………………… (1328)
讨论 ……………………………… (1329)
绿松石珠 ……………………………… (1331)
讨论 ……………………………… (1343)
五　骨器 ……………………………… (1344)
（一）兵器 ……………………………… (1345)
弓弭 ……………………………… (1345)
骨镞 ……………………………… (1345)
讨论 ……………………………… (1354)
鸣镝 ……………………………… (1355)
讨论 ……………………………… (1355)
（二）马具 ……………………………… (1356)
镳 ……………………………… (1357)
讨论 ……………………………… (1357)
环 ……………………………… (1357)
讨论 ……………………………… (1359)
（三）生产工具 ……………………………… (1359)
针 ……………………………… (1359)
讨论 ……………………………… (1360)
锥 ……………………………… (1360)
讨论 ……………………………… (1361)
绞具 ……………………………… (1361)
（四）装饰品 ……………………………… (1361)
骨贝 ……………………………… (1362)

骨珠 …………………………………………………………………… (1363)
讨论 …………………………………………………………………… (1363)
骨环 …………………………………………………………………… (1364)
讨论 …………………………………………………………………… (1364)
(五) 其他 ……………………………………………………………… (1366)
管 ……………………………………………………………………… (1366)
讨论 …………………………………………………………………… (1366)
柄饰 …………………………………………………………………… (1367)
开口骨器 ……………………………………………………………… (1367)
讨论 …………………………………………………………………… (1367)
梳形器 ………………………………………………………………… (1367)
六 蚌、贝饰品 ………………………………………………………… (1369)
(一) 蚌饰品 …………………………………………………………… (1369)
环饰 …………………………………………………………………… (1369)
讨论 …………………………………………………………………… (1371)
珠饰 …………………………………………………………………… (1371)
讨论 …………………………………………………………………… (1372)
蚌刻贝饰 ……………………………………………………………… (1372)
坠饰 …………………………………………………………………… (1372)
蚌片 …………………………………………………………………… (1372)
(二) 贝饰品 …………………………………………………………… (1372)
讨论 …………………………………………………………………… (1373)
七 竹制品 ……………………………………………………………… (1373)
竹篾簧片 ……………………………………………………………… (1373)
讨论 …………………………………………………………………… (1374)
竹签 …………………………………………………………………… (1374)
小件竹制品 …………………………………………………………… (1374)
八 革制品 ……………………………………………………………… (1375)
伍 器类组合 …………………………………………………………… (1376)
陆 断代分期 …………………………………………………………… (1431)
柒 小结 ………………………………………………………………… (1433)

玉皇庙墓地墓葬及随葬器物登记总表 ………………………………… (1442)

Abstract ………………………………………………………………… (1658)

附表目录

附表1　玉皇庙墓地墓葬分期排序表 …………………………………………………………………………（15）
附表2－1、2　玉皇庙墓地已遭破坏的墓葬（破坏程度较轻者）情况统计表 ………………（16～17）
附表2－3　玉皇庙墓地已遭破坏的墓葬（破坏严重者）情况统计表 ……………………………（18）
附表3－1　玉皇庙墓地出土器物种类及数量总表 ………………………………………………………（19）
附表3－2　玉皇庙墓地出土器物种类及数量总表 ………………………………………………………（20）
附表4－1　玉皇庙墓地墓向综合统计表 ……………………………………………………………………（23）
附表4－2～17　玉皇庙墓地墓向统计表 ………………………………………………………………（24～34）
附表5－1～15　玉皇庙墓地墓葬形制与填土包含物统计表 ……………………………………（41～55）
附表6　玉皇庙墓地墓葬规格级别综合统计表…………………………………………………………（59）
附表7　玉皇庙墓地男性墓规格级别统计表……………………………………………………………（60）
附表8　玉皇庙墓地女性墓规格级别统计表……………………………………………………………（61）
附表9　玉皇庙墓地孩童、性别不详及无人墓规格级别统计表…………………………………（62）
附表10　玉皇庙墓地葬具类型归纳表 ……………………………………………………………………（66）
附表11－1～5　玉皇庙墓地葬具类型统计表 …………………………………………………………（67～71）
附表12－1～10　玉皇庙墓地葬式统计表……………………………………………………………（75～84）
附表13　玉皇庙墓地死者性别及分布数量统计表 ………………………………………………………（85）
附表14　玉皇庙墓地男性死者平均寿命统计表 ……………………………………………………………（89）
附表15　玉皇庙墓地女性死者平均寿命统计表 ……………………………………………………………（90）
附表16　玉皇庙墓地少儿平均年龄统计表 …………………………………………………………………（91）
附表17　玉皇庙墓地婴儿平均年龄统计表 …………………………………………………………………（92）
附表18－1～3　玉皇庙墓地男性死者身高统计表 ……………………………………………………（93～95）
附表19－1～3　玉皇庙墓地女性死者身高统计表 ……………………………………………………（95～97）

附表20－1～5　玉皇庙墓地覆面铜扣出土部位统计表 …………………………………（99～103）
附表21　玉皇庙墓地异常葬例统计表 ………………………………………………（105）
附表22　玉皇庙墓地殉牲位置与死者头向关系统计表 ………………………………（109）
附表23　玉皇庙墓地殉牲数量统计表 ………………………………………………（112）
附表24　玉皇庙墓地第一类第Ⅰ种殉牲组合（马、牛、羊、狗四畜组合）及殉牲数量统计表 ………………………………………………………………（112）
附表25　玉皇庙墓地第一类第Ⅱ种殉牲组合（马、牛、狗三畜组合）及殉牲数量统计表 ……（113）
附表26　玉皇庙墓地第一类第Ⅲ种殉牲组合（马、羊、狗三畜组合）及殉牲数量统计表 ……（113）
附表27　玉皇庙墓地第一类第Ⅳ种殉牲组合（马、狗二畜组合）及殉牲数量统计表 …………（113）
附表28　玉皇庙墓地第一类第Ⅴ种殉牲组合（单纯殉马者）及殉牲数量统计表 ………………（113）
附表29　玉皇庙墓地第二类第Ⅵ种殉牲组合（牛、羊、狗三畜组合）及殉牲数量统计表 ……（114）
附表30　玉皇庙墓地第二类第Ⅶ种殉牲组合（牛、狗二畜组合）及殉牲数量统计表 …………（115）
附表31　玉皇庙墓地第二类第Ⅷ种殉牲组合（牛、羊二畜组合）及殉牲数量统计表 …………（115）
附表32　玉皇庙墓地第二类第Ⅸ种殉牲组合（单纯殉牛者）及殉牲数量统计表 ………………（115）
附表33　玉皇庙墓地第三类第Ⅹ种殉牲组合（羊、狗二畜组合）及殉牲数量统计表 …………（116）
附表34　玉皇庙墓地第三类第Ⅺ种殉牲组合（单纯殉羊者）及殉牲数量统计表 ………………（116）
附表35－1～3　玉皇庙墓地第四类第Ⅻ种殉牲组合（单纯殉狗者）及殉牲数量统计表 ……（117～119）
附表36　玉皇庙墓地第五类第XIII种殉牲组合（猪、狗二畜组合）及殉牲数量统计表 …………（119）
附表37　玉皇庙墓地殉牲墓的规格级别及其与殉牲种类组合的关系统计表 ……………………（134）
附表38　玉皇庙墓地殉牲墓的规格级别与性别和年龄关系统计表 ………………………………（136）
附表39　玉皇庙墓地无殉牲墓的规格级别与性别和年龄关系统计表 ……………………………（137）
附表40　玉皇庙墓地不同性别年龄段死者殉牲种类与数量比较统计表 ……………………（138～139）
附表41　玉皇庙墓地各种殉牲种类组合与不同性别年龄段死者关系比较统计表 ………………（142）
附表42　玉皇庙墓地殉牲墓在各墓区的分布及数量统计表 ……………………………………（143）
附表43　玉皇庙墓地殉牲墓各规格级别数量与分布及分期关系比较表 …………………………（145）
附表44　玉皇庙墓地殉牲墓的规格级别与分布及分期关系统计表 ………………………………（146）
附表45　玉皇庙墓地殉牲种类组合与殉牲墓分布及分期关系统计表 ……………………………（147）
附表46　玉皇庙墓地墓内积石登记表 ………………………………………………………（155）
附表47－1～3　玉皇庙墓地墓内置镇墓石登记表 ……………………………………（156～158）
附表48　玉皇庙墓地墓口置封顶石登记表 …………………………………………………（159）
附表49　玉皇庙墓地陶器出土部位统计表 ……………………………………………（162～163）
附表50　玉皇庙墓地金器出土部位统计表 …………………………………………………（164）
附表51　玉皇庙墓地青铜礼器出土部位统计表 ……………………………………………（165）
附表52　玉皇庙墓地青铜戈出土部位统计表 ………………………………………………（166）
附表53－1、2　玉皇庙墓地青铜短剑出土部位及剑锋朝向统计表 ……………………（167～168）
附表54－1、2　玉皇庙墓地铜镞出土部位统计表 ……………………………………（170～171）

附表 55－1～3　玉皇庙墓地青铜削刀出土部位及刀锋朝向统计表 ……………………………（174～176）
附表 56　玉皇庙墓地青铜锛、凿出土部位统计表 ……………………………………………………（178）
附表 57－1～4　玉皇庙墓地青铜锥和锥（针）管具出土部位统计表 ………………………（180～183）
附表 58　玉皇庙墓地铜针出土部位统计表 ……………………………………………………………（183）
附表 59　玉皇庙墓地铜盒形器出土部位统计表 ………………………………………………………（184）
附表 60　玉皇庙墓地青铜马具出土部位统计表 ………………………………………………………（185）
附表 61－1、2　玉皇庙墓地青铜牌饰出土部位统计表 ……………………………………………（187～188）
附表 62　玉皇庙墓地青铜带钩、带扣出土部位统计表 ………………………………………………（189）
附表 63－1～4　玉皇庙墓地铜带卡、铜带饰出土部位统计表 ……………………………………（191～194）
附表 64　玉皇庙墓地铜镜形饰出土部位统计表 ………………………………………………………（195）
附表 65　玉皇庙墓地铜铃形饰出土部位统计表 ………………………………………………………（195）
附表 66　玉皇庙墓地匕形铜坠饰出土部位统计表 ……………………………………………………（197）
附表 67　玉皇庙墓地联珠棍形铜坠饰出土部位统计表 ………………………………………………（198）
附表 68　玉皇庙墓地“人”字形铜坠饰出土部位统计表 ……………………………………………（199）
附表 69　玉皇庙墓地其他种类铜坠饰出土部位统计表 ………………………………………………（201）
附表 70　玉皇庙墓地服饰铜环出土部位统计表 ………………………………………………………（203）
附表 71－1、2　玉皇庙墓地服饰铜泡出土部位统计表 ……………………………………………（205～206）
附表 72－1、2　玉皇庙墓地服饰铜扣出土部位统计表 ……………………………………………（208～209）
附表 73　玉皇庙墓地服饰小铜扣出土部位统计表 ……………………………………………………（211）
附表 74　玉皇庙墓地服饰双联小铜扣出土部位统计表 ………………………………………………（212）
附表 75　玉皇庙墓地双联小铜扣项链出土部位统计表 ………………………………………………（213）
附表 76　玉皇庙墓地小铜扣项链出土部位统计表 ……………………………………………………（214）
附表 77－1、2　玉皇庙墓地小铜珠项链出土部位统计表 …………………………………………（216～217）
附表 78　玉皇庙墓地小铜珠饰珠与串饰出土部位统计表 ……………………………………………（217）
附表 79　玉皇庙墓地小铜箍串珠出土部位统计表 ……………………………………………………（218）
附表 80　玉皇庙墓地其他铜饰件出土部位统计表 ……………………………………………………（220）
附表 81　玉皇庙墓地尖首刀币出土部位统计表 ………………………………………………………（221）
附表 82　玉皇庙墓地砺石出土部位统计表 ……………………………………………………………（222）
附表 83　玉皇庙墓地其他石制品出土部位统计表 ……………………………………………………（223）
附表 84－1～3　玉皇庙墓地白石管出土部位统计表 ………………………………………………（225～227）
附表 85－1～4　玉皇庙墓地小白石珠出土部位统计表 ……………………………………………（229～232）
附表 86　玉皇庙墓地黑石管出土部位统计表 …………………………………………………………（233）
附表 87－1～3　玉皇庙墓地小黑石珠出土部位统计表 ……………………………………………（234～236）
附表 88－1、2　玉皇庙墓地玛瑙珠出土部位统计表 ………………………………………………（238～239）
附表 89－1～5　玉皇庙墓地绿松石珠出土部位统计表 ……………………………………………（241～245）
附表 90　玉皇庙墓地绿松石管出土部位统计表 ………………………………………………………（246）

附表91－1、2 玉皇庙墓地骨镞出土部位统计表 ……（247～248）
附表92 玉皇庙墓地骨鸣镝出土部位统计表 ……（249）
附表93 玉皇庙墓地骨弓弭出土部位统计表 ……（250）
附表94 玉皇庙墓地骨针出土部位统计表 ……（251）
附表95 玉皇庙墓地骨镳出土部位统计表 ……（251）
附表96 玉皇庙墓地马具骨环出土部位统计表 ……（252）
附表97 玉皇庙墓地骨珠出土部位统计表 ……（253）
附表98 玉皇庙墓地骨环出土部位统计表 ……（254）
附表99 玉皇庙墓地开口骨器出土部位统计表 ……（255）
附表100 玉皇庙墓地蚌饰品出土部位统计表 ……（257）
附表101 玉皇庙墓地贝饰品出土部位统计表 ……（257）
附表102 玉皇庙墓地竹篾簧片出土部位统计表 ……（258）
附表103－1～8 玉皇庙墓地有随葬品墓葬统计表 ……（782～789）
附表104 玉皇庙墓地无随葬品墓葬统计表 ……（791）
附表105 玉皇庙墓地夹砂红、褐陶Ⅰ型椭圆腹罐式别特征相关数值统计表 ……（795）
附表106 玉皇庙墓地夹砂红陶Ⅲ型圆折腹罐式别特征相关数值统计表 ……（802）
附表107－1、2 玉皇庙墓地夹砂红、褐陶Ⅳ型带疣罐不同式别疣耳形式特点比较表 ……（804～805）
附表108－1、2 玉皇庙墓地夹砂红、褐陶Ⅴ型球腹罐式别特征相关数值统计表 ……（809～810）
附表109 玉皇庙墓地夹砂红、褐陶Ⅵ型鼓肩大腹罐式别特征相关数值统计表 ……（816）
附表110 玉皇庙墓地夹砂红、褐陶Ⅶ型弧肩鼓腹罐式别特征相关数值统计表 ……（820）
附表111 玉皇庙墓地夹砂红、褐陶Ⅷ型高体鼓腹罐式别特征相关数值统计表 ……（827）
附表112 玉皇庙墓地夹砂红、褐陶Ⅸ型大口鼓腹罐式别特征相关数值统计表 ……（830）
附表113 玉皇庙墓地夹砂红、褐陶Ⅻ型矮身鼓腹小罐式别特征相关数值统计表 ……（836）
附表114－1、2 玉皇庙墓地两系陶器的分布、分期、数量及性别统计表 ……（868～869）
附表115－1、2 玉皇庙墓地随葬陶器的男性墓规格级别与分布统计表 ……（871～872）
附表116－1、2 玉皇庙墓地无陶器男性墓规格级别与分布统计表 ……（872～873）
附表117 玉皇庙墓地随葬陶器的女性墓规格级别与分布统计表 ……（874）
附表118 玉皇庙墓地无陶器女性墓规格级别与分布统计表 ……（875）
附表119 玉皇庙墓地随葬陶器的无人墓规格级别与分布统计表 ……（875）
附表120 玉皇庙墓地随葬陶器的少儿墓规格级别与分布统计表 ……（876）
附表121 玉皇庙墓地无陶器少儿墓规格级别与分布统计表 ……（877）
附表122 玉皇庙墓地无陶器婴儿墓规格级别与分布统计表 ……（877）
附表123－1、2 玉皇庙墓地夹砂系陶器型式、分区与分期表 ……（882～883）
附表124－1、2 玉皇庙墓地泥质系陶器型式、分区与分期表 ……（889～890）
附表125 玉皇庙墓地泥质系陶器纹饰分类、分区及分期表 ……（895）
附表126 玉皇庙墓地出土黄金饰品统计表 ……（898）

附表 127－1、2 玉皇庙墓地出土青铜礼器统计表 …………………………………（910～911）
附表 128 玉皇庙墓地出土青铜戈统计表 ……………………………………………（914）
附表 129－1、2 玉皇庙墓地出土青铜短剑规格统计表 ……………………………（957～958）
附表 130 玉皇庙墓地青铜短剑通长统计表 …………………………………………（961）
附表 131 玉皇庙墓地青铜短剑身长与通长比值（s/t）统计表 ……………………（963）
附表 132 玉皇庙墓地青铜短剑剑格形式统计表 ……………………………………（965）
附表 133 玉皇庙墓地青铜短剑肩形统计表 …………………………………………（967）
附表 134 玉皇庙墓地青铜短剑剑柄剖面形式统计表 ………………………………（969）
附表 135 玉皇庙墓地青铜短剑剑首形式统计表 ……………………………………（972）
附表 136－1、2 玉皇庙墓地青铜短剑纹饰统计表 …………………………………（977～978）
附表 137 玉皇庙墓地青铜短剑装饰部位及纹饰种类统计表 ………………………（985）
附表 138 玉皇庙墓地青铜短剑墓规格级别统计表 …………………………………（987）
附表 139－1～6 玉皇庙墓地出土青铜镞统计表 ……………………………………（1000～1005）
附表 140－1～5 玉皇庙墓地出土青铜削刀规格统计表 ……………………………（1049～1052）
附表 141 玉皇庙墓地高拱背削刀统计表 ……………………………………………（1055）
附表 142 玉皇庙墓地青铜削刀纹类别饰统计表 ……………………………………（1065）
附表 143 玉皇庙墓地春秋早期削刀刀身与刀柄夹角统计表 ………………………（1068）
附表 144 玉皇庙墓地春秋早中期削刀刀身与刀柄夹角统计表 ……………………（1068）
附表 145 玉皇庙墓地春秋中期削刀刀身与刀柄夹角统计表 ………………………（1068）
附表 146 玉皇庙墓地春秋中晚期削刀刀身与刀柄夹角统计表 ……………………（1069）
附表 147 玉皇庙墓地春秋晚期前段削刀刀身与刀柄夹角统计表 …………………（1069）
附表 148 玉皇庙墓地春秋晚期后段削刀刀身与刀柄夹角统计表 …………………（1070）
附表 149 玉皇庙墓地青铜削刀最大环外径与柄均宽比值统计表 …………………（1071）
附表 150 玉皇庙墓地青铜削刀重量统计表 …………………………………………（1073）
附表 151 玉皇庙墓地青铜削刀长度统计表 …………………………………………（1075）
附表 152 玉皇庙墓地出土青铜削刀的墓葬规格级别与性别关系统计表 …………（1078）
附表 153－1、2 玉皇庙墓地出土青铜锛统计表 ……………………………………（1086～1087）
附表 154 玉皇庙墓地出土青铜凿统计表 ……………………………………………（1096）
附表 155－1～4 玉皇庙墓地出土青铜锥统计表 ……………………………………（1108～1111）
附表 156 玉皇庙墓地出土青铜针统计表 ……………………………………………（1112）
附表 157－1、2 玉皇庙墓地出土青铜锥（针）管具统计表 ………………………（1132～1133）
附表 158 玉皇庙墓地出土青铜盒形器统计表 ………………………………………（1138）
附表 159 玉皇庙墓地出土青铜马具铜衔统计表 ……………………………………（1141）
附表 160 玉皇庙墓地出土青铜马具铜镳统计表 ……………………………………（1144）
附表 161 玉皇庙墓地出土青铜马具节约统计表 ……………………………………（1145）
附表 162 玉皇庙墓地出土青铜马具铜泡统计表 ……………………………………（1149）

附表163 玉皇庙墓地出土青铜马具环具统计表……………………………………………………（1150）
附表164-1~11 玉皇庙墓地出土青铜耳环统计表……………………………………（1162~1172）
附表165 玉皇庙墓地中型、大型、特大型铜丝耳环统计表………………………………（1177）
附表166-1~3 玉皇庙墓地出土青铜牌饰统计表……………………………………（1185~1187）
附表167 玉皇庙墓地出土青铜镜形饰统计表……………………………………………（1191）
附表168 玉皇庙墓地出土佩饰铜珠统计表………………………………………（1194~1195）
附表169 玉皇庙墓地出土青铜铃形饰统计表……………………………………………（1199）
附表170 玉皇庙墓地出土小铜箍统计表…………………………………………………（1200）
附表171-1~4 玉皇庙墓地出土青铜坠饰统计表……………………………………（1214~1217）
附表172 玉皇庙墓地出土青铜坠饰型式分期表…………………………………………（1218）
附表173 玉皇庙墓地出土青铜带钩统计表………………………………………………（1226）
附表174 玉皇庙墓地出土青铜带扣统计表………………………………………………（1228）
附表175-1、2 玉皇庙墓地出土青铜带卡统计表…………………………………（1235~1236）
附表176-1~3 玉皇庙墓地出土青铜带饰统计表……………………………………（1244~1246）
附表177 玉皇庙墓地出土服饰铜环统计表………………………………………………（1249）
附表178-1~3 玉皇庙墓地出土服饰铜泡统计表……………………………………（1258~1260）
附表179-1~4 玉皇庙墓地出土服饰大铜扣统计表…………………………………（1267~1270）
附表180-1~7 玉皇庙墓地出土小铜扣统计表………………………………………（1278~1284）
附表181-1、2 玉皇庙墓地出土青铜双联小铜扣统计表……………………………（1286~1287）
附表182 玉皇庙墓地出土其他铜饰件统计表……………………………………………（1290）
附表183 玉皇庙墓地出土尖首刀币统计表………………………………………………（1292）
附表184-1、2 玉皇庙墓地出土青铜器重量统计表…………………………………（1292、1293）
附表185-1、2 玉皇庙墓地出土砺石统计表…………………………………………（1297~1298）
附表186 玉皇庙墓地出土其他石制品统计表……………………………………………（1300）
附表187-1~3 玉皇庙墓地出土白石管统计表………………………………………（1303~1305）
附表188-1~6 玉皇庙墓地出土小白石珠统计表……………………………………（1309~1314）
附表189-1~3 玉皇庙墓地出土小黑石珠统计表……………………………………（1318~1320）
附表190-1~3 玉皇庙墓地出土玛瑙珠统计表………………………………………（1325~1327）
附表191 玉皇庙墓地出土绿松石管统计表………………………………………………（1329）
附表192-1~8 玉皇庙墓地出土绿松石珠统计表……………………………………（1336~1343）
附表193 玉皇庙墓地出土骨弓弭统计表…………………………………………………（1345）
附表194-1~3 玉皇庙墓地出土骨镞统计表…………………………………………（1352~1354）
附表195 玉皇庙墓地出土骨鸣镝统计表…………………………………………………（1356）
附表196 玉皇庙墓地出土骨制马镳统计表………………………………………………（1357）
附表197 玉皇庙墓地出土马具骨环统计表………………………………………………（1359）
附表198 玉皇庙墓地出土骨制生产工具统计表…………………………………………（1361）

附表 199 玉皇庙墓地出土骨珠统计表 …………（1363）
附表 200 玉皇庙墓地出土骨环统计表 …………（1366）
附表 201 玉皇庙墓地出土其他骨器统计表 …………（1369）
附表 202 玉皇庙墓地出土蚌环统计表 …………（1370）
附表 203 玉皇庙墓地出土蚌珠统计表 …………（1371）
附表 204 玉皇庙墓地出土贝饰统计表 …………（1373）
附表 205 玉皇庙墓地出土竹篾簧片统计表 …………（1374）
附表 206 玉皇庙墓地第一类器类组合——以成组青铜礼器和金器为代表的器类组合统计表 …………（1379）
附表 207－1、2 玉皇庙墓地第二类器类组合——以马具铜衔为代表的器类组合统计表 …………（1380～1381）
附表 208－1～11 玉皇庙墓地第三类器类组合——以直刃匕首式青铜短剑为代表的器类组合统计表 …………（1384～1394）
附表 209－1～7 玉皇庙墓地第四类器类组合——以青铜削刀为代表的器类组合（含只有单件削刀者）统计表 …………（1397～1403）
附表 210－1～3 玉皇庙墓地第五类器类组合——以青铜锥（针）管具为代表的器类组合统计表 …………（1406～1408）
附表 211－1～11 玉皇庙墓地第六类器类组合——以 1 件（个别的有两件）陶器为代表的器类组合统计表 …………（1411～1421）
附表 212 玉皇庙墓地第七类器类组合——仅有 1 件陶器者统计表 …………（1422）
附表 213 玉皇庙墓地第八类器类组合——以铜镞、骨镞为代表的器类组合统计表 …………（1424）
附表 214－1～4 玉皇庙墓地第九类器类组合——仅有零星小件器物者统计表 …………（1426～1429）
玉皇庙墓地墓葬及随葬器物登记总表 …………（1442～1657）
一 玉皇庙墓地墓葬登记总表 …………（1442～1506）
二 玉皇庙墓地出土器物编号登记总表 …………（1507～1573）
三 玉皇庙墓地随葬器物登记总表 …………（1574～1657）

插图目录

图一　军都山地理位置图 …………………………………………………………………………………（5）
图二　玉皇庙墓地地形图 ……………………………………………………………………………（10）
图三　玉皇庙墓地墓葬分布图 …………………………………………………………………（插页）
图四　YYM22 积石分布平面图 …………………………………………………………………（259）
图五　YYM22 平面图 ………………………………………………………………………………（260）
图六　YYM22 遗物分布图 …………………………………………………………………………（260）
图七　YYM21 圹内积石分布平剖面图 ……………………………………………………………（261）
图八　YYM21 平面图 ………………………………………………………………………………（262）
图九　YYM20 木椁板灰痕迹与殉牲平面图 ………………………………………………………（262）
图一〇　YYM20 平剖面图 …………………………………………………………………………（264）
图一一　YYM20 遗物分布图 ………………………………………………………………………（264）
图一二　YYM35 平剖面图 …………………………………………………………………………（265）
图一三　YYM35 遗物分布图 ………………………………………………………………………（265）
图一四　YYM32 平剖面图 …………………………………………………………………………（266）
图一五　YYM32 遗物分布图 ………………………………………………………………………（267）
图一六　YYM33 平剖面图 …………………………………………………………………………（267）
图一七　YYM34 平剖面图 …………………………………………………………………………（269）
图一八　YYM34 遗物分布图 ………………………………………………………………………（270）
图一九　YYM31 平剖面图 …………………………………………………………………………（271）
图二〇　YYM30 平剖面图 …………………………………………………………………………（271）
图二一　YYM29 平剖面图 …………………………………………………………………………（272）
图二二　YYM29 遗物分布图 ………………………………………………………………………（272）

图二三 YYM27 殉牲平剖面图 ……………………………………………………………………… (273)
图二四 YYM28 殉牲平剖面图 ……………………………………………………………………… (274)
图二五 YYM25 平剖面图 …………………………………………………………………………… (275)
图二六 YYM19 平剖面图 …………………………………………………………………………… (277)
图二七 YYM19 遗物分布图 ………………………………………………………………………… (277)
图二八 YYM17 平剖面图 …………………………………………………………………………… (278)
图二九 YYM17 遗物分布图 ………………………………………………………………………… (279)
图三〇 YYM16 平剖面图 …………………………………………………………………………… (280)
图三一 YYM15 平剖面图 …………………………………………………………………………… (281)
图三二 YYM15 遗物分布图 ………………………………………………………………………… (281)
图三三 YYM2 木椁板灰痕迹与殉牲平剖面图 ………………………………………………… (283)
图三四 YYM2 圹内木椁底板平面图及堵板立面图 …………………………………………… (283)
图三五 YYM2 平面图 ……………………………………………………………………………… (284)
图三六 YYM2 遗物分布图 ………………………………………………………………………… (285)
图三七 YYM3 平剖面图 …………………………………………………………………………… (286)
图三八 YYM3 遗物分布图 ………………………………………………………………………… (286)
图三九 YYM18 圹内积石分布平面图 …………………………………………………………… (287)
图四〇 YYM18 墓葬形制、墓内积石及上层殉牲平剖面图 ………………………………… (289)
图四一 YYM18 下层殉牲平剖面图 ……………………………………………………………… (插页)
图四二 YYM18 平剖面图 …………………………………………………………………………… (插页)
图四三 YYM18 遗物分布图 ………………………………………………………………………… (291)
图四四 YYM14 平剖面图 …………………………………………………………………………… (292)
图四五 YYM13 殉牲平剖面图 ……………………………………………………………………… (293)
图四六 YYM13 平面图 ……………………………………………………………………………… (295)
图四七 YYM13 遗物分布图 ………………………………………………………………………… (295)
图四八 YYM82 平面图 ……………………………………………………………………………… (296)
图四九 YYM386 平剖面图 ………………………………………………………………………… (297)
图五〇 YYM386 遗物分布图 ……………………………………………………………………… (297)
图五一 YYM300 平剖面图 ………………………………………………………………………… (299)
图五二 YYM385 平剖面图 ………………………………………………………………………… (299)
图五三 YYM383 平面图 …………………………………………………………………………… (301)
图五四 YYM383 遗物分布图 ……………………………………………………………………… (301)
图五五 YYM384 平剖面图 ………………………………………………………………………… (303)
图五六 YYM384 遗物分布图 ……………………………………………………………………… (304)
图五七 YYM4 平剖面图 …………………………………………………………………………… (305)
图五八 YYM11 平剖面图 …………………………………………………………………………… (306)

图五九　YYM11 遗物分布图 ……(306)
图六〇　YYM5 平剖面图 ……(308)
图六一　YYM9 平剖面图 ……(308)
图六二　YYM10 平剖面图 ……(309)
图六三　YYM10 遗物分布图 ……(309)
图六四　YYM248 平剖面图 ……(312)
图六五　YYM246 平剖面图 ……(312)
图六六　YYM249 平剖面图 ……(312)
图六七　YYM278 平剖面图 ……(315)
图六八　YYM281 平剖面图 ……(315)
图六九　YYM242 平剖面图 ……(315)
图七〇　YYM243 平剖面图 ……(317)
图七一　YYM244 平剖面图 ……(317)
图七二　YYM245 平剖面图 ……(317)
图七三　YYM279 平剖面图 ……(319)
图七四　YYM280 圹内木椁板灰痕迹与殉牲平剖面图 ……(319)
图七五　YYM280 平面图 ……(320)
图七六　YYM387 平剖面图 ……(322)
图七七　YYM283 平剖面图 ……(322)
图七八　YYM285 平剖面图 ……(322)
图七九　YYM37 平剖面图 ……(324)
图八〇　YYM37 遗物分布图 ……(324)
图八一　YYM98 平剖面图 ……(325)
图八二　YYM98 遗物分布图 ……(325)
图八三　YYM277 平剖面图 ……(326)
图八四　YYM250 圹内下层殉牲平面图 ……(329)
图八五　YYM250 圹内上层殉牲平剖面及椁室剖面图 ……(330)
图八六　YYM250 遗物分布图 ……(331)
图八七　YYM282 木椁板灰痕迹与殉牲平剖面图 ……(334)
图八八　YYM282 平面图 ……(334)
图八九　YYM251 平剖面图 ……(335)
图九〇　YYM230 圹内殉牲及椁室平剖面图 ……(337)
图九一　YYM230 圹内下层殉牲平剖面及椁室剖面图 ……(338)
图九二　YYM230 平面图 ……(340)
图九三　YYM230 遗物分布图 ……(341)
图九四　YYM229 平剖面图 ……(343)

图九五　YYM229 遗物分布图 …………………………………………………………（343）
图九六　YYM233 平剖面图 …………………………………………………………（346）
图九七　YYM231 平剖面图 …………………………………………………………（346）
图九八　YYM228 木椁板灰痕迹与殉牲平面图 ………………………………………（348）
图九九　YYM228 平剖面图 …………………………………………………………（348）
图一〇〇　YYM232 平剖面图 ………………………………………………………（349）
图一〇一　YYM227 殉牲平剖面图 …………………………………………………（351）
图一〇二　YYM227 平面图 …………………………………………………………（351）
图一〇三　YYM241 殉牲平剖面图 …………………………………………………（352）
图一〇四　YYM241 平面图 …………………………………………………………（355）
图一〇五　YYM264 平剖面图 ………………………………………………………（355）
图一〇六　YYM276 平剖面图 ………………………………………………………（357）
图一〇七　YYM97 平剖面图 ………………………………………………………（357）
图一〇八　YYM99 平剖面图 ………………………………………………………（357）
图一〇九　YYM38 平剖面图 ………………………………………………………（358）
图一一〇　YYM39 平剖面图 ………………………………………………………（359）
图一一一　YYM226 平剖面图 ………………………………………………………（362）
图一一二　YYM240 平剖面图 ………………………………………………………（362）
图一一三　YYM252 平剖面图 ………………………………………………………（365）
图一一四　YYM265 平剖面图 ………………………………………………………（365）
图一一五　YYM275 平剖面图 ………………………………………………………（366）
图一一六　YYM96 平剖面图 ………………………………………………………（368）
图一一七　YYM47 平剖面图 ………………………………………………………（369）
图一一八　YYM40 平剖面图 ………………………………………………………（369）
图一一九　YYM234 平剖面图 ………………………………………………………（371）
图一二〇　YYM239 平剖面图 ………………………………………………………（372）
图一二一　YYM253 平剖面图 ………………………………………………………（372）
图一二二　YYM263 平剖面图 ………………………………………………………（374）
图一二三　YYM274 平剖面图 ………………………………………………………（376）
图一二四　YYM45 平剖面图 ………………………………………………………（376）
图一二五　YYM43 平剖面图 ………………………………………………………（376）
图一二六　YYM42 平剖面图 ………………………………………………………（377）
图一二七　YYM42 遗物分布图 ……………………………………………………（377）
图一二八　YYM41 平剖面图 ………………………………………………………（379）
图一二九　YYM41 遗物分布图 ……………………………………………………（379）
图一三〇　YYM225 平剖面图 ………………………………………………………（380）

图一三一 YYM235 平剖面图 ……(382)
图一三二 YYM254 圹内木椁板灰痕迹与殉牲平面图 ……(382)
图一三三 YYM254 平剖面图 ……(382)
图一三四 YYM262 平剖面图 ……(384)
图一三五 YYM266 平剖面图 ……(384)
图一三六 YYM273 平剖面图 ……(386)
图一三七 YYM46 平剖面图 ……(387)
图一三八 YYM44 平剖面图 ……(390)
图一三九 YYM236 平剖面图 ……(390)
图一四〇 YYM238 平剖面图 ……(393)
图一四一 YYM237 平剖面图 ……(393)
图一四二 YYM255 平剖面图 ……(393)
图一四三 YYM256 平剖面图 ……(396)
图一四四 YYM261 平剖面图 ……(396)
图一四五 YYM267 平剖面图 ……(397)
图一四六 YYM272 平剖面图 ……(399)
图一四七 YYM94 平剖面图 ……(399)
图一四八 YYM49 平剖面图 ……(401)
图一四九 YYM49 遗物分布图 ……(401)
图一五〇 YYM89 平剖面图 ……(402)
图一五一 YYM90 平剖面图 ……(403)
图一五二 YYM90 遗物分布图 ……(403)
图一五三 YYM257 平剖面图 ……(407)
图一五四 YYM259 平剖面图 ……(407)
图一五五 YYM247 平剖面图 ……(407)
图一五六 YYM268 平剖面图 ……(409)
图一五七 YYM270 平剖面图 ……(409)
图一五八 YYM271 平剖面图 ……(410)
图一五九 YYM48 木椁板灰痕迹与殉牲平面图 ……(412)
图一六〇 YYM48 平剖面图 ……(412)
图一六一 YYM48 遗物分布图 ……(412)
图一六二 YYM95 木椁板灰痕迹与殉牲平剖面图 ……(413)
图一六三 YYM95 平剖面图 ……(414)
图一六四 YYM95 遗物分布图 ……(414)
图一六五 YYM258 殉牲平剖面图 ……(416)
图一六六 YYM258 平面图 ……(416)

图一六七　YYM260 平剖面图 …………………………………………………………………………（417）
图一六八　YYM269 平剖面图 …………………………………………………………………………（421）
图一六九　YYM51 平剖面图 …………………………………………………………………………（421）
图一七〇　YYM50 平剖面图 …………………………………………………………………………（421）
图一七一　YYM65 平剖面图 …………………………………………………………………………（423）
图一七二　YYM191 平剖面图 …………………………………………………………………………（423）
图一七三　YYM190 殉牲平剖面图 ……………………………………………………………………（423）
图一七四　YYM190 平剖面图 …………………………………………………………………………（425）
图一七五　YYM88 平剖面图 …………………………………………………………………………（425）
图一七六　YYM125 平剖面图 …………………………………………………………………………（428）
图一七七　YYM188 平剖面图 …………………………………………………………………………（428）
图一七八　YYM52 平剖面图 ………………………………………………………………………（插页）
图一七九　YYM54 平剖面图 …………………………………………………………………………（431）
图一八〇　YYM54 遗物分布图 ………………………………………………………………………（431）
图一八一　YYM100 平剖面图 …………………………………………………………………………（432）
图一八二　YYM66 平剖面图 …………………………………………………………………………（434）
图一八三　YYM67 平剖面图 …………………………………………………………………………（435）
图一八四　YYM68 平剖面图 …………………………………………………………………………（435）
图一八五　YYM36 平剖面图 …………………………………………………………………………（436）
图一八六　YYM26 平剖面图 …………………………………………………………………………（438）
图一八七　YYM296 平剖面图 …………………………………………………………………………（440）
图一八八　YYM297 平剖面图 …………………………………………………………………………（441）
图一八九　YYM298 平剖面图 …………………………………………………………………………（442）
图一九〇　YYM293 平剖面图 …………………………………………………………………………（443）
图一九一　YYM295 平剖面图 …………………………………………………………………………（445）
图一九二　YYM299 平剖面图 …………………………………………………………………………（447）
图一九三　YYM294 平剖面图 …………………………………………………………………………（447）
图一九四　YYM292 平剖面图 …………………………………………………………………………（449）
图一九五　YYM291 平剖面图 …………………………………………………………………………（449）
图一九六　YYM288 平剖面图 …………………………………………………………………………（451）
图一九七　YYM289 平剖面图 …………………………………………………………………………（451）
图一九八　YYM290 平剖面图 …………………………………………………………………………（452）
图一九九　YYM23 平剖面图 …………………………………………………………………………（453）
图二〇〇　YYM24 平剖面图 …………………………………………………………………………（455）
图二〇一　YYM12 平剖面图 …………………………………………………………………………（455）
图二〇二　YYM8 平剖面图 …………………………………………………………………………（457）

图二〇三　YYM6 平剖面图 ……（457）
图二〇四　YYM101 平剖面图 ……（458）
图二〇五　YYM7 平剖面图 ……（460）
图二〇六　YYM7 遗物分布图 ……（461）
图二〇七　YYM102 平剖面图 ……（463）
图二〇八　YYM103 平剖面图 ……（463）
图二〇九　YYM212 平剖面图 ……（466）
图二一〇　YYM208 平剖面图 ……（466）
图二一一　YYM193 平剖面图 ……（467）
图二一二　YYM192 平剖面图 ……（469）
图二一三　YYM189 平剖面图 ……（469）
图二一四　YYM187 板灰痕迹平面图 ……（470）
图二一五　YYM187 平剖面图 ……（471）
图二一六　YYM53 平剖面图 ……（472）
图二一七　YYM55 平剖面图 ……（473）
图二一八　YYM58 平剖面图 ……（475）
图二一九　YYM196 殉牲平剖面图 ……（475）
图二二〇　YYM196 平面图 ……（476）
图二二一　YYM186 平剖面图 ……（478）
图二二二　YYM87 平剖面图 ……（479）
图二二三　YYM56 平剖面图 ……（480）
图二二四　YYM57 殉牲平剖面图 ……（481）
图二二五　YYM57 平剖面图 ……（482）
图二二六　YYM57 遗物分布图 ……（483）
图二二七　YYM185 平剖面图 ……（485）
图二二八　YYM86 平剖面图 ……（485）
图二二九　YYM59 平剖面图 ……（486）
图二三〇　YYM60 平剖面图 ……（487）
图二三一　YYM71 平剖面图 ……（488）
图二三二　YYM91 平剖面图 ……（489）
图二三三　YYM184 平剖面图 ……（491）
图二三四　YYM85 平剖面图 ……（493）
图二三五　YYM149 平剖面图 ……（493）
图二三六　YYM61 平剖面图 ……（494）
图二三七　YYM64 平剖面图 ……（496）
图二三八　YYM72 平剖面图 ……（496）

图二三九　YYM69 平剖面图 …… (499)
图二四〇　YYM84 平剖面图 …… (499)
图二四一　YYM83 平剖面图 …… (500)
图二四二　YYM83 遗物分布图 …… (500)
图二四三　YYM81 板灰痕迹平剖面图 …… (501)
图二四四　YYM81 平剖面图 …… (502)
图二四五　YYM62 扩内积石分布平剖面图 …… (503)
图二四六　YYM62 平剖面图 …… (504)
图二四七　YYM63 平剖面图 …… (505)
图二四八　YYM92 平剖面图 …… (506)
图二四九　YYM148 平剖面图 …… (507)
图二五〇　YYM140 平剖面图 …… (508)
图二五一　YYM141 平剖面图 …… (509)
图二五二　YYM93 平剖面图 …… (511)
图二五三　YYM73 平剖面图 …… (511)
图二五四　YYM70 平剖面图 …… (512)
图二五五　YYM217 平剖面图 …… (513)
图二五六　YYM207 平剖面图 …… (515)
图二五七　YYM224 殉牲平剖面图 …… (516)
图二五八　YYM224 平面图 …… (517)
图二五九　YYM194 平剖面图 …… (518)
图二六〇　YYM182 平剖面图 …… (519)
图二六一　YYM139 平剖面图 …… (521)
图二六二　YYM203 殉牲平剖面图 …… (521)
图二六三　YYM203 平剖面图 …… (522)
图二六四　YYM223 平剖面图 …… (524)
图二六五　YYM222 平剖面图 …… (525)
图二六六　YYM221 平剖面图 …… (526)
图二六七　YYM220 平剖面图 …… (528)
图二六八　YYM219 平剖面图 …… (530)
图二六九　YYM218 平剖面图 …… (530)
图二七〇　YYM216 殉牲平剖面图 …… (533)
图二七一　YYM215 平剖面图 …… (533)
图二七二　YYM214 平剖面图 …… (534)
图二七三　YYM213 平剖面图 …… (536)
图二七四　YYM211 平剖面图 …… (538)

图二七五　YYM210 平剖面图 ……………………………………（538）
图二七六　YYM209 殉牲平剖面图 ……………………………………（540）
图二七七　YYM209 平面图 ……………………………………（540）
图二七八　YYM195 平剖面图 ……………………………………（543）
图二七九　YYM206 平剖面图 ……………………………………（543）
图二八〇　YYM205 平剖面图 ……………………………………（546）
图二八一　YYM204 平剖面图 ……………………………………（546）
图二八二　YYM197 平剖面图 ……………………………………（548）
图二八三　YYM198 平剖面图 ……………………………………（548）
图二八四　YYM170 平剖面图 ……………………………………（550）
图二八五　YYM199 平剖面图 ……………………………………（551）
图二八六　YYM200 平剖面图 ……………………………………（552）
图二八七　YYM183 平剖面图 ……………………………………（555）
图二八八　YYM181 平剖面图 ……………………………………（555）
图二八九　YYM180 平剖面图 ……………………………………（557）
图二九〇　YYM179 殉牲平剖面图 ……………………………………（557）
图二九一　YYM179 平剖面图 ……………………………………（557）
图二九二　YYM169 平剖面图 ……………………………………（559）
图二九三　YYM178 殉牲平剖面图 ……………………………………（561）
图二九四　YYM178 平剖面图 ……………………………………（561）
图二九五　YYM177 平剖面图 ……………………………………（561）
图二九六　YYM150 平面图 ……………………………………（563）
图二九七（甲）、（乙）　YYM151 平剖面图及遗物分布图 ……………………………………（565、566）
图二九八　YYM152 平剖面图 ……………………………………（568）
图二九九　YYM157 平面图 ……………………………………（568）
图三〇〇　YYM153 平剖面图 ……………………………………（570）
图三〇一　YYM147 平剖面图 ……………………………………（572）
图三〇二　YYM146 平剖面图 ……………………………………（572）
图三〇三　YYM142 平剖面图 ……………………………………（574）
图三〇四　YYM145 平剖面图 ……………………………………（576）
图三〇五　YYM143 板灰痕迹平面图 ……………………………………（576）
图三〇六　YYM143 平面图 ……………………………………（579）
图三〇七　YYM144 平剖面图 ……………………………………（579）
图三〇八　YYM138 殉牲平剖面图 ……………………………………（580）
图三〇九　YYM138 平面图 ……………………………………（582）
图三一〇　YYM137 平剖面图 ……………………………………（582）

图三一一 YYM136 平剖面图 ……………………………………………………………… (584)
图三一二 YYM135 平剖面图 ……………………………………………………………… (584)
图三一三 YYM117 殉牲平剖面图 ………………………………………………………… (586)
图三一四 YYM117 平面图 ………………………………………………………………… (586)
图三一五 YYM116 平剖面图 ……………………………………………………………… (589)
图三一六 YYM118 平剖面图 ……………………………………………………………… (589)
图三一七 YYM119 平剖面图 ……………………………………………………………… (591)
图三一八 YYM104 殉牲平剖面图 ………………………………………………………… (591)
图三一九 YYM105 平面图 ………………………………………………………………… (592)
图三二〇 YYM74 平剖面图 ………………………………………………………………… (594)
图三二一 YYM75 殉牲平剖面图 …………………………………………………………… (596)
图三二二 YYM75 平面图 …………………………………………………………………… (596)
图三二三 YYM76 平剖面图 ………………………………………………………………… (598)
图三二四 YYM112 平剖面图 ……………………………………………………………… (598)
图三二五 YYM201 平剖面图 ……………………………………………………………… (600)
图三二六 YYM202 殉牲平剖面图 ………………………………………………………… (600)
图三二七 YYM176 圹内镇墓石分布平剖面图 …………………………………………… (602)
图三二八 YYM176 平剖面图 ……………………………………………………………… (604)
图三二九 YYM154 平剖面图 ……………………………………………………………… (604)
图三三〇 YYM155 平剖面图 ……………………………………………………………… (605)
图三三一 YYM286 平剖面图 ……………………………………………………………… (605)
图三三二 YYM156 殉牲平剖面图 ………………………………………………………… (607)
图三三三 YYM156 平剖面图 ……………………………………………………………… (609)
图三三四 YYM156 遗物分布图 …………………………………………………………… (610)
图三三五 YYM158 平剖面图 ……………………………………………………………… (612)
图三三六 YYM167 殉牲平剖面图 ………………………………………………………… (613)
图三三七 YYM167 平面图 ………………………………………………………………… (614)
图三三八 YYM168 平剖面图 ……………………………………………………………… (615)
图三三九 YYM134 平剖面图 ……………………………………………………………… (619)
图三四〇 YYM133 平剖面图 ……………………………………………………………… (619)
图三四一 YYM132 平剖面图 ……………………………………………………………… (620)
图三四二 YYM131 平剖面图 ……………………………………………………………… (621)
图三四三 YYM122 殉牲平剖面图 ………………………………………………………… (622)
图三四四 YYM122 平面图 ………………………………………………………………… (623)
图三四五 YYM123 平剖面图 ……………………………………………………………… (624)
图三四六 YYM124 平剖面图 ……………………………………………………………… (626)

图三四七 YYM126 平剖面图 ……（629）
图三四八 YYM120 平剖面图 ……（629）
图三四九 YYM121 平剖面图 ……（630）
图三五〇 YYM115 平剖面图 ……（632）
图三五一 YYM114 平剖面图 ……（632）
图三五二 YYM113 平剖面图 ……（635）
图三五三 YYM111 平剖面图 ……（635）
图三五四 YYM159 平剖面图 ……（636）
图三五五 YYM165 平剖面图 ……（636）
图三五六 YYM166 殉牲平剖面图 ……（638）
图三五七 YYM166 平面图 ……（638）
图三五八 YYM171 殉牲平剖面图 ……（639）
图三五九 YYM171 平面图 ……（640）
图三六〇 YYM171 遗物分布图 ……（640）
图三六一 YYM106 平剖面图 ……（643）
图三六二 YYM108 平剖面图 ……（643）
图三六三 YYM80 平剖面图 ……（644）
图三六四 YYM107 平剖面图 ……（644）
图三六五 YYM77 平剖面图 ……（646）
图三六六 YYM79 平剖面图 ……（646）
图三六七 YYM78 平剖面图 ……（647）
图三六八 YYM332 殉牲平剖面图 ……（649）
图三六九 YYM332 平面图 ……（649）
图三七〇 YYM333 平剖面图 ……（650）
图三七一 YYM333 遗物分布图 ……（650）
图三七二 YYM331 平剖面图 ……（652）
图三七三 YYM323 平剖面图 ……（652）
图三七四 YYM319 殉牲平剖面图 ……（653）
图三七五 YYM319 平面图 ……（653）
图三七六 YYM329 平剖面图 ……（654）
图三七七 YYM327 平剖面图 ……（655）
图三七八 YYM326 圹内镇墓石分布平剖面图 ……（656）
图三七九 YYM326 平面图 ……（657）
图三八〇 YYM324 平剖面图 ……（658）
图三八一 YYM324 遗物分布图 ……（658）
图三八二 YYM322 平剖面图 ……（659）

图三八三 YYM322 遗物分布图 ……………………………………………………………………（659）
图三八四 YYM321 平剖面图 ……………………………………………………………………（660）
图三八五 YYM320 殉牲平剖面图 ………………………………………………………………（662）
图三八六 YYM320 平面图 ………………………………………………………………………（662）
图三八七 YYM318 平剖面图 ……………………………………………………………………（662）
图三八八 YYM316 平剖面图 ……………………………………………………………………（663）
图三八九 YYM311 平剖面图 ……………………………………………………………………（663）
图三九〇 YYM312 平剖面图 ……………………………………………………………………（665）
图三九一 YYM312 遗物分布图 …………………………………………………………………（665）
图三九二 YYM310 平剖面图 ……………………………………………………………………（667）
图三九三 YYM314 平剖面图 ……………………………………………………………………（667）
图三九四 YYM315 平剖面图 ……………………………………………………………………（667）
图三九五 YYM313 平剖面图 ……………………………………………………………………（668）
图三九六 YYM313 遗物分布图 …………………………………………………………………（668）
图三九七 YYM309 平剖面图 ……………………………………………………………………（670）
图三九八 YYM307 平剖面图 ……………………………………………………………………（670）
图三九九 YYM308 平剖面图 ……………………………………………………………………（671）
图四〇〇 YYM308 遗物分布图 …………………………………………………………………（671）
图四〇一 YYM317 平剖面图 ……………………………………………………………………（673）
图四〇二 YYM306 平剖面图 ……………………………………………………………………（673）
图四〇三 YYM303 殉牲平剖面图 ………………………………………………………………（674）
图四〇四 YYM303 平剖面图 ……………………………………………………………………（675）
图四〇五 YYM303 遗物分布图 …………………………………………………………………（675）
图四〇六 YYM304 殉牲平剖面图 ………………………………………………………………（676）
图四〇七 YYM304 平面图 ………………………………………………………………………（677）
图四〇八 YYM305 平剖面图 ……………………………………………………………………（678）
图四〇九 YYM305 遗物分布图 …………………………………………………………………（678）
图四一〇 YYM301 平剖面图 ……………………………………………………………………（679）
图四一一 YYM302 平剖面图 ……………………………………………………………………（681）
图四一二 YYM302 遗物分布图 …………………………………………………………………（681）
图四一三 YYM164 殉牲平剖面图 ………………………………………………………………（683）
图四一四 YYM164 平面图 ………………………………………………………………………（683）
图四一五 YYM127 平剖面图 ……………………………………………………………………（683）
图四一六 YYM110 圹内积石与殉牲平剖面图 …………………………………………………（684）
图四一七 YYM110 平面图 ………………………………………………………………………（686）
图四一八 YYM172 平剖面图 ……………………………………………………………………（686）

图四一九 YYM163 殉牲平剖面图 …… (687)
图四二〇 YYM163 遗物分布图 …… (687)
图四二一 YYM160 殉牲平剖面图 …… (689)
图四二二 YYM160 平面图 …… (689)
图四二三 YYM130 平剖面图 …… (692)
图四二四 YYM175 平剖面图 …… (692)
图四二五 YYM173 殉牲平剖面图 …… (694)
图四二六 YYM173 平面图 …… (694)
图四二七 YYM161 殉牲平剖面图 …… (695)
图四二八 YYM161 平面图 …… (695)
图四二九 YYM129 殉牲平剖面图 …… (697)
图四三〇 YYM129 平面图 …… (697)
图四三一 YYM129 遗物分布图 …… (697)
图四三二 YYM128 平剖面图 …… (700)
图四三三 YYM109 平剖面图 …… (700)
图四三四 YYM162 平剖面图 …… (702)
图四三五 YYM353 平剖面图 …… (702)
图四三六 YYM174 殉牲平剖面图 …… (704)
图四三七 YYM174 平面图 …… (705)
图四三八 YYM340 平剖面图 …… (707)
图四三九 YYM337 平剖面图 …… (709)
图四四〇 YYM334 圹内木椁板灰痕迹与殉牲平面 …… (709)
图四四一 YYM334 平剖面图 …… (710)
图四四二 YYM334 遗物分布图 …… (710)
图四四三 YYM328 平剖面图 …… (712)
图四四四 YYM352 平剖面图 …… (712)
图四四五 YYM351 平剖面图 …… (713)
图四四六 YYM354 平剖面图 …… (715)
图四四七 YYM354 遗物分布图 …… (715)
图四四八 YYM345 平面图 …… (717)
图四四九 YYM346 平剖面图 …… (717)
图四五〇 YYM344 殉牲平剖面图 …… (717)
图四五一 YYM344 平面图 …… (719)
图四五二 YYM344 遗物分布图 …… (719)
图四五三 YYM343 平剖面图 …… (722)
图四五四 YYM339 平剖面图 …… (722)

图四五五　YYM341 平剖面图 ……………………………………………… (722)
图四五六　YYM338 殉牲平剖面图 ………………………………………… (724)
图四五七　YYM338 平剖面图 ……………………………………………… (724)
图四五八　YYM348 平剖面图 ……………………………………………… (727)
图四五九　YYM335 平剖面图 ……………………………………………… (727)
图四六〇　YYM336 平剖面图 ……………………………………………… (727)
图四六一　YYM349 殉牲平剖面图 ………………………………………… (729)
图四六二　YYM349 平面图 ………………………………………………… (729)
图四六三　YYM349 遗物分布图 …………………………………………… (730)
图四六四　YYM380 平剖面图 ……………………………………………… (731)
图四六五　YYM350 平剖面图 ……………………………………………… (733)
图四六六　YYM355 平面图 ………………………………………………… (733)
图四六七　YYM357 平剖面图 ……………………………………………… (733)
图四六八　YYM358 平剖面图 ……………………………………………… (735)
图四六九　YYM330 平剖面图 ……………………………………………… (735)
图四七〇　YYM325 平剖面图 ……………………………………………… (736)
图四七一　YYM356 平剖面图 ……………………………………………… (739)
图四七二　YYM347 平剖面图 ……………………………………………… (739)
图四七三　YYM342 平剖面图 ……………………………………………… (739)
图四七四　YYM373 殉牲平面图 …………………………………………… (741)
图四七五　YYM373 平剖面图 ……………………………………………… (741)
图四七六　YYM373 遗物分布图 …………………………………………… (741)
图四七七　YYM366 平剖面图 ……………………………………………… (743)
图四七八　YYM367 平剖面图 ……………………………………………… (743)
图四七九　YYM359 平剖面图 ……………………………………………… (743)
图四八〇　YYM360 平剖面图 ……………………………………………… (744)
图四八一　YYM381 平剖面图 ……………………………………………… (745)
图四八二　YYM381 遗物分布图 …………………………………………… (745)
图四八三　YYM379 平剖面图 ……………………………………………… (746)
图四八四　YYM382 平剖面图 ……………………………………………… (749)
图四八五　YYM377 平剖面图 ……………………………………………… (749)
图四八六　YYM378 平剖面图 ……………………………………………… (749)
图四八七　YYM376 平剖面图 ……………………………………………… (750)
图四八八　YYM374 平剖面图 ……………………………………………… (752)
图四八九　YYM374 遗物分布图 …………………………………………… (752)
图四九〇　YYM375 平剖面图 ……………………………………………… (754)

图四九一　YYM375 遗物分布图 …… (754)
图四九二　YYM372 殉牲平剖面图 …… (755)
图四九三　YYM372 平面图 …… (755)
图四九四　YYM371 殉牲平剖面图 …… (757)
图四九五　YYM371 平面图 …… (757)
图四九六　YYM368 平剖面图 …… (760)
图四九七　YYM369 平剖面图 …… (760)
图四九八　YYM370 平剖面图 …… (762)
图四九九　YYM370 遗物分布图 …… (762)
图五〇〇　YYM365 平剖面图 …… (763)
图五〇一　YYM364 平剖面图 …… (764)
图五〇二　YYM364 遗物分布图 …… (764)
图五〇三　YYM363 平剖面图 …… (765)
图五〇四　YYM361 平剖面图 …… (766)
图五〇五　YYM362 平剖面图 …… (766)
图五〇六　YYM396 平剖面图 …… (767)
图五〇七　YYM389 平剖面图 …… (768)
图五〇八　YYM390 平剖面图 …… (771)
图五〇九　YYM391 平剖面图 …… (771)
图五一〇　YYM388 平剖面图 …… (771)
图五一一　YYM397 平剖面图 …… (772)
图五一二　YYM398 平剖面图 …… (773)
图五一三　YYM392 殉牲平面图 …… (774)
图五一四　YYM392 平剖面图 …… (775)
图五一五　YYM399 平剖面图 …… (776)
图五一六　YYM393 殉牲平剖面图 …… (777)
图五一七　YYM393 平面图 …… (777)
图五一八　YYM394 平剖面图 …… (779)
图五一九　YYM400 平剖面图 …… (779)
图五二〇　YYM395 平剖面图 …… (779)
图五二一　玉皇庙墓地出土夹砂红、褐陶Ⅰ型椭圆腹罐 …… (793)
图五二二　玉皇庙墓地出土夹砂红、褐陶Ⅰ型椭圆腹罐 …… (797)
图五二三　玉皇庙墓地出土夹砂红、褐陶Ⅰ型椭圆腹罐 …… (798)
图五二四　玉皇庙墓地出土夹砂红、褐陶Ⅰ型椭圆腹罐 …… (800)
图五二五　玉皇庙墓地出土夹砂褐、红陶Ⅱ型垂腹罐 …… (801)
图五二六　玉皇庙墓地出土夹砂红陶Ⅲ型圆折腹罐 …… (803)

图五二七 玉皇庙墓地出土夹砂红陶Ⅲ型圆折腹罐及Ⅳ型带疣罐 …………………………………… (805)
图五二八 玉皇庙墓地出土夹砂红、褐陶Ⅳ型带疣罐 …………………………………………………… (807)
图五二九 玉皇庙墓地出土夹砂红陶Ⅳ型带疣罐 ……………………………………………………… (808)
图五三〇 玉皇庙墓地出土夹砂红、褐陶Ⅴ型球腹罐 …………………………………………………… (811)
图五三一 玉皇庙墓地出土夹砂红、褐陶Ⅴ型球腹罐 …………………………………………………… (813)
图五三二 玉皇庙墓地出土夹砂红、褐陶Ⅴ型球腹罐 …………………………………………………… (814)
图五三三 玉皇庙墓地出土夹砂红、褐陶Ⅴ型球腹罐 …………………………………………………… (815)
图五三四 玉皇庙墓地出土夹砂红、褐陶Ⅵ型鼓肩大腹罐 ……………………………………………… (818)
图五三五 玉皇庙墓地出土夹砂红、褐陶Ⅵ型鼓肩大腹罐及Ⅶ型夹砂红、
褐陶弧肩鼓腹罐 ………………………………………………………………………………… (819)
图五三六 玉皇庙墓地出土夹砂红、褐陶Ⅶ型弧肩鼓腹罐 ……………………………………………… (822)
图五三七 玉皇庙墓地出土夹砂红、褐陶Ⅶ型弧肩鼓腹罐 ……………………………………………… (823)
图五三八 玉皇庙墓地出土夹砂红、褐陶Ⅶ型弧肩鼓腹罐 ……………………………………………… (825)
图五三九 玉皇庙墓地出土夹砂红、褐陶Ⅷ型高体鼓腹罐 ……………………………………………… (828)
图五四〇 玉皇庙墓地出土夹砂红、褐陶Ⅷ型高体鼓腹罐 ……………………………………………… (829)
图五四一 玉皇庙墓地出土夹砂红、褐陶Ⅸ型大口鼓腹罐 ……………………………………………… (831)
图五四二 玉皇庙墓地出土夹砂红、褐陶Ⅸ型大口鼓腹罐 ……………………………………………… (833)
图五四三 玉皇庙墓地出土夹砂红、褐陶Ⅹ型筒型罐、Ⅺ型折肩罐及Ⅻ型矮身鼓腹小罐 ……… (835)
图五四四 玉皇庙墓地出土夹砂红、褐陶Ⅻ型矮身鼓腹小罐 …………………………………………… (838)
图五四五 玉皇庙墓地出土夹砂红、褐陶Ⅻ型矮身鼓腹小罐 …………………………………………… (840)
图五四六 玉皇庙墓地出土夹砂红、褐陶Ⅻ型矮身鼓腹小罐、ⅩⅢ型双耳罐、
ⅩⅣ型单耳小罐、夹砂红陶盂及夹砂褐陶细绳纹单耳杯 ……………………………………… (842)
图五四七 玉皇庙墓地出土泥质灰陶Ⅰ型手制溜肩深腹小平底罐及Ⅱ型束颈弧肩鼓腹罐 ……… (844)
图五四八 玉皇庙墓地出土泥质灰陶Ⅱ型束颈弧肩鼓腹罐、Ⅲ型手制圆折肩绳纹罐及
Ⅳ型束颈圆折肩罐 ……………………………………………………………………………… (845)
图五四九 玉皇庙墓地出土泥质黑陶Ⅴ型卷唇敛口鼓腹小罐及Ⅵ型泥质灰陶束颈
广肩斜折罐 ……………………………………………………………………………………… (846)
图五五〇 玉皇庙墓地出土泥质灰陶Ⅵ型束颈广肩斜折罐及Ⅶ型短颈广肩斜折罐 ……………… (849)
图五五一 玉皇庙墓地出土泥质灰陶Ⅶ型短颈广肩斜折罐 ……………………………………………… (850)
图五五二 玉皇庙墓地出土泥质灰陶Ⅷ型短颈垂肩斜折罐 ……………………………………………… (852)
图五五三 玉皇庙墓地出土泥质灰陶Ⅷ型短颈垂肩斜折罐及Ⅸ型短颈窄肩斜折罐 ……………… (854)
图五五四 玉皇庙墓地出土泥质灰陶Ⅹ型短颈抹棱折肩罐 ……………………………………………… (857)
图五五五 玉皇庙墓地出土泥质灰陶Ⅺ型短颈斜折肩罐 ………………………………………………… (858)
图五五六 玉皇庙墓地出土泥质灰陶Ⅻ型短束颈垂肩斜折罐 …………………………………………… (861)
图五五七 玉皇庙墓地出土泥质灰陶ⅩⅢ型肩饰戳压小圆圈纹折肩小罐及ⅩⅣ型泥质
褐陶直口直颈垂肩斜折小罐 …………………………………………………………………… (863)

图五五八　玉皇庙墓地出土泥质灰陶Ⅰ型高颈鼓腹壶 ……（865）
图五五九　玉皇庙墓地出土泥质灰陶Ⅱ型高颈圆折肩壶及Ⅲ型高颈折肩壶 ……（866）
图五六〇　玉皇庙墓地出土泥质灰陶Ⅰ型豆及泥质黑、褐陶Ⅰ型、Ⅱ型盂 ……（867）
图五六一　玉皇庙墓地出土金饰品 ……（897）
图五六二　玉皇庙墓地出土青铜礼器 ……（902）
图五六三　玉皇庙墓地2号墓随葬酒器青铜罍 ……（903）
图五六四　玉皇庙墓地18号墓随葬酒器青铜罍 ……（904）
图五六五　玉皇庙墓地250号墓随葬酒器青铜罍 ……（904）
图五六六　玉皇庙墓地2号墓随葬青铜酒器斗、三足杯 ……（905）
图五六七　玉皇庙墓地2号墓随葬水器青铜盘 ……（906）
图五六八　玉皇庙墓地2号墓随葬水器青铜匜 ……（906）
图五六九　玉皇庙墓地出土水器青铜鍑 ……（907）
图五七〇　玉皇庙墓地18号墓随葬水器青铜鍑 ……（908）
图五七一　玉皇庙墓地出土水器青铜鍑 ……（909）
图五七二　玉皇庙墓地出土青铜鍑 ……（912）
图五七三　玉皇庙墓地出土青铜戈 ……（914）
图五七四　玉皇庙墓地出土直刃匕首式青铜短剑 ……（916）
图五七五　玉皇庙墓地出土直刃匕首式青铜短剑 ……（918）
图五七六　玉皇庙墓地出土直刃匕首式青铜短剑 ……（919）
图五七七　玉皇庙墓地出土直刃匕首式青铜短剑 ……（921）
图五七八　玉皇庙墓地出土直刃匕首式青铜短剑 ……（922）
图五七九　玉皇庙墓地出土直刃匕首式青铜短剑 ……（923）
图五八〇　玉皇庙墓地出土直刃匕首式青铜短剑 ……（925）
图五八一　玉皇庙墓地出土直刃匕首式青铜短剑 ……（926）
图五八二　玉皇庙墓地出土直刃匕首式青铜短剑 ……（928）
图五八三　玉皇庙墓地出土直刃匕首式青铜短剑 ……（930）
图五八四　玉皇庙墓地出土直刃匕首式青铜短剑 ……（932）
图五八五　玉皇庙墓地出土直刃匕首式青铜短剑 ……（933）
图五八六　玉皇庙墓地出土直刃匕首式青铜短剑 ……（934）
图五八七　玉皇庙墓地出土直刃匕首式青铜短剑 ……（936）
图五八八　玉皇庙墓地出土直刃匕首式青铜短剑 ……（937）
图五八九　玉皇庙墓地出土直刃匕首式青铜短剑 ……（938）
图五九〇　玉皇庙墓地出土直刃匕首式青铜短剑 ……（940）
图五九一　玉皇庙墓地出土直刃匕首式青铜短剑 ……（941）
图五九二　玉皇庙墓地出土直刃匕首式青铜短剑 ……（943）
图五九三　玉皇庙墓地出土直刃匕首式青铜短剑 ……（944）

图五九四　玉皇庙墓地出土直刃匕首式青铜短剑 ……………………………………………………（945）
图五九五　玉皇庙墓地出土直刃匕首式青铜短剑 ……………………………………………………（947）
图五九六　玉皇庙墓地出土直刃匕首式青铜短剑 ……………………………………………………（948）
图五九七　玉皇庙墓地出土直刃匕首式青铜短剑 ……………………………………………………（950）
图五九八　玉皇庙墓地出土直刃匕首式青铜短剑 ……………………………………………………（951）
图五九九　玉皇庙墓地出土直刃匕首式青铜短剑 ……………………………………………………（952）
图六〇〇　玉皇庙墓地出土直刃匕首式青铜短剑 ……………………………………………………（954）
图六〇一　玉皇庙墓地出土直刃匕首式青铜短剑 ……………………………………………………（955）
图六〇二　玉皇庙墓地出土直刃匕首式青铜短剑 ……………………………………………………（956）
图六〇三　玉皇庙墓地出土青铜镞 ……………………………………………………………………（989）
图六〇四　玉皇庙墓地出土青铜镞 ……………………………………………………………………（991）
图六〇五　玉皇庙墓地出土青铜镞 ……………………………………………………………………（992）
图六〇六　玉皇庙墓地出土青铜镞 ……………………………………………………………………（994）
图六〇七　玉皇庙墓地出土青铜镞 ……………………………………………………………………（997）
图六〇八　玉皇庙墓地出土青铜削刀 …………………………………………………………………（1008）
图六〇九　玉皇庙墓地出土青铜削刀 …………………………………………………………………（1010）
图六一〇　玉皇庙墓地出土青铜削刀 …………………………………………………………………（1011）
图六一一　玉皇庙墓地出土青铜削刀 …………………………………………………………………（1013）
图六一二　玉皇庙墓地出土青铜削刀 …………………………………………………………………（1014）
图六一三　玉皇庙墓地出土青铜削刀 …………………………………………………………………（1015）
图六一四　玉皇庙墓地出土青铜削刀 …………………………………………………………………（1017）
图六一五　玉皇庙墓地出土青铜削刀 …………………………………………………………………（1018）
图六一六　玉皇庙墓地出土青铜削刀 …………………………………………………………………（1020）
图六一七　玉皇庙墓地出土青铜削刀 …………………………………………………………………（1021）
图六一八　玉皇庙墓地出土青铜削刀 …………………………………………………………………（1023）
图六一九　玉皇庙墓地出土青铜削刀 …………………………………………………………………（1024）
图六二〇　玉皇庙墓地出土青铜削刀 …………………………………………………………………（1026）
图六二一　玉皇庙墓地出土青铜削刀 …………………………………………………………………（1027）
图六二二　玉皇庙墓地出土青铜削刀 …………………………………………………………………（1028）
图六二三　玉皇庙墓地出土青铜削刀 …………………………………………………………………（1030）
图六二四　玉皇庙墓地出土青铜削刀 …………………………………………………………………（1031）
图六二五　玉皇庙墓地出土青铜削刀 …………………………………………………………………（1033）
图六二六　玉皇庙墓地出土青铜削刀 …………………………………………………………………（1034）
图六二七　玉皇庙墓地出土青铜削刀 …………………………………………………………………（1036）
图六二八　玉皇庙墓地出土青铜削刀 …………………………………………………………………（1038）
图六二九　玉皇庙墓地出土青铜削刀 …………………………………………………………………（1039）

图六三〇 玉皇庙墓地出土青铜削刀 ……（1041）
图六三一 玉皇庙墓地出土青铜削刀 ……（1042）
图六三二 玉皇庙墓地出土青铜削刀 ……（1044）
图六三三 玉皇庙墓地出土青铜削刀 ……（1045）
图六三四 玉皇庙墓地出土青铜削刀 ……（1047）
图六三五 玉皇庙墓地出土青铜削刀 ……（1048）
图六三六 玉皇庙墓地出土青铜锛 ……（1079）
图六三七 玉皇庙墓地出土青铜锛 ……（1080）
图六三八 玉皇庙墓地出土青铜锛 ……（1082）
图六三九 玉皇庙墓地出土青铜锛 ……（1083）
图六四〇 玉皇庙墓地出土青铜锛 ……（1084）
图六四一 玉皇庙墓地出土青铜锛及青铜斧 ……（1085）
图六四二 玉皇庙墓地出土青铜凿 ……（1089）
图六四三 玉皇庙墓地出土青铜凿 ……（1090）
图六四四 玉皇庙墓地出土青铜凿 ……（1091）
图六四五 玉皇庙墓地出土青铜凿 ……（1092）
图六四六 玉皇庙墓地出土青铜凿 ……（1093）
图六四七 玉皇庙墓地出土青铜凿及马具铜泡 ……（1094）
图六四八 玉皇庙墓地出土青铜锥 ……（1098）
图六四九 玉皇庙墓地出土青铜锥 ……（1099）
图六五〇 玉皇庙墓地出土青铜锥 ……（1100）
图六五一 玉皇庙墓地出土青铜锥 ……（1101）
图六五二 玉皇庙墓地出土青铜锥 ……（1102）
图六五三 玉皇庙墓地出土青铜锥 ……（1103）
图六五四 玉皇庙墓地出土青铜锥 ……（1104）
图六五五 玉皇庙墓地出土青铜锥 ……（1105）
图六五六 玉皇庙墓地出土青铜针 ……（1113）
图六五七 玉皇庙墓地出土青铜锥（针）管具 ……（1114）
图六五八 玉皇庙墓地出土青铜锥（针）管具 ……（1116）
图六五九 玉皇庙墓地出土青铜锥（针）管具 ……（1117）
图六六〇 玉皇庙墓地出土青铜锥（针）管具 ……（1118）
图六六一 玉皇庙墓地出土青铜锥（针）管具 ……（1119）
图六六二 玉皇庙墓地出土青铜锥（针）管具 ……（1120）
图六六三 玉皇庙墓地出土青铜锥（针）管具 ……（1121）
图六六四 玉皇庙墓地出土青铜锥（针）管具 ……（1122）
图六六五 玉皇庙墓地出土青铜锥（针）管具 ……（1123）

图六六六　玉皇庙墓地出土青铜锥（针）管具 …………………………………………………… (1124)
图六六七　玉皇庙墓地出土青铜锥（针）管具 …………………………………………………… (1125)
图六六八　玉皇庙墓地出土青铜锥（针）管具 …………………………………………………… (1127)
图六六九　玉皇庙墓地出土青铜锥（针）管具 …………………………………………………… (1128)
图六七〇　玉皇庙墓地出土青铜锥（针）管具 …………………………………………………… (1129)
图六七一　玉皇庙墓地出土青铜锥（针）管具 …………………………………………………… (1130)
图六七二　玉皇庙墓地出土青铜锥（针）管具 …………………………………………………… (1131)
图六七三　玉皇庙墓地出土铜盒形器及瓶形器 …………………………………………………… (1137)
图六七四　玉皇庙墓地出土青铜马衔、镳 ………………………………………………………… (1139)
图六七五　玉皇庙墓地出土青铜马衔、镳及骨镳 ………………………………………………… (1140)
图六七六　玉皇庙墓地出土青铜马衔 ……………………………………………………………… (1142)
图六七七　玉皇庙墓地出土青铜马具 ……………………………………………………………… (1143)
图六七八　玉皇庙墓地出土马具铜泡 ……………………………………………………………… (1145)
图六七九　玉皇庙墓地出土青铜马具 ……………………………………………………………… (1147)
图六八〇　玉皇庙墓地出土铜丝耳环 ……………………………………………………………… (1153)
图六八一　玉皇庙墓地出土铜丝耳环 ……………………………………………………………… (1153)
图六八二　玉皇庙墓地出土铜丝耳环 ……………………………………………………………… (1154)
图六八三　玉皇庙墓地出土铜丝耳环 ……………………………………………………………… (1155)
图六八四　玉皇庙墓地出土铜丝耳环 ……………………………………………………………… (1156)
图六八五　玉皇庙墓地出土铜丝耳环 ……………………………………………………………… (1157)
图六八六　玉皇庙墓地出土铜丝耳环 ……………………………………………………………… (1158)
图六八七　玉皇庙墓地出土铜丝耳环 ……………………………………………………………… (1159)
图六八八　玉皇庙墓地出土铜丝耳环 ……………………………………………………………… (1160)
图六八九　玉皇庙墓地出土铜丝耳环 ……………………………………………………………… (1161)
图六九〇　玉皇庙墓地出土青铜牌饰（Ⅰ型—虎形） ………………………………………… (1178)
图六九一　玉皇庙墓地出土青铜牌饰（Ⅰ型—虎形） ………………………………………… (1179)
图六九二　玉皇庙墓地出土青铜牌饰（Ⅰ型—虎形及Ⅱ型—马形） ………………………… (1180)
图六九三　玉皇庙墓地出土青铜牌饰（Ⅱ型—马形） ………………………………………… (1180)
图六九四　玉皇庙墓地出土青铜牌饰（Ⅱ型—马形） ………………………………………… (1181)
图六九五　玉皇庙墓地出土青铜牌饰（Ⅱ型—马形） ………………………………………… (1182)
图六九六　玉皇庙墓地出土青铜牌饰（Ⅱ型—马形） ………………………………………… (1183)
图六九七　玉皇庙墓地出土青铜牌饰（Ⅱ型—马形） ………………………………………… (1184)
图六九八　玉皇庙墓地出土青铜牌饰（Ⅱ型—马形、Ⅲ型—犬形、Ⅳ型—鹿形） ……………… (1188)
图六九九　玉皇庙墓地出土铜镜形饰 ……………………………………………………………… (1190)
图七〇〇　玉皇庙墓地出土铜镜形饰 ……………………………………………………………… (1191)
图七〇一　玉皇庙墓地出土小铜珠与小铜箍 ……………………………………………………… (1193)

图七〇二 玉皇庙墓地出土铜铃形饰 ……（1197）
图七〇三 玉皇庙墓地出土铜铃形饰 ……（1198）
图七〇四 玉皇庙墓地出土匕形铜坠饰 ……（1202）
图七〇五 玉皇庙墓地出土匕形铜坠饰 ……（1203）
图七〇六 玉皇庙墓地出土匕形铜坠饰 ……（1204）
图七〇七 玉皇庙墓地出土匕形铜坠饰 ……（1205）
图七〇八 玉皇庙墓地出土匕形铜坠饰 ……（1206）
图七〇九 玉皇庙墓地出土匕形及联珠棍形铜坠饰 ……（1207）
图七一〇 玉皇庙墓地出土联珠棍形铜坠饰及人字形铜坠饰 ……（1209）
图七一一 玉皇庙墓地出土人字形铜坠饰及野猪形铜坠饰 ……（1210）
图七一二 玉皇庙墓地出土各种青铜坠饰 ……（1212）
图七一三 玉皇庙墓地出土双尾形铜坠饰及其他铜饰件 ……（1213）
图七一四 玉皇庙墓地出土其他铜饰件 ……（1219）
图七一五 玉皇庙墓地出土青铜带钩 ……（1221）
图七一六 玉皇庙墓地出土青铜带钩 ……（1222）
图七一七 玉皇庙墓地出土青铜带钩 ……（1223）
图七一八 玉皇庙墓地出土青铜带钩 ……（1225）
图七一九 玉皇庙墓地出土青铜带扣及服饰铜环 ……（1228）
图七二〇 玉皇庙墓地出土服饰铜环 ……（1229）
图七二一 玉皇庙墓地出土青铜带卡 ……（1230）
图七二二 玉皇庙墓地出土青铜带卡 ……（1232）
图七二三 玉皇庙墓地出土青铜带卡及带饰 ……（1234）
图七二四 玉皇庙墓地出土青铜带饰 ……（1239）
图七二五 玉皇庙墓地出土青铜带饰 ……（1242）
图七二六 玉皇庙墓地出土青铜带饰 ……（1244）
图七二七 玉皇庙墓地出土服饰铜泡 ……（1251）
图七二八 玉皇庙墓地出土服饰铜泡 ……（1252）
图七二九 玉皇庙墓地出土服饰铜泡 ……（1253）
图七三〇 玉皇庙墓地出土服饰铜泡 ……（1254）
图七三一 玉皇庙墓地出土服饰铜泡 ……（1255）
图七三二 玉皇庙墓地出土服饰铜泡 ……（1256）
图七三三 玉皇庙墓地出土服饰铜泡 ……（1257）
图七三四 玉皇庙墓地出土服饰大铜扣 ……（1262）
图七三五 玉皇庙墓地出土服饰大铜扣 ……（1264）
图七三六 玉皇庙墓地出土服饰大铜扣 ……（1265）
图七三七 玉皇庙墓地出土覆面铜扣 ……（1272）

图七三八　玉皇庙墓地出土覆面铜扣 ……………………………………………………………… (1273)
图七三九　玉皇庙墓地出土覆面铜扣 ……………………………………………………………… (1274)
图七四〇　玉皇庙墓地出土覆面铜扣 ……………………………………………………………… (1275)
图七四一　玉皇庙墓地出土覆面铜扣 ……………………………………………………………… (1276)
图七四二　玉皇庙墓地出土覆面铜扣及服饰小铜扣 ………………………………………………… (1277)
图七四三　玉皇庙墓地出土服饰小铜扣、项链小铜扣及Ⅳ型特大型铜丝耳环 ……………………… (1278)
图七四四　玉皇庙墓地出土双联小铜扣 …………………………………………………………… (1286)
图七四五　玉皇庙墓地出土尖首刀币 ……………………………………………………………… (1291)
图七四六　玉皇庙墓地出土砺石 …………………………………………………………………… (1295)
图七四七　玉皇庙墓地出土砺石 …………………………………………………………………… (1296)
图七四八　玉皇庙墓地出土砺石 …………………………………………………………………… (1297)
图七四九　玉皇庙墓地出土石杯、算珠形石珠及细石器 …………………………………………… (1300)
图七五〇　玉皇庙墓地出土白石管 ………………………………………………………………… (1301)
图七五一　玉皇庙墓地出土白石管与黑石管 ……………………………………………………… (1302)
图七五二　玉皇庙墓地出土小白石珠 ……………………………………………………………… (1308)
图七五三　玉皇庙墓地出土小黑石珠 ……………………………………………………………… (1317)
图七五四　玉皇庙墓地出土玛瑙环及玛瑙珠 ……………………………………………………… (1323)
图七五五　玉皇庙墓地出土玛瑙珠与皮革制品 …………………………………………………… (1325)
图七五六　玉皇庙墓地出土绿松石管及绿松石珠 ………………………………………………… (1330)
图七五七　玉皇庙墓地出土绿松石珠 ……………………………………………………………… (1333)
图七五八　玉皇庙墓地出土绿松石珠 ……………………………………………………………… (1334)
图七五九　玉皇庙墓地出土绿松石珠 ……………………………………………………………… (1335)
图七六〇　玉皇庙墓地出土骨弓弭及骨鸣镝 ……………………………………………………… (1346)
图七六一　玉皇庙墓地出土骨镞 …………………………………………………………………… (1347)
图七六二　玉皇庙墓地出土骨镞 …………………………………………………………………… (1348)
图七六三　玉皇庙墓地出土骨镞 …………………………………………………………………… (1350)
图七六四　玉皇庙墓地出土骨镞 …………………………………………………………………… (1351)
图七六五　玉皇庙墓地出土骨马具 ………………………………………………………………… (1358)
图七六六　玉皇庙墓地出土骨器 …………………………………………………………………… (1360)
图七六七　玉皇庙墓地出土骨贝与竹制品 ………………………………………………………… (1362)
图七六八　玉皇庙墓地出土骨珠与服饰骨环 ……………………………………………………… (1365)
图七六九　玉皇庙墓地出土开口骨器 ……………………………………………………………… (1368)
图七七〇　玉皇庙墓地出土蚌、贝饰品 …………………………………………………………… (1370)

苏秉琦先生关于开展军都山考古调查和视察葫芦沟、玉皇庙墓地的三次谈话

（一）苏秉琦先生在中国社会科学院考古研究所的谈话（1985 年 7 月 12 日上午）

苏先生：听说你（指靳枫毅）离开了琉璃河，去了北京？

靳枫毅：是，刚过去一个月。

苏先生：现在做什么？

靳枫毅：正想去北郊军都山调查那一带出的直刃短剑遗存问题。

苏先生：怎么想的？

靳枫毅：我看过河北滦平、宣化等地的一些材料，最近又看到延庆县农民交来的一些短剑，都是直刃短剑，跟辽西地区曲刃短剑的形制、风格完全不同，我想会不会是两种文化的东西？所以想搞一个专题调查。

苏先生：这个想法好，你对辽西曲刃短剑已经比较熟悉，夏家店上层文化了解较多，又了解了琉璃河西周的燕文化，现在想搞这项调查，有基础。长城地带，燕山南北，两种短剑，两种文化，该弄明白。你要多跑些地方，不要局限延庆，要放眼滦河、桑干河，要把冀北、京、津、唐地区，承德、张家口地区，全面考察一遍。然后再看辽西夏家店上层文化，再看琉璃河和易县燕下都差别在哪里？夏家店上层文化南边到哪里？还不清楚，这需要拿材料讲话。希望你能拿出材料来，最终拿出发掘材料来。记住，考古学研究，

最终是要用发掘材料说话的！

靳枫毅：我试着做做看，等有了发掘材料，我一定第一个请您看。

苏先生：好，那咱们一言为定！

（二）苏秉琦先生在葫芦沟墓地的谈话
（1985 年 11 月 14 日）

葫芦沟这个墓地和遗址出土的东西，从总的来看，是北京军都山一线一种独特的地方性的少数民族文化，它与燕国文化和中原同时期的文化是完全不同的。它不仅是北京地区青铜文化，而且也是整个北方地区青铜时代考古文化的一颗火花。这颗火花就在军都山、桑干河到潮白河流域闪光。过去我们北京地区在这一方面的工作几乎是空白。这个墓地出土的这一批材料非常宝贵。从陶器看，南北两区在形制、器类和组合关系上都有比较明显的变化。（在看了几个短颈罐、中长颈和比较长的颈罐后说）陶器看来可以排出序列。（以后又看了南区与夹砂红陶共存的泥质灰陶后说）折肩罐形式也不完全一致，也有一定的变化，看来也要仔细琢磨，看看能否排出序列来。（看了泥质灰陶豆后说）你们这一批陶器，从整个器物群特征看，不仅与中原同期文化的陶器群特征不同，而且与北京地区燕国的陶器特征也完全不同，这个墓地的陶器是自成体系、自有特点的一群。我告诉你们千万不要拿这个墓地的陶器去比中原、去比燕国的陶器。（看见 44 号墓泥质灰陶罐，苏先生端详良久说）你们看，这个墓已经出尖首刀币了，但是陶器还是手制的，尽管是泥质灰陶。你们看这个陶罐是分三道工序做成的。首先是做了个口沿，像个面包圈，然后又做了器底，像个烧饼，再做出器物腹部，然后把口沿、腹部、器底三个零件再捏到一块。看器底和腹部衔接的样子，像是先把口沿和腹部粘上，扣到地上，然后再把器底从上面扣到腹部，将腹部和器底捏到一块做成的。（看了带指甲纹的三足罐后说）好极了，这就是他们的东西。夹砂的，火候很低。今天时间短了，来不及仔细观察。回到北京后我们一起把三足跟腹底衔接的情况要仔细研究一下，弄清楚是怎么做出来的。（苏先生仔细看了三足罐腹壁上的纹饰，说）看来是指甲纹。

苏先生看了各式青铜短剑后说，各墓出的短剑，型式都有差别，没有重复的样式，工艺水平很高。（看了 52 号墓出土的剑以后说）这么锋利，像是白铜。（他问靳枫毅）有没有型式相近似的两把剑？（靳答：M39 和 M10 出的剑还比较接近些）苏先生看了后说，是比较接近些，但还是有明显的差别。短剑出现的这些型式上的差别，对我们考察这个文化青铜兵器的制作很有价值，提供了可供研究的丰富的资料。但同时，也给我们的研究带来了一定的难度。这些剑当中，到底哪一种型式是比较早的，哪一种是比较晚的？

要回答这一问题，光从剑的型式上分析，恐怕不行。我看一定要参考出土青铜短剑墓葬的陶器的特征，从陶器型式的变化来揭示每一种剑的早晚。这样比较可靠。为什么这样说呢？青铜兵器可以传代，可以沿用。陶器则不同，它坏了就扔了，再重新捏一个。这个墓地的陶器都是实用的。陶器型式的变化相对来讲要快一些。所以把握陶器型式的变化来判断墓葬时代的早晚是比较可靠的。

苏先生看完了铜刀后说，出铜刀子的墓大都有陶器共存，有的还有青铜短剑共存。材料十分可贵。从铜刀的型式看，早晚有明显变化，有的铜刀子已经变得形体很小，而且很薄，在刀柄上已经出现了两道线纹。（靳给他看了一把铜刀，并说，我们这里有向刀币过渡的那种型式的铜刀）苏先生看后说，像这样的刀子，体形变得这样小，又很轻，刀片又变得这样薄，而且刀柄上出现了两道线纹，能削什么呢？确实有点像刀币了。我赞同你们的意见。（然后又看了 M44 之尖首刀币）苏先生说，这个尖首刀币有没有陶器与之共存？（靳拿出泥质灰陶罐）苏先生一见陶罐，拍手叫好，说快拿给我看看！看后问，尖首刀币就这一个例子吗？（靳答现有五个例子）苏先生说，很好哇。这样的例子在考古发现中还很少啊。它不仅对铜刀子型式的演变研究有意义，而且对尖首刀币出现的时代提供了比较可信的依据。苏先生问：这五个例子出现在哪一部分？（靳答：出现在南区）这个情况值得重视。你们这里出了这么多铜刀子又出了这么多尖首刀币的例子。难道尖首刀币是出现在咱们北京地区吗？我说一个意见供你参考。在整理这批材料的时候，特别是在研究墓地的分期问题的时候，除了我刚才说的要重视陶器的形式的变化这一条件外，认真仔细地琢磨铜刀子的形式的变化，把有铜刀子和陶器共存的墓中刀子的形式要加以比较，这样区分出早晚，然后以刀子的形式的早晚再来区分没有铜刀子的墓葬的陶器的变化。并用铜刀子的变化来区分青铜短剑形式的早晚。你们这个墓地的铜刀子能排出一个发展序列，看来没有问题。

苏先生看了几个铜带钩以后说，你们这个墓地的铜带钩形式很新鲜，我过去很少见到这样的，有特色。看了 M23 带钩后说，这像个鸟，两个翅膀都张开了，是写实的。看了 M79 带钩后说，这也是鸟，要立起来看。

说到在墓地南区发现一处用大的河卵石围成的祭祀遗迹时，苏先生问是什么样的形式？（靳回答：共有十五块石头，围成一个椭圆形，中间一块石头较大）苏先生问：是自然石块还是经过人工加工的？（靳答：是自然石块，都是尖朝上，站立着的）苏先生问：祭石周围有什么发现？（靳答：祭石北、东、南和西南侧都发现有墓葬。只有西北侧没有发现墓葬。这些墓口都开在夹砂褐土层中。我们画了地层图。到目前为止发现祭石东侧 104 号墓压在祭石之下）苏先生说，回头咱们去看看。看过祭石后，苏先生说，新石器时代有东山咀遗址，但是北方地区青铜器时代的祭石遗迹还没发现。祭石的意义与宗教意识有关这是没有问题的。或者是祭山，或者是祭祖，或者还有多方面的含义。你们要把祭石遗迹周围和下面的情况仔细地搞清楚。这些祭石是这个墓地的祭祀遗迹呢，还是这一群人平时祭祀活动的遗迹呢？这个还得琢磨琢磨。

苏先生在工地时说，墓口要平整，这样照片出来好看。拍照时要尽量垂直拍墓坑，这两点要注意。他看了M57的夹砂环耳器后说，这是杯。

苏先生说，看了你们的东西，我很高兴，但是最高兴的还是你们。你们比我高兴。你们付出了很多艰苦的劳动，搞出这么多的墓葬，出土这么多的东西，怎么能不高兴呢？咱们搞事业的人，搞专业的人不容易啊，有时候还要担一些风险哩。你们这些东西很多，很好，但都打地摊，东一堆，西一堆，也没摆到架子上去。别人参观看了也分不清是哪个单位的。没有架子不行，这是工作的基本条件。文物不按单位排在架子上不行，既不便整理，也不便参观。过去我对北京地区文物工作了解得很少，摸不清他们的工作项目和内容。看来今后北京地区的文物工作很有希望，而且很有潜力。我希望你们在研究这批材料的过程中千万不要满天飞。我这里说满天飞的意思，是希望你们不要与中原的、燕国的、还有东北的夏家店上层文化去比较。就像泥质灰陶长柄豆，即使从外貌上看可能与中原的同时代的同类器形相近似，那也没有必要和他们比。这批材料，与夏家店上层文化是两码事，是两个不同的文化系统，所以也没有必要与它比。因为你们这批材料、这群器物是完整的一体。它有自己的特点，有自身的发展和变化过程，有自己的发展序列。只要我们认真仔细地继续钻研这个问题，我想这个文化的发展序列是能够建立起来的。我希望你们能像锥子一样往下钻，钻到底。我国著名的大学者、地质学家翁文浩说，我是属锥子的。他是搞地质的，研究地球的。他主张在一个点上要打透，彻底搞清一个点的问题。你们这个墓地，这批材料，我说得直白点，就是要完全、干净、彻底地挖完，从而获得一批比较完整的研究资料。在这个基础上，把同类的文化遗存，包括遗址和墓葬，作为一批材料，作为一个课题，要花工夫，花时间搞完。到那时，我们来讨论这个文化就有更多的发言权了。

（三）苏秉琦先生在玉皇庙墓地的谈话
（1986年5月22日）

这个工地才开工20多天，发掘面积已达5000多平方米，发现墓葬百余座，清理了近50座，已清理完30多座，这样的效率不容易。

去年，我看了你发掘的葫芦沟墓地，是一次突破；今年，又在玉皇庙发掘，是扩大了战果。这样做工作很好。

军都山京张公路沿线，是属于夹缝地带，这一带地区分布着这种不同于琉璃河和易县燕下都的燕文化遗存，是合理的，是可以理解的。看来，沿京张公路，到桑干河流域，这种文化遗存，还会有发现，今后要多做些工作。

葫芦沟的工作打开了局面，又有玉皇庙，还有张家口白庙，这使我们可以联系起来考虑问题。没有完全相同的结果，各个地点的发掘成果，都必然有差别。葫芦沟、玉皇庙就有差别。总的看来，葫芦沟墓地在年代上晚于玉皇庙墓地。在年代序列上，由于玉皇庙的发掘，使这个文化又在葫芦沟墓地的基础上，向前提早了一段。从规模上看，玉皇庙墓地的面积比葫芦沟的大，墓葬数量也比葫芦沟的多，墓里出土的东西，也比葫芦沟的好，比那里的精彩，比那里的丰富，而且玉皇庙这里有级别高的大墓。这个墓地不知往东还有没有墓了？（靳答：往东、往南还有墓，而且比较密集）。苏先生问：现在已发掘的面积，估计占整个墓地的面积多少？（靳答：大概仅占一少半）苏先生说：那就是说，还有一半，甚至一多半未发掘。我估计也还会有，不知能延伸多远？（靳答：估计有可能延伸到东坡那里）。苏先生说：这么大的面积和数量，你要沉住气，别太着急。经费不够，要想办法宣传鼓动，让领导一步一步地解决。只要我们做工作，有积极性，有热情，把工作干好，成绩摆在那里，这个问题我看不难解决。国家文物局也看地方主管部门对考古发掘和研究工作有没有积极性，肯不肯出血，如果地方自己肯出血、有热情、大力支持，国家文物局自然也会有积极性、大力支持。地方主管部门的领导、国家文物局的领导，这两方面的宣传工作，你都要去做，这才能把事业干好干成。

葫芦沟、玉皇庙、白庙，可以互相补充。葫芦沟的短剑，排序列有困难，但有了玉皇庙这批材料，短剑发展序列问题，有可能解决。因为玉皇庙的器物组合比较全，可以作全面比较。

玉皇庙 M32 出土的铜戈，年代偏早，可能是这个墓地现已清理出来的墓葬中年代最早的一座墓。

去年看了葫芦沟的材料，很高兴，今天又看了玉皇庙发掘，更高兴。希望你沉住气，全部、干净、彻底地挖完，拿到一份完整、系统的考古资料，这个课题有希望获得突破。该测定的项目，现在就要做，能与发掘同步进行的，尽量同步进行，不要坐失良机。技术性的问题，自己处理不了的，要赶紧找考古所技术室王振江他们帮忙。另外，你一定要设法照好这个墓地的全景相，花点钱是值得的。有很多大工地，最后出报告时，连张像样的全景相都找不出来，可惜啊！你要吸取别人的教训，总结别人的经验，为我所用，把工作做得更好一些。

序

靳枫毅同志是我在中国社会科学院考古研究所于1978年至1981年期间，培养过的中国北方民族学与考古学的研究生。毕业后他长期从事田野考古工作，学习勤奋，肯下苦功夫，因此早已取得很高的成就。

1985年至1991年，由他任领队主持调查和发掘的军都山玉皇庙等三处山戎文化墓地取得了丰硕的成果。在考古实践中，他勤于思索，刻苦钻研，就山戎文化墓地的发掘提出了不少重要学术课题，并作了深入探讨，先后发表了《军都山玉皇庙墓地的特征及其族属问题》、《山戎文化所含燕与中原文化因素之分析》等多篇学术论文，提出了很多颇有建树的观点，受到考古界和史学界的关注与好评，有的成果还被全文译成日文介绍到国外。

在上述研究的基础上靳枫毅又倾数年心血，和他的同事一起，共同编著了《军都山墓地》这部大型考古发掘报告，其资料之翔实，描述与分析之细致，观察与研究之深入，自不待言，这也是他对这门学术的建树与贡献。

1986年6月，我曾去过军都山玉皇庙墓地发掘现场，看到已经发掘出来的许多东向的墓葬，出土有大量的殉牲、陶器、直刃短剑、削刀、动物形牌饰和带钩等，草原文化气息浓厚，特点清楚，感到十分高兴，因为在北京地区找到这类文化遗存，实属不易。

1990年8月我应邀出席过在延庆县召开的《北京东周时期山戎文化考古成果研讨会》，曾讲了6个问题，现略加整理，权作此书之序。

一　调查、发掘军都山墓地的缘由

大家知道，青铜短剑问题，是中国北方青铜文化中一个很重要的研究课题，也是国际性的一个课题。关于曲刃青铜短剑问题，是靳枫毅的第一个考古学研究课题，他曾作过系统认真的研究。他发现朝鲜半岛的曲刃青铜短剑（即细型铜剑），剑脊和叶刃部分有节带特征，状如竹节，而辽西地区和东北其他地区出土的曲刃青铜短剑没有节带，同时还对与曲刃青铜短剑共存的器物群作了综合考察与研究，在这个基础上，他推断曲刃青铜短剑源于辽西地区，可能为东胡民族所首创，而后又影响及邻近地区的其他文化，他不同意属于古朝鲜。他的意见受到了国外重视，日本学者曾将他的论文全文翻译发表在日本考古学杂志《古文化谈丛》上。他在研究含曲刃青铜短剑文化遗存时发现两种情况，一种情况是在南山根类型中，有曲刃青铜短剑与直刃短剑共存的现象，另一种情况是在冀北山地一带，则有一些单纯直刃短剑的遗存。那么直刃短剑和曲刃短剑这两种文化遗存到底是什么关系？这就引起了他的思索。后来，他到了北京市文物研究所，便开始搞他的第二个课题，即含直刃匕首式青铜短剑的文化遗存问题。当他发现延庆这里的线索后，便及时开展了调查与发掘工作。

二 关于玉皇庙墓葬的特征

1 陶器，玉皇庙的陶器是红色夹砂陶为主，早期多为扁圆腹罐，这是最主要的；晚期出现泥质灰陶器，器型有两种，一是折肩罐，二是高柄豆。类型很简单，器形也很简单。

2 墓葬，主要是长方形的，中小型墓葬多，大型墓葬有一种“凸”字形的，还有一种是抹角梯形的，但最多的还是长方形，所以这里的墓葬是以长方形为代表的一群，无腰坑，无壁龛，无墓道，有二层台。

3 祭牲，大中型墓主要殉马、牛、羊、狗，一般小型墓主要是羊和狗。YYM18、YYM250 的死者是两个相当有身份的人，一墓殉杀的马、牛、羊、狗竟多达二三十只。

4 覆面习俗，用麻布做的用于蒙脸、带铜扣的覆面巾，在死者的头骨眼窝、鼻端部位往往遗有铜扣，有的铜扣的穿鼻里还遗有麻线痕迹，覆面习俗是这里的一个突出特点。

5 短剑，这里的青铜短剑都是直刃的，剑身与剑柄是连铸的。剑首上花纹最多的是盘羊角纹，尤其早期的盘羊角纹较突出，晚期是蛇形双环孔式柄首为主，另外还有一个特点就是柄部镶嵌绿松石，如 YYM156 就是其中一例。

6 牌饰，这里的牌饰都属于单体写实动物形半浮雕，马、虎、鹿都是单个成形，没有双马、双虎、双鹿组成一件牌饰的。动物形牌饰中以马形为最多，这里的牌饰多带有嵌窝，原来应是镶嵌绿松石的。

7 带钩，这里带钩的形式和中原的长带钩不一样，造型有马、瑞兽、蛇、蛙、刺猬和鸟等，带钩上也同样嵌有绿松石。镶嵌绿松石工艺，见之于青铜短剑、牌饰和带钩，是玉皇庙文化器物特点之一。

8 青铜礼器，这里发现有中原或燕的铜礼器，如铜鼎、敦、罍、盘、匜、鉶等，花纹有兽面、鳞纹、勾连云纹等，这反映出青铜器成分中有文化交流的现象。回溯2000多年前，站在八达岭上向南望是燕人之野，朝北望就是放牧的山戎。

9 尖首刀，这里有数例尖首刀出土，它们与青铜削刀之间的关系，值得注意。

10 关于炭化谷物，在玉皇庙墓地YYM2和YYM18的铜罍里，遗留有碳化谷物，看似粟粒，但到底是不是粟，还有待专家鉴定。这说明这里多少有一点农作物痕迹。

以上十点，反映了玉皇庙遗存的个性与特征，决定了它是一个单独的文化。

三 玉皇庙遗存与夏家店上层文化的区别

从墓葬形制上看，夏家店上层文化多为石棺，玉皇庙墓地均属土坑墓。从陶器上看，颜色大体一致，夏家店上层有红陶、红褐陶，这里也有红陶、褐陶，也是夹砂的。但是，夏家店上层文化有鬲，这里主要是罐，不见鬲。鬲在红山以后还是北方的东西。夏家店上层的鬲与这里的罐是有区别的。第三点区别是夏家店上层文化有石斧、有孔锤斧和石刀。玉皇庙这里没有这类石器，而只有砺石，鄂尔多斯也没有这类石器。所以夏家店上层文化的石器是很有标识意义的。第四点是青铜短剑，夏家店上层文化的短剑是曲刃、分铸的，剑柄端加有枕石；玉皇庙的短剑是直刃、连铸的，剑柄端不带枕石，二者区别甚为明显。

四 玉皇庙遗存与鄂尔多斯遗存的区别

在鄂尔多斯遗存的陶器中，毛庆沟那里虽然也有红陶，但更多的是泥质灰陶，灰陶是轮制、带细绳纹的；玉皇庙主要是夹砂红褐陶罐，即使晚期有泥质灰陶罐，但也很少有带细绳纹的。桃红巴拉的陶器是夹砂手制的，有带把的罐，玉皇庙的陶罐没有带把的，这看出二者在陶器上是有区别的。从青铜短剑上看，从大系统上讲都属于直刃剑，但二者之间仍有一些差别，如柄首，鄂尔多斯有鱼形柄首，还有触角和变形触角式的，与玉皇庙这里盘羊角式和蛇形双环孔式柄首是不同的。还有玉皇庙早期阶段短剑剑柄上往往带有穿鼻，而鄂尔多斯则不见。从牌饰上看，鄂尔多斯都是双牛、双马、双蛇、双鹿、双羊、双兽纹、双鸟纹，都是一个牌饰上两个动物，而玉皇庙这里都是单体动物。另外，鄂尔多斯牌饰上有虎咬猪、虎咬马、虎咬羊，这种咬斗纹的牌子，玉皇庙这里没有。还有，鄂尔多斯有青铜鹤嘴斧等工具，而玉皇庙这里不见。以上这四点是它们之间的区别。因此，玉皇庙既不是夏家店上层文化，也不是鄂尔多斯文化，玉皇庙应是一个单独的文化。

五 关于族属问题

山戎，历史文献上有记载，也称北戎。山戎没有专记，只散见于《管子》、《春秋》

等文献中。《东洋历史大辞典》第三卷三九二页山戎条：春秋时代蟠居在北方的蕃族，也称北戎。《礼记》王制篇，东方曰夷，南方曰蛮，西方曰戎，北方曰狄。山戎依《史记》集解，是鲜卑的一种，亦即北方蒙古族系通古斯族的一种。

北戎，《史记·齐太公世家》桓公称曰："寡人南伐至召陵，望熊山；北伐山戎，离枝、孤竹。"又同书《秦本纪》成公元年，"齐桓公伐山戎，次于孤竹。"《穀梁传·庄公二十九年》，又《左传·庄公三十年》，以及《管子》大匡篇、小匡篇，对于占据齐之北边，燕之近边的山戎，亦有多处记载，大略相当河北省北方山谷之间，其中心应在迁安县。春秋时代，山戎常入寇燕、齐，为燕齐边患。齐桓公与鲁国联合北伐之，收得大功。见《左传》、《穀梁传》、《公羊传》各庄公条、《史记》齐世家、燕世家、秦本纪、《管子》等，考定较翔实。

齐桓公北伐山戎，得到了山戎的冬葱和戎菽。菽是一种豆类，齐桓公带回了齐国。这条材料告诉我们，山戎是有点农业的，从文献上透出一点信息；从出土遗物看，还有点谷物种植的痕迹，这两点是一致的。游牧民族种地，有点农业这并不奇怪，也不只是这个地方有。像东胡人，也种点东西，也搞点农业。中国的历史是复杂的，不能从概念出发来看问题。周灵王三年（公元前569年）山戎与晋和好，常拿虎皮、豹皮去做买卖，做交易，这是好的时候，不好的时候就打。公元前541年，无终群狄与晋战，山戎和北方的狄人一起到了太原，大闹太原。山戎和齐发生过关系，西边与晋发生过关系，所以它的位置在齐、燕、晋三个国家包围之中，因此推断延庆这块地方属于山戎，我觉得还是有一定道理的。

六 一点建议和希望

我感觉，夏家店上层文化是一样，玉皇庙文化是另一样，西边的鄂尔多斯又是一样。因此，从考古学惯例来看，是不是把玉皇庙遗存定名为"玉皇庙文化"，而推断说属于山戎。因为发掘出500多座墓葬，出土了数万件文物，拥有从滦河到潮白河这么广阔的特定地域，已清楚地显示了其自身的个性，所以定为一个考古学文化，我觉得没什么大的偏差。但是我们推断是"山戎"，凡考古工作者都知道，我们的考古材料如果没有得到证实，无论怎么说都还是"推断"。推断属于山戎，不是说是山戎。这两者是有界限的。考古是一门实证的科学，当考古学说"是"的时候，也就不能说"不是"了。但是这种实证是很难的，晋宁石寨山那批材料，认为是滇人的。那是因为有出土文字的实物证实了那批东西的确属于滇族的，这是真的。除此而外，大都是推断。搞民族史的同志，经常追问出土的东西到底是属于哪一族的。而我们搞考古的大都是推断。推断是允许的，至于说"是"，就不好办，关于这个问题许多同志想请搞人类学的专家解决。但体质人类学只能搞到"种"，再往下搞到族属那就难了。这不是我们国内人类学家水平低，世界上的人类学家都是这个水平，现状如此。夏家店上层与玉皇庙这里，都清楚一些了，那么再往西，再往晋北、内蒙古的西部多做一些工作，大家合作，把文化面貌搞清楚，同样十分重要，因为往西还有林胡、楼烦，还有匈奴。

借北京市文物研究所编纂的《军都山墓地》发掘报告出版之机，提出以上几点看法，供学术界讨论。愿本报告的出版能更好地促进和推动中国北方青铜文化考古和北方民族学相关课题的研究。

佟柱臣

2005 年 6 月 26 日

前　言

冀北山地一带蕴藏的含直刃匕首式青铜短剑的文化遗存较为丰富，早在新中国成立前就有发现，至20世纪60年代以来，更有十余处遗存地点有成组或成批器物出土，但这些发现均属被动发现，绝大多数为零散征集资料，经科学发掘者甚少，据此研究此类文化的性质、年代、源流及与周邻文化关系等问题，无疑存在很多困难。有不少学者曾将这类遗存或直接视为夏家店上层文化，或与夏家店上层文化混为一谈。那么这类遗存的内涵特点到底是怎样的？其文化性质到底该如何认定？它与夏家店上层文化到底是什么关系等，学术界对此一直相当关注。鉴于这种情况，1985年北京市文物研究所主动组建了军都山考古队，专以探索此问题为课题，赴北京市延庆县军都山一带进行了考古调查，在调查的基础上，选择了玉皇庙、葫芦沟和西梁垙三处属于东周时期含直刃匕首式青铜短剑为其主要文化内涵特征之一的氏族部落墓地，于1985年8月至1991年11月进行了有计划的科学发掘。这项为解决学术问题而主动开展的考古调查与发掘工作，最终取得了较为理想的成果，其中以玉皇庙墓地规模最大，墓葬数量最多（发掘墓葬400座），其中既有普通的中、小型墓葬，也有数量较多规格级别较高的贵族墓葬，出土文物较为丰富，资料系统而完整。更为难得的是，在该墓地发现了可以区分早、晚期墓葬的地层资料，这不但为该墓地的分期断代提供了科学依据，而且为解决整个冀北山地此类文化遗存的分期断代问题找到了一把钥匙，树立了一根标尺。鉴于玉皇庙墓地所具备的代表性特点和较高的学术价值，我们特将以军都山玉皇庙墓地为代表的文化遗存，命名为“玉皇庙文化”。以期今后对冀北山地同类文化遗存的深入研究，起到推动和促进作用。

本课题工作的开展，曾得到恩师苏秉琦、佟柱臣二位先生和北京市文物研究所第一任所长于杰先生，及北京大学考古系著名教授邹衡先生、原中国历史博物馆馆长俞伟超教授的热忱支持与关怀，他们曾先后亲临发掘现场为我们作专业教导，并亲笔题词加以勉励。此次我们特将《苏秉琦先生关于开展军都山考古调查和视察葫芦沟、玉皇庙墓地的三次谈话》，收入本报告予以发表，以表达我们对恩师的深切怀念与由衷的感谢。

本报告主要分为综述分析和资料介绍两大部分。综述分析部分以墓地概况和葬制与葬俗两方面内容为主组织、分析材料；资料介绍部分包括墓葬和随葬器物两部分内容，墓葬资料以分期先后为序，以墓葬为单位，全面、系统分区叙述；随葬器物资料，按器类组织材料，逐项全面、系统叙述，有值得讨论的问题，均在材料介绍完之后，加以讨论。插图与各专项统计资料详备，图版内容也较充实。

本报告还特别注重反映在发掘和整理过程中开展多学科综合研究的相关成果，共收录科学鉴定与检测研究报告12篇，共有20余位不同学科的专家参与了这些项目的检测与研究工作。我们之所以邀请和组织这么多科学家参与本课题多个项目的检测、分析、实验、考察与研究，目的就是想通过多学科的综合考察与研究，能够尽量多地发掘出这批考古资料中所蕴含的各项历史文化信息，能对玉皇庙文化有更全面、更深入的了解和认识，最终能使这一课题的研究获得更大范围、更大程度的突破。这些科学家的研究成果，均被收在本《报告》附录中，可供广大读者学习、参考。

在调查和发掘过程中，我们曾得到中共北京市委、市政府，延庆县委、县政府，县文化文物局、县文物管理所，旧县乡和靳家堡乡党委、乡政府，以及古城村和玉皇庙村党支部和村委会等各级领导的重视和多方支持与帮助；在发掘期间，曾得到中国考古学会和中国社会科学院考古研究所所长王仲殊、副所长安志敏、张长寿、徐光冀、乌恩诸位领导及技术室高级工程师王振江、丁六龙等先生的热诚支持与指导；国家体委安阳航校热气球飞行中心专家组三位专家，协助我们圆满完成了玉皇庙墓地全景鸟瞰摄影任务；从前期发掘到后期资料整理和报告的编写与出版，自始至终我们都得到国家文物局和北京市文物局，以及北京市文物研究所历届领导的关心和大力支持，并得到全国哲学社会科学规划领导小组各位专家和文物出版社领导的关心和热忱支持，在此一并致以诚挚的谢意。

第一章　绪　论

地理环境与历史背景

一　地理环境

北京位于华北大平原的北端，地跨北纬39°28′～41°05′，东经115°25′～117°30′。北与河北省赤城、丰宁、滦平县相邻，南与河北省涿州市、固安县、永清县、廊坊市交界，东与河北省兴隆、三河、大厂、香河县和天津市蓟县、武清县接壤，西与河北省怀来、涿鹿、涞水县相连，东南距渤海约150公里。西、北和东北部是山地，中南与东南是平原，地势西北高东南低。西部山地总称西山，属太行余脉。北部山地总称军都山，属燕山山脉，是冀北山地主体组成部分之一。北京地区发现的东周时期含直刃匕首式青铜短剑的文化遗存，就集中分布于延庆县境军都山脉南麓地带。其间夹有若干山间盆地与河谷，两岸山势巍峨，雄峻磅礴。主要河流属海河——蓟运河水系，东有潮白河、洵河，南为北运河，西有永定河、拒马河。它们皆顺地势自西北流向东南，汇入海河，而后泻入渤海。北京所处的地理环境，正如古人所云：幽燕之地，龙蟠虎踞，形势雄伟，右拥太行，左挹苍海，北依山险，连接朔漠，南望中原，控扼江淮，诚天下之北门也。因地处四方交通要冲，具有极为重要的战略地位，故历来为军事重镇和重要的行政中心或政治、文化中心，也是历来兵家必争之地。

因气候与新构造运动的影响，北京山区大多植被稀疏，切割剧烈，基岩裸露。从地质构造看，北京地处几大构造带的交汇复合部位，地质构造较为复杂，褶皱断裂比较发育。

在山地与平原的交接地带，即山麓地带，地势较平原高，但又较山地平，多有泉水出露和河谷通道，特别适于古代人类生存与发展。

居庸关外的延庆盆地，就是这样一处既便于交通，又具有凉爽草原植被特点，既宜于畜牧，又宜于农耕的较为理想的人类聚居环境。

延庆县地处居庸关和八达岭长城以北，属于“塞外”。怀来—延庆盆地，自东向西倾斜，妫水河由东向西注入官厅水库，而后南流入永定河。其西与河北省怀来县相邻，其北与河北省赤城县搭界，其东与怀柔县接壤，其南与昌平县相连。地势高程在海拔500米以上，年平均气温比昌平县以南平原地区低3～5℃，气候凉爽，大体与冀北张家口地区和承德地区近似。据地质专家以孢粉检测结合地层同位素年龄分析，延庆盆地第一阶段，在距今9000年前，是气候较冷的针叶林植被；第二阶段，在距今5000年前，是略转暖偏湿的针阔叶混合林植被；第三阶段，距今4510～3215年前，是又一次呈现较冷气候的针叶林植被；第四阶段，距今3000～1895年前，是大片油松森林已退缩到山区，广大山前平原已变成以蒿类为主要植被的温爽草原世界的时期。若再细致分析，可得出进一步的结论：在距今约5000～2500年前这一时期，在北京和冀北平原上，是追随第二阶段进一步转向温暖湿润，而只有延庆盆地和冀北山地一带，其气候显得返冷返旱，植被以蒿类占明显优势，夹杂着禾草、藜等草本植物和卷柏树木及水龙骨等蕨类，呈现一派草原景象，盆地周围的山坡上，生长着不太茂盛的松、栎、桦等树木。这表明，在距今约2300多年前，延庆盆地和整个冀北山地一带，其气候总的趋势特点是不热不冷，不干不湿的温爽气候。

以含直刃匕首式青铜短剑为其主要文化特征之一的军都山墓地，位于北京市延庆县延庆盆地北缘军都山脉南麓，妫水河北岸，坐落在靳家堡乡玉皇庙村东和旧县乡古城村北葫芦沟及古城村西北西梁垙山坡上。这三处墓地的高程，在海拔531.3～625.7米之间。这是东周时期属于中国北方一支游牧部族的三处氏族部落墓地。

二 历史背景

北京是伟大祖国的首都，是全国的政治和文化中心，同时她又是一座举世瞩目的历史文化名城。她不仅是北京猿人的故乡，而且早在三千多年前的西周初期，就被辟为北方燕国的都城。春秋、战国时期，继为燕国，都于蓟城。汉、唐为幽州治所。辽称燕京，一名南京。金为中都。元为大都，明、清称北京，为君临天下，统治全国的帝都。俗称幽燕之地。

延庆县地，据《延庆县志》卷之一，建置记载（清李锺俾总修，穆元肇纂修，乾隆七年重修本。以下凡引《延庆县志》者，均出自此书，不再赘述），在周代属幽州北境，战国燕昭王北拓疆土，筑长城，置五郡时，属上谷郡。秦因之。西汉属上谷郡居庸县和夷舆县。晋属广宁郡。魏合上谷，广宁为东燕州。齐改东燕州为北燕州。隋省北燕州，以其地属涿州。唐武德中为北燕州；贞观中改妫州；武宗析置儒州。后唐废帝三年，晋主石敬瑭遣赵莹以山后十六州（幽、蓟、瀛、莫、涿、檀、顺、妫、儒、新、武、云、应、朔、寰、蔚）赂辽，辽废妫州，号可汗州。宋宣和四年，金陷辽；新、妫等五州，以其地归宋，筑固疆城守之。宣和六年，复陷于金；金明昌六年，改妫川县。元仁宗升晋山县为龙庆州。明洪武初，属永平府；三年，改属北平府，后徙民于关内，州遂废，城郭榛芜者四十余年；洪武十二年，置永宁卫；永乐十二年，复置州，迁民以实之，改龙庆为隆庆，属北京行部，并置永宁县于永宁卫城；永乐十八年，州隶京师；隆庆元年，改称延庆，领永宁县；宣德元年，徙隆庆左卫附永宁县，七年，徙永宁卫后千户所隶于延庆州；隆庆元年，又改隆庆卫为延庆卫。清因之，顺治六年，省永宁县，属宣化东路府；康熙四年，谕令宣镇并保安、延庆二州、隶山西、寻又隶畿内。

延庆北邻边塞，南捍京师，是北京的“北门锁钥”，具有极其重要的战略地位，历来为兵家必争之地。

据《新唐书·地理志》（宋欧阳修、朱祈撰，卷三十九，志第二十九，地理三，第1021～1022页，妫州妫川郡条，中华书局1975年2月第1版）云：其地“东南五十里有居庸塞，东连卢龙、碣石，西属太行、常山，实天下之险。有铁门关。西有宁武军，又北有广边军”。《舆图备考》曰：此地“南挹居庸，北距龙门，地临险要”（明崇祯六年潘光祖辑，李云翔参订《汇辑舆图备考全书十八卷》，清顺治七年刻本，延庆州条，史21～545页，《四库禁毁书从刊》史部22，北京出版社2000年1月）。《延庆县志》卷之九艺文八，收有明人许纶所作《防守要害论》云：“宣府山川纠纷，地险而狭，分屯建将，倍于他镇，是以气势完固，号称易守。然去京师不四百里，锁钥所寄，要害可知。”《延庆县志》卷之九艺文一二，又收有明人林廷举所作《延庆县城记》曰：“距居庸北，有州曰延庆，相传建自金元，沿革湮没无徵。永乐甲午，太宗（明成祖）皇帝巡狩北边，驻跸团山，以斯地厥土旷沃，群山环峙，遂创州治，迁民以实之，命官以莅民。”是州乃“拱卫京师，控制朔漠，诚为要害”之地。于是于永乐十二年七月初二日，兴工筑城。城有三门，“南曰奉宣，北曰靖远，东曰致和。屹然金汤之固，诚北门之屏翰也”。

《延庆县志·卷之二·城池》篇云：“夫延庆，为居庸外卫，北邻边塞，南捍神京，设险之义，曷可忽乎哉！”又据《延庆县志·卷之八·边防》篇云：“延庆居居庸之北，宣府之左，中外之限，仅界一墙，腹边相距不过百里，为必争之地。然以四海冶、周四沟诸口，为之门户，永宁、柳沟，左提而右挈之。岔道当其前，千家店扼其后，重岡复岭，绝壑悬崖，亦天设之险也。”又云：“延庆州在京师北一百四十里，出居庸关，首冲之要害也。”

自春秋以降，中国北方几支主要的骑马部族，无不经此要道侵犯或夺取幽州，直逼京师。如春秋、战国之际的山戎伐燕、病燕；东汉之际的鲜卑寇上谷、陷居庸关；唐代的突厥屡犯妫州，北宋割妫州等燕云十六州与契丹；南宋时金人与蒙古骑兵大战于缙山（地在延庆）；元军夺此建立大都，统一全国；有明一代，蒙古马队屡经怀来——延庆盆地，闯八达岭长城和居庸关，叩京师北门，等等。这些史实充分表明，延庆确为北京北部的枢纽咽喉之地，具有特别重要，无可替代的战略地位。

延庆县历史悠久，地上地下文物十分丰富。根据调查和考古发掘，上起旧石器时代，下至周、秦、汉、唐、辽、金、元、明、清，历代文物遗存在全县均有广泛分布。其中尤以在延庆盆地北缘、军都山南麓发现的东周时期含直刃匕首式青铜短剑的文化遗存最为丰富，具有特别突出的历史价值和学术价值。

课题的确立与调查、发掘经过

在辽西地区夏家店上层文化南山根类型遗存中，有曲刃青铜短剑和直刃匕首式青铜短剑共存的混合现象；在越过七老图山脉和滦河以南地域至燕山、军都山地带，即通常所称的冀北山地一带，则基本不见曲刃青铜短剑，而常发现直刃匕首式青铜短剑。这一文化现象，早在20世纪60年代至80年代初即已显现，惟冀北山地一带所发现的直刃匕首式青铜短剑资料颇为零散，缺乏成批的、系统的、有代表性的科学发掘资料。这就使人们对这一现象的认识一直比较模糊。

为了积极探索冀北山地含直刃匕首式青铜短剑文化遗存的内涵特征，从考古学上解决这一文化遗存与夏家店上层文化、燕文化，以及匈奴文化的区别问题，1985 年 6 月，在北京市文物研究所第一任所长于杰先生的大力支持下，组建了军都山考古课题组。此项工作得到了苏秉琦和佟柱臣二位先生的热忱支持。在调查之前和发掘过程中，二位先生不顾自己工作繁忙和年事已高，对本课题的工作给予了多次耐心的指导。尤令我们难忘和怀念的是，在军都山墓地发掘期间，苏先生先后两次亲临发掘工地现场进行指导，第一次是 1985 年 11 月 14 日，在葫芦沟墓地；第二次是 1986 年 5 月 22 日，在玉皇庙墓地（这一次佟先生也一起陪同）。苏先生两次都发表了重要的指导意见。为了深切缅怀和纪念苏先生对本课题工作的关怀与教导，我们特将苏先生关于军都山考古调查和视察葫芦沟、玉皇庙墓地的三次谈话，收入本《报告》，以求与考古界同仁共勉。

田野调查，自 1985 年 7 月中旬至 8 月中旬，历时 1 个月，延庆县文物管理所所长于秉银和程金龙同志积极协助，同我们一起调查了军都山脉南麓及怀来——延庆盆地缘边地带的 7 个乡、镇（旧县乡、永宁乡、清泉铺乡、靳家堡乡、张山营乡、康庄乡、城关镇）的沟壑河谷，明确发现了十余处含直刃匕首式青铜短剑文化遗存的地点，初步了解到此类青铜文化在分布上的地质地理特点（图一）。

发掘工作，第一处地点，选择在延庆县旧县乡古城村葫芦沟墓地。第一期发掘自 1985 年 8 月 20 日至 1985 年 12 月 10 日告一段落，共发掘古墓葬 107 座，完成了葫芦沟墓地北区和南区北部部分墓葬的发掘。第二期发掘，自 1986 年 4 月 17 日至 1986 年 9 月 24 日，共发掘古墓葬 81 座，完成了葫芦沟墓地南区全部墓葬的发掘。至此，该墓地的发掘工作全部结束。

第二处地点，选择在延庆县靳家堡乡玉皇庙墓地。玉皇庙墓地规模较大，发掘工作共分六期进行。第一期，自 1986 年 4 月 18 日至 11 月 25 日；第二期，自 1987 年 4 月 1 日至 12 月 5 日；第三期，自 1988 年 5 月 14 日至 11 月 30 日；第四期，自 1989 年 4 月 1 日至 11 月 30 日；第五期，自 1990 年 4 月 1 日至 11 月 25 日；第六期，自 1991 年 4 月 3 日至 11 月 15 日。共发掘古墓葬 400 座。

第三处地点，在延庆县旧县乡古城村西梁垙墓地。起因于北京广播学院师生 1987 年 4 月在这里的植树劳动。学生在西梁垙山坡挖“鱼鳞坑”时，发现了一座古墓，出土了一组含直刃匕首式青铜短剑在内的青铜遗物，本课题组遵照北京市文物局的指示，在一边发掘玉皇庙墓地的同时，及时派人前往调查，并于 1987 年 4 月 12 日至 7 月中旬，正式发掘了西梁垙墓地，共发掘古墓葬 47 座。

以上三处墓地，均分布在延庆盆地北缘，军都山脉南麓，文化性质相同，均属冀北山地含直刃匕首式青铜短剑的玉皇庙文化墓地。三处墓地共发掘此类文化墓葬 594 座（非属玉皇庙文化的墓葬未计），出土各类富有特色的大、小件文物 6 万余件。

这是迄今为止中国东周时期考古发掘中规模最大、墓葬数量最多、出土遗物最丰富、所获考古资料最为系统和完整、具有重要历史价值和学术价值的北方游牧和畜牧文化的氏族部落墓地。军都山墓地的发现与发掘及其文化性质的认定，是 20 世纪 80 年代中国北方考古的一项重大成果。

开展多学科综合研究

开展多学科综合性考古调查、发掘与研究，是当前国际考古学界的一大发展趋势。为坚持科学性，

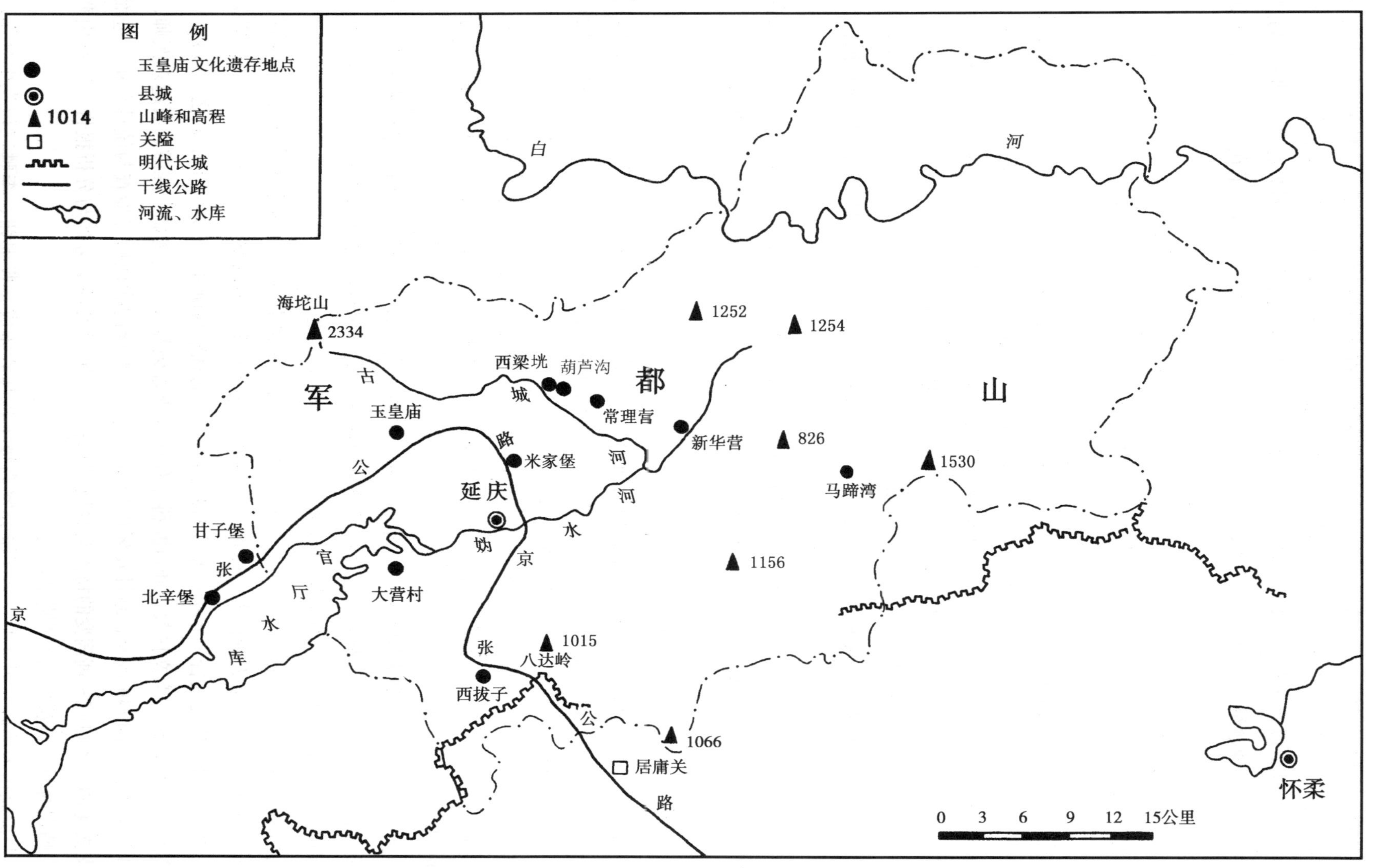

图一 军都山墓地地理位置图

并从发掘资料中获取更多的有研究价值的信息，尽力克服考古学科自身的局限性，本课题组从发掘工作伊始，到发掘工作结束，以至于在进入后期资料整理过程中，都一直注重利用现有条件，尽最大努力，尽量多一些地采取现代科技手段，开展多学科综合考察与研究工作，以对发掘对象进行多角度、全方位的研究。本课题组从1985年9月开始，至1999年12月止，在14年时间里在这方面进行了如下多项探索性实践。

1. 为了解军都山地带古气候和古植被特点，请中国科学院地质研究所研究员周昆叔先生，对军都山玉皇庙墓地的地层土样，进行了孢子花粉测试分析，撰写出科学检测分析报告《军都山玉皇庙墓地孢粉分析》（见《附录》之一）。

2. 与国家地质矿产部科技司专家组研究员郑克棪、北京市地质研究测试中心高级工程师萧中正、李惠华、周鸿勋四位先生合作，对分布于燕山、军都山、桑干河、妫水河、潮白河流域的含直刃匕首式青铜短剑文化遗存的诸地点，进行了古地理地貌的地质学考察，从而对这支青铜文化所处地质环境问题作了专题研究，撰写出科学考察报告《山戎人生活的地质环境研究》（见《附录》之二）。

3. 与中国科学院上海硅酸盐研究所研究员陈显求、李家治和方崚博士合作，对军都山玉皇庙墓地出土的陶器，作了陶器成分、烧制火候与工艺等方面的化验、测定与研究，撰写出科学检测报告《军都山东周山戎陶器的组成和工艺研究》（见《附录》之三）。

4. 与北京科技大学冶金史研究所韩汝玢教授和硕士研究生许征尼合作，对军都山墓地出土的青铜器物成分作了检测和鉴定，撰写出科学鉴定报告《北京市延庆县山戎墓地出土铜器的鉴定》（见《附录》之四）。

5. 与中国科学院自然科技史研究所研究员何堂坤先生合作，对军都山墓地青铜器铸造技术工艺，进行了专题考察和检测分析，撰写出科学考察与研究报告3篇：（1）《军都山墓地青铜铸造技术初步考察》；（2）《北京市延庆县军都山山戎青铜合金技术初步研究》；（3）《延庆玉皇庙墓地出土的铜柄铁刀及其科学分析》（见《附录》之五、六、七）。

6. 与中国科学院自然科技史研究所赵汉生先生合作，对军都山玉皇庙墓地出土的纺织物标本，进行了材料质地、纺织工艺等项鉴定与检测，撰写出科学检测分析报告《军都山墓地残存纺织品的检测与分析》（见《附录》之八）。

7. 与中国科学院植物研究所古植物研究室研究员朱为庆先生合作，对军都山玉皇庙墓地出土的青铜器内所盛谷物的种属成分及酿酒工艺进行了测试与研究，撰写出科学检测与研究报告《军都山玉皇庙墓地春秋时期青铜罍中残留谷物的检测与研究》（见《附录》之九）。

8. 请中国社会科学院考古研究所体质人类学研究室研究员潘其风先生对军都山玉皇庙、葫芦沟、西梁垙3处墓地出土的全部人骨标本的性别、年龄等，进行了逐个现场鉴定，并作了系统的体质人类学研究，撰写出科学研究报告《军都山东周墓地出土人骨的观察与研究》（见《附录》之一〇）。

9. 请北京医院副院长栾文民教授和口腔科主任医师李善荣教授及刘文斌、陈霞、石越东医师，对军都山3处墓地出土的146例死者颌骨及牙齿标本，进行了系统的病理病变检查与统计分析，进而考察了这支文化的主人口腔病理病变的特点与食物结构特点，撰写出科学考察与分析报告《军都山墓地死者牙齿情况统计与分析》（见《附录》之一一）。

10. 与北京市地质研究测试中心物探研究室高级工程师武铸成、曹锦茹、李甦三位先生合作，对军都山墓地进行了物探探查古墓的实验，获得成功，并撰写了科学实验报告《军都山玉皇庙墓地物探报告》（见《附录》之一二）。

11. 请中国社会科学院考古研究所科技信息研究中心碳十四实验室和北京大学考古学系碳十四实验室，对军都山墓地出土的殉牲兽骨、木炭和人骨标本，分别进行了碳十四年代测定。（见《附录》之一三）

12. 请中国社会科学院考古研究所考古动物学研究室研究员周本雄先生，对军都山玉皇庙、葫芦沟、西梁垙三处墓地的殉牲骨骼标本的种属，进行了现场鉴定，得出了明确结论。

13. 与国家体委安阳航校热气球飞行中心专家组合作，对军都山玉皇庙墓地，采用了热气球高空摄影作业（彩版三，2），成功地拍摄了玉皇庙墓地1986—1987年度考古发掘现场全景鸟瞰图。

14. 在开展上述诸项综合研究过程中，为了总结经验，加强各学科之间的交流与沟通，本课题组于1990年8月，在军都山墓地附近的延庆县宾馆，召开了一次多学科专家学术交流研讨会——军都山东周山戎文化考古成果学术研讨会，取得了良好效果。原国家文物局副局长黄景略先生出席了这次会议，他在听取了各学科专家的考察与研究报告之后，非常高兴，对本课题组在考古调查和发掘过程中，重视开展多学科综合考察和研究工作，并取得一批可喜成果，表示满意，并给予高度评价，他鼓励我们应继续坚持做下去，并倡导向全国文物考古部门推广北京的这一做法（参见北京市文物研究所所刊《北京文物与考古》第3辑第138页，1992年）。

本课题组所开展的多学科综合研究工作，自始至终都得益于苏秉琦、佟柱臣二位先生的指导与教诲。苏、佟二位先生在军都山墓地发掘之初，即怀着极高的兴致和关切之情，亲临发掘现场指导；佟先生还特别致信叮嘱我们："一定要注意引进自然科学测试和研究手段，不失时机地运用于考古发现和考古成果的整理之中。在条件允许的情况下，尽量多做几项检测和分析，以补充考古学科自身的局限和不足。这样，才会使已取得的考古学成果，能够在更广阔的研究天地中，充分发挥其资料作用。也只有如此工作，才能发掘出考古学资料的真正学术价值。"苏秉琦先生在中国考古学会第七次年会开幕词中又深刻提出一个奋斗目标：中国考古学工作者当前一个重要的使命是"认清形势，走向世界"。两位先生的谆谆教诲，饱含着对中国考古学科发展前景的关切之情，我们作为后学，自当身体力行。

关于玉皇庙墓地的保护与利用

因为玉皇庙墓地规模宏大，绝大多数墓葬保存完整，出土文物丰富，且独具特点，埋葬习俗明显不同于燕文化和中原文化，也不同于学术界已知的北方地区先秦时期其他青铜文化和早期铁器文化，具有自成体系的草原青铜文化特征，对于研究北京地区的先秦史和中国北方民族史，具有重要的历史价值和学术价值，因此，在该墓地发掘过程中，我们即考虑如何在原址采取有效的保护措施，以为后人在这里留下一页活的历史教材。

1987年5至7月，我们曾邀请俞伟超先生和王㐨先生等专家，到墓地现场进行考察和研讨，帮助制定保护方案。经研究，选择该墓地东北角高坡处，划定40座大、中、小型墓葬（已经发现，但尚未发掘者），作为代表性保护范围，占地约1000平方米，拟建一座现场保护大厅，将划定的40座大、中、小型墓葬罩在其中，内设悬梯迴廊，可供参观。此意见得到北京市文物局和北京市政府的重视，原则上同意，并拨专款20万元予以支持。由于经费数额所限，最后只好修改为保护10座墓葬，保护大厅的实际面积缩小至400平方米。此保护厅于1989年9月底建成。同年10月1日，我们进入厅内进行发掘，将保护的10座墓葬，逐一仔细清理，于11月底，发掘工作全部结束。保护厅内的10座墓葬的编号是：YYM228、229、230、231、232、233、250、279、280、282。每座墓葬的墓室、棺椁、死者的尸骨、随葬品以及殉牲等，均原状保留。

原中央政治局委员、中共北京市委书记李锡明同志为这座墓葬陈列馆题写了馆名："山戎墓葬陈列馆"。这是国内第一座以春秋时期北方游牧部族文化命名的古墓群现场陈列馆。被确定为北京市级文物保护单位。展厅内还配置了有关军都山墓地的调查和发掘成果展览，厅外的墙体上装饰有巨幅彩色瓷砖壁画——瑰伟古朴、绚丽夺目的山戎文化野兽纹图案。山戎墓葬陈列馆于1990年1月1日起正式对外开放。日常管理工作交由延庆县文物管理所负责。

这座陈列馆，从一个局部概括地反映了东周时期冀北山地含直刃匕首式青铜短剑文化遗存的埋葬制度特征和文化面貌特点，使人们生动而具体地了解到北京地区先秦历史的重要一章。迄今已接待国内外来宾和游人数万人，收到了较好的社会效益。这是本课题组在文物保护工作方面，所做的一项有意义的尝试。

第二章　玉皇庙墓地

壹　墓地概况

一　墓地位置与地貌特征

玉皇庙墓地位于延庆县城西北约13公里、靳家堡乡玉皇庙村村东军都山余脉的一片向阳台地上。台地北高南低，整个墓地坐落在海拔550~530米高程之间，由北而南缓慢倾斜，以100米左右的宽幅环绕山前，贴靠在延庆盆地西北部边缘（彩版一）。台地北依海坨山南缘之中低山无名峰，山峰高程约1000米，东西两边，是隆起的两个馒头状的山丘，南临妫水河冲积形成的宽约2000米的二级阶地，而后再经3000米左右的一级阶地和河漫滩，抵妫水河，该处海拔高度约470米。墓地范围，东西长近200，南北宽近100米，占地面积总计近20000平方米，共发掘春秋时期古墓葬400座（图二；彩版二）。在墓地南部，有玉海（玉皇庙至海坨山）盘山公路自东而西穿过，然后向北再奔东北盘山而上。在墓地西侧200米的黄土高台上，残存有建于明代的玉皇庙旧址，玉皇庙村因此寺庙而得名。再往西500米，有一条南北走向的沟谷，北连山涧而南通妫水，早年山泉奔涌，经年不断，近年已泉干河涸。墓地南侧15公里，有京张公路自东而西通过。再往南20公里，穿过延庆盆地，即为巍峨磅礴的八达岭天险，蜿蜒雄奇的明代万里长城，犹如一条巨龙，自东而西飞腾在茫茫云海之间。西南6公里，为波光粼粼、一碧万顷的官厅水库。位于官厅水库北岸的两处重要的东周时期山戎文化墓地——怀来县北辛堡和甘子堡墓地，即近在咫尺。

从地质构造看，玉皇庙墓地一带有显著的海坨山基岩裸露，在山前有一条大断层，顺山麓走向，使延庆盆地整个下陷。在玉皇庙北坳口可见古老的白云岩与更新世晚期的黄土质砂质黏土相接触，特别突出的是，在此断层南约40~60米处，出现一条时代最新的活动性断层，将更新世晚期和全新世的地层均断开，由于这条断层的活动导致了玉皇庙墓地曾经历过两期泥石流的劫难。地貌单元，整个墓地均坐落于妫水河二级阶地北缘山前低台地上，上面被晚期泥石流全面覆盖；往北为老洪积山前台地；

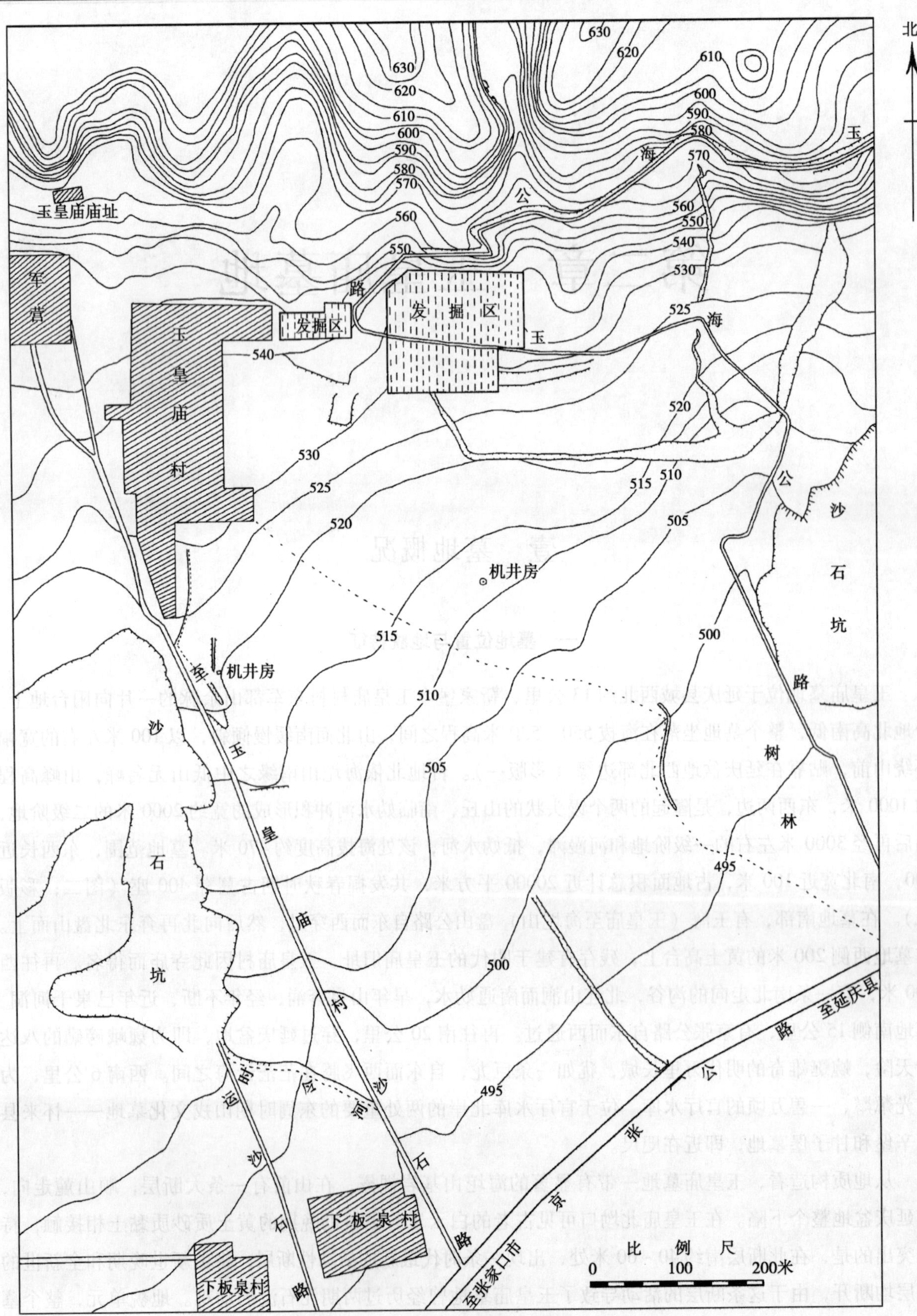
北
玉皇庙庙址
军营
玉皇庙村
发掘区
发掘区
玉海公路
机井房
机井房
至玉皇庙村
沙石坑
沙石坑路
树林
运河沙石路
沙石路
下板泉村
下板泉村
京张公路
至延庆县
至张家口市
比例尺
0 100 200米

图二 玉皇庙墓地地形图

再北即为山区；往南则接妫水河广阔的二级阶地；再往南延伸，则为一级阶地和河漫滩。

根据地质专家对延庆盆地所作的钻探分层孢粉与同位素年龄的研究和我们在玉皇庙墓地采集的孢粉样品的检测结果，延庆盆地军都山地带玉皇庙墓地及其周围地区，在两周之际至东周时期的古气候与古植被状况是：这一带由于较北京平原地势偏高、偏北，其气候与植被较平原地区存在显著差别，总的趋势是进一步返冷返旱，变得较干凉，在盆地周围的山上生长着并不茂盛的松栎、桦等树木，草本植物则以蒿类占优势。这一古气候与古植被特点，在冀北山地一带颇具代表性。

二　墓葬的发现、发掘、分区与编号

玉皇庙墓地的发现，起因于1981年初，延庆县靳家堡乡玉皇庙村农民吕树友在村东山坡前“取土场”取土，毁坏春秋时期古墓2座，将出土的部分青铜器物，托人带到北京出卖，被北京市文物工作队征得，后经调查，共收集到这2座墓葬各种随葬文物44件，计有直刃匕首青铜短剑2，铜镞4，铜刀2，铜锛1，铜锥2，长方形铜锥（针）管具1，铜带钩1，长方形动物纹铜牌4，鸟形铜带饰20，长方形卷云纹铜带饰4，铜铃形饰1，铜泡10，绿松石珠2枚。同年4月，延庆县公路局在这里修筑玉海盘山公路，在筑路取土过程中，又碰到春秋时期古墓2座，出土了直刃匕首铜短剑1件，长方形铜锥（针）管具2件，由靳家堡乡文化站收集上来后，交给延庆县文物管理所保存。据此线索，1985年9月，我们在发掘葫芦沟墓地的同时，即抽调2名探工，到玉皇庙村东山坡前“取土场”（即玉皇庙墓地）进行了勘探，在1号取土坑西侧（即北区中部），探得东向古墓4座，北向明清时期墓葬5座。因探明的这4座东向古墓，墓圹都不深，怕继续钻探，会对墓内人骨及随葬品造成损坏，故立即中止了勘探工作。遂继续将葫芦沟墓地的发掘工作告一段落。玉皇庙墓地的发掘，准备翌年春季再进行。

1986年4月18日，玉皇庙墓地发掘工作正式开始（彩版三，1）。因墓地规模宏大，墓葬数量多，并有若干大、中型墓葬，全部发掘工作直至1991年11月15日结束，中间未曾间断，前后历时近6年。

发掘方法，采取了分区、分段、分期依次逐层全面揭露的方法。根据墓葬在墓地中的自然方位和地层特点，首先将整个墓地划分为三区——北区，南区和西区，然后又根据三区的地势面积的大小和墓葬数量的多寡，再分段，分期逐步进行有计划的科学发掘。如北区，又划分为北Ⅰ区和北Ⅱ区；在北Ⅰ区中，又细分为北Ⅰ区北部、中部、南部和西部；北Ⅱ区中，又细分为北Ⅱ区北部、中部和南部；南区，又细分为南区北部、中部和南部；西区因地势差别不大，地层堆积基本一致，面积较小，墓葬数量不多，年代相近，故未作细分。

发掘顺序，先以北Ⅰ区中部钉了标桩的4座被探明的东向古墓为中心，向四周扩方作全面揭露，发掘完北Ⅰ区之后，接着发掘了北Ⅱ区，然后发掘了西区，最后发掘的是南区（图三）。

各墓区墓葬数量及编号，北Ⅰ区中部共有墓葬30座，墓葬编号依次为：YYM22、21、20、35、32、33、34、31、30、29、27、28、25、19、17、16、15、1、2、3、18、14、13、4、11、5、9、10、23、24；北Ⅰ区西部共有墓葬6座，墓葬编号依次为：YYM82、386、300、385、383、384；北Ⅰ区北部共有墓葬15座，墓葬编号依次为：YYM36、26、296、297、298、293、295、299、294、292、291、287、288、289、290；北Ⅰ区南部共有墓葬7座，墓葬编号依次为：YYM12、8、6、101、7、103、

102；北Ⅱ区北部共有墓葬43座，墓葬编号依次为：YYM248、246、249、278、281、242、243、244、245、279、280、387、283、285、37、98、284、277、250、282、251、230、229、233、231、228、232、227、241、264、276、97、99、38、39、226、240、252、265、275、96、47、40；北Ⅱ区中部共有墓葬54座，墓葬编号依次为：YYM234、239、253、263、274、45、43、42、41、225、235、254、262、266、273、46、44、236、238、237、255、256、261、267、272、94、49、89、90、257、259、247、268、270、271、48、95、258、260、269、51、50、65、191、190、88、125、188、52、54、100、66、67、68；北Ⅱ区南部共有墓葬39座，墓葬编号依次为：YYM212、208、193、192、189、187、53、55、58、196、186、87、56、57、185、86、59、60、71、91、184、85、149、61、64、72、69、84、83、81、62、63、92、148、140、141、93、73、70；南区北部共有墓葬62座，墓葬编号依次为：YYM217、207、224、194、182、139、203、223、222、221、220、219、218、216、215、214、213、211、210、209、195、206、205、204、197、198、170、199、200、183、181、180、179、169、178、177、150、151、152、157、153、147、146、142、145、143、144、138、137、136、135、117、116、118、119、104、105、74、75、76、112、201；南区中部共有墓葬34座，墓葬编号依次为：YYM202、176、154、155、286、156、158、167、168、134、133、132、131、122、123、124、126、120、121、115、114、113、111、159、165、166、171、106、108、80、107、77、79、78；南区南部共有墓葬78座，墓葬编号依次为：YYM164、127、110、172、163、160、130、175、173、161、129、128、109、162、353、174、340、337、334、328、352、351、354、345、346、344、343、339、341、338、348、335、336、349、380、350、355、357、358、356、347、342、373、366、367、359、360、381、379、382、377、378、376、374、375、372、371、368、369、370、365、364、363、361、362、396、389、390、391、388、397、398、392、399、393、394、400、395；西区共有墓葬32座，墓葬编号依次为：YYM332、333、331、323、319、329、327、326、324、322、321、320、318、316、311、312、310、314、315、313、309、307、308、317、306、303、304、305、301、302、330、325。以上各区墓葬数量总计400座。

三　地层堆积

玉皇庙墓地的地层堆积，一个颇具意义的地质结构特点是，具有三层叠压关系，即下层为更新世晚期形成的老黄土质砂质黏土层，厚达数十米；中层为早期泥石流堆积层，厚0.25～0.5米；上层为晚期泥石流堆积层，厚0.8～2米，将整个墓地400座墓葬全部覆盖于下。这早、晚两期泥石流堆积物，不像冲洪积物那样带有层理和隐示水流方向，也不像冰川和冰水沉积的泥包砾，而是大至卵砾块，微至泥质，间有中细粒物质的砾、砂、泥混杂堆积，这是比较典型的泥石流堆积。

玉皇庙墓地北区与南区及西区的墓圹开口层位，彼此存在一定差异。北区墓葬开口层位，均在中层早期泥石流堆积层之下，整个墓圹打破了下层更新世晚期形成的老黄土质砂质黏土层；南区和西区墓葬开口层位，均在上层晚期泥石流堆积层之下，整个墓圹打破了中层早期泥石流堆积层，墓圹较深的墓，圹底则继续打破下层更新世晚期老黄土质砂质黏土层。这一墓圹开口层位的差异特点，为我们判断和分析玉皇庙墓地北区与南区及西区的早晚分期问题，提供了重要的地层依据。

虽然每区墓葬在基本地层关系上是一致的。但其中也存在一部分墓葬与另一部分墓葬，在所处层

图三　玉皇庙墓地墓葬分布图

位厚度或墓圹深度方面不相均衡的差异，因此，在介绍每区墓葬时，我们都根据墓葬所处地层实际情形，选取有代表性的墓例，分别加以叙述。

如北Ⅰ区中部，西部与南部的地层堆积，以YYM18为代表。属于此组地层堆积的墓葬包括：北Ⅰ区中部YYM22、21、20、35、32、33、34、31、30、29、27、28、25、19、17、16、15、1、2、3、14、13、4、11、5、9、10、23、24，北Ⅰ区西部YYM82、386、300、385、383、384，北Ⅰ区南部YYM12、8、6、101、7、103、102，共计43座。

北Ⅰ区北部的地层堆积，以YYM295为代表。属于此组地层堆积的墓葬包括北Ⅰ区北部的YYM36、26、296、297、298、293、299、294、292、291、287、288、289、290等，共计15座。

北Ⅱ区北部的地层堆积，分别以YYM248、250和YYM226为代表。属YYM248组地层堆积的墓葬包括北Ⅱ区北部的YYM246、249、278、281、242、243、244、245等，共计9座。属YYM250组地层堆积的墓葬包括北Ⅱ区北部的YYM279、280、387、283、285、37、98、284、277、282、251、230、229、233、231、228、232、241、264、276、97、99、38、39、252、265、275、96、47、40等31座，还包括北Ⅱ区中部的YYM253、263、261、254、266等5座，共计36座。属YYM226组地层堆积的墓葬包括北Ⅱ区北部的YYM227、240等3座，还包括北Ⅱ区中部的YYM234、239、225、235、262、236、238、237等8座，共计11座。

北Ⅱ区中部的地层堆积，分别以YYM271和YYM188为代表。属YYM271组地层堆积的墓葬包括北Ⅱ区中部的YYM274、45、43、42、41、273、46、44、267、272、94、49、89、90、247、268、270、48、95、260、51、50、65等，共计24座。属YYM188组地层堆积的墓葬包括北Ⅱ区中部的YYM269、191、190、88、125、52、54、100、66、67、68等12座，还包括北Ⅱ区南部的YYM193、192、189、187、53、55、58、186、87、56、57、86、59、60、71、91、72、69等18座，共计30座。

北Ⅱ区南部的地层堆积，分别以YYM212和YYM148为代表。属YYM212组地层堆积的墓葬包括北Ⅱ区南部的YYM208、196等3座，还包括北Ⅱ区中部的YYM255、256、257、259、258等5座，共计8座。属YYM148组地层堆积的墓葬包括北Ⅱ区南部的YYM185、184、85、149、61、64、84、83、81、62、63、92、140、141、93、73、70等，共计18座。

南区北部的地层堆积，分别以YYM217、220、209和YYM151为代表。属YYM217组地层堆积的墓葬包括南区北部的YYM207、224、194、182、139等，共计6座。属YYM220组地层堆积的墓葬包括南区北部的YYM223、222、221、219、218、215、214、213、200等，共计10座。属YYM209组地层堆积的墓葬包括南区北部的YYM205、204、170等，共计4座。属YYM151组地层堆积的墓葬包括南区北部的YYM203、216、211、210、195、206、197、198、199、183、181、180、179、169、178、177、150、152、157、153、147、146、142、145、143、144、138、137、136、135、117、116、118、119、104、105、74、75、76、112、201等，共计42座。

南区中部的地层堆积：以YYM156为代表。属于此组地层堆积的墓葬包括南区中部的YYM202、176、154、155、286、158、167、168、134、133、132、131、122、123、124、126、120、121、115、114、113、111、159、165、166、171、106、108、80、107、77、79、78等，共计34座。

南区南部的地层堆积，分别以YYM174和YYM370为代表。属YYM174组地层堆积的墓葬包括南区南部的YYM164、127、110、172、163、160、130、175、173、161、129、128、109、162、353、

340、337、334、328、352、351、354、345、346、344、343、339、341、338、348、335、336、349、380、350、355、357、358、356、347、342、373、366、367、359、360 等，共计 47 座。属 YYM370 组地层堆积的墓葬包括南区南部的 YYM381、379、382、377、378、376、374、375、372、371、368、369、365、364、363、361、362、396、389、390、391、388、397、398、392、399、393、394、400、395 等，共计 31 座。

西区共有墓葬 32 座，分布比较集中，地层堆积基本一致，将在西区墓葬综述部分中作总体介绍，无须选出代表墓例。此区墓葬编号在此不赘。

四 墓地分期

根据前述玉皇庙墓地的地层堆积情况，结合北区、南区和西区，墓葬中出土的陶器和几种主要的青铜器物（如容器、铜戈、短剑、马衔、削刀、尖首刀币等）的形制特点进行综合比较，可将玉皇庙墓地北区Ⅰ区（下分中、西、北、南部），北Ⅱ区（下分北、中、南部），南区（下分北、中、南部）和西区的 400 座墓葬，分为三期，现归纳如下：

第一期 春秋早期——春秋早中期（共 77 座）

（一）春秋早期（34 座）：包括北Ⅰ区中部 YYM22 等 28 座和北Ⅰ区西部 YYM82 等 6 座；

（二）春秋早中期（43 座）：皆为北Ⅱ区北部墓葬。

第二期 春秋中期——春秋中晚期（共 117 座）

（一）春秋中期（78 座）：包括北Ⅱ区中部 YYM234 等 54 座，北Ⅰ区北部 YYM36 等 15 座，北Ⅰ区中部 YYM23 等 2 座，以及北Ⅰ区南部 YYM12 等 7 座；

（二）春秋中晚期（39 座）：皆为北Ⅱ区南部墓葬。

第三期 春秋晚期（共 206 座）

（一）春秋晚期前段（126 座）：包括南区北部 YYM217 等 62 座，南区中部 YYM202 等 34 座，以及西区 YYM332 等 30 座；

（二）春秋晚期后段（80 座）：包括南区南部 YYM164 等 78 座和西区 YYM330 等 2 座（参见附表 1）。

关于玉皇庙墓地分期的具体分析，将在本报告第二章第陆节中阐述。

五 保存状况

玉皇庙墓地墓葬保存状况，总的看比较好。墓葬保存完整的，共有 343 座，占墓葬总数的 85.7%，这些墓葬的编号是：YYM10、14、15、17、18、20～24、26、30～32、42～53、55～69、73～77、80、81、83～88、93、94、96～99、104～111、113、114、117～124、126～276、278～282、285～299、301～361、363～382、387～395、397～400。墓葬遭到局部破坏或扰乱，损坏程度较轻的，共有 44 座，占墓葬总数的 11%，这些墓葬的编号是：YYM2～9、11、13、16、19、25、34～41、54、70～72、78、79、82、91、92、95、100、102、115、116、277、283、284、300、383～386、396。墓葬遭到严重破坏或扰乱的，共有 13 座，占墓葬总数的 3.25%，这部分墓葬的编号是：YYM1、12、27、28、29、33、89、90、101、103、112、125、362（具体情况，参见附表 2）。

附表1 **玉皇庙墓地墓葬分期排序表**

<table>
<tr><th colspan="2" rowspan="2">分期</th><th colspan="4" rowspan="2">墓葬所在墓区排序编号
（YYM）</th><th colspan="2">墓葬数目（座）</th></tr>
<tr><th>小计</th><th>合计</th></tr>
<tr><td rowspan="4">第一期</td><td rowspan="4">春秋早期——春秋早中期</td><td rowspan="3">春秋早期</td><td rowspan="3">北Ⅰ区</td><td>中部</td><td>22、21、20、35、32、33、34、31、30、29、27、28、25、19、17、16、15、1、2、3、18、14、13</td><td>23</td><td rowspan="3">34</td></tr>
<tr><td>西部</td><td>82、386、300、385、383、384</td><td>6</td></tr>
<tr><td>中部</td><td>4、11、5、9、10</td><td>5</td></tr>
<tr><td>春秋早中期</td><td>北Ⅱ区</td><td>北部</td><td>248、246、249、278、281、242、243、244、245、279、280、387、283、285、37、98、284、277、250、282、251、230、229、233、231、228、232、227、241、264、276、97、99、38、39、226、240、252、265、275、96、47、40</td><td>43</td><td>43</td></tr>
<tr><td rowspan="5">第二期</td><td rowspan="5">春秋中期——春秋中晚期</td><td rowspan="4">春秋中期</td><td>北Ⅱ区</td><td>中部</td><td>234、239、253、263、274、45、43、42、41、225、235、254、262、266、273、46、44、236、238、237、255、256、261、267、272、94、49、89、90、257、259、247、268、270、271、48、95、258、260、269、51、50、65、191、190、88、125、188、52、54、100、66、67、68</td><td>54</td><td rowspan="4">78</td></tr>
<tr><td rowspan="3">北Ⅰ区</td><td>北部</td><td>36、26、296、297、298、293、295、299、294、292、291、287、288、289、290</td><td>15</td></tr>
<tr><td>中部</td><td>23、24</td><td>2</td></tr>
<tr><td>南部</td><td>12、8、6、101、7、102、103</td><td>7</td></tr>
<tr><td>春秋中晚期</td><td>北Ⅱ区</td><td>南部</td><td>212、208、193、192、189、187、53、55、58、196、186、87、56、57、185、86、59、60、71、91、184、85、149、61、64、72、69、84、83、81、62、63、92、148、140、141、93、73、70</td><td>39</td><td>39</td></tr>
<tr><td rowspan="6">第三期</td><td rowspan="6">春秋晚期</td><td rowspan="3">前段</td><td rowspan="2">南区</td><td>北部</td><td>217、207、224、194、182、139、203、223、222、221、220、219、218、216、215、214、213、211、210、209、195、206、205、204、197、198、170、199、200、183、181、180、179、169、178、177、150、151、152、157、153、147、146、142、145、143、144、138、137、136、135、117、116、118、119、104、105、74、75、76、112、201</td><td>62</td><td rowspan="3">126</td></tr>
<tr><td>中部</td><td>202、176、154、155、286、156、158、167、168、134、133、132、131、122、123、124、126、120、121、115、114、113、111、159、165、166、171、106、108、80、107、77、79、78</td><td>34</td></tr>
<tr><td>西区</td><td></td><td>332、333、331、323、319、329、327、326、324、322、321、320、318、316、311、312、310、314、315、313、309、307、308、317、306、303、304、305、301、302</td><td>30</td></tr>
<tr><td rowspan="3">后段</td><td>南区</td><td>南部</td><td>164、127、110、172、163、160、130、175、173、161、129、128、109、162、353、174、340、337、334、328、352、351、354、345、346、344、343、339、341、338、348、335、336、349、380、350、355、357、358</td><td>39</td><td rowspan="3">80</td></tr>
<tr><td>西区</td><td></td><td>330、325</td><td>2</td></tr>
<tr><td>南区</td><td>南部</td><td>356、347、342、373、366、367、359、360、381、379、382、377、378、376、374、375、372、371、368、369、370、365、364、363、361、362、396、389、390、391、388、397、398、392、399、393、394、400、395</td><td>39</td></tr>
<tr><td colspan="5">三期墓葬总数</td><td></td><td colspan="2">400</td></tr>
</table>

附表2－1 **玉皇庙墓地已遭破坏的墓葬（破坏程度较轻者）情况统计表**

分区		墓号YYM	墓葬规格	性别	被破坏情况	合计
北Ⅰ区	中部	2	甲（B）	女	因取土墓圹上层和东端上半部圹壁及大部分殉牲，已无存，但圹底葬具、人骨和随葬品保存完整。	12
		3	乙（B）	女	墓圹上层因取土被破坏，墓圹下部保存完整。	
		4	丙（A）	女	同上	
		5	丙（C）	男	同上	
		9	丙（C）	女	同上	
		11	乙（A）	男	同上	
		13	乙（A）	男	同上	
		16	丙（C）	男	墓圹西端破山水冲毁，尚余残缺不全人骨和少量随葬品。	
		19	乙（B）	男	墓圹上层因取土被破坏，墓圹下部保存完整。	
		25	丙（A）	女	墓圹西半部被近代坟打破，尚余殉牲、葬具、人骨和少量随葬品。	
		34	丙（B）	无人	墓圹东端中部以上被近代坟打破，但墓圹下部保存完整。	
		35	乙（B）	女	墓圹上层因取土被破坏，墓圹下部保存完整。	
	西部	82	丙（A）	男	同上	6
		300	乙（A）	男	同上	
		383	丁	不详	同上	
		384	乙（B）	男	同上	
		385	丙（C）	男	同上	
		386	丙（C）	男	同上	
	北部	36	乙（B）	男	同上	1
	南部	6	丙（A）	女	同上	4
		7	丙（C）	男	同上	
		8	丙（B）	女	同上	
		102	丙（B）	男	同上	
北Ⅱ区	北部	37	丙（C）	女	墓圹西半部被近代坟打破，仅残存半截人骨及部分随葬品。	7
		38	丙（A）	男	墓圹南壁东段和西北角被近代坟打破，但未扰及人骨和随葬品。	
		39	丙（C）	女	墓圹东半部，被近代坟打破，仅存西半部。	
		40	丙（A）	女	墓圹上层因取土被破坏，墓圹下部保存完整。	
		277	丙（A）	男	墓圹西端因取土被破坏，人骨下半身被扰乱。	
		283	丁	女	此墓因取土被扰乱，死者头骨及部分遗物已移位。	
		284	丁	男	此墓因取土被扰乱，圹底人骨已被翻动。	

附表 2－2　　**玉皇庙墓地已遭破坏的墓葬（破坏程度较轻者）情况统计表**

<table>
<tr><th colspan="2">分区</th><th>墓号
YYM</th><th>墓葬规格</th><th>性别</th><th>被破坏情况</th><th>合计</th></tr>
<tr><td rowspan="9">北Ⅱ区</td><td rowspan="4">中部</td><td>41</td><td>乙（B）</td><td>男</td><td>墓圹西端被近代坟打破，尚存中间及东半部。</td><td rowspan="4">4</td></tr>
<tr><td>54</td><td>乙（A）</td><td>男</td><td>墓圹东北角上层因取土被破坏，其他部分保存完整。</td></tr>
<tr><td>95</td><td>乙（A）</td><td>男</td><td>墓圹西端上层被一座近代坟打破，其他部分保存完整。</td></tr>
<tr><td>100</td><td>丁</td><td>女</td><td>墓圹上层因取土被破坏，墓圹下部保存完整。</td></tr>
<tr><td rowspan="5">南部</td><td>70</td><td>乙（B）</td><td>男</td><td>墓圹上层因取土被破坏，墓圹下部保存完整。</td><td rowspan="5">5</td></tr>
<tr><td>71</td><td>丙（C）</td><td>男</td><td>同上</td></tr>
<tr><td>72</td><td>丙（C）</td><td>男</td><td>同上</td></tr>
<tr><td>91</td><td>丁</td><td>少儿</td><td>同上</td></tr>
<tr><td>92</td><td>丁</td><td>少儿</td><td>同上</td></tr>
<tr><td rowspan="5">南区</td><td>北部</td><td>116</td><td>丁</td><td>少儿</td><td>墓圹西端因取土被破坏，其他部分保存完整。</td><td>1</td></tr>
<tr><td rowspan="3">中部</td><td>78</td><td>丁</td><td>女</td><td>墓圹上层因取土被破坏，墓圹下部基本完整。</td><td rowspan="3">3</td></tr>
<tr><td>79</td><td>丁</td><td>男</td><td>墓圹上层因取土被破坏，仅存圹底</td></tr>
<tr><td>115</td><td>丁</td><td>少儿</td><td>墓圹西端因取土被破坏，圹底人骨残缺不全。</td></tr>
<tr><td>南部</td><td>396</td><td>丙（C）</td><td>女</td><td></td><td>1</td></tr>
<tr><td colspan="2">合计</td><td></td><td>甲（B）1
乙（A）5
乙（B）7
丙（A）7
丙（B）3
丙（C）11
丁 10</td><td>男 23
女 15
少儿 4
无人 1
不详 1</td><td></td><td>44</td></tr>
</table>

玉皇庙墓地 400 座春秋时期古墓葬，彼此之间未有相互打破的现象，虽然有的墓区墓葬分布相当密集，但它们排列有序，不相叠压。

附表 2－3　　**玉皇庙墓地已遭破坏的墓葬（破坏严重者）情况统计表**

<table>
<tr><th colspan="2">分区</th><th>墓号 YYM</th><th>墓葬规格</th><th>性别</th><th>被破坏情况</th><th>合计</th></tr>
<tr><td rowspan="8">北Ⅰ区</td><td rowspan="5">中部</td><td>1</td><td>不详</td><td>不详</td><td>因取土墓圹大部被刨毁，墓内殉牲、葬具、人骨、随葬品等，均已无存。</td><td rowspan="5">5</td></tr>
<tr><td>27</td><td>丙（B）</td><td>不详</td><td>墓圹中间被一座近代坟打破，仅存墓圹东端，人骨、随葬品已无存，唯余殉牲。</td></tr>
<tr><td>28</td><td>丙（A）</td><td>不详</td><td>墓圹中间被一座近代坟打破，仅存墓圹东端，人骨、随葬品已无存，唯余殉牲。</td></tr>
<tr><td>29</td><td>丙（A）</td><td>女</td><td>墓圹中、西端均被近代坟打破，尚存殉牲、残碎人骨及随葬品。</td></tr>
<tr><td>33</td><td>丙（A）</td><td>不详</td><td>墓圹东、西两端均被近代坟打破，仅存中间部分，殉牲无存，尚余残碎人骨及少量随葬品。</td></tr>
<tr><td rowspan="3">南部</td><td>12</td><td>丁</td><td>女</td><td>因取土墓圹上部被毁；墓圹东半部被近代坟打破，仅余残碎人骨及少量随葬品。</td><td rowspan="3">3</td></tr>
<tr><td>101</td><td>丙（B）</td><td>女</td><td>因取土墓圹东端被毁，殉牲无存，仅余残碎人骨及少量随葬品。</td></tr>
<tr><td>103</td><td>丁</td><td>不详</td><td>因取土墓圹东端被毁。殉牲无存，仅余腐朽人骨及陶罐 1 件。</td></tr>
<tr><td rowspan="3">北Ⅱ区</td><td rowspan="3">中部</td><td>89</td><td>乙（B）</td><td>不详</td><td>墓圹中间南半部被一座近代坟打破，尚余殉牲，残碎人骨及少量随葬品。</td><td rowspan="3">3</td></tr>
<tr><td>90</td><td>丙（C）</td><td>少儿</td><td>墓圹东、西端均被近代坟打破，仅存残破碎人骨及少量随葬品。</td></tr>
<tr><td>125</td><td>丁</td><td>女</td><td>墓圹上层因取土被破坏，圹底人骨及随葬品亦被扰乱。</td></tr>
<tr><td rowspan="2">南区</td><td>北部</td><td>112</td><td>丁</td><td>女</td><td>墓圹西端因取土被破坏，圹底人骨残缺不全。</td><td>1</td></tr>
<tr><td>南部</td><td>362</td><td>丁</td><td>男</td><td>墓圹上层因修路取土被破坏，人骨残缺不全。</td><td>1</td></tr>
<tr><td colspan="2">合计</td><td></td><td>乙（B）1
丙（A）3
丙（B）2
丙（C）1
丁 5
不详 1</td><td>不详 6
女 5
男 1
少儿 1</td><td></td><td>13</td></tr>
</table>

六　发掘成果

玉皇庙墓地经 1986～1991 年 6 年发掘，共发掘春秋时期古墓葬 400 座，出土陶、金、青铜、石、玛瑙、绿松石、骨、蚌、贝、竹、皮革等 11 类 124 种大小件器物共计 60722 件（参见附表 3）。

附表 3－1　**玉皇庙墓地出土器物种类及数量总表**

器类	器物名称			数量	合计
陶器	夹砂陶器			195	279
	泥质陶器			84	
金器	虎形牌饰			1	26
	璜形饰			3	
	耳环			10	
	串饰			2	
	包金铜贝			10	
青铜器	礼器 22	烹煮器	鼎	1	
			鍑	2	
		食器	敦	2	
			钵	1	
			匕	1	
		酒器	罍	3	
			斗	1	
			三足杯	2	
		水器	盘	1	
			匜	1	
			铆	7	
	兵器 395	勾兵	戈	4	
		短刺兵	短剑	86	
		远射兵	镞	305	
	工具 424	削刀		137	
		锛		36	
		斧		2	
		凿		31	
		锥		108	
		针		8	
		锥（针）管具		92	
		盒形器		9	
		瓶形器		1	
	马具 213	衔		18	
		镳		19	
		节约		10	
		泡		117	
		环		9	
		箍		39	
		环箍		1	
	货币	尖首刀币		3	
	装饰品	覆面铜扣		558	
		佩饰	耳环	556	
			牌饰	75	
			镜形饰	9	
			铃形饰	61	

器类	器物名称				数量	合计
青铜器	装饰品 16733	佩饰 9262	坠饰 770	匕形	40	17790
				联珠棍形	257	
				“人”字形	430	
				鸟形	2	
				野猪形	23	
				三联珠形	1	
				三环形	1	
				小铜凿形	6	
				圆锥形	4	
				尖首刀币柄形坠	4	
				双联珠双尾形	1	
				三联珠双尾形	1	
			项（串）饰 7791	卷云纹三联珠项链	25	
				纺锤形铜珠	1641	
				粟粒形铜珠	3594	
				小铜箍串珠	79	
				小铜扣项链	376	
				双联小铜扣项链	2076	
		服饰 6884	带饰 4274	带钩	30	
				带扣	3	
				带卡	1062	
				带饰	3179	
			环饰	服饰铜环	39	
			泡饰	服饰铜泡	206	
			扣饰 2365	服饰铜扣	158	
				服饰小铜扣	544	
				服饰双联小铜扣	1663	
		其他饰品 29	喇叭形管状铜饰件		3	
			短铜管		1	
			薄壳小铜管		1	
			亚腰形铜饰		2	
			开裆铃形铜饰		1	
			扁片铃形饰		4	
			弹簧形铜饰		4	
			双环形铜饰		1	
			双环孔铜饰		4	
			三联珠形铜饰		1	
			钩形铜饰		1	
			人形铜饰		3	
			马踏单环铜饰		1	
			双足形铜饰		1	
			羊头铜饰		1	

附表 3－2

玉皇庙墓地出土器物种类及数量总表

器类	器物名称		数量	合计
石制品	工具	砺石	39	38257
		细石器	1	
	其他制品	石杯	1	
		算珠形石珠	5	
	装饰品	白石管	363	
		小白石珠	17255	
		黑石管	13	
		小黑石珠	20580	
玛瑙制品	装饰品	环饰	1	1452
		珠饰	1451	
绿松石制品		管饰	139	2234
		珠饰	2095	
骨器	兵器	镞	481	593
		鸣镝	23	
		弓弭	5	
	工具	锥	3	
		针	6	
		绞具	4	
	马具	镳	6	
		环	25	
	装饰品	珠	11	
		环	13	
		骨贝	2	
	其他制品	管	3	
		梳形骨器	2	
		骨柄饰	1	
		开口骨器	8	
蚌制品	装饰品	环饰	4	37
		珠饰	30	
		蚌刻贝饰	1	
		蚌片	1	
		长条蚌坠	1	
贝制品		贝饰	10	10
竹制品	乐器	竹篾簧片	4	42
	其他小件制品	竹签	35	
		四角出榫头的长方形竹板	1	
		长方形薄竹片	2	
皮革制品	皮帽边饰	皮条残件	2	2
总计	陶、金、青铜、石、玛瑙、绿松石、骨、蚌、贝、竹、皮革等11类124种大小件器物		60722（件、枚）	

贰　葬制与葬俗

一　墓　向

玉皇庙墓地共发掘春秋时期含直刃匕首式青铜短剑的文化墓葬400座。墓向，是依据死者头部的朝向来确定的。玉皇庙墓地的墓向，绝大多数呈东向（按：东向的标准和原则是，除了正东方向以外，凡东偏南25°以内，或东偏北25°以内者，均属东向范围），仅有少数墓葬是朝西的，或有极少数墓葬是朝北的，只有个别墓葬是朝南的。

呈东向的墓葬，共计366座，占玉皇庙墓地墓葬总数的91.5%，其中男性墓159座，占男性墓总数（177座）的89.8%；女性墓145座，占女性墓总数（156座）的93.6%；少儿墓34座，占少儿墓总数（37座）的91.9%；婴儿墓19座，占婴儿墓总数（20座）的95%；性别不详的墓7座，占此类墓总数（7座）的100%；无人墓2座，占无人墓总数（3座）的66.7%。

在366座东向墓葬中，东偏南的墓有195座，墓向平均值为东偏南11.5°，占东向墓葬总数的53.3%，其中以分布于南区北部和北Ⅱ区的墓葬所占比例较大；东偏北的墓有157座，墓向平均值为东偏北11.2°，占东向墓葬总数的42.9%，其中以分布于南区南部的墓葬所占比例最大（占41%）；正东向的墓共有14座，仅占东向墓葬总数的3.8%，集中分布于北Ⅱ区和南区内。

朝西的墓葬共27座，占玉皇庙墓地墓葬总数的6.75%。其中西偏北的墓共14座，占西向墓葬总数的52%；西偏南的墓共12座，占西向墓葬总数的44%；正西的墓只有1座，占西向墓总数的4%。

北向的墓葬共6座，占玉皇庙墓地墓葬总数的1.5%。其中北偏东的墓有4座，墓向平均值为北偏东19.5°，分布于北Ⅱ区北部和西区各2座，占北向墓葬总数的66.7%。北偏西的墓有2座，墓向平均值为北偏西9°，分布于北Ⅱ区北部和南区南部各1座，占北向墓葬总数的33.3%。

南向墓葬只有1座，占玉皇庙墓地墓葬总数的0.25%，为南偏东43°，分布于西区（YYM318）。

以上统计结果表明，东向墓葬在数量上在该墓地是占绝对统治地位的，而且不论男、女、老、少、幼都是一致的，其中尤以东偏南者数量最多，所占比例最大。从分布上看，东向墓葬遍布于各个墓区，不但没有空缺，而且在各墓区墓葬数量上，都占居多数。从时间上看，东向墓葬自该墓地早期阶段（春秋早期）开始，一直保持到后期阶段（春秋晚期），自始至终一直在数量上保持着稳定的优势，而从未出现过空缺或衰减的情况。从墓葬规格级别看，不论甲级、乙级，还是丙级和丁级，都是以墓向呈东向为大宗和主导的。这充分说明，按东向挖圹埋葬，是玉皇庙墓地固有的一种传统葬俗，是构成玉皇庙文化埋葬制度的主要特征之一。

西向墓、北向墓和南向墓，加在一起共计34座，仅占玉皇庙墓地墓葬总数的8.5%，这与东向墓的数量和所占比例，相差是相当悬殊的，是不能相提并论的。从分布上看，西向墓在北Ⅰ区西部和西区不见。北向墓在北Ⅰ区不见，仅见于北Ⅱ区北部、西区和南区南部。南向墓仅在西区发现1例，其他墓区未见。从性别考察，西向墓以成年男、女为数稍多，少儿和婴儿为数极少（少儿仅2例，婴儿仅1例）。北向墓仅见男性5例，少儿1例，未见女性和婴儿。南向墓唯见男性1例，未见女性与孩童。从墓葬规格级别看，西向、北向和南向墓，均不包括甲级大型墓葬，属于乙级中型墓的也为数较少，多数属于丙级和丁级小型墓。这表明西向、北向和南向墓死者的身份，多数是较低或很低的（参见附表4）。

二 头 向

玉皇庙墓地死者头向，从上节墓向的统计中，已有基本了解。头向为东偏南者，共198例，占玉皇庙墓地死者总数的49.5%，这是数量最多，占主流地位的一种头向，其中男性84例，女性74例，各占男、女两性死者总数的47.4%，少儿21例，占少儿死者总数的57%，婴儿15例，占婴儿死者总数的75%，性别不详者4例，占性别不详死者总数的57%。头向为东偏北者，共154例，占玉皇庙墓地死者总数的38.5%，这是数量较多，仅次于东偏南者、位居第二的一种主要头向，其中男性70例，占男性死者总数的39.5%，女性66例，占女性死者总数的42.3%，少儿11例，占少儿死者总数的30%，婴儿2例，占婴儿死者总数的10%，性别不详者3例，占性别不详死者总数的43%，无人墓2例（依墓圹内摆放随葬品的象征性部位推断“死者头向”），占无人墓总数的66.7%。头向为正东向者，共14例，占玉皇庙墓地死者总数的3.5%，其中男性5例，占男性死者总数的2.8%，女性5例，占女性死者总数的3.2%，少儿2例，占少儿死者总数的5.4%，婴儿2例，占婴儿死者总数的10%。以上东偏南向，东偏北向和正东向，这3种头向在总体上代表着东向，总计为366例，占玉皇庙墓地死者总数的91.5%。这个数据，这一比例清楚地表明，东向是玉皇庙墓地死者唯一占绝对主导地位的头向。

从分布看，上述东向头向的墓例，在北Ⅰ区中部、北Ⅰ区西部、北Ⅱ区北部、北Ⅱ区中部、北Ⅰ区北部、北Ⅰ区南部、北Ⅱ区南部及整个南区和西区（即包括了玉皇庙墓地各个墓区），均有广泛分布；从时间看，自北Ⅰ区中部墓葬春秋早期开始，至南区南部墓葬春秋晚期为止，自始至终一直延续下来。这表明，东向显然是玉皇庙墓地死者头向的固有葬俗传统，由来已久，世代相袭，它自应是构成玉皇庙文化埋葬习俗的主要特征之一。

除此之外，还有其他少数头向不同的墓例，如西偏北（15例），西偏南（11例），正西（1例），北偏东（4例），北偏西（2例），南偏东（1例）。这些头向墓例合计为34例，仅占玉皇庙墓地死者总数的8.5%，属于少数、次要或个别情况。至于为什么在同一墓地之中，存在这样一些头向不一的死者，原因可能是多方面的，这是一个值得以后专门探讨的问题，在此不赘。

具体头向资料参见本报告附表——玉皇庙墓地墓葬登记总表一。

三 墓葬形制与填土包含物

（一）墓葬形制

玉皇庙墓地共有400座墓葬，墓葬形制按平面形状可分五种：1. 抹角梯形竖穴土坑墓；2. 凸字形竖穴土坑墓；3. 曲尺形竖穴土坑墓；4. 抹角长方形竖穴土坑掏洞墓；5. 抹角长方形竖穴土坑墓与抹角长方形浅穴土坑墓。

1. 抹角梯形竖穴土坑墓

此种墓葬共8座，占该墓地墓葬总数的2%，数量很少。其中分布于北Ⅰ区中部2座（YYM22，YYM18）；分布于北Ⅱ区北部1座（YYM47）；分布于北Ⅱ区南部2座（YYM196，YYM186）；分布于南区北部2座（YYM178，YYM153）；分布于南区中部1座（YYM168）。北Ⅰ区西部、南部与北部，北

附表4—1

玉皇庙墓地墓向综合统计表

墓向	墓葬数量（座）	墓向平均值（度）	分布及分期															性别						墓葬规格级别								
			春秋早期		春秋早中期	春秋中期				春秋中晚期	春秋晚期前段			春秋晚期后段																		
			北Ⅰ中	北Ⅰ西	北Ⅱ北	北Ⅱ中	北Ⅰ北	北Ⅰ中	北Ⅰ南	北Ⅱ南	南区北	南区中	西区	南区南	西区	男	女	少儿	婴儿	不详	无人	甲（A）	甲（B）	乙（A）	乙（B）	丙（A）	丙（B）	丙（C）	丁	不详
东偏南	195	东偏南11.5	11	4	27	31	5			29	54	15	16	3		82	75	19	15	4		1	5	15	49	42	17	28	37	1
东偏北	157	东偏北11.2	14	2	9	16	3	2	6	6	6	15	13	65		72	65	13	2	3	2	2		12	25	28	20	32	38	
正东	14	90			3	2	2			1		3		3		5	5	2	2						1	6	1	3	3	
西偏北	14	西偏北8.7	1		2	4	3			2	1			1		5	7	1			1			1	5	1	1	3	3	
西偏南	12	西偏南11.8	2			1	1		1			2		5		6	4	1	1						2	4	1	1	4	
正西	1	270								1						1									1					
北偏东	4	北偏东19.5			2										2	3		1											4	
北偏西	2	北偏西9			1									1		2											1		1	
南偏东	1	南偏东43											1			1												1		
合计	400		28	6	44	54	14	2	7	39	61	35	30	78	2	177	156	37	20	7	3	3	5	28	83	81	41	68	90	1
			34			77					126			80																

附表4－2

玉皇庙墓地墓向统计表

墓号（YYM）	墓向（度）东偏南	性别	墓葬规格级别	分布墓区	分期
1	7	不详	不详	北Ⅰ中	约春秋早期
2	9	女	甲（B）	北Ⅰ中	约春秋早期
10	3	女	乙（B）	北Ⅰ中	约春秋早期
11	3	男	乙（A）	北Ⅰ中	约春秋早期
15	2	少儿	丁	北Ⅰ中	约春秋早期
16	12	男	丙（C）	北Ⅰ中	约春秋早期
22	7	男	甲（B）	北Ⅰ中	约春秋早期
29	8	女	丙（A）	北Ⅰ中	约春秋早期
30	9	男	丙（C）	北Ⅰ中	约春秋早期
33	3	不详	丙（A）	北Ⅰ中	约春秋早期
35	1	女	乙（B）	北Ⅰ中	约春秋早期
300	10	男	乙（A）	北Ⅰ西	约春秋早期
383	5	不详	丁	北Ⅰ西	约春秋早期
384	4	男	乙（B）	北Ⅰ西	约春秋早期
385	11	男	丙（C）	北Ⅰ西	约春秋早期
37	3	女	丙（C）	北Ⅱ北	约春秋早中期
38	26	男	丙（A）	北Ⅱ北	约春秋早中期
39	14	女	丙（C）	北Ⅱ北	约春秋早中期
40	6	女	丙（A）	北Ⅱ北	约春秋早中期
96	12	女	丙（A）	北Ⅱ北	约春秋早中期
47	20	女	丙（C）	北Ⅱ北	约春秋早中期
226	15	男	乙（B）	北Ⅱ北	约春秋早中期
227	12	男	乙（A）	北Ⅱ北	约春秋早中期
228	15	男	乙（B）	北Ⅱ北	约春秋早中期
229	12	男	乙（A）	北Ⅱ北	约春秋早中期
230	1	男	甲（A）	北Ⅱ北	约春秋早中期
231	16	女	乙（B）	北Ⅱ北	约春秋早中期
232	4	女	丙（A）	北Ⅱ北	约春秋早中期
233	12	男	乙（B）	北Ⅱ北	约春秋早中期
241	7	女	乙（B）	北Ⅱ北	约春秋早中期
245	2	女	丙（A）	北Ⅱ北	约春秋早中期
252	16	男	丙（A）	北Ⅱ北	约春秋早中期
278	3	男	丙（A）	北Ⅱ北	约春秋早中期
279	5	女	乙（B）	北Ⅱ北	约春秋早中期
280	5	女	乙（A）	北Ⅱ北	约春秋早中期
281	15	男	丁	北Ⅱ北	约春秋早中期
282	9	男	丙（A）	北Ⅱ北	约春秋早中期
284	10	男	丁	北Ⅱ北	约春秋早中期
285	3	女	丁	北Ⅱ北	约春秋早中期
387	5	女	丁	北Ⅱ北	约春秋早中期
97	7	女	丙（B）	北Ⅱ北	约春秋早中期

附表4－3

玉皇庙墓地墓向统计表

墓号（YYM）	墓向（度）东偏南	性别	墓葬规格级别	分布墓区	分期
99	2	女	丁	北Ⅱ北	约春秋早中期
41	2	男	乙（B）	北Ⅱ中	春秋中期
43	11	男	丙（A）	北Ⅱ中	春秋中期
44	7	男	乙（B）	北Ⅱ中	春秋中期
46	2	男	乙（B）	北Ⅱ中	春秋中期
49	4	男	丙（A）	北Ⅱ中	春秋中期
52	1	男	甲（B）	北Ⅱ中	春秋中期
89	7	不详	乙（B）	北Ⅱ中	春秋中期
95	3	男	乙（A）	北Ⅱ中	春秋中期
191	2	女	丙（A）	北Ⅱ中	春秋中期
225	12	女	乙（B）	北Ⅱ中	春秋中期
234	31	男	乙（B）	北Ⅱ中	春秋中期
235	10	婴儿	丁	北Ⅱ中	春秋中期
236	15	男	乙（A）	北Ⅱ中	春秋中期
237	12	女	乙（B）	北Ⅱ中	春秋中期
238	16	少儿	丙（C）	北Ⅱ中	春秋中期
247	11	男	乙（B）	北Ⅱ中	春秋中期
254	10	女	乙（B）	北Ⅱ中	春秋中期
255	25	少儿	丁	北Ⅱ中	约春秋中期
256	8	女	乙（A）	北Ⅱ中	约春秋中期
257	8	男	乙（B）	北Ⅱ中	约春秋中期
258	8	女	乙（A）	北Ⅱ中	约春秋中期
259	20	少儿	丙（C）	北Ⅱ中	约春秋中期
261	15	男	乙（A）	北Ⅱ中	约春秋中期
262	15	婴儿	丙（C）	北Ⅱ中	约春秋中期
263	15	男	乙（B）	北Ⅱ中	约春秋中期
266	10	女	乙（A）	北Ⅱ中	约春秋中期
267	9	婴儿	丙（B）	北Ⅱ中	约春秋中期
268	2	女	丙（A）	北Ⅱ中	约春秋中期
269	14	男	丙（B）	北Ⅱ中	约春秋中期
272	3	女	丙（A）	北Ⅱ中	约春秋中期
274	1	少儿	丙（B）	北Ⅱ中	约春秋中期
36	9	男	乙（B）	北Ⅱ北	约春秋中期
287	6	女	丙（C）	北Ⅱ北	约春秋中期
288	3	女	丙（C）	北Ⅱ北	约春秋中期
292	5	女	丁	北Ⅱ北	约春秋中期
299	5	少儿	丙（B）	北Ⅱ北	约春秋中期
53	18	婴儿	丁	北Ⅱ南	约春秋中晚期
55	7	少儿	丙（C）	北Ⅱ南	约春秋中晚期
59	15	少儿	丁	北Ⅱ南	约春秋中晚期
60	7	男	乙（B）	北Ⅱ南	约春秋中晚期

附表4－4

玉皇庙墓地墓向统计表

墓号（YYM）	墓向（度）东偏南	性别	墓葬规格级别	分布墓区	分期
61	15	男	乙（B）	北Ⅱ南	约春秋中晚期
62	23	男	丙（C）	北Ⅱ南	约春秋中晚期
63	3	男	乙（B）	北Ⅱ南	约春秋中晚期
69	5	男	丙（A）	北Ⅱ南	约春秋中晚期
70	2	男	乙（B）	北Ⅱ南	约春秋中晚期
71	1	男	丙（C）	北Ⅱ南	约春秋中晚期
72	2	男	丙（C）	北Ⅱ南	约春秋中晚期
81	2	女	乙（B）	北Ⅱ南	约春秋中晚期
83	12	男	丙（A）	北Ⅱ南	约春秋中晚期
84	8	女	丙（A）	北Ⅱ南	约春秋中晚期
85	13	婴儿	丁	北Ⅱ南	约春秋中晚期
86	6	男	乙（A）	北Ⅱ南	约春秋中晚期
87	6	女	乙（B）	北Ⅱ南	约春秋中晚期
91	26	少儿	丁	北Ⅱ南	约春秋中晚期
92	5	少儿	丁	北Ⅱ南	约春秋中晚期
93	20	男	丙（A）	北Ⅱ南	约春秋中晚期
140	18	少儿	丁	北Ⅱ南	约春秋中晚期
141	20	婴儿	丁	北Ⅱ南	约春秋中晚期
148	10	男	丙（A）	北Ⅱ南	约春秋中晚期
185	4	女	丙（A）	北Ⅱ南	约春秋中晚期
189	2	女	丙（A）	北Ⅱ南	约春秋中晚期
192	4	男	丙（B）	北Ⅱ南	约春秋中晚期
196	10	女	乙（B）	北Ⅱ南	约春秋中晚期
208	20	女	丙（A）	北Ⅱ南	约春秋中晚期
212	22	男	乙（B）	北Ⅱ南	约春秋中晚期
74	6	男	乙（A）	南区北	约春秋晚期前段
75	6	女	丙（B）	南区北	约春秋晚期前段
76	3	女	丙（C）	南区北	约春秋晚期前段
104	6	女	丙（B）	南区北	约春秋晚期前段
105	19	男	丙（C）	南区北	约春秋晚期前段
112	1	女	丁	南区北	约春秋晚期前段
116	5	少儿	丁	南区北	约春秋晚期前段
117	17	男	丙（A）	南区北	约春秋晚期前段
119	6	女	丙（A）	南区北	约春秋晚期前段
137	13	女	丙（A）	南区北	约春秋晚期前段
138	12	女	丙（A）	南区北	约春秋晚期前段
139	9	女	丙（A）	南区北	约春秋晚期前段
142	13	男	丙（A）	南区北	约春秋晚期前段
143	14	男	丙（A）	南区北	约春秋晚期前段
145	26	男	丙（A）	南区北	约春秋晚期前段
146	15	婴儿	丁	南区北	约春秋晚期前段

附表 4－5

玉皇庙墓地墓向统计表

墓号（YYM）	墓向（度）东偏南	性别	墓　葬规格级别	分布墓区	分期
147	21	婴儿	丁	南区北	约春秋晚期前段
150	28	女	乙（B）	南区北	约春秋晚期前段
151	22	男	甲（B）	南区北	约春秋晚期前段
152	26	婴儿	丁	南区北	约春秋晚期前段
153	38	女	丙（A）	南区北	约春秋晚期前段
157	25	少儿	丙（C）	南区北	约春秋晚期前段
169	20	女	乙（B）	南区北	约春秋晚期前段
170	14	男	乙（B）	南区北	约春秋晚期前段
177	10	婴儿	丁	南区北	约春秋晚期前段
178	14	女	乙（B）	南区北	约春秋晚期前段
179	15	男	乙（B）	南区北	约春秋晚期前段
180	10	女	丙（A）	南区北	约春秋晚期前段
181	15	男	丙（A）	南区北	约春秋晚期前段
182	4	男	乙（B）	南区北	约春秋晚期前段
194	8	婴儿	丙（C）	南区北	约春秋晚期前段
195	6	婴儿	丙（C）	南区北	约春秋晚期前段
197	10	女	乙（B）	南区北	约春秋晚期前段
198	12	女	乙（B）	南区北	约春秋晚期前段
199	21	男	丙（A）	南区北	约春秋晚期前段
200	10	女	丙（A）	南区北	约春秋晚期前段
204	20	女	乙（B）	南区北	约春秋晚期前段
205	19	男	乙（B）	南区北	约春秋晚期前段
206	23	女	丙（B）	南区北	约春秋晚期前段
207	8	男	乙（A）	南区北	约春秋晚期前段
209	9	男	乙（A）	南区北	约春秋晚期前段
210	12	男	乙（A）	南区北	约春秋晚期前段
211	2	女	乙（B）	南区北	约春秋晚期前段
213	6	男	乙（B）	南区北	约春秋晚期前段
214	13	男	乙（B）	南区北	约春秋晚期前段
215	13	女	丙（B）	南区北	约春秋晚期前段
216	11	女	乙（B）	南区北	约春秋晚期前段
217	12	男	甲（B）	南区北	约春秋晚期前段
218	18	女	丙（A）	南区北	约春秋晚期前段
219	7	女	丙（A）	南区北	约春秋晚期前段
220	11	女	乙（B）	南区北	约春秋晚期前段
221	7	女	丙（A）	南区北	约春秋晚期前段
222	7	女	丙（B）	南区北	约春秋晚期前段
223	12	女	乙（B）	南区北	约春秋晚期前段
201	25	少儿	丁	南区北	约春秋晚期前段
107	8	男	丁	南区中	约春秋晚期前段
115	17	少儿	丁	南区中	约春秋晚期前段

附表 4－6 **玉皇庙墓地墓向统计表**

<table>
<tr><th rowspan="2">墓号
（YYM）</th><th>墓向（度）</th><th rowspan="2">性别</th><th rowspan="2">墓　葬
规格级别</th><th rowspan="2">分布墓区</th><th rowspan="2">分期</th></tr>
<tr><th>东偏南</th></tr>
<tr><td>120</td><td>7</td><td>少儿</td><td>丙（B）</td><td>南区中</td><td>约春秋晚期前段</td></tr>
<tr><td>132</td><td>13</td><td>少儿</td><td>丙（C）</td><td>南区中</td><td>约春秋晚期前段</td></tr>
<tr><td>133</td><td>4</td><td>女</td><td>乙（B）</td><td>南区中</td><td>约春秋晚期前段</td></tr>
<tr><td>154</td><td>35</td><td>男</td><td>丙（C）</td><td>南区中</td><td>约春秋晚期前段</td></tr>
<tr><td>155</td><td>23</td><td>少儿</td><td>丁</td><td>南区中</td><td>约春秋晚期前段</td></tr>
<tr><td>159</td><td>3</td><td>婴儿</td><td>丁</td><td>南区中</td><td>约春秋晚期前段</td></tr>
<tr><td>166</td><td>15</td><td>少儿</td><td>丙（C）</td><td>南区中</td><td>约春秋晚期前段</td></tr>
<tr><td>168</td><td>30</td><td>男</td><td>丙（B）</td><td>南区中</td><td>约春秋晚期前段</td></tr>
<tr><td>171</td><td>7</td><td>男</td><td>丙（A）</td><td>南区中</td><td>约春秋晚期前段</td></tr>
<tr><td>176</td><td>31</td><td>女</td><td>丙（B）</td><td>南区中</td><td>约春秋晚期前段</td></tr>
<tr><td>202</td><td>24</td><td>女</td><td>丙（A）</td><td>南区中</td><td>约春秋晚期前段</td></tr>
<tr><td>286</td><td>26</td><td>婴儿</td><td>丁</td><td>南区中</td><td>约春秋晚期前段</td></tr>
<tr><td>301</td><td>2</td><td>女</td><td>丙（B）</td><td>西区</td><td>约春秋晚期前段</td></tr>
<tr><td>302</td><td>3</td><td>女</td><td>丙（C）</td><td>西区</td><td>约春秋晚期前段</td></tr>
<tr><td>309</td><td>1</td><td>男</td><td>丁</td><td>西区</td><td>约春秋晚期前段</td></tr>
<tr><td>310</td><td>1</td><td>婴儿</td><td>丁</td><td>西区</td><td>约春秋晚期前段</td></tr>
<tr><td>316</td><td>13</td><td>女</td><td>丁</td><td>西区</td><td>约春秋晚期前段</td></tr>
<tr><td>319</td><td>22</td><td>男</td><td>丙（B）</td><td>西区</td><td>约春秋晚期前段</td></tr>
<tr><td>320</td><td>20</td><td>男</td><td>丙（B）</td><td>西区</td><td>约春秋晚期前段</td></tr>
<tr><td>321</td><td>40</td><td>男</td><td>丁</td><td>西区</td><td>约春秋晚期前段</td></tr>
<tr><td>322</td><td>45</td><td>男</td><td>丁</td><td>西区</td><td>约春秋晚期前段</td></tr>
<tr><td>323</td><td>20</td><td>男</td><td>丙（C）</td><td>西区</td><td>约春秋晚期前段</td></tr>
<tr><td>324</td><td>11</td><td>女</td><td>丁</td><td>西区</td><td>约春秋晚期前段</td></tr>
<tr><td>326</td><td>13</td><td>男</td><td>丙（C）</td><td>西区</td><td>约春秋晚期前段</td></tr>
<tr><td>329</td><td>6</td><td>男</td><td>丁</td><td>西区</td><td>约春秋晚期前段</td></tr>
<tr><td>331</td><td>14</td><td>女</td><td>丁</td><td>西区</td><td>约春秋晚期前段</td></tr>
<tr><td>332</td><td>35</td><td>男</td><td>丙（C）</td><td>西区</td><td>约春秋晚期前段</td></tr>
<tr><td>333</td><td>25</td><td>男</td><td>丙（B）</td><td>西区</td><td>约春秋晚期前段</td></tr>
<tr><td>130</td><td>3</td><td>女</td><td>乙（B）</td><td>南区南</td><td>约春秋晚期前段</td></tr>
<tr><td>348</td><td>5</td><td>男</td><td>乙（B）</td><td>南区南</td><td>约春秋晚期前段</td></tr>
<tr><td>368</td><td>1</td><td>女</td><td>丙（C）</td><td>南区南</td><td>约春秋晚期前段</td></tr>
<tr><td>合　计
195座</td><td>墓向平均值
（度）
11.5</td><td>男82
女75
少儿19
婴儿15
不详4</td><td>甲（A）1
甲（B）5
乙（A）15
乙（B）49
丙（A）42
丙（B）17
丙（C）28
丁37
不详1</td><td>北Ⅰ中　11
北Ⅰ西　4
北Ⅱ北　27
北Ⅱ中　31
北Ⅰ北　5
北Ⅱ南　29
南区北　54
南区中　15
西区　16
南区南　3</td><td>春秋早期
春秋早期
春秋早中期
春秋中期
春秋中期
春秋中晚期
春秋晚期前段
春秋晚期前段
春秋晚期前段
春秋晚期后段</td></tr>
</table>

附表4－7　**玉皇庙墓地墓向统计表**

墓号（YYM）	墓向（度）东偏北	性别	墓葬规格级别	分布墓区	分期
3	3	女	乙（B）	北Ⅰ中	春秋早期
4	4	女	丙（A）	北Ⅰ中	春秋早期
5	12	男	丙（C）	北Ⅰ中	春秋早期
9	10	女	丙（C）	北Ⅰ中	春秋早期
13	7	男	乙（A）	北Ⅰ中	春秋早期
14	4	女	丁	北Ⅰ中	春秋早期
18	6	男	甲（A）	北Ⅰ中	春秋早期
19	4	男	乙（B）	北Ⅰ中	春秋早期
20	9	女	乙（A）	北Ⅰ中	春秋早期
27	2	不详	丙（B）	北Ⅰ中	春秋早期
28	5	不详	丙（A）	北Ⅰ中	春秋早期
31	5	男	丙（B）	北Ⅰ中	春秋早期
32	6	无人	丙（A）	北Ⅰ中	春秋早期
34	3	无人	丙（B）	北Ⅰ中	春秋早期
82	4	男	丙（A）	北Ⅰ西	春秋早期
386	8	男	丙（C）	北Ⅰ西	春秋早期
98	3	女	丙（A）	北Ⅰ北	春秋早中期
240	2	女	乙（B）	北Ⅰ北	春秋早中期
246	30	男	丁	北Ⅰ北	春秋早中期
248	3	女	丙（C）	北Ⅰ北	春秋早中期
250	7	男	甲（A）	北Ⅰ北	春秋早中期
251	5	女	乙（B）	北Ⅰ北	春秋早中期
265	1	女	丙（A）	北Ⅰ北	春秋早中期
275	5	男	乙（A）	北Ⅰ北	春秋早中期
239	7	少儿	丙（C）	北Ⅱ中	春秋早中期
253	1	婴儿	丁	北Ⅱ中	春秋早中期
42	12	少儿	丙（C）	北Ⅱ中	春秋早中期
48	6	男	丙（A）	北Ⅱ中	春秋早中期
50	21	女	丙（C）	北Ⅱ中	春秋早中期
51	8	男	乙（A）	北Ⅱ中	春秋早中期
54	4	男	乙（A）	北Ⅱ中	春秋早中期
67	7	少儿	丙（C）	北Ⅱ中	春秋早中期
88	3	女	丙（B）	北Ⅱ中	春秋早中期
90	8	少儿	丙（C）	北Ⅱ中	春秋早中期
273	7	女	丙（A）	北Ⅱ中	春秋早中期
270	3	男	乙（B）	北Ⅱ中	春秋早中期
271	4	男	乙（B）	北Ⅱ中	春秋早中期
125	5	女	丁	北Ⅱ中	春秋早中期
188	22	男	乙（B）	北Ⅱ中	春秋早中期
100	8	女	丁	北Ⅱ中	春秋早中期
26	4	女	乙（B）	北Ⅰ北	春秋早中期

附表4－8

玉皇庙墓地墓向统计表

墓号（YYM）	墓向（度）东偏北	性别	墓葬规格级别	分布墓区	分期
289	5	少儿	丁	北Ⅰ北	春秋早中期
291	4	少儿	丁	北Ⅰ北	春秋早中期
294	15	女	丙（A）	北Ⅰ北	春秋早中期
23	10	男	丙（A）	北Ⅰ中	春秋早中期
24	12	少儿	丁	北Ⅰ中	春秋早中期
6	21	女	丙（A）	北Ⅰ南	春秋早中期
7	9	男	丙（C）	北Ⅰ南	春秋早中期
8	34	女	丙（B）	北Ⅰ南	春秋早中期
101	20	女	丙（B）	北Ⅰ南	春秋早中期
102	20	男	丙（B）	北Ⅰ南	春秋早中期
103	30	不详	丁	北Ⅰ南	春秋早中期
187	6	女	丙（A）	北Ⅱ南	春秋中晚期
58	9	男	乙（B）	北Ⅱ南	春秋中晚期
186	13	男	乙（B）	北Ⅱ南	春秋中晚期
184	3	少儿	丙（B）	北Ⅱ南	春秋中晚期
149	8	女	丙（B）	北Ⅱ南	春秋中晚期
73	3	女	丙（C）	北Ⅱ南	春秋中晚期
224	1	男	丙（A）	南区北	春秋晚期前段
203	5	男	乙（B）	南区北	春秋晚期前段
183	3	女	丙（B）	南区北	春秋晚期前段
136	15	少儿	丙（C）	南区北	春秋晚期前段
135	8	少儿	丙（C）	南区北	春秋晚期前段
118	2	女	丙（B）	南区北	春秋晚期前段
156	6	男	乙（A）	南区中	春秋晚期前段
134	8	男	乙（B）	南区中	春秋晚期前段
123	14	婴儿	丙（C）	南区中	春秋晚期前段
124	8	男	乙（B）	南区中	春秋晚期前段
121	20	男	丙（C）	南区中	春秋晚期前段
114	1	女	丙（B）	南区中	春秋晚期前段
111	1	男	丙（A）	南区中	春秋晚期前段
167	22	女	乙（B）	南区中	春秋晚期前段
165	16	少儿	丁	南区中	春秋晚期前段
106	8	少儿	丁	南区中	春秋晚期前段
108	11	男	丙（C）	南区中	春秋晚期前段
80	15	女	丁	南区中	春秋晚期前段
77	2	男	丙（B）	南区中	春秋晚期前段
79	3	男	丁	南区中	春秋晚期前段
78	30	女	丁	南区中	春秋晚期前段
303	15	男	丁	西区	春秋晚期前段
304	11	女	丙（C）	西区	春秋晚期前段
305	11	女	丙（C）	西区	春秋晚期前段

附表4－9

玉皇庙墓地墓向统计表

墓号（YYM）	墓向（度）	性别	墓　葬规格级别	分布墓区	分期
	东偏北				
306	15	女	丁	西区	春秋晚期前段
307	5	男	丁	西区	春秋晚期前段
308	12	男	丁	西区	春秋晚期前段
311	28	男	丙（C）	西区	春秋晚期前段
312	7	男	丙（C）	西区	春秋晚期前段
313	21	男	丁	西区	春秋晚期前段
314	25	男	丙（C）	西区	春秋晚期前段
315	4	男	丙（B）	西区	春秋晚期前段
317	6	女	丁	西区	春秋晚期前段
327	1	女	丁	西区	春秋晚期前段
164	5	男	丙（B）	南区南	春秋晚期后段
127	19	男	丙（C）	南区南	春秋晚期后段
110	5	男	丙（B）	南区南	春秋晚期后段
172	15	男	丁	南区南	春秋晚期后段
175	4	男	丙（A）	南区南	春秋晚期后段
173	13	男	丙（C）	南区南	春秋晚期后段
161	1	男	乙（A）	南区南	春秋晚期后段
129	10	男	乙（A）	南区南	春秋晚期后段
128	15	女	乙（B）	南区南	春秋晚期后段
109	7	女	丙（C）	南区南	春秋晚期后段
162	27	女	丁	南区南	春秋晚期后段
174	3	男	乙（B）	南区南	春秋晚期后段
353	32	女	丁	南区南	春秋晚期后段
340	13	女	丙（A）	南区南	春秋晚期后段
334	9	男	乙（A）	南区南	春秋晚期后段
328	23	男	丙（A）	南区南	春秋晚期后段
352	7	女	丙（C）	南区南	春秋晚期后段
351	13	男	丁	南区南	春秋晚期后段
354	14	女	丁	南区南	春秋晚期后段
345	25	男	丙（A）	南区南	春秋晚期后段
346	20	女	乙（B）	南区南	春秋晚期后段
344	10	男	乙（A）	南区南	春秋晚期后段
343	5	男	丙（A）	南区南	春秋晚期后段
339	1	女	乙（A）	南区南	春秋晚期后段
341	17	女	丙（A）	南区南	春秋晚期后段
338	1	女	乙（A）	南区南	春秋晚期后段
336	2	男	丙（A）	南区南	春秋晚期后段
349	10	男	乙（B）	南区南	春秋晚期后段
380	11	男	丁	南区南	春秋晚期后段
350	15	男	乙（B）	南区南	春秋晚期后段
355	5	女	丁	南区南	春秋晚期后段

附表4－10

玉皇庙墓地墓向统计表

墓号（YYM）	墓向（度）东偏北	性别	墓葬规格级别	分布墓区	分期
357	20	女	丁	南区南	春秋晚期后段
358	25	男	丁	南区南	春秋晚期后段
356	30	男	丁	南区南	春秋晚期后段
347	10	女	乙（B）	南区南	春秋晚期后段
342	14	男	丙（A）	南区南	春秋晚期后段
373	15	男	乙（B）	南区南	春秋晚期后段
366	13	女	乙（B）	南区南	春秋晚期后段
367	19	女	丁	南区南	春秋晚期后段
360	25	女	丁	南区南	春秋晚期后段
381	6	男	丁	南区南	春秋晚期后段
379	10	男	丙（A）	南区南	春秋晚期后段
382	21	女	丙（B）	南区南	春秋晚期后段
377	5	女	丙（A）	南区南	春秋晚期后段
378	11	女	丙（A）	南区南	春秋晚期后段
376	11	男	丙（A）	南区南	春秋晚期后段
374	5	女	乙（B）	南区南	春秋晚期后段
372	18	女	丙（A）	南区南	春秋晚期后段
371	12	女	丙（C）	南区南	春秋晚期后段
369	1	女	乙（B）	南区南	春秋晚期后段
370	5	男	丙（B）	南区南	春秋晚期后段
364	20	女	丙（B）	南区南	春秋晚期后段
363	30	少儿	丁	南区南	春秋晚期后段
361	20	男	丁	南区南	春秋晚期后段
396	24	女	丙（C）	南区南	春秋晚期后段
389	22	男	丙（C）	南区南	春秋晚期后段
390	13	男	丙（C）	南区南	春秋晚期后段
391	25	女	丙（C）	南区南	春秋晚期后段
388	26	女	丁	南区南	春秋晚期后段
398	16	女	丙（C）	南区南	春秋晚期后段
392	7	女	丁	南区南	春秋晚期后段
399	17	男	丙（B）	南区南	春秋晚期后段
393	17	男	丙（C）	南区南	春秋晚期后段
394	12	女	乙（B）	南区南	春秋晚期后段
400	21	男	丙（A）	南区南	春秋晚期后段
合计 157（座）	墓向平均值 （度） 11.2	男72 女65 少儿13 婴儿2 不详3 无人2	甲（A）2 乙（A）12 乙（B）25 丙（A）28 丙（B）20 丙（C）32 丁　38	北Ⅰ中　14 北Ⅰ西　2 北Ⅱ北　9 北Ⅱ中　16 北Ⅰ北　3 北Ⅰ中　2 北Ⅰ南　6 北Ⅱ南　6 南区北　6 南区中　15 西区　13 南区南　65	春秋早期 春秋早期 春秋早中期 春秋中期 春秋中期 春秋中期 春秋中期 春秋中晚期 春秋晚期前段 春秋晚期前段 春秋晚期前段 春秋晚期后段

附表 4－11　**玉皇庙墓地墓向统计表**

墓号（YYM）	墓向（度）	性别	墓　葬规格级别	分布墓区	分期
	正东				
283	90	女	丁	北Ⅱ北	约春秋早中期
277	90	男	丙（A）	北Ⅱ北	约春秋早中期
264	90	男	丙（A）	北Ⅱ北	约春秋早中期
94	90	少儿	丙（C）	北Ⅱ中	约春秋中期
260	90	男	丙（A）	北Ⅱ中	约春秋中期
296	90	女	丙（B）	北Ⅰ北	约春秋中期
290	90	男	丙（C）	北Ⅰ北	约春秋中期
193	90	婴儿	丁	北Ⅱ南	约春秋中晚期
122	90	男	丙（A）	南区中	约春秋晚期前段
126	90	女	丙（A）	南区中	约春秋晚期前段
113	90	女	丙（A）	南区中	约春秋晚期前段
163	90	女	丙（B）	南区南	约春秋晚期后段
337	90	少儿	丙（C）	南区南	约春秋晚期后段
335	90	婴儿	丁	南区南	约春秋晚期后段
合　计 14（座）	墓向平均值 （度）90	男 5 女 5 少儿 2 婴儿 2	乙（B）1 丙（A）6 丙（B）1 丙（C）3 丁 3	北Ⅱ北　3 北Ⅱ中　2 北Ⅰ北　2 北Ⅱ南　1 南区中　3 南区南　3	春秋早期 春秋中期 春秋中期 春秋中晚期 春秋晚期前段 春秋晚期后段

表 4－12　**玉皇庙墓地墓向统计表**

墓号（YYM）	墓向（度）	性别	墓　葬规格级别	分布墓区	分期
	西偏北				
17	10	无人	乙（B）	北Ⅰ中	约春秋早期
249	7	女	丙（A）	北Ⅱ北	约春秋早中期
240	6	男	丁	北Ⅱ北	约春秋早中期
65	5	男	乙（B）	北Ⅱ中	约春秋中期
190	3	男	乙（B）	北Ⅱ中	约春秋中期
66	8	女	乙（B）	北Ⅱ中	约春秋中期
68	4	女	丙（C）	北Ⅱ中	约春秋中期
297	9	男	丙（B）	北Ⅰ北	约春秋中期
298	10	女	丁	北Ⅰ北	约春秋中期
295	5	男	乙（A）	北Ⅰ北	约春秋中期
56	1	少儿	丁	北Ⅱ南	约春秋中晚期
64	7	女	乙（B）	北Ⅱ南	约春秋中晚期
144	22	女	丙（A）	南区北	约春秋晚期前段
397	25	女	丙（C）	南区南	约春秋晚期后段
合　计 14（座）	墓向平均值 （度） 8.7	男 5 女 7 少儿 1 无人 1	乙（A）1 乙（B）5 丙（A）1 丙（B）1 丙（C）3 丁 3	北Ⅰ中　1 北Ⅱ北　2 北Ⅱ中　4 北Ⅰ北　3 北Ⅱ南　2 南区北　1 南区南　1	约春秋早期 约春秋早中期 约春秋中期 约春秋中期 约春秋中晚期 约春秋晚期前段 约春秋晚期后段

附表4－13 **玉皇庙墓地墓向统计表**

墓号（YYM）	墓向（度）西偏南	性别	墓葬规格级别	分布墓区	分期
21	8	女	丙（B）	北Ⅰ中	约春秋早期
25	4	女	丙（A）	北Ⅰ中	约春秋早期
45	3	男	丙（A）	北Ⅱ中	约春秋中期
293	20	婴儿	丁	北Ⅰ北	约春秋中期
12	10	女	丁	北Ⅰ南	约春秋中期
158	3	男	乙（B）	南区中	约春秋晚期前段
131	6	男	丙（A）	南区中	约春秋晚期前段
160	4	男	乙（B）	南区南	约春秋晚期后段
359	28	少儿	丁	南区南	约春秋晚期后段
375	12	女	丙（C）	南区南	约春秋晚期后段
362	24	男	丁	南区南	约春秋晚期后段
395	20	男	丙（A）	南区南	约春秋晚期后段
合计 12（座）	墓向平均值（度）11.8	男6 女4 少儿1 婴儿1	乙（B）2 丙（A）4 丙（B）1 丙（C）1 丁4	北Ⅰ中2 北Ⅱ中1 北Ⅰ北1 北Ⅰ南1 南区中2 南区南5	约春秋早期 约春秋中期 约春秋晚期前段 约春秋晚期后段

附表4－14 **玉皇庙墓地墓向统计表**

墓号（YYM）	墓向（度）正西	性别	墓葬规格级别	分布墓区	分期
57	270	男	乙（B）	北Ⅱ南	约春秋中晚期

附表4－15 **玉皇庙墓地墓向统计表**

墓号（YYM）	墓向（度）北偏东	性别	墓葬规格级别	分布墓区	分期
242	34	少儿	丁	北Ⅱ北	约春秋早中期
243	6	男	丁	北Ⅱ北	约春秋早中期
325	22	男	丁	西区	约春秋晚期后段
330	16	男	丁	西区	约春秋晚期后段
合计 4（座）	墓向平均值（度）19.5	男3 少儿1	丁4	北Ⅱ北2 西区 2	约春秋早中期 约春秋晚期后段

附表4－16 **玉皇庙墓地墓向统计表**

墓号（YYM）	墓向（度）北偏西	性别	墓葬规格级别	分布墓区	分期
244	5	男	丙（B）	北Ⅱ北	约春秋早中期
365	13	男	丁	南区南	约春秋晚期后段
合计 2（座）	墓向平均值（度）9	男2	丙（B）1 丁1	北Ⅱ北1 南区南1	约春秋早中期 约春秋晚期后段

附表4－17 **玉皇庙墓地墓向统计表**

墓号（YYM）	墓向（度）南偏东	性别	墓葬规格级别	分布墓区	分期
318	43	男	丙（C）	西区	约春秋晚期前段

Ⅱ区中部，西区及南区南部，未见此种墓葬。

这8座墓葬，又分两种情况，一种是墓圹东端窄、西端宽，如YYM18，在墓圹南、北两壁，各设生土二台一道，YYM186在墓圹四壁中腰部位，各留出很窄的2级生土二层台；YYM22则无生土二层台。墓圹西窄东宽者，圹内均无生土二层台。

从墓葬规格级别与性别看，墓圹东窄西宽的墓，规格级别都较高，如YYM18属甲（A）级，YYM22属甲（B）级，YYM186属乙（B）级，且都属男性；墓圹西窄东宽的墓，规格级别都偏低，除YYM196和YYM178属乙（B）级外，其余3座均属丙级小型墓，这5座墓葬，其中有4座属于女性，只有1座（YYM168）属男性。

由此看来，墓圹东窄西宽，圹内南、北两侧壁设生土二层台的抹角梯形竖穴土坑墓，应是玉皇庙文化大型墓葬的形制之一。

2. 凸字形竖穴土坑墓

这种墓葬的墓圹，东窄西宽，圹内设有生土二层台。

此种墓葬共5座，占该墓地墓葬总数的1.25%，数量很少。其中分布于北Ⅱ区北部2座（YYM250，YYM230）；分布于南区北部1座（YYM151）；分布于南区中部1座（YYM156）；分布于南区南部1座（YYM174）。北Ⅰ区、北Ⅱ区中、南部，还有西区，未见此种墓葬。

从墓圹平面形状看，YYM250和YYM230两座墓平面呈凸字形较规矩，其他3座（YYM151、156、174），则不甚规矩。

从生土二层台的设置看，YYM250、230和YYM174等3座墓，在圹内南、北两侧壁，设置生土二层台；YYM156，则在圹内南、北、西三壁设生土二层台；YYM151，则在圹内四壁均设生土二层台。

从墓葬规格级别与性别看，YYM250和YYM230，属甲（A）级大型墓；YYM151属甲（B）级大型墓；YYM156属乙（A）级中型墓；YYM174属乙（B）级中型墓。无丙级规格以下小型墓。以上这5座墓，均属男性墓。

由此看来，墓圹平面呈凸字形，东窄西宽，圹内南、北两侧壁设生二土层台的墓，也应属玉皇庙文化大型或中型墓葬的形制之一；在此种墓葬中，若圹内三壁或四壁设有生土二层台的，则应列为玉皇庙文化中型墓葬形制之一。

3. 曲尺形竖穴土坑墓

这种墓葬的墓圹，圹内设生土二层台。

此种墓葬共2座，仅占该墓地墓葬总数的0.5%，数量极少。其一分布于北Ⅱ区中部（YYM44）；其二分布于南区北部（YYM217）。北Ⅰ区，北Ⅱ区北部、南部，西区，及南区中、南部，均未见此种墓葬。

这两座墓葬，在墓圹平面形状东西布局上，圹内生土二层台设置上，以及墓葬规格级别上，尚存在差别。

YYM44的平面形状，是呈东宽西窄的曲尺形布局，生土二层台设在圹内南壁，墓葬规格属乙（B）级；YYM217的平面形状，则是呈东窄西宽的曲尺形布局，生土二层台设置在圹内南、北、东三壁，墓葬规格属甲（B）级。二者均属男性墓。

看来，这种墓葬形制，应视为玉皇庙文化大、中型墓葬中的极少数个别形制，不具代表意义。

4. 抹角长方形竖穴土坑掏洞墓

这种墓葬的墓圹，在圹内西壁自圹口22厘米以下，向外作弧面掏洞，圹口小而圹底大，以在圹底安置木质葬具。

此种墓葬只有一例，YYM63，仅占该墓地墓葬总数的0.25%。分布于北Ⅱ区南部，是一座属于乙（B）级的男性中型墓葬。

看来，此种形制的墓葬，是属于玉皇庙文化墓葬中极个别的特殊形制，或可视作偶然特例。

5. 抹角长方形竖穴土坑墓与抹角长方形浅穴土坑墓

抹角长方形竖穴土坑墓与抹角长方形浅穴土坑墓，两者在墓圹平面形状上是一致的，唯在墓圹的规格上有大小之分，在墓圹深度上，有深浅之别。称抹角长方形竖穴土坑墓的墓葬，皆属于丙（C）级以上规格的墓葬，圹深均在0.56米以上；称抹角长方形浅穴土坑墓的墓葬，则均属丁级小型墓葬，圹深皆在0.55米以下。

抹角长方形竖穴土坑墓

共有292座，占玉皇庙墓地墓葬总数的73%，是五种墓葬形制中数量最多、所占比例最大的一种墓葬形制。其中分布于北Ⅰ区中部25座（YYM21、20、35、32、33、34、31、30、29、27、28、25、19、17、16、1、2、3、13、4、11、5、9、10、23）；分布于北Ⅰ区西部5座（YYM82、386、300、385、384）；分布于北Ⅱ区北部30座（YYM248、249、278、244、245、279、280、37、98、277、282、251、229、233、231、228、232、227、241、264、97、38、39、226、240、252、265、275、96、40）；分布于北Ⅱ区中部47座（YYM234、263、274、45、43、42、41、225、254、262、266、273、46、236、238、237、256、261、267、272、94、49、89、90、257、259、247、268、270、271、48、95、258、260、269、51、50、65、191、190、88、188、52、54、66、67、68）；分布于北Ⅰ区北部9座（YYM36、26、296、297、295、299、294、288、290）；分布于北Ⅰ区南部5座（YYM8、6、101、7、102）；分布于北Ⅱ区南部27座（YYM212、208、192、189、187、55、58、87、57、185、86、60、71、184、149、61、64、72、69、84、83、81、62、148、93、73、70）；分布于南区北部51座（YYM207、224、194、182、139、203、223、222、221、220、219、218、216、215、214、213、211、210、209、195、206、205、204、197、198、170、199、200、183、181、180、179、169、150、157、142、145、143、144、138、137、136、135、117、118、119、104、105、74、75、76）；分布于南区中部22座（YYM202、176、154、158、167、134、133、132、131、122、123、124、126、120、121、114、113、111、166、171、108、77）；分布于西区15座（YYM332、333、323、319、326、320、318、311、312、314、315、304、305、301、302）；分布于南区南部56座（YYM164、127、110、163、160、130、175、173、161、129、128、109、340、337、334、328、352、345、346、344、343、339、341、338、348、336、349、350、347、342、373、366、379、382、377、378、376、374、375、372、371、368、369、370、364、396、389、390、391、397、398、399、393、394、400、395）。

以上分布情况表明，此种形制的墓葬，在玉皇庙墓地各墓区均有广泛和大比例的分布，超过其他任何一种形制。

从墓葬规格级别考察，在292座抹角长方形竖穴土坑墓中，包括甲（B）级大型墓2座，占此类级别墓葬总数的40%；乙（A）级中型墓28座，占此类级别墓葬总数的100%；乙（B）级中型墓76座，占此类级别墓葬总数的91.6%；丙（A）级小型墓80座，占此类级别墓葬总数的98.8%；丙

（B）级小型墓40座，占此类级别墓葬总数的97.6%；丙（C）级小型墓65座，占此类级别墓葬总数的97%；墓葬规格级别不详者1座（YYM1），占此类墓葬总数的100%。由此可见，除了甲（A）级大型墓葬之外，丙（C）级以上的大、中、小型各级墓葬，均绝大多数、甚至全部属此种形制，这是任何一种墓葬形制都不能相比的。

从性别考察，在292座抹角长方形竖穴土坑墓中，包括男性墓139座，占该墓地男性死者总数的78.5%；女性墓123座，占该墓地女性死者总数的78.8%；少儿墓16座，占该墓地少儿死者总数的43.2%；婴儿墓6座，占该墓地婴儿死者总数的30%；性别不详的墓5座，占此类墓葬总数的71.4%；无人墓3座，占此类墓葬总数的100%。这表明，此种形制的墓葬，不但在成年男、女或性别不详的死者中占有很大的比例，而且在少儿死者中占了一少半比例，在婴儿死者中也占了近1/3。也就是说，抹角长方形竖穴土坑墓是玉皇庙墓地男、女两性和各种年龄段的死者，都普遍或较多采用的墓葬形制。

抹角长方形浅穴土坑墓

共有92座，占玉皇庙墓地墓葬总数的23%，从数量看，明显少于抹角长方形竖穴土坑墓，但却大大多于上述其他形制的墓葬，所占比例排在第二位。其中分布于北Ⅰ区中部3座（YYM15、14、24）；分布于北Ⅰ区西部1座（YYM383）；分布于北Ⅱ区北部10座（YYM246、281、242、243、387、283、285、284、276、99）；分布于北Ⅱ区中部6座（YYM239、253、235、255、125、100）；分布于北Ⅰ区北部6座（YYM298、293、292、291、287、289）；分布于北Ⅰ区南部2座（YYM12、103）；分布于北Ⅱ区南部9座（YYM193、53—抹角梯形，56、59、91、85、92、140、141）；分布于南区北部7座（YYM177、152、147、146、116、112、201）；分布于南区中部10座（YYM155、286、115、159、165、106、80、107、79、78）；分布于西区17座（YYM331、329、327、324、322、321、316、310、313、309、307、308、317、306、303、330、325）；分布于南区南部21座（YYM172、162、353、351、354、335、380、355、357、358、356、367、359、360、381、365、363、361、362、388、392）。上述分布情况表明，北Ⅰ区中部数量最少，而西区、北Ⅰ区北部及南区南部数量较多。

此种浅穴土坑墓，在墓葬规格级别上均属丁级小型墓。

从性别看，这92座浅穴土坑墓中，包括男性墓26座，占男性死者总数的14.7%；女性墓29座，占女性死者总数的18.6%；少儿墓20座，占少儿死者总数的54%；婴儿墓15座，占婴儿死者总数的75%；性别不详者2座，占此类墓葬总数的28.6%。可见男性在此种墓葬形制中所占比例最小，女性比例略高于男性，少儿的比例超过半数，所占比例最大的属婴儿。表明此种形制的墓，多用于孩童，用于成年男女的为数较少。

6. 关于生土二层台

墓圹中设生土二层台的墓，共37座，占该墓地墓葬总数的9.25%。从设置部位和结构看，可分作11种形式：

（1）设于西、南、北三壁者

共10座（YYM250、230、261、212、223、195、204、199、118、156），占该墓地圹内设生土二层台墓总数的27%。按台面宽、窄，又可将这10座墓分作二类：

Ⅰ类属三壁台面较宽者，有3座（YYM250、230、156）。西端台面宽在0.36～0.82米之间，南侧台面宽在0.35～0.61米之间，北侧台面宽在0.41～0.95米之间。

Ⅱ类属三壁台面较窄或很窄者，有7座（YYM261、212、223、195、204、199、118）。西端台面宽在4~20厘米之间，南侧台面宽在5~22厘米之间，北侧台面宽在3~17厘米之间。

从分布看，Ⅰ类者分布于北Ⅱ区北部2座（YYM250、230）和南区中部1座（YYM156），其他墓区未见；Ⅱ类者分布于北Ⅱ区中部1座（YYM261），分布于北Ⅱ区南部1座（YYM212），分布于南区北部5座（YYM223、195、204、199、118），其他墓区不见。

从墓葬规格级别与性别考察，Ⅰ类者属甲（A）级大型墓2座（YYM250、230）和乙（A）级中型墓1座（YYM156），性别皆属男性；Ⅱ类者均属规格级别略低和较低的中型墓或丙级小型墓，性别包括3男（YYM261、212、199）、3女（YYM223、204、118）和1例婴儿（YYM195）。

（2）设于东、南、西、北四壁者

共9座（YYM270、208、189、186、215、205、170、183、151），占该墓地圹内设生土二层台墓葬总数的24.3%。按台面宽、窄，亦可将这9座墓分作二类：

Ⅰ类属四壁台面较宽者，1座（YYM151）。东端台面宽1.38米，南侧台面宽28，西端台面宽11、北侧台面上层宽51、下层宽17厘米。

Ⅱ类属四壁台面较窄或很窄者，8座（YYM270、208、189、186、215、205、170、183）。壁台面宽多限于2~11厘米之间，仅有少数个别台面宽在17~18厘米（YYM186、270）。

从分布看，Ⅰ类YYM151，分布于南区北部，其他墓区未见；Ⅱ类者分布于北Ⅱ区中部1座（YYM270），分布于北Ⅱ区南部3座（YYM208、189、186），分布于南区北部4座（YYM215、205、170、183），其他墓区不见。

从墓葬规格级别与性别考察，Ⅰ类YYM151，属甲（B）级大型墓，男性；Ⅱ类属乙（B）级中型墓的4座（YYM270、186、205、170），皆为男性；属丙（A）级小型墓的2座（YYM208、189），属丙（B）级小型墓的2座（YYM215、183），皆为女性。

（3）设于南、北二壁者

共5座（YYM18、207、181、180、174），占该墓地圹内设生土二层台墓葬总数的13.5%。按台面宽、窄，亦可将这5座墓分作二类：

Ⅰ类属南、北二壁台面较宽者，2座（YYM18、174）。南侧台面宽在19~36厘米之间，北侧台面宽在36~45厘米之间。

Ⅱ类属南、北二壁台面较窄和很窄者，3座（YYM207、181、180）。南侧台面宽在7~11厘米之间，北侧台面宽在6~13厘米之间。

从分布看，Ⅰ类者分布于北Ⅰ区中部1座（YYM18），分布于南区南部1座（YYM174），其他墓区未见；Ⅱ类者皆分布于南区北部，3座（YYM207、181、180），其他墓区不见。

从墓葬规格级别与性别考察，Ⅰ类者属甲（A）级大型墓1座（YYM18），属乙（B）级中型墓1座（YYM174），性别皆属男性；Ⅱ类者属乙（B）级中型墓1座（YYM207），属丙（A）级小型墓2座（YYM181、180），性别包括2男（YYM207、181），1女（YYM180）。

（4）设于东、南、北三壁者

共3座（YYM87、217、222），占该墓地圹内设生土二层台墓葬总数的8.1%。按台面宽、窄，亦可将这3座墓分作二类：

Ⅰ类属东、南、北三壁台面较宽者，1 座（YYM217）。东端台面上层宽 0.6、下层宽 0.37 米、南侧台面宽 0.43、北侧台面宽 0.88 米。

Ⅱ类属东、南、北三壁台面很窄者，2 座（YYM87、222）。东、南、北三壁台面均很窄，YYM222 台面宽 4～6 厘米，YYM87 台面宽 5～7 厘米。

从分布看，此种形式的二类墓，均分布于南区北部，其他墓区不见。

从墓葬规格级别与性别考察，Ⅰ类者 YYM217，属甲（B）级大型墓，男性；Ⅱ类者属乙（B）级中型墓 1 座（YYM87），属丙（B）级小型墓 1 座（YYM222），皆属女性。

（5）设于东壁者

共 3 座（YYM280、52、74），占该墓地圹内设生土二层台墓葬总数的 8.1%。这 3 例台面均较宽。YYM280 台面宽 0.27 米，YYM52 台面宽 0.4 米，YYM74 台面宽 1 米。

从分布看，这 3 座墓分布于北Ⅱ区北部 1 座（YYM280），分布于北Ⅱ区中部 1 座（YYM52），分布于南区北部 1 座（YYM74）。

从墓葬规格级别与性别考察，有 1 座属甲（B）级大型墓（YYM52）和 2 座属乙（A）级中型墓（YYM280、74），包括 2 男（YYM52、74），1 女（YYM280）。

（6）设于南壁者

共 2 座（YYM44、210），占该墓地圹内设生土二层台墓葬总数的 5.4%。这 2 例台面，一个较宽（YYM44 台面宽 40 厘米），另一个很窄（YYM210，台面宽仅 5 厘米）。

从分布看，YYM44 分布于北Ⅱ区中部，YYM210 分布于南区北部，其他墓区未见。

从墓葬规格级别与性别考察，YYM210 属乙（A）级中型墓，YYM44 属乙（B）级中型墓，皆属男性。

（7）～（11）设于东、南、西三壁，北、东北角，西、北二壁，西、南二壁，北壁者各 1 座（墓号依次分别为 YYM237、268、260、203、216），分别各占该墓地设生土二层台墓葬总数的 2.7%。皆属台面较窄和很窄者，其台面宽均限于 4～15 厘米之间。

从分布看，这 5 座墓均属孤例，其中 3 座分布于北Ⅱ区中部（YYM237、268、260），另 2 座（YYM203、216）均分布于南区北部。

从墓葬规格级别与性别考察，这 5 座墓中，有乙（B）级中型墓 3 座（YYM237、203、216），丙（A）级小型墓 2 座（YYM268、260），包括 2 男（YYM260、203），3 女（YYM237、268、216）。

总之，玉皇庙墓地圹内设生土二层台的 37 座墓，从分布和数量看，以南区北部数量最多（共 19 座，占设生土二层台墓葬总数的 51.4%），其次是北Ⅱ区中部（共 7 座，占设生土二层台墓葬总数的 18.9%），再次是北Ⅱ区南部（共 5 座，占设生土二层台墓葬总数的 13.5%），数量较少的是北Ⅱ区北部（3 座，占设生土二层墓葬总数的 8.1%），北Ⅰ区中部、南区中部和南部，均各有 1 例，而北Ⅰ区西部、北部和南部，以及西区，1 例未见。

从生土二层台设置部位和结构形式看，以第（1）种设于西、南、北三壁者和第（2）种设于东、南、西、北四壁者为数较多，这两种形式之合，已占该墓地圹内设生土二层台墓葬总数的 51.4%；第（3）～第（5）种形式，数量较少；第（6）～（11）种形式，为数很少，多属孤例。表明第（1）、第（2）种形式，是属该墓地设生土二层台墓葬的主要结构形式，而其他形式，均属非主流形式或个别特殊形式。

从台面宽、窄考察，生土二层台台面较宽者，墓葬规格级别都较高，而凡是生土二层台台面较窄和很窄者，其墓葬规格级别都相对较低。而前者以男性占统治地位，后者则以女性居多。

从墓葬规格级别考察，37 座设生土二层台的墓中，含甲（A）级 3 座，甲（B）级 3 座，乙（A）级 5 座，乙（B）级 14 座，丙（A）级 7 座，丙（B）级 4 座，丙（C）级 1 座。这里只有丙（C）级 1 座，而不见丁级浅穴土坑墓，表明设生土二层台的墓葬，基本上不包括丙（C）级低级小型竖穴土坑墓，更绝不含最低级的丁级浅穴土坑墓，其所设对象，主要是自甲（A）级至丙（A）级，留给丙（B）级的机会也很少。

从性别考察，37 座设生土二层台的墓中，有男性墓 22 座，占圹内生土二层台墓葬总数的 59.5%，女性墓 14 座，占圹内设生土二层台墓葬总数的 37.8%，婴儿墓 1 座，占圹内设生土二层台墓葬总数的 2.7%。表明男性在设生土二层台墓葬中占居主导地位，女性仅占次要地位，孩童则属极个别情况。

（二）填土包含物

玉皇庙墓地 400 座墓葬中，填土中有包含物的有 354 座，占该墓地葬总数的 88.5%；填土中无包含物的墓，共有 46 座，占该墓地墓葬总数的 11.5%，其中分布于北Ⅰ区中部 4 座（YYM33、27、28、14）；分布于北Ⅱ区北部 11 座（YYM248、246、278、242、243、244、283、285、37、228、38）；分布于北Ⅱ区中部 2 座（YYM255、90）；分布于北Ⅰ区北部 10 座（YYM296、293、299、294、292、291、287、288、289、290）；分布于北Ⅰ区南部 1 座（YYM103）；分布于北Ⅱ区南部 3 座（YYM55、59、85）；分布于南区北部 3 座（YYM194、147、146）；分布于南区中部 2 座（YYM286、79）；分布于西区 7 座（YYM329、327、316、310、314、315、303）；分布于南区南部 3 座（YYM340、356、388）。以北Ⅰ区北部和西区占的比例较大。

包含物有 4 种：（1）夹砂陶片；（2）泥质灰陶片；（3）青铜遗物；（4）兽骨。其中，以夹砂陶片数量最多，其次为泥质类陶片，再次为青铜遗物，数量最少的为兽骨。

（1）夹砂陶片，共计 660 片。其中北Ⅰ区与北Ⅱ区出土数量较多，所占比例较大，而西区与南区南部，出土数量明显减少，所占比例较小。

（2）泥质灰陶片，共计 468 片。北Ⅰ区、北Ⅱ区北部和北Ⅱ区中部不见，北Ⅱ区南部仅出土 14 片，其余大量的泥质类陶片，都出自南区和西区。

夹砂陶片与泥质灰陶片，在填土中出土的数量与在墓地茔区中的分布情况，正好呈相反趋势，这一变化趋势，与该墓地两大陶系的陶器种类与数量，在各墓区的分布趋势特点，是基本一致的。

（3）青铜遗物，共计 118 件（包括大、小件器物）。有铜锛 2 件（YYM17 和 YYM230 各出 1 件），铜镞 1 枚（YYM60），人字形铜坠饰 98 枚（YYM2 出土 39 枚，YYM18 出土 59 枚），铜环 2 件（YYM18），小细铜管 1 件（YYM182），野猪形铜坠饰 14 枚（YYM250）。以上这些零星的青铜遗物，多出自北Ⅰ区中部与北Ⅱ区北部，只有那枚铜镞，是出自北Ⅱ区南部（YYM60），还有小细铜管，是出自南区北部（YYM182）。其他墓区均无出土。

（4）兽骨兽牙，共计 100 件（枚）。包括羊肩胛骨 22 块，羊肱骨 10 件，羊下颌骨 10 件；牛下颌骨 1 件，牛牙 22 枚；马牙 3 枚；狗肱骨及腿骨 10 件，狗上、下颌骨 10 件；残碎兽骨 12 块。这些兽骨，多出于北Ⅰ区和北Ⅱ区，南区很少见，西区未见（参见附表 5）。

附表5－1

玉皇庙墓地墓葬形制与填土包含物统计表

分布		墓号（YYM）	墓葬形制							墓葬填土包含物				墓葬规格级别	性别						墓圹保存状况
			第(1)种	第(2)种	第(3)种	第(4)种	第(5)种		带生土二层台者												
			抹角梯形竖穴土坑墓	凸字形竖穴土坑墓	曲尺形竖穴土坑墓	抹角长方形竖穴土坑掏洞墓	抹角长方形竖穴土坑墓	抹角长方形浅穴二坑墓		夹砂陶片	泥质灰陶片	青铜遗物	兽骨		男	女	少儿	婴儿	不详	无人	
北Ⅰ区	中部	22	√							红4				甲(B)	√						完整
		21					√			红3				丙(B)		√					完整
		20					√			红1，褐2				乙(A)		√					完整
		35					√			红3			羊肩胛骨1	乙(B)		√					上部被破坏
		32					√			红2				丙(A)						√	完整
		33					√							丙(A)					√		被破坏
		34					√			红4			狗下颌骨1	丙(B)						√	上部被破坏
		31					√			红4				丙(B)	√						完整
		30					√			红2				丙(C)	√						完整
		29					√			红1，褐2				丙(A)		√	√				完整
		27					√							丙(B)					√		被破坏
		28					√							丙(A)					√		被破坏
		25					√			红2			羊肩胛骨1	丙(A)		√					被破坏
		19					√			红3				乙(B)	√						上部被破坏
		17					√			红2		铜锛1		乙(B)						√	完整
		16					√			红1				丙(C)	√						被破坏
		15						√		红2				丁			√				完整
		1					√			红4				不详					√		被破坏
		2					√			褐杯1		人字形坠39		甲(B)		√					局部被破坏
		3					√			红褐2				乙(B)		√					上部被破坏
		18	√						圹内南、北2壁			人字形坠59 铜环2		甲(A)	√						完整
		14						√						丁		√					完整
		13					√			红5				乙(A)	√						上部被破坏
	西部	82					√			红2				丙(A)	√						上部被破坏
		386					√			红褐1			羊肱骨1	丙(C)	√						上部被破坏
		300					√			红3				乙(A)	√						上部被破坏
		385					√			红5			狗肱骨1	丙(C)	√						上部被破坏

附表 5－2

玉皇庙墓地墓葬形制与填土包含物统计表

分布		墓号（YYM）	墓葬形制							墓葬填土包含物				墓葬规格级别	性别						墓圹保存状况
			第(1)种	第(2)种	第(3)种	第(4)种	第(5)种		带生土二层台者												
			抹角梯形竖穴土坑墓	凸字形竖穴土坑墓	曲尺形竖穴土坑墓	抹角长方形竖穴土坑掏洞墓	抹角长方形竖穴土坑墓	抹角长方形浅穴土坑墓		夹砂陶片	泥质灰陶片	青铜遗物	兽骨		男	女	少儿	婴儿	不详	无人	
北Ⅰ区	西部	383						√		红 1				丁					√		被破坏
		384					√			红褐 2			羊肩胛骨 1	乙(B)	√						上部被破坏
	中部	4					√			红 1				丙(A)		√					上部被破坏
		11					√			红 4				乙(A)	√						上部被破坏
		5					√			红 1				丙(C)	√						上部被破坏
		9					√			红 2				丙(C)		√					上部被破坏
		10					√			红 3				乙(B)		√					完整
北Ⅱ区	北部	248					√							丙(C)		√					完整
		246						√						丁	√						完整
		249					√			红 2				丙(C)		√					完整
		278					√							丙(A)	√						完整
		281						√		红褐 2				丁	√						完整
		242						√						丁			√				完整
		243						√						丁	√						完整
		244					√							丙(B)	√						完整
		245					√			红 2				丙(A)		√					完整
		279					√			红褐 2			羊肩胛骨 1	乙(B)		√					完整
		280					√		圹内东壁	红褐 3			狗下颌骨 1	乙(A)		√					完整
		387						√		红 1				丁		√					完整
		283						√						丁		√					被扰乱
		285						√						丁		√					被扰乱
		37					√							丙(C)		√					被破坏
		98					√			红 3				丙(A)		√					完整
		284						√		红 2				丁	√						被扰乱
		277					√			红 2				丙(A)	√						被破坏
		250		√					圹内西、南、北三壁	褐 2		野猪形坠 14	狗腿骨 2 牛下颌骨 1	甲(A)	√						完整
		282					√			红 3				丙(A)	√						完整

附表 5－3

玉皇庙墓地墓葬形制与填土包含物统计表

分布		墓号（YYM）	墓葬形制							墓葬填土包含物				墓葬规格级别	性别						墓圹保存状况
			第(1)种	第(2)种	第(3)种	第(4)种	第(5)种		带生土二层台者												
			抹角梯形竖穴土坑墓	凸字形竖穴土坑墓	曲尺形竖穴土坑墓	抹角长方形竖穴土坑掏洞墓	抹角长方形竖穴土坑墓	抹角长方形浅穴土坑墓		夹砂陶片	泥质灰陶片	青铜遗物	兽骨		男	女	少儿	婴儿	不详	无人	
北Ⅱ区	北部	251					√			红 2			羊肩胛骨 1	乙(B)		√					完整
		230		√					扩内西、南、北三壁			铜锛 1		甲(A)	√						完整
		229					√			红 2			羊肱骨 1	乙(A)	√						完整
		233					√			红 1，褐 2				乙(B)	√						完整
		231					√			褐 2			羊下颌骨 1	乙(B)		√					完整
		228					√							乙(B)	√						完整
		232					√			红 2			兽骨 1	丙(A)		√					完整
		227					√			红 1			羊下颌骨 1	乙(A)	√						完整
		241					√			红褐 3			羊下颌骨 2	乙(B)		√					完整
		264					√			红 5				丙(A)	√						完整
		276						√		红 1				丁	√						完整
		97					√			红 3				丙(B)		√					完整
		99						√		红 2				丁		√					完整
		38					√							丙(A)	√						被破坏
		39					√			红 3				丙(C)		√					被破坏
		226					√			红 3			羊肱骨 2 牛牙 3	乙(B)	√						完整
		240					√			红 3			狗肱骨 1	乙(B)		√					完整
		252					√			褐 3			狗上颌骨 1	丙(A)	√						完整
		265					√			红 3				丙(A)		√					完整
		275					√			红 6			羊肱骨 1	乙(A)	√						完整
		96					√			红 1				丙(A)		√					完整
		47	√							红褐 3				丙(C)		√					完整
		40					√			褐 2				丙(A)		√					完整
	中部	234					√			红褐 4			狗肱骨 1	乙(B)	√						完整
		239						√		红 3				丁			√				完整
		253						√		红 2				丁				√			完整
		263					√			红 3			狗肱骨 1	乙(B)	√						完整
		274					√			红 2				丙(B)			√				完整

附表5－4 玉皇庙墓地墓葬形制与填土包含物统计表

分布	墓号(YYM)	墓葬形制							墓葬填土包含物				墓葬规格级别	性别						墓圹保存状况
		第(1)种	第(2)种	第(3)种	第(4)种	第(5)种		带生土二层台者												
		抹角梯形竖穴土坑墓	凸字形竖穴土坑墓	曲尺形竖穴土坑墓	抹角长方形竖穴土坑掏洞墓	抹角长方形竖穴土坑墓	抹角长方形浅穴土坑墓		夹砂陶片	泥质灰陶片	青铜遗物	兽骨		男	女	少儿	婴儿	不详	无人	
北Ⅱ区中部	45					√			红1				丙(A)	√						完整
	43					√			红褐2				丙(A)	√						完整
	42					√			红2				丙(C)			√				完整
	41					√			红3				乙(B)	√						被破坏
	225					√			红2			狗肱骨1	乙(B)		√					完整
	235						√		红1				丁				√			完整
	254					√			褐1			羊下颌骨1	乙(B)		√					完整
	262					√			红4				丙(C)				√			完整
	266					√			红4			马牙2	乙(A)		√					完整
	273					√			红2				丙(A)		√					完整
	46					√			红1				乙(B)	√						完整
	44			√				圹内南壁	红3				乙(B)	√						完整
	236					√			红2			残羊下颌骨1	乙(A)	√						完整
	238					√			红1				丙(C)			√				完整
	237					√		圹内东、南、西三壁	红2				乙(B)	√						完整
	255						√						丁			√				完整
	256					√			红褐6			残碎兽骨4	乙(A)		√					完整
	261					√		圹内西、南、北三壁	红褐3			羊肩胛骨1 马牙1	乙(A)	√						完整
	267					√			红2				丙(B)				√			完整
	272					√			红1				丙(A)		√					完整
	94					√			红3				丙(C)			√				完整
	49					√			红2				丙(A)	√						完整
	89					√			红2				乙(B)					√		被破坏
	90					√							丙(C)			√				被破坏
	257					√			褐3			羊肩胛骨1	乙(B)	√						完整
	259					√						羊肩胛骨1	丙(C)			√				完整
	247					√			红2			羊下颌骨1	乙(B)	√						完整

附表 5－5

玉皇庙墓地墓葬形制与填土包含物统计表

分布		墓号（YYM）	墓葬形制 第(1)种 抹角梯形竖穴土坑墓	第(2)种 凸字形竖穴土坑墓	第(3)种 曲尺形竖穴土坑墓	第(4)种 抹角长方形竖穴土坑掏洞墓	第(5)种 抹角长方形竖穴土坑墓	第(5)种 抹角长方形浅穴土坑墓	带生土二层台者	墓葬填土包含物 夹砂陶片	泥质灰陶片	兽骨	墓葬规格级别	性别 男	女	少儿	婴儿	不详	无人	墓圹保存状况
北Ⅱ区	中部	268					√		圹内北壁及东北角	红褐 2			丙(A)		√					完整
		270					√		圹内四壁	红 2			乙(B)	√						完整
		271					√			红 1			乙(B)	√						完整
		48					√			红 2		羊肩胛骨 1	丙(A)	√						完整
		95					√			红 3			乙(A)	√						被破坏
		258					√			红褐 3		牛牙 2	乙(A)		√					完整
		260					√		圹内西、北 2 壁	红 3			丙(A)	√						完整
		269					√			红 1			丙(B)	√						完整
		51					√			红 2			乙(A)	√						完整
		50					√			红 1		羊肩胛骨 1	丙(C)		√					完整
		65					√			红 4			乙(B)	√						完整
		191					√			红 1			丙(A)		√					完整
		190					√			红褐 3		羊肩胛骨 1	乙(B)	√						完整
		88					√			红 3			丙(B)		√					完整
		125						√		红褐 3			丁		√					被破坏
		188					√			红 3		羊肱骨 1	乙(B)	√						完整
		52					√		圹内东端	红 4		羊肩胛骨 2	甲(B)	√						完整
		54					√			红 3		羊肩胛骨 1	乙(A)	√						东北角上层被破坏
		100						√		红 1			丁		√					上部被破坏
		66					√			褐 2			乙(B)		√					完整
		67					√			褐 2			丙(C)			√				完整
		68					√			红 1			丙(C)		√					完整
北Ⅰ区	北部	36					√			褐 1			乙(B)	√						上部被破坏
		26					√			红 2			乙(B)		√					完整
		296					√						丙(B)		√					完整
		297					√			红褐 1			丙(B)	√						完整
		298						√					丁		√					完整

附表 5－6 玉皇庙墓地墓葬形制与填土包含物统计表

分布		墓号（YYM）	墓葬形制							墓葬填土包含物			墓葬规格级别	性别						墓圹保存状况
			第(1)种	第(2)种	第(3)种	第(4)种	第(5)种		带生土二层台者											
			抹角梯形竖穴土坑墓	凸字形竖穴土坑墓	曲尺形竖穴土坑墓	抹角长方形竖穴土坑掏洞墓	抹角长方形竖穴土坑墓	抹角长方形浅穴土坑墓		夹砂陶片	泥质灰陶片	兽骨		男	女	少儿	婴儿	不详	无人	
北Ⅰ区	北部	293						√					丁				√			完整
		295					√			红3			乙(A)	√						完整
		299					√						丙(B)			√				完整
		294					√						丙(A)		√					完整
		292						√					丁		√					完整
		291						√					丁			√				完整
		287						√					丁		√					完整
		288					√						丙(C)		√					完整
		289						√					丁			√				完整
		290					√						丙(C)	√						完整
	中部	23					√			褐3		狗下颌骨2	丙(A)	√						被破坏
		24						√		红2			丁			√				完整
	南部	12						√		红3			丁		√					被破坏
		8					√			褐2			丙(B)		√					上部被破坏
		6					√			红3，黑褐2			丙(A)		√					上部被破坏
		101					√			红2			丙(B)		√					被破坏
		7					√			褐2			丙(C)	√						上部被破坏
		103						√					丁					√		被破坏
		102					√			红2，褐1			丙(B)	√						上部被破坏
北Ⅱ区	南部	212					√		圹内南、北、西三壁	褐2			乙(B)	√						完整
		208					√		圹内四壁	红褐2		牛牙1	丙(A)		√					完整
		193						√(抹角梯形)		红褐3			丁				√			底部被破坏
		192					√			红3			丙(B)	√						完整
		189					√		圹内四壁	褐2	1		丙(A)		√					完整
		187					√			红2			丙(A)		√					完整
		53						√(抹角梯形)		红3			丁				√			完整
		55					√						丙(C)			√				完整

附表 5－7

玉皇庙墓地墓葬形制与填土包含物统计表

分布	墓号（YYM）	墓葬形制							墓葬填土包含物				墓葬规格级别	性别						墓圹保存状况
		第(1)种	第(2)种	第(3)种	第(4)种	第(5)种		带生土二层台者												
		抹角梯形竖穴土坑墓	凸字形竖穴土坑墓	曲尺形竖穴土坑墓	抹角长方形竖穴土坑掏洞墓	抹角长方形竖穴土坑墓	抹角长方形浅穴土坑墓		夹砂陶片	泥质灰陶片	青铜遗物	兽骨		男	女	少儿	婴儿	不详	无人	
北Ⅱ区南部	58					√			红 4			牛牙 2	乙(B)	√						完整
	196	√							红 3			牛牙 2	乙(B)		√					完整
	186	√						圹内四壁	红褐 2			羊肩胛骨 1	乙(B)	√						完整
	87					√		圹内东、南、北 3 壁	红褐 2				乙(B)		√					完整
	56						√		红 3				丁			√				完整
	57					√			红褐 4			羊肩胛骨 1	乙(B)	√						完整
	185					√			红褐 2				丙(A)		√					完整
	86					√			红 3			牛牙 2	乙(A)	√						完整
	59						√						丁			√				完整
	60					√			红褐 2		铜镞 1		乙(B)	√						完整
	71					√			褐 2	1			丙(C)	√						上部被破坏
	91						√		红 2				丁			√				上部被破坏
	184					√			红 2				丙(B)			√				完整
	85						√						丁				√			完整
	149					√			红 3	2		狗肱骨 1	丙(B)		√					完整
	61					√			红 1				乙(B)	√						完整
	64					√			红 3				乙(B)		√					完整
	72					√			红 2	1		羊肩胛骨 1	丙(C)	√						上部被破坏
	69					√			红褐 4				丙(A)	√						完整
	84					√			红 1				丙(A)		√					完整
	83					√			红 3				丙(A)	√						完整
	81					√			红褐 2				乙(B)		√					完整
	62					√			褐 2				丙(C)	√						上部被破坏
	63				√				红褐 3				乙(B)	√						完整
	92						√		褐 3	2			丁			√				上部被破坏
	148					√			红褐 1			羊下颌骨 1	丙(A)	√						完整
	140						√		红 1				丁			√				完整

附表5－8

玉皇庙墓地墓葬形制与填土包含物统计表

分布		墓号（YYM）	墓葬形制							墓葬填土包含物				墓葬规格级别	性别						墓圹保存状况
			第(1)种	第(2)种	第(3)种	第(4)种	第(5)种		带生土二层台者												
			抹角梯形竖穴土坑墓	凸字形竖穴土坑墓	曲尺形竖穴土坑墓	抹角长方形竖穴土坑掏洞墓	抹角长方形竖穴土坑墓	抹角长方形浅穴土坑墓		夹砂陶片	泥质灰陶片	青铜遗物	兽骨		男	女	少儿	婴儿	不详	无人	
北Ⅱ区	南部	141						√		褐3				丁				√			完整
		93					√			红2				丙(A)	√						完整
		73					√			褐2	3			丙(C)		√					完整
		70					√			褐1	2			乙(B)	√						完整
南区	北部	217			√				圹内东、南、北三壁	红褐14	3		碎狗腿骨1 羊肩胛骨1	甲(B)	√						上部被破坏
		207					√		圹内南、北二壁	红1	2			乙(B)	√						完整
		224					√			红2			羊肱骨1	丙(A)	√						完整
		194					√							丙(C)				√			完整
		182					√			红3		细管1	狗下颌骨1	乙(B)	√						完整
		139					√			褐2	3			丙(A)		√					完整
		203					√		圹内南、西2壁	红褐2				乙(B)	√						完整
		223					√		圹内南、西、北3壁	红褐3	2		羊肩胛骨1	乙(B)		√					完整
		222					√		圹内东、南、北三壁	红褐2	1			丙(B)		√					完整
		221					√			褐2	1			丙(A)		√					完整
		220					√			红褐2	1		羊肩胛骨1	乙(B)		√					完整
		219					√			红褐2	1			丙(A)		√					完整
		218					√			褐1	3			丙(A)		√					完整
		216					√		圹内北壁	褐1			狗肱骨1	乙(B)		√					完整
		215					√		圹内四壁	褐1	2			丙(B)		√					完整
		214					√			褐2				乙(B)	√						完整
		213					√			红褐2	1			乙(B)	√						完整
		211					√			红褐4	2			乙(B)		√					完整
		210					√		圹内南壁	褐1	2			乙(A)	√						完整
		209					√			褐2	3			乙(A)	√						完整
		195					√		圹内南、西、北3壁	红褐3				丙(C)				√			完整
		206					√			红褐2	1			丙(A)		√					完整
		205					√		圹内四壁	褐2				乙(B)	√						完整

附表5－9

玉皇庙墓地墓葬形制与填土包含物统计表

分布	墓号（YYM）	墓葬形制							墓葬填土包含物			墓葬规格级别	性别						墓圹保存状况
		第(1)种	第(2)种	第(3)种	第(4)种	第(5)种		带生土二层台者											
		抹角梯形竖穴土坑墓	凸字形竖穴土坑墓	曲尺形竖穴土坑墓	抹角长方形竖穴土坑掏洞墓	抹角长方形竖穴土坑墓	抹角长方形浅穴土坑墓		夹砂陶片	泥质灰陶片	兽骨		男	女	少儿	婴儿	不详	无人	
南区北部	204					√		圹内南、西、北三壁	褐2	2		乙(B)		√					完整
	197					√			红褐2	2		乙(B)		√					完整
	198					√			褐2	1	狗上颌骨1	乙(B)		√					完整
	170					√		圹内四壁	红褐2	1		乙(B)	√						完整
	199					√		圹内南、西、北三壁	红褐3	2		丙(A)	√						完整
	200					√			褐2	1		丙(A)		√					完整
	183					√		圹内四壁	红褐3	1		丙(B)		√					完整
	181					√		圹内南、北二壁	红褐4	2		丙(A)	√						完整
	180					√		圹内南、北二壁	褐1	2		丙(A)		√					完整
	179					√			褐2	1		乙(B)	√						完整
	169					√			褐2	1		乙(B)		√					完整
	178	√							红褐4	2		乙(B)		√					完整
	177						√		红褐1	2		丁				√			完整
	150					√			红褐2	1		乙(B)		√					完整
	151		√					圹内四壁	红4	2		甲(B)	√						完整
	152						√		红褐2	3		丁				√			完整
	157					√			褐1			丙(C)			√				完整
	153	√							红褐3	2	牛牙3	丙(A)		√					完整
	147						√					丁				√			完整
	146						√					丁				√			完整
	142					√			红褐4	3		丙(A)	√						完整
	145					√			红褐3	5		丙(A)	√						完整
	143					√			褐3	5		丙(A)	√						完整
	144					√			红褐2	5		丙(A)		√					完整
	138					√			红褐3	5		丙(A)		√					完整
	137					√			红褐2	3	狗下颌骨1	丙(A)		√					完整
	136					√			褐1	2		丙(C)			√				完整

附表 5－10 玉皇庙墓地墓葬形制与填土包含物统计表

分布		墓号(YYM)	墓葬形制							墓葬填土包含物			墓葬规格级别	性别						墓圹保存状况
			第(1)种	第(2)种	第(3)种	第(4)种	第(5)种		带生土二层台者	夹砂陶片	泥质灰陶片	兽骨		男	女	少儿	婴儿	不详	无人	
			抹角梯形竖穴土坑墓	凸字形竖穴土坑墓	曲尺形竖穴土坑墓	抹角长方形竖穴土坑掏洞墓	抹角长方形竖穴土坑墓	抹角长方形浅穴土坑墓												
南区	北部	135					√			褐 2	1		丙(C)			√				完整
		117					√			红褐 3	2		丙(A)	√						完整
		116						√		褐 1	1		丁			√				完整
		118					√		圹内南、西、北三壁	褐 1	2		丙(B)		√					完整
		119					√			褐 2	4		丙(A)		√					完整
		104					√			褐 1			丙(B)		√					完整
		105					√			褐 3	豆柄 1		丙(C)	√						完整
		74					√		圹内东壁	褐 3	4		乙(A)	√						完整
		75					√			褐 1	3		丙(B)		√					完整
		76					√			褐 1	1		丙(C)		√					完整
		112						√					丁		√					被破坏
		201						√		褐 1	2		丁			√				完整
	中部	202					√			褐 1	2		丙(A)		√					完整
		176					√			褐 2	3		丙(B)		√					完整
		154					√				1		丙(C)	√						完整
		155						√			2		丁			√				完整
		286						√					丁				√			完整
		156		√					圹内南、西、北三壁	红褐 7	3		乙(A)	√						完整
		158					√			褐 4	7	羊肩胛骨 1	乙(B)	√						完整
		167					√			红褐 2	3	羊下颌骨 1	乙(B)		√					完整
		168	√							红 3	6	牛牙 1	丙(B)	√						完整
		134					√				5	羊肱骨 1	乙(B)	√						完整
		133					√			红褐 2	4	牛牙 2	乙(B)		√					完整
		132					√				3		丙(C)			√				完整
		131					√			褐 2	4	牛牙 1	丙(A)	√						完整
		122					√			红褐 4	4		丙(A)	√						完整
		123					√				1		丙(C)				√			完整

附表5－11

玉皇庙墓地墓葬形制与填土包含物统计表

分布		墓号（YYM）	墓葬形制							墓葬填土包含物				墓葬规格级别	性别						墓圹保存状况
			第(1)种	第(2)种	第(3)种	第(4)种	第(5)种		带生土二层台者												
			抹角梯形竖穴土坑墓	凸字形竖穴土坑墓	曲尺形竖穴土坑墓	抹角长方形竖穴土坑掏洞墓	抹角长方形竖穴土坑墓	抹角长方形浅穴土坑墓		夹砂陶片	泥质灰陶片	青铜遗物	兽骨		男	女	少儿	婴儿	不详	无人	
南区	中部	124					√			褐3	4			乙(B)	√						完整
		126					√				2			丙(A)		√					完整
		120					√			褐1	2			丙(B)			√				完整
		121					√			褐1	2			丙(C)	√						完整
		115						√		褐2	2			丁			√				被破坏
		114					√				1			丙(B)		√					完整
		113					√			褐1	2			丙(A)		√					完整
		111					√			褐3	2			丙(A)	√						完整
		159						√			3			丁				√			完整
		165						√			1			丁			√				完整
		166					√			褐1	2			丙(C)			√				完整
		171					√			红褐2	5			丙(A)	√						完整
		106						√		褐1	3			丁			√				完整
		108					√			红褐1	4			丙(C)	√						完整
		80						√			2			丁		√					完整
		107						√			1			丁	√						完整
		77					√			褐2	3			丙(B)	√						完整
		79						√			2			丁	√						被破坏
		78						√						丁		√					被破坏
西区		332					√			褐1	3			丙(C)	√						完整
		333					√			褐1	2			丙(B)	√						完整
		331						√		红褐1	2			丁		√					完整
		323					√			红褐1	2			丙(C)	√						完整
		319					√			褐1				丙(B)	√						完整
		329						√						丁	√						完整
		327						√						丁		√					完整
		326					√			褐1	2			丙(C)	√						完整

附表5－12

玉皇庙墓地墓葬形制与填土包含物统计表

分布	墓号（YYM）	墓葬形制							墓葬填土包含物				墓葬规格级别	性别						墓圹保存状况
		第(1)种	第(2)种	第(3)种	第(4)种	第(5)种		带生土二层台者	夹砂陶片	泥质灰陶片	青铜遗物	兽骨		男	女	少儿	婴儿	不详	无人	
		抹角梯形竖穴土坑墓	凸字形竖穴土坑墓	曲尺形竖穴土坑墓	抹角长方形竖穴土坑掏洞墓	抹角长方形竖穴土坑墓	抹角长方形浅穴土坑墓													
西区	324						√			2			丁		√					完整
	322						√			2			丁	√						完整
	321						√			2			丁	√						完整
	320					√				3			丙(B)	√						完整
	318					√				3			丙(C)	√						完整
	316						√			2			丁		√					完整
	311					√							丙(C)	√						完整
	312					√			褐1	2			丙(C)	√						完整
	310						√						丁				√			完整
	314					√							丙(C)	√						完整
	315					√							丙(B)	√						完整
	313						√			2			丁	√						完整
	309						√		褐2				丁	√						完整
	307						√		褐1	1			丁	√						完整
	308						√		褐1	2			丁	√						完整
	317						√		褐1	2			丁		√					完整
	306						√		褐3				丁		√					完整
	303						√						丁	√						完整
	304					√			褐1				丙(C)		√					完整
	305					√			褐2				丙(C)		√					完整
	301					√			褐2				丙(B)		√					完整
	302					√			褐3				丙(C)		√					完整
南区	164					√			褐6	11		残碎兽骨6	丙(B)	√						完整
	127					√				2			丙(C)	√						完整
	110					√			褐2	4			丙(B)	√						完整
	172						√						丁	√						完整
	163					√			褐2	3			乙(B)		√					完整

附表 5－13

玉皇庙墓地墓葬形制与填土包含物统计表

分布		墓号（YYM）	墓葬形制							墓葬填土包含物			墓葬规格级别	性别						墓圹保存状况
			第(1)种	第(2)种	第(3)种	第(4)种	第(5)种													
			抹角梯形竖穴土坑墓	凸字形竖穴土坑墓	曲尺形竖穴土坑墓	抹角长方形竖穴土坑掏洞墓	抹角长方形竖穴土坑墓	抹角长方形浅穴土坑墓	带生土二层台者	夹砂陶片	泥质灰陶片	兽骨		男	女	少儿	婴儿	不详	无人	
南区	南部	160					√				4	羊下颌骨 1	乙(B)	√						完整
		130					√			褐 1	3		乙(B)		√					完整
		175					√			红褐 4	3		丙(A)	√						完整
		173					√				1		丙(C)	√						完整
		161					√			红褐 3	11	狗下颌骨 1 羊肱骨 1	乙(A)	√						完整
		129					√			褐 3	11	残碎兽骨 2	乙(A)	√						完整
		128					√			红褐 2	3	牛牙 1	乙(B)		√					完整
		109					√				1		丙(C)		√					完整
		162						√		褐 1	2		丁		√					完整
		353						√		褐 2	2		丁		√					完整
		174		√					圹内南、北二壁	红褐碎片 1	碎片 1		乙(B)	√						完整
		340					√						丙(A)		√					完整
		337					√				2		丙(C)			√				完整
		334					√				4	牛牙 2、 羊肱骨 1	乙(A)	√						完整
		328					√			褐 1	3		丙(A)	√						完整
		352					√			褐 1	3		丙(C)		√					完整
		351						√			2		丁	√						完整
		354						√			1		丁		√					完整
		345					√			褐 1	2		丙(A)	√						完整
		346					√			褐 2	1		乙(B)		√					完整
		344					√			褐 2	7	狗下颌骨 1	乙(A)	√						完整
		343					√				3		丙(A)	√						完整
		339					√			褐 2	7		乙(A)		√					完整
		341					√			褐 1	3		丙(A)		√					完整
		338					√			红褐 2	3		乙(A)		√					完整
		348					√			褐 2	1		乙(B)	√						完整
		335						√			2		丁				√			完整

附表 5－14　　**玉皇庙墓地墓葬形制与填土包含物统计表**

分布		墓号（YYM）	墓葬形制							墓葬填土包含物				墓葬规格级别	性别						墓圹保存状况
			第(1)种	第(2)种	第(3)种	第(4)种	第(5)种														
			抹角梯形竖穴土坑墓	凸字形竖穴土坑墓	曲尺形竖穴土坑墓	抹角长方形竖穴土坑掏洞墓	抹角长方形竖穴土坑墓	抹角长方形浅穴土坑墓	带生土二层台者	夹砂陶片	泥质灰陶片	青铜遗物	兽骨		男	女	少儿	婴儿	不详	无人	
南区	南部	336					√				3			丙(A)	√						完整
		349					√				3			乙(B)	√						完整
		380						√			2			丁	√						完整
		350					√			褐 1	3			乙(B)	√						完整
		355						√			1			丁		√					完整
		357						√		褐 1	2			丁		√					完整
		358						√			3			丁	√						完整
西区		330						√						丁	√						完整
		325						√			2			丁	√						完整
南区	南部	356						√						丁	√						完整
		347					√			褐 1	2			乙(B)		√					完整
		342					√			褐 2	3			丙(A)	√						完整
		373					√			褐 2	4			乙(B)	√						完整
		366					√			褐 1	3			乙(B)		√					完整
		367						√		褐 2	1			丁		√					完整
		359						√			2			丁			√				完整
		360						√			2			丁		√					完整
		381						√		褐 1	3			丁	√						完整
		379					√			褐 2	4			丙(A)	√						完整
		382					√				2			丙(B)		√					完整
		377					√			褐 1	2			丙(A)		√					完整
		378					√			褐 1	2			丙(A)		√					完整
		376					√			褐 2	3			丙(A)	√						完整
		374					√				2			乙(B)		√					完整
		375					√			红褐 1	4			丙(C)		√					完整
		372					√			褐 2	3			丙(A)		√					完整
		371					√				3			丙(C)		√					完整

附表 5－15

玉皇庙墓地墓葬形制与填土包含物统计表

分布	墓号（YYM）	墓葬形制							墓葬填土包含物				墓葬规格级别	性别						墓圹保存状况
		第(1)种	第(2)种	第(3)种	第(4)种	第(5)种		带生土二层台者												
		抹角梯形竖穴土坑墓	凸字形竖穴土坑墓	曲尺形竖穴土坑墓	抹角长方形竖穴土坑掏洞墓	抹角长方形竖穴土坑墓	抹角长方形浅穴土坑墓		夹砂陶片	泥质灰陶片	青铜遗物	兽骨		男	女	少儿	婴儿	不详	无人	
南区南部	368					√			红褐 2	4			丙(C)		√					完整
	369					√			褐 1	2			乙(B)		√					完整
	370					√			褐 1	3			丙(B)	√						完整
	365						√			2			丁	√						完整
	364					√			褐 1	3			丙(B)		√					完整
	363						√		褐 1	3			丁			√				完整
	361						√		褐 2	4			丁	√						完整
	362						√		褐 1	2			丁	√						被破坏
	396					√			褐 1	2			丙(C)		√					完整
	389					√				3			丙(C)	√						完整
	390					√				3			丙(C)	√						完整
	391					√				2			丙(C)		√					完整
	388						√						丁		√					完整
	397					√				4			丙(C)		√					完整
	398					√				3			丙(C)		√					完整
	392						√			2			丁		√					完整
	399					√				2			丙(B)	√						完整
	393					√				3			丙(C)	√						完整
	394					√			褐 1	3			乙(B)		√					完整
	400					√				3			丙(A)	√						完整
	395					√				3			丙(A)	√						完整
合计	400（座）	8（座）	5（座）	2（座）	1（座）	292（座）	92（座）	37（座）	660	468	118	100								

四 墓葬规格

玉皇庙墓地共有400座墓葬，根据墓圹长、宽、深规格的差异，可划分为8个级别，即甲（A）、甲（B）、乙（A）、乙（B）、丙（A）、丙（B）、丙（C）和丁级。其中甲（A）、甲（B），属大型墓的两个级别；乙（A）、乙（B），属中型墓的两个级别；丙（A）、丙（B）、丙（C），属小型竖穴土坑墓的3个级别；丁级属于末级小型浅穴土坑墓。

划分8级墓葬圹长、宽、深规格标准是：

<table>
<tr><th colspan="3">墓葬规格级别</th><th>圹长（米）</th><th>圹宽（米）</th><th>圹深（米）</th></tr>
<tr><td colspan="2" rowspan="2">大型</td><td>甲（A）</td><td>3.50米以上</td><td>3米以上</td><td>2.5米以上</td></tr>
<tr><td>甲（B）</td><td>2.95米以上</td><td>西端1.3米以上</td><td>2米以上</td></tr>
<tr><td colspan="2" rowspan="2">中型</td><td>乙（A）</td><td>2.65米以上</td><td>两端平均宽0.83米以上</td><td>1.7米以上</td></tr>
<tr><td>乙（B）</td><td>2.40米以上</td><td>两端平均宽0.80米以上</td><td>1.3米以上</td></tr>
<tr><td rowspan="4">小型</td><td rowspan="3">竖穴土坑</td><td>丙（A）</td><td>2.10米以上</td><td>两端平均宽0.72米以上</td><td>1米以上</td></tr>
<tr><td>丙（B）</td><td>1.85米以上</td><td>两端平均宽0.65米以上</td><td>0.8米以上</td></tr>
<tr><td>丙（C）</td><td>1.85米以下</td><td>两端平均宽0.65米以下</td><td>0.56米以上</td></tr>
<tr><td>浅穴土坑</td><td>丁</td><td>1.85米以下</td><td>两端平均宽0.65米以下</td><td>0.55米以下</td></tr>
</table>

（一）大型墓共8座，占该墓地墓葬总数的2%。

1. 甲（A）级，3座（YYM18、250、230），占该墓地墓葬总数的0.75%，数量极少，所占比例极小。YYM18分布于北Ⅰ区中部；YYM250、230，分布于北Ⅱ区北部。均属男性墓。

2. 甲（B）级，5座（YYM2、22、52、151、217），占该墓地墓葬总数的1.25%，数量很少，所占比例很小。YYM2、22，分布于北Ⅰ区中部；YYM52分布于北Ⅱ区中部；YYM151和YYM217，分布于南区北部。除YYM2为女性墓之外，其他4座均属男性墓。

以上甲（A）与甲（B）级大型墓中，无无人墓，也无少儿与婴儿墓。

（二）中型墓共111座，占该墓地墓葬总数的27.75%，超过1/4。

1. 乙（A）级，28座，占该墓地墓葬总数的7%，数量较少，所占比例较小。其中分布于北Ⅰ区中部3座（YYM11、13、20）；分布于北Ⅰ区西部1座（YYM300）；分布于北Ⅱ区北部4座（YYM227、229、275、280）；分布于北Ⅱ区中部8座（YYM51、54、95、236、261、256、258、266）；分布于北Ⅰ区北部1座（YYM295）；分布于北Ⅱ区南部1座（YYM86）；分布于南区北部3座（YYM209、210、74）；分布于南区中部1座（YYM156）；分布于南区南部6座（YYM161、129、334、344、338、339）。北Ⅰ区南部与西区没有。

这28座乙（A）级墓葬，其中有21座属男性墓（YYM11、13、300、227、229、275、51、54、95、236、261、295、86、209、210、74、156、161、129、334、344），占该级别墓葬总数的75%；有7座属女性墓（YYM20、280、256、258、266、338、339），占该级别墓葬总数的25%。

2. 乙（B）级，83座，占该墓地墓葬总数的20.75%，数量较多，所占比例超过1/5。其中分布于北Ⅰ区中部5座（YYM19、17、3、10、35）；分布于北Ⅰ区西部1座（YYM384）；分布于北Ⅱ区北部8座（YYM226、228、233、231、240、241、251、279）；分布于北Ⅱ区中部17座（YYM41、44、46、65、188、190、234、247、89、257、263、270、271、66、225、237、254）；分布于北Ⅰ区北部2座（YYM36、26）；分布于北Ⅱ区南部12座（YYM212、58、196、186、87、57、60、61、64、81、63、70）；分布于南区北部18座（YYM170、179、182、203、205、207、213、214、150、169、178、197、198、204、211、216、220、223）；分布于南区中部5座（YYM124、134、158、133、167）；分布于南区南部15座（YYM160、174、348、349、350、373、128、130、163、346、347、366、369、374、394）。北Ⅰ区南部与西区没有。

这83座乙（B）级墓葬，其中有43座属男性墓（YYM19、384、226、228、233、41、44、46、65、188、190、234、247、257、263、270、271、36、57、58、60、61、63、70、186、212、170、179、182、203、205、207、213、214、124、134、158、160、174、348、349、350、373）；占该级别墓葬总数的51.8%；有38座属女性墓（YYM3、10、35、231、240、241、251、279、66、225、237、254、26、64、81、87、196、150、169、178、197、198、204、211、216、220、223、133、167、128、130、163、346、347、366、369、374、394），占该级别墓葬总数的45.8%；还有性别不详的1座（YYM89），无人墓1座（YYM17），二者各占该级别墓葬总数的1.2%。

以上乙（A）与乙（B）级中型墓中，亦无少儿与婴儿墓。

（三）小型墓共280座，占该墓地墓葬总数的70%，超过2/3。

其中丙级小型竖穴土坑墓共188座，占该墓地墓葬总数的47%，是数量最多，占比例最大的一类墓葬。

1. 丙（A）级，81座，占该墓地墓葬总数的20.25%，数量较多，所占比例超过1/5。其中分布于北Ⅰ区中部7座（YYM32、33、28、29、25、4、23）；分布于北Ⅰ区西部1座（YYM82）；分布于北Ⅱ区北部12座（YYM38、252、264、277、278、282、40、96、98、232、245、265）；分布于北Ⅱ区中部9座（43、45、48、49、260、191、268、272、273）；分布于北Ⅰ区北部1座（YYM294）；分布于北Ⅰ区南部1座（YYM6）；分布于北Ⅱ区南部9座（YYM208、189、187、185、69、84、83、148、93）；分布于南区北部19座（YYM117、142、143、145、181、199、224、119、137、138、139、144、153、180、200、206、218、219、221）；分布于南区中部7座（YYM111、122、131、171、113、126、202）；分布于南区南部15座（YYM175、328、336、342、343、345、376、379、395、400、340、341、372、377、378）。西区无。

这81座丙（A）级墓葬，其中有38座属男性墓（YYM82、38、252、264、277、278、282、43、45、48、49、260、23、69、83、93、148、117、142、143、145、181、199、224、111、122、131、171、175、328、336、342、343、345、376、379、395、400），占该级别墓葬总数的46.9%；有40座属女性墓（YYM4、25、29、40、96、98、232、245、265、191、268、272、273、294、6、84、185、187、189、208、119、137、138、139、144、153、180、200、206、218、219、221、113、126、202、340、341、372、377、378），占该级别墓葬总数的49.4%；还有性别不详的2座（YYM28、33），无人墓1座（YYM32），二者分别占该级别墓葬总数的2.5%和1.2%。

此81座丙（A）级小型墓中，亦无少儿与婴儿墓。

2. 丙（B）级，41座，占该墓地墓葬总数的10.25%，数量较少，所占比例仅有1/10强。其中分布于北Ⅰ区中部4座（YYM21，34，31、27）；分布于北Ⅱ区北部2座（YYM244，97）；分布于北Ⅱ区中部4座（YYM267、269、88、274）；分布于北Ⅰ区北部3座（YYM296、297、299）；分布于北Ⅰ区南部3座（YYM8、101、102）；分布于北Ⅱ区南部3座（YYM192、184、149）；分布于南区北部6座（YYM75、104、118、183、215、222）；分布于南区中部5座（YYM176、168、120、114、77）；分布于西区5座（YYM315、319、320、333、301）；分布于南区南部6座（YYM110、164、370、399、364、382）。除北Ⅰ区西部没有之外，其他各墓区均有分布。

这41座丙（B）级墓葬，其中有16座属男性墓（YYM31、244、269、297、102、192、77、168、315、319、320、333、110、164、370、399），占该级别墓葬总数的39%；有18座属女性墓（YYM21、97、88、296、8、101、149、75、104、118、183、215、222、114、176、301、364、382），占该级别墓葬总数的43.9%；有4座少儿墓（YYM274、299、184、120），占该墓级别墓葬总数的9.8%；还有婴儿墓1座（YYM267），性别不详的墓1座（YYM27），无人墓1座（YYM34），三者分别占该级别墓葬总数的2.4%。

在41座丙（B）级小型墓中，首次出现了少量的少儿墓和1例婴儿墓。

3. 丙（C）级，66座，占该墓地墓葬总数的16.5%，数量略多，所占比例约1/6。其中分布于北Ⅰ区中部4座（YYM5、16、30、9）；分布于北Ⅰ区西部2座（YYM385、386）；分布于北Ⅱ区北部5座（YYM37、39、47、248、249）；分布于北Ⅱ区中部9座（YYM42、67、90、94、238、259、262、50、68）；分布于北Ⅰ区北部2座（YYM288、290）；分布于北Ⅰ区南部1座（YYM7）；分布于北Ⅱ区南部5座（YYM55、71、72、62、73）；分布于南区北部7座（YYM194、195、137、136、135、105、76）；分布于南区中部6座（YYM108、121、154、123、132、166）；分布于西区10座（YYM311、312、314、318、323、326、332、302、304、305）；分布于南区南部15座（YYM127、173、389、390、393、109、352、337、368、371、375、391、396、397、398）。各墓区均有分布，其中以西区和南区南部分布数量较多。

这66座丙（C）级墓葬，其中有26座属男性墓葬（YYM5、16、30、385、386、290、7、62、71、72、105、108、121、154、311、312、314、318、323、326、332、127、173、389、390、393），占该级别墓葬总数的38.8%；有23座属女性墓（YYM9、37、39、47、248、249、50、68、288、73、76、302、304、305、109、352、368、371、375、391、396、397、398）；有13座属少儿墓（YYM42、67、90、94、238、259、55、135、136、137、132、166、337），占该级别墓葬总数的19.7%；还有4座属婴儿墓（YYM262、194、195、123），占该级别墓葬总数的6%。

在66座丙（C）级小型墓中，少儿墓的数量和所占比例明显升高，婴儿墓的数量也稍有增加。

4. 丁级小型浅穴土坑墓，92座，占该墓地墓葬总数的23%，数量较多，所占比例超过1/5。其中分布于北Ⅰ区中部3座（YYM14、15、24）；分布于北Ⅰ区西部1座（YYM383）；分布于北Ⅱ区北部10座（YYM243、246、276、281、284、242、99、387、283、285）；分布于北Ⅱ区中部6座（YYM239、235、253、255、100、125）；分布于北Ⅰ区北部6座（YYM287、292、298、289、291、293）；分布于北Ⅰ区南部2座（YYM12、103）；分布于北Ⅱ区南部9座（YYM56、59、91、92、140、53、85、141、193）；分布于南区北部7座（YYM146、147、152、177、116、112、201）；分布于南区

中部 10 座（YYM155、79、107、78、80、106、115、165、159、286）；分布于西区 17 座（YYM303、306、307、308、309、310、313、316、317、321、322、324、327、329、330、331、325）；分布于南区南部 21 座（YYM172、351、356、358、361、362、365、380、381、162、353、354、355、357、360、367、388、392、359、363、335）。各墓区都有数量不等的分布，其中以西区和南区南部分布数量较多。

这 92 座丁级小型浅穴土坑墓，其中有 26 座属男性墓（YYM243、246、276、281、284、79、107、303、307、308、309、313、321、322、329、330、325、172、351、356、358、361、362、365、380、381），占该级别墓葬总数的 28.3%，占男性墓总数（177 座）的 14.7%；有 29 座属女性墓（YYM14、99、387、283、285、100、125、287、292、298、12、112、78、80、306、316、317、324、327、331、162、353、354、355、357、360、367、388、392），占该级别墓葬总数的 31.5%，占女性墓总数（156 座）的 18.6%；有 20 座属少儿墓（YYM15、24、242、239、255、289、291、56、59、91、92、140、116、106、115、155、165、201、359、363），占该级别墓葬总数的 21.7%，占少儿墓总数（37 座）的 54.1%；有 15 座属婴儿墓（YYM235、253、293、53、85、141、193、146、147、152、177、159、286、310、335），占该级别墓葬总数的 16.3%，占婴儿墓总数的（20 座）的 75%；还有性别不详的 2 座（YYM383、103），占该级别墓葬总数的 2.2%。

以上统计表明，少儿墓与婴儿墓，在丁级小型浅穴土坑墓中，各自所占的比例均大大超过了其在丙（B）级和丙（C）级墓葬中所占的比例，前者已占少儿墓总数的一半以上，后者则已占婴儿墓总数的 3/4。看来，丁级小型浅穴土坑墓，应为玉皇庙文化一般少儿与婴儿死者最常规的墓葬形制。

另有因遭取土破坏而规格级别与性别不详者 1 座（YYM1）（参见附表 6～9）。

附表 6　**玉皇庙墓地墓葬规格级别综合统计表**

墓葬规格级别	男	女	少儿	婴儿	性别不详	无人	合计
甲（A）	3						3
甲（B）	4	1					5
乙（A）	21	7					28
乙（B）	43	38			1	1	83
丙（A）	38	40			2	1	81
丙（B）	16	18	4	1	1	1	41
丙（C）	26	23	13	4			66
丁	26	29	20	15	2		92
级别不详					1		1
合计	177	156	37	20	7	3	400

附表7 **玉皇庙墓地男性墓规格级别统计表**

规格级别	数量（座）	墓号（YYM）
甲（A）	3	18（北Ⅰ中）；230、250（北Ⅱ北）
甲（B）	4	22（北Ⅰ中）；52（北Ⅱ中）；151、217（南区北）
乙（A）	21	11、13（北Ⅰ中）；300（北Ⅰ西）；227、229、275（北Ⅱ北）；51、54、95、236、261（北Ⅱ中）；295（北Ⅰ北）；86（北Ⅱ南）；209、210、74（南区北）；156（南区中）；161、129、334、344（南区南）
乙（B）	43	19（北Ⅰ中）；384（北Ⅰ西）；226、228、233（北Ⅱ北）；41、44、46、65、188、190、234、247、257、263、270、271（北Ⅱ中）；36（北Ⅰ北）；57、58、60、61、63、70、186、212（北Ⅱ南）；170、179、182、203、205、207、213、214（南区北）；124、134、158（南区中）；160、174、348、349、350、373（南区南）
丙（A）	38	82（北Ⅰ西）；38、252、264、277、278、282（北Ⅱ北）；43、45、48、49、260（北Ⅱ中）；23（北Ⅰ中）；69、83、93、148（北Ⅱ南）；117、142、143、145、181、199、224（南区北）；111、122、131、171（南区中）；175、328、336、342、343、345、376、379、395、400（南区南）
丙（B）	16	31（北Ⅰ中）；244（北Ⅱ北）；269（北Ⅱ中）；297（北Ⅰ北）；102（北Ⅰ南）；192（北Ⅱ南）；77、168（南区中）；315、319、320、333（西区）；110、164、370、399（南区南）
丙（C）	26	5、16、30（北Ⅰ中）；385、386（北Ⅰ西）；290（北Ⅰ北）；7（北Ⅰ南）；61、71、72（北Ⅱ南）；105（南区北）；108、121、154（南区中）；311、312、314、318、323、326、332（西区）；127、173、389、390、393（南区南）
丁	26	243、246、276、281、284（北Ⅱ北）；79、107（南区中）；303、307、308、309、313、321、322、329、330、325（西区）；172、351、356、358、361、362、365、380、381（南区南）
合计	177	

五 葬 具

玉皇庙墓地墓葬的葬具类型，可分9种：（1）木椁；（2）有木质葬具痕迹；（3）木椁加象征性石椁；（4）木质葬具加石块；（5）象征性石椁；（6）零散自然石块；（7）席片；（8）有无葬具不详；（9）无任何葬具。

（1）木椁

玉皇庙墓地有木椁的墓葬，共221座，占该墓地墓葬总数的55.25%，是该墓地数量最大、最主要的一种葬具类型。均为单椁（即1椁）。木椁结构形式是：底板作东西向顺铺，一般为3～6块，侧板与堵板，立于底板之上，南、北侧板外边，与底板外边卡齐，长宽尺寸多与底板一致，一般为2～4块，东、西两端堵板，竖插于南、北侧板之间，立插部位，分别在南、北侧板东、西两端内缩数厘米、

附表8　**玉皇庙墓地女性墓规格级别统计表**

规格级别	数量（座）	墓号（YYM）
甲（B）	1	2
乙（A）	7	20（北Ⅰ中）；280（北Ⅱ北）；256、258、266（北Ⅱ中）；338、339（南区南）
乙（B）	38	3、10、35（北Ⅰ中）；231、240、241、251、279（北Ⅱ北）；66、225、237、254（北Ⅱ中）；26（北Ⅰ北）；64、81、87、196（北Ⅱ南）；150、169、178、197、198、204、211、216、220、223（南区北）；133、167（南区中）；128、130、163、346、347、366、369、374、394（南区南）
丙（A）	40	4、25、29（北Ⅰ中）；40、96、98、232、245、265（北Ⅱ北）；191、268、272、273（北Ⅱ中）；294（北Ⅰ北）；6（北Ⅰ南）；84、185、187、189、208（北Ⅱ南）；119、137、138、139、144、153、180、200、206、218、219、221（南区北）；113、126、202（南区中）；340、341、372、377、378（南区南）
丙（B）	18	21（北Ⅰ中）；97（北Ⅱ北）；88（北Ⅱ中）；296（北Ⅰ北）；8、101（北Ⅰ南）；149（北Ⅱ南）；75、104、118、183、215、222（南区北）；114、176（南区中）；301（西区）；364、382（南区南）
丙（C）	23	9（北Ⅰ中）；37、39、47、248、249（北Ⅱ北）；50、68（北Ⅱ中）；288（北Ⅰ北）；73（北Ⅱ南）；76（南区北）；302、304、305（西区）；109、352、368、371、375、391、396、397、398（南区南）
丁	29	14（北Ⅰ中）；99、387、283、285（北Ⅱ北）；100、125（北Ⅱ中）；287、292、298（北Ⅰ北）；12（北Ⅰ南）；112（南区北）；78、80（南区中）；306、316、317、324、327、331（西区）；162、353、354、355、357、360、367、388、392（南区南）
合计	156	

或十几厘米，或二三十厘米处，一般为3～5块，盖板作南北向横搭在南、北侧板之上，盖板两端多长出侧板板帮，一截贴附于南、北两边活土二层台台面上，一般为9～13块。

木椁均已腐朽成灰，板灰痕迹清楚的或保存较好的，为数很少，经统计仅有18例，绝大多数保存状况不太好。

从分布看，有木椁的墓，在北Ⅰ区中部有8座，占该墓区墓葬总数（30座）的26.7%；在北Ⅰ区西部有5座，占该墓区墓葬总数（6座）的83.3%；在北Ⅱ区北部有25座，占该墓区墓葬总数（43座）的58.1%；在北Ⅱ区中部有30座，占该墓区总数（54座）的55.6%；在北Ⅰ区北部有6座，占

附表9 **玉皇庙墓地孩童墓、性别不详墓及无人墓规格级别统计表**

规格级别	墓号（YYM）数量（座）							
甲（A）	数量	少儿墓	数量	婴儿墓	数量	性别不详墓	数量	无人墓
甲（B）								
乙（A）								
乙（B）					1	89（北Ⅱ中）	1	17（北Ⅰ中）
丙（A）					2	28、33（北Ⅰ中）	1	32（北Ⅰ中）
丙（B）	4	274（北Ⅱ中）；299（北Ⅰ北）；184（北Ⅱ南）；120（南区中）	1	267（北Ⅱ中）	1	27（北Ⅰ中）	1	34（北Ⅰ中）
丙（C）	13	42、67、90、94、238、259（北Ⅱ中）；55（北Ⅱ南）；135、136、157（南区北）；132、166（南区中）；337（南区南）	4	262（北Ⅱ中）；194、195（南区北）；123（南区中）				
丁	20	15、24（北Ⅰ中）；242（北Ⅱ北）；239、255（北Ⅱ中）；289、291（北Ⅰ北）；56、59、91、92、140（北Ⅱ南）；116、201（南区北）；106、115、155、165（南区中）；359、363（南区南）	15	235、253（北Ⅱ中）；293（北Ⅰ北）；53、85、141、193（北Ⅱ南）；146、147、152、177（南区北）；159、286（南区中）；310（西区）；335（南区）	2	383（北Ⅰ西）；103（北Ⅰ南）		
规格不详					1	1（北Ⅰ中）		
合计	37		20		7		3	

该墓区墓葬总数（15座）的40%；在北Ⅰ区南部有1座，占该墓区墓葬总数（7座）的14.3%；在北Ⅱ区南部有27座，占该墓区墓葬总数（39座）的69.2%；在南区北部有52座，占该墓区墓葬总数（62座）的83.9%；在南区中部有22座，占该墓区墓葬总数（34座）的64.7%；在西区有3座，占该墓区墓葬总数（32座）的9.4%；在南区南部有42座，占该墓区墓葬总数（78座）的53.8%。以上分布情况表明，有木椁的墓，在玉皇庙墓地南区北部和北Ⅰ区西部，所占比率最高，已超过83%以上；在北Ⅱ区南部和南区中部，所占比率也比较高，超过64%至69%以上；在北Ⅱ区北部、中部和南

区南部，也都超过一半以上，达到53.8%至58.1%之间；比率偏低的，是北Ⅰ区北部和北Ⅰ区中部，所占比率在40%至26.7%之间；比率最低的属西区和北Ⅰ区南部，仅占9.4%至14.3%。在此需说明的是，北Ⅰ区中部墓葬，有一些因遭取土破坏，或被近代墓打破，有无木椁难以判定，或仅见局部木质灰痕，按有木质葬具痕迹处理，故在木椁数量统计上受到影响，致使该墓区木椁比率偏低。除此之外，其他墓区的比率情况，基本都是准确的。

从墓葬规格级别考察，这221座有木椁的墓，属甲（A）级的有3座，占甲（A）级墓葬总数（3座）的100%；属甲（B）级的有4座，占甲（B）级的墓葬总数（5座）的80%；属乙（A）级的有28座，占乙（A）级墓葬总数（28座）的100%；属乙（B）级的有76座，占乙（B）级墓葬总数（83座）的91.6%；属丙（A）级的有58座，占丙（A）级墓葬总数（81座）的71.6%；属丙（B）级的有24座，占丙（B）级墓葬总数（41座）的58.5%；属丙（C）级的有20座，占丙（C）级墓葬总数（66座）的30.3%；属丁级的有8座，占丁级墓葬总数（92座）的8.7%。以上统计结果显示，有木椁的墓，在规格级别较高的甲、乙级大、中型墓葬中，所占比率是普遍很高的，而在规格级别较低的丙级小型墓葬中，所占比率则逐级降低，而到丁级浅穴小型土坑墓，则所占比率最低，仅占8.7%。这表明，以木椁为葬具，是玉皇庙墓地最高级的葬具形式，它是死者身份地位高低的标志之一。

从性别考察，这221座有木椁的墓，属男性的有113座，占男性死者总数（177座）的63.8%，占有木椁葬具总数的51.1%；属女性的有99座，占女性死者总数（156座）的63.5%；占有木椁葬具总数的44.8%；属少儿的有6座，占少儿死者总数（37）的16.2%，占有木椁葬具总数的2.7%；属婴儿的有2座，占婴儿死者总数（20）的10%，占有木椁葬具总数0.9%；属性别不详的有1座，占性别不详死者总数（7）的14.2%，占有木椁葬具总数的0.5%。以上统计结果表明，男、女两性享用木椁的比率，均达到各自性别死者总数的63%以上，其中男性稍高于女性，在占有木椁葬具总数百分比上，男性超过了半数，而女性略底（占44.8%）；少儿享用木椁者很少，仅占少儿死者总数的1/6；婴儿则更少，仅有2例，当属个别特例。

（2）有木质葬具痕迹

有木质葬具痕迹者，是指在墓圹底部，仅发现局部残留木质灰痕，而不能或无法确定其是否属于木椁结构者。

玉皇庙墓地有木质葬具痕迹的墓葬，共72座，占该墓地墓葬总数的18%，是该墓地数量较多，较为主要的一种葬具类型。

从分布看，有木质葬具痕迹的墓，在北Ⅰ区中部有9座，占该墓区墓葬总数的30%；在北Ⅱ区北部有6座，占该墓区墓葬总数的13.95%；在北Ⅱ区中部有14座，占该墓区墓葬总数的25.9%；在北Ⅰ区北部有4座，占该墓区墓葬总数的26.7%；在北Ⅰ区南部有3座，占该墓区墓葬总数的42.9%；在北Ⅱ区南部有6座，占该墓区墓葬总数的15.4%；在南区北部有3座，占该墓区墓葬总数的4.8%；在南区中部有2座，占该墓区墓葬总数的5.9%；在西区有7座，占该墓区墓葬总数的21.9%；在南区南部有18座，占该墓区墓葬总数的23%。唯北Ⅰ区西部没有。以上统计结果表明，有木质葬具痕迹的墓，在玉皇庙墓地北Ⅰ区南部和中部，所占比率偏高，达到42.9%和30%；在北Ⅰ区北部，北Ⅱ区中部，南区南部和西区，所占比率相对偏低，在26.9%至21.9%之间；在北Ⅱ区南部和北部，所占比率更低，分别为15.4%和13.9%；比率最低的，是南区中部和北部，分别为5.9%和4.8%。

从墓葬规格级别考察，这72座有木质葬具痕迹的墓，属乙（B）级的有6座，占乙（B）级墓葬总数的7.2%，占该种类型葬具总数的8.3%；属丙（A）级的有18座，占丙（A）级墓葬总数的22.2%，占该种类型葬具总数的25%；属丙（B）级的有12座，占丙（B）级墓葬总数的29.3%，占该种类型葬具总数的16.7%；属丙（C）级的有23座，占丙（C）级墓葬总数的34.8%，占该种类型葬具总数的31.9%；属丁级的13座，占丁级墓葬总数的14.1%，占该种类型葬具总数的18.1%。以上统计结果表明，在玉皇庙墓地，有木质葬具痕迹的墓，不含甲级大型墓和乙（A）级中型墓，仅包含乙（B）级以下规格的中小型墓葬。而且，乙（B）级墓中属于此类葬具情况的比率，也是很低的。此种葬具类型，主要在丙级小型墓葬中出现的比率较高，其中尤以丙（C）级最为突出。丁级小型浅穴土坑墓出现的比率也较低，说明丁级墓葬绝大多数死者身份地位普遍低下，是不配享用木质葬具的。

从性别考察，这72座有木质葬具痕迹的墓，属男性的有26座，占男性死者总数的14.7%，占此种类型葬具总数的36.1%；属女性的有28座，占女性死者总数的17.9%，占此种类型葬具总数的38.9%；属少儿的有11座，占少儿死者总数的29.7%，占此种类型葬具总数的15.3%；属婴儿的有6座，占婴儿死者总数的30%，占此种类型葬具总数的8.3%；属性别不详的有1座，占性别不详死者总数的14.2%，占此种类型葬具总数的81.4%。以上统计结果表明，男、女两性虽然在此种类型葬具中墓葬数量的比例都分别超过了1/3强，比少儿和婴儿所占百分比高出不少，但其在各自性别死者总数中所占的比率，却比少儿与婴儿低，玉皇庙墓地的少儿与婴儿中，有接近1/3的墓内，发现有木质葬具痕迹，这是葫芦沟墓地和西梁垙墓地所没有的情况。

（3）木椁加象征性石椁

木椁加象征性石椁，是指在墓圹底部，在木椁外壁四周至圹底四壁之间，围砌自然石块一周，每边所砌自然石块1～3层不等，无盖石，只起象征性石椁的作用。

玉皇庙墓地木椁加象征性石椁，仅发现2座（YYM52、YYM59），占该墓地墓葬总数的0.5%，属个别葬具类型。

YYM52，分布于北Ⅱ区中部，属甲（B）级墓葬，死者男性。

YYM59，分布于北Ⅱ区南部，属丁级小型浅穴土坑墓，死者少儿。

（4）木质葬具加石块

木质葬具加石块，是指在墓圹底部，在木质葬具四周至圹底四壁之间，筑有活土二层台，在靠木质葬具的一侧，围砌疏密不等的自然石块一周，每边数量不等，有的砌一、二层，有的砌二、三层，或有空缺部分，空缺处，以填土夯实。

玉皇庙墓地木质葬具加石块这种葬具类型，仅见1座（YYM392），占该墓地墓葬总数的0.25%，属个别葬具类型。

YYM392，分布于南区南部，属丁级小型浅穴土坑墓，死者女性。

（5）象征性石椁

单纯的象征性石椁，在玉皇庙墓地仅见2座（YYM333、YYM393），占该墓地墓葬总数的0.5%，属个别葬具类型。

YYM333，分布于西区，属丙（B）级小型竖穴土坑墓，死者男性。

YYM393，分布于南区南部，属丙（C）级小型竖穴土坑墓，死者亦为男性。

（6）零散自然石块

零散自然石块，是指在墓圹底部，人骨外围，或一侧，或二、三个侧面，有专意码砌或无意散置少数零散自然石块的情况。

玉皇庙墓地墓圹底部有零散石块的墓，共有5座（YYM331、327、311、307、343），占该墓地墓葬总数的1.25%，属极少数葬具类型。

从分布看，这5座有零散石块的墓，其中有4座（YYM331、327、307、311）分布于西区，1座（YYM343）分布于南区南部，均属春秋晚期墓葬。

从墓葬规格级别考察，这5座墓均属丙、丁级小型墓，其中1座属丙（A）级（YYM343），1座属丙（C）级（YYM311），其余3座均属丁级小型浅穴土坑墓。

从性别考察，这5座墓中，有男性3例，女性2例，无少儿和婴儿。这表明，以零散石块为葬具类型的墓，皆属春秋晚期少数身份地位较低下的男、女死者，墓葬的规格，皆属低级小型墓。

（7）席片

席片，是指在墓圹底部，人骨表面遗有残存的席片痕迹。除此之外，未见木质葬具痕迹，也没有伴存其他葬具。表明该墓葬者，曾被以席子裹尸埋葬。

玉皇庙墓地以席片为葬具类型的墓，只发现1座（YYM5），仅占该墓地墓葬总数的0.25%，属个别葬具类型。

YYM5，分布于北Ⅰ区中部，属丙（C）级小型竖穴土坑墓，男性。

（8）有无葬具不详

有无葬具不详，是指墓葬在发掘之前，已因取土或由近代墓打破而遭破坏，墓内原来是否有葬具，已不能或无法判定者。

玉皇庙墓地属于此类情况者，共有3座（YYM1、27、28），占该墓地墓葬总数的0.75%，属极少数情况。

这3座墓，均分布于北Ⅰ区中部。

（9）无任何葬具

玉皇庙墓地无任何葬具的墓，共94座，占该墓地墓葬总数的23.5%。

从分布看，无任何葬具的墓，在北Ⅰ区中部有9座，占该墓区墓葬总数的30%；在北Ⅰ区西部有1座，占该墓区墓葬总数的16.7%；在北Ⅱ区北部有12座，占该墓区墓葬总数的27.9%；在北Ⅱ区中部有9座，占该墓区墓葬总数的16.7%；在北Ⅰ区北部有5座，占该墓区墓葬总数的33.3%；在北Ⅰ区南部有3座，占该墓区墓葬总数的42.8%；在北Ⅱ区南部有5座，占该墓区墓葬总数的12.8%；在南区北部有7座，占该墓区墓葬总数的11.3%；在南区中部有10座，占该墓区墓葬总数的29.4%；在西区有17座，占该墓区墓葬总数的53.1%；在南区南部有16座，占该墓区墓葬总数的20.5%。以上分布情况表明，无任何葬具的墓，在西区所占比率最高，已超过一半；其次为北Ⅰ区南部、北部和中部，所占比率在42.8%至30%之间；比率最低的属南区北部和北Ⅱ区南部，所占比率分别为11.3%和12.8%。

从墓葬规格级别考察，这94座无任何葬具的墓中，无一例属甲级和乙（A）级墓葬；属乙（B）

级的只有1座，仅占该墓地乙（B）级墓葬总数（83座）的1.2%，占无任何葬具墓葬总数的1.06%；属丙（A）级的有3座，占该墓地丙（A）级墓葬总数（81座）的3.7%，占无任何葬具墓葬总数的3.2%；属丙（B）级的有3座，占该墓地丙（B）级墓葬总数（41座）的7.3%，占无任何葬具墓葬总数的3.2%；属丙（C）级的有22座，占该墓地丙（C）级墓葬总数（66座）的33.3%，占无任何葬具墓葬总数的23.4%；属丁级的有65座，占该墓地丁级墓葬总数（92座）的70.6%，占无任何葬具墓葬总数的69.1%。以上统计结果表明，无任何葬具者，主要集中在丁级小型浅穴土坑墓和丙（C）级小型竖穴土坑墓这两个规格级别最低的小型墓中，其他较此规格略高的丙级墓，无任何葬具者都为数很少。至于唯一一座属乙（B）的墓葬（YYM17）亦无任何葬具，该墓原是一座无人墓。发掘结果已经证明，玉皇庙墓地3座无人而有随葬品的墓，皆无任何葬具。

从性别考察，这94座无任何葬具的墓，属男性的有33座，占男性死者总数的18.6%，占无任何葬具墓葬总数的35.1%；属女性的有25座，占女性死者总数的16%，占无任何葬具墓葬总数的26.6%，属少儿的有19座，占少儿死者总数的51.4%，占无任何葬具墓葬总数的20.2%；属婴儿的有12座，占婴儿死者总数的60%，占无任何葬具墓葬总数的12.8%；属性别不详的有2座，占性别不详死者总数的28.6%，占无任何葬具墓葬总数的2.1%。属无人的有3座，占无人墓总数的100%，占无任何葬具墓葬总数的3.2%。以上统计结果表明，无任何葬具的墓，依各自性别和年龄段观察，首推婴儿所占比率最高，已达到60%；其次属少儿，已达51.4%；成年男、女两性所占比率较低，二者相差不大，男性为18.6%，女性为16%（参见附表10、11）。

附表10　　**玉皇庙墓地葬具类型归纳表**

葬具类型 / 分布墓区	木椁	有木质葬具痕迹	木椁加象征性石椁	木质葬具加石块	象征性石椁	零散自然石块	席片	有无葬具不详	无任何葬具
北Ⅰ中	8	9					1	3	9
北Ⅰ西	5								1
北Ⅱ北	25	6							12
北Ⅱ中	30	14	1						9
北Ⅰ北	6	4							5
北Ⅰ南	1	3							3
北Ⅱ南	27	6	1						5
南区北	52	3							7
南区中	22	2							10
西区	3	7			1	4			17
南区南	42	18		1		1			16
合计（座）	221	72	2	1	1	5	1	3	94

附表 11－1　　**玉皇庙墓地葬具类型统计表（墓号 YYM）**

分布		木椁		有木质葬具痕迹		木椁加象征性石椁		木质葬具加石块	象征性石椁	零散自然石块	席片	有无葬具不详	无任何葬具
		墓号	备注	墓号	备注	墓号	备注	墓号	墓号	墓号	墓号	墓号	墓号
北Ⅰ区	北Ⅰ中	22	较清楚	21	不好						5	27	32
		20	较清楚	35	不太好							28	34
		2	较清楚	33	不好							1	30
		18	不太好	31	不太好								17
		13	不太好	29	不太好								16
		4	不好	25	不好								15
		11	不太好	19	不太好								14
		10	不好	3	不太好								9
				23	不好								24
	北Ⅰ西	82	不太好										383
		386	不太好										
		300	不太好										
		385	不太好										
		384	不太好										
北Ⅱ区	北Ⅱ北	278	不好	244	不好								248
		245	不好	387	不好								246
		279	不太好	37	不好								249
		280	不太好	38	不太好								281
		98	不太好	47	不好								242
		250	不好	40	不太好								243
		282	较好										283
		251	不太好										285
		230	较好										284
		229	较好										277
		233	不好										276
		231	较好										39
		228	较好										
		232	不太好										
		227	不好										
		241	不好										
		264	不好										
		97	不太好										
		99	不好										
		226	较好										
		240	不太好										
		252	不太好										
		265	不太好										
		275	不太好										
		96	不太好										
	北Ⅱ中	234	不太好	239	不好	52	木椁保存不太好						253
		263	不好	274	不好								42
		225	不太好	45	不好								238
		254	不太好	43	不好								255
		262	不好	41	不太好								90
		266	不太好	235	不好								125
		273	不太好	44	不好								100
		46	较好	267	不好								67
		236	不太好	94	不太好								68
		237	不太好	49	不太好								

附表 11－2　**玉皇庙墓地葬具类型统计表（墓号 YYM）**

分布		木椁		有木质葬具痕迹		木椁加象征性石椁		木质葬具加石块	象征性石椁	零散自然石块	席片	有无葬具不详	无任何葬具
		墓号	备注	墓号	备注	墓号	备注	墓号	墓号	墓号	墓号	墓号	墓号
北Ⅱ区	北Ⅱ中	256	不太好	259	不好								
		261	较好	48	不太好								
		272	不太好	50	不太好								
		89	不好	88	不太好								
		257	不好										
		247	不太好										
		268	不太好										
		270	不太好										
		271	不太好										
		95	较好										
		258	不太好										
		260	不太好										
		269	不太好										
		51	不太好										
		65	不太好										
		191	不太好										
		190	较好										
		188	较好										
		54	不太好										
		66	不太好										
北Ⅰ区	北Ⅰ北	26	不太好	36	不太好								293
		296	不太好	299	不好								292
		297	不太好	291	不好								287
		298	不太好	288	不好								289
		295	不太好										290
		294	不太好										
	北Ⅰ南	102	不太好	8	不好								12
				101	不好								6
				7	不好								103
北Ⅱ区	北Ⅱ南	212	不太好	193	不好	59	木椁不太好						53
		208	不太好	55	不好								56
		192	不太好	83	不太好								91
		189	不太好	140	不好								85
		187	较好	141	不好								92
		58	不太好	93	不好								
		196	不太好										
		186	不太好										
		87	不太好										
		57	不太好										
		185	不太好										
		86	不太好										
		60	不太好										
		71	不太好										
		184	不太好										
		149	不太好										
		61	不太好										
		64	不太好										
		72	不太好										
		69	不太好										

附表 11－3　　**玉皇庙墓地葬具类型统计表（墓号 YYM）**

分布		木椁		有木质葬具痕迹		木椁加象征性石椁		木质葬具加石块	象征性石椁	零散自然石块	席片	有无葬具不详	无任何葬具
		墓号	备注	墓号	备注	墓号	备注	墓号	墓号	墓号	墓号	墓号	墓号
北Ⅱ区	北Ⅱ南	84	不太好										
		81	较好										
		62	不太好										
		63	不太好										
		148	不太好										
		73	不太好										
		70	不太好										
南区	北部	217	较好	195	不好								194
		207	不好	157	不好								177
		224	不太好	201	不好								147
		182	较好										146
		139	不太好										136
		203	不太好										116
		223	不太好										112
		222	不太好										
		221	不太好										
		220	不太好										
		219	不太好										
		218	不太好										
		216	不太好										
		215	不太好										
		214	较不太										
		213	不太好										
		211	不太好										
		210	不太好										
		209	不好										
		206	不太好										
		205	不太好										
		204	不太好										
		197	不太好										
		198	不太好										
		170	不太好										
		199	不太好										
		200	不太好										
		183	不太好										
		181	不太好										
		180	不太好										
		179	不太好										
		169	不太好										
		178	不太好										
		150	不太好										
		151	不太好										
		152	不太好										
		153	不太好										
		142	不太好										
		145	不太好										
		143	不太好										
		144	不太好										
		138	不太好										
		137	不太好										

附表 11－4 **玉皇庙墓地葬具类型统计表（墓号 YYM）**

分布		木椁		有木质葬具痕迹		木椁加象征性石椁		木质葬具加石块	象征性石椁	零散自然石块	席片	有无葬具不详	无任何葬具
		墓号	备注	墓号	备注	墓号	备注	墓号	墓号	墓号	墓号	墓号	墓号
南区	北部	135	不太好										
		117	不太好										
		118	不太好										
		119	不太好										
		104	较好										
		105	不太好										
		74	不太好										
		75	不太好										
		76	不太好										
南区	中部	202	不太好	155	不好								286
		176	不太好	121	不好								123
		154	不太好										115
		156	不太好										159
		158	较好										165
		167	不太好										166
		168	不太好										80
		134	不太好										107
		133	不太好										79
		132	不太好										78
		131	不太好										
		122	不太好										
		124	较好										
		126	较好										
		120	不太好										
		114	不太好										
		113	不太好										
		111	不太好										
		171	不太好										
		106	不太好										
		108	不太好										
		77	不太好										
西区		303	不太好	326	不好				333	331			332
		301	不太好	320	不好					327			323
		302	不好	318	不好					311			319
				308	不好					307			329
				306	不好								324
				304	不好								322
				305	不好								321
													316
													312
													310
													314
													315
													313
													309
													317
													330
													325

附表 11－5　**玉皇庙墓地葬具类型统计表（墓号 YYM）**

分布	木椁		有木质葬具痕迹		木椁加象征性石椁		木质葬具加石块	象征性石椁	零散自然石块	席片	有无葬具不详	无任何葬具
	墓号	备注	墓号	备注								
南区南部	164	不太好	109	不好			392	393	343			172
	127	不太好	162	不好								173
	110	不太好	335	不好								353
	163	不太好	380	不好								354
	160	不太好	379	不好								355
	130	不太好	382	不好								356
	175	不太好	377	不好								367
	161	较好	378	不好								359
	129	不太好	375	不好								360
	128	不太好	372	不好								381
	174	不太好	371	不好								365
	340	不太好	396	不好								363
	337	不太好	389	不好								361
	334	较好	391	不好								362
	328	不太好	398	不好								388
	352	不太好	399	不好								393
	351	不太好	400	不好								
	345	不太好	395	不好								
	346	不太好										
	344	不太好										
	339	不太好										
	341	不太好										
	338	不太好										
	348	不太好										
	336	不太好										
	349	不太好										
	350	较好										
	357	不太好										
	358	不太好										
	347	不太好										
	342	不太好										
	373	不好										
	366	不太好										
	376	不太好										
	374	不好										
	368	不太好										
	369	不太好										
	370	不太好										
	364	不太好										
	390	不太好										
	397	不太好										
	394	不太好										
合计（座）	221		72		2		1	1	5	1	3	94

六 葬 式

玉皇庙墓地400座墓葬，皆为单人墓，不见成人合葬墓和多人丛葬墓，唯有4座成人女性墓，因女主人难产而致母婴双亡，遂将妇婴埋在一起。这400座墓中，除3座无人墓（YYM17、32、34），以及因遭破坏或死者骨骼腐朽过甚而致葬式不详的8例（YYM1、27、28、33、284、90、287、147）外，其余388座墓死者的葬式，可分为6种形式：1. 仰身直肢；2. 俯身直肢；3. 侧身直肢；4. 侧身屈肢；5. 仰身屈肢；6. 二次葬。

下面依次分述这6种葬式。

1. 仰身直肢

仰身直肢葬式共371例（座），占该墓地墓葬总数的92.75%，是6种葬式中数量最多、占比例最大的一种葬式。其中男性170例，占仰身直肢葬总数的45.8%，占男性死者总数（177）的96%；女性150例，占仰身直肢葬总数的40.4%，占女性死者总数（156）的96.2%；少儿32例，占仰身直肢葬总数的8.6%，占少儿死者总数（37）的86.5%；婴儿16例，占仰身直葬总数的4.3%，占婴儿死者总数（20）的80%，性别不详者3例，占仰身直肢葬总数的0.8%，占性别不详死者总数（7）的42.9%。由此看来，此种葬式不论男女老幼都是普遍施行的，而且所占比率都是很高的。

从分布看，仰身直肢葬式在玉皇庙墓地各墓区都有普遍的分布，而且所占的比率也相当高。如在北Ⅰ区中部有23座，占该墓区墓葬总数（30）的76.7%；在北Ⅰ区西部有6座，占该墓区墓葬总数（6）的100%；在北Ⅱ区北部有38座，占该墓区墓葬总数的88.4%；在北Ⅱ区中部有51座，占该墓区墓葬总数（54）94.4%；在北Ⅰ区北部有10座，占该墓区墓葬总数（15）的66.7%，在北Ⅰ区南部有7座，占该墓区墓葬总数（7）的100%，在北Ⅱ区南部有38座，占该墓区墓葬总数（39）的97.4%；在南区北部有61座，占该墓区墓葬总数（62）的98.4%；在南区中部有32座，占该墓区墓葬总数（34）的94.1%；在西区有30座，占该墓区墓葬总数（32）的93.75%；在南区南部有75座，占该墓区墓葬总数（78）的96.15%。

从墓葬规格级别看，这371座仰身直肢葬的墓葬，包括了从甲（A）级别到丁级各个级别的墓葬，而且级别越高的墓葬，仰身直肢葬式所占的比例就越高。如包括有甲（A）级墓葬3座，占该级别墓葬总数（3）的100%；包括有甲（B）级墓葬5座，占该级别墓葬总数（5）的100%；包括有乙（A）级墓葬29座，占该级别墓葬总数（29）的100%；包括有乙（B）级墓葬80座，占该级别墓葬总数（82）的97.6%；包括有丙（A）级墓葬77座，占该级别墓葬总数（81）的95.1%；包括有丙（B）级墓葬37座，占该级别墓葬总数（41）的90.2%；包括有丙（C）级墓葬59座，占该级别墓葬总数（66）的89.4%，包括有丁级墓葬81座占该级别墓葬总数（92）的88%。

以上统计结果表明，仰身直肢葬式是玉皇庙墓地最普遍、最稳定的，并占绝对主导地位的传统葬式。

前述4座妇婴合葬墓（YYM40、8、340、397），墓主人皆属成年女性，皆为仰身直肢葬式。

YYM40，分布于北Ⅱ区北部，墓葬规格属丙（A）级，女主人年龄属成年。其左臂向腹部折屈，怀里搂抱一初生婴儿（图一一八）。

YYM8，分布于北Ⅰ区南部，墓葬规格属丙（B）级，女主人年龄35岁左右。其两股骨之间，有一初生婴儿骨骼，婴儿头骨朝下，下肢靠近女主人耻骨处（图二〇二）。

YYM340，分布于南区南部，墓葬规格属丙（A）级，女主人年龄18岁左右。在其骨盆盆腔内，遗有婴儿骨架一具，婴儿头部已出露盆腔口外，当因难产而至母婴双亡（图四三八；图版一六四，2）。

YYM397，分布于南区南部，墓葬规格属丙（C）级，女主人年龄22～24岁。在其左腹部，有初生婴儿尸骨作斜侧卧姿，头朝右侧斜上方，脚朝左侧斜下方，四肢骨尚清楚可辨，女主人的左尺骨与桡骨，斜搭在这具婴儿的尸骨上（图五一一；图版二〇三，2）。

2. 俯身直肢

俯身直肢葬式共6例（座），占该墓地墓葬总数的1.5%，是6种葬式中数量很少的形式之一。

从性别看，这6例俯身直肢葬式者，有男性1例（YYM246）；女性1例（YYM283）；少儿3例（YYM299、291、289）；婴儿1例（YYM310），成年男、女约占此种葬式总数的1/3，而孩童约占此种葬式的2/3。看来，此种葬式是不分男女老幼都有的，只是为数很少，所占比率很小而已。

从分布看，这6例俯身直肢葬式的墓，只分布在3个墓区：北Ⅱ区北部2座（YYM246、283）；北Ⅰ区北部3座（YYM299、291、289）；西区1座（YYM310）。它们基本上集中分布在玉皇庙墓地北部边缘区域和西部靠西边缘区域，这不会是偶然的巧合，而应是该文化葬制与葬俗既定的规制之一。

从墓葬规格级别考察，这6例俯身直肢葬式的墓，除1座（YYM299）属丙（B）级小型竖穴土坑墓之外，其余5座皆属最低级丁级小型浅穴土坑墓。这表明，俯身直肢葬式死者的身份地位，是很低下的。

3. 侧身直肢

侧身直肢葬式共5例（座），占该墓地墓葬总数的1.25%，是6种葬式中数量很少的形式之一。

从性别看，这5例侧身直肢葬式者，有男性2例（YYM290、330）；女性2例（YYM268、352）；婴儿1例（YYM123）。看来，此种葬式也是不论男女老幼都有的，只是为数很少，所占比率很小而已。

从分布看，侧身直肢葬式存在于玉皇庙墓地5个墓区内：北Ⅱ区中部1座（YYM268）；北Ⅰ区北部1座（YYM290）；南区中部1座（YYM123）；西区1座（YYM330）；南区南部1座（YYM352）。皆属春秋中、晚期墓葬，而在春秋早期至早中期未见，如北Ⅰ区中部，北Ⅰ区西部和北Ⅱ区北部，都未见此种葬式。

从墓葬规格级别看，这5座侧身直肢葬式的墓，均属丙级和丁级低级小型墓葬，而未有规格级别较高者。如YYM268属丙（A）级，1座；YYM290、123、352属丙（C）级，3座；YYM330属丁级，1座。这表明，侧身直肢葬式者，其身份地位也是较低下的。

从葬姿看，5例侧身直肢葬者，其中4例（YYM290、123、30、352）为侧身向左，这里包含了2男、1女、1婴；只有1例（YYM268，女）是侧身向右的。

4. 侧身屈肢

侧身屈肢葬式共3例（座），占该墓地墓葬总数的0.75%，是6种葬式中数量极少的形式之一。

从性别看，这3例侧身屈肢葬者，分别有女性1例（YYM240），男性1例（YYM192），婴儿1例（YYM335）。看来，此种葬式也是不论男女老幼都有的，唯其数量很少，所占比率很小而已。

从分布看，这3例侧身屈肢葬式的墓，集中分布于北Ⅱ区和南区南部，其他墓区未见。如YYM240分布于北Ⅱ区北部；YYM192分布于北Ⅱ区南部；YYM335分布于南区南部。

从墓葬规格级别看，这3座侧身屈肢葬式的墓，1座属乙（B）级（YYM240），1座属丙（B）级（YYM192），1座属丁级（YYM335）。都属于规格级别较低或很低的墓，表明侧身屈肢葬式者的身份和地位，也是较低下或很低下的。

5. 仰身屈肢

仰身屈肢葬式仅1例（YYM389），占该墓地墓葬总数的0.25%，是6种葬式中极个别的特殊葬式。

YYM389，分布于南区南部，墓葬规格属丙（C）级小型竖穴土坑墓，男性，上身平仰，下肢左屈（图五〇七；图版二〇一，3）。从墓葬规格属丙（C）级看，此种葬式的死者，其身份地位亦当属低下者之列。

6. 二次葬

二次葬者共3例（座），占该墓地墓葬总数的0.75%，是6种葬式中为数极少的形式之一。

从性别看，这3例二次葬者，包括成年男、女和婴儿各1例，YYM285属女性；YYM262属婴儿；YYM121属男性。

从分布看，YYM285分布于北Ⅱ区北部；YYM262分布于北Ⅱ区中部；YYM121分布于南区中部。其他墓区未见。

从墓葬规格级别看，YYM262和YYM121属丙（C）级；YYM285属丁级。都是低级和最低级的小型墓。

由此看来，二次葬者，不论男女老幼都有，但为数极少，其墓葬规格级别都很低，死者身份地位皆属低下者（参见附表12）。

七　性别与年龄

（一）性别

玉皇庙墓地400座墓葬，除了3座无人墓，7座因取土破坏或人骨腐朽过甚而无法鉴定死者的性别与年龄外，其余390座墓葬的死者，均有性别与年龄鉴定结果。

男性死者共177例，分别出自177座墓葬中，每座墓1人，占该墓地墓葬总数的44.25%。女性死者共156例，分别出自156座墓葬中，每座墓1人，占该墓地墓葬总数的39%，其中有4座墓（YYM40、8、340、397）各附葬初生婴儿1具。少儿死者共37例，分别出自37座墓葬中，每座墓1人，占该墓地墓葬总数的9.25%。婴儿死者共20例，分别出自20座墓葬中（不含上述4例附葬婴儿墓），每座墓1人，占该墓地墓葬总数的5%。以上统计结果表明，玉皇庙墓地男性死者的数量略多于女性，多出21人，比率高差为5.25%；少儿与婴儿死者的数量比成年男女少得多，二者之和，不抵成年男女死者总数的17.1%，尚不足1/5。

从分布看，男性在各墓区均有分布；女性除在北Ⅰ区西部没有之外，其余各墓区也都有分布；少儿在北Ⅰ区西部、北Ⅰ区南部及西区没有，在其他几个墓区都有分布；婴儿在北Ⅰ区中部、西部和南部，以及北Ⅱ区北部没有，而分布于其他几个墓区；性别不详者，在北Ⅰ区中部分布4座，另在北Ⅰ区西部、北Ⅱ区中部和北Ⅰ区南部，各有1座，其他墓区不见（参见附表13）。

附表 12－1

玉皇庙墓地葬式统计表

分布		墓号（YYM）	葬式							备注	无人墓	墓葬规格级别	性别				
			仰身直肢	俯身直肢	侧身直肢	侧身屈肢	仰身屈肢	二次葬	葬式不详				男	女	少儿	婴儿	不详
北区	中部	22	√									甲（B）	√				
		21	√									丙（B）		√			
		20	√									乙（A）		√			
		35	√									乙（B）		√			
		32									√	丙（A）					
		33							√			丙（A）					√
		34									√	丙（B）					
		31	√									丙（B）	√				
		30	√									丙（C）	√				
		29	√									丙（A）		√			
		27							√			丙（B）					√
		28							√			丙（A）					√
		25	√									丙（A）		√			
		19	√									乙（B）	√				
		17									√	乙（B）					
		16	√									丙（C）	√				
		15	√									丁			√		
		1							√			不详					√
		2	√									甲（B）		√			
		3	√									乙（B）		√			
		18	√									甲（A）	√				
		14	√									丁		√			
		13	√									乙（A）	√				
		4	√									丙（A）		√			
		11	√									乙（A）	√				
		5	√									丙（C）	√				
		9	√									丙（C）		√			
		10	√									乙（B）		√			
		23	√									丙（A）	√				
		24	√									丁			√		
	西部	82	√									丙（A）	√				
		386	√									丙（C）	√				
		300	√									乙（A）	√				
		385	√									丙（C）	√				
		383	√									丁					√
		384	√									乙（B）	√				
北Ⅱ区	北部	248	√									丙（C）		√			
		246		√								丁	√				
		249	√									丙（C）		√			
		278	√									丙（A）	√				

附表 12－2

玉皇庙墓地葬式统计表

分布		墓号（YYM）	葬式							备注	无人墓	墓葬规格级别	性别				
			仰身直肢	俯身直肢	侧身直肢	侧身屈肢	仰身屈肢	二次葬	葬式不详				男	女	少儿	婴儿	不详
北Ⅱ区	北部	281	√									丁	√				
		242	√									丁			√		
		243	√									丁	√				
		244	√									丙（B）	√				
		245	√									丙（A）		√			
		279	√									乙（B）		√			
		280	√									乙（A）		√			
		387	√									丁		√			
		283		√								丁		√			
		285						√		拣骨二次葬		丁		√			
		37	√									丙（C）		√			
		98	√									丙（A）		√			
		284							√			丁	√				
		277	√									丙（A）	√				
		250	√									甲（A）	√				
		282	√									丙（A）	√				
		251	√									乙（B）		√			
		230	√									甲（A）	√				
		229	√									乙（A）	√				
		233	√									乙（B）	√				
		231	√									乙（B）		√			
		228	√									乙（B）	√				
		232	√									丙（A）		√			
		227	√									乙（A）	√				
		241	√									乙（B）		√			
		264	√									丙（A）	√				
		276	√									丁	√				
		97	√									丙（B）		√			
		99	√									丁		√			
		38	√									丙（A）	√				
		39	√									丙（C）		√			
		226	√									乙（B）	√				
		240				√				侧身向右，左腿右屈		乙（B）		√			
		252	√									丙（A）	√				
		265	√									丙（A）		√			
		275	√									乙（A）	√				
		96	√									丙（A）		√			
		47	√									丙（C）		√			
		40	√							妇婴合葬		丙（A）		√			

附表 12－3

玉皇庙墓地葬式统计表

分布		墓号（YYM）	葬式							备注	无人墓	墓葬规格级别	性别				
			仰身直肢	俯身直肢	侧身直肢	侧身屈肢	仰身屈肢	二次葬	葬式不详				男	女	少儿	婴儿	不详
北Ⅱ区	中部	234	√									乙（B）	√				
		239	√									丁			√		
		253	√									丁				√	
		263	√									乙（B）	√				
		274	√									丙（B）			√		
		45	√									丙（A）	√				
		43	√									丙（A）	√				
		42	√									丙（C）			√		
		41	√									乙（B）	√				
		225	√									乙（B）		√			
		235	√									丁				√	
		254	√									乙（B）		√			
		262						√				丙（C）				√	
		266	√									乙（A）		√			
		273	√									丙（A）		√			
		46	√									乙（B）	√				
		44	√									乙（B）	√				
		236	√									乙（A）	√				
		238	√									丙（C）			√		
		237	√									乙（B）		√			
		255	√									丁			√		
		256	√									乙（A）		√			
		261	√									乙（A）	√				
		267	√									丙（B）				√	
		272	√									丙（A）		√			
		94	√									丙（C）			√		
		49	√									丙（A）	√				
		89	√									乙（B）					√
		90							√			丙（C）			√		
		257	√									乙（B）	√				
		259	√									丙（C）			√		
		247	√									乙（B）	√				
		268			√					侧身向右		丙（A）		√			
		270	√									乙（B）	√				
		271	√									乙（B）	√				
		48	√									丙（A）	√				
		95	√									乙（A）	√				
		258	√									乙（A）		√			
		260	√									丙（A）	√				
		269	√									丙（B）	√				

附表 12－4

玉皇庙墓地葬式统计表

分布		墓号（YYM）	葬式							备注	无人墓	墓葬规格级别	性别				
			仰身直肢	俯身直肢	侧身直肢	侧身屈肢	仰身屈肢	二次葬	葬式不详				男	女	少儿	婴儿	不详
北Ⅱ区	中部	51	√									乙（A）	√				
		50	√									丙（C）		√			
		65	√									乙（B）	√				
		191	√									丙（A）		√			
		190	√									乙（B）	√				
		88	√									丙（B）		√			
		125	√									丁		√			
		188	√									乙（B）	√				
		52	√									甲（B）	√				
		54	√									乙（A）	√				
		100	√									丁		√			
		66	√									乙（B）		√			
		67	√									丙（C）			√		
		68	√									丙（C）		√			
北Ⅰ区	北部	36	√									乙（B）	√				
		26	√									乙（B）		√			
		296	√									丙（B）		√			
		297	√									丙（B）	√				
		298	√									丁		√			
		293	√									丁				√	
		295	√									乙（A）	√				
		299		√								丙（B）			√		
		294	√									丙（A）		√			
		292	√									丁		√			
		291		√								丁			√		
		287							√			丁		√			
		288	√									丙（C）		√			
		289		√								丁			√		
		290			√					侧身向左		丙（C）	√				
	南部	12	√									丁		√			
		8	√							妇婴合葬		丙（B）		√			
		6	√									丙（A）		√			
		101	√									丙（B）		√			
		7	√									丙（C）	√				
		103	√									丁					√
		102	√									丙（B）	√				
北Ⅱ区	南部	212	√									乙（B）	√				
		208	√									丙（A）		√			
		193	√									丁				√	
		192				√				侧身向右，左腿右屈		丙（B）	√				

附表 12－5

玉皇庙墓地葬式统计表

分布		墓号（YYM）	葬式							备注	无人墓	墓葬规格级别	性别				
			仰身直肢	俯身直肢	侧身直肢	侧身屈肢	仰身屈肢	二次葬	葬式不详				男	女	少儿	婴儿	不详
北Ⅱ区	南部	189	√									丙（A）		√			
		187	√									丙（A）		√			
		53	√									丁				√	
		55	√									丙（C）			√		
		58	√									乙（B）	√				
		196	√									乙（B）		√			
		186	√									乙（B）	√				
		87	√									乙（B）		√			
		56	√									丁			√		
		57	√									乙（B）	√				
		185	√									丙（A）		√			
		86	√									乙（A）	√				
		59	√									丁			√		
		60	√									乙（B）	√				
		71	√									丙（C）	√				
		91	√									丁			√		
		184	√									丙（B）			√		
		85	√									丁				√	
		149	√									丙（B）		√			
		61	√									乙（B）	√				
		64	√									乙（B）		√			
		72	√									丙（C）	√				
		69	√									丙（A）	√				
		84	√									丙（A）		√			
		83	√									丙（A）	√				
		81	√									乙（B）		√			
		62	√									丙（C）	√				
		63	√									乙（B）	√				
		92	√									丁			√		
		148	√									丙（A）	√				
		140	√									丁			√		
		141	√									丁				√	
		93	√									丙（A）	√				
		73	√									丙（C）		√			
		70	√									乙（B）	√				
南区	北部	217	√									甲（B）	√				
		207	√									乙（B）	√				
		224	√									丙（A）	√				
		194	√									丙（C）				√	
		182	√									乙（B）	√				

附表 12－6

玉皇庙墓地葬式统计表

分布		墓号（YYM）	葬式							备注	无人墓	墓葬规格级别	性别				
			仰身直肢	俯身直肢	侧身直肢	侧身屈肢	仰身屈肢	二次葬	葬式不详				男	女	少儿	婴儿	不详
南区	北部	139	√									丙（A）		√			
		203	√									乙（B）	√				
		223	√									乙（B）		√			
		222	√									丙（B）		√			
		221	√									丙（A）		√			
		220	√									乙（B）		√			
		219	√									丙（A）		√			
		218	√									丙（A）		√			
		216	√									乙（B）		√			
		215	√									丙（B）		√			
		214	√									乙（B）	√				
		213	√									乙（B）	√				
		211	√									乙（B）		√			
		210	√									乙（A）	√				
		209	√									乙（A）	√				
		195	√									丙（C）				√	
		206	√									丙（A）		√			
		205	√									乙（B）	√				
		204	√									乙（B）		√			
		197	√									乙（B）		√			
		198	√									乙（B）		√			
		170	√									乙（B）	√				
		199	√									丙（A）	√				
		200	√									丙（A）		√			
		183	√									丙（B）		√			
		181	√									丙（A）	√				
		180	√									丙（A）		√			
		179	√									乙（B）	√				
		169	√									乙（B）		√			
		178	√									乙（B）		√			
		177	√									丁				√	
		150	√									乙（B）		√			
		151	√									甲（B）	√				
		152	√									丁				√	
		157	√									丙（C）			√		
		153	√									丙（A）		√			
		147							√			丁				√	
		146	√									丁				√	
		142	√									丙（A）	√				
		145	√									丙（A）	√				

附表 12－7

玉皇庙墓地葬式统计表

分布		墓号（YYM）	葬式							备注	无人墓	墓葬规格级别	性别				
			仰身直肢	俯身直肢	侧身直肢	侧身屈肢	仰身屈肢	二次葬	葬式不详				男	女	少儿	婴儿	不详
南区	北部	143	√									丙（A）	√				
		144	√									丙（A）		√			
		138	√									丙（A）		√			
		137	√									丙（A）		√			
		136	√									丙（C）			√		
		135	√									丙（C）			√		
		117	√									丙（A）	√				
		116	√									丁			√		
		118	√									丙（B）		√			
		119	√									丙（A）		√			
		104	√									丙（B）		√			
		105	√									丙（C）	√				
		74	√									乙（A）	√				
		75	√									丙（B）		√			
		76	√									丙（C）		√			
		112	√									丁		√			
		201	√									丁			√		
	中部	202	√									丙（A）		√			
		176	√									丙（B）		√			
		154	√									丙（C）	√				
		155	√									丁			√		
		286	√									丁				√	
		156	√									乙（A）	√				
		158	√									乙（B）	√				
		167	√									乙（B）		√			
		168	√									丙（B）	√				
		134	√									乙（B）	√				
		133	√									乙（B）		√			
		132	√									丙（C）			√		
		131	√									丙（A）	√				
		122	√									丙（A）	√				
		123			√					侧身向左		丙（C）				√	
		124	√									乙（B）	√				
		126	√									丙（A）		√			
		120	√									丙（B）			√		
		121						√		无头骨和手足骨		丙（C）	√				
		115	√									丁			√		
		114	√									丙（B）		√			
		113	√									丙（A）		√			
		111	√									丙（A）	√				

附表 12－8

玉皇庙墓地葬式统计表

分布		墓号（YYM）	葬式							备注	无人墓	墓葬规格	性别				
			仰身直肢	俯身直肢	侧身直肢	侧身屈肢	仰身屈肢	二次葬	葬式不详			级别	男	女	少儿	婴儿	不详
南区	中部	159	√									丁				√	
		165	√									丁			√		
		166	√									丙（C）			√		
		171	√									丙（A）	√				
		106	√									丁			√		
		108	√									丙（C）	√				
		80	√									丁		√			
		107	√									丁	√				
		77	√									丙（B）	√				
		79	√									丁	√				
		78	√									丁		√			
西区		332	√									丙（C）	√				
		333	√									丙（B）	√				
		331	√									丁		√			
		323	√									丙（C）	√				
		319	√									丙（B）	√				
		329	√									丁	√				
		327	√									丁		√			
		326	√									丙（C）	√				
		324	√									丁		√			
		322	√									丁	√				
		321	√									丁	√				
		320	√									丙（B）	√				
		318	√									丙（C）	√				
		316	√									丁		√			
		311	√									丙（C）	√				
		312	√									丙（C）	√				
		310		√								丁				√	
		314	√									丙（C）	√				
		315	√									丙（B）	√				
		313	√									丁	√				
		309	√									丁	√				
		307	√									丁	√				
		308	√									丁	√				
		317	√									丁		√			
		306	√									丁		√			
		303	√									丁	√				
		304	√									丙（C）		√			
		305	√									丙（C）		√			
		301	√									丙（B）		√			
		302	√									丙（C）		√			
		330			√					侧身向左		丁	√				
		325	√									丁	√				

附表 12－9　**玉皇庙墓地葬式统计表**

分布		墓号（YYM）	葬式							备注	无人墓	墓葬规格级别	性别				
			仰身直肢	俯身直肢	侧身直肢	侧身屈肢	仰身屈肢	二次葬	葬式不详				男	女	少儿	婴儿	不详
南区	南部	164	√									丙（B）	√				
		127	√									丙（C）	√				
		110	√									丙（B）	√				
		172	√									丁	√				
		163	√									乙（B）		√			
		160	√									乙（B）	√				
		130	√									乙（B）		√			
		175	√									丙（A）	√				
		173	√									丙（C）	√				
		161	√									乙（A）	√				
		129	√									乙（A）	√				
		128	√									乙（B）		√			
		109	√									丙（C）		√			
		162	√									丁		√			
		353	√									丁		√			
		174	√									乙（B）	√				
		340	√							妇婴合葬		丙（A）		√			
		337	√									丙（C）			√		
		334	√									乙（A）	√				
		328	√									丙（A）	√				
		352			√					侧身向左		丙（C）		√			
		351	√									丁	√				
		354	√									丁		√			
		345	√									丙（A）	√				
		346	√									乙（B）		√			
		344	√									乙（A）	√				
		343	√									丙（A）	√				
		339	√									乙（A）		√			
		341	√									丙（A）		√			
		338	√									乙（A）		√			
		348	√									乙（B）	√				
		335				√				侧身向右，下肢右屈		丁				√	
		336	√									丙（A）	√				
		349	√									乙（B）	√				
		380	√									丁	√				
		350	√									乙（B）	√				
		355	√									丁		√			
		357	√									丁		√			
		358	√									丁	√				
		356	√									丁	√				

附表 12－10

玉皇庙墓地葬式统计表

分布		墓号（YYM）	葬式							备注	无人墓	墓葬规格级别	性别				
			仰身直肢	俯身直肢	侧身直肢	侧身屈肢	仰身屈肢	二次葬	葬式不详				男	女	少儿	婴儿	不详
南区	南部	347	√									乙（B）		√			
		342	√									丙（A）	√				
		373	√									乙（B）	√				
		366	√									乙（B）		√			
		367	√									丁		√			
		359	√									丁			√		
		360	√									丁		√			
		381	√									丁	√				
		379	√									丙（A）	√				
		382	√									丙（B）		√			
		377	√									丙（A）		√			
		378	√									丙（A）		√			
		376	√									丙（A）	√				
		374	√									乙（B）		√			
		375	√									丙（C）		√			
		372	√									丙（A）		√			
		371	√									丙（C）		√			
		368	√									丙（C）		√			
		369	√									乙（B）		√			
		370	√									丙（B）	√				
		365	√									丁	√				
		364	√									丙（B）		√			
		363	√									丁			√		
		361	√									丁	√				
		362	√									丁	√				
		396	√									丙（C）		√			
		389					√			下肢左屈		丙（C）	√				
		390	√									丙（C）	√				
		391	√									丙（C）		√			
		388	√									丁		√			
		397	√							妇婴合葬		丙（C）		√			
		398	√									丙（C）		√			
		392	√									丁		√			
		399	√									丙（B）	√				
		393	√									丙（C）	√				
		394	√									乙（B）		√			
		400	√									丙（A）	√				
		395	√									丙（A）	√				
合计		400 座	371	6	5	3	1	3	8		3		177	156	37	20	7

附表 13　**玉皇庙墓地死者性别及分布数量统计表**

性别＼分布／数量	北Ⅰ中	北Ⅰ西	北Ⅱ北	北Ⅱ中	北Ⅰ北	北Ⅰ南	北Ⅱ南	南区北	南区中	西区	南区南	合计
男	10	5	20	23	4	2	18	21	15	21	38	177
女	11		22	16	7	4	11	30	9	10	36	156
少儿	2		1	9	3		7	4	8		3	37
婴儿				4	1		4	6	3	1	1	20
不详	4	1		1		1						7
无人墓	3											3

（二）年龄

从死者年龄结构看，玉皇庙墓地死者年龄阶次，可分 6 组：1. 婴儿（初生～2.5 岁以下）；2. 少儿（2.5 岁以上～11 岁）；3. 少年（12 岁～15 岁）；4. 青年（16 岁～35 岁）；5. 中年（35 岁以上～50 岁）；6. 老年（50 岁以上）。

1. 婴儿组

婴儿死者人数已如前述，共 20 例，占该墓地死者总数的 5%，是 6 组死亡人群中数量很少的组群之一，仅略多于少年组，排第五位。

从分布看，婴儿死者在北Ⅱ区中部有 4 例（YYM235、253、262、267），占该墓区死者总数的 7.4%；在北Ⅰ区北部有 1 例（YYM293），占该墓区死者总数的 6.7%；在北Ⅱ区南部有 4 例（YYM53、85、141、193），占该墓区死者总数的 10.3%；在南区北部有 6 例（YYM146、147、152、177、194、195），占该墓区死者总数的 9.6%；在南区中部有 3 例（YYM123、159、286），占该墓区死者总数的 8.8%；在西区有 1 例（YYM310），占该墓区墓葬总数的 3.1%；在南区南部有 1 例（YYM335），占该墓区墓葬总数的 1.3%。以上统计结果表明，婴儿死者除在北Ⅱ区南部和南区北部所占比例稍高之外，在其他墓区所占比例都很小或极小。而在北Ⅰ区中、西、南部和北Ⅱ区北部，则 1 例没有。

经测算，这 20 例婴儿死者的平均年龄为 1.6 岁。

2. 少儿组

少儿死者人数亦如前述，共 37 例，占该墓地死者总数的 9.25%，是 6 组死亡人群中数量很少的组群之一，仅略多于少年组和婴儿组，排第四位。

从分布看，少儿死者在北Ⅰ区中部有 2 例（YYM15、24），占该墓区死者总数的 6.7%；在北Ⅱ区北部 1 例（YYM242），占该墓区死者总数的 2.3%；在北Ⅱ区中部有 9 例（YYM274、42、67、90、94、238、239、255、259），占该墓区死者总数的 16.7%；在北Ⅰ区北部有 3 例（YYM299、289、291）占该墓区死者总数的 20%；在北Ⅱ区南部有 7 例（YYM55、56、59、91、92、140、184），占该墓区死者总数的 17.9%；在南区北部有 5 例（YYM116、135、136、157、201），占该墓区死者总数的 8.1%；在南区中部有 7 例（YYM106、115、120、132、155、165、166），占该墓区死者总数的 20.6%；在南区南部有 3 例（YYM337、359、363），占该墓区死者总数的 3.8%。以上统计结果表明，少儿死者除在南区中部、北Ⅰ区北部所占比例稍高（分别占所在墓区死者总数的 1/5）之外，在其他墓区所占比例都较小或极小。而在北Ⅰ区西部和南部，以及西区，则1例也没有。

经测算，这37例少儿死者的平均年龄为5.6岁。

3. 少年组

少年死者共5例，占该墓地死者总数的1.25%，是6组死亡人群中数量最少的一组，排第六位。

从性别看，这5例少年死者中，包括男性2例（YYM281、154），占少年死者总数的40%，占男性死者总数的1.1%；女性3例（YYM14、47、183），占少年死者总数的60%，占女性死者总数的1.9%。

从分布看，在北Ⅰ区中部有1例（YYM14），占该墓区死者总数的3.3%；在北Ⅱ区北部有2例（YYM281、47），占该墓区死者总数的4.7%；在南区北部有1例（YYM183），占该墓区死者总数的1.6%；在南区中部1例（YYM154），占该墓区死者总数的2.9%。在北Ⅰ区西部、北部和南部，北Ⅱ区中部和南部，西区，以及南区南部，则1例没有。

经测算，这5例少年死者的平均年龄为14岁。

4. 青年组

青年死者共167例，占该墓地死者总数的41.75%，是6组死亡人群中数量最多，所占比例最大的一组，排第一位。

从性别看，这167例青年死者中，有男性78例，占青年死者总数的46.7%，占男性死者总数44.5%；女性89例，占青年死者总数53.3%，占女性死者总数的57.1%。女性所占比例高于男性6.6个百分点。

从分布看，在北Ⅰ区中部，有男、女青年死者14例，占该墓区死者总数46.7%，其中男性5例（YYM5、16、22、23、31）占该墓区死者总数的16.7%，女性9例（YYM2、3、4、9、10、20、21、25、29），占该墓区死者总数的30%。在北Ⅰ区西部有男性青年死者1例（YYM300），占该墓区死者总数16.7%，女性无。在北Ⅱ区北部，有男、女青年死者共24例，占该墓区死者总数的55.8%，男、女各12例，各占该墓区死者总数的27.9%，其中男性墓的编号为：YYM38、228、233、243、246、250、252、264、276、277、278、284；女性墓的编号为：YYM39、40、98、231、232、240、241、248、251、279、283、285。在北Ⅱ区中部，有男、女青年死者共19例，占该墓区死者总数的35.2%，其中男性11例（YYM46、48、49、51、54、95、188、236、247、269、270），占该墓区死者总数的20.4%，女性8例（YYM66、68、88、125、237、256、268、272），占该墓区死者总数的14.8%。在北Ⅰ区北部，有男、女青年死者共7例，占该墓区死者总数的46.7%，其中男性3例（YYM36、290、297），占该墓区死者总数的20%，女性4例（YYM287、292、294、296），占该墓区死者总数26.7%。在北Ⅰ区南部，有男、女青年死者3例，占该墓区死者总数的42.9%，其中男性1例（YYM102），占该墓区死者总数的14.3%，女性2例（YYM6、8），占该墓区死者总数的28.6%。在北Ⅱ区南部，有男、女青年死者共16例，占该墓区死者总数的41%，其中男性13例（YYM57、60、61、62、65、69、70、83、93、148、186、192、212），占该墓区死者总数的33.3%，女性3例（YYM64、73、208），占该墓区死者总数的7.7%。在南区北部，有男、女青年死者共26例，占该墓区死者总数的41.9%，其中男性4例（YYM142、151、205、213），占该墓区死者总数的6.5%，女性22例（YYM75、76、104、112、118、119、137、138、144、150、153、169、180、197、198、200、204、215、216、218、219、220），占该墓区死者总数的35.4%。在南区中部，有男、女青年死者共10例，占该墓区死者总数的 29.4%，其中男性 3 例（YYM77、107、111），占该墓区死者总数的 8.8%，女性 7 例（YYM80、113、114、126、167、176、202），占该墓区死者总数的 20.6%。在西区，有男、女青年死者共 13 例，占该墓区死者总数的 40.6%，其中男性 11 例（YYM308、309、312、314、318、319、322、323、326、329、330）占该墓区死者总数的 34.4%，女性 2 例（YYM302、316），占该墓区死者总数的 6.2%。在南区南部，有男、女青年死者共 27 例，占该墓区死者总数的 34.6%，其中男性 14 例（YYM127、161、164、172、334、345、362、365、379、380、390、393、399、400），占该墓区死者总数的 17.9%，女性 13 例（YYM128、163、338、339、341、369、371、372、374、375、377、378、382），占该墓区死者总数的 16.7%。

以上统计结果表明，青年死者遍布于玉皇庙墓地各个墓区，其中在 7 个墓区（北Ⅱ区北部，北Ⅰ区中部、北部和南部，北Ⅱ区南部，南区北部以及西区）所占比例都超过 40.6% 以上至 55.8% 之间；在北Ⅱ区中部和南区南部，所占比例亦达到 35.2% 和 34.6%。这样高的死亡比率，在其他年龄组中是没有的或甚为罕见的。

5. 中年组

中年死者共 119 例，占该墓地死者总数的 29.75%，是 6 组死亡人群中数量较多，所占比例较大，略次于青年死者的一组，排第二位。

从性别看，这 119 例中年死者中，有男性 76 例，占中年死者总数的 63.9%，占男性死者总数的 42.9%；女性 43 例，占中年死者总数的 36.1%，占女性死者总数的 27.6%，男性所占比例高于女性 27.8 个百分点。

从分布看，在北Ⅰ区中部，有男、女中年死者共 5 例，占该墓区死者总数的 16.6%，其中男性 4 例（YYM11、18、19、30），占该墓区死者总数的 13.3%，女性 1 例（YYM35），占该墓区死者总数的 3.3%。在北Ⅰ区西部，有男性中年死者 4 例，占该墓区死者总数的 66.7%，女性无。

在北Ⅱ区北部，有男、女中年死者共 11 例，占该墓区死者总数的 25.6%，其中男性 6 例（YYM226、227、229、244、275、282），占该墓区死者总数的 14%，女性 5 例（YYM96、97、99、249、387）占该墓区死者总数的 11.6%。在北Ⅱ区中部，有男、女中年死者共 14 例，占该墓区死者总数的 25.9%，其中男性 10 例（YYM41、43、44、45、190、234、257、260、263、271），占该墓区死者总数的 18.5%，女性 4 例（YYM50、258、266、273），占该墓区死者总数的 7.4%。在北Ⅰ区北部，有男、女中年死者共 3 例，占该墓区死者总数的 20%，其中男性 1 例（YYM295），占该墓区死者总数的 6.7%，女性 2 例（YYM26、298），占该墓区死者总数的 13.3%。在北Ⅰ区南部，有男、女中年死者共 2 例，占该墓区死者总数的 28.6%，男、女各 1 例，各占该墓区死者总数的 14.3%，男性 1 例（YYM7），女性 1 例（YYM101）。在北Ⅱ区南部，有男、女中年死者共 11 例，占该墓区死者总数的 28.2%，其中男性 5 例（YYM58、63、71、72、86）占该墓区死者总数的 12.8%，女性 6 例（YYM84、87、149、185、189、196），占该墓区死者总数的 15.4%。在南区北部，有男、女中年死者共 18 例，占该墓区死者总数的 29%，其中男性 14 例（YYM74、105、117、145、170、179、182、199、207、209、210、214、217、224），占该墓区死者总数的 22.6%，女性 4 例（YYM178、206、221、223），占该墓区死者总数的 6.4%。在南区中部，有男、女中年死者共 6 例，占该墓葬区死者总数的 17.6%。其中男性 5 例（YYM108、121、122、134、171），占该墓区死者总数的 14.7%，女性 1 例（YYM78），占该墓区死者总数的 2.9%，在西区，有男、女中年死者共

11例，占该墓区死者总数的34.4%，其中男性5例（YYM307、315、321、333、325），占该墓区死者总数的15.6%，女性6例（YYM304、305、306、317、327、331），占该墓区死者总数的18.6%，在南区南部，有男、女中年死者共34例，占该墓区死者总数的43.6%，其中男性21例（YYM110、129、160、174、175、328、342、343、344、348、349、350、351、356、361、370、373、376、381、389、395），占该墓区死者总数的26.9%，女性13例（YYM128、163、338、339、341、368、371、372、374、375、377、378、382），占该墓区死者总数的16.7%。

以上统计结果表明，中年死者在分布面上同青年组一样，也是遍布于玉皇庙墓地各个墓区。在所占墓区死者总数的比例上，以北Ⅰ区西部和南区南部，所占比例较高，分别达到66.7%和43.6%，在其他墓区的比例，都相对偏低，多不及青年组。

6. 老年组

老年死者，共42例，占该墓地死者总数的10.5%，是6组死亡人群中数量较少，所占比例较小的一组，排第三位。

从性别看，这42例老年死者中，男、女各21例，即各占其半。

从分布看，在北Ⅰ区中部，有老年男性1例（YYM13），占该墓区死者总数的3.3%，无女性。在北Ⅱ区北部，有男、女老年死者共5例，占该墓区死者总数的11.6%，其中男性1例（YYM230）占该墓区死者总数的2.3%，女性4例（YYM37、245、265、280），占该墓区死者总数的9.3%。在北Ⅱ区中部，有男、女老年死者共6例，占该墓区死者总数的11.1%，其中男性2例（YYM52、261），占该墓区死者总数的3.7%，女性4例（YYM100、191、225、254），占该墓区死者总数的7.4%。在北Ⅰ区北部，有老年女性1例（YYM288），占该墓区死者总数的6.7%，无男性。在北Ⅰ区南部，有老年女性1例（YYM288），占该墓区死者总数的6.7%，无男性。在北Ⅰ区南部，有老年女性1例（YYM12），占该墓区死者总数的14.3%，无男性。在北Ⅱ区南部，有老年女性2例（YYM81、187），占该墓区死者总数的5.1%，无男性。在南区北部，有男、女老年死者共6例，占该墓区死者总数的9.7%，男、女各3例，即各占该墓区死者总数的4.85%，男性墓编号为：YYM143、181、203，女性墓编号为：YYM139、211、222。在南区中部，有男、女老年死者共7例，占该墓区死者总数的20.6%，其中男性6例（YYM79、124、131、156、158、168），占该墓区死者总数的17.6%，女性1例（YYM133），占该墓区死者总数的3%。在西区，有男、女老年死者共7例，占该墓区死者总数的21.9%，其中男性5例（YYM303、311、313、320、332），占该墓区死者总数的15.6%，女性2例（YYM301、324），占该墓区死者总数的6.3%。在南区南部，有男、女老年死者共6例，占该墓区死者总数的7.7%，男、女各3例，即各占该墓区死者总数的3.85%，男性墓编号为：YYM173、336、358，女性墓编号为：YYM347、392、398。

以上统计结果表明，老年死者在分布面上也较为普遍，除北Ⅰ区西部未有以外，其他墓区均有数量不等的分布。唯在各墓区的数量较少，所占比例也相对较小。

经测算，玉皇庙墓地177例男性死者的平均寿命为36.7岁，156例女性死者的平均寿命为34.5岁。男性平均寿命较女性高出2.2岁（参见附表14~17）。

（三）男、女死者平均身高

为获得玉皇庙墓地男、女死者平均身高的资料，我们对该墓地所有人骨作了现场观察与测量，最

附表 14　**玉皇庙墓地男性死者平均寿命统计表**

分期			分布		死者数目	墓号及死者年龄(括号前为墓号)	各区平均寿命(岁)	各期平均寿命(岁)
第一期(早期)	前段	春秋早期	北Ⅰ区	中部	9	5(16~17)、11(35~40)、13(50~55)、16(20~22)、18(40±)、19(35~40)、22(22~24)、30(45~50)、31(成年)	32.6	32.9
				西部	5	82(45~50)、300(30~35)、384(45±)、385(40~45)、386(35~40)	41	
	后段	春秋早中期	北Ⅱ区	北部	20	38(22~24)、226(35~40)、277(40±)、228(16~18)、229(45±)、230(50~55)、233(30~35)、243(35±)、244(40~45)、246(25~30)、250(25±)、252(18±)、264(25±)、275(40~45)、276(25~30)、277(20±)、278(30~35)、281(14~15)、282(40±)、284(22~24)	31	
第二期(中期)	前段	春秋中期	北Ⅱ区	中部	23	41(40~45)、43(45±)、44(40±)、45(40~45)、46(22~24)、48(22~24)、49(30~35)、51(20~22)、52(56±)、54(25~30)、95(35±)、188(22~24)、190(40~45)、234(40~45)、236(22~24)、247(22~24)、257(40~45)、260(40~45)、261(55+)、263(40±)、269(25±)、270(30±)、271(45~50)	35.6	33.2
			北Ⅰ区	北部	4	36(22~24)、290(25~30)、295(40~45)、297(22~24)	29	
				中部	1	23(25~30)	27.5	
				南部	2	7(40±)、102(18±)	29	
	后段	春秋中晚期	北Ⅱ区	南部	18	57(25~30)、58(50±)、60(35±)、61(22~24)、62(成年)、63(40±)、65(17~18)、69(35±)、70(35±)、71(45~50)、72(45~50)、83(25~30)、86(45±)、93(20~22)、148(35±)、186(30~35)、192(18±)、212(成年)	31.8	
第三期(晚期)	春秋晚期前段		南区	北部	21	74(45~50)、105(35~40)、117(35~40)、142(22~24)、143(56+)、145(50±)、151(35±)、170(35~40)、179(40~45)、181(50~55)、182(50±)、199(40±)、203(50~55)、205(30±)、207(35~40)、209(45~50)、210(40~45)、213(22~24)、214(50+)、217(35~40)、224(45+)	41.6	38.7
				中部	15	77(30~35)、79(50~55)、107(25~30)、108(45±)、111(30±)、121(40±)、122(45~50)、124(56±)、131(56±)、134(35~40)、154(13~14)、156(50~55)、158(50~55)、168(50~55)、171(45~50)	42.9	
			西区		19	303(50~55)、307(35~40)、308(20~22)、309(18~20)、311(50~55)、312(16+)、313(56+)、314(30±)、315(45±)、318(20~22)、319(22~24)、320(50~55)、321(45±)、322(25±)、323(22~24)、326(30~35)、329(20~22)、332(50~55)、333(45±)	35.3	
	春秋晚期后段		南区	南部	21	110(35~40)、127(22~24)、129(50±)、160(35~40)、161(成年)、164(成年)、172(22~24)、173(50~55)、174(40~45)、175(40~45)、328(35~40)、334(20~22)、336(56+)、342(45~50)、343(50±)、344(45±)、345(25~30)、348(45~50)、349(40~45)、350(45±)、351(45~50)	38.6	
			西区		2	325(45±)、330(35±)	40	
			南区	南部	17	356(40~45)、358(50~55)、361(40~45)、362(成年)、365(35±)、370(35~40)、373(40~45)、376(45±)、379(17~18)、380(22~24)、381(40~45)、389(45±)、390(25~30)、393(25±)、395(40~45)、399(35±)、400(25±)	35.2	
合计					177		男性死者平均寿命(岁)	36.7

注：表内“成年”者，按 18 岁计算；“20~22”，按 21 岁计算；“35~40”，按 37.5 岁计算；“40±”，按 40 岁计算；“56+”，按 56 岁计算。

附表 15

玉皇庙墓地女性死者平均寿命统计表

<table>
<tr><th colspan="3">分期</th><th colspan="2">分布</th><th>死者数目</th><th>墓号及死者年龄（括号前为墓号）</th><th>各区平均寿命（岁）</th><th>各期平均寿命（岁）</th></tr>
<tr><td rowspan="3">第一期（早期）</td><td rowspan="2">前段</td><td rowspan="2">春秋早期</td><td rowspan="2">北Ⅰ区</td><td>中部</td><td>11</td><td>2(30～35)、3(35±)、4(30±)、9(30±)、10(22～24)、14(12～13)、20(22～24)、21(30～35)、25(成年)、29(25～30)、35(45～50)</td><td rowspan="2">28.3</td><td rowspan="3">31.1</td></tr>
<tr><td>西部</td><td>0</td><td></td></tr>
<tr><td>后段</td><td>春秋早中期</td><td rowspan="2">北Ⅱ区</td><td>北部</td><td>22</td><td>37(50～55)、39(成年)、40(成年)、47(14～15)、96(40±)、97(45±)、98(22～24)、99(35～40)、231(30～35)、232(25±)、240(17～18)、241(20～22)、245(50～55)、248(22～24)、249(40～45)、251(22～24)、265(55+)、279(30±)、280(56±)、387(40±)、283(30±)285(成年)</td><td>32.5</td></tr>
<tr><td rowspan="4">第二期（中期）</td><td rowspan="3">前段</td><td rowspan="3">春秋中期</td><td>中部</td><td>16</td><td>50(45～50)、66(35±)、68(22～24)、88(25～30)、100(50～55)、125(22～24)、191(56+)、225(55+)、237(20～22)、254(55+)、256(22～24)、258(35～40)、266(40±)、268(25～30)、272(20～22)、273(40±)</td><td>36.5</td><td rowspan="4">39.1</td></tr>
<tr><td rowspan="2">北Ⅰ区</td><td>北部</td><td>7</td><td>26(50±)、287(30～35)、288(50～55)、292(30～35)、294(25～30)、296(35±)、298(45±)</td><td>39.3</td></tr>
<tr><td>南部</td><td>4</td><td>6(18～19)、8(35±)、12(50～55)、101(50±)</td><td>39</td></tr>
<tr><td>后段</td><td>春秋中晚期</td><td>北Ⅱ区</td><td>南部</td><td>11</td><td>64(30±)、73(20～22)、81(56+)、84(45～50)、87(40～45)、149(40～45)、185(45～50)、187(50～55)、189(50±)、196(45～50)、208(30～35)</td><td>42.7</td></tr>
<tr><td rowspan="4">第三期（晚期）</td><td colspan="2" rowspan="3">春秋晚期前段</td><td rowspan="2">南区</td><td>北部</td><td>30</td><td>75(30±)、76(25～30)、104(22～24)、112(22～24)、118(30±)、119(35±)、137(成年)、138(25～30)、139(56+)、144(30～35)、150(30～35)、153(成年)、169(25～30)、178(40±)、180(22～24)、183(15±)、197(30～35)、198(30～35)、200(25～30)、204(30～35)、206(40～45)、211(55+)、215(20～22)、216(35±)、218(35±)、219(30～35)、220(30～35)、221(40～45)、222(50～55)、223(35～40)</td><td>32.3</td><td rowspan="4">33.8</td></tr>
<tr><td>中部</td><td>9</td><td>78(45～50)、80(22～24)、113(22～24)、114(20～22)、126(22～24)、133(50～55)、167(20±)、176(30～35)、202(25～30)</td><td>30</td></tr>
<tr><td colspan="2">西区</td><td>10</td><td>301(55+)、302(16-18)、304(35-40)、305(40-45)、306(40-45)、316(18-20)、317(45±)、324(50-55)、327(40-45)、331(45-50)</td><td>40.1</td></tr>
<tr><td colspan="2">春秋晚期后段</td><td>南区</td><td>南部</td><td>36</td><td>109(30±)、128(35～40)、130(25±)、162(25～30)、163(40～45)、338(35～40)、339(45～50)、340(18±)、341(35～40)、346(18～19)、347(56+)、352(22～24)、353(20±)、354(30～35)、355(25±)、357(35±)、360(30～35)、364(16～18)、366(25±)、367(25±)、368(35～40)、369(25±)、371(50±)、372(50±)、374(40±)、375(40～45)、377(45±)、378(35～40)、382(40±)、388(30～35)、391(25±)、392(56+)、394(30±)、396(30±)、397(22～24)，398(56+)</td><td>34.2</td></tr>
<tr><td colspan="5">合计</td><td>156</td><td>女性死者平均寿命（岁）</td><td colspan="2">34.5</td></tr>
</table>

注：同附表 14 注。

附表 16　　**玉皇庙墓地少儿平均年龄统计表**

墓号 （YYM）	年龄（岁）	分布墓区	分期
15	6～7	北Ⅰ中	春秋早期
242	10～11	北Ⅱ北	春秋早中期
274	4～5	北Ⅱ中	春秋中期
42	5.5～6	北Ⅱ中	春秋中期
67	6～7	北Ⅱ中	春秋中期
90	儿童，年龄不详	北Ⅱ中	春秋中期
94	3±	北Ⅱ中	春秋中期
238	4～5	北Ⅱ中	春秋中期
239	4～5	北Ⅱ中	春秋中期
255	4±	北Ⅱ中	春秋中期
259	4±	北Ⅱ中	春秋中期
299	6±	北Ⅰ北	春秋中期
289	3～4	北Ⅰ北	春秋中期
291	10～11	北Ⅰ北	春秋中期
24	3～4	北Ⅰ中	春秋中期
55	2.5～3	北Ⅱ南	春秋中晚期
56	3～4	北Ⅱ南	春秋中晚期
59	4±	北Ⅱ南	春秋中晚期
91	5～6	北Ⅱ南	春秋中晚期
92	3⊥	北Ⅱ南	春秋中晚期
140	6±	北Ⅱ南	春秋中晚期
184	10～11	北Ⅱ南	春秋中晚期
116	6～7	南区北	春秋晚期前段
135	2.5±	南区北	春秋晚期前段
136	2～3	南区北	春秋晚期前段
157	10±	南区北	春秋晚期前段
201	8～9	南区北	春秋晚期前段
106	6～7	南区中	春秋晚期前段
115	3±	南区中	春秋晚期前段
120	6±	南区中	春秋晚期前段
132	10±	南区中	春秋晚期前段
155	5～6	南区中	春秋晚期前段
165	3～4	南区中	春秋晚期前段
166	6～7	南区中	春秋晚期前段
337	3～4	南区南	春秋晚期后段
359	7～8	南区南	春秋晚期后段
363	7～8	南区南	春秋晚期后段
合计　37（座）	平均年龄　5.6		

附表17 **玉皇庙墓地婴儿平均年龄统计表**

墓号（YYM）		年龄（岁）		分布墓区	分期
235		2～2.5		北Ⅱ中	春秋中期
253		1.5～2		北Ⅱ中	春秋中期
262		1.5～2		北Ⅱ中	春秋中期
267		1.5～2		北Ⅱ中	春秋中期
293		1.5～2		北Ⅰ北	春秋中期
53		2±		北Ⅱ南	春秋中晚期
85		1～1.5		北Ⅱ南	春秋中晚期
141		1.5～2		北Ⅱ南	春秋中晚期
193		1±		北Ⅱ南	春秋中晚期
146		1～1.5		南区北	春秋晚期前段
147		1.5±		南区北	春秋晚期前段
152		1.5±		南区北	春秋晚期前段
177		1～1.5		南区北	春秋晚期前段
194		1.5～2		南区北	春秋晚期前段
195		2±		南区北	春秋晚期前段
123		2±		南区中	春秋晚期前段
159		1±		南区中	春秋晚期前段
286		1.5～2		南区中	春秋晚期前段
310		1.5±		西区	春秋晚期前段
335		1.5～2		南区南	春秋晚期后段
合计	20（座）	平均年龄	1.6		

注：此表中未包括附葬的4例初生婴儿（YYM40、8、340、397），这4座墓的主人皆为女性。

终获取305例男、女死者身高数据，其中男性162例，女性143例。不含少儿（37例）、婴儿（20例）、无人墓（3例）、性别不详者（7例）；被破坏和扰乱的男性尸骨5例（YYM16、284、277、41、362），骨骼腐朽严重、难以测量的男性死者5例（YYM246、60、77、79、312），无头男性骨骼2例（YYM121、365），缺少足骨的男性死者1例（YYM381），屈肢葬的男性死者2例（YYM192、389）；被破坏和扰乱的女性尸骨8例（YYM29、25、37、39、283、12、101、112），骨骼腐朽严重，难以测量的女性死者3例（YYM68、216、78），拣骨二次葬女性死者1例（YYM285），仅有头骨的女性死者1例（YYM287）。

经对162例男性和143例女性死者骨骼的测量，所获结果是：

男性死者，身材最高者1.85米（2例，YYM250、156），最矮者1.34米（1例，YYM46），平均身高1.65米；女性死者，身材最高者1.68米（2例，YYM21、133），最矮者1.28米（1例，YYM47），平均身高1.55米（参见附表18，附表19）。

附表 18－1　**玉皇庙墓地男性死者身高统计表**

墓号（YYM）	性别	身高（米）	墓葬保存状况	墓号（YYM）	性别	身高（米）	墓葬保存状况
22	男	1.70	完整	263	男	1.59	完整
31	男	1.62	完整	45	男	1.66	完整
30	男	1.38	完整	43	男	1.58	完整
19	男	1.68	墓圹上层被破坏	46	男	1.34	完整
18	男	1.79	完整	44	男	1.67	完整
13	男	1.61	墓圹上层被破坏	236	男	1.73	完整
82	男	1.73	墓圹上层被破坏	261	男	1.65	完整
386	男	1.59	墓圹上层被破坏	49	男	1.55	完整
300	男	1.65	墓圹上层被破坏	257	男	1.80	完整
385	男	1.60	墓圹上层被破坏	247	男	1.60	完整
384	男	1.60	墓圹上层被破坏	270	男	1.67	完整
11	男	1.73	墓圹上层被破坏	271	男	1.68	完整
5	男	1.57	墓圹上层及东端被破坏	48	男	1.70	完整
278	男	1.64	完整	95	男	1.72	完整
281	男	1.60	完整	260	男	1.73	完整
243	男	1.67	完整	269	男	1.60	完整
244	男	1.52	完整	51	男	1.60	完整
250	男	1.85	完整	65	男	1.62	完整
282	男	1.58	完整	190	男	1.75	完整
230	男	1.60	完整	188	男	1.55	完整
229	男	1.72	完整	52	男	1.74	完整
233	男	1.66	完整	54	男	1.80	完整
228	男	1.57	完整	36	男	1.64	墓圹上层被破坏
227	男	1.75	完整	297	男	1.68	完整
264	男	1.55	完整	295	男	1.75	完整
276	男	1.66	完整	290	男	1.56	南侧圹壁被破坏
38	男	1.57	墓圹局部被破坏	23	男	1.68	墓圹西端被破坏
226	男	1.62	完整	7	男	1.62	墓圹上层及东端被破坏
252	男	1.60	完整	102	男	1.68	墓圹上部被破坏
275	男	1.75	完整	212	男	1.68	完整
234	男	1.70	完整	58	男	1.66	完整
186	男	1.78	完整	117	男	1.73	完整
57	男	1.68	完整	105	男	1.57	完整

附表 18－2

玉皇庙墓地男性死者身高统计表

墓号（YYM）	性别	身高（米）	墓葬保存状况	墓号（YYM）	性别	身高（米）	墓葬保存状况
86	男	1.65	完整	74	男	1.75	完整
71	男	1.72	墓圹上部被破坏	154	男	1.37	完整
61	男	1.68	完整	156	男	1.85	完整
72	男	1.69	墓圹上部被破坏	158	男	1.58	完整
69	男	1.68	完整	168	男	1.65	完整
83	男	1.42	完整	134	男	1.60	完整
62	男	1.62	完整	131	男	1.75	完整
63	男	1.68	完整	122	男	1.71	完整
148	男	1.60	完整	124	男	1.70	完整
93	男	1.62	完整	111	男	1.68	完整
70	男	1.82	墓圹上部被破坏	171	男	1.60	完整
217	男	1.75	完整	108	男	1.67	完整
207	男	1.58	完整	107	男	1.60	完整
224	男	1.57	完整	332	男	1.73	完整
182	男	1.67	完整	333	男	1.77	完整
203	男	1.68	完整	323	男	1.66	完整
214	男	1.74	完整	319	男	1.69	完整
213	男	1.50	完整	329	男	1.71	完整
210	男	1.66	完整	326	男	1.70	完整
209	男	1.68	完整	322	男	1.55	完整
205	男	1.76	完整	321	男	1.60	完整
170	男	1.62	完整	320	男	1.60	完整
199	男	1.56	完整	318	男	1.64	完整
181	男	1.62	完整	311	男	1.52	完整
179	男	1.70	完整	314	男	1.74	完整
151	男	1.65	完整	315	男	1.69	完整
142	男	1.54	完整	313	男	1.77	完整
145	男	1.67	完整	309	男	1.57	完整
143	男	1.70	完整	307	男	1.74	完整
308	男	1.70	完整	336	男	1.65	完整
303	男	1.77	完整	349	男	1.58	完整
164	男	1.63	完整	380	男	1.66	完整
127	男	1.55	完整	350	男	1.57	完整
110	男	1.60	完整	358	男	1.60	完整
172	男	1.69	完整	330	男	1.60	完整
160	男	1.59	完整	325	男	1.55	完整

附表 18－3

玉皇庙墓地男性死者身高统计表

墓号(YYM)	性别	身高(米)	墓葬保存状况	墓号(YYM)	性别	身高(米)	墓葬保存状况
175	男	1.67	完整	356	男	1.72	完整
173	男	1.68	完整	342	男	1.68	完整
161	男	1.68	完整	373	男	1.68	完整
129	男	1.75	完整	379	男	1.60	完整
174	男	1.70	完整	376	男	1.64	完整
334	男	1.64	完整	370	男	1.72	完整
328	男	1.58	完整	361	男	1.66	完整
351	男	1.47	完整	390	男	1.44	完整
345	男	1.47	完整	399	男	1.55	完整
344	男	1.63	完整	393	男	1.65	完整
343	男	1.70	完整	400	男	1.60	完整
348	男	1.51	完整	395	男	1.52	完整
合计		162 例		平均身高		1.65 米	

附表 19－1

玉皇庙墓地女性死者身高统计表

墓号(YYM)	性别	身高(米)	墓葬保存状况	墓号(YYM)	性别	身高(米)	墓葬保存状况
21	女	1.68	完整	266	女	1.50	完整
20	女	1.54	完整	273	女	1.55	完整
35	女	1.66	墓圹上层被破坏	237	女	1.48	完整
2	女	1.50	墓圹上层及东端被破坏	256	女	1.51	完整
3	女	1.65	墓圹上层被破坏	272	女	1.63	完整
14	女	1.35	完整	268	女	1.54	完整
4	女	1.60	墓圹上层及东端被破坏	258	女	1.55	完整
9	女	1.52	墓圹上层被破坏	50	女	1.56	完整
10	女	1.50	完整	191	女	1.50	完整
248	女	1.50	完整	88	女	1.53	完整
249	女	1.52	完整	125	女	约 1.51	被破坏
245	女	1.50	完整	100	女	1.50	墓圹上层被破坏
279	女	1.55	完整	66	女	1.58	完整
280	女	1.54	完整	26	女	1.58	完整
387	女	1.50	完整	296	女	1.55	完整
98	女	1.67	完整	298	女	1.62	完整
251	女	1.55	完整	294	女	1.64	完整
231	女	1.54	完整	292	女	1.53	完整

附表 19－2

玉皇庙墓地女性死者身高统计表

墓号（YYM）	性别	身高（米）	墓葬保存状况	墓号（YYM）	性别	身高（米）	墓葬保存状况
232	女	1.55	完整	288	女	1.43	完整
241	女	1.62	完整	8	女	1.53	墓圹上层及东端被破坏
97	女	1.50	完整	6	女	1.56	墓圹上层及东端被破坏
99	女	1.60	完整	208	女	1.50	完整
240	女	1.50	完整	189	女	1.60	完整
265	女	1.55	完整	187	女	1.64	完整
96	女	1.57	完整	196	女	1.47	完整
47	女	1.28	完整	87	女	1.52	完整
40	女	1.55	完整	185	女	1.50	完整
225	女	1.53	完整	149	女	1.55	完整
254	女	1.53	完整	64	女	1.57	完整
84	女	1.51	完整	75	女	1.61	完整
81	女	1.50	完整	76	女	1.48	完整
73	女	1.45	完整	202	女	1.56	完整
139	女	1.58	完整	176	女	1.66	完整
223	女	1.61	完整	167	女	1.54	完整
222	女	1.48	完整	133	女	1.68	完整
221	女	1.53	完整	126	女	1.59	完整
220	女	1.60	完整	114	女	1.63	完整
219	女	1.50	完整	113	女	1.47	完整
218	女	1.53	完整	80	女	1.50	完整
215	女	1.55	完整	331	女	1.55	完整
211	女	1.60	完整	327	女	1.67	完整
206	女	1.47	完整	324	女	1.57	完整
204	女	1.57	完整	316	女	1.46	完整
197	女	1.52	完整	317	女	1.67	完整
198	女	1.58	完整	306	女	1.58	完整
200	女	1.53	完整	304	女	1.50	完整
183	女	1.40	完整	305	女	1.64	完整
180	女	1.53	完整	301	女	1.50	完整
169	女	1.60	完整	302	女	1.64	完整
178	女	1.62	完整	163	女	1.62	完整
150	女	1.63	完整	130	女	1.55	完整
153	女	1.60	完整	128	女	1.55	完整
144	女	1.52	完整	109	女	1.57	完整
138	女	1.67	完整	162	女	1.66	完整
137	女	1.40	完整	353	女	1.46	完整
118	女	1.61	完整	340	女	1.55	完整

附表 19－3　**玉皇庙墓地女性死者身高统计表**

墓号（YYM）	性别	身高（米）	墓葬保存状况	墓号（YYM）	性别	身高（米）	墓葬保存状况
119	女	1.53	完整	352	女	1.52	完整
104	女	1.62	完整	354	女	1.53	完整
346	女	1.58	完整	375	女	1.64	完整
339	女	1.53	完整	372	女	1.66	完整
341	女	1.54	完整	371	女	1.56	完整
338	女	1.57	完整	368	女	1.51	完整
355	女	1.43	完整	369	女	1.59	完整
357	女	1.61	完整	364	女	1.46	完整
347	女	1.57	完整	396	女	1.50	完整
366	女	1.64	完整	391	女	1.56	完整
367	女	1.63	完整	388	女	1.62	完整
360	女	1.45	完整	397	女	1.53	完整
382	女	1.60	完整	398	女	1.49	完整
377	女	1.59	完整	392	女	1.40	完整
378	女	1.46	完整	394	女	1.53	完整
374	女	1.50	完整				
合计		143 例		平均身高		1.55 米	

八　覆面葬俗

在玉皇庙墓地，发现有覆面葬俗遗迹。在 207 座墓葬死者面部或头骨近前，发现有覆面铜扣饰物，占该墓地墓葬总数的 51.75%，超过半数。

覆面铜扣共出土 558 枚。这些覆面铜扣，有的出于死者头骨前额或左、右眼部，或鼻骨处，或颧骨处，或颞骨处，或上、下颌骨部位，有的滑落于死者口中，或残碎头骨内，或头骨附近，或颈下等。有的铜扣背面还粘附有麻布痕迹，或有的穿鼻内还遗有细麻线残痕。故推测这些覆面铜扣，本是连缀在麻布覆面巾上的，因覆面巾腐朽以后，才遗留于死者面部，或滑落于头骨其他部位，或漏入残碎头骨中。遗留于死者面部或头骨近前的覆面铜扣，数量多少不一，绝大多数情况是 1～3 枚，4 枚或超过 4 枚的，为数很少。

从性别看，这 207 座墓有覆面铜扣的墓葬中，属于男性的有 108 座（YYM22、31、30、19、13、82、386、300、385、384、11、5、278、281、277、282、230、233、228、227、264、226、252、275、234、263、41、46、236、261、49、257、247、271、48、95、260、51、65、190、188、52、54、36、23、7、102、212、192、58、186、86、61、83、148、224、182、203、213、209、205、170、199、151、142、145、143、117、105、74、156、158、168、134、131、122、124、111、171、108、77、329、308、164、127、110、160、175、129、174、334、351、345、344、348、336、349、350、358、373、381、379、376、370、361、389、399、395），占该墓地墓葬总数的 27%，占男性死者总数的 61%，占有覆面铜扣墓葬总数的 52.2%；属于女性的有 88 座（YYM20、35、29、3、14、4、9、10、

280、387、283、37、98、251、240、265、96、47、266、273、237、272、258、191、125、66、26、12、6、208、187、185、149、84、223、222、221、220、216、215、211、206、204、197、198、200、183、178、150、153、144、138、137、118、119、104、75、202、176、167、133、126、113、78、324、302、128、340、352、354、346、339、341、338、355、366、378、374、375、372、368、369、364、391、397、398、392、394），占该墓地墓葬总数的22%，占女性死者总数的56.4%，占有覆面铜扣墓葬总数的42.5%；属于少儿的有9座（YYM15、42、299、56、184、201、132、120、106），占该墓地墓葬总数的2.25%，占少儿死者总数的24.3%，占有覆面铜扣墓葬总数的4.3%；属于婴儿的只有1座（YYM310），占该墓地墓葬总数的0.25%，占婴儿死者总数的5%，占有覆面铜扣墓葬总数的0.5%；属于无人墓的只有1座（YYM32），占该墓地墓葬总数的0.25%，占无人墓总数的33.3%，占有覆面铜扣墓葬总数的0.5%。

以上统计结果表明，在玉皇庙墓地，不论男女老幼都有覆面习俗，其中成年男女所占比例较大，均超过各自性别死者总数的半数以上，而尤以男性所占比例更大些，已达到61%，少儿所占比例很小，婴儿则仅有1例，属个别特例。

从分布看，有覆面铜扣的墓在玉皇庙墓地各个墓区均有普遍分布，所占比率除西区、北Ⅰ区北部和北Ⅱ区南部较低以外，其他8个墓区都相对较高，均超过51.2%以上，或达到83.3%。如在北Ⅰ区中部，有覆面铜扣的墓共18座，占该墓区墓葬总数的60%；在北Ⅰ区西部，有覆面铜扣的墓共5座，占该墓区墓葬总数的83.3%；在北Ⅱ区北部，有覆面铜扣的墓共22座，占该墓区墓葬总数的51.2%；在北Ⅱ区中部，有覆面铜扣的墓共28座，占该墓区墓葬总数的51.9%；在北Ⅰ区北部，有覆面铜扣的墓共3座，占该墓区墓葬总数的20%；在北Ⅰ区南部，有覆面铜扣的墓共4座，占该墓区墓葬总数的57.1%；在北Ⅱ区南部，有覆面铜扣的墓共15座，占该墓区墓葬总数的38.5%；在南区北部，有覆面铜扣的墓共39座，占该墓区墓葬总数的62.9%；在南区中部，有覆面铜扣的墓共21座，占该墓区墓葬总数的61.8%；在西区，有覆面铜扣的墓共5座，占该墓区墓葬总数的15.6%；在南区南部，有覆面铜扣的墓共47座，占该墓区墓葬总数的60.3%。

从墓葬规格级别考察，这207座有覆面铜扣的墓，包括了从大型甲级墓到最低级丁级小型的浅穴土坑墓的所有8个级别的墓葬。其中有甲（A）级1座，占该级别墓葬总数的33.3%；甲（B）级3座，占该级别墓葬总数的60%；乙（A）级23座，占该级别墓葬总数的82.1%；乙（B）级58座，占该级别墓葬总数的69.8%；丙（A）级57座，占该级别墓葬总数的70.4%；丙（B）级21座，占该级别墓葬总数的51.2%；丙（C）级21座，占该级别墓葬总数的31.3%；丁级23座，占该级别墓葬总数的25%。除最高级甲（A）级和最低级丁级及丙（C）级两个极端级别的墓葬，所占比例较小以外，其他5个级别的墓葬，所占比例都比较高。

综上所述表明，在玉皇庙墓地，曾普遍存在覆面葬俗，它不分男女老幼，大多也不论身份高低（除YYM18、YYM250和YYM2这3座属较高规格的墓葬未见覆面铜扣外，其余较高级别的墓葬大多都有出土）。这种以小铜扣连缀于麻布巾上作为死者覆面装饰物的习俗，在玉皇庙墓地反映的非常清楚、非常集中，因而显得异常突出。这种以麻布为质料，以小铜扣为饰品的覆面形式，不同于其他地区和文化的覆面形式，具有自身的古朴特点，它既是玉皇庙这支部族崇信灵魂不死原始宗教观念的反映，同时也是玉皇庙文化区别于其他文化的葬俗特点之一（参见附表20）。

附表 20－1　**玉皇庙墓地覆面铜扣出土部位统计表**

器物号（YYM）	数量	出土部位	性别	墓葬规格级别	分区	分期	合计（墓葬座数）
22:6	2	上颌 1，头骨右侧 1	男	甲（B）	北Ⅰ中	春秋早期	22
20:2	3	下颌左侧 2，下颌右外侧 1	女	乙（A）			
35:8	3	上颌 2，下颌左下侧 1	女	乙（B）			
32:9	3	在象征“死者上、下颌”处	无人	丙（A）			
31:3	2	左、右眼眶内各 1	男	丙（B）			
30:2	2	上颌 1，下颌南侧 1	男	丙（C）			
29:4	22	前额 2，下颌左、右侧各 10	女	丙（A）			
19:6	3	左、右眼眶内各 1，左锁骨处 1	男	乙（B）			
15:4	3	右眼眶 1，鼻骨处 1，下颌右侧 1	少儿	丁			
3:2	3	均滑落于颈部	女	乙（B）			
14:1	2	右眼眶下方	女	丁			
13:11	3	鼻骨与上颌中间	男	乙（A）			
82:7	2	上颌 1，下颌左侧 1	男	丙（A）	北Ⅰ西		
386:7	2	左眼眶内 1，下颌骨内 1	男	丙（C）			
300:9	3	左、右眼眶各 1，鼻骨部位 1	男	乙（A）			
385:6	3	上颌 1，下颌处 2	男	丙（C）			
384:7	2	上颌 1，下颌骨内 1	男	乙（B）			
4:2	1	下颌左侧	女	丙（A）	北Ⅰ中		
11:7	3	面骨部位	男	乙（A）			
5:8	1	头骨碎片下	男	丙（C）			
9:3	3	均滑落于头骨右侧	女	丙（C）			
10:4	1	滑落于残碎头骨右下侧	女	乙（B）			
278:2	3	左眼眶内 1，下颌左侧 1，头骨右下方 1	男	丙（A）	北Ⅱ北	春秋早中期	22
281:6	3	前额部位	男	丁			
280:2	2	左、右眼眶下缘	女	乙（A）			
387:3	1	下颌骨下颏边缘	女	丁			
283:1	2	残破头骨附近	女	丁			
37:2	2	左、右颧骨处各 1	女	丙（C）			
98:2	3	口中 1，左耳骨处 2	女	丙（A）			
277:4	3	前额处 2，左眼眶内 1	男	丙（A）			
282:6	5	左额角 1，左眼眶与左、右颧骨处 4	男	丙（A）			
251:2	1	左、右眼眶中间	女	乙（B）			
230:13	3	鼻骨与下颌骨处	男	甲（A）			
233:6	3	面骨部位	男	乙（B）			
228:2	1	鼻骨处	男	乙（B）			
227:7	3	左、右眼眶上各 1，鼻骨处 1	男	乙（A）			
264:11	3	左、右颧骨处和鼻骨处各 1	男	丙（A）			
226:11	4	上颌 3，头骨下面 1	男	乙（B）			
240:4	3	皆滑落于头骨下面	女	乙（B）			
252:2	2	上颌左、右侧各 1	男	丙（A）			
265:2	3	右眼眶内 1，头骨左侧 1，下颌下方 1	女	丙（A）			
275:5	3	鼻骨，上颌及下颌骨下面各 1	男	乙（A）			
96:3	1	下颌骨内侧	女	丙（A）			
47:3	3	左眼眶 1，上颌 1，下颌左侧 1	女	丙（C）			

附表 20－2　　　　**玉皇庙墓地覆面铜扣出土部位统计表**

器物号（YYM）	数量	出土部位	性别	墓葬规格级别	分区	分期	合计（墓葬座数）
234：5	3	鼻骨处与口中	男	乙（B）			
263：4	2	左眼眶下和左颞骨处各 1	男	乙（B）			
42：11	1	左侧颞骨处	少儿	丙（C）			
41：6	1	额骨中间	男	乙（B）			
266：4	3	右额角 1，右眼眶内 1，下颌骨下面 1	女	乙（A）			
273：2	3	上颌 1，左颧骨 1，下颌右下方 1	女	丙（A）			
46：6	2	上颌 1，右耳骨处 1	男	乙（B）			
236：9	3	鼻骨处 1，左、右眼眶内各 1	男	乙（A）			
237：4	3	下颌骨下方 2，左耳骨下方 1	女	乙（B）			
261：6	3	皆滑落于下颌骨下面	男	乙（A）			
272：7	2	均滑落于左侧面颊下	女	丙（A）			
49：7	1	滑落于左锁骨处	男	丙（A）			
257：6	3	下颌右侧 1，头骨下面 2	男	乙（B）			
247：5	3	左、右眼眶内各 1，头骨下面 1	男	乙（B）			
271：2	2	滑落于下颌骨内、外侧	男	乙（B）	北Ⅱ中		
48：8	2	右眼眶内 1，头骨右下侧 1	男	丙（A）			
95：9	3	左眼眶内 1，上颌 2	男	乙（A）			
258：4	3	右颧骨和右上颌角各 1，右锁骨下方 1	女	乙（A）			
260：2	2	右眼眶内 1，鼻骨处 1	男	丙（A）		春秋中期	36
51：10	3	残破头骨内	男	乙（A）			
65：4	9	前额 4，左、右眼眶内各 1，左颞骨处 1，上、下颌之间 2	男	乙（B）			
191：3	5	前额 2，滑落于下颌骨下面 3	女	丙（A）			
190：4	3	前额 2，鼻骨处 1	男	乙（B）			
125：9	3	头骨右侧	女	丁			
188：4	2	滑落于头骨下面	男	乙（B）			
52：14	3	上颌 2，滑落于头骨下面 1	男	甲（B）			
54：9	3	左、右眉弓各 1，上颌 1	男	乙（A）			
66：2	3	前额表面 2，滑落于颈下 1	女	乙（B）			
36：7	3	右眼眶内 1，上颌 2	男	乙（B）			
26：2	5	前额与左、右眼眶上方各 1，头骨下面 2	女	乙（B）	北Ⅰ北		
299：2	3	面部 1，下颌骨处 2	少儿	丙（B）			
23：2	3	左、右眼眶内各 1，上、下颌之间 1	男	丙（A）	北Ⅰ中		
12：3	1	鼻骨处	女	丁			
6：3	13	前额及左、右颞骨处	女	丙（A）			
7：8	4	下颌骨部位	男	丙（C）	北Ⅰ南		
102：4	2	下颌左侧表面	男	丙（B）			
212：4	3	左眼眶与额骨之间 1，口、鼻之间 2	男	乙（B）			
208：2	1	上颌左侧	女	丙（A）			
192：2	2	左、右眼眶内各 1	男	丙（B）			
187：2	2	前额与右眼眶上缘各 1	女	丙（A）			
58：2	2	左眼眶内 1，左颞骨处 1	男	乙（B）			
186：5	1	滑落于下颌左侧	男	乙（B）			
56：1	3	面部 2，滑落于颈部 1	少儿	丁			
185：2	1	滑落于下颌骨左下方	女	丙（A）	北Ⅱ南	春秋中晚期	15
86：4	3	左、右眼眶内和上颌左侧各 1	男	乙（A）			
184：3	3	前额处	少儿	丙（B）			
149：3	2	已滑落于下颌左侧及左耳骨下	女	丙（B）			
61：4	2	前额与右颞骨处各 1	男	乙（B）			
84：3	1	鼻骨与上颌之间	女	丙（A）			
83：4	3	前额 1，滑落于下颌左侧和下方各 1	男	丙（A）			
148：5	1	上颌处	男	丙（A）			

附表 20－3　**玉皇庙墓地覆面铜扣出土部位统计表**

器物号（YYM）	数量	出土部位	性别	墓葬规格级别	分区	分期	合计（墓葬座数）
224:4	3	右眼眶左、右边缘和上颌右侧各 1	男	丙（A）	南区北	春秋晚期前段	39
182:4	3	右眼眶内、鼻骨处各 1，头骨右侧 1	男	乙（B）			
203:2	2	右前额与左颞骨处各 1	男	乙（B）			
223:2	3	右眼眶下缘 1，下颌处 2	女	乙（B）			
222:2	3	左、右眼眶边缘和下颌骨处各 1	女	丙（B）			
221:3	3	左、右眼眶内各 1，下颌左下方 1	女	丙（A）			
220:2	3	上颌左、右侧及下颌左侧各 1	女	乙（B）			
216:2	2	右额角 1，滑落于下颌骨下面 1	女	乙（B）			
215:2	3	上颌左、右侧及下颌中间各 1	女	丙（B）			
213:8	3	前额 1，滑落于下颌骨下面 2	男	乙（B）			
211:4	2	滑落于左耳环下面 2	女	乙（B）			
209:4	4	下颌骨上、下	男	乙（A）			
206:2	3	滑落于头骨下面，下颌两侧	女	丙（A）			
205:2	1	前额处	男	乙（B）			
204:2	3	额顶与右眼眶上方各 1，下颌下 1	女	乙（B）			
197:4	3	滑落于头骨下面 2，右锁骨上 1	女	乙（B）			
198:4	3	残破头骨内	女	乙（B）			
170:2	2	残破头骨内	男	乙（B）			
199:11	3	左、右眼眶之间及右眼眶下缘	男	丙（A）			
200:2	3	前额 1，右眼眶边缘 2	女	丙（A）			
183:2	2	左、右眼眶内各 1	女	丙（B）			
178:2	2	上、下颌骨处各 1	女	乙（B）			
150:4	2	左眼眶内和鼻骨处各 1	女	乙（B）			
151:4	2	左颧骨下及口中各 1	男	甲（B）			
153:5	2	上颌 1，滑落于头骨左侧 1	女	丙（A）			
142:6	2	左颧骨下方及下颌左侧各 1	男	丙（A）			
145:4	1	上颌处	男	丙（A）			
143:6	2	右颧骨下方和鼻骨处各 1	男	丙（A）			
144:4	3	左眼眶内 1，下颌左内侧 1，下颌右下方 1	女	丙（A）			
138:4	2	左眼眶内和右眼眶边缘各 1	女	丙（A）			
137:2	2	左、右眼眶内各 1	女	丙（A）			
117:4	3	左、右眼眶内及上、下颌之间各 1	男	丙（A）			
118:3	3	鼻骨处 1，滑落于下颌右下方 2	女	丙（B）			
119:3	3	下颌骨内 2，滑落于右面颊下 1	女	丙（A）			
104:4	2	左眼眶边缘 1，滑落于头骨右下方 1	女	丙（B）			
105:4	2	右眼眶内 1，滑落于下颌骨下面 1	男	丙（C）			
74:6	2	均滑落于下颌骨之下	男	乙（A）			
75:2	3	前额、鼻骨处各 1，下颌骨右侧 1	女	丙（B）			
201:1	3	前额处	少儿	丁			
202:4	3	皆滑落于下颌下方及颈部	女	丙（A）	南区中		
176:4	2	滑落于下颌骨之下	女	丙（B）			
156:4	2	滑落于下颌骨下颏处	男	乙（A）			
158:6	2	右眼眶上和下颌骨下各 1	男	乙（B）			
167:4	3	左、右眼眶内和鼻骨内各 1	女	乙（B）			

附表 20－4

玉皇庙墓地覆面铜扣出土部位统计表

器物号（YYM）	数量	出土部位	性别	墓葬规格级别	分区	分期	合计（墓葬座数）
168：13	3	左耳骨下 3	男	丙（B）			
134：6	3	鼻骨处 1，下颌骨处 2	男	乙（B）			
133：4	3	残碎头骨内	女	乙（B）			
132：3	2	左、右眼眶内各 1	少儿	丙（C）			
131：8	1	滑落于下颌骨左侧边缘	男	丙（A）			
122：6	3	右眼眶内、鼻骨上各 1，下颌下面 1	男	丙（A）			
124：4	3	左、右眼眶内各 1，上颌左侧 1	男	乙（B）			
126：4	2	滑落于下颌骨左、右侧各 1	女	丙（A）	南区中		21
120：4	3	皆滑落于下颌骨左下方	少儿	丙（B）			
113：4	3	皆滑落于下颌骨左侧	女	丙（A）		春秋晚期前段	
111：4	2	左颧骨处 1，滑落于下颌骨下面 1	男	丙（A）			
171：7	4	均滑落于下颌骨与头骨下面	男	丙（A）			
106：3	3	滑落于下颌右侧、颈椎左侧及右胸下方各 1	少儿	丁			
108：6	3	鼻骨、左眼眶边缘及上颌左侧各 1	男	丙（C）			
77：3	2	残破头骨内	男	丙（B）			
78：3	1	滑落于头骨左侧	女	丁			
329：2	1	滑落于颈下、右锁骨处	男	丁			
324：3	4	滑落于右侧面颊下 2，左耳骨下 2	女	丁			
310：1	3	头骨下面	婴儿	丁	西区		5
308：6	3	左、右眼眶内和口中各 1	男	丁			
302：2	14	前额处	女	丙（C）			
164：8	3	皆滑落于下颌骨下面	男	丙（B）			
127：2	2	滑落于下颌骨左、右侧各 1	男	丙（C）			
110：2	2	右眼眶下缘 1，滑落于颈下 1	男	丙（B）			
160：4	2	右颧骨上和左眼眶内各 1	男	乙（B）			
175：4	2	鼻骨和上颌骨处各 1	男	丙（A）			
129：4	3	左、右眼眶内和口中各 1	男	乙（A）			
128：2	2	左、右眼眶内各 1	女	乙（B）			
174：4	3	左、右眼眶内和鼻骨处各 1	男	乙（B）			
340：4	3	滑落于头骨左侧及下颌下面	女	丙（A）	南区南	春秋晚期后段	
334：5	1	右颧骨下方	男	乙（A）			
352：4	3	残破头骨内	女	丙（C）			
351：3	3	左眼眶内 1，上颌骨处 2	男	丁			
354：2	3	右眼眶内 1，滑落于头骨右侧 2	女	丁			
345：4	1	右眼眶内	男	丙（A）			
346：3	2	滑落于头盖骨后面	女	丁			
344：4	3	下颌 1，滑落于颈下和左胸各 1	男	乙（A）			
339：3	3	左眼眶内 1，上、下颌之间 1，下颌下 1	女	乙（A）			

附表 20－5

玉皇庙墓地覆面铜扣出土部位统计表

器物号（YYM）	数量	出土部位	性别	墓葬规格级别	分区	分期	合计（墓葬座数）
341：2	1	滑落于头骨下面	女	丙（A）	南区南	春秋晚期后段	47
338：4	3	左、右眼眶内和鼻骨处各 1	女	乙（A）			
348：5	2	下颌骨右侧 1，滑落于头骨下面 1	男	乙（B）			
336：2	3	上颌 2，滑落于头骨下面 1	男	丙（A）			
349：4	3	左眼眶内 1，滑落于头骨右侧下方 2	男	乙（B）			
350：2	3	上颌 1，滑落于头骨左下方 2	男	乙（B）			
355：2	1	面部左侧	女	丁			
358：2	3	面部右侧	男	丁			
373：6	3	落于破碎头骨内	男	乙（B）			
366：2	1	右眼眶内	女	乙（B）			
381：4	2	左眼眶内 1，左颧骨下 1	男	丁			
379：2	2	左、右眼眶内各 1	男	丙（A）			
378：2	3	右眼眶下缘 1，下颌骨左侧 1，下颌骨内 1	女	丙（A）			
376：5	3	均滑落于下颌骨处	男	丙（A）			
374：4	3	滑落于下颌骨下方 2，残破头骨内 1	女	乙（B）			
375：3	3	均滑落于下颌骨处	女	丙（C）			
372：2	3	右额角 1，下颌 1，滑落于残破头骨内 1	女	丙（A）			
368：2	3	下颌骨表面	女	丙（C）			
369：4	2	滑落于左胸上	女	乙（B）			
370：4	1	左眼眶内	男	丙（B）			
364：2	1	鼻骨处	女	丙（B）			
361：2	2	滑落于残碎头骨内	男	丁			
389：2	1	右眼眶下方	男	丙（C）			
391：3	2	滑落于下颌骨下面	女	丙（C）			
397：2	3	左、右眼眶内各 1，下颌左侧 1	女	丙（C）			
398：2	3	左、右眼眶内各 1，滑落于下颌骨内 1	女	丙（C）			
392：4	3	残破头骨内	女	丁			
399：3	1	滑落于颈下	男	丙（B）			
394：2	3	上颌 1，下颌左侧 1，残破头骨内 1	女	乙（B）			
395：3	2	滑落于下颌骨内	男	丙（A）			
合计	558（枚）		男 108 女 88 少儿 9 婴儿 1 无人 1	甲（A）1 甲（B）3 乙（A）23 乙（B）58 丙（A）57 丙（B）21 丙（C）21 丁 23			207

九　异常葬例

玉皇庙墓地的异常葬例，共包括10种32例，不含被破坏或被扰乱的墓葬。

1. 被截残者，5例。分布于北Ⅰ区中部2例（YYM5、23），均为男性；分布于北Ⅱ区南部1例（YYM192），男性；分布于南区南部2例（YYM374、396），均为女性。从年龄看，皆属青、壮年，无老年，更无孩童。从墓葬规格级别看，除1例（YYM374）属乙（B）级以外，其余4座皆属丙级小型墓。表明被截残者的身份地位绝大多数是较低下的。

2. 被捆绑者，1例。分布于西区（YYM307），男性，中年，墓葬规格属于丁级。表明该死者的身份地位是很低贱的。

3. 骨骼错位者，1例。分布于南区中部（YYM113），女性，青年，墓葬规格属于丙（A）级。其上下颌骨错位、左肱骨翻扭，应系生前遭受暴力所致。该死者的身份地位也是较低的。

4. 难产者，4例（YYM40、8、340、397）。情况在前述葬式一节中已提及，在此不赘，参见附表21。

5. 以石子代身者，1例。分布于北Ⅱ区中部（YYM262），婴儿，墓葬规格属于丙（C）级。此墓属二次葬，圹底只见婴儿头骨，未有骨架，用碎石子象征性地摆出身体部分。这是一个非常特殊的葬例。

6. 骨折者，1例。分布于南区南部（YYM343），男性，中年，墓葬规格属于丙（A）级。其右胫骨曾经骨折，而后愈合，较左胫骨明显粗壮。

7. 脊椎弯曲和驼背者，10例。分布于北Ⅰ区西部1例（YYM385），男性；分布于北Ⅱ区北部2例（YYM249、240），均属女性；分布于北Ⅱ区中部2例（YYM225、268），均属女性；分布于北Ⅰ区北部2例（YYM297、290），均属男性；分布于南区北部1例（YYM180），女性；分布于西区1例（YYM330），男性；分布于南区南部1例（YYM352），女性。从年龄看，除1例属于老年（YYM225）之外，其余9例皆属青、壮年。从墓葬规格看，除有2座属于乙（B）级（YYM240、225）以外，其余8座均属丙级和丁级小型墓。表明患此骨骼畸形者，均无身份地位高贵者，而多属身份地位较低或十分低下者。

8. 无头尸骨，1例。分布于南区南部（YYM365），男性，青年，墓葬规格属于丁级。此墓未曾遭人为破坏，死者全身骨架除缺失头骨以外，自颈椎以下至足骨各部分骨骼均保存完好。墓中无葬具，也无任何随葬品，仅在圹内填土中殉有羊肩胛骨1块、羊肱骨1只。此墓又系一座北向墓，从骨架摆放的状况看，是按“头北足南”埋葬的。故推测该死者的死因和身份必属异常。

9. 矬子，5例。均为成年男、女，其中男性4例（YYM30、46、83、390），女性1例（YYM288）。分布于北Ⅰ区中部、北Ⅱ区中部、北Ⅰ区北部和南区南部各1例。从墓葬规格看，除1例（YYM46）属乙（B）级、1例（YYM83）属丙（A）级以外，其余3座均属丙（C）级，表明此种身材矮小的畸形者，在当时社会中的身份地位多是比较低下的。

10. 无人墓，3例。均分布于北Ⅰ区中部。皆属有圹无人的空墓。但这3座墓却都按既定葬仪，在圹底相应的位置陈放了一组随葬品。从这个意义上说，这3座无人墓，空墓不空。1座属于乙（B）级（YYM17），1座属于丙（A）级（YYM32），1座属于丙（B）级（YYM34）。值得注意的是，这3座墓随葬品的器类组合，都较完全，都有陶器、青铜兵器、青铜工具和青铜带饰等，具备了该墓地男性武士随葬品所应具备的器类组合配伍特点，故有理由推测，这3座无人墓的主人，原应为男性武士，或因战死疆场，未能收尸，而在本部族的墓地为他们举行了正式的缺席葬礼（参见附表21）。

附表 21

玉皇庙墓地异常葬例统计表

异常葬例种类	分布	墓号(YYM)	状　况	性别年龄	墓葬规格级别	合计
被截残者	北Ⅰ中	5	左胫骨及腓骨下端被截断	男(16~17)	丙(C)	5
		23	左下肢自股骨中段以下被截掉	男(25~30)	丙(A)	
	北Ⅱ南	192	缺失右尺骨及桡骨,左、右手骨,还有左、右足骨	男(18±)	丙(B)	
	南区南	374	下肢骨骼保存较好,唯左胫骨已残断	女(40±)	乙(B)	
		396	骨骼保存较好,唯缺失左、右足骨	女(30±)	丙(C)	
被捆绑者	西区	307	双手并拢于骨盆前,左、右胫骨及足骨也紧密地并拢在一起	男(35~40)	丁	1
骨骼错位者	南区中	113	上、下颌骨左右错位,左肱骨向右翻扭	女(22~24)	丙(A)	1
难产者	北Ⅱ北	40	女主人左臂向腹部折屈,怀里搂一初生婴儿	女(成年)	丙(A)	4
	北Ⅰ南	8	在女主人两股骨之间,遗有初生婴儿骨骼一具,婴儿头朝下	女(35±)	丙(B)	
	南区南	340	女主人盆腔内遗有婴儿骨骼一具,婴儿头部已露出盆腔口外	女(18±)	丙(A)	
		397	女主人左腹部有初生婴儿骨骼一具	女(22~24)	丙(C)	
以石子代身者	北Ⅱ中	262	属二次葬,只有头骨,未有骨架,以石子摆出身体部分	婴儿(1.5~2)	丙(C)	1
骨折者	南区南	343	骨骼保存较好,唯右胫骨生前已骨折,较左胫骨粗壮	男(50±)	丙(A)	1
脊椎弯曲和驼背者	北Ⅰ西	385	脊椎向左侧弓弯	男(40~45)	丙(C)	10
	北Ⅱ北	249	弓颈,胸椎弯曲,驼背	女(40~45)	丙(C)	
		240	侧身屈肢,弓背	女(17~18)	乙(B)	
	北Ⅱ中	225	弓颈,驼背	女(55±)	乙(B)	
		268	脊椎弯曲	女(25~30)	丙(A)	
	北Ⅰ北	297	脊椎弯曲	男(22~24)	丙(B)	
		290	脊椎弯曲	男(25~30)	丙(C)	
	南区北	180	脊椎向右侧弯曲	女(22~24)	丙(A)	
	西区	330	弓背向左	男(35±)	丁	
	南区南	352	脊椎向右侧弯曲	女(22~24)	丙(C)	
无头尸骨	南区南	365	骨架保存较好,唯缺头骨	男(35±)	丁	1
矬子	北Ⅰ中	30	身高 1.38 米	男(45~50)	丙(C)	5
	北Ⅱ中	46	身高 1.34 米	男(22~24)	乙(B)	
	北Ⅰ北	288	身高 1.43 米	女(50~55)	丙(C)	
	北Ⅱ南	83	身高 1.42 米	男(25~30)	丙(A)	
	南区南	390	身高 1.44 米	男(25~30)	丙(C)	
无人墓	北Ⅰ中	32	有圹无人,按头朝东的葬仪,在圹底相应位置陈放了一组随葬品		丙(A)	3
		34	有圹无人,按头朝东的葬仪,在圹底相应位置陈放了一组随葬品		丙(B)	
		17	有圹无人,按头朝西的葬仪,在圹底相应位置陈放了一组随葬品		乙(B)	

一〇 殉 牲

玉皇庙墓地有殉牲的墓共254座，占该墓地墓葬总数的63.5%，接近2/3。

殉牲是玉皇庙墓地的主要葬俗和葬制内容之一，同时也是构成玉皇庙文化的主要内涵特征之一。全面、系统地整理和研究这处墓地的殉牲制度，不但有助于对玉皇庙文化整个埋葬制度的研究，而且将有助于深化对玉皇庙文化经济基础和上层建筑、生产方式与财富观念、等级差别（或阶级差别）与宗教思想、玉皇庙文化的属性及该文化的社会性质等诸多问题的理论认识。因此，关于军都山玉皇庙墓地殉牲制度的研究，是一个具有重要学术意义的研究课题。现从殉牲位置、殉牲种类及配伍组合、殉牲数量、殉牲形式及牲吻朝向、殉牲墓的规格级别与殉牲组合的关系、殉牲与死者性别和年龄的关系以及殉牲墓的分布与分期等七个方面，对玉皇庙墓地殉牲资料加以整理和分析。

（一）殉牲位置

玉皇庙墓地的殉牲位置，皆在墓圹内，未有置于墓圹外者。圹内殉牲的摆放位置，主要可分6种情况：1. 在圹内东端者；2. 在圹内西端者；3. 在圹内东、西两端者；4. 在圹内南侧者；5. 在圹内北端者；6. 在圹内其他位置者。

1. 在圹内东端者，共232座，占该墓地有殉牲墓葬总数的91.3%，属于绝大多数。具体分为4种情形：

（1）在圹内东端上层填土中者，共有192例，占该墓地有殉牲墓葬总数的75.6%，占殉牲位于圹内东端者墓葬总数的82.7%，是殉牲在墓中最常见、最普遍，也是出现频次最多的一种位置。这192例中，包括死者头朝东者177例，占殉牲在此种位置墓葬总数的92.2%，属于绝大多数情况（墓葬编号为YYM29、13、384、11、10、278、245、279、280、277、282、251、229、233、231、228、232、227、264、240、252、265、275、96、47、263、43、41、225、254、266、44、236、238、237、256、261、267、272、94、49、89、257、247、270、95、258、260、50、191、296、294、212、208、189、55、58、196、186、87、185、86、59、60、184、149、61、69、84、83、81、62、63、148、141、207、224、194、182、139、223、222、221、220、219、218、216、215、213、211、195、206、205、204、197、198、170、199、200、181、180、178、177、142、143、137、136、135、116、118、119、75、156、167、134、133、132、122、123、126、120、121、115、114、113、111、166、171、108、314、306、304、305、301、302、164、127、110、163、130、175、173、161、129、128、109、174、340、337、328、346、344、343、341、348、335、349、342、373、366、379、382、378、376、374、372、371、368、369、370、364、361、392、399、393、394、400）；死者头朝东南者10例，占殉牲在这种位置墓葬总数的5.2%，属于很少数情况（墓葬编号为：YYM150、153、176、154、168、332、320、318、345、234）；死者头朝西者2例（YYM25、YYM68）；死者头朝北者2例（YYM316、YYM162）；因被破坏尸骨无存，头向不明，但殉牲尚存者1例（YYM27）。

这后3种情况，均属极少数个别情况。

（2）在圹内东端中上层填土中者，共有12例，占该墓地有殉牲墓葬总数的4.7%，占殉牲位于圹内东端者墓葬总数的5.2%。这12例中，包括死者头朝东者10例，占殉牲在此种位置墓葬总数的

83.3%，属于绝大多数情况（墓葬编号为：YYM2、300、226、46、188、54、23、138、117、334）；死者头朝东南者1例（YYM262）；死者头朝西者1例（YYM17，为无人墓，按随葬品的摆放位置判断，系将死者按头西足东葬式埋葬的）。这后2种情况，从数量上看，只各占殉牲在此种位置墓葬总数的7.7%，属于极少数情况。

（3）在圹内东端中层填土中者，共有21例，占该墓地有殉牲墓葬总数的8.3%，占殉牲位于圹内东端者墓葬总数的9%。这21例，死者头朝东者共20例，占殉牲在此种位置墓葬总数的95.2%，属于绝大多数情况（YYM22、20、241、273、259、268、271、48、51、26、192、203、210、209、183、179、124、339、338、336）；因被破坏，尸骨无存，头向不详，但殉牲尚存者1例（YYM28）。

（4）在圹内东端祭牲台上者（包括置于活土二层台和生土二层台上者），共有7例，占该墓地有殉牲墓葬总数的2.8%，占殉牲位于圹内东端者墓葬总数的3%，属于极少数情况。其中殉牲置于活土二层台者有3例（YYM18、250、230，均属甲（A）级大型墓）；置于生土二层台者有4例（YYM52、217、151、74，前3座均属甲（B）级大型墓，YYM74属乙（A）级中型墓）。

2. 在圹内西端者共10座，占该墓地有殉牲墓葬总数的4%，属于极少数。具体分为2种情形：

（1）在圹内西端上层填土中者，共有7例，占该墓地有殉牲墓葬总数的2.8%，占殉牲位于圹内西端者墓葬总数的70%。这7例（YYM65、66、144、158、131、160、375），死者头向皆朝西。

（2）在圹内西端中层填土中者，共有3例，占该墓地有殉牲墓葬总数的1.2%，占殉牲位于圹内西端者墓葬总数的30%。这3例（YYM190、297、395），死者头向亦皆朝西。

3. 在圹内东、西两端者，共2座，占该墓地有殉牲墓葬总数的0.8%，属个别情况。这2座墓，死者头向皆朝西。在殉牲摆放层位上，分为2种情形：

（1）在圹内东、西两端中上层填土中者，1例（YYM57）。

（2）在圹内东、西两端中层填土中者，1例（YYM295）。

4. 在圹内南侧者，共7座，占该墓地有殉牲墓葬总数的2.8%，属于极少数情况。具体分为2种情形：

（1）在圹内南侧上层填土中者，共6例，占该墓地有殉牲墓葬总数的2.4%，占殉牲位于圹内南侧的墓葬总数的85.7%。这6例中，死者头向朝东者，共5例，占殉牲在此种位置墓葬总数的83.3%（YYM333、331、312、329、315）；死者头向朝北者1例，仅占殉牲在此种位置墓葬总数的16.7%（YYM325）。

（2）在圹内南侧中上层填土中者，1例（YYM319），占该墓地有殉牲墓葬总数的0.4%，占殉牲位于圹内南侧者墓葬总数的14.3%。此墓死者头向朝东。

5. 在圹内北端上层填土中者，仅1座（YYM365），占该墓地有殉牲墓葬总数的0.4%，属于极个别情况。此墓死者头向朝北。

6. 在圹内其他位置者，共2座，占该墓地有殉牲墓葬总数的0.8%，亦属个别特殊情况。分2种情形：

（1）在圹内中间自东端至西半部上层填土中者，1例（YYM303），死者头向朝东。

（2）在圹内东端中间和南侧西部上层填土中者，1例（YYM321），死者头向朝东南。

以上所述玉皇庙墓地殉牲墓的殉牲位置，虽呈现多种情况，但从殉牲位置与死者头向关系的角度考察，最具代表意义的是其中两种情况：即一是殉牲被置于圹内东端者与死者头向的关系情况，二是殉牲被置于圹内西端者与死者头向的关系情况。对这两种情况作进一步的归纳与分析，将有助于揭示玉皇庙墓地殉牲制度中一个颇具规律特点的问题。

其一，在玉皇庙墓地254座殉牲墓中，有232座墓的殉牲，被摆放在圹内东端，其中死者头朝东者，共有215座（墓葬编号参见附表22），占该墓地殉牲墓葬总数的84.65%，占该墓地殉牲被置于圹内东端墓葬总数的92.7%。若将死者头朝东南的10座墓和死者头朝东北的2座墓，都作为死者东向墓来考虑的话，那殉牲被摆放在圹内东端墓的数量，将增至227座，这个数字将占该墓地殉牲墓葬总数的89.4%，将占该墓地殉牲被置于圹内东端墓葬总数的97.8%。这就是说，殉牲被置于圹内东端者，其墓内死者的头向绝大多数均朝东，殉牲的位置与死者头向基本上是一致的。

其二，在玉皇庙墓地254座殉牲墓中，有10座墓的殉牲全部摆放在圹内西端，有1座墓的殉牲一部分摆放在圹内西端，另一部分摆放在圹内东端，还有1座墓的殉牲一部分摆放在圹内西端，一部分摆放在圹内中间，另一部分摆放在圹内东端（墓葬编号参见附表22），以上这12座把全部或部分殉牲置于圹内西端的墓，其死者头向经查实皆为西向，占该墓地死者头朝西的殉牲墓葬总数（15座）的80%。这一情况，绝非偶然。

由于在殉牲墓中殉牲被置于圹内东端、死者头向朝东的墓，数量最多，所占比例最大，因此此类殉牲墓在玉皇庙墓地最具普遍意义和代表意义，它代表了玉皇庙墓地殉牲墓殉牲位置及其与死者头向关系的主流和主导方面，并从正面揭示了玉皇庙墓地殉牲制度的一条重要规律，这就是：在绝大多数情况下，殉牲位置取决于死者头向，二者基本上是统一的。

殉牲被置于圹内西端、死者头向皆朝西的殉牲墓，虽然数量较少，仅有12例，占整个玉皇庙墓地的殉牲墓葬的比例也较小，不可能成为该墓地殉牲墓的主流趋势，但这份资料殊为重要并颇具意义，它从反面再次证明了玉皇庙墓地这一殉牲规律的存在。

当然，除上述两种情况以外，在玉皇庙墓地还有其他几种殉牲位置和死者头向关系的墓例，但为数均很少，甚至有不少属于孤例，均当视为个别特殊情况，不具典型性和代表性意义（参见附表22）。

（二）殉牲种类与配伍组合

玉皇庙墓地的殉牲种类，主要为马、牛、羊、狗4种，猪牲仅见猪头骨1例，出于春秋晚期后段一座小型墓（YYM173）中。玉皇庙墓地的殉牲配伍组合，可分为5类13种形式：

1. 第一类，以大牲畜马为核心的配伍组合，共17座墓，占该墓地有殉牲墓葬总数的6.7%。分5种形式：

Ⅰ 马、牛、羊、狗四畜俱全的配伍组合，共7座（YYM18、250、230、151、74、156、174），占该墓地有殉牲墓葬总数的2.76%，占第一类殉牲组合墓葬总数的41.2%。这7座墓，皆为男性墓。

Ⅱ 马、牛、狗三畜配伍组合，共3座，占该墓地有殉牲墓葬总数的1.18%，占第一类殉牲组合墓葬总数的17.6%。这3座墓中，属男性者2座（YYM13、YYM57），属女性者1座（YYM2）。

Ⅲ 马、羊、狗三畜配伍组合，共3座，所占比例同Ⅱ。这3座墓（YYM257、52、212），皆为男性墓。

附表22　**玉皇庙墓地殉牲位置与死者头向关系统计表**

殉牲位置	死者头向	墓葬数量（座）	墓葬编号（YYM）	占玉皇庙墓地殉牲墓葬总数的百分比
圹内东端（232座）	东	215	22、20、29、2、18、13、11、10、300、384、278、245、279、280、277、250、282、251、230、229、233、231、228、232、227、241、264、226、240、252、265、275、96、47、263、43、41、225、254、266、273、46、44、236、238、237、256、261、267、272、94、49、89、257、259、247、268、270、271、48、95、258、260、51、50、191、188、52、54、26、296、294、23、212、208、192、189、55、58、196、186、87、185、86、59、60、184、149、61、69、84、83、81、62、63、148、141、217、207、224、194、182、139、203、223、222、221、220、219、218、216、215、213、211、210、209、195、206、205、204、197、198、170、199、200、183、181、180、179、178、177、151、142、143、138、137、136、135、117、116、118、119、74、75、156、167、134、133、132、122、123、124、126、120、121、115、114、113、111、166、171、108、314、306、303、304、305、301、302、164、127、110、163、130、175、173、161、129、128、109、174、340、337、334、328、346、344、343、339、341、338、348、335、336、349、342、373、366、379、382、378、376、374、372、371、368、369、370、364、361、392、399、393、394、400	84.65%
	东南	10	234、262、150、153、176、154、168、320、318、345	3.94%
	东北	2	316、162	0.78%
	西	3	25、17、68（YYM17为无人墓，以随葬品象征死者头朝西）	1.18%
	不详	2	27、28	0.78%
圹内西端	西	10	65、190、66、297、144、158、131、160、375、395	3.94%
圹内西、东两端		1	295	0.39%
圹内西、东两端及中间		1	57	0.39%
圹内南侧	东	6	333、331、319、329、312、315	2.36%
	北	1	325	0.39%
圹内中间南侧	东南	1	332	0.39%
圹内东侧及南侧		1	321	0.39%
圹内北端	北	1	365	0.39%
合计		254		

Ⅳ 马、狗二畜配伍组合，共2座（YYM11、YYM217），占该墓地有殉牲墓葬总数的0.8%，占第一类殉牲组合墓葬总数的11.8%。这2座墓，皆为男性墓。

Ⅴ 单纯殉马者共2座，所占比例同Ⅳ。这2座墓，男性1座，无人墓1座（YYM300、YYM17）。

2. 第二类，以大牲畜牛为核心的配伍组合，共82座墓，占该墓地有殉牲墓葬总数的32.3%。分4种形式：

Ⅵ 牛、羊、狗三畜组合，共53座，占该墓地有殉牲墓葬总数的20.87%，占第二类殉牲组合墓葬总数的64.6%。这53座墓中，属男性者36座（墓葬编号为：YYM22、384、278、282、229、275、41、236、261、49、48、95、51、190、188、148、203、210、209、199、142、143、117、158、134、131、122、124、171、320、160、175、129、334、344、349），占第二类此种殉牲组合墓葬总数的67.9%；属女性者16座（墓葬编号为：YYM20、25、279、280、241、256、220、178、153、138、137、75、176、167、133、128），占第二类此种殉牲组合墓葬总数的30.2%；性别不详者1座（YYM27），占第二类此种殉牲组合墓葬总数的1.9%。

Ⅶ 牛、狗二畜组合，共27座，占该墓地有殉牲墓葬总数的10.63%，占第二类殉牲组合墓葬总数32.9%。这27座墓中，属男性者18座（墓葬编号为：YYM233、227、264、226、234、263、54、23、58、186、86、213、168、332、333、321、314、303），占第二类此种殉牲组合墓葬总数的66.7%；属女性者7座（墓葬编号为：YYM251、266、258、208、196、301、394），占第二类此种殉牲组合墓葬总数的25.9%；性别不详者2座（YYM28、YYM89），占第二类此种殉牲组合墓葬总数的7.4%。

Ⅷ 牛、羊二畜组合，1座（YYM10），属女性墓，占该墓地有殉牲墓葬总数的0.4%，占第二类殉牲组合墓葬总数的1.2%。

Ⅸ 单纯殉牛者，1座（为YYM26），属女性墓，所占比例同Ⅷ。

3. 第三类，以小牲畜羊为核心的配伍组合，共32座墓，占该墓地有殉牲墓葬总数的12.6%。分2种形式：

Ⅹ 羊、狗二畜配伍组合，共30座，占该墓地有殉牲墓葬总数的11.81%，占第三类殉牲组合墓葬总数的93.75%。这30座墓中，属男性者14座（墓葬编号为：YYM277、228、252、270、271、295、224、179、111、127、164、110、373、370），占第三类此种殉牲组合墓葬总数的46.7%；属女性者13座（墓葬编号为：YYM296、294、87、223、222、221、204、144、126、114、338、366、372），占第三类此种殉牲组合墓葬总数的43.3%；属少儿者3座（墓葬编号为：YYM136、132、166），占第三类此种殉牲组合墓葬总数的10%。

Ⅺ 单纯殉羊者，2座，占该墓地有殉牲墓葬总数的0.8%，占第三类殉牲组合墓葬总数的6.25%。这2座墓中，属男性者1座（YYM365）；属女性者1座（YYM50）。

4. 第四类

Ⅻ 单纯殉狗者，共122座，占该墓地有殉牲墓葬总数的48%。其中男性墓有42座（墓葬编号为：YYM43、46、44、247、260、65、297、192、60、61、69、83、72、63、207、182、205、170、181、154、121、108、319、329、318、312、315、325、161、328、345、343、348、336、342、379、376、361、399、393、395、400），占第四类殉牲墓葬总数的34.4%；女性墓有61座（墓葬编号为：

YYM29、245、231、232、240、265、96、47、225、254、273、237、272、268、191、66、68、189、185、149、84、81、139、219、218、216、215、211、206、197、198、200、183、180、150、118、119、113、331、316、306、304、305、302、163、130、109、162、340、346、339、341、382、378、374、375、371、368、369、364、392)，占第四类殉牲墓葬总数的50%；少儿墓有11座（墓葬编号为：YYM238、94、259、55、59、184、135、116、120、115、337)，占第四类殉牲墓葬总数的9%；婴儿墓有8座（墓葬编号为：YYM262、267、141、194、195、177、123、335)，占第四类殉牲墓葬总数的6.6%。

5. 第五类

ⅩⅢ　猪、狗二畜配伍组合，仅1座（YYM173)，为男性墓，占玉皇庙墓地有殉牲墓葬总数的0.4%，属极个别特殊情况。

在上述5类13种殉牲配伍组合形式中，按参与形式频次的多少看，狗牲所参与的形式频次是最多的，当居第一位，达到了9种形式，占殉牲配伍组合形式总数的69.2%，狗牲所在的9种配伍组合形式是：(1）马、牛、羊、狗，(2）马、牛、狗，(3）马、羊、狗，(4）马、狗，(5）牛、羊、狗，(6）牛、狗，(7）羊、狗，(8）猪、狗，(9）单纯殉狗。其次为牛、羊牲，它们所参与的配伍组合形式，各为6种，分别占殉牲配伍组合形式总数的46.2%，如牛牲所在的6种形式是：(1）马、牛、羊、狗，(2）马、牛、狗，(3）牛、羊、狗，(4）牛、狗，(5）牛、羊，(6）单纯殉牛；羊牲所在的6种形式是：(1）马、牛、羊、狗，(2）马、羊、狗，(3）牛、羊、狗，(4）牛、羊，(5）羊、狗，(6）单纯殉羊。居第三位者，为马牲，马牲所参与的配伍组合形式共5种，占殉牲配伍组合形式总数的38.5%，马牲所在的5种配伍组合形式是：(1）马、牛、羊、狗，(2）马、牛、狗，(3）马、羊、狗，(4）马、狗，(5）单纯殉马。居第四位，即末位者，为猪牲，因整个墓地仅出现1例，故仅具1种配伍组合形式，即第ⅩⅢ种——猪、狗组合形式，其所占殉牲配伍组合形式总数的比例为7.7%，是5类殉牲中所占比例最低的。

（三）殉牲数量

玉皇庙墓地5类殉牲总计为2209（头、副、只)，其中马牲总数为120（个、副、只)，占5类殉牲总数的5.43%；牛牲总数为221（个、副、只)，占5类殉牲总数的10%；羊牲总数为419（个、副、只)，占5类殉牲总数的18.97%；狗牲总数为1448（个、副、只）占5类殉牲总数的65.55%；猪牲总数为1（个)，占5类殉牲总数的0.045%。这一统计结果显示，狗牲数量在5类殉牲中是最多的，所占比例超过一半；其次属羊牲，所占比例接近1/5；第三位属牛牲，所占比例为1/10，第四位为马牲，所占比例为1/20强一点；数量最少、排在末尾的是猪牲，只有1例，仅占殉牲总数的1/2209。

马牲中，包括马头50个，马下颌骨1副，马腿骨69只；牛牲中，包括牛头94个，牛下颌骨9副，牛肱骨117只，牛胫骨1只；羊牲中，包括羊头212个，羊下颌骨4副，羊肱骨202只，羊肩胛骨1个；狗牲中，包括狗头764个，狗下颌骨22副，狗肱骨662只；猪牲，仅有猪头1个（参见附表23～36)。

（四）殉牲形式及牲吻朝向

玉皇庙墓地殉牲形式较繁复，表现为多样性。在各种殉牲组合中，每种殉牲的摆放层位，彼此之间

附表23 **玉皇庙墓地殉牲数量统计总表**

组合种类＼种类、数量	马			牛				羊				狗			猪	合计
	头骨	下颌骨	腿骨（连蹄）	头骨	下颌骨	肱骨	胫骨	头骨	下颌骨	肱骨	肩胛骨	头骨	下颌骨	肱骨	头骨	
Ⅰ	35		38	10	8	37		35	3	36		31	5	34		272
Ⅱ	3	1	12	1	1	5	1					5	1	4		34
Ⅲ	5		5					4		3		16		16		49
Ⅳ	5		8									11		11		35
Ⅴ	2		6													8
Ⅵ				54		52		130		120		231		220		807
Ⅶ				27		21						107	1	85		241
Ⅷ				1		1		1		1						4
Ⅸ				1		1										2
Ⅹ								41	1	39		72	3	67		223
Ⅺ								1		3	1					5
Ⅻ												290	12	224		526
XIII												1		1	1	3
合计	50(个)	1(副)	69(只)	94(个)	9(副)	117(只)	1(只)	212(个)	4(副)	202(只)	1(个)	764(个)	22(副)	662(只)	1(个)	2209
总计	120(个、副、只)			221(个、副、只)				419(个、副、只)				1448(个、副、只)			1(个)	

附表24 **玉皇庙墓地第一类第Ⅰ种殉牲组合（马、牛、羊、狗四畜组合）及殉牲数量统计表**

墓号（YYM）＼种类、数量	马		牛			羊			狗			性别	墓葬规格级别	分布墓区	分期
	头骨	腿骨（连蹄）	头骨	下颌骨	肱骨	头骨	下颌骨	肱骨	头骨	下颌骨	肱骨				
18	16	16	3		16	7		5	4		6	男	甲(A)	北Ⅰ中	春秋早期
250	7	10	2(上颌)	8副	9	4(上颌)	3副	4	4(上颌)	5副	5	男	甲(A)	北Ⅱ北	春秋早中期
230	2	8	1		2	3		3	4		4	男	甲(A)		
151	2	2	1		1	3		3	6		6	男	甲(B)	南区北	春秋晚期前段
74	2	2	1		1	4		4	4		4	男	乙(A)		
156	4		1		5	6		9	4		4	男	乙(A)	南区中	
174	2		1		3	8		8	5		5	男	乙(B)	南区南	春秋晚期后段
合计 7（座）	35	38	10	8副	37	35	3副	36	31	5副	34	男7	甲(A)3 甲(B)1 乙(A)2 乙(B)1		

附表 25　**玉皇庙墓地第一类第Ⅱ种殉牲组合（马、牛、狗三畜组合）及殉牲数量统计表**

种类／数量／墓号（YYM）	马			牛				狗			性别	墓葬规格级别	分布墓区	分期
	头骨	下颌骨	腿骨（连蹄）	头骨	下颌骨	肱骨	胫骨	头骨	下颌骨	肱骨				
2	2		2		1副	2		1	1副	1	女	甲（B）	北Ⅰ中	春秋早期
13	1	1副	6			2		1			男	乙（A）		
57			4	1		1	1	3		3	男	乙（B）	北Ⅱ南	春秋中晚期
合计 3（座）	3	1副	12	1	1副	5	1	5	1副	4	女1 男2	甲（B）1 乙（A）1 乙（B）1		

附表 26　**玉皇庙墓地第一类第Ⅲ种殉牲组合（马、羊、狗三畜组合）及殉牲数量统计表**

种类／数量／墓号（YYM）	马		羊		狗		性别	墓葬规格级别	分布墓区	分期
	头骨	腿骨（连蹄）	头骨	肱骨	头骨	肱骨				
257	1	1	1	1	6	6	男	乙（B）	北Ⅱ中	春秋中期
52	3	3	1	1	4	4	男	甲（B）		
212	1	1	2	1	6	6	男	乙（B）	北Ⅱ南	春秋中晚期
合计 3（座）	5	5	4	3	16	16	男3	甲（B）1，乙（B）2		

附表 27　**玉皇庙墓地第一类第Ⅳ种殉牲组合（马、狗二畜组合）及殉牲数量统计表**

种类／数量／墓号（YYM）	马		狗		性别	墓葬规格级别	分布墓区	分期
	头骨	腿骨（连蹄）	头骨	肱骨				
11	3	6	3	3	男	乙（A）	北Ⅰ中	春秋早期
217	2	2	8	8	男	甲（B）	南区北	春秋晚期前段
合计 2（座）	5	8	11	11	男2	甲（B）1，乙（A）1		

附表 28　**玉皇庙墓地第一类第Ⅴ种殉牲组合（单纯殉马者）及殉牲数量统计表**

种类／数量／墓号（YYM）	马		性别	墓葬规格级别	分布墓区	分期
	头骨	腿骨（连蹄）				
17	2	2	无人	乙（B）	北Ⅰ中	春秋早期
300		4	男	乙（A）	北Ⅰ西	
合计 2（座）	2	6	无人1，男1	乙（A）1，乙（B）1		

附表29 玉皇庙墓地第二类第Ⅵ种殉牲组合（牛、羊、狗三畜组合）及殉牲数量统计表

墓号（YYM）	牛		羊		狗		性别			墓葬规格级别	分布墓区	分期	墓葬合计
	头骨	肱骨	头骨	肱骨	头骨	肱骨	男	女	不详				
22	1		1	1	3	3	√			甲(B)	北Ⅰ中	春秋早期	5
20	1	2	2		3	3		√		乙(A)			
25	1		1	1	4	4		√		丙(A)			
27	1	3	3	3	3	3			√	丙(B)			
384	1	1	2	2	3	3	√			乙(B)	北Ⅰ西		
278	1	1	2	2	2	2	√			丙(A)	北Ⅱ北	春秋早中期	7
279	1	1	2	1	5	2		√		乙(B)			
280	1	1	3	3	8	8		√		乙(A)			
282	1	1	1	1	4	1	√			丙(A)			
229	1	1	1	1	3	2	√			乙(A)			
241	1	1	2	2	5	5		√		乙(B)			
275	1	1	2	2	2	2	√			乙(A)			
41	1	1	1	1	2	2	√			乙(B)	北Ⅱ中	春秋中期	10
236	1	1	1	1	4	4	√			乙(A)			
256	1	1	3	3	5	5		√		乙(A)			
261	1	1	5	5	6	6	√			乙(A)			
49	1		2		4	4	√			丙(A)			
48	1	1	2	2	3	3	√			丙(A)			
95	1	1	3	3	7	7	√			乙(A)			
51	1	1	3	3	5	5	√			乙(A)			
190	1	1	1	1	2	2	√			乙(B)			
188	1	1	2	2	8	8	√			乙(B)			
148	1	1	2	2	2	2	√			丙(A)	北Ⅱ南	春秋中晚期	1
203	1	1	1	1	4	4	√			乙(B)	南区北	春秋晚期前段	13
220	1	1	4	4	4	4		√		乙(B)			
210	2	2	1	1	6	6	√			乙(A)			
209	1	1	4	4	9	9	√			乙(A)			
199	1	1	1	1	2	2	√			丙(A)			
178	1	1	1	1	5	5		√		乙(B)			
153	1	1	3	3	4	4		√		丙(A)			
142	1	1	4	4	3	3	√			丙(A)			
143	1	1	4	1	6	6	√			丙(A)			
138	1	1	4	5	10	12		√		丙(A)			
137	1	1	3	3	3	3		√		丙(A)			
117	1	1	3	3	3	3	√			丙(A)			
75	1		3	3	2	2		√		丙(B)			
176	1	1	2	2	1	1		√		丙(B)			
158	1	1	1	1	5	5	√			乙(B)	南区中		9
167	1	1	3	3	5	5		√		乙(B)			
134	1	1	1	1	4	4	√			乙(B)			
133	1	1	5	5	4	4		√		乙(B)			
131	1	1	1	1	1	2	√			丙(A)			
122	1	1	3	3	4	4	√			丙(A)			
124	1	1	6	6	3	3	√			乙(B)			
171	1	1	5	5	12	12	√			丙(A)			
320	1		1		1		√			丙(B)	西区		1
160	1	1	1	1	2	2	√			乙(B)	南区南	春秋晚期后段	7
175	1	1	1	1	6	6	√			丙(A)			
129	1	1	4	4	6	6	√			乙(A)			
128	1	1	4	4	6	6		√		乙(B)			
334	1	1	3	1	4	1	√			乙(A)			
344	1	1	3	3	7	4	√			乙(A)			
349	1	1	3	3	6	6	√			乙(B)			
合计	54（个）	52（只）	130（个）	120（只）	231（个）	220（只）	36（座）	16（座）	1（座）	甲(B)1、乙(A)14、乙(B)17、丙(A)17、丙(B)4			53（座）

附表 30　**玉皇庙墓地第二类第Ⅶ种殉牲组合（牛、狗二畜组合）及殉牲数量统计表**

种类 / 数量 / 墓号（YYM）	牛		狗			性别			墓葬规格级别	分布墓区	分期	墓葬合计
	头骨	肱骨	头骨	下颌骨（副）	肱骨	男	女	不详				
28	1	1	3		3			√	丙（A）	北Ⅰ中	春秋早期	1
251	1	1	5		5		√		乙（B）	北Ⅱ北	春秋早中期	5
233	1	1	9		5	√			乙（B）			
227	1	1	2		2	√			乙（A）			
264	1	1	5		5	√			丙（A）			
226	1	1	10		10	√			乙（B）			
234	1	1	5		5	√			乙（B）	北Ⅱ中	春秋中期	6
263	1	1	3		3	√			乙（B）			
266	1	1	3		3		√		乙（A）			
89	1	1	3		3			√	丙（A）			
258	1	1	5		5		√		乙（A）			
54	1	1	3		3	√			乙（A）			
23	1	1	2		2	√			丙（A）	北Ⅰ中		1
208	1	1	2		2		√		丙（A）	北Ⅱ南	春秋中晚期	5
58	1	1	2		4	√			乙（B）			
196	1	1	3		3		√		乙（B）			
186	1	1	4		4	√			乙（B）			
86	1	1	4		4	√			乙（A）			
213	1	1	3		3	√			乙（B）	南区北	春秋晚期前段	1
168	1	1	7		7	√			丙（B）	南区中		1
332	1		3			√			丙（C）	西区		6
333	1		11			√			丙（B）			
321	1			1 副		√			丁			
314	1		2			√			丙（C）			
303	1		1			√			丁			
301	1		3				√		丙（B）			
394	1	1	4		4		√		乙（B）	南区南	春秋晚期后段	1
合计	27（个）	21（只）	107（个）	1（副）	85（只）	18（座）	7（座）	2（座）	乙（A）5、乙（B）10、丙（A）5、丙（B）3、丙（C）2、丁 2			27（座）

附表 31　**玉皇庙墓地第二类第Ⅷ种殉牲组合（牛、羊二畜组合）及殉牲数量统计表**

种类 / 数量 / 墓号（YYM）	牛		羊		性别	墓葬规格级别	分布墓区	分期
	头骨	肱骨	头骨	肱骨				
10	1	1	1	1	女	乙（B）	北Ⅰ中	春秋早期

附表 32　**玉皇庙墓地第二类第Ⅸ种殉牲组合（单纯殉牛者）及殉牲数量统计表**

种类 / 数量 / 墓号（YYM）	牛		性别	墓葬规格级别	分布墓区	分期
	头骨	肱骨				
26	1	1	女	乙（B）	北Ⅰ北	春秋中期

附表33 **玉皇庙墓地第三类第Ⅹ种殉牲组合（羊、狗二畜组合）及殉牲数量统计表**

种类／数量／墓号（YYM）	羊			狗			性别			墓葬规格级别	分布墓区	分期	墓葬合计
	头骨	下颌骨（副）	肱骨	头骨	下颌	肱骨	男	女	少儿				
277	1		1	1			√			丙(A)	北Ⅱ北	春秋早中期	3
228	1		1	2		2	√			乙(B)			
252	1		1	2		2	√			丙(A)			
270	1		1	1		1	√			乙(B)	北Ⅱ中	春秋中期	2
271	2		2	1		1	√			乙(B)			
296	1		1	5				√		丙(B)	北Ⅰ北		3
295	1		1	1		1	√			乙(A)			
294	1		1	2		2		√		丙(A)			
87	1		1	3		3		√		乙(B)	北Ⅱ南	春秋中晚期	1
224	3		3	3		3	√			丙(A)	南区北	春秋晚期前段	8
223	1		1	2		2		√		乙(B)			
222	1		1	3		3		√		丙(B)			
221	1		1	4		4		√		丙(A)			
204	1		1	2		2		√		乙(B)			
179	1		2	3		3	√			乙(B)			
144	2		2	4		4		√		丙(A)			
136	1		1	1		1			√	丙(C)			
132	2		2	1		2			√	丙(C)	南区中		5
126	1		1	5		5		√		丙(A)			
114	1		1	4		4		√		丙(B)			
111	2		2	2		2	√			丙(A)			
166	1		1	1		1			√	丙(C)			
164	1		1	2		2	√			丙(B)	南区南	春秋晚期后段	8
127	1		1	3		3	√			丙(C)			
110	2		2	2		2	√			丙(B)			
338	2		2	7		7		√		乙(A)			
373	2		2	3		3	√			乙(B)			
366	2			1		1		√		乙(B)			
372		1			3			√		丙(A)			
370	3		3	1		1	√			丙(B)			
合计	41（个）	1（副）	39（只）	72（个）	3（副）	67（只）	14（座）	13（座）	3（座）	乙(A)2、乙(B)9、丙(A)9、丙(B)6、丙(C)4			30（座）

附表34 **玉皇庙墓地第三类第Ⅺ种殉牲组合（单纯殉羊者）及殉牲数量统计表**

种类／数量／墓号（YYM）	羊			性别	墓葬规格级别	分布墓区	分期
	头骨	肩胛骨	肱骨				
50	1		2	女	丙(C)	北Ⅱ中	春秋中期
365		1	1	男	丁	南区南	春秋晚期后段
合计 2（座）	1	1	3	女1 男1	丙(C)1 丁1		

附表35－1　**玉皇庙墓地第四类第Ⅻ种殉牲组合（单纯殉狗者）及殉牲数量统计表**

种类/数量/墓号（YYM）	狗			性别				墓葬规格级别	分布墓区	分期	墓葬合计
	头骨	下颌骨（块）	肱骨	男	女	少儿	婴儿				
29	3				√			丙(A)	北Ⅰ中	春秋早期	1
245	3		2		√			丙(A)	北Ⅱ北	春秋早中期	7
231	2		2		√			乙(B)			
232	5		5		√			丙(A)			
240	1		1		√			乙(B)			
265	2		2		√			丙(A)			
96	1		1		√			丙(A)			
47	1		1		√			丙(C)			
43	2			√				丙(A)	北Ⅱ中	春秋中期	20
225	3		3		√			乙(B)			
254	2		2		√			乙(B)			
262	1		1				√	丙(C)			
273	2		2		√			丙(A)			
46	2		1	√				乙(B)			
44	2		2	√				乙(B)			
238	1		1			√		丙(C)			
237	3		1		√			乙(B)			
267	2		2				√	丙(B)			
272	2		2		√			丙(A)			
94	1		1			√		丙(C)			
259	1		2			√		丙(C)			
247	3		3	√				乙(B)			
268	2		2		√			丙(A)			
260	1		1	√				丙(A)			
65	1			√				乙(B)			
191	3		3		√			丙(A)			
66	4		4		√			乙(B)			
68	1				√			丙(C)			
297	1		1	√				丙(B)	北Ⅰ北		1
192	3		3	√				丙(B)	北Ⅱ南	春秋中晚期	12
189	2		2		√			丙(A)			
55	1		2			√		丙(C)			
185	4		4		√			丙(A)			
59	1		1			√		丁			
60	2		2	√				乙(B)			
184	3		3			√		丙(B)			
149	4		4		√			丙(B)			
61	5		5	√				乙(B)			
69	1		1	√				丙(A)			
84	5		5		√			丙(A)			
83	5		5	√				丙(A)			

附表 35－2　　玉皇庙墓地第四类第Ⅻ种殉牲组合（单独殉狗者）及殉牲数量统计表

种类/数量/墓号（YYM）	狗			性别				墓葬规格级别	分布墓区	分期	墓葬合计
	头骨	下颌骨（块）	肱骨	男	女	少儿	婴儿				
81	5		5		√			乙(B)	北Ⅱ南	春秋中晚期	4
62	1		1	√				丙(C)			
63	2		2	√				乙(B)			
141	1		1				√	丁			
207	3		3	√				乙(B)	南区北	春秋晚期前段	25
194	1		1				√	丙(C)			
182	4		4	√				乙(B)			
139	2		2		√			丙(A)			
219	2		2		√			丙(A)			
218	2		2		√			丙(A)			
216	6		6		√			乙(B)			
215	1		1		√			丙(B)			
211	3		3		√			乙(B)			
195	1		1				√	丙(C)			
206	1		1		√			丙(A)			
205	4		4	√				乙(B)			
197	4		4		√			乙(B)			
198	4		4		√			乙(B)			
170	2		2	√				乙(B)			
200	1		1		√			丙(A)			
183	5		5		√			丙(B)			
181	1		1	√				丙(A)			
180	2		2		√			丙(A)			
177	1		1				√	丁			
150	5		5		√			乙(B)			
135	2		2			√		丙(C)			
116	2		2			√		丁			
118	2		2		√			丙(B)			
119	3		3		√			丙(A)			
154	3		3	√				丙(C)	南区中		7
123	1		1				√	丙(C)			
120	1		1			√		丙(B)			
121	1		1	√				丙(C)			
115	1		1			√		丁			
113	2		2		√			丙(A)			
108	4		4	√				丙(C)			
331	2				√			丁	西区		5
319	14			√				丙(B)			
329		1		√				丁			
318	2			√				丙(C)			
316	1				√			丁			

附表 35－3　**玉皇庙墓地第四类第Ⅻ种殉牲组合（单独殉狗者）及殉牲数量统计表**

种类 数量 墓号（YYM）	狗			性别				墓葬规格级别	分布墓区	分期	墓葬合计
	头骨	下颌骨（块）	肱骨	男	女	少儿	婴儿				
312	3			√				丙(C)	西区	春秋晚期前段	6
315	3			√				丙(B)			
306	1				√			丁			
304	6				√			丙(C)			
305	1				√			丙(C)			
302	5				√			丙(C)			
325	1	2		√				丁	西区	春秋晚期后段	1
163	3		3		√			乙(B)	南区南		33
130	3		3		√			乙(B)			
161	5		5	√				乙(A)			
109	2		2		√			丙(C)			
162		2			√			丁			
340	2				√			丙(A)			
337	1		1			√		丙(C)			
328	1		1	√				丙(A)			
345	3		3	√				丙(A)			
346	2		1		√			乙(B)			
343	3		2	√				丙(A)			
339	3		1		√			乙(A)			
341	2		1		√			丙(A)			
348	3		2	√				乙(B)			
335	1		1				√	丁			
336	2		1	√				丙(A)			
342	2		1	√				丙(A)			
379		1		√				丙(A)			
382	1				√			丙(B)			
378	2		1		√			丙(A)			
376	上颌6	8	4	√				丙(A)			
374	上颌2	6	2		√			乙(B)			
375		2	1		√			丙(C)			
371	2		1		√			丙(C)			
368	5				√			丙(C)			
369	5		5		√			乙(B)			
364	1	2	2		√			丙(B)			
361			1	√				丁			
392	2		2		√			丁			
399	2		2	√				丙(B)			
393	1		1	√				丙(C)			
395	2		2	√				丙(A)			
400	2		1	√				丙(A)			
合计	290（个）	24（块）	224（只）	42（座）	61（座）	11（座）	8（座）	乙(A)2、乙(B)29、丙(A)37、丙(B)14、丙(C)26、丁14			122（座）

附表 36　**玉皇庙墓地第五类第XIII种殉牲组合（猪、狗二畜组合）及殉牲数量统计表**

种类 数量 墓号（YYM）	猪	狗		性别	墓葬规格级别	分布墓区	分期
	头骨	头骨	肱骨				
173	1	1	1	男	丙(C)	南区南	春秋晚期后段

的位置关系，以及牲头是否被完整保留，还是被拆解开，还有牲吻朝向等，大多都有一定的规律性特点，而绝非毫无秩序的随意乱摆乱放，这其中无疑包含有特定的宗教、文化与社会意义。所以，整理和考察殉牲形式，是综合研究玉皇庙墓地殉牲制度的一项重要内容。

1. 马牲

马牲在玉皇庙墓地为5类殉牲之首。在殉牲中，其身价和地位明显高于另一种大牲畜牛和3种小家畜羊、狗、猪。其殉牲形式具有以下5个特点：

（1）马牲头骨绝大多数被完整保留，而罕有被拆解者。该墓地殉马头的墓共15座50个（墓葬编号为：YYM17、18、2、13、11、250、230、257、52、212、217、151、74、156、174），除YYM74一座墓2个马头的上、下颌被拆解开以外，其余14座48个马头均被完整保留，完整者占该墓地殉马头墓葬总数的93.3%，占该墓地殉马头总数的96%。这与其他4类殉牲是明显不同的。

（2）马牲中的肱骨，绝大多数都是连蹄殉祭的。这也与其他4类殉牲完全不同。

（3）马牲在殉牲组合中的位置与摆放形式，马牲中凡一墓殉有2个和2个以上马头者，马头必在圹内东端祭牲台和填土中作南、北并列摆放。这一点，在牛、羊、猪三牲中均未见，在狗牲中也甚为少见。

（4）马牲在殉牲组合中，如属分层殉祭的，则绝大多数必居于下层，而绝少位居上层。如YYM18、2、250、230、52、217、174等均是。

（5）马牲吻部朝向，在玉皇庙墓地15座殉马头墓葬中，除YYM17为无人墓以外，其余14座皆属死者头朝东的墓。在这14座死者头朝东的墓中，除1座墓（YYM257）马牲吻部朝北以外，其他13座墓马牲吻部一律朝东，马牲吻部朝东的墓，占该墓地死者头朝东的殉马头墓葬总数的92.86%，而个别马牲吻部朝北的墓，只占该墓地死者头朝东、殉马头墓葬总数的7.14%。YYM17无人墓，按随葬品陈放位置，虽将死者头向假定朝西，但所殉马牲却顺置于圹内东端，马牲吻部皆朝东，这是一个特殊葬例。从马牲吻部朝向与死者头向关系考察，显然马牲吻部朝东与死者头向朝东二者在方向上保持一致者，为马牲吻部朝向的主流趋向，也是玉皇庙墓地马牲吻部朝向所具有的规律性特点。

2. 牛牲

牛牲在玉皇庙墓地殉牲中的身价和地位，逊于马牲一等，其殉牲形式，也有一定的规律性特点。

（1）玉皇庙墓地所殉牛牲中的牛头，其上、下颌大多数是被拆解开以后殉祭的，被完整保留者不足1/3。该墓地殉牛的墓共有92座，其中殉有牛头的墓为90座，只有牛下颌骨1副而无牛头的墓1座（YYM2），只殉牛肱骨2只而无牛头的墓1座（YYM13）。在90座殉牛头的墓中共殉牛头94个，其中上、下颌骨被拆解开的有63座65个（墓葬编号为：YYM22、27、28、25、2、18、10、384、280、250、282、251、230、229、227、241、226、263、41、256、49、89、48、51、190、188、54、23、208、58、196、186、57、86、148、203、220、213、199、178、153、142、143、137、117、74、75、176、156、167、133、122、171、320、303、301、160、175、128、334、344、349、394），占该墓地殉牛头墓葬总数的70%，占该墓地所殉牛头总数的69.1%；牛头完整者为28座29个（墓葬编号为：YYM20、278、279、233、264、275、234、266、236、261、95、258、26、210、209、151、138、158、168、134、131、124、332、333、321、314、129、174），占该墓地殉牛头墓葬总数的30%，占该墓地

所殉牛头总数的30.9%。

（2）牛牲中的牛腿骨仅见单节肱骨，无一例连蹄殉祭者，这与马牲形成鲜明对照。

（3）牛牲在殉牲组合中的位置与摆放形式，在死者头朝东的墓葬中，牛牲均随该墓其他殉牲一起，置于圹内东端填土中，其具体位置多被摆放于墓内殉牲组合之南侧，属此种情况者共有44座墓（墓葬编号为：YYM20、25、18、13、280、250、282、251、230、229、233、226、275、234、256、261、49、89、48、95、258、54、23、196、186、148、203、220、210、151、142、143、137、117、74、75、176、134、133、131、122、171、175、128），占该墓地殉牛墓葬总数的47.8%，接近一半；其次则被摆放于墓内殉牲组合之北侧，属此种情况者共有26座墓（墓葬编号为：YYM22、27、28、10、384、241、264、263、41、236、51、190、188、213、209、199、178、153、138、167、168、124、129、334、344、394），占该墓地殉牛墓葬总数的28.3%，不足1/3；再次则被摆放于墓内殉牲组合之东侧，属此种情况者共有8座墓（墓葬编号为：YYM227、332、333、321、320、314、303、301），占该墓地殉牛墓葬总数的8.6%，不足1/10；还有极少数被置于墓内殉牲组合之中间者，或西侧者等，当属个别情况。单独殉牛者，只有1座墓（YYM26），此墓死者头朝东，所殉牛牲被顺置于圹内东端中间中层填土中。

（4）牛牲在殉牲组合中，如属分层殉祭或聚堆摆放的，则牛牲绝大多数必居于上层，而绝少位居下层，这与马牲恰好相反。如玉皇庙墓地有分层殉牲墓和有殉牛的聚堆殉牲墓共13座，其中牛牲居于上层者计有12座墓（墓葬编号为：YYM2、18、250、230、226、48、208、58、86、209、159、174），占此类墓葬总数的92.3%，只有1座墓（YYM282）所殉牛牲居于下层，属于个别例外情况。

（5）牛牲吻部朝向，基本上可分为两种情况：

死者头朝东的墓，牛牲（主要指牛头）绝大多数按东西方向顺置，牛牲吻部朝向绝大多数向东，极少有例外者，如该墓地殉牛头的墓（90座）加殉牛下颌骨的墓（1座），其中死者头朝东的有85座，在这85座墓中，牛牲作东西向顺置、牛牲吻部朝东者为83座墓（墓葬编号为：YYM22、20、27、28、2、18、10、384、278、279、280、282、251、230、229、233、227、241、264、226、275、234、263、41、266、236、256、261、48、89、48、95、258、51、188、54、26、23、208、196、186、86、148、203、220、213、210、209、199、178、151、153、142、143、138、137、117、74、75、176、156、167、168、134、133、122、124、171、332、333、321、320、314、303、301、175、129、128、174、334、344、349、394），占死者头朝东殉牛墓葬总数的97.6%，占殉牛头和殉牛下颌骨墓葬总数的91.2%；唯有1座墓（YYM58），牛牲吻部朝向东北，属于个别情况。

在上述91座殉牛头和牛下颌骨的墓葬中，有6座死者头朝西的墓葬，在这6座死者头朝西的墓葬中，有4座墓（墓葬编号为：YYM158、131、160、190）所殉牛头作西向摆放，牛牲吻部皆朝西，占该墓地殉牛头和牛下颌骨墓葬总数的4.4%，占死者头朝西殉牛墓葬总数的2/3；另有2座墓（YYM25、57），则仍将牛头顺置于墓圹内东端填土中，牛牲吻部仍朝东，此种情况的墓占死者头朝西殉牛墓葬总数的1/3。

从以上统计结果不难看出，牛牲吻部朝向与死者头向是密切相关的。在死者头朝东的殉牛墓中，牛牲吻部绝大多数均朝东，极少有例外者；在死者头朝西的殉牛墓中，牛牲吻部有2/3朝西，只有1/3例外。这就从正、反两个方面传达出一个信息：牛牲吻部朝向，无论是朝东，还是朝西，在大多数情况下，都将按死者头向而定，或与死者头向保持一致。这是牛牲吻部朝向所表现出来的规律性特点。

3. 羊牲

羊牲在玉皇庙墓地殉牲中的身价和地位，较牛牲又低一等。该墓地殉有羊牲的墓（包括各种殉羊组合形式）共有96座，其中殉有羊头的墓（含YYM372只殉羊下颌骨1副，而无整羊头者）计95座，共殉羊头212个，只有1座墓（YYM365）既未殉羊头，也未殉羊下颌骨，而只殉羊肩胛骨1块，羊肱骨1只。羊牲在墓中各种殉牲组合形式中，也具有一定的规律性特点。

（1）玉皇庙墓地所殉羊牲中的羊头，其上、下颌绝大多数都是被拆解开以后殉祭的，被完整保留者为极少数。经统计，该墓地羊头被拆解者（含YYM372）共计91座墓202个（墓葬编号为：马、牛、羊、狗四畜组合——YYM18、250、230、151、74、156、174；马、羊、狗三畜组合——YYM257、52、212；牛、羊、狗三畜组合——YYM22、25、27、384、278、279、280、282、229、241、275、41、236、256、261、49、48、95、51、190、188、148、203、220、210、209、199、178、153、142、143、138、137、117、75、176、158、167、134、133、131、124、171、320、160、175、128、334、344、349；牛、羊二畜组合——YYM10；羊、狗二畜组合——YYM277、228、252、270、271、296、295、294、87、224、223、222、221、204、179、144、136、132、114、111、166、164、127、110、338、373、366、372、370；单纯殉羊者——YYM50），占该墓地殉羊头墓葬总数（含YYM372）的95.8%，占该墓地所殉羊头总数的95.3%；羊头被完整保留者只有4座墓10个（墓葬编号为：牛、羊、狗组合——YYM20、122、129；羊、狗组合——YYM126），占该墓地殉羊头墓葬总数的4.2%，占该墓地所殉羊头总数的4.7%。

（2）羊牲中所殉羊腿，只有羊肱骨一节，无连蹄者。

（3）羊牲在殉牲组合中的位置与摆放形式，不含分层祭牲情况在内，可分为16种形式：

Ⅰ　在牛、羊、狗和马、羊、狗三畜组合及羊、狗二畜组合中，有36座墓为狗东、羊西的殉牲布局，占玉皇庙墓地殉羊墓葬总数的37.5%，超过1/3。这36座墓中，除1座墓（YYM25）为死者头朝西，1座墓（YYM176）死者头朝东南以外，其余34座墓死者头向一律朝东（墓葬编号为：牛、羊、狗三畜组合——YYM22、27、384、280、229、241、275、236、261、48、95、220、210、199、143、137、167、134、133、122、124、175、334；马、羊、狗三畜组合——YYM212；羊、狗二畜组合——YYM228、222、204、136、132、166、164、110、366、370）。

Ⅱ　在马、羊、狗和牛、羊、狗三畜组合及羊、狗二畜组合中，有26座墓的羊牲居于其殉牲组合的中间，占玉皇庙墓地殉羊墓葬总数的27.1%，超过1/4。这26座墓中，除1座墓（YYM153）为死者头朝东南以外，其余25座墓死者头向一律朝东（墓葬编号为：马、牛、羊、狗四畜组合——YYM230；马、羊、狗三畜组合——YYM257；牛、羊、狗三畜组合——YYM279、41、256、49、51、148、203、209、178、142、138、75、128、344、349；羊、狗二畜组合——YYM87、224、179、126、111、338、373、372）。

Ⅲ　在牛、羊、狗三畜组合中，有2座死者头朝东的墓的羊牲，不但其东端前沿位置有狗牲作“警戒”，而且在中间和西侧也有狗牲作“陪护”，这种殉牲形式，占玉皇庙墓地殉羊墓葬总数的2.08%。如YYM117，牛、羊、狗牲在墓圹东端填土中，是按东西方向，自东而西分前、中、后三组作同层摆放，前组为牛、狗牲各 1 套，中组为羊牲 2 套、狗牲 1 套，后组为羊牲 1 套、狗牲 1 套；YYM171，牛、羊、狗牲也被摆放在墓圹东端填土中，牛牲居南侧，狗、羊牲居其北侧，其中居最东端者为狗牲 1 套，另有 11 套狗牲与 5 套羊牲，则在紧邻此狗牲之西侧，依次交错摆放。此种形式，实际上是兼容了前述第Ⅱ和第Ⅲ两种殉牲形式的一种综合形式。

Ⅳ　在牛、羊、狗三畜组合与羊、狗二畜组合中，有 6 座墓的羊牲处于牛、狗牲在前沿和左、右两侧翼的拱卫之下，即居于牛、狗牲之后侧，亦即西侧或西北、西南侧，而牛、狗牲则居于羊牲之东侧，或东北侧，或南、北侧，此种形式占玉皇庙墓地殉羊墓葬总数的 6.25%。这 6 座墓死者头向一律朝东（墓葬编号为：牛、羊、狗三畜组合——YYM20、278；羊、狗二畜组合——YYM296、221、114、127）。

Ⅴ　在死者头朝西的殉羊墓中，有 3 座墓的羊牲，在其殉牲组合中，居于狗牲之东侧，即居于后方位置，而狗牲则一律居于圹内西端，即居前沿警戒位置。如在牛、羊、狗三畜组合中 YYM190 和 YYM158，以及在羊、狗二畜组合中 YYM295，即均属此种形式。占玉皇庙墓地殉羊墓葬总数的 3.125%。此种形式，实际上是前述第Ⅱ种殉牲形式的反向例证。

Ⅵ　在死者头朝西的殉羊墓中，在牛、羊、狗三畜组合中，有 1 座墓（YYM131）的 3 种殉牲均摆放在圹内西端上层填土中，牛牲居西端南侧，羊、狗牲居牛牲之北侧，其中狗牲居西、东两端，而羊牲居狗牲中间。占玉皇庙墓地殉羊墓葬总数的 1.04%。此种形式，实际上是前述第Ⅲ种殉牲形式的反向例证。

Ⅶ　在死者头朝西的殉羊墓中，在羊、狗二畜组合中，有 1 座墓（YYM144）的 2 种殉牲均摆放在圹内西端上层填土中，羊牲居西端北侧，狗牲居羊牲之南侧和东侧。所占百分比同上。此种形式，实际上是前述第Ⅴ种殉牲形式的反向例证。

Ⅷ　在死者头朝东的殉羊墓中，有 3 座墓是羊牲在其殉牲组合中居于圹内东端南侧，而牛牲居其北侧的殉牲形式，占玉皇庙墓地殉羊墓葬总数的 3.125%。如在 YYM10 牛、羊二畜组合中和 YYM188、YYM129 牛、羊、狗三畜组合中即属此种形式。

Ⅸ　在死者头朝东的殉羊墓中，有 2 座墓是羊牲在羊、狗二畜组合中，居于圹内东端上层填土中偏北侧位置，而狗牲居其南侧的殉牲形式，此种形式占玉皇庙墓地殉羊墓葬总数的 2.08%。YYM277 和 YYM270 即属此种殉牲形式。

Ⅹ　在死者头朝东的殉羊墓中，有 2 座羊牲在羊、狗二畜组合中，居于圹内东端填土中偏南侧位置，而狗牲居其北侧的殉牲形式，此种殉牲形式与第Ⅸ种殉牲形式正相反，所占百分比相同。YYM271 和 YYM223 即属此种殉牲形式。

Ⅺ　在死者头朝东的殉羊墓中，有 1 座牛、羊、狗三畜组合的墓（YYM320），将拆解开的 3 种殉牲按东西方向，置于圹内东南角上层填土中，作自东而西同层纵向一字排列：牛头 1 个居东端，狗头 1 个居中间，羊头 1 个居其西侧。

Ⅻ　在死者头朝西的殉羊墓中，有 1 座牛、羊、狗三畜组合的墓（YYM160），将拆解开的 3 种殉牲，按西东方向，置于圹内西端上层填土中，作自西而东同层摆放：狗牲 2 套居西端中间，牛牲 1 套居狗牲之东侧，羊牲 1 套居狗牲之西南侧。

XIII　在死者头朝东的殉羊墓中，有 1 座羊、狗二畜组合的墓（YYM294），将拆解开的 2 种殉牲，置于圹内东端上层填土中，作上、下聚堆摆放，其中狗牲居下层及西侧，羊牲置于狗牲之上。

ⅩⅣ 在死者头朝东的殉羊墓中，有1座羊、狗二畜组合的墓（YYM252），将拆解开的山羊牲1套、狗牲2套，按东西方向，作山羊牲居东、狗牲居其西侧摆放。

ⅩⅤ 在死者头朝东的殉羊墓中，有1座单纯殉羊的墓（YYM50），将拆解开的羊牲1套及羊肱骨1只，置于圹内东端上层填土中，作分开、错向摆放，羊头上、下颌朝向不一。

ⅩⅥ 在死者头朝北的殉羊墓中有1座单纯殉羊的墓（YYM365，仅有羊肩胛骨1块、羊肱骨1只），将羊牲置于圹内北端上层填土中，羊肱骨作东西向横置，羊肩胛骨叠置其上。

以上第Ⅺ～ⅩⅥ等6种殉牲形式，均只有墓例1座，均各占玉皇庙墓地殉羊墓葬总数的1.04%。

（4）在分层祭牲中，羊牲在不同殉牲组合中所居层位，各有分别。

如在马、牛、羊、狗四畜组合中，羊牲绝大多数是居于上层的。在该殉牲组合中，殉牲是分层殉祭的（一般分为上、下二层，唯YYM18是分上、中、下三层），共有5座墓，其中4座（墓葬编号为：YYM18、250、230、174）的羊牲，都居于上层，占玉皇庙墓地殉羊墓葬总数的4.16%；只有1座墓（YYM74）西组祭牲中的羊牲居于下层，占玉皇庙墓地殉羊墓葬总数的1.04%。该组中的牛牲均居于上层。于是羊牲在马、牛、羊、狗四畜组合分层殉牲中位居上层的比例，占该殉牲组合分层殉祭墓总数的80%。

在马、羊、狗三畜组合中，殉牲分层殉祭的墓共2座，羊牲居上层的有1座（YYM52，居东组西端），居下层的也有1座（YYM212），各占玉皇庙墓地殉羊墓葬总数的1.04%，各占该殉牲组合分层殉祭墓总数的50%。

在牛、羊、狗三畜组合中，殉牲分层殉祭的墓共2座（YYM209、YYM158），羊牲均居下层，而牛牲均居上层，占玉皇庙墓地殉羊墓葬总数的2.08%，羊牲在该殉牲组合中居下层的比例，占该殉牲组合分层殉祭墓总数的100%。

总地看，前述16种形式以及分层祭牲中羊牲的情况，以其中第Ⅱ和第Ⅲ种形式为数较多，所占比例较大，具有典型的代表性意义，基本上可视为羊牲在玉皇庙墓地殉牲组合中摆放形式及其所处位置关系的主体趋势与规律性特点，而其他形式，为数均较少，所占比例较小，或仅有二、三例，甚至是孤例，皆可视为非主流情况，或个别情况。

（5）羊牲吻部朝向，基本上可分为4种情况：

Ⅰ 在玉皇庙墓地95座殉羊头和羊下颌骨的墓葬中，有84座死者头朝东的墓，其中羊牲吻部朝东者56座（墓葬编号为：YYM18、174、258、52、212、22、20、278、279、229、241、41、256、261、49、51、188、220、210、209、143、138、117、167、134、122、171、175、129、128、334、344、349、10、277、228、252、270、271、296、87、224、223、222、221、136、132、126、111、166、164、127、338、373、366、370），占该墓地殉羊头和羊下颌骨墓葬总数的58.9%，占该墓地死者头朝东的殉羊墓葬总数的66.6%；羊牲吻部朝东南的墓2座（YYM203、YYM137），占该墓地殉羊头和羊下颌骨墓葬总数的2.1%，占该墓地死者头朝东的殉羊墓葬总数的2.4%；羊牲吻部朝向不一者24座（墓葬编号为：YYM250、230、151、74、156、384、280、282、275、236、48、95、148、178、142、75、133、124、294、204、179、114、110、50），占该墓地殉羊头和羊下颌骨墓葬总数的25.3%，占该墓地死者头朝东的殉羊墓葬总数的28.6%；羊牲吻部朝北者1座（YYM199），还有因羊

牲骨骼残碎严重而难以确定其吻部朝向者 1 座（YYM372），二者各占该墓地殉羊头和羊下颌骨墓葬总数的 1.05%，各占该墓地死者头朝东的殉羊墓葬总数的 1.2%。

Ⅱ 在玉皇庙墓地 95 座殉羊头和羊下颌骨的墓葬中，有 3 座死者头朝东南的墓，其中羊牲吻部朝东者 2 座（YYM153、YYM320），占该墓地殉羊头和羊下颌骨墓葬总数的 2.1%，占该墓地死者头朝东南的殉羊墓葬总数的 66.7%；另 1 座羊牲吻部朝向不一（YYM176），占该墓地殉羊头和羊下颌骨墓葬总数的 1.05%，占该墓地死者头朝东南的殉羊墓葬总数的 33.3%。

Ⅲ 在玉皇庙墓地 95 座殉羊头和羊下颌骨的墓葬中，有 7 座头朝西的墓，其中羊牲吻部朝西者 4 座（墓葬编号为：YYM158、131、160、144），占该墓地殉羊头和羊下颌骨墓葬总数的 4.2%，占该墓地死者头朝西的殉羊墓葬总数的 57.1%；羊牲吻部朝东者 1 座（YYM295），占该墓地殉羊头和羊下颌骨墓葬总数的 1.05%，占该墓地死者头朝西的殉羊墓葬总数的 14.3%；羊牲吻部朝向不一者 2 座（YYM25、YYM190），占该墓地殉羊头和羊下颌骨墓葬总数的 2.1%，占该墓地死者头朝西的殉羊墓葬总数的 28.6%。

Ⅳ 在玉皇庙墓地 95 座羊头和羊下颌骨的墓葬中，有 1 座因被破坏死者头向不详的墓（YYM27），羊牲吻部朝东，此例占该墓地殉羊头和下颌骨墓葬总数的 1.05%。

从以上统计结果看，羊牲吻部朝向与死者头向的关系，也是密切相关的。在第一种情况死者头朝东的殉羊墓中，羊牲吻部朝东者占 2/3，只有 1/3 例外；在第三种情况死者头朝西的殉羊墓中，羊牲吻部朝西者同样占大多数（57%）。这与前述牛牲在牲吻朝向与死者头向关系上，所传达的信息和表现出来的规律性特点，意义是一致的。

4. 狗牲

狗牲在玉皇庙墓地殉牲中的身价和地位，是最低的一种。该墓地殉有狗牲的墓（包括各种殉狗组合形式）共计 248 座，其中殉有狗头的墓（含狗下颌骨）为 247 座，共殉狗头 764 个，狗下颌骨 22 副，仅有 1 座墓（YYM361）无狗头，只殉狗肱骨 1 只。狗牲在墓中各种殉牲组合形式中，同样表现出一定的规律性特点。

（1）玉皇庙墓地所殉狗牲中的狗头，其上、下颌绝大多数也皆被拆解开以后殉祭的，被完整保留者数量很少。据统计，该墓地狗头被拆解者共有 226 座墓 692 个（墓葬编号为：马、牛、羊、狗四畜组合——YYM18、250、230、151、74、156、174；马、牛、狗三畜组合——YYM2、13、57；马、羊、狗三畜组合——YYM257、52、212；马、狗二畜组合——YYM217；牛、羊、狗三畜组合——YYM22、20、25、27、384、278、279、280、282、229、241、275、41、236、256、261、49、48、95、51、190、188、148、203、220、210、209、199、178、153、142、143、138、137、117、75、176、158、167、134、133、131、124、171、320、160、175、128、334、344、349；羊、狗二畜组合——YYM277、228、252、270、271、296、295、294、87、224、223、222、221、204、179、144、136、132、126、114、111、166、164、127、110、338、373、366、372、370；牛、狗二畜组合——YYM28、251、233、227、264、226、234、263、266、89、258、54、23、208、58、196、186、86、213、168、332、321、303、301、394；猪、狗二畜组合——YYM173；单纯殉狗者——YYM29、245、231、232、240、265、96、47、225、254、273、46、44、238、237、267、272、94、259、247、268、260、65、191、66、68、192、189、55、185、59、60、

184、149、61、69、84、83、81、62、63、141、207、194、182、139、219、218、216、215、211、195、206、205、197、198、170、200、183、181、180、177、150、135、118、119、154、123、121、115、113、108、329、306、163、130、161、109、162、337、328、345、346、343、339、341、348、335、336、342、379、382、378、376、374、375、371、368、369、364、392、399、393、395、400），占该墓地殉狗头墓葬总数的91.5%，占该墓地所殉狗头总数的90.6%；狗头被完整保留者共有20座墓72个（墓葬编号为：牛、羊、狗三畜组合——YYM122、129；牛、狗二畜组合——YYM11、314；马、狗二畜组合——YYM11；单纯殉狗者——YYM43、262、297、116、120、331、319、318、316、312、315、304、302、325、340），占该墓地殉狗头墓葬总数的8.1%，占该墓地所殉狗头总数的9.4%。在殉狗头的墓中，只有1座墓（YYM305），因狗头骨破碎严重，难以确指原来是否完整或被拆解过。

以上统计显示，狗头被拆解的比例，略低于羊牲，而高于牛牲；狗头被完整保留的比例，则略高于羊牲，而远远低于马牲，同时也大大低于牛牲。

（2）狗牲中所殉狗腿，也只有狗肱骨一节，不连带其他部分。

（3）狗牲在殉牲组合中的位置与摆放形式，可分四种情况，共包括36种形式。

第一种情况是，除单纯殉狗形式之外，死者头朝东、殉牲置于圹内东端，狗牲在其各种殉牲组合形式中所居位置及其摆放形式，大体有以下5种形式：

Ⅰ 狗牲在其所在殉牲组合中居于东端者。共有43座墓（墓葬编号为：马、牛、羊、狗四畜组合——YYM18、174；马、牛、狗三畜组合——YYM2、13；马、羊、狗三畜组合——YYM212；马、狗二畜组合——YYM11、217；牛、羊、狗三畜组合——YYM22、27、384、279、280、282、229、241、275、236、256、261、48、95、220、210、199、143、137、176、167、134、122、124、175、334；牛、狗二畜组合——YYM86；羊、狗二畜组合——YYM228、204、136、132、166、164、110、366、370），占玉皇庙墓地殉狗墓葬总数的17.3%。在上述羊牲的殉牲组合中，羊牲多居于狗牲的后方，及西侧等位置。

Ⅱ 狗牲在其所在殉牲组合中兼居于东、西两端者。共有13座墓（墓葬编号为：马、牛、羊、狗四畜组合——YYM250、151、74、156；马、羊、狗三畜组合——YYM52；牛、羊、狗三畜组合——YYM256、148、344、142；羊、狗二畜组合——YYM179、111、373、372），占玉皇庙墓地殉狗墓葬总数的5.2%。在以上殉牲组合中，羊牲均居于狗牲中间。

Ⅲ 狗牲在其所在殉牲组合中兼居东及外围其他方位者。共有23座墓（墓葬编号为：马、牛、羊、狗四畜组合——YYM230；马、羊、狗三畜组合——YYM257；牛、羊、狗三畜组合——YYM51、203、209、178、153、138、75、128、349；羊、狗二畜组合——YYM296、87、221、126、114、127、338；牛、狗二畜组合——YYM251、89、258、168、394），占玉皇庙墓地殉狗墓葬总数的9.3%。在上述殉牲组合中，含有羊牲者，狗牲在平面布局上，绝大多数均呈三角形分布，东端为前锋，后方附带两翼，将羊牲置于狗牲的三角形布局中间，少数未作三角形布局者，也是狗牲居于东端前锋位置和某一侧翼位置，而将羊牲置于狗牲后方，即西侧或另一侧翼位置。在牛、狗二畜组合中，狗牲同样居于东端前锋位置和某一侧翼位置，而将牛牲置于狗牲后方某一侧翼位置，以示保护。

Ⅳ 狗牲在其所在殉牲组合中，与其他殉牲按东西方向呈纵向或纵向一字排列者，共有10座墓（墓葬编号为：牛、羊、狗三畜组合——YYM117、171、320；羊、狗二畜组合——YYM222；牛、狗二畜组合——YYM332、333、314、303、301；猪、狗二畜组合——YYM173），占玉皇庙墓地殉狗墓葬总数的4.03%。

YYM117牛、羊、狗牲的殉牲形式是，自东而西作纵向前、中、后三组，前组为牛、狗牲各1套，中组为狗1套、羊2套，后组为狗1套、羊1套。前组体现了狗对牛的保护，中、后两组则体现了狗对羊的保护。

YYM171的殉牲形式是，牛牲居南侧，狗、羊牲居其北侧，其中1套狗牲居最东端，其后还有11套狗牲和6套羊牲在紧挨西侧的位置作纵向交错摆放。此墓的这种殉牲形式，体现的仍是狗对牛和羊两种牲畜所需同时承担的保护职责。

YYM320的殉牲形式是，牛头1个居东，狗头1个居中，羊头1个居西侧，作纵向一字排列。这里狗牲居中，表现的是狗必须兼顾首、尾，即必须同时守护好牛和羊。

YYM222的殉牲形式是，狗牲3套居东，呈纵向一字排列，羊牲1套居其西侧。表现的是狗对羊的保护。

YYM332、333、314、303、301，殉牲形式相同，即都是牛牲居东，狗牲在其西侧作纵向一字排列。这是狗牲对牛牲实施保护的另一种队列形式。

同样道理，YYM173将猪头1个居东、狗牲1套居其西侧，作同层纵向摆放，这也应是狗对猪行使保护职责时，所需要的队列形式之一。

Ⅴ 狗牲在其所在殉牲组合中居于其他方位或作其他摆放形式者，共有25座墓，占玉皇庙墓地殉狗墓葬总数的10.08%。

狗牲在殉牲组合中居于南侧者，7座（墓葬编号为：牛、羊、狗三畜组合——YYM41；牛、狗二畜组合——YYM28、264、263、266、213；羊、狗二畜组合——YYM277），占该墓地殉狗墓葬总数的2.82%。

狗牲在殉牲组合中居于北侧者，8座（墓葬编号为：牛、羊、狗三畜组合——YYM47；牛、狗二畜组合——YYM233、234、23、196、186；羊、狗二畜组合——YYM271、223），占该墓地殉狗墓葬总数的3.22%。

狗牲在殉牲组合中居于东北侧者，3座（墓葬编号为：牛、羊、狗三畜组合——YYM20、133；牛、狗二畜组合——YYM54），占该墓地殉狗墓葬总数的1.21%。

狗牲在殉牲组合中居于西侧者，2座（牛、狗二畜组合——YYM227，羊、狗二畜组合——YYM252），占该墓地殉狗墓葬总数的0.81%。

狗牲在殉牲组合中居于南、北两侧者，1座（牛、羊、狗三畜组合——YYM278）；居于南、西两侧者，1座（牛、羊、狗三畜组合——YYM188）；居于北侧和东南侧者，1座（羊、狗二畜组合——YYM224），居于圹内东端正中者，1座（羊、狗二畜组合——YYM270）；居于圹内南侧西部者，1座（牛、狗二畜组合——YYM321）。这5例个别情况，各占该墓地殉狗墓葬总数的0.4%。

第二种情况是，除单纯殉狗形式之外，死者头朝西，殉牲在圹内位置和狗牲在其各种殉牲组合形式中所居位置及其摆放形式，大体也有5种形式（形式序号续前，第Ⅵ~Ⅹ）：

Ⅵ　狗牲不但随其殉牲组合居于圹内西端，而且位居该殉牲组合西端之首。属此种形式者共有4座墓（墓葬编号为：牛、羊、狗三畜组合——YYM190、158、160；羊、狗二畜组合——YYM144），占玉皇庙墓地殉狗墓葬总数的1.61%。

Ⅶ　殉牲置于圹内西端，狗牲在其殉牲组合中居于牛牲北侧之西、东两端，而将羊牲置其中间，属此种形式者1座（牛、羊、狗三畜组合——YYM131）。

Ⅷ　殉牲置于圹内东、西两端，狗牲在其殉牲组合中居于西端、且狗吻朝西，属此种形式者1座（羊、狗二畜组合——YYM295，羊牲在该殉牲组合中居于圹内东端，羊吻朝东）。

Ⅸ　殉牲分置于圹内西端、中间和东端3处，狗牲在其殉牲组合中分居于圹内西、东两端，属此种形式者1座（马、牛、狗三畜组合——YYM57，此组殉牲中的马牲——马肱骨4只，置于圹内中间）。

Ⅹ　殉牲置于圹内东端，狗牲在其殉牲组合中居于北侧东端，属此种形式者1座（牛、羊、狗三畜组合——YYM25，此组殉牲中的牛牲，居圹内东端偏南侧，狗、羊牲居其北侧，其中狗牲居东端，羊牲居狗牲之西侧）。

以上Ⅶ～Ⅹ4种殉牲形式，各占玉皇庙墓地殉狗墓葬总数的0.4%。

第三种情况是，除单纯殉狗形式之外，狗牲在其他殉牲组合中分层殉祭时所处层位的情况，有以下3种形式（形式序号续前，第Ⅺ～ⅩⅢ）：

Ⅺ　狗牲在其所在殉牲组合中居于下层者，有8例（墓葬编号为：牛、羊、狗三畜组合——YYM48、208、209、158、129；牛、狗二畜组合——YYM58、86；羊、狗二组组合——YYM294），占玉皇庙墓地殉狗墓葬总数的3.23%。

Ⅻ　狗牲在其所在殉牲组合中居于上层者，也有8例（墓葬编号为：马、牛、羊、狗四畜组合——YYM18、250、230、174；马、牛、狗三畜组合——YYM2；马、狗二畜组合——YYM11、217；牛、羊二畜组合——YYM282），所占比例与第Ⅺ种形式相同。

ⅩⅢ　狗牲在其所在殉牲组合中上、下层兼居者，有3例（墓葬编号为：马、牛、羊、狗四畜组合——YYM74；马、羊、狗三畜组合——YYM212；牛、狗二畜组合——YYM226），占玉皇庙墓地殉狗墓葬总数的1.21%。

从上述3种形式看，狗牲在以马牲为核心的殉牲组合中，绝大多数是居于上层的；在以牛为核心的殉牲组合中，则绝大多数是居于下层的。

第四种情况是，单纯殉狗的墓中狗牲的位置及其摆放形式。

玉皇庙墓地殉牲墓中，共发现单纯殉狗的墓122座，占该墓地殉牲墓葬总数的（254座）的48.03%，占该墓地含各种殉狗组合墓葬总数（248座）的49.2%，两种比例都接近50%，可见单纯殉狗的墓，在玉皇庙墓地数量是较多的，它是诸种殉牲组合中数量最多的一种殉牲类型，故其殉牲形式也最繁复。经整理分析，单纯殉狗墓中狗牲的位置及摆放形式，大体可分为三类23种形式。

第一类，死者头朝东、狗牲置于圹内东端、非孤例单纯殉狗墓中狗牲的摆放形式，共有10种形式（形式序号续前，第ⅩⅣ～ⅩⅩⅢ）：

ⅩⅣ　按东向，狗牲顺置于圹内东端填土中者，有12例（墓葬编号为：YYM262、59、60、141、194、215、177、120、316、306、382、393），占该墓地殉狗墓葬总数的4.84%，占该墓地单纯殉狗墓葬总数的9.84%。

XV　按东向，狗牲在圹内东端填土中作同层相邻依次摆放者，有10例（墓葬编号为：YYM231、232、191、118、108、340、342、378、376、371），占该墓地殉狗墓葬总数的4.03%，占该墓地单纯殉狗墓葬总数的8.93%。

XVI　狗牲在圹内东端填土中作聚堆摆放者，有29例（墓葬编号为：YYM240、265、96、273、237、267、94、247、192、189、185、184、149、81、139、205、183、180、119、113、163、130、328、341、348、374、368、369、364），占该墓地殉狗墓葬总数的11.69%，占该墓地单纯殉狗墓葬总数的23.77%。

XVII　狗牲在圹内东端填土中作同层、分开摆放者，有17例（墓葬编号为：YYM259、260、55、62、219、195、206、200、181、123、121、115、337、335、392、399、400），占该墓地殉狗墓葬总数的6.85%，占该墓地单纯殉狗墓葬总数的13.93%。

XVIII　按东向，狗牲在圹内东端填土中作同层并列摆放者，有8例（墓葬编号为：YYM43、44、272、69、182、197、198、336），占该墓地殉狗墓葬总数的3.23%，占该墓地单纯殉狗墓葬总数的6.56%。

XIX　狗牲在圹内东端填土中作同层相邻南、北并列摆放者，有6例（墓葬编号为：YYM29、254、207、216、211、346），占该墓地殉狗墓葬总数的2.42%，占该墓地单纯殉狗墓葬总数的4.92%。

XX　按东向，狗牲在圹内东端填土中作自东而西纵向或纵向一字排列者，共有16例（其中作东西纵向排列者10例，墓葬编号为：YYM83、63、218、150、135、116、318、161、109、339；作东西纵向一字排列者6例，墓葬编号为：YYM84、319、312、315、304、302），占该墓地殉狗墓葬总数的6.45%，占该墓地单纯殉狗墓葬总数的13.1%。

XXI　狗牲在圹内东端填土中作平面呈三角形布局者，有2例（YYM154、YYM343），占该墓地殉狗墓葬总数的0.81%，占该墓地单纯殉狗墓葬总数的1.64%。

XXII　狗牲在圹内东端填土中作错位摆放者，有3例（墓葬编号为：YYM47——将1狗头上、下颌拆解开以后，作上、下错位摆放；YYM170——将2套狗牲作上、下错位摆放；YYM331——将2完整狗头作一东、一西同层纵向错位摆放），占该墓地殉狗墓葬总数的1.2%，占该墓地单纯殉狗墓葬总数的2.46%。

XXIII　狗牲在圹内东端填土中分上、下二层摆放者，有3例（墓葬编号为：YYM245、225、61），所占比例与上述第XXII种形式相同。

第二类，死者头向不一，狗牲本身情况及其在墓中的摆放位置与形式较特殊，且均属孤例者，共有10例，各占该墓地殉狗墓葬总数的0.4%，各占该墓地单纯殉狗墓葬总数的0.82%。这10例中，共包括7种不同殉牲形式。其中狗牲被置于圹内东端填土中者，有8例，具体摆放形式有差异，大致可分为5种形式（形式序号续前，第XXIV～XXVIII）：

XXIV　1例，YYM46，将拆解开的狗牲2套，在圹内东端中上层填土中，作零散摆放。

XXV　1例，YYM238，将拆解开的狗牲上、下颌颌骨1套作斜向交叉覆扣，上颌吻部朝东南，下颌吻部朝北。

XXVI　1例，YYM268，将拆解开的狗牲2套，作南、北相邻、同层反向摆放，其中1个上颌吻部朝东，另1个上颌吻部朝西北。

XXVII 1例，YYM345，将拆解开的狗牲3套，顺墓圹方向，分东南、西北两组同层相邻摆放，东南组摆狗下颌骨3副、狗肱骨3只；西北组摆狗上颌骨3个，呈三角形布局，一东二西。两组中的狗上、下颌骨的吻部皆朝东南。

XXVIII 4例，墓葬编号为：YYM305，只有残碎严重的狗头骨1个；YYM162，只有狗下颌骨1副；YYM379，只有狗下颌骨1块；YYM361，只有狗肱骨1只。这4例狗牲标本，均平置于圹内东端上层填土中。

以上8例，死者头向分3种情形：YYM162朝东北，YYM345朝东南，其余6例均朝东。

另有2例，狗牲均被置于圹内南侧，但这2例在死者的头向、殉牲部位、摆放形式、牲吻朝向等方面，也各不相同，故也分为2种形式（形式序号续前，第XXIX、XXX）：

XXIX 1例，YYM329，死者头朝东，仅殉有狗下颌骨1块，平置于圹内南侧偏西上层填土中，此狗下颌骨吻部朝西。

XXX 1例，YYM325，死者头朝北，殉有狗头1个，狗下颌骨1副，顺墓圹方向，顺置于圹内南侧中部上层填土中，狗牲吻部皆朝东北。

第三类，死者头朝西的单纯殉狗墓葬中，狗牲在墓中的位置及其具体摆放形式。此类墓，共有6座，占该墓地殉狗墓葬总数的2.42%，占该墓地单纯殉狗墓葬总数的4.9%。这6座墓的殉牲情况各不相同，分为6种形式（形式序号续前，第XXXI～XXXVI）：

XXXI 1例，YYM65，将拆解开的小狗头1个，吻部朝西置于圹内西端上层填土中。

XXXII 1例，YYM297，将完整狗头1个，吻部朝西，顺置于圹内西端中层填土中，狗肱骨1只，横置于狗头之下。

XXXIII 1例，YYM375，只有狗下颌骨1副、狗肱骨1只，置于圹内西端南侧上层填土中，狗下颌骨叠置于狗肱骨之上，下颌骨吻部朝东北。

XXXIV 1例，YYM395，将拆解开的狗牲2套，按西东方向，一西一东同层纵向摆放在圹内西端中层填土中，其中2狗上颌和1副狗下颌骨吻部朝西，另1副狗下颌骨吻部朝东南。

XXXV 1例，YYM66，将拆解开的狗牲4套，分西、东二组，同层相邻摆放于圹内西端中间上层填土中，狗牲吻部皆朝东。

XXXVI 1例，YYM68，将拆解开的狗牲1套，按东向错位叠置于圹内东端上层填土中，狗牲吻部朝东。

这6例死者头朝西的单纯殉狗墓葬中，有5例殉牲被摆放在圹内西端，其形式与内容表现得比较集中，其与死者头向保持一致的比率，达83.3%。这一情况，可作为探讨该墓地殉牲位置与死者头向关系问题的来自反向方面的一个例证。

（4）狗牲吻部朝向，在玉皇庙墓地248座殉牲的墓葬中，有245座是可以辨认狗牲吻部朝向的（唯有YYM361因只殉狗肱骨1只，而无狗头骨，故无牲吻朝向问题；另有YYM305和372两座墓，均因狗头骨或狗下颌骨残碎严重，而无法判别其吻部朝向）。按死者头向分，基本上可将这245座墓分为5种情况：

I 在可辨狗牲吻部朝向的、死者头向朝东的殉狗墓葬中，狗牲吻部朝向情况。

在245座可辨狗牲吻部朝向的殉狗墓葬中，死者头朝东的墓共有219座。在219座死者头朝东的墓葬中，狗牲吻部朝东者，有98座，占该墓地死者头朝东殉狗墓葬总数的44.75%，占该墓地可辨狗牲吻部朝向的殉狗墓葬总数的40%（墓葬编号为：YYM22、20、27、29、2、13、11、18、28、245、233、227、89、47、43、44、52、55、59、60、69、212、83、141、194、182、139、218、215、211、195、170、181、180、135、116、120、121、115、113、108、331、319、312、315、306、304、302、161、109、333、314、303、301、173、174、279、241、41、49、203、220、199、143、75、122、124、171、175、129、334、344、277、271、87、223、222、136、132、111、164、127、110、340、337、328、343、339、348、335、382、378、371、373、366、370、368、393）。

在219座死者头朝东的墓葬中，狗牲吻部朝向不一者，有97座，占该墓地死者头朝东殉狗墓葬总数的44.3%，占该墓地可辨狗牲吻部朝向的殉狗墓葬总数的39.6%（墓葬编号为：YYM231、204、265、96、225、254、273、46、238、237、267、272、259、268、260、191、192、189、185、184、149、61、84、81、62、63、207、219、216、205、197、198、183、130、257、217、186、86、213、250、230、151、74、156、384、278、280、282、229、275、236、256、261、48、95、51、188、148、210、209、178、142、178、117、167、134、133、128、349、228、252、270、294、224、221、204、179、126、114、251、264、226、263、266、258、58、196、338、336、342、376、374、369、364、392、394、399）。

在219座死者头朝东的墓葬中，狗牲吻部朝东或东北者，有12座，占该墓地死者头朝东殉狗墓葬总数的5.48%，占该墓地可辨狗牲吻部朝向的殉狗墓葬总数的4.9%（墓葬编号为：YYM232、94、296、54、23、208、119、123、163、341、379、400）。

在219座死者头朝东的墓葬中，狗牲吻部朝东和东南者，有6座，占该墓地死者头朝东殉狗墓葬总数的2.74%，占该墓地可辨狗牲吻部朝向的殉狗墓葬总数的2.45%（墓葬编号为：YYM247、206、177、118、137、166）。

在219座死者头朝东的殉狗墓葬中，狗牲吻部朝南者1座（YYM200），朝西者1座（YYM329），朝北者1座（YYM346），因狗牲头骨和下颌骨残碎过甚而吻向难以确定者2座（YYM305和YYM372）。前3例，各占该墓地死者头朝东殉狗墓葬总数的0.45%，各占该墓地可辨狗牲吻部朝向的殉狗墓葬总数的0.4%；后2例，占该墓地死者头朝东殉狗墓葬总数的0.91%，占该墓地可辨狗牲吻部朝向的殉狗墓葬总数的0.81%。

Ⅱ　在可辨狗牲吻部朝向的死者头朝东南的殉狗墓葬中狗牲吻部朝向情况。在玉皇庙墓地死者头朝东南的殉狗墓，共有12座，其中狗牲吻部朝东者6座（墓葬编号为：YYM262、318、168、332、321、320），占该墓地死者头朝东南殉狗墓葬总数的50%，占该墓地可辨狗牲吻部朝向的殉狗墓葬总数的2.45%。

在12座死者头朝东南的殉狗墓葬中，狗牲吻部朝东南者，有2座（YYM154和YYM345），占该墓地死者头朝东南殉狗墓葬总数的16.67%，占该墓地可辨狗牲吻部朝向的殉狗墓葬总数的0.81%。

在12座死者头朝东南的殉狗墓葬中，狗牲吻部朝向不一者，有4座（墓葬编号为：YYM150、153、176、234），占该墓地死者头朝东南殉狗墓葬总数的33.3%，占该墓地可辨狗牲吻部朝向的殉狗墓葬总数的1.63%。

Ⅲ 在可辨狗牲吻部朝向的、死者头朝东北的殉狗墓葬中，狗牲吻部朝向情况。在玉皇庙墓地，死者头朝东北的殉狗墓，有2座，其中狗牲吻部朝东者1座（YYM316），朝东北者1座（YYM162），各占该墓地死者头朝东北殉狗墓葬总数的50%，各占该墓地可辨狗牲吻部朝向的殉狗墓葬总数的0.4%。

Ⅳ 在可辨狗牲吻部朝向的、死者头朝西的殉狗墓葬中，狗牲吻部朝向情况。在玉皇庙墓地，死者头朝西的殉狗墓，共有14座，其中狗牲吻部朝西者7座（墓葬编号为：YYM65、297、158、131、160、295、144），占该墓地死者头朝西殉狗墓葬总数的50%，占该墓地可辨狗牲吻部朝向的殉狗墓葬总数的2.86%。

在14座死者头朝西的殉狗墓中，狗牲吻部朝向不一者4座（墓葬编号为：YYM57、25、190、395），占该墓地死者头朝西殉狗墓葬总数的28.57%，占该墓地可辨狗牲吻部朝向的殉狗墓葬总数的1.63%。

在14座死者头朝西的殉狗墓中，狗牲吻部朝东者2座（YYM66和YYM68），朝东北者1座（YYM375），分别占该墓地死者头朝西殉狗墓葬总数的14%、28%和7.14%，分别占该墓地可辨狗牲吻部朝向的殉狗墓葬总数的0.81%和0.4%。

Ⅴ 在可辨狗牲吻部朝向的殉狗墓葬中，还有唯一一座死者头朝北的墓，其狗牲吻部朝东北（YYM325），占该墓地可辨狗牲吻部朝向的殉狗墓葬总数的0.4%。

从考察牲吻朝向与死者头向关系的角度看，上述5种情况中，当以第一种情况和第四种情况较为重要。在第一种情况死者头朝东的殉狗墓葬中，以狗牲吻部朝东者数量最多，所占比例较高，超过或大大超过狗牲吻部其他朝向者，应为第一种情况的主导趋势，具有典型代表意义。第四种情况死者头朝西的殉狗墓葬中，狗牲吻部朝西者占50%，在数量和比例上，等于其他3种狗吻朝向者的总和，故狗吻朝西者应为第四种情况的主导趋势，在狗牲吻部朝向与死者头向关系问题上，具有反向典型代表意义。

（五）殉牲墓的规格级别及其与殉牲组合的关系

玉皇庙墓地254座殉牲墓，包括了该墓地四等八级墓葬，即一等甲级大型墓，分甲（A）、甲（B）两级；二等乙级中型墓，分乙（A）、乙（B）两级；三等丙级小型墓，分丙（A）、丙（B）、丙（C）三级；四等丁级，即最低一级，属第八级小型浅穴土坑墓。

属甲（A）级的殉牲墓有3座，属甲（B）级的殉牲墓有5座；属乙（A）级的殉牲墓有28座。以上这3组级别最高和较高的殉牲墓，均占该墓地该级别墓葬总数的100%。属乙（B）级的殉牲墓有73座，占该墓地该级别墓葬总数（83座）的88%。属丙（A）级的殉牲墓有67座，占该墓地该级别墓葬总数（81座）的82.7%。属丙（B）级的殉牲墓有27座，占该墓地该级别墓葬总数的（41座）的65.8%。属丙（C）级的殉牲墓有34座，占该墓地该级别墓葬总数（66座）的51.5%。属丁级的殉牲墓有17座，占该墓地该级别墓葬总数（92座）的18.5%。

从以上统计结果可清楚看出，在玉皇庙墓地规格级别越高的墓葬，有殉牲的比例就越高，相反，规格级别越低的墓葬，有殉牲的比例就越低，而无殉牲的比例就越高。

下面再将玉皇庙墓地五类13种殉牲组合与四等八级墓葬规格级别相联系，以进一步考察该墓地殉牲制度中的等级制度特征。

第一类第Ⅰ种殉牲组合——马、牛、羊、狗四畜组合，共有7座墓，所包括的墓葬规格级别只有一等甲级大型墓和二等乙级中型墓，不含三、四等墓。占该墓地殉牲墓葬总数的2.76%。

第一类第Ⅱ种殉牲组合——马、牛、狗三畜组合，共有3座墓，所包括的墓葬规格级别，只有一等甲级大型墓和二等乙级中型墓，不含一等甲（A）级大型墓，也不含三、四等墓。占该墓地殉牲墓葬总数的1.18%。

第一类第Ⅲ种殉牲组合——马、羊、狗三畜组合，共有3座墓，所包括的墓葬规格级别，只有一等甲级大型墓和二等乙级中型墓，不含一等甲（A）级大型墓和二等乙（A）级中型墓，也不含三、四等墓。所占殉牲墓的比例同上。

第一类第Ⅳ种殉牲组合——马、狗二畜组合，共有2座墓，所包括的墓葬规格级别，同样只有一等甲级大型墓和二等乙级中型墓，不含一等甲（A）级大型墓，也不含二等乙（B）级以下的墓葬。占该墓地殉牲墓葬总数的0.79%。

第一类第Ⅴ种殉牲组合，为单纯殉马者共有2座墓，所包括的墓葬规格级别，只有二等乙级中型墓，不含一等甲级大型墓，也不含三、四等墓。所占殉牲墓的比例同上。

第二类第Ⅵ种殉牲组合——牛、羊、狗三畜组合，共有53座墓，所包括的墓葬规格级别，有一等甲（B）级大型墓1座；二等乙（A）级中型墓14座，丙（B）级小型墓4座，不含一等甲（A）级大型墓，也不含三等丙（C）级小型墓和四等墓。占该墓地殉牲墓葬总数的20.87%。

第二类第Ⅶ种殉牲组合——牛、狗二畜组合，共有27座墓，所包括的墓葬规格级别，有二等乙（A）级中型墓5座，乙（B）级中型墓11座，三等丙（A）级小型墓4座，丙（B）级小型墓3座，丙（C）级小型墓2座，四等丁级墓2座，唯不含一等甲级大型墓。占该墓地殉牲墓葬总数的10.63%。

第二类第Ⅷ种殉牲组合——牛、羊二畜组合，只有1座墓（YYM10），墓葬规格级别属二等乙（B）级中型墓，占该墓地殉牲墓葬总数的0.4%。

第二类第Ⅸ种殉牲组合，单纯殉牛者，只有1座墓（YYM26），墓葬规格级别属二等乙（B）级中型墓，所占殉牲墓的比例同上。

第三类第Ⅹ种殉牲组合——羊、狗二畜组合，共有30座墓，所包括的墓葬规格级别，有二等乙级中型墓和三等丙级小型墓，乙（A）2座，乙（B）9座，丙（A）9座，丙（B）6座，丙（C）4座，不含一等甲级大型墓和四等丁级小型墓。占该墓地殉牲墓葬总数的11.81%。

第三类第Ⅺ种殉牲组合，为单纯殉羊者，共有2座，所包括的墓葬规格级别，有三等丙（C）级小型墓1座（YYM50）和四等丁级墓1座（YYM365）。不含一、二等墓和三等丙（A）、丙（B）级墓。占该墓地殉牲墓葬总数的0.79%。

第四类第Ⅻ种殉牲组合，为单纯殉狗者，共有122座，所包括的墓葬规格级别，有二、三、四等墓的全部6个级别。乙（A）2座，乙（B）29座，丙（A）37座，丙（B）14座，丙（C）26座，丁级14座。唯不含一等甲级大型墓。占该墓地殉牲墓葬总数的48%。

第五类第XIII种殉牲组合——猪、狗二畜组合，只有1座墓（YYM173），墓葬规格级别属三等丙（C）级小型墓，仅占该墓地殉牲墓总数的0.4%（参见附表37）。

附表37　**玉皇庙墓地殉牲墓的规格级别及其与殉牲种类组合关系统计表**

规格级别 / 墓号(YYM) / 殉牲种类组合	甲(A)	甲(B)	乙(A)	乙(B)	丙(A)	丙(B)	丙(C)	丁	合计(座)	占殉牲墓总数的百分比
Ⅰ	18、230、250	151	74、156	174					7	2.76%
Ⅱ		2▲	13	57					3	1.18%
Ⅲ		52		212、257					3	1.18%
Ⅳ		217	11						2	0.79%
Ⅴ			300	17					2	0.79%
Ⅵ		22	51、95、129、209、210、229、236、261、275、334、344、20▲、280▲、256▲	41、124、134、158、160、188、190、203、349、384、241▲、279▲、178▲、220▲、133▲、167▲128▲	48、49、117、122、131、142、143、148、171、175、199、278、282、25▲、137▲、138▲、153▲	320、75▲、176▲、27■			53	20.87%
Ⅶ			54、86、227、258▲、266▲	58、186、213、226、233、234、263、251▲、196▲、394▲、89■	23、264、208▲、28■	168、333、301▲	314、332	303、321	27	10.63%
Ⅷ				10▲					1	0.4%
Ⅸ				26▲					1	0.4%
Ⅹ			295、338▲	179、228、270、271、373、87▲、204▲、223▲、366▲	111、224、252、277、294▲、144▲、221▲、126▲、372▲	110、164、370、296▲、222▲、114▲	127、132●、136●、166●		30	11.81%
Ⅺ							50▲	365	2	0.79%
Ⅻ			161、339▲	44、46、60、61、63、65、170、182、205、207、247、348、231▲、240▲、66▲、225▲、237▲、254▲、81▲、150▲、197▲198▲、211▲、216▲、130▲、163▲、346▲、369▲、374▲	43、69、83、181、260、328、336、342、343、345、376、379、395、400、29▲、96▲、232▲、245▲、265▲、191▲、268▲、272▲、273▲、84▲、185▲、189▲、119▲139▲、180▲、200▲、206▲、218▲、219▲、113▲、340▲341▲、378▲	192、297、315、319、399、149▲、118▲、183▲、215▲、364▲、382▲、184●、120●、267★	62、108、121、154、312、318、393、47▲、68▲、302▲、304▲、305▲、109▲、368▲、371▲、375▲、94●、238●、259●、55●、135●、337●、262★、194★、195★、123★	325、329、361、306▲、316▲、331▲、162▲、392▲、59●、116●、115●、141★、177★、335★	122	48%
ⅩⅢ							173		1	0.4%
合计	3	5	28	73	67	27	34	17	254	
占该级别墓葬总数的百分比	100%	100%	100%	88%	82.7%	65.8%	51.5%	18.5%		

注：墓号右侧无符号者为男性墓，带▲符号者为女性墓，带●符号者为少儿墓，带★符号者为婴儿墓，带■符号者为性别不详者墓

从上述五类13种殉牲组合与墓葬规格级别关系的统计结果中不难看出，二者之间明显地存在着规律性的搭配关系特点和等级差别特点，即规格级别越高的墓，其殉牲配伍组合的级别就越高，相反，规格级别越低的墓，其殉牲配伍组合的级别就越低。就是说，在享用殉牲组合及殉牲数量方面，是有鲜明的等级差别的。

如最高级的第一类第一种殉牲组合——马、牛、羊、狗四畜俱全的组合，一共配给了7座墓，其中3座属于甲（A）级大型墓（占了这个级别墓葬总数的100%），另外配给了甲（B）级1座，乙（A）级2座。这种殉牲配伍组合，只配给了极少数高级权贵墓，三等以下的墓根本没有。不但这第一种组合不配给三等以下的墓，就连第二、第三、第四、第五种殉牲组合，也不配给三等以下的墓，即凡是含马牲、以马为核心的殉牲组合，只限定在甲级大型墓中，或极少数乙（A）和乙（B）中型墓级别之内享用，绝不再扩大或降低级别。

较低级和最低级的殉牲组合，是第Ⅺ种和第Ⅻ种殉牲组合，即单纯殉羊者和单纯殉狗者。单纯殉羊者共2座，一座墓的规格级别属丙（C）级（YYM50），另1座属丁级（YYM365），前者仅有羊头1个，羊肱骨2只；后者只殉羊肩胛骨1块，羊肱骨1只。单纯殉狗者，共122座，其中属乙级中型墓者为31例，其余91例皆属三、四等丙、丁级小型墓，这样，三、四等小型墓的单纯殉狗者，即占单纯殉狗墓总数的74.6%，将近3/4，而且其中不少墓所殉狗牲数量极少，有的只有1个狗头加1只狗肱骨，或只有1副或1块狗下颌骨，或1只狗肱骨而已。

与此相反的是，在拥有第一类第一种殉牲组合的4座甲级大型墓和3座乙级中型墓中，所殉马头即有35个，马腿38只，牛头10个，牛下颌骨8副，牛肱骨37只；羊头35个，羊下颌骨3副，羊肱骨36只；狗头31个，狗下颌骨5副，狗肱骨34只。这种情况，与三、四等小型墓单纯殉羊和单纯殉狗的低级殉牲组合关系，以及殉牲种类与数量相比，简直可谓是天壤之别。

（六）殉牲与死者性别和年龄的关系

经考察，玉皇庙墓地的殉牲墓和无殉牲墓，都与死者的性别和年龄（指成年人和少儿及婴儿不同年龄段）有密切关系，不同性别和年龄段的死者，是否享用殉牲，或所属殉牲墓以及殉牲组合种类级别的高低与数量的多寡，都各有差别。这就是说，殉牲在死者性别与年龄方面，也同样存在着等级差别。

1. 从殉牲的有无看，男性死者有殉牲的墓为127座，占男性墓总数（177座）的71.8%，占该墓地有殉牲墓葬（254座）总数的50%；女性死者有殉牲的墓为101座，占女性墓总数（156座）的64.7%，占该墓地有殉牲墓葬总数的39.8%；少儿有殉牲的墓为14座，占少儿墓总数（37座）的37.8%，占该墓地有殉牲墓葬总数的5.5%；婴儿有殉牲的墓为8座，占婴儿墓总数（20座）的40%，占该墓地有殉牲墓葬总数的3.2%（参见附表38）。

在这两项指标中，男性比女性分别高出7.1和10.2个百分点，比少儿分别高出34和44.5个百分点，比婴儿分别高出31.8和46.8个百分点；而女性虽比男性低了若干百分点，但却因其有成人年龄组的身份而能与男性相近似，与少儿和婴儿年龄组明显区别开来，女性比少儿分别高出26.9和34.3个百分点，比婴儿分别高出24.7和36.6个百分点。以上统计结果表明，在拥有殉牲方面，男、女之间，成年男、女与孩童之间，存在着明显的或较大的差别，在有殉牲墓的数量和比例上，男性明显地超过女性，而成年男、女又大大地超过孩童。

附表 38　**玉皇庙墓地殉牲墓的规格级别与性别和年龄关系统计表**

性别 / 墓号(YYM) / 规格级别	男	女	少儿	婴儿	性别不详	无人	总计
甲(A)	18、230、250						3
合计	3						
甲(B)	22、52、151、217	2▲					5
合计	4	1					
乙(A)	11▲、13▲、51、54▲、74、86、95▲、129、156、161、209、210、227、229、236、261、275、295、300、334、344	20、280、256、258、266、338、339					28
合计	21	7					
乙(B)	41▲、44、46、57、58、60、61、63、65、124、134、158、160、170、174、179、182、186、188、190、203、205、207、212、213、226、228、233、234、247、257、263、270、271、348、349、373、384▲	10、231、240、241、251、279、66、225、237、254、26、81、87、196、150、178、197、198、204、211、216、220、223、133、167、128、130、163、346、366、369、374、394			89▲	17	73
合计	38	33			1	1	
丙(A)	23、43、48、49、69、83、111、117、122、131、142、143、148、171、175、181、199、224、252、260、264、277▲、278、282、328、336、342、343、345、376、379、395、400	25▲、29▲、96、232、245、265、191、268、272、273、294、84、185、189、208、119、137 138、139、144、153、180、200、206、218、219、221、113、126、340、341、372、378			28▲		67
合计	33	33			1		
丙(B)	110、164、168、192、297、315、319、320、333、370、399	296、149、75、118、183、215、222、114、176、301、364、382	184、120	267	27▲		27
合计	11	12	2	1	1		
丙(C)	62、108、121、127、154、173、312、314、318、332、393	47、50、68、302、304、305、109、368、371、375	94、238、259、55、135、136、132、166、337	262、194、195、123			34
合计	11	10	9	4			
丁	303、321、325、329、361、365	306、316、331、162、392	59、116、115	141、177、335			17
合计	6	5	3	3			
总计	127	101	14	8	3	1	254
占殉牲墓总数的百分比	50%	39.8%	5.5%	3.2%	1.2%	0.3%	100%
占该性别死者总数的百分比	71.8%	64.7%	37.8%	40%	42.9%	33.3%	

注：带▲符号者，墓圹已遭程度不同破坏。

玉皇庙墓地无殉牲墓共146座，占该墓地墓葬总数的36.5%。其中女性墓为55座，占该墓地无殉牲墓葬总数的37.7%，占该墓地女性死者总数的35.3%；男性墓为50座，占该墓地无殉牲墓葬总数的34.2%，占该墓地男性死者总数的28.2%；少儿墓为23座，占该墓地无殉牲墓葬总数的15.8%，占该墓地少儿死者总数的62.2%；婴儿墓为12座，占该墓地无殉牲墓葬总数的8.2%，占该墓地婴儿死者总数的60%；还有因墓葬被破坏，死者性别不详者4座，以及无人墓2座，两者分别占该墓地无殉牲墓葬总数的2.7%和1.4%，分别占该墓地性别不详者和无人墓总数的57.1%和66.7%。

在这两项指标中，女性比男性分别高出3.5和7.1个百分点，与在有殉牲墓中所占比例的形式正相反，女性无殉牲者明显多于男性。而少儿与婴儿无殉牲的比例，也与前述有殉牲墓的形式相反，大大超过成年男、女死者。如果说在玉皇庙墓地成年男、女死者绝大多数或大多数是可以享用殉牲的，只有少数是不配享用殉牲的话，那么少儿和婴儿非成年死者，则是只有少数幸运儿才可以享用殉牲，而大多数孩童是完全没有殉牲的（参见附表39）

附表39　**玉皇庙墓地无殉牲墓的规格级别与性别和年龄关系统计表**

规格级别 \ 墓号(YYM) \ 性别	男	女	少儿	婴儿	性别不详	无人	总计
乙(B)	19▲、36▲、70▲、214、350	3▲、35▲、64、169、347					10
合计	5	5					
丙(A)	38▲、45、82▲、93、145	4▲、6▲、40▲、98、187、202、377			33▲	32	14
合计	5	7			1	1	
丙(B)	31、77、102▲、244、269	8▲、21、88、97、101▲、104	274、299			34▲	14
合计	5	6	2			1	
丙(C)	5▲、7▲、16▲、30、71▲、72▲105、290▲、311、323、326、385▲386▲、389、390	9▲、37▲、39▲、73、76、248、249、288、352、391、396、397、398	42、67、90▲、157、239				33
合计	15	13	5				
丁	79▲、107、172、243、246、276、281、284▲、307、308、309、313、322、330、351、356、358、362▲380、381	12▲、14、78▲、80、99、100▲、112▲、125▲、283、285、287、292、298、317、324、327、353、354、355、357、360、367、387、388	15、24、56、91▲、92▲、106、140、155、165、201、242、255、289、291、359、363	53、85、146、147、152、159、193、235、253、286、293、310	103▲ 383		74
合计	20	24	16	12	2		
级别不详					1▲		1
总计	50	55	23	12	4	2	146
占无殉牲墓总数的百分比	34.2%	37.7%	15.8%	8.2%	2.7%	1.4%	100%
占该性别死者总数的百分比	28.2%	35.3%	62.2%	60%	57.1%	66.7%	

注：带▲符号者，墓圹已遭程度不同破坏

2. 从殉牲数量看，玉皇庙墓地共殉祭5类13种殉牲2209个、副、只，其中男性死者（127例）共殉有1366个、副、只，占该墓地各种殉牲总数的61.8%；女性死者（101例）共殉有742个、副、只，占该墓地各种殉牲总数的33.6%；少儿死者（14例）共殉有47个、副、只，占该墓地各种殉牲总数的2.1%；婴儿死者（8例）共殉有18个、副、只，占该墓地各种殉牲总数的0.8%；此外，还有因墓葬被破坏，死者性别不详者（3例）共殉有32个、副、只，占该墓地各种殉牲总数的1.5%；另有无人墓（1例），殉有4个、只，占该墓地各种殉牲总数的0.2%。这项殉牲总数统计显示，男性在殉牲总量上最多，所占比例最高，超过和高出女性将近1倍，等于少儿和婴儿殉牲总合的21.3倍；女性虽比男性少近1倍，但还是比孩童要多得多，其总量等于少儿和婴儿殉牲总合的11.6倍。

从5类殉牲的单项统计看，其结果和结论也是如此。

如马牲，整个墓地共殉马头50个，马下颌骨1副，马肱骨69只，合计为120个、副、只，其中女性仅占有马头2个，马肱骨2只，合计为4个、只，其他46个马头、1副马下颌骨、65只马肱骨，合计为112个、副、只，皆为男性占有，男性占了马牲总数的93.4%，而女性只占3.3%（不含无人墓1例，马头2个，马肱骨2只），男性享用马牲的数量是女性的28.3倍。

再如牛牲，该墓地共殉牛头94个，牛下颌骨9副，牛肱骨117只，牛胫骨1只，合计为221个、副、只，其中女性仅占有牛头25个，牛下颌骨1副，牛肱骨25只，合计为51个、副、只，其他66个牛头、8副牛下颌骨、87只牛肱骨，还有1只牛胫骨，合计为162个、副、只，皆为男性占有，男性占了牛牲总数的73.3%，而女性只占23.1%（不含性别不详者3例，牛头3个，牛肱骨5只），男性享用牛牲的数量是女性的3.2倍。少儿与婴儿死者，未见有殉马、牛二种大牲畜者。

再如羊牲，该墓地共殉羊头212个，羊下颌骨4副，羊肱骨20只，羊肩胛骨1个，合计为419个、副、只，其中女性仅占有羊头62个，羊下颌骨1副，羊肱骨58个，合计为121个、副、只，仅占羊牲总数的28.9%；少儿殉羊牲者，只有3例（YYM136、132、166），共殉羊头4个，羊肱骨4只，合计为8个、只，仅占羊牲总数的1.9%；而男性却占有羊头143个，羊下颌骨3副，羊肱骨137只，羊

附表40　玉皇庙墓地不同性别年龄段死者殉牲种类与数量比较统计表

殉牲种类 / 殉牲数量 / 性别	马			马牲合计（个/副/只）	占马牲总数百分比	牛				牛牲合计（个/副/只）	占牛牲总数百分比
	头（个）	下颌骨（个）	肱骨（只）			头（个）	下颌骨（副）	肱骨（只）	胫骨（只）		
男	46	1	65	112	93.4%	66	8	87	1	162	73.3%
女	2		2	4	3.3%	25	1	25		51	23.1%
少儿											
婴儿											
性别不详者						3		5		8	3.6%
无人墓	2		2	4	3.3%						
合计	50	1	69			94	9	117	1		
总计	120（个/副/只）					221（个/副/只）					

肩胛骨 1 个，合计为 284 个、副、只，占了羊牲总数的 67.8%（不含性别不详者 1 例，羊头 3 个，羊肱骨 3 只），是女性占有羊牲总量的 2.35 倍，是少儿占有羊牲总量的 35.7 倍。婴儿则连羊牲也未有享用者。

再如狗牲，该墓地共殉狗头 764 个，狗下颌骨 22 副，狗肱骨 662 只，合计为 1448 个、副、只，其中女性占有狗头 300 个，狗下颌骨 10 副，狗肱骨 256 只，合计为 566 个、副、只，占狗牲总数的 39.1%；少儿殉狗者，共有 14 例（YYM136、132、166、238、94、259、55、59、184、135、116、120、115、337，前 3 例为羊、狗组合者，后 11 例为单纯殉狗者），共殉狗头 18 个，狗肱骨 21 只，合计为 39 个、只，仅占狗牲总数的 2.7%；婴儿殉狗者，共有 8 例（YYM262、267、141、194、195、177、123、335）皆为单纯殉狗者，这是玉皇庙墓地婴儿死者所享用殉牲的唯一组合形式，共殉狗头 9 个，狗肱骨 9 只，合计为 18 个、只，仅占狗牲总数的 1.25%；而男性却占有狗头 428 个，狗下颌骨 12 副，狗肱骨 367 只，合计为 807 个、副、只，占狗牲总数的 55.7%（不含性别不详者 3 例，狗头 9 个，狗肱骨 9 只），是女性占有狗牲总量的 1.43 倍，是少儿占有狗牲总量的 20.63 倍，是婴儿占有狗牲总量的 44.56 倍。女性狗牲占有量虽然比男性低 16.6 个百分点，但却比少儿和婴儿分别高出 36.4 和 54.45 个百分点。

而最后一类第 5 类殉牲组合——猪、狗牲组合，唯一一例（YYM173）也被男性所占有，与女性和孩童无涉。

通过以上殉牲数量的统计与比较，可清楚地看出，在玉皇庙墓地，在殉牲数量上，不论在殉牲总数上，还是在 5 类殉牲的单项指标上，男性死者的占有量，都居于绝对的统治地位，而女性死者仅居于相当次要的附属地位，少儿与婴儿死者则只有少数幸运儿才享有数量很少的殉牲级别较低的小家畜殉牲，其中少儿或有极少数幸运者可殉有羊、狗牲头和肱骨各 1 套，但有殉牲资格的绝大多数少儿和全部婴儿，都只能象征性的殉有单纯狗牲中的狗头和肱骨 1、2 个、只，如此而已。这表明，在殉牲数量上，不但男、女之间存在着等级差别，而且在成人和孩、童之间，也存在着一层显著的等级差别，甚至于在少儿与婴儿之间，也存在着一定的等级差别（参见附表 40）。

左接附表 40

羊				羊牲合计（个/副/只）	占羊牲总数百分比	狗			狗牲合计（个/副/只）	占狗牲总数百分比	猪头	占猪牲总数百分比	殉牲总数合计（个/副/只）	占各种殉牲总数百分比
头（个）	下颌骨（副）	肱骨（只）	肩胛骨（个）			头（个）	下颌骨（副）	肱骨（只）						
143	3	137	1	284	67.8%	428	12	367	807	55.7%	1	100%	1366	61.8%
62	1	58		121	28.9%	300	10	256	566	39.1%			742	33.6%
4		4		8	1.9%	18		21	39	2.7%			47	2.1%
						9		9	18	1.25%			18	0.8%
3		3		6	1.4%	9		9	18	1.25%			32	1.5%
														0.2%
212	4	202	1			764	22	662			1		2209	100%
419(个/副/只)						1448(个/副/只)					1(个)			

3. 从殉牲墓的规格级别看，玉皇庙墓地254座殉牲墓中，属于一等甲（A）级者，共3座，均属男性，男性占了甲（A）级殉牲墓总数的100%；属甲（B）级者，共5座，其中除1座属女性外（YYM2），其余4座均属男性，女性仅占甲（B）级殉牲墓总数的20%，而男性占了甲（B）级殉牲总数的80%；属于二等乙（A）级者，共28座，其中除7座属女性外，其余21座均属男性，女性仅占乙（A）级殉牲墓总数的25%，而男性占了乙（A）级殉牲墓总数的75%；属乙（B）级者，共73座，其中女性有33座，占乙（B）级殉牲墓总数的45.2%，男性有38座，占乙（B）级殉牲墓总数的52.1%，另有性别不详者和无人墓各1座，也属此种规格级别；属三等丙（A）级者，共67座，其中男、女各占33座，所占比例相等，均占丙（A）级殉牲墓总数的49.25%，另有性别不详者1例，也属此种规格级别；属丙（B）级者，共27座，其中女性为12座，占丙（B）级殉牲墓总数的44.4%，男性为11座，占丙（B）级殉牲墓总数的40.7%，少儿2座，占丙（B）级殉牲墓总数的7.4%，婴儿和性别不详者各1座，各占该规格级别殉牲墓总数的3.7%；属丙（C）级者，共34座，其中男性为11座，占丙（C）级殉牲墓总数的32.3%，女性为10座，占丙（C）级殉牲墓总数的29.4%，少儿为9座，占丙（C）级殉牲墓总数的26.5%，婴儿为4座，占丙（C）级殉牲墓总数的11.8%。属四等丁级者，共17座，其中男性为6座，占丁级殉牲墓总数的35.3%，女性为5座，占丁级殉牲墓总数的29.4%，少儿和婴儿各为3座，各占丁级殉牲墓总数的17.65%。

以上统计（参见附表38）结果显示，男性殉牲墓不但在四等八级规格级别的墓葬中，呈全额分布，而且在最重要、最具价值和意义的前二等四个高规格级别中，都始终独占鳌头，遥遥领先，占据绝对统治地位。如在甲（A）中占100%，在甲（B）中占80%，在乙（A）中占75%，在乙（B）中占52.1%。而女性殉牲墓的规格级别，较男性至少要低一等以上，其未能全额分布，所缺者恰恰是最重要、规格级别最高的一等甲（A）级墓，而其在甲（B）、乙（A）和乙（B）三个较高级别的比例中，也较男性差距甚大。这已足以表明，在殉牲墓的规格级别上，男性显著地高于女性，男、女两性之间，从这一侧面再次显示出明显的等级差别。

少儿和婴儿殉牲墓，未有高出三等丙（B）级者，而且少儿属丙（B）级的殉牲墓只有2座，婴儿属丙（B）级的殉牲墓只有1座，分别占各自殉牲墓总数的14.3%和12.5%，他们大多数都集中分布在三等丙（C）级小型墓和四等丁级最低级的小型浅穴土坑墓上，少儿属丙（C）级者9例，属丁级者3例，分别占少儿殉牲墓总数的64.3%和21.4%，婴儿属丙（C）级者4例，属丁级者3例，分别占婴儿殉牲墓总数的50%和37.5%。这清楚表明，少儿和婴儿殉牲墓的规格级别，均属低级或最低级的小型墓。

4. 从殉牲墓的殉牲种类组合看，在玉皇庙墓地5类13种殉牲种类组合中，最重要的组合，应首推以马为核心的第一类5种组合（Ⅰ～Ⅴ），其次比较重要的组合，应为以牛为核心的第二类4种组合（Ⅵ～Ⅸ），这是两类以大牲畜为核心的殉牲组合，其价值和意义绝非羊、狗类小家畜所能企及。而其中较低级和最低级的殉牲组合，应属第三类第Ⅺ中的单纯殉羊和第四类第Ⅻ种的单纯殉狗组合。男性死者占了5类11种（第一类Ⅰ～Ⅴ，第二类Ⅵ、Ⅶ，第三类Ⅹ、Ⅺ，第四类Ⅻ，第五类XIII），缺第二类中的2种（第Ⅷ、Ⅸ），其中第一类第Ⅰ种马、牛、羊、狗四畜俱全组合，系第一类殉牲组合中最重要的组合，共7座，全部为男性占有，与女性和孩童无缘。第Ⅱ种马、牛、狗三畜组合共有3座，男性占有2座，女性占有1座，男性比女性多1倍。第Ⅲ种马、羊、狗三畜组合，共3座，全部为男性占有。第Ⅳ种马、狗二畜组合，共2座，也全部为男性占有。第Ⅴ种单纯殉马组合，共2座，其中1

座属无人墓，另1座也属男性。第二类第Ⅵ种牛、羊、狗三畜组合，共53座，其中男性占有36座，占此种殉牲组合墓葬总数的67.9%；女性占有16座，占此种殉牲组合墓葬总数的30.1%，男性的占有率是女性的2.25倍。另有1例为性别不详者，也属此种组合。第Ⅶ种牛、狗二畜组合，共27座，其中男性占有18座，占此种殉牲组合墓葬总数的66.7%；女性占有7座，占此种殉牲组合墓葬总数的25.9%，男性的占有率是女性的2.58倍；另有2例为性别不详者，也属此种组合。第Ⅷ种牛、羊二畜组合和第Ⅸ种单纯殉牛组合，均各1座，分别为女性所占有。第三类第Ⅹ种羊、狗二畜组合，共30座，其中男性占有14座，占此种殉牲组合墓葬总数的46.7%；女性占有13座，占此种殉牲组合墓葬总数的43.3%，男性占有率略高出女性占有率3.4个百分点；另有3座为少儿占有，占此种殉牲组合墓葬总数的10%，这是玉皇庙墓地少儿死者享受到的最高级别的殉牲组合。第Ⅺ种单纯殉羊组合，共2座，男、女死者各占1座，各占此种殉牲组合墓葬总数的50%。第四类第Ⅻ种单纯殉狗组合，共122座，其中女性占有61座，占此种殉牲组合墓葬总数的50%；男性占有42座，占此种殉牲组合墓葬总数的34.4%，女性在此种殉牲组合中的占有率反比男性高出15.6个百分点；在此种殉牲组合中，还有11座为少儿占有，占此种殉牲组合墓葬总数的9%；另有8座为婴儿占有，占此种殉牲组合墓葬总数的6.6%，这也是玉皇庙墓地婴儿死者享受到的唯一的一种殉牲组合。第五类第ⅩⅢ种猪、狗二畜组合，只有1座，为男性所占有（参见附表41）。

通过以上统计可清楚地看出，在玉皇庙墓地，在享用殉牲种类组合等级礼遇方面，少数身份特殊的男性死者居于无可争议的最高级地位，即居于绝对优越的统治地位，而女性在这方面要比男性至少低一等，甚至更甚。如男性独霸了最重要、最能显示身份地位、最具价值意义的第一类5种殉牲种类组合中的4项——Ⅰ、Ⅲ、Ⅳ、Ⅴ，第Ⅱ项虽未能独霸，但所占比例仍比女性高出1倍；在第二类前两项——Ⅵ、Ⅶ种组合中，又以绝对高比例优势超过女性。而女性在第一类5种组合中，仅在第Ⅱ种中占有一席之地，其他4项全部空白，尤其在第Ⅰ项中完全空白，这即决定了其与男性在享用殉牲种类组合等级礼遇方面，存在着必然而显著的等级差别。男、女两性在第三类以羊为核心的两种殉牲组合中——Ⅹ、Ⅺ，呈现基本均衡状况，而到第四类第Ⅻ中最低级的单纯殉狗组合中，女性占有率竟超过了男性15.6个百分点，这就又从反面证明一般女性死者的殉牲待遇，就人均来说，也普遍低于男性。而第二类第Ⅷ种牛、羊二畜组合和第Ⅸ种单纯殉牛组合，各1例，均为女性占有，或可能是对特殊身份女性死者殉牲配伍的特别规定，或可能是属于偶然的个别情况。因限于二者均属孤例，目前尚难以遽断。

少儿和婴儿在殉牲种类组合方面与成年人之间，也存在着显著的等级差别。少儿所能享受的殉牲种类组合仅限两种，即第三类第Ⅹ种羊、狗组合和第四类第Ⅻ种单纯殉狗组合，而婴儿则比少儿又低一等，仅限于享受第四类第Ⅻ种单纯殉狗者，少儿所能享受的第三类第Ⅹ中殉牲组合，也跟婴儿无缘。第三类第Ⅹ种，已属殉牲组合中的较低级组合，而第四类第Ⅻ中则属最低级的殉牲组合，这足以表明少儿与婴儿的身份地位，普遍较低，即使少数幸运儿也不能与大多数成年人等同相待，他们当中的少数人所享受的殉牲待遇（大多数墓内所殉的狗牲，都是1个幼小狗头，或再加1只细小的狗肱骨），带有明显的象征意义色彩。

（七）殉牲墓的分布与分期

1. 殉牲墓的分布

附表41　**玉皇庙墓地各种殉牲种类组合与不同性别年龄段死者关系比较统计表**

殉牲种类组合	性别/墓号	男	小计	女	小计	少儿	小计	婴儿	小计	性别不详者	小计	无人墓	小计	合计	占该墓地殉牲总数的百分比
第一类	Ⅰ	18、250、230、151、74、156、174	7											7	2.76%
	Ⅱ	13、57	2	2	1									3	1.18%
	Ⅲ	257、52、212	3											3	1.18%
	Ⅳ	11、217	2											2	0.79%
	Ⅴ	300	1									17	1	2	0.79%
第二类	Ⅵ	22、384、278、282、229、275、41、236、261、49、48、95、51、190、188、148、203、210、209、199、142、143、117、158、134、131、122、124、171、320、160、175、129、334、344、349	36	20、25、279、280、241、256、220、178、153、138、137、75、176、167、133、128	16					27	1			53	20.87%
	Ⅶ	233、227、264、226、234、263、54、23、58、186、86、213、168、332、333、321、314、303	18	251、266、258、208、196、301、394	7					28 89	2			27	10.63%
	Ⅷ			10	1									1	0.39%
	Ⅸ			26	1									1	0.39%
第三类	Ⅹ	277、228、252、270、271、295、224、179、111、164、127、110、373、370	14	296、294、87、223、222、221、204、144、126、114、338、366、372	13	136、132、166	3							30	11.81%
	Ⅺ	365	1	50	1									2	0.79%
第四类	Ⅻ	43、46、44、247、260、65、297、192、60、61、69、83、62、63、207、182、205、170、181、154、121、108、319、329、318、312、315、325、161、328、345、343、348、336、342、379、376、361、399、393、395、400	42	29、245、231、232、240、265、96、47、225、254、273、237、272、268、191、66、68、189、185、149、84、81、139、219、218、216、215、211、206、197、198、200、183、180、150、118、119、113、331、316、306、304、305、302、163、130、109、162、340、346、339、341、382、378、374、375、371、368、369、364、392	61	238、94、259、55、59、184、135、116、120、115、337	11	262、267、141、194、195、177、123、335	8					122	48.03%
第五类	ⅩⅢ	173	1											1	0.39%
合计			127		101		14		8		3		1	254	100%

玉皇庙墓地是一处规模宏大的古代氏族部落墓地，总面积将近2.5万平方米。以现存自然条件，结合考古发掘获得的地层根据，大致可分为三个墓区——北区、南区和西区。其中北区还可以分为北Ⅰ区和北Ⅱ区，而在北Ⅰ区中，又可具体分为北Ⅰ区中部、西部、北部和南部；在北Ⅱ区中，也可具体分为北Ⅱ区北部、中部和南部；在南区中，也可以具体分为南区北部、中部和南部。

玉皇庙墓地的殉牲墓共有254座，在上述诸墓区中，除北Ⅰ区南部的7座墓因上层遭取土破坏，而均无殉牲保存以外，其余各墓区内均有数量不等的分布。具体分布情况如下：

北区共有殉牲墓110座，占该墓地殉牲墓葬总数的43.3%，占该墓地墓葬总数的27.5%。北Ⅰ区有20座，占北区殉牲墓总数的18.2%，占北Ⅰ区墓葬总数（58座）的34.5%。其中北Ⅰ区中部13座，占北Ⅰ区殉牲墓总数的65%，占北Ⅰ区墓葬总数的22.4%；北Ⅰ区西部2座，占北Ⅰ区殉牲墓总数的10%，占北Ⅰ区墓葬总数的3.5%；北Ⅰ区北部5座，占北Ⅰ区殉牲墓总数的25%，占北Ⅰ区墓葬总数的8.6%。需要指出的是，由于北Ⅰ区中部、西部和北部的一部分墓葬，也曾与北Ⅰ区南部墓葬一样遭过取土破坏，故殉牲墓减掉了不少，这不但会给考察殉牲墓在此墓区内的分布带来一定困难，而且也会直接影响到殉牲墓数量及所占比例统计的准确率。

北Ⅱ区有殉牲墓90座，占北区殉牲墓总数的81.8%，占北Ⅱ区墓葬总数（136座）的66.1%。其中北Ⅱ区北部24座，占北Ⅱ区殉牲墓总数的26.7%，占北Ⅱ区墓葬总数的17.6%；北Ⅱ区中部41座，占北Ⅱ区殉牲墓总数的45.5%，占北Ⅱ区墓葬总数的30.1%；北Ⅱ区南部25座，占北Ⅱ区殉牲墓总数的27.8%，占北Ⅱ区墓葬总数的18.4%。

南区共有殉牲墓125座，占该墓地殉牲墓葬总数的49.2%，占该墓地墓葬总数的31.25%。其中南区北部50座，占南区殉牲墓总数的40%，占南区墓葬总数（174座）的28.7%；南区中部23座，占南区殉牲墓总数的18.4%，占南区墓葬总数的13.2%；南区南部52座，占南区殉牲墓总数的41.6%，占南区墓葬总数的29.9%。

西区共有殉牲墓19座，占该墓地殉牲墓葬总数的7.5%，占西区墓葬总数（32座）的59.4%，占该墓地墓葬总数的4.75%（参见附表42）。

附表42　**玉皇庙墓地殉牲墓在各墓区的分布及数量统计表**

<table>
<tr><td colspan="3" rowspan="2">项目 数量 分布</td><td colspan="3">墓葬数量(座)</td><td colspan="3">殉牲墓数量(座)</td><td colspan="9">殉牲墓所占百分比</td></tr>
<tr><td colspan="2">各茔区数量</td><td>3大墓区合计</td><td colspan="2">各茔区数量</td><td>3大墓区合计</td><td colspan="2">占所属墓区墓葬总数的百分比</td><td colspan="2">占玉皇庙墓地墓葬总数的百分比</td><td>占北Ⅰ区殉牲墓总数百分比</td><td>占北Ⅱ区殉牲墓总数百分比</td><td>占南区殉牲墓总数百分比</td><td colspan="2">占玉皇庙墓地殉牲墓总数百分比</td></tr>
<tr><td rowspan="7">北区</td><td rowspan="4">北Ⅰ区</td><td>中部</td><td>30</td><td rowspan="4">58</td><td rowspan="7">194</td><td>13</td><td rowspan="4">20</td><td rowspan="7">110</td><td>22.4%</td><td rowspan="4">34.5%</td><td>3.25%</td><td rowspan="4">5%</td><td>65%</td><td rowspan="4"></td><td rowspan="7"></td><td rowspan="4">7.9%</td><td rowspan="7">43.3%</td></tr>
<tr><td>西部</td><td>6</td><td>2</td><td>3.5%</td><td>0.5%</td><td>10%</td></tr>
<tr><td>北部</td><td>15</td><td>5</td><td>8.6%</td><td>1.25%</td><td>25%</td></tr>
<tr><td>南部</td><td>7</td><td>0</td><td></td><td></td><td></td></tr>
<tr><td rowspan="3">北Ⅱ区</td><td>北部</td><td>43</td><td rowspan="3">136</td><td>24</td><td rowspan="3">90</td><td>17.6%</td><td rowspan="3">66.1%</td><td>6%</td><td rowspan="3">22.5%</td><td></td><td>26.7%</td><td rowspan="3">35.4%</td></tr>
<tr><td>中部</td><td>54</td><td>41</td><td>30.1%</td><td>10.25%</td><td></td><td>45.5%</td></tr>
<tr><td>南部</td><td>39</td><td>25</td><td>18.4%</td><td>6.25%</td><td></td><td>27.8%</td></tr>
<tr><td rowspan="3">南区</td><td colspan="2">北部</td><td>62</td><td colspan="2" rowspan="3">174</td><td colspan="2">50</td><td rowspan="3">125</td><td>28.7%</td><td rowspan="3">71.8%</td><td>12.5%</td><td rowspan="3">31.2%</td><td colspan="2"></td><td>40%</td><td></td><td rowspan="3">49.2%</td></tr>
<tr><td colspan="2">中部</td><td>34</td><td colspan="2">23</td><td>13.2%</td><td>5.75%</td><td colspan="2"></td><td>18.4%</td><td></td></tr>
<tr><td colspan="2">南部</td><td>78</td><td colspan="2">52</td><td>29.9%</td><td>13%</td><td colspan="2"></td><td>41.6%</td><td></td></tr>
<tr><td colspan="3">西区</td><td colspan="3">32</td><td colspan="3">19</td><td colspan="2">59.4%</td><td colspan="2">4.75%</td><td colspan="3"></td><td colspan="2">7.5%</td></tr>
<tr><td colspan="3">总计</td><td colspan="3">400</td><td colspan="3">254</td><td colspan="2"></td><td colspan="2">63.5%</td><td colspan="3"></td><td colspan="2">100%</td></tr>
</table>

2. 殉牲墓的分期

根据在玉皇庙墓地北、南墓区交界地带所获得的地层资料，地质专家对该墓地曾发生过的两次泥石流相对年代的推断，结合整个墓地三片墓区墓葬布局特点，还有数例典型墓葬随葬的具有断代意义的中原式青铜礼器和三穿铜戈的特点，以及大批墓葬中出土的数十套属于玉皇庙文化性质的具有典型早、晚变化特征的陶器、青铜短剑、青铜马具和青铜削刀等器物群的演变规律，可将玉皇庙墓地北、南、西3个墓区的相对年代分期，推定如下：

<table>
<tr><th colspan="2">墓　　区</th><th>相对年代分期</th></tr>
<tr><td rowspan="2">北区</td><td>北Ⅰ区</td><td>春秋早期—春秋中期</td></tr>
<tr><td>北Ⅱ区</td><td>春秋早中期—春秋中晚期</td></tr>
<tr><td colspan="2">南区</td><td rowspan="2">春秋晚期</td></tr>
<tr><td colspan="2">西区</td></tr>
</table>

这就是说，玉皇庙墓地的相对年代，约上起春秋早期，下迄春秋晚期，包括了整个春秋时代，前、后延续了约300年时间。本节限于篇幅，对玉皇庙墓地年代分期问题，不能作系统论述，读者可参见相关研究文章（如，靳枫毅：《军都山玉皇庙墓地的特征及其族属问题》一文第四部分——“年代特征”，《苏秉琦与当代中国考古学》第207~209页，科学出版社，2001年6月）。

如果上述有关玉皇庙墓地年代分期的推测意见没有太大失误的话，那么再综合考察一下玉皇庙墓地殉牲墓在各墓区不同历史时期，不同规格级别和各种殉牲组合的分布与变化情况，即不难归纳出以下特点：

（1）从殉牲墓的规格级别看，在玉皇庙墓地不同历史阶段，高、低级不同规格级别的殉牲墓，在北、南、西三墓区内的分布，呈现出不同兴衰趋势的规律性特点。殉牲墓中，凡属一等高级大型墓——甲（A）、甲（B）者和二等较高级中型墓——乙（A）、乙（B）者，分布于北区的数量和所占比例，均明显多于和高于南区与西区；而凡属三等较低级小型墓——丙（A）、丙（B）、丙（C）者和四等最低级——丁级小型浅穴土坑墓者，在分布上恰与上述高级大型墓与较高级中型墓呈相反趋势，即南区与西区普遍多于和高于北区。也就是说，在玉皇庙墓地早、中期阶段，即在春秋早期至春秋中期和中晚期阶段，曾有过数量相对集中、所占比例相对较高的一批规格级别最高和较高的大、中型殉牲墓在北区埋葬，规格级别较低和最低级的小型墓，在此期间和此墓区内分布的数量和所占比例，较晚期阶段相对较少和较低；而到春秋晚期，在该墓地的南区与西区，属一等甲（A）级的殉牲墓已不见，甲（B）级以下的大、中型墓的数量也骤减，所占比例显著降低，但规格级别较低的三等丙级和规格级别最低的四等丁级小型殉牲墓的数量，在南、西两区内却显著增多，所占比例较早、中期阶段的北区显著升高（参见附表43、44）。

（2）从殉牲墓的殉牲种类组合看，在玉皇庙墓地早、晚不同时期，高、低不同等级的殉牲种类组合，在北、南、西三墓区内的分布，也同样呈现出早盛晚衰的变化趋势特点。殉牲墓中，凡属一、二等高级和较高级的殉牲种类组合，均全部密集地分布于北区，北区所占高级和较高级殉牲种类组合墓总数的百分比平均指数显著高于南区和西区，而凡属较低级的种类组合（第三等第三类中的第Ⅹ种）和最低级的种类组合（如第四等第四类的第Ⅻ种），北区所占比例均明显偏低，而南区所占比例却明显偏高。这一高一低、一正一反的变化趋势，又从另一个侧面清楚地表明，春秋早期至春秋中晚期之前这段时期，应是玉皇庙墓地殉牲的繁盛期，而到春秋晚期，则是该墓地殉牲的衰落期。

附表 43　**玉皇庙墓地殉牲墓各规格级别数量与分布及分期关系比较表**

殉牲墓规格级别 \ 数量(座) \ 分期		春秋早期——春秋中晚期								春秋晚期							总计	三墓区各占八级殉牲墓总数的百分比		
		早期		早中期	中期			中晚期	北区合计	前段			后段		南区合计	西区合计		北区	南区	西区
一等	甲(A)	1		2					3								3	100%		
	甲(B)	2			1				3	2					2		5	60%	40%	
二等	乙(A)	3	1	4	8	1		1	18	3	1			6	10		28	64.3%	35.7%	
	乙(B)	2	1	8	17	1		10	39	16	5			13	34		73	53.4%	46.6%	
三等	丙(A)	3		9	8	1	1	7	29	18	6			14	38		67	43.3%	56.7%	
	丙(B)	1			1	2		3	7	5	4	5		6	15	5	27	25.9%	55.6%	18.5%
	丙(C)			1	6			2	9	4	6	7		8	18	7	34	26.5%	52.9%	20.6%
四等	丁							2	2	2	1	6	1	5	8	7	17	11.8%	47%	41.2%
合计		12	1	24	41	5	1	25	110	50	23	18	1	52	125	19	254			
分布		北Ⅰ中	北Ⅰ西	北Ⅱ北	北Ⅱ中	北Ⅰ北	北Ⅰ中	北Ⅱ南		南区北	南区中	西区		南区						
		北区								南区、西区										

玉皇庙墓地5类13种殉牲组合，可分为四等：第一等为高级种类殉牲组合，当属以第一类Ⅰ～Ⅴ以马为核心的殉牲组合；第二等为较高级种类殉牲组合，当属以第二类Ⅵ～Ⅸ以牛为核心的殉牲组合；第三等为较低级种类殉牲组合，当属第三类中第Ⅹ种羊、狗二畜组合与第五类第ⅩⅢ种猪、狗二畜组合；第四等为最低级种类殉牲组合，当属第三类中第Ⅺ种单纯殉羊和第四类第Ⅻ种单纯殉狗殉牲组合。

北区在5类13种殉牲种类组合中，除了第5类第ⅩⅢ种猪、狗二畜组合之外，占有前4类中的12种，占殉牲种类组合总数的92.3%，包含了四个等级的全部种类，尤其是囊括了第一等和第二等的全部9种殉牲组合，且在第一类5种组合中独占了3项100%；在第二类4种组合中又独占了两项100%的比例，这使北区在殉牲种类组合等级比较中，遥遥领先于南区和西区。其中虽然在第一类第Ⅰ种殉牲组合项目上，北区为3座，南区为4座，北区所占比例略低于南区，但北区这3座墓（YYYM18、250、230），均属甲（A）级大型墓，所殉马、牛、羊、狗四种殉牲的总量，却远远超过南区那4座墓（YYM151、74、156、174）的总量。

南区在5类13种殉牲种类组合中，共占有5类8种，缺5种。缺这5种中，包括有第一等第一类殉牲组合中的3种——马、牛、狗组合3座，马、羊、狗组合3座，单纯殉马组合2座；还包括有第二等第二类殉牲组合中的2种——牛、羊组合和单纯殉牛组合各1座。南区所缺的这5种殉牲组合，在5类13种四个等级的殉牲组合中，都属高级和较高级的殉牲组合，都是属于具有衡量殉牲价值的、重要的殉牲组合种类，而南区比北区多出的一种殉牲组合——猪、狗二畜殉牲组合 1 例，是属于较低级殉牲种类组合，丝毫不能在与北区的比较中，起到提高南区殉牲种类身价的作用。

附表 44 **玉皇庙墓地殉牲墓的规格级别与分布及分期关系统计表**

分布分期 / 规格级别（YYM） / 墓号	春秋早期		春秋早中期	春秋中期			春秋中晚期	春秋晚期前段			春秋晚期后段		墓葬合计（座）
	北Ⅰ中	北Ⅰ西	北Ⅱ北	北Ⅱ中	北Ⅰ北	北Ⅰ中	北Ⅱ南	南区北	南区中	西区	西区	南区南	
甲（A）	18		230、250										3
甲（B）	22、2			52				217、151					5
乙（A）	11、13、20	300	227、229、275、280	51、54、95、236、261、256、258、266	295		86	74、209、210	156			129、161、334、344、338、339	28
乙（B）	10、17	384	226、228、233、231、240、241、251、279	41、44、46、65、188、190、234、247、257、263、270、271、66、225、237、254、89	26		57、58、60、61、63、186、212、81、87、196	170、179、182、203、205、207、213、150、178、197、198、204、211、216、220、223	133、167、124、134、158			170、174、348、349、373、128、130、163、346、366、369、374、394	73
丙（A）	25、29、28		264、277、278、282、252、96、232、245、265	43、48、49、260、191、268、272、273	294	23	69、83、148、84、185、189、208	117、142、143、181、199、224、119、137、138、139、144、153、180、200、206、218、219、221	111、122、131、171、113、126			175、328、336、342、343、345、376、379、395、400、340、341、372、378	67
丙（B）	27			267	297、296		192、149、184	222、215、183、75、118	176、114、168、120	315、319、320、333、301		110、164、370、399、364、382	27
丙（C）			47	262、238、94、259、50、68			55、62	194、195、135、136	154、121、108、132、166、123	312、314、318、332、302、304、305		127、173、393、109、368、371、375、337	34
丁							59、141	116、177	115	303、321、329、306、316、331	325	335、361、365、162、392	17
合计	12	2	24	41	5	1	25	50	23	18	1	52	254
	14		24	47			25	91			53		
占殉牲墓总数百分比	5.5%		9.4%	18.5%			9.8%	35.8%			21%		
占此期墓葬总数百分比	41.2%		55.8%	60.3%			64.1%	72.2%			66.3%		

西区在 5 类 13 种殉牲种类组合中，共占有 2 类 3 种，缺 3 类 10 种。即仅占有第二等第二类第Ⅵ种中的 1 例和第Ⅶ种中的 6 例，以及第四等第四类第Ⅻ种中的 12 例，所占各项比例，都相对较低和很低。缺一等一类的 5 种，二等二类的 4 种，三等三类中的第Ⅹ种和第五类中的第ⅩⅢ种，以及四等三类中的第Ⅺ种。西区占有殉牲种类组合的情况，不但远不及北区，而且也大不如南区（参见附表45）。

附表45　**玉皇庙墓地殉牲种类组合与殉牲墓分布及分期关系统计表**

殉牲种类组合 \ 墓号（YYM） \ 分期		春秋早期		春秋早中期	春秋中期			春秋中晚期	北区合计（座）	春秋晚期					南区合计（座）	西区合计（座）	总计（座）	三墓区各占13种殉牲组合墓总数的百分比		
										前段			后段					北区	南区	西区
第一类	Ⅰ	18		250、230					3	151、74	156			174	4		7	42.9%	57.1%	
	Ⅱ	2、13						57	3								3	100%		
	Ⅲ						257、52	212	3								3	100%		
	Ⅳ				11				1	217					1		2	50%	50%	
	Ⅴ	17	300						2								2	100%		
第二类	Ⅵ	22、20、27、25	384	278、279、280、282、229、241、275			41、236、256、261、49、48、51、95、190、188	148	23	220、203、210、209、199、153、178、142、143、138、137、117、75	176、158、167、134、133、131、122、124、171	320		160、175、129、128、334、344、349	29	1	53	43.4%	54.7%	1.9%
	Ⅶ	28		251、233、227、264、226	23		234、263、266、89、258、54	208、58、196、186、86	18	213	168	332、333、321、314、303、301		394	3	6	27	66.7%	11.1%	22.2%
	Ⅷ	10							1								1	100%		
	Ⅸ					26			1								1	100%		
第三类	Ⅹ			277、228、252		296、295、294	270、271	87	9	224、223、222、221、204、179、144、136	132、126、114、111、166			164、110、127、338、373、366、372、370、	21		30	30%	70%	
	Ⅺ						50		1					365	1		2	50%	50%	
第四类	Ⅻ	29		245、231、232、240、265、96、47		297	43、225、254、262、273、46、44、238、237、267、272、94、259、247、268、260、65、191、66、68	192、189、55、185、59、60、184、149、61、69、84、83、81、62、63、141	45	207、194、182、139、219、218、216、215、211、195、206、205、197、198、170、200、183、181、180、177、150、135、116、118、119	154、123、120、121、115、113、108	331、319、329、318、316、312、315、306、304、305、302	325	163、130、161、109、162、340、337、328、345、346、343、339、341、348、335、336、342、374、379、382、378、376、375、371、368、369、364、361、392、399、393、400、395	65	12	122	36.9%	53.3%	9.8%
第五类	XIII													173	1		1		100%	
合计（座）		11	2	24	2	5	41	25	110	50	23	18	1	52	125	19	254			
		北Ⅰ中	北Ⅰ西	北Ⅱ北	北Ⅰ中	北Ⅰ北	北Ⅱ中	北Ⅱ南		南区北	南区中	西区		南区南						
		北区								南区、西区										

（八）讨论

1. 玉皇庙墓地的殉牲资料，对于玉皇庙文化性质的确认及其族属问题的探讨，具有十分重要的学术价值和意义。

玉皇庙墓地400座墓葬中，除了一部分因取土被破坏了的墓葬外，保留下来的殉牲墓尚有254座，占该墓地墓葬总数的63.5%，现存殉牲遗骨为2209个、副、只，其中马牲120个、副、只，牛牲221个、副、只，羊牲419个、副、只，狗牲1448个、副、只，猪牲只有猪头1个。殉牲种类主要为马、牛、羊、狗四种家畜。如没有破坏因素，该墓地原殉牲墓总数至少可达到280座左右，将占整个墓地总数的70%左右，殉牲总量至少可达到2400只2500个、副、只。这一事实与特点，不但对于确认玉皇庙墓地和玉皇庙文化是属于中国北方先秦时期一支草原骑马部族青铜文化的性质，提供了直接依据，而且对于考察玉皇庙墓地和玉皇庙文化的族属问题，也具有相当重要的意义。它清楚、鲜明地反映出玉皇庙文化是以畜牧和狩猎为其主要生产方式的畜牧和游牧经济的特点。《史记·匈奴列传》云：“唐虞以上有山戎、猃狁、荤粥，居于北蛮，随畜牧而转移。其畜之所多则马、牛、羊，其奇畜则橐駞、驴、骡、駃騠、騊駼、驒騱。逐水草迁徙，毋城郭常处耕田之业，然亦各有分地。毋文书，以言语为约束。儿能骑羊，引弓射鸟鼠；少长侧射狐兔，用为食。士力能贯弓，尽为甲骑。其俗，宽则随畜，因射猎禽兽为生业，急则人习战攻以侵伐，其天性也。”“自君王以下，咸使畜肉，衣其皮革，被旃裘。壮者食肥美，老者食其余，贵壮健，贱老弱。”这段记载，清楚地记述了古代北方山戎部族从来就是一支以畜牧和狩猎为生业的畜牧和游牧部族，其生产方式和生活方式，与玉皇庙墓地的殉牲种类及其所出土的殉牲数量与规模，是完全相符的。所以，我们根据玉皇庙墓地及玉皇庙文化殉牲所反映的这一经济类型特点和这支文化的分布地域、遗存年代及其文化内涵特征，并结合有关历史文献记载，推定玉皇庙墓地及玉皇庙文化的族属，应即是《史记》等历史文献所曾提及的山戎（靳枫毅：《军都山玉皇庙墓地的特征及其族属问题》第六部分——“关于族属问题的探讨”，《苏秉琦与当代中国考古学》，第211～213页，科学出版社，2001年6月）。

2. 玉皇庙墓地殉牲的内容与形式，是山戎部族日常畜养家畜和游牧生活的缩影与写照，墓中所殉马、牛、羊、狗四种家畜，是该部族生产方式与生活方式的真实而生动地展示与反映。墓内殉牲的摆放位置、组合形式与具体布局及队形，往往是象征性的仿照平时放牧生活的实际场景和阵式，略作加工后而为之。这是玉皇庙墓地和玉皇庙文化在殉牲制度上明显区别于其他文化的突出特点之一。

如狗在实际放牧生活中的职能，是替主人和畜群作警戒和护卫工作的，在玉皇庙墓地殉牲墓中，狗在有二畜以上殉牲组合的配伍中，总是首当其冲位居圹内最东端，即位居整个畜群最前沿的位置，负责警戒任务；或是扼守东、西两端，以前后兼顾，或是扼守东端和畜群外围方位，或是平面呈三角形布局，布置于最东端、西南角和西北角，而让牛、羊牲置于狗牲中间，其中尤以羊牲置于狗牲中间的情况最为普遍，以实施狗对弱势和最弱势畜群的警戒与安全护卫职责等。这样的一些珍贵的殉牲形式考古资料，为我们真实地勾勒和再现了山戎部族以畜牧和游牧为生的生产方式和生活方式的特点，使我们认识到，玉皇庙墓地的殉牲形式和殉牲制度，是来源于山戎部族的畜牧和游牧生活的实践的，是这个部族畜牧和游牧生产方式和生活方式的高度概括和提炼。关于玉皇庙墓地殉牲形式规律特点的揭示与认识，无疑将会对今后冀北山地玉皇庙文化其他类型遗存和中国北方地区其他青铜文化中殉牲问题的考察与研究，具有重要的启示和推动意义。

3. 关于“灵魂不死”的原始宗教观念

从一定意义上说，墓中的殉牲实际上也是一种随葬品。殉牲中所蕴涵的宗教观、财富价值观和身份等级观等，与随葬品所包含的意义基本上是相近的，或一致的。因此殉牲不但能从一个侧面反映玉皇庙文化在生产方式、生活方式、生产力发展水平等经济基础方面的一些特点，而且还能从一个侧面反映和揭示出玉皇庙文化在意识形态和宗教信仰方面的一些特点。

马、牛、羊、狗四种家畜，是山戎部族日常赖以生存的最主要的生产资料和生活资料，他们的衣、食、住、行，每时每刻都离不开这些家畜。因此，马、牛、羊、狗四种家畜是山戎部族财产和财富的主要来源和标志之一。山戎人死后，将这些家畜和其他随葬品，即将生产资料和生活资料，亦即财产和财富一起，随死者埋入墓中，祈望“来时复生”，永久享用，这是山戎部族信仰“灵魂不死”原始宗教观念的反映。如果说墓中殉牲是山戎人信仰“灵魂不死”原始宗教观的反映，尚嫌笼统的话，那么在玉皇庙墓地大量的殉牲墓的殉牲，它们在墓中的摆放位置及其牲吻朝向，显然是按照既定的制度和规定在墓中实施的，这就是大多数或绝大多数的殉牲位置和牲吻朝向都取决于死者的头向（不论绝大多数死者头朝东，还是少数死者头朝西，其墓内殉牲基本上都要以死者头向朝东，或是头向朝西，来决定殉牲是摆放在圹内东端，或是摆放在圹内西端，而且牲吻朝向绝大多数也与死者头向保持一致）。这一点，应该是山戎人信仰“灵魂不死”原始宗教观念的进一步具体的证明。即主人活着时身边曾有这些家畜伴随着，而今主人去世了，由主人生前畜养或归主人所有的这些家畜也必须由主人带走，以继续陪伴主人，供主人随时支配和享用。主人走到哪里，这些家畜也必须跟着走到哪里，所以这些家畜在墓中的摆放位置和牲吻朝向，绝大多数都与死者头向保持一致。其原因和道理在于此。这是极为原始而质朴的“灵魂不死”原始宗教观念在殉牲制度上的反映和体现。

4. 关于对太阳和太阳神崇拜的原始宗教观念

在玉皇庙墓地400座墓葬中，墓圹呈东向、死者头朝东的墓葬即有366座，占玉皇庙墓地墓葬总数的91.5%。几乎所有的大、中型墓葬和早、中期阶段的墓葬，墓圹都是呈东向，死者的头向均一律朝东。在该墓地保存下来的254座殉牲墓中，有232座墓的殉牲，被摆放在圹内东端，占该墓地殉牲墓总数的91.3%，其中死者头朝东和东南者共有227座，占该墓地殉牲墓总数的89.4%。这表明墓圹呈东向和死者头向朝东或东南，是玉皇庙墓地占绝对主导地位和统治地位的墓向和头向。这与燕文化和中原地区其他诸侯大国墓圹均呈北向，死者作头北足南葬式的埋葬制度及相关的殉牲制度特点是迥然不同的。这种规律性如此清楚、鲜明和统一的埋葬制度与殉牲制度的特点，其中必受一种统一而强大的宗教思想的束约与支配，这就是山戎部族对太阳和太阳神崇拜的原始宗教思想和观念。

在世界各地，有不少古代部族和民族，都曾对太阳和太阳神发生过崇拜。这是“万物有灵”自然崇拜的一种，是人类在没有足够科学认知能力的原始时代的一种纯朴的原始宗教信仰。中国东周时期北方的山戎部族也是太阳神的崇拜者和信仰者之一。山戎以畜牧和游猎为生，人、畜和牧草，每日都需要太阳的恩赐，他们每天都盼望光明，漫长的冬季，他们祈盼太阳能尽量多的光顾他们的驻地和牧场，多给他们和他们的畜群以温暖，所以他们把太阳奉为伟大的太阳神。生时祈祷太阳神庇佑他们的部族人畜兴旺，终年温饱，死后希冀威力无比的太阳神能继续保佑他们，冲出黑暗，重见光明，来世复生。因此，至今我们所发现的军都山玉皇庙等几处山戎部落墓地都无一不是选择在南临河滩，北靠青山的向阳坡地上，墓坑多作东向，头向大多数或绝大多数为头东足西埋葬，如有殉牲，其摆放位置和牲吻朝向，大多数或绝大多数都必依照死者头向的方位来决定，即大多数或绝大多数的殉牲都被摆放在圹内东端，其牲吻朝向大多数或绝大多数都朝向东方，因为东方是太阳升起的地方，是伟大的太阳神所在的“天国”，只有朝着东方，朝着太阳神所在的“天国”祈祷，才能获得庇护和保佑，才能获得复生和光明。

军都山玉皇庙墓地的发掘，为人们了解春秋时期山戎部族在意识形态领域曾有过非常浓重而虔诚的太阳神崇拜原始宗教观念，提供了十分丰富、翔实、清楚而明确的实证资料，从而可以对于山戎墓地的选址、墓圹的方向与布局、死者头向与葬式、殉牲的位置及牲吻朝向和死者头向的位置关系等涉及玉皇庙文化埋葬制度和殉牲制度等一系列令人迷惑的疑难问题，从理论上作出合乎逻辑的解释。

在这里应该指出的是，与玉皇庙文化时代相当的辽西夏家店上层文化（东胡文化），还有东胡的后裔——汉魏时期的乌桓和鲜卑文化，以及辽代的契丹文化，也都有对太阳神崇拜的习俗。但迄今未见到这几支文化中有像玉皇庙墓地所代表的玉皇庙文化——山戎文化，这样系统、集中、翔实的一批考古资料，来证明它们的这一原始宗教信仰的存在。因此，玉皇庙墓地所获得的关于山戎部族对太阳和太阳神崇拜的原始宗教观念的考古资料，殊为珍贵。它不但对研究冀北山地玉皇庙文化具有重要学术价值，而且对于比较和考察周边相邻地区其他文化的相关问题，也具有重要的借鉴与参考意义。

5. 殉牲不用全牲，或多将牲头予以拆解，或故作丰盛而分开摆放等形式，反映出玉皇庙文化生产力发展水平尚较低，经济基础尚较薄弱，物质生活资料尚较匮乏。

殉牲不用全牲，均以肢解后的马、牛、羊、狗四种家畜的头和腿（牲腿也仅限于马腿是连蹄保留殉祭，其他种类的牲腿，一律只取肱骨部分）作代表，拿来作象征性祭祀。这是玉皇庙墓地和玉皇庙文化殉牲制度的突出特点之一。一般情况是，1个畜头加1只该殉牲的肱骨为1套，即代表1头（或1只）殉牲。也有例外不足额的情况，如有的墓中只殉1个畜头，或只殉1个上颌骨，或只殉1副或1块下颌骨，而无肱骨配套的，或只殉1只肱骨，而无头骨或上、下颌骨配套者，则都意味着此墓殉祭了1头（或1只）此种牲畜。

此外，很多殉牲墓中的牲头，其上、下颌骨均被拆解开以后，再作交错摆放，或分开摆放，或将拆解后本来不多的殉牲部件，在不同墓中，摆出各种形式，如作分开、聚堆摆放，或作并列聚堆摆放，或作上、下叠压摆放，或作零散摆放，或作纵向一字摆放等等，无非是要作出殉牲资本不多，但通过化整为零的拆解和变换堆放形式等人为手段，造成殉牲丰厚的表象，以表示死者也享有不少牲畜财富。这是对身份地位不高，或身份地位较低的死者，在殉牲上的一种安慰方式。这是玉皇庙墓地和玉皇庙文化殉牲制度的另一突出特点。

以上这两个特点，虽然不能排除其中或包含有某种宗教意义，但我们认为，这里主要反映出该文化的生产力发展水平尚较低，经济基础尚较薄弱，物质生活资料尚较匮乏，多数部族成员的温饱问题仍是这个部族生存和发展的首要问题。由于这种经济条件的限制，所以在玉皇庙墓地和玉皇庙文化中的殉牲，皆采取了节约而又实用方式和体制，即不用全牲，而均以肢解后的牲畜的头和肱骨为代表，作象征性的祭牲（剩余的牲体，其肉和皮毛仍可供活着的人食用和制作衣物等），并在实施过程中，多将牲头上、下颌予以拆解，作出各种扩大殉牲体积和增大殉牲所占空间容积的人为摆放形式，以显示殉牲较多，财富较多。这实际上是制造虚假繁荣的一种自欺欺人的手段，但在物质生活资料贫乏的古代部族中，还必须采用这样的手段和“礼仪”，来稳定军心和人心，以增强部族成员之间的信心和凝聚力，以维系部族的生存和发展。

6. 关于殉牲反映的等级差别问题

在有无殉牲、殉牲数量和殉牲墓的规格级别及其殉牲种类配伍组合方面，玉皇庙墓地不同死者之间，存在着明显的等级差别。这种等级差别，既存在于男、女之间，也存在于成年男女与孩童（少儿与婴儿）之间，既存在于少数男性首领人物和权贵与大多数一般男性部族成员之间，也存在于少数身份地位较高的女性和大多数普通女性部族成员之间。

对墓中有、无殉牲的统计结果显示，玉皇庙墓地的成年男、女死者，大多数都享有种类不一、数量不等的殉牲，只有少数成年男、女死者墓中无殉牲；孩童则只有少数幸运儿才可享有殉牲，而大多数是无殉牲的。男性在占有殉牲墓的数量和比例上，明显地超过女性，而成年男、女，又大大地超过孩童；女性无殉牲者明显多于男性，而孩童无殉牲者又大大超过成年男、女。

在殉牲数量上，不论在殉牲总数，还是在5类殉牲单项指标上，男性死者的占有量，都占据绝对统治地位，而女性仅居于相当次要的附属地位，少儿和婴儿死者只有少数幸运儿才享有数量很少的、殉牲种类级别较低的小家畜殉牲，其中少儿或有极少数幸运者可殉有羊、狗牲头和肱骨各1套，但有殉牲资格的绝大多数少儿和全部婴儿，都只能象征性的殉有单纯狗牲中的狗头和肱骨1、2个、只。

在殉牲墓的规格级别方面，男性不但在四等八级规格级别的墓葬中，占据全额，而且在最重要、最具价值意义的前二等四个高规格级别中，都项项呈独霸局面，不留任何空间，故处于绝对高级的统治地位；而女性较男性至少要低一等以上，其所缺的规格级别，恰恰是最重要、规格级别最高的一等甲（A）级墓，而其在甲（B）、乙（A）和乙（B）三个较高级别的比例中，也较男性差距甚大。少儿和婴儿殉牲墓的规格级别，均属低级或最低级的小型墓。在殉牲墓的规格级别方面，男性显著地高于女性，女性明显地低于男性，而成年男、女又显著地高于孩童。这样的带有规律性的等级差别特征，在此项的比较中再次体现出来。

在殉牲墓的殉牲种类组合等级礼遇方面，男性也普遍高于和优于女性，女性则多明显地低于男性，而成年男、女则又显著地高于和优于孩童。少数身份、地位特殊的男性死者，独霸了最重要、最能显示身份地位、最具价值意义的第一类5种殉牲种类组合中的4种（Ⅰ、Ⅲ、Ⅳ、Ⅴ），第二种虽未能独占，但所占比例却仍比女性高出1倍；在第二类前两种（Ⅵ、Ⅶ）组合中，又以绝对高比例优势超过女性。女性在第一类5种组合中，有4种属于空白，其中尤为关键的是缺少第一种马、牛、羊、狗四畜俱全的殉牲种类组合，这就从根本上决定了女性不及男性，并明显地低于男性的历史命运。少儿所能享受的殉牲种类组合仅限两种，即第三类第Ⅹ种羊、狗组合和第四类第Ⅻ种单纯殉狗组合，而婴儿则比少儿又要低一等，仅限于第四类第Ⅻ种单纯殉狗者。其他各类各级组合，均与少儿和婴儿无关。这说明，少儿与婴儿的身份地位普遍较低，即使少数幸运儿也不能与大多数成年人一样等同相待。大多数孩童墓所殉狗牲，都只有1个幼小的狗头，或再加1只细小的狗肱骨，带有明显的象征性色彩。

在男、女两性殉牲墓中，无论在墓葬规格级别，还是在殉牲种类组合等级和殉牲数量上，还普遍存在着同性之间的等级差别。这样的实例，在男、女两性中比比皆是。

7. 从殉牲考察玉皇庙墓地的社会性质问题

家畜对于以畜牧和游牧为生的山戎人来说应是其主要的生产资料和生活资料的一部分，也是其主要的财产和财富的一部分。家畜被当做殉牲，与其他随葬品一起埋入墓中，为主人殉葬，无疑具有代表和显示墓主人生前拥有财产和财富的意义，即成为死者贫富贵贱和身份地位高低的重要标志之一。从这个意义出发，我们可借助玉皇庙墓地的殉牲资料，考察一下该墓地的社会性质问题。

从前面殉牲反映的等级差别问题的讨论中，已经明确：玉皇庙墓地殉牲中存在着显著的男、女两性等级差别和同性之间的等级差别，以及成年男、女与孩童之间的等级差别。这些有差别的男男女女和大人、孩子，都作为同一部族成员，埋在同一处氏族部落公共墓地中，这些成员之间，都存在着亲疏不等的血缘关系。那么，他们之间的等级差别到底达到了何种程度？这是回答这一问题的关键所在。

在玉皇庙墓地，以马为核心的殉牲组合，属高级一等第一类殉牲组合。这类殉牲组合，只限定在甲级大型墓或极少数乙（A）和乙（B）中型墓级别内享用，绝不配给三等以下的墓。第一类第一种组合为马、牛、羊、狗四畜俱全组合，属最高级组合。这种组合在该墓地一共有7座墓，其中属于甲（A）级3座，甲（B）级1座，乙（A）级2座，乙（B）级1座。这表明，玉皇庙墓地的殉牲等级的区分是相当森严的。高级殉牲组合，只配给极少数部落首领和高级权贵，与一般部族成员无缘。从少数高级殉牲墓殉牲数量看，上述7座一等第一类殉牲墓，共殉马、牛、羊、狗四畜头、腿272个、副、只，平均每座墓殉38.9个、副、只，其中尤以YYM18殉牲量最大，包括：马头16个，马腿16只，牛头3个，牛肱骨16只，羊头7个，羊肱骨5只，狗头4个，狗肱骨6只，合计73个、只。与上述情况形成鲜明对比的是，该墓地还有91座属于三、四等丙、丁级小型单纯殉狗的最低级殉牲墓，这部分墓葬占该墓地殉牲墓总数的35.8%，超过1/3，其中不少的墓只殉有1个狗头加1只狗肱骨，或只有1副或1块狗下颌骨，或1只狗肱骨。更有甚者，在该墓地还有146座无殉牲墓。

除去一少部分因取土遭破坏有无殉牲情况难以确定外，至少还要有100座左右真正无殉牲墓，占该墓地墓葬总数的1/4左右，这些墓都是属于较低级或最低级的小型墓，其中有不少是既无殉牲，又无任何随葬品者，仅可容身，窄小的浅穴土坑墓中唯有一具死者骨架。这类墓既有男性，也有女性，还有孩童。这些人较前述最低级的单纯殉狗墓的死者更为凄惨。何况在玉皇庙墓地还有个一规律性特点，就是殉牲种类组合的等级与数量，与墓葬规格级别及随葬品的组合类型和随葬品的数量，基本上是配套关系，绝大多数是一致的，像YYM18、YYM250等少数高等殉牲墓，本身都是属于甲（A）级或甲（B）级大型墓，绝大多数为男性墓，墓中不仅有种类齐全、数量众多的殉牲，而且更有成组、成套的金器、青铜容器、兵器、马具、生产工具和各种装饰品，以及陶器等，一墓至少随葬数十件和上百件，甚至多达数百件之巨。这哪里是那些最低级的小型殉牲墓和既无殉牲、又无任何随葬品的小型浅穴土坑墓所能相比的？两相对照，高低贵贱、尊卑贫富，何其悬殊，何其鲜明！这充分说明，玉皇庙墓地已经明显的存在生产资料私有制，存在占有这个部族大量生产资料的少数奴隶主首领和贵族阶级，同时也存在着多数仅能占有很少一部分生产资料和生活资料，但却终年为这个部族流血流汗、辛苦劳作，甚至用生命去生产和创造全部生产资料和生活资料的平民与奴隶阶级。这种少数奴隶主首领和贵族与大多数平民和奴隶之间的关系，只能是阶级关系，他们之间的等级差别，实质上是阶级的对立与阶级差别。在这里，阶级关系已实实在在地取代了传统的亲疏不等的血缘关系，长期以来以血缘为纽带的部族成员之间的血缘关系，已只剩下了一具腐朽、疏松的躯壳。

总之，透过玉皇庙墓地的殉牲制度，使我们清楚地看到玉皇庙墓地及其所代表的玉皇庙文化的社会性质，是一个私有制特征非常明显，贫富两极分化非常悬殊，阶级对立非常突出，并有一整套森严的殉牲制度、埋葬制度和财产分配制度的、以军事奴隶主阶级掌握统治权力的野蛮的奴隶制社会。

8. 从殉牲墓看玉皇庙墓地的兴衰

综合殉牲墓的规格级别和殉牲墓的殉牲种类组合在玉皇庙墓地北、南、西三区内的分布，可以看到这样的规律性情况：二者在三墓区内的分布，具有明显的和谐一致的配套特点。凡属一等高级大型墓和二等较高级的中型墓，分布在北区的数量和比例，明显多于和高于南区和西区；与此配套的是，凡属一、二等高级和较高级的殉牲种类组合，均全部密集地分布于北区，北区所占高级和较高级殉牲种类组合总数的百分比平均指数显著地高于南区和西区。而凡属三等较低级和四等最低级的小型浅穴土坑墓，则多数分布于南区和西区，北区所占比例甚少；与此相应的是，凡属较低级和最低级的殉牲种类组合，南区和西区的数量和比例，明显多于和高于北区。这反映出，在玉皇庙墓地的早、中期阶段，即春秋早期至春秋中晚期之前这段时期，应是玉皇庙墓地殉牲的繁盛期，而到春秋晚期，则是该墓地殉牲的衰落期。联系玉皇庙墓地的墓葬形制与规格，及随葬品的分布情况，与殉牲所反映的发展与变化趋势特点，大体上是吻合的和一致的。因此可以说，从殉牲种类组合的分布与发展变化的角度，所揭示的玉皇庙墓地的殉牲是早盛晚衰这一规律性特点，是确切的，它也是玉皇庙墓地及其所代表的玉皇庙文化整体兴衰和变迁的规律性特点的概括与总结。

9. 关于第五类第ⅩⅢ种猪、狗二畜组合问题

这是在玉皇庙墓地南区南部属于春秋晚期的一座丙（C）级小型墓中发现的唯一一例猪、狗二畜组合，殉有狗头1个，狗肱骨1只，及较小的猪头1个（上、下颌骨被拆解开）。其中狗牲为玉皇庙墓地和玉皇庙文化固有的传统文化因素，而猪牲则应是来自燕和中原地区的外来文化因素。除此例之外，在玉皇庙文化其他晚期遗存地点，如延庆县的葫芦沟、龙庆峡别墅区墓葬中，也发现有用家猪下颌骨作殉牲的例子。这虽是为数很少的外来文化因素，但它却透露出，玉皇庙文化到了春秋晚期阶段，与燕和中原文化的接触与融合愈益广泛和深入。山戎部族不但从燕和中原地区引进、学会了饲养家猪，而且开始主动或不主动，自觉或不自觉地逐步放弃或违背本部族固有的、相延已久的传统规制，而盲目或违心地顺随燕和中原文化的某些制度（靳枫毅、王继红：《山戎文化所含燕与中原文化因素之分析》，《考古学报》2001年第1期，第66页。）。如在殉牲中开始用家猪代替本族既定的畜类，这一现象，是山戎部族在同燕与中原文化的交往过程中，既偶然又必然的文化融合现象。可以说，这是这支部族在其发展过程中具有历史意义的一个进步。

一一 圹内积石、镇墓石、封顶石

在玉皇庙墓地部分墓葬中，发现有圹内积石，或放置镇墓石，或封顶石的情况，这也是玉皇庙墓地葬制与葬俗特点之一。现介绍如次：

1. 圹内积石

圹内积石是在墓圹内木椁以上、中下层或至上层填土中，专意堆砌或摆放数量不等、规格不一的一层或一堆，或作零散分布的自然石灰岩石块，其中多数为体积不大或较小的石块。

共有13例，墓葬编号为：YYM22、21、29、18、39、52、219、312、314、315、303、342、398，

占玉皇庙墓地墓葬总数的3.25%。

这类积石墓，积石数量各墓差距很大，有的小型墓中只零散分布六、七块，如YYM342、YYM303等；有的大型墓则摆放一层或数层，数量多达百余块或数百块，如YYM22、YYM18等。从积石出土位置和功用看，我们以为，其主要目的应是为了保护椁室和死者的安全而特意堆砌或摆放的，其中不排除兼有镇压亡灵之意。从性别看，13座墓中有男性8座，女性5座，男性所占比例高于女性，无孩童墓。从墓葬规格级别看，既有甲级大型墓，也有低级小型墓，缺乏中型墓。从分布看，在玉皇庙墓地各主要墓区均有分布，表明此种葬俗在该墓地从早到晚一直延续存在（参见附表46）。

2. 镇墓石

镇墓石是在圹内木椁盖板之上填土中专意摆放，或因木椁盖板腐朽而随盖板及填土一起塌陷于木椁内的自然石灰岩石块，此类石块数量不多，一般为1块或数块，但平均体积较积石墓的石块略大，石块所处位置，大多压在木椁内死者身体上方，其中正置于死者头上或头、胸之间者，约占1/3。从这些石块放置的位置及其功用看，其主要目的应用在镇压木椁盖板和死者身体，使其灵魂附体安息。这与上述积石在具体形式和意义上似略有分别，姑暂称之为镇墓石。

共有51例，墓葬编号为：YYM3、13、4、11、9、10、230、45、88、26、8、102、60、61、62、207、218、213、204、199、200、178、150、143、176、134、113、166、171、332、333、320、308、305、304、302、164、110、163、160、173、161、109、337、344、328、336、349、376、372、369。

从性别看，51座有镇墓石的墓中，男性为28例，占有镇墓石墓葬总数的54.9%；女性者为21例，占有镇墓石墓葬总数的41.2%；少儿者为2例，仅占有镇墓石墓葬总数的3.9%，无婴儿墓。以男性死者所占比例较高。

从墓葬规格级别看，既包含甲、乙级大、中型墓葬，也有丙、丁级小型墓葬，唯最高级大型墓和最低级小型墓均各为1例，数量很少，多数为乙（B）级中型墓和丙级小型墓，尤其以丙级小型墓数量最多（共30座），所占比例最大（占有镇墓石墓葬总数的58.8%）。

从分布看，在玉皇庙墓地各墓区均有分布，其中以北Ⅰ区中部、西区和南区分布数量较多，而尤以南区南部数量最多（15座，占有镇墓石墓葬总数的29.4%），表明墓内置镇墓石的葬俗，在玉皇庙墓地从早到晚一直延续存在，而且越到晚期越显盛行（参见附表47）。

3. 封顶石

封顶石，是在圹内上层填土中接近墓圹顶部专意摆放的1至数块体积较大的自然石灰岩石块，其顶面一段与圹口平齐，有的甚至凸出圹口，位置较一般圹内积石和镇墓石明显偏高，这类石块当初的水平位置应比现存高度还要高出一些，因为现存圹内填土多已随墓内木椁的腐朽坍塌而有所下陷，这些封顶石自然也会随之下陷。其功用和意义除了与镇墓石有相通之处之外，还应具有标识功能，即有标识墓穴位置的作用，姑暂称之为“封顶石”。

共有11例，墓葬编号为：YYM384、99、66、57、184、206、136、327、326、301、399。

从性别看，11座有封顶石的墓中，男性者为4例，占有封顶石墓葬总数的36.4%；女性者为5例，占有封顶石墓葬总数的45.5%；少儿者为2例，占有封顶石墓葬总数的18.1%，无婴儿墓，男、女两性所占比例相差不多。从墓葬规格级别看，未有大型墓和较高级中型墓，只涉及乙（B）级和乙（B）级以下低级小型墓，其中乙（B）级有3例，占有封顶石墓葬总数的27%；丙、丁级墓共8例，

附表46　　**玉皇庙墓地墓内积石登记表**

墓号（YYM）	积石：出土位置及形式	积石：数量（块）	积石：规格（厘米）	性别	墓葬规格级别	分布	分期
22	距圹口深0.8～0.85米中层填土中摆放一层。	110	12×8×7至 40×25×17	男	甲(B)	北Ⅰ区	春秋早期
21	距西端圹口深10、距东端圹口深30厘米的中上层填土中，分布一层体积较小的石块，另有2块稍大者陷于木质葬具内，其中1块压在死者右股骨上方。	126	中上层者： 7×5×4至 20×16×14； 陷于木质葬具者： 32×28×16， 26×14×12	女	丙(B)		
29	圹内西部上层填土中，零散分布一层。	16	7×5×4至 30×26×24	女	丙(A)		
18	圹内0.7米以下至1.37米之间，为堆砌积石层，东端堆砌3层，西端堆砌10层，石块大小不一，中段积石陷于塌陷坑内。	669	9×7×5至 48×30×25	男	甲(A)		
39	圹内西半部上层填土中，零散分布一层。	13	8×7×5至 29×22×16	女	丙(C)	北Ⅱ北	春秋早中期
52	东、西圹口以下0.6米深的上层填土中，铺砌一层。	88	16×14×10至 68×41×25	男	甲(B)	北Ⅱ中	春秋中期
219	圹内东半部上层填土中，零散分布一层。	8	12×9×7至 38×22×17	女	丙(A)	南北区	春秋晚期前段
312	圹内殉牲之下、上层填土中，自东而西纵向摆放。	13	14×12×9至 32×27×18	男	丙(C)	西区	
314	圹内东南角殉牲之下、中上层填土中，堆放一堆。	11	18×14×10至 28×20×16	男	丙(C)		
315	圹内东端中上层和东南角中下层填土中，分别堆放11和19块。	30	11×7×6至 22×18×15	男	丙(B)		
303	圹内南侧和中间东、西两端殉牲之下或上层填土中，零散分布。	7	11×10×8至 19×17×17	男	丁		
342	圹内东半部及殉牲北侧上层填土中，零散分布。	6	12×10×6至 20×11×12	男	丙(A)	南区南	春秋晚期后段
398	圹内活土二层台及木椁之上填土中，有序摆放32块，其中东端9，南侧16，西端1，北侧6块，有半数压在木椁之上和木椁南、北侧板边缘。	32	10×7×6至 31×22×19	女	丙(C)		
合计 13(座)		1129		男8 女5	甲(A)1 甲(B)2 丙(A)3 丙(B)2 丙(C)4 丁1		

占有封顶石墓葬总数的73%。

从分布看，在玉皇庙墓地各墓区均有数量不等的分布，其中以北Ⅰ区数量最少（仅1座），以西区稍多（共3座），这表明墓口表面置封顶石的葬俗，在玉皇庙墓地从早到晚一直存在，唯所占比例较小（参见附表48）。

附表47－1　　**玉皇庙墓地墓内置镇墓石登记表**

墓号（YYM）	镇墓石 出土位置及形式	数量（块）	规格（厘米）	性别	墓葬规格级别	分布	分期
3	圹内中间略偏东，陷于木椁内、压在死者左上肢上方10厘米填土中。	1	28×19×11	女	乙(B)	北Ⅰ中	春秋早期
13	圹内中间偏西侧，木椁盖板以上中层填土中。	4	30×20×14至 14×12×10	男	乙(A)		
4	圹内北侧活土二层台偏西处及木椁西北角盖板之上。	2	46×20×18 32×18×12	女	丙(A)		
11	圹内中间稍偏西，木椁中间，死者腰部至骨盆上方的上层填土中。	9	38×28×19至 20×13×10	男	乙(A)		
9	圹内西端，死者足部上方之上层填土中。	2	34×22×20 32×24×15	女	丙(C)		
10	圹内中间略偏东，陷于木椁内、压在死者右胸部下方。	1	24×20×10	女	乙(B)		
230	圹内西部中间，与生土二层台相平位置，椁室塌陷坑填土中。	3	40×20×36 25×20×18 23×15×20	男	甲(A)	北Ⅱ北	春秋早中期
45	圹内中间，陷于木质葬具内、压在死者骨盆以上20厘米填土中。	1	32×22×17	男	丙(A)	北Ⅱ中	春秋中期
88	圹内北侧活土二层台以上中层填土中自东而西纵列5块；另陷于木椁南侧板与死者左髌骨之间1块。	6	50×24×30至 16×13×13	女	丙(B)		
26	圹内东端偏南侧上层填土中平置3块；陷于椁室内、压在死者左胸部位3块。	6	40×18×16至 20×14×12	女	乙(B)	北Ⅰ北	
8	圹内西南角，陷于木质葬具内、死者足下部位。	1	34×20×18	女	丙(B)	北Ⅰ南	
102	圹内东部，陷于木椁内、压在死者头部至胸部以上6厘米填土中。	2	52×29×24	男	丙(B)		
60	圹内西端，木椁西南角之上填土中有2块，陷于椁室内，压在死者足骨之上7厘米填土中1块。	3	46×34×30 30×20×20 38×26×18	男	乙(B)	北Ⅱ南	春秋中晚期
61	圹内木椁西南角上方1块；木椁东半部偏北侧，死者右腹部上方2块。	3	21×17×15至 18×16×14	男	乙(B)		
62	圹内木椁东端，死者头骨上方及周围的中、上层填土中8块，另陷于木椁中间、死者骨盆之上2厘米填土中1块。	9	20×12×15至 17×14×12； 32×22×15	男	丙(C)		
207	圹内东部，木椁东南角盖板以上填土中、正对死者头部左上方，平置较大石块	1	50×45×18	男	乙(B)	南区北	春秋晚期前段
218	圹内东半部中层填土中有11块，陷于圹内西端椁室内2块。	13	28×18×12至 14×10×10	女	丙(A)		
213	圹内东端，木椁东北角上方上层填土中。	1	32×22×18	男	乙(B)		
204	圹内东端木椁以上、殉牲以下中层填土中。	10	10×8×7至 25×20×16	女	乙(B)		
199	圹内东端木椁盖板以上、正对死者头部的中层填土中	1	33×30×10	男	丙(A)		
200	圹内木椁东端中、上层填土中有5块，其中1块陷于木椁东南角。	5	21×12×10至 35×22×15	女	丙(A)		
178	圹内东部殉牲周围下层与上层填土中，正当木椁东端、死者肩部及头部上方。	3	16×10×6至 20×14×9	女	乙(B)		
150	圹内西南角，陷于椁室内。	1	33×16×13	女	乙(B)		
143	圹内西端上层填土中2块，其中较大的1块压在木椁西端上方。	2	20×12×10 40×29×18	男	丙(A)		

附表 47－2

玉皇庙墓地墓内置镇墓石登记表

墓号（YYM）	镇墓石			性别	墓葬规格级别	分布	分期
	出土位置及形式	数量（块）	规格（厘米）				
176	圹内木椁中、西部上层填土中，纵列于木椁盖板之上。	7	11×9×8 至 50×26×16	女	丙(B)	南区中	春秋晚期前段
134	圹内东北角有 4 块，其中 2 块陷于椁室内；另有 1 块陷于椁室西北角。	5	15×8×7 至 28×21×12	男	乙(B)		
113	圹内东端殉牲之下、木椁东北角上层填土中。	1	37×30×20	女	丙(A)		
166	圹内东部中、上层填土中	8	11×8×6 至 37×18×11	少儿	丙(C)		
171	圹内中、西部木椁以上中层填土中	16	8×6×5 至 47×30×18	男	丙(A)		
332	圹内东端中下层，平置于死者头、颈部之上 16 厘米填土中。	1	26×9×8	男	丙(C)	西区	
333	圹内东半部中间偏下层，斜置于死者头、胸部之上 5 厘米填土中。	1	44×29×21	男	丙(B)		
320	圹内东端和东南角中、下层填土中有 9 块；还有 1 块陷于木质葬具东北角内。	10	20×16×13 至 31×23×15	男	丙(B)		
308	圹内陷于木质葬具内 5 块，其中以压在死者头骨左侧和右腹部之上 6 厘米填土中的 2 块较大。	5	43×10×9 37×22×15	男	丁		
305	圹内东端，木椁东南角上方上层填土中，平置较大 1 块；还有较小 1 块陷于木椁东南角内死者头骨左侧。	2	38×34×18 18×13×7	女	丙(C)		
304	圹内南、北两侧和东端，在木质葬具以上、殉牲以下中层填土中有 21 块，其中 3 块正对着死者头部。	21	10×6×6 至 33×20×18	女	丙(C)		
302	圹内东端偏南侧殉牲附近上层填土中有石块 1；另有 1 块陷于木质葬具东南角内，压在死者左肩以上 5～6 厘米填土中。	2	23×14×11 24×12×12	女	丙(C)		
164	圹内东端木椁之上、殉牲之下中层填土中，正置死者头上。	3	38×25×12 （较大者）	男	丙(B)	南区南	春秋晚期后段
110	圹内木椁以上、殉牲以下中层填土中有 72 块，其中 2 块陷于椁室西侧内。	72	32×19×14 （陷于椁室者）	男	丙(B)		
163	圹内东端木椁之上、殉牲之下中层填土中有 10 块，其中 1 块置于死者头顶稍偏左部位。	10	26×22×15 （置于死者头上者）	女	乙(B)		
160	圹内中部及东、西两侧上层填土中有 4 块；陷于椁室内中间和东侧的有 6 块。	10	10×9×6 至 39×28×20	男	乙(B)		
173	圹内东端中层填土中，人头骨上方。	2	25×15×9 40×20×15	男	丙(C)		
161	圹内东半部，木椁之上、殉牲之下中层填土中有 4 块，其中 3 块压在木椁东端盖板及南侧板之上。	4	14×11×9 至 21×16×12	男	乙(A)		
109	圹内东端，死者头、胸之间及附近上层填土中。	5	13×10×8 至 23×22×12	女	丙(C)		
337	圹内东端中、上层填土中。	9	9×6×7 至 31×21×20	少儿	丙(C)		
344	圹内东端及东北角中层填土中有 6 块，其中 2 块压在木椁东南角侧板探头上，1 块压在木椁东北南侧板探头上。	6	14×12×7 至 32×30×20	男	乙(A)		

附表 47－3

玉皇庙墓地墓内置镇墓石登记表

墓号（YYM）	镇墓石			性别	墓葬规格级别	分布	分期
	出土位置及形式	数量（块）	规格（厘米）				
328	圹内木椁西南角侧板探头之上1块；另1块陷于木椁内，在死者左、右股骨之间。	2	15×14×11 14×13×12	男	丙(A)	南区南	春秋晚期后段
336	圹内东端殉牲以下、木椁以上中层填土中有4块；另陷入椁室内、压在死者胸上和骨盆上各1块。	6	29×16×10 23×20×15 （陷于椁室者）	男	丙(A)		
349	圹内东半部木椁盖板之上上层填土中有6块，其中5块压在木椁内死者胸、腹部之上，1块压在木椁东北角上方。	6	10×8×7至 32×15×13	男	乙(B)		
376	圹内西端和东半部上层填土中有5块，其中3块压在木椁内死者右侧胸、腹部上方，2块压在木椁西北角上方。	5	20×10×9至 25×20×14	男	丙(A)		
372	圹内木椁之上上层填土中，自东而西分布5块，其中4块较大，分别压在木椁内死者头、胸、腹部、骨盆下方和足部上方。	5	30×20×12至 49×25×18 （4块较大者）	女	丙(A)		
369	圹内活土二层台以上填土中和椁室内共有18块，其中西半部13块，东半部南侧二层台上1块，陷于椁室南侧4块。	18	9×5×6至 39×21×15	女	乙(B)		
合计 51（座）		332		男28 女21 少儿2	甲(A)1 乙(A)4 乙(B)15 丙(A)12 丙(B)8 丙(C)10 丁1		

一二　随葬品陈放位置

一般说来，随葬品在墓中的陈放位置，应是一定时代一定文化埋葬制度的一项重要内容，各类用途不同的器物，被放置在不同的特定位置，都应是遵循一定规制的。它是一定文化埋葬制度和丧葬习俗特点的反映，也是一定文化宗教思想、生产方式与生活方式、等级制度与性别差异、生活习惯与服饰特点等方面的体现，它能客观地透视出一个文化的性质和内涵特征。因此，对玉皇庙墓地随葬器物的陈放位置问题，做一番系统的归纳和分析，对于全面了解玉皇庙文化的埋葬制度特点和文化特征，是十分必要的。

现将玉皇庙墓地出土的陶、金、青铜、石、玛瑙、绿松石、骨、蚌、贝、竹、木、皮革等12类器物在墓中的陈放位置，整理、归纳和分析如下。

（一）陶器

玉皇庙墓地随葬陶器的墓共278座，出土陶器总数为279件。其中仅YYM221随葬了2件，余者每墓均各随葬1件。

附表 48　　**玉皇庙墓地墓口置封顶石登记表**

墓号（YYM）	封顶石：出土位置及形式	封顶石：数量（块）	封顶石：规格（厘米）	性别	墓葬规格级别	分布	分期
384	圹内西北角和西端南侧上层填土中各有 1 块，石块表面与圹口平齐。	2	51×31×35 50×37×45	男	乙（B）	北Ⅰ西	春秋早期
99	圹内西端中间上层填土中平置 1 块，石块表面与圹口平齐；另在圹内西南角，距圹口以下 10 厘米填土中有 1 块。	2	18×15×13 22×14×12	女	丁	北Ⅱ北	春秋早中期
66	圹内东南角上层填土中平置 5 块，石块表面与圹口平齐。	5	13×10×9 至 32×22×18	女	乙（B）	北Ⅱ中	春秋中期
57	圹内、南圹壁偏东和北圹壁偏西的上层填土中，各有 1 块，石块表面与圹口平齐。	9	30×23×20 40×30×22	男	乙（B）	北Ⅱ南	春秋中晚期
184	圹内西南角地表，压砌石块 2 层，下层 4 块较小。	5	24×14×10 至 40×32×18	少儿	丙（B）		
206	圹内东端中间上层填土中，平置，石块表面凸出圹口 6 厘米。	1	38×25×13	女	丙（A）	南区北	春秋晚期前段
136	圹内东端上层填土顶部，平置。	1	15×8×6	少儿	丙（C）		
327	圹内南侧偏东部上层填土中，平置，石块表面与圹口平齐。	1	38×26×17	女	丁	西区	
326	圹内东端，木质葬具之上和东南角上层填土中，各平置 1 块，石块表面与圹口平齐。	2	78×32×21 43×27×17	男	丙（C）		
301	圹内木椁东北角，正对死者头部上方填土中，平置，石块表面与圹口平齐。	1	34×26×20	女	丙（B）		
399	圹内北侧，西半部及西端上层填土中有 4 块，其中位于木椁东北角和木椁西端及南侧上方的 3 块，其顶面基本上与圹口平齐。	4	28×16×14 至 33×26×22	男	丙（B）	南区南	春秋晚期后段
合计 11（座）		33		男 4 女 5 少儿 2	乙（B）3 丙（A）1 丙（B）3 丙（C）2 丁 2		

陶器在墓中的陈放位置，除个别特殊情况外（仅 2 例：YYM1 因遭破坏，陶器残片出于圹底填土中；YYM2 在圹内东端中层填土中偶见夹砂褐陶细绳纹单耳杯 1 件），皆置于圹底木椁内，绝大多数陈放于死者头部左、右侧或附近，少数有被置于死者胸部者，只有极个别特殊者被置于死者腹部或足部（这两种情况均属孤例）。具体陈放部位，分以下 9 种情况：

1. 置于死者头骨左侧或左肩部者，共 80 例（座），占该墓地出陶器墓总数的 28.85%。其中置于死者头部左侧者为 71 例（墓葬编号：YYM22、32、20、35、15、4、31、386、230、228、264、276、279、98、97、99、96、275、251、47、282、234、43、48、188、52、236、247、125、66、36、26、297、7、6、103、12、102、58、196、217、145、211、144、182、197、122、171、77、108、133、124、79、312、321、127、128、353、345、357、376、396、399、394、372、368、164、130、340、

382、377），占该墓地出陶器墓总数的25.5%，占此项墓例总数（80座）的88.75%，是该墓地陶器9种陈放位置中数量最多、所占比例最高的一种，也是此项墓例中数量最多，所占比例最高的一项；置于死者左肩部者9例（墓葬编号：YYM265、81、70、150、179、80、129、161、389），占该墓地出陶器墓总数的3.2%，占此项墓例总数的11.25%，其数量和所占比例均很少和很低。

在这80例置于死者头骨左侧或左肩部的陶器中，正置者48例，占该墓地出陶器墓总数的17.3%，占此项墓例总数的60%，是该墓地陶器9种陈放位置、3种放置形式（即正置、斜侧置和侧置）中数量最多、所占比例最高的一种放置形式；斜侧置者18例，占该墓地出陶器墓总数的6.5%，占此项墓例总数的22.5%；侧置者13例，占该墓地出陶器墓总数的4.7%，占此项墓例总数的16.25%；还有1例因残碎过甚而不能辨识其放置形式者（YYM31），占该墓地出陶器墓总数的0.35%，占此项墓例总数的1.25%，属个别情况。

2. 置于死者头骨左后侧者，共47例（座）（墓葬编号：YYM19、16、13、34、11、10、38、249、37、241、240、263、41、258、100、190、266、298、187、64、212、71、72、208、69、209、181、74、214、223、178、221、200、104、142、204、203、158、113、111、114、313、366、163、358、400、364），占该墓地出陶器墓总数的16.9%，是该墓地陶器9种陈放位置中在数量和所占比例上居于第四位的一种。

在这47例置于死者头骨左后侧的陶器中，正置者31例，占该墓地出陶器墓总数的11.1%，占此项墓例总数（47座）的65.96%，是此项墓例中数量最多、所占比例最高的一种放置形式；斜侧置者13例，占该墓地出陶器墓总数的4.7%，占此项墓例总数的27.66%，其数量和所占比例均较少和较低；侧置者3例，占该墓地出陶器墓总数的1.1%，占此项墓例总数的6.38%，是此项墓例中数量最少、所占比例最小的一种放置形式。

3. 置于死者头骨右侧或右肩部者，共61例（座），占该墓地出陶器墓总数的22%。其中置于死者头骨右侧者为51例（墓葬编号：YYM3、29、5、227、226、229、233、280、248、270、254、261、273、272、295、294、23、8、101、57、60、192、186、61、185、84、83、117、137、183、206、224、139、219、156、167、134、78、325、172、175、381、393、371、341、348、350、379、375、354、397），占该墓地出陶器墓总数的18.35%，占此项墓例总数（61座）的83.6%，是该墓地陶器9种陈放位置中在数量和所占比例上仅次于第1种（置于死者头骨左侧者），即居于第二位的一种，但却是此项墓例中数量最多、所占比例最高的一项；置于死者右肩部者10例（墓葬编号：YYM46、51、63、87、210、215、170、121、395、378），占该墓地出陶器墓总数的3.6%，占此项墓例总数的16.4%，其数量和所占比例均很少和很低。

在这61例置于死者头骨右侧或右肩部的陶器中，正置者26例，占该墓地出陶器墓总数的9.4%，占此项墓例总数的42.6%，是此项墓例中数量最多、所占比例最高的一种放置形式；斜侧置者22例，占该墓地出陶器墓总数的7.9%，占此项墓例总数的36.1%，是此项墓例中数量较多、所占比例较大的一种放置形式；侧置者7例，占该墓地出陶器墓总数的2.5%，占此项墓例总数的11.5%，是此项墓例中数量很少、所占比例很低的一种放置形式；还有6例因残碎严重、难以辨认其放置形式者，占该墓地出陶器墓总数的2.2%，占此项墓例总数的9.8%，这也是此项墓例中数量很少、所占比例很低的一种情况。

4. 置于死者头骨右后侧者，共59例（座）（墓葬编号：YYM17、9、82、300、385、384、277、278、245、231、232、44、49、95、54、256、268、42、260、225、237、291、62、149、86、213、205、151、105、222、220、143、75、207、180、119、76、118、168、131、176、202、126、120、306、317、349、344、352、346、373、370、374、360、110、174、347、361、334），占该墓地出陶器墓总数的21.15%，是该墓地陶器9种陈放位置中在数量和所占比例上居于第三位的一种。

在这59例置于死者头骨右后侧的陶器中，正置者37例，占该墓地出陶器墓总数的13.3%，占此项墓例总数的62.7%，是此项墓例中数量最多、所占比例最高的一种放置形式；斜侧置者19例，占该墓地出陶器墓总数的6.8%，占此项墓例总数的32.2%，其数量和所占比例均较少和较低；侧置者2例，占该墓地出陶器墓总数的0.7%，占此项墓例总数的3.4%，其数量和所占比例均很少和很低；还有1例因残碎严重而不能辨认其放置形式者（YYM334），占该墓地出陶器墓总数的0.35%，占此项墓例总数的1.7%，属个别情况。

5. 置于死者胸部者，共23例（座）（墓葬编号：YYM281、252、191、257、293、189、148、184、199、198、138、116、216、169、153、154、303、351、160、355、369、391、392），数量较少，仅占该墓地出陶器墓总数的8.25%，是该墓地陶器9种陈放位置中在数量和所占比例上居于第五位的一种。

在这23例置于死者胸部的陶器中，正置者11例，占该墓地出陶器墓总数的3.9%，占此项墓例总数的47.8%，是此项墓例中数量最多、所占比例最高的一种放置形式；斜侧置者8例，占该墓地出陶器墓总数的2.9%，占此项墓例总数的34.8%，是此项墓例中数量较少、所占比例较低的一种放置形式；侧置者3例，占该墓地出陶器墓总数的1.1%，占此项墓例总数的13%，是此项墓例中数量很少，所占比例很小的一种放置形式；还有1例因残碎严重而不能辨认其放置形式者（YYM153），占该墓地出陶器墓总数的0.35%，占此项墓例总数的4.4%，属个别情况。

6. 置于死者头骨后侧（即东侧）者，共4例（座）（墓葬编号：YYM67、339、398、338），数量很少，仅占该墓地出陶器墓总数的1.45%，是该墓地陶器9种陈放位置中在数量和比例上居第六位的一种。

在这4例置于死者头骨后侧（即东侧）的陶器中，正置者3例，占该墓地出陶器墓总数的1.1%，占此项墓例总数的75%，是此项墓例中数量最多、所占比例最高的一种放置形式；斜侧置者1例，占该墓地出陶器墓总数的0.35%，占此项墓例总数的25%，是此项墓例中数量很少、所占比例很小的一种放置形式。

7. 置于死者左腹部者，1例（YYM106）。

8. 置于死者左足腕部者，1例（YYM332）。

以上2种，均属个别孤例，各占该墓地出陶器墓总数的0.35%。

9. 出于圹内填土中者，2例（YYM1、YYM2），占该墓地出陶器墓总数的0.7%，也属个别特殊情况。

综观玉皇庙墓地陶器陈放位置的9种情况及其放置形式，可以得出以下三点认识：

（1）玉皇庙墓地的陶器，皆陈放于木椁内，绝大多数被置于死者头部附近。

（2）从具体陈放部位和数量考察，以置于死者头部左侧者数量最多，所占比例最高，居第一位；其

附表 49

玉皇庙墓地陶器出土部位统计表

墓号 YYM / 分期 分区 / 出土部位		春秋早期	春秋早中期		春秋中期			
		北Ⅰ区	北Ⅱ区			北Ⅰ区		
		中部	西部	北部	中部	北部	中部	南部
死者头骨左侧或左肩部	正置	22、32＊、20▲、35▲		230、228、264、276、279▲、98▲、97▲、99▲、96▲、265▲（左肩部）	234、43、48、188、52	36、26▲		7、6▲、103▲
	斜侧置	15●、4▲	386	275、251▲、47▲	236	297		12▲、102
	侧置			282	247、125▲、66▲			
	残碎严重	31						
死者头骨左后侧	正置	19、16、13、34＊		38、249▲、37▲、241▲	263、41、258、100▲			
	斜侧置	11、10▲		240▲	190、266▲	298▲		
	侧置							
死者头骨右侧或右肩部	正置	3▲		227、226	270、254▲	295	23	8▲、101▲
	斜侧置			229、233、280▲	46（右肩部）、261、273▲、272▲	294▲		
	侧置							
	残碎严重	29▲、5		248▲	51（右肩部）			
死者头骨右后侧	正置	17＊	82、300、385、384	277	44、49、95、54、256▲、268▲、42●	291●		
	斜侧置	9▲		278、245▲、231▲	260、225▲、237▲			
	侧置			232▲				
	残碎严重							
死者胸部	正置			281、252	191▲			
	斜侧置				257	293★		
	侧置							
	残碎严重							
死者头骨后侧（即东侧）	正置				67●			
	斜侧置							
死者左腹部	斜侧置							
死者左足腕部	侧置							
圹内填土中		1■、2▲						
合计（墓葬数）		20	5	32	35	8	1	7

注：一．墓号旁无符号者为男性，▲为女性，●为少儿，★为婴儿，＊为无人墓，■为性别不详者；二．稍斜侧置与斜

左接附表49

春秋中晚期	春秋晚期前段			春秋晚期后段		合计（墓葬数）	占该墓地出陶器墓总数的百分比（%）	
北Ⅱ区	南区		西区	西区	南区			
南部	北部	中部			南部			
58、196▲、81▲（左肩部）、70（左肩部）	217、145、211▲	122、171、77、108、133▲	312、321		127、129（左肩部）、128▲、353▲、345、357▲、376、396▲、399、394▲	48	17.3	28.85
	150▲（左肩部）179（左肩部）	124、79、80▲（左肩部）			161（左肩部）、372▲、368▲	18	6.5	
	144▲、182、197▲				164、130▲、340▲、382▲、377▲、389（左肩部）	13	4.7	
						1	0.35	
187▲、64▲、212、71、72、208▲	209、181、223▲、178▲、221▲、200▲、104▲、74、214	158、113▲、111			366▲	31	11.1	16.9
69	142、204▲	114▲			163▲、358、400	13	4.7	
	203		313		364▲	3	1.1	
63（右肩部）、57、60、87▲（右肩部）	210（右肩部）、117、137▲、183▲	156、167▲		325	172、175、381、393、395（右肩部）、371▲	26	9.4	22
192、186、61、185▲、84▲	206▲	134、121（右肩部），78▲			341▲、348、350、379、375▲	22	7.9	
	224、139▲、219▲、215▲（右肩部）				354▲、378▲（右肩部）、397▲	7	2.5	
83	170（右肩部）					6	2.2	
62、149▲	213、205、151、105、222▲、220▲、143、75▲	168、131、176▲	306▲、317▲		349、344、352▲、346▲、373、370、374▲、360▲	37	13.3	21.15
86	207、180▲、119▲、76▲、118▲	202▲、126▲			110、174、347▲、361	19	6.8	
		120●				2	0.7	
					334	1	0.35	
189▲	199、198▲、138▲、116●	154			351、160	11	3.9	8.25
148、184●					355▲、369▲、391▲、392▲	8	2.9	
	216▲、169▲		303			3	1.1	
	153▲					1	0.35	
					339▲、398▲	3	1.1	1.45
					338▲	1	0.35	
		106●				1	0.35	0.35
			332			1	0.35	0.35
						2	0.7	0.7
27	50	25	7	1	60	278	100	

侧置并为一项统计。

次是置于死者头部右侧者；再次是置于死者头部右后侧者；居第四位的是置于死者头部左后侧者；居第五位的是置于死者胸部者；居第六位的是置于死者头部后侧（即东侧）者；置于其他位置者，均属极少数特殊情况或孤例。

（3）从放置形式考察，以正置者数量最多，所占比例最高，是玉皇庙墓地陶器放置形式的主流形式（共有156例，占该墓地出陶器墓总数的56.1%）；斜侧置者数量较少，所占比例较低，属非主流形式（共有82例，占该墓地出陶器墓总数的29.5%，只抵正置者1/2多一点）；侧置者数量更少，所占比例更低，属少数支流形式（共29例，占该墓地出陶器墓总数的10.45%）；另有9例，陶器因残碎严重，已难辨别其放置形式，这也属意中之事（参见附表49）。

（二）金器

玉皇庙墓地出土的黄金制品数量较少，皆属装饰品，共计26件，分别出自6座墓葬中，仅占该墓地墓葬总数的1.5%，包括耳环10件，串珠2件，虎形牌饰1件，璜形饰3件，及包金铜贝10件。

这些黄金饰品，皆出于死者上身部位，如耳环均出于左、右耳骨下；串珠作为项链饰物之一，出于死者胸前；虎形牌饰和璜形饰，皆出于颈下；包金铜贝出于腹部至骨盆之间（参见附表50）。

附表50 **玉皇庙墓地金器出土部位统计表**

器物名称	序号	器物号	型	数量	出土部位
耳环	1	YYM2:12	Ⅰ	2	左、右耳骨下
	2	YYM18:6	Ⅰ	2	左、右耳骨下
	3	YYM250:4	Ⅰ	2	左、右耳骨下
	4	YYM156:5	Ⅱ	2	左、右耳骨下
	5	YYM174:5	Ⅰ	2	左、右耳骨下
串珠	1	YYM2:14		2	胸前
包金铜贝	1	YYM2:15		10	腹部至骨盆间
虎形牌饰	1	YYM18:5		1	在颈下，左、右锁骨交界处
璜形饰	1	YYM250:5		1	在颈下，略偏向左锁骨一侧
	2	YYM151:7		1	在颈下，略偏向右锁骨一侧
	3	YYM174:7		1	在颈下，左、右锁骨之间

（三）青铜器

1. 礼器

玉皇庙墓地出青铜礼器的墓有7座，共22件，其中YYM2随葬11件，YYM18随葬4件，YYM250随葬3件，另有4座墓（YYM35、156、171、174）各随葬1件。

陈放位置，分置木椁外和木椁内两类情况：

YYM2的11件中原式青铜礼器，均有序地置于圹内东端底部木椁外一象征性“头箱”中，鬲摆在最上层，盘置于最底层，其他器物陈插其间。YYM18、YYM250等6座墓的青铜礼器，则均置于木椁内死者身边。

置于木椁内死者身边的6座墓，其青铜礼器的陈放位置，又有3种不同情况：

其一，置于胸、足部者，如YYM18；

其二，置于头部近旁者，如YYM250、YYM35、YYM171；

其三，置于下肢外侧者，如YYM174（参见附表51）。

附表51　**玉皇庙墓地青铜礼器出土部位统计表**

墓号（YYM）	分布茔域	墓葬规格	墓主性别	数量	器类		陈放位置	
					中原式	土著式	木椁外	木椁内
2	北Ⅰ区中部	甲（B）	女	11	烹煮器：鼎1 食器：敦1、钵1（残碎）、匕1 酒器：罍1、三足杯2、斗1 水器：盘1、匜1、铆1		有序地堆置于圹内东端底部与木椁东端堵板外侧之间，周围以石块围砌的象征性“头箱”中，罍正置于最上层，盘置于最底层。	
18	北Ⅰ区中部	甲（A）	男	4	酒器：罍1 食器：敦1 水器：铆1	烹煮器：镀1		罍正置于死者左胸上，镀、敦置于木椁内底西端，镀立置于死者左、右足踝之间，敦正置于死者右足外侧，铆则盛装于带盖铜敦内。
250	北Ⅱ区北部	甲（A）	男	3	酒器：罍1 水器：铆1	烹煮器：镀1		罍正置于死者左肩东侧，镀正置于死者右肩东侧，铆正置于铜镀内。
35	北Ⅰ区中部	乙（B）	女	1	水器：铆1			陈放于死者左侧胸部
156	南区中部	乙（A）	男	1	水器：铆1			陈放于死者右髋骨外侧
171	南区中部	丙（A）	男	1	水器：铆1			陈放于死者右肩胛骨部位
174	南区南部	乙（B）	男	1	水器：铆1			陈放于死者左胫骨下端左侧
合计		甲（A）2 甲（B）1 乙（A）1 乙（B）2 丙（A）1	男5 女2	22	20	2		

2. 兵器

(1) 戈

玉皇庙墓地共出土青铜戈4件，分别出自4座墓中，每墓各出1件。

这4件铜戈在墓中的陈放位置，均置于死者上肢内侧或外侧，其中置于右侧的有3例（YYM18、YYM34、YYM250），置于左侧的有1例（YYM32），从2件带木柲的标本（YYM18、YYM250）保存状况观察，戈柲下端均朝向死者足部（参见附表52）。

附表52　**玉皇庙墓地青铜戈出土部位统计表**

墓号（YYM）	数量	性别	墓葬规格级别	出土部位	分布墓区	分期	备注
18	1	男	甲（A）	木椁内死者右胸下方，援尖朝南，内朝北，胡朝西	北Ⅰ中	约春秋早期	内上、阑侧，尚遗有木柲痕迹。完整。
32	1	无人	丙（A）	在圹底，象征死者“左尺骨内侧”，援尖朝南，内朝北，胡朝西	北Ⅰ中	约春秋早期	
34	1	无人	丙（B）	在圹底，象征死者“右尺骨内侧”，援尖朝北，内朝南，胡朝西	北Ⅰ中	约春秋早期	
250	1	男	甲（A）	木椁内，死者右肱骨外侧，斜置，援尖朝东北，内朝西南，胡朝东南	北Ⅱ北	约春秋早中期	内上、阑侧，尚遗有木柲痕迹。
合计	4	男2 无人2	甲（A）2 丙（A）1 丙（B）1		北Ⅰ中3 北Ⅱ北1		

(2) 短剑

玉皇庙墓地共出土青铜短剑86件，出自86座墓葬中，每墓1件。

青铜短剑在墓中的出土位置，皆集中出于死者腰间。具体分析其出土部位，可分三种情况：

其一，出于右侧腰间或骨盆右侧者，共55例，占随葬青铜短剑死者总数的64%，为大多数；

其二，出于左侧腰间或骨盆左侧者，共有29例，占随葬青铜短剑死者总数的33.7%，为少数；

其三，出于腰部中间者，有2例，仅占随葬青铜短剑死者总数的2.3%，属极少数情况。

剑锋朝向，有两种形式：

其一，为锋部朝下或斜下方者，共有48例，占随葬短剑总数的55.8%，为大多数；

其二，为锋部朝上或斜上方者，共有38例，占随葬短剑总数的44.2%，属少数（参见附表53）。

附表 53 - 1　**玉皇庙墓地青铜短剑出土部位及剑锋朝向统计表**

分期	分区	墓号（YYM）	出土部位			剑锋朝向		墓葬合计
			左侧腰间或骨盆左侧	右侧腰间或骨盆右侧	腰部中间	朝上或斜上方	朝下或斜下方	
约春秋早期	北Ⅰ中	11	√			√		13
		13	√			√		
		18	√				√	
		22	√			√		
		32	√			√		
		34	√				√	
		19		√		√		
		17			√		√	
	北Ⅰ西	82	√			√		
		300		√		√		
		384	√			√		
		385	√			√		
		386	√			√		
本期合计			10	2	1	10	3	
约春秋早中期	北Ⅱ北	226		√			√	7
		227		√		√		
		275		√		√		
		230	√			√		
		250	√			√		
		264	√			√		
		281	√			√		
本期合计			4	3		6	1	
约春秋中期	北Ⅱ中	41	√				√	18
		48	√				√	
		51	√			√		
		52	√			√		
		46		√			√	
		54		√		√		
		95		√		√		
		188		√			√	
		190	√			√		
		234		√			√	
		236	√			√		
		247		√		√		
		257		√		√		
		261		√		√		
	北Ⅰ北	36	√			√		
		295	√				√	
	北Ⅰ南	7		√		√		
		102		√			√	
本期合计			8	10		11	7	
约春秋中晚期	北Ⅱ南	212		√			√	9
		57		√		√		
		86		√		√		
		83		√			√	
		148		√		√		
		70		√			√	
		186		√		√		
		71	√				√	
		61		√			√	
本期合计			1	8		4	5	

附表 53－2　　**玉皇庙墓地青铜短剑出土部位及剑锋朝向统计表**

分期	分区	墓号（YYM）	出土部位			剑锋朝向		墓葬合计
			左侧腰间或骨盆左侧	右侧腰间或骨盆右侧	腰部中间	朝上或斜上方	朝下或斜下方	
约春秋晚期前段	南区北	182		√			√	
		213		√			√	
		199		√			√	
		151		√		√		
		143		√			√	
		105		√			√	
		74		√			√	
		224		√		√		
		210		√			√	
		209		√			√	
		145		√		√		
		117		√			√	
		142	√			√		
		179			√		√	
	本区合计		1	12	1	4	10	27
	南区中	156		√			√	
		158		√			√	
		168		√			√	
		122		√			√	
		124		√		√		
		111		√			√	
		171		√			√	
		108		√			√	
		131		√			√	
		134	√				√	
	本区合计		1	9		1	9	
	西区	303	√				√	
		314	√				√	
		333	√				√	
	本区合计		3				3	
本期合计			5	21	1	5	22	
约春秋晚期后段	南区南	164		√			√	
		160		√		√		
		175		√			√	
		161		√			√	
		129		√			√	
		174		√			√	
		334		√		√		12
		344		√			√	
		349		√			√	
		370		√			√	
		373		√			√	
		348	√				√	
本期合计			1	11		2	10	
总计			29	55	2	38	48	86(座)
占出土青铜短剑总数的百分比			33.7%	64%	2.3%	44.2%	55.8%	100%

（3）镞

玉皇庙墓地共出土青铜镞305枚，分别出自71座墓中，各墓数量多寡不一，最多者61枚，少者1枚。

陈放位置，除极个别特殊情况外，绝大多数都出于死者下肢部位。具体分析其出土部位，可分以下5种情况：

其一，出于左、右股骨部位者，共有16座，占随葬青铜镞墓葬总数的22.5%，其中出于右股骨部位者9例（YYM5、17、19、250、95、36、192、217、303），出于左股骨部位者7例（YYM264、276、72、209、74、333、321）；

其二，出于左、右髌骨部位者，共有10座，占随葬青铜镞墓葬总数的14.1%，其中出于右髌骨外侧者4例（YYM226、57、71、199），出于左髌骨内侧者3例（YYM148、205、332），出于左、右髌骨之间者3例（YYM282、151、129）；

其三，出于左、右胫、腓骨部位者，共有33座，占随葬青铜镞墓葬总数的46.5%，其中出于右胫、腓骨部位者16例（YYM18、300、230、229、252、275、236、261、247、65、52、186、173、174、344、343），出于左胫、腓骨部位者9例（YYM227、190、213、117、105、122、124、334、349），出于左右胫骨之间者8例（YYM34、277、48、51、188、210、131、320）；

其四，出于左、右足部者，共10座，占随葬青铜镞墓葬总数的14.1%，其中出于左足外侧者5例（YYM32、257、156、158、134），出于右足外侧者3例（YYM384、345、376），出于左、右足骨之间者2例（YYM282、145）；

其五，出于其他位置者，共2座，占随葬青铜镞墓葬总数的2.8%，其中出于圹内填土中1例（YYM60），出于死者右尺骨外侧1例（YYM316）。

该墓地出土铜镞的71座墓葬中，男性占67座，无人墓占3座，女性墓仅占1座。这1例女性墓（YYM316）铜镞出土部位在死者右尺骨外侧，与一般男性墓随葬铜镞出土部位异样，属于特殊情况。推测该女性的死，可能与此铜镞有关（参见附表54）。

3. 工具

（1）削刀

玉皇庙墓地共出土青铜削刀137件，分别出于137座墓中，每墓只随葬1件。出于死者右侧腰间或右髋骨部位者，有61例，占随葬青铜削刀墓总数的44.5%；出于死者左侧腰间或左髋骨部位者，有58例，占随葬青铜削刀墓总数的42.3%；出于这两处部位的青铜削刀，数量较多，所占比例较大，且两者比例相近。表明左、右腰间及其左、右髋骨部位，系该墓地主人生前和死后佩带青铜削刀的主要部位。出于其他部位的，数量较少，只有18例，仅占随葬青铜削刀墓总数的13.2%，均属次要的、非主流部位。

刀锋朝向，朝上或斜上方者，共有64例，占随葬青铜削刀总数的46.7%；朝下或斜下方者，共有68例，占随葬青铜削刀总数的49.6%。这两种朝向，数量较多，所占比例较大，为随葬青铜削刀刀锋的主流朝向。其他朝向，只有5例，仅占随葬青铜削刀总数的3.7%，属于非主流的少数或个别情况。

从性别考察，男性墓随葬青铜削刀者共111例。其中出于死者右侧腰间或右髋骨部位者，数量最多，

附表 54－1

玉皇庙墓地铜镞出土部位统计表

器物号（YYM）	数量	出土部位	性别	墓葬规格级别	分区	分期	墓葬合计
32:15	4	在象征“死者左足骨外侧”	无人	丙(A)	北Ⅰ中	约春秋早期	8
34:14	8	在象征“死者左、右胫骨之间”	无人	丙(B)			
19:17	2	死者右股骨外侧	男	乙(B)			
17:14	12	在象征“死者右股骨外侧”	无人	乙(B)			
18:30	61	死者右胫骨上面及外侧	男	甲(A)			
5:14	1	死者右股骨下端外侧	男	丙(C)			
300:7	1	死者右胫骨外侧	男	乙(A)	北Ⅰ西		
384:10	1	死者右趾骨外侧	男	乙(A)			
本期合计	90						
277:7	1	死者左、右胫骨之间	男	丙(A)	北Ⅱ北	约春秋早中期	12
250:16	29	死者右股骨外侧	男	甲(A)			
282:12	3	死者左、右髌骨之间	男	丙(A)			
230:7	2	死者右胫骨外侧	男	甲(A)			
229:10	1	死者右腓骨外侧	男	乙(A)			
233:12	3	死者左、右足骨之间	男	乙(B)			
227:12	1	死者左腓骨外侧	男	乙(A)			
264:17	10	死者左股骨外侧	男	丙(A)			
276:7	1	死者左股骨外侧	男	丁			
226:9	5	死者右髌骨外侧	男	乙(B)			
252:9	1	死者右腓骨外侧	男	丙(A)			
275:16	5	死者右胫骨表面及内、外侧	男	乙(A)			
本期合计	62						
236:7	1	死者右腓骨外侧	男	乙(A)	北Ⅱ中	约春秋中期	12
261:16	2	死者右胫骨内侧	男	乙(A)			
257:7	5	死者左趾骨外侧	男	乙(B)			
247:11	1	死者右胫骨内侧	男	乙(B)			
48:15	3	死者左、右胫骨下端之间	男	丙(A)			
95:17	6	死者左股骨下端内侧	男	乙(A)			
51:6	3	死者左、右胫骨之间	男	乙(A)			
65:10	6	死者右胫骨外侧	男	乙(B)			
190:18	8	死者左腓骨外侧及左、右胫骨之间	男	乙(B)			
188:15	1	死者左、右胫骨之间	男	乙(B)			
52:10	10	死者右腓骨外侧	男	甲(B)			
36:4	1	死者右股骨下段北侧	男	乙(B)	北Ⅰ北		
本期合计	47						
192:7	2	死者右股骨下端内侧	男	丙(B)	北Ⅱ南	约春秋中晚期	7
186:11	1	死者右腓骨外侧	男	乙(B)			
57:12	11	死者右髌骨外侧	男	乙(B)			
60:5	1	圹内东半部南侧上层填土中	男	乙(B)			
71:5	3	死者左髌骨外侧	男	丙(C)			
72:4	1	死者左股骨上端及外侧	男	丙(C)			
148:9	2	死者左髌骨内侧 1，左踝骨外侧 1	男	丙(A)			
本期合计	21						

附表 54－2

玉皇庙墓地铜镞出土部位统计表

器物号（YYM）	数量	出土部位	性别	墓葬规格级别	分区	分期	墓葬合计
217:10	1	死者右股骨外侧	男	甲(B)	南区北	约春秋晚期前段	11
213:12	2	死者左胫骨外侧	男	乙(B)			
210:7	5	死者左、右胫骨之间4，左胫骨外侧1	男	乙(A)			
209:12	5	死者左股骨外侧4，左趾骨之下1	男	乙(A)			
205:7	2	死者左髌骨外侧及左胫骨上端	男	乙(B)			
199:7	2	死者右髌骨外侧	男	丙(A)			
151:13	9	死者左、右髌骨中间	男	甲(B)			
145:13	2	死者左、右踝骨之间	男	丙(A)			
117:11	5	死者左胫骨外侧4，左、右股骨之间1枚	男	丙(A)			
105:11	5	死者左腓骨外侧	男	丙(C)			
74:15	6	死者左股骨下端外侧	男	乙(A)			
本区合计	44						
156:21	3	死者左足骨外侧	男	乙(A)	南区中		6
158:15	1	死者左踝骨外侧	男	乙(B)			
134:11	2	死者左趾骨外侧	男	乙(B)			
131:14	1	死者左、右胫骨下端之间	男	乙(A)			
122:14	2	死者左胫骨下段外侧	男	丙(A)			
124:14	1	死者左腓骨外侧	男	乙(B)			
本区合计	10						
332:2	3	死者左髌骨外侧	男	丙(C)	西区		6
333:1	3	死者左股骨内侧	男	丙(B)			
321:2	3	死者左股骨下端外侧	男	丁			
320:1	1	死者左、右胫骨之间	男	丙(B)			
316:3	1	死者右尺骨外侧	女	丁			
303:9	4	死者右股骨下段外侧	男	丁			
本区合计	15						
本期合计	69						
173:2	3	死者右胫骨内侧	男	丙(C)	南区南	约春秋晚期后段	9
129:10	1	死者左、右髌骨中间	男	乙(A)			
174:17	4	死者右胫骨下端右侧	男	乙(B)			
334:10	1	死者左胫骨内侧	男	乙(A)			
345:5	1	死者右趾骨外侧	男	丙(A)			
344:13	1	死者右胫骨外侧	男	乙(A)			
343:1	2	死者右胫骨外侧	男	丙(A)			
349:13	2	死者左胫骨内侧	男	乙(B)			
376:8	1	死者左趾骨外侧	男	丙(A)			
本期合计	16						
总计	305（枚）	股骨部位16 髌骨部位10 胫、腓骨部位33 足骨部位10 其他位置2	男67 女1 无人3	甲(A)3 甲(B)3 乙(A)17 乙(B)20 丙(A)14 丙(B)4 丙(C)6 丁4			71（座）

共有53例，所占比例最大，占男性随葬青铜削刀总数的47.7%；出于死者左侧腰间或左髋骨部位者，数量也比较多，共有43例，占男性随葬青铜削刀总数的38.7%，所占比例较前者略小些。出于腰椎以下其他部位者，共15例，数量较少，仅占男性随葬青铜削刀总数的13.5%。

男性随葬青铜削刀的刀锋朝向，以朝下或朝斜下方者数量最多，共有56例，占男性随葬青铜削刀总数的50.5%；朝上或朝斜上方者数量略少，共有51例，占男性随葬青铜削刀总数的45.9%；其他朝向者共4例，仅占男性随葬青铜削刀总数的4%。

这表明，玉皇庙墓地男性佩带青铜削刀的主要部位或多数习惯部位，是在右侧腰间或右髋骨部位，而左侧腰间或左髋骨部位次之，至于其他部位，则更属次要或个别情况。刀锋朝向，男性多数习惯为朝下或斜下方，其次为朝上或斜上方，其他朝向为数很少，属于个别情况。

女性墓随葬青铜削刀者共17例。其中大多数是出于死者左侧腰间或左髋骨部位，共11例，占女性随葬青铜削刀总数的64.7%；出于死者右侧腰间或右髋骨部位，共3例，仅占女性随葬青铜削刀总数的17.65%；出于死者下肢其他部位的，有3例（出于左股外侧者1例，YYM10；出于右髌骨外侧者1例，YYM256；出于右胫骨与右腓骨之间者1例，YYM20），均属个别情况。

看来，男、女两性在佩带青铜削刀部位上，存在着较为明显的差异：男性多在右侧腰间或右髋骨部位，而女性则多在左侧腰间或左髋骨部位。

女性在随葬青铜削刀刀锋朝向上，与男性基本趋同。也是多数为刀锋朝下或朝斜下方，共有9例，占女性随葬青铜削刀总数的52.9%；少数为朝上或朝斜上方，共有7例，占女性随葬青铜削刀总数的41.2%，刀锋朝左者，仅1例（YYM220），属于特殊情况。

孩童墓随葬青铜削刀者共5例，其中少儿墓3例（YYM42、90、299），婴儿墓2例（YYM293、177）。少儿墓3例，削刀均出于死者右侧腰间或右髋骨部位，刀锋朝向，有2例朝上或斜上方（YYM90、299），1例朝下（YYM42）。玉皇庙墓地这3例少儿墓的青铜削刀，均出于少儿右侧腰间或右髋骨部位，但这是否能表明这是该文化少儿佩带青铜削刀的既定规矩，因限于例证还太少，目前尚难以得出肯定的结论。这一点，将有待于今后在同类文化考古发掘实践中，予以观察和验证。

婴儿墓2例，其中1例（YYM293），青铜削刀出于婴儿左髋骨与左股外侧，刀锋朝上；另1例（YYM177），出于婴儿右髋骨与右股外侧，刀锋朝下。说明给婴儿佩带青铜削刀，不论在佩带部位，还是刀锋朝向上，均无一定规矩。

从分布和年代考察，分布于北Ⅰ区中、西部，约属春秋早期和分布于北Ⅱ区北部，约属春秋早中期的墓葬，青铜削刀出土部位，绝大多数是在死者左侧腰间或左髋骨部位，而很少出于右侧腰间或右髋骨部位，或其他部位。据统计，这两期随葬青铜削刀共计39例，其中有28例是出于左侧腰间或左髋骨部位的，占这两期青铜削刀总数的71.8%；而出于右侧腰间或右髋骨部位者，只有8例，仅占这两期青铜削刀总数的20.5%；出于其他部位者，共3例，仅占这两期青铜削刀总数的7.7%。这种情况，至春秋中期开始发生变化，据北Ⅱ区中部、北Ⅰ区北部和北Ⅰ区南部约属于春秋中期的26座随葬青铜削刀的墓葬资料统计，出于死者左、右腰间及其髋骨部位的青铜削刀数量，各为13件，所占比例各居其半；至春秋中晚期，青铜削刀出土部位，则较前习惯已明显发生逆转，即绝大多数改为出在死者右侧腰间或右髋骨部位，而很少出于左侧腰间或左髋骨部位。经统计，此期共出青铜削刀13例，出于右侧腰间或右髋骨部位者，即有10例，占此期青铜削刀总数的76.9%；而出于左侧腰间或左髋骨部位者，只有3例，仅占此期青铜削刀总数的23.1%。这种状况和趋势，在该墓地一直持续到春秋晚期。据统计，在玉皇庙墓地南区和西区约属春秋晚期的墓葬中，共出土青铜削刀55例，其中出于死者右侧腰间或右髋骨部位者，共有30例，占此期青铜削刀总数的54.5%；出于死者左侧腰间或左髋骨部位者，只有14例，占此期青铜削刀总数的25.5%；出于其他部位的有11例，占此期青铜削刀总数的20%。

上述情况表明，玉皇庙墓地的主人，在佩带青铜削刀的主流部位方面，在不同的历史发展阶段（主要是通过不同分布墓区相比较得出的印象），其习惯形式曾先后发生过改变。在春秋早期至早中期阶段，主要偏向于左侧腰间或左髋骨部位；至春秋中期，是左、右两侧兼顾，数量和比例，较为均衡；自春秋中晚期至春秋晚期阶段，改变为偏向于右侧腰间或右髋骨部位。这是玉皇庙墓地青铜削刀出土部位反映出来的明显特点。经考察，这种改变，与佩带青铜削刀主人的身份等级，并无必然联系。排除这一原因之外，考虑发生这种改变的原因，不外两点：

一是早、晚不同阶段，使用者的左、右手使用习惯发生改变，而导致削刀佩带部位相应改变；

二是早、晚不同历史时期，该氏族部落的埋葬习俗在死者佩刀部位制度上，作了一定改变和调整。我们以为当以前者的可能性为大。

刀锋朝向，据统计，在玉皇庙墓地春秋早期至春秋中、晚期阶段，刀锋主要是以朝上或朝斜上方为主，其与朝下或朝斜下方者，在数量和比例上，差距不大；但到春秋晚期阶段，这种情况发生了逆转，以朝下或朝斜下方为主，而使原先占主流朝向的朝上或朝斜上方者，降为次要地位。此期共出青铜削刀55件，其中刀锋朝下或朝斜下方者，共有32例，占此期青铜削刀总数的58.2%；朝上或朝斜上方者，共有19例，占此期青铜削刀总数的34.5%；其他朝向有4例，占此期青铜削刀总数的7.3%。刀锋朝向的这种变化，其原因大约应与上述推测的青铜削刀佩带部位的改变是一致的。

还有一点值得注意，是西区的6例青铜削刀的出土部位，情况较为特殊，与南区属于春秋晚期阶段的大多数青铜削刀的出土部位，有所不同。一是这6例青铜削刀的出土部位，皆在死者左侧腰间或左髋骨部位，或在死者左下肢部位，而无1例出于右侧腰间或右髋骨部位者；二是其中有3例同出于死者左股骨外侧（YYM312、313、314），还有1例是出于死者左胫骨下面（YYM325）（参见附表55）。这组青铜削刀的出土部位，从一个侧面反映出西区死者在生前和死后在使用和佩带青铜削刀的习惯形式上，甚至于在习俗或葬俗方面，可能与南区成员之间存在一定差别。

（2）锛

玉皇庙墓地共出土青铜锛36件，出自35座墓葬中，除YYM264随葬2件外，其余34座墓每墓均各随葬1件。

青铜锛的出土部位，绝大多数集中在死者骨盆以下至下肢部位。其中以左、右股骨内、外侧及其之间，出土次例最多，共有13座墓14件（YYM19、384、52、54、7、212、217、209—出于右股骨部位；YYM264、95、151—出于左股骨部位，其中YYM264出土2件；YYM124、171—出于左、右股骨之间），占出土青铜锛总数的38.9%；其次是出于左、右胫、腓骨外侧和左、右胫骨之间者，共有8例（YYM122、174、344、188、229、275、236、190），占出土青铜锛总数的22.2%。以上这两处部位，合计为22件，已占出土青铜锛总数的61.1%。其他部位，出土次例均为数较少或仅有1例，如出于死者骨盆部位的，共有3例（YYM22、18、41），出于左膝部外侧和右髌骨内侧的，共有3例（YYM145、117、261）。这两处部位，合计为6件，占出土青铜锛总数的16.7%。出于右胸部的，有2例

附表 55－1　　**玉皇庙墓地青铜削刀出土部位及刀锋朝向统计表**

分期	分区	墓号（YYM）	性别	出土部位			刀锋朝向			墓葬合计
				右侧腰间或右髋骨部位	左侧腰间或左髋骨部位	其他部位	朝上或斜上方	朝下或斜下方	其他朝向	
约春秋早期	北Ⅰ中	22	男	√				√		20
		20	女			右胫骨与腓骨之间		√		
		35	女		√		√			
		32	无人		√		√			
		34	无人		√			√		
		19	男	√			√			
		17	无人	√			√			
		2	女	√				√		
		3	女		√		√			
		18	男		√			√		
		13	男		√		√			
	北Ⅰ西	82	男		√		√			
		386	男		√		√			
		300	男	√			√			
		385	男		√		√			
		383	不详		√			√		
		384	男			骶骨至左髋骨之间			左	
	北Ⅰ南	11	男		√			√		
		5	男		√			√		
		10	女			左股骨外侧		√		
本期合计				5	12	3	10	9	1	
约春秋早中期	北Ⅱ北	281	男		√		√			19
		280	女		√			√		
		283	女		√			√		
		285	女		√			√		
		37	女		√			√		
		98	女		√		√			
		250	男		√		√			
		282	男		√			√		
		230	男		√		√			
		229	男	√				√		
		233	男		√		√			
		228	男		√			√		
		227	男	√			√			
		264	男		√		√			
		276	男		√			√		
		99	女		√		√			
		226	男	√			√			
		252	男		√		√			
		275	男		√		√			
本期合计				3	16		11	8		

附表 55－2　　**玉皇庙墓地青铜削刀出土部位及刀锋朝向统计表**

分期	分区	墓号（YYM）	性别	出土部位			刀锋朝向			墓葬合计
				右侧腰间或右髋骨部位	左侧腰间或左髋骨部位	其他部位	朝上或斜上方	朝下或斜下方	其他朝向	
约春秋中期	北Ⅱ中	234	男	√				√		30
		42	少儿	√				√		
		41	男		√		√			
		46	男			右股骨内侧		√		
		236	男		√			√		
		256	女			右髌骨外侧	√			
		261	男		√		√			
		49	男		√		√			
		90	少儿	√			√			
		257	男	√			√			
		247	男		√			√		
		271	男		√		√			
		48	男			左、右股骨上端之间		√		
		95	男	√			√			
		260	男		√			√		
		51	男		√			√		
		65	男	√			√			
		190	男		√		√			
		188	男	√				√		
		52	男		√		√			
		54	男	√				√		
	北Ⅰ北	36	男		√		√			
		26	女		√		√			
		297	男			左股骨外侧		√		
		293	婴儿		√		√			
		295	男	√				√		
		299	少儿	√			√			
	北Ⅰ南	23	男	√			√			
		7	男	√			√			
		102	男	√				√		
本期合计				13	13	4	17	13		
约春秋中晚期	北Ⅱ南	212	男	√				√		13
		192	男	√				√		
		58	男		√		√			
		186	男		√			√		
		57	男	√				√		
		86	男	√			√			
		71	男		√			√		
		61	男	√				√		
		69	男	√				√		
		83	男	√			√			
		63	男	√			√			
		148	男	√			√			
		70	男	√			√			
本期合计				10	3		6	7		

附表55－3 **玉皇庙墓地青铜削刀出土部位及刀锋朝向统计表**

分期		分区	墓号（YYM）	性别	出土部位			刀锋朝向			墓葬合计
					右侧腰间或右髋骨部位	左侧腰间或左髋骨部位	其他部位	朝上或斜上方	朝下或斜下方	其他朝向	
约春秋晚期	约晚期前段	南区北	217	男		√			√		23
			224	男	√			√			
			182	男	√				√		
			203	男	√				√		
			220	女		√				左	
			214	男		√				左	
			213	男	√				√		
			210	男	√				√		
			209	男			右股骨上面			右	
			205	男	√				√		
			199	男	√			√			
			179	男			腰椎以下至骨盆中间		√		
			178	女	√				√		
			177	婴儿	√				√		
			151	男		√		√			
			153	女		√			√		
			142	男		√		√			
			145	男	√			√			
			143	男	√				√		
			117	男		√			√		
			105	男	√			√			
			74	男	√			√			
			112	女	√			√			
		南区中	156	男	√			√			10
			158	男	√				√		
			168	男	√				√		
			134	男		√			√		
			131	男			右股骨之上		√		
			122	男	√				√		
			124	男	√			√			
			111	男	√				√		
			171	男	√				√		
			108	男	√				√		
		西区	312	男			左股骨外侧		√		5
			314	男			左股骨外侧		√		
			315	男		√			√		
			313	男			左股骨外侧		√		
			303	男		√			√		
	约晚期后段	西区	325	男			左胫骨下面		√		17
		南区南	127	男			腰椎与骶骨上缘之间	√			
			110	男			耻骨弓之间		√		
			160	男	√			√			
			175	男			右股骨上端内侧		√		
			161	男	√			√			
			129	男	√			√			
			174	男	√				√		
			334	男	√			√			
			345	男	√			√			
			344	男		√			√		
			348	男		√		√			
			349	男			左、右股骨上端之间			左	
			358	男		√		√			
			373	男	√			√			
			376	男		√			√		
			370	男	√			√			
本期合计					30	14	11	20	31	4	
总计					61	58	18	64	68	5	137（座）

（YYM300、YYM386），出于左足骨外侧的，有2例（YYM143、YYM156），出于圹内上层填土中的，有2例（YYM17、YYM230）。这三处部位，合计为6件，占出土青铜锛总数的16.7%。另有出于死者头骨右侧1例（YYM250），出于左侧腰间1例（YYM74）。这后两处部位，合计为2件，占出土青铜锛总数的5.5%。故左、右股骨及胫、腓骨部位，为青铜锛出土的主要部位；其他部位，均属少数情况或个别情况（参见附表56）。

（3）凿

玉皇庙墓地共出土青铜凿31件，出自30座墓葬中，除（YYM74）随葬2件外，其余29座墓每墓均各随葬1件。

青铜凿的出土部位，其特点与青铜锛相类似，只是较青铜锛更显集中一些。即皆集中在死者骨盆以下至下肢部位，而未有其他分散情况。以出于死者胫、腓骨内、外侧或表面部位次例最多，共有10例（YYM22、18、236、261、190、52、7、145、122、174）；其次为出于死者左、右股骨内、外侧或其表面者，共有9例（YYM19、11、230、229、217、209、151、124、344）；然后属出于死者膝部者，共有7例（YYM33、13、300、188、212、117、156）。以上3处部位，合计为26例，占出土青铜凿墓葬总数的86.7%，是青铜凿出土的主要部位。此外，出于死者左足骨及其外侧者，有2例（YYM250、YYM143），出于死者左侧腰间者，有1例（YYM74，2件）；出于死者左髋骨外侧者，有1例（YYM264），后面这3处部位，合计为4例（5件），共占出土青铜凿墓葬总数的13.3%，显然属于少数或个别情况（参见附表56）。

（4）斧

玉皇庙墓地出土青铜斧数量极少，仅有2件，分别出自2座墓葬（YYM13和YYM226），每墓各出土一件，占该墓地墓葬总数的0.5%。

YYM13位于北Ⅰ区中部，是一座春秋早期乙（A）级男性墓；YYM226位于北Ⅱ区北部，是一座属于春秋中期乙（B）级男性墓。这两座墓随葬的青铜斧，都出土在死者腰下、股骨部位。如标本YYM13∶5出土于死者左股骨上端表面，标本YYM226∶8出土于死者右股骨外侧。这与前述该墓地相当一部分青铜锛出土部位情况很相近。

（4）锥

玉皇庙墓地共出土青铜锥108件，出自103座墓葬中，占该墓地墓葬总数的25.75%，出土数量属较多的器类之一。除YYM300、20、250、271、188这5座墓每墓随葬2件之外，其余98座墓每墓均各随葬1件。

青铜锥的出土部位，绝大多数集中在死者腰部以下至下肢部位。其中以左、右股骨内、外侧、表面及其之间，出土次例最多，共有41座墓42件（出于左股骨部位者，有18座19件：YYM300、282、227、276、261、257、247、271、48、95、295、58、213、205、179、161、129、373；出于右股骨部位者，有17座17件：YYM35、19、18、13、11、10、230、264、275、49、65、190、52、210、168、131、122；出于左、右股骨之间者，有6座6件：YYM281、51、7、145、175、358），占出土青铜锥墓葬总数的39.8%。其次为出于骨盆部位者，共有35座墓36件（YYM5、233、54、203、17、229、226、252、99、86、142、124、386、384、82、61、385、98、236、188、102、69、148、209、117、105、74、158、171、160、349、34、41、46、110），占出土青铜锥墓葬总数的34%。以上这两处部位，

附表 56 **玉皇庙墓地青铜镞、凿出土部位统计表**

墓号（YYM）	镞		凿		性别	墓葬规格级别	分区	分期	墓葬合计
	数量	出土部位	数量	出土部位					
22	1	左髋骨表面	1	右胫骨内侧	男	甲(B)	北Ⅰ中	约春秋早期	10
33			1	左、右膝部中间	不详	丙(A)			
19	1	右股骨外侧	1	右股骨上段外侧	男	乙(B)			
17	1	圹内上层填土中	1	扩内上层填土中	无人	乙(B)			
18	1	右髋骨外缘	1	左胫骨上半段表面	男	甲(A)			
13			1	右髌骨外侧	男	乙(A)			
386	1	右胸部与右肱骨之上			男	丙(C)			
300	1	胸部中间稍偏右侧	1	右髌骨内侧	男	乙(A)			
384	1	右股骨内侧			男	乙(B)			
11			1	左股骨上端表面	男	乙(A)			
本期合计	7		7						
250	1	头骨右侧	1	左足腕部	男	甲(A)	北Ⅱ北	约春秋早中期	5
230	1	圹内上层填土中	1	右股骨下端外侧	男	甲(A)			
229	1	右腓骨外侧	1	右股骨下端及右髌骨外侧	男	乙(A)			
264	2	左股骨外侧	1	左髋骨外侧	男	丙(A)			
275	1	右腓骨外侧			男	乙(A)			
本期合计	6		4						
41	1	骨盆中间			男	乙(B)	北Ⅱ中	约春秋中期	9
236	1	右腓骨外侧	1	右腓骨外侧	男	乙(A)			
261	1	右髌骨内侧	1	右腓骨外侧	男	乙(A)			
95	1	左股骨上段内侧			男	乙(A)			
190	1	左腓骨外侧	1	左腓骨外侧	男	乙(B)			
188	1	左、右胫骨之间	1	左、右髌骨之间	男	乙(B)			
52	1	右股骨下段表面	1	右腓骨外侧	男	甲(B)			
54	1	右股骨中段外侧	1	右股骨下端内侧	男	乙(A)			
7	1	右股骨下端内侧	1	右胫骨下段内侧	男	丙(C)	北Ⅰ南		
本期合计	9		6						
212	1	右股骨内侧	1	右髌骨外侧	男	乙(B)	北Ⅱ南	春秋中晚期	1
本期合计	1		1						
217	1	右股骨外侧	1	右股骨外侧	男	甲(B)	南区北	约春秋晚期前段	7
209	1	右股骨外侧	1	右股骨外侧	男	乙(A)			
151	1	左股骨上端内侧	1	左股骨中段内侧	男	甲(B)			
145	1	左膝部外侧	1	左腓骨外侧	男	丙(A)			
143	1	左趾骨外侧	1	左趾骨外侧	男	丙(A)			
117	1	左膝部外侧	1	左膝部外侧	男	丙(A)			
74	1	左侧腰间	2	左侧腰间	男	乙(A)			
156	1	左足骨外侧	1	右髌骨外侧	男	乙(A)	南区中		4
122	1	左胫骨下段外侧	1	左胫骨下段外侧	男	丙(A)			
124	1	左、右股骨之间	1	左股骨外侧	男	乙(B)			
171	1	左、右股骨之间	1	左、右股骨之间	男	丙(A)			
本期合计	11		11						
174	1	左胫骨下端外侧	1	左胫骨下端至左足骨之间	男	乙(B)	南区南	约春秋晚期后段	2
344	1	右胫骨外侧	1	右股骨外侧	男	乙(A)			
本期合计	2		2						
总计	36		31						38(座)

合计为76座墓葬78件，占出土青铜锥墓葬总数的73.8%，占出土青铜锥总数的72.2%，这是青铜锥主要的两处出土部位，也是这些随葬青铜锥的死者，生前随身携带这种工具，最常见的习惯部位。除了上述两处主要部位之外，出土次例占第三位的，是左、右腰间部位，共20座21件（出于左侧腰间者，计4座4件：YYM32、266、260、134；出于右侧腰间者，计16座17件：（YYM22、20、283、234、23、212、186、57、199、151、143、75、108、164、344、376），占出土青铜锥墓葬总数的19.4%。除此之外，还有出于右髌骨外侧者，共3座3件（YYM271、178、156），出于头骨右侧铜铆内，或头骨下面者，共2座3件（YYM250、182），出于左肱骨下端外侧者1座1件（YYM280），出于左腓骨外侧者1座1件（YYM111），出于左足骨外侧者1座1件（YYM174）。后5处部位，合计为8座9件，共占出土青铜锥墓葬总数的7.8%，占出土青铜锥总数的8.3%，属少数或个别情况（参见附表57）。

（5）锥（针）管具

玉皇庙墓地共出土青铜锥（针）管具92件，分别出自92座墓中，每墓各随葬1件。

青铜锥（针）管具的出土部位，皆集中于死者左、右腰间、骨盆及左、右股骨部位，除此3处之外，未见有散出他处者。尤以左、右股骨内、外侧及其之间，出土次例最多，共有46例，占出土青铜锥（针）管具墓葬总数的50%，其中出于右股骨部位，有22例（YYM32、19、17、13、11、10、250、282、264、275、263、42、272、95、190、54、86、210、179、143、75、370），出于左股骨部位，有20例（YYM35、280、49、48、83、148、213、145、202、176、156、168、133、108、312、175、161、174、344、373），出于左、右股骨之间，有4例（YYM233、105、131、129）；其次为出于右髋骨部位和骨盆右侧部位者居多，共有23例（YYM20、18、230、252、256、125、188、52、212、220、209、206、153、117、158、167、122、124、171、160、334、348、349），出于左髋骨部位和骨盆左侧者，次例较少，共有10例（YYM98、231、241、99、226、266、261、197、142、111），出于骨盆下方者，1例（YYM34）；出于死者左、右腰间者，次例较少，共有12例，占出土青铜锥（针）管具墓葬总数的13%，其中出于左侧腰间者8例（YYM300、6、151、74、76、134、126、164），出于右侧腰间者4例（YYM22、2、102、178）。

在92件青铜锥（针）管具中，有6例装有铜锥、铜针或骨针。如YYM10∶9、YYM98∶11和YYM264∶8，管具内各插装铜锥1件；YYM22∶17和YYM300∶21，管内均装有铜针1枚；YYM179∶5，管内装有骨针1枚。另外，YYM2∶19，管内遗有长条皮囊1件，上面遗有针眼8个。

以上出土实例，不但是我们确认此种管具用途和为其定名的可靠依据，而且对于深入认识该文化的性质，也具有启示性的意义；同时有助于澄清和纠正以往相邻地区所发现的同类物件，在其功用和称谓上曾出现过的某些偏差和误解（参见附表57）。

（6）针

玉皇庙墓地出土铜针8件，数量很少，分别出自8座墓葬中，仅占该墓地墓葬总数的2%，每墓各出1件。

铜针在墓中的陈放位置，绝大多数集中出于死者腰部和腰部以下至骨盆之间。其中压于右尺骨下面的有2例（YYM9、97）；压于左尺骨下面的1例（YYM300）；出于右髋骨外缘者1例（YYM65）；出于右股骨上端表面者1例（YYM4）；出于左股骨外侧者1例（YYM279）；出于左、右股骨之间者1例

附表 57－1　　**玉皇庙墓地青铜锥和锥（针）管具出土部位统计表**

墓号（YYM）	锥		管具		性别	墓葬规格级别	分区	分期	墓葬合计
	数量	出土部位	数量	出土部位					
22	1	右侧腰间	1	右侧腰间	男	甲(B)			
20	2	右胸、腹之间	1	骨盆右侧	女	乙(A)			
35	1	右股骨上端外侧	1	左股骨上端外侧	女	乙(B)			
32	1	在象征“死者左侧腰间”	1	在象征“死者右股骨外侧”	无人	丙(A)			
34	1	在象征“死者骨盆下方”	1	在象征“死者骨盆下方”	无人	丙(B)	北Ⅰ中		
19	1	右股骨上段内侧	1	右股骨上段外侧	男	乙(B)			
17	1	在象征“死者骨盆处”	1	在象征“死者右股骨外侧”	无人	乙(B)			
2			1	右侧腰间	女	甲(B)			
18	1	右股骨下端外侧	1	右髋骨外侧	男	甲(A)		约春秋早期	18
13	1	右股骨上端外侧	1	右股骨外侧	男	乙(A)			
82	1	右髋骨表面			男	丙(A)			
386	1	左髋骨上缘			男	丙(C)			
300	2	左股骨外侧	1	左侧腰间	男	乙(A)	北Ⅰ西		
385	1	右髋骨外侧			男	丙(C)			
384	1	左髋骨外侧			男	乙(B)			
11	1	右股骨上段外侧	1	右股骨上段外侧	男	乙(A)			
5	1	骶骨与右髋骨之间			男	丙(C)	北Ⅰ中		
10	1	插装在锥(针)管具内	1	右股骨上端外侧	女	乙(B)			
本期合计	19		13						
281	1	左、右股骨之间			男	丁			
280	1	左肱骨下端外侧	1	左股骨内侧	女	乙(A)			
283	1	右侧腰间			女	丁			
98	1	插装在锥(针)管具内	1	左髋骨外侧	女	丙(A)			
250	2	死者头骨右侧铜铆内	1	右股骨外侧	男	甲(A)			
282	1	左股骨内侧	1	右股骨外侧	男	丙(A)			
230	1	右股骨上端外侧	1	右髋骨下端外侧	男	甲(A)			
229	1	左髋骨外缘下面			男	乙(A)			
233	1	骶骨上面	1	左、右股骨之间	男	乙(B)	北Ⅱ北	约春秋早中期	18
231			1	左髋骨下面	女	乙(B)			
227	1	左股骨上端			男	乙(A)			
241			1	左髋骨下面	女	乙(B)			
264	1	插装在锥(针)管具内	1	右股骨外侧	男	丙(A)			
276	1	左股骨上端表面			男	丁			
99	1	左髋骨上缘表面	1	左髋骨上缘下面	女	丁			
226	1	左髋骨内缘	1	左髋骨外侧	男	乙(B)			
252	1	左髋骨下方	1	右髋骨下面	男	丙(A)			
275	1	右股骨内侧	1	右股骨上端背面	男	乙(A)			
本期合计	17		13						

附表 57－2　　**玉皇庙墓地青铜锥和锥（针）管具出土部位统计表**

墓号（YYM）	锥		管具		性别	墓葬规格级别	分区	分期	墓葬合计
	数量	出土部位	数量	出土部位					
234	1	腰椎与右髋骨之间			男	乙(B)	北Ⅱ中	约春秋中期	29
263			1	右股骨外侧	男	乙(B)			
42			1	右股骨外侧	少儿	丙(C)			
41	1	耻骨弓正下方			男	乙(B)			
266	1	死者左侧腰间	1	左髋骨外侧	女	乙(A)			
46	1	耻骨弓下方			男	乙(B)			
236	1	右髋骨至右股骨之间			男	乙(A)			
256			1	右髋骨下面	女	乙(A)			
261	1	左股骨内侧	1	左髋骨外侧	男	乙(A)			
272			1	右股骨外侧	女	丙(A)			
49	1	右股骨上段外侧	1	左股骨上段内侧	男	丙(A)			
257	1	左股骨上端内侧			男	乙(B)			
247	1	左股骨外侧			男	乙(B)			
271	2	左股骨内侧 1 左髌骨外侧 1			男	乙(B)			
48	1	左股骨上端内侧	1	左股骨上端外侧	男	丙(A)			
95	1	左股骨上段内侧	1	右股骨上段外侧	男	乙(A)			
260	1	腰椎骨左侧			男	丙(A)			
51	1	左、右股骨之间			男	乙(A)			
65	1	右股骨下面			男	乙(B)			
190	1	右股骨上端	1	右股骨外侧	男	乙(B)			
125			1	右髋骨下面	女	丁			
188	2	右髋骨外侧	1	右髋骨外侧	男	乙(B)			
52	1	右股骨表面	1	右髋骨下面	男	甲(B)			
54	1	骶骨表面	1	右股骨上段外侧	男	乙(A)			
295	1	左股骨上端外侧			男	乙(A)	北Ⅰ北		
23	1	右侧腰间			男	丙(A)	北Ⅰ中		
6			1	左侧腰间	女	丙(A)	北Ⅰ南		
7	1	左、右股骨之间			男	丙(C)			
102	1	骨盆右侧下面	1	右侧腰间	男	丙(B)			
本期合计	25		16						
212	1	右侧腰间	1	右髋骨下面	男	乙(B)	北Ⅱ南	约春秋中晚期	9
58	1	左股骨上端外侧			男	乙(B)			
186	1	右侧腰间			男	乙(B)			
57	1	右侧腰间			男	乙(B)			
86	1	骨盆左侧	1	右股骨外侧	男	乙(A)			
61	1	右髋骨表面			男	乙(B)			
69	1	骨盆右侧			男	丙(A)			
83			1	左股骨上端外侧	男	丙(A)			
148	1	骨盆右侧	1	左股骨外侧	男	丙(A)			
本期合计	8		4						

附表 57－3 **玉皇庙墓地青铜锥和锥（针）管具出土部位统计表**

墓号（YYM）	锥		管具		性别	墓葬规格级别	分区	分期	墓葬合计
	数量	出土部位	数量	出土部位					
182	1	死者头骨下面			男	乙(B)	南区北	约春秋晚期前段	38
203	1	右髋骨外缘下面			男	乙(B)			
220			1	右髋骨外侧	女	乙(B)			
213	1	左股骨外侧	1	左股骨外侧	男	乙(B)			
210	1	右股骨下面	1	右股骨内侧	男	乙(A)			
209	1	右髋骨下面	1	右髋骨下面	男	乙(A)			
206			1	右髋骨下面	女	丙(A)			
205	1	左股骨上端			男	乙(B)			
197			1	左髋骨下面	女	乙(B)			
199	1	右侧腰间			男	丙(A)			
179	1	左股骨上端	1	右股骨内侧	男	乙(B)			
178	1	右髌骨外侧	1	右侧腰间	女	乙(B)			
151	1	右侧腰间	1	左侧腰间	男	甲(B)			
153			1	右髋骨外侧	女	丙(A)			
142	1	左髋骨外侧	1	左髋骨下面	男	丙(A)			
145	1	左、右股骨上端之间	1	左股骨内侧	男	丙(A)			
143	1	右侧腰间	1	右股骨外侧	男	丙(A)			
117	1	左髋骨下面	1	右髋骨外侧	男	丙(A)			
105	1	左髋骨内侧	1	左、右股骨之间	男	丙(C)			
74	1	骶骨与左髋骨之间	1	左侧腰间	男	乙(A)			
75	1	右侧腰间	1	右股骨外侧	女	丙(B)			
76			1	左侧腰间	女	丙(C)			
本区合计	17		18						
202			1	左股骨外侧	女	丙(A)	南区中		
176			1	左股骨外侧	女	丙(B)			
156	1	右髌骨外侧	1	左股骨外侧	男	乙(A)			
158	1	右髋骨外侧	1	右髋骨外侧	男	乙(B)			
167			1	右髌骨外缘下面	女	乙(B)			
168	1	右股骨上端外侧	1	左股骨内侧	男	丙(B)			
134	1	左侧腰间	1	左侧腰间	男	乙(B)			
133			1	左股骨内侧	女	乙(B)			
131	1	右股骨中段内侧	1	左、右股骨之间	男	丙(A)			
122	1	右股骨上端表面	1	骨盆右侧	男	丙(A)			
124	1	骨盆左侧	1	骨盆右侧	男	乙(B)			
126			1	左侧腰间	女	丙(A)			
111	1	左腓骨外侧	1	骨盆左侧	男	丙(A)			
171	1	左髋骨表面	1	右髋骨外侧	男	丙(A)			
108	1	腰椎骨右侧	1	左股骨外侧	男	丙(C)			
本区合计	10		15						
312			1	左股骨内侧	男	丙(C)	西区		
本区合计			1						
本期合计	27		34						

附表 57 – 4　**玉皇庙墓地青铜锥和锥（针）管具出土部位统计表**

墓号（YYM）	锥		管具		性别	墓葬规格级别	分区	分期	墓葬合计
	数量	出土部位	数量	出土部位					
164	1	右侧腰间	1	左侧腰间	男	丙(B)	南区南	约春秋晚期后段	15
110	1	骨盆下面			男	丙(B)			
160	1	右髋骨下面	1	右髋骨下面	男	乙(B)			
175	1	左、右股骨之间	1	左股骨外侧	男	丙(A)			
161	1	左股骨下面	1	左股骨内侧	男	乙(A)			
129	1	左股骨内侧	1	左、右股骨中间	男	乙(A)			
174	1	左足骨外侧边缘	1	左股骨内侧	男	乙(B)			
334			1	右髋骨外侧	男	乙(A)			
344	1	右侧腰间	1	左股骨上端下面	男	乙(A)			
348			1	右髋骨下面	男	乙(B)			
349	1	左髋骨表面	1	骨盆右侧，剑身之下	男	乙(B)			
358	1	左、右股骨之间			男	丁			
373	1	左股骨内侧	1	左股骨上端	男	乙(B)			
376	1	右肘关节内侧			男	丙(A)			
370			1	右股骨外侧	男	丙(B)			
本期合计	12		12						
总计	108		92						127（座）

（YYM81）。只有 1 例较特殊，出于死者右髌骨外侧，紧挨着青铜削刀（YYM256）。在这 8 件标本中，有 1 件标本（YYM300 : 23），盛装在长方形铜锥（针）管具内，其余 7 件应装在皮套中，因皮套腐朽无存，故只留下铜针（参见附表 58）。

附表 58　**玉皇庙墓地铜针出土部位统计表**

器物号（YYM）	数量	出土部位	性别	墓葬规格级别	分区	分期	墓葬合计
300 : 23	1	压于左尺骨下面，盛装在长方形铜锥（针）管具内	男	乙（A）	北Ⅰ西	春秋早期	3
4 : 5	1	右股骨上端表面	女	丙（A）	北Ⅰ中		
9 : 6	1	压于右尺骨下面	女	丙（C）			
279 : 7	1	左股骨外侧	女	乙（B）	北Ⅱ北	春秋早中期	2
97 : 6	1	压于右尺骨下面	女	丙（B）			
256 : 2	1	右髌骨外侧	女	乙（A）	北Ⅱ中	春秋中期	2
65 : 2	1	右髋骨外缘	男	乙（B）			
81 : 3	1	左、右股骨之间	女	乙（B）	北Ⅱ南	春秋中晚期	1
合计	8		女 6 男 2	乙（A）2 乙（B）3 丙（A）1 丙（B）1 丙（C）1			8（座）

（7）铜盒形器

玉皇庙墓地共出土铜盒形器9件（完整器8件，器盖1件），分别出自8座墓葬中，除YYM18出土2件，其余每墓各出1件。

铜盒形器在墓中的陈放位置，绝大多数出于死者腰部左侧或右侧，共7例，占出土铜盒形器总数的77.8%，如出于腰部左侧者有4例（YYM5、252、142、74），出于腰部右侧者有3例（YYM2、51、167）；压于死者左股骨下段者1例（YYM18）；出于左股骨上半段表面者1例（YYM18）。

此类铜盒形器的用途，目前难以确定。推测应为盛器，是否会用于盛装药物，尚待今后出土资料检验（参见附表59）。

附表59　　**玉皇庙墓地铜盒形器出土部位统计表**

<table>
<tr><th>器物号（YYM）</th><th>数量</th><th>出土部位</th><th>性别</th><th>墓葬规格级别</th><th>分区</th><th>分期</th><th>墓葬合计</th></tr>
<tr><td>2：20</td><td>1</td><td>压于死者右尺骨下面</td><td>女</td><td>甲（B）</td><td rowspan="4">北Ⅰ中</td><td rowspan="4">春秋早期</td><td rowspan="4">3</td></tr>
<tr><td>18：37</td><td>1</td><td>压于死者左股骨下面</td><td rowspan="2">男</td><td rowspan="2">甲（A）</td></tr>
<tr><td>18：36</td><td>1</td><td>左股骨上半段表面</td></tr>
<tr><td>5：5</td><td>1</td><td>左侧腰间，压于削刀刀柄下面</td><td>男</td><td>丙（C）</td></tr>
<tr><td>252：13</td><td>1</td><td>左尺骨内侧</td><td>男</td><td>丙（A）</td><td>北Ⅱ北</td><td>春秋早中期</td><td>1</td></tr>
<tr><td>51：16</td><td>1</td><td>右髋骨下面</td><td>男</td><td>乙（A）</td><td>北Ⅱ中</td><td>春秋中期</td><td>1</td></tr>
<tr><td>142：14</td><td>1</td><td>左髋骨外侧，左手骨下面</td><td>男</td><td>丙（A）</td><td rowspan="2">南区北</td><td rowspan="3">春秋晚期前段</td><td rowspan="3">3</td></tr>
<tr><td>74：9</td><td>1</td><td>左尺骨外侧</td><td>男</td><td>乙（A）</td></tr>
<tr><td>167：9</td><td>1</td><td>右尺骨外侧</td><td>女</td><td>乙（B）</td><td>南区中</td></tr>
<tr><td>合计</td><td>9</td><td></td><td>男6
女2</td><td>甲（A）1
甲（B）1
乙（A）2
乙（B）1
丙（A）2
丙（C）1</td><td></td><td></td><td>8（座）</td></tr>
</table>

（8）瓶形器

玉皇庙墓地出土铜瓶形器1件（YYM13：20），出自北Ⅰ区中部一座春秋早期乙（A）级男性墓YYM13死者左跗骨上面，用途不详。

4. 马具

玉皇庙墓地随葬各种青铜马具共213件，分别出自13座墓中。

青铜马具在墓中的陈放位置，绝大多数集中出于木椁内死者腰际骨盆以下至足部之间部位。具体分析其出土部位，可分3种情况：

其一，出于死者腰际，骨盆部位者，有3座（YYM18、276、151）。

其二，出于死者左、右股骨下端之间至膝部者，也有3座（YYM250、52、174）。以上这2种情况各占该墓地随葬青铜马具墓葬总数的23.1%。

其三，出于死者左、右胫骨至足骨部位者，有7座（YYM2、13、300、230、217、74、156），占随葬青铜马具墓葬总数的53.8%。

上述3种出土部位，显然以第三种情况居多，而前两种属少数情况（参见附表60）。

附表60　**玉皇庙墓地青铜马具出土部位统计表**

种类 形式、数量 墓号（YYM）	衔（副）	镳（件）	节约（件）	泡（枚）	环（件）	箍（枚）	环箍（件）	出土部位	性别	墓葬规格级别	分区	分期	墓葬合计
2	2	6	2	20				死者右侧胫骨和左足骨之上及其外侧	女	甲（B）	北Ⅰ中	约春秋早期	4
18	2	8	2	18	单环2 三环4	39	1	衔、镳和铜泡，出于死者骨盆至左、右股骨之间；节约与铜箍，出于死者腹部至骨盆之间	男	甲（A）			
13				6				死者左胫、腓骨表面及内、外侧	男	乙（A）			
300	2							死者左、右胫骨之上	男	乙（A）	北Ⅰ西		
250	2	1		大号14 小号14				衔、镳和大号铜泡，出于死者左股骨之上；小号铜泡，出于死者左股骨外侧	男	甲（A）	北Ⅱ北	约春秋早中期	3
230	2			6				死者右胫骨下端及右足骨外侧	男	甲（A）			
276			2					死者右髋骨外缘下面	男	丁			
52	2			10				死者左、右股骨下端之间	男	甲（B）	北Ⅱ中	约春秋中期	1
217				6				死者左趾骨外侧	男	甲（B）	南区北	约春秋晚期前段	4
151	2			6				马衔出于死者左髋骨表面；铜泡出于死者胸椎右侧和骨盆之上	男	甲（B）			
74				9	1			死者左、右胫骨下端至左足骨部位	男	乙（A）			
156	2	4	4	8	2			死者左、右胫骨表面、之间，以及左胫骨外侧	男	乙（A）	南区中		
174	2							死者左膝外侧	男	乙（B）	南区南	约春秋晚期后段	1
合计	18	19	10	117	9	39	1		男12 女1	甲（A）3 甲（B）4 乙（A）4 乙（B）1 丁1			13（座）

5. 装饰品

（1）牌饰

玉皇庙墓地共出土青铜牌饰75件，出自69座，占玉皇庙墓地墓葬总数的17.25%。除其中6座墓（YYM11、230、156、124、159、175）各出2件外，余者均各出1件。

这75件青铜牌饰，皆出于死者颈下与胸部之间。其中出于死者颈下的有35例（YYM34、383、230、233、252、234、42、46、267、247、54、299、92、224、213、209、195、157、147、117、154、158、168、123、124、111、159、166、171、127、175、129、344、376、370），占出土青铜牌饰墓葬总数的50.7%；出于死者左、右锁骨交接处的有20例（YYM11、277、282、228、227、226、275、236、261、95、188、217、210、145、105、156、122、108、161、349），占出土青铜牌饰墓葬总数的29%；出于死者左锁骨部位的有10例（YYM264、48、65、212、205、142、201、334、348、373），占出土青铜牌饰墓葬总数的14.5%；此外，还有出于右锁骨表面者1例（YYM143），出于胸部正中部位者1例（YYM190），出于颈下与胸部之间者1例（YYM131），出于右胸部者1例（YYM160），4例合计占出土青铜牌饰墓葬总数的5.8%（参见附表61）。

（2）带钩、带扣

玉皇庙墓地出土青铜带钩30件，带扣3件，分别出自33座墓葬中，两项合计占玉皇庙墓地墓葬总数的8.25%。

这些带钩与带扣在墓中的出土部位，绝大多数集中于死者腰部至骨盆之间。如出于死者腰部的，带钩有10例（YYM18、227、48、95、7、86、69、63、199、303），带扣有2例（YYM13、YYM5），二者共占该墓地出土青铜带钩和带扣墓葬总数的36.4%；出于骨盆部位的，带钩有16例（YYM250、282、229、228、226、275、188、102、72、148、213、209、122、325、356、393），带扣1例（YYM261），二者共占该墓地出土青铜带钩和带扣墓葬总数的51.5%。除了以上这两处主要部位外，还有2例带钩（YYM158、YYM313）出于股骨部位，仅占该墓地出土青铜带钩和带扣墓葬总数的6.1%，另有2例带钩分别出于死者颈下（YYM173）和左胸下方（YYM124），仅各占该墓地出土青铜带钩和带扣墓葬总数的3%，属个别特殊情况（参见附表62）。

（3）带卡、带饰

玉皇庙墓地出土青铜带卡1062件，分别出自34座墓葬中，占该墓地墓葬总数的8.5%，各墓出土数量不等，一般为20多件或几十件，最少的只有1件，最多的有105件。

青铜带卡在墓中的出土位置，主要集中于死者腰际、骨盆和左、右股骨之间。其中以出于腰际至左、右股骨之间者所占比例最高，共有19例（YYM22、34、19、11、300、264、226、234、95、190、54、143、74、156、131、122、171、344、370），占出土青铜带卡墓葬总数的55.9%；其次为出于骨盆至左、右股骨之间者，共有7例（YYM230、275、217、151、145、105、349），占该墓地出土青铜带卡墓葬总数的20.6%；再次为出于腰际者，有4例（YYM18、255、11、124），占该墓地出土青铜带卡墓葬总数的11.8%；出于腰际至骨盆部位者有3例（YYM51、57、129），占该墓地出土青铜带卡墓葬总数的8.8%；出于右股骨外侧者，只有1例（YYM42），仅占该墓地出土青铜带卡墓葬总数的2.9%。

玉皇庙墓地出土青铜带饰3179件，分别出自57座墓葬中，占该墓地墓葬总数的14.25%，各墓出土数量多少不一，一般为几十件，最少的只有2件，最多的为143件。

附表 61－1　**玉皇庙墓地青铜牌饰出土部位统计表**

墓号（YYM）＼形式、数量＼种类	虎	马	犬	鹿	出土部位	性别	墓葬规格级别	分区	分期	合计（墓葬座数）
34	1				在象征“死者颈下”	无人	丙(B)	北Ⅰ中	约春秋早期	3
11	2				死者左、右锁骨交接处	男	乙(A)			
383	1				死者颈下	不详	丁			
本期合计	4									
277	1				死者左、右锁骨交接处	男	丙(A)	北Ⅱ北	约春秋早中期	10
282	1				死者左、右锁骨交接处	男	丙(A)			
230	2				死者颈下，左锁骨前端	男	甲(A)			
233	1				死者颈下	男	乙(B)			
228	1				死者左、右锁骨交接处	男	乙(B)			
227		1			死者左、右锁骨交接处	男	乙(A)			
264		1			死者左锁骨上面	男	丙(A)			
226		1			死者左、右锁骨交接处	男	乙(B)			
252	1				死者颈下	男	丙(A)			
275		1			死者左、右锁骨交接处	男	乙(A)			
本期合计	7	4								
234		1			死者颈下正中部位	男	乙(B)	北Ⅱ中	约春秋中期	14
42	1				死者颈下	少儿	丙(C)			
46	1				死者颈下	男	乙(B)			
236		1			死者左、右锁骨交接处	男	乙(A)			
261	1				死者左、右锁骨交接处	男	乙(A)			
267		1			死者颈下	婴儿	丙(B)			
247	1				死者颈下，右胸上部	男	乙(B)			
48	1				死者左锁骨下方	男	丙(A)			
95		1			死者左、右锁骨交接处下方	男	乙(A)			
65		1			死者颈下，左锁骨处	男	乙(B)			
190		1			死者胸部正中	男	乙(B)			
188		1			死者左、右锁骨交接处	男	乙(B)			
54		1			死者颈部	男	乙(A)			
299		1			死者颈部	少儿	丙(B)	北Ⅰ北		
本期合计	5	9								
212		1			死者颈下，左锁骨上	男	乙(B)	北Ⅱ南	约春秋中晚期	2
92		1			死者颈部左侧	少儿	丁			
本期合计		2								
217		1			死者左、右锁骨交接处	男	甲(B)			
224		1			死者颈下，稍偏左侧	男	丙(A)			
213	1				死者颈下，稍偏左锁骨处	男	乙(B)			
210		1			死者左、右锁骨交接处	男	乙(A)			
209		1			死者颈下，胸椎上面	男	乙(A)			
195		1			死者颈下	婴儿	丙(C)			

附表 61－2　**玉皇庙墓地青铜牌饰出土部位统计表**

墓号（YYM） \ 种类形式、数量	虎	马	犬	鹿	出土部位	性别	墓葬规格级别	分区	分期	合计（墓葬座数）
205		1			死者颈下，左锁骨表面	男	乙(B)	南区北	约春秋晚期前段	14
157		1			死者颈下	少儿	丙(C)			
147	1				死者颈下	婴儿	丁			
142		1			死者颈下，左锁骨处	男	丙(A)			
145		1			死者左、右锁骨交接处	男	丙(A)			
143		1			死者右锁骨表面	男	丙(A)			
117		1			死者颈下，颈椎表面	男	丙(A)			
105		1			死者左、右锁骨交接处	男	丙(C)			
201		1			死者颈下，左锁骨表面	少儿	丁			
本期合计	2	13								
154			1		死者颈下	男	丙(C)	南区中		14
156		2			死者颈下，左、右锁骨中间	男	乙(A)			
158		1			死者颈下	男	乙(B)			
168	1				死者颈下，偏右胸处	男	丙(B)			
131			1		死者颈下与胸部之间	男	丙(A)			
122		1			死者左、右锁骨交接处	男	丙(A)			
123		1			死者颈下，偏右侧	婴儿	丙(C)			
124	2				死者颈下	男	乙(B)			
111	1				死者颈下	男	丙(A)			
159	2				死者颈下偏左侧	婴儿	丁			
166		1			死者颈下	少儿	丙(C)			
171	1				死者颈下，偏右锁骨处	男	丙(A)			
108		1			死者左、右锁骨交接处	男	丙(C)			
本期合计	7	7	2							
127		1			死者颈下，偏左锁骨处	男	丙(C)	南区南	约春秋晚期后段	12
160		1			死者颈下，右胸部	男	乙(B)			
175				2	死者颈下	男	丙(A)			
161	1				死者左、右锁骨交接处	男	乙(A)			
129		1			死者颈下，偏右锁骨处	男	乙(A)			
334	1				死者颈下，左锁骨表面	男	乙(A)			
344		1			死者颈下	男	乙(A)			
348			1		死者颈下，左锁骨表面	男	乙(B)			
349			1		死者左、右锁骨交接处	男	乙(B)			
373		1			死者颈下，左锁骨处	男	乙(B)			
376	1				死者颈下，颈椎右侧	男	丙(A)			
370			1		死者颈下，偏右锁骨处	男	丙(B)			
本期合计	3	5	3	2						
总计	28	40	5	2		男56 少儿6 婴儿5 无人1 不详1	甲(A)1 甲(B)1 乙(A)14 乙(B)18 丙(A)16 丙(B)5 丙(C)9 丁5			69
	75(件)									
各占出土铜牌饰总数的百分比	37.3%	53.3%	6.7%	2.7%						

注：此表不含 YYM18 出土的金虎牌饰。

附表 62

玉皇庙墓地青铜带钩、带扣出土部位统计表

墓号（YYM）	带钩（件）	带扣（件）	出土部位	性别	墓葬规格级别	分区	分期	合计（墓葬座数）
13		1	死者腰椎上面	男	乙(A)	北Ⅰ中	约春秋早期	3
5		1	死者腰椎左侧	男	丙(C)			
18	1		死者腰际正中	男	甲(A)			
本期合计	1	2						
250	1		死者右髋骨上部	男	甲(A)	北Ⅱ北	约春秋早中期	7
282	1		死者骶骨之上	男	丙(A)			
229	1		死者右髋骨以上	男	乙(A)			
228	1		死者左髋骨上缘	男	乙(B)			
227	1		死者腰椎上面	男	乙(A)			
226	1		死者骶骨右上缘	男	乙(B)			
275	1		死者骶骨上端	男	乙(A)			
本期合计	7							
261		1	死者左髋骨上面	男	乙(A)	北Ⅱ中	约春秋中期	6
48	1		死者腰椎右侧	男	丙(A)			
95	1		死者腰椎右侧	男	乙(A)			
188	1		死者骶骨表面	男	乙(B)			
7	1		死者腰际正中	男	丙(C)	北Ⅰ中		
102	1		死者左髋骨内侧上缘	男	丙(B)			
本期合计	5	1						
86	1		死者腰椎左侧至骶骨上缘之间	男	乙(A)	北Ⅱ南	约春秋中晚期	5
72	1		死者骨盆左侧至左股骨上端之间	男	丙(C)			
69	1		死者腰椎右侧，右尺骨内侧	男	丙(A)			
63	1		死者腰椎左侧	男	乙(B)			
148	1		死者骶骨上缘	男	丙(A)			
本期合计	5							
213	1		死者骶骨下方	男	乙(B)	南区北	约春秋晚期前段	8
209	1		死者左髋骨内侧表面	男	乙(A)			
199	1		死者腰椎表面	男	丙(A)			
158	1		死者右股骨上端	男	乙(B)	南区中		
122	1		死者骶骨上面	男	丙(A)			
124	1（钩形饰）		死者胸椎左侧	男	乙(B)			
313	1		死者左、右股骨之间	男	丁	西区		
303	1		死者腰椎右侧	男	丁			
本期合计	8							
325	1		死者左髋骨内侧下端	男	丁	西区		4
173	1		死者下颌骨下方	男	丙(C)	南区南		
356	1		死者左股骨上端与左髋骨外缘之间	男	丁			
393	1		死者骶骨上缘	男	丙(C)			
本期合计	4							
总计	30	3		男33	甲(A)2 乙(A)8 乙(B)7 丙(A)6 丙(B)1 丙(C)5 丁4			33

青铜带饰在墓中的出土位置，与青铜带卡基本一致，即多集中于死者腰际、骨盆至左、右股骨之间。其中出于腰际至左、右股骨之间者为数最多，共有34例（YYM34、17、18、13、300、250、282、229、233、227、41、236、247、188、52、295、7、212、58、209、151、143、117、105、74、158、134、122、124、171、108、174、373、370），占该墓地出土青铜带饰墓葬总数的59.6%；其次为出于骨盆至左、右股骨之间者，共有14例（YYM230、275、261、95、190、210、142、156、168、131、160、129、344、349），占该墓地出土青铜带饰墓葬总数的24.6%；再次为出于左、右股骨之间者，有5例（YYM264、276、42、54、175），占该墓地出土青铜带饰墓葬总数的8.8%；出于腰际至骨盆者有2例（YYM32、145），占该墓地出土青铜带饰墓葬总数的3.5%；出于右髋骨背面者1例（YYM372）；另有出于胸部、当作牌饰使用者1例（YYM110）。最后2例都属极少数个别情况，各占该墓地出土青铜带饰墓葬总数的1.75%（参见附表63）。

（4）镜形饰

玉皇庙墓地共出土铜镜形饰9件，数量很少，分别出自7座墓葬中，仅占该墓地墓葬总数的1.75%。除YYM317和YYM305各出2件外，其余5座墓（YYM13、149、211、118、327）每墓均各出1件。

铜镜形饰在墓中的出土位置，多数出于死者胸部，共4例（YYM149、211、118、317），占该墓地出土铜镜形饰墓葬总数的57.1%；其次是出于死者颈下部位，有2例（YYM327、305），占该墓地出土铜镜形饰墓葬总数的28.6%；还有1例偏于一侧，出于死者左肘关节之下（YYM13），这种个别情况仅占该墓地出土铜镜形饰墓葬总数的14.3%（参见附表64）。

（5）铃形饰

玉皇庙墓地出土铜铃形饰61件，数量很少，分别出自18座墓葬中，占该墓地墓葬总数的4.5%。各墓出土数量不等，其中三分之二的墓，每墓均各出1件（YYM22、34、19、17、230、275、65、188、102、220、213、175）；还有三分之一的墓，每墓各出3~8件（YYM308、198、240、215、202），最多者出20件（YYM302）。

铜铃形饰在墓中的出土位置，多数出于死者腰间和骨盆部位，少数出于手骨、肱骨及股骨部位。出于死者腰间者有7例（出于右侧腰间者5例：YYM22、34、230、198、308；出于左侧腰间者2例：YYM202、YYM102），占该墓地出土铜铃形饰墓葬总数的38.9%；出于骨盆部位者有6例（YYM19、220、240、275、188、215）占该墓地出土铜铃形饰墓葬总数的33.3%；出于手骨部位者2例（YYM65、YYM302），出于左股骨部位者2例（YYM17、YYM175），这两种情况各占该墓地出土铜铃形饰墓葬总数的11.1%；还有1例出于左肱骨之下（YYM213），仅占该墓地出土铜铃形饰墓葬总数的5.6%，属于少数个别情况（参见附表65）。

（6）坠饰

玉皇庙墓地出土的青铜坠饰种类与数量较多，它们在墓中的出土部位大多分布于死者胸、腹、腰间和骨盆部位，以至左、右股骨之间。现按匕形、联珠棍形、人字形和其他形状的坠饰（出土总数在30件以下者，均归为此项）等4类，分别加以归纳。

Ⅰ 匕形坠饰

附表 63－1　　**玉皇庙墓地铜带卡、铜带饰出土部位统计表**

铜带卡		铜带饰		出土部位	性别	墓葬规格级别	分区	分期	合计（墓葬座数）
种类及器物号（YYM）	数量	种类及器物号（YYM）	数量						
犬纹 22:9	39			腰际至骶骨和左髋骨表面及外侧	男	甲（B）	北Ⅰ中	春秋早期	9
		小鹿形 32:12	32	在象征“死者左侧腰间至骨盆左侧”	无人	丙（A）			
长方形反S纹 34:9	24			在象征“死者腰际”和“左、右股骨之间”	无人	丙（B）			
		小鹿形 34:10	26	在象征“死者腰际”和“左、右股骨之间”及“左股骨外侧”					
		三鸟头纹 34:11	2	在象征“死者左、右股骨之间”					
长方形云纹 19:19	26			腰际及左、右股骨之间	男	乙（B）			
		三鸟头纹 17:7	73	在象征“死者腰际”和“左、右股骨”部位	无人	乙（B）			
长方形 18:16	1			腰际左侧	男	甲（A）			
		野猪形 18:17	89	腰际、骨盆和左、右股骨背面，左、右股骨中间及外侧					
		羊形 13:17	45	腰际至左、右股骨之间	男	乙（A）			
长方形云纹 11:12	30			腰际与骨盆背面，及左、右股骨上端内、外侧	男	乙（A）			
反S形 11:13	30			左、右股骨背面					
三菱形 300:17	54			腰际至左、右股骨之间	男	乙（A）	北Ⅰ西		
		小鹿形 300:18	50	腰际、骨盆背面，左、右股骨之间及外侧					
		小鹿形 250:30	55	腰际、骨盆背面，左、右股骨之间及外侧	男	甲（A）	北Ⅱ北	春秋早中期	10
		小鹿形 282:9	49	骨盆，左、右股骨背面及其内、外侧	男	丙（A）			
		兽形 282:10	11	骨盆内侧					
双联S纹 230:21	17			左、右髋骨和股骨背面及内、外侧	男	甲（A）			
		小鹿形 230:20	49	骨盆和左、右股骨外侧，骨盆中间至左、右股骨上端之间					
		三鸟头纹 229:13	82	腰际、骨盆和左、右股骨背面及左、右股骨内、外侧	男	乙（A）			
		小鹿形 233:10	27	腰际、骨盆和左、右股骨背面，左股骨外侧及左、右股骨之间	男	乙（B）			
		山羊形 227:11	29	腰际、骨盆与左股骨背面及左、右股骨之间	男	乙（A）			
回首双兽形 264:19	39			腰际、骨盆背面，左、右股骨内、外侧	男	丙（A）			
云纹 264:23	16			骨盆背面					
		马形 264:18	14	左、右股骨之间					
		三鸟头纹 276:6	42	左、右股骨内侧及表面	男	丁			
螭龙形 226:13	33			腰际背面，骨盆外侧及左、右股骨之间	男	乙（B）			
云纹 275:19	18			骨盆至左、右股骨之间	男	乙（A）			
		马形 275:20	38	骨盆至左、右股骨之间					

附表 63－2

玉皇庙墓地铜带卡、铜带饰出土部位统计表

铜带卡 种类及器物号（YYM）	数量	铜带饰 种类及器物号（YYM）	数量	出土部位	性别	墓葬规格级别	分区	分期	合计（墓葬座数）
反S形 234:11	19			腰际,骨盆背面,左股骨表面	男	乙(B)	北Ⅱ中	春秋中期	15
小铜箍形 42:9	4			右股骨外侧	少儿	丙(C)			
		小鹿形 42:8	6	左股骨内侧,右股骨外侧					
		三鸟头纹 41:9	37	腰际,骨盆,左、右股骨内、外侧 36 枚,颈部 1 枚	男	乙(B)			
		山羊形 236:13	16	腰椎,右股骨背面,骨盆表面,右股骨外侧	男	乙(A)			
小铜箍形 255:2	10			腰际	少儿	丁			
		三鸟头纹 261:20	70	右髋骨正、背面及外侧,左髋骨外侧,右股骨内侧,左股骨内、外侧	男	乙(A)			
		小鹿形 261:21	31	骨盆外侧,右股骨内侧,左股骨外侧,左、右股骨之间					
长方形 51:12	21			腰椎和左髋骨背面,骨盆表面	男	乙(A)			
		马形 247:13	39	腰际,左髋骨及左股骨背面,右股骨外侧及左、右股骨之间	男	乙(B)			
双联S形 95:14	22			腰际至左、右股骨之间	男	乙(A)			
		小鹿形 95:15	56	骨盆外侧,左、右股骨内、外侧					
长方形反S纹 190:15	30			分布于腰间、骨盆正、背面及左、右股骨之间	男	乙(B)			
		小鹿形 190:14	18	压在骶骨和右髋骨下,或在右股骨外侧和左髋骨外侧					
		小鹿形 188:11	68	腰际,骨盆背面,左、右股骨之间	男	乙(B)			
		野猪形铜环带饰 52:19	5	腰际,周围	男	甲(B)			
		小鹿形 52:20	57	骨盆外侧及左、右股骨外侧					
		三鸟头纹 52:21	81	腰际左、右两侧和左、右股骨内、外侧					
长方形云纹 54:11	34			腰际,骨盆内、外侧,左股骨外侧,左、右股骨之间	男	乙(A)			
		小鹿形 54:12	39	左、右股骨之间及外侧					
		马头形 295:7	27	腰际以下至左、右股骨之间	男	乙(A)	北Ⅰ北		
		马形 7:15	37	腰际,骨盆背面及左、右股骨之间	男	丙(C)	北Ⅰ南		
		山羊形 212:10	73	腰际,骨盆正、背面,右髋骨外侧	男	乙(B)	北Ⅱ南	春秋中晚期	3
		小鹿形 58:8	49	腰椎,骨盆背面及左股骨内侧	男	乙(B)			
双联S形 57:9	30			腰际,骨盆正、背面	男	乙(B)			
长方形云纹 217:7	27			骨盆背面,左股骨内、外侧,右股骨外侧	男	甲(B)	南区北	春秋晚期前段	
		三鸟头纹 210:9	40	骨盆背面,左髋骨表面,左、右股骨之间及外侧	男	乙(A)			
		小鹿形 210:10	53	骨盆背面,左髋骨表面,左、右股骨之间及外侧					
		小鹿形 209:17	95	腰际,骨盆与右股骨背面,左、右股骨之间及外侧	男	乙(A)			

附表 63－3　**玉皇庙墓地铜带卡、铜带饰出土部位统计表**

铜带卡		铜带饰		出土部位	性别	墓葬规格级别	分区	分期	合计（墓葬座数）
种类及器物号（YYM）	数量	种类及器物号（YYM）	数量						
反S形 151:18	25			骨盆与左、右股骨背面	男	甲(B)	南区北	春秋晚期前段	10
		马形 151:17	55	腰际,骨盆与左、右股骨背面,右股骨外侧					
		马形 142:8	29	骨盆正、背面,左股骨外侧,左、右股骨之间	男	丙(A)			
		犬形 142:9	14	左髋骨正、背面					
		马形 145:14	40	腰际左、右两侧,骨盆之下	男	丙(A)			
反S形 145:15	27			骨盆及右股骨内侧,左侧腰间及左股骨外侧					
反S形 143:11	25			腰际,左、右股骨内侧,右股骨外侧	男	丙(A)			
		马形 143:12	70	腰际及骨盆背面,左、右股骨内侧及左股骨外侧					
		马形 117:13	74	腰际,骨盆与左股骨背面,左股骨内侧,右股骨外侧	男	丙(A)			
虎食鹿纹 117:14	10			腰际之下,作横向一字排列					
		马形 105:13	69	腰际,骨盆背面,左髋骨表面,左、右股骨之间	男	丙(C)			
犬纹 105:14	23			骨盆正、背面,左、右股骨之间					
反S形 74:17	23			腰际背面,骨盆表面及左、右股骨内、外侧	男	乙(A)			
		马形 74:18	65	腰椎背面,骨盆左侧,左、右股骨内、外侧					
犬纹 156:23	105			腰际,骨盆背面,左、右股骨之间及内、外侧	男	乙(A)	南区中		
		马形 156:24	94	骨盆及左股骨背面,左、右股骨之间及外侧					
		马形 158:13	83	腰际,骨盆背面及外侧,左、右股骨之间	男	乙(B)			
		双马头相背纹 158:14	39	骨盆正、背面,左、右股骨内、外侧					
		马形 168:11	93	骨盆正、背面,左、右股骨之间及外侧	男	丙(B)			
		马形 134:13	45	腰际,骨盆内侧,左、右股骨外侧	男	乙(B)			
反S形 131:12	20			腰际和右股骨内、外侧	男	丙(A)			
		马形 131:13	43	骨盆左侧和左股骨内、外侧					
犬纹 122:10	77			腰际和骨盆背面,左股骨内、外侧,右股骨外侧	男	丙(A)			
		马形 122:11	48	腰际和骨盆背面,左、右股骨之间					

附表63－4　　**玉皇庙墓地铜带卡、铜带饰出土部位统计表**

铜带卡		铜带饰		出土部位	性别	墓葬规格级别	分区	分期	合计（墓葬座数）
种类及器物号（YYM）	数量	种类及器物号（YYM）	数量						
反S形 124：9	39			腰际，一周	男	乙(B)	南区中	春秋晚期前段	9
		马形 124：10	78	腰际，骨盆背面，左、右股骨之间及外侧					
反S形 171：12	69			腰际，骨盆背面，左股骨正、背面，左、右股骨之间	男	丙(A)			
		马形 171：13	91	腰际，左髋骨与左股骨背面，骨盆表面及左、右股骨之间					
		马形 108：10	44	左侧腰际，骨盆背面，左髋骨表面及左股骨外侧	男	丙(C)			
		马形 110：4	2	胸部（在此作牌饰用）	男	丙(B)	南区南	春秋晚期后段	10
		马形 160：8	26	右髋骨背面，骨盆表面，左、右股骨之间及外侧	男	乙(B)			
		鹿形 175：13	23	左、右股骨之间及外侧	男	丙(A)			
		马形 175：14	33	左、右股骨背面及其内、外侧					
反S形 129：8	28			腰际和骨盆背面	男	乙(A)			
		马形 129：9	73	骨盆和右股骨背面及右股骨内侧					
		鹿形 174：8	16	骨盆至左、右股骨之间	男	乙(B)			
		马形 174：9	77	腰际，骨盆及左、右股骨背面，及左、右股骨内、外侧					
长方形 344：15	29			腰际至左、右股骨之间	男	乙(A)			
		马形 344：16	95	骨盆下面和左、右股骨之内、外侧					
反S形 349：11	20			骶骨下面，左、右股骨之间及其外侧	男	乙(B)			
		马形 349：12	49	骨盆下面，左、右股骨之间及其外侧					
		马形 373：10	29	腰际，骨盆背面，右髋骨表面，骨盆左、右侧	男	乙(B)			
		马形 372：7	4	右髋骨背面	女	丙(A)			
反S形 370：8	18			腰际，骨盆正、背面，右股骨上端内侧	男	丙(B)			
		马形 370：9	68	腰际，骨盆正、背面，左股骨上端，耻骨弓下方					
合计	1062（枚） 34（座）		3179（枚） 57（座）		男60 无人3 少儿2 女1	甲(A)3 甲(B)4 乙(A)18 乙(B)19 丙(A)12 丙(B)4 丙(C)4 丁2			66

附表 64　**玉皇庙墓地铜镜形饰出土部位统计表**

器物号（YYM）	数量	出土部位	性别	墓葬规格级别	分区	分期	合计（墓葬座数）
13∶14	1	左肘关节之下	男	乙(A)	北Ⅰ中	春秋早期	1
149∶7	1	胸部	女	丙(B)	北Ⅱ南	春秋中晚期	1
211∶3	1	胸部正中	女	乙(B)	南区北	春秋晚期前段	5
118∶5	1	左侧胸部	女	丙(B)			
327∶2	1	颈下,右锁骨处	女	丁	西区		
317∶3	1	右侧胸部	女	丁			
317∶4	1						
305∶3	2	颈下,右侧	女	丙(C)			
合计	9		女 6 男 1	乙(A)1 乙(B)1 丙(B)2 丙(C)1 丁 2			7

附表 65　**玉皇庙墓地铜铃形饰出土部位统计表**

器物号（YYM）	数量	出土部位	性别	墓葬规格级别	分区	分期	合计（墓葬座数）
22∶10	1	右侧腰间	男	甲(B)	北Ⅰ中	春秋早期	4
34∶12	1	在象征“死者右侧腰际”下方	无人	丙(B)			
19∶20	1	左髋骨之下	男	乙(B)			
17∶10	1	在象征“死者左股骨上段”外侧	无人	乙(B)			
230∶16	1	右侧腰间	男	甲(A)	北Ⅱ北	春秋早中期	3
240∶10	6	右髋骨外侧	女	乙(B)			
275∶13	1	右髋骨外侧	男	乙(A)			
65∶7	1	左髋骨外侧,左手骨腕部	男	乙(B)	北Ⅱ中	春秋中期	3
188∶19	1	骨盆之下	男	乙(B)			
102∶15	1	左侧腰间,左尺骨之下	男	丙(B)	北Ⅰ南		
220∶10	1	左髋骨外侧	女	乙(B)	南区北	春秋晚期前段	7
215∶7	8	骨盆左、右侧各 4 件	女	丙(B)			
213∶14	1	左肱骨之下	男	乙(B)			
198∶8	4	右侧腰间	女	乙(B)			
202∶7	8	左侧腰间	女	丙(A)	南区中		
308∶5	3	右尺骨之下	男	丁	西区		
302∶10	20	左、右手骨之下	女	丙(C)			
175∶11	1	左股骨内侧	男	丙(A)	南区南	春秋晚期后段	1
合计	61		男 10 女 6 无人 2	甲(A)1 甲(B)1 乙(A)1 乙(B)8 丙(A)2 丙(B)3 丙(C)1 丁 1			18

玉皇庙墓地共出土匕形铜坠饰40件，分别出自40座墓葬中，占该墓地墓葬总数的10%，每墓各出1件。

匕形铜坠饰在墓中的出土位置，大多集中于死者胸部与腹部，其中出于胸部者共16例（YYM20、35、10、279、280、285、97、266、237、49、258、222、197、153、77、338），占该墓地出土匕形铜坠饰墓葬总数的40%；出于腹部者（含出于腰椎与骶骨表面者）共20例（出于腹部者：YYM3、37、241、47、44；出于腰椎部位者：YYM251、263、178、76、208、206、98、99、220、150、75、133；出于骶骨表面者：YYM256、272、128），占该墓地出土匕形铜坠饰墓葬总数的50%。只有3例出于颈下及锁骨部位（YYM231、232、339），另有1例因遭扰乱，原出土位置不详（YYM125）。这两种情况合计占该墓地出土匕形铜坠饰墓葬总数的10%，属于少数情况（参见附表66）。

Ⅱ 联珠棍形坠饰

玉皇庙墓地共出土联珠棍形铜坠饰257件，分别出自22座墓葬中，占该墓地墓葬总数的5.5%。各墓出土数量不一，少者1件，多者24件，一般情况出10件或10余件。

联珠棍形铜坠饰在墓中的出土位置，主要集中于死者胸部、腰间和骨盆部位，其中以出于腰间者所占比例较高，其次为出于骨盆部位者，再次为出于胸部者。出于胸部者共有5例（YYM35、280、231、99、258），占该墓地出土联珠棍形铜坠饰墓葬总数的22.7%；出于腰间者共9例（YYM285、98、251、47、263、49、198、76、178），占该墓地出土联珠棍形铜坠饰墓葬总数的40.9%；出于骨盆部位者共6例（含出于右尺骨之下者和腰际至左、右髋骨表面者：YYM2、256、241、150、114、113），占该墓地出土联珠棍形铜坠饰墓葬总数的27.3%；另有出于颈部者1例（YYM253），出于腹部者1例（YYM237），二者占该墓地出土联珠棍形铜坠饰墓葬总数的4.55%（参见附表67）。

Ⅲ “人”字形坠饰

玉皇庙墓地共出土“人”字形铜坠饰430件，分别出自30座墓葬中，占该墓地墓葬总数的7.5%。各墓出土数量多少不等，少者1件，多者100余件，一般情况多为数件或10余件。

“人”字形铜坠饰在墓中的出土位置比较分散，既有出于高规格墓葬圹内填土中和生土二层台上者，如YYM2和YYM18，此2例占该墓地出土“人”字形铜坠饰墓葬次例总数的5.6%（共36例次，其中YYM2、220、75、339、372、392在出土部位上属于2例次）；也有散出于普通墓葬死者头部、肩胛骨、上肢骨、胸、腹、腰部、髋骨、左、右股骨以及足骨附近的。其中以出于死者腰、腹部至髋骨以上部位者所占比例较高（含出于左、右尺骨内、外侧者）共有14例（YYM283、153、220、138、75、353、176、167、133、338、375、372、256、167），占该墓地出土“人”字形铜坠饰墓葬次例总数的38.9%；其次为出于左、右肱骨下段内侧者4例（YYM128、351、339、374），出于右肘部内侧者4例（YYM75、80、372、392），出于左、右股骨内、外侧者4例（YYM49、220、76、163），这3种情况分别占该墓地出土“人”字形铜坠饰墓葬次例总数的11.1%；还有出于胸部者3例（YYM119、340、392），占该墓地出土“人”字形铜坠饰墓葬次例总数的8.3%；出于死者头骨下面者2例（YYM15、149），占该墓地出土“人”字形铜坠饰墓葬次例总数的5.6%；另有3个个例；即出于右耳环下方、作耳坠使用者1例（YYM136），出于右肩胛骨部位者1例（YYM339），出于左

附表 66　**玉皇庙墓地匕形铜坠饰出土部位统计表**

器物号（YYM）	数量	出土部位	性别	墓葬规格级别	分区	分期	合计（墓葬座数）
20:9	1	胸部下方	女	乙(A)	北Ⅰ中	春秋早期	4
35:10	1	胸椎右侧	女	乙(B)			
3:8	1	左侧下腹部	女	乙(B)			
10:8	1	胸部正下方	女	乙(B)			
279:5	1	胸部	女	乙(B)	北Ⅱ北	春秋早中期	12
280:6	1	胸部	女	乙(A)			
285:5	1	在象征“死者的胸部”	女	丁			
37:7	1	右侧腹部	女	丙(C)			
98:9	1	腰椎处	女	丙(A)			
251:4	1	腰椎左侧	女	乙(B)			
231:5	1	颈部	女	乙(B)			
232:3	1	右锁骨下方	女	丙(A)			
241:6	1	右侧腹部	女	乙(B)			
97:5	1	胸椎左侧	女	丙(B)			
99:7	1	腰椎处	女	丁			
47:6	1	右侧腹部	女	丙(C)			
263:10	1	腰椎左侧	男	乙(B)	北Ⅱ中	春秋中期	9
266:7	1	胸部下方	女	乙(A)			
44:5	1	右侧腹部	男	乙(B)			
237:5	1	胸部	女	乙(B)			
256:10	1	骶骨表面	女	乙(A)			
272:4	1	腰椎左侧	女	丙(A)			
49:6	1	左胸下方	男	丙(A)			
258:8	1	胸部	女	乙(A)			
125:7	1	已被扰乱	女	丁			
208:6	1	腰椎右侧	女	丙(A)	北Ⅱ南	春秋中晚期	1
222:7	1	胸部下方	女	丙(B)	南区北	春秋晚期前段	11
220:7	1	腰椎处	女	乙(B)			
206:5	1	腰椎右侧	女	丙(A)			
197:6	1	右侧胸部	女	乙(B)			
178:9	1	腰椎左侧	女	乙(B)			
150:7	1	腰椎处	女	乙(B)			
153:12	1	胸部	女	丙(A)			
75:8	1	腰椎处	女	丙(B)			
76:6	1	左侧腰间	女	丙(C)			
133:8	1	腰椎处	女	乙(B)	南区中		
77:5	1	胸部正下方	男	丙(B)			
128:4	1	骶骨表面	女	乙(B)	南区南	春秋晚期后段	3
339:5	1	左、右锁骨交接处	女	乙(A)			
338:6	1	胸部	女	乙(A)			
合计	40		女 36 男 4	乙(A)7 乙(B)16 丙(A)7 丙(B)4 丙(C)3 丁 3			40

附表67 **玉皇庙墓地联珠棍形铜坠饰出土部位统计表**

器物号（YYM）	数量	出土部位	性别	墓葬规格级别	分区	分期	合计（墓葬座数）
35:12	12	右侧胸下	女	乙(B)	北Ⅰ中	春秋早期	2
2:16	24	右侧尺骨之下	女	甲(B)			
280:7	7	胸部	女	乙(A)	北Ⅱ北	春秋早中期	8
285:6	11	在象征“死者左侧腰间”处6枚；在象征“死者右侧腹部”处5枚	女	丁			
98:10	15	左侧腰间8枚，右侧腰间7枚	女	丙(A)			
251:7	14	左侧腰间8枚，右侧腰间6枚	女	乙(B)			
231:7	10	胸部	女	乙(B)			
241:10	20	右侧腰际至右髋骨表面	女	乙(B)			
99:8	6	左、右胸下	女	丁			
47:9	14	右侧腰际	女	丙(C)			
253:3	1	颈部	婴儿	丁	北Ⅱ中	春秋中期	6
263:11	10	腰椎左侧	男	乙(B)			
237:6	12	腹部左侧7枚，右侧5枚	女	乙(B)			
256:11	18	右侧腰间和左髋骨表面各9枚	女	乙(A)			
49:7	17	腰椎处8枚，左侧腰际9枚	男	丙(A)			
258:9	4	左、右胸下各2枚	女	乙(A)			
					北Ⅱ南	春秋中晚期	0
198:9	10	右侧腰间	女	乙(B)	南区北	春秋晚期前段	6
178:11	12	左侧胸下和右侧腰间各6枚	女	乙(B)			
150:9	12	骶骨表面和左耻骨外侧各6枚	女	乙(B)			
76:7	10	腰椎表面和左侧腰间各5枚	女	丙(C)			
114:7	10	骶骨和左髋骨表面	女	丙(B)	南区中		
113:9	8	腰椎右侧	女	丙(A)			
合计	257（枚）		女19 男2 婴儿1	甲(B)1 乙(A)3 乙(B)9 丙(A)3 丙(B)1 丙(C)2 丁3			22

足骨周围者1例（YYM2），这3例情况合计占该墓地出土“人”字形铜坠饰墓葬次例总数的8.3%（参见附表68）。

附表68 **玉皇庙墓地“人”字形铜坠饰出土部位统计表**

器物号（YYM）	数量	出土部位	性别	墓葬规格级别	分区	分期	合计（墓葬座数）
15:9	4	颈部右侧、头骨之下	少儿	丁	北Ⅰ中	春秋早期	3
2:17	113	(1)圹内西端上层填土中39枚；(2)死者左足骨周围74枚	女	甲(B)			
18:33	59	(1)圹内南侧生土二层台及上层填土中26枚；(2)圹内北侧生土二层台及上层填土中33枚	男	甲(A)			
283:5	1	右尺骨内侧	女	丁	北Ⅱ北	春秋早中期	1
256:12	6	右髋骨外缘	女	乙(A)	北Ⅱ中	春秋中期	3
49:13	11	左股骨中段内侧	男	丙(A)			
125:11	26	被扰乱	女	丁			
149:12	4	死者头骨下面	女	丙(B)	北Ⅱ南	春秋中晚期	1
153:14	19	腹部左侧	女	丙(A)	南区北	春秋晚期前段	11
220:11	19	右尺骨内侧16枚，右股骨外侧3枚	女	乙(B)			
138:9	8	左尺骨内侧和右尺骨外侧各4枚	女	丙(A)			
136:3	6	右耳环下方	少儿	丙(C)			
119:6	6	右胸下方	女	丙(A)			
75:9	9	右肘关节内侧4枚，左腹部5枚	女	丙(B)			
76:9	3	左股骨外侧	女	丙(C)			
176:8	10	腰椎左、右侧各5枚	女	丙(B)	南区中		
167:11	26	腰椎左侧8枚，右侧7枚；右髋骨外侧11枚	女	乙(B)			
133:10	16	腰椎处7枚，右侧腰际9枚	女	乙(D)			
80:4	8	右肘关节至右尺骨内侧	女	丁			
163:7	3	左股骨外侧	女	乙(B)	南区南	春秋晚期后段	11
128:8	8	左、右肱骨下段内侧，各4枚	女	乙(B)			
353:4	6	左胸下和左腹部各3枚	女	丁			
340:7	2	胸部	女	丙(A)			
351:5	6	左、右肱骨下端内侧各3枚	男	丁			
339:6	8	右肩胛骨和左肱骨内侧各4枚	女	乙(A)			
338:7	8	腰椎处和骶骨上缘各4枚	女	乙(A)			
374:8	3	左肱骨内侧2枚，右肱骨内侧1枚	女	乙(B)			
375:7	10	腰椎右侧	女	丙(C)			
372:6	11	右肘部内侧5枚，腰椎处6枚	女	丙(A)			
392:7	11	右胸部6枚，右肘部内侧5枚	女	丁			
合计	430（枚）		女25 男3 少儿2	甲(A)1 甲(B)1 乙(A)3 乙(B)6 丙(A)6 丙(B)3 丙(C)3 丁7			30

Ⅳ 其他坠饰

其他铜坠饰包括鸟形、三联珠形、小铜凿形，圆锥形，双联珠双尾形，野猪形、双尾形、三环式和尖首刀币柄形坠等9种43件铜坠饰。这43件铜坠饰分别出自20座墓中，占该墓地墓葬总数的5%。

从每个种类所占墓葬总数的比例看，这9种铜坠饰中以小铜凿形坠饰所占比例较高，共有5座墓（YYM60、118、305、317、374），出土6件（YYM305出2件，其余4座墓每墓各出1件），占该墓地出土其他铜坠饰墓葬总数的25%；其次为尖首刀币柄形坠，共有4座墓（YYM138、358、381、375），出土4件，每墓各出1件，占该墓地出土其他铜坠饰墓葬总数的20%；再次为野猪形坠，共有3座（YYM18、250、381），出土23件（YYM18出12件，YYM250出7件，YYM381出4件），圆锥形坠，也有3座（YYM149、322、324），出土4件（YYM324出2件，其余2座各出1件），这2种坠饰各占该墓地出土其他铜坠饰墓葬总数的15%；还有为数更少的三联珠形坠饰，只有1座（YYM221），出土1件，占该墓地出土其他铜坠饰墓葬总数的5%；另有鸟形（YYM240）、三环式（YYM144）、双联珠双尾形（YYM350）和双尾形（YYM382）4种坠饰，各出于1座墓，除鸟形为2件外，其余3种均各1件，这4种坠饰分别占该墓地出土其他铜坠饰墓葬总数的5%。

从出土位置看，小铜凿形坠饰多出于死者颈下和胸部（YYM60、118、305、317），其中有3例（YYM118、305、317）贴近铜镜形饰，表明这种形式的铜坠饰多与铜镜形饰（或大铜泡）联用，是作为响坠使用的。只有1例（YYM374）出于左髋骨上缘，表明这种铜坠饰也有佩掛于腰下者。

尖首刀币柄形坠出于死者腰椎处有2例（YYM381、YYM375），出于胸部1例（YYM138），以上这3例都具体出于石珠或玛瑙珠项链的末端，即都是作为项链坠饰使用的，这样的形式，占该墓地出土尖首刀币柄形坠墓葬总数的75%，只有1例（YYM358）出于左锁骨表面，未与项链伴出，是作为单独坠饰使用的，这样的形式，仅占该墓地出土尖首刀币柄形坠墓葬总数的25%。

野猪形坠饰皆出于死者腰部以下及左、右股骨或髌骨之间，部位偏下，应是服饰品之一。如YYM381，即出于腰椎下段；YYM250出于左、右股骨下端及左、右股骨之间；YYM18则出于右股骨外侧及左、右髌骨下方处。

圆锥形铜坠饰出于死者颈下（YYM322）和胸部（YYM149）各1例，均作项链末端坠饰使用；另有1例（YYM324，2件）出于死者左、右耳环下，是作耳坠使用的。

三联珠形铜坠饰，1例（YYM221，1件），出于死者胸部，是作为单独坠饰使用的。

鸟形铜坠饰2件，仅见于YYM240一座墓，出于死者右髋骨部位，与其伴存者还有开裆式铃形铜饰1件及扁片铃形铜饰4件，它们都属腰间佩饰（参见附表69）。

（7）覆面铜扣

玉皇庙墓地共出土覆面铜扣558枚，分别出自207座墓葬中，占该墓地墓葬总数的51.75%，其出土部位情况，在本报告第二章贰之第八节覆面葬俗一节中已述及，并有附表20具体说明，在此从略。

（8）耳环

玉皇庙墓地出土铜丝耳环556件，分别出自271座墓葬中，占该墓地墓葬总数的67.75%。

铜丝耳环在墓中的出土部位，绝大多数出于死者左、右耳骨下，而且绝大多数是成对出土，即左、右耳各戴1件（少数有各戴2件的，个别者还有各戴3件和4件的，甚至还有各戴6件和8件的）。据统计，玉皇庙墓地共有255座墓出土有2件或2件以上铜丝耳环（出2件者244座：YYM22、21、35、

附表69　**玉皇庙墓地其他种类铜坠饰出土部位统计表**

坠饰种类	器物号（YYM）	数量（件）	出土部位	性别	墓葬规格级别	分区	分期	合计（墓葬座数）
鸟形铜坠饰	240：7	2	右髋骨右侧	女	乙（B）	北Ⅱ北	春秋早中期	1
三联珠形铜坠饰	221：6	1	胸部	女	丙（A）	南区北	春秋晚期前段	2
三环式铜坠饰	144：6	1	腰椎左侧	女	丙（A）			
小铜凿形坠饰	60：2	1	下颌骨下面	男	乙（B）	北Ⅱ南	春秋中晚期	5
	118：7	1	左侧胸部，铜镜形饰附近	女	丙（B）	南区北	春秋晚期前段	
	305：4	2	颈下，大铜泡与铜镜形饰的背面各1件	女	丙（C）	西区		
	317：5	1	右侧胸部，在大铜泡与铜镜形饰之间	女	丁			
	374：9	1	左髋骨上缘	女	乙（B）	南区南	春秋晚期后段	
圆锥形铜坠饰	149：9	1	胸部	女	丙（B）	北Ⅱ南	春秋中晚期	3
	322：3	1	颈下	男	丁	西区	春秋晚期前段	
	324：2	2	左、右耳环下各1件	女	丁			
尖首刀币柄形坠饰	138：6	1	胸椎左侧	女	丙（A）	南区北	春秋晚期前段	4
	358：5	1	左锁骨表面	男	丁	南区南	春秋晚期后段	
	381：6	1	腰椎处	男	丁			
	375：6	1	腰椎处	女	丙（C）			
双联珠双尾形铜坠饰	350：4	1	左侧胸下	男	乙（B）	南区南	春秋晚期后段	1
野猪形铜坠饰	18：18	12	左、右髌骨下方和右股骨及右髌骨外侧	男	甲（A）	北Ⅰ中	春秋早期	1
	250：31	7	左股骨下端，右股骨下端外侧，左、右股骨中间	男	甲（A）	北Ⅱ北	春秋早中期	1
	381：7	4	腰椎下段	男	丁	南区南	春秋晚期后段	1
双尾形铜坠饰	382：4	1	左胸部	女	丙（B）	南区南	春秋晚期后段	1
合计		43						20

32、34、31、30、29、19、17、15、3、13、82、386、300、385、383、384、4、11、5、9、10、248、281、279、280、37、98、277、251、230、229、233、231、228、227、241、264、276、97、99、226、240、265、275、96、47、234、263、42、41、225、266、46、44、236、237、256、261、267、94、257、247、48、95、51、65、191、190、125、188、52、54、100、66、67、36、26、297、298、293、295、299、294、291、289、23、24、12、8、6、7、102、212、53、58、196、186、57、86、59、91、

149、64、72、84、83、81、148、217、224、182、203、223、222、220、216、215、213、209、195、204、197、198、199、200、178、177、151、157、142、145、143、144、138、137、136、135、117、118、119、104、105、74、75、76、201、202、176、154、155、158、167、168、134、133、132、131、122、124、126、120、115、114、113、111、165、166、171、106、108、80、77、79、78、331、323、319、329、324、322、316、312、313、308、317、306、303、305、164、127、172、160、175、161、129、128、109、162、353、340、334、352、351、354、345、344、339、338、348、335、336、349、358、325、342、373、366、359、381、379、382、377、378、376、374、375、372、371、368、370、364、363、396、391、397、398、392、399、393、400、395；出3件者1座：YYM153；出4件者9座：YYM20、49、258、296、150、327、301、302、163；出6件者1座：YYM211；出8件者1座：YYM249），占该墓地出土铜丝耳环墓葬总数的92.1%；只有15座墓仅随葬1件，它们分别出于死者左耳部或右耳部，这种情况仅占该墓地出土铜丝耳环墓葬总数的7.9%，属少数情况。其中出于左耳部者共9例（YYM274、259、271、184、92、179、332、110、347），出于右耳部者共有5例（YYM232、252、45、208、369），还有1例YYM283（1件），因头骨残碎，耳环落于头骨下方。

参见本报告第二章肆随葬器物部分三之（五）铜丝耳环一节附表162、163，在此不赘述。

（9）服饰铜环

玉皇庙墓地共出土服饰铜环39件，分别出自21座墓中，占该墓地墓葬总数的5.25%。

服饰铜环在墓中的出土位置，绝大多数出于死者腰间和骨盆或左、右股骨上段部位，只有很少几例是出于头部、肩部、胸部或肱骨肘关节处。经统计，出于腰间、骨盆或左、右股骨上段部位者共有17例（YYM3、18、250、241、264、261、65、86、153、142、117、168、134、133、122、163、344），占该墓地出土服饰铜环墓葬总数的81%；出于头部、肩部、胸部和左肱骨下段及肘关节内侧部位者共有4例（墓号分别为YYM2、167、340和YYM302），占该墓地出土服饰铜环墓葬总数的19%，每例均占4.75%。

从用途考察，这21座墓出土的39件服饰铜环，出于腰间、骨盆或股骨上段内侧部位作剑囊与刀囊之佩环使用者，共有8例（YYM86、117、122、3、153、344、168、134）12件，占该墓地出土服饰铜环墓葬总数的38.1%，占该墓地出土服饰铜环总数的30.8%，不但是所占该墓地出土服饰铜环墓葬总数与铜环总数比例最高的项目，而且也是服饰铜环各种用途中所占比例最高的项目。如出于上述部位的、作服饰佩环使用者，就不及此项数量多，只有7例（YYM241、264、65、142、133、163、344）9件；再如出于上述部位的、作砺石皮囊佩环使用者，只有2例（YYM250、YYM264）2件；再如出于上述部位的、作青铜带钩钩环使用者只有1例1件；作野猪形铜坠饰佩环使用者也只有1例6件（均为YYM18）。还有1例（YYM261）也是出于上述部位的，与腰下1串小白石珠串饰伴出，当是作为小白石珠串饰的佩环使用的。

出于胸部的1例（YYM340）和出于左肱骨下段及左肱骨肘关节内侧的1例（YYM302），皆出于石珠或铜珠项链的末端，都应是作项链垂环使用的。

出于头部的1例（YYM2），联于皮条一端，应为皮帽的饰环。

唯有1例出于死者肩部（YYM167），压于1件陶罐器底下，用途不详（参见附表70）。

附表70　**玉皇庙墓地服饰铜环出土部位统计表**

序号	墓号（YYM）	数量（件）	出土部位	用途	性别	墓葬规格级别	分区	分期	合计（件）
1	2	1	死者头骨右上侧，联于皮条一端	应为皮帽饰环	女	甲（B）	北Ⅰ中	春秋早期	9
2	3	1	左髋骨上缘，下附青铜削刀	应为刀囊佩环	女	乙（B）			
3	18	7	腰间正中1件，与带钩联挂；腰际6件，下联野猪形铜坠饰	为青铜带钩钩环；为野猪形铜坠饰佩环	男	甲（A）			
4	250	1	右手骨下，与砺石和小铜泡伴出	应为砺石皮囊的佩环	男	甲（A）	北Ⅱ北	春秋早中期	6
5	241	1	左侧腰间	应为服饰佩环	女	乙（B）			
6	264	4	左尺骨外侧1件，与砺石和铜泡伴出；压于骨盆下2件，右髋骨外侧1件	应为砺石皮囊的佩环；应为服饰佩环	男	丙（A）			
7	261	1	左髋骨上面，与小白石珠伴出	应为小白石珠串饰的佩环	男	乙（A）	北Ⅱ中	春秋中期	2
8	65	1	右腕骨处	应为服饰佩环	男	乙（B）			
9	86	1	右侧腰间，青铜短剑下面	应为剑囊佩环	男	乙（A）	北Ⅱ南	春秋中晚期	1
10	153	1	右髋骨上缘，与青铜削刀伴出	应为刀囊佩环	女	丙（A）	南区北	春秋晚期前段	3
11	142	1	骨盆表面	应为服饰佩环	男	丙（A）			
12	117	1	压于右尺骨下，左侧挨着青铜短剑	应为剑囊佩环	男	丙（A）			
13	167	1	右肩部，压于陶罐下	不详	女	乙（B）	南区中		8
14	168	1	右尺骨内侧，与短剑、削刀相叠压	应为剑刀囊佩环	男	丙（B）			
15	134	3	右股骨上段内侧1件，骨盆内2件，其右侧紧挨着青铜短剑与削刀	应为剑刀囊佩环	男	乙（B）			
16	133	1	左尺骨内侧	应为服饰佩环	女	乙（B）			
17	122	2	右尺骨下面，与青铜短剑伴出	应为剑囊佩环	男	丙（A）			
18	302	5	左肱骨下段，石珠项链末端3件，左肱骨肘关节内侧，铜珠项链末端2件	均为项链垂环	女	丙（C）	西区		5
19	163	2	左股骨外侧	应为服饰佩环	女	乙（B）	南区南	春秋晚期后段	5
20	340	1	胸部，小白石珠项链末端	应为项链垂环	女	丙（A）			
21	344	2	右髋骨表面1件 骨盆左侧1件，叠压于削刀之上	应为服饰佩环 应为刀囊佩环	男	乙（A）			
合计	21（座）	39							39

（10）服饰铜泡

玉皇庙墓地共出土服饰铜泡206枚，分别出自76座墓葬，占该墓地墓葬总数的19%。

这些服饰铜泡在墓中的出土部位，多集中于死者腰间、骨盆及左、右股骨部位，少数有出于胸部、头部和颈下的，还有个别者出于右肩胛骨和右手骨上的等等。以出土数量和所占比例看，以出于左、右股骨部位者数量最多，所占比例最高，共有35例（墓葬编号：YYM13、11、281、282、230、233、252、275、234、42、46、247、48、65、190、188、52、54、36、293、23、7、186、57、86、209、199、151、145、105、156、158、122、171、312），占该墓地服饰铜泡各种出土部位例次总数（共93例次）的37.6%，超过1/3。其次属出于骨盆部位者，共有30例（墓葬编号：YYM19、13、5、281、250、282、230、229、41、236、238、261、51、125、102、217、203、147、145、105、201、158、168、122、124、171、312、129、325、374），占该墓地服饰铜泡各种出土部位例次总数的32.2%，接近1/3。再次属出于腰间者，共有15例（墓葬编号：YYM22、17、13、264、252、95、71、157、143、154、168、122、312、303、129），占该墓地服饰铜泡各种出土部位例次总数的16.1%。出于胸部者，共有5例（墓葬编号：YYM86、149、204、118、305），占该墓地服饰铜泡各种出土部位例次总数的5.4%。出于头部者2例（墓葬编号：YYM78、YYM302），出于颈下者2例（墓葬编号：YYM290、YYM116），各占该墓地服饰铜泡各种出土部位例次总数的2.2%。以上3种出土部位，均属少数情况。此外，还有出于腰际至左、右股骨之间者1例（YYM32），出于下颌骨下面者1例（YYM249），出于右肩胛骨部位者1例（YYM257），出于右手骨上面者1例（YYM341），这4种部位，均为孤例，4例合计仅占该墓地服饰铜泡各种出土部位例次总数的4.3%，属于个别情况。

从用途考察，这76座墓出土的206枚服饰铜泡，可分7种用途，共计86例次。

第一种用途，为服饰铜泡，共57例（墓葬编号：YYM32、19、11、249、281、282、230、229、233、252、275、234、42、46、238、261、257、247、51、65、190、125、188、52、54、36、293、290、23、7、102、186、57、86、217、203、204、199、151、157、147、145、116、105、201、154、156、158、168、122、124、171、312、129、325、341、374），占该墓地服饰铜泡7种用途例次总数（86例）的66.3%，是数量最多、所占比例最高的一种。

第二种用途，为剑刀囊（指剑、刀合装于同一皮囊者）泡饰，共10例（墓葬编号：YYM281、41、188、71、209、145、143、158、168、129），占该墓地服饰铜泡7种用途例次总数的11.6%，在数量和所占比例上居第二位。

第三种用途，为剑囊泡饰，共9例（墓葬编号：YYM19、17、13、236、261、48、95、122、303），占该墓地服饰铜泡7种用途例次总数的10.5%，居第三位。

第四种用途，为垂挂串饰，共3例（墓葬编号：YYM149、118、305）。

第五种用途，为刀囊泡饰，3例（墓葬编号：YYM22、5、48）。第四、第五种用途者数量较少，各占该墓地服饰铜泡7种用途例次总数的3.5%，并居第四位。

第六种用途，为砺石皮囊泡饰，共2例（墓葬编号：YYM250、YYM264）；第七种用途，为头部泡饰，也只有2例（墓葬编号：YYM78、YYM302）。这两种用途各占该墓地服饰铜泡7种用途例次总数的2.3%，并居第五位，属于少数或特殊情况。

值得指出的是，从服饰铜泡出土部位和用途的考察中，我们可从一个侧面看到玉皇庙文化在服饰方面存在着明显的性别差异特点。如服饰铜泡绝大多数是出于男性墓中，而女性与儿童数量和所占比例很小；7种用途中，男性占了5项（即第一种、第二种、第三种、第五种、第六种），其中有4项属独占（即第二种、第三种、第五种、第六种）；而女性只占有其中3项（即第一种、第四种、第七种），且数量相当有限；儿童则只占其中第一种，且数量很少，所占比例很小（参见附表71）。

附表 71－1

玉皇庙墓地服饰铜泡出土部位统计表

序号	器物号(YYM)	数量(枚)	出土部位	用途	性别	墓葬规格级别	分区	分期	合计
1	22∶11	1	左侧腰际，紧挨青铜削刀	刀囊泡饰	男	甲(B)	北Ⅰ区	春秋早期	7座21枚
2	32∶11	6	在象征“死者腰际以下至左、右股骨之间”	服饰	无人	丙(A)			
3	19∶10	1	青铜短剑剑格上1枚	剑囊泡饰	男	乙(B)			
		1	左股骨上端1枚	服饰					
	19∶11	1	骶骨上						
4	17∶8	2	在象征“死者腰际”青铜短剑左侧	剑囊泡饰	无人	乙(B)			
5	13∶16	4	大号1枚，出于左侧腰间，压在短剑下面	剑囊泡饰	男	乙(A)			
			小号1枚，出于右髋骨表面；中号2枚，出于右股骨上端表面和左股骨上端下面各1枚	服饰					
6	11∶16	4	左股骨上段内侧2枚，左、右股骨中段内侧各1枚	服饰	男	乙(A)			
7	5∶9	1	左髋骨外缘，与青铜削刀伴出	剑囊泡饰	男	丙(C)			
8	249∶5	1	下颌骨下面	服饰	女	丙(C)	北Ⅱ北	春秋早中期	10座27枚
9	281∶8	1	左股骨上端外侧，压于短剑、削刀下面	剑刀囊泡饰	男	丁			
	281∶10	1	右髋骨内	服饰					
10	250∶28	1	右髋骨下端外侧，右手骨下面	砺石皮囊泡饰	男	甲(A)			
11	282∶11	4	左股骨内侧、右股骨外侧及左、右髋骨下面各1枚	服饰	男	丙(A)			
12	230∶18	2	左、右股骨上段背面各1枚	服饰	男	甲(A)			
	230∶19	5	左、右髋骨上缘内各1枚(正面)骶骨和左、右髋骨背面各1枚(反面)						
13	229∶6	4	骨盆内	服饰	男	乙(A)			
14	233∶11	2	左股骨内侧和右股骨下面各1枚	服饰	男	乙(B)			
15	264∶14	1	左尺骨外侧，与砺石、铜环伴出	砺石皮囊泡饰	男	丙(A)			
16	252∶8	2	左侧腰间和左股骨内侧各1枚	服饰	男	丙(A)			
17	275∶14	3	右股骨表面、左股骨内侧及左、右股骨之间各1枚	服饰	男	乙(A)			
18	234∶10	1	左股骨下端	服饰	男	乙(B)	北Ⅱ中	春秋中期	24座55枚
19	42∶10	2	左、右股骨内侧各1枚	服饰	少儿	丙(C)			
20	41∶7	1	左髋骨上缘，左尺骨下面，与短剑、削刀伴出	剑刀囊泡饰	男	乙(B)			
21	46∶11	2	左、右股骨下端内侧各1枚	服饰	男	乙(D)			
22	236∶14	1	左髋骨下面，紧挨着青铜短剑	剑囊泡饰	男	乙(A)			
23	238∶2	4	骨盆	服饰	少儿	丙(C)			
24	261∶19	4	左髋骨外侧，青铜短剑下面1枚	剑囊泡饰	男	乙(A)			
			骶骨下面及左、右股骨内侧各1枚	服饰					
25	257∶9	3	右肩胛骨上	服饰	男	乙(B)			
26	247∶10	2	左、右股骨内侧各1枚	服饰	男	乙(B)			
27	48∶14	4	左股骨上端、压于左手骨及短剑下面1枚	剑囊泡饰	男	丙(A)			
			右股骨上端1枚，左、右股骨之间2枚，与削刀伴出	刀囊					
28	95∶16	3	右侧腰间，短剑剑柄与剑身表面	泡饰	男	乙(A)			
29	51∶14	2	右髋骨上缘外侧及右侧边缘各1枚	剑囊泡饰	男	乙(A)			
30	65∶9	4	左股骨上端3枚，右股骨上端1枚	服饰	男	乙(B)			
31	190∶13	4	左股骨下段内侧、右股骨上段外侧、右股骨上端内侧及左、右股骨上端之间各1枚	服饰 服饰	男	乙(B)			
32	125∶10	2	右髋骨外侧	服饰	女	丁			
33	188∶10	2	右手指骨下面、右股骨上端外侧1枚，与短剑、削刀伴出	剑刀囊泡饰	男	乙(B)			
			左股骨中段内侧1枚	服饰					
34	52∶22	1	左、右股骨之间	服饰	男	甲(B)			
35	54∶17	2	左、右股骨下段内侧各1枚	服饰	男	乙(A)			
36	39∶9	2	左、右股骨上段各1枚	服饰	男	乙(B)	北Ⅰ北		
37	293∶7	2	右股骨上端表面和左股骨内侧各1枚	服饰	婴儿	丁			
38	290∶1	2	左颈下	服饰	男	丙(C)			
39	23∶9	2	左股骨内侧和右股骨外侧各1枚	服饰	男	丙(A)	北Ⅰ中		
40	7∶13	2	左股骨上段内侧和左、右股骨之间各1枚	服饰	男	丙(C)	北Ⅰ南		
41	102∶11	1	耻骨弓下端	服饰	男	丙(B)			

附表 71－2　　**玉皇庙墓地服饰铜泡出土部位统计表**

序号	器物号（YYM）	数量（枚）	出土部位	用途	性别	墓葬规格级别	分区	分期	合计
42	186：9	3	左、右股骨上端之间及左股骨下段内侧各 1 枚	服饰	男	乙(B)	北Ⅱ南	春秋中晚期	5 座 12 枚
43	57：11	2	左、右股骨上端各 1 枚	服饰	男	乙(B)			
44	86：7	3	胸椎左侧、左股骨上段表面及右股骨上段内侧各 1 枚	服饰	男	乙(A)			
45	71：4	1	左侧腰间，与短剑、削刀伴出	剑刀囊泡饰	男	丙(C)			
46	149：8	3	胸部，与铜镜形饰伴出	垂挂串饰	女	丙(B)			
47	217：6	1	左髋骨内侧	服饰	男	甲(B)			
48	203：5	2	左、右髋骨内侧各 1 枚	服饰	男	乙(B)			
49	209：14	1	右股骨上端，与短剑、削刀伴出	剑刀囊泡饰	男	乙(A)			
50	204：5	1	胸椎上	服饰	女	乙(B)			
51	199：6	2	左、右股骨内侧各 1 枚	服饰	男	丙(A)			
52	151：21	2	左股骨下面和右股骨内侧各 1 枚	服饰	男	甲(B)			
53	157：5	9	腰部与骨盆之间	服饰	少儿	丙(C)			
54	147：4	1	骨盆左侧	服饰	婴儿	丁	南区北		
55	145：10	4	右髋骨内侧 1 枚，与短剑、削刀伴出	剑刀囊泡饰	男	丙(A)			
			左、右耻骨弓之间 1 枚，左、右股骨内侧各 1 枚	服饰					
56	143：14	2	右尺骨下，与短剑、削刀伴出	剑刀囊泡饰	男	丙(A)			
57	116：2	1	颈椎骨下	服饰	少儿	丁			
58	118：6	1	左胸部，叠压于铜镜形饰之上，与小铜凿坠饰联用	垂挂串饰	女	丙(B)			
59	105：10	4	左、右髋骨内侧和左、右股骨右侧各 1 枚	服饰	男	丙(C)			
60	201：5	4	骨盆	服饰	少儿	丁			
61	154：4	2	腰部左、右两侧各 1 枚	服饰	男	丙(C)		春秋晚期前段	
62	156：10	4	左股骨内侧、右股骨外侧各 1 枚，左、右胫骨之间 2 枚	服饰	男	乙(A)			26 座 85 枚
63	158：19	2	右髋骨下面，与短剑、削刀伴出	剑刀囊泡饰	男	乙(B)			
	158：20	2	左股骨内侧和右股骨外侧各 1 枚	服饰					
64	168：8	2	右侧腰间 1 枚，紧挨短剑左侧，与短剑、削刀、铜环伴出	剑刀囊泡饰	男	丙(B)	南区中		
			左髋骨下面 1 枚	服饰					
65	122：9	9	右尺骨下面 4 枚，与短剑、铜环伴出	剑囊泡饰	男	丙(A)			
			左尺骨下面 2 枚，骶骨处、右股骨上面及左、右髌骨之间各 1 枚	服饰					
66	124：18	1	骨盆左侧	服饰	男	乙(B)			
67	171：11	2	骶骨表面和左股骨内侧各 1 枚	服饰	男	丙(A)			
68	78：6	1	头骨下面	头部泡饰	女	丁			
69	312：6	9	纵向分布于左侧腰间至左股骨外侧之间	服饰	男	丙(C)			
70	303：7	1	左侧腰间，短剑剑柄左侧	剑囊泡饰	男	丁			
71	305：2	14	颈部至胸部，分左、右两串，每串 7 枚。在颈下第 1 件大号铜泡背面，均联挂小铜箍坠饰 1 件，串饰末端，又各联挂铜镜形饰 1 件	垂挂串饰	女	丙(C)	西区		
72	302：4	1	头骨右侧	头部泡饰	女	丙(C)			
73	129：14	3	右尺骨下面 1 枚，与短剑、削刀伴出	剑刀囊泡饰	男	乙(B)	南区南	春秋晚期后段	4 座 6 枚
			右髋骨下面 2 枚	服饰					
74	325：5	1	骶骨下面	服饰	男	丁	西区		
75	341：4	1	右手骨上	服饰	女	丙(A)	南区南		
76	374：11	1	左髋骨表面	服饰	女	乙(B)			
合计	76（座墓）	206							76 座 206 枚

（11）服饰铜扣

玉皇庙墓地共出土服饰铜扣158枚，分别出自48座墓葬，占该墓地墓葬总数的12%。

这158枚服饰铜扣在墓中的出土部位，多集中于死者腰际以下至骨盆和左、右股骨部位，也有出于左、右尺骨下面或内、外侧的，还有少数出于颈下、胸部、手骨下面、髌骨及腓骨等部位的。从出土数量和所占比例看，以出于左、右股骨部位者数量最多、所占比例最高，共有24例（墓葬编号：YYM33、18、386、300、383、384、11、5、250、264、226、252、275、46、90、52、67、299、7、102、192、209、74、391），占该墓地服饰铜扣各种出土部位例次总数（共63例次）的38.1%，超过1/3。其次属出于骨盆部位者，共有19例（墓葬编号：YYM19、18、386、300、11、250、227、252、46、238、261、51、190、299、151、158、124、171、175），占该墓地服饰铜扣各种出土部位例次总数的30.2%，接近1/3。再次属出于左、右尺骨部位者，共有8例（墓葬编号：YYM300、97、275、36、57、149、69、174），占该墓地服饰铜扣各种出土部位例次总数的12.7%。出于腰际者，共有5例（墓葬编号：YYM34、17、18、11、90），占该墓地服饰铜扣各种出土部位例次总数的7.9%。出于颈下者，共有3例（墓葬编号：YYM32、9、156），数量很少，仅占该墓地服饰铜扣各种出土部位例次总数的4.8%，属少数情况。另有出于胸部右肋部位者1例（YYM258），出于右手骨下面者1例（YYM175），出于右髌骨部位者1例（YYM209），出于左腓骨部位者1例（YYM3），以上这4例均为孤例，各占该墓地服饰铜扣各种出土部位例次总数的1.575%，属个别情况。

从用途考察，这48座墓出土的158枚服饰铜扣，可分4种用途，共计57例次。

第一种用途，为服饰铜扣，共40例（墓葬编号：YYM32、33、34、19、17、3、18、386、300、383、384、11、5、9、250、227、264、97、226、252、46、238、90、258、51、190、52、67、299、7、102、149、209、151、74、156、158、124、175、391），占该墓地服饰铜扣4种用途例次总数（共57例次）的70.2%，超过2/3，是数量最多、所占比例最高的一种。

第二种用途，为剑囊扣饰，共7例（墓葬编号：YYM18、300、275、46、261、171、175），占该墓地服饰铜扣4种用途例次总数的12.3%。

第三种用途，为刀囊扣饰，也有7例（墓葬编号：YYM19、17、18、261、192、57、69），所占比例同上。

第四种用途，为剑、刀囊（指剑、刀合装于同一皮囊者）扣饰，共有3例（墓葬编号：YYM11、36、174），占该墓地服饰铜扣4种用途例次总数的5.3%。

玉皇庙墓地服饰铜扣的出土部位及其用途，从主要方面看，与该墓地的服饰铜泡情况基本相似。最突出的表现就是其性别差异特点同样十分明显。除了服饰铜扣绝大多数出于男性墓这一点之外，在上述四种用途中，也由男性全部占有，而女性（共5例）和少儿（共3例）均仅占有其中第一种服饰一项，其他三种用途则与女性和少儿完全不相干。这就从另一个侧面为我们考察玉皇庙文化的服饰特征，以及男、女两性和孩童之间的差别问题，提供了一份具体的实物资料（参见附表72）。

（12）服饰小铜扣

玉皇庙墓地共出土服饰小铜扣544枚，分别出自28座墓葬，占该墓地墓葬总数的7%。

这些服饰小铜扣在墓中的出土部位，多集中于死者腰际、骨盆、左、右尺骨和左、右股骨部位，也有少数出于胸部、肘部、胫骨和趾骨部位的。从出土数量和所占比例看，以出于死者骨盆部位者数量

附表72－1

玉皇庙墓地服饰铜扣出土部位统计表

序号	器物号（YYM）	数量（枚）	出土部位	用途	性别	墓葬规格级别	分区	分期	合计（枚）
1	32∶10	2	在象征“死者颈下”部位	服饰	无人	丙(A)	北Ⅰ中	春秋早期	54
2	33∶1	2	左、右股骨下端各1枚	服饰	不详	丙(A)			
3	34∶13	1	在象征“死者腰际”略偏左侧	服饰	无人	丙(B)			
4	19∶12	2	骨盆右侧削刀刀柄上1枚	刀囊扣饰	男	乙(B)			
			右髋骨表面1枚	服饰					
5	17∶9	4	在象征“死者腰际”正下方1枚	服饰	无人	乙(B)			
			在象征“死者腰际”右下侧3枚，与削刀伴出	刀囊扣饰					
6	3∶11	1	左腓骨内侧	服饰	男	乙(A)			
7	18∶12	9	左髋骨外缘削刀下面1枚（动物纹铜扣）	刀囊扣饰	男	甲(A)			
			左髋骨表面压在短剑下面2枚（涡纹铜扣）	剑囊扣饰					
			腰际中部2枚，左、右股骨上各1枚，左、右股骨间2枚（均为动物纹铜扣）	服饰					
8	386∶9	2	左、右髋骨下面各1枚（涡纹铜扣）	服饰	男	丙(C)	北Ⅰ西		
	386∶10	2	左髋骨外缘（花边动物纹铜扣）						
	386∶11	2	左、右股骨上段表面各1枚（蜷身动物纹铜扣）						
9	300∶14	6	压于短剑下2枚（兽纹）	剑囊扣饰	男	乙(A)			
			骨盆上2枚、左尺骨与右股骨内侧各1枚（兽纹）	服饰					
	300∶15	6	右股骨内侧与左股骨外侧各1枚（涡纹）、左右股骨下端内侧各2枚						
10	383∶6	8	左、右股骨内侧动物纹铜扣2，涡纹铜扣6枚	服饰	不详	丁			
11	384∶9	2	左、右股骨外侧各1枚（涡纹铜扣）	服饰	男	乙(B)	北Ⅰ中		
12	11∶15	3	髋骨表面1枚，与短剑、削刀伴出	剑、刀囊扣饰	男	乙(A)			
			腰椎下面1枚，右股骨上端外侧1枚	服饰					
13	5∶10	1	右股骨内侧1枚，（粟粒纹铜扣）	服饰	男	丙(C)			
14	9∶5	1	颈下	服饰	女	丙(C)			
15	250∶25	3	右耻骨弓表面1枚，左、右股骨下段背面各1枚（蜷身动物纹铜扣）	服饰	男	甲(A)	北Ⅱ北	春秋早中期	17
	250∶27	3	右髋骨上部边缘2枚，右髋骨背面1枚						
16	227∶10	1	左髋骨上缘（蜷身动物纹铜扣）	服饰	男	乙(A)			
17	264∶15	3	左股骨内侧2枚，右股骨上端表面1枚（粟粒纹）	服饰	男	丙(A)			
18	97∶8	1	左尺骨下面	服饰	女	丙(B)			
19	226∶12	2	左、右股骨内侧各1枚（粟粒纹）	服饰	男	乙(B)			
20	252∶7	2	骶骨下方和右股骨内侧各1枚（涡纹）	服饰	男	丙(A)			
21	275∶12	2	右尺骨与右股骨外侧各1枚，与短剑伴出（涡纹）	剑囊扣饰	男	乙(A)			

附表 72－2　　**玉皇庙墓地服饰铜扣出土部位统计表**

序号	器物号（YYM）	数量（枚）	出土部位	用途	性别	墓葬规格级别	分区	分期	合计（枚）
22	46∶10	18	右髋骨外缘下面压9枚粟粒纹铜扣，与短剑伴出	剑囊扣饰	男	乙（B）	北Ⅱ中	春秋中期	59
			另有8枚粟粒纹铜扣，压于右股骨下面3枚，出于右股骨表面5枚；在右股骨表面，还出涡纹铜扣1枚	服饰					
23	238∶1	2	骨盆表面	服饰	少儿	丙（C）			
24	261∶18	6	左髋骨外缘之下3枚，与短剑伴出	剑囊扣饰	男	乙（A）			
			右髋骨外缘之下3枚，与削刀伴出	刀囊扣饰					
25	90∶2	20	腰际至左、右股骨之间，叠压于削刀之上，呈倒三角形分布	服饰	少儿	丙（C）			
26	258∶10	1	右肋骨上	服饰	女	乙（A）			
27	51∶15	1	右髋骨表面（涡纹铜扣）	服饰	男	乙（A）			
28	190∶12	1	左髋骨外侧（涡纹铜扣）	服饰	男	乙（B）			
29	52∶23	1	左股骨下面（涡纹铜扣）	服饰	男	甲（B）			
30	67∶4	2	左、右股骨内侧各1枚	服饰	少儿	丙（C）			
31	36∶10	1	左尺骨下面，与短剑、削刀伴出（涡纹铜扣）	剑、刀囊扣饰	男	乙（B）	北Ⅰ北		
32	299∶7	2	左、右髋骨下缘与左、右股骨头之间各1枚	服饰	少儿	丙（B）			
33	7∶12	2	右股骨上端内侧2枚（蜷身动物纹铜扣）	服饰	男	丙（C）	北Ⅰ南		
34	102∶12	2	左、右股骨上段表面各1枚	服饰	男	丙（B）			
35	192∶5	1	右股骨大转子上方，与削刀伴出	刀囊扣饰	男	丙（B）	北Ⅱ南	春秋中晚期	4
36	57∶10	1	右尺骨下端表面，与削刀伴出	刀囊扣饰	男	乙（B）			
37	149∶11	1	左尺骨内侧	服饰	女	丙（B）			
38	69∶5	1	右尺骨外侧，与削刀伴出	刀囊扣饰	男	丙（A）			
39	209∶15	2	左股骨内侧和右髌骨表面各1枚	服饰	男	丙（A）	南区北	春秋晚期前段	16
40	151∶19	2	压于骨盆下面	服饰	男	甲（B）			
41	74∶14	4	左、右股骨内侧各1枚，右股骨表面2枚	服饰	男	乙（A）			
42	156∶26	1	压于颈椎骨下面	服饰	男	乙（A）	南区中		
43	158∶12	1	左髋骨内侧	服饰	男	乙（B）			
44	124∶11	5	骨盆表面3枚，左、右股骨内侧各1枚	服饰	男	乙（B）			
45	171∶15	1	右髋骨下面，与短剑伴出	剑囊扣饰	男	丙（A）			
46	175∶12	5	右手骨下面2枚，与短剑伴出（动物纹）	剑囊扣饰	男	丙（A）	南区南	春秋晚期后段	8
			骨盆表面、左侧和右髋骨下面各1枚（动物纹）	服饰					
47	174∶20	2	右尺骨内侧，压于短剑之下，与短剑、削刀伴出	剑、刀囊扣饰	男	乙（B）			
48	391∶4	1	左股骨内侧	服饰	女	丙（C）			
合计	48（座墓）	158							158

最多、所占比例最高，共有11例（墓葬编号：YYM385、264、42、261、51、188、293、7、102、212、335），占该墓地服饰小铜扣各种出土部位例次总数（共37例次）的29.8%。其次属出于左、右尺骨部位者，共有10例（墓葬编号：YYM19、231、190、52、23、102、212、178、111、355），占该墓地服饰小铜扣各种出土部位例次总数的27%。再次属出于左、右股骨部位者，共有6例（墓葬编号：YYM17、11、188、7、329、163），占该墓地服饰小铜扣各种出土部位例次总数的16.2%。出于腰际者，共有4例（墓葬编号：YYM22、385、42、261），占该墓地服饰小铜扣各种出土部位例次总数的10.8%。出于胸部者，有3例（墓葬编号：YYM47、263、261），占该墓地服饰小铜扣各种出土部位例次总数的8.1%，属少数情况。另有出于左肘部者1例（YYM13），出于右胫骨上端内侧者1例（YYM294），出于趾骨下面者1例（YYM212），均为孤例，仅各占该墓地服饰小铜扣各种出土部位例次总数的2.7%，属个别情况。

从用途考察，这28座墓出土的544枚服饰小铜扣，不比前述服饰铜泡和服饰铜扣那样复杂多样，仅可分为3种用途。

第一种用途，作服饰铜扣，共有26例（墓葬编号：YYM22、19、17、13、11、385、231、264、47、263、42、261、51、190、188、293、294、23、7、102、212、178、329、163、335、355），占该墓地出土服饰小铜扣墓葬总数的92.9%，是数量最多，所占比例最高的一种。

第二种用途，为剑囊扣饰，只有1例（YYM52）。

第三种用途，为剑、刀囊扣饰，也仅有1例（YYM111）。这后两种用途均属孤例，仅占该墓地出土服饰小铜扣墓葬总数的3.55%。显然，此类服饰小铜扣在玉皇庙文化中其功用主要是用于服饰。

从性别差异角度考察，其结果与服饰铜泡和服饰铜扣所显示的情况是一致的（参见附表73）。

（13）服饰双联小铜扣

玉皇庙墓地共出土服饰双联小铜扣1663枚，分别出自12座墓葬，占该墓地墓葬总数的3%。每墓出土数量多少不等，少者数枚，多者数百枚。

这些服饰双联小铜扣在墓中的出土部位，多分布于死者头部至左、右髌骨之间。由于出土墓例较少，其具体部位显得分散一些。经整理归纳，这12例墓葬出土的服饰双联小铜扣的出土部位，可分为十种不同位置。

Ⅰ　头部1例（YYM2）；

Ⅱ　颈部1例（YYM323）；

Ⅲ　头骨下面至胸部1例（YYM178）；

Ⅳ　胸部1例（YYM263）；

Ⅴ　左尺骨部位2例（YYM261、YYM48）；

Ⅵ　腰际，呈横向“一”字分布1例（YYM5）；

Ⅶ　骨盆部位1例（YYM19）；

Ⅷ　腰际至左、右股骨外侧，呈“冂”形分布1例（YYM275）；

Ⅸ　腰际、折至左、右股骨外侧，再至两膝以上相连，呈纵向长方形“▯”分布2例（YYM18、YYM250）；

Ⅹ　左、右髌骨之上及内、外侧1例（YYM300）。

附表 73　**玉皇庙墓地服饰小铜扣出土部位统计表**

序号	器物号（YYM）	数量（枚）	出土部位	用途	性别	墓葬规格级别	分区	分期	合计（枚）
1	22：12	26	死者腰际、作横向“一”字分布	服饰	男	甲（B）	北Ⅰ中	春秋早期	120
2	19：21	7	左尺骨外侧及左髋骨下面	服饰	男	乙（B）			
3	17：11	4	在象征“死者左股骨上段外侧”	服饰	无人	乙（B）			
4	13：15	2	压于左肘部下面	服饰	男	乙（A）			
5	11：14	66	左、右股骨背面及其中下段中间部位，总体呈“凵”形分布	服饰	男	乙（A）			
6	385：10	15	腰际以下至骨盆之间，作横向分布	服饰	男	丙（C）	北Ⅰ西		
7	231：8	3	左尺骨上	服饰	女	乙（B）	北Ⅱ北	春秋早中期	61
8	264：16	29	左、右髋骨上面及其外侧	服饰	男	丙（A）			
9	47：8	29	胸部	服饰	女	丙（C）			
10	263：9	28	左胸及下方	服饰	男	乙（B）	北Ⅱ中	春秋中期	219
11	42：6	15	腰际至骨盆表面	服饰	少儿	丙（C）			
12	261：9	31	左胸下面至腰际及左髋骨下面	服饰	男	乙（A）			
13	51：13	8	右髋骨与骶骨中间，作横向“一”字排列	服饰	男	乙（A）			
14	190：11	3	左尺骨表面	服饰	男	乙（B）			
15	188：9	15	骶骨正、背面各4枚，右髋骨内侧4枚，左股骨表面3枚	服饰	男	乙（B）			
16	52：16	1	左尺骨内侧，左侧腰间，短剑剑身下	剑囊扣饰	男	甲（B）			
17	293：6	17	骨盆正、背面	服饰	婴儿	丁	北Ⅰ北		
18	294：5	1	右胫骨上端内侧	服饰	女	丙（A）			
19	23：6	2	左尺骨下端	服饰	男	丙（A）	北Ⅰ中		
20	7：14	91	右股骨与右髋骨下面46枚，左股骨与左髋骨下面45枚	服饰	男	丙（C）	北Ⅰ南		
21	102：10	7	左尺骨与桡骨之间3枚，左尺骨外侧1枚，左髋骨下面3枚	服饰	男	丙（B）			
22	212：9	82	左尺骨内侧及左髋骨表面43枚，右尺骨外侧36枚，趾骨下面3枚	服饰	男	乙（B）	北Ⅱ南	春秋中晚期	82
23	178：12	30	左尺骨外侧	服饰	女	乙（B）	南区北	春秋晚期前段	44
24	111：13	1	右尺骨外侧，与短剑、削刀伴出	剑、刀囊扣饰	男	丙（A）	南区中		
25	329：4	13	右股骨内侧	服饰	男	丁	西区		
26	163：5	7	左股骨外侧	服饰	女	乙（B）	南区南	春秋晚期后段	18
27	335：3	10	骨盆附近	服饰	婴儿	丁			
28	355：5	1	右尺骨表面	服饰	女	丁			
合计	28（座墓）	544							544

以上服饰双联小铜扣的十种不同出土部位及其分布形式，不但包含有男、女两性的差异，而且还有显示死者身份高低的意义。如出于头部的1例（YYM2）和出于头骨下面至胸部的1例（YYM178）为女性，而其他出于颈、胸部以下7种部位者均属男性；分布形式为第Ⅷ种、作纵向长方形“□”分布的2例（YYM18和YYM250），死者身份均属甲（A）级；而分布形式为第Ⅶ种、呈“门”形分布的1例（YYM275）和分布形式为Ⅸ种、出于左、右髋骨部位的1例（YYM300），死者身份均属乙（A）级；分布形式为第Ⅳ种的1例（YYM263）和为第Ⅵ种的1例（YYM19），死者身份均属乙（B）级；分布形式为第Ⅴ种的1例（YYM48）和为第Ⅱ种的1例（YYM323）及第Ⅵ种的1例（YYM5），死者身份则分别属于丙（A）级和丙（C）级。

就用途考察，这12座墓葬出土的1663枚服饰双联小铜扣，可分为3种功用，共计13例次。

第一种用途，为服饰，共11例（墓葬编号：YYM19、18、300、5、250、275、263、261、48、178、323），占该墓地服饰双联小铜扣3种用途例次总数（13例次）的84.6%，是数量最多、所占比例最高的一种，是这类小铜扣最主要的功用。

第二种用途，为皮帽扣饰，只有1例（YYM2）。

第三种用途，为剑囊扣饰，也只有1例（YYM48）。

这后两种用途均为孤例，仅各占该墓地服饰双联小铜扣3种用途例次总数的7.7%，属个别情况（参见附表74）。

附表74 **玉皇庙墓地服饰双联小铜扣出土部位统计表**

序号	器物号（YYM）	数量（枚）	出土部位	用途	性别	墓葬规格级别	分区	分期	合计（枚）
1	19:9	30	死者骨盆及骶骨上缘，作横向“一”字分布	服饰	男	乙(B)	北Ⅰ中	春秋早期	1045
2	18:15	416	沿死者前身腰际一线，分别垂折于左、右股骨外侧，再至两膝以上相连，总体呈纵向长方形分布	服饰	男	甲(A)			
3	2:25	511	头部	皮帽扣饰	女	甲(B)			
4	5:13	25	腰际呈横向“一”字分布	服饰	男	丙(C)			
5	300:16	63	左、右髋骨之上及内、外侧	服饰	男	乙(A)	北Ⅰ西		
6	250:32	186	同YYM18:15	服饰	男	甲(A)	北Ⅱ北	春秋早中期	352
7	275:11	166	腰际至左、右股骨外侧	服饰	男	乙(A)			
8	263:8	47	胸部	服饰	男	乙(B)	北Ⅱ中	春秋中期	92
9	261:8	7	左尺骨内侧	服饰	男	乙(A)			
10	48:12	38	左尺骨内侧、短剑剑首之上及其右侧13枚	剑囊扣饰	男	丙(A)			
			左尺骨下端表面25枚，作横向“一”字排列	服饰					
11	178:10	166	头骨下面至胸部	服饰	女	乙(B)	南区北	春秋晚期前段	174
12	323:2	8	颈部右侧	服饰	男	丙(C)	西区		
合计	12（座墓）	1663							1663

（14）双联小铜扣

玉皇庙墓地出土作项链用的双联小铜扣2076枚，分别出自20座墓葬，占该墓地墓葬总数的5%。此类双联小铜扣在墓中的出土部位，可分6种情况。第一种，出于死者颈部，有3例（墓葬编号：

YYM275、26、382）；第二种，出于死者颈、胸部，共10例（墓葬编号：YYM20、35、4、10、279、280、285、98、258、222），是该墓地双联小铜扣6种出土部位中数量最多、所占比例最高的一种。第三种：出于死者胸部，2例（YYM47、YYM272）；第四种，出于死者胸、腹部，1例（YYM198）；第五种，出于死者颈、胸、腹部，3例（YYM3、YYM256、YYM374）；第六种，出土位置被扰动者，2例（YYM25、YYM125）。

上述20例作项链用的双联小铜扣的末端，其中有14例附出匕形铜坠饰1件（墓葬编号：YYM20、35、3、10、279、280、285、98、47、256、272、258、125、222），占该墓地出土双联小铜扣项链墓例总数（20例）的70%。另有1例在双联小铜扣的项链的末端，附出双尾形铜坠饰1件（YYM382∶3）；还有1例的末端，附出小铜凿坠饰1件（YYM374∶7）。这16例在双联小铜扣项链的末端联附铜坠饰的死者，均为女性，占该墓地出土双联小铜扣项链墓例总数的80%。表明玉皇庙文化的女性不但喜爱以双联小铜扣作为项链的种类和形式之一，而且还格外喜欢在这类项链的末端，再附加匕形铜坠或其他种类的铜坠来进一步强化装饰效果，这是玉皇庙文化女性铜质项链的显著特点之一（参见附表75）。

附表75 **玉皇庙墓地双联小铜扣项链出土部位统计表**

序号	器物号（YYM）	数量（枚）	出土部位	用途	性别	墓葬规格级别	分区	分期	合计（枚）
1	20∶8	152	颈、胸部，附出匕形铜坠饰1件	项链	女	乙（A）	北Ⅰ中	春秋早期	674
2	35∶9	151	颈、胸部，附出匕形铜坠饰1件	项链	女	乙（B）			
3	25∶1	16	墓室底部，被扰动	应为项链	女	丙（A）			
4	3∶7	200	颈、胸、腹部，附出匕形铜坠饰1件	项链	女	乙（B）			
5	10∶7	155	颈、胸部，附出匕形铜坠饰1件	项链	女	乙（B）			
6	279∶4	82	颈部至胸部，附出匕形铜坠饰1件	项链	女	乙（B）	北Ⅱ北	春秋早中期	453
7	280∶5	192	颈部至胸部，附出匕形铜坠饰1件	项链	女	乙（A）			
8	285∶2	22	头、颈至胸部，附出匕形铜坠饰1件	项链	女	丁			
9	98∶8	125	颈、胸部，附出匕形铜坠饰1件	项链	女	丙（A）			
10	275∶8	20	颈部	项链	男	乙（A）			
11	47∶5	12	胸部（与粟粒小铜珠联串），附出匕形铜坠饰1件	项链	女	丙（C）			
12	256∶6	282	颈部至左侧胸、腹部，附出匕形铜坠饰1件	项链	女	乙（A）	北Ⅱ中	春秋中秋	490
13	272∶3	20	胸部左侧，附出匕形铜坠饰1件	项链	女	丙（A）			
14	258∶7	83	颈部至胸部，附出匕形铜坠饰1件	项链	女	乙（A）			
15	125∶6	9	头骨下（被扰动）	应为项链	女	丁			
	125∶12	79	右髋骨外侧（被扰动），附出匕形铜坠饰1件						
16	26∶6	17	颈部	项链	女	乙（B）	北Ⅰ北		
17	222∶6	95	颈部至胸部，附出匕形铜坠饰1件	项链	女	丙（B）	南区北	春秋晚期前段	215
18	198∶7	120	胸、腹部	项链	女	乙（B）			
19	382∶3	2	颈下，与石珠联串，附出双尾形铜坠饰1件	项链	女	丙（B）	南区南	春秋晚期后段	244
20	374∶7	242	颈下至腰间，附出小铜凿坠饰1件	项链	女	乙（B）			
合计	20（座墓）	2076			女19 男1				2076

（15）小铜扣项链

玉皇庙墓地共出土作项链使用的小铜扣376枚，分别出自4座墓葬，仅占该墓地墓葬总数的1%。其中YYM4出土88枚，YYM37出土56枚，YYM241出土100枚，YYM196出土132枚。

小铜扣项链在墓中的出土部位，其中3例出于死者颈部至胸部（YYM4：4、241：4、196：4），另一例出于死者颈部至胸、腹部，其末端附出匕形铜坠饰1件（YYM37：6）。表明匕形铜坠饰也与小铜扣项链联用，是匕形铜坠饰的另一种配套使用形式（参见附表76）。

附表76 **玉皇庙墓地小铜扣项链出土部位统计表**

序号	器物号（YYM）	数量（枚）	出土部位	用途	性别	墓葬规格级别	分区	分期
1	4：4	88	颈部至胸部	项链	女	丙(A)	北Ⅰ中	春秋早期
2	37：6	56	颈部至胸部，附出匕形铜坠饰1件	项链	女	丙(C)	北Ⅱ北	春秋早中期
3	241：4	100	颈部至胸部	项链	女	乙(B)	北Ⅱ北	春秋早中期
4	196：4	132	颈下至胸部	项链	女	乙(B)	北Ⅱ南	春秋中晚期
合计	3(座墓)	376			女4			

（16）小铜珠项链

玉皇庙墓地共出土作项链使用的小铜珠4792枚，分别出自44座墓葬，占该墓地墓葬总数的11%。每墓出土数量多少不等，少则数枚，多则数百枚。小铜珠种类分为两种，第一种为粟粒形小铜珠，共3255枚，分别出自24座墓葬（墓葬编号：YYM29、5、383、280、251、231、97、99、275、47、253、266、46、49、95、58、196、206、178、150、202、79、302、397）；第二种为纺锤形小铜珠，共1537枚，分别出自24座墓葬（墓葬编号：YYM230、239、253、95、220、178、153、147、144、137、75、76、133、132、114、113、165、302、163、128、338、375、371、369），这两种小铜珠各占该墓地出土小铜珠项链墓葬例次总数（共48例次，其中YYM253、95、178、302各为2例次）的50%。

这两种小铜珠项链在墓中的出土部位，多集中于死者颈、胸部，也有少数从颈、胸部延长至腹部的。经统计，出于颈部至胸部者共25例（墓葬编号：YYM280、251、230、97、99、239、226、49、196、220、206、178、150、153、137、75、76、202、133、113、165、302、338、369、397），占该墓地出土小铜珠项链墓葬总数的56.8%，是几种出土部位中所占比例最高的一种。其次为出于颈部者，共11例（墓葬编号：YYM29、5、383、231、275、253、46、58、147、132、371），占该墓地出土小铜珠项链墓葬总数的25%，所占比例居第二位。出于胸部者4例（墓葬编号：YYM47、95、79、163）；出于颈、胸、腹部者，也是4例（墓葬编号：YYM144、114、128、375）。后二者各占该墓地出土小铜珠项链墓葬总数的9.1%。

需要指出的是，在这44座出小铜珠项链的墓例中，有23例在项链末端附出1件铜坠饰，其中匕形铜坠饰居多，所占比例最高，共有18例（墓葬编号：YYM280、251、231、97、99、47、266、49、220、206、178、150、153、75、76、133、128、338），占该墓地出土小铜珠项链墓葬总数的40.9%，占该墓地出土小铜珠项链附出铜坠饰墓葬总数（23 座）的 78.3%；还有其他三种 5 例铜坠饰，如联珠棍形铜坠饰 3 例（墓葬编号：YYM253、113、114），占该墓地小铜珠项链墓葬总数的 6.8%，占该墓地出土小铜珠项链附出铜坠饰墓葬总数的 13%；三环式铜坠饰 1 例（YYM144），铜环坠饰 1 例（YYM302），这 2 例合计占该墓地出土小铜珠项链墓葬总数的 4.5%，占该墓地出土小铜珠项链附出铜坠饰墓葬总数的 8.7%。

以上情况表明，玉皇庙墓地铜质项链的末端，往往配以铜坠饰，而小铜珠项链的末端，则多以匕形铜坠为其主要坠饰，尽管也有其他形式的铜坠饰相配组，但出土数量和所占比例都很少。这是玉皇庙文化铜质项链的特点之一（参见附表 77）。

（17）卷云纹三联珠形铜饰项链

玉皇庙墓地出土卷云纹三联珠形铜饰项链仅 1 例（YYM15∶8），25 件。此墓位于北Ⅰ区中部，是一座属春秋早期的丁级少儿墓。这串项链在墓中出于死者颈部。

（18）小铜珠饰珠与串珠

玉皇庙墓地共出土作饰珠与串饰使用的小铜珠 443 枚，分别出自 9 座墓葬，占该墓地墓葬总数的 2.25%。每墓出土数量多少不一，少则 1、2 枚，多则 300 余枚。小铜珠种类共有 2 种，第一种为粟粒形小铜珠，共 339 枚，分别出自 7 座墓葬（墓葬编号：YYM21、5、38、267、49、85、367）；第二种为纺锤形小铜珠，共 104 枚，分别出自 2 座墓葬（墓葬编号：YYM126、YYM308）。

这 443 枚小铜珠在墓中的出土部位，主要分为两种情况，第一种是出于死者头骨下面（YYM267、YYM367）、颈部（YYM38、YYM85）和胸部（YYM21），每例出土数量都很少，一般为 1～3 枚，应是作饰珠使用的；第二种是出于死者上肢肘关节部位（YYM5）和尺骨、桡骨部位（YYM308），或骨盆部位（YYM49、YYM126），每例出土数量都超过第一种，一般为 10 余枚和数十枚不等，多的则达 300 余枚（如 YYM49∶9），应是作串饰使用的（参见附表 78）。

（19）小铜箍串珠

玉皇庙墓地共出土小铜箍串珠 79 枚，分别出自 9 座墓葬，占该墓地墓葬总数的 2.25%。每墓出土数量不一，少则 1 枚，多则 32 枚。

此类小铜箍串珠在墓中的出土部位，分为五种情况：

其一，出于死者颈部或肩部者 2 例（YYM149∶5，YYM323∶3）；

其二，出于胸部者 2 例（YYM44∶4，YYM267∶4）；

其三，出于腰部者 1 例（YYM52∶18）；

其四，出于骨盆部位者 4 例（YYM281∶9，48∶13，86∶12，165∶4）；

其五，出于左股骨外侧者 2 例（YYM281∶9，YYM48∶13）。

以出于骨盆部位者略多，而出于其他部位者为数较少。

从用途考察，这类小铜箍串珠有多项功用，归纳起来，可分 6 种用途（共 13 例次）：

第一种用途，为项链串饰，共 4 例（YYM44∶4，YYM267∶4，YYM149∶5，YYM323∶3）；

第二种用途，为腰下串饰，共 3 例（YYM281∶9，YYM48∶13，YYM165∶4）；

第三种用途，为剑囊佩饰，2 例（YYM281∶9，YYM48∶13）；

第四种用途，为刀囊佩饰，1 例（YYM48∶13）；

附表 77－1

玉皇庙墓地小铜珠项链出土部位统计表

序号	器物号（YYM）	数量（枚）	出土部位	用途	性别	墓葬规格级别	分区	分期	合计（枚）
1	29:7	16●	死者颈部	项链	女	丙(A)	北Ⅰ中	春秋早期	80
2	5:11	11●	死者颈下	项链	男	丙(C)			
3	383:5	53●	死者颈部	项链	不详	丁	北Ⅰ西		
4	280:5	12●	颈部至胸部，附出匕形铜坠饰 1 件	项链	女	乙(A)	北Ⅱ北	春秋早中期	496
5	251:3	185●	颈部至胸部，附出匕形铜坠饰 1 件	项链	女	乙(B)			
6	230:15	28▲	颈下至胸前	项链	男	甲(A)			
7	231:4	79●	颈部，附出匕形铜坠饰 1 件	项链	女	乙(B)			
8	97:4	37●	颈部至胸部，附出匕形铜坠饰 1 件	项链	女	丙(B)			
9	99:6	46●	颈部至胸部，附出匕形铜坠饰 1 件	项链	女	丁			
10	275:8	6●	颈部	项链	男	乙(A)			
11	47:5	103●	胸部，附出匕形铜坠饰 1 件	项链	女	丙(C)			
12	239:3	12▲	颈、胸之间	项链	少儿	丙(C)			
13	253:2	66	颈部，纺锤形珠 6▲，粟粒形珠 60●，附出三联珠铜坠饰 1 件	项链	婴儿	丁	北Ⅱ中	春秋中期	1493
14	266:6	142●	颈部至胸部，附出匕形铜坠饰 1 件	项链	女	乙(A)			
15	46:8	19●	颈部	项链	男	乙(B)			
16	49:5	1250●	颈部至胸部，附出匕形铜坠饰 1 件	项链	男	丙(A)			
17	95:12－1	3●	胸部	项链	男	乙(A)			
	95:12－2	1▲							
18	58:7	8●	颈部	项链	男	乙(B)	北Ⅱ南	春秋中晚期	37
19	196:5	29●	颈下至胸部	项链	女	乙(B)			
20	220:6	9▲	颈部至胸部，附出匕形铜坠饰 1 件	项链	女	乙(B)	南区北	春秋晚期前段	
21	206:4	144●	颈部至胸部，附出匕形铜坠饰 1 件	项链	女	丙(A)			
22	178:7	30	颈部至胸部，纺锤形珠 2▲粟粒形珠 28●附出匕形铜坠饰 1 件	项链	女	乙(B)			
23	150:6	742●	颈、胸部，附出匕形铜坠饰 1 件	项链	女	乙(B)			
24	153:11	17▲	颈、胸部，附出匕形铜坠饰 1 件	项链	女	丙(A)			
25	147:	12▲	颈下	项链	婴儿	丁			
26	144:5	265▲	颈、胸至腹部，附出三环式铜坠饰 1 件	项链	女	丙(A)			
27	137:5	70▲	颈部至胸部	项链	女	丙(A)			
28	75:7	135▲	颈部至胸部，附出匕形铜坠饰 1 件	项链	女	丙(B)			
29	76:5	76▲	颈部至胸部，附出匕形铜坠饰 1 件	项链	女	丙(C)			

附表 77－2　**玉皇庙墓地小铜珠项链出土部位统计表**

序号	器物号(YYM)	数量(枚)	出土部位	用途	性别	墓葬规格级别	分区	分期	合计(枚)
30	202:5	9●	颈部至胸部	项链	女	丙(A)	南区中	春秋晚期前段	2564
31	133:7	258▲	颈部至胸部，附出匕形铜坠饰 1 件	项链	女	乙(B)			
32	132:4	12▲	颈部左侧	项链	少儿	丙(C)			
33	114:6	166▲	颈、胸至腹部，附出联珠棍形铜坠饰 1 件	项链	女	丙(B)			
34	113:5	112▲	颈、胸部，附出联珠棍形铜坠饰 1 件	项链	女	丙(A)			
35	165:3	9▲	颈、胸部	项链	少儿	丁			
36	79:2	4●	胸部	项链	男	丁			
37	302:7	267●	颈部至右肱骨外侧，附出铜环坠饰 5 件	项链	女	丙(C)	西区		
	302:9	227▲							
38	163:4	16▲	胸部左侧	项链	女	乙(B)	南区南	春秋晚期后段	122
39	128:3	69▲	颈下、胸、腹部，附出匕形铜坠饰 1 件	项链	女	乙(B)			
40	338:5	7▲	颈部至胸部，与玛瑙珠、石珠联串，附出匕首形铜坠饰 1 件	项链	女	乙(A)			
41	375:5	22▲	颈部至胸、腹部，附尖首刀币柄形坠饰 1 件	项链	女	丙(C)			
42	371:4	2▲	颈部	项链	女	丙(C)			
43	369:5	4▲	颈部至胸部，与玛瑙珠、绿松石珠联串	项链	女	乙(B)			
44	397:5	2●	颈部至胸部，与玛瑙珠、石珠联串	项链	女	丙(C)			
合计	44(座墓)	4792							4792(纺锤形珠 1537，粟粒形珠 3255)

注：带▲符号者为纺锤形小铜珠　●符号者为粟粒形小铜珠

附表 78　**玉皇庙墓地小铜珠饰珠与串饰出土部位统计表**

序号	器物号(YYM)	数量(枚)	出土部位	用途	性别	墓葬规格级别	分区	分期
1	21:2	2●	死者胸部	饰珠	女	丙(B)	北Ⅰ中	春秋早期
2	5:12	17●	左肘关节周围	串珠	男	丙(C)		
3	38:2	1●	颈左侧	饰珠	男	丙(A)	北Ⅱ北	春秋早中期
4	267:5	3●	头骨下面	饰珠	婴儿	丙(B)	北Ⅱ中	春秋中期
5	49:9	312●	右髋骨与右股骨上端外侧	串珠	男	丙(A)		
6	85:2	1●	颈部	饰珠	婴儿	丁	北Ⅱ南	春秋中晚期
7	126:6	60▲	骨盆中间及前缘	串饰	女	丙(A)	南区北	春秋晚期前段
8	308:4	44▲	左尺骨和桡骨表面及周围	串饰	男	丁	西区	
9	367:1	3●	头骨下面	饰珠	女	丁	南区南	春秋晚期后段
合计	9(座墓)	443(纺锤形珠 104，粟粒形珠 339)						

注：▲符号者为纺锤形小铜珠　●符号为粟粒形小铜珠

第五种用途，为剑、刀囊佩饰，2 例（YYM52∶18，YYM86∶12）；

第六种用途，为铜锥（针）管具管囊串饰，1 例（YYM48∶13）（参见附表 79）。

附表 79 **玉皇庙墓地小铜箍串珠出土部位统计表**

序号	器物号（YYM）	数量（枚）	出土部位	用途	性别	墓葬规格级别	分区	分期
1	281∶9	17	左肘外侧、短剑之下及周围 7 枚	剑囊佩饰	男	丁	北Ⅱ北	春秋早中期
			左髋骨上面 4 枚，右肘内侧 6 枚	腰下串饰				
2	44∶4	2	胸部	项链串珠	男	乙(B)	北Ⅱ中	春秋中期
3	267∶4	7	胸部	项链串珠	婴儿	丙(B)		
4	48∶13	32	左髋骨外侧与左尺骨之间，压于短剑剑身之下 19 枚	剑囊佩饰	男	丙(A)		
			右髋骨下方，削刀柄首左侧 5 枚	刀囊佩饰				
			左股骨外侧，铜锥（针）管具下方 5 枚	管囊串饰				
			骶骨下面 3 枚	腰下串饰				
5	52∶18	2	左尺骨内侧，与短剑、削刀伴出	剑、刀囊佩饰	男	甲(B)	北Ⅱ南	春秋中晚期
6	86∶12	1	左髋骨表面，压于短剑之下	剑、刀囊佩饰	男	乙(A)		
7	149∶5	9	左肩上	项链串饰	女	丙(B)		
8	165∶4	7	骨盆部位	腰下串饰	少儿	丁	南区中	春秋晚期前段
9	323∶3	2	颈部，与玛瑙珠、绿松石珠等联串	项链	男	丙(C)	西区	
合计	9(座墓)	79			男 6 女 1 少儿 1 婴儿 1			

（20）其他铜饰件

玉皇庙墓地出土其他各种形式的小件铜饰件 29 件，分别出自 17 座墓葬，占该墓地墓葬总数的 4.25%。其中 13 座墓各出 1 件（墓葬编号：YYM32、31、13、248、250、230、233、204、134、108、312、164、374）；有 2 座墓每墓出土 2 种 5 件（YYM240、YYM149）；有 1 座墓出土 1 种 4 件（YYM174），还有 1 座墓出土 2 种 2 件（YYM300）。这 29 件铜饰件，形式多样，可分为 15 类，为便于区分和记录，姑分别称为：

Ⅰ 人形铜饰件（YYM32∶14、204∶4、374∶10）

Ⅱ 亚腰形铜饰（YYM31∶6，YYM250∶26）

Ⅲ 短铜管（YYM13∶8）

Ⅳ 喇叭形管状铜饰（YYM300∶20、230∶17、233∶9）

Ⅴ 薄壳小铜管（YYM248∶3）

Ⅵ 开裆铃形铜饰（YYM240∶8）

Ⅶ 扁片铃形铜饰（YYM240∶9）

Ⅷ 弹簧形铜饰（YYM149∶4）

Ⅸ 双环形铜饰（YYM149∶15）

Ⅹ　三联珠形铜饰（YYM134∶8）

Ⅺ　钩形铜饰（YYM108∶9）

Ⅻ　双环孔形铜饰（YYM174∶19）

ⅩⅢ　羊头铜饰（YYM300∶13）

ⅩⅣ　马踏单环形铜饰（YYM312∶4）

ⅩⅤ　双足形铜饰（YYM164∶9）

这15种29件铜饰件在墓中的出土部位，多有区别，可分为7种不同情况：

其一，出于死者腰间及骨盆部位者，共10例（YYM300∶20、300∶24、250∶26、233∶9、240∶8、240∶9、108∶9、312∶4、164∶9、174∶19）14件，占该墓地出土其他铜饰件7种不同出土部位例次总数（共21例次）的47.6%，占该墓地出土其他铜饰件总数（29件）的48.3%，是出土数量最多、所占比例最高的一种。

其二，出于左、右股骨部位者，共4例（YYM32∶14、13∶8、230∶17、174∶19）5件，占该墓地出土其他铜饰件7种不同出土部位例次总数的19%，占该墓地出土其他铜饰件总数的17.2%，在出土数量和所占比例上位居第二。

其三，出于胸部者2例（YYM248∶3、149∶15）2件。

其四，出于腹部者2例（YYM31∶6、374∶10）2件。

以上两种情况，各占该墓地出土其他铜饰件7种不同出土部位例次总数的9.5%，两者合计占该墓地出土其他铜饰件总数的13.8%。

其五，出于左肩部者1例（YYM149∶4）4件。

其六，出于颈下者1例（YYM204∶4）1件。

其七，出于左锁骨下端者1例（YYM134）1件。

以上3例，各占该墓地出土其他铜饰件7种不同出土部位例次总数的4.76%。其五的数量占该墓地出土其他铜饰件总数的13.8%，其余2例的数量合计占该墓地出土其他铜饰件总数的6.9%。

从用途考察，这17座墓出土的15类29件铜饰件，可分5种用途。

第一种用途，在颈部以下至腹部之间作佩饰，共8例（YYM31∶6、248∶3、149∶4、149∶15、204∶4、134∶8、312∶4、374∶10）11件，占该墓地出土铜饰件总数（29件）的37.9%，在数量和所占比例上居第二位。

第二种用途，是在腰下部位作佩饰，共9例（YYM13∶8、300∶20、300∶24、250∶26、233∶9、240∶8、240∶9、108∶9、174∶19）12件。占该墓地出土其他铜饰件总数（29件）的41.4%，在数量和所占比例上居第一。

第三种用途，是作服饰，共2例（YYM230∶17、174∶19）3件，占该墓地出土其他铜饰件总数的10.3%，在数量和所占比例上居于第三。

第四种用途，是作铜锥（针）管具管囊饰件，2例（YMM32∶14、YYM164∶9）2件，占该墓地出土其他铜饰件总数的6.9%，居第四位。

第五种用途，是作剑、刀囊佩饰，1例（YYM174∶19）1件，占该墓地出土其他铜饰件总数的3.4%，居第五位（参见附表80）。

附表 80 **玉皇庙墓地其他铜饰件出土部位统计表**

序号	器物号（YYM）	名称	数量（件）	出土部位	用途	性别	墓葬规格级别	分区	分期	合计（件）
1	32:14	"人"形铜饰	1	在象征死者"右股骨外侧"，铜锥（针）管具下方	管囊饰件	无人	丙(A)	北Ⅰ中	春秋早期	5
2	31:6	亚腰形铜饰	1	腹部	佩饰	男	丙(B)			
3	13:8	短铜管	1	左股骨上端外侧	腰下佩饰	男	乙(A)			
4	300:20	喇叭形管状铜饰	1	骨盆上	腰下佩饰	男	乙(A)	北Ⅰ西		
	300:13	羊头铜饰	1	压于左尺骨之下	服饰					
5	248:3	薄壳小铜管	1	胸部	佩饰	女	丙(C)	北Ⅱ北	春秋早中期	9
6	250:26	亚腰形铜饰	1	右耻骨弓表面	腰下佩饰	男	甲(A)			
7	230:17	喇叭形管状铜饰	1	左、右股骨上端中间	服饰	男	甲(A)			
8	233:9	喇叭形管状铜饰	1	腰椎部位	腰下佩饰	男	乙(B)			
9	240:8	开裆铃形铜饰	1	右髋骨右侧	腰下佩饰	女	乙(B)			
	240:9	扁片铃形铜饰	4							
10	149:4	弹簧形铜饰	4	左肩部位	佩饰	女	丙(B)	北Ⅱ南	春秋中晚期	5
	149:15	双环形铜饰	1	胸部	佩饰					
11	204:4	"人"形铜饰	1	颈下	佩饰	女	乙(B)	南区北	春秋晚期前段	4
12	134:8	三联珠铜饰	1	左锁骨下端	佩饰	男	乙(B)	南区中		
13	108:9	钩形铜饰	1	左髋骨表面	腰下佩饰	男	丙(C)			
14	312:4	马踏单环形铜饰	1	左尺骨上段内侧	佩饰	男	丙(C)	西区		
15	164:9	双足形铜饰	1	左尺骨内侧，铜锥（针）管具下方	管囊佩饰	男	丙(B)	南区南	春秋晚期后段	6
16	174:19	双环孔形铜饰	4	右尺骨内侧、短剑剑柄之下1件	剑、刀囊佩饰	男	乙(B)			
				左髋骨边缘下面1件	腰下佩饰					
				左、右股骨中段下面各1件	服饰					
17	374:10	"人"形铜饰	1	腹部	佩饰	女	乙(B)			
合计	17（座墓）		29			男11 女5 无人1				29

6. 尖首刀币

玉皇庙墓地出土尖首刀币共3枚，分别出自3座墓葬，仅占该墓地墓葬总数的0.75%。

这3例尖首刀币在墓中的出土部位，1例在死者胸部（YYM380:2），另2例出于死者左、右腰间（YYM172:3、YM164:3），都是作佩饰随葬的（参见附表81）。

附表81　**玉皇庙墓地尖首刀币出土部位统计表**

序号	器物号（YYM）	数量（枚）	出土部位	用途	性别	墓葬规格级别	分区	分期
1	164：3	1	右侧腰间、右尺骨内侧	佩饰	男	丙(B)	南区南	春秋晚期后段
2	172：3	1	左侧腰间	佩饰	男	丁		
3	380：2	1	胸部左侧	佩饰	男	丁		
合计	3(座墓)	3			男3			

（四）石制品

1. 工具

（1）砺石

玉皇庙墓地出土砺石39件，分别出自33座墓葬，占该墓地墓葬总数的8.25%。砺石分为两种，一种是砂岩穿孔砺石，共10件；另一种是不带穿孔的赤铁矿砺石，共29件。

这39件砺石在墓中的出土部位，可分12种情况，共计37例次。

第一种，出于死者骨盆部位，6例6件（YYM32：7、2：31、82：8、43：3、266：11、261：22）。

第二种，出于死者左、右尺骨部位，6例6件（YYM230：23、264：20、234：9、107：1，97：7、96：6）。以上两种情况，各占该墓地砺石12种出土部位例次总数（37例次）的16.2%。

第三种，出于死者左、右股骨部位，7例7件（YYM229：7、35：14、233：16－1、39：1、240：11、49：12、122：17）。占该墓地砺石12种出土部位例次总数的18.9%，是所占比例最高的一种。

第四种，出于死者左、右肱骨内侧，3例3件（YYM277：6、226：14、303：5）。

第五种，出于死者右手骨下，3例3件（YYM250：14、190：10、217：13）。

第六种，出于死者左、右胫腓骨部位3例3件（YYM18：23、233：16－2、190：20）。第四、第五、第六种合计占该墓地砺石12种出土部位例次总数的24.3%，在数量和所占比例上总体居第三位。

第七种，出于死者头骨右侧和右后侧，2例3件（YYM250：11、79：5）。

第八种，出于死者左侧腰间，2例2件（YYM5：6、YYM60：3）。

第九种，出于死者左足骨外侧，2例2件（YYM230：24、57：14）。第七种、第八种、第九种合计占该墓地砺石12种出土部位例次总数的16.2%，在数量和所占比例上总体居第四位。

第十种，出于死者腹部右侧，1例1件（YYM52：17）。

第十一种，出于死者左髌骨外侧，1例1件（YYM209：16）。

第十二种，出土位置被扰者，1例2件（YYM28：1）。这后3种均为孤例，合计占该墓地砺石12种出土部位例次总数的8.2%，属个别情况。

应该指出的是，以上39件砺石中有14件是紧挨着剑、刀、锥、针等锋刃器一起出土的，这对于说明砺石的用途，是一份很好的实证材料。如紧挨着铜锥出土的砺石共有6例6件（YYM82：8、250：11、266：11、49：12、190：10、52：17）；紧挨着削刀出土的共有4例4件（YYM2：31、5：6、261：22、122：17）；紧挨着刀、剑出土的有3例3件（YYM23023、264：20、226：14）；紧挨着铜针出土的有1例1件（YYM97：7）。表明砺石在玉皇庙文化中是专门用于磨砺剑、刀、锥、针之类锋刃器具的（参见附表82）。

附表82　　**玉皇庙墓地砺石出土部位统计表**

序号	器物号（YYM）	数量（件）	种类	出土部位	性别	墓葬规格级别	分区	分期	合计（件）
1	35：14	1	赤铁矿砺石	右股骨上端外侧	女	乙(B)	北Ⅰ中	春秋早期	8
2	32：7	1	砂岩穿孔砺石	在象征死者“左髋骨”部位	无人	丙(A)			
3	28：1	2	赤铁矿砺石	圹底东端，被扰乱	不详	丙(A)			
4	2：31	1	赤铁矿砺石	压于左髋骨之下，紧挨铜柄铁刀	女	甲(B)			
5	18：23	1	赤铁矿砺石	左胫骨上半段左侧	男	甲(A)			
6	5：6	1	赤铁矿砺石	左侧腰间，挨近削刀柄首	男	丙(C)			
7	82：8	1	砂岩穿孔砺石	右髋骨表面，挨近铜锥	男	丙(A)	北Ⅰ西		
8	277：6	1	赤铁矿砺石	左肱骨内侧	男	丙(A)	北Ⅱ北	春秋早中期	14
9	250：11	1	赤铁矿砺石	头骨右侧，盛于铜钢内，与2件铜锥伴出	男	甲(A)			
	250：14	1	砂岩穿孔砺石	右手骨下					
10	230：23	1	砂岩穿孔砺石	右尺骨下端、挨近短剑、削刀	男	甲(A)			
	230：24	1	赤铁矿砺石	左足骨外侧					
11	229：7	1	赤铁矿砺石	左股骨上端外侧	男	乙(A)			
12	233：15	2	赤铁矿砺石	压在右股骨与右胫骨之下各1件	男	乙(B)			
13	264：20	1	赤铁矿砺石	左尺骨外侧，紧挨削刀和短剑	男	丙(A)			
14	39：1	1	赤铁矿砺石	左股骨内侧	女	丙(C)			
15	226：14	1	赤铁矿砺石	右肱骨下端内侧，紧挨短剑柄首与刀首	男	乙(B)			
16	97：7	1	赤铁矿砺石	右尺骨内侧，挨近铜针	女	丙(B)			
17	240：11	1	赤铁矿砺石	右股骨内侧	女	乙(B)			
18	96：6	1	赤铁矿砺石	右尺骨内侧	女	丙(A)			
19	234：9	1	赤铁矿砺石	左尺骨内侧	男	乙(B)			
20	43：3	1	赤铁矿砺石	压在右髋骨下面	男	丙(A)			
21	266：11	1	赤铁矿砺石	左髋骨外侧，与铜锥和铜锥(针)管具伴出	女	乙(A)	北Ⅱ中	春秋中期	8
22	261：22	1	赤铁矿砺石	左髋骨外侧，紧挨削刀	男	乙(A)			
23	49：12	1	赤铁矿砺石	右股骨上段外侧，紧挨铜锥	男	丙(A)			
24	190：10	1	砂岩穿孔砺石	右手指骨处，挨近铜锥	男	乙(B)			
	190：20	1	赤铁矿砺石	右腓骨外侧					
25	52：17	1	赤铁矿砺石	腹部右侧，挨近铜锥	男	甲(B)			
26	57：14	1	赤铁矿砺石	左足骨外侧	男	乙(B)	北Ⅱ南	春秋中晚期	2
27	60：3	1	砂岩穿孔砺石	左侧腰间	男	乙(B)			
28	217：13	1	砂岩穿孔砺砺石	右手指骨下面	男	甲(B)	南区北	春秋晚期前段	7
29	209：16	1	赤铁矿砺石	左髌骨外侧	男	乙(A)			
30	122：17		砂岩穿孔砺石	右股骨上端内侧，压在削刀刀身上面	男	丙(A)	南区中		
31	107：1	1	砂岩穿孔砺石	左尺骨外侧	男	丁			
32	79：5	2	赤铁矿砺石	头骨右后侧	男	丁			
33	303：5	1	砂岩穿孔砺砺石	右肱骨内侧	男	丁	西区		
合计	33(座墓)	39							39

（2）细石器

在玉皇庙墓地YYM247（属乙B级，男性）死者右髋骨外侧，出土细石器1件（YYM247：14）。

体形虽小，但叶刃锋利，可用于切割肉类食物。这是该墓地出土的唯一一件细石器标本。

2. 其他石制品

（1）石杯

玉皇庙墓地出土石杯只有1件（YYM13：19），出于死者左侧腹部。此墓位于北Ⅰ区中部属春秋早期乙（A）级男性墓。

（2）算珠形石珠

玉皇庙墓地出土算珠形石珠5件。它们在墓中的出土部位，集中于死者腰间和左、右股骨上段外侧，往往与短剑、削刀伴出，当是作剑、刀囊饰珠使用的。如标本YYM385：9出于死者左侧腰间、短剑剑身上面，并紧挨着削刀，应为剑、刀囊饰珠；标本YYM297：5出于死者左股骨上段外侧，紧挨削刀处，应为刀囊饰珠；标本YYM186：10出于死者右股骨上段外侧，紧挨短剑剑首处，应为剑囊饰珠。只有2例（YYM：16：2、YYM54：18）与剑、刀无关，是作腰部佩饰使用的（参见附表83）。

附表83　　**玉皇庙墓地其他石制品出土部位统计表**

<table>
<tr><th>序号</th><th>名称</th><th>器物号（YYM）</th><th>数量（件）</th><th>出土部位</th><th>用途</th><th>性别</th><th>墓葬规格级别</th><th>分区</th><th>分期</th></tr>
<tr><td>1</td><td>石杯</td><td>13：19</td><td>1</td><td>死者左侧腹部，斜侧置</td><td>水（酒）杯子</td><td>男</td><td>乙（A）</td><td rowspan="2">北Ⅰ中</td><td rowspan="3">春秋早期</td></tr>
<tr><td>2</td><td>算珠形石珠</td><td>16：2</td><td>1</td><td>骨盆中间</td><td>腰下佩饰</td><td>男</td><td>丙（C）</td></tr>
<tr><td>3</td><td>算珠形石珠</td><td>385：9</td><td>1</td><td>左侧腰间，短剑剑身上面</td><td>剑、刀囊饰珠</td><td>男</td><td>丙（C）</td><td>北Ⅰ西</td></tr>
<tr><td>4</td><td>算珠形石珠</td><td>54：18</td><td>1</td><td>腰椎右侧</td><td>腰部佩饰</td><td>男</td><td>乙（A）</td><td>北Ⅱ中</td><td rowspan="2">春秋中期</td></tr>
<tr><td>5</td><td>算珠形石珠</td><td>297：5</td><td>1</td><td>左股骨上段外侧，紧挨削刀处</td><td>刀囊饰珠</td><td>男</td><td>丙（B）</td><td>北Ⅰ北</td></tr>
<tr><td>6</td><td>算珠形石珠</td><td>186：10</td><td>1</td><td>右股骨上段外侧，紧挨短剑剑首处</td><td>剑囊饰珠</td><td>男</td><td>乙（B）</td><td>北Ⅱ南</td><td>春秋中晚期</td></tr>
</table>

3. 石管、石珠

（1）白石管

玉皇庙墓地出土白石管363枚，分别出自110座墓葬，占该墓地墓葬总数的27.5%。每墓出土数量多少不一，少者1枚，最多者25枚，一般情况为2～9枚之间。这些白石管在墓中的出土部位，可分为8种情况：

Ⅰ　出于死者耳骨附近，2例（墓葬编号：YYM249、YYM142），占该墓地白石管8种出土部位例次总数（共113例次）的1.8%。

Ⅱ　出于死者颈、胸部，86例（墓葬编号：YYM20、31、30、19、17、15、384、9、281、387、37、251、232、241、276、226、240、96、47、263、274、42、41、273、44、48、258、51、52、100、67、298、294、23、24、8、7、102、58、186、185、59、184、85、149、64、81、224、182、222、216、206、197、198、157、147、137、119、104、176、158、126、114、111、79、331、323、329、324、310、317、302、161、128、337、352、351、339、366、359、382、374、375、368、392、393）

占该墓地白石管 8 种出土部位例次总数的 76%，是数量最多，所占比例最高的一种。

Ⅲ 出于死者右肱骨部位，3 例（墓葬编号：YYM22、280、223）。

Ⅳ 出于死者腹部，3 例（墓葬编号：YYM30、13、153）。第Ⅲ、第Ⅳ种各占该墓地白石管 8 种出土部位例次总数的 2.7%。

Ⅴ 出于死者腰间至骨盆部位，8 例（墓葬编号：YYM35、32、231、261、89、66、26、150），占该墓地白石管 8 种出土部位例次总数的 7%。

Ⅵ 出于死者左股骨或右股骨外侧部位，9 例（墓葬编号：YYM4、11、279、46、256、295、196、206、197）占该墓地白石管 8 种出土部位例次总数的 8%。

Ⅶ 出于死者左膑骨外侧，1 例（YYM178）。

Ⅷ 出于死者左踝骨部位，1 例（YYM138）。第Ⅶ、第Ⅷ种均为孤例，仅占该墓地白石管 8 种出土部位例次总数的 0.9%，属个别情况。

上述 8 种不同出土部位，决定了白石管的各种不同功用。经归纳玉皇庙墓地出土的白石管应具有以下 8 项功用：

Ⅰ 作项链使用，共 67 例（墓葬编号：YYM20、31、19、17、15、384、9、281、37、251、241、276、240、96、47、263、274、42、273、44、48、258、51、52、67、298、294、23、24、8、7、102、58、59、184、149、64、222、216、198、157、147、137、119、104、176、158、126、114、79、331、323、329、324、302、128、337、352、351、366、359、382、374、375、368、392、393），占该墓地白石管 8 种功用例次总数（共 113 例次）的 59.3%，这是数量最多，所占比例最高的一种。

Ⅱ 作腰间或腰下佩饰使用，共 20 例（墓葬编号：YYM35、32、30、13、4、11、279、231、46、256、261、89、66、26、295、196、206、197、150、153），占该墓地白石管 8 种功用例次总数的 17.7%，居第二位。

Ⅲ 作颈部佩饰使用，共 19 例（墓葬编号 YYM30、387、232、226、41、100、186、185、85、81、224、182、206、197、142、111、310、161、339），占该墓地白石管 8 种功用例次总数的 16.8%，居第三位。

Ⅳ 作右臂佩饰使用，3 例（墓葬编号：YYM22、280、233），占该墓地白石管 8 种功用例次总数的 2.7%，居第四位。

Ⅴ 作耳环坠饰使用，1 例（YYM249）。

Ⅵ 作胸前佩饰使用，1 例（YYM317）。

Ⅶ 作锥囊佩饰使用，1 例（YYM178）。

Ⅷ 作足腕饰使用，1 例（YYM138）。第Ⅴ、第Ⅵ、第Ⅶ、第Ⅷ种，均为孤例，合计占该墓地白石管 8 种功用例次总数的 3.5%，属少数个别情况（参见附表 84）。

（2）小白石珠

玉皇庙墓地共出土小白石珠 17255 枚，分别出自 142 座墓葬，占该墓地墓葬总数的 35.5%。每墓出土数量多少不等，少者只有 1 枚或数枚，最多者达 1568 枚，一般情况为数十枚或百余枚。这些小白石珠在墓中的出土部位，可分 8 种情况：

Ⅰ 出于死者前额部位，1 例（墓葬编号 YYM302）。

附表 84－1　**玉皇庙墓地白石管出土部位统计表**

器物号（YYM）	数量	出土部位	功用	性别	墓葬规格级别	分布	分期	墓葬合计
22 : 8	7	右肱骨下端	右臂佩饰	男	甲（B）	北Ⅰ中	春秋早期	14
20 : 7	4	颈、胸部	项链	女	乙（A）			
35 : 13	1	骨盆右侧	腰下佩饰	女	乙（B）			
32 : 13	3	在象征“死者左侧腰间”	腰间佩饰	无人	丙（A）			
31 : 4	1	颈部	项链	男	丙（B）			
30 : 3	3	下颌骨处 1、腹部 2	颈部佩饰；腰间佩饰	男	丙（C）			
19 : 8	2	左胸至左侧腹部	项链	男	乙（B）			
17 : 17	3	在象征“死者颈、胸部”	项链	无人	乙（B）			
15 : 7	3	颈部	项链	少儿	丁			
13 : 13	3	左侧腹部	腰间佩饰	男	乙（A）			
384 : 8	1	颈部	项链	男	乙（B）	北Ⅰ西		
4 : 6	4	右股骨上端外侧	腰下佩饰	女	丙（A）	北Ⅰ中		
11 : 17	1	右股骨外侧	腰下佩饰	男	乙（A）			
9 : 4	1	颈、胸部	项链	女	丙（C）			
249 : 3	4	左、右耳环下	耳环坠饰	女	丙（C）	北Ⅱ北	春秋早中期	16
281 : 7	1	颈部	项链	男	丁			
279 : 8	4	右股骨外侧	腰下佩饰	女	乙（B）			
280 : 9	3	右肱骨下端内、外侧	右臂佩饰	女	乙（A）			
387 : 2	1	颈部	颈部佩饰	女	丁			
37 : 5	5	颈部	项链	女	丙（C）			
251 : 5	4	颈部至胸部	项链	女	乙（B）			
233 : 8	4	右肱骨上端	右臂佩饰	男	乙（B）			
231 : 9	5	左侧腰间	腰间佩饰	女	乙（B）			
232 : 2	4	死者头骨左侧	颈部佩饰	女	丙（A）			
241 : 5	2	颈部至胸部	项链	女	乙（B）			
276 : 5	1	颈部	项链	男	丁			
226 : 17	1	头骨之下	颈部佩饰	男	乙（A）			
240 : 5	7	颈部至胸部	项链	女	乙（B）			
96 : 4	4	颈部	项链	女	丙（A）			
47 : 7	2	颈部至胸部	项链	女	丙（C）			
263 : 7	4	颈部至胸部	项链	男	乙（B）	北Ⅱ中	春秋中期	
274 : 2	4	颈部	项链	少儿	丙（B）			
42 : 5	3	颈部右侧	项链	少儿	丙（C）			
41 : 8	1	颈部	颈部佩饰	男	乙（B）			
273 : 3	8	颈部	项链	女	丙（A）			
46 : 12	2	右股骨下端	腰下佩饰	男	乙（B）			
44 : 4	3	颈、胸部	项链	男	乙（B）			
256 : 13	2	右股骨下段外侧	腰下佩饰	女	乙（A）			

附表 84－2

玉皇庙墓地白石管出土部位统计表

器物号（YYM）	数量	出土部位	功用	性别	墓葬规格级别	分布	分期	墓葬合计
261：12	1	骶骨表面	腰下佩饰	男	乙（A）	北Ⅱ中	春秋中期	26
89：1	2	左髋骨外侧	腰下佩饰	不详	乙（B）			
48：10	5	颈部	项链	男	丙（A）			
258：6	1	颈部	项链	女	乙（A）			
51：11	5	颈部	项链	男	乙（A）			
52：15	1	颈部	项链	男	甲（B）			
100：3	1	颈部	项部佩饰	女	丁			
66：4	1	左髋骨之下	腰下佩饰	女	乙（B）			
67：3	3	颈部至右肩胛骨处	项链	少儿	丙（C）			
26：7	10	左手骨处	腰下佩饰	女	乙（B）	北Ⅰ北		
298：3	1	颈部	项链	女	丁			
295：9	3	左股骨外侧	腰下佩饰	男	乙（A）			
294：4	4	腹部	项链	女	丙（A）			
23：5	7	颈部	项链	男	丙（A）	北Ⅰ中		
24：2	1	颈部	项链	少儿	丁			
8：3	20	颈部	项链	女	丙（B）	北Ⅰ南		
7：10	1	颈部	项链	男	丙（C）			
102：7	3	颈部至锁骨下方	项链	男	丙（B）			
58：7	1	颈部	项链	男	乙（B）	北Ⅱ南	春秋中晚期	10
196：7	4	右股骨外侧	腰下佩饰	女	乙（B）			
186：8	1	颈部	颈部佩饰	男	乙（B）			
185：3	1	颈部左侧	颈部佩饰	女	丙（A）			
59：2	1	颈部	项链	少儿	丁			
184：4	25	颈部	项链	少儿	丙（B）			
85：1	1	颈部	颈部佩饰	婴儿	丁			
149：14	7	颈部左侧	项链	女	丙（B）			
64：5	2	颈部	项链	女	乙（B）			
81：2	1	颈部	颈部佩饰	女	乙（B）			
224：7	1	头骨之下	颈部佩饰	男	丙（A）	南区北	春秋晚期前段	
182：7	1	颈部	颈部佩饰	男	乙（B）			
222：4	1	颈部至胸部	项链	女	丙（B）			
216：4	3	颈部	项链	女	乙（B）			
206：6	5	颈部 1、右股骨外侧 4	颈部佩饰 腰下佩饰	女	丙（A）			
197：5	2	颈部 1、右股骨外侧 1	颈部佩饰 腰下佩饰	女	乙（B）			
198：5	8	颈部至胸部	项链	女	乙（B）			
178：15	4	左膑骨外侧	锥囊佩饰	女	乙（B）			
150：8	1	耻骨弓表面	腰间佩饰	女	乙（B）			
157：4	9	颈部	项链	少儿	丙（C）			
153：13	9	左侧胸、腹之间	腰间佩饰	女	丙（A）			
147：3	2	颈下	项链	婴儿	丁			

附表 84－3　　**玉皇庙墓地白石管出土部位统计表**

器物号（YYM）	数量	出土部位	功用	性别	墓葬规格级别	分布	分期	合计
142：12	1	左耳骨下面	颈部佩饰	男	丙（A）	南区北	春秋晚期前段	30
138：10	1	左踝骨上	足腕饰	女	丙（A）			
137：4	2	颈部至胸部	项链	女	丙（A）			
119：5	2	下颌骨下面	项链	女	丙（A）			
104：5	1	颈部	项链	女	丙（B）			
176：5	1	颈部至胸部	项链	女	丙（B）	南区中		
158：11	1	右侧胸部	项链	男	乙（B）			
126：5	1	颈、胸之间	项链	女	丙（A）			
114：4	1	颈部至胸部	项链	女	丙（B）			
111：12	1	死者头骨之下	颈部佩饰	男	丙（A）			
79：3	2	颈部至胸部	项链	男	丁			
331：2	3	颈部	项链	女	丁	西区		
323：3	1	颈部	项链	男	丙（C）			
329：3	1	颈部	项链	男	丁			
324：4	17	颈部	项链	女	丁			
310：2	1	死者头骨之下	颈部佩饰	婴儿	丁			
317：6	1	胸部	胸前佩饰	女	丁			
302：6	21	颈部至胸部	项链	女	丙（C）			
161：9	1	颈部左侧	颈部佩饰	男	乙（A）	南区南	春秋晚期后段	14
128：5	1	胸部	项链	女	乙（B）			
337：1	1	死者头骨下面	项链	少儿	丙（C）			
352：5	1	颈、胸部	项链	女	丙（C）			
351：4	1	颈、胸部	项链	男	丁			
339：4	1	颈部	颈部佩饰	女	乙（A）			
366：4	1	颈部	项链	女	乙（B）			
359：2	1	颈部	项链	少儿	丁			
382：3	2	颈下	项链	女	丙（B）			
374：6	1	颈、胸部	项链	女	乙（B）			
375：5	1	胸部	项链	女	丙（C）			
368：5	9	颈部至胸部	项链	女	丙（C）			
392：5	6	颈部	项链	女	丁			
393：3	1	颈部至胸部	项链	男	丙（C）			
合计	363（枚）	Ⅰ、耳骨附近 2例 Ⅱ、颈、胸部 86例 Ⅲ、右肱骨部位 3例 Ⅳ、腹部 3例 Ⅴ、腰间至骨盆部位 8例 Ⅵ、左、右股骨外侧 9例 Ⅶ、左膑骨外侧 1例 Ⅷ、左踝骨部位 1例	Ⅰ、项链 67例 Ⅱ、腰间或腰下佩饰 20例 Ⅲ、颈部佩饰 19例 Ⅳ、右臂佩饰 3例 Ⅴ、耳环坠式 1例 Ⅵ、胸前佩饰 1例 Ⅶ、锥囊佩饰 1例 Ⅷ、足腕饰 1例	男36 女58 少儿10 婴儿3 无人2 不详1	甲（B）2 乙（A）12 乙（B）32 丙（A）18 丙（B）11 丙（C）16 丁 19			110（座）

Ⅱ　出于死者颈部，87 例（墓葬编号：YYM21、31、29、15、13、11、10、386、385、383、384、249、281、37、98、276、96、274、46、44、267、94、51、191、125、36、296、298、293、291、23、24、12、6、101、7、102、208、192、55、57、59、91、61、64、221、216、215、213、199、200、147、118、119、74、155、123、159、166、106、80、78、323、329、324、308、109、353、337、346、335、380、355、347、342、366、359、379、382、378、372、371、364、361、396、394、400），占该墓地小白石珠 8 种出土部位例次总数（共 146 例次）的 59.6%，是数量最多，所占比例最高的一种。

Ⅲ　出于死者颈、胸部，41 例（墓葬编号：20、3、9、240、47、263、95、258、297、299、149、222、198、153、144、137、136、135、75、76、202、176、154、167、132、126、113、165、77、79、163、340、352、350、381、374、368、369、397、398、393），占该墓地小白石珠 8 种出土部位例次总数的 28.1%，在数量和所占比例上居第二位。

Ⅳ　出于死者腰间至骨盆部位，7 例（墓葬编号：YYM32、283、99、234、266、261、6），占该墓地小白石珠 8 种出土部位例次总数的 4.8%，在数量和所占比例上居第三位。

Ⅴ　出于死者腹部，5 例（墓葬编号：YYM31、30、19、13、338），占该墓地小白石珠 8 种出土部位例次总数的 3.4%，在数量和所占比例上居第四位。

Ⅵ　出于死者左、右股骨部位，3 例（墓葬编号：YYM300、46、272），占该墓地小白石珠 8 种出土部位例次总数的 2.1%，在数量和所占比例上居第五位。

Ⅶ　出于死者左肘关节内侧，1 例（YYM275）。

Ⅷ　出土位置被扰乱，1 例（YYM25）。第Ⅵ、第Ⅶ种情况，均为孤例，仅占该墓地小白石珠 8 种出土部位例次总数的 0.7%，属于个别情况。

根据小白石珠以上出土部位考察其功用，共有 4 项：

其一，为项链，共 130 例（墓葬编号 YYM21、20、31、29、19、15、3、13、11、9、10、386、385、383、384、249、281、37、98、276、240、96、47、263、274、266、46、44、267、94、95、258、51、191、125、36、296、297、298、293、299、291、23、24、12、6、101、7、102、208、192、55、57、59、91、149、61、64、222、221、216、215、213、198、199、200、153、147、144、137、136、135、118、119、74、75、76、202、176、154、155、167、132、123、126、113、159、165、166、106、80、77、79、78、323、329、324、308、163、109、353、340、337、352、346、335、380、350、355、347、342、366、359、381、379、382、378、374、372、371、368、369、364、361、369、397、398、393、394、400），占该墓地小白石珠 3 种功用例次总数（共 145 例次）的 89.6%，是数量最多，所占比例最高的一种。也就是说，玉皇庙墓地的小白石珠的主要功用是作项链。

其二，为腰间或腰下佩饰，共 13 例（墓葬编号：YYM32、31、30、13、300、283、99、234、46、261、272、6、338），占该墓地小白石珠 3 种功用例次总数的 9%，在数量和所占比例上居第二位。

其三，为左臂佩饰，1 例（YYM275）。

其四，为头饰，1 例（YYM302）。

还有 1 例因出土位置被扰乱，其功用不详（YYM25）。后 3 例均为孤例，各占该墓地小白石珠 4 种功用例次总数的 0.7%，属个别特殊情况（参见附表 85）。

附表 85－1

玉皇庙墓地小白石珠出土部位统计表

器物号（YYM）	数量（枚）	出土部位	功用	性别	墓葬规格级别	分布	分期	墓葬合计
21：2	130	颈部	项链	女	丙（B）	北Ⅰ中	春秋早期	19
20：6	15	颈、胸部	项链	女	乙（A）			
32：19	1	在象征“死者骨盆左侧”	腰下佩饰	无人	丙（A）			
31：4	156	颈部 152、腹部 4	项链 腰间佩饰	男	丙（B）			
30：4	4	腹部	腰间佩饰	男	丙（C）			
29：6	1	颈部	项链	女	丙（A）			
25：3	1	被扰乱	不详	女	丙（A）			
19：8	34	左胸至左侧腹部	项链	男	乙（B）			
15：6	357	颈部	项链	少儿	丁			
3：6	4	颈、胸部	项链	女	乙（B）			
13：12	66	颈部 59、左侧腹部 7	项链 腰间佩饰	男	乙（A）			
11：11	122	颈下	项链	男	乙（A）			
9：4	521	颈、胸部	项链	女	丙（C）			
10：6	211	颈部	项链	女	乙（B）			
386：8	239	颈部	项链	男	丙（C）	北Ⅰ西		
300：19	60	左股骨外侧	腰下佩饰	男	乙（A）			
385：8	127	颈部	项链	男	丙（C）			
383：4	167	颈部	项链	不详	丁			
384：8	224	颈部	项链	男	乙（B）			
249：4	190	颈部	项链	女	丙（C）	北Ⅱ北	春秋早中期	11
281：7	210	颈部	项链	男	丁			
283：6	1	腰椎表面	腰间佩饰	女	丁			
37：5	48	颈部	项链	女	丙（C）			
98：7	51	颈部	项链	女	丙（A）			
276：5	180	颈部	项链	男	丁			
99：11	74	左髋骨表面	腰下佩饰	女	丁			
240：6	217	颈、胸部	项链	女	乙（B）			
275：21	36	左肘关节内侧	左臂佩饰	男	乙（A）			
96：4	166	颈部	项链	女	丙（A）			
47：7	359	颈、胸部	项链	女	丙（C）			
234：8	30	左侧腰间	腰间佩饰	男	乙（B）	北Ⅱ中		
263：6	26	颈、胸部	项链	男	乙（B）			
274：2	16	颈部	项链	少儿	丙（B）			
266：12	61	腰部	项链	女	乙（A）			
46：9	156	颈部 55、右股骨下端 101	项链 腰下佩饰	男	乙（B）			

附表 85－2　　**玉皇庙墓地小白石珠出土部位统计表**

器物号（YYM）	数量（枚）	出土部位	功用	性别	墓葬规格级别	分布	分期	墓葬合计
44∶3	269	颈部	项链	男	乙（B）	北Ⅱ中	春秋中期	29
261∶12	63	左髋骨表面	腰下佩饰	男	乙（A）			
267∶3	175	头骨下面	项链	婴儿	丙（B）			
272∶5	57	左股骨外侧	腰下佩饰	女	丙（A）			
94∶2	31	颈部	项链	少儿	丙（C）			
95∶11	2	颈、胸部	项链	男	乙（A）			
258∶6	7	颈、胸部	项链	女	乙（A）			
51∶11	198	颈部	项链	男	乙（A）			
191∶4	64	颈部	项链	女	丙（A）			
125∶4	22	头骨之下	项链	女	丁			
36∶8	34	颈部	项链	男	乙（B）	北Ⅰ北		
296∶4	290	颈部	项链	女	丙（B）			
297∶4	64	胸部	项链	男	丙（B）			
298∶3	11	颈部	项链	女	丁			
293∶5	80	颈部	项链	婴儿	丁			
299∶6	30	胸部	项链	少儿	丙（B）			
291∶3	53	颈部	项链	少儿	丁			
23∶4	186	颈部	项链	男	丙（A）	北Ⅰ中		
24∶2	73	颈部	项链	少儿	丁			
12∶4	29	颈部	项链	女	丁			
6∶5	104	颈部 84、腰部 20	项链 腰间佩饰	女	丙（A）	北Ⅰ南		
101∶2	33	颈部	项链	女	丙（B）			
7∶10	97	颈部	项链	男	丙（C）			
102∶7	67	颈部	项链	男	丙（B）			
208∶5	2	右耳骨下面	项链	女	丙（A）	北Ⅱ南	春秋中晚期	9
192∶4	18	颈部	项链	男	丙（B）			
55∶1	4	颈部	项链	少儿	丙（C）			
57∶7	88	颈部	项链	男	乙（B）			
59∶2	60	颈部	项链	少儿	丁			
91∶2	93	颈部	项链	少儿	丁			
149∶6	921	颈、胸部	项链	女	丙（B）			
61∶5	137	颈部	项链	男	乙（B）			
64∶4	84	颈部	项链	女	乙（B）			
222∶4	12	颈、胸部	项链	女	丙（B）	南区北	春秋晚期前段	
221∶4	92	颈部	项链	女	丙（A）			
216∶4	93	颈部	项链	女	乙（B）			
215∶6	33	颈部	项链	女	丙（B）			
213∶9	128	颈部	项链	男	乙（B）			
198∶6	160	颈、胸部	项链	女	乙（B）			

附表 85－3　**玉皇庙墓地小白石珠出土部位统计表**

器物号（YYM）	数量（枚）	出土部位	功用	性别	墓葬规格级别	分布	分期	墓葬合计
199:12	50	颈部	项链	男	丙（A）	南区北	春秋晚期前段	41
200:4	30	颈部	项链	女	丙（A）			
153:9	81	颈、胸部	项链	女	丙（A）			
147:3	6	颈部	项链	婴儿	丁			
144:7	83	颈、胸部	项链	女	丙（A）			
137:4	264	颈、胸部	项链	女	丙（A）			
136:5	87	颈、胸之间	项链	少儿	丙（C）			
135:2	33	胸部	项链	少儿	丙（C）			
118:4	97	颈部	项链	女	丙（B）			
119:4	15	左耳骨附近	项链	女	丙（A）			
74:19	48	颈部	项链	男	乙（A）			
75:6	2	颈、胸部	项链	女	丙（B）			
76:4	11	颈、胸部	项链	女	丙（C）			
202:6	2	颈、胸部	项链	女	丙（A）	南区中		
176:6	125	颈、胸部	项链	女	丙（B）			
154:7	285	胸部	项链	男	丙（C）			
155:3	45	颈部	项链	少儿	丁			
167:7	1112	颈、胸部	项链	女	乙（B）			
132:7	41	胸部	项链	少儿	丙（C）			
123:2	118	颈部	项链	婴儿	丙（C）			
126:5	297	颈、胸之间	项链	女	丙（A）			
113:7	70	颈、胸部	项链	女	丙（A）			
159:2	102	颈部	项链	婴儿	丁			
165:2	9	颈、胸之间	项链	少儿	丁			
166:3	99	颈下	项链	少儿	丙（C）			
106:4	152	颈部	项链	少儿	丁			
80:3	274	颈部	项链	女	丁			
77:4	69	颈、胸部	项链	男	丙（B）			
79:3	27	颈、胸部	项链	男	丁			
78:4	294	颈部	项链	女	丁			
323:4	48	颈部	项链	男	丙（C）	西区		
329:3	178	颈部	项链	男	丁			
324:4	53	颈部	项链	女	丁			
308:3	27	颈部	项链	男	丁			
302:3	33	前额部位	头饰	女	丙（C）			
163:3	31	颈、胸部	项链	女	乙（B）	南区南	春秋晚期后段	
109:2	19	头骨之下	项链	女	丙（C）			
353:3	61	颈部	项链	女	丁			
340:5	1057	颈、胸部	项链	女	丙（A）			
337:1	75	头骨之下	项链	少儿	丙（C）			
352:5	126	颈、胸部	项链	女	丙（C）			
346:2	1565	颈部	项链	女	乙（B）			

附表 85－4　　　　**玉皇庙墓地小白石珠出土部位统计表**

器物号（YYM）	数量（枚）	出土部位	功用	性别	墓葬规格级别	分布	分期	墓葬合计
338：8	33	下腹部	腰下佩饰	女	乙（A）	南区南	春秋晚期后段	33
335：2	172	颈部	项链	婴儿	丁			
380：1	66	颈部	项链	男	丁			
350：3	220	颈、胸部	项链	男	乙（B）			
355：4	5	颈下	项链	女	丁			
347：3	2	颈部	项链	女	乙（B）			
342：2	134	头骨之下	项链	男	丙（A）			
366：4	258	颈部	项链	女	乙（B）			
359：2	17	颈部	项链	少儿	丁			
381：5	3	颈、胸部	项链	男	丁			
379：4	35	头骨之下	项链	男	丙（A）			
382：3	98	颈下	项链	女	丙（B）			
378：4	13	头骨之下	项链	女	丙（A）			
374：5	109	颈、胸部	项链	女	乙（B）			
372：5	113	颈部	项链	女	丙（A）			
371：4	43	颈部	项链	女	丙（C）			
368：5	7	颈、胸部	项链	女	丙（C）			
369：6	132	颈、胸部	项链	女	乙（B）			
364：7	61	颈部	项链	女	丙（B）			
361：3	1	颈部	项链	男	丁			
396：3	46	颈部	项链	女	丙（C）			
397：5	55	颈、胸部	项链	女	丙（C）			
398：4	99	颈、胸之间	项链	女	丙（C）			
393：3	56	颈、胸部	项链	男	丙（C）			
394：4	11	颈部	项链	女	乙（B）			
400：	40	颈部	项链	男	丙（A）			
合计	17255	前额　1 例 颈部　87 例 颈、胸部　41 例 腹部至股骨处　15 例 左肘关节内侧　1 例 被扰乱　1 例	头饰　1 例 项链　130 例 腰间或腰下 佩饰　13 例 左臂佩饰　1 例 不详　1 例	女 72 男 44 少儿 18 婴儿 6 无人 1 不详 1	乙（）12 乙（B）25 丙（A）26 丙（B）19 丙（C）28 丁　32			142（座）

（3）黑石管

玉皇庙墓地出土的黑石管数量很少，只有 13 枚，分别出自 2 座少儿墓葬（YYM94、YYM157），均出于死者颈部，都是作为项链的组成部分使用的（参见附表 86）。

（4）小黑石珠

玉皇庙墓地共出土小黑石珠 20580 枚，分别出自 120 座墓葬，占该墓地墓葬总数的 30%。每墓出土数量多少不等，少者 1 枚或数枚，最多者达 2363 枚，一般情况为数十枚或百余枚。这些小黑石珠的出土部位，可分 5 种情况：

附表 86 **玉皇庙墓地黑石管出土部位统计表**

器物号（YYM）	数量	出土部位	功用	性别	墓葬规格级别	分布	分期	墓葬合计
94 : 2	6	颈部	项链	少儿	丙（C）	北Ⅱ中	春秋中期	1
157 : 4	7	颈部	项链	少儿	丙（C）	南区北	春秋晚期前段	1
合计	13（枚）	颈部 2	项链 2	少儿 2	丙（C）2			2（座）

Ⅰ 出于死者颈部，61 例（墓葬编号：YYM22、21、29、19、15、13、385、383、4、11、9、10、37、98、282、231、97、99、275、96、274、266、46、49、125、52、36、26、298、293、294、24、12、7、102、192、55、58、59、221、215、199、200、177、104、155、132、115、80、316、308、109、353、341、380、364、396、392、394、400、395），占该墓地小黑石珠 5 种出土部位例次总数（共 120 例次，其中 YYM266 为 2 例次）的 50.8%，是出土墓葬数量最多，所占比例最高的一种。

Ⅱ 出于死者颈、胸部，51 例（墓葬编号：YYM20、35、17、3、300、279、280、251、230、241、47、239、263、95、258、295、196、194、222、220、178、150、153、144、138、136、75、76、201、202、176、286、167、133、113、165、77、79、128、352、351、354、338、381、374、375、368、369、363、397、393），占该墓地小黑石珠 5 种出土部位例次总数的 42.5%，是出土墓葬数量较多，所占比例较高，居第二位的一种。

Ⅲ 出于死者胸部，6 例（墓葬编号：YYM255、256、297、299、141、135），占该墓地小黑石珠 5 种出土部位例次总数的 5%，在出土数量和所占比例上居第三位。

Ⅳ 出于死者腰部，1 例（墓葬编号：YYM6），占该墓地小黑石珠 5 种出土部位例次总数的 0.8%，是出土数量很少，所占比例很低，居第三位的一种。

Ⅴ 出土位置被扰乱，1 例（YYM25），仅占该墓地小黑石珠 5 种出土部位例次总数的 0.8%，属于个别特殊情况。

从用途考察，小黑石珠共有两项功用。

其一为项链，共 118 例（墓葬编号：YYM22、21、20、35、29、19、17、15、3、13、300、385、383、4、11、9、10、279、280、37、98、282、251、230、231、241、97、99、275、96、47、239、263、274、266、46、255、256、49、95、258、125、52、36、26、297、298、293、295、299、294、24、12、7、102、192、55、58、196、59、141、194、222、221、220、215、199、200、178、177、150、153、144、138、136、135、104、75、76、201、202、176、155、286、167、133、132、115、113、165、80、77、79、316、308、128、109、353、352、351、354、341、338、380、381、374、375、368、369、364、363、369、397、392、393、394、400、395），占该墓地小黑石珠 2 种功用例次总数（共 120 例次，含被扰乱的 1 例，实为 3 种情况）的 98.3%，是数量最多，所占比例最高的一种。是玉皇庙墓地出土的小黑石珠最主要的功用项目。

其二为腰间佩饰，有 1 例（墓葬编号：YYM6），仅占该墓地小黑石珠 2 种功用例次总数的（含被扰乱的 1 例，实为 3 种情况）0.8%，是数量很少，所占比例很低的一种，是小黑石珠的次要功用项目。

还有 1 例（YYM25），因出土位置被扰乱，其功用不能确指，这属于个别情况，仅占该墓地小黑石珠 2 种功用（3 种情况）例次总数的 0.8%（参见附表 87）。

附表 87－1

玉皇庙墓地小黑石珠出土部位统计表

器物号（YYM）	数量（枚）	出土部位	功用	性别	墓葬规格级别	分布	分期	墓葬合计
22：7	226	颈部	项链	男	甲（B）		春秋早期	18
21：2	9	颈部	项链	女	丙（B）			
20：6	76	颈、胸部	项链	女	乙（A）			
35：11	319	颈、胸部	项链	女	乙（B）			
29：6	253	颈部	项链	女	丙（A）			
25：2	4	被扰乱	不详	女	丙（A）	北Ⅰ中		
19：7	179	颈部	项链	男	乙（B）			
17：5	103	在象征“死者颈、胸部”	项链	无人	乙（B）			
15：5	92	颈部	项链	少儿	丁			
3：6	397	颈、胸部	项链	女	乙（B）			
13：12	230	颈部	项链	男	乙（A）			
300：12	272	颈、胸部	项链	男	乙（A）			
385：7	141	颈部	项链	男	丙（C）	北Ⅰ西		
383：4	78	颈部	项链	不详	丁			
4：3	271	颈部	项链	女	丙（A）			
11：11	119	颈下	项链	男	乙（A）	北Ⅰ中		
9：4	1	颈部	项链	女	丙（C）			
10：5	124	颈部	项链	女	乙（B）			
279：6	187	颈、胸部	项链	女	乙（B）		春秋早中期	14
280：8	215	颈、胸部	项链	女	乙（A）			
37：5	36	颈部	项链	女	丙（C）			
98：6	190	颈部	项链	女	丙（A）			
282：7	39	颈部	项链	男	丙（A）			
251：6	107	颈、胸部	项链	女	乙（B）			
230：15	37	颈下至胸前	项链	男	甲（A）	北Ⅱ北		
231：6	149	颈部	项链	女	乙（B）			
241：8	268	颈、胸部	项链	女	乙（B）			
97：3	205	颈部	项链	女	丙（B）			
99：5	316	颈部	项链	女	丁			
275：8	206	颈部	项链	男	乙（A）			
96：5	254	颈部	项链	女	丙（A）			
47：4	94	颈、胸部	项链	女	丙（C）			
239：1	60	颈胸之间	项链	少儿	丙（C）			
263：5	192	颈、胸部	项链	男	乙（B）			
274：2	28	颈部	项链	少儿	丙（B）			
266：5	48	颈部	项链 腰间佩饰	女	乙（A）	北Ⅱ中	春秋中期	
46：9	118	颈部	项链	男	乙（B）			
255：1	83	胸部	项链	少儿	丁			
256：9	107	胸部	项链	女	乙（A）			
49：4	221	颈部	项链	男	丙（A）			

附表 87－2　　**玉皇庙墓地小黑石珠出土部位统计表**

器物号（YYM）	数量（枚）	出土部位	功用	性别	墓葬规格级别	分布	分期	墓葬合计
95:11	42	颈、胸部	项链	男	乙（A）	北Ⅱ中	春秋中期	25
258:5	207	颈、胸部	项链	女	乙（A）			
125:5	36	头骨之下	项链	女	丁			
52:15	156	颈部	项链	男	甲（B）			
36:8	1	颈部	项链	男	乙（B）	北Ⅰ北		
26:5	221	颈部	项链	女	乙（B）			
297:4	14	胸部	项链	男	丙（B）			
298:3	157	颈部	项链	女	丁			
293:4	74	颈部	项链	婴儿	丁			
295:5	241	颈、胸部	项链	男	乙（A）			
299:5	116	胸部	项链	少儿	丙（B）			
294:3	158	颈部	项链	女	丙（A）			
24:2	2	颈部	项链	少儿	丁	北Ⅰ中		
12:4	24	颈部	项链	女	丁	北Ⅰ南		
6:4	655	腰部	腰间佩饰	女	丙（A）			
7:11	134	颈部	项链	男	丙（C）			
102:7	228	颈部	项链	男	丙（B）			
192:4	7	颈部	项链	男	丙（B）	北Ⅱ南	春秋中晚期	6
55:1	2	颈部	项链	少儿	丙（C）			
58:6	190	颈部	项链	男	乙（B）			
196:6	42	颈、胸部	项链	女	乙（B）			
59:3	112	颈部	项链	少儿	丁			
141:1	6	胸部	项链	婴儿	丁			
194:1	78	颈、胸部	项链	婴儿	丙（C）	南区北	春秋晚期前段	
222:5	122	颈、胸部	项链	女	丙（B）			
221:5	83	颈部	项链	女	丙（A）			
220:8	731	颈部至胸部	项链	女	乙（B）			
215:5	64	颈部	项链	女	丙（B）			
199:12	47	颈部	项链	男	丙（A）			
200:5	176	颈部	项链	女	丙（A）			
178:6	69	颈、胸部	项链	女	乙（B）			
177:2	40	颈部	项链	婴儿	丁			
150:5	125	颈、胸部	项链	女	乙（B）			
153:8	377	颈、胸部	项链	女	丙（A）			
144:8	88	颈、胸部	项链	女	丙（A）			
138:7	312	颈、胸部	项链	女	丙（A）			
136:6	60	颈、胸之间	项链	少儿	丙（C）			
135:3	77	胸部	项链	少儿	丙（C）			
104:5	168	颈部	项链	女	丙（B）			
75:5	267	颈、胸部	项链	女	丙（B）			
76:3	394	颈、胸部	项链	女	丙（C）			

附表87－3

玉皇庙墓地小黑石珠出土部位统计表

器物号（YYM）	数量（枚）	出土部位	功用	性别	墓葬规格级别	分布	分期	墓葬合计
201:4	140	颈、胸部	项链	少儿	丁	南区北	春秋晚期前段	34
202:6	27	颈、胸部	项链	女	丙（A）	南区中		
176:7	319	颈、胸部	项链	女	丙（B）			
155:2	60	颈部	项链	少儿	丁			
286:1	219	颈、胸部	项链	婴儿	丁			
167:8	72	颈、胸部	项链	女	乙（B）			
133:5	74	颈、胸部	项链	女	乙（B）			
132:6	150	颈部	项链	少儿	丙（C）			
115:2	160	颈部	项链	少儿	丁			
113:8	230	颈、胸部	项链	女	丙（A）			
165:2	13	颈、胸之间	项链	少儿	丁			
80:3	27	颈部	项链	女	丁			
77:4	85	颈、胸部	项链	男	丙（B）			
79:3	48	颈、胸部	项链	男	丁			
316:2	22	头骨左侧	项链	女	丁	西区		
308:3	33	颈部	项链	男	丁			
128:5	68	颈、胸部	项链	女	乙（B）	南区南	春秋晚期后段	23
109:2	6	头骨之下	项链	女	丙（C）			
353:3	3	颈部	项链	女	丁			
352:5	40	颈、胸部	项链	女	丙（C）			
351:4	118	颈、胸部	项链	男	丁			
354:4	636	颈、胸部	项链	女	丁			
341:3	2363	颈部	项链	女	丙（A）			
338:5	568	颈、胸部	项链	女	乙（A）			
380:1	2	颈部	项链	男	丁			
381:5	218	颈、胸部	项链	男	丁			
374:6	103	颈、胸部	项链	女	乙（B）			
375:4	283	颈、胸部	项链	女	丙（C）			
368:4	254	颈、胸部	项链	女	丙（C）			
369:7	198	颈、胸部	项链	女	乙（B）			
364:6	32	颈部	项链	女	丙（B）			
363:2	67	颈、胸部	项链	少儿	丁			
396:3	101	颈部	项链	女	丙（C）			
397:6	350	颈、胸部	项链	女	丙（C）			
392:6	242	颈部	项链	女	丁			
393:3	16	颈、胸部	项链	男	丙（C）			
394:3	389	颈部	项链	女	乙（B）			
400:5	348	颈部	项链	男	丙（A）			
395:4	339	颈部	项链	男	丙（A）			
合计	20580	颈部 61例 颈、胸部 51例 胸部 6例 腰部 1例 被扰乱 1例	项链 118例 腰间佩饰 1例 不详 1例	女66 男31 少儿16 婴儿5 无人1 不详1	甲（A）1 甲（B）2 乙（A）12 乙（B）24 丙（A）20 丙（B）14 丙（C）19 丁 28			120（座）

（五）玛瑙、绿松石制品

1. 玛瑙珠

玉皇庙墓地共出土玛瑙珠1451枚，分别出自59座墓葬，占该墓地墓葬总数的14.75%。每墓出土数量多少不等，少者1枚，多者百余枚，一般情况为数枚或数十枚。这些玛瑙珠在墓中的出土部位共分4种情况，绝大多数是出于死者的颈、胸部，只有极少数出于死者腰部。

经统计，出于死者颈、胸部者共有34例（墓葬编号：YYM20、2、280、241、240、47、44、258、220、198、178、153、138、136、75、76、202、176、167、133、126、114、113、165、302、128、354、338、381、374、375、368、369、397），占该墓地玛瑙珠4种出土部位例次总数（共60例次）的56.7%，是出土数量最多，所占比例最高的一种。

出于死者颈部者有18例（墓葬编号：YYM29、9、387、94、247、64、215、74、154、155、132、78、323、308、364、361、392、394），占该墓地玛瑙珠4种出土部位例次总数的30%，在出土数量和所占比例上居第二位。

出于死者胸部者有4例（墓葬编号：YYM274、256、158、120），占该墓地玛瑙珠4种出土部位例次总数的6.7%，在出土数量和所占比例上居第三位。

出于死者腰部者4例（墓葬编号：YYM5、YYM6、YYM44、YYM373），占该墓地玛瑙珠4种出土部位例次总数的6.7%，在出土数量和所占比例上居第四位。

从功用考察，上述出于死者颈部至胸部的56例玛瑙珠，都是作项链用的；出于腰部的2例，是作腰部佩饰用的（参见附表88）。

2. 玛瑙环

玉皇庙墓地出土玛瑙环1件，占该墓地墓葬总数的0.25%。

标本YYM57:15，压在死者头骨之下。

从功用考察，YYM57:15玛瑙环压于死者头骨之下，与颈部小白石珠项链伴出，应为项链佩饰之一。

3. 绿松石珠

玉皇庙墓地出土绿松石珠2095枚，分别出自170座墓葬，占该墓地墓葬总数的42.5%。每墓出土数量多少不一，少者1枚，最多者221枚，一般情况为数枚或10余枚。这些绿松石珠在墓中的出土部位，可分4种情况：

Ⅰ　出于死者左、右耳骨处，共有128例（墓葬编号：YYM22、20、35、29、19、15、2、3、18、300、11、5、278、279、98、277、250、251、230、229、233、231、227、241、264、99、226、240、252、275、263、266、236、237、256、261、247、48、95、258、51、65、190、125、188、52、54、23、102、212、208、58、196、186、57、86、64、69、83、217、182、220、215、213、209、197、198、199、178、150、151、157、153、142、145、143、144、138、136、117、104、105、74、75、202、176、156、158、167、168、133、132、131、124、126、120、114、113、111、171、80、308、164、127、172、175、161、129、128、174、340、334、352、354、344、338、349、347、381、376、374、372、371、369、364、397、392、400），占该墓地绿松石珠4种出土部位例次总数（共195例次，其中有25座墓每墓为2例次，墓葬编号为YYM22、35、2、18、98、251、241、256、125、52、58、

附表 88 – 1

玉皇庙墓地玛瑙珠出土部位统计表

器物号（YYM）	数量（枚）	出土部位	功用	性别	墓葬规格级别	分布	分期	墓葬合计
20 : 7	26	颈、胸部	项链	女	乙（A）	北Ⅰ中	春秋早期	5
29 : 5	15	颈部	项链	女	丙（A）			
2 : 14	153	颈、胸部	项链	女	甲（B）			
5 : 16	1	腰椎右侧、靠近骨柄铜锥上方	锥囊佩饰	男	丙（C）			
9 : 4	1	颈部	项链	女	丙（C）			
280 : 8	5	颈、胸部	项链	女	乙（A）	北Ⅱ北	春秋早中期	5
387 : 1	1	颈部	项链	女	丁			
241 : 5	54	颈、胸部	项链	女	乙（B）			
240 : 5	16	颈、胸部	项链	女	乙（B）			
47 : 4	1	颈、胸之间	项链	女	丙（C）			
274 : 3	6	胸部	项链	少儿	丙（B）	北Ⅱ中	春秋中期	7
44 : 4	6	颈、胸部	项链	男	乙（B）			
44 : 6	1	右股骨内侧	腰部佩饰					
256 : 8	15	胸部	项链	女	乙（A）			
94 : 2	6	颈部	项链	少儿	丙（C）			
247 : 8	1	颈部	项链	男	乙（B）			
258 : 6	6	颈、胸部	项链	女	乙（A）			
6 : 6	2	腰部	腰部佩饰	女	丙（A）	北Ⅰ南		
64 : 5	14	颈部	项链	女	乙（B）	北Ⅱ南	春秋中晚期	1
220 : 6	3	颈、胸部	项链	女	乙（B）	南区北	春秋晚期前段	
215 : 5	4	颈部	项链	女	丙（B）			
198 : 5	3	颈、胸之间	项链	女	乙（B）			
178 : 8	45	颈、胸部	项链	女	乙（B）			
153 : 10	95	颈、胸部	项链	女	丙（A）			
138 : 5	146	颈、胸部	项链	女	丙（A）			
136 : 4	12	颈、胸之间	项链	少儿	丙（C）			
74 : 19	1	颈部	项链	男	乙（A）			
75 : 6	62	颈、胸部	项链	女	丙（B）			
76 : 4	38	颈、胸部	项链	女	丙（C）			
202 : 6	2	颈、胸之间	项链	女	丙（A）	南区中		
176 : 5	19	颈、胸部	项链	女	丙（B）			
154 : 6	1	颈下	项链	男	丙（C）			
155 : 3	1	颈部右侧	项链	少儿	丁			
158 : 10	1	右侧胸部	项链	男	乙（B）			
167 : 5	179	颈、胸部	项链	女	乙（B）			
133 : 6	72	颈、胸部	项链	女	乙（B）			
132 : 5	3	颈部右侧	项链	少儿	丙（C）			
126 : 5	5	颈、胸之间	项链	女	丙（A）			

附表 88－2

玉皇庙墓地玛瑙珠出土部位统计表

器物号（YYM）	数量（枚）	出土部位	功用	性别	墓葬规格级别	分布	分期	墓葬合计
120∶6	3	胸部	项链	少儿	丙（B）	南区中	春秋晚期前段	27
114∶5	75	颈、胸部	项链	女	丙（B）			
113∶6	27	颈、胸部	项链	女	丙（A）			
165∶2	2	颈、胸之间	项链	少儿	丁			
78∶4	3	颈部	项链	女	丁			
323∶3	1	颈部	项链	男	丙（C）	西区		
308∶3	3	颈部	项链	男	丁			
302∶6	4	颈、胸之间	项链	女	丙（C）			
128∶5	2	颈、胸之间	项链	女	乙（B）	南区南	春秋晚期后段	14
354∶3	140	颈、胸部	项链	女	丁			
338∶5	4	颈、胸部	项链	女	乙（A）			
373∶5	1	右尺骨下、近挨短剑与削刀	剑、刀囊佩饰	男	乙（B）			
381∶5	50	颈、胸部	项链	男	丁			
374∶6	3	颈、胸部	项链	女	乙（B）			
375∶5	3	颈、胸部	项链	女	丙（C）			
368∶5	8	颈、胸部	项链	女	丙（C）			
369∶5	7	颈、胸部	项链	女	乙（B）			
364∶5	46	头骨下面和颈部	项链	女	丙（B）			
361∶3	1	颈部	项链	男	丁			
397∶5	1	颈、胸部	项链	女	丙（C）			
392∶5	31	颈部	项链	女	丁			
394∶4	14	颈部	项链	女	乙（B）			
合计	1451	颈、胸部 34 例 颈部 18 例 胸部 4 例 腰部 4 例	项链 56 例 腰部佩饰 4 例	女 41 例 男 11 例 少儿 7 例	甲（B）1 乙（A）6 乙（B）16 丙（A）7 丙（B）7 丙（C）13 丁 9			59 座

220、178、136、202、167、132、114、113、80、175、354、381、369、364）的 65.7%，是出土墓例数量最多、所占比例最高的一种，居第一位。

Ⅱ 出于死者颈、胸部，共有 65 例（墓葬编号：22、35、17、2、18、13、10、280、285、37、98、282、251、241、47、239、253、274、273、44、255、267、272、125、52、7、192、58、184、220、219、206、178、177、147、136、76、202、154、155、286、167、132、114、113、166、106、80、77、79、78、323、322、175、351、354、381、379、375、368、369、364、363、361、394），占该墓地绿松石珠 4 种出土部位例次总数的 33.3%，是出土墓例数量较多、所占比例较高的一种，居第二位。

Ⅲ 出于死者左尺骨内侧1例（YYM234∶8）。

Ⅳ 出于死者头骨右上侧1例（YYM256∶7）。第Ⅲ、第Ⅳ两种均为孤例，属极少数情况，是出土数量最少，所占比例最低的两种，并居末位。

从功用考察，属第Ⅰ种出于死者左、右耳骨处的128例，均为耳环坠饰或耳坠饰；属第Ⅱ种出于死者颈、胸部的65例，皆为项链饰珠；属第Ⅲ种出于左尺骨内侧的1例和属第Ⅳ种出于头骨右上侧的1例，应分别为左臂串饰和头部串饰（参见附表89）。

4. 绿松石管

玉皇庙墓地共出土绿松石管139枚，分别出自27座墓葬，占该墓地墓葬总数的6.75%。每墓出土数量多少不等，少则1枚，多则10余枚或20余枚。

这些绿松石管在墓中的出土部位，多集中于死者颈、胸部，仅有少数出于耳部。

Ⅰ 出于颈、胸部者，共15例（墓葬编号：YYM20、241、240、258、194、198、178、153、75、76、167、133、113、79、375），占该墓地绿松石管4种出土部位例次总数（27例次）的55.6%，是出土数量最多、所占比例最高的一种。

Ⅱ 出于颈部者，共9例（墓葬编号：YYM29、15、11、184、64、131、159、323、334），占该墓地绿松石管4种出土部位例次总数的33.3%，是出土数量较多、所占比例较高的一种。

Ⅲ 出于胸部者，1例（YYM256），占该墓地绿松石管4种出土部位例次总数的3.7%。

Ⅳ 出于耳部者，2例（YYM229、YYM172），占该墓地绿松石管4种出土部位例次总数的7.4%。第Ⅲ、第Ⅳ种情况为数很少，所占比例也相对很低。

从功用考察，前3种，即出于死者颈、胸部位的25例绿松石管，皆为项链佩饰；后一种，即出于死者耳部的2例，则均为铜耳环坠饰（参见附表90）。

（六）骨器

1. 兵器

（1）镞

玉皇庙墓地共出土骨镞481枚，分别出自72座墓葬，占该墓地墓葬总数的18%。每墓出土数量多少不等，少者1枚，最多者21枚，一般情况为数枚或10余枚。

骨镞在墓中的出土部位，皆集中在死者的下肢内、外侧，具体可分为4种情况：

Ⅰ 出于死者左、右股骨内、外侧或其表面者，共18例（墓葬编号：YYM19、17、5、250、234、95、54、36、192、72、217、210、209、74、333、321、303、127），占该墓地骨镞4种出土部位例次总数（共74例次，其中YYM209和YYM192各为2例）的24.3%，在4种出土部位中居第二位。其中出于股骨外侧者数量较多，共11例（YYM19、17、5、250、36、72、217、209、74、321、303）；出于左、右股骨之间和内侧者数量较少，共6例（YYM234、95、54、192、210、333）；出于股骨表面者，只有1例（YYM127）。

Ⅱ 出于死者左、右膝关节部位者，共有11例（墓葬编号282、226、57、71、209、205、199、151、117、332、173），占该墓地骨镞4种出土部位例次总数的14.9%，在4种出土部位中居第三位。其中出于膝关节外侧数量较多，共8例（YYM282、226、57、71、205、199、117、332）；出于膝关节中间和内侧者数量较少，仅4例（YYM282、209、151、173）。

附表 89－1　**玉皇庙墓地绿松石珠出土部位统计表**

器物号（YYM）	数量（枚）	出土部位	功用			性别	墓葬规格级别	分布	分期	墓葬合计
			耳坠饰	项链	串饰					
22∶5	2	左、右耳环下各 1	√			男	甲（B）	北Ⅰ中	春秋早期	15
22∶7	1	颈部		√						
20∶5	8	左、右耳环下各 4	√			女	乙（A）			
35∶7	8	左、右耳环下各 4	√			女	乙（B）			
35∶11	6	颈至胸部		√						
29∶3	8	左、右耳骨附近各 4	√			女	丙（A）			
19∶5	1	右耳环下	√			男	乙（B）			
17∶5	3	在“象征死者颈、胸部”		√		无人	乙（B）			
15∶3	3	左耳环下 1，右耳环下 2	√			少儿	丁			
2∶13	8	左、右耳骨下各 4	√			女	甲（B）			
2∶14	60	颈、胸部		√						
3∶5	9	左耳环下 4，右耳环下 5	√			女	乙（B）			
18∶13	16	左、右耳骨下各 8	√			男	甲（A）			
18∶14	169	颈、胸部		√						
13∶12	1	颈部		√		男	乙（A）			
300∶11	4	左、右耳骨下各 2	√			男	乙（A）	北Ⅰ西		
11∶9	1	左耳环下	√			男	乙（A）	北Ⅰ中		
5∶17	1	右耳环下	√			男	丙（C）			
10∶6	1	颈部		√		女	乙（B）			
278∶3	64	左耳骨下 26，右耳骨下 38	√			男	丙（A）	北Ⅱ北	春秋早中期	23
279∶3	7	左耳环附近	√			女	乙（B）			
280∶8	11	颈、胸部		√		女	乙（A）			
285∶1	4	头骨东侧		√		女	丁			
37∶5	2	颈部		√		女	丙（C）			
98∶5	12	左、右耳环下各 5	√			女	丙（A）			
98∶7	6	颈部		√						
277∶3	2	左、右耳骨下各 1	√			男	丙（A）			
250∶23	6	左、右耳骨下各 3	√			男	甲（A）			
282∶7	5	颈部		√		男	丙（A）			
251∶9	4	左、右耳骨下各 2	√			女	乙（B）			
251∶5	49	颈至胸部		√						
230∶12	6	左、右耳骨下各 3	√			男	甲（A）			
229∶16	1	右耳环下	√			男	乙（A）			
233∶7	10	左耳环下 6，右耳环下 4	√			男	乙（B）			
231∶3	3	左耳环下 1，右耳环下 2	√			女	乙（B）			
227∶9	12	左、右耳骨下各 6	√			男	乙（A）			
241∶3	4	左、右耳骨下各 2	√			女	乙（B）			
241∶7	166	颈、胸部		√						
264∶10	2	左、右耳骨下各 1	√			男	丙（A）			
99∶4	3	左耳环下 1，右耳环下 2	√			女	丁			
226∶16	6	左、右耳骨下各 3	√			男	乙（B）			
240∶3	6	左、右耳骨下各 3	√			女	乙（B）			
252∶6	1	右耳骨下	√			男	丙（A）			
275∶7	2	左、右耳骨下各 1	√			男	乙（A）			
47∶4	3	颈、胸部		√		女	丙（C）			

附表 89－2

玉皇庙墓地绿松石珠出土部位统计表

器物号（YYM）	数量（枚）	出土部位	功用			性别	墓葬规格级别	分布	分期	墓葬合计
			耳坠饰	项链	串饰					
234∶8	9	左尺骨内侧			√	男	乙（B）	北Ⅱ中	春秋中期	29
239∶2	29	颈、胸之间		√		少儿	丙（C）			
253∶1	1	颈部		√		婴儿	丁			
263∶3	1	左耳环下 1，右耳环下 2	√			男	乙（B）			
274∶3	1	胸部		√		少儿	丙（B）			
266∶3	2	左、右耳骨附近各 1	√			女	乙（A）			
273∶3	2	颈部		√		女	丙（A）			
44∶4	2	颈、胸部		√		男	乙（B）			
236∶11	3	左、右耳环下	√			男	乙（A）			
237∶3	8	左、右耳环下各 4	√			女	乙（B）			
255∶1	10	胸部		√		少儿	丁			
256∶5	20	左、右耳骨下各 10	√			女	乙（A）			
256∶7	11	头骨右上侧			√					
261∶5	4	左、右耳骨下各 2	√			男	乙（A）			
267∶3	7	胸部		√		婴儿	丙（B）			
272∶2	1	颈部左侧		√		女	丙（A）			
247∶7	4	左、右耳骨下各 2	√			男	乙（B）			
48∶7	6	左、右耳骨下各 3	√			男	丙（A）			
95∶8	18	左、右耳骨下各 9	√			男	乙（A）			
258∶3	8	左、右耳骨下各 4	√			女	乙（A）			
51∶9	6	左、右耳骨下各 3	√			男	乙（A）			
65∶6	1	左耳环下	√			男	乙（B）			
190∶6	10	左、右耳骨下各 5	√			男	乙（B）			
125∶2	6	左、右耳骨处各 3	√			女	丁			
125∶3	13	头骨左侧		√						
188∶6	2	左、右耳骨下各 1	√			男	乙（B）			
52∶13	8	左、右耳环下各 4	√			男	甲（B）			
52∶15	10	颈部		√						
54∶8	1	右耳环旁	√			男	乙（A）			
23∶11	4	左、右耳环下各 2	√			男	丙（A）	北Ⅰ中		
7∶10	1	颈部		√		男	丙（C）	北Ⅰ南		
102∶6	1	右耳环旁	√			男	丙（B）			
212∶6	2	左、右耳环下各 1	√			男	乙（B）	北Ⅱ南	春秋中晚期	
208∶4	1	右耳骨下	√			女	丙（A）			
192∶4	1	颈部		√		男	丙（B）			
58∶5	2	左、右耳环下各 1	√			男	乙（B）			
58∶7	17	颈部		√						
196∶3	6	左、右耳骨下各 3	√			女	乙（B）			
186∶7	2	左、右耳骨下各 1	√			男	乙（B）			
57∶6	8	左、右耳环下各 4	√			男	乙（B）			
86∶6	10	左、环下 4，右耳环下 6	√			男	乙（A）			

附表 89－3　**玉皇庙墓地绿松石珠出土部位统计表**

器物号（YYM）	数量（枚）	出土部位	功用			性别	墓葬规格级别	分布	分期	墓葬合计
			耳坠饰	项链	串饰					
184∶4	4	颈部		√		少儿	丙（B）	北Ⅱ南	春秋中晚期	12
64∶3	6	左、右耳环下各3	√			女	乙（B）			
69∶2	2	左、右耳环附近各1	√			男	丙（A）			
83∶6	1	左耳环下	√			男	丙（A）			
217∶5	4	左、右耳骨下各2	√			男	甲（B）	南区北	春秋晚期前段	30
182∶6	2	左、右耳骨下各1	√			男	乙（B）			
220∶5	14	左、右耳骨下各7	√			女	乙（B）			
220∶6	78	颈至胸部		√						
219∶2	6	头骨之下		√		女	丙（A）			
215∶4	3	左耳骨下1，右耳骨下2	√			女	丙（B）			
213∶7	5	左耳环下	√			男	乙（B）			
209∶6	5	左耳环下2，右耳环下3	√			男	乙（A）			
206∶3	2	头骨左侧		√		女	丙（A）			
197∶3	2	左、右耳骨下各1	√			女	乙（B）			
198∶3	16	左耳环下7，右耳环下9	√			女	乙（B）			
199∶10	1	右耳环下	√			男	丙（A）			
178∶5	6	左、右耳骨下各3	√			女	乙（B）			
178∶8	9	颈、胸部		√						
177∶2	1	颈部（白松石）		√		婴儿	丁			
150∶3	11	左耳环下5，右耳环下6	√			女	乙（B）			
151∶6	4	左、右耳骨头下各2	√			男	甲（B）			
157∶2	2	左、右耳骨下各1	√			少儿	丙（C）			
153∶7	12	左、右耳骨下各6	√			女	丙（A）			
147∶3	4	颈下		√		婴儿	丁			
142∶5	6	左、右耳骨下各3	√			男	丙（A）			
145∶6	6	左、右耳骨下各3	√			男	丙（A）			
143∶5	6	左、右耳骨下各3	√			男	丙（A）			
144∶3	37	左耳环下26，右耳环下11	√			女	丙（A）			
138∶3	25	左耳环下12，右耳环下13	√			女	丙（A）			
136∶2	4	左耳环下	√			少儿	丙（C）			
136∶4	12	颈、胸之间		√						
117∶6	5	左耳环下2，右耳环下3	√			男	丙（A）			
104∶3	2	左、右耳骨下各1	√			女	丙（B）			
105∶6	4	左、右耳骨下各2	√			男	丙（C）			
74∶5	2	左、右耳骨下各1	√			男	乙（A）			
75∶4	9	左耳环下4，右耳环下5	√			女	丙（B）			
76∶4	27	颈、胸部		√		女	丙（C）			
202∶3	4	左、右耳骨下各2	√			女	丙（A）	南区中		
202∶6	1	颈、胸部		√						
176∶3	2	左、右耳骨下各1	√			女	丙（B）			
154∶5	1	颈下		√		男	丙（C）			
155∶4	2	头骨右后侧和颈下各1		√		少儿	丁			
286∶1	7	颈、胸部		√		婴儿	丁			

附表 89－4

玉皇庙墓地绿松石珠出土部位统计表

器物号（YYM）	数量（枚）	出土部位	功用			性别	墓葬规格级别	分布	分期	墓葬合计
			耳坠饰	项链	串饰					
156:6	6	左、右耳骨下各 3	√			男	乙（A）	南区中	春秋晚期前段	28
158:8	2	左、右耳骨下各 1	√			男	乙（B）			
167:3	16	左、右耳骨下各 8	√			女	乙（B）			
167:6	221	颈、胸部		√						
168:5	6	左耳环下 2，右耳环下 4	√			男	丙（B）			
133:3	22	左、右耳骨下各 11	√			女	乙（B）			
132:2	2	左、右耳骨下各 1	√			少儿	丙（C）			
132:5	15	颈部		√						
131:7	6	左、右耳骨下各 3	√			男	丙（A）			
124:6	3	左耳环下 1，右耳环下 2	√			男	乙（B）			
126:3	6	左、右耳骨下各 3	√			女	丙（A）			
120:3	6	左、右耳骨下各 3	√			少儿	丙（B）			
114:3	4	左、右耳骨下各 2	√			女	丙（B）			
114:4	33	颈部		√						
113:3	4	左、右耳骨下各 2	√			女	丙（A）			
113:6	19	颈、胸部		√						
111:6	4	左、右耳骨下各 2	√			男	丙（A）			
166:3	1	颈下		√		少儿	丙ⓒ			
171:6	8	左、右耳骨下各 4	√			男	丙（A）			
106:4	6	颈部（含白松石珠 4）		√		少儿	丁			
80:6	4	右耳环下	√			女	丁			
80:2	50	颈部		√						
77:4	1	颈、胸部		√		男	丙（B）			
79:3	1	颈、胸部（白松石珠）		√		男	丁			
78:4	3	颈部		√		女	丁			
323:3	20	颈部		√		男	丙（C）	西区		
322:2	37	颈部		√		男	丁			
308:2	1	左耳环下	√			男	丁			
164:7	2	左、右耳骨下各 1	√			男	丙（B）	南区南	春秋晚期后段	
127:5	2	左、右耳骨下各 1	√			男	丙（C）			
172:5	1	左耳环下	√			男	丁			
175:6	6	左、右耳骨下各 3	√			男	丙（A）			
175:8	3	胸部		√						
161:8	2	左、右耳骨下各 1	√			男	乙（A）			
129:13	6	左、右耳骨下各 3	√			男	乙（A）			
128:8	5	左耳环下 2，右耳环下 3	√			女	乙（B）			
174:6	6	左、右耳骨下各 3	√			男	乙（B）			
340:3	2	左、右耳骨附近各 1	√			女	丙（A）			
334:7	2	左、右耳骨下各 1	√			男	乙（A）			
352:3	3	左耳环下	√			女	丙（C）			
351:4	1	颈、胸之间		√		男	丁			
354:6	6	左、右耳骨下各 3	√			女	丁			
354:3、4	33	颈、胸部		√						
344:6	4	左、右耳骨下各 2	√			男	乙（A）			

附表 89－5

玉皇庙墓地绿松石珠出土部位统计表

器物号（YYM）	数量（枚）	出土部位	功用			性别	墓葬规格级别	分布	分期	墓葬合计
			耳坠饰	项链	串饰					
338：3	8	左、右耳骨下各4	√			女	乙（A）	南区南	春秋晚期后段	33
349：6	4	左、右耳骨下各2	√			男	乙（B）			
347：2	1	右耳骨表面	√			女	乙（B）			
381：3	10	左、右耳骨下各5	√			男	丁			
381：5	2	颈、胸部		√						
379：4	1	头骨之下		√		男	丙（A）			
376：4	1	左耳环下	√			男	丙（A）			
374：3	6	左、右耳骨下各3	√			女	乙（B）			
375：5	1	颈、胸之间		√		女	丙（C）			
372：4	2	左、右耳骨下各1	√			女	丙（A）			
371：3	3	左耳环下	√			女	丙（C）			
368：5	7	颈、胸部		√		女	丙（C）			
369：3	1	右耳骨下	√			女	乙（B）			
369：5	3	颈、胸之间		√						
364：4	85	左耳骨下43，右耳骨下42	√			女	丙（B）			
364：5	1	颈部		√						
363：2	1	颈、胸之间		√		少儿	丁			
361：3	1	颈部		√		男	丁			
397：4	4	左、右耳骨下各2	√			女	丙（C）			
392：3	6	左耳骨下4，右耳骨下2	√			女	丁			
394：4	26	颈部		√		女	乙（B）			
400：3	2	左、右耳骨下各1	√			男	丙（A）			
合计	2095	左、右耳骨处 128例 颈、胸部，头骨之下 65例 左尺骨内侧，头骨右上侧 2例	128（例）	65（例）	2（例）	男85 女66 少儿13 婴儿5 无人1	甲（A）3 甲（B）5 乙（A）25 乙（B）44 丙（A）36 丙（B）15 丙（C）19 丁 23			170（座）

Ⅲ 出于死者左、右胫、腓骨部位者，共36例（墓葬编号：YYM22、33、34、277、230、229、227、276、252、275、236、261、247、48、51、65、190、188、52、192、58、186、83、148、203、213、179、142、105、124、111、320、129、174、344、343），占该墓地骨镞4种出土部位例次总数的48.6%，是出土数量最多、所占比例最高的一种，居第一位。其中出于胫、腓骨外侧者数量较多，共20例（YYM230、229、227、276、252、275、236、65、190、52、186、83、213、179、105、124、111、174、344、343）；出于左、右胫、腓骨之间和内侧者数量较少，共15例（YYM22、33、34、277、261、247、48、51、188、58、148、203、142、320、129）；出于胫、腓骨表面者2例（YYM275、YYM192）。

附表 90　　**玉皇庙墓地绿松石管出土部位统计表**

器物号（YYM）	数量（枚）	出土部位	功用		性别	墓葬规格级别	分布	分期	墓葬合计
			项链	耳环坠饰					
20∶7	26	颈、胸部	√		女	乙（A）	北Ⅰ中	春秋早期	4
29∶5	9	颈部	√		女	丙（A）			
15∶7	6	颈部	√		少儿	丁			
11∶11	1	颈下	√		男	乙（A）			
229∶5	1	右耳环下		√	男	乙（A）	北Ⅱ北	春秋早中期	3
241∶5	10	颈、胸部	√		女	乙（B）			
240∶5	5	颈、胸部	√		女	乙（B）			
256∶8	7	胸部	√		女	乙（A）	北Ⅱ中	春秋中期	2
258∶6	2	颈、颈胸部	√		女	乙（A）			
184∶4	3	颈部	√		少儿	丙（B）	北Ⅱ南	春秋中晚期	2
64∶5	4	颈部	√		女	乙（B）			
194∶1	1	颈、胸部	√		婴儿	丙（C）	南区北	春秋晚期前段	6
198∶5	9	颈、胸部	√		女	乙（B）			
178∶8	4	颈、胸部	√		女	乙（B）			
153∶10	6	颈、胸部	√		女	丙（A）			
75∶6	1	颈、胸部	√		女	丙（B）			
76∶4	8	颈、胸部	√		女	丙（C）			
167∶8	11	颈、胸部	√		女	乙（B）	南区中		6
133∶6	4	颈、胸部	√		女	乙（B）			
131∶9	1	颈部中间	√		男	丙（A）			
113∶6	4	颈、胸部	√		女	丙（A）			
159∶2	2	颈部	√		婴儿	丁			
79∶3	2	颈、胸部	√		男	丁			
323∶3	8	颈下及颈部左侧	√		男	丙（C）	西区		1
172∶4	2	左、右耳骨下各1		√	男	丁	南区南	春秋晚期后段	3
334∶9	1	颈下正中	√		男	乙（A）			
375∶5	1	颈、胸部	√		女	丙（C）			
合计	139	颈、胸部 15例 颈部 9例 胸部 1例 耳部 2例	25（例）	2（例）	女16 男7 少儿2 婴儿2	乙（A）6 乙（B）7 丙（A）4 丙（B）2 丙（C）4 丁 4			27（座）

Ⅳ　出于死者足骨部位者，共9例（墓葬编号：YYM32、233、257、138、156、158、134、110、345），占该墓地骨镞4种出土部位例次总数的12.2%，居第四位。其中除2例（YYM233、YYM110）出于左、右足骨之间外，其余7例均出于足骨外侧。

值得指出的是，玉皇庙墓地出土的骨镞除2例（YYM277、YYM173）镞锋朝右（即朝北）之外（其中YYM277曾遭扰动），其余70座墓出土的骨镞镞锋一律朝下，这是玉皇庙文化葬俗与日常携带骨镞的只要方式和特点之一（参见附表91）。

附表 91－1　**玉皇庙墓地骨镞出土部位统计表**

序号	器物号（YYM）	数量（枚）	出土部位	性别	墓葬规格级别	分区	分期	合计
1	22∶15	12	左胫骨内侧，镞锋朝下	男	甲（B）	北Ⅰ中	春秋早期	7（座）82（枚）
2	32∶16	16	在象征“死者左足骨外侧”，镞锋朝下	无人	丙（A）			
3	33∶2	3	左、右胫骨上端中间，镞锋朝下	不详	丙（A）			
4	34∶15	21	在象征“死者左、右胫骨之间”，镞锋朝下	无人	丙（B）			
5	19∶18	6	右股骨下端外侧，镞锋朝下	男	乙（B）			
6	17∶15	21	在象征“死者右股骨外侧”，镞锋朝下	无人	乙（B）			
7	5∶15	3	右股骨下端外侧，镞锋朝下	男	丙（C）			
8	277∶8	2	左、右胫骨之间，因遭扰动，镞锋朝右（即朝北）	男	丙（A）	北Ⅱ北	春秋早中期	11（座）111（枚）
9	250∶17	36	右股骨外侧，镞锋朝下	男	甲（A）			
10	282∶13	9	左、右髌骨之间及其外侧，镞锋朝下	男	丙（A）			
11	230∶8	4	右胫骨外侧，镞锋朝下	男	甲（A）			
12	229∶11	4	右腓骨外侧，镞锋朝下	男	乙（A）			
13	233∶13	13	左、右足骨之间，镞锋朝下	男	乙（B）			
14	227∶13	10	左腓骨外侧，镞锋朝下	男	乙（A）			
15	276∶8	6	左腓骨外侧，镞锋朝下	男	丁			
16	226∶10	10	右髌骨外侧，镞锋朝下	男	乙（B）			
17	252∶10	5	右腓骨外侧，镞锋朝下	男	丙（A）			
18	275∶17	12	右胫骨表面及外侧，镞锋朝下	男	乙（A）			
19	234∶12	7	左、右股骨之间，镞锋朝下	男	乙（B）	北Ⅱ中	春秋中期	14座 109枚
20	236∶8	11	右腓骨外侧，镞锋朝下	男	乙（A）			
21	261∶17	1	右胫骨内侧，镞锋朝下	男	乙（A）			
22	257∶8	1	左趾骨外侧，镞锋朝下	男	乙（B）			
23	247∶12	8	右胫骨内侧，镞锋朝下	男	乙（B）			
24	48∶16	12	左、右痉骨下端之间，镞锋朝下	男	丙（A）			
25	95∶18	15	左股骨下端内侧，镞锋朝下	男	乙（A）			
26	51∶7	10	左、右胫骨之间，镞锋朝下	男	乙（A）			
27	65∶11	3	左胫骨外侧，镞锋朝下	男	乙（B）			
28	190∶19	3	右腓骨外侧，镞锋朝下	男	乙（B）			
29	188∶16	11	左、右胫骨之间，镞锋朝下	男	乙（B）			
30	52∶11	16	右腓骨外侧，镞锋朝下	男	甲（B）			
31	54∶16	5	左、右股骨下段之间，镞锋朝下	男	乙（A）			
32	36∶5	6	右股骨下段北侧，镞锋朝下	男	乙（B）	北Ⅰ北		
33	192∶8	5	右股骨下端内侧 3，左腓骨中段表面 2，镞锋均朝下	男	丙（B）	北Ⅱ南	春秋中晚期	8座 46（枚）
34	58∶10	13	右胫骨上端内侧，镞锋察朝下	男	乙（B）			
35	186∶12	2	右腓骨外侧，镞锋朝下	男	乙（B）			
36	57∶13	11	右髌骨外侧，镞锋朝下	男	乙（B）			
37	71∶6	2	左髌骨外侧，镞锋朝下	男	丙（C）			
38	72∶5	5	左股骨上端及外侧，镞锋朝下	男	丙（C）			
39	83∶8	5	右胫骨外侧，镞锋朝下	男	丙（A）			
40	148∶10	3	左胫骨上端内侧，镞锋朝下	男	丙（A）			

附表91－2　**玉皇庙墓地骨镞出土部位统计表**

序号	器物号（YYM）	数量（枚）	出土部位	性别	墓葬规格级别	分区	分期	合计
41	217∶11	5	右股骨外侧，镞锋朝下	男	甲（B）			
42	203∶6	4	左、右胫骨之间，镞锋朝下	男	乙（B）			
43	213∶13	6	左胫骨外侧，镞锋朝下	男	乙（B）			
44	210∶8	11	左、右股骨之间，镞锋朝下	男	乙（A）			
45	209∶13	6	左股骨外侧1，左、右膝关节中间5，镞锋均朝下	男	乙（A）			
46	205∶8	5	左髌骨外侧，镞锋朝下	男	乙（B）			
47	199∶8	3	右髌骨外侧，镞锋朝下	男	丙（A）	南区北		
48	179∶7	6	左腓骨外侧，镞锋朝下	男	乙（B）			
49	151∶14	4	左、右髌骨中间，镞锋朝下	男	甲（B）			
50	142∶11	5	左胫骨内侧，镞锋朝下	男	丙（A）			
51	138∶8	2	左踝骨外侧，镞锋朝下	女	丙（A）			
52	117∶12	2	左膝关节外侧，镞锋朝下	男	丙（A）		春秋晚期前段	24座 110枚
53	105∶12	2	左腓骨外侧，镞锋朝下	男	丙（C）			
54	74∶16	12	左股骨下端外侧，镞锋朝下	男	乙（A）			
55	156∶22	6	左足骨外侧，镞锋朝下	男	乙（A）			
56	158∶16	2	左踝骨外侧，镞锋朝下	男	乙（B）			
57	134∶12	2	左趾骨外侧，镞锋朝下	男	乙（B）	南区中		
58	124∶15	4	左腓骨外侧，镞锋朝下	男	乙（B）			
59	111∶10	6	左腓骨外侧，镞锋朝下	男	丙（A）			
60	332∶3	3	左膝关节外侧，镞锋朝下	男	丙（C）			
61	333∶3	5	左股骨上端内侧，镞锋朝下	男	丙（B）			
62	321∶3	2	左股骨下端外侧，镞锋朝下	男	丁	西区		
63	320∶2	3	左、右胫骨之间，镞锋朝下	男	丙（B）			
64	303∶10	4	右股骨下段外侧，镞锋朝下	男	丁			
65	127∶7	3	右股骨下段表面1，左股骨下段表面2，镞锋均朝下	男	丙（C）			
66	110∶5	4	左、右踝骨之间，镞锋朝下	男	丙（B）			
67	173∶3	4	右胫骨内侧，镞锋朝右（即朝北）	男	丙（C）			
68	129∶11	1	左、右胫骨上端中间，镞锋朝下	男	乙（A）	南区南	春秋晚期后段	8座 23枚
69	174∶18	3	右胫骨下端右侧，镞锋朝下	男	乙（B）			
70	345∶6	3	右趾骨外侧，镞锋朝下	男	丙（A）			
71	344∶14	3	右胫骨外侧，镞锋朝下	男	乙（A）			
72	343∶2	2	右胫骨外侧，镞锋朝下	男	丙（A）			
合计	72 （座墓）	481		男67 女1 无人1 不详3	甲（A）2 甲（B）4 乙（A）14 乙（B）22 丙（A）15 丙（B）5 丙（C）7 丁 3			72座 481枚

（2）鸣镝

玉皇庙墓地共出土骨鸣镝23件，分别出自15座墓葬，占该墓地墓葬总数的5.75%。大多数墓葬（12座）只出1件，只有少数墓葬出3件或5件。

骨鸣镝在墓中的出土部位，皆位于死者腰部以下，主要集中分布于死者下肢部位。具体可分为4种情况。

Ⅰ　出于死者腰部中间者，1例（墓葬编号：YYM48）；

Ⅱ　出于死者右股骨部位者，4例（墓葬编号：YYM17、54、192、74）；

Ⅲ　出于死者左、右胫、腓骨部位者，7例（墓葬编号：YYM229、228、264、275、188、179、111）；

Ⅳ　出于死者足骨外侧部位者，3例（墓葬编号：YYN32、345、358）

以上4种出土部位，以第Ⅲ种数量较多、所占比例较高，占该墓地出土骨鸣镝墓葬总数（15座）的46.7%，居第一位；其次为第Ⅱ种，占该墓地出土骨鸣镝墓葬总数的26.7%，居第二位；再次为第Ⅳ种，占该墓地出土骨鸣镝墓葬总数的20%，居第三位；只有第Ⅰ种出土部位为孤例，仅占该墓地出土骨鸣镝墓葬总数的6.7%，所占比例最低，属个别情况。

需要指出的是，这15座墓葬出土的骨鸣镝，其中有10例是与铜镞、骨镞伴出的（如YYM17、32、229、275、188、54、192、179、111、345），这种情况占该墓地出土骨鸣嘀墓葬总数的66.7%（2/3），这不但很好地说明了骨鸣镝与铜镞和骨镞的依存关系，而且反映了鸣镝的使用率在军都山玉皇庙一带是较频繁的（参见附表92）。

附表92　　**玉皇庙墓地骨鸣镝出土部位统计表**

序号	器物号（YYM）	数量（件）	出土部位	性别	墓葬规格级别	分区	分期	合计
1	17:16	1	在象征"死者右股骨外侧"，与铜镞、骨镞伴出	无人	乙（B）	北Ⅰ中	春秋早期	2座 2件
2	32:17	1	在象征"死者左足部外侧"，与铜镞、骨镞伴出	无人	丙（A）			
3	229:12	5	右腓骨上端外侧，与铜镞、骨镞伴出	男	乙（A）	北Ⅱ北	春秋中早期	4座 8件
4	228:7	1	右腓骨外侧	男	乙（B）			
5	264:21	1	左腓骨外侧	男	丙（A）			
6	275:18	1	右胫骨外侧，与铜镞、骨镞伴出	男	乙（A）			
7	48:17	1	腰部中间	男	丙（A）	北Ⅱ中	春秋中期	3座 5件
8	188:17	3	左、右胫骨之间，与骨镞伴出	男	乙（B）			
9	54:14	1	右股骨下段表面，与骨镞伴出	男	乙（A）			
10	192:6	1	右股骨下端内侧，与铜镞、骨镞伴出	男	丙（B）	北Ⅱ南	春秋中晚期	1座1件
11	179:10	1	左腓骨外侧，与骨镞伴出	男	乙（B）	南区北	春秋晚期前段	3座 3件
12	74:23	1	右股骨上段偏外侧表面	男	乙（A）			
13	111:11	1	左腓骨外侧，与骨镞伴出	男	丙（A）	南区中		
14	345:7	1	右趾骨外侧，与铜镞、骨镞伴出	男	丙（A）	南区南	春秋晚期后段	2座 4件
15	358:7	3	右足骨斜下方，椁底西南角	男	丁			
合计	15（座墓）	23		男13 无人2	乙（A）4 乙（B）4 丙（A）5 丙（B）1 丁　1			15座 23件

(3) 弓弭

玉皇庙墓地共出土骨弓弭5件，分别出自3座墓葬（YYM95、54、74，均为男性），占该墓地墓葬总数的0.75%，每墓出土1或2件。

这5件骨弓弭在墓中的出土部位，其中有2座墓是出于死者下肢——左、右股骨内侧（如YYM95、和YYM54），另1座墓则出于死者右锁骨之上（YYM74）。未见弓的痕迹，这3例骨弓弭都是被从弓上拆卸下来后单独放到墓中随葬的。其中只有标本YYM54∶15与骨镞放在一起，表明二者之间的联系（参见附表93）。

附表93 **玉皇庙墓地骨弓弭出土部位统计表**

序号	器物号(YYM)	数量(件)	出土部位	性别	墓葬规格级别	分区	分期
1	95∶20	1	左股骨内侧，压于铜锛之下	男	乙(A)	北Ⅱ中	春秋中期
2	54∶15	2	右股骨内侧，与骨镞伴出	男	乙(A)		
3	74∶7	2	右锁骨之上	男	乙(A)	南区北	春秋晚期前段
合计	3(座墓)	5		男3	乙(A)3		

2. 工具

(1) 锥

玉皇庙墓地共出土骨锥3件，分别出自3座墓葬（其中2座属女性墓YYM273、YYM302，1座为男性墓YYM54），占该墓地墓葬总数的0.75%，每墓各出1件。

这3件骨锥在墓中的出土部位，其中有2例是出于死者骨盆部位（如标本YYM273∶4，出于右髋骨内侧，女性，墓葬规格属丙（A）级；YYM54∶13，出于骶骨表面，与铜锥伴出，男性，墓葬规格属乙（A级）；另1例（YYM302∶5，已残断）则出于死者头骨顶部（女性，墓葬规格属丙（C）级）。

(2) 针

玉皇庙墓地出土骨针6件，分别出自6座墓葬（墓葬编号：YYM250甲（A）级，YYM22甲（B）级，YYM13、11、51为乙（A）级；YYM179乙（B）级，均为男性），占该墓地墓葬总数的1.5%，每墓各出1件。

这6件骨针在墓中的出土部位，有3件出于右股骨外侧（YYM250∶33、13∶22、11∶18）；1件出于右股骨内侧（YYM179∶8），1件出于右尺骨下面（YYM22∶18），这5件标本均盛装于铜锥（针）管具内，另有1件标本YYM51∶5出于死者左、右股骨之间。

这份资料表明，铜锥（针）管具确实是用于盛装铜锥、铜针和骨针的器具（参见附表94）。

(3) 绞具

玉皇庙墓地出土骨绞具4件（器物号：YYM18∶34），均出自YYM18木椁侧板上。其中南侧板上层内帮东端出1件，中部帮缘出1件；北侧板上层内帮西端出1件，外帮东端帮缘出1件。推测这4件骨绞具应与紧固木椁侧板有关。

3. 马具

(1) 镳

附表 94　**玉皇庙墓地骨针出土部位统计表**

序号	器物号（YYM）	数量（件）	出土部位	性别	墓葬规格级别	分区	分期
1	22∶18	1	右尺骨下面	男	甲（B）	北Ⅰ中	春秋早期
2	13∶22	1	右股骨外侧	男	乙（A）		
3	11∶18	1	右股骨外侧	男	乙（A）		
4	250∶33	1	右股骨外侧	男	甲（A）	北Ⅱ北	春秋早中期
5	51∶5	1	左、右股骨之间	男	乙（A）	北Ⅱ中	春秋中期
6	179∶8	1	右股骨内侧	男	乙（B）	南区北	春秋晚期前段
合计	6（座墓）	6		男 6	甲（A）1 甲（B）1 乙（A）3 乙（B）1		

玉皇庙墓地共出土骨镳 6 件，分别出自 4 座墓葬，占该墓地墓葬总数的 1%，每墓出土 1 至 2 件不等，它们都是用来弥补缺失的铜镳和铜镳数量的不足。

这 6 件骨镳在墓中的出土部位，皆集中于死者膝部以下小腿部位。如标本 YYM300∶22（2 件 1 副）出于死者左、右胫骨之上（与铜马衔伴出）；标本 YYM250∶34（1 件）出于死者左股骨上面（与铜马衔、铜镳一起伴出）；标本 YYM230∶25（1 件）出于死者右胫骨下端及右足骨外侧（与铜马衔一起伴出）；标本 YYM174∶12（2 件 1 副）出于死者左膝左侧（与铜马衔一起伴出）（参见附表 95）。

附表 95　**玉皇庙墓地骨镳出土部位统计表**

序号	器物号（YYM）	数量（件）	出土部位	性别	墓葬规格级别	分区	分期
1	300∶22	2（1 副）	左、右胫骨之上（与铜马衔伴出，残）	男	乙（A）	北Ⅰ西	春秋早期
2	250∶34	1	左股骨上面（与铜马衔、铜镳伴出）	男	甲（A）	北Ⅱ北	春秋早中期
3	230∶25	1	右胫骨下端及右足骨外侧（与铜马衔伴出）	男	甲（A）		
4	174∶12	2（1 副）	左膝左侧（与铜马衔伴出）	男	乙（B）	南区南	春秋晚期后段
合计	4（座墓）	6		男 4	甲（A）2 乙（A）1 乙（B）1		

（2）环具

玉皇庙墓地共出土马具骨环 25 件，分别出自 6 座墓葬，占该墓地墓葬总数的 1.5%，每墓出土数量不等，少则 1 件，多则 8 件。

这 25 件骨环具，在墓中的出土位置，皆集中于圹内东端殉牲马头骨部位，而且绝大多数出于上、下颌骨部位，表明这类骨环具应为马头辔环（参见附表 96）。

附表 96　　**玉皇庙墓地马具骨环出土部位统计表**

序号	器物号（YYM）	数量（件）	出土部位	用途	性别	墓葬规格级别	分区	分期	合计
1	18:35	8	圹内东端活土二层台下层殉牲，自北而南第3、第4号马头骨上颌前端和面部各出4件	马头镳环	男	甲(A)	北Ⅰ中	春秋早期	1(座) 8(件)
2	250:34	6	圹内东端活土二层台下层殉牲，自北而南第1、第2号马头前端各出1件；上层牛牲下颌骨东侧出2件，西、北两侧各出1件	马头镳环	男	甲(A)	北 Ⅱ 北	春秋早中期	2(座) 8(件)
3	230:26	2	圹内东端活土二层台下层殉牲，北侧马头吻部之北侧、南侧马头之西侧，各出1件	马头镳环	男	甲(A)			
4	151:20	1	圹内东端生土二层台殉牲台中间，狗牲北侧，在马头骨下面，马肱骨端头出1件	马头镳环	男	甲(B)	南 区 北	春秋晚期前段	3(座) 9(件)
5	74:22	3	圹内东端生土二层台之上，居东的1个马上颌骨前端左、右两侧和居北的1个马上颌骨前端右侧，各出1件	马头镳环	男	乙(A)			
6	156:28	5	圹内木椁东端盖板以上填土中殉牲，自北而南，第1号马头下颌骨北侧出1件，第2号马头骨西侧出2件，在第2号马头左侧下颌骨与第3号马头骨右侧，又各出1件	马头镳环	男	乙(A)	南 区 中		
合计	6(座墓)	25			男6				6(座) 25(件)

4. 装饰品

（1）珠

玉皇庙墓地共出土骨珠11枚，分别出自10座墓葬，占该墓地墓葬总数的2.5%。绝大多数每墓出1枚，只有1座墓出2枚。

骨珠在墓中的出土部位，可分4种情况：

Ⅰ. 出于死者胸部，2例（YYM3:10、76:4）；

Ⅱ. 出于死者腰部，4例（YYM188:20、143:15、168:12、344:17）；

Ⅲ. 出于死者骨盆部位，2例（YYM229:15、105:15）；

Ⅳ. 出于死者股骨部位，2例（YYM282:15、131:11）。

从功用考察，以上4种出土部位的骨珠，不外乎有2种功用。其一，出于胸部者，为胸前佩珠和项链饰珠，这一般均属女性；其二，出于腰间、骨盆及左、右股骨之间者，多为锥囊佩饰，少数或为剑、刀囊（指剑、刀合装于同一皮囊者）佩饰，这均属男性（参见附表97）。

（2）环

玉皇庙墓地共出土骨环13件，分别出自13座墓葬，占该墓地墓葬总数的3.25%，每墓各出1件。

附表 97

玉皇庙墓地骨珠出土部位统计表

序号	器物号（YYM）	数量（件）	出土部位	功用	性别	墓葬规格级别	分区	分期	合计
1	3:10	1	胸部左侧下方	佩珠	女	乙(B)	北Ⅰ中	春秋早期	1(座) 1(件)
2	282:15	1	左、右股骨之间，与铜锥和骨环伴出	锥囊佩饰	男	丙(A)	北Ⅱ北	春秋早中期	2(座) 2(件)
3	229:15	1	左髋骨下面，与铜锥伴出	锥囊佩饰	男	乙(A)			
4	188:20	1	腰部右侧，右手骨下面与铜锥伴出	锥囊佩饰	男	乙(B)	北Ⅱ中	春秋中期	1(座) 1(件)
5	143:15	1	右尺骨下面，与铜锥伴出	锥囊佩饰	男	丙(A)	南区北	春秋晚期前段	5(座) 6(件)
6	105:15	1	左髋骨下面，挨近铜锥	锥囊佩饰	男	丙(C)			
7	76:4	2	胸部，与玛瑙珠、绿松石珠等伴出	项链饰珠	女	丙(C)			
8	168:12	1	右尺骨表面，与短剑、削刀和铜环伴出	剑、刀囊佩饰	男	丙(B)	南区中		
9	131:11	1	右股骨内侧，与铜锥伴出	锥囊佩饰	男	丙(A)			
10	344:17	1	腰部右侧，右尺骨内侧，与铜锥伴出	锥囊佩饰	男	乙(A)	南区南	春秋晚期后段	1(座) 1(件)
合计	10（座墓）	11			男 8 女 2	乙(A)2 乙(B)2 丙(A)3 丙(B)1 丙(C)2			10(座) 11(件)

这些骨环在墓中的出土部位，多分布于死者腰部以下至股骨部位，尤以骨盆和股骨上段部位所占比例较大。如出于腰部者 1 例（YYM209:8），出于右足骨部位者 1 例（YYM13:21）。此 2 例合计占该墓地出土骨环墓例总数（12 例）的 15.4%；出于骨盆和股骨上段部位者 11 例（YYM82:5、250:29、282:14、230:22、271:6、95:20、52:24、23:8、60:4、148:7、205:5），占该墓地出土骨环墓例总数的 84.6%。

从功用考察，此类骨环皆属装饰佩环，兼装饰功能与实用功能于一身。具体可分为 4 种用项：

其一，作腰间和腰下佩环，6 例（YYM271:6、95:20、52:24、60:4、209:8、205:5），占该墓地出土骨环墓例总数的 50%，是 4 种功用中所占比例最高的一项。

其二，作锥囊佩环，4 例（YYM282:14、230:22、23:8、148:7），占该墓地出土骨环墓例总数的 25%，所占比例居第二位。

其三，作剑、刀囊佩环，2 例（YYM82:5、250:29），占该墓地出土骨环墓例总数的 16.7%，所占比例居第三位。

其四，作其他物件的佩环，1 例（YYM13:21），仅占该墓地出土骨环墓例总数的 8.3%，属于少数个别情况（参见附表 98）。

（3）骨贝

玉皇庙墓地出土骨刻贝 2 枚，出自北Ⅱ区南部一座属丙（B）级小型少儿墓（YYM184）死者的颈部项链中，这 2 枚骨刻贝（YYM184:4），是与绿松石珠、绿松石管和白石管串联在一起的。

5. 其他制品

附表 98

玉皇庙墓地骨环出土部位统计表

序号	器物号（YYM）	数量（件）	出土部位	功用	性别	墓葬规格级别	分区	分期	合计
1	13:21	1	右跗骨上面，与铜瓶形器伴出	铜瓶形器佩环	男	乙(A)	北Ⅰ区	春秋早期	2(座) 2(件)
2	82:5	1	左髋骨表面，在短剑与削刀之间	剑、刀囊佩环	男	丙(A)	北Ⅰ西		
3	250:29	1	骶骨左半部，与铜削刀伴出	刀囊佩环	男	甲(A)	北Ⅱ北	春秋早中期	3(座) 3(件)
4	282:14	1	左、右股骨之间，与铜锥、骨珠伴出	锥囊佩环	男	丙(A)			
5	230:22	1	右股骨上端内侧，挨近铜锥	锥囊佩环	男	甲(A)			
6	271:6	1	右股骨上端表面	腰下佩环	男	乙(B)	北Ⅱ中	春秋中期	4(座) 4(件)
7	95:19	1	左股骨内侧，压于铜锛之下	腰下佩环	男	乙(A)			
8	52:24	1	压于左股骨下面	腰下佩环	男	甲(B)			
9	23:8	1	右髋骨上缘内侧，挨近铜锥	锥囊佩环	男	丙(A)	北Ⅰ中		
10	60:4	1	压于右股骨下面	腰下佩环	男	乙(B)	北Ⅱ南	春秋中晚期	2(座) 2(件)
11	148:7	1	骨盆表面，靠近铜锥	锥囊佩环	南	丙(A)			
12	209:8	1	左尺骨内侧	腰间佩环	男	乙(A)	南区北	春秋晚期前段	2(座) 2(件)
13	205:5	1	左髋骨内侧	腰下佩环	男	乙(B)			
合计	13（座墓）	13			男 13	甲(A)2 甲(B)1 乙(A)3 乙(B)3 丙(A)4			13(座) 13(件)

（1）管

玉皇庙墓地共出土骨管3件，分别出自3座墓葬（北Ⅱ区2座：YYM43，丙（A）级，YYM271，乙（B）级；西区1座：YYM303，丁级，皆男性），占该墓地墓葬总数的0.75%，每墓各出1件。

这3件骨管在墓中的出土部位，其中有2件出于死者左髋骨外侧（YYM43:2、271:4），另1件（YYM303:8）出于死者左侧腰间，叠压在青铜削刀刀身上面。

从用途考察，前2例骨管（YYM43:2、271:4）应为腰下佩饰；后1例骨管（YYM303:8）应为刀囊佩饰。

（2）梳形骨器

玉皇庙墓地出土梳形骨器2件，分别出自2座墓葬（北Ⅱ区中部YYM269，丙（B）级；南区中部YYM156，乙（A）级，皆男性），占该墓地墓葬总数的0.5%，每墓各出1件。

这2件梳形骨器在墓中的出土部位，标本YYM269:1出于死者头骨左侧；标本YYM156:27出于死者右尺骨下面、青铜削刀表面，同时还有1枚竹篾簧片伴出，原来应与削刀和竹篾簧片一起被装在刀囊中随葬的。

这2件骨梳形器的用途，依现有资料看，应不排除作梳子使用的可能，但是否另有其他用途，则不敢肯定。

（3）骨柄饰

玉皇庙墓地出土骨柄饰1件，出自南区南部一座丙（B）级小型墓（YYM349，男性）死者右股骨外侧。其具体功用不能确指。

（4）开口骨器

玉皇庙墓地共出土开口骨器 8 件，出自于 8 座墓葬，占该墓地墓葬总数的 2%，每墓各出 1 件。

这 8 例开口骨器在墓中的出土位置，绝大多数分布于死者腰部以上部位，大多出于死者腰部左、右两侧。具体可分为 4 种情况：

Ⅰ　出于死者腰部左、右两侧者（即出于左、右尺骨部位者），共有 5 例（YYM236：15、57：16、151：10、143：16、344：18），占该墓地出土开口器墓例总数（8 例）的 62.5%，是开口骨器 4 种出土部位中所占比例最高的一种。

Ⅱ　出于死者颈部右侧者 1 例（YYM78：5）。

Ⅲ　出于死者左肱骨内侧者 1 例（YYM74：8）。

Ⅳ　出于死者骶骨下方者 1 例（YYM179：6）。后 3 种情况均为孤例，合计占该墓地出土开口骨器墓例总数的 37.5%，属少数或个别情况。

此种开口骨器虽在玉皇庙墓地出土数例，但其用途至今不得而知（参见附表 99）。

附表 99　　**玉皇庙墓地开口骨器出土部位统计表**

<table>
<tr><th>序号</th><th>器物号（YYM）</th><th>数量（件）</th><th>出土部位</th><th>用途</th><th>性别</th><th>墓葬规格级别</th><th>分区</th><th>分期</th><th>合计</th></tr>
<tr><td>1</td><td>236：15</td><td>1</td><td>压于右尺骨下面</td><td>不详</td><td>男</td><td>乙(A)</td><td>北Ⅱ中</td><td>春秋中期</td><td>1(座)、1(件)</td></tr>
<tr><td>2</td><td>57：16</td><td>1</td><td>压于左尺骨下面</td><td>不详</td><td>男</td><td>乙(B)</td><td>北Ⅱ南</td><td>春秋中晚期</td><td>1(座)、1(件)</td></tr>
<tr><td>3</td><td>179：6</td><td>1</td><td>骶骨下方</td><td>不详</td><td>男</td><td>乙(B)</td><td rowspan="4">南区北</td><td rowspan="5">春秋晚期
前段</td><td rowspan="5">5(座)
5(件)</td></tr>
<tr><td>4</td><td>151：10</td><td>1</td><td>左尺骨内侧</td><td>不详</td><td>男</td><td>甲(B)</td></tr>
<tr><td>5</td><td>143：16</td><td>1</td><td>压于右尺骨下面</td><td>不详</td><td>男</td><td>丙(A)</td></tr>
<tr><td>6</td><td>74：8</td><td>1</td><td>左肱骨内侧</td><td>不详</td><td>男</td><td>乙(A)</td></tr>
<tr><td>7</td><td>78：5</td><td>1</td><td>颈部右侧、右肩部以上</td><td>不详</td><td>女</td><td>丁</td><td>南区中</td></tr>
<tr><td>8</td><td>344：18</td><td>1</td><td>右尺骨内侧</td><td>不详</td><td>男</td><td>乙(A)</td><td>南区南</td><td>春秋晚期后段</td><td>1(座)、1(件)</td></tr>
<tr><td>合计</td><td>8(座墓)</td><td>8</td><td></td><td></td><td>男 7
女 1</td><td>甲(B)1
乙(A)3
乙(B)2
丙(A)1
丁　1</td><td></td><td></td><td>8(座)
8(件)</td></tr>
</table>

（七）蚌饰品

1. 蚌环

玉皇庙墓地共出土蚌环 4 件，分别出自 3 座墓葬，占该墓地墓葬总数的 0.75%，每墓出 1 或 2 件。

这 3 例 4 件蚌环在墓中的出土部位，均在死者右髋骨外侧（墓葬编号：YYM295、57、156）。功用为腰间佩饰。

2. 蚌珠

玉皇庙墓地共出土蚌珠 30 枚，分别出自 14 座墓葬，占该墓地墓葬总数的 3.5%。每墓出土数量不等，少则 1 枚，最多为 11 枚。

这些蚌珠在墓中的出土部位，可分3种情况：

Ⅰ 出于死者颈、胸部，共有11例（YYM241：5、149：13、198：5、153：10－1、202：6、176：5、114：5、323：3、322：2、355：3、398：4），占该墓地蚌珠3种出土部位墓例总数（14例）的78.6%，为大多数情况。

Ⅱ 出于死者腰部，1例（YYM6：6）。

Ⅲ 被扰乱者，2例（YYM285：4、125：13）。第Ⅱ、第Ⅲ种情况合计占该墓地蚌珠3种出土部位墓例总数的21.4%，属于少数或特殊情况。

从功用考察，上述第Ⅰ种情况的11例蚌珠皆为项链饰珠；第Ⅱ种情况的1例应为腰间佩饰；第Ⅲ种情况，其功用不详。

3. 蚌刻贝饰

玉皇庙墓地出土蚌刻贝饰1件（YYM149：10），出自北Ⅱ区南部一座丙（B）级小型墓（YYM149，女性）死者左股骨之下，应为腰间佩饰。

4. 蚌片

玉皇庙墓地出土蚌片1件（YYM158：17），出自南区中部一座乙（B）级中型墓（YYM158，男性）死者左踝骨外侧，功用不明。

5. 长条蚌坠

玉皇庙墓地出土长条蚌坠1件（YYM153：10－2），出自南区北部一座丙（A）级小型墓（YYM153，女性）死者胸部，与玛瑙珠、绿松石管、蚌环串联在一起，为项链坠饰（参见附表100）。

（八）贝饰品

玉皇庙墓地共出土贝饰品10件，分别出自4座墓葬，占该墓地墓葬总数的1%。每墓出土数量不等，少则1件，多则6件。

贝饰品在墓中的出土部位，皆集中于死者颈、胸部，其中出于颈部者为大多数。如出于颈部者，有3例（YYM142：16、120：5、113：6），占该墓地出土贝饰品墓例总数的75%；出于胸部者，只有1例（YYM167：8），占该墓地出土贝饰品墓例总数的25%。

从用途考察，有2例为颈下佩饰（YYM142：16、120：5）；另2例为项链佩饰，YYM167：8与绿松石管、小黑石珠串联一体；YYM113：6则与玛瑙珠、绿松石珠、绿松石管串联在一起，分别成为这2例项链佩饰的组成部分（参见附表101）。

（九）竹制品

1. 竹篾篑片

玉皇庙墓地出土竹篾篑片4件，分别出自4座墓葬，占该墓地墓葬总数的1%，每墓各出1件。

这4例竹篾篑片在墓中的出土位置，皆分布于死者腰部至左、右股骨之间，具体可分3种情况：

Ⅰ 出于死者左、右腰间，2例（YYM264：22、156：8），其中标本YYM264：22出于左侧腰间，被平夹在短剑剑身与青铜削刀刀身中间；标本YYM156：8出于右尺骨下面，即右侧腰间，被平置于青铜削刀表面。由此可以判知，这2件标本，原应与短剑和削刀一起，被装入剑囊和刀囊中随葬的。

Ⅱ 出于死者右髋骨内侧，1例（YYM102：9）。

Ⅲ 出于死者左、右股骨之间，1例（YYM95：21）。

附表 100　**玉皇庙墓地蚌饰品出土部位统计表**

器物名称	器物号（YYM）	数量	出土部位	功用	性别	墓葬规格级别	分布	分期	墓葬合计
蚌珠	285:4	1	被扰乱	不详	女	丁	北Ⅱ北	春秋早中期	2
蚌珠	241:5	11	颈、胸部	项链	女	乙(B)			
蚌珠	125:13	2	被扰乱	不详	女	丁	北Ⅱ中	春秋中期	3
蚌环	295:8	1	右髋骨外侧	腰间佩饰	男	乙(A)	北Ⅰ北		
蚌珠	6:6	2	腰部	腰间佩饰	女	丙(A)	北Ⅰ南		
蚌环	57:8	1	右髋骨外缘下方	腰间佩饰	男	乙(B)	北Ⅱ南	春秋中晚期	2
蚌珠	149:13	1	颈部左侧	项链	女	丙(B)			
蚌刻贝饰	149:10	1	左股骨之下	腰间佩饰					
蚌珠	198:5	1	颈、胸之间	项链	女	乙(B)	南区北	春秋晚期前段	2
蚌珠	153:10-1	1	颈、胸之间	项链	女	丙(A)			
长条蚌坠	15310-2	1	胸部	项链坠					
蚌珠	202:6	2	颈、胸之间	项链	女	丙(A)	南区中		5
蚌珠	176:5	1	颈、胸之间	项链	女	丙(B)			
蚌环	156:13	2	右髋骨外侧	腰间佩饰	男	乙(A)			
蚌片	158:17	1	左踝骨外侧	不详	男	乙(B)			
蚌珠	114:5	2	颈、胸之间	项链	女	丙(B)			
蚌珠	323:3	1	颈部左侧	项链	男	丙(C)	西区		2
蚌珠	322:2	2	颈部	项链	男	丁			
蚌珠	355:3	1	颈下	项链	女	丁	南区南	春秋晚期后段	2
蚌珠	398:4	2	颈、胸之间	项链	女	丙(C)			
合计 蚌环		4	颈、胸部　12 例 腰部、骨盆处　5 例 被扰乱　2 例 左踝骨外侧　1 例	项链　12 例 腰间佩饰　5 例 不详　3 例	女 12 男 6	乙(A)2 乙(B)4 丙(A)3 丙(B)3 丙(C)2 丁 4			18（座）
蚌珠		30							
蚌刻贝		1							
蚌片		1							
长条蚌坠		1							
		37（件）							

附表 101　**玉皇庙墓地贝饰品出土部位统计表**

器物名称	器物号（YYM）	数量	出土部位	功用	性别	墓葬规格级别	分布	分期
贝饰	142:16	2	颈部	颈下佩饰	男	丙（A）	南区北	春秋晚期前段
贝饰	167:8	6	颈、胸部	项链佩饰	女	乙（B）	南区中	
贝饰	120:5	1	颈部	颈下佩饰	少儿	丙（B）		
贝饰	113:6	1	颈部	项链佩饰	女	丙（A）		
合计	4（座墓）	10（件）			男 1 女 2 少儿 1			

从用途考察，竹篾簧片属古代吹奏乐器的一种，玉皇庙墓地出土了 4 例竹篾簧片，表明该文化不但已经有了原始的吹奏乐器，而且已经掌握了其吹奏方法，他们已经开始创造自己的音乐文化（参见附表 102）。

附表102 **玉皇庙墓地竹篾簧片出土部位统计表**

序号	器物号（YYM）	数量（件）	出土部位	用途	性别	墓葬规格级别	分区	分期
1	264 : 22	1	左尺骨内侧、左侧腰间，被平夹于短剑剑身与削刀刀身中间	簧片	男	丙（A）	北Ⅱ北	春秋早中期
2	95 : 21	1	左、右股骨之间	簧片	男	乙（A）	北Ⅱ中	春秋中期
3	102 : 9	1	右髋骨内侧	簧片	男	丙（B）	北Ⅰ南	
4	156 : 8	1	压于右尺骨之下，右侧腰间，平置于削刀表面	簧片	男	乙（A）	南区中	春秋晚期前段
合计	4（座墓）	4			男4	乙（A）2 丙（A）1 丙（B）1		

2. 竹签

玉皇庙墓地出土竹签35枚（YYM2 : 30），出自北Ⅰ区中部一座甲（B）级大型墓（YYM2，女性）死者头骨右侧，用途不明。

3. 小件竹制品

玉皇庙墓地出土小件竹制品3件（YYM2 : 29），即四角出榫头的长方形竹板1件，长条形薄竹片2件，也出自北Ⅰ区中部甲（B）级大型墓YYM2死者头骨右侧，用途不详。

（一〇）皮革残件

玉皇庙墓地出土皮革残件2节（YYM2 : 27），也是出自北Ⅰ区中部YYM2死者头部及右上侧，皮条上尚附有绿松石珠，其中一段皮条的端头，还联有小铜环1件。推测可能为死者皮帽边饰的残存遗物。

叁　墓葬资料

一　春秋早期墓葬（34 座）

YYM22

这是玉皇庙墓地属于甲（B）级规格的大型墓葬之一。位于北Ⅰ区中部。其东南有 YYM23 和 YYM26，间距分别为 1.2 米和 3.4 米；西南有 YYM20，间距 1.4 米；西有 YYM21，间距 4.7 米；西北有 YYM297，间距 2.9 米；北有 YYM296，间距 1.2 米；东北有 YYM295 和 YYM299，间距分别为 1.9 米和 1.8 米。此墓的地层堆积，基本上同于 YYM18，不赘。

墓圹平面形状，呈西宽东窄的抹角梯形，四壁平整、笔直，为竖穴土坑墓。东向，方位角为东偏南 7°。墓圹规格，圹口东西长 3.3、东端宽 1.3、西端宽 1.52 米，圹底形制、规格，与圹口一致，圹口至圹底深 2.45 米。无生土二层台。在圹底中间略偏北侧位置，安置木椁一具。在木椁外壁四周至圹底四壁之间，筑有活土二层台，台土经严密夯打，较坚实，东、南、西、北四台等高，均为 0.52 米，宽度不一，东台宽 0.54、南台宽 0.56、西台宽 0.88、北台宽 0.26 米（中段）。

圹内填土，为夹杂碎石颗粒的褐色五花土，经普遍夯实，但未有夯层与夯窝痕迹。在填土中，发现夹粗砂红陶罐类腹部及器底残片 4 块，还有炭渣 6 块。在距西圹口深 0.85 米处至距东圹口深 0.8 处的中层填土中，分布一层零散的、数量较多的、体积较小的自然石灰岩石块，大者 30×18×14 厘米，小者 6×5×4 厘米。在靠近活土二层台西南角的台面上，有 1 块 28×17×15 厘米的自然石灰岩石块。在木椁西堵板外侧的填土中，有体积较小的自然石灰岩石块 3 块，规格在 15×9×7 厘米左右（图四）。

殉牲位置，祭牲集中摆放在圹内东端中间稍偏北侧的中层填土中，上距东端圹口 1 米深，下距圹底 1.24 米。殉牲种类，为牛、羊、狗 3 种家畜。殉牲数量，牛头 1 个，山羊头 1 个，羊肱骨 1 只，狗头 3 个，狗肱骨 3 只。殉牲形式，3 种祭牲皆按东西方向，同层、相邻摆放，牛牲居北，狗牲与羊牲居南。牛头的上、下颌骨被拆解开，下颌骨 1 副作侧卧式，摆在下面，牛上颌置其上，上、下颌的吻部皆朝东。在牛头的前端，下面垫有呈南北向横置的 3 只狗肱骨和 1 只羊肱骨。在紧挨着牛头南侧，在贴靠东圹壁的位置，顺摆上、下颌骨被拆解开的狗头 3 个；在紧挨着 3 个狗头的西侧，再顺摆上、下颌骨被拆解开的山羊头 1 个。所殉狗头与山羊头的吻部，亦一律朝东（图五）。

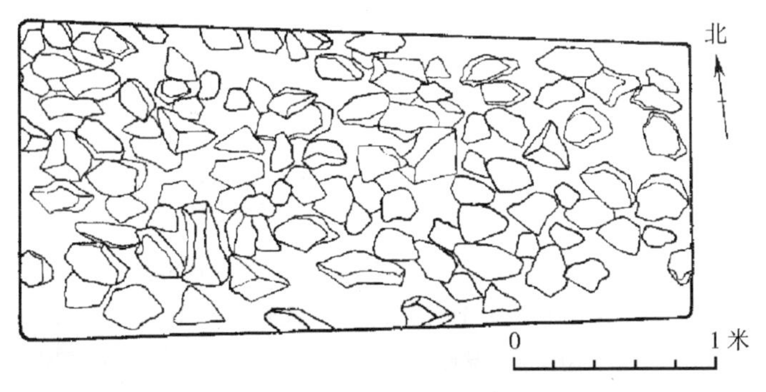

图四　YYM22 积石分布平面图

木椁已朽，板灰呈白色粉状，盖板无存，底板灰痕残缺不全，南、北侧板与东、西堵板板灰痕迹，尚较清楚。南、北侧板东西顺长 2.4 米、总高 0.52 米，与活土二层台台面平齐，板灰厚 5 厘米。

东、西堵板分别竖插于南、北侧板之间，立插部位，分别在南、北侧板东、西两端内缩 24 和 30 厘米处，总宽东端 0.46、西端 0.45 米，板灰厚 4 厘米，总高均与南、北侧板一致，亦与活土二层台台面平齐。南、北侧板与东、西堵板的板块组成情况，已不能详。

木椁内装殓尸骨一具。保存状况不太好，头骨已残碎，骨架其他主要部位，基本完整。头东足西，侧面朝北，仰身直肢（图版一，1）。经现场鉴定，死者为男性，22～24 岁。骨骼从头到脚通长 1.7 米。

随葬品较多，集中陈放于木椁内、死者身上及其近前（图五）。在头骨左侧，椁底东南角，放置夹砂红陶罐 1 件，正置，已残碎。在左、右耳骨下面，各出螺旋形铜丝耳环 1 件，已残，在左、右耳环下，各附出绿松石坠珠 1 枚。覆面铜扣 2 枚，出于上颌骨部位 1 枚，滑落于头骨右侧下面 1 枚。在颈部，出石珠项链 1 串，由绿松石珠 1 枚和小黑石珠 226 粒串成。在右肱骨下端，出白石管 7 枚。在

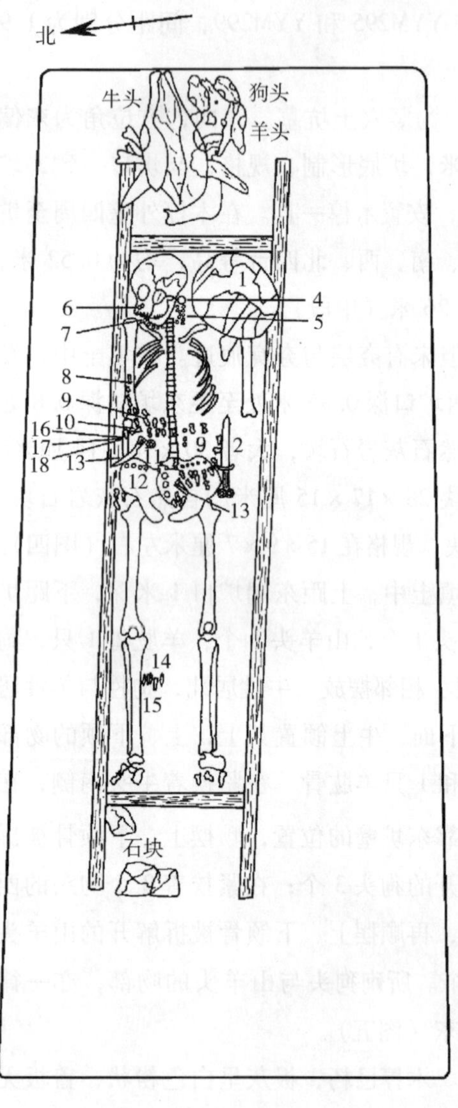

图五 YYM22 平面图

1. 夹砂红陶罐 2. 青铜短剑 3. 青铜削刀 4. 铜丝耳环 5. 绿松石坠珠 6. 覆面铜扣 7. 绿松石珠、小黑石珠项链 8. 白石管 9. 犬纹铜带卡 10. 铜铃形饰 11. 辐射纹服饰铜泡 12. 服饰小铜扣 13. 铜镑 14. 铜凿 15. 骨镞 16. 铜锥（压在右尺骨下） 17. 铜锥（针）管具（压在右尺骨下） 18. 骨针（装在铜管具内）

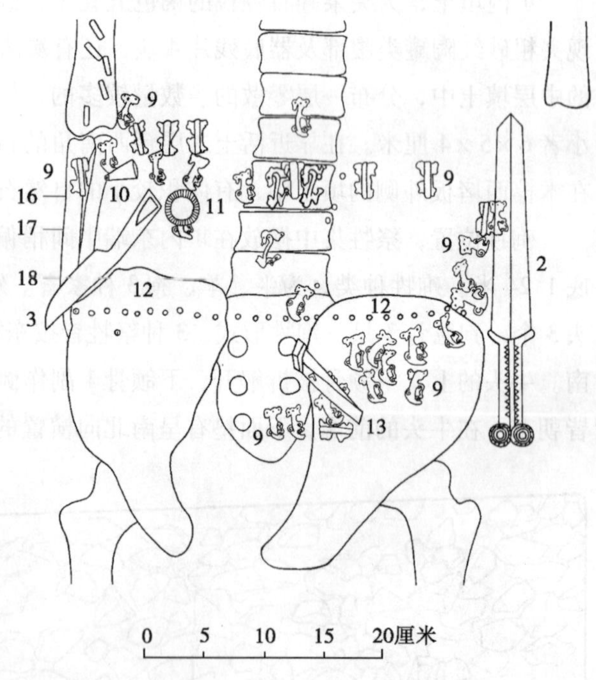

图六 YYM22 遗物分布图（局部）

2. 青铜短剑 3. 青铜削刀 9. 犬纹铜带卡 10. 铜铃形饰 11. 辐射纹服饰铜泡 12. 服饰小铜扣 13. 铜镑 16. 铜锥（压在右尺骨下） 17. 铜锥（针）管具（压在右尺骨下） 18. 骨针（装在铜管具内）

左侧腰间至骨盆左侧，出青铜短剑1件，剑锋朝上。在右尺骨下面，压有铜锥1件，锥尖朝下；还压有长方形铜锥（针）管具1件，管具内装有骨针1枚。在右侧腰间和右髋骨上缘，出青铜削刀1件，刀锋朝右侧斜下方。在青铜削刀刀首右上侧1.5厘米处，出铜铃1件。在左髋骨表面，出铜锛1件，锛刃朝左侧斜下方。在腰际至骶骨和左髋骨表面及外侧，出犬纹铜带卡39枚，其中出于腰际者16枚，正、背面各8枚；出于右侧腰际下方、腰椎下端至骶骨内侧者5枚，皆正面；出于左髋骨表面及外侧者12枚，皆正面；另在左髋骨下面压有6枚，皆背面。在右侧腰际下方的1件犬纹铜带卡上，叠压有带辐射纹的服饰铜泡1枚。服饰小铜扣26枚，出于腰椎左侧4枚，出于右髋骨至骶骨上缘一线22枚，呈横向"一"字分布（图六）。在右胫骨内侧，出铜凿1件，凿刃朝下。铜凿下面，压有骨镞12枚，镞锋均朝下。

YYM21

这是玉皇庙墓地属于丙（B）级规格的小型墓葬之一。位于北Ⅰ区中部。其东有YYM22，间距4.7米；东南有YYM20，间距1.5米；西南有YYM17，间距2米；其西6.3米，为一条自北而南的自然山水沟；北有YYM298，间距1.8米；东北有YYM297，间距1.9米。此墓的地层堆积，基本上同于YYM18，不赘。

墓圹平面形状，呈抹角长方形，为竖穴土坑墓。西向，方位角为西偏南8°。墓圹规格，圹口东西长2.65、东端宽0.9、西端宽0.8米，圹底形制、规格与圹口一致，圹口至圹底深0.97米。无生土二层台。在圹底中间，按东西方向安置木质葬具一具。在木质葬具四周至圹底四壁之间筑有活土二层台，台土经过严密夯打，较坚实，东、南、西、北四台等高，均为0.54米，宽度不一，东台、南台宽14、西台宽10、北台宽16厘米（中段）。

圹内填土，为夹杂碎石颗粒的褐色五花土，经普遍夯实，但未有夯层与夯窝痕迹。在填土中仅发现夹砂红陶碎片3块。在距西圹口深10厘米处至距东圹口深30厘米处的填土中，分布一层体积普遍较小的自然石灰岩石块，大者17×14×12、小者5×4×3厘米。在木质葬具中间略偏东、紧挨南侧板偏东部位，有2块较大的自然石灰岩石块，因木质葬具盖板腐朽而随填土一起陷落到木质葬具内，其规格分别为32×28×16和26×14×12厘米。在木质葬具北侧板中间和东端堵板中间偏北部位，也有2至3块体积较小的自然石灰岩石块，随下陷的填土一起落到木质葬具中（图七）。

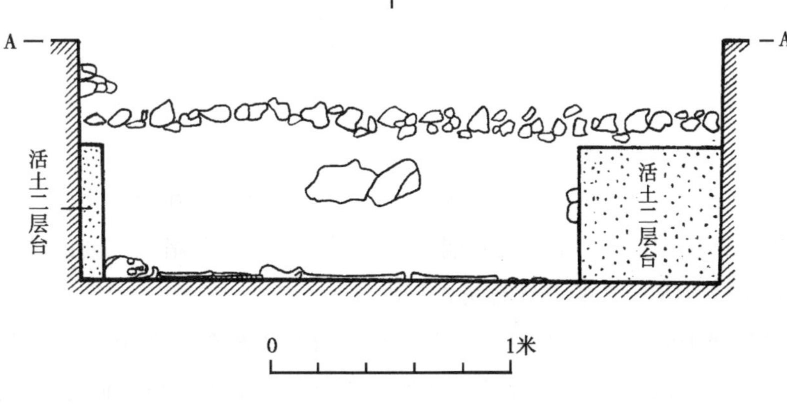

图七　YYM21圹内积石分布平剖面图

无殉牲。

木质葬具已朽，盖板无存，底板痕迹不清楚，南、北侧板与东、西堵板板灰痕迹尚可辨识。南、北侧板东西顺长1.96，东、西堵板总宽均为0.56米，南、北侧板与东、西堵板高度相等，均为0.54米，与四周活土二层台台面平齐。至于南、北侧板的东、西两端是否探出，以及侧板与堵板的板块组成情况等，因板灰痕迹保存得不好，已难以再作具体分辨。

木质葬具内装殓尸骨一具。保存状况不太好，头骨已残碎，骨架其他主要部分保存尚较好。头西足东，仰身直肢（图版一，2）。经现场鉴定，死者为女性，30～35岁。骨骼从头到脚通长1.68米。

随葬品较少，集中陈放于木质葬具内、死者头部及颈胸部（图八）。无陶器。在左、右耳骨下面各出螺旋形铜丝耳环1件，已残，无绿松石坠珠伴出。在颈部出石珠项链1串，由小白石珠130粒和小黑石珠9粒，相间串成。在胸部出小铜珠2枚。

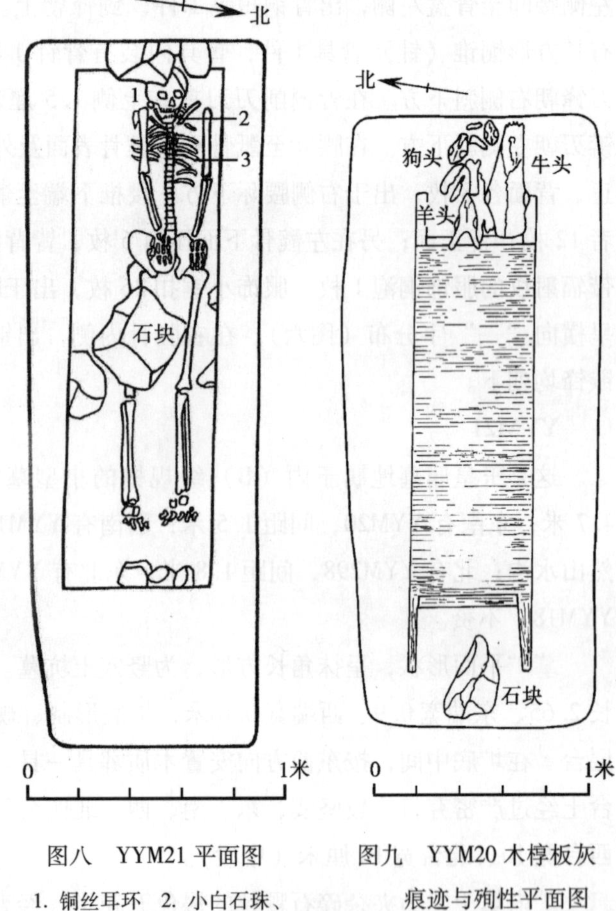

图八 YYM21平面图

1. 铜丝耳环 2. 小白石珠、小黑石珠项链 3. 小铜珠

图九 YYM20木椁板灰痕迹与殉牲平面图

YYM20

这是玉皇庙墓地属于乙（A）级规格的中型墓葬之一。位于北1区中部。其东南有YYM23，间距3.5米；南有YYM19，间距2.2米；西南有YYM17，间距3.3米；西北有YYM21，间距1.5米；北有YYM297，间距3.3米；东北有YYM22，间距1.4米。此墓的地层堆积，基本上同于YYM18，不赘。

墓圹平面形状呈弧边抹角长方形，北侧圹边外弧明显，为竖穴土坑墓。东向，方位角为东偏北9°。墓圹规格，圹口东西长2.74，东端宽1.12，西端宽1.02米，圹底形制、规格与圹口一致，圹口至圹底深1.8米。无生土二层台。在圹底中间，按东西方向安置木椁一具。在木椁外壁四周至圹底四壁之间筑有活土二层台。台土经过严密夯打，较坚实，东、南、西、北四台等高，均为34厘米，宽度不一，东台宽54、南台宽28、西台宽54、北台宽32厘米（中段）。

圹内填土为夹杂碎石颗粒的褐色五花土，经普遍夯实，但未有夯层与夯窝痕迹。在填土中，仅发现夹砂红陶罐器底残片1块及夹砂褐陶碎片2块。另在圹内西端活土二层台与木椁西堵板之间的填土中平置1块平面呈三角形、规格为38×23×18厘米的自然石灰岩石块。

殉牲位置，祭牲集中摆放在圹内东端中间中层填土中，上距东端圹口0.7米深，下距圹底0.74米。殉牲种类，为牛、羊、狗3种家畜。殉牲数量，牛头1个，牛肱骨2只，山羊头2个，狗头3个，狗肱骨3只。殉牲形式，牛、狗、羊3种祭牲按东西方向作同层相邻、平面呈三角形布局顺置，即牛头居南侧，狗牲居东北，羊牲居西北。其中牛、羊头完整，而狗头的上、下颌骨均被拆解开分开摆放，3个狗头皆贴靠东圹壁，而3副狗下颌骨则分置其西侧；牛肱骨2只按东西方向叠置于狗下颌骨之上；2个山羊头，依次摆在狗下颌骨与牛肱骨之西侧。3只狗肱骨亦按东西方向顺置，分别被压在狗牲与羊牲之下。这组祭牲的吻部一律朝东。

木椁已朽，板灰呈白色粉状，除底板灰痕残缺不清外，盖板、侧板和堵板的板灰痕迹均较明显。在东端和中间部位，尚遗有4块盖板灰痕，它们均呈南北向横搭在呈东西向的侧板之上（图九；图版二，1），板长0.56～0.6米，板宽20～22厘米。南、北侧板立于底板之上，东西顺长2.16米，总高34厘米，与活土二层台台面平齐，板灰厚4厘米。东、西堵板分别竖插于南、北侧板之间，立插部位分别在南、北侧板东、西两端内缩18和28厘米处，高度均与侧板一致，亦与活土二层台台面平齐，总宽均为44厘米，板灰厚3～4厘米。至于南、北侧板与东、西堵板的板块组成情况，已难以再作具体分辨。

木椁内装殓尸骨一具。保存状况较好，头骨完整，除上肢骨腐朽残缺不全外，骨架其他主要部位保存尚较好。头东足西，仰身直肢（图版二，2）。经现场鉴定，死者为女性，22～24岁。骨骼从头到脚通长1.54米。

随葬品陈放于木椁内、死者身上及其近前（图一〇）。在头骨左侧，放置夹砂红陶罐1件，正置。在左、右耳骨下面，各出螺旋形铜丝耳环2件，在左、右耳环下，各附出绿松石坠珠4枚。覆面铜扣3枚，出于下颌骨左侧2枚，滑落于下颌骨右外侧1枚。在颈、胸部，出不同质料的项链3串：（1）黑、白石珠项链1串，由小黑石珠76粒、小白石珠15粒联合串成；（2）玛瑙珠、绿松石管、白石管项链1串，由玛瑙珠26颗、绿松石管26枚、白石管4枚联合组成；（3）小铜扣项链1串，由152枚双联小铜扣排列组成，末端（胸下）附出匕形铜坠饰1件，坠尖朝下。在右侧胸、腹之间，出铜锥2件，其一为骨柄，锥尖朝上，其二为木柄，已糟朽，锥尖朝右侧斜上方（图一一）。在骨盆右侧，出长方形铜锥（针）管具1件。在右胫骨与腓骨之间，出青铜削刀1件，刀锋朝下。

YYM35

这是玉皇庙墓地属于乙（B）级规格的中型墓葬之一。位于北Ⅰ区中部。其东南有YYM98，间距3.3米；南有YYM34，间距4.7米；西南有YYM32，间距1.5米；西有YYM31，间距3.4米；西北有YYM36，间距3.2米。此墓的地层堆积基本上同于YYM18，不赘。

墓圹平面形状呈抹角长方形，为竖穴土坑墓。东向，方位角为东偏南1°。墓圹上层因近代取土被破坏，挖掉约0.6米深。现存圹口东西长2.6，东、西两端宽约为0.8米，圹底形状、规格与圹口一致，现存圹口至圹底深0.96米。无生土二层台。在圹底中间略偏南侧位置，安置木质葬具一具。在木质葬具四周至圹底四壁之间，筑有活土二层台，台土经夯实，东、南、西、北四台等高，均为0.5米，宽度不一，东台宽24、南台宽12、西台宽44、北台宽20厘米。

圹内填土为夹杂碎石颗粒的褐色五花土，经普遍夯实，但未有夯层与夯窝痕迹。在填土中，仅发现夹砂粗红陶残片3块，羊肩胛骨残片1块。

因墓圹上层被破坏，故未见殉牲。

木质葬具已朽，盖板与底板板灰基本无存，仅可观察出南、北侧板与东、西堵板的灰痕轮廓。板灰呈白色粉状，很稀薄，南、北侧板东西长1.94，东端堵板宽0.5，西端堵板宽0.46，侧板与堵板高

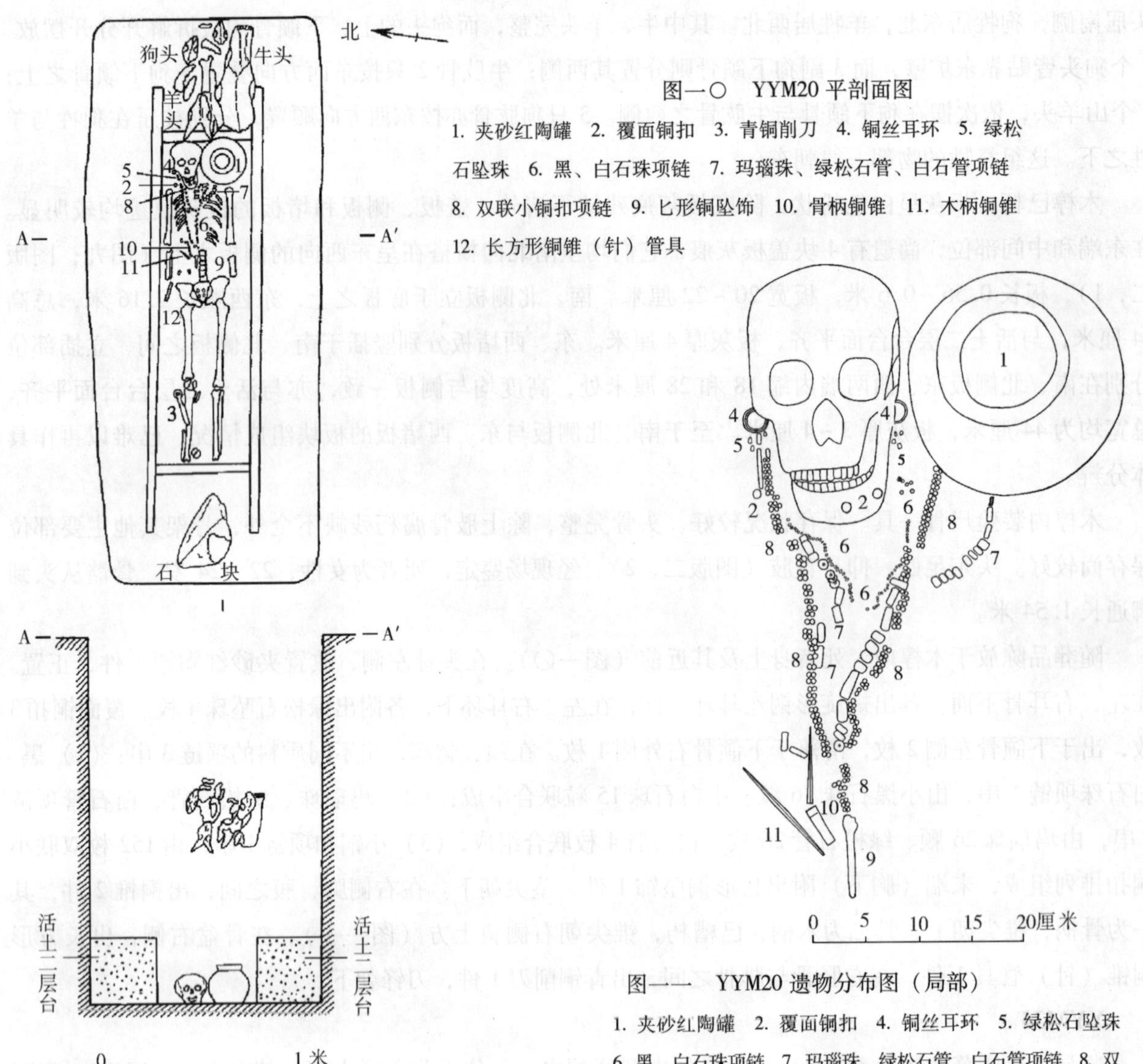

图一〇 YYM20平剖面图

1. 夹砂红陶罐 2. 覆面铜扣 3. 青铜削刀 4. 铜丝耳环 5. 绿松石坠珠 6. 黑、白石珠项链 7. 玛瑙珠、绿松石管、白石管项链 8. 双联小铜扣项链 9. 匕形铜坠饰 10. 骨柄铜锥 11. 木柄铜锥 12. 长方形铜锥（针）管具

图一一 YYM20遗物分布图（局部）

1. 夹砂红陶罐 2. 覆面铜扣 4. 铜丝耳环 5. 绿松石坠珠 6. 黑、白石珠项链 7. 玛瑙珠、绿松石管、白石管项链 8. 双联小铜扣项链 9. 匕形铜坠饰 10. 骨柄铜锥 11. 木柄铜锥

度相等，均为0.5米，与四周活土二层台台面平齐。至于南、北侧板与东、西堵板的板块组成及相关结构情况，已不能详。

木质葬具内装殓尸骨一具。保存状况不太好，头骨已残破，肋骨、右尺骨、桡骨、手骨等已腐朽无存，其他部位骨骼保存尚好。头东足西，头向右侧偏斜，仰身直肢。经现场鉴定，死者为女性，45～50岁。骨骼从头到脚通长1.66米。

随葬品集中陈放于木质葬具内、死者身上及其近前（图一二）。在头骨左侧，放置夹砂褐陶罐1件，正置，已残碎。在左、右耳骨下面，各出螺旋形铜丝耳环1件，在左、右耳环下，各附出绿松石坠珠4枚。覆面铜扣3枚，出于上颌骨处2枚，滑落于下颌骨左下侧1枚。在颈部至胸部，出不同质料的项链2串：（1）铜扣项链1串，由双联小铜扣151枚排列组成，末端（胸椎右侧）附出匕形铜坠饰1件，坠尖朝下；（2）绿松石珠与小黑石珠项链1串，由绿松石珠6枚和小黑石珠319粒联合串成。在右侧胸下，出联珠棍形铜坠饰12枚，分2组，每组6枚，其中一组为斜向，坠孔略朝左上方，另一组为纵向，坠孔朝上。在左侧胸部，出铜钧1件，作覆扣状，器底朝上，腹壁有残洞（图一三）。在左桡骨下面，压有青铜削刀1件，刀锋朝左侧斜上方。在左股骨上端外侧出长方形铜锥（针）管具1件。在骨盆右侧，出白石管1枚。在右股骨上端外侧，出赤铁矿砺石1件，铜锥1件，锥尖朝上。

YYM32

这是玉皇庙墓地属于丙（A）级规格的小型墓葬之一。位于北Ⅰ区中部。其东南有YYM98，间距

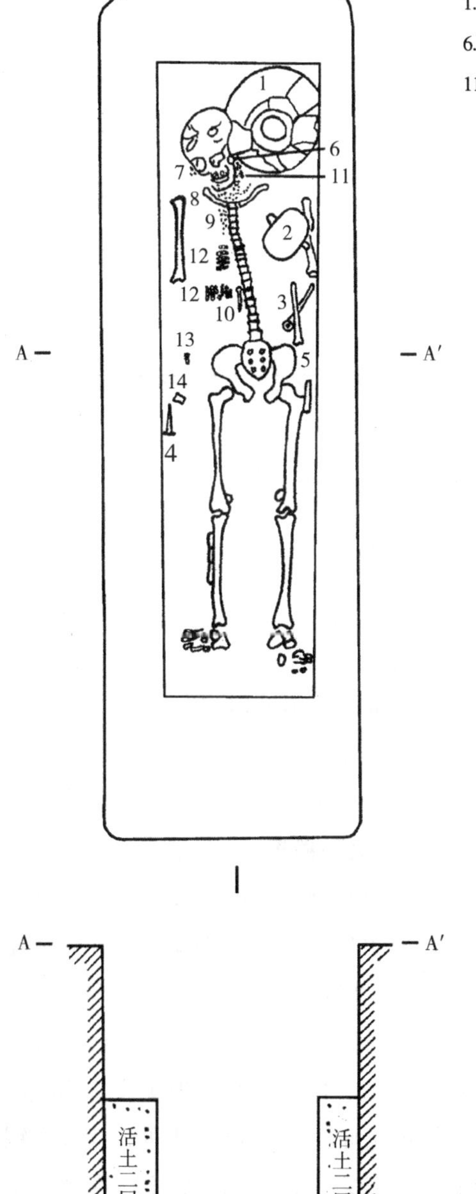

图一二　YYM35平剖面图

1. 夹砂褐陶罐（残）　2. 铜钧　3. 青铜削刀　4. 铜锥　5. 长方形铜锥（针）管具　6. 铜丝耳环　7. 绿松石坠珠　8. 覆面铜扣　9. 双联小铜扣项链　10. 匕形铜坠饰　11. 石珠项链　12. 联珠棍形铜坠饰　13. 白石管　14. 赤铁矿砺石

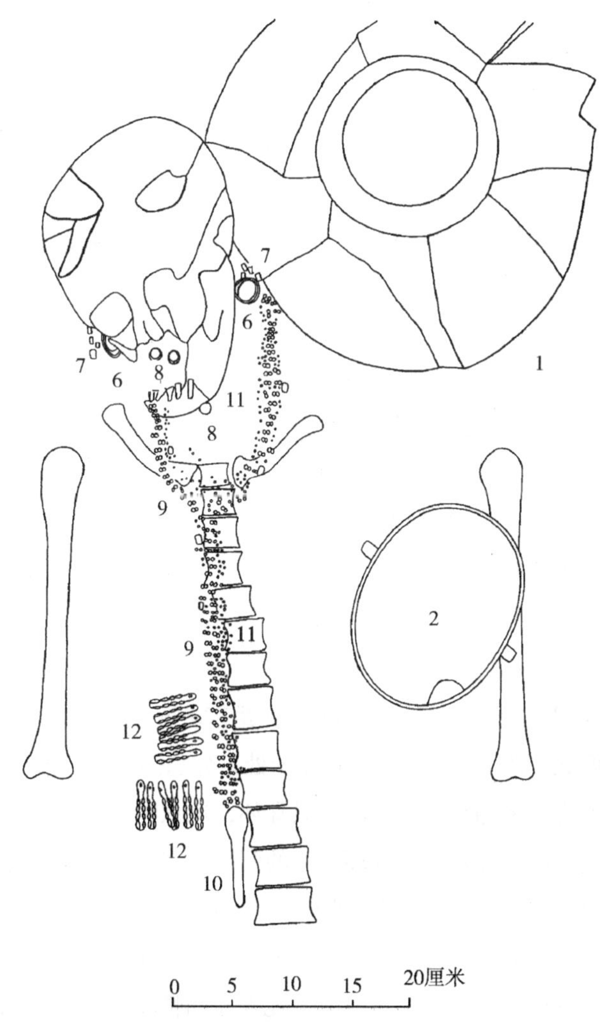

图一三　YYM35遗物分布图（局部）

1. 夹砂褐陶罐（残）　2. 铜钧　6. 铜丝耳环　7. 绿松石坠珠　8. 覆面铜扣　9. 双联小铜扣项链　10. 匕形铜坠饰　11. 石珠项链　12. 联珠棍形铜坠饰

5.5米；南有YYM33，间距1.3米；其西与近代坟密集区毗邻；西北有YYM31，间距1.4米；北有YYM36，间距4.9米；东北有YYM35，间距1.5米。此墓的地层堆积，基本上同于YYM18，不赘。

墓圹平面形状呈抹角长方形，为竖穴土坑墓。东向，方位角为东偏北6°。墓圹规格，圹口东西长2.1，东、西两端宽均为0.8米，圹底形制、规格与圹口一致，圹口至圹底深1米。无生土二层台。无木质葬具，故无活土二层台。

圹内填土为夹杂碎石颗粒的褐色五花土，经普遍夯实，但未有夯层与夯窝痕迹。在填土中，仅发现夹砂红陶罐腹部残片1块，器底残片1块。除此之外，再未见其他任何遗物。

无殉牲。

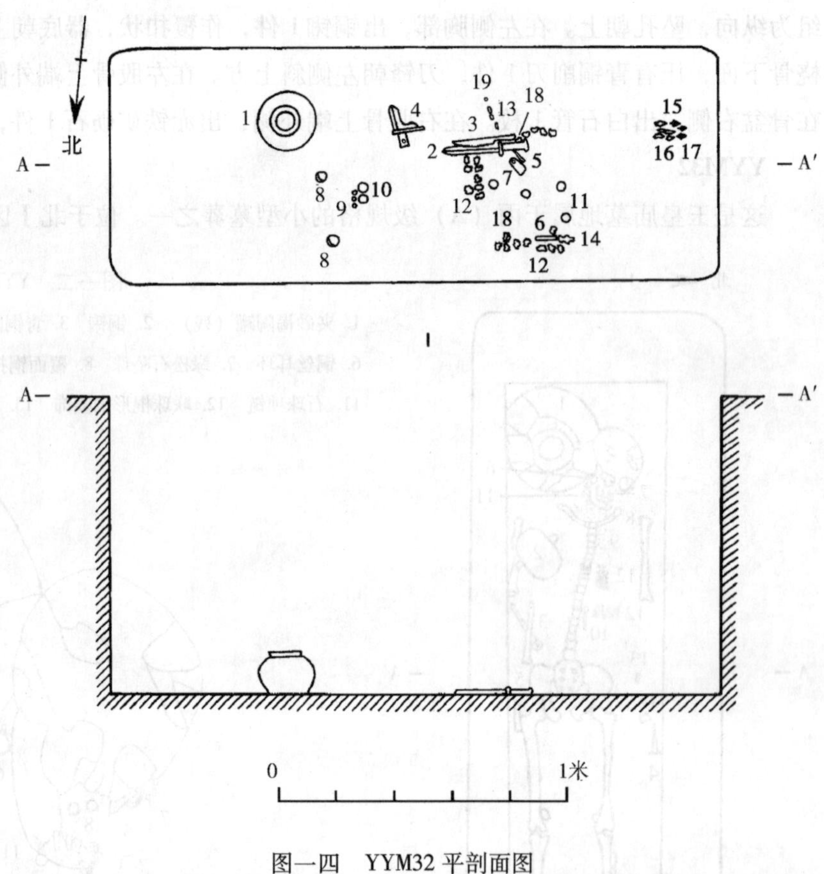

图一四　YYM32平剖面图

1. 夹砂褐陶罐　2. 青铜短剑　3. 青铜削刀　4. 铜戈　5. 铜锥　6. 长方形铜锥（针）管具　7. 穿孔砺石　8. 铜丝耳环　9. 覆面铜扣　10. 动物纹服饰铜扣　11. 辐射纹服饰铜泡　12. 小鹿形铜带饰　13. 白石管　14. “人”形铜饰件　15. 铜镞　16. 骨镞　17. 骨鸣镝（压在骨镞下）　18. 马头形铜带饰　19. 小白石珠

在圹底，既无木质葬具，亦未见人的尸骨。但却按既定葬仪与葬俗，在相应位置象征性地陈放了一组随葬品（图一四），情形与YYM17相似。在圹底东部偏南侧距东圹壁53、距南圹壁14厘米处，放置夹砂褐陶罐1件，正置。在此陶罐西北侧距北圹壁14和36厘米处，分别摆放螺旋形铜丝耳环1件，2件耳环南北间距为22厘米，这既意味着为死者随葬了左、右两只耳环，也意味着死者头部置于此处，同时也象征着是按头朝东的葬仪将死者安葬的。在左、右耳环中间的西侧6~10厘米处，有覆面铜扣3枚、动物纹服饰铜扣2枚。在象征死者“左尺骨内侧”的位置，即在左耳环西南侧26厘米处，陈放三穿铜戈1件，援尖朝南，内朝北，胡朝西。在象征“死者腰际至右股骨外侧”位置，即在左、右耳环西侧48厘米处，摆放小卧鹿形铜带饰30枚，马头形铜带饰2枚。在象征“死者左侧腰间至骨盆左侧”位置，即在距左耳环西侧40厘米处，摆放青铜短剑1件（剑身与剑柄交界处已折断），青铜削刀1件，刀身叠置于剑身之上，锋部均朝上。在削刀南侧，有白石管3枚，小白石珠1粒。在青铜短剑剑柄的北侧，摆放铜锥1件，锥尖朝向东南。在与铜锥毗邻的北侧，摆放带穿孔的砂岩砺石1件。在象征“死者腰际以下至左、右股骨之间”的位置，摆放带辐射纹的服饰铜泡4枚。在象征“死者右股骨外侧”位置，摆放长方形铜锥（针）管具1件（图一五）。在此锥（针）管具的下方（西侧），有“人”形铜饰件1枚。在象征“死者左足外侧”位置，摆放铜镞4

枚，骨镞16枚，镞锋均朝下（朝西），在骨镞下面，还压有骨鸣镝1件。

YYM33

这是玉皇庙墓地属于丙（A）级规格的小型墓葬之一。位于北Ⅰ区中部。其东有YYM98，间距56米；东南有YYM34，间距1.7米；西南与正西，与近代坟密集区毗邻；北有YYM32，间距1.3米；东北有YYM35，间距3.5米。此墓的地层堆积，基本上同于YYM18，不赘。

墓圹平面形状约为抹角长方形，竖穴土坑墓。东向，方位角为东偏南3°。此墓东、西两端分别被近代坟破坏，仅残存中间一部分，圹口东西残长0.46、南北宽0.76米，圹底形制、规格与圹口一致，圹口至圹底深1.1米。无生土二层台。在圹底中间，按东西方向安置木质葬具一具。在木质葬具外侧至圹底南、北侧之间，筑有活土二层台，台土经夯实，残存的南、北两侧活土二层台高度相等，均为34、北台宽14、南台宽13厘米。

圹内填土为夹杂碎石颗粒的褐色五花土，经夯实，但未见夯层与夯窝痕迹。在残存的填土中，未发现任何文化遗物。

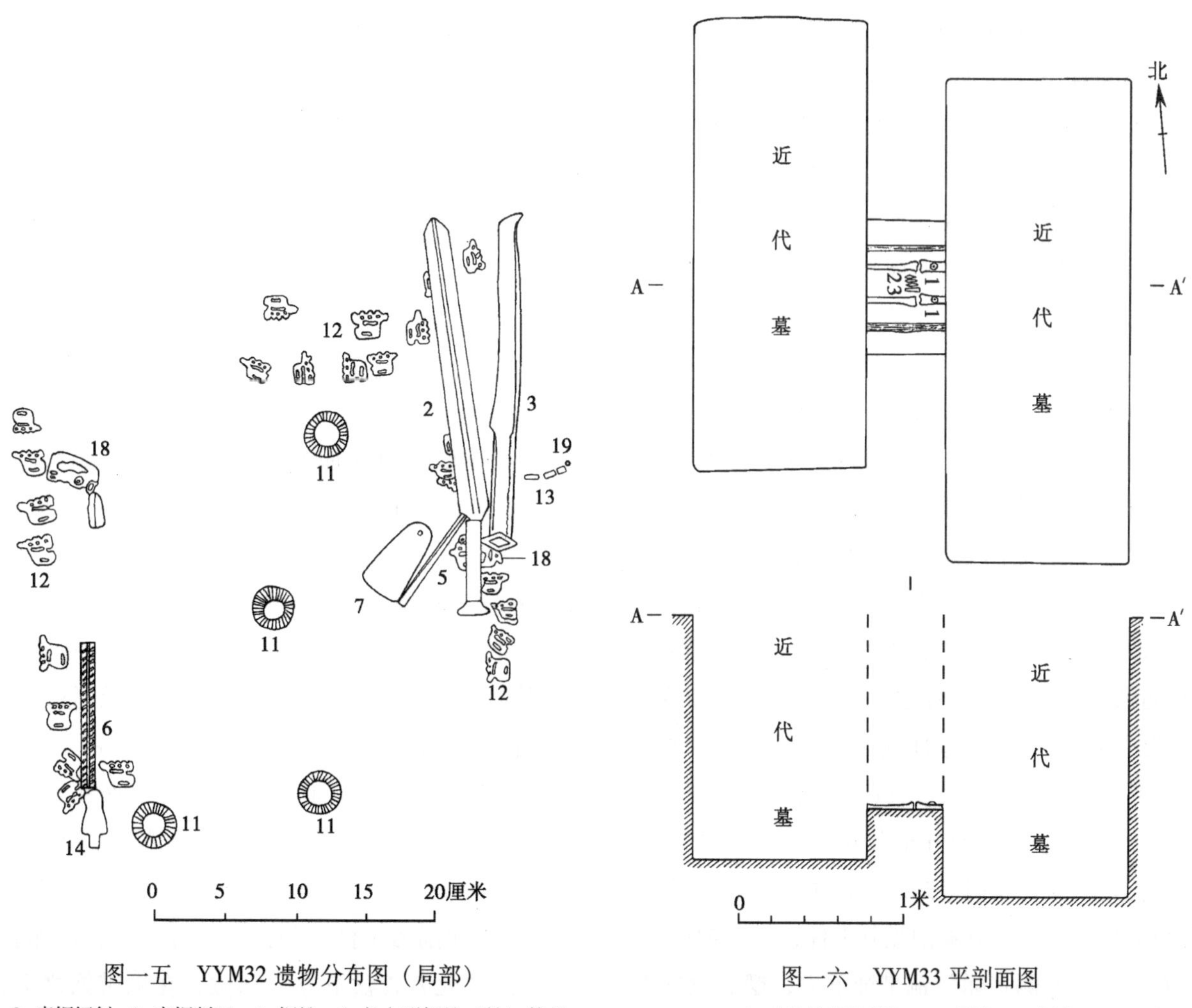

图一五　YYM32遗物分布图（局部）

2. 青铜短剑　3. 青铜削刀　5. 铜锥　6. 长方形铜锥（针）管具　7. 穿孔砺石　11. 辐射纹服饰铜泡　12. 小鹿形铜带饰　13. 白石管　14. "人"形铜饰件　18. 马头形铜带饰　19. 小白石珠

图一六　YYM33平剖面图

1. 动物纹服饰铜扣　2. 骨镞　3. 铜凿

因墓圹东、西两端均被破坏，故未见殉牲。

木质葬具仅残存南、北侧板中间一段板灰残痕，板灰呈白色粉状，东西残长46、高度34厘米，与南、北两侧活土二层台台面平齐，南侧板灰痕保存较好，板灰厚4厘米。

在木质葬具内，装殓尸骨一具。仅残存左、右股骨下端及胫骨中上段。经现场鉴定，死者性别、年龄难以确定。

随葬品残余很少，仅在死者左、右股骨下端，出动物纹服饰铜扣各1枚。在左、右膝盖骨中间，出铜凿1件，凿刃朝下；在铜凿左侧，放置骨镞3枚，镞锋朝下（图一六）。

YYM34

这是玉皇庙墓地属于丙（B）级规格的小型墓葬之一。位于北Ⅰ区中部。其东南有YYM39，间距5.5米；其西1.5米为近代坟密集区；西北有YYM33，间距1.7米；北有YYM35，间距4.7米；东北有YYM98，间距3.4米。此墓的地层堆积基本上同于YYM18，不赘。

墓圹平面形状呈弧边抹角长方形，南、北两侧圹边略外弧，为竖穴土坑墓。东向，方位角为东偏北3°。墓圹东端中部以上，被一座近代坟破坏，中部以下尚存。墓圹规格，圹口东西长1.9、东端宽0.6、中间宽0.75、西端宽0.5米，圹底形制、规格与现存圹口一致，圹口至圹底深西端1.26、东端0.5米。无生土二层台。无木质葬具，故无活土二层台。

圹内填土为夹杂碎石颗粒的褐色五花土，经普遍夯实，但未有夯层与夯窝痕迹。在填土中，仅发现夹砂粗红陶碎片4块，狗下颌骨残件1块。

因墓圹东端中部以上被破坏，故未见殉牲。

在圹底，既无木质葬具，亦未见人的尸骨。

随葬品仅发现在圹底，按既定葬仪与葬俗象征性地摆放了一组随葬品（图一七）。情形与YYM17和YYM32相似。在圹底东部中间稍偏南侧，距东圹壁22、距南圹壁12厘米处，放置夹砂红陶罐1件，正置，已残碎不成形，此位置应在象征死者头骨左后侧处。在陶罐西侧4厘米和西北侧14厘米处，分别摆放螺旋形铜丝耳环1件，2件耳环间距为20厘米，这意味着为死者随葬了左、右两只耳环，也意味着死者头骨置于此处，同时也象征着是按头朝东的葬仪将死者安葬的。在右耳环西南侧10厘米处，即在象征“死者颈下”部位，摆放虎形铜牌饰1件，虎头朝南。在距东圹壁以西0.76米、靠近北圹壁处，即在象征“死者右尺骨内侧”位置，摆放三穿铜戈1件，援尖朝北，内朝南，胡朝西。在象征“死者腰际至左、右股骨之间”位置，摆放2种铜带饰。其一为长方形反S纹铜带卡计24枚，摆放在“腰际”部位12枚，呈横向“一”字分布，摆在“左、右骨股之间”12枚，呈纵向分布；其二为小卧鹿形铜带饰计26枚，摆放于“腰际”长方形反S纹铜带卡之下、呈横向分布者10枚，摆在“左、右骨股之间”、呈纵向分布者10枚，摆在“左骨股外侧”、亦呈纵向分布者6枚。在“腰际”略偏左侧，长方形反S纹铜带饰之下，压有粟粒纹服饰铜扣1枚。在象征“死者左侧腰间至骨盆左侧”部位，在铜带饰之上，叠放青铜短剑1件，在青铜短剑下方，摆放青铜削刀1件，剑锋与刀锋，均朝左侧斜下方。在“右侧腰际”铜带饰下方，摆放铜铃1件。在象征“死者骨盆下方”部位，在铜带饰之上，摆放长方形动物纹铜锥（针）管具1件，铜锥1件，锥尖朝下。在象征“死者右骨股内侧”部位，摆放铜镞1枚，镞锋朝下。在“左、右骨股之间”小卧鹿形铜带饰的下方，还有三鸟头纹铜带饰2枚。在象征“死者左、右胫骨之间”位置，摆放骨镞21枚，镞锋均朝下（图一八）。

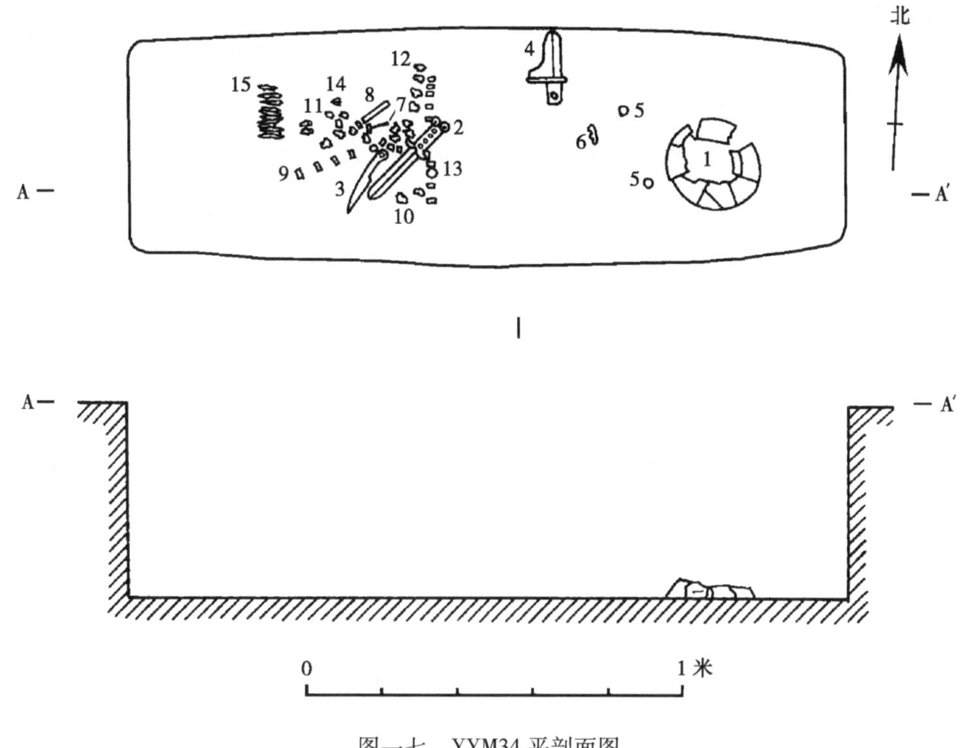

图一七　YYM34 平剖面图

1. 夹砂红陶罐　2. 青铜短剑　3. 青铜削刀　4. 铜戈　5. 铜丝耳环　6. 虎形铜牌饰　7. 铜锥　8. 长方形铜锥（针）管具　9. 长方形反S形纹带卡　10. 小鹿形铜带饰　11. 三鸟头纹铜带饰　12. 铜铃形饰　13. 粟粒纹服饰铜扣　14. 铜镞　15. 骨镞

YYM31

这是玉皇庙墓地属于丙（B）级规格的小型墓葬之一。位于北Ⅰ区中部。其东有 YYM35，间距 3.4 米；东南有 YYM32，间距 1.4 米；南和东南与近代坟密集区毗邻；西北有 YYM30，间距 1.7 米；东北有 YYM36，间距 3.4 米。此墓的地层堆积基本上同于 YYM18，不赘。

墓圹平面形状呈抹角长方形，为竖穴土坑墓。东向，方位角为东偏北 5°。墓圹规格，圹口东西长 2.7、东端宽 0.9、西端宽 1.08 米，圹底形制、规格与圹口一致，圹口至圹底深 0.9 米。无生土二层台。略偏东南—西北方向，安置木质葬具一具。在木质葬具四周至圹底四壁之间，筑有活土二层台。台土经过夯实，东、南、西、北四台等高，均为 36 厘米，宽度不一，东台宽 42、南台宽 22、西台宽 30、北台宽 18 厘米（中段）。

圹内填土为夹杂碎石颗粒的褐色五花土，经普遍夯实，但未有夯层与夯窝痕迹。在填土中，仅发现夹砂红陶碎片 4 块。另在南侧活土二层台东端、木质葬具东南角外侧，有不规则自然石灰岩石块 1 块，在木质葬具北侧板西端内侧，有因木质葬具盖板腐朽后随填土一起陷落进来的、体积较小的自然石灰岩石块 1 块。

无殉牲。

木质葬具已朽，盖板与底板板灰已基本无存，唯残存南、北侧板与东、西堵板板灰痕迹。板灰呈白色粉状，较稀薄，南、北侧板东西长 2 米，东、西堵板总宽均为 0.56 米，侧板与堵板高度相等，均为 36 厘米，与四周活土二层台台面平齐。至于侧板与堵板的板块结构情况，已不能详。

木质葬具内装殓尸骨一具。保存状况不太好，人架上体骨骼已腐朽无存，骨盆也残缺不全，唯头骨与下肢骨保存尚完整。头东足西，仰身直肢。经现场鉴定，死者为男性，成年。骨骼从头到脚通长1.62米。

随葬品较少，陈放于木质葬具内、死者头侧及上半身（图一九）。在头骨左侧，放置夹砂红陶罐1件，已残碎。在左、右耳骨下面，各出螺旋形铜丝耳环1件，无绿松石坠珠伴出。覆面铜扣2枚，出于左、右眼眶内各1枚。在颈部，出白石管和小白石珠项链1串，由白石管1枚、小白石珠152粒联合串成。在腹部，出亚腰形铜饰件1件，出小白石珠4粒。

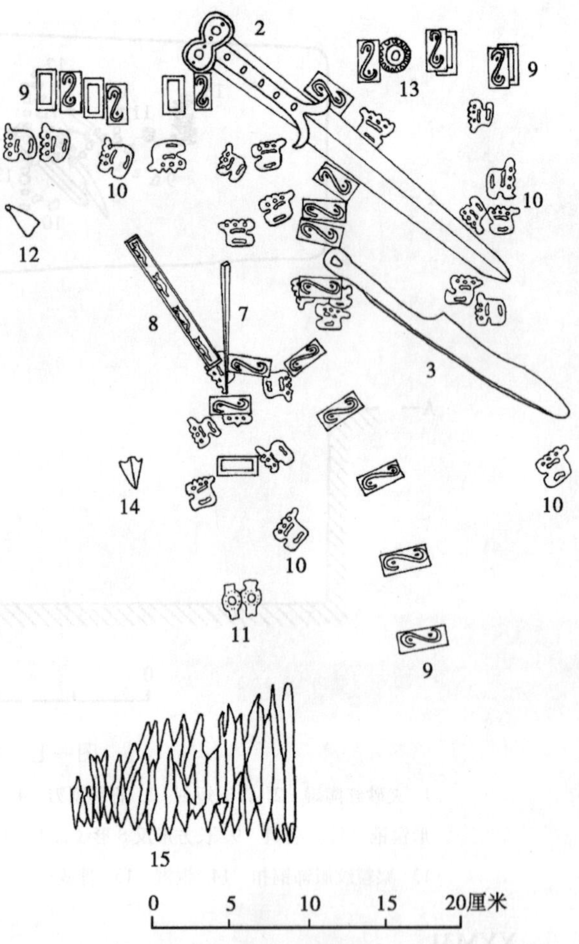

图一八 YYM34遗物分布图（局部）

2. 青铜短剑 3. 青铜削刀 7. 铜锥 8. 长方形铜锥（针）管具 9. 长方形反S纹带卡 10. 小鹿形铜带饰 11. 三鸟头纹铜带饰 12. 铜铃形饰 13. 粟粒纹服饰铜扣 14. 铜镞 15. 骨镞

YYM30

这是玉皇庙墓地属于丙（C）级规格的小型墓葬之一。位于北Ⅰ区中部。其东南有YYM31，间距1.7米；南与近代坟密集区毗邻；西南有YYM28，间距5.2米；西有YYM29，间距0.9米；西北有YYM294，间距8.3米；东北有YYM36，间距6.1米。此墓的地层堆积基本上同于YYM18，不赘。

墓圹平面形状呈抹角长方形，为竖穴土坑墓。东向，方位角为东偏南9°。墓圹规格，圹口东西长1.86、东端宽0.6、西端宽0.72米，圹底形制、规格与圹口一致，圹口至圹底深0.6米。无生土二层台。无木质葬具，故无活上二层台。

圹内填土为夹杂碎石颗粒的褐色五花土，经普遍夯实，但未有夯层与夯窝痕迹。在填土中，仅发现夹砂红陶罐口沿残片2块，除此之外，再未见其他任何遗物。

无殉牲。

在圹底中间，按东西方向，安葬尸骨一具。保存状况不好，头骨已残碎，上体骨骼基本朽毁无存，仅余下肢。头东足西，仰身直肢。经现场鉴定，死者为男性，45～50岁。骨骼从头到脚通长1.38米。

随葬品很少，出于死者头部和腹部（图二〇）。无陶器。在左、右耳骨下面，各出螺旋形铜丝耳环1件，无绿松石坠珠伴出。覆面铜扣2枚，出于上颌骨表面1枚，滑落于下颌骨南侧1枚。白石管3枚，出于下颌骨处1枚，出于腹部2枚。小白石珠4粒，出于腹部。

YYM29

这是玉皇庙墓地属于丙（A）级规格的小型墓葬之一。位于北Ⅰ区中部。其东有YYM30，间距0.9米；其南0.6米，为近代坟密集区；西南有YYM28，间距3.5米；西有YYM27，间距0.6米；西北有YYM294，间距5.7米。此墓的地层堆积基本上同于YYM18，不赘。

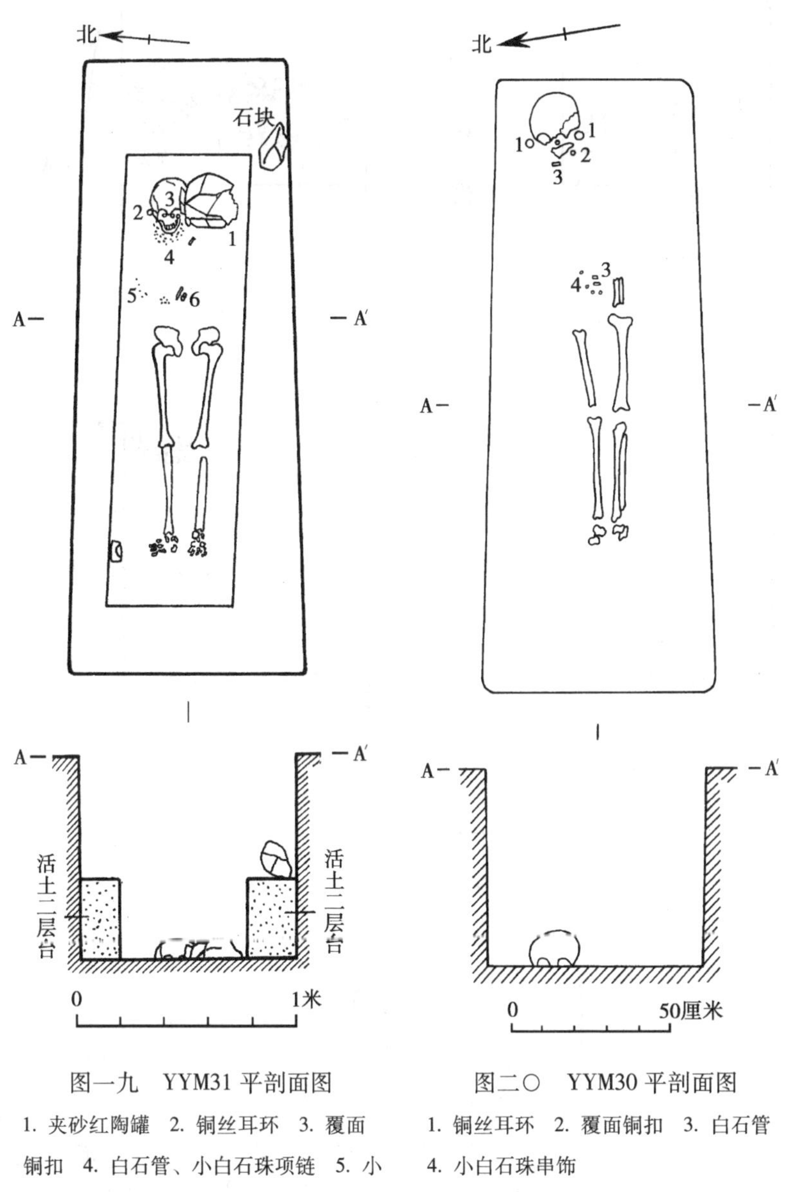

图一九　YYM31平剖面图

1. 夹砂红陶罐　2. 铜丝耳环　3. 覆面铜扣　4. 白石管、小白石珠项链　5. 小白石珠串饰　6. 亚腰形铜饰件

图二〇　YYM30平剖面图

1. 铜丝耳环　2. 覆面铜扣　3. 白石管　4. 小白石珠串饰

墓圹平面形状呈抹角长方形，为竖穴土坑墓。东向，方位角为东偏南8°。此墓中间被一座近代坟破坏，墓圹尚残存东、西、北3壁。殉牲完好，人骨仅存头骨与上半身。圹口东西长2.65、东端宽1.2、西端宽1.14米，圹壁平整、笔直，圹底与圹口形制、规格一致，圹口至圹底深1米。无生土二层台。在圹底中间稍偏北侧位置，按东西方向安置木质葬具一具。在木质葬具四周至圹底四壁之间，筑有活土二层台，台土经夯实，东、南、西、北四台等高，均为40厘米，宽度不一，东台宽40、南台宽42、西台宽44、北台宽23厘米。

圹内填土为夹杂碎石颗粒的褐色五花土，经普遍夯实，但未有夯层与夯窝痕迹。在填土中，仅发现夹砂红陶罐类器底残片1块及夹砂褐陶碎片2块。另在圹内西部上层填土中，发现零散的自然石灰岩石块16块，体积大小不等，规格在30×26×24至7×5×4厘米之间。

殉牲位置，在圹内东端中间上层填土中，上距东端圹口仅2厘米深，下距圹底0.83米。殉牲种类，仅有狗1种。数量狗头3个。殉牲形式，将狗头上、下颌骨拆解开后按东西方向将3套狗牲作同层自北而南顺序摆放，互不叠压。下颌骨在下，上颌骨错位靠东，叠置其上，吻部一律朝东。

木质葬具已朽，板灰呈白色粉状，保存状况不太好，仅能辨识南、北侧板与东、西堵板的四至界限，板块结构已不能详。南、北侧板东西顺长1.8米，东、西堵板总宽0.5米，侧板与堵板高度相等，均为40厘米，与四周活土二层台台面平齐。

木质葬具内装殓尸骨一具。保存状况不好，头骨已残碎，残存的上体骨骼及左胫骨，皆残损不全。头东足西，头向左侧歪斜，仰身直肢。经现场鉴定，死者为女性，25～30岁。

随葬品集中陈放于木质葬具内、死者头侧及头、颈部（图二一、二二）。在头骨右侧放置夹砂红褐

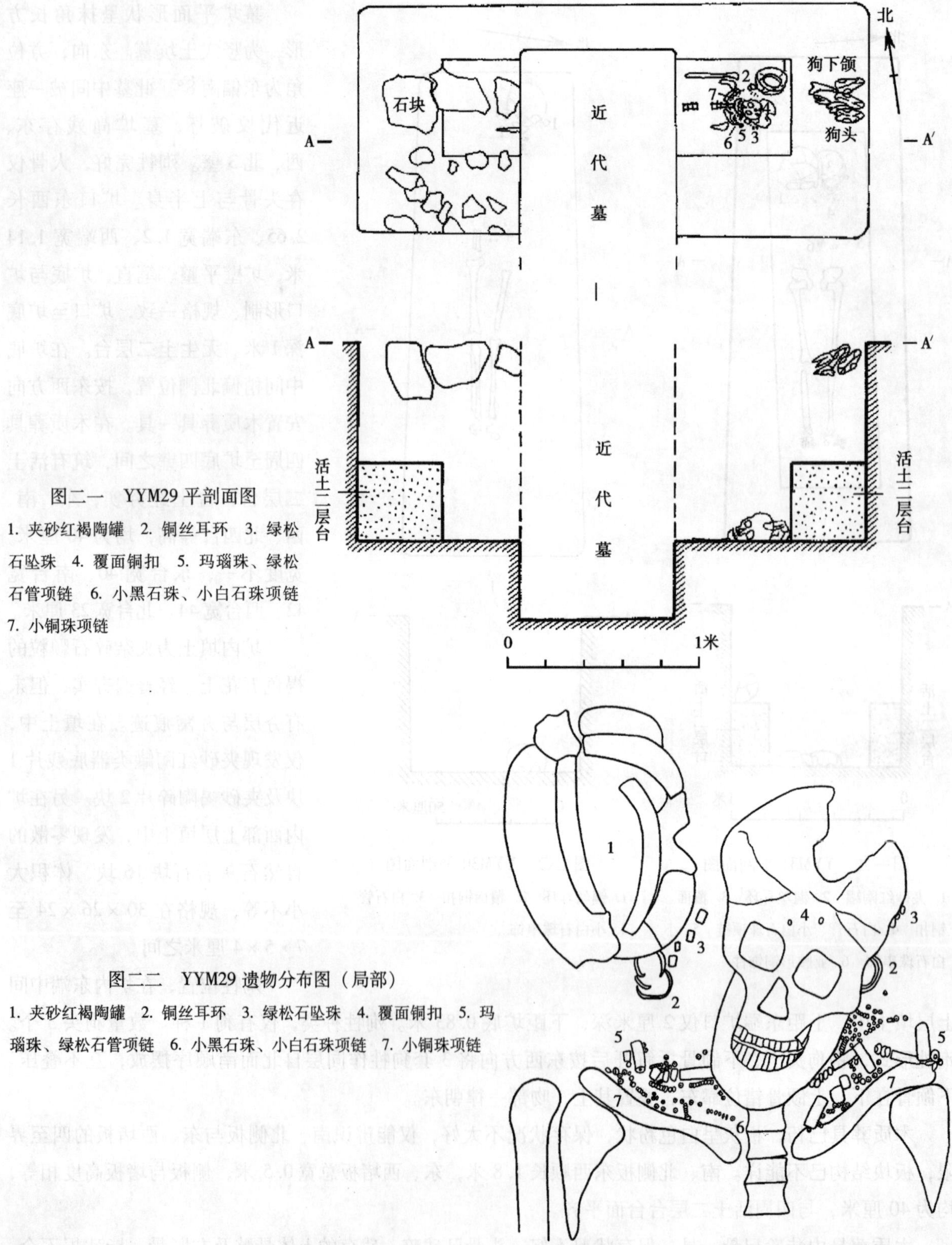

图二一 YYM29 平剖面图

1. 夹砂红褐陶罐 2. 铜丝耳环 3. 绿松石坠珠 4. 覆面铜扣 5. 玛瑙珠、绿松石管项链 6. 小黑石珠、小白石珠项链 7. 小铜珠项链

图二二 YYM29 遗物分布图（局部）

1. 夹砂红褐陶罐 2. 铜丝耳环 3. 绿松石坠珠 4. 覆面铜扣 5. 玛瑙珠、绿松石管项链 6. 小黑石珠、小白石珠项链 7. 小铜珠项链

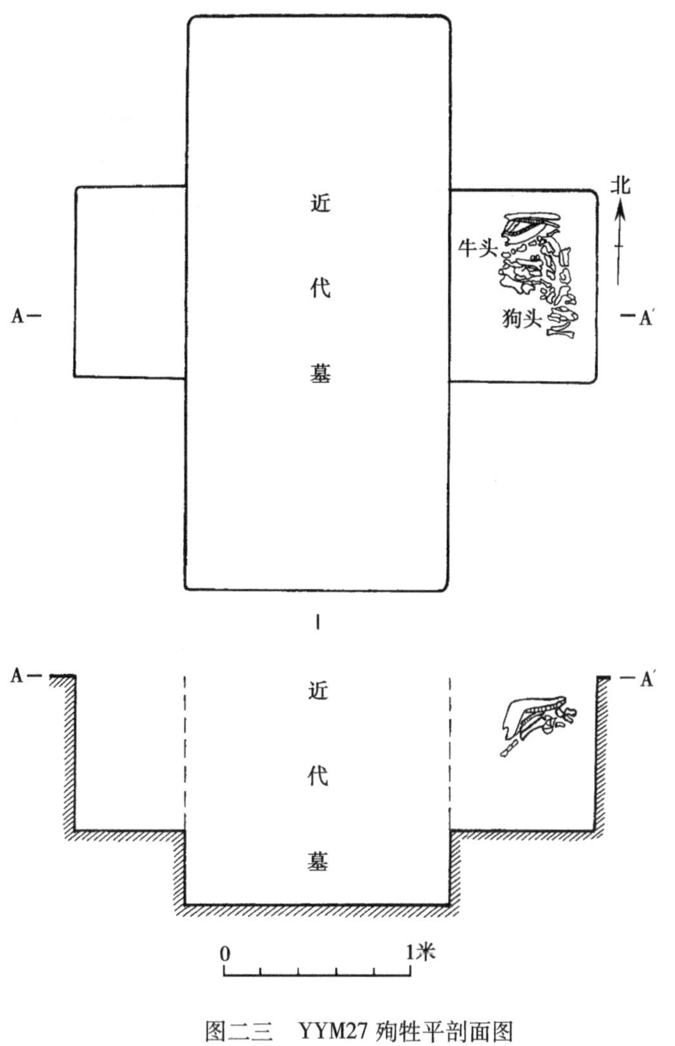

图二三　YYM27 殉牲平剖面图

陶罐 1 件，已残碎。在左、右耳骨附近，各出螺旋形铜丝耳环 1 件，并各附出绿松石坠珠 4 枚。覆面铜扣 22 枚，出于前额上 2 枚，出于下颌骨左、右侧各 10 枚。在颈部，出各种不同质料的项链 3 串：（1）玛瑙珠、绿松石管项链 1 串，由玛瑙珠 15 颗、绿松石管 9 枚联合组成；（2）黑、白石珠项链 1 串，由小黑石珠 253 粒和小白石珠 1 粒联合串成；（3）小铜珠项链 1 串，由 16 枚小铜珠串成。

YYM27

这是玉皇庙墓地属于丙（B）级规格的小型墓葬之一。位于北Ⅰ区中部。其东有 YYM29，间距 0.6 米；东南有 YYM28，间距 3.3 米；西南有 YYM25，间距 1.6 米；西北有 YYM26 和 YYM294，间距分别为 3.9 和 5.2 米。此墓的地层堆积基本上同于 YYM18，不赘。

墓圹平面形状呈抹角长方形，为竖穴土坑墓。东向，方位角为东偏北 2°。此墓中间，被一座近代坟破坏，仅存墓圹东、西两端，墓中人骨及随葬品已荡然无存，圹口东西长 2.8 米，东、西两端宽均为 1 米，圹口至圹底深 0.8 米。无生土二层台。未见木质葬具，亦无活土二层台。

圹内填土为夹杂碎石颗粒的褐色五花土，经普遍夯实，但未见夯层与夯窝痕迹。在填土中，未见任何文化遗物。

在圹内东端上层填土中，尚存一组未被破坏的殉牲（图二三）。殉牲种类，为牛、羊、狗 3 种家畜。殉牲数量，牛头 1 个，牛肱骨 3 只，羊头骨 3 个（绵羊），羊肱骨 3 只，狗头 3 个，狗肱骨 3 只。殉牲形式，将牛、羊、狗头的上、下颌骨拆解开后，按东西方向，作同层、相邻摆放，牛牲居北，狗、羊牲居南。即先将拆解开的牛头骨 1 个，顺摆于圹内东端偏北侧的上层填土上，使上、下颌的吻部皆朝东，然后将牛肱骨 3 只顺置于牛头骨的南侧；然后再在牛肱骨的东端，依次顺摆狗肱骨 3 只，并在其上叠置已拆解开的狗上、下颌骨 3 套，使狗上、下颌的吻部一律朝东；最后再在狗牲的西侧，顺摆羊肱骨 3 只，并将已拆解开的绵羊上、下颌骨 3 套叠置其上，使其吻部亦一律朝东。

YYM28

这是玉皇庙墓地属于丙（A）级规格的小型墓葬之一。位于北Ⅰ区中部。其东 0.2 米为近代坟密集区；其南 0.7 米为 1 号取土坑北沿；西南有 YYM1，间距 6.7 米；西北有 YYM27 和 YYM25，间距分别为3.3和5.5米；东北有YYM29和YYM30，间距分别为3.5和5.2米。此墓的地层堆积基本上同于YYM18，不赘。

墓圹平面形状呈抹角长方形，为竖穴土坑墓。东向，方位角为东偏北5°。此墓中、西部被一座近代坟破坏，墓圹仅余东端，墓中人骨已无存。圹口东西残长1、东端宽0.96、深2.06米。无生土二层台。未见木质葬具，亦无活土二层台。

圹内填土为夹杂碎石颗粒的褐色五花土，经夯实。在填土中未见任何文化遗物。

在圹内东端中下层填土中尚遗有殉牲一组（图二四）。殉牲种类为牛、狗2种家畜。殉牲数量，牛头1个，牛肱骨1只，狗头3个，狗肱骨3只。殉牲形式，将牛、狗头的上、下颌骨拆解开后，按东西方向作同层、相邻摆放，牛牲居北，狗牲居南。即先将牛肱骨2只分别按东西方向和东北—西南方向，摆放于圹内东端偏北侧的中下层填土上，然后将拆解开的牛上、下颌骨1套，按东西方向叠置于这2只牛肱骨之上，使上、下颌略有错位，不相咬合，吻部皆朝东；然后再在牛牲南侧，摆上狗肱骨3只，并再将已拆解开的狗上、下颌骨3套，叠置于这3只狗肱骨之上，使其吻部一律朝东。

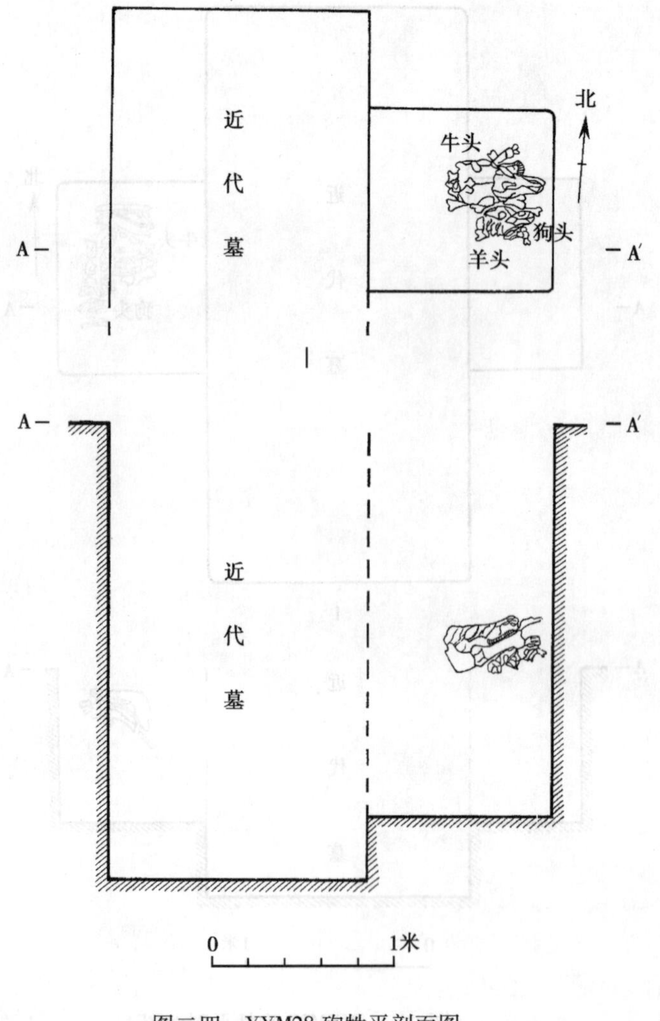

图二四　YYM28殉牲平剖面图

最后在清理圹底时，清理出2小块赤铁矿砺石，这是该墓残存的唯一的随葬品。

YYM25

这是玉皇庙墓地属于丙（A）级规格的小型墓葬之一。位于北Ⅰ区中部。其东南有YYM28，间距5.5米；西南有YYM1，间距3.4米；西有YYM24，间距4.1米；西北有YYM23和YYM26，间距分别为4.5和2.3米。东北有YYM27，间距1.6米。此墓的地层堆积基本上同于YYM18，不赘。

墓圹平面形状呈抹角长方形，为竖穴土坑墓。西向，方位角为西偏南4°。此墓西半部，被一座近代坟破坏，墓圹仅残存东半部。圹口残长1.46米（原长约2.22米），东、西两端宽均为1.08米，圹壁平整、笔直，圹底形制、规格与圹口一致，圹口至圹底深1.9米。在墓圹南壁中间和西端上层位置，各遗有打圹时留下的自然石灰岩石块1块，其外裸部分的规格分别为20×14×11和30×20×17厘米。无生土二层台。在圹底中间略偏北侧位置，安置木质葬具一具。在木质葬具的四周至圹底四壁之间，筑有活土二层台（西台已被破坏无存），台土经夯实，现存东、南、北3台等高，均为26厘米，宽度不一，东台宽60、南台宽32、北台宽20厘米。

圹内填土为夹杂碎石颗粒的褐色五花土，经普遍夯实，但未有夯层与夯窝痕迹。在填土中，仅发现夹砂红陶碎片2块，羊肩胛骨残件1块。另在圹内东端祭牲南侧的上层填土中，发现自然石灰岩石块4块，规格在28×14×12至18×12×10厘米之间。

殉牲位置，祭牲集中摆放在圹内东端中间上层填土中，上距东端圹口32厘米深，下距圹底1.34米。殉牲种类，为牛、羊、狗3种家畜。殉牲数量，牛头1个，羊头1个（绵羊），羊肱骨1只，狗头4个，狗肱骨4只。殉牲形式，将牛、羊、狗头的上、下颌拆解开后，按东西方向作同层、相邻摆放，牛牲居南，狗牲与羊牲居北。即先将拆解开的牛下颌骨1副置于圹内东端偏南侧的上层填土上，使其吻部略偏向东北，然后将牛上颌骨扣在牛下颌骨上，使其吻部朝正东，与下颌骨的吻部相错位；然后再在牛头北侧的东端，顺置狗肱骨4只，并在上面交错叠置拆解开的狗上、下颌骨4套；最后再在紧挨着狗牲的西侧顺摆羊肱骨1只，并在其上分别叠置拆解开的羊上、下颌骨1套。

木质葬具已朽，板灰痕迹保存得不好，盖板与底板已无存，仅能辨出南、北侧板与东端堵板少量板灰的残痕。南、北侧板东西残长0.86、东端堵板总宽0.56米，高度均为26厘米，与周围活土二层台台面相平齐。

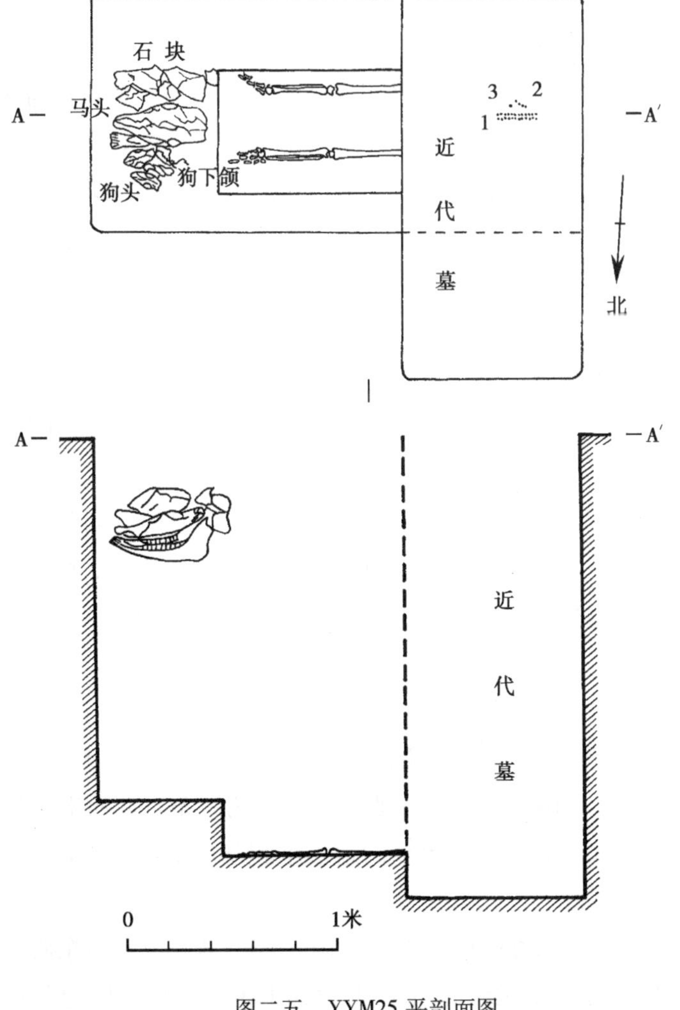

图二五　YYM25平剖面图

1. 双联小铜扣　2. 小黑石珠　3. 小白石珠

木质葬具内装殓尸骨一具。仅残存自股骨以下部分的下肢骨及足骨，足朝东，两腿伸直。表明死者为头西足东、仰身直肢葬式。经现场鉴定，死者为一成年女性。

随葬品已大部无存，仅在最后清理近代坟圹底时，偶然发现残存的少许装饰品，即双联小铜扣16枚，小黑石珠4粒，小白石珠1粒（图二五）。

YYM19

这是玉皇庙墓地属于乙（B）级规格的中型墓葬之一。位于北Ⅰ区中部。其东南有YYM24，间距5.9米；南有YYM3，间距4.6米；西南有YYM18，间距3.8米；西北有YYM17，间距3.1米；北有YYM20，间距2.2米；东北有YYM23，间距5米。此墓的地层堆积、基本上同于YYM18。原圹口已被毁掉一部分，现存圹口较原圹口低约0.5米左右。

墓圹平面形状呈抹角长方形，为竖穴土坑墓。东向，方位角为东偏北4°。墓圹规格，现存圹口东西长2.42、东端宽0.88、西端宽0.86米，圹底形制、规格与现存圹口一致，现存圹口至圹底深1.54

米。无生土二层台。在圹底中间，按东西方向安置木质葬具一具。此木质葬具的东端堵板，直接贴靠在东圹壁上，未有活土二层台；但在南、北侧板与西端堵板的外侧与圹壁之间，却都筑有活土二层台。南、西、北3面活土二层台等高，均为48厘米，但宽度不一，南台宽14、西台宽48、北台宽20厘米。

圹内填土为夹杂碎石颗粒的褐色五花土，经普遍夯实，但未有夯层与夯窝痕迹。在填土中，仅发现夹砂粗红陶残片3块，还有若干零星炭渣。

因圹口上部被破坏，故未见殉牲。

木质葬具已腐朽，板灰呈白色粉状。盖板无存，底板灰痕已难分辨，南、北侧板与东、西堵板板灰痕迹尚可辨识。南、北侧板东西顺长1.92米，东端与东圹壁抵严，总高48厘米，与南、北活土二层台台面平齐。东、西堵板高低不一，东端高0.7米，超出此墓活土二层台的高度，而西端高为48厘米，与活土二层台台面相平齐，总宽东端为0.58、西端为0.54米。板块组成：南、北侧板与西端堵板，已不能具体分辨，东端堵板灰痕较为明显，共由3块纵向竖板组成，板宽自北而南分别为17、22和19厘米。

木质葬具内装殓尸骨一具。骨骼保存状况较好，头骨完整，除肋骨、手骨酥朽外，骨架其他主要部分基本保存完好。头东足西，侧面向西南，仰身直肢。经现场鉴定，死者为男性，35~40岁。骨骼从头到脚通长1.68米。

随葬品集中陈放于木质葬具内、死者身上及其近前（图二六）。在头骨左后侧，放置夹砂红陶罐1件，正置。在左、右耳骨下面，各出螺旋形铜丝耳环1件，其中右耳环下附出绿松石坠珠1枚，左耳环下未见。覆面铜扣3枚，出于左、右眼窝各1枚，滑落于左锁骨处1枚。在颈部，出小黑石珠项链1串（179粒）。在左胸至左侧腹部，出小白石珠和白石管组成的项链1串（小白石珠34粒，白石管2枚）。在骨盆右侧与右尺骨之间，出青铜短剑1件，剑锋朝上。在青铜短剑之下，压有青铜削刀1件，刀锋亦朝上。在骨盆及骶骨上缘，呈横向“一”字分布有双联小铜扣30枚。在左尺骨中段外侧和下端外侧以及左髋骨下面，共各出服饰小铜扣7枚。在左髋骨下面，还压有铜铃1件。大号辐射纹服饰铜泡2枚，出于左股骨上端1枚，出于青铜短剑剑格上1枚；小号辐射纹服饰铜泡1枚，出于骶骨上。涡纹服饰铜扣2枚，出于右髋骨表面1枚，出于青铜削刀柄上1枚。在右股骨上段内侧，出骨柄铜锥1件，锥尖朝下。在右股骨上段外侧，出长方形铜锥（针）管具1件。在铜锥（针）管具的右侧，出铜凿1件，凿刃朝上。在铜凿的右下方，出铜锛1件，锛刃朝下。在铜锛的下方，出铜镞2枚，骨镞6枚，镞锋均朝下。在死者腰际及左、右股骨之间，出长方形卷云纹铜带卡26枚，其中出于腰际4枚，出于骨盆至左、右股骨部位的各11枚（图二七）。

YYM17

这是玉皇庙墓地属于乙（B）级规格的中型墓葬之一。位于北Ⅰ区中部。其东南有YYM19，间距3.1米；南有YYM18，间距5.7米；西南有YYM16，间距2.2米；其西2.9米，为一条自北而南的自然山水沟；东北有YYM20和YYM21，间距分别为3.3和2米。此墓的地层堆积基本上同于YYM18，不赘。

墓圹平面形状呈抹角长方形，为竖穴土坑墓。西向，方位角为西偏北10°。墓圹规格，圹口东西长3、东端宽0.94、西端宽0.92米，圹底形制、规格与圹口一致，圹口至圹底深1.3米。无生土二层台。无木质葬具，故无活土二层台。

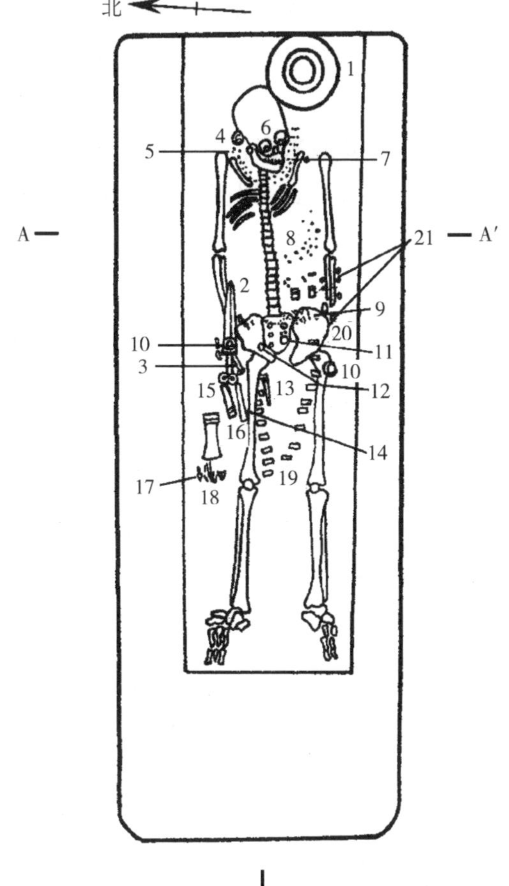

图二六　YYM19平剖面图

1. 夹砂红陶罐　2. 青铜短剑　3. 青铜削刀　4. 铜丝耳环　5. 绿松石坠珠　6. 覆面铜扣　7. 小黑石珠项链　8. 小白石珠、白石管项链　9. 双联珠形服饰小铜扣　10. 大号辐射纹服饰铜泡　11. 小号辐射纹服饰铜泡　12. 涡纹服饰铜扣　13. 骨柄铜锥　14. 长方形铜锥（针）管具　15. 铜凿　16. 铜锛　17. 铜镞　18. 骨镞　19. 长方形卷云纹铜带卡　20. 铜铃形饰（压于左髋骨下面）　21. 服饰小铜扣（左尺骨中段外侧、下端外侧、左髋骨下）

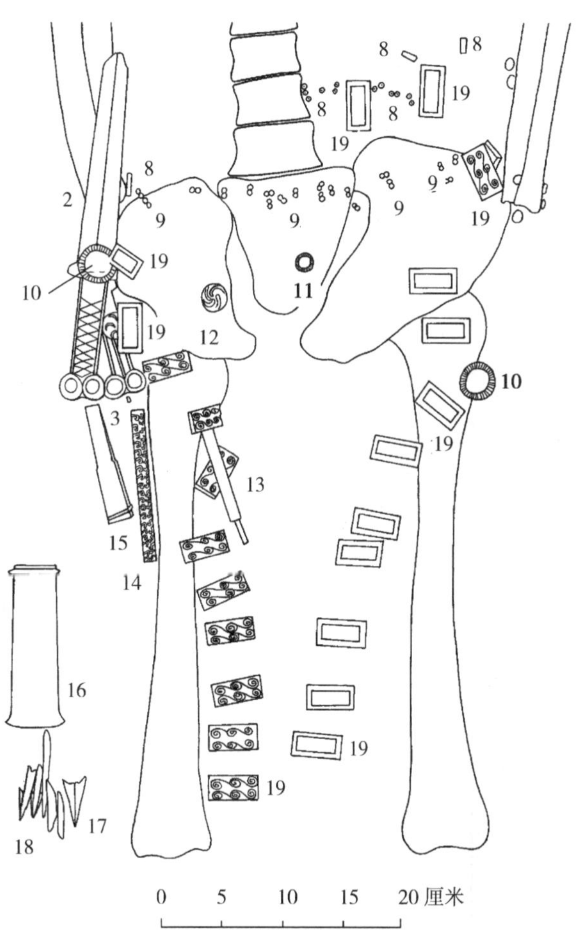

图二七　YYM19遗物分布图（局部）

2. 青铜短剑　3. 青铜削刀　8. 小白石珠、白石管项链　9. 双联珠形服饰小铜扣　10. 大号辐射纹服饰铜泡　11. 小号辐射纹服饰铜泡　12. 涡纹服饰铜扣　13. 骨柄铜锥　14. 长方形铜锥（针）管具　15. 铜凿　16. 铜锛　17. 铜镞　18. 骨镞　19. 长方形卷云纹铜带卡

圹内填土为夹杂碎石颗粒的褐色无花土，经普遍夯实，但未有夯层与夯窝痕迹。在填土中，发现夹砂红陶罐腹部残片2块。另在墓圹南侧中部偏西、距圹口深36厘米处填土中，出土铜锛1件，锛刃朝向东北，一端锛尖残损。

殉牲位置，祭牲集中摆放在圹内东端中上层填土中，上距东端圹口40厘米深，下距圹底0.67米。殉牲种类，仅有马1种家畜。数量，马头2个，马肱骨2只（连蹄）。殉牲形式，先将马肱骨2只（连蹄）叠放在圹内东端偏北侧中上层填土上，然后将完整的马头1个顺置于略偏南侧的1只马肱骨之上，然后再将另1个马头顺置于南侧，马头的吻部皆朝东，并与东圹壁抵严。

在圹底，既无木质葬具，亦未见人的尸骨。但却按既定葬仪与葬俗，在相应位置，象征性地陈放了一组随葬品（图二八）。在圹底西端略偏北侧位置，即在距西圹壁10、距北圹壁22厘米处，放置夹砂褐陶罐1件，正置，已残。在此陶罐东侧偏北，距西圹壁0.54米处，摆放螺旋形铜丝耳环2件，2件耳环南、北间距为20厘米，这意味着为死者随葬了左、右两只耳环，也意味着死者头部置于此处，同时也象征这是按头朝西的葬仪，将此死者安葬的。在耳环周围，出白石管3枚，还摆放有石珠项链1

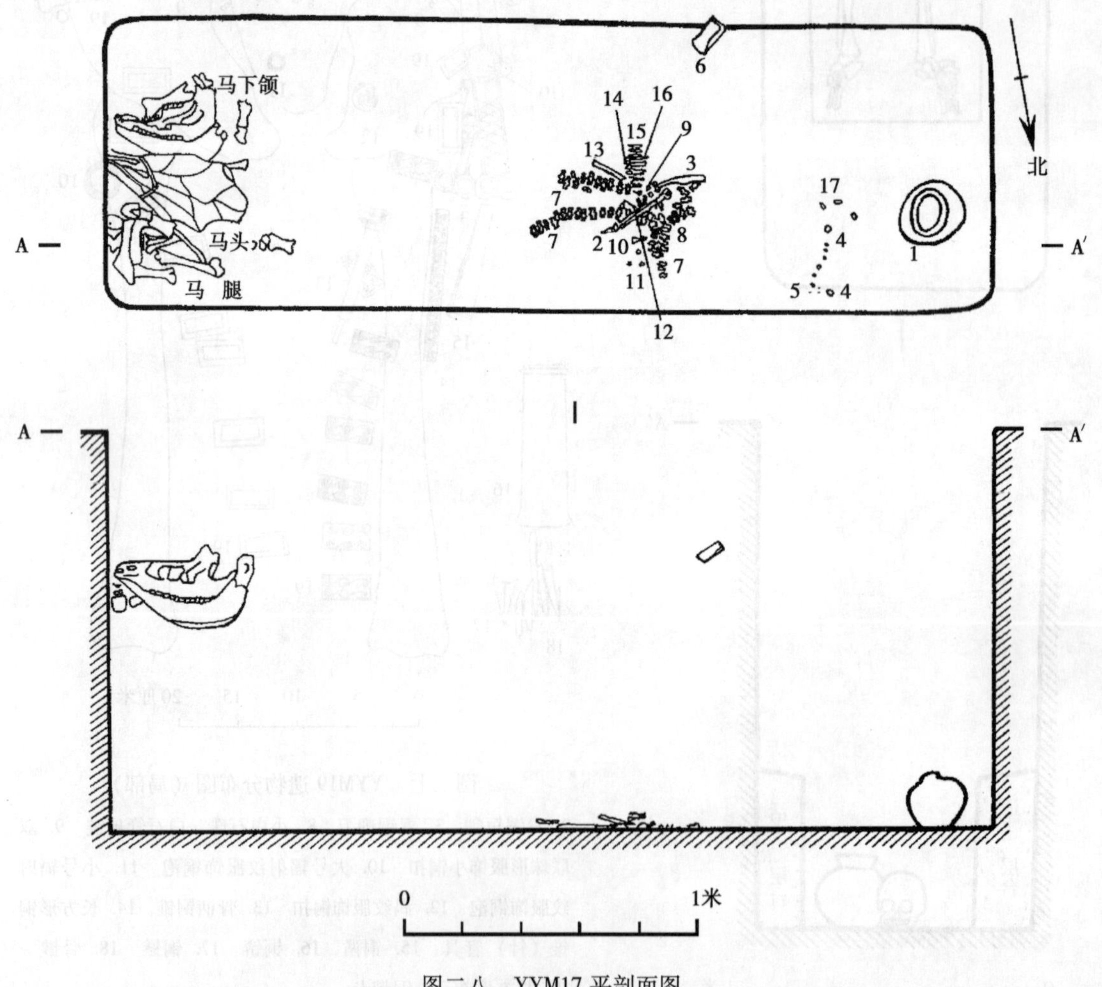

图二八 YYM17平剖面图

1. 夹砂褐陶罐 2. 青铜短剑 3. 青铜削刀 4. 铜丝耳环 5. 石珠项链 6. 铜锛 7. 三鸟纹铜带饰 8. 辐射纹服饰铜泡 9. 涡纹服饰铜扣 10. 铜铃形饰 11. 服饰小铜扣 12. 铜锥 13. 铜锥（针）管具 14. 铜镞 15. 骨镞 16. 骨鸣镝（骨镞之上） 17. 白石管

串，由绿松石珠3枚、小黑石珠103粒联合组成。在距耳环东侧0.44～1米处，即在象征死者腰部至左、右股骨处，又陈放了一组铜带饰、青铜短剑、青铜削刀等多种死者生前所使用和佩戴的器物。其中三鸟头纹铜带饰共73枚，大体呈“丌”字形分布。横向的一条，象征饰于腰际，计有30枚，纵向的两条，象征饰于左、右股骨部位，左侧的一条计有23枚，右侧的一条计有20枚。在“腰际”铜带饰中间和左侧斜下方，各出带辐射纹的服饰铜泡1枚。在“腰际”铜带饰正下方及右下侧，出涡纹服饰铜扣4枚。在“左股骨”上段铜带饰外侧，出铜铃1件，铃鼻朝上。在铜铃南、北两侧，出服饰小铜扣4枚。在“腰际”铜带饰下方，“左、右股骨”铜带饰之上，叠压青铜短剑1件，剑锋朝左侧斜下方（即朝东北），此剑剑身前端折为3截。在青铜短剑剑格与剑身之下，压有铜锥1件，锥尖朝右侧斜下方。在青铜短剑的右侧斜上方，出青铜削刀1件，刀锋朝上，已残失。在“右股骨”带饰之上及其外侧，出骨镞与铜镞1束，其中骨镞21枚，铜镞12枚，镞锋均朝下。在骨镞之上，出骨鸣镝1件。在骨镞之下，出圆筒形铜锥（针）管具1件（图二九）。

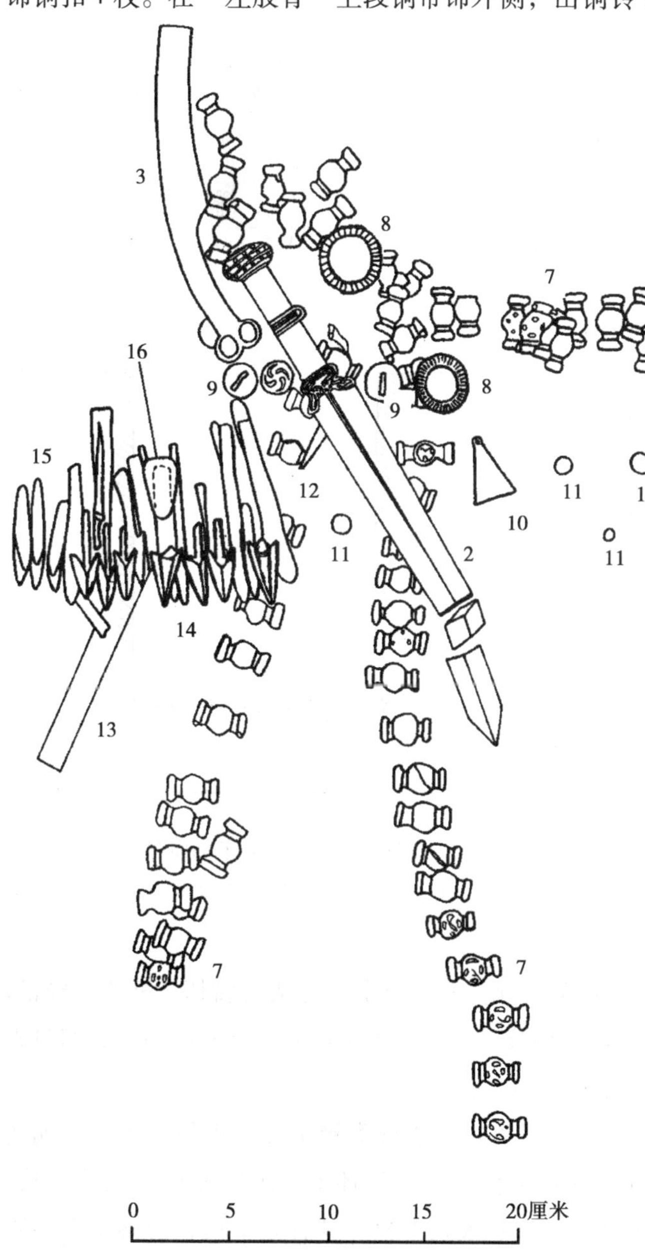

图二九　YYM17遗物分布图（局部）

2. 青铜短剑　3. 青铜削刀　7. 三鸟纹铜带饰　8. 辐射纹服饰铜泡　9. 涡纹服饰铜扣　10. 铜铃形饰　11. 服饰小铜扣　12. 铜锥　13. 铜锥（针）管具　14. 铜镞　15. 骨镞　16. 骨鸣镝

YYM16

这是玉皇庙墓地属于丙（C）级规格的小型墓葬之一。位于北Ⅰ区中部。其东南有YYM14，间距2.5米；南有YYM15，间距0.6米；西端被一条自北而南的自然山水沟冲毁，人骨下肢以下部分已无存；东北有YYM17，间距2.2米。此墓的地层堆积基本上同于YYM18，不赘。

墓圹平面形状呈抹角长方形，为竖穴土坑墓。东向，方位角为东偏南12°。墓圹规格，现存圹口东西残长1.34、东端宽0.66、残存西半部宽为0.76米，圹底形制、规格与圹口一致，圹口至圹底深1米。无生土二层台。无木质葬具，故无活土二层台。

圹内填土为夹杂碎石颗粒的褐色五花土，经普遍夯实，但未有夯层与夯窝痕迹。在填土中，仅发现夹砂红陶罐口沿残片1块。另在圹底东端和南侧东半部，有数块零散的、体积较小的自然石灰岩石块，无一定规律性。

无殉牲。

在圹底中间，按东西方向安葬尸骨一具。下肢骨因自然破坏无存，所余头骨略有残损，骨架其他主要部位保存状况较好。头东足西，侧面朝西北，仰身直肢。经现场鉴定，死者为男性，20～22岁。

随葬品很少，仅在死者头骨左后侧，出夹砂红陶罐1件，正置，已残碎。另在骨盆中间，出算珠形石珠1件（图三〇）。

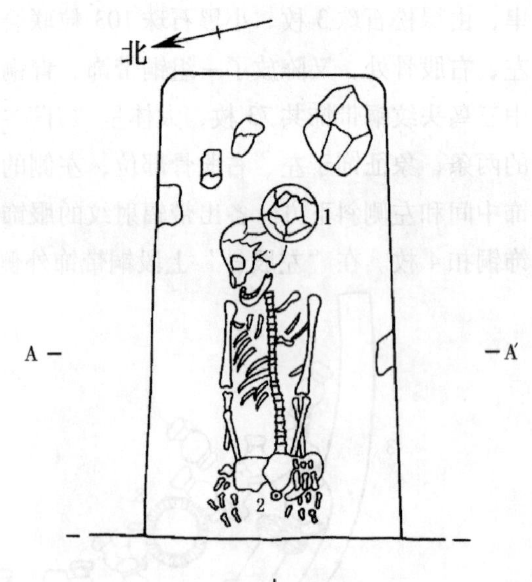

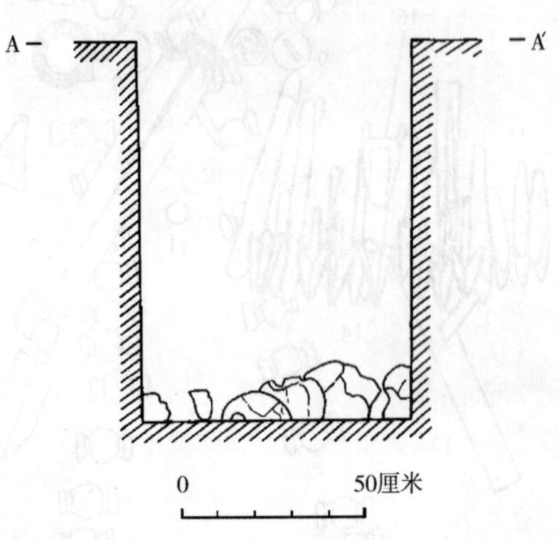

图三〇 YYM16平剖面图
1. 夹砂红陶罐（残） 2. 算珠形石珠

YYM15

这是玉皇庙墓地属于丁级规格的小型墓葬之一。位于北Ⅰ区中部。其东南有YYM14，间距1.5米；西南有YYM13，间距3.5米；其西0.3米，为一条自北而南的自然山水沟；北有YYM16，间距0.6米。此墓的地层堆积基本上同于YYM18，不赘。

墓圹平面形状呈抹角长方形，为浅穴土坑墓。东向，方位角为东偏南2°。墓圹规格，圹口东西长1.6、东端宽0.6、西端宽0.58米，圹底形制、规格与圹口一致，圹口至圹底深30厘米。无生土二层台。无木质葬具，故无活土二层台。

圹内填土为夹杂碎石颗粒的褐色五花土，未经夯实，土质较疏松。在填土中，仅发现夹砂粗红陶碎片2块，另在圹底东南角、南侧中间，以及西南角，发现体积较小的零散自然石灰岩石块共8块，不成规律。

无殉牲。

在圹底中间，按东西方向安葬尸骨一具。保存状况不好，人头及全身骨架均腐朽、酥粉，脊椎、肋骨、上肢骨、骨盆、手足骨等已无存，仅残存头骨与部分下肢骨。头东足西，侧面朝西北，仰身直肢。经现场鉴定，死者为儿童，6～7岁。骨骼残迹通长1.14米。

随葬品集中出于头、颈部（图三一）。在头骨左侧，放置夹砂红陶罐1件，稍斜侧置，口朝西北，已残碎。在左、右耳骨下面，各出螺旋形铜丝耳环1件，在左耳环下，附出绿松石坠珠1枚，在右耳环下，附出绿松石坠珠2枚。覆面铜扣3枚，出于右眼眶1枚，鼻骨处1枚，滑落于下颌骨右侧1枚。在颈部，出不同质料的项链5串：（1）小黑石珠项链1串（92粒）；（2）小白石珠项链1串（357粒）；（3）绿松石管、白石管项链1串（绿松石管6枚，白石管3枚）；（4）卷云纹三联珠形铜饰项链1串（25枚），在颈部右侧、头骨之下，压有“人”字形铜坠饰4枚，也应为项链饰品（图三二）。

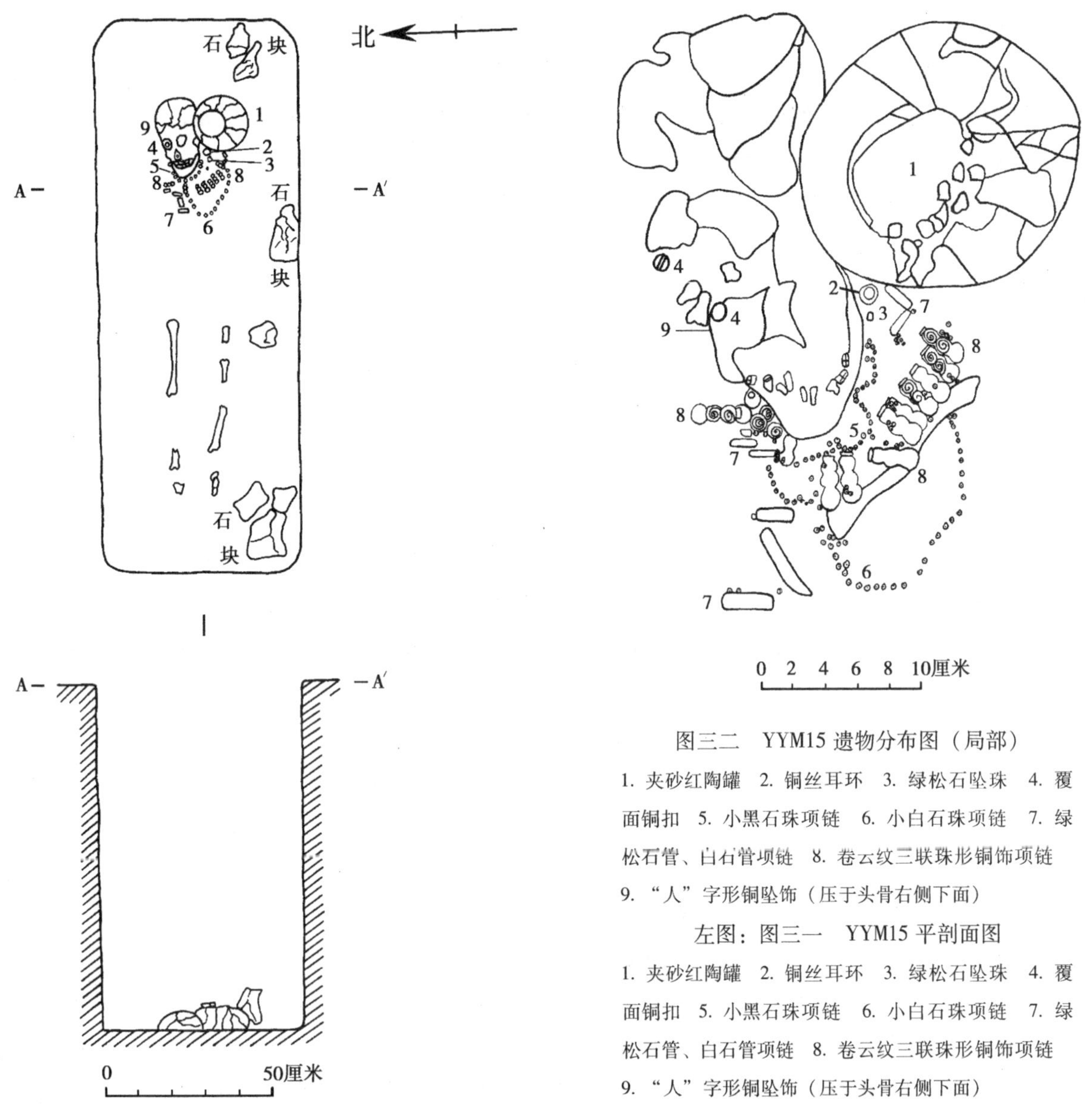

图三二　YYM15 遗物分布图（局部）

1. 夹砂红陶罐　2. 铜丝耳环　3. 绿松石坠珠　4. 覆面铜扣　5. 小黑石珠项链　6. 小白石珠项链　7. 绿松石管、白石管项链　8. 卷云纹三联珠形铜饰项链　9. “人”字形铜坠饰（压于头骨右侧下面）

左图：图三一　YYM15 平剖面图

1. 夹砂红陶罐　2. 铜丝耳环　3. 绿松石坠珠　4. 覆面铜扣　5. 小黑石珠项链　6. 小白石珠项链　7. 绿松石管、白石管项链　8. 卷云纹三联珠形铜饰项链　9. “人”字形铜坠饰（压于头骨右侧下面）

YYM1

位于北Ⅰ区中部1号取土坑西北角，因取土破坏，仅残存局部墓圹，故墓葬规格级别不能确定。其西南与 YYM2 相邻，间距2.5米；西北有 YYM24，间距4.7米；东北有 YYM25，间距3.3米。此墓的地层堆积基本上同于 YYM18，不赘。

根据残存墓圹北侧与西端的形制，可推知此墓的平面形状呈抹角长方形，为竖穴土坑墓。东向，方位角为东偏南7°。墓圹规格，因东端及南侧已被破坏，故仅能测得墓圹北侧边和西端的尺寸。残圹东西长2.2、西端残宽0.7、圹口至圹底深为1.6米。无生土二层台。

殉牲、葬具、人骨、随葬品等情况均不详。在清理圹底残余填土时仅发现夹砂红陶罐口沿及腹部残片4块。

YYM2

这是玉皇庙墓地属于甲（B）级较高规格的5座大型墓之一，是这个级别的墓葬中，随葬品较丰富、并唯一拥有成组青铜礼器、地位非常显赫的一座重要墓葬。位于北Ⅰ区中部，东北与已被取土破坏的YYM1相邻，间距2.5米；西与YYM3相邻，间距4.3米；西南与YYM4相邻，间距3.6米；东端被近代取土坑蚕蚀损坏，上半部圹壁无存。

墓圹平面形状呈抹角长方形，为竖穴土坑墓。东向，方位角为东偏南9°。墓圹规格，圹口东西长3.1、东端宽1.26、西端宽1.2、现存墓口至墓底深2.9米，从现存墓口至原墓口地面1.1米深，因近代取土，已被破坏，故此墓深度原应为4米。墓圹底部正中部位，顺东西方向安置木椁一具。在木椁南、北侧板及西端堵板与圹壁之间，筑有活土二层台，经过夯打，很坚实，北侧台宽28、南侧台宽22、西端台宽53、台高均为66厘米。东端堵板外侧，未筑活土二层台，在木椁与东端圹壁之间，有序地安置一组青铜礼器（10件），其南、北两侧和西南角的空隙处，各以一、二块自然石块堵砌，形成一个象征性的“头箱”。

圹内填土为夹杂碎石颗粒的五花土，经过夯打，比较坚实，但未见有规律的夯层与夯窝。在圹内西端，距现存墓口深15厘米处填土中，发现“人”字形铜坠饰1串39枚；在圹内东端距现存墓口深1.6米处填土中，发现夹砂褐陶细绳纹单耳杯1件。

殉牲发现于墓圹东端填土中（图三三）。上层殉牲已遭破坏，无存，故此墓的殉牲种类、数量、摆放位置等情况已不完全。仅见距现存墓口深0.57至0.98米一段，尚余马头2、马腿骨2（包括肱骨加胫骨连蹄，各2）、牛下颌1副、牛肱骨2、狗头1、狗下颌1副、狗肱骨1只。未被扰动的马头、牛下颌、狗头吻部一律朝东。

木椁已朽，但板灰痕迹尚清楚（板灰呈白色，粉渣状），可辨识的规格与结构如此：底板作东西向顺铺，共有4块组成，长皆为2.4、总宽0.74米，每块底板宽在18～20厘米之间，板灰厚5～6厘米；南、北两侧板立于底板上，每侧均由3块组成，长皆为2.28米，西端与底板齐，东端较底板短12厘米，总高皆为0.66米，与活土二层台平齐，每块侧板宽18～22厘米不等，板灰厚6厘米；东、西两端堵板分别竖插于南、北两侧板之间，立插部位，不在侧板两端，而是在内缩一截的地方，遂形成侧板两端作探头状，高皆为0.6米（不计底板板灰厚度），各由4块板组成，每块板宽13～20厘米不等（图三四），板灰厚5～6厘米；盖板皆作南北方向横搭于两侧板之上，两端略超出侧板，残存的盖板有7块，长在0.8～0.84米之间，板宽14～22厘米不等，故推测盖板至少应由12块板组成。清理木椁底板时发现，在西端椁底正中部位，即在西端堵板正中内侧10、南侧板内侧33厘米处，有一心形“脚坑”，大头在外小头在内，坑径12厘米，成锅底形，坑心深5厘米，坑内无任何遗物。

木椁内装殓尸骨一具。顺置于木椁底部正中，骨质腐朽严重，头骨酥碎、扁塌，整个人架已朽为粉状，仅能辨出大体轮廓，头东足西，仰身直肢，经现场鉴定，死者为女性，年龄30～35岁，骨骼朽痕从头到脚通长1.5米。

随葬品陈放位置，分作两部分，即一部分置于木椁内死者身上和身旁；另一部分安置于木椁东端堵板外侧与东圹壁之间的象征性“头箱”空隙间（图三五、三六；彩版四，1）。前者为各种装饰品、青铜工具和马具等；后者则为青铜礼器。在死者头骨表面及右上侧，遗有皮条残件2节，上附绿松石珠7枚，在其中一段皮条的端头，还联有小铜环1件，皮条背面，皆有细密的针脚印迹。周围还有散落的双联小铜扣511枚。在人头右侧，还出有用途不明、名称难以确定的竹制小件器物3件，即四角出

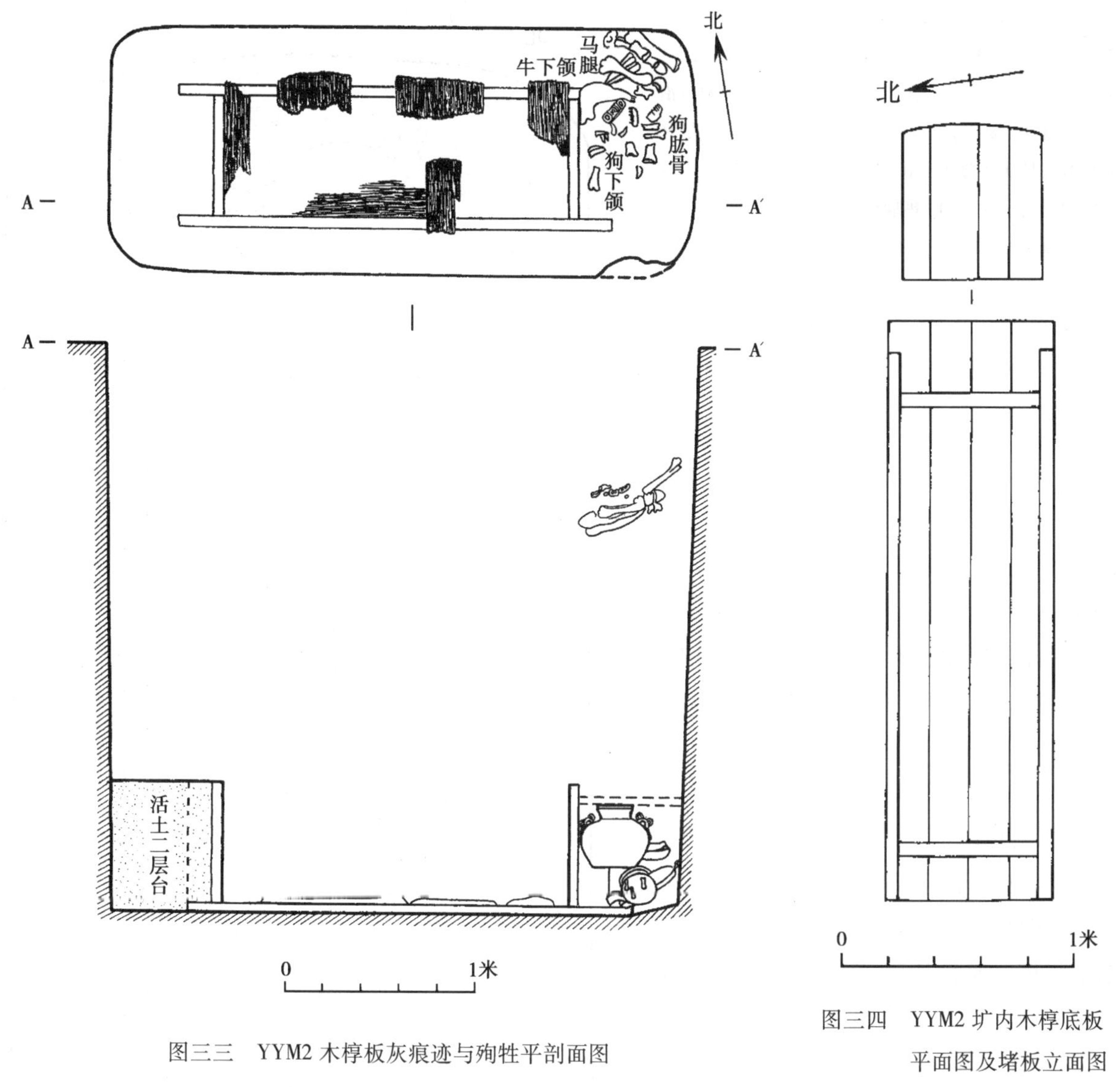

图三三　YYM2 木椁板灰痕迹与殉牲平剖面图

图三四　YYM2 圹内木椁底板平面图及堵板立面图

榫头的长方形竹板 1 件，长条形薄竹片 2 件，还有竹签 35 件。在左、右耳骨下面，各出螺旋形金丝耳环 1 件及绿松石坠珠 4 枚。在颈部和胸前，出有红玛瑙珠、绿松石珠、螺旋形金串珠及白色骨珠组成的精致项链 1 串（彩版六九），还有颗粒细小的绿松石珠和小黑石珠组成的项链一串。在腹部至骨盆间，出有一组由 9 枚绿松石珠、8 枚包金铜贝和 12 枚联珠棍形铜坠饰组成的坠饰。在右上肢外侧，出土胎壁较薄、已经残碎的青铜钵 1 件。在死者右侧尺骨之下，出有长方形动物纹铜锥（针）管具和长方形铜盒形器各 1 件，还有联珠棍形坠饰 24 枚。在左髋骨之下，出有铜柄铁刀 1 件（铁质刀身部分已锈残）；在紧挨铜柄铁刀的下方出赤铁矿砺石 1 件。在左侧足骨周围，置“人”字形铜坠饰 74 枚。在右侧胫骨和右侧足骨之上及其外侧，置有一组青铜马具，包括铜马衔 2 副，铜马镳 3 副，三通节约 2 件，马具铜泡 20 枚（彩版四，2）。另外，在椁内东北角，发现朱漆、黑色蟠螭纹漆器残片 1 件。在象征性“头箱”内，堆置青铜礼器 10 件（彩版五，1），自上而下陈放次序是：第 1 件，罍，正置，罍口以木塞封闭，木塞已朽，罍内已充进很多填土，但在罍的下半部却遗有大量酒糟沉积炭化物（彩版七一，

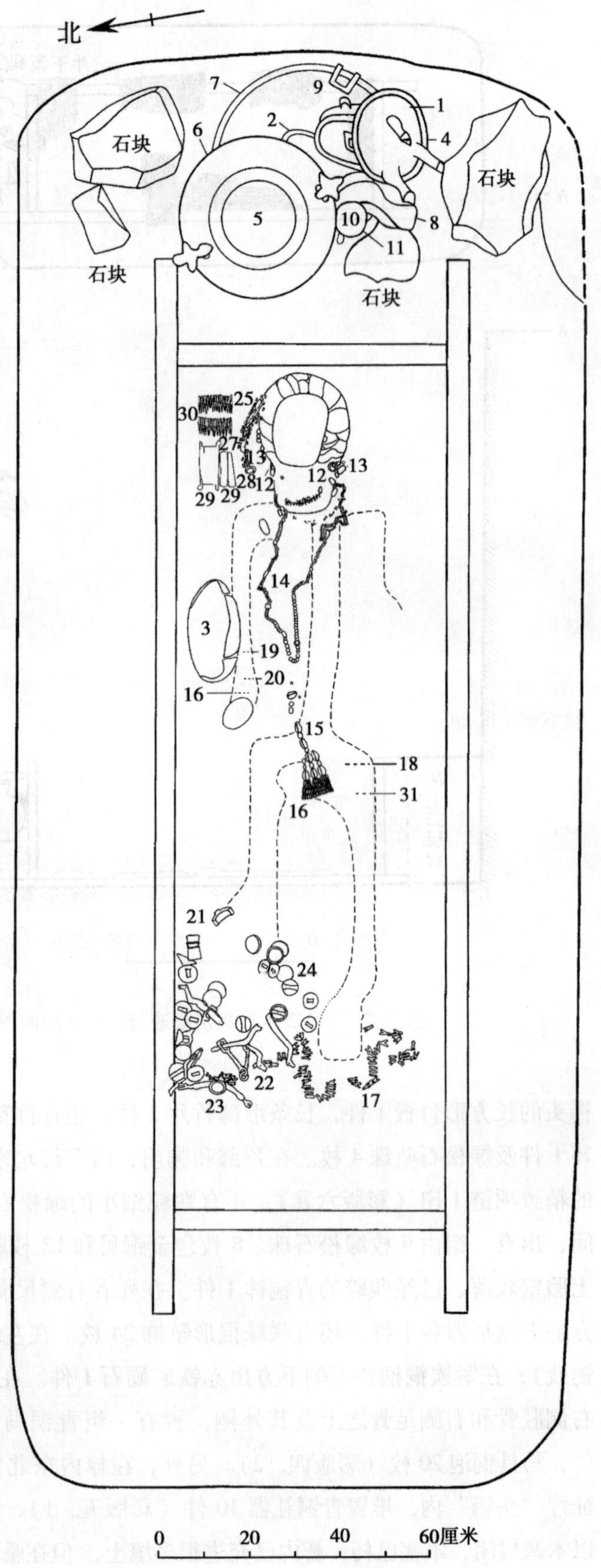

图三五　YYM2平面图

1. 铜鼎　2. 铜敦　3. 铜钵　4. 铜匕（被压于铜鼎之下）　5. 铜罍　6. 铜斗（被压于铜罍之下，出于铜盘西侧口沿旁）　7. 铜盘　8. 铜匜　9. 铜铆　10. 铜兽耳三足杯　11. 铜兽耳三足杯（覆扣于10号三足杯之下）　12. 金丝耳环　13. 绿松石坠珠　14. 玛瑙珠、绿松石珠和金串珠项链　15. 包金铜贝　16. 联珠棍形铜坠饰　17. "人"字形铜坠饰　18. 铜柄铁刀（压于左髋骨之下）　19. 长方形铜锥（针）管具（压于右尺骨下）　20. 铜盒形器（压于右尺骨之下）　21. 三通式铜节约　22. 铜衔　23. 铜镳　24. 马具铜泡　25. 双联小铜扣　26. 夹砂褐陶细绳纹单耳杯（填土遗物）　27. 皮条残件　28. 小铜环　29. 小件竹制品　30. "竹签"　31. 赤铁矿砺石（压于左髋骨之下）

1），经鉴定，此酒糟成分为谷子，罍底垫有厚14厘米的青膏泥，与下面的器物隔开；第2件，鼎，覆扣，置于罍之东南，偏下；第3件，匜，向西侧倾斜，腹内又盛覆扣的兽耳三足杯2件（第4、第5件），置于罍之南侧；第6件，铜铆，被压在铜鼎之下；第7件，铜匕，也被压在铜鼎之下；第8件，铜敦，被压在铜罍器底的青膏泥之下；第9件，铜盘，被压在铜敦之下，盘沿已贴近东端圹壁，是件托底之器；第10件，铜斗，被压在铜罍之下、出于铜盘西侧口沿旁，其銎柄内尚遗有木质柄炭化灰痕。

YYM3

这是玉皇庙墓地属于乙（B）级规格的中型墓葬之一。位于北Ⅰ区中部，其东南为YYM2，间距4.3米；南有YYM4，间距2.7米；西南有YYM9，间距5.3米；西有YYM18，间距2.6米；北有YYM19，间距4.6米；东北有YYM24，间距6.8米。此墓的地层堆积，基本上同于YYM18。现存圹口已非原圹口层位，情况与YYM2相似，不赘。

墓圹平面形状呈抹角长方形，为竖穴土坑墓。东向，方位角为东偏北3°。墓圹规

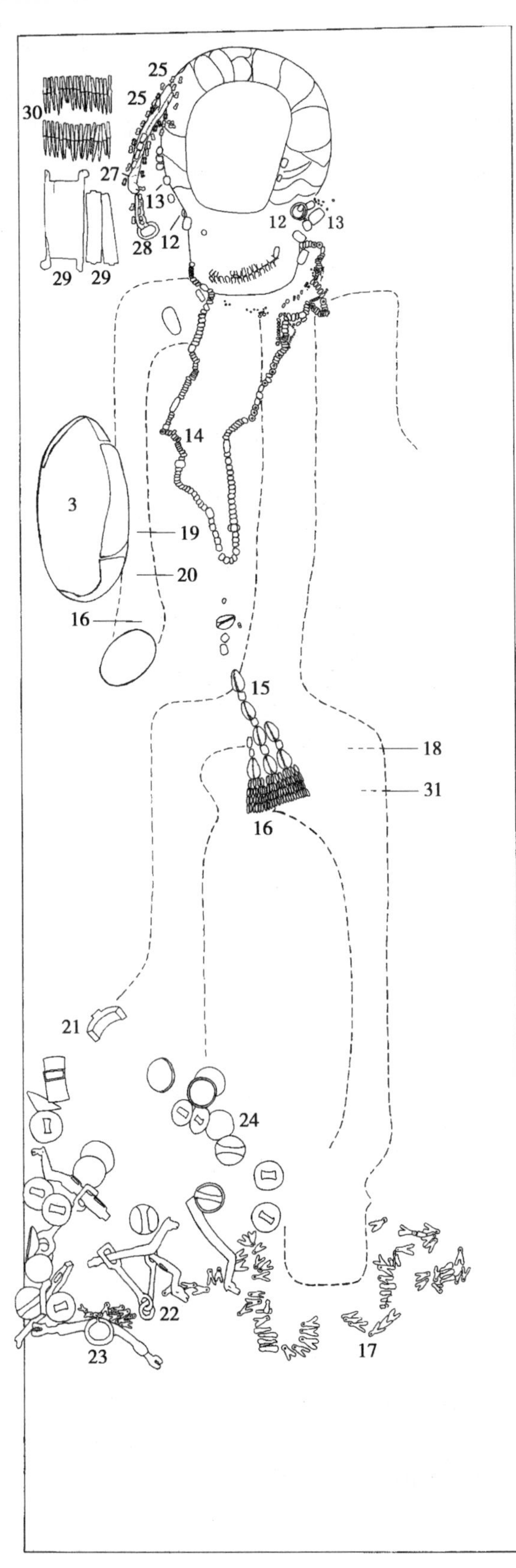

图三六　YYM2遗物分布图（局部）

3. 铜钵　12. 金丝耳环　13. 绿松石坠珠　14. 玛瑙珠、绿松石珠和金串珠项链　15. 包金铜贝　16. 联珠棍形铜坠饰　17. “人”字形铜坠饰　18. 铜柄铁刀（压于左髋骨之下）　19. 长方形铜锥（针）管具（压于右尺骨下）　20. 铜盒形器（压于右尺骨之下）　21. 三通式铜节约　22. 铜衔　23. 铜镳　24. 马具铜泡　25. 双联小铜扣　26. 夹砂褐陶细绳纹单耳环（填土遗物）　27. 皮条残件　28. 小铜环　29. 小件竹制品　30. 竹签　31. 赤铁矿砺石（压于左髋骨之下）

格，现存圹口东西长2.42米，东、西两端宽均为0.82米，圹底形制、规格与现存圹口基本一致，现存圹口至圹底深0.8米。无生土二层台。在圹底中间，按东西方向安置木质葬具一具。在木质葬具外壁四周至圹底部四壁之间，筑有活土二层台，台土经过严密夯打，较坚实，东、南、西、北四台等高，均为40厘米，宽度不一，东台宽34、南台宽14、西台宽20、北台宽18厘米。

圹内填土为夹杂碎石颗粒的褐色五花土，经普遍夯实，但未有夯层与夯窝痕迹。在填土中，仅发现夹砂红褐陶罐口沿残片2块，另在死者左上肢肘关节部位以上10厘米处填土中，发现自然石灰岩石块1块，系因木椁塌陷而随之落入。除此之外，再未见其他遗物。

因墓圹上部被破坏，故未见殉牲。

木质葬具已朽，盖板无存，其他部分的板灰均呈白色粉状。南、北侧板灰痕东西长为1.87米，东、西堵板宽为0.53米，木椁高为40厘米，与四周活土二层台台面平齐。因木质腐朽严重，各部分板块结构已无从分辨。

在木质葬具内，装殓尸骨一具。保存状况较好，除头骨额顶残破、骨盆碎裂外，其他部位骨骼基本完整。头东足西，仰身直肢，经现场鉴定，死者为女性，35岁左右。骨骼从头到脚通长1.65米。

随葬品集中出于木质葬具内、死者头侧及上半身（图三七）。在头骨右侧，出夹砂红陶罐1件，正置，口颈略向右侧倾斜，口沿局部残损。在左、右耳骨下面，各出螺旋形铜丝耳环1件，其中左耳环下附出绿松石坠珠4枚，右耳环下附出绿松石坠珠5枚。覆面铜扣3枚，均已滑落于颈部。在颈部至前胸部位，出黑、白石珠项链1串，由小黑石珠397粒、小白石珠4粒联合串成。在颈、胸、腹部，出双联小铜扣项链1串（200枚），末端附出匕形铜坠饰1件，位于左侧下腹部，坠尖朝下（图三八）。在左胸下

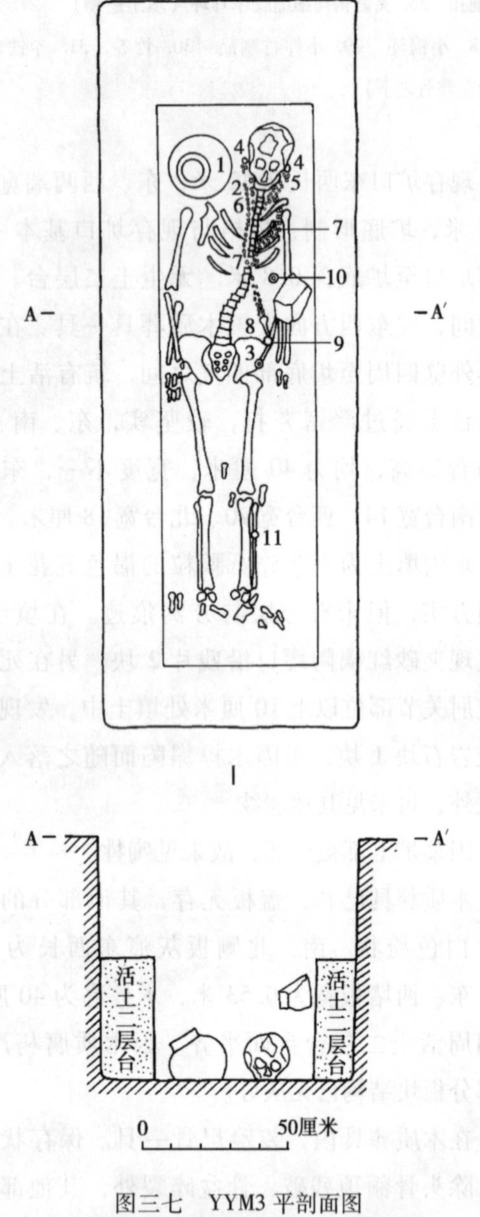

图三七 YYM3 平剖面图

1. 夹砂红陶罐 2. 覆面铜扣 3. 青铜削刀 4. 铜丝耳环 5. 绿松石坠珠 6. 石珠项链 7. 双联小铜扣项链 8. 匕形铜坠饰 9. 铜环 10. 骨珠 11. 服饰铜扣

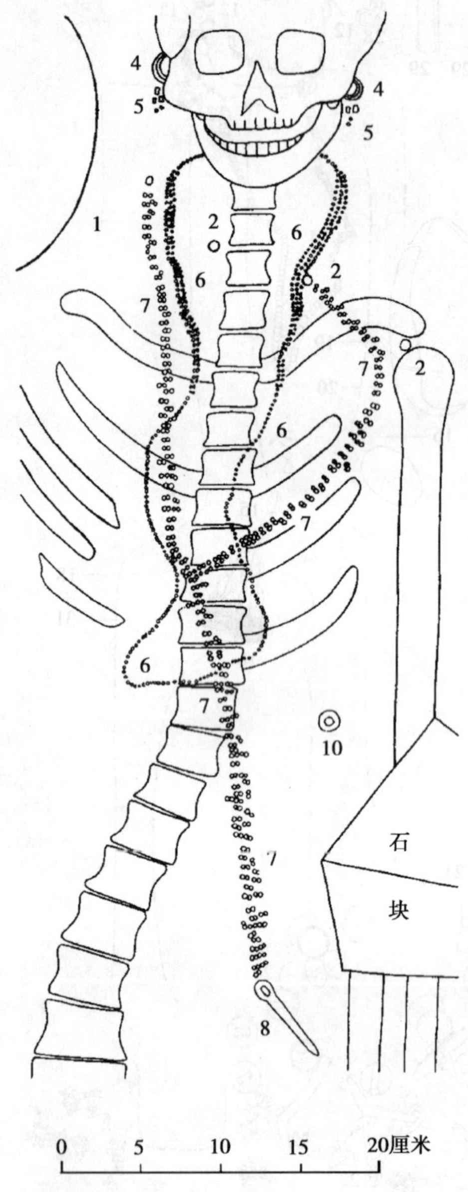

图三八 YYM3 遗物分布图（局部）

1. 夹砂红陶罐 2. 覆面铜扣 4. 铜丝耳环 5. 绿松石坠珠 6. 石珠项链 7. 双联小铜扣项链 8. 匕形铜坠饰 10. 骨珠

方，出骨珠1枚。在左髋骨上缘，出铜环1件，下附青铜削刀1件，刀尖朝左侧斜上方。另在左腓骨内侧，出服饰铜扣1枚。

YYM18

这是玉皇庙墓地属于甲（A）级最高规格的3座大型墓葬之一，是该墓地中地位最显赫的一位酋王级人物的墓葬。墓中所随葬的成套青铜礼器、兵器、工具、马具，及包括金质虎形牌饰在内的各种装饰品，还有殉牲配伍组合与数量，都显示出这座墓葬主人的身份，当是这个墓地所有死者中最高的一位。

此墓位于北Ⅰ区中部，保存完整。东有YYM3，间距2.6米；东北有YYM19，间距3.7米；西北与YYM14毗邻，间距1.3米；西与YYM13相邻，间距4.5米；西南有YYM11，间距3.9米；南有YYM9，间距5.1米。此墓的地层堆积，墓口以上可分为上、中、下三层，第一层（上层）为夹杂自然石块的深褐色山皮土层，厚20厘米；第二层（中层）为淤积夹砂石层，即夹略大和较大砂石颗粒的褐色土层，属此地晚期泥石流堆积层，厚1.1米；第三层（下层），亦为淤积夹砂石层，为夹中细砂石颗粒的褐色土层，属于这里早期泥石流堆积层，厚30厘米。揭掉这三层堆积之后，始发现墓圹圹口。圹口以下至墓底的地层堆积自上而下，又可分作三层，即第一层为黄褐色土层，厚0.6米；第二层为夹杂风化严重的白色石灰石细碎颗粒的褐色土层，厚0.49米；第三层为深褐色土层，厚1.57米以上。

墓圹平面形状呈抹角梯形，为竖穴土坑墓。东向，方位角为东偏北6°。墓圹规格，圹口大于圹底，圹口东西长3.6、东端宽1.6、西端宽3.23米；圹底长3.2、东端宽1.2、西端宽1.95米；墓口至墓底深2.66米。在墓圹南、北两侧壁，分别留出生土二层台一道，贯联墓圹东、西两端，台面距圹口深0.9米，北侧台面中段宽45、南侧台面中段宽36厘米，台面稍向内侧倾斜，略作抹坡式伸达墓底，这两道生土二层台的高度为1.76米。在圹底正中部位顺东西方向安置木椁一具。在木椁四周，即在木椁与东、西两端圹壁之间，及木椁与南、北两侧生土二层台之间，均筑有活土二层台，台土经过严密夯打，非常坚实，北侧台面中段宽0.47、南侧台面中段宽0.5米，台高均为0.74米，西端台面宽0.82、高0.65米，东端台面宽0.7、高1.6米，稍向内侧倾斜，上面摆放着祭牲。所以，这高出其他三台的东台原是特制的一座祭台。在圹内西端，距圹口深0.7至1.3米，东端祭台以西，距圹口深0.95至1.37米这一层面，为堆砌自然石灰石块的积石层（图三九）。石块大、小不一，大者48×30×25、小者9×7×5厘米，东端堆砌3层，西端最厚处堆砌10层，中段一些积石，由于木椁腐朽后塌陷，遂造成随填土一起陷落现象（图四〇；彩版五，3）。在圹内上层填土中，大量堆砌积石的做法，在玉皇庙、葫芦沟和西梁垙三处墓地594座玉皇庙文

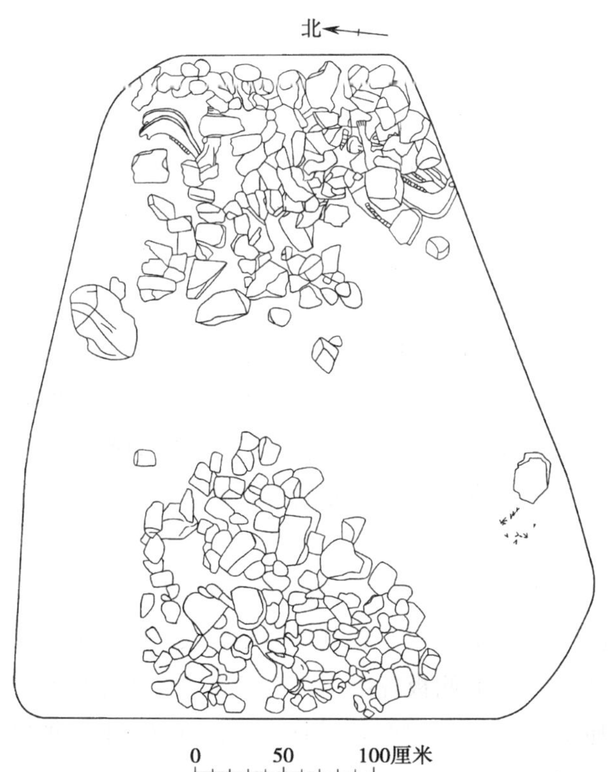

图三九　YYM18圹内积石分布平面图

化墓葬中，是唯一的一例。

圹内填土是单纯的、夹白色石灰石细碎颗粒的五花土，经过严密夯打，较坚实，但未见明显的夯窝与夯层。在圹内东端祭台中间部位西侧、台面以下12厘米处填土中，发现东西向腐朽木棍1根，长22、直径4厘米，木灰呈白色粉状，在这木棍南侧20、西北侧10厘米处出土铜环各1件。在圹内西侧，距圹口以下0.7米深处，南侧生土二层台上面的填土中，发现“人”字形铜坠饰11枚，北侧生土二层台上面的填土中，发现“人”字形铜坠饰20枚（分作东、西两串，每串各10枚，间隔15厘米），均呈一字形斜立置，向椁室倾斜；在北侧生土二层台偏西部位，距墓圹西北角0.65和1米处，各出“人”字形铜坠饰7枚和6枚；在南侧生土二层台偏西部位，距墓圹西南角0.65米处，出“人”字形铜坠饰1串15枚。在积石层之下，距西端圹口深1.3米、在西端圹壁内侧1米处，发现腐朽的柏木一根，呈东西向横搭在木椁塌陷坑的坑帮上，板灰呈白色，长1.85米，宽6~9厘米。在其东侧，还有残断的木质板灰痕迹3截，长25~35、宽8~24厘米，均分布在木椁上层同一平面上（图四〇）。

祭牲主要摆放在圹内东端活土二层台和东端生土二层台上，或置于圹内东端上层填土中（图版三，1）。此墓殉牲的种类，为马、牛、羊、狗4种家畜；殉祭数量，马头骨16个，马腿骨16只（包括肱骨、连蹄胫骨，各16只），牛头骨3个，牛肱骨16只，羊头骨7个（其中绵羊头骨4个，山羊头骨3个），羊肱骨5只（其中绵羊肱骨3只，山羊肱骨2只），狗头骨4个，狗肱骨6只。殉牲形式，大体分作上、中、下三层殉祭。最先摆放的是下层祭牲，在东端祭台上，南、北两端跨着生土二层台，摆放着12只马腿和6个马头（为便于叙述，将这6个马头，自北而南，依次编号为1~6）。马腿（均连蹄）在下，蹄均朝东；马头置于马腿之上，吻部也一律朝东，每个马头均配有2只马腿，摆放得有序而严整（图四一；图版四，1、2）。在1、2号马头和5、6号马头的下颌骨中间，各出三环孔马具铜环1件（图版五，1）；在3、4号马头的上颌前端和面部，各出骨环4件（图版五，2）。在这6个马头之上又叠压6只马腿、10个马头，还有10只牛肱骨，马腿仍置于下面，马头置于马腿之上，马头与牛肱骨是相互交错摆放的，马蹄和马头吻部也皆朝东，此为中层祭牲。在此层祭牲之上，又叠压有牛肱骨6只，牛头3个，羊肱骨5只，羊头7个，狗肱骨6只，狗头4个，也是相互交错摆放，布满整个东端生土二层台和活土祭台及木椁东端上层填土部分空间，除个别牛头骨由于木椁塌陷，造成填土下陷而倾斜或错位，吻部方向出现扭转或颠倒之外，绝大多数未发生错位者，不论是牛，是羊，还是狗，其吻部均一律朝东，此为上层祭牲（图四〇；图版三，2）。我们注意到，此墓所殉的马、牛、羊、狗的头和腿骨，其个体都比一般的墓葬所殉祭牲要大和粗壮，这显然是精选的结果。以上3层祭牲所构成的祭牲堆，上、下高差为0.8米，即从距东端圹口深28厘米处，见到祭牲兽骨，直至深1.08米的东端祭台台面，这一空间范围内，完全被祭牲所充填。其殉牲规模之大，数量之多，种类组合之全，在玉皇庙、葫芦沟和西梁垙三处墓地中，是独一无二的一例。

木椁已朽塌。盖板痕迹不清楚；南、北侧板和东、西堵板板灰呈白色粉渣状，板块组成痕迹比较清楚；底板板灰呈深褐色粉块状，板块组成结构痕迹已不清楚，仅可辨识其四边轮廓线。底板东西顺长2.4，灰痕总宽0.8米，厚（已被压成块状）4厘米；南、北侧板各由4块板组成，长度与底板一致，立置于底板之上，两端压齐，每块板宽13~20厘米不等，厚8厘米，侧板总高为0.64米，北侧板朽残较严重，南侧板朽残程度较轻一些，西端结构尚清楚；东、西两端堵板竖插在南北两侧板之间，立插部位分别在侧板东、西两端内缩20和22厘米处，东端堵板高0.72、西端堵板高0.65米，各由4

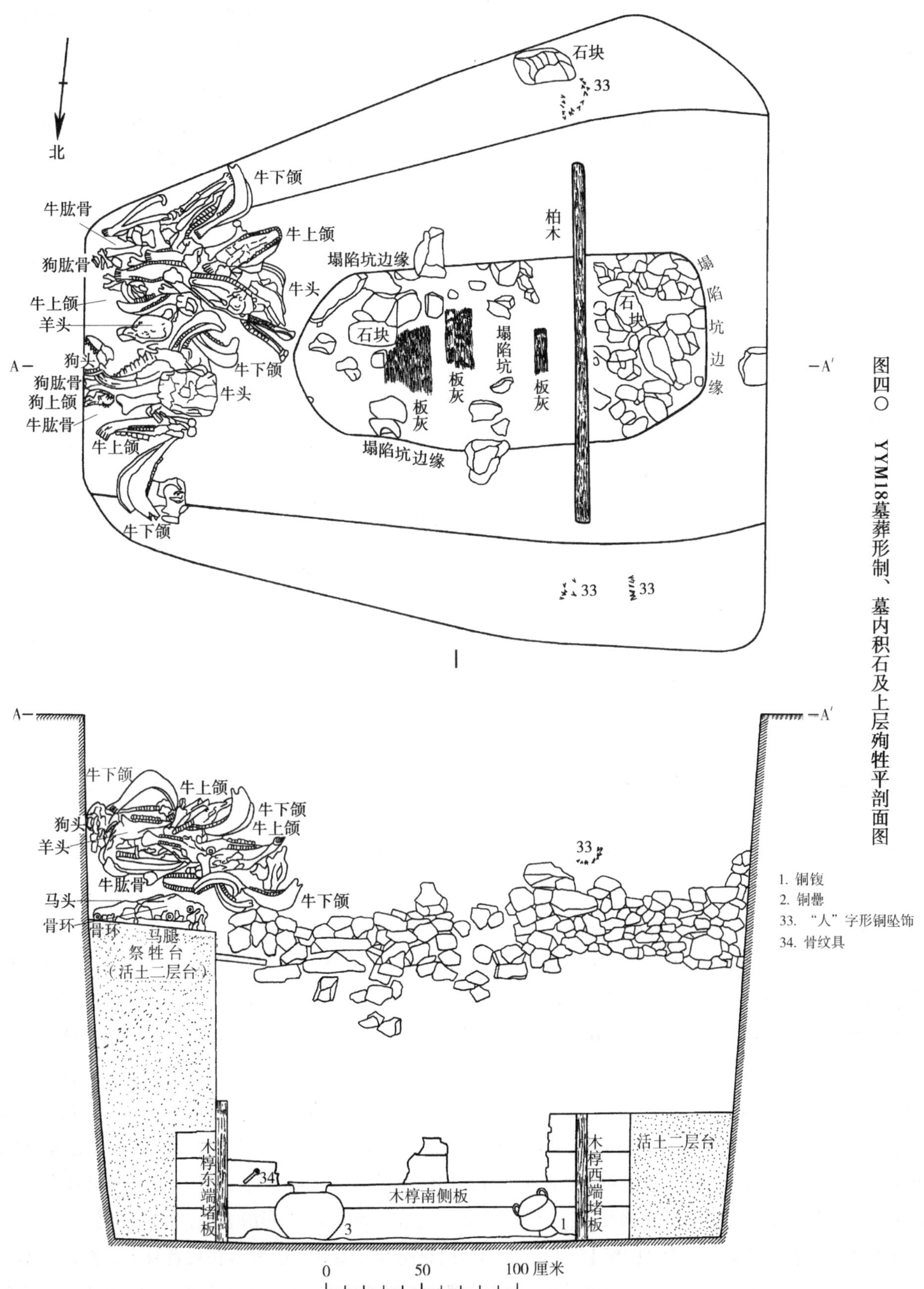

图四〇　YYM18墓葬形制、墓内积石及上层殉牲平剖面图

块板组成，东端总宽66厘米，每块板宽15～18厘米不等，西端总宽62厘米，每块板宽14～16厘米不等，板厚均为6.5厘米（图四〇）。在南侧板上层内帮东端和中部帮缘，在北侧板上层内帮西端和外帮东端帮缘，各出一狗胫骨制作的一端带圆形穿孔的骨绞具1件，共计4件，或与紧固木椁侧板有关（图四二）。在最后清理木椁底板时发现，在西端椁底正中部位，有一心形“脚坑”，挖在西端堵板中部内侧4.5、南侧板内侧30厘米处，大头朝外，小头在内，坑呈锅底形，直径19～21厘米，坑心深7厘米。这一现象与YYM2椁底所见情况基本一致。

木椁内装殓尸骨一具。顺置于木椁底部正中，骨质腐朽较严重，头骨已酥塌，整个脊椎、左上肢及骨盆，已朽为粉末，仅能见到右上肢和左、右下肢骨骼，头东足西，仰身直肢，经现场鉴定，死者为男性，年龄40岁，骨骼从头到脚通长1.79米。

随葬品集中陈放于木椁内、死者身上及其近前（图四二；彩版六，1；图版六、七）。在头部左、右耳骨下面，各有螺旋形金丝耳环1件及绿松石坠珠3枚。在颈下、左、右锁骨交接处，出金虎形牌饰1件。死者身上的遗物可分辨出6层：第1层，即紧贴骨骼的一层，为腐朽变黑的衣服及贴附在衣服上的绿松石珠，这包括装饰于颈部和胸前的绿松石珠项链和垂饰于两股骨之间的绿松石坠珠，共175枚；第2层，即叠压在绿松石珠之上的一层，由416枚双联小铜扣排列组成的呈倒置梯形的类似“围裙”式的衣饰，分布于身前腰际，再下折到两股骨外侧，至于两膝之上（图版四二四）；第3层，即附着在这双联小铜扣衣饰之上的一层，共有9枚铜扣，其中周边带嵌窝的蜷曲动物纹铜扣7枚，分别出在腰际中部（2枚），左髋骨外缘之上，铜刀之下（1枚），左、右股骨之上（各2枚），左、右股骨之间（2枚），涡纹铜扣2枚，出于左髋骨表面，被压在短剑之下；第4层，即叠压在这9枚铜扣之上的一层遗物，有钩挂于腰间革带正中部位的青铜带钩及钩环各1件（钩首与钩环在右侧，羊首朝左），出于腰际左侧的长方形铜带卡1件，置于死者右胸下方的三穿铜戈1件（戈内和阑侧尚遗有10.5厘米长的木柲痕迹），出于死者左侧腰间的直刃匕首式青铜短剑1件、青铜削刀1件（剑、刀锋部均朝斜下方），表面均粘附有细密的纺织物痕迹；第5层，即叠压在第4层之上的遗物，为一组青铜马具，包括衔2副、镳4副，分布于左股骨外侧、左股骨上面至右股骨之间，马具铜泡18枚，分布于骨盆至左、右股骨之间，铜箍39枚，分布于死者腹部至骨盆之间，在铜箍穿孔与铜泡背面的穿鼻之间，尚遗有腐朽的皮缰绳痕迹，三通节约2件，铜环箍1件，出于腹部右侧；第6层，即叠压于青铜马具之上的遗物，为出于右髋骨外缘、叠压在马具铜泡之上的青铜锛1件。除此之外，在铜锛的右侧，还出有长方形青铜锥（针）管具1件；在右股骨下端外侧，出有铜锥1件（锥尖朝下）；在右胫骨上面及外侧，出有铜镞60枚，集约成束，镞锋一律朝下，有很多镞銎内和铤部遗有镞柲残迹，在铜镞身下，在死者右胫骨中上段外侧至右股骨外侧长0.7米、宽18厘米范围内，遗有深黑色腐朽皮革类箭囊痕迹；在左胫骨上半段表面，遗有铜凿1件，其右侧出有小长方形铜盒形器器盖1件，其左上角出三角形赤铁矿砺石1件。青铜容器共出4件：烹煮器铜鍑1件，出于死者左、右足踝之间，立置，已向内侧倾斜，器底和腹部表面遗有很厚一层烟炱，外面还粘附着数层纺织物痕迹；食器铜敦1件，带盖，出于死者右足部外侧，正置（图四二；图版七，2），器底和腹壁表面遗有数层纺织物痕迹（彩版七二，1）；水器铜钿1件，盛装在铜敦内，因铜敦有盖，故此钿氧化程度轻，器表至今仍锃明耀眼（彩版五五，1）；酒器铜罍1件，出于死者左侧胸上部位，正置（图版七，1），肩部的两只附耳和游环，已散落在死者身上，罍口以木塞封闭，木塞已朽，罍的上半部已充进很多墓内填土，罍的下半部遗有大量酒糟沉积炭化物，其成分，经鉴

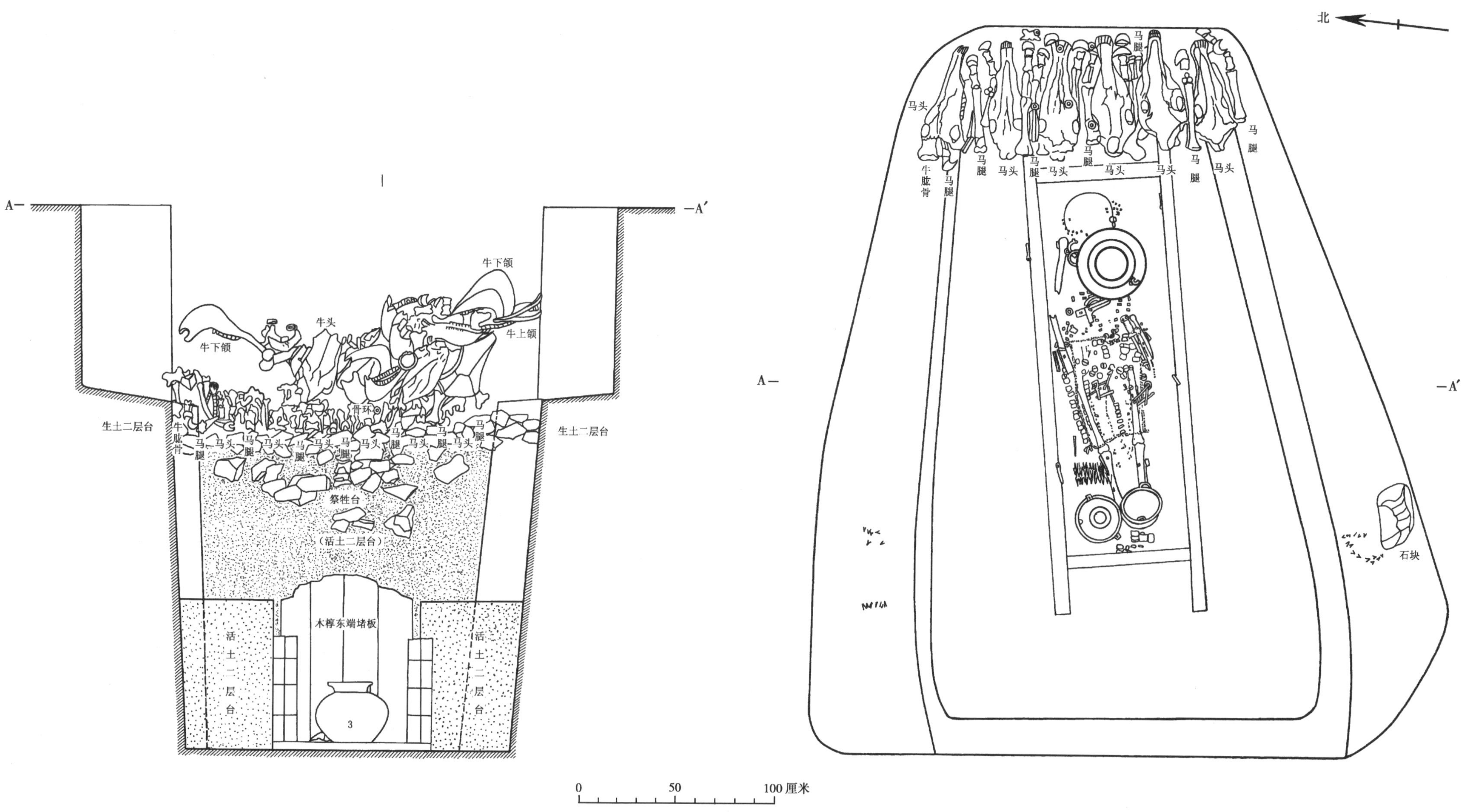

图四一　YYM18下层殉牲平剖面图

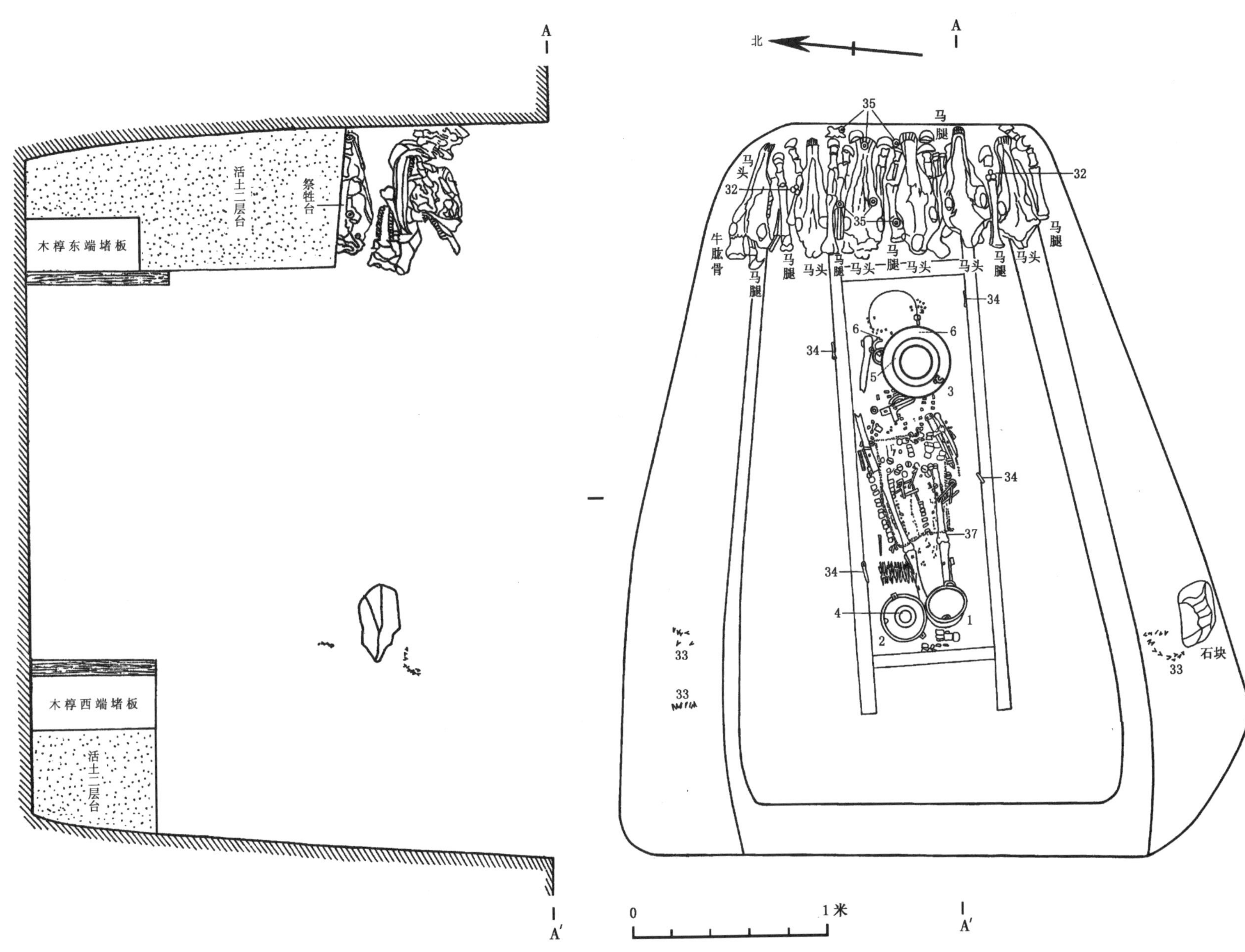

图四二　YYM18平剖面图

1. 铜鍑　2. 铜敦　3. 铜罍　4. 铜鉌（盛于铜敦内）　5. 金虎牌饰（出于死者左、右锁骨交接处，压于铜罍下）　6. 金丝耳环（被铜罍及脱落的游环遮挡）　7. 铜戈　8. 青铜短剑　9. 青铜削刀　10. 铜带钩　11. 铜环　12. 服饰铜扣　13. 绿松石坠珠　14. 绿松石珠　15. 联珠形服饰小铜扣　16. 长方形铜带饰　17. 野猪形铜带饰　18. 野猪形铜坠饰　19. 铜锛　20. 铜锥（针）管具　21. 铜锥　22. 铜凿　23. 赤铁矿砺石　24. 铜衔　25. 铜镳　26. 马具铜泡　27. 三通式铜节约　28. 马具铜箍　29. 马具铜环箍　30. 铜镞　31. 马具铜环（圹内东端上层填土中）　32. 三环形铜节约（圹内东端殉牲台马下颌骨中间）　33.“人”字形铜坠饰（圹内南、北两侧生土二层台上及上层填土中）　34. 骨绞具（木椁南、北侧板上缘内、外壁上）　35. 马具骨环　36. 铜盒形器器盖　37. 铜盒形器（压于左股骨下段下面）（注：7—30号详见YYM18遗物分布图）

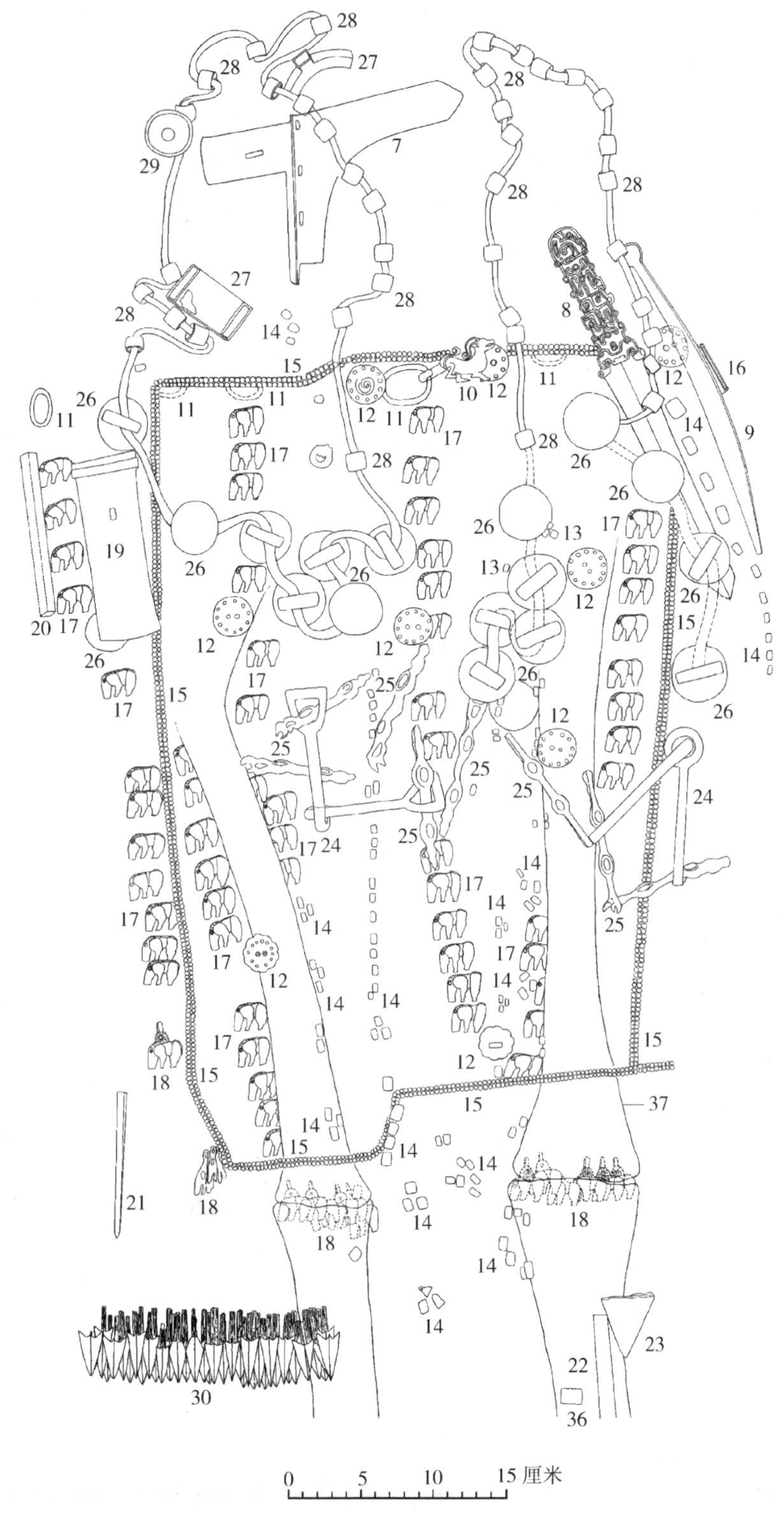

图四三　YYM18 遗物分布图（局部）

7. 铜戈　8. 青铜短剑　9. 铜带钩　11. 铜环　12. 服饰铜扣　13. 绿松石坠珠　14. 绿松石珠　15. 联珠形服饰小铜扣　16. 长方形铜带饰　17. 野猪形铜带饰　18. 野猪形铜坠饰　19. 铜锛　20. 铜锥（针）管具　21. 铜锥　22. 铜凿　23. 赤铁矿砺石　24. 铜衔　25. 铜镳　26. 马具铜泡　27. 三通式铜节约　28. 马具铜环箍　30. 铜镞　36. 铜盒形器器盖　37. 铜盒形器（压于左股骨下段下面）

定与 YYM2 铜罍内的酒糟积块一致，属于农作物谷子。在死者身下，在腰椎骨下面，沿腰际一线，发现椭圆形小铜环 6 枚，在这 6 枚小铜环之下至死者左、右髌骨（背面）以上部位，出有 6 条野猪形铜垂饰，共计 101 枚。为便于叙述，兹将出于死者身下的这 6 条野猪形铜垂饰自右股骨外侧至左股骨外侧，分别编号为第 1 至第 6 条。第 1 条出于骨盆右侧至右股骨最外侧一线，计有 14 枚；第 2 条出于右髋骨下面至右股骨外侧一线，计有 16 枚；第 3 条出于右髋骨下面至右股骨下面一线，计有 18 枚；第 4 条出于腰椎下端和骶骨下面至左、右股骨中间一线，计有 16 枚；第 5 条出于骨盆左髋骨至左股骨下面和内侧一线，计有 9 枚；第 6 条出于左髋骨下面至左股骨外侧一线，计有 16 枚；此外，在左、右髌骨的下面，又各出 6 枚。以上 6 条野猪形垂饰，其上端各有一椭圆形小铜环，与腰际相联系，所有野猪形铜垂饰都作低头驯服式站立状，头和吻部一律朝死者右侧方向（图四三；彩版六八；图版三九三，1）。此外，在死者左股骨下段下面，压有铜盒形器 1 件，铜盒形器的表面附着一层细密的纺织物痕迹。在最后起取时发现，在该墓主骨骼之下还铺有一层毛皮和一层羊毛毡子（厚 2.5 厘米左右）。毛皮在上，毡子在下（彩版七一，2）。

YYM14

这是玉皇庙墓地属于丁级规格的小型墓葬之一。位于北 I 区中部。其东南与 YYM18 相邻，间距 1.3 米；西南有 YYM13，间距 2.6 米；其西 5.8 米，为一条自北而南的自然山水沟，西北有 YYM15，间距 1.5 米；东北有 YYM17，间距 4.4 米。此墓的地层堆积基本上同于 YYM18，不赘。

墓圹平面形状呈抹角长方形，为浅穴土坑墓。东向，方位角为东偏北 4°。墓圹规格，圹口东西长 1.8 米，东、西两端宽均为 0.52 米，圹底形制、规格与圹口一致，圹口至圹底深 36 厘米。无生土二层台。无木质葬具，故无活土二层台。

圹内填土为夹杂碎石颗粒的褐色五花土，未经夯实，土质较疏松。在填土中，未见任何文化遗物。

无殉牲。

在圹底中间，按东西方向安葬尸骨一具。保存状况较好，除头骨稍有破裂外，骨架其他主要部分基本完整。头东足西，头向东北歪斜，面朝西南，仰身直肢。经现场鉴定，死者为女性，12～13 岁。骨骼从头到脚通长 1.35 米（图四四）。

随葬品仅有覆面铜扣 2 枚，出于死者右眼眶下方。

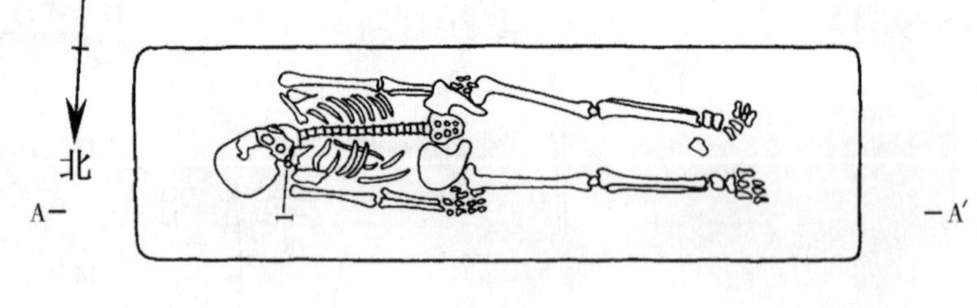

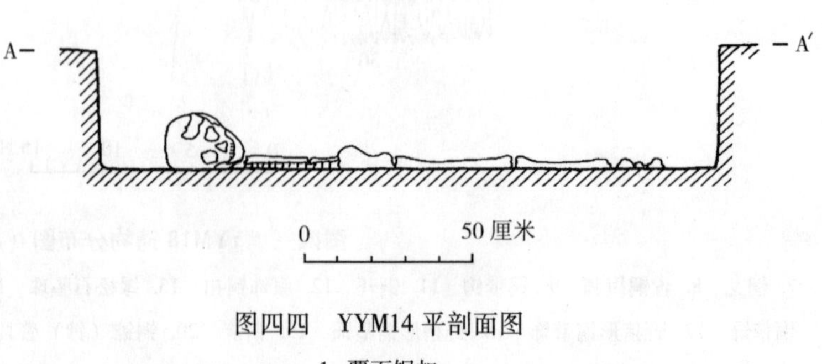

图四四　YYM14 平剖面图

1. 覆面铜扣

YYM13

这是玉皇庙墓地属于乙（A）级规格的中型墓葬之一。位于北 I 区中部。其东有 YYM18，间距 4.5 米；东南有 YYM11，间距 3.3 米；其西 0.5 米，为一条自北而南的自然山水沟，东北有 YYM14 和

YYM15，间距分别为2.6和3.5米。此墓的地层堆积基本上同于YYM18，不赘。原圹口已被毁掉一部分，现存圹口较原圹口低约0.4米左右。

墓圹平面形状呈弧边抹角不规则长方形，为竖穴土坑墓。东向，方位角为东偏北7°。墓圹规格，现存圹口东西长2.82、东端宽1.4、西端宽1.2、圹底东西长2.78、东端宽1.35、西端宽1.16、现存圹口至圹底深1.5米。无生土二层台。在圹底中间，按东西方向安置木椁一具。在木椁外壁四周至圹底四壁之间筑有活土二层台，台土经过严密夯打，较坚实，东、南、西、北四台等高，均为36厘米，宽度不一，东台宽62、南台宽50、西台宽8、北台宽20厘米（中段）。

圹内填土为夹杂碎石颗粒的褐色五花土，经普遍夯实，但未有夯层与夯窝痕迹。在填土中，仅发现夹砂粗红陶罐类口沿和腹部碎片5块，另在圹内中间偏西侧的中层填土中（木椁盖板以上），散布有自然石灰岩石块6块，大小不一，规格在30×20×14至14×12×10厘米之间。

殉牲位置，祭牲集中摆放在圹内东端上层填土中，上距东端圹口32厘米深，下距圹底0.98米。殉牲种类为马、牛、狗3种家畜。殉牲数量，马头1个（含下颌骨1副），另加马下颌骨1副，马肱骨（连蹄）6只，牛肱骨2只，狗头1个（含下颌骨1副）。殉牲形式，祭牲分作南、北两组。南组由马下颌骨1副、马肱骨（连蹄）2只，牛肱骨2只和狗头1个，联合配伍组成，其中马下颌骨1副和狗头1个皆顺置于东，狗头居于马下颌骨北侧，其吻部均朝东；马肱骨2只与牛肱骨2只，顺置于马下颌骨西侧，牛肱骨与被拆解开的马蹄骨居于马肱骨北侧。北组由马头1个（含下颌骨1副）与马肱骨4只（连蹄）组成，皆按东西方向顺置，马肱骨摆在下面，马头吻部朝东，叠置其上，略错位居东（图四五）。

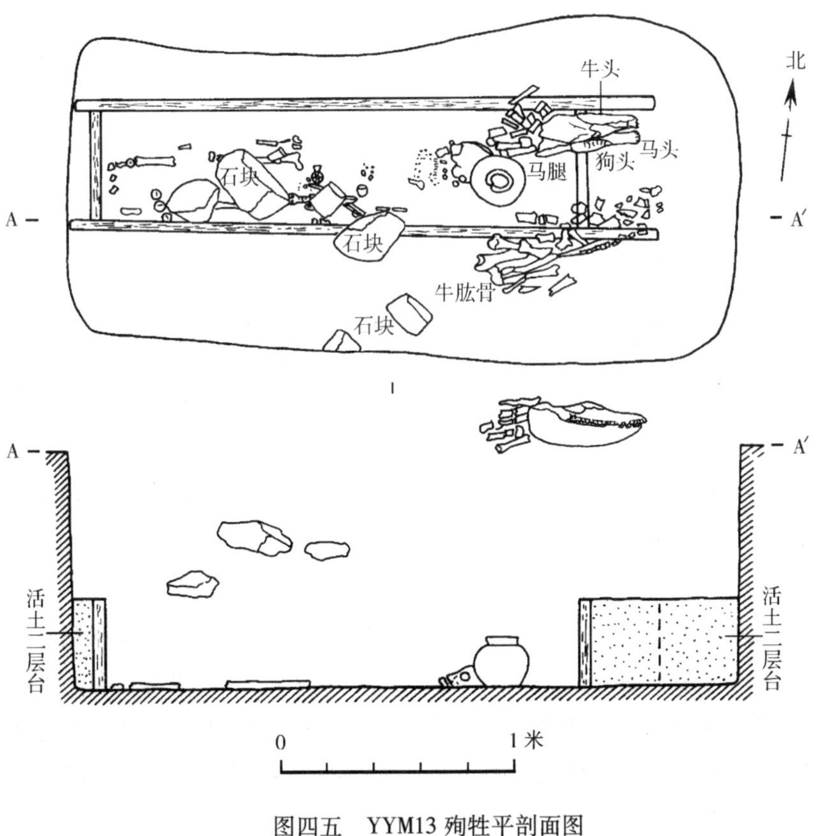

图四五　YYM13殉牲平剖面图

木椁已朽，板灰呈白色粉状，盖板无存，底板灰痕已不清楚，南、北侧板与东、西堵板板灰痕迹尚可辨识。南、北侧板东西顺长2.5米，西端与西圹壁抵严，总高36厘米，与活土二层台台面平齐，板灰厚5厘米。东、西堵板分别竖插于南、北侧板之间，立插部位分别在南、北侧板东、西两端内缩28和8厘米处，高度均与侧板一致，亦与活土二层台台面平齐，总宽东端48、西端45、板灰厚4厘米。南、北侧板与东、西堵板的板块组成情况已不能详。

木椁内装殓尸骨一具。保存状况不好，头骨及骨架腐朽严重，脊椎骨、肋骨、右上肢骨、骨盆，以及手、足骨，基本上已腐朽无存，仅残存头骨和下肢骨。头东足西，仰身直肢。经现场鉴定，死者为男性，50～55岁。骨骼从头到脚通长约1.61米。

随葬品集中陈放于木椁内、死者身上及其近前（图四六；图版八）。在头骨左后侧，放置夹砂红褐陶罐1件，正置。在左、右耳骨下面，各出螺旋形铜丝耳环1件，无绿松石坠珠伴出。覆面铜扣3枚，出于鼻骨与上颌骨中间。在颈部，出石珠项链1串，由绿松石珠1枚、小白石珠59粒和小黑石珠230粒相间串成。在左侧腹部，出石杯1件，斜侧置，口朝北。在石杯北侧，有小白石珠7粒，白石管3枚。在腰椎部位，出鸟形铜带扣1件，钩首朝南（图版八）。在左侧腰间，出青铜短剑1件，剑锋朝上，叠置于左尺骨之上。在剑体表面，遗有剑鞘灰痕，灰痕呈黑色，长29、宽5、厚0.5厘米。在青铜短剑外侧，出青铜削刀1件，刀锋朝上。在右股骨上端表面，出青铜斧1件，斧刃朝下。在右股骨上端外侧，出铜锥1件，锥尖朝下。在铜锥下方，出长方形动物纹铜锥（针）管具1件，在管具内盛装骨针1件。在左股骨上端外侧，出短铜管1件（图四七）。在右髌骨外侧，出铜凿1件，凿刃朝下。在右跗骨上面，出铜瓶形器1件和骨环1件。铜镜形饰1件，出于左上肢肘关节下面。小铜扣2枚，出于右股骨外侧。服饰铜泡4枚，其中小号者1枚，出于右髋骨表面、鸟形铜带扣下方；中号者2枚，出于右股骨上端表面1枚，出于左股骨上端下面1枚；大号者1枚，出于青铜短剑下面。羊形铜带饰45枚，集中分布于腰际至左、右股骨之间：（1）出于左尺骨外侧12枚；（2）出于右股骨外侧2枚；（3）出于右股骨下面2枚；（4）出于左股骨下面6枚；（5）出于左、右股骨之间23枚。马具铜泡6枚，其中出于左腓骨表面及内、外侧者5枚（作横向2排，上排2枚，为正面，下排3枚，呈反面）；出于左胫骨下面1枚。

YYM82

这是玉皇庙墓地属于丙（A）级规格的小型墓葬之一。位于北Ⅰ区西部。其东4.5米，为一条自北而南的山水沟；东南有YYM385，间距2.9米；西南有YYM300，间距3.3米；西有YYM386，间距1.6米；西北、北和东北已无墓葬。此墓的地层堆积基本上同于YYM18，不赘。现存圹口，已非原圹口层位，情况与YYM300近似。

墓圹平面形状呈抹角长方形，为竖穴土坑墓。东向，方位角为东偏北4°。墓圹规格，圹口东西长2.6米，东、西两端宽均为0.92米，圹底形制、规格与圹口一致，圹口至圹底深1米。无生土二层台。在圹底中间，按东西方向安置木椁一具。在木椁外壁四周至圹底四壁之间，筑有活土二层台，台土经严密夯实，东、南、西、北四台等高，均为40厘米，宽度不一，东台宽20、南台宽12、西台宽19、北台宽14厘米。

圹内填土为夹杂碎石颗粒的褐色五花土，经普遍夯实，但未有夯层与夯窝痕迹。在填土中，仅发现夹砂红陶残片2块。除此之外，再未见其他遗物。

因墓圹上部被破坏，故未见殉牲。

木椁已朽，板灰呈白色粉状。盖板无存，底板灰痕不清楚。南、北侧板与东、西堵板板灰轮廓尚可分辨。南、北侧板东西顺长2.6厘米，两端分别与东、西圹壁抵严，板灰厚4～4.5厘米。东、西堵板，分别竖插于南、北侧板之间，立插部位分别在南北侧板东、西两端内缩20和18厘米处，总宽东端0.58、西端0.54米，板灰厚3.5～4厘米。南、北侧板与东、西堵板高均为40厘米，与四周活土二层台台面平齐。其板块组成情况，已不能详。

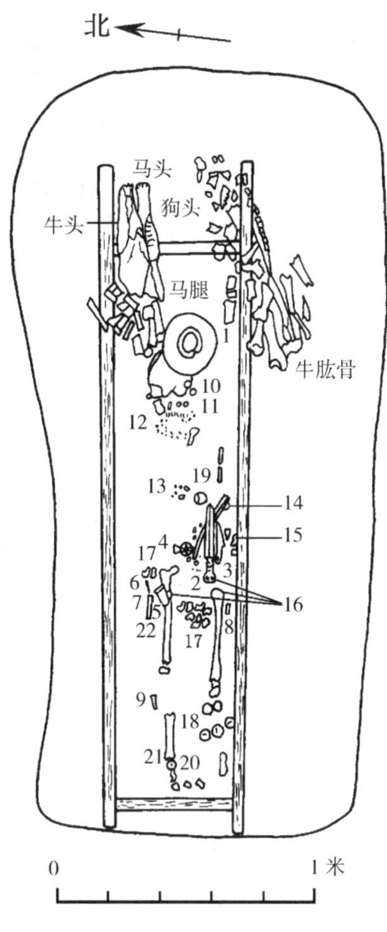

图四六　YYM13 平面图

1. 夹砂红褐陶罐　2. 青铜短剑　3. 青铜削刀　4. 铜带扣　5. 铜斧　6. 铜锥　7. 长方形铜锥（针）管具　8. 短铜管　9. 铜凿　10. 铜丝耳环　11. 覆面铜扣　12. 石珠项链　13. 白石管、小白石珠串饰　14. 铜镜形饰　15. 小铜扣（压于左肘部下面）　16. 服饰铜泡（压在青铜短剑和左股骨上端下面各1枚）　17. 羊形铜带饰　18. 马具铜泡　19. 单鋬石杯　20. 铜瓶形器　21. 骨环　22. 骨针（盛装于铜锥（针）管具内）

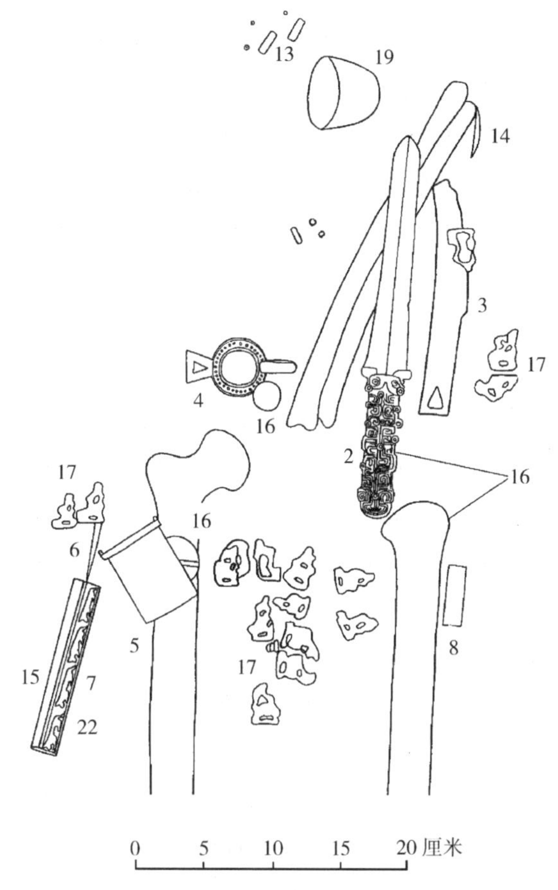

图四七　YYM13 遗物分布图（局部）

2. 青铜短剑　3. 青铜削刀　4. 铜带扣　5. 铜斧　6. 铜锥　7. 长方形铜锥（针）管具　8. 短铜管　13. 白石管、小白石珠串饰　14. 铜镜形饰　15. 小铜扣（压于左肘部下面）　16. 服饰铜泡（压在青铜短剑和左股骨上端下面各1枚）　17. 羊形铜带饰　19. 单鋬石杯　22. 骨针（盛装于铜锥（针）管具内）

木椁内装殓尸骨一具。保存状况不好，头骨已残碎，骨架腐朽较严重、仅存上肢骨残段和下肢骨。头东足西，侧面向西北，仰身直肢。经现场鉴定，死者为男性，45～50岁。骨骼从头到脚通长1.73米。

随葬品陈放于木椁内、死者身上及其近前（图四八；图版九，2）。在头骨右后侧，放置泥质灰陶罐1件，正置。在左、右耳骨下面，各出螺旋形铜丝耳环1件，无绿松石坠珠伴出。覆面铜扣2枚，出于上颌骨和下颌骨左侧各1枚。在左髋骨表面至左股骨上端之间，出青铜短剑1件，剑锋朝右侧斜上方。在短剑左侧，出青铜削刀1件，刀锋也朝向右侧斜上方。在短剑剑格与铜削刀之间，出骨环1件。在右手骨下面，压有铜锥1件，锥尖朝下。在右髋骨表面、右尺骨外侧，出砂岩穿孔砺石1块（图版九，1）。

YYM386

这是玉皇庙墓地属于丙（C）级规格的小型墓葬之一。位于北Ⅰ区西部边缘，其东有 YYM82，间距 1.6 米；东南有 YYM300 和 YYM385，间距分别为 3.5 和 5.3 米；其西南、西、西北、北和东北，已无墓葬。此墓的地层堆积基本上同于 YYM18，现存圹口，已非原圹口层位，情况与 YYM300 一致，不赘。

墓圹平面形状呈抹角长方形，为竖穴土坑墓。东向，方位角为东偏北 8°。墓圹规格：圹口东西存长 2.7 米，东、西两端存宽均为 0.86 米，圹底形制、规格，与现存圹口基本一致，现存圹口至圹底深北侧 0.6、南侧 0.5 米。无生土二层台。在圹底中间，按东西方向，安置木椁一具。在木椁外壁四周至圹底部四壁中间，筑有活土二层台，台土经过严密夯打，较坚实，东、南、西、北四台等高，均为 30 厘米，宽度不一，东台宽 48、南台宽 14、西台宽 35、北台宽 12 厘米（中段）。

圹内填土，为夹杂碎石颗粒的褐色五花土，经普遍夯实，但未有夯层与夯窝痕迹。在填土中，仅发现夹砂红褐陶罐口沿残片 1 块，羊肱骨残段 1 截，除此之外，再未有其他遗物。

因墓圹上部被破坏，殉牲情况不详。

木椁已朽，盖板无存，南、北侧板、东西堵板及底板板灰呈白色粉状，轮廓界限可辨。底板东西顺长 1.98、总宽东端 0.58、西端 0.5 米，从东端板灰可分辨出，其共由 4 块长板组成，板宽在 13～16 厘米之间。南、北侧板，立于底板之上，两侧边同底板边压齐，东西顺长 2.32 米，两端均长出底板一截，总高 30 厘米，与南、北活土二层台台面平齐，板灰厚 5 厘米，在东、西两端内缩 23 和 16 厘米处的内侧面，即在东、西堵板立插部位，遗有卯槽痕迹，卯槽长 4、进深 2 厘米，里面遗有纵向嵌入的堵板板灰痕迹。东、西堵板分别竖插于南、北侧板之间，立插部位已如前述，南、北两侧边呈纵向嵌入侧板卯槽内，高度与南、北侧板一致，均为 30 厘米，总宽东端 52、西端 44、板灰厚 4 厘米。南、北侧板与东、西堵板的板块组成情况，已难以再作具体分辨。

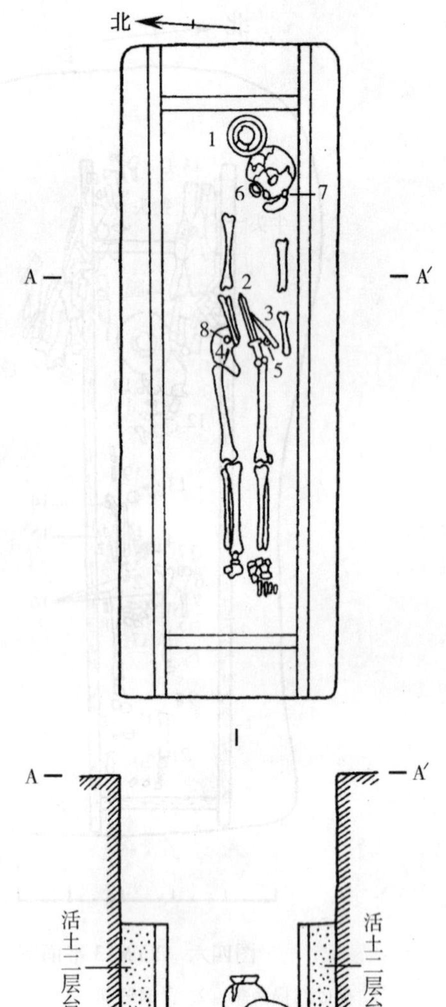

图四八　YYM82 平剖面图

1. 泥质灰陶罐　2. 青铜短剑　3. 青铜削刀　4. 铜锥　5. 骨环　6. 铜丝耳环　7. 覆面铜扣　8. 赤铁矿砺石

木椁内装殓尸骨一具。保存状况不太好，头骨残碎，脊椎与骨盆残朽不全，其他部位骨骼基本完整。头东足西，头歪向右侧，仰身直肢，经现场鉴定，死者为男性，35～40 岁。骨骼从头到脚通长 1.59 米。

随葬品集中陈放于木椁内、死者身上及其近前（图四九；图版一〇，1）。在头骨左侧，左肩以上，放置夹砂红陶罐 1 件，略斜侧，口朝东，口沿已残。在左、右耳骨下面，各出螺旋形铜丝耳环 1 件，

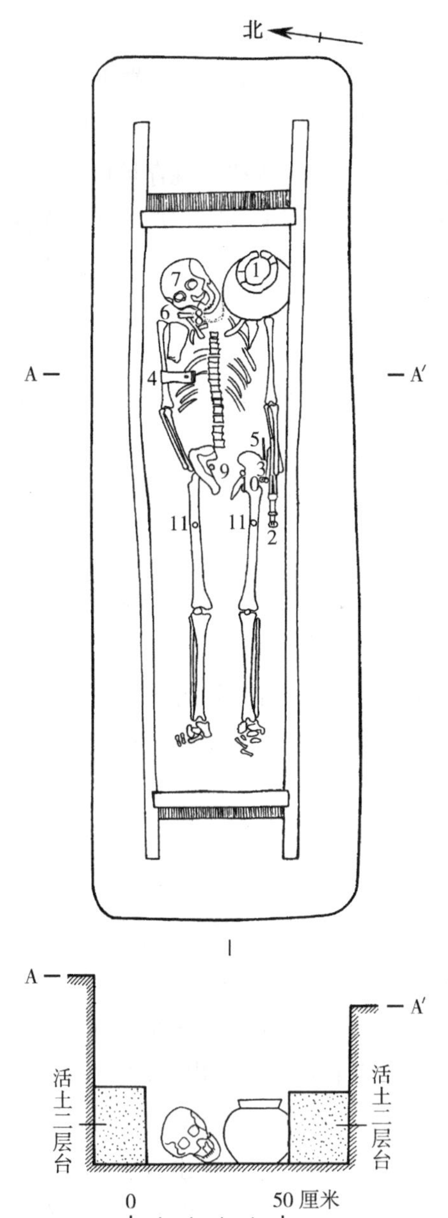

图四九　YYM386平剖面图

1. 夹砂红陶罐　2. 青铜短剑　3. 青铜削刀　4. 铜锛　5. 铜锥　6. 铜丝耳环　7. 覆面铜扣　8. 小白石珠项链　9. 涡纹铜扣　10. 花边动物纹铜扣　11. 蜷身动物纹铜扣

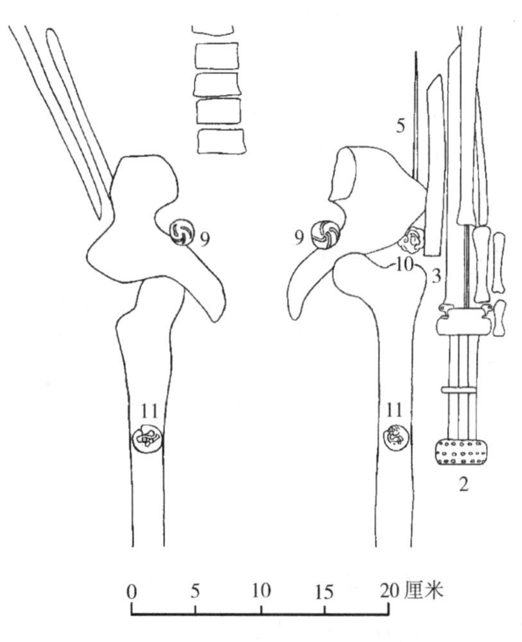

图五○　YYM386遗物分布图（局部）

2. 青铜短剑　3. 青铜削刀　5. 铜锥　9. 涡纹铜扣　10. 花边动物纹铜扣　11. 蜷身动物纹铜扣

未有绿松石坠珠伴出。覆面铜扣2枚，出于左眼眶内1枚，滑落于下颌骨内1枚。在颈部，出小白石珠项链1串（239粒）。在右胸部和右肱骨之上，横置铜锛1件，锛刃朝右（图版一○，2）。在左髋骨左侧上缘，出铜锥1件，锥尖朝上。在左髋骨及左骨股外侧，出青铜短剑1件，剑锋朝上，左尺骨及左手指骨压在短剑剑身之上（图版一○，3）。在短剑与铜锥之间，出青铜削刀1件，刀锋朝上。在左、右髋骨表面，各出涡纹铜扣1枚。在左髋骨外缘，出花边动物纹铜扣2枚。在左、右股骨上段表面，各出蜷身动物纹铜扣1枚（图五○）。

YYM300

这是玉皇庙墓地早期阶段属于乙（A）级较高规格的中型墓葬之一。位于北Ⅰ区西部，其东6.2米，为一条山水沟；东南有YYM384，间距3米；南有YYM383，间距1.8米；其西无墓葬；西北有

YYM386，间距3.5米；北有YYM82，间距3.2米。此墓的地层堆积，基本上同于YYM18，不赘。需要指出的是，现存墓圹圹口，因农民历年平地、耕作之故，已非原圹口层位，根据墓圹东端上层填土中残存殉牲仅余马肱骨与马蹄，马头已被毁掉的状况推测，原圹口至少应高于现存圹口0.5米以上。

墓圹平面形状呈长方形，为竖穴土坑墓。东向，方位角为东偏南10°。墓圹规格，现存圹口东西长3.15、东端宽1.12、西端宽1.1、圹底东西长3.05、东端宽1.06、西端宽1.04、现存圹口至圹底深1.4米。圹内无生土二层台。在圹底中间略偏东南方向，安置木椁一具，在木椁四壁的外侧至圹底部四壁之间，筑有活土二层台，台土经过严密夯打，较坚实，台面等高，均为36厘米，宽度不一，东台最宽87厘米，西、南、北三台较窄，宽度分别为31、28、23厘米（中段）。

圹内填土，为夹杂碎石颗粒的褐色五花土，经过夯打，较坚实，未见有明显夯层与夯窝。在填土中，仅发现夹砂红陶罐口沿和器底残片3块，再未见其他遗物。

殉牲位置，祭牲集中摆放在圹内东端活土二层台以上的填土中，残存殉牲仅见马肱骨及马蹄骨4只，表面与圹口相平，马头骨及其他种类的祭牲，已无存。

木椁已朽，板灰呈灰白色，盖板无存，底板痕迹不清楚，仅见南、北侧板与东、西两端堵板痕迹，但各部分组成与结构，已不可辨识。侧板东西顺长2.23米，总高36厘米，与活土二层台平齐，板灰厚4厘米。东、西两端堵板，分别竖插于南、北侧板之间，立插部位，分别在南、北侧板东、西两端内缩17和20厘米处，高度与活土二层台台面相平，均为36厘米，总宽东端48、西端44、板灰厚4厘米。

木椁内装殓尸骨一具。保存状况不好，头骨已腐朽酥碎，大部已粉，脊椎与骨盆已无存，上、下肢骨已不完整。头东足西，仰身直肢，经现场鉴定，死者为男性，30~35岁。骨骼从头到脚通长1.65米。

随葬品集中陈放于木椁内、死者身上及其近前（图五一）。在头骨右后侧、椁底东北角，放置夹砂红陶罐1件，正置。覆面铜扣3枚，出于死者左、右眼眶各1，出于鼻骨部位1枚。在左、右耳骨下面，各出螺旋形铜丝耳环1件及绿松石坠珠2枚。在颈下至胸部，出小黑石珠项链1串（272粒）。在腰椎部位，出铜锛1件，锛刃朝左。在右髋骨和右尺骨上面，出青铜短剑1件，剑锋朝上。在青铜短剑下面，压有兽纹铜扣2枚。在短剑左侧，出青铜削刀1件，刀锋朝上。在骨盆上，出兽纹小铜扣2枚，喇叭形管状铜饰件1枚。在右尺骨内侧和右股骨内侧，各出兽纹铜扣1枚。左尺骨下面，压有羊头铜饰1件，还压有长方形动物纹铜锥（针）管具1件，在锥（针）管具内，装有铜针1件，针鼻已残失。在左股骨外侧，出铜锥1件，锥尖朝下，还有小白石珠1串（60枚）。右股骨内侧出，涡纹铜扣1枚，左股骨外侧，出涡纹铜扣1枚。在右髌骨内侧，出铜凿1件，凿刃朝上。在左、右股骨下端内侧各出涡纹铜扣2枚，在左、右髌骨之上及内、外侧，分布双联小铜扣63枚。在右胫骨外侧，出铜镞1枚。在左、右胫骨之上，各出铜马衔1副及骨镳1副（已残）。此外，在死者腰际，分布横排三菱形铜带卡22枚（其中正面13枚，背面9枚）。在死者身后，骨盆下面至左、右股骨之间，又出三菱形铜带卡32枚（图版三七三），小鹿形铜带饰50枚，分布如次：在右尺骨外侧，出三菱形铜带卡5枚、小鹿形铜带饰6枚；在左尺骨内侧，出三菱形铜带卡6枚，小鹿形铜带饰3枚；在骨盆下面，压有小鹿形铜带饰5枚；在右股骨外侧，出小鹿形铜带饰12枚；在左股骨外侧，出三菱形铜带卡7枚、小鹿形铜带饰16枚；在左、右股骨之间，出三菱形铜带卡14枚，小鹿形铜带饰8枚。

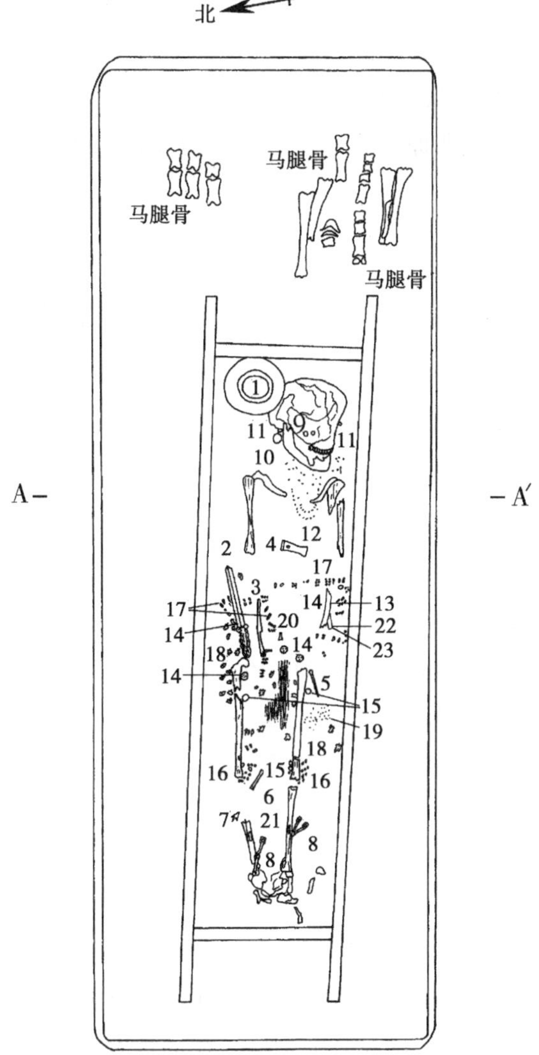

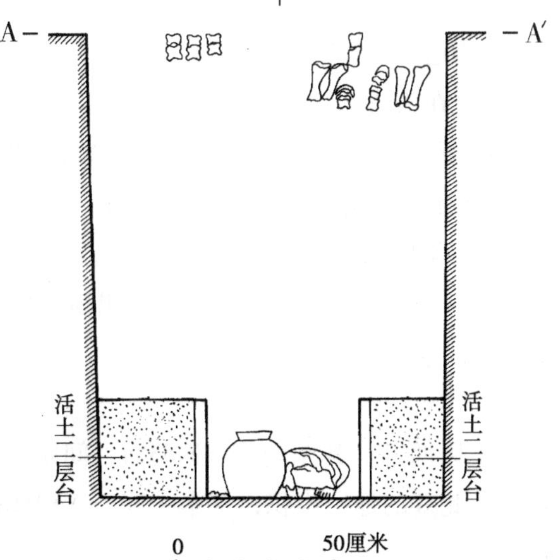

图五一　YYM300平剖面图

1. 夹砂红陶罐　2. 青铜短剑　3. 青铜削刀　4. 铜锛　5. 铜锥　6. 铜凿　7. 骨镞　8. 铜衔　9. 覆面铜扣　10. 铜丝耳环　11. 绿松石珠　12. 小黑石珠项链　13. 羊头铜饰（压于左尺骨之下）　14. 兽纹铜扣　15. 涡纹铜扣　16. 双联珠形小铜扣　17. 三菱形铜带卡　18. 小鹿形铜带饰　19. 小白石珠串珠　20. 喇叭形管状铜饰件　21. 骨镳　22. 长方形铜锥（针）管具（压于左尺骨之下）23. 铜针（装在锥针管具内）

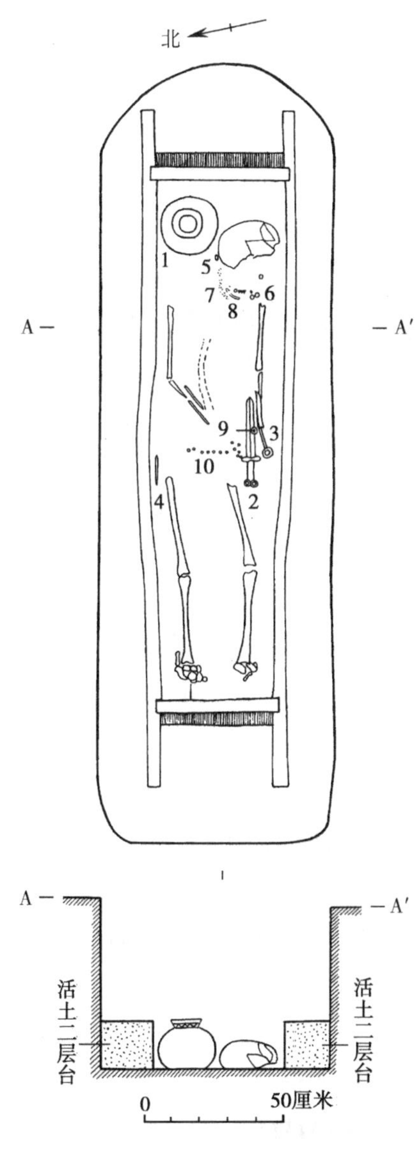

图五二　YYM385平剖面图

1. 夹砂红陶罐　2. 青铜短剑　3. 青铜削刀　4. 铜锥　5. 铜丝耳环　6. 覆面铜扣　7. 小黑石珠项链　8. 小白石珠项链　9. 石珠　10 服饰小铜扣

YYM385

这是玉皇庙墓地属于丙（C）级规格的小型墓葬之一。位于北Ⅰ区西部，其东1.9米，为一条山水沟；其西南有YYM300、YYM384和YYM383，间距分别为1.7、3.6和4米；西北有YYM82，间距2.9米。此墓的地层堆积，基本上同于YYM18，现存圹口，已非原圹口层位，情况与YYM300一致，不赘。

墓圹平面形状，呈东端弧边、西端抹角的长方形，为竖穴土坑墓。东向，方位角为东偏南11°。墓圹规格，圹口东西长2.7、东端宽0.84、西端0.8米，圹底形制、规格与圹口一致，圹口至圹底深0.6米。无生土二层台。在圹底中间，按东西方向，安置木椁一具。在木椁外壁与圹底部四壁之间，筑有活土二层台，台土经过严密夯打，较坚实，东、南、西、北四台等高，均为28厘米，宽度不一，东台宽30、南台宽11、西台宽41、北台宽14厘米（中段）。

圹内填土，为夹杂碎石颗粒的褐色五花土，经普遍夯实，但未有夯层与夯窝痕迹。在填土中，仅发现夹砂粗红陶碎片5块，狗肱骨1截，除此之外，再未见其他遗物。

因墓圹上部被破坏，殉牲情况不详。

木椁已朽，盖板无存，南北侧板、东西堵板与底板，板灰呈白色粉状，轮廓可辨，底板东西顺长1.97、总宽东端0.56、西端0.51米，经分辨，其共由3块长板组成，板宽在16~19厘米之间。南、北侧板，立于底板之上，两侧边同底板边压齐，东西顺长2.33米，两端均长出底板一截，总高28厘米，与南、北活土二层台台面平齐，板灰厚5厘米，在东、西两端内缩19和25厘米处的内侧面，即在东、西堵板立插部位，遗有卯槽痕迹，卯槽长4、进深2厘米，里面遗有纵向嵌入的堵板板灰痕迹。东、西堵板，分别竖插于南、北侧板之间，立插部位已如前述，南、北两侧边，呈纵向嵌入侧板卯槽内，高度与南、北侧板一致，均为28厘米，总宽东端50、西端45、板灰厚4厘米。南、北侧板与东、西堵板的板块组成情况，已不能详。

木椁内装殓尸骨一具。保存状况不好，头骨破碎、残缺，脊椎及上肢骨朽为粉状，残缺不全，肋骨、骨盆，已腐朽无存，仅余下肢骨，基本成形（图版一一，1）。观察骨骼痕迹，死者头东足西，头侧面向左，脊椎向右侧弓弯，右尺骨和桡骨向左屈，搭在下腹部，两下肢略向左作屈膝状，应属侧身屈肢葬式。经现场鉴定，死者为男性，40~45岁。骨骼从头到脚通长1.6米。

随葬品集中陈放于木椁内、死者身上及其近前（图五二）。在头骨右后侧、椁底东北角，放置夹砂红陶罐1件，稍斜侧，口朝南。在左、右耳骨下面，各出螺旋形铜丝耳环1件，无绿松石坠珠伴出。覆面铜扣3枚，出于上颌骨部位1枚，出于下颌骨部位2枚。在颈部，出石珠项链2串，（1）小黑石珠项链1串（141粒）；（2）小白石珠项链1串（127粒）。在左侧腰间，出青铜短剑1件、青铜削刀1件、石珠1枚，剑锋与刀锋均朝上（彩版六，2；图版一一，2）。在腰际以下至骨盆之间，出横向分布的服饰小铜扣15枚。在右髋骨及右骨股上端外侧，出铜锥1件，锥尖朝下。

YYM383

这是玉皇庙墓地属于丁级规格的小型墓葬之一。位于北Ⅰ区西部。其东南有YYM384，间距1.1米；北有YYM300，间距1.8米；东北有YYM385，间距4米。此墓的地层堆积，基本上同于YYM18，现存圹口，已非原圹口层位，情况与YYM300一致，不赘。

墓圹平面形状，呈抹角长方形，为浅穴土坑墓。东向，方位角为东偏南5°。墓圹规格，现存圹口东西长2、东端宽0.49、西端宽0.5米，圹底形制、规格与圹口一致，现存圹口至圹底深10厘米。无生土二层台。无木质葬具，无活土二层台。

圹内填土，为夹杂碎石颗粒的褐色五花土，未经夯实，土质较疏松。在填土中仅发现夹砂红陶残片1块，除此之外，未见其他任何遗物。

因墓圹上部被破坏，殉牲情况不详。

在圹底中间位置，按东西方向，安葬尸骨一具。腐朽严重，头骨及骨架，已成粉状，从残存痕迹可以确认，死者头东足西，仰身直肢。性别、年龄难以鉴定。

随葬品陈放于死者头部及身上（图五三、五四）。在左、右耳骨附近，各出螺旋形铜丝耳环1件，

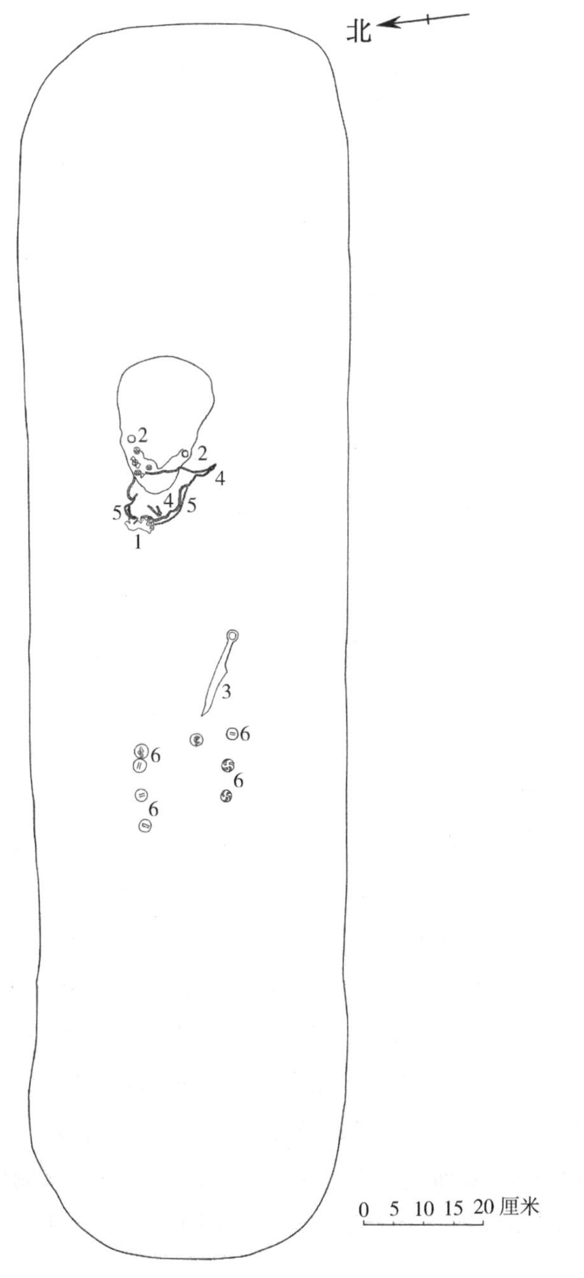

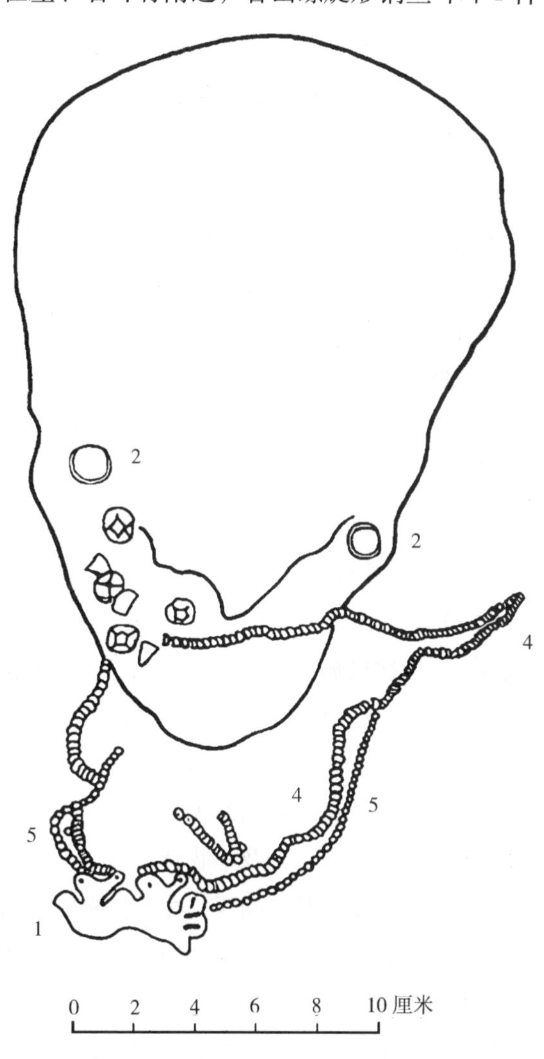

图五四　YYM383 遗物分布图（局部）

1. 虎形铜牌饰　2. 铜丝耳环　4. 石珠项链　5. 铜珠项链

左图：图五三　YYM383 平面图

1. 虎形铜牌饰　2. 铜丝耳环　3. 青铜削刀　4. 石珠项链　5. 铜珠项链　6. 服饰铜扣

无绿松石坠珠伴出。在颈部，出铜珠、石珠项链2串，（1）铜珠项链1串，由53枚小铜珠串成；（2）小黑石珠及小白石珠项链1串，由78粒小黑石珠及167粒小白石珠联合串成。在颈下，出虎形铜牌饰1件，倒置，虎头朝左。在左侧腰间至左髋骨，出青铜削刀1件，刀锋朝下（图版一一，3）。共出服饰铜扣8枚，分布在左、右骨股内侧（彩版六，3），动物纹服饰铜扣2枚，涡纹服饰铜扣6枚。

YYM384

这是玉皇庙墓地属于乙（B）级规格的中型墓葬之一。位于北Ⅰ区西部，其东3.2米，为一条山水沟；其南、西南和西侧，已无墓葬；西北有YYM383和YYM300，间距分别为1.1和3米；东北有YYM385，间距3.6米。此墓的地层堆积，基本上同于YYM18，现存圹口，已非原圹口层位，情况与YYM300一致，不赘。

墓圹平面形状呈抹角长方形，为竖穴土坑墓。东向，方位角为东偏南4°。墓圹规格，现存圹口东西长2.65、东端宽1、西端宽0.9米，圹底东西长2.6、东端宽0.93、西端宽0.85米，圹口至圹底深1.6米。无生土二层台。在圹底中间位置，按东西方向，安置木椁一具。在木椁外壁四周至圹底部四壁之间，筑有活土二层台，台土经过严密夯打，较坚实，东、南、西、北四台等高，均为35厘米，宽度不一，东台宽38、南台宽23、西台宽32、北台宽19厘米。

圹内填土，为夹杂碎石颗粒的褐色五花土，经普遍夯实，但未有夯层与夯窝痕迹。在填土中，仅发现夹砂红褐陶罐底残片2块，羊肩胛骨残件1块。另在圹内西北角和西端南侧上层填土中，各有1块较大的“封顶石”，石块表面与圹口平齐，规格分别为51×31×35、50×37×45厘米（图版一二，1）。

殉牲位置，祭牲集中摆放在圹内东端中间偏南侧的上层填土中，上距东端圹口15厘米深，下距圹底1.08米。殉牲种类，为牛、羊、狗3种家畜。殉牲数量，牛头1个，牛肱骨1只，羊头2个（山羊），羊肱骨2只，狗头3个，狗肱骨3只。殉牲形式，将牛、羊、狗头的上、下颌拆解开后，作南、北相邻同层依次摆放（图版一二，1、2）。即先将拆解开的牛上、下颌骨1套，顺摆在圹内东端中间上层填土上，使上、下颌骨的吻部朝东；然后在其南侧最东端，摆放狗上、下颌骨1套，吻部朝东，及狗上颌1个，吻部朝南；其西侧，横置牛肱骨1只，牛肱骨之上，东西向顺搭狗肱骨1只；然后在牛头与牛肱骨之间，又顺摆狗上颌1个，吻部朝东；然后在此狗上颌骨之南侧、牛肱骨西侧，插摆拆解开的山羊上、下颌骨2套及羊肱骨2只，羊上、下颌的吻部朝向，各不一致，2上颌的吻部朝西北，2副下颌，其一朝东，其二朝西。在羊牲南侧和西北端，又各置狗下颌骨1副，其吻部皆朝东。

木椁已朽，盖板无存，南北侧板，东、西堵板与底板板灰轮廓尚清楚可辨。板灰呈白色粉状，底板东西顺长2.05、总宽东端0.55、西端0.48米，经分辨，共有3块长板组成，板宽在15~20厘米。南北侧板，立于底板之上，两侧边同底板边压齐，东西顺长2.34米，两端均长出底板一截，总高35厘米，与南、北活土二层台台面平齐，板灰厚5厘米，在东、西两端内缩20和22厘米处的内侧面，即在东、西堵板立插部位，遗有卯槽痕迹，卯槽长4、进深2厘米，里面遗有纵向嵌入的堵板板灰痕迹。东、西堵板，分别竖插于南、北侧板之间，立插部位已如前述，南、北两侧边，呈纵向嵌入侧板卯槽内，高度与南、北侧板一致，均为35厘米，总宽东端49、西端42、板灰厚4厘米。南、北侧板与东、西堵板的板块组成情况已难以再作具体分辨。

木椁内装殓尸骨一具。保存状况不太好，头骨已残碎，脊椎残缺不全，其他部位骨骼，基本完整。

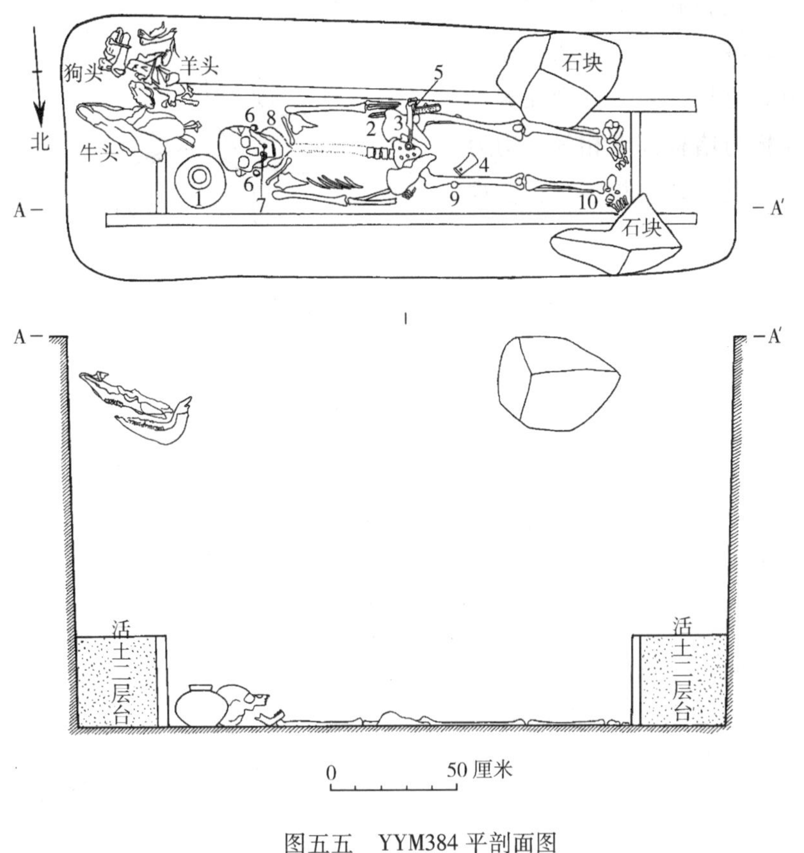

图五五　YYM384平剖面图

1. 夹砂红陶罐　2. 青铜短剑　3. 青铜削刀　4. 铜锛　5. 铜锥　6. 铜丝耳环　7. 覆面铜扣　8. 石珠项链　9. 涡纹服饰铜扣　10. 铜镞

头东足西，仰身直肢，经现场鉴定，死者为男性，45岁左右。骨骼从头到脚通长1.6米。

随葬品集中陈放于木椁内、死者身上及其近前（图五五）。在头骨右后侧、椁底东北角，放置夹砂红陶罐1件，正置。在左、右耳骨下面，各出螺旋形铜丝耳环1件，无绿松石坠珠伴出。覆面铜扣2枚，出于上颌骨处1枚，滑落于下颌骨内1枚。在颈部，出石珠项链1串，由白石管1枚、小白石珠224粒，联合串成。在左尺骨内侧、左髋骨外缘下面，出青铜短剑1件，剑锋朝上。在骶骨至左髋骨表面，短剑剑身之上，横置青铜削刀1件，刀锋朝左。在铜刀刀身与短剑剑柄之间，出铜锥1件，锥尖朝左侧斜下方。在右股骨内侧，出铜锛1件，锛刃朝左侧斜下方。在左、右股骨外侧，各出涡纹服饰铜扣1枚。在右趾骨外侧，出铜镞1枚（图五六）。

YYM4

这是玉皇庙墓地属于丙（A）级规格的小型墓葬之一。位于北Ⅰ区中部，其东5.7米，为1号取土坑西沿；南有YYM5，间距2米；西南有YYM9，间距3.3米；西北有YYM18，间距5.3米；北有YYM3，间距2.7米；东北有YYM2，间距3.7米。此墓的地层堆积，基本上同于YYM18。现存圹口，已非原圹口层位，情况与YYM2相似，不赘。

墓圹平面形状呈抹角长方形，为竖穴土坑墓。东向，方位角为东偏北4°。墓圹规格，现存圹口东西长2.37米，东、西两端宽均为0.72米，圹底形制、规格，与现存圹口基本一致，现存圹口至圹底深0.8米。无生土二层台。在圹底中间，按东西方向，安置木椁一具。在木椁外壁四周至圹底部四壁之间，筑有活土二层台，台土经过严密夯打，较坚实，东、南、西、北四台等高，均为40厘米，宽度不一，东台宽12、南台宽10、西台宽38、北台宽14厘米。

圹内填土为夹杂碎石颗粒的褐色五花土，经普遍夯实，但未有夯层与夯窝痕迹。在填土中，仅发现夹砂红陶罐腹部残片1块，另在北侧活土二层台偏西部位及木椁西北角顶盖部位，各平置自然石灰岩石块1块，其规格分别为46×20×18和32×18×12厘米。除此之外，再未见其他遗物。

因墓圹上部被破坏，故未见殉牲。

木椁已朽，侧板与堵板板灰，呈白色粉状，盖板无存，底板灰痕模糊不清，南、北侧板东西长2.14米，东、西堵板宽为48厘米，分别竖插于南、北侧板之间，立插部位，分别在侧板东、西两端内缩12和14厘米处。侧板与堵板高度相等，均为40厘米，与四周活土二层台台面平齐。其板块结构情况，已难以再作具体分辨。

木椁内装殓尸骨一具。保存状况较好，头骨较完整，骨架除上肢与肋骨腐朽较严重外，骨盆与下肢骨基本完整。头东足西，侧面向北，仰身直肢。经现场鉴定，死者为女性，30岁左右。骨骼从头到脚通长1.6米左右。

随葬品集中陈放于木椁内、死者头侧及身上（图五七）。在头骨左侧至左肩部位，出夹砂褐陶罐1件，斜侧置，口朝东，已残碎。在左、右耳骨下面，各出螺旋形铜丝耳环1件，无绿松石坠珠伴出。覆面铜扣1枚，滑落于左侧下颌部位。在颈部，出石珠项链1串，由小黑石珠271粒组成。在颈部至胸部，还出有小铜扣项链1串（88枚），在这些小铜扣的背面穿鼻内，尚遗有麻线穿绳痕迹。在右股骨上端外侧出白石管4枚，在右股骨上端表面，出铜针1枚。

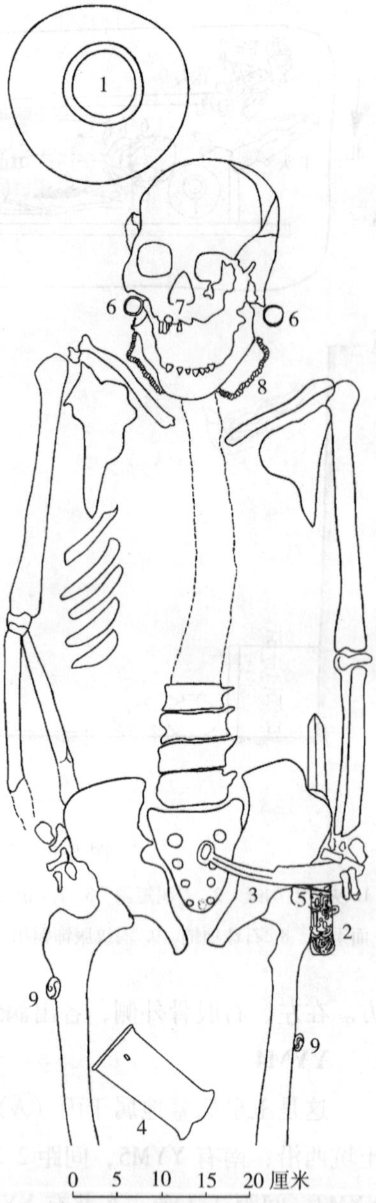

图五六 YYM384遗物分布图（局部）

1. 夹砂红陶罐 2. 青铜短剑 3. 青铜削刀 4. 铜锛 5. 铜锥 6. 铜丝耳环 7. 覆面铜扣 8. 石珠项链 9. 涡纹服饰铜扣

YYM11

这是玉皇庙墓地属于乙（A）级规格的中型墓葬之一。位于北Ⅰ区中部。其东南有YYM9和YYM10，间距分别为5.7和3米；其西1.2米，为一条自北而南的山水沟；西北有YYM13，间距3.3米；东北有YYM18，间距4.1米。此墓的地层堆积，基本上同于YYM18。原圹口已被毁掉一部分，现存圹口较原圹口低约0.5米左右。

墓圹平面形状，呈抹角长方形，为竖穴土坑墓。东向，方位角为东偏南3°。墓圹规格，现存圹口东西长2.8、东端宽0.98、西端宽0.94米，圹底东西长2.72、东端宽0.94、西端宽0.9米，现存圹口至圹底深1.5米。无生土二层台。在圹底中间，按东西方向，安置木椁一具。在木椁外壁至圹底四壁之间，筑有活土二层台，台土经过严密夯打，较坚实，东、南、西、北四台等高，均为0.5米，宽度不一，东台宽40、南台宽18、西台宽22、北台宽12厘米。

圹内填土，为夹杂碎石颗粒的褐色五花土，经普遍夯实，但未有夯层与夯窝痕迹。在填土中，仅发现夹砂粗红陶碎片4块，另在墓圹中间稍偏西侧上层填土中，发现有自然石灰岩石块和河卵石一堆，共9块，其中较大的河卵石为38×28×19厘米，较小者为20×13×10厘米。

殉牲位置，祭牲摆放在圹内东端上层填土中，上距东端圹口20厘米深，下距圹底0.7米。殉牲种

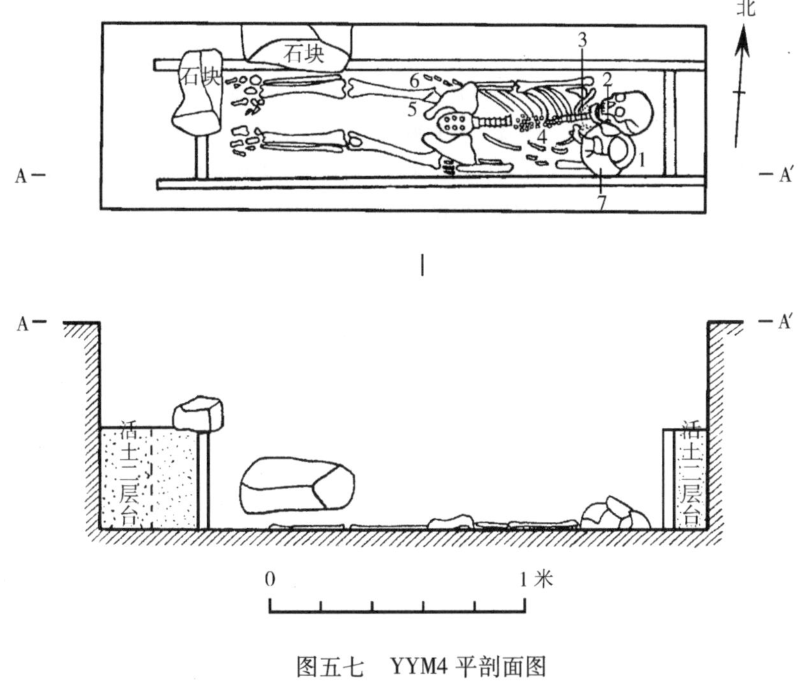

图五七　YYM4 平剖面图

1. 夹砂红褐陶罐　2. 覆面铜扣　3. 小黑石珠项链　4. 双联小铜扣项链　5. 铜针　6. 白石管　7. 铜丝耳环（被陶罐遮挡）

类为马、狗 2 种家畜。殉牲数量，马头 3 个，马肱骨 6 只（连蹄），狗头 3 个，狗肱骨 3 只。殉牲形式，先将马肱骨 6 只，按东西方向，叠置于圹内东端偏上层填土上，蹄朝东；然后将 3 个完整的马头，依南、北顺序，叠放于马肱骨之上，使吻部皆朝东；然后在马头上填埋一层厚约 10 厘米左右的填土，未经夯实；然后再在这层填土上面，按东西方向，顺摆狗肱骨 3 只，最后将 3 个狗头叠置于狗肱骨之上，使其吻部亦皆朝东。

木椁已朽，板灰呈白色粉状。盖板仅在东、西两端各存留 1 块痕迹，规格分别为 88 ×28 和 88 ×20 厘米，它们均横搭于南、北侧板之上，两端均超出侧板一截。底板灰痕已不清楚。南、北侧板东西长为 2.5 米，西端与西圹壁抵严，总高 0.5 米，与活土二层台台面平齐。东、西堵板，分别竖插于南、北两侧板之间，立插部位，分别在南、北侧板东、西两端内缩 10 和 14 厘米处，高度均与侧板一致，亦与活土二层台台面相平齐，均为 0.58 米。其板块组成情况，已不能详。

木椁内装殓尸骨一具。保存状况较好，除右侧肋骨朽粉无存以外，头骨及骨架主要部分，基本完整。头东足西，侧面向北，仰身直肢。经现场鉴定，死者为男性，35 ~40 岁。骨骼从头到脚通长 1.73 米。

随葬品集中陈放于木椁内、死者身上及其近前（图五八）。在头骨左后侧，放置夹砂红陶罐 1 件，斜侧置，口朝东北。在左、右耳骨下面，各出螺旋形铜丝耳环 1 件，其中左耳环下附出绿松石坠珠 1 枚，右耳环下未见。覆面铜扣 3 枚，出于死者面部。在颈下，左、右锁骨交接部位，出虎形铜牌饰 2 件，2 虎头作相对状。在颈下，还出石珠项链 1 串，由绿松石管 1 枚、小黑石珠 119 粒、小白石珠 122 粒相间串成。在骨盆左侧和左尺骨之下，出青铜短剑 1 件，剑锋朝上。在短剑之上，叠压有青铜削刀 1 件，刀锋朝下。在右股骨外侧，出长方形铜锥（针）管具 1 件，在管具内盛装骨针 1 件。在铜管具下面，压有白石管 1 枚。在铜管具北侧 4 厘米处，出铜锥 1 件，锥尖朝下。在左股骨上端表面，出铜凿 1 件。服饰铜扣 3 枚（其中涡纹者 2 枚，动物纹者 1 枚），分别出于腰椎下、左髋骨表面和右股骨上端外侧各 1 枚。辐射纹服饰铜泡 4 枚，出于左股骨上段内侧 2 枚（正面），出于左、右股骨中段内侧各 1 枚（反面）。在腰际以下至左、右股骨之间，出长方形卷云纹铜带卡 30 枚，反 S 形铜带卡 30 枚。长方形卷云纹铜带卡，出于腰椎下面 3 枚，出于骨盆上缘之下，各 1 枚，出于骨盆右侧 5 枚，出于右股骨上端

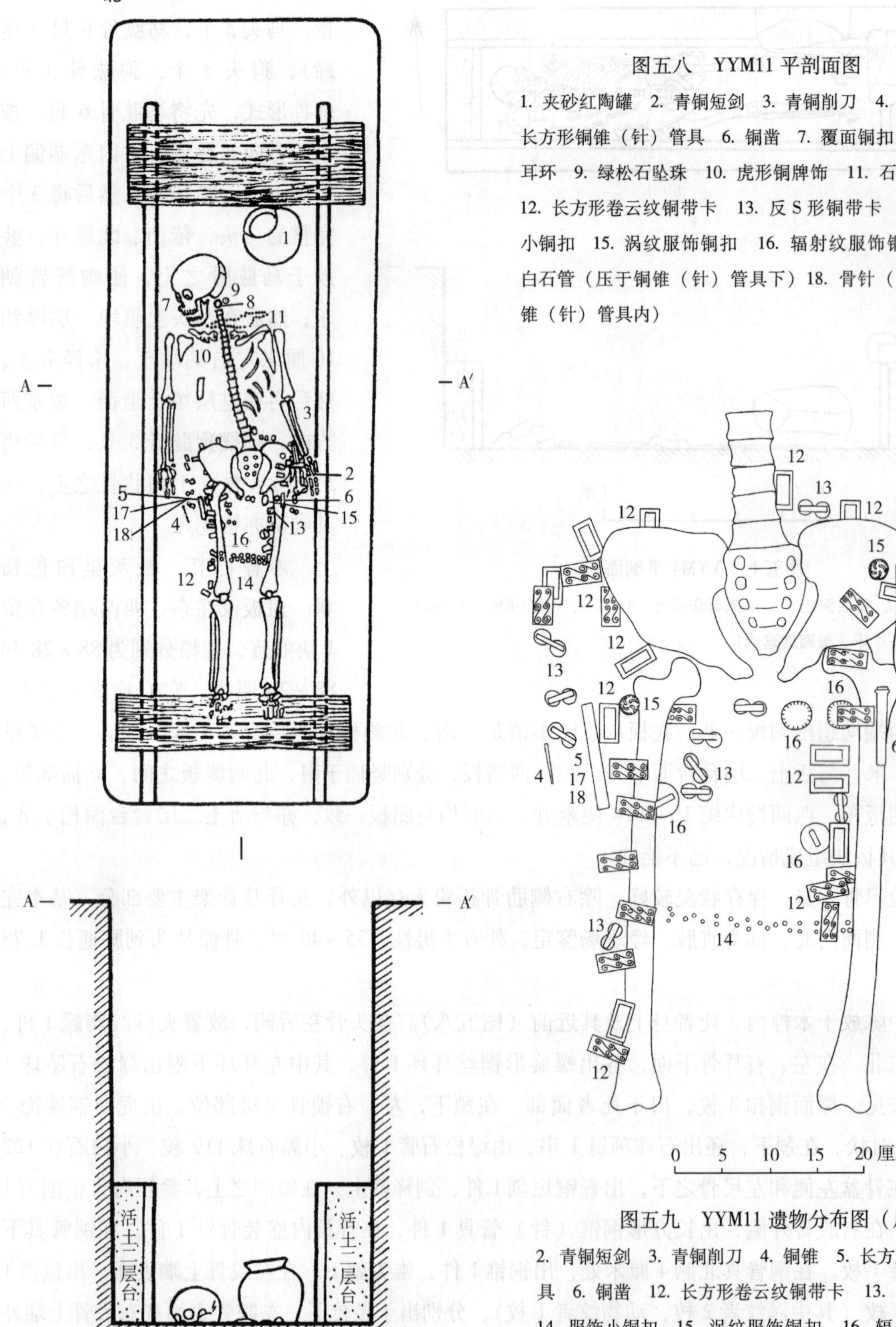

图五八　YYM11 平剖面图

1. 夹砂红陶罐　2. 青铜短剑　3. 青铜削刀　4. 铜锥　5. 长方形铜锥（针）管具　6. 铜凿　7. 覆面铜扣　8. 铜丝耳环　9. 绿松石坠珠　10. 虎形铜牌饰　11. 石珠项链　12. 长方形卷云纹铜带卡　13. 反 S 形铜带卡　14. 服饰小铜扣　15. 涡纹服饰铜扣　16. 辐射纹服饰铜泡　17. 白石管（压于铜锥（针）管具下）18. 骨针（盛装于铜锥（针）管具内）

图五九　YYM11 遗物分布图（局部）

2. 青铜短剑　3. 青铜削刀　4. 铜锥　5. 长方形铜锥（针）管具　6. 铜凿　12. 长方形卷云纹铜带卡　13. 反 S 形铜带卡　14. 服饰小铜扣　15. 涡纹服饰铜扣　16. 辐射纹服饰铜泡　17. 白石管（压于铜锥（针）管具下）　18. 骨针（盛装于铜锥（针）管具内）

内侧下面1枚，出于右股骨上端外侧2枚，出于右股骨表面7枚，出于左髋骨表面2枚，出于左股骨上端表面2枚，出于左股骨内侧6枚。反S纹铜带卡，皆呈背面朝上状，多分布于左、右股骨下面、外侧及左、右股骨之间（图五九）。此外，在沿左、右股骨背面及左、右股骨中下段中间部位，共出服饰小铜扣66枚，总体呈“ ㄩ ”形分布。

YYM5

这是玉皇庙墓地属于丙（C）级规格的小型墓葬之一。位于北Ⅰ区中部。其东6米，为1号取土坑西沿；东南有YYM12，间距2.4米；西南有YYM8，间距3.4米；西北有YYM9，间距3.2米；北有YYM4，间距2米；东北有YYM2，间距5.3米。此墓的地层堆积，基本上同于YYM18。现存圹口已非原圹口层位，情况与YYM2相似，不赘。

墓圹平面形状，呈抹角长方形，为竖穴土坑墓。东向，方位角为东偏北12°。墓圹规格，现存圹口东西长2.2米，东、西两端宽均为0.72米，圹底形制、规格，与现存圹口基本一致，现存圹口至圹底深0.6米。无生土二层台。无木质葬具，故无活土二层台，但在清理死者遗骨过程中，发现在骨架表面，遗有清晰的席片残迹。

圹内填土，为夹杂碎石颗粒的褐色五花土，经普遍夯实，但未有夯层与夯窝痕迹。在填土中，仅发现夹砂褐陶罐类器底残片1块，除此之外，再未见其他任何遗物。

因墓圹上部被破坏，故未见殉牲。

在墓圹底部中间，按东西方向，安葬尸骨一具。保存状况不太好，头骨已残碎，骨架多已腐朽，但四肢骨与骨盆基本成形。头东足西，仰身直肢。左胫骨与腓骨下端被截断（或被砍断）。经现场鉴定，死者为男性，16~17岁。骨骼从头到脚通长1.57米。

随葬品集中陈放于死者头侧及身上（图六〇）。在头骨右侧，出夹砂褐陶罐1件，已残碎不成形。在左、右耳骨下面，各出螺旋形铜丝耳环1件，已残，其中右耳环下，附出绿松石坠珠1枚。覆面铜扣1枚，出于头骨碎片下。在颈下，出小铜珠项链1串（11枚）。在左侧肘关节周围，出小铜珠串饰17枚。在腰椎左侧，出鸟形铜带扣1件。在腰椎右侧，出驼色玛瑙珠1件。在鸟形铜带扣左、右两侧，沿腰际出双联小铜扣饰25枚。在左侧腰间，出赤铁矿砺石1件。在左尺骨内侧，出长方形铜盒形器1件。在骨盆左侧与左尺骨及左手骨之间，出青铜削刀1件，刀尖朝下。在骶骨与右髋骨之间，出骨柄铜锥1件，骨柄已残，锥尖朝下。在左髋骨外缘，出素面服饰小铜泡1枚。在右股骨内侧，出粟粒纹服饰铜扣1枚。在右股骨下端外侧，出三翼有銎式铜镞1枚，骨镞3枚，镞锋均朝下。

YYM9

这是玉皇庙墓地属于丙（C）级规格的小型墓葬之一。位于北Ⅰ区中部。其东南有YYM5，间距3.1米；南有YYM8，间距3.7米；西南有YYM10，间距3.6米；西北有YYM11，间距5.7米；北有YYM18，间距5.3米；东北有YYM4，间距3.4米。此墓的地层堆积，基本上同于YYM18，因遭取土破坏，现存圹口略低于原圹口。

墓圹平面形状，呈抹角长方形，为竖穴土坑墓。东向，方位角为东偏北10°。墓圹规格，现存圹口东西长2.44米，东、西两端宽均为0.92米，圹底形制、规格，与现存圹口基本一致，现存圹口至圹底深0.7米。无生土二层台。无木质葬具，故无活土二层台。

圹内填土，为夹杂碎石颗粒的褐色五花土，经普遍夯实，但未有夯层与夯窝痕迹。在填土中，仅发现夹砂粗红陶残片2块，另在圹内西端上层填土中，并排自然石灰岩石块2块，北侧的一块，规格为34×22×20厘米，南侧的一块略小。

因墓圹上部被破坏了一部分，故未见殉牲。

在圹底中间，按东西方向，安葬尸骨一具。保存状况较好，头骨及骨架主要部位，基本完整。头东足西，侧面向南，仰身直肢。经现场鉴定，死者为女性，30岁左右。骨骼从头到脚通长1.52米。

随葬品较少，集中陈放于死者头侧及上半身（图六一）。在头骨右后侧，出泥质红陶绳纹罐1件，已酥裂，罐内遗有约半罐炭化谷物。在左、右耳骨下面，各出螺旋形铜丝耳环1件，无绿松石坠珠伴出，覆面铜扣3枚，皆滑落于头骨右侧。石珠项链1串，由小白石珠521粒、小黑石珠1粒、白石管1枚，青玛瑙珠1颗，联合组成。在颈下，出服饰大铜扣1枚，表面粘有麻布痕迹。在右尺骨下面，出铜针1枚，针鼻已残。

YYM10

这是玉皇庙墓地属于乙（B）级规格中型墓葬之一。位于北Ⅰ区中部。其东南有YYM7和YYM8，间距分别为6.4和5.3米；南有YYM103，间距7.1米；其西2.5米，为一条自北而南的自然山水沟；西北有YYM11，间距3米；东北有YYM9，间距3.6米。此墓的地层堆积，基本上同于YYM18，不赘。

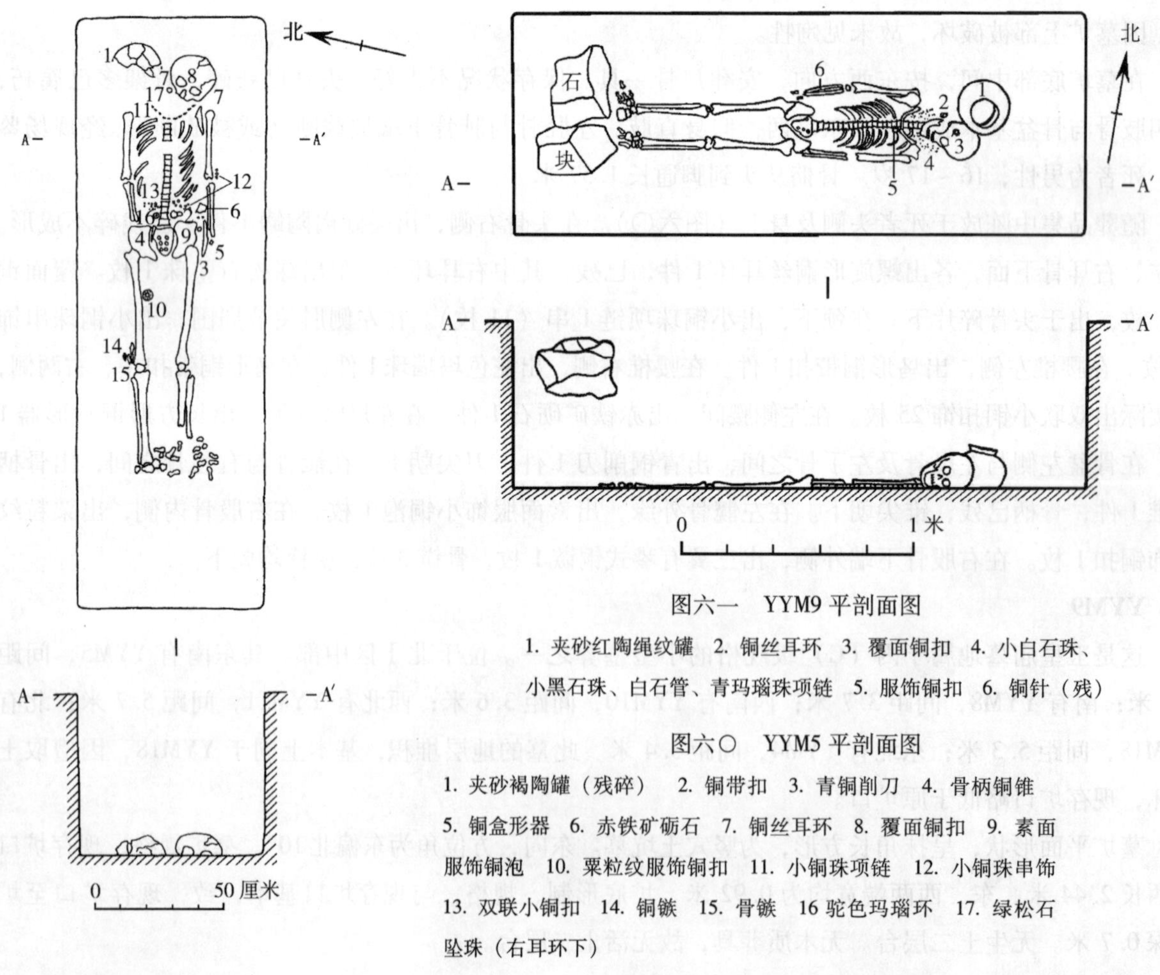

图六一 YYM9平剖面图

1. 夹砂红陶绳纹罐 2. 铜丝耳环 3. 覆面铜扣 4. 小白石珠、小黑石珠、白石管、青玛瑙珠项链 5. 服饰铜扣 6. 铜针（残）

图六〇 YYM5平剖面图

1. 夹砂褐陶罐（残碎） 2. 铜带扣 3. 青铜削刀 4. 骨柄铜锥 5. 铜盒形器 6. 赤铁矿砺石 7. 铜丝耳环 8. 覆面铜扣 9. 素面服饰铜泡 10. 粟粒纹服饰铜扣 11. 小铜珠项链 12. 小铜珠串饰 13. 双联小铜扣 14. 铜镞 15. 骨镞 16 驼色玛瑙环 17. 绿松石坠珠（右耳环下）

墓圹平面形状，略呈弧边抹角长方形，南、北两侧圹边，略外弧。为竖穴土坑墓。东向，方位角为东偏南3°。墓圹规格，圹口东西长2.52、东端宽0.96、西端宽0.8米，圹底东西长2.48、东端宽0.92、西端宽0.75米，圹口至圹底深1.66米。无生土二层台。在圹底中间略偏北侧位置，按东西方向，安置木椁一具。在木椁外壁四周至圹底部四壁之间，筑有活土二层台，台土经过严密夯打，较坚实，其中东端活土二层台较其他3面活土二层台都略高、略宽，其高度为0.58米，宽为42厘米；南、西、北3台等高，均为38厘米，宽度分别为27、34和16厘米（中段）。

圹内填土，为夹杂碎石颗粒的褐色五花土，经普遍夯实，但未有夯层与夯窝痕迹。在填土中，仅发现夹砂红陶碎片3块，另在南、北两侧活土二层台上，有零散的自然石灰岩石块数块，还有1块自然石灰岩石块陷落于木椁内、压在死者右胸部下方。

殉牲位置，祭牲摆放在圹内东端中间上层填土中，上距东端圹口10厘米深，下距圹底1.34米。殉

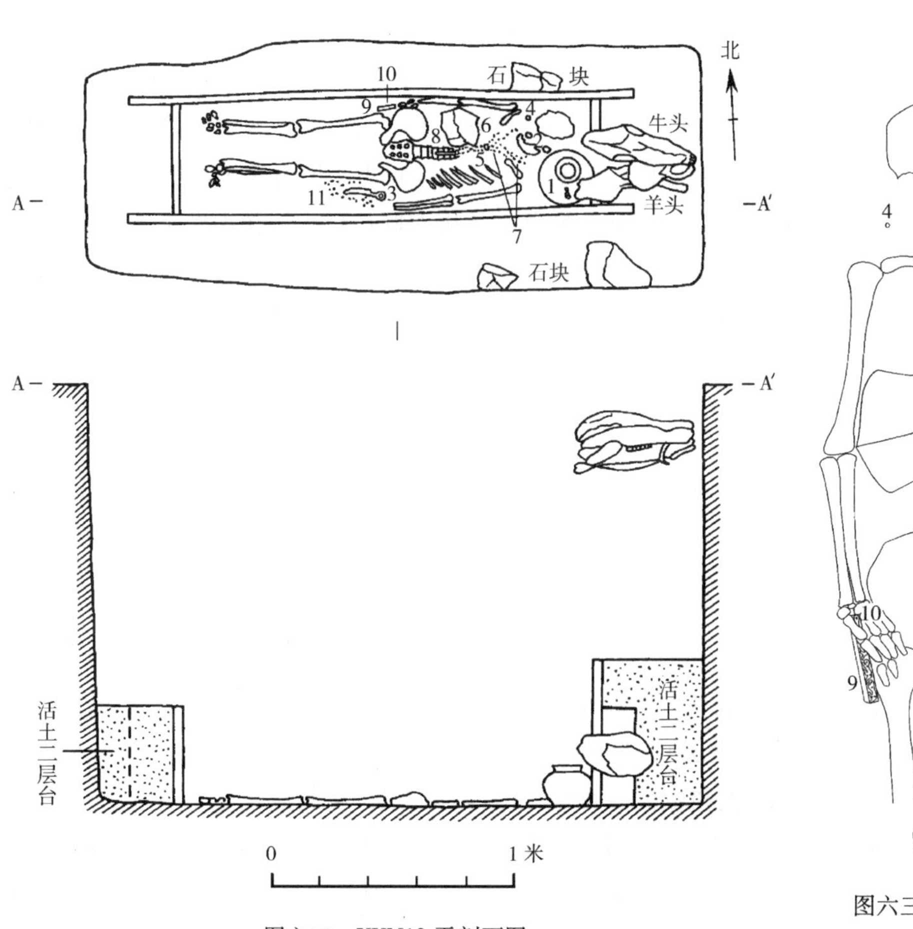

图六二　YYM10平剖面图

1. 夹砂红陶罐　2. 铜丝耳环　3. 青铜削刀　4. 覆面铜扣　5. 小黑石珠项链　6. 绿松石珠和小白珠项链　7. 双联小铜扣　8. 匕形铜坠饰　9. 长方形铜锥（针）管具　10. 铜锥（装于管具内）　11. 小白石串珠

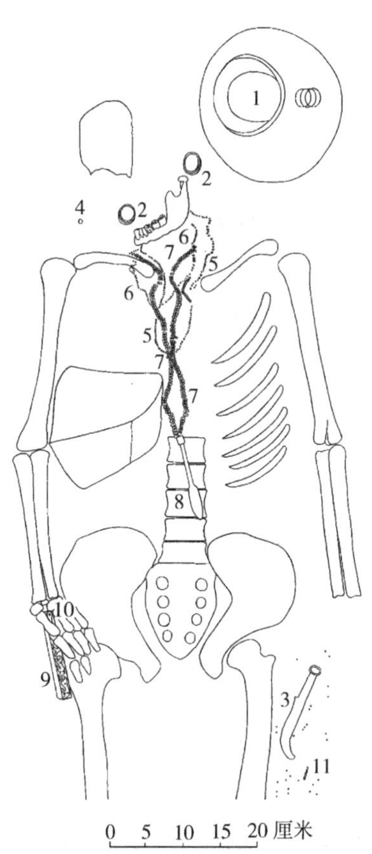

图六三　YYM10遗物分布图（局部）

1. 夹砂红陶罐　2. 铜丝耳环　3. 青铜削刀　4. 覆面铜扣　5. 小黑石珠项链　6. 绿松石珠和小白珠项链　7. 双联小铜扣　8. 匕形铜坠饰　9. 长方形铜锥（针）管具　10. 铜锥（装于管具内）　11. 小白石串珠

牲种类，为牛、羊2种家畜。殉牲数量，牛头1个，牛肱骨1只；羊头1个，羊肱骨1只。殉牲形式，先将牛肱骨1只和羊肱骨1只，按东西方向，顺置于圹内东端中间上层填土上，然后将上、下颌骨拆解开的牛头1个，叠置于牛、羊肱骨之上，使其吻部朝东；然后再将上、下颌骨拆解开的羊头1个，贴靠于牛头骨左侧，吻部亦朝东。

木椁已朽，板灰呈白色粉状，痕迹保存状况不好。盖板已无存，底板灰痕稀少，已难以判明其界限，南、北侧板与东、西堵板板灰痕迹，四至可辨。南、北侧板东西长2.07米，总高为38厘米，与南、北活土二层台台面平齐。东、西堵板，分别竖插于南、北侧板之间，立插部位，分别在南、北侧板东、西两端内缩14和17厘米处，总宽均为42厘米，东端堵板高为0.58米，与东端活土二层台台面平齐，西端堵板高38厘米，与西端活土二层台台面平齐。具体板块组成情况，已无从分辨。

木椁内装殓尸骨一具。保存状况不太好，头骨已残碎，骨架其他部分保存尚较好。头东足西，仰身直肢。经现场鉴定，死者为女性，22~24岁。骨骼从头到脚通长1.5米。

随葬品集中陈放于木椁内、死者身上及其近前（图六二）。在头骨左后侧，放置夹砂红陶罐1件，斜侧置，口朝西北。在左、右耳骨下面，各出螺旋形铜丝耳环1件，无绿松石坠珠伴出。覆面铜扣1枚，滑落于残碎头骨右下侧。在颈部，出黑、白石珠项链2串：（1）由小黑石珠524粒串成；（2）由小白石珠103粒和绿松石珠1枚，联合串成。在颈、胸部，还出双联珠形小铜扣项链1串，由155枚双联小铜扣排列组成，末端（胸部正下方）附出匕形铜坠饰1件，坠尖朝下。在右髋骨及右股骨上端外侧，右手骨之下，出长方形动物纹铜锥（针）管具1件，管内装有铜锥1件。在管具表面，遗有清晰的麻布痕迹。在左股骨外侧与左手骨之间，出青铜削刀1件，刀身已残断，刀尖朝下，周围还出有小白石珠108粒（图六三）。

二　春秋早中期墓葬（43座）

YYM248

这是玉皇庙墓地属于丙（C）级规格的小型墓葬之一。位于北Ⅱ区北部最北界，其东、西、西北、北及东北，已无墓葬。东南有YYM246，间距3.8米；南有YYM249，间距1.2米；西南有YYM278，间距2.8米。此墓的地层堆积，可作为北Ⅱ区北部北界和东北界一部分墓葬地层的代表。墓口以上的堆积，可分上、中、下3层，第1层（上层），为夹杂自然石块的深褐色山皮土层，厚20厘米；第2层（中层），为淤积夹砂石层，即夹略大和较大砂石颗粒的褐色土层，属此地晚期泥石流堆积层，厚1.8米；第3层（下层），亦为淤积夹砂石层，即夹中细砂石颗粒的褐色土层，属于这里早期泥石流堆积层，厚0.5米。揭掉这3层堆积物之后，始见墓圹圹口，圹口以下至圹底（甚至更深）的地层堆积，为单纯的黄土质砂质黏土层，这是属于更新世晚期形成的黄土堆积。

墓圹平面形状，呈抹角长方形，为竖穴土坑墓。东向，方位角为东偏北3°。墓圹规格，圹口东西长2.25、东端宽0.76、西端宽0.82米，圹底东西长2.2、东端宽0.74、西端宽0.78米，圹口至圹底深0.6米。圹内既无生土二层台，也无活土二层台。

无殉牲，也无任何葬具。

在圹底正中位置，葬尸骨一具，保存状况不太好，除头骨和四肢骨基本完整外，其他部位的骨骼，多已残缺。头东足西，仰身直肢，经现场鉴定，死者为女性，22~24岁。骨骼从头到脚通长1.5米。

随葬品很少，在圹内死者头骨右侧，放置夹砂灰陶罐1件，已酥碎不成形（图版一三，1）。在左、右耳骨下面，各出螺旋形铜丝耳环1件，无绿松石坠珠伴出。另在胸部，出薄壳小铜管饰1件，已残（图六四）。

YYM246

这是玉皇庙墓地属于丁级规格的小型墓葬之一。位于北Ⅱ区北部东北角边缘。其东、北与东北已无墓葬；东南有YYM243和YYM244，间距7.1和6米；南有YYM245，间距4.8米；西南有YYM279，间距7米；西有YYM249，间距3.5米；西北有YYM248，间距3.8米。此墓的地层堆积，基本上同于YYM248，不赘。

墓圹平面形状，呈抹角长方形，为浅穴土坑墓。东北向，方位角为东偏北30°。墓圹规格，圹口东北—西南长1.76、东北端宽0.6、西南端宽0.56米，圹底形制、规格与圹口一致，圹口至圹底深0.23米。无生土二层台。无木质葬具，无活土二层台。

圹内填土，为杂有少量褐色斑点的黄色五花土，未经夯实，土质较疏松。在填土中，未发现任何文化遗物。

无殉牲。

在圹底中间，按东北—西南方向，安葬尸骨一具。保存状况不好，骨质腐朽较严重，头骨仅余顶骨与枕骨，上、下颌骨已无存，脊椎骨、骨盆、上下肢骨等，均已残缺不全，手、足骨皆无。头向东北，面朝下，足向西南，俯身直肢。经现场鉴定，死者为男性，25~30岁（图六五）。

无任何随葬品。

YYM249

这是玉皇庙墓地属于丙（C）级规格的小型墓葬之一。位于北Ⅱ区北部，其东有YYM246，间距3.5米；东南有YYM245，间距6.1米；南有YYM279，间距5.5米；西南有YYM278，间距1.5米，北有YYM248，间距1.2米。此墓的地层堆积，基本上同于YYM248，不赘。

墓圹平面形状，呈抹角长方形，为竖穴土坑墓。西向，方位角为西偏北7°。墓圹规格，圹口东西长2、东端宽0.68、西端宽0.7米，圹底东西长1.94、东端宽0.65、西端宽0.67米，圹口至圹底深0.74米。无生土二层台。圹底无任何葬具，亦无活土二层台。

圹内填土，为杂有少量褐色斑点的黄色五花土，下半部未经夯打，较虚软，上半部略经夯打，较硬实一些，但未有夯层与夯窝痕迹。在填土中，仅发现夹砂粗红陶罐类残片2块，除此之外，再未见其他遗物。

无殉牲。

在圹底中间略偏南侧，葬尸骨一具，保存状况不太好，头骨已残，其他主要部位骨骼，基本完整。头西足东，仰身直肢，头前倾，面部偏向南侧，弓颈，胸椎弯曲，驼背。经现场鉴定，死者为女性，40~45岁。骨骼从头到脚通长1.52米（图版一三，2）。

随葬品较少。夹砂红陶罐1件，陈放于死者头骨左后侧圹底地面上，正置，已残。在左、右耳骨下面，共出大号螺旋形铜丝耳环8件，其中左耳环下附出白石管3枚，右耳环下附出白石管1枚。在下颌骨下面，压有服饰铜泡1枚。在颈部，出小白石珠项链1串，由190粒小白石珠串成（图六六）。

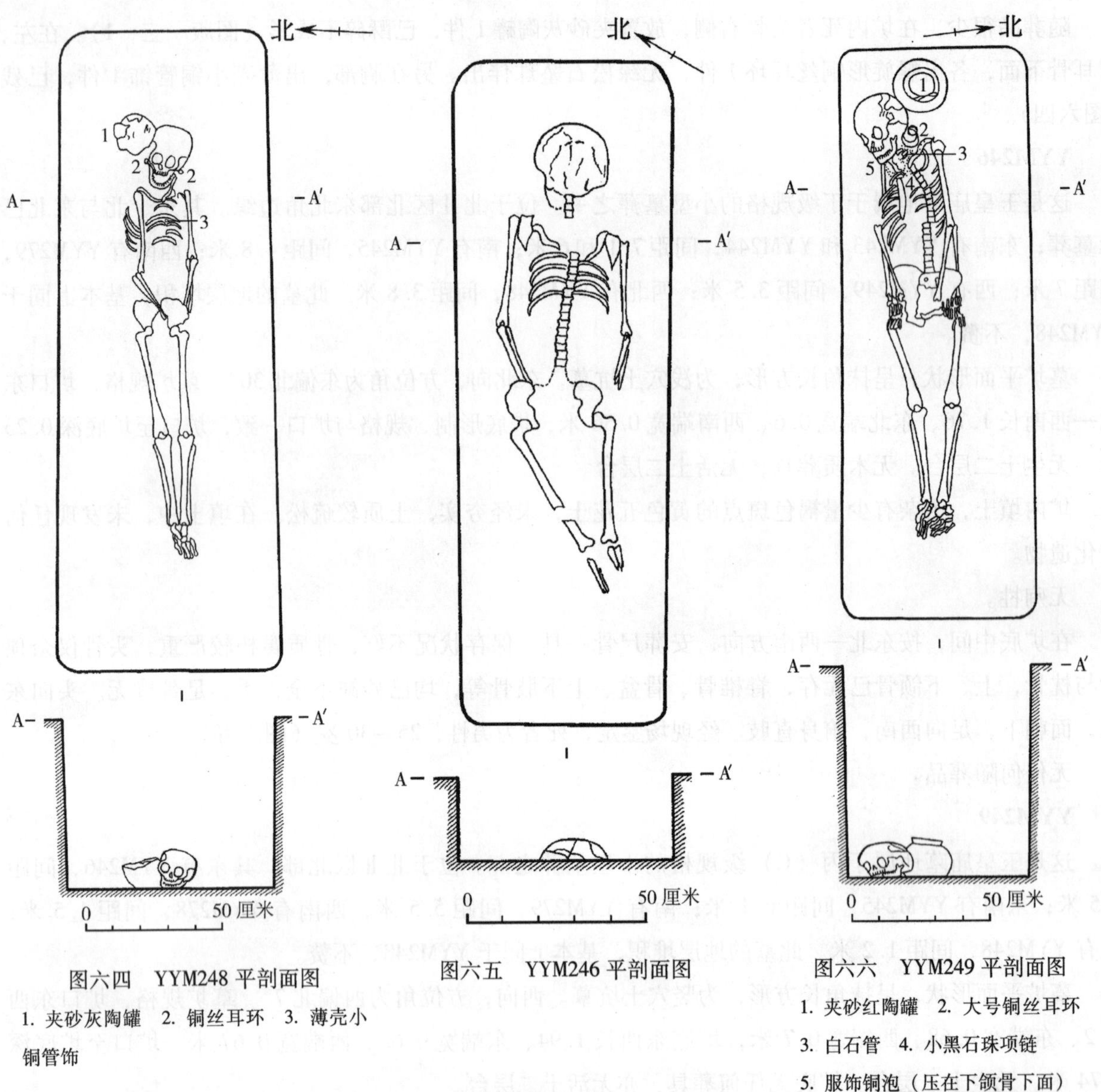

图六四 YYM248 平剖面图
1. 夹砂灰陶罐 2. 铜丝耳环 3. 薄壳小铜管饰

图六五 YYM246 平剖面图

图六六 YYM249 平剖面图
1. 夹砂红陶罐 2. 大号铜丝耳环 3. 白石管 4. 小黑石珠项链 5. 服饰铜泡（压在下颌骨下面）

YYM278

这是玉皇庙墓地属于丙（A）级规格的小型墓葬之一。位于北Ⅱ区北部。其东南为 YYM279，间距 4.6 米；南有 YYM280，间距 4.3 米；西南有 YYM281，间距 2.4 米；西、西北和正北，已无墓葬；东北有 YYM249 和 YYM248，间距分别为 1.5 和 2.8 米。此墓的地层堆积，基本上同于 YYM248，不赘。

墓圹平面形状，呈抹角长方形，为竖穴土坑墓。东向，方位角为东偏南 3°。墓圹规格，圹口东西长 2.45 米，东、西两端宽均为 0.82 米，圹底东西长 2.4、东端宽 0.76、西端宽 0.74 米，圹口至圹底深 1.22 米。无生土二层台。在圹底中间略偏东南—西北方向，安置木椁一具。在木椁外壁四周至圹底部四壁之间，筑有活土二层台，台土经过严密夯打，较坚实，东、南、西、北四台等高，均为 22 厘米，宽度不一，东台宽 38、南台宽 23、西台宽 10、北台宽 10 厘米（中段）。

圹内填土，为杂有少量褐色斑点的黄色五花土，经普遍夯实，但未有夯层与夯窝痕迹。在填土中，未发现任何文化遗物。

殉牲位置，祭牲集中摆放在圹内东端中间上层填土中，上距东端圹口5厘米深，下距圹底1.01米。殉牲种类，为牛、羊、狗3种家畜。殉牲数量，牛头1个，牛肱骨1只，羊头2个（山羊），羊肱骨2只，狗头2个，狗肱骨2只。殉牲形式，将羊、狗头上、下颌拆解开后（牛头未拆解），3种祭牲的布局为狗牲分居南、北两侧，牛、羊牲位于中间和西侧，作同层、相邻依次摆放。祭牲吻部的朝向，除位居北侧的1个狗上颌骨及1块狗下颌骨，吻部朝向西北，其另1块狗下颌骨吻部朝向东南以外，其余的牛、羊、狗牲的上、下颌骨的吻部，均朝东。肱骨均分别被叠压于同类头骨之下。

木椁已朽，板灰呈白色粉状，盖板无存，底板板灰大部残缺，四至不清楚，南、北侧板与东、西堵板灰痕轮廓，尚可分辨。南、北侧板东西顺长2.18米，总高22厘米，与四周活土二层台台面平齐，板灰厚2.5厘米。东、西堵板，分别竖插于南、北侧板之间，立插部位，分别在南、北侧板东、西两端内缩11和9厘米处，高度与南、北侧板一致，均为22厘米，总宽东端46、西端36、板灰厚3厘米。南、北侧板与东、西堵板的板块组成情况，已不能详。

木椁内装殓尸骨一具。保存状况不太好，头骨已残碎，其他主要部位骨骼，基本较完整。头东足西，侧面向北，仰身直肢。经现场鉴定，死者为男性，30～35岁。骨骼从头到脚通长1.64米（图版一三，3）。

随葬品较少，仅在木椁内、死者头骨右后侧、椁底东北角放置夹砂红陶罐1件，斜侧置，口朝东南。覆面铜扣3枚，出于左眼眶内1枚，滑落于下颌骨内（左侧）1枚，滑落于头骨右下方1枚。另在左、右耳骨之下，分别出绿松石坠珠26和38枚，但未发现铜丝耳环（图六七）。

YYM281

这是玉皇庙墓地属于丁级规格的小型墓葬之一。位于北Ⅱ区北部边缘，其东南为YYM279，间距4.8米；南有YYM280，间距1.6米；西南有YYM387，间距4米；东北有YYM278，间距2.4米；其北已无墓葬。此墓的地层堆积，基本上同于YYM248，不赘。

墓圹平面形状，基本上呈抹角长方形，为竖穴土坑墓。东向，方位角为东偏南15°。墓圹规格，圹口东西长2.1、东端宽0.68、西端宽0.62米，圹底形制、规格与圹口一致，圹口至圹底深24厘米。无生土二层台，也无活土二层台。

圹内填土，为杂有少量褐色斑点的黄色五花土，未经夯实，土质较疏松。填土较纯净，在填土中，仅发现夹砂褐陶罐残片2块，除此之外，再无任何遗物。

无殉牲，无葬具。

圹底顺置尸骨一具，保存状况不大好，头骨已扁碎，肋骨、脊椎骨，均无存，骨盆残缺不全，仅四肢骨较完整。头东足西，仰身直肢，经现场鉴定，死者为男性，14～15岁。骨骼从头到脚通长1.6米（图版一四，1）。

随葬品陈放于死者身上和近旁。在右胸部，放置夹砂红陶罐1件稍侧斜置。在头骨额部，出覆面铜扣3枚（图版一四，2）。在左、右耳骨下面，各出铜丝耳环1件。在颈部，出小白石珠210枚、白石管1枚。在左髋骨与左股骨外侧，出青铜短剑1件；短剑之下，压有青铜削刀1件，剑锋和刀锋均朝上。在铜刀之下，出辐射纹服饰铜泡1枚，在骨盆上出素面服饰铜泡1枚。铜箍形串珠17枚，在左股骨外侧、短剑剑格和剑柄之下及周围，出7枚；在左髋骨上面和右股骨内侧分别出4枚和6枚。在左、右股骨之间，出铜锥1件，锥尖朝下（图六八；彩版一五，1；图版一四，3）。

YYM242

这是玉皇庙墓地属于丁级规格的小型墓葬之一。位于北Ⅱ区北部东北角边缘。其东、东南与正南已无墓葬；西南有YYM232，间距8米；西有YYM243，间距1米；西北有YYM246，间距8.8米；北和东北已无墓葬。此墓的地层堆积，基本上同于YYM248，不赘。

墓圹平面形状，呈抹角长方形，为浅穴土坑墓。东北向，方位角为北偏东34°。墓圹规格较短小，圹口东北—西南长1.24、西南端宽0.55、东北端宽0.5米，圹底形制、规格与圹口一致，圹口至圹底深20厘米。无生土二层台。无木质葬具，无活土二层台。

圹内填土，为杂有少量褐色斑点的黄色五花土，未经夯实，土质较疏松。在填土中，未见任何文化遗物。

无殉牲。

在圹底中间，略偏东北—西南方向，安葬尸骨一具。保存状况不好，头骨已残碎，脊椎骨、上下肢骨已残缺不全，骨盆、手足骨等已腐朽无存。头朝东北，足向西南，侧面向东，仰身直肢。经现场鉴定，死者为少年，10~11岁（图六九）。

无任何随葬品。

YYM243

这是玉皇庙墓地属于丁级规格的小型墓葬之一。位于北Ⅱ区北部。其东有YYM242，间距1米；东南与正南已无墓葬；西南有YYM232，间距6.4米；西有YYM244，间距1米；西北有YYM246，间距7.1米；北与东北已无墓葬。此墓的地层堆积，基本上同于YYM248，不赘。

墓圹平面形状，呈抹角长方形，为浅穴土坑墓。北向，方位角为北偏东6°。墓圹规格，圹口南北长2.05、南端宽0.5、北端宽0.52米，圹底形制、规格与圹口一致，圹口至圹底深0.37米。无生土二层台。无木质葬具，无活土二层台。在圹底北端及西北角，有体积较小的自然石灰岩石块3块。

圹内填土，为杂有少量褐色斑点的黄色五花土，未经夯实，土质较疏松。在填土中，未见任何遗物。

无殉牲。

在圹底中间位置，按北南方向，安葬尸骨一具。保存状况较好，头骨与其他主要部位骨骼，基本较完整。头北足南，侧面向西，仰身直肢。经现场鉴定，死者为男性，35岁左右。骨骼从头到脚通长1.67米（图七〇）。

无任何随葬品。

YYM244

这是玉皇庙墓地属于丙（B）级规格的小型墓葬之一。位于北Ⅱ区北部。其东YYM243，间距1米；东南与正南已无墓葬；西南有YYM232，间距5.2米；西有YYM245，间距1.6米；西北有YYM246，间距6米，北与东北已无墓葬。此墓的地层堆积，基本上同于YYM248，

不赘。

墓圹平面形状，呈抹角长方形，南端较北端略宽，为竖穴土坑墓。北向，方位角为北偏西5°。墓圹规格，圹口南北长2、南端宽0.82、北端宽0.72米，圹底南北长1.93、南端宽0.77、北端宽0.68米，圹口至圹底深0.82米。无生土二层台。在圹底中间偏西北—东南方向，安置木质葬具一具。在木

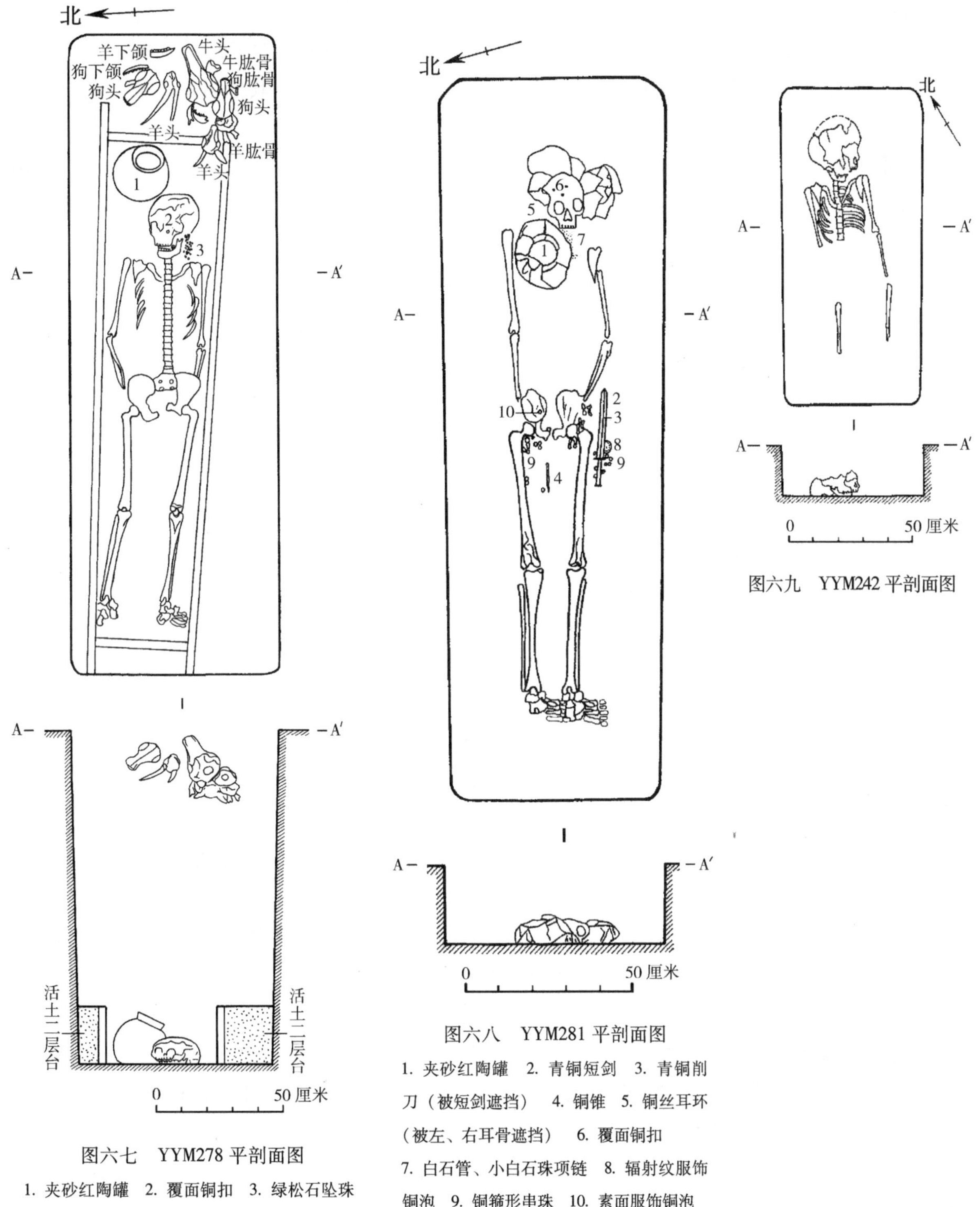

图六七　YYM278 平剖面图

1. 夹砂红陶罐　2. 覆面铜扣　3. 绿松石坠珠

图六八　YYM281 平剖面图

1. 夹砂红陶罐　2. 青铜短剑　3. 青铜削刀（被短剑遮挡）　4. 铜锥　5. 铜丝耳环（被左、右耳骨遮挡）　6. 覆面铜扣　7. 白石管、小白石珠项链　8. 辐射纹服饰铜泡　9. 铜箍形串珠　10. 素面服饰铜泡

图六九　YYM242 平剖面图

质葬具四周至圹底部四壁之间，筑有活土二层台，台土经过严密夯打，较坚实，东、南、西、北四台等高，均为20厘米，宽度不一，东台宽12、南台宽26、西台宽23、北台宽12厘米（中段）。

圹内填土，为杂有少量褐色斑点的黄色五花土，经普遍夯实，但未有夯层与夯窝痕迹。在填土中，未发现任何文化遗物。

无殉牲。

木质葬具已腐朽为泥，根据圹底土质软硬的差别，可确定此墓葬具的四至轮廓，南北长1.58、东端宽0.35、西端宽0.36米，总高20厘米，与四周活土二层台台面平齐。其他相关结构情况，已无从考察。

木质葬具内，装殓尸骨一具。保存状况较好，头骨及其他主要部位骨骼，基本完整。头北足南，侧面向西，仰身直肢。经现场鉴定，死者为男性，40~45岁。骨骼从头到脚通长1.52米（图七一；图版一五，2）。

无任何随葬品。

YYM245

这是玉皇庙墓地属于丙（A）级规格小型墓葬之一。位于北Ⅱ区北部。其东有YYM244，间距1.6米；南有YYM232，间距5.4米；西南有YYM233和YYM279，间距分别为2.9和4米；西北有YYM249，间距6.1米；北有YYM246，间距4.8米。此墓的地层堆积基本上同于YYM248，不赘。

墓圹平面形状，呈抹角弧边长方形，南、北两侧边皆略向北侧弧曲，为竖穴土坑墓。东向，方位角为东偏南2°。墓圹规格，圹口东西长2.6、东端宽0.84、西端宽0.83米，圹底东西长2.55、东端宽0.8、西端宽0.79米，圹口至圹底深1米。无生土二层台。在圹底北侧，略偏东南—西北方向，安置木椁一具。在木椁外壁四周至圹底部四壁之间，筑有活土二层台，台土经过严密夯打，较坚实，东、南、西、北四台等高，均为23厘米，宽度不一，东台宽48、南台宽32、西台宽25、北台宽17厘米（中段）。

圹内填土，为杂有少量褐色斑点的黄色五花土，经普遍夯实，但未有夯层与夯窝痕迹。在填土中，仅发现夹砂粗红陶残片2块，除此之外，再未见其他遗物。

殉牲位置，祭牲集中摆放在圹内东端略偏北侧的上层填土中，上距东端圹口6厘米深，下距圹底1.08米。殉牲种类仅有狗1种。数量，狗头3个，狗肱骨2只。殉牲形式，将狗头上、下颌拆解开后，按东西方向，分上、下两层摆放。即先将狗下颌骨1副，摆放到圹内东端略偏北侧的上层填土上，使其吻部朝东，上距东端圹口24厘米深，下距圹底1.08米；待其上面再填实8厘米厚的填土之后，再接着摆放狗上颌骨3个，狗下颌骨2副及狗肱骨2只，狗肱骨在下，上、下颌骨叠置其上，吻部亦皆朝东。

木椁已朽，盖板无存，底板灰痕模糊不清，南、北侧板与东、西堵板灰痕轮廓尚可分辨。板灰呈浅黑色，南、北侧板东西顺长2.09米，总高23厘米，与活土二层台台面平齐，板灰厚2~3厘米。东、西堵板分别竖插于南、北侧板之间，立插部位分别在南、北侧板东、西两端内缩16和10厘米处，总高与南、北侧板一致，均为23厘米，总宽东端34、西端30、板灰厚2.5厘米。南、北侧板与东、西堵板的板块组成情况，已不能详。

木椁内装殓尸骨一具。保存状况较好，头骨及主要部位骨骼基本完整。头东足西，仰身直肢，经现场鉴定，死者为女性，50~55岁。骨骼从头到脚通长1.5米（图七二）。

随葬品很少，仅在木椁内、死者头骨右后侧放置夹砂红褐陶罐1件，斜侧置，口朝东，口沿已残。除此之外，再未有其他任何遗物。

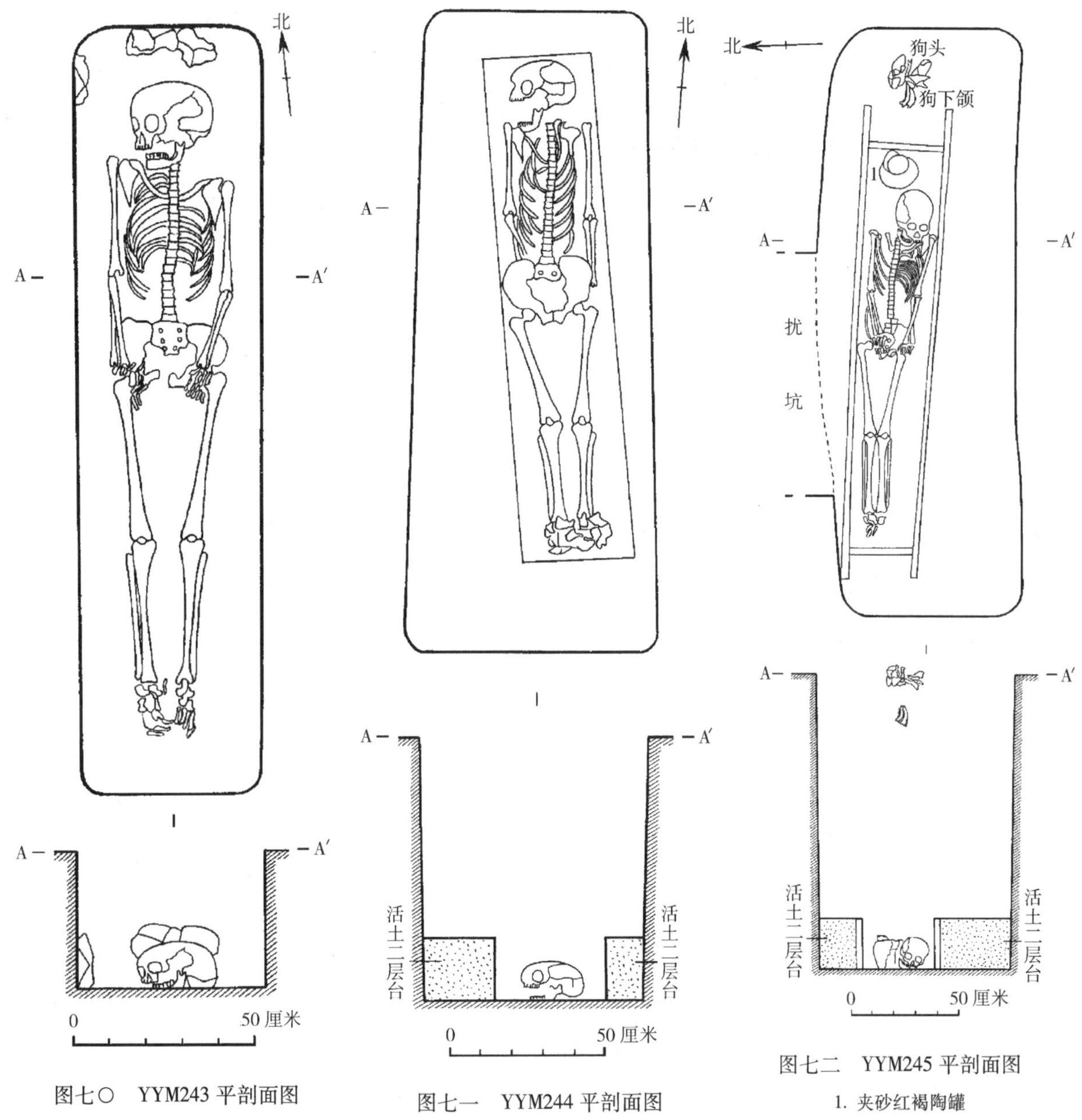

图七〇　YYM243 平剖面图

图七一　YYM244 平剖面图

图七二　YYM245 平剖面图

1. 夹砂红褐陶罐

YYM279

这是玉皇庙墓地属于乙（B）级规格的中型墓葬之一。位于北Ⅱ区北部。其东有 YYM244，间距 8.4 米；东南有 YYM233，间距 1.65 米；西南有 YYM230，间距 2.9 米；西有 YYM280，间距 2.3 米；西北有 YYM281 和 YYM278，间距分别为 4.8 和 4.7 米；北有 YYM249，间距 5.4 米；东北有 YYM245 和 YYM246，间距分别为 4 和 7 米。此墓的地层堆积，大体上同于 YYM250，不赘。

墓圹平面形状，基本上呈抹角长方形，为竖穴土坑墓。东向，方位角为东偏南 5°。墓圹规格，圹口东西长 2.55、东端宽 0.85、西端宽 0.92 米，圹壁平整、笔直，圹底形制、规格与圹口一致，圹口至圹底深 1.6 米。无生土二层台。在圹底中间偏北方位，按东西方向，安置木椁一具。在木椁四壁的外侧至圹底部四壁之间，筑有活土二层台，台土经过严密夯打，较坚实。东、南、西、北四周活土二层台等高，均为30厘米，宽度不一，东台宽42、南台宽32、西台宽43、北台宽8厘米。

圹内填土，为夹杂有少量褐色斑点的黄色五花土，经普遍夯实，但未有夯层与夯窝痕迹。填土较纯净，在填土中，仅发现1小块夹砂红褐陶残片和2块羊肩胛骨碎片，还有自然石块2块。

殉牲位置，祭牲集中摆放在圹内东端中间上层填土中，上距东端圹口35厘米深，下距圹底0.85米（图版一五，1）。殉牲种类，为牛、羊、狗三种家畜。殉牲数量，牛头1个，牛肱骨1只，羊头（绵羊）2个，羊肱骨1只，狗头5个，狗肱骨2只。殉牲形式，牛头完整保留，将狗和羊的上、下颌拆解开后，再与牛牲作同层错位插放。即先将拆解开的狗和羊的上、下颌骨与肱骨，按东西方向，摆到圹内东端上层填土上，肱骨在下，头骨在上，狗头在前，羊头居后，吻部朝东，码成一堆；然后在其西侧，亦按东西方向，顺摆牛肱骨1只，再将牛头1个，吻部朝东叠置于牛肱骨之上。

木椁已朽，盖板无存，底板痕迹不大清楚，只有侧板和堵板板灰痕迹尚可辨察。板灰呈白色粉状，南、北侧板东西顺长1.99米，总高30厘米，与南、北活土二层台台面平齐，板块组成不详，板灰厚3厘米。东、西两端堵板，分别竖插于南、北侧板之间，立插部位，分别在南、北侧板东、西两端内缩15和13厘米处；高度东、西不同，西端堵板高与南、北侧板一致，为30厘米，东端堵板高于侧板及活土二层台，高为0.5米；总宽东端41、西端36厘米，分别由3块竖板组成，每块板宽12～14厘米不等，板灰厚3厘米。

木椁内装殓尸骨一具。保存状况较好，除头骨被压碎、肋骨不存之外，其他部位骨骼基本完整。头东足西，仰身直肢。经现场鉴定，死者为女性，30岁左右。骨骼从头到脚通长1.55米。

随葬品集中陈放于木椁内、死者身上及其近前（图七三）。在颈部左侧、左肩部位，放置夹砂红陶罐1件，正置。在左、右耳骨下面，各出螺旋形铜丝耳环1件，在左耳环附近，出绿松石坠珠7枚。在颈部至胸部，出双联铜珠项链1串（82枚），末端附带匕形铜坠饰1件，坠尖朝斜下方。在这一部位，还伴出小黑石坠珠项链1串（187枚）。在右股骨外侧，出铜针1枚，针尖朝下，其周围有白石管4枚。

YYM280

这是玉皇庙墓地属于乙（A）级规格的中型墓葬之一。位于北Ⅱ区北部，其东有YYM279，间距2.3米；南有YYM230，间距2.4米；西南有YYM282，间距2.7米；西有YYM387，间距3.3米；北有YYM281，间距1.6米；东北有YYM278，间距4.4米。此墓的地层堆积，大体上同与YYM250，不赘。

墓圹平面形状，基本上呈长椭形，为竖穴土坑墓。东向，方位角为东偏南5°。墓圹规格，圹口东西长3.04、东端宽0.85、西端宽1米，圹壁平整、笔直，圹底形制、规格与圹口一致，圹口至圹底深1.7米。南、北、西三壁未留生土二层台，唯东壁偏上部位留一道生土二层台，台面距东端圹口深0.43、台宽0.27、台高1.27米，台壁笔直下切直达圹底，台上未陈祭牲，也未放任何物品。看来此台只是为了埋葬之需而留出的一个“工作台”。在圹底正中位置，按东西方向，顺置木椁一具。在木椁四壁的外侧至圹底部四壁之间，筑有活土二层台，台土经过严密夯打，较坚实。东、南、西、北四周活土二层台等高，均为40厘米，宽度不一，东台宽49、南台宽35（中段）、西台宽53、北台宽30厘米（中段）。

圹内填土，为杂有少量褐色斑点的黄色五花土，经普遍夯实，但未遗有夯层与夯窝痕迹。填土较纯净，在填土中，仅发现夹砂红褐陶器口沿残片1块。器底残片2块，还有狗下颌骨残件1块，除此之外，再未见其他遗物。

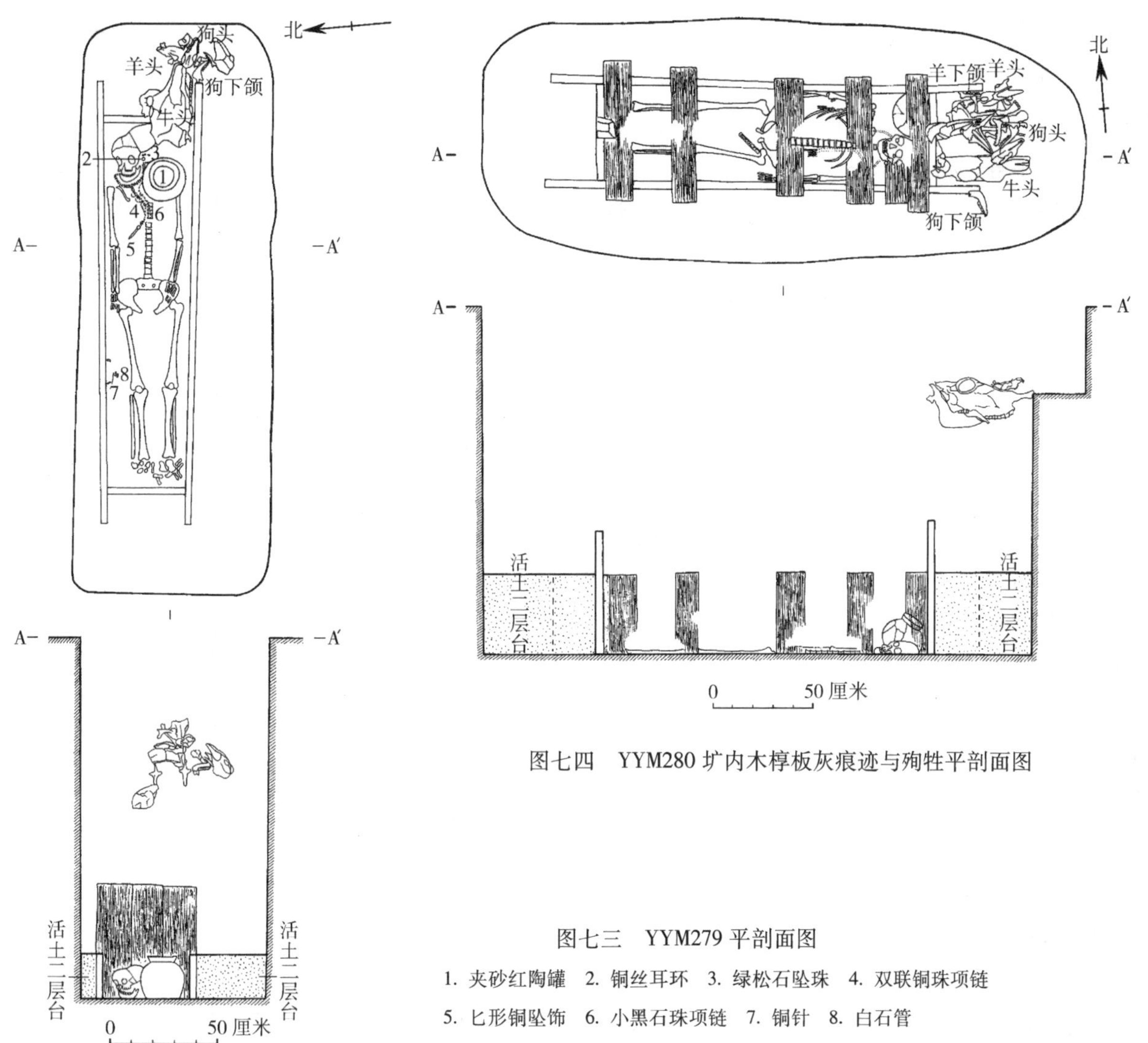

图七四　YYM280圹内木椁板灰痕迹与殉牲平剖面图

图七三　YYM279平剖面图

1. 夹砂红陶罐　2. 铜丝耳环　3. 绿松石坠珠　4. 双联铜珠项链　5. 匕形铜坠饰　6. 小黑石珠项链　7. 铜针　8. 白石管

殉牲位置，祭牲集中摆放在圹内东端中间上层填土中，上距东端圹口35厘米深，下距圹底1.1米。殉牲种类，为牛、羊、狗三种家畜。殉牲数量，牛头1个，牛肱骨1只，羊头（绵羊）3个，羊肱骨3只，狗头8个，狗肱骨8只。殉牲形式，将牛、狗和羊的上、下颌均拆解开后，作同层相邻插放（彩版七，1；图版一五，3）。即先将拆解开的狗和羊的上、下颌骨与肱骨，按东西方向，摆放到圹内东端中间略偏北侧的上层填土上，肱骨在下，头骨在上，狗头在前，羊头居后，大多吻部朝东（仅有个别扭向者），插成一堆；然后在其南侧，亦按东西方向，先顺摆牛肱骨1只，然后再将牛头1个，吻部朝东叠置于牛肱骨之上（图七四）。

木椁已朽，底板板灰保存不好，界限不大清楚，盖板、侧板和东、西堵板，板灰痕迹比较清晰（彩版七，3；图版一六，1）。板灰呈白色粉状，盖板横向覆盖于南、北侧板之上，两端贴附于南、北活土二层台台面上一截，自东而西残存6块，板长68、板宽11～15厘米不等。南、北侧板东西顺长2.16米，总高40厘米，与南、北活土二层台台面平齐，板块组成情况已难辨识，板灰厚3～3.5厘米。东、西两端堵板，分别竖插于南、北侧板之间，立插部位，均在侧板东、西两端内缩23厘米处；高度均高于南、北侧板及活土二层台台面，其中东端堵板又较西端堵板稍高，东端高为65、西端高为60厘米；总宽东端46、西端45厘米，各有3块竖板组成，每块板宽4~17厘米不等，板灰厚3~3.5厘米（图七四）。

木椁内装殓尸骨一具。保存状况较好，头骨及骨架主要部分基本完整。头东足西，仰身直肢，经现场鉴定，死者为女性，56岁左右。骨骼从头到脚通长1.54米。

随葬品集中陈放于木椁内、死者身上及其近前（图七五）。在头骨右侧、椁底东北角，放置夹砂红陶罐1件，斜侧置，已碎裂。在左、右耳骨下面，各出螺旋形铜丝耳环1件。在面部左、右眼眶下缘，各出覆面铜扣1枚（彩版七，2；图版一六，2）。在颈部至胸部，出不同质料的项链2串，其一为铜珠项链，由12枚粟粒形小铜珠、192枚双联小铜扣、4枚联珠棍形铜坠饰以及1件匕形铜坠饰组成；其二为石珠项链，由5枚玛瑙珠、11枚绿松石珠以及215枚小黑石珠组成。在右肱骨下端内外侧，出白石管3枚。在右尺骨内侧，出联珠棍形铜坠饰3枚。在左肱骨下端外侧，出铜锥1件，锥尖朝下。在左髋骨上缘至左手指骨之间，出青铜削刀1件。在左股骨内侧，出长方形铜锥（针）管具1件。

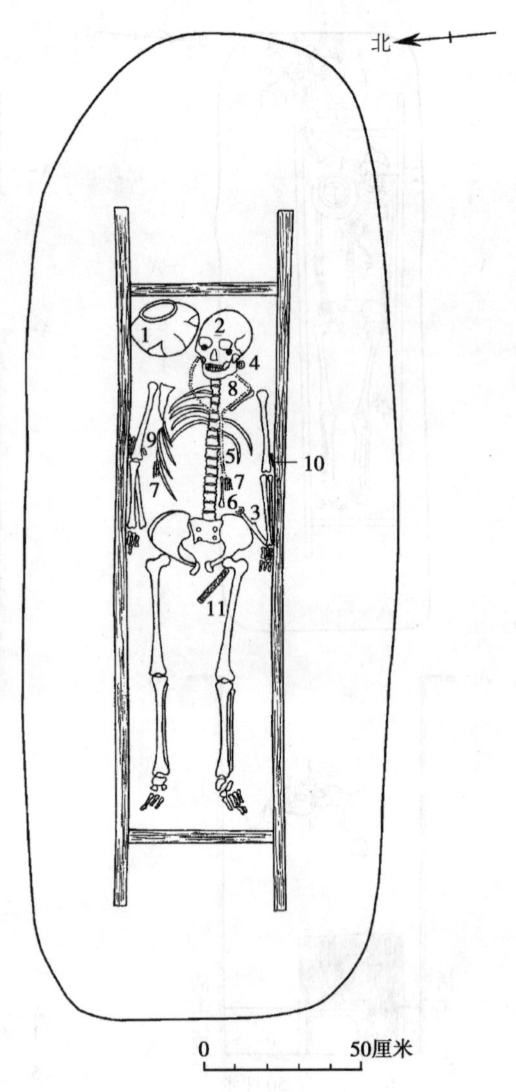

图七五　YYM280平面图

1. 夹砂红陶罐 2. 覆面铜扣 3. 青铜削刀 4. 铜丝耳环 5. 铜珠项链 6. 匕形铜坠饰 7. 联珠棍形铜坠饰 8. 石珠项链 9. 白石管 10. 铜锥 11. 长方形铜锥（针）管具

YYM387

这是玉皇庙墓地属于丁级规格的小型墓葬之一。位于北Ⅱ区北部。其南有YYM282，间距0.3米；西南有YYM277和YYM284，间距分别为5和6.5米；西北有YYM283，间距1.1米；东北有YYM280，间距3.3米。此墓的地层堆积，基本上同于YYM250，不赘。

墓圹平面形状，呈抹角长方形，为浅穴土坑墓。东向，方位角为东偏南5°。墓圹规格，圹口东西长2.2、东端宽0.73、西端宽0.8米，圹底东西长2.15、东端宽0.7、西端宽0.75米，圹口至圹底深0.4米。无生土二层台。在圹底中间略偏南侧位置，安置木质葬具一具。在木质葬具四周至圹底部四壁之间，筑有活土二层台，台土经过夯打，较坚实，东、南、西、北四台等高，均为18厘米，宽度不一，东台宽13、南台宽9、西台宽28、北台宽22厘米（中段）。

圹内填土为夹杂少量褐色斑点的黄色五花土，未经夯实，土质较疏松。在填土中，仅发现夹砂红陶罐腹部残片1块，另有少许炭渣，除此之外再未见其他遗物。

无殉牲。

木质葬具已腐朽为泥，凭对圹底活土二层台周围土质软硬差别的经验，可找出木质葬具的四至界限。此葬具东西顺长1.75米，东端堵板宽43、西端堵板宽32、总高18厘米，与四周活土二层台台面平齐。其他相关结构情况，已无从辨察。

在木质葬具内装殓尸骨一具。保存状况不太好，头骨已残碎，骨盆残缺不全，其他主要部位骨骼，基本完整。死者头东足西，仰身直肢，侧面向左。经现场鉴定死者为女性，40岁左右。骨骼从头到脚通长1.5米。

随葬品很少，无陶器，仅在死者头部出覆面铜扣1枚，已滑落于下颌骨下颏边缘。在颈部出白石管1枚，玛瑙珠1颗（图七六）。除此之外，再未有其他遗物。

YYM283

这是玉皇庙墓地属于丁级规格的小型墓葬之一。位于北Ⅱ区北部边缘。其东南有YYM387，间距1.1米；南有YYM277，间距6.3米；西南有YYM284，间距5.2米；西、西北和正北已无墓葬；东北有YYM281，间距4.8米。此墓的地层堆积，基本上同于YYM250，不赘。

墓圹平面形状，呈抹角长方形，为浅穴土坑墓。正东向，方位角为90°。墓圹规格，圹口东西长2.2、东端宽0.78、西端宽0.74米，圹底形制、规格与圹口一致，圹口至圹底深0.3米。无生土二层台。无木质葬具，无活土二层台。此墓被扰乱，圹底死者头骨及部分遗物，已脱离原位。

圹内填土为较纯净的黄褐色五花土，未经夯实，土质较疏松。在填土中未发现任何文化遗物。

无殉牲。

在圹底中间稍偏东南—西北方向，安葬尸骨一具。保存状况不好。头骨已残碎不全，位置已被扰动，身、首异处，头骨碎片及覆面铜扣、铜丝耳环等随葬品，已脱离人骨架，向东移动了约20厘米。骨架的各部位骨骼基本完整。头东足西，俯身直肢（图版一六，3）。经现场鉴定，死者为女性，30岁左右。骨骼从肩部至足骨通长1.32米。

随葬品较少，集中陈放于死者头部及腰间（图七七）。在破碎头骨附近，东南与西北两侧各出覆面铜扣1枚。在残碎头骨的下方，出螺旋形铜丝耳环1件，已残。在右尺骨内侧，出铜锥1件，锥尖朝右侧斜下方。铜锥附近出“人”字形铜坠饰1枚。在左尺骨内侧，出青铜削刀1件，刀锋朝下。在腰椎骨表面，出小白石珠1枚。

YYM285

这是玉皇庙墓地属于丁级规格的小型墓葬之一。位于北Ⅱ区北部边缘。其东南有YYM284，间距1.8米；西南有YYM97，间距7.7米；西、西北与正北已无墓葬；东北有YYM283，间距7.4米。此墓的地层堆积，基本上同于YYM250，不赘。

墓圹平面形状，呈抹角长方形，为浅穴土坑墓。东向，方位角为东偏南3°。墓圹规格很小，圹口东西长1.1、东端宽0.42、西端宽0.36米，圹底形制、规格与圹口一致，圹口至圹底深0.2米。无生土二层台。无木质葬具，无活土二层台。

圹内填土，为较纯净的黄褐色五花土，未经夯实，土质较疏松。在填土中，未发现任何文化遗物。

无殉牲。

在圹底中间，偏东南—西北方向，安葬尸骨一具。保存状况不好。整个人骨架腐朽残碎严重，头骨仅存头盖骨一小部分，脊椎骨、上肢骨、手骨、肋骨、锁骨以及胫、腓骨和足骨等，均已无存，骨盆仅余2块碎片，左、右股骨已残断。从骨骼分布状况看，死者头东足西，下肢伸直，但其为仰身还是俯身不能判定。经现场鉴定，死者为女性，成年。骨骼从头盖骨到残断股骨通长0.72米。从该墓墓圹甚为短小，人骨残碎、零乱，各部分的距离不合成人人体比例关系，尤其是股骨下端所留空间不足以容下胫骨与足骨的情况判断，此墓死者，可能属拣骨二次葬。

随葬品较零乱，出土部位皆非正常人体原位，只是象征性地陈放于想象中的人体部位而已，有的饰珠和小铜珠离人体较远，或又经扰动（图七八）。在头盖骨东侧，靠近东端圹底处，出绿松石珠4枚，双联小铜扣3枚。在头盖骨的东北侧8厘米处，出蚌珠1枚。在头骨“面部”和“颈、胸部”，出双联小铜扣19枚，匕形铜坠饰1件，坠尖朝左侧斜下方。在“左侧腰间”，出青铜削刀1件，刀锋朝左侧斜下方；还有联珠棍形铜坠饰6枚。在“右侧腹部”，出联珠棍形铜坠饰5枚（图版一七，2）。

YYM37

这是玉皇庙墓地属于丙（C）级规格的小型墓葬之一。位于北Ⅱ区北部。其东南有YYM97和YYM285，间距分别为7.3和5.4米；西南有YYM98和YYM99，间距分别为8和6.5米；其北已无墓葬。此墓的地层堆积，基本上同于YYM250，不赘。

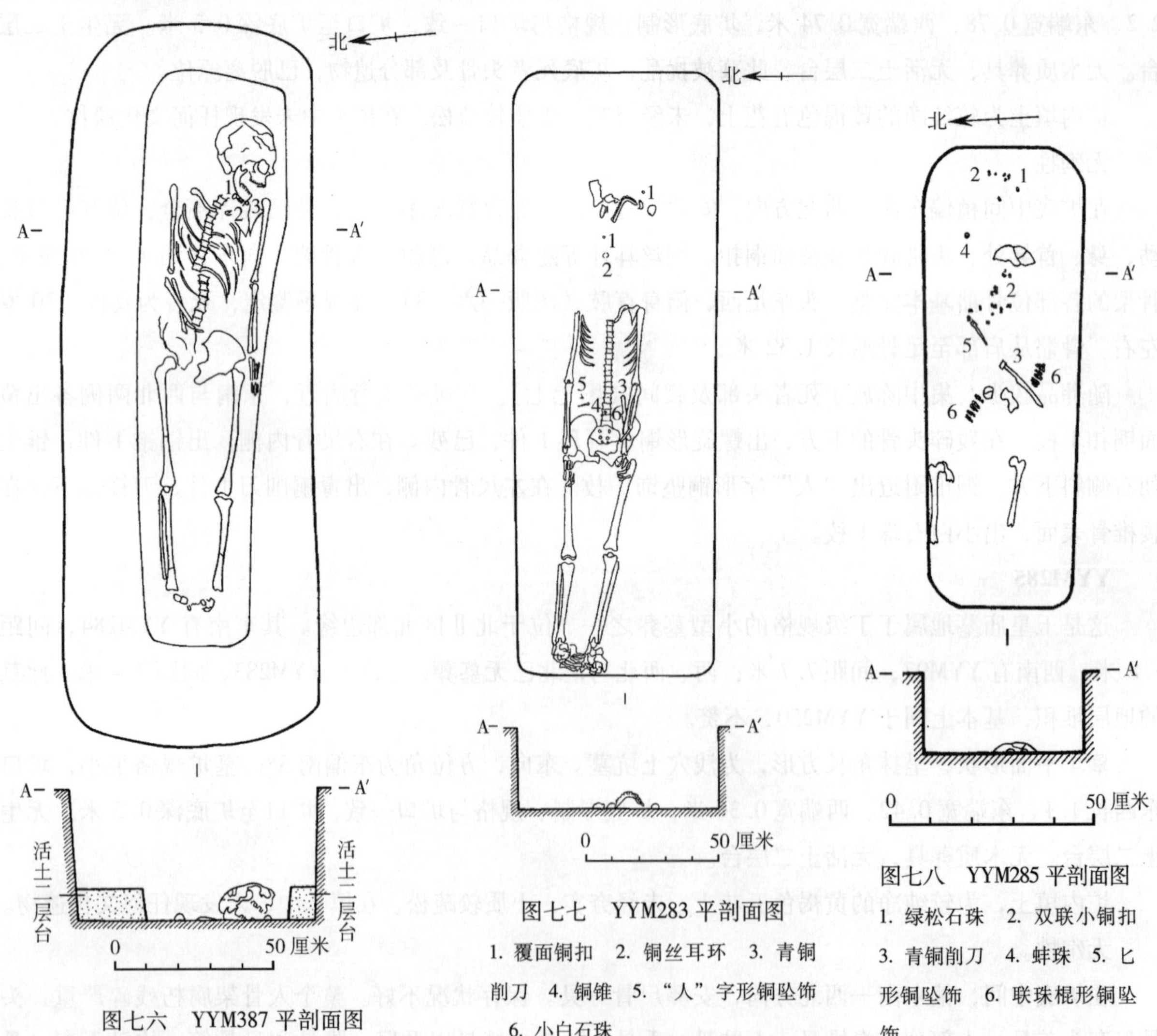

图七六　YYM387平剖面图
1. 玛瑙珠　2. 白石管　3. 覆面铜扣

图七七　YYM283平剖面图
1. 覆面铜扣　2. 铜丝耳环　3. 青铜削刀　4. 铜锥　5. “人”字形铜坠饰　6. 小白石珠

图七八　YYM285平剖面图
1. 绿松石珠　2. 双联小铜扣　3. 青铜削刀　4. 蚌珠　5. 匕形铜坠饰　6. 联珠棍形铜坠饰

墓圹平面形状，呈抹角长方形，为竖穴土坑墓。东向，方位角为东偏南3°。墓圹西半部被一座近代墓破坏，仅存东半部。残存圹口东西长1.28、东端宽0.8米，圹底形制、规格与圹口一致，圹口至圹底深0.7米。无生土二层台。在圹底中间按东西方向安置木质葬具一具。在木质葬具四周至圹底四壁之间，筑有活土二层台，台土经夯实，现存东、南、北3台等高，均为39厘米，宽度不一，东台宽10、南台宽11、北台宽16厘米。

圹内填土为杂有褐色斑点的深黄色五花土，经普遍夯实，但未有夯层与夯窝痕迹。在填土中，未发现任何文化遗物。

无殉牲。

木质葬具已朽，板灰呈白色粉状，盖板无存，底板灰痕模糊不清，唯南、北侧板与东、西堵板灰痕界限尚可辨识。南、北侧板东西残长1.18、东端堵板宽0.54米，侧板与东端堵板高度相等，均为39厘米，与周围活土二层台台面平齐。

木质葬具内装殓尸骨一具，仅残存骨盆以上部分，自股骨以下无存。头骨已残碎。头东足西，侧面朝西北，仰身直肢。经现场鉴定死者为女性，50～55岁。

随葬品陈放于木质葬具内、死者头侧及上半身（图七九）。在头骨左后侧，放置夹砂红陶罐1件，正置，已残碎。在左、右耳骨下面，各出螺旋形铜丝耳环1件，无绿松石坠珠伴出。覆面铜扣3枚，出于左、右颧骨部位各1枚，下颌骨下1枚。在颈部，出石珠项链1串，由绿松珠2枚、白石管5枚、小白石珠48粒和小黑石珠36粒联合组成。在颈部至胸、腹部，出小铜扣项链1串，由56枚小铜扣组成，末端（右侧腹部）附出匕形铜坠饰1件，坠尖朝下（图八〇）。

YYM98

这是玉皇庙墓地属于丙（A）级规格的小型墓葬之一。位于北Ⅱ区北部。其东南有YYM99，间距2.9米；南有YYM39，间距5.2米；西南有YYM34，间距3.4米；西北有YYM35和YYM32，间距分别为3.3和5.5米；其北已无墓葬；东北有YYM37，间距8米。此墓的地层堆积，基本上同于YYM250，不赘。

墓圹平面形状，东端为抹角、西端作圆弧状的长方形竖穴土坑墓，东向，方位角为东偏北3°。墓圹规格，圹口东西长2.7、东端宽0.82、西端最宽处1.04米，圹底形制、规格与圹口一致，圹口至圹底深1.16米。无生土二层台。在圹底中间按东西方向安置木椁一具。在木椁外壁四周至圹底四壁之间，筑有活土二层台，台土经严密夯实，东、南、西、北四台等高，均为45厘米，宽度不一，东台宽38、南台宽12、西台宽40、北台宽12厘米。

圹内填土为杂有褐色斑点的深黄色五花土，经普遍夯实，但未有夯层与夯窝痕迹。在填土中，仅发现夹砂红陶罐口沿与腹部残片3块。除此之外，再未见其他遗物。

无殉牲。

木椁已朽，板灰呈白色粉状。盖板与底板痕迹不清楚，南、北侧板与东、西堵板板灰轮廓尚可辨识。南、北侧板东西顺长2.2米，板灰厚4厘米。东、西堵板分别竖插于南、北侧板之间，立插部位分别在南、北侧板东、西两端内缩18和10厘米处，总宽东端46、西端52、板灰厚4厘米。南、北侧板与东、西堵板高均为45厘米，与四周活土二层台台面平齐。

木椁内装殓尸骨一具。保存状况较好，头骨稍残裂，骨架主要部位骨骼基本完整。头东足西，侧面

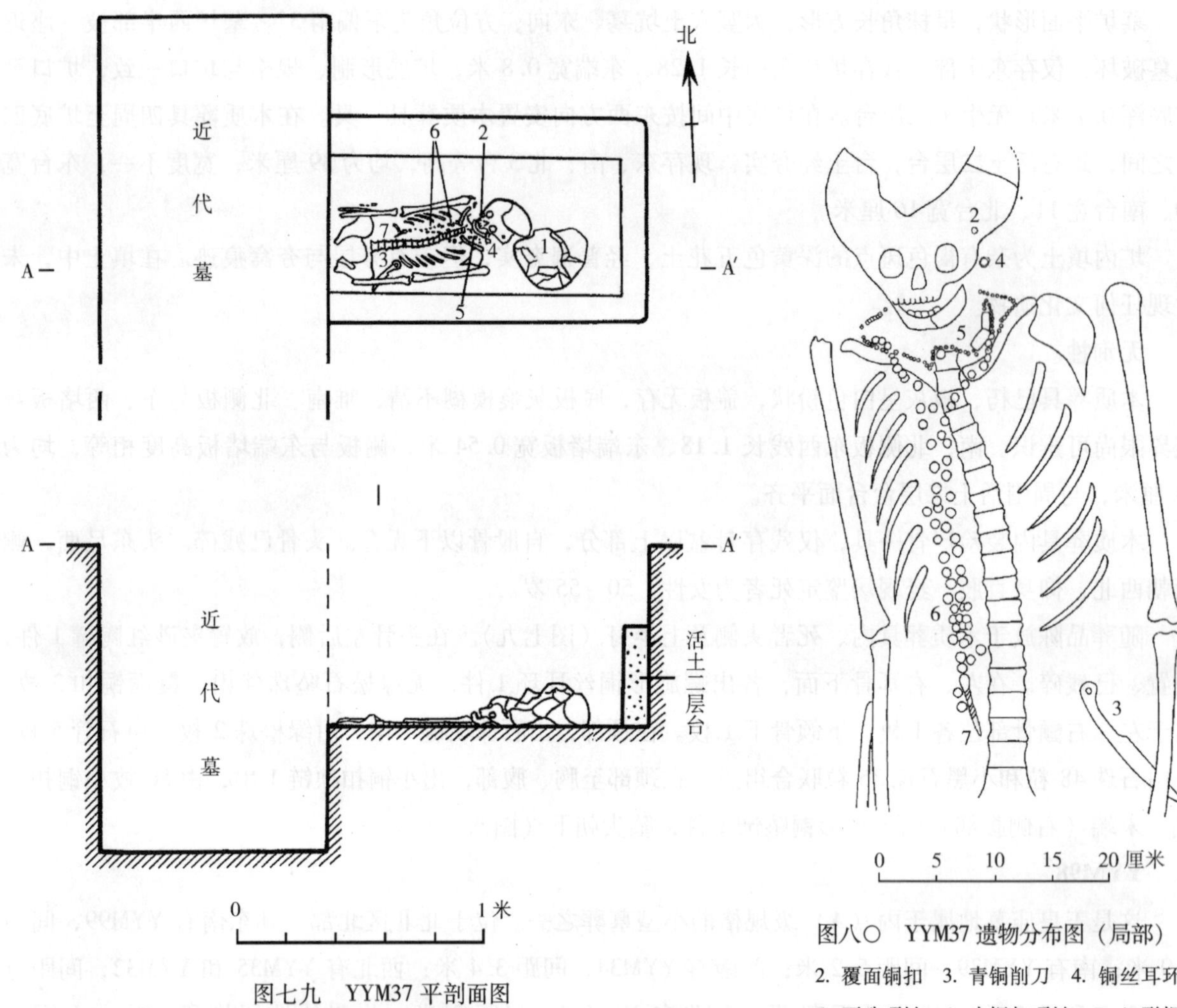

图七九 YYM37平剖面图

1. 夹砂红陶罐（残） 2. 覆面铜扣 3. 青铜削刀 4. 铜丝耳环 5. 石珠项链 6. 小铜扣项链 7. 匕形铜坠饰

图八〇 YYM37遗物分布图（局部）

2. 覆面铜扣 3. 青铜削刀 4. 铜丝耳环 5. 石珠项链 6. 小铜扣项链 7. 匕形铜坠饰

向北，仰身直肢。经现场鉴定，死者为女性，22～24岁。骨骼从头到脚通长1.67米。

随葬品陈放于木椁内、死者头侧及上半身（图八一、八二）。在头骨左侧放置夹砂红陶罐1件，正置，已残。在左、右耳骨下面，各出螺旋形铜丝耳环1件，在左、右耳环下，分别附出绿松石坠珠5和7枚。覆面铜扣3枚，出于左耳骨近旁2枚，出于口腔内1枚。在颈部出石珠项链2串：（1）小黑石珠项链1串（190粒）；（2）绿松石与白石珠项链1串，由绿松石珠6枚夹小白石珠51粒串成。在颈部至胸部，出双联小铜扣项链1串（125枚），末端（腰椎处）附出匕形铜坠饰1件，坠尖朝下。联珠棍形铜坠饰15枚，出于左尺骨内侧8枚，出于右尺骨内侧7枚。在左髋骨外侧与左尺骨内侧之间，出青铜削刀1件，刀锋朝右侧斜上方。在削刀之下，压有铜锥（针）管具1件，在此铜管具内，盛装铜锥1件，锥尖朝下。

YYM284

这是玉皇庙墓地属于丁级规格的小型墓葬之一。位于北Ⅱ区北部。其东南有YYM277，间距3.2米；西南有YYM276，间距4.3米；西北有YYM285，间距1.8米；东北有YYM283，间距5.2米。此

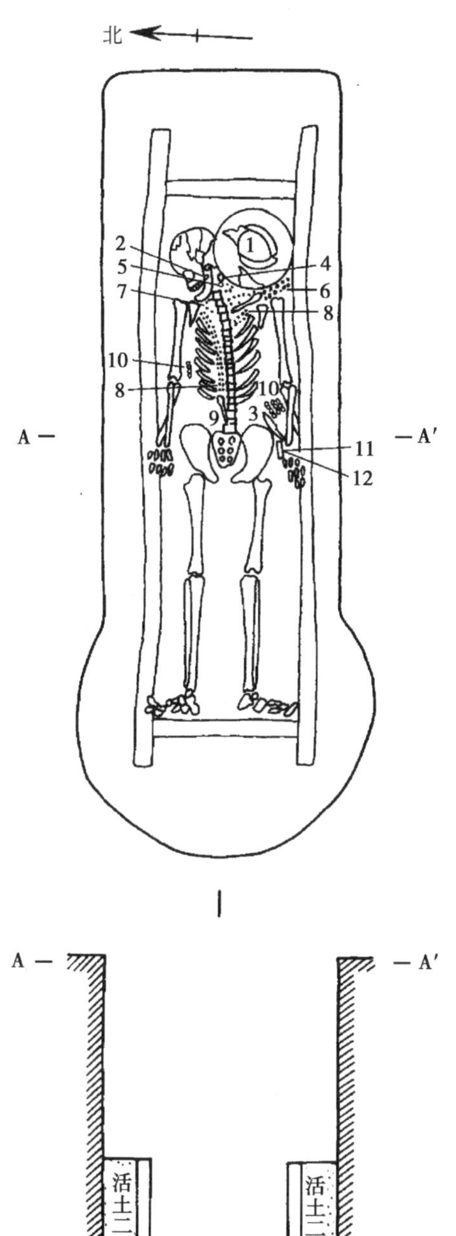

图八一 YYM98 平剖面图

1. 夹砂红陶罐 2. 覆面铜扣 3. 青铜削刀 4. 铜丝耳环 5. 绿松石坠珠 6. 小黑石珠项链 7. 绿松石与小白石珠项链 8. 双联小铜扣项链 9. 匕形铜坠饰 10. 联珠棍形铜坠饰 11. 长方形铜锥（针）管具 12. 铜锥（盛装于长方形铜锥（针）管具内）

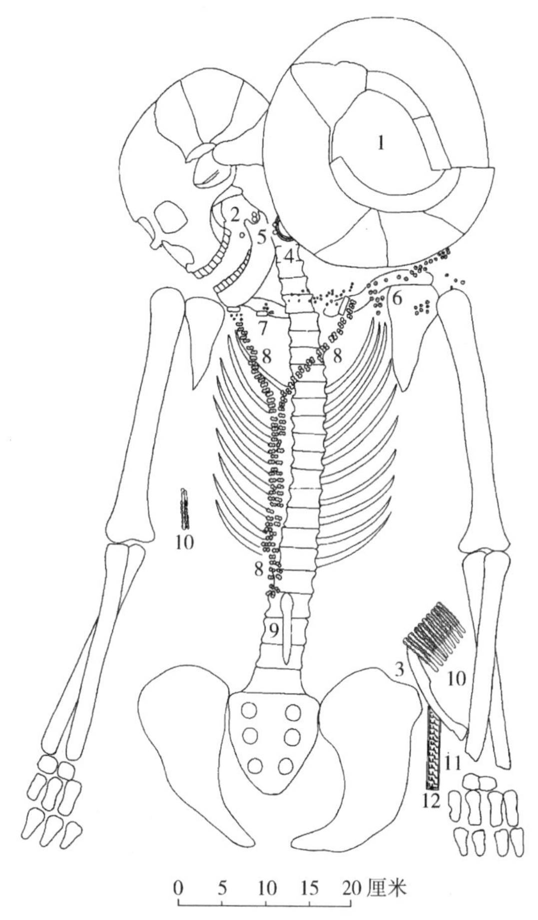

图八二 YYM98 遗物分布图（局部）

1. 夹砂红陶罐 2. 覆面铜扣 3. 青铜削刀 4. 铜丝耳环 5. 绿松石坠珠 6. 小黑石珠项链 7. 绿松石与小白石珠项链 8. 双联小铜扣项链 9. 匕形铜坠饰 10. 联珠棍形铜坠饰 11. 长方形铜锥（针）管具 12. 铜锥（盛装于长方形铜锥（针）管具内）

墓的地层堆积，基本上同于 YYM250，不赘。

墓圹平面形状，呈抹角长方形，西端略宽，东端略窄，为浅穴土坑墓。东向，方位角为东偏南 10°。墓圹规格，圹口东西长 1.8、东端宽 0.64、西端宽 0.78 米，圹底形制、规格与圹口一致，圹口至圹底深 30 厘米。无生土二层台。无木质葬具，无活土二层台。此墓被扰乱，圹底人骨已被翻动。

圹内填土为杂有少量褐色斑点的黄色五花土，未经夯实，土质较疏松。填土中仅发现夹砂粗红陶罐类口沿残片 2 块。另混有一些被翻动上来的此墓死者碎骨。

无殉牲。

圹底中间出有杂乱、破碎的腐朽人骨残块一堆，多属脊椎骨、肋骨和骨盆等碎块，未见头骨。葬式不明。经现场鉴定，死者为男性，22～24岁。

无任何随葬品。

YYM277

这是玉皇庙墓地属于丙（A）级规格的小型墓葬之一。位于北Ⅱ区北部。其东有YYM250，间距1.1米；东南有YYM264，间距2.6米；西南有YYM276，间距4.9米；西北有YYM284，间距3.2米；北有YYM283，间距6.3米。此墓的地层堆积，基本上同于YYM250，不赘。

墓圹平面形状，呈抹角长方形，为竖穴土坑墓。正东向，方位角为90°。墓圹西端被破坏，圹口东西存长北侧2.2、南侧1.88、东端宽0.89、西端存宽0.74米，圹底东西存长北侧2.15、南侧1.83、东端宽0.84、西端存宽0.7米，圹口至圹底深1.1米。无生土二层台。无木质葬具，无活土二层台。

圹内填土为杂有少量褐色斑点的黄色五花土，经普遍夯实，但未有夯层与夯窝痕迹。在填土中，仅发现夹砂红陶碎片2块，除此之外，再未见其他遗物。

殉牲位置，祭牲摆放在圹内东端中间略偏南侧的上层填土中，上距东端圹口10厘米深，下距圹底0.92米。殉牲种类，为羊、狗2种家畜。殉牲数量，羊头1个（山羊），羊肱骨1只，狗头1个。殉牲形式，将山羊头与狗头上、下颌均拆解开，按东西方向，作南、北相邻同层并列摆放。即先将拆解开的山羊头骨1个，顺摆于圹内东端中间略偏南侧的上层填土上，然后在其南侧再顺摆羊肱骨1只；最后将拆解开的狗头1个顺摆于羊肱骨南侧，使其与山羊头并列。此组殉牲中的山羊头与狗头吻部，皆朝东。

圹底中部有尸骨一具。周围未发现木质葬具痕迹，保存状况不好，仅头骨与上半身骨骼基本完整，自腰椎以下，包括左、右尺骨与桡骨在内，均遭扰乱，多残缺不全，不见左、右股骨，左、右胫骨与腓骨及其足骨，呈倒置形式，摆放于人体上半身右侧（图版一七，1）。从头骨与上半身骨架现状观察，死者原为头东足西，仰身直肢葬式。经现场鉴定，死者为男性，20岁左右。

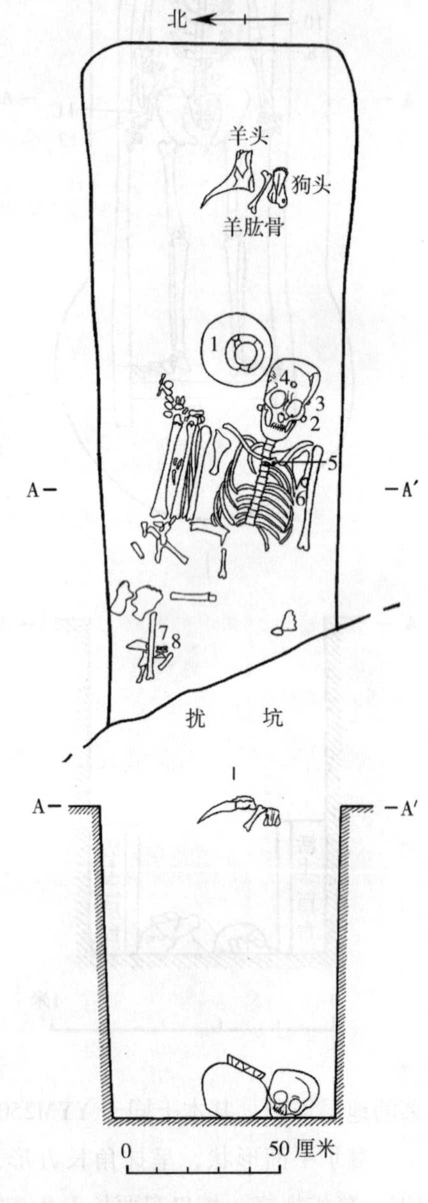

图八三 YYM277平剖面图

1. 夹砂红陶罐 2. 铜丝耳环 3. 绿松石坠珠 4. 覆面铜扣 5. 铅质虎形牌饰 6. 赤铁矿砺石 7. 铜镞 8. 骨镞

随葬品较少，陈放于死者头侧及身上（图八三）。在头骨右后侧，放置夹砂红陶罐1件，正置，口沿已残。在左、右耳骨下面，各出螺旋形铜丝耳环1件及绿松石坠珠1枚。覆面铜扣3

枚，出于前额部位2枚，出于左眼眶内1枚。在颈下，左、右锁骨交接部位，出铅质虎形牌饰1件，虎头朝左（图版一七，3）。在左肱骨内侧，出赤铁矿砺石1件。在左、右胫骨之间，出铜镞1枚，骨镞2枚，因此处遭扰动，铜镞与骨镞稍有移位，镞锋转向朝北。

YYM250

这是玉皇庙墓地属于甲（A）级最高规格的3座大型墓葬之一，是该墓地中地位较显赫的一位酋王级人物的墓葬。墓中随葬有成组青铜礼器、兵器、工具、马具，及包括金璜形饰在内的各种装饰品，还有种类齐全、数量众多的祭牲等，表明这座墓葬的主人生前应是一个部落或一个部落联盟中拥有很大特权的统治者。此墓位于北Ⅱ区北部，保存完整。其东有YYM230，间距3.3米；北有YYM282，间距1.1米；西有YYM277，间距1.1米；南有YYM251，间距1.25米。此墓的地层堆积，在北Ⅱ区北部是具有代表性的。墓口以上的堆积，可分上、中、下三层，第一层（上层），为夹杂自然石块的深褐色山皮土层，厚25厘米；第二层（中层），为淤积夹砂石层，即夹略大和较大砂石颗粒的褐色土层，属此地晚期泥石流堆积层，厚1.45米；第三层（下层），亦为淤积夹砂石层，不过该层所夹杂的砂石颗粒，较第二层（中层）明显细小，即为夹中细砂石颗粒的褐色土层，属于这里早期泥石流堆积层，厚35厘米。揭掉这三层堆积物之后，始见墓圹圹口的地层堆积，即黄土质砂质黏土层，这是属于更新世晚期的地层堆积。这一地层堆积，在怀来—延庆盆地一带可厚达数十米。玉皇庙墓地北Ⅰ区的部分墓葬和北Ⅱ区所有的墓葬，墓圹均开挖于此层中。

墓圹平面形状，呈“凸”字形，为竖穴土坑墓。东向，方位角为东偏北7°。在“凸”字形圹口表层1～7厘米厚的地面，在位于圹口西端和南、北两侧生土二层台上部地表，及其外延1米左右的范围内，发现3处红烧土地面，每处红烧土地面，均呈椭圆形，直径2～2.5米之间，红烧土中包含有大量的木炭炭渣。这表明，此墓埋葬完毕之后，曾在这3处地方，用木柴点燃过3个火堆，举行过祭奠活动。墓圹规格，圹口东西长3.55、东端宽1.15、西端宽3.3、圹底东西长2.63、东端宽1.1、西端宽1.35、墓口至墓底深2.16米。在墓圹西端圹壁中腰和西半部呈外凸状的南、北两侧壁中腰部位，分别留出生土二层台，西、南、北这3个生土二层台的台面相平，均距墓口深0.83米，遂在墓圹中腰部位形成一个“U”字形的坚实台面，台面以下部分，均笔直下切，直至圹底，这3个生土二层台的高度为1.33米。在圹底正中部位，顺东西方向安置木椁一具。在椁室外壁的四周至圹底部四壁之间，筑有活土二层台，台土经过严密夯打，非常坚实，西侧台面宽36、南侧台面中段宽39、北侧台面中段宽25厘米，这3个台面高均为46厘米；东侧台面宽16、台面高为84厘米，高于其他3个台面，台面上摆放着祭牲。在东、西两侧活土二层台的基部，砌有少量自然石块，用以挤塞堵板与圹壁之间的空隙，东端用6块，砌2层，石高30厘米，西端仅砌1层，用4块，石高17厘米。由于东侧活土二层台的台面过窄，所陈祭牲体积较大，故不得不在东圹壁中腰部位往里挖15厘米进深的一个弧形空间，才勉强将祭牲的吻部容下。所以，此墓圹内东侧的活土二层台，同YYM18圹内东侧的活土二层台性质一样，是专为摆放祭牲而特别夯筑起来的一座规格较高的殉牲台。

圹内填土，是比较纯净的杂有黑褐色斑点的深黄色土，经过严密夯打，很坚实，但没发现有规律的夯层与夯窝痕迹，填土中出土的遗物较少，仅发现夹砂褐陶带指甲纹陶片1块、夹砂黑褐色陶器碎片1块，在圹内西南角，距圹口深0.65～0.75米处填土出土野猪形铜坠饰6枚，在圹内西北角、距圹口深0.65～0.9米处填土中，出土野猪形铜坠饰8枚；在圹内中部、距圹口深0.7～0.8米处填土中，还出有当时被丢弃的兽骨残件，包括残断的狗肱骨1段、狗胫骨1段，残碎的牛下颌骨1片等。

祭牲主要摆放在圹内东端活土二层台上和木椁东端盖板以上的填土中（彩版八；图版一八）。殉牲种类，为马、牛、羊、狗4种家畜，殉祭数量，马头骨7个，马腿骨10只（包括肱骨、胫骨连蹄，各10只），牛头骨上颌2个，牛下颌骨8副，牛肱骨9只，羊头骨上颌4个，羊下颌3副，羊肱骨4只（皆属绵羊），狗头骨上颌4个，狗下颌5副，狗肱骨5只。此墓祭牲的个体，不论是大牲畜类马与牛，还是小牲畜类羊和狗，亦皆选用长至成年之硕壮者。殉牲形式，7个马头完整保留，牛、羊、狗头的上、下颌均被拆解开。大体是分作上、下两层殉祭。先摆下层祭牲，即将6个马头吻部一律朝东摆放到圹内东侧活土二层台上（为便于叙述，将这6个马头，自北而南依次编号为1~6），在此需要指出的是，在第5号马头之下，压有牛下颌1副，其吻部也朝东。在第1号马头上颌骨前端和第2号马头上颌骨前端右侧，各出骨环1枚，在马头的后边（西侧），靠近南、北圹壁的侧边，摆放马腿8只，其中有6只蹄朝东，另有2只蹄偏向椁室东端死者头部的方向（图八四；图版二一，1）；然后摆放上层祭牲，在第5、第6号马头之间，叠陈2只马腿，蹄朝东，在这两只马腿之上，再叠陈第7号马头，在第7号马头之上和附近，摆放有牛上颌1个，牛下颌骨4副，牛肱骨2只，羊头2个，羊下颌2副，羊肱骨2只，狗头2个，狗下颌2副，狗肱骨2只；在木椁东端上层填土部位，叠陈有牛上颌1个，牛下颌3副，牛肱骨7只，羊头2个，羊下颌1副，羊肱骨2只，狗头2个，狗下颌3副，狗肱骨3只（图版一九，1、2）。在圹内东端中间上层祭牲—吻部朝北的牛下颌骨东侧，出有骨环2枚，西、北两侧各出骨环1枚。由于木椁腐朽塌陷，造成上层祭牲随之陷落、错位，故有一些牛、羊、狗的吻部方向，都已扭转变向（图八五）。此墓的两层祭牲，在圹内东端所构成的祭牲堆，上下高差为0.83米（包括陷落错位部分），即从距东端圹口深0.66米处见到祭牲兽骨，直至深1.49米的空间范围，皆被马、牛、羊、狗四种祭牲所占居。其殉牲规模之大、殉牲数目之多，在同类文化墓葬中，是较为罕见的。

木椁已朽，板灰呈白色粉，保存状况不好。盖板仅中间和偏西部位残存3截，板宽17~20厘米，板灰残长30~45厘米；东、西两端堵板，仅能辨其顶端轮廓，板块组成结构已不可识；南、北侧板灰痕尚清楚一些，但也残毁较严重，仅可从残断的南侧板灰痕中辨识其板块组成情况；底板保存状况同堵板差不多，仅能分辨出其两端界限轮廓，已不能看出其板块组成情况。经清理，椁底板东西顺长2.4米，灰痕总宽0.82米，厚5厘米；南、北侧板各由3块板组成，立置于底板之上，总高41厘米，板长均为2.5米，两端都略超出底板一截，东端直低东圹壁，每块板宽13~14、厚7厘米；东、西两端堵板，竖插于南、北两侧板之间，立插部位，分别在南、北侧板东、西两端内缩13.5和7.5厘米处，东端堵板高61.5、西端堵板高41（不含底板灰痕厚度）、板灰厚6厘米。

死者骨骼一具，顺置于木椁正中（彩版九，1；图版一九，1）。骨骼已朽，头骨已酥碎，人骨架主要部分尚成形，下肢骨显得较好一些，头东足西，仰身直肢，经现场鉴定，死者为男性，25岁左右，骨骼从头到脚通长1.85米。

随葬品集中陈放于木椁内、死者身上及其周围（图八六；彩版九，2；图版二〇）。在头部左、右耳骨下面，各有螺旋形金丝耳环1件及绿松石坠珠3枚。在颈下，略偏向左锁骨一侧出金璜形饰1件。头骨左侧、左肩东侧，出铜罍1件，正置；头骨右侧、右肩东侧，出铜鍑1件，内盛铜铷1件，均正置，铷内盛装铜锥2件，赤铁矿砺石1件（彩版一〇，1；图版二一，2）。在右肩与铜鍑之间，侧置铜

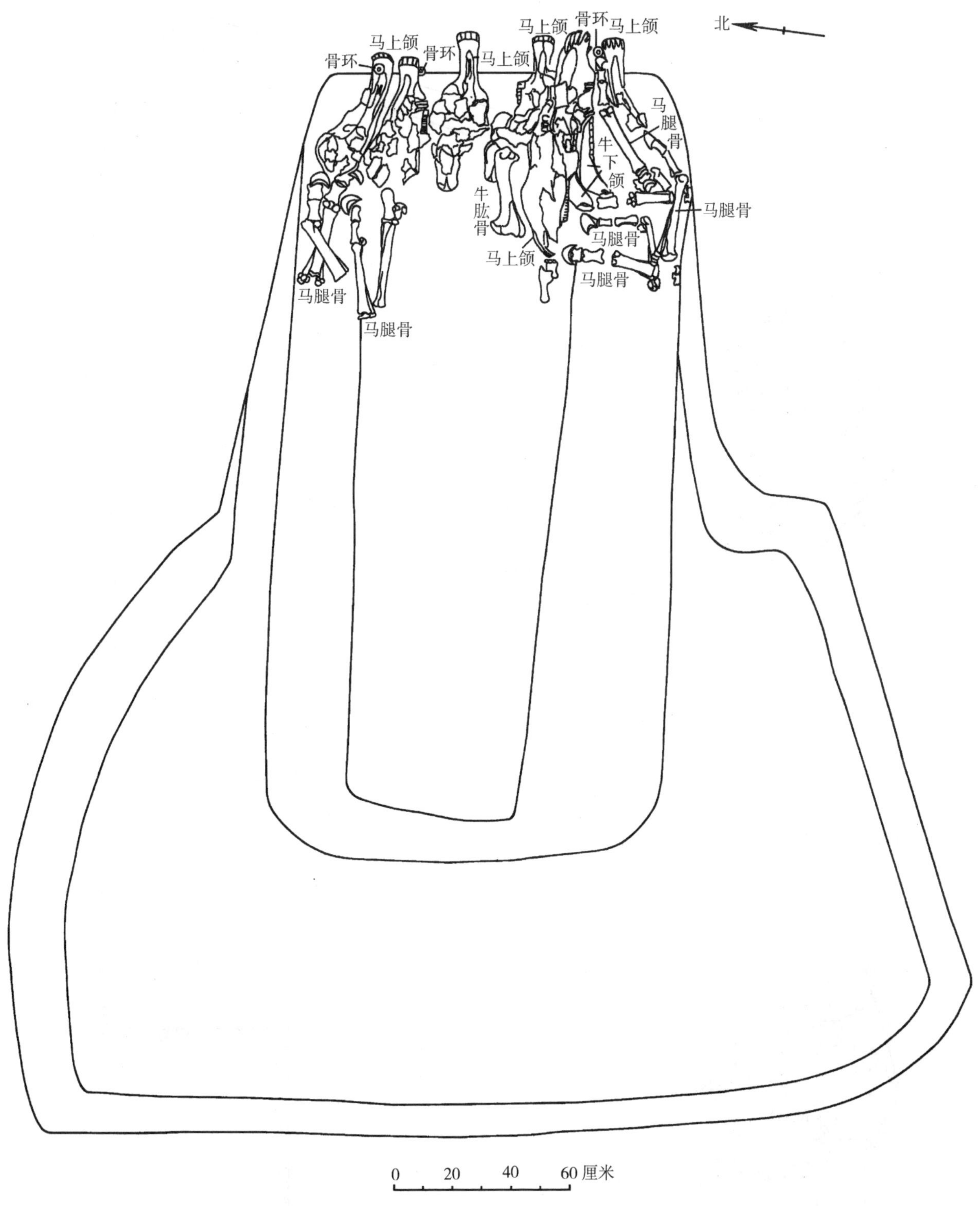

图八四　YYM250 圹内下层殉牲平面图

锛1件。在右肱骨外侧，斜置铜戈1件（内上和阑侧尚遗有16.6厘米长的木柲痕迹）。从死者身前腰部至两膝以上部位，随葬遗物可分辨出5层：第1层，是出于右髋骨耻骨弓表面的铸饰蜷身动物纹铜扣1枚和亚腰联珠形铜饰1枚；第2层，是叠压于第一层之上的、分布于死者身前腰际和两股骨外侧至

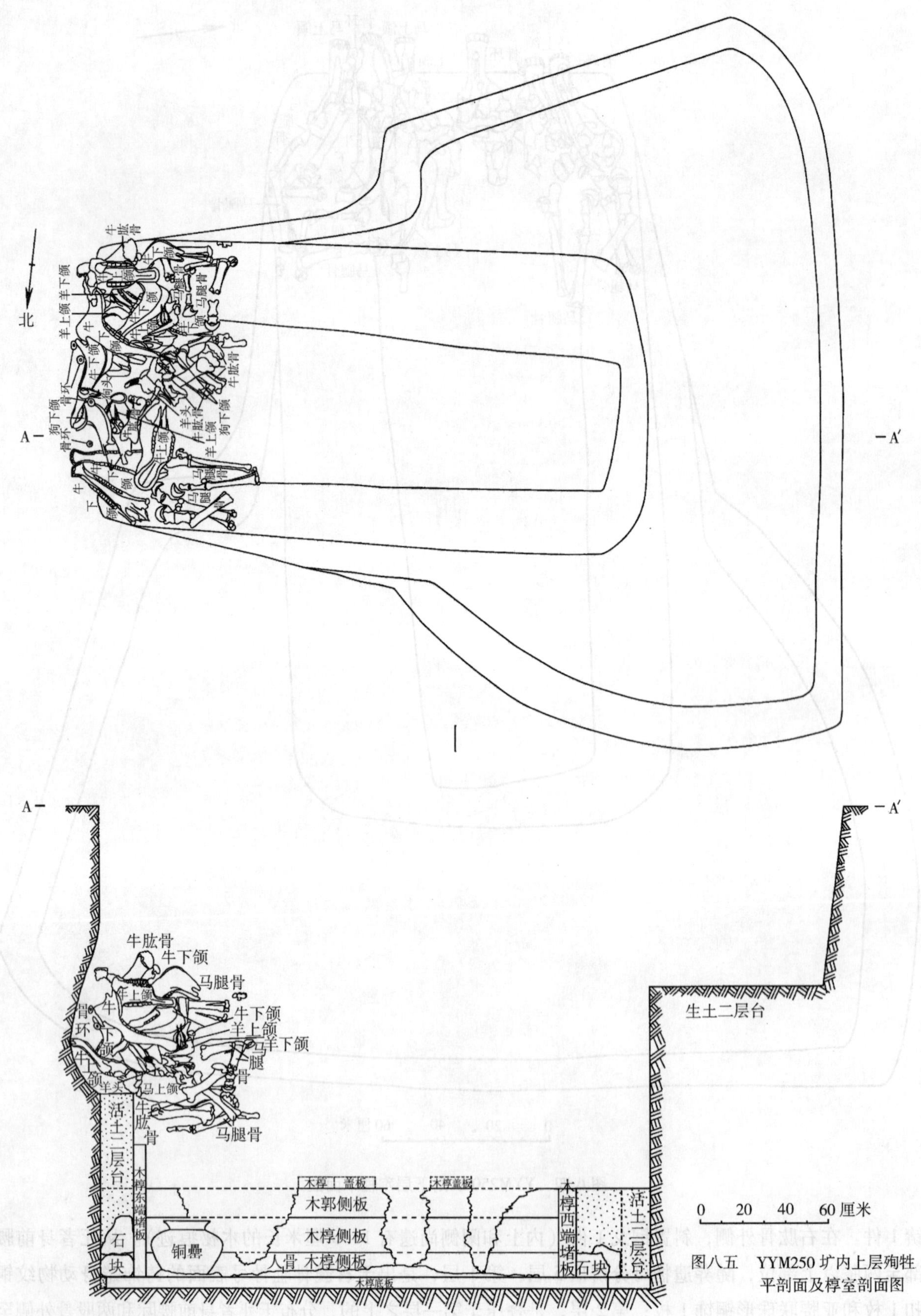

图八五 YYM250 圹内上层殉牲平剖面及椁室剖面图

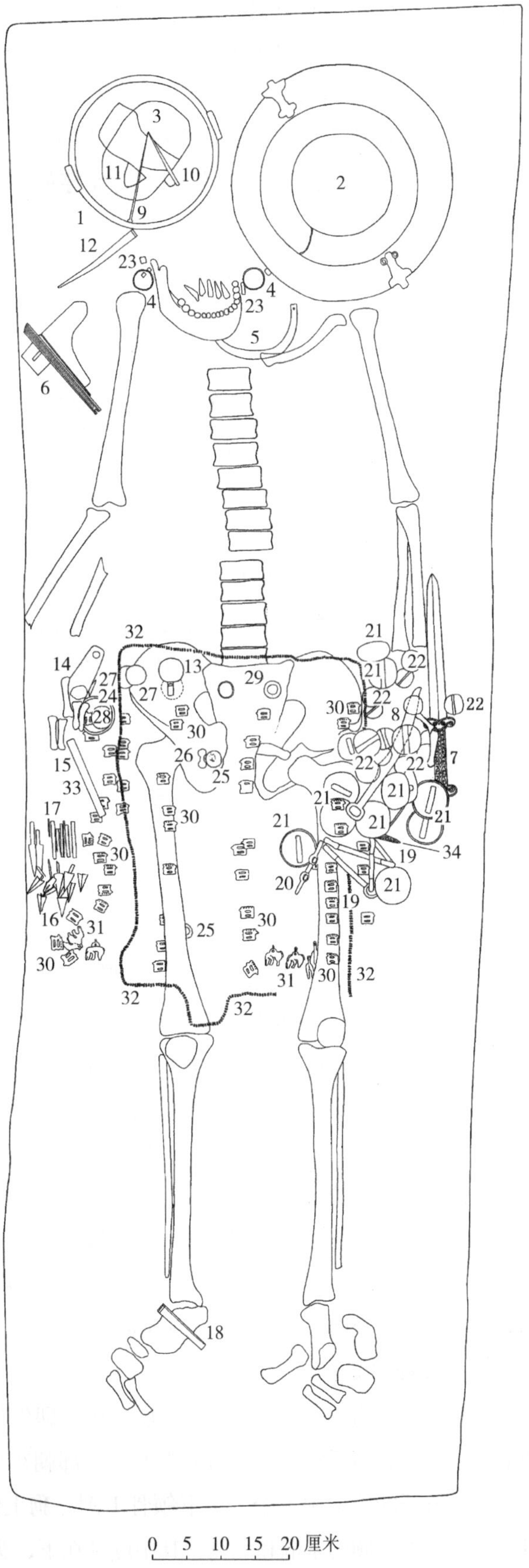

图八六　YYM250 遗物分图

1. 铜鍑　2. 铜罍　3. 铜铆　4. 金耳环　5. 金簧形饰　6. 铜戈　7. 青铜短剑　8. 青铜削刀　9. 铜锥　10. 铜锥　11. 赤铁矿砺石　12 铜锛　13. 铜带钩　14. 穿孔砺石　15. 圆筒形铜锥（针）管具　16. 铜镞　17. 骨镞　18. 铜凿　19. 铅衔　20. 铜镳　21. 马具铜泡（大号）　22. 马具铅泡（小号）　23. 绿松石坠珠　24. 铜环　25. 蜷身动物纹铜扣　26. 亚腰形铜饰件　27. 服饰铜扣　28. 服饰铜泡　29. 骨环　30. 小鹿形铜带饰　31. 野猪形铜坠饰　32. 联珠形小铜扣　33. 骨针（盛装于铜锥（针）管具内）34. 骨镳　35. 马具骨环（马牲头部）

两膝以上，出有由186枚双联小铜扣排列组成的呈长方形、周边类似“围裙”式的衣饰；第3层，是出于联珠形小铜扣衣饰之上的、置于右髋骨上部的铜带钩1件，置于骶骨左半部的骨环1件，斜置于左髋骨及左股骨外侧的青铜削刀1件，刀尖朝上；第4层，是叠压于青铜削刀之上的小号马具铜泡8枚，及出于左股骨上面的铜马衔2副，铜镳1件，骨镳1件（残）；第5层，是叠压在铜马衔之上的大号马具铜泡14枚，在一件大号铜泡的背面穿鼻中，还遗有一段长7厘米的皮条痕迹。此外，在死者左尺骨外侧和左手骨下，出有青铜短剑1件，剑锋朝上。在右手骨下，出有砂岩穿孔砺石1件，铜环1件，小号铜泡1件。在右髋骨上部边缘，出服饰铜扣2枚，在右髌骨背面，压有服饰铜扣1枚。在右股骨外侧，出有圆筒形铜锥（针）管具1件，在管具内盛有骨针1件；还有铜镞一束29枚，骨镞一束36枚，镞锋均朝下（彩版一〇，2；图版二二，1）。在右足腕部，出铜凿1件。在死者身下，从腰际以下至左、右髌骨以上部位，发现有6条卧鹿形铜带饰，共计55枚，为便于叙述，兹将这6条卧鹿形铜带饰，自右股骨外侧至左股骨外侧，分别编号为第1至第6条。第1条，出于右髋骨外侧至右股骨外侧最外缘，计有9枚；第2条，出于右髋骨外侧至右股骨外侧内缘，计有10枚；第3条，出于右髋骨下面至右股骨下面一线，计有9枚；第4条，出于骶骨下面至左、右股骨中间一线，计有10枚；第5条，出于左髋骨下面至左股骨下面一线，计有9枚；第6条，出于左髋骨外侧至左股骨外侧一线，计有8枚。在第1、2条下端，还出有野猪形铜坠饰3枚；在第4、5条下端，出有野猪形铜坠饰4枚。这两者之间有无关联，尚难以作出说明。在左、右股骨下段的背后，各出有铸饰蜷身动物纹铜扣1枚。另外，在骨盆的下面及左侧，又出有一层小号马具铜泡6枚。

YYM282

这是玉皇庙墓地属于丙（A）级规格的小型墓葬之一。位于北Ⅱ区北部，其东有YYM233，间距11米；东南有YYM230，间距4米；南有YYM250，间距1.1米；西南有YYM284，间距6.9米；北有YYM387，间距0.3米；东北有YYM280，间距2.7米。此墓的地层堆积，基本上同于YYM250，不赘。

墓圹平面形状，基本上呈抹角长方形，为竖穴土坑墓。东向，方位角为东偏南9°。墓圹规格，圹口东西长2.55、东端宽0.9、西端宽1米，圹壁平整、笔直，圹底形制、规格与圹口一致，圹口至圹底深1.23米。无生土二层台。在圹底中间偏向东南—西北方位，安置木椁一具。在木椁四壁的外侧至圹底部四壁之间，筑有活土二层台，台土经过严密夯打，较坚实。东、南、西、北四周活土二层台等高，均为38厘米，宽度不一，东台宽71、南台宽28（中段）、西台宽22、北台宽27厘米（中段）。

圹内填土，为杂有少量褐色斑点的黄色五花土，经普遍夯实，但未形成夯层与夯窝痕迹。填土较纯净，在填土中，仅发现小块的夹砂红陶罐类陶片3片，除此之外，再未见任何其他遗物。

殉牲位置，祭牲集中摆放在圹内东端中间上层填土中，上距东端圹口5厘米，下距圹底86厘米（彩版一一，1；图版二二，2）。殉牲种类，为牛、羊、狗三种家畜。殉牲数量，牛头1个，牛肱骨1只，羊头（绵羊）1个，羊肱骨1只，狗头4个，狗肱骨1只。殉牲形式，将牛、羊、狗头的上、下颌全部拆解开，牛与羊、狗分上、下两层摆放。即先将牛肱骨1只，按东西方向顺置于圹内东端略偏南侧的上层填土中，然后将拆解开的牛头1个吻部朝东摆放到牛肱骨的北侧斜上方，此为下层祭牲；上层祭牲是将拆解开的羊上颌1个，羊下颌骨1副，狗上颌骨4个，狗下颌骨4副，及羊肱骨1只、狗肱骨1只，堆插于牛上颌的东端和北侧，其中肱骨在下，头骨在上，吻部的朝向多不一致（图八七）。

木椁已朽，但板灰痕迹大部分保存较好。板灰呈白色粉状，盖板横搭在南、北侧板之上，两端贴附于南、北活土二层台台面边缘上，从木椁东端至西端，共有10块盖板，板长0.5米许，每块板宽11～20厘米不等。底板东西顺长1.8米，总宽东端49、西端50厘米，由4块长板组成，每块板宽11～14厘米不等，残存板灰很薄，厚度0.3～0.5厘米。南、北侧板立于底板之上，东西顺长1.94米，两侧边与底板边压齐，东西两端均超出底板，东端长出底板7、西端长出11厘米，总高38厘米，与南、北活土二层台台面平齐，板块组成已不能辨识，板灰厚3厘米。东、西两端堵板，分别竖插于南、北侧板之间，立插部位，分别在南、北侧板东、西两端内缩15和14厘米处；高度东、西稍有差别，西端堵板高与南、北侧板一致，为38厘米，东端堵板稍高于侧板及活土二层台，高为41厘米；总宽东、西两端均为42厘米，均由3块竖板组成，每块板宽11～15厘米不等，板灰厚3厘米。

木椁内装殓尸骨一具。保存状况较好，头骨与骨架基本完整。头东足西，仰身直肢，经现场鉴定，死者为男性，40岁左右。骨骼从头到脚通长1.58米。

随葬品集中陈放于木椁内、死者身上及其近前（图八八；彩版一一，2）。在头骨左侧，紧贴木椁南侧板处，放置夹砂红陶罐1件，侧置，器口朝外。覆面铜扣共5枚，出于死者左额角1枚，左眼眶与左颧骨上3枚（彩版一一，3；图版二三，1），另有1枚滑落在右颧骨下面。在颈部，出绿松石珠5枚、小黑石珠39枚。在左、右锁骨交接处稍偏下位置，出虎形铜牌饰1件，虎头朝右。在骶骨上，出铜带钩1件，钩首朝右。在左髋骨和左股骨上端，出青铜削刀1件，刀锋朝下，已残断。在右股骨内侧，出铜锥1件，锥尖朝下。在右股骨外侧，出长方形铜锥（针）管具1件。在左、右髌骨之间，出铜镞3枚，骨镞4枚（彩版一一，4；图版二三，2）；在左髌骨外侧，出骨镞5枚，镞锋均朝下。在左股骨内侧和右股骨外侧，各出辐射纹服饰铜泡1枚。在左、右髋骨下面，各压有辐射纹服饰铜泡1枚。在左、右股骨之间，出骨环1件，算珠形骨珠1枚。在骨盆至左、右股骨之间，出小卧鹿形铜带饰49枚，分布如此：（1）压在右髋骨下面6枚；（2）压在右股骨下面9枚；（3）压在左髋骨下面10枚；（4）压在左手指骨下面3枚；（5）出于右髋骨外侧1枚；（6）出于右髋骨上面6枚；（7）出于左髋骨上面2枚；（8）出于右股骨内侧6枚；（9）出于左髋骨和左股骨外侧6枚。此外，在骨盆内侧，还附出兽纹铜带饰11枚。

YYM251

这是玉皇庙墓地属于乙（B）级规格的中型墓葬之一。位于北Ⅱ区北部，其东南有YYM241，间距0.7米；南有YYM252，间距2.7米；西南有YYM264，间距1.3米；西北有YYM277，间距3.4米；北有YYM250，间距1.4米；东北有YYM230和YYM229，间距分别为3.5和4.7米。此墓的地层堆积，基本上同于YYM250，不赘。

墓圹平面形状，呈抹角长方形，为竖穴土坑墓。东向，方位角为东偏北5°。墓圹规格，圹口东西长2.6米，东、西两端宽各为0.8米；圹底东西长2.52米，东、西两端宽均为0.74米，圹口至圹底深1.7米。无生土二层台。在圹底中间偏东北—西南方向，安置木椁一具。在木椁外壁四周至圹底部四壁之间，筑有活土二层台，台土经过严密夯打，较坚实，东、南、西、北四台等高，均为40厘米，宽度不一，东台宽50、南台宽20、西台宽38、北台宽9厘米（中段）。

圹内填土，为杂有少量褐色斑点的黄色五花土，经普遍夯实，但未有夯层与夯窝痕迹。在填土中，仅发现夹砂红陶残片2块，羊肩胛骨残片1块，除此之外，再未有其他遗物。

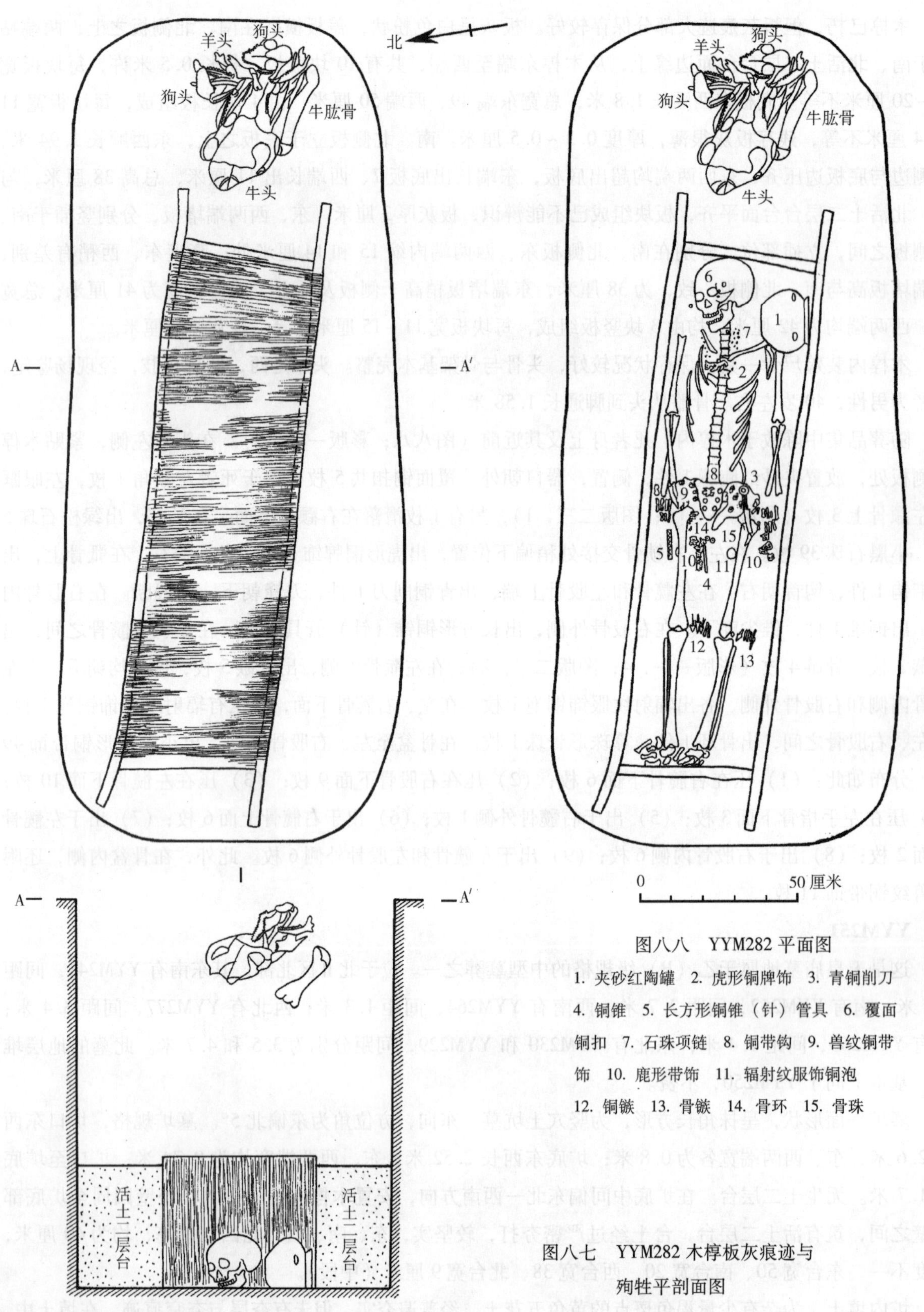

图八七 YYM282木椁板灰痕迹与殉牲平剖面图

图八八 YYM282平面图

1. 夹砂红陶罐 2. 虎形铜牌饰 3. 青铜削刀 4. 铜锥 5. 长方形铜锥（针）管具 6. 覆面铜扣 7. 石珠项链 8. 铜带钩 9. 兽纹铜带饰 10. 鹿形带饰 11. 辐射纹服饰铜泡 12. 铜镞 13. 骨镞 14. 骨环 15. 骨珠

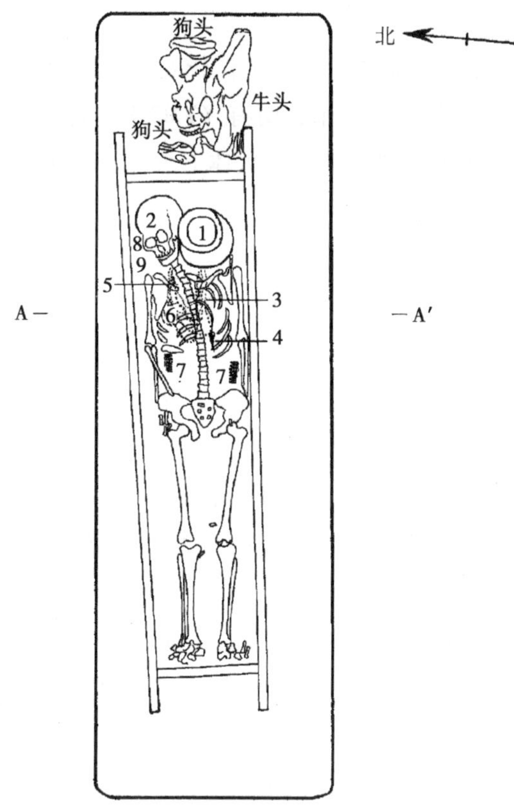

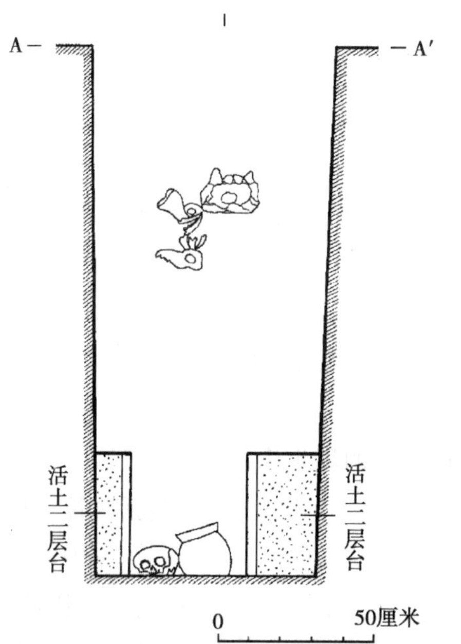

图八九 YYM251平剖面图

1. 夹砂红陶罐 2. 覆面铜扣 3. 粟粒形铜珠项链 4. 匕形铜坠饰 5. 绿松石珠、白石管项链 6. 小黑石珠项链 7. 联珠棍形铜坠饰 8. 铜丝耳环 9. 绿松石坠珠（8、9被陶罐和面骨遮挡）

殉牲位置，祭牲集中摆放在圹内东端中间上层填土中，上距东端圹口40厘米深，下距圹底0.98米（图版二四，1）。殉牲种类，为牛、狗2种家畜。殉牲数量，牛头1个，牛肱骨1只，狗头5个，狗肱骨5只。殉牲形式，将牛和狗头的上、下颌拆解开后，作南、北相邻同层摆放。即先将牛肱骨1只及拆解开的牛上、下颌骨1套，顺摆于圹内东端中间上层填土上，牛肱骨略呈东北—西南向，居北，牛头骨作东西向，居南，吻部朝东，与肱骨未相叠压；然后于牛头北侧至牛肱骨之间，插置狗牲5套，狗肱骨在下，狗头骨在上，居东、西两端的2套狗牲，吻部朝北，而居中的3套狗牲的吻部，皆朝东。

木椁已朽，盖板无存，底板灰痕模糊不清，唯南、北侧板与东、西堵板的灰痕轮廓，尚可辨识。板灰呈白色粉状，南、北侧板东西顺长1.93米，总高40厘米，与南、北活土二层台台面平齐，板灰厚3厘米；东、西堵板，分别竖插于南、北侧板之间，立插部位，分别在南、北侧板东、西两端内缩13和11厘米处，高度与南、北侧板一致，均为40厘米，总宽东端40、西端33、板灰厚3厘米。南、北侧板与东、西堵板的板块组成情况，已不能再作具体分辨。

木椁内装殓尸骨一具。保存状况较好，头骨及其他主要部位骨骼，基本上较为完整。头东足西，仰身直肢，经现场鉴定，死者为女性，22～24岁。骨骼从头到脚通长1.55米。

随葬品集中陈放于木椁内、死者身上及其近前（图八九；图版二四，2）。在头骨左侧，放置夹砂红陶罐1件，略斜侧置，口朝东。在左、右耳骨下面，各出螺旋形铜丝耳环1件及绿松石坠珠2枚。在左、右眼眶中间，出覆面铜扣1枚。在颈部至胸部，出不同质料的项链3串：（1）铜珠项链1串，由185粒粟粒形铜珠串成，末端（腰椎左侧）附出匕形铜坠饰1件，坠尖朝下；（2）绿松石珠及白石管项链1串，由绿松石珠49枚、白石管4枚联合串成；（3）小黑石珠项链1串，由107粒小黑石珠串成。此外，在左、右尺骨内侧，分别出联珠棍形铜坠饰8枚和6枚（彩版一五，2）。

YYM230

这是玉皇庙墓地属于甲（A）级最高规格的3座大型墓葬之一，是该墓地中地位较高的一位首领级人物的墓葬。位于北Ⅱ区北部，保存完整。其东有YYM231，间距2.4米；南有YYM229，间距1米；西有YYM250，间距3.3米；北有YYM280，间距2.4米。此墓的地层堆积，大体上与YYM250一致，在此不赘。

墓圹挖在黄土质砂质黏土层中，平面形状呈“凸”字形，为竖穴土坑墓（彩版一二，1）。东西向，方位角为东偏南1°。在圹口表层1～6厘米厚的地面，在墓圹西、北、南三侧，发现有3片椭圆形的红烧土地面，北、南两片直径为1.2～1.8米，西片直径为2～3.9米，红烧土中杂有大量的木炭炭渣。这一现象，同YYM250一致，也表明在此墓埋葬完毕之后，曾在墓圹之上的地面，用木柴点燃过3个火堆，举行过既定的祭奠活动。

墓圹规格，圹口东西长3.78、东端宽1.2、西端宽3.1米，圹底东西长2.91、东端宽1、西端宽1.3米，墓口至墓地深2.44米。在墓圹西端圹壁中腰和西半部呈外凸状的南、北两侧壁中腰部位，分别留出生土二层台，西、南、北3个生土二层台台面相平，距墓口深均为1.34米，西台面中间宽36、南台面中间宽61、北台面中间宽48厘米。从圹口至生土二层台台面，均作抹坡式，横剖面呈斗形（图九〇），这就在墓圹中腰部位，构成了一个“U”字形的坚实台面，台面以下部分，均笔直下切，直至圹底，3个生土二层台的高度为1.1米。在圹底正中部位，顺东西方向安置木椁一具。在椁室外壁四周至圹底部四壁之间，筑有活土二层台，台土经过严密夯打，甚坚实，西侧台面宽71、南侧台面中段宽29、北侧台面中段宽30厘米，这3个台面高均为43厘米；东侧台面宽37厘米，台面高1.1米，与南、北两侧生土二层台平齐，而高于其他3个活土二层台台面，此台上摆放着祭牲。此墓东侧活土二层台的做法与规制特点，用途与性质，与YYM18、YYM250的东侧活土二层台是一致的，也是专为摆放祭牲而特意夯筑的一座规格较高的活土二层台殉牲台。

圹内填土，为较纯净的深黄色五花土，土中含有少量黑褐色斑点，经过较严密夯打，较坚实，但未发现明显的夯层与夯窝痕迹。在圹内西部中间部位，与生土二层台相平的位置，椁室塌陷坑填土中，出有3块石灰石自然石块，规格分别为40×20×36、25×20×18和23×15×20厘米，在其中那块大的石灰石块下面20厘米处填土中，出有铜锛1件，此锛刃尖已残失。除此之外，填土中再未发现其他任何遗物。

祭牲主要摆放在圹内东侧活土二层台祭牲台上和木椁东端盖板以上的填土中（图版二五）。殉牲种类为马、牛、羊、狗4种家畜，殉祭数量，马头2个（包括上、下颌），马腿骨8只（包括肱骨、胫骨连蹄，各8只），牛头1个（包括上、下颌），牛肱骨2只，羊头3个（包括上、下颌），羊肱骨3只（皆属绵羊），狗头4个（包括上、下颌），狗肱骨4只。此墓祭牲的个体，也均选其成年硕壮者。殉牲形式，分上、下两层殉祭。下层祭牲，摆放在东侧活土二层台殉牲台台面上，中间摆放马头2个（均完整），吻部朝东，在二马头下颌骨之间，置马腿1只（连蹄）；在二马头南、北两侧，分别摆放一组马腿和牛腿，南侧下层摆放马腿3只（连蹄），均折弯、作东西向平卧，蹄紧贴墓圹南壁，牛肱骨1只，置于马腿之上，亦平卧，大头朝东；北侧下层摆放马腿4只（连蹄），均折弯，作东西向平卧，蹄朝东圹边，在马腿下面，置牛肱骨1只，亦作东西向平卧，大头朝东（图版二六，1）。在北侧马头吻部之北侧，出骨环1件；在南侧马头之西侧，出骨环1件（图九一）。上层祭牲，主要叠压于下层祭

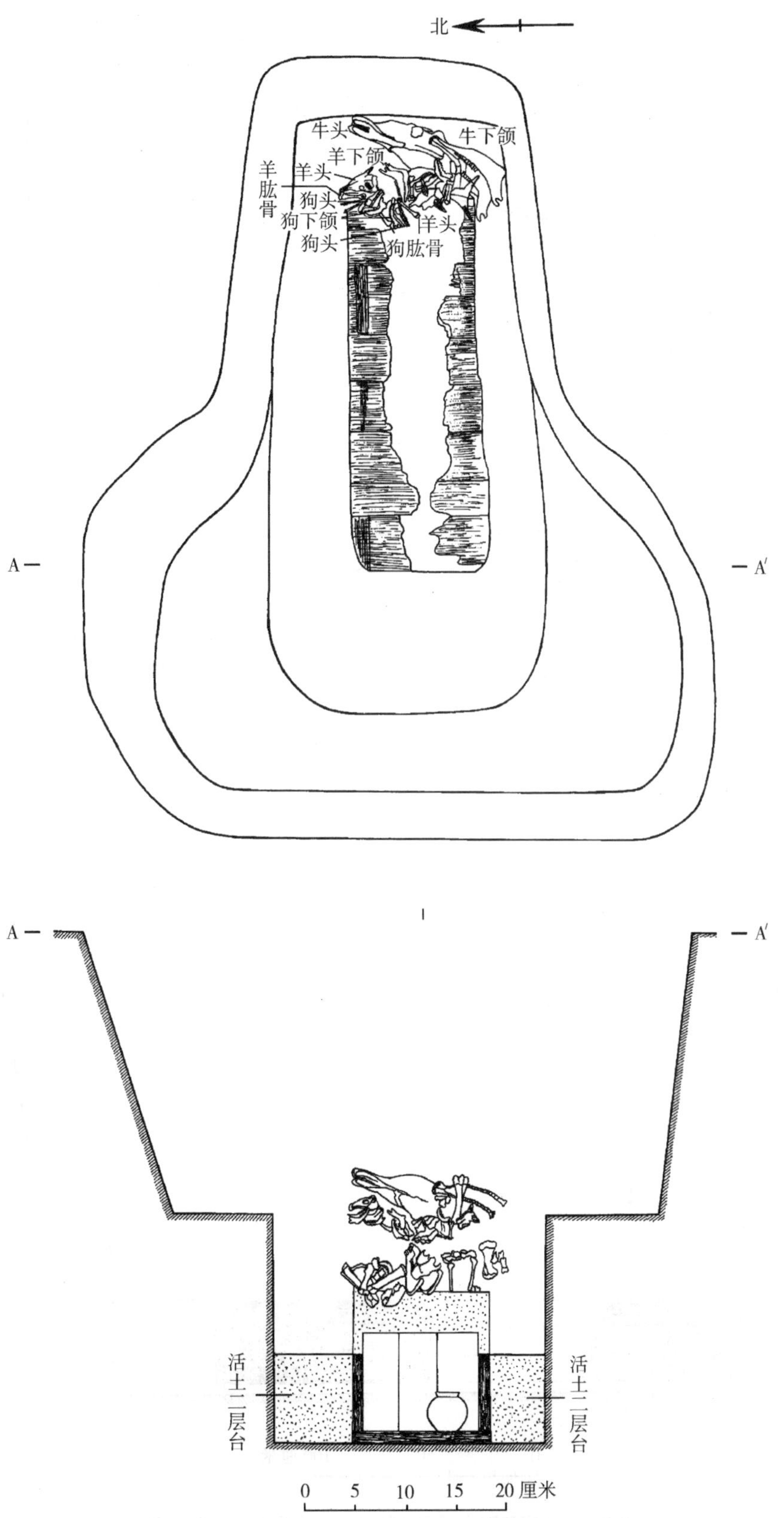

图九〇　YYM230圹内上层殉牲及椁室平剖面图

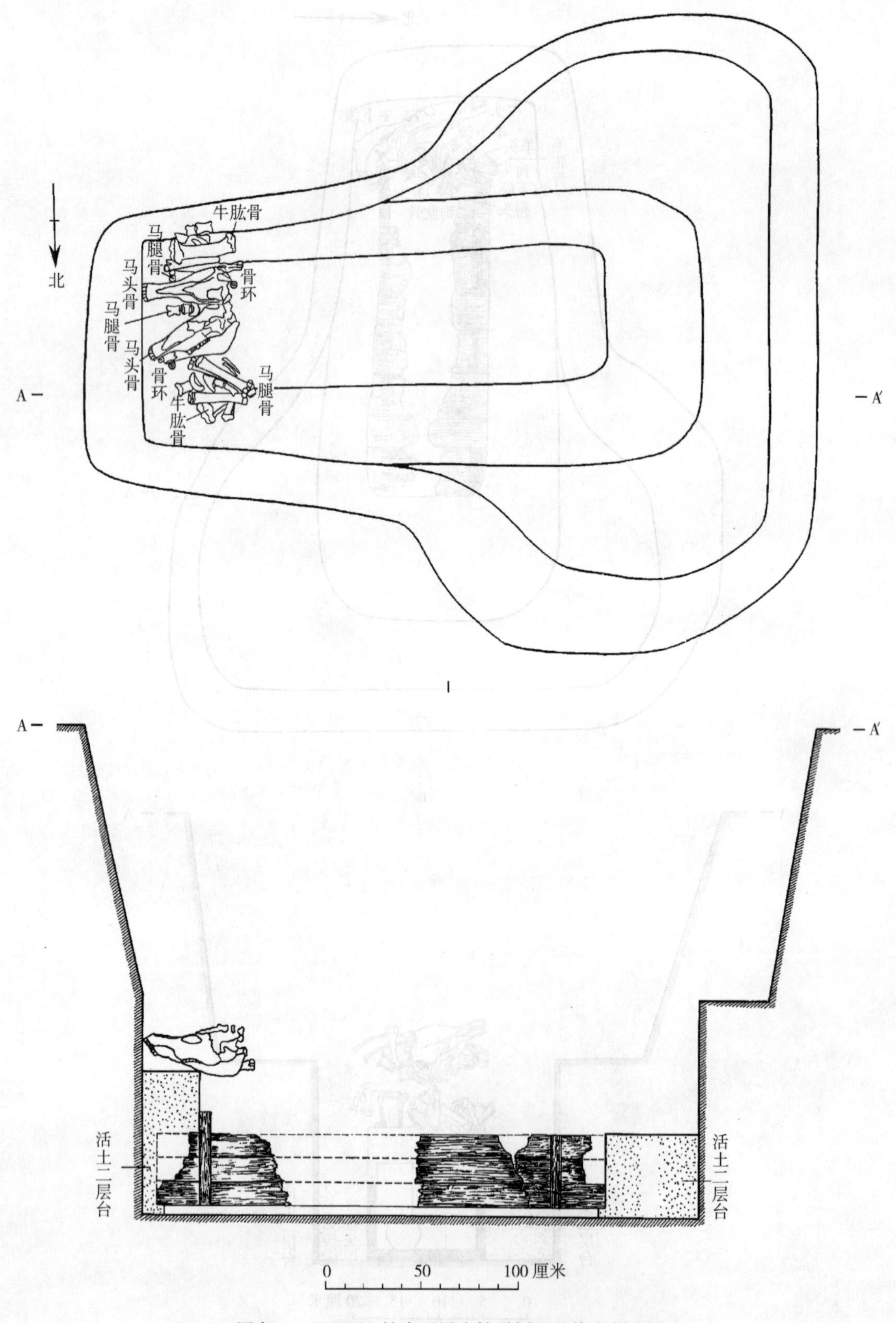

图九一 YYM230圹内下层殉牲平剖面及椁室剖面图

牲之上，也有少数随木椁东端填土陷落而陷落错位者，经清理，属于前者的有，牛头骨1个（上、下颌被拆开，单放），羊头2个（上、下颌亦被拆开，单放），羊肱骨2只，狗头2个（上、下颌亦被拆开，单放），狗肱骨2只；属于后者的包括，羊上颌骨1个，羊下颌骨1副，狗上颌骨2个，狗下颌骨2副，狗肱骨2只。此墓的两层祭牲所构成的祭牲堆，上、下高差为0.66米，即从距东端圹口深0.7米处见到祭牲兽骨，直到深1.36米的空间范围，皆被马、牛、羊、狗四种家畜祭牲所占居，其殉牲规模和殉牲数量，虽然不如YYM18和YYM250那样庞大，但比较一般中型墓葬的殉牲规格，还是显得略高一等。

木椁已朽，板灰呈白色粉状，保存状况较好。盖板呈南、北向，横搭在南、北两侧活土二层台台帮上，两端灰痕较清楚（彩版一二，2），中间部分无存，自东而西，依次排列11块木板，板南北长70、板宽14～26厘米；南、北侧板长2.34米，立于底板之上，朽毁较严重，以北侧板为甚，南侧板保存略好一点，可辨识其由3块板组成，其高度与活土二层台台面相平，每块板宽12、厚5厘米；东、西两端堵板，竖插于南、北侧板之间，立插部位，分别在南、北侧板东、西两端内缩22厘米处，东端堵板高47、西端堵板高36（均不包括底板厚度）、总宽60厘米，各由3块立板组成，每块板宽18～20厘米不等，堵板厚6厘米；底板东西顺长2.27、灰痕总宽0.7米，由4块板组成，每块板宽16～20、底板厚5厘米，底板南、北两侧边与侧板边卡齐，东、西两端较侧板稍短一截（图九〇，九一）。

死者骨骼一具，顺置于木椁正中（图版二六，2）。骨骼已朽，保存状况不太好，头骨已塌碎，右上肢已成粉状，仅余肱骨残段，脊椎骨已不完整，肋骨与骨盆几乎无存，仅下肢骨较完整，但足趾骨已残缺不全。死者头东足西，仰身直肢，经现场鉴定，死者为男性，50～55岁，骨骼从头到脚通长1.6米。

随葬品集中陈放于木椁内、死者身上及其周围（图九二；图版二六，2）。在头骨左侧，放置夹砂红陶罐1件，正置。左、右耳骨下面，各出螺旋形铜丝耳环1件及绿松石坠珠3枚。在鼻骨上和下颌骨表面，有覆面铜扣3枚。在颈下、左锁骨前端，出虎形铜牌饰2件，2件牌饰作上、下排列，头朝左，尾向右。在颈下至胸前，还出有小铜珠和小黑石珠相间串成的项链一串，纺锤形小铜珠28枚，小黑石珠37枚，每7枚小铜珠为一节，接有9粒或10粒小黑石珠，各分4节串成。在左尺骨内侧，出青铜短剑1件，侧置，青铜削刀1件，剑、刀锋部均朝上；在左尺骨下端，出一端带穿孔的砂岩砺石1件。在右髋骨下端外侧，出长方形铜锥（针）管具1件。在右股骨上端内侧，出骨环1件；在右股骨上端外侧，出铜锥1件，锥尖朝下（图版二七，2）。在左、右股骨上端中间，出喇叭形管状铜饰1件。在右股骨下端外侧，出铜凿1件，凿刃朝上。在右胫骨外侧，出铜镞2枚，骨镞4枚，镞锋均朝下。在右胫骨下端及右足骨外侧，出铜马衔2副，骨镳1件（已残），马具铜泡6枚（图版二七，1）。在左足骨外侧，出梯形赤铁矿砺石1件。在死者腰际的正、背两面，共出双联S纹铜带卡10枚。在右侧腰间，还出铜铃形饰1件。在死者身后，在腰际以下至左、右股骨中下段之间部位，出有铜带饰5条，共包括卧鹿形铜带饰49枚，双联S纹铜带卡17枚。第1条，分布于右髋骨外侧至右股骨外侧一线，为卧鹿形铜带饰18枚；第2条，分布于右髋骨下面至右股骨下面及其内侧一线，为双联S纹铜带卡9枚；第3条，分布于骨盆中间至左、右股骨上端之间，为卧鹿形铜带饰12枚；第4条，分布于左髋骨下面至左股骨下面及其外侧一线，为双联S纹铜带卡8枚；第5条，分布于左髋骨外侧至左股骨外侧一线，为卧鹿形铜带饰19枚（图九三）。在死者身后，骨盆下面，还出有铜泡7枚：出于左、右髋骨上

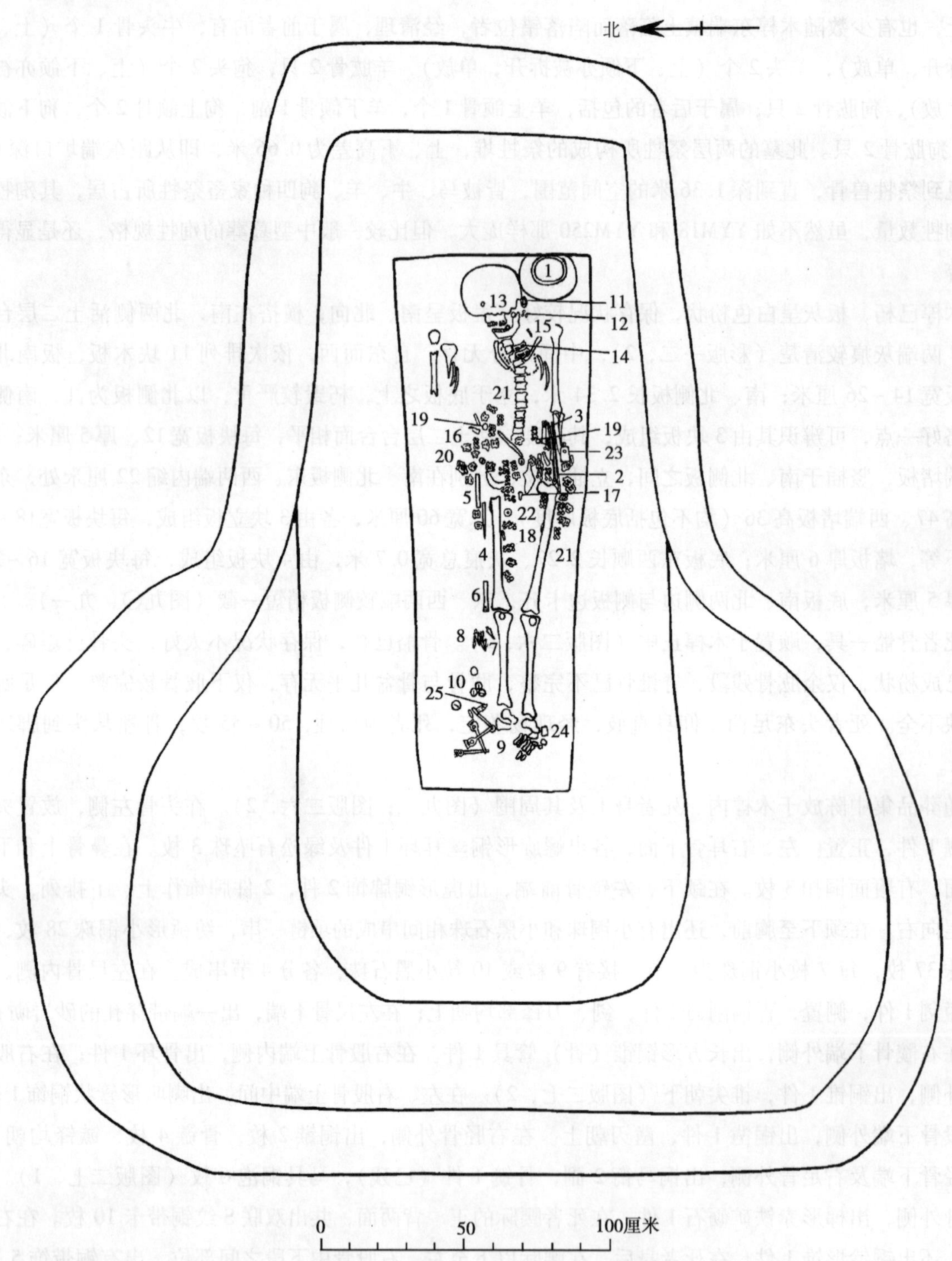

图九二 YYM230平面图

1. 夹砂红陶罐 2. 青铜短剑 3. 青铜削刀 4. 铜锥 5. 长方形铜锥（针）管具 6. 铜凿 7. 铜镞 8. 骨镞 9. 铜衔 10. 马具铜泡 11. 铜丝耳环 12. 绿松石坠珠 13. 覆面铜扣 14. 虎形铜牌饰 15. 小铜珠及黑石珠项链 16. 铜铃形饰 17. 喇叭形管状铜饰 18. 服饰铜泡（大号） 19. 服饰铜泡（中号） 20. 小鹿形铜带饰 21. 双联S形铜带卡 22. 骨环 23. 穿孔砺石 24. 赤铁矿砺石 25. 骨镳（右胫骨下端、右足骨外侧） 26. 马具骨环（见马牲吻部北侧）

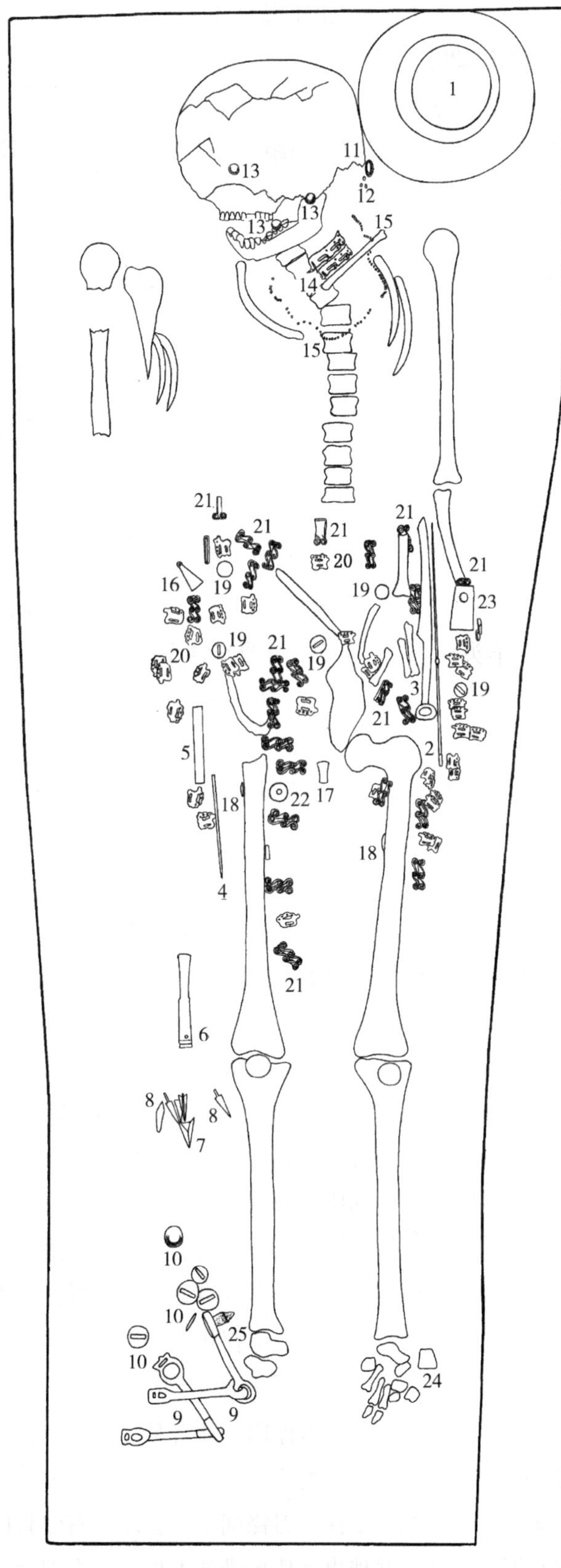

图九三 YYM230遗物分布图（局部）

1. 夹砂红陶罐 2. 青铜短剑 3. 青铜削刀 4. 铜锥 5. 长方形铜锥（针）管具 6. 铜凿 8. 骨镞 9. 铜衔 10. 马具铜泡 11. 铜丝耳环 12. 绿松石坠珠 13. 覆面铜扣 14. 虎形铜牌饰 15. 小铜珠及黑石珠项链 16. 铜铃形饰 17. 喇叭形管状铜饰 18. 服饰铜泡（大号） 19. 服饰铜泡（中号） 20. 小鹿形铜带饰 21. 双联S形铜带卡 22. 骨环 23. 穿孔砺石 24. 赤铁矿砺石 25. 骨镳（右胫骨下端、右足骨外侧）

缘内各1枚（正面），出于骶骨和左、右髋骨背面各1枚（反面），出于左、右股骨上段背面各1枚。

YYM229

这是玉皇庙墓地属于乙（A）级规格的中型墓葬之一。位于北Ⅱ区北部，其东有YYM228，间距1.1米；南有YYM227，间距2.1米；西南有YYM241和YYM251，间距分别为2.2和4.7米；北有YYM230，间距1米；东北有YYM231，间距2.3米。此墓的地层堆积，基本上同于YYM250，不赘。

墓圹平面形状，基本上呈抹角长方形，为竖穴土坑墓。东向，方位角为东偏南12°。墓圹规格，圹口东西长2.78、东端宽0.93、西端宽0.98米；圹壁平整、笔直，圹底形制、规格与圹口一致，圹口至圹底深1.8米。无生土二层台。在圹底正中位置，按东西方向，安置木椁一具。在木椁四壁的外侧至圹底部四壁之间，筑有活土二层台，台土经过严密夯打，较坚实。东、南、西、北四周活土二层台等高，均为32厘米，宽度不一，东台宽51、南台宽18、西台宽43、北台宽21厘米。

圹内填土，为杂有少量褐色斑点的黄色五花土，经普遍夯实，但未有夯层与夯窝遗痕。填土较纯净，仅在填土中发现夹砂红陶器器底碎片2块，烧烤过的羊肱骨1段，除此之外，再未见其他遗物。

殉牲位置，祭牲集中摆放在圹内东端中间上层填土中，上距东端圹口31厘米深，下距圹底120厘米（彩版一三，1；图版二八，1）。殉牲种类，为牛、羊、狗三种家畜。殉牲数量，牛头1个，牛肱骨1只，羊头（绵羊）1个，羊肱骨1只，狗头3个，狗肱骨2只。殉牲形式，将祭牲畜头的上、下颌均拆解开，作同层交错插放。即先将牛上颌骨1个，摆放于圹内东端正中间填土上，牛的吻部朝东，正置；然后在其北侧，按东西方向，顺放牛肱骨1只，并在牛肱骨与牛上颌之间，插放牛下颌1副，侧置，吻部亦朝东；然后于牛上、下颌骨北侧、牛肱骨之上，插放羊肱骨1只，狗肱骨2只，绵羊上颌骨1个，绵羊下颌骨1副，狗上颌骨2个，狗下颌骨2副。除其中1个狗上颌和1副狗下颌的吻部朝北以外，其他的狗头与羊头的吻部均朝东。

木椁已朽，但板灰痕迹尚较清楚。板灰呈白色粉渣状，盖板多数保存原状，灰迹横向覆盖于南、北侧板之上，两端贴附于南、北活土二层台台帮上，共由12块板组成，板长0.83米，板宽10～24厘米不等，板灰厚不足0.5厘米。底板东西顺长2.01米，总宽东、西两端相等，均为0.61米，板灰很薄，不足0.5厘米，板块组成情况已难辨识。南、北侧板立于底板之上，两侧边与底板压齐，东、西两端均超出底板一截（东端较底板长出15、西端长出9厘米），东西顺长2.25米，总高32厘米，与南、北活土二层台台面平齐，板块组成已难辨析，板灰厚4厘米。东、西两端堵板，分别竖插于南、北侧板之间，立插部位，分别在南、北侧板东、西两端内缩23和18厘米处；高度东、西有别，西端堵板高与南、北侧板一致，为32厘米，东端堵板则稍高于侧板，高为35厘米；总宽东、西两端均为51厘米，板灰痕迹显示，其均由4块竖板组成，每块板宽12～13厘米不等，板灰厚4厘米左右。

木椁内装殓尸骨一具。保存状况较好，各部分骨骼基本完整。头东足西，仰身直肢，经现场鉴定，死者为男性，45岁左右。骨骼从头到脚通长1.72米（图版二八，2）。

随葬品集中陈放于木椁内、死者身上及其近前（图九四、九五；彩版一三，2）。在头骨右侧，放置夹砂红陶罐1件，斜侧置，在右尺骨内侧、右髋骨以上部位，出铜带钩1件，钩首朝左。在右尺骨外侧，出青铜削刀1件，刀锋朝下。在左、右髋骨内侧，出辐射纹服饰铜泡4枚。在左髋骨外缘之下，压有铜锥1件，并伴出算珠形骨珠1枚。在左股骨上端外侧，出不规则形赤铁矿砺石1件。在右髌骨外侧，出铜凿1件，凿刃朝上。在铜凿与右腓骨之间，出骨鸣镝5枚。在右腓骨外侧，出铜锛1件，锛

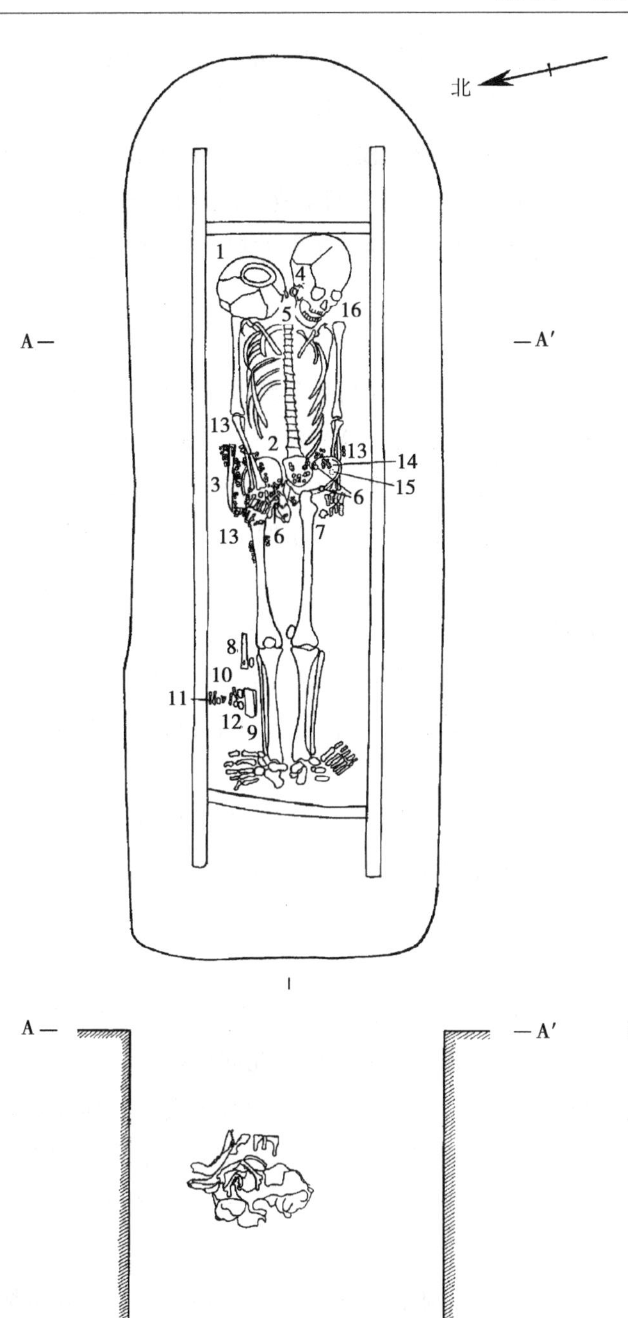

图九四　YYM229平剖面图

1. 夹砂红陶罐　2. 铜带钩　3. 青铜削刀　4. 铜丝耳环　5. 绿松石管　6. 辐射纹服饰铜泡　7. 不规则形赤铁矿砺石　8. 铜凿　9. 铜锛　10. 铜镞　11. 骨镞　12. 骨鸣镝　13. 三鸟头纹铜带饰　14. 铜锥（压于左髋骨外缘之下）　15. 算珠形骨珠（压于左髋骨下面，与铜锥伴出）　16. 绿松石坠珠

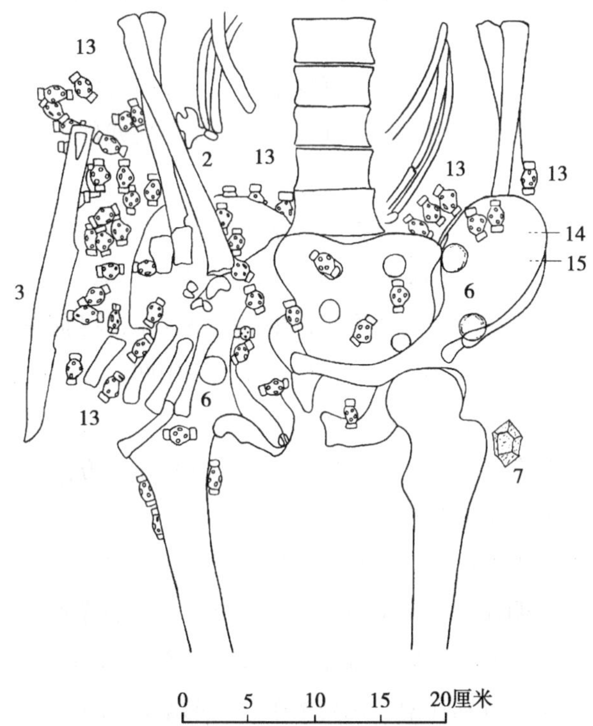

图九五　YYM229遗物分布图（局部）

2. 铜带钩　3. 青铜削刀　6. 辐射纹服饰铜泡　7. 不规则形赤铁矿砺石　13. 三鸟头纹铜带饰　14. 铜锥（压于左髋骨外缘之下）　15. 算珠形骨珠（压于左髋骨下面，与铜锥伴出）

刃朝下。在铜锛右侧，出铜镞1枚，骨镞4枚，镞锋均朝下。在腰际、骨盆、左右股骨之间，出三鸟纹铜带饰82枚（图版二八，3），具体分布如次：（1）出于右尺骨外侧及铜刀下面14枚；（2）出于右股骨外侧4枚；（3）出于右股骨上面1枚；（4）压在右股骨下面6枚；（5）出于右股骨内侧4枚；（6）压在右髋骨下面9枚；（7）出于右髋骨上面9枚；（8）出于骶骨上面4枚；（9）出于左侧腰际和压在左髋骨下面者14枚；（10）压在左尺骨和左手指骨下面7枚；（11）压在左股骨下面6枚；（12）出于左髋骨上面4枚。

YYM233

这是玉皇庙墓地属于乙（B）级规格的中型墓葬之一。位于北Ⅱ区北部东界边缘，其东已无墓葬，东南有YYM232，间距1.5米；南有YYM231，间距2.1米；西南有YYM230，间距3.7米；西有YYM282，间距11米；西北有YYM279，间距1.65米。此墓的地层堆积，基本上同于YYM250，不赘。

墓圹平面形状，基本上呈抹角长方形，为竖穴土坑墓。东向，方位角为东偏南12°。墓圹规格，圹口东西长2.95、东端宽1.2、西端宽1.09米；圹壁平整、笔直，圹底形制、规格与圹口一致，圹口至圹底深1.56米。无生土二层台。在圹底中间稍偏东南—西北方向，安置木椁一具。在木椁四壁的外侧至圹底部四壁之间，筑有活土二层台，台土经过严密夯打，较坚实。东、南、西、北四周活土二层台等高，均为25厘米，宽度不一，东台宽56、南台宽36（中段）、西台宽55、北台宽29厘米（中段）。

圹内填土，为杂有少量褐色斑点的黄色五花土，经普遍夯实，但未有夯层与夯窝痕迹。填土较纯净，在填土中，仅发现夹砂红陶罐器底残件1块，夹砂褐陶器口沿残片2块，除此之外，再未见其他遗物。

殉牲位置，祭牲集中摆放在圹内东端中间上层填土中，上距东端圹口30厘米深，下距圹底97厘米（彩版一四，1）。殉牲种类，为牛、狗二种家畜。殉牲数量，牛头1个，牛肱骨1只，狗头9个，狗肱骨5只。殉牲形式，牛头完整保留，将狗头上、下颌拆解开，与牛作南、北同层摆放。即按东西方向先将狗肱骨4只，顺摆在东端中间上层填土上，然后将拆解开的狗上、下颌骨8套，叠压于狗肱骨之上，然后再将个体最大的1套狗上、下颌及狗肱骨1只，摆到最上面，所殉狗上、下颌，吻部一律朝东；在紧挨狗牲堆的南侧，亦按东西方向，顺置牛肱骨1只，牛头1个，牛头叠压于牛肱骨之上，牛的吻部亦朝东。

木椁已朽，盖板与底板板灰痕迹保存不好，轮廓已不清楚，唯南北侧板与东、西堵板，板灰界限尚较明显。板灰呈白色粉状，南、北侧板东西顺长2.05米，总高30厘米，与南、北活土二层台台面平齐，板块组成已难分辨，板灰厚3～4厘米。东、西两端堵板，分别竖插于南、北两侧板之间，立插部位，分别在南、北侧板东、西两端内缩12和15厘米处；高度东、西相差较大，西端堵板高与南、北侧板一致，为30厘米，东端堵板超出侧板较多，高为58厘米；总宽东端46、西端40厘米，东端堵板有4块竖板组成，每块板宽9～13厘米不等，西端堵板板块组成情况，已难辨识。

木椁内装殓尸骨一具。保存状况不好，头骨已扁碎，肋骨无存，脊椎骨大部残缺，上、下肢骨及骨盆，均残缺不全。头东足西，仰身直肢，经现场鉴定，死者为男性，30～35岁。骨骼从头到脚通长1.66米。

随葬品集中陈放于木椁内、死者身上及其近前（图九六；图版二九，1）。在头骨右侧、右肩部位，放置夹砂红陶罐1件，斜侧置，已碎裂。在左、右耳骨下面，各出铜丝耳环1件。在左耳环下，附出绿松石坠珠6枚；在右耳环下，附出绿松石坠珠4枚。在压碎的面骨内，出覆面铜扣3枚。在颈下，出虎形铜牌饰1件，虎头朝右。在右肱骨上端，出白石管4枚。在左髋骨外侧和左尺骨之间，出青铜削刀1件，刀锋朝斜上方。在腰椎上面，出喇叭形管状铜饰1枚。在骶骨之上，出骨柄铜锥1件，锥尖朝下。在左、右股骨之间，出长方形铜锥（针）管具1件（彩版一四，2）。在左股骨内侧和右股骨下面，各出服饰铜泡1枚。在右股骨和右胫骨之下，各压有砺石1块。在左、右足骨之间，出铜镞3枚，骨镞13枚，镞锋均朝下。在死者身后，从腰际以下至左、右股骨之间，出小卧鹿形铜带饰27枚（图版二九，2），分布如此：（1）在右尺骨内侧、右髋骨和右股骨外侧，出11枚；（2）压在右髋骨下面4枚；（3）压在右股骨下面2枚；（4）压在左髋骨下面4枚；（5）压在左股骨下面2枚；（6）出于左股骨外侧2枚；（7）出于左、右股骨之间2枚。

YYM231

这是玉皇庙墓地属于乙（B）级规格的中型墓葬之一。位于北Ⅱ区北部，其东为YYM232，间距1.1米；南有YYM228，间距1.7米；西南有YYM229，间距2.3米；西有YYM230，间距2.4米；西北有YYM279，间距3.9米；北有YYM233，间距2.1米。此墓的地层堆积，基本上同于YYM250，不赘。

墓圹平面形状，基本上呈抹角长方形，为竖穴土坑墓。东向，方位角为东偏南16°，墓圹规格，圹口东西长2.7、东端宽1、西端宽1.05米，圹壁平整、笔直，圹底形制、规格与圹口一致，圹口至圹底深1.62米。无生土二层台。在圹底中间，按东西方向，顺置木椁一具。在木椁四壁的外侧至圹底部四壁之间，筑有活土二层台，台土经过严密夯打，较坚实。东、南、西、北四周活土二层台等高，均为32厘米，宽度不一，东台宽38、南台宽33、西台宽55、北台宽23厘米。

圹内填土，为杂有少量褐色斑点的黄色五花土，经普遍夯实，但未有夯层与夯窝痕迹。填土较纯净，在填土中仅见夹砂褐陶器口沿与扳耳残片各1块，还有羊下颌骨残段1块，除此之外，再未发现其他遗物。

殉牲位置，祭牲摆放在圹内东端中间上层填土中，上距东端圹口仅5厘米深，下距圹底1.4米（图版二九，3）。殉牲种类，只有狗一种。数量，狗头2个，狗肱骨2只。殉牲形式，将狗上、下颌骨拆解开，自东而西先上颌，后下颌，再将肱骨斜插其间。上、下颌骨作倒置或侧置，吻部朝向不一，有朝东北者，也有朝南和东南者。

木椁已朽，盖板绝大部分无存，仅东端残存.3块，底板痕迹不明显，唯有侧板和东、西堵板板灰痕迹尚依稀可辨。南、北侧板东西顺长2.7米，总高32厘米，与南、北活土二层台台面平齐，板块组成已无法分辨，板灰厚3厘米。东、西两端堵板，分别竖插于南、北侧板之间，立插部位，分别在南、北侧板东、西两端内缩16和20厘米处；高度均与南、北侧板及活土二层台台面一致，为32厘米；总宽东端42、西端40厘米，板块组成情况亦不能详，板灰厚3.5厘米。

木椁内装殓尸骨一具。保存状况较好，除上颌骨、脊椎骨和右尺骨有残缺外，其他部分骨骼基本完整。头东足西，仰身直肢，经现场鉴定，死者为女性，30～35岁。骨骼从头到脚通长1.54米。

随葬品集中陈放于木椁内、死者身上及其近前（图九七）。在头骨右后侧、椁底东北角，放置夹砂红陶罐1件，斜侧置。在左、右耳骨下面，各出螺旋形铜丝耳环1件。在左耳环下，附出绿松石坠珠

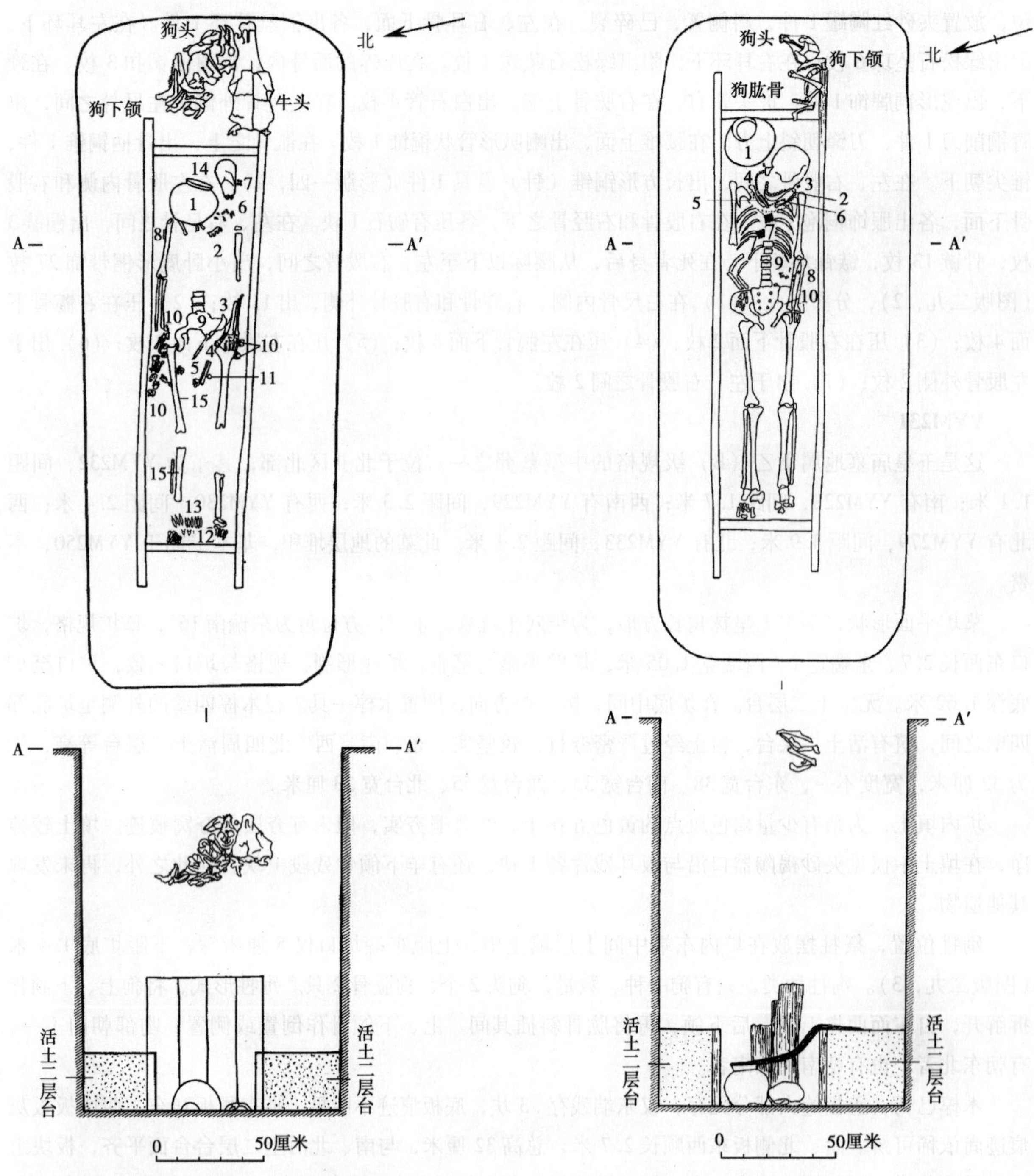

图九六 YYM233 平剖面图

1. 夹砂红陶罐 2. 虎形铜牌饰 3. 青铜削刀 4. 骨柄铜锥 5. 长方形铜锥（针）管具 6. 覆面铜扣 7. 绿松石坠珠 8. 白石管 9. 喇叭形管状铜饰 10. 小鹿形铜带饰 11. 服饰铜泡 12. 铜镞 13. 骨镞 14. 铜丝耳环（压在头骨之下） 15. 赤铁矿砺石（压在右股骨和右胫骨之下各1件）

图九七 YYM231 平剖面图

1. 夹砂红陶罐 2. 铜丝耳环 3. 绿松石坠珠 4. 小铜珠项链 5. 匕形铜坠饰 6. 小黑石珠项链 7. 联珠棍形铜坠饰 8. 服饰小铜扣 9. 白石管串饰 10. 长方形铜锥（针）管具（压在骨盆下）

1枚；在右耳环下，附出绿松石坠珠2枚。在颈部，出不同质料的项链2串：（1）小铜珠项链1串，由79枚小铜珠和1件匕形铜坠饰组成；（2）小黑石珠项链，由149枚小黑石珠串成。在胸部，出上、下2组共10枚联珠棍形铜坠饰。在左尺骨上，出服饰小铜扣3枚；在左尺骨内侧，出白石管5枚。在左髋骨下面，压有长方形铜锥（针）管具1件。

YYM228

这是玉皇庙墓地属于乙（B）级规格的中型墓葬之一。位于北Ⅱ区北部东界边缘，其东已无墓葬，其南有YYM226，间距3.6米；西南有YYM227，间距2.1米；西有YYM229，间距1.1米；北有YYM231，间距1.7米；东北有YYM232，间距2.5米。此墓的地层堆积，基本上同于YYM250，不赘。

墓圹平面形状，基本上呈抹角长方形，为竖穴土坑墓，四壁平整、笔直。东向，方位角为东偏南15°。墓圹规格，圹口东西长2.71、东端宽1.02、西端宽1.06米，圹底的形制、规格，均同于圹口，圹口至圹底深1.5米。无生土二层台。在圹底正中位置，按东西方向，安置木椁一具。在木椁四壁的外侧至圹底部四壁之间，筑有活土二层台，台土经过严密夯打，较坚实。东、南、西、北四周活土二层台等高，均为30厘米，宽度不一，东台宽41、南台宽37、西台宽42、北台宽20厘米。

圹内填土，为杂有少量褐色斑点的黄色五花土，经普遍夯实，但未有夯层与夯窝痕迹。填土很纯净，未包含任何文化遗物。

殉牲位置，祭牲集中摆放在圹内东端中间上层填土中，上距东端圹口23厘米深，下距圹底1.09米（彩版一四，3）。殉牲种类，为羊、狗二种家畜。殉牲数量，羊头（山羊）1个，羊肱骨1只，狗头2个，狗肱骨2只。殉牲形式，将祭牲畜头的上、下颌均拆解开，作同层交错插放。即先将拆解开的狗上颌2个，摆在圹内东端正中间，狗的吻部一个朝北，另一个朝东北；然后再在这两个狗上颌的西侧，摆上山羊上颌1个，羊肱骨1只，狗肱骨1只，狗下颌1副；最后再将狗肱骨1只、狗下颌1副、山羊下颌1副，叠置于山羊上颌之上。山羊上颌的吻部朝东（图九八）。

木椁已朽，除底板痕迹比较模糊外，其他部分板灰痕迹尚较清楚。盖板、侧板、堵板板灰均呈白色粉状。盖板多半保存状况较好，可辨识其板块规格及组成概况。盖板灰痕均横搭于南、北侧板之上，两端贴附于南、北活土二层台台帮上，共有12块板组成，板长0.7米，板宽11~18厘米不等，板灰厚已不足0.3厘米（图九八）。南、北侧板东西顺长2.01米，总高30厘米，与南、北活土二层台台面平齐，板灰厚3厘米。东、西两端堵板，分别竖插于南、北侧板之间，立插部位，分别在南、北侧板东、西两端内缩10和8厘米处。高度与南、北侧板一致，亦均30厘米，总宽东端45、西端39、板灰厚3~4厘米。

木椁内装殓尸骨一具。保存状况较好，各部分骨骼基本完整。头东足西，仰身直肢，经现场鉴定，死者为男性，16~18岁。骨骼从头到脚通长1.57米（图版三〇，1）。

随葬品集中陈放于木椁内、死者身上及其近前（图九九）。在头骨左侧，放置夹砂红陶罐1件，正置。在死者鼻骨部位，出覆面铜扣1枚。在左、右耳骨下面，各出螺旋形铜丝耳环1件。在颈下，左、右锁骨交接部位，出虎形铜牌饰1件。在左尺骨下面，出青铜削刀1件，刀锋朝下。在左髋骨上缘，出铜带钩1件。在右腓骨外侧，出骨鸣镝1枚。

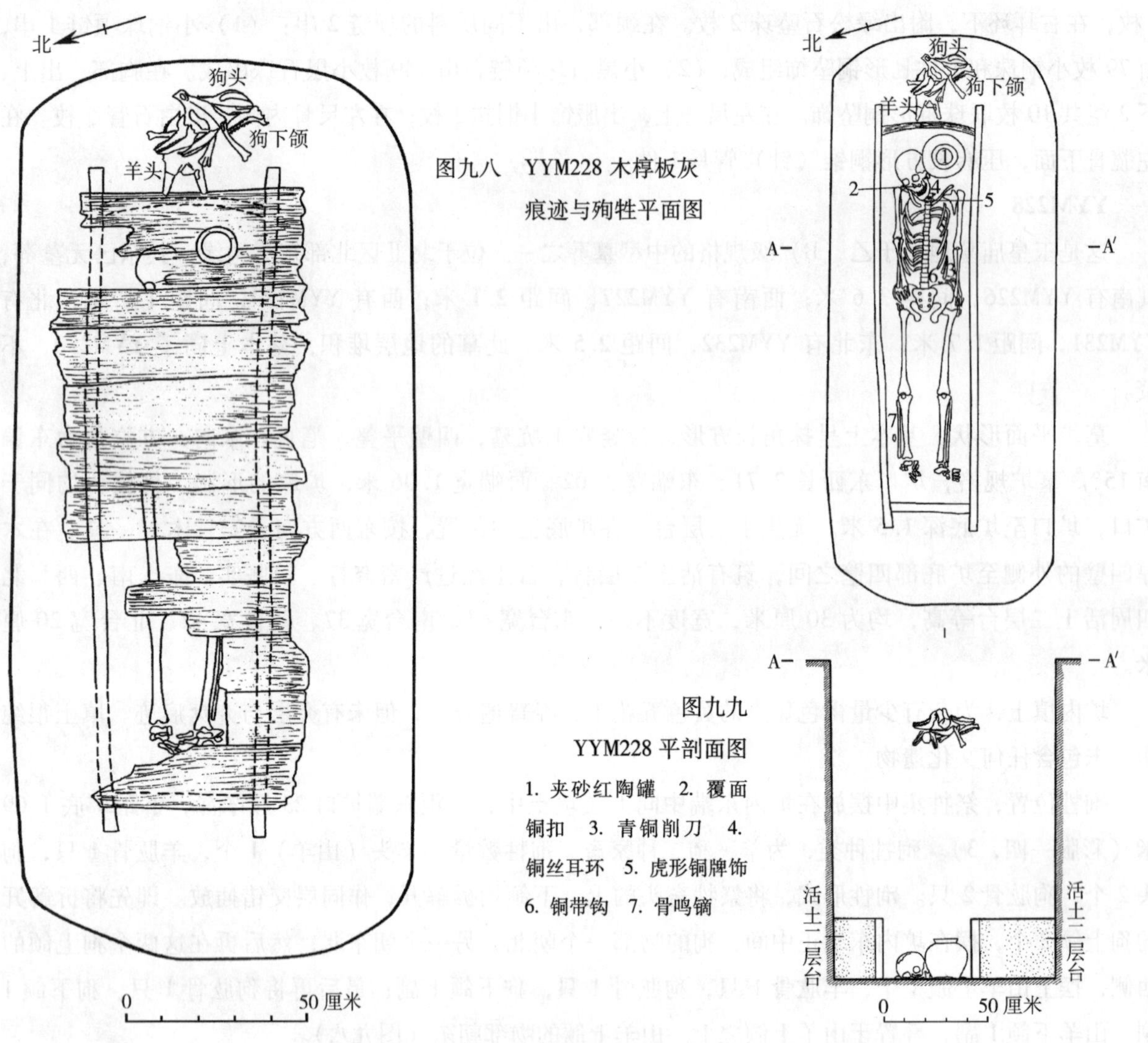

图九八　YYM228 木椁板灰痕迹与殉牲平面图

图九九　YYM228 平剖面图
1. 夹砂红陶罐　2. 覆面铜扣　3. 青铜削刀　4. 铜丝耳环　5. 虎形铜牌饰　6. 铜带钩　7. 骨鸣镝

YYM232

这是玉皇庙墓地属于丙（A）级规格的小型墓葬之一。位于北Ⅱ区北部东界边缘，其东、其南已无墓葬，西南为 YYM228，间距 2.6 米；西有 YYM231，间距 1.1 米；西北有 YYM233，间距 1.5 米；北有 YYM245，间距 5.4 米；东北有 YYM244，间距 5.2 米。此墓的地层堆积基本上同于 YYM250，不赘。

墓圹平面形状基本上呈抹角长方形，为竖穴土坑墓。东向，方位角为东偏南 4°。墓圹规格，圹口东西长 2.95、东端宽 1.04、西端宽 0.9 米。因在东、西两端圹壁各留出一道生土二层台，故圹底东西长缩为 2.28 米，圹底东端宽，同于圹口宽，圹底西端宽度变为 1 米。圹口至圹底深 1.26 米。圹内东、西两端所留出的生土二层台，形制、规格并不对称，东台距东端圹口深 22 ~ 25、台面宽 18 厘米，台高 1 米；西台距西端圹口深 35、台面宽 21 厘米，台高 0.9 米。圹底中间略偏东北—西南向安置木椁一具。在木椁四壁的外侧至圹底部四壁之间，筑有活土二层台，台土经过严密夯打，较坚实。东、南、西、北四周活土二层台等高，均为 0.5 米；台面宽度不一，东台宽 29、南台宽 41（中段）、西台宽 30、北台宽 24 厘米（中段）。

圹内填土为杂有少量褐色斑点的黄色五花土，经普遍夯实，但未有明显的夯层与夯窝痕迹。填土较纯净，在填土中，仅发现夹砂陶器残片2块，还有残存的弓形兽骨痕迹一段，除此之外，再未见其他任何遗物。

殉牲位置，祭牲集中摆放在圹内东端中间上层填土中，上距东端圹口16厘米深，下距圹底0.96米（图版三〇，2）。殉牲种类，只有狗一种。数量，狗头5个，狗肱骨5只。殉牲形式，将狗上、下颌骨拆解开，自东而西有序摆放。即先将狗肱骨1只，按东西方向顺置于东端中间填土上，然后将一大号狗头的上颌及下颌，叠压其上；再将其他4个狗头的上、下颌及肱骨4只，安置其后（即西侧）。这5个狗头的吻部，都朝东或东北。

木椁已朽，盖板无存，底板界限不明显，只有南、北侧板与东、西堵板板灰痕迹尚可辨识。板灰成白色粉状，南、北侧板东西长1.9、总高0.5米，与南、北活土二层台台面平齐，板块组成已不能辨识，板灰厚3厘米。东、西两端堵板，分别竖插于南北侧板之间，立插部位分别在南、北侧板东、西两端内缩8和9厘米处；高度东、西稍有差别，东端堵板高度与南、北侧板高度及活土二层台台面一致，为0.5米，西端堵板较东端堵板高出5厘米，为0.55米，总宽东端37、西端30厘米，板块组成及结构亦不能详，板灰厚3厘米。

木椁内装殓尸骨一具。保存状况较好，除头骨碎裂外，其他部分基本完整。头东足西，仰身直肢，经现场鉴定，死者为女性，25岁左右。骨骼从头到脚通长1.55米。

随葬品集中陈放于木椁内、死者身上及其近前（图一〇〇）。在头骨右后侧、椁底东北角放置泥质

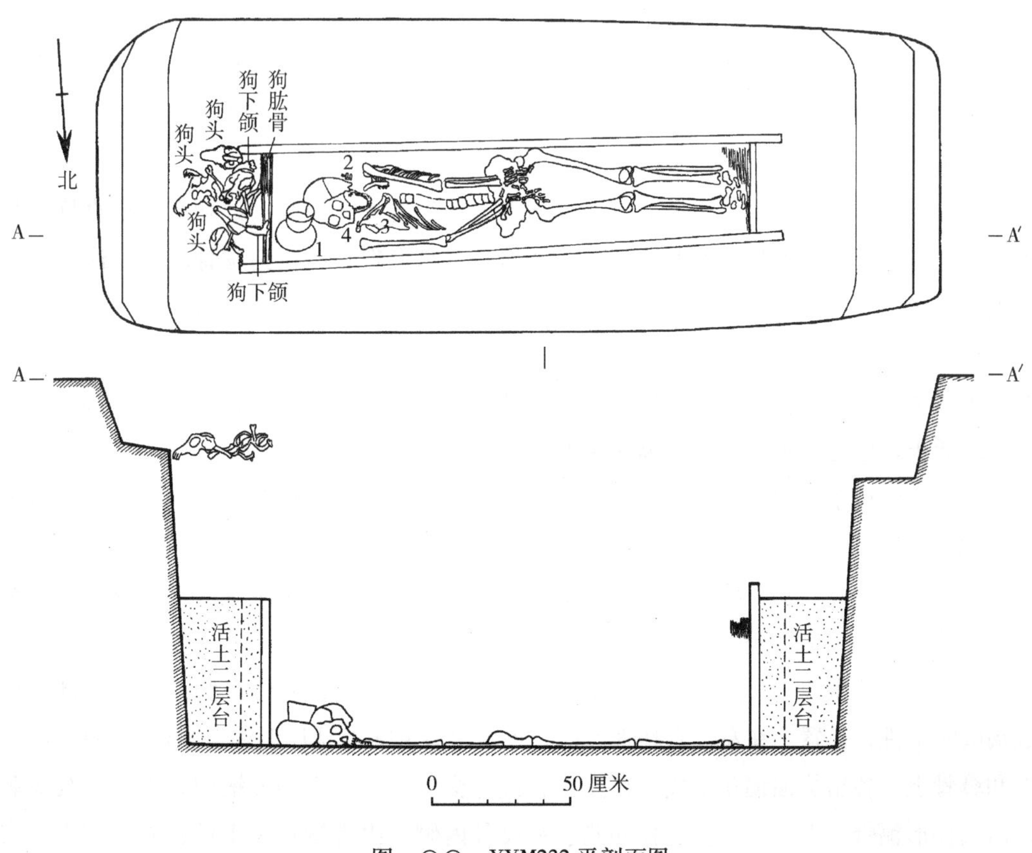

图一〇〇　YYM232平剖面图

1. 泥质灰陶壶　2. 白石管　3. 匕形铜坠饰　4. 铜丝耳环（被面骨遮挡）

灰陶壶1件，侧置。在右耳骨下面，出螺旋形铜丝耳环1件，未有绿松石坠珠伴出，左耳骨附近，未见有铜丝耳环。在人头左侧，出白石管4枚。在右锁骨下方，出匕形铜坠饰1件，匕尖朝右侧斜上方。

YYM227

这是玉皇庙墓地属于乙（A）级规格的中型墓葬之一。位于北Ⅱ区北部东界边缘，其东已无墓葬，其东南有 YYM226，间距1.5；南有 YYM234，间距3.5米，西南有 YYM240，间距2.4米；西有 YYM241，间距2.2米；北和东北有 YYM229 和 YYM228，间距均为2.1米。此墓的地层堆积基本上同于 YYM226，不赘。

墓圹平面形状呈弧边抹角长方形，为竖穴土坑墓，东向，方位角东偏南12°。墓圹规格，圹口东西长2.6、东端宽1.1、西端宽1.14米，圹底东西长2.57、东端宽1、西端宽1.1米，圹口至圹底深1.8米。在圹内南、北两壁中腰部位各留出很窄的一道生土二层台，南台中段宽8、北台中段宽6厘米，台面上距圹口均为0.85米深，台壁笔直下切，台高均为0.95米。在圹底正中位置，按东西方向安置木椁一具。在木椁四壁的外侧至圹底部四壁之间，筑有活土二层台，台土经过严密夯打，较坚实。东、南、西、北四周活土二层台等高，均为38厘米，宽度不一，东台宽23、南台宽33（中段）、西台宽42、北台宽16厘米（中段）。

墓内填土，为杂有少量褐色斑点的黄色五花土，经普遍夯实，但未遗有夯层与夯窝痕迹。填土较纯净，仅发现1片夹砂红陶器口沿残件和1块烧过的羊下颌骨碎片。

殉牲位置，祭牲集中摆放在圹内东端上层填土中，上距东端圹口0.65米深，下距圹底0.86米。殉牲种类，为牛、狗二种家畜。殉牲数量，牛头1个，牛肱骨1只，狗头2个，狗肱骨2只。殉牲形式，将牛、狗头上、下颌均拆解开，按东西方向，作同层摆放（图版三一，1）。先将牛肱骨1只顺放好，前端直抵东圹壁，然后将牛上颌骨1个，叠压于牛肱骨之上，使其吻部朝东，亦直抵东圹壁，再将狗肱骨2只、狗头2个置于其西侧近旁，狗的吻部亦朝东，狗头压在狗肱骨之上，最后再将牛下颌骨1副，侧扣于狗头之上（图一〇一）。

木椁已朽，板灰痕迹保存不好，仅能看到南、北侧板与东、西堵板白色粉渣状灰迹，盖板无存，底板轮廓已不清楚，各部分板块组成与结构，已不能辨析。南、北侧板东西顺长2.24米，总高38厘米，与南、北活土二层台台面平齐，板灰厚4厘米。东、西两端堵板，分别竖插于南、北侧板之间，立插部位，分别在侧板东、西两端内缩11和20厘米处，高度与南、北侧板一致，亦均38厘米，总宽东端53、西端47、板灰厚4厘米。

木椁内装殓尸骨一具。保存状况较好，主要部位骨骼基本完整。头东足西，仰身直肢，经现场鉴定，死者为男性，40岁左右。骨骼从头到脚通长1.75米。

随葬品集中陈放于木椁内、死者身上及其近前（图一〇二）。在头骨右侧，木椁底部东北角，放置夹砂红褐陶罐1件，正置。在左、右耳骨下面，各出螺旋形铜丝耳环1件及绿松石坠珠6枚。在左、右眼眶上和鼻骨上，各出覆面铜扣1枚。在左、右锁骨交接部位，出马形铜牌饰1件，马头朝左。在腰椎上，出瑞兽形铜带钩1件。在右髋骨外侧、右尺骨内侧，出青铜短剑1件，剑锋朝上。在右髋骨内侧，出青铜削刀1件，刀锋朝斜上方（图版三一，2）。在左髋骨上缘，出蜷身动物纹服饰铜扣1枚。在左股骨上端，出铜锥1件，锥尖朝下。在左腓骨外侧，出铜镞1枚，骨镞10枚，镞锋均朝下。在死

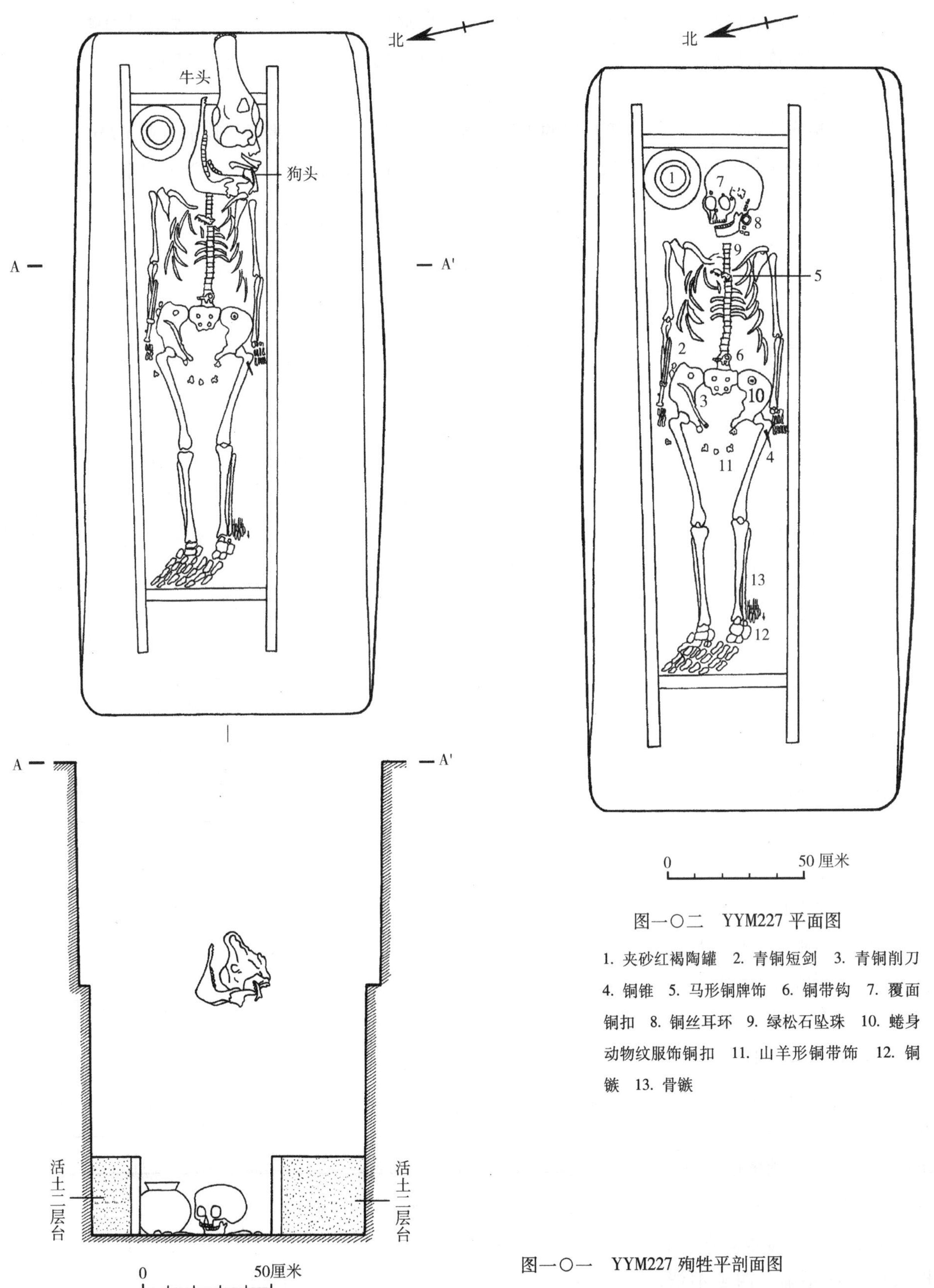

图一〇二　YYM227 平面图

1. 夹砂红褐陶罐　2. 青铜短剑　3. 青铜削刀　4. 铜锥　5. 马形铜牌饰　6. 铜带钩　7. 覆面铜扣　8. 铜丝耳环　9. 绿松石坠珠　10. 蜷身动物纹服饰铜扣　11. 山羊形铜带饰　12. 铜镞　13. 骨镞

图一〇一　YYM227 殉牲平剖面图

者身后，骨盆与股骨之间，出山羊形铜带饰29枚，分布如次：右尺骨内侧4枚；左尺骨内侧2枚；压在右髋骨下面5枚；压在骶骨下面3枚；压在左股骨下面4枚；左、右股骨之间11枚。

YYM241

这是玉皇庙墓地属于乙（B）级规格的中型墓葬之一。位于北Ⅱ区北部，其东南有YYM227，间距2.3米；南有YYM240，间距2.1米；西南有YYM252，间距1.7米；西有YYM264，间距4.2米；西北有YYM251，间距0.7米；东北有YYM230和YYM229，间距分别为3.3和2.2米。此墓的地层堆积基本上同于YYM250，不赘。

墓圹平面形状呈抹角长方形，为竖穴土坑墓。东向，方位角为东偏南7°。墓圹规格，圹口东西长2.85米，东、西两端宽各为1米，圹底东西长2.77米，东、西两端宽均为0.95米，圹口至圹底深1.6米。无生土二层台。在圹底正中位置，按东西方向安置木椁一具。在木椁外壁四周至圹底部四壁之间，筑有活土二层台，台土经过严密夯打，较坚实，东、南、西、北四台等高，均为30厘米，宽度不一，东台宽32、南台宽23、西台宽31、北台宽22厘米。

圹内填土为夹杂少量褐色斑点的黄色五花土，经普遍夯实，但未有夯层与夯窝痕迹。在填土中仅发现夹粗砂红陶罐类腹部残片3块，羊下颌骨残件2块，除此之外，再未见其他遗物。

殉牲位置，祭牲集中摆放在圹内东端北侧中部填土中，上距东端圹口0.61米深，下距圹底0.6米（图版三二，1）。殉牲种类，为牛、羊、狗3种家畜。殉牲数量，牛头1个，牛肱骨1只，羊头2个（山羊1，绵羊1），羊肱骨2只，狗头5个，狗肱骨5只。殉牲形式，将牛、羊、狗头的上、下颌拆解开后，按东西方向作南、北相邻同层依次摆放。即先将牛肱骨1只及拆解开的牛上、下颌骨1套，顺摆于圹内东端北侧的中部填土上，牛肱骨作东南—西北向，牛头骨作东西向，未相叠压；然后于牛头南侧、牛肱骨的西侧，自东而西依次纵摆拆解开的狗牲1套，山羊牲1套，狗牲4套，绵羊牲1套，皆肱骨在下，头骨在上。上述牛、羊、狗牲上、下颌的吻部均一律朝东（图一〇三）。

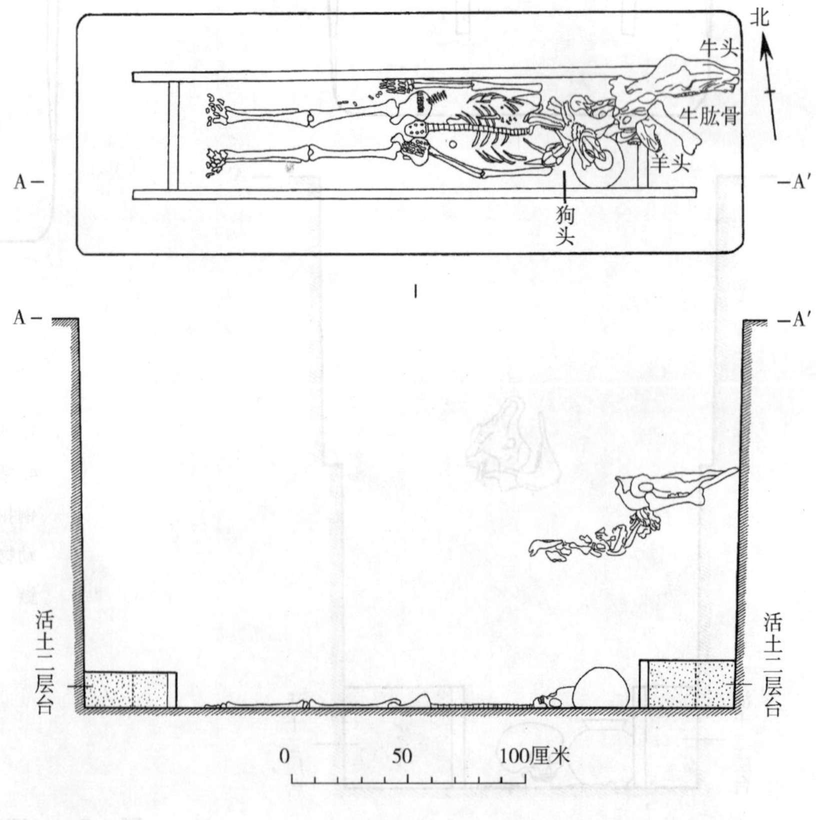

图一〇三 YYM241殉牲平剖面图

木椁已朽，盖板无存，底板灰痕薄而不显，四至不清，唯南、北侧板与东、西堵板灰痕轮廓尚能辨识。板灰呈白色粉状，南、北侧板东西顺长2.4米，总高30厘米，与南、北活土二层台台面平齐，板灰厚3.5厘米；东、西堵板分别竖插于南、北侧板之间，立插部位分别在南、北侧板东、西两端内缩20和15厘米处，高度与南、北侧板一致，均为30厘米，总宽东端46、西端45、板灰厚4厘米。南、北侧板与东、西堵板的板块组成情况已难以作具体分辨。

木椁内装殓尸骨一具。保存状况较好，头骨及其他主要部位骨骼基本完整。头东足西，仰身直肢，经现场鉴定，死者为女性，20~22岁。骨骼从头到脚通长1.62米（图版三二，2）。

随葬品集中陈放于木椁内、死者身上及其近前（图一〇四；彩版一五，3）在头骨左后方、椁底东南角，放置夹砂红褐陶罐1件，正置。在左、右耳骨下面，各出螺旋形铜丝耳环1件及绿松石坠珠2枚。小铜扣项链1串100枚，出于颈椎右侧47枚，左侧49枚，胸椎右侧4枚。在颈部至胸部，出不同质料的项链3串：（1）玛瑙珠、绿松石管、蚌珠及白石管组成的项链1串，由玛瑙珠54颗、绿松石管10枚、蚌珠11颗，以及白石管2枚联合串成，其末端（右侧腹部）附出匕形铜坠饰1件，坠尖朝下；（2）绿松石珠项链1串，由166枚绿松石珠串成；（3）小黑石珠项链1串，由268粒小黑石珠串成。在左侧腰间，出铜环1件。在右侧腰际至右髋骨表面，出联珠棍形铜坠饰20枚（图版三三，1）。在左髋骨下面，压有菱形动物纹铜锥（针）管具1件。

YYM264

这是玉皇庙墓地属于丙（A）级规格的小型墓葬之一。位于北Ⅱ区北部，其东有YYM241，间距4.1米；东南有YYM252，间距2.2米；南有YYM263，间距3.8米；西南有YYM265，间距2.8米；西有YYM276，间距5.5米；北有YYM250和YYM277，间距分别为2.3和2.5米；东北有YYM251，间距1.3米。此墓的地层堆积基本上同于YYM250，不赘。

墓圹平面形状，呈抹角长方形，为竖穴土坑墓。正东向，方位角为90°。墓圹规格，圹口东西长2.43、东端宽1.02、西端宽0.97米，圹底东西长2.33、东端宽0.94、西端宽0.92米，圹口至圹底深1.26米。无生土二层台。在圹底中间，按东西方向安置木椁一具。在椁底外壁四周至圹底部四壁之间，筑有活土二层台，台土经过严密夯打，较坚实，东、南、西、北四台等高，均为30厘米，宽度不一，东台宽46、南台宽21、西台宽35、北台宽14厘米。

圹内填土为杂有少量褐色斑点的黄色五花土，较纯净，经普遍夯实，但未有夯层与夯窝痕迹。在填土中，仅发现夹砂粗红陶罐类碎片5块，少量炭渣痕迹，除此之外，再未见其他任何遗物。

殉牲位置，祭牲集中摆放在圹内东端中间上层填土中，上距东端圹口32厘米深，下距圹底0.7米（图版三三，2）。殉牲种类，为牛、狗二种家畜。殉牲数量，牛头1个，牛肱骨1只，狗头5个，狗肱骨5只。殉牲形式，牛头完整保留，将狗上、下颌拆解开后，与牛牲作南、北相邻同层摆放。即按东西方向，先将牛肱骨1只，顺置于圹内东端中间上层填土上，然后将牛头1个，吻部朝东叠置其上；再在紧挨着牛头南侧的位置，将狗肱骨5只和拆解开的狗上、下颌骨5套，摆作一堆，狗肱骨在下，狗上、下颌骨叠置其上，狗上、下颌的吻部朝向，有4套朝东，另有1套朝北。

木椁已朽，板灰呈白色粉状，盖板与底板灰痕，薄而模糊，南、北侧板与东、西堵板板灰，轮廓尚可界定。南、北侧板东西顺长2米，总高30厘米，与南、北活土二层台台面平齐，板灰厚4厘米；东、西堵板，分别竖插于南、北侧板之间，立插部位，分别在南、北侧板东、西两端内缩17和19厘米处，高度与南、北侧板一致，均为30厘米，总宽东端53、西端49、板灰厚0.4厘米。南、北侧板与东、西堵板的板块组成与结构，已难以具体分辨。

木椁内装殓尸骨一具。保存状况较好，主要部位骨骼，基本完整。头东足西，仰身直肢，经现场鉴定，死者为男性，25岁左右。骨骼从头到脚通长1.55米（图版三四，1）。

随葬品集中陈放于木椁内、死者身上及其近前（图一〇五；彩版一六）。在头骨左侧，椁底东南角，放置夹砂红陶罐1件，正置。在左、右耳骨下面，各出螺旋形铜丝耳环1件及绿松石坠珠1枚。在鼻骨、右颧骨上及左颧骨下面，各出覆面铜扣1枚。在左侧锁骨上面，出马形铜牌饰1件（图版三四，2）。在左尺骨内侧、左侧腰间至左髋骨外侧，出青铜短剑1件，在短剑剑身表面出竹篾簧片1件。青铜削刀1件，削刀叠置于短剑剑身及竹篾簧片之上，剑锋与刀锋，均朝上。在左尺骨外侧，出小铜环1件，服饰铜泡1枚，赤铁矿砺石1件。在左、右髋骨上面及其外侧，出服饰小铜扣29枚。在左髋骨外侧，出铜凿1件。在左股骨外侧，出铜锛2件。凿刃与锛刃，均朝上。在铜锛之下，出铜镞10枚，镞锋亦朝上。在右股骨外侧，出长方形铜锥（针）管具1件，管内插装铜锥1件，锥尖朝下。服饰粟粒纹铜扣3枚，出于左股骨内侧2枚，出于右股骨上端表面1枚。此外，在死者身后，骨盆下面压有小铜环2件，右髋骨外侧，也出此种小铜环1件。在死者腰际以下至左、右股骨之间，出回首双兽形铜带卡39枚（图版三四，3），分布如次：（1）出于右髋骨外侧至右股骨上面、右股骨外侧一线13枚；（2）左髋骨外侧至左股骨上面、左股骨内侧一线15枚；（3）压在髋骨下面11枚；出长方形云纹铜带卡16枚，压于骨盆下面；还出马形铜带饰14枚，分布于左、右股骨之间。在左腓骨外侧，出骨鸣镝1件。

YYM276

这是玉皇庙墓地属于丁级规格的小型墓葬之一。位于北Ⅱ区北部。其东有YYM264，间距5.5米；东南有YYM265，间距3米；南有YYM275，间距2.5米；西南有YYM96和YYM97，间距分别为4.6和3.1米；东北有YYM277和YYM284，间距分别为49和43米。此墓的地层堆积，基本上同于YYM250，不赘述。

墓圹平面形状，呈抹角长方形，东端圹边略外弧，为浅穴土坑墓。西向，方位角为西偏北6°。墓圹规格，圹口东西长2.33米，东、西端均宽0.71米，圹底形制、规格与圹口一致，圹口至圹底深0.3米。无生土二层台。无木质葬具，无活土二层台。在圹底偏北侧，按西东方向，安置尸骨一具。

圹内填土为杂有少量褐色斑点的黄色五花土，未经夯实，土质较疏松。在填土中，仅发现夹砂红陶碎片1块，除此之外，再未见其他遗物。

无殉牲。

尸骨保存状况不太好，头骨已残碎，其他主要部位骨骼基本完整。头西足东，侧面向南，仰身直肢（图版三五，1）。经现场鉴定，死者为男性，25～30岁。骨骼从头到脚通长1.66米。

随葬品陈放于死者身上及其近前（图一〇六）。在头骨左侧，放置夹砂红陶罐1件，正置，已残碎不成形。在左、右耳骨下面，各出螺旋形铜丝耳环1件，无绿松石坠珠伴出。在颈部，出白石管及小白石珠项链1串，由白石管1枚和小白石珠180粒联合串成。在左髋骨与左股骨之间，出青铜削刀1件，刀锋朝下。在削刀左侧，出铜锥1件，锥尖朝下。在左股骨外侧，出铜镞1枚，在左腓骨外侧，出骨镞6枚，镞锋均朝下。在右髋骨外缘下面，出四通铜节约2件。另有三鸟头纹铜带饰42枚，出于左股骨内侧及下段表面者20枚，出于右股骨内侧者22枚（图版三五，2）。

图一〇五　YYM264平剖面图

1. 夹砂红陶罐　2. 青铜短剑　3. 青铜削刀　4. 铜凿　5. 铜锛　6. 铜锛　7. 铜锥　8. 长方形铜锥（针）管具　9. 铜丝耳环　10. 绿松石坠珠　11. 覆面铜扣　12. 马形铜牌饰　13. 小铜环　14. 服饰铜泡（压在小铜环下）　15. 粟粒纹服饰铜扣　16. 服饰小铜扣　17. 铜镞　18. 马形铜带扣　19. 反S形铜带饰　20. 赤铁矿砺石　21. 骨鸣镝　22. 竹篾簧片（压在刀下）　23. 长方形云纹铜带卡（压在骨盆下）

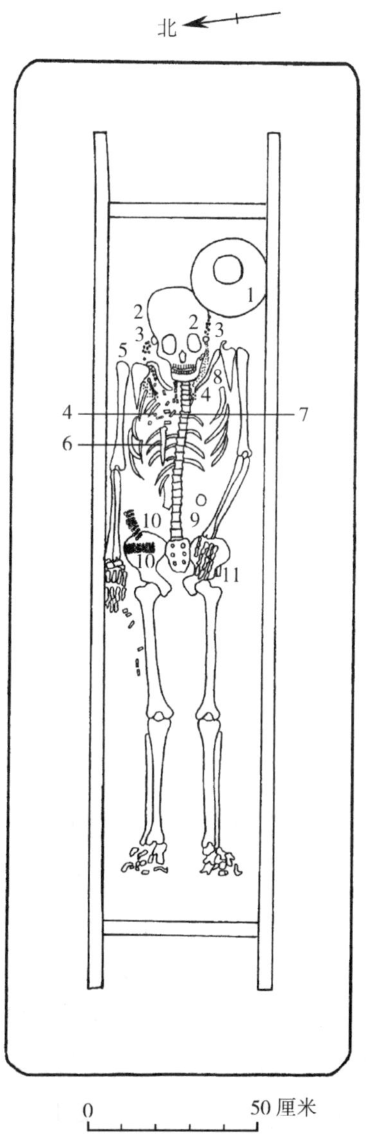

图一〇四　YYM241平面图

1. 夹砂红褐陶罐　2. 铜丝耳环　3. 绿松石坠饰　4. 小铜扣　5. 玛瑙珠、绿松石管、蚌珠、白石管项链　6. 匕形铜坠饰　7. 绿松石珠项链　8. 小黑石珠项链　9. 铜环　10. 联珠棍形铜坠饰　11. 菱形铜锥（针）管具

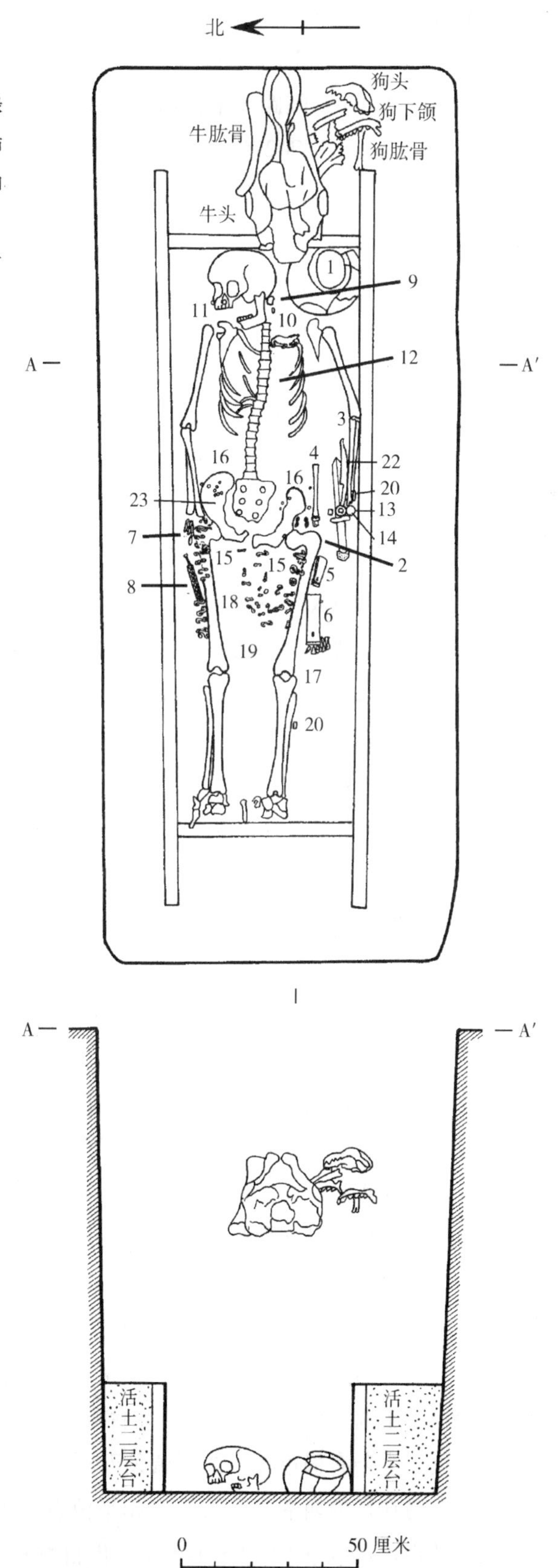

YYM97

这是玉皇庙墓地属于丙（B）级规格的小型墓葬之一。位于北Ⅱ区北部。其东南有YYM275，间距3.7米；南有YYM96，间距2米；西南有YYM38和YYM47，间距分别为5和5.4米；西北有YYM99，间距5.3米；东北有YYM276，间距3.1米。此墓的地层堆积，基本上同于YYM250，不赘。

墓圹平面形状，呈抹角长方形，为竖穴土坑墓。东向，方位角为东偏南7°。墓圹规格，圹口东西长2.5、东端宽0.88、西端宽0.92米，圹底形制、规格与圹口一致，圹口至圹底深0.9米。无生土二层台。在圹底中间按东西方向，安置木椁一具。在木椁外壁四周至圹底四壁之间，筑有活土二层台，台土经严密夯实，东、南、西、北四台等高，均为40厘米，宽度不一，东台宽39、南台宽20、西台宽35、北台宽18厘米。

圹内填土为杂有褐色斑点的深黄色五花土，经普遍夯实，但未有夯层与夯窝痕迹。在填土中，仅发现夹砂红陶残片3块，除此之外，再未见其他遗物。

无殉牲。

木椁已朽，板灰呈白色粉状。盖板无存，底板灰痕大部残缺，南、北侧板与东、西堵板板灰轮廓，四至可辨。南、北侧板东西顺长2.1米，板灰厚3.5～4厘米。东、西堵板分别竖插于南、北侧板之间，立插部位，分别在南、北侧板东、西两端内缩20和16厘米处，总宽东端38、西端34、板灰厚3～3.5厘米。南、北侧板与东、西堵板等高，均为40厘米。其板块组成情况，已不能详。

木椁内装殓尸骨一具。保存状况较好，头骨与骨架主要部位骨骼，基本完整。头东足西，仰身直肢。经现场鉴定，死者为女性，45岁左右。骨骼从头到脚通长1.5米。

随葬品较少，陈放于木椁内、死者头侧及上半身（图一〇七）。在头骨左侧，椁底东南角，放置夹砂红陶罐1件，正置，口沿已残。在左、右耳骨下面，各出螺旋形铜丝耳环1件，无绿松石坠珠伴出。在颈部，出小黑石珠项链1串（205粒）。在颈部至胸部，出铜珠项链1串（37枚），末端（胸椎左侧），附出匕形铜坠饰1件，坠尖朝下。在右尺骨下面，出铜针1件，针尖朝下。在右尺骨内侧，出赤铁矿砺石1件。在左尺骨下面，压有服饰铜扣1枚。

YYM99

这是玉皇庙墓地属于丁级规格的小型墓葬之一。位于北Ⅱ区北部。其东南有YYM97，间距5.3米；南有YYM38，间距0.4米；西南有YYM39，间距1.9米；西北有YYM98，间距2.9米；东北有YYM37，间距6.4米。此墓的地层堆积，基本上同于YYM250，不赘。

墓圹平面形状，呈抹角弧边长方形，北侧圹边略向南侧弧曲，为浅穴土坑墓。东向，方位角为东偏南2°。墓圹规格，圹口东西长2.6、东端宽0.95、西端宽1米，圹底形制、规格与圹口一致，圹口至圹底深40厘米。无生土二层台。在圹底中间，按东西方向，安置木椁一具。在木椁外壁四周至圹底四壁之间，筑有活土二层台，台土经严密夯实，东、南、西、北四台等高，均为20厘米，宽度不一，东台宽38、南台宽15、西台宽43、北台宽19厘米（中段）。

圹内填土为杂有褐色斑点的深黄色五花土，未经夯实，土质较疏松。在填土中，仅发现夹砂红陶残片2块。另在圹内西端中间与圹口相平位置，平置自然石灰岩石块1块（18×15×13厘米），在圹内南侧西端距圹口以下10厘米填土中，出自然石灰岩石块1块（22×14×12厘米）。

无殉牲。

木椁已朽，板灰呈白色粉状。底板与盖板痕迹无存，仅可辨识南、北侧板与

东、西堵板的灰痕界限。南、北侧板东西顺长 2.04 米，板灰厚 2～2.5 厘米。东、西堵板分别竖插于南、北侧板之间，立插部位，分别在南、北侧板东、西两端内缩 18 和 10 厘米处，总宽东端 49、西端 51、板灰厚 3 厘米。南、北侧板与东、西堵板等高，均为 20 厘米，与四周活土二层台台面平齐。其板块组成情况，已不能详。

木椁内装殓尸骨一具。保存状况较好，头骨与骨架主要部位骨骼，基本完整。头东足西，仰身直肢。经现场鉴定，死者为女性，35～40 岁。骨骼从头到脚通长 1.6 米（图版三六，1）。

随葬品陈放于木椁内、死者头侧及上半身（图一〇八）。在头骨左侧，放置夹砂红陶罐 1 件，正置，已碎裂。在左、右耳骨下面，各出螺旋形铜丝耳环 1 件，右耳环已残。在左耳环下，附出绿松石坠珠 1 枚；在右耳环下，附出绿松石坠珠 2 枚。在颈部，出小黑石珠项链 1 串（316 粒）。在颈部至胸

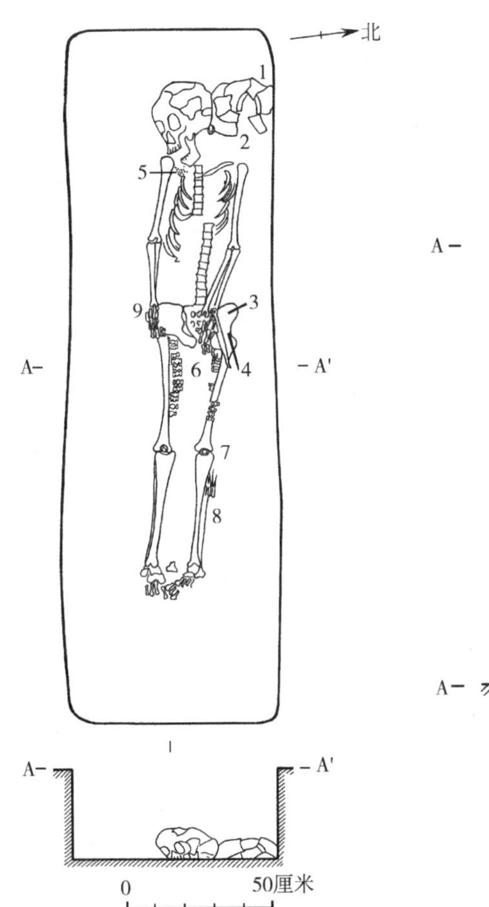

图一〇六　YYM276 平剖面图

1. 夹砂红陶罐　2. 铜丝耳环　3. 青铜削刀　4. 铜锥　5. 白石管与白石珠项链　6. 三鸟头纹铜带饰　7. 铜镞　8. 骨镞　9. 四通式铜节约（压在右髋骨外缘下面）

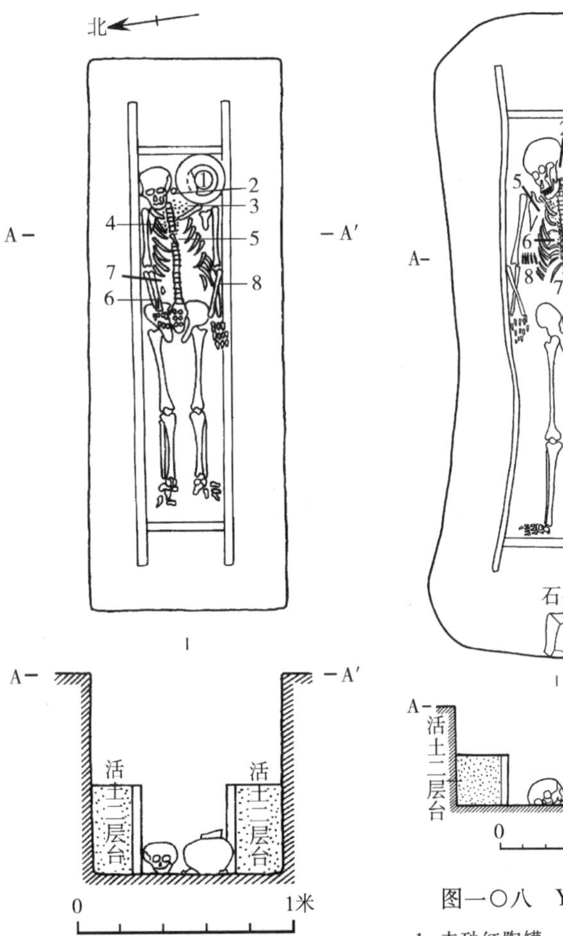

图一〇七　YYM97 平剖面图

1. 夹砂红陶罐　2. 铜丝耳环　3. 小黑石珠项链　4. 铜珠项链　5. 匕形铜坠饰　6. 铜针　7. 赤铁矿砺石　8. 服饰铜扣（压在左尺骨下）

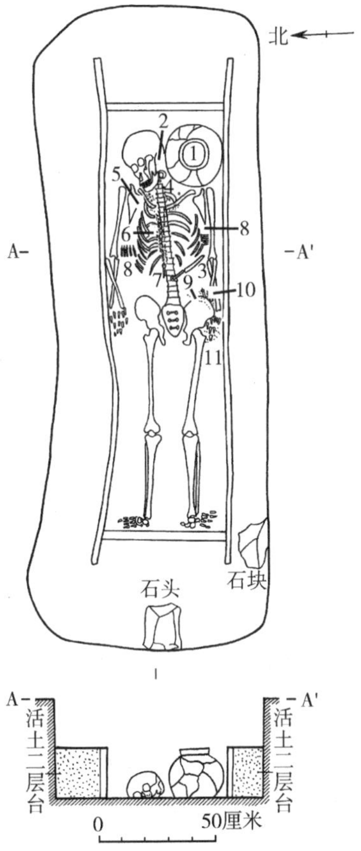

图一〇八　YYM99 平剖面图

1. 夹砂红陶罐　2. 铜丝耳环　3. 青铜削刀　4. 绿松石坠珠　5. 小黑石珠项链　6. 铜珠项链　7. 匕形铜坠饰　8. 联珠棍形铜坠饰　9. 铜锥　10. 长方形铜锥（针）管具　11. 小白石珠串饰

部，出铜珠项链1串（46枚），末端（腰椎骨处），附出匕形铜坠饰1件，坠尖朝下。在其中6枚铜珠穿孔内，尚遗有麻线痕迹。在左、右肱骨下端内侧，各出联珠棍形铜坠饰6枚。在左侧腹部，出青铜削刀1件，刀锋朝左侧斜上方。在左髋骨上缘下面，压有长方形铜锥（针）管具1件。在左髋骨上缘表面，铜锥（针）管具之上，出铜锥1件，锥尖朝下。另在左髋骨与左手骨之间，出有小白石珠1串（74粒）。

YYM38

这是玉皇庙墓地属于丁丙（A）级规格的小型墓葬之一。位于北Ⅱ区北部。其东南有YYM96，间距5.9米；南有YYM47，间距2.5米；西南有YYM39，间距1.1米；北有YYM99，间距0.4米；东北有YYM97，间距5米。此墓的地层堆积，基本上同于YYM250，不赘。

墓圹平面形状，呈抹角长方形，为竖穴土坑墓。东南向，方位角为东偏南26°。墓圹南壁东段和西北角，各被一座近代坟破坏，所幸尚未扰及人骨架。现存圹口东南—西北长2.2、东南端宽0.8、西北端残宽0.7米，圹底形制、规格与圹口一致，圹口至圹底深1米。无生土二层台。在圹底中间，按东南—西北方向安置木质葬具一具。在木质葬具四周至圹底四壁之间，筑有活土二层台，台土经严密夯实，四台等高，均为40厘米，宽度不一，东台宽30、南台宽18、西台宽5、北台宽12厘米。

圹内填土，为杂有褐色斑点的深黄色五花土，经普遍夯实，但未有夯层与夯窝痕迹。在填土中，未发现任何文化遗物。

无殉牲。

木质葬具已朽，盖板无存。底板灰痕仅残存西部，南、北侧板与东、西堵板的灰痕界限，尚能分辨。板灰呈白色粉状，南、北侧板东西顺长2.19米，西端堵板宽47厘米，侧板与堵板高度相等，均为40厘米，与四周活土二层台台面平齐。

木质葬具内装殓尸骨一具。保存状况较好，除头骨局部有残裂外，骨架其他主要部位基本完整。头朝东南，足向西北，侧面向北，仰身直肢。

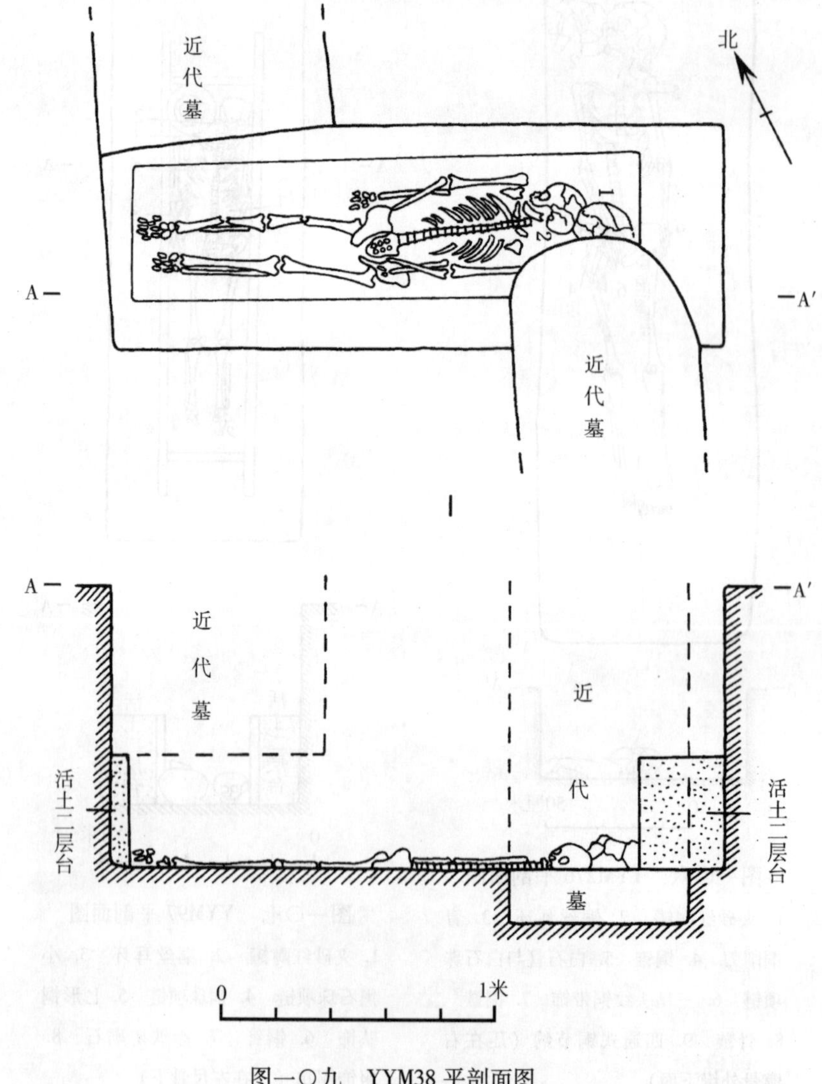

图一〇九 YYM38平剖面图

1. 夹砂红陶罐 2. 粟粒形小铜珠（左耳处）

经现场鉴定，死者为男性，22～24 岁。骨骼从头到脚通长 1.57 米。

随葬品很少。仅在木质葬具内、死者头骨左后侧，出夹砂红陶罐 1 件，正置，已残碎。在左耳骨处出粟粒形小铜珠 1 枚（图一〇九）。

YYM39

这是玉皇庙墓地属于丙（C）级规格的小型墓葬之一。位于北Ⅱ区北部。其东南有 YYM47，间距 2.8 米；南有 YYM40，间距 1.3 米；其西 8 米，为近代坟密集区；西北有 YYM34，间距 5.5 米；北有 YYM98，间距 5.2 米；东北有 YYM38，间距 1.1 米。此墓的地层堆积，基本上同于 YYM250，不赘。

墓圹平面形状，呈抹角长方形，为竖穴土坑墓，东向。方位角为东偏南 14°。此墓东半部，被一座近代坟拦腰挖断。墓圹规格，圹口东西长 2.2、东西两端宽均为 0.72 米，圹底形制、规格与圹口一致，圹口至圹底深 0.6 米。无生土二层台。无木质葬具，故无活土二层台。

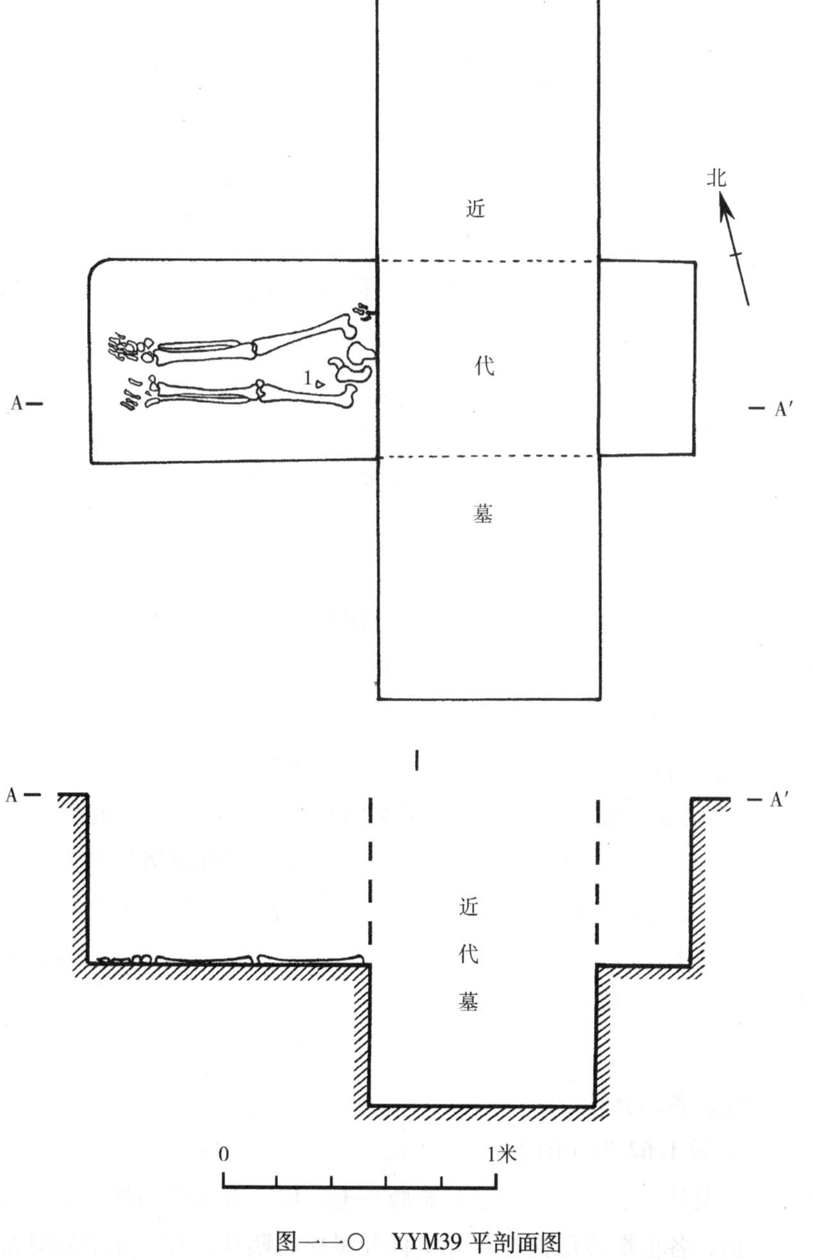

图一一〇　YYM39 平剖面图

1. 赤铁矿砺石

圹内填土，为杂有褐色斑点的深黄色五花土，经普遍夯实，但未有夯层与夯窝痕迹。在填土中，仅发现夹砂红陶罐腹部与器底残片 3 块。另有体积较小的自然石灰岩石块数块。

未见殉牲。

在圹底中间，按东西方向，安葬尸骨一具。骨盆以上部分，已无存，仅残存左、右两下肢及足骨。两下肢作伸直状，足朝西。可知死者原是头东足西，仰身直肢葬式。经现场鉴定，死者为女性，成年。

随葬品仅发现 1 件，即在残存的西半部墓圹内，在死者左股骨内侧，出土小块赤铁矿砺石 1 件（图一一〇）。

YYM226

这是玉皇庙墓地属于乙（B）级规格的中型墓葬之一。位于北Ⅱ区北部东南界边缘，其东已无墓葬，其南有 YYM225，间距 2.1 米；西南有 YYM234，间距 2.6 米；西有 YYM240，间距 2.1 米；西北有 YYM227，间距 1.5 米；北有 YYM228，间距 3.6 米。此墓的地层堆积，墓口以上可分三层，第一层（上层）为夹杂自然石块的深褐色山皮土层，厚 23 厘米；第二层（中层）为淤积夹砂石层，即夹略大和较大砂石颗粒的褐色土层，属此地晚期泥石流堆积层，厚 1.4 米；第三层（下层）为夹中细砂石颗粒的褐色土层，属这里早期泥石流堆积层，厚 38～43 厘米。揭掉这三层堆积之后，即发现圹口，圹口以下至墓地的地层堆积皆属生黄土层，即属于更新世晚期形成的黄土质砂质黏土层，深 1.82 米以上。

墓圹平面形状，大体呈抹角长方形，为竖穴土坑墓。东向，方位角为东偏南 15°。墓圹规格，圹口东西长 2.95、东端宽 1.2、西端宽 1.06 米，圹底东西长 2.84、圹底东端宽 1.04、西端宽 0.95 米，圹口至圹底深 1.82 米。无生土二层台。在圹底正中位置，按东西方向，安置木椁一具。在木椁四壁的外侧至圹底部四壁之间，筑有活土二层台，台土经过严密夯打，较坚实。南、北、西三台面等高。均为 42 厘米；南台宽 25、北台宽 22、西台宽 49 厘米；东台最高，是为殉牲而特别夯筑起来的一座祭牲台，台高 0.92、台宽 0.48 米。

圹内填土，为杂有少量褐色斑点的黄色五花土，经普遍夯实，但未见明显的夯层与夯窝痕迹。填土较纯净，仅发现夹砂红陶器碎片 3 块，羊肱骨残段 2 块，牛牙 3 颗，除此之外，再未有其他遗物。

殉牲位置，祭牲集中摆放在圹内东端活土二层台中间位置上，上距东端圹口 0.6 米深，下距圹底 0.92 米。殉牲种类，为牛、狗二种家畜。殉牲数量，牛头 1 个，牛肱骨 1 只，狗头 10 个，狗肱骨 10 只。殉牲形式，狗、牛头的上、下颌，均被拆解开，分上、下两层叠置。下层按东西方向顺摆狗肱骨 10 只、狗头 6 个，狗头吻部均朝东，狗头置于狗肱骨之上；上层，亦按东西方向顺摆牛肱骨 1 只，南侧摆放牛头 1 个，吻部亦朝东；北侧摆放狗头 4 个，东端的 1 个吻部朝东，中间的 1 个和偏西侧的 2 个，吻部朝西（图版三六，2）。

木椁已朽，盖板无存，南北侧板、东西堵板与底板板灰痕迹尚较明显，侧板与堵板板灰呈灰白色，底板灰呈褐色。底板东西顺长 2.15、总宽东端 0.53、西端 0.56 米，从板灰痕迹较清楚的西端观察，此底板由 4 块长板组成，板宽 13～15 厘米不等，板灰厚 3 厘米。南、北侧板立于底板之上，两侧边与底板边压齐，东、西两端稍长于底板，东西顺长 2.18 米，总宽 38 厘米，与南、北活土二层台台面平齐，板灰厚 4 厘米，板块组成情况已难分辨。东、西两端堵板分别竖插于南、北侧板之间，立插部位，分别在南、北侧板东、西两端内缩 18 和 13 厘米处。高度有差，西端堵板与南、北侧板同高，与西端活土二层台相平；东端堵板超出南、北侧板和西端堵板的高度，但又未及东端活土二层台的高度，高为 58 厘米（不含底板厚度）。总宽，东端堵板 45 厘米，由 3 块立板组成，板宽 13～18 厘米不等；西端堵板 47 厘米，也由 3 块立板组成，板宽 15～17 厘米不等。堵板板灰厚 4 厘米。

木椁内装殓尸骨一具。保存状况较好，各部分骨骼基本完整。头东足西，仰身直肢，经现场鉴定，死者为男性，35～40 岁。骨骼从头到脚通长 1.62 米（图版三七，1）。

随葬品集中陈放于木椁内、死者身上及其近前（图一一一；彩版一七，1）。在头骨右侧，放置夹砂红陶罐 1 件，正置。在左、右耳骨下面，各出螺旋形铜丝耳环 1 件及绿松石坠珠 3 枚。在上颌骨部位，出覆面铜扣 3 枚，在头骨下面，还滑漏覆面铜扣 1 枚，并压有白石管 1 枚。在左、右锁骨交接处，出马形铜牌饰1件（彩版一七，2）。在右肱骨下端内侧，出三角锥体赤铁矿砺石1件。在右尺骨内侧，出青铜短剑1件，剑锋朝下。在右髋骨外缘之下至右尺骨之间，出青铜削刀1件，刀身叠压于短剑剑身之上，环首朝下，刀锋朝斜上方，与短剑呈交叉状。在骶骨右上缘，出铜带钩1件，钩首朝右。在左尺骨外侧、左髋骨内缘，出铜锥1件，锥尖朝下。在左髋骨外侧，紧贴木椁南侧板内壁，出圆筒形铜锥（针）管具1件（彩版一七，3；图版三七，2）。在右股骨外侧，出铜斧1件，斧刃朝右。在左、右股骨内侧，各出粟粒纹服饰铜扣1枚。在右髌骨外侧，出铜镞5枚、骨镞10枚，镞锋均朝下。在死者身后，从腰际、骨盆外侧至两股骨之间，共出龙形铜带卡33枚，具体分布如次：（1）腰际17枚（显露于外的7枚，骨骼下压的有10枚），基本上呈一字形横向排列；（2）右髋骨外侧6枚；（3）左髋骨外侧7枚；（4）左、右骨股之间3枚。

YYM240

这是玉皇庙墓地属于乙（B）级规格的中型墓葬之一。位于北Ⅱ区北部，其东有YYM226，间距4.5米；东南有YYM234，间距2米；南有YYM239，间距1米；西南有YYM253，间距2.1米；西北有YYM252，间距2.1米；北有YYM241，间距2.1米；东北有YYM227，间距2.4米。此墓的地层堆积，基本上同于YYM226，不赘。

墓圹平面形状，呈抹角长方形，为竖穴土坑墓。东向，方位角为东偏北2°。墓圹规格，圹口东西长2.8米，东、西两端宽0.94米，圹底东西长2.72、东端宽0.87、西端宽0.85米，圹口至圹底深1.4米。无生土二层台。在圹底正中位置，按东西方向，安置木椁一具。在木椁外壁四周至圹底部四壁之间，筑有活土二层台，台土经过严密夯打，较坚实，东、南、西、北四台等高，均为30厘米，宽度不一，东台宽50、南台宽25、西台宽42、北台宽22厘米。

圹内填土，为杂有少量褐色斑点的黄色五花土，经普遍夯实，但未有夯层与夯窝痕迹。在填土中，仅发现夹砂粗红陶残片3块，狗肱骨残断1截，除此之外，再未有其他遗物。

殉牲位置，祭牲摆在圹内东端中间上层填土中，上距东端圹口38厘米深，下距圹底0.9米（图版三八，1）。殉牲种类，仅有狗1种。数量，狗头1个，狗肱骨1只。殉牲形式，将狗头上、下颌拆解开后，分开、同层聚堆摆放。即先将狗肱骨1只，顺置于圹内东端中间上层填土上，然后将狗上颌骨1个，叠置其上，使其吻部朝北；然后再将下颌骨1副，顺置于上颌骨西侧，使其吻部朝东。

木椁已朽，盖板无存，底板灰痕大部残缺，南、北侧版与东、西堵板板灰成白色粉状，轮廓可辨。南、北侧板东西顺长2.05米，总高30厘米，与南、北活土二层台台面平齐，板灰厚2.5厘米；东、西堵板分别竖插于南、北侧板之间，立插部位，分别在南、北侧板东、西两端内缩14和11厘米处，高度与南、北侧板一致，均为30厘米，总宽东端34、西端31、板灰厚2.5厘米。南、北侧板与东、西堵板的板块组成情况，已难以再作具体分辨。

木椁内装殓尸骨一具。保存状况较好，头骨及其他主要部位骨骼，基本完整。头东足西，头偏向右侧，前探，面朝北，弓背，整个躯体偏向右侧，为侧身葬式，右下肢伸直，左下肢向右弯曲。经现场鉴定，死者为女性，17~18岁。骨骼从头到脚通长1.5米。

随葬品集中陈放于木椁内、死者身上及其近前（图一一二）。在头骨左后侧、椁底东南角，放置夹砂红陶罐1件，斜侧置，口朝东南，在左、右耳骨下面，各出螺旋形铜丝耳环1件及绿松石坠珠3枚。覆面铜扣3枚，已滑落于头骨下面。在颈部至胸部，出不同质料的项链2串：（1）玛瑙珠、绿松

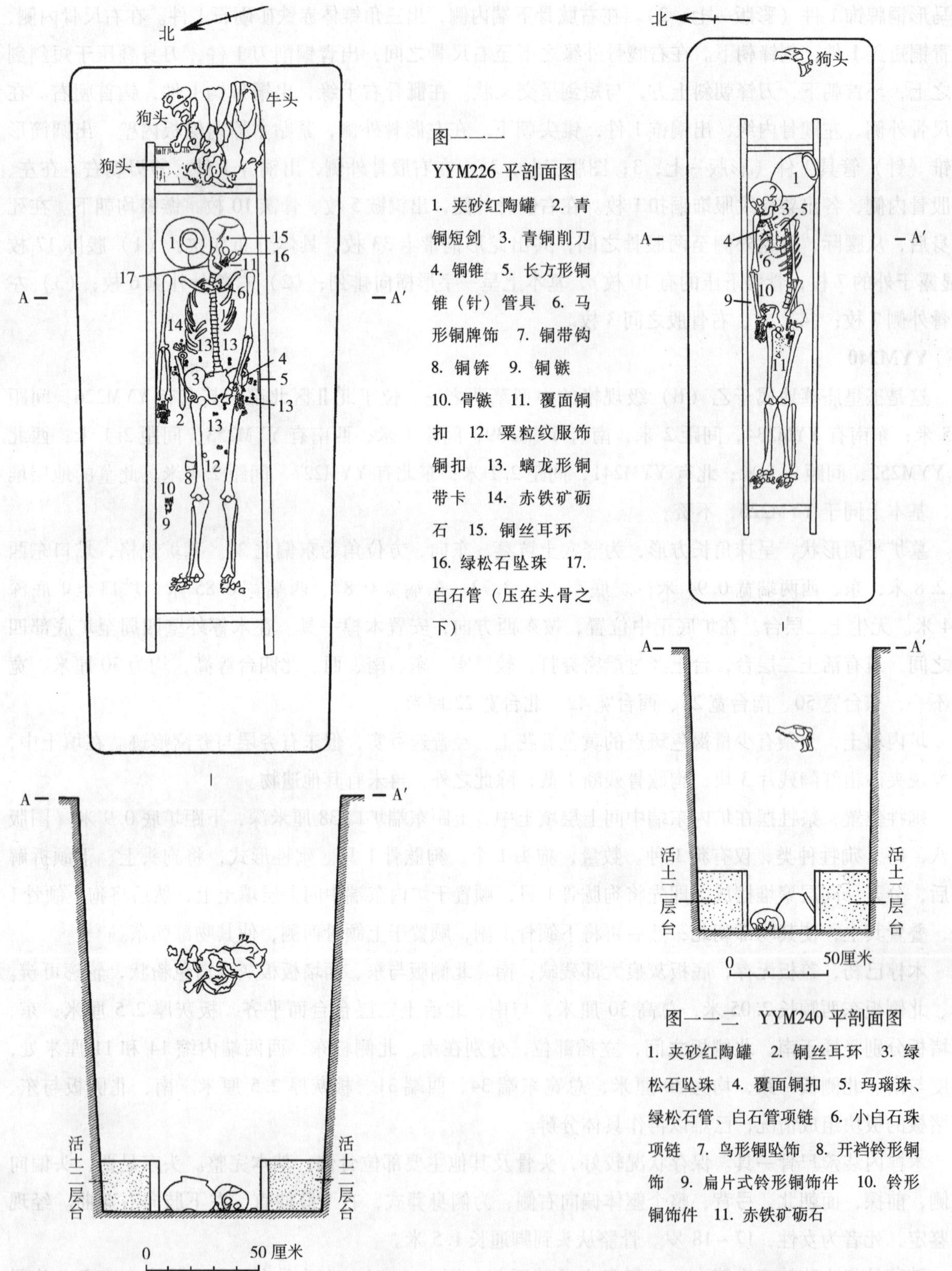

图一一一 YYM226平剖面图
1. 夹砂红陶罐 2. 青铜短剑 3. 青铜削刀 4. 铜锥 5. 长方形铜锥（针）管具 6. 马形铜牌饰 7. 铜带钩 8. 铜锛 9. 铜镞 10. 骨镞 11. 覆面铜扣 12. 粟粒纹服饰铜扣 13. 螭龙形铜带卡 14. 赤铁矿砺石 15. 铜丝耳环 16. 绿松石坠珠 17. 白石管（压在头骨之下）

图一一二 YYM240平剖面图
1. 夹砂红陶罐 2. 铜丝耳环 3. 绿松石坠珠 4. 覆面铜扣 5. 玛瑙珠、绿松石管、白石管项链 6. 小白石珠项链 7. 鸟形铜坠饰 8. 开裆铃形铜饰 9. 扁片式铃形铜饰件 10. 铃形铜饰件 11. 赤铁矿砺石

石管及白石管项链1串，由玛瑙珠16颗、绿松石管5枚及白石管7枚，联合组成；（2）小白石珠项链1串，由217粒小白石珠串成。在右髋骨右侧，出鸟形铜坠饰2件，开裆式铃形铜饰1件，扁片铃形铜

饰4件（图版三八，2）。在右髋骨外侧，出铃形铜饰6件。在右股骨内侧，出赤铁矿砺石1件。

YYM252

这是玉皇庙墓地属于丙（A）级规格的小型墓葬之一。位于北Ⅱ区北部，其东南有YYM240，间距2.2米；南有YYM253，间距2.5米；西南有YYM263，间距1.9米；西北有YYM264，间距2.1米；北有YYM251，间距2.8米；东北有YYM241，间距1.7米。此墓的地层堆积，基本上同于YYM250，不赘。

墓圹平面形状，呈抹角长方形，为竖穴土坑墓。东向，方位角为东偏南16°。墓圹规格，圹口东西长2.4、东端宽0.87、西端宽0.83米，圹底东西长2.3、东端宽0.79、西端宽0.75米，圹口至圹底深1.25米。无生土二层台。在圹底部正中位置，按东西方向，安置木椁一具。在木椁外壁四周至圹底部四壁之间，筑有活土二层台，台土经过严密夯打，较坚实，东、南、西、北四台等高，均为46厘米，宽度不一，东台宽23、南台宽14、西台宽33、北台宽18厘米。

圹内填土，为杂有少量褐色斑点的黄色五花土，经普遍夯实，但未有夯层与夯窝痕迹。在填土中，仅发现夹砂褐陶残片3块，狗上颌骨残件1块，除此之外，再未有其他遗物。

殉牲位置，祭牲集中摆放在圹内东端中间上层填土中，上距东端圹口35厘米深，下距圹底0.66米（图版三九，1）。殉牲种类，为羊、狗2种家畜。殉牲数量，羊头1个（山羊），羊肱骨1只，狗头2个，狗肱骨2只。殉牲形式，将羊和狗头的上、下颌拆解开后，作东、西同层依次摆放。即先将羊肱骨1只及拆解开的山羊上、下颌骨1套，顺摆于圹内最东端中间上层填土上，羊肱骨在下，山羊头骨在上，吻部朝东；然后于其西侧，再摆上狗牲2套，狗肱骨在下，狗头骨在上，其中1套狗上、下颌骨的吻部朝东，而另1套则朝东北。

木椁已朽，盖板无存，底板灰痕稀薄，多已残缺，唯南、北侧板与东、西堵板灰痕轮廓，尚较明显。板灰呈白色粉状，南、北侧板东西顺长2.01米，总高46厘米，与南、北活土二层台台面平齐，板灰厚2.5厘米；东、西堵板，分别竖插于南北侧板之间，立插部位，分别在南、北侧板东、西两端内缩9和12厘米处，高度与南、北侧板一致，均为46厘米，总宽东端39、西端38、板灰厚2.5厘米。南、北侧板与东、西堵板的板块组成情况，已难以再作具体分辨。

木椁内装殓尸骨一具。保存状况较好，头骨和其他主要部位骨骼，基本完整。头东足西，仰身直肢，经现场鉴定，死者为男性，18岁左右。骨骼从头到脚通长1.6米。

随葬品集中陈放于木椁内、死者身上及其近前（图一一三；图版三九，2）。在死者左胸上，放置夹砂红褐陶罐1件，正置。在右耳骨下面，出螺旋形铜丝耳环1件（已残）及绿松石坠珠1枚，左耳无耳环。覆面铜扣2枚，出于上颌骨左、右侧各1枚。在颈下，出虎形铜牌饰1件，虎头朝右。服饰铜泡2枚，出于左尺骨下面和左股骨内侧各1枚。涡纹服饰铜扣2枚，出于骶骨下方和右股骨内侧各1枚。在左尺骨内侧，出铜盒形器1件。在左髋骨内侧，出青铜削刀1件，刀锋朝上。在左髋骨下方，出铜锥1件，锥尖朝下。在右髋骨下面，压有长方形几何马纹铜锥（针）管具1件。在右腓骨外侧，出铜镞1枚，骨镞5枚，镞锋均朝下。

YYM265

这是玉皇庙墓地属于丙（A）级规格的小型墓葬之一。位于北Ⅱ区北部。其东南有YYM262和YYM263，间距分别为3.5和1.8米；南有YYM266，间距2.5米；西南有YYM266，间距2.5米；西有 YYM275，间距 1.4 米；西北有 YYM276，间距 3 米；东北有 YYM264，间距 2.8 米。此墓的地层堆积，基本上同于 YYM250，不赘。

墓圹平面形状，呈抹角长方形，为竖穴土坑墓。东向，方位角为东偏北 1°。墓圹规格，圹口东西长 2.55、东端宽 0.94、西端宽 0.98 米，圹底东西长 2.45、东端宽 0.82、西端宽 0.87 米，圹口至圹底深 1.25 米。无生土二层台。在圹底中间稍偏北侧位置，按东西方向，安置木椁一具。在木椁外壁四周至圹底部四壁之间，筑有活土二层台，台土经过严密夯打，较坚实，东、南、西、北四台等高，均为 25 厘米，宽度不一，东台宽 44、南台宽 26、西台宽 38、北台宽 12 厘米（中段）。

圹内填土，为杂有少量褐色斑点的黄色五花土，经普遍夯实，但未有夯层与夯窝痕迹。在填土中，仅发现夹砂粗红陶残片 3 块，除此之外，再未有其他遗物。

殉牲位置，祭牲集中摆放在圹内东端偏南侧的上层填土中，上距东端圹口 2 厘米深，下距圹底 1.05 米（图版四〇，1）。殉牲种类，仅有狗 1 种。数量，狗头 2 个，狗肱骨 2 只。殉牲形式，将狗头上、下颌拆解开后，作分开、同层、聚堆摆放。2 上颌骨作覆扣状，面骨朝下，1 个吻部朝南，另 1 个吻部朝西。2 肱骨被压在下颌骨之下，下颌骨有的侧置，吻部朝西和西北，有的覆扣，吻部朝东北。

木椁已朽，板灰呈白色粉状。盖板无存，底板灰痕大部残缺，南、北侧板与东西堵板板灰轮廓，尚可分辨。南、北侧板东西顺长 1.93 米，总高 25 厘米，与活土二层台台面平齐，板灰厚 2.5～3 厘米。东、西堵板，分别竖插于南、北侧板之间，立插部位，分别在南、北侧板与东、西两端内缩 15 和 11 厘米处，高度与南、北侧板一致，均为 25 厘米，总宽东端 40、西端 33、板灰厚 2.5 厘米。南、北侧板与东、西堵板的板块组成情况，已不能详。

木椁内装殓尸骨一具。保存状况较好，头骨略有裂纹，其他主要部位骨骼，基本完整。头东足西，仰身直肢。经现场鉴定，死者为女性，55 岁以上。骨骼从头到脚通长 1.55 米。

随葬品较少，仅在木椁内、死者左肩部位，放置夹砂红陶罐 1 件，正置。在左、右耳骨下面，各出螺旋形铜丝耳环 1 件，无绿松石坠珠伴出。覆面铜扣 3 枚，出于右眼眶内 1 枚，滑落于头骨左侧 1 枚、下颌骨下方 1 枚（图一一四）。

YYM275

这是玉皇庙墓地属于乙（A）级规格的中型墓葬之一。位于北Ⅱ区北部，其东有 YYM265，间距 1.4 米；东南有 YYM266，间距 2.4 米；西南有 YYM274，间距 0.8 米；西有 YYM96，间距 2.3 米；西北有 YYM97，间距 3.7 米；北有 YYM276，间距 2.5 米。此墓的地层堆积，大体同于 YYM250，不赘。

墓圹平面形状，呈抹角长方形，为竖穴土坑墓。东向，方位角为东偏北 5°。墓圹规格，圹口东西长 3、东端宽 1、西端宽 1.05 米，墓圹四壁平整、笔直，圹底形制、规格与圹口一致，圹口至圹底深 1.8 米。无生土二层台。在圹底中间稍偏东南—西北方向，安置木椁一具。在木椁外壁的四周至圹底部四壁之间，筑有活土二层台，台土经过严密夯打，较坚实，东、南、西、北四台面等高，均为 32 厘米，宽度不一，东台宽 60、南台宽 30、西台宽 50、北台宽 26 厘米。

圹内填土，为杂有少量褐色斑点的黄色五花土，经普遍夯实，但未有明显的夯层与夯窝痕迹。在填土中，仅发现夹砂粗红陶罐类残片 6 块和经火烧过的羊肱骨 1 段。除此之外，再未有其他遗物。

殉牲位置，祭牲集中摆放在圹内东端中间上层填土中，上距东端圹口 0.62 米深，下距圹底 0.9 米（图版四〇，2）。殉牲种类，为牛、羊、狗三种家畜。殉牲数量，牛头 1 个，牛肱骨 1 只，羊头（绵羊）

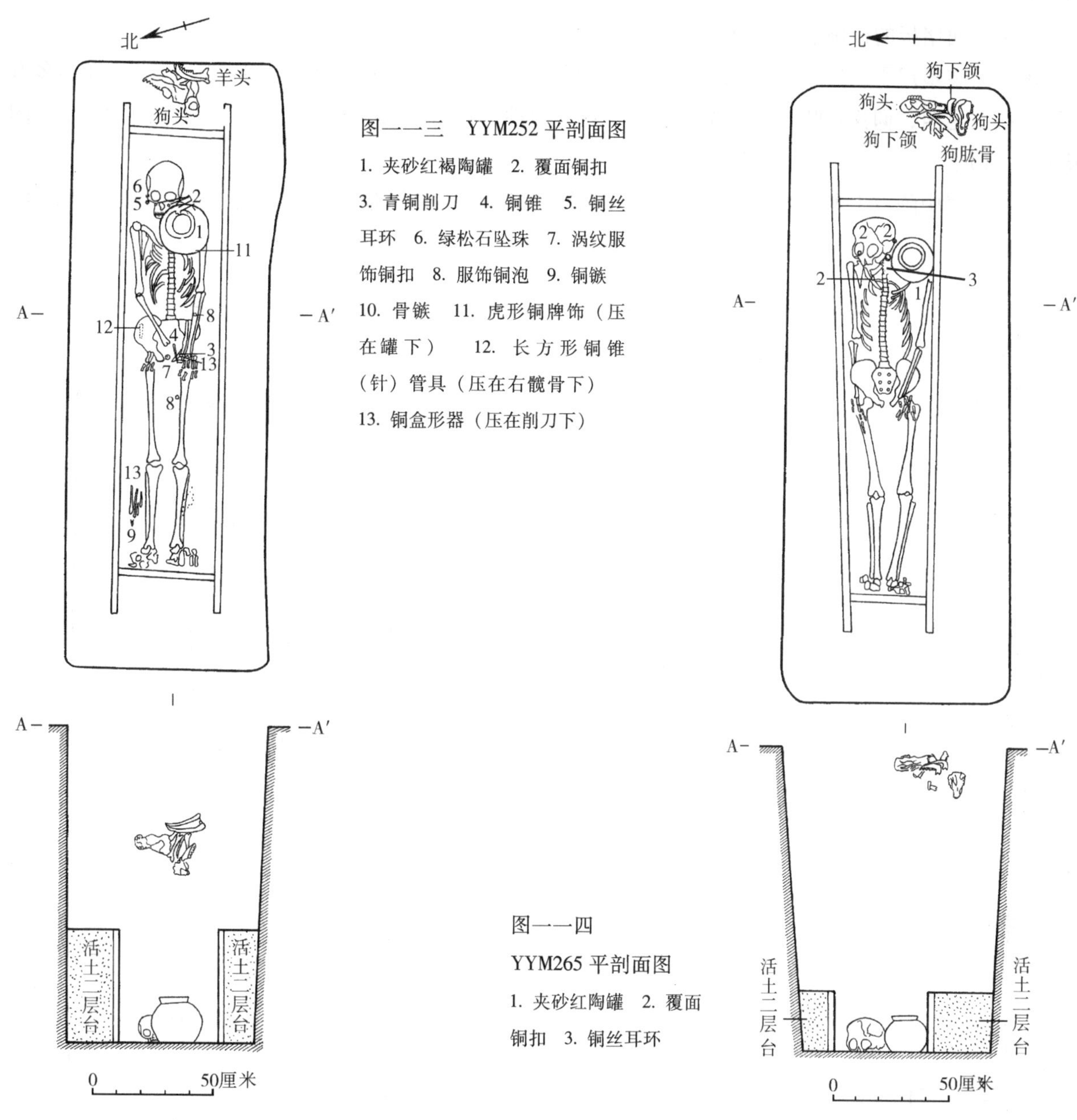

图一一三　YYM252 平剖面图
1. 夹砂红褐陶罐　2. 覆面铜扣　3. 青铜削刀　4. 铜锥　5. 铜丝耳环　6. 绿松石坠珠　7. 涡纹服饰铜扣　8. 服饰铜泡　9. 铜镞　10. 骨镞　11. 虎形铜牌饰（压在罐下）　12. 长方形铜锥（针）管具（压在右髋骨下）　13. 铜盒形器（压在削刀下）

图一一四　YYM265 平剖面图
1. 夹砂红陶罐　2. 覆面铜扣　3. 铜丝耳环

2个，羊肱骨2只，狗头2个，狗肱骨2只。殉牲形式，牛头完整保留，将狗、羊头上、下颌拆解开后，与牛牲作南、北相邻同层摆放。狗牲与羊牲偏北，牛牲偏南。即按东西方向，先将牛头1个，顺置于圹内东端中间稍偏南侧的上层填土上，使其吻部朝东，然后在紧贴其北侧下颌骨旁边，顺置牛肱骨1只；然后于这牛牲北侧，摆放狗肱骨2只，羊肱骨1只，以及拆解开的狗上、下颌骨2套和绵羊上、下颌骨1套，狗和羊的吻部朝向不统一，或朝东，或朝东北，或朝西南。

木椁已朽，盖板无存，底板灰痕残缺不全，唯南、北侧板与东、西堵板板灰界限较明显。板灰呈白色粉渣状，南、北侧板东西顺长2.26米，总高32厘米，与南、北活土二层台台面平齐，板灰厚3.5~4厘米；东、西堵板，分别竖插于南、北侧板之间，立插部位，分别在南、北侧板东、西两端内缩19和18厘米处，高度与南、北侧板一致，均为32厘米，总宽东端39、西端40、板灰厚4厘米。南北侧板与东、西堵板的板块组成情况，已不能具体分辨。

木椁内装殓尸骨一具。保存状况不好，头骨已酥碎，肋骨、脊椎、骨盆大部无存，四肢骨亦多有残缺。头东足西，仰身直肢，经现场鉴定，死者为男性，40～45岁。骨骼从头到脚通长1.75米（图版四一，1）。

随葬品集中陈放于木椁内、死者身上及其近前（图一一五；彩版一八，1）。在头骨左侧、椁底东

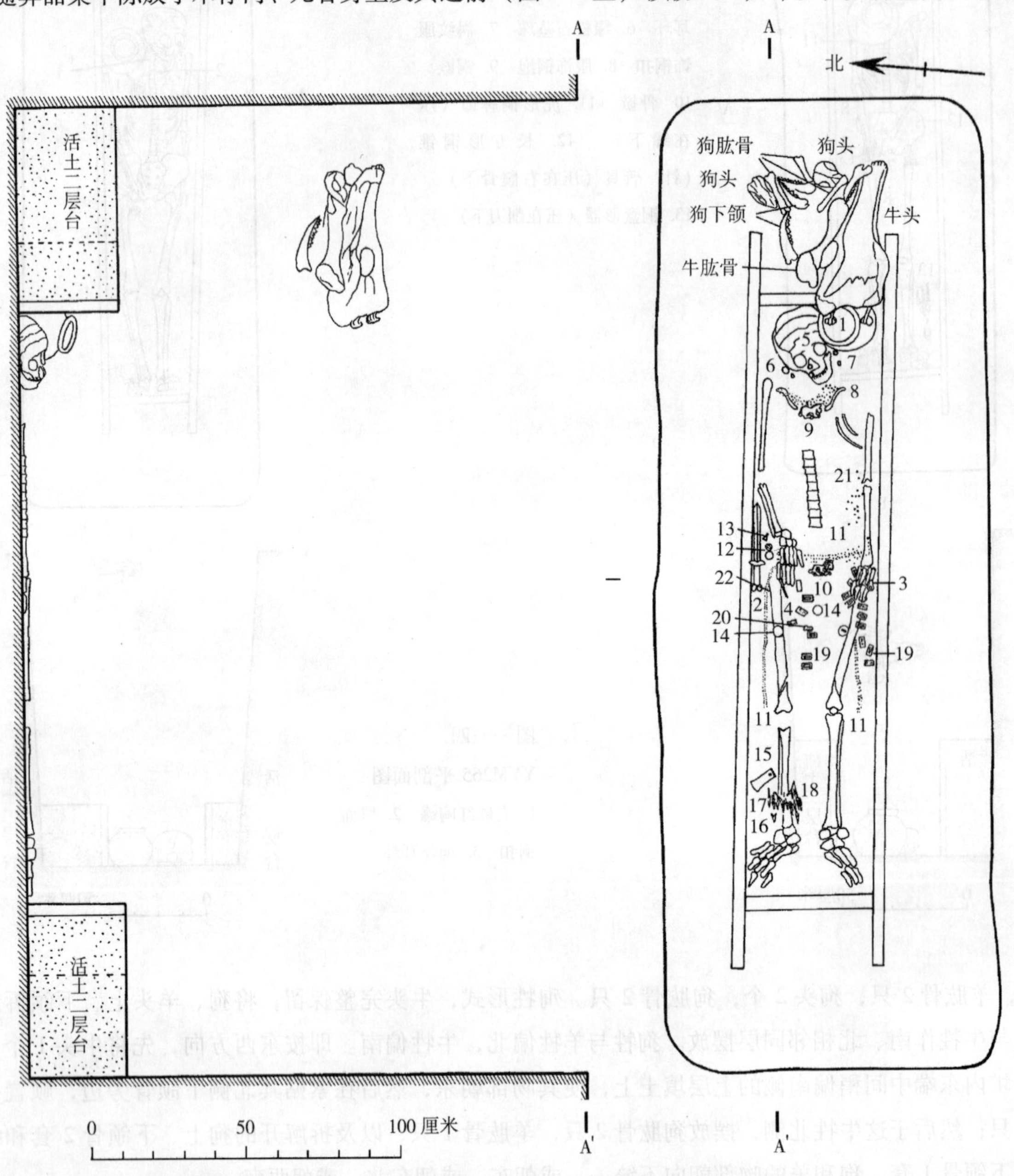

图一一五　YYM275平剖面图

1. 夹砂褐陶罐　2. 青铜短剑　3. 青铜削刀　4. 铜锥　5. 覆面铜扣　6. 铜丝耳环　7. 绿松石坠珠　8. 小铜珠、小黑石珠项链　9. 马形铜牌饰　10. 马形铜带钩　11. 联珠形服饰铜扣　12. 涡纹服饰铜扣　13. 铜铃形饰　14. 辐射纹服饰铜泡　15. 铜锛　16. 铜镞　17. 骨镞　18. 骨鸣镝　19. 长方形云纹铜带卡　20. 马形铜带饰　21. 小白石串饰　22. 长方形铜锥（针）管具（压在右股骨上端下面）

南角，放置夹砂褐陶罐1件，稍斜侧置。在左、右耳骨下面，各出螺旋形铜丝耳环1件及绿松石坠珠1枚。在鼻骨和上颌骨及下颌骨下面，出覆面铜扣3枚。颈下、在左右锁骨交接部位，出马形铜牌饰1件，马头朝左。在颈部，出有小铜珠和小黑石珠组成的项链1串（粟粒形小铜珠6枚，小黑石珠206枚，还出有双联小铜扣20枚。在左上肢肘关节内侧，出小白石珠1串（36枚）。在右尺骨与右股骨外侧，出青铜短剑1件，剑锋朝上。在短剑剑身左侧，出涡纹服饰铜扣2枚。在左髋骨外侧、左手指骨下面，出青铜削刀1件，刀锋朝上。在骶骨上端，出马形铜带钩1件，马头朝左，钩首朝右（彩版一八，2）。在右股骨上端背面，压有长方形铜锥（针）管具1件；在右股骨内侧，出铜锥1件；锥尖朝下。在右髋骨外侧，出铜铃形饰1件。在右股骨表面、左股骨内侧以及左、右股骨之间，各出辐射纹服饰铜泡1枚。在死者腰际至左、右股骨外侧（正面），出双联小铜扣166枚，其中横向分布于腰际部位的有62枚，纵向分布于左、右股骨外侧的各为49枚和55枚。在右腓骨外侧，出铜锛1件，锛刃朝斜下方。在右胫骨表面及内外侧，出铜镞5枚，骨镞12枚，镞锋一律朝下。在右胫骨外侧，还出骨鸣镝1枚。在左、右髋骨至左、右股骨之间，出云纹铜带卡18枚，包括双“S”纹式8枚，分布如次：（1）压于右指骨下至右股骨内侧，双“S”纹式4枚，四“S”纹式4枚；（2）压于左指骨下至左股骨内、外侧，双“S”纹式4枚，四“S”纹式6枚。此外，在骨盆至左、右股骨之间，还出有卧马形铜带饰38枚，分布如次：（1）压在左、右髋骨下面21枚；（2）骨盆上面5枚；（3）左、右股骨之间12枚。

YYM96

这是玉皇庙墓地属于丙（A）级规格的小型墓葬之一。位于北Ⅱ区北部。其东有YYM275，间距为2.3；东南有YYM274，间距1.9米；南有YYM45，间距1.5米；西南有YYM43，间距1.3米；西北有YYM38，间距5.9米；北有YYM97，间距2米；东北有YYM276，间距4.6米。此墓的地层堆积，基本上同于YYM250，不赘。

墓圹平面形状，呈抹角长方形，为竖穴土坑墓。东向，方位角为东偏南12°。墓圹规格，圹口东西长2.64、东端宽0.92、西端宽1米，圹底形制、规格与圹口一致，圹口至圹底深1.28米。无生土二层台。在圹底中间略偏南侧位置，按东西方向，安置木椁一具。在木椁外壁四周至圹底部四壁之间，筑有活土二层台，台土经严密夯实，东、西二台高均为48厘米，南、北二台高各为30厘米，宽度不一，东台宽42、南台宽12、西台宽40、北台宽27厘米（中段）。

圹内填土，为杂有褐色斑点的深黄色五花土，经普遍夯实，但未有夯层与夯窝痕迹。在填土中，仅发现夹砂红陶罐口沿残片1块，器底残片3块。另在西端活土二层台台面中间，放置体积较大的自然石灰岩石块1块（30×28×20厘米）。

殉牲位置，祭牲摆放在圹内东端东南角上层填土中，上距东端圹口10厘米深，下距圹底1.1米。殉牲种类，仅有狗1种。数量，狗头1个，狗肱骨1只。殉牲形式，将狗头上、下颌拆解开后，与狗肱骨一块，作同层、相邻、聚堆摆放，互不叠压。狗上颌骨吻部朝东南，下颌骨吻部朝东；狗肱骨1只，呈东南—西北向，斜置于狗上、下颌骨之间。

木椁已朽，板灰呈白色粉状。在东、西两端及中间，尚遗有一部分盖板灰痕，皆作南北向横搭在南、北侧板之上，板长约0.6米左右，板宽12～22厘米，具体由几块板组成，已难以分辨清楚。南、北侧板东西顺长2.14米，高30厘米，与南北活土二层台台面平齐，板灰厚4厘米。东、西堵板，分别竖插于南、北侧板之间，立插部位，分别在南、北侧板东、西两端内缩14和18厘米处，总宽东端48、西端46、高均为48（与东、西两端活土二层台台面平齐）、板灰厚3～3.5厘米。底板痕迹不清楚。南、北侧板与东、西堵板的板块组成情况，已不能详。

木椁内装殓尸骨一具。保存状况较好，头骨及骨架主要部位骨骼，基本完整。头东足西，仰身直肢。经现场鉴定，死者为女性，40岁左右。骨骼从头到脚通长1.57米。

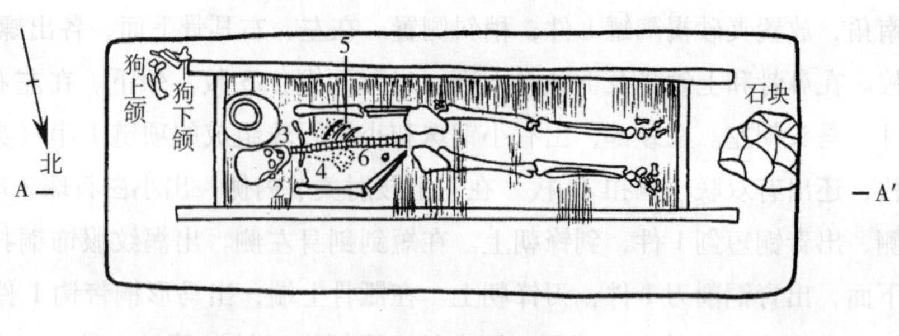

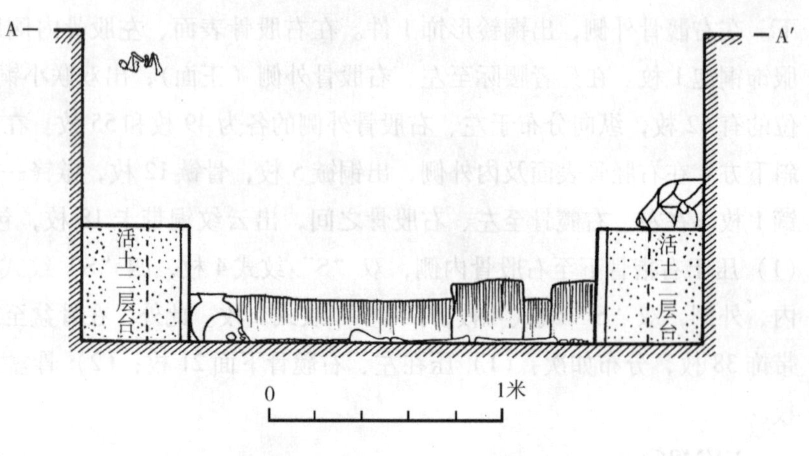

图一一六 YYM96平剖面图

1. 夹砂红陶罐 2. 铜丝耳环 3. 覆面铜扣 4. 白石管、小白石珠项链 5. 小黑石珠项链 6. 赤铁矿砺石

随葬品较少，陈于木椁内、死者头部及上半身（图一一六）。在头骨左侧，放置夹砂红陶罐1件，正置。在左、右耳骨下面，各出螺旋形铜丝耳环2件，无绿松石坠珠伴出。覆面铜扣1枚，出于下颌骨内侧。在颈部，出石珠项链2串：（1）白石珠项链1串，由小白石珠166粒，加白石管4枚，联合串成；（2）小黑石珠项链1串（254粒）。另在右尺骨内侧，出赤铁矿砺石1件。

YYM47

这是玉皇庙墓地属于丙（C）级规格的小型墓葬之一。位于北Ⅱ区北部。其东南有YYM42和YYM43，间距分别为0.7和1.7米；西南有YYM41，间距1.8米；西有YYM40，间距1.5米；西北有YYM39，间距2.8米；北有YYM38，间距2.4米；东北有YYM96，间距4.5米。此墓的地层堆积，基本上同于YYM250，不赘。

墓圹平面形状，呈抹角梯形，东宽西窄，为竖穴土坑墓。东向，方位角为东偏南20°。墓圹规格，圹口东西长1.9、东端宽0.7、西端宽0.5米，圹底东西长1.82、东端宽0.64、西端宽0.45米，圹口至圹底深0.75米。无生土二层台。在圹底中间略偏西侧位置，按东西方向，安置木质葬具一具。在木质葬具四周至圹底部四壁之间，筑有活土二层台，台土经夯实，东、南、西、北四台等高，均为15厘米，宽度不一，东台宽40、南台宽17、西台宽8、北台宽10厘米。

圹内填土，为杂有褐色斑点的深黄色五花土，经普遍夯实，但未有夯层与夯窝痕迹。在填土中，仅发现夹砂红褐陶罐腹部与器底残片3块，除此之外，再未有其他遗物。

殉牲位置，祭牲摆放在圹内东端偏南侧的上层填土中，上距东端圹口5厘米深，下距圹底0.62

米。殉牲种类，仅有狗 1 种。数量，狗头 1 个，狗肱骨 1 只。殉牲形式，将狗头上、下颌拆解开后，按东西方向，顺摆于圹内东端南侧的上层填土上，使吻部朝东，但上、下颌骨错位，不相咬合；狗肱骨 1 只，斜插于狗头骨之下。

木质葬具已朽，板灰呈白色粉状，灰痕稀薄，盖板与底板痕迹已无存，仅余南、北侧板与东、西堵板四至轮廓。南、北侧板东西长 1.36 米，东端堵板宽 39、西端堵板宽 31、侧板与堵板灰痕高均为 15 厘米。

木质葬具内装殓尸骨一具。保存状况较好，头骨及骨架主要部位骨骼，基本完整。头东足西，侧面向北，仰身直肢。经现场鉴定，死者为女性，14～15 岁。骨骼从头到脚通长 1.28 米（图版四一，3）。

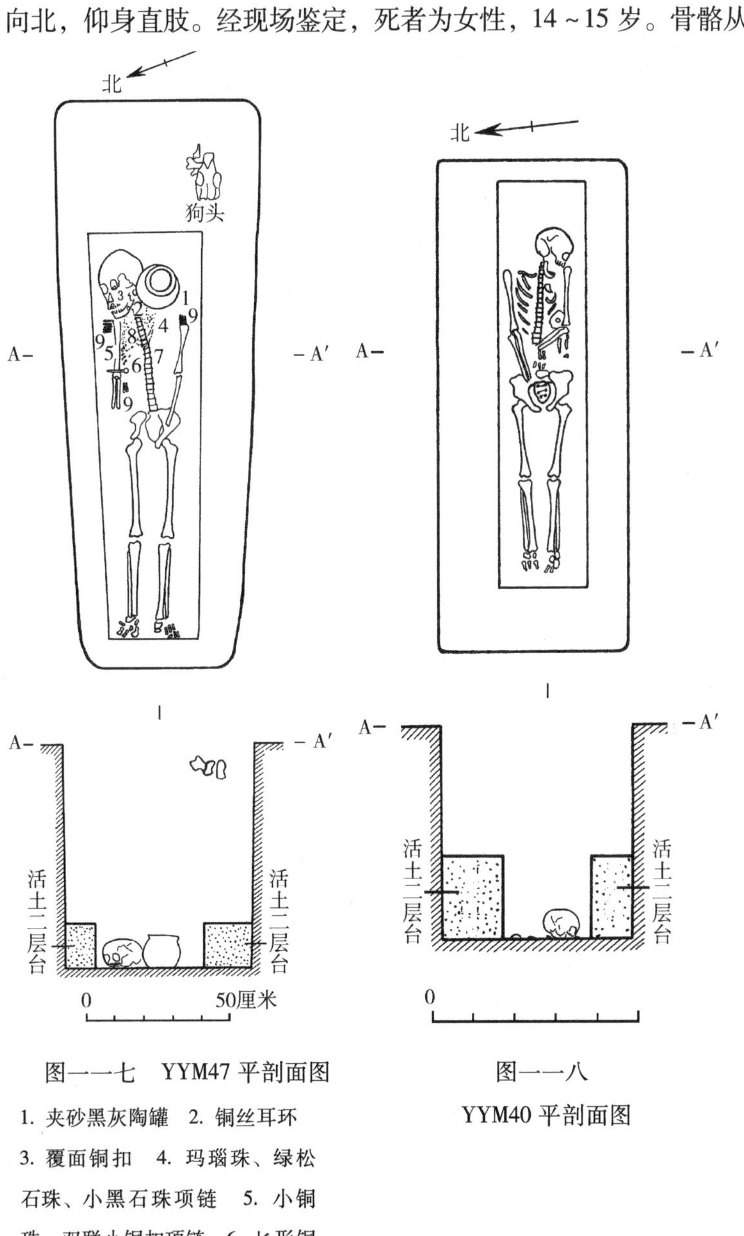

图一一七　YYM47 平剖面图
1. 夹砂黑灰陶罐　2. 铜丝耳环　3. 覆面铜扣　4. 玛瑙珠、绿松石珠、小黑石珠项链　5. 小铜珠、双联小铜扣项链　6. 匕形铜坠饰　7. 白石管、小白石珠项链　8. 服饰小铜扣　9. 联珠棍形铜坠饰

图一一八　YYM40 平剖面图

随葬品陈放于木质葬具内、死者头部及颈、胸部（图一一七）。在头骨左侧，出泥质灰陶溜肩鼓腹罐 1 件，斜侧置，口朝东南。在左、右耳骨下面，各出螺旋形铜丝耳环 1 件，无绿松石坠珠伴出。覆面铜扣 3 枚，出于左眼眶 1 枚，上颌骨处 1 枚，下颌骨左侧 1 枚。在颈部至胸部，出石珠项链 2 串：（1）由玛瑙珠 1 颗、绿松石珠 3 枚加小黑石珠 94 粒组成；（2）由白石管 2 枚加小白石珠 359 粒串成。在胸部，出铜珠项链 1 串，由 102 枚粟粒形小铜珠加 12 枚双联小铜扣组成，末端（右侧腹部），附出匕形铜坠饰 1 件（图版四一，2）。在胸部，还出服饰小铜扣 29 枚。在右侧腰际，出联珠棍形铜坠饰 14 枚。

YYM40

这是玉皇庙墓地属于丙（A）级规格的小型墓葬之一。位于北Ⅱ区北部。其东有 YYM47，间距 1.5 米；东南有 YYM42，间距 2.7 米；南有 YYM41，间距 1.5 米；西南有 YYM89，间距 4.2 米；其西 10 米，为近代坟密集区；北有 YYM39，间距 1.3 米；东北有 YYM38，间距 2.7 米。此墓的地层堆积，基本上同于 YYM250，不赘。

墓圹平面形状，呈抹角长方形，

为竖穴土坑墓。东向，方位角为东偏南6°。墓圹上层，因取土破坏。墓圹规格，现存圹口东西长2.3米，东、西两端宽均为0.92米，圹底形制、规格，与现存圹口一致，现存圹口至圹底深1米。无生土二层台。在圹底中间略偏南侧位置，按东西方向，安置木质葬具一具。在木质葬具四周至圹底部四壁之间，筑有活土二层台，台土经夯实，东、南、西、北四台等高，均为40厘米，宽度不一，东台宽10、南台宽20、西台宽30、北台宽30厘米。

圹内填土，为杂有褐色斑点的深黄色五花土，经普遍夯实，但未有夯层与夯窝痕迹。在填土中，仅发现夹砂褐陶残片2块。

无殉牲。

木质葬具已朽，板灰呈白色粉状，盖板无存，底板灰痕较模糊，南、北侧板与东、西堵板灰痕轮廓，尚可分辨。南、北侧板东西顺长1.9米，东、西堵板宽均为43厘米，侧板与堵板高度相等，均为40厘米，与四周活土二层台台面平齐。

木质葬具内装殓成人尸骨一具。保存状况较好，头骨及骨架主要部位，基本保持完整。头东足西，侧面向南，仰身直肢。左臂向腹部折屈，怀里搂抱一初生婴儿（图一一八）。婴儿骨骼保存也较好，婴儿头向亦朝东。经现场鉴定，死者为一成年女性。骨骼从头到脚通长1.55米。

无任何随葬品。

三 春秋中期墓葬（78座）

YYM234

这是玉皇庙墓地属于乙（B）级规格的中型墓葬之一。位于北Ⅱ区中部，其东有YYM225，间距2.1米；东南有YYM224，间距3.4米；南有YYM235，间距1.1米；西有YYM239，间距2米；西北有YYM240，间距2.1米；北有YYM227，间距3.4米；东北有YYM226，间距2.5米。此墓的地层堆积，大体上同于YYM226，不赘。

墓圹平面形状，基本上呈抹角长方形，为竖穴土坑墓。东南向，方位角为东偏南31°。墓圹规格，圹口东南—西北长2.6、东南端宽0.94、西北端宽0.81米，圹底东南—西北长2.5、东南端宽0.89、西北端宽0.75米，圹口至圹底深1.65米。无生土二层台。在圹底中间略偏北侧位置，安置木椁一具。在木椁外壁四周至圹底部四壁之间，筑有活土二层台，台土经过严密夯打，较坚实，四台等高，均为25厘米，但宽度不一，东台宽45、南台宽29（中段）、西台宽23、北台宽13厘米（中段）。

圹内填土，是较纯净的杂有少量褐色斑点的黄色五花土，经普遍夯实，但未有夯层与夯窝痕迹。在填土中，仅发现夹砂红褐陶罐残片4块，还有经火烧过的狗肱骨残段1块，除此之外，再未有其他遗物。

殉牲位置，祭牲集中摆放在圹内东南端中间上层填土中，上距圹口25厘米深，下距圹底1.24米（图版四二，1）。殉牲种类，为牛、狗二种家畜。殉牲数量，牛头1个，牛肱骨1只，狗头5个，狗肱骨5只。殉牲形式，将狗上、下颌拆解开后，牛、狗作南、北同层依次摆放。即先将牛肱骨1只按东西方向，顺置于圹内东端正中间上层填土上，然后将牛头1个置于南侧，吻部朝东，并直抵东圹壁；再于牛肱骨的北侧，按东西方向，顺摆狗肱骨5只，然后再将拆解开的狗上、下颌骨5套，叠置于狗肱骨之上，狗上、下颌的吻部朝向不统一，其中有4个上颌和3副下颌的吻部朝东，1个上颌和1副下颌的吻部朝西，还有1副下颌的吻部朝向东北。

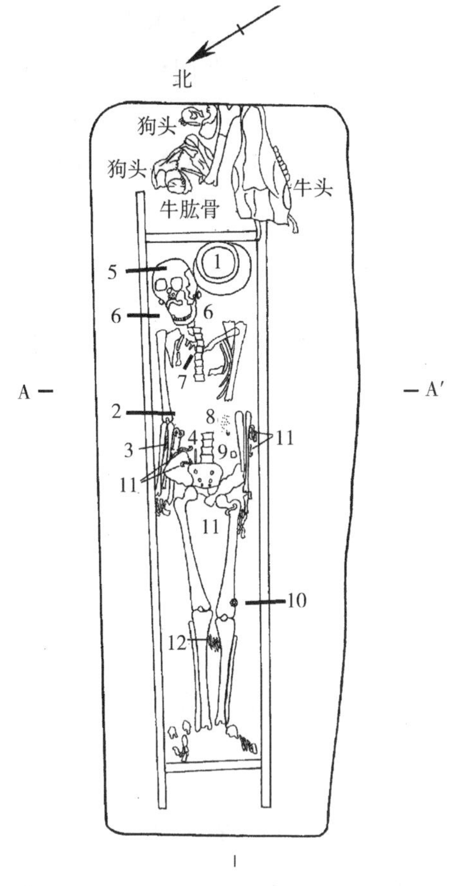

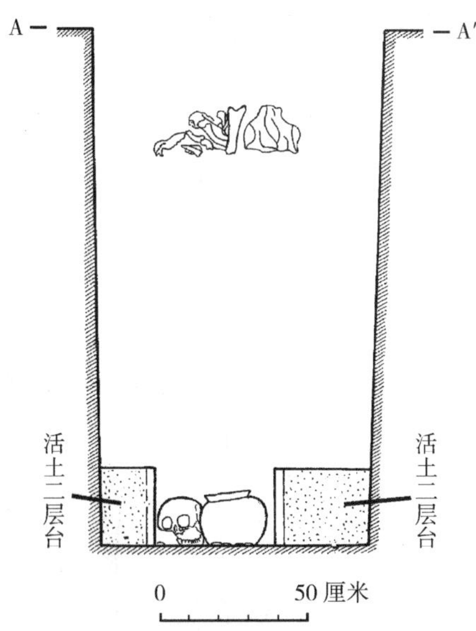

图一一九　YYM234 平剖面图

1. 夹砂红陶罐　2. 青铜短剑　3. 青铜削刀　4. 铜锥　5. 覆面铜扣　6. 铜丝耳环　7. 马形铜牌饰　8. 绿松石、小白石珠　9. 赤铁矿砺石　10. 辐射纹服饰铜泡　11. 反 S 形铜带卡　12. 骨镞

木椁已朽，盖板无存，底板灰痕保存不太好，仅能辨识南北侧板与东、西堵板四至轮廓。板灰呈白色粉状，南、北侧板东西顺长 2.2 米，总高 25 厘米，与南、北活土二层台台面平齐，板灰厚 3～3.5 厘米；东、西堵板分别竖插在南、北侧板之间，立插部位分别在南、北侧板东、西两端内缩 16 和 14 厘米处，高度与南、北侧板一致，均为 25 厘米，总宽东端 41、西端 35、板灰厚 3.5 厘米。南、北侧板与东、西堵板的板块组成与结构，均不能分辨。

木椁内装殓尸骨一具。保存状况不太好，头骨已朽残，肋骨、脊椎、左上肢、骨盆及趾骨，残缺不全，只有右上肢和下肢骨基本完整。头朝东南，足向西北，仰身直肢，经现场鉴定，死者为男性，40～45 岁。骨骼从头到脚通长 1.7 米。

随葬品集中陈放于木椁内、死者身上及其近前（图一一九）。在头骨左侧，椁底东南角，放置夹砂红陶罐 1 件，正置。在左右耳骨下面，各出螺旋形铜丝耳环 1 枚，无绿松石坠珠伴出。在头部鼻骨和口腔内，出覆面铜扣 3 枚。在颈下正中部位，出马形铜牌饰 1 件，马头朝右。在右髋骨外缘下面和右尺骨内侧，出青铜短剑 1 件，青铜削刀 1 件，剑锋和刀锋，均朝下。在腰椎与右髋骨之间，出铜锥 1 件，锥尖朝上。在左尺骨内侧，出绿松石珠 9 枚，小白石珠 30 枚，赤铁矿砺石 1 件。在左股骨下端，出辐射纹服饰铜泡 1 枚。在左、右股骨之间，出骨镞 7 枚，镞锋朝下，在死者腰际以下，至骨盆及股骨附近，出反 S 形铜带卡 19 枚，分布如次：（1）出于左尺骨外侧 3 枚；（2）出于左尺骨内侧 2 枚；（3）出于左股骨上面 1 枚；（4）出于右尺骨内侧 4 枚；（5）压在骨盆下面 9 枚。

YYM239

这是玉皇庙墓地属于丙（C）级规格的小型墓葬之一。位于北Ⅱ区中部，其东有 YYM234，间距 2.1 米；东南有 YYM225 和 YYM238，间距分别为 2 和 1.7 米；西南有 YYM254，间距 1.3 米；西有 YYM253，间距 2.1 米；西北有 YYM252，间距 3.7 米；北有 YYM240，间距 1 米。此墓的地层堆积，基本上同于 YYM226，不赘。

墓圹平面形状，呈抹角长方形，为浅穴土坑墓。东向，方位角为东偏北 7°。墓圹规格，圹口东西长 1.65、东端宽 0.62、西端宽 0.58 米，圹底形制、规格，与圹口一致，圹口至圹底深0.5米。无生土二层台。在圹底偏东北—西南方向，安置木质葬具一具。在木质葬具四周至圹底部四壁之间，筑有活土二层台，台土经过严密夯打，较坚实，东、南、西、北四台等高，均为17厘米，宽度不一，东台宽20、南台宽22、西台宽16、北台宽13厘米（中段）。

圹内填土，为杂有少量褐色斑点的黄色五花土，经普遍夯实，但未有夯层与夯窝痕迹。在填土中，仅发现夹砂粗红陶碎片3块，除此之外，再未有其他遗物。

无殉牲。

木质葬具已朽，已看不到明显的板灰痕迹，但根据墓圹底部土质软硬的差别，尚可判定其四至界限。东西顺长1.29米，东端宽32、西端宽27、总高17厘米，与四周活土二层台台面平齐。其他相关结构情况，已无从考察。

木质葬具内装敛孩童尸骨一具。保存状况不太好，头骨已残碎，骨架多已腐朽，骨盆残缺不全，唯脊椎骨与四肢骨，轮廓较清楚。头东足西，侧面向南，仰身直肢（图版四二，2）。经现场鉴定，死者为儿童，4~5岁。骨骼从头到脚通长0.98米。

随葬品很少，仅在颈、胸之间，出不同质料的项链3串。（1）纺锤形小铜珠项链1串（12枚）；（2）绿松石珠项链1串（29枚）；（3）小黑石珠项链1串（60粒）。除此之外，再无其他遗物（图一二〇）。

YYM253

这是玉皇庙墓地属于丁级规格的小型墓葬之一。位于北Ⅱ区中部，其东有YYM239，间距2.1米；南有YYM254，间距0.2米；西有YYM263，间距2.2米；北有YYM252，间距2.5米；东北有YYM240，间距2.1米。此墓的地层堆积，基本上同于YYM250，不赘。

墓圹平面形状，为抹角长方形，为小规模浅穴土坑墓。东向，方位角为东偏北1°。墓圹规格，圹口东西长1米，东、西两端宽均为

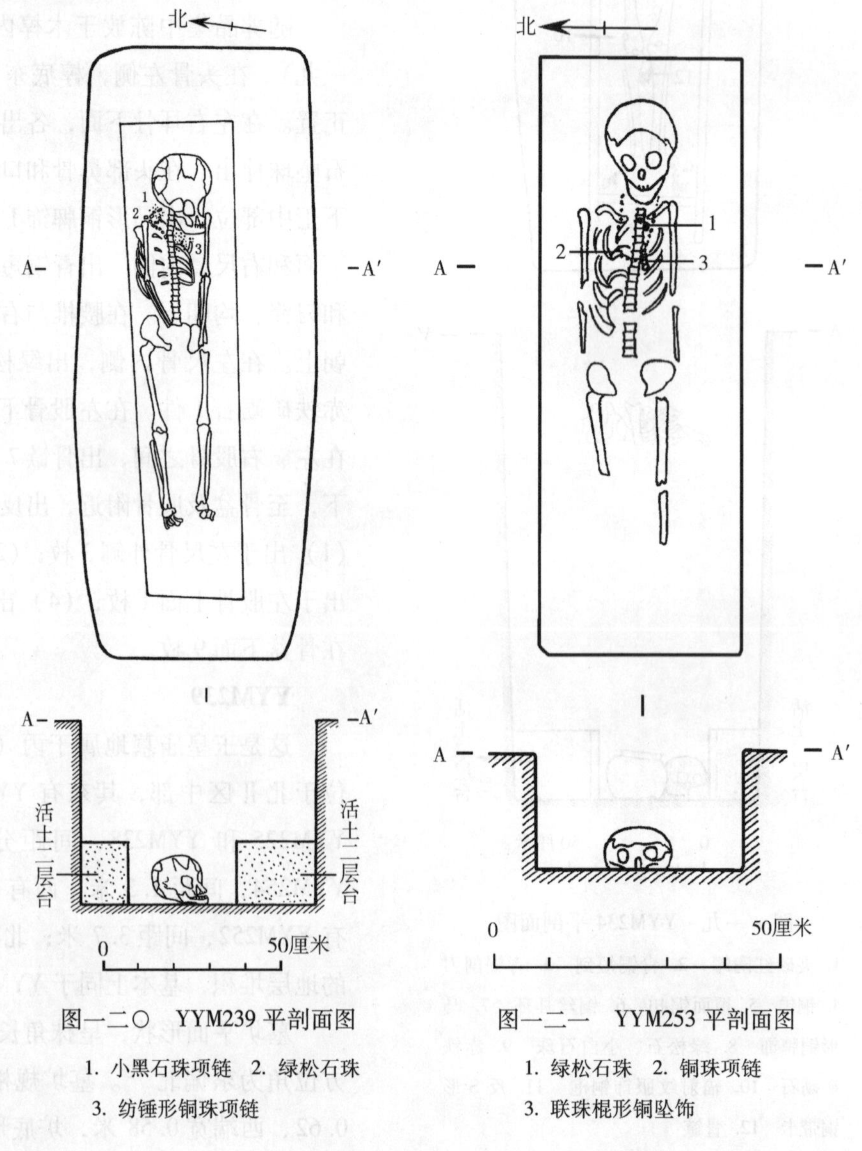

图一二〇 YYM239平剖面图

1. 小黑石珠项链 2. 绿松石珠 3. 纺锤形铜珠项链

图一二一 YYM253平剖面图

1. 绿松石珠 2. 铜珠项链 3. 联珠棍形铜坠饰

0.35 米，墓圹很浅，圹底形制、规格与圹口一致，圹口至圹底深仅 20 厘米。圹内既无生土二层台，也无活土二层台，也没有任何葬具痕迹。

圹内填土，为杂有少量褐色斑点的黄色五花土，未经夯实，较虚软。在填土中，仅发现夹砂粗红陶残片 2 块，除此之外，再未发现其他遗物。

无殉牲。

圹内埋葬孩童尸骨一具，保存状况不好，头骨已酥碎，骨架已朽为粉渣状，骨盆与下肢等，残缺不全。头东足西，仰身直肢，经现场鉴定，死者为一婴儿，1.5～2 岁（图版四三，1）。

随葬品很少（图一二一）。无陶器，仅在婴儿颈部，遗有绿松石珠 1 枚；另有铜珠项链 1 串，由粟粒形铜珠 60 粒、纺锤形铜珠 6 枚，以及联珠棍形铜坠饰 1 枚，联合组成。

YYM263

这是玉皇庙墓地属于乙（B）级规格的中型墓葬之一。位于北Ⅱ区中部，其东有 YYM253，间距 2.2 米；东南有 YYM254，间距 1.8 米；南有 YYM262，间距 1.5 米；西南有 YYM266，间距 3.2 米；西北有 YYM265，间距 1.9 米；北有 YYM264，间距 3.8 米；东北有 YYM252，间距 2 米。此墓的地层堆积，基本上同于 YYM250，不赘。

墓圹平面形状，略呈弧边抹角长方形，墓圹南、北两侧边中腰，均略向北侧弧曲，东端稍宽，西端稍窄，为竖穴土坑墓。东向，方位角为东偏南 15°。墓圹规格，圹口东西长 3.17、东端宽 1.1、西端宽 1.03 米，圹底东西长 3.07、东端宽 1.04、西端宽 0.97 米，圹口至圹底深 1.62 米。无生土二层台。在圹底中间略偏东北—西南方向，安置木椁一具。在木椁外壁四周至圹底部四壁之间，筑有活土二层台，台土经过严密夯打，较坚实，东、南、西、北四台等高，均为 35 厘米，宽度不一，东台宽 57、南台宽 32、西台宽 69、北台宽 19 厘米。

圹内填土，为杂有少量褐色斑点的黄色五花土，经普遍夯实，但未有夯层与夯窝痕迹。在填土中，仅发现夹砂红陶残片 3 块，狗肱骨残段 1 截，除此之外，再未有其他遗物。

殉牲位置，祭牲集中摆放在圹内东端中间上层填土中，上距东端圹口 0.5 米深，下距圹底 0.85 米（图版四三，2）。殉牲种类，为牛、狗 2 种家畜。殉牲数量，牛头 1 个，牛肱骨 1 只，狗头 3 个，狗肱骨 3 只。殉牲形式，将牛和狗头的上、下颌拆解开后，作南、北相邻同层摆放。即先将拆解开的狗牲 3 套（每套含狗上颌骨 1 个，狗下颌骨 1 副，狗肱骨 1 只），摆放在圹内东端中间稍偏南侧的上层填土上，狗肱骨在下，狗头骨在上，靠东端的 2 套，其上、下颌的吻部皆朝东，偏西南侧的 1 套，其上颌吻部朝西南，下颌吻部朝东南；然后于狗牲的北侧，摆放牛牲 1 套，牛肱骨在下，作东北—西南向斜置，牛的上、下颌骨叠置其上，吻部均朝东。

木椁已朽，盖板无存，底板灰痕保存较差，四至不明显，南、北侧板与东、西堵板灰痕轮廓较清楚。板灰呈白色粉状，南、北侧板东西顺长 2.12 米，总高 35 厘米，与南、北活土二层台台面平齐，板灰厚 3 厘米；东、西堵板，分别竖插于南、北侧板之间，立插部位，分别在南、北侧板东、西两端内缩 12 和 18 厘米处，高度与南、北侧板一致，均为 35 厘米，总宽东端 45、西端 42、板灰厚 3 厘米。南、北侧板与东、西堵板的板块组成情况，已难以再作具体分辨。

木椁内装殓尸骨一具。保存状况较好，头骨及其他主要部位骨骼，基本较完整。头东足西，仰身直肢，经现场鉴定，死者为男性，40 岁左右。骨骼从头到脚通长 1.59 米。

随葬品集中陈放于木椁内、死者身上及其近前（图一二二；彩版一九，1）。在头骨左后侧、椁底东南角，放置夹砂红陶罐1件，正置，口沿已残。在左、右耳骨下面，各出螺旋形铜丝耳环1件，在左耳环下，附出绿松石坠珠1枚，右耳无。覆面铜扣2枚，出于左眼眶下缘和左颞骨处各1枚（彩版一九，2）。在颈部至胸部，出黑、白石珠项链2串，（1）小黑石珠项链1串，由192粒小黑石珠串成；（2）小白石珠项链1串，由26粒小白石珠串成。在右肱骨内侧和左尺骨表面，出白石管4枚。在胸部，出双联小铜扣饰47枚；左胸及其下方，出服饰小铜扣28枚。在腰椎左侧，出匕形铜坠饰1件，联珠棍形铜坠饰10枚。在右股骨外侧，出长方形动物纹铜锥（针）管具1件（图版四三，3）。

YYM274

这是玉皇庙墓地属于丙（B）级规格的小型墓葬之一。位于北Ⅱ区中部，其东南有YYM266，间距2.2米；南有YYM273，间距0.8米；西南有YYM46，间距2米；西有YYM45，间距1.4米；西北有YYM96，间距1.9米；东北有YYM275，间距1.3米。此墓的地层堆积，基本上同于YYM271，不赘。

墓圹平面形状，呈抹角孤边长方形，北侧圹边略外弧，为竖穴土坑墓。东向，方位角为东偏南1°。墓圹规格，圹口东西长2.2、东端宽0.62、西端宽0.72米，圹底东西长2.13、东端宽0.58、西端宽0.66米，圹口至圹底深0.86米。无生土二层台。在圹底北侧至东北角，按东西方向，安置木质葬具一具。此葬具东、北两侧，已贴靠在墓圹东壁和北壁上，在其南侧和西侧，筑有活土二层台，台土经过严密夯打，较坚实，二台等高，均为30厘米，宽度不一，南台宽25、西台宽67厘米。

圹内填土，为杂有少量褐色斑点的黄色五花土，经普遍夯实，但未有夯层与夯窝痕迹。在填土中，仅发现夹砂粗红陶碎片2块，除此之外，再未有其他遗物。

无殉牲。

木质葬具，已腐朽为泥，根据墓圹底部土质软硬的差别，可确定该葬具之四至规格。东西顺长1.46米，东端宽33、西端宽40、总高30厘米（与活土二层台台面

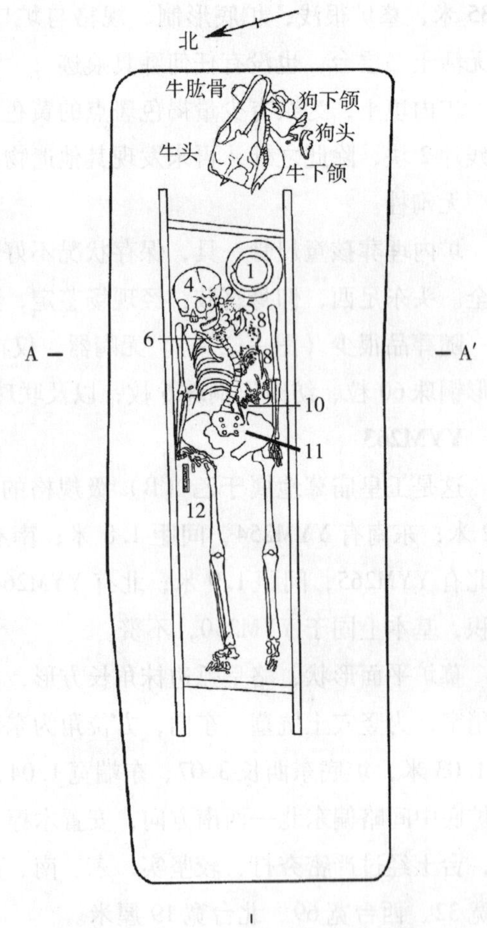

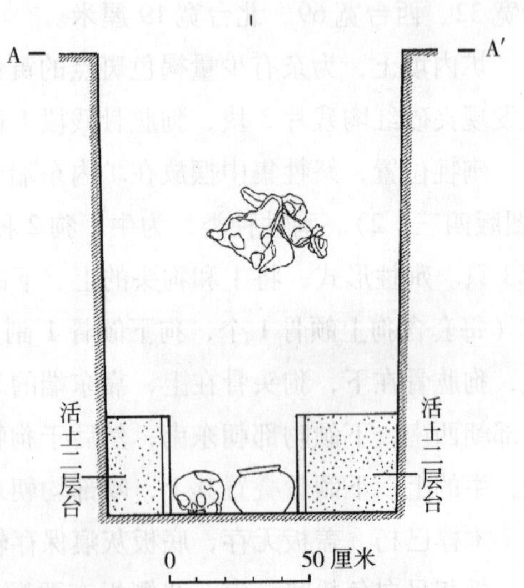

图一二二　YYM263平剖面图

1. 夹砂红陶罐　2. 铜丝耳环　3. 绿松石坠珠（左）　4. 覆面铜扣　5. 小黑石珠项链　6. 小白石珠项链　7. 白石管　8. 双联珠形小铜扣　9. 服饰小铜扣　10. 匕形铜坠饰　11. 联珠棍形铜坠饰　12. 长方形铜锥（针）管具

平齐)。其他相关结构情况，已无从考察。

木质葬具内装殓孩童尸骨一具。保存状况不好，头骨顶部残破，面部被压扁，其他骨骼也因腐朽过甚，残缺不全。头东足西，仰身直肢。经现场鉴定，死者为儿童，4～5岁。从头到胫骨末端，残长0.77米（图版四四，1）。

随葬品很少，仅在木质葬具内，死者左耳骨下面，出螺旋形铜丝耳环1件，已残，无绿松石坠珠伴出。右耳无耳环。在颈部，出白石管和黑、白石珠项链1串，由白石管4枚、小黑石珠28粒及小白石珠16粒，联合串成。在胸部，出绿松石珠和玛瑙珠项链1串，由绿松石珠1枚和玛瑙珠6颗，联合串成（图一二三）。

YYM45

这是玉皇庙墓地属于丙（A）级规格的小型墓葬之一。位于北Ⅱ区中部，其东有YYM274，间距1.3米；东南有YYM273，间距2.6米；南有YYM46，间距1.3米；西南有YYM44，间距1米；西北有YYM43，间距0.9米；北有YYM96，间距1.5米；东北有YYM275，间距3.2米。此墓的地层堆积，基本上同于YYM271，不赘。

墓圹平面形状，呈抹角长方形，为竖穴土坑墓。西向，方位角为西偏南3°。墓圹规格，圹口东西长2.24、东端宽0.8、西端宽0.88米，圹底形制、规格与圹口一致，圹口至圹底深1.2米。无生土二层台。在圹底中间，按西东方向，安置木质葬具一具。在木质葬具四周至圹底部四壁之间，筑有活土二层台，台土经过严密夯打，较坚实，东、南、西、北四台等高，均为40厘米，宽度不一，东台宽15、南台宽18、西台宽20、北台宽22厘米。

圹内填土，为杂有褐色斑点的深黄色五花土，经普遍夯实，但未有夯层与夯窝痕迹。在填土中，仅发现夹砂粗红陶碎片1块。另在木质葬具内，距死者骨盆以上20厘米处的填土中，有自然石灰岩石块1块（32×22×17厘米）。这是因木质葬具盖板腐朽坍塌后，随填土一起陷落进来的。

无殉牲。

木质葬具已朽，板灰呈白色粉状，盖板与底板灰痕已无存，仅能辨识南、北侧板与东、西堵板的四至轮廓。南、北侧板东西顺长1.88米，东、西堵板宽为44厘米，侧板与堵板高度相等，均为40厘米，与四周活土二层台台面平齐。

木质葬具内装殓尸骨一具。保存状况较好，头骨及骨架其他主要部位骨骼，基本完整。头西足东，侧面向东南，仰身直肢。经现场鉴定，死者为男性，40～45岁。骨骼从头到脚通长1.66米。

随葬品极少，仅在死者右耳骨下面，出螺旋形铜丝耳环1件，无绿松石坠珠伴出。除此之外，再未有其他任何遗物（图一二四）。

YYM43

这是玉皇庙墓地属于丙（A）级规格的小型墓葬之一。位于北Ⅱ区中部，其东南有YYM45，间距0.9米；南有YYM44，间距1.2米；西南有YYM42，间距0.7米；西北有YYM47，间距1.7米；东北有YYM96，间距1.3米。此墓的地层堆积，基本上同于YYM271，不赘。

墓圹平面形状，呈长方形，为竖穴土坑墓。东向，方位角为东偏南11°。墓圹规格，圹口东西长2.2、东端宽0.96、西端宽0.88米，圹底形制、规格，与圹口一致，圹口至圹底深1.1米。无生土二层台。在圹底中间，按东西方向，安置木质葬具一具。在木质葬具四周至圹底部四壁之间，筑有活土二层台，台土经过严密夯实，东、南、西、北四台等高，均为40厘米，东、西二台宽均为20厘米，南、北二台宽均为22厘米。

圹内填土，为杂有褐色斑点的深黄色五花土，经普遍夯实，但未有夯层与夯窝痕迹。在填土中，仅发现夹砂红褐陶罐口沿残片2块，除此之外，再未有其他遗物。

殉牲位置，祭牲摆放在圹内东端中间上层填土中，上与东端圹口差不多相平，下距圹底1米。殉牲种类，仅有狗1种。数量，狗头2个。殉牲形式，按东西方向，将二完整狗头，作同层、并列摆放于圹内东端中间上层填土上，吻部皆朝东。

木质葬具已朽，盖板已无存，底板灰痕残缺不全，南、北侧板与东、西堵板灰痕，四至可辨。板灰呈白色粉状，南、北侧板东西顺长1.8，东端堵板宽0.5，西端堵板宽0.48米，侧板与堵板高均为40厘米，与四周活土二层台台面平齐。南北侧板与东、西堵板的板块组成情况，已不能详。

木质葬具内装殓尸骨一具。保存状况较好，头骨及骨架主要部位骨骼，基本完好。头东足西，仰身直肢（图版四四，2）。经现场鉴定，死者为男性，45岁左右。骨骼从头到脚通长1.58米。

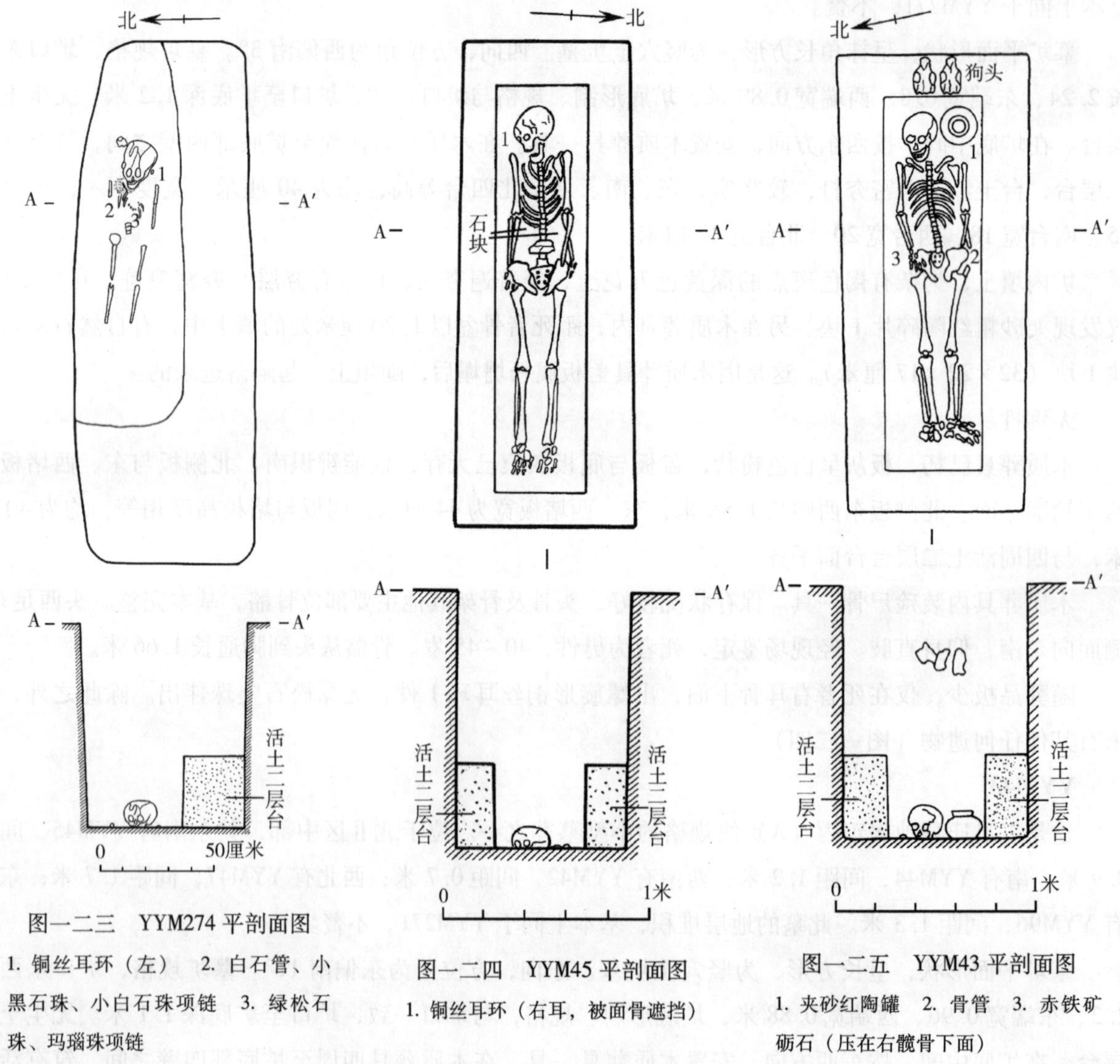

图一二三　YYM274平剖面图

1. 铜丝耳环（左）　2. 白石管、小黑石珠、小白石珠项链　3. 绿松石珠、玛瑙珠项链

图一二四　YYM45平剖面图

1. 铜丝耳环（右耳，被面骨遮挡）

图一二五　YYM43平剖面图

1. 夹砂红陶罐　2. 骨管　3. 赤铁矿砺石（压在右髋骨下面）

随葬品很少。仅在木质葬具内、死者头骨左侧，放置夹砂红陶罐 1 件，正置。在右髋骨下面，压有赤铁矿砺石 1 块，左髋骨外侧，出骨管 1 件（图一二五）。

YYM42

这是玉皇庙墓地属于丙（C）级规格的小型墓葬之一。位于北Ⅱ区中部，其东有 YYM43，间距 0.6 米；东南有 YYM44，间距 1.1 米；西南有 YYM49，间距 3.6 米；西有 YYM41，间距 1.1 米；西北有 YYM40，间距 2.8 米；北有 YYM47，间距 0.7 米。此墓的地层堆积，基本上同于 YYM271，不赘。

墓圹平面形状，呈抹角长方形，为竖穴土坑墓。东向，方位角为东偏北 12°。墓圹规格，圹口东西长 2、东端宽 0.78、西端宽 0.7 米，圹底形制、规格，与圹口一致，圹口至圹底深 0.66 米。无生土二层台。无木质葬具，故无活土二层台。

圹内填土，为杂有褐色斑点的深黄色五花土，经普遍夯实，但未有夯层与夯窝痕迹。在填土中，仅发现夹砂红陶碎片 2 块，除此之外，再未有其他遗物。

无殉牲。

在圹底中间略偏南侧，按东西方向，安葬孩童尸骨一具。保存状况不好，头骨已残碎，骨架已腐朽，仅余零碎脊椎骨、骨盆及肢骨。头东足西，侧面向西南，仰身直肢。经现场鉴定，死者为儿童，5.5～6 岁。

随葬品陈放于死者头侧及身上（图一二六、一二七）。在头骨右后侧，放置夹砂红陶罐 1 件，正置、

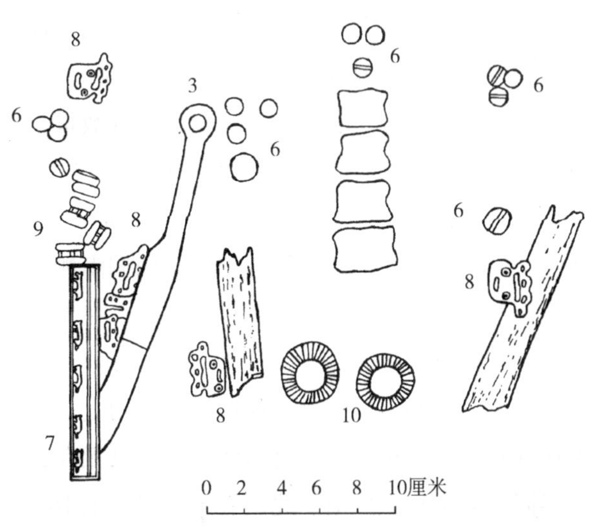

图一二七　YYM42 遗物分布图（局部）

3. 青铜削刀　6. 服饰小铜扣　7. 长方形铜锥（针）管具　8. 小鹿形铜带饰　9. 小铜箍形带卡　10. 辐射纹服饰铜泡

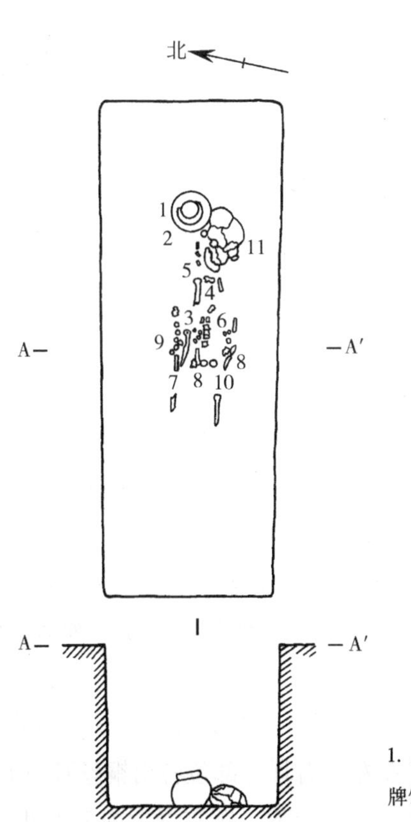

图一二六　YYM42 平剖面图

1. 夹砂红陶罐　2. 铜丝耳环　3. 青铜削刀　4. 虎形铜牌饰　5. 白石管　6. 服饰小铜扣　7. 长方形铜锥（针）管具　8. 小鹿形铜带饰　9. 小铜箍形带卡　10. 辐射纹服饰铜泡　11. 覆面铜扣（左颞骨处，遮挡）

口沿已残。在左、右耳骨下面，各出螺旋形铜丝耳环1件，无绿松石坠珠伴出。覆面铜扣1枚，出于左侧颞骨处。在颈下，出虎形铜牌饰1件，虎头朝左。在颈部右侧，出白石管3枚。在左侧腹部至腰椎骨及骨盆表面，遗有服饰小铜扣15枚。在右髋骨至右股骨外侧，出青铜削刀1件，刀锋朝下。在右股骨外侧，出长方形动物纹铜锥（针）管具1件。小卧鹿形铜带饰6枚，出于右股骨外侧5枚，出于左股骨内侧1枚。在右股骨外侧，卧鹿形铜带饰之间，还出铜箍形饰件4枚。在左、右股骨内侧，各出带辐射纹的服饰铜泡1枚。

YYM41

这是玉皇庙墓地属于乙（B）级规格的小型墓葬之一。位于北Ⅱ区中部。其东有YYM42，间距1.1；东南有YYM44，间距3.5米；南有YYM49，间距3.3米；西南有YYM89，间距1.7米；北有YYM40，间距1.5米；东北有YYM47，间距1.9米。此墓的地层堆积，基本上同于YYM271，不赘。

墓圹平面形状，呈抹角长方形，为竖穴土坑墓。东向，方位角为东偏南2°。墓圹西端被一座近代坟破坏，仅残存中间及东半部。墓圹规格，圹口东西残长1.74、东端宽1米，圹底形制、规格，与圹口一致，圹口至圹底深1.5米。无生土二层台。在圹底偏南侧位置，按东西方向，安置木质葬具一具。在木质葬具东、北两侧至圹底东、北两壁之间，筑有活土二层台，台土经严密夯实，东、北二台高度均为40厘米，宽度不一，东台宽0.56、北台宽0.5米。

圹内填土，为杂有褐色斑点的深黄色五花土，经普遍夯实，但未有夯层与夯窝痕迹，在填土中，仅发现夹砂粗红陶碎片3块，除此之外，再未见其他遗物。

殉牲位置，祭牲摆放在圹内东端略偏南侧的上层填土中，上距东端圹口30厘米深，下距圹底1米。殉牲种类，为牛、羊、狗三种家畜。殉牲数量，牛头1个，牛肱骨1只，羊头1个（绵羊），羊肱骨1只，狗头2个，狗肱骨2只。殉牲形式，将牛、羊、狗头的上、下颌骨拆解开后，按东西方向，作南、北相邻、同层摆放。牛牲居北，羊牲居中，狗牲居南。即先将上、下颌骨拆解开的牛头1个，顺摆在整个祭牲堆的北侧，下颌骨侧置、稍偏南侧，上颌骨叠压在下颌骨上面，略有错位，未相咬合，吻部朝东，其南侧，顺置牛肱骨1只。然后，在牛肱骨的东侧，顺摆羊牲1套，羊肱骨1只呈南北向，摆在下面，被拆解开的羊上、下颌骨，叠压其上，吻部朝东。然后，在羊牲南侧，再依东、西次序，顺摆狗肱骨2只，其上分别叠压被拆解开的狗上、下颌骨1套，吻部亦朝东。

木质葬具已朽，板灰呈白色粉状。盖板已无存，底板灰痕大多残缺不全，南、北侧板与东、西堵板灰痕界限，尚可辨识。南、北侧板东西残长1.18、东端堵板宽0.5米，侧板与堵板高均为40厘米，与东、北两侧活土二层台台面平齐。至于侧板与堵板的板块组成情况，已难以再作分辨。

木质葬具内装殓尸骨一具。人骨架自股骨中段以下，因遭破坏已无存。头骨及所余人骨架，除脊椎、肋骨腐朽无存外，其他部位基本完好。头东足西，侧面向西南，仰身直肢。经现场鉴定，死者为男性，40~45岁。

随葬品集中陈放于木质葬具内、死者身上及其近前（图一二八、一二九）。在头骨左后侧，放置夹砂红陶罐1件，正置，已残碎。在额骨中间，遗有覆面铜扣1枚。在左、右耳骨部位各出铜丝耳环1件，皆残。在颈部，出白石管1枚，还有三鸟头纹铜饰1枚。在左尺骨与手骨下，压有青铜削刀1件，刀锋朝上。在削刀下面，压有青铜短剑1件，剑柄已残断，剑锋朝下。在骨盆中间，出铜锛1件，锛刃朝右侧斜下方。在铜锛左下方，出铜锥1件，锥尖朝下。在左髋骨上缘、左尺骨之下，出服饰铜泡1

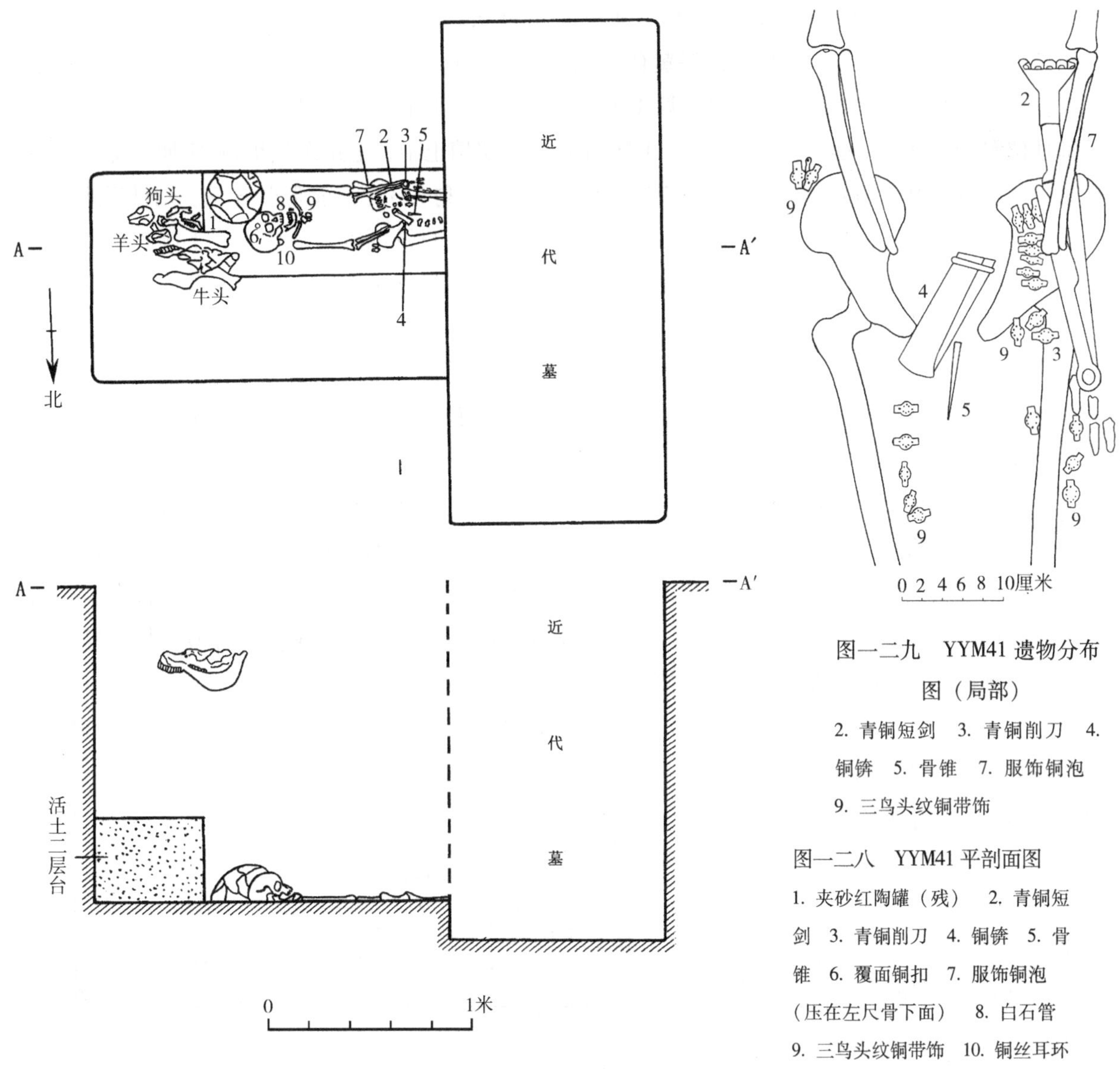

图一二九　YYM41 遗物分布图（局部）

2. 青铜短剑　3. 青铜削刀　4. 铜锛　5. 骨锥　7. 服饰铜泡　9. 三鸟头纹铜带饰

图一二八　YYM41 平剖面图

1. 夹砂红陶罐（残）　2. 青铜短剑　3. 青铜削刀　4. 铜锛　5. 骨锥　6. 覆面铜扣　7. 服饰铜泡（压在左尺骨下面）　8. 白石管　9. 三鸟头纹铜带饰　10. 铜丝耳环

枚。在腰际至左、右股骨之间，出三鸟头纹铜带饰 36 枚，其中出于腰际者 8 枚，出于左、右髋骨和左、右股骨内、外者，各 14 枚。

YYM225

这是玉皇庙墓地属于乙（B）级规格的中型墓葬之一。位于北Ⅱ区中部东界边缘，其东、东南和东北，已无墓葬，南与南区 YYM224 相毗邻，间距 1.8 米；西南有 YYM235 和 YYM236，间距分别为 4 和 3 米；西有 YYM234，间距 2.1 米；北有 YYM226，间距 2 米。此墓的地层堆积，基本上同于 YYM226，不赘。

墓圹平面形状，呈抹角长方形，为竖穴土坑墓。东向，方位角为东偏南 12°。墓圹规格，圹口东西长 2.6 米，东、西两端宽均为 0.94 米，墓圹四壁平整、笔直，圹底形制、规格，与圹口一致，圹口至圹底深 1.4 米。无生土二层台。在圹底中间略偏北侧位置，安置木椁一具。在木椁外壁四周至圹底部四壁之间，筑有活土二层台，台土经严密夯打，较坚实，东、南、西、北四台等高，均为 45 厘米，宽度不一，东台宽28、南台宽31、西台宽44、北台宽16厘米。

圹内填土，为杂有少量褐色斑点的深黄色五花土，经普遍夯实，但未有夯层与夯窝痕迹，在填土中，仅发现夹砂红陶碎片2块，狗肱骨残段1截，除此之外，再未见其他遗物。

殉牲位置，祭牲集中摆放在圹内东端中间稍偏南侧上层填土中，上距东端圹口27厘米深，下距圹底0.83米（图版四四，3）。殉牲种类，仅有狗1种。数量，狗头3个，狗肱骨3只。殉牲形式，将狗头上、下颌骨拆解开后，分上、下二层摆放。即先将狗肱骨1只及拆解开的狗上、下颌骨1套，摆放到圹内东端中间稍偏南侧的上层填土上，肱骨在下，上、下颌骨在上，吻部朝北，此为下层狗牲；然后继续往上填土，待这层填土达10厘米厚时，在此狗牲之上，再摆放狗肱骨2只及拆解开的狗上、下颌骨2套，还是狗肱骨在下，狗上、下颌骨在上，只是上、下颌相互倒置，吻部朝向不相一致，如上颌骨吻部朝东北，下颌骨吻部朝西，此为上层狗牲。待上层狗牲摆好后，再继续填土，直至将圹坑全部填平，并最终将其夯实。

木椁已朽，盖板无存，底板灰痕稀薄零散，四至不清，南、北侧板与东、西堵板板灰轮廓，尚可辨识。板灰呈白色粉状，南、北侧板东西顺长2.17米，总高0.45米，与南、北活土二层台台面平齐，板灰厚4厘米；东、西堵板，分别竖插于南、北侧板之间，立插部位，分别在南、北侧板东、西两端内缩15和16厘米处，高度与南、北侧板一致，均为45厘米，总宽东端41、西端37、板灰厚3.5厘米。南、北侧板与东、西堵板的板块组成情况，已难以再作具体分辨。

木椁内装殓尸骨一具，保存状况较好，头骨及其他主要部位骨骼，基本完整。头东足西，仰身直肢，弓颈驼背，侧面向南。经现场鉴定，死者为女性，55岁以上。骨骼从头到脚通长1.53米。

随葬品很少，仅在木椁内，死者头骨右后侧，放置夹砂红陶罐1件，斜侧置，口朝东北。另在左、右耳骨下面，各出螺旋形铜丝耳环1件，无绿松石坠珠伴出。除此之外，再无其他遗物（图一三〇）。

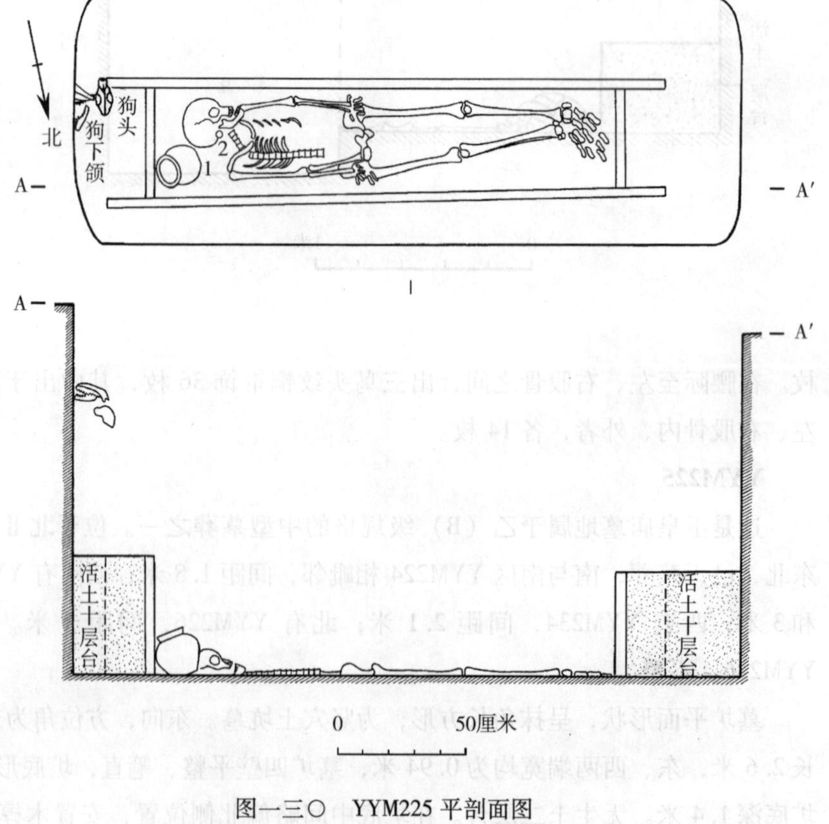

图一三〇　YYM225平剖面图

1. 夹砂红陶罐　2. 铜丝耳环

YYM235

这是玉皇庙墓地属于丁级规格的小型墓葬之一。位于北Ⅱ区中部。其东南有YYM224，间距4.3米；南有YYM236，间距0.4米；西南有YYM238，间距0.8米；西北有 YYM239，间距 2 米；东北有 YYM234，间距 1.1 米。此墓的地层堆积，基本上同于 YYM226，不赘。

墓圹平面形状，呈抹角长方形，为浅穴土坑墓。东向，方位角为东偏南 10°。墓圹规格，圹口东西长 1.3 米，东、西两端宽均为 0.48 米，圹底形制、规格，与圹口一致，圹口至圹底深 0.45 米。无生土二层台。在圹底中间位置，按东西方向，安置木质葬具一具。在木质葬具四周至圹底部四壁之间，筑有活土二层台，台土经过夯打，较坚实，东、南、西、北四台等高，均为 18 厘米，宽度不一，东台宽 16、南台宽 7、西台宽 26、北台宽 8 厘米（中段）。

圹内填土，为杂有少量褐色斑点的黄色五花土，未经夯实，土质较疏松。在填土中，仅发现夹砂红陶碎片 1 块，除此之外，再未见其他遗物。

无殉牲。

木质葬具，已腐朽为泥。根据墓圹底部土质软硬的不同，可区分出木质葬具与活土二层台之间的界限。葬具东西长 0.88 米，东端宽 32、西端宽 27、总高 18 厘米，与四周活土二层台台面平齐。其他相关结构情况，已无从考察。

木质葬具内装殓婴孩尸骨一具。保存状况不太好，头骨已被压碎，骨架大部腐朽，骨盆、手、足骨等细小骨骼，已无存，唯脊椎骨、四肢骨主要部分，尚清楚可见。头东足西，仰身直肢。经现场鉴定，死者为 2 ~2.5 岁婴儿（图一三一）。

无任何随葬品。

YYM254

这是玉皇庙墓地属于乙（B）级规格的中型墓葬之一。位于北Ⅱ区中部，其东南有 YYM238，间距 2.4 米；南有 YYM255，间距 1.15 米；西南有 YYM262 和 YYM261，间距分别为 3.4 和 3.9 米；西北有 YYM263，间距 1.8 米；北有 YYM253，间距 0.2 米；东北有 YYM239，间距 1.3 米。此墓的地层堆积，基本上同于 YYM261，不赘。

墓圹平面形状，呈抹角长方形，为竖穴土坑墓。东向，方位角为东偏南 10°。墓圹规格，圹口东西长 2.55、东端宽 0.9、西端宽 1 米，圹底东西长 2.45、东端宽 0.84、西端宽 0.9 米，圹口至圹底深 1.32 米。无生土二层台。在圹底中间略偏南侧位置，按东西方向，安置木椁一具。在木椁外壁四周至圹底部四壁之间，筑有活土二层台，台土经过严密夯打，较坚实，东、南、西、北四台等高，均为 26 厘米，宽度不一，东台宽 39、南台宽 12、西台宽 46、北台宽 30 厘米。

圹内填土，为杂有少量褐色斑点的黄色五花土，经普遍夯实，但未有夯层与夯窝痕迹。在填土中，仅发现夹砂褐陶残片 1 块，少许炭渣，还有羊下颌骨残件 1 块，除此之外，再未有其他遗物。

殉牲位置，祭牲集中摆放在圹内东端略偏南侧的上层填土中，上距东端圹口 25 厘米深，下距圹底 0.96 米（图一三二；图版四五，2）。殉牲种类，只有狗 1 种。数量，狗头 2 个，狗肱骨 2 只。殉牲形式，将狗头的上、下颌拆解开后，作南北并列、同层摆放。即将狗肱骨 2 只及拆解开的狗上、下颌骨 2 套，并列于圹内东端略偏南侧的上层填土上，肱骨在下，头骨叠置其上，其中除 1 副下颌骨的吻部朝南外，其余的 2 个上颌骨及 1 副下颌骨的吻部，均朝东。

木椁已朽，板灰呈白色粉状，除底板痕迹保存不好外，其余部分灰痕轮廓均较明显（图版四五，3）。经观察分辨，此木椁盖板，呈南北向，横搭在南、北两侧板之上，南、北两端分别贴附在南、北活

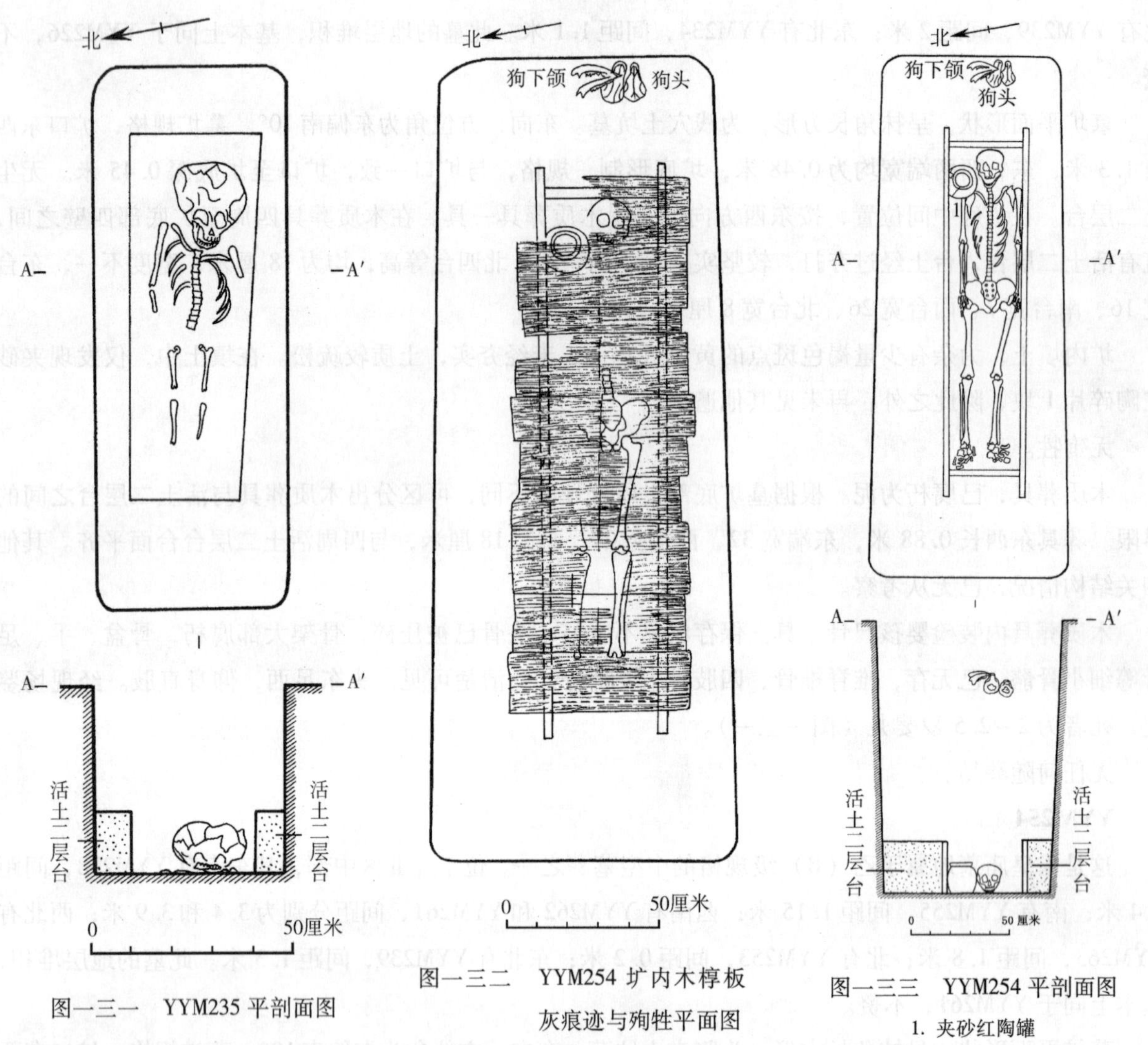

图一三一　YYM235 平剖面图

图一三二　YYM254 圹内木椁板灰痕迹与殉牲平面图

图一三三　YYM254 平剖面图
1. 夹砂红陶罐

土二层台台帮上一部分，共由宽、窄不一的10块木板组成，板长在52～60厘米之间，板宽在8～21厘米之间，因板长不一，故南、北两端并不齐整（图一三二）。南、北侧板立于底板之上，东西顺长1.81米，总高26厘米，与南、北活土二层台台面平齐，板灰厚3厘米。东、西堵板，分别竖插于南、北侧板之间，立插部位，分别在南、北侧板东、西两端内缩6和10厘米处，高度与南、北侧板一致，均为26厘米，总宽东端37、西端35、板灰厚3厘米。南、北侧板与东、西堵板的板块组成情况，已难以再作具体分辨。

木椁内装殓尸骨一具。保存状况不太好，头骨已被压碎，其他主要部位骨骼，基本完整。头东足西，仰身直肢，经现场鉴定，死者为女性，55岁以上。骨骼从头到脚通长1.53米。

随葬品很少，仅有夹砂红陶罐1件，放置在木椁内、死者头骨右侧，正置，已残。除此之外，再未有其他任何遗物（图一三三）。

YYM262

这是玉皇庙墓地属于丙（C）级规格的小型墓葬之一。位于北Ⅱ区中部。其东南有YYM256，间距2.3米；南有YYM261，间距1.1米；西南有YYM267，间距2.5米；西有YYM266，间距2.8米；西北有 YYM265，间距 3.5 米；北有 YYM263，间距 1.4 米；东北有 YYM254，间距 3.4 米。此墓的地层堆积，基本上同于 YYM226，不赘。

墓圹平面形状，呈抹角长方形，为竖穴土坑墓。东向，方位角为东偏南 15°。墓圹规格，圹口东西长 1.49 米，东、西两端均为 0.56 米，圹底形制、规格，与圹口一致，圹口至圹底深 0.88 米。无生土二层台。在圹底中间位置，按东西方向，安置木椁一具。在木椁外壁四周至圹底部四壁之间，筑有活土二层台，台土经严密夯打，较坚实，东、南、西、北四台等高，均为 20 厘米，宽度不一，东台宽 22、南台宽 13、西台宽 30、北台宽 11 厘米（中段）。

圹内填土，为杂有少量褐色斑点的黄色五花土，经普遍夯实，但未有夯层与夯窝痕迹。在填土中，仅发现夹砂粗红陶碎片 4 块，除此之外，再未见其他遗物。

殉牲位置，祭牲摆放在圹内东端中上层填土中，上距东端圹口 0.37 米深，下距圹底 0.49 米。殉牲种类，仅有狗 1 种。数量，狗头 1 个，狗肱骨 1 只（图版四五，1）。殉牲形式，将狗肱骨 1 只和完整狗头 1 个，顺摆于圹内东端中上层填土上，肱骨在下，头骨叠置其上，吻部朝东。

木椁很小，已完全腐朽。板灰很薄，呈白色粉状。盖板无存，底板灰痕模糊不清，南、北侧板与东、西堵板轮廓痕迹，尚可辨识。南、北侧板东西顺长 1.24 米，总高 20 厘米，与四周活土二层台台面平齐，板灰厚 2 厘米。东、西堵板，分别竖插于南、北侧板之间，立插部位，分别在南、北侧板东、西两端内缩 13 和 16 厘米处，高度与南、北侧板一致，均为 20 厘米，总宽东端 31、西端 30、板灰厚 2 厘米。南、北侧板与东、西堵板板块组成情况，已不能详。

木椁内偏东南角处摆放婴孩头骨 1 个。保存状况不好，头盖骨已残碎，未有骨架，用摆放碎石块的形式，象征性地表示身体部分。头骨仰面，正置。经现场鉴定，死者为 1.5～2 岁的婴儿（图一三四）。

无任何随葬品。

YYM266

这是玉皇庙墓地属于乙（A）级规格的中型墓葬之一。位于北Ⅱ区中部，其东有 YYM262，间距 2.7 米；东南有 YYM261，间距 1.9 米；南有 YYM267 和 YYM272，间距分别为 0.55 和 2.55 米；西南有 YYM273，间距 1 米；西有 YYM274，间距 2.1 米；西北有 YYM275，间距 2.4 米；北有 YYM265，间距 2.5 米；东北有 YYM263，间距 3.15 米。此墓的地层堆积，大体同于 YYM250，不赘。

墓圹平面形状，呈抹角长方形，为竖穴土坑墓。东向，方位角为东偏南 10°。墓圹规格，圹口东西长 3.15、东端宽 0.96、西端宽 1 米，墓圹四壁平整、笔直，圹底形制、规格，与圹口一致，圹口至圹底深 1.85 米。无生土二层台。在圹底中间略偏北侧位置，按东西方向，安置木椁一具。在木椁外壁四周至圹底部四壁之间，筑有活土二层台，台土经过严密夯打，较坚实，东、南、西、北四台等高，均为 30 厘米，宽度不一，东台宽 60、南台宽 38、西台宽 71、北台宽 17 厘米。

圹内填土，为杂有少量褐色斑点的黄色五花土，经普遍夯实，但未有夯层与夯窝痕迹。在填土中，仅发现夹砂粗红陶罐口沿和腹部残片 4 块，还有马牙 2 枚，除此之外，再未有其他遗物。

殉牲位置，祭牲集中摆放在圹内东端中间上层填土中，上距东端圹口 0.4 米深，下距圹底 1.1 米（图版四六，1）。殉牲种类，为牛、狗二种家畜。殉牲数量，牛头 1 个，牛肱骨 1 只，狗头 3 个，狗肱骨 3 只。殉牲形式，牛头完整保留，将狗上、下颌拆解开后，与牛牲作南、北相邻同层摆放。即按东西方向，先将牛肱骨1只顺置于圹内东端中间上层填土上，然后将牛头1个吻部朝东，叠置其上；再于牛牲南侧，将狗肱骨3只及拆解开的狗上、下颌骨3套，摆放一堆，狗上、下颌的吻部朝向不统一，最东端的1套上、下颌与西侧的1副下颌朝东，位居中间者朝北。

木椁已朽，板灰呈白色粉状，盖板与底板灰痕薄而残缺不全，南、北侧板与东、西堵板轮廓尚清楚。南、北侧板东西顺长2.18米，总高30厘米，与南、北活土二层台台面平齐，板灰厚3厘米；东、西堵板，分别竖插于南、北侧板之间，立插部位，分别在南、北侧板东、西两端内缩17和18厘米处，高度与南、北侧板一致，均为30厘米，总宽东端37、西端35、板灰厚3厘米。南、北侧板与东、西堵板的板块组成情况，已不能具体分辨。

木椁内装殓尸骨一具，保存状况不太好，头骨已压裂，脊椎、骨盆、左下肢骨，均残缺不全。头东足西，仰身直肢，经现场鉴定，死者为女性，40岁左右。骨骼从头到脚通长1.5米。

随葬品集中陈放于木椁内、死者身上及其近前（图一三五）。在头骨左后方、椁底东南角，放置夹砂红陶罐1件，斜侧置。在左、右耳骨附近，各出螺旋形铜丝耳环1件及绿松石坠珠1枚。在头部

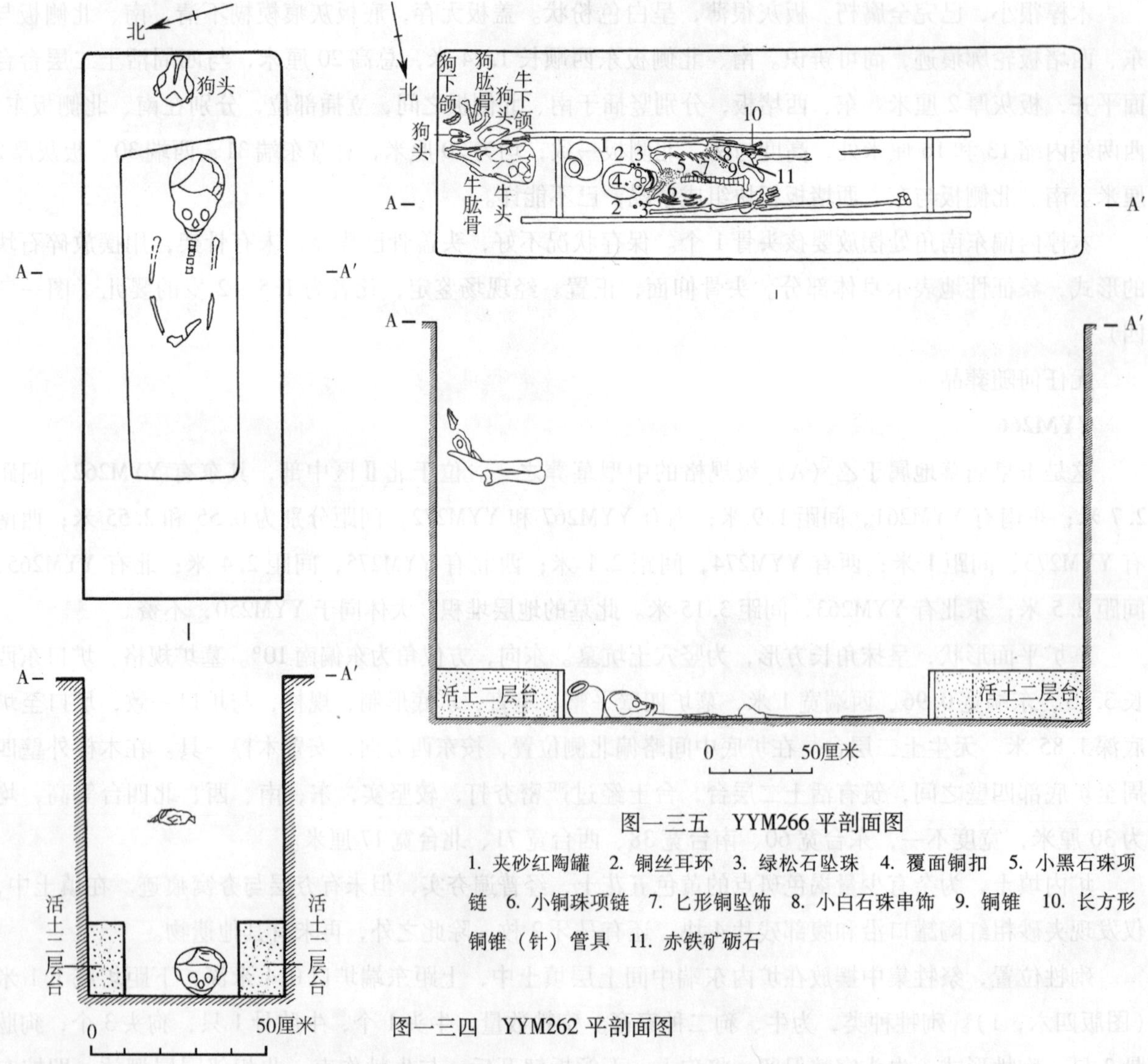

图一三四 YYM262平剖面图

图一三五 YYM266平剖面图

1. 夹砂红陶罐 2. 铜丝耳环 3. 绿松石坠珠 4. 覆面铜扣 5. 小黑石珠项链 6. 小铜珠项链 7. 匕形铜坠饰 8. 小白石珠串饰 9. 铜锥 10. 长方形铜锥（针）管具 11. 赤铁矿砺石

出覆面铜扣3枚，右额角上1枚，滑落于下颌骨下面1枚，右眼眶内1枚。在颈部至胸部，出不同质料的项链2串：其一为小黑石珠项链1串（48枚）；其二为小铜珠项链1串（由142粒小铜珠串成），有的小铜珠之间尚遗有麻线穿绳痕迹，在这串项链的下端（胸下部位），附出匕形铜坠饰1件（彩版一九，3；图版四六，2）。在左侧腰间，出小白石珠串饰1串（共61粒），铜锥1件。在左髋骨外侧，出赤铁矿长方体砺石1件，在左手指骨下面，压有长方形铜锥（针）管具1件。

YYM273

这是玉皇庙墓地属于丙（A）级规格的小型墓葬之一。位于北Ⅱ区中部。其东南有YYM272，间距2.1米；西南有YYM271和YYM46，间距分别为3.3和2.2米；西北有YYM45，间距2.6米；北有YYM274，间距0.8米；东北有YYM266，间距1.1米。此墓的地层堆积，基本上同于YYM271，不赘。

墓圹平面形状，呈抹角不规则长方形，南侧圹边西半部外弧明显，为竖穴土坑墓。东向，方位角为东偏北7°。墓圹规格，圹口东西长2.2、东端宽0.74、西端宽0.82米，圹底东西长2.12、东端宽0.72、西端宽0.77米，圹口至圹底深1米。无生土二层台。在圹底中间偏北位置，按东西方向，安置木椁一具。在木椁外壁四周至圹底部四壁之间，筑有活土二层台，台土经过严密夯打，较坚实，东、南、西、北四台等高，均为20厘米，宽度不一，东台宽10、南台宽23、西台宽24、北台宽7厘米（中段）。

圹内填土，为杂有少量褐色斑点的黄色五花土，经普遍夯实，但未有夯层与夯窝痕迹。在填土中，仅发现夹砂红陶罐口沿与腹部残片2块，另在东侧中间和南侧东端活土二层台台面上，各有体积较小的自然石灰岩石块1块。除此之外，再未见其他遗物。

殉牲位置，祭牲集中摆放在圹内东端中间略偏南侧的中层填土中，上距东端圹口0.45米深，下距圹底0.46米（图版四六，3）。殉牲种类，仅有狗1种。数量，狗头2个，狗肱骨2只。殉牲形式，将狗头上、下颌拆解开后，2套狗牲作南、北相邻，同层、聚堆摆放。上、下颌骨分开摆放，2只肱骨分别被叠压于2上颌骨之下，1副下颌骨置于东端，吻部朝东南，另1副覆扣于2上颌骨之间，吻部朝西南，北侧的1个上颌骨，吻部朝南，南侧的1个上颌骨，吻部朝东。

木椁已朽，盖板无存，底板痕迹不清楚，南、北侧板与东、西堵板板灰轮廓，尚可分辨。板灰呈白色粉状，南、北侧板东西顺长2.03米，总高20厘米，与活土二层台台面平齐，板灰厚2.5厘米。东、西堵板，分别竖插于南、北侧板之间，立插部位，分别在南、北侧板东、西两端内缩9和10厘米处，高度与南、北侧板一致，均为20厘米，总宽东端39、西端30、板灰厚2.5厘米。南、北侧板与东、西堵板的板块组成情况，已不能详。

木椁内装殓尸骨一具。保存状况较好，头骨及其他主要部位骨骼，基本完整。头东足西，仰身直肢。经现场鉴定，死者为女性，40岁左右。骨骼从头到脚通长1.55米。

随葬品较少，陈放于木椁内，死者身上及其近前（图一三六）。在头骨右侧，放置夹砂褐陶折肩罐1件，斜侧置，口朝西北，口沿已残。覆面铜扣3枚，出于上颌骨表面1枚，左颧骨上1枚，滑落于下颌骨右下方1枚。在颈部，出绿松石珠2枚，白石管8枚。在右髋骨内侧，出骨锥1件。

YYM46

这是玉皇庙墓地属于乙（B）级规格的中型墓葬之一。位于北Ⅱ区中部。其东南有YYM271，间距2.7米；西南有YYM94，间距1.4米；西北有YYM44，间距0.9米；北有YYM45，间距1.3米；东北有YYM273和YYM274，间距分别为2.2和1.9米。此墓的地层堆积，基本上同于YYM271，不赘。

墓圹平面形状，呈抹角长方形，为竖穴土坑墓。东向，方位角为东偏南2°。墓圹规格，圹口东西长2.46、东端宽1、西端宽0.9米，圹底南、北两侧形制、规格，与圹口一致，东、西两端向内收缩，长为2.02米，圹口至圹底深1.7米。无生土二层台。在圹底中间，按东西方向，安置木椁一具。在木椁外壁四周至圹底部四壁之间，筑有活土二层台，台土经严密夯打，较坚实，东、南、西、北四台等高，均为44厘米，宽度不一，东台宽58、南台宽28、西台宽44、北台宽20厘米。

圹内填土，为杂有褐色斑点的深黄色五花土，经普遍夯实，但未有夯层与夯窝痕迹，在填土中，仅发现夹砂红陶罐口沿残片1块，除此之外，再未见其他遗物。

殉牲位置，祭牲陈放在圹内东端中间中上层填土中，上距东端圹口20厘米深，下距圹底0.86米，其间落差为0.66米，非同层殉祭。殉牲种类，仅为狗1种。数量，狗头2个，狗肱骨1只。殉牲形式，将2狗头的上、下颌骨拆解开后，在圹内东端中间自中层至上层填土中，作零散殉祭。即先于中层（距圹底0.86米深）填土上，摆放狗下颌骨2副，使其吻部朝东；然后于其上10至15厘米处，再摆放狗上颌骨2个，吻部皆朝向西南；然后再在距东端圹口以下20厘米深处填土中，置狗肱骨1只，呈南北向。

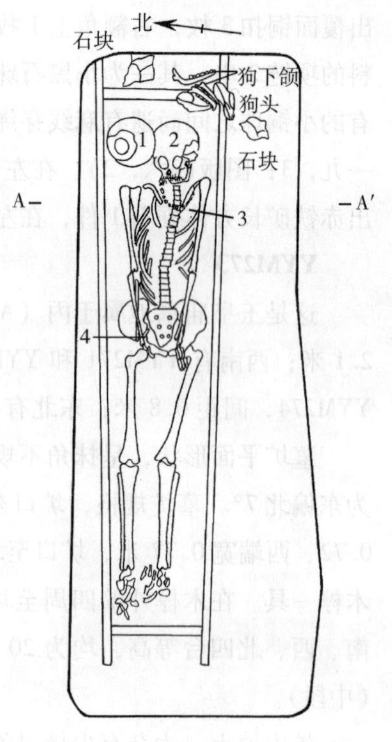

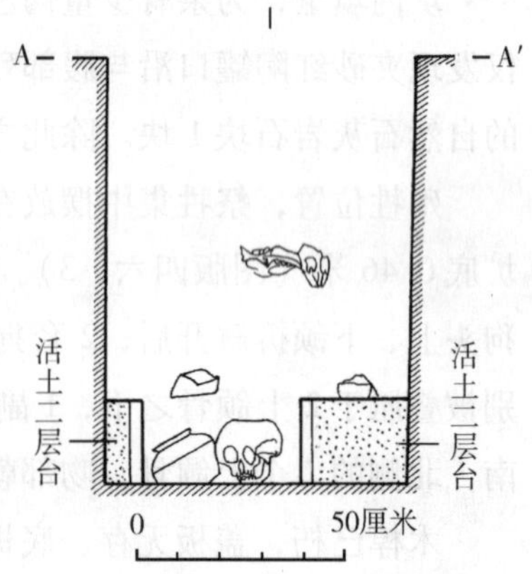

图一三六 YYM273平剖面图

1. 夹砂褐陶罐 2. 覆面铜扣 3. 绿松石珠、白石管项链 4. 骨锥

木质葬具已朽，板灰呈白色粉状。盖板尚残存6块痕迹，作南北向，横搭在侧板之上，长0.5米左右，宽8～14厘米，板灰厚0.2厘米。底板作东西向顺铺，板长1.52米，东端探出堵板4厘米，西端探出堵板3厘米，板灰厚0.3厘米。南、北侧板东西顺长1.82米，分别立于底板之上，南、北两侧边与底板压齐，东、西两端均探出堵板与底板一截，高度为44厘米，与活土二层台台面平齐，板灰厚4厘米。东、西堵板分别竖插于南、北侧板之间，立插部位，分别在南、北侧板东、西两端内缩16和20厘米处，总宽东端40、西端42厘米，高度与侧板一致，亦与活土二层台台面平齐，板灰厚4厘米。

木质葬具内装殓尸骨一具。保存状况不太好，头骨基本完好，但骨架腐朽较甚，右尺骨与桡骨、部分肋骨及手骨，已无存，左、右胫骨、腓骨，已残缺不全。头东足西，仰身直肢。经现场鉴定，死者为男性，22～24岁。身材矮小，骨骼从头到脚通长1.34米。

随葬品陈放于木质葬具内、死者身上及其近前（图一三七）。在头骨右下侧，右肩部位，放置夹砂灰褐陶罐1件，略侧置，口朝西北。在左、右耳骨下面，各出螺旋形铜丝耳环1件，无绿松石坠珠伴出。覆面铜扣2枚，出于上颌骨部位1枚，滑落于右耳部1枚。在颈部，出不同质料的项链2串：(1) 石

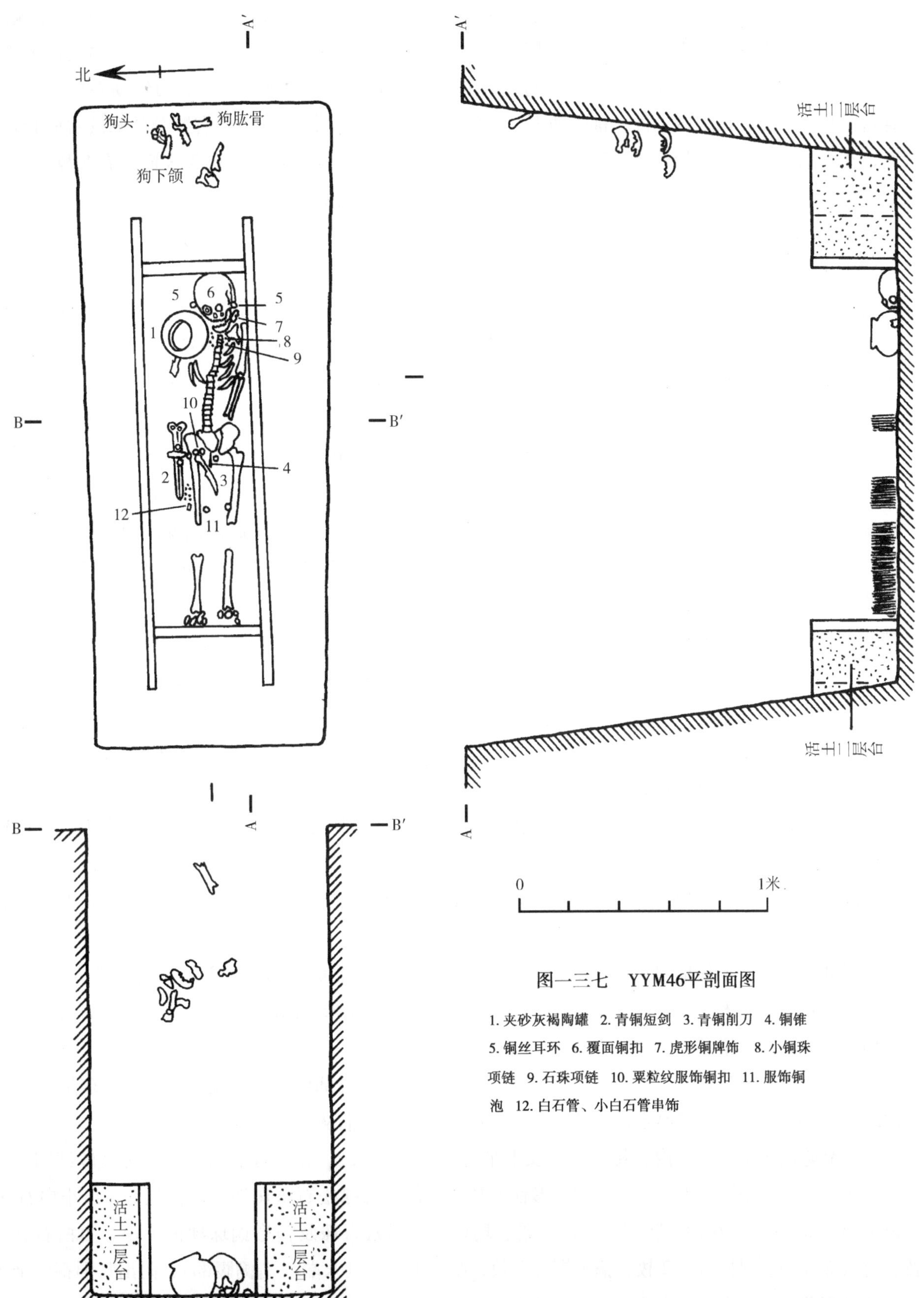

图一三七　YYM46平剖面图

1. 夹砂灰褐陶罐　2. 青铜短剑　3. 青铜削刀　4. 铜锥　5. 铜丝耳环　6. 覆面铜扣　7. 虎形铜牌饰　8. 小铜珠项链　9. 石珠项链　10. 粟粒纹服饰铜扣　11. 服饰铜泡　12. 白石管、小白石管串饰

珠项链1串，由小黑石珠118粒、小白石珠55粒，相间串成；（2）小铜珠项链1串，由19枚小铜珠串成。在颈下，下颏的下面，压有虎形铜牌饰1件。在右髋骨与右股骨上段外侧，出青铜短剑1件，剑锋朝下，剑身表面附着一层黑色皮鞘痕迹。在右股骨内侧，出青铜削刀1件，刀锋朝左侧斜下方。在骨盆耻骨弓下方，出铜锥1件，锥尖朝下。粟粒纹服饰铜扣17枚，分布于右髋骨外侧及右股骨正、背面，在青铜短剑及右髋骨外缘下面，压有9枚，右股骨下面压有3枚，右股骨表面遗有5枚。在右股骨表面，还出涡纹服饰铜扣1枚。服饰铜泡2枚，出于左、右股骨下端内侧各1枚。在右股骨下端左、右两侧，出小白石珠和白石管1串（小白石珠101粒，白石管2枚）。

YYM44

这是玉皇庙墓地属于乙（B）级规格的中型墓葬之一。位于北Ⅱ区中部。其东南有YYM46，间距0.9米；南有YYM94，间距1.7米；西南有YYM49，间距2.8米；西北有YYM42，间距1.1米；北有YYM43，间距1.2米；东北有YYM45，间距1米。此墓的地层堆积，基本上同于YYM271，不赘。

墓圹平面形状，为缺角长椭形竖穴土坑墓。东向，方位角为东偏南7°。墓圹规格，圹口东西长2.86、东端宽1.2、西端宽0.7米，圹底形制、规格，与圹口一致，圹口至圹底深1.5米。在墓圹南侧壁下半部，留有一道生土二层台。台面距南圹口深0.94米，距墓圹高0.56米，台宽40厘米。在圹底中间偏北的位置，按东西方向，安置木质葬具一具。在木质葬具四周至圹底部四壁之间，筑有活土二层台，台土经过严密夯打，较坚实，东、南、西、北四台等高，均为40厘米，宽度不一，东台宽45、南台宽12、西台宽50、北台宽22厘米。在圹口外侧的东、南、北三方生土地面上，各发现平面形状呈椭圆形的红烧土地面1片。东侧的1片，直径0.62～0.7米；南侧的1片，直径0.66～0.92米；北侧的1片，直径0.74～0.8米。红烧土地面，烧结得很硬，厚度4～5厘米。这应是当时葬仪进行过程中或埋葬完毕之后，所留下的祭奠火堆的遗迹。

圹内填土，为杂有褐色斑点的深黄色五花土，经普遍夯实，但未有夯层与夯窝痕迹，在填土中，仅发现夹砂红陶碎片3块，除此之外，再未见其他任何遗物。

殉牲位置，祭牲摆放在圹内东端偏南侧的上层填土中，上距东端圹口4厘米深，下距圹底1.32米。殉牲种类，只有狗1种。数量狗头2个，狗肱骨2只。殉牲形式，将2狗头上、下颌骨拆解开后，按东西方向，作同层、并列摆放。狗肱骨2只摆在下面，拆解的狗上、下颌骨，分别叠置其上，吻部皆朝东。

木质葬具已朽，板灰呈白色粉状，很稀薄，仅可辨识南、北侧板与东、西堵板的四至界限。南、北侧板东西顺长1.9米，东端堵板宽44厘米，西端堵板宽48厘米。高均为40厘米，与四周活土二层台台面平齐。侧板与堵板的板块组成情况，已不能详。

木质葬具内装殓尸骨一具。保存状况较好，头骨及骨架主要部位骨骼，基本完好，头东足西，侧面向北，仰身直肢。经现场鉴定，死者为男性，40岁左右。骨骼从头到脚通长1.67米。

随葬品陈放于木质葬具内、死者头侧及上半身（图一三八）。在头骨右后侧，放置夹砂红陶罐1件，正置。在左、右耳骨下面，各出螺旋形铜丝耳环1件，无绿松石坠珠伴出。在颈部，出小白石珠项链1串（269粒）。在颈、胸部，出白石管、玛瑙珠、绿松石珠及箍形铜珠项链1串，由白石管3枚、玛瑙珠6颗、绿松石珠2枚、箍形铜珠2枚，联合串成。其末端（右侧腹部），附出匕形铜坠饰1件，坠尖朝北。另在右股骨内侧，出玛瑙珠1颗。

YYM236

这是玉皇庙墓地属于乙（A）级规格的中型墓葬之一。位于北Ⅱ区中部边缘，其东和东南，与南区相邻，东有 YYM224，间距2.4 米；东南有 YYM203，间距2 米；西南有 YYM237，间距1.1 米；西有 YYM238，间距0.6 米；北有 YYM235，间距0.35 米；东北有 YYM225，间距3 米。此墓的地层堆积，基本上同于 YYM226，不赘。

墓圹平面形状，基本上呈抹角长方形，为竖穴土坑墓。东向，方位角为东偏南15°。墓圹规格，圹口东西长2.67、东端宽1、西端宽1.1 米，圹底东西长2.55、东端宽0.94、西端宽1.02 米，圹口至圹底深1.7 米。无生土二层台。在圹底正中位置，按东西方向，安置木椁一具。在木椁外壁四周至圹底部四壁之间，筑有活土二层台，台土经过严密夯打，较坚实，东、南、西、北四台等高，均为30 厘米，宽度不一，东台宽31、南台宽30（中段）、西台宽38、北台宽21 厘米（中段）。

圹内填土，为杂有少量褐色斑点的黄色五花土，经普遍夯实，但未有夯层与夯窝痕迹，较纯净，在填土中，仅发现夹砂粗红陶罐口沿2 块、羊下颌骨残段1 块，及少量炭渣痕迹，除此之外，再未见其他遗物。

殉牲位置，祭牲集中摆放在圹内东端中间上层填土中，上距东端圹口0.55 米深，下距圹底1 米（图版四七，1）。殉牲种类，为牛、羊、狗三种家畜。殉牲数量，牛头1 个，牛肱骨1 只，羊头（绵羊）1 个，羊肱骨1 只，狗头4 个，狗肱骨4 只。殉牲形式，牛头完整保留，将羊、狗头上、下颌拆解开后，与牛牲作南、北相邻同层依次摆放。即先将狗肱骨2 只，按东西方向，顺置于圹内东端偏南侧的上层填土上，然后将拆解开的狗上、下颌骨4 套，置于狗肱骨之上，吻部朝向不一，有的朝东，有的朝东北，有的朝西北，还有的朝东南，然后再将狗肱骨1 只，斜插于狗上、下颌骨空隙中；然后再在狗牲西侧摆上羊肱骨1 只、羊上下颌骨1 套，羊上、下颌骨叠压在羊肱骨之上，吻部朝东北，或西南，然后又在羊下颌骨的西侧，斜置狗肱骨1 只；然后在紧挨着狗和羊牲之北侧，按东西方向，顺置牛肱骨1 只、牛头1 个，吻部朝东，牛头和牛肱骨并列，互不叠压。

木椁已朽，盖板无存，底板灰痕很薄，轮廓已很模糊，南、北侧板和东、西堵板，灰痕界限尚分明。板灰呈白色粉状，南、北侧板东西长2.26 米，总高30 厘米，与南、北活土二层台台面平齐，板灰厚3.5 厘米；东西堵板，分别竖插于南、北侧板之间，立插部位，分别在南、北侧板东、西两端内缩12 和16 厘米处，高度与南、北侧板一致，均为30 厘米，总宽东端44、西端40、板灰厚3.5 厘米。南、北侧板与东、西堵板的板块组成与结构，已不能详。

木椁内装殓尸骨一具。保存状况较好，除脊椎与肋骨有残缺外，其他主要部位的骨骼，基本完整。头东足西，仰身直肢。经现场鉴定，死者为男性，22～24 岁。骨骼从头到脚通长1.73 米。

随葬品集中陈放于木椁内，死者身上及其近前（图一三九）。在头骨左侧，放置夹砂红陶罐1 件，略斜侧置。在左、右耳骨下面，各出螺旋形铜丝耳环1 件。在左耳环下，附出绿松石坠珠1 枚；在右耳环下，附出绿松石坠珠2 枚。在头部鼻骨和左、右眼眶内，出覆面铜扣3 枚。在颈下，左、右锁骨交接部位，出马形铜牌饰1 件。在左髋骨外侧至左股骨上端，出青铜短剑1 件，剑锋朝斜上方。在左侧腰间和左髋骨外侧，出青铜削刀1 件，刀身叠压在短剑剑锋上，刀锋朝斜下方。在右尺骨下面，压有开口骨器1 件。在右髋骨至右股骨之间，出铜锥1 件，锥尖朝上。在右腓骨外侧，出铜镞1 枚、骨镞11 枚，镞锋均朝下；铜锛1 件，锛刃朝上；铜凿1 件，凿刃朝下，在死者身后，左髋骨下面压有服

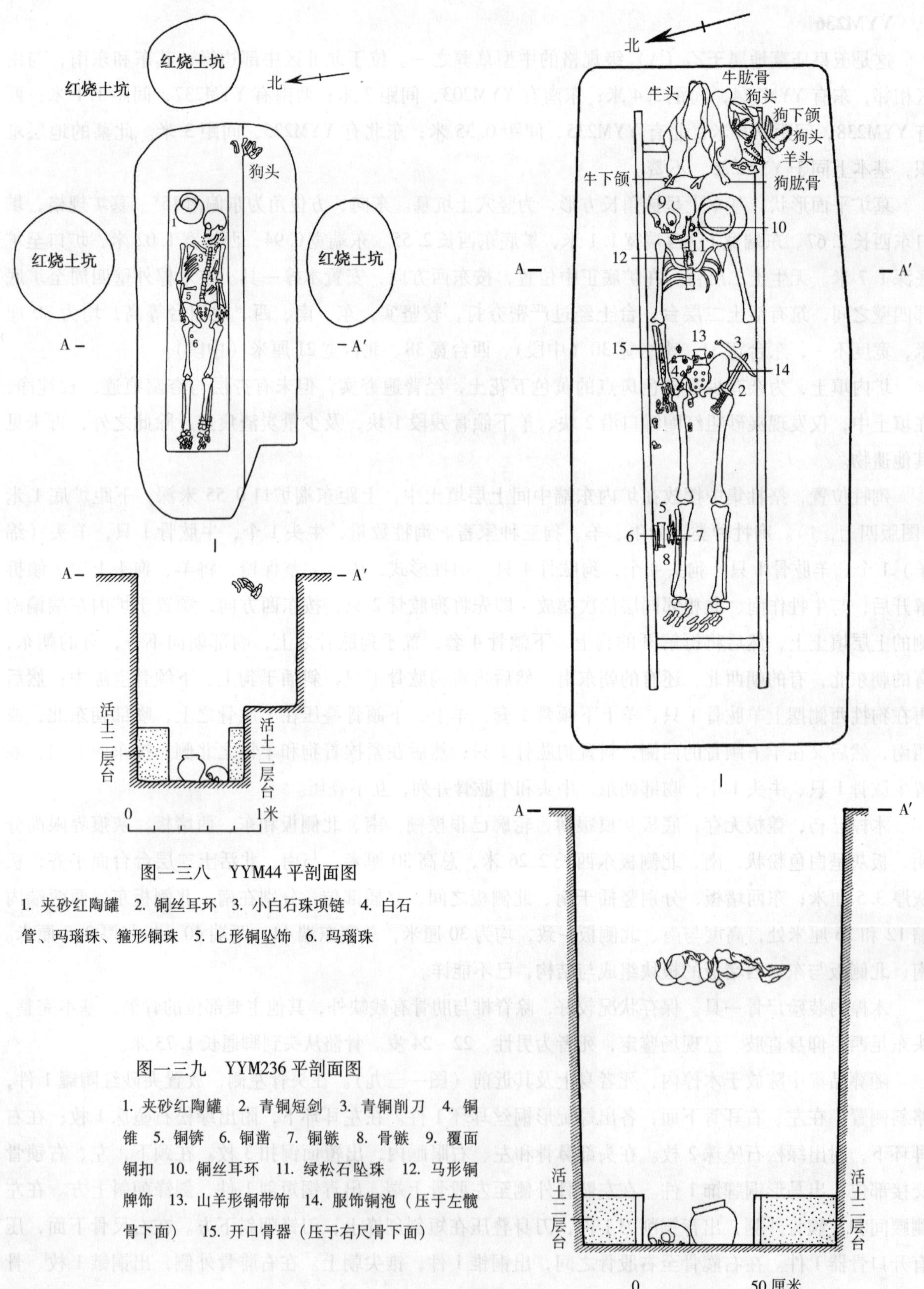

图一三八 YYM44 平剖面图

1. 夹砂红陶罐 2. 铜丝耳环 3. 小白石珠项链 4. 白石管、玛瑙珠、箍形铜珠 5. 匕形铜坠饰 6. 玛瑙珠

图一三九 YYM236 平剖面图

1. 夹砂红陶罐 2. 青铜短剑 3. 青铜削刀 4. 铜锥 5. 铜锛 6. 铜凿 7. 铜镞 8. 骨镞 9. 覆面铜扣 10. 铜丝耳环 11. 绿松石坠珠 12. 马形铜牌饰 13. 山羊形铜带饰 14. 服饰铜泡（压于左髋骨下面） 15. 开口骨器（压于右尺骨下面）

饰铜泡 1 枚。从腰际以下至股骨之间，出山羊形铜带饰 16 枚，分布如次：（1）骨盆上面 8 枚；（2）压在腰椎下面 2 枚；（3）右股骨外侧 2 枚；（4）右股骨下面 2 枚；（5）右尺骨与桡骨之间 2 枚。

YYM238

这是玉皇庙墓地属于丙（C）级规格的小型墓葬之一。位于北Ⅱ区中部。其东南有 YYM236，间距 0.6 米；南有 YYM237，间距 1.6 米；西南有 YYM255，间距 2.7 米；西北有 YYM239 和 YYM254，间距分别为 1.7 和 2.4 米；东北有 YYM235，间距 0.8 米。此墓的地层堆积，基本上同于 YYM226，不赘。

墓圹平面形状，呈抹角长方形，为竖穴土坑墓。东向，方位角为东偏南 16°。墓圹规格，圹口东西长 1.57、东端宽 0.6、西端宽 0.58 米，圹底东西长 1.5、东端宽 0.55、西端宽 0.52 米，圹口至圹底深 0.75 米。无生土二层台。无木质葬具，无活土二层台。

圹内填土，为杂有少量褐色斑点的黄色五花土，经普遍夯实，但未有夯层与夯窝痕迹。在填土中，仅发现夹砂红陶罐腹部残片 1 块，除此之外，再未见其他遗物。

殉牲位置，祭牲摆放在圹内东端偏南侧的上层填土中，上距东端圹口 8 厘米深，下距圹底 0.55 米。殉牲种类，仅有狗 1 种。数量，狗头 1 个，狗肱骨 1 只。殉牲形式，将狗头上、下颌拆解开后，上颌骨在下，下颌骨叠置其上，均呈覆扣状，上颌吻部朝东南，下颌吻部朝北，作斜向交叉，狗肱骨顺置其北侧。

在圹底中间位置，按东西方向，安葬孩童尸骨一具。保存状况不好，骨质腐朽严重，头骨已残碎，其他部位骨骼，也多残损不全。头东足西，仰身直肢。经现场鉴定，死者为儿童，4～5 岁。骨骼从头到脚通长 0.86 米（图版四七，2）。

随葬品很少，仅在骨盆部位，出辐射纹服饰铜扣 2 枚，铜泡 4 枚。除此之外，再未有其他遗物（图一四〇）。

YYM237

这是玉皇庙墓地属于乙（B）级规格的中型墓葬之一。位于北Ⅱ区中部东界边缘。其东、东南和南侧，分别与南区 YYM224、YYM203 和 YYM217 毗邻，间距分别为 5.2、3.2 和 0.9 米；西南有 YYM257，间距 1.4 米；西有 YYM256，间距 2.2 米；西北有 YYM255，间距 1.9 米；北有 YYM238，间距 1.6 米；东北有 YYM236，间距 1.1 米。此墓的地层堆积，基本上同于 YYM226，不赘。

墓圹平面形状，呈抹角长方形，为竖穴土坑墓。东向，方位角为东偏南 12°。墓圹规格，圹口东西长 2.78、东端宽 1、西端宽 1.08 米，圹底东西长 2.67、东端宽 0.9、西端宽 1 米，圹口至圹底深 1.55 米。在墓圹东、南、西三壁上部，各留出较窄的生土二层台一道，南、西二台台面，较东台略高，上距圹口 28 厘米深，下距圹底 1.27 米，东台台面上距圹口 35 厘米深，下距圹底 1.2 米，三台壁与北侧壁，皆平整、笔直。在圹底正中位置，按东西方向，安置木椁一具。在木椁外壁四周至圹底部四壁之间，筑有活土二层台，台土经过严密夯打，较坚实，东、南、西、北台等高，均为 25 厘米，宽度不一，东台宽 35、南台宽 22、西台宽 28、北台宽 22 厘米。

圹内填土，为杂有少量褐色斑点的黄色五花土，经普遍夯实，但未有夯层与夯窝痕迹。在填土中，仅发现夹砂红陶罐类腹部与器底残片 2 块，还有少许炭渣痕迹，除此之外，再未见其他任何遗物。

殉牲位置，祭牲集中摆放在圹内东端中间上层填土中，上距东端圹口 21 厘米深，下距圹底 1.18

米（图版四八，1）。殉牲种类，仅有狗1种。数量，狗头3个，狗肱骨1只。殉牲形式，将狗头上、下颌拆解开后，下颌骨在东，上颌骨在西，作相邻聚堆摆放。即先将拆解开的狗下颌骨3副，集中摆在圹内最东端中间上层填土上，吻部朝北；然后在其紧邻的西侧，聚堆摆上狗肱骨1只及狗上颌骨3个，肱骨在下、上颌骨叠置其上，其中2个上颌骨为正置，1个吻部朝北，另1个吻部朝西，还有1个上颌骨为倒置，其吻部朝北。

木椁已朽，盖板无存，底板灰痕稀薄，模糊不清，南、北侧板与东、西堵板板灰轮廓，尚可辨识。板灰呈白色粉状，南、北侧板东西顺长2.29米，总高25厘米，与南、北活土二层台台面平齐，板灰厚3～3.5厘米；东、西堵板，分别竖插于南、北侧板之间，立插部位，分别在南、北侧板东、西两端内缩14和11厘米处，高度与南、北侧板一致，均为25厘米，总宽东端35、西端41、板灰厚3厘米。南、北侧板与东、西堵板的板块组成情况，已不能详。

木椁内装殓尸骨一具。保存状况不太好，头骨已残碎，其他主要部位骨骼，基本完整。头东足西，仰身直肢。经现场鉴定，死者为女性，20～22岁。骨骼从头到脚通长1.48米。

随葬品较少，集中陈放于木椁内、死者身上及其近前（图一四一）。在头骨右后侧，放置夹砂红陶罐1件，斜侧置，口朝南。在左、右耳骨下面，各出螺旋形铜丝耳环1件及绿松石坠珠4枚。覆面铜扣3枚，滑落于下颌骨下方2枚、左耳骨下方1枚。在胸部，出匕形铜坠饰1件，坠尖朝下。在腹部左、右侧各出联珠棍形铜坠饰7和5枚（图版四八，2）。

YYM255

这是玉皇庙墓地属于丁级规格的小型墓葬之一。位于北Ⅱ区中部，其东南有YYM237，间距1.9米；南有YYM257，间距3米；西南有YYM256，间距0.5米；西北有YYM262，间距4.4米；北有YYM254，间距1.15米；东北有YYM238，间距2.7米。此墓的地层堆积，基本上同于YYM212，不赘。

墓圹平面形状，呈抹角长方形，为小规模浅穴土坑墓。东南向，方位角为东偏南25°。墓圹规格，圹口东南—西北长0.98、东南端宽0.34、西北端宽0.38米，墓圹很浅，圹底形制、规格与圹口一致，圹口至圹底深仅18厘米。圹内既无生土二层台，也无活土二层台，也没有任何葬具痕迹。

圹内填土，为杂有少量褐色斑点的黄色五花土，未经夯实，较虚软。在填土中，未见任何遗物。

无殉牲。

圹内埋葬孩童尸骨一具。保存状况较差，头骨已被压碎，骨架腐朽严重，脊椎、骨盆、左股骨等，均已无存，所余者多成粉状。头朝东南，足向西北，仰身直肢，经现场鉴定，死者为儿童，4岁左右。

随葬品很少。无陶器，仅在胸部出绿松石珠和小黑石珠项链1串（绿松石珠10枚，小黑石珠83粒）。在腰际，出横向一字排列的小铜箍式铜带卡10枚（图一四二；图版四七，3）。

YYM256

这是玉皇庙墓地属于乙（A）级较高规格的中型墓葬之一。位于北Ⅱ区中部，其东有YYM237，间距2.2米；南有YYM259，间距0.5米，西有YYM261，间距1.3米；西北有YYM262，间距2.2米；东北有YYM255，间距0.5米。此墓的地层堆积，基本上同于YYM212，从略。

墓圹平面形状，基本上呈抹角长方形，为竖穴土坑墓。东向，方位角为东偏南8°。墓圹规格，圹口东西长2.95、东端宽1.1、西端宽1.2米，圹底东西长2.8、东端宽0.97、西端宽1.05米，圹口至圹

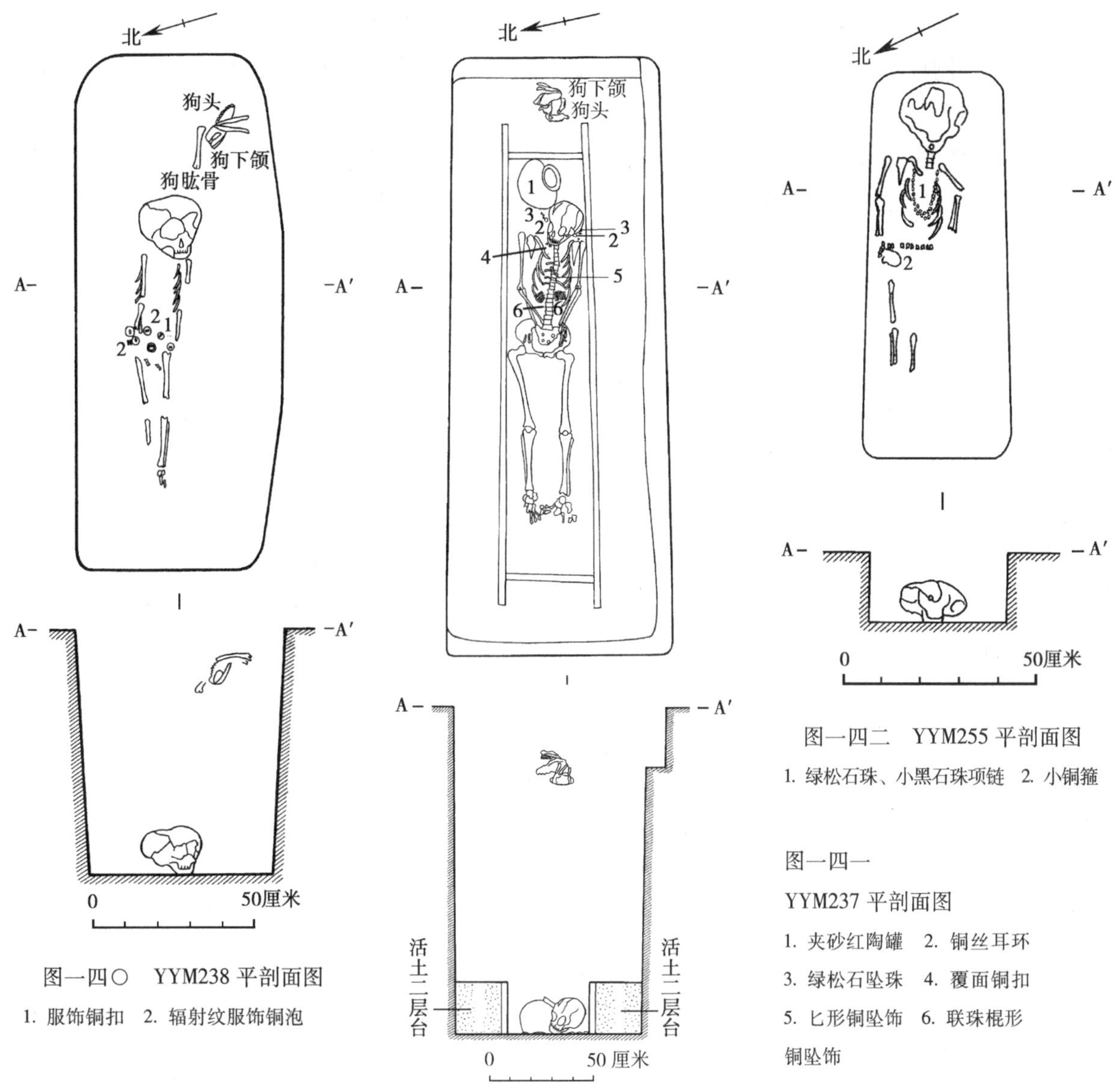

图一四〇　YYM238 平剖面图

1. 服饰铜扣　2. 辐射纹服饰铜泡

图一四一　YYM237 平剖面图

1. 夹砂红陶罐　2. 铜丝耳环　3. 绿松石坠珠　4. 覆面铜扣　5. 匕形铜坠饰　6. 联珠棍形铜坠饰

图一四二　YYM255 平剖面图

1. 绿松石珠、小黑石珠项链　2. 小铜箍

底深 1.93 米。无生土二层台。在圹底偏北侧，按东西方向，安置木椁一具。在木椁四壁的外侧至圹底部四壁之间，筑有活土二层台，台土均经严密夯打，较坚实，台面等高，均为 34 厘米，宽度不一，东台宽 44、南台宽 46（中段）、西台宽 45、北台宽 9 厘米（中段）。

圹内填土，为夹杂少量褐色斑点的黄色五花土，经夯实，但未见明显的夯层与夯窝。在填土中，只发现 6 片夹砂红褐陶罐类碎片和 4 块残碎的兽骨，还有 3 块自然石块，除此之外，再未见其他遗物。

殉牲位置，祭牲集中摆放在圹内东端上层填土中，上距东端圹口 0.67 米深，下距圹底 1.02 米（图版四九，1）。殉牲种类，为牛、羊、狗三种家畜。殉牲数量，牛头 1 个，牛肱骨 1 只，羊头 3 个（绵羊），羊肱骨 3 只，狗头 5 个，狗肱骨 5 只。殉牲形式，将牛、羊、狗头上、下颌均拆解开后，三种祭牲作南、北相邻，同层摆放。在中间部位，先摆放狗和羊的肱骨，然后将拆解开的狗上颌骨 4 个和狗下颌骨 4 副，以及羊上颌骨 3 个，羊下颌骨 3 副，交错摆放于狗和羊的肱骨之上或其西侧，最后留一个大狗头，摆放在正中西侧；牛头置于偏南侧部位，在牛头右侧，摆放牛肱骨 1 只。三种祭牲的吻部，绝大多数都朝向东方，仅有1、2个拆解开的狗下颌骨，出现扭向情况。

木椁已朽，侧板与堵板板灰呈灰白色，底板板灰呈深褐色，盖板痕迹已不清楚，各部分板块结构，已不能辨识。底板东西顺长2.37、总宽东端0.62、西端0.54米。南、北侧板立于底板之上，东西顺长2.46米，总高34厘米，与南、北活土二层台台面平齐，板灰厚4厘米。东、西堵板，分别竖插于南、北侧板之间，立插部位，分别在侧板东、西两端内缩34和20厘米处，高度与活土二层台台面相平，均为34厘米，总宽东端52、西端44、板灰厚4厘米。

木椁内装殓尸骨一具。保存状况较好，头骨与骨架，基本完整。头东足西，仰身直肢，经鉴定，死者为女性，22~24岁。骨骼从头到脚通长1.51米。

随葬品集中陈放于木椁内、死者身上及其近前（图一四三；图版四九，2）。在头骨右后方，椁底东北角，放置褐陶罐1件，正置，已碎裂。在死者左、右耳骨下面，各出螺旋形铜丝耳环1件及绿松石坠珠10枚。在头骨右上侧，出小绿松石珠11枚。在胸部，出红玛瑙珠15颗、绿松石管7枚组成的项链1串，还有小黑石珠项链1串（107粒）。在右尺骨内侧和左髋骨上面，分别出联珠棍形铜坠饰9枚。在右髋骨外缘，出"人"字形铜坠饰6枚。在右髋骨下面，压有长方形动物纹铜锥（针）管具1件。在颈部至左侧胸、腹部，出双联小铜扣项链1串，共282枚，其末端（即在骶骨左侧）附出双兽相背纹匕形铜坠饰1件。在右股骨下段外侧，出白石管2枚。在右髌骨外侧，出青铜削刀1件，刀锋朝上；铜刀与髌骨之间，出铜针1枚。

YYM261

这是玉皇庙墓地属于乙（A）级规格的中型墓葬之一。位于北Ⅱ区中部，其东有YYM256，间距1.4米；东南有YYM259和YYM247，间距分别为2.1和1.6米；南有YYM268，间距2.6米；西南有YYM272，间距3.1米；西有YYM267，间距0.6米；西北有YYM266，间距1.9米；北有YYM262，间距1.1米；东北有YYM254，间距3.9米。此墓的地层堆积，基本上同于YYM250，不赘。

墓圹平面形状，基本上呈抹角长方形，为竖穴土坑墓。东向，方位角为东偏南15°。墓圹规格，圹口东西长3.1、东端宽1.5、西端宽1.32米，圹底东西长3.04、东端宽1.32、西端宽1.14米，圹口至圹底深1.8米。在圹内西、南、北三壁中腰部位，各留出很窄的生土二层台一道，遂在圹内形成"U"字形坚硬台面，西端生土二层台壁面平整，作笔直下切，南、北二壁平面呈不规则曲线形，台面以下亦作笔直下切，三台上距圹口0.9、下距圹底0.87米，台宽有差，西台宽6、南台宽9、北台宽8厘米（中段）。在圹底正中位置，按东西方向，安置木椁一具。在木椁外壁四周至圹底部四壁之间，筑有活土二层台，台土经过严密夯打，较坚实，东、南、西、北四台等高，均为34厘米，宽度不一，东台宽47、南台宽41、西台宽66、北台宽30厘米（中段）。

圹内填土，为杂有少量褐色斑点的黄色五花土，经普遍夯实，但未有夯层与夯窝痕迹。在填土中，仅发现夹砂红褐陶碎片3块，羊肩胛骨1块，马牙1颗，除此之外，再未见其他遗物。

殉牲位置，祭牲集中摆放在圹内东端中间上层填土中，上距东端圹口0.8米深，下距圹底0.68米（图版五〇，1）。殉牲种类，为牛、羊、狗三种家畜。殉牲数量，牛头1个，牛肱骨1只，羊头5个（山羊1，绵羊4），羊肱骨5只，狗头6个，狗肱骨6只。殉牲形式，牛头完整保留，将羊、狗头上、下颌拆解开后，与牛牲作南、北相邻、同层依次摆放。即先将狗肱骨4只，按东西方向，顺置于圹内东端偏北侧的上层填土上，然后将拆解开的狗上、下颌骨4套，置于狗肱骨之上，摆在下面的3套狗上、下颌骨，吻部一律朝东，摆在上面的1套狗上、下颌骨吻部朝西；然后在狗牲西侧，按东西方向，顺置羊肱骨5只，绵羊上、下颌4套，山羊上、下颌1套，羊肱骨在下，羊上、下颌叠置其上，所有羊牲的吻部，一律朝东；然后再在羊牲之上和其北侧，插放狗肱骨2只、狗下颌2副及狗上颌2个，其中狗下颌的吻部均朝东南，狗上颌1个仰面朝西，1个覆扣朝东；然后在紧挨着狗和羊牲之南侧，按东西方向，顺摆牛头1个，牛肱骨1只，牛肱骨在下，偏南侧，牛头叠压其上，吻部朝东。

木椁已朽，盖板无存，底板与南、北侧板和东、西堵板板灰痕迹尚较明显。板灰呈灰白色，底板东西顺长2.25、总宽东端0.63、西端0.51米，从西端灰痕判知，其由4块长板组成，每块板宽13～16厘米不等，板灰残厚4～5毫米。南、北侧板立于底板之上，两侧边与底板边压齐，东西顺长2.32米，两端稍长于底板一截，总高34厘米，与南、北活土二层台台面平齐，板灰厚4厘米；东、西堵板，分别竖插于南、北侧板之间，立插部位，分别在南、北侧板东、西两端内缩19和22厘米处，高度与南、北侧板一致，均为34厘米，总宽东端54、西端43、板灰厚4厘米。南、北侧板与东、西堵板的板块组成与结构，已不能分辨。

木椁内装殓尸骨一具。保存状况不好，头骨已残碎，骨架大部糟朽，肋骨、骨盆无存。头东足西，仰身直肢，经现场鉴定，死者为男性，55岁以上。骨骼从头到脚通长1.65米（图版五〇，2）。

随葬品集中陈放于木椁内、死者身上及其近前（图一四四；彩版二〇，1）。在头骨右侧、椁底东北角，放置夹砂红陶罐1件，稍斜侧置。在左、右耳骨下面，各出螺旋形铜丝耳环1件及绿松石坠珠2枚。覆面铜扣3枚，滑落于下颌骨下面。在颈下、左右锁骨交接部位，出虎形铜牌饰1件，虎头朝右。在左尺骨内侧，出双联小铜扣7枚。在右髋骨外侧，出青铜短剑1件，剑锋朝上。在左髋骨外侧，出赤铁矿砺石1件，青铜削刀1件，刀锋朝上。在左髋骨上面，出铜带扣1件，铜环1件，小白石珠63枚。在骶骨上面，出白石管1枚。在左股骨内侧，出铜锥1件，锥尖朝下。在右髌骨内侧，出铜锛1件，锛刃朝左上方（图版五〇，3）。在右腓骨外侧，出铜凿1件，凿刃朝下。在右胫骨内侧，出铜镞2枚，骨镞1枚，镞锋朝下。服饰小铜扣31枚，出于左胸下面1枚，左尺骨内侧1枚，腰椎上面及腰际右侧26枚，骶骨上面1枚，左髋骨下面压有2枚。涡纹服饰铜扣6枚，出于左、右髋骨外缘之下各3枚。辐射纹服饰铜泡4枚，压在骶骨下面1枚，压在短剑下面1枚，出于左、右股骨内侧各1枚。三鸟头纹铜带饰70枚，小卧鹿形铜带饰31枚，分布如次：（1）右髋骨外侧，小卧鹿形铜带饰9枚，三鸟头纹铜带饰6枚；（2）压在右髋骨下面，三鸟头纹铜带饰9枚；（3）右髋骨上面，三鸟头纹铜带饰12枚；（4）右股骨内侧，三鸟头纹铜带饰1枚，小卧鹿形铜带饰4枚；（5）左髋骨外侧，三鸟头纹铜带饰15枚，小卧鹿形铜带饰9枚；（6）左股骨外侧，三鸟头纹铜带饰6枚，小卧鹿形铜带饰5枚；（7）左、右股骨之间，三鸟纹铜带饰21枚，小卧鹿形铜带饰4枚（彩版二〇，2）。在左髋骨外侧，在青铜削刀和三鸟头纹铜带饰之下，压有长方形铜锥（针）管具1件。

YYM267

这是玉皇庙墓地属于丙（B）级规格的小型墓葬之一。位于北Ⅱ区中部。其东有YYM261，间距0.6米；东南有YYM268，间距3.2米；西南有YYM272，间距1.4米；西北有YYM266，间距0.5米；东北有YYM262，间距2.4米。此墓的地层堆积，基本上同于YYM271，不赘。

墓圹平面形状，呈抹角长方形，为竖穴土坑墓。东向，方位角为东偏南9°。墓圹规格，圹口东西

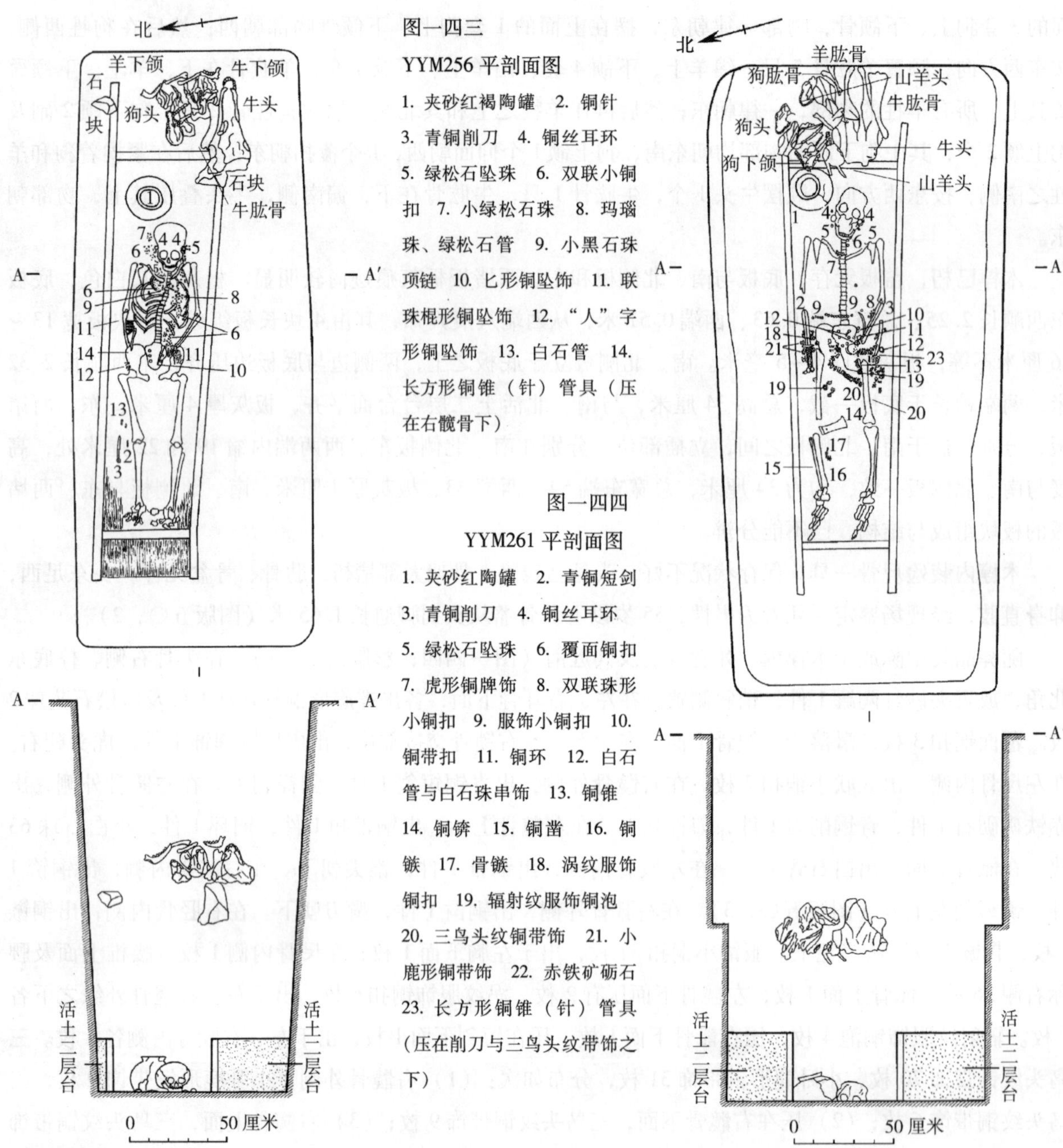

图一四三
YYM256 平剖面图
1. 夹砂红褐陶罐　2. 铜针　3. 青铜削刀　4. 铜丝耳环　5. 绿松石坠珠　6. 双联小铜扣　7. 小绿松石珠　8. 玛瑙珠、绿松石管　9. 小黑石珠项链　10. 匕形铜坠饰　11. 联珠棍形铜坠饰　12. "人"字形铜坠饰　13. 白石管　14. 长方形铜锥（针）管具（压在右髋骨下）

图一四四
YYM261 平剖面图
1. 夹砂红陶罐　2. 青铜短剑　3. 青铜削刀　4. 铜丝耳环　5. 绿松石坠珠　6. 覆面铜扣　7. 虎形铜牌饰　8. 双联珠形小铜扣　9. 服饰小铜扣　10. 铜带扣　11. 铜环　12. 白石管与白石珠串饰　13. 铜锥　14. 铜锛　15. 铜凿　16. 铜镞　17. 骨镞　18. 涡纹服饰铜扣　19. 辐射纹服饰铜泡　20. 三鸟头纹铜带饰　21. 小鹿形铜带饰　22. 赤铁矿砺石　23. 长方形铜锥（针）管具（压在削刀与三鸟头纹带饰之下）

长2.06、东端宽0.96、西端宽0.9米，圹底东西长1.96、东端宽0.87、西端宽0.8米，圹口至圹底深1.08米。无生土二层台。在圹底中间偏东南—西北方向，安置木质葬具一具。在木质葬具四周至圹底部四壁之间，筑有活土二层台，台土经过夯打，较坚实，东、南、西、北四台等高，均为18厘米，宽度不一，东台宽42、南台宽37、西台宽59、北台宽30厘米（中段）。

圹内填土，为杂有少量褐色斑点的黄色五花土，经普遍夯实，但未有夯层与夯窝痕迹，在填土中，仅发现夹砂粗红陶残片2块，另在圹内北侧东、西两端和西南角活土二层台之上（上距圹口0.42米深）的填土中，各有一小片红烧土面，这3片红烧土面，厚度在2.5～4厘米之间，北侧东端的一片，面积为22×14平方厘米，西端的一片，面积为35×17平方厘米，西南角的一片，面积为29×17平方厘米。表明埋葬时，填土到此层时，在这3处地方烧过火，且烧的时间比较长。

殉牲位置，祭牲摆放在圹内东端中间稍偏北侧的上层填土中，上距东端圹口11厘米深，下距圹底0.98米。殉牲种类，仅有狗1种。数量，狗头2个，狗肱骨2只。殉牲形式，将狗头上、下颌拆解开后，呈覆扣状，与肱骨一块，作同层、聚堆摆放（图版五一，1）。上、下颌的吻部，1套朝向东南，另1套朝向东北。

木质葬具已腐朽为泥。根据圹底木质葬具内土质较松软，四周活土二层台土质较坚硬的差别，可判知此葬具的四至规格。东西顺长0.95米，东端宽29、西端宽28、总高18厘米（与四周活土二层台台面平齐）。其他相关结构情况，已无从考察。

木质葬具内装殓孩童尸骨一具。保存状况不好，头骨已残碎，骨架仅余左、右股骨各1截，其他部分均已腐朽无存。头东足西，仰身直肢。经现场鉴定，死者为婴儿，1.5～2岁。

随葬品较少，陈放于木质葬具内，死者头部和颈、胸之间（图一四五）。无陶器。在左、右耳骨下面，各出螺旋形铜丝耳环1件，无绿松石坠珠伴出。在颈下，下颌骨之下，出马形铜牌饰1件。在头骨下，压有铜珠3枚，已残。小白石珠、绿松石珠项链1串，由小白石珠175枚、绿松石珠7枚组成。在胸部，出铜箍形串珠7枚（图版五一，2）。

YYM272

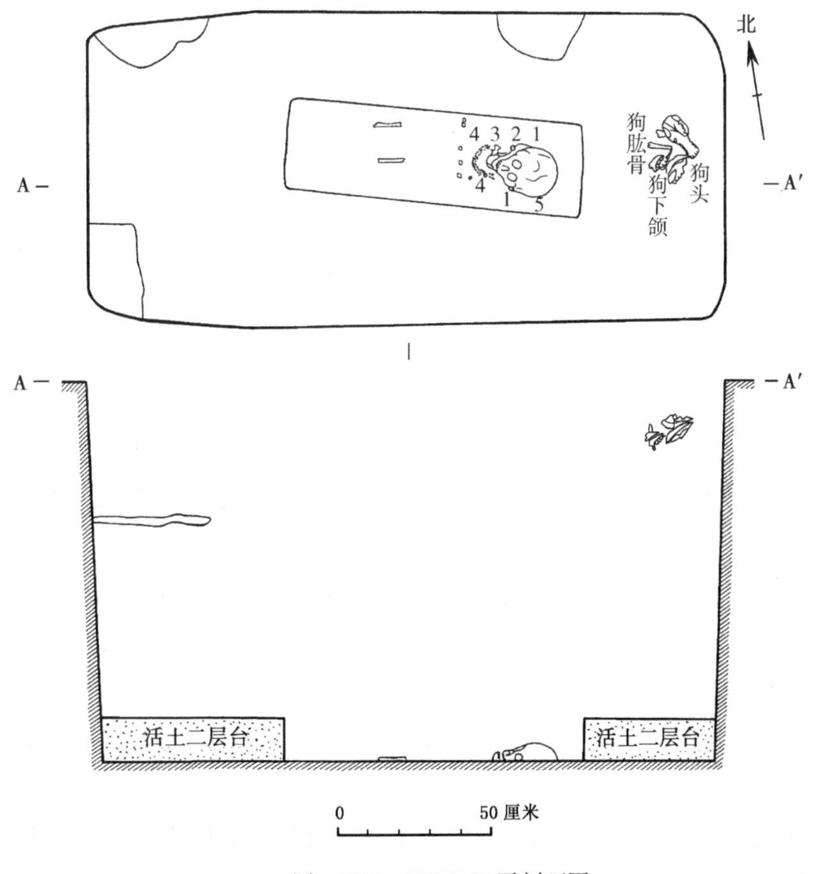

图一四五　YYM267平剖面图

1. 铜丝耳环　2. 马形铜牌饰　3. 小白石珠、绿松石珠项链　4. 铜箍形串珠　5. 小铜珠（压在头骨下面）

这是玉皇庙墓地属于丙（A）级规格的小型墓葬之一。位于北Ⅱ区中部。其东南有YYM268，间距2.5米；南有YYM270，间距1.9米；西南有YYM271，间距3.5米；西北有YYM273和YYM46，间距分别为2.1和4.8米；北有YYM266，间距2.5米；东北有YYM267，间距1.4米。此墓的地层堆积，基本上同于YYM271，不赘。

墓圹平面形状，呈长方形，为竖穴土坑墓。东向，方位角为东偏南3°。墓圹规格，圹口东西长2.5、东端宽0.96、西端宽0.9米，圹底东西长2.4、东端宽0.91、西端宽0.85米，圹口至圹底深1.1米。无生土二层台。在圹底中间略偏东南—西北方向，安置木椁一具。在木椁外壁四周至圹底部四壁之间，筑有活土二层台，台土经过严密夯打，较坚实，东、南、西、北四台等高，均为25厘米，宽度不一，东台宽43、南台宽23、西台宽21、北台宽20厘米（中段）。

圹内填土，为杂有少量褐色斑点的黄色五花土，经普遍夯实，但未有夯层与夯窝痕迹。在填土中，仅发现夹砂粗红陶残片1块，除此之外，再未有其他遗物。

殉牲位置，祭牲集中摆放在圹内东端中间上层填土中，上距东端圹口0.35米，下距圹底0.6米（图版五二，1）。殉牲种类，仅有狗1种。数量，狗头2个，狗肱骨2只。殉牲形式，将狗头上、下颌拆解开后，按东西方向，作同层、并列、聚堆摆放。即二上颌骨作南、北并列，吻部朝东；下颌骨与上颌骨分开摆放，1副在东端，吻部朝西，另1副置于二上颌骨之间，吻部朝东；肱骨，1只叠压于南侧上颌骨之下，另1只斜置于北侧上颌骨之东北侧。

木椁已朽，板灰呈白色粉状。盖板无存，底板灰痕模糊不清，南、北侧板与东、西堵板板灰痕迹，尚可分辨。南、北侧板东西顺长2.14米，总高25厘米，与活土二层台台面平齐，板灰厚2.5～3厘米。东、西堵板，分别竖插于南、北侧板之间，立插部位，分别在南、北侧板东、西两端内缩19和15厘米处，高度与南、北侧板一致，均为25厘米，总宽东端39、西端38、板灰厚2.5厘米。南、北侧板与东、西堵板的板块组成情况，已不能详。

木椁内装殓尸骨一具。保存状况不太好，头骨已碎裂，其他主要部位骨骼，基本较完整。头东足西，侧面向南，仰身直肢。经现场鉴定，死者为女性，20～22岁。骨骼从头到脚通长1.63米。

随葬品较少，陈放于木椁内、死者身上及其近前（图一四六；图版五二，2）。在头骨右侧，放置夹砂红陶罐1件，斜侧置，口朝北。覆面铜扣2枚，已滑落于左侧面颊下。在左颈部，出绿松石珠1枚。在胸椎左侧，出双联珠形铜珠项链1串（20枚），末端（腰椎骨左侧），附出匕形铜坠饰1件，坠尖朝左侧斜下方。在右股骨外侧，出长方形犬纹铜锥（针）管具1件。在左髋骨与左股骨外侧，出小白石珠串饰57粒。

YYM94

这是玉皇庙墓地属于丙（C）级规格的小型墓葬之一。位于北Ⅱ区中部。其东南有YYM271，间距3.3米；南有YYM48，间距1.4米；西南有YYM49，间距1.9米；西北有YYM41和YYM42，间距分别为5.1和4.1米；北有YYM44，间距1.7米。东北有YYM46，间距1.4米。此墓的地层堆积，基本上同于YYM271，不赘。

墓圹平面形状，呈抹角长方形，为竖穴土坑墓。正东向，方位角为90°。墓圹规格，圹口东西长1.7、东端宽0.56、西端宽0.52米，圹底形制、规格与圹口一致，圹口至圹底深0.9米。无生土二层台。在圹底中间，按东西方向，安置木质葬具一具。在木质葬具四周至圹底部四壁之间，筑有活土二层台，台土经严密夯实，东、南、西、北四台等高，均为30厘米，宽度不一，东台宽26、南台宽7、西台宽20、北台宽12厘米。

圹内填土，为杂有褐色斑点的深黄色五花土，经普遍夯实，但未有夯层与夯窝痕迹，在填土中，仅发现夹砂红陶罐口沿残片3块，除此之外，再未见其他遗物。

殉牲位置，祭牲摆放在圹内东端略偏南侧的上层填土中，上距东端圹口6厘米深，下距圹底0.75米。殉牲种类，仅有狗1种。数量，狗头1个，狗肱骨1只。殉牲形式，将狗头上、下颌骨拆解开后，

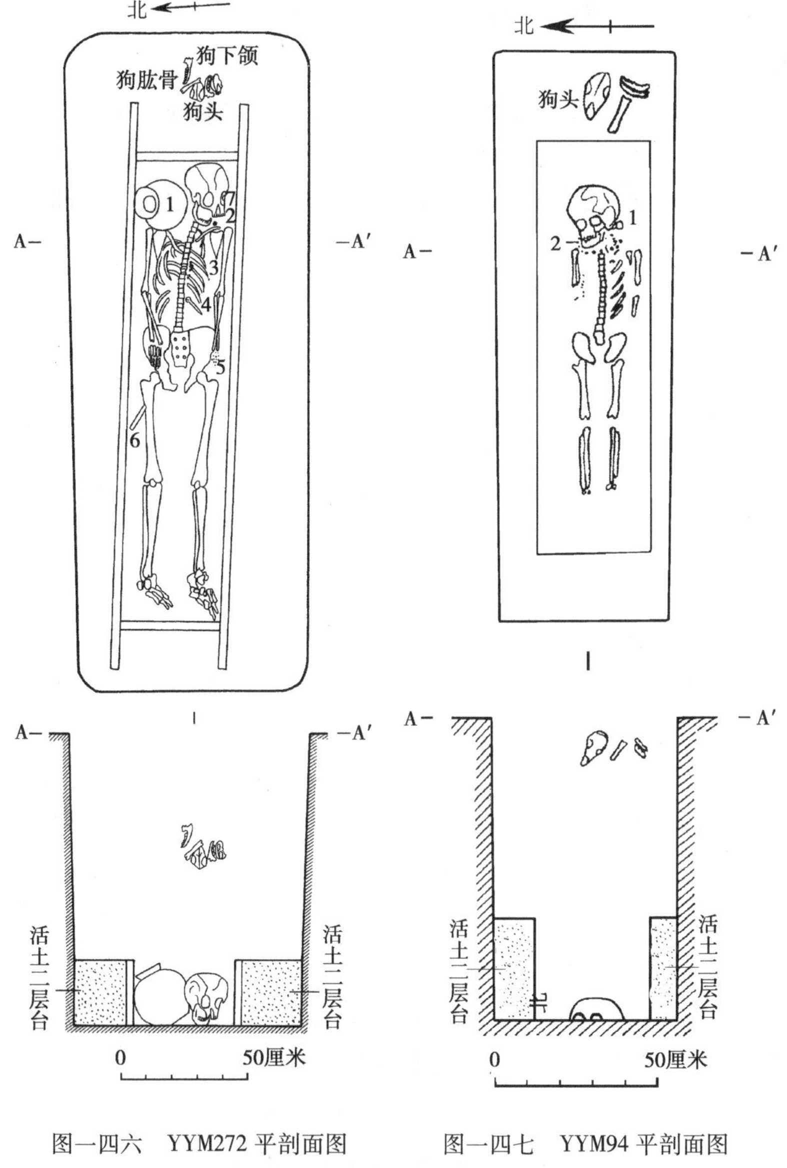

图一四六　YYM272 平剖面图

1. 夹砂红陶罐　2. 绿松石珠　3. 双联珠形铜珠项链　4. 匕形铜坠饰　5. 小白石珠串饰　6. 长方形铜锥（针）管具　7. 覆面铜扣

图一四七　YYM94 平剖面图

1. 铜丝耳环（左耳）　2. 玛瑙珠、黑石管、小白石珠

与狗肱骨一块，作同层聚堆摆放。狗上颌骨顺摆于圹内东端中间上层填土，正置，吻部朝东；狗下颌骨1副侧卧于狗上颌骨之南侧，吻部朝东北；狗肱骨1只顺置于狗下颌骨之西侧、狗上颌骨之西南侧，彼此相近，但互不叠压（图版五一，3）。

木质葬具已朽，板灰痕迹不太清楚，仅能勉强分辨出南、北侧板与东、西堵板的四至界限。南、北侧板东西顺长1.22米，东、西堵板总宽各为35厘米，侧板与堵板高，均为30厘米，与四周活土二层台台面平齐。

木质葬具内装殓孩童尸骨一具。保存状况不好，头骨残裂，骨架大部分酥朽，仅下肢骨保存较好一些。头东足西，侧面朝西北，仰身直肢。经现场鉴定，死者为儿童，3岁左右。骨骼从头到胫骨末端通长0.9米。

随葬品很少，仅在死者左、右耳骨下面，各出螺旋形铜丝耳环1件，已残，无绿松石坠珠伴出。在颈部，出玛瑙珠与石珠项链1串，由玛瑙珠6颗、黑石管6枚，小白石珠31粒，联合串成（图一四七）。

YYM49

这是玉皇庙墓地属于丙（A）级规格的小型墓葬之一。位于北Ⅱ区中部。其东南有YYM48，间距2.6米；南0.7米为2号取土坑北沿；西南有YYM95，间距2.2米；西北有YYM89，间距2.1米；东北有YYM44和YYM94，间距分别为2.8和1.9米。此墓的地层堆积，基本上同于YYM271，不赘。

墓圹平面形状，呈抹角长方形，为竖穴土坑墓。东向，方位角为东偏南4°。墓圹规格，圹口东西长2.7、东端宽0.96、西端宽0.92米，圹底形制、规格与圹口一致，圹口至圹底深1.2米。无生土二层台。在圹底中间略偏东南—西北方向，安置木质葬具一具。在木质葬具四周至圹底部四壁之间，筑有活土二层台，台土经严密夯打，较坚实，东、南、西、北四台等高，均为40厘米，宽度不一，东台宽48、南台宽22、西台宽50、北台宽25厘米（中段）。

圹内填土，为杂有褐色斑点的深黄色五花土，经普遍夯实，但未有夯层与夯窝痕迹，在填土中，仅发现夹砂红陶碎片2块。除此之外，再未见其他任何遗物。

殉牲位置，祭牲摆放在圹内东端中间略偏南侧的上层填土中，上距东端圹口10厘米深，下距圹底0.84米。殉牲种类，为牛、羊、狗3种家畜。殉牲数量，牛头1个，羊头2个（山羊），狗头4个，狗肱骨4只。殉牲形式，将牛、羊、狗头的上、下颌骨拆解开后，按东西方向，作南北相邻、同层摆放。牛牲居南，狗牲居北，羊牲居中。即先将拆解开的牛上、下颌骨1套，顺摆于圹内东端偏南侧的上层填土上，牛上颌骨在南侧，正置，牛下颌骨贴在牛上颌骨的北侧，侧置，吻部皆朝东；然后在紧挨着牛下颌骨的北侧，顺摆已拆解开的山羊头2个，一东一西放置，不相叠压，吻部亦皆朝东；然后再在羊牲的北侧，自东而西，将已拆解开的狗上、下颌骨4套，呈弧形顺摆在羊牲外围，狗上、下颌骨的吻部，一律朝东，狗肱骨4只，其中2只被压在北侧东端狗头骨的下面，另外2只横置于山羊头骨之上。

木质葬具已朽，盖板与底板灰痕无存，仅余南、北侧板与东、西堵板稀薄灰迹。板灰呈白色粉状，南、北侧板东西顺长1.72米，东端堵板宽46、西端堵板宽44、侧板与堵板高均为40厘米，与四周活土二层台台面平齐。南、北侧板与东、西堵板的板块组成情况，已不能详。

木质葬具内装殓尸骨一具。保存状况较好，除左、右尺骨、桡骨和肋骨腐朽无存外，头骨与骨架其他主要部位骨骼，基本完整。头东足西，仰身直肢。经现场鉴定，死者为男性，30～35岁。骨骼从头到脚通长1.55米。

随葬品陈放于木质葬具内、死者身上及其近前（图一四八）。在头骨右后侧，放置夹砂红陶罐1件，正置。在左、右耳骨下面，各出螺旋形铜丝耳环2件，无绿松石坠珠伴出。覆面铜扣1枚，滑落于左锁骨部位。在颈部，出小黑石珠项链1串（221粒）。在颈部至胸部，出小铜珠项链1串（1250枚），末端（左胸下方）附出匕形铜坠饰1件，坠尖朝下。联珠棍形铜坠饰17枚，出于腰椎处8枚，出于左侧腰际9枚（图一四九）。在左髋骨外侧，出青铜削刀1件，刀锋朝上。在右髋骨与右股骨上端外侧，出小铜珠1串（312枚）。在右股骨上段外侧，出铜锥1件，锥尖朝下。在铜锥下方，出赤铁矿砺石1件。在左股骨上段内侧，出长方形铜锥（针）管具1件。在左股骨中段内侧，出“人”字形铜坠饰11枚，坠鼻均朝上。

YYM89

这是玉皇庙墓地属于乙（B）级规格的中型墓葬之一。位于北Ⅱ区中部。其东南有YYM49，间距2.1米；南有YYM95，间距2.2米；西南有YYM90，间距1.5米；东北有YYM41，间距1.7米。此墓的地层堆积，基本上同于YYM271，不赘。

墓圹平面形状，呈长方形，中间南半部被一座近代坟打破，为竖穴土坑墓。东向，方位角为东偏南7°。墓圹规格，圹口东西长2.9米，东、西两端宽各为1米，圹底形制、规格，与圹口一致，圹口至圹底深1.3米。无生土二层台。在圹底中间略偏南侧位置，按东西方向，安置木椁一具。在木椁外壁四周至圹底部四壁之间，筑有活土二层台，台土经严密夯实，东、南、西、北四台等高，均为30厘米，宽度不一，东台宽62、南台宽20、西台宽34、北台宽30厘米。

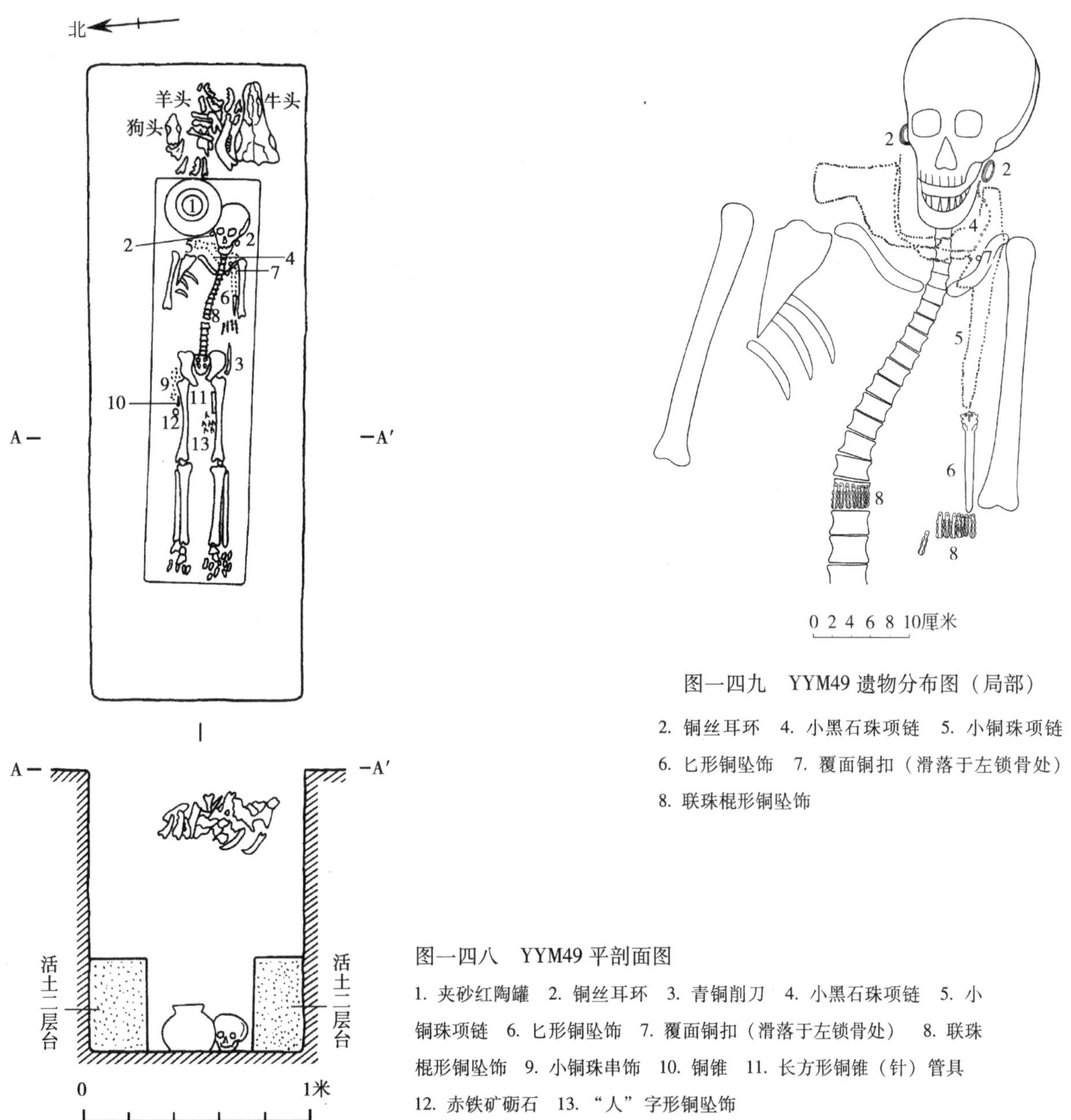

图一四八　YYM49 平剖面图

1. 夹砂红陶罐　2. 铜丝耳环　3. 青铜削刀　4. 小黑石珠项链　5. 小铜珠项链　6. 匕形铜坠饰　7. 覆面铜扣（滑落于左锁骨处）　8. 联珠棍形铜坠饰　9. 小铜珠串饰　10. 铜锥　11. 长方形铜锥（针）管具　12. 赤铁矿砺石　13. "人"字形铜坠饰

图一四九　YYM49 遗物分布图（局部）

2. 铜丝耳环　4. 小黑石珠项链　5. 小铜珠项链　6. 匕形铜坠饰　7. 覆面铜扣（滑落于左锁骨处）　8. 联珠棍形铜坠饰

圹内填土，为杂有褐色斑点的深黄色五花土，经普遍夯实，但未有夯层与夯窝痕迹，在填土中，仅发现夹砂红陶残片 2 块。除此之外，再未见其他任何遗物。

殉牲位置，祭牲集中摆放在圹内东端中间上层填土中，上距东端圹口 10 厘米深，下距圹底 1 米。殉牲种类，为牛、狗 2 种家畜。殉牲数量，牛头 1 个，牛肱骨 1 只，狗头 3 个，狗肱骨 3 只。殉牲形式，将牛、狗头的上、下颌骨拆解开后，与肱骨一块，按东西方向，作同层、相邻、聚堆摆放。牛牲居南，狗牲居东、居北。此组祭牲，侥幸未遭破坏。牛肱骨与狗肱骨，分别被压在牛上、下颌骨和狗上、下颌骨之下。牛下颌骨侧卧于牛上颌骨之下，略偏南侧，不相咬合，吻部皆朝东；狗下颌骨与狗上颌骨分开摆放，狗下颌骨的吻部朝向，不相一致，其中 1 副朝西，另 2 副朝西南；3 个狗上颌骨，吻部皆朝东。

木椁已朽，东半部被近代坟圹坑破坏，仅残存南、北侧板东端探出部分与东端堵板，以及木椁西半部分。板灰呈白色粉状。盖板与底板，灰痕已无存；仅能辨认南、北侧板与东、西堵板的四至界限。南、北侧板东西顺长 2.38 米，板灰厚 4 厘米。东、西堵板，分别竖插于南、北侧板之间，立插部位，分别在南、北侧板东、西两端内缩 21 和 22 厘米处，总宽东端 35、西端 36、板灰厚 3 厘米。南、北侧板与东、西堵板高均为 30 厘米，与四周活土二层台台面平齐。其板块组成，已不能详。

木椁内装殓尸骨一具。头骨与上半身骨架，因被近代坟圹坑打破，已无存，仅残存两下肢。由下肢朝向和姿势可以判断，死者为头东足西，仰身直肢。性别不详，成年。

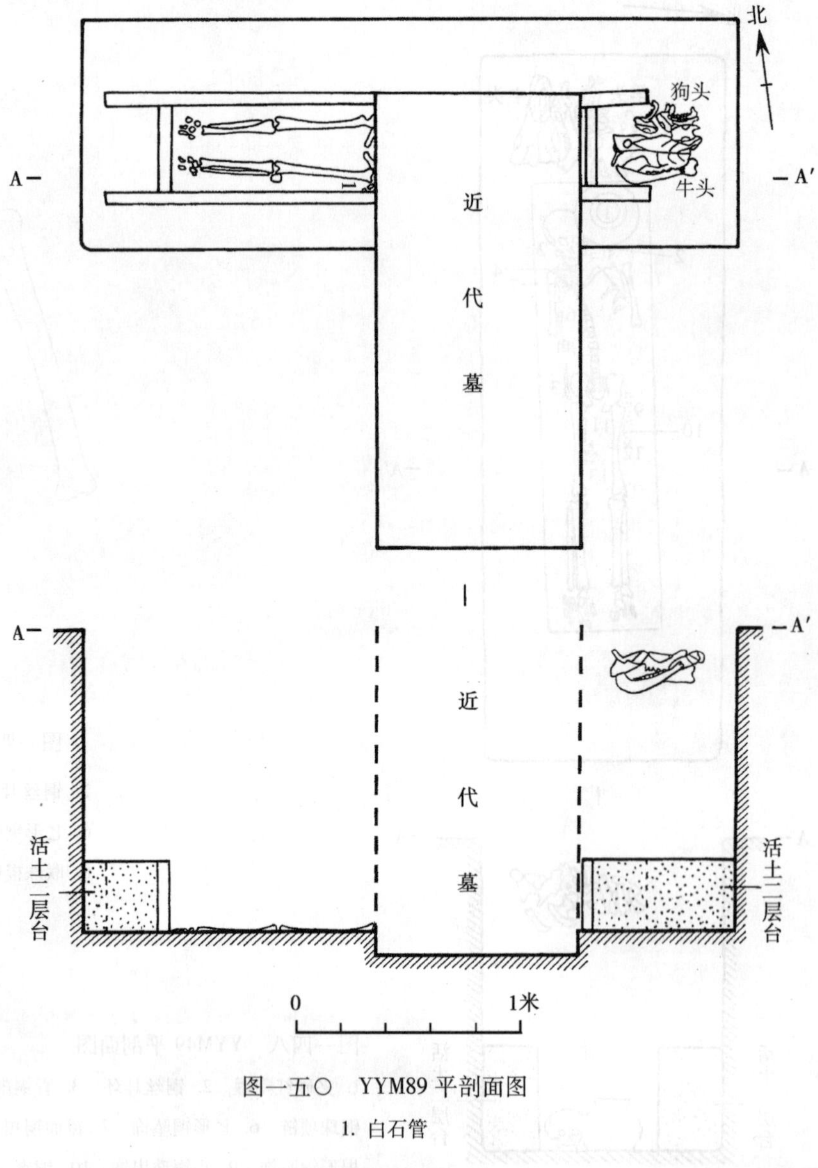

图一五〇 YYM89 平剖面图

1. 白石管

随葬品仅残余白石管 2 枚，出于木椁内，死者左髋骨外侧（图一五〇）。

YYM90

这是玉皇庙墓地属于丙（C）级规格的小型墓葬之一。位于北Ⅱ区中部。其东南有 YYM95，间距 3.2 米；西南有 YYM65，间距 4.7 米；其西约 3.5 米，为 1 号取土坑东沿；东北有 YYM89，间距 1.5 米。此墓的地层堆积，基本上同于 YYM271，不赘。

墓圹平面形状，约为长方形，竖穴土坑墓。东向，方位角为东偏北 8°。东、西两端，被近代坟打破，仅残存墓圹中部。残存墓圹长、宽、深各为 0.7 米。无生土二层台。无木质葬具，故无活土二层台。

圹内填土，为杂有褐色斑点的深黄色五花土，经普遍夯实，但未有夯层与夯窝痕迹，在填土中，未发现任何文化遗物。

无殉牲。

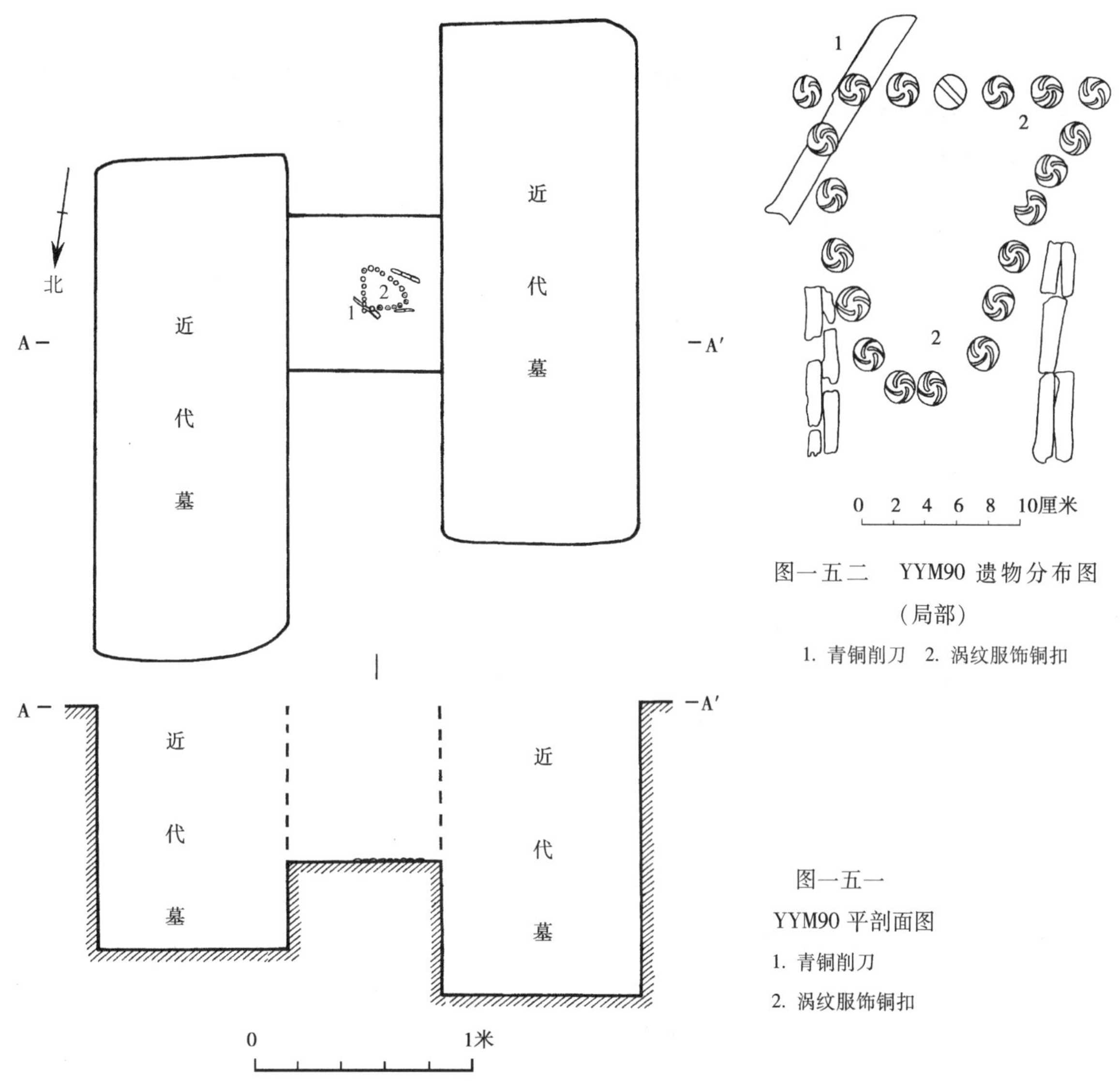

图一五二　YYM90 遗物分布图（局部）

1. 青铜削刀　2. 涡纹服饰铜扣

图一五一　YYM90 平剖面图

1. 青铜削刀

2. 涡纹服饰铜扣

在残存的墓圹中部，发现有腐朽残碎的人骨一具，仅余左、右股骨碎片。经现场鉴定，死者为儿童，年龄不详。依据残存的人骨和随葬的服饰铜扣的分布，可以推断死者头向应为东偏北。

随葬品仅有青铜削刀 1 件，出于右侧腰间，刀锋朝左侧斜上方；涡纹服饰铜扣 20 枚，出于腰际至左、右股骨之间，叠压于青铜削刀之上，呈倒三角形分布，除位于腰际正中的 1 枚背面朝上以外，其余 19 枚皆正面朝上（图一五一、一五二）。

YYM257

这是玉皇庙墓地属于乙（B）级规格的中型墓葬之一。位于北Ⅱ区中部，其东有 YYM217，间距 0.7 米；东南有 YYM212，间距 2 米；南有 YYM258，间距 1.65 米；西有 YYM247，间距 2.1 米；西北有 YYM259 和 256，间距分别为 0.9 和 1.6 米；北有 YYM237，间距 1.4 米。此墓的地层堆积，大体上同于 YYM212，从略。

墓圹平面形状，基本上呈抹角长方形，为竖穴土坑墓。东向，方位角为东偏南 8°。墓圹规格，圹口东西长 3.05、东端宽 0.9、西端宽 1.03 米，圹底东西长 2.95、东端宽 0.85、西端宽 0.95 米，圹口至圹底深1.45米。无生土二层台。在圹底正中位置，按东西方向安置木椁一具。在木椁四壁的外侧至圹底部四壁之间，筑有活土二层台，台土均经严密夯打，较坚实，台面等高，均为31厘米，宽度不一，东台宽43、南台宽28（中段）、西台宽47、北台宽27厘米（中段）。

圹内填土，为夹杂少量褐色斑点的黄色五花土，经夯实，但无夯层与夯窝。在填土中，仅发现夹砂褐陶器残片3块，经火烧过的残碎羊肩胛骨1块，除此之外，再未有其他遗物。

殉牲位置，祭牲集中摆放在圹内东端上层填土中，上距东端圹口0.5米深，下距圹底0.82米（图版五三，1）。殉牲种类，为马、羊、狗三种家畜。殉牲数量，马头1个，马肱骨1只（未带蹄），羊头（绵羊）1个，羊肱骨1只，狗头6个，狗肱骨6只。殉牲形式，三种祭牲的头上、下颌均被拆解开，作同层交错摆放，狗肱骨6只和拆解开的狗头3个，置于最东端，其后（稍偏西侧）置羊肱骨1只、绵羊头1个，然后再在稍偏西侧正中间位置，摆放马头1个，狗下颌1副，然后又在马头南、北两侧，各摆放狗头1个。此墓祭牲吻部朝向多不一致，其中靠近圹壁东端的3个狗和1个羊头，吻部朝东；偏西侧的2个狗头和1副狗下颌，吻部朝西；马头吻部朝北。此墓所殉马头和马肱骨，个体较常见者短小。

木椁已朽，盖板无存，底板板灰呈灰褐色，仅残存很薄一层，东西两端的痕迹已不清楚，南、北侧板与东、西堵板，板灰呈白色粉状，轮廓基本清楚，但板块组成结构已难以辨识。南、北侧板东西顺长2.32米，总高31厘米，与南、北活土二层台台面平齐，板灰厚4厘米。东、西堵板，分别竖插于南、北侧板之间，立插部位，分别在侧板东、西两端内缩10和14厘米处，高度与活土二层台台面相平，均为31厘米，总宽东端40、西端38、板灰厚4厘米。

木椁内装殓尸骨一具，头骨压裂，骨架保存较好。头东足西，仰身直肢，经鉴定，死者为男性，40~45岁。骨骼从头到脚通长1.8米。

随葬品集中陈放于木椁内、死者身上及其近前（图一五三；彩版二一）。在死者胸部，放置夹砂褐陶罐1件，正置，稍向左倾斜。在左、右耳骨下面，各出螺旋形铜丝耳环1件，无绿松石坠珠伴出。覆面铜扣3枚，出于右下颌骨表面1枚，出于头骨下面2枚（系因头骨腐朽，从眼眶或鼻腔下漏所致）。在右侧腰间，右尺骨内侧和右髋骨上面，出青铜短剑1件，短剑下面压有青铜削刀1件，剑、刀锋部均朝上。在右肩胛骨上，出小号铜泡3枚。在左股骨内侧，出铜锥1件。在左趾骨外侧，出铜镞5枚、骨镞1枚，镞锋均朝下。

YYM259

这是玉皇庙墓地属于丙（C）级规格的小型墓葬之一。位于北Ⅱ区中部。其东南有YYM257，间距0.8米；南有YYM258，间距2.6米；西南有YYM247，间距1米；西北有YYM261，间距2.1米；北有YYM256，间距0.5米；东北有YYM237，间距3.4米。此墓的地层堆积，基本上同于YYM212，不赘。

墓圹平面形状，呈长方形，为竖穴土坑墓。东向，方位角为东偏南20°。墓圹规格，圹口东西长1.4、东端宽0.63、西端宽0.6米，四周圹壁平整、笔直，圹底形制、规格基本上与圹口一致，圹口至圹底深0.57米。无生土二层台。在圹底中间略偏北侧位置，按东西方向，安置小型木质葬具一具，在木质葬具的四周至圹底部四壁之间，筑有活土二层台，台土经夯实，东、南、西、北四台等高，均为22厘米，宽度不一，东台宽23、南台宽19、西台宽20、北台宽11厘米。

圹内填土，为杂有少量褐色斑点的黄色五花土，较纯净，经普遍夯实，未有夯层与夯窝痕迹。在填土中，仅发现羊肩胛骨残段1块，另无其他遗物。

殉牲位置，祭牲摆在圹内东端中部填土中，上距东端圹口16厘米深，下距圹底29厘米。殉牲种类，只有狗一种，殉牲数量，狗头1个，狗肱骨2只。殉牲形式，将狗上、下颌拆解后，按东西方向，先将狗肱骨2只，顺置于圹内东端中部填土上，然后将狗上颌叠置其上，并使其吻部朝向东南，而将狗下颌1副，置于南侧，使其吻部朝向西南。

木质葬具已朽为泥，几乎不见木质板灰灰痕，只能触觉有木质葬具范围的填土格外松软而已。葬具规格，东西顺长96、东端宽31、西端宽30厘米。

在小型木质葬具内，装殓尸骨一具。保存状况不太好，头骨已碎裂，肋骨、脊椎骨大部残缺，骨盆已无存，四肢骨亦残缺不全。头东足西，仰身直肢，经现场鉴定，死者为儿童，4岁左右。骨骼从头到脚通长0.85米。

随葬品，仅在死者左耳骨下面，发现螺旋形铜丝耳环1枚（图一五四）。除此之外，再未有任何随葬遗物。

YYM247

这是玉皇庙墓地属于乙（B）级规格的中型墓葬之一。位于北Ⅱ区中部，其东有YYM257，间距2.1米；东南有YYM258，间距1.2米；南有YYM208，间距3.2米；西南有YYM260和YYM268，间距1.3和1.6米；西北有YYM261，间距1.6米；东北有YYM259，间距1米。此墓的地层堆积，基本上同于YYM271，不赘。

墓圹平面形状，呈抹角长方形，为竖穴土坑墓。东向，方位角为东偏南11°。墓圹规格，圹口东西长2.55、东端宽0.96、西端宽0.81米，圹底东西长2.45、东端宽0.87、西端宽0.75米，圹口至圹底深1.55米。无生土二层台。在圹底正中位置，按东西方向，安置木椁一具。在木椁外壁四周至圹底部四壁之间，筑有活土二层台，台土经过严密夯打，较坚实，东、南、西、北四台等高，均为35厘米，宽度不一，东台宽37、南台宽21、西台宽36、北台宽18厘米。

圹内填土，为夹杂少量褐色斑点的黄色五花土，经普遍夯实，但未有夯层与夯窝痕迹。

在填土中，仅发现夹砂红陶罐类器底残片2块，还有羊下颌骨残件1块，除此之外，再未有其他遗物。

殉牲位置，祭牲集中摆放在圹内东端中间上层填土中，上距东端圹口21厘米深，下距圹底1.17米（图版五三，2）。殉牲种类，只有狗1种。数量，狗头3个，狗肱骨3只。殉牲形式，将狗头上、下颌拆解开后，在圹内东端中间上层填土上，作同层聚堆摆放。狗肱骨在下，狗头骨在上，上、下颌骨的吻部朝向，不尽一致，其中1套大号狗牲的吻部朝东，另二个狗上颌骨及二副下颌骨的吻部，则朝东南。

木椁已朽，盖板无存，底板灰痕保存不好，四至不清，唯南、北侧板与东、西堵板所遗白色板灰轮廓，尚可辨识。南、北侧板东西顺长1.98米，总高35厘米，与南、北活土二层台台面平齐，板灰厚3厘米；东、西堵板，分别竖插于南、北侧板之间，立插部位，分别在南、北侧板东、西两端内缩13和10厘米处，高度与南、北侧板一致，均为35厘米，总宽东端42、西端38、板灰厚3厘米。南、北侧板与东、西堵板的板块组成情况，已难以再作具体分辨。

木椁内装殓尸骨一具，保存状况较好，头骨及其他主要部位骨骼，基本完整。头东足西，仰身直肢，经现场鉴定，死者为男性，22～24岁。骨骼从头到脚通长1.6米。

随葬品集中陈放于木椁内、死者身上及其近前（图一五五）。在头骨左侧，侧置夹砂红陶罐1件，口朝南。在左、右耳骨下面，各出螺旋形铜丝耳环1件及绿松石坠珠2枚。覆面铜扣3枚，出于左、右眼眶内各1枚，滑落于头骨下面1枚。在颈部，出玛瑙珠1枚。在颈下、右胸上部，出虎形铜牌饰1件，虎头朝右。在右尺骨下面至右髋骨外侧，出青铜短剑1件，剑锋朝右侧斜上方。在左髋骨下面，压有青铜削刀1件，刀锋朝下。在左股骨外侧，出铜锥1件，锥尖朝上。在右髋骨外侧，出细石器1件。在左、右股骨内侧，各出服饰铜泡1枚。在右胫骨内侧，出铜镞1枚，骨镞8枚，镞锋均朝下。在死者腰际以下至左、右股骨之间，还出卧马形铜带饰39枚，分布如次：（1）右股骨外侧16枚，（2）左尺骨外侧2枚，（3）压在左髋骨下面10枚，（4）压在左股骨下面6枚，（5）左、右股骨之间4枚，（6）右髌骨内侧1枚。

YYM268

这是玉皇庙墓地属于丙（A）级规格的小型墓葬之一。位于北Ⅱ区中部。其东南有YYM260，间距0.8米；西南有YYM269和YYM270，间距分别为2.1和2.4米；西北有YYM267，间距3.2米；东北有YYM247和YYM261，间距分别为1.6和2.6米。此墓的地层堆积，基本上同于YYM271，不赘。

墓圹平面形状，呈抹角弧边不规则长方形，南、北两侧边均外弧，为竖穴土坑墓。东向，方位角为东偏南2°。墓圹规格，圹口东西长2.3、东端宽0.68、中间宽0.85、西端宽0.58米，圹底东西长2.25、东端宽0.53、西端宽0.55米，圹口至圹底深1.1米。在墓圹北壁中、东段及东北角中腰略偏上位置，留出较窄的生土二层台一道，台面高度，上距北侧圹口0.43米深，下距圹底0.67米，台面最宽处15厘米，台壁作笔直下切。圹底中间位置，按东西方向，安置木椁一具，在木椁外壁四周至圹底部四壁之间，筑有活土二层台，台土经过严密夯实，较坚实，东、南、西、北四台等高，均为20厘米，宽度不一，东台宽13、南台宽18、西台宽29、北台宽6厘米（中段）。

圹内填土，为杂有少量褐色斑点的黄色五花土，经普遍夯实，但未有夯层与夯窝痕迹。在填土中，仅发现夹砂红褐陶罐类口沿残片2块，除此之外，再未见到其他遗物。

殉牲位置，祭牲摆放在圹内东端中间中层填土中，上距东端圹口0.51米深，下距圹底0.46米（图版五三，3）。殉牲种类，仅有狗1种，数量，狗头2个，狗肱骨2只。殉牲形式，将狗上、下颌拆解后，2上颌骨作南北相邻、同层反向摆放，即1个吻部朝东，另1个吻部朝西北。下颌骨已残碎，与上颌骨分开摆放，斜置或横置于东端，吻部朝东南或南。2只肱骨，其中1只叠压于北侧狗上颌骨之下，另1只置于西侧，2上颌骨之间。

木椁已朽，板灰呈白色粉状。盖板无存，底板灰痕不清楚，南、北侧板与东、西堵板板灰界限，尚可分辨。南、北侧板东西顺长2米，总高20厘米，与活土二层台台面平齐，板灰厚2厘米。东、西堵板，分别竖插于南、北侧板之间，立插部位，分别在南、北侧板东、西两端内缩8和11厘米处，高度与南、北侧板一致，均为20厘米，总宽东端32、西端30，板灰厚2厘米。南北侧板与东、西堵板的板块组成情况，已不能详。

木椁内装殓尸骨一具。保存状况不好，头骨残碎较严重，其他主要部位骨骼，基本完整。头东足西，侧身直肢，脊椎弯曲，上体略向右侧身，下肢伸直。经现场鉴定，死者为女性，25～30岁。骨骼从头到脚通长1.54米。

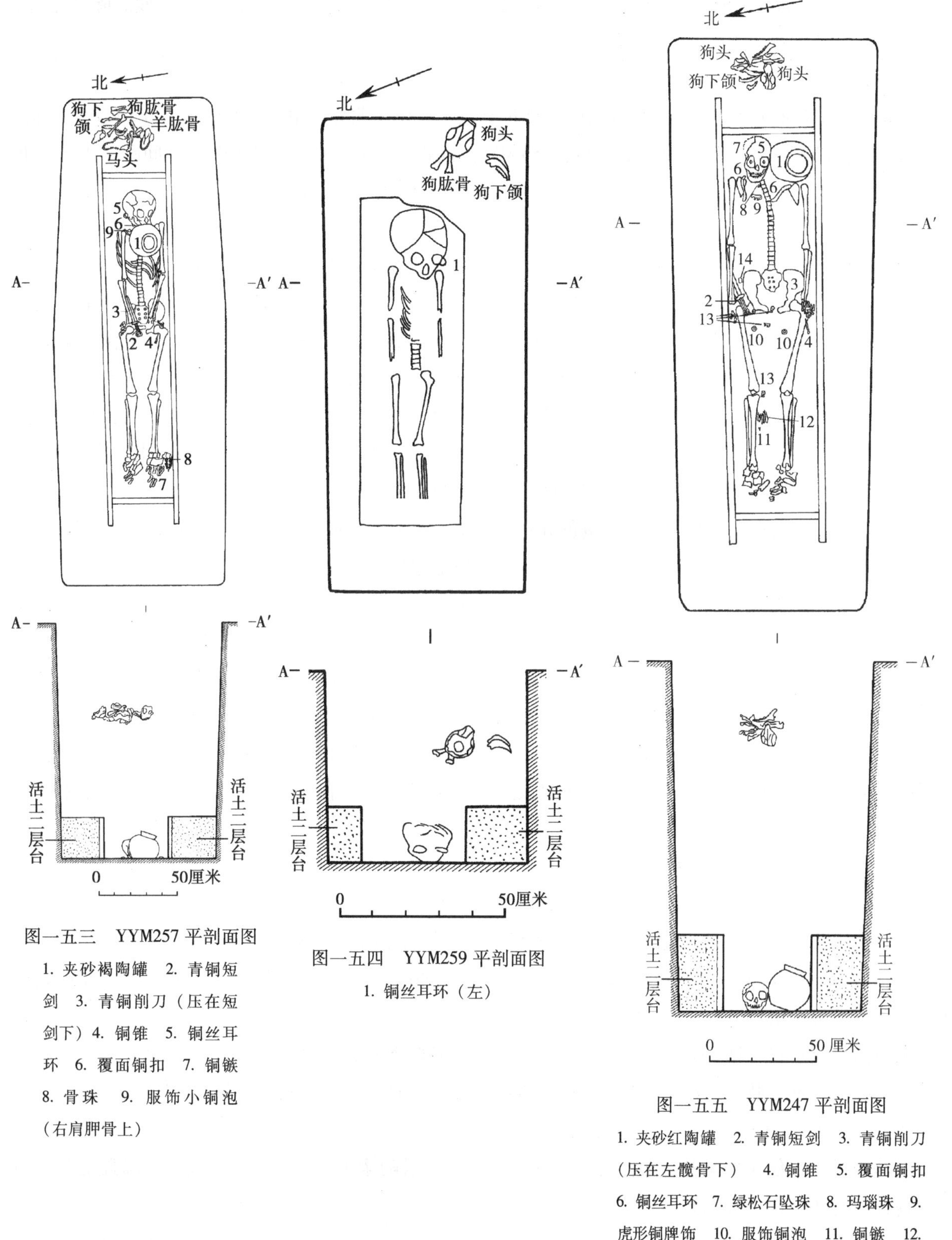

图一五三 YYM257 平剖面图

1. 夹砂褐陶罐 2. 青铜短剑 3. 青铜削刀（压在短剑下） 4. 铜锥 5. 铜丝耳环 6. 覆面铜扣 7. 铜镞 8. 骨珠 9. 服饰小铜泡（右肩胛骨上）

图一五四 YYM259 平剖面图

1. 铜丝耳环（左）

图一五五 YYM247 平剖面图

1. 夹砂红陶罐 2. 青铜短剑 3. 青铜削刀（压在左髋骨下） 4. 铜锥 5. 覆面铜扣 6. 铜丝耳环 7. 绿松石坠珠 8. 玛瑙珠 9. 虎形铜牌饰 10. 服饰铜泡 11. 铜镞 12. 骨镞 13. 马形铜带饰 14. 细石器（注：6、7 压在左、右耳骨下面）

随葬品很少，仅在木椁内死者头骨右后侧，放置夹砂红陶罐1件，正置，口沿已残。除此之外，再未有其他任何遗物（图一五六）。

YYM270

这是玉皇庙墓地属于乙（B）级规格的中型墓葬之一。位于北Ⅱ区中部。其东南有YYM269，间距1.8米；南有YYM190，间距2.8米；西南有YYM51，间距1.7米；西北有YYM271，间距2.1米；北有YYM272，间距1.9米；东北有YYM268，间距2.4米。此墓的地层堆积，基本上同于YYM271，不赘。

墓圹平面形状，呈抹角长方形，为竖穴土坑墓。东向，方位角为东偏北3°。墓圹规格，圹口东西长2.7、东端宽1.2、西端宽1.17米，圹底东西长2.54、东端宽0.85、西端宽0.8米，圹口至圹底深1.4米。在墓圹四壁中腰部位，留出生土二层台一周，台面高度一致，均上距圹口0.55米深，下距圹底0.85米，台面宽窄不一，东台宽11、南台宽8、西台宽4、北台宽18厘米（中段），四台壁作斜面下切，坡度很陡。在圹底中间偏东北—西南方向，安置木椁一具。在木椁外壁四周至圹底四壁之间，筑有活土二层台，台土经过严密夯打，较竖实，东、南、西、北四台等高，均为25厘米，宽度不一，东台宽31、南台宽29、西台宽33、北台宽17厘米（中段）。

圹内填土，为杂有少量褐色斑点的黄色五花土，经普遍夯实，但未有夯层与夯窝痕迹。在填土中，仅发现夹砂红陶罐口沿残片2块，除此之外，再未见其他遗物。

殉牲位置，祭牲集中摆放在圹内东端中间上层填土中，上距东端圹口8厘米深，下距圹底1.18米（图版五四，1）。殉牲种类，为羊、狗2种家畜。殉牲数量，羊头1（绵羊），羊肱骨1只，狗头1个，狗肱骨1只。殉牲形式，将羊和狗头的上、下颌拆解开后，按东西方向，作南、北相邻同层摆放。即先将拆解开的狗上、下颌骨1套，摆放到圹内东端正中间位置的上层填土上，下颌骨在下，上颌骨叠置其上，作交叉式叠压，下颌骨吻部朝北，上颌骨吻部朝东，狗肱骨1只，横置于狗上颌骨之上；然后于其北侧，顺置拆解开的羊上、下颌骨1套及羊肱骨1只，羊肱骨置于羊头与狗头之间，羊下颌在下，羊上颌扣在羊下颌之上，吻部皆朝东。

木椁已朽，盖板无存，底板灰痕大部残缺，南、北侧板与东、西堵板，灰痕轮廓，尚可辨识。板灰呈白色粉状，南、北侧板东西顺长2.12米，总高25厘米，与活土二层台台面平齐，板灰厚3厘米。东、西堵板，分别竖插于南、北侧板之间，立插部位，分别在南、北侧板东、西两端内缩14和15厘米处，高度与南、北侧板一致，均为25厘米，总宽东端36、西端30、板灰厚3厘米。南、北侧板与东、西堵板的板块组成情况，已不能详。

木椁内装殓尸骨一具。保存状况不好，头骨与骨盆残破严重，脊椎与肋骨已腐朽无存，左、右肱骨上端已朽残，唯下肢骨较完整。头东足西，仰身直肢，经现场鉴定，死者为男性，30岁左右。骨骼从头到脚通长1.67米。

随葬品很少，仅在木椁内、死者头骨右侧，放置夹砂黑陶罐1件，正置，已残碎。除此之外，再无其他任何遗物（图一五七）。

YYM271

这是玉皇庙墓地属于乙（B）级规格的中型墓葬之一。位于北Ⅱ区中部，其东南有YYM270，间距2.1米；南有YYM51，间距2.4米；西南有YYM50，间距2.3米；西有YYM48，间距2.1米；西北有

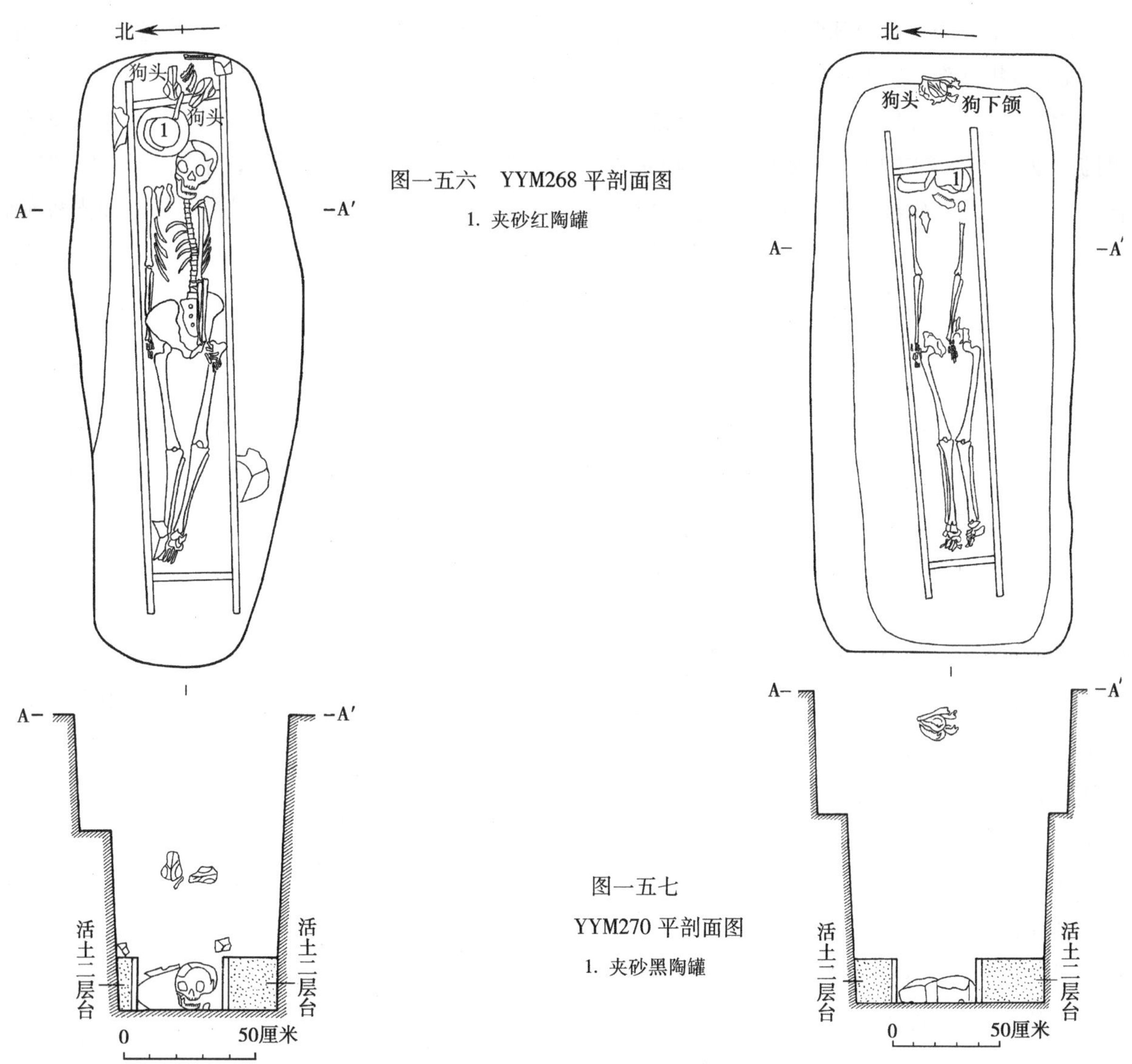

图一五六　YYM268 平剖面图
1. 夹砂红陶罐

图一五七
YYM270 平剖面图
1. 夹砂黑陶罐

YYM94，间距3.3米；北有YYM46，间距2.7米；东北有YYM272和YYM273，间距分别为3.5和3.3米。此墓的地层堆积，在北Ⅱ区中部西侧茔域，具有一定代表性。墓口以上的堆积，可分上、中、下3层，第1层（上层），为夹杂自然石块的深褐色山皮土层，厚12厘米；第2层（中层），为淤积夹砂石层，即夹略大和较大砂石颗粒的褐色土层，属此地晚期泥石流堆积层，厚0.55米；第3层（下层），亦为淤积夹砂石层，即为夹中细砂石颗粒的褐色土层，属于这里早期泥石流堆积层，厚30厘米。揭掉这3层堆积物之后，始见墓圹圹口，圹口以下至圹底（甚至更深）的地层堆积，为单纯的黄土质砂质黏土层，这是属于更新世晚期形成的黄土堆积。

墓圹平面形状，呈抹角长方形，为竖穴土坑墓。东向，方位角为东偏北4°。墓圹规格，圹口东西长2.5米，东、西两端宽均为0.83米，圹底东西长2.43、东端宽0.78、西端宽0.76米，圹口至圹底深1.48米。无生土二层台。在圹底中间略偏北侧位置，按东西方向，安置木椁一具。在木椁外壁四周至圹底部四壁之间，筑有活土二层台，台土经过严密夯打，较坚实，东、南、西、北四台等高，均为31厘米，宽度不一，东台宽32、南台宽26、西台宽24、北台宽15厘米（中段）。

圹内填土，为杂有少量褐色斑点的黄色五花土，经普遍夯实，但未有夯层与夯窝痕迹。在填土中，仅发现夹砂粗红陶残片1块，还有少许炭粒，除此之外，再未有其他遗物。

殉牲位置，祭牲集中摆放在圹内东端北侧中部填土中，上距东端圹口0.57米深，下距圹底0.8米（图版五四，2）。殉牲种类，为羊、狗2种家畜。殉牲数量，羊头2个（山羊），羊肱骨2只，狗头1个，狗肱骨1只。殉牲形式，将羊、狗头的上、下颌拆解开后，作南、北相邻同层摆放。即先将狗肱骨1只及拆解开的狗上、下颌骨1套，顺摆于圹内东端偏北侧的中部填土上，狗肱骨在下，狗头骨叠置其上，吻部朝东；然后于其南侧，再依次顺摆羊肱骨2只及拆解开的山羊上、下颌骨2套，亦肱骨在下，头骨在上，吻部皆朝东。

木椁已朽，盖板无存，底板灰痕大部残缺，四至不清，唯南、北侧板与东、西堵板板灰轮廓，尚可辨识。板灰呈白色粉状，南、北侧板东西顺长2.11米，总高31厘米，与南、北活土二层台台面平齐，板灰厚3.5厘米；东、西堵板，分别竖插于南、北侧板之间，立插部位，分别在南、北侧板东、西两端内缩12和11厘米处，高度与南、北侧板一致，均为31厘米，总宽东端33、西端32、板灰厚3厘米。南、北侧板与东、西堵板的板块组成情况，已难以具体分辨。

木椁内装殓尸骨一具，保存状况较好，头骨及其他主要部位骨骼，基本完整。头东足西，仰身直肢，经现场鉴定，死者为男性，45～50岁。骨骼从头到脚通长1.68米。

随葬品集中陈放于木椁内、死者身上及其近前（图一五八；图版五四，3）。此墓未随葬陶器。在死者右耳骨下面，出螺旋形铜丝耳环1件，已残，未有绿松石坠珠伴出，左耳无耳环。覆面铜扣2枚，已滑落于下颌骨内、外侧。在左髋骨外侧，出骨管1件。在左髋骨内侧至左股骨上端，出青铜削刀1件，刀锋朝右侧斜上方。铜锥2件，分别出于左股骨内侧和左髌骨外侧各1件。在右股骨上端，出骨环1件。

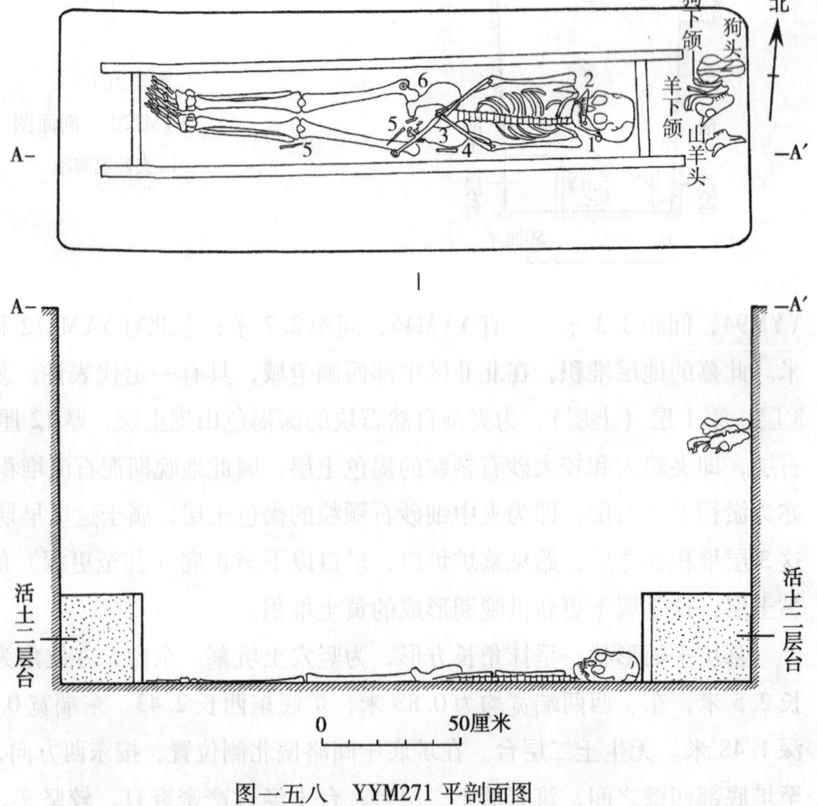

图一五八 YYM271平剖面图

1. 铜丝耳环 2. 覆面铜扣 3. 青铜削刀 4. 骨管 5. 铜锥 6. 骨环

YYM48

这是玉皇庙墓地属于丙（A）级规格的小型墓葬之一。位于北Ⅱ区中部。其东有YYM271，间距2米；南有YYM50，间距1.8米；西南有YYM125，间距3.7米；其西0.8米，为2号取土坑东北边缘；西北有YYM49，间距2.6米；北有YYM94，间距1.4米；东北有YYM46，间距2.6

米，此墓的地层堆积，基本上同于 YYM271，不赘。

墓圹平面形状，呈抹角长方形，为竖穴土坑墓。东向，方位角为东偏北6°。墓圹规格，圹口东西长2.8米，东、西两端宽均为0.92米，圹底形制、规格基本上与圹口一致，圹口至圹底深1.22米。无生土二层台。在圹底中间略偏东南—西北方向，安置木质葬具一具。在木质葬具四周至圹底四壁之间，筑有活土二层台，台土经严密夯打，较坚实，东、南、西、北四台等高，均为40厘米，宽度不一，东台宽54、南台宽22、西台宽44、北台宽27厘米（中段）。

圹内填土，为杂有褐色斑点的深黄色五花土，经普遍夯实，未有夯层与夯窝痕迹。在填土中，仅发现夹砂红陶碎片2块，羊肩胛骨残片1块。

殉牲位置，祭牲摆放在圹内东端中间略偏南侧的中层填土中，上距东端圹口43厘米深，下距圹底0.58米。殉牲种类，为牛、羊、狗3种家畜。殉牲数量，牛头1个，牛肱骨1只，羊头2个（山羊），羊肱骨2只，狗头3个，狗肱骨3只。殉牲形式，将牛、羊、狗头的上、下颌骨均拆解开，按东西方向，分上、下两层叠压摆放。即先将牛肱骨1只顺摆于圹内东端中间略偏南侧的中层填土上；然后于牛肱骨的北侧东端，顺摆狗肱骨3只，西端顺摆羊肱骨2只，然后将拆解开的狗头3个，羊头2个，分别叠置其肱骨之上，此为下层祭牲；上层祭牲，则独为拆解开的牛上、下颌骨1套，叠置于上述下层祭牲之上，东北角未有覆盖住，吻部朝东，但上、下颌骨略有错位，未相咬合。

木质葬具已朽，板灰呈白色粉状，盖板仅存6块残痕，底板灰痕也残缺不全，唯南、北侧板与东、西堵板的灰痕，尚能辨识其四至轮廓（图一五九）。南、北侧板东西长1.8米，东端堵板灰痕宽42、西端堵板灰痕宽40、侧板与堵板高约为40厘米，至于侧板与堵板的板块组成情况，已不能详。

木质葬具内装殓尸骨一具。保存状况不太好，头骨残裂，脊椎、骨盆、肋骨等，大部腐朽无存，四肢骨尚较好。头东足西，侧面向北，仰身直肢，经现场鉴定，死者为男性，22～24岁。骨骼从头到脚通长1.7米。

随葬品陈放于木质葬具内，死者身上及其近前（图一六〇、一六一）。在头骨左侧，放置夹砂红陶罐1件，正置，口沿已残。在左、右耳骨下面，各出螺旋形铜丝耳环1件，在左、右耳环下方，各附出绿松石坠珠3枚。覆面铜扣2枚，出于右眼眶内1枚，滑落于头骨右下侧1枚。在左锁骨下方，出虎形铜牌饰1件，虎头朝左。围绕颈部，出白石管5枚。在腰椎右侧，出铜带钩1件，钩首朝左。在腰部中间，出骨鸣镝1件。在左髋骨外侧与左尺骨之间，出青铜短剑1件，剑锋朝下。双联小铜扣38枚，出于左尺骨内侧、短剑剑首之上及其右侧者13枚，出于左尺骨下端表面者25枚，作横向“一”字排列。在青铜短剑的左侧，出长方形虎纹铜锥（针）管具1件。在左、右股骨之间、右髋骨下方，出青铜削刀1件，刀锋朝下。在左股骨上端内侧，出铜锥1件，锥尖朝左侧斜下方。铜箍形串珠32枚，出于短剑剑身下面19枚，出于削刀柄首左侧5枚，出于铜锥（针）管具下方5枚，出于骶骨下面3枚。带辐射纹的服饰铜泡4枚，出于左、右股骨之间2枚，出于左、右股骨上端各1枚，左侧者被压在左手骨和青铜短剑下面。在左、右胫骨下端之间，出铜镞3枚，骨镞12枚，两种箭镞集约成束，镞锋皆朝下。

YYM95

这是玉皇庙墓地属于乙（A）级规格的中型墓葬之一。位于北Ⅱ区中部。2号取土坑北沿。其东南距2号取土坑内的 YYM125 为5.7米；西南有 YYM65，间距4.3米；西北有 YYM90，间距3.2米；北

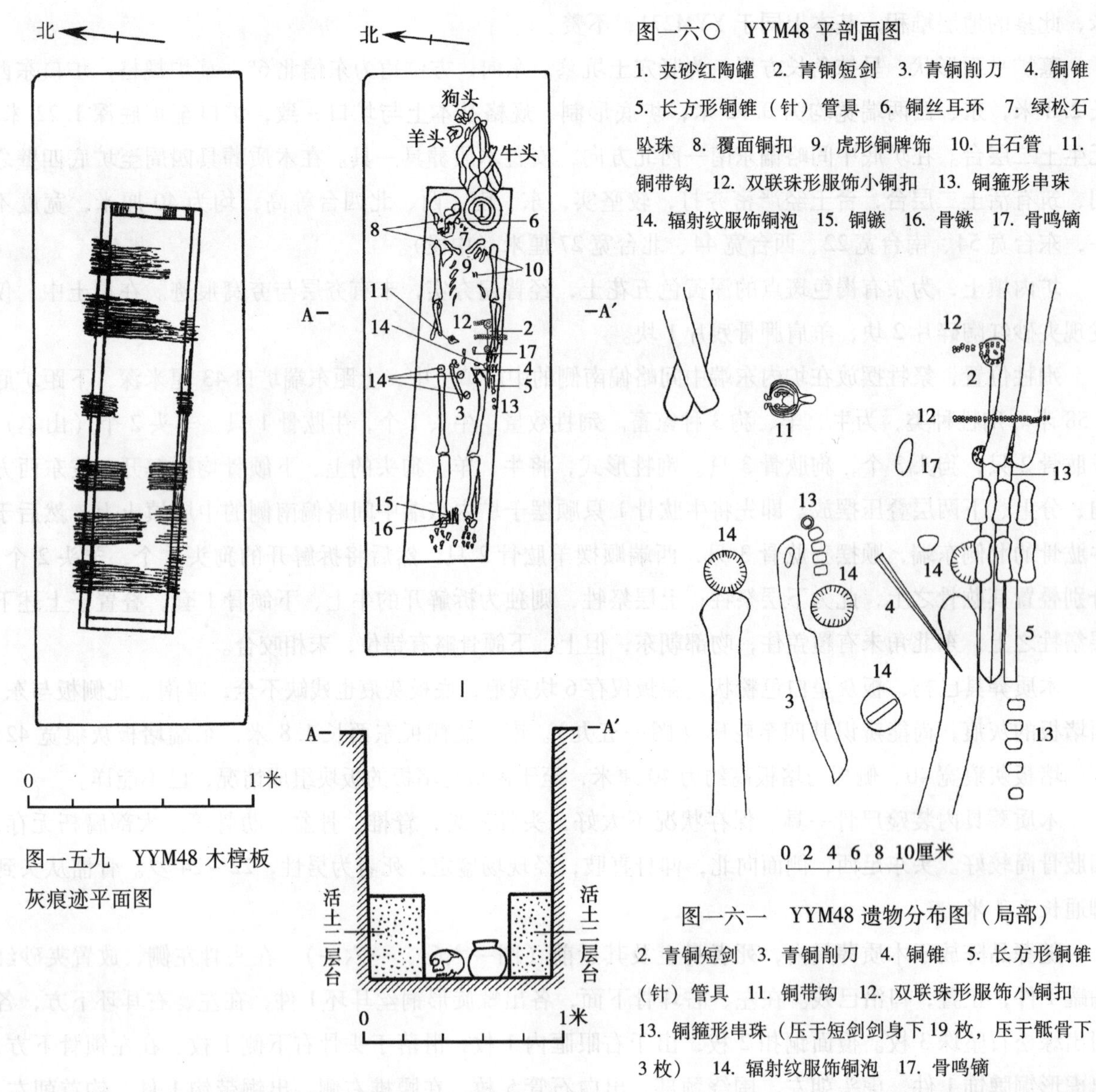

图一五九 YYM48 木椁板灰痕迹平面图

图一六〇 YYM48 平剖面图

1. 夹砂红陶罐 2. 青铜短剑 3. 青铜削刀 4. 铜锥 5. 长方形铜锥（针）管具 6. 铜丝耳环 7. 绿松石坠珠 8. 覆面铜扣 9. 虎形铜牌饰 10. 白石管 11. 铜带钩 12. 双联珠形服饰小铜扣 13. 铜箍形串珠 14. 辐射纹服饰铜泡 15. 铜镞 16. 骨镞 17. 骨鸣镝

图一六一 YYM48 遗物分布图（局部）

2. 青铜短剑 3. 青铜削刀 4. 铜锥 5. 长方形铜锥（针）管具 11. 铜带钩 12. 双联珠形服饰小铜扣 13. 铜箍形串珠（压于短剑剑身下19枚，压于骶骨下3枚） 14. 辐射纹服饰铜泡 17. 骨鸣镝

有YYM89，间距2.1米；东北有YYM49，间距2.2米。此墓的地层堆积，基本上同于YYM271，不赘。

墓圹平面形状，呈抹角长方形，为竖穴土坑墓。东向，方位角为东偏南3°。墓圹西端上层被一座近代坟打破，所幸墓圹下层未遭扰乱。墓圹规格，圹口东西长约2.92米，东、西两端宽各为0.88米，圹底形制、规格，与圹口一致，圹口至圹底深1.8米。无生土二层台。在圹底中间略偏北侧位置，按东西方向，安置木椁一具。在木椁外壁四周至圹底四壁之间，筑有活土二层台，台土经严密夯打，较坚实，东台高于南、西、北三台，东台高0.6米，南、西、北三台高均为30厘米；四台宽度不一，东台宽45、南台宽18、西台宽49、北台宽4厘米。

圹内填土，为杂有褐色斑点的深黄色五花土，经普遍夯实，但未有夯层与夯窝痕迹。在填土中，仅发现夹砂红陶碎片3块，除此之外，再未见其他遗物。

殉牲位置，祭牲摆放在圹内东端上层填土中，上距东端圹口20厘米深，下距圹底1.55米。殉牲种类，为牛、羊、狗3种家畜。殉牲数量，牛头1个，牛肱骨1只，羊头3个（山羊1，绵羊2），羊肱骨3

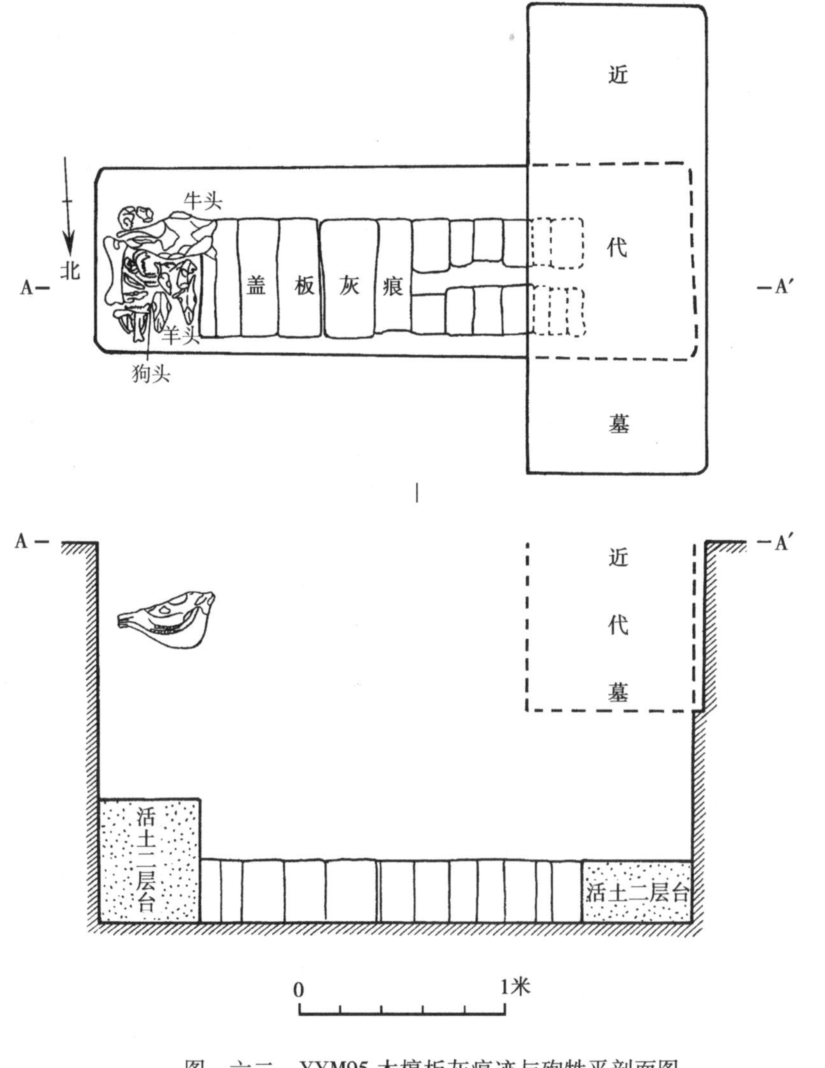

图一六二　YYM95 木椁板灰痕迹与殉牲平剖面图

只，狗头7个，狗肱骨7只。殉牲形式，将羊、狗头的上、下颌骨拆解开，然后分别与其肱骨一起，作同层、相邻，摆放到圹内东端上层填土上。7套狗牲，被摆放在最东端自南而北一线，狗肱骨在下，狗上、下颌骨分别叠置其上，互不咬合，狗上颌的吻部一律朝东，狗下颌的吻部朝向不一，有的朝东，有的朝北，有的朝东南；2套绵羊牲，被摆放在狗牲西侧，2只羊肱骨被压在羊头骨下面，被拆解开的绵羊上、下颌骨，彼此错位，不相咬合，其一吻部朝东，其二吻部朝北；1套山羊牲，呈南北向横置于绵羊牲之西侧，羊肱骨在下，山羊头骨叠置其上，上、下颌骨前后错位，不相咬合，吻部朝北；牛肱骨1只，横置于东端狗牲之上，完整牛头骨1个，未经拆解，顺摆于祭牲堆之南侧，正置，犄角朝西，吻部朝东，叠压于部分狗牲之上。

木椁已朽，板灰痕迹尚较清楚。盖板灰痕，或呈白色或黄色粉状，尚遗有12块痕迹（图一六二），它们呈南北向横搭在南、北侧板之上，两端贴附于活土二层台台帮上，板长0.66米，板宽10～24厘米。底板痕迹不清楚。南、北侧板与东、西堵板板灰呈白色粉状，南、北侧板东西顺长2.34米，板灰厚4厘米。东、西堵板，分别竖插于南、北侧板之间，立插部位，分别在南、北侧板东、西两端内缩18厘米处，总宽东端50、西端48、板灰厚4厘米。南、北侧板与西端堵板高为30厘米，东端堵板高0.6米，分别与其外侧的活土二层台台面平齐，其板块组成情况，已不能详。

木椁内装殓尸骨一具。保存状况较好，头骨及骨架主要部位骨骼，基本完整。头东足西，仰身直肢，经现场鉴定，死者为男性，35岁左右。骨骼从头到脚通长1.72米。

随葬品较多，陈放于木椁内，死者身上及其近前（图一六三）。在头骨右后侧，椁底东北角，放置夹砂红陶罐1件，正置，已碎裂。在左、右耳骨下面，各出螺旋形铜丝耳环1件，在左、右耳环下，各附出绿松石坠珠9枚。覆面铜扣3枚，出于左眼眶内1枚，上颌骨处2枚。在颈下，左、右锁骨交接部位下方，出马形铜牌饰1件，马头朝左。在颈部至胸部，出不同质料的项链2串：（1）石珠项链1

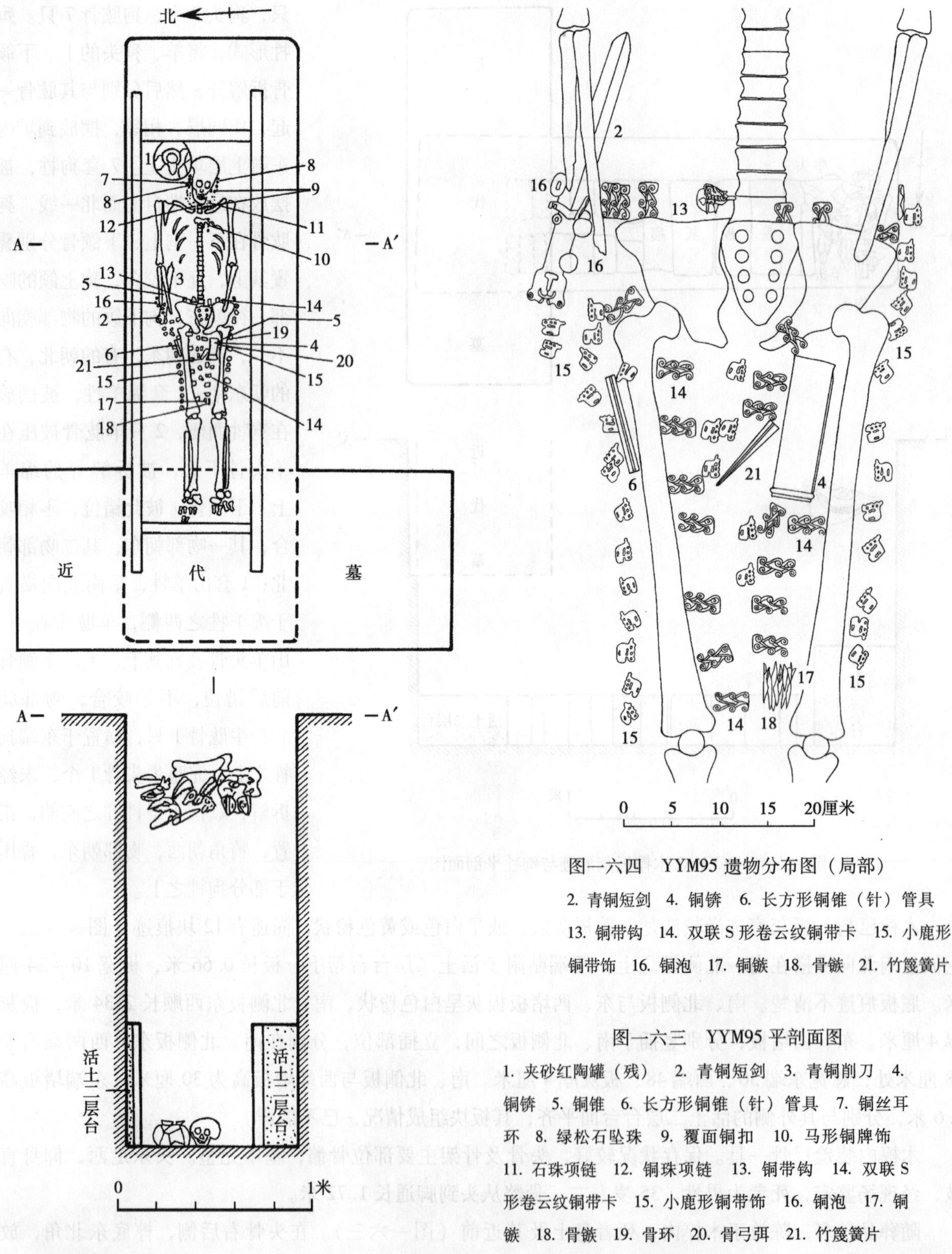

图一六四 YYM95 遗物分布图（局部）

2. 青铜短剑 4. 铜锛 6. 长方形铜锥（针）管具 13. 铜带钩 14. 双联S形卷云纹铜带卡 15. 小鹿形铜带饰 16. 铜泡 17. 铜镞 18. 骨镞 21. 竹篾簧片

图一六三 YYM95 平剖面图

1. 夹砂红陶罐（残） 2. 青铜短剑 3. 青铜削刀 4. 铜锛 5. 铜锥 6. 长方形铜锥（针）管具 7. 铜丝耳环 8. 绿松石坠珠 9. 覆面铜扣 10. 马形铜牌饰 11. 石珠项链 12. 铜珠项链 13. 铜带钩 14. 双联S形卷云纹铜带卡 15. 小鹿形铜带饰 16. 铜泡 17. 铜镞 18. 骨镞 19. 骨环 20. 骨弓弭 21. 竹篾簧片

串，由小黑石珠42粒，加小白石珠2粒，相间串成；（2）铜珠项链1串，由铜珠4枚串成。在右侧腰间，右尺骨与桡骨之下，出青铜短剑1件，剑锋朝上。在短剑剑身之下，压有青铜削刀1件，刀锋亦朝上。在短剑剑柄与剑身表面，遗有铜泡3枚。在腰椎右侧，出铜带钩1件，钩首朝左。在腰际至左、右腰骨之间，出双联S形卷云纹铜带卡22枚；在左、右髋骨外侧至左、右股骨内、外侧，出小卧鹿形铜带饰56枚。在左股骨内侧，出铜锛1件，锛刃朝上。在铜锛下面，压有铜锥1件，锥尖朝下，骨环1件，骨弓弭1件。在铜锛右侧，左、右股骨之间，出竹箙簧片1件，下端已残。在右股骨外侧，出长方形铜锥（针）管具1件。在左股骨下端内侧，出铜镞6枚，骨镞15枚，它们集约成束，镞锋均朝下（图一六四）。

YYM258

这是玉皇庙墓地属于乙（A）级规格的中型墓葬之一。位于北Ⅱ区中部。其东为YYM212，间距0.4米；东南与南区YYM211相邻，间距3.1米；南有YYM208，间距1.2米；西有YYM260，间距2.6米；西北有YYM247，间距1.2米；北有YYM257，间距1.6米。此墓的地层堆积，基本上同于YYM212，不赘。

墓圹平面形状，呈抹角弧边长方形，为竖穴土坑墓。东向，方位角为东偏南8°。墓圹规格，圹口东西长3.1、东端宽1.12、西端宽1.14米，圹底东西长3、东端宽1.02、西端宽1.04米，圹口至圹底深1.7米。无生土二层台。在圹底中间略偏东南—西北方向，安置木椁一具。在木椁外壁四周至圹底部四壁之间，筑有活土二层台，台土经过严密夯打，较坚实，东、南、西、北四台等高，均为30厘米，宽度不一，东台宽45、南台宽39、西台宽80、北台宽36厘米（中段）。

圹内填土，为杂有少量褐色斑点的黄色五花土，经普遍夯实，但未有夯层与夯窝痕迹。在填土中，仅发现夹砂红褐陶残片3块，还有牛牙2枚，除此之外，再未发现其他遗物。

殉牲位置，祭牲集中摆放在圹内东端中间上层填土中，上距东端圹口22厘米深，下距圹底1.2米。殉牲种类，为牛、狗二种家畜。殉牲数量，牛头1个，牛肱骨1只，狗头5个，狗肱骨5只。殉牲形式，牛头完整保留，将狗的上、下颌拆解开后，与牛牲作南、北相邻、同层依次摆放。即按东西方向，先将狗肱骨2只，顺置于圹内东端中间稍偏北侧的上层填土上，然后将拆解开的狗上、下颌骨2套，并置于狗肱骨之上，使其吻部均朝东，然后再将另3只狗肱骨和3套狗上、下颌骨，插放到上面，其中1个狗上颌的吻部朝北，1个狗上颌的吻部朝西，其余的皆朝东；然后再于狗牲南侧偏西位置，按东西方向，顺摆牛头1个，牛肱骨1只，牛的吻部亦朝东（图一六五；图版五五，1）。

木椁已朽，盖板无存，底板灰迹较模糊，南、北侧板与东、西堵板板灰尚较清楚。板灰呈白色粉渣状，南、北侧板东西顺长2.25米，总高30厘米，与南、北活土二层台台面平齐，板灰厚3厘米；东、西堵板，分别竖插于南、北侧板之间，立插部位，分别在南、北侧板东、西两端内缩15和26厘米处，高度与南、北侧板一致，均为30厘米，总宽东端38、西端32、板灰厚3厘米。南、北侧板与东、西堵板的板块组成情况，已难分辨。

木椁内装敛尸骨一具，保存状况不太好，头骨已残碎，肋骨、脊椎骨、骨盆等，残缺不全。头东足西，仰身直肢，经现场鉴定，死者为女性，35～40岁。骨骼从头到脚通长1.55米。

随葬品集中陈放于木椁内，死者身上及其近前（图一六六）。在头骨左后方、椁底东南角，放置夹砂红陶罐1件，正置。在左、右耳骨下面，各出螺旋形铜丝耳环2枚及绿松石坠珠4枚。在右颧骨和右上颌角，出覆面铜扣2枚。在颈部至胸部，出不同质料的项链3串：（1）小黑石珠项链1串（207枚）；（2）由玛瑙珠6枚，小白石珠7枚、白石管1枚、绿松石管2枚组成的项链1串；（3）联珠形铜珠项链1串（83枚），末端附匕形铜坠饰1枚。在左、右肋骨上面，各出联珠棍形铜坠饰2枚。在右肋骨上，还出服饰铜扣1枚。

YYM260

这是玉皇庙墓地属于丙（A）级规格的小型墓葬之一。位于北Ⅱ区中部。其东有YYM258，间距2.6米；东南有YYM208和YYM193，间距分别为2.1和3米；西南有YYM269，间距1.3米；西北有YYM268，间距0.8米；北有YYM261，间距4.1米；东北有YYM247，间距1.4米。此墓的地层堆积，基本上同于YYM271，不赘。

墓圹平面形状，呈抹角弧边不规则长方形，为竖穴土坑墓。正东向，方位角为90°。墓圹规格，圹口东西长2.47、东端宽0.96、西端宽1.01米，圹底东西长2.33、东端宽0.87、西端宽0.93米，圹口至圹底深1.12米。在墓圹西壁和北壁东半部接近中腰部位，各留出很窄的生土二层台一道，2台高度相等，均上距圹口0.4米深，下距圹底0.72米，西台宽10、北台宽12厘米（中段），台壁作笔直下切。在圹底中间略偏南侧位置，按东西方向，安置木椁一具。在木椁外壁四周至圹底部四壁之间，筑有活土二层台，台土经过严密夯打，较坚实，东、南、西、北四台等高，均为27厘米，宽度不一，东台宽23、南台宽13、西台宽14、北台宽21厘米（中段）。在西侧活土二层台中间内侧台面上，即位于西侧

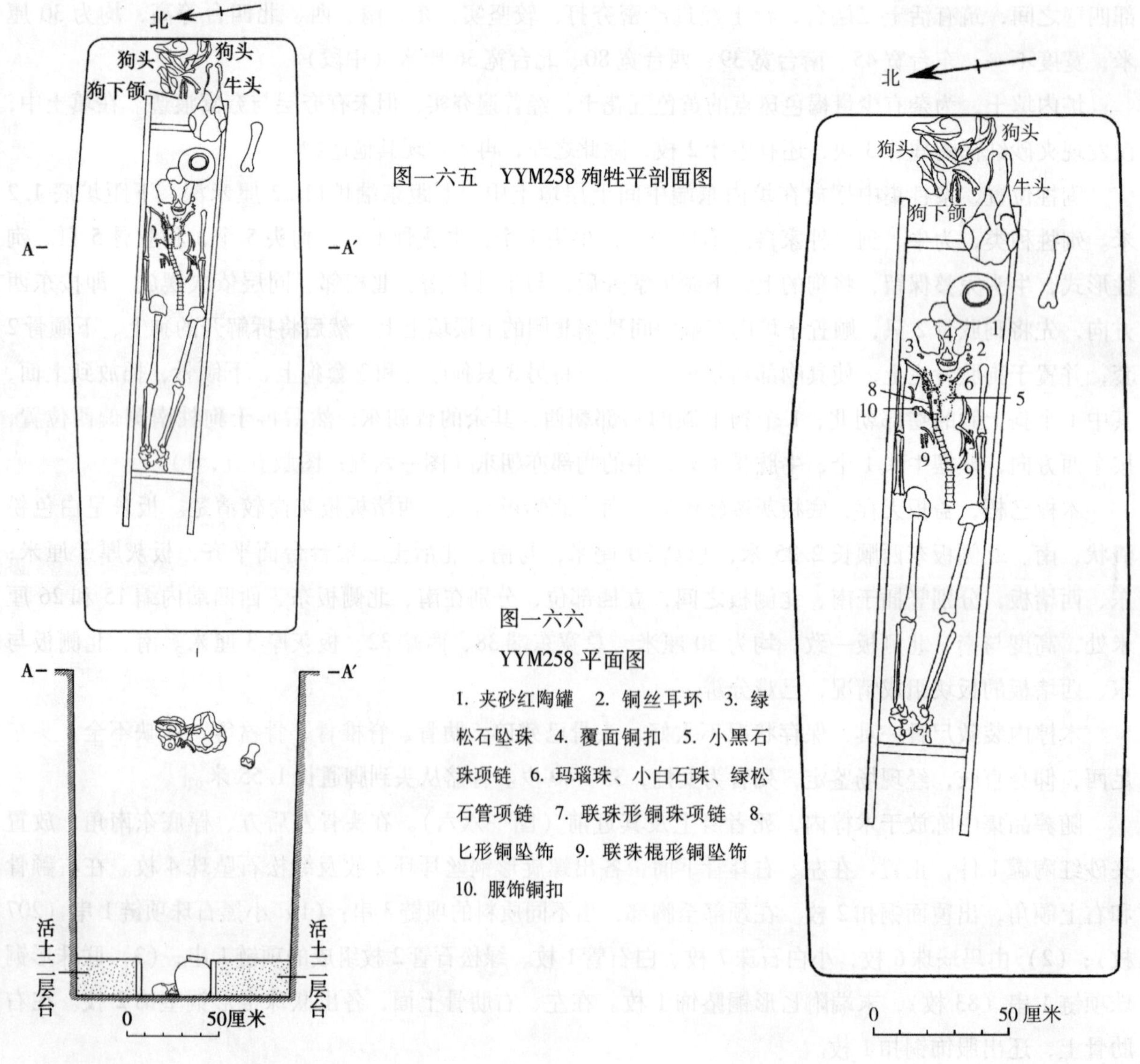

图一六五　YYM258殉牲平剖面图

图一六六　YYM258平面图

1. 夹砂红陶罐　2. 铜丝耳环　3. 绿松石坠珠　4. 覆面铜扣　5. 小黑石珠项链　6. 玛瑙珠、小白石珠、绿松石管项链　7. 联珠形铜珠项链　8. 匕形铜坠饰　9. 联珠棍形铜坠饰　10. 服饰铜扣

堵板之上，压有自然石块1块；在北侧活土二层台西端内侧，紧贴木椁北侧板外壁，台面之下，有自然石块2块。

圹内填土，为杂有少量褐色斑点的黄色五花土，经普遍夯实，但未有夯层与夯窝痕迹。在填土中，仅发现夹砂红陶罐类口沿与腹部残片3块，在木椁西南角，有体积较小的自然石块2块，除此之外，再未有其他遗物。

殉牲位置，祭牲摆放在圹内东端中间上层填土中，上距东端圹口10厘米深，下距圹底0.9米（图版五五，2）。殉牲种类，仅有狗1种。数量，狗头1个，狗肱骨1只，殉牲形式，将狗头上、下颌拆解开，作分开、同层摆放。狗肱骨在中间，斜置，上、下颌骨分放在北、南两侧，亦斜置，上颌的吻部朝向东南，下颌的吻部朝向西北。

木椁已朽，盖板无存，底板灰痕模糊不清，南、北侧板与东、西堵板板灰，呈白色粉状，四至轮廓，尚可分辨。南、北侧板东西顺长2.14米，总高27厘米，与活土二层台台面平齐，板灰厚3厘米。东、西堵板，分别竖插于南、北侧板之间，立插部位，分别在南、北侧板东、西两端内缩8和12厘米处，高度与南、北侧板一致，均为27厘米，总宽东、西两端均为46、板灰厚3厘米。南、北侧板与东、西堵板的板块组成情况，已难以再作具体分辨。

木椁内装殓尸骨一具，保存状况较好，头骨及其他主要部位骨骼，基本完整。头东足西，仰身直肢，经现场鉴定，死者为男性，40～45岁。骨骼从头到脚通长1.73米。

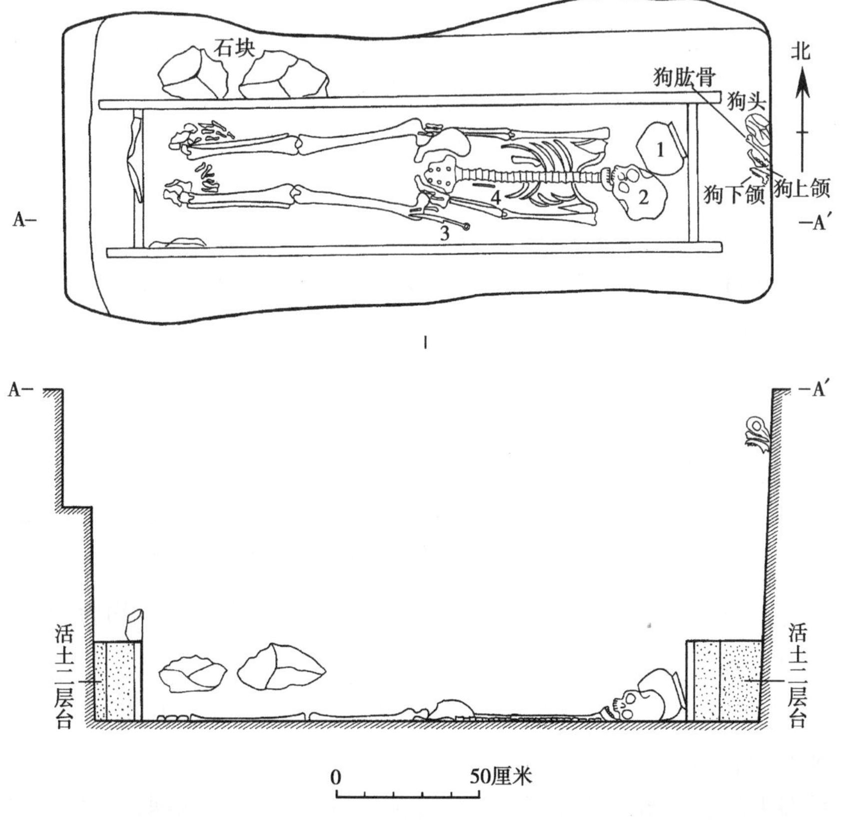

图一六七　YYM260平剖面图

1. 夹砂红陶罐　2. 覆面铜扣　3. 青铜削刀　4. 铜锥

随葬品较少，陈放于木椁内，死者身上及其近前（图一六七）。在头骨右后侧，椁底东北角，放置夹砂红陶罐1件，斜侧置，口朝东北。覆面铜扣2枚，出于鼻骨部位1枚，落入右眼眶内1枚。在左髋骨外侧，出青铜削刀1件，刀锋朝下。在腰椎骨左侧，出铜锥1件，锥尖朝下。

YYM269

这是玉皇庙墓地属于丙（B）级规格的小型墓葬之一。位于北Ⅱ区中部。其东南有YYM193和YYM208，间距分别为3.3和4.7米；南有YYM191，间距0.9

米；西南有 YYM190，间距 1.8 米；西有 YYM51，间距 5.1 米；西北有 YYM270，间距 1.7 米；东北有 YYM260 和 YYM268，间距分别为 1.3 和 2.1 米。此墓的地层堆积，基本上同于 YYM188，不赘。

墓圹平面形状，呈抹角不规则长方形，南侧边西半部，略外弧，为竖穴土坑墓。东向，方位角为东偏南 14°。墓圹规格，圹口东西长 2.4、东端宽 0.63、西端宽 0.7 米，圹底东西长 2.35、东端宽 0.6、西端宽 0.66 米，圹口至圹底深 0.86 米。无生土二层台。在圹底中间略偏北侧位置，按东西方向，安置木椁一具。在木椁外壁四周至圹底部四壁之间，筑有活土二层台，台土经严密夯打，较坚实，东、南、西、北四台等高，均为 21 厘米，宽度不一，东台宽 28、南台宽 10、西台宽 29、北台宽 6 厘米（中段）。

圹内填土，为杂有少量褐色斑点的黄色五花土，经普遍夯实，但未有夯层与夯窝痕迹。在填土中，仅发现夹砂红陶罐器底残片 1 块，除此之外，再未有其他遗物。

无殉牲。

木椁已朽，板灰呈白色粉状，盖板无存，底板灰痕大部残缺，南、北侧板与东、西堵板板灰轮廓，尚可辨认。南、北侧板东西顺长 2.02 米，总高 21 厘米，与活土二层台台面平齐，板灰厚 2.5～3 厘米。东、西堵板，分别竖插于南、北侧板之间，立插部位，分别在南、北侧板东、西两端内缩 13 和 11 厘米处，高度与南、北侧板一致，均为 21 厘米，总宽东端 40、西端 36、板灰厚 2.5 厘米。南、北侧板与东、西堵板的板块组成情况，已不能详。

木椁内装殓尸骨一具。保存状况不太好，头骨已残裂，其他主要部位骨骼，基本较完整。头东足西，弓颈俯首，仰身直肢，经现场鉴定，死者为男性，25 岁左右。骨骼从头到脚通长 1.6 米。

随葬品仅有梳形骨器 1 件，已残，出于木椁内死者头骨左侧（图一六八；图版五六，1）。除此之外，再未有其他任何遗物。

YYM51

这是玉皇庙墓地属于乙（A）级规格的中型墓葬之一。位于北Ⅱ区中部。其东南有 YYM190 和 YYM188，间距分别为 1.9 和 2.6 米；西南有 YYM52，间距 2.4 米；西北有 YYM50，间距 1.2 米；北有 YYM271，间距 2.4 米；东北有 YYM270，间距 1.7 米。此墓的地层堆积，基本上同于 YYM271，不赘。

墓圹平面形状，呈抹角长方形，为竖穴土坑墓。东向，方位角为东偏北 8°。墓圹规格，圹口东西长 2.8、东端宽 1.03、西端宽 0.88 米，圹底东西长 2.7、东端宽 0.95、西端宽 0.81 米，圹口至圹底深 1.81 米。无生土二层台。在圹底中间稍偏北侧位置，按东西方向，安置木椁一具。在木椁外壁四周至圹底四壁之间，筑有活土二层台，台土经严密夯打，较坚实，东、南、西、北四台等高，均为 26 厘米，宽度不一，东台宽 29、南台宽 38、西台宽 65、北台宽 22 厘米。

圹内填土，为杂有褐色斑点的黄色五花土，经普遍夯实，但未有夯层与夯窝痕迹。在填土中，仅发现夹砂红陶罐器底碎片 2 块，除此之外，再未有其他遗物。

殉牲位置，祭牲摆放在圹内东端中间及南侧的中层填土中，上距东端圹口 0.7 米深，下距圹底 0.85 米。殉牲种类，为牛、羊、狗 3 种家畜。殉牲数量，牛头 1 个，牛肱骨 1 只，羊头 3 个（山羊头 1 个，绵羊头 2 个），羊肱骨 3 只，狗头 5 个，狗肱骨 5 只。殉牲形式，将牛、羊、狗头的上、下颌骨均拆解开后，按东西方向，作南、北相邻，同层摆放。牛牲居北，羊牲居中，狗牲居南、居东（图版五六，2）。即先将拆解开的牛上颌骨1个，顺摆于圹内东端中间略偏北侧的中层填土上，正置，吻部朝东；然后在其南侧，顺摆羊肱骨3只，并在上面叠置绵羊上、下颌骨2套，山羊上颌骨1个，其中绵羊上、下颌骨吻部均朝东，山羊上颌骨吻部略偏东北；然后将山羊下颌骨1副，斜置于绵羊上颌骨之上，使其吻部朝东南；然后在羊牲东侧，顺摆狗肱骨3只，其上叠置已拆解开的狗上、下颌骨3套，上、下颌均略有错位，不相咬合，吻部一律朝东；然后将牛下颌骨1副，侧置于山羊下颌骨和绵羊上颌骨之上，使其吻部朝东；然后再将牛肱骨1只，斜置于绵羊上颌骨与3狗头骨之上；然后再于山羊上颌骨南侧，顺摆狗肱骨2只，其上叠置已拆解开的狗下颌骨2副，吻部朝向东北；最后在东南角，再顺摆狗上颌骨2个，吻部皆朝东。

木椁已朽，板灰呈白色粉状，盖板无存，底板灰迹残缺不全，南、北侧板与东、西堵板的灰痕，尚可辨识。南、北侧板东西顺长2.21米，板灰厚3.5～4厘米。东、西堵板分别竖插于南、北侧板之间，立插部位，分别在南、北侧板东、西两端内缩19和23厘米处，总宽东端38、西端31、板灰厚3.5厘米。南、北侧板与东、西堵板高均为26厘米，与四周活土二层台台面平齐。至于其板块组成情况，已不能详。

木椁内装殓尸骨一具。保存状况不好，头骨已残碎，左、右尺骨、桡骨、肋骨、手骨等，已腐朽无存。骨盆与下肢骨保存较好。头东足西，仰身直肢。经现场鉴定，死者为男性，20～22岁。骨骼从头到脚通长1.6米。

随葬品陈放于木椁内、死者身上及其近前（图一六九；图版五六，3）。在头骨右下侧至右肩部位，放置夹砂红陶罐1件，已残碎。在左、右耳骨下面，各出螺旋形铜丝耳环1件，在左、右耳环下，各附出绿松石坠珠3枚。覆面铜扣3枚，均出于残破头骨内。在颈部，出石珠项链1串，由白石管5枚、小白石珠198粒串成。在左髋骨下面，压有青铜削刀1件，刀锋朝下。在青铜削刀下面，有青铜短剑1件，剑锋朝上。在左髋骨下面，还压有铜盒形器1件。在腰际至骨盆之间，出长方形卷云纹铜带卡21枚，出于腰椎下面3枚，左髋骨上缘下面6枚，下缘表面2枚，右髋骨上缘及表面10枚。在右髋骨与骶骨中间，出服饰小铜扣8枚，呈横向“一”字排列。在右髋骨表面出涡纹服饰铜扣1枚。在右髋骨上缘外侧和右侧边缘，各出辐射纹服饰铜泡1枚。在左、右股骨之间，出铜锥1件、骨针1件，锥尖和针尖均朝下。在左、右胫骨之间，出铜镞3枚，骨镞10枚，两种箭镞集约成束，镞锋皆朝下。

YYM50

这是玉皇庙墓地属于丙（C）级规格的小型墓葬之一。位于北Ⅱ区中部。其东南有YYM51，间距2米；南有YYM88，间距1.7米；其西0.9米，为2号取土坑东沿；北有YYM48，间距1.8米；东北有YYM271，间距2.3米。此墓的地层堆积，基本上同于YYM271，不赘。

墓圹平面形状，呈抹角长方形，为竖穴土坑墓。东向，方位角为东偏北21°。墓圹规格，圹口东西长2.1、东端宽0.68、西端宽0.72米，圹底形制、规格，与圹口一致，圹口至圹底深0.8米。无生土二层台。在圹底中间略偏东南—西北方向，安置木质葬具一具。在木质葬具四周至圹底四壁之间，筑有活土二层台，台土经夯实，东、南、西、北四台等高，均为30厘米，宽度不一，东台宽36、南台宽13、西台宽10、北台宽14厘米（中段）。

圹内填土，为杂有褐色斑点的深黄色五花土，经普遍夯实，但未有夯层与夯窝痕迹。在填土中，仅发现夹砂红陶碎片1块，羊肩胛骨残片1块。

殉牲位置，祭牲摆放在圹内东端偏南侧的上层填土中，上距东端圹口6厘米深，下距圹底0.66米。殉牲种类，仅有羊1种。数量山羊头1个，羊肱骨2只。殉牲形式，将山羊头的上、下颌拆解开后，分开作同层错向摆放。即先将羊肱骨2只和山羊上颌骨1个，按东西方向，顺摆于圹内东端中间偏南侧的上层填土上，羊肱骨在下，山羊上颌骨叠置其上，吻部朝东；然后将山羊下颌骨1副，横置于山羊上颌骨南侧，吻部朝北。

木质葬具已朽，盖板无存，底板灰痕也残缺不全，南、北侧板与东、西堵板板灰痕迹，尚可辨识。灰痕呈白色粉状，南、北侧板东西顺长1.75米，东、西堵板宽均为40厘米，侧板与堵板高均为30厘米，与四周活土二层台台面平齐。南、北侧板与东、西堵板的板块组成及具体结构，已不能详。

木质葬具内装殓尸骨一具。保存状况较好，头骨及骨架主要部位骨骼，基本完整。头东足西，侧面向南，仰身直肢。经现场鉴定，死者为女性，45~50岁。骨骼从头到脚通长1.56米（图一七〇；图版五七，1）。

无任何随葬品。

YYM65

这是玉皇庙墓地属于乙（B）级规格的中型墓葬之一。位于北Ⅱ区中部。其东1.5米，为2号取土坑西沿；东南有YYM71，间距5.4米；南有YYM66，间距3.5米；西南有YYM67，间距2.8米；其西4.5米，为1号取土坑东沿；东北有YYM95，间距4.3米。此墓的地层堆积，基本上同于YYM271，不赘。

墓圹平面形状，呈抹角长方形，为竖穴土坑墓。西向，方位角为西偏北5°。墓圹规格，圹口东西长2.6米，东、西两端宽各0.92米，圹底形制、规格，与圹口一致，圹口至圹底深1.4米。无生土二层台。在圹底中间略偏西北—东南方向，安置木椁一具。在木椁外壁四周至圹底四壁之间，筑有活土二层台，台土经严密夯实，东、南、西、北四台等高，均为40厘米，宽度不一，东台宽54、南台宽22、西台宽25、北台宽20厘米（中段）。

圹内填土，为杂有褐色斑点的深黄色五花土，经普遍夯实，但未有夯层与夯窝痕迹。在填土中，仅发现夹砂红陶碎片4块，除此之外，再未有其他遗物。

殉牲位置，祭牲摆放在圹内西端中间略偏南侧的上层填土中，上距西端圹口6厘米深，下距圹底1.24米。殉牲种类，仅有狗1种。数量，小号狗头1个。殉牲形式，将狗头上、下颌骨拆解开后，分开，按西东方向，作同层相邻摆放。狗上颌骨1个，直接抵触西端圹壁，狗下颌骨1副，置其东南侧，吻部皆朝西。

木椁已朽，板灰呈白色粉状，盖板与底板灰痕已无存，南、北侧板与东、西堵板，四至可辨。南、北侧板东西顺长2.18米，板灰厚3厘米。东、西堵板分别竖插于南、北侧板之间，立插部位，分别在南、北侧板东、西两端内缩26和14厘米处，总宽东端40、西端42、板灰厚3厘米。南、北侧板与东、西堵板高均为40厘米，与四周活土二层台台面平齐。其板块组成情况，已不能详。

木椁内装殓尸骨一具。保存状况不太好，头骨已被压扁、碎裂，骨架其他主要部位，基本完整。头西足东，仰身直肢。经现场鉴定，死者为男性，17~18岁。骨骼从头到脚通长1.62米（图版五七，2）。

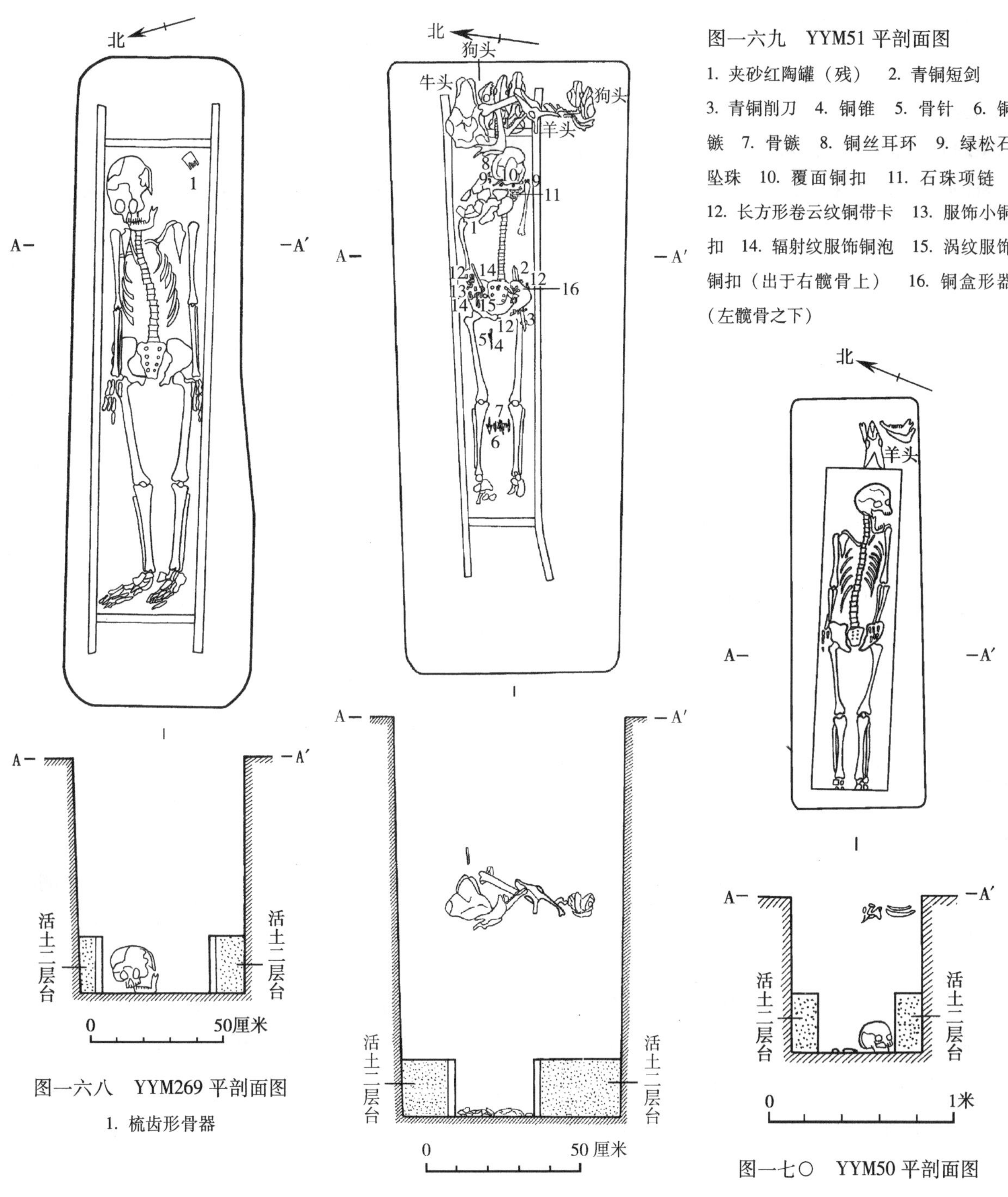

图一六八　YYM269 平剖面图

1. 梳齿形骨器

图一六九　YYM51 平剖面图

1. 夹砂红陶罐（残）　2. 青铜短剑　3. 青铜削刀　4. 铜锥　5. 骨针　6. 铜镞　7. 骨镞　8. 铜丝耳环　9. 绿松石坠珠　10. 覆面铜扣　11. 石珠项链　12. 长方形卷云纹铜带卡　13. 服饰小铜扣　14. 辐射纹服饰铜泡　15. 涡纹服饰铜扣（出于右髋骨上）　16. 铜盒形器（左髋骨之下）

图一七〇　YYM50 平剖面图

随葬品陈放于木椁内、死者身上及其近前（图一七一）。无陶器。在左、右耳骨下面，各出螺旋形铜丝耳环 1 件，在左耳环下，附出绿松石坠珠 1 枚，右耳环下无。覆面铜扣 9 枚，出于前额部位 4 枚，左、右眼眶内各 1 枚，上、下颌之间 2 枚，左颞骨处 1 枚。在颈下，左锁骨处，出马形铜牌饰 1 件，马头朝南。在右尺骨下面，压有青铜削刀 1 件，刀锋朝上。在右腕骨处，出铜环 1 件。在右髋骨外缘，出铜针 1 件，针尖朝下。在左腕骨处，出铜铃形饰 1 件。在右股骨下面，压有铜锥 1 件，锥尖朝下。服饰铜泡 4 枚，出于左股骨上端 3 枚，右股骨上端 1 枚。在右胫骨外侧，出铜镞 6 枚，骨镞 3

枚，铜镞与骨镞集约成束，镞锋均朝下。

YYM191

这是玉皇庙墓地属于丙（A）级规格的小型墓葬之一。位于北Ⅱ区中部。其东南有YYM192和YYM193，间距分别为0.7和2.2米；西南有YYM188和YYM189，间距分别为3.1和2.7米；西有YYM190，间距1米；北有YYM269，间距0.9米；东北有YYM260米，间距2.4米。此墓的地层堆积，基本上同于YYM188，不赘。

墓圹平面形状，呈抹角长方形，为竖穴土坑墓。东向，方位角为东偏南2°。墓圹规格，圹口东西长2.55、东端宽0.9、西端宽0.88米，圹底东西长2.47、东端宽0.84、西端宽0.82米，圹口至圹底深1.25米。无生土二层台。在圹底中间位置，按东西方向，安置木椁一具。在木椁外壁四周至圹底部四壁之间，筑有活土二层台，台土经过严密夯打，较坚实，东、南、西、北四台等高，均为20厘米，宽度不一，东台宽35、南台宽17、西台宽36、北台宽21厘米。

圹内填土，为杂有少量褐色斑点的黄色五花土，经普遍夯实，但未有夯层与夯窝痕迹。在填土中，仅发现夹砂红陶罐器底残片1块，除此之外，再未见其他遗物。

殉牲位置，祭牲集中摆放在圹内东端略偏南侧的上层填土中，上距东端圹口0.32米深，下距圹底0.75米（图版五八，1）。殉牲种类，仅有狗1种。数量，狗头3个，狗肱骨3只。殉牲形式，将狗头上、下颌拆解开后，按东西方向，作东、西相邻同层摆放。3套狗牲中，大号狗上颌骨，居最东端，其西侧分别散摆下颌骨3副，肱骨3只，及上颌骨2个（其中1个破碎严重）。吻部朝向，除1副下颌骨朝西北外，余者皆朝东和东北。

木椁已朽，盖板无存，底板灰痕模糊不清，南、北侧板与东、西堵板板灰轮廓，尚可分辨。板灰呈白色粉状，南、北侧板东西顺长2.08米，总高20厘米，与活土二层台台面平齐，板灰厚3.5厘米。东、西堵板，分别竖插于南、北侧板之间，立插部位，分别在南、北侧板东、西两端内缩14和15厘米处，高度与南、北侧板一致，均为20厘米，总宽东端43、西端34、板灰厚3厘米。南、北侧板与东、西堵板的板块组成情况，已不能详。

木椁内装殓尸骨一具。保存状况不好，头骨残碎严重，其他主要部位骨骼，基本完整。头东足西，仰身直肢，经现场鉴定，死者为女性，56岁以上。骨骼从头到脚通长1.5米。

随葬品较少，仅在木椁内死者右侧胸部，放置夹砂褐陶罐1件，正置（图一七二）。在左、右耳骨下面，各出螺旋形铜丝耳环1件，无绿松石坠珠伴出。覆面铜扣5枚，出于前额2枚（图版五八，2），滑落于下颌骨下面3枚。在颈部，出小白石珠项链1串，由64粒小白石珠串成。

YYM190

这是玉皇庙墓地属于乙（B）级规格的中型墓葬之一。位于北Ⅱ区中部，其东有YYM191，间距1米；南有YYM189，间距3米；西南有YYM188，间距1米；西北有YYM51，间距1.9米；北有YYM270，间距2.9米；东北有YYM269，间距1.8米。此墓的地层堆积，基本上同于YYM188，不赘。

墓圹平面形状，呈抹角长方形，为竖穴土坑墓。西向，方位角为西偏北3°。墓圹规格，圹口东西长2.63、东端宽0.95、西端宽0.92米，圹底东西长2.55、东端宽0.89、西端宽0.86米，圹口至圹底深1.53米。无生土二层台。在圹底中间略偏南侧位置，按东西方向，安置木椁一具。在木椁外壁四周至圹底部四壁之间，筑有活土二层台，台土经过严密夯打，较坚实，东、南、西、北四台等高，均为

29 厘米，宽度不一，东台宽 20、南台宽 25、西台宽 30、北台宽 8 厘米。

圹内填土，为杂有少量褐色斑点的黄色五花土，经普遍夯实，但未有夯层与夯窝痕迹。在填土中，仅发现夹砂红褐陶罐类腹部和器底残片 3 块，羊肩胛骨残件 1 块，除此之外，再未发现其他遗物。

殉牲位置，祭牲集中摆放在圹内西端偏北侧木椁以上的中部填土中，上距西端圹口 0.6 米深，下距圹底 0.73 米（图版五九，1）。殉牲种类，为牛、羊、狗 3 种家畜。殉牲数量，牛头 1 个，牛肱骨 1 只，羊头 1 个（山羊），羊肱骨 1 只，狗头 2 个，狗肱骨 2 只。殉牲形式，将牛、羊、狗头的上、下颌拆解开后，按西东方向，作南、北相邻同层摆放。即先将拆解开的牛下颌骨 1 副及牛肱骨 1 只，顺摆于圹内西端偏北侧的中部填土上，牛下颌骨在下，吻部朝西，牛肱骨叠置其上；然后于其北侧，即圹

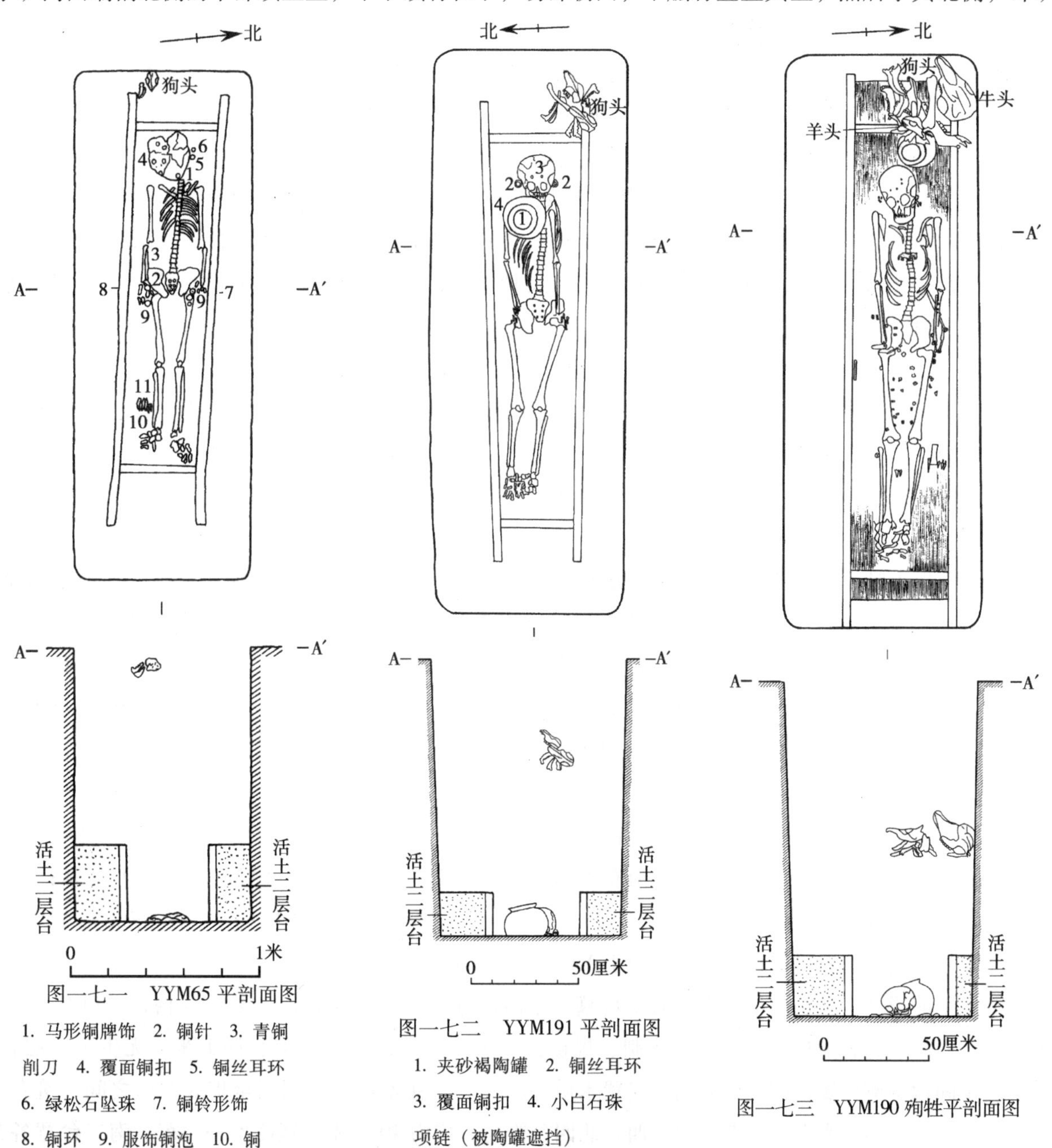

图一七一　YYM65 平剖面图

1. 马形铜牌饰　2. 铜针　3. 青铜削刀　4. 覆面铜扣　5. 铜丝耳环　6. 绿松石坠珠　7. 铜铃形饰　8. 铜环　9. 服饰铜泡　10. 铜镞　11. 骨镞

图一七二　YYM191 平剖面图

1. 夹砂褐陶罐　2. 铜丝耳环　3. 覆面铜扣　4. 小白石珠项链（被陶罐遮挡）

图一七三　YYM190 殉牲平剖面图

内西北角，顺摆牛上颌骨1个，吻部亦朝西；然后于牛牲的南侧，先将狗肱骨2只及拆解开的狗上、下颌骨2套，摆在靠西端的位置上，狗肱骨在下，狗头骨在上，上颌骨朝西，下颌骨朝东；最后，将羊肱骨1只及拆解开的山羊上、下颌骨1套，摆在狗牲的东侧、牛牲的南侧（图一七三）。

木椁已朽，盖板无存，南、北侧板，东、西堵板及底板，板灰呈白色粉状，轮廓尚明显可察。底板东西顺长2.37、总宽东端0.54、西端0.55米。南、北侧板立于底板之上，两侧边与底板边压齐，东西顺长2.53米，总高29厘米，与南、北活土二层台台面平齐，板灰厚4厘米。东、西堵板，分别竖插于南、北侧板之间，立插部位，分别在南、北侧板东、西两端内缩22和23厘米处，高度与南、北侧板一致，均为29厘米，总宽东端46、西端45、板灰厚4厘米。底板和南、北侧板及东、西堵板的板块组成情况，已难以具体分辨。

木椁内装殓尸骨一具，保存状况尚较好，除头骨碎裂外，其他主要部位骨骼，基本完整。头西足东，仰身直肢，经现场鉴定，死者为男性，40～45岁。骨骼从头到脚通长1.75米。

随葬品集中陈放于木椁内、死者身上及其近前（图一七四；图版五九，2）。在头骨左后侧（即西侧），放置夹砂红陶罐1件，斜侧置，口朝死者头部。在左、右耳骨下面，各出螺旋形铜丝耳环1件及绿松石坠珠5枚。覆面铜扣3枚，出于前额2枚，出于鼻骨1枚。在胸部正中位置，出马形铜牌饰1件，马头朝左（彩版二二，3）。在左侧腰间、左尺骨下面，压有青铜短剑1件，剑锋朝右侧斜上方。在左尺骨外侧、短剑剑柄之下，压有青铜削刀1件，刀锋朝上。在右手指骨处，出砂岩穿孔砺石1件。在左尺骨表面，遗有服饰小铜扣3枚。在左髋骨外侧，出涡纹服饰铜扣1枚。辐射纹服饰铜泡4枚，出于左股骨下段内侧和右股骨上段外侧各1枚，右股骨上端内侧1枚，左、右股骨上端之间1枚。在右股骨外侧，出长方形几何纹铜锥（针）管具1件。在右股骨上端，出铜锥1件，锥尖朝斜下方。在左腓骨外侧，出铜锛1件，铜凿1件，铜镞4枚，骨镞3枚，锛刃、凿刃、镞锋，均朝下。在左、右胫骨之间，出铜镞4枚，镞锋亦朝下。在右腓骨外侧，出赤铁矿砺石1块。在死者腰际以下至左、右股骨之间，出小卧鹿形铜带饰18枚，长方形反“S”纹铜带卡30枚。分布如次：小卧鹿形铜带饰，（1）压在右髋骨下5枚，（2）压在骶骨下7枚，（3）左髋骨外侧1枚，（4）右股骨外侧5枚；长方形反“S”纹铜带卡，（1）压在右髋骨下1枚，（2）左髋骨外侧5枚，（3）右股骨外侧6枚，（4）右股骨上面1枚，（5）骨盆上面2枚，（6）右尺骨外侧1枚，（7）右尺骨内侧2枚，（8）压在左尺骨下面1枚，（9）左股骨上面1枚，（10）左、右股骨之间10枚。

YYM88

这是玉皇庙墓地属于丙（B）级规格的小型墓葬之一。位于北Ⅱ区中部。其东有YYM190，间距6.8米；东南有YYM52，间距1.3米；南有YYM55，间距2.7米；西南有YYM54，间距0.7米；其西与西北毗邻2号取土坑，距此坑内的YYM125为1.3米；北有YYM50，间距1.7米；东北有YYM51，间距2.6米。此墓的地层堆积，基本上同于YYM188，不赘。

墓圹平面形状，呈长方形，为竖穴土坑墓。东向，方位角为东偏北3°。墓圹规格，圹口东西长2米，东、西两端宽各为0.8米，圹底形制、规格，与圹口一致，圹口至圹底深1米。无生土二层台。在圹底中间偏南侧位置，按东西方向，安置木质葬具一具。在木质葬具四周至圹底四壁之间，筑有活土二层台，台土经严密夯实，东、南、西、北四台等高，均为40厘米，宽度不一，东、南二台宽各为10、西台宽20、北台宽30厘米。

圹内填土，为杂有褐色斑点的黄色五花土，经普遍夯实，但未有夯层与夯窝痕迹。在填土中，仅发现夹砂红陶残片3块，另在圹内北侧活土二层台以上的中层填土中，自东而西呈纵向摆放自然石灰岩石块5块，体积中等或较大，规格在22×12×9至50×24×30厘米之间，还有1块体积较小的自然石灰岩石块，随填土陷落于木椁内，在南侧板与死者左髋骨之间。

无殉牲。

木质葬具已朽，板灰呈非常稀薄的白色粉状，仅可辨识南、北侧板与东、西堵板的四至轮廓，其他部分已不清楚。南、北侧板东西顺长1.7米，东、西两端堵板宽均为40厘米，南、北侧板与东、西堵板高亦均为40厘米，与四周活土二层台台面平齐。

木质葬具内装殓尸骨一具。保存状况较好，头骨与骨架主要部位骨骼，基本完整。头东足西，侧面向南，仰身直肢。经现场鉴定，死者为女性，25～30岁。骨骼从头到脚通长1.53米（图一七五）。

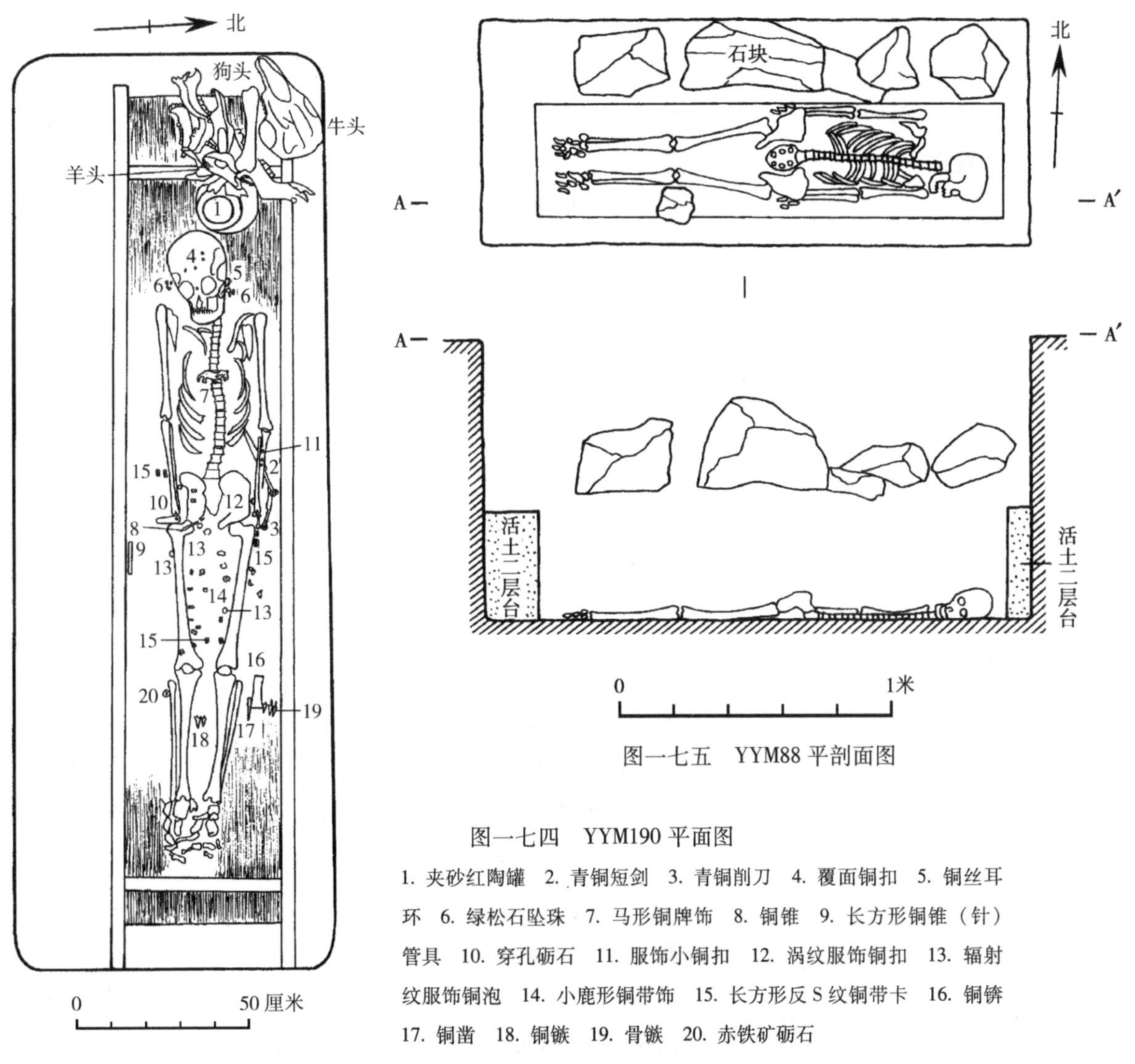

图一七五　YYM88平剖面图

图一七四　YYM190平面图

1. 夹砂红陶罐　2. 青铜短剑　3. 青铜削刀　4. 覆面铜扣　5. 铜丝耳环　6. 绿松石坠珠　7. 马形铜牌饰　8. 铜锥　9. 长方形铜锥（针）管具　10. 穿孔砺石　11. 服饰小铜扣　12. 涡纹服饰铜扣　13. 辐射纹服饰铜泡　14. 小鹿形铜带饰　15. 长方形反S纹铜带卡　16. 铜锛　17. 铜凿　18. 铜镞　19. 骨镞　20. 赤铁矿砺石

无任何随葬品。

YYM125

这是玉皇庙墓地属于丁级规格的小型墓葬之一。位于北Ⅱ区中部西侧2号取土坑内。其东南有

YYM88 和 YYM54，间距分别为 1.4 和 1.9 米；西南有 YYM100，间距 1.6 米；西北有 YYM95 和 YYM49，间距分别为5.7 和5.6 米；东北有 YYM48 和 YYM50，间距分别为3.7 和2.4 米。此墓的地层堆积基本上同于 YYM188，不赘。

墓圹平面形状，呈抹角长方形，南、北两侧边西半部稍外弧，因取土墓圹上层已被破坏，现存为浅穴土坑墓。东西向，方位角为东偏北 5°。墓圹规格，现存圹口东西长 2.35，东端宽 0.74，西端宽 0.78 米，圹底形制、规格，与现存圹口一致，圹口至圹底存深 30 厘米。无生土二层台。无木质葬具，无活土二层台。

圹内填土，为杂有少量褐色斑点的黄色五花土，未经夯实，土质较疏松。在填土中，发现夹砂红褐陶罐碎片 3 块，经核对，原系此墓随葬的夹砂红褐陶罐的局部残片。除此之外，再未有其他遗物。

现存墓圹内无殉牲。

在圹底中间，按东西方向，安葬尸骨一具。除头骨中的一部分头盖骨、左髋骨、左股骨、左右胫骨和腓骨及其足骨未被扰动外，从头骨、面骨以下至右股骨以上部分的骨骼，已全被破坏和扰乱，且大部分无存。在原右髋骨及其外侧位置，散布一些零乱的脊椎骨、手指骨等碎骨，并有一些散乱的细碎小件遗物。从残存遗骨现状观察，死者为头东足西，仰身直肢葬式（图版六〇，1）。经现场鉴定，死者为女性，22～24 岁。据仅存的头盖骨至足骨的距离，此死者身长约 1.51 米。

随葬品多数已被扰乱，仅有少数维持原位（图一七六）。在头骨左侧，放置夹砂红褐陶罐 1 件，侧置，已残碎，尚维持原位，但有一部分已无存。在残碎的陶罐下面，压有绿松石珠 13 枚。在头骨右侧，遗有覆面铜扣 3 枚。在头骨左、右耳部位，尚各遗有绿松石坠珠 3 枚。在头骨之下，压有小白石珠 22 粒，小黑石珠 36 粒，双联小铜扣（项链）9 枚。在左髋骨下面，压有长方形虎纹加变形马纹铜锥（针）管具 1 件。在原右髋骨及其外侧，现存一堆零乱人骨的位置，出有多种小件饰品，如匕形铜坠饰 1 件，螺旋形铜丝耳环 2 件，辐射纹服饰铜泡 2 枚，“人”字形铜坠饰 26 枚，双联小铜扣（项链）79 枚，蚌珠 2 枚，绿松石珠 25 枚，小黑石珠 45 粒。

YYM188

这是玉皇庙墓地属于乙（B）级规格的中型墓葬之一。位于北Ⅱ区中部，其东有 YYM192，间距 5 米；东南有 YYM189，间距 1.4 米；南有 YYM186，间距 2.9 米；西南有 YYM187，间距 1 米；西有 YYM52，间距 1.3 米；西北有 YYM51，间距 2.6 米；东北有 YYM190，间距 1 米。此墓的地层堆积，墓口以上可分 3 层，第 1 层（上层），为夹杂自然石块的深褐色山皮土层，厚 25 厘米；第 2 层（中层），为淤积夹砂石层，即夹略大和较大砂石颗粒的褐色土层，属此地晚期泥石流堆积层，厚 0.85 米；第 3 层（下层），为夹中细砂石颗粒的褐色土层，属于这里的早期泥石流堆积层，厚 20 厘米。揭掉这 3 层堆积之后，始见圹口，圹口以下至墓底的地层堆积，皆属生黄土层，即属于更新世晚期形成的黄土质砂质黏土层，深 1.47 米以上（可深达数十米），此墓打破了这一生黄土层堆积，整个墓圹完全坐在了这生黄土层中。

墓圹平面形状，呈抹角长方形，为竖穴土坑墓。东向，方位角为东偏北 22°。墓圹规格，圹口东西长 2.8 米，东、西两端宽均为 0.94 米，圹底东西长 2.7、东端宽 0.81、西端宽 0.85 米，圹口至圹底深 1.47 米。无生土二层台。在圹底正中位置，按东西方向，安置木椁一具。在木椁外壁四周至圹底部四壁之间，筑有活土二层台，台土经过严密夯打，较坚实，东、南、西、北四台等高，均为 27 厘米，宽度不一，东台宽52、南台宽16、西台宽44、北台宽15厘米。

圹内填土，为杂有少量褐色斑点的黄色五花土，经普遍夯实，但未有夯层与夯窝痕迹。在填土中，仅发现夹砂粗红陶残片3块，羊肱骨残段1截，除此之外，再未有其他遗物。

殉牲位置，祭牲集中摆放在圹内东端略偏南侧的中上层填土中，上距东端圹口42厘米深，下距圹底0.72米（图版六〇，2）。殉牲种类，为牛、羊、狗3种家畜。殉牲数量，牛头1个，牛肱骨1只，羊头2个（山羊1，绵羊1），羊肱骨2只，狗头8个，狗肱骨8只。殉牲形式，将牛、羊、狗头的上、下颌拆解开后，按东西方向，作南、北相邻同层依次摆放。即先将牛肱骨1只及拆解开的牛上、下颌1套，顺置于圹内东端中间稍偏南侧的中上层填土上，牛肱骨在下，牛头骨在上，吻部朝东；然后于其南侧，顺摆羊肱骨1只及拆解开的山羊上、下颌骨1套，羊肱骨在下，山羊头骨叠置其上，吻部亦朝东；然后于山羊头骨西侧，再交错摆上狗肱骨1只及拆解开的狗上、下颌骨1套，羊肱骨1只及拆解开的绵羊上、下颌骨1套，此组狗、羊牲的吻部，亦均朝东；然后接着在西侧，再交错插置狗肱骨7只及拆解开的狗上、下颌骨7套，同样是狗肱骨在下，狗头骨在上，然这7套狗牲上、下颌的吻部朝向，多不相一，或朝东，或朝北，或朝南，或朝西，较为散乱。

木椁已朽，板灰呈白色粉状。盖板灰痕残存一部分，其南、北两端分别横搭在南、北侧板之上，并贴附于南、北活土二层台台帮上，残存于南台帮上的痕迹较清楚一些。经观察与分辨，此木椁盖板由11块呈南北向的木板组成，板长0.61～0.64米，板宽16～22厘米，从木椁东端一直封盖至木椁西端，几乎与侧板两端卡齐，其贴附于南、北活土二层台台帮的部分，在北侧的较短，仅长出侧板边缘2～4厘米，而在南侧的略长，长出侧板边缘6～9厘米。底板灰痕保存较差，四至轮廓不太清楚。南、北侧板与东、西堵板灰痕轮廓，尚可辨识。南、北侧板东西顺长2.1米，总高27厘米，与南北活土二层台台面平齐，板灰厚4厘米。东、西堵板，分别竖插于南、北侧板之间，立插部位，分别在南、北侧板东、西两端内缩15厘米处，总宽东端43、西端40、板灰厚4厘米。南、北侧板与东、西堵板的板块组成情况，已不能作具体分辨。

木椁内装殓尸骨一具，保存状况不太好，头骨已碎裂，肋骨无存，左桡骨、手指骨以及左、右趾骨，均残缺不全。头东足西，仰身直肢，经现场鉴定，死者为男性，22～24岁。骨骼从头到脚通长1.55米。

随葬品集中陈放于木椁内、死者身上及其近前（图一七七）。头骨左侧、椁底东南脚，放置夹砂红陶罐1件，正置，已碎裂。在左、右耳骨下面，各出螺旋形铜丝耳环1件及绿松石坠珠1枚。覆面铜扣2枚，已滑落头骨下面。在颈下、左右锁骨交接部位，出马形铜牌饰1件。在右尺骨下面至右髋骨外侧，出青铜短剑1件，剑锋朝下。在短剑右侧，出长方形几何纹铜锥（针）管具1件。在右手指骨下面，压有铜锥2件，锥尖均朝下，还有骨珠1枚。在右髋骨外缘至右股骨外侧，出青铜削刀1件，刀锋朝下。在骶骨表面，遗有铜带钩1件，钩首朝右。服饰铜扣15枚，出于骶骨上缘表面4枚，右髋骨内侧4枚，骶骨下面压有4枚，左股骨表面3枚。服饰铜泡2枚，出于右手指骨下面1枚，左股骨内侧1枚。在骨盆下面，压有铜铃形饰1件。在左、右髌骨之间，出铜凿1件，凿刃朝上。在左、右胫骨之间，出铜锛1件，锛刃亦朝上。在铜锛左侧，出骨鸣镝3枚。在铜锛右侧，出骨镞11枚，镞锋均朝下。在死者腰际以下至左、右股骨之间，出小卧鹿形铜带饰68枚，分布如次：（1）左股骨外侧10枚，（2）右股骨外侧18枚，（3）压在骨盆下面23枚，（4）左、右股骨之间17枚。

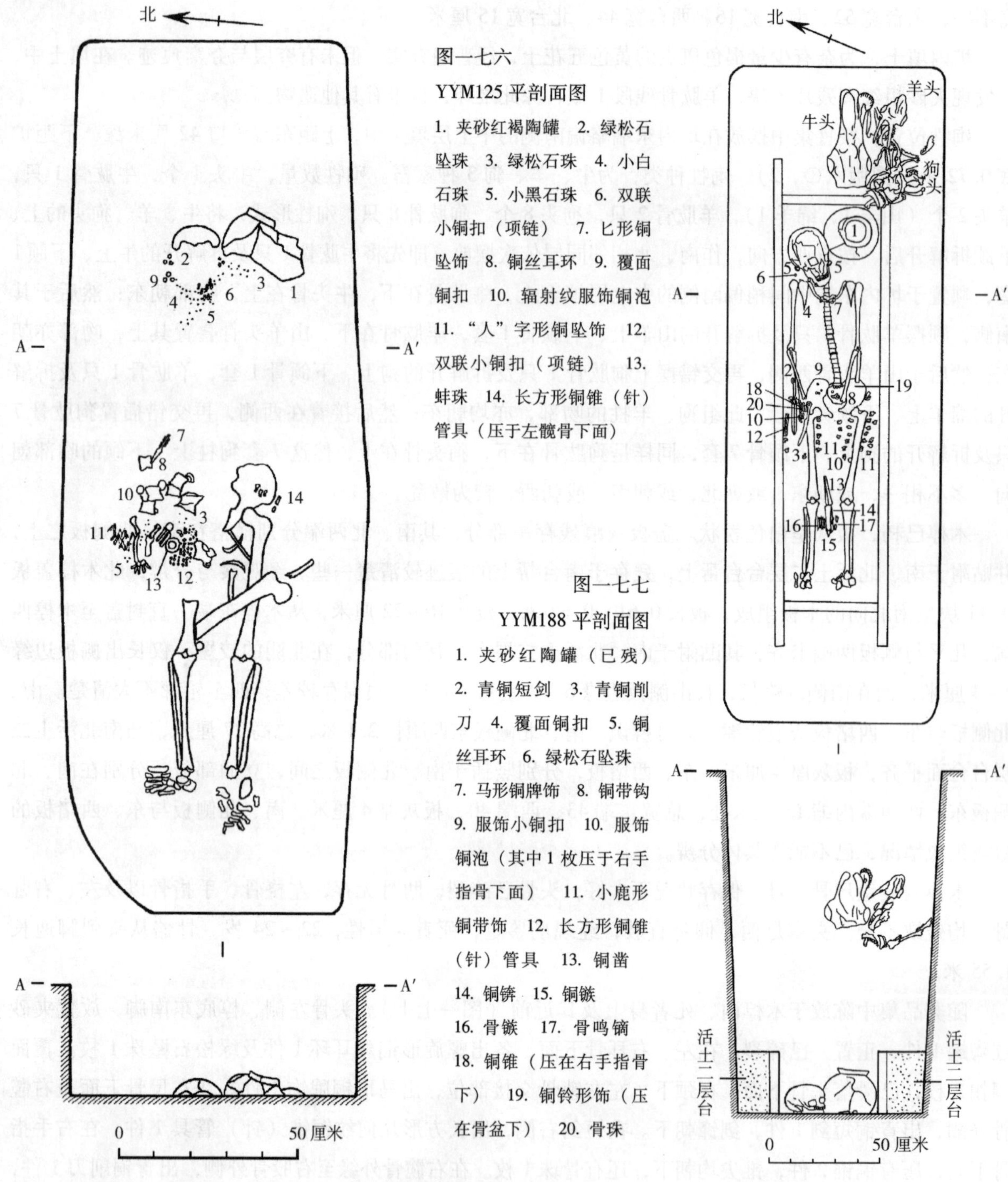

图一七六　YYM125平剖面图

1. 夹砂红褐陶罐　2. 绿松石坠珠　3. 绿松石珠　4. 小白石珠　5. 小黑石珠　6. 双联小铜扣（项链）　7. 匕形铜坠饰　8. 铜丝耳环　9. 覆面铜扣　10. 辐射纹服饰铜泡　11. “人”字形铜坠饰　12. 双联小铜扣（项链）　13. 蚌珠　14. 长方形铜锥（针）管具（压于左髋骨下面）

图一七七　YYM188平剖面图

1. 夹砂红陶罐（已残）　2. 青铜短剑　3. 青铜削刀　4. 覆面铜扣　5. 铜丝耳环　6. 绿松石坠珠　7. 马形铜牌饰　8. 铜带钩　9. 服饰小铜扣　10. 服饰铜泡（其中1枚压于右手指骨下面）　11. 小鹿形铜带饰　12. 长方形铜锥（针）管具　13. 铜凿　14. 铜锛　15. 铜镞　16. 骨镞　17. 骨鸣镝　18. 铜锥（压在右手指骨下）　19. 铜铃形饰（压在骨盆下）　20. 骨珠

YYM52

这是玉皇庙墓地属于甲（B）级规格的大型墓葬之一。位于北Ⅱ区中部。其东和东南，分别有YYM188和YYM187，间距均为1.3米；南有YYM53，间距1.2米；西南有YYM55，间距0.8米；西有YYM54，间距1.7米；西北有YYM88，间距1.3米；东北有YYM51，间距2.4米。此墓的地层堆积，基本上同于YYM188，不赘。

墓圹平面形状，呈抹角梯形，为竖穴土坑墓。东向，方位角为东偏南1°。墓圹规格，圹口东西长

3.34、东端宽1.06、西端宽1.3米，圹底东西长2.59、东端宽1、西端宽1.24米，圹口至圹底深2米。在墓圹北壁中间偏下和西侧中腰位置，各遗有打圹时留下的自然石灰岩石块1块。在圹内东端，设生土二层台一座。台面上距东端圹口1.03米深，下距圹底0.97米，台宽40厘米。在圹底中间，按东西方向，安置木椁一具。在木椁外壁四周至圹底四壁之间，围砌自然石灰岩石块一周，以东端砌筑得最为严密，分作三层垒砌，南、北两侧和西端，较为稀疏，一般作二层砌筑。空隙处填以黄色五花土，经普遍夯实，是为土、石混筑的活土二层台。东、南、西、北四面活土二层台，高度相等，均为47厘米，宽度不一，东台宽50、南台宽31、西台宽36、北台宽20厘米（中段）。

圹内填土，为杂有褐色斑点的黄色五花土，经普遍夯实，但未有夯层与夯窝痕迹。在填土中，仅发现夹砂红陶罐口沿和腹部残片4块，羊肩胛骨残片2块。另在距东、西圹口深0.6米处的上层填土中，发现一层专意铺砌的自然石灰岩石块，石块大小不等，大者68×41×25、小者16×14×10厘米。

殉牲位置，祭牲摆放在圹内东端中、上层填土中，分作两处位置，一处在圹内东南角、生土二层台以上的上层填土中，上距东端圹口0.8米深，下距圹底1.12米；另一处在生土二层台以西、木椁东端堵板以东的中层填土中，上距东端圹口1.13米深，下距圹底0.72米。殉牲种类，为马、羊、狗3种家畜。殉牲数量，马头3个，马肱骨3只，羊头1个（山羊），羊肱骨1只，狗头4个，狗肱骨4只。殉牲形式，3种祭牲分作两组，分放两处，按东西方向，分3层摆放。第一组的配伍是，狗头3个，狗肱骨3只，山羊头1个，羊肱骨1只，马肱骨3只。位置在圹内东南角，生土二层台以上的上层填土中。狗头和山羊头的上、下颌骨均被拆解开，1个大号狗头摆在最东端，上颌骨正置，下颌骨贴靠于北侧，吻部皆朝东；在其西南侧，顺摆马肱骨1只，西北侧，顺摆马肱骨2只，其南侧和上面，分别有拆解开的狗下颌骨1副、狗上颌骨1个，其西侧，插置狗肱骨3只，羊肱骨1只，狗上、下颌骨1套，已残碎；最西端，顺摆已拆解开的山羊上、下颌骨1套，已残碎。第二组的配伍是，狗头1个，狗肱骨1只，马头3个。位置在生土二层台以西，木椁东端堵板以东的中层填土中。狗头上、下颌骨被拆解开，马头未被拆解，狗上颌骨1个，狗肱骨1只与3个完整的马头，摆在同一层位，狗肱骨与狗上颌骨居东，狗肱骨在下，狗上颌骨叠置其上，3个马头呈横向“一”字自北而南并列，居西，狗、马吻部，一律朝东；狗下颌骨1副，置于狗上颌骨之上，上、下间隔有10厘米厚的填土层，吻部亦朝东。

木椁已朽，板灰呈白色粉状，盖板无存，底板灰痕不大清楚，南、北侧板与东、西堵板灰痕，尚可辨识。南、北侧板东西顺长2.4米，板灰厚4厘米。东、西堵板分别竖插于南、北侧板之间，立插部位，分别在南、北侧板东、西两端内缩51和16厘米处，总宽东端0.62、西端0.58米，板灰厚4厘米。南、北侧板与东、西堵板高度相等，均为47厘米，与四周活土二层台台面平齐。至于侧板与堵板的板块组成情况，已难以再作具体分辨。

木椁内装殓尸骨一具。保存状况较好，头骨已残，上面压有残碎的夹砂红陶罐，其他部位骨骼，基本完好。头东足西，仰身直肢。经现场鉴定，死者为男性，56岁左右。骨骼从头到脚通长1.74米。

随葬品陈放于木椁内，死者身上及其近前（图一七八）。在头骨左侧，放置夹砂红陶罐1件，正置，已残，腹部以上与器底分为两半，口沿及肩、腹部压在死者面骨上。在左、右耳骨下面，各出螺旋形铜丝耳环1件，在左、右耳环下，各附出绿松石坠珠4枚。覆面铜扣3枚，出于上颌骨部位2枚，滑落于头骨下面1枚。在颈部，出石珠项链1串，由绿松石珠10枚、白石管1枚、小黑石珠156粒，联合串成。在左尺骨内侧、左侧腰间，出青铜短剑1件，剑身上面叠压青铜削刀1件，剑锋与刀锋均朝上。在短剑剑身之下，压有小铜扣1枚。在左尺骨内侧，还出铜箍串珠2枚。在右侧腹部，出赤铁矿砺石1件。在腰际周围，出野猪形铜环带饰5件。在左、右髋骨外侧及左、右股骨外侧，出小卧鹿形铜带饰57枚。在腰际左、右两侧和左、右股骨内、外侧，分布三鸟头纹铜带饰81枚。在右髋骨下面，压有长方形铜锥（针）管具1件。在右股骨表面，出铜锥1件，锥尖朝下。在左股骨下面，压有骨环1件，涡纹服饰铜扣1枚。在左、右股骨之间，出服饰小铜泡1枚。在右股骨下段表面，出铜锛1件，锛刃朝左侧斜上方。在右腓骨外侧，出铜凿1件，凿刃朝下。铜凿旁边出铜镞10枚，铜镞之下，压有骨镞16枚，镞锋均朝下。在左、右股骨下端之间，出铜马衔2副，马衔之下，压有马具铜泡10枚。

YYM54

这是玉皇庙墓地属于乙（A）级规格的中型墓葬之一。位于北Ⅱ区中部。其东有YYM52，间距1.7米；东南有YYM55，间距1.1米；西南有YYM58，间距1.3米；其西紧临2号取土坑，与坐落在此取土坑内的YYM100间距2.4米；西北与坐落在2号取土坑内的YYM125，间距1.8米；东北有YYM88，间距0.7米。此墓的地层堆积，基本上同于YYM188，不赘。

墓圹平面形状，呈抹角长方形，为竖穴土坑墓。东向，方位角为东偏北4°。墓圹东北角上层，因取土被刨掉，所幸未扰及偏南侧的殉牲和下层的木椁，墓圹规格，圹口东西长2.7、东端宽1、西端宽0.92米，圹底形制、规格，与圹口一致，圹口至圹底深2.1米。无生土二层台。在圹底中间，按东西方向，安置木椁一具。在木椁外壁四周至圹底四壁之间，筑有活土二层台，台土经严密夯打，较坚实，东、南、西、北四台等高，均为0.5米，宽度不一，东台宽34、南台宽30、西台宽32、北台宽20厘米。

圹内填土，为杂有褐色斑点的黄色五花土，经普遍夯实，但未有夯层与夯窝痕迹。在填土中，仅发现夹砂红陶罐口沿与腹部残片3块，羊肩胛骨1块。

殉牲位置，祭牲集中摆放在圹内东端偏南侧的中上层填土中，上距东端圹口0.54米深，下距圹底1.14米（图版六一，1）。殉牲种类，为牛、狗2种家畜。殉牲数量，牛头1个，牛肱骨1只，狗头3个，狗肱骨3只。殉牲形式，将牛头和狗头的上、下颌骨均拆解开后，按东西方向，作同层、相邻摆放。牛牲居南、偏西，狗牲居东、偏北。即先将拆解开的牛上颌骨1个，顺摆于圹内东端偏南侧中上层填土上，正置，吻部朝东；然后于其东北侧，顺摆已拆解开的狗牲3套，狗肱骨3只，被压在最下面，其上叠置3副狗下颌骨与3个狗上颌骨，上、下颌骨均作错位状，不相咬合，吻部基本朝东或略偏东北。

木椁已朽，板灰呈白色粉状，盖板无存，底板灰痕十分模糊，四至不清，南、北侧板与东、西堵板灰轮廓，尚可分辨。南、北侧板东西顺长2.22米，板灰厚4厘米。东、西堵板分别竖插于南、北侧板之间，立插部位，分别在南、北侧板东、西两端内缩8和10厘米处，总宽东端42、西端38、板灰厚3.5厘米。南、北侧板与东、西堵板高度相等，均为0.5米，与四周活土二层台台面平齐。至于侧板与堵板的板块组成情况，已难以再作具体分辨。

木椁内装殓尸骨一具。保存状况较好，头骨及骨架其他主要部位骨骼，基本完整。头东足西，侧面向南，仰身直肢。经现场鉴定，死者为男性，25～30岁。骨骼从头到脚通长1.8米。

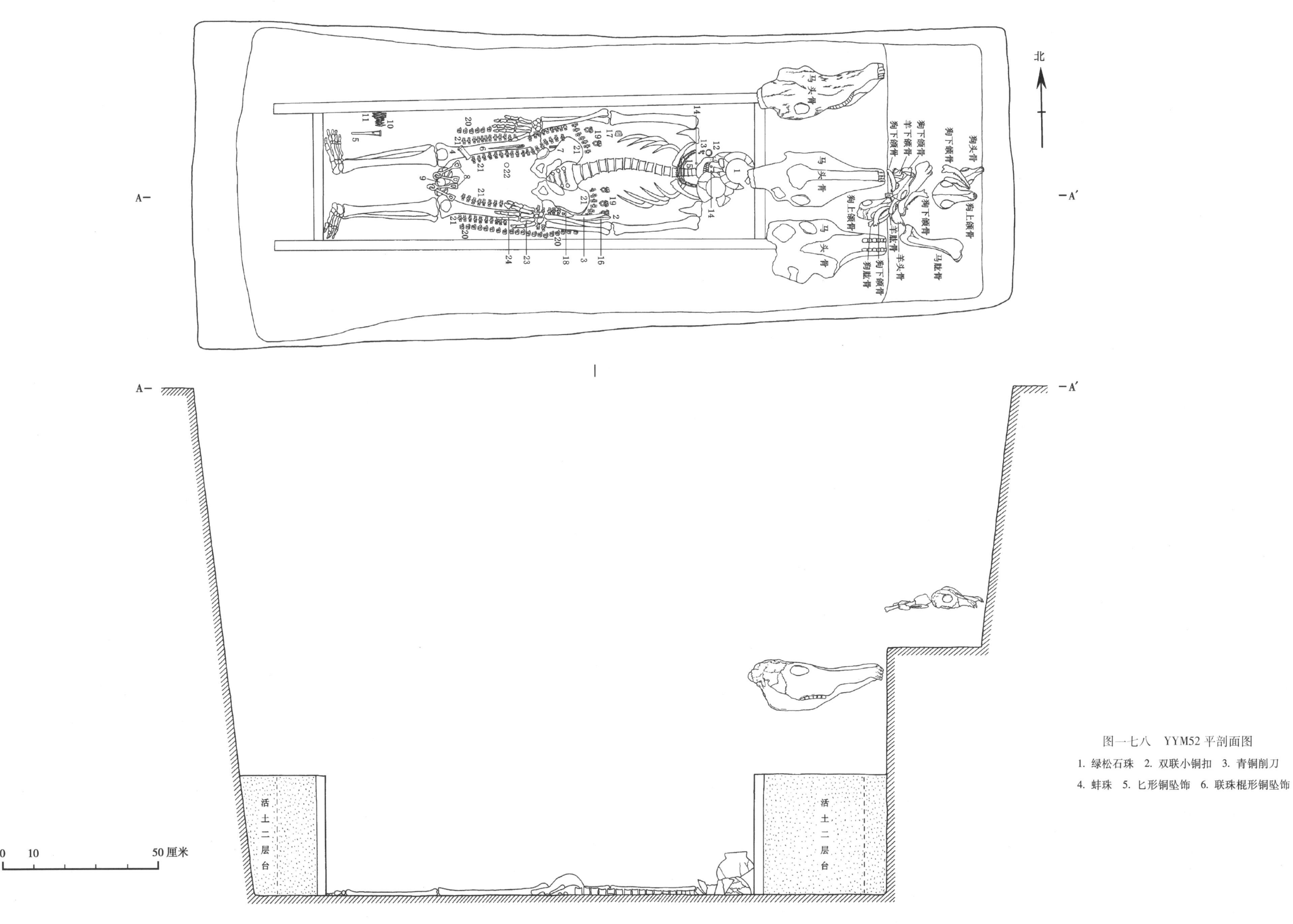

图一七八　YYM52 平剖面图

1. 绿松石珠　2. 双联小铜扣　3. 青铜削刀　4. 蚌珠　5. 匕形铜坠饰　6. 联珠棍形铜坠饰

随葬品陈放于木椁内、死者身上及其近前（图一七九、一八〇）。在头骨右后侧、椁底东北角，放置夹砂红陶罐1件，正置，已残碎。在左、右耳骨下面，各出螺旋形铜丝耳环1件，其中右耳环下附出绿松石坠珠1枚，左耳环下无。覆面铜扣3枚，出于左、右眉弓各1枚，上颌骨部位1枚。在颈部，出马形铜牌饰1件，马头朝左。在腰椎左侧，出石环1件。在右髋骨外侧，出青铜短剑1件，剑

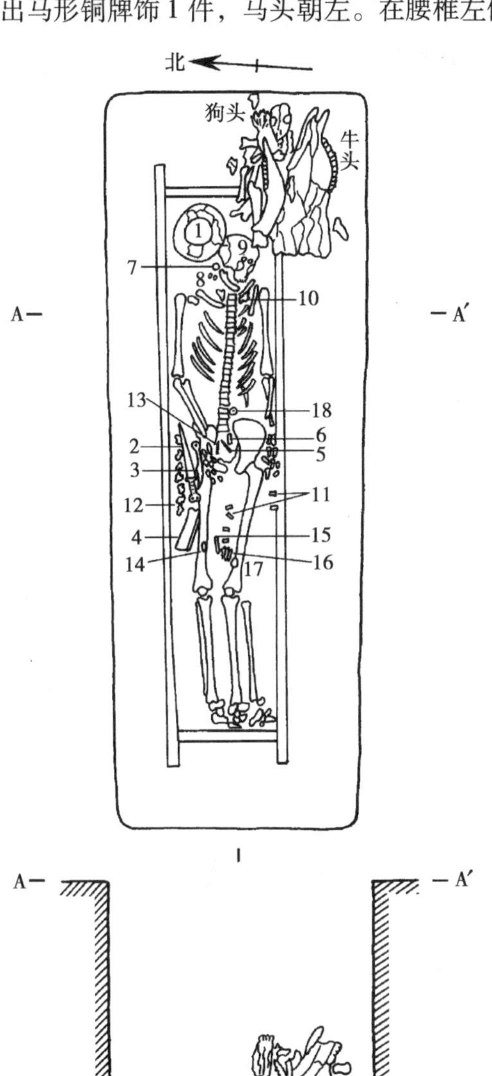

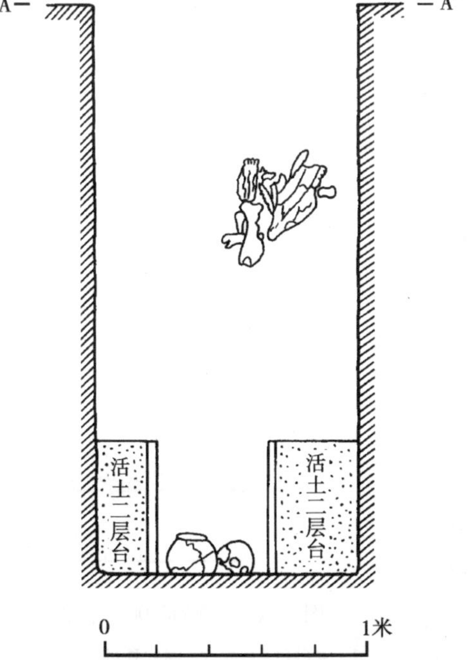

图一七九　YYM54平剖面图

1. 夹砂红陶罐　2. 青铜短剑　3. 青铜削刀　4. 铜锛　5. 铜锥　6. 长方形铜锥（针）管具　7. 铜丝耳环　8. 绿松石坠珠　9. 覆面铜扣　10. 马形铜牌饰　11. 长方形卷云纹铜带卡　12. 小鹿形铜带饰　13. 骨锥　14. 骨鸣镝　15. 骨弓弭　16. 骨镞　17. 辐射纹服饰铜泡　18. 算珠形石珠

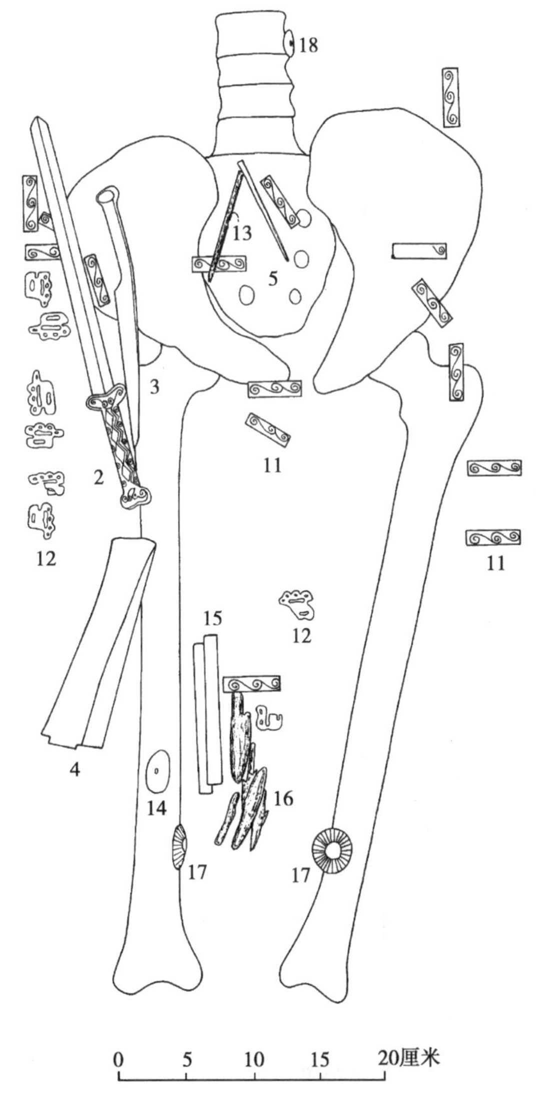

图一八〇　YYM54遗物分布图（局部）

2. 青铜短剑　3. 青铜削刀　4. 铜锛　5. 铜锥　11. 长方形卷云纹铜带卡　12. 小鹿形铜带饰　13. 骨锥　14. 骨鸣镝　15. 骨弓弭　16. 骨镞　17. 辐射纹服饰铜泡　18. 算珠形石珠

锋朝右侧斜上方。在青铜短剑的左侧，右髋骨表面，出青铜削刀1件，刀锋朝下。在右股骨上段外侧，在短剑剑柄与削刀刀身的下面，压有长方形铜锥（针）管具1件。在骶骨表面，出铜锥1件，锥尖朝左侧斜下方；还有骨锥1件，尖残。在腰际、骨盆内侧、右髋骨外侧、左股骨外侧，以及左、右股骨之间，出长方形卷云纹铜带卡34枚。在左、右股骨外侧和左、右股骨之间，出小卧鹿形铜带饰39枚。在右股骨中段外侧，出铜锛1件，锛刃朝左侧斜上方。在右股骨下段表面，出骨鸣镝1件。在右股骨内侧，出骨弓弭2件。在左、右股骨下段之间，出骨镞5枚，镞锋朝下，已朽残。另在左、右股骨下段内侧，还各出辐射纹服饰铜泡1枚。

YYM100

这是玉皇庙墓地属于丁级规格的小型墓葬之一。位于北Ⅱ区中部2号取土坑内。其东有YYM54，间距2.4米；东南有YYM58，间距2.4米；南有YYM60，间距3.2米；西南有YYM71，间距1.6米；西有YYM66，间距5.6米；西北有YYM65，间距6.9米；东北有YYM125，间距1.6米。此墓的地层堆积，基本上同于YYM188，不赘。

墓圹平面形状，呈抹角弧边长方形，北侧圹边南段向外弧曲，墓圹上层遭取土破坏，仅余圹底下层，现为浅穴土坑墓。东向，方位角为东偏北8°。墓圹规格，残存圹口东西长2.25、东端宽0.69、西端宽0.6米，圹底形制、规格，与圹口一致，圹口至圹底深仅16厘米。无生土二层台。无木质葬具，故无活土二层台。

圹内填土，为杂有褐色斑点的黄色五花土，为经夯实，土质较疏松。在填土中，仅发现夹砂红陶罐器底残片1块，除此之外，再未见其他遗物。

因墓圹上层被破坏，殉牲情况不详。

在圹底中间，按东西方向，安葬尸骨一具。保存状况较好，头骨稍有残裂，骨架主要部位骨骼，基本完整。头东足西，仰身直肢（图版六一，2）。经现场鉴定，死者为女性，50~55岁。骨骼从头到脚通长1.5米。

随葬品很少，仅在死者头骨左后侧，放置夹砂红陶罐1件，正置，已残（图一八一）。在左、右耳骨下面，各出螺旋形铜丝耳环1件，无绿松石坠珠伴出。在颈部，出白石管1枚。

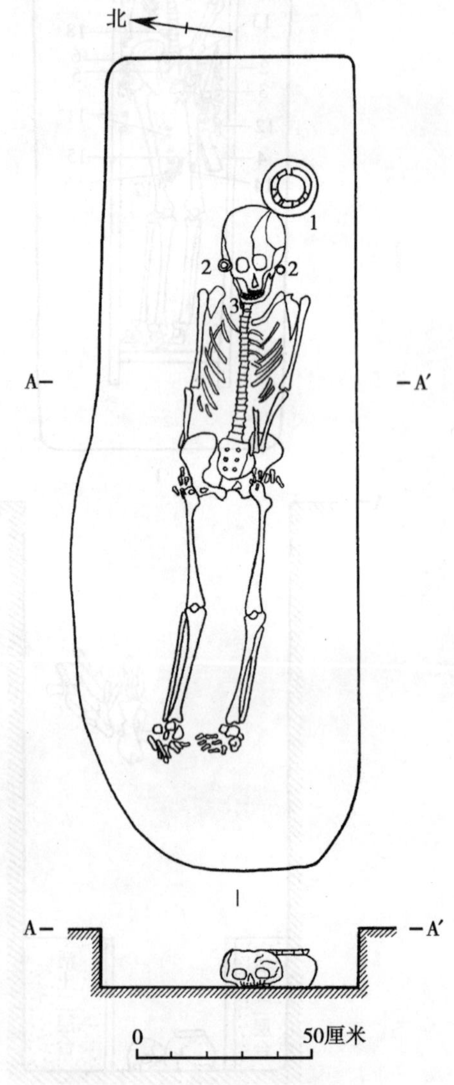

图一八一　YYM100平剖面图
1. 夹砂红陶罐　2. 铜丝耳环　3. 白石管

YYM66

这是玉皇庙墓地属于乙（B）级规格的中型墓葬之一。位于北Ⅱ区中部。其东0.6米，为2号取土坑西沿，东南有YYM71和YYM91，间距分别为1.9和2.7米；南有YYM72，间距2.8米；西南有YYM68和YYM69，间距1.9和2.3米；西北有YYM67，间距0.5米；北有YYM65，间距3.5米。此墓的地层堆积，基本上同于 YYM188，不赘。

墓圹平面形状，呈抹角长方形，为竖穴土坑墓。西向，方位角为西偏北 8°。墓圹规格，圹口东西长 2.7 米，东、西两端宽各 1 米，圹底形制、规格，与圹口一致，圹口至圹底深 1.5 米。无生土二层台。在圹底中间略偏北侧位置，按西东方向，安置木椁一具。在木椁外壁四周至圹底四壁之间，筑有活土二层台，台土经严密夯实，东、南、西、北四台等高，均为 40 厘米，宽度不一，东台宽 34、南台宽 32、西台宽 58、北台宽 16 厘米（中段）。

圹内填土，为杂有褐色斑点的黄色五花土，经普遍夯实，但未有夯层与夯窝痕迹。在填土中，仅发现夹砂褐陶残片 2 块，另在圹内东南角上层填土中，有平置、表面与圹口相平齐的自然石灰岩石块 5 块，规格不一，大者 32×22×18 厘米，小者 13×10×9 厘米。

殉牲位置，祭牲摆放在圹内西端中间上层填土中，上距西端圹口 10 厘米深，下距圹底 1.26 米。殉牲种类，仅有狗 1 种。数量，狗头 4 个，狗肱骨 4 只。殉牲形式，将狗头的上、下颌骨拆解开后，与狗肱骨一起，分前、后（西、东）2 组，作同层、相邻摆放。即先将狗肱骨 2 只和拆解开的狗上、下颌骨 2 套，并列摆放到圹内西端中间，贴近西端圹壁的上层填土上，狗肱骨在下，狗上、下颌骨互有错位叠置其上，吻部朝东；然后于其东侧，再照此形式，将另外 2 套狗牲并列摆上，吻部亦朝东。

木椁已朽，盖板与底板痕迹已无存，南、北侧板与东、西堵板板灰呈白色粉状，南、北侧板东西顺长 2.16 米，板灰厚 3 厘米。东、西堵板，分别竖插于南、北侧板之间，立插部位，分别在南、北侧板东、西两端内缩 15 和 16 厘米处，总宽东端 42、西端 40、板灰厚 3 厘米。南、北侧板与东、西堵板高均为 40 厘米，与四周活土二层台台面平齐。其板块组成情况，已不能详。

木椁内装殓尸骨一具。保存状况较好，头骨略有残裂，骨架主要部位保存较完整。头西足东，仰身直肢。经现场鉴定，死者为女性，35 岁左右。骨骼从头到脚通长 1.58 米。

随葬品很少，陈放于木椁内，死者头侧及头、颈部（图一八二）。在头骨左侧，侧置夹砂红陶罐 1 件，口朝西。在左、右耳骨下面，各出螺旋形铜丝耳环 1 件，无绿松石坠珠伴出。在左髋骨下面，压有白石管 1 枚。

YYM67

这是玉皇庙墓地属于丙（C）级规格的小型墓葬之一。位于北Ⅱ区中部。其东 3.3 米，为 2 号取土坑西沿；东南有 YYM66，间距 0.5 米；其西 5 米，为号取土坑东沿；西南有 YYM68，间距 1.3 米；东北有 YYM65，间距 2.8 米。此墓的地层堆积，基本上同于 YYM188，不赘。

墓圹平面形状，呈抹角长方形，为竖穴土坑墓。东向，方位角为东偏北 7°。墓圹规格，圹口东西长 1.26、东端宽 0.64、西端宽 0.6 米，圹底形制、规格，与圹口一致，圹口至圹底深 0.6 米。无生土二层台。无木质葬具，故无活土二层台。

圹内填土，为杂有褐色斑点的黄色五花土，略经夯实，未有夯层与夯窝痕迹。在填土中，仅发现夹砂褐陶残片 2 块，除此之外，再未见其他遗物。

无殉牲。

在圹底中间，按东西方向，安葬孩童尸骨一具。保存状况不好，头骨已酥裂，骨架大部朽粉，仅见四肢骨残段。头东足西，侧面向北，仰身直肢。经现场鉴定，死者为儿童，6～7 岁。

随葬品很少，陈放于死者头部与下肢处（图一八三）。在头骨后侧（即东侧），放置夹砂褐陶罐 1

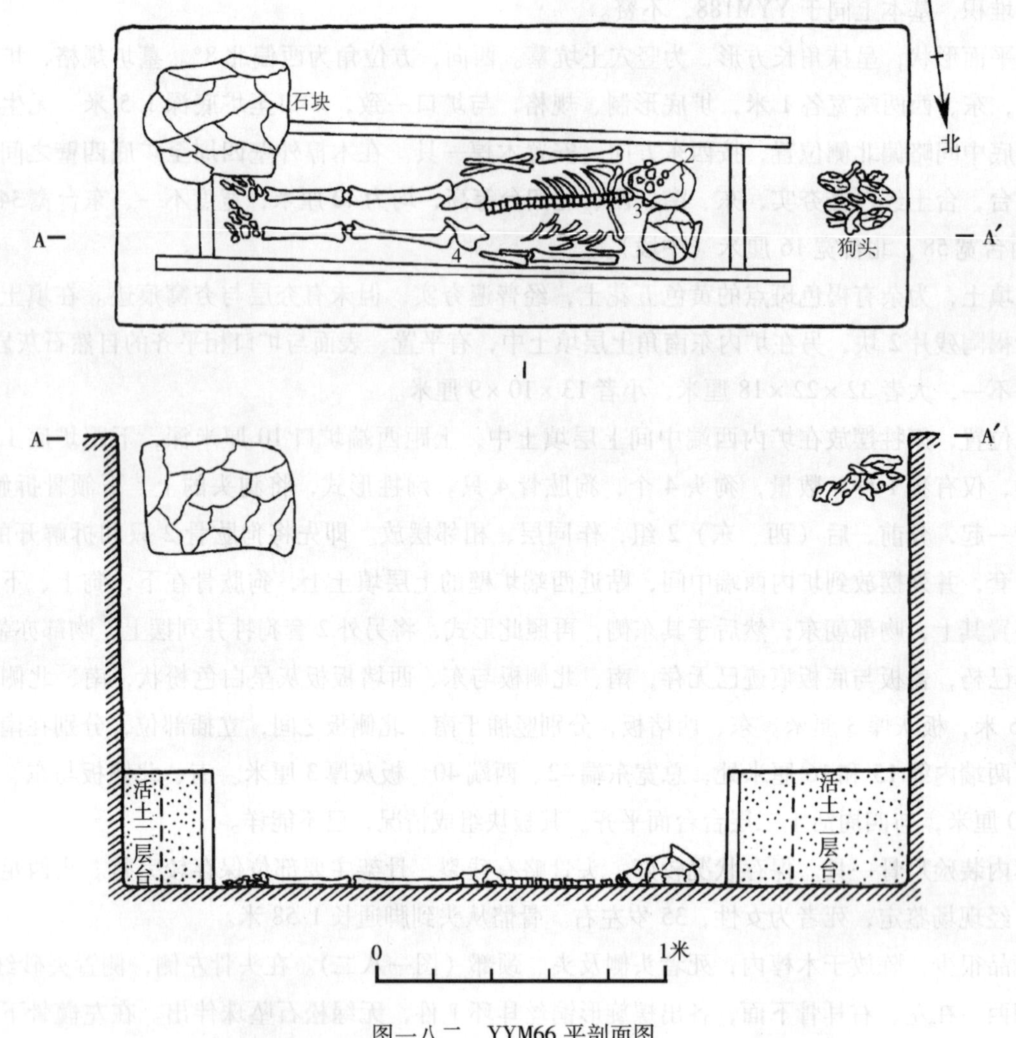

图一八二 YYM66 平剖面图

1. 夹砂红陶罐 2. 覆面铜扣 3. 铜丝耳环 4. 白石管（压在左髋骨下面）

件，正置，已酥碎。在左、右耳骨下面，各出螺旋形铜丝耳环1件，无绿松石坠珠伴出。在颈部，右肩胛骨部位，出白石管3枚。在左、右股骨内侧，各出服饰铜扣1枚。

YYM68

这是玉皇庙墓地属于丙（C）级规格的小型墓葬之一。位于北Ⅱ区中部。其东南有YYM72，间距3.9米；南有YYM69，间距1.4米；其西0.3米，为1号取土坑东沿；东北有YYM66和YYM67，间距分别为1.9和1.3米。此墓的地层堆积，基本上同于YYM188，不赘。

墓圹平面形状，呈抹角长方形，为竖穴土坑墓。西向，方位角为西偏北4°。墓圹规格，圹口东西长2.1、东端宽0.68、西端宽0.64米，圹底形制、规格，与圹口一致，圹口至圹底深0.6米。无生土二层台。无木质葬具，故无活土二层台。

圹内填土，为杂有褐色斑点的黄色五花土，略经夯实，无夯层与夯窝痕迹。在填土中，仅发现夹砂红陶残片1块。

殉牲位置，祭牲摆放在圹内东端中间略偏北侧的上层填土中，上距东端圹口8厘米深，下距圹底

44 厘米。殉牲种类，仅有狗 1 种。数量，狗头 1 个。殉牲形式，将狗头上、下颌骨拆解开后，按东西方向，作错位顺置。即下颌骨在下，上颌骨略向前错动，叠置其上，不相咬合，吻部一律朝东。

在圹底四壁，分布有零散的自然石灰岩石块 12 块，其中东端 1 块，南侧 5 块，西端 3 块，北侧 3 块，虽不密集，四角未加封堵，且仅有一层，但对此墓来说，这种布局特点可视为象征性石椁。

在象征性石椁内，按西东方向，安葬尸骨一具。保存状况不好，头骨及骨架均已腐朽、残碎。脊椎、骨盆、手、足骨等，已无存。头西足东，侧面向南，仰身直肢。经现场鉴定，死者为女性，22～24 岁（图一八四）。

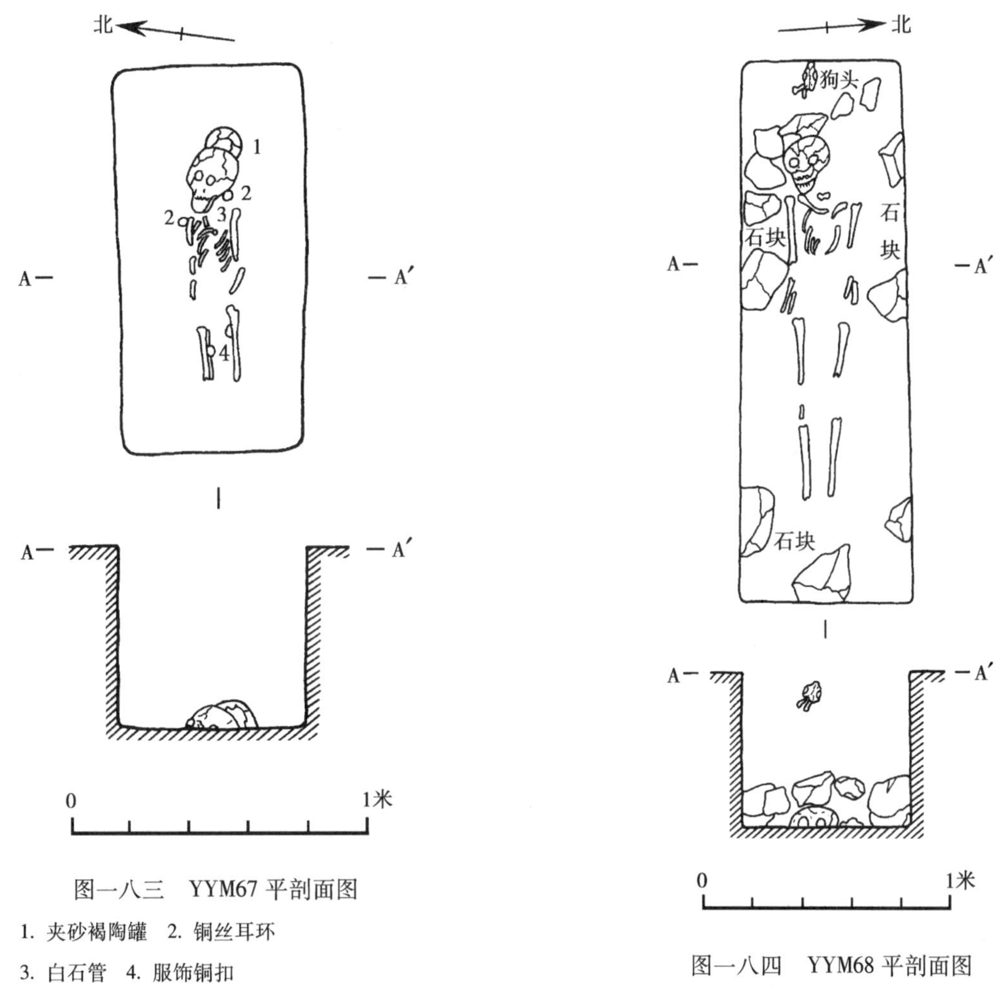

图一八三　YYM67 平剖面图

1. 夹砂褐陶罐　2. 铜丝耳环
3. 白石管　4. 服饰铜扣

图一八四　YYM68 平剖面图

无任何随葬品。

YYM36

这是玉皇庙墓地属于乙（B）级规格的中型墓葬之一。位于北 Ⅰ 区北部陡坡上。其东南有 YYM35，间距 3.2 米；南有 YYM32，间距 4.9 米；西南有 YYM31，间距 3.4 米；其北已无墓葬。此墓的地层堆积，基本上同于 YYM295，不赘。

墓圹平面形状，呈抹角长方形，为竖穴土坑墓。东向，方位角为东偏南 9°。墓圹上层因近代取土破坏，挖掉约 0.5 米。现存圹口东西长 2.5 米，东、西两端宽均为 0.92 米，圹底形制、规格，与圹口一致，圹口至圹底深1米。无生土二层台。在圹底中间略偏东北—西南方向，安置木质葬具一具。在木质葬具四周至圹底四壁之间，筑有活土二层台，台土经夯打，较坚实，东、南、西、北四台等高，均为40厘米，宽度不一，东台宽32、南台宽20、西台宽28、北台宽14厘米（中段）。

圹内填土，为夹杂碎石颗粒的褐色五花土，经普遍夯实，但未有夯层与夯窝痕迹。在填土中，仅发现夹砂褐陶罐口沿残片1块。另在东端活土二层台内，包含有若干体积较小的、零散的自然石灰岩石块。

因墓圹上层被破坏，殉牲情况不详。

木质葬具已朽，盖板与底板板灰无存，南、北侧板与东、西堵板板灰，呈白色粉状，尚有痕迹可辨。南、北侧板东西长1.92、东端堵板宽0.56、西端堵板宽0.52米，侧板与堵板高度相等，均为40厘米，与四周活土二层台台面平齐。

木质葬具内装殓尸骨一具。保存状况不太好，头骨已残碎，骨架其他主要部位，保存尚好。头东足西，侧面向西北，仰身直肢。经现场鉴定，死者为男性，35～40岁。骨骼从头到脚通长1.64米。

随葬品陈放于木质葬具内、死者身上及其近前（图一八五）。在头骨左侧，放置夹砂红陶罐1件，正置，已残碎。在左、右耳骨下面，各出螺旋形铜丝耳环1件，无绿松石坠珠伴出。覆面铜扣3枚，出于右眼眶内1枚，出于上颌骨表面2枚。在颈部，出石珠项链1串，由小黑石珠1粒，小白石珠34粒串成；在左髋骨外侧、左尺骨之上，出青铜削刀1件，刀锋朝上。在左尺骨之下出涡纹服饰铜扣1枚。在青铜削刀的左侧，出青铜短剑1件，剑锋朝上，在左、右股骨上段，各出辐射纹服饰铜泡1枚。在右股骨下段北侧，出铜镞1枚，骨镞6枚，镞锋均朝下。

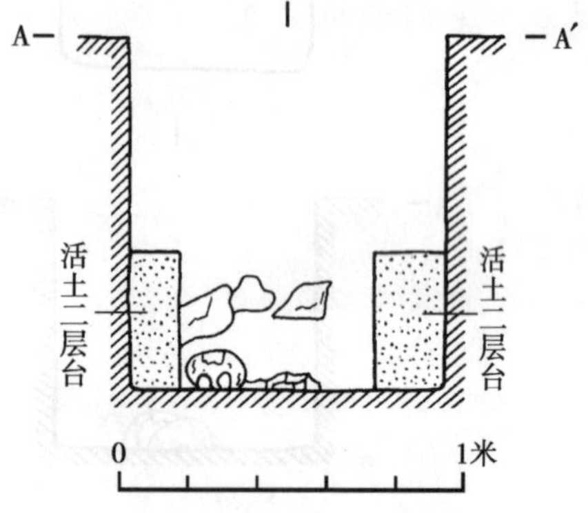

图一八五　YYM36平剖面图

1. 夹砂红陶罐（残）　2. 青铜短剑　3. 青铜削刀　4. 铜镞　5. 骨镞　6. 铜丝耳环　7. 覆面铜扣　8. 石珠项链　9. 服饰铜泡　10. 涡纹服饰铜扣（左尺骨下）

YYM26

这是玉皇庙墓地属于乙（B）级规格的中型墓葬之一。位于北Ⅰ区北部陡坡上。其东南有YYM25，间距2.3米；西南有YYM23和YYM24，间距分别为1.9和2.9米；西北有YYM22和YYM299，间距分别为3.2和1米；北有YYM292，间距5.3米；东北有YYM294，间距3.4米，此墓的地层堆积，基本上同于YYM295，不赘。

墓圹平面形状，呈抹角长方形，为竖穴土坑墓。东向，方位角为东偏北4°。墓圹规格，圹口东西长2.7、东端宽1.26、西端宽1.14米，圹底形制、规格，与圹口一致，圹口至圹底深1.5米。无生土二层台。在圹底中间略偏北侧位置，按东西方向，安置木椁一具。在木椁外壁四周至圹底四壁之间，筑有活土二层台，台土经严密夯打，较坚实，东、南、西、北四台等高，均为36厘米，宽度不一，东台宽32、南台宽40、西台宽36、北台宽20厘米。

圹内填土，为夹杂碎石颗粒的褐色五花土，经普遍夯实，但未有夯层与夯窝痕迹。在填土中，仅发现夹砂红陶罐类腹部碎片2块，还有少许炭渣痕迹。另在圹内东端偏南侧的上层填土中，发现有平置的自然石灰岩石块3块，其规格在40×18×16至24×19×10厘米之间；在椁室东半部，人骨右胸部位，还有因椁盖板腐朽后坍塌，而随填土一起陷落进来的自然石灰岩石块3块，其规格为24×16×15至20×14×12厘米。

殉牲位置，祭牲摆放于圹内东端中间中层填土中，上距东端圹口0.68米，下距圹底0.6米。殉牲种类，为牛1种家畜。数量，牛头1个，牛肱骨1只。殉牲形式，按东西方向，将完整牛头1个顺摆于圹内东端中间中层填土上，使其吻部朝东，然后在其南侧同层填土上，顺置牛肱骨1只。

木椁已朽，板灰呈白色粉状，盖板与底板灰痕已不清楚，唯南、北侧板与东、西堵板灰痕，尚能辨识。南、北侧板东西顺长2.35米，总高36厘米，与活土二层台台面平齐，板灰厚3.5~4厘米。东、西堵板，分别竖插于南、北侧板之间，立插部位，分别在南、北侧板东、西两端内缩16和20厘米处，高度均与侧板一致，亦与活土二层台台面相平齐，总宽东端0.52、西端0.5米，板灰厚3.5~4厘米。南、北侧板与东、西堵板的板块组成情况，已难以再作具体分辨。

木椁内装殓尸骨一具。保存状况不太好，头骨已被压裂，左上肢骨残缺不全，骨架其他主要部位，尚保存较好。头东足西，头向右侧歪斜，仰身直肢。经现场鉴定，死者为女性，50岁左右。骨骼从头到脚通长1.58米左右。

随葬品较少，陈放于木椁内、死者身上及其近前（图一八六）。在头骨左侧、椁底东南角，放置夹砂红陶罐1件，正置，已残碎。在左、右耳骨下面，各出螺旋形铜丝耳环1件，无绿松石坠珠伴出。覆面铜扣4枚，出于前额与左、右眼眶上方各1枚，滑落于头骨下面2枚。在颈部，出小黑石珠项链1串（221粒）；出双联小铜扣17枚。在左手骨处，出白石管10枚。在左髋骨内侧至左股骨上端之间，出青铜削刀1件，刀锋朝上。

YYM296

这是玉皇庙墓地属于丙（B）级规格的小型墓葬之一。位于北Ⅰ区北部陡坡上。其东南有YYM299，间距3.3米；南有YYM22，间距1.2米；西南有YYM20和YYM21，间距分别为3.1和4.8米；西有YYM297，间距1.9米；西北有YYM293，间距1米；东北有YYM295，间距1.5米。此墓的地层堆积，基本上同于YYM295，不赘。

墓圹平面形状，呈抹角弧边不规则长方形，南、北两侧边均略外弧，为竖穴土坑墓。正东向，方位角为90°。墓圹规格，圹口东西长2.25、东端宽0.9、西端宽0.74米，圹底形制、规格，与圹口一致，圹口至圹底深0.81米。无生土二层台。在圹底中间位置，按东西方向，安置木椁一具。在木椁外壁四周至圹底部四壁之间，筑有活土二层台，台土经过严密夯打，较坚实，东、南、西、北四台等高，均为23厘米，宽度不一，东台宽23、南台宽32、西台宽22、北台宽28厘米（中段）。

圹内填土，为较纯净的黄褐色五花土，经普遍夯实，但未有夯层与夯窝痕迹。在填土中，未发现任何遗物。

殉牲位置，祭牲集中摆放在圹内东南角及南侧东半部上层填土中，上距东端圹口和南侧圹口分别

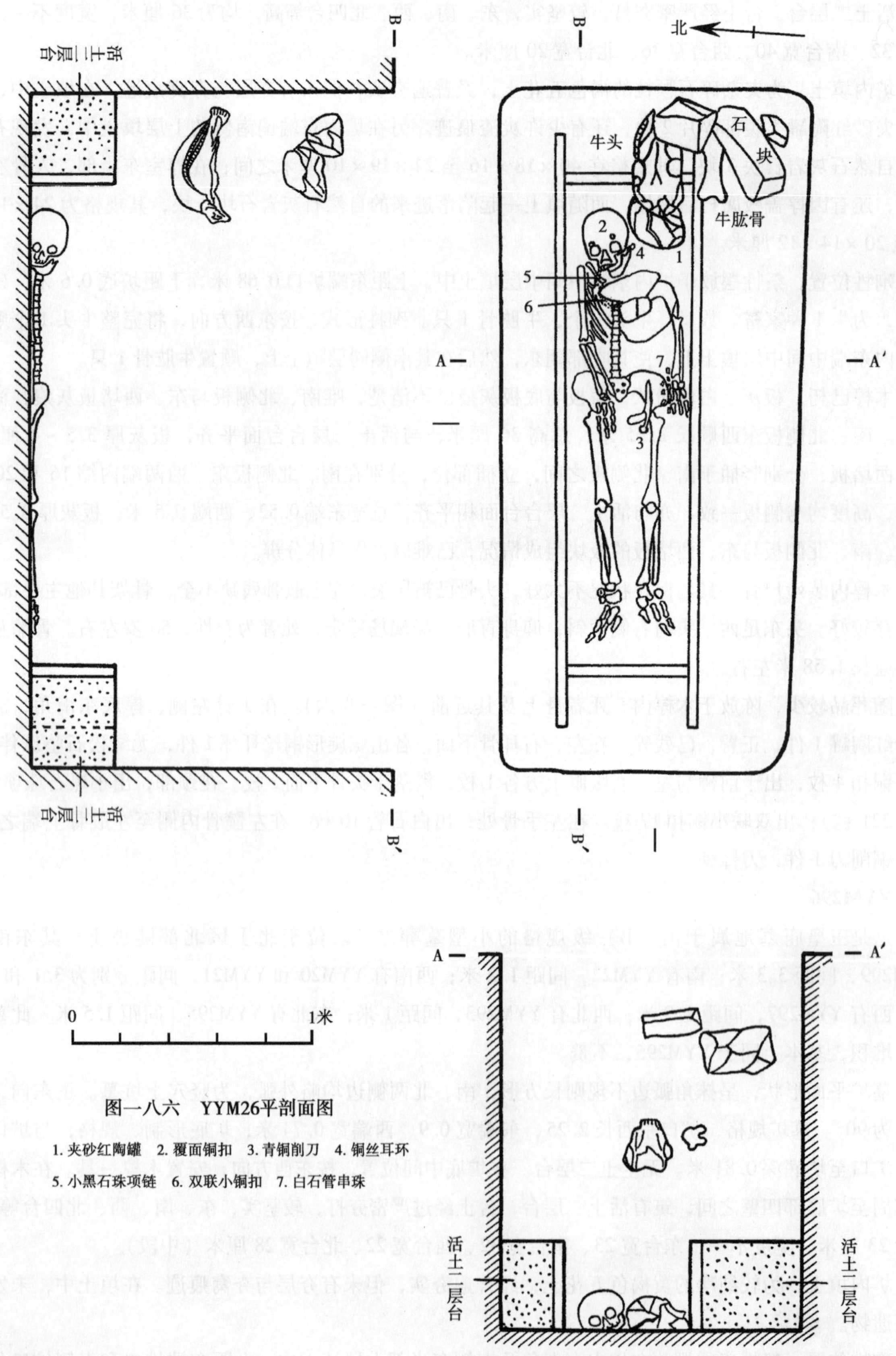

图一八六 YYM26平剖面图

1. 夹砂红陶罐 2. 覆面铜扣 3. 青铜削刀 4. 铜丝耳环 5. 小黑石珠项链 6. 双联小铜扣 7. 白石管串珠

为13和15厘米深，下距圹底分别为0.6和0.57米（图版六二，1）。殉牲种类，为羊、狗2种家畜。殉牲数量，羊头1个（绵羊）。狗头5个。殉牲形式，将羊和狗头上、下颌拆解开后，按东西方向，作同层依次纵向摆放。即先将拆解开的2套大号狗头骨，摆到圹内东南角上层填土上，吻部朝东北；然后再在南侧圹壁下，自东而西，接着纵列摆上略小号的狗上、下颌骨3套和羊上、下颌骨1套（已残碎），羊牲在最末，即最西侧，此组狗牲与羊牲的吻部，均朝东。

木椁已朽，板灰呈白色粉状。盖板无存，底板灰痕模糊不清，南、北侧板与东、西堵板板灰痕迹，尚可分辨。南、北侧板东西顺长2.02米，总高23厘米，与活土二层台台面平齐，板灰厚2.5厘米。东、西堵板，分别竖插于南、北侧板之间，立插部位，分别在南、北侧板东、西两端内缩11和8厘米处，高度与南、北侧板一致，均为23厘米，总宽东端39、西端36、板灰厚2.5～3厘米。南、北侧板与东、西堵板的板块组成情况，已不能详。

木椁内装殓尸骨一具。保存状况不好，头骨残破严重，脊椎、肋骨及骶骨，均已无存，上肢骨与骨盆，已残缺不全，唯下肢骨基本完整。头东足西，仰身直肢。经现场鉴定，死者为女性，35岁左右。骨骼从头到脚通长1.55米。

随葬品很少，无陶器，仅在死者头部左、右耳骨下面，共出大、中、小号螺旋形铜丝耳环4件（图一八七）。另在颈部，出小白石珠项链1串，由290粒小白石珠串成。除此之外，再无其他任何遗物。

YYM297

这是玉皇庙墓地属于丙（B）级规格的小型墓葬之一。位于北Ⅰ区北部陡坡上。其东有YYM296，间距1.9米；东南有YYM22，间距2.9米；南有YYM20，间距3.4米；西南有YYM21，间距1.8米；西有YYM298，间距1.5米；西北与北侧，已无墓葬；东北有YYM293，间距1米。此墓的地层堆积，基本上同于YYM295，不赘。

墓圹平面形状，呈抹角长方形，为竖穴土坑墓。西向，方位角为西偏北9°。墓圹规格，圹口东西长2.1、东端宽0.78、西端宽0.8米，圹底形制、规格，与圹口一致，圹口至圹底深0.87米。无生土二层台。在圹底中间位置，按西东方向，安置木椁一具。在木椁外壁四周至圹底部四壁之间，筑有活土二层台，台土经过严密夯打，较坚实，东、南、西、北四台等高，均为17厘米，宽度不一，东台宽9、南台宽14、西台宽19、北台宽18厘米。

圹内填土，为较纯净的黄褐色五花土，经普遍夯实，但未有夯层与夯窝痕迹。在填土中，仅发现夹砂粗红褐陶残片1块，另在南侧中、西部和北侧西部活土二层台台面上，各有自然石灰岩石块2块和1块，体积都不大。除此之外，再未有其他遗物。

殉牲位置，祭牲摆放在圹内西端偏南侧的中层填土中，上距西端圹口0.43米深，下距圹底0.34米。殉牲种类，仅有狗1种。数量，狗头1个（已残碎），狗肱骨1只。殉牲形式，将完整狗头1个顺摆于圹内西端偏南侧的中层填土上，吻部朝西，紧贴西圹壁，肱骨1只横置于狗头骨西侧之下。

木椁已朽，板灰呈白色粉状。盖板无存，底板灰痕模糊不清，南、北侧板与东西堵板板灰轮廓，尚可辨识。南、北侧板东西顺长2米，总高17厘米，与活土二层台台面平齐，板灰厚3厘米。东、西堵板，分别竖插于南、北侧板之间，立插部位，分别在南、北侧板东、西两端内缩9和8厘米处，高度与南、北侧板一致，均为17厘米，总宽东端35、西端41、板灰厚3厘米。南、北侧板与东、西堵

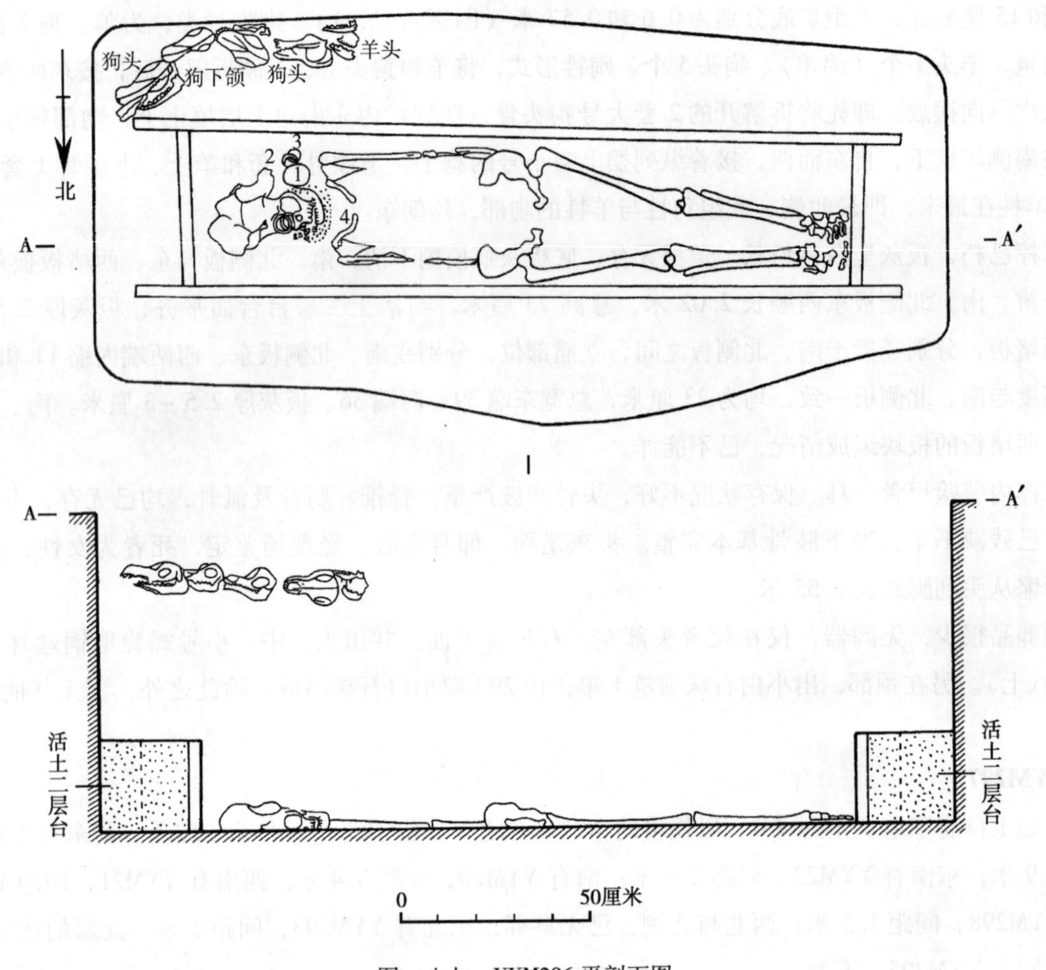

图一八七 YYM296平剖面图

1. 铜丝耳环（大号） 2. 铜丝耳环（中号） 3. 铜丝耳环（小号） 4. 小白石珠项链

板的板块组成情况，已不能详。

木椁内装殓尸骨一具。保存状况不好，头骨已残碎，其他主要部位骨骼，基本完整。头西足东，脊椎弯曲，侧面向南，仰身直肢。经现场鉴定，死者为男性，22～24岁。骨骼从头到脚通长1.68米。

随葬品较少，陈放于木椁内、死者身上及其近前（图一八八）。在头骨左侧，椁底西北角，放置夹砂红陶罐1件，斜侧置，口朝东北，口沿已残。在左、右耳骨下面，各出螺旋形铜丝耳环1件，已残。无绿松石坠珠伴出。在胸部，出黑、白石珠项链1串，由小黑石珠14粒，小白石珠64粒，联合串成。在左股骨外侧，出青铜削刀1件，刀锋朝右侧斜下方。在铜削与左股骨之间，出算珠形石珠1件。

YYM298

这是玉皇庙墓地属于丁级规格的小型墓葬之一。位于北Ⅰ区北部陡坡上。其东有YYM297，间距1.5米；南有YYM21，间距1.9米；西南有YYM17，间距5.2米；西、西北与正北，已无墓葬。此墓的地层堆积，基本上同于YYM295，不赘。

墓圹平面形状，呈抹角长方形，为浅穴土坑墓。西向，方位角为西偏北10°。墓圹规格，圹口东西长2.08、东端宽0.62、西端宽0.7米，圹底形制、规格，与圹口一致，圹口至圹底深0.32米。无生

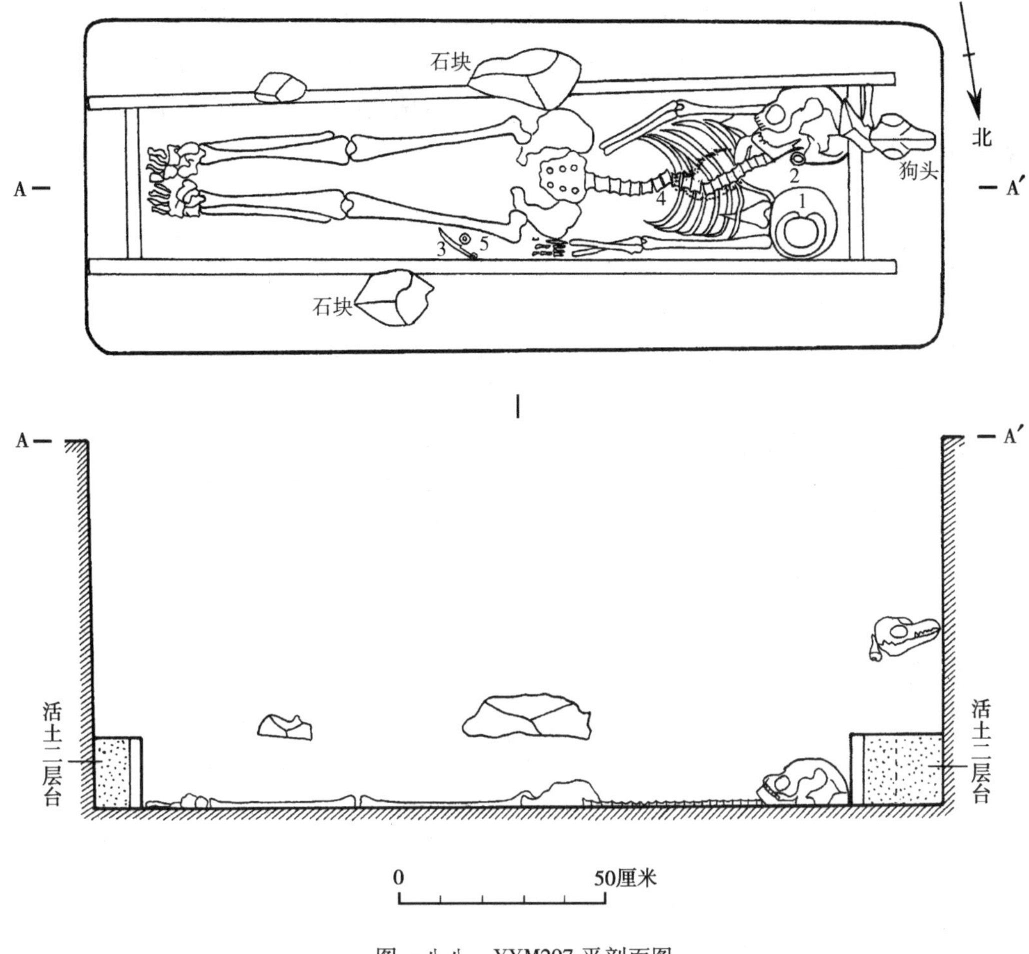

图一八八　YYM297 平剖面图

1. 夹砂红陶罐　2. 铜丝耳环　3. 青铜削刀　4. 石珠项链　5. 算珠形石珠

土二层台。在圹底中间略偏北侧位置，按西东方向，安置木椁一具。在木椁外壁四周至圹底部四壁之间，筑有活土二层台，台土经过严密夯打，较坚实，东、南、西、北四台等高，均为25厘米，宽度不一，东台宽16、南台宽14、西台宽9、北台宽7厘米。

圹内填土，为较纯净的黄褐色五花土，未经夯实，土质较疏松。在填土中，未发现任何文化遗物。唯在南侧活土二层台东、西两端台面上和北侧活土二层台西端台面上，分别有自然石灰岩石块2块和1块，体积都不太大。

无殉牲。

木椁已朽，板灰呈白色粉状。盖板无存，底板灰痕大部残缺，四至不清，南、北侧板与东、西堵板板灰轮廓，尚可辨识。南、北侧板东西顺长2.02米，总高25厘米，与活土二层台台面平齐，板灰厚2.5厘米。东、西堵板，分别竖插于南、北侧板之间，立插部位，分别在南、北侧板东、西两端内缩10和9厘米处，高度与南、北侧板一致，均为25厘米，总宽东端36、西端41、板灰厚2.5~3厘米。南、北侧板与东、西堵板的板块组成情况，已不能详。

木椁内装敛尸骨一具。保存状况不太好，头骨已压裂，其他主要部位骨骼，基本完整。头西足东，头向右侧歪斜，仰身直肢。经现场鉴定，死者为女性，45岁左右。骨骼从头到脚通长1.62米。

随葬品较少，陈放于木椁内、死者头、颈部及其近前（图一八九；图版六二，2）。在头骨左后侧、椁底西北角，放置夹砂红褐陶罐1件，斜侧置，口朝西北。在左、右耳骨下面，各出螺旋形铜丝耳环1件，已残，无绿松石坠珠伴出。在颈部，出黑、白石珠项链1串，由白石管1枚、小白石珠11粒和小黑石珠157粒，联合串成。

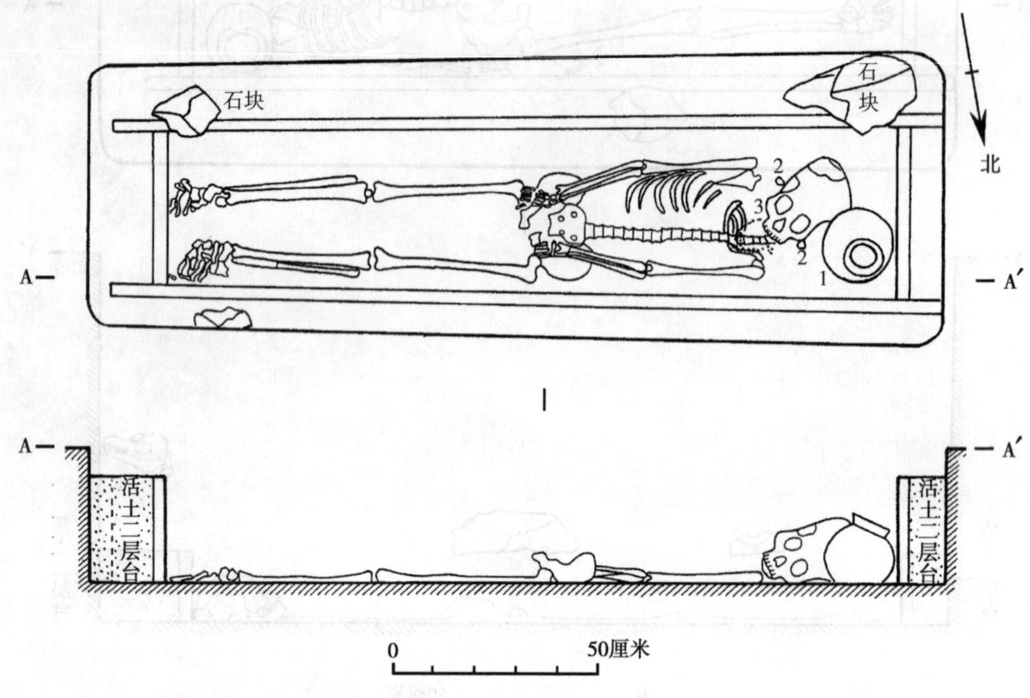

图一八九　YYM298平剖面图

1. 夹砂褐陶罐　2. 铜丝耳环　3. 白石管、小白珠、小黑珠项链

YYM293

这是玉皇庙墓地属于丁级规格的小型墓葬之一。位于北Ⅰ区北部陡坡上。其东南有YYM295和YYM296，间距分别为3.1和1米；西南有YYM297，间距1米；西北和正北，已无墓葬；东北有YYM290，间距3.8米。此墓的地层堆积，基本上同于YYM295，不赘。

墓圹平面形状，呈抹角长方形，为浅穴土坑墓。西向，方位角为西偏南20°。墓圹规格，圹口东西长1.9、东端宽0.74、西端宽0.78米，圹底形制、规格，与圹口一致，圹口至圹底深0.24米。无生土二层台。无木质葬具，无活土二层台。

圹内填土，为较纯净的黄褐色五花土，未经夯实，土质较疏松。在填土中，未发现任何文化遗物。无殉牲。

在圹底中间偏南位置，安葬孩童尸骨一具。保存状况不好，头骨已腐朽酥碎，下颌骨、颈胸椎骨、肋骨、上肢骨均已无存，腰椎、骨盆、股骨，仅残存很少一部分，左、右胫、腓骨及足骨，亦无存。从残存骨骼状态判断，死者为头西足东，仰身直肢。经现场鉴定，死者属1.5～2岁的婴儿（图版六三，1）。

随葬品陈放在死者身上及其近前（图一九〇；图版六三，2）。在胸部，放置夹砂红陶罐1件，斜侧置，口朝东。在左、右耳骨下面，各出螺旋形铜丝耳环1件，无绿松石坠珠伴出。在颈部，出黑、

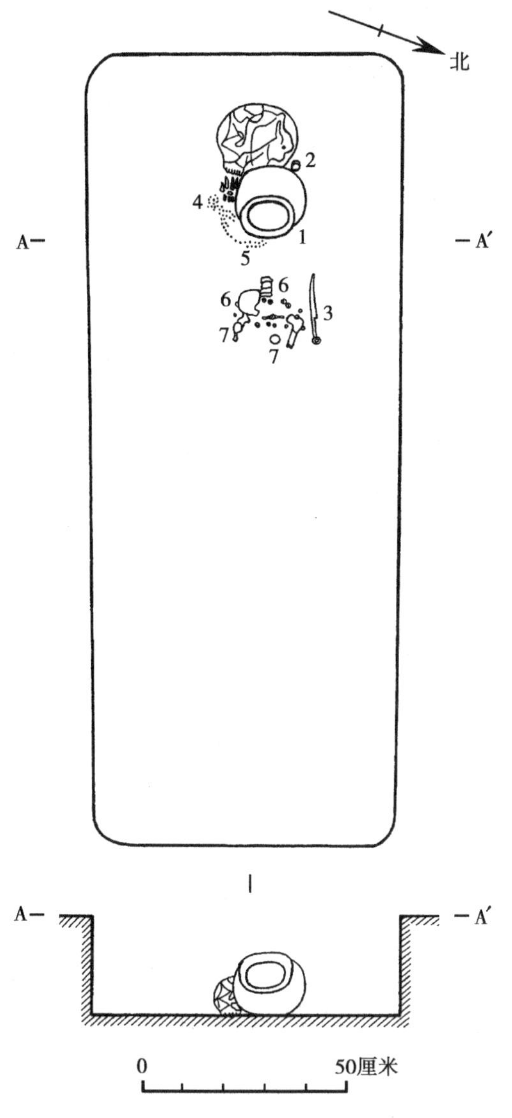

图一九〇　YYM293 平剖面图

1. 夹砂红陶罐　2. 铜丝耳环　3. 青铜削刀　4. 小黑石珠项链　5. 小白石珠项链　6. 服饰小铜扣　7. 服饰铜泡

白石珠项链 1 串，（1）小黑石珠项链 1 串，由 74 粒小黑石珠串成；（2）小白石珠项链 1 串，由 80 粒小白石珠串成。在左髋骨与左股骨外侧，出青铜削刀 1 件，刀锋朝上。在骨盆正面和背面，出服饰小铜扣 17 枚。在右股骨上端表面和左股骨内侧，各出服饰铜泡 1 枚。

YYM295

这是玉皇庙墓地属于乙（A）级规格的中型墓葬之一。位于北Ⅰ区北部陡坡上，其东为 YYM294，间距 4.5 米；南有 YYM299，间距 0.9 米；西南有 YYM22，间距 1.8 米；西有 YYM296，间距 1.4 米；西北有 YYM293，间距 3.1 米；北有 YYM289，间距 5.8 米；东北有 YYM292，间距 1.9 米。此墓的地层堆积，在北Ⅰ区北部陡坡茔域，是具有代表性的。墓口以上的堆积，可分上、中、下三层，上层为夹杂大量自然石块的深褐色山皮土层，厚 15～20 厘米；中、下层为淤积夹砂石层堆积，即属当地前、后两期泥石流形成的堆积物，其中中层为夹杂大量大块和大颗粒卵砾块和泥沙相混杂的堆积层，属于后期泥石流堆积层，厚 1.3～1.4 米；下层为夹杂大量小块和中细砾石颗粒加泥沙相混杂的堆积层，厚 0.7 米，属于前期泥石流堆积层。揭掉上述 3 层堆积物之后，始发现墓圹圹口，从圹口至圹底的地层堆积，为单纯的生黄土堆积层，深度在 1.7 米以上。即属于更新世晚期形成的黄土质砂质黏土层。据地质专家介绍，这一生黄土层堆积，在这一带地域可厚达数十米。

墓圹平面形状，基本上呈抹角长方形，为竖穴土坑墓。东西向，方位角为西偏北 5°。墓圹规格，圹口东西长 2.64、西端宽 1.02、东端宽 1.07 米，圹底东西长 2.5、西端宽 1、东端宽 1.03 米，圹口至圹底深 1.7 米，无生土二层台。在圹底中间略偏南侧位置，按西东方向，安置木椁一具。在木椁外壁的四周至圹底部四壁之间，筑有活土二层台，台土经过严密夯打，较坚实，东、南、西、北四台等高，均为 30 厘米，但宽度不一，东台宽 31、北台宽 17（中段）、西台宽 30、南台宽 35 厘米。

圹内填土，是比较纯净的黄褐色五花土，经普遍夯实，但未有夯层与夯窝痕迹。在填土中，出有羊下颌骨 1 块，夹砂粗红陶罐类残片 3 块，除此之外，别无其他遗物。

殉牲位置，祭牲摆放在圹内东、西两端活土二层台之上的中部填土中。殉牲种类，为羊、狗二种家畜。殉牲数量，羊头（山羊）1 个，羊肱骨 1 只，狗头 1 个，狗肱骨 1 只。殉牲形式，将狗、羊头上、下颌均拆解开，分置西、东两端，吻部朝向相反，水平高度有差。即先在圹内西端中部填土中，按西东方向顺摆狗肱骨1只，然后将狗头置其上，使吻部朝西，高度上距东端圹口0.94、下距圹底0.65米；另在圹内东端中部填土中，将拆解开的山羊下颌骨1副、羊肱骨1只，按东西方向，顺放在下面，然后上面叠置山羊上颌1个，使上、下颌的吻部均朝东，高度上距西端圹口0.71、下距圹底0.85米。

木椁已朽，盖板无存，底板灰痕轮廓不太清楚，仅南、北侧板与东、西堵板板灰痕迹尚明显。板灰呈白色粉状，南、北侧板东西顺长2.25米，总高30厘米，与南、北活土二层台台平齐，板灰厚4厘米，板块组成与结构，已不能分辨。东、西堵板，分别竖插于南、北侧板之间，立插部位，均在南、北侧板东、西两端内缩15厘米处，高度与南、北侧板一致，均为30厘米，总宽西端47、东端41、板灰厚3.5厘米。板块组成情况亦不能详。

木椁内装殓尸骨一具。保存状况不太好，头骨已压裂，脊椎骨无存，骨盆残缺不全，仅四肢骨较完整。头西足东，仰身直肢，经现场鉴定，死者为男性，40~45岁。骨骼从头到脚通长1.75米。

随葬品集中陈放于木椁内、死者身上及其近前（图一九一；彩版二二，1）。在头骨右侧，放置夹砂红褐陶罐1件，正置，已残碎。在左、右耳骨下面，各出螺旋形铜丝耳环1枚，无绿松石坠珠伴出。在颈与胸部，出小黑石珠项链1串（241枚）。在左髋骨外侧、左手指骨之上，出青铜短剑1件，剑锋朝斜下方。在右髋骨和右股骨上面，出青铜削刀1件，刀锋亦朝斜下方。在左手指骨外侧，出铜锥1件，锥尖朝下。在左股骨外侧，出白石管3枚。在右髋骨外侧，出蚌环1枚。在腰际以下至左、右股骨之间，出马头形铜带饰27枚（彩版二二，2），分布如次：（1）出于左侧腰际3枚，右侧腰际3枚；（2）出于左髋骨内侧至左股骨内、外侧5枚（其中1枚残碎）；（3）出于右髋骨内侧至右股骨内侧4枚；（4）出于左股骨外侧边缘6枚；（5）出于右股骨上端外侧及右股骨中上段外侧6枚。

YYM299

这是玉皇庙墓地属于丙（B）级规格的小型墓葬之一。位于北Ⅰ区北部陡坡上。其东南有YYM26，间距1米；西南有YYM22和YYM23，间距分别为1.8和2.3米；西北有YYM296，间距3.3米；北有YYM295，间距0.9米；东北有YYM292和YYM294，间距分别为3.5和4.1米。此墓的地层堆积，基本上同于YYM295，不赘。

墓圹平面形状，呈抹角长方形，为竖穴土坑墓。东向，方位角为东偏南5°。墓圹规格，圹口东西长2、东端宽0.84、西端宽0.74米，圹底东西长1.95、东端宽0.8、西端宽0.7米，圹口至圹底深0.96米。无生土二层台。在圹底中间略偏东南—西北方向，安置木质葬具一具。在木质葬具的四周至圹底部四壁之间，筑有活土二层台，台土经过严密夯打，较坚实，东、南、西、北四台等高，均为19厘米，宽度不一，东台宽31、南台宽22、西台宽42、北台宽21厘米（中段）。

圹内填土，为较纯净的黄褐色五花土，经普遍夯实，但未有夯层与夯窝痕迹。在填土中，未发现任何文化遗物。

无殉牲。

木质葬具已腐朽为泥，从圹底土质软硬的差别及活土二层台的界限，可确定此木质葬具的四至及规格。葬具规格很小，东西顺长1.22米，东端宽34、西端宽33、总高19厘米，与四周活土二层台台面平齐。其他有关结构的情况，已无从考察。

在木质葬具内，装殓孩童尸骨一具。保存状况不太好，头骨已残碎，脊椎、骨盆等，已残缺不全，

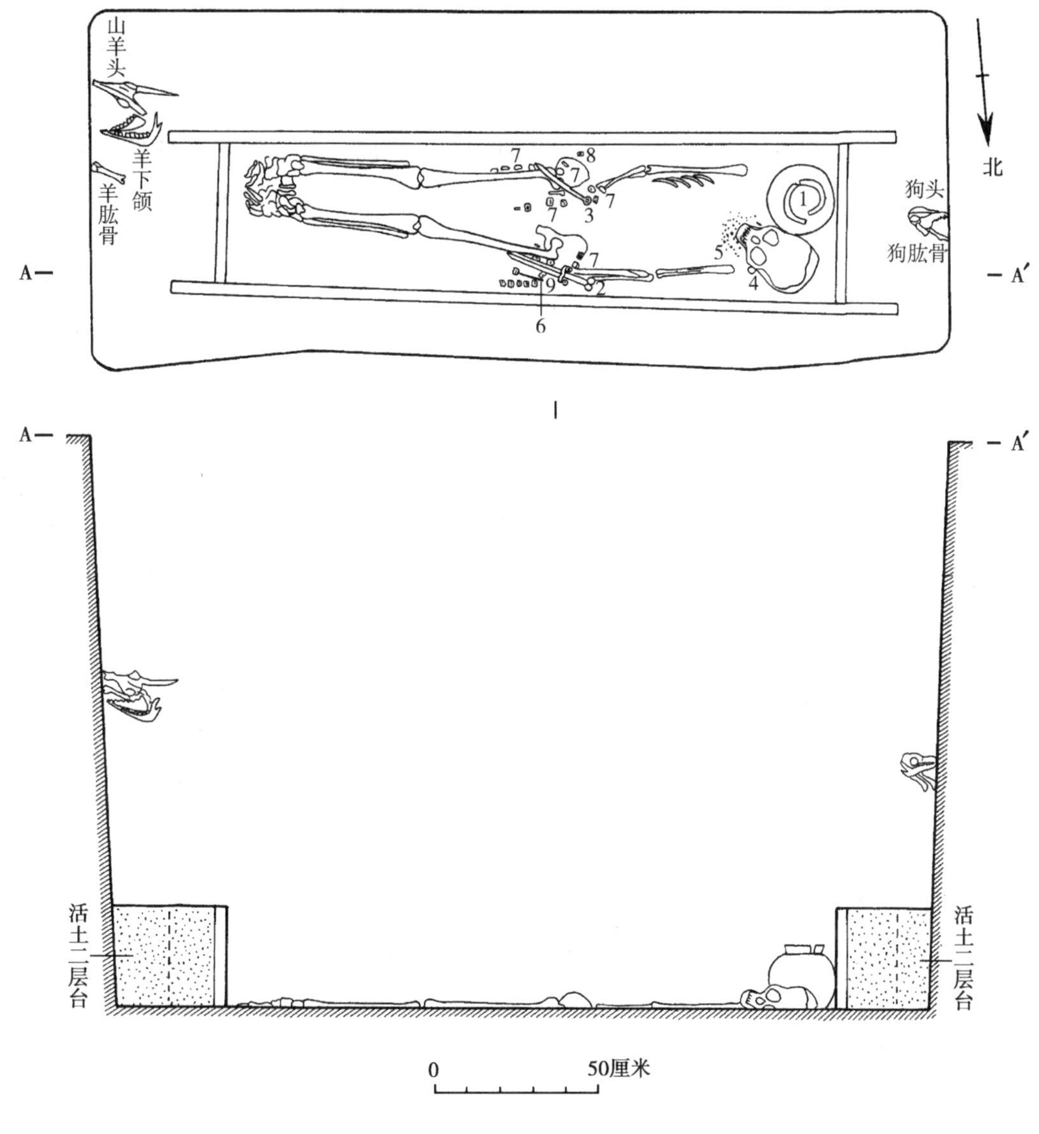

图一九一　YYM295平剖面图

1. 夹砂红陶罐　2. 青铜短剑　3. 青铜削刀　4. 铜丝耳环　5. 小黑石珠项链　6. 铜锥　7. 马头形铜带饰　8. 蚌环　9. 白石管串饰（压在短剑与带饰之下）

唯下肢骨，基本完整。头东足西，俯身直肢。经现场鉴定，死者为儿童，6岁。骨骼从头到脚通长1.1米。

随葬品陈放于木质葬具内，死者身上及其近前（图一九二）。在头部左、右耳骨下面，各出螺旋形铜丝耳环1件，已残，无绿松石坠珠伴出。覆面铜扣3枚，出于面部1枚，下颌骨处2枚。在颈部，出马形铜牌饰1件，马头朝左。在胸部，出黑、白石珠项链2串，（1）小黑石珠项链1串，由116粒小黑石珠串成；（2）小白石珠项链1串，由30粒小白石珠串成。在右尺骨与右髋骨外侧，出青铜削刀1件，刀锋朝上。在左、右髋骨下缘与左、右股骨头之间，各出服饰铜扣1枚（彩版二三，1）。

YYM294

这是玉皇庙墓地属于丙（A）级规格的小型墓葬之一。位于北Ⅰ区北部陡坡上。其东南有YYM27

和 YYM29，间距分别为 5.2 和 5.7 米；西南有 YYM26 和 YYM299，间距分别为 3.4 和 4.2 米；西有 YYM295，间距 4.5 米；西北有 YYM292 和 YYM291，间距分别为 2.6 和 3.5 米。此墓的地层堆积，基本上同于 YYM295，不赘。

墓圹平面形状，基本上呈抹角长方形，南、北两侧边略弧曲，西端较东端略宽，为竖穴土坑墓。东向，方位角为东偏北 15°。墓圹规格，圹口东西长 2.55、东端宽 0.72、西端宽 0.84 米，圹底东西长 2.47、东端宽 0.67、西端宽 0.78 米，圹口至圹底深 1.07 米。无生土二层台。在圹底中间略偏东北—西南方向，安置木椁一具。在木椁外壁四周至圹底部四壁之间，筑有活土二层台，台土经过严密夯打，较坚实，东、南、西、北四台等高，均为 22 厘米，宽度不一，东台宽 41、南台宽 13、西台宽 30、北台宽 11 厘米（中段）。

圹内填土，为较纯净的黄褐色五花土，经普遍夯实，但未有夯层与夯窝痕迹。在填土中，未发现任何遗物。

殉牲位置，祭牲集中摆放在圹内东端中间上层填土中，上距东端圹口 0.31 米深，下距圹底 0.57 米。殉牲种类，为羊、狗 2 种家畜。殉牲数量，羊头 1 个（山羊），羊肱骨 1 只，狗头 2 个。狗肱骨 2 只。殉牲形式，将羊和狗头上、下颌拆解开后，作上、下聚堆摆放。既先将拆解开的狗上颌骨 2 个，按东西方向，并列于圹内东端中间略偏南侧的上层填土上，吻部皆朝东；然后在其北侧，横摆狗肱骨 1 只，肱骨之上，叠置狗下颌骨 1 副，吻部朝西南；然后将山羊下颌骨 1 副和羊肱骨 1 只，分别叠置于 2 个狗上颌骨之上，羊下颌骨的吻部朝北；然后再将山羊上颌骨 1 个，斜置于羊下颌骨及羊肱骨的北侧，并使其吻部朝向东北；最后，于山羊上颌骨的西侧，再斜插狗肱骨 1 只及狗下颌骨 1 副，狗下颌骨叠压在狗肱骨之上，其吻部朝东南。

木椁已朽，板灰呈白色粉状。盖板无存，底板灰痕保存很差，四至不清，南、北侧板与东、西堵板板灰轮廓，尚可分辨。南、北侧板东西顺长 2 米，总高 22 厘米，与活土二层台台面平齐，板灰厚 3 厘米。东、西堵板，分别竖插于南、北侧板之间，立插部位，分别在南、北侧板东、西两端内缩 9 和 11 厘米处，高度与南、北侧板一致，均为 22 厘米，总宽东端 41、西端 40、板灰厚 3 厘米。南、北侧板与东、西堵板的板块组成情况，已不能详。

木椁内装殓尸骨一具。保存状况不好，头骨残碎严重，其他主要部位骨骼，基本完整。头东足西，仰身直肢。经现场鉴定，死者为女性，25～30 岁。骨骼从头到脚通长 1.64 米。

随葬品很少，陈放于木椁内，死者身上及其近前（图一九三）。在头骨右侧，放置夹砂红陶罐 1 件，正置，已残碎，不成形。在左、右耳骨下面，各出螺旋形铜丝耳环 1 件，已残，无绿松石坠珠伴出。在颈部，出小黑石珠项链 1 串（158 粒）。在右尺骨外侧和右侧腹部，各出白石管 2 枚。另在右胫骨上端内侧，出服饰小铜扣 1 枚。

YYM292

这是玉皇庙墓地属于丁级规格的小型墓葬之一。位于北 I 区北部陡坡上。其东南有 YYM294，间距 2.6 米；南有 YYM26，间距 5.2 米；西南有 YYM295 和 YYM299，间距分别为 1.9 和 3.5 米；西北有 YYM289 和 YYM290，间距 4.1 和 5.5 米；东北有 YYM291，间距 0.6 米。此墓的地层堆积，基本上同于 YYM295，不赘。

墓圹平面形状，呈抹角长方形，为浅穴土坑墓。东向，方位角为东偏南 5°。墓圹规格，圹口东西

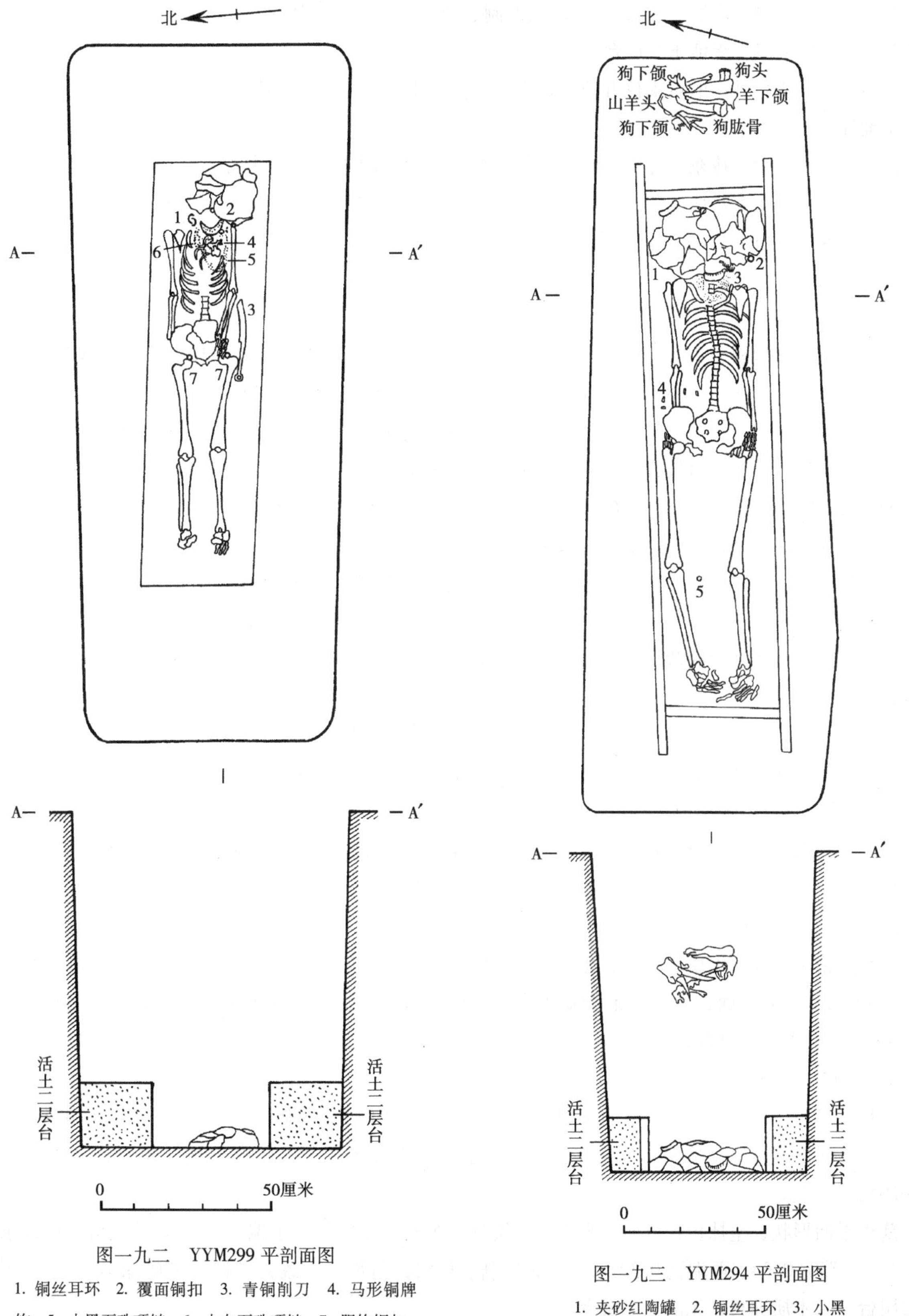

图一九二　YYM299 平剖面图

1. 铜丝耳环　2. 覆面铜扣　3. 青铜削刀　4. 马形铜牌饰　5. 小黑石珠项链　6. 小白石珠项链　7. 服饰铜扣

图一九三　YYM294 平剖面图

1. 夹砂红陶罐　2. 铜丝耳环　3. 小黑石珠项链　4. 白石管　5. 服饰小铜扣

长2.2、东端宽0.74、西端宽0.78米，圹底形制、规格，与圹口一致，圹口至圹底深0.5米。无生土二层台。无木质葬具，无活土二层台。

圹内填土，为较纯净的黄褐色五花土，未经夯实，土质较疏松。在填土中，未发现任何文化遗物。

无殉牲。

在圹底中间位置，按东西方向，安葬尸骨一具。保存状况不太好，头骨已被压裂，其他主要部位骨骼，基本完整。头东足西，侧面向北，仰身直肢。经现场鉴定，死者为女性，30～35岁。骨骼从头到脚通长1.53米（图一九四）。

无任何随葬品。

YYM291

这是玉皇庙墓地属于丁级规格的小型墓葬之一。位于北Ⅰ区北部陡坡上。其东南有YYM294，间距3.5米；西南有YYM292，间距0.6米；西北有YYM289和YYM290，间距分别为4.1和6.6米；北有YYM288，间距2.9米；东北有YYM287，间距5.2米。此墓的地层堆积，基本上同于YYM295，不赘。

墓圹平面形状，呈抹角长方形，为浅穴土坑墓。东向，方位角为东偏北4°。墓圹规格，圹口东西长1.75、东端宽0.62、西端宽0.56米，圹底形制、规格，与圹口一致，圹口至圹底深0.25米。无生土二层台。在圹底中间，按东西方向，安置木质葬具一具。此葬具东端，紧贴墓圹东壁，其南、西、北3面，均筑有活土二层台，3台等高，均为15厘米，宽度不一，南台宽18、西台宽33、北台宽10厘米（中段）。

圹内填土，为较纯净的黄褐色五花土，未经夯实，土质较疏松。在填土中，未发现任何文化遗物。

无殉牲。

木质葬具规格很小，已腐朽为泥，根据圹底土质软硬的差别，可确定其四至界限。东西顺长1.42米，东端宽35、西端宽27、总高15厘米，与周围活土二层台台面平齐。其他有关结构情况，已无从考察。

木质葬具内，装殓孩童尸骨一具。保存状况不太好，头骨已被压碎，脊椎骨、骨盆及上、下肢骨，也残缺不全。头东足西，俯身直肢。经现场鉴定，死者为儿童，10～11岁。骨骼从头到胫骨末端通长1.2米（图版六二，3）。

随葬品很少，仅在木质葬具内、死者头骨右后侧，放置夹砂红陶盂1件，正置，已残碎（图一九五）。在左、右耳骨下面，各出螺旋形铜丝耳环1件，已残。无绿松石坠珠伴出。在颈部，出小白石珠项链1串，由53粒小白石珠串成。除此之外，再无其他遗物。

YYM287

这是玉皇庙墓地属于丁级规格的小型墓葬之一。位于北Ⅰ区北部陡坡上。其东、西北、北与东北，已无墓葬；西南有YYM288和YYM291，间距分别为3.1和5.2米。此墓的地层堆积，基本上同于YYM295，不赘。

墓圹平面形状，呈抹角长方形，为浅穴土坑墓。东向，方位角为东偏南6°。墓圹规格，圹口东西长0.8、东端宽0.34、西端宽0.32米，圹底形制、规格，与圹口一致，圹口至圹底深18厘米。无生土二层台。无木质葬具，无活土二层台。

圹内填土，为较纯净的黄褐色五花土，未经夯实，土质较疏松。在填土中，未发现任何文化遗物。

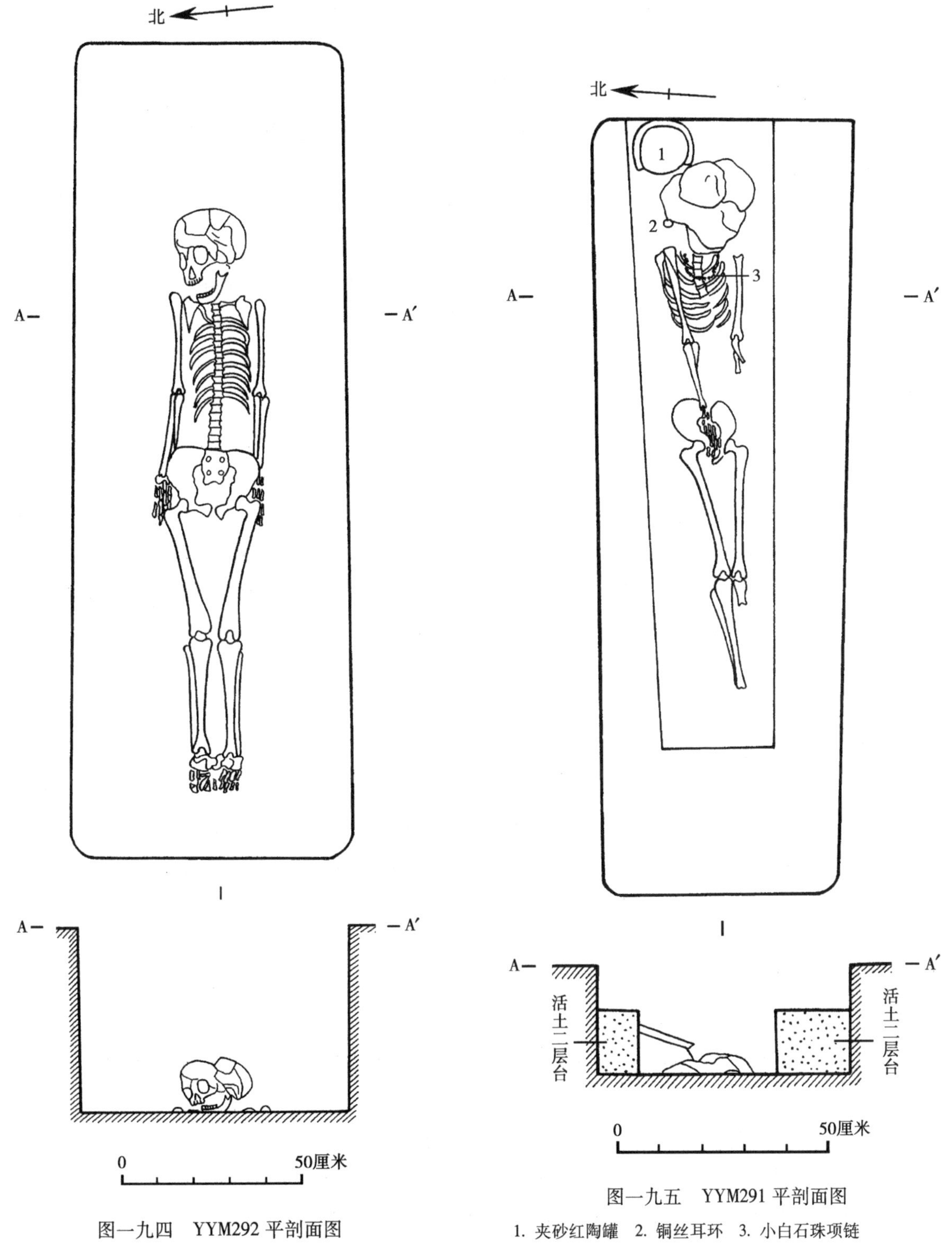

图一九四　YYM292 平剖面图

图一九五　YYM291 平剖面图
1. 夹砂红陶罐　2. 铜丝耳环　3. 小白石珠项链

无殉牲。

在圹底东端中间位置，安葬人头骨 1 个，已酥碎，无人骨架。经现场鉴定，此头骨系女性，30～35 岁。

无任何随葬品。

YYM288

这是玉皇庙墓地属于丙（C）级规格的小型墓葬之一。位于北Ⅰ区北部陡坡上。其南有 YYM291，间距 2.9 米；西有 YYM289，间距 1.7 米；东北有 YYM287，间距 3.1 米。此墓的地层堆积，基本上同于 YYM295，不赘。

墓圹平面形状，呈抹角梯形，东宽西窄，为竖穴土坑墓。东向，方位角为东偏南 3°。墓圹规格，圹口东西长 2、东端宽 0.74、西端宽 0.54 米，圹底东西长 1.92、东端宽 0.68、西端宽 0.49 米，圹口至圹底深 1.28 米。无生土二层台。在圹底中间位置，按东西方向，安置木质葬具 1 具。在木质葬具四周至圹底部四壁之间，筑有活土二层台，台土经过严密夯打，较坚实，东、南、西、北四台等高，均为 18 厘米，宽度不一，东台宽 33、南台宽 15、西台宽 17、北台宽 9 厘米（中段）。

圹内填土，为较纯净的黄褐色五花土，经普遍夯实，但未有夯层与夯窝痕迹。在填土中，未发现任何文化遗物。

无殉牲。

木质葬具已腐朽为泥，根据圹底土质软硬的差别，可分辨出此木质葬具的四至轮廓。东西顺长 1.45 米，东端宽 42、西端宽 28、总高 18 厘米，与活土二层台台面平齐。其他相关结构情况，已无从考察。

木质葬具内，装殓尸骨一具。保存状况不太好，头骨已被压裂，其他主要部位骨骼，基本完整。头东足西，侧面向北，仰身直肢。经现场鉴定，死者为女性，50～55 岁。骨骼从头到脚通长 1.43 米（图一九六）。

无任何随葬品。

YYM289

这是玉皇庙墓地属于丁级规格的小型墓葬之一。位于北Ⅰ区北部陡坡上。其东有 YYM288，间距 1.7 米；东南有 YYM291 和 YYM292，间距分别为 4.1 和 4.2 米；南有 YYM295，间距 5.9 米；西南有 YYM293 和 YYM296，间距分别为 6 和 6.8 米；西有 YYM290，间距 1.7 米；西北、北和东北，已无墓葬。此墓的地层堆积，基本上同于 YYM295，不赘。

墓圹平面形状，呈抹角长方形，为浅穴土坑墓。东向，方位角为东偏北 5°。墓圹规格，圹口东西长 1.35、东端宽 0.54、西端宽 0.6 米，圹底东西长 1.32、东端宽 0.51、西端宽 0.56 米，圹口至圹底深 0.55 米。无生土二层台。无木质葬具，无活土二层台。

圹内填土，为较纯净的黄褐色五花土，未经夯实，土质较疏松。在填土中，未发现任何文化遗物。

无殉牲。

在圹底中间略偏东南—西北方向，安葬孩童尸骨一具。保存状况不好，头骨已残碎，骨架因腐朽过甚大部无存，仅残存左、右胫骨一截。根据枕骨面朝上判断，死者葬式，应为头东足西、俯身直肢葬。经现场鉴定，死者为儿童，3～4 岁。骨骼从头到胫骨末端通长 0.81 米。

随葬品仅有螺旋形铜丝耳环 2 件，出于死者头部左、右耳骨附近。除此之外，再无其他任何遗物（图一九七）。

YYM290

这是玉皇庙墓地属于丙（C）级规格的小型墓葬之一。位于北Ⅰ区北部陡坡上。其东有 YYM289，

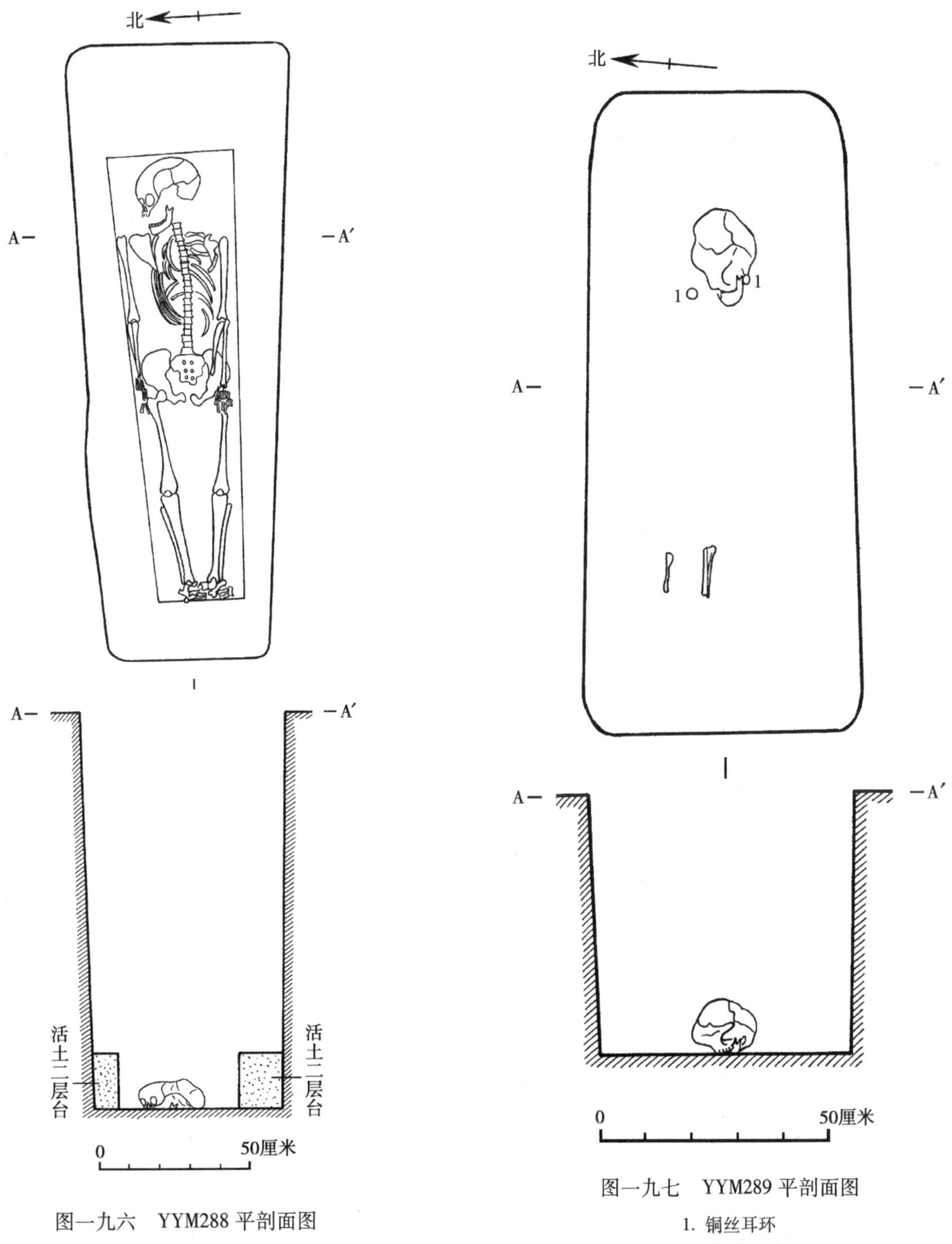

图一九六　YYM288 平剖面图

图一九七　YYM289 平剖面图
1. 铜丝耳环

间距 1.7 米；东南有 YYM292 和 YYM295，间距分别为 5.6 和 5.4 米；西南有 YYM293，间距 3.8 米；西、西北、北与东北，已无墓葬。此墓的地层堆积，基本上同于 YYM295，不赘。

墓圹平面形状，呈抹角长方形，南侧圹壁被破坏，上半部已无存，为竖穴土坑墓。正东向，方位角为 90°。墓圹规格，圹口东西长 1.88、东端宽 0.56、西端宽 0.6 米，圹底形制、规格，与圹口一致，圹口距圹底深北侧 0.78、南侧 0.22 米。无生土二层台。无木质葬具，无活土二层台。

圹内填土，为较纯净的黄褐色五花土，经普遍夯实，但未有夯层与夯窝痕迹。在填土中，未发现任何文化遗物。

无殉牲。

在圹底中间略偏南侧位置，按东西方向，安葬尸骨一具。保存状况不太好，头骨已残碎，其他主要部位骨骼，基本完整。头东足西，侧身直肢，脊椎弯曲，上体向左翻侧，下肢伸直。经现场鉴定，死者为男性，25～30 岁。骨骼从头到脚通长 1.56 米（图版六三，3）。

随葬品仅有服饰铜泡 2 枚，出于死者左侧颈下（图一九八）。除此之外，再无其他任何遗物。

YYM23

这是玉皇庙墓地属于丙（A）级规格的小型墓葬之一。位于北Ⅰ区中部。其东南有 YYM25，间距 4.5 米；南有 YYM24，间距 1.2 米；西南有 YYM19，间距 5 米；西北有 YYM22，间距 1.2 米；东北有 YYM26，间距 1.9 米。此墓的地层堆积，基本上同于 YYM18，不赘。

墓圹平面形状，呈抹角长方形，为竖穴土坑墓。东向，方位角为东偏北 10°。此墓西端被一座近代坟破坏，西圹边大部被挖掉，仅存西北角。墓圹规格，圹口东西长 2.4、东端宽 0.98、西端宽 0.92 米，圹壁平整、笔直，圹底形制、规格与圹口一致，圹口至圹底深 1.17 米。在圹口东端偏北侧，发现有并排自然石灰岩石块 3 块，规格在 20×18×16 至 18×14×12 厘米之间。无生土二层台。在圹底中间略偏北侧位置，安置木质葬具一具。在木质葬具四周至圹底部四壁之间，筑有活土二层台，台土经夯实，东、南、西、北四台等高，均为 28 厘米，宽度不一，东台宽 28、南台宽 22、西台残宽 16、北台宽 14 厘米。

圹内填土，为夹杂碎石颗粒的褐色五花土，经普遍夯实，但未有夯层与夯窝痕迹。在填土中，仅发现夹砂粗褐陶碎片 3 块，还有残碎的狗下颌骨 2 块。另在木质葬具东端接近圹底的填土中，发现有陷落进来的体积较小的自然石灰岩石 1 块。

殉牲位置，祭牲集中摆放在圹内东端略偏北侧的中上层填土中，上距东端圹口 26 厘米深，下距圹底 0.68 米。殉牲种类，为牛、狗 2 种家畜。殉牲数量，牛头 1 个，牛肱骨 1 只，狗头 2 个，狗肱骨 2 只。殉牲形式，将牛头和狗头上、下颌骨，均拆解开，牛牲居南，狗牲居北，作同层、相邻摆放。先将牛肱骨 1 只按东南—西北向，斜置于圹内东端略偏北侧的中上层填土上，然后将拆解开的牛下颌骨 1 副，按东北—西南向，作交叉形式叠置于牛肱骨之上，再将牛上颌骨 1 个按东西方向扣到牛下颌骨上，使牛

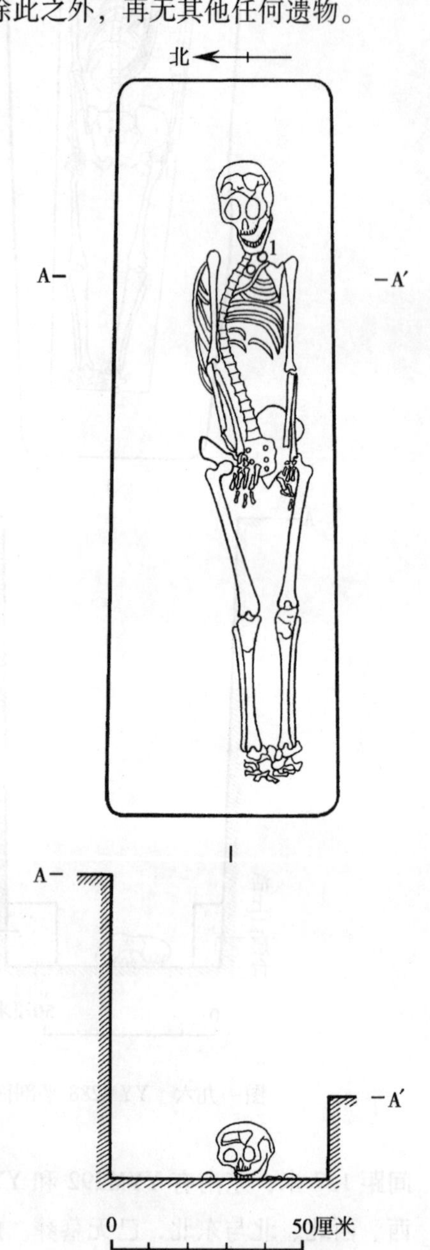

图一九八　YYM290 平剖面图

1. 服饰铜泡

上颌的吻部朝东；然后于牛牲北侧再摆放狗牲，先于东北角，按南北向横置狗肱骨1只及狗下颌骨1副，再将狗上颌骨1个，按东北—西南向，摆在狗下颌骨西侧，使其吻部朝向东北；然后再于其西侧，摆上另1只狗肱骨及拆解开的狗上、下颌骨1套，使其吻部朝东。

木质葬具已朽，板灰痕迹保存得不好，仅能凭活土二层台内外土质软硬程度的差别，予以分辨其四至界限。经清理辨识，此木质葬具东西顺长1.9米，东、西两端宽均为0.55米，高度28厘米，与四周活土二层台台面平齐。

木质葬具内装殓尸骨一具。保存状况不太好，头骨已残破，肋骨及部分脊椎骨，腐朽无存，左下肢自股骨中段以下被截掉，其他部位骨骼保存较好。头东足西，头向左侧歪斜，略作俯首状，仰身直肢。经现场鉴定，死者为男性，25～30岁。骨骼从头到脚通长1.68米。

随葬品集中陈放于木质葬具内、死者身上及其近前（图一九九）。在头骨右侧，放置夹砂红陶罐1件，正置，已残碎，在左、右耳骨下面，各出螺旋形铜丝耳环1件，在左、右耳环下，各附出绿松石坠珠2枚。覆面铜扣3枚，出于左、右眼眶内各1枚，出于上、下颌骨之间1枚。在颈部，出小白石珠

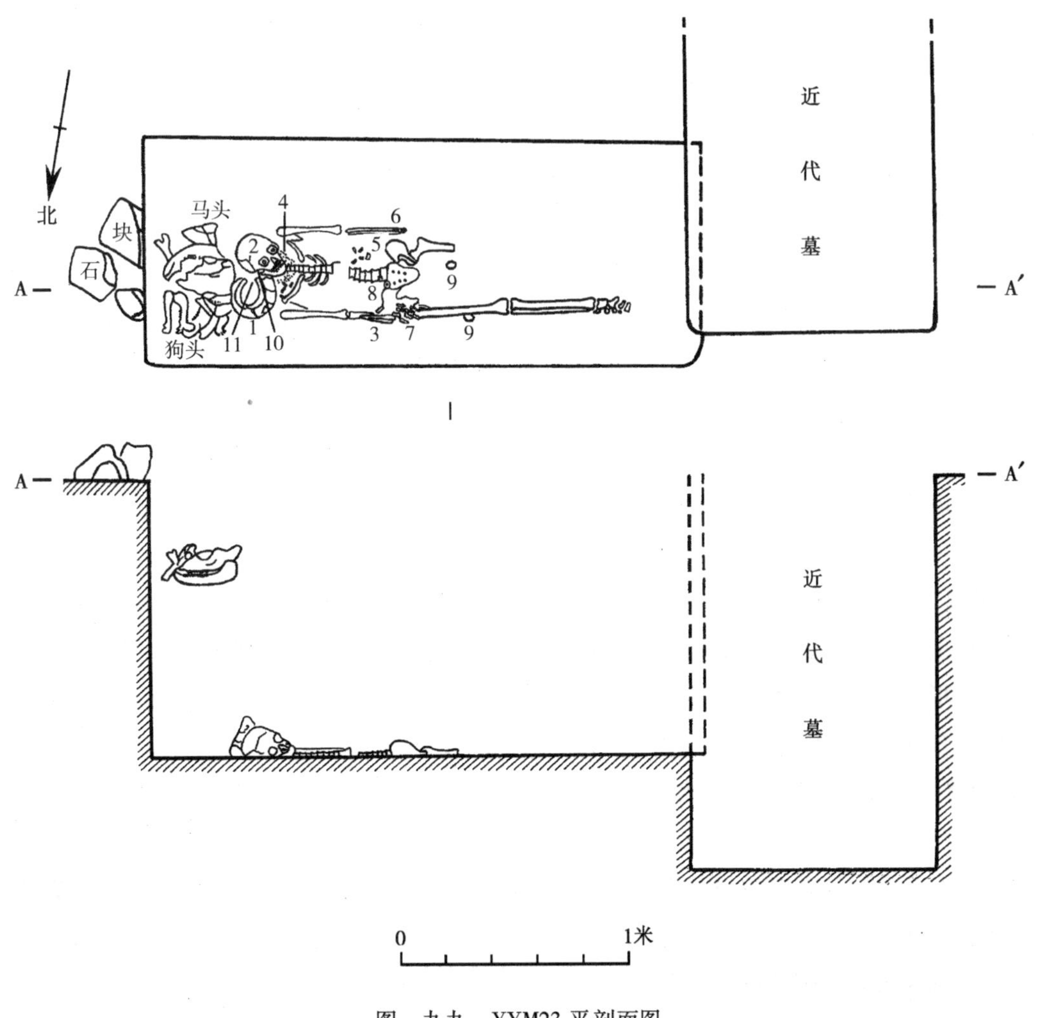

图一九九　YYM23平剖面图

1. 夹砂红陶罐　2. 覆面铜扣　3. 青铜削刀　4. 小白石珠项链　5. 白石管　6. 服饰小铜扣　7. 铜凿　8. 骨环　9. 服饰铜泡　10. 铜丝耳环　11. 绿松石坠珠（10、11均被陶罐和面骨遮挡）

项链1串，由186粒小白石珠串成。在左侧腹部、左尺骨内侧，出白石管7枚。在左尺骨下端，出服饰小铜扣2枚。在右尺骨下面，压有青铜削刀1件，刀锋朝上；还压有铜锥1件，锥尖朝下。在右髋骨上缘内侧，出骨环1件。在左股骨内侧和右股骨外侧，各出服饰铜泡1枚。

YYM24

这是玉皇庙墓地属于丁级规格的小型墓葬之一。位于北Ⅰ区中部。其东有YYM25，间距4.1米；东南有YYM1，间距4.7米；南有YYM2，间距5.7米；西南有YYM3，间距6.8米；西北有YYM19，间距5.9米；北有YYM23，间距1.2米；东北有YYM26，间距2.9米。次墓的地层堆积，基本上同于YYM18，不赘。

墓圹平面形状，呈西端抹角、东端外弧的“靴底形”，为竖穴土坑墓。东向，方位角为东偏北12°。墓圹规格，圹口东西长1.54、东端宽0.58、西端宽0.54米，圹底形制、规格与圹口一致，圹口至圹底深30厘米。无生土二层台。无木质葬具，无活土二层台。

圹内填土，为夹杂碎石颗粒的褐色五花土，未经夯实，土质较疏松。在填土中，仅发现夹砂红陶碎片2块。另在圹底东端和南侧中间，各有较小的自然石灰岩石块1块，在人头骨右后侧至西圹壁，有零散的、体积较小的自然石灰岩石块7块。

无殉牲。

在圹底中间，略偏东南—西北方向，安葬孩童尸骨一具。保存状况不太好，头骨已残裂，骨架已腐朽，脊椎骨残缺不全，手、足骨多已无存，唯上、下肢骨轮廓尚清楚。头东足西，仰身直肢。经现场鉴定，死者为儿童，3～4岁。骨骼从头到脚通长0.98米。

随葬品很少，集中出于死者头、颈部（图二〇〇）。无陶器。在左、右耳骨下面，各出螺旋形铜丝耳环1件，无绿松石坠珠伴出。在颈部，出石珠项链1串，由白石管1枚，小白石珠73粒和小黑石珠2粒，联合串成。

YYM12

这是玉皇庙墓地属于丁级规格的小型墓葬之一。位于北Ⅰ区南部。其东4.8米，为1号取土坑西沿；南有YYM6，间距4.7米；西南有YYM101，间距4.6米；西有YYM8，间距4.3米；西北有YYM5，间距2.4米；东北有YYM2，间距7.9米。此墓的地层堆积，基本上同于YYM18，不赘。因取土毁坏，墓圹上部已无存，墓圹中间以下部分，被一座近代坟破坏，故仅残存西半部。

墓圹平面形状，约作抹角弧边长方形，为浅穴土坑墓。西向，方位角为西偏南10°。墓圹规格，现存圹口东西残长0.8、西端宽0.55、中间宽0.7米，圹底形制、规格，与现存圹口一致，现存圹口至圹底深15厘米。无生土二层台。无木质葬具，无活土二层台。此墓的地层堆积，基本上同于YYM18，不赘。

圹内填土，为夹杂碎石颗粒的褐色五花土，未经夯实，土质较疏松。在填土中，仅发现夹砂红陶罐残片3块，除此之外，再未见其他遗物。

因墓圹上部被破坏，殉牲情况不详。

在圹底中间略偏北侧位置，按西东方向，安葬尸骨一具。腰椎以下部分骨骼，已无存，仅残存头骨，颈、胸椎、锁骨，左、右肩胛骨、肋骨和左、右肱骨。残存骨骼保存状况较好，头西足东，侧面向北，仰身直肢。经现场鉴定，死者为女性，50～55岁。

随葬品较少，集中陈放于死者头部及颈部（图二〇一）。在头骨左侧，放置夹砂红陶罐1件，斜侧置，口朝西，口沿与肩部已残破（图版六四，1）。在左、右耳骨下面，各出螺旋形铜丝耳环1件，无绿松石坠珠伴出。在鼻骨部位，出覆面铜扣1枚。在颈部，出石珠项链1串，由小白石珠29粒和小黑石珠24粒，相间串成。

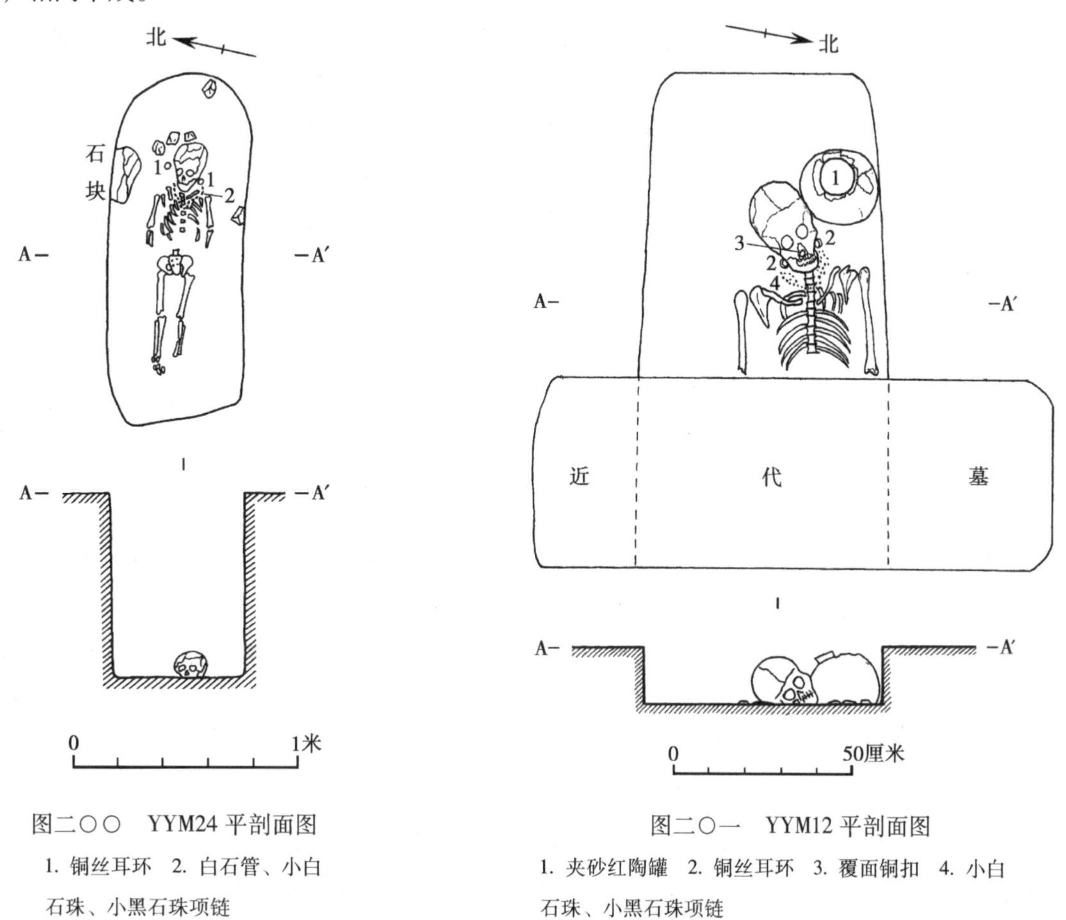

图二〇〇　YYM24 平剖面图
1. 铜丝耳环　2. 白石管、小白石珠、小黑石珠项链

图二〇一　YYM12 平剖面图
1. 夹砂红陶罐　2. 铜丝耳环　3. 覆面铜扣　4. 小白石珠、小黑石珠项链

YYM8

这是玉皇庙墓地属于丙（B）级规格的小型墓葬之一。位于北Ⅰ区南部。其东有YYM12，间距4.3米；东南有YYM101，间距4.2米；西南有YYM7，间距1.8米；西北有YYM10，间距5.9米；北有YYM9，间距3.7米；东北有YYM5，间距3.5米。此墓的地层堆积，基本上同于YYM18。现存圹口，已非原圹口层位，情况与YYM2相似，不赘。

墓圹平面形状，呈抹角长方形，为竖穴土坑墓。东北向，方位角为东偏北34°。墓圹规格，现存圹口东北—西南长2.35、东北端宽0.77、西南端宽0.75米，圹底形制、规格，与现存圹口基本一致。现存圹口至圹底深0.56米。无生土二层台。在北侧圹壁中间上层偏西部位，遗有打圹时留下的自然石灰岩石块2块。在圹底中间，顺墓圹方向，安置木质葬具一具。在木质葬具四周至圹壁之间，筑有活土二层台，台土经过夯打，较坚实，台高均为28厘米，宽度不一，东台宽14、南台宽15、西台宽28、北台宽10厘米（中段）。

圹内填土，为夹杂碎石颗粒的褐色五花土，经普遍夯实，但未有夯层与夯窝痕迹。在填土中，仅发现夹砂粗褐陶残片2块，另在圹内西南端木质葬具外侧，活土二层台台面上，有体积较小的自然石灰岩石块9块。在圹底西南端，人骨足下部位，有陷落于木质葬具内的自然石灰岩石块1块，规格为34×20×18厘米。

因墓圹上部被破坏，殉牲情况不详。

木质葬具，仅残存部分板灰痕迹。板灰呈白色粉状，盖板无存，底板灰痕模糊不清，仅能分辨出南、北侧板与东、西堵板的四至界限。南、北侧板东西长1.9米，东、西堵板总宽为0.52米，总高28厘米，与四周活土二层台台面平齐，板块结构已无从分辨。

在圹底中间木质葬具内，顺墓圹方向，装殓尸骨一具。保存状况较好。死者头骨及骨架主要部位，基本完整。头朝东北，足向西南，仰身直肢。经现场鉴定，死者为女性，35岁左右。在死者的两股骨之间，有一具初生婴儿骨骼，婴儿头骨朝下，下肢靠近死者耻骨处。此女性死者的骨骼，从头到脚通长1.53米。

随葬品很少，出于木质葬具内，死者头侧及头、颈部位（图二〇二）。在头骨右侧，出夹砂灰褐陶罐1件，正置。在左、右耳骨下面，各出螺旋形铜丝耳环1件，已残，无绿松石坠珠伴出。在颈部，出白石管项链1串（20枚）。

YYM6

这是玉皇庙墓地属于丙（A）级规格的小型墓葬之一。位于北Ⅰ区南部。其东1.5米，为1号取土坑西沿；西南有YYM102，间距5.4米；西北有YYM101，间距2.5米；北有YYM12，间距4.7米。此墓的地层堆积，基本上同于YYM18，现存圹口，已非原圹口层位，情况与YYM2相似，不赘。

墓圹平面形状，呈抹角长方形，为竖穴土坑墓。东向，方位角为东偏北21°。墓圹规格，现存圹口东西长2.1米，东、两端宽均为0.84米，圹底形制、规格，与现存圹口基本一致，现存圹口至圹底深0.6米。无生土二层台。无木质葬具，故无活土二层台。

圹内填土，为夹杂碎石颗粒的褐色五花土，经普遍夯实，但未有夯层与夯窝痕迹。在填土中，仅发现夹砂红陶碎片3块，夹砂黑褐陶片2块，除此之外，再未见其他遗物。

因墓圹上部被破坏，殉牲情况不详。

在圹底中间，按东西方向，安葬尸骨一具。保存状况较好，头骨及骨架主要部位，基本完整。头东足西，仰身直肢，经现场鉴定，死者为女性，18～19岁。骨骼从头到脚通长1.56米。

随葬品集中陈放于死者头侧及上半身（图二〇三）。在头骨左侧，出夹砂褐陶罐1件，口沿稍残，正置。在左、右耳骨下面，各出螺旋形铜丝耳环1件，已残，未有绿松石坠珠伴出。覆面铜扣13枚，呈横向"一"字弧线，分布于额骨及左、右颞骨之间。在颈部，出小黑石珠项链1串（130枚），小白石珠项链1串（84枚）。在腰部，出多种质料饰珠1串，由小黑石珠525粒、小白石珠20粒，以及褐色玛瑙珠和蚌珠各2颗，联合组成。在左尺骨内侧，出长方形铜锥（针）管具1件。

YYM101

这是玉皇庙墓地属于丙（B）级规格的小型墓葬之一。位于北Ⅰ区南部。其东有YYM6，间距2.5米；西南有YYM102，间距1.7米；西有YYM103，间距7.2米；西北有YYM7，间距2.2米；东北有YYM12，间距4.7米。此墓的地层堆积，基本上同于YYM18，不赘。

墓圹平面形状，呈抹角长方形，为竖穴土坑墓。东向，方位角为东偏北20°。墓圹东端，因挖土坑

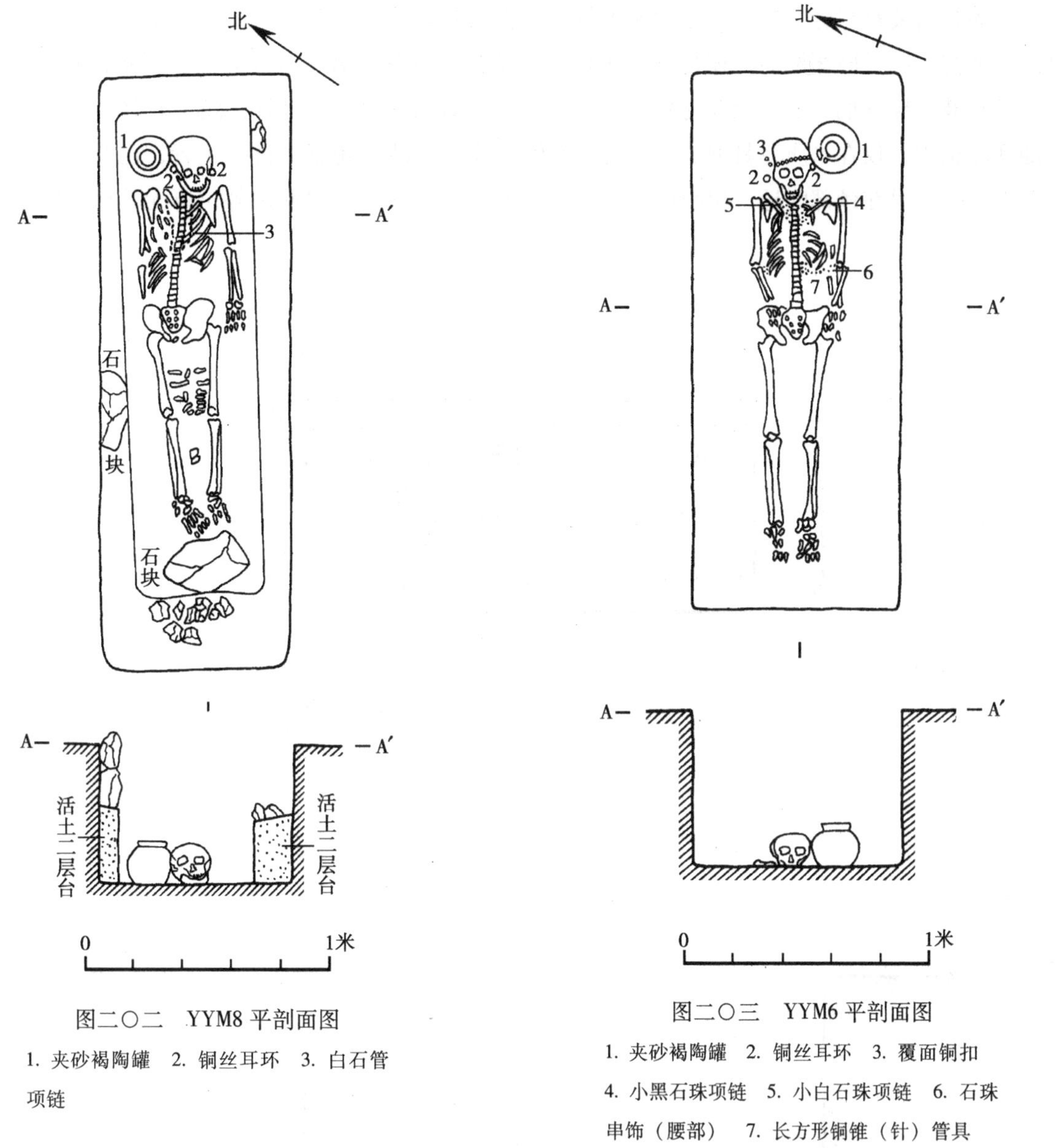

图二〇二　YYM8 平剖面图

1. 夹砂褐陶罐　2. 铜丝耳环　3. 白石管项链

图二〇三　YYM6 平剖面图

1. 夹砂褐陶罐　2. 铜丝耳环　3. 覆面铜扣　4. 小黑石珠项链　5. 小白石珠项链　6. 石珠串饰（腰部）　7. 长方形铜锥（针）管具

被破坏。现存圹口东西残长 1.88、东端宽 0.72、西端宽 0.68 米，圹底形制、规格，与圹口一致，圹口至圹底深西端 1.1、东端 0.84 米。无生土二层台。在圹底中间位置，按东西方向，安置木质葬具一具。在木质葬具四周至圹底部四壁之间（东端残缺），筑有活土二层台，台土经过严密夯打，较坚实，南、西、北 3 台存高相同，均为 0.5 米，宽度各有差别，南台宽 8、西台宽 24、北台宽 10 厘米。

圹内填土，为夹杂碎石颗粒的五花土，经普遍夯实，但未有夯层与夯窝痕迹。在填土中，仅发现夹砂粗红陶罐类腹部残片 2 块，除此之外，再未有其他遗物。

因墓圹东端被破坏，殉牲情况不详。

木质葬具，已腐朽为泥，根据墓圹底部土质软、硬的明显差别，可以确定此木质葬具的四至界限。东西残长 1.62、东端宽 0.54、西端宽 0.52、总高 0.5 米，与活土二层台台面平齐。其他相关结构情况，已无从考察。

木质葬具内装殓尸骨一具。保存状况不好，缺少头骨，其他主要部位骨骼，基本完整。此头骨到底是在晚期挖土坑时破坏掉的，还是当初埋葬时就没有，不得而知。据骨架姿势判断，死者为头东足西，仰身直肢。经现场鉴定，死者为女性，50岁左右。骨骼从锁骨至足骨，残长1.26米。

随葬品很少，仅在木质葬具内、死者头骨右侧，放置夹砂红陶罐1件，正置，已被破坏，残存一半，近乎粉碎。另在颈部附近，出小白石珠项链1串（共33粒）。除此之外，再无其他任何遗物（图二〇四）。

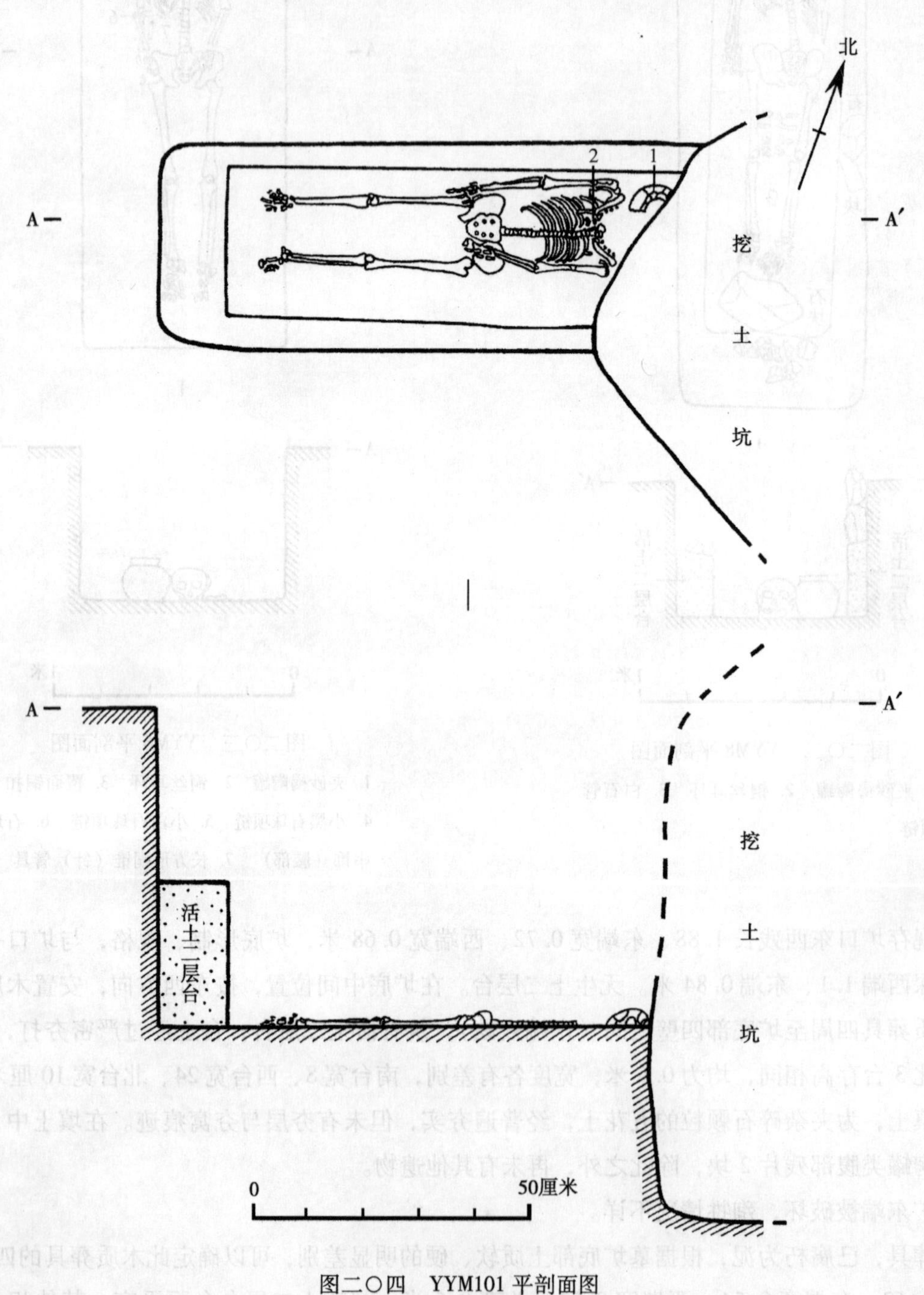

图二〇四　YYM101平剖面图

1. 夹砂红陶罐　2. 小白石珠项链

YYM7

这是玉皇庙墓地属于丙（C）级规格的小型墓葬之一。位于北Ⅰ区南部。其东南有 YYM101 和 YYM102，间距分别为2.3和3.4米；西南有 YYM103，间距2.5米；西北有 YYM10，间距6.5米；东北有 YYM8，间距1.8米。此墓的地层堆积，基本上同于 YYM18。现存圹口，已非原圹口层位，情况与 YYM2 相似，不赘。

墓圹平面形状，呈抹角长方形，为竖穴土坑墓。东向，方位角为东偏北9°。墓圹规格，现存圹口东西长2.7、东端宽1.07、西端宽0.92米，圹底东西长2.65、东端宽1.03、西端宽0.88米；现存圹口至圹底深0.74米。无生土二层台。墓圹北壁中间偏西部位，被一植树坑打破，此植树坑底部，上距现存圹口深25厘米，尚未扰动墓底人骨及遗物。无生土二层台。在死者身下及其周围，发现有木质葬具痕迹，但板灰痕迹保存很薄、很少，在其四周，未有经夯实的活土二层台。仅在圹底东北角和西端，各置自然石灰岩石块2块，体积大小不一，规格在28×20×20至15×11×14厘米之间。

圹内填土，为夹杂碎石颗粒的褐色五花土，经普遍夯实，但未有夯层与夯窝痕迹。在填土中，仅发现夹砂褐陶罐口沿碎片1块，及腹部残片1块。除此之外，再未有其他遗物。

因墓圹上部被破坏，殉牲情况不详。

木质葬具，据残存灰痕测知，东西长为1.9、宽约0.5米，置于墓圹底部中间。

在木质葬具范围内，按东西方向，顺置尸骨一具。保存状况不好，头骨已被压碎，骨架腐朽程度较严重，脊椎与骨盆，已朽粉无形，唯四肢骨形状尚较清楚。头东足西，侧面略向北，仰身直肢。经现场鉴定，死者为男性，40岁左右。骨骼从头到脚通长1.62米。

随葬品集中陈放于木质葬具内、死者身上及其近前（图二〇五、二〇六）。在头骨左侧，出夹砂褐陶罐1件，口沿稍残，正置。在左、右耳骨下面，各出螺旋形铜丝耳环1件，无绿松石坠珠伴出。覆面铜扣4枚，已滑落于下颌骨部位。在颈部，出石珠项链2串：（1）小黑石珠项链1串（134粒）；（2）小白石珠（97粒）、白石管（1枚）、绿松石珠（1枚），联合组成的项链1串。在腰部正中部位，出瑞兽形铜带钩1件，钩首朝左。在左尺骨外侧，出长条状联珠形铜饰1枚。在右髋骨外侧，出青铜短剑1件，剑锋朝上。在青铜短剑下面，压有青铜削刀1件，刀尖朝上。在左、右股骨之间，出骨柄铜锥1件，锥尖朝下。在右股骨上段内侧，出蜷身动物纹服饰铜扣2枚。在左股骨上段内侧和左、右股骨之间，各出辐射纹服饰铜泡1枚。在右股骨下段内侧，出铜锛1件，锛刃朝下。在右股骨及右髋骨底下，出服饰小铜扣46枚；在左股骨及左髋骨底下，出服饰小铜扣45枚。其中有半数小铜扣的背面，粘附有麻布痕迹。在左尺骨外侧，左、右股骨之间，以及骨盆底下，共出马形铜带饰37枚，在带饰的背面，也粘附有清晰的麻布痕迹。在右胫骨下段内侧，出铜凿1件，凿刃朝下。

YYM102

这是玉皇庙墓地属于丙（B）级规格的小型墓葬之一。位于北Ⅰ区南部，地势偏低。其东7.5米，为1号取土坑西沿；其南已无墓葬；西北有 YYM7 和 YYM103，间距分别为3.3和5米；东北有 YYM101 和 YYM6，间距分别为1.7和5.5米。此墓的地层堆积，大体上同于 YYM18，不赘。

墓圹平面形状，呈抹角长方形，为竖穴土坑墓。东向，方位角为东偏北20°。此墓圹口上层因取土被破坏。现存圹口东西长2.5、东端宽0.9、西端宽0.86米，圹底东西长2.44、东端宽0.87、西端宽0.82米，现存圹口至圹底深0.8米。无生土二层台。在圹底中间，按东西方向，安置木椁一具。在木

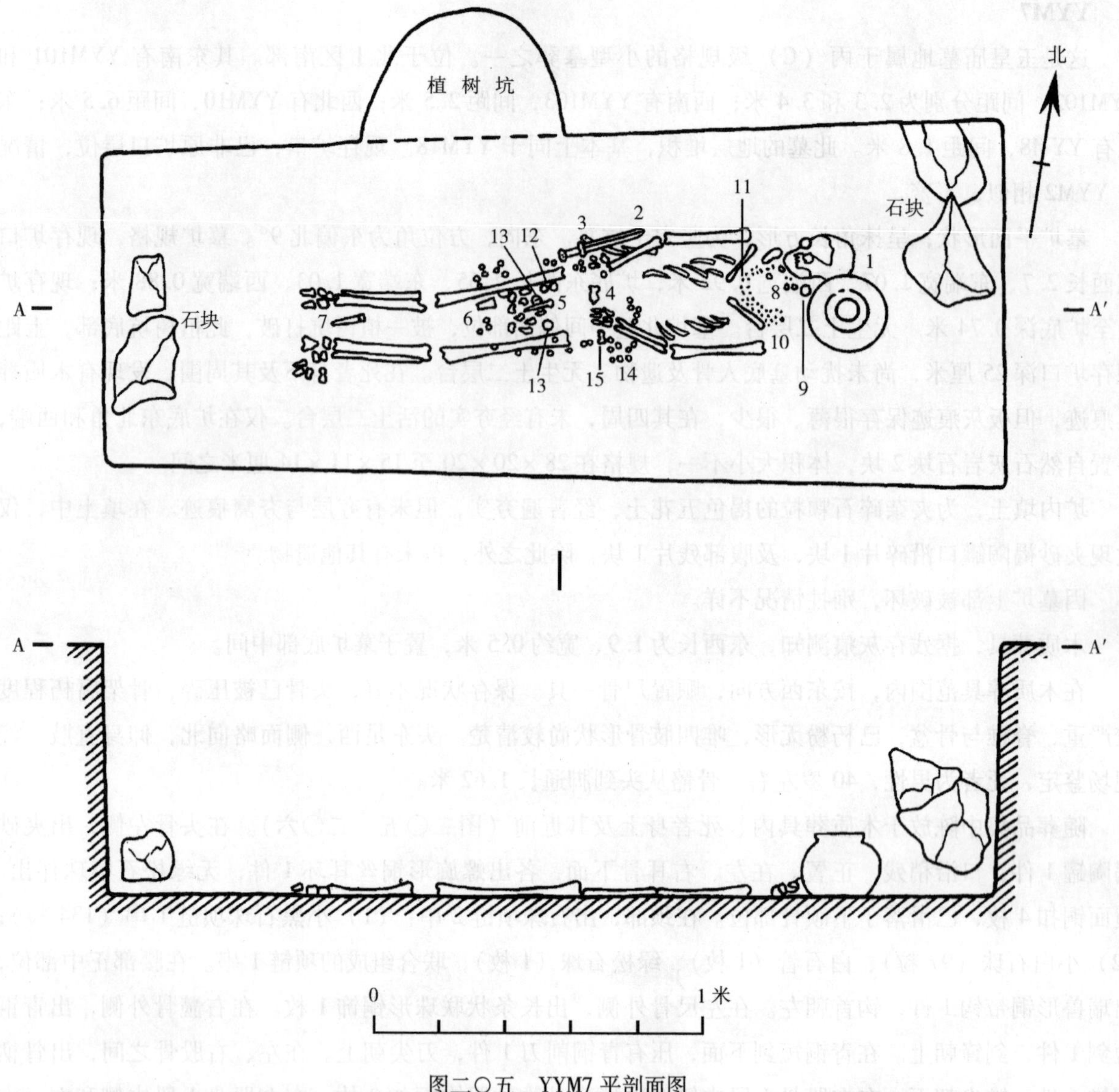

图二〇五 YYM7平剖面图

1. 夹砂褐陶罐 2. 青铜短剑 3. 青铜削刀 4. 铜带钩 5. 骨柄铜锥 6. 铜锛 7. 铜凿 8 覆面铜扣 9. 铜丝耳环 10. 小白石珠项链 11. 小黑石珠项链 12. 蜷身动物纹服饰铜扣 13. 辐射纹服饰铜扣 14. 服饰小铜扣 15. 马形铜带饰

椁外壁四周至圹底部四壁之间，筑有活土二层台，台土经过严密夯实，四台等高，均为46厘米，但台宽不一，东台宽20、南台宽22、西台宽30、北台宽18厘米。在东端圹壁下层，遗有打圹石留下的自然石灰岩石块2块。

圹内填土，为夹杂碎石颗粒的褐色五花土，经普遍夯实，但未有夯层与夯窝痕迹。在填土中，发现夹砂褐陶罐器底残片1块，夹砂粗红陶碎片2块。在位于死者头部至胸部以上6厘米厚的填土层中，发现两块因木椁盖板腐朽后塌陷下来的自然石灰岩石块，其中1块体积较大（52×29×24厘米），作东西纵向平置，应为埋葬时有意用来镇压木椁盖板的镇墓石。

因墓圹上部被破坏，殉牲情况不详。

木椁已朽，板灰呈白色粉状，灰痕稀薄，盖板无存，底板灰痕已模糊不清，唯南、北侧板与东、

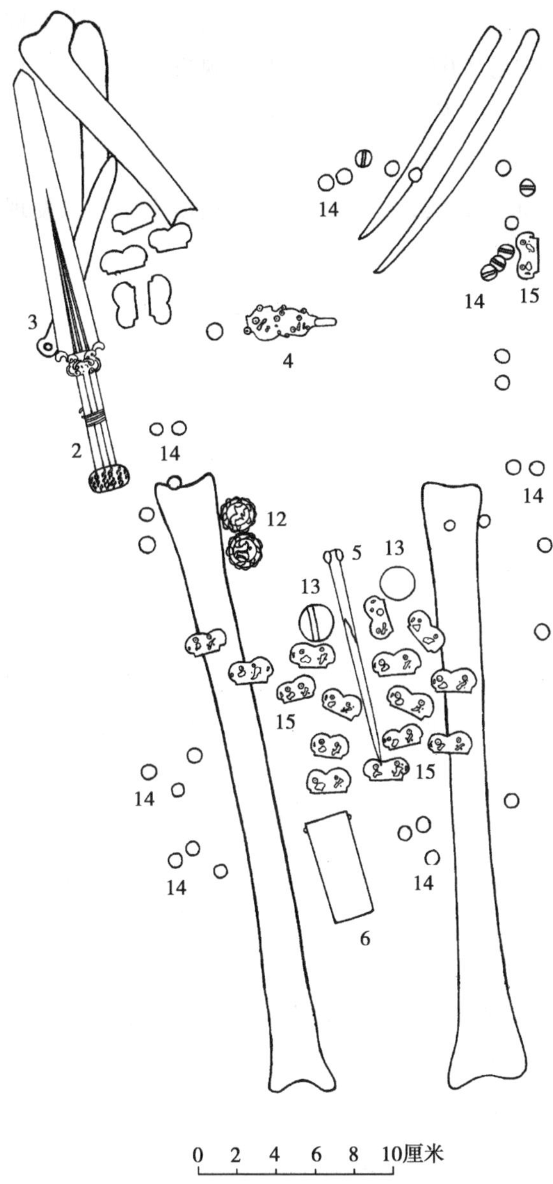

图二〇六　YYM7 遗物分布图（局部）
2. 青铜短剑　3. 青铜削刀　4. 铜带钩　5. 骨柄铜锥　6. 铜锛　12. 蜷身动物纹服饰铜扣　13. 辐射纹服饰铜扣　14. 服饰小铜扣　15. 马形铜带饰

西堵板尚存局部灰迹，其四至界限大致可辨。南、北侧板东西顺长 2 米（东、西两端探头部分已难辨清其灰痕界限，不含在内），东端堵板总宽 52、西端堵板总宽 48 厘米，南、北侧板与东、西堵板总高，均为 46 厘米，与四周活土二层台台面平齐。其板块组成情况，已不能详。

木椁内装殓尸骨一具。保存状况不太好，头骨已腐朽残碎，颅骨大部无存，仅余上、下颌骨与左颞骨，脊椎、肋骨、骨盆，已朽粉不完整，手指骨与足趾骨等，多已腐朽无存，唯四肢骨保存较完整。头东足西，仰身直肢。经现场鉴定，死者为男性，18 岁左右。骨骼从头到脚通长约 1.68 米。

随葬品集中陈放于木椁内、死者身上及其近前（图二〇七）。在头骨左侧，放置泥质灰陶束颈折肩罐 1 件，斜侧置，口朝西北，在左、右耳骨下面，各出螺旋形铜丝耳环 1 件，其中右耳环旁，附出绿松石坠珠 1 枚，左耳环附近未出。覆面铜扣 2 枚，出于下颌骨左侧表面，背面尚粘有细麻布残迹。在颈部至左锁骨下方，出石珠项链 1 串，由小黑石珠 228 粒、小白石珠 67 粒和白石管 3 枚，联合串成。小铜扣 7 枚，出于左尺骨与桡骨之间 3 枚，出于左尺骨外侧 1 枚，出于左髋骨下面 3 枚。在左尺骨下面，压有圆筒形铜锥（针）管具 1 件，铜铃形饰 1 件。在右侧腰间，右尺骨与桡骨下面，压有青铜削刀 1 件，青铜短剑 1 件，青铜短剑在下，青铜削刀刀身叠压于短剑剑身之上，刀首朝左侧斜上方，刀锋向右侧斜下方，剑首朝上，剑锋朝下。在右髋骨内侧，出竹篾簧片 1 件，平头的一端，朝左侧斜下方，尖头的一端向右侧斜上方。在右髋骨下面，压有铜锥 1 件。在左髋骨内侧上缘，出瑞兽形青铜带钩 1 件，兽首朝左，正置。在耻骨弓下端，出服饰铜泡 1 枚。在左、右股骨上段表面，各遗有服饰铜扣 1 枚。

YYM103

这是玉皇庙墓地属于丁级规格的小型墓葬之一。位于北Ⅰ区南部，地势偏低。其东有 YYM101，间距 7.2 米；东南有 YYM102，间距 5 米；其南已无墓葬；其西 3.4 米，为自北而南的一条山水沟；其北有 YYM10，间距 7 米；东北有 YYM7，间距 2.5 米。此墓的地层堆积，大体上同于 YYM18，不赘。

墓圹平面形状，呈抹角长方形，为浅穴土坑墓。东北向，方位角为东偏北30°。此墓圹口上部遭取土破坏。残存圹口东北—西南长2.35、东端宽0.72、西端宽0.67米，圹底形制、规格，与残存圹口一致，残存圹口至圹底深0.4米。无生土二层台。无木质葬具，故无活土二层台。

因墓圹上部被破坏，殉牲情况不详。

圹内填土，为夹杂碎石颗粒的褐色五花土，较纯净，未经夯实，土质较疏松。在填土中，未发现任何文化遗物。

在圹底中间，顺墓圹方向，发现有腐朽过甚的人骨残骸一具，头骨仅能看出隐约的朽粉形迹，脊椎、肋骨、骨盆、手骨、足骨等，均已朽烂无存，四肢骨仅余少许残段。从残存痕迹可以判知，此死者头朝东北，足向西南，仰身直肢。其性别、年龄，已无法鉴别。

随葬品仅有泥质灰陶罐1件，出于圹底死者头骨左侧，正置（图二〇八）。除此之外，再未有其他任何遗物。

四　春秋中晚期墓葬（39座）

YYM212

这是玉皇庙墓地属于乙（B）级规格的中型墓葬之一。位于北Ⅱ区南部边缘，其东、南、西南和东北，与南区墓葬相邻。在北Ⅱ区范围内，其北有YYM257，间距1.9米；西有YYM258，间距0.4米；西南有YYM208，间距2.5米。在南区范围内，其东有YYM216，间距1.6米；东南有YYM215和YYM214，间距分别为2.6和3.2米；南有YYM211，间距2.2米；西南有YYM207，间距4.4米；东北有YYM217，间距0.75米。此墓的地层堆积，墓口以上可分三层，第一层（上层）为夹杂自然石块的深褐色山皮土层，厚25厘米；第二层（中层）为淤积夹砂石层，即夹略大和较大砂石颗粒的褐色土层，属此地晚期泥石流堆积层，厚1.3米；第三层（下层）为夹中细砂石颗粒的褐色土层，属这里早期泥石流堆积层，厚20~25厘米。揭掉这三层堆积之后，始见圹口，圹口以下至墓底的地层堆积，皆属生黄土层，即属于更新世晚期形成的黄土质砂质黏土层，深1.3米以上。

墓圹平面形状，基本上呈抹角长方形，为竖穴土坑墓。东向，方位角为东偏南22°。墓圹规格，圹口东西长2.85、东端宽0.95、西端宽1.18米，圹底东西长2.8、东端宽0.85、西端宽1米，圹口至圹底深1.3米。在墓圹西壁和南、北两侧壁中腰部位，分别留出很窄的生土二层台，台面距圹口深均为0.6米，其中西台宽8厘米，南、北二台宽为5厘米，台壁作笔直下切，三台高均为0.7米。在圹底正中部位，按东西方向，安置木椁一具。在木椁四壁的外侧至圹底部四壁之间，筑有活土二层台，台土均经严密夯打，较坚实，台面等高，均为36厘米，宽度不一，东台宽为43、南台宽为27、西台宽为44、北台宽为22厘米（中段）。

圹内填土，为杂有少量褐色斑点的黄色五花土，经过夯打，较坚实，未有形成夯层与夯窝。在填土中，仅发现少量的夹砂褐陶器残片，除此之外，未见其他遗物。

殉牲位置，祭牲集中摆放在圹内东端正中活土二层台以上的填土中，上距东端圹口16厘米深，下距圹底0.9米（图版六四，2）。殉牲种类为马、羊、狗3种家畜。殉牲数量，马头1个，马肱骨1只（未带蹄），羊头2个（绵羊），羊肱骨1只，狗头6个，狗肱骨6只。殉牲形式，将马、羊、狗头的上、下颌均拆解开，分上、下两层叠压摆放。下层东端摆放狗肱骨5只、狗头5个，狗头压在狗肱骨之

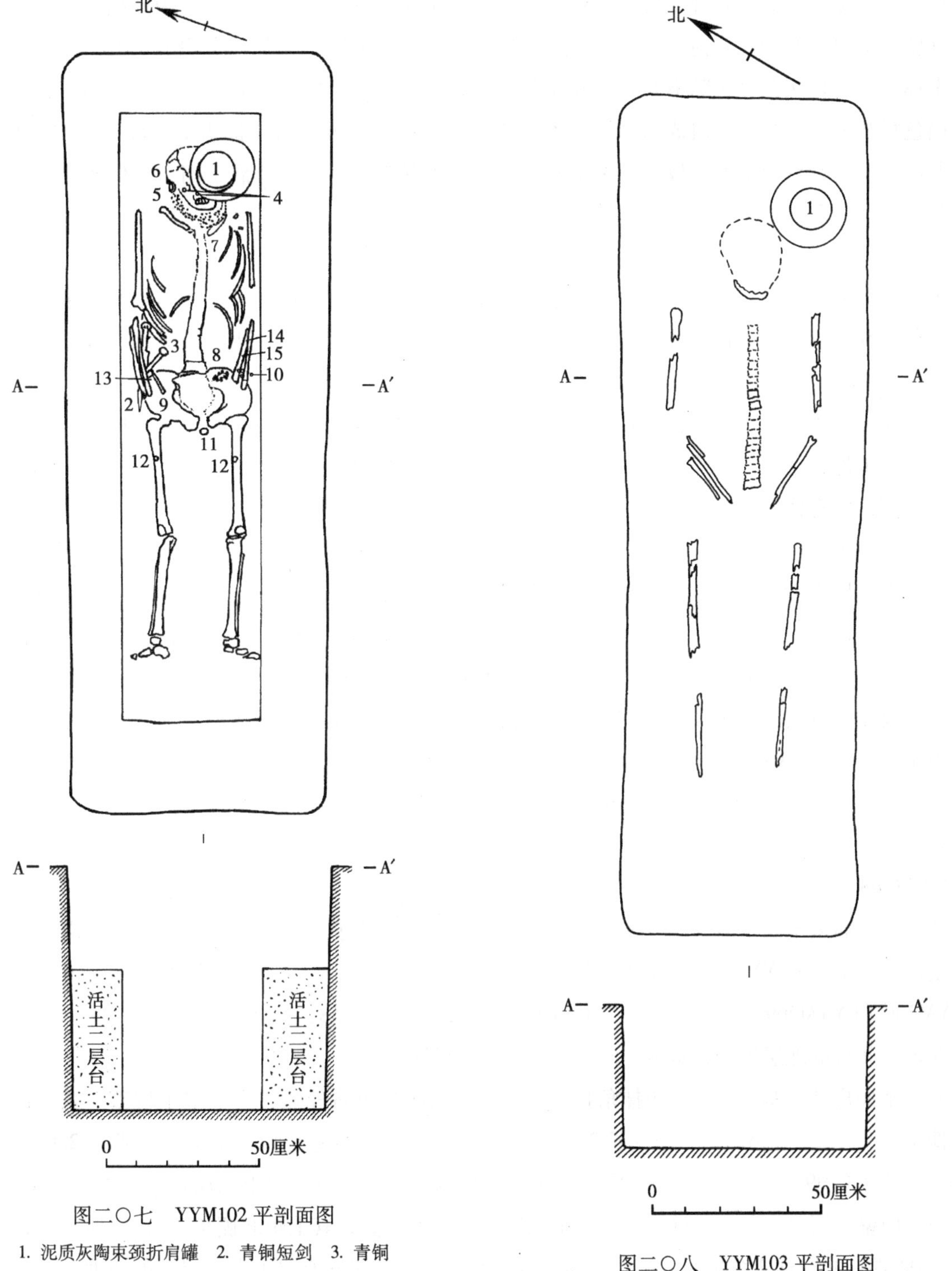

图二〇七　YYM102 平剖面图

1. 泥质灰陶束颈折肩罐　2. 青铜短剑　3. 青铜削刀　4. 覆面铜扣　5. 铜丝耳环　6. 绿松石坠珠（右）　7. 石珠项链　8. 铜带钩　9. 骨簧片　10. 小铜扣　11. 服饰铜泡　12. 服饰铜扣　13. 铜锥（右髋骨下面）　14. 圆筒形铜锥（针）管具　15. 铜铃形饰（压于左尺骨下面）

图二〇八　YYM103 平剖面图

1. 泥质灰陶罐

上；狗头西南侧，摆放羊肱骨1只，羊头2个，羊头压在羊肱骨之上；上层正中间摆放马头1个，右侧置马肱骨1只，左侧摆放狗上颌1个，狗下颌1副，狗肱骨1只。马、羊、狗的吻部，一律朝东。

木椁已朽，板灰保存状况不太好，盖板无存，底板痕迹不清楚，仅见南、北侧板与东、西堵板稀疏的白色板灰痕迹，其板块组成与结构已不可辨识。南、北侧板东西顺长2.25米，总高36厘米，与南、北活土二层台台面平齐，板灰厚4厘米。东、西两端堵板，分别竖插于南、北侧板之间，立插部位，分别在南、北侧板东、西两端内缩18和14厘米处，高度均为36厘米，与东、西活土二层台平齐，总宽东端43、西端39、板灰厚4厘米。

木椁内装殓尸骨一具。保存状况不太好，头骨已经酥碎，上、下颌骨已朽为粉末，椎骨残缺，肋骨与肱骨无存，仅下肢骨较完整。头东足西，仰身直肢，经现场鉴定，死者为男性，成年。骨骼从头到脚通长1.68米。

随葬品集中陈放于木椁内、死者身上及其近前（图二〇九）。在头骨左后方，椁底东北角，放置泥质灰陶罐1件，正置，已碎裂。在左、右耳骨下面，各出螺旋形铜丝耳环1件及绿松石坠珠1枚。在死者面部，出有覆面铜扣3枚，其一出于左眼眶与额骨之间，另2枚出于鼻孔与口腔之间。在颈下、左侧锁骨上，出马形铜牌饰1件，马头朝左。在右尺骨外侧至右髋骨表面，出青铜短剑1件；在青铜短剑的下面，压有青铜削刀1件，剑、刀锋部均朝下。在右尺骨下面，出铜锥1件。在右髋骨下面，压有长方形锯齿纹铜锥（针）管具1件。在右股骨内侧，出铜锛1件，侧置，锛刃朝上。在右髌骨外侧，出铜凿1件，凿刃朝下。在左、右尺骨及趾骨附近，发现服饰小铜扣82枚，具体分布如次：在左尺骨内侧及左髋骨表面，出43枚；在右尺骨外侧，出36枚；在趾骨下面出有3枚。此外，在骨盆附近出山羊形铜带饰73枚，具体分布如次：（1）在左尺骨和左髋骨下面压有18枚；（2）在骨盆表面出36枚；（3）在右尺骨和右髋骨外侧出19枚。在部分山羊形铜带饰的背面，遗有清晰的粗麻布痕迹（彩版七二，2）。

YYM208

这是玉皇庙墓地属于丙（A）级规格的小型墓葬之一。位于北Ⅱ区南部边缘，其东南与南侧，分别与南区YYM211和YYM207相毗邻，间距分别为2.1和1.7米，西南有YYM193，间距0.9米；西北有YYM260和YYM269，间距分别为2.1和4.7米；北有YYM258，间距1.2米；东北有YYM212，间距2.6米。此墓的地层堆积，基本上同于YYM212，不赘。

墓圹平面形状，基本上呈弧边抹角长方形，南、北两侧边略外弧，为竖穴土坑墓。东向，方位角为东偏南20°。墓圹规格，圹口东西长2.75、东端宽1.07、西端宽1.12米，圹底东西长2.67、东端宽0.94、西端宽0.99米，圹口至圹底深1.24米。在圹内四壁，均留出生土二层台，其中北壁留出2级，东、南、西壁各留出1级。北壁第1级生土二层台，台面较高，其上距北侧圹口仅22厘米深，下距圹底为1.02米；北壁第2级生土二层台台面高度，与东、南、西壁所留生土二层台的高度一致，均上距圹口47厘米深，下距圹底0.77米。上述生土二层台台面均很窄，台宽在3～7厘米之间，以东、西两端生土二层台较窄，以南、北两侧的稍宽。生土二层台四壁，甚为平整，均作笔直下切。在圹底正中位置，按东西方向，安置木椁一具。在木椁外壁四周至生土二层台四壁之间，分别筑有活土二层台，台土经过严密夯打，较坚实，东、南、西、北四台等高，均为29厘米，宽度不一，东台宽42、南台宽21、西台宽47、北台宽20厘米。

圹内填土，为杂有少量褐色斑点的黄色五花土，经普遍夯实，但未有夯层与夯窝痕迹。在填土中，仅发现夹砂红褐陶残片 2 块，牛牙 1 颗，除此之外，再未见其他遗物。

殉牲位置，祭牲集中摆放在圹内东端中间上层填土中，上距东端圹口 30 厘米深，下距圹底 0.73 米（图版六五，1）。殉牲种类，为牛、狗 2 种家畜。殉牲数量，牛头 1 个，牛肱骨 1 只，狗头 2 个，狗肱骨 2 只。殉牲形式，将牛和狗头的上、下颌拆解开后，按东西方向，牛牲与狗牲作上、下叠压聚堆摆放。即先将牛肱骨 1 只，顺置于圹内东端中间位置填土上，然后于其相邻的南、北两侧，摆上狗牲 2 套（每套含狗肱骨 1 只及拆解开的狗上颌骨 1 个、狗下颌 1 副），肱骨在下，头骨在上，吻部一个朝东，另 1 个朝东北；最后，将拆解开的牛上、下颌骨 1 套，叠压于牛肱骨及 2 套狗牲之上，吻部亦朝东。

木椁已朽，盖板无存，底板灰痕大部残缺，四至不清，南、北侧板与东、西堵板板灰痕迹尚明显。板灰呈白色粉状，南、北侧板东西顺长 2.14 米，总高 29 厘米，与南、北活土二层台台面平齐，板灰厚 3.5 厘米；东、西堵板，分别竖插于南、北侧板之间，立插部位，分别在南、北侧板东、西两端内缩 15 和 18 厘米处，高度东、西有差，西端堵板高与南、北侧板一致，为 29 厘米，而东端堵板则高 60 厘米，总宽东端 46、西端 44 厘米，其中东端堵板灰痕清楚一些，可看出其由 3 块竖板组成，每块竖板宽度在 14～17 厘米之间，板灰厚 4 厘米。南、北侧板与西端堵板的板块组成情况，已难再作具体分辨。

木椁内装殓尸骨一具。保存状况较好，头骨及其他主要部位骨骼，基本完整。头东足西，仰身直肢，经现场鉴定，死者为女性，30～35 岁。骨骼从头到脚通长 1.5 米。

随葬品较少，集中陈放于木椁内、死者身上及其近前（图二一〇）。在头骨左后侧，放置泥质灰陶折肩罐 1 件，正置。在右耳骨下面，出螺旋形铜丝耳环 1 件及绿松石坠珠 1 枚、小白石珠 2 粒。右耳无耳环，亦无坠珠。在上颌骨左侧，出覆面铜扣 1 枚。在腰椎右侧，出匕形铜坠饰 1 件，坠尖朝右。

YYM193

这是玉皇庙墓地属于丁级规格的小型墓葬之一。位于北Ⅱ区南部边缘。其东南和正南，分别与南区北部的 YYM207 和 YYM194 相毗邻，间距分别为 1 和 2.4 米；西南有 YYM192，间距 0.9 米；西北有 YYM191 和 YYM269，间距分别为 2.2 和 3.3 米；北有 YYM260，间距 3 米；东北有 YYM208，间距 1 米。此墓的地层堆积，基本上同于 YYM188，不赘。

墓圹平面形状，呈抹角梯形，东端较宽，为浅穴土坑墓。正东向，方位角为 90°。墓圹规格，圹口东西长 1.75、东端宽 0.76、西端宽 0.56 米，圹底形制、规格，与圹口一致，圹口至圹底深 0.51 米。无生土二层台。在圹底西半部，偏东南—西北方向，安置木质葬具一具。在木质葬具四周至圹底部四壁之间，筑有活土二层台，台土经过严密夯打，较坚实，东、南、西、北四台等高，均为 23 厘米，宽度不一，东台宽 94、南台宽 9、西台宽 15、北台宽 22 厘米（中段）。

圹内填土，为杂有少量褐色斑点的黄色五花土，未经夯实，土质较疏松。在填土中，仅发现夹砂红褐陶碎片 3 块。另在圹内东端南侧活土二层台台面上和木质葬具东端底部，各有自然石灰岩石块 1 块。

无殉牲。

木质葬具，已腐朽为泥。根据墓圹底部土质软、硬的差别，可以分辨出该木质葬具的四至界限。其东西顺长为 0.95 米，东端宽 30、西端宽 32、总高 23 厘米，与四周活土二层台台面平齐。其他相关结构情况，已无从考察。

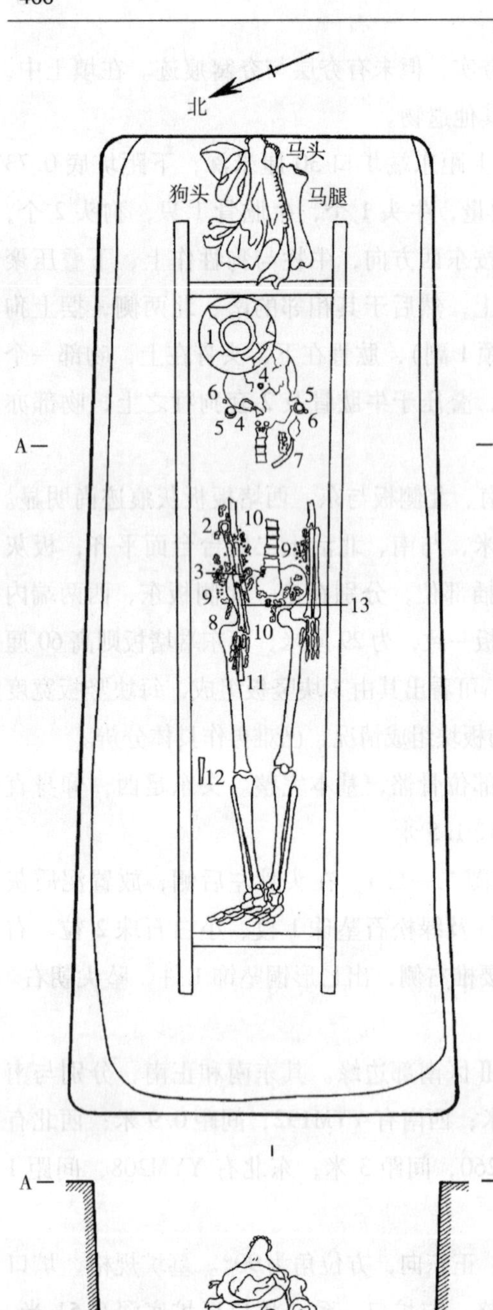

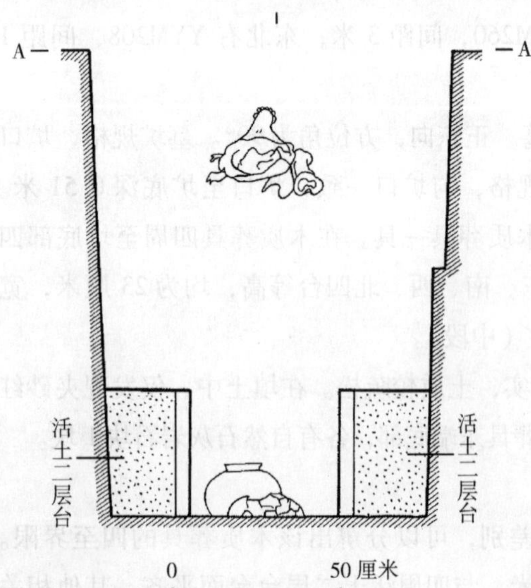

图二〇九　YYM212平剖面图

1. 泥质灰陶罐　2. 青铜短剑　3. 青铜削刀　4. 覆面铜扣　5. 铜丝耳环　6. 绿松石坠珠　7. 马形铜牌饰　8. 长方形铜锥（针）管具　9. 服饰小铜扣　10. 山羊形铜带饰　11. 铜锛　12. 铜凿　13. 铜锥（压在右尺骨下面）

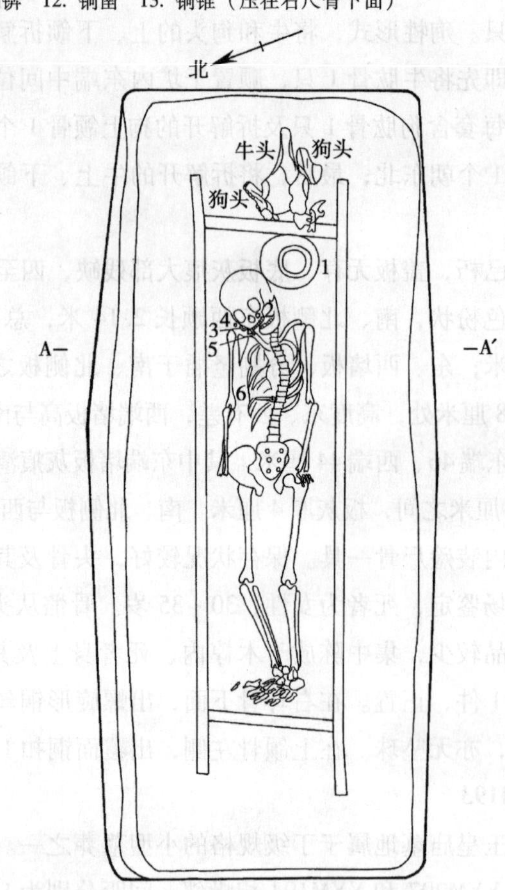

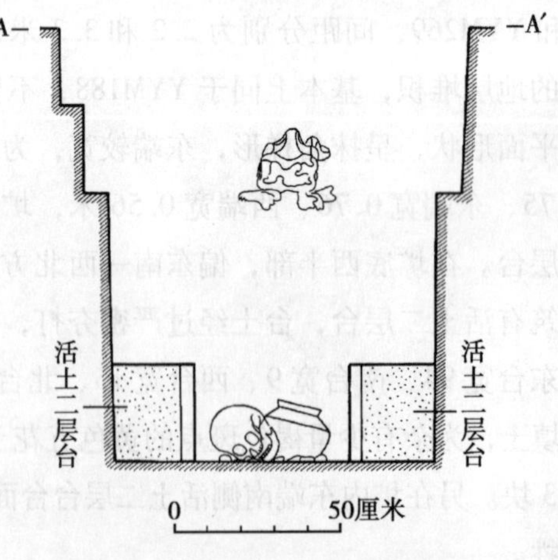

图二一〇　YYM208平剖面图

1. 泥质灰陶折肩罐　2. 覆面铜扣　3. 铜丝耳环　4. 绿松石坠珠（右）　5. 小白石珠　6. 匕形铜坠饰

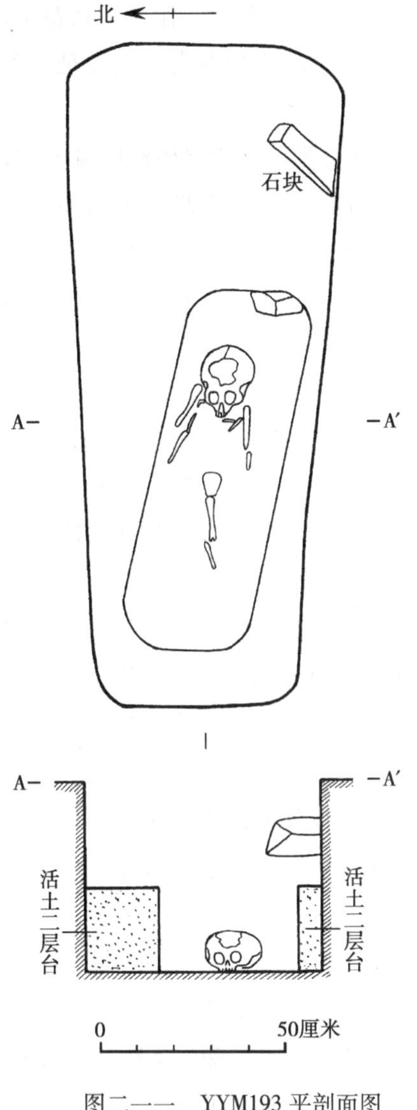

图二一一　YYM193 平剖面图

木质葬具内装殓婴孩尸骨一具。保存状况不好，头骨已残破，骨骼因腐朽，大部残缺不全，下肢骨已被扰动，错位明显。头东足西，仰身直肢。经现场鉴定，死者为1岁左右婴儿（图二一一；图版六五，2）。

无任何随葬品。

YYM192

这是玉皇庙墓地属于丙（B）级规格的小型墓葬之一。位于北Ⅱ区南部。其东有 YYM207，间距 2.7 米；东南有 YYM194，间距 1.8 米；南有 YYM196，间距 2 米；西南有 YYM189，间距 2.2 米；西有 YYM188，间距 5 米；西北有 YYM191，间距 0.7 米；东北有 YYM193，间距 0.9 米。此墓的地层堆积，基本上同于 YYM188，不赘。

墓圹平面形状，呈抹角长方形，为竖穴土坑墓。东向，方位角为东偏南 4°。墓圹规格，圹口东西长 2、东端宽 0.86、西端宽 0.84 米，圹底东西长 1.94、东端宽 0.82、西端宽 0.8 米，圹口至圹底深 1.03 米。无生土二层台。在圹底中间位置，按东西方向，安置木椁一具。在木椁外壁四周至圹底部四壁之间，筑有活土二层台，台土经过严密夯打，较坚实，东、南、西、北四台等高，均为 21 厘米，宽度不一，东台宽 25、南台宽 21、西台宽 24、北台宽 20 厘米（中段）。

圹内填土，为杂有少量褐色斑点的黄色五花土，经普遍夯实，但未有夯层与夯窝痕迹。在填土中，仅发现夹砂红陶罐腹部残片 2 块，除此之外，再未见其他遗物。

殉牲位置，祭牲摆放在圹内东端偏南侧的中层填土中，上距东端圹口 0.43 米深，下距圹底 0.45 米（图版六六，1）。殉牲种类，仅有狗 1 种。数量，狗头 3 个，狗肱骨 3 只。殉牲形式，将狗头上、下颌拆解开后，分上、下两层聚堆摆放。即先将拆解开的狗上、下颌骨 1 套及狗肱骨 1 只，顺置于圹内东端偏南侧的中层填土上，肱骨在下，上、下颌骨叠置其上，吻部朝东；然后在其上面，东、西两侧，再分别摆上狗上、下颌及狗肱骨各 1 套，其中东侧的 1 套，上、下颌骨分开摆放，肱骨在下，下颌骨叠置其上，吻部朝西北，上颌骨吻部朝西；西侧的 1 套，上、下颌骨叠合摆放，吻部朝东北，肱骨斜置于上颌骨东南侧。

木椁已朽，板灰呈白色粉状，盖板无存，底板痕迹模糊不清，南、北侧板与东、西堵板板灰轮廓尚可分辨。此木椁规格较小，南、北侧板东西顺长 1.69 米，总高 21 厘米，与活土二层台台面平齐，板灰厚 3 厘米。东、西堵板，分别竖插于南、北侧板之间，立插部位分别在南、北侧板东、西两端内缩 12 和 11 厘米处，椁箱内壁总长仅 1.4 米，高度与南、北侧板一致，均为 21 厘米，总宽东端 35、西端 31、板灰厚 3 厘米。南、北侧板与东、西堵板的板块组成情况，已不能详。

木椁内装殓尸骨一具。保存状况较好，头骨略有开裂，其他主要部位骨骼，基本完整。头东足西，侧身屈肢，头向左歪扭，上体略向右侧身，左腿向右屈肢，左股骨在上，右股骨在下，作交叉状叠压，缺右尺骨及桡骨，左、右手骨，还有左、右足骨。经现场鉴定，死者为男性，18 岁左右。这应是一个死因特殊的死者。

随葬品集中陈放于木椁内、死者身上及其近前（图二一二）。在头骨右侧，放置夹砂红陶罐 1 件，略斜侧置，口朝西北。覆面铜扣 2 枚，出于左、右眼眶内各 1 枚。在颈部，出绿松石珠、黑白小石珠项链 1 串，由绿松石珠 1 枚、小黑石珠 7 粒、小白石珠 18 粒，联合串成。在右髋骨前缘和右股骨上端，出青铜削刀 1 件，刀锋朝右侧斜下方。在右股骨大转子上方，出服饰铜扣 1 枚。在右股骨下端内侧，出骨鸣镝 1 件，铜镞 2 枚，骨镞 3 枚。在左腓骨中段表面，出骨镞 2 枚，镞锋均朝下。

YYM189

这是玉皇庙墓地属于丙（A）级规格的小型墓葬之一。位于北Ⅱ区南部。其东南有 YYM196，间距 0.9 米；南有 YYM185，间距 2.2 米；西南有 YYM186，间距 0.9 米；西有 YYM187，间距 2.9 米；西北有 YYM188，间距 1.4 米；东北有 YYM191 和 YYM192，间距分别为 2.6 和 2.1 米。此墓的地层堆积，基本上同于 YYM188，不赘。

墓圹平面形状，呈弧边抹角长方形，为竖穴土坑墓。东向，方位角为东偏南 2°。墓圹规格，圹口东西长 2.36、东端宽 0.9、西端宽 0.89，圹底东西长 2.23、东端宽 0.72、西端宽 0.7 米，圹口至圹底深 0.98 米。在墓圹四壁中腰略偏下位置，留出很窄的生土二层台一周，四台等高，均距圹口 0.6 米深，下距圹底 0.38 米，台宽略有差异，东台宽 6、南台宽 8、西台宽 7、北台宽 9 厘米（中段），台壁均作笔直下切，壁面平整。圹底中间，按东西方向，安置木椁一具。在木椁外壁四周至圹底部四壁之间，筑有活土二层台，台土经过严密夯打，较坚实，东、南、西、北四台等高，均为 20 厘米，宽度不一，东台宽 25、南台宽 19、西台宽 8、北台宽 9 厘米（中段）。

圹内填土，为杂有少量褐色斑点的黄色五花土，经普遍夯实，但未有夯层与夯窝痕迹。在填土中，仅发现夹砂粗褐陶残片 2 块，泥质灰陶罐口沿残片 1 块，除此之外，再未见其他遗物。

殉牲位置，祭牲集中摆放在圹内东端中间上层填土中，上距东端圹口 13 厘米深，下距圹底 0.68 米（图版六六，2）。殉牲种类，仅有狗 1 种。数量，狗头 2 个，狗肱骨 2 只。殉牲形式，将狗上、下颌拆解开后，2 上颌骨作东、西相对、同层、聚堆摆放。其吻部 1 个朝西，另 1 个朝东南。2 只肱骨和 1 副下颌骨，叠置于西侧的上颌骨之下，另 1 副下颌骨，斜置于西北侧，吻部朝向东北。

木椁已朽，板灰呈白色粉状。盖板灰痕，仅在木椁东端残存一点，作南北向横搭在南侧板之上，南端贴附于南侧活土二层台台面上一截。底板灰痕，已模糊不清。南、北侧板与东、西堵板的板灰轮廓，尚可辨识。南、北侧板东西顺长 2.04 米，总高 20 厘米，与活土二层台台面平齐，板灰厚 3 厘米。东、西堵板分别竖插于南、北侧板之间，立插部位分别在南、北侧板东、西两端内缩 9 和 8 厘米处，高度与南、北侧板一致，均为 20 厘米，总宽东端 40、西端 39、板灰厚 3.5 厘米。南、北侧板与东、西堵板的板块组成情况，已难以再作具体分辨。

木椁内装殓尸骨一具。保存状况不太好，头骨残损，其他主要部位骨骼，基本完整。头东足西，头向左侧歪扭，面朝南，仰身直肢。经现场鉴定，死者为女性，50 岁左右。骨骼从头到脚通长 1.6 米。

随葬品很少，仅在木椁内死者胸部，放置夹砂红陶罐 1 件，正置，已残碎，不成形（图二一三）。除此之外，再无其他任何遗物。

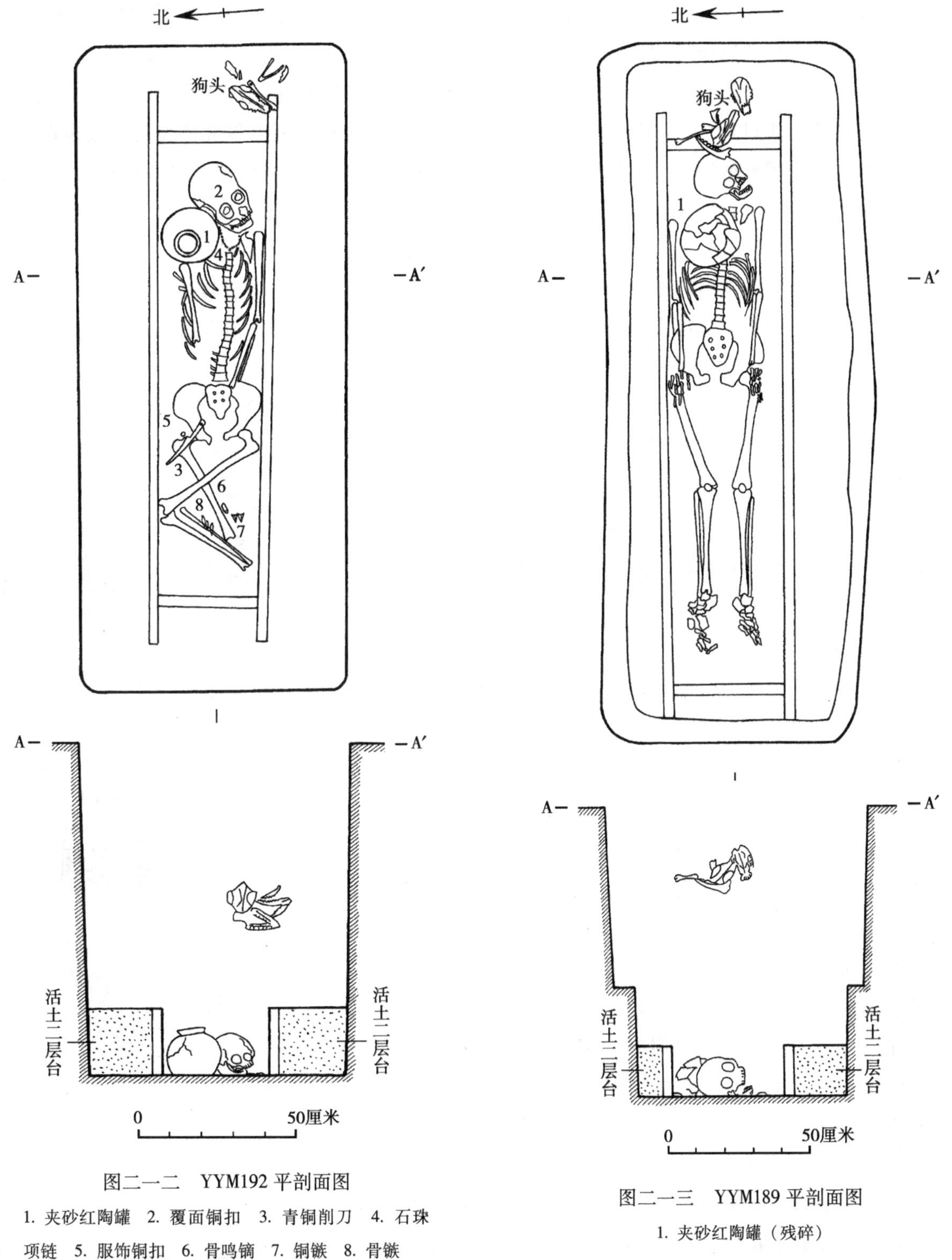

图二一二　YYM192 平剖面图

1. 夹砂红陶罐　2. 覆面铜扣　3. 青铜削刀　4. 石珠项链　5. 服饰铜扣　6. 骨鸣镝　7. 铜镞　8. 骨镞

图二一三　YYM189 平剖面图

1. 夹砂红陶罐（残碎）

YYM187

这是玉皇庙墓地属于丙（A）级规格的小型墓葬之一。位于北Ⅱ区南部，其东有 YYM189，间距 2.9 米；东南有 YYM186，间距 1.2 米；南有 YYM87，间距 0.7 米；西有 YYM53，间距 0.2 米；北有

YYM52，间距1.3米；东北有YYM188，间距1米。此墓的地层堆积，基本上同于YYM188，不赘。

墓圹平面形状，呈弧边抹角长方形，南、北两侧圹边略向南弧曲，为竖穴土坑墓。东向，方位角为东偏北6°。墓圹规格，圹口东西长2.52、东端宽0.85、西端宽0.9米，圹壁平整笔直，圹底形制、规格，与圹口一致，圹口至圹底深1.08米。无生土二层台。在圹底中间略偏北侧位置，按东西方向，安置木椁一具。在木椁外壁四周至圹底部四壁之间，筑有活土二层台，台土经过严密夯打，较坚实，东、南、西、北四台等高，均为34厘米，宽度不一，东台宽9、南台宽22、西台宽50、北台宽8厘米（中段）。

圹内填土，为杂有少量褐色斑点的黄色五花土，经普遍夯实，但未有夯层与夯窝痕迹。在填土中，仅发现夹砂红陶罐类口沿和腹部残片2块，还有少许炭粒痕迹，除此之外，再未见其他遗物。

无殉牲。

木椁已朽，板灰呈白色粉渣状。盖板灰痕明显，多半可查，经对其南侧痕迹进行分辨，可判知其与南、北侧板和东、西堵板的结构关系及其板块组成情况。此盖板自东而西，共有13块宽窄不一的横向（即南北向）木板组成，南、北两端，均横搭在南、北侧板之上，并分别贴附于南、北两侧活土二层台台帮上，板长0.6米左右，板宽7~21厘米不等（图二一四；图版六七，1）。底板灰痕大部残缺，四至不清楚。南、北侧板与东、西堵板，灰痕轮廓尚可辨识。南、北侧板东西顺长2.13米，总高34厘米，与南、北活土二层台台面平齐，板灰厚3厘米；东、西堵板，分别竖插于南、北侧板之间，立插部位，分别在南、北侧板东、西两端内缩6和17厘米处，高度与南、北侧板一致，均为34厘米，总宽东端47、西端44、板灰厚3厘米。南、北侧板与东、西堵板的板块组成情况，已难以再作具体分辨。

图二一四　YYM187板灰痕迹平面图

木椁内装殓尸骨一具。保存状况不太好，头骨已残碎，其他主要部位骨骼，基本完整。头东足西，仰身直肢，经现场鉴定，死者为女性，50~55岁。骨骼从头到脚通长1.64米。

此墓随葬品很少，仅在木椁内死者头骨左后侧，放置夹砂红陶罐1件，正置；在死者前额和右眼眶上缘，出覆面铜扣2枚（图二一五）。除此以外，再未见任何其他遗物。

YYM53

这是玉皇庙墓地属于丁级规格的小型墓葬之一。位于北Ⅱ区南部。其东有YYM187，间距0.2米；南有YYM87，间距1.2米；西南有YYM56，间距1.6米；西北有YYM55，间距1.1米；北有YYM52，间距1.2米。此墓的地层堆积，基本上同于YYM188，不赘。

墓圹平面形状，呈抹角梯形，东宽西窄，为浅穴土坑墓。东向，方位角为东偏南18°。墓圹规格，圹口东西长1.18、东端宽0.68、

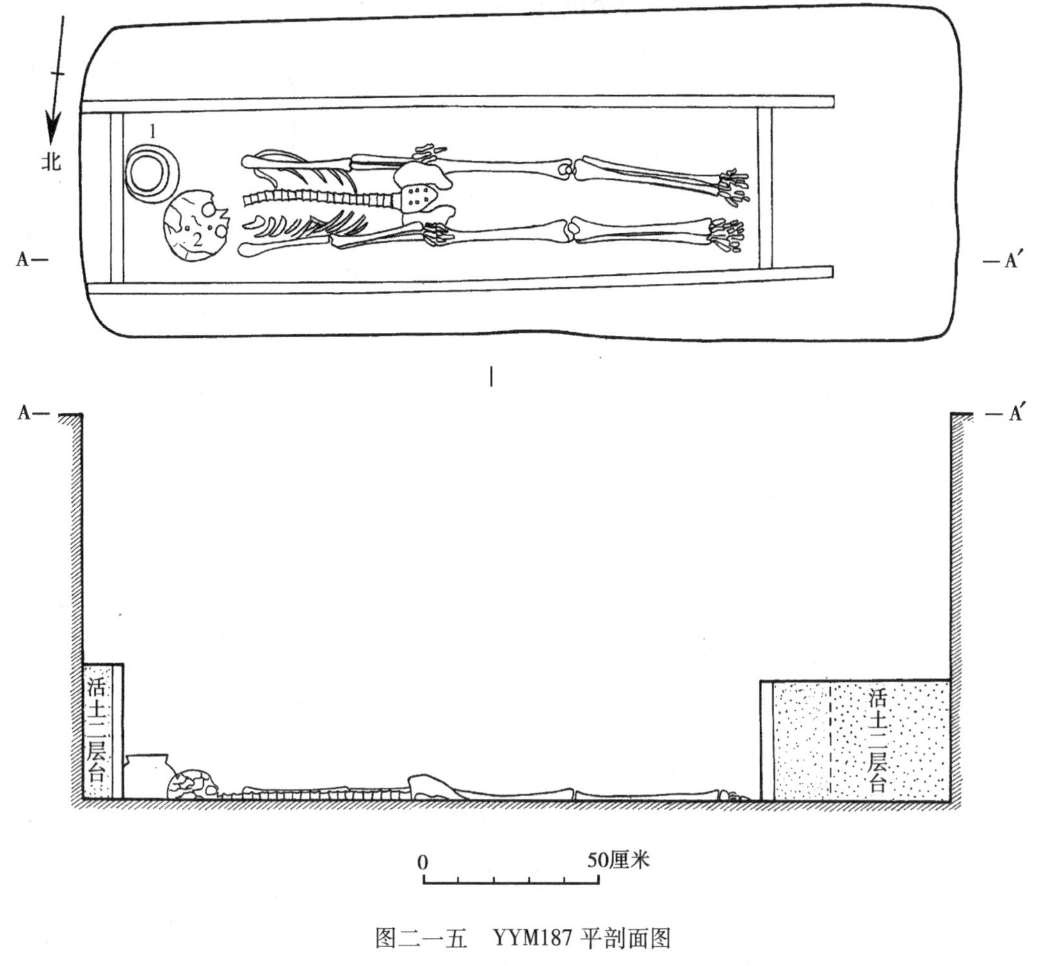

图二一五　YYM187 平剖面图

1. 夹砂红陶罐　2. 覆面铜扣

西端宽 0.39 米，圹底东西长 1.12、东端宽 0.62、西端宽 0.34 米，圹口至圹底深 0.5 米。无生土二层台。无木质葬具，故无活土二层台。

圹内填土，为杂有褐色斑点的黄色五花土，未经夯实，土质较疏松。在填土中，仅发现夹砂红陶碎片 3 块。除此之外，再未见其他任何遗物。

无殉牲。

在圹底中间稍偏北侧位置，按东西方向，安置孩童尸骨一具。保存状况不太好，头骨已残碎，骨架已朽，脊椎、手、足骨大部无存，四肢骨保存尚较好。头东足西，侧面向西南，仰身直肢。经现场鉴定，死者为婴儿，2 岁左右。骨骼从头到脚通长 0.93 米（图版六七，2）。

随葬品仅有螺旋形铜丝耳环 2 件。未出于耳骨附近，而是分别出于左、右肘关节外侧各 1 枚（图二一六）。

YYM55

这是玉皇庙墓地属于丙（C）级规格的小型墓葬之一。位于北Ⅱ区南部。其东南有 YYM56 和 YYM53，间距分别为 1.8 和 1.1 米；西南有 YYM57，间距 2 米；西北有 YYM54，间距 1.1 米；北有 YYM88，间距 2.7 米；东北有 YYM52，间距 0.8 米。此墓的地层堆积，基本上同于 YYM188，不赘。

墓圹平面形状，呈抹角长方形，为竖穴土坑墓。东向，方位角为东偏南7°。墓圹规格，圹口东西长2.3、东端宽0.68、西端宽0.6米，圹底东西长1.78、东端宽0.66、西端宽0.6米，圹口至圹底深1米。在圹内东端，设置生土二层台，台面上距东端圹口0.4、下距圹底0.6、东西长0.5米，南、北两端，均直抵圹壁。上面未陈放任何遗物。在圹底中间，按东西方向，安置木质葬具一具。在木质葬具四周至圹底四壁之间，筑有活土二层台，台土经夯实，东、南、西、北四台等高，均为40厘米，宽度不一，东台宽30、南台宽15、西台宽10、北台宽12厘米（中段）。

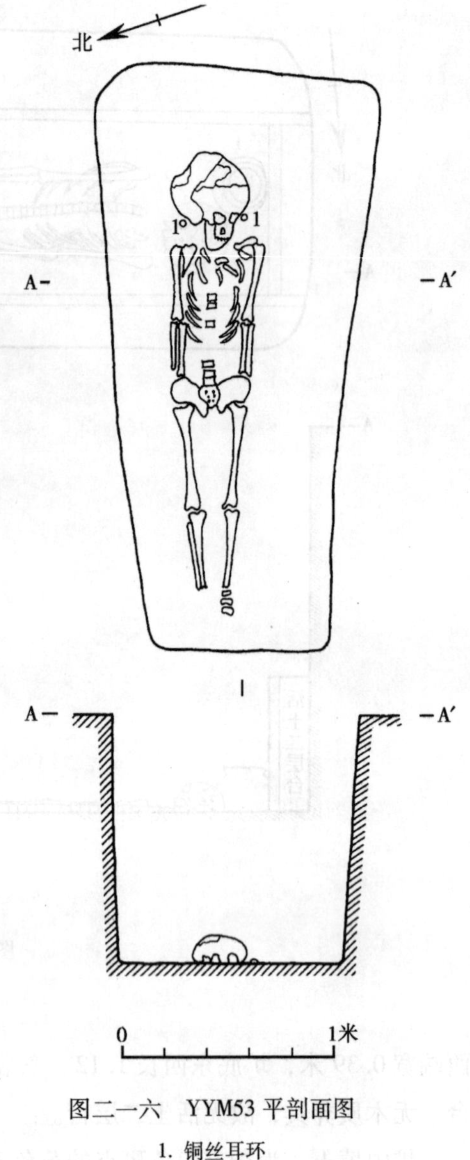

图二一六　YYM53平剖面图

1. 铜丝耳环

圹内填土，为杂有褐色斑点的黄色五花土，经普遍夯实，但未有夯层与夯窝痕迹。在填土中，未见任何文化遗物。

殉牲位置，祭牲摆放在圹内东端生土二层台以西、木质葬具以东的中间上层填土中，殉牲种类，仅有狗1种。数量，狗头1个，狗肱骨2只。殉牲形式，将狗头上、下颌骨拆解开后，按东西方向分开，作同层、南北相邻摆放。狗上颌骨1个，正置，居中，狗下颌骨1副，侧置，居南，吻部皆朝东。狗肱骨2只，略错位于西北，也在同一层位，作南北向并列。

木质葬具已朽，盖板与底板灰痕已无存，仅余南、北侧板与东、西堵板的稀疏轮廓。南、北侧板东西顺长1.36米，东、西堵板宽均为37厘米，侧板与堵板高度相等，皆40厘米。其板块组成情况，已不能详。

木质葬具内装殓孩童尸骨一具。保存状况不太好，头骨已残裂，骨架多已腐朽，手、足骨等细小骨骼已无存，唯四肢骨之轮廓，尚清楚可辨。头东足西，侧面向北，仰身直肢。经现场鉴定，死者为儿童，2.5～3岁。骨骼从头到胫骨末端通长0.84米。

随葬品极少，仅在死者颈部，出小白石珠4粒，小黑石珠2粒（图二一七）。

YYM58

这是玉皇庙墓地属于乙（B）级规格的中型墓葬之一。位于北Ⅱ区南部。其东南有YYM57，间距1.3米；西南有YYM60，间距2米；西侧1米，为2号取土坑；西北有YYM100，间距2.4米；东北有YYM54和YYM55，间距分别为1.3和1.1米。此墓的地层堆积，基本上同于YYM188，不赘。

墓圹平面形状，呈抹角长方形，为竖穴土坑墓。东向，方位角为东偏北9°。墓圹规格，圹口东西长2.7米，东、西两端宽均为0.92米，圹底形制、规格，与圹口一致，圹口至圹底深1.4米。无生土二层台。在圹底中间略偏北侧位置，安置木椁一具。在木椁外壁四周至圹底四壁之间，筑有活土二层

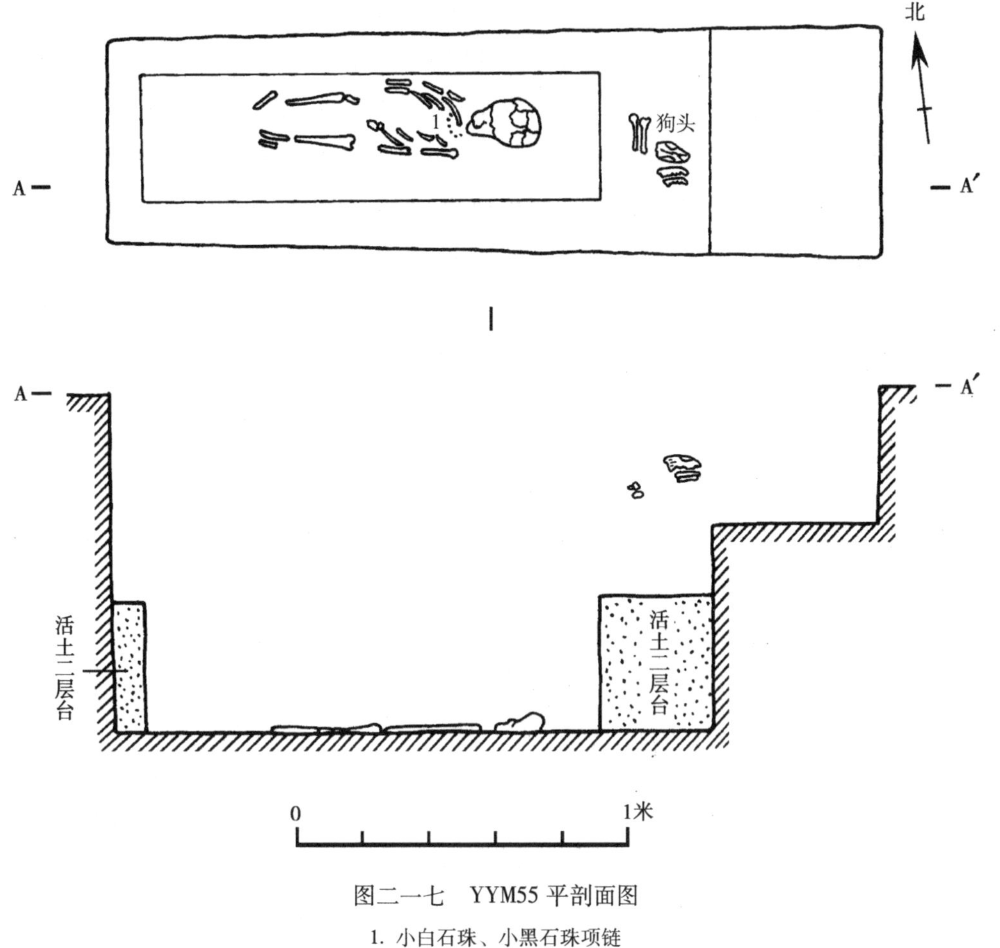

图二一七　YYM55 平剖面图
1. 小白石珠、小黑石珠项链

台，台土经严密夯打，较坚实，东、南、西、北四台等高，均为40厘米，宽度不一，东台宽33、南台宽20、西台宽34、北台宽8厘米。

圹内填土，为杂有褐色斑点的黄色五花土，经普遍夯实，但未有夯层与夯窝痕迹。在填土中，仅发现夹砂红陶碎片4块，牛牙2颗。

殉牲位置，祭牲摆放在圹内东端中间上层填土中，上距东端圹口2厘米深，下距圹底1.12米。殉牲种类，为牛、狗2种家畜。殉牲数量，牛头1个，牛肱骨1只，狗头2个，狗肱骨4只。殉牲形式，将牛和狗的上、下颌骨拆解开后，牛牲与狗牲作同层、相邻、聚堆摆放。即先将狗肱骨2只，一纵一横摆放到圹内东端中间上层填土上，然后于其北侧，顺置拆解开的狗上、下颌骨1套，下颌骨在下，上颌骨扣在其上，略有错位，吻部朝东；然后将牛肱骨1只，横搭在这套狗牲之上；然后将已拆解开的牛上、下颌骨1套，叠置于牛肱骨之上，吻部朝向东北；然后于其南侧，顺摆狗肱骨2只，最后再将已拆解开的狗上、下颌骨1套，叠置于狗肱骨之上，使其吻部朝向西南。

木椁已朽，板灰呈白色粉状，盖板无存，底板灰痕大部残缺，南、北侧板与东、西堵板灰痕尚较清楚。南、北侧板东西顺长2.28米，板灰厚3.5～4厘米。东、西堵板分别竖插于南、北侧板之间，立插部位，分别在南、北侧板东、西两端内缩12和14厘米处，总宽东端0.53、西端0.54米，板灰厚3.5厘米。南、北侧板与东、西堵板高均为40厘米，与四周活土二层台台面平齐。其板块组成情况，已不能详。

木椁内装殓尸骨一具。保存状况较好，头骨及骨架主要部位骨骼，基本完好。头东足西，侧面向西北，仰身直肢。经现场鉴定，死者为男性，50岁左右。骨骼从头到脚通长1.66米。

随葬品陈放于木椁内、死者身上及其近前（图二一八）。在头骨左侧，放置夹砂红陶罐1件，正置，已残碎。在左、右耳骨下面，各出螺旋形铜丝耳环1件，在左、右耳环下，各附出绿松石坠珠1枚。覆面铜扣2枚，出于左眼眶内1枚，左颞骨处1枚。在颈部，出不同质料的项链2串：（1）小黑石珠项链1串（190粒）；（2）铜珠加石珠项链1串，由粟粒形小铜珠8枚，加白石管1枚和绿松石珠17枚，联合组成。在左、右髋骨及腰椎下面，左股骨内侧，出小卧鹿形铜带饰49枚。在左髋骨外缘至左股骨上端外侧之间，出青铜削刀1件，刀锋朝上。在左股骨上端外侧，出铜锥1件，锥尖朝右侧斜上方。在右胫骨上端内侧，出骨镞13枚，镞锋朝下。

YYM196

这是玉皇庙墓地属于乙（B）级规格的中型墓葬之一。位于北Ⅱ区南部边缘，其东有YYM206，间距3.4米；东南有YYM205，间距4.5米；南有YYM197，间距2米；西南有YYM185，间距1.7米；西北有YYM189，间距0.9米；北有YYM192，间距2米；东北有YYM194，间距1.9米。此墓的地层堆积，大体上同于YYM212，不赘。

墓圹平面形状，基本上呈抹角梯形，东端略宽，西端略窄，为竖穴土坑墓。东向，方位角为东偏南10°。墓圹规格，圹口东西长2.47、东端宽1.18、西端宽0.8米，圹底东西长2.37、东端宽1.08、西端宽0.72米，圹口至圹底深1.5米。无生土二层台。在圹底中间稍偏东北—西南方向，安置木椁一具。在木椁外壁四周至圹底部四壁之间，筑有活土二层台，台土经过严密夯打，较坚实，东、南、西、北四台等高，均为26厘米，宽度不一，东台宽36、南台宽27、西台宽34、北台宽28厘米。

圹内填土，为杂有少量褐色斑点的黄色五花土，经普遍夯实，但未有夯层与夯窝痕迹。在填土中，仅发现夹砂红陶罐类口沿和腹部残片3块，牛牙2颗，除此之外，再未见其他遗物。

殉牲位置，祭牲集中摆在圹内东端中间上层填土中，上距东端圹口40厘米深，下距圹底0.81米（图二一九；图版六八，1）。殉牲种类，为牛、狗2种家畜。殉牲数量，牛头1个，牛肱骨1只，狗头3个，狗肱骨3只。殉牲形式，将牛和狗头的上、下颌拆解开后，按东西方向，作南、北相邻同层摆放。即先在圹内东端中间位置上层填土上，顺摆狗肱骨2只及拆解开的狗上、下颌骨2套，狗肱骨在下，狗头骨叠置其上，吻部朝东；然后在其西侧，横置牛肱骨1只，将拆解开的牛上、下颌骨1套，摆在狗牲和牛肱骨的南侧，使其吻部朝东；最后，在牛肱骨的西侧、牛头骨的北侧，再摆上狗肱骨1只及拆解开的狗上、下颌骨1套，照例是狗肱骨在下，狗头骨在上，吻部略朝东北。

木椁已朽，板灰呈白色粉状，盖板无存，南北侧板、东西堵板与底板板灰轮廓尚可辨识，底板东西顺长1.9米，总宽东端49、西端48厘米。南、北侧板东西顺长2.04米，立于底板之上，两侧边与底板边压齐，两端略长出底板一截，总高26厘米，与南、北活土二层台台面平齐，板灰厚3.5厘米。东、西堵板，分别竖插于南、北侧板之间，立插部位，分别在南、北侧板东、西两端内缩21和10厘米处，高度与南、北侧板一致，均为26厘米，总宽东端41、西端39、板灰厚3~3.5厘米。底板，南、北侧板与东西堵板的板块组成情况，已难以再作具体分辨。

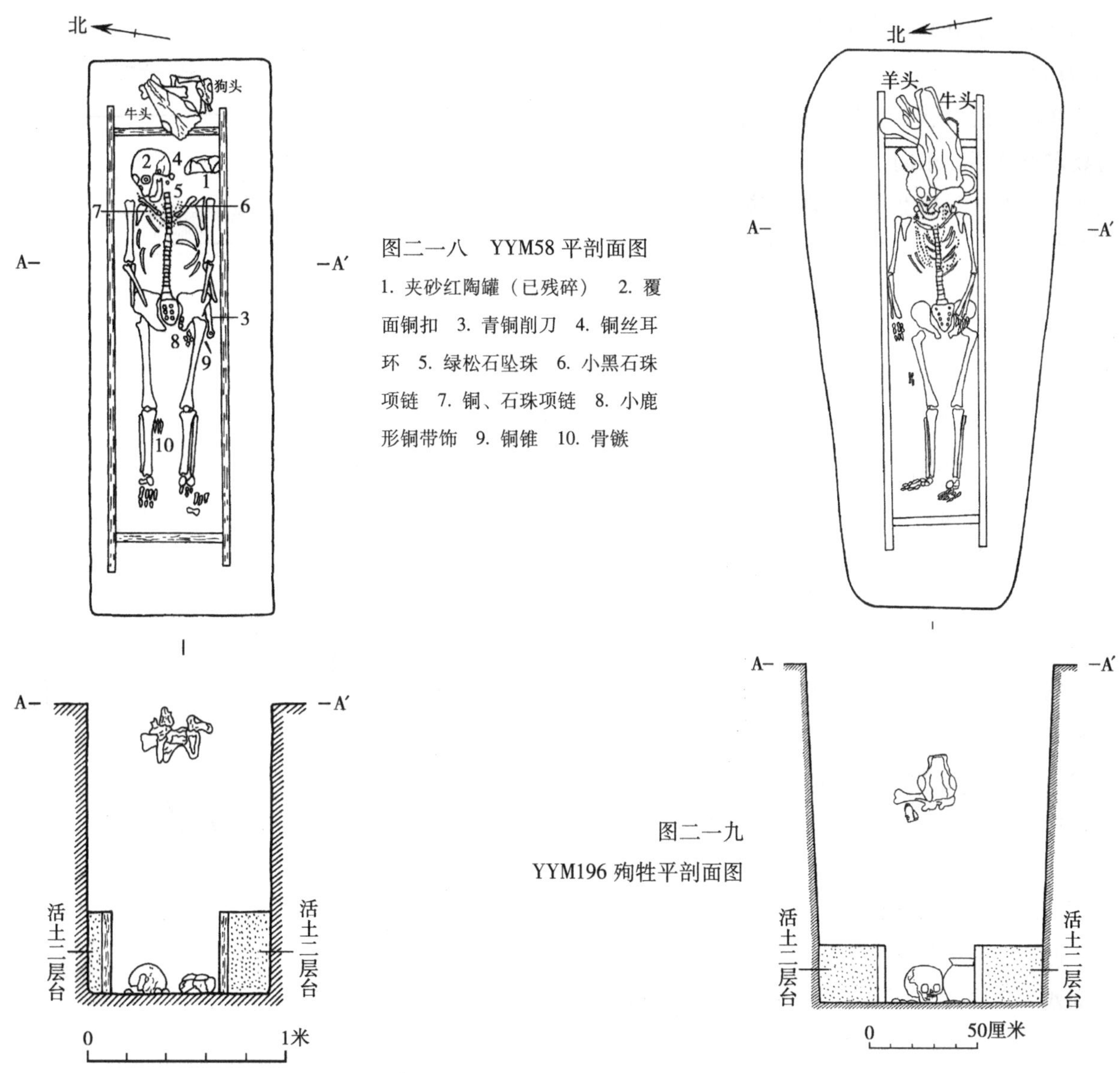

图二一八　YYM58 平剖面图
1. 夹砂红陶罐（已残碎）　2. 覆面铜扣　3. 青铜削刀　4. 铜丝耳环　5. 绿松石坠珠　6. 小黑石珠项链　7. 铜、石珠项链　8. 小鹿形铜带饰　9. 铜锥　10. 骨镞

图二一九
YYM196 殉牲平剖面图

木椁内装殓尸骨一具。保存状况较好，除面骨碎裂外，其他主要部位骨骼，基本完整。头东足西，仰身直肢，经现场鉴定，死者为女性，45～50 岁，骨骼从头到脚通长 1.47 米。

随葬品集中陈放于木椁内、死者身上及其近前（图二二〇）。在头骨左侧，放置夹砂红褐陶罐 1 件，正置。在左、右耳骨下面，各出螺旋形铜丝耳环 1 件及绿松石坠珠 3 枚。在颈下至胸部，出不同质料的项链 3 串：（1）小铜扣项链 1 串，由 132 枚很小的铜扣组成；（2）铜珠项链 1 串，由 29 枚铜珠组成；（3）小黑石珠项链 1 串，由 42 枚小黑石珠组成。此外，在右股骨外侧，还出白石管 4 枚。

YYM186

这是玉皇庙墓地属于乙（B）级规格的中型墓葬之一。位于北Ⅱ区南部，其东南有 YYM185，间距 0.9 米；南有 YYM184，间距 1.5 米；西南有 YYM85 和 YYM86，间距分别为 2.6 和 2.3 米；西有 YYM87，间距 1.1 米；西北有 YYM187，间距 1.2 米；北有 YYM188，间距 2.9 米；东北有

YYM189，间距0.9米。此墓的地层堆积，基本上同于YYM188，不赘。

墓圹平面形状，大体呈抹角梯形，东端略窄，西端略宽，为竖穴土坑墓。东向，方位角为东偏北13°。墓圹规格，圹口东西长2.9、东端宽1.1、西端宽1.3米，圹底东西长2.65、东端宽0.8、西端宽0.86米，圹口至圹底深1.65米。在墓圹四壁中腰，各留出2级生土二层台，台面均很窄，壁面均平整、笔直。上层第1级生土二层台台面，四台等高，均上距圹口0.61米，下距圹底1.04米，东台宽13、南台宽7、西台宽3、北台宽9厘米。下层第2级生土二层台台面，高度不尽相同，其中南、北两侧台面一致，均高于东、西两端台面，然东台面又较西台面略低，南、北两侧台面，上距圹口均为0.95米深，下距圹底均为0.7米；东端台面，上距圹口为1.16米深，下距圹底0.49米；而西端台面，上距圹口为1.08米深，下距圹底0.57米，台面宽度各不相一，东台宽7、南台宽17、西台宽6、北台宽9厘米。在圹底正中位置，按东西方向，安置木椁一具。在木椁外壁四周至圹底部四壁之间，筑有活土二层台，台土经过严密夯打，较坚实，东、南、西、北四台等高，均为28厘米，宽度不一，东台宽27、南台宽14、西台宽44、北台宽19厘米。

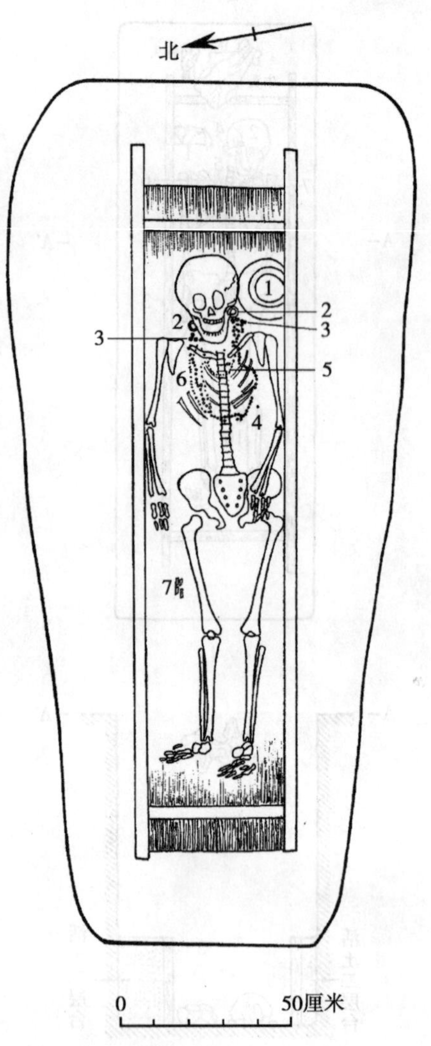

图二二〇　YYM196平面图

1. 夹砂红褐陶罐　2. 铜丝耳环　3. 绿松石坠珠　4. 小铜扣项链　5. 铜珠项链　6. 小黑石珠项链　7. 白石管

圹内填土，为杂有少量褐色斑点的黄色五花土，经普遍夯实，但未有夯层与夯窝痕迹。在填土中，仅发现夹砂红褐陶口颈部残片2块，羊肩胛骨残件1块，除此之外，再未见其他遗物。

殉牲位置，祭牲集中摆放在圹内东南角上层填土中，上距东端圹口20厘米深，下距圹底1.15米（图版六八，2）。殉牲种类，为牛、狗2种家畜。殉牲数量，牛头1个，牛肱骨1只，狗头4个，狗肱骨4只。殉牲形式，将牛和狗头的上、下颌拆解开后，按东西方向，作南、北相邻同层摆放。即先将牛肱骨1只及拆解开的牛上、下颌骨1套，顺摆于圹内东南角上层填土上，牛肱骨在下，牛头骨叠置其上，吻部朝东；然后在紧挨着牛牲的北侧，自东而西依次摆上狗肱骨4只及拆解开的狗上、下颌骨4套，狗肱骨在下，狗头骨在上，位居东端的2套狗上、下颌骨，吻部朝东，偏西侧的2套狗上、下颌骨，作覆扣式，吻部朝向西北。

木椁已朽，板灰呈白色粉状。盖板灰痕仅残存一部分，作南、北向，横搭在南、北侧板之上，并贴附于南、北活土二层台台帮上，在椁室东端，其灰痕则横向覆盖在陶罐和死者头骨上面。底板灰痕薄而模糊，四至不太清楚。南、北侧板与东、西堵板，板灰轮廓尚可辨识。南、北侧板东西顺长2.2、总高28厘米，与南、北活土二层台台面平齐，板灰厚3.5厘米。东、西堵板，分别竖插于南、北侧板之间，立插部位，分别在南、北侧板东、西两端内缩10和20厘米处，高度与南、北侧板一致，均为28厘米，总宽东端45、西端38、板灰厚3.5厘米。南、北侧板与东、西堵板的板块组成情况，已不能再作具体分辨。

木椁内装殓尸骨一具。保存状况不太好，头骨已残裂，脊椎、肋骨及骨盆，已残缺不全，唯四肢骨基本完整。东西向，仰身直肢，经现场鉴定，死者为男性，30～35岁。骨骼从头到脚通长1.78米。

随葬品集中陈放于木椁内、死者身上及其近前（图二二一）。在头骨右侧，放置夹砂红陶罐1件，斜侧置，口朝椁室东北角。在左、右耳骨下面，各出螺旋形铜丝耳环1件及绿松石坠珠1枚。覆面铜扣1枚，滑落于下颌骨左侧。在颈部，出白石管1枚。在右髋骨至右股骨上，出青铜短剑1件，剑锋朝上。在右股骨上段外侧，紧挨短剑剑首斜下方处，出算珠形石珠1件。在右尺骨上面及外侧，出青铜削刀1件，刀锋朝右侧斜下方。在右尺骨内侧，出铜锥1件，锥尖朝斜上方。辐射纹服饰铜泡2枚，出于左、右股骨上端中间和左股骨内侧各1枚，及右股骨下面，出素面服饰铜泡1枚。在右腓骨外侧，出铜镞1枚，骨镞2枚，镞锋均朝下。

YYM87

这是玉皇庙墓地属于乙（B）级规格的中型墓葬之一。位于北Ⅱ区南部。其东有YYM186，间距1.1米；东南有YYM184，间距2.6米；南有YYM86，间距0.7米；西有YYM56，间距0.2米；西北有YYM55，间距2米；北有YYM53和YYM187，间距分别为1.2和0.7米。此墓的地层堆积，基本上同于YYM188，不赘。

墓圹平面形状，呈抹角长方形，为竖穴土坑墓。东向，方位角为东偏南6°。墓圹规格，圹口东西长2.6、东端宽0.84、西端宽0.86米，圹底东西长2.5、东端宽0.7、西端宽0.72米，圹口至圹底深1.3米。在圹内东、南、北3壁，各留出较窄的生土二层台一道，平面呈倒“U”字形，台面上距圹口均为0.6、下距圹底0.7米，台宽略有差别，东台宽5、南台宽7、北台宽6厘米（中段），壁面凹凸不平。在圹底中间偏北侧，按东西方向，安置木椁一具，在木椁外壁四周至圹底四壁之间，筑有活土二层台，台土经严密夯实，东、南、西、北四台等高，均为25厘米，宽度不一，东台宽30、南台宽20、西台宽33、北台宽4厘米。

圹内填土，为杂有褐色斑点的黄色五花土，经普遍夯实，但未有夯层与夯窝痕迹。在填土中，仅发现夹砂红褐陶碎片2块，除此之外，再未有其他遗物。

殉牲位置，祭牲摆放在圹内东端中间上层填土中，上距东端圹口20厘米深，下距圹底0.86米。殉牲种类，为羊、狗2种家畜。殉牲数量，羊头1个（山羊），羊肱骨1只，狗头3个，狗肱骨3只。殉牲形式，将羊、狗头的上、下颌骨拆解开后，按东西方向，作同层、相邻、聚堆摆放，肱骨在下，上、下颌骨叠置其上，吻部一律朝东。狗牲居东、南、北3个方向，呈三角形分布，位于东端的，是一个大号狗头，位于南、北两侧的，是略小一号的狗头；羊牲居西，处于3犬护卫之中（图二二二；图版六九，1）。

木椁已朽，板灰呈白色粉状，盖板痕迹无存，底板灰痕模糊不清，唯南、北侧板与东、西堵板板灰痕迹，四至可辨。南、北侧板东西顺长2.16米，板灰厚3～4厘米。东、西堵板分别竖插于南、北

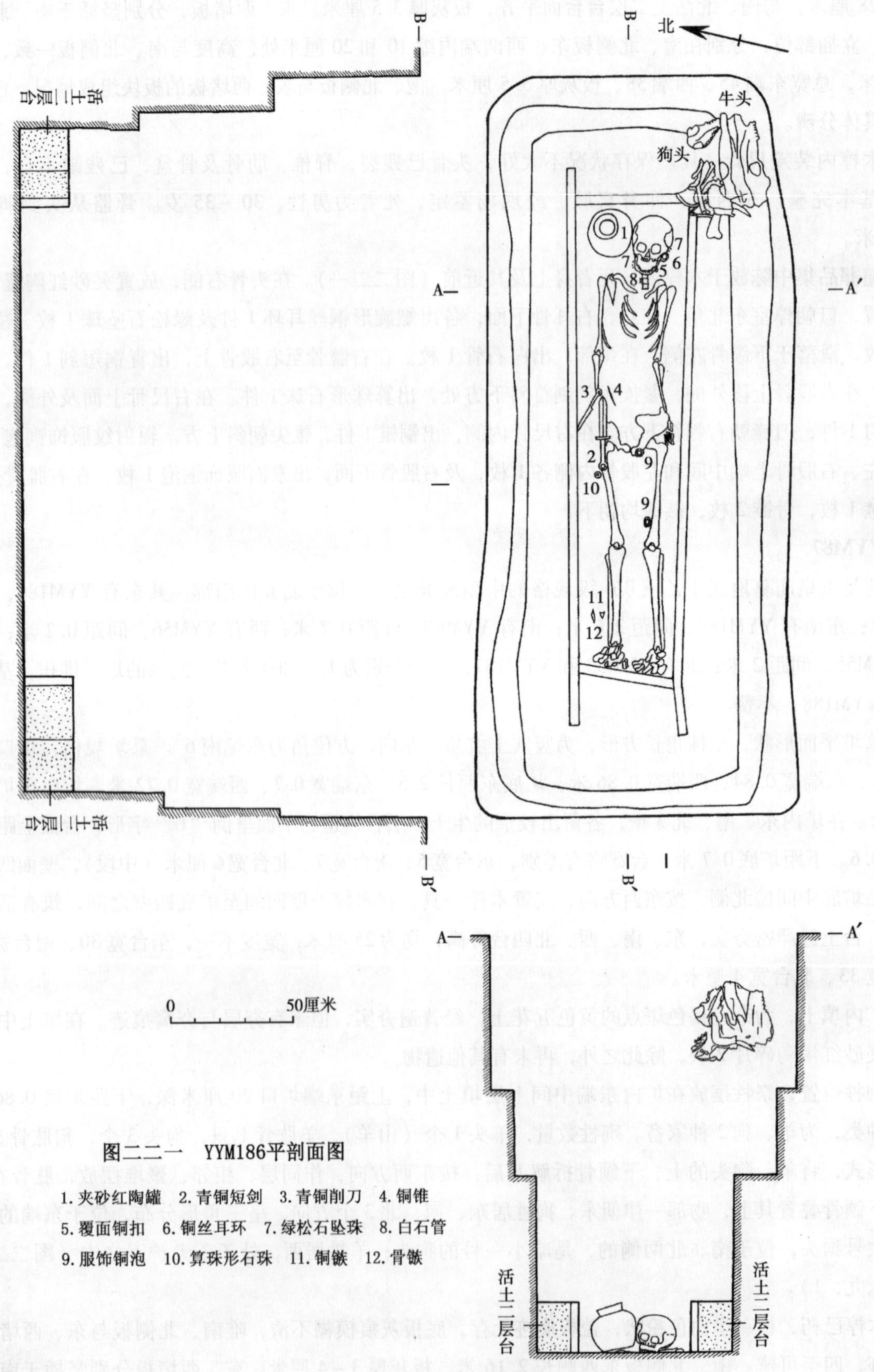

图二二一 YYM186平剖面图

1.夹砂红陶罐 2.青铜短剑 3.青铜削刀 4.铜锥 5.覆面铜扣 6.铜丝耳环 7.绿松石坠珠 8.白石管 9.服饰铜泡 10.算珠形石珠 11.铜镞 12.骨镞

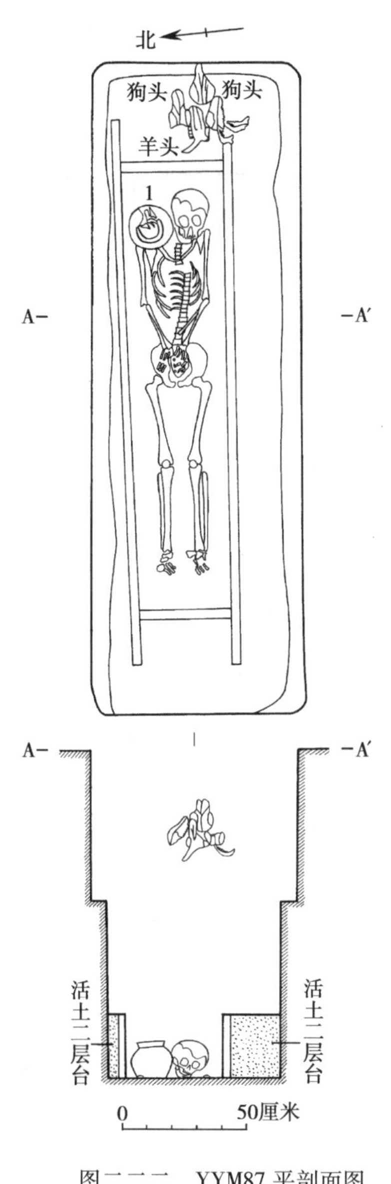

图二二二　YYM87 平剖面图
1. 夹砂红陶罐

侧板之间，立插部位，分别在南、北侧板东、西两端内缩 17 和 18 厘米处，总宽东端 41、西端 37、板灰厚 3.5～4 厘米。南、北侧板与东、西堵板高均为 25 厘米，与四周活土二层台台面平齐。其板块组成情况，已不能详。

木椁内装殓尸骨一具。保存状况较好，头骨与骨架主要部位骨骼，基本完整。头东足西，仰身直肢。经现场鉴定，死者为女性，40～45 岁。骨骼从头到脚通长 1.52 米。

随葬品仅有夹砂红陶罐 1 件，放置在木椁内、死者头骨右侧至右肩部位，正置，已残（图二二二）。

YYM56

这是玉皇庙墓地属于丁级规格的小型墓葬之一。位于北Ⅱ区南部。其东有 YYM87，间距 0.2 米；东南有 YYM86，间距 1 米；西南有 YYM149，间距 2.1 米；西有 YYM57，间距 0.5 米；西北有 YYM55 和 YYM58，间距分别为 1.8 和 2.7 米；东北有 YYM53 和 YYM187，间距分别为 1.6 和 1.8 米。此墓的地层堆积，基本上同于 YYM188，不赘。

墓圹平面形状，呈抹角长方形，为浅穴土坑墓。西向，方位角为西偏北 1°。墓圹规格，圹口东西长 1.3 米，东、西两端宽均为 48 厘米，圹底形制、规格，与圹口一致，圹口至圹底深 0.5 米。无生土二层台。无木质葬具，故无生土二层台。

圹内填土，为杂有褐色斑点的黄色五花土，未经夯实，土质较疏松。在填土中，仅发现夹砂红陶碎片 3 块，除此之外，再未见其他遗物。

在圹底西部，偏西北—东南方向，安葬孩童尸骨一具（图二二三）。保存状况不好，头骨已残碎，骨架大部朽粉，上、下肢骨仅余残段。头西足东，仰身直肢。经现场鉴定，死者为儿童，3～4 岁。

随葬品极少，仅在死者头部发现覆面铜扣 3 枚，其中出于面部 2 枚，滑落于颈部 1 枚。

YYM57

这是玉皇庙墓地属于乙（B）级规格的中型墓葬之一。位于北Ⅱ区南部。其东有 YYM56，间距 0.5 米；东南有 YYM86，间距 1.5 米；南有 YYM149，间距 1.6 米；西南有 YYM59，间距 1.8 米；西有 YYM60，间距 3 米；西北有 YYM58，间距 1.3 米；东北有 YYM53 和 YYM55，间距分别为 2.8 和 2 米。此墓的地层堆积，基本上同于 YYM188，不赘。

墓圹平面形状，呈抹角长方形，为竖穴土坑墓。正西向，方位角为 270°。墓圹规格，圹口东西长 3.3、东端宽 0.88、西端宽 0.84 米，圹底形制、规格，与圹口一致，圹口至圹底深 1.4 米。无生土二层台。在圹底中间，按西东方向，安置木椁一具。在木椁外壁四周至圹底四壁之间，筑有活土二层台，台土经严密夯打，较坚实，东、南、西、北四台等高，均为40厘米，宽度不一，东台宽0.5、南台宽0.2、西台宽1、北台宽0.22米。

圹内填土，为杂有褐色斑点的黄色五花土，经普遍夯实，但未有夯层与夯窝痕迹。在填土中，仅发现夹砂红褐陶碎片4块，羊肩胛骨上端残片1块。另在圹内东端祭牲以东上层填土中，有散置的自然石灰岩石块7块，在南圹壁中间偏东位置上层填土中和圹壁中间偏西、正当木椁北侧板垂直线上，与圹口平齐的上层填土中，各有自然石灰岩石块1块。这些石块体积大小不一，以东端上层填土中的两块较大，规格分别为30×23×20和40×30×22厘米。

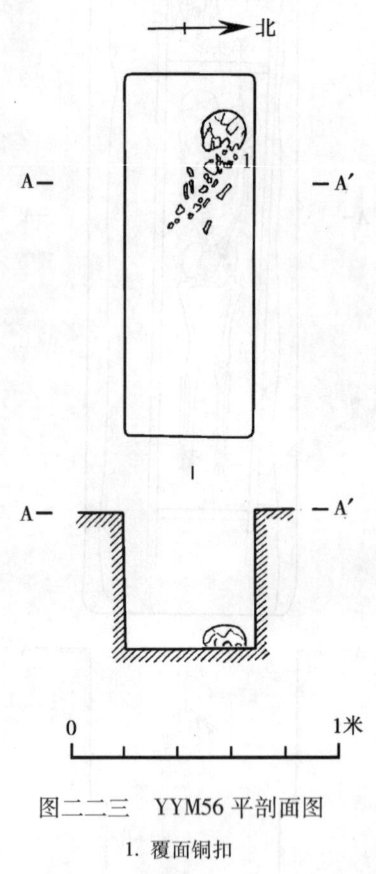

图二二三　YYM56平剖面图
1. 覆面铜扣

殉牲位置，祭牲分别摆放在圹内东、西两端和中间的中上层填土中（图版六九，2），所在层位的高度，基本一致。东端牛牲，上距东端圹口0.48米深，下距圹底0.7米；中间马牲和西端狗牲，上距圹口0.5米深，下距圹底0.78米。殉牲种类，为马、牛、狗3种家畜。殉牲数量，马肱骨4只，牛头1个，牛肱骨1只，牛胫骨1只，狗头3个，狗肱骨3只。殉牲形式，3种祭牲分作3组在同一水平层位，基本上按东西方向，分放于3处，牛头与狗头的上、下颌骨，均被拆解开。第一组，在圹内东端，有牛头1个，牛肱骨1只，牛胫骨1只，狗头1个，狗肱骨1只。以拆解开的牛头居中，牛上颌骨1个正置，牛下颌骨1副，略错位偏南侧，不相咬合，但吻部皆朝东，牛肱骨1只顺摆于牛下颌骨的南侧；在紧挨着牛肱骨的南侧，顺摆狗上颌骨1个，和狗肱骨1只，狗肱骨在下，狗上颌骨叠置其上，吻部朝东；在牛头骨的北侧，顺摆牛胫骨1只，狗下颌骨1副，狗下颌骨斜置于牛胫骨之上，吻部朝向西北。第二组，在圹内中间稍偏北侧的中上层填土中，有4只马肱骨（连蹄），拆开叠放，除1只东西向顺摆外，其余的均作南北向横置。第三组，在圹内西端，有拆解开的狗头2个，狗肱骨2只。狗肱骨2只，呈东南—西北向并列在下，其上叠置狗上、下颌骨2套，上、下颌骨略有错位，不相咬合，吻部皆朝向东南（图二二四）。

木椁已朽，盖板无存，底板灰痕模糊不清，南、北侧板与东、西堵板板灰痕迹，尚可分辨。板灰呈白色粉状，南、北侧板东西顺长2.22米，板灰厚3.5厘米。东、西堵板分别竖插于南、北侧板之间，立插部位，分别在南、北侧板东、西两端内缩18和24厘米处，总宽东、西两端均为44厘米，板灰厚3.5厘米。南、北侧板与东、西堵板高度相等，均为40厘米，与四周活土二层台台面平齐。

木椁内装殓尸骨一具。保存状况较好，头骨及骨架其他主要部位骨骼，基本完好。头西足东，仰身直肢。经现场鉴定，死者为男性，25~30岁。骨骼从头到脚通长1.68米。

随葬品陈放于木椁内、死者身上及其近前（图二二五；彩版二三，2）。在头骨右侧，放置泥质黑陶罐1件，正置。在左、右耳骨下面，各出螺旋形铜丝耳环1件，在左、右耳环下，各附出绿松石坠珠4枚。在头骨下面，压有玛瑙环1件，已残。在颈部，出小白石珠项链1串（88粒）。在右侧腰间

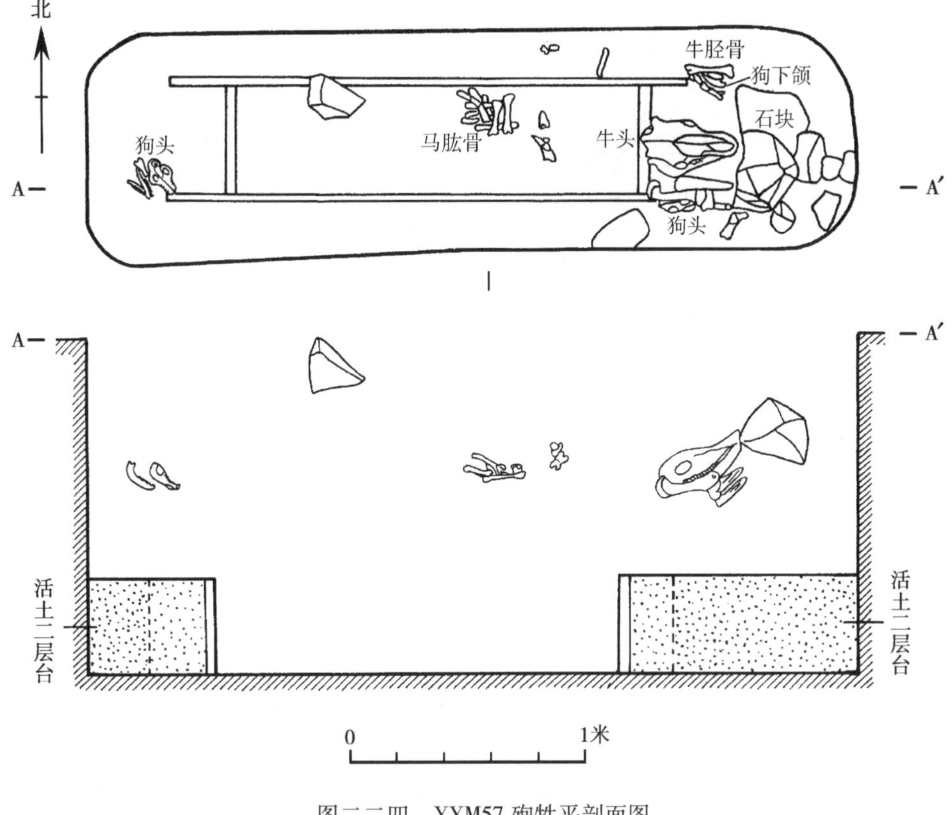

图二二四　YYM57 殉牲平剖面图

至右髋骨之间，出青铜短剑1件，剑锋朝右侧斜上方。在右髋骨外缘，出青铜削刀1件，刀柄叠置于短剑剑身之上，刀锋朝右侧斜下方。在右尺骨外侧，出铜锥1件，锥尖朝下。在右髋骨外缘下方，出蚌环1件。在左尺骨下面，压有开口骨器1件。在腰际，骨盆正、背面，出双S纹铜带卡30枚（图版七〇，1），出于右髋骨下面9枚，出于左、右腰际至下腹部共21枚。在右尺骨下端表面，出服饰铜扣1枚。在左、右股骨上端，各出带辐射纹的服饰铜泡1枚（图二二六；彩版二三，3）。在右髌骨外侧，出铜镞11枚，骨镞11枚，铜镞与骨镞集约成束，镞锋皆朝下。在左足骨外侧，出赤铁矿砺石1件。

YYM185

这是玉皇庙墓地属于丙（A）级规格的小型墓葬之一。位于北Ⅱ区南部边缘。其东南和南侧，分别与南区北部的YYM197和YYM183相毗邻，间距分别为1.1和1.2米；西南有YYM184，间距1.4米；西北有YYM186，间距0.8米；北有YYM189，间距2.2米；东北有YYM196，间距1.6米。此墓的地层堆积，基本上同于YYM148，不赘。

墓圹平面形状，呈抹角长方形，为竖穴土坑墓。东向，方位角为东偏南4°。墓圹规格，圹口东西长2.65、东端宽0.96、西端0.98米，圹底东西长2.58、东端宽0.83、西端宽0.86米，圹口至圹底深1.2米。在墓圹西壁和北壁中腰部位，各留出很窄的生土二层台一道，二台等高，均上距圹口0.46米深，下距圹底0.74米，西台宽4、北台宽5厘米，台壁作笔直下切，壁面平整。圹底中间位置，按东西方向，安置木椁一具。在木椁外壁四周至圹底部四壁之间，筑有活土二层台，台土经过严密夯打，较坚实，东、南、西、北四台等高，均为25厘米，宽度不一，东台宽43、南台宽17、西台宽30、北

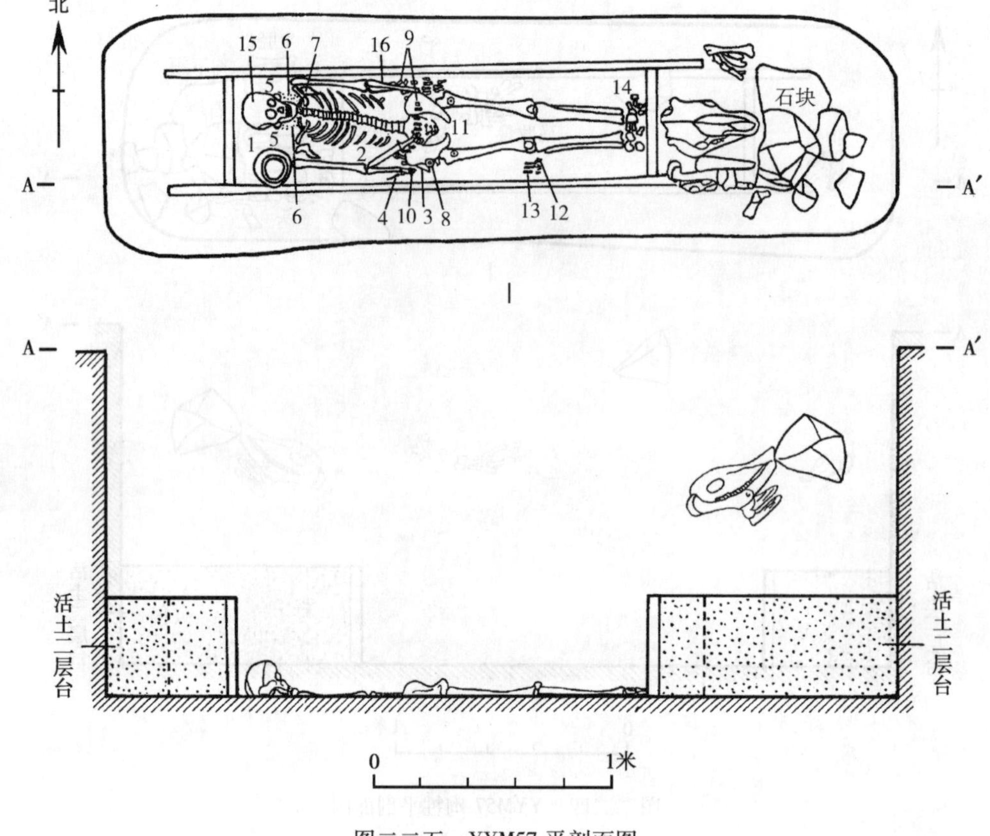

图二二五 YYM57 平剖面图

1. 夹砂黑褐陶罐 2. 青铜短剑 3. 青铜削刀 4. 铜锥 5. 铜丝耳环 6. 绿松石坠珠 7. 小白石珠项链 8. 蚌环 9. 双联S形云纹铜带卡 10. 服饰铜扣 11. 辐射纹服饰铜泡 12. 铜镞 13. 骨锥 14. 赤铁矿砺石 15. 玛瑙环（已残，头骨下面） 16. 开口骨器（压在左尺骨下面）

台宽16厘米（中段）。

圹内填土，为杂有少量褐色斑点的黄色五花土，经普遍夯实，但未有夯层与夯窝痕迹。在填土中，仅发现夹砂红褐陶残片2块，除此之外，再未见其他遗物。

殉牲位置，祭牲集中摆放在圹内东端中间上层填土中，上距东端圹口10厘米深，下距圹底0.92米（图版七〇，2）。殉牲种类，仅有狗1种。数量，狗头4个，狗肱骨4只。殉牲形式，将狗头上、下颌拆解开后，作上、下吻部相互颠倒，不拘方向，与狗肱骨在一起，同层、聚堆摆放。狗肱骨有的被叠压于狗上颌骨之下，有的分开单放，有的置于上、下颌骨之上，有的则斜插于狗上、下颌骨之间。这是一种不规则的乱摆形式。

木椁已朽，板灰呈白色粉状。盖板，仅在木椁东端残存一部分痕迹，作南北向横搭于南、北侧板之上，两端分别贴附于南、北活土二层台台面上一截，灰痕南北长0.55米，板宽14～15厘米不等。底板灰痕，在东、西两端尚较明显，作东西向顺铺，板长1.85米，总宽东端48、西端43厘米，从东端灰痕可分辨出，底板共由3块长板组成，板宽在15～17厘米之间，东、西两端，分别超出东、西堵板6和4厘米。南、北侧板，立于底板之上，东西顺长1.98米，东、西两端均长出底板一截，总高25厘米，与活土二层台台面平齐，板灰厚3.5厘米。东西堵板，分别竖插于南、北侧板之间，立

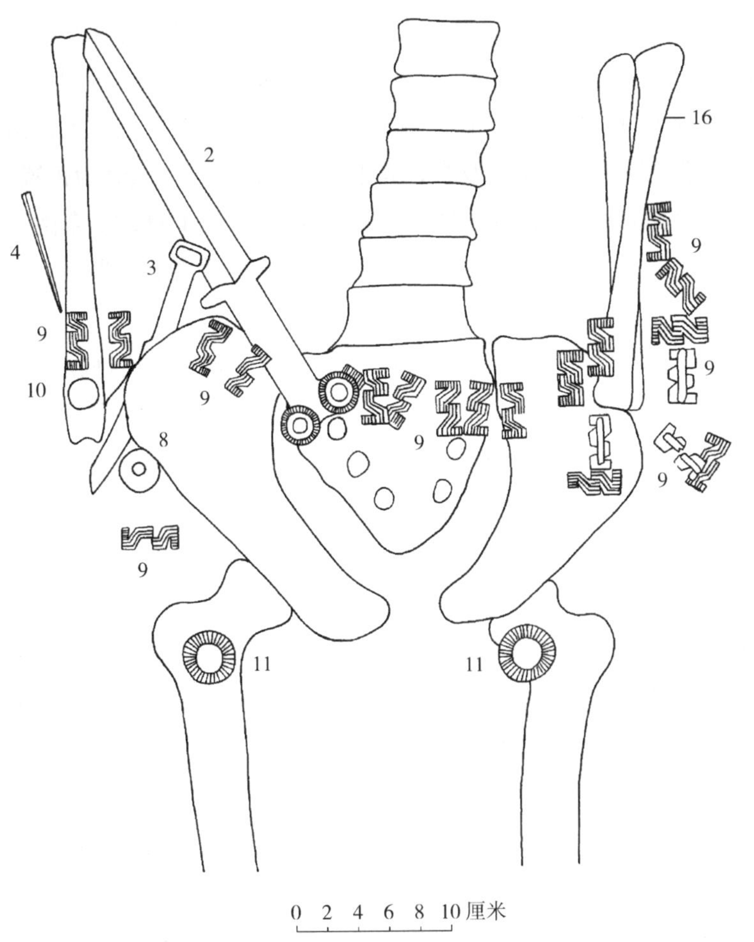

图二二六　YYM57遗物分布图（局部）

2. 青铜短剑　3. 青铜削刀　4. 铜锥　8. 蚌环　9. 双联S形云纹铜带卡　10. 服饰铜扣　11. 辐射纹服饰铜泡　16. 开口骨器（压在左尺骨下面）

插部位，分别在南、北侧板东、西两端内缩13和9厘米处，高度与南、北侧板一致，均为25厘米，总宽东端40、西端36、板灰厚3厘米。南、北侧板与东、西堵板的板块组成情况，已难以再作具体分辨。

木椁内装殓尸骨一具。保存状况不太好，头骨已酥裂，其他主要部位骨骼，基本完整。头东足西，头向左侧歪斜，仰身直肢。经现场鉴定，死者为女性，45～50岁。骨骼从头到脚通长1.5米（图版七〇，3）。

随葬品很少，仅在木椁内死者头骨右侧，放置夹砂褐陶罐1件，斜侧置，口朝东（图二二七）。覆面铜扣1枚，已滑落于下颌骨左下方。在左侧颈部，出白石管1枚。除此之外，再无其他遗物。

YYM86

这是玉皇庙墓地属于乙（A）级规格的中型墓葬之一。位于北Ⅱ区南部。其东南有YYM85，间距1米；南有YYM84，间距1.9米；西南有YYM149，间距1.2米；西北有YYM56和YYM57，间距分别为1和1.5米；北有YYM87，间距0.7米；东北有YYM186，间距2.8米。此墓的地层堆积，基本上同于YYM188，不赘。

墓圹平面形状，呈抹角长方形，东端略宽，西端略窄，为竖穴土坑墓。东向，方位角为东偏南6°。墓圹规格，圹口东西长2.57、东端宽1.16、西端宽1米，圹底东西长2.45、东端宽1.04、西端宽0.92米，圹口至圹底深1.75米。无生土二层台。在圹底中间，略偏东南—西北方向，安置木椁一具。在木椁外壁四周至圹底四壁之间，筑有活土二层台，台土经严密夯打，较坚实，东、南、西、北四台等高，均为30厘米，宽度不一，东台宽36、南台宽22、西台宽24、北台宽28厘米（中段）。

圹内填土，为杂有褐色斑点的褐色五花土，经普遍夯实，但未有夯层与夯窝痕迹。在填土中，仅发现夹砂红陶罐口沿与腹部残片3块，牛牙2颗，除此之外，再未见其他遗物。

殉牲位置，祭牲集中摆放在圹内东端中间上层填土中，上距东端圹口20厘米深，下距圹底1.18

米。殉牲种类，为牛、狗2种家畜。殉牲数量，牛头1个，牛肱骨1只，狗头4个，狗肱骨4只。殉牲形式，将牛和狗头的上、下颌骨拆解开后，以牛牲为主，作上、下叠置，聚堆摆放（图版七一，1）。即先将拆解开的狗上、下颌骨4套及肱骨4只，摆放到圹内东端中间贴靠圹壁的上层填土上，狗肱骨在下，呈南北向横置，狗上、下颌骨分别叠置其上，不相咬合，其中有2套狗上、下颌骨为正置，吻部朝东，另2套狗上、下颌骨作覆扣式，吻部有的朝北，有的朝南；然后将牛肱骨1只，呈东南—西北向，斜置于狗牲西侧；最后将拆解开的牛上、下颌骨1套，叠置于牛肱骨及狗牲之上，牛上、下颌骨吻部朝东，略有错位，亦不相咬合。

木椁已朽，板灰呈白色粉状，盖板无存，底板灰痕不清楚，南、北侧板与东、西堵板痕迹较明显（图版七一，2）。南、北侧板东西顺长2.08米，板灰厚3.5~4厘米。南、北侧板与西端堵板高为30厘米，与周围活土二层台台面平齐；东端堵板高为0.69米，顶端超出活土二层台台面一截，共由3块竖板组成，板宽13~15厘米。其他部分的板块结构情况，已不能详。

木椁内装殓尸骨一具。保存状况较好，头骨及骨架主要部位骨骼，基本完整。头东足西，仰身直肢。经现场鉴定，死者为男性，45岁左右。骨骼从头到脚通长1.65米。

随葬品陈放于木椁内、死者身上及其近前（图二二八；彩版二四，1）。在头骨右后侧、椁底东北角，放置泥质灰陶高颈壶1件，斜侧置，口朝南。在左、右耳骨下面，各出螺旋形铜丝耳环1件，在左、右耳环之下，分别附出绿松石坠珠4和6枚。覆面铜扣3枚，出于左、右眼眶内和上颌骨左侧各1枚（图版七二，1）。在右侧腰间至右髋骨表面，出青铜短剑1件，剑锋朝上（图版七二，2）。在短剑之上，叠置青铜削刀1件，刀锋朝左侧斜上方。在短剑下面，压有铜环1件、铜箍1件及服饰铜泡1枚。在腰椎左侧至骶骨上缘之间，出铜带钩1件，钩首朝左。在骨盆左侧，出铜锥1件，锥尖朝下。在右股骨外侧，出长方形铜锥管1件。服饰铜泡3枚，出于胸椎左侧1枚，左股骨上段表面1枚，右股骨上段内侧1枚（彩版二四，2）。

YYM59

这是玉皇庙墓地属于丁级规格的小型墓葬之一。位于北Ⅱ区南部。其东有YYM86，间距5.4米；东南有YYM149，间距1.8米；南有YYM61，间距0.7米；西南有YYM64，间距3.1米；西北有YYM60，间距0.9米；东北有YYM57，间距1.8米。此墓的地层堆积，基本上同于YYM188，不赘。

墓圹平面形状，呈抹角长方形，为浅穴土坑墓。东向，方位角为东偏南15°。墓圹规格，圹口东西长1.5、东端宽0.6、西端宽0.52米，圹底形制、规格，与圹口一致，圹口至圹底深0.54米。无生土二层台。在圹底中间，按东西方向，安置小型木椁一具。在木椁外壁四周至圹底四壁之间，筑有活土二层台，台土经普遍夯实，东、南、西、北四台等高，均为20厘米，宽度不一，东台宽30、南台宽10、西台宽28、北台宽14厘米（中段）。在南侧西端活土二层台内，砌有4块自然石灰岩石块，在东端和西北角活土二层台内，各有2块自然石灰岩石块，在北侧中间活土二层台内，也有1块自然石灰岩石块。可视为象征性石椁。

圹内填土，为杂有褐色斑点的黄色五花土，未经夯实，土质较疏松。在填土中，未见任何文化遗物。

殉牲位置，祭牲摆在圹内东端中间上层填土中，上距东端圹口5厘米深，下距圹底40厘米。殉牲

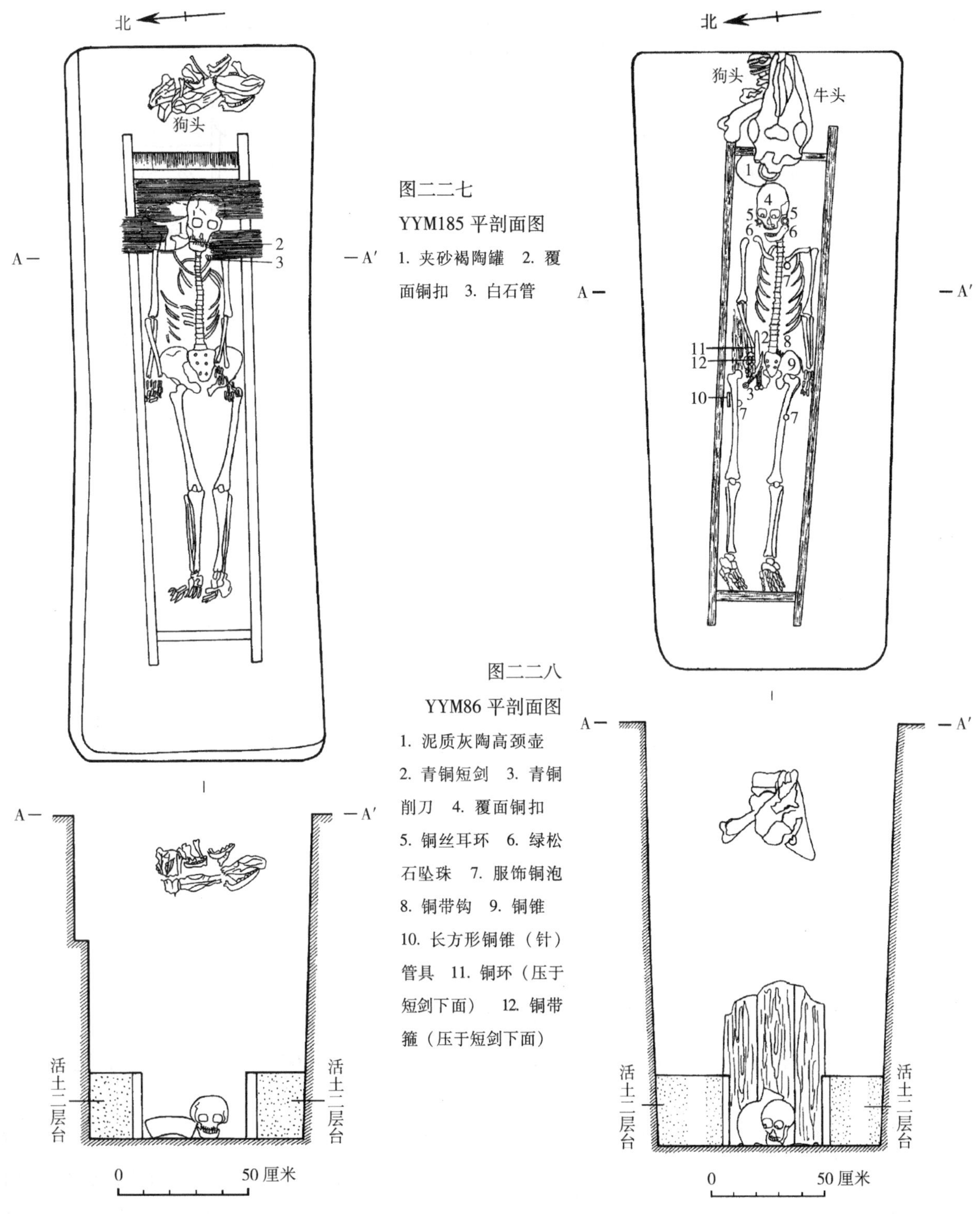

图二二七 YYM185平剖面图
1. 夹砂褐陶罐 2. 覆面铜扣 3. 白石管

图二二八 YYM86平剖面图
1. 泥质灰陶高颈壶 2. 青铜短剑 3. 青铜削刀 4. 覆面铜扣 5. 铜丝耳环 6. 绿松石坠珠 7. 服饰铜泡 8. 铜带钩 9. 铜锥 10. 长方形铜锥（针）管具 11. 铜环（压于短剑下面） 12. 铜带箍（压于短剑下面）

种类，仅有狗1种。数量，狗头1个，狗肱骨1只。殉牲形式，将狗头的上、下颌骨拆解开后，与狗肱骨一起，作同层叠压摆放。狗肱骨在下，作南北向横置，拆解开的狗上、下颌骨1套作东西向顺置，叠压于狗肱骨之上，吻部朝东。

小型木椁已朽，仅余南、北侧板与东、西堵板板灰痕迹。板灰呈白色粉状，南、北侧板东西长

1.14 米，板灰厚 3.5 厘米。东、西堵板，分别竖插于南、北侧板之间，立插部位，分别在南、北侧板东、西两端内缩 12 厘米处，总宽东端 23、西端 26 厘米。南、北侧板与东、西堵板高均为 20 厘米，与四周活土二层台台面平齐。

木椁内装殓孩童尸骨一具。保存状况不太好，头骨已残破，骨架多已酥碎，唯四肢骨轮廓尚清楚可辨。头东足西，仰身直肢。经现场鉴定，死者为儿童，4 岁左右。骨骼从头到脚通长 0.85 米。

随葬品很少，仅在死者左、右耳骨下面，各出螺旋形铜丝耳环 1 件，已残（图二二九）。在颈部，出石珠项链 2 串：（1）小黑石珠项链 1 串（112 粒）；（2）白石管夹小白石珠项链 1 串，由白石管 1 枚加小白石珠 60 粒，联合串成。除此之外，再无其他遗物。

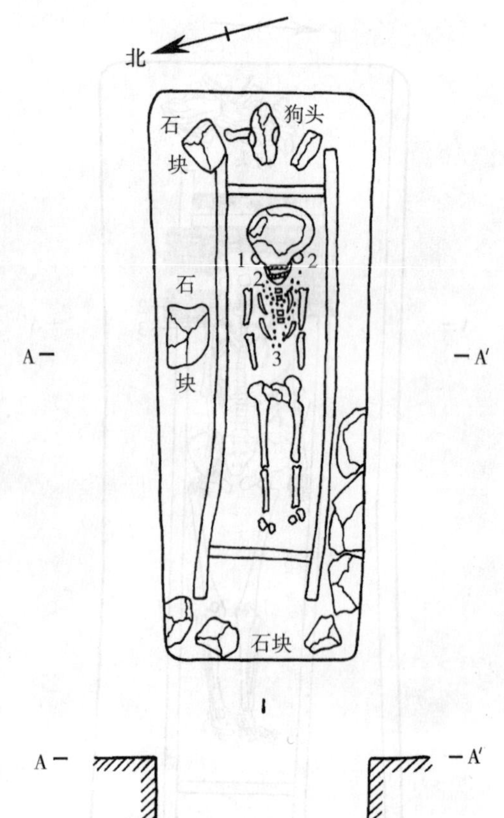

图二二九　YYM59 平剖面图

1. 铜丝耳环　2. 白石管、小白石珠项链　3. 小黑石珠项链

YYM60

这是玉皇庙墓地属于乙（B）级规格的中型墓葬之一。位于北Ⅱ区南部。其东有 YYM57，间距 3 米；东南有 YYM59，间距 0.9 米；西南有 YYM64，间距 1.3 米；西有 YYM91，间距 3.3 米；西北和正北，紧邻 2 号取土坑东南部边缘，与此取土坑内的 YYM71 和 YYM100，间距分别为 2.1 和 3.2 米；东北有 YYM58，间距 2 米。此墓的地层堆积，基本上同于 YYM188，不赘。

墓圹平面形状，呈抹角长方形，为竖穴土坑墓。东向，方位角为东偏南 7°。墓圹规格，圹口东西长 2.6、东端宽 1.08、西端宽 0.97 米，圹底形制、规格，与圹口一致，圹口至圹底深 1.7 米。无生土二层台。在圹底中间稍偏北侧位置，按东西方向，安置木椁一具。在木椁外壁四周至圹底四壁之间，筑有活土二层台，台土经严密夯打，较坚实，东、南、西、北四台等高，均为 44 厘米，宽度不一，东台宽 69、南台宽 35、西台宽 36、北台宽 22 厘米（中段）。

圹内填土，为杂有褐色斑点的黄色五花土，经普遍夯实，但未有夯层与夯窝痕迹。在填土中，仅发现夹砂红褐陶碎片 2 块。另在北侧活土二层台东部紧贴北圹壁位置，有体积较小的自然石灰岩石块 1 块；在西端活土二层台与木椁西端堵板之间的下层填土中，有体积较大的自然石灰岩石块 2 块，石块底部高出西端活土二层台台面 3 厘米，规格分别为 46 × 34 × 30 和 30 × 20 × 20 厘米；还有 1 块体积较大的自然石灰岩石块（规格为 38 × 26 × 18 厘米），落入西端椁室内，在石块底部与人骨架表面之间，存有 7 厘米厚的下陷填土。

殉牲位置，祭牲摆放在圹内东端中间略偏南侧的上层填土中，上距东端圹口 12 厘米深，下距圹底

1.5 米。已残碎。殉牲种类，仅有狗 1 种。数量，狗头 2 个，狗肱骨 2 只。殉牲形式，从残碎的狗骨现状看，狗头的上、下颌骨已被拆解开，2 狗头呈东北—西南方向，一前一后顺置，吻部皆朝东，狗肱骨 2 只，其一被压在狗头骨之下，其二顺置于狗头骨南侧。

木椁已朽，板灰呈白色粉状，盖板与底板灰痕已不清楚，南、北侧板与东、西堵板痕迹尚存。南、北侧板东西顺长 1.96 米，板灰厚 3 厘米。东、西堵板分别竖插在南、北侧板之间，立插部位，分别在南北侧板东、西两端内缩 10 和 18 厘米处，总宽东端 32、西端 34、板灰厚 3 厘米。南、北侧板与东、西堵板高均为 44 厘米，与四周活土二层台台面平齐。其板块组成情况，已不能详。

木椁内装殓尸骨一具。保存状况不好，除头骨基本完整外，骨架已大部腐朽无存，只有四肢骨尚残存若干碎段。头东足西，侧面向南，仰身直肢。经现场鉴定，死者为男性，35 岁左右。

随葬品较少，陈放于木椁内、死者头侧及身上（图二三〇）。在头骨右侧，放置泥质灰陶折肩罐 1

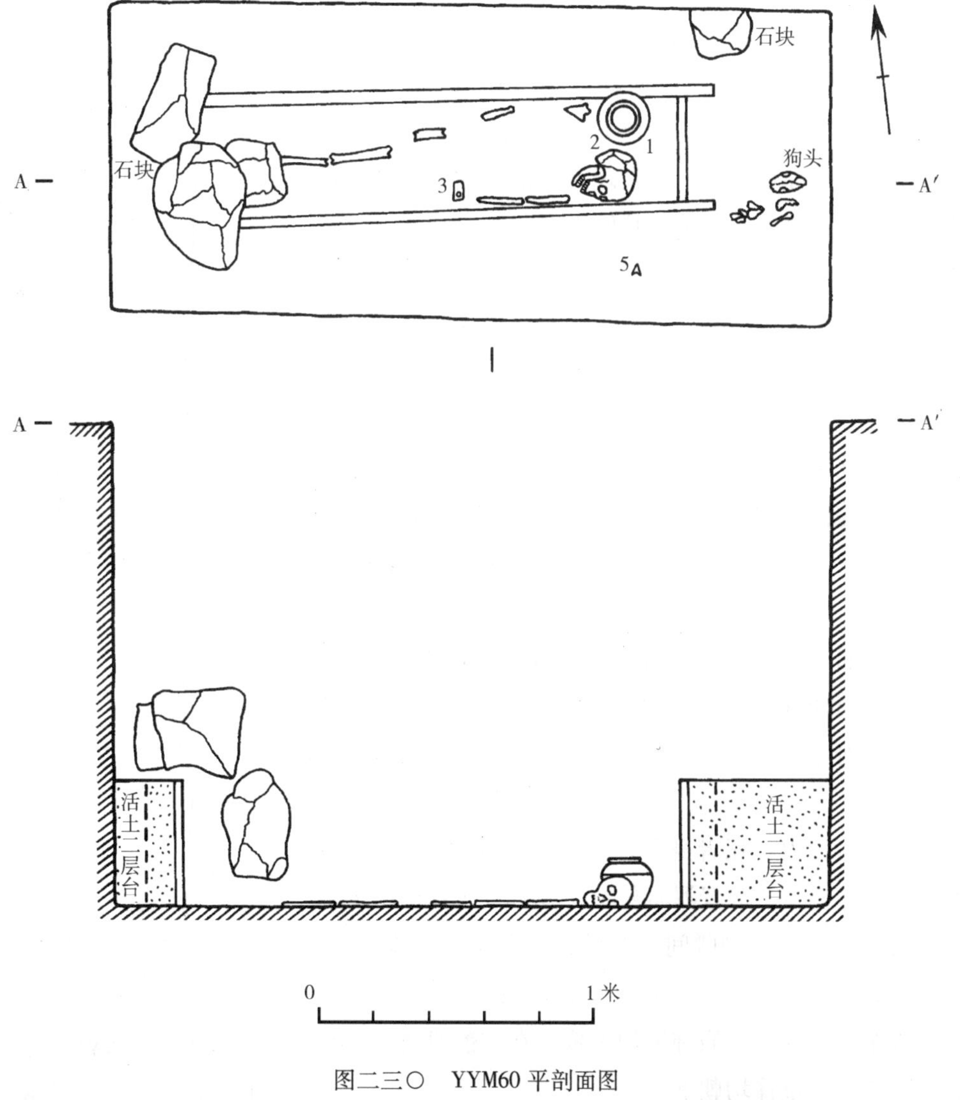

图二三〇 YYM60 平剖面图

1. 夹砂灰陶折肩罐 2. 小铜凿坠饰（压在下颌骨下面） 3. 穿孔砺石 4. 骨环（压在右股骨下面） 5. 铜镞（双翼，出于圹内上层填土中）

件，正置。在左侧腰间部位，出砂岩穿孔砺石1件，横置，带穿孔的上端朝左。在右股骨下面，压有骨环1件。另在木椁外、南侧活土二层台台面上出铜镞1枚，镞锋朝北。

YYM71

这是玉皇庙墓地属于丙（C）级规格的小型墓葬之一。位于北Ⅱ区南部2号取土坑内。其东南有YYM60，间距2.1米；西南有YYM91，间距1米；西北有YYM66，间距1.9米；东北有YYM100，间距1.6米。此墓的地层堆积，基本上同于YYM188，不赘。

墓圹平面形状，呈抹角长方形，为竖穴土坑墓。上层遭取土破坏，仅余下层。东向，方位角为东偏南1°。残存圹口东西长2.8、东端宽0.86、西端宽0.7米，圹底东西长2.7、东端宽0.81、西端宽0.65米，残存圹口至圹底深45厘米，落入浅穴土坑墓范围内。无生土二层台。在圹底中间，按东西方向，安置木椁一具。在木椁外壁四周至圹底四壁之间，筑有活土二层台，台土经严密夯实，东、南、西、北四台等高，均为30厘米，宽度不一，东台宽24、南台宽19、西台宽40、北台宽20厘米（中段）。

圹内填土，为杂有褐色斑点的黄色五花土，经普遍夯实，但未有夯层与夯窝痕迹。在填土中，仅发现夹砂褐陶残片2块，泥质灰陶碎片1块，除此之外，再未见其他遗物。

因墓圹上层被破坏，故未见殉牲。

木椁已朽，板灰呈白色粉状。盖板与底板痕迹无存，南、北侧板与东、西堵板，四至可辨。南、北侧板东西顺长2.34米，板灰厚3厘米。东、西堵板，分别竖插于南、北侧板之间，立插部位，分别在南、北侧板东、西两端内缩14和11厘米处，总宽东端41、西端36、板灰厚3.5厘米。南、北侧板与东、西堵板高均为30厘米，与四周活土二层台台面平齐。其板块组成情况，已不能详。

木椁内装殓尸骨一具。保存状况较好，除头骨略有破裂外，骨架主要部位，基本保存完整。头东足西，侧面向北，仰身直肢。经现场鉴定，死者为男性，45～50岁。骨骼从头到脚通长1.72米（图版七二，3）。

随葬品陈放于木椁内、死者身上及其近前（图二三一）。在头骨左后侧，椁底东南角，放置泥质灰陶豆盘1件（豆柄缺失），正置，豆盘边缘有残。在左侧腰间，左尺骨与左髋骨外缘之间，出青铜短剑1件，剑锋朝下。在短剑之下，压有青铜削刀1件，刀锋亦朝下。在削刀左侧，出服饰铜泡1枚。在左髌骨外侧，出铜镞3枚，骨镞2枚，镞锋均朝下。

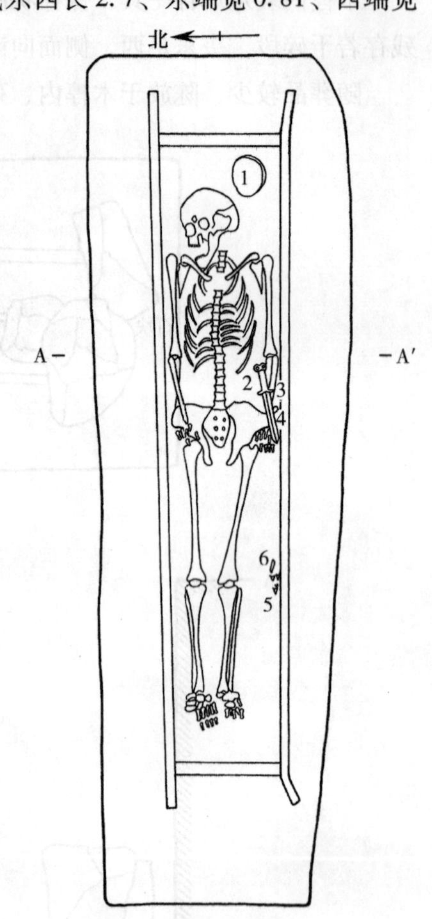

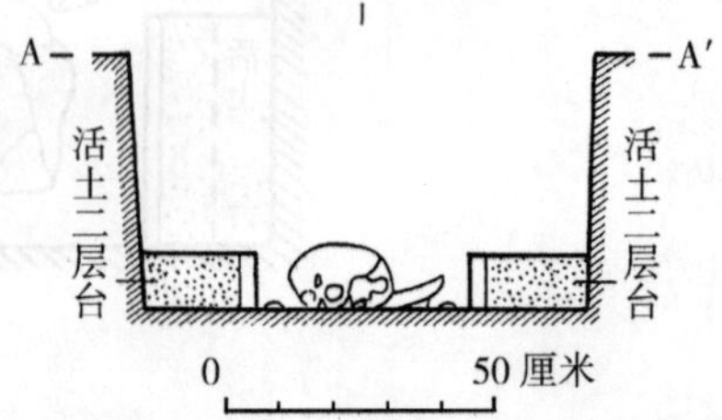

图二三一 YYM71平剖面图

1. 泥质灰陶豆盘 2. 青铜短剑 3. 青铜削刀（压在短剑之下） 4. 服饰铜泡 5. 铜镞 6. 骨镞

YYM91

这是玉皇庙墓地属于丁级规格的小型墓葬之一。位于北Ⅱ区南部。其东有 YYM60，间距3.3米；东南有 YYM64，间距2.1米；南有 YYM63，间距1.7米；西南有 YYM72，间距0.8米；西北有 YYM66，间距2.7米；东北与2号取土坑毗邻，距坑内 YYM71 为1米。此墓的地层堆积，基本上同于 YYM188，不赘。

墓圹平面形状，呈抹角长方形，为浅穴土坑墓。东南向，方位角为东偏南26°。此墓圹口上层遭取土破坏，残存圹口东南—西北长1.44、东南端宽0.54、西北端宽0.5米，圹底形制、规格，与现存圹口一致，残存圹口至圹底深仅15厘米。无生土二层台。无木质葬具，故无活土二层台。

圹内填土，为杂有褐色斑点的黄色五花土，未经夯实，土质较疏松。在填土中，仅发现夹砂红陶罐器底残片1块，腹部残片1块。

无殉牲。

在圹底中间，顺墓圹方向，安葬孩童尸骨一具。保存状况较好，头骨与骨架主要部位骨骼，基本完整。头朝东南，足向西北，侧面向北，仰身直肢。经现场鉴定，死者为儿童，5~6岁。骨骼从头到脚通长1.06米。

随葬品很少，仅在死者左、右耳骨下面，各出螺旋形铜丝耳环1件，无绿松石坠珠伴出（图二三二）。在颈部，出灰色小石珠项链1串（93粒）。

YYM184

这是玉皇庙墓地属于丙（B）级规格的小型墓葬之一。位于北Ⅱ区南部边缘。其东南和正南，分别与南区北部的 YYM183 和 YYM182 相毗邻，间距分别为1和0.9米；西南有 YYM85，间距1.1米；西北有 YYM86 和 YYM87，间距分别为2.9和2.6米；北有 YYM186，间距1.5米；东北有 YYM185，间距1.4米。此墓的地层堆积，基本上同于 YYM148，不赘。

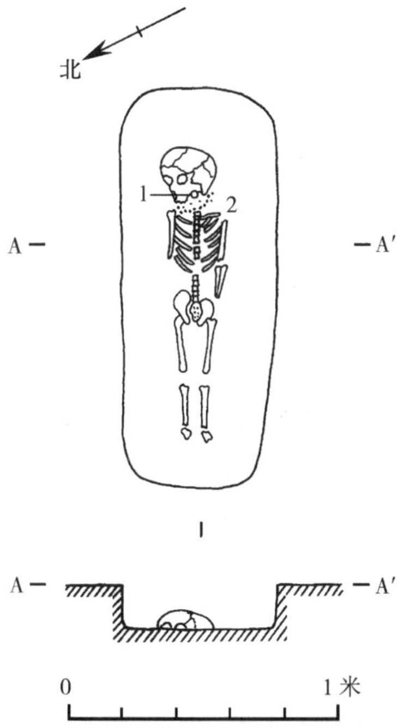

墓圹平面形状，呈抹角长方形，为竖穴土坑墓。东向，方位角为东偏北3°。墓圹规格，圹口东西长2.02、东端宽0.8、西端宽0.86米，圹底东西长1.82、东端宽0.61、西端宽0.65米，圹口至圹底深1.07米。在墓圹西南角地表，压砌自然石灰岩石块5块，下层4块较小，上层1块较大，规格在24×14×10至40×32×18厘米之间。在墓圹南、西、北三壁及中腰部位，各留出较窄的生土二层台一道，平面形状呈“U”字形，三台等高，均上距圹口0.52米深，下距圹底0.55米，台宽稍有差别，南台宽8、西台宽9、北台宽13厘米（中段），台壁平整，作笔直下切。圹底中间位置，按东西方向，安置木椁一具。在木椁外壁四周至圹底部四壁之间，筑有活土二层台，台土经过严密夯打，较坚实，东、南、西、北四台等高，均为32厘米，宽度不一，东台宽21、南台宽13、西台宽29、北台宽8厘米（中段）。

圹内填土，为杂有少量褐色斑点的黄色五花土，经普遍夯实，但未有夯层与夯窝痕迹。在填土中，仅发现夹砂红陶碎片2块，除此之外，再未见其他遗物。

殉牲位置，祭牲集中摆放在圹内东端中间上层填土中，上距东

北
1
2
A — —A′
A — —A′
0 1米

图二三二　YYM91平剖面图
1. 铜丝耳环　2. 灰色小白珠项链

端圹口 22 厘米深，下距圹底 0.73 米（图版七三，1）。殉牲种类，仅有狗 1 种。数量，狗头 3 个，狗肱骨 3 只。殉牲形式，将狗头上、下颌拆解开后，与肱骨一块，作同层聚堆摆放。肱骨和下颌骨在下，上颌骨在上。上、下颌骨的吻部朝向，最东端的 1 套，朝向东南；偏西北侧的 1 套，朝向东北；偏南侧的 1 套，上颌朝东，下颌朝东北。

木椁已朽，板灰呈白色粉状。盖板无存，底板板灰大部残缺，四至不清楚，南、北侧板与东、西堵板板灰轮廓，尚可分辨。南、北侧板东西顺长 1.55 米，总高 32 厘米，与四周活土二层台台面平齐，板灰厚 3 厘米。东、西堵板，分别竖插于南、北侧板之间，立插部位，分别在南、北侧板东、西两端内缩 9 和 12 厘米处，高度与南、北侧板一致，均为 32 厘米，总宽东端 38、西端 35、板灰厚 3 厘米。南、北侧板与东、西堵板的板块组成情况，已不能详。

木椁内装殓尸骨一具。保存状况不太好，脊椎骨、肋骨、尺骨、骨盆，已残缺不全，手指骨因腐朽无存，头骨及下肢骨，基本完整。头东足西，仰身直肢。经现场鉴定，死者为少年，10～11 岁。骨骼从头到脚通长 1.18 米。

随葬品较少，集中陈放于木椁内死者头部和颈、胸之间（图二三三）。在死者右胸部，放置泥质黑陶高领壶 1 件，斜侧置，口朝东北，已残。在左耳骨下面，出螺旋形铜丝耳环 1 件，无绿松石坠珠伴出，右耳部未出耳环。覆面铜扣 3 枚，出于前额部位。在颈部，出不同质料的饰珠联合组成的项链 1 串，由绿松石珠 4 枚、绿松石管 3 枚、白石管 25 枚以及骨贝 2 枚，联合串成。

YYM85

这是玉皇庙墓地属于丁级规格的小型墓葬之一。位于北Ⅱ区南部。其东南和正南，分别于南区北部的 YYM182 和 YYM150 相邻，间距分别为 0.5 和 2.8 米；西南有 YYM84，间距 0.8 米；西北有 YYM86，间距 1 米；东北有 YYM184，间距 1.2 米。此墓的地层堆积，基本上同于 YYM148，不赘。

墓圹平面形状，呈弧边抹角长方形，南、北两侧边均略向南弧曲，为浅穴土坑墓。东向，方位角为东偏南 13°。墓圹规格，圹口东西长 0.9、东端宽 0.32、西端宽 0.34 米，圹底形制、规格，与圹口一致，圹口至圹底深 0.5 米。无生土二层台。无木质葬具，故无活土二层台。

圹内填土，为杂有褐色斑点的黄色五花土，未经夯实，土质较疏松。在填土中，未发现任何文化遗物。

无殉牲。

在圹底中间，按东西方向，安葬孩童尸骨一具。保存状况不好，头骨及骨架均腐朽、残碎。头东足西，侧面向北，仰身直肢。经现场鉴定，死者属婴儿，1～1.5 岁。骨骼从头到胫骨末端通长 0.66 米。

随葬品很少，仅在死者颈部，出白石管 1 枚，铜珠 1 枚（图二三四）。

YYM149

这是玉皇庙墓地属于丙（B）级规格的小型墓葬之一。位于北Ⅱ区南部，其东南有 YYM83 和 YYM84，间距均为 1.7 米；西南有 YYM81，间距 1.2 米；西有 YYM61，间距 1.4 米；西北有 YYM59，间距 1.9 米；北有 YYM57，间距 1.5 米；东北有 YYM86，间距 1.2 米。此墓的地层堆积，基本上同于 YYM148，不赘。

墓圹平面形状，呈抹角长方形，为竖穴土坑墓。东向，方位角为东偏北 8°。墓圹规格，圹口东西

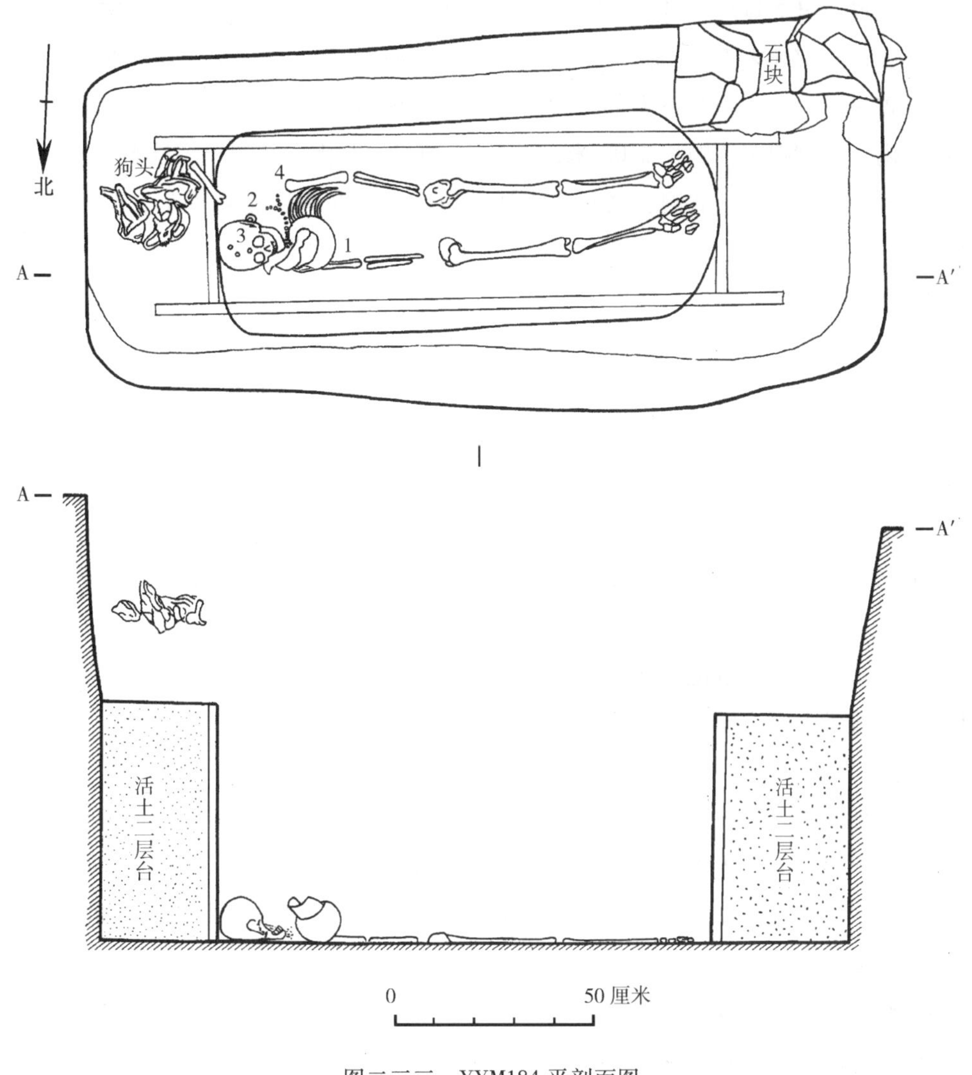

图二三三　YYM184平剖面图

1. 泥质黑陶高领壶（残）　2. 铜丝耳环　3. 覆面铜扣　4. 绿松石珠、绿松石管、白石管、骨贝项链

长2.45、东端宽1.02、西端宽1米，圹底东西长2.41、东端宽1、西端宽0.97米，圹口至圹底深0.86米。无生土二层台。在圹底中间稍偏南侧位置，按东西方向，安置木椁一具。在木椁外壁四周至圹底部四壁之间，筑有活土二层台，台土经过严密夯打，较坚实，东、南、西、北四台等高，均为26厘米，宽度不一，东台宽27、南台宽22、西台宽33、北台宽31厘米。

圹内填土，为杂有少量褐色斑点的黄色五花土，经普遍夯实，但未有夯层与夯窝痕迹。在填土中，仅发现夹砂红褐陶罐类口沿与腹部残片3块，泥质灰陶残片2块，狗肱骨残段1块，除此之外，再未有其他遗物。

殉牲位置，祭牲集中摆放在圹内东端略偏南侧的上层填土中，上距圹口12厘米深，下距圹底0.57米（图版七三，2）。殉牲种类，仅有狗1种。数量，狗上颌4个，狗下颌4副，狗肱骨4只。殉牲形式，将狗头上、下颌拆解开后，按东西方向，作同层聚堆摆放。即先将狗肱骨2只及拆解开的狗上、下颌骨2套，顺摆于圹内最东端中间略偏南侧的上层填土上，肱骨在下，头骨在上，吻部皆朝东；然后于其西南侧，再摆上另2只狗肱骨与拆解开的狗上、下颌骨2套，仍是肱骨在下，头骨在上，唯2个上颌骨作侧卧式，吻部朝东南，2副下颌骨，其中有1副吻部朝东南，另1副则朝北。

木椁已朽，盖板无存，底板灰痕大部残缺，唯南、北侧板与东、西堵板板灰轮廓，尚可识别，板灰呈白色粉状，南、北侧板东西顺长2.08米，总高26厘米，与南、北活土二层台台面平齐，板灰厚4厘米；东、西堵板，竖插于南、北侧板之间，立插部位，分别在南、北侧板东、西两端内缩12和16厘米处，高度与南、北侧板一致，均为26厘米，总宽东端37、西端36、板灰厚4厘米。南、北侧板与东、西堵板的板块组成情况，已不能详。

木椁内装殓尸骨一具。保存状况不太好，头骨残损较甚，其他主要部位骨骼，基本完整。头东足西，仰身直肢，经现场鉴定，死者为女性，40~45岁。骨骼从头到脚通长1.55米。

随葬品集中陈放于木椁内、死者身上及其近前（图二三五）。在头骨右后侧，椁底东北角，放置泥质灰陶折肩罐1件，正置。在左、右耳骨下面，各出螺旋形铜丝耳环1件，无绿松石坠珠伴出。覆面铜扣2枚，已滑落于下颌骨左侧及左耳骨之下。在死者头骨下面，压有“人”字形铜坠饰4枚。在左肩上，出铜箍形串珠9枚，及弹簧形铜饰4枚。在颈部左侧，出蚌珠1枚、白石管7枚。在颈下至胸部，出小白石珠项链1串，由921粒小白石珠串成。在项链末端（胸部），出圆锥形铜坠饰1件，坠尖朝向左肱骨。在胸部，还出铜镜形饰1件，服饰铜泡3枚，双环形铜饰1件。在左尺骨内侧，出服饰铜扣1件。在左股骨下面，压有蚌刻贝饰1枚。

YYM61

这是玉皇庙墓地属于乙（B）级规格的中型墓葬之一。位于北Ⅱ区南部。其东有YYM149，间距1.4米；东南有YYM81，间距1.5米；南有YYM62，间距1.7米；西南有YYM63，间距1.8米；西北有YYM60和YYM64，间距分别为1.7和1.8米；北有YYM59，间距0.7米；东北有YYM57，间距2.2米。此墓的地层堆积，基本上同于YYM148，不赘。

墓圹平面形状，呈抹角长方形，为竖穴土坑墓。东向，方位角为东偏南15°。墓圹规格，圹口东西长2.8、东端宽0.78、西端宽0.9米，圹底形制、规格，与圹口一致，圹口至圹底深1.6米。无生土二层台。在圹底中间偏东北—西南方向，安置木椁一具。在木椁外壁四周至圹底四壁之间，筑有活土二层台，台土经严密夯实，东、南、西、北四台等高，均为40厘米，宽度不一，东台宽34、南台宽24、西台宽44、北台宽5厘米（中段）。

圹内填土，为杂有褐色斑点的黄色五花土，经普遍夯实，但未有夯层与夯窝痕迹。在填土中，仅发现夹砂红陶残片1块。在圹室北侧中、西部和西南角的中、上层填土中，分别出有零散的上、下错落的自然石灰岩石块3块和5块。

殉牲位置，祭牲摆放在圹内东端中间略偏北侧的上层填土中，上距东端圹口6~30厘米深，下距圹底1.18~1.45米。殉牲种类，仅有狗1种。数量，狗头5个，狗肱骨5只，殉牲形式，将狗头的上、下颌骨拆解开后，与狗肱骨一块，分上、下两层摆放。即先将4套狗牲（狗上颌骨4个，狗下颌骨4副，加狗肱骨4只），按东西方向，摆放在圹内东端中间略偏北侧的上层偏下填土中，4只狗肱骨，集中顺摆在最东端，其上叠置2套已拆解开的狗上、下颌骨，然后于其西侧，又前、后错落摆放已拆解开的狗上、下颌骨2套。其中4个狗上颌骨的吻部，皆朝东；4副狗下颌骨，靠东端的2副，吻部朝东；偏西侧的2副，1副朝东，另1副朝北。上层狗牲，只有1套。上、下两层狗牲之间，有20厘

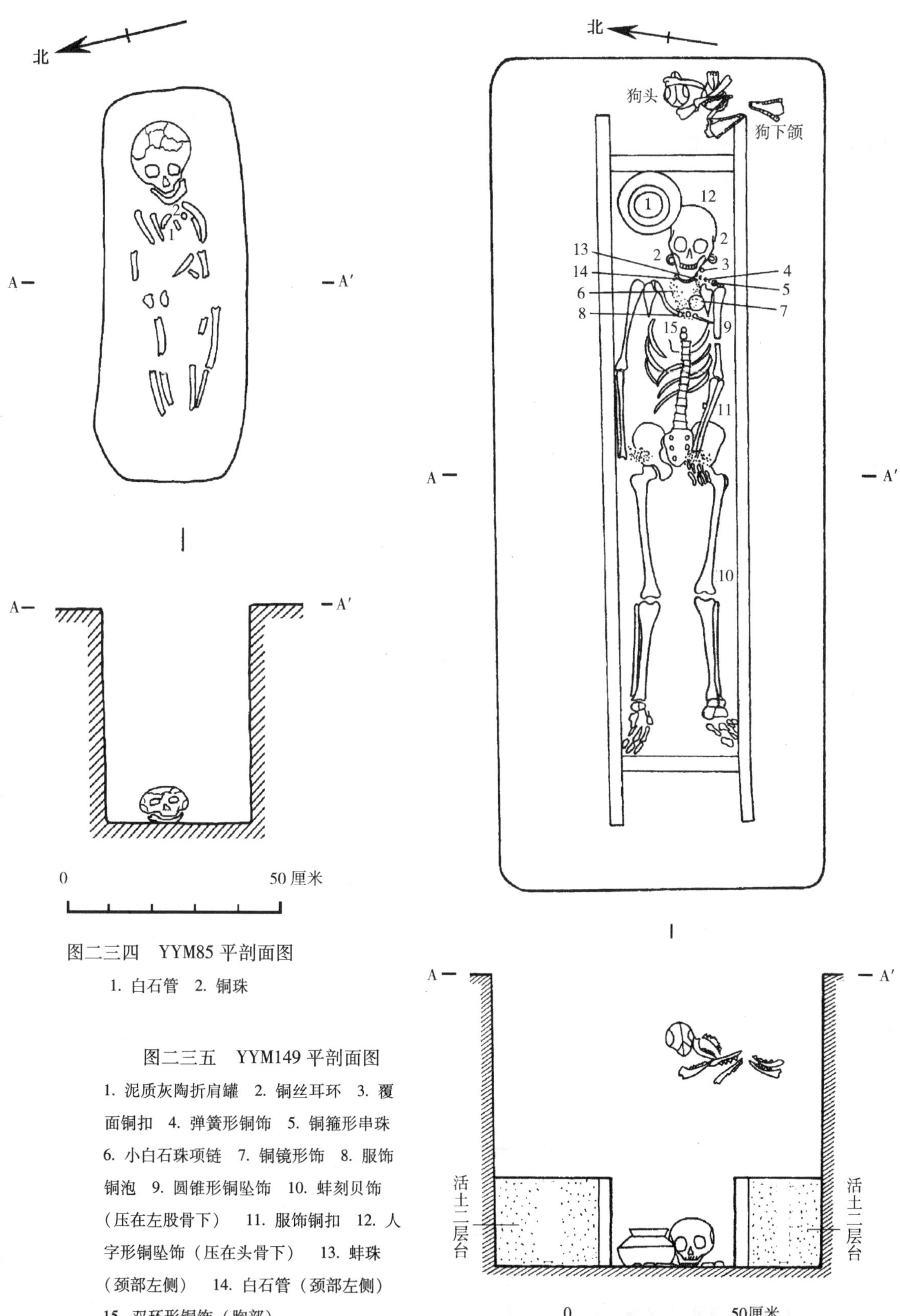

图二三四　YYM85 平剖面图

1. 白石管　2. 铜珠

图二三五　YYM149 平剖面图

1. 泥质灰陶折肩罐　2. 铜丝耳环　3. 覆面铜扣　4. 弹簧形铜饰　5. 铜箍形串珠　6. 小白石珠项链　7. 铜镜形饰　8. 服饰铜泡　9. 圆锥形铜坠饰　10. 蚌刻贝饰（压在左股骨下）　11. 服饰铜扣　12. 人字形铜坠饰（压在头骨下）　13. 蚌珠（颈部左侧）　14. 白石管（颈部左侧）　15. 双环形铜饰（胸部）

米左右厚的一层填土相隔。上层狗牲中的肱骨1只，呈南北向横置，其上叠置已拆解开的狗上、下颌骨1套，亦作南北向横置，吻部朝北。

木椁已朽，盖板与底板灰痕亦无存，南、北侧板与东、西堵板板灰呈白色粉状，轮廓可辨。南、北侧板东西顺长2.14米，板灰厚3厘米。东、西堵板，分别竖插于南、北侧板之间，立插部位，分别在南、北侧板东、西两端内缩12和16厘米处，总宽东端44、西端46、板灰厚3厘米。南、北侧板与东西堵板高均为40厘米，与四周活土二层台台面平齐。其板块组成情况，已不能详。

木椁内装殓尸骨一具。保存状况较好，头骨及骨架主要部位骨骼，基本保持完整。头东足西，仰身直肢。经现场鉴定，死者为男性，22～24岁。骨骼从头到脚通长1.68米。

随葬品陈放于木椁内、死者身上及其近前（图二三六）。在头骨右侧，放置夹砂红陶罐1件，斜侧置，口朝东北。在死者前额和右颞骨处，各出覆面铜扣1枚。在颈部，出小白石珠项链1串（137粒）。在右髋骨表面，出青铜短剑1件，剑锋朝下。在短剑左侧，右髋骨与骶骨之间出青铜削刀1件，刀锋朝下。在右手指骨下面，压有铜锥1件，锥尖朝下。

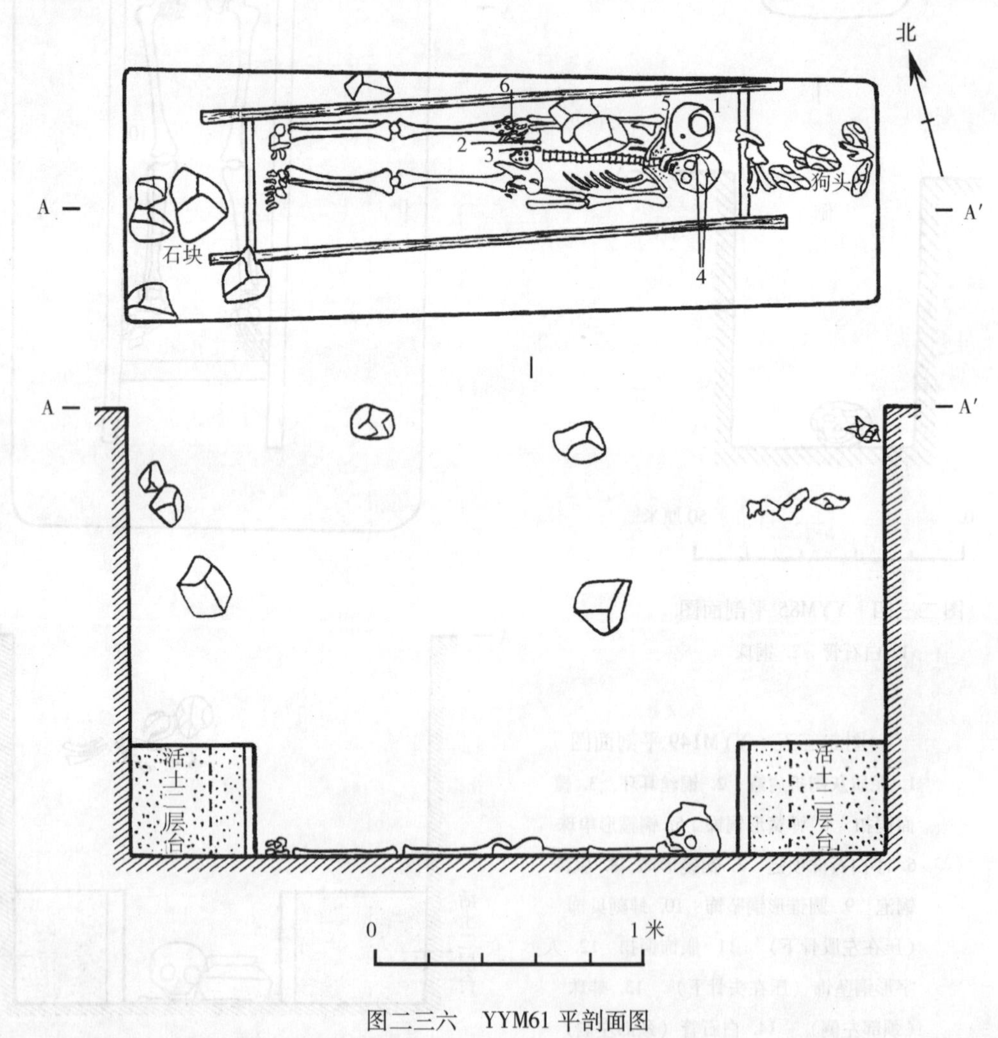

图二三六　YYM61平剖面图

1. 夹砂红陶罐　2. 青铜短剑　3. 青铜削刀　4. 覆面铜扣　5. 小白石珠项链　6. 铜锥（右手骨下面）

YYM64

这是玉皇庙墓地属于乙（B）级规格的中型墓葬之一。位于北Ⅱ区南部。其东南有 YYM61，间距 1.8 米；南有 YYM63，间距 1.7 米；西南有 YYM92 和 YYM93，间距分别为 2.2 和 2.3 米；西北有 YYM91 和 YYM72，间距分别为 2.1 和 3.1 米；其北 1.8 米，为 2 号取土坑南沿；东北有 YYM60，间距 1.3 米。此墓的地层堆积，基本上同于 YYM148，不赘。

墓圹平面形状，呈抹角长方形，为竖穴土坑墓。西向，方位角为西偏北 7°。墓圹规格，圹口东西长 2.4、东端宽 0.8、西端宽 0.88 米，圹底形制、规格，与圹口一致，圹口至圹底深 1.7 米。无生土二层台。在圹底中间，按西东方向，安置木椁一具。在木椁外壁四周至圹底四壁之间，筑有活土二层台，台土经严密夯实，东、南、西、北四台等高，均为 38 厘米，宽度不一，东台宽 26、南台宽 17、西台宽 24、北台宽 8 厘米。

圹内填土，为杂有褐色斑点的黄色五花土，经普遍夯实，但未有夯层与夯窝痕迹。在填土中，仅发现夹砂红陶残片 3 块，除此之外，再未见其他遗物。

无殉牲。

木椁已朽，板灰呈白色粉状。东部残存盖板板灰痕迹 2 块，呈南北向横搭在南、北侧板之上，两端均长出侧板一截，直抵南、北两侧活土二层台台帮上，板灰南北长 0.64 米，宽 14 厘米左右。底板痕迹不清楚。南、北侧板与东、西堵板，轮廓可辨。南、北侧板东西长 2.26 米，板灰厚 3 厘米。东、西堵板分别竖插于南、北侧板之间，立插部位，分别在南、北侧板东、西两端内缩 16 和 20 厘米处，总宽东端 50、西端 48、板灰厚 3 厘米。南、北侧板与东、西堵板高均为 38 厘米，与四周活土二层台台面平齐。其板块组成情况，已不能详。

木椁内装殓尸骨一具。保存状况较好，头骨及骨架主要部位，基本完整。头西足东，仰身直肢（图版七四，1）。经现场鉴定，死者为女性，30 岁左右。骨骼从头到脚通长 1.57 米。

随葬品较少，陈放于木椁内、死者头侧及上半身（图二三七）。在头骨左后侧，椁底西北角，放置夹砂红陶罐 1 件，正置。在左、右耳骨下面，各出螺旋形铜丝耳环 1 件，在左、右耳环下各附出绿松石坠珠 3 枚。在颈部，出不同质料的项链 2 串：（1）小白石珠项链 1 串（84 粒）；（2）玛瑙、绿松石、白石管项链 1 串，由玛瑙珠 14 颗、绿松石管 4 枚，加白石管 2 枚，联合组成。

YYM72

这是玉皇庙墓地属于丙（C）级规格的小型墓葬之一。位于北Ⅱ区南部。其东南有 YYM64 和 YYM92，间距分别为 3.1 和 2 米；西南有 YYM70 和 YYM73，间距分别为 2.5 和 1.7 米；西北有 YYM69，间距 2.1 米；北有 YYM66，间距 2.8 米；东北有 YYM91，间距 0.8 米。此墓的地层堆积，基本上同于 YYM188，不赘。

墓圹平面形状，呈抹角长方形，为竖穴土坑墓。东向，方位角为东偏南 2°。此墓圹口上层遭取土破坏，现存圹口东西残长 2.24、东端宽 0.78、西端宽 0.88 米，圹底东西长 2.12、东端宽 0.73、西端宽 0.82 米，圹口至圹底深 0.71 米。无生土二层台。在圹底中间，略偏东北—西南方向，安置木椁一具。在木椁外壁四周至圹底四壁之间，筑有活土二层台，台土经严密夯实，东、南、西、北四台等高，均为 28 厘米，宽度不一，东台宽 25、南台宽 17、西台宽 18、北台宽 13 厘米（中段）。

圹内填土，为杂有褐色斑点的黄色五花土，经普遍夯实，但未见夯层与夯窝痕迹。在填土中，仅发现夹砂红陶残片2块，泥质灰陶碎片1块，羊肩胛骨残片1块。

因墓圹上层被破坏，殉牲情况不详。

木椁已朽，板灰呈白色粉状，盖板痕迹无存，底板灰痕大多残缺，唯南、北侧板与东、西堵板灰痕轮廓，尚可辨识。南、北侧板东西顺长2.3米，板灰厚3~3.5厘米。东、西堵板，分别竖插于南、北侧板之间，立插部位，分别在南、北侧板东、西两端内缩16和11厘米处，总宽东端45、西端41、板灰厚3~3.5厘米。南、北侧板与东、西堵板高均为28厘米，与四周活土二层台台面平齐。其板块组成情况，已不能详。

木椁内装殓尸骨一具。保存状况较好，除头骨略有残裂外，骨架主要部位，基本保存完整。头东足西，侧面向南，仰身直肢（图版七四，2）。经现场鉴定，死者为男性，45~50岁。骨骼从头到脚通长1.69米。

随葬品较少，陈放于木椁内、死者头部及左股骨附近（图二三八）。在头骨左后侧，放置泥质灰陶豆盘1件（豆柄缺失），正置，盘口已残。在左、右耳骨处各出螺旋形铜丝耳环1件，已残，无绿松

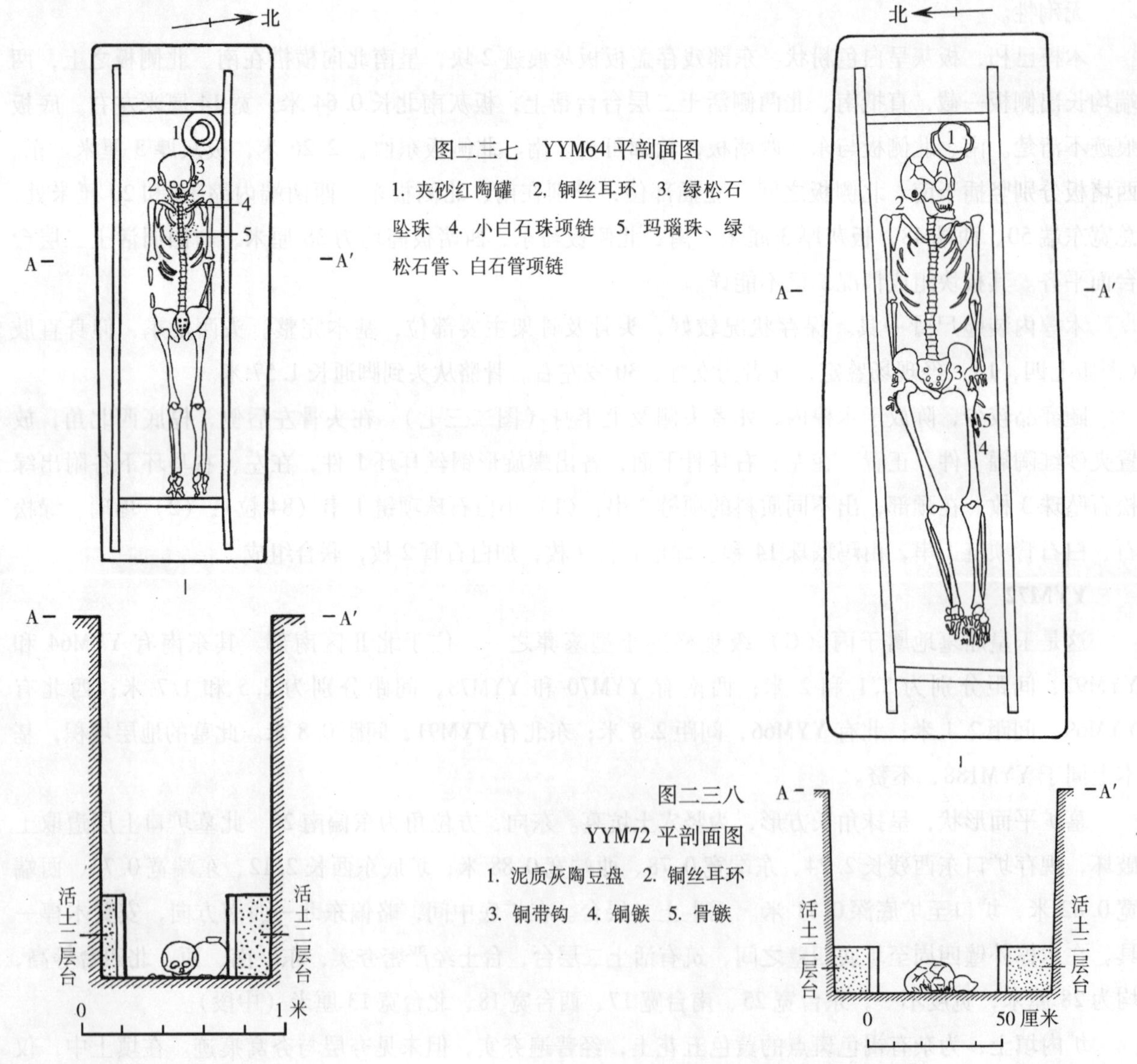

图二三七 YYM64平剖面图

1. 夹砂红陶罐 2. 铜丝耳环 3. 绿松石坠珠 4. 小白石珠项链 5. 玛瑙珠、绿松石管、白石管项链

图二三八 YYM72平剖面图

1. 泥质灰陶豆盘 2. 铜丝耳环 3. 铜带钩 4. 铜镞 5. 骨镞

石坠珠伴出。在骨盆左侧至左股骨上端之间，出铜带钩1件，钩首朝上。在左股骨上端及其外侧，出铜镞1枚，骨镞5枚，镞锋均朝下。

YYM69

这是玉皇庙墓地属于丙（A）级规格的小型墓葬之一。位于北Ⅱ区南部。其东南有YYM72，间距2.1米；南有YYM70，间距1.6米；其西0.2米，为1号取土坑东沿；北有YYM68，间距1.4米；东北有YYM66，间距2.3米。此墓的地层堆积，基本上同于YYM188，不赘。

墓圹平面形状，呈抹角长方形，为竖穴土坑墓。东向，方位角为东偏南5°。墓圹规格，圹口东西长2.5、东端1.08、西端1.12米，圹底形制、规格，与圹口一致，圹口至圹底深1.2米。无生土二层台。在圹底中间，按东西方向，安置木椁一具。在木椁外壁四周至圹底的壁之间，筑有活土二层台，台土经严密夯实，东、南、西、北四台等高，均为34厘米，宽度不一，东台宽14、南台宽30、西台宽24、北台宽28厘米（中段）。

圹内填土，为杂有褐色斑点的黄色五花土，经普遍夯实，但未有夯层与夯窝痕迹。在填土中，仅发现夹砂红褐陶碎片4块，除此之外，再未见其他遗物。

殉牲位置，祭牲摆放在圹内东端中间略偏北侧的上层填土中，上距东端圹口6厘米深，下距圹底1.1米。殉牲种类，仅有狗1种。数量，狗头1个，狗肱骨1只。殉牲形式，将狗头上、下颌骨拆解开后，按东西方向，并列顺置。狗肱骨1只，被压在狗上颌骨之下，狗下颌骨1副，置于狗上颌骨南侧，吻部一律朝东。

木椁已朽，盖板与底板痕迹已无存，南、北侧板与东、西堵板板灰呈白色粉状，四至可辨。南、北侧板东西顺长2.42米，板灰厚3.5～4厘米。东、西堵板，分别竖插于南、北侧板之间，立插部位，分别在南、北侧板东、西两端内缩14和20厘米处，总宽东端53、西端52、板灰厚3.5厘米。南、北侧板与东、西堵板高均为34厘米，与四周活土二层台台面平齐。其板块组成情况，已不能详。

木椁内装殓尸骨一具。保存状况不太好，头骨已残裂，脊椎、肋骨、手骨等，大部无存，仅四肢骨基本完整。头东足西，侧面向南，仰身直肢。经现场鉴定，死者为男性，35岁左右。骨骼从头到脚通长1.68米。

随葬品陈放于木椁内、死者身上及其近前（图二三九）。在头骨左后侧，放置夹砂红陶罐1件，斜侧置，口朝东南。在左、右耳骨附近，各出绿松石珠1枚。在右尺骨外侧，出青铜削刀1件，刀锋朝下。在削刀与右尺骨之间，出服饰铜扣1枚。在右尺骨内侧，出铜带钩1件，钩首朝右。在骨盆右侧至右股骨上端之间，出铜锥1件，锥尖朝左侧斜下方。

YYM84

这是玉皇庙墓地属于丙（A）级规格的小型墓葬之一。位于北Ⅱ区南部。其东南与南区北部的YYM150相邻，间距1.6米；西南有YYM83，间距0.1米；西北有YYM149，间距1.7米；北有YYM86，间距1.9米；东北有YYM85，间距0.8米。此墓的地层堆积，基本上同于YYM148，不赘。

墓圹平面形状，呈抹角长方形，为竖穴土坑墓。东向，方位角为东偏南8°。墓圹规格，圹口东西长2.46、东端宽1、西端宽1.1米，圹底形制、规格，与圹口一致，圹口至圹底深1.16米。无生土二层台。在圹底中间，按东西方向，安置木椁一具。在木椁外壁四周至圹底四壁之间，筑有活土二层台，台土经严密夯实，东、南、西、北四台等高，均为0.52米，宽度不一，东台宽28、南台宽26、西台宽30、台宽24厘米。

圹内填土，为杂有褐色斑点的黄色五花土，经普遍夯实，但未有夯层与夯窝痕迹。在填土中，仅发现夹砂红陶罐口沿残片1块，除此之外，再未见其他遗物。

殉牲位置，祭牲集中摆放在圹内东端中间上层填土中，上距东端圹口5厘米深，下距圹底0.9米。殉牲种类，仅有狗1种。数量，狗头5个，狗肱骨5只。殉牲形式，将狗头的上、下颌骨拆解开后，与狗肱骨一块，大体按东南—西北方向，作纵向“一”字摆放。狗肱骨在下，上、下颌骨分别叠置其上，不相咬合，除中间的1个狗上颌骨吻部朝南以外，其余东、西两端的4个狗上颌骨的吻部，均一律朝东；狗下颌骨的吻部朝向，多不统一，东端的2副，吻部朝西，中间的1副，吻部朝北，西侧的2副，吻部朝东。

木椁已朽，板灰呈白色粉状。盖板无存，底板灰痕大部残缺，南、北侧板与东、西堵板板灰界限，四至可辨。南、北侧板东西顺长2.17米，板灰厚3.5厘米。东、西堵板，分别竖插于南、北侧板之间，立插部位，分别在南、北侧板东、西两端内缩14和18厘米处，总宽东端48、西端46、板灰厚3.5~4厘米。南、北侧板与东、西堵板高均为0.52米，与四周活土二层台台面平齐。其板块组成情况，已不能详。

木椁内装殓尸骨一具。保存状况较好，头骨与骨架主要部位骨骼，基本完整。头东足西，左尺骨与桡骨，上屈于胸前，仰身直肢。经现场鉴定，死者为女性，45~50岁。骨骼从头到脚通长1.51米。

随葬品较少，陈放于木椁内、死者头部及其近前（图二四〇）。在头骨右侧，放置夹砂红陶罐1件，略斜侧置，已残碎。在左、右耳骨下面，各出螺旋形铜丝耳环1件，无绿松石坠珠伴出。在鼻骨与上颌骨之间，出覆面铜扣1枚。

YYM83

这是玉皇庙墓地属于丙（A）级规格的小型墓葬之一。位于北Ⅱ区南部。其东南与南区北部的YYM150相邻，间距2.6米；南有YYM148，间距0.5米；西南有YYM140，间距1.7米；西有YYM81，间距0.8米；西北有YYM149，间距1.8米；东北有YYM84，间距0.1米。此墓的地层堆积，基本上同于YYM148，不赘。

墓圹平面形状，呈抹角长方形，为竖穴土坑墓。东向，方位角为东偏南12°。墓圹规格，圹口东西长2.34米，东、西两端宽各0.84米，圹底形制、规格，与圹口一致，圹口至圹底深1.06米。无生土二层台。在圹底中间，按东西方向，安置木质葬具一具。在木质葬具四周至圹底四壁之间，筑有活土二层台，台土经普遍夯实，东、南、西、北四台等高，均为46厘米，宽度不一，东台宽40、南台宽18、西台宽34、北台宽24厘米。

圹内填土，为杂有褐色斑点的黄色五花土，经普遍夯实，但未有夯层与夯窝痕迹。在填土中，仅发现夹砂红陶残片3块。除此之外，再未见其他遗物。

殉牲位置，祭牲集中摆放在圹内东端中间中上层填土中，上距东端圹口14厘米深，下距圹底0.52米。殉牲种类，仅有狗1种。数量，狗头5个，狗肱骨5只。殉牲形式，将狗头的上、下颌骨拆解开后，

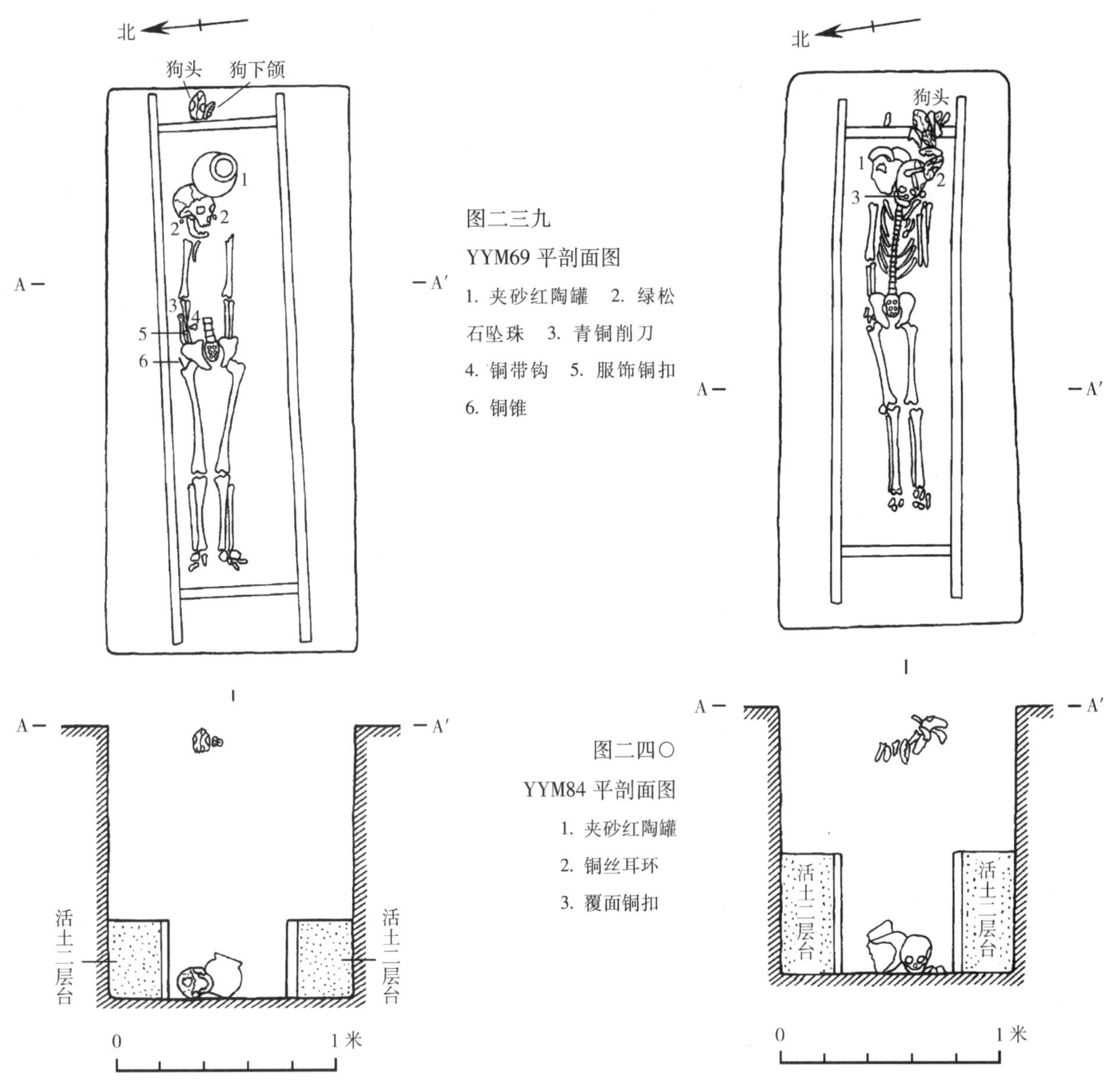

图二三九　YYM69 平剖面图
1. 夹砂红陶罐　2. 绿松石坠珠　3. 青铜削刀　4. 铜带钩　5. 服饰铜扣　6. 铜锥

图二四〇　YYM84 平剖面图
1. 夹砂红陶罐　2. 铜丝耳环　3. 覆面铜扣

按东西方向，作同层、东西纵向摆放。狗肱骨在下，上、下颌骨分别叠置其上，不相咬合，最东端并列狗头 2 个，其西侧，依次纵摆狗头 3 个，吻部一律朝东。偏西侧的 2 个狗头及狗肱骨，因位于木椁东端盖板之上，盖板腐朽后，遂随盖板上面的填土一起下陷，故造成与东端狗牲上、下错位甚为明显的现象（图版七五，1）。

木质葬具已朽，板灰呈白色粉状，保存状况不好，盖板无存，底板灰痕不大清楚，仅能辨识南、北侧板与东、西堵板四至轮廓。南、北侧板东、西顺长 1.6 米，东、西堵板总宽各为 42、高均为 46 厘米，与四周活土二层台台面平齐。

木质葬具内装殓尸骨一具。保存状况较好，头骨及骨架主要部位骨骼，基本完整。头东足西，仰身直肢。经现场鉴定，死者为男性，25～30 岁。骨骼从头到脚通长 1.42 米。

随葬品陈放于木质葬具内、死者身上及其近前（图二四一）。在头骨右侧，放置夹砂红陶罐 1 件，

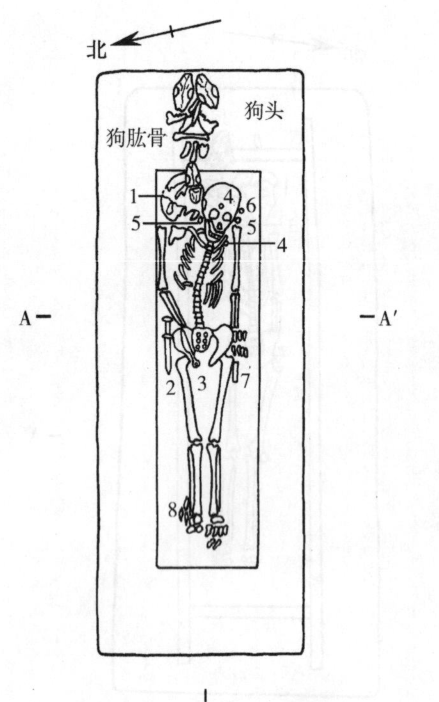

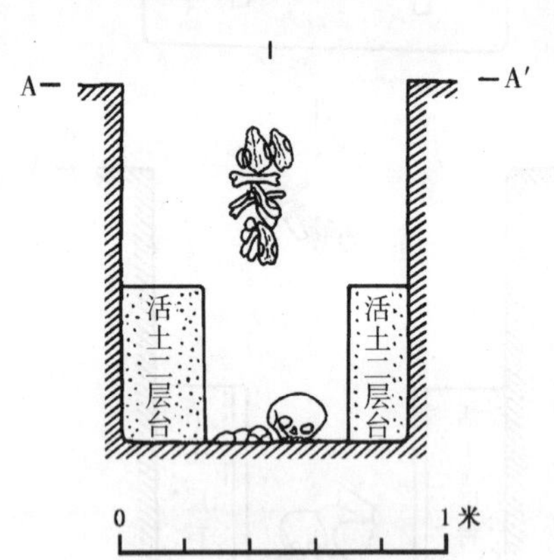

图二四一　YYM83 平剖面图

1. 夹砂红陶罐　2. 青铜短剑　3. 青铜削刀　4. 覆面铜扣　5. 铜丝耳环　6. 绿松石坠珠（左）　7. 长方形铜锥（针）管具　8. 骨镞

已残碎。在左、右耳骨下面，各出螺旋形铜丝耳环1件，在左耳环下，附出绿松石坠珠1枚，右耳环下无。覆面铜扣3枚，出于前额处1枚，滑落于下颌骨左侧和下方各1枚。在右侧腰间至右髋骨外侧，出青铜短剑1件，剑锋朝下（图版七五，2）。在右髋骨内侧，出青铜削刀1件，刀锋朝右侧斜上方。在左股骨上端外侧，出长方形几何纹铜锥（针）管具1件（图二四二）。在右胫骨外侧，出骨镞5枚，镞锋朝下。

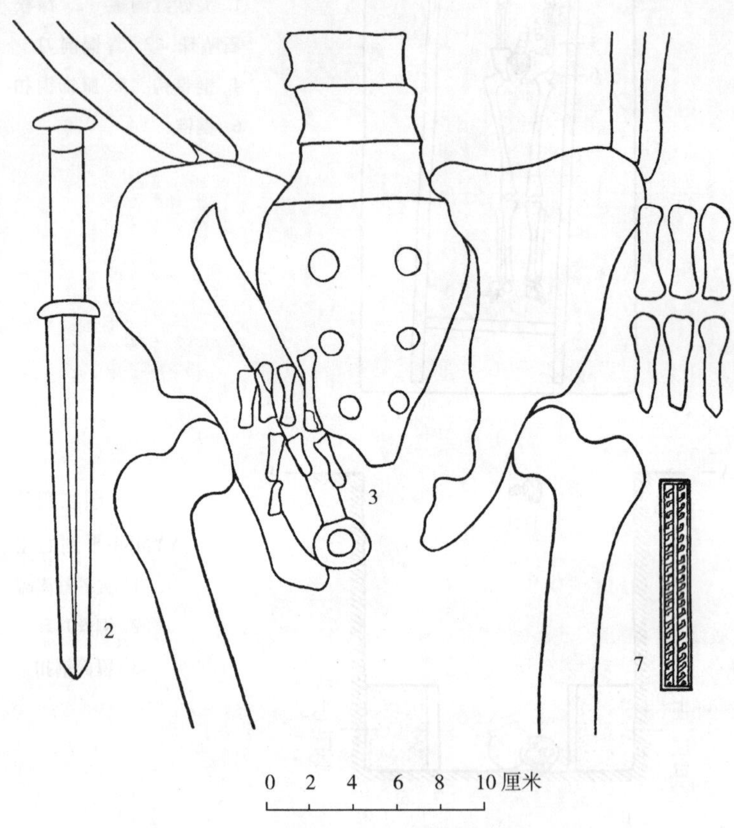

图二四二　YYM83 遗物分布图（局部）

2. 青铜短剑　3. 青铜削刀　7. 长方形铜锥（针）管具

YYM81

这是玉皇庙墓地属于乙（B）级规格的中型墓葬之一。位于北Ⅱ区南部。其东有 YYM83，间距0.8米；东南有 YYM148，间距1.6米；南有 YYM140，间距0.8米；西南有 YYM139，间距2.9米；西有 YYM62，间距1.6米；西北有 YYM61，间距1.5米；东北有 YYM149，间距1.2米。此墓的地层堆积，基本上同于 YYM148，不赘。

墓圹平面形状，呈抹角长方形，为竖穴土坑墓。东向，方位角为东偏南2°。墓圹规格，圹口东西长2.4、东端宽0.96、西端宽0.92米，圹底形制、规格，与圹口一致，圹口至圹底深1.3米。无生土二层台。在圹底中间，按东西方向，安置木椁一具。在木椁外壁四周至圹底四壁之间，筑有活

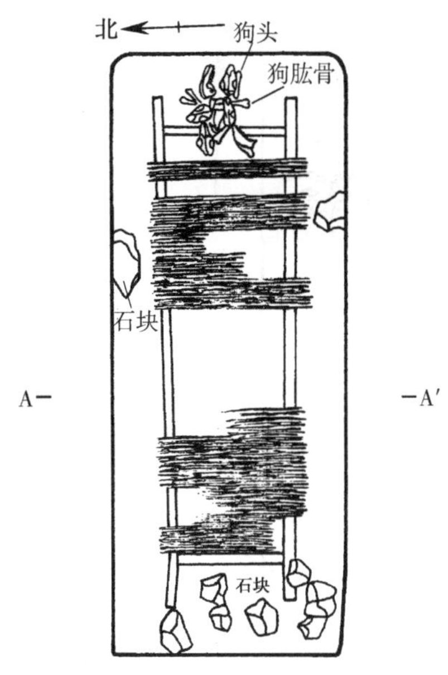

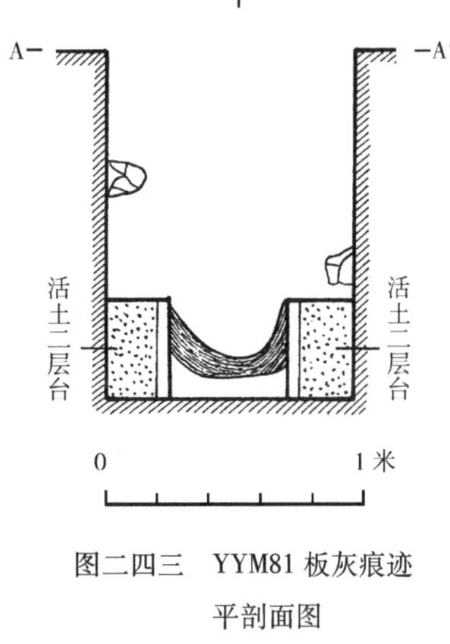

图二四三　YYM81 板灰痕迹平剖面图

土二层台，台土经严密夯实，东、南、西、北四台等高，均为38厘米，宽度不一，东台宽30、南台宽20、西台宽36、北台宽19厘米。

圹内填土，为杂有褐色斑点的黄色五花土，经普遍夯实，但未有夯层与夯窝痕迹。在填土中，仅发现夹砂红褐陶残片2块。另在圹内西端，南、北侧东部的中、上层填土中（一般距圹口以下30～40厘米深处），散布有体积较小的自然石灰岩石块，西端有8块，南、北侧各有1块。

殉牲位置，祭牲集中摆放在圹内东端中间上层填土中，上距东端圹口10厘米深，下距圹底1米。殉牲种类，只有狗1种。数量，狗头5个，狗肱骨5只。殉牲形式，将狗头上、下颌骨拆解开后，与狗肱骨一块，作同层聚堆摆放。狗肱骨在下，狗头骨在上，上、下颌骨分开摆放，不相咬合。2个狗头居东，吻部朝东；3个狗头居西，其中1个吻部朝北，另2个吻部朝东。

木椁已朽，板灰呈白色粉状。盖板在东、西两端尚存部分痕迹，呈南北向横搭在南、北侧板之上，中间呈弧形塌陷，两端均长出侧板一截，附贴在南、北两侧活土二层台台帮上，板长0.62～0.64米，板宽12～22厘米（图二四三）。底板痕迹已不清楚。南、北侧板与东、西堵板，四至可辨。南、北侧板东西顺长2米，板灰厚3.5～4厘米。东、西堵板，分别竖插于南、北侧板之间，立插部位，分别在南、北侧板东、西两端内缩12和16厘米处，总宽东端50、西端44、板灰厚3～3.5厘米。南、北侧板与东、西堵板高均为38厘米，与四周活土二层台台面平齐。其板块组成情况，已不能详。

木椁内装殓尸骨一具。保存状况较好，头骨与骨架主要部位骨骼，基本完整。头东足西，侧面向西北，仰身直肢。经现场鉴定，死者为女性，56岁以上。骨骼从头到脚通长1.5米。

随葬品很少，陈放于死者身上（图二四四）。在左、右耳骨下各出大号铜丝耳环1件。在左肩部位，放置夹砂红陶罐1件，正置。在颈部，出白石管1枚。在左、右股骨之间，出铜针1枚，针尖朝下。

YYM62

这是玉皇庙墓地属于丙（C）级规格的小型墓葬之一。位于北Ⅱ区南部。其东有YYM81，间距1.6米；东南有YYM140，间距1.9米；南有YYM139，间距1.7米；西有YYM63，间距1米；西北有YYM64，间距2.7米；北有YYM61，间距1.7米；东北有YYM149，间距3.2米。此墓的地层堆积，基本上同于YYM148，不赘。

墓圹平面形状，呈抹角长方形，为竖穴土坑墓。东向，方位角为东偏南23°。北侧圹边上部，被晚

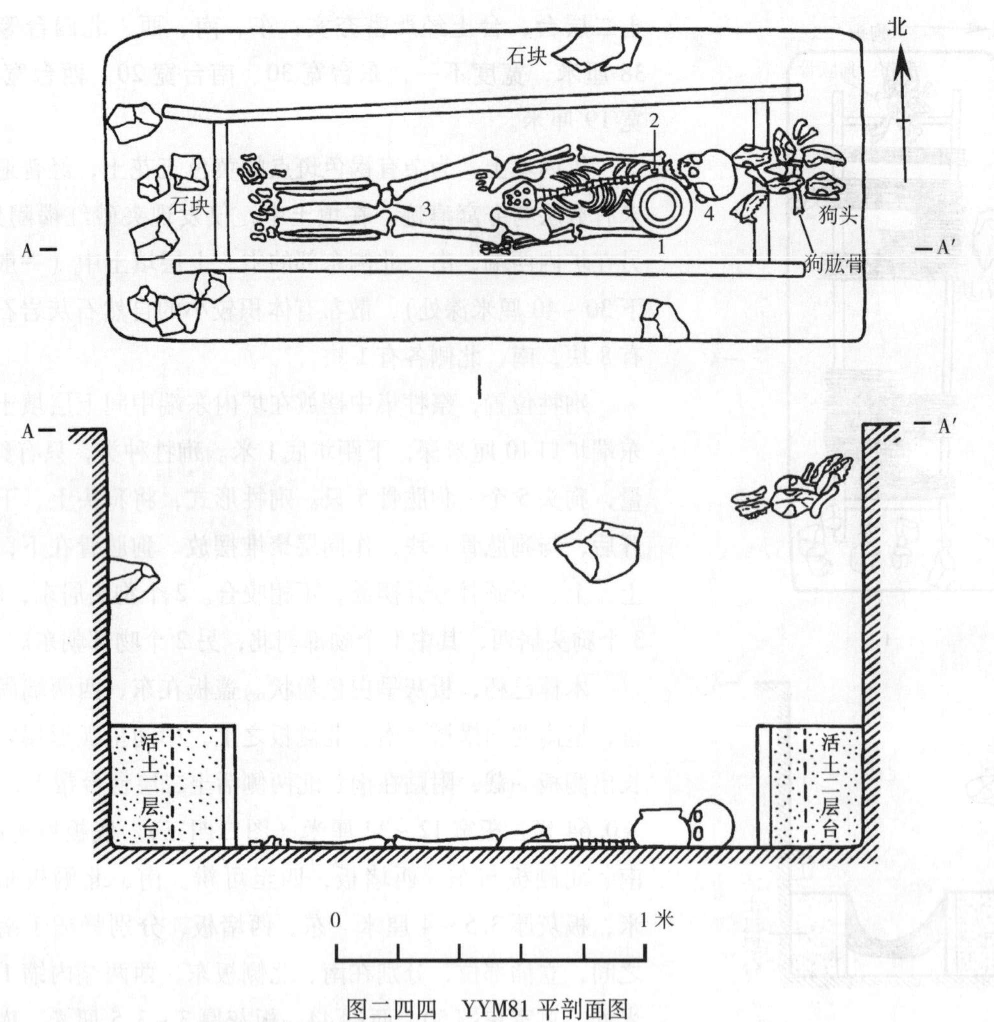

图二四四　YYM81 平剖面图

1. 夹砂红陶罐　2. 白石管　3. 铜针　4. 铜丝耳环（压在左、右耳骨下）

期一座长方形灰坑打破。墓圹规格，圹口东西长 2.32、东端宽 0.84、西端宽 0.78 米，圹底形制、规格，与圹口一致，圹口至圹底深 0.76 米。无生土二层台。在圹底中间，按东西方向，安置木椁一具。在木椁外壁四周至圹底四壁之间，筑有活土二层台，台土经严密夯实，东、南、西、北四台等高，均为 32 厘米，宽度不一，东台宽 12、南台宽 14、西台宽 10、北台宽 8 厘米。

圹内填土，为杂有褐色斑点的黄色五花土，经普遍夯实，但未有夯层与夯窝痕迹。在填土中，仅发现夹砂褐陶碎片 2 块。在圹内东部和西端填土中，有数块自然石灰岩石块，东部上、下分布较零散，西端则砌作 4 层，较有规律。在木椁东端上层填土中，正当死者头骨垂直上方，有自然石灰岩石块 1 块，规格为 20×12×15 厘米。在木椁中间，正当死者骨盆上方，有塌陷进来的较大自然石灰岩石块 1 块，规格为 32×21×15 厘米（图版七六，1），其与骨盆之间，仅间隔约 2 厘米厚的一层填土。在北侧活土二层台内，包含有一层体积较小的自然石灰岩石块（图二四五）。

殉牲位置，祭牲摆放在圹内东端中间上层填土中，上距东端圹口 8 厘米深，下距圹底 0.56 米。殉牲种类，仅有狗 1 种。数量，狗头 1 个，狗肱骨 1 只。殉牲形式，将狗头的上、下颌骨拆解开后，分开摆放，狗肱骨顺置在下面，下颌骨叠置其上，吻部朝西，上颌骨侧置于西侧，吻部朝南。

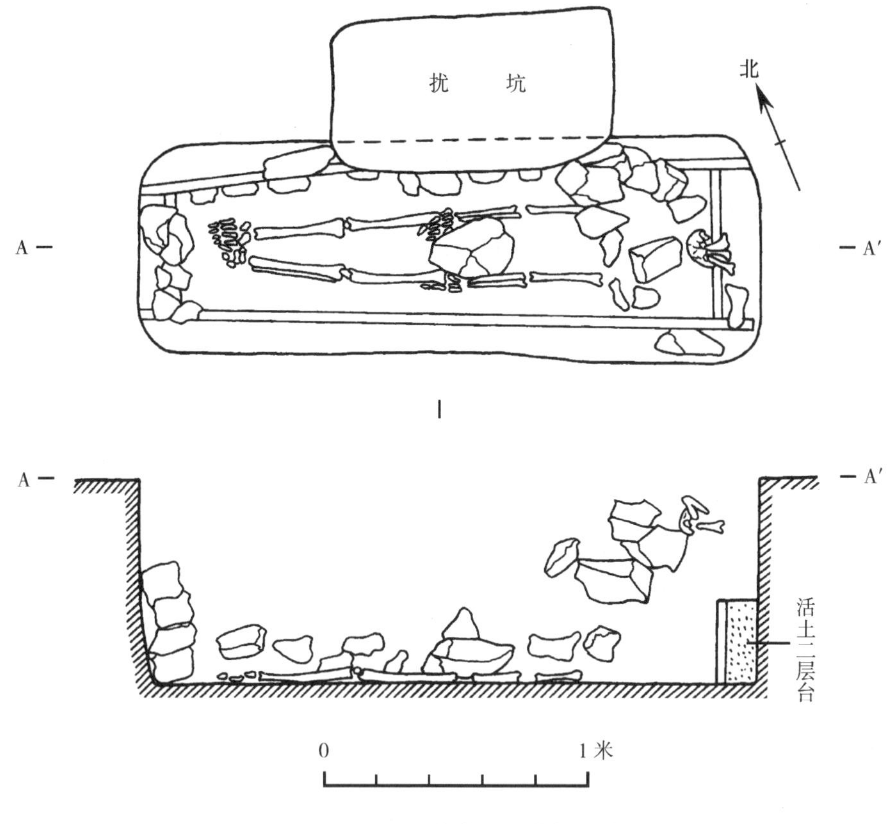

图二四五　YYM62 圹内积石分布平剖面图

木椁已朽，盖板与底板灰痕已无存，南、北侧板与东、西堵板板灰呈白色粉状，四至可辨。南、北侧板东西顺长 2.28 米，板灰厚 3 厘米。东、西堵板，分别竖插于南、北侧板之间，立插部位，分别在南、北侧板东、西两端内缩 8 和 10 厘米处，总宽东端 53、西端 46、板灰厚 3 厘米。南、北侧板与东、西堵板高均为 32 厘米，与四周活土二层台台面平齐。其板块组成情况，已不能详。

木椁内装殓尸骨一具。保存状况较好，头骨残裂，骨架主要部位基本完整。头东足西，侧面向北，仰身直肢。经现场鉴定，死者为男性，成年。骨骼从头到脚通长 1.62 米。

随葬品很少，仅在木椁内、死者头骨右后侧，放置泥质灰陶折肩罐 1 件，正置（图二四六）。除此之外，再未见其他任何遗物。

YYM63

这是玉皇庙墓地属于乙（B）级规格的中型墓葬之一。位于北Ⅱ区南部。其东有 YYM62，间距 1 米；东南和西南，分别与南区北部的 YYM139 和 YYM104 相邻，间距分别为 1.6 和 2.5 米；西有 YYM93，间距 1.8 米；西北有 YYM92，间距 3.1 米；北有 YYM64，间距 1.7 米；东北有 YYM61，间距 1.8 米。此墓的地层堆积，基本上同于 YYM148，不赘。

墓圹平面形状，呈抹角长方形，为竖穴土坑掏洞墓。东向，方位角为东偏南 3°。墓圹规格，圹口东西长 1.8，东、西两端宽各 0.8 米，西端圹壁自圹口 22 厘米深处以下，向外呈弧线掏洞，使该墓成为玉皇庙墓地唯一一座掏洞墓（图版七六，2）。圹底东西长 2.6 米，宽度与圹口一致，圹口至圹底深 1.3 米。无生土二层台。在圹底中间，按东西方向，安置木椁一具。在木椁外壁四周至圹底四壁之间，筑有活土二层台，台土经夯实，东、南、西、北四台等高，均为0.5米，宽度不一，东台宽32、南台宽16、西台宽38、北台宽10厘米。

圹内填土，为杂有褐色斑点的黄色五花土，经普遍夯实，但未有夯层与夯窝痕迹。在填土中，仅发现夹砂红褐陶残片3块，除此之外，再未见其他任何遗物。

殉牲位置，祭牲摆放在圹内东端中间上层填土中，上距东端圹口30厘米深，下距圹底0.9米。殉牲种类，仅有狗1种。数量，狗头2个，狗肱骨2只。殉牲形式，将狗头上、下颌骨拆解开后，与狗肱骨一块，按东西方向，作同层前后纵向摆放。即先将拆解开的狗上、下颌骨1套，顺摆于圹内东端中间上层填土上，上、下颌骨略有错位，不相咬合，吻部朝东；然后于其西侧，按东南—西北方向，斜摆狗肱骨2只，倒置狗下颌骨1副；然后再将狗上颌骨1个叠置其上，使其吻部朝向东北。

木椁已朽，盖板板灰已无存，底板痕迹十分模糊，南、北侧板与东、西堵板，板灰呈白色粉状，四至可辨。南、北侧板东西顺长2.22米，板灰厚3.5厘米。东、西堵板分别竖插于南、北侧板之间，立插部位，分别在南、北侧板东、西两端内缩14和18厘米处，总宽东端23、西端24、板灰厚3.5厘米。南、北侧板与东、西堵板高均为0.5米，与四周活土二层台台面平齐。其板块组成情况，已不能详。木椁西端，伸进洞室内。

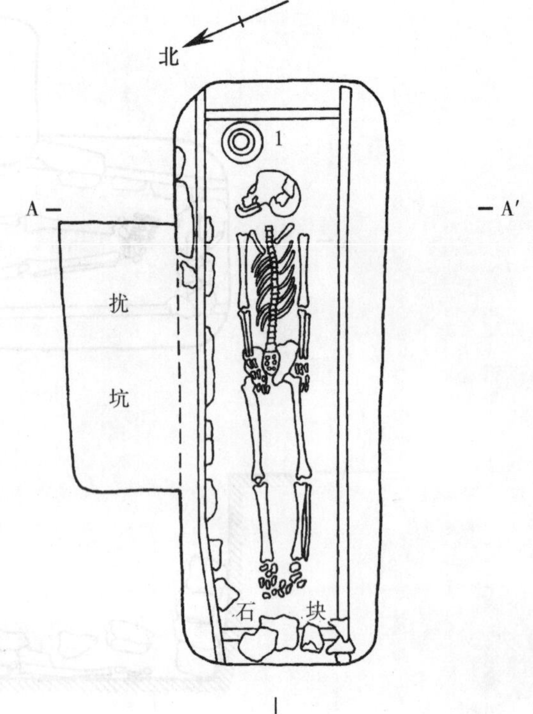

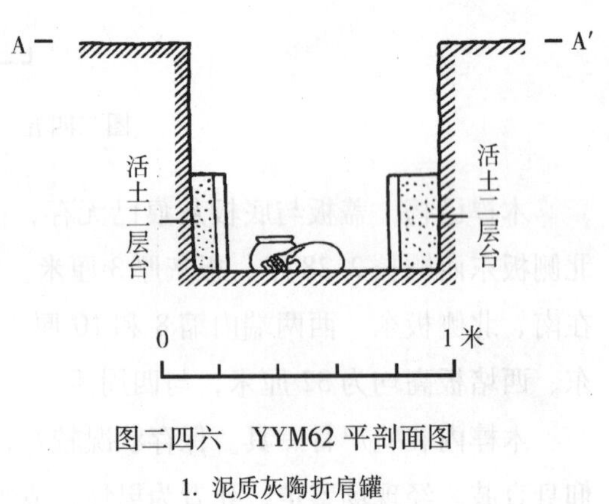

图二四六　YYM62平剖面图
1. 泥质灰陶折肩罐

木椁内装殓尸骨一具。保存状况较好，头骨及骨架主要部位，基本完整。头东足西，仰身直肢。经现场鉴定，死者为男性，40岁左右。骨骼从头到脚通长1.68米。死者胫骨以下部分，随木椁西端伸进洞室内。

随葬品较少，出于木椁内、死者头侧及上半身（图二四七）。在死者右肩部位，放置夹砂红陶罐1件，正置，已残。在右尺骨下面，压有青铜削刀1件，刀锋朝上。在腰椎左侧，出铜带钩1件。

YYM92

这是玉皇庙墓地属于丁级规格的小型墓葬之一。位于北Ⅱ区南部。其东南有YYM63，间距3.1米；南有YYM93，间距0.9米；西有YYM73，间距1.9米；西北有YYM72，间距2米；东北有YYM64，间距2.2米。此墓的地层堆积，基本上同于YYM148，不赘。

墓圹平面形状，呈抹角长方形，为浅穴土坑墓，东向，方位角为东偏南5°。墓圹上层遭取土破坏，

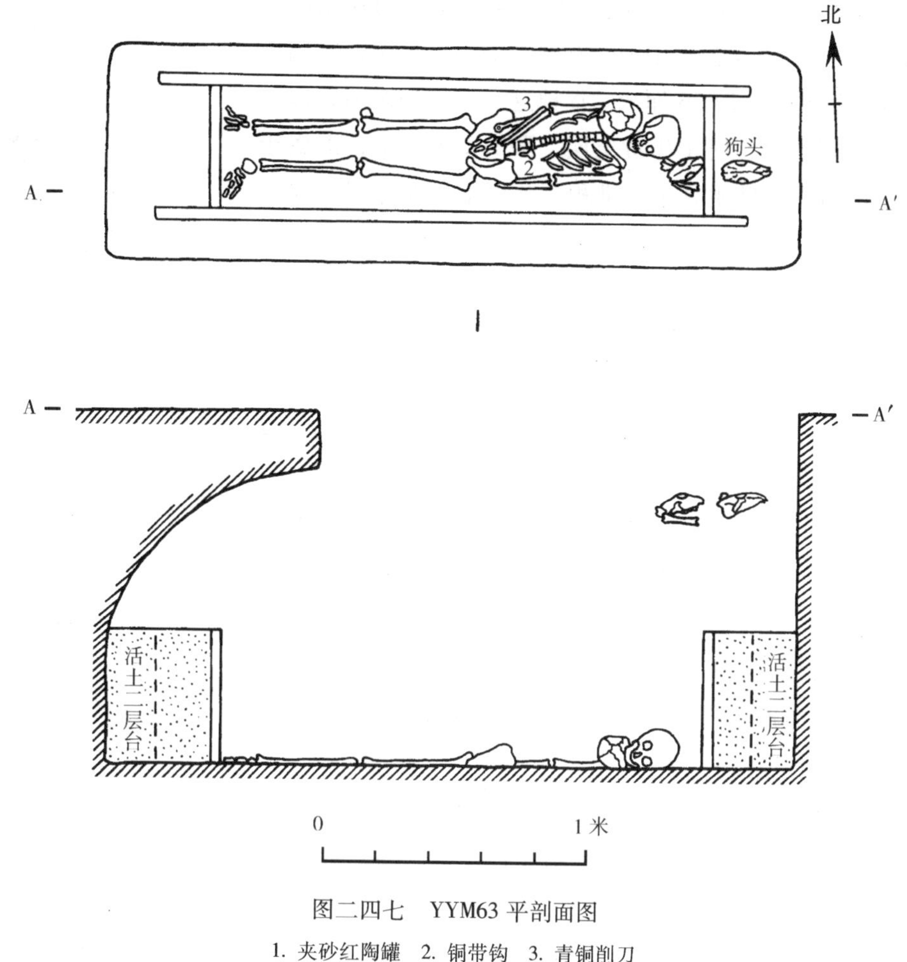

图二四七　YYM63 平剖面图

1. 夹砂红陶罐　2. 铜带钩　3. 青铜削刀

现存圹口东西残长 1.36 米，东、西两端宽各为 0.5 米，圹底形制、规格，与现存圹口一致，残存圹口至圹底深仅 13 厘米。无生土二层台。无木质葬具，故无活土二层台。

圹内填土，为杂有褐色斑点的黄色五花土，未经夯实，土质较疏松。在填土中，仅发现夹砂褐陶罐口沿残片 2 块，泥质灰陶残片 2 块。

无殉牲。

在圹底中间，按东西方向，安葬孩童尸骨一具。保存状况不太好，骨质已腐朽，除头骨基本完整外，骨架多已朽粉，仅四肢骨轮廓尚清楚。头东足西，仰身直肢。经现场鉴定，死者为儿童，3 岁左右。骨骼从头到胫骨末端通长 0.75 米。

随葬品很少，仅在死者左耳骨下面，出螺旋形铜丝耳环 1 件，已残，无绿松石坠珠伴出。右耳骨下无耳环。在颈部左侧，出马形铜牌饰 1 件，马头朝左（图二四八）。

YYM148

这是玉皇庙墓地属于丙（A）级规格的小型墓葬之一。位于北Ⅱ区南部边缘，其东为 YYM150，间距 1.8 米；东南有 YYM151，间距 2.4 米；南有 YYM147，间距 2 米；西南有 YYM142，间距 1.4 米；西有 YYM140，间距 1.5 米；西北有 YYM81，间距 1.6 米；北有 YYM83，间距 0.5 米。此墓的地层堆积，墓口以上可分上、中、下三层，上层为夹杂自然石块的深褐色山皮土层，厚 25 厘米；中层为淤积夹砂石层，即夹杂略大砂石颗粒的褐色土层，属于这里的晚期泥石流堆积层，厚0.88米；下层为夹中细砂石颗粒的褐色土层，即属于这里的早期泥石流堆积层，厚26厘米。揭掉这三层堆积之后，即发现墓圹圹口，圹口至圹底，属于生黄土层，深1.2米以上，即属于更新世晚期形成的黄土质砂质黏土层堆积，此层堆积在这里可深达数十米。

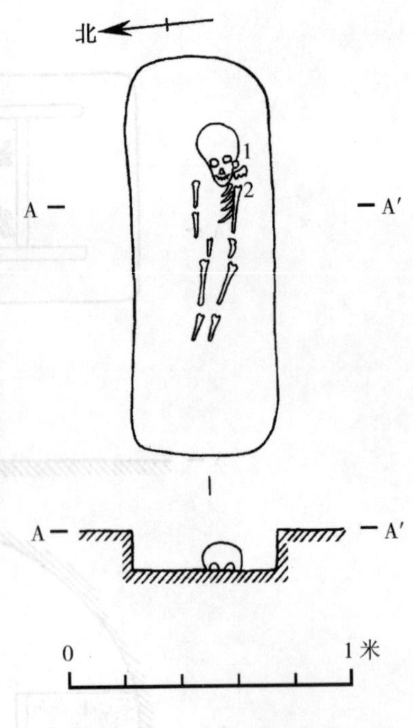

图二四八　YYM92平剖面图

1. 铜丝耳环（左耳）　2. 马形铜牌饰

墓圹平面形状，呈抹角长方形，为竖穴土坑墓。东向，方位角为东偏南10°。墓圹规格，圹口东西长2.39、东端宽0.83、西端宽0.82米，圹底东西长2.3、东端宽0.75、西端宽0.74米，圹口至圹底深1.2米。无生土二层台。在圹底中间略偏东南—西北方向，安置木椁一具。在木椁外壁四周至圹底部四壁之间，筑有活土二层台，台土经过严密夯打，较坚实，东、南、西、北四台等高，均为40厘米，宽度不一，东台宽22、南台宽19、西台宽29、北台宽16厘米（中段）。

圹内填土，为杂有褐色斑点的黄色五花土，较纯净，在填土中，仅发现夹砂红褐陶罐类器底残片1块，还有羊下颌骨残件1块，除此之外，再未发现其他遗物。

殉牲位置，祭牲集中摆在圹内东端中间上层填土中，上距东端圹口15厘米深，下距圹底0.62米（图版七七，1）。殉牲种类，为牛、羊、狗3种家畜。殉牲数量，牛头1个，牛肱骨1只，羊头2个（山羊），羊肱骨2只，狗头2个，狗肱骨2只。殉牲形式，将牛、羊、狗头的上、下颌拆解开后，按东西方向，作同层交错摆放。即先将大号狗肱骨1只及拆解开的狗上、下颌骨1套，顺摆于圹内最东端中间上层填土上，狗肱骨在下，狗头骨在上，吻部朝东；然后于其西侧，顺摆牛下颌骨1副，牛肱骨1只，牛肱骨叠置于牛下颌骨之上；然后在这狗牲和牛下颌骨的南侧，顺摆牛头上颌骨1个，使其叠置于牛肱骨之上，牛上、下颌的吻部均朝东；然后再于牛上、下颌骨之间，插置羊肱骨1只，并在牛上颌骨的西侧，再摆上羊肱骨1只及拆解开的山羊上、下颌骨2套，狗肱骨1只及拆解开的狗上、下颌骨1套。因其位于木椁东端上层填土中，由于木椁腐朽后塌顶，故这组偏西侧的山羊牲与狗牲遂发生陷落错位，其吻部朝向也不相一致，或朝东，或朝西，或朝北。

木椁已朽，盖板无存，底板灰痕保存不好，大部残缺，唯南、北侧板与东、西堵板板灰轮廓，尚可辨识。南、北侧板东西顺长2.1米，总高40厘米，与南、北活土二层台台面平齐，板灰厚4厘米；东、西堵板，分别竖插于南、北侧板之间，立插部位，分别在南、北侧板东、西两端内缩15和14厘米处，高度与南、北侧板一致，均为40厘米，总宽东端41、西端37、板灰厚4厘米。南、北侧板与东、西堵板的板块组成情况，已不能作出具体分辨。

木椁内装殓尸骨一具。保存状况较好，头骨及其他主要部位骨骼，基本完整。头东足西，仰身直肢，经现场鉴定，死者为男性，35岁左右。骨骼从头到脚通长1.6米。

随葬品集中陈放于木椁内、死者身上及其近前（图二四九）。在死者右胸部，放置夹砂黑褐陶罐1件，斜侧置。在左、右耳骨下面，各出螺旋形铜丝耳环1枚，未有绿松石坠珠伴出。在上颌骨处，出

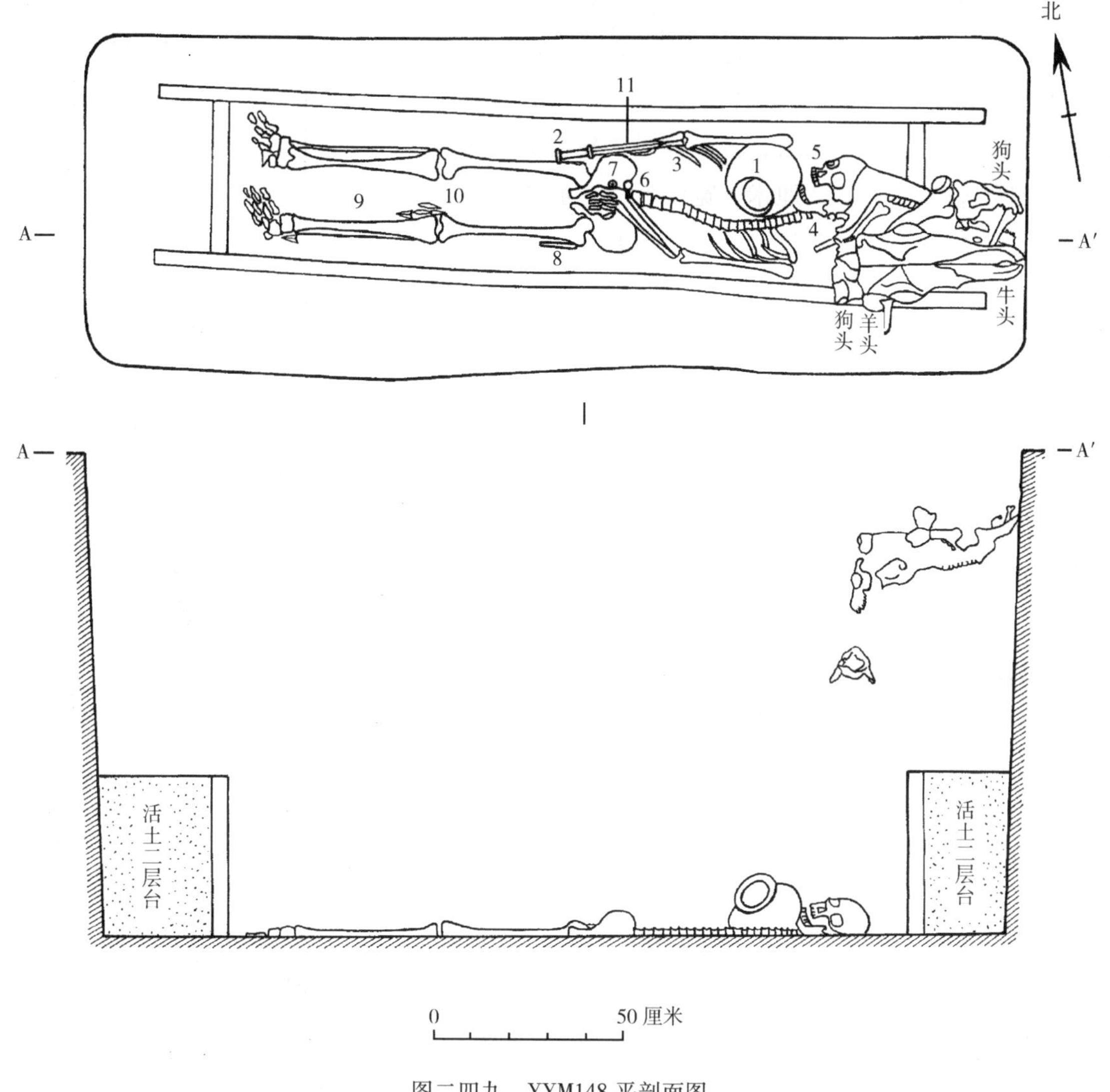

图二四九　YYM148 平剖面图

1. 夹砂黑褐陶罐　2. 青铜短剑　3. 青铜削刀　4. 铜丝耳环　5. 覆面铜扣　6. 铜带钩　7. 骨环　8. 长方形铜锥（针）管具　9. 铜镞　10. 骨镞　11. 铜锥（压于短剑下面）

覆面铜扣1枚。在骶骨上缘，出铜带钩1件，钩首朝左。在右尺骨表面、骨盆右侧，出青铜短剑1件，剑锋朝上。在短剑下面，出铜锥1件，锥尖朝下。在右尺骨下面，压有青铜削刀1件，刀锋朝上。在骨盆表面，出骨环1枚。在左股骨外侧，出长方形动物纹铜锥（针）管具1件（图版七七，2）。在踝骨外侧，出铜镞1枚；在左胫骨上端内侧，出铜镞1枚、骨镞3枚，镞锋均朝下。

YYM140

这是玉皇庙墓地属于丁级规格的小型墓葬之一。位于北Ⅱ区南部。其东有 YYM148，间距 1.4 米；东南有 YYM142，间距 0.9 米；南有 YYM141，间距 0.8 米；西南有 YYM139，间距 2.1 米；西北有 YYM62，间距 1.9 米；北有 YYM81，间距 0.7 米；东北有 YYM83，间距 1.7 米。此墓的地层堆积，基本上同于 YYM148，不赘。

墓圹平面形状，呈抹角长方形，为浅穴土坑墓。东向，方位角为东偏南18°。墓圹规格，圹口东西长1.83、东端宽0.62、西端宽0.63米，圹底形状、规格，与圹口一致，圹口至圹底深0.43米。无生土二层台。在圹底中间，按东西方向，安置木质葬具一具。在木质葬具四周至圹底部四壁之间，筑有活土二层台，台土经过严密夯打，东、南、西、北四台等高，均为22厘米，宽度不一，东台宽32、南台宽18、西台宽17、北台宽11厘米（中段）。

圹内填土，为杂有少量褐色斑点的黄色五花土，未经夯实，土质较疏松。在填土中，仅发现夹砂红陶罐口沿残片1块，除此之外，再未见其他遗物。

无殉牲。

木质葬具已腐朽为泥，根据墓圹底部有木质葬具部分土质较松软、四周经过夯打的活土二层台土质较坚硬的明显差异，可分辨出该木质葬具的四至界限。其东西顺长为133、东端宽37、西端宽35、总高22厘米，与四周活土二层台台面平齐。其他相关结构情况，已无从考察。

木质葬具内装殓孩童尸骨一具。保存状况较好，头骨及其他主要部位骨骼，基本完整。头东足西，腰部与臀部向左侧歪斜，仰身直肢。经现场鉴定，死者为儿童，6岁左右。骨骼从头到脚通长1.1米（图二五〇；图版七八，1）。

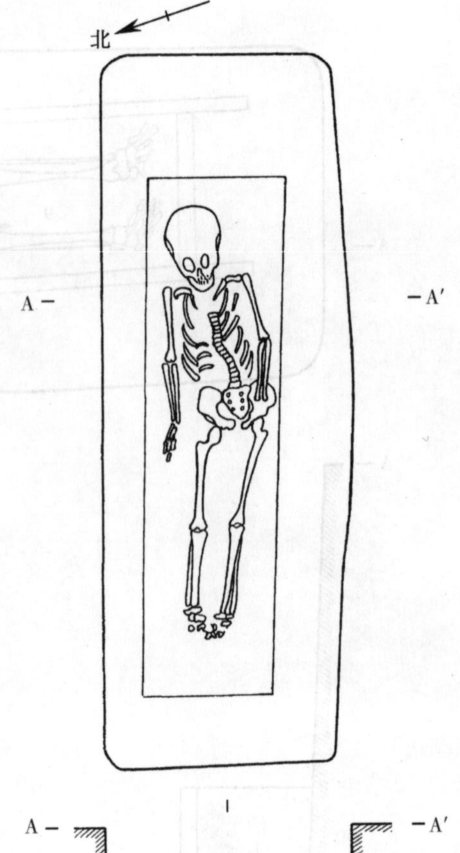

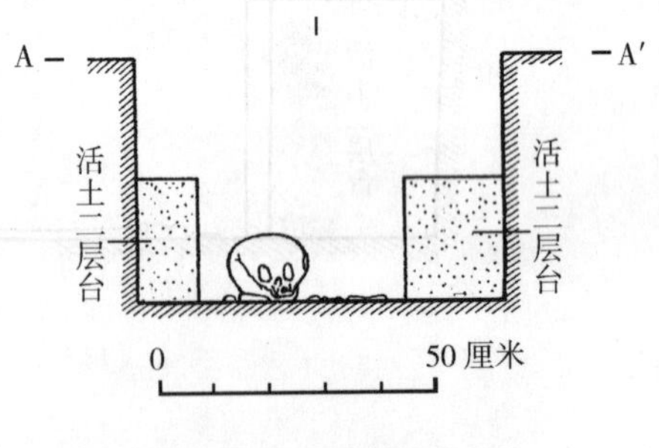

图二五〇 YYM140平剖面图

无任何随葬品。

YYM141

这是玉皇庙墓地属于丁级规格的小型墓葬之一。位于北Ⅱ区南部边缘。其东南、南和西南，分别与南区北部的YYM142、YYM143和YYM138相毗邻，间距分别为0.8、1.9和1.6米；西北则有南区北部墓葬YYM139和北Ⅱ区墓葬YYM62，间距分别为1.6和2.6米；北有YYM140，间距0.8米；东北有YYM148，间距2.8米。此墓的地层堆积，基本上同于YYM148，不赘。

墓圹平面形状，呈抹角长方形，为浅穴土坑墓。东向，方位角为东偏南20°。墓圹规格，圹口东西长1.35、东端宽0.4、西端宽0.41米，圹底形制、规格，与圹口一致，圹口至圹底深0.44米。无生土二层台。在圹底中间略偏东南—西北方向，安置木质葬具一具。在木质葬具四周至圹底部四壁之间，筑有活土二层台，台土经过严密夯打，较坚实，东、南、西、北四台等高，均为35厘米，宽度不一，东台宽18、南台宽10、西台宽23、北台宽7厘米（中段）。

圹内填土，为杂有少量褐色斑点的黄色五花土，未经夯实，土质较疏松。在填土中，仅发现夹砂褐陶罐类残片3块，除此之外，再未见其他遗物。

殉牲位置，祭牲摆放在圹内东端中间上层填土中，上与东端圹口近乎平齐，下距圹底0.38米。殉牲种类，仅有狗1种。数量狗头1个，狗肱骨1只。殉牲形式，将狗头上、下颌拆解开后，按东西方

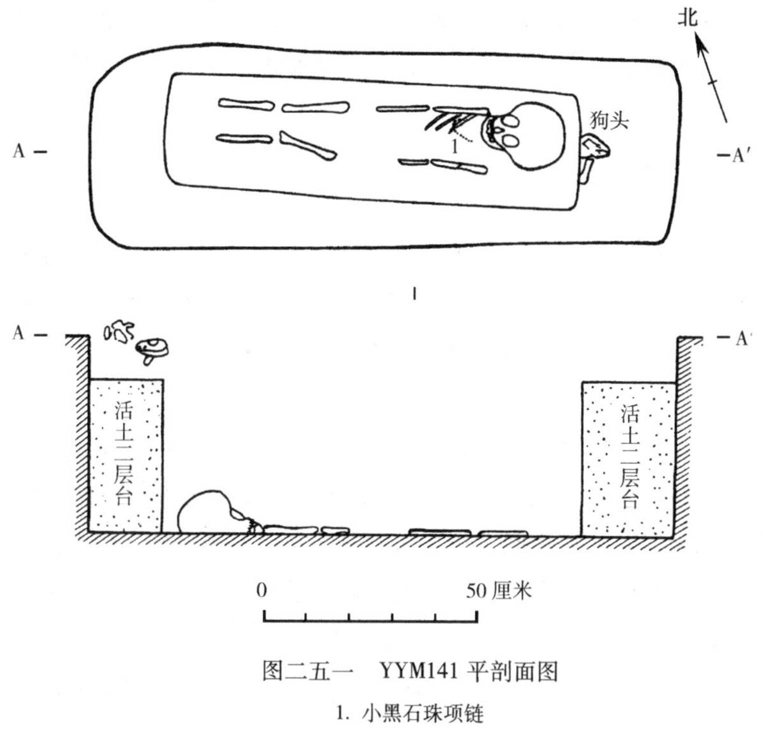

图二五一　YYM141 平剖面图
1. 小黑石珠项链

向，顺摆于圹内东端中间上层填土上，吻部朝东，狗肱骨斜置于狗头骨之下。

木质葬具已腐朽为泥，根据墓圹底部土质较硬的特点，可确定该葬具的四至规格。其东西顺长为96、东端宽27、西端宽26、总高35厘米，与四周活土二层台台面平齐。其他相关结构情况，已无从考察。

木质葬具内装殓孩童尸骨一具。保存状况不太好，头骨已残碎，骨架因腐朽较严重，脊椎骨、骨盆、手、足骨等，已无存，上肢骨、肋骨等残缺不全。头东足西，仰身直肢（图版七八，2）。经现场鉴定，死者为幼儿，1.5～2岁。骨骼从头至胫骨末端通长0.8米。

随葬品极少，仅在死者胸部，出小黑石珠项链1小串（6粒）（图二五一）。

YYM93

这是玉皇庙墓地属于丙（A）级规格的小型墓葬之一。位于北Ⅱ区南部。其东有YYM63，间距1.8米；东南和正南，与南区北部的YYM139和YYM104相邻，间距分别为4米和0.8米。西南有YYM74和YYM75，间距分别为3.6和2.9米；西北有YYM73，间距2.1米；北有YYM92，间距0.9米；东北有YYM64，间距2.3米。此墓的地层堆积，基本上同于YYM148，不赘。

墓圹平面形状，呈抹角长方形，为竖穴土坑墓。东向，方位角为东偏南20°。墓圹规格，圹口东西长2.36米，东、西两端宽各0.8米，圹底形制、规格，与圹口一致，圹口至圹底深1.1米。无生土二层台。在圹底中间，按东西方向，安置木质葬具一具。在木质葬具四周至圹底四壁之间，筑有活土二层台，台土经严密夯实，东、南、西、北四台等高，均为0.5米，宽度不一，东台宽19、南台宽20、西台宽26、北台宽18厘米。

圹内填土，为杂有褐色斑点的黄色五花土，经普遍夯实，但未有夯层与夯窝痕迹。在填土中，仅发现夹砂红陶罐腹部残片2块。除此之外，再未有其他遗物。

无殉牲。

木质葬具已朽，板灰呈白色粉状，盖板无存，底板痕迹不清楚，唯南、北侧板与东、西堵板灰痕尚可辨出其四至。南、北侧板东西顺长1.9米，东、西堵板总宽，分别为45和42厘米，南、北侧板与东、西堵板高，均为0.5米，与四周活土二层台台面平齐。其他相关结构及板块组成情况，已不能详。

木质葬具内装殓尸骨一具。保存状况较好，头骨及骨架主要部位骨骼，基本完整。头东足西，侧面向西南，仰身直肢，经现场鉴定，死者为男性，20～22岁。骨骼从头到脚通长1.62米（图二五二）。

无任何随葬品。

YYM73

这是玉皇庙墓地属于丙（C）级规格的小型墓葬之一。位于北Ⅱ区南部。其东有YYM92，间距1.9米；东南有YYM93，间距2.1米；南有YYM75，间距2.7米；西南有YYM74，间距0.9米；其西3.4米，为1号取土坑东沿；西北有YYM70，间距0.8米；东北有YYM72，间距1.7米。此墓的地层堆积，基本上同于YYM148，不赘。

墓圹平面形状，呈弧边抹角长方形，北侧圹边略外弧，为竖穴土坑墓。东向，方位角为东偏北3°。墓圹规格，圹口东西长2.5、东端宽0.82、西端宽0.79米，圹底东西长2.4、东端宽0.75、西端宽0.73米，圹口至圹底深0.72米。无生土二层台。在圹底中间，按东西方向，安置木椁一具。在木椁外壁四周至圹底四壁之间，筑有活土二层台，台土经严密夯实，东、南、西、北四台等高，均为26厘米，宽度不一，东台宽48、南台宽20、西台宽31、北台宽19厘米（中段）。

圹内填土，为杂有褐色斑点的黄色五花土，经普遍夯实，但未有夯层与夯窝痕迹。在填土中，仅发现夹砂褐陶残片2块，泥质灰陶碎片3块。

无殉牲。

木椁已朽，盖板与底板灰痕已无存，南、北侧板与东、西堵板板灰呈白色粉状，四至可辨。南、北侧板东西长1.94米，板灰厚4厘米。东、西堵板，分别竖插于南、北侧板之间，立插部位，分别在南、北侧板东、西两端内缩14和15厘米处，总宽东端34、西端43、板灰厚3厘米。南、北侧板与东、西堵板高均为26厘米，与四周活土二层台台面平齐。其板块组成情况，已不能详。

木椁内装殓尸骨一具。保存状况不太好，头骨已残裂，骨架其他主要部位，基本完整。头东足西，仰身直肢。经现场鉴定，死者为女性，20～22岁。骨骼从头到脚通长1.45米（图二五三；图版七八，3）。

无任何随葬品。

YYM70

这是玉皇庙墓地属于乙（B）级规格的中型墓葬之一。位于北Ⅱ区南部。其东南有YYM73，间距0.8米；南有YYM74，间距1.7米；其西0.3米，为1号取土坑东沿；北有YYM69，间距1.6米；东北有YYM72，间距2.5米。此墓的地层堆积，基本上同于YYM148，不赘。

墓圹平面形状，呈抹角长方形，为竖穴土坑墓。东向，东偏南2°。此墓圹口上层因取土被破坏，现存圹口东西残长2.8、东端宽1.12、西端宽1米，圹底形制、规格，与圹口一致，圹口至圹底深1.38米。无生土二层台。在圹底中间，按东西方向，安置木椁一具。在木椁外壁四周至圹底四壁之间，筑有活土二层台。台土经严密夯实，东、南、西、北四台等高，均为0.52米，宽度不一，东台宽38、南台宽23、西台宽34、北台宽30厘米。

圹内填土，为杂有褐色斑点的黄色五花土，经普遍夯实，但未有夯层与夯窝痕迹。在填土中，仅发现夹砂褐陶碎片1块，泥质灰陶残片2块。

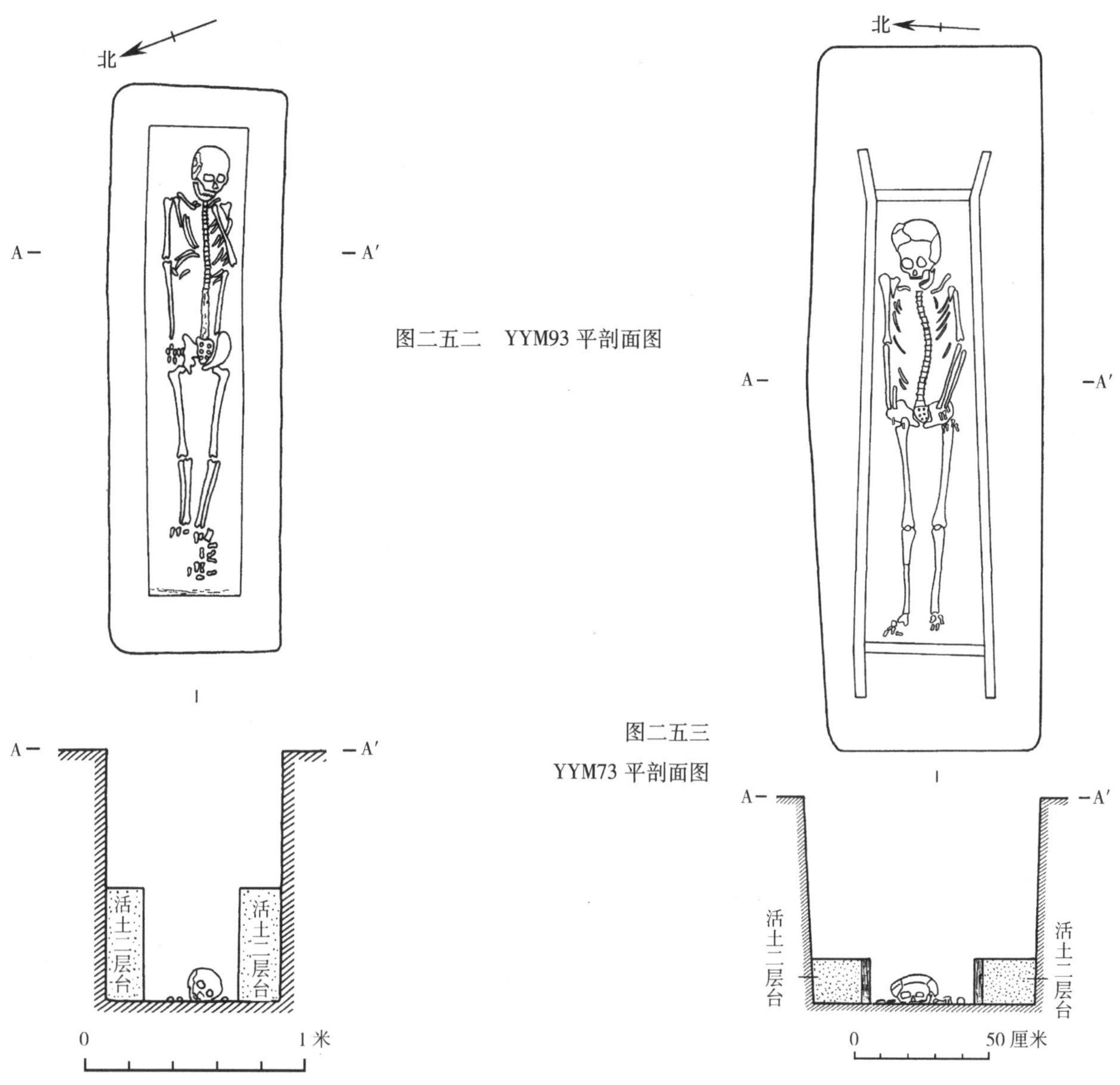

图二五二　YYM93 平剖面图

图二五三　YYM73 平剖面图

因墓圹上层被破坏，殉牲情况不详。

木椁已朽，板灰呈白色粉状。盖板痕迹无存，底板灰痕较模糊，南、北侧板与东、西堵板，四至可辨。南、北侧板东西顺长 2.58 米，板灰厚 3～4 厘米。东、西堵板，分别竖插于南、北侧板之间，立插部位，分别在南、北侧板东、西两端内缩 26 和 27 厘米处，总宽东端 40、西端 42、板灰厚 3～3.5 厘米。南、北侧板与东、西堵板高均为 0.52 米，与四周活土二层台台面平齐。其板块组成情况，已不能详。

木椁内装殓尸骨一具。保存状况较好，头骨及骨架主要部位，基本完整。头东足西，侧面向北，仰身直肢。经现场鉴定，死者为男性，35 岁左右。骨骼从头到脚通长 1.82 米。

随葬品陈放于木椁内、死者头侧及右侧腰间（图二五四）。在头骨左侧，左肩部位，放置泥质灰陶豆盘 1 件（豆柄缺失），正置。在右尺骨内侧，右侧腰间，出青铜短剑 1 件，剑锋朝下。在短剑之下，压有青铜削刀 1 件，刀锋朝右侧斜上方。除此之外，再无其他遗物。

北京文物与考古系列丛书

军都山墓地

——玉皇庙

北京市文物研究所　编著

文物出版社

北京·2007

第　二　册

五　春秋晚期前段墓葬（126 座）

YYM217

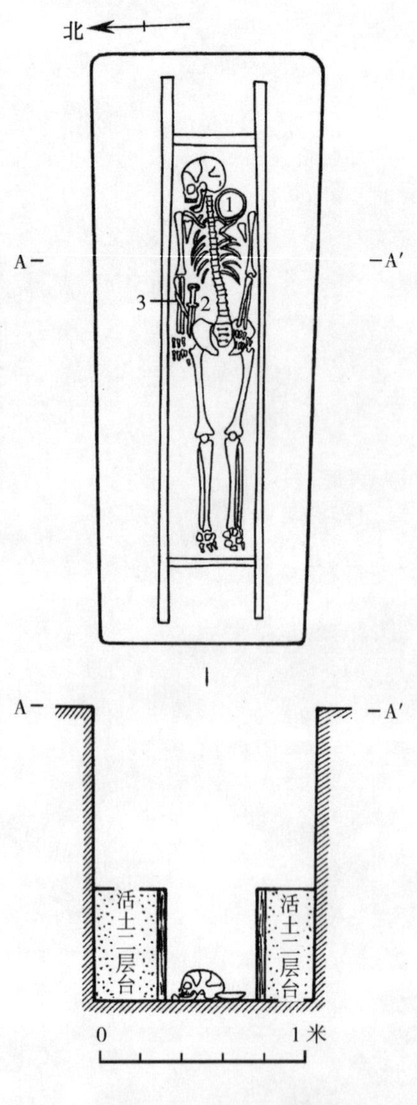

图二五四　YYM70 平剖面图

1. 泥质灰陶豆盘　2. 青铜短剑　3. 青铜削刀

这是玉皇庙墓地属于甲（B）级较高规格的 5 座大型墓葬之一，也是南区中形制、规格最高的一座墓葬，尽管随葬品并不丰富，但从此墓的规模、殉牲的种类配伍及随葬品的组合看，当非同于一般武士墓，或应是一座较重要的中层首领人物的墓葬。位于南区北限东北角跨界之地，其东有 YYM223，间距 1.9 米；南有 YYM216 和 YYM212，间距分别为 0.9 和 0.75 米；西南有 YYM258，间距 2.3 米；西有 YYM257，间距 0.7 米；西北有 YYM237，间距 0.9 米；东北有 YYM203，间距 1.1 米。此墓的地层堆积，墓口以上可分两层，上层为夹杂自然石块的深褐色山皮土层，厚 25 厘米；下层为淤积夹砂石层，即夹略大和较大砂石颗粒的褐色土层，属这里的晚期泥石流堆积层，厚 1.3 米。揭掉这两层堆积之后，即发现墓圹圹口。圹口以下至墓底的地层堆积，此墓分为东、西两部分，西半部同于北Ⅱ区诸墓的地层堆积，圹口以下即为生黄土层，即属于更新世晚期形成的黄土质砂质黏土层，厚 2 米以上；东半部圹口打破了早期泥石流堆积层，而圹底挖进了生黄土层，即坐进了更新世晚期形成的黄土质砂质黏土层中，因此，东半部圹口以下的地层堆积分为上、下两层，第一层（上层）为夹中细砂石颗粒的褐色土层（即为此地早期泥石流堆积层），东半部北圹壁厚 10，东、南两圹壁厚 20 厘米；第二层，为生黄土层，这与西半部一致，北壁至圹底深 1.9 米以上，东、南两圹壁至圹底深为 1.8 米以上。这一地层特点，决定了此墓确已跨入玉皇庙墓地南区墓葬的时限范畴。

此墓墓圹平面形状，呈曲尺“ᒣ”形，为竖穴土坑墓（图二五五）。东向，方位角为东偏南 12°。墓圹规格，圹口东西长 3.72、东端宽 1.4、西端宽 2.9 米，圹底东西长 2.61、东端宽 1.22、西端宽 1.25 米，圹口至圹底深 2 米。在墓圹东壁和南、北两侧壁中腰部位，分别留出生土二层台，台面平整，台壁笔直下切。其中东侧生土二层台，分为上、下两级台面，上层台面距东端圹口深 0.5、宽 0.6、高（距圹底深）1.5 米，上面摆放祭牲，故此台为一座特制的殉牲台；下层台面距东端圹口深 1.1、宽 0.37、高 0.9 米，上面无殉牲。南、北两侧生土二层台高为 1.3 米，均低于东端殉牲台台面，南台中段宽 0.43～0.6 米，北台中段宽 0.84～0.88 米。在圹底中间略偏向东南方向，安置木椁一具。在木椁四壁的外侧至圹底部四壁之间，筑有活土二层台，台土经过严密夯打，较坚实，南、北、西三台面等高，南台宽 39、北台宽 40、西台宽 29、高均为 38 厘米；东台宽 38、高 55 厘米。

圹内填土，为少量淤积夹砂石褐色土与大量生黄土混杂之后的“五花土”，经普遍夯实，但未有

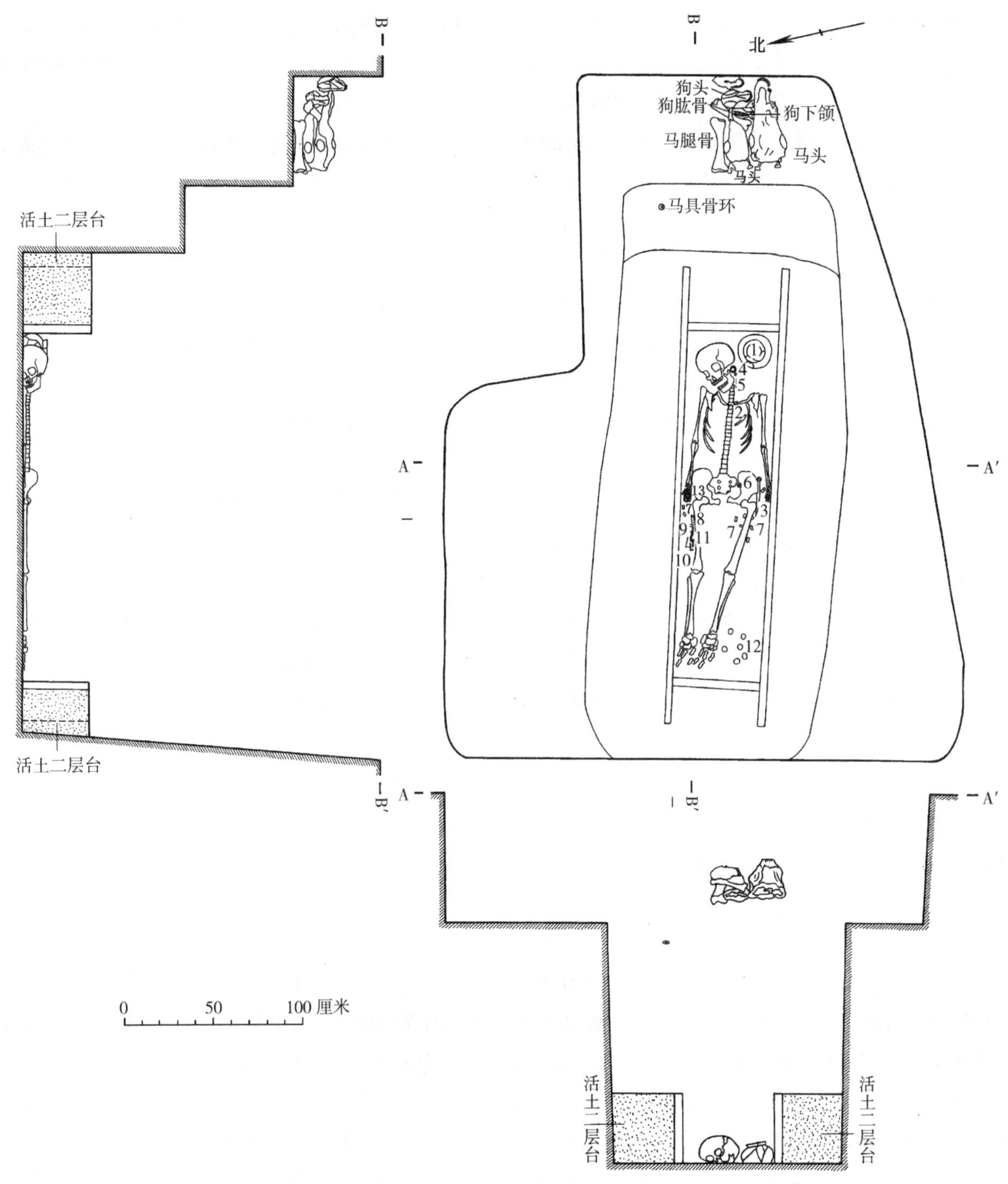

图二五五　YYM217 平剖面图

1. 夹砂红陶罐　2. 马形铜牌饰　3. 青铜削刀　4. 铜丝耳环　5. 绿松石坠珠　6. 服饰铜泡　7. 长方形卷云纹铜带卡　8. 铜凿　9. 铜锛　10. 铜镞　11. 骨镞　12. 马具铜泡　13. 穿孔砺石（压于右手指骨下）

夯层与夯窝痕迹。在圹内东端第二级生土二层台上部填土中，出有骨环 1 件，在椁室上层填土中，发现有 14 片夹砂红、褐陶罐类残片，还有 3 片泥质灰陶器口沿与器底残片，另有残碎狗腿骨 1 段及羊肩胛骨 1 块，除此之外，再未见其他遗物。

殉牲位置，祭牲集中摆放在圹内东端生土二层台殉牲台上（图版七九，1）。殉牲种类，为马、狗2种家畜。殉牲数量，马头2个，马肱骨2只（未带蹄），狗头8个，狗肱骨8只。殉牲形式，祭牲狗与马作同层依东、西顺序摆放于东端殉牲台中间部位，狗肱骨与狗头，紧靠殉牲台东圹壁，狗肱骨在下，狗头在上，偏下面的狗头，吻部朝东，但最上层的2个狗头，吻部朝南；在狗骨西侧与南侧，摆放马头2个，马肱骨2只，马头吻部均朝东，肱骨一只顺置于北侧马头的右侧，另一只斜压在这个马头的面部。

木椁已朽，盖板无存，侧板与堵板板灰呈白色粉状，痕迹可辨，底板板灰呈黑色，轮廓尚清楚。底板东西顺长2.16米，东、西两端各探出堵板10厘米，总宽东端60、西端58厘米，其板块组成与结构，已不能辨识。南、北侧板立置于底板之上，东西顺长2.47米，总高38厘米，与南、北活土二层台平齐，各由3块板组成，每块板宽12~14厘米不等，板灰厚4厘米。东、西两端堵板，分别竖插于南、北侧板之间，立插部位，分别在南、北侧板东、西两端内缩30和19厘米处，东端堵板高55、西端堵板高38厘米，分别与东、西两端活土二层台台面相平，总宽东端52、西端49厘米，各由4块板组成，每块板宽12~15厘米不等，板灰厚4.5厘米。

木椁内装殓尸骨一具。保存状况较好，头骨与骨架基本完整。头东足西，仰身直肢，经现场鉴定，死者为男性，35~40岁。骨骼从头到脚通长1.75米。

随葬品集中陈放于木椁内、死者身上及其近前。在头骨左侧、椁底东南角，放置夹砂红陶罐1件，正置，口沿、肩部已碎裂。在左、右耳骨下面，各出螺旋形铜丝耳环1件及绿松石坠珠2枚。在颈下左、右锁骨交接处，出马形铜牌饰1件，马头朝左。在左髋骨内侧，出铜泡1枚；在左髋骨外侧、左尺骨内侧，出青铜削刀1件，刀锋朝下。在右手指骨下面，出穿孔砺石1件。在右股骨外侧，出铜凿1件，铜锛1件，刃部均朝下，銎内均遗有腐朽的木质柄痕迹；铜镞1枚，骨镞5枚，锋部亦均朝下。在左趾骨外侧，出马具铜泡6枚。在死者身后，自骨盆以下至左、右股骨之间，出有卷云纹铜带卡27枚，分布如次：在骨盆和骶骨下面，压有一横排10枚；在左髋骨外侧至左股骨外侧一线，出6枚；在左股骨内侧出4枚；在右手指骨下面至右股骨外侧，出7枚。

YYM207

这是玉皇庙墓地属于乙（B）级规格的中型墓葬之一。位于南区北部跨界之地，其北与北Ⅱ区相邻，东有YYM214，间距5.2米；东南有YYM210，间距1.7米；南有YYM195，间距0.55米；西南有YYM194，间距0.9米；西有YYM192，间距2.7米；西北有YYM193，间距1米；北有YYM208，间距1.7米；东北有YYM211，间距1.6米。此墓的地层堆积，基本上同于YYM217，不赘。

墓圹平面形状，呈弧边抹角长方形，南、北两侧边稍外弧，为竖穴土坑墓。东向，方位角东偏南8°。墓圹规格，圹口东西长2.64、东端宽1.03、西端宽0.95、圹底东西长2.58、东端宽0.97、西端宽0.86、圹口至圹底深1.35米。在北圹壁中、西段和南圹壁中段及西段一部分中腰处，各留出很窄的、不规则的生土二层台一道，二台等高，均上距圹口0.6米深，下距圹底0.75米，其中北台最宽处为13，南台最宽处为11厘米。在圹底中间偏东北—西南方向，安置木椁一具。在木椁外壁四周至圹底部四壁之间，筑有活土二层台，台土经过严密夯打，较坚实，东、南、西、北四台等高，均为45厘米，宽度不一，东台宽64、南台宽29、西台宽11、北台宽22厘米（中段）。

圹内填土，为少量淤积夹砂石褐色土与大量生黄土混杂后的五花土，经普遍夯实，但未有夯层与夯窝痕迹。在填土中，仅发现夹砂粗红陶残片1块，泥质灰陶残片2块。另在圹内东部、木椁东南角

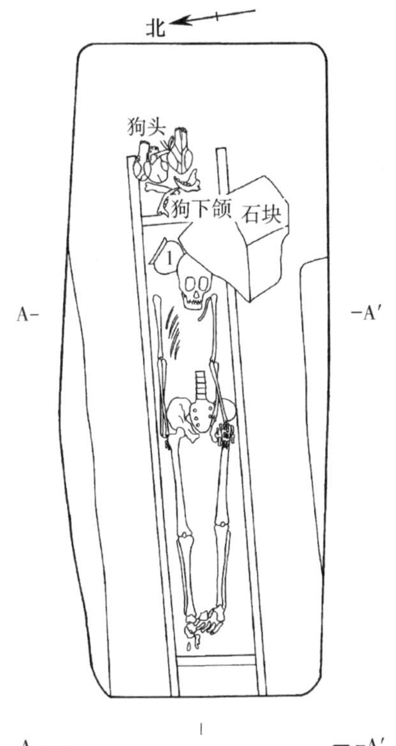

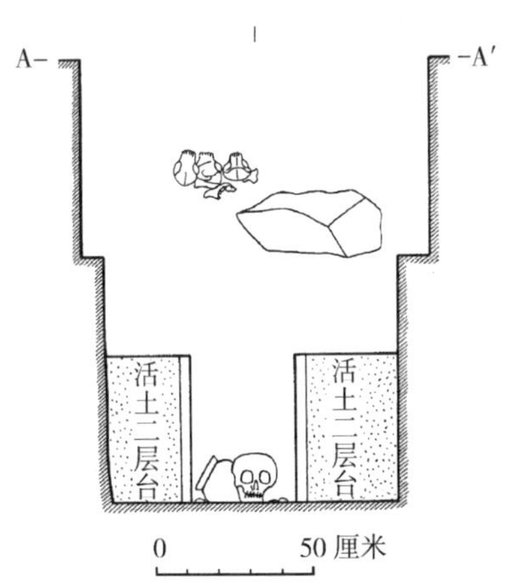

图二五六 YYM207平剖面图

1. 夹砂红陶罐

上层填土中，平置较大的自然石灰岩石块1块，规格为50×45×18厘米。除此之外，再未见其他遗物。

殉牲位置，祭牲集中摆放在圹内东端中间略偏北侧的上层填土中（恰位于木椁东端之上），上距东端圹口30厘米深，下距圹底0.92米（图版七九，2）。殉牲种类，仅为狗1种。数量，狗头3个，狗肱骨3只。殉牲形式，将狗头的上、下颌拆解开后，3套狗牲作南北相邻、同层并列摆放。肱骨在下，头骨在上，其中除1副下颌骨的吻部朝北之外，其余的上颌骨与下颌骨的吻部均朝东。

木椁已朽，盖板无存，底板灰痕保存得不好，四至不清，唯南、北侧板与东、西堵板灰痕轮廓尚能辨识。板灰呈白色粉状，南、北侧板东西顺长2.18米，总高45厘米，与南、北活土二层台台面平齐，板灰厚3厘米；东、西堵板，分别竖插于南、北侧板之间，立插部位，分别在南、北侧板东、西两端内缩24和12厘米处，高度与南、北侧板一致，均为45厘米，总宽东端33、西端32、板灰厚3.5厘米。南、北侧板与东、西堵板的板块组成情况，已难以再作具体分辨。

木椁内装殓尸骨一具。保存状况较好，头骨及其他主要部位骨骼，基本完整。头东足西，仰身直肢，经现场鉴定，死者为男性，35～40岁。骨骼从头到脚通长1.58米。

随葬品极少，仅在木椁内、死者头骨右后侧、椁底东北角，放置夹砂红陶罐1件，斜侧置。除此以外，再无其他任何遗物（图二五六）。

YYM224

这是玉皇庙墓地属于丙（A）级规格的小型墓葬之一。位于南区北部东北角边缘跨界之地，其北即属北Ⅱ区，其东、东南及东北，已无墓葬，南有YYM223，间距3.8米；西南有YYM203，间距1米；西北有北Ⅱ区的YYM236和YYM234，北有YYM225，间距分别为2.4、3.5和1.9米。此墓的地层堆积，基本上同于YYM217，不赘。

墓圹平面形状，呈抹角长方形，为竖穴土坑墓。东向，方位角为东偏北1°。墓圹规格，圹口东西长2.25、东端宽0.82、西端宽0.84米，圹底东西长2.16、东端宽0.76、西端宽0.78米，圹口至圹底深1.23米。无生土二层台。在圹底中间偏东北—西南方向，安置木椁一具。在木椁外壁四周至圹底部四壁之间，筑有活土二层台，台土经过严密夯打，较坚实，东、南、西、北四台等高，均为23厘米，宽度不一，东台宽8、南台宽20、西台宽31、北台宽13厘米。在西端圹壁中腰位置，遗有打圹时留下的自然石灰岩石块3块。

圹内填土，为少量淤积夹砂石褐色土与大量生黄土混杂后的五花土，经普遍夯实，但未有夯层与夯窝痕迹。在填土中，仅发现夹砂红陶罐类腹部残片2块，羊肱骨残段1截，除此之外，再未见其他

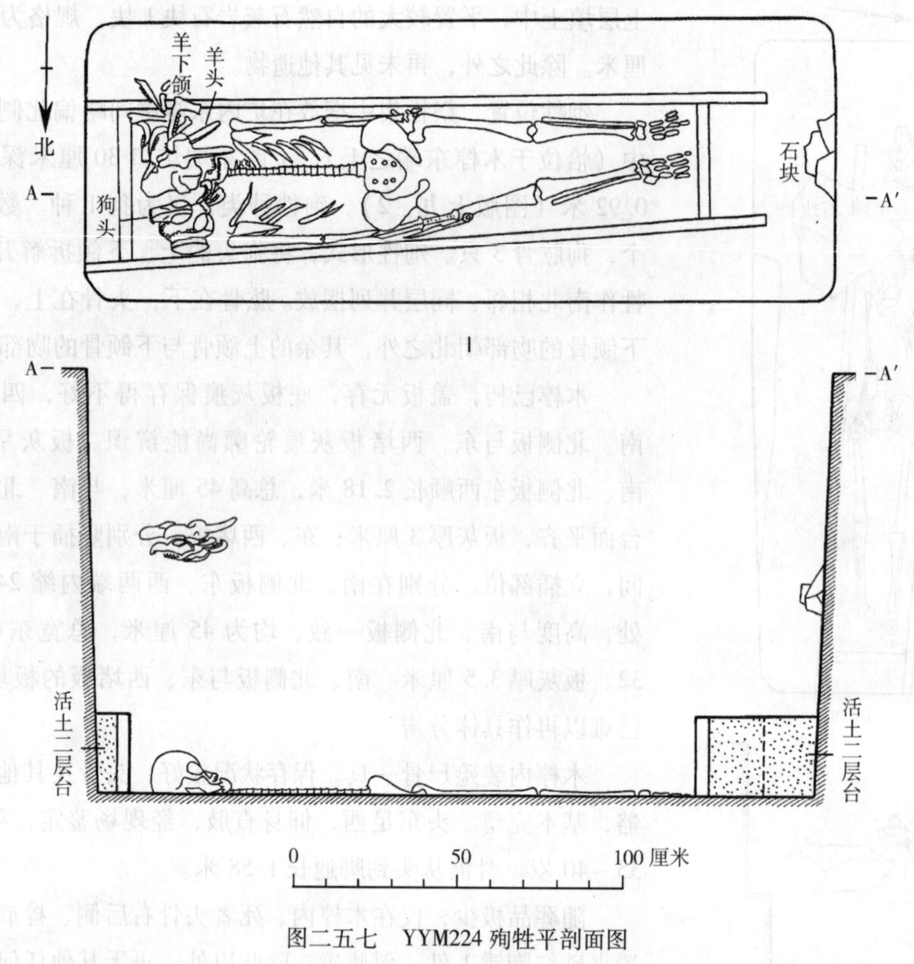

图二五七　YYM224 殉牲平剖面图

遗物。

殉牲位置，祭牲集中摆放在圹内东端中间上层填土中，上距东端圹口 44 厘米深，下距圹底 0.58 米（图版八〇，1）。殉牲种类，为羊、狗 2 种家畜。殉牲数量，羊头 3 个（山羊 1，绵羊 2），羊肱骨 3 只，狗头 3 个，狗肱骨 3 只。殉牲形式，将羊、狗头上、下颌拆解开后，按东西方向，作南、北相邻同层依次摆放。即先将狗肱骨 2 只及拆解开的狗上、下颌骨 2 套，顺置于圹内东端偏北侧的上层填土上，狗肱骨在下，狗头骨叠置其上，吻部朝东；然后于其南侧、居圹内东端中间位置，顺摆羊肱骨 3 只，拆解开的绵羊上、下颌骨 2 套，即山羊上、下颌骨 1 套，羊肱骨在下，羊头骨在上，吻部亦皆朝东；最后，再在羊牲的东南侧，顺摆狗肱骨 1 只，横置狗上、下颌骨 1 套，使其吻部朝北（图二五七）。

木椁已朽，盖板无存，底板灰痕稀薄，大部残缺，南、北侧板与东、西堵板板灰呈白色粉状，四至轮廓尚可辨识。南、北侧板东西顺长 2.02 米，总高 23 厘米，与南、北活土二层台台面平齐，板灰厚 3 厘米；东、西堵板，分别竖插在南、北侧板之间，立插部位，分别在南、北侧板东、西两端内缩 8 和 17 厘米处，高度与南、北侧板一致，均为 23 厘米、总宽东端 43、西端 34、板灰厚 3 厘米。南、北侧板与东、西堵板的板块组成情况，已难以再作具体分辨。

木椁内装殓尸骨一具。保存状况较好，头骨及其他主要部位骨骼，基本完整。头东足西，仰身直

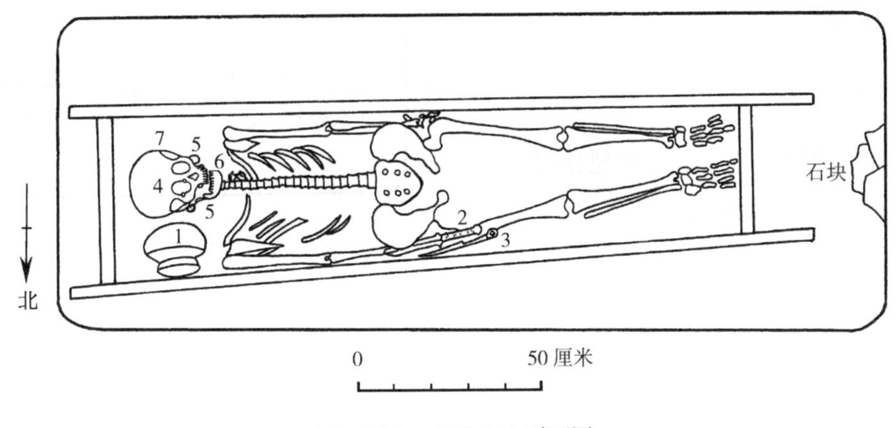

图二五八　YYM224 平面图

1. 泥质黑陶折肩罐　2. 青铜短剑　3. 青铜削刀　4. 覆面铜扣　5. 铜丝耳环　6. 马形铜牌饰
7. 白石管（压在头骨下面）

肢，经现场鉴定，死者为男性，45 岁左右。骨骼从头到脚通长 1.57 米。

随葬品集中陈放于木椁内、死者身上及其近前（图二五八）。在头骨右侧，侧置泥质黑陶折肩罐 1 件，侧置，口朝北。在左、右耳骨下面，各出螺旋形铜丝耳环 1 件，无绿松石坠珠伴出。覆面铜扣 3 枚，出于右眼眶左、右边缘和上颌骨右侧各 1 枚。在头骨之下，压有白石管 1 枚。在颈下，颈椎左侧，出马形铜牌饰 1 件，马头朝右侧斜下方。在右髋骨外侧至右股骨上，出青铜短剑 1 件，青铜削刀 1 件，青铜削刀在短剑右侧，剑锋与刀锋，均朝斜上方（图版八〇，2）。

YYM194

这是玉皇庙墓地属于丙（C）级规格的小型墓葬之一。位于南区北部跨界之地。其东有 YYM195，间距 1.2 米；东南有 YYM206，间距 1.4 米；其西南、西北和正北，分别与北Ⅱ区南部的 YYM196、YYM192 和 YYM193 相毗邻，间距分别为 1.9、1.8 和 2.4 米；东北有 YYM207，间距 1 米。此墓的地层堆积，基本上同于 YYM217，不赘。

墓圹平面形状，呈抹角长方形，为竖穴土坑墓。东向，方位角为东偏南 8°。墓圹规格，圹口东西长 1.15、东端宽 0.42、西端宽 0.44 米，圹底形制、规格，与圹口一致，圹口至圹底深东端 0.6、西端 0.3 米。无生土二层台。无木质葬具，无活土二层台。

圹内填土，为少量淤积夹砂石褐色土与大量生黄土混杂后的五花土，未经夯实，土质较疏松。在填土中，未发现任何文化遗物。

殉牲位置，祭牲摆放在圹内东端中间上层填土中，上距东端圹口 5 厘米深，下距圹底 0.5 米。殉牲种类，仅有狗 1 种。数量，狗头 1 个，狗肱骨 1 只。殉牲形式，将狗头上、下颌拆解开后，按东西方向，顺摆于圹内东端中间上层填土上，狗肱骨在下，狗上颌骨叠置其上，狗下颌骨置于上颌骨西北侧，吻部均朝东。

在圹底中间位置，按东西方向安葬婴孩尸骨一具。保存状况不太好，头骨已残碎，其他主要部位骨骼，基本完整。头东足西，仰身直肢。经现场鉴定，死者为 1.5～2 岁婴儿。骨骼从头到脚通长 0.81 米（图版八〇，3）。

随葬品很少，仅在死者颈、胸部，出绿松石和小黑石珠项链 1 串，由绿松石管 1 枚、绿松石珠 2

枚和小黑石珠78粒，联合串成。除此之外，再未见其他任何遗物（图二五九）。

YYM182

这是玉皇庙墓地属于乙（B）级规格的中型墓葬之一。位于南区北部中间跨界之地，其北属北Ⅱ区，其南属南区。其东南与YYM181相邻，间距1.2米；南有YYM150，间距2米；西南有YYM148，间距3.9米；西有YYM84，间距1.9米；西北有YYM85，间距0.5米；北有YYM184，间距0.9米；东北有YYM183，间距1.2米。此墓的地层堆积，大体上与YYM217相近，不赘。

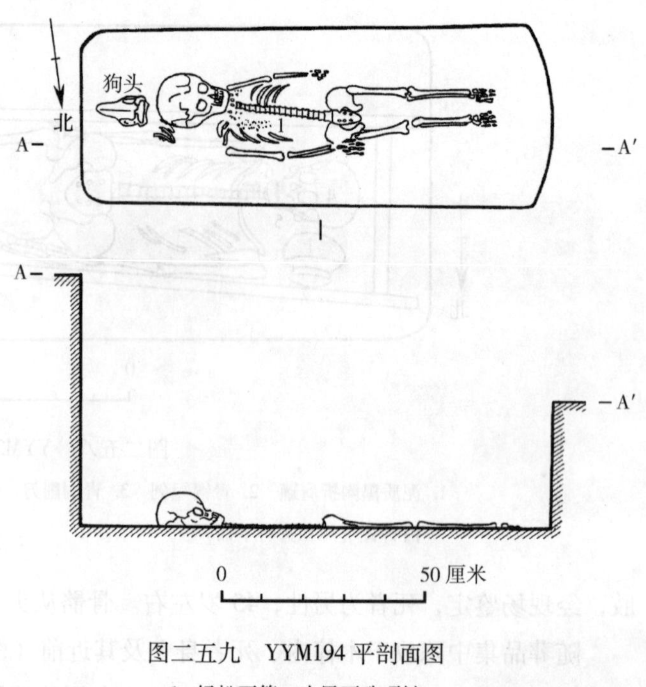

图二五九　YYM194平剖面图

1. 绿松石管、小黑石珠项链

墓圹平面形状，基本上呈弧边抹角长方形，为竖穴土坑墓。东向，方位角为东偏南4°。墓圹规格，圹口东西长2.6、东端宽0.97、中间宽1.13、西端宽0.99米，圹底东西长2.52、东端宽0.91、中间宽1.06、西端宽0.93米，圹口至圹底深1.44米。无生土二层台。在圹底正中位置，按东西方向，安置木椁一具。在木椁外壁四周至圹底部四壁之间，筑有活土二层台，台土经过严密夯打，较坚实，东、南、西、北四台等高，均为46厘米，宽度不一，东台宽20、南台宽22、西台宽40、北台宽23厘米。

圹内填土，为少量的淤积夹砂石褐色土与大量生黄土混杂后的五花土，经普遍夯实，但未有夯层与夯窝痕迹。在填土中，仅发现夹砂红陶罐类腹部残片3块，狗下颌骨残件1块，另在东端上层填土中，出细小铜管1件，除此之外，再未发现其他遗物。

殉牲位置，祭牲集中摆放在圹内东端中间上层填土中，上距东端圹口0.53米深，下距圹底0.81米（图版八一，1）。殉牲种类，只有狗1种，数量，狗头4个，狗肱骨4只。殉牲形式，将狗的上、下颌拆解开后，按东西方向，作前、后2组同层并列依次摆放。即先将狗肱骨2只及拆解开的狗上、下颌骨2套，并列于圹内最东端中间位置的上层填土上，2肱骨顺摆在2狗头中间，未相叠压；然后于其西侧，再摆上另2只狗肱骨及拆解开的2套狗上、下颌骨，其中2只肱骨斜插于前、后2组狗牲之间，2套上、下颌骨则并列于西侧。上述4套狗牲上、下颌骨的吻部，一律朝东。

木椁已朽，板灰呈白色粉状，盖板仅在木椁东端残存1截，其灰痕作横向覆盖在椁室内人头骨和陶罐之上，并横搭在南侧板和南侧活土二层台台帮上，这截盖板灰痕南北残长仅存45厘米（北侧残缺），宽17厘米，其贴附于南侧活土二层台台帮上的灰痕，南北长5厘米许。底板灰痕保存较差，轮廓不清楚。南、北侧板与东、西堵板，灰痕界限尚可辨识。南、北侧板东西顺长2.24米，总高46厘米，与南、北活土二层台台面齐，板灰厚4厘米；东、西堵板，分别竖插于南、北侧板之间，立插部位，分别在南、北侧板东、西两端内缩12和17厘米处，高度与南、北侧板一致，均为46厘米，总宽东端44、西端43、板灰厚4厘米。南、北侧板与东、西堵板的板块组成情况，已难以具体分辨。

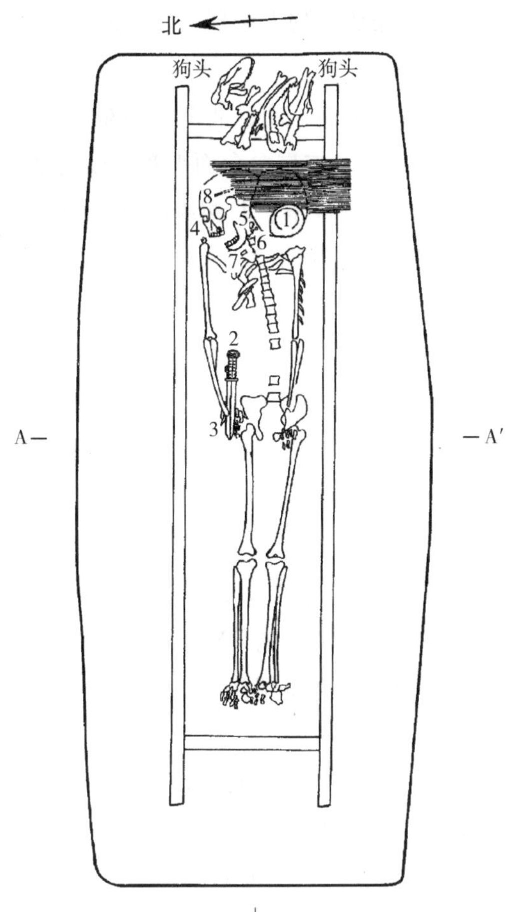

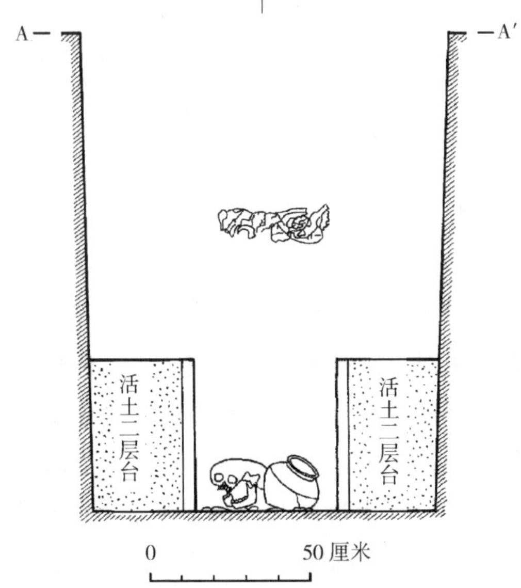

图二六〇 YYM182平剖面图

1. 泥质灰陶折肩罐 2. 青铜短剑 3. 青铜削刀 4. 覆面铜扣 5. 铜丝耳环 6. 绿松石坠珠 7. 白石管 8. 铜锥（压在头骨下面）

木椁内装殓尸骨一具。保存状况不太好，头骨有残，脊椎和肋骨残缺不全，只有骨盆和四肢骨，基本完整。头东足西，仰身直肢，经现场鉴定，死者为男性，50岁左右。骨骼从头到脚通长1.67米。

随葬品集中陈放于木椁内、死者身上及其近前（图二六〇）。在头骨左侧，卧置泥质灰陶折肩罐1件，口朝西南。在左、右耳骨下面，各出螺旋形铜丝耳环1件及绿松石坠珠1枚。覆面铜扣3枚，出于右眼眶内和鼻骨附近各1枚，另1枚滑落于头骨与右肩之间。在头骨下面，压有小铜锥1件。在颈部，出白石管1枚。在右尺骨内侧至右髋骨外侧，出青铜短剑1件，剑锋朝下。在右尺骨下面，压有青铜削刀1件，刀锋朝下。

YYM139

这是玉皇庙墓地属于丙（A）级规格的小型墓葬之一。位于南区北部跨界之地。其东南有YYM141（属北Ⅱ区），间距为1.6米；南有YYM138，间距1.2米；西南有YYM117，间距1.8米；西北、北和东北，分别与属于北Ⅱ区的YYM63、YYM62和YYM140相毗邻，间距分别为1.6、1.6和2.1米。此墓的地层堆积，基本上同于YYM217，不赘。

墓圹平面形状，呈抹角长方形，为竖穴土坑墓。东向，方位角为东偏南9°。墓圹规格，圹口东西长2.77、东端宽0.89、西端宽0.9米，圹底东西长2.68、东端宽0.84、西端宽0.85米，圹口至圹底深1米。无生土二层台。在圹底中间位置，按东西方向，安置木椁一具。在木椁外壁四周至圹底部四壁之间，筑有活土二层台，台土经过严密夯打，较坚实，东、南、西、北四台等高，均为30厘米，宽度不一，东台宽34、南台宽19、西台宽58、北台宽24厘米（中段）。

圹内填土，为少量淤积夹砂石褐色土与大量生黄土混杂后的五花土，经普遍夯实，但未有夯层与夯窝痕迹。在填土中，仅发现夹砂褐陶碎片2块，泥质灰陶带弦纹的残片3块，除此之外，再未有其他遗物。

殉牲位置，祭牲集中摆放在圹内东端中间上层填土中，上距东端圹口8厘米深，下距圹底0.8米。殉牲种类，仅有狗1种。数量，狗头2个，狗肱骨2只。殉牲形式，将狗头上、下颌拆解开后，按东西方向，作分开、同层、聚堆摆放。狗上颌居东、居北，下颌居南，肱骨居中，上、下颌骨的吻部皆朝东。

木椁已朽，板灰呈白色粉状，盖板无存，底板灰痕大部残缺，四至不清，南、北侧板与东、西堵板板灰轮廓尚可辨识。南、北侧板东西顺长2.16米，总高30厘米，与活土二层台台面平齐，板灰厚4厘米。东、西堵板分别竖插于南、北侧板之间，立插部位分别在南、北侧板东、西两端内缩17和20厘米处，高度与南、北侧板一致，均为30厘米，总宽东端39、西端37、板灰厚3.5～4厘米。南、北侧板与东、西堵板的板块组成情况，已难以再作具体分辨。

木椁内装殓尸骨一具。保存状况较好，头骨及主要部位骨骼，基本完整。头东足西，头向左侧歪斜，仰身直肢。经现场鉴定，死者为女性，56岁以上。骨骼从头到脚通长1.58米（图版八一，2）。

随葬品很少，仅在木椁内、死者头骨右侧，斜置泥质灰陶折肩罐1件，侧置，口朝西北，已残裂。除此之外，再未见其他任何遗物（图二六一）。

YYM203

这是玉皇庙墓地属于乙（B）级规格的中型墓葬之一。位于南区东北隅北界，其东和东南已无墓葬；南有YYM223，间距1.7米；西南有YYM217，间距1.1米；西北与北II区的YYM236和YYM237毗邻，间距分别为2和3.2米；东北有YYM224，间距0.9米；此墓的地层堆积，基本上同于YYM151，不赘。

墓圹平面形状，呈抹角长方形，为竖穴土坑墓。东向，方位角为东偏北5°。墓圹规格，圹口东西长2.45、东端宽0.98、西端宽1米，圹底东西长2.4、东端宽0.93、西端宽0.94米，圹口至圹底深1.66米。在墓圹南侧壁与西壁中腰部位，各留出很窄的生土二层台一道，二台高度不一，南台高0.96米，台宽7厘米；西台高0.81米，台宽6厘米，台壁平整，笔直下切。圹底正中位置，按东西方向，安置木椁一具。在木椁外壁四周至圹底部四壁之间，筑有活土二层台，台土经过严密夯打，较坚实，东、南、西、北四台等高，均为31厘米，宽度不一，东台宽17、南台宽18、西台宽30、北台宽19厘米。

圹内填土，为少量淤积夹砂石褐色土与大量生黄土混杂后的五花土，经普遍夯实，但未有夯层与夯窝痕迹。在填土中，仅发现夹砂红褐陶罐类器底残片2块，除此之外，再未见其他遗物。

殉牲位置，祭牲集中摆放在圹内东端中间稍偏南侧中部填土中，上距东端圹口0.5米深，下距圹底0.63米（图二六二；图版八二，1）。殉牲种类，为牛、羊、狗3种家畜。殉牲数量，牛头1个，牛肱骨1只，羊头1个（山羊），羊肱骨1只，狗头4个，狗肱骨4只。殉牲形式，将牛、羊、狗头的上、下颌拆解开后，按东西方向，作南、北相邻同层依次摆放。即先将1个大号狗上颌骨，顺摆于圹内东端中间稍偏南侧中部填土上，吻部朝东，将其肱骨1只和下颌骨1副，另摆到东圹壁边，下颌骨在下，吻部朝斜下方，肱骨斜搭其上；然后于其北侧稍偏后的位置，摆上拆解开的山羊上、下颌骨1套，羊肱骨1只，羊肱骨横置于山羊头骨西侧，未相叠压，山羊上、下颌的吻部，朝东南；然后于羊牲西侧，再顺摆狗牲2套，狗肱骨在下，狗上、下颌骨叠置其上，吻部皆朝东；然后于狗牲和羊牲的南侧，顺摆牛肱骨1只及拆解开的牛上、下颌骨1套，牛肱骨居东南，牛头骨斜错其后，不相叠压、牛上、下颌的吻部，亦朝东；最后，在牛牲西侧，再摆上狗牲1套，狗肱骨在下，狗上，下颌骨在上，吻部朝东。上述祭牲布局，特点十分明显，即狗牲占居东、西两端及北侧中间位置，而羊牲居于北侧狗牲之间，牛牲则居于南侧中间，东、西两端均有狗牲“监护”。在此需要说明的一点是，此墓祭牲在

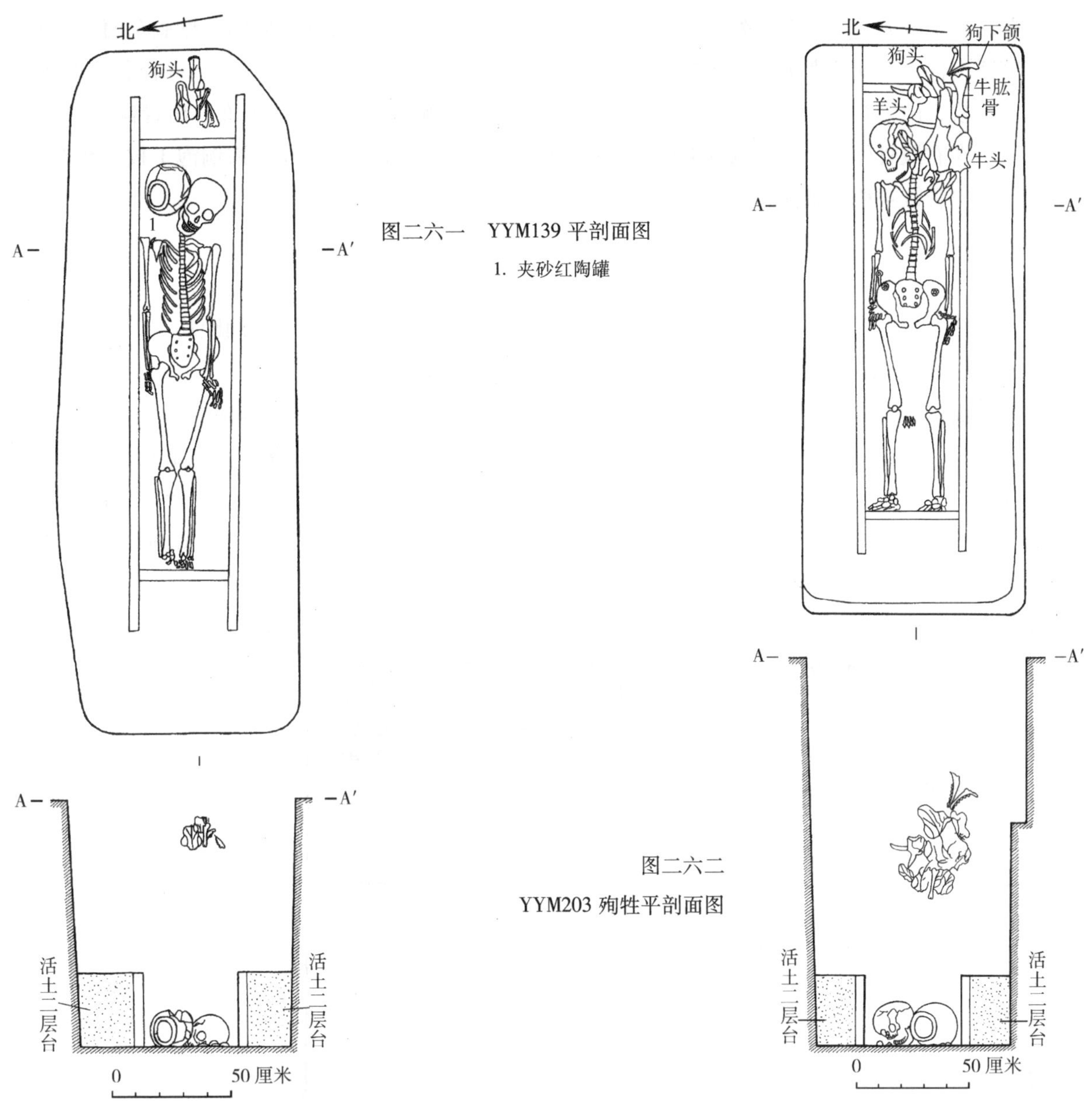

图二六一　YYM139 平剖面图
1. 夹砂红陶罐

图二六二
YYM203 殉牲平剖面图

层位上看似有上、下错置的情况，其实这是因为此组祭牲正位处木椁东端上层填土之上，由于木椁腐朽后坍顶，遂造成上面的填土陷落，而导致这组祭牲也随之发生下陷和错位，并非原来即分层摆放。

木椁已朽，盖板无存，南、北侧板，东、西堵板和底板，板灰呈白色粉状，四至轮廓尚可辨识。底板灰痕东西顺长 2.14、总宽东端 0.52、西端 0.49 米。南、北侧板立于底板之上，两侧边与底板边压齐，东西顺长 2.25 米，东、西两端稍长出底板一截，总高 31 厘米，与南、北活土二层台台面平齐，板灰厚 4 厘米。东、西堵板，分别竖插于南、北侧板之间，立插部位，分别在南、北侧板东、西两端内缩 17 和 15 厘米处，高度与南、北侧板一致，总宽东端 43、西端 41、板灰厚 4 厘米。南、北侧板与东、西堵板的板块组成情况，已难以再作具体分辨。

木椁内装殓尸骨一具。保存状况不太好，头骨已残碎，其他主要部位骨骼，基本完整。头东足西，仰身直肢，经现场鉴定，死者为男性，50 ~ 55 岁。骨骼从头到脚通长 1.68 米。

随葬品集中陈放于木椁内、死者身上及其近前（图二六三）。在头骨左后侧、椁底东南角，侧置夹砂红陶罐1件，口朝死者头部。在左、右耳骨下面，各出螺旋形铜丝耳环1件，无绿松石坠珠伴出。覆面铜扣2枚，出于右前额与左颞骨处各1枚。在右尺骨内侧、右髋骨外缘下面，出青铜削刀1件，刀锋朝下。在右股骨外侧，出青铜锥1件。在左、右髋骨内侧，各出辐射纹服饰铜泡1枚。在左、右胫骨之间，出骨镞4枚，镞锋朝下。

YYM223

这是玉皇庙墓地属于乙（B）级规格的中型墓葬之一。位于南区北部东界边缘，其东、东南和东北，已无墓葬；南有YYM222，间距1.5米；西南有YYM216，西有YYM217，间距均为1.8米；北有YYM203，间距1.7米；此墓的地层堆积，基本上同于YYM220，不赘。

墓圹平面形状，基本上呈抹角长方形，为竖穴土坑墓。东向，方位角为东偏南12°。墓圹规格，圹口东西长2.65、东端宽0.99、西端宽1.08米，圹底东西长2.44、东端宽0.6、西端宽0.61米，圹口至圹底深1.5米。在墓圹南、西、北3壁中腰位置，各留出生土二层台一道，平面呈“U”字形，3台面等高，均上距圹口0.7米深，下距圹底0.8米，南台宽22厘米，西、北二台宽各20厘米，三台壁平

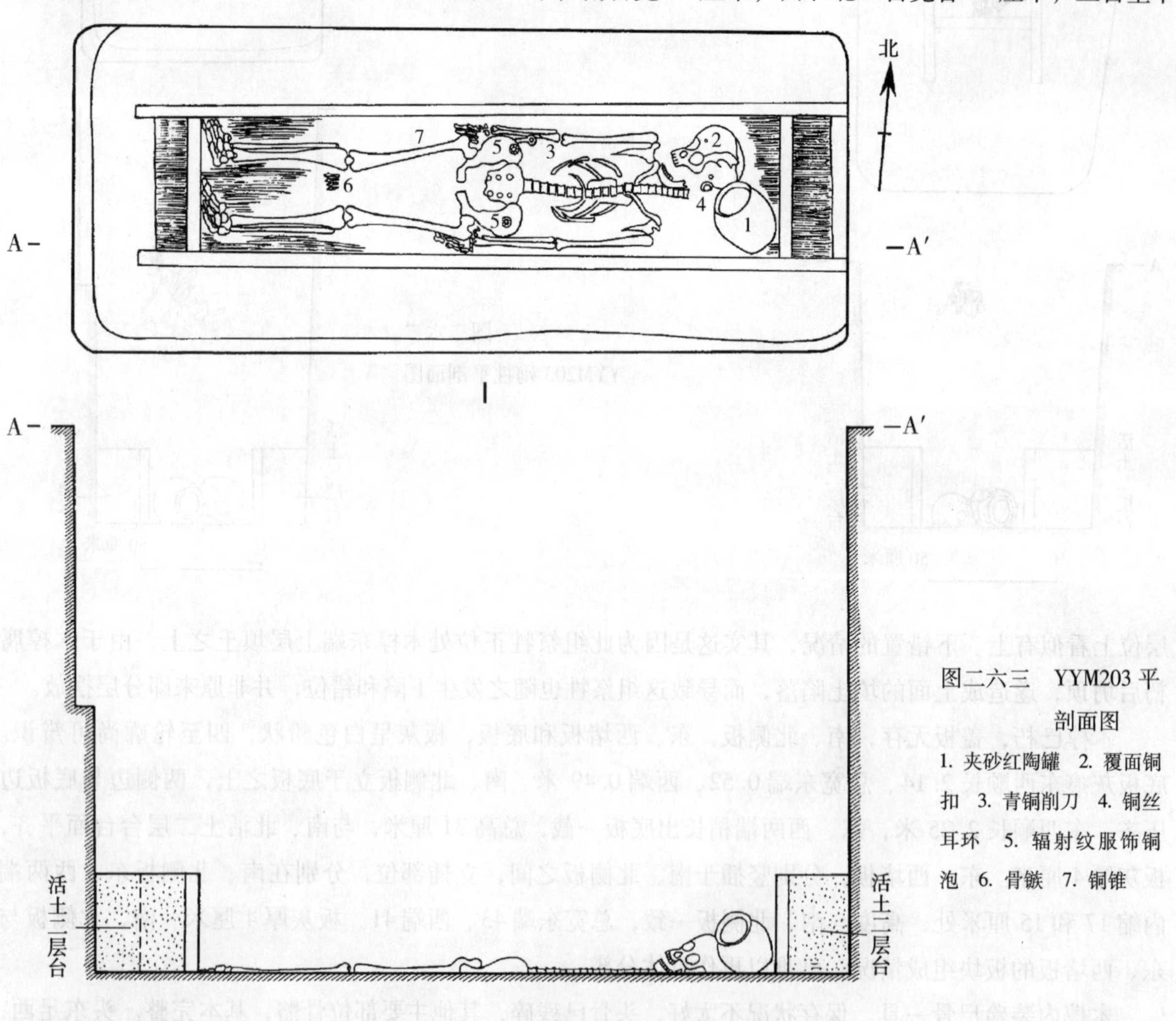

图二六三　YYM203平剖面图

1. 夹砂红陶罐　2. 覆面铜扣　3. 青铜削刀　4. 铜丝耳环　5. 辐射纹服饰铜泡　6. 骨镞　7. 铜锥

整，笔直下切。圹底正中位置，按东西方向安置木椁一具。在木椁外壁四周至圹底部四壁之间，筑有活土二层台，台土经过严密夯打，较坚实，东、南、西、北四台等高，均为30厘米，宽度不一，东台宽33、南台宽11、西台宽16、北台宽9厘米。

圹内填土，为淤积夹砂石褐色土与生黄土混杂后的五花土，经普遍夯实，但未有夯层与夯窝痕迹。在填土中，仅发现夹砂红褐陶残片3块，泥质灰陶残片2块，羊肩胛骨残件1块，除此之外，再未有其他遗物。

殉牲位置，祭牲集中摆放在圹内东南隅上层填土中，上距东端圹口31厘米深，下距圹底1.02米（图版八二，2）。殉牲种类，为羊、狗2种家畜。殉牲数量，羊头1个（绵羊），羊肱骨1只，狗头2个，狗肱骨2只。殉牲形式，将羊、狗头的上、下颌拆解开后，按东西方向，作南、北相邻同层依次摆放。即先将狗肱骨2只及拆解开的狗上、下颌骨2套，顺摆于圹内东南隅偏北侧的上层填土上，作前、后并列，狗肱骨在下、狗头骨叠置其上；然后于其西南侧，靠近南侧圹壁处，再依次顺摆羊肱骨1只及拆解开的绵羊上、下颌骨1套，羊肱骨与羊上、下颌骨并列，未相叠压。上述狗、羊上、下颌骨的吻部，皆朝东。

木椁已朽，盖板无存，底板灰痕大部残缺，南、北侧板，东、西堵板板灰呈白色粉状，轮廓尚可辨识。南、北侧板东西顺长2.2米，总高30厘米，与南、北活土二层台台面平齐，板灰厚3厘米；东、西堵板，分别竖插于南、北侧板之间，立插部位，分别在南、北侧板东、西两端内缩15和13厘米处，高度与南、北侧板一致，均为30厘米，总宽东、西两端均34、板灰厚3厘米。南、北侧板与东、西堵板的板块组成情况，已难以再作具体分辨。

木椁内装殓尸骨一具。保存状况不太好，头骨已被压碎，其他主要部位骨骼，尚较完整。头东足西，仰身直肢，经现场鉴定，死者为女性，35~40岁。骨骼从头到脚通长1.61米。

随葬品较少，出于木椁内、死者头部及其近前（图二六四）。在头骨左后侧、椁底东南角，放置夹砂红陶罐1件，正置，口沿已残。在左、右耳骨下面，各出螺旋形铜丝耳环1件，无绿松石坠珠伴出。覆面铜扣3枚，出于右眼眶下缘和下颌骨右侧各1枚，滑落于下颌骨左下方1枚。

YYM222

这是玉皇庙墓地属于丙（B）级规格的小型墓葬之一。位于南区北部东界边缘，其东、东南和东北，已无墓葬；南有YYM221，间距1.1米；西南有YYM215，间距1.6米；西有YYM216，间距1.6米；西北有YYM217，间距3米；北有YYM223，间距1.5米。此墓的地层堆积，基本上同于YYM220，不赘。

墓圹平面形状，呈抹角长方形，为竖穴土坑墓。东向，方位角为东偏南7°。墓圹规格，圹口东西长2.2、东端宽0.7、西端宽0.74米，圹底东西长2.13、东端宽0.59、西端宽0.7米，圹口至圹底深0.95米。在墓圹东、南、北三壁中腰偏下位置，各留出很窄的生土二层台一道，三台面等高，均上距圹口0.58米深，下距圹底37厘米，台宽在4~6厘米之间。在圹底中间稍偏北侧位置，按东西方向，安置木椁一具。在木椁外壁四周至圹底部四壁之间，筑有活土二层台，台土经过严密夯打，较坚实，东、南、西、北四台等高，均为22厘米，宽度不一，东台宽15、南台宽11、西台宽18、北台宽10厘米。

圹内填土，为淤积夹砂石褐色土与生黄土混杂后的五花土，经普遍夯实，但未有夯层与夯窝痕迹。在填土中，仅发现夹砂红褐陶残片2块，泥质灰陶残片1块，除此之外，再未有其他遗物。

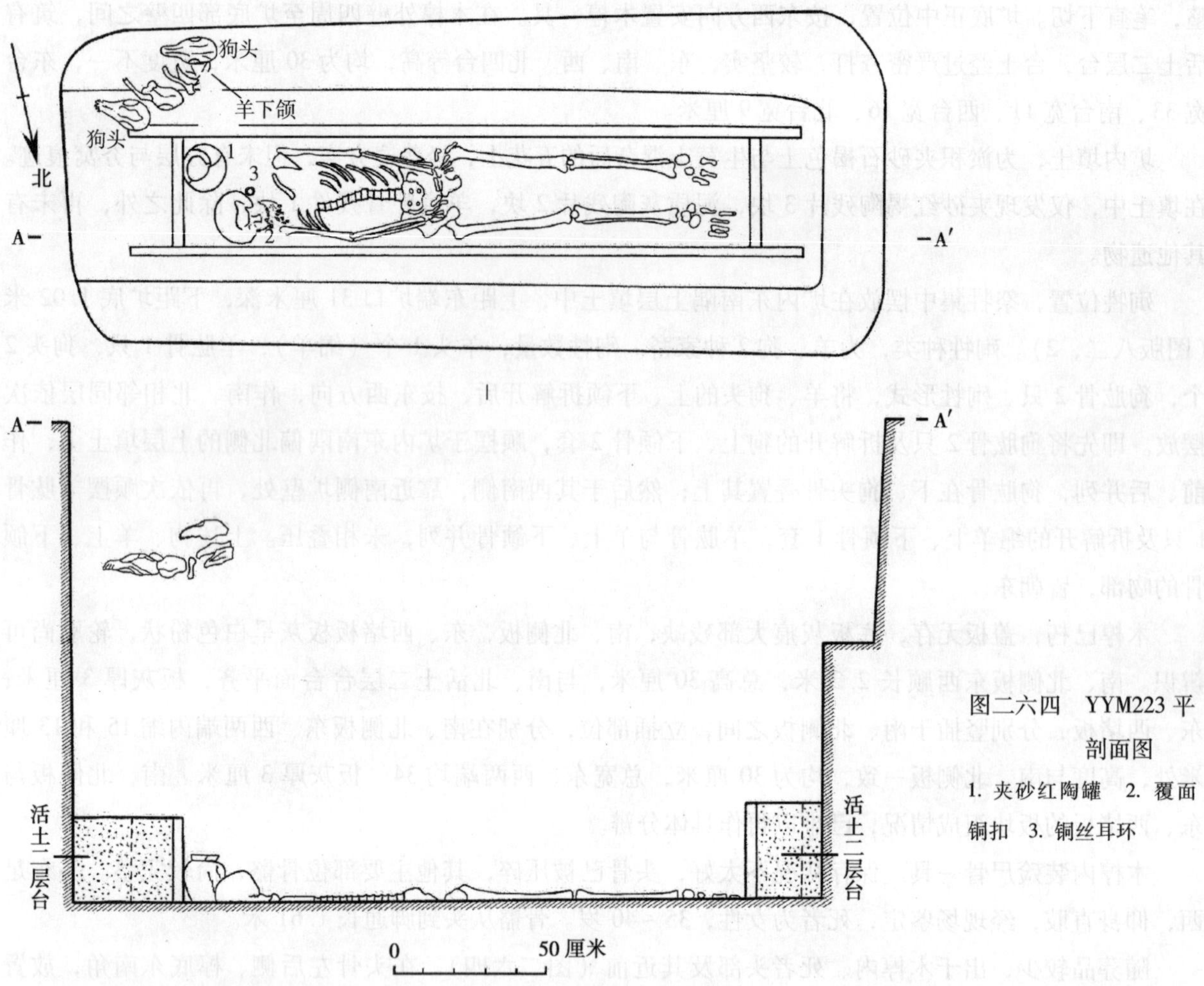

图二六四　YYM223 平剖面图
1. 夹砂红陶罐　2. 覆面铜扣　3. 铜丝耳环

殉牲位置，祭牲集中摆放在圹内东端偏南侧的上层填土中，上距东端圹口20厘米深，下距圹底0.53米（图版八三，1）。殉牲种类，为羊、狗2种家畜。殉牲数量，羊头1个（绵羊），羊肱骨1只，狗头3个，狗肱骨3只。殉牲形式，将羊、狗头的上、下颌拆解开后，按东西方向，作狗东羊西、同层依次摆放。即先将狗肱骨3只及拆解开的狗上、下颌骨3套，顺摆于圹内东端偏南侧的上层填土上，呈纵向一字排列，狗肱骨在下，狗头骨在上，吻部一律朝东；然后于其西侧，再顺摆羊牲1套，其中羊上颌骨居北侧，羊下颌骨在南侧，羊肱骨斜搭在羊下颌骨上，羊上、下颌骨的吻部，亦朝东。

木椁已朽，盖板无存，底板灰痕保存很少，四至不清，南、北侧板与东、西堵板板灰轮廓，尚可分辨。板灰呈白色粉状，南、北侧板东西顺长2.08米，总高22厘米，与南、北活土二层台台面平齐，板灰厚3厘米；东、西堵板，分别竖插于南、北侧板之间，立插部位，分别在南、北侧板东、西两端内缩15和12厘米处，高度与南、北侧板一致，均为22厘米，总宽东端34、西端31、板灰厚3厘米。南、北侧板与东、西堵板的板块组成情况，已不能再具体分辨。

木椁内装殓尸骨一具。保存状况不好，头骨已被压碎，脊椎、肋骨、骨盆，已大多残缺，唯下肢骨基本完整。头东足西，仰身直肢，经现场鉴定，死者为女性，50～55岁。骨骼从头到脚通长1.48米。

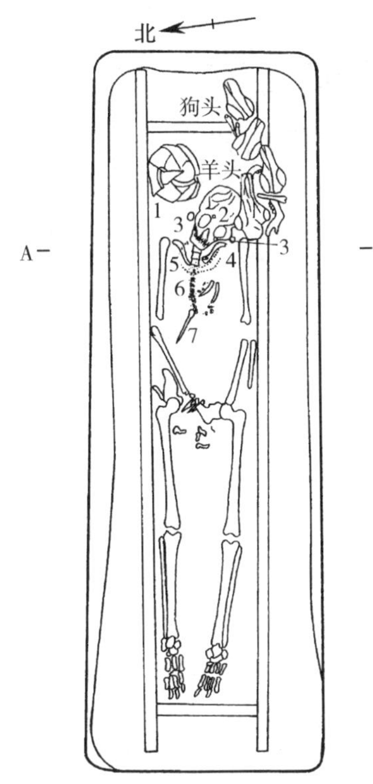

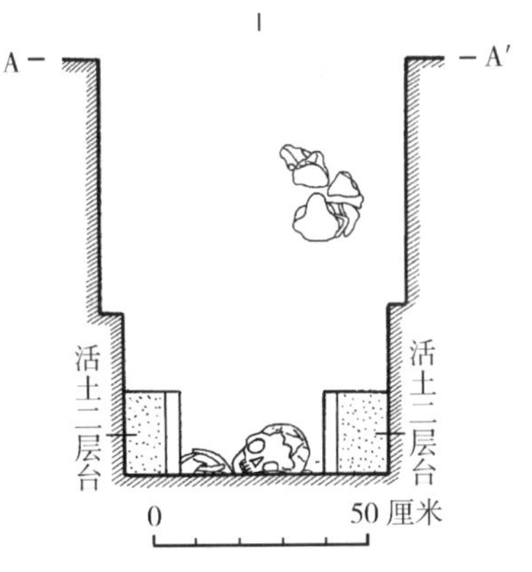

图二六五　YYM222 平剖面图

1. 夹砂红陶罐　2. 覆面铜扣　3. 铜丝耳环　4. 白石管、小白石珠项链　5. 小黑石珠项链　6. 双联小铜扣项链　7. 匕形铜坠饰

随葬品集中陈放于木椁内、死者身上及其近前（图二六五）。在头骨右后侧、椁底东北角，放置夹砂红陶罐 1 件，正置，已残碎不成形。在左、右眼眶边缘和下颌处，各出覆面铜扣 1 枚。在左、右耳骨下面，各出螺旋形铜丝耳环 1 件，无绿松石坠珠伴出。在颈部至胸部出不同质料的项链 3 串，（1）白石管、小白石珠项链 1 串，由白石管 1 枚和小白石珠 12 粒穿成；（2）小黑石珠项链 1 串，由 122 粒小黑石珠穿成；（3）铜珠项链 1 串，由双联小铜扣 95 枚组成，末端（胸部下方）附出匕形铜坠饰 1 件，坠尖朝右侧斜下方。

YYM221

这是玉皇庙墓地属于丙（A）级规格的小型墓葬之一。位于南区北部东界边缘，其东、东南和东北，已无墓葬；南有 YYM220，间距 2 米；西南有 YYM214，间距 2.4 米；西北有 YYM215 和 YYM216，间距分别为 1.4 和 2.4 米；北有 YYM222，间距 1.1 米。此墓的地层堆积，基本上同于 YYM220，不赘。

墓圹平面形状，基本上呈抹角长方形，北侧圹边略内弧，为竖穴土坑墓。东向，方位角为东偏南 7°。墓圹规格，圹口东西长 2.17、东端宽 0.84、西端宽 0.8 米，圹底东西长 2.09、东端宽 0.77、西端宽 0.75 米，圹口至圹底深 1.15 米。无生土二层台。圹底中间稍偏东北—西南方向，安置木椁一具。在木椁外壁四周至圹底部四壁之间，筑有活土二层台，台土经过严密夯打，较坚实，东、南、西、北四台等高，均为 29 厘米，宽度不一，东台宽 11、南台宽 12、西台宽 13、北台宽 14 厘米。

圹内填土，为淤积夹砂石褐色土与生黄土混杂后的五花土，经普遍夯实，但未有夯层与夯窝痕迹。在填土中，仅发现夹砂粗褐陶残片 2 块，泥质灰陶碎片 1 块，除此之外，再未有其他遗物。

殉牲位置，祭牲集中摆放在圹内东端中间上层填土中，上距东端圹口 10 厘米深，下距圹底 0.83 米（图版八三，2）。殉牲种类，为羊、狗 2 种家畜。殉牲数量，羊头 1 个（绵羊），羊肱骨 1 只，狗头 4 个，狗肱骨 4 只。殉牲形式，将羊、狗头的上、下颌拆解开后，按东西方向，作狗东羊西、同层依次摆放。即先将狗肱骨 3 只及拆解开的狗上、下颌骨 3 套，顺摆于圹内东端中间靠近圹壁的上层填土上，狗肱骨在下，狗头骨叠置其上；然后于其西侧，顺摆羊牲 1 只及拆解开的绵羊上、下颌骨 1 套，羊肱骨在下，羊下颌骨叠置其上，羊上颌骨在其北侧，吻部亦朝东；最后，于羊牲南侧，再摆上狗牲 1 套，此狗上、下颌骨的吻部，均朝西。

木椁已朽，盖板无存，底板灰痕模糊，四至不清，南、北侧板与东、西堵板，板灰呈白色粉状，轮廓可辨。南、北侧板东西顺长 2.1 米，总高 29 厘米，与南、北活土二层台台面平齐，板灰厚 4 厘米；

东、西堵板，分别竖插于南、北侧板之间，立插部位，在南、北侧板东、西两端内缩13和8厘米处，高度与南、北侧板一致，均为29厘米，总宽东端43、西端41、板灰厚4厘米。南、北侧板与东、西堵板的板块组成情况，已难以再作具体分辨。

木椁内装殓尸骨一具。保存状况较好，头骨及其他主要部位骨骼，基本完整。头东足西，仰身直肢，经现场鉴定，死者为女性，40～45岁。骨骼从头到脚通长1.53米。

随葬品集中陈放于木椁内、死者身上及其近前（图二六六）。在头骨左后侧、椁底东南角，放置泥质灰陶高领壶1件，泥质黑陶盂1件，陶盂在下，正置，陶壶覆扣于陶盂之上。覆面铜扣3枚，出于左、右眼眶内各1枚，滑落于下颌骨左下方1枚。在颈部，出石珠项链2串，（1）小白石珠项链1串，由92粒小白石珠串成；（2）小黑石珠项链1串，由83粒小黑石珠串成。在胸部，出三联珠形铜坠饰1枚。

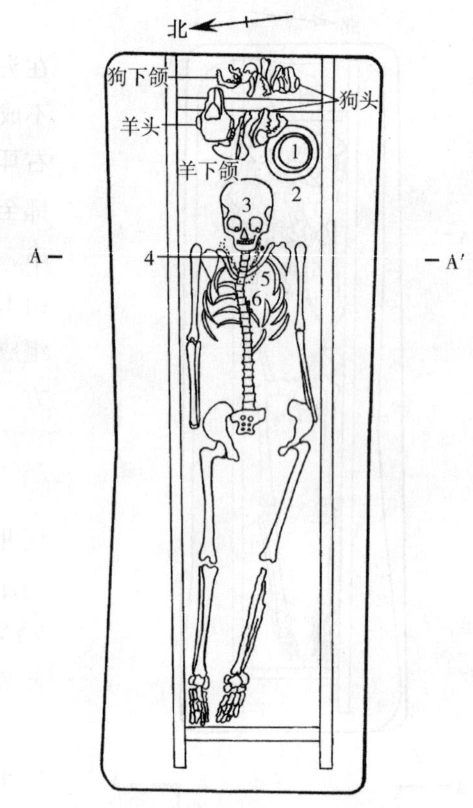

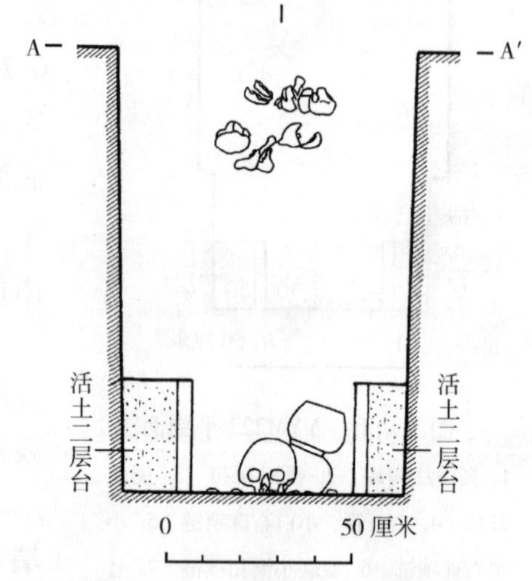

图二六六　YYM221平剖面图

1. 泥质灰陶壶　2. 泥质黑陶盂（压在陶壶下面）　3. 覆面铜扣　4. 小白石珠项链　5. 小黑石珠项链　6. 三联珠形铜坠饰

YYM220

这是玉皇庙墓地属于乙（B）级规格的中型墓葬之一。位于南区北部东界边缘，其东、东南、南、东北，已无墓葬，西南有YYM219，间距0.9米；西北有YYM214和YYM215，间距分别为2.2和2.8米；北有YYM221，间距2米。此墓的地层堆积，在南区东北部的一部分墓葬中，是具有代表性的。墓口以上可分上、下两层，上层为夹杂自然石块的深褐色山皮土层，厚25厘米；下层为淤积夹砂石层，即夹略大和较大砂石颗粒的褐色土层，属此地晚期泥石流堆积层，厚1.25米。揭掉这两层堆积之后，即发现墓圹圹口。圹口以下至墓底的地层堆积，自上而下可分2层，第1层（上层）亦为淤积夹砂石层，即为夹中细砂石颗粒的褐色土层，属这里的早期泥石流堆积层，此层厚度，在墓圹四壁，因坡度不同而各不相一，北壁厚度为0.4、东壁为0.74、西壁为0.75、南壁为0.9米；第2层（下层）为生黄土层，即属于更新世晚期形成的黄土质砂质黏土层，直至圹底以下数十米深，皆属此层堆积。该墓圹深1.45米；既打破了早期泥石流堆积层，又打破了生黄土层。

墓圹平面形状，呈抹角长方形，为竖穴土坑墓。东向，方位角为东偏南11°。墓圹规格，圹口东西长2.5、东端宽0.9、西端宽0.92米，圹底形制、规格，与圹口一致，圹口至圹底深1.45米。无生土二层台。在圹底中间略偏东北—西南方向，安置木椁一具。在木椁外壁四周至圹底部四壁之间，筑有活土二层台，台土经过严密夯打，较坚实，东、南、西、北四台等高，均为25厘米，宽度不一，东台宽34、南台宽17、西台宽24、北台宽22厘米（中段）。

圹内填土，为淤积夹砂石褐色土与生黄土混杂后的五花土，经普遍夯实，但未有夯层与夯窝痕迹。在填土中，仅发现夹砂红褐陶残片2块，泥质灰陶碎片1块，羊肩胛骨残件1块，除此之外，再未有其他遗物。

殉牲位置，祭牲集中摆放在圹内东端中间上层填土中，上距东端圹口25厘米深，下距圹底0.85米（图版八四，1）。殉牲种类，为牛、羊、狗3种家畜。殉牲数量，牛头1个，牛肱骨1只，羊头4个（绵羊），羊肱骨4只，狗头4个，狗肱骨4只。殉牲形式，将牛、羊、狗头的上、下颌拆解开后，按东西方向，牛牲居南，狗、羊牲居北、西两侧，作同层相邻依次摆放。即先将牛肱骨1只及拆解开的牛上、下颌骨1套，顺摆于圹内东端中间上层填土上，牛头骨与牛肱骨，作南、北并列，未相叠压，牛头吻部朝东；然后于牛肱骨北侧，顺摆狗牲1套，羊牲1套，狗牲居东在前，羊牲居西在后；然后，于牛肱骨南侧，即牛肱骨与牛头骨之间的夹缝当中，再顺摆狗牲1套；然后于牛肱骨及牛头骨的西侧，再顺摆羊牲3套，狗牲2套，其中羊牲均紧挨着牛牲，而狗牲则1套居北，另1套居南，护在羊牲外围。上述羊牲与狗牲，其肱骨均在头骨之下，所有上、下颌骨的吻部，亦朝东。

2组木椁已朽，盖板无存，底板灰痕已模糊不清，唯南、北侧板与东、西堵板板灰痕迹尚可辨识。板灰呈白色粉状，南、北侧板东西顺长2.26米，总高25厘米，与南、北活土二层台台面平齐，板灰厚4厘米；东、西堵板，分别竖插于南、北侧板之间，立插部位，分别在南、北侧板东、西两端内缩18和17厘米处，高度与南、北侧板一致，均为25厘米，总宽东端42、西端41、板灰厚4厘米。南、北侧板与东、西堵板的板块组成情况，已难以作出具体分辨。

木椁内装殓尸骨一具。保存状况不好，头骨已压碎，脊椎、肋骨、左桡骨、骨盆、指骨等，或无存，或残缺，只有下肢骨较完整。头东足西，仰身直肢，经现场鉴定，死者为女性，30～35岁。骨骼从头到脚通长1.6米。

随葬品集中陈放于木椁内、死者身上及其近前（图二六七）。在头骨右后侧，出夹砂红陶罐1件，正置，已残。在左、右耳骨下面，各出螺旋形铜丝耳环1件及绿松石坠珠7枚。覆面铜扣3枚，出于上颌骨左、右侧及下颌骨左侧各1枚。在颈部至胸部，出不同质料的项链2串，（1）玛瑙珠、铜珠、绿松石珠项链1串，由玛瑙珠3颗、双连体纺锤形铜珠9枚、绿松石珠78枚联合组成，其末端（腰椎部位），附出匕形铜坠饰1件，坠尖朝下；（2）小黑石珠项链1串，由731粒小黑石珠串成。在腰椎至左髋骨上方，出青铜削刀1件，刀锋朝左。在左髋骨外侧，出长方形几何纹铜锥（针）管具1件。在此铜锥（针）管具的下方，出铜铃形饰1件。此外，还有“人”字形铜坠饰19枚，出于右尺骨内侧16枚，出于右股骨外侧3枚（图版八四，2）。

YYM219

这是玉皇庙墓地属于丙（A）级规格的小型墓葬之一。位于南区北部东界边缘，其东和东南，已无墓葬，南有YYM218，间距1.3米；西南有YYM213，间距1.6米；西北有YYM214和YYM210，间距分别为1.9和4.6米；东北有YYM220，间距0.9米。此墓的地层堆积，基本上同于YYM220，不赘。

墓圹平面形状，基本上呈抹角长方形，南、北两侧圹边，稍向南侧弧曲，东端略宽，西端稍窄，为竖穴土坑墓。东向，方位角为东偏南7°。墓圹规格，圹口东西长2.3、东端宽0.99、西端宽0.85

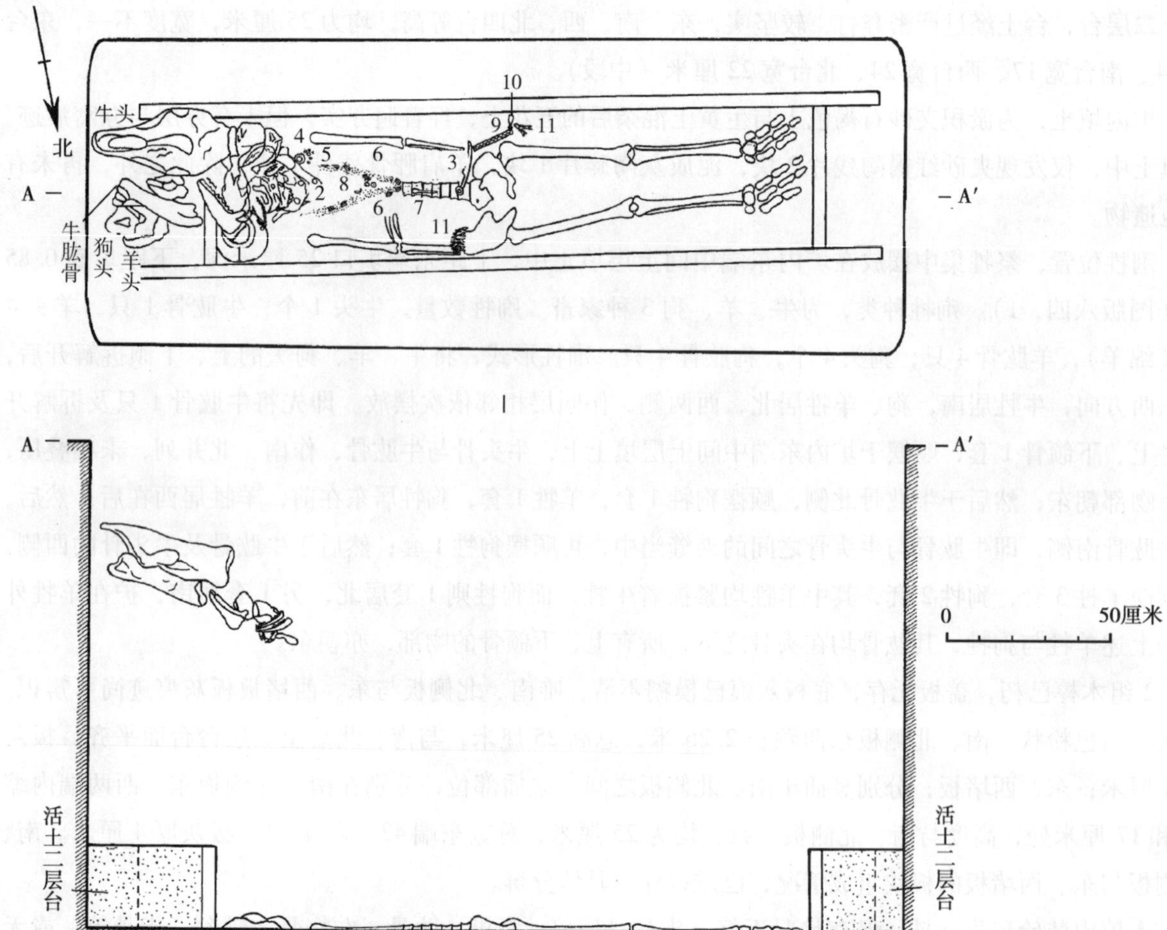

图二六七　YYM220平剖面图

1. 夹砂红陶罐　2. 覆面铜扣　3. 青铜削刀　4. 铜丝耳环　5. 绿松石坠珠　6. 玛瑙珠、纺锤形铜珠、绿松石珠　7. 匕形铜坠饰　8. 小黑石珠项链　9. 长方形铜锥（针）管具　10. 铜铃形饰　11. "人"字形铜坠饰

米，圹底形制、规格与圹口一致，圹口至圹底深1.05米。无生土二层台。在圹底正中位置，按东西方向安置木椁一具。在木椁外壁四周至圹底部四壁之间，筑有活土二层台，台土经过严密夯打，较坚实，东、南、西、北四台等高，均为45厘米，宽度不一，东台宽21、南台宽23、西台宽36、北台宽22厘米。在圹壁四周上部，遗有打圹时留下的自然石灰岩石块数块。

圹内填土为淤积夹砂石褐色土与生黄土混杂后的五花土，经普遍夯实，但未有夯层与夯窝痕迹。在填土中，仅发现夹砂红褐陶残片2块，泥质灰陶残片1块，另在东半部填土中，出零散的自然石灰岩石块8块，大小不一，规格在38×22×17至12×9×7厘米之间。

殉牲位置，祭牲集中摆放在圹内东端偏南侧的上层填土中，上距东端圹口32厘米深，下距圹底0.64米（图版八五，1）。殉牲种类，仅有狗1种。数量，狗头2个，狗肱骨2只。殉牲形式，将狗头上、下颌拆解开后，在木椁东南角上层填土上，作同层相邻摆放。2套狗牲中，只有1套较完整，狗肱骨在下，拆解开的狗上、下颌骨叠置其上，吻部朝西；另1套仅余破碎残片，头向已难分辨。

木椁已朽，盖板无存，底板灰痕保存不好，四至不清，南、北侧板与东、西堵板板灰轮廓，尚可辨识。板灰呈白色粉状，南、北侧板东西顺长2.01米，总高45厘米，板灰厚3厘米；东、西堵板分别竖插于南、北侧板之间，立插部位，分别在南、北侧板东、西两端内缩15和12厘米处，高度与南、北侧板一致，均为45厘米，总宽东端46、西端42、板灰厚3厘米。南、北侧板与东、西堵板的板块组成情况，已难以再作具体分辨。

木椁内装殓尸骨一具。保存状况不太好，头骨已残碎，脊椎残缺不全，上、下肢骨骼基本完整。头东足西，仰身直肢，经现场鉴定，死者为女性，30～35岁。骨骼从头到脚通长1.5米。

随葬品很少，仅在木椁内、死者头骨右侧，侧置泥质灰陶抹棱折肩罐1件，口朝东北（图二六八）。另在头骨下，压有绿松石珠6枚。除此之外，再未有其他遗物。

YYM218

这是玉皇庙墓地属于丙（A）级规格的小型墓葬之一。位于南区北部东界边缘，其东、东南、南和东北，已无墓葬，西南有YYM209，间距3米；西北有YYM213，间距0.5米；北有YYM219，间距1.3米。此墓的地层堆积，基本上同于YYM220，不赘述。

墓圹平面形状，呈抹角长方形，为竖穴土坑墓。东向，方位角为东偏南18°。墓圹规格，圹口东西长2.15、东端宽0.77、西端宽0.7米，圹底形制、规格与圹口一致，圹口至圹底深1.1米。无生土二层台。在圹底中间略偏北侧位置，按东西方向安置木椁一具。在木椁外壁四周至圹底部四壁之间，筑有活土二层台，台土经过严密夯打，较坚实，东、南、西、北四台等高，均为40厘米，宽度不一，东台宽30、南台宽17、西台宽9、北台宽8厘米（中段）。

圹内填土为淤积夹砂褐色土与生黄土混杂后的五花土，经普遍夯实，但未有夯层与夯窝痕迹。在填土中，仅发现夹砂褐陶残片1块，泥质灰陶碎片3块，在圹内东半部填土中有零散的、无一定规律的自然石灰岩石块11块。另在南、北侧与西端圹壁上，尚遗有打圹时留下的自然石灰岩石块，南侧壁3块，北侧壁2块，西侧壁4块，这些石块大小不一，大者38×25×20厘米，小者10×9×6厘米。

殉牲位置，祭牲集中摆放在圹内东端中间上层填土中，上距东端圹口5厘米深，下距圹底0.87米（图版八五，2）。殉牲种类，仅有狗1种。数量，狗头2个，狗肱骨2只。殉牲形式，将狗头上、下颌拆解开后，按东西方向，2套狗牲作东西纵向同层依次摆放。肱骨在下，头骨在上，吻部皆朝东。

木椁已朽，盖板无存，底板灰痕保存不好，四至不清，南、北侧板与东、西堵板板灰轮廓尚可辨识。板灰呈白色粉状，南、北侧板东西顺长1.98米，总高40厘米，板灰厚3厘米；东、西堵板分别竖插于南、北侧板之间，立插部位，分别在南、北侧板东、西两端内缩13和9厘米处，高度与南、北侧板一致，均为40厘米，总宽东端43、西端45、板灰厚4厘米。南、北侧板与东、西堵板的板块组成情况已不能详。

木椁内装殓尸骨一具。保存状况较好，头骨及其他主要部位骨骼基本完整。头东足西，仰身直肢，头歪向左侧，面朝南。经现场鉴定，死者为女性，35岁左右。骨骼从头到脚通长1.53米（图二六九）。

无任何随葬品。

YYM216

这是玉皇庙墓地属于乙（B）级规格的中型墓葬之一。位于南区北部，其东南有YYM222，间距1.6米；南有YYM215，间距1米；西南有YYM211，间距3.5米；西有YYM212，间距1.6米；北有YYM217，间距1米；东北有YYM223，间距1.9米。此墓的地层堆积，基本上同于YYM151，不赘。

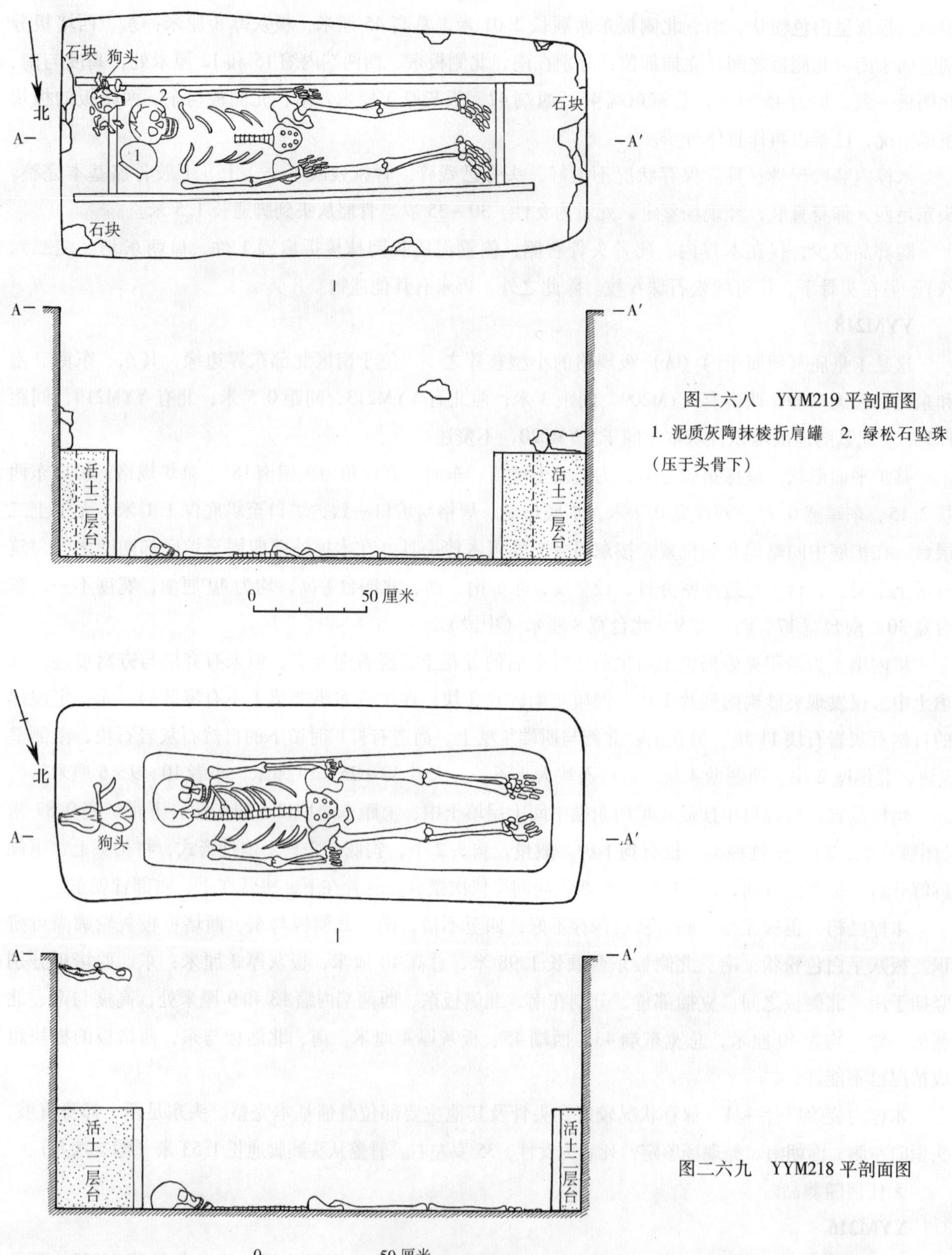

图二六八 YYM219 平剖面图

1. 泥质灰陶抹棱折肩罐 2. 绿松石坠珠（压于头骨下）

图二六九 YYM218 平剖面图

墓圹平面形状呈抹角长方形，为竖穴土坑墓。东向，方位角为东偏南11°。墓圹规格，圹口东西长2.7、东端宽1、西端宽1.05米，圹底东西长2.64、东端宽0.96、西端宽1米，圹口至圹底深1.45米。在墓圹北壁（不含东、西两端），留出一段很窄的生土二层台，台面上距圹口0.85、下距圹底0.65、长1.7米，宽仅4~5厘米。在圹底中间稍偏北侧位置，按东西方向，安置木椁一具。在木椁外壁四周至圹底部四壁之间筑有活土二层台，台土经过严密夯打，较坚实，东、南、西、北四台等高，均为27厘米，宽度不一，东台宽41、南台宽30、西台宽53、北台宽19厘米。在南侧圹壁中间略偏东的上部位置，遗有打圹时留下的较大自然石块1块（规格47×17×23厘米）。

圹内填土为少量淤积夹砂石褐色土与大量生黄土混杂后的五花土，经普遍夯实，但未有夯层与夯窝痕迹。在填土中，仅发现夹砂褐陶残片1块，狗肱骨残件1截，除此之外，再未有其他遗物。

殉牲位置，祭牲集中摆放在圹内东端中间上层填土中，上距东端圹口0.47、下距圹底0.85米（图版八六，1）。殉牲种类，仅有狗1种。数量，狗头6个，狗肱骨6只。殉牲形式，将狗头上、下颌拆解开后，按东西方向，依次同层摆放。即先将狗肱骨1只及拆解开的狗上、下颌骨1套，顺摆于圹内东端中间位置的上层填土上，肱骨在下，头骨在上，吻部朝东；然后于其南侧，再自东而西呈纵列依次顺摆狗牲5套，其中排在前边（靠东侧）的3套狗牲，吻部朝东北，排在第4位的狗牲，吻部朝南，排在第5位（西端）的狗牲，吻部朝东。

木椁已朽，盖板无存，底板灰痕大部残缺，南、北侧板与东、西堵板板灰呈白色粉状，轮廓尚存。南、北侧板东西顺长1.89米，总高27厘米，与南、北活土二层台台面平齐，板灰厚4厘米；东、西堵板，分别竖插于南、北侧板之间，立插部位，分别在南、北侧板东、西两端内缩14和13厘米处，高度与南、北侧板一致，均为27厘米，总宽东端41、西端35、板灰厚4厘米。南、北侧板与东、西堵板的板块组成情况，已不能详。

木椁内装殓尸骨一具。保存状况不好，头骨已残碎，脊椎、肋骨、上肢及骨盆等均残缺不全，唯下肢骨比较完整。头东足西，仰身直肢，经现场鉴定，死者为女性，35岁左右。

随葬品较少，集中陈放于木椁内、死者头部及其近前（图二七〇）。在死者左胸位置，侧置夹砂红褐陶罐1件，口沿已残，口朝西。在左、右耳骨下面，各出螺旋形铜丝耳环1件，无绿松石坠珠伴出。覆面铜扣2枚，出于右额角1枚，滑落于下颌骨下面1枚。在颈部，出白石管、小白石珠项链1串，由白石管3枚与小白石珠93粒联合串成。

YYM215

这是玉皇庙墓地属于丙（B）级规格的小型墓葬之一。位于南区北部，其东南有YYM221，间距1.4米；南有YYM214，间距1.3米；西南有YYM221，间距3米；西北有YYM212，间距2.6米；北有YYM216，间距0.9米；东北有YYM222，间距1.6米。此墓的地层堆积，基本上同于YYM220，不赘。

墓圹平面形状呈抹角长方形，为竖穴土坑墓。东向，方位角为东偏南13°。墓圹规格，圹口东西长2.35、东端宽0.86、西端宽0.84米，圹底东西长2.28、东端宽0.75、西端宽0.7米，圹口至圹底深0.92米。在墓圹四壁中腰稍偏下位置留出很窄的生土二层台1周，台面等高，均上距圹口0.5米深，下距圹底42厘米，台宽稍有差别，东台宽3、南台宽5、西台宽4、北台宽7厘米。在圹底中间稍偏东南—西北方向，安置木椁一具。在木椁外壁四周至圹底部四壁之间筑有活土二层台，台土经过严密夯打，较坚实，东、南、西、北四台等高，均为22厘米，宽度不一，东台宽15、南台宽14、西台宽19、北台宽16厘米。在北侧圹壁上部中间与东、西两端，遗有打圹时留下的自然石灰岩石块6块，规格都不大。

圹内填土，为淤积夹砂石褐色土与生黄土混杂后的五花土，经普遍夯实，但未有夯层与夯窝痕迹。在填土中，仅发现夹砂褐陶残片1块，泥质灰陶残片2块，除此之外，再未有其他遗物。

殉牲位置，祭牲摆放在圹内东端中间稍偏南侧的上层填土中，上距东端圹口6厘米深，下距圹底0.8米（图版八六，2）。殉牲种类，仅有狗1种。数量，狗头1个，狗肱骨1只。殉牲形式，将狗头上、下颌拆解开后，按东西方向，把狗肱骨1只及拆解开的狗上、下颌骨1套，顺摆于圹内东端中间稍偏南侧的上层填土上，上、下颌骨并列，上颌居南，下颌在北，肱骨叠压于上颌骨之下，上、下颌的吻部皆朝东。在紧挨着狗上颌骨的南侧的填土中，有较小的自然石灰岩石块1块。

木椁已朽，盖板无存，底板板灰保存不好，四至不清，南、北侧板与东、西堵板板灰轮廓尚依稀可辨。板灰呈白色粉状，南、北侧板东西顺长2.12米，总高22厘米，板灰厚3厘米；东、西堵板分别竖插于南、北侧板之间，立插部位分别在南、北侧板东、西两端内缩6和11厘米处，高度与南、北侧板一致，均为22厘米，总宽东、西两端各35、板灰厚4厘米。南、北侧板与东、西堵板的板块组成情况，已难以再作具体分辨。

木椁内装殓尸骨一具。保存状况不太好，头骨已残碎，其他主要部位骨骼尚较完整。头东足西，仰身直肢，经现场鉴定，死者为女性，20~22岁。骨骼从头到脚通长1.55米。

随葬品集中陈放于木椁内、死者身上及其近前（图二七一）。在死者右肩部位侧置夹砂红陶罐1件，口朝东，已残裂。在左、右耳骨下面，各出螺旋形铜丝耳环1件及绿松石坠珠（左1，右2）。覆面铜扣3枚，出于上颌骨左、右侧及下颌骨中间各1枚。在颈部，出玛瑙和石珠项链2串，（1）玛瑙珠与小黑石珠项链1串，由玛瑙珠4颗、小黑石珠64粒，联合串成；（2）小白石珠项链1串，由33粒小白石珠串成。在骨盆左、右侧，出铜铃形饰8件（左4，右4）。

YYM214

这是玉皇庙墓地属于乙（B）级规格的中型墓葬之一。位于南区北部，其东南有YYM220和YYM219，间距分别为2.2和1.9米；南有YYM213，间距2.7米；西南有YYM210，间距1.9米；西北有YYM211，间距1.6米；北有YYM215，间距1.3米；东北有YYM221，间距2.4米。此墓的地层堆积，基本上同于YYM220，不赘。

墓圹平面形状，呈抹角长方形，为竖穴土坑墓。东向，方位角为东偏南13°。墓圹规格，圹口东西长2.85、东端宽1、西端宽1.1米，圹壁四周平整、笔直，圹底与圹口形制、规格一致，圹口至圹底深1.5米。无生土二层台。在圹底中间稍偏北侧位置，按东西方向，安置木椁一具。在木椁外壁四周至圹底部四壁之间，筑有活土二层台，台土经过严密夯打，较坚实，东、南、西、北四台等高，均为30厘米，宽度不一，东台宽48、南台宽27、西台宽31、北台宽23厘米。

圹内填土，为淤积夹砂石褐色土与生黄土混杂后的五花土，经普遍夯实，但未有夯层与夯窝痕迹。在填土中，仅发现夹砂褐陶罐类口沿与腹部残片2块，除此之外，再未有其他遗物。

无殉牲。

木椁已朽，盖板无存，底板灰痕大部残缺，南、北侧板与东、西堵板灰痕轮廓尚可辨识。板灰呈白

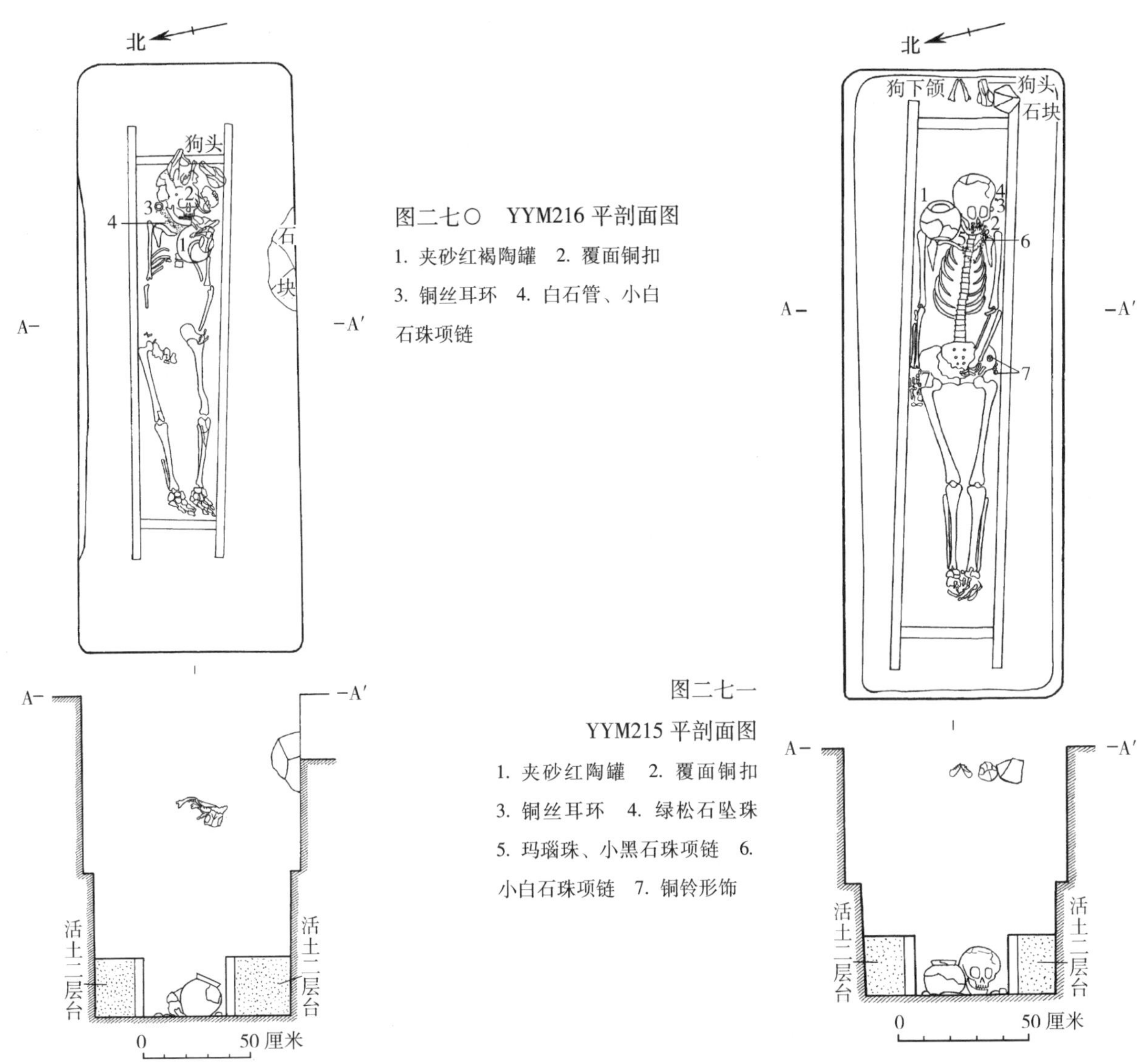

图二七〇 YYM216 平剖面图
1. 夹砂红褐陶罐 2. 覆面铜扣 3. 铜丝耳环 4. 白石管、小白石珠项链

图二七一 YYM215 平剖面图
1. 夹砂红陶罐 2. 覆面铜扣 3. 铜丝耳环 4. 绿松石坠珠 5. 玛瑙珠、小黑石珠项链 6. 小白石珠项链 7. 铜铃形饰

色粉状，南、北侧板东西顺长2.4米，总高30厘米，与南、北活土二层台台面平齐，板灰厚4厘米；东、西堵板分别竖插于南、北侧板之间，立插部位分别在南、北侧板东、西两端内缩17和15厘米处，高度与南、北侧板一致，均为30厘米，总宽东端46、西端44、板灰厚4厘米。南、北侧板与东、西堵板的板块组成情况已难以具体分辨。

木椁内装殓尸骨一具。保存状况较好，头骨及其他主要部位骨骼基本完整。头东足西，仰身直肢，侧面向北（图版八七，1）。经现场鉴定，死者为男性，50岁左右。骨骼从头到脚通长1.74米。

随葬品很少，陈放于木椁内、死者身上及其近前。在头骨左后侧、椁底东南角，放置泥质灰陶豆（残）盘1件，正置。在骶骨至左髋骨内侧，出青铜削刀1件，刀锋朝左（图二七二）。除此之外，再未见其他遗物。

YYM213

这是玉皇庙墓地属于乙（B）级规格的中型墓葬之一。位于南区北部，其东南有YYM218，间距0.5米；西南有YYM209，间距1.4米；西有YYM206，间距4.3米；西北有YYM210，间距1.2米；北

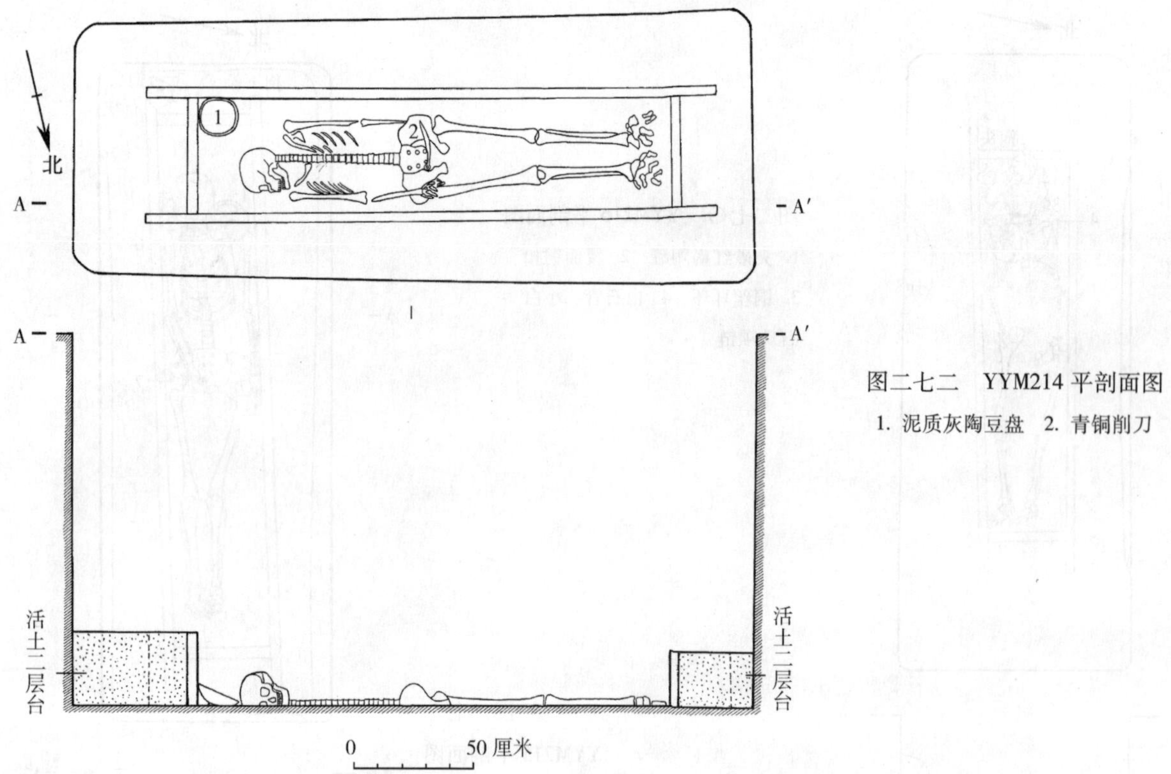

图二七二 YYM214平剖面图

1. 泥质灰陶豆盘 2. 青铜削刀

有YYM214，间距2.7米；东北有YYM219，间距1.6米。此墓的地层堆积基本上同于YYM220，不赘。

墓圹平面形状呈抹角长方形，为竖穴土坑墓。东向，方位角为东偏南6°。墓圹规格，圹口东西长2.46、东端宽0.98、西端宽0.95米，墓圹四壁平整、笔直，圹底形制、规格，与圹口一致，圹口至圹底深1.5米。无生土二层台。在圹底中间略偏北侧位置，按东西方向，安置木椁一具。在木椁外壁四周至圹底部四壁之间，筑有活土二层台，台土经过严密夯打，较坚实，东、南、西、北四台等高，均为35厘米，宽度不一，东台宽35、南台宽32、西台宽38、北台宽19厘米。

圹内填土为淤积夹砂石褐色土与生黄土混杂后的五花土，经普遍夯实，但未有夯层与夯窝痕迹。在填土中，仅发现夹砂红褐陶残片2块，泥质灰陶碎片1块。另在圹内东端牛牲北侧填土中，有较大的自然石灰岩石块1块，规格为32×22×18厘米。除此之外，再未见其他遗物。

殉牲位置，祭牲集中摆放在圹内东端中间和偏南侧的上层填土中，上距东端圹口0.7米深，下距圹底0.93米（图版八八，1）。殉牲种类，为牛、狗2种家畜。殉牲数量，牛头1个，牛肱骨1只，狗头3个，狗肱骨3只。殉牲形式，将牛、狗头的上、下颌拆解开后，按东西方向，作南、北相邻同层摆放。即先将牛肱骨1只及拆解开的牛上、下颌骨1套，顺摆于圹内东端中间位置的上层填土上，牛肱骨在下，牛头骨叠置其上，吻部朝东；然后于其南侧，再摆上狗肱骨3只及拆解开的狗上、下颌骨3套，狗肱骨在下，狗上、下颌骨在上，唯此3套狗上、下颌骨的吻部朝向多不一致，靠近牛头吻部、最东端的1套狗牲，吻部朝东，西端的1个狗上颌骨，吻部朝西，中间的1个狗上颌骨，吻部朝北，单放的2副狗下颌骨，其吻部1副朝北，另1副朝东南。

木椁已朽，盖板无存，南、北侧板，东、西堵板及底板，板灰痕迹呈白色粉状，轮廓尚能辨识。底板灰痕东西顺长1.95、总宽东端0.46、西端0.43米。南、北侧板立于底板之上，两侧边与底板边压齐，东、西两端稍长出底板一截，东西顺长 2.06 米，总高 35 厘米，与南、北活土二层台台面平齐，板灰厚 3.5 厘米。东、西堵板分别竖插于南、北侧板之间，立插部位分别在南、北侧板东、西两端内缩 19 和 16 厘米处，高度与南、北侧板一致，均为 35 厘米，总宽东端 38、西端 35、板灰厚 3.5 厘米。南、北侧板与东、西堵板的板块组成情况已难以再作具体分辨。

木椁内装殓尸骨一具。保存状况较好，头骨、脊椎、四肢骨，基本完整，只有肋骨与骨盆残碎。头东足西，仰身直肢，经现场鉴定，死者为男性，22～24 岁。骨骼从头到脚通长 1.5 米。

随葬品集中陈放于木椁内、死者身上及其近前（图二七三）。在头骨右后侧、椁底东北角，放置夹砂褐陶圆折腹壶 1 件，正置，已残碎。在左、右耳骨下面，各出螺旋形铜丝耳环 1 件，左耳环下附出绿松石坠珠 5 枚，右耳无。覆面铜扣 3 枚，出于前额 1 枚，滑落于下颌骨下面 2 枚。在颈部周围，出小白石珠项链 1 串，由 128 粒小白石珠串成。在颈下，颈椎骨与左锁骨之间，出马形铜牌饰 1 件，马头朝右。在左肱骨下面，压有铜铃形饰 1 件。在右尺骨下面、右髋骨外侧，出青铜短剑 1 件，短剑之下，压有青铜削刀 1 件，剑锋、刀锋均朝下（图版八八，2）。在骶骨下方，出铜带钩 1 件，钩首朝左侧斜上方。在左股骨外侧，出长方形几何纹铜锥（针）管具 1 件。在其左侧，出铜锥 1 件，锥尖朝下。在左胫骨外侧，出铜镞 2 枚，骨镞 6 枚，镞锋均朝下（图版八八，3）。

YYM211

这是玉皇庙墓地属于乙（B）级规格的中型墓葬之一。位于南区北部边缘，其北与北Ⅱ区毗邻，东南有 YYM214，间距 1.6 米；南有 YYM210，间距 1.9 米；西南有 YYM207 和 YYM195，间距分别为 1.6 和 2.1 米；西北有 YYM208，间距 2.1 米；北有 YYM212，间距 2.2 米；东北有 YYM215，间距 3 米。此墓的地层堆积，基本上同于 YYM151，不赘。

墓圹平面形状，呈弧边抹角长方形，北侧圹边略外弧，为竖穴土坑墓。东向，方位角为东偏南 2°。墓圹规格，圹口东西长 2.47、东端宽 0.87、西端宽 0.93 米，圹底东西长 2.37、东端宽 0.8、西端宽 0.85 米，圹口至圹底深 1.55 米。无生土二层台。在圹底中间略偏北侧位置，按东西方向，安置木椁一具。在木椁外壁四周至圹底部四壁之间，筑有活土二层台，台土经过严密夯打，较坚实，东、南、西、北四台等高，均为 25 厘米，宽度不一，东台宽 30、南台宽 18、西台宽 14、北台宽 11 厘米。

圹内填土，为少量淤积夹砂石褐色土与大量生黄土混杂后的五花土，经普遍夯实，但未有夯层与夯窝痕迹。在填土中，仅发现夹砂红褐陶罐类残片 4 块，泥质灰陶残片 2 块，除此之外，再未有其他遗物。

殉牲位置，祭牲集中摆放在圹内东端中间上层填土中，上距东端圹口 41 厘米深，下距圹底 1.03 米（图版八七，2）。殉牲种类，仅有狗 1 种。数量，狗头 3 个，狗肱骨 3 只。殉牲形式，将狗头上、下颌拆解开后，3 套狗牲作南、北一字并列、同层摆放。狗肱骨在下，狗头骨叠置其上，吻部皆朝东。

木椁已朽，盖板无存，底板灰痕薄而残缺，四至不清，南、北侧板与东、西堵板板灰轮廓，尚可辨识。板灰呈白色粉状，南、北侧板东西顺长 2.23 米，总高 25 厘米，与南、北活土二层台台面平齐，板灰厚 4 厘米；东、西堵板，分别竖插于南、北侧板之间，立插部位，分别在南、北侧板东、西两端内缩 19 和 9 厘米处，高度与南、北侧板一致，均为 25 厘米，总宽东端 42、西端 44、板灰厚 4 厘米。南、北侧板与东、西堵板的板块组成情况，已难以再作具体分辨。

木椁内装殓尸骨一具。保存状况不太好，头骨已被压碎，其他主要部位骨骼基本完整。头东足西，仰身直肢，经现场鉴定，死者为女性，55 岁以上。骨骼从头到脚通长 1.6 米。

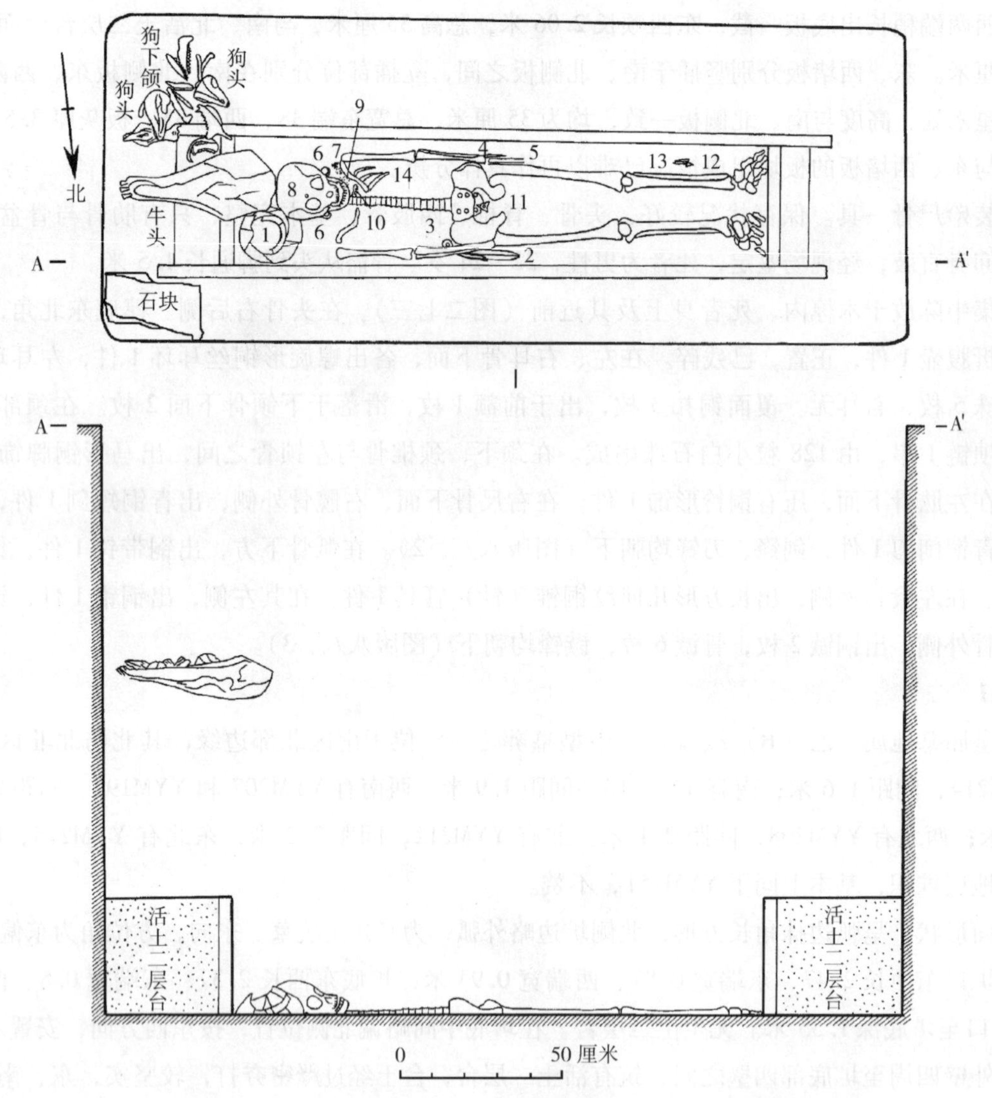

图二七三　YYM213 平剖面图

1. 夹砂褐陶圆折腹壶　2. 青铜短剑　3. 青铜削刀　4. 铜锥　5. 长方形铜锥（针）管具　6. 铜丝耳环　7. 绿松石坠珠　8. 覆面铜扣　9. 小白石珠项链　10. 虎形铜牌饰　11. 铜带钩　12. 铜镞　13. 骨镞　14. 铜铃形饰（压于左肱骨下面）

随葬品较少，集中陈放于木椁内、死者身上及其近前（图二七四）。在头骨左侧，放置夹砂褐陶罐1件，正置，在左、右耳骨下面，各出大号螺旋形铜丝耳环3件，已残断，未有绿松石坠珠伴出。在左耳环下面，出覆面铜扣2枚。在胸部正中位置，出圆形铜镜形饰1件。

YYM210

这是玉皇庙墓地属于乙（A）级规格的中型墓葬之一。位于南区北部，其东南有 YYM219 和 YYM213，间距分别为4.6和1.2米；南有 YYM209，间距2.5米；西南有 YYM206，间距1.3米；西有 YYM195，间距1.2米；西北有 YYM207，间距1.7米；北有 YYM211，间距1.7米；东北有 YYM214，间距1.9米。此墓的地层堆积，基本上同于 YYM209，不赘。

墓圹平面形状，呈抹角长方形，为竖穴土坑墓。东向，方位角为东偏南12°。墓圹规格，圹口东西长2.8、东端宽0.99、西端宽0.98米，圹底东西长2.72、东端宽0.8、西端宽0.85米，圹口至圹底深1.8米。墓圹南壁呈抹坡式，在其中腰部位，留出很窄的生土二层台一道，台面宽仅5厘米，上距圹口1.05米深，下距圹底0.75米，在圹底中间稍偏北侧的位置，按东西方向，顺置木椁一具。在木椁外壁四周至圹底部四壁之间，筑有活土二层台，台面经严密夯打，较坚实，东、南、西、北四台等高，均为25厘米，宽度不一，东台宽55、南台宽15、西台宽37、北台宽20厘米。

圹内填土，为淤积夹砂石褐色土与生黄土混杂后的五花土，经普遍夯实，但未有夯层与夯窝痕迹。在填土中，仅发现夹砂褐陶器碎片1块，泥质灰陶碎片2块，狗下颌骨残件1块，除此之外，再未有其他遗物。

殉牲位置，祭牲集中摆放在圹内东端中间中部填土中，上距东端圹口0.55米深，下距圹底0.88米（图版八九，1）。殉牲种类，为牛、羊、狗三种家畜。殉牲数量，牛头2个，牛肱骨2只，羊头（绵羊）1个，羊肱骨1只，狗头6个，狗肱骨6只。殉牲形式，2牛头完整保留，将狗、羊上、下颌拆解开后，与牛南、北相邻摆放。即按东西方向，先将牛肱骨1只，顺置圹内东端中间中部填土上，然后将完整牛头1个叠压其上，此牛头之上又压上一自然石块（石块上下面较平坦，规格30×20×9厘米），这石块之上，再摆上完整牛头1个，在这牛头的南侧，再顺摆牛肱骨1只，相互叠压的上、下两层牛头的吻部，一律朝东；在紧挨着牛头的北侧，摆放狗牲与羊牲，即按东西方向，先将狗肱骨5只，顺置填土上，然后将拆解开的狗上、下颌骨4套，叠置其上，并使其吻部朝东，然后再将羊肱骨1只、拆解开的羊上、下颌骨1套，加上狗肱骨1只及拆解开的另2套狗上、下颌骨，插置其上，其中有1套狗的上、下颌的吻部朝北，另1套狗的上、下颌的吻部朝西。

木椁已朽，盖板无存，底板板灰薄而模糊，南、北侧板与东、西堵板板灰呈白色粉状，轮廓尚清楚。南、北侧板东西顺长2.15米，总高25厘米，与南、北活土二层台台面等高，板灰厚4厘米；东西堵板，分别竖插于南、北侧板之间，立插部位，分别在南、北侧板东西两端内缩17和13厘米处，高度与南、北侧板一致，均为25厘米，总宽东端38、西端35、板灰厚4厘米。南、北侧板与东、西堵板的板块组成与结构，已不清楚。

木椁内装殓尸骨一具。保存状况较好，头骨及骨架主要部位，基本完整。头东足西，仰身直肢，经现场鉴定，死者为男性，40~45岁。骨骼从头到脚通长1.66米。

随葬品集中陈放于木椁内、死者身上及其近前（图二七五）。在死者右肩部位，放置夹砂黑褐陶罐1件，正置。在左、右锁骨交接部位，出马形铜牌饰1件，马头朝左。在右股骨外侧及下面，出青铜短剑1件，青铜削刀1件，青铜削刀刀身被压在短剑剑身之下，剑锋与刀锋，均朝斜下方。在右股骨内侧，出长方形铜锥（针）管具1件；在右股骨下面，压有铜锥1件。在左、右股骨之间，出铜镞4枚，骨镞10枚；在左胫骨外侧，出铜镞1枚，骨镞1枚，镞锋均朝下。在死者腰际以下至左、右股骨之间，出动物纹铜带饰93枚，其中三鸟头纹铜带饰40枚，小卧鹿形铜带饰53枚，分布如次：（1）压在骨盆下面，三鸟纹铜带饰8枚，小卧鹿形铜带饰12枚；（2）右股骨外侧，三鸟纹铜带饰5枚，小卧鹿形铜带饰3枚；（3）左股骨外侧，三鸟纹铜带饰8枚，小卧鹿形铜带饰22枚；（4）左髋骨上面，三鸟纹铜带饰12枚，小卧鹿形铜带饰3枚；（5）左、右股骨之间，三鸟纹铜带饰7枚，小卧鹿形铜带饰13枚。

YYM209

这是玉皇庙墓地属于乙（A）级规格的中型墓葬之一。位于南区北部东界边缘，其东和东南，已无

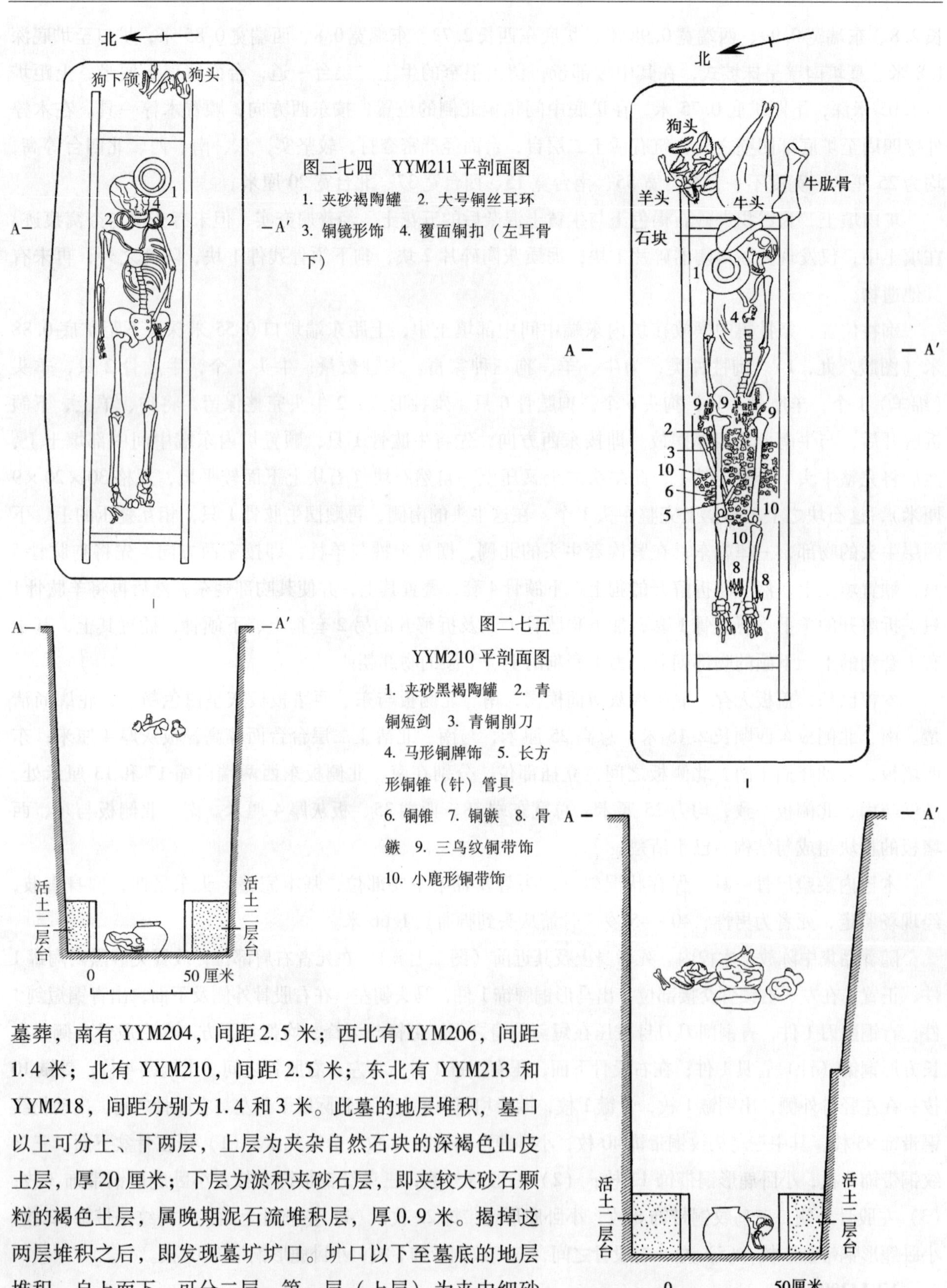

图二七四 YYM211平剖面图
1. 夹砂褐陶罐 2. 大号铜丝耳环 3. 铜镜形饰 4. 覆面铜扣（左耳骨下）

图二七五 YYM210平剖面图
1. 夹砂黑褐陶罐 2. 青铜短剑 3. 青铜削刀 4. 马形铜牌饰 5. 长方形铜锥（针）管具 6. 铜锥 7. 铜镞 8. 骨镞 9. 三鸟纹铜带饰 10. 小鹿形铜带饰

墓葬，南有YYM204，间距2.5米；西北有YYM206，间距1.4米；北有YYM210，间距2.5米；东北有YYM213和YYM218，间距分别为1.4和3米。此墓的地层堆积，墓口以上可分上、下两层，上层为夹杂自然石块的深褐色山皮土层，厚20厘米；下层为淤积夹砂石层，即夹较大砂石颗粒的褐色土层，属晚期泥石流堆积层，厚0.9米。揭掉这两层堆积之后，即发现墓圹圹口。圹口以下至墓底的地层堆积，自上而下，可分二层，第一层（上层）为夹中细砂石颗粒的褐色土层，属这里早期泥石流堆积层，其厚度在四面圹壁各不相同，东端圹壁厚为35、南侧圹壁厚为49、西端圹壁厚为43、北侧圹壁厚为20厘米；第二层（下层）为生黄土层，即属于更新世晚期形成的黄土质砂质黏土层，厚1.55米以上（圹底以下数十米深均为此层堆积）。

墓圹平面形状，呈抹角长方形，为竖穴土坑墓。东向，方位角为东偏南9°。墓圹规格，圹口东西长2.90、东端宽1.1、西端宽1.18米，圹底东西长2.8、东端宽0.92、西端宽1.07米，圹口至圹底深1.75米。无生土二层台。在圹底中间略偏北侧位置，按东西方向，顺置木椁一具。在木椁外壁四周至圹底部四壁之间，筑有活土二层台，台土经过严密夯打，较坚实，东、南、西、北四台等高，均为0.5米，宽度不一，东台宽33、南台宽25、西台宽48、北台宽19厘米（中段）。

圹内填土，为淤积夹砂石褐色土与生黄土混杂后的五花土，经普遍夯实，但未有夯层与夯窝痕迹。在填土中，仅发现夹砂褐陶罐口沿残片2块，泥质灰陶碎片3块，别无其他遗物。

殉牲位置，祭牲集中摆放在圹内东端中间中部填土中，上距东端圹口0.6米深，下距圹底0.7米（图二七六；图版八九，2）。殉牲种类，为牛、羊、狗三种家畜。殉牲数量，牛头1个，牛肱骨1只，羊头4个（绵羊3，山羊1），羊肱骨4只，狗头9个，狗肱骨9只。殉牲形式，牛头完整保留，将狗和羊的上、下颌拆解开后，与牛牲分上、下层摆放。下层按东西方向，先将狗肱骨7只，顺置于圹内东端中间中部填土上，然后将拆解开的狗上、下颌骨7套，并置于狗肱骨之上，使其吻部朝东，然后于狗牲西侧，亦按东西方向，顺摆羊肱骨4只，羊上、下颌骨4套，羊肱骨在下，羊上、下颌骨在上，并使其吻部朝东，然后再将狗肱骨2只，狗上、下颌骨2套，分置于羊牲堆的南侧和西北角（每处1套，狗肱骨在下，狗上、下颌骨在上，狗的吻部一个朝南，另一个朝西）；上层，即在狗牲和羊牲堆之上，亦按东西方向，在其北侧，顺摆牛肱骨1只，最后将完整牛头1个吻部朝东叠置其上。

木椁已朽，盖板无存，底板板灰保存不好，轮廓不清，唯南、北侧板与东、西堵板灰痕界限还比较分明。板灰呈白色粉状，南、北侧板东西顺长2.42、总高0.5米，与南、北活土层台台面平齐，板灰厚4厘米；东、西堵板，分别竖插于南、北侧板之间，立插部位分别在南、北侧板东、西两端内缩23和22厘米处，高度与南、北侧板一致，均为0.5米，总宽东端48、西端44、板灰厚4厘米。南、北侧板与东、西堵板的板块组成与结构，已不能详。

木椁内装殓尸骨一具。保存状况不好，头骨、脊椎、肋骨、上肢及骨盆，均已朽粉不全。头东足西，仰身直肢，经现场鉴定，死者为男性，45～50岁。骨骼从头到脚通长1.68米。

随葬品集中陈放于木椁内、死者身上及其近前（图二七七）。在头骨左后方、椁底东南角，放置夹砂红陶罐1件，正置，已残碎。在左、右耳骨下面，各出螺旋形铜丝耳环1件，左耳环下，附出绿松石坠珠2枚；右耳环下，附出绿松石坠珠3枚。在下颌骨上、下，出覆面铜扣4枚。在胸椎上面，出马形铜牌饰1件。在左尺骨内侧，出骨环1件。在左髋骨上，出青铜带钩1件，钩首朝右。在右髋骨和右股骨上面，出青铜短剑1件，剑锋朝斜下方。在短剑剑身之下、右股骨上面，横出青铜削刀1件，刀锋朝右。在右髋骨下面，压有长方形铜锥（针）管具1件及铜锥1件，锥尖朝下。在左股骨外侧，出铜锛1件，铜凿1件，锛刃、凿刃均朝上（图版八九，3）。铜镞5枚，出于左股骨外侧4枚，左趾骨之下1枚，镞锋朝上。骨镞6枚，出于左股骨外侧1枚，出于左、右膝关节中间5枚，镞锋均朝下。在右股骨上端，出辐射纹服饰铜泡1枚。在左股骨内侧和右髌骨表面各出服饰铜扣1枚。在左髌骨外侧，出赤铁矿砺石1件。从死者腰际以下至左、右股骨之间，出小卧鹿形铜带饰95枚，分布如

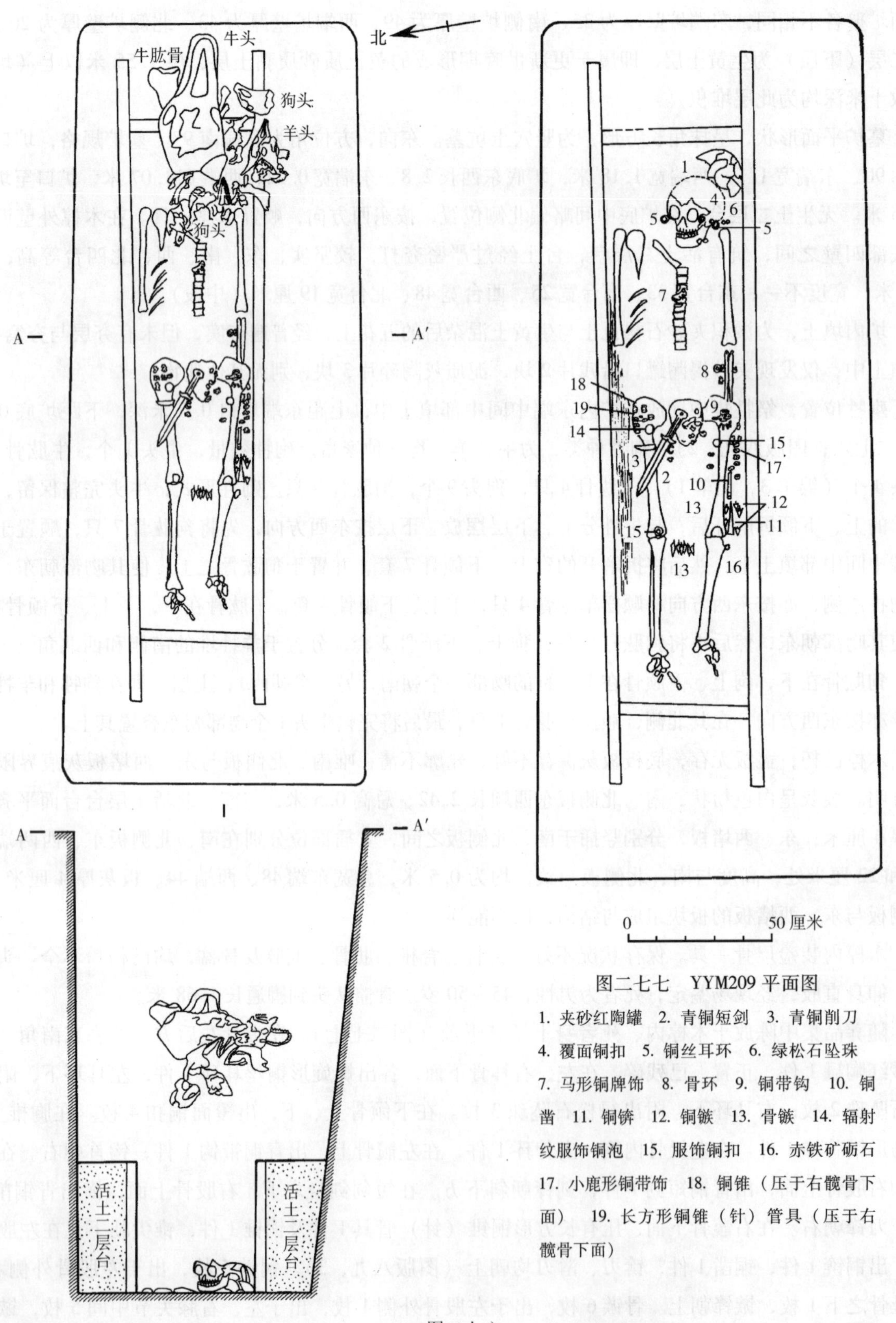

图二七六 YYM209 殉牲平剖面图

图二七七 YYM209 平面图

1. 夹砂红陶罐 2. 青铜短剑 3. 青铜削刀 4. 覆面铜扣 5. 铜丝耳环 6. 绿松石坠珠 7. 马形铜牌饰 8. 骨环 9. 铜带钩 10. 铜凿 11. 铜锛 12. 铜镞 13. 骨镞 14. 辐射纹服饰铜泡 15. 服饰铜扣 16. 赤铁矿砺石 17. 小鹿形铜带饰 18. 铜锥（压于右髋骨下面） 19. 长方形铜锥（针）管具（压于右髋骨下面）

次：（1）出于右尺骨下及右腰间8枚；（2）右髋骨上面8枚；（3）压在右髋骨下面12枚；（4）压在右股骨下面9枚；（5）右股骨外侧14枚；（6）左尺骨内、外侧9枚；（7）压在左髋骨下面10枚；（8）左股骨外侧8枚；（9）左、右股骨之间17枚。

YYM195

这是玉皇庙墓地属于丙（C）级规格的小型墓葬之一。位于南区北部边缘。其东南有YYM210，间距1.3米；南有YYM206，间距0.9米；西有YYM194，间距1.2米；北有YYM207，间距0.5米；东北有YYM211，间距2.2米。此墓的地层堆积，基本上同于YYM151，不赘。

墓圹平面形状，呈抹角长方形，为竖穴土坑墓。东向，方位角为东偏南6°。墓圹规格，圹口东西长1.6、东端宽0.8、西端宽0.9米，圹底形制、规格，与圹口一致，圹口至圹底深东端0.59、西端0.58米。在墓圹南、西、北三壁中腰部位，各留出生土二层台一道，东壁未留生土二层台，只是在南、北两角有来自南、北两侧的生土二层台延续部分。三面生土二层台台面等高，均距圹底34厘米，宽窄不一，南台宽14、西台宽6、北台宽17厘米（中段），台壁平整，均作笔直下切。在圹底中间，按东西方向，安置木质葬具一具。在木质葬具四周至圹底部四壁之间，筑有活土二层台，台土经过严密夯打，较坚实，东、南、西、北四台等高，均为19厘米，宽度不一，东台宽19、南台宽10、西台宽18、北台宽11厘米（中段）。

圹内填土，为少量淤积夹砂石褐色土与大量生黄土混杂后的五花土，未经夯实，土质较疏松。在填土中，仅发现夹砂红褐陶罐类腹部残片3块，除此之外，再未见其他遗物。

殉牲位置，祭牲摆放在圹内东端中间上层填土中，上距东端圹口13厘米深，下距圹底35厘米。殉牲种类，仅有狗1种。数量，狗头1个，狗肱骨1只。殉牲形式，将狗头上、下颌拆解开后，按东西方向，作同层、分开顺摆于圹内东端中间上层填土上，不相叠压，上颌骨在南，下颌骨在北，狗肱骨居中，吻部皆朝东。

木质葬具，已腐朽为泥。根据墓圹底部土质软、硬的差别，可分辨该木质葬具的四至界限。其东西顺长为1.17米，东端宽31、西端宽27、总高19厘米，与四周活土二层台台面平齐。其他相关结构情况，已无从考察。

木质葬具内装殓婴孩尸骨一具。保存状况不好，头骨已残碎，骨骼腐朽，上、下肢骨均残缺不全，脊椎骨、骨盆、手、足骨等，均已无存。头东足西，侧面向南，仰身直肢。经现场鉴定，死者为2岁左右婴儿。骨骼从头到脚通长0.9米（图版九〇，1）。

随葬品很少，仅在死者左、右耳骨下面，各出螺旋形铜丝耳环1件，无绿松石坠珠伴出（图二七八）。在颈下，出马形铜牌饰1件。

YYM206

这是玉皇庙墓地属于丙（A）级规格的小型墓葬之一。位于南区北部，其东有YYM213，间距4.3米；东南有YYM209，间距1.5米；南有YYM205，间距1.8米；西南有YYM197，间距3.2米；西有YYM196，间距3.5米；西北有YYM194，间距1.4米；北有YYM195，间距1米；东北有YYM110，间距1.3米。此墓的地层堆积，基本上同于YYM151，不赘。

墓圹平面形状，呈抹角长方形，为竖穴土坑墓。东向，方位角为东偏南23°。墓圹规格，圹口东西长2.5米，东、西两端宽均为0.95米，墓圹四壁平整、笔直，圹底与圹口形制、规格一致，圹口至圹底深1.15米。无生土二层台。圹底中间稍偏东北—西南方向，安置木椁一具。在木椁外壁四周至圹底部四壁之间，筑有活土二层台，台土经过严密夯打，较坚实，东、南、西、北四台等高，均为30厘米，宽度不一，东台宽24、南台宽23、西台宽29、北台宽24厘米。

圹内填土，为少量淤积夹砂石褐色土与大量生黄土混杂后的五花土，经普遍夯实，但未有夯层与夯窝痕迹。在填土中，仅发现夹砂红褐陶残片2块，泥质灰陶残片1块。另在东端中间填土顶部，平置较大的自然石灰岩石块1块，规格为38×25×12厘米。除此之外，再未见其他遗物。

殉牲摆放在墓圹东端中间上层填土中，上距东端圹口15厘米深，下距圹底0.87米。殉牲种类，仅为狗1种。数量，狗头1个，狗肱骨1只。殉牲形式，将狗头上、下颌拆解开后，与狗肱骨1只，组成1套狗牲，一起摆放到圹内东端中间上层填土上，肱骨在下，上颌骨叠置其上，吻部朝东，下颌骨稍偏北侧，吻部朝东南。

木椁已朽，盖板无存，南北侧板、东西堵板与底板，板灰呈白色粉状，轮廓尚可辨识。底板东西顺长1.95、总宽东端0.43、西端0.42米；南、北侧板立于底板之上，两侧边与底板边压齐，东西顺长2.02米，东、西两端稍长出底板一截，总高30厘米，与南、北活土二层台台面平齐，板灰厚3厘米；东、西堵板，分别竖插于南、北侧板之间，立插部位，分别在南、北侧板东、西两端内缩26和18厘米处，高度与南、北侧板一致，均为30厘米，总宽东端36、西端34、板灰厚4厘米。底板、南北侧板与东西堵板的板块组成情况，已不能详。

木椁内装殓尸骨一具。保存状况不太好，头骨已残裂，其他主要部位骨骼，基本完整（图版九〇，2）。头东足西，仰身直肢，经现场鉴定，死者为女性，40~45岁。骨骼从头到脚通长1.47米。

随葬品较少，集中陈放于木椁内、死者身上及其近前（图二七九）。在头骨右侧，放置夹砂红褐陶罐1件，略斜置。覆面铜扣3枚，均滑落于头骨下面、下颌两侧。无耳环。在头骨左侧，出绿松石珠2枚。在颈部，出白石管1枚。在颈部至胸部，出铜珠项链1串，由粟粒形铜珠144粒串成，铜珠孔内尚遗有麻线痕迹，末端（腰椎右侧）附出匕形铜坠饰1件。在右股骨外侧，出白石管4枚。

YYM205

这是玉皇庙墓地属于乙（B）级规格的中型墓葬之一。位于南区北部。其东南有YYM204，间距1.4米；西南有YYM170和YYM198，间距分别为4.1和4.9米；西有YYM197，间距2.7米；北有YYM206，间距1.8米；东北有YYM209，间距0.2米。此墓的地层堆积，基本上同于YYM220，不赘。

墓圹平面形状，大体上呈抹角长方形，为竖穴土坑墓。东向，方位角为东偏南19°。墓圹规格，圹口东西长2.72、东端宽0.9、西端宽1.05米，圹底东西长2.62、东端宽0.81、西端宽0.93米，圹口至圹底深1.3米。在墓圹四壁中腰位置，留出很窄的等高生土二层台一周，台面上距圹口0.56米深，下距圹底0.74米，台壁均作笔直下切，唯南、北两侧壁均向内弧，壁面不平整。在圹底中间稍偏东北—西南方向，安置木椁一具。在木椁外壁四周至圹底部四壁之间，筑有活土二层台，台土经过严密夯打，较坚实，东、南、西、北四台等高，均为30厘米，宽度不一，东台宽32、南台宽14、西台宽30、北台宽13厘米（中段）。

圹内填土，为淤积夹砂石褐色土与生黄土混杂后的五花土，经普遍夯实，但未有夯层与夯窝痕迹。在填土中，仅发现夹砂褐陶残片2块，除此之外，再未见其他遗物。

殉牲位置，祭牲集中摆放在圹内东端中间上层填土中，上距东端圹口37厘米深，下距圹底0.74米（图版九一，1）。殉牲种类，仅有狗1种。数量，狗头4个，狗肱骨4只。殉牲形式，将狗头上、下

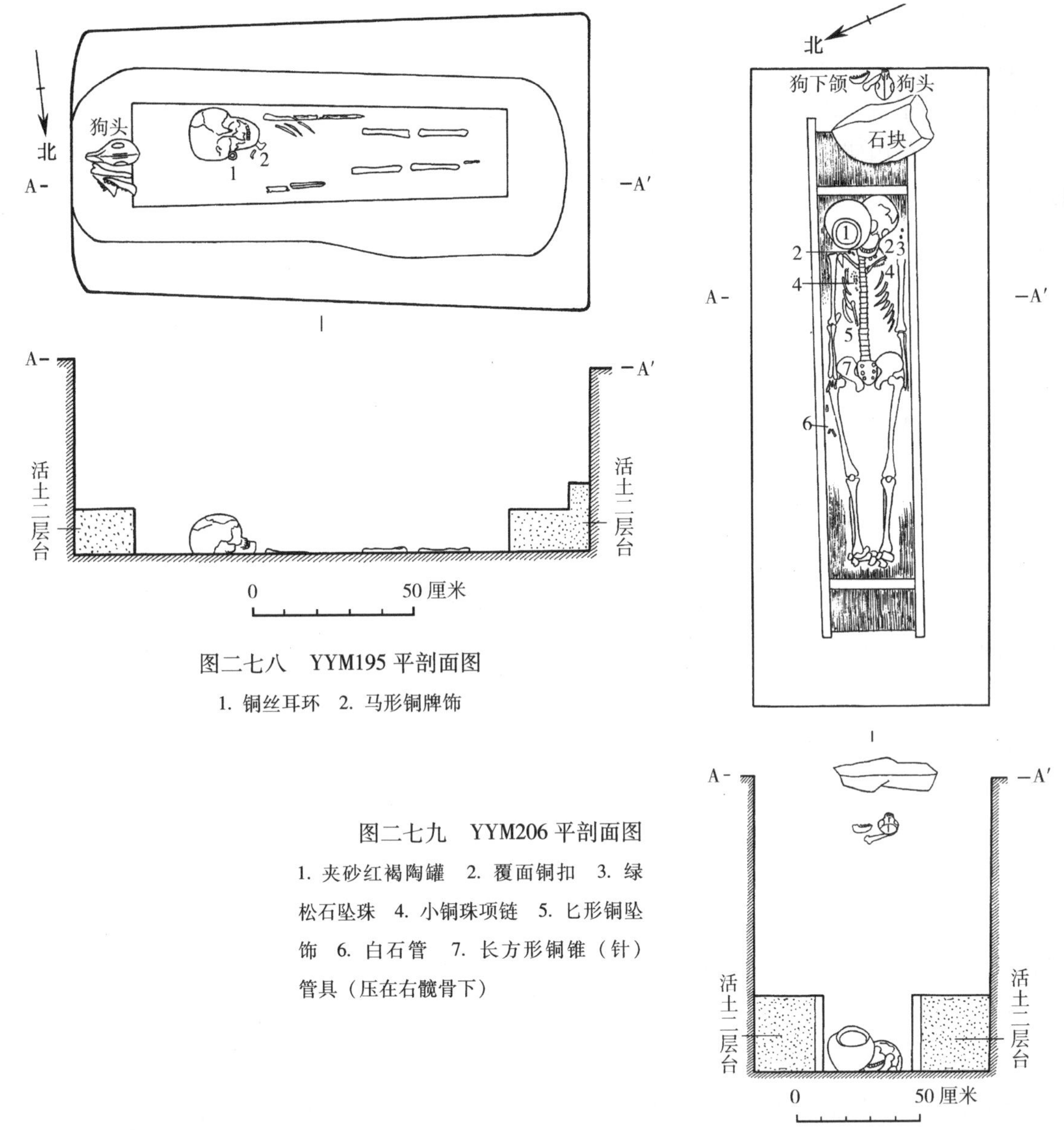

图二七八　YYM195 平剖面图
1. 铜丝耳环　2. 马形铜牌饰

图二七九　YYM206 平剖面图
1. 夹砂红褐陶罐　2. 覆面铜扣　3. 绿松石坠珠　4. 小铜珠项链　5. 匕形铜坠饰　6. 白石管　7. 长方形铜锥（针）管具（压在右髋骨下）

颌拆解开后，自东而西作同层聚堆摆放。即先将狗肱骨1只及拆解开的狗上、下颌骨1套，顺置于圹内东端中间上层填土上，肱骨在下，上、下颌骨叠置其上，吻部朝东；然后于其西侧，再依次摆上狗牲3套，3个上颌骨的吻部，1个朝东，1个朝东南，还有偏西北侧的1个，吻部朝西北。

木椁已朽，盖板无存，南、北侧板，东、西堵板及底板，板灰呈白色粉状，轮廓可辨。底板东西顺长2.27、总宽东端0.48、西端0.46米。南、北侧板立于底板之上，两侧边与底板边压齐，东西顺长2.32米，东、西两端稍长出底板一截，总高30厘米，与南、北活土层台台面平齐，板灰厚3.5厘米。东、西堵板，分别竖插于南、北侧板之间，立插部位，分别在南、北侧板东、西两端内缩21和15厘米处，高度与南、北侧板一致，均为30厘米，总宽东端39、西端38、板灰厚4厘米。底板，南、北侧板与东、西堵板的板块组成情况，已难以再作具体分辨。

木椁内装殓尸骨一具。保存状况不太好，头骨已残碎，其他主要部位骨骼尚基本完整。头东足西，仰身直肢，经现场鉴定，死者为男性，30岁左右。骨骼从头到脚通长1.76米。

随葬品集中陈放于木椁内、死者身上及其近前（图二八〇）。在头骨右后侧、椁底东北角，放置夹砂红陶罐1件，正置。在前额部位，出覆面铜扣1枚。在颈下，左锁骨表面，出马形铜牌饰1件，马头朝左。在右髋骨内侧、右尺骨下面，出青铜削刀1件，刀锋朝下。在左髋骨内侧，出骨环1件。在左股骨上端，出铜锥1件，锥尖朝下（图版九一，2）。铜镞2枚，出于左髌骨外侧及左胫骨上端表面各1枚，镞锋朝下。在左髌骨外侧，出骨镞5枚，镞锋亦朝下。

YYM204

这是玉皇庙墓地属于乙（B）级规格的中型墓葬之一。位于南区北部东界边缘，其东、东南及南侧，已无墓葬，西南有YYM170，间距2.4米；西北有YYM205，间距1.4米；北有YYM209，间距2.5米；东北有YYM218，间距5.9米。此墓的地层堆积，基本上同于YYM220，不赘。

墓圹平面形状，呈抹角长方形，为竖穴土坑墓。东向，方位角为东偏南20°。墓圹规格，圹口东西长2.7、东端宽0.96、西端宽1米，圹底东西长2.64、东端宽0.85、西端宽0.8米，圹口至圹底深1.62米。在墓圹南、西、北三壁中腰位置，各留出很窄的生土二层台一道，平面呈“U”字形，台壁起伏不平整，宽窄不匀。南、北两侧壁生土二层台台面等高，均上距圹口0.7米深，下距圹底0.92米，北台宽8、南台宽6厘米（中段）；西壁生土二层台台面，略低于南、北两侧壁生土二层台，上距圹口0.8米深，下距圹底0.82米，台宽5厘米（中段）。在圹底中间略偏东南—西北方向，安置木椁一具。在木椁外壁四周至圹底部四壁之间，筑有活土二层台，台土经过严密夯打，较坚实，东、南、西、北四台等高，均为29厘米，宽度不一，东台宽38、南台宽19、西台宽49、北台宽16厘米。在东端圹口偏北侧，遗有打圹时留下的自然石灰岩石块1块。

圹内填土，为淤积夹砂石褐色土与生黄土混杂后的五花土，经普遍夯实，但未有夯层与夯窝痕迹。在填土中，仅发现夹砂褐陶罐类腹部残片2块，泥质灰陶碎片2块。在圹内东端木椁以上、殉牲以下的填土中，有零散的自然石灰岩石块10块，大小不一，规格在10×8×7至25×20×16厘米之间。

殉牲位置，祭牲集中摆放在圹内东端中间上层填土中，上距东端圹口20厘米深，下距圹底1.22米（图版九二，1）。殉牲种类，为羊、狗2种家畜。殉牲数量，羊头1个（山羊），羊肱骨1只，狗头2个，狗肱骨2只。殉牲形式，将羊和狗头的上、下颌拆解开后，作狗东羊西错层摆放。即先将拆解开的山羊上、下颌骨1套，分开摆到圹内东端中间略偏西侧的上层填土上，羊上颌吻部朝南，羊下颌吻部朝北；然后在其东侧，摆上狗牲1套，狗肱骨在下，狗头骨叠置其上，吻部朝南，并将羊肱骨1只，作南北向叠放在狗上颌骨上面；然后待填土堆高5～6厘米之后，再于其东侧，即紧靠东圹壁的位置，顺摆狗牲1套，狗肱骨在下，狗头骨在上，吻部朝东。这3套祭牲之间，不存在相互叠压关系，只是最东端的1套狗牲，在填土层位上，较其西侧的1套狗牲和1套山羊牲，略错高几厘米而已。

木椁已朽，盖板无存，底板灰痕大部残缺，四至不清，南、北侧板与东、西堵板板灰轮廓，依稀可辨。板灰呈白色粉状，南、北侧板东西顺长2.06米，总高29厘米，与南、北活土二层台台面平齐，板灰厚3.5～4厘米；东、西堵板，分别竖插在南、北侧板之间，立插部位，分别在南、北侧板东、西两端内缩15和21厘米处，高度东、西有差，西端高度与南、北侧板一致，为29厘米，东端高为47厘米，总宽东端40、西端38、板灰厚3.5厘米，其中东端灰痕板块印迹，尚可分辨，共由3块竖板组成，每块板宽12～14厘米不等。西端堵板及南、北侧板的板块组成情况，已不能详。

死者骨骼一具，保存状况较好，头骨及其他主要部位骨骼基本较完整。头东足西，仰身直肢，经现场鉴定，死者为女性，30～35岁。骨骼从头到脚通长1.57米。

随葬品集中陈放于木椁内、死者身上及其近前（图二八一）。在头骨左后侧，椁底东南角，放置夹砂红陶罐1件，斜侧置，口朝东南，已残碎。在左、右耳骨下面，各出螺旋形铜丝耳环1件，无绿松石坠珠伴出。覆面铜扣3枚，出于额顶与右眼眶上方各1枚（图版九二，2），滑落于下颌骨下面1枚。在颈下，出"人"形铜饰1件。在胸椎上，出辐射纹服饰铜泡1枚。

YYM197

这是玉皇庙墓地属于乙（B）级规格的中型墓葬之一。位于南区北部边缘，其东有YYM205，间距2.7米；东南有YYM170，间距4.2米；南有YYM198，间距3.2米；西南有YYM183，间距2米；西北有YYM185，间距1.1米；北有YYM196，间距2米；东北有YYM206，间距3.2米。此墓的地层堆积，基本上同于YYM151，不赘。

墓圹平面形状，基本上呈弧边抹角长方形，为竖穴土坑墓。东向，方位角为东偏南10°。墓圹规格，圹口东西长2.55、东端宽0.9、西端宽0.97米，圹底东西长2.45、东端宽0.8、西端宽0.88米，圹口至圹底深1.6米。无生土二层台。在圹底正中位置，按东西方向，安置木椁一具。在木椁外壁四周至圹底部四壁之间，筑有活土二层台，台土经过严密夯打，较坚实，东、南、西、北四台等高，均为0.5米，宽度不一，东台宽36、南台宽18、西台宽32、北台宽17厘米。

圹内填土，为少量淤积夹砂石褐色土与大量生黄土混杂后的五花土，经普遍夯实，但未有夯层与夯窝痕迹。在填土中，仅发现夹砂红褐陶罐类口沿残片2块，泥质灰陶碎片2块，除此之外，再未见其他遗物。

殉牲位置，祭牲集中摆放在圹内东端中间上层填土中，上距东端圹口21厘米深，下距圹底1.2米（图版九三，1）。殉牲种类，只有狗1种。数量，狗头4个，狗肱骨4只。殉牲形式，将狗头的上、下颌拆解开后，作前、后同层二组并列形式依次摆放。即先将狗肱骨2只及拆解开的狗上、下颌骨2套，并列于圹内最东端中间位置的上层填土上，肱骨在下，头骨在上，南侧的1个上颌吻部朝东，北侧的1个上颌吻部朝西，下颌骨则朝南；然后于其西侧，再摆上狗肱骨2只及拆解开的狗上、下颌骨2套，同样是狗肱骨在下，狗头骨在上，此组狗头的吻部朝东。

木椁已朽，板灰呈白色粉状，盖板无存，底板灰痕保存不好，唯南、北侧板与东、西堵板板灰轮廓，尚可确认。南、北侧板东西顺长2.06米，总高0.5米，与南、北活土二层台台面平齐，板灰厚3厘米；东、西堵板，分别竖插于南、北侧板之间，立插部位，分别在南、北侧板东、西两端内缩17和12厘米处，高度与南、北侧板一致，均为0.5米，总宽东端40、西端39、板灰厚3厘米。南、北侧板与东、西堵板的板块组成情况，已不能详。

木椁内装殓尸骨一具。保存状况较好，除头骨上颌部分残破外，其他主要部位骨骼，基本完整。头东足西，仰身直肢，经现场鉴定，死者为女性，30～35岁。骨骼从头到脚通长1.52米。

随葬品较少，集中陈放于木椁内、死者身上及其近前（图二八二）。在头骨左侧，侧置泥质灰陶折肩罐1件，口朝左侧。在左、右耳骨下面，各出螺旋形铜丝耳环1件及绿松石坠珠1枚。覆面铜扣3枚，滑落于头骨下面2枚、右锁骨上1枚。在颈部，出白石管1枚。在右侧胸部，出匕形铜坠饰1件。在左尺骨内侧、左髋骨下面，压有长方形几何纹铜锥（针）管具1件。在右股骨外侧，出白石管1枚。

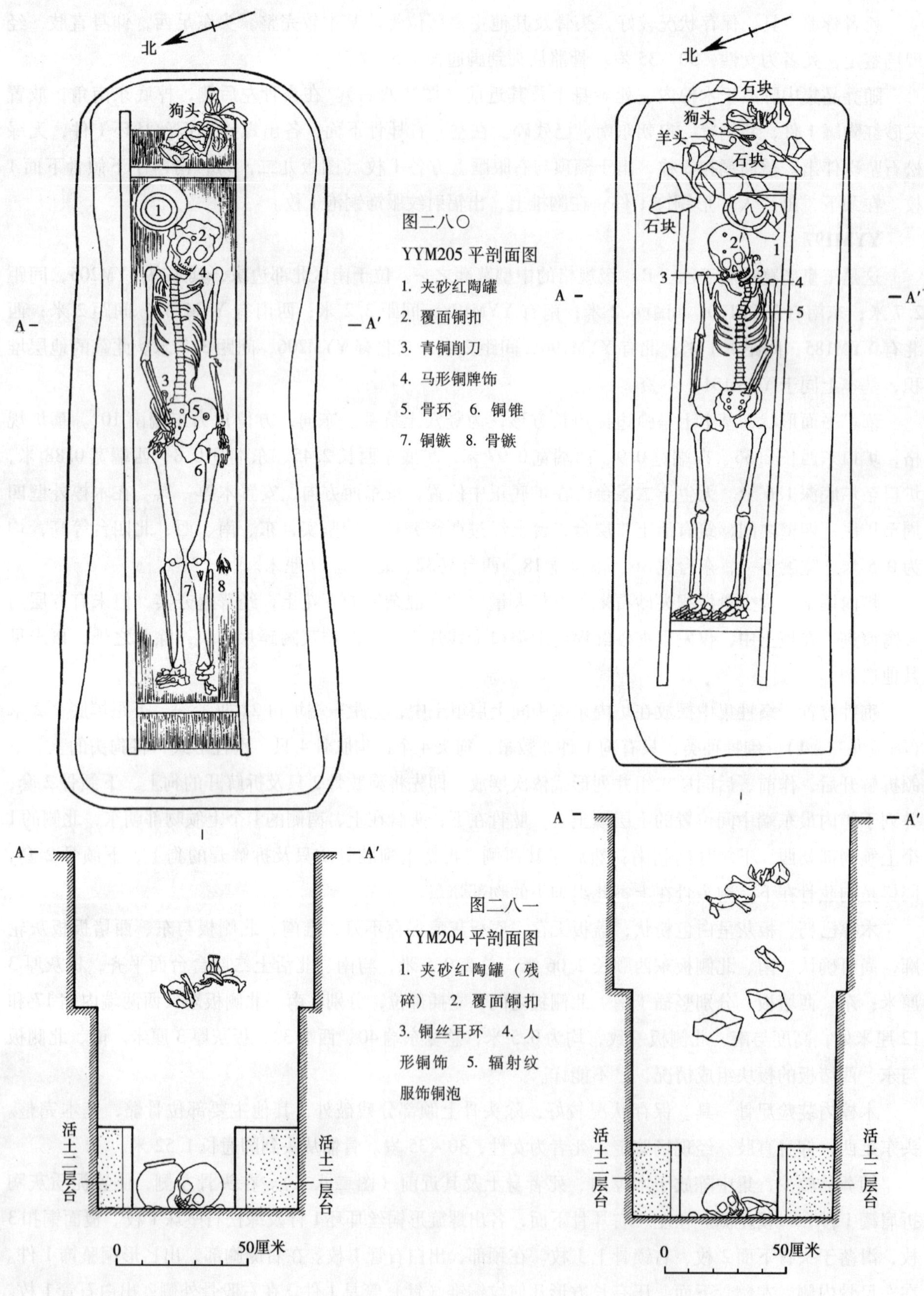

图二八〇
YYM205 平剖面图
1. 夹砂红陶罐
2. 覆面铜扣
3. 青铜削刀
4. 马形铜牌饰
5. 骨环　6. 铜锥
7. 铜镞　8. 骨镞

图二八一
YYM204 平剖面图
1. 夹砂红陶罐（残碎）　2. 覆面铜扣
3. 铜丝耳环　4. 人形铜饰　5. 辐射纹服饰铜泡

YYM198

这是玉皇庙墓地属于乙（B）级规格的中型墓葬之一。位于南区北部，其东有YYM204，间距5.6米；东南有YYM170，间距1.4米；南有YYM199，间距3.2米；西南有YYM180，间距2.1米；西有YYM181，间距1.1米；西北有YYM182，间距1.1米；北有YYM197，间距3.2米；东北有YYM205，间距4.9米。此墓的地层堆积，基本上同于YYM151，不赘。

墓圹平面形状，呈抹角长方形，为竖穴土坑墓。东向，方位角为东偏南12°。墓圹规格，圹口东西长2.5、东端宽0.8、西端宽0.82米，圹底东西长2.4、东端宽0.72、西端宽0.75米，圹口至圹底深1.45米。无生土二层台。在圹底中间稍偏北侧的位置，按东西方向，安置木椁一具。在木椁外壁四周至圹底部四壁之间，筑有活土二层台，台土经过严密夯打，较坚实，东、南、西、北四台等高，均为32厘米，宽度不一，东台宽28、南台宽13、西台宽38、北台宽10厘米。

圹内填土，为少量的淤积夹砂石褐色土与大量生黄土混杂后的五花土，经普遍夯实，但未有夯层与夯窝痕迹。在填土中，仅发现夹砂褐陶残片2块，泥质灰陶碎片1块，还有狗上颌骨残件1块，除此之外，再未见到其他遗物。

殉牲位置，祭牲集中摆放在圹内东端中间上层填土中，上距东端圹口36厘米深，下距圹底0.79米（图版九三，2）。殉牲种类，只有狗1种。数量，狗头4个，狗肱骨4只。殉牲形式，将狗上、下颌拆解开后，按东西方向，作前、后同层二组并列形式依次摆放。即先将狗肱骨2只及拆解开的狗上、下颌骨2套，并列于圹内最东端中间位置的上层填土上，肱骨在下，头骨叠置其上，吻部皆朝东；然后于其西侧，再照此形式并列摆上另2只狗肱骨及拆解开的2套狗上、下颌骨，其中位于西北角的，是一个大号狗头。偏西侧的一组狗牲，出现一定下陷与错位，盖因下面的木椁腐朽后发生坍塌，导致上面的填土随之陷落所致。

木椁已朽，板灰呈白色粉状，盖板无存，底板灰痕大部残缺，四至不清，唯南、北侧板与东、西堵板灰痕轮廓，尚可辨识。南、北侧板东西顺长2.3米，总高32厘米，与南、北活土二层台台面平齐，板灰厚4厘米；东、西堵板，分别竖插在南、北侧板之间，立插部位，分别在南、北侧板东、西两端内缩30和22厘米处，高度与南、北侧板一致，均为32厘米，总宽东、西两端均为37厘米，板灰厚4厘米。南、北侧板与东、西堵板的板块组成情况，已不能再具体分辨。

木椁内装殓尸骨一具。保存状况不太好，头骨已残碎，左桡骨无存，肋骨、趾骨等残缺不全。头东足西，仰身直肢，经现场鉴定，死者为女性，30～35岁。骨骼从头到脚通长1.58米。

随葬品集中陈放于木椁内、死者身上及其近前（图二八三）。在死者左胸部，放置泥质灰陶罐1件，正置。在左、右耳骨下面，各出螺旋形铜丝耳环1件。在左耳环下，附出绿松石坠珠7枚；在右耳环下，附出绿松石坠珠9枚。覆面铜扣3枚，出于残破头骨内底。在颈部至胸部，出不同质料的项链3串，（1）小白石珠项链1串，由160粒小白石珠组成；（2）玛瑙珠、绿松石管、白石管及蚌珠联合组成的项链1串，由玛瑙珠3颗、绿松石管9枚、白石管8枚及蚌珠1颗组成；（3）双联小铜扣项链1串，由120枚双联小铜扣组成，出于胸、腹部。在右尺骨内侧，出铃形铜饰4件。在右尺骨下面及右腰际，出联珠棍形铜坠饰10枚。

YYM170

这是玉皇庙墓地属于乙（B）级规格的中型墓葬之一。位于南区北部东界边缘，其东和东南，已无

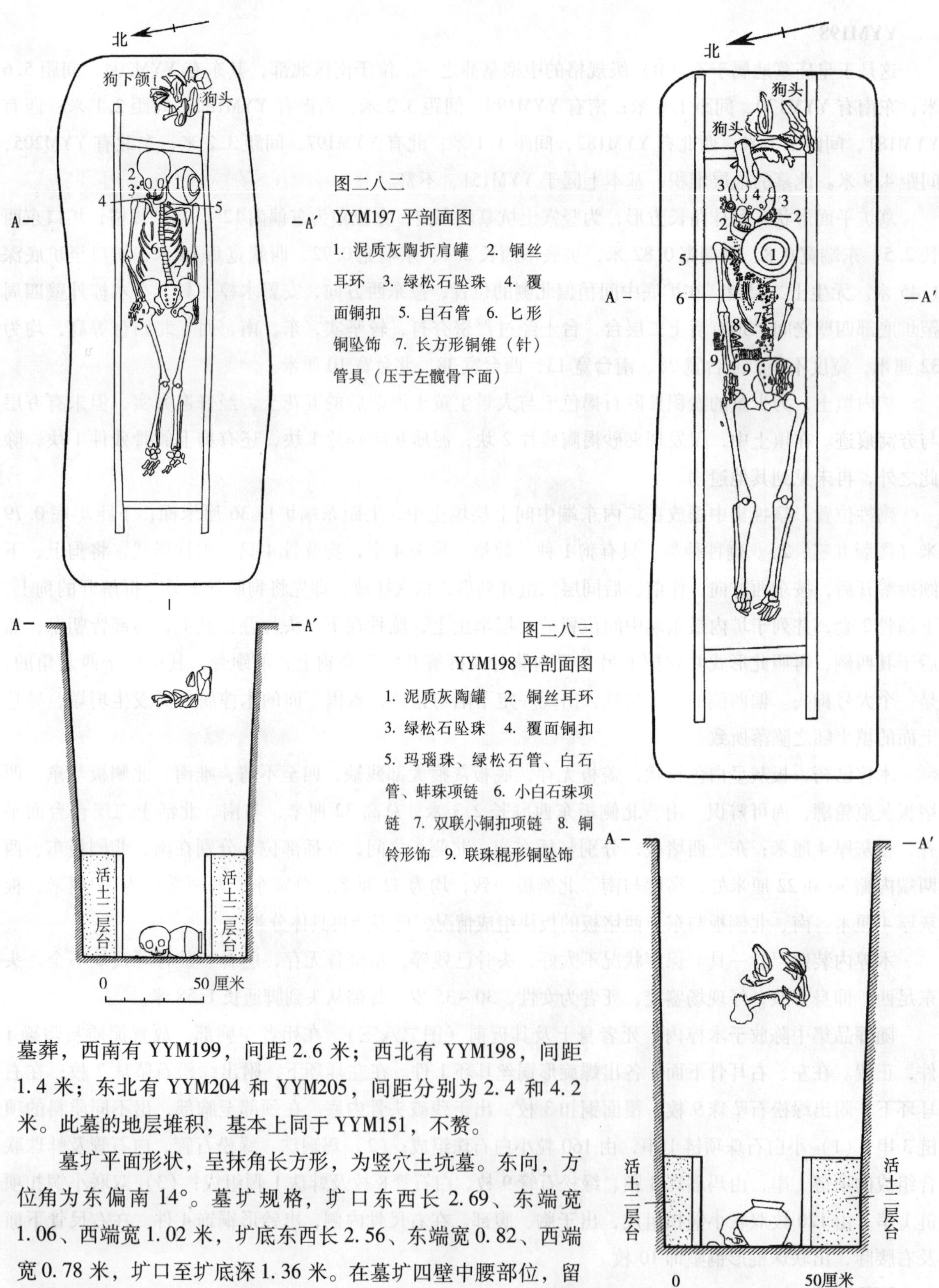

图二八二 YYM197 平剖面图

1. 泥质灰陶折肩罐 2. 铜丝耳环 3. 绿松石坠珠 4. 覆面铜扣 5. 白石管 6. 匕形铜坠饰 7. 长方形铜锥（针）管具（压于左髋骨下面）

图二八三 YYM198 平剖面图

1. 泥质灰陶罐 2. 铜丝耳环 3. 绿松石坠珠 4. 覆面铜扣 5. 玛瑙珠、绿松石管、白石管、蚌珠项链 6. 小白石珠项链 7. 双联小铜扣项链 8. 铜铃形饰 9. 联珠棍形铜坠饰

墓葬，西南有 YYM199，间距 2.6 米；西北有 YYM198，间距 1.4 米；东北有 YYM204 和 YYM205，间距分别为 2.4 和 4.2 米。此墓的地层堆积，基本上同于 YYM151，不赘。

墓圹平面形状，呈抹角长方形，为竖穴土坑墓。东向，方位角为东偏南 14°。墓圹规格，圹口东西长 2.69、东端宽 1.06、西端宽 1.02 米，圹底东西长 2.56、东端宽 0.82、西端宽 0.78 米，圹口至圹底深 1.36 米。在墓圹四壁中腰部位，留出很窄的生土二层台一周，东、南、西、北四台面等高，上距圹口均为0.7、下距圹底均为0.66米，东台宽6、南台宽9、西台宽8、北台宽11厘米。在圹底正中位置，按东西方向，安置木椁一具。在木椁外壁四周至圹底部四壁之间，筑有活土二层台，台土经过严密夯打，较坚实，东、南、西、北四台等高，均为26厘米，宽度不一，东台宽24、南台宽19、西台宽37、北台宽17厘米（中段）。

圹内填土，为少量淤积夹砂石褐色土与大量生黄土混杂后的五花土，经普遍夯实，但未有夯层与夯窝痕迹。在填土中，仅发现夹砂红褐陶罐类腹部残片2块，泥质灰陶碎片1块，还有少量炭粒，除此之外，再未见其他遗物。

殉牲位置，祭牲摆放在圹内东端中间上层填土中，上距东端圹口10厘米深，下距圹底0.95米（图版九四，1）。殉牲种类，只有狗1种。数量，狗头2个，狗肱骨2只。殉牲形式，将狗上、下颌拆解开后，按东西方向，作上、下错位摆放。即先将狗肱骨1只及拆解开的狗上、下颌骨1套，摆在圹内东端中间略靠近东堵板位置的上层填土上，使上颌骨叠置于狗肱骨与下颌骨之上，吻部朝东；然后在其东侧斜上方，再叠置狗肱骨1只及拆解开的狗上、下颌骨1套，亦使其吻部朝东。

木椁已朽，盖板无存，南、北侧板，东、西堵板与底板，板灰呈白色粉状，四至轮廓尚可辨识。底板东西顺长2.17米，总宽东端45、西端44厘米，共由3块长板组成，每块板宽14~16厘米不等，板灰厚仅0.2~0.3厘米。南、北侧板立于底板之上，两侧边与底板边压齐，东西顺长2.27米，两端稍长出底板一截，总高26厘米，与南、北活土二层台台面平齐，板灰厚3厘米。东、西堵板，分别竖插于南、北侧板之间，立插部位分别在南、北侧板东、西两端内缩17和20厘米处，高度与南、北侧板一致，均为26厘米，总宽东端38、西端36、板灰厚3厘米，南、北侧板与东、西堵板的板块组成情况已难以再作具体分辨。

木椁内装殓尸骨一具。保存状况不太好，头骨已压碎，脊椎、肋骨及骨盆等，均有残缺，唯四肢骨较完整。头东足西，仰身直肢，经现场鉴定，死者为男性，35~40岁。骨骼从头到脚通长1.62米。

随葬品甚少，仅在头骨右侧、右肩附近，放置夹砂红陶罐1件，已残碎（图二八四）。在破碎的头骨内，发现有陷落的覆面铜扣3枚，面骨处2枚，滑落于颈椎下1枚。除此以外，再未见其他随葬遗物。

YYM199

这是玉皇庙墓地属于丙（A）级规格的小型墓葬之一。位于南区北部东界边缘，其东和东南，已无墓葬，南有YYM200，间距1.2米；西南有YYM178，间距2.1米；西有YYM179，间距1.6米；西北有YYM180，间距1.7米；北有YYM198，间距3.2米；东北有YYM170，间距2.6米。此墓的地层堆积基本上同于YYM151，不赘。

墓圹平面形状呈抹角长方形，为竖穴土坑墓。东向，方位角为东偏南21°。墓圹规格，圹口东西长2.35、东端宽0.85、西端宽0.88米，圹底东西长2.28、东端宽0.75、西端宽0.78米，圹口至圹底深1.1米。在墓圹南、西、北三壁中腰位置，各留出很窄的生土二层台一道，三台等高，均上距圹口0.58米深，下距圹底0.52米，台壁平整，作笔直下切，台面宽度不一，南台宽9、西台宽5、北台宽3厘米。在圹底中间略偏北侧，按东西方向，安置木椁一具。在木椁外壁四周至圹底部四壁之间，筑有活土二层台，台土经过严密夯打，较坚实，东、南、西、北四台等高，均为25厘米，宽度不一，东台宽20、南台宽21、西台宽26、北台宽10厘米。

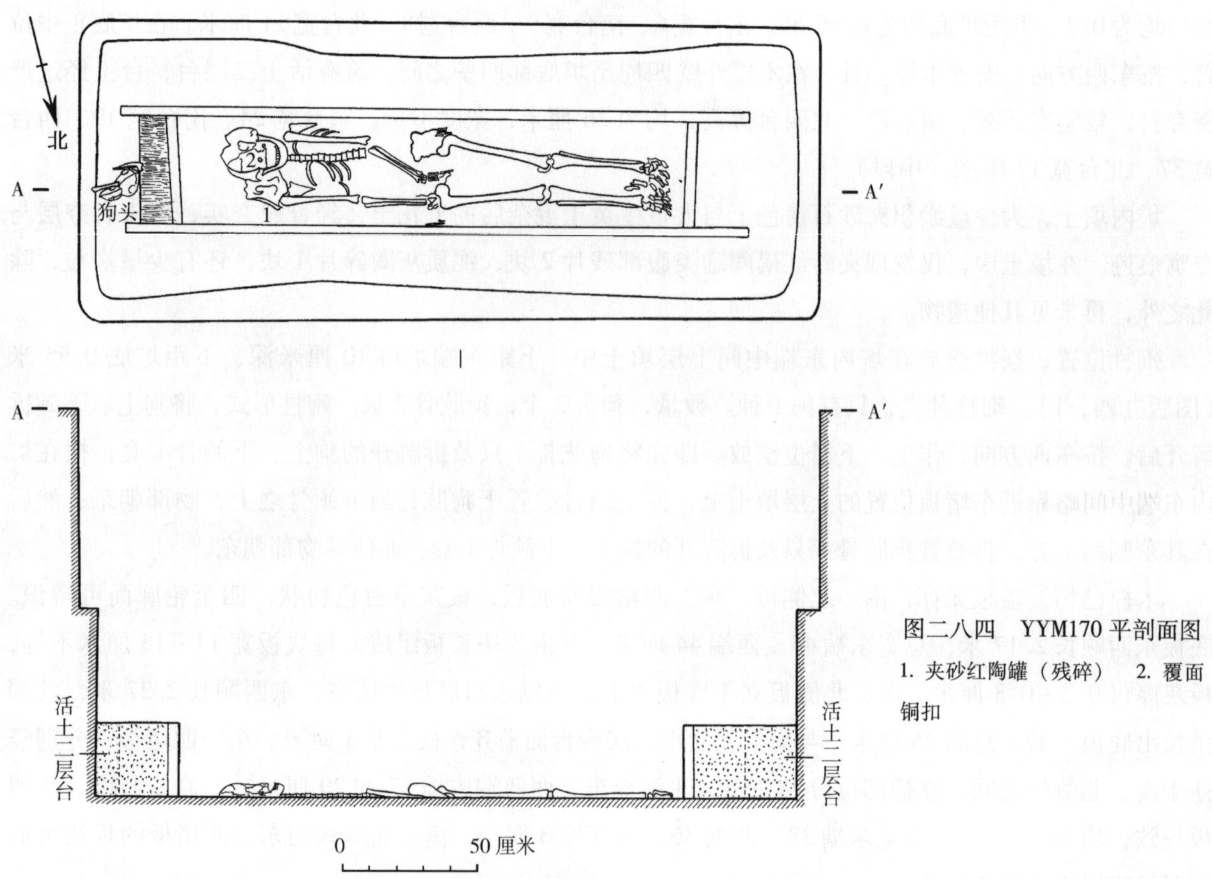

图二八四 YYM170平剖面图
1. 夹砂红陶罐（残碎） 2. 覆面铜扣

圹内填土为少量的淤积夹砂石褐色土与大量生黄土混杂后的五花土，经普遍夯实，但未有夯层与夯窝痕迹。在填土中，仅发现夹砂红褐陶碎片3块，泥质灰陶残片2块。另在木椁东端盖板以上的填土中，有自然石灰岩石块1块，规格为30×30×10厘米，除此之外，再未见其他遗物。

殉牲位置，祭牲集中摆放在圹内东端中间上层填土中，上距东端圹口30厘米深，下距圹底0.61米（图版九五，1）。殉牲种类，为牛、羊、狗3种家畜。殉牲数量，牛头1个，牛肱骨1只，羊头1个（山羊），羊肱骨1只，狗头2个，狗肱骨2只。殉牲形式，将牛、羊、狗头的上、下颌拆解开后，按东西方向，作南、北相邻同层摆放。即先将牛肱骨1只和拆解开的牛上、下颌骨1套摆在圹内东端中间位置的上层填土上，牛肱骨在下，作南北向横置，牛下颌骨1副作东西向叠置其上，牛上颌骨亦作东西向，再叠置于牛下颌骨之上，上、下颌的吻部皆朝东；然后在紧挨着牛牲的南侧，先在东端，摆上狗肱骨2只及拆解开的狗上、下颌骨2套，此2套狗上、下颌骨的吻部均朝东；而后再在狗牲的西侧，摆上羊肱骨1只及拆解开的山羊上、下颌骨1套，羊肱骨在下，羊头骨叠置其上，此羊上、下颌的吻部朝北。

木椁已朽，盖板无存，底板板灰痕迹大部残缺，南、北侧板与东、西堵板板灰痕迹呈白色粉状，轮廓大致可辨。南、北侧板东西顺长2.12米，总高25厘米，与南、北活土二层台台面平齐，板灰厚4厘米；东、西堵板，分别竖插于南、北侧板之间，立插部位分别在南、北侧板东、西两端内缩17和12厘米处，高度与南、北侧板一致，均为25厘米，总宽东端37、西端33、板灰厚4厘米。南、北侧板与东、西堵板的板块组成情况已难以具体分辨。

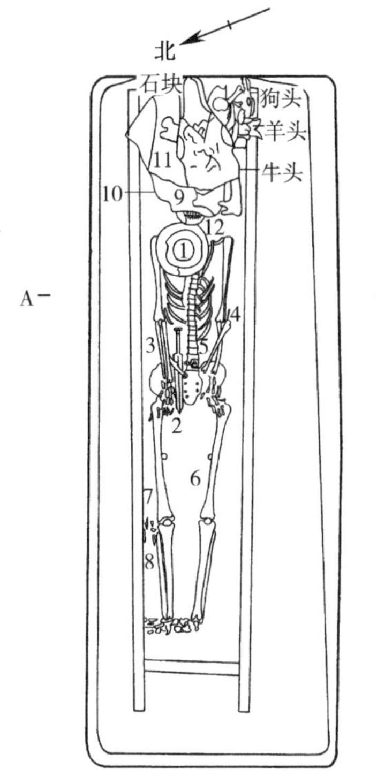

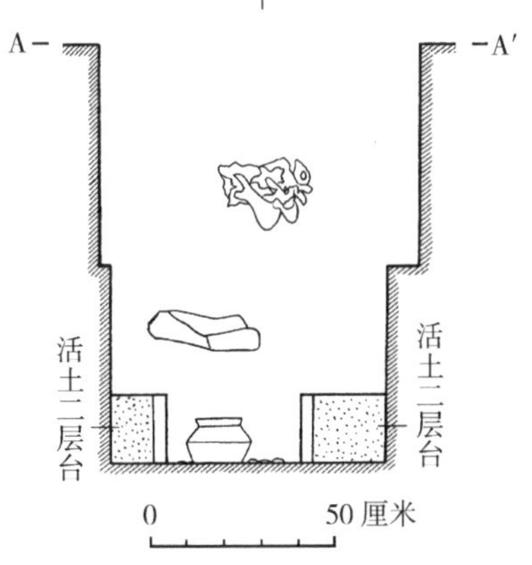

图二八五　YYM199平剖面图

1. 夹砂黑褐陶罐　2. 青铜短剑　3. 青铜削刀　4. 铜锥　5. 铜带钩　6. 辐射纹服饰铜泡　7. 铜镞　8. 骨镞　9. 铜丝耳环（被石块遮挡）　10. 绿松石坠珠（右，被石块遮挡）　11. 覆面铜扣（被石块遮挡）　12. 石珠项链（压在陶罐下面）

木椁内装殓尸骨一具。保存状况较好，头骨及主要部位骨骼，基本完整。头东足西，仰身直肢，经现场鉴定，死者为男性，40岁左右。骨骼从头到脚通长1.56米。

随葬品集中陈放于木椁内、死者身上及其近前（图二八五）。在死者右胸部，放置夹砂黑褐陶罐1件，正置，已残裂。在左、右耳骨下面，各出螺旋形铜丝耳环1件，其中右耳环下附出绿松石坠珠1枚，左耳未有。在面部左、右眼眶之间及右眼眶下缘，出覆面铜扣3枚（图版九五，3）。在颈部、头骨后面，压有小白石珠（50枚）和小黑石珠（47枚）混合组成的项链1串。在右尺骨内侧、右侧腰间，出青铜短剑1件，剑锋朝下。在右尺骨之下，短剑剑身之上，出青铜削刀1件，与短剑作斜向交叉，刀锋朝右侧斜上方（图版九五，2）。在右肘关节外侧，出铜锥1件，锥尖朝右（彩版二四，3）。在腰椎表面，出铜带钩1件，钩首朝右。在左、右股骨内侧，各出辐射纹服饰铜泡1枚。在右髌骨外侧，出铜镞2枚，骨镞3枚，镞锋均朝下。

YYM200

这是玉皇庙墓地属于丙（A）级规格的小型墓葬之一。位于南区北部东界边缘，其东和东南，已无墓葬，南有YYM201，间距1.2米；西南有YYM177，间距2.1米；西有YYM178，间距1.1米；西北有YYM179，间距2.7米；北有YYM199，间距1.3米；东北有YYM170，间距4.5米。此墓的地层堆积，基本上同于YYM220，不赘。

墓圹平面形状呈抹角长方形，为竖穴土坑墓。东向，方位角为东偏南10°。墓圹规格，圹口东西长2.5米，东、西两端宽1、圹底东西长2.34、东端宽0.94、西端宽0.92米，圹口至圹底深1.27米。无生土二层台。在圹底正中位置，按东西方向，安置木椁一具。在木椁外壁四周至圹底部四壁之间，筑有活土二层台，台土经过严密夯打，较坚实，东、南、西、北四台等高，均为30厘米，宽度不一，东台宽28、南台宽18、西台宽31、北台宽20厘米。

圹内填土，为淤积夹砂石褐色土与生黄土混杂后的五花土，经普遍夯实，但未有夯层与夯窝痕迹。在填土中，仅发现夹砂褐陶罐类口沿及腹部残片2块，泥质灰陶残片1块。另在西端活土二层台和东半部活土二层台以上填土中，分别发现零散的自然石灰岩石块1块和5块，落入木椁东南角的1块，这些石块的规格在21×12×10至32×22×15厘米之间。

殉牲位置，祭牲摆在圹内东端偏北侧的上层填土中，上距东端圹口15厘米深，下距圹底1.02米（图版九四，2）。殉牲种类，仅有狗1种。数量，狗头1个，狗肱骨1只。殉牲形式，将狗头的上、下颌拆解开后，作同层分开摆放。狗肱骨斜置于最东端，上颌骨在中间，下颌骨在西侧，吻部朝南。

木椁已朽，盖板无存，底板灰痕模糊不清，南、北侧板与东、西堵板板灰呈白色粉状，轮廓尚可辨识。南、北侧板东西顺长 2.19 米，总高 30 厘米，与南、北活土二层台台面平齐，板灰厚 4 厘米；东、西堵板，分别竖插于南、北侧板之间，立插部位，分别在南、北侧板东、西两端内缩 19 和 21 厘米处，高度与南、北侧板一致，均为 30 厘米，总宽东端 53、西端 52、板灰厚 3.5 厘米。南、北侧板与东、西堵板的板块组成情况，已不能详。

木椁内装殓尸骨一具。保存状况较好，头骨及其他主要部位骨骼，基本完整。头东足西，仰身直肢，经现场鉴定，死者为女性，25～30 岁。骨骼从头到脚通长 1.53 米。

随葬品较少，集中陈放于木椁内、死者身上及其近前（图二八六）。在头骨左后侧、椁底东南角，放置泥质灰陶壶 1 件，正置。在左、右耳骨下面，各出螺旋形铜丝耳环 1 件，无绿松石坠珠伴出。覆面铜扣 3 枚，出于前额 2 枚，左眼眶上缘 1 枚（彩版二四，4）。在颈部，出石珠项链 2 串，（1）小白石珠项链 1 串，由 30 粒小白石珠串成；（2）小黑石珠项链 1 串，由 176 粒小黑石珠串成。

YYM183

这是玉皇庙墓地属于丙（B）级规格的小型墓葬之一。位于南区北部边缘。其东南有 YYM198，间

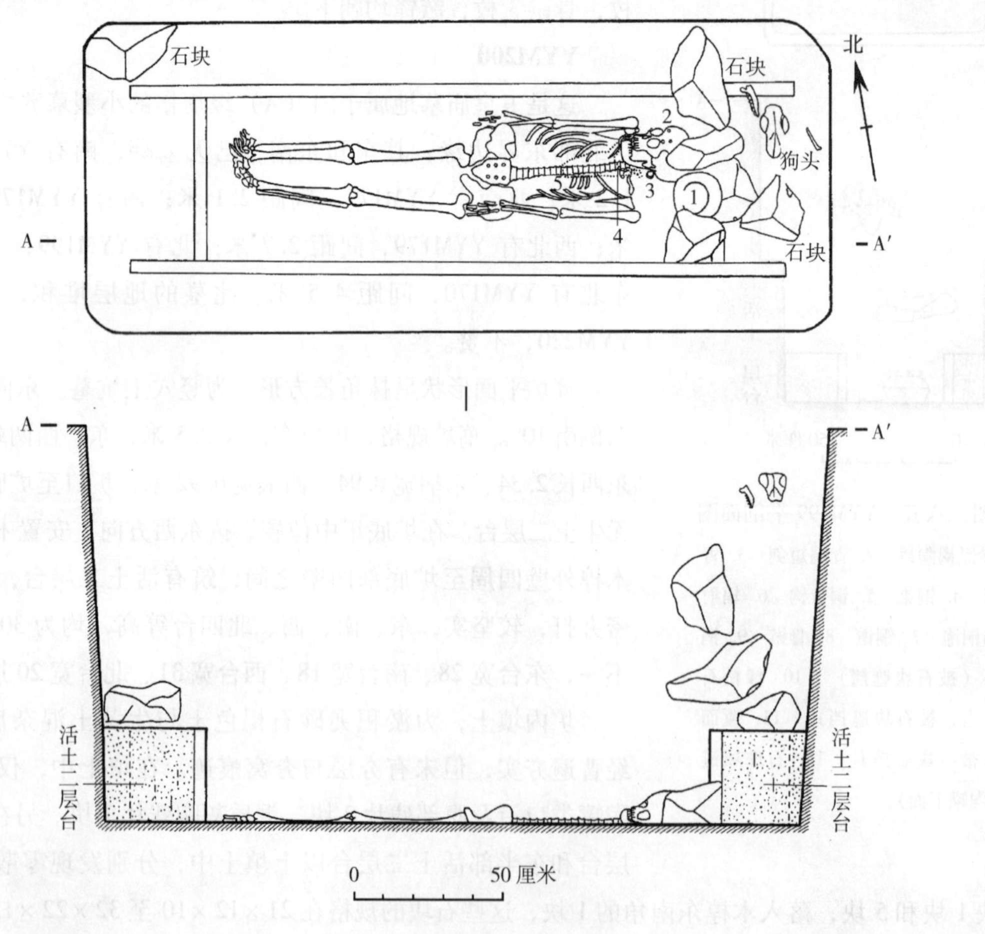

图二八六　YYM200 平剖面图

1. 泥质灰陶壶　2. 覆面铜扣　3. 铜丝耳环　4. 小白石珠项链　5. 小黑石珠项链

距2米；南后西南分别有YYM181和YYM182，间距均为1.2米；西北和正北分别与北Ⅱ区南部的YYM184和YYM185相毗邻，间距分别为1和1.3米；东北有YYM197，间距2米。此墓的地层堆积基本上同于YYM151，不赘。

墓圹平面形状，呈抹角长方形，为竖穴土坑墓。东向，方位角为东偏北3°。墓圹规格，圹口东西长2.02、东、西两端宽均为0.8米，圹底东西长1.94、东端宽0.72、西端宽0.75米，圹口至圹底深1.25米。在墓圹四壁中腰部位，各留出很窄的生土二层台一道，四台等高，均上距圹口0.62米深，下距圹底0.63米，台宽略有差别，东台宽2~3、南台宽2~4、西台宽2~5、北台宽3~6厘米，台壁不平整，但均作笔直下切。在圹底中间，按东西方向，安置木椁一具。在木椁外壁四周至圹底部四壁之间筑有活土二层台，台土经过严密夯打，较坚实，东、南、西、北四台等高，均为20厘米，宽度不一，东台宽18、南台宽14、西台宽24、北台宽12厘米（中段）。

圹内填土为少量淤积夹砂石褐色土与大量生黄土混杂后的五花土，经普遍夯实，但未有夯层与夯窝痕迹。在填土中，仅发现夹砂红褐陶残片3块，泥质灰陶片1块，除此之外，再未见其他遗物。

殉牲位置，祭牲集中摆放在圹内东端中层填土中，上距东端圹口0.5米深，下距圹底0.55米（图版九六，1）。殉牲种类，仅有狗1种。数量，狗头5个，狗肱骨5只。殉牲形式，将狗头上、下颌拆解开后，与肱骨一块作分开、同层、聚堆摆放。除1只狗肱骨摆在上面外，其余4只肱骨和5副下颌骨均摆在下面，而上颌骨均摆在上面。吻部朝向，下颌骨完全无规则，朝向不一；上颌骨有1个朝东，3个朝东北，1个朝西。

木椁已朽，板灰呈白色粉状。盖板无存，底板灰痕大部残缺，四至不清，南、北侧板与东、西堵板板灰轮廓尚可辨认。南、北侧板东西顺长1.8米，总高20厘米，与活土二层台台面平齐，板灰厚3.5厘米。东、西堵板分别竖插于南、北侧板之间，立插部位分别在南、北侧板东、西两端内缩12和16厘米处，高度与南、北侧板一致，总宽东端41、西端39、板灰厚3~3.5厘米。南、北侧板与东、西堵板的板块组成情况已不能详。

木椁内装殓尸骨一具。保存状况较好，头骨及其他主要部位骨骼基本完整。头东足西，仰身直肢。经现场鉴定，死者为女性，15岁左右。骨骼从头到脚通长1.4米。

随葬品很少，仅在木椁内死者头骨右侧放置泥质灰陶折肩罐1件，正置，口沿已残（图二八七）。另在左、右眼眶内，各遗有覆面铜扣1枚。除此之外，再无其他任何遗物。

YYM181

这是玉皇庙墓地属于丙（A）级规格的小型墓葬之一。位于南区北部。其东有YYM198，间距1.2米；南有YYM180，间距1.4米；西南有YYM150，间距2.4米；西北有YYM182，间距1.1米；北有YYM183，间距1.2米；东北有YYM197，间距4.1米。此墓的地层堆积基本上同于YYM151，不赘。

墓圹平面形状呈抹角长方形，为竖穴土坑墓。东向，方位角为东偏南15°。墓圹规格，圹口东西长2.35、东端宽0.86、西端宽0.8米，圹底东西长2.3、东端宽0.73、西端宽0.78米，圹口至圹底深1.33米。在墓圹南、北两侧壁中腰部位，各留出很窄的一道生土二层台，北侧的一道自东而西贯连到底，南侧的一道在距西端圹边0.55米处终止，二台面高度一致，均上距圹口0.6米深，下距圹底0.73米，南台宽10、北台宽6厘米（中段），台壁均作笔直下切。在圹底中间略偏北侧位置，安置木椁一具。在木椁外壁四周至圹底部四壁之间筑有活土二层台，台土经过严密夯打，较坚实，东、南、西、北四台等高，均为22厘米，宽度不一，东台宽32、南台宽16、西台宽15、北台宽12厘米（中段）。

圹内填土为少量淤积夹砂石褐色土与大量生黄土混杂后的五花土，经普遍夯实，但未有夯层与夯窝痕迹。在填土中，仅发现夹砂红褐陶残片4块，泥质灰陶碎片2块，除此之外，再未有其他遗物。

殉牲位置，祭牲集中摆放在圹内东端中间稍偏南侧的上层填土中，上距东端圹口仅7厘米深，下距圹底1.21米，殉牲下面，垫一自然石块（图版九六，2）。殉牲种类，仅有狗1种。数量，狗头1个，狗肱骨1只。殉牲形式，将狗上、下颌拆解开后，按东西方向分开摆放，互不叠压，上、下颌的吻部均朝东。

木椁已朽，盖板无存，底板灰痕不清楚，南、北侧板与东、西堵板板灰轮廓尚可辨识。板灰呈白色粉状，南、北侧板东西顺长2.11米，总高22厘米，与活土二层台台面平齐，板灰厚3～3.5厘米。东、西堵板分别竖插于南、北侧板之间，立插部位分别在南、北侧板东、西两端内缩16和15厘米处，高度与南、北侧板一致，均为22厘米，总宽东端33、西端34、板灰厚3厘米。南、北侧板与东、西堵板的板块组成情况，已不能详。

木椁内装殓尸骨一具。保存状况不太好，头骨已碎裂，其他主要部位骨骼基本完整。头东足西，仰身直肢，脊椎向右弯曲，面颊贴靠木椁北侧板。经现场鉴定，死者为男性，50～55岁。骨骼从头到脚通长1.62米。

随葬品很少，仅在木椁内、死者头骨左后侧，放置夹砂红陶罐1件，正置，口沿已残（图二八八）。除此之外，再未有其他任何遗物。

YYM180

这是玉皇庙墓地属于丙（A）级规格的小型墓葬之一。位于南区北部。其东南有YYM199，间距1.7米；南有YYM179，间距0.9米；西南有YYM151，间距2.7米；西北有YYM150，间距2.1米；北有YYM181，间距1.4米；东北有YYM198和YYM170，间距分别为2.1和4.5米。此墓的地层堆积基本上同于YYM151，不赘。

墓圹平面形状呈抹角弧边长方形，南、北两侧圹边，均略向南弧曲，为竖穴土坑墓。东向，方位角为东偏南10°。墓圹规格，圹口东西长2.45、东端宽0.96、西端宽0.9米，圹底东西长2.36、东端宽0.78、西端宽0.76米，圹口至圹底深1.28米。在墓圹南壁中、东段和北壁西端中腰部位，各留出很窄的生土二层台1道，二台面等高，均上距圹口0.6米深，下距圹底0.68米，台宽各为7厘米，台壁皆作笔直下切。在圹底中间偏东北—西南方向，安置墓椁一具。在木椁外壁四周至圹底部四壁之间，筑有活土二层台，台土经过严密夯打，较坚实，东、南、西、北四台等高，均为28厘米，宽度不一，东台宽30、南台宽18、西台宽34、北台宽16厘米。

圹内填土为少量淤积夹砂石褐色土与大量生黄土混杂后的五花土，经普遍夯实，但未有夯层与夯窝痕迹。在填土中，仅发现夹砂褐陶罐类腹部残片1块泥质灰陶罐带弦纹的肩部残片2块，除此之外，再未有其他遗物。

殉牲位置，祭牲集中摆放在圹内东端略偏北侧的上层填土中，上距东端圹口0.37米深，下距圹底0.78米（图版九六，3）。殉牲种类，仅有狗1种。数量，狗头2个，狗肱骨2只。殉牲形式，将狗头上、下颌拆解开后，按东西方向，分东、西二组，作同层相邻、聚堆摆放。每组均有拆解开的狗上、下

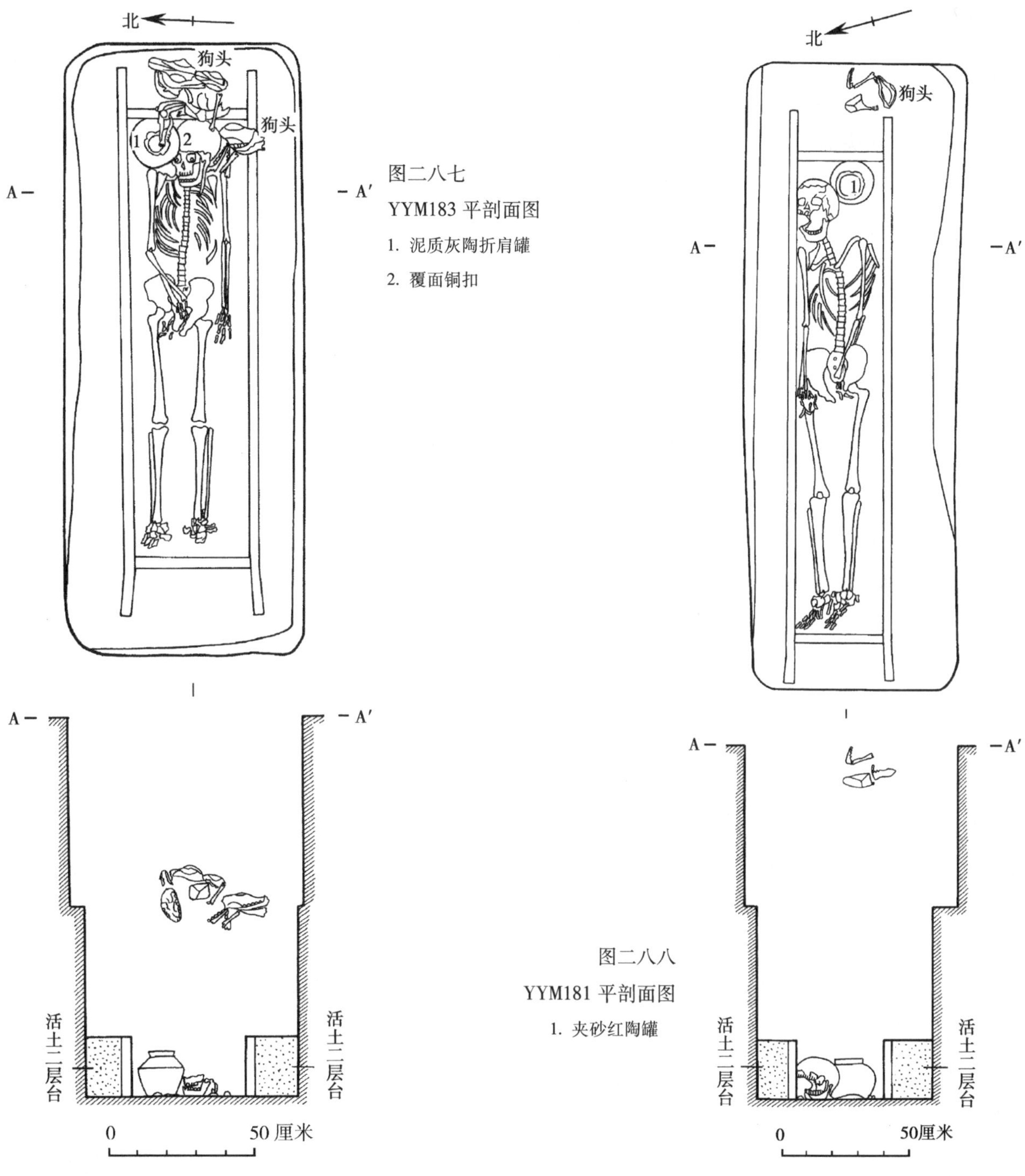

图二八七　YYM183 平剖面图
1. 泥质灰陶折肩罐　2. 覆面铜扣

图二八八　YYM181 平剖面图
1. 夹砂红陶罐

颌骨 1 套及狗肱骨 1 只，其中东组中的狗肱骨，叠压于狗头骨之下，西组中的狗肱骨，斜置于两组狗牲之间，未与狗上、下颌发生叠压。上述二组狗上、下颌骨的吻部，皆朝东。

木椁已朽，板灰呈白色粉状，盖板无存，底板灰痕大部残缺，南、北侧板与东、西堵板灰痕界限尚可辨识。南、北侧板东西顺长 2.07 米，总高 28 厘米，与活土二层台台面平齐，板灰厚 3～3.5 厘米。东、西堵板分别竖插于南、北侧板之间，立插部位分别在南、北侧板东、西两端内缩 15 和 16 厘米处，高度与南、北侧板一致，均为 28 厘米，总宽东端 39、西端 38、板灰厚 3 厘米。南、北侧板与东、西堵板的板块组成情况已难以再作具体分辨。

木椁内装殓尸骨一具。保存状况不好，头骨残碎严重，面骨大部无存，肋骨残缺不全，四肢骨基本完整。头东足西，仰身直肢，脊椎向右侧弯曲，右上肢向内侧前屈。经现场鉴定，死者为女性，22～24岁。骨骼从头到脚通长1.53米。

随葬品很少，仅在木椁内死者头骨右后侧，放置夹砂红陶罐1件，斜侧置，口朝东北，已残碎（图二八九）。除此之外，再无其他任何遗物。

YYM179

这是玉皇庙墓地属于乙（B）级规格的中型墓葬之一。位于南区北部，其东有YYM199，间距1.6米；东南有YYM200，间距2.7米；南有YYM178，间距1.5米；西北有YYM150，间距2.4米；北有YYM180，间距0.9米。此墓的地层堆积基本上同于YYM151，不赘。

墓圹平面形状大体呈弧边抹角长方形，为竖穴土坑墓。东向，方位角为东偏南15°。墓圹规格，圹口东西长2.65、东端宽0.94、西端宽0.9米，圹底东西长2.55、东端宽0.87、西端宽0.83米，圹口至圹底深1.5米。无生土二层台。在圹底中间稍偏东南—西北方向，安置木椁一具。在木椁外壁四周至圹底部四壁之间，筑有活土二层台，台土经过严密夯打，较坚实，东、南、西、北四台等高，均为0.5米，宽度不一，东台宽40、南台宽25、西台宽28、北台宽20厘米（中段）。

圹内填土为少量淤积夹砂石褐色土与大量生黄土混杂后的五花土，经普遍夯实，但未有夯层与夯窝痕迹，在填土中，仅发现夹砂褐陶碎片2块，泥质灰陶残片1块，除此之外，再未见其他遗物。

殉牲位置，祭牲集中摆放在圹内东端中间木椁以上的中部填土中，上距东端圹口0.72米深，下距圹底0.62米（图二九〇；图版九七，1）。殉牲种类，为羊、狗2种家畜。殉牲数量，羊头1个（绵羊），羊肱骨2只，狗头3个，狗肱骨3只。殉牲形式，将狗、羊头的上、下颌拆解开后，自东而西作同层依次摆放。即先将大号狗肱骨1只及拆解开的狗上、下颌骨1套，摆在圹内最东端中间位置的中部填土上，狗肱骨在下，狗头骨在上，吻部朝北；然后于其西侧，再摆上拆解开的狗上下颌骨1套、狗肱骨1只，另加狗下颌骨1副，此狗的上、下颌骨吻部朝西，与肱骨未相叠压，加摆的一副狗下颌骨吻部朝南；然后在其西侧，摆上羊肱骨2只及拆解开的羊上、下颌骨1套，羊肱骨在下，羊头骨在上，吻部朝西；最后，在羊牲西侧，再摆上狗肱骨1只及拆解开的狗上颌骨1个，此狗上颌骨作倒置状，吻部朝北。

木椁已朽，板灰呈白色粉状，盖板无存，底板灰痕稀薄，且大部残缺，唯南、北侧板与东、西堵板板灰痕迹尚能辨识。南、北侧板东西顺长2.23、总高0.5米，与南、北活土二层台台面平齐，板灰厚4厘米。东、西堵板分别竖插于南、北侧板之间，立插部位分别在南、北侧板东、西两端内缩16和13厘米处，高度与南、北侧板一致，均为0.5米，总宽东端37、西端40、板灰厚3厘米。南、北侧板与东、西堵板的板块组成情况，已不能详。

木椁内装殓尸骨一具。保存状况较好，头骨及主要部位骨骼基本完整。头东足西，仰身直肢，经现场鉴定，死者为男性，40～45岁。骨骼从头到脚通长1.7米（图版九七，2）。

随葬品集中陈放于木椁内、死者身上及其近前（图二九一）。在死者左肩部位，出夹砂红褐陶罐1件，斜侧置，罐口朝东南。在左耳骨下面，出螺旋形铜丝耳环1枚，无绿松石坠珠伴出，右耳骨下面无耳环。在腰椎以下至骨盆中间，出青铜短剑1件，剑锋朝下；短剑之下，压有青铜削刀1件，与短剑

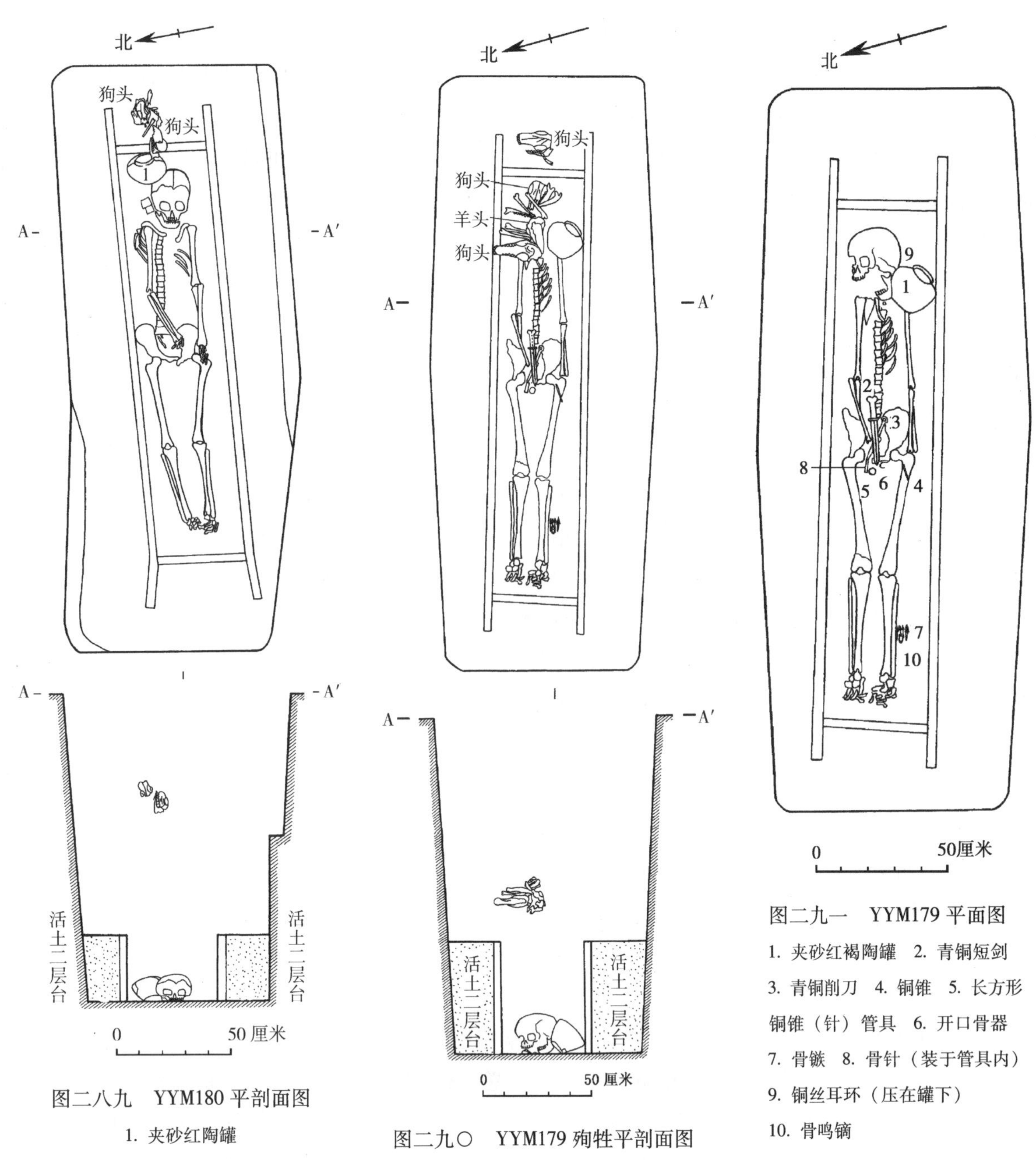

图二八九　YYM180 平剖面图

1. 夹砂红陶罐

图二九〇　YYM179 殉牲平剖面图

图二九一　YYM179 平面图

1. 夹砂红褐陶罐　2. 青铜短剑　3. 青铜削刀　4. 铜锥　5. 长方形铜锥（针）管具　6. 开口骨器　7. 骨镞　8. 骨针（装于管具内）　9. 铜丝耳环（压在罐下）　10. 骨鸣镝

作斜向交叉，刀锋指向右侧斜下方。在右股骨内侧、青铜削刀刀锋的下方，出长方形动物纹铜锥（针）管具 1 件，管内装有骨针 1 枚（图版九七，3）。在左股骨上端，出铜锥 1 件，锥尖朝下。在骶骨下方，铜锥（针）管具的左侧，出开口骨器 1 件。在左腓骨外侧，出骨鸣镝 1 件，骨镞 6 枚，镞锋朝下。

YYM169

这是玉皇庙墓地属于乙（B）级规格的中型墓葬之一。位于南区北部，其东有 YYM177，间距 1 米；东南有 YYM176，间距 0.2 米；南有 YYM171，间距 5 米；西南有 YYM168，间距 3.5 米；西有 YYM153，间距 2.7 米；西北有 YYM151 和 YYM157，间距分别为 1.6 和 0.5 米；东北有 YYM178，间距1.1米。此墓的地层堆积基本上同于YYM151，不赘。

墓圹平面形状呈抹角长方形，为竖穴土坑墓。东向，方位角为东偏南20°。墓圹规格，圹口东西长2.7、东端宽0.89、西端宽0.9米，圹底形制、规格与圹口一致，圹口至圹底深1.3米。无生土二层台。在圹底中间略偏北侧位置，按东西方向，安置木椁一具。在木椁外壁四周至圹底部四壁之间，筑有活土二层台，台土经过严密夯打，较坚实，东、南、西、北四台等高，均为25厘米，宽度不一，东台宽42、南台宽28、西台宽40、北台宽16厘米。

圹内填土，为少量淤积夹砂石褐色土与大量生黄土混杂后的五花土，经普遍夯实，但未有夯层与夯窝痕迹。在填土中，仅发现夹砂褐陶残片2块，泥质灰陶碎片1块，除此之外，再未有其他遗物。

无殉牲。

木椁已朽，盖板无存，仅见南北侧板、东西堵板与底板板灰轮廓。板灰呈白色粉状，底板东西顺长2.08、总宽0.46米，由3块东西向的长板组成，每块板宽13~16厘米不等。南、北侧板，立于底板之上，两侧边与底板边压齐，东西顺长2.24米，两端略长出底板一截，总高25厘米，与南、北活土二层台台面平齐，板灰厚3~4厘米。东、西堵板分别竖插于南、北侧板之间，立插部位分别在南、北侧板东、西两端内缩20和16厘米处，高度与南、北侧板一致，均为25厘米，板灰厚3厘米。南、北侧板与东、西堵板的板块组成情况，已难以作具体分辨。

木椁内装殓尸骨一具。保存状况较好，头骨与其他主要部位骨骼基本完整。头东足西，仰身直肢，经现场鉴定，死者为女性，25~30岁。骨骼从头到脚通长1.6米（图版九八，1）。

随葬品很少，只有夹砂褐陶双耳罐1件，已残，陈放于木椁内、死者右侧胸部，侧置，口朝足下（图二九二；图版九八，2）。除此之外，再未有其他任何遗物。

YYM178

这是玉皇庙墓地属于乙（B）级规格的中型墓葬之一。位于南区北部，其东有YYM200，间距1.1米东南有YYM201，间距1.9米；南有YYM177，间距0.5米；西南有YYM169，间距1.2米；西有YYM157，间距3.3米；西北有YYM151，间距2.7米；北有YYM179，间距1.5米；东北有YYM199，间距2.1米。此墓的地层堆积，基本上同于YYM151，不赘。

墓圹平面形状大体呈抹角梯形，东端略宽，西端略窄，为竖穴土坑墓。东向，方位角为东偏南14°。墓圹规格，圹口东西长2.6、东端宽1.24、西端宽1米，圹底东西长2.52、东端宽1.14、西端宽0.92米，圹口至圹底深1.69米。无生土二层台。在圹底中间略偏东南—西北方向，安置木椁一具。在木椁外壁四周至圹底部四壁之间，筑有活土二层台，台土经过严密夯打，较坚实，东、南、西、北四台等高，均为43厘米，宽度不一，东台宽44、南台宽31、西台宽27、北台宽21厘米（中段）。

圹内填土，为少量淤积夹砂石褐色土与大量生黄土混杂后的五花土，经普遍夯实，但未有夯层与夯窝痕迹。在填土中，仅发现夹砂红褐陶罐类腹部与器底残片4块，泥质陶碎片2块，羊肱骨残段1截，另在圹内东部祭牲周围的下层与上层填土中，有自然石灰岩石块3块，规格在16×10×6至20×14×9厘米之间。除此之外，再未有其他遗物。

殉牲位置，祭牲集中摆在圹内东端中间上层填土中，上距东端圹口38厘米深，下距圹底1.01米（图二九三；图版九八，3）。殉牲种类，为牛、羊、狗3种家畜。殉牲数量，牛头1个，牛肱骨1只，羊头1个（绵羊），羊肱骨1只，狗头5个，狗肱骨5只。殉牲形式，将牛、羊、狗头的上、下颌拆解

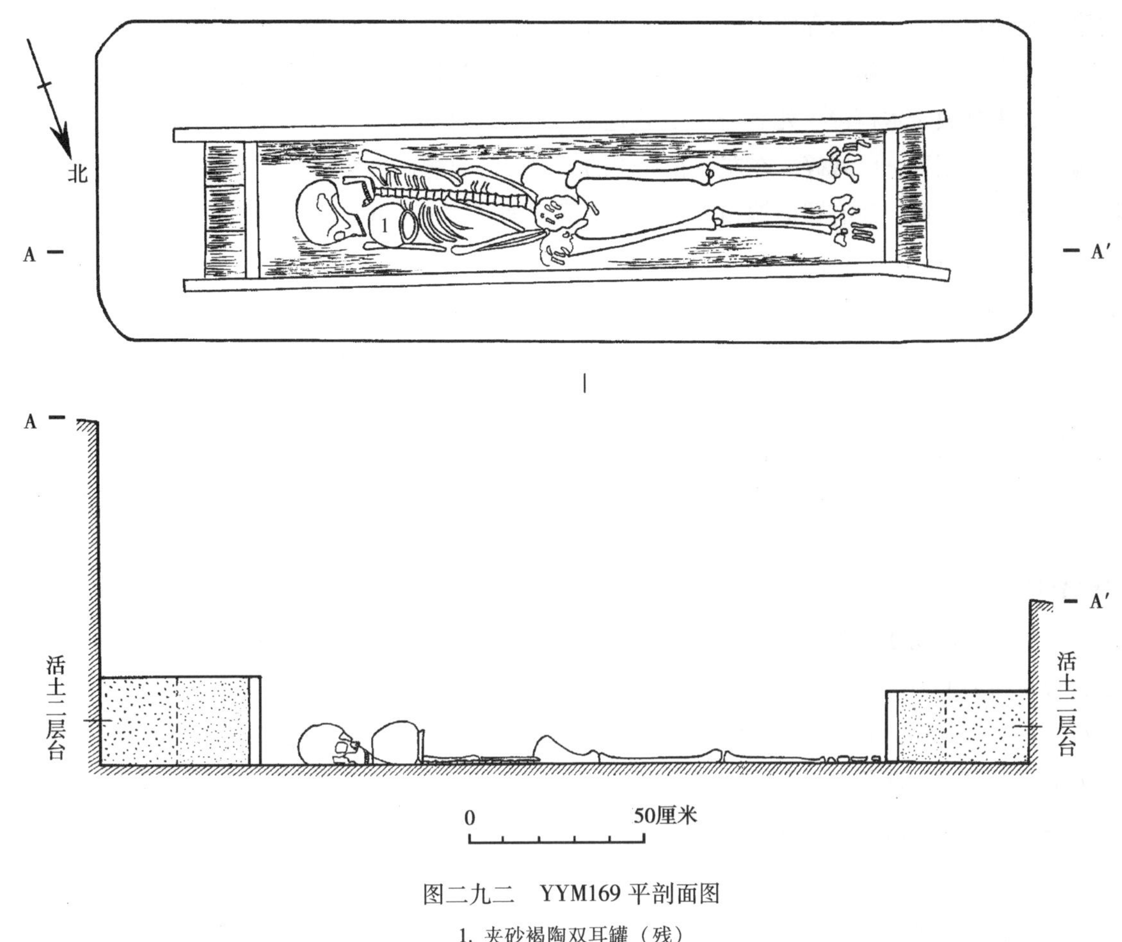

图二九二　YYM169 平剖面图

1. 夹砂褐陶双耳罐（残）

开后，按东西方向作南北相邻同层摆放。即先将大号狗肱骨 1 只及拆解开的狗上、下颌骨 1 套，顺摆于圹内最东端中间位置的上层填土上，狗肱骨在下，狗头骨叠置其上，吻部朝东；然后在其西南侧，接着摆上拆解开的狗上、下颌骨 1 套及狗肱骨 1 只，此狗肱骨叠置于狗头骨之上，狗头的上、下颌吻部朝向西北；在紧挨着此狗牲的西侧，摆有羊肱骨 1 只及拆解开的绵羊上、下颌骨 1 套，羊肱骨在下，羊头骨叠置其上，吻部朝北；然后在此羊牲的西侧，接着摆上狗肱骨 3 只及拆解开的狗上、下颌骨 3 套，其中除偏东侧的 1 只狗肱骨，作南北向横置外，另 2 只均顺置于狗头骨之下，这 3 套狗上、下颌骨的吻部，均朝东；最后，在东端第一个大号狗头的西北侧、上述羊牲与狗牲的北侧，再顺摆牛肱骨 1 只及拆解开的牛头上、下颌骨 1 套，牛肱骨在下，牛头骨在上，吻部亦朝东。

木椁已朽，板灰呈白色粉状，盖板无存，南北侧板、东西堵板与底板板灰轮廓尚清楚可辨。底板灰痕东西顺长 2. 18、总宽东端 0. 54、西端 0. 53 米，灰痕很薄，厚度仅 0. 2 ~ 0. 3 厘米。南、北侧板立于底板之上，两侧边与底板边压齐。东、西两端稍长出底板一截，东西顺长 2. 28 米，总高 43 厘米，与南、北活土二层台台面平齐，板灰厚 3 厘米。东、西堵板分别竖插于南、北侧板之间，立插部位分别在南、北侧板东、西两端内缩 18 和 27 厘米处，高度与南、北侧板一致，均为 43 厘米，总宽东端 45、西端 40 厘米，板灰厚 4 厘米。底板，南、北侧板及东、西堵板的板块组成与结构情况已难再作具体分辨。

木椁内装殓尸骨一具。保存状况较好，头骨及主要部位骨骼基本完整。头东足西，仰身直肢，经现场鉴定，死者为女性，40岁左右。骨骼从头到脚通长1.62米。

随葬品集中陈放于木椁内、死者身上及其近前（图二九四）。在头骨左后侧、椁底东南角，放置夹砂红陶罐1件，正置，已残碎。在左、右耳骨的下面，各出螺旋形铜丝耳环1件及绿松石坠珠3枚。在面部上、下颌骨表面，遗有覆面铜扣2枚。在颈下至胸部，出不同质料的项链共3串：（1）小黑石珠项链1串，由69枚小黑石珠组成，出于死者头骨下面至胸部；（2）铜珠项链1串，由粟粒形小铜珠28粒加纺锤形铜珠2枚组成，其末端（腰椎左侧）附出匕形铜坠饰1件，坠尖朝下；（3）绿松石、玛瑙珠项链1串，由绿松石珠9枚、红玛瑙珠45颗，加绿松石管4枚组成。此外，在死者头骨下面至胸部，还出双联小铜扣166枚（其中压在头骨下面48枚，出于胸部118枚）。在左肱骨内侧和右侧腰间，各出联珠棍形铜坠饰6枚。在左尺骨外侧，出服饰小铜扣30枚。在右尺骨下面，压有青铜削刀1件，刀锋朝右侧斜下方。在右尺骨外侧，出长方形几何纹铜锥（针）管具1件。在左髌骨外侧，出铜锥1件，锥尖朝下，并伴出白石管4枚。

YYM177

这是玉皇庙墓地属于丁级规格的小型墓葬之一。位于南区北部。其东南有YYM201和YYM202，间距分别为2和1.1米；西南有YYM176，间距1.2米；西有YYM169，间距1米；北有YYM178，间距0.5米；东北有YYM200，间距2.1米。此墓的地层堆积，基本上同于YYM151，不赘。

墓圹平面形状，呈抹角长方形，为浅穴土坑墓。东向，方位角为东偏南10°。墓圹规格，圹口东西长1.5、东端宽0.59、西端宽0.56米，圹底东西长1.45、东端宽0.56、西端宽0.53米，圹口至圹底深0.5米。无生土二层台。无木质葬具，无活土二层台。

圹内填土，为少量淤积夹砂石褐色土与大量生黄土混杂后的五花土，未经夯实，土质较疏松。在填土中，仅发现夹砂红褐陶罐类腹部残件1块，泥质灰陶罐口沿残片2块。另在圹内东端上、下层填土中，各出零散自然石灰岩石块1块，体积都较小。除此之外，再未有其他遗物。

殉牲位置，祭牲摆放在圹内东端中间上层填土中，上与东端圹口平齐，下距圹底0.41米。殉牲种类，仅有狗1种。数量，狗头1个，狗肱骨1只，已残碎。殉牲形式，将狗头上、下颌拆解开后，与狗肱骨一起，按东西方向，顺摆于圹内东端中间上层填土上，狗肱骨在下，狗上颌骨叠置其上，吻部朝东，下颌骨置于北侧，吻部朝向东南。

在圹底中间略偏北侧位置，按东西方向，安葬婴孩尸骨1具。全身骨骼因腐朽严重，保存状况不好，头骨已残碎，脊椎骨、上下肢骨等，残缺不全，手、足骨等细小骨骼，均已无存。头东足西，侧面向北，仰身直肢。经现场鉴定，死者为1~1.5岁婴儿（图版九九，1）。

随葬品较少，陈放于死者头、颈部及身体右侧（图二九五）。在左、右耳骨下面，各出螺旋形铜丝耳环1件。在颈部，出石珠项链1串，由绿松石珠1枚和小黑石珠40粒联合串成。在右髋骨及右股骨外侧，出青铜削刀1件，刀锋朝下。

YYM150

这是玉皇庙墓地属于乙（B）级规格的中型墓葬之一。位于南区北部边缘，其北侧即为北Ⅱ区。其东有YYM180，间距2.1米；东南有YYM179，间距2.4米；南有YYM151，间距1.6米；西南有YYM147，间距2.9米；西有YYM148，间距1.8米；西北有YYM83和YYM84，间距分别为2.6和1.6

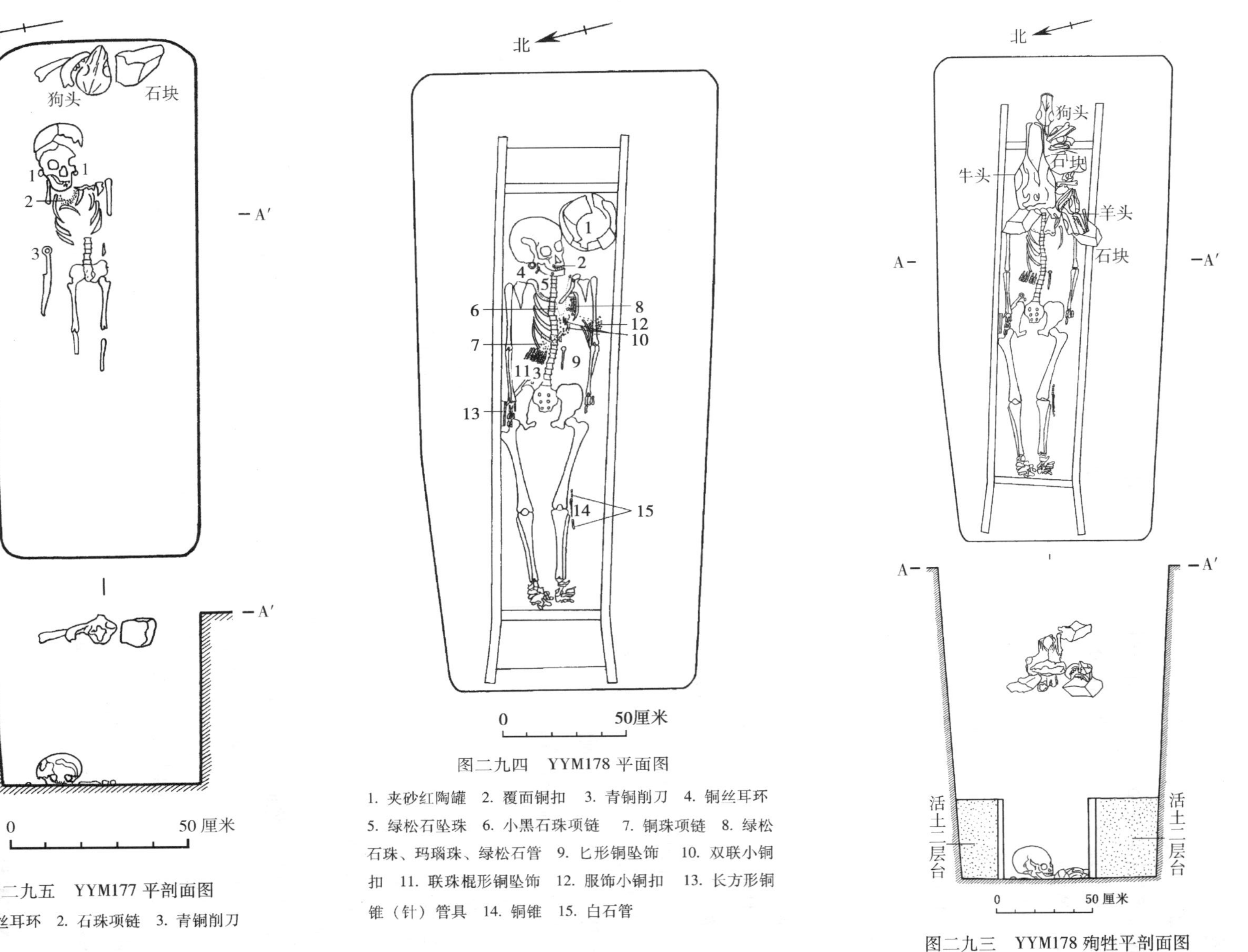

图二九五　YYM177 平剖面图

1. 铜丝耳环　2. 石珠项链　3. 青铜削刀

图二九四　YYM178 平面图

1. 夹砂红陶罐　2. 覆面铜扣　3. 青铜削刀　4. 铜丝耳环　5. 绿松石坠珠　6. 小黑石珠项链　7. 铜珠项链　8. 绿松石珠、玛瑙珠、绿松石管　9. 匕形铜坠饰　10. 双联小铜扣　11. 联珠棍形铜坠饰　12. 服饰小铜扣　13. 长方形铜锥（针）管具　14. 铜锥　15. 白石管

图二九三　YYM178 殉牲平剖面图

米；北有YYM182，间距1.9米；东北有YYM181，间距2.4米。此墓的地层堆积基本上同于YYM151，不赘。

墓圹平面形状大体呈抹角长方形，南、北两侧边略向内弧，为竖穴土坑墓。东南向，方位角为东偏南28°。墓圹规格，圹口东南—西北长2.7、东南端宽0.9、西北端宽0.92米，圹底东南—西北长2.62、东南端宽0.84、西北端宽0.86米，圹口至圹底深1.61米。无生土二层台。在圹底中间稍偏南位置，按东南—西北方向，安置木椁一具。在木椁外壁四周至圹底部四壁之间，筑有活土二层台，台土经过严密夯打，较坚实，东、南、西、北四台等高，均为0.51米，宽度不一，东台宽32、南台宽10、西台宽42、北台宽16厘米。

圹内填土为少量的淤积夹砂石褐色土与大量生黄土混杂后的五花土，经普遍夯实，但未有夯层与夯窝痕迹。在填土中，仅发现夹砂红褐陶罐类腹部与器底残片2块，泥质灰陶碎片1块，在南侧活土二层台偏西位置和椁室西南角，各有自然石灰岩石块1块，规格为20×15×12至30×15×13厘米，除此之外，再未有其他遗物。

殉牲位置，祭牲集中摆放在圹内东端中间上层填土中，上距东端圹口31厘米深，下距圹底1.16米。殉牲种类，只有狗1种。殉牲数量，狗头5个，狗肱骨5只。殉牲形式，将狗头上、下颌拆解开后，按东西方向，作前、后同层二组摆放。即先将狗肱骨2只及拆解开的狗上、下颌骨2套，并列于圹内最东端中间位置的上层填土上，肱骨在下，头骨叠置其上，吻部皆朝东；然后于其西侧，呈“品”字形摆上另外3只狗肱骨及拆解开的3套狗上、下颌骨，同样是狗肱骨在下，狗头骨在上，其中靠东侧的1套和居西北侧的1套上、下颌骨的吻部，均朝东，而位于西南侧的1套，其吻部朝北。

木椁已朽，盖板无存，底板灰痕大部残缺，唯南、北侧板与东、西堵板灰痕轮廓尚可辨识。板灰呈白色粉状，南、北侧板东西顺长2.2、总高0.51米，与南、北活土二层台台面平齐，板灰厚4厘米；东、西堵板，分别竖插于南、北侧板之间，立插部位，分别在南、北侧板东、西两端内缩19和17厘米处，高度与南、北侧板一致，均为0.51米，总宽东端46、西端40厘米，板灰厚4厘米。南、北侧板与东、西堵板的板块组成情况已难以再作具体分辨。

木椁内装殓尸骨一具。保存较好，头骨及其他主要部位骨骼基本完整。头朝东南，足向西北，仰身直肢，经现场鉴定，死者为女性，30~35岁。骨骼从头到脚通长1.63米（图版九九，2）。

随葬品集中陈放于木椁内、死者身上及其近前（图二九六）。在头骨左侧、左肩部位，放置夹砂红褐陶罐1件，稍斜侧置，口朝东南。在左、右耳骨下面，各出螺旋形铜丝耳环2件，左耳环，附出绿松石坠珠5枚；右耳环下，附出绿松石坠珠6枚。覆面铜扣2枚，出于左眼眶内和鼻骨处各1枚。在颈部至胸部，出不同质料的项链2串，（1）小黑石珠项链1串，由125粒小黑石珠组成；（2）小铜珠项链1串，由742粒细小铜珠串成，末端（腰椎处）附出匕形铜坠饰1件，匕尖朝下。在骨盆耻骨弓表面，出白石管1枚。另有联珠棍形铜坠饰12枚，出于骶骨表面和左尺骨外侧各6枚（图版九九，3）。

YYM151

这是玉皇庙墓地晚期阶段属于甲（B）级较高规格的大型墓葬之一，也是这一级别的5座墓葬中地位仅逊于YYM2的一座重要的首领级人物的墓葬。位于南区北部，其东南YYM178，间距2.7米；南有YYM157和YYM152，间距分别为1和0.8米；西有YYM147，间距1.1米；北有YYM150，间距

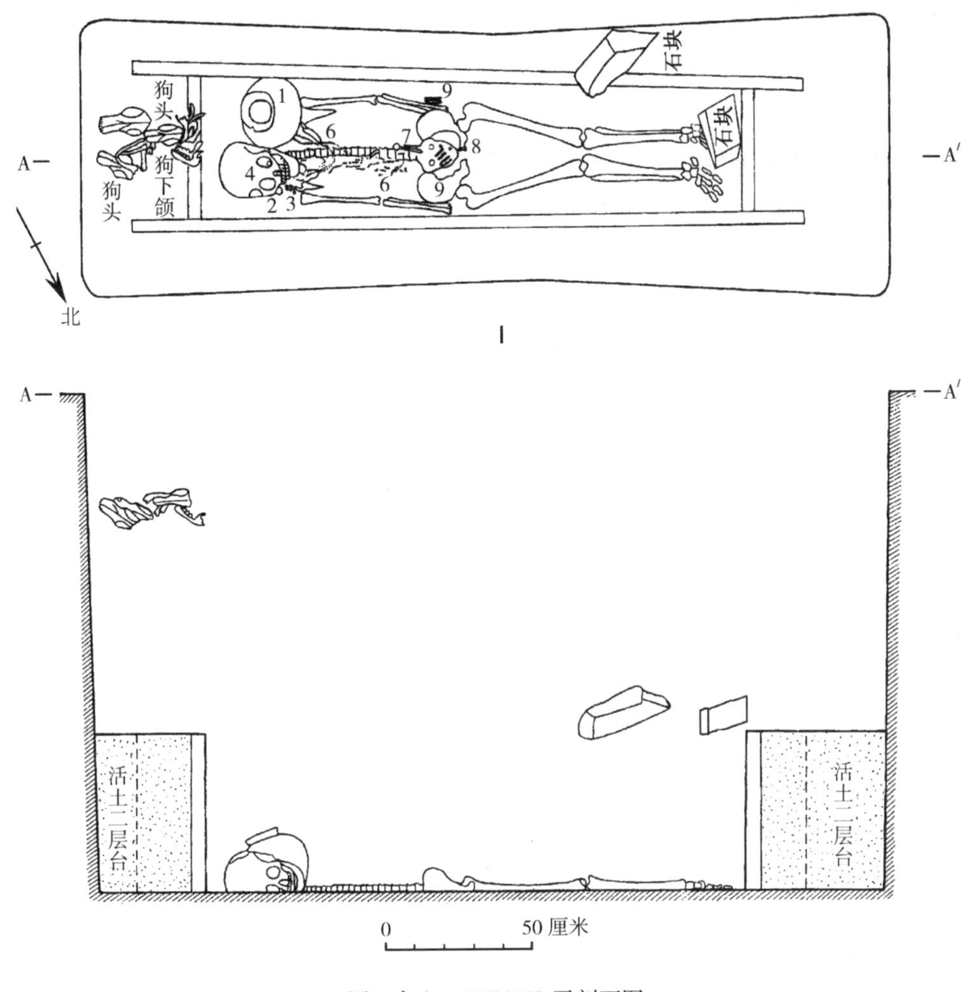

图二九六　YYM150 平剖面图

1. 夹砂红陶罐　2. 铜丝耳环　3. 绿松石坠珠　4. 覆面铜扣　5. 小黑石珠项链
6. 粟粒形铜珠项链　7. 匕形铜坠饰　8. 白石管　9. 联珠棍形铜坠饰

1.6 米；东北有 YYM179，间距 1.3 米。此墓的地层堆积，墓口以上可分上、下两层，上层为夹杂自然石块的深褐色山皮土层，厚 23 厘米；下层为淤积夹砂石层，即夹略大和较大砂石颗粒的褐色土层，属晚期泥石流堆积层，厚 0.8 米。揭掉这两层堆积之后，即发现墓圹圹口。圹口以下至墓底的地层堆积，自上而下可分二层，第一层（上层）为夹中细砂石颗粒的褐色土层，属这里早期泥石流堆积层，厚 20 厘米；第二层（下层）为生黄土层，即属于更新世晚期形成的黄土质砂质黏土层，厚 1.9 米以上（圹底以下均为此层堆积）。

此墓墓圹平面形状，基本上呈“凸”字形，为竖穴土坑墓。东向，方位角为东偏南 22°。墓圹规格，圹口东西长 3.91、东端宽 1.2、西端宽 1.7 米，圹底东西长 2.41、东端宽 1.18、西端宽 1.19 米，圹口至圹底深 2.1 米。在墓圹东、西壁与南、北两侧壁之西半部中腰部位，分别留出生土二层台，台面平整，台壁笔直下切。其中以东端生土二层台最高，也最为宽大，占据了墓圹东端整个空间，其台面距东端圹口深 0.7、东西长 1.38、东端宽 1.18、西端宽 1.27、台面高（即距墓底深）1.4 米，台上陈放着祭牲。所以，东端生土二层台原是一特制的殉牲台。西端生土二层台最低、最窄，台面距西端圹口深0.93米，宽仅11厘米，高1.17米。南侧生土二层台台面，距南圹口深0.83米，宽28厘米，高1.27米。北侧生土二层台分为上、下两级台面，上层台面距北端圹口深0.78、宽0.51、高1.32米；下层台面距北端圹口深0.93米，宽仅17厘米，高1.17米。在圹底正中略偏向东北方向，安置木椁一具。在木椁四壁的外侧至圹底部四壁之间，筑有活土二层台，台土经过严密夯打，较坚实，南、北、西三台面等高，南台宽32、北台宽33、西台宽25、高均为40厘米；东台宽15、高为55厘米。

圹内填土为少量淤积夹砂石褐色土与大量生黄土混杂后的“五花土”，经过夯打，较硬实，但未有明显的夯层与夯窝，在填土中，仅发现夹砂红陶罐残片4片和泥质灰陶残片2片，另外在殉牲下层填土中，见有自然石块2块。

殉牲位置，祭牲一部分摆放在东端生土二层台殉牲台上，另一部分置于木椁东端盖板以上的上层填土中（彩版二五）。殉牲种类，为马、牛、羊、狗4种家畜。殉牲数量，马头2个，马肱骨2只（未带蹄），牛头1个，牛肱骨1只，羊头3个（山羊2，绵羊1），羊肱骨3只，狗头6个，狗肱骨6只。殉牲形式，大牲畜马和牛的头完整保留，未加拆解，小牲畜狗和羊的头，上、下颌均被拆解开。其中摆放在东端生土二层台殉牲台中间最东端的祭牲，有狗腿1只，狗头1个，狗腿在下，狗头在上（上颌朝北，下颌朝南，交错摆放）；其北侧，置马肱骨1只，马头1个，肱骨在下，马头在上，在肱骨端头，出有骨环1件；其南侧，置马肱骨1只，马头1个，马头压在马肱骨上，在其左后侧，置牛肱骨1只，牛头1个，牛头压在牛肱骨上。上述马头和牛头的吻部，一律朝向东方（图版一〇〇）。摆放在木椁东端盖板以上的上层填土中的祭牲，有羊腿3只，羊头3个（山羊2，绵羊1），狗腿5只，狗头5个，其中山羊肱骨2只，山羊头2个，吻部皆朝向东南，置于木椁东北角上层填土中；绵羊肱骨1只，绵羊头1个，狗肱骨5只，狗头5个，其中绵羊头的吻部和一个狗头的吻部，朝南，其他4只狗头的吻部均朝东，置于木椁东端南侧的上层填土中。

木椁已朽，板灰呈稀疏白色粉状，盖板无存，底板痕迹已模糊不清，唯有南、北侧板和东、西两端堵板尚可辨识其轮廓界限，但各部分的板块结构情况已不能确认。南、北侧板东西顺长2.41米，两端与东、西圹壁顶齐，总高40厘米，与南、北活土二层台台面平齐，板灰厚4.5～5厘米。东、西两端堵板分别竖插于南、北侧板之间，立插部位分别在南、北侧板东、西两端内缩16和25厘米处，东端堵板高55、西端堵板高40厘米，分别与东、西两端活土二层台台面相平，总宽东端55、西端52、板灰厚4.5～5厘米。

木椁内装殓尸骨一具。保存状况较好，头骨与骨架主要部分都较完整。头东足西，仰身直肢，经现场鉴定，死者为男性，35岁左右。骨骼从头到脚通长1.65米。

随葬品集中陈放于木椁内、死者身上及其近前（图二九七；彩版二六，1；图版一〇一）。在头骨右后侧、椁底东北角，放置夹砂红陶罐1件，正置，肩、腹部已碎裂。在左、右耳骨下面，各出螺旋形铜丝耳环1件及绿松石坠珠2枚。在左颧骨下及口中，各出覆面铜扣1枚。在颈下、稍偏右侧锁骨部位，出金璜形饰1件（彩版二六，2；图版一〇二，1）。在右尺骨外侧，出青铜短剑1件，剑锋朝上。在右尺骨内侧，出铜锥1件。在左尺骨外侧，出青铜削刀1件，刀锋朝上；在青铜削刀的下面，出有长方形铜锥（针）管具1件。在左尺骨内侧，出开口骨器1件。在左股骨内侧上端，出青铜锛1件，锛刃朝下；在左股骨内侧中段，出青铜凿1件，凿刃朝上。在左、右髌骨中间，出铜镞9枚，骨

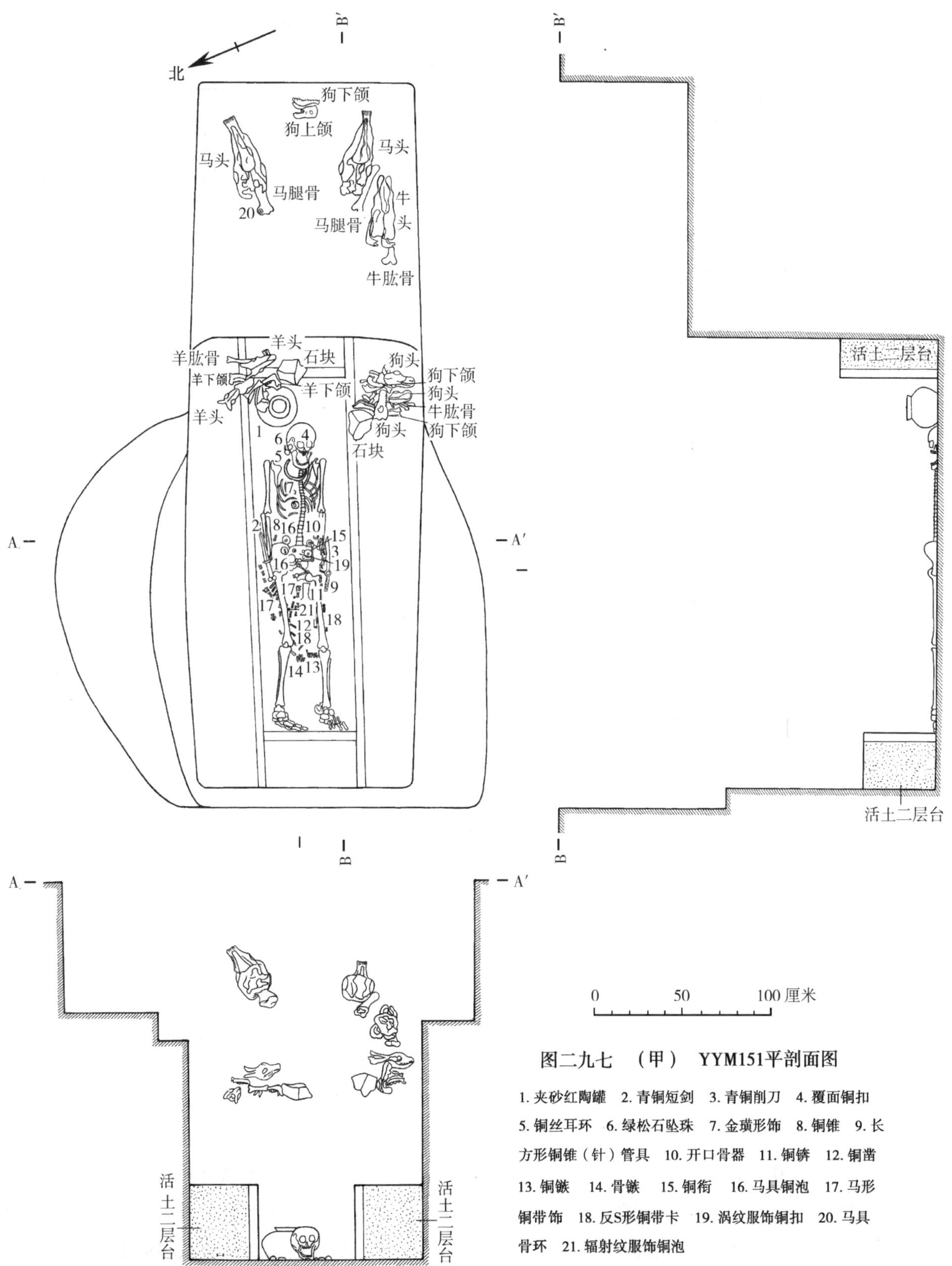

图二九七　（甲）　YYM151平剖面图

1. 夹砂红陶罐　2. 青铜短剑　3. 青铜削刀　4. 覆面铜扣　5. 铜丝耳环　6. 绿松石坠珠　7. 金璜形饰　8. 铜锥　9. 长方形铜锥（针）管具　10. 开口骨器　11. 铜锛　12. 铜凿　13. 铜镞　14. 骨镞　15. 铜衔　16. 马具铜泡　17. 马形铜带饰　18. 反S形铜带卡　19. 涡纹服饰铜扣　20. 马具骨环　21. 辐射纹服饰铜泡

镞4枚，镞锋均朝下。在左髋骨之上，出铜马衔2副。在胸椎右侧和骨盆之上，共出马具铜泡6枚（图版一〇二，2）。在死者身后，自腰际以下至左、右股骨之间部位共出卧马形铜带饰55枚，反S形铜带卡25枚，作4条分布：第1条，分布于右尺骨与短剑外侧至右股骨外侧一线，计有卧马形铜带饰19枚；第2条，分布于右髋骨下面至右股骨外缘、下面及内侧一线，计有卧马形铜带饰13枚、反S形铜带卡8枚（彩版二七，1）；第3条，分布于骶骨下面至左、右股骨之间一线，计有反S形铜带卡8枚，卧马形铜带饰12枚；第4条，分布于左尺骨下面、左髋骨外缘下面至左股骨外缘及其下面一线，计有卧马形铜带饰11枚，反S形铜带卡9枚。此外，在骨盆下面还出有涡纹服饰铜扣2枚，在左股骨下面和右股骨内侧，各出辐射纹服饰铜泡1枚。

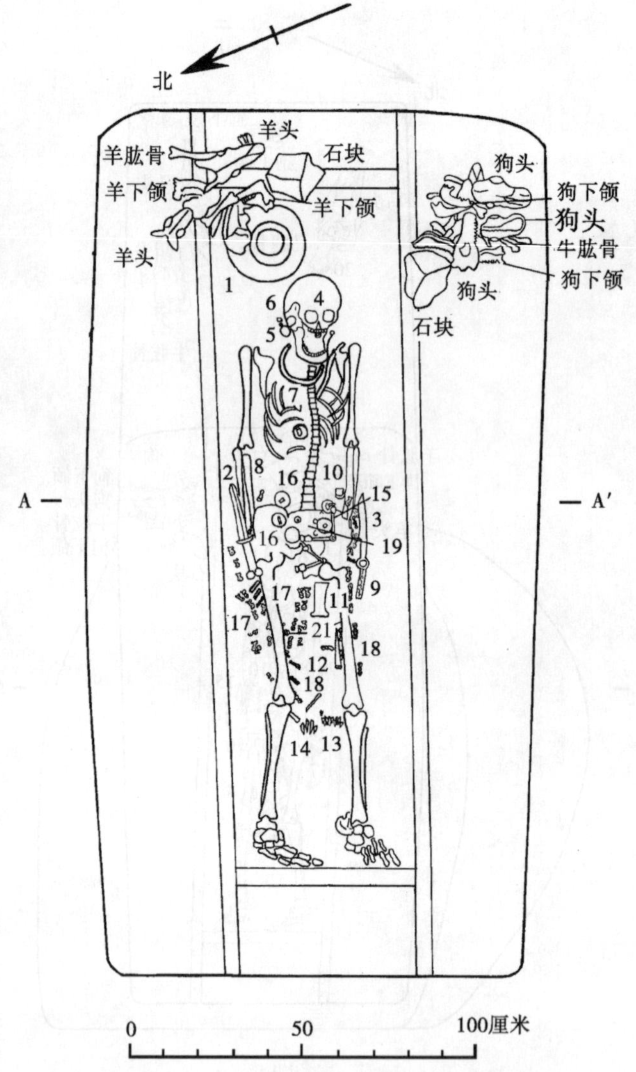

图二九七（乙） YYM151遗物分布图（局部）

1. 夹砂红陶罐 2. 青铜短剑 3. 青铜削刀 4. 覆面铜扣 5. 铜丝耳环 6. 绿松石坠珠 7. 金璜形饰 8. 铜锥 9. 长方形铜锥（针）管具 10. 开口骨器 11. 铜锛 12. 铜凿 13. 铜镞 14. 骨镞 15. 铜衔 16. 马具铜泡 17. 马形铜带饰 18. 反S形铜带卡 19. 涡纹服饰铜扣 21. 辐射纹服饰铜泡

YYM152

这是玉皇庙墓地属于丁级规格的小型墓葬之一。位于南区北部。其东有YYM157，间距0.9米；南有YYM153，间距1米；西北有YYM146，间距0.8米；东北有YYM151，间距0.9米。其地层堆积，基本上同于YYM151，不赘。

墓圹平面形状呈抹角长方形，为浅穴土坑墓。东向，方位角为东偏南26°。墓圹规格，圹口东南—西北长1.35、东南端宽0.5、西北端宽0.42米，圹底形制、规格与圹口一致，圹口至圹底深0.4米。无生土二层台。在圹底中间略偏东南—西北方向安置木椁一具。在木椁外壁四周至圹底部四壁之间，筑有活土二层台，台土经过严密夯打，较坚实，东、南、西、北四台等高，均为20厘米，宽度不一，东台宽23、南台宽9、西台宽17、北台宽10厘米（中段）。

圹内填土为少量淤积夹砂石褐色土与大量生黄土混杂后的五花土，未经夯实，土质较疏松。在填土中，仅发现夹砂红褐陶罐口沿碎片2块，泥质灰陶碎片3块。另在西端和南侧东端活土二层台台面上，各置自然石灰岩石块1块，属有意摆放，石块规格分别为24×11×10和14×9×9厘米。

无殉牲。

木椁已朽，板灰呈白色粉状，盖板无存，底板灰迹模糊不清，南、北侧板与东、西堵板板灰轮廓，尚可分辨。南、北侧板长1.17米，总高20厘米，与四周活土二层台台面平齐，板灰厚3厘米。东、西堵板竖插于南、北侧板之间，立插部位分别在南、北侧板东、西两端内缩14和13厘米处，高度与南、北侧板一致，均为20厘米，总宽东端21、西端20、板灰厚2.5厘米。南、北侧板与东、西堵板的板块组成情况，已不能详。

木椁内装殓婴孩尸骨一具。保存状况不太好，头骨已残裂，脊椎骨、上肢骨残缺不全，下肢骨保存略好一些。头东足西，仰身直肢。经现场鉴定，此婴孩1.5岁左右。骨骼从头至胫骨末端存长0.68米（图二九八；图版一〇三，1）。

无任何随葬品。

YYM157

这是玉皇庙墓地属于丙（C）级规格的小型墓葬之一。位于南区北部。其东有YYM178，间距3.3米；东南有YYM169，间距0.6米；南有YYM171，间距6.4米；西南有YYM168，间距4.1米；西有YYM152，间距0.9米；西北有YYM153，间距1.7米；北有YYM151，间距1米；东北有YYM179，间距3.3米。此墓的地层堆积基本上同于YYM151，不赘。

墓圹平面形状呈抹角长方形，东端外弧，为竖穴土坑墓。东南向，方位角为东偏南25°。墓圹规格，圹口东南—西北长1.75、东端宽0.56、西北端宽0.58米，圹底形制、规格与圹口一致，圹口至圹底深东南端0.75、西北端0.5米。无生土二层台。在圹底中间位置，按东西方向安置木质葬具1具。在木质葬具四周至圹底部四壁之间，筑有活土二层台，台土经过严密夯打，较坚实，东、南、西、北四台等高，均为25厘米，宽度不一，东台宽20、南台宽12、西台宽30、北台宽11厘米（中段）。

圹内填土为少量淤积夹砂石褐色土与大量生黄土混杂后的五花土，经普遍夯实，但未有夯层与夯窝痕迹。在填土中，仅发现夹砂褐陶罐类器底残片1块，除此之外，再未见其他遗物。

无殉牲。

木质葬具，已腐朽为泥。根据墓圹底部土质软硬的差别可以区分出此葬具的四至界限。东西长1.23米，东端宽35、西端宽27、总高25厘米，与四周活土二层台台面平齐。其他相关结构情况已无从考察。

木质葬具内装殓孩童尸骨一具。保存状况不好，头骨已残碎，骨质腐朽严重，人骨架大部分残损不全，脊椎骨、骨盆、手、足、骨等已无存，唯四肢骨尚存大致轮廓。头朝东南，足向西北，仰身直肢。经现场鉴定，死者为儿童，10岁左右。骨骼从头至胫骨末端存长1.01米。

随葬品较少，集中陈放于木质葬具内、死者头部至骨盆以上部位（图二九九）。在左、右耳骨下面，各出螺旋形铜丝耳环1件及绿松石坠珠1枚。在颈下，出马形铜牌饰1件，马头朝左。在颈部周围，出白石管和黑石管项链1串，由白石管9枚与黑石管7枚交错串成。在腰部至骨盆之间，出服饰铜泡9枚（彩版二七，2）。

YYM153

这是玉皇庙墓地属于丙（A）级规格的小型墓葬之一。位于南区北部，其东有YYM169，间距2.7米；东南有YYM176，间距5.1米；南有YYM168，间距1.7米；西南有YYM154，间距0.7米；西有YYM144，间距2.8米；西北有YYM145和YYM146，间距分别为1.7和1.3米；北有YYM152，间距1

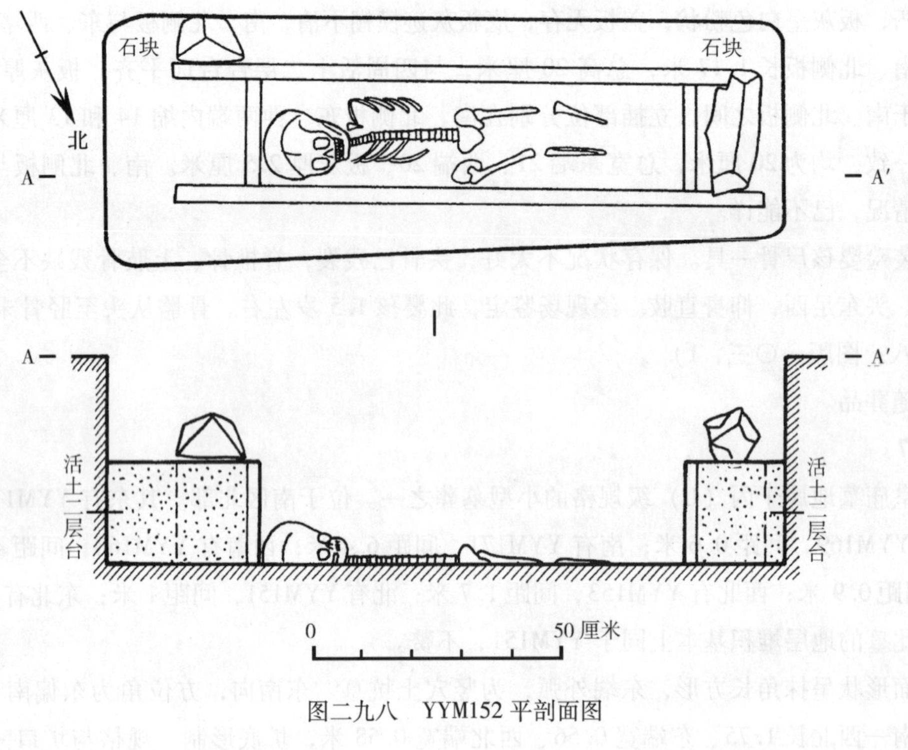

图二九八　YYM152 平剖面图

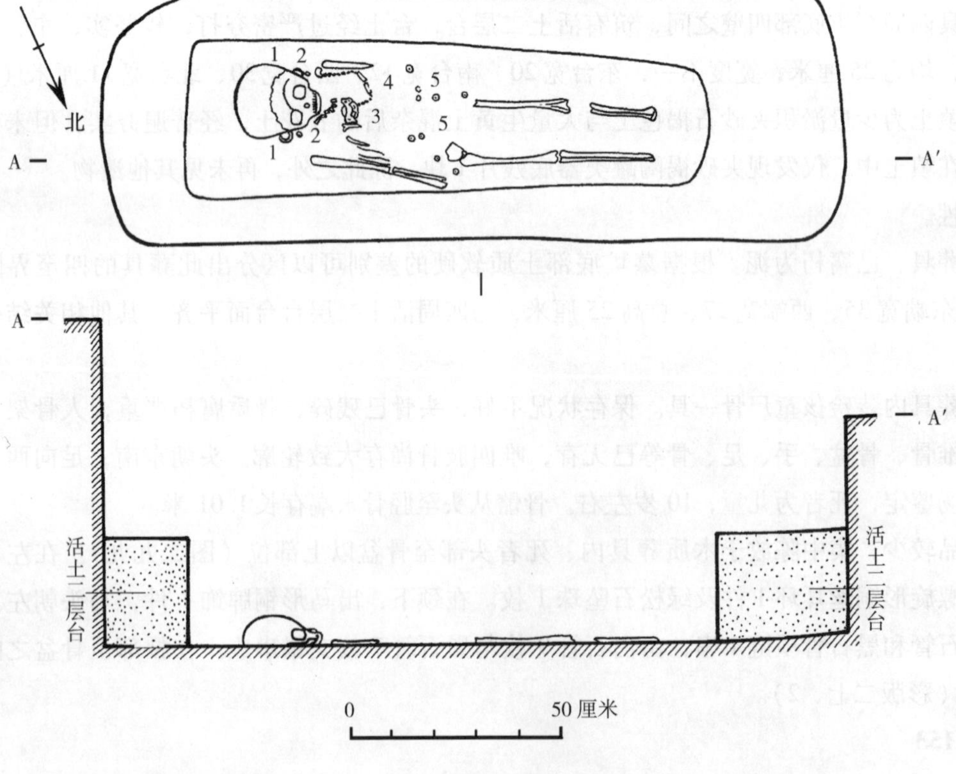

图二九九　YYM157 平剖面图

1. 铜丝耳环　2. 绿松石坠珠　3. 马形铜牌饰　4. 白石管、黑石管项链　5. 服饰铜泡（小）

米；东北有 YYM157，间距 1.7 米。此墓的地层堆积基本上同于 YYM151，不赘。

墓圹平面形状大体上呈抹角梯形，墓圹南侧边缘稍内弧，东端略宽，西端略窄，为竖穴土坑墓。东南向，方位角为东偏南 38°。墓圹规格，圹口东南—西北长 2.36、东南端宽 0.95、西北端宽 0.74 米，圹底形制、规格与圹口一致，圹口至圹底深 1.2 米。无生土二层台。在圹底中间略偏北侧位置，按东南—西北方向，安置木椁一具。在木椁外壁四周至圹底部四壁之间，筑有活土二层台，台土经过严密夯打，较坚实，东、南、西、北四台等高，均为 0.63 米，宽度不一，东台宽 17、南台宽 19、西台宽 39、北台宽 14 厘米（中段）。

圹内填土为少量淤积夹砂石褐色土与大量生黄土混杂后的五花土，经普遍夯实，但未有夯层与夯窝痕迹。在填土中，仅发现夹砂红褐陶残片 3 块，泥质灰陶碎片 2 块，牛牙 3 颗。另在圹内东端、西南角及北侧活土二层台上等处填土中，发现零散的、无规律的、大小不一的自然石灰岩石块 9 块，其规格在 10×8×6 至 18×15×12 厘米之间。

殉牲位置，祭牲集中摆放在圹内东南端中、北侧上层填土中，上与东南端圹口相平，下距圹底 0.92 米（图版一〇三，2）。殉牲种类，为牛、羊、狗 3 种家畜。殉牲数量，牛头 1 个，牛肱骨 1 只，羊头 3 个（山羊 1，绵羊 2），羊肱骨 3 只，狗头 4 个，狗肱骨 4 只。殉牲形式，将牛、羊、狗头的上、下颌拆解开后，按东南—西北方向，作南、北相邻同层依次摆放。即先将狗肱骨 1 只及拆解开的狗上、下颌骨 1 套，顺摆于圹内最东端略偏北侧的上层填土上，狗肱骨在下，狗头骨叠置其上，吻部朝东；然后于其西侧，接着摆上狗牲 1 套，其肱骨 1 只叠压于狗上颌骨之下，狗下颌骨 1 副斜搭在前面的狗上颌骨之上，此狗上颌的吻部朝东南，下颌的吻部朝东北；然后于其西侧，再照例顺摆狗牲 1 套，此狗上、下颌的吻部皆朝东；然后在上述狗牲的南侧再顺摆羊肱骨 3 只及拆解开的绵羊上、下颌骨 2 套，山羊上、下颌骨 1 套，照例是羊肱骨在下，羊头骨在上，其中山羊牲在最南侧，绵羊牲居于山羊牲与北侧狗牲之间，上述羊牲上、下颌的吻部，一律朝东；在山羊牲的西侧，又安置狗牲 1 套，形式同上；最后，于前述 3 套狗牲之北侧，再顺摆牛肱骨 1 只及拆解开的牛上、下颌骨 1 套，也是牛肱骨在下，牛头骨叠置其上，吻部朝东。偏西侧的狗牲与部分羊牲发生下陷与错位现象，盖源于木椁腐朽后坍顶，遂引起填土下沉所致。

木椁已朽，盖板无存，底板灰痕已十分模糊，四至难辨，唯南、北侧板与东、西堵板灰痕轮廓，尚可辨识。板灰呈白色粉状，南、北侧板东西顺长 2.05、总高 0.63 米，板灰厚 3～3.5 厘米；东、西堵板，分别竖插于南、北侧板之间，立插部位分别在南、北侧板东、西两端内缩 11 和 12 厘米处，高度与南、北侧板一致，均为 0.63 米，总宽东端 44、西端 38、板灰厚 3 厘米。南、北侧板与东、西堵板的板块组成情况，已难以再作具体分辨。

木椁内装殓尸骨一具。保存状况较好，头骨与其他主要部位骨骼基本完整。头朝东南，足向西北，仰身直肢，经现场鉴定，死者为一成年女性。骨骼从头到脚通长 1.6 米（图版一〇三，3）。

随葬品集中陈放于木椁内、死者身上及其近前（图三〇〇）。在死者左侧胸部，放置夹砂灰褐陶罐 1 件，已酥碎不成形。在左、右耳骨下面，共出螺旋形铜丝耳环 3 件及绿松石坠 6 枚。覆面铜扣 2 枚，出于上颌骨处 1 枚，滑落于头骨左侧 1 枚。在颈部至胸部，出不同质料的项链 4 串：（1）玛瑙珠、绿松石管、白石管、蚌珠及蚌坠组成的项链 1 串，由玛瑙珠 95 颗、绿松石管 6 枚、白石管 9 枚、蚌珠 1 件，及长条形蚌坠 1 枚联合串成；（2）铜珠项链 1 串，由纺锤形铜珠 17 枚及匕形铜坠饰 1 枚（附末端）组成；（3）小白石珠项链 1 串，由 81 粒小白石珠串成；（4）小黑石珠项链 1 串，由 377 粒小黑石珠串成。在腹部左

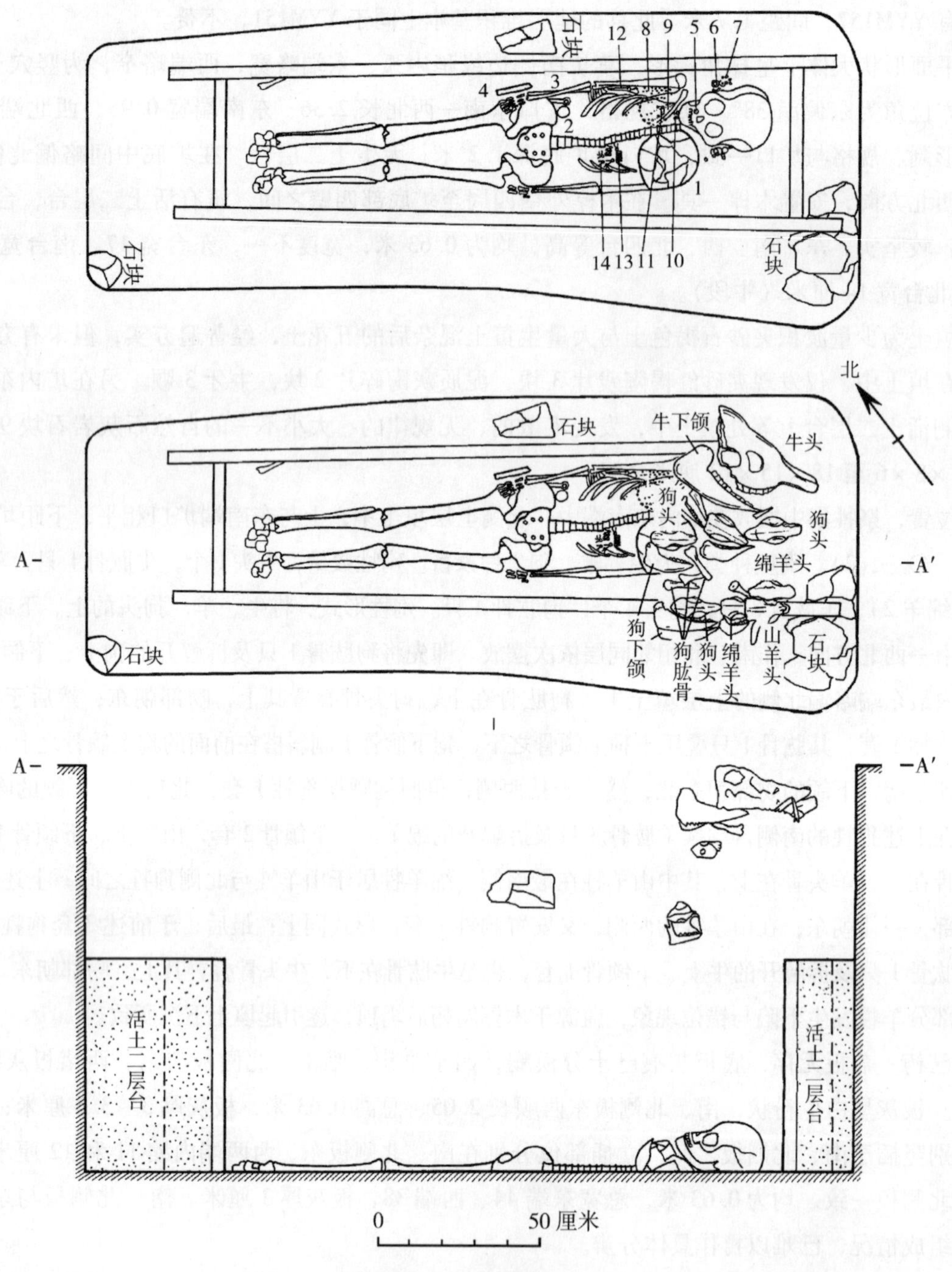

图三〇〇 YYM153 平剖面图

1. 夹砂灰褐陶罐 2. 铜环 3. 青铜削刀 4. 长方形铜锥（针）管具 5. 覆面铜扣 6. 铜丝耳环 7. 绿松石坠珠 8. 小黑石珠项链 9. 小白石珠项链 10. 玛瑙珠、绿松石管、蚌珠、蚌坠项链 11. 纺锤形铜珠项链 12. 匕形铜坠饰 13. 白石管 14. "人"字形铜坠饰

侧，出"人"字形铜坠饰19枚。在右尺骨内侧、右髋骨外缘下面，出青铜削刀1件，在削刀环首左侧，出铜环1件。在右手指骨外侧，出长方形动物纹铜锥（针）管具1件（图版一〇四，1）。

YYM147

这是玉皇庙墓地属于丁级规格的小型墓葬之一。位于南区北部。其东有 YYM151，间距 1.2 米；

东南有 YYM152，间距 1.8 米；南有 YYM146，间距 1.1 米；西南有 YYM145，间距 1.8 米；西北有 YYM142，间距 1.2 米；北有 YYM148，间距 2 米；东北有 YYM150，间距 2.9 米。此墓的地层堆积，基本上同于 YYM151，不赘。

墓圹平面形状，呈抹角长方形，为浅穴土坑墓。东向，方位角为东偏南 21°。墓圹规格，圹口东西长 1.33、东端宽 0.41、西端宽 0.4 米，圹底形制、规格与圹口一致，圹口至圹底深 18 厘米。无生土二层台。无木质葬具，无活土二层台。

圹内填土，为淤积夹砂石褐色土，未经夯实，土质较疏松。在填土中，未见任何文化遗物。

无殉牲。

在圹底中间，按东西方向，安葬婴孩尸骨一具。保存状况不好，头骨已酥碎，骨架因腐朽，基本无存。头东足西。经现场鉴定，死者为 1.5 岁婴儿。

随葬品较少，集中陈放于死者颈部及骨盆附近（图三〇一）。在颈下，出虎形铜牌饰 1 件，虎头朝左上方；还出铜珠项链 1 串，由 12 枚纺锤形铜珠串成；并出绿松石珠、白石管和小白石珠项链 1 串，由绿松石珠 4 枚、白石管 2 枚和小白石珠 6 粒，联合串成。骨盆左侧，出服饰铜泡 1 枚。

YYM146

这是玉皇庙墓地属于丁级规格的小型墓葬之一。位于南区北部。其东南有 YYM152 和 YYM153，间距分别为 0.8 和 1.3 米；西南有 YYM145，间距 0.5 米；西北有 YYM142，间距 1.9 米；北有 YYM147，间距 1.1 米；东北有 YYM151，间距 1.5 米。此墓的地层堆积，基本上同于 YYM151，不赘。

墓圹平面形状，呈抹角长方形，为浅穴土坑墓。东向，方位角为东偏南 15°。墓圹规格，圹口东西长 1.07、东端宽 0.32、西端宽 0.34 米，圹底形制、规格与圹口一致，圹口至圹底深 22 厘米。无生土二层台。无木质葬具，无活土二层台。

圹内填土，为淤积夹砂石褐色土与生黄土混杂后的五花土，未经夯实，土质较疏松。在填土中，未发现任何文化遗物。

无殉牲。

在圹底中间略偏北侧位置，按东西方向，安葬婴孩尸骨一具。保存状况不太好，头骨已被压碎，骨骼已腐朽，上肢骨、骨盆等，已残缺不全。手、足骨等细小骨骼，已无存。头东足西，侧面向北，仰身直肢。经现场鉴定，死者为 1～1.5 岁婴儿。骨骼从头至胫骨末端通长 0.7 米（图三〇二；图版一〇四，2）。

无任何随葬品。

YYM142

这是玉皇庙墓地属于丙（A）级规格的小型墓葬之一。位于南区北部边缘，其东南有 YYM147，间距 1.2 米；南有 YYM145，间距 1.7 米；西南有 YYM143，间距 1.2 米；西北有 YYM140 和 YYM141，间距分别为 0.9 和 0.8 米；东北有 YYM148，间距 1.4 米。此墓的地层堆积，基本上同于 YYM151，不赘。

墓圹平面形状，基本上呈抹角长方形，为竖穴土坑墓。东向，方位角为东偏南 13°。墓圹规格，圹口东西长 2.3、东端宽 0.89、西端宽 0.85 米，圹底东西长 2.1、东端宽 0.8、西端宽 0.78 米，圹口至圹底深 1.27 米。无生土二层台。在圹底中间偏东南—西北方向，安置木椁一具。在木椁外壁四周至圹底部四

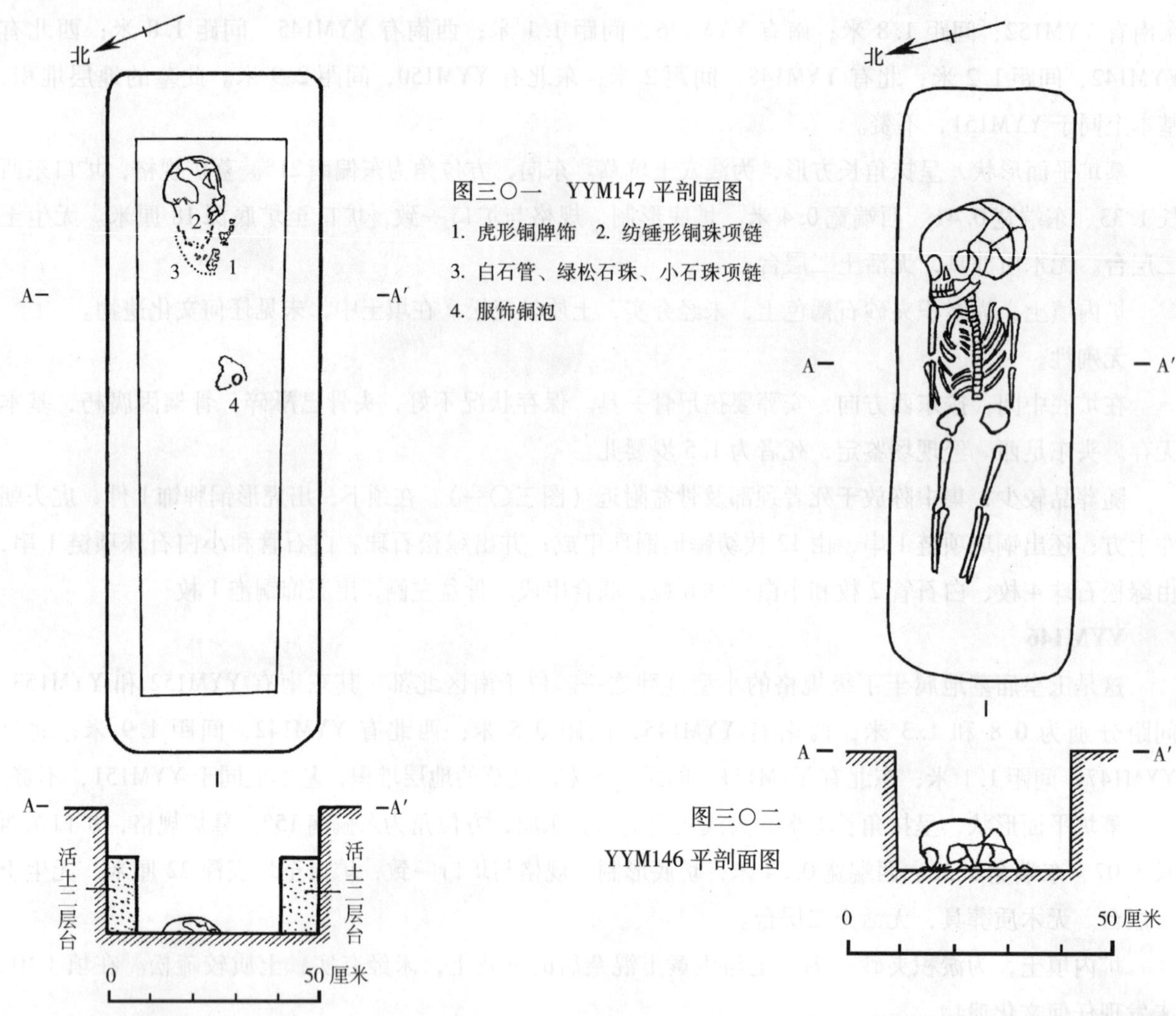

图三〇一 YYM147 平剖面图

1. 虎形铜牌饰 2. 纺锤形铜珠项链 3. 白石管、绿松石珠、小石珠项链 4. 服饰铜泡

图三〇二 YYM146 平剖面图

壁之间，筑有活土二层台，台面经过严密夯打，较坚实，东、南、西、北四台等高，均为32厘米，宽度不一，东台宽18、南台宽20、西台宽17、北台宽25厘米（中段）。

圹内填土，为少量淤积夹砂石褐色土与大量生黄土混杂后的五花土，经普遍夯实，但未有夯层与夯窝痕迹。在填土中，仅发现夹砂红褐陶罐类口沿与腹部残片4块，泥质灰陶罐类残片3块，除此之外，再未见其他遗物。

殉牲位置，祭牲集中摆放在圹内东端至中西部上层填土中，上距东端至中西部圹口25～40厘米深，下距圹底0.8～0.83米。殉牲种类，为牛、羊、狗3种家畜。殉牲数量，牛头1个，牛肱骨1只，羊头4个（山羊3，绵羊1），羊肱骨4只，狗头3个，狗肱骨3只。殉牲形式，将牛、羊、狗头的上、下颌拆解开后，自东而西作纵列同层依次摆放（图版一〇五，1）。即按东西方向，先将牛头上颌骨1个和大号狗头上颌骨1个及狗肱骨1只，并列顺摆于圹内东端中间上层填土上，牛头在南侧，狗头及狗肱骨在北侧，牛头与狗头的吻部皆朝东；接着在其西侧，摆上这个大号狗头的下颌骨1副，牛肱骨1只，及拆解开的牛下颌骨1副，此副狗下颌骨与牛肱骨，作南北向摆放，狗下颌的吻部朝北，牛下颌呈十字交错搭在牛肱骨之上，吻部朝东；然后于牛下颌骨的北侧，东西向顺摆羊肱骨1只，其上斜搭狗肱骨1只，狗肱骨之上，摆放已拆解开的狗上、下颌骨1套，吻部朝西；然后于牛肱骨的西侧，自东而西连续摆放羊肱骨3只，拆解开的山羊头上、下颌骨3套及绵羊头上、下颌骨1套，其中紧挨牛下颌骨的那个为首的山羊头最大，吻部朝东，其他羊牲的吻部朝向，或朝南，或朝北，不尽统一；最后在紧挨着山羊头的西北侧，摆放狗肱骨1只及拆解开的狗头上、下颌骨1套，狗肱骨在下，狗头在上，其中上颌吻部朝西，下颌吻部朝北。

木椁已朽，板灰呈白色粉渣状，盖板无存，底板灰痕残缺不全，仅南、北侧板与东、西堵板板灰轮廓尚可辨认。南、北侧板东西顺长1.94米，总高32厘米，与南、北活土二层台台面平齐，板灰厚3厘米；东、西堵板，分别竖插于南、北侧板之间，立插部位，分别在南、北侧板东、西两端内缩10和9厘米处，高度与南、北侧板一致，均为32厘米，总宽东端36、西端38、板灰厚3厘米。南、北侧板与东、西堵板的板块组成情况，已不能详。

木椁内装殓尸骨一具。保存状况较好，头骨及主要部位骨骼，基本完整。头东足西，仰身直肢，经现场鉴定，死者为男性，22~24岁。骨骼从头到脚通长1.54米（图版一〇五，2）。

随葬品集中陈放于木椁内、死者身上及其近前（图三〇三；图版一〇六，1）。在头骨左后侧，椁底东南角，放置夹砂红褐陶罐1件，斜侧置，口朝东。在左、右耳骨下面，各出螺旋形铜丝耳环1件及绿松石坠珠3枚。在左耳部下面，出白石管1枚。在面部左颧骨下方及下颌骨左侧，出覆面铜扣2枚。在颈部出贝饰2枚。在颈下，左侧锁骨部位，出马形铜牌饰1件，马头朝左。在左尺骨内侧、左髋骨外侧至左股骨上面，出青铜短剑1件，剑身表面，遗有黑色皮质剑鞘腐朽灰痕。短剑剑身之下，压有青铜削刀1件。剑锋与刀锋，均朝上。在短剑剑格左侧，左手指骨下面，出铜盒形器1件。在骨盆表面，出铜环1件（图版一〇六，2）。在左胫骨上端内侧，出骨镞4枚，右胫骨上端外侧，出骨镞1枚，镞锋均朝下。在死者腰际以下至左、右股骨之间，出卧马形铜带饰29枚，犬形铜带饰14枚。分布如次：卧马形铜带饰，（1）压在骨盆和腰椎骨下面者8枚，（2）右髋骨内侧、右手指骨下面压有8枚，（3）左髋骨外侧至左股骨外侧，及左手指骨下面压有10枚，（4）左、右股骨之间3枚；犬形铜带饰：（1）出于左髋骨内侧及下方10枚，（2）压在左髋骨下面4枚。

YYM145

这是玉皇庙墓地属于丙（A）级规格的小型墓葬之一。位于南区北部，其东有YYM152，间距2.2米；东南有YYM153和YYM154，间距分别为1.7和2.1米；南有YYM155，间距2.5米；西南有YYM144，间距1.2米；西北有YYM143，间距0.7米；北有YYM142，间距1.7米；东北有YYM146，间距0.5米。此墓的地层堆积，基本上同于YYM151，不赘。

墓圹平面形状，呈抹角长方形，为竖穴土坑墓。东南向，方位角为东偏南26°。墓圹上层因取土被破坏，现存墓圹圹口东南—西北长2.67、东南端宽0.8、西北端宽0.78米，圹底的形制、规格与圹口一致，圹口至圹底残存深度为1.07米。无生土二层台。在圹底中间略偏北侧位置，按东南—西北向，安置木椁一具。在木椁外壁四周至圹底部四壁之间，筑有活土二层台，台土经过严密夯打，较坚实，东、南、西、北四台等高，均为0.7米，宽度不一，东台宽45、南台宽21、西台宽28、北台宽11厘米。

圹内填土，为少量淤积夹砂石褐色土与大量生黄土混杂后的五花土，经普遍夯实，但未有夯层与夯窝痕迹。在填土中，仅发现夹砂红褐陶罐类腹部与器底残片2块，泥质灰陶碎片5块，另在西端活土二层台之上填土中，有自然石灰岩石块1块，除此之外，再未有其他遗物。

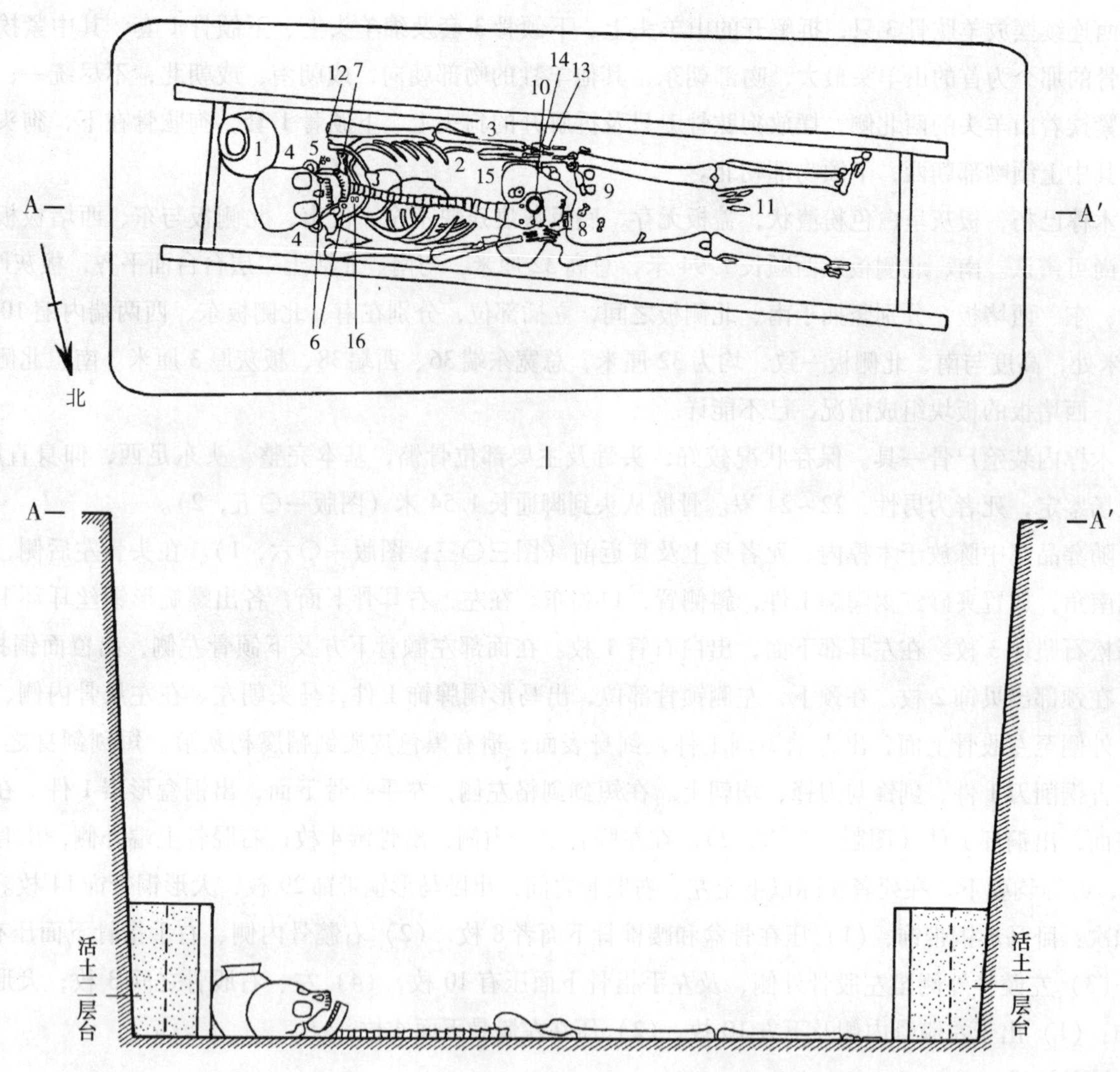

图三〇三 YM142 平剖面图

1. 夹砂红褐陶罐 2. 青铜短剑 3. 青铜削刀（压在剑身下面） 4. 铜丝耳环 5. 绿松石坠珠 6. 覆面铜扣 7. 马形铜牌饰 8. 马形铜带饰 9. 犬形铜带饰 10. 铜环（出于骨盆表面） 11. 骨镞 12. 白石管（出于左耳骨下） 13. 铜锥（压于左手指骨下面） 14. 铜盒形器（压于左手指骨下面） 15. 长方形铜锥（针）管具（压于左髋骨下面） 16. 贝饰

因墓圹上部被破坏，殉牲无存。

木椁已朽，板灰呈白色粉状，盖板无存，底板灰痕大部分残缺，南、北侧板与东、西堵板，四至轮廓尚清楚。南、北侧板东西长2.32、总高0.7米，与南、北活土二层台台面平齐，板灰厚4厘米；东、西堵板，分别竖插于南、北侧板之间，立插部位，分别在南、北侧板东、西两端内缩22和16厘米处，高度与南、北侧板一致，均为0.7米，总宽东端45、西端39厘米。南、北侧板与东、西堵板的板块组成情况，已难以作分辨。

木椁内装殓尸骨一具。保存状况不太好，头骨已残碎，脊椎骨与骨盆残缺不全，肋骨无存，仅四肢骨较完整。头朝东南，足向西北，仰身直肢，经现场鉴定，死者为男性，50岁左右。骨骼从头到脚通长1.67米（图版一〇六，3）。

随葬品集中陈放于木椁内、死者身上及其近前（图三〇四）。在头骨左侧，放置夹砂褐陶罐1件，正置，已残。在左、右耳骨下面，各出螺旋形铜丝耳环1件及绿松石坠珠3枚。在面上颌骨表面，出覆面铜扣1枚。在左、右锁骨交接部位，出马形铜牌饰1件，马头朝左。在右髋骨外缘下面，出青铜短剑1件，剑锋朝上。在右髋骨外缘内侧，出青铜削刀1件，刀锋朝上。在左股骨内侧，出长方形几何纹铜锥（针）管具1件。在左、右股骨上端之间，出铜锥1件，锥尖朝下。服饰铜泡4枚，出于右髋骨内侧1枚，左、右耻骨弓之间1枚，左、右股骨内侧各1枚。在左膝外侧，出铜锛1件，锛刃朝上。在左腓骨外侧，出铜凿1件，凿刃朝上。在左、右踝骨之间，出铜镞2枚，镞锋朝下。在死者腰际以下至左、右股骨之间，出卧马形铜带饰40枚，反S形铜带卡27枚。分布如次：卧马形铜带饰，（1）压在骨盆下面5枚，（2）右尺骨外侧至右髋骨外缘短剑下面24枚，（3）左尺骨内侧11枚；反S形铜带卡，（1）出于骨盆内侧4枚，（2）右股骨内侧及表面10枚，（3）左尺骨内侧6枚，（4）左股骨外侧7枚。

YYM143

这是玉皇庙墓地属于丙（A）级规格的小型墓葬之一。位于南区北部边缘，其东南有YYM145，间距0.7米；南有YYM144，间距1.4米；西南有YYM136和YYM137，间距分别为1.1和1米；西北有YYM138，间距0.5米；北有YYM141，间距2米；东北有YYM142，间距1.2米。此墓的地层堆积，基本上同于YYM151，不赘。

墓圹平面形状，基本上呈抹角长方形，为竖穴土坑墓。东向，方位角为东偏南14°。墓圹规格，圹口东西长2.64、东端宽0.85、西端宽0.96米，圹底东西长2.58、东端宽0.75、西端宽0.86米，圹口距圹底深0.9米。无生土二层台。在圹底正中位置，按东西方向，安置木椁一具。在木椁外壁四周至圹底部四壁之间，筑有活土二层台，台面经过严密夯打，较坚实，东、南、西、北四台等高，均为30厘米，宽度不一，东台宽24、南台宽16、西台宽35、北台宽15厘米。

圹内填土，为少量淤积夹砂石褐色土与大量生黄土混杂后的五花土，经普遍夯实，但未有夯层与夯窝痕迹。在填土中，仅发现夹砂褐陶碎片2块及小鋬耳1块，泥质灰陶残片5块，在圹内西端上层填土中，有自然石块2块，规格为20×12×10至40×26×17厘米。除此之外，再未见其他遗物。

殉牲位置，祭牲集中摆放在圹内东端中间上层填土中，上距东端圹口27厘米深，下距圹底0.5米（图版一〇七，1）。殉牲种类，为牛、羊、狗3种家畜。殉牲数量，牛头1个，牛肱骨1只，羊头4个（山羊3，绵羊1），羊肱骨1只，狗头6个，狗肱骨6只。殉牲形式，将牛、羊、狗头的上、下颌拆解开后，作南、北相邻同层摆放。即按东西方向，先将大号狗肱骨1只及拆解开的大号狗头上、下颌骨1套，顺摆于圹内东端中间最前沿的上层填土上，狗肱骨在下，狗头在上，吻部朝东；然后在其西侧，接着顺摆狗肱骨2只、羊肱骨1只，及拆解开的狗头上、下颌骨2套和山羊上、下颌骨1套，肱骨均在下，头骨皆置其上，吻部均朝东；然后又在其西侧，接着顺摆拆解开的山羊上、下颌骨2套，绵羊上、下颌骨1套，然后又在羊牲的西侧，摆上狗肱骨3只及拆解开的狗上、下颌骨3套，吻部亦均朝东；然后在狗牲与羊牲之南侧，亦按东西方向，顺摆牛肱骨1只及拆解开的牛头上、下颌骨1套，牛肱骨在下，牛头骨叠置其上，其吻部亦朝东。

木椁已朽，板灰呈白色粉状，盖板仅在北侧活土二层台台帮东端与中段残存一部分，灰痕很薄，只能看出其横向搭连在北侧活土二层台台帮上，并叠压于木椁北侧板之上，其板块结构及组成情况，已难以分辨。底板灰痕较薄，残缺不全，四至不太清楚（图三〇五）。南、北侧板与东、西堵板板灰轮廓，尚可辨识。南、北侧板东西顺长2.32米、总高30厘米，与南、北活土二层台台面平齐，板灰厚

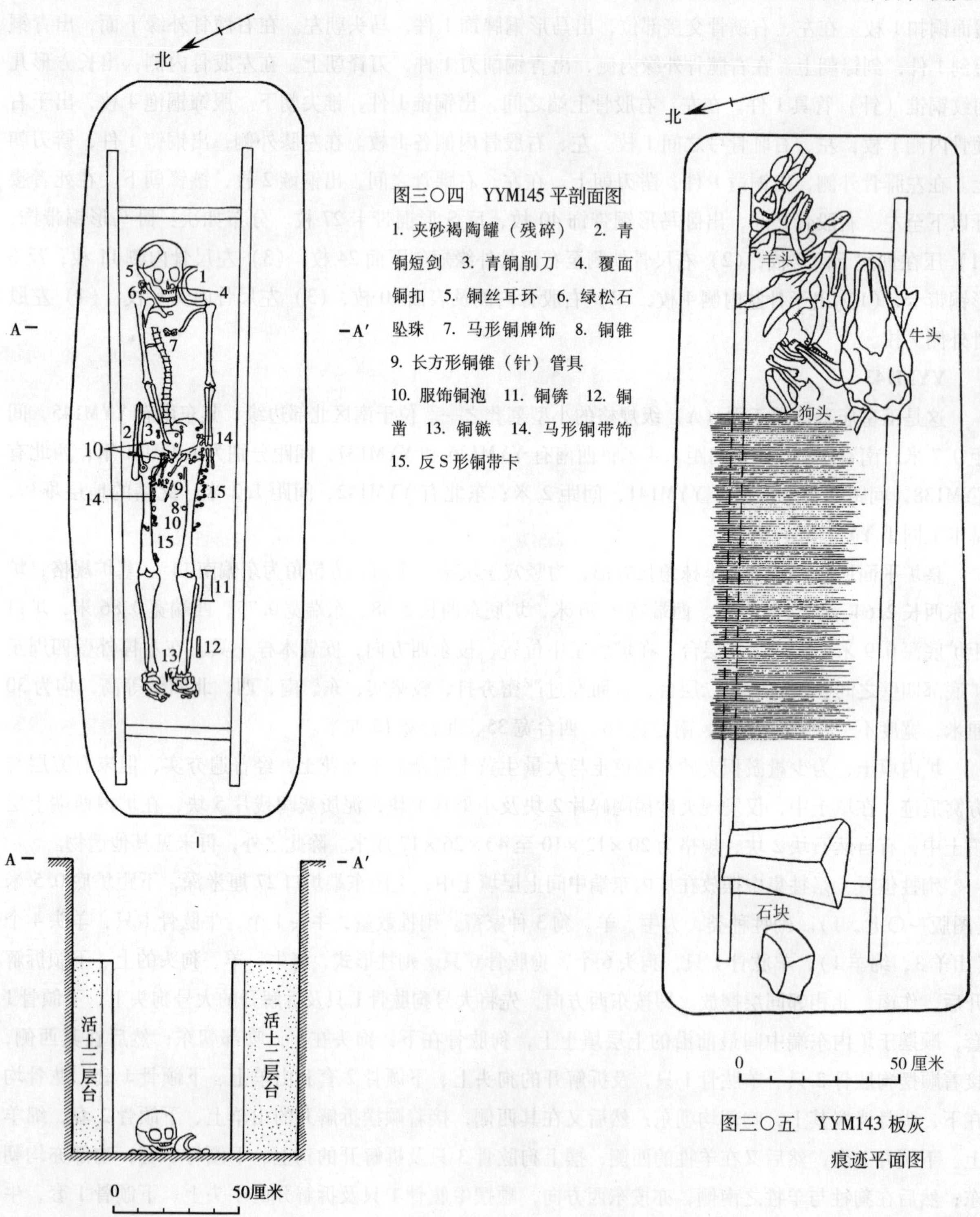

图三〇四　YYM145平剖面图
1. 夹砂褐陶罐（残碎） 2. 青铜短剑 3. 青铜削刀 4. 覆面铜扣 5. 铜丝耳环 6. 绿松石坠珠 7. 马形铜牌饰 8. 铜锥 9. 长方形铜锥（针）管具 10. 服饰铜泡 11. 铜锛 12. 铜凿 13. 铜镞 14. 马形铜带饰 15. 反S形铜带卡

图三〇五　YYM143板灰痕迹平面图

4 厘米；东、西堵板，分别竖插于南、北侧板之间，立插部位，分别在南、北侧板东、西两端内缩 12 和 19 厘米处，高度与南、北侧板一致，均为 30 厘米，总宽东端 44、西端 42、板灰厚 4 厘米。南、北侧板与东、西堵板的板块组成情况，已不能具体分辨。

木椁内装殓尸骨一具。保存状况较好，头骨及主要部位骨骼，基本完整。头东足西，仰身直肢，经现场鉴定，死者为男性，56 岁以上。骨骼从头到脚通长 1.70 米。

随葬品集中陈放于木椁内、死者身上及其近前（图三〇六）。在头骨右后方，椁底东北角，放置泥质灰陶折肩罐 1 件，正置。在左、右耳骨下面，各出螺旋形铜丝耳环 1 件，右侧耳环之下，附出绿松石坠珠 3 枚。在面部右颧骨下方和鼻骨处，出覆面铜扣 2 枚。在右锁骨表面，出马形铜牌饰 1 件，马头朝左。在右尺骨内侧至右髋骨外缘，出青铜短剑 1 件，青铜削刀 1 件，剑锋与刀锋，均朝下。在右尺骨下面，压有算珠形骨珠 1 枚，开口骨器 1 件，服饰铜泡 2 枚，铜锥 1 件，锥尖朝下。在右手指骨下面，压有长方形铜锥（针）管具 1 件。在左趾骨外侧，出铜锛 1 件，铜凿 1 件，铜锛侧置于铜凿之上，锛刃朝左，凿刃朝下。在死者腰际至左、右股骨之间，出反 S 形铜带卡 25 枚，卧马形铜带饰 70 枚（图版一〇七，2）。分布如次：反 S 形铜带卡，（1）出于右股骨外侧 6 枚，（2）左、右股骨内侧 7 枚，（3）腰椎右侧 3 枚，（4）左髋骨上面 2 枚，（5）左尺骨外侧 4 枚，（6）右尺骨下面 3 枚；卧马形铜带饰，（1）出于右尺骨与右手骨外侧 23 枚，（2）左髋骨与左股骨外侧 14 枚，（3）左、右股骨内侧 17 枚，（4）横向一排被压在骨盆上缘下面及左尺骨下面者 16 枚。

YYM144

这是玉皇庙墓地属于丙（A）级规格的小型墓葬之一。位于南区北部。其东有 YYM153，间距 2.8 米；东南有 YYM155，间距 0.6 米；南有 YYM286，间距 0.1 米；西南有 YYM134，间距 1.2 米；西北有 YYM136，间距 1.1 米；北有 YYM143，间距 1.5 米；东北有 YYM145，间距 1.3 米。此墓的地层堆积，基本上同于 YYM151，不赘。

墓圹平面形状，呈抹角长方形，为竖穴土坑墓。西向，方位角为西偏北 22°。墓圹规格，圹口东西长 2.65、东端宽 0.9、西端宽 1 米，圹底形制、规格，与圹口一致，圹口至圹底深 1.13 米。无生土二层台。在圹底中间，按西东方向，安置木椁一具。在木椁外壁四周至圹底部四壁之间，筑有活土二层台，台土经过严密夯打，东、南、西、北四台等高，均为 28 厘米，宽度不一，东台宽 41、南台宽 24、西台宽 52、北台宽 20 厘米（中段）。

圹内填土，为少量淤积夹砂石褐色土与大量生黄土混杂后的五花土，经普遍夯实，但未有夯层与夯窝痕迹。在填土中，仅发现夹砂红褐陶罐类口沿和器底残片 2 块，泥质灰陶碎片 5 块。另在北侧东端和西南角活土二层台以上的填土中，各有较大的自然石灰岩石块 1 块，其规格分别为 35×30×25 和 31×27×22 厘米。除此之外，再未见其他遗物。

殉牲位置，祭牲集中摆放在圹内西端中间上层填土中，上距西端圹口 10 厘米深，下距圹底 0.78 米（图版一〇八，1）。殉牲种类，为羊、狗 2 种家畜。殉牲数量，羊头 2 个（绵羊），羊肱骨 2 只，狗头 4 个，狗肱骨 4 只。殉牲形式，将羊和狗头的上、下颌拆解开后，按西东方向，作南、北相邻同层摆放。即先将狗上颌骨 3 个，呈“品”字形顺摆于圹内西端中间略偏北侧的上层填土上，为首的一个，吻部朝西北，后边（东侧）的二个，吻部朝西；然后于其北侧，顺摆绵羊上颌骨 1 个，吻部朝西；然后于东侧，再插摆羊下颌骨 1 副，狗上颌骨 1 个，狗下颌骨 4 副，狗肱骨 4 只，其中除一副狗下颌骨吻部朝西北之外，其余的狗上、下颌骨和羊下颌骨的吻部，均朝西。

木椁已朽，板灰呈白色粉状，盖板痕迹，仅在南侧活土二层台台面上，残存一部分，作南北向横搭在南侧板之上，南端贴附在南侧活土二层台台面上（贴附部分长度在4～14厘米之间），板块组成情况，已难以分辨。底板灰痕模糊不清。南、北侧板与东、西堵板的板灰轮廓，尚可辨认。南、北侧板东西长2.03米，总高28厘米，与活土二层台台面平齐，板灰厚3厘米。东、西堵板，分别竖插于南、北侧板之间，立插部位，分别在南、北侧板东、西两端内缩15和18厘米处，高度与南、北侧板一致，均为28厘米，总宽东端37、西端43、板灰厚3.5厘米。南、北侧板与东、西堵板的板块组成情况，已不能详。

木椁内装殓尸骨一具。保存状况较好，头骨及主要部位骨骼，基本完整。头西足东，仰身直肢，经现场鉴定，死者为女性，30～35岁。骨骼从头到脚通长1.52米。

随葬品集中陈放于木椁内、死者头部附近及上半身（图三〇七；图版一〇八，2）。在头骨左侧，侧置夹砂黑褐陶罐1件，口朝东南，已残碎。在左右耳骨下面，各出螺旋形铜丝耳环1件，左耳环下，附出绿松石坠珠26枚；右耳环下附出绿松石坠珠11枚。覆面铜扣3枚，出于左眼眶内1枚，滑落于下颌骨左内侧1枚，滑落于下颌骨右下方1枚。在颈、胸部，以至于腹部，出不同质料的项链3串，（1）铜珠项链1串，由265枚纺锤形铜珠串联而成，铜珠穿孔内和铜珠之间，尚遗有多股麻线穿绳痕迹，末端（腰椎骨左侧），附出三环式铜坠饰1件；（2）小白石珠项链1串，由83粒小白石珠串成；（3）小黑石珠项链1串，由88粒小黑石珠串成。

YYM138

这是玉皇庙墓地属于丙（A）级规格的小型墓葬之一。位于南区北部边缘，其东有YYM142，间距3.1米；东南有YYM143，间距0.5米；南有YYM137，间距0.8米；西南有YYM118，间距1.5米；西有YYM117，间距1.5米；北有YYM142，间距1.7米；东北有YYM146，间距0.5米。此墓的地层堆积，基本上同于YYM151，不赘。

墓圹平面形状，呈抹角长方形，为竖穴土坑墓。东向，方位角为东偏南12°。墓圹规格，圹口东西长2.6、东端宽1.05、西端宽1.06米，圹底东西长2.49、东端宽0.96、西端宽0.98米，圹口至圹底深1.21米。无生土二层台。在圹底正中位置，按东西方向，安置木椁一具。在木椁外壁四周至圹底部四壁之间，筑有活土二层台，台土经过严密夯打，较坚实，东、南、西、北四台等高，均为26厘米，宽度不一，东台宽22、南台宽28、西台宽44、北台宽24厘米。

圹内填土，为少量淤积夹砂石褐色土与大量生黄土混杂后的五花土，经普遍夯实，但未有夯层与夯窝痕迹。在填土中，仅发现夹砂粗红陶罐类残片3块，泥质灰陶器残片5块，以及羊下颌骨残件1段，在南侧圹壁西部和西端圹壁南半部中腰位置，各遗有自然石块1块，规格为26×17×13和38×22×15厘米。除此之外，再未见其他遗物。

殉牲位置，祭牲集中摆放在圹内东端木椁以上的中、上层填土中，上距东端圹口37厘米深，下距圹底27厘米（图三〇八；图版一〇九，1）。殉牲种类，为牛、羊、狗3种家畜。殉牲数量，牛头1个，牛肱骨1只，羊头4个（山羊1，绵羊3），羊肱骨5只，狗头10个，狗肱骨12只。殉牲形式，牛头完整保留，将狗、羊的上、下颌拆解开后，与牛牲作南、北并列摆放。即按东西方向，先将大号狗肱骨1只及拆解开的狗上、下颌骨1套，顺摆于圹内最东端中间位置的上层填土上，狗肱骨在下，狗

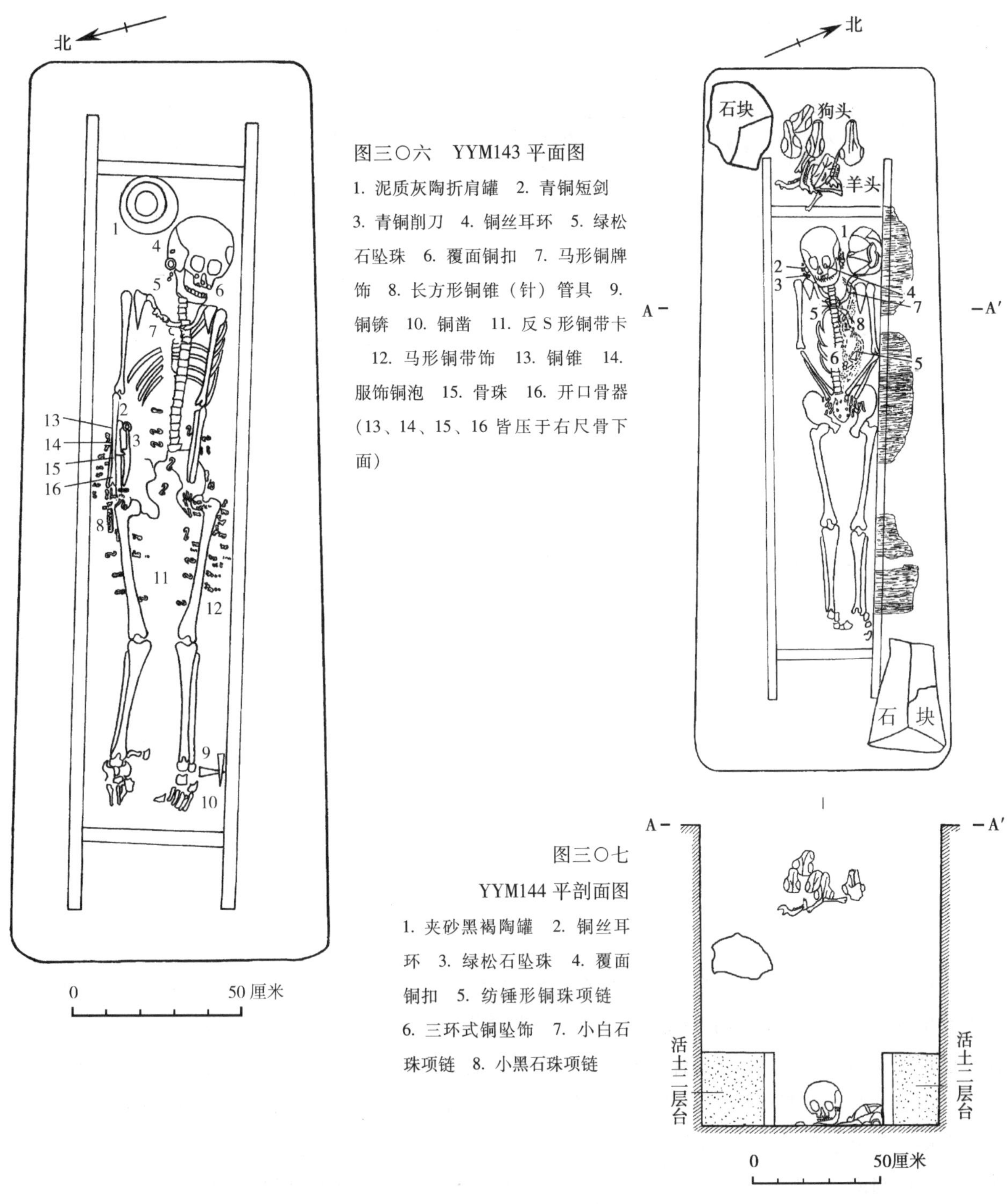

图三〇六　YYM143平面图

1. 泥质灰陶折肩罐　2. 青铜短剑　3. 青铜削刀　4. 铜丝耳环　5. 绿松石坠珠　6. 覆面铜扣　7. 马形铜牌饰　8. 长方形铜锥（针）管具　9. 铜锛　10. 铜凿　11. 反S形铜带卡　12. 马形铜带饰　13. 铜锥　14. 服饰铜泡　15. 骨珠　16. 开口骨器（13、14、15、16皆压于右尺骨下面）

图三〇七　YYM144平剖面图

1. 夹砂黑褐陶罐　2. 铜丝耳环　3. 绿松石坠珠　4. 覆面铜扣　5. 纺锤形铜珠项链　6. 三环式铜坠饰　7. 小白石珠项链　8. 小黑石珠项链

头骨叠置其上，吻部朝东；然后在其西南侧和西侧，顺摆狗肱骨7只及拆解开的狗上、下颌骨5套，羊肱骨4只，拆解开的绵羊上、下颌骨3套，狗牲分布于外围，羊牲被置于中间，吻部基本均朝东；然后又于西侧，顺摆羊肱骨1只及拆解开的山羊上、下颌骨1套，狗肱骨4只及拆解开的狗上、下颌骨4套，其中山羊头骨的吻部朝东，而4套狗头骨的吻部朝向，各不相一，或朝东，或朝南，或朝北，此组祭牲，狗牲亦分布于西侧和南侧外围，而山羊被置于内侧；在狗牲与羊牲的北侧，按东西方向，并列摆放牛头1个，牛肱骨1只，牛肱骨顺置于牛头北侧，牛头的吻部亦朝东。

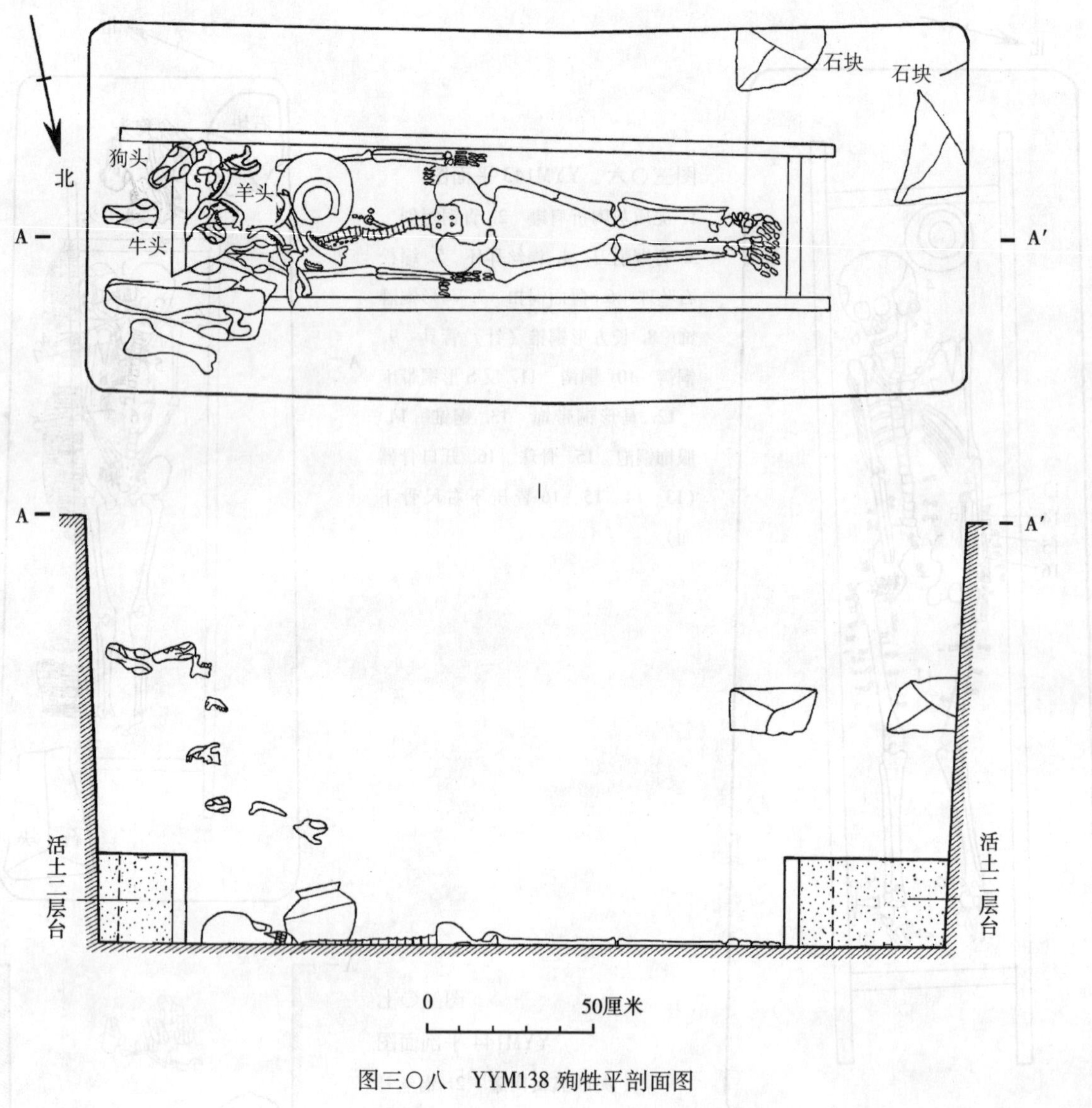

图三〇八 YYM138 殉牲平剖面图

木椁已朽，板灰呈白色粉状，盖板仅在南侧活土二层台台帮西端与中段残存一部分，灰痕甚薄，只能看出其横向搭连在南侧活土二层台台帮上，并叠压于木椁南侧板之上，其板块组成情况，比较模糊，已难作具体分辨。底板灰痕保存不好，四至不清楚。唯南、北侧板与东、西堵板板灰轮廓，尚可分辨。南、北侧板东西顺长 2.1 米，总高 26 厘米，与南、北活土二层台台面平齐，板灰厚 4 厘米；东、西堵板，分别竖插于南、北侧板之间，立插部位，分别在南、北侧板东、西两端内缩 16 和 10 厘米处，高度与南、北侧板一致，均为 26 厘米，总宽东端 44、西端 40、板灰厚 4 厘米。南、北侧板与东、西堵板的板块组成情况，已不能详。

木椁内装殓尸骨一具。保存状况较好，头骨与骨架主要部位，基本完整。头东足西，仰身直肢，经现场鉴定，死者为女性，25 ~30 岁。骨骼从头到脚通长 1.67 米。

随葬品集中陈放于木椁内、死者身上及其近前（图三〇九）。在死者左胸部，放置泥质灰褐陶折肩罐 1 件，正置，口沿已残。在左、右耳骨下面，各出螺旋形铜丝耳环 1 件。在左耳环下，附出绿松石坠珠 12 枚；在右耳环下，附出绿松石坠珠 13 枚。在面部左眼眶内和右眼眶边缘，出覆面铜扣 2 枚。

在颈部至胸部，出项链 2 串，其一为玛瑙珠项链，由 146 颗红色玛瑙珠组成，其末端（胸椎左侧）附出尖首刀币柄首坠饰 1 件；其二为小黑石珠项链，由 312 粒小黑石珠串成。在左尺骨内侧与右尺骨外侧，各出“人”字形铜坠饰 4 枚。在左踝骨外侧，出白石管 1 枚，骨镞 2 枚，镞锋朝下。

YYM137

这是玉皇庙墓地属于丙（A）级规格的小型墓葬之一。位于南区北部，其东南有 YYM136，间距 0.6 米；南有 YYM135，间距 1.2 米；西南有 YYM119，间距 1.6 米；西有 YYM118，间距 0.6 米；西北有 YYM137，间距 2 米；北有 YYM138，东北有 YYM143，间距均为 0.9 米。此墓的地层堆积，基本上同于 YYM151，不赘。

墓圹平面形状，呈抹角长方形，为竖穴土坑墓。东向，方位角为东偏南 13°。墓圹规格，圹口东西长 2.4、东端宽 0.89、西端宽 0.84 米，圹底东西长 2.3、东端宽 0.76、西端宽 0.74 米，圹口至圹底深 1.15 米。无生土二层台。在圹底中间偏北侧位置，按东西方向，安置木椁一具，在木椁外壁四周至圹底部四壁之间，筑有活土二层台，台土经过严密夯打，较坚实，东、南、西、北四台等高，均为 45 厘米，宽度不一，东台宽 41、南台宽 21、西台宽 22、北台宽 11 厘米。

圹内填土，为少量淤积夹砂石褐色土与大量生黄土混杂后的五花土，经普遍夯实，但未有夯层与夯窝痕迹。在填土中，仅发现夹砂红褐陶残片 2 块，泥质灰陶碎片 3 块，还有狗下颌骨残件 1 块，除此之外，再未见其他遗物。

殉牲位置，祭牲集中摆放在圹内东端中间略偏北侧的上层填土中，上距东端圹口 20 厘米深，下距圹底 0.8 米（图版一〇九，2）。殉牲种类，为牛、羊、狗 3 种家畜。殉牲数量，牛头 1 个，牛肱骨 1 只，羊头 3 个（山羊 1，绵羊 2），羊肱骨 3 只，狗头 3 个，狗肱骨 3 只。殉牲形式，将牛、羊、狗头的上、下颌拆解开后，按东西方向，作南、北相邻同层依次摆放。即先将牛肱骨 1 只及拆解开的牛上、下颌骨 1 套，顺摆于圹内东端中间略偏北侧位置的上层填土上，牛肱骨在下，居南侧，牛下颌骨和上颌骨居北侧，吻部朝东；然后于牛牲北侧，自东而西，依次摆上狗肱骨 3 只及拆解开的狗上、下颌骨 3 套，羊肱骨 3 只及拆解开的绵羊上、下颌骨 2 套和山羊上、下颌骨 1 套，皆肱骨在下，头骨在上，除山羊上颌与下颌吻部朝向东南以外，其余狗牲与绵羊牲的吻部，均一律朝东。

木椁已朽，盖板无存，底板灰痕稀薄而大部残缺，南、北侧板与东、西堵板板灰轮廓，尚可辨识。板灰呈白色粉状，南、北侧板东西顺长 2.06 米，总高 45 厘米，与南、北活土二层台台面平齐，板灰厚 4 厘米；东、西堵板，分别竖插于南、北侧板之间，立插部位，分别在南、北侧板东、西两端内缩 21 和 17 厘米处，高度与南、北侧板一致，均为 45 厘米，总宽东端 34、西端 32、板灰厚 3 厘米。南、北侧板与东、西堵板的板块组成情况，已不能具体分辨。

木椁内装殓尸骨一具。保存状况不太好，头骨已酥碎，其他主要部位骨骼，尚较完整。头东足西，仰身直肢，经现场鉴定，死者为一成年女性。骨骼从头到脚通长 1.4 米。

随葬品集中陈放于木椁内、死者身上及其近前（图三一〇）。在头骨右侧，放置夹砂红陶罐 1 件，正置，已酥碎不成形。在左、右耳骨下面，各出螺旋形铜丝耳环 1 件，已残，无绿松石坠珠伴出。覆面铜扣 2 枚，分别出自左、右眼眶内。在颈部至胸部，出不同质料的项链 2 串，（1）小白石珠和白石管组成的项链 1 串，由 264 粒小白石珠和 2 枚白石管串成；（2）铜珠项链 1 串，由 70 枚纺锤形铜珠组成。在铜珠孔内，还遗有麻绳痕迹。

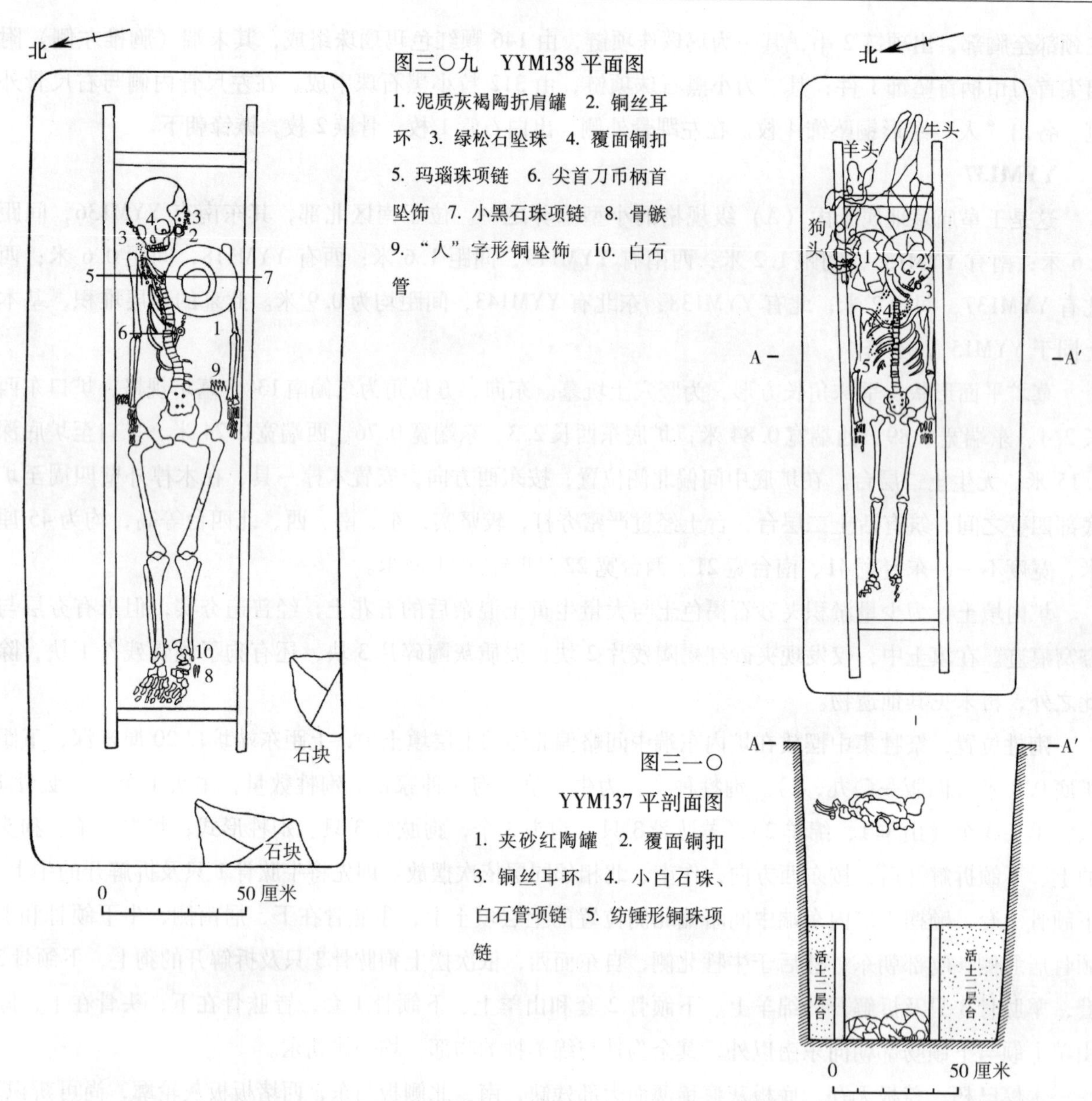

图三〇九 YYM138 平面图

1. 泥质灰褐陶折肩罐 2. 铜丝耳环 3. 绿松石坠珠 4. 覆面铜扣 5. 玛瑙珠项链 6. 尖首刀币柄首坠饰 7. 小黑石珠项链 8. 骨镞 9. "人"字形铜坠饰 10. 白石管

图三一〇 YYM137 平剖面图

1. 夹砂红陶罐 2. 覆面铜扣 3. 铜丝耳环 4. 小白石珠、白石管项链 5. 纺锤形铜珠项链

YYM136

这是玉皇庙墓地属于丙（C）级规格的小型墓葬之一。位于南区北部。其东南有 YYM144，间距 1.1 米；南有 YYM134，间距 1.6 米；西南有 YYM135，间距 0.15 米；西有 YYM119，间距 3.1 米；西北有 YYM137，间距 0.7 米；东北有 YYM143，间距 1.1 米。此墓的地层堆积，基本上同于 YYM151，不赘。

墓圹平面形状，呈抹角长方形，东端略宽，为竖穴土坑墓。东向，方位角为东偏北 15°。墓圹规格，圹口东西长 1.52、东端宽 0.5、西端宽 0.38 米，圹底形制、规格，与圹口一致，圹口至圹底深 0.57 米。无生土二层台。无木质葬具，无活土二层台。

圹内填土，为少量淤积夹砂石褐色土与大量生黄土混杂后的五花土，经普遍夯实，但未有夯层与夯窝痕迹。在填土中，仅发现夹砂褐陶罐类器底残件 1 块、泥质灰陶带弦纹的碎片 2 块。在圹内东端上层填土顶部，有自然石灰岩石块 1 块，体积较小。

殉牲位置，祭牲摆放在圹内东端中间上层填土中，上距东端圹口13厘米深，下距圹底0.35米。殉牲种类，为羊、狗2种家畜。殉牲数量，羊头1个（绵羊），羊肱骨1只，狗头1个，狗肱骨1只。殉牲形式，将羊和狗头的上、下颌拆解开后，按东西方向，作狗东羊西、同层相邻、纵向摆放。狗、羊的上、下颌骨，均分开摆放，吻部皆朝东。狗肱骨被压在狗上颌骨之下，羊肱骨置于狗上、下颌骨之间。

在圹底中间位置，按东西方向，安葬孩童尸骨一具。保存状况不太好，头骨已残碎，骨骼大部腐朽，脊椎骨、左上肢与左下肢，还有骨盆等，已残缺不全，手、足骨等细小骨骼，均已无存。头东足西，仰身直肢（图版一一〇，1）。经现场鉴定，死者为儿童，2～3岁。骨骼从头至胫骨末端通长0.8米。

随葬品较少，陈放于头部和颈、胸部（图三一一）。在死者左、右耳骨下面，各出螺旋形铜丝耳环1件，其中左耳环下，附出绿松石坠珠4枚，右耳环下，出有"人"字形铜坠饰6枚。在颈、胸之间，出不同质料的项链3串，（1）玛瑙珠和绿松石珠项链1串，由玛瑙珠12颗和绿松石珠12枚，联合串成；（2）小白石珠项链1串，有87粒小白石珠串成；（3）小黑石珠项链1串，由60粒小黑石珠串成。

YYM135

这是玉皇庙墓地属于丙（C）级规格的小型墓葬之一。位于南区北部。其东南有YYM134，间距1.1米；西南有YYM122，间距0.3米；西北有YYM118和YYM119，间距分别为1.6和1.2米；北有YYM137，间距1.2米；东北有YYM136，间距0.15米。此墓的地层堆积，基本上同于YYM151，不赘。

墓圹平面形状，呈抹角长方形，为竖穴土坑墓。东向，方位角为东偏北8°。墓圹规格，圹口东西长1.8、东端宽0.8、西端宽0.78米，圹底形制、规格，与圹口一致，圹口至圹底深0.74米。无生土二层台。在圹底中间位置，按东西方向，安置木椁一具。在木椁外壁四周至圹底部四壁之间，筑有活土二层台，台土经过严密夯打，较坚实，东、南、西、北四台等高，均为29厘米，宽度不一，东台宽34、南台宽23、西台宽19、北台宽18厘米（中段）。

圹内填土，为少量淤积夹砂石褐色土与大量生黄土混杂后的五花土，经普遍夯实，但未有夯层与夯窝痕迹。在填土中，仅发现夹砂粗褐陶残片2块，泥质灰陶带弦纹的碎片1块。除此之外，再未见其他遗物。

殉牲位置，祭牲摆放在圹内东端中间上层填土中，上距东端圹口6厘米深，下距圹底0.6米。殉牲种类，仅有狗1种。数量，狗头2个（其中1个已残碎），狗肱骨2只。殉牲形式，将狗头上、下颌拆解开后，按东西方向，一东一西，作同层纵列摆放，吻部皆朝东。东端的1套狗上、下颌骨，个体较大，此之配套的狗肱骨1只，置于其西北侧，不相叠压；西侧的1套狗上、下颌骨，较小，与之配套的狗肱骨1只，被叠压在下面。

木椁已朽，板灰呈白色粉状。盖板无存，底板灰痕已不清楚，南、北侧板与东、西堵板板灰轮廓，尚可辨识。南、北侧板东西顺长1.59米，总高29厘米，与四周活土二层台台面平齐，板灰厚2.5厘米。东、西堵板，分别竖插于南、北侧板之间，立插部位，分别在南、北侧板东、西两端内缩18和15厘米处，高度与南、北侧板一致，均为29厘米，总宽东端35、西端34、板灰厚2.5厘米。南、北侧板与东、西堵板的板块组成情况，已难以再作具体分辨。

木椁内装殓孩童尸骨一具。保存状况不太好，头骨基本完整，但骨架已腐朽，上肢骨已残缺不全，手、足骨等细小骨骼，均已无存，下肢骨较好一些。头东足西，侧面向西北，仰身直肢。经现场鉴定，死者为儿童，2.5岁左右。骨骼从头至胫骨末端通长0.89米（图版一一〇，2）。

随葬品很少，仅在死者左、右耳骨下面，各出螺旋形铜丝耳环1件，已残（图三一二）。在胸部，出石珠项链2串，（1）小白石珠项链1串（33粒）；（2）小黑石珠项链1串（77粒）。

YYM117

这是玉皇庙墓地属于丙（A）级规格的小型墓葬之一。位于南区北部，其东有YYM138，间距1.5米；

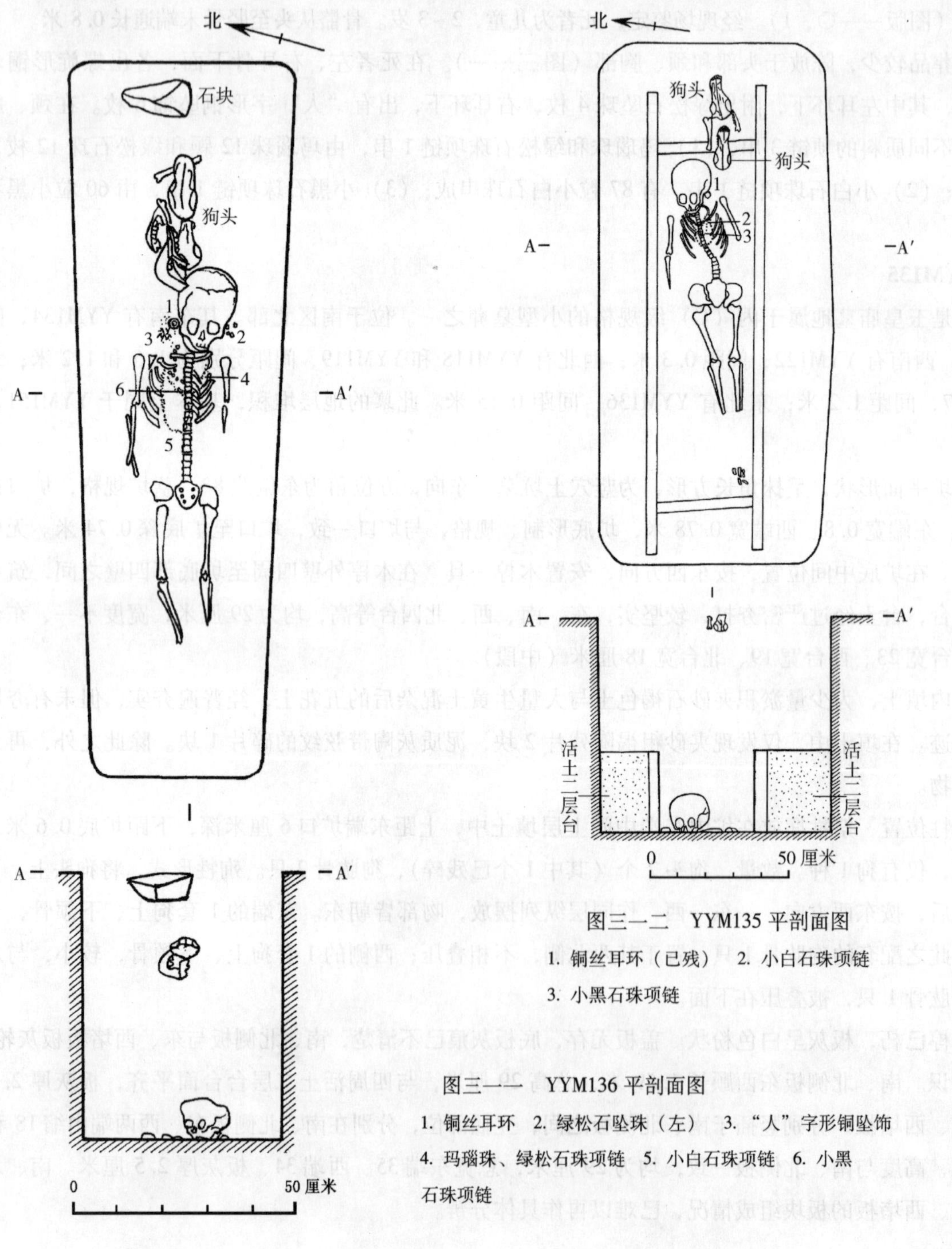

图三一二 YYM135平剖面图

1. 铜丝耳环（已残） 2. 小白石珠项链 3. 小黑石珠项链

图三一一 YYM136平剖面图

1. 铜丝耳环 2. 绿松石坠珠（左） 3. "人"字形铜坠饰 4. 玛瑙珠、绿松石珠项链 5. 小白石珠项链 6. 小黑石珠项链

东南有 YYM137，间距 2 米；南有 YYM118，间距 1.1 米；西南有 YYM116，间距 1.6 米；西有 YYM105，间距 1.5 米；西北有 YYM104，间距 1.9 米；东北有 YYM139，间距 1.8 米。此墓的地层堆积，基本上同于 YYM151，不赘。

墓圹平面形状，呈弧边抹角长方形，南、北两侧边中间略外弧，为竖穴土坑墓。东向，方位角为东偏南 17°。墓圹规格，圹口东西长 2.61、东端宽 0.88、西端宽 0.92 米，圹底的形制、规格，与圹口一致，圹口至圹底深 1.04 米。无生土二层台。在圹底正中位置，按东西方向，安置木椁一具，在木椁外壁四周至圹底部四壁之间，筑有活土二层台，台土经过严密夯打，较坚实，东、南、西、北四台等高，均为 34 厘米，宽度不一，东台宽 22、南台宽 21、西台宽 34、北台宽 20 厘米。

圹内填土，为少量淤积夹砂石褐色土与大量生黄土混杂后的五花土，经普遍夯实，但未有夯层与夯窝痕迹。在填土中，仅发现夹砂红褐陶罐类腹部残片 3 块，泥质灰陶残片 2 块，还有少许炭粒，除此之外，再未见其他遗物。

殉牲位置，祭牲分别摆放在圹内东端至中部椁室以上的填土中，上距东端圹口 10 厘米深，下距圹底 0.69 米（图三一三；图版一一一，1）。殉牲种类，为牛、羊、狗 3 种家畜。殉牲数量，牛头 1 个，牛肱骨 1 只，羊头 3 个（绵羊），羊肱骨 3 只，狗头 3 个，狗肱骨 3 只。殉牲形式，将牛、羊、狗头的上、下颌拆解开后，按东西方向，自东而西呈纵向前、中、后三组同层摆放。即先将牛肱骨 1 只及拆解开的牛上、下颌骨 1 套，摆放到圹内东端中间稍偏南侧的上层填土上，牛肱骨在下，牛头骨在上，吻部朝东，接着在其相邻的北侧，摆上狗上颌骨 1 个、狗下颌骨 1 副及狗肱骨 1 只，此狗上颌骨在下，吻部朝东，狗下颌骨与狗肱骨在上，下颌骨的吻部朝向西南，狗肱骨斜搭在牛头骨上，此为前组；然后在其西侧很近的位置，再顺摆狗肱骨 1 只及拆解开的狗上、下颌骨 1 套，狗肱骨在下，狗头骨在上，吻部朝东，并在此狗牲的北侧，顺摆羊肱骨 2 只及拆解开的羊上、下颌骨 2 套（残碎），吻部皆朝东，此为中组；最后，在距中组祭牲西侧 25 厘米处，再顺摆狗肱骨 1 只及拆解开的狗上、下颌骨 1 套，还有羊肱骨 1 只及拆解开的羊上、下颌骨 1 套（均已残碎），皆肱骨在下，头骨在上，吻部朝东，此为后组。

木椁已朽，盖板无存，底板灰痕保存不好，唯南、北侧板与东、西堵板板灰轮廓，尚可辨识。板灰呈白色粉状，南、北侧板东西顺长 2.4 米，总高 34 厘米，与南、北活土二层台台面平齐，板灰厚 4 厘米；东、西堵板，分别竖插于南、北侧板之间，立插部位，分别在南、北侧板东、西两端内缩 13 和 18 厘米处，高度与南、北侧板一致，均为 34 厘米，总宽东端 48、西端 45、板灰厚 4 厘米。南、北侧板与东、西堵板的板块组成情况，已难以作具体分辨。

木椁内装殓尸骨一具。保存状况较好，头骨及主要部位骨骼，基本完整。头东足西，仰身直肢，经现场鉴定，死者为男性，35～40 岁。骨骼从头到脚通长 1.73 米。

随葬品集中陈放于木椁内、死者身上及其近前（图三一四）。在头骨右侧，放置夹砂红陶罐 1 件，正置，已残碎。在左、右耳骨下面，各出螺旋形铜丝耳环 1 件。在左耳环下，附出绿松石坠珠 2 枚；在右耳环下，附出绿松石坠珠 3 枚。在左、右眼眶内及上、下颌骨之间，出覆面铜扣 3 枚。在颈下、颈椎表面，出马形铜牌饰 1 件，马头朝左。在右髋骨背后，出青铜短剑 1 件，剑锋朝下。在紧挨着剑柄的右尺骨下面，压有铜环 1 件。在左髋骨外侧，出青铜削刀 1 件，刀锋朝下。在左髋骨下面，压有铜锥 1 件，锥尖朝下。在右髋骨外侧，出长方形几何纹铜锥（针）管具 1 件。在左膝关节外侧，出铜

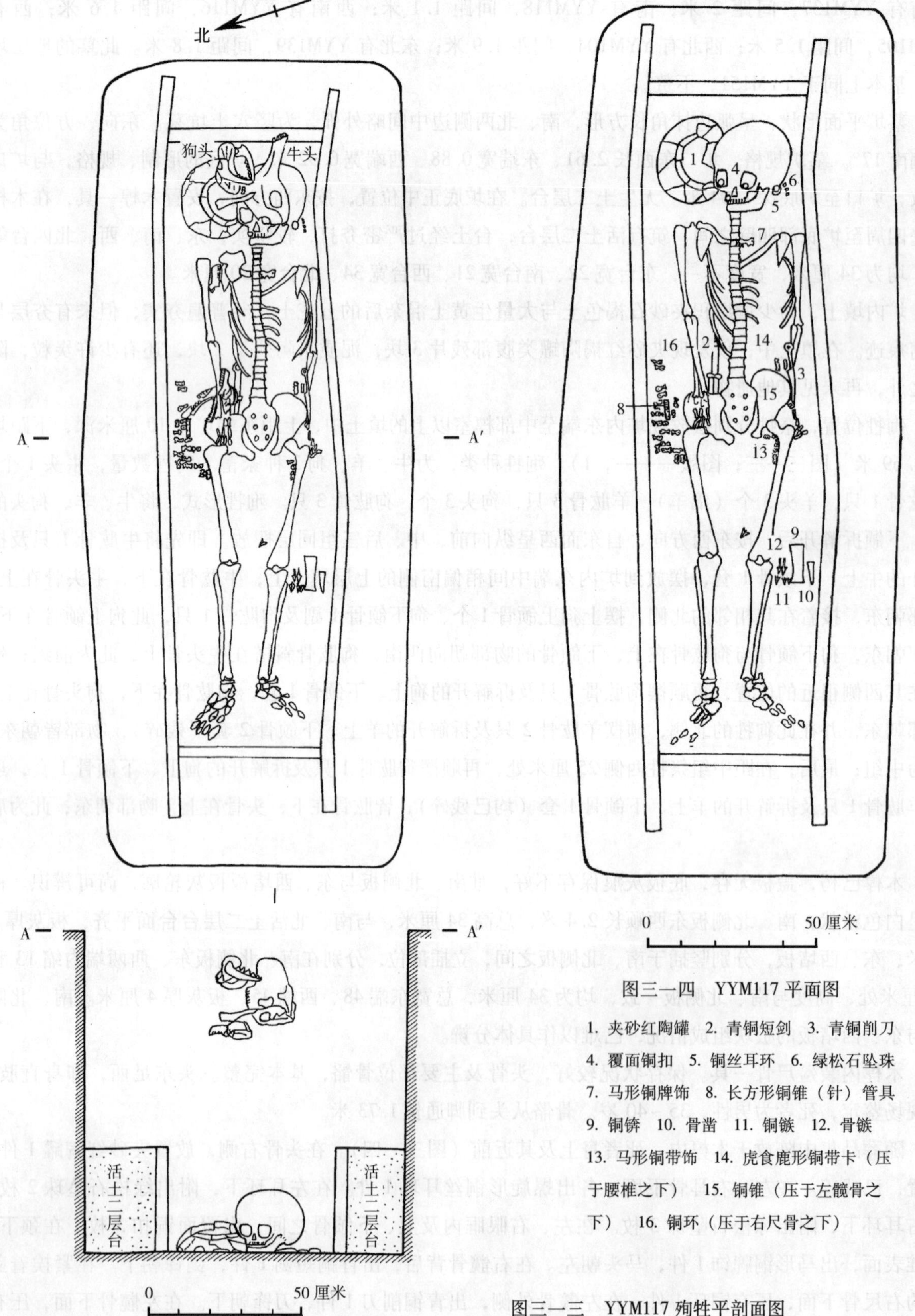

图三一四 YYM117 平面图

1. 夹砂红陶罐 2. 青铜短剑 3. 青铜削刀 4. 覆面铜扣 5. 铜丝耳环 6. 绿松石坠珠 7. 马形铜牌饰 8. 长方形铜锥（针）管具 9. 铜锛 10. 骨凿 11. 铜镞 12. 骨镞 13. 马形铜带饰 14. 虎食鹿形铜带卡（压于腰椎之下） 15. 铜锥（压于左髋骨之下） 16. 铜环（压于右尺骨之下）

图三一三 YYM117 殉牲平剖面图

锛 1 件，铜凿 1 件，刃部均朝下。在铜锛与左胫骨之间，出铜镞 4 枚，骨镞 2 枚，镞锋朝下。在左、右股骨下端之间，出铜镞 1 枚，镞锋朝斜下方。在死者腰际背面，出虎食鹿纹铜带卡 10 枚，作横向一排分布，即自腰椎下面向右，分布至右尺骨下面 5 枚；自腰椎下面向左，分布至左尺骨下面，也是 5 枚。此外，从腰际以下至左、右股骨部位，还出卧马形铜带饰 74 枚，分布如次：（1）压在腰椎下面至骶骨下面 15 枚，（2）压在左尺骨下面 14 枚，（3）压在左髋骨下面至左股骨下面 11 枚，（4）左尺骨内侧 2 枚，（5）右尺骨外侧至右髋骨外侧 22 枚，（6）左股骨内侧和右股骨外侧 10 枚。

YYM116

这是玉皇庙墓地属于丁级规格的小型墓葬之一。位于南区北部。其东有 YYM118，间距 0.6 米；东南有 YYM119，间距 0.5 米；南有 YYM115，间距 1.3 米；西南有 YYM106，间距 2.3 米；西北有 YYM105，间距 1.1 米；东北有 YYM117，间距 1.7 米。此墓的地层堆积，基本上同于 YYM151，不赘。

墓圹平面形状，呈抹角长方形，西端已被破坏，为浅穴土坑墓。东向，方位角为东偏南 5°。墓圹规格，圹口东西存长 1.13、东端宽 0.8、西端宽 0.7 米，圹底形制、规格，与圹口一致，圹口至圹底深 22 厘米。无生土二层台。无木质葬具，无活土二层台。

圹内填土，为少量淤积夹砂石褐色土与生黄土混杂后的五花土，未经夯实，土质较疏松。在填土中，仅发现夹砂褐陶器底残件 1 块，泥质灰陶罐口沿残片 1 块。另在圹底东半部偏南侧，有体积较小的自然石灰岩石块 2 块，属非有意摆放。除此之外，再未见其他遗物。

殉牲位置，祭牲摆放在圹内东端中间和稍偏南侧的上层填土中，上距东端圹口 3 厘米深，下距圹底 13 厘米。殉牲种类，仅有狗 1 种。数量，狗头 2 个，狗肱骨 2 只。殉牲形式，将完整狗头 2 个与狗肱骨 2 只，按东西方向，一前一后顺摆于圹内东端中间和稍偏南侧的上层填土上，肱骨在下，头骨分别叠置其上，吻部皆朝东。

在圹底中间，按东西方向，安葬孩童尸骨一具。保存状况不太好，头骨已残碎，下肢骨自股骨末端以下，均因被破坏无存。骨架其他部分，保存基本较好。头东足西，侧面向南，仰身直肢。经现场鉴定，死者为儿童，6～7 岁（图版一一一，2）。

随葬品很少，仅在死者右胸部，放置泥质灰陶折肩罐 1 件，基本正置（图三一五）。在颈椎骨下面，出辐射纹服饰铜泡 1 枚，已残。

YYM118

这是玉皇庙墓地属于丙（B）级规格的小型墓葬之一。位于南区北部。其东有 YYM137，间距 0.6 米；东南有 YYM135，间距 1.6 米；南有 YYM119，间距 0.5 米；西有 YYM116，间距 0.6 米；西北有 YYM105，间距 2.3 米；北有 YYM117，间距 1 米；东北有 YYM138，间距 1.5 米。此墓的地层堆积，基本上同于 YYM151，不赘。

墓圹平面形状，呈抹角长方形，圹边不齐整，为竖穴土坑墓。东向，方位角为东偏北 2°。墓圹规格，圹口东西长 2.4、东端宽 0.95、中间宽 1.16、西端宽 1.05 米，圹底东西长 2.35、东端宽 0.9、中间宽 0.96、西端宽 0.87 米，圹口至圹底深 0.82 米。在墓圹南、西、北三壁偏上部位，各留出很窄的生土二层台一道，平面形状呈“U”字形，三台等高，均上距圹口 20 厘米深，下距圹底 0.62 米，台宽有别，南台宽 12、西台宽 4、北台宽 5 厘米（中段），台壁平整，作笔直下切。圹底中间略偏东北—西南方向，安置木椁一具。在木椁外壁四周至圹底部四壁之间，筑有活土二层台，台土经过严密夯打，较坚实，东、南、西、北四台等高，均为25厘米，宽度不一，东台宽25、南台宽21、西台宽23、北台宽29厘米（中段）。

圹内填土，为少量淤积夹砂石褐色土与大量生黄土混杂后的五花土，经普遍夯实，但未有夯层与夯窝痕迹。在填土中，仅发现夹砂褐陶罐腹部残片1块，泥质灰陶带弦纹的碎片2块。除此之外，再未见其他遗物。

殉牲位置，祭牲摆在圹内东端中间上层填土中，上距东端圹口10厘米深，下距圹底0.57米（图版一一二，1）。殉牲种类，仅有狗1种。数量，狗头2个，狗肱骨2只。殉牲形式，将狗上、下颌拆解开后，与肱骨一块，按东西方向，作同层、前后依次摆放。即先将1套已拆解开的大号狗上、下颌骨及狗肱骨1只，顺摆于圹内最东端中间上层填土上，上、下颌分开放置，下颌在北，上颌在南，肱骨被叠压在上颌骨之下；然后于其西侧，接着摆上另一套狗上、下颌骨及肱骨，唯肱骨未叠压于上颌骨之下，而是叠置于下颌骨之上。此组狗牲的两个上颌骨，吻部皆朝东，而下颌骨的吻部，均朝东南。

木椁已朽，板灰呈白色粉状。盖板无存，底板灰痕模糊不清，南、北侧板与东、西堵板板灰轮廓，尚可辨识。南、北侧板东西顺长2.23米，总高25厘米，与四周活土二层台台面平齐，板灰厚3～3.5厘米。东、西堵板，分别竖插于南、北侧板之间，立插部位，分别在南、北侧板东、西两端内缩18和20厘米处，高度与南、北侧板一致，均为25厘米，总宽东端35、西端36、板灰厚2.5厘米。南、北侧板与东、西堵板的板块组成情况，已不能详。

木椁内装殓尸骨一具。保存状况较好，头骨及其他主要部位骨骼，基本完整。头东足西，侧面向北，仰身直肢。经现场鉴定，死者为女性，30岁左右。骨骼从头到脚通长1.61米。

随葬品较少，集中陈放于木椁内、死者头部附近及头、颈、胸之间（图三一六）。在头骨右后侧，椁底东北角，放置泥质灰陶折肩罐1件，斜侧置，口朝西北。在左、右耳骨下面，各出螺旋形铜丝耳环1件，已残，无绿松石坠珠伴出。覆面铜扣3枚，出于鼻骨部位1枚，另2枚已滑落于下颌骨右下方。在颈部，出小白石珠项链1串，由97粒小白石珠串成。在左胸部位，出服饰铜泡1枚，铜镜形饰1件，铜泡叠置于铜镜形饰之上（图版一一二，2）。距铜镜形饰上方2厘米处，靠近左锁骨位置，出特小号铜凿1件，凿的正、背面，有圆形穿孔贯通，当非实用工具，应为垂坠之属。

YYM119

这是玉皇庙墓地属于丙（A）级规格的小型墓葬之一。位于南区北部。其东南有YYM135，间距1.2米；南有YYM120，间距0.2米；西南有YYM115，间距1.1米；西北有YYM116，间距0.5米；北有YYM118，间距0.5米；东北有YYM137，间距1.6米。此墓的地层堆积，基本上同于YYM151，不赘。

墓圹平面形状，呈抹角长方形，为竖穴土坑墓。东向，方位角为东偏南6°。墓圹规格，圹口东西长2.4、东端宽0.84、西端宽0.8米，圹底东西长2.32、东端宽0.78、西端宽0.75米，圹口至圹底深1.05米。无生土二层台。在圹底中间偏北侧位置，按东西方向，安置木椁一具。在木椁外壁四周至圹底部四壁之间，筑有活土二层台，台土经过严密夯打，较坚实，东、南、西、北四台等高，均为20厘米，宽度不一，东台宽24、南台宽26、西台宽23、北台宽10厘米。

圹内填土，为少量淤积夹砂石褐色土与大量生黄土混杂后的五花土，经普遍夯实，但未有夯层与夯窝痕迹。在填土中，仅发现夹砂褐陶残片2块，泥质灰陶带弦纹和绳纹的残片4块，除此之外，再未见其他遗物。

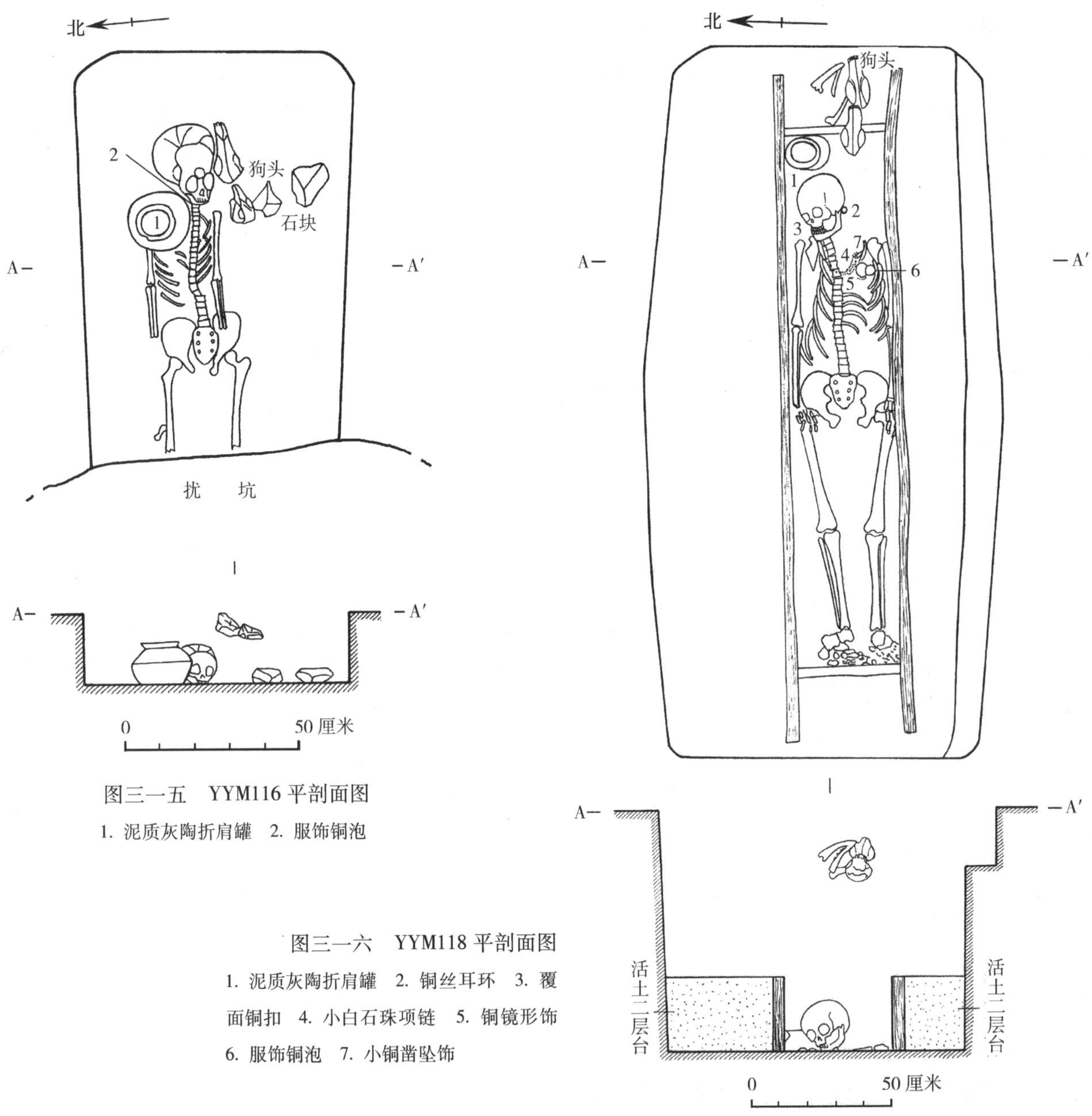

图三一五　YYM116 平剖面图

1. 泥质灰陶折肩罐　2. 服饰铜泡

图三一六　YYM118 平剖面图

1. 泥质灰陶折肩罐　2. 铜丝耳环　3. 覆面铜扣　4. 小白石珠项链　5. 铜镜形饰　6. 服饰铜泡　7. 小铜凿坠饰

殉牲位置，祭牲集中摆放在圹内东端中间略偏北侧的上层填土中，上距东端圹口 20 厘米深，下距圹底 0.7 米（图版一一二，3）。殉牲种类，仅有狗 1 种。数量，狗头 3 个，狗肱骨 3 只。殉牲形式，将狗头上、下颌拆解开后，大体按东西方向，作同层、聚堆摆放。狗上、下颌骨的吻部，或朝东，或朝东北。

木椁已朽，盖板无存，底板灰痕不清楚，南、北侧板与东、西堵板板灰，呈白色粉状，轮廓尚可分辨。南、北侧板东西顺长 2.11 米，总高 20 厘米，与活土二层台台面平齐，板灰厚 3～3.5 厘米。东、西堵板，分别竖插于南、北侧板之间，立插部位，分别在南、北侧板东、西两端内缩 11 和 10 厘米处，高度与南、北侧板一致，均为 20 厘米，总宽东端 33、西端 34、板灰厚 3 厘米。南、北侧板与东、西堵板的板块组成情况，已不能详。

木椁内装殓尸骨一具。保存状况不太好，头骨已残碎，其他主要部位骨骼，基本完整。头东足西，侧面向北，仰身直肢。经现场鉴定，死者为女性，35 岁左右。骨骼从头到脚通长 1.53 米。

随葬品较少，陈放于木椁内、死者头骨附近及头、颈与胸部之间（图三一七）。在头骨右后侧，椁底东北角，放置夹砂红陶罐 1 件，斜侧置，口朝东北。在左、右耳骨下面，各出螺旋形铜丝耳环 1 件，无绿松石坠珠伴出。覆面铜扣 3 枚，滑落于下颌骨内 2 枚，滑落于右面颊下面 1 枚。在左耳骨附近，出小白石珠 15 粒。在下颌骨下面，出白石管 2 枚。在右胸下方，出“人”字形铜坠饰 6 枚。

YYM104

这是玉皇庙墓地属于丙（B）级规格的小型墓葬之一。位于南区北部边缘。其东南有 YYM139 和 YYM117，间距分别为 3.7 和 1.9 米；西南有 YYM105，间距 2 米；西、西北、北和东北，分别与北Ⅱ区南部的 YYM75、YYM74、YYM93 和 YYM63 毗邻，间距分别为 1.6、3.3、0.8 和 2.5 米。此墓的地层堆积，基本上同于 YYM151，不赘。

墓圹平面形状，呈抹角长方形，东端较西端略宽，为竖穴土坑墓。东向，方位角为东偏南 6°。墓圹规格，圹口东西长 2.22、东端宽 0.96、西端宽 0.82 米，圹底东西长 2.16、东端宽 0.92、西端宽 0.8 米，圹口至圹底深 0.82 米。无生土二层台。在圹底中间稍偏北侧位置，按东西方向，安置木椁一具。在木椁外壁四周至圹底部四壁之间，筑有活土二层台，台土经过严密夯打，较坚实，东、南、西、北四台等高，均为 32 厘米，宽度不一，东台宽 32、南台宽 20、西台宽 3、北台宽 19 厘米（中段）。

圹内填土，为少量淤积夹砂石褐色土与大量生黄土混杂后的五花土，经普遍夯实，但未有夯层与夯窝痕迹。在填土中，仅发现夹砂褐陶罐口沿残片 1 块。另在北侧活土二层台东半部台面上，有体积较小的自然石灰岩石块 2 块；在木椁东端堵板外侧，横置自然石灰岩石块 1 块，规格略大，28 × 14 × 12 厘米。除此之外，再未见其他遗物。

无殉牲。

木椁已朽，板灰呈白色粉状。盖板无存，底板灰痕模糊不清，南、北侧板与东、西堵板板灰轮廓，尚可辨识。南、北侧板东西顺长 2.1 米，总高 32 厘米，与四周活土二层台台面平齐，板灰厚 2.5 ~ 3 厘米。东、西堵板，分别竖插于南、北侧板之间，立插部位，分别在南、北侧板东、西两端内缩 21 和 3 厘米处，高度与南、北侧板一致，均为 32 厘米，总宽东端 39、西端 44、板灰厚 3 厘米。南、北侧板与东、西堵板的板块组成情况，已难以再作具体分辨。

木椁内装殓尸骨一具。保存状况不太好，头骨前额有残洞，肋骨多已残碎，脊椎、上肢骨酥朽较严重，唯骨盆与下肢骨基本完整。头东足西，仰身直肢。经现场鉴定，死者为女性，22 ~ 24 岁。骨骼从头到脚通长 1.62 米（图版一一三，1）。

随葬品较少，陈放于木椁内，死者头、颈部及其近前（图三一八）。在头骨左后侧，放置泥质灰陶壶 1 件，正置。在左、右耳骨下面，各出螺旋形铜丝耳环 1 件及绿松石坠珠 1 枚。覆面铜扣 2 枚，出于左眼眶边缘 1 枚，滑落于头骨右下方 1 枚。在颈部，出白石管和黑石珠项链 1 串，由白石管 1 枚和小黑石珠 168 粒，联合串成。

YYM105

这是玉皇庙墓地属于丙（C）级规格的小型墓葬之一。位于南区北部边缘，其东有 YYM117，间距 1.4 米；东南有 YYM116，间距 1.1 米；西南有 YYM106 和 YYM77，间距分别为 3.1 和 4.4 米；西有

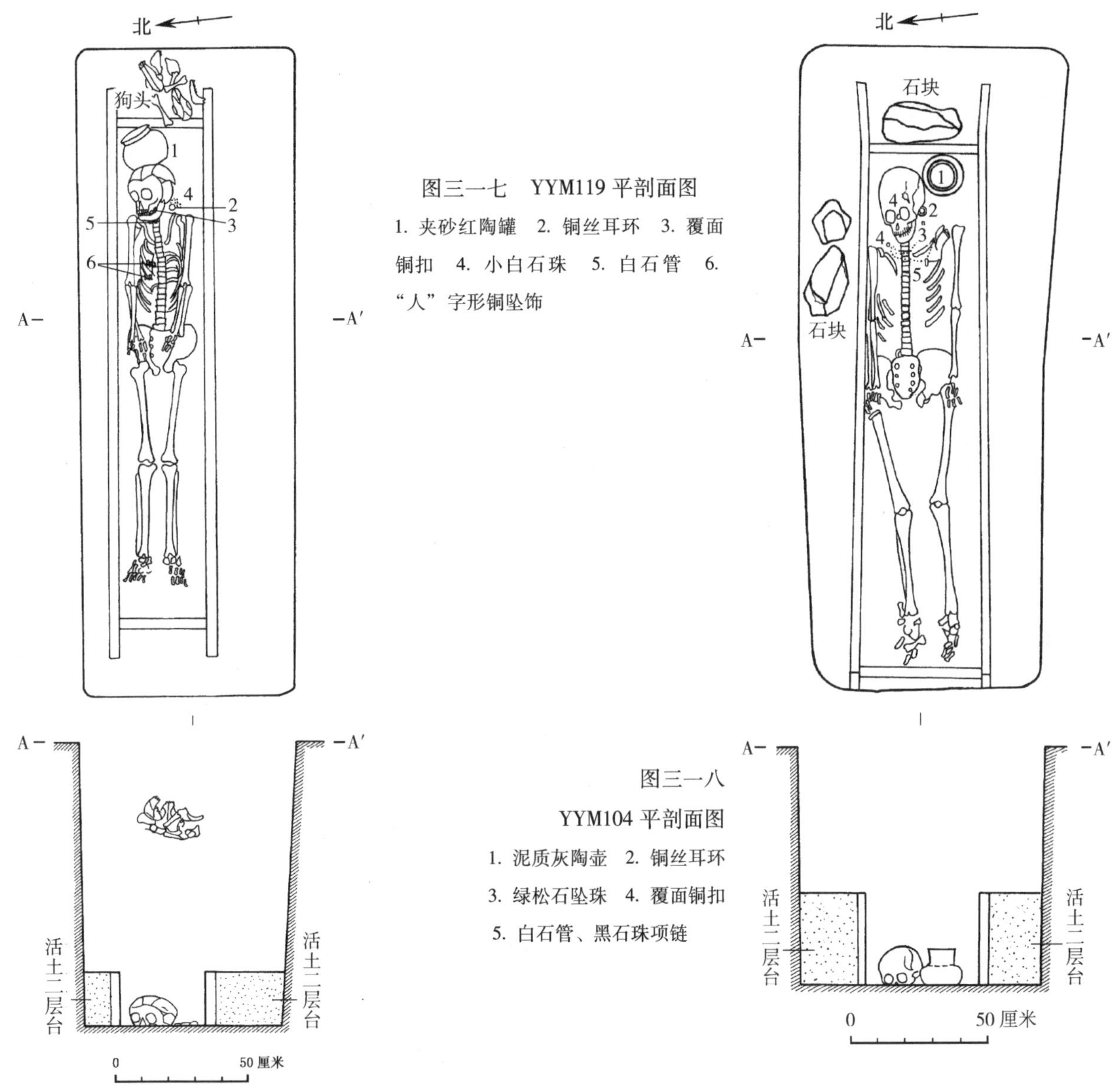

图三一七　YYM119 平剖面图

1. 夹砂红陶罐　2. 铜丝耳环　3. 覆面铜扣　4. 小白石珠　5. 白石管　6. "人"字形铜坠饰

图三一八　YYM104 平剖面图

1. 泥质灰陶壶　2. 铜丝耳环　3. 绿松石坠珠　4. 覆面铜扣　5. 白石管、黑石珠项链

YYM76，间距 2.8 米；西北有 YYM75，间距 2 米；东北有 YYM104，间距 2 米。此墓的地层堆积，基本上同于 YYM151，不赘。

墓圹平面形状，呈抹角长方形，为竖穴土坑墓。墓圹上层因取土被破坏，东向，方位角为东偏南 19°。现存墓圹，圹口东西长 2.77、东端宽 0.96、西端宽 0.98 米，圹底东西长 2.7、东端宽 0.92、西端宽 0.93 米，圹口至圹底残存深度为 0.7 米。无生土二层台。在圹底中间稍偏南位置，按东西方向，安置木椁一具。在木椁外壁四周至圹底部四壁之间，筑有活土二层台，台土经过严密夯打，较坚实，东、南、西、北四台等高，均为 20 厘米，宽度不一，东台宽 32、南台宽 17、西台宽 60、北台宽 28 厘米。

圹内填土，为少量淤积夹砂石褐色土与大量生黄土混杂后的五花土，经普遍夯实，但未有夯层与夯窝痕迹。在填土中，仅发现夹砂褐陶罐类器底残片 3 块，泥质灰陶豆柄部残件 1 截，另在西端活土二层台之上的填土中，出自然石灰岩石块 1 块。除此之外，再未见其他遗物。

因墓圹上层被破坏，殉牲无存。

木椁已朽，板灰呈白色粉状，盖板无存，底板灰痕大部残缺，唯南、北侧板与东、西堵板板灰界限，尚可分辨。南、北侧板东西顺长2.32米，总高为20厘米，与南、北活土二层台台面平齐，板灰厚4厘米；东、西堵板，分别竖插于南、北侧板之间，立插部位，分别在南、北侧板东、西两端内缩23和24厘米处，高度与南、北侧板一致，均为20厘米，总宽东端42、西端36、板灰厚3厘米。南、北侧板与东、西堵板的板块组成情况，已不能详。

木椁内装殓尸骨一具。保存状况不太好，头骨已碎裂，肋骨、脊椎大部残缺，只有骨盆与下肢骨较完整。头东足西，仰身直肢，经现场鉴定，死者为男性，35～40岁。骨骼从头到脚通长1.57米（图版一一三，2）。

随葬品集中陈放于木椁内、死者身上及其近前（图三一九；图版一一三，3）。在头骨右后侧，椁底东北角，放置夹砂红陶罐1件，正置，已残碎。在左、右耳骨下面，各出螺旋形铜丝耳环1件及绿松石坠珠2枚。覆面铜扣2枚，出于右眼眶内1枚，滑落于下颌骨下面1枚。在左、右锁骨交接部位，出马形铜牌饰1件，马头朝左。在右尺骨内侧及下面，出青铜短剑1件，剑首已残，剑锋朝下。在短剑左侧、右髋骨外缘下面，出青铜削刀1件，刀锋朝上。在左髋骨内侧，出铜锥1件，锥尖朝斜下方。在左、右股骨之间，出长方形虎纹铜锥（针）管具1件。辐射纹服饰铜泡3枚、素面服饰铜泡1枚，出于左、右髋骨内侧各1枚，左、右股骨右侧各1枚。在左髋骨下面，压有骨珠1枚。在左腓骨外侧，出铜镞5枚，骨镞2枚，镞锋均朝下。在死者腰际以下至左、右股骨之间，出卧马形铜带饰69枚，犬形铜带卡23枚。分布如次：卧马形铜带饰，（1）压在骨盆下面17枚，（2）压在右尺骨下面11枚，（3）压在左尺骨下面23枚，（4）左髋骨上面4枚，（5）左、右股骨之间14枚；犬形铜带卡，（1）压在左髋骨下面3枚，（2）左髋骨上面4枚，（3）压在右髋骨下面4枚，（4）右髋骨上面3枚，（5）左、右股骨之间9枚。

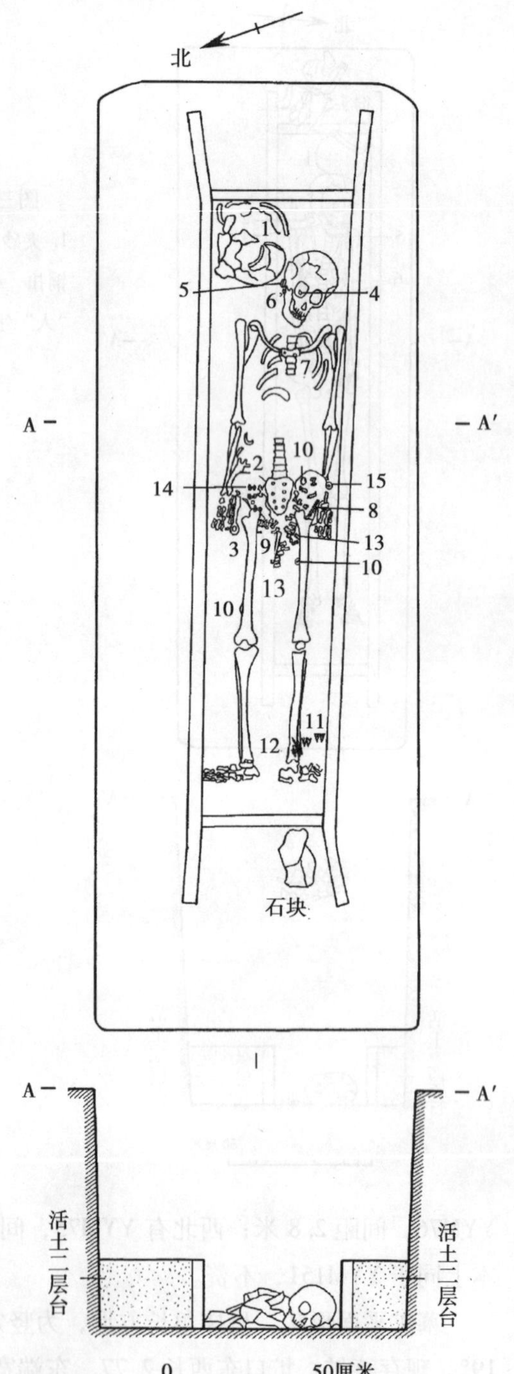

图三一九　YYM105平剖面图

1. 夹砂红陶罐　2. 青铜短剑　3. 青铜削刀　4. 覆面铜扣　5. 铜丝耳环　6. 绿松石坠珠　7. 马形铜牌饰　8. 铜锥　9. 长方形铜锥（针）管具　10. 辐射纹服饰铜泡　11. 铜镞　12. 骨镞　13. 马形铜带饰　14. 犬形铜带卡　15. 骨珠

YYM74

这是玉皇庙墓地属于乙（A）级规格的中型墓葬之

一。位于南区北部。其东南有 YYM75，间距 0.4 米；南有 YYM76，间距 4 米；其西 0.2 米，为 1 号取土坑东沿；北有 YYM70，间距 1.7 米；东北有 YYM73，间距 0.9 米。此墓的地层堆积，基本上同于 YYM148，不赘。

墓圹平面形状，呈弧边抹角长方形，南侧圹边中西段外弧显著，为竖穴土坑墓。东向，方位角为东偏南 6°。墓圹规格，圹口东西长 3.8、东端宽 1.04、西端宽 1 米，圹内东端设生土二层台，台面上距东端圹口 0.6 米深，下距圹底 1.25 米，东西长 1、南北宽 1.04 米，自东而西，稍呈抹坡状下倾。圹底东西长 2.62、东端宽 0.96、西端宽 0.93 米。圹口至圹底深 1.85 米。在圹底中间，按东西方向，安置木椁一具。在木椁外壁四周至圹底部四壁之间，筑有活土二层台，台土经严密夯实，东、南、西、北四台等高，均为 35 厘米，宽度不一，东台宽 32、南台宽 29、西台宽 24、北台宽 30 厘米（中段）。

圹内填土，为杂有少量褐色斑点的黄色五花土，经普遍夯实，但未有夯层与夯窝痕迹。在填土中，仅发现夹砂褐陶残片 3 块，泥质灰陶碎片 4 块。

殉牲位置，祭牲摆放在圹内东端中、上层填土中，分作两个部分：（一）在生土二层台之上属于上层填土中的祭牲，是以马、牛 2 种大牲畜为主的配伍组合，上距东端圹口 20 厘米深，下距生土二层台台面 18 厘米；（二）在生土二层台以西至木椁东端堵板之上属于中层填土中的祭牲，是以羊、狗 2 种小牲畜为内容的配伍组合，分上、下两层，上距东端圹口 0.52～0.96 米深，下距圹底 1.21～0.8 米，上下落差 40 余厘米（图版一一四，1）。殉牲种类，包括马、牛、羊、狗 4 种家畜。殉牲数量，马头 2 个，马肱骨 2 只，牛头 1 个，牛肱骨 1 只，羊头 4 个（山羊 3，绵羊 1），羊肱骨 4 只，狗头 4 个，狗肱骨 4 只。殉牲形式，首先是将马、牛、羊、狗 4 种牲头的上、下颌骨全部拆解开；然后摆放第（一）部分大牲畜祭牲，将拆解开的马头 2 套、牛头 1 套，按东西方向，呈“品”字形摆放到圹内东端生土二层台台面以上的上层填土上，二马头一个居东，一个居北，一牛头居南，所有的下颌骨，皆侧卧于上颌骨之下，上、下颌不相咬合，吻部一律朝东。在居东的马上颌骨前端左、右两侧和居北的马上颌骨前端右侧，各出马具骨环 1 件。马肱骨 2 只，作东西向顺置，分别被叠压在二副马下颌骨之下。牛肱骨 1 只，顺置于二马头之间。另在牛头东侧，摆放拆解开的狗头 1 套和狗肱骨 1 只，此狗上颌的吻部朝西，恰与牛吻部相对。狗下颌 1 副，横卧于狗上颌骨东侧，吻部朝南。狗肱骨 1 只横插在牛头与狗头之间；然后再摆放第（二）部分小牲畜祭牲，这一部分祭牲分上、下两层。下层祭牲，有山羊头 3 个，绵羊头 1 个，羊肱骨 4 只，狗头 2 个，狗肱骨 1 只。其中狗牲居西北，一个吻部朝东，另一个吻部朝西南。三个山羊头，呈三角形分布，东侧 2 个，吻部朝东，西侧 1 个，吻部朝西；绵羊头 1 个，安排在靠南侧当中位置，夹在二山羊头之间。有的拆解开的羊下颌骨，吻部朝向与上颌骨不一致，或朝西，或朝西北。至于狗和羊的肱骨的朝向，更不相统一，它们被随意插放，各个方向都有，无规律可言。上层祭牲，仅有被拆解开的狗上、下颌骨 1 套和狗肱骨 2 只，被摆放在生土二层台与活土二层台上方交界之处的填土中，狗上、下颌骨呈侧卧式，不相咬合，吻部朝东；狗肱骨 2 只，斜插于西侧和南侧。

木椁已朽，板灰呈白色粉状，盖板灰痕已无存，底板痕迹十分模糊，南、北侧板与东、西堵板灰痕轮廓，尚可辨识。南、北侧板东西顺长 2.32 米，板灰厚 3 厘米。东、西堵板，分别竖插于南、北侧板之间，立插部位，分别在南、北侧板东、西两端内缩 9 和 10 厘米处，总宽东端 47、西端 40、板灰厚 3 厘米，南、北侧板与东、西堵板高均为 35 厘米，与四周活土二台台面平齐。其板块组成情况，已不能详。

木椁内装敛尸骨一具。保存状况较好，头骨及骨架主要部位骨骼，基本完整。头东足西，侧面向西北，仰身直肢。经现场鉴定，死者为男性，45~50岁。骨骼从头到脚通长1.75米。

随葬品较多，陈放于木椁内、死者身上及其近前（图三二〇）。在头骨左后侧，椁底东南角，放置夹砂红陶罐1件，正置，已残裂。在左、右耳骨下面，各出螺旋形铜丝耳环1件，在左、右耳环之下，各附出绿松石坠珠1枚。覆面铜扣2枚，已滑落于下颌骨之下。在颈部，出玛瑙珠、白石珠项链1串，由红玛瑙珠1颗、小白石珠48粒，联合串成。在右锁骨之上，出骨弓弭2件。在左侧胸部斜下方，左肱骨内侧，出开口骨器1件。在右侧腰间，右尺骨内侧至右髋骨外侧之间，出青铜短剑1件，剑锋朝下。在短剑左侧，右髋骨外缘之下，压有青铜削刀1件，刀锋朝上。在左侧腰间，左尺骨内侧，自左而右，出长方形铜锥（针）管具1件；铜锛1件；锛刃朝上，铜凿1件，凿刃朝下。在左尺骨外

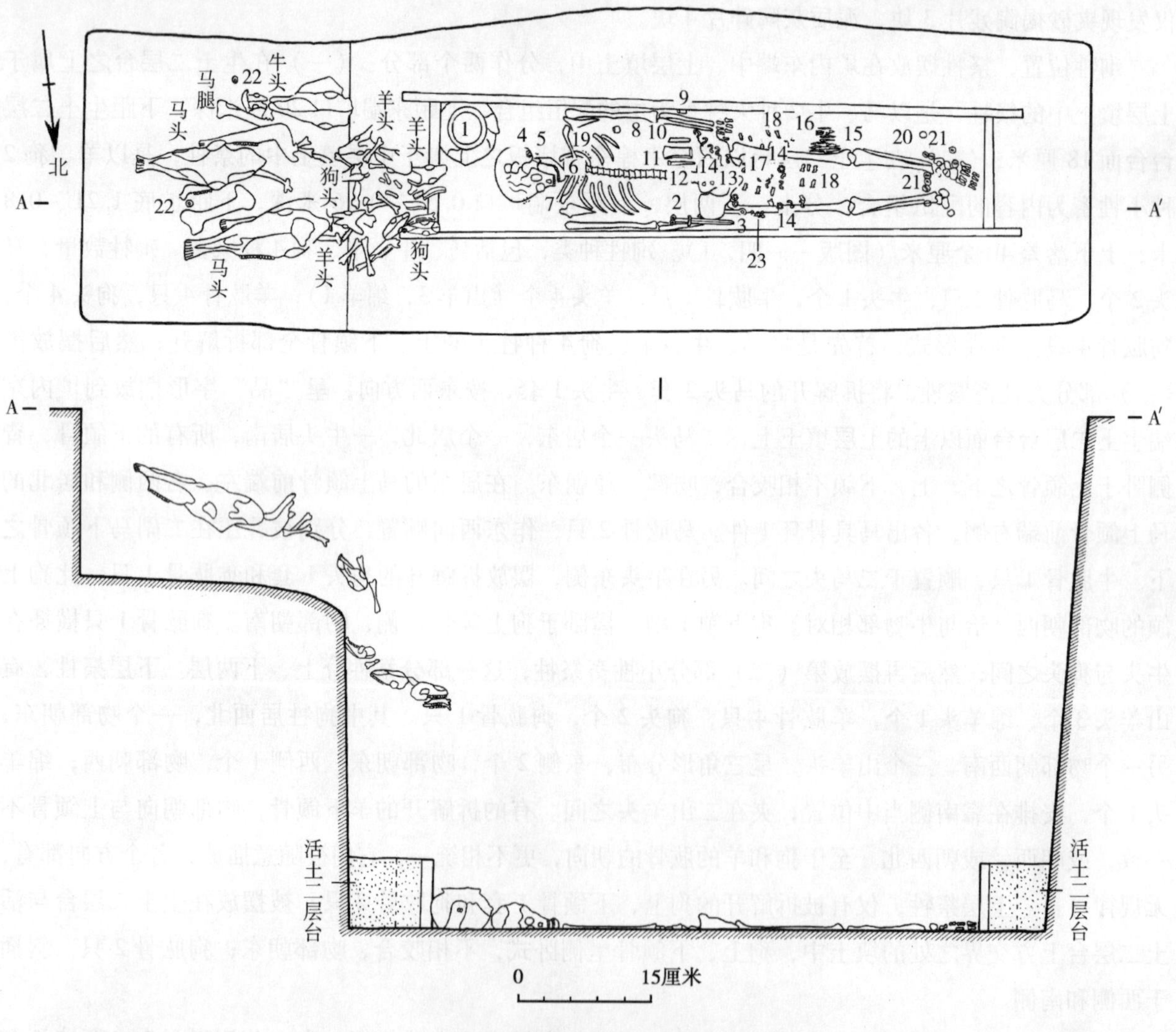

图三二〇 YYM74平剖面图

1. 夹砂红陶罐 2. 青铜短剑 3. 青铜削刀 4. 铜丝耳环 5. 绿松石坠珠 6. 覆面铜扣 7. 骨弓弭 8. 开口骨器 9. 铜盒形器 10. 长方形铜锥（针）管具 11. 铜锛 12. 铜凿 13. 骨柄铜锥 14. 动物纹服饰铜扣 15. 铜镞 16. 骨镞 17. 反S形铜带卡 18. 马形铜带饰 19. 石珠项链 20. 马具铜环 21. 马具铜泡 22. 马具骨环 23. 骨鸣镝

侧，出铜盒形器1件。在骶骨与左髋骨之间，出骨柄铜锥1件，锥尖朝左侧斜下方。动物纹服饰铜扣4枚，出于左股骨内侧1枚，出于右股骨内侧1枚，出于右股骨表面2枚。在左股骨下端外侧，出铜镞6枚，骨镞12枚，它们集约成束，镞锋一律朝下。在右股骨上段偏外侧表面，出骨鸣镝1件。在死者腰际以下至左、右股骨之间，共出反S形铜带卡23枚，马形铜带饰65枚。反S形铜带卡23枚，压在腰椎骨下面2枚，压在右尺骨下面2枚，分布于骨盆表面和左、右股骨内、外侧19枚。马形铜带饰65枚，压于腰椎下面4枚，出于骨盆左侧23枚，出于左、右股骨内、外侧38枚。在左、右胫骨下端至左足骨部位，出马具铜泡9枚，马具铜环1件（图版一一四，2）。

YYM75

这是玉皇庙墓地属于丙（B）级规格的小型墓葬之一。位于南区北部。其东和东南，分别与南区北部的YYM104和YYM105毗邻，间距分别为1.6和2米；西南有YYM76，间距2.2米；其西2.9米，为1号取土坑东沿；西北有YYM74，间距0.4米；北有YYM73，间距2.7米；东北有YYM93，间距2.9米。此墓的地层堆积，基本上同于YYM148，不赘。

墓圹平面形状，呈弧边抹角长方形，南、北两侧圹边均略向南弧曲，为竖穴土坑墓。东向，方位角为东偏南6°。墓圹规格，圹口东西长2.47、东端宽0.9、西端宽0.8米，圹底东西长2.38、东端宽0.84、西端宽0.74米，圹口至圹底深0.87米。无生土二层台。在圹底中间，按东西方向，安置木椁一具。在木椁外壁四周至圹底部四壁之间，筑有活土二层台，台土经严密夯实，东、南、西、北四台等高，均为22厘米，宽度不一，东台宽37、南台宽17、西台宽26、北台宽25厘米（中段）。

圹内填土，为杂有褐色斑点的黄色五花土，经普遍夯实，但未有夯层与夯窝痕迹。在填土中，仅发现夹砂褐陶罐口沿残片1块，泥质灰陶碎片3块。在椁室南侧下层，有因盖板腐朽而随上层填土陷落进来的、体积较小的自然石灰岩石块1块。

殉牲位置，祭牲集中摆放在圹内东端中间上层填土中，上与东端圹口平齐，下距圹底0.68米。殉牲种类，为牛、羊、狗3种家畜。殉牲数量，牛头1个，羊头3个（山羊2，绵羊1），羊肱骨3只，狗头2个，狗肱骨2只。殉牲形式，将牛、羊、狗三种牲头的上、下颌骨拆解开后，基本上按东西方向，作同层、相邻、聚堆摆放（图版一一五，1）。一个大号狗头，被突出地顺摆于最东端，上、下颌骨略有错位，不相咬合，吻部皆朝东。下面压有狗肱骨1只；南侧摆放牛头1个，牛上颌骨已残碎，牛下颌骨1副作侧卧式，吻部亦朝东；西侧，摆放狗肱骨1只（横置），狗下颌骨1副（顺置，侧卧），吻部朝东；西北角，顺置狗上颌骨1个，吻部朝东；在上述狗牲与牛牲围拢的空间内，又插摆了拆解开的山羊头2个，绵羊头1个，以及羊肱骨3只。其中，三个羊上颌骨的吻部，皆朝东，而三副羊下颌骨的吻部，朝向不一，或朝西，或朝西南，或朝西北（图三二一）。

木椁已朽，板灰呈白色粉状，盖板已无存，底板灰痕不清楚。南、北侧板与东、西堵板灰痕轮廓，尚可分辨。南、北侧板东西顺长1.97米，板灰厚2.5~3厘米。东、西堵板，分别竖插于南、北侧板之间，立插部位，分别在南、北侧板东、西两端内缩9和13厘米处，总宽东端39、西端36、板灰厚2.5厘米。南、北侧板与东、西堵板高均为22厘米，与四周活土二层台台面平齐。其板块组成情况，已不能详。

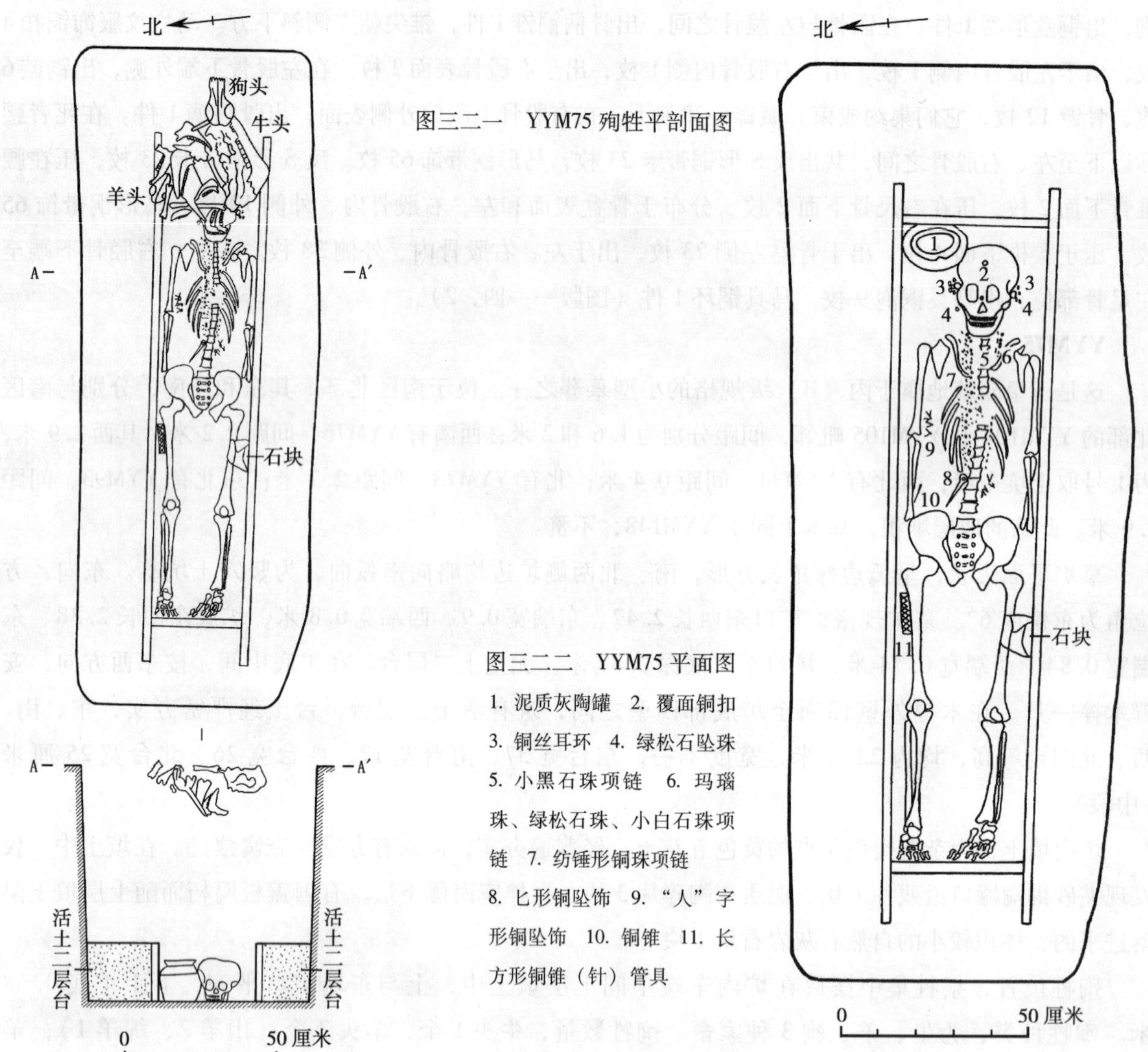

图三二一　YYM75 殉牲平剖面图

图三二二　YYM75 平面图
1. 泥质灰陶罐　2. 覆面铜扣　3. 铜丝耳环　4. 绿松石坠珠　5. 小黑石珠项链　6. 玛瑙珠、绿松石珠、小白石珠项链　7. 纺锤形铜珠项链　8. 匕形铜坠饰　9. "人"字形铜坠饰　10. 铜锥　11. 长方形铜锥（针）管具

木椁内装敛尸骨一具。保存状况较好，头骨及骨架主要部位骨骼，基本完整。头东足西，仰身直肢，经现场鉴定，死者为女性，30 岁左右。骨骼从头到脚通长 1.61 米。

随葬品陈放于木椁内、死者身上及其近前（图三二二）。在头骨右后侧，椁底东北角，放置泥质灰陶罐 1 件，正置。在左、右耳骨下面，各出螺旋形铜丝耳环 1 件。在左耳环下，附出绿松石坠珠 4 枚；在右耳环下，附出绿松石坠珠 5 枚。覆面铜扣 3 枚，出于前额和鼻骨处各 1 枚，滑落于下颌骨右侧 1 枚。在颈部至胸部，出各种不同质料的项链 3 串：（1）小黑石珠项链 1 串（267 粒）；（2）玛瑙珠、绿松石管、小白石珠项链 1 串，由玛瑙珠 62 颗，绿松石管 1 枚，小白石珠 2 粒，联合组成；（3）铜珠项链 1 串，由纺锤形铜珠 135 枚串成，末端（腰椎骨部位），附出匕形铜坠饰 1 件，坠尖朝右侧斜下方。"人"字形铜坠饰 9 枚，出于右上肢肘关节内侧 4 枚，出于左侧腹部 5 枚。在右尺骨内侧，出铜锥 1 件，锥尖朝右侧斜下方。在右股骨外侧，出长方形几何纹铜锥（针）管具 1 件。

YYM76

这是玉皇庙墓地属于丙（C）级规格的小型墓葬之一。位于南区北部。其东与南区北部的 YYM105

毗邻，间距2.9米；东南有YYM106，间距3.7米；南有YYM77，间距2.5米；西南和正西毗邻1号取土坑东沿，距取土坑内YYM112为1.1米；北有YYM74，间距4米；东北有YYM75，间距2.2米。此墓的地层堆积，基本上同于YYM148，不赘。

墓圹平面形状，呈弧边抹角长方形，北侧圹边略外弧，为竖穴土坑墓。东向，方位角为东偏南3°。墓圹规格，圹口东西长2.5、东端宽0.96、西端宽0.9米，圹底东西长2.4、东端宽0.89、西端宽0.84米，圹口至圹底深0.67米。无生土二层台。在圹底中间，按东西方向，安置木椁一具。在木椁外壁四周至圹底部四壁之间，筑有活土二层台，台土经过严密夯打，东、南、西、北四台等高，均为24厘米，宽度不一，东台宽30、南台宽24、西台宽33、北台宽25厘米（中段）。

圹内填土，为杂有褐色斑点的黄色五花土，经普遍夯实，但未有夯层与夯窝痕迹。在填土中，仅发现夹砂红褐陶罐器底残件1块，泥质灰陶碎片1块。除此之外，再未见其他遗物。

无殉牲。

木椁已朽，盖板无存，底板灰痕不清楚，南、北侧板与东、西堵板板灰呈白色粉状，四至尚可分辨。南、北侧板东西顺长2.17米，板灰厚3.5厘米。东、西堵板，分别竖插于南、北侧板之间，立插部位，分别在南、北侧板东、西两端内缩20和16厘米处，总宽东端36、西端33、板灰厚3厘米。南、北侧板与东、西堵板高均为24厘米，与四周活土二层台台面平齐。其板块组成情况，已不能详。

木椁内装敛尸骨一具。保存状况较好，除头骨稍有残裂外，骨架主要部位骨骼，基本完整。头东足西，仰身直肢，经现场鉴定，死者为女性，25～30岁。骨骼从头到脚通长1.48米（图版一一五，2）。

随葬品陈放于木椁内、死者身上及其近前（图三二三）。在头骨右后侧，椁底东北角，放置夹砂红陶罐1件，斜侧置，口朝西，已残裂。在左、右耳骨下面，各出螺旋形铜丝耳环1件，已残，无绿松石坠珠伴出。在颈部至胸部，出不同质料的项链3串：（1）小黑石珠项链1串（394粒）；（2）玛瑙珠、绿松石珠、绿松石管、白石珠及骨珠项链1串，由玛瑙珠38颗、绿松石珠27粒、绿松石管8枚、小白石珠11粒，加上骨珠2枚，联合串成；（3）铜珠项链1串，由纺锤形铜珠76枚串成，末端（左尺骨内侧）附出匕形铜坠饰1件，坠尖朝左侧斜下方。在腰椎骨表面和左尺骨下面，各出联珠棍形铜坠饰5枚（图版一一五，3）。在左尺骨外侧，出长方形铜锥（针）管具1件。在左股骨外侧，出“人”字形铜坠饰3枚。

YYM112

这是玉皇庙墓地属于丁级规格的小型墓葬之一。位于南区北部西端边缘。其东南有YYM77，间距2.2米；南有YYM78，间距2.7米；西南、西、西北与正北，为1号取土坑；东北有YYM76和YYM74，间距分别为1.1和5.3米。此墓的地层堆积，基本上同于YYM148，不赘。

墓圹平面形状，呈长方形，西端已被破坏，为浅穴土坑墓。东向，方位角为东偏南1°。墓圹规格，东西残长1.43米，东、西两端宽均为0.56米，圹底形制、规格，与圹口一致，圹口至圹底深20厘米。无生土二层台。无木质葬具，无活土二层台。

圹内填土，为杂有少量褐色斑点的黄色五花土，未经夯实，土质较疏松。在填土中，未发现任何文化遗物。

无殉牲。

在圹底偏南侧位置，按东西方向，安葬尸骨一具。保存状况不好，头骨及骨架各部分骨骼，均因腐朽过甚，残缺不全。由于墓圹西部已被取土破坏，左、右股骨皆已残断，下面的胫、腓骨及足骨，均已无存。从骨骼残存现状看，死者为头东足西，侧面向北，仰身直肢。经现场鉴定，死者为女性，22～24岁。

随葬品很少，仅在死者右尺骨内侧至右髋骨外缘之间，出青铜削刀1件，刀锋朝上（图三二四）。除此之外，再无其他任何遗物。

YYM201

这是玉皇庙墓地属于丁级规格的小型墓葬之一。位于南区北部，其东、东南及南侧，已无墓葬；西

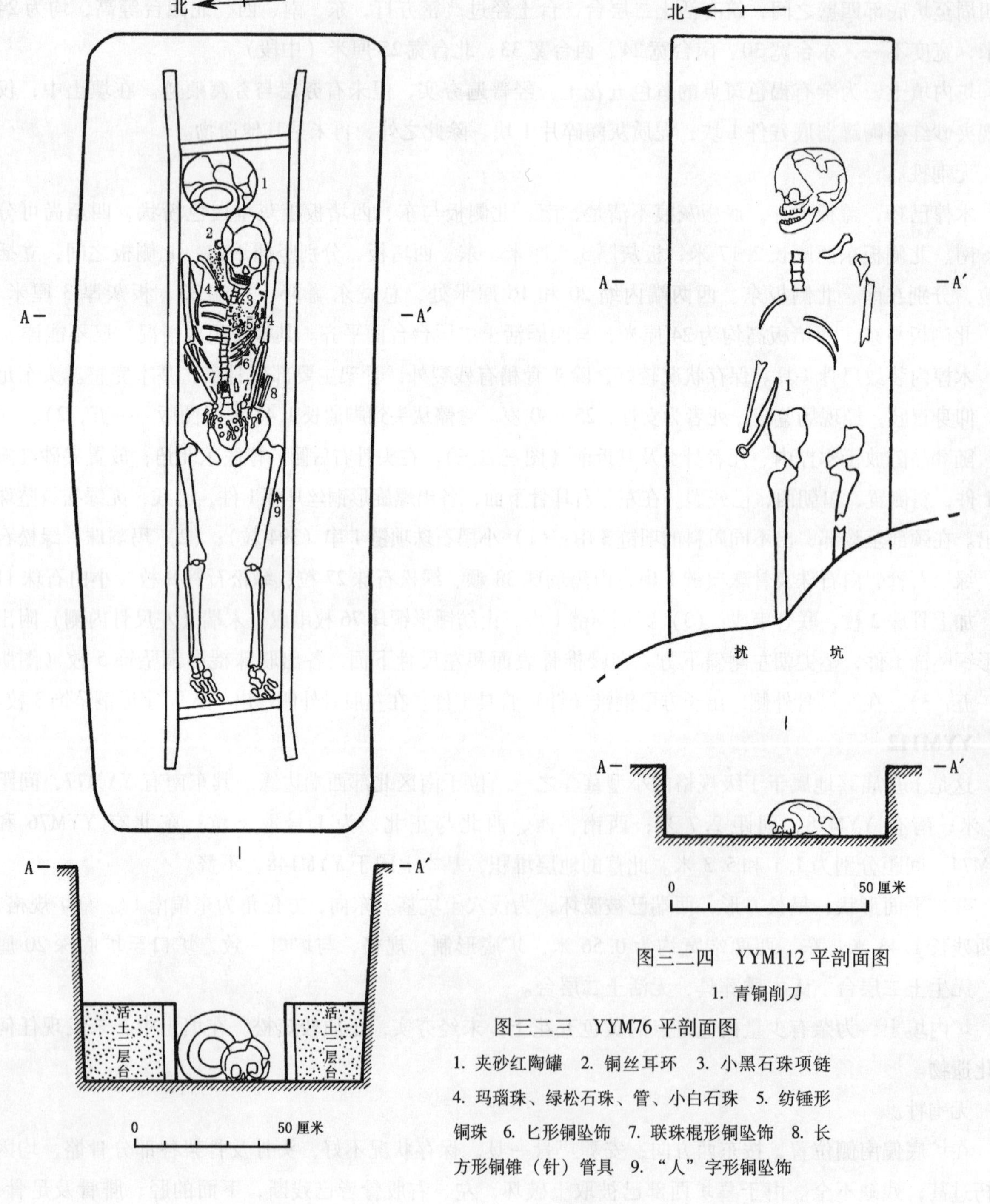

图三二三 YYM76平剖面图

1. 夹砂红陶罐 2. 铜丝耳环 3. 小黑石珠项链 4. 玛瑙珠、绿松石珠、管、小白石珠 5. 纺锤形铜珠 6. 匕形铜坠饰 7. 联珠棍形铜坠饰 8. 长方形铜锥（针）管具 9. "人"字形铜坠饰

图三二四 YYM112平剖面图

1. 青铜削刀

南有 YYM202，间距 1.3 米；西有 YYM177，间距 2 米；西北有 YYM178，间距 1.9 米；北有 YYM200，间距 1.2 米。此墓的地层堆积，基本上同于 YYM220，不赘。

墓圹平面形状，呈抹角长方形，为浅穴土坑墓。东向，方位角为东偏南 25°。墓圹规格，圹口东西长 1.97、东端宽 0.71、西端宽 0.67 米，圹底形制、规格，与圹口一致，圹口至圹底深 37 厘米。无生土二层台。在圹底中间略偏东南—西北方向，放置小型木质葬具一具。在木质葬具外壁四周至圹底部四壁之间，筑有活土二层台，台土经过夯打，较坚实，东、南、西、北四台等高，均为 22 厘米，宽度不一，东台宽 22、南台宽 21、西台宽 20、北台宽 16 厘米。

圹内填土，为淤积夹砂石褐色土和少量生黄土混杂后的五花土，未经夯实，土质较疏松。在填土中，仅发现夹砂粗褐陶残片 1 块，泥质灰陶碎片 2 块。除此之外，再未有其他遗物。

无殉牲。

木质葬具，已腐朽为泥，灰痕模糊不清，主要凭原葬具内的填土与四周活土二层台的软、硬差别，来确定此葬具的四至规格。葬具东西长 1.55 米，东端宽 32、西端宽 30、南、北侧板高 22 厘米，与南、北活土二层台台面平齐。至于葬具各部分之间的结构关系等，已无从考察。

葬具内有孩童尸骨一具。保存状况较差，头骨已酥碎，上体骨骼已腐朽无存，骨盆大部残缺，只有下肢骨，尚较成形。头东足西，仰身直肢，经现场鉴定，死者为儿童，8～9 岁。骨骼从头到脚通长 1.21 米。

随葬品出于木质葬具内、死者身上（图三二五）。无陶器。在死者前额部位，出覆面铜扣 3 枚。在左、右耳骨下面，各出螺旋形铜丝耳环 1 件，已残，无绿松石坠珠伴出。在颈下，左锁骨表面，出马形铜牌饰 1 件，马头朝左。在颈部至胸部，出小黑石珠项链 1 串，由 140 粒小黑石珠串成，在骨盆部位，出辐射纹服饰铜泡 4 枚。

YYM202

这是玉皇庙墓地属于丙（A）级规格的小型墓葬之一。位于南区中部东界边缘，其东、东南及南侧，已无墓葬，西南有 YYM171，间距 5.2 米；西有 YYM176，间距 0.6 米；西北有 YYM177，间距 1.1 米；东北有 YYM201，间距 1.3 米。此墓的地层堆积，基本上同于 YYM220，不赘。

墓圹平面形状，呈抹角长方形，为竖穴土坑墓。东向，方位角为东偏南 24°。墓圹规格，圹口东西长 2.25、东端宽 0.87、西端宽 0.9 米，圹底形制、规格，与圹口一致，圹口至圹底深 0.83 米。无生土二层台。在圹底中间略偏南侧位置，按东西方向，安置木椁一具。在木椁外壁四周至圹底部四壁之间，筑有活土二层台，台土经过严密夯打，东、南、西、北四台等高，均为 33 厘米，宽度不一，东台宽 11、南台宽 15、西台宽 25、北台宽 24 厘米（中段）。

圹内填土，为淤积夹砂石褐色土与生黄土混杂后的五花土，经普遍夯实，但未有夯层与夯窝痕迹。在填土中，仅发现夹砂粗褐陶罐类器底残片 1 块，泥质灰陶残片 2 块。除此之外，再未见其他遗物。

无殉牲。

木椁已朽，盖板无存，底板灰痕大部残缺，南、北侧板与东、西堵板板灰呈白色粉状，轮廓可辨。南、北侧板东西顺长 2.12 米，总高 33 厘米，与南、北活土二层台台面平齐，板灰厚 3 厘米；东、西堵板，分别竖插于南、北侧板之间，立插部位，分别在南、北侧板东、西两端内缩 11 和 12 厘米处，高度与南、北侧板一致，均为 33 厘米，总宽东端 44、西端 39、板灰厚 4 厘米。南、北侧板与东、西堵板的板块组成情况，已不能详。

木椁内装殓尸骨一具。保存状况不好，头骨残碎严重，其他主要部位骨骼，尚较完整。头东足西，仰身直肢，经现场鉴定，死者为女性，25~30 岁。骨骼从头到脚通长 1.56 米（图版一一六，1）。

随葬品集中陈放于木椁内、死者身上及其近前（图三二六）。在头骨右后侧、椁底东北角，放置夹砂褐陶罐 1 件，斜侧置，口朝东北，已残碎。在左、右耳骨下面，各出螺旋形铜丝耳环 1 件及绿松石

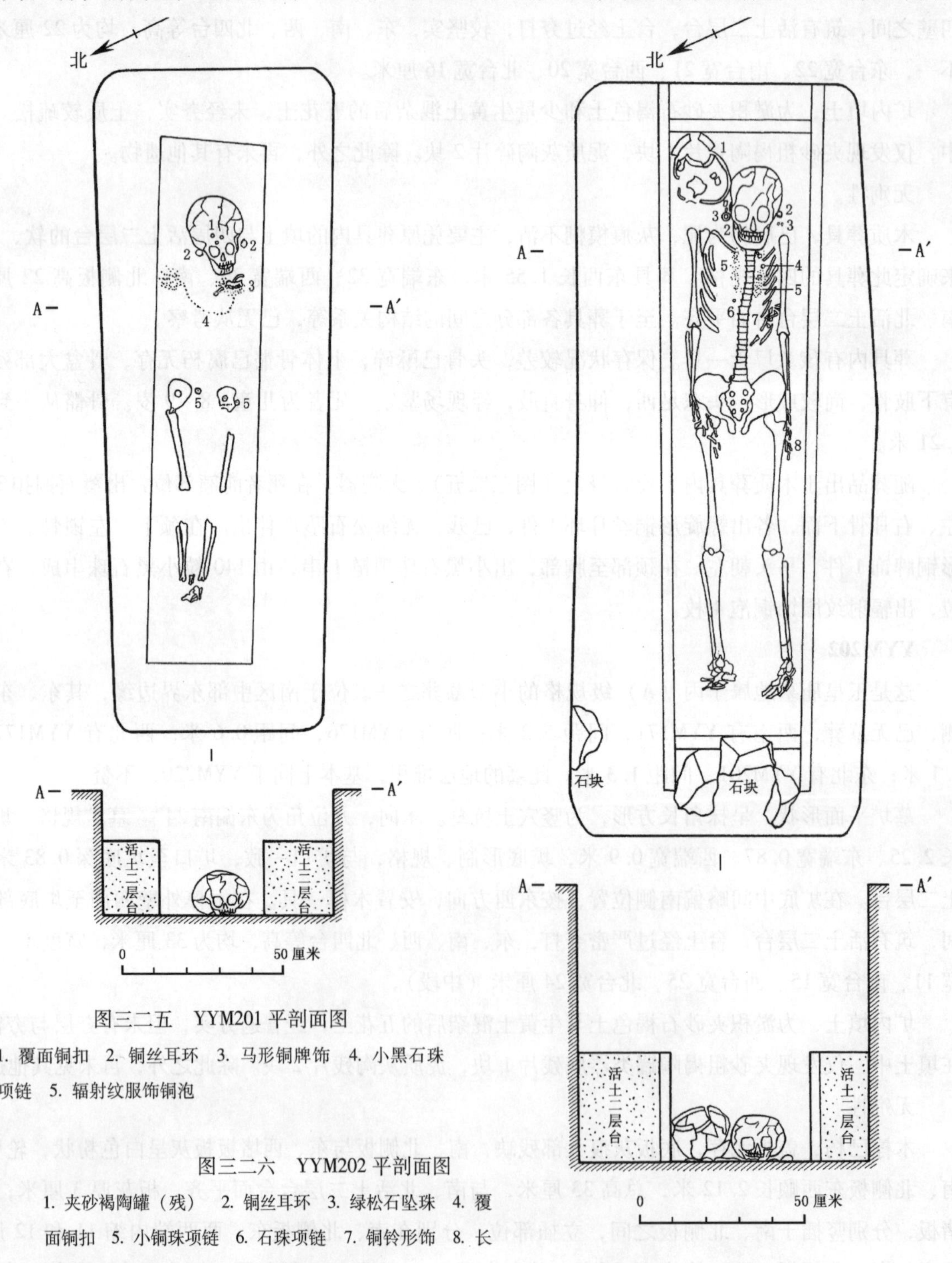

图三二五　YYM201 平剖面图

1. 覆面铜扣　2. 铜丝耳环　3. 马形铜牌饰　4. 小黑石珠项链　5. 辐射纹服饰铜泡

图三二六　YYM202 平剖面图

1. 夹砂褐陶罐（残）　2. 铜丝耳环　3. 绿松石坠珠　4. 覆面铜扣　5. 小铜珠项链　6. 石珠项链　7. 铜铃形饰　8. 长方形铜锥（针）管具（压在左手指骨下面）

坠珠 2 枚。覆面铜扣 3 枚，已滑落于下颌骨下方及颈部。在颈后至胸部，出不同质料的项链 2 串，（1）小铜珠项链 1 串，由 9 粒粟粒形铜珠串成；（2）玛瑙珠、绿松石珠、蚌珠、黑白石珠项链 1 串，由玛瑙 2 颗、绿松石珠 1 枚、蚌珠 2 颗、小黑石珠 27 粒、小白石珠 2 粒，联合组成。在左尺骨内侧，出铃形铜饰 8 件。在左股骨外侧，左手指骨下面，压有长方形几何纹铜锥（针）管具 1 件。

YYM176

这是玉皇庙墓地属于丙（B）级规格的小型墓葬之一。位于南区中部东界边缘，其东有 YYM202，间距 0.65 米；东南已无墓葬；南有 YYM175，间距 8.3 米；西南有 YYM171 和 YYM168，间距分别为 3.5 和 4.1 米；西有 YYM154，间距 5.9 米；西北有 YYM153 和 YYM169，间距分别为 5.1 和 0.2 米；北有 YYM177，间距 1.5 米。此墓的地层堆积，基本上同于 YYM156，不赘。

墓圹平面形状，呈弧边抹角长方形，墓圹南、北两侧边中腰部分，皆略向南侧弧曲，为竖穴土坑墓。东向，方位角为东偏南 31°。墓圹规格，圹口东南—西北长 2.43、东南端宽 0.7、西北端宽 0.61 米，圹底东南—西北长 2.34、东南端宽 0.65、西北端宽 0.58、圹口至圹底深 0.99 米。无生土二层台。在圹底中间稍偏北侧位置，顺墓圹方向，安置木椁一具。在木椁外壁四周至圹底部四壁之间，筑有活土二层台，台土经过严密夯打，较坚实，东、南、西、北四台等高，均为 37 厘米，宽度不一，东台宽 12、南台宽 17、西台宽 28、北台宽 8 厘米（中段）。

圹内填土，为淤积夹砂石褐色土与生黄土混杂后的五花土，经普遍夯实，但未有夯层与夯窝痕迹。在填土中，仅发现夹砂褐陶碎片 2 片，泥质灰陶带弦纹的残片 3 片。另在椁室中、西部上层填土中，分布有规律的纵列自然石灰岩石块 7 块，在南侧活土二层台西端 1 块，石块大小不一，规格在 11 ×9 ×8 至 51 ×26 ×16 厘米之间（图三二七）。

殉牲位置，祭牲集中摆放在圹内东端中、南侧上层填土中，上距东南端圹口 5 厘米深，下距圹底 0.64 米（纵剖图三二七；图版一一六，2）。殉牲种类，为牛、羊、狗 3 种家畜。殉牲数量，牛头 1 个，牛肱骨 1 只，羊头 2 个（绵羊），羊肱骨 2 只，狗头 1 个，狗肱骨 1 只。殉牲形式，将牛、羊、狗头的上、下颌拆解开后，按东西方向，作南、北相邻同层摆放。即先将狗肱骨 1 只及拆解开的狗上、下颌骨 1 套，顺摆于圹内东端中间位置上层填土上，狗肱骨在下，狗头骨叠置其上，吻部朝东；然后于其西侧，接着顺摆羊肱骨 2 只及拆解开的绵羊上、下颌骨 2 套，羊肱骨在下，羊的上、下颌骨叠置其上，除一副羊下颌骨的吻部朝南之外，其余的羊上、下颌骨的吻部，均朝东；然后再于狗牲和羊牲的南侧，摆上牛肱骨 1 只及拆解开的牛上、下颌骨 1 套，牛肱骨在下，作东南—西北向，牛的上、下颌骨叠置其上，吻部朝东。羊牲因受木椁东端腐朽后塌陷的牵连，而导致下陷，并发生一定程度的错位。

木椁已朽，盖板无存，底板大部残缺，四至不清，唯南、北侧板与东、西堵板板灰轮廓，尚可分辨。南、北侧板东西顺长 2.34 米，总高 37 厘米，与南、北活土二层台台面平齐，板灰厚 3 厘米；东西堵板，分别竖插于南、北侧板之间，立插部位，分别在南、北侧板东、西两端内缩 11 和 25 厘米处，高度与南、北侧板一致，总宽东端 37、西端 32、板灰厚 3 厘米。南、北侧板与东、西堵板的板块组成情况，已难以再作具体分辨。

木椁内装殓尸骨一具。保存状况较好，除头骨压裂外，其他主要部位骨骼，都基本完整。头朝东南，足向西北，仰身直肢，经现场鉴定，死者为女性，30 ~35 岁。骨骼从头到脚通长 1.66 米。

随葬品集中陈放于木椁内、死者身上及其近前（图三二八）。在头骨右后侧、椁底东北角，放置

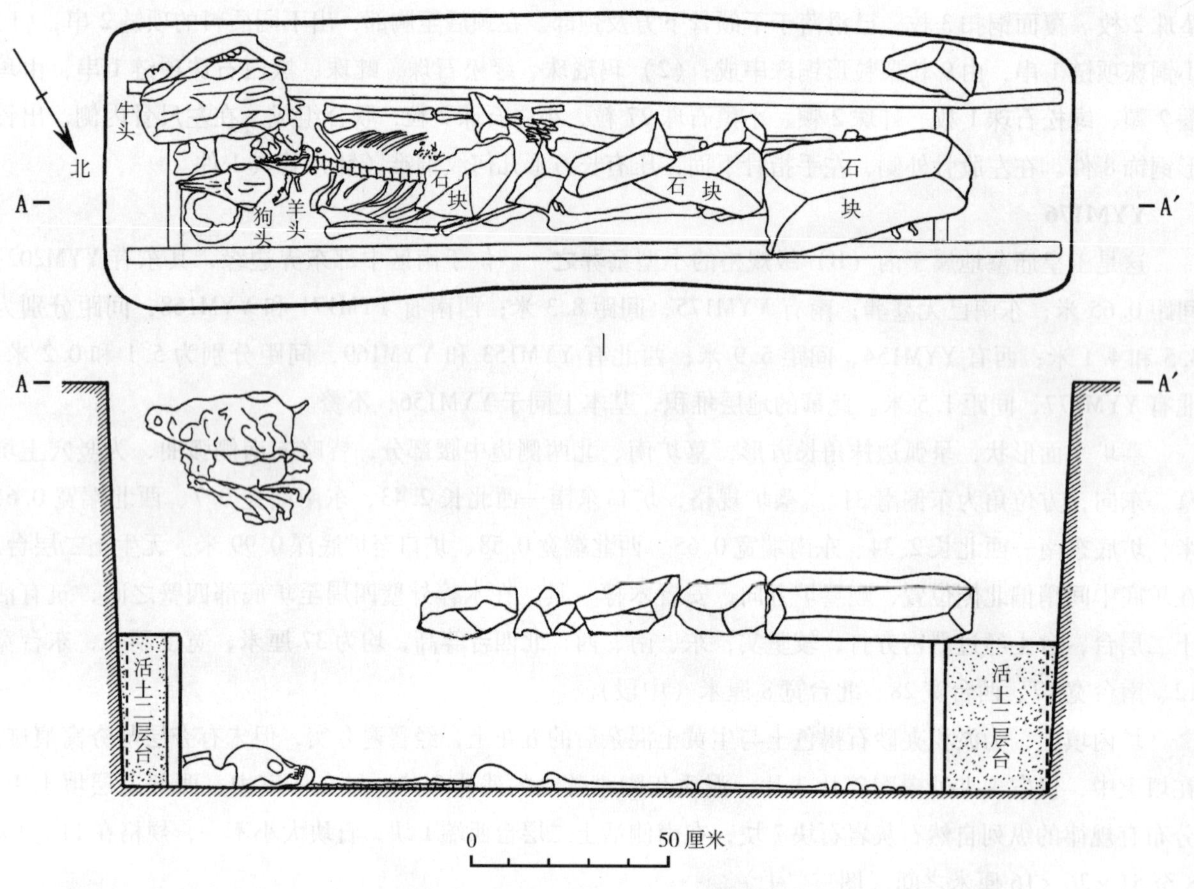

图三二七　YYM176 圹内镇墓石分布平剖面图

夹砂褐陶罐1件，正置。在左、右耳骨下面，各出螺旋形铜丝耳环1件及绿松石坠珠1枚。覆面铜扣2枚，已滑落于下颌骨之下。在颈部至胸、腹部，出不同质料的项链3串：（1）玛瑙珠、蚌珠及白石管项链1串，由玛瑙珠19颗、蚌珠1颗及白石管1枚联合串成；（2）小白石珠项链1串，由125粒小白石珠串成；（3）小黑石珠项链1串，由319粒小黑石珠串成，在腰椎左、右侧，各出"人"字形铜坠饰5枚。在左股骨外侧，出长方形几何纹铜锥（针）管具1件。

YYM154

这是玉皇庙墓地属于丙（C）级规格的小型墓葬之一。位于南区中部。其东有YYM176，间距5.9米；东南有YYM168，间距0.5米；南有YYM167，间距3米；西南有YYM155和YYM156，间距分别为0.4和1.5米；西北有YYM144和YYM145，间距分别为2.2和2.1米；北有YYM153，间距0.7米；东北有YYM169，间距3.9米。此墓的地层堆积，基本上同于YYM156，不赘。

墓圹平面形状，呈抹角长方形，为竖穴土坑墓。东南向，方位角为东偏南35°。墓圹规格，圹口东西长1.96、东端宽0.64、西端宽0.66米，圹底形制、规格，与圹口一致，圹口至圹底深0.6米。无生土二层台。在圹底中间稍偏北位置，按东南—西北方向，安置木椁一具。在木椁外壁四周至圹底部四壁之间，筑有活土二层台，台土经过严密夯打，较坚实，东、南、西、北四台等高，均为22厘米，宽度不一，东台宽23、南台宽19、西台宽18、北台宽11厘米（中段）。

圹内填土，为淤积夹砂石褐色土与生黄土混杂后的五花土，经普遍夯实，但未有夯层与夯窝痕迹。

在填土中，仅发现泥质灰陶器底残件1块，除此之外，再未见其他遗物。

殉牲位置，祭牲集中摆放在圹内东端中间略偏南侧的上层填土中，上距东端圹口3厘米深，下距圹底0.45米（图版一一六，3）。殉牲种类，仅有狗1种。数量，狗头3个，狗肱骨3只。殉牲形式，将狗头上、下颌拆解开后，与狗肱骨一块，按东南—西北方向，作同层、相邻、平面呈三角形布局摆放。即先将拆解开的一套大号狗上、下颌骨及狗肱骨1只，顺摆于圹内东端中间偏南侧的上层填土上，狗肱骨在下，上、下颌骨叠置其上；然后于其北侧，自东而西，再顺摆二个较小的狗上颌骨；狗肱骨2只，分置于东、西两侧；下颌骨2副，皆顺摆于西侧。这二个狗上颌骨，均不与下颌骨和肱骨相叠压，唯西侧的一副下颌骨，叠置于一只狗肱骨之上。这组狗牲的上、下颌骨的吻部朝向，均与墓圹方向及死者头向，保持一致，即均朝向东南。

木椁已朽，板灰呈白色粉状。盖板无存，底板灰痕不清楚，南、北侧板与东、西堵板板灰轮廓，尚可分辨。南、北侧板东西顺长1.8米，总高22厘米，与四周活土二层台台面平齐。板灰厚3厘米。东、西堵板，分别竖插于南、北侧板之间，立插部位，分别在南、北侧板东、西两端内缩14和11厘米处，高度与南、北侧板一致，均为22厘米，总宽东端33、西端32、板灰厚3厘米。南北侧板与东、西堵板的板块组成情况，已不能详。

木椁内装敛尸骨一具。保存状况不好，头骨已残碎，脊椎骨、肋骨等，因腐朽无存或大部残缺，唯下肢骨，基本完整。头朝东南，足向西北，仰身直肢，经现场鉴定，死者为男性，13～14岁。骨骼从头到脚通长1.37米。

随葬品较少，集中陈放于木椁内、死者头部及上半身（图三二九）。在死者左胸部，放置泥质灰陶折肩罐1件，正置。在左、右耳骨下面，各出螺旋形铜丝耳环1件，已残，无绿松石坠珠伴出。在颈下，出犬形铜牌饰1件，另有玛瑙珠1颗，绿松石珠1枚。在胸部，泥质灰陶折肩罐之下，压有小白石珠项链1串，由285粒小白石珠串成。在腰部左、右两侧，各出服饰铜泡1枚。

YYM155

这是玉皇庙墓地属于丁级规格的小型墓葬之一。位于南区中部。其东南有YYM168，间距2.3米；南有YYM156，间距1.2米；西北有YYM286，间距0.5米；北有YYM145，间距2.5米；东北有YYM154，间距0.4米。此墓的地层堆积，基本上同于YYM156，不赘。

墓圹平面形状，呈抹角长方形，南、北两侧边略外弧，为浅穴土坑墓。东向，方位角为东偏南23°。墓圹规格，圹口东西长1.55、东端宽0.52、西端宽0.5米，圹底形制、规格，与圹口一致，圹口至圹底深30厘米。无生土二层台。在圹底中间，按东西方向，安置木质葬具一具。在木质葬具四周至圹底部四壁之间，筑有活土二层台，台土经过严密夯打，东、南、西、北四台等高，均为20厘米，宽度不一，东台宽21、南台宽14、西台宽10、北台宽11厘米（中段）。

圹内填土，为淤积夹砂石褐色土，经普遍夯实，但未有夯层与夯窝痕迹。在填土中，仅发现泥质灰陶碎片2块，除此之外，再未见其他遗物。

无殉牲。

木质葬具，已腐朽为泥。根据墓圹底部土质软、硬的差别，可确定此葬具的四至界限。东西长1.23米，东端宽31、西端宽32、总高20厘米。与四周活土二层台台面平齐。其他相关结构情况，已无从考察。

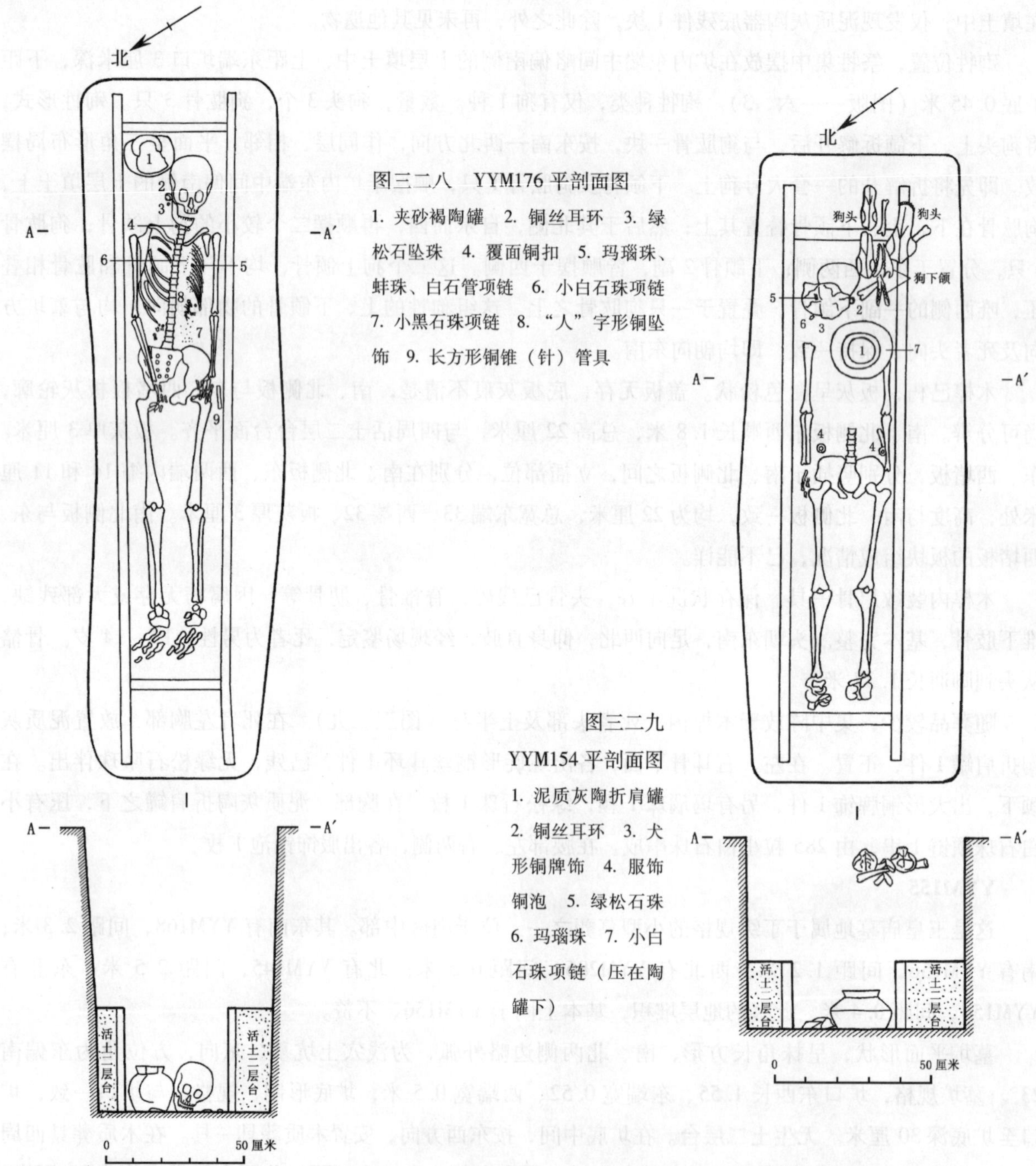

图三二八 YYM176平剖面图

1. 夹砂褐陶罐 2. 铜丝耳环 3. 绿松石坠珠 4. 覆面铜扣 5. 玛瑙珠、蚌珠、白石管项链 6. 小白石珠项链 7. 小黑石珠项链 8. “人”字形铜坠饰 9. 长方形铜锥（针）管具

图三二九 YYM154平剖面图

1. 泥质灰陶折肩罐 2. 铜丝耳环 3. 犬形铜牌饰 4. 服饰铜泡 5. 绿松石珠 6. 玛瑙珠 7. 小白石珠项链（压在陶罐下）

木质葬具内装敛孩童尸骨一具。保存状况不太好，头骨已酥裂，其他主要部位的骨骼，基本完整。头东足西，仰身直肢。经现场鉴定，死者为儿童，5～6岁。骨骼从头到脚通长1.01米（图版一一七，1）。

随葬品很少，仅在木质葬具内，死者左、右耳骨下面，各出螺旋形铜丝耳环1件，无绿松石坠珠伴出。在颈部右侧，右耳环下方，出黑、白石珠项链2串：（1）小黑石珠项链1串（60粒）；（2）小白石珠项链1串（45粒），中间夹有玛瑙珠1颗。另在头骨右后侧和颈下左下方，各出绿松石珠1枚（图三三〇）。

YYM286

这是玉皇庙墓地属于丁级规格的小型墓葬之一。位于南区中部。其东南有YYM155，间距0.5米；

南有 YYM156，间距 1.2 米；西南有 YYM134，间距 1.6 米；北有 YYM144，间距 0.1 米。此墓的地层堆积，基本上同于 YYM156，不赘。

墓圹平面形状，呈抹角长方形，为浅穴土坑墓。东南向，方位角为东偏南 26°。墓圹规格，圹口东西长 0.9、东端宽 0.44、西端宽 0.4 米，圹底形制、规格，与圹口一致，圹口至圹底深 0.18 米。无生土二层台。无木质葬具，无活土二层台。

圹内填土，为淤积夹砂石褐色土，未经夯实，土质较疏松。在填土中，未发现任何遗物。

无殉牲。

在圹底中间顺墓圹方向，安葬孩童尸骨一具。保存状况不好，头骨已残碎，脊椎骨、骨盆、手、足骨等，均已腐朽无存，肋骨、肱骨及下肢骨，也残缺不全。从残存骨骼状况看，此孩童为头朝东南，足向西北，仰身直肢。经现场鉴定，死者属 1.5 ~2 岁的婴儿（图版一一七，2）。

随葬品很少，仅在死者颈、胸部，出绿松石珠和小黑石珠项链 1 串，由绿松石珠 7 枚和小黑石珠 219 粒，联合串成。除此之外，再无其他任何遗物（图三三一）。

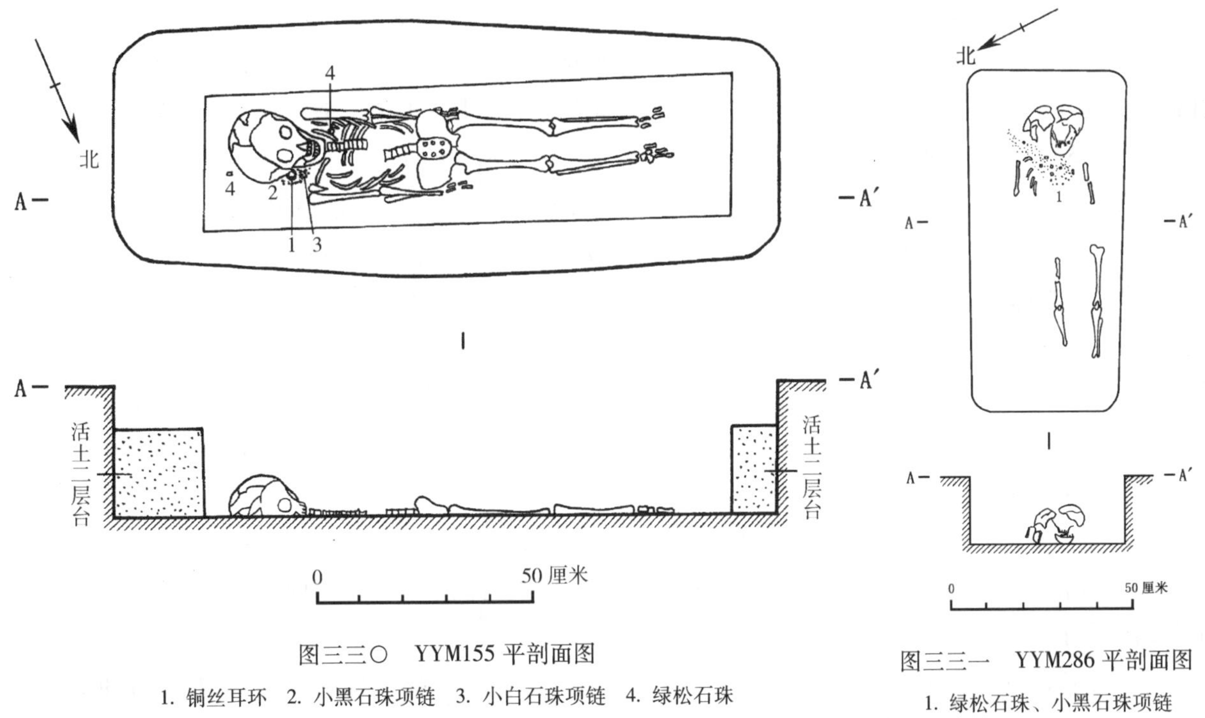

图三三〇　YYM155 平剖面图

1. 铜丝耳环　2. 小黑石珠项链　3. 小白石珠项链　4. 绿松石珠

图三三一　YYM286 平剖面图

1. 绿松石珠、小黑石珠项链

YYM156

这是玉皇庙墓地晚期阶段属于乙（A）级较高规格的中型墓葬之一，也是这一级别的 35 座墓葬中地位最显赫的一座重要的首领级人物的墓葬。位于南区中部，其东有 YYM168，间距 1.4 米；东南有 YYM167，间距 1.1 米；南有 YYM158，间距 2.2 米；西南有 YYM132，间距 0.55 米；西有 YYM133，间距 1.9 米；西北有 YYM134 和 YYM286，间距分别为 1.7 和 1.1 米；北有 YYM155，间距 1.1 米。

此墓的地层堆积，墓口以上可分上、下两层，上层为夹杂自然石块的深褐色山皮土层，厚 22 厘米；下层为淤积夹砂石层，即夹略大和较大砂石颗粒的褐色土层，属晚期泥石流堆积层，厚 62 厘米。揭掉这两层堆积之后，即发现墓圹圹口。圹口以下至墓底的地层堆积，自上而下，可分二层，第一层

（上层）为夹中细砂石颗粒的褐色土层，属这里早期泥石流堆积层，厚22厘米；第二层（下层）为生黄土层，即属于更新世晚期形成的黄土质砂质黏土层，厚1.48米以上（圹底以下均为此层堆积）。

此墓墓圹平面形状，基本上呈"凸"字形，为竖穴土坑墓。东向，方位角为东偏北6°。墓圹规格，圹口东西长3.40、东端宽0.84、西端宽0.82米，圹底东西长2.58、东端宽0.82、西端宽0.8米，圹口至圹底深1.7米。在墓圹西壁和南、北两侧壁西半段的上部，分别留出生土二层台，南、北二台宽窄不一，但三台面等高，均距圹口深30厘米。西台长0.82、宽0.5，南、北二台长均为1.1、南台宽0.35、北台宽0.95、台高（即距墓底深）均为1.4米，三面台壁皆笔直下切，直至墓底。圹底中间稍偏北，顺东西方向安置木椁一具。在木椁四壁外侧至圹底部四壁之间，筑有活土二层台，台土经过严密夯打，甚坚实。西、南、北三台高度相同，距圹底均为47、西台宽27、南台中段宽23、北台中段宽15、东台宽29、高59厘米。

圹内填土，为淤积夹砂石褐色土与生黄土混杂后的五花土，经过夯打，较硬实，但未有明显的夯层与夯窝。填土中仅发现夹砂红褐陶器口沿和器底残片7片，泥质灰陶器碎片3片，除此之外，再未见其他遗物。

殉牲位置，祭牲集中摆放在木椁东端盖板以上部分的上层填土中，未有特别夯筑殉牲台。此墓殉牲种类，为马、牛、羊、狗4种家畜。殉祭数量，马头4个，牛头1个，牛肱骨5只，羊头6个（山羊3，绵羊3），羊肱骨9只，狗头4个，狗肱骨4只。此墓殉牲的个体，也均选其成年硕壮者。殉牲形式，将马、牛、羊、狗4种牲畜的头，上、下颌均拆解开，作同层、分前后两组摆放（图版一一七，3）。第一组在圹内东端，在距圹口深0.84米处的夯实填土中，先自北而南摆上4个马头（包括上、下颌），将马的吻部一律朝向东方（彩版二八；图版一一八），为便于叙述，兹按由北而南的顺序，将这四个马头，依次编号为1~4。在1号马头下颌骨北侧，出骨环1件；在1、2号马头中间，置狗下颌1付；在2号马头西侧，出骨环2件，在2号马头左侧下颌骨与3号马头右侧，各出骨环1件。第二组在这四个马头同一层位、略偏西侧的填土中，又接着自东而西、自下而上依次摆放牛肱骨5只，狗肱骨4只，狗头4个，羊肱骨9只，羊头6个，其牲吻朝向，各不相一；最后把牛头1个叠陈于这一部分祭牲之上，牛头的吻部亦朝向东方。第二组祭牲，正当木椁东端上部填土中，由于木椁腐朽后塌顶，造成填土陷落，致使这一部分祭牲也随之下陷、错位，原本与四个马头处于同一层位的祭牲，而今却下陷到椁室中（图三三二）。

木椁已朽，板灰呈粉渣状，盖板痕迹已不清楚，侧板、堵板与底板的轮廓尚可辨识，但其板块组成与结构，已模糊不清。底板灰痕呈深褐色，东西顺长2.31、总宽东端0.62、西端0.58米，板灰厚4厘米。南、北侧板与东、西堵板的板灰呈白色。南、北侧板立于底板之上，东西顺长2.4米，两端均稍长于底板，总高为42厘米（不含底板厚度），板灰厚4厘米。东、西两端堵板，分别竖插于南、北两侧板之间，立插部位，分别在南、北侧板东、西两端内缩18和16厘米处，东端堵板高55、西端堵板高42厘米（不含底板厚度），分别与东、西两端活土二层台台面平齐，总宽东端53、西端49、板灰厚4厘米。

木椁内装殓尸骨一具。头骨已腐朽塌碎，骨架主要部分保存状况尚较好。头东足西，仰身直肢，经现场鉴定，死者为男性，50~55岁，骨骼从头到脚通长1.85米（图版一一九）。

随葬品集中陈放于木椁内、死者身上及其近前（图三三三；彩版二九，1）。在头骨右侧，放置泥质灰陶高颈壶1件，正置。在左、右耳骨下面，各出扁喇叭口金耳环1枚及绿松石坠珠3枚。在死者

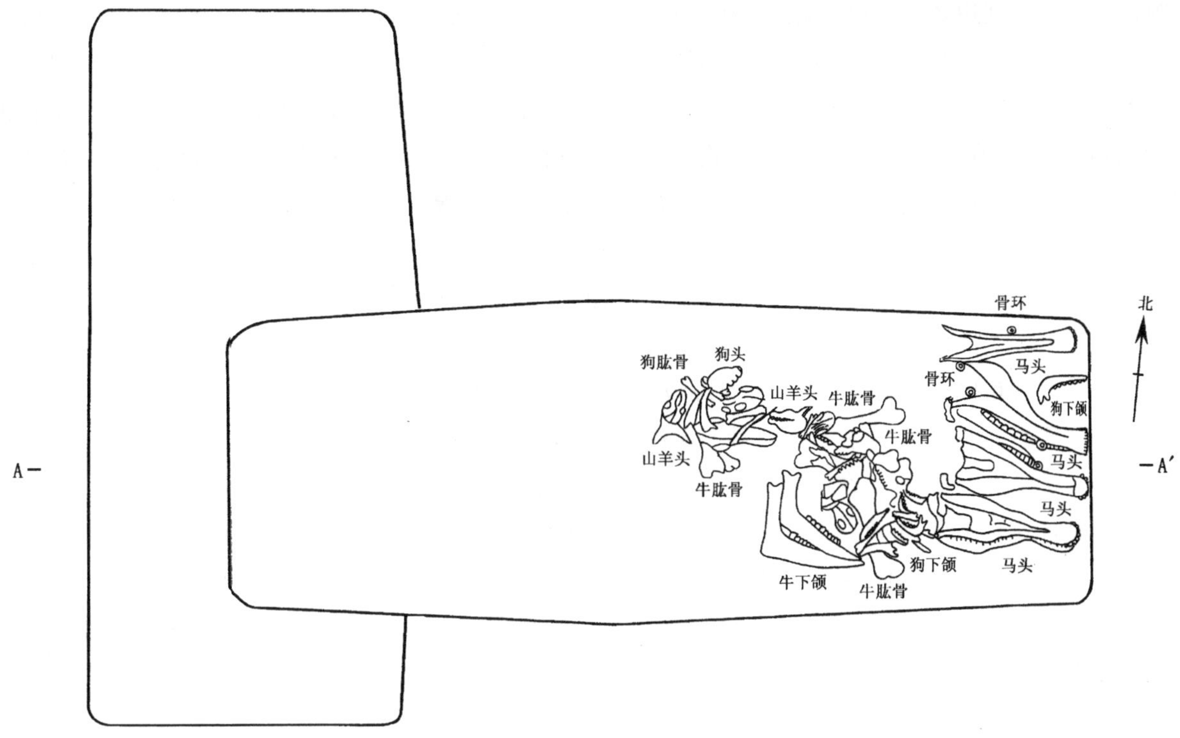

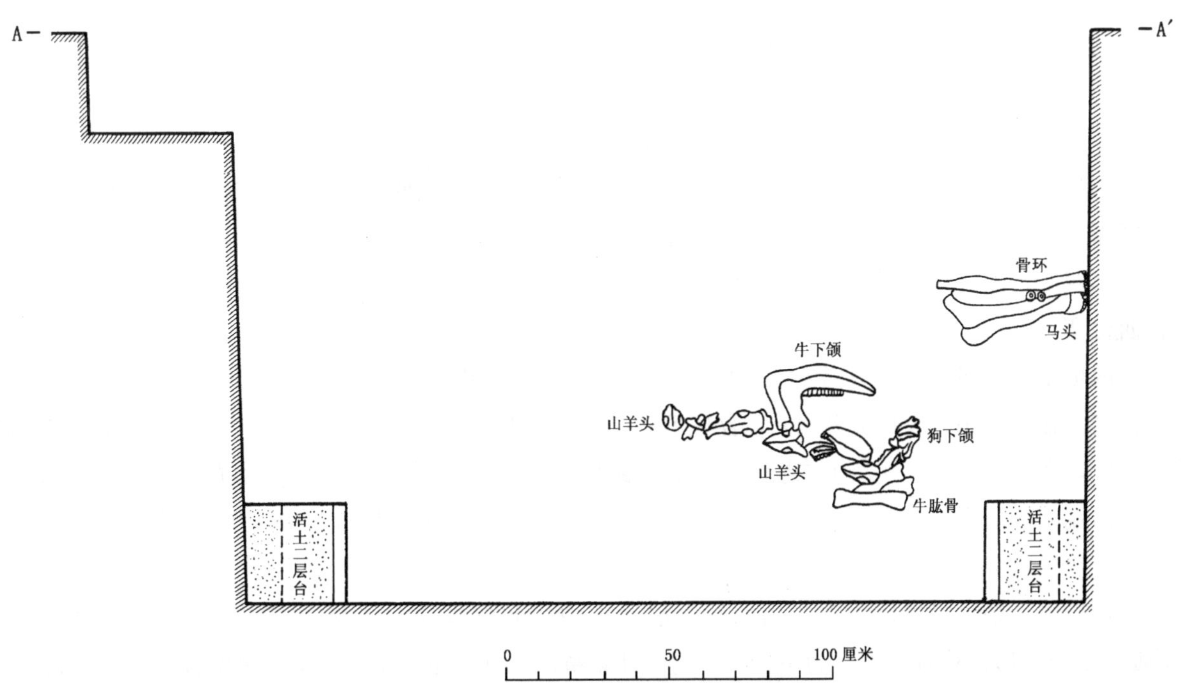

图三三二　YYM156殉牲平剖面图

下颌骨下颏上及其边缘，出覆面铜扣2枚。在颈下，左、右锁骨中间，出马形铜牌饰2件。在颈骨下面，压有铜扣1枚。在右尺骨下面，出青铜短剑1件，剑锋朝下，短剑之下，又出青铜削刀1件，刀锋朝上。在青铜削刀表面，附出竹篾簧片1枚和长条梳齿形骨器1件。在左股骨外侧，出圆筒形铜锥（针）管具1件。在右股骨外侧、左股骨内侧，各出辐射纹服饰铜泡1枚；在左、右胫骨之间，出辐射纹服饰铜泡2枚。在右髌骨外侧，出铜锛1件，铜锛之下，出铜凿1件，铜锥1件。在铜锥北侧，出蚌环2件。在左、右胫骨之上及其附近，出有一组青铜马具，包括马衔、马镳和马具铜泡及铜环，具体分布是：在左、右胫骨之间与左胫骨外侧，出铜泡形四通节约4件，三鹿纹铜泡6枚，素面铜泡2枚，算珠形铜环2件，铜马衔2副；在左、右胫骨的上面，置铜镳2副。在左足骨外侧，出铜锛1件，铜镞3枚，骨镞6枚，镞锋均朝下。在腰际以下至左、右股骨之间，出犬纹铜带卡105枚（彩版二九，2），其中出于右股骨外侧14枚，右尺骨上3枚，在短剑锋部之上至铜削环首之间5枚，在右髋骨表面至右股骨大转子之上21枚，在左髋骨下缘和左股骨大转子上面7枚，在左股骨内侧12枚，在左股骨上面至左股骨外侧边缘14枚；出于死者身后、被压在骨盆下面者，还有29枚。此外，出于死者背后的遗物，还有卧马形铜带饰94枚，其中出于右股骨外侧18枚，出于右髋骨下面11枚，出于左、右股骨之间21枚，出于左髋骨下面11枚，出于左股骨表面者5枚，出于左股骨下面者20枚，出于左股骨外侧8枚（图三三四）。

YYM158

这是玉皇庙墓地属于乙（B）级规格的中型墓葬之一。位于南区中部，其东有YYM166，间距2.9米；东南有YYM165，间距1.1米；南有YYM159，间距0.8米；西有YYM131，间距1米；西北有YYM132，间距2.1米；北有YYM156，间距2.4米；东北有YYM167，间距0.9米。此墓的地层堆积，基本上同于YYM156，不赘。

墓圹平面形状，呈抹角长方形，为竖穴土坑墓。西向，方位角为西偏南3°。墓圹规格，圹口东西长2.4、西端宽0.93、东端宽1米，圹底东西长与圹口一致，圹底西端宽0.87、东端宽0.91米，圹口至圹底深1.4米。无生土二层台。在圹底正中位置，按西东方向，安置木椁一具。在木椁四壁的外侧至圹底部四壁之间，筑有活土二层台，台土经过严密夯打，较坚实，台面等高，均为0.5米，宽度不一，西台宽43、北台宽19（中段）、东台宽20、南台宽22厘米（中段）。

圹内填土，为淤积夹砂石褐色土与生黄土混杂后的“五花土”，普遍经过夯实，但未见明显的夯层与夯窝。在填土中，发现夹砂褐陶器器底残片4块，泥质灰陶器肩、腹部残片7块，还有羊肩胛骨碎片1块。在圹内东端南侧活土二层台之上，上距圹口0.53~0.8米处，置有较大的石灰岩自然石块2块，在西端南侧活土二层台与木椁西南角之上、殉牲兽骨之下，上距圹口0.48~0.71米处，也有一块较大的石灰岩自然石块。

殉牲位置，祭牲集中摆放在圹内西端上层填土中，上距西端圹口16厘米深，下距圹底0.97米（图版一二〇，1）。殉牲种类，为牛、羊、狗3种家畜。殉牲数量，牛头1个，牛肱骨1只，羊头1个（绵羊），羊肱骨1只，狗头5个，狗肱骨5只。殉牲形式，牛头完整保留，未加拆解，狗、羊头的上、下颌均被拆解开。按西东方向，分上、下两层摆放，下层为狗、羊牲，上层为牛牲。具体摆法是：下层，在靠近西圹壁处，按西东方向，先摆放狗肱骨3只，再在狗肱骨上面摆放狗头3个，在这三个狗头之后（东侧），摆放羊肱骨1只，绵羊头1个（羊头压在羊肱骨之上），在羊头的东侧，又摆放狗肱

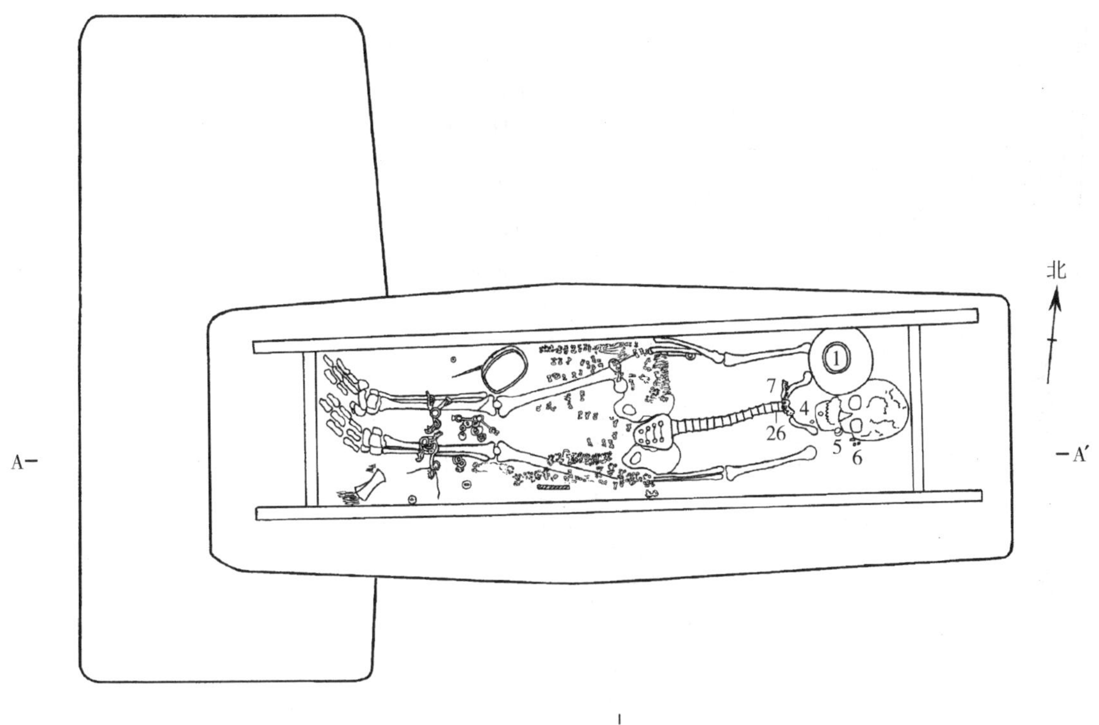

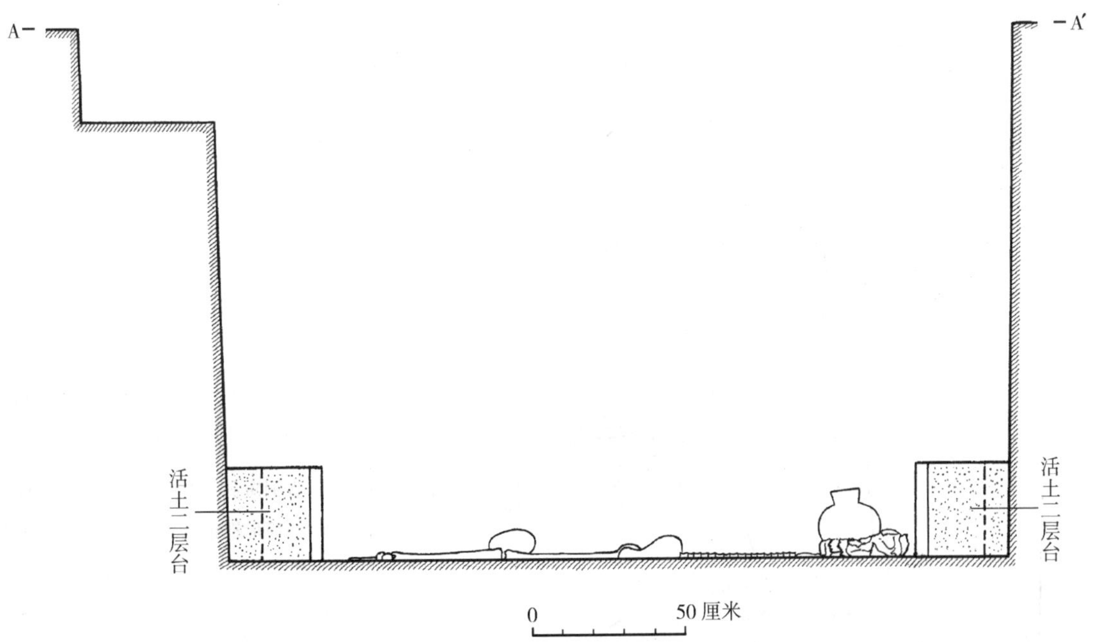

图三三三　YYM156平剖面图

1. 泥质灰陶高颈壶　2. 青铜短剑　3. 青铜削刀　4. 覆面铜扣　5. 金耳环　6. 绿松石坠　7. 马形铜牌　8. 竹篾簧片　9. 圆筒形铜锥（针）管具　10. 辐射纹服饰铜泡　11. 铜铆　12. 铜锥　13. 蚌环　14. 铜衔　15. 铜镳　16. 四通式铜节约　17. 动物纹马具铜泡　18. 素面马具铜泡　19. 算珠形马具铜环　20. 铜锛　21. 铜镞　22. 骨镞　23. 犬纹铜带卡　24. 马形铜带饰　25. 铜凿（压于铜铆下面）　26. 服饰铜扣（压于颈骨下面）　27. 长条梳齿形骨器（削刀表面）　28. 马具骨环（出于圹内殉牲马头骨部位）（注：腰部以下编号见放大图）

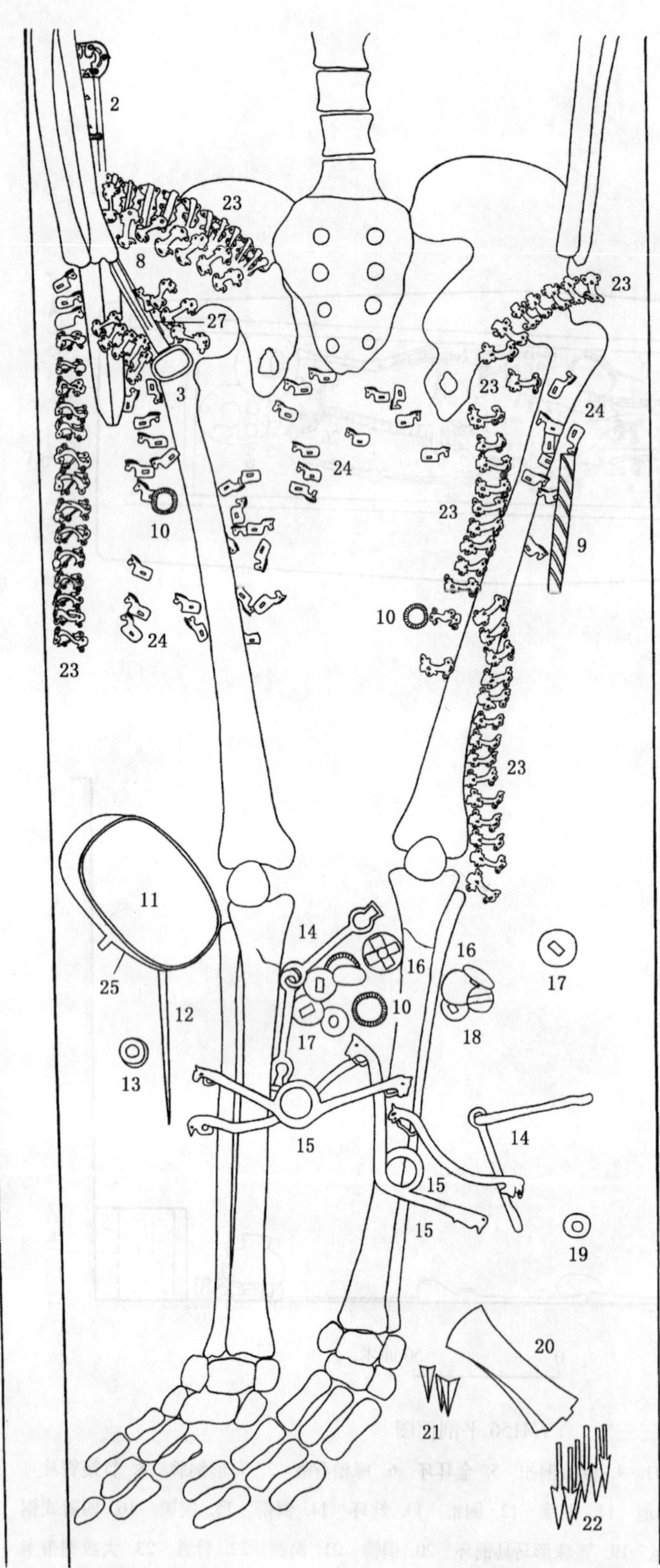

图三三四　YYM156 遗物分布图（局部）

2. 青铜短剑　3. 青铜削刀　8. 竹篾簧片　9. 圆筒形铜锥（针）管具　10. 辐射纹服饰铜泡　11. 铜銂　12. 铜锥　13. 蚌环　14. 铜衔　15. 铜镳　16. 四通式铜节约　17. 动物纹马具铜泡　18. 素面马具铜泡　19. 算珠形马具铜环　20. 铜锛　21. 铜镞　22. 骨镞　23. 犬纹铜带卡　24. 马形铜带饰　25. 铜凿（压于铜銂下面）　27. 长条梳齿形骨器（削刀表面）

骨 2 只及拆解开的狗头 2 个（狗头压在狗肱骨之上）；上层，在狗头和羊头之上，摆放牛肱骨 1 只，牛头压在牛肱骨上面。下层西端的 3 个狗头和 1 个羊头，以及上层的牛头，吻部都朝向西方，只有偏东侧的被拆解开的两个狗头的吻部，发生扭向，这很可能是由于木椁腐朽塌顶，遂引起填土、自然石块，连同这两个被拆解开的祭牲狗头一起下沉，而造成错位的现象。

木椁已朽，盖板无存，南、北侧板，东、西堵板和底板板灰呈灰白色，痕迹尚清楚，但仅可分辨其轮廓，各部分板块结构，已不能辨识。底板东西顺长 1.97、西端宽 0.52、东端宽 0.44 米，板灰很薄，不足 1 厘米。南、北侧板立于底板之上，两边与底板边压齐，东、西两端稍长于底板，通长 2.09 米，总高 0.5 米，与南、北活土二层台相平，板灰厚 4 厘米。东、西堵板，分别竖插于南、北侧板之间，立插部位，分别在侧板西、东两端内缩 14 和 19 厘米处，高度与活土二层台台面平齐，均为 0.5 米，总宽西端 43、东端 36 厘米，板灰厚 4 厘米。

木椁内装殓尸骨一具。保存状况较好，头骨与骨架基本完整。头西足东，仰身直肢，经现场鉴定，死者为男性，50～55 岁。骨骼从头到脚通长 1.58 米。

随葬品集中陈放于木椁内、死者身上及其近前（图三三五）。在死者头骨左后方，椁底西北角，放置夹砂红褐陶罐 1 件，正置。在左、右耳骨下面，各出螺旋形铜丝耳环 1 件及绿松石坠珠 1 枚。在右眼眶上和下颌骨下，各出覆面铜扣 1 枚。在颈下，出马形铜牌饰 1 件，马头朝左。在右侧胸部，出红玛瑙珠 1 枚，白石管 1 枚。在右髋骨和右尺骨外侧，出青铜短剑 1 件、青铜削刀 1 件，削刀的环首叠压在短剑剑格之上，剑锋与刀锋均朝下。在短剑与削刀之间，出铜锥 1 件，锥尖朝下。在右股骨上端，紧贴削刀处，出螭龙纹铜带钩 1 件。在青铜短剑右侧，出长方形几何纹铜锥（针）管具 1 件。在左髋骨内侧出服饰铜扣 1 枚。在左踝骨外侧，出铜镞 1 枚，骨镞 2 枚（镞锋朝下），蚌片 1 片。在死者身后，右髋骨下面，出斗笠形服饰铜泡 2 枚；在右股骨外侧和左股骨内侧，各出辐射纹服饰铜泡 1 枚。此外，在骨盆正、背面和左、右股骨之间，还出有两种铜带饰，其一为卧马形铜带饰，共计 83 枚，出于右髋骨下面和短剑之下的有 17 枚，出于骨盆右侧的有 19 枚，出于骨盆左、右侧和左、右股骨之间的有 36 枚，出于右股骨上面和短剑上面的有 8 枚，压在左髋骨下面的有 3 枚；其二为双马头相背纹铜带饰，共计 39 枚，出于右股骨外侧的有 8 枚，出于右股骨内侧的有 3 枚，压在右髋骨下面的有 8 枚，出于右髋骨上面、右手指骨下面 2 枚，压在左髋骨下面、左手指骨下面 4 枚，出于左股骨上面的有 4 枚，出于左髋骨和左股骨内侧的有 10 枚（彩版三〇，1；图版一二〇，2）。

YYM167

这是玉皇庙墓地属于乙（B）级规格的中型墓葬之一，位于南区中部，其东有 YYM171，间距 1.8 米；东南有 YYM166，间距 1.2 米；南有 YYM165，间距 1.9 米；西南有 YYM158，间距 0.9 米；西北有 YYM156，间距 1.1 米；北有 YYM168，间距 1 米。此墓的地层堆积，基本上同于 YYM156，不赘。

墓圹平面形状，呈弧边抹角长方形，墓圹南、北两侧边中间略外弧，为竖穴土坑墓。东向，方位角为东偏北 22°。墓圹规格，圹口东西长 2.63、东端宽 0.88、中间宽 1.05、西端宽 0.95 米，圹底东西长 2.56、东端宽 0.82、中间宽 0.96、西端宽 0.88 米，圹口至圹底深 1.4 米。无生土二层台。在圹底中间略偏北侧位置，按东西方向，安置木椁一具。在木椁外壁四周至圹底部四壁之间，筑有活土二层

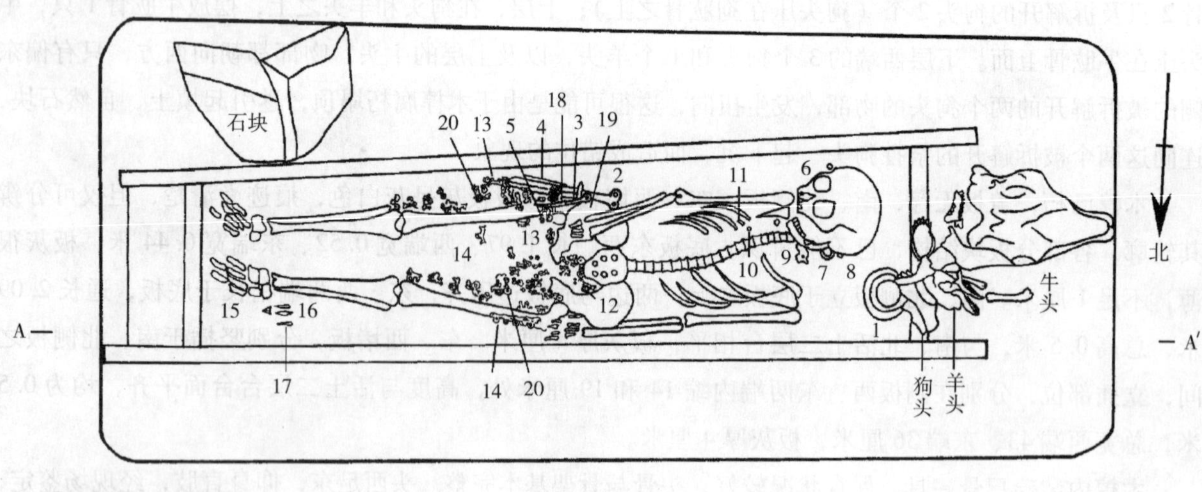

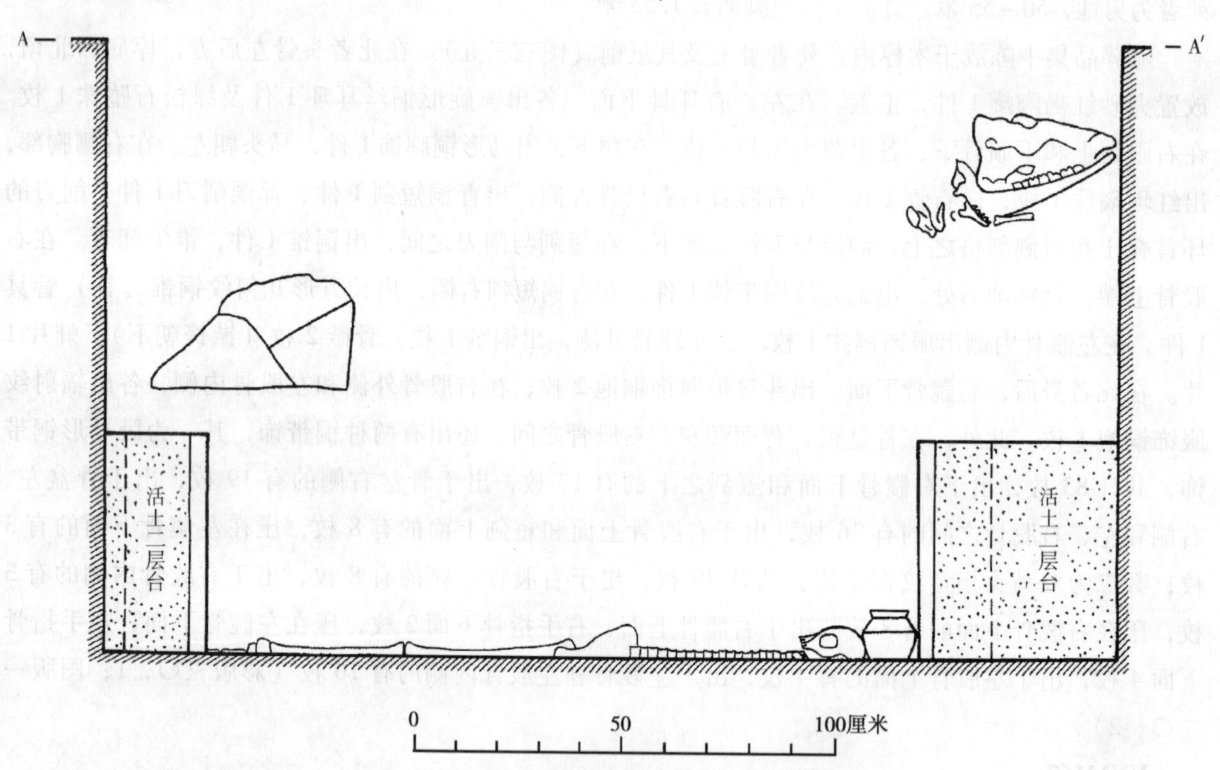

图三三五 YYM158 平剖面图

1. 夹砂红褐陶罐 2. 青铜短剑 3. 青铜削刀 4. 长方形铜锥（针）管具 5. 螭龙纹铜带钩 6. 覆面铜扣 7. 铜丝耳环 8. 绿松石坠珠 9. 马形铜牌饰 10. 红玛瑙珠 11. 白石管 12. 服饰铜扣 13. 马形铜带饰 14. 双马头相背纹铜带饰 15. 铜镞 16. 骨镞 17. 蚌片 18. 铜锥（剑、刀之间） 19. 斗笠形服饰铜泡（压在右髋骨下） 20. 辐射纹服饰铜泡

台，台土经过严密夯打，较坚实，东、南、西、北四台等高，均为40厘米，宽度不一，东台宽34、南台宽28、西台宽32、北台宽20厘米（中段）。

圹内填土，为淤积夹砂石褐色土与生黄土混杂后的五花土，经普遍夯实，但未有夯层与夯窝痕迹。在填土中，仅发现夹砂红褐陶残片2块，泥质灰陶碎片3块，羊下颌骨残件1块，另在西端活土二层

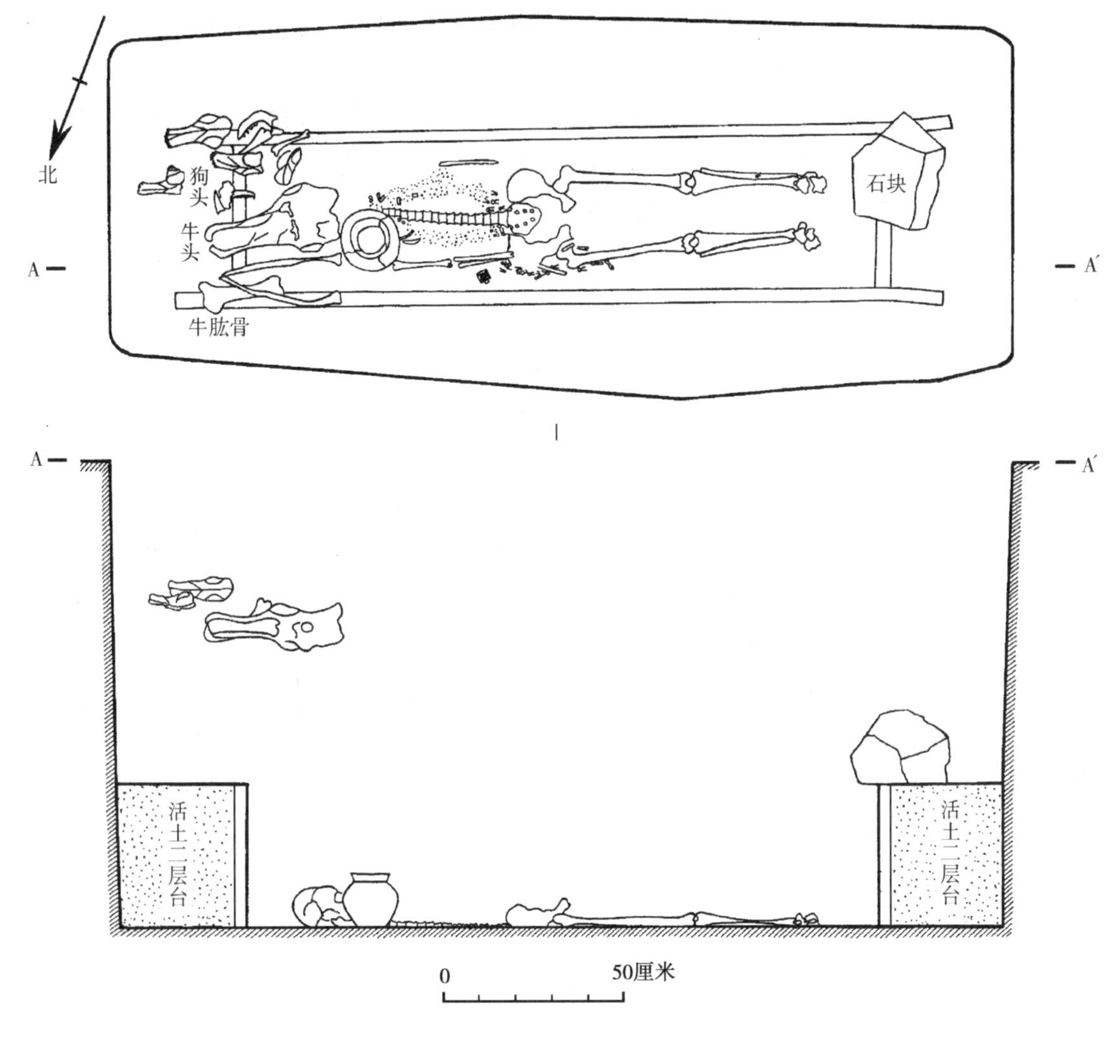

图三三六　YYM167 殉牲平剖面图

台台帮上，有自然石灰岩石块 1 块，规格为 33×25×20 厘米，除此之外，再未见其他遗物。

殉牲位置，祭牲集中摆放在圹内东端中间上层填土中，上距东端圹口 32 厘米深，下距圹底 0.77 米（图三三六；图版一二一，1）。殉牲种类，为牛、羊、狗 3 种家畜。殉牲数量，牛头 1 个，牛肱骨 1 只，羊头 3 个（绵羊），羊肱骨 3 只，狗头 5 个，狗肱骨 5 只。殉牲形式，将牛、羊、狗头的上、下颌拆解开后，按东西方向，作南、北相邻同层摆放。即先将狗肱骨 1 只及拆解开的狗上、下颌骨 1 套，顺摆于圹内最东端中间上层填土上，狗肱骨在下，狗头骨叠置其上，吻部朝东；然后于其西南侧，交错摆放一组羊牲和狗牲，包括羊肱骨 3 只及拆解开的绵羊上、下颌骨 3 套，狗肱骨 3 只及拆解开的狗上、下颌骨 3 套，均肱骨在下，头骨在上，吻部朝东；然后在其西侧，再摆上狗肱骨 1 只及拆解开的狗上、下颌骨 1 套，此狗肱骨为顺置，狗头骨为横置，未相叠压，吻部朝北；最后，在羊牲与狗牲的北侧，顺摆牛肱骨 1 只及拆解开的牛上、下颌骨 1 套，牛肱骨在北，牛下颌骨叠置其上，吻部朝东，牛上颌骨居下颌骨与狗牲及羊牲中间，吻部亦朝东。

木椁已朽，盖板无存，底板、南北侧板及东西堵板，板灰呈白色粉状，轮廓尚可辨识。底板东西顺长 2.02～2.08、总宽 0.5 米，计由二块长板组成，南侧的一块较北侧的一块稍宽长，其规格为

2.08×0.3米，北侧的一块为2.02×0.2米。南、北侧板，立于底板之上，东西顺长2.22米，东、西两端略长出底板一截，两侧边与底板边压齐，总高为40厘米，与南、北活土二层台台面平齐，板灰厚3~4厘米；东、西堵板，分别竖插于南、北侧板之间，立插部位，分别在南、北侧板东、西两端内缩16和15厘米处，高度与南、北侧板一致，均为40厘米，总宽东端41、西端42、板灰厚4厘米。南、北侧板与东、西堵板的板块组成情况，已不能具体分辨。

木椁内装殓尸骨一具。保存状况不太好，头骨已残碎，左上肢骨、肋骨、趾骨等残缺不全，只有骨盆和下肢骨，基本完整。头东足西，仰身直肢，经现场鉴定，死者为女性，20岁左右。骨骼从头到脚通长1.54米。

随葬品陈放于木椁内、死者身上及其近前（图三三七）。在死者右肩部位，放置夹砂红陶罐1件，正置，已碎裂。在陶罐底部，压有铜环1件。在左、右耳骨下面，各出螺旋形铜丝耳环1件及绿松石坠珠8枚。覆面铜扣3枚，出于左、右眼眶内和鼻骨内各1枚。在颈部至胸部，出不同质料的项链4串（图版一二一，2）：（1）玛瑙珠项链1串，由179颗红色和橙黄色玛瑙珠组成；（2）绿松石珠项链1串，由221颗绿松石珠组成；（3）小白石珠项链1串，由1112粒小白石珠组成；（4）绿松石管、贝壳和小黑石珠联合组成的项链1串，由11枚绿松石管、6枚贝壳以及72粒小黑石珠联合串成。在右尺骨外侧，出长方形铜盒形器1件。在右髋骨外缘下面，压有长方形几何纹铜锥（针）管具1件。“人”字形铜坠饰26枚，分布如次：（1）出于腰椎左侧6枚，（2）腰椎右侧5枚，（3）右髋骨外侧11枚。

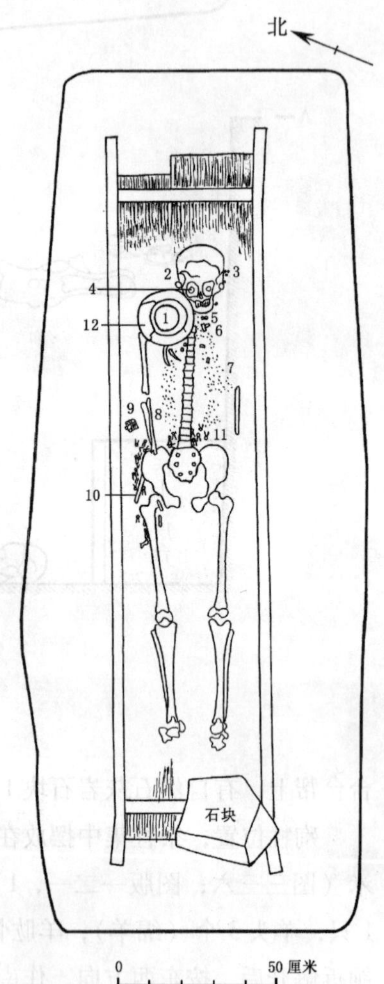

图三三七　YYM167平面图

1. 夹砂红陶罐　2. 铜丝耳环　3. 绿松石坠珠　4. 覆面铜扣　5. 玛瑙珠项链　6. 绿松石珠项链　7. 小白石珠项链　8. 绿松石管、贝壳、小黑石珠项链　9. 铜盒形器　10. 长方形铜锥（针）管具　11. “人”字形铜坠饰　12. 铜环（压在陶罐下面）

YYM168

这是玉皇庙墓地属于丙（B）级规格的小型墓葬之一。位于南区中部，其东南有YYM171，间距2米；南有YYM167，间距1米；西有YYM156，间距1.4米；西北有YYM154，间距0.5米；北有YYM153，间距1.7米；东北有YYM169和YYM176，间距分别为3.5和4.1米。此墓的地层堆积，基本上同于YYM156，不赘。

墓圹平面形状，大体呈抹角梯形，东端略宽，西端略窄，为竖穴土坑墓。东南向，方位角为东偏南30°。墓圹规格，圹口东南—西北长2.55、东南端宽0.84、西北端宽0.7米，圹底的形制、规格，基本上同圹口一致，圹口至圹底深0.88米。无生土二层台。在圹底中间略偏东南—西北方向，安置木椁一具。在木椁外壁四周至圹底部四壁之间，筑有活土二层台，台面经过严密夯打，较坚实，东、南、西、北四台等高，均为46厘米，宽度不一，东台宽21、南台宽20、西台宽24、北台宽10厘米（中段）。

圹内填土，为淤积夹砂石褐色土与生黄土混杂后的五花土，经普遍夯实，但未有夯层与夯窝痕迹。在填土中，仅发现夹砂红陶罐类腹部和器底残片3块，泥质灰陶碎片6块，牛牙1颗，除此之外，再未见其他遗物。

殉牲位置，祭牲集中摆在圹内东端中间略偏北侧的上层填土中，上距东南端圹口11厘米深，下距圹底48厘米。殉牲种类，为牛、狗2种家畜。殉牲数量，牛头1个，牛肱骨1只，狗头7个，狗肱骨7只。殉牲形式，牛头完整保留，将狗头上、下颌拆解开后，按东西方向，与牛牲作南、北相邻同层摆放。即先将大号狗肱骨1只及拆解开的狗上、下颌骨1套，摆在圹内最东端中间稍偏北侧的填土上，狗肱骨在下，狗头叠置其上；然后于其西侧，接着摆上狗肱骨5只及拆解开的狗上、下颌骨5套，同样是狗肱骨在下，狗头骨在上；然后在其北侧、基本上与第一个摆放的大号狗头骨相平齐的位置，再顺摆狗肱骨1只及拆解开的狗上、下颌骨1套，照例是狗肱骨在下，狗头骨叠置其上；然后再在此狗头的西侧，亦即前述六套狗牲的北侧，顺摆牛肱骨1只及牛头1个，牛肱骨在下，牛头在上。上述牛牲与狗牲的吻部，均一律朝东（图版一二二，1）。

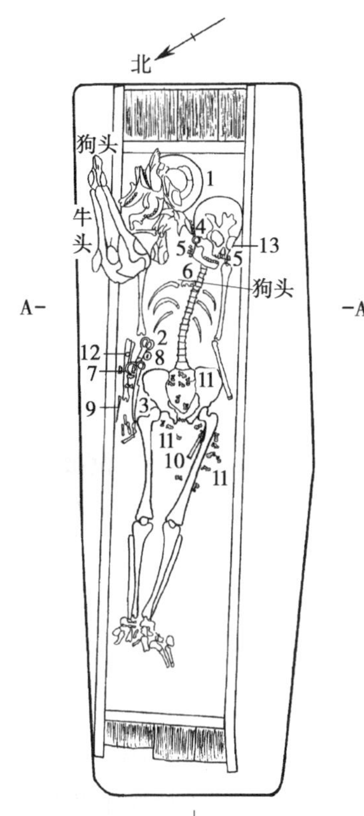

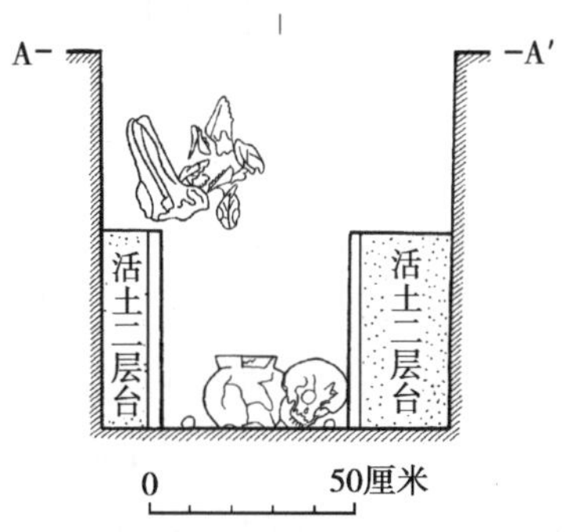

图三三八　YYM168平剖面图
1. 夹砂红褐陶罐　2. 青铜短剑　3. 青铜削刀　4. 铜丝耳环　5. 绿松石坠珠　6. 虎形铜牌饰　7. 铜环　8. 服饰铜泡　9. 铜锥　10. 长方形铜锥（针）管具　11. 马形铜带饰　12. 骨珠　13. 覆面铜扣（左耳骨下）

木椁已朽，盖板无存，南北侧板、东西堵板与底板，板灰呈白色粉状，轮廓大致清楚。底板由三块长板组成，东西顺长2.34～2.38、总宽0.52米，每块板宽14～24厘米不等，残存板灰厚仅0.3厘米。南、北侧板，立于底板之上，两侧边与底板边压齐，东西顺长2.45米，两端稍长于底板，总高46厘米，与南、北活土二层台台面平齐，板灰厚3～3.5厘米。东、西堵板，分别竖插于南、北侧板之间，立插部位，分别在南、北侧板东、西两端内缩19和15厘米处，高度与南、北侧板一致，均为46厘米，总宽东端45、西端43、板灰厚3.5厘米。南、北侧板与东、西堵板的板块组成情况，已难以作具体分辨。

木椁内装殓尸骨一具。保存状况不太好，头骨已残裂，肋骨、上肢骨残损不全，只有脊椎、骨盆与下肢骨，基本完整。头朝东南，足向西北，仰身直肢，经现场鉴定，死者为男性，50～55岁。骨骼从头到脚通长1.65米（图版一二二，2）。

随葬品集中陈放于木椁内、死者身上及其近前（图三三八）。在头骨右后方，放置夹砂红褐陶罐1件，正置。在左、右耳骨下面，各出螺旋形铜丝耳环1件。左耳环下，附出绿松石坠珠2枚；右耳环下，附出绿松石坠珠4枚。左耳骨下，还出覆面铜扣3枚。在颈下，偏右胸处，出虎形铜牌饰1件，虎头朝左。在右尺骨内侧，出青铜短剑1件，短剑剑柄之上，叠压铜环1件，铜环之上，叠压青铜削刀1件，剑锋与刀锋，均朝下。在短剑剑柄稍偏右侧，右尺骨表面，出骨珠1枚。在短剑剑柄左侧，出服饰铜泡1枚。在右手骨外侧，出铜锥1件，锥尖朝下。在左股骨内侧，出长方形几何纹铜锥（针）管具1件。在左髋骨下面，压有服饰铜泡1枚。在死者腰际以下至左、右股骨之间，出卧马形铜带饰93枚，分布如次：(1) 压在右髋骨下面30枚，(2) 压在左髋骨下面29枚，(3) 骨盆表面10枚，(4) 右股骨外侧1枚，(5) 左股骨外侧6枚，(6) 左、右股骨之间17枚（图版一二二，3）。

YYM134

这是玉皇庙墓地属于乙（B）级规格的中型墓葬之一。位于南区中部，其东南为YYM156，间距1.7米；南有YYM133，间距1米；西南有YYM123，间距2.8米；西有YYM122，间距1.9米；西北有YYM135，间距1.1米；北有YYM136，间距1.65米；东北有YYM286和YYM144，间距分别为1.6和1.2米。此墓的地层堆积，基本上同于YYM156，不赘。

墓圹平面形状，呈抹角长方形，为竖穴土坑墓。东向，方位角为东偏北8°。墓圹规格，圹口东西长2.5、东端宽0.81、西端宽0.85米。墓圹四壁平整、笔直，圹底形制、规格，与圹口一致，圹口至圹底深1.56米。无生土二层台。在圹底正中位置，按东西方向，安置木椁一具。在木椁外壁四周至圹底部四壁之间，筑有活土二层台，台土经过严密夯打，较坚实，东、南、西、北四台等高，均为0.56米，宽度不一，东台宽35、南台宽16、西台宽30、北台宽21厘米。

圹内填土，为淤积夹砂石褐色土与生黄土混杂后的五花土，经普遍夯实，但未有夯层与夯窝痕迹。在填土中，仅发现泥质灰陶器残片5块，经火烧过的羊肱骨1截，还有在圹内东北角，出有自然石块4块，以及陷落于椁室东南角和西北角的自然石块各1块。除此之外，再未见其他遗物。

殉牲位置，祭牲集中摆在圹内东端中间上层填土中，上距东端圹口11厘米深，下距圹底1.26米（图版一二三，1）。殉牲种类，为牛、羊、狗3种家畜。殉牲数量，牛头1个，牛肱骨1只，羊头1个，羊肱骨1只（山羊），狗头4个，狗肱骨4只。殉牲形式，牛头完整保留，将狗、羊的上、下颌拆解开后，与牛牲作南北相邻同层摆放。即按东西方向，先将狗肱骨4只，顺摆于圹内东端中间上层填土上，接着将拆解开的一套大号狗上、下颌骨，叠置其上，吻部朝东；然后在其西侧，顺摆羊肱骨1只及拆解开的山羊上、下颌骨1套，羊肱骨在下，羊头在上，吻部亦朝东；然后于羊牲北侧，自东而西连摆拆解开的狗上、下颌骨3套，并使东端的一套吻部朝南，中间的一套吻部朝北，偏西侧的一套上颌骨朝北、而下颌骨朝东；最后亦按东西方向，将牛牲1套顺摆于狗牲与羊牲的南侧，牛头与牛肱骨未相叠压，以牛肱骨压边，牛的吻部朝东。

木椁已朽，板灰呈白色粉状，盖板无存，底板灰痕大部残缺，唯南、北侧板与东、西堵板板灰界限尚清楚。南、北侧板东西顺长2.09、总高0.56米，与南、北活土二层台台面平齐，板灰厚4厘米；东、西堵板，分别竖插于南、北侧板之间，立插部位，分别在南、北侧板东、西两端内缩15和11厘米处，高度与南、北侧板一致，均为0.56米，总宽东端41、西端35、板灰厚4厘米。南、北侧板与东、西堵板的板块组成情况，已难以具体分辨。

木椁内装殓尸骨一具。保存状况较好，除头骨裂纹、肋骨无存外，其他部位骨骼基本完整。头东足西，仰身直肢，经现场鉴定，死者为男性，35~40岁。骨骼从头到脚通长1.6米。

随葬品集中陈放于木椁内、死者身上及其近前（图三三九）。在头骨右侧，放置泥质灰陶折肩罐1件，稍斜侧置。在左、右耳骨下面，各出螺旋形铜丝耳环1件，未有绿松石坠珠伴出。覆面铜扣3枚，出于鼻骨1枚，另2枚滑落于下颌骨左侧及其下面。在左锁骨下端，出三联珠形双反S纹铜饰件1件，横置。在左髋骨至左股骨外侧，出青铜短剑1件，在短剑之下，压有青铜削刀1件，剑锋与刀锋，均朝下。铜环3件，其中1件出于短剑与削刀左侧，即右股骨内侧，另2件出于骨盆内。在左尺骨内侧，出铜锥1件，锥尖朝上。在左尺骨外侧，出圆筒形竹节状铜锥（针）管具1件。在右股骨内侧和左股骨外侧，各出服饰铜泡1枚。在左趾骨外侧，出铜镞1枚，骨镞2枚，镞锋均朝下。在死者腰际以下至左、右股骨外侧，出卧马形铜带饰45枚，分布如次：（1）骨盆内侧12枚；（2）骨盆右侧至右股骨外侧、压于青铜短剑下面者19枚；（3）骨盆左侧至左股骨外侧、压于左尺骨下面者14枚。

YYM133

这是玉皇庙墓地属于乙（B）级规格的中型墓葬之一。位于南区中部，其东与YYM156相邻，间距2米；东南有YYM132，间距0.5米；西南有YYM124，间距1.8米；西有YYM123，间距1.9米；西北有YYM122，间距2米；北有YYM134，间距1米；东北有YYM286，间距3米。此墓的地层堆积，基本上同于YYM156，不赘。

墓圹平面形状，呈抹角长方形，为竖穴土坑墓。东向，方位角为东偏南4°。墓圹规格，圹口东西长2.6米，东、西两端宽均为0.9米，墓圹四壁平整、笔直，圹底形制、规格，与圹口一致，圹口至圹底深1.45米。无生土二层台。在圹底正中位置，按东西方向，安置木椁一具。在木椁外壁四周至圹底部四壁之间，筑有活土二层台，台土经过严密夯打，较坚实，东、南、西、北四台等高，均为0.5米，宽度不一，东台宽35、南台宽18、西台宽36、北台宽24厘米。

圹内填土，为淤积夹砂石褐色土与生黄土混杂后的五花土，经普遍夯实，但未有夯层与夯窝痕迹。在填土中，仅发现夹砂红褐陶罐类残片2块，泥质灰陶带绳纹的碎片4块，牛牙2颗，除此之外，再未见其他遗物。

殉牲位置，祭牲集中摆放在圹内东端上层填土中，上距东端圹口17厘米深，下距圹底1.06米（图版一二三，2）。殉牲种类，为牛、羊、狗3种家畜。殉牲数量，牛头1个，牛肱骨1只，羊头5个（山羊1，绵羊4），羊肱骨5只，狗头4个，狗肱骨4只。殉牲形式，将牛、羊、狗头的上、下颌拆解开后，按东西方向，作南、北相邻同层摆放。即先将狗肱骨2只及拆解开的狗上、下颌骨2套，顺摆于圹内东端中间稍偏北侧和靠近东北角的上层填土上，狗肱骨在下，狗头骨叠置其上，吻部朝东和东南；然后于其西侧，自南而北，紧挨着顺摆绵羊肱骨4只及拆解开的绵羊上、下颌骨4套，还有山羊肱骨1只及拆解开的山羊上、下颌骨1套，羊肱骨在下，羊头骨叠置其上，其中4套绵羊上、下颌骨的吻部皆朝东，而1套山羊上、下颌骨的吻部朝南；然后于羊牲的西侧，再插置狗肱骨2只及拆解开的狗上、下颌骨2套，其中1套狗上、下颌骨的吻部朝东，而另1套狗上、下颌骨的吻部则朝向西南；最后，于羊牲和狗牲的南侧，摆放牛肱骨1只及拆解开的牛上、下颌骨1套，牛肱骨在下，作南北向横置，牛上、下颌骨则侧置其上，吻部朝东。

木椁已朽，盖板无存，底板灰痕大部残缺，唯南、北侧板与东、西堵板板灰轮廓，尚可辨识。板灰呈白色粉状，南、北侧板东西顺长2.22、总高0.5米，与南、北活土二层台台面平齐，板灰厚4厘米；东、西堵板，分别竖插于南、北侧板之间，立插部位，均在南、北侧板东、西两端内缩17厘米处，高度与南、北侧板一致，均为0.5米，总宽东端40、西端37、板灰厚4厘米。南、北侧板与东、西堵板的板块组成情况，已难以再作具体分辨。

木椁内装殓尸骨一具。保存状况很差，头骨酥裂，上颌残缺，脊椎骨无存，肋骨、骨盆及四肢骨，均残损不全。头东足西，仰身直肢，经现场鉴定，死者为女性，50~55岁。骨骼从头到脚通长1.68米。

随葬品集中陈放于木椁内、死者身上及其近前（图三四〇）。在头骨左侧、椁底东南角，放置泥质灰陶折肩罐1件，正置。在左、右耳骨下面，各出螺旋形铜丝耳环1件及绿松石坠珠11枚。覆面铜扣3枚，出于破碎头骨内。在颈部至胸部，出不同质料的项链3串：（1）小黑石珠项链1串，由74粒小黑石珠串成；（2）玛瑙珠、绿松石管项链1串，由72颗玛瑙珠和4枚绿松石管联合组成；（3）纺锤形铜珠项链1串，由258枚纺锤形铜珠串连而成，末端（腰椎部位）附出匕形铜坠饰1件，坠尖朝下。在左尺骨内侧，出铜环1件（图版一二三，3）。在腰间，出"人"字形铜坠饰16枚，出于腰椎部位7枚，出于右侧腰际9枚。在左股骨内侧，出长方形铜锥（针）管具1件。

YYM132

这是玉皇庙墓地属于丙（C）级规格的小型墓葬之一。位于南区中部。其东南有YYM158，间距2.1米；南有YYM131，间距1.8米；西南有YYM126，间距2.5米；西有YYM124，间距1.9米；北有YYM133，间距0.5米；东北有YYM156，间距0.6米。此墓的地层堆积，基本上同于YYM156，不赘。

墓圹平面形状，呈抹角长方形，为竖穴土坑墓。东向，方位角为东偏南13°。墓圹规格，圹口东西长1.92、东端宽0.68、西端宽0.7米，圹底形制、规格，与圹口一致，圹口至圹底深0.65米。无生土二层台。在圹底中间略偏北侧位置，按东西方向，安置木椁一具。在木椁外壁四周至圹底部四壁之间，筑有活土二层台，台土经过严密夯打，较坚实，东、南、西、北四台等高，均为20厘米，宽度不一，东台宽24、南台宽20、西台宽23、北台宽8厘米（中段）。

圹内填土，为淤积夹砂石褐色土与生黄土混杂后的五花土，经普遍夯实，但未有夯层与夯窝痕迹。在填土中，仅发现泥质灰陶碎片3块，再未见其他遗物。

殉牲位置，祭牲集中摆放在圹内东端中间上层填土中，上距东端圹口8厘米深，下距圹底0.45米。殉牲种类，为羊、狗2种家畜。殉牲数量，羊头2个（绵羊），羊肱骨2只，狗头1个，狗肱骨1只。殉牲形式，将羊和狗头的上、下颌拆解开后，按东西方向，作狗东羊西同层相邻摆放（图版一二四，1）。即先将拆解开的狗上、下颌骨1套及狗肱骨1只，摆放在圹内东端中间稍偏南侧的上层填土上，狗上颌骨顺置于最东端，下颌骨1副，置于上颌骨西北侧，吻部均朝东，狗肱骨1只，横搭在上、下颌骨之上；然后于其西侧，再顺摆拆解开的绵羊头骨2套及羊肱骨2只，其中1只羊肱骨被压在羊头骨之下，另1只则叠置于羊头骨之上。此二套羊头骨的吻部，亦皆朝东。

木椁已朽，板灰呈白色粉状。盖板无存，底板灰痕大部残缺，南、北侧板与东、西堵板板灰痕迹，轮廓可辨。南、北侧板东西顺长1.63米，总高20厘米，与四周活土二层台台面平齐，板灰厚2.5厘米。东、西堵板，分别竖插于南、北侧板之间，立插部位，分别在南、北侧板东、西两端内缩8和12厘米处，高度与南、北侧板一致，均为20厘米，总宽东端35、西端28、板灰厚2.5厘米。南北侧板与东、西堵板的板块组成情况，已不能详。

木椁内装殓孩童尸骨一具。保存状况较好，头骨虽已开裂，但基本完整，其他主要部位骨骼，大部分保存完好。头东足西，侧面向南，仰身直肢。经现场鉴定，死者为儿童，10岁左右。骨骼从头到脚通长1.18米。

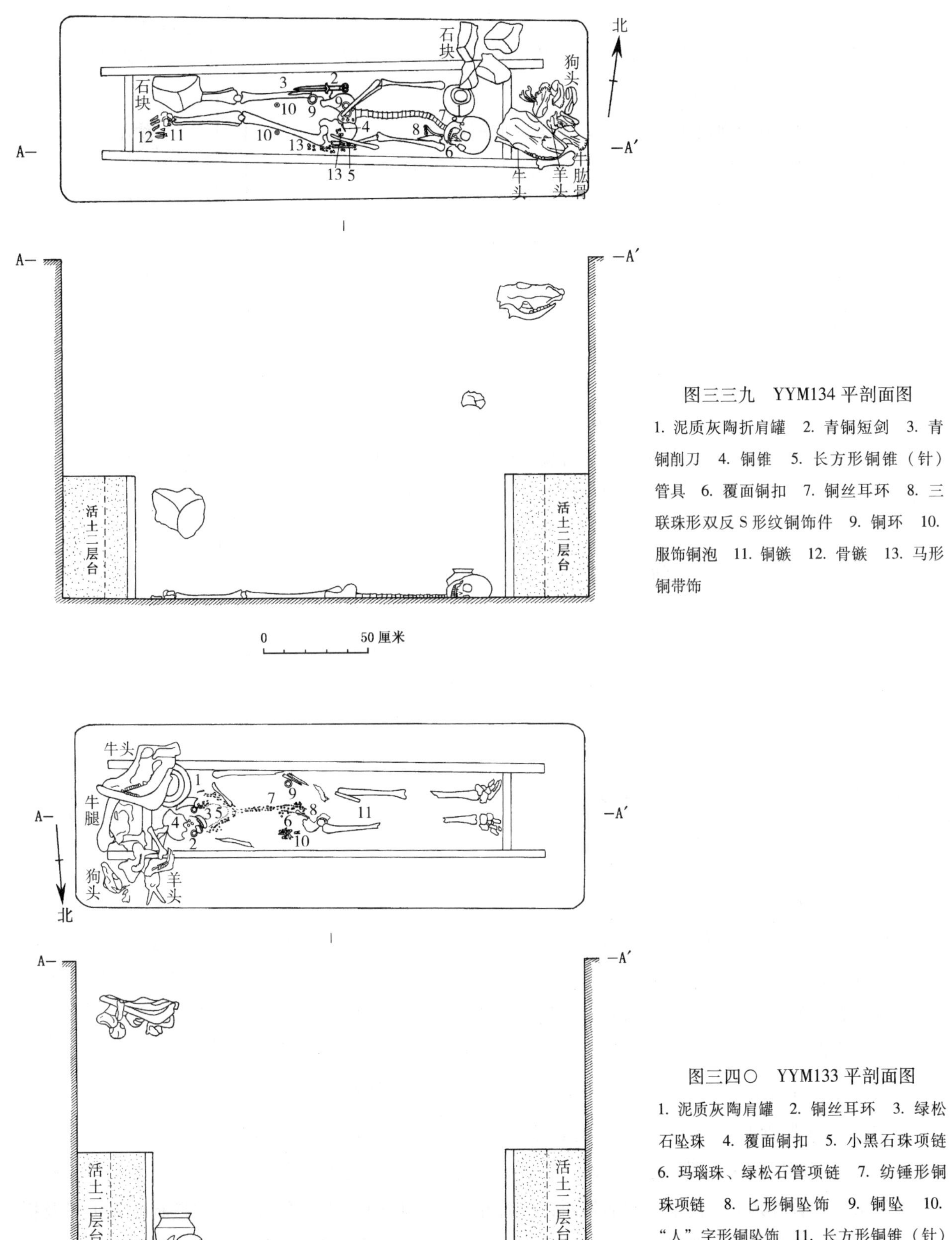

图三三九　YYM134平剖面图

1. 泥质灰陶折肩罐　2. 青铜短剑　3. 青铜削刀　4. 铜锥　5. 长方形铜锥（针）管具　6. 覆面铜扣　7. 铜丝耳环　8. 三联珠形双反S形纹铜饰件　9. 铜环　10. 服饰铜泡　11. 铜镞　12. 骨镞　13. 马形铜带饰

图三四〇　YYM133平剖面图

1. 泥质灰陶肩罐　2. 铜丝耳环　3. 绿松石坠珠　4. 覆面铜扣　5. 小黑石珠项链　6. 玛瑙珠、绿松石管项链　7. 纺锤形铜珠项链　8. 匕形铜坠饰　9. 铜坠　10. "人"字形铜坠饰　11. 长方形铜锥（针）管具

随葬品较少，陈放于死者头部和颈、胸之间（图三四一）。在左、右耳骨下面，各出螺旋形铜丝耳环1件及绿松石坠珠1枚。覆面铜扣2枚，出于死者左、右眼眶内各1枚。在颈部，出不同质料的项链3串：（1）铜珠项链1串，由12枚纺锤形铜珠串成，出于颈部右侧至右肩胛骨附近；（2）玛瑙珠和绿松石珠项链1串，由玛瑙珠3颗和绿松石珠15枚联合串成；（3）小黑石珠项链1串，由150粒小黑石珠串成。另在胸部，还出小白石珠项链1串，由41粒小白石珠串成。

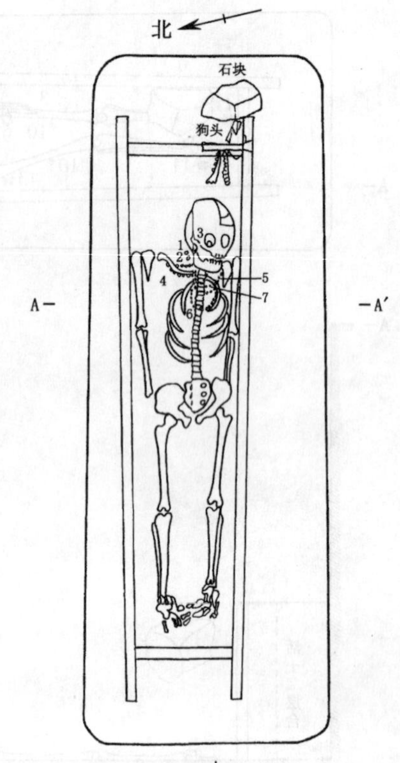

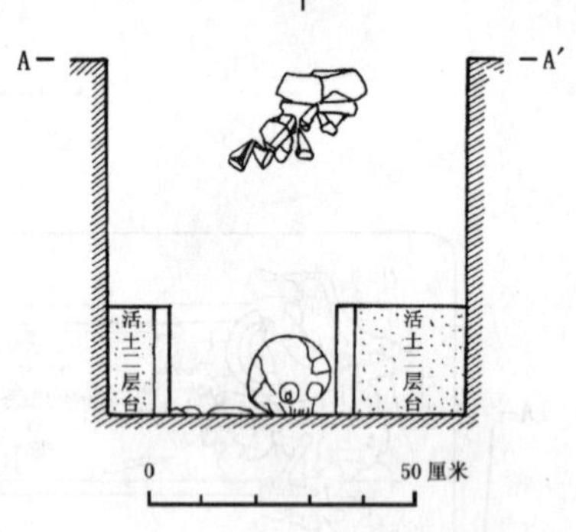

图三四一　YYM132平剖面图

1. 铜丝耳环　2. 绿松石坠珠　3. 覆面铜扣　4. 纺锤形铜珠项链　5. 玛瑙珠、绿松石珠项链　6. 小黑石珠项链　7. 小白石珠项链

YYM131

这是玉皇庙墓地属于丙（A）级规格的小型墓葬之一。位于南区中部。其东有YYM158，间距1米；东南有YYM159，间距2.2米；南有YYM130，间距2.4米；西南有YYM127，间距1.1米；西有YYM126，间距1.3米；西北有YYM124，间距2.3米；北有YYM132，间距1.8米。此墓的地层堆积，基本上同于YYM156，不赘。

墓圹平面形状，呈抹角长方形，为竖穴土坑墓。西向，方位角为西偏南6°。墓圹规格，圹口东西长2.7、东端宽0.85、西端宽0.98米，圹底东西长2.6、东端宽0.77、西端宽0.9米，圹口至圹底深1.05米。无生土二层台。在圹底中间略偏北侧，按西东方向安置木椁一具。在木椁外壁四周至圹底部四壁之间，筑有活土二层台，台土经过严密夯打，较坚实，东、南、西、北四台等高，均为25厘米，宽度不一，东台宽34、南台宽30、西台宽30、北台宽14厘米。

圹内填土，为淤积夹砂石褐色土与生黄土混杂后的五花土，经普遍夯实，但未有夯层与夯窝痕迹。在填土中，仅发现夹砂粗褐陶碎片2块，泥质灰陶折肩罐肩部残片4块，牛牙1颗，除此之外，再未见其他遗物。

殉牲位置，祭牲集中摆放在圹内西端中间上层填土中，上距东端圹口5厘米深，下距圹底0.65米（图版一二四，2）。殉牲种类，为牛、羊、狗3种家畜。殉牲数量，牛头1个，牛肱骨1只，羊头（绵羊）1个，羊肱骨1只，狗头2个，狗肱骨2只。殉牲形式，将狗、羊的上、下颌拆解开后，与牛牲作南、北相邻同层摆放。即按西东方向，先将牛肱骨1只，顺置于圹内西端中间上层填土上，然后将完整牛头1个叠置其上，使牛的吻部朝西；接着在紧挨牛牲的北侧，在西端先顺摆狗肱骨1只及拆解开的狗上、下颌骨1套，然后在其西侧，再摆上羊肱骨1只及拆解开的绵羊上、下颌骨1套；最后再在羊牲西侧，摆上狗肱骨1只及拆解开的狗上、下颌骨1套。所殉的狗、羊牲的吻部，均一律朝西。

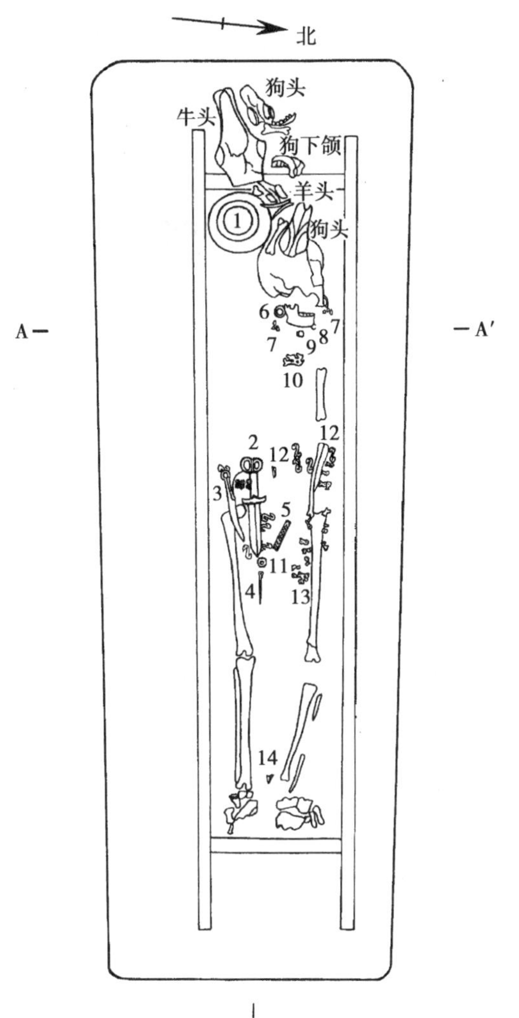

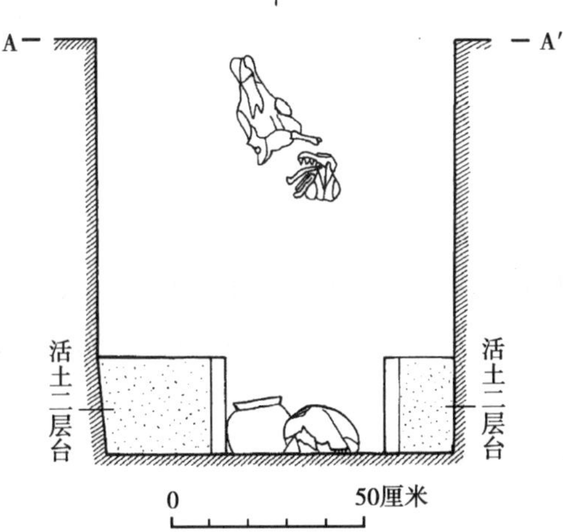

图三四二　YYM131 平剖面图

1. 夹砂红陶罐　2. 青铜短剑　3. 青铜削刀　4. 铜锥　5. 长方形铜锥（针）管具　6. 铜丝耳环　7. 绿松石管　10. 犬形铜牌饰　11. 骨珠　12. 反 S 形铜带卡　13. 马形铜带饰　14. 铜镞

木椁已朽，板灰呈灰褐色，盖板无存，底板板灰稀薄而残缺，四至不明确，只有南、北侧板与东、西堵板，轮廓可辨。南、北侧板东西顺长 2.34 米，总高 25 厘米，与南、北活土二层台台面平齐，板灰厚 4 厘米；东、西堵板，分别竖插于南、北侧板之间，立插部位，分别在南、北侧板东、西两端内缩 22 和 11 厘米处，高度与南、北侧板一致，均为 25 厘米，总宽东端 39、西端 42、板灰厚 4 厘米。南、北侧板与东、西堵板的板块组成情况，已不能具体分辨。

木椁内装殓尸骨一具。保存状况不好，头骨已残碎，脊椎、肋骨、骨盆，以及右上肢，均已腐朽无存，左上肢与左下肢残损不全。头西足东，仰身直肢，经现场鉴定，死者为男性，56 岁以上。骨骼从头到脚通长 1.75 米。

随葬品集中陈放于木椁内、死者身上及其近前（图三四二）。在头骨右后方，即椁底西南角，放置夹砂红陶罐 1 件，正置。在左、右耳骨下面，各出螺旋形铜丝耳环 1 件及绿松石坠珠 3 枚。覆面铜扣 1 枚，滑落于下颌骨左侧边缘。在颈下与胸部之间，出犬形铜牌饰 1 件，倒置，狗头朝右。在右髋骨至右股骨内侧，出青铜短剑 1 件，短剑外侧、右股骨之上，出青铜削刀 1 件，剑锋与刀锋均朝下。在短剑左侧，即左、右股骨之间，出长方形几何纹铜锥（针）管具 1 件（图版一二四，3）。在短剑下方，出骨珠 1 件，铜锥 1 件，锥尖朝下。在左、右胫骨下端之间，出铜镞 1 枚，镞锋朝下。在死者腰际和右股骨内、外侧，出反 S 形铜带卡 20 枚。在骨盆左侧和左股骨内、外侧，出卧马形铜带饰 43 枚。

YYM122

这是玉皇庙墓地属于丙（A）级规格的小型墓葬之一。位于南区中部，其东有 YYM134，间距 1.9 米；东南有 YYM133，间距 2 米；南有 YYM123，间距 1.2 米；西南有 YYM113，间距 1.3 米；西有 YYM121，间距 0.4 米；西北有 YYM120，间距 0.2 米；北有 YYM119，间距 1.1 米；东北有 YYM135，间距 0.2 米。此墓的地层堆积，基本上同于 YYM156，不赘。

墓圹平面形状，呈抹角长方形，为竖穴土坑墓。正东向，方位角为90°。墓圹规格，圹口东西长2.65、东端宽1、西端宽1.1米，圹底东西长2.55、东端宽0.9、西端宽1米，圹口至圹底深1.67米。无生土二层台。在圹底中间偏东北—西南方向，安置木椁一具。在木椁外壁四周至圹底部四壁之间，筑有活土二层台，台土经过严密夯打，较坚实，东、南、西、北四台等高，均为37厘米，宽度不一，东台宽35、南台宽22（中段）、西台宽13、北台宽17厘米（中段）。

圹内填土，为淤积夹砂石褐色土与生黄土混杂后的五花土，经普遍夯实，但未有明显的夯层与夯窝痕迹。在填土中，仅发现夹砂粗红褐陶罐类器底与腹部残片4块，泥质灰陶残豆盘1片，泥质灰陶折肩罐肩部残片3片，除此之外，再未见其他遗物。

殉牲位置，祭牲集中摆放在圹内东端中间上层填土中，上距东端圹口0.55米深，下距圹底0.9米（图三四三；图版一二五，1）。殉牲种类，为牛、羊、狗3种家畜。殉牲数量，牛头1个，牛肱骨1只，羊头（山羊）3个，羊肱骨3只，狗头4个，狗肱骨4只。殉牲形式，将牛头的上、下颌拆解开后，与狗、羊牲作南、北相邻同层摆放。即按东西方向，先将牛肱骨1只，顺置于圹内东端中间上层填土上，然后将拆解开的牛下颌骨1副，略偏西侧倒扣于牛肱骨之上，接着将牛上颌骨顺摆于东南侧；然后再将狗肱骨3只及狗头3个，摆放于牛上颌骨北侧、牛下颌骨东侧，有的叠置于牛肱骨之上，狗的肱骨在下，狗头骨在上；然后将山羊肱骨3只及山羊头骨3个，安置于狗牲西侧，羊肱骨在下，羊头骨在上；最后将狗肱骨1只及狗头1个，摆放于羊牲西侧、牛下颌骨北侧，照例是狗肱骨在下，狗头骨在上。上述所有牛、羊、狗头的吻部，皆一律朝东。

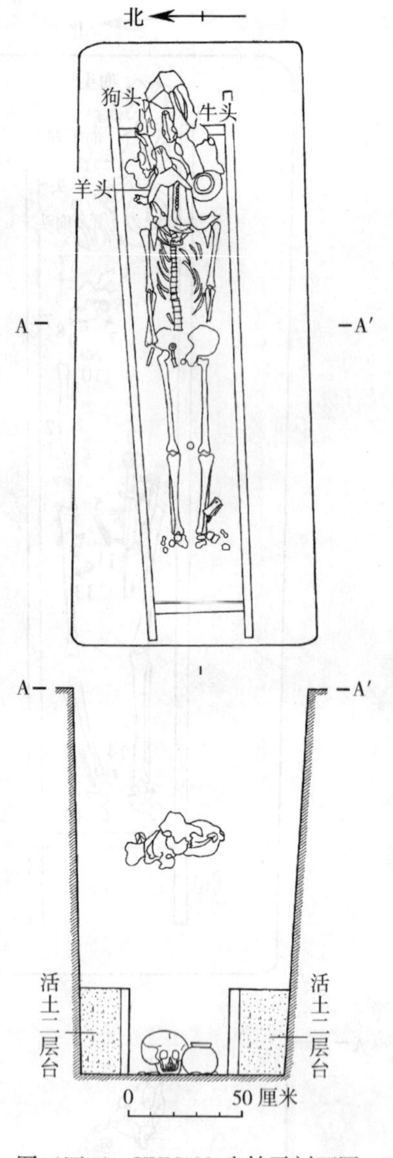

图三四三　YYM122殉牲平剖面图

木椁已朽，板灰呈白色粉状，盖板无存，底板痕迹残缺不全，仅南、北侧板与东、西堵板板灰痕迹，轮廓尚明显。南、北侧板东西顺长2.38米，总高37厘米，与南、北活土二层台台面平齐，板灰厚3.5厘米；东、西堵板，分别竖插于南、北侧板之间，立插部位，分别在南、北侧板东、西两端内缩14和11厘米处，高度与南、北侧板一致，均为37厘米，总宽东端43、西端40、板灰厚3.5厘米。南、北侧板与东、西堵板的板块组成情况，已难作出具体分辨。

木椁内装殓尸骨一具。保存状况较好，除头骨压裂之外，其他部位骨骼基本完整。头东足西，仰身直肢，经现场鉴定，死者为男性，45~50岁。骨骼从头到脚通长1.71米。

随葬品集中陈放于木椁内、死者身上及其近前（图三四四）。在头骨左侧，放置夹砂红陶罐1件，正置。覆面铜扣3枚，出于右眼眶内及鼻骨上各1枚，还有1枚滑落于下颌骨下面。在左、右耳骨下面，各出铜丝耳环1枚。在左、右锁骨交接部位，出马形铜牌饰1件，倒置，马头朝右。在右尺骨下

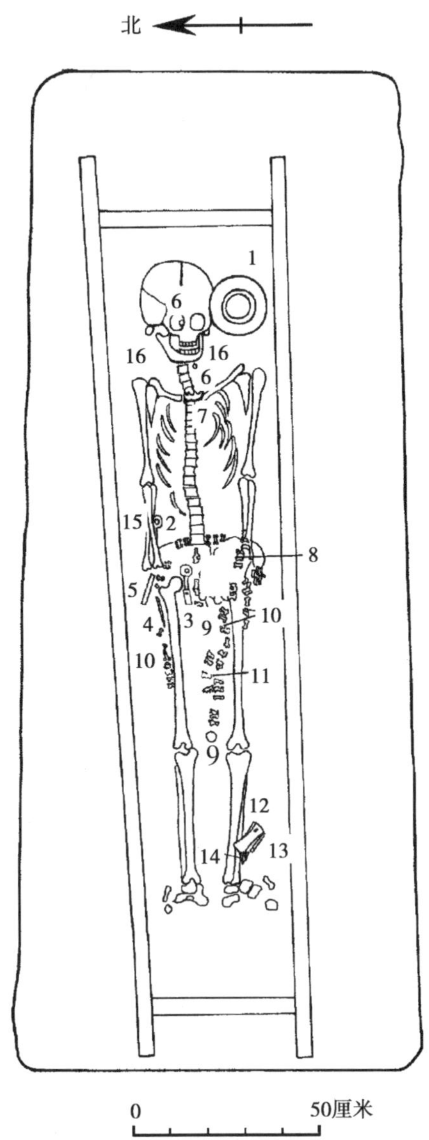

图三四四　YYM122 平面图

1. 夹砂红陶罐　2. 青铜短剑　3. 青铜削刀　4. 铜锥　5. 长方形铜锥（针）管具　6. 覆面铜扣　7. 马形铜牌饰　8. 铜带钩　9. 辐射纹服饰铜泡　10. 犬纹铜带卡　11. 马形铜带饰　12. 铜锛　13. 铜凿　14. 铜镞　15. 铜环（压于右尺骨下面）　16. 铜丝耳环

面，压有铜环2件，青铜短剑1件，剑锋朝下。在骶骨表面，出铜带钩1件，钩首朝左。在右髋骨与右股骨内侧，出青铜削刀1枚，刀身已残，刀锋朝下。在刀身表面，压有砂岩穿孔砺石1件。在骨盆右侧，出长方形几何纹铜锥（针）管具1件。在右股骨上端表面，出铜锥1件，锥尖朝下。辐射纹服饰铜泡9枚，左、右尺骨下面分别压有2枚与4枚，皆背面朝上；骶骨部位出1枚，正置；右股骨上面1枚，正置；左、右髌骨之间部位出1枚，正置。在死者腰际至左、右股骨之间，出犬纹铜带卡77枚，卧马形铜带饰48枚（图版一二五，2）。分布如次：犬纹铜带卡，出于死者背面者20枚（皆正面朝下、背面朝上），压在右髋骨下面者9枚（皆背面朝上），出于骨盆右侧至右股骨外侧者19枚，压在左髋骨下面、分布于左股骨外侧者10枚（皆背面朝上），出于左髋骨表面至左股骨内侧者19枚；卧马形铜带饰，出于骨盆及左、右骨股之间者21枚，压在右尺骨与右髋骨下面者14枚，压在左尺骨与左髋骨下面者13枚。在左胫骨下段外侧，出铜锛1件，铜凿1件，均斜置，锛刃与凿刃皆朝右下方。在锛刃下方，还出有铜镞2枚，镞锋朝下。

YYM123

这是玉皇庙墓地属于丙（C）级规格的小型墓葬之一。位于南区中部。其东有YYM133，间距0.9米；东南有YYM132，间距3.4米；南有YYM124，间距1.1米；西有YYM113，间距1.4米；西北有YYM121，间距1.8米；北有YYM122，间距1.2米；东北有YYM134，间距2.8米。此墓的地层堆积，基本上同于YYM156，不赘。

墓圹平面形状，呈抹角长方形，西端较东端稍宽，为竖穴土坑墓。东向，方位角为东偏北14°。墓圹规格，圹口东西长1.43、东端宽0.48、西端宽0.54米，圹底形制、规格，与圹口一致，圹口至圹底深0.78米。在南侧圹壁西半部偏上部位，遗有打圹时留下的自然石灰岩石块1块，体积较小，外裸部分12×7×7厘米。无生土二层台。无木质葬具，无活土二层台。

圹内填土，为淤积夹砂石褐色土与生黄土混杂后的五花土，经普遍夯实，但未有夯层与夯窝痕迹。在填土中，仅发现泥质灰陶罐口沿残片1块。在圹内东端底部中间稍偏北侧位置的填土中，有自然石灰岩石块1块，规格21×16×12厘米。另在圹内东北角殉牲之下的填土中，有自然石块数块，个体都较小。

殉牲位置，祭牲摆放在圹内东北角上层填土中，上距东端圹口7厘米深，下距圹底0.68米。殉牲种类，仅有狗1种。数量，狗头1个（较小，已残碎），狗肱骨1只。殉牲形式，将狗头上、下颌拆解开后，作彼此分开、同层相邻摆放，吻部皆朝东北，狗肱骨叠压于上颌骨之下。

在圹底中间略偏南侧，按东西方向，安葬婴孩尸骨一具。保存状况不好，头骨已扁碎，脊椎、骨盆、肋骨、四肢骨，均因腐朽而残缺不全。头东足西，侧面向南，上半身向南翻侧，为侧身直肢。经现场鉴定，死者为婴儿，2岁左右。骨骼从头到胫骨末端通长0.75米（图版一二六，1）。

随葬品很少，仅在死者右锁骨部位，出马形铜牌饰1件，马头朝左（图三四五）。另在右侧颈部，马形铜牌饰之上，出小白石珠项链1串（图版一二六，2），由118粒小白石珠串成。除此之外，再未有其他任何遗物。

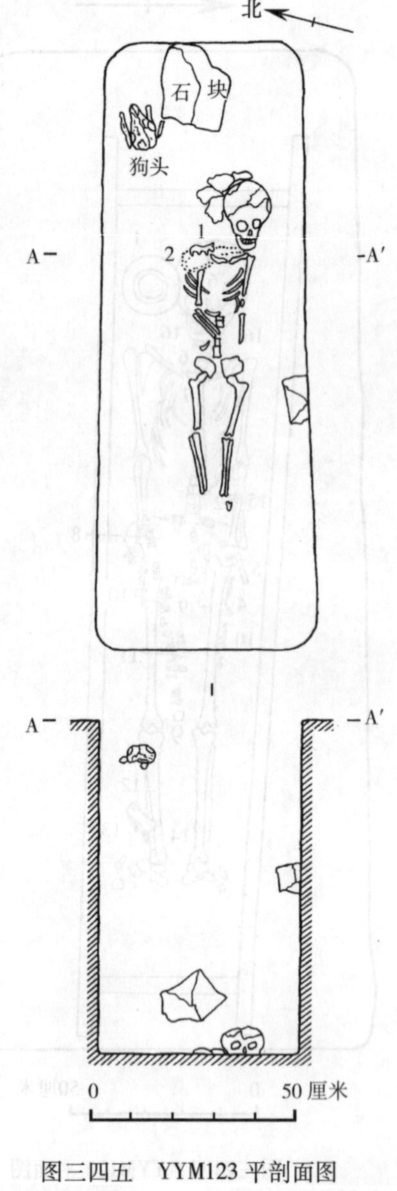

图三四五　YYM123平剖面图
1. 马形铜牌饰　2. 小白石珠项链

YYM124

这是玉皇庙墓地属于乙（B）级规格的中型墓葬之一。位于南区中部，其东有YYM132，间距1.9米；东南有YYM131，间距2.4米；南有YYM126，间距1米；西南有YYM111，间距3米；西北有YYM113，间距3.4米；北有YYM123，间距1.1米；东北有YYM133，间距1.3米。此墓的地层堆积，基本上同于YYM156，不赘。

墓圹平面形状，呈抹角长方形，为竖穴土坑墓。东向，方位角为东偏北8°。墓圹规格，圹口东西长2.5、东端宽0.9、西端宽0.88米，圹底东西长2.39、东端宽0.82、西端宽0.8米，圹口至圹底深1.44米。无生土二层台。在圹底正中位置，按东西方向，安置木椁一具。在木椁外壁四周至圹底部四壁之间，筑有活土二层台，台土经过严密夯打，较坚实，东、南、西、北四台等高，均为30厘米，宽度不一，东台宽23、南台宽19、西台宽26、北台宽15厘米。

圹内填土，为淤积夹砂石褐色土与生黄土混杂后的五花土，经普遍夯实，但未有夯层与夯窝痕迹。在填土中，仅发现夹砂褐陶碎片3块，泥质灰陶折肩罐口沿及肩部残片4块，以及羊上颌骨1块，除此之外，再未见其他遗物。

殉牲位置，祭牲集中摆放在圹内东端偏东南角中部填土中，上距东端圹口0.55米深，下距圹底0.64米（图版一二六，3）。殉牲种类，为牛、羊、狗3种家畜。殉牲数量，牛头1个，牛肱骨1只，羊头6个，羊肱骨6只（山羊、绵羊各3），狗头3个，狗肱骨3只。殉牲形式，将狗、羊的上、下颌骨拆解开后，与牛牲作南、北相邻同层摆放。即按东西方向，先将牛肱骨1只及牛头1个，顺置圹内东端中间略偏南侧的中部填土上，牛头置于牛肱骨之上，吻部朝东；然后在紧挨着牛牲的南侧，即在靠近墓圹东南角的位置，顺摆狗肱骨3只及拆解开的狗上、下颌骨3套，狗头置于狗肱骨之上，吻部朝东；然后于狗牲西侧，安置羊肱骨6只及拆解开的山羊上、下颌骨3套和绵羊上、下颌骨3套，也是羊肱骨在下，羊头在上，吻部朝向有4套朝东，另有2套朝南。

木椁已朽，板灰呈褐色粉状，盖板无存，底板灰极薄，四至不太清楚，只有南、北侧板与东、西堵板，尚存其基本轮廓。南、北侧板东西顺长2.3米，总高30厘米，与南、北活土二层台台面平齐，板灰厚4厘米；东、西堵板，分别竖插于南、北侧板之间，立插部位，分别在南、北侧板东、西两端内缩23和16厘米处，高度与南、北侧板一致，均为30厘米，总宽东端48、西端45、板灰厚4厘米。南、北侧板与东、西堵板的板块组成情况，已难具体分辨。

木椁内装殓尸骨一具。保存状况较好，除头骨碎裂外，其他主要部位骨骼基本完整。头东足西，仰身直肢，经现场鉴定，死者为男性，56岁左右，骨骼从头到脚通长1.7米。

随葬品集中陈放于木椁内、死者身上及其近前（图三四六；图版一二七，1）。在头骨左侧、椁底东南角，放置夹砂红陶罐1件，斜侧置。在左、右耳骨附近，各出螺旋形铜丝耳环1件。在左耳环附出绿松石坠珠1枚；在右耳环下，附出绿松石坠珠2枚。覆面铜扣3枚，出于左、右眼眶内各1枚，出于上颌骨左侧表面1枚。在颈下，出虎形铜饰牌2件，二虎头相背，一个朝左，另一个朝右。在胸椎左侧，出铜钩形饰1件，钩朝左。在右尺骨下面，压有青铜短剑1件，青铜削刀1件，削刀叠压在短剑剑身之上，剑锋与刀锋，均朝上。在骨盆右侧，出长方形几何纹铜锥（针）管具1件。在骨盆左侧，出铜锥1件，锥尖朝下，还出服饰铜泡1枚。涡纹服饰铜扣5枚，出于骨盆表面3枚，出于左、右股骨内侧各1枚（彩版三〇，2）。在左股骨外侧，出铜凿1件。在左、右股骨之间，出铜锛1件，侧置。凿刃、锛刃，均朝下。在左腓骨外侧，出铜镞1枚，骨镞4枚，镞锋均朝下。在死者腰际，出反S形铜带卡一周，共39枚。在腰际以下至左、右股骨之间，出卧马形铜带饰78枚，分布如次：(1)右尺骨外侧至右股骨外侧27枚；(2)左尺骨外侧至左股骨外侧18枚；(3)压在右髋骨下面16枚；(4)压在左髋骨下面6枚；(5)左、右股骨之间11枚。

YYM126

这是玉皇庙墓地属于丙（A）级规格的小型墓葬之一。位于南区中部。其东南有YYM131和YYM127，间距分别为1.4和1.9米；西南有YYM110和YYM111，间距分别为2和2.1米；西北有YYM113，间距3.4米；北有YYM124，间距1.1米；东北有YYM132，间距2.5米。此墓的地层堆积，基本上同于YYM156，不赘。

墓圹平面形状，呈抹角长方形，为竖穴土坑墓。正东向，方位角为90°。墓圹规格，圹口东西长2.5、东端宽0.9、西端宽0.96米，圹底形制、规格，与圹口一致，圹口至圹底深1.2米，无生土二层台。在圹底中间略偏北侧，安置木椁一具。在木椁外壁四周至圹底部四壁之间，筑有活土二层台，台土经过严密夯打，较坚实，东、南、西、北四台等高，均为28厘米，宽度不一，东台宽41、南台宽23、西台宽22、北台宽16厘米（中段）。

圹内填土，为淤积夹砂石褐色土与生黄土混杂后的五花土，经普遍夯实，但未有夯层与夯窝痕迹。在填土中，仅发现泥质灰陶罐口沿残片2块，除此之外，再未见其他遗物。

殉牲位置，祭牲集中摆放于圹内东端中间上层填土中，上距东端圹口13厘米深，下距圹底0.95米（图版一二七，2）。殉牲种类，为羊、狗2种家畜。殉牲数量，羊头1个（绵羊），羊肱骨1只，

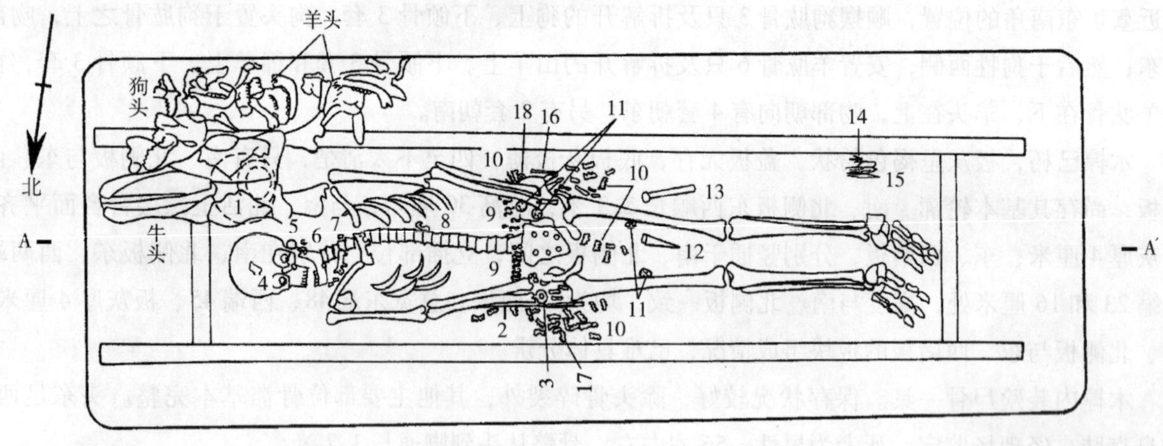

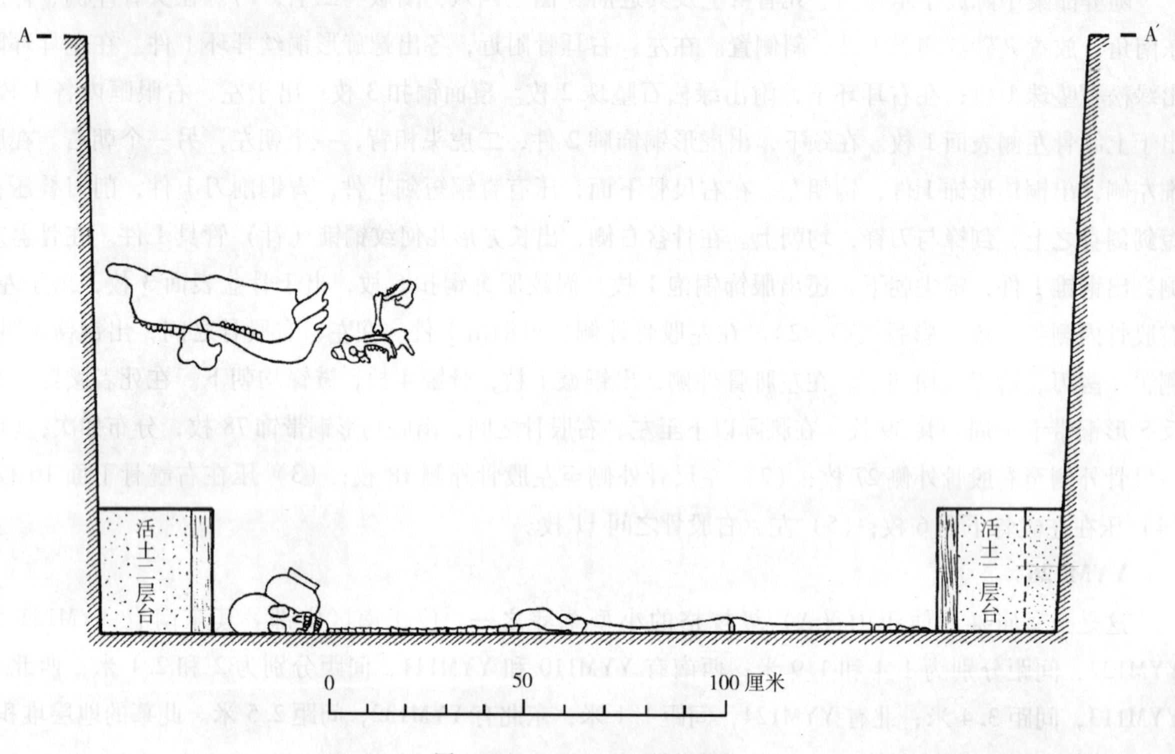

图三四六 YYM124平剖面图

1. 夹砂红陶罐 2. 青铜短剑 3. 青铜削刀 4. 覆面铜扣 5. 铜丝耳环 6. 绿松石坠珠 7. 虎形铜牌饰 8. 铜带钩 9. 反S形铜带卡 10. 马形铜带饰 11. 涡纹服饰铜扣 12. 铜锛 13. 铜凿 14. 铜镞 15. 骨镞 16. 铜锥 17. 长方形铜锥（针）管具（压在马形铜带饰下面） 18. 服饰铜泡

狗头5个，狗肱骨5只。殉牲形式，将狗头上、下颌拆解开后，按东西方向，狗牲围绕羊牲，作同层相邻摆放。即先将狗肱骨1只及狗下颌骨1副，置于圹内最东端中间上层填土上，然后于其西北侧，顺摆未加拆解的完整绵羊头骨1个及羊肱骨1只，羊肱骨在下，羊头叠置其上；然后于紧靠羊牲的南侧，再并列顺摆狗上颌骨2个，狗肱骨1只，狗肱骨在下，狗上颌骨叠置其上；然后于羊牲和这组狗牲的西侧，再自北而南依次并列顺摆狗上颌骨1个，狗下颌骨1副，狗肱骨1只，狗下颌骨1副，狗肱骨1只，狗上颌骨1个，狗肱骨1只，狗下颌骨1副；最后，在这组狗牲的西侧，再顺摆拆解开的狗上、下颌骨1套（因木椁腐朽后随填土塌陷，已残碎）。上述祭牲，狗下颌骨均呈覆扣状，其中最东端的1副，吻部朝西北，其余的吻部皆朝东，羊头和狗上颌，均正置，吻部均朝东。

木椁已朽，板灰呈白色粉状，盖板无存，底板灰痕不清楚，南、北侧板与东、西板板灰轮廓，尚可辨识。南、北侧板东西顺长2.14米，总高28厘米，与活土二层台台面平齐，板灰厚4厘米。东、西堵板，分别竖插于南、北侧板之间，立插部位，分别在南、北侧板东、西两端内缩17和11厘米处，高度与南、北侧板一致，均为28厘米，总宽东端45、西端47、板灰厚3.5～4厘米。南、北侧板与东、西堵板的板块组成情况，已难以再作具体分辨。

木椁内装殓尸骨一具。保存状况较好，头骨及主要部位骨骼，基本完整。头东足西，侧面向北，仰身直肢。经现场鉴定，死者为女性，22～24岁。骨骼从头到脚通长1.59米。

随葬品，集中陈放于木椁内、死者头部附近及上半身（图三四七）。在头骨右后侧，椁底东北角，放置夹砂红陶罐1件，斜侧置，口朝东南，已残碎。在左、右耳骨下面，各出螺旋形铜丝耳环1件及绿松石坠珠3枚。覆面铜扣2枚，滑落于下颌骨左、右侧各1枚。在颈、胸部之间，出玛瑙珠、白石管、小白石珠项链1串，由玛瑙珠5颗、白石管1枚、小白石珠297粒，联合串成。在左尺骨下面，压有长方形几何纹铜锥（针）管具1件。在骨盆中间及前缘，出纺锤形铜珠1串（60粒），铜珠之间，尚遗有麻线穿绳痕迹。

YYM120

这是玉皇庙墓地属于丙（B）级规格的小型墓葬之一。位于南区中部。其东南有YYM122，间距0.2米；南有YYM121，间距0.8米；西南有YYM114，间距0.4米；西北有YYM115，间距0.9米；北有YYM119，间距0.2米；东北有YYM135，间距2.2米。此墓的地层堆积，基本上同于YYM156，不赘。

墓圹平面形状，呈抹角长方形，为竖穴土坑墓。东向，方位角为东偏南7°。墓圹规格，圹口东西长1.9、东端宽0.8、西端宽0.84米，圹底形制、规格，与圹口一致，圹口至圹底深0.89米。无生土二层台。在圹底中间略偏北侧位置，按东西方向，安置木椁一具。在木椁外壁四周至圹底部四壁之间，筑有活土二层台，台土经过严密夯打，较坚实，东、南、西、北四台等高，均为24厘米，宽度不一，东台宽28、南台宽25、西台宽18、北台宽14厘米（中段）。

圹内填土，为淤积夹砂石褐色土与生黄土混杂后的五花土，经普遍夯实，但未有夯层与夯窝痕迹。在填土中，仅发现夹砂褐陶碎片1块，泥质灰陶口沿残片2块。另在圹内西侧中间和西北角的活土二层台台面以上的填土中，各有自然石灰岩石块1块，规格分别为20×18×11和37×15×13厘米；在东端祭牲北侧的填土中，有较小的自然石灰岩石块2块。除此之外，再未见到其他遗物。

殉牲位置，祭牲摆放在圹内东端中间上层填土中，上距东端圹口17厘米深，下距圹底0.63米。殉牲种类，仅有狗1种。数量，狗头1个，狗肱骨1只。狗头骨已残碎。殉牲形式，将完整狗头1个及狗肱骨1只，按东西方向，顺摆于圹内东端中间位置的上层填土上，肱骨在下，头骨叠置其上，吻部朝东。

木椁已朽，板灰呈白色粉状。盖板仅在木椁西半部残存1块板灰痕迹，作南北向横搭在南、北侧板之上，南、北两端贴附于南、北活土二层台台帮上一截，板灰长48、宽10厘米。底板灰痕不清楚。南、北侧板与东、西堵板板灰轮廓，大致可辨。南、北侧板东西顺长1.65米，总高24厘米。与四周活土二层台台面平齐，板灰厚3厘米。东、西堵板，分别竖插于南、北侧板之间，立插部位，均在南、北侧板东、西两端内缩10厘米处，高度与南、北侧板一致，均为24厘米，总宽东端34、西端33、板灰厚3厘米。南、北侧板与东、西堵板的板块组成情况，已难以再作具体分辨。

木椁内装敛尸骨一具。保存状况不太好，头骨已被压裂，其他主要部位的骨骼，基本完整。头东足西，仰身直肢。经现场鉴定，死者为儿童，6岁左右。骨骼从头到脚通长1.19米（图版一二八，1）。

随葬品陈放于木椁内、死者头部及近前，还有颈、胸部（图三四八）。在头骨右后侧，椁底东北角，放置夹砂红陶罐1件，侧置，口朝东。在左、右耳骨下面，各出螺旋形铜丝耳环1件及绿松石坠珠3枚。覆面铜扣3枚，已滑落于下颌骨左下方。在颈部，出贝饰1枚。在胸部，出玛瑙珠3颗。

YYM121

这是玉皇庙墓地属于丙（C）级规格的小型墓葬之一。位于南区中部。其东有YYM122，间距0.5米；东南有YYM123，间距1.8米；南有YYM113，间距0.6米；西北有YYM114，间距0.2米；北有YYM120，间距0.8米。此墓的地层堆积，基本上同于YYM156，不赘。

墓圹平面形状，呈抹角长方形，西端圹边略外弧，为竖穴土坑墓。东向，方位角为东偏北20°。墓圹规格，圹口东西长1.6、东端宽0.5、西端宽0.52米，圹底东西长1.5、东端宽0.48、西端宽0.49米，圹口至圹底深0.65米。无生土二层台。在圹底中间位置，按东西方向，安置木质葬具一具。在木质葬具外壁四周至圹底部四壁之间，筑有活土二层台，台土经过严密夯打，较坚实，东、南、西、北四台等高，均为18厘米，宽度不一，东台宽9、南台宽11、西台宽31、北台宽8厘米（中段）。

圹内填土，为淤积夹砂石褐色土与生黄土混杂后的五花土，经普遍夯实，但未有夯层与夯窝痕迹。在填土中，仅发现夹砂褐陶罐腹部残片1块，泥质灰陶带弦纹的残片2块。除此之外，再未见其他遗物。

殉牲位置，祭牲摆放在圹内东端中间略偏南侧的上层填土中，上距东端圹口15厘米深，下距圹底0.45米。殉牲种类，仅有狗1种。数量，狗头1个，狗肱骨1只。殉牲形式，将狗头上、下颌拆解开后，按东西方向，将狗肱骨顺摆在上面，狗上颌骨叠置其上，狗下颌骨傍其北侧，吻部皆朝东（图版一二八，2）。

木质葬具，已腐朽为灰土。根据墓圹底部土质软硬的差别，可判知此木质葬具的四至规格。东西顺长1.15米，东端宽36、西端宽32、总高18厘米（与四周活土二层台台面平齐）。规格甚短小。其他相关结构情况，已无从考察。

木质葬具内装敛尸骨一具。骨质保存状况较好，脊椎、骨盆、四肢骨等，尚未糟朽。唯无头骨、右桡骨、左右手骨及左右足骨，脊椎骨起伏弯曲甚明显。此外，右尺骨，左、右肱骨与左、右胫、腓骨，系二次摆放的，不但皆非原位，有的甚至发生倒置现象。如右尺骨错位偏上，右胫、腓骨叠置于右肱骨之上（右腓骨原已残断），左胫、腓骨叠置于左侧腹部及左髋骨之上，左股骨乱插在左髋骨之下，发生上、下倒置（图版一二八，3）。唯有锁骨、肩胛骨、脊椎骨、肋骨、左上肢骨、右肱骨及骨盆，属于原位。根据以上属于原位骨骼的位置关系，可以判知，对于此墓死者，仍是按“头东足西”的埋葬习俗，实行的二次葬，尽管此死者已经无头。经现场鉴定，死者为男性，40岁左右。

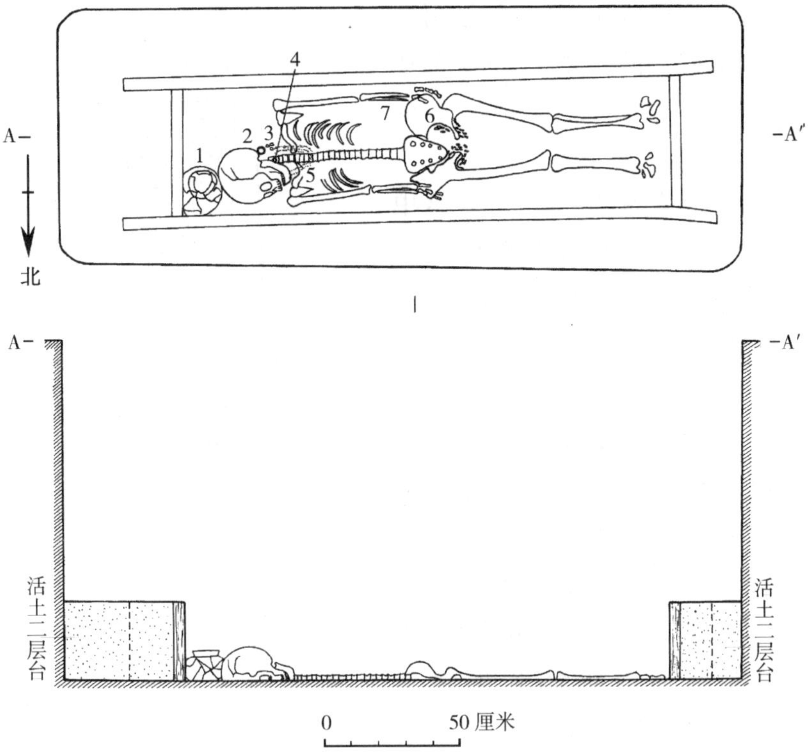

图三四七 YYM126平剖面图

1. 夹砂红陶罐 2. 铜丝耳环 3. 绿松石坠珠 4. 覆面铜扣 5. 石珠项链 6. 纺锤形铜珠串饰 7. 长方形铜锥（针）管具（压于左尺骨下面）

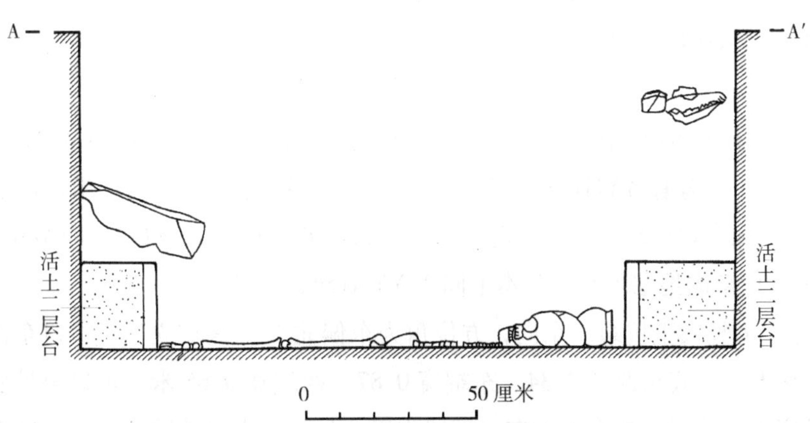

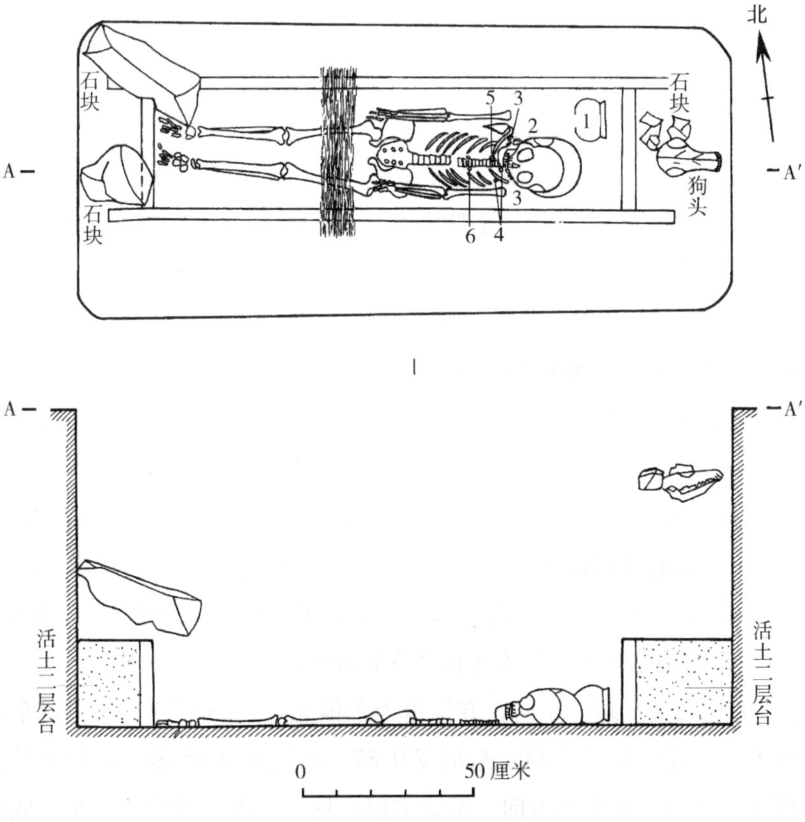

图三四八 YYM120平剖面图

1. 夹砂红陶罐 2. 铜丝耳环 3. 绿松石坠珠 4. 覆面铜扣 5. 贝饰 6. 玛瑙珠

随葬品仅有夹砂褐陶罐1件，置于木质葬具内、死者右肩部位，斜侧置，口朝东北，口沿已残（图三四九）。除此之外，再无其他任何遗物。

YYM115

这是玉皇庙墓地属于丁级规格的小型墓葬之一。位于南区中部。其东南有 YYM120，间距 0.9 米；南有 YYM114，间距 0.7 米；西南有 YYM108，间距 2.7 米；西有 YYM106，间距 1 米；北有 YYM116，间距 1.3 米；东北有 YYM119，间距 1.1 米。此墓的地层堆积，基本上同于 YYM156，不赘。

墓圹平面形状，呈抹角长方形，西端已被破坏，为浅穴土坑墓。东向，方位角为东偏南 17°。墓圹规格，残存圹口东西长 1.26、东端和中段宽 0.78 米，圹底形制、规格，与残存圹口一致，圹口至圹底深 0.4 米。无生土二层台。无木质葬具，无活土二层台。

圹内填土，为淤积夹砂石褐色土和生黄土混杂后的五花土，未经夯实，土质较疏松。在填土中，仅发现夹砂褐陶残片 2 块，泥质灰陶带弦纹的口沿残片 2 块。除此之外，再未见其他遗物。

殉牲位置，祭牲摆放在圹内东端中间上层填土中，上与东端圹口平齐，下距圹底 0.35 米。殉牲种类，仅有狗 1 种。数量，狗头 1 个（已残碎），狗肱骨 1 只。殉牲形式，将狗头上、下颌拆解开后，与肱骨一块，集中摆放在圹内东端中间上层填土上，互不叠压。由于上、下颌骨分开摆放，又均破碎严重，吻部朝向不好确指。

在圹底中间，按东西方向，安葬孩童尸骨一具，保存状况不太好，头骨已残破，左、右胫、腓骨因被破坏而残缺不全，骨架其他部分，基本完整。头东足西，侧面向北，仰身直肢。经现场鉴定，死者为儿童，3 岁左右（图版一二九，1）。

随葬品很少，仅在死者左、右耳骨下面，各出螺旋形铜丝耳环 1 件。在颈部，出小黑石珠项链 1 串（160 粒）（图三五〇）。

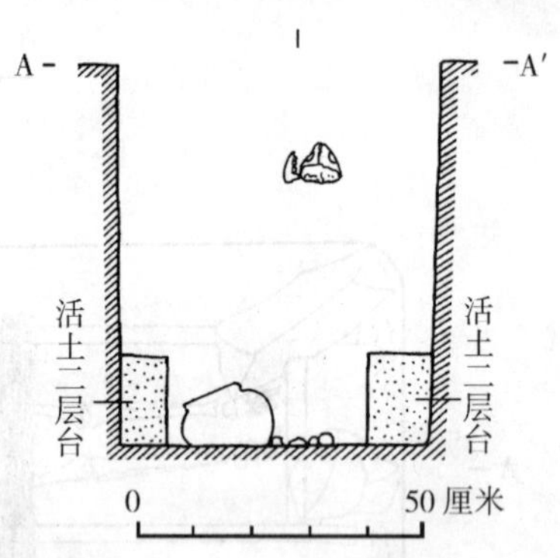

图三四九　YYM121 平剖面图

1. 夹砂褐陶罐

YYM114

这是玉皇庙墓地属于丙（B）级规格的小型墓葬之一。位于南区中部。其东南有 YYM121 和 YYM113，间距分别为 0.2 和 1.4 米；西南有 YYM108 和 YYM80，间距分别为 1.2 和 2.4 米；西有 YYM79，间距 5 米；西北有 YYM106 和 YYM107，间距分别为 1.3 和 2.8 米；北有 YYM115，间距 0.7 米；东北有 YYM120，间距 0.4 米。此墓的地层堆积，基本上同于 YYM156，不赘。

墓圹平面形状，呈抹角长方形，为竖穴土坑墓。东向，方位角为东偏北 1°。墓圹规格，圹口东西长 2.42、东端宽 0.92、西端宽 0.9 米，圹底东西长 2.34、东端宽 0.87、西端宽 0.85 米，圹口至圹底深 0.88 米。无生土二层台。在圹底中间位置，按东西方向，安置木椁一具。在木椁外壁四周至圹底部四壁之间，筑有活土二层台，台土经过严密夯打，较坚实，东、南、西、北四台等高，均为 26 厘米，宽度不一，东台宽 28、南台宽 17、西台宽 20、北台宽 15 厘米。

圹内填土，为淤积夹砂石褐色土与生黄土混杂后的五花土，经普遍夯实，但未有夯层与夯窝痕迹。在填土中，仅发现泥质灰陶弦纹的罐口沿残片 1 块，另在圹内东端上层祭牲之下的填土中，有体积较小的自然石灰岩石块 1 块。除此之外，再未见其他遗物。

殉牲位置，祭牲集中摆放在圹内东端中间上层填土中，最上面的兽骨，已超出东端圹口线 5 厘米，下距圹底 0.75 米。殉牲种类，有羊、狗 2 种家畜。殉牲数量，羊头 1 个（山羊），羊肱骨 1 只，狗头 4 个，狗肱骨 4 只。殉牲形式，将羊、狗头的上、下颌拆解开后，狗、羊牲的布局为，东北、南和西南，摆狗牲，西北角摆羊牲，作同层、相邻、聚堆摆放（图版一二九，2）。即先在东北角顺摆狗牲 1 套，狗上颌骨在东，侧置，吻部朝东，狗下颌骨紧挨其后（在西侧），吻部亦朝东，狗肱骨 1 只，叠压于狗下颌骨之下；然后于其南侧和西南侧，再摆上 2 套狗牲，狗肱骨 2 只，均被叠压在狗上、下颌骨之下，这两套狗上、下颌骨皆作覆扣式，吻部皆朝北；最后于西北侧，顺摆羊牲 1 套，羊上颌骨吻部朝东，羊肱骨 1 只顺摆于北侧，羊下颌骨 1 副横置于羊上颌骨之上，吻部朝南。

木椁已朽，板灰呈白色粉状。盖板无存，底板灰痕不清楚，南、北侧板与东、西堵板板灰轮廓，尚可分辨。南、北侧板东西顺长 2.23 米，总高 26 厘米，与四周活土二层台台面平齐，板灰厚 3.5 厘米。东、西堵板，分别竖插于南、北侧板之间，立插部位，分别在南、北侧板东、西两端内缩 18 和 17 厘米处，高度与南、北侧板一致，均为 26 厘米，总宽东端 44、西端 40、板灰厚 3.5 厘米。南、北侧板与东、西堵板的板块组成情况，已难以再作具体分辨。

木椁内装殓尸骨一具。保存状况较好，头骨及其他主要部位骨骼，基本完整。头东足西，仰身直肢。经现场鉴定，死者为女性，20～22 岁。骨骼从头到脚通长 1.63 米。

随葬品集中陈放于木椁内、死者头部附近及颈、胸、腹之间（图三五一）。在头骨左后侧，放置泥质灰陶折肩罐 1 件，斜侧置，口朝东北。在左、右耳骨下面，各出螺旋形铜丝耳环 1 件及绿松石坠珠 2 枚。在颈部，出白石管、绿松石珠项链 1 串，由白石管 1 枚和绿松石珠 33 枚，联合串成。在颈部至胸部，出玛瑙珠和蚌珠项链 1 串，由 75 颗玛瑙珠和 2 颗蚌珠，联合串成。在颈、胸至腹部，出铜珠项链 1 串（图版一二九，3），由 166 枚纺锤形铜珠串成，铜珠穿孔内，及铜珠之间，尚遗有多股麻线组成的穿绳痕迹（彩版七二，3）。在骶骨和左髋骨表面，出联珠棍形铜坠饰 10 枚（彩版三一，1）。

YYM113

这是玉皇庙墓地属于丙（A）级规格的小型墓葬之一。位于南区中部。其东有 YYM123，间距 1.4 米；东南有 YYM124 和 YYM126，间距分别为 1.9 和 3.5 米；南有 YYM111，间距 3.9 米；西南有 YYM80，间距 2.4 米；西北有 YYM108，间距 2.9 米；北有 YYM121 和 YYM114，间距分别为 0.6 和 1.3 米；东北有 YYM122，间距 1.3 米。此墓的地层堆积，基本上同于 YYM156，不赘。

墓圹平面形状，呈抹角长方形，为竖穴土坑墓。正东向，方位角为 90°。墓圹规格，圹口东西长 2.25、东端宽 1.02、西端宽 0.92 米，圹底东西长 2.15、东端宽 0.93、西端宽 0.85 米，圹口至圹底深 1.17 米。无生土二层台。在圹底中间位置，按东西方向，安置木椁一具。在木椁外壁四周至圹底部四壁之间，筑有活土二层台，台土经过严密夯打，较坚实，东、南、西、北四台等高，均为 27 厘米，宽度不一，东台宽 15、南台宽 26、西台宽 30、北台宽 20 厘米（中段）。

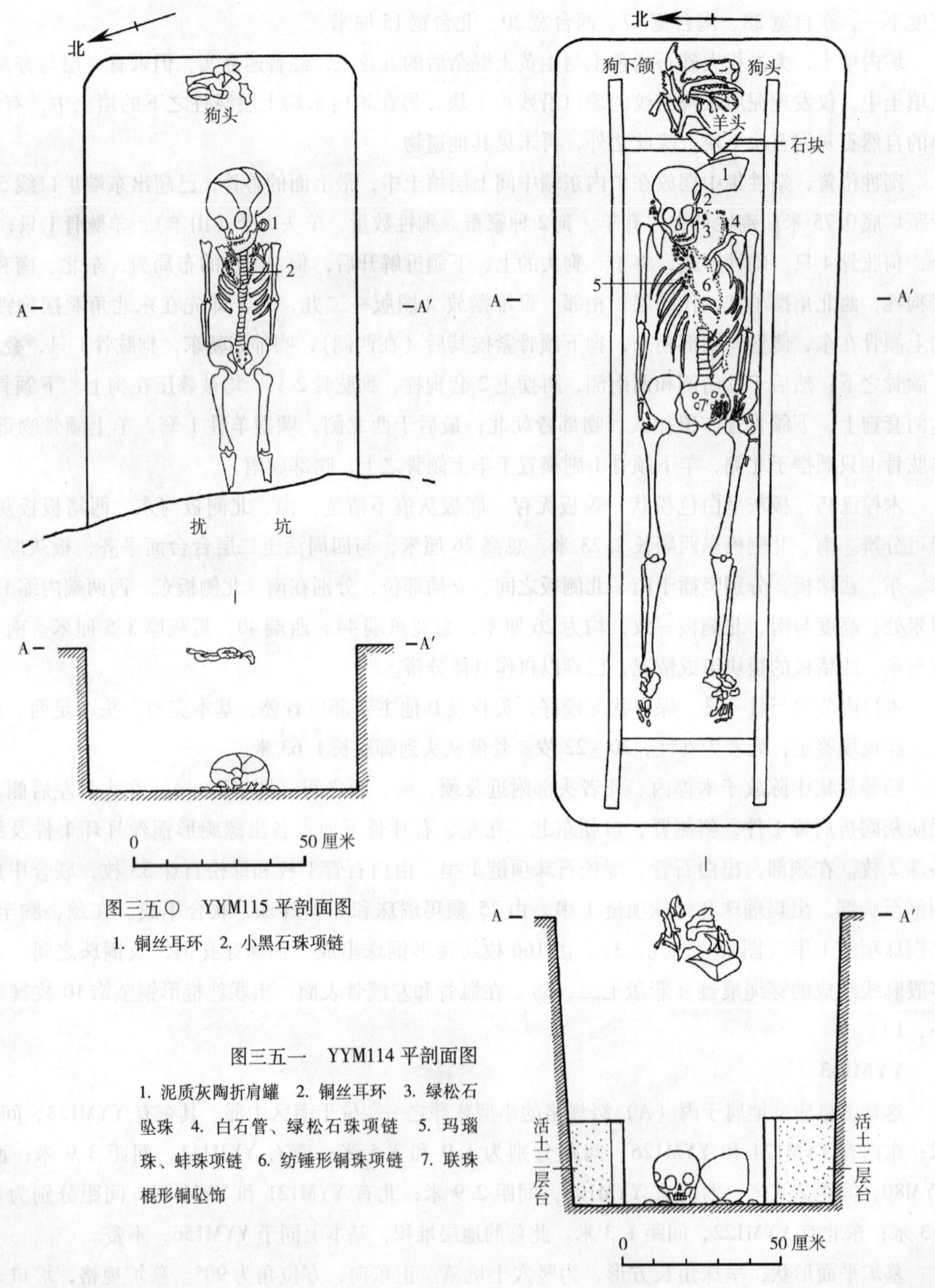

图三五〇 YYM115平剖面图

1. 铜丝耳环 2. 小黑石珠项链

图三五一 YYM114平剖面图

1. 泥质灰陶折肩罐 2. 铜丝耳环 3. 绿松石坠珠 4. 白石管、绿松石珠项链 5. 玛瑙珠、蚌珠项链 6. 纺锤形铜珠项链 7. 联珠棍形铜坠饰

圹内填土，为淤积夹砂石褐色土与生黄土混杂后的五花土，经普遍夯实，但未有夯层与夯窝痕迹。在填土中，仅发现夹砂褐陶罐器底残片1块，泥质灰陶带绳纹的残片2块，另在圹内东端，殉牲之下的上层填土中，有体积较大的自然石灰岩石块1块，规格为37×30×20厘米，其垂直位置，正在木椁东北角上方。除此之外，再未见其他遗物。

殉牲位置，祭牲集中摆放在圹内东端中间上层填土中，上距东端圹口 5 厘米深，下距圹底 1.07 米（图版一三〇，1）。殉牲种类，仅有狗 1 种。数量，狗头 2 个，狗肱骨 2 只。殉牲形式，将狗头上、下颌拆解开后，按东西方向，作分开、同层聚堆摆放。即狗上、下颌骨及肱骨，互不叠压，聚拢在一块，顺摆于同一层位，吻部皆朝东。

木椁已朽，盖板无存，底板灰痕稀疏残缺，南、北侧板与东、西堵板板灰痕迹，尚可辨识。板灰呈白色粉状，南、北侧板东西顺长 2.04 米，总高 27 厘米，与活土二层台台面平齐，板灰厚 3～3.5 厘米。东、西堵板，分别竖插于南、北侧板之间，立插部位分别在南、北侧板东、西两端内缩 16 和 12 厘米处，高度与南、北侧板一致，均为 27 厘米，总宽东端 40、西端 41、板灰厚 3 厘米。南、北侧板与东、西堵板的板块组成情况，已不能详。

木椁内装殓尸骨一具。保存状况较好，头骨及主要部位骨骼，基本完整。头东足西，仰身直肢。上、下颌骨左、右错位，左肱骨向右侧翻扭，非属正常姿态。经现场鉴定，死者为女性，22～24 岁。骨骼从头到脚通长 1.47 米。

随葬品集中陈放于木椁内、死者头侧及上半身（图三五二）。在头骨左后侧，椁底东南角，安置泥质红陶折肩罐 1 件，正置，已残碎。在左、右耳骨下面，各出螺旋形铜丝耳环 1 件（已残）及绿松石坠珠 2 枚。覆面铜扣 3 枚，均滑落于下颌骨左侧。在颈、胸部，出不同质料的项链 4 串（图版一三〇，2）：（1）铜珠项链 1 串，由纺锤形铜珠 112 枚串成，铜珠之间，尚遗有多股麻线串绳痕迹，末端（腰椎骨右侧）附出联珠棍形铜坠饰 8 枚（彩版三一，2）；（2）玛瑙珠、绿松石珠、绿松石管及贝饰项链 1 串，有玛瑙珠 27 颗、绿松石珠 19 枚、绿松石管 4 枚及贝饰 1 枚，联合组成；（3）小白石珠项链 1 串，由 70 粒小白石珠串成；（4）小黑石珠项链 1 串，由 230 粒小黑石珠串成。

YYM111

这是玉皇庙墓地属于丙（A）级规格的小型墓葬之一。位于南区中部西侧边缘，其东南有 YYM110，间距 1 米；南有 YYM162，间距 2.4 米；西南有 YYM353，间距 3.8 米；西北有 YYM80，间距 3.6 米；北有 YYM113，间距 3.9 米；东北有 YYM126，间距 2.1 米。此墓的地层堆积，基本上同于 YYM156，不赘。

墓圹平面形状，大体呈弧边抹角长方形，为竖穴土坑墓。东向，方位角为东偏北 1°。墓圹规格，圹口东西长 2.45、东端宽 0.85、西端宽 0.92 米，圹底东西长 2.35、东端宽 0.78、西端宽 0.85 米，圹口至圹底深 1.2 米。无生土二层台。在圹底中间偏东北—西南方向，安置木椁一具。在木椁外壁四周至圹底部四壁之间，筑有活土二层台，台土经过严密夯打，较坚实，东、南、西、北四台等高，均为 24 厘米，宽度不一，东台宽 31、南台宽 8、西台宽 16、北台宽 25 厘米（中段）。

圹内填土，为淤积夹砂石褐色土与生黄土混杂后的五花土，经普遍夯实，但未有夯层与夯窝痕迹。在填土中，仅发现夹砂粗褐陶罐类腹部与器底残片 3 块，泥质灰陶壶类口沿残片 2 块，除此之外，再未见其他遗物。

殉牲位置，祭牲集中摆在圹内东端中间上层填土中，上距东端圹口 20 厘米深，下距圹底 0.92 米。殉牲种类，为羊、狗 2 种家畜。殉牲数量，羊头 2 个（绵羊），羊肱骨 2 个，狗头 2 个，狗肱骨 2 只。殉牲形式，将狗和羊的上、下颌骨拆解开后，按东西方向作同层依次摆放。即先将狗肱骨 1 只及拆解开的狗上、下颌骨 1 套，顺摆于圹内东端中间上层填土上，狗肱骨在下，狗头骨叠置其上；然后在其西侧，顺摆羊肱骨2只及拆解开的绵羊上、下颌骨2套；然后再在羊牲的西侧，摆放狗肱骨1只及拆解开的狗上、下颌骨1套，照例是狗肱骨在下，狗头骨叠置其上。这就形成了羊牲位居中间，而狗牲位居东、西两端的布局特点。上述4套狗、羊上、下颌骨的吻部，均一律朝东。

木椁已朽，板灰呈灰褐色，盖板无存，底板灰痕大部残缺，唯南、北侧板与东、西堵板板灰痕迹，尚可辨识。南、北侧板东西顺长2.24米，总高24厘米，与南、北活土二层台台面平齐，板灰厚4厘米；东、西堵板，分别竖插于南、北侧板之间，立插部位，分别在南、北侧板东、西两端内缩17和10厘米处，高度与南、北侧板一致，均为24厘米，总宽东端41、西端39、板灰厚4厘米。南、北侧板与东、西堵板的板块组成情况，已难以作具体分辨。

木椁内装殓尸骨一具。保存状况较好，头骨虽被压裂，但其他主要部位骨骼，基本完整。头东足西，仰身直肢，经现场鉴定，死者为男性，30岁左右。骨骼从头到脚通长1.68米（图版一三一，1）。

随葬品集中陈放于木椁内、死者身上及其近前（图三五三）。在头骨左后侧、椁底东南角，放置泥质灰陶折肩罐1件，正置。在左、右耳骨下面，各出螺旋形铜丝耳环1件及绿松石坠珠2枚。覆面铜扣2枚，出于左颧骨上面1枚，滑落于下颌骨下面1枚。在颈下，出虎形铜牌饰1件，倒置，马头朝右。在头骨下面，压有白石管1枚。在右尺骨外侧，出小铜扣1枚，还出青铜短剑1件，剑锋朝下，剑首已残。在短剑剑身之下，压有青铜削刀1件，刀锋朝下。在骨盆左侧表面，出长方形几何纹铜锥（针）管具1件（图版一三一，2）。在左腓骨外侧，出铜锥1件，锥尖朝下；骨鸣镝1枚；骨镞6枚，镞锋朝下。

YYM159

这是玉皇庙墓地属于丁级规格的小型墓葬之一。位于南区中部。其东和东南，分别有YYM165和YYM164，间距均为0.8米；南有YYM160，间距1.5米；西南有YYM130，间距1.7米；西有YYM127，间距4.6米；西北有YYM131，间距2.2米；北有YYM158，间距0.8米；东北有YYM167，间距2.4米。此墓的地层堆积，基本上同于YYM156，不赘。

墓圹平面形状，呈抹角长方形，西端略宽于东端，为浅穴土坑墓。东向，方位角为东偏南3°。墓圹规格，圹口东西长0.98、东端宽0.4、西端宽0.5米，圹底形制、规格，与圹口一致，圹口至圹底深0.4米。无生土二层台。无木质葬具，无活土二层台。

圹内填土，为淤积夹砂石褐色土，未经夯实，土质较疏松。在填土中，仅发现泥质灰陶带弦纹的碎片3块，除此之外，再未见其他遗物。

无殉牲。

在圹底中间稍偏南位置，按东西方向，安葬婴孩尸骨一具。保存状况不好，骨质腐朽严重，头骨酥碎，仅能略见外形轮廓，骨盆及上、下肢骨，均残缺不全，手、足骨等无存。头东足西，脊椎略向右弯曲，似侧面向南，仰身直肢。经现场鉴定，死者为1岁左右婴儿（图版一三二，1）。

随葬品较少，仅在死者颈部左侧，出虎头形铜牌饰2件，虎耳分别朝左、右侧斜下方（图三五四）。在颈部周围，出绿松石管、小白石珠项链1串，由绿松石管2枚和小白石珠102粒，联合串成（图版一三二，2）。除此之外，再未见其他任何遗物。

YYM165

这是玉皇庙墓地属于丁级规格的小型墓葬之一。位于南区中部。其东南有YYM172，间距4.1米；

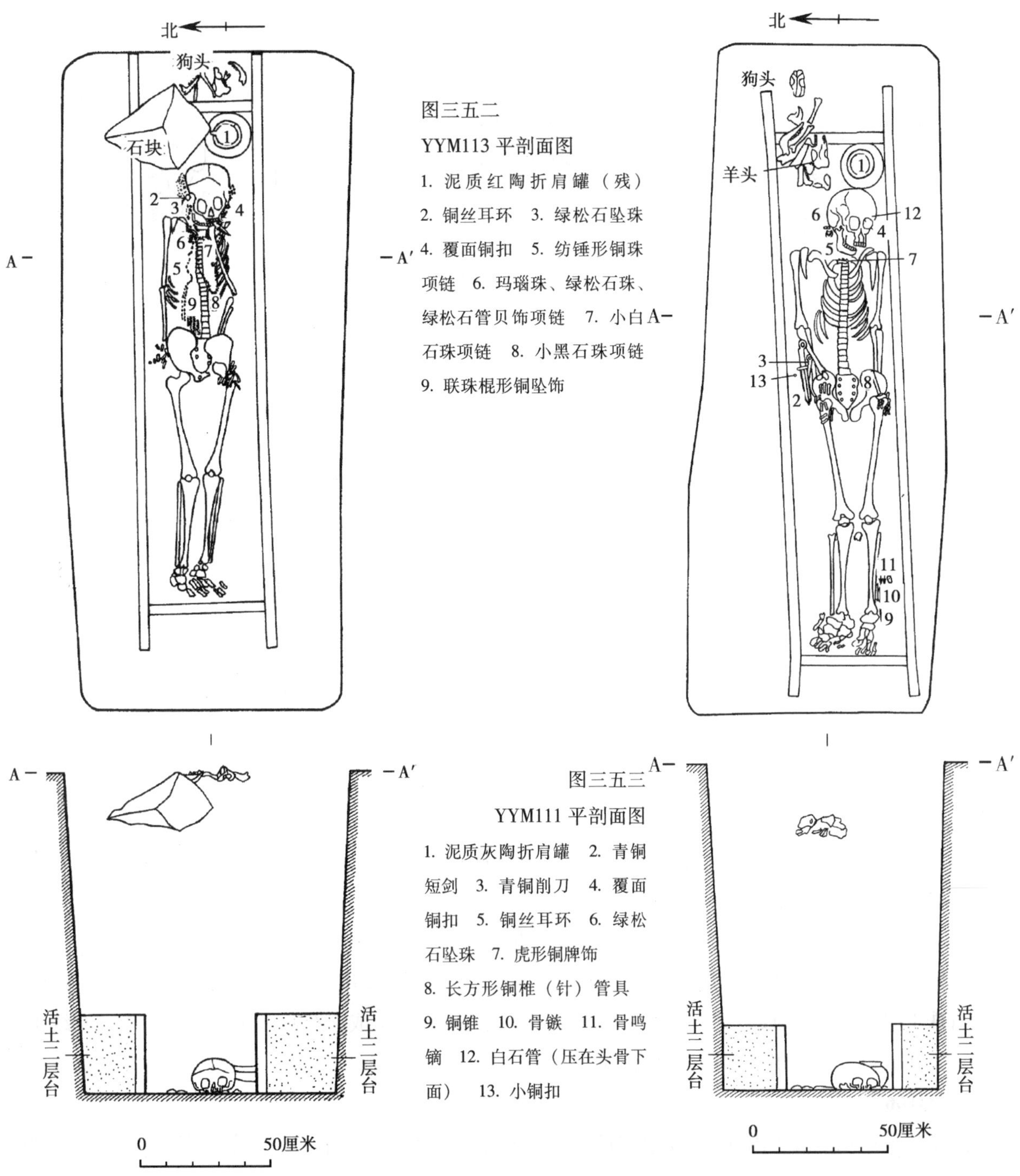

图三五二
YYM113 平剖面图
1. 泥质红陶折肩罐（残）　2. 铜丝耳环　3. 绿松石坠珠　4. 覆面铜扣　5. 纺锤形铜珠项链　6. 玛瑙珠、绿松石珠、绿松石管贝饰项链　7. 小白石珠项链　8. 小黑石珠项链　9. 联珠棍形铜坠饰

图三五三
YYM111 平剖面图
1. 泥质灰陶折肩罐　2. 青铜短剑　3. 青铜削刀　4. 覆面铜扣　5. 铜丝耳环　6. 绿松石坠珠　7. 虎形铜牌饰　8. 长方形铜椎（针）管具　9. 铜锥　10. 骨镞　11. 骨鸣镝　12. 白石管（压在头骨下面）　13. 小铜扣

南有 YYM164，间距 0.2 米；西有 YYM159，间距 0.8 米；西北有 YYM158，间距 1.1 米；北有 YYM167，间距 1.9 米；东北有 YYM166，间距 1.2 米。此墓的地层堆积，基本上同于 YYM156，不赘。

墓圹平面形状，呈抹角长方形，为浅穴土坑墓。东向，方位角为东偏北 16°。墓圹规格，圹口东西长 1.56 米，东、西两端宽均为 0.66 米，圹底形制、规格，与圹口一致，圹口至圹底深 0.2 米。无生土二层台。无木质葬具，无活土二层台。

圹内填土，为淤积夹砂石褐色土，未经夯实，土质较疏松。在填土中，仅发现泥质灰陶折肩罐折肩

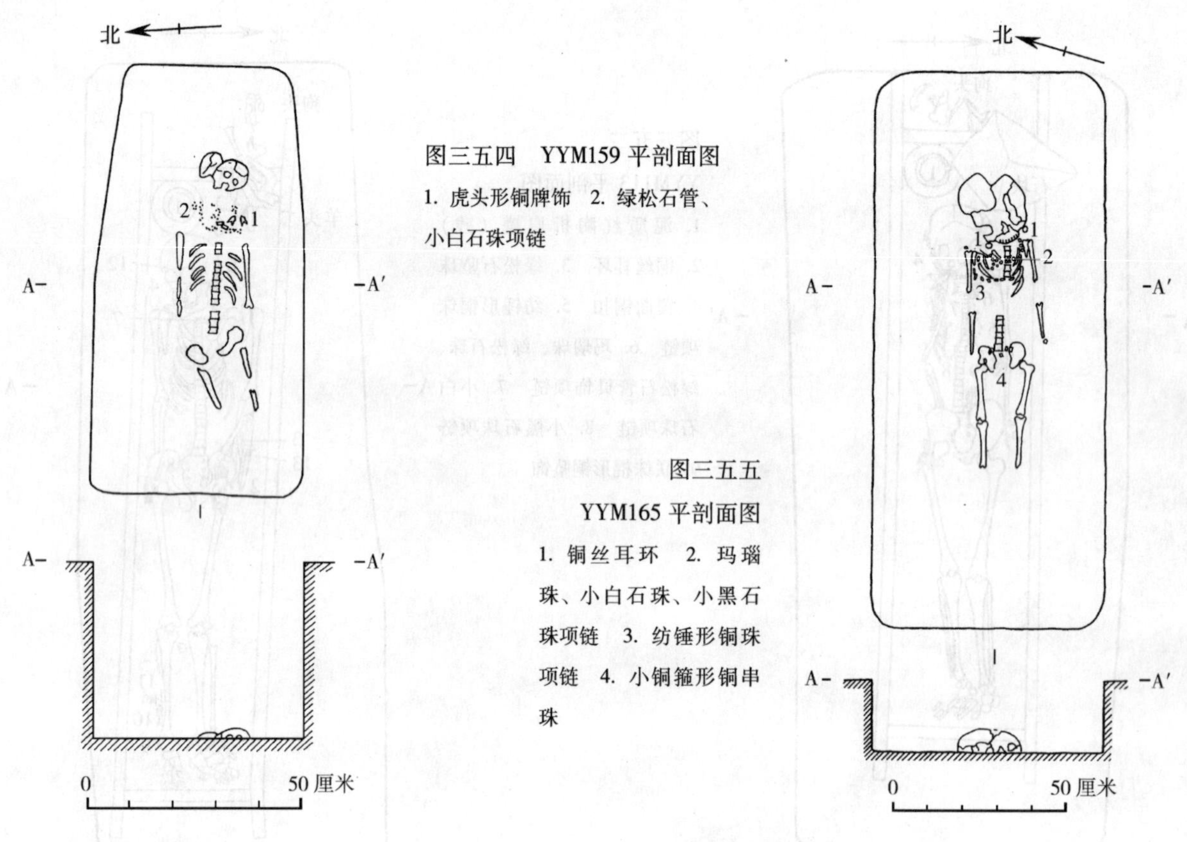

图三五四 YYM159 平剖面图
1. 虎头形铜牌饰 2. 绿松石管、小白石珠项链

图三五五 YYM165 平剖面图
1. 铜丝耳环 2. 玛瑙珠、小白石珠、小黑石珠项链 3. 纺锤形铜珠项链 4. 小铜箍形铜串珠

部位残件 1 块，除此之外，再未见其他遗物。

无殉牲。

在圹底中间，按东西方向，安葬孩童尸骨一具。保存状况不好，头骨残破，脊椎及上、下肢骨，残缺不全，手、足骨等已腐朽无存。头东足西，仰身直肢（图版一三二，3）。经现场鉴定，死者为儿童，3～4 岁，骨骼从头到胫骨末端存长 0.83 米。

随葬品较少，陈放于头部和颈、胸部（图三五五）。在左、右耳骨下面，各出螺旋形铜丝耳环 1 件，已残。在颈、胸之间，出石珠和铜珠项链各 1 串。石珠项链 1 串，由玛瑙珠 2 颗、小白石珠 9 粒、小黑石珠 13 粒，联合串成；铜珠项链 1 串，由 9 枚纺锤形铜珠串成，在铜珠穿孔内，尚遗有麻线串绳痕迹。另在骨盆部位，出有小铜箍形铜串珠 7 枚。

YYM166

这是玉皇庙墓地属于丙（C）级规格的小型墓葬之一。位于南区中部。其东南有 YYM172，间距 3 米；南有 YYM163，间距 3.4 米；西南有 YYM165，间距 1.2 米；西有 YYM158，间距 3 米；西北有 YYM167，间距 1.2 米；北有 YYM168，间距 2.7 米；东北有 YYM171，间距 0.15 米。此墓的地层堆积，基本上同于 YYM156，不赘。

墓圹平面形状，呈抹角长方形，为竖穴土坑墓。东向，方位角为东偏南 15°。墓圹规格，圹口东西长 1.75、东端宽 0.76、西端宽 0.7 米，圹底形制、规格，与圹口一致，圹口至圹底深 0.7 米。无生土二层台。无木质葬具，无活土二层台。

圹内填土，为淤积夹砂石褐色土与生黄土混杂后的五花土，经普遍夯实，但未有夯层与夯窝痕迹。

在填土中，仅发现夹砂粗褐陶碎片1块，泥质灰陶带弦纹的残片2块。另在圹内东端填土中，自上而下，有零散的自然石灰岩石块8块，大、小不一，无一定规则（图版一三三，1）。除此之外，再未见其他遗物。

殉牲位置，祭牲摆放在圹内东端中间上层填土中，上距东端圹口4厘米深，下距圹底0.55米（图三五六）。殉牲种类，为羊、狗2种家畜。殉牲数量，羊头1个（绵羊），羊肱骨1只，狗头1个，狗肱骨1只，已残碎。殉牲形式，将羊和狗头的上、下颌拆解开后，按东西方向，作同层相邻摆放。即先将拆解开的狗上、下颌骨1套及狗肱骨1只，摆放在圹内东端中间上层填土上，上、下颌骨略有错位，吻部朝向东南，肱骨置于北侧，不相叠压；然后在紧贴狗头骨西侧位置，顺摆拆解开的绵羊上、下颌骨1套和羊肱骨1只，羊肱骨在下，羊头骨叠置其上，吻部朝东。

在圹底中间稍偏南侧位置，按东西方向，安葬孩童尸骨一具。保存状况不好，头骨已残碎，骨架上半身因腐朽，完全变为粉状，下肢骨轮廓尚清楚，但也残损不全。头东足西，仰身直肢。经现场鉴定，死者为儿童，6~7岁。骨骼从头到胫骨末端存长0.94米。

随葬品较少，仅在死者左、右耳骨下面，各出螺旋形铜丝耳环1件，已残，无绿松石坠珠伴出。在颈下，出马形铜牌饰1件，马头朝右。还有绿松石珠和小白石珠项链1串，由绿松石珠1枚和小白石珠99粒，联合串成（图三五七）。

YYM171

这是玉皇庙墓地属于丙（A）级规格的小型墓葬之一。位于南区中部东界边缘，其东和东南，已无墓葬，南有YYM172，间距3.5米；西南有YYM166，间距15厘米；西有YYM167，间距1.8米；西北有YYM168，间距2米；北有YYM169，间距5米；东北有YYM176，间距3.5米。此墓的地层堆积，基本上同于YYM156，不赘。

墓圹平面形状，呈抹角长方形，为竖穴土坑墓。东向，方位角为东偏南7°。墓圹规格，圹口东西长2.5、东端宽0.88、西端宽0.95米，圹底东西长2.48、东端宽0.83、西端宽0.8米，圹口至圹底深1.08米。无生土二层台。在圹底正中位置，按东西方向，安置木椁一具。在木椁外壁四周至圹底部四壁之间，筑有活土二层台，台土经过严密夯打，较坚实，东、南、西、北四台等高，均为36厘米，宽度不一，东台宽29、南台宽17、西台宽32、北台宽19厘米。

圹内填土，为淤积夹砂石褐色土与生黄土混杂后的五花土，经普遍夯实，但未有夯层与夯窝痕迹。在填土中，仅发现夹砂红褐陶罐类腹部残片2块，泥质灰陶带弦纹和细绳纹的残片5块，另在圹内中、西部木椁以上的填土中，发现自然石灰岩石块16块，大小不一，大者47×30×18厘米，小者8×6×5厘米。除此之外，再未见其他遗物。

殉牲位置，祭牲集中摆放在圹内东端中间上层填土中，上距东端圹口2厘米深，下距圹底0.82米（图三五八；图版一三四，1）。殉牲种类，为牛、羊、狗3种家畜。殉牲数量，牛头1个，牛肱骨1只，羊头5个（山羊），羊肱骨5只，狗头12个，狗肱骨12只。殉牲形式，将牛、羊、狗头的上、下颌拆解开后，按东西方向，作南、北相邻、同层摆放。即先将大号狗肱骨1只及拆解开的狗上、下颌骨1套，并列于圹内最东端中间位置的上层填土上，然后在其西南侧，顺摆牛肱骨1只及拆解开的牛上、下颌骨1套，其中牛下颌骨叠置于牛肱骨之上；然后在紧挨着牛牲北侧及西侧的位置，交错顺摆狗肱骨11只，羊肱骨5只，拆解开的狗上、下颌骨11套，及拆解开的山羊上、下颌骨5套，肱骨多在

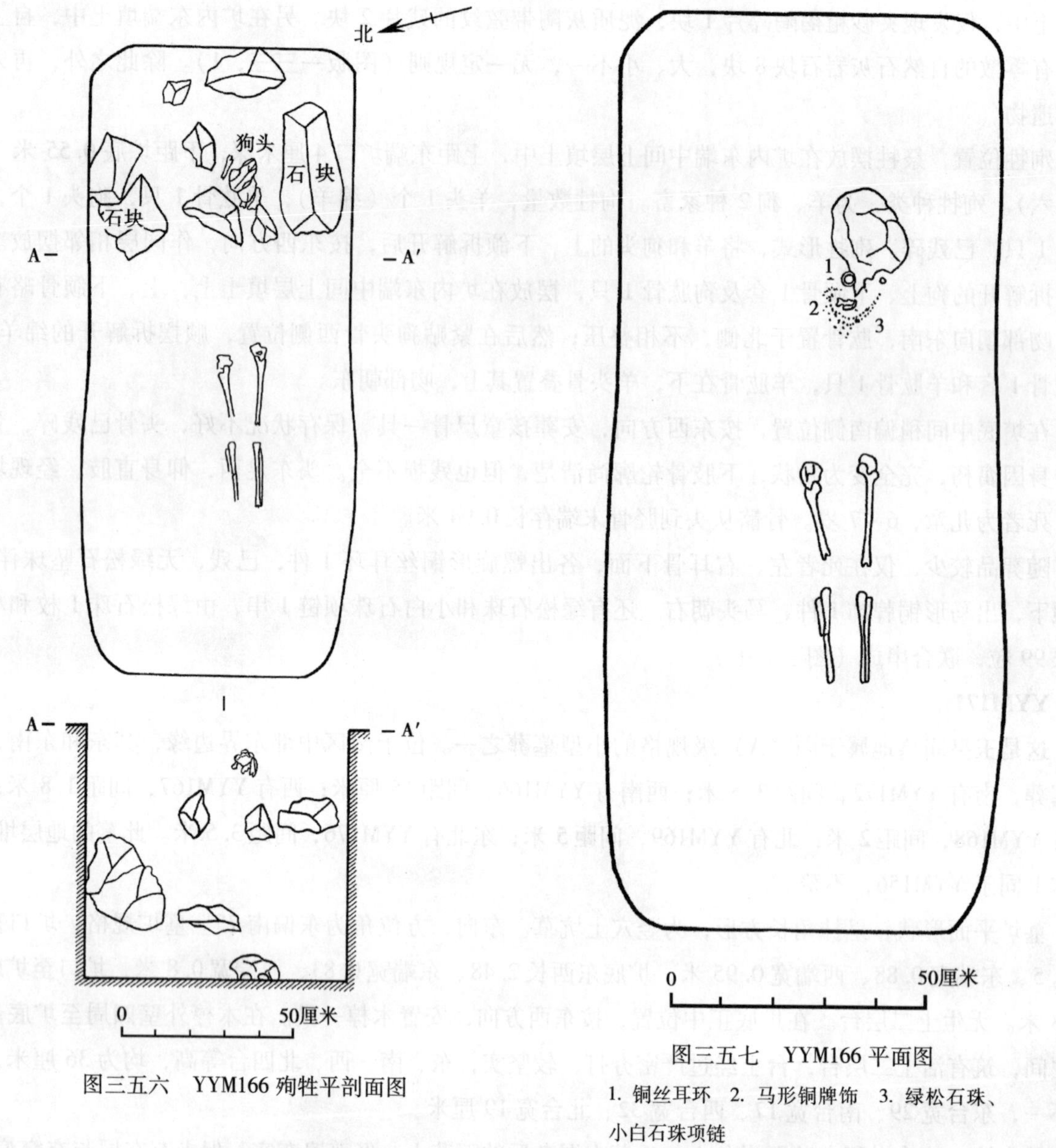

图三五六 YYM166 殉牲平剖面图

图三五七 YYM166 平面图
1. 铜丝耳环 2. 马形铜牌饰 3. 绿松石珠、小白石珠项链

下面，而头骨多叠置其上。上述牛、羊、狗头上、下颌骨的吻部，均一律朝东。位于西侧的牛肱骨及少数狗牲与山羊牲，出现错落情况，盖源于木椁东端腐朽后坍顶，遂造成填土及相关部位的殉牲亦随之陷落所致，并非当初为分层殉祭现象。

木椁已朽，板灰呈白色粉状，盖板无存，南、北侧板，东、西堵板与底板，板灰痕迹尚可辨识。底板由3块长板组成，东、西顺长2.23、总宽东端0.56、西端0.55米，每块板宽18~19厘米不等，残存板灰很薄，仅有0.3厘米左右。南、北侧板立于底板之上，两侧边与底板边压齐，东西顺长2.37米，两端略长于底板一截，总高36厘米，与南、北活土二层台台面平齐，板灰厚4厘米。东、西堵板，分别竖插于南、北侧板之间，立插部位，分别在南、北侧板东、西两端内缩20和27厘米处，高度与南、北侧板一致，均为36厘米，总宽东端48、西端46、板灰厚4厘米。南、北侧板与东、西堵板的板块组成情况，已难作具体分辨。

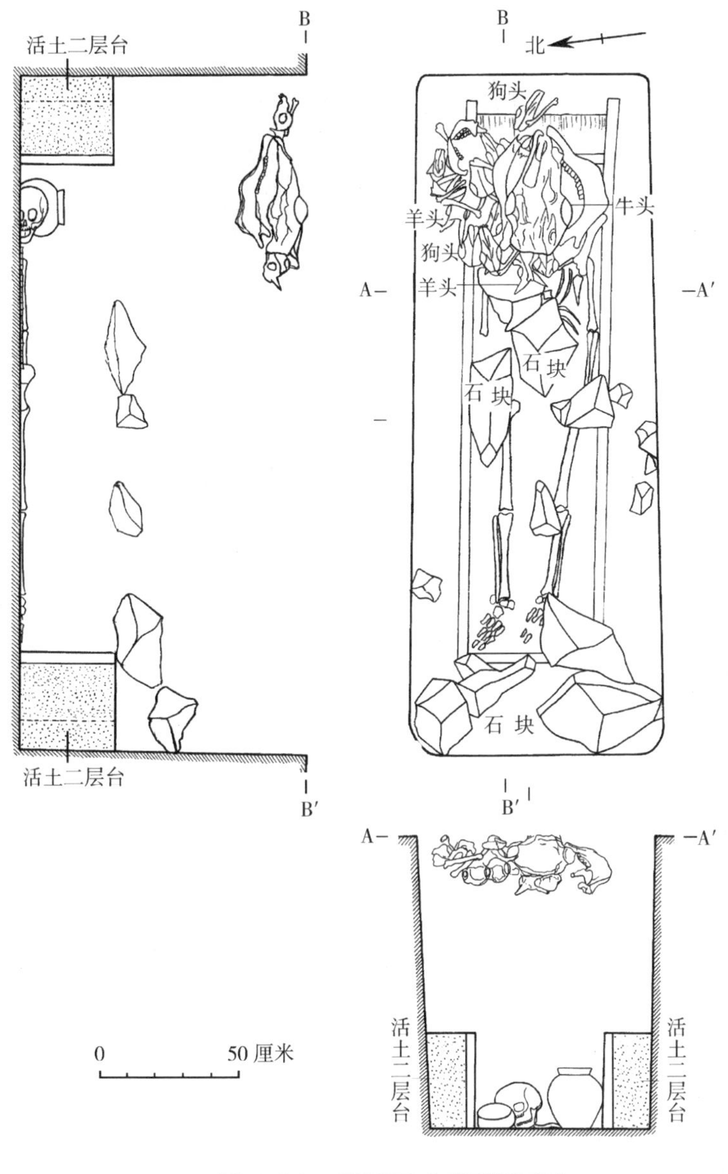

图三五八　YYM171 殉牲平剖面图

木椁内装殓尸骨一具。保存状况较好，除头骨压裂以外，其他主要部位骨骼，基本完整。头东足西，仰身直肢（彩版三二，1），经现场鉴定，死者为男性，45～50 岁。骨骼从头到脚通长 1.6 米（图版一三四，2）。

随葬品集中陈放于木椁内、死者身上及其近前（图三五九、三六〇；图版一三五，1）。在头骨左侧，出夹砂红褐陶罐 1 件，正置。在右肩胛骨部位，出铜钾 1 件，稍斜侧置。在左、右耳骨下面，各出螺旋形铜丝耳环 1 件及绿松石坠珠 4 枚。覆面铜扣 4 枚，均滑落于下颌骨及头骨下面。在颈下，偏向右锁骨一侧，出虎形铜牌饰 1 件，虎头朝左。在右尺骨至右股骨外侧，出青铜短剑 1 件，剑锋朝下。在短剑剑身下面，压有长方形几何纹铜锥（针）管具 1 件。在右髋骨表面，出青铜削刀 1 件，刀锋朝下。在左髋骨表面，出铜锥 1 件，锥尖朝下。在左、右股骨之间，出铜锛 1 件，侧置，锛刃朝右。粟粒纹服饰铜扣 1 枚，压在右髋骨下面。服饰铜泡 2 枚，出在骶骨表面 1 枚，左股骨内侧 1 枚。在死者腰际左、右股骨之间，出反 S 形铜带卡 69 枚，卧马形铜带饰 91 枚（彩版三二，2；图版一三五，2）。分布如次：反 S 形铜带卡，（1）出于死者身后左、右腰际及压于腰椎下面者 21 枚（背面朝上），（2）压在左髋骨下面 3 枚（背面朝上），（3）出于骨盆表面 14 枚（正面朝上），（4）压在右尺骨下面 5 枚（正面朝上），（5）出于左、右股骨之间 15 枚（正面朝上），（6）压在左股骨下面 4 枚（背面朝上），（7）出于左股骨表面 7 枚（正面朝上）；卧马形铜带饰，（1）右尺骨外侧至右股骨外侧 24 枚，（2）压在右尺骨下面 14 枚，（3）压在左髋骨下面 25 枚，（4）压在左股骨下面 14 枚，（5）出于骨盆表面 6 枚，（6）出于左、右股骨之间 8 枚。

YYM106

这是玉皇庙墓地属于丁级规格的小型墓葬之一。位于南区中部西界边缘。其东有 YYM115，间距 1 米；东南有 YYM114，间距 1.3 米；南有 YYM108，间距 2.2 米；西南有 YYM107，间距 0.6 米；西北

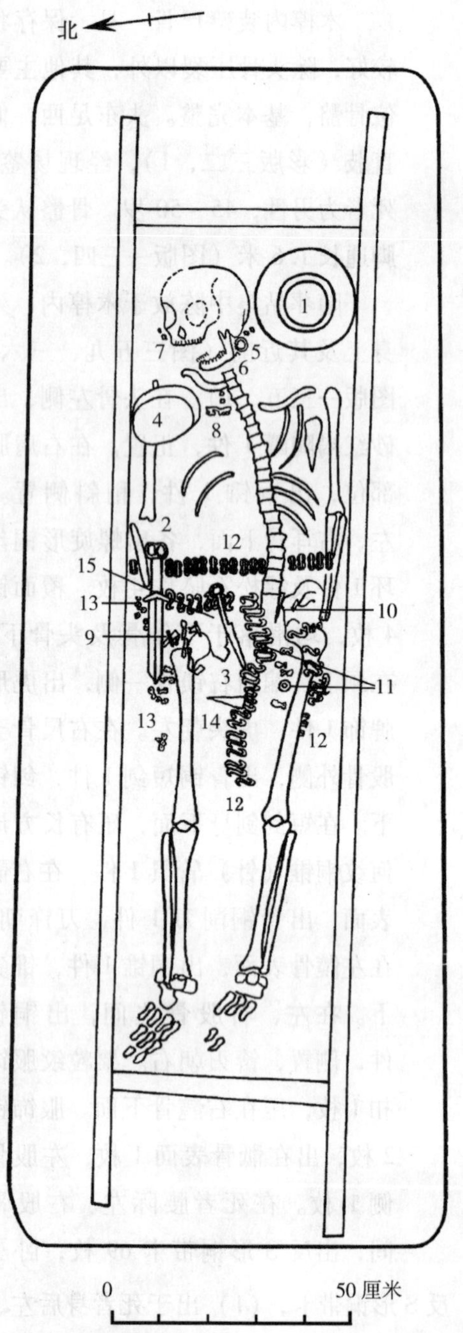

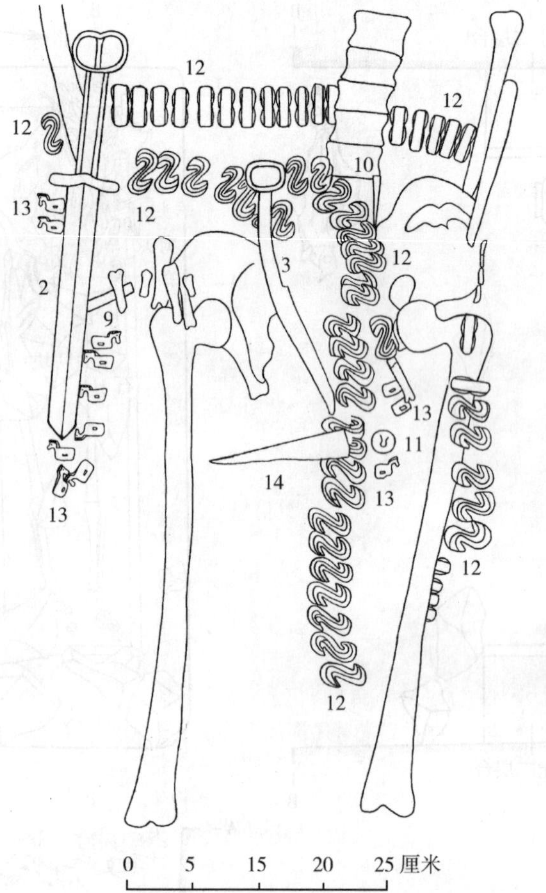

图三六○ YYM171 遗物分布图（局部）

2. 青铜短剑 3. 青铜削刀 9. 长方形铜锥（针）管具 10. 铜锥 11. 服饰铜泡 12. 反 S 形铜带卡 13. 马形铜带饰 14. 铜镑

图三五九 YYM171 平面图

1. 夹砂红褐陶罐 2. 青铜短剑 3. 青铜削刀 4. 铜铆 5. 铜丝耳环 6. 绿松石坠珠 7. 覆面铜扣 8. 虎形铜牌饰 9. 长方形铜锥（针）管具 10. 铜锥 11. 服饰铜泡 12. 反 S 形铜带卡 13. 马形铜带饰 14. 铜镑 15. 粟粒纹服饰铜扣（压在右髋骨下）

有 YYM77 和 YYM76，间距分别为 2 和 3.6 米；东北有 YYM105 和 YYM116，间距分别为 3.1 和 2.3 米。此墓的地层堆积，基本上同于 YYM156，不赘。

墓圹平面形状，呈抹角长方形，为浅穴土坑墓。东向，方位角为东偏北 8°。墓圹规格，圹口东西长 1.82、东端宽 0.73、西端宽 0.71 米，圹底形制、规格，与圹口一致，圹口至圹底深 30 厘米。无生土二层台。在圹底中间，略偏东南—西北方向，安置木椁一具。在木椁外壁四周至圹底部四壁之间，筑有活土二层台，台土经过严密夯打，较坚实，东、南、西、北四台等高，均为 20 厘米，宽度不一，东台宽 26、南台宽 20、西台宽 24、北台宽 15 厘米（中段）。

圹内填土，为淤积夹砂石褐色土，未经夯实，土质较疏松。在填土中，仅发现夹砂褐陶残片1块，泥质灰陶带绳纹的碎片3块，除此之外，再未见其他遗物。

无殉牲。

木椁已朽，板灰呈白色粉状。盖板仅在椁顶东北角残存一块，呈南北向横搭在北侧板与东端堵板之上，其北端贴附于北侧活土二层台台帮上一截，灰迹南北残长20、东西宽19厘米。底板灰痕模糊不清。南、北侧板与东、西堵板板灰轮廓，尚可辨识。南、北侧板东西顺长14.5米，总高20厘米，与四周活土二层台台面平齐，板灰厚3厘米。东、西堵板，分别竖插于南、北侧板之间，立插部位，分别在南、北侧板东、西两端内缩7和5厘米处，高度与南、北侧板一致，均为20厘米，总宽东端30、西端26、板灰厚3厘米。南、北侧板与东、西堵板的板块组成情况，已不能详。

木椁内装殓孩童尸骨一具。保存状况不好，头骨已酥碎，上肢骨因腐朽已残缺不全，手、足骨等已无存，唯下肢骨，基本完整。头东足西，仰身直肢。经现场鉴定，死者为儿童，6~7岁。骨骼从头到胫骨末端通长1.2米（图版一三三，2）。

随葬品较少，陈放于木椁内，死者头、颈部至腹部之间（图三六一）。在死者左腹部，放置泥质灰陶折肩罐1件，略斜侧置，口朝东。在左、右耳骨下面，各出螺旋形铜丝耳环1件，无绿松石坠珠伴出。覆面铜扣2枚，滑落于下颌骨右侧和颈椎左侧各1枚。在颈部，出绿松石和小白石珠项链1串，由绿松石珠6枚、白松石珠4枚及小白石珠152粒，联合串成。另在右胸下方，出小铜扣1枚。

YYM108

这是玉皇庙墓地属于丙（C）级规格的小型墓葬之一。位于南区中部西侧边缘，其东南有YYM113，间距3米；南有YYM80，间距1.5米；西北有YYM107和YYM79，间距分别为1.2和1.5米；北有YYM106，间距2.4米，东北有YYM114，间距1.15米。此墓的地层堆积，基本上同于YYM156，不赘。

墓圹平面形状，呈弧边抹角长方形，为竖穴土坑墓。东向，方位角为东偏北11°。墓圹规格，圹口东西长2.39、东端宽0.53、西端宽0.7米，圹底东西长2.30、东端宽0.5、西端宽0.65米，圹口至圹底深0.95米。无生土二层台。在圹底中间略偏东南—西北方向，安置木椁一具。在木椁外壁四周至圹底四壁之间，筑有活土二层台，台土经过严密夯打，较坚实，东、南、西、北四台等高，均为20厘米，宽度不一，东台宽50、南台宽17、西台宽7、北台宽15厘米（中段）。

圹内填土，为少量淤积夹砂石褐色土与大量生黄土混杂后的五花土，经普遍夯实，但未有夯层与夯窝痕迹。在填土中，仅发现夹砂红褐陶罐残破口沿1块，泥质灰陶碎片4块，在东端与南侧活土二层台之上的填土中，各有自然石灰岩石块2块，除此之外，再未见其他遗物。

殉牲位置，祭牲集中摆放在圹内东端中间上层填土中，上距东端圹口17厘米深，下距圹底0.66米（图版一三六，1）。殉牲种类，只有狗1种。数量，狗头4个，狗肱骨4只。殉牲形式，将狗头上、下颌拆解开后，自东而西作同层依次摆放。即按东西方向，先将狗肱骨1只及拆解开的狗上、下颌骨1套，顺摆于圹内东端中间上层填土上，狗肱骨在下，狗头骨叠置其上；然后在其西侧，顺摆狗肱骨1只及拆解开的狗上、下颌骨2套，此狗肱骨与二狗头骨并列，不相叠压；然后再在西侧，接着顺摆狗肱骨2只及拆解开的狗上、下颌骨1套，此狗头骨叠置于北侧的一只狗肱骨之上，而与南侧的另一只狗肱骨并列。上述四套狗上、下颌骨的吻部，均一律朝东。

木椁已朽，板灰呈灰褐色，盖板无存，底板痕迹模糊不清，唯南、北侧板与东、西堵板板灰轮廓，尚可辨识。南、北侧板东西顺长2.11米，总高20厘米，与南、北活土二层台台面平齐，板灰厚3厘米；东、西堵板，分别竖插于南、北侧板之间，立插部位，分别在南、北侧板东、西两端内缩24和8厘米处，高度与南、北侧板一致，均为20厘米，总宽东端35、西端38、板灰厚3厘米。南、北侧板与东、西堵板的板块组成情况，已不能详。

木椁内装殓尸骨一具。保存状况较好，头骨及主要部位骨骼，基本完整。头东足西，仰身直肢，经现场鉴定，死者为男性，45岁左右。骨骼从头到脚通长1.67米。

随葬品集中陈放于木椁内、死者身上及其近前（图三六二）。在头骨左侧，左肩后方，放置泥质灰陶折肩罐1件，正置。在左、右耳骨下面，各出螺旋形铜丝耳环1件，未有绿松石坠珠伴出。在面部鼻梁与左眼眶边缘，及上颌骨左侧，出覆面铜扣3枚。在左、右锁骨交接部位，出马形铜牌饰1件，马头朝左。在右尺骨内侧至右髋骨表面，出青铜短剑1件，剑锋朝下；在短剑之下，压有青铜削刀1件，刀锋亦朝下。在短剑剑身左侧，出铜锥1件，锥尖朝下。在左髋骨表面，出钩形铜饰1件。在左股骨外侧，出长方形几何纹铜锥（针）管具1件。从左侧腰际至左股骨之间，出卧马形铜带饰44枚（图版一三六，2），分布如次：（1）左侧腰际4枚，（2）左尺骨表面及内侧4枚，（3）左髋骨表面4枚，（4）压在左尺骨下面6枚，（5）压在骨盆下面17枚，（6）左股骨表面及外侧9枚。

YYM80

这是玉皇庙墓地属于丁级规格的小型墓葬之一。位于南区中部西界。其东南有YYM111，间距3.7米；西南已无墓葬；其西4米，为1号取土坑东沿；西北有YYM79，间距3.6米；北有YYM108，间距1.4米；东北有YYM113和YYM114，间距分别为2.5和2.4米。此墓的地层堆积，基本上同于YYM156，不赘。

墓圹平面形状，呈抹角长方形，为浅穴土坑墓。东向，方位角为东偏北15°。墓圹规格，圹口东西长2.14、东端宽0.76、西端宽0.74米，圹底东西长2、东端宽0.63、西端宽0.61米，圹口至圹底深36厘米。无生土二层台。无木质葬具，故无活土二层台。

圹内填土，为淤积夹砂石褐色土与生黄土混杂后的五花土，未经夯实，土质较疏松。在填土中，仅发现泥质灰陶罐器底残片2块，另在圹内南侧东部和北侧西部的上层填土中，各出自然石灰岩石块1块。

无殉牲。

在圹底中间，按东西方向，安葬尸骨一具。保存状况较好，头骨略有残裂，骨架主要部位骨骼，基本完整。头东足西，侧面向西北，仰身直肢。经现场鉴定，死者为女性，22~24岁。骨骼从头到脚通长1.5米。

随葬品较少，陈放于死者头部及上半身（图三六三）。在头骨左下方，左肩部位，放置泥质灰陶折肩罐1件，略斜侧置，口朝西南。在左、右耳骨下面，各出螺旋形铜丝耳环1件，已残，在右耳环下，附出绿松石坠珠4枚，左耳环下无。在颈部出绿松石珠和黑、白石珠项链2串：（1）绿松石珠项链1串（50枚）；（2）黑、白石珠项链1串，由小黑石珠27粒，小白石珠274粒，相间串成，被压在泥质灰陶折肩罐下面。在右上肢肘关节至右尺骨内侧，出“人”字形铜坠饰8枚。

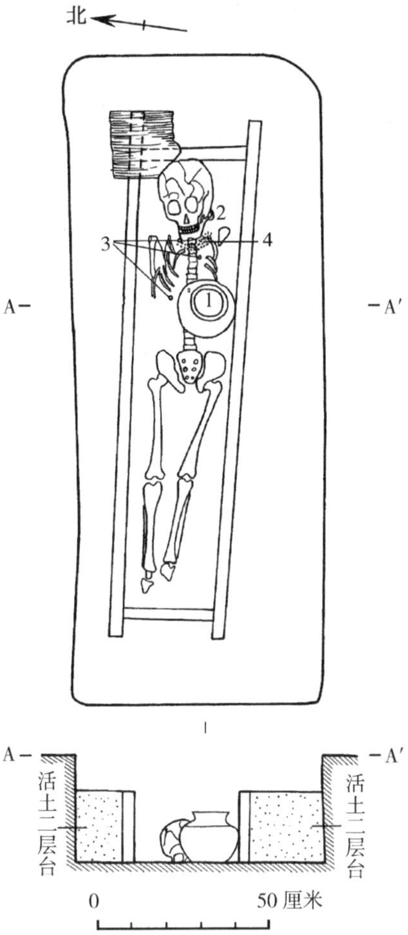

图三六一　YYM106 平剖面图
1. 泥质灰陶折肩罐　2. 铜丝耳环　3. 覆面铜扣　4. 绿松石珠、白松石、小白石珠项链

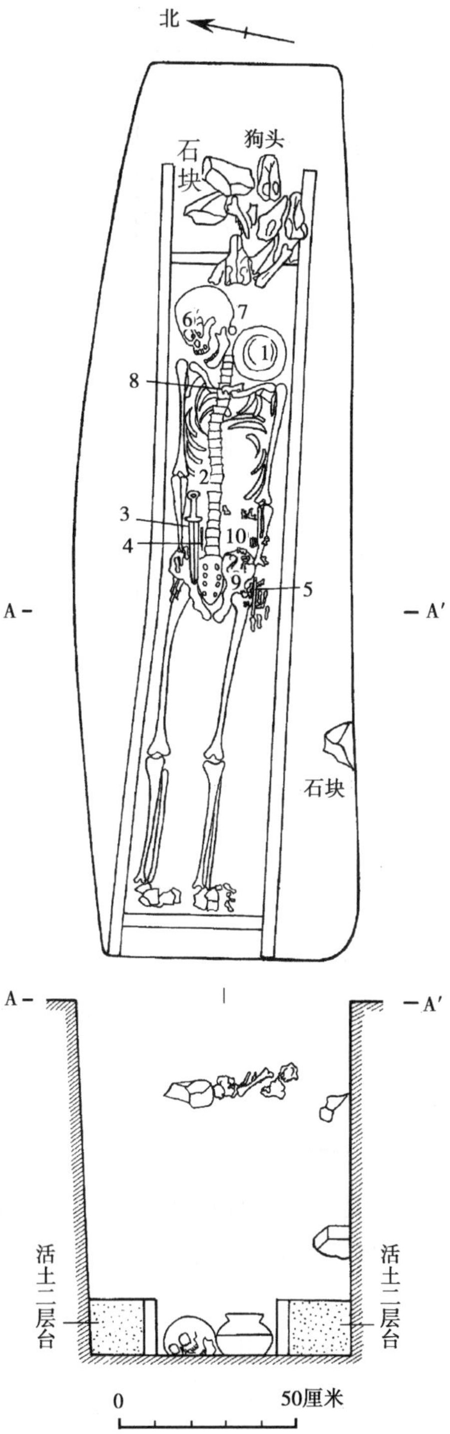

图三六二　YYM108 平剖面图
1. 泥质灰陶折肩罐　2. 青铜短剑　3. 青铜削刀（压在短剑下）　4. 铜锥　5. 长方形铜锥（针）管具　6. 覆面铜扣　7. 铜丝耳环　8. 马形铜牌饰　9. 钩形铜饰　10. 马形铜带饰

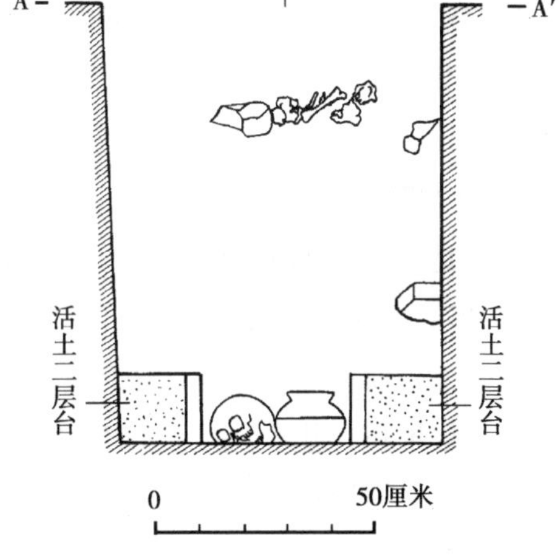

YYM107

这是玉皇庙墓地属于丁级规格的小型墓葬之一。位于南区中部。其东南有 YYM108 和 YYM114，间距分别为 1.3 和 2.8 米；西南有 YYM79，间距 0.3 米；西北与北Ⅱ区西南部的 YYM77 和 YYM78 毗邻，间距分别为 1.2 和 2.7 米；东北有 YYM106，间距 0.6 米。此墓的地层堆积，基本上同于 YYM156，不赘。

墓圹平面形状，呈抹角长方形，东端略宽于西端，为浅穴土坑墓。东向，方位角为东偏南 8°。墓圹规格，圹口东西长 2.05、东端宽 0.74、西端宽 0.6 米，圹底形制、规格，基本上与圹口一致，圹口至圹底深 25 厘米。无生土二层台。无木质葬具，无活土二层台。

圹内填土，为淤积夹砂石褐色土与生黄土混杂后的五花土，未经夯实，土质较疏松。在填土中，仅发现泥质灰陶碎片 1 块，除此之外，再未见其他遗物。

无殉牲。

在圹底中间位置，按东西方向，安葬尸骨一具。保存状况不太好，头骨已残碎，脊椎骨与骶骨，已

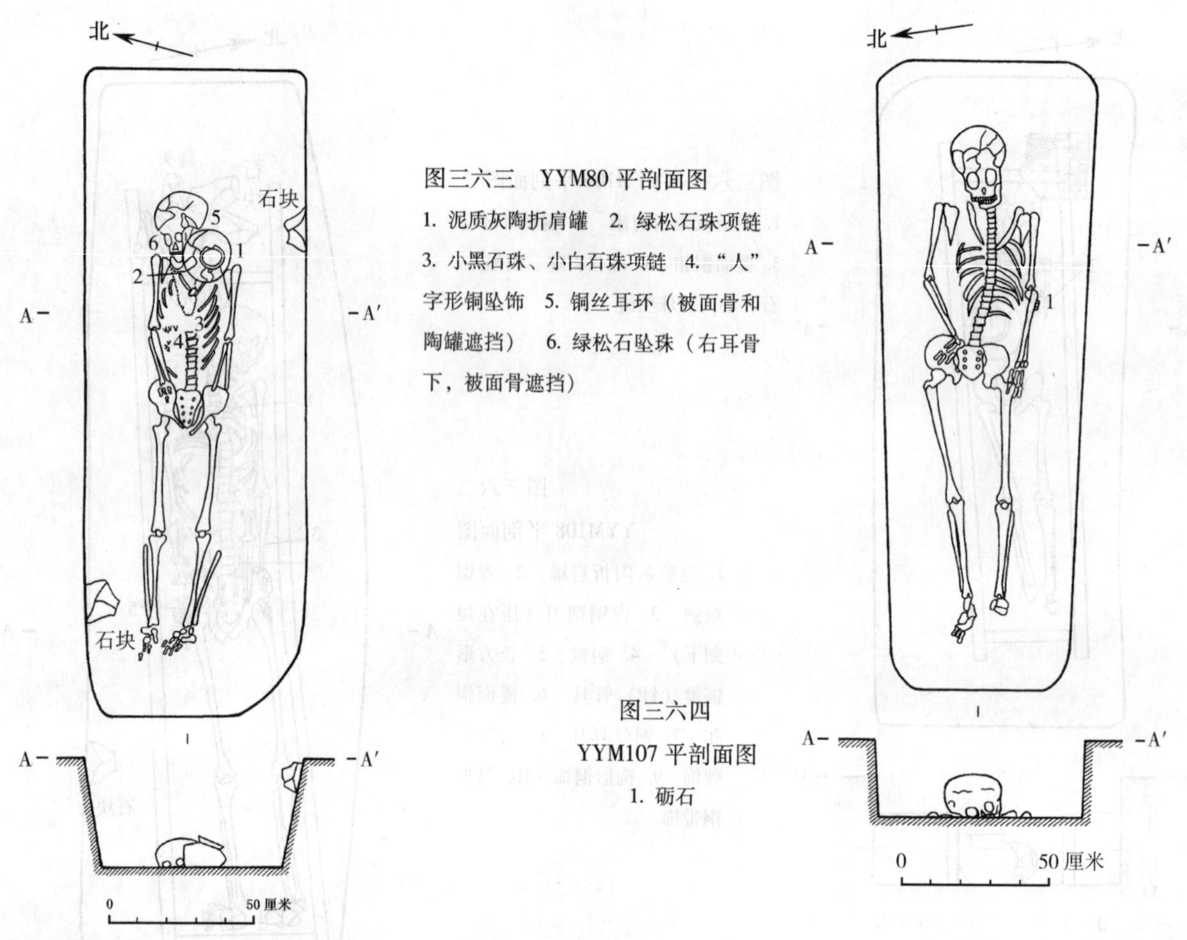

图三六三　YYM80 平剖面图

1. 泥质灰陶折肩罐　2. 绿松石珠项链　3. 小黑石珠、小白石珠项链　4. "人"字形铜坠饰　5. 铜丝耳环（被面骨和陶罐遮挡）　6. 绿松石坠珠（右耳骨下，被面骨遮挡）

图三六四

YYM107 平剖面图

1. 砺石

腐朽无存。唯四肢骨保存较好一些，其中右胫骨发生弯曲变形，缺右趾骨。头东足西，仰身直肢。经现场鉴定，死者为男性，25～30岁。骨骼从头到脚通长1.6米。

随葬品很少，仅在死者左尺骨外侧，放置砂岩穿孔砺石1件（图三六四；图版一三六，3）。除此之外，再无其他任何遗物。

YYM77

这是玉皇庙墓地属于丙（B）级规格的小型墓葬之一。位于南区中部。东南有YYM106和YYM107，间距分别为2和1.3米；南有YYM79，间距2.1米；西南有YYM78，间距0.3米；其西1.4米，为1号取土坑东沿；西北距1号取土坑内的YYM112为2.2米；东北有YYM105，间距4.5米。此墓的地层堆积，基本上同于YYM148，不赘。

墓圹平面形状，呈抹角长方形，西端略宽，东端略窄，为竖穴土坑墓。东向，方位角为东偏北2°。墓圹规格，圹口东西长2.65、东端宽0.95、西端宽1.1米，圹底形制、规格，与圹口一致，圹口至圹底深0.9米。无生土二层台。在圹底中间，按东西方向，安置木椁一具。在木椁外壁四周至圹底部四壁之间，筑有活土二层台，台土经严密夯实，东、南、西、北四台等高，均为25厘米，宽度不一，东台宽47、南台宽25、西台宽46、北台宽26厘米（中段）。

圹内填土，为杂有褐色斑点的黄色五花土，经普遍夯实，但未有夯层与夯窝痕迹。在填土中，仅发现夹砂褐陶罐口沿和腹部残片2块，泥质灰陶碎片3块。除此之外，再未见其他遗物。

无殉牲。

木椁已朽，板灰呈白色粉状。盖板与底板灰痕已无存，南、北侧板与东、西堵板板灰轮廓，尚可辨识。南、北侧板东西顺长 1.98 米，板灰厚 3 ~3.5 厘米。东、西堵板，分别竖插于南、北侧板之间，立插部位，分别在南、北侧板东、西两端内缩 17 和 13 厘米处，总宽东端 45、西端 40、板灰厚 3 厘米。南、北侧板与东、西堵板高均为 25 厘米，与四周活土二层台台面平齐，其板块组成情况，已不能详。

木椁内装殓尸骨一具。保存状况不好，头骨已残破，骨架腐朽较严重，仅存四肢骨残段和骨盆残块。头东足西，侧面向西北，仰身直肢。经现场鉴定，死者为男性，30 ~35 岁。

随葬品较少，陈放于木椁内、死者头侧及上半身（图三六五）。在头骨左侧，放置夹砂红陶罐 1 件，正置。在左、右耳骨下面，各出螺旋形铜丝耳环 1 件，无绿松石坠珠伴出。覆面铜扣 2 枚，出于残破头骨下面。在颈、胸部，出石珠项链 1 串，由绿松石珠 1 枚，小白石珠 69 粒，小黑石珠 85 粒，相间串成。

YYM79

这是玉皇庙墓地属于丁级规格的小型墓葬之一。位于南区中部西端跨界之处。其东南有 YYM108，间距 1.5 米；正南与西南，已无墓葬；其西 3.6 米，为 1 号取土坑东沿；西北和正北，分别与北 II 区南部的 YYM78 和 YYM77 相毗邻，间距分别为 1.8 和 2.1 米；东北有 YYM107，间距 0.3 米。此墓的地层堆积，基本上同于 YYM156，不赘。此墓上层被取土破坏，仅残存墓底部分。

墓圹平面形状，呈弧边抹角长方形，南侧圹边略外弧。为浅穴土坑墓。东向，方位角为东偏北 3°。墓圹规格，残存圹口东西长 2.1、东端宽 0.77、西端宽 0.66 米，圹底形制、规格，与残存圹口一致，现存圹口至圹底深仅 15 厘米。无生土二层台。无木质葬具，故无活土二层台。

圹内填土，为淤积夹砂石褐色土与生黄土混杂后的五花土，未经夯实，土质较疏松。在填土中，仅发现泥质灰陶残片 1 块，泥质灰陶罐口沿残片 1 块。除此之外，再未见其他遗物。

因墓圹上部被破坏，殉牲情况不详。

在圹底南、北两侧和西端，分别摆布自然石灰岩石块 6 块、2 块和 3 块，形成象征性石椁。石块规格大小不一，大者 20 ×15 ×15、小者 10 ×9 ×8 厘米。

在象征性石椁内，装殓尸骨一具。保存状况不好，头骨残碎，骨架已朽粉，轮廓模糊不清。头东足西，仰身直肢。经现场鉴定，死者为男性，50 ~55 岁。

随葬品较少，陈放于死者头侧及上半身（图三六六）。在头骨左侧，放置泥质灰陶罐 1 件，略斜侧置，已残碎。在左、右耳骨附近，各出螺旋形铜丝耳环 1 件，无绿松石坠珠伴出。在颈部至胸部，出不同质料的项链 1 串，由绿松石管 2 枚、绿松石珠 1 枚、小黑石珠 48 粒、小白石珠 27 粒、加白石管 2 枚，联合串成。在小白石珠穿孔内，尚遗有麻线痕迹。在胸部，还有铜珠 4 枚，穿孔内也遗有麻绳痕迹。此外，在头骨右后侧，出赤铁矿砺石 2 块。

YYM78

这是玉皇庙墓地属于丁级规格的小型墓葬之一。位于南区中部。其东南与 YYM79 相毗邻，间距 1.8 米；其西 0.1 米，为 1 号取土坑东沿；正北距 1 号取土坑内的 YYM112 为 2.6 米；东北有 YYM77，间距 0.3 米。此墓的地层堆积，基本上同于 YYM148，不赘。

墓圹平面形状，呈抹角长方形，西端略宽，东端略窄，为浅穴土坑墓。东北向，方位角为东偏北

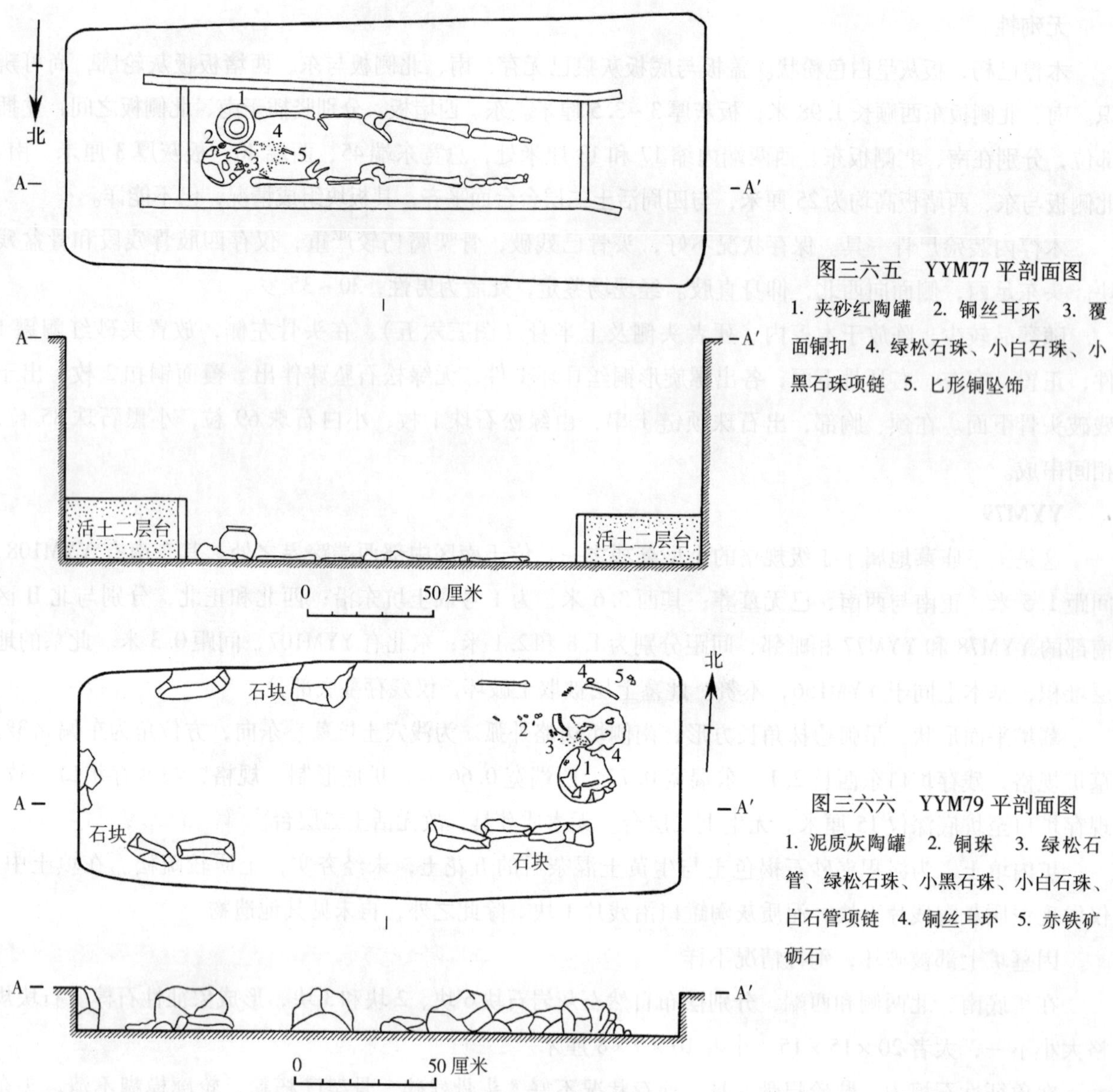

图三六五　YYM77 平剖面图

1. 夹砂红陶罐　2. 铜丝耳环　3. 覆面铜扣　4. 绿松石珠、小白石珠、小黑石珠项链　5. 匕形铜坠饰

图三六六　YYM79 平剖面图

1. 泥质灰陶罐　2. 铜珠　3. 绿松石管、绿松石珠、小黑石珠、小白石珠、白石管项链　4. 铜丝耳环　5. 赤铁矿砺石

30°。此墓圹口上层遭取土破坏，现存圹口东北—西南长 2.3、东北端宽 0.66、西南端宽 0.78 米，圹底东北—西南长 2.2、东北端宽 0.55、西南端宽 0.67 米，圹口至圹底深 0.25 米。无生土二层台。无木质葬具，故无活土二层台。

圹内填土，为杂有褐色斑点的黄色五花土，未经夯实，土质较疏松。在填土中，仅发现泥质灰陶碎片 2 块，除此之外，再未见其他遗物。

因墓圹上层被破坏，殉牲情况不详。

在圹底贴靠圹壁处，东北、西南两端，各放置自然石灰岩石块 4 块和 5 块；在南侧中间偏东处，放置 2 块；在北侧偏西处，放置 1 块。此种分布情形，虽四角未加封堵，南、北两侧边也空缺太多，但也可视作是象征性石椁的一种形式。

在象征性石椁内，顺墓圹方向，安葬尸骨一具。保存状况不好，头骨已酥碎，骨架腐朽较严重，大部分骨骼已成残段或残块。头朝东北，足向西南，仰身直肢。经现场鉴定，死者为女性，45 ~ 50

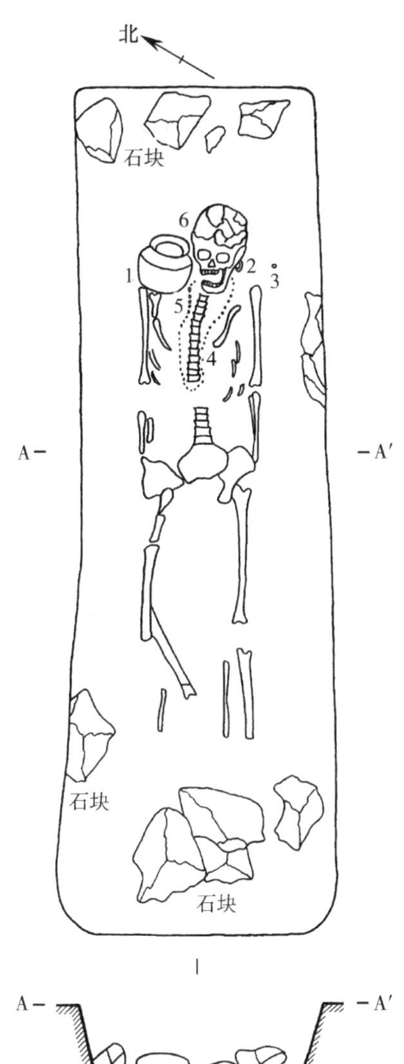

图三六七　YYM78 平剖面图

1. 泥质灰陶折肩罐　2. 铜丝耳环　3. 覆面铜扣　4. 玛瑙珠、绿松石珠、小白石珠项链　5. 开口骨器（被陶罐遮挡）　6. 服饰铜泡（压于头骨下）

岁。骨骼从头到胫骨末端通长 1.45 米。

随葬品较少，陈放于死者头、颈部及其近前（图三六七）。在头骨右侧，侧置泥质灰陶折肩罐 1 件，斜侧置，口朝东北。在左、右耳骨下面，各出螺旋形铜丝耳环 1 件，无绿松石坠珠伴出。覆面铜扣 1 枚，已脱落于头骨左侧。在头骨下面，压有服饰铜泡 1 枚。在颈部，出玛瑙珠、绿松石珠加小白石珠项链 1 串，由玛瑙珠 3 颗、绿松石珠 3 枚，加小白石珠 294 粒，联合串成。在颈部右侧，右肩部以上部位，出开口骨器 1 件。

西区墓葬

西区，即玉皇庙墓地西部墓葬区。地处一个独立的、坡度较缓慢的小山坡上。其西南侧 40 米处，即为玉皇庙村东北角的农民宅院。这里地势北高南低，北部坡顶海拔高度 550 米，南部坡下海拔高度 439 米。东侧坡下，为玉海公路拐弯处，即玉海公路山下段与山上段的分界处，公路经此拐弯以后，即开始朝东北方向的军都山上攀升。北侧是一条自然山水沟，自西北向东南倾斜，每逢雨季，常有山洪经此向下面的河漫滩流泻。由于历年山洪的作用，在西区东侧，即西区与北Ⅰ区南部和北Ⅱ区及南区西部之间的“空场”区域，便形成了一片淤积砂石滩。南侧坡下，为一片杨树林。

西区共发现和发掘墓葬 32 座，编号为 YYM301～YYM327，YYM329～YYM333。这些墓葬，分布相对比较集中，实际占地面积为 952 平方米，南北略长，34 米；东西略窄，28 米。所处高度，自北而南在海拔 347 米至 343 米之间，落差 4 米左右。

地层堆积，由于西区总的地质结构特点相同，坡度较缓，32 座墓葬，自北而南分布较为集中，占地面积不大，高程落差较小，因此，其地层堆积特点、所处层位关系，基本一致。故在此一并作总体介绍，不再一一分别赘述。

此区地层堆积，自上而下，与墓葬相关的地层，共有 3 层。第 1 层（上层），为黄褐色夹小砂粒的山皮土层，厚 0.3～0.35 米；第 2 层（中层），为深褐色淤积夹砂石土层（夹杂颗粒略大），厚 0.6～0.9 米；第 3 层（下层），为生黄土层，厚 0.4 米以上。此区地层堆积，自北而南，由高坡向低坡倾斜，其中以第 2 层变化较大，此层坡上部分堆积较薄，越往南、往东低坡区，则堆积愈厚。我们所发现和发掘的 32 座春秋时期的古墓葬，皆开口于第 1 层之下，而打破了第 2 层，一般小型墓，整个墓圹都坐在第 2 层中，少数墓圹略大、略深的墓，圹底或打破了第 3 层。此区墓圹所处地层情况，基本上与玉皇庙墓地南区一致。

YYM332

这是玉皇庙墓地属于丙（C）级规格的小型墓葬之一。位于西区东部边缘。其东和东南，已无墓葬；南有YYM333，间距1.2米；西有YYM319，间距4.2米；西北有YYM323，间距3.9米。

墓圹平面形状，呈抹角长方形，为竖穴土坑墓。东南向，方位角为东偏南35°。墓圹规格，圹口东南—西北长2.2、东南宽0.72、西北宽0.78米，圹底东南—西北长2.12、东南宽0.66、西北宽0.72米，圹口至圹底深0.75米。此墓开口于第2层，整个墓圹均坐于第2层中。无生土二层台。无木质葬具，无活土二层台。

圹内填土，为深褐色夹杂碎石颗粒的五花土，经普遍夯实，但未有夯层与夯窝痕迹。在填土中，仅发现夹砂褐陶罐类口沿残片1块，泥质灰陶碎片3块。在圹内东端中下层填土中，平置三棱体自然石灰岩石块1块，规格为26×9×8厘米，正压在圹底死者头、颈部之上。此石底部与人骨表面，隔有16厘米厚的一层填土。这应是一块特意放置的镇墓石。

殉牲位置，祭牲摆放在圹内东部中间略偏南侧的上层填土中，上距圹口1～11厘米深，下距圹底0.38～0.56米。殉牲种类，为牛、狗2种家畜。殉牲数量，牛头1个，狗头3个。殉牲形式，将完整牛头1个和拆解开的狗上、下颌骨3套，按东西方向，自东而西，先牛后狗，即牛东狗西，作同层相邻、互不叠压、呈纵向“一”字排列。牛牲与狗牲的吻部，一律朝东（图三六八；图版一三七，1）。

在圹底偏北侧，顺墓圹方向，安葬尸骨一具，保存状况不太好，头骨已残碎，其他主要部位的骨骼，保存尚较完整，头朝东南，侧面向北，足向西北，仰身直肢。经现场鉴定，死者为男性，50～55岁。骨骼从头到脚通长1.73米。

随葬品较少，出于死者头部和左下肢附近（图三六九）。在左耳骨下面，出螺旋形铜丝耳环1件，无绿松石坠珠伴出，右耳无耳环。在左胫骨下端，左足腕上，侧置夹砂褐陶罐1件，口朝东南。在左膝关节外侧，出铜镞3枚，骨镞3枚，镞锋均朝下。

YYM333

这是玉皇庙墓地属于丙（B）级规格的小型墓葬之一。位于西区东部边缘。其东、东南和正南，已无墓葬；西南有YYM318，间距10.6米；西北有YYM319和YYM323，间距分别为4.4和5.6米；北有YYM332，间距1.2米；东北已无墓葬。

墓圹平面形状，呈弧边抹角长方形，南、北两侧圹边，略向南弧曲，为竖穴土坑墓。东向，方位角为东偏南25°。墓圹规格，圹口东西长2.35、东端宽1.02、西端宽0.95、圹底东西长2.3、东端宽0.96、西端宽0.9、圹口至圹底深0.9米。此墓开口于第2层，整个墓圹均坐于第2层中。无生土二层台。无木质葬具，无活土二层台。在圹底东、南、北三面，分别有人工码砌的自然石灰岩石块数块，东端和南、北两侧石墙的东部，围绕死者头骨的地方，多砌二层，中间和西部，均砌一层。这样，就在圹底构筑成一具平面形状呈倒“U”字形（仅缺西端）的不完整的象征性石椁。石椁墙体，二层的地方，平均高度为30厘米左右，一层的地方，平均高度10厘米左右。

圹内填土，为深褐色夹杂碎石颗粒的五花土，经普遍夯实，但未有夯层与夯窝痕迹。在填土中，仅发现夹砂褐陶残片1块，泥质灰陶带弦纹的碎片2块。在圹底东半部中间位置偏下层的填土中，斜置一块较大的自然石灰岩石块（规格为44×29×21厘米），正压在圹底死者头、颈、胸部之上（图版一三七，3），此石底部与人骨表面，仅有5厘米厚的填土相隔。这应是一块特意放置的镇墓石（彩版三三，1；图版一三七，2）。另在圹内东南角和南侧中部殉牲兽骨之下或旁边的上层填土中，分别有散

图三六八　YYM332 殉牲平剖面图

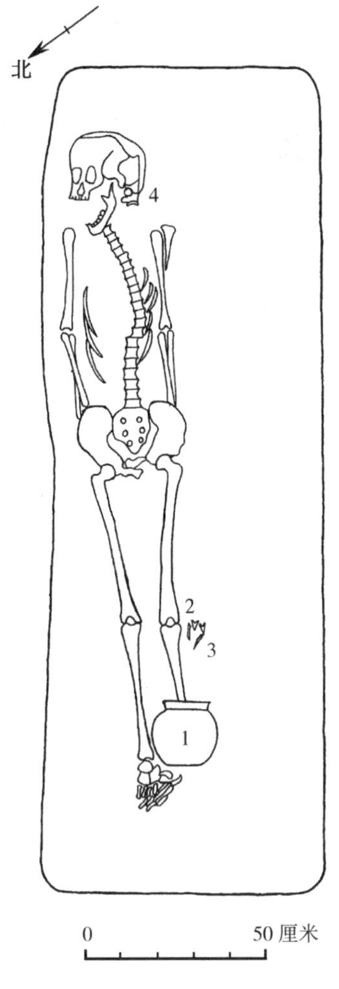

图三六九　YYM332 平面图

1. 夹砂褐陶罐　2. 铜镞　3. 骨镞
4. 铜丝耳环

置的自然石灰岩石块 1 块，体积不大。

殉牲位置，祭牲摆放在圹内东南角及南侧一线上层填土中，上距南侧圹口 5～40 厘米深，下距圹底 0.6～0.4 米。殉牲种类，为牛、狗 2 种家畜。殉牲数量，牛头 1 个，狗头 11 个（其中有 2 个上颌骨已残碎）。殉牲形式，将完整的牛头 1 个和狗头 11 个，按东西方向，自东而西，先牛后狗，即牛东狗西，作依次相邻、互不叠压、呈纵向“一”字排列。牛牲与狗牲的吻部，一律朝东。

在圹底呈倒“U”字形的象征性石椁中间，按东西方向，安葬尸骨一具，保存状况不好，骨质腐朽较严重，头骨已残碎，脊椎骨、肋骨等，已无存，骨盆已大部朽粉，唯四肢骨轮廓较清楚，其中下肢骨保存略好一些。头东足西，仰身直肢。经现场鉴定，死者为男性，45 岁左右。骨骼从头到脚通长 1.77 米。

随葬品较少，集中陈放于死者左髋骨至左股骨内侧，青铜短剑 1 件，铜镞 3 枚，骨镞 5 枚，剑锋、镞锋均朝下（图三七〇、三七一；彩版三三，2；图版一三八，1）。

YYM331

这是玉皇庙墓地属于丁级规格的小型墓葬之一。位于西区东部边缘。其东已无墓葬；东南有 YYM332，

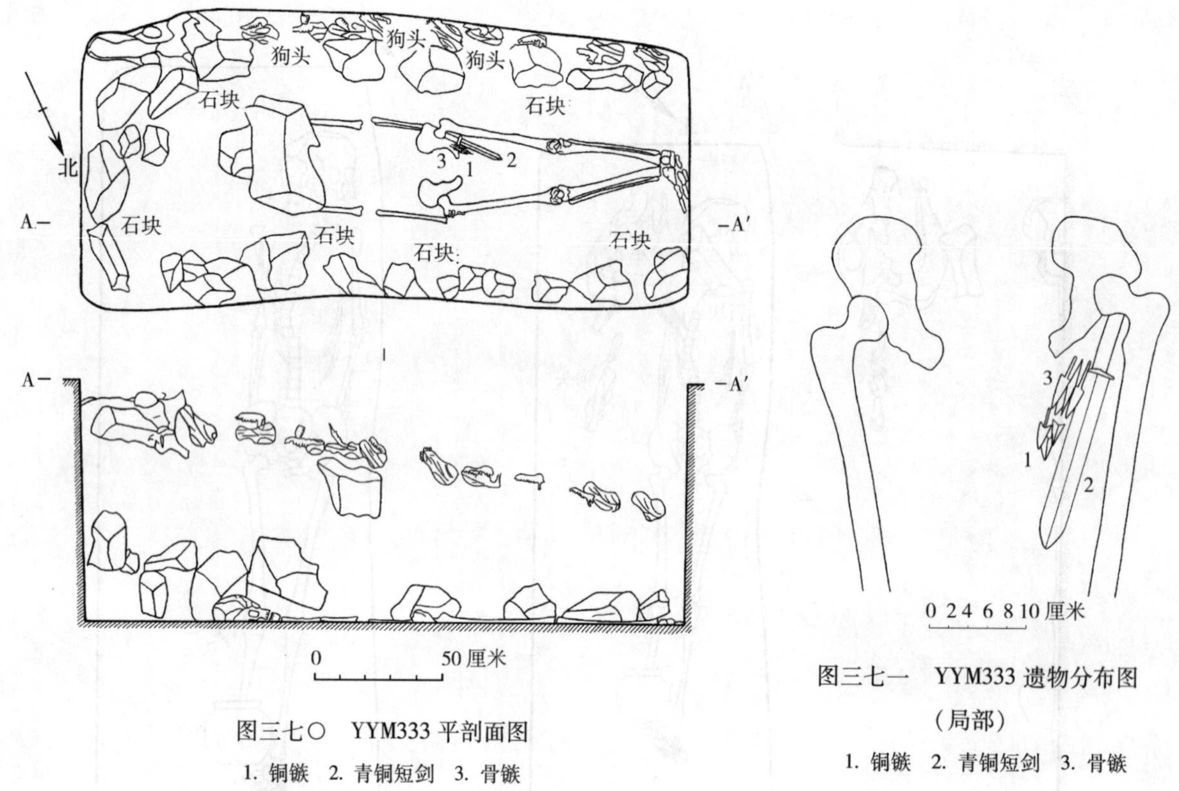

图三七〇 YYM333 平剖面图

1. 铜镞 2. 青铜短剑 3. 骨镞

图三七一 YYM333 遗物分布图（局部）

1. 铜镞 2. 青铜短剑 3. 骨镞

间距7.6米；南有YYM323，间距3.7米；西南有YYM322，间距6.9米；西北有YYM330，间距1.2米；正北与东北，已无墓葬。

墓圹平面形状，呈抹角弧边长方形，为浅穴土坑墓。东向，方位角为东偏南14°。墓圹规格，圹口东西长2.1、东端宽0.87、西端宽0.86米，圹底东西长2.05、东端宽0.81、西端宽0.8米，圹口至圹底深0.55米。此墓开口于第2层，整个墓圹均坐于第2层中。无生土二层台。无木质葬具，无活土二层台。在圹底南侧中、东部，北侧东部，及西端中间，有人工码砌的自然石灰岩石块数块，东端空缺，以南侧石块较多，但较零散，未形成一道较规则的石墙，北侧仅3块，西端仅2块，从总体上未能构成象征性石椁的规格。在墓圹西端南侧上层壁面上，遗有打圹时留下的自然石灰岩石块1块，外裸部分规格为21×12×22厘米。

圹内填土，为深褐色夹杂碎石颗粒的五花土，经普遍夯实，但未有夯层与夯窝痕迹。仅发现夹砂红褐陶罐类器底残片1块，泥质灰陶碎片2块。在圹内南侧东西部，殉牲兽骨之下的上层填土中，还有散置的体积较小的自然石灰岩石块3块。

殉牲位置，祭牲摆放在圹内南侧西部上层填土中，上与南侧圹口平齐，下距圹底0.48米。殉牲种类，仅有狗1种。数量，狗头2个。殉牲形式，将完整狗头2个，按东西方向，一东一西，作同层、相邻、纵向错位排列，吻部皆朝东南。在西侧的狗头下面，平垫一块自然石灰岩石块。

在圹底中间位置，按东西方向，安葬尸骨一具，保存状况不好，头骨已残碎，上半身骨架已大部腐朽无存，左上肢与骨盆，已残缺不全，唯下肢骨尚较完整。头东足西，仰身直肢（图版一三八，2）。经现场鉴定，死者为女性，45~50岁。骨骼从头到脚通长1.55米。

随葬品很少，仅在死者左耳骨下面和头骨右后侧，各出螺旋形铜丝耳环1件，无绿松石坠珠伴出。

在颈部，出白石管3枚（图三七二）。

YYM323

这是玉皇庙墓地属于丙（C）级规格的小型墓葬之一。位于西区东部。其东已无墓葬；东南有YYM332，间距3.9米；西南有YYM319和YYM322，间距分别为3.2和3米；西北有YYM324，间距5.1米；北有YYM331，间距3.7米，东北已无墓葬。

墓圹平面形状，呈抹角长方形，为竖穴土坑墓。东向，方位角为东偏南20°。墓圹规格，圹口东西长2.65、东端宽0.89、西端宽0.8米，圹底东西长2.56、东端宽0.83、西端宽0.75米，圹口至圹底深0.55米。此墓开口于第2层，整个墓圹均坐于第2层中。无生土二层台。无木质葬具，无活土二层台。在北侧圹壁下层部位东、中、西三处，各遗有打圹时留下的自然石灰岩石块1块，外裸部分规格在17×8×11至8×10×22厘米之间。

圹内填土，为深褐色夹杂碎石颗粒的五花土，经普遍夯实，但未有夯层与夯窝痕迹。在填土中，仅发现夹砂红褐陶罐类口沿残片1块，泥质灰陶碎片2块。除此之外，再未见其他遗物。

无殉牲。

在圹底中间位置，按东西方向，安葬尸骨一具，保存状况不太好，头骨已残碎，其他主要部位骨骼，基本完整。头东足西，侧面向北，仰身直肢。经现场鉴定，死者为男性，22～24岁。骨骼从头到脚通长1.66米（图版一三八，3）。

随葬品较少，集中出于死者头、颈部（图三七三；图版一三八，4）。在左、右耳骨下面，各出螺旋形铜丝耳环1件，已残。在颈部右侧，出双联小铜扣饰8枚。在颈下及颈部左侧，出不同质料的项链2串（彩版三三，3）：（1）杂色项链1串，由玛瑙珠1颗、蚌珠1颗（已残）、绿松石管8枚、白石管1枚、绿松石珠20枚、小铜箍2枚，联合串成；（2）小白石珠项链1串，由48粒小白石珠串成。

YYM319

这是玉皇庙墓地属于丙（B）级规格的小型墓葬之一。位于西区中部。其东有YYM332，间距4.2米；东南有YYM333，间距4.4米；西南有YYM320，间距3.6米；西北有YYM321和YYM322，间距分别为2.6和1.6米；东北有YYM323，间距3.2米。

墓圹平面形状，呈抹角长方形，为竖穴土坑墓。东向，方位角为东偏南22°。墓圹规格，圹口东西长2.65、东端宽0.92、西端宽0.8米，圹底东西长2.55、东端宽0.85、西端宽0.73米，圹口至圹底深0.8米。此墓开口于第2层，圹底打破了第3层，坐于生黄土层中，无生土二层台。无木质葬具，无活土二层台。

圹内填土，为深褐色夹杂碎石颗粒的五花土，即大量深褐色淤积夹砂石土和很少量生黄土混杂后的五花土。经普遍夯实，但未有夯层与夯窝痕迹。在填土中，仅发现夹砂褐陶罐腹部残片1块。在圹内东、西两端和北侧西部中、下层填土中，分别出有自然石灰岩石块2块、8块和1块。

殉牲位置，祭牲摆放在圹内南侧中上层填土中，东端上距圹口15厘米深，中间上距圹口40厘米深，西端上距圹口50厘米深。殉牲种类，仅有狗1种。数量，狗头14个。殉牲形式，将完整狗头14个，按东西方向，自东而西，呈纵向“一”字排列于圹内南侧中上层填土上。东端为首者，为大号狗头，层位偏上；排在西侧的，均为小号狗头，层位偏下一些。这14个狗头的吻部，一律朝东（图三七四；图版一三九，1）。

在圹底中间，按东西方向，安葬尸骨一具，保存状况不太好，头骨已残碎，趾骨无存，四肢骨与骨

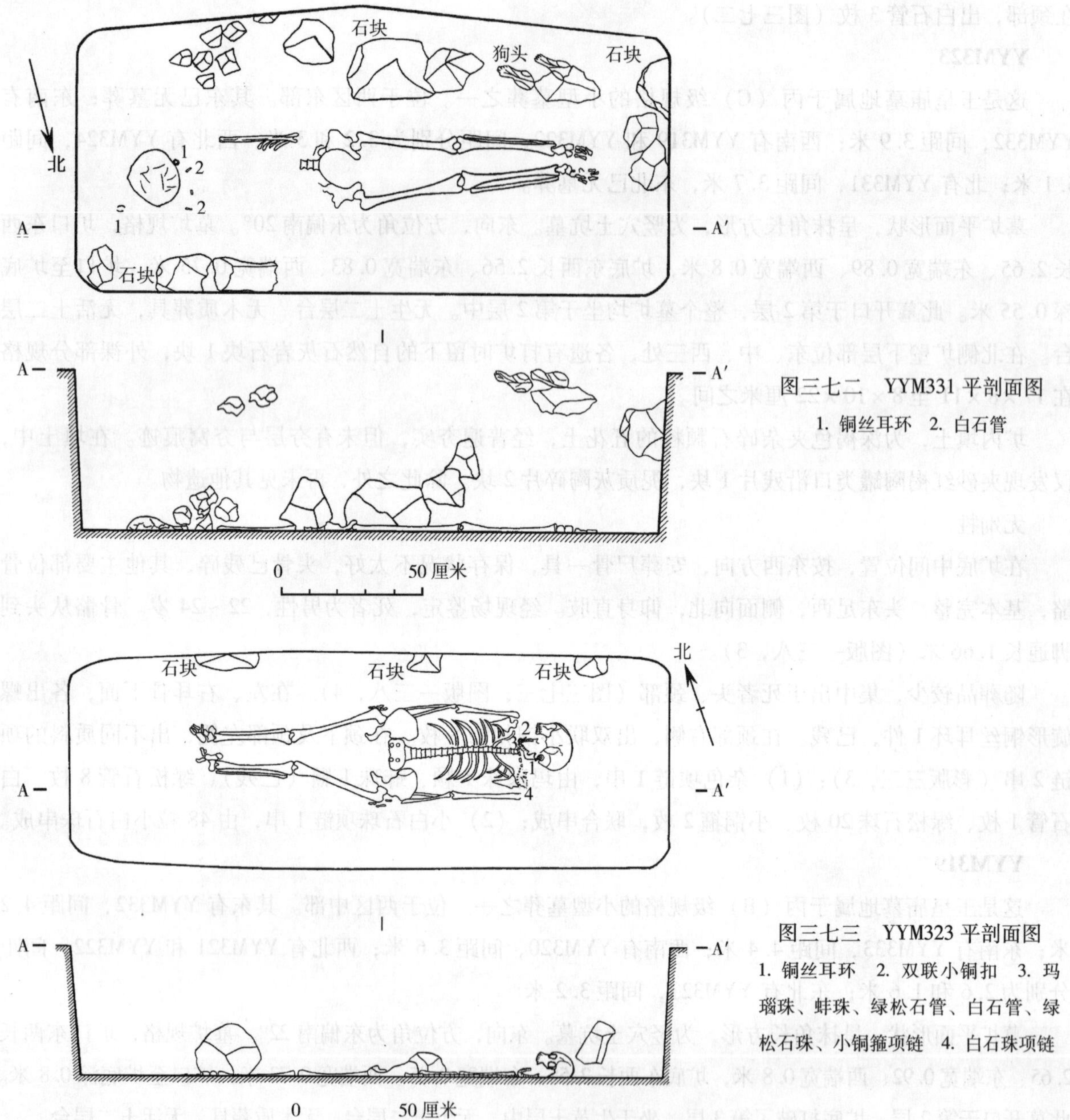

图三七二　YYM331平剖面图

1. 铜丝耳环　2. 白石管

图三七三　YYM323平剖面图

1. 铜丝耳环　2. 双联小铜扣　3. 玛瑙珠、蚌珠、绿松石管、白石管、绿松石珠、小铜箍项链　4. 白石珠项链

盆，基本完整。头东足西，侧面向南，双手被压在骨盆之下，仰身直肢。经现场鉴定，死者为男性，22～24岁。骨骼从头到脚通长1.69米。

随葬品很少，仅在死者左、右耳骨下面，各出螺旋形铜丝耳环1件，无绿松石坠珠伴出（图三七五）。除此之外，再未见其他任何遗物。

YYM329

这是玉皇庙墓地属于丁级规格的小型墓葬之一。位于西区东北隅。其东已无墓葬；东南有YYM330，间距5.2米；西南有YYM326，间距2.2米；西北有YYM327，间距1.7米。

墓圹平面形状，呈抹角长方形，为浅穴土坑墓。东向，方位角为东偏南6°。墓圹规格，扩口东西

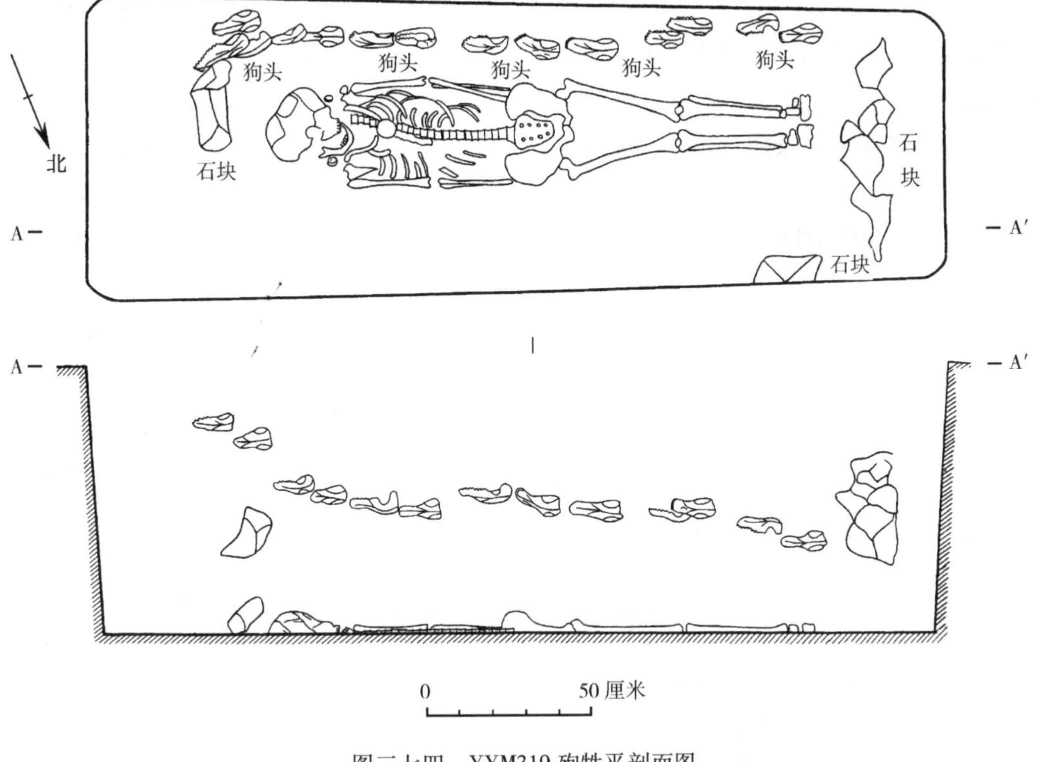

图三七四　YYM319 殉牲平剖面图

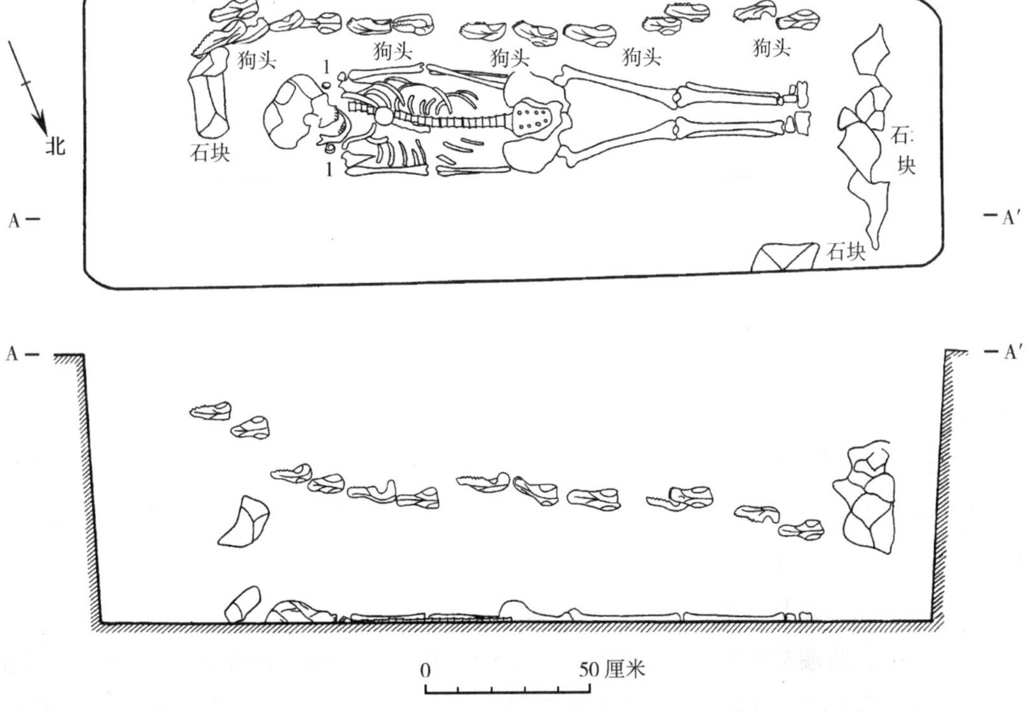

图三七五　YYM319 平剖面图

1. 铜丝耳环

长2.05、东端宽0.83、西端宽0.82米，圹底形制、规格，与圹口一致，圹口至圹底深0.2米。此墓开口于第2层，整个墓圹均坐于第2层中。无生土二层台。无木质葬具，无活土二层台。在圹底南侧中间位置，遗有打圹时留下的自然石灰岩石块1块，其外裸部分规格为17×7×10厘米。

圹内填土，为深褐色夹杂碎石颗粒的五花土，未经夯实，土质较疏松。在填土中，未发现任何文化遗物。

殉牲，仅在圹内南侧中间略偏西位置的上层填土中，发现狗下颌骨1块，平置，吻部朝西，已残损。

在圹底中间位置，按东西方向，安葬尸骨一具，保存状况不太好，骨质腐朽较严重，头骨已残碎，脊椎骨、肋骨、骨盆等，均已残缺不全，下肢骨尚较完整。头东足西，侧面向北，仰身直肢。经现场鉴定，死者为男性，20~22岁。骨骼从头到脚通长1.71米。

随葬品较少，皆属装饰品，出于头部至股骨以上部位。在左、右耳骨下面，各出螺旋形铜丝耳环1件，无绿松石坠珠伴出。在颈部，出石珠项链1串，由白石管1枚及小白石珠178粒，联合串成（图版一三九，2）。覆面铜扣1枚，已滑落于颈下、右锁骨下端位置。另在右股骨内侧，出服饰小铜扣13枚（图三七六）。

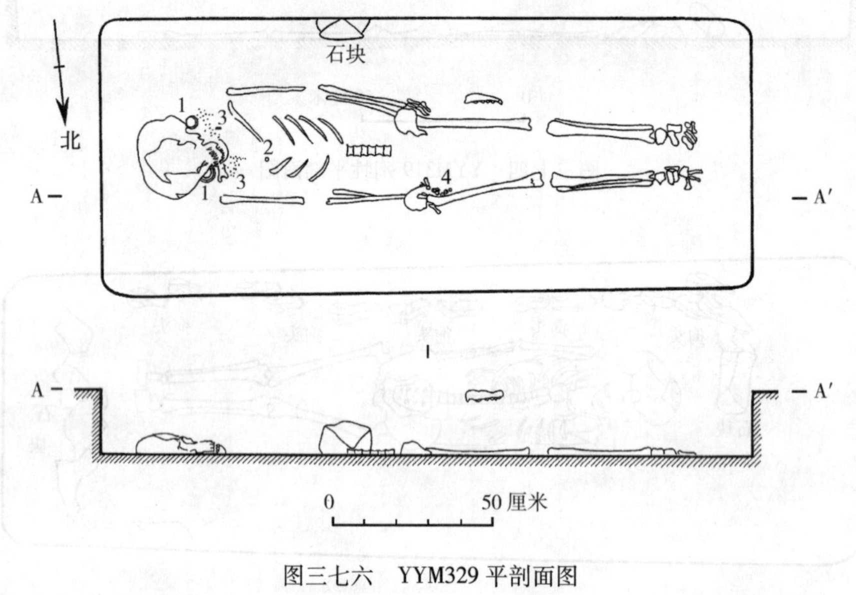

图三七六　YYM329平剖面图

1. 铜丝耳环　2. 覆面铜扣　3. 白石管、小白珠项链　4. 服饰小铜扣

YYM327

这是玉皇庙墓地属于丁级规格的小型墓葬之一。位于西区东北部边缘。其东南有YYM329和YYM326，间距分别为1.7和3.4米；南有YYM325，间距4.2米；西南有YYM301，间距12.2米；西、西北、正北和东北，已无墓葬。

墓圹平面形状，呈抹角长方形，为浅穴土坑墓。东向，方位角为东偏北1°。墓圹规格，圹口东西长2.1、东端宽1.04、西端宽0.9米，圹底东西长2.05、东端宽0.98、西端宽0.85米，圹口至圹底深0.4米。此墓开口于第2层，整个墓圹均坐于第2层中。无生土二层台。无木质葬具，无活土二层台。在墓圹底部西端和南、北两侧西部，分布有数块体积较小的自然石灰岩石块，从数量和分布范围看，都不够象征性石椁的规格。

圹内填土，为深褐色夹杂碎石颗粒的五花土，未经夯实，土质较疏松。在填土中，未发现任何文化遗物。在圹内南侧偏东部的上层填土中，有一块体积较大的自然石灰岩石块，规格为 38×26×17 厘米，其顶面与圹口平齐，应为此墓的封顶石。

无殉牲。

在圹底中间位置，按东西方向，安葬尸骨一具，保存状况不太好，头骨已残碎，其他主要部位骨骼，保存尚较好，头东足西，侧面向北，仰身直肢。经现场鉴定，死者为女性，40~45 岁。骨骼从头到脚通长 1.67 米。

随葬品很少，仅在死者左、右耳骨下面，各出大号螺旋形铜丝耳环 2 件，无绿松石坠珠伴出。在颈下，右锁骨部位，出铜镜形饰 1 件（图三七七；彩版三三，4；图版一三九，3）。

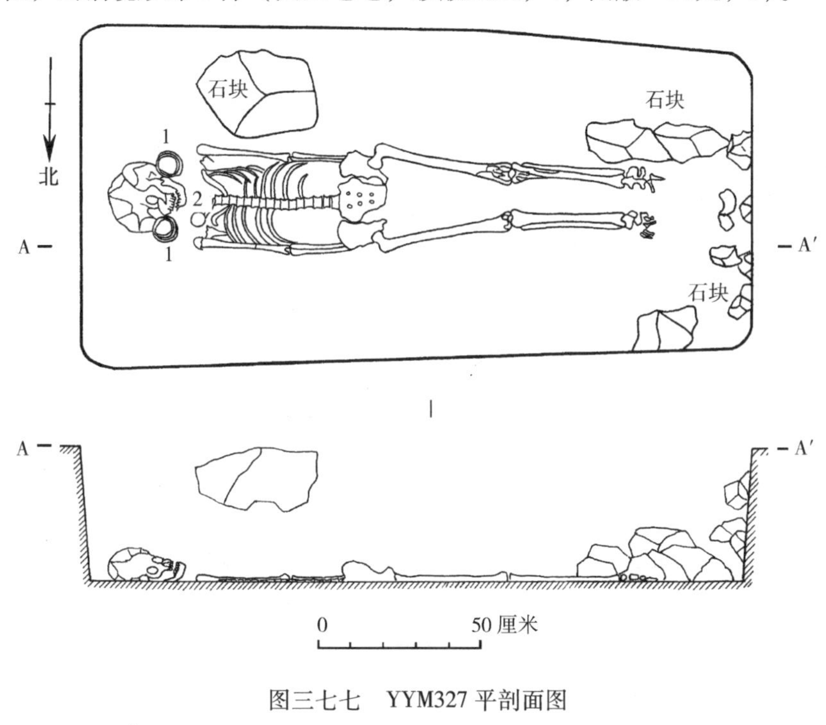

图三七七　YYM327 平剖面图

1. 大号铜丝耳环　2. 铜镜形饰

YYM326

这是玉皇庙墓地属于丙（C）级规格的小型墓葬之一。位于西区东北部。其东南有 YYM330，间距 4.6 米；南有 YYM324，间距 3 米；西南有 YYM325，间距 0.1 米；西北有 YYM327，间距 3.4 米；东北有 YYM329，间距 2.2 米。

墓圹平面形状，呈抹角梯形，东端略宽于西端，为竖穴土坑墓。东向，方位角为东偏南 13°。墓圹规格，圹口东西长 2.5、东端宽 1.1、西端宽 0.84 米，圹底东西长 2.42，东端宽 1.03、西端宽 0.78 米，圹口至圹底深 0.7 米。此墓开口于第 2 层，圹底打破了第 3 层，坐于生黄土层中，无生土二层台。在圹底中间偏东北—西南方向，安置木质葬具一具。在木质葬具四周至圹底部四壁之间，筑有活土二层台，台土经过夯打，较坚实，东、南、西、北四台等高，均为 15 厘米，宽度不一，东台宽 20、南台宽 43、西台宽 16、北台宽 18 厘米（中段）。在西端和北侧活土二层台台面上，分别砌有 2 层 6 块和 1 层 4 块自然石灰岩石块。

圹内填土，为深褐色夹杂碎石颗粒的五花土，即大量深褐色淤积夹砂石土与少量生黄土混杂后的五花土。经普遍夯实，但未有夯层与夯窝痕迹。在填土中，仅发现夹砂褐陶碎片1块，泥质灰陶碎片2块。在圹内东端中、上层填土中，有数块自然石灰岩石块，其中以镇压在木质葬具东端、死者头上部位上层填土中的一块体积最大，规格为78×32×21厘米，其顶面与圹口平齐；还有一块压在圹口东南角上层填土中，体积也较大，规格为43×27×17厘米，其顶面也与圹口平齐。这二块体积较大的自然石灰岩石块，应为此墓的镇墓石和封顶石（图三七八；图版一四〇，1）。

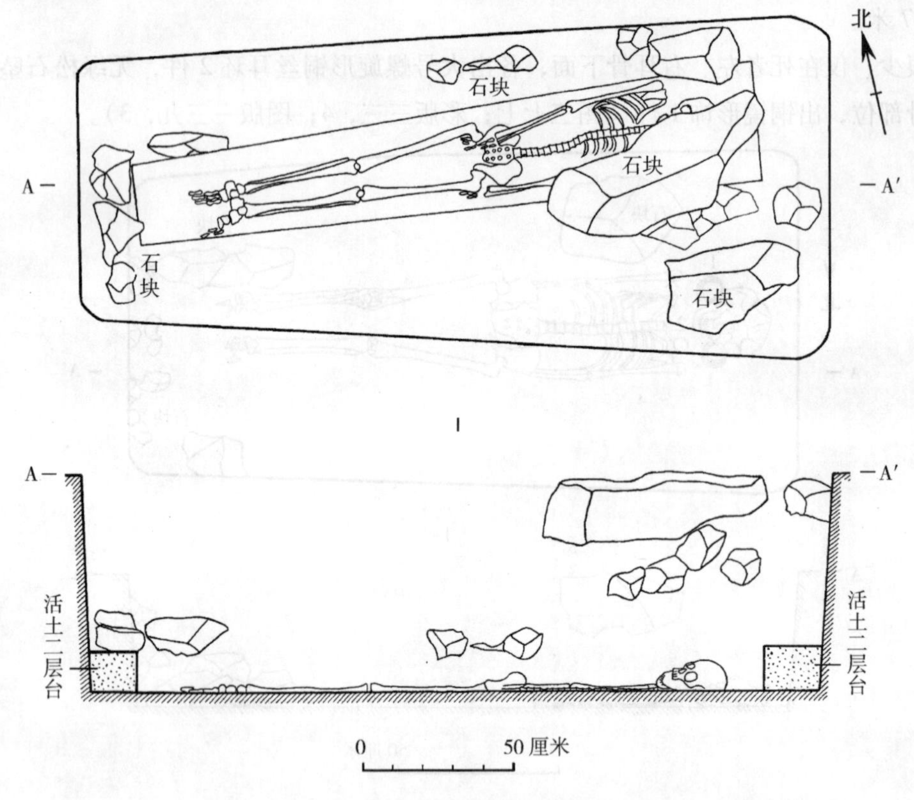

图三七八　YYM326圹内镇墓石分布平剖面图

无殉牲。

木质葬具，已腐朽为泥，板灰痕迹已不清楚。根据墓圹底部土质软、硬的差别，可确定此木质葬具的四至界限。其东西顺长为208、东端宽39、西端27、存高15厘米。其他相关结构情况，已无从考察。

木质葬具内装殓尸骨一具。保存状况不太好，头骨已残碎，其他主要部位骨骼，基本完整。头东足西，仰身直肢。经现场鉴定，死者为男性，30～35岁。骨骼从头到脚通长1.7米（图三七九）。

无任何随葬品。

YYM324

这是玉皇庙墓地属于丁级规格的小型墓葬之一。位于西区东北部。其东南有YYM323，间距5.1米；南有YYM322，间距5米；西北有YYM325，间距2.5米；北有YYM326，间距3米；东北有YYM330，间距2.4米。

墓圹平面形状，呈抹角长方形，为浅穴土坑墓。东向，方位角为东偏南11°。墓圹规格，圹口东西

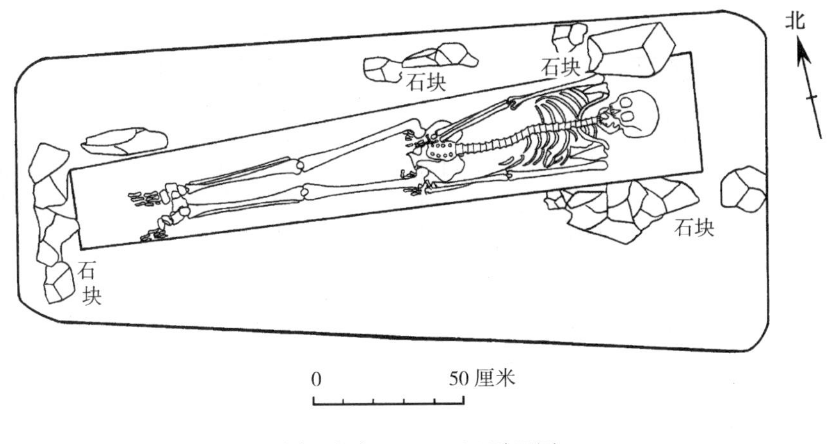

图三七九　YYM326平面图

长2.4、东端宽0.88、西端宽0.87米，圹底东西长2.33、东端宽0.82、西端宽0.8米，圹口至圹底深0.5米。此墓开口于第2层，整个墓圹均坐于第2层，无生土二层台。无木质葬具，无活土二层台。在墓圹南、西、北三面底部或接近圹底的填土中，有专意以自然石灰岩石块码砌的一层"石墙"，唯东端空缺。这样，在圹底部就形成了平面呈"U"字形的象征性石椁。

圹内填土，为深褐色夹杂碎石颗粒的五花土，未经夯实，土质较疏松。在填土中，仅发现泥质灰陶残片2块。除此之外，再未见有其他遗物。

无殉牲。

在圹底中间位置，按东西方向，安葬尸骨一具，保存状况不好，头骨已残碎，因骨质腐朽较严重，脊椎骨、上肢骨、骨盆等，均已残缺不全，下肢骨保存较好一些。头东足西，仰身直肢。经现场鉴定，死者为女性，50～55岁。骨骼从头到脚通长1.57米（图版一四〇，2）。

随葬品较少，皆属装饰品，集中出于死者头、颈部（图三八〇、三八一）。在左、右耳骨附近，各出中号螺旋形铜丝耳环1件，已残。在左、右耳环下，无绿松石坠珠伴出，但却各附出圆锥形铜坠饰1件，坠尖均朝下（彩版三四，1；图版一四〇，3）。覆面铜扣4枚，滑落于右侧面颊下2枚，滑落于左侧耳环下2枚。在颈部，出石珠项链1串，由白石管17枚和小白石珠53粒，联合串成。

YYM322

这是玉皇庙墓地属于丁级规格的小型墓葬之一。位于西区中部。其东有YYM319，间距1.6米；西南有YYM321，间距1米；北有YYM324，间距5米；东北有YYM323，间距3米。

墓圹平面形状，呈抹角长方形，为浅穴土坑墓。东南向，方位角为东偏南45°。墓圹规格，圹口东南—西北长2.25、东南端宽0.9、西北端宽0.95米，圹底东南—西北长2.18、东南端宽0.87、西北端宽0.91米，圹口至圹底深0.4米。此墓开口于第2层。整个墓圹均坐于第2层。无生土二层台。无木质葬具，无活土二层台。在墓圹西端和东北角上层，分别遗有打圹时留下的自然石灰岩石块3块。

圹内填土，为深褐色夹杂碎石颗粒的五花土，未经夯实，土质较疏松。在填土中，仅发现泥质灰陶碎片2块。除此之外，再未见有其他遗物。

无殉牲。

在圹底中间位置，顺墓圹方向，安葬尸骨一具。保存状况不太好，头骨已残碎，其他主要部位骨骼，

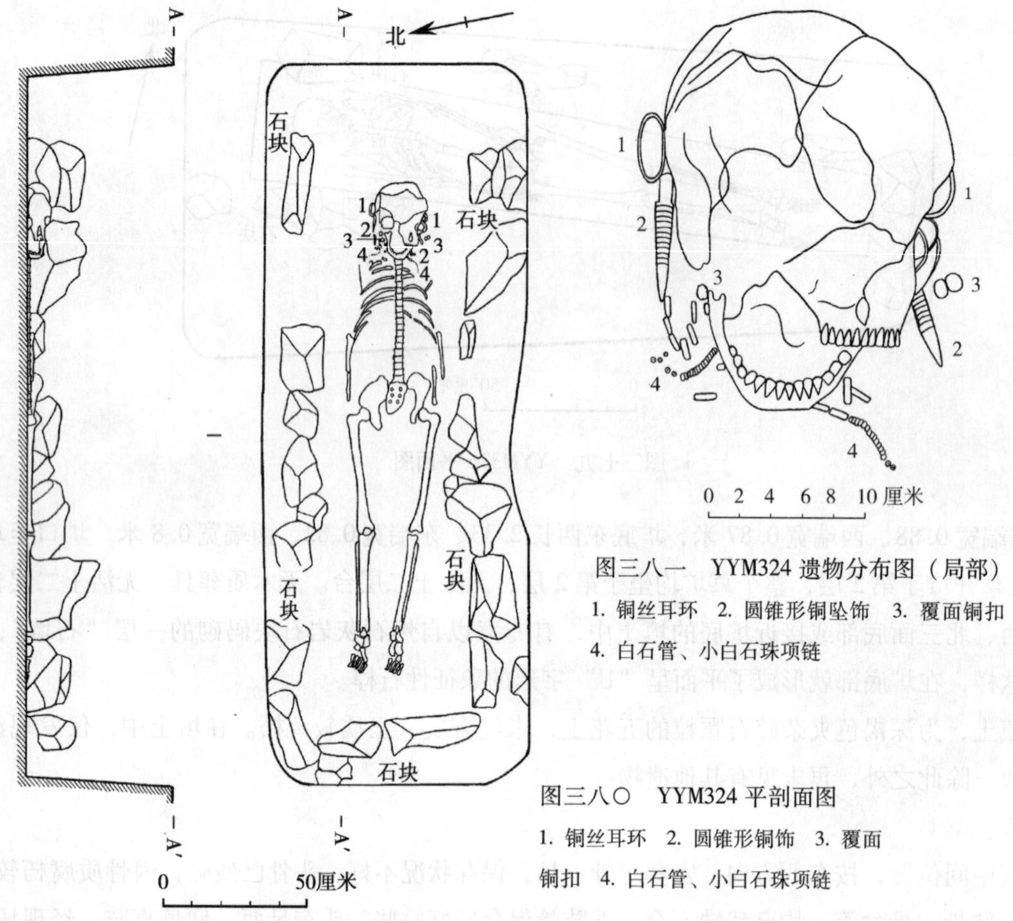

图三八〇 YYM324 平剖面图
1. 铜丝耳环 2. 圆锥形铜饰 3. 覆面铜扣 4. 白石管、小白石珠项链

图三八一 YYM324 遗物分布图（局部）
1. 铜丝耳环 2. 圆锥形铜坠饰 3. 覆面铜扣 4. 白石管、小白石珠项链

基本完整。头朝东南，足向西北，侧面向南，仰身直肢。经现场鉴定，死者为男性，25 岁。骨骼从头到脚通长 1.55 米（图版一四一，1）。

随葬品较少，皆属装饰品，集中出于死者头、颈部（图三八二、三八三；图版一四一，2）。在左、右耳骨下面，各出螺旋形铜丝耳环 1 件，无绿松石坠珠伴出。在颈部，出绿松石珠和蚌珠项链 1 串，由绿松石珠 37 枚和蚌珠 2 颗，联合串成，并在颈下附出圆锥形铜坠饰 1 件，坠尖朝右侧斜下方（彩版三四，2）。

YYM321

这是玉皇庙墓地属于丁级规格的小型墓葬之一。位于西区中部。其东南有 YYM319，间距 2.6 米；南有 YYM320，间距 1.9 米；西有 YYM305，间距 7.2 米；西北有 YYM304，间距 7.8 米；东北有 YYM322，间距 1 米。

墓圹平面形状，呈弧边抹角长方形，北圹边略外弧，为浅穴土坑墓。东南向，方位角为东偏南 40°。墓圹规格，圹口东南—西北长 2.2、东南端宽 0.75、西北端宽 0.81 米，圹底东南—西北长 2.13、东南端宽 0.71、西北端宽 0.77 米，圹口至圹底深 0.4 米。此墓开口于第 2 层。整个墓圹均坐于第 2 层。无生土二层台。无木质葬具，无活土二层台。

圹内填土，为深褐色夹杂碎石颗粒的五花土，未经夯实，土质较疏松。在填土中，仅发现泥质灰陶罐口沿残片 2 块。另在圹底东端，人头骨东侧、殉牲牛头骨以下，分布有自然石灰岩石块 3 块，在

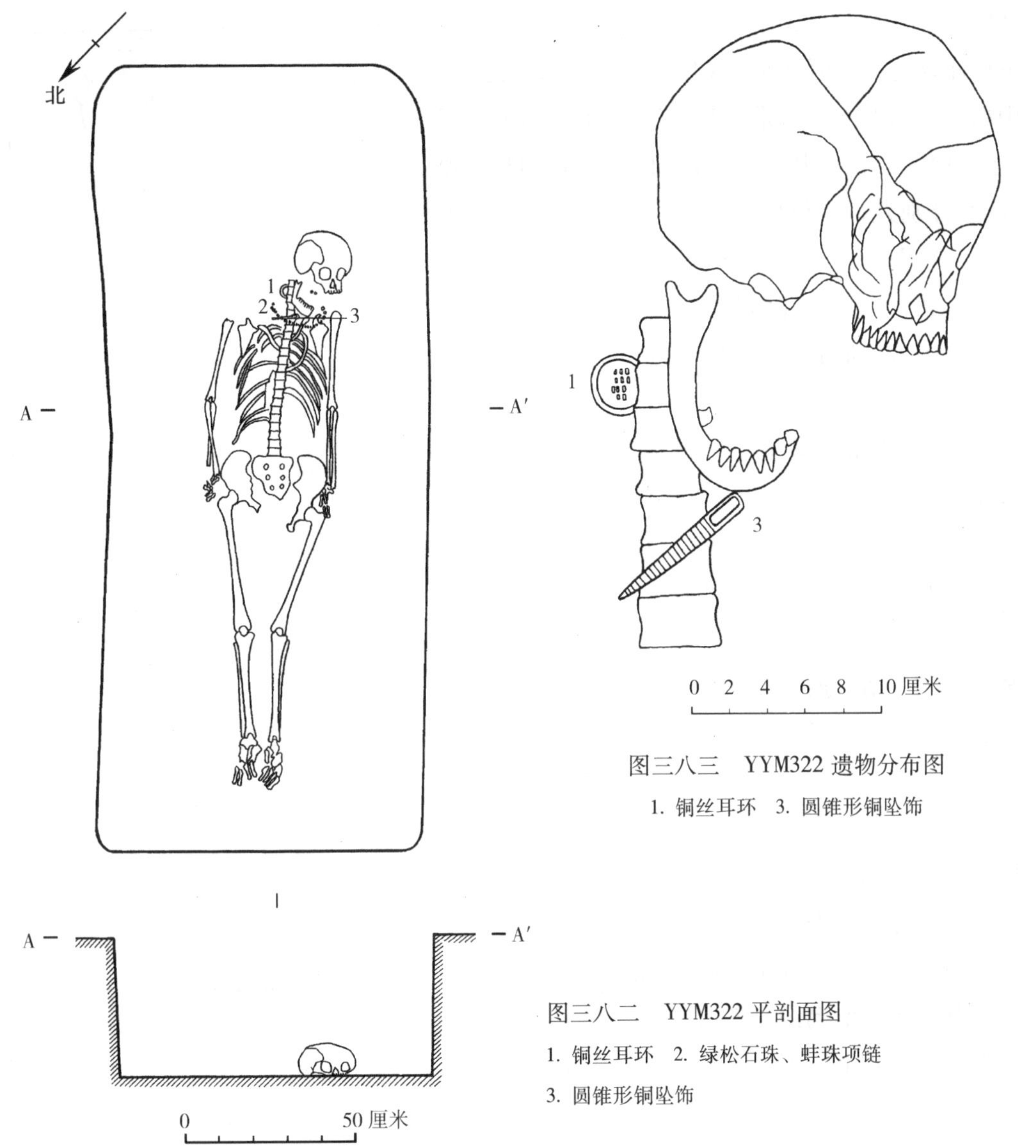

图三八三　YYM322 遗物分布图
1. 铜丝耳环　3. 圆锥形铜坠饰

图三八二　YYM322 平剖面图
1. 铜丝耳环　2. 绿松石珠、蚌珠项链
3. 圆锥形铜坠饰

圹底南侧东部，死者左肱骨左侧，有自然石灰岩石块 1 块，规格在 16×9×10 至 21×17×14 厘米之间。

殉牲位置，祭牲摆放在圹内东端中间和南侧西部上层填土中，上距圹口 2～5 厘米深，下距圹底 26～30 厘米。殉牲种类，为牛、狗 2 种家畜。数量，牛头 1 个，狗下颌骨 1 副。殉牲形式，将完整牛头 1 个，顺摆于圹内东端中间上层填土上，正置，吻部朝东；将狗下颌 1 副，侧置于圹内南侧西部上层填土上，吻部亦朝东（图版一四一，3）。

在圹底中间，顺墓圹方向，安葬尸骨一具。保存状况不太好，头骨已残碎，其他主要部位骨骼，仅略有残损，多数较完整。头朝东南，足向西北，侧面向南，仰身直肢。经现场鉴定，死者为男性，45 岁左右。骨骼从头到脚通长 1.6 米。

随葬品很少，仅在死者头骨左侧，放置泥质褐陶盂 1 件，正置，已残碎。另在左股骨下端外侧，出铜镞 3 枚，铜镞下压有骨镞 2 枚，镞锋均朝上（图三八四；图版一四一，4）。

YYM320

这是玉皇庙墓地属于丙（B）级规格的小型墓葬之一。位于西区中部。其东南已无墓葬；南有 YYM318，间距 2.7 米；西南有 YYM317，间距 3.2 米；西北有 YYM304 和 YYM305，间距分别为 8.6 和 6.7 米；北有 YYM321，间距 1.9 米；东北有 YYM319，间距 3.6 米。

墓圹平面形状，呈弧边抹角长方形，南、北两侧边略外弧，为竖穴土坑墓。东南向，方位角为东偏南 30°。墓圹规格，圹口东南—西北长 2.35、东南端宽 0.8、西北端宽 0.7 米，圹底东南—西北长 2.26、东南端宽 0.74、西北端宽 0.65 米，圹口至圹底深 0.95 米。此墓开口于第 2 层。圹底打破了第 3 层，坐于生黄土层中。无生土二层台。在圹底中间位置，顺墓圹方向，安置木质葬具一具。在木质葬具四周至圹底部四壁之间，筑有活土二层台，台土经过夯打，较坚实，东、南、西、北四台等高，均为 15 厘米，宽度不一，东台宽 34、南台宽 22、西台宽 30、北台宽 20 厘米。

圹内填土，为深褐色夹杂碎石颗粒的五花土，即大量深褐色淤积夹砂石土和很少量生黄土混杂后的五花土。经普遍夯实，但未有夯层与夯窝痕迹。在填土中，仅发现泥质灰陶带绳纹的碎片 3 块。另在圹内东端和东南角的中、下层填土中，有散置或堆砌的自然石灰岩石块 9 块，其中有 2 块置于殉牲牛头骨上、下，还有 1 块陷落于木质葬具东北角内。

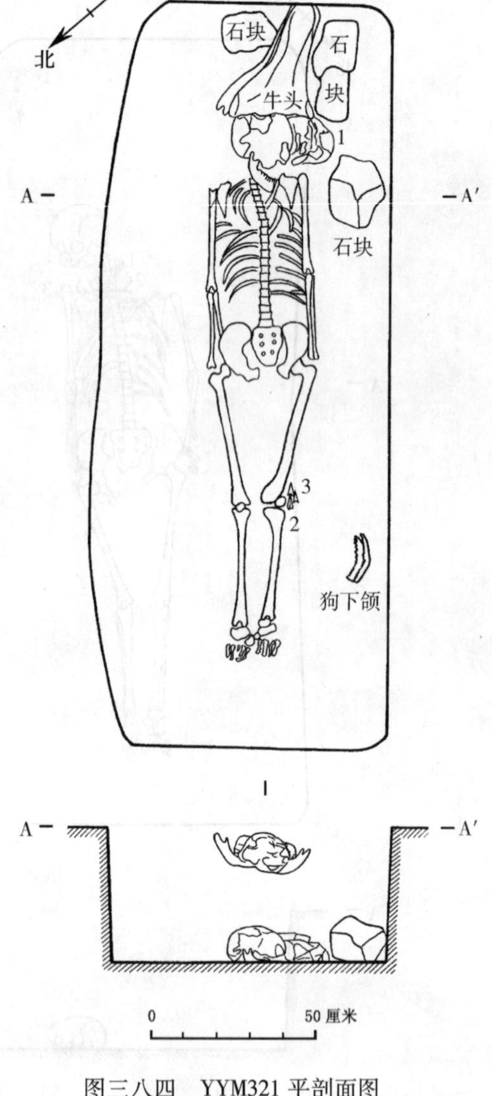

图三八四　YYM321 平剖面图

1. 泥质褐陶盂（残）　2. 铜镞　3. 骨镞

殉牲位置，祭牲集中摆放在圹内东南角上层填土中，上面与南侧圹口近乎平齐，下距圹底 0.55 米深。殉牲种类，为牛、羊、狗 3 种家畜。殉牲数量，牛头 1 个，羊头 1 个，狗头 1 个。殉牲形式，将牛、羊、狗头的上、下颌拆解开后，按东西方向，自东而西，牛居东、狗居中、羊居西，作同层相邻，纵向"一"字排列。其中牛、羊、狗的下颌骨，均作侧置，上颌骨为正置。祭牲上、下颌的吻部，均一律朝东（图三八五；图版一四二，1）。

木质葬具，已腐朽为泥，板灰痕迹已看不清楚，仅可凭墓圹底部土质软、硬的差别，来区分活土二层台与木质葬具的界限。经清理、分辨，此木质葬具东西顺长为 1.67 米，东端宽 46、西端宽 29、存高 15 厘米。其他相关结构情况，已无从考察。

木质葬具内装殓尸骨一具。保存状况不太好，头骨已残碎，骨质腐朽较严重，大多已酥残。头朝东南，足向西北，侧面向南，仰身直肢。经现场鉴定，死者为男性，50~55 岁。骨骼从头到脚通长 1.6 米。

随葬品很少，仅在木质葬具内，死者左、右胫骨之间，出铜镞 1 枚，骨镞 3 枚，镞锋均朝下（图三八六）。

YYM318

这是玉皇庙墓地属于丙（C）级规格的小型墓葬之一。位于西区中部。其东、东南和正南，已无墓葬；西南有 YYM316，间距 1.2 米；西北有 YYM317，间距 1.4 米；北有 YYM320，间距 2.7 米；东北有 YYM319，间距 6.4 米。

墓圹平面形状，呈抹角长方形，为竖穴土坑墓。东南向，方位角为南偏东 43°。墓圹规格，圹口东南—西北长 2.15、东南端宽 0.78、西北端宽 0.74 米，圹底东南—西北长 2.06、东南端宽 0.7、西北端宽 0.66 米，圹口至圹底深 0.7 米。此墓开口于第 2 层，整个墓圹均坐于第 2 层中。无生土二层台。在圹底中间位置，按东南—西北方向，安置木质葬具一具。在木质葬具四周至圹底部四壁之间，筑有活土二层台，台土经过夯打，较坚实，东、南、西、北四台等高，均为 20 厘米，宽度不一，东台宽 19、南台宽 18、西台宽 19、北台宽 16 厘米。在墓圹底部，四周活土二层台台面上，分布有数量不等、人工垒砌的自然石灰岩石块，东端为 3 层，南、北两侧为 2 层，西端为 1 层。

圹内填土，为深褐色夹杂碎石颗粒的五花土，经普遍夯实，但未有夯层与夯窝痕迹。在填土中，仅发现泥质灰陶带绳纹的碎片 2 块，带弦纹的残片 1 块。

殉牲位置，祭牲摆放在圹内东南角上层填土中，上距东端圹口 5 厘米深，下距圹底 0.51 米。殉牲种类，仅有狗 1 种。数量，狗头 2 个。殉牲形式，将完整的狗头 2 个，按东西方向，一前一后，作同层、纵向“一”字排列。其中，大号狗头在前（居东），小号狗头在后（居西）。大、小狗头的吻部，皆朝东（图版一四二，2）。

木质葬具，已腐朽为泥，板灰痕迹已无存。根据墓圹底部土质软、硬的差别，可辨别出此木质葬具的四至轮廓。东南—西北顺长 1.73 米，东南端宽 39、西北端宽 33、总高 20 厘米，与四周活土二层台台面平齐。其他相关结构情况，已无从考察。

木质葬具内装殓尸骨一具。保存状况不太好，头骨已残碎，其他主要部位骨骼，基本完整。头朝东南，足向西北，侧面向南，仰身直肢。经现场鉴定，死者为男性，20～22 岁。骨骼从头到脚通长 1.64 米（图三八七）。

无任何随葬品。

YYM316

这是玉皇庙墓地属于丁级规格的小型墓葬之一。位于西区中部。其东和东南，已无墓葬；南有 YYM311，间距 5.1 米；西南有 YYM314 和 YYM315，间距分别为 2.8 和 1.9 米；西北有 YYM317，间距 1.5 米；东北有 YYM318，间距 1.2 米。

墓圹平面形状，呈抹角长方形，为浅穴土坑墓。东向，方位角为东偏南 13°。墓圹规格，圹口东西长 1.87、东端宽 0.8、西端宽 0.74 米，圹底东西长 1.8、东端宽 0.74、西端宽 0.69 米，圹口至圹底深 0.3 米。此墓开口于第 2 层，整个墓圹均坐于第 2 层中。无生土二层台。无木质葬具，无活土二层台。

圹内填土，为深褐色夹杂碎石颗粒的五花土，未经夯实，土质较疏松。在填土中，仅发现泥质灰陶带弦纹的口沿残片 2 块。除此之外，再未见其他遗物。

殉牲位置，祭牲摆放在圹内东端上层填土中，上面与东端圹口平齐，下距圹底 21 厘米深。殉牲种

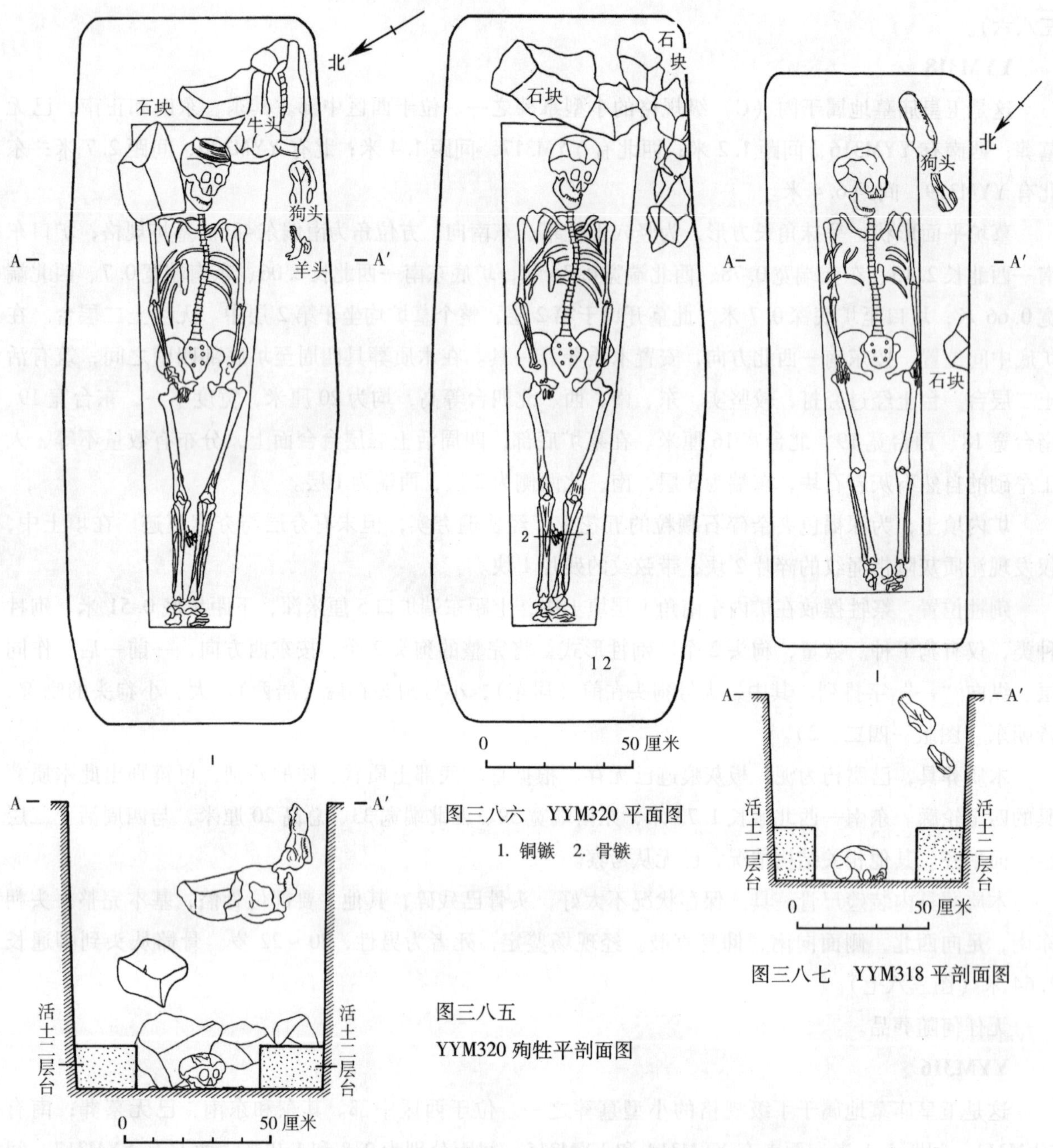

图三八五 YYM320 殉牲平剖面图

图三八六 YYM320 平面图

1. 铜镞 2. 骨镞

图三八七 YYM318 平剖面图

类，仅有狗1种。数量，狗头1个。殉牲形式，将完整狗头1个，顺置于圹内东端上层填土上，吻部朝东。

在圹底偏东北—西南方向，安葬尸骨一具。保存状况不太好，头骨已残碎，其他主要部位骨骼，基本完整。头朝东北，侧面向北，足向西南，仰身直肢。经现场鉴定，死者为女性，18～20岁。骨骼从头到脚通长1.46米（图版一四二，3）。

随葬品很少，出于死者头部附近及右尺骨外侧（图三八八）。螺旋形铜丝耳环2件，其一出于右耳骨下面，其二出于人头骨东侧23厘米处。在头骨左侧，出小黑石珠项链1串（22粒）。在右尺骨外侧，出铜镞1枚，镞锋向左，即向南指向死者腰部，这是否意味着该女性的死与此铜镞有关，也不是不应该考虑的一个问题。

YYM311

这是玉皇庙墓地属于丙（C）级规格的小型墓葬之一。位于西区西南部。其东、东南和正南，已无墓葬；西南有 YYM312，间距 4.2 米；西北有 YYM313 和 YYM314，间距分别为 1.1 和 2.2 米；北有 YYM316，间距 5.1 米。

墓圹平面形状，呈抹角长方形，为竖穴土坑墓。东北向，方位角为东偏北 28°。墓圹规格，圹口东北—西南长 1.85 米，东北、西南两端宽均为 0.78 米，圹底东北—西南长 1.77、东北端宽 0.73、西南端宽 0.71 米，圹口至圹底深 0.62 米。此墓开口于第 2 层。整个墓圹均坐于第 2 层中。无生土二层台。无木质葬具，无活土二层台。只在圹底南侧壁和西南角，有 5 块断续的自然石灰岩石块，贴靠于圹壁下，似有意摆放，但数量太少，不成其为墙体。

圹内填土，为深褐色夹杂碎石颗粒的五花土，经普遍夯实，但未有夯层与夯窝痕迹。在填土中，未发现任何文化遗物。

无殉牲。

在圹底中间位置，顺墓圹方向，安葬尸骨一具。保存状况不好，头骨已残碎，骨质腐朽较严重，脊椎骨、肋骨、上下肢骨、骨盆等，均已残损不全。头朝东北，足向西南，侧面向南，仰身直肢。经现场鉴定，死者为男性，50～55 岁。骨骼从头到脚通长 1.52 米（图三八九；图版一四三，1）。

无任何随葬品。

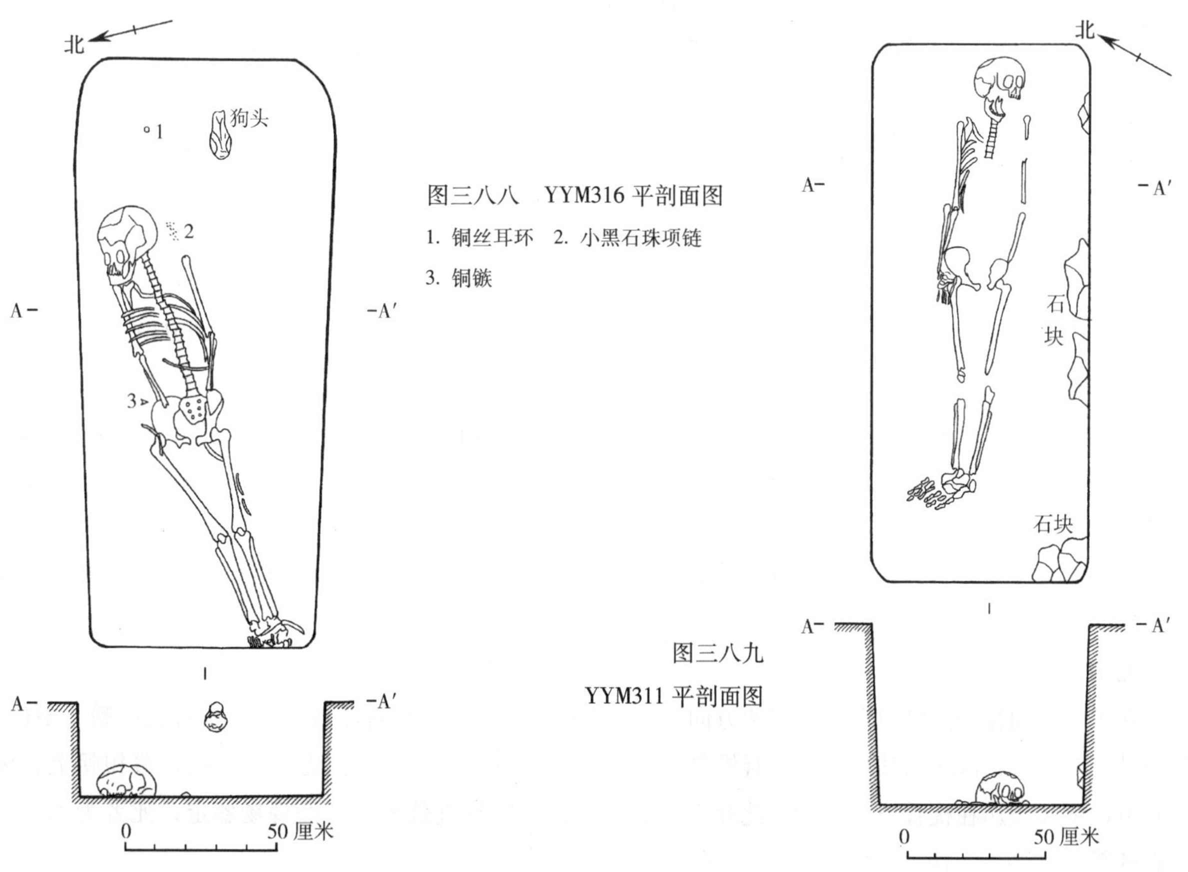

图三八八　YYM316 平剖面图

1. 铜丝耳环　2. 小黑石珠项链

3. 铜镞

图三八九

YYM311 平剖面图

YYM312

这是玉皇庙墓地属于丙（C）级规格的小型墓葬之一。位于西区西南隅。其东、东南、南和西南，已无墓葬；西有 YYM310，间距 1.6 米；西北有 YYM309，间距 1.9 米；东北有 YYM313，间距 1.6 米。

墓圹平面形状，呈抹角长方形，东端略宽，为竖穴土坑墓。东向，方位角为东偏北 7°。墓圹规格，圹口东西长 2.05、东端宽 0.9、西端宽 0.74 米，圹底东西长 1.97、东端宽 0.82、西端宽 0.69 米，圹口至圹底深 0.65 米。此墓开口于第 2 层。整个墓圹均坐于第 2 层中。无生土二层台。无木质葬具，无活土二层台。

圹内填土，为深褐色夹杂碎石颗粒的五花土，经普遍夯实，但未有夯层与夯窝痕迹。在填土中，仅发现夹砂褐陶罐器底残片 1 块。泥质灰陶带弦纹的残片 2 块。在南侧殉牲兽骨下面的填土中，自东而西分布有自然石灰岩石块 13 块，东侧为 1 层，中间和西侧，堆砌 2 层。

殉牲位置，祭牲摆放在圹内南侧上层填土中，上面几乎与南侧圹口平齐，下距圹底 0.53 米。殉牲种类，仅有狗 1 种。数量，狗头 3 个。殉牲形式，将完整狗头 3 个，按东西方向，自东而西，作同层、纵向“一”字排列。狗头的吻部，一律朝东。

在圹底中间略偏北侧位置，按东西方向，安葬尸骨一具。保存状况不好，骨质腐朽严重，仅残存部分上、下颌骨与上、下肢骨，其他大部分骨骼，均朽烂无存。从残存骨骼状态观察，死者头东足西，仰身直肢（图版一四四，1）。经现场鉴定，死者为男（?）性，16 岁以上。

随葬品陈放于死者身上及其近前（图三九〇；彩版三四，3）。在死者头骨左侧，放置夹砂红褐陶罐 1 件，正置，已残碎不成形。在左、右耳骨下面，各出螺旋形铜丝耳环 1 件，无绿松石坠珠伴出。在左尺骨上段内侧，出马踏单环形铜饰 1 件，马头朝北。在这件马踏单环形铜饰之下，即在左尺骨上段内侧至左股骨外侧之间，呈纵向分布服饰铜泡 9 枚。在左股骨内侧，出长方形几何纹铜锥（针）管具 1 件。在左股骨外侧，服饰铜泡之下，出青铜削刀 1 件，刀锋朝下（图三九一；彩版三四，4；图版一四四，2）。

YYM310

这是玉皇庙墓地属于丁级规格的小型墓葬之一。位于西区西南隅。其东有 YYM312，间距 1.6 米；东南、南、西南、西和西北，已无墓葬；北有 YYM308，间距 5.2 米；东北有 YYM309，间距 2.1 米。

墓圹平面形状，呈抹角长方形，为浅穴土坑墓。东向，方位角为东偏南 1°。墓圹规格，圹口东西长 0.9、东端宽 0.36、西端宽 0.33 米，圹底形制、规格，与圹口一致，圹口至圹底深 13 厘米。此墓开口于第 2 层。整个墓圹均坐于第 2 层中。无生土二层台。无木质葬具，无活土二层台。

圹内填土，为深褐色夹杂碎石颗粒的五花土，未经夯实，土质较疏松。在填土中，未发现任何文化遗物。

无殉牲。

在圹底中间稍偏南侧位置，按东西方向，安葬婴孩尸骨一具。保存状况不好，头骨已朽粉、酥碎，四肢骨、骨盆等，因腐朽残损不全，脊椎骨、手、足骨等细小骨骼，均已无存。从枕骨覆扣朝上，牙龄和覆面铜扣被压在枕骨下面判断，此死者为头东足西、俯身直肢葬式。经现场鉴定，死者为 1.5 岁左右的婴儿（图版一四三，2）。

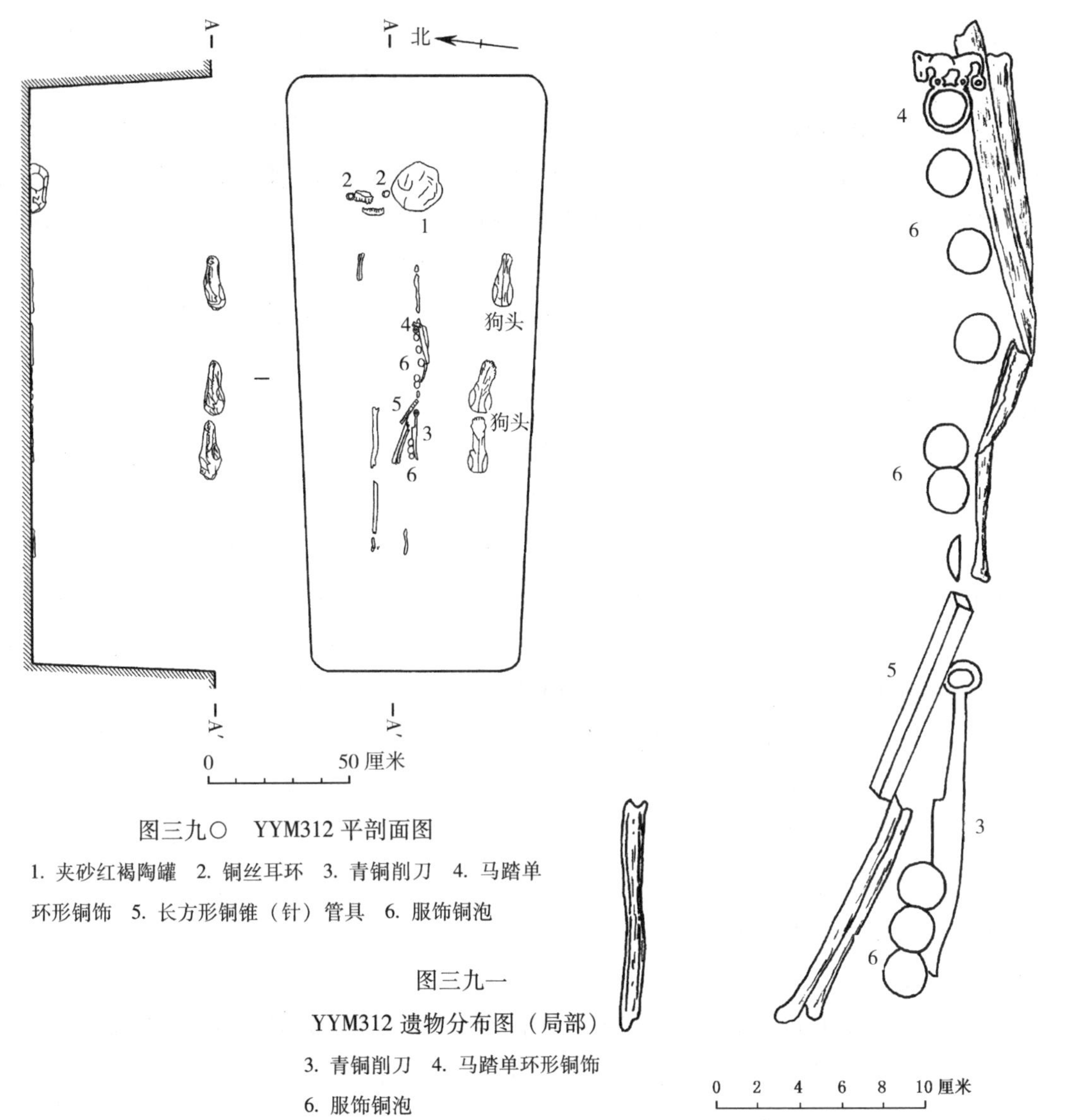

图三九〇　YYM312平剖面图

1. 夹砂红褐陶罐　2. 铜丝耳环　3. 青铜削刀　4. 马踏单环形铜饰　5. 长方形铜锥（针）管具　6. 服饰铜泡

图三九一
YYM312遗物分布图（局部）

3. 青铜削刀　4. 马踏单环形铜饰　6. 服饰铜泡

随葬品很少，仅在死者头部，枕骨左侧和枕骨下面，发现覆面铜扣3枚，以及白石管1枚。除此之外，再未见其他任何遗物（图三九二）。

YYM314

这是玉皇庙墓地属于丙（C）级规格的小型墓葬之一。位于西区西南部。其东已无墓葬；东南有YYM311，间距2.2米；西南有YYM313和YYM309，间距分别为0.9和3.3米；西北有YYM307和YYM308，间距分别为3.7和5.3米；北有YYM315，间距1.3米；东北有YYM316，间距2.8米。

墓圹平面形状，呈抹角长方形，为竖穴土坑墓。东向，方位角为东偏北25°。墓圹规格，圹口东西长2.5、东端宽0.9、西端宽0.79米，圹底东西长2.4、东端宽0.8、西端宽0.72米，圹口至圹底深0.7米。此墓开口于第2层，整个墓圹均坐于第2层中。无生土二层台。无木质葬具，无活土二层台。在墓圹北壁西半部和西壁及西南角的上层或圹口，分别遗有打圹时留下的自然石灰岩石块4块、3块和1块，外裸部分规格，大者26×17×15、小者9×6×5厘米。

圹内填土，为深褐色夹杂碎石颗粒的五花土，经普遍夯实，但未有夯层与夯窝痕迹。在填土中，仅发现夹砂褐陶罐口沿及腹部碎片3块，泥质灰陶残片2块。在圹内东南角，殉牲兽骨之下的中上层填土中，有一堆自然石灰岩石块，大小不一，共计11块，应属有意为之。

殉牲位置，祭牲集中摆放在圹内东南角上层填土中，上与圹口近乎平齐，下距圹底0.51米。在祭牲北侧斜下方，有一堆自然石灰岩石块。殉牲种类，有牛、狗2种家畜。殉牲数量，牛头1个，狗头2个，已残碎。殉牲形式，将完整的牛头1个和狗头2个，按东西方向，牛东狗西，自圹内东南角向西北侧，呈纵向"一"字排列。牛头侧置，狗头正置。牛牲与狗牲的吻部，一律朝东（图版一四三，3）。

在圹底中间位置，按东西方向，安葬尸骨一具。保存状况不太好，头骨已残碎，其他主要部位骨骼，基本完整。头东足西，侧面向北，仰身直肢。经现场鉴定，死者为男性，30岁左右。骨骼从头到脚通长1.74米。

随葬品较少，仅在死者左股骨外侧，出青铜削刀1件，青铜短剑1件，短剑剑身叠压在削刀刀身之上，刀锋与剑锋均朝下（图三九三；彩版三五，1）。

YYM315

这是玉皇庙墓地属于丙（B）级规格的小型墓葬之一。位于西区西南部。其东无墓葬；南有YYM314，间距1.3米；西南有YYM309，西有YYM308，间距均为4.2米；西北有YYM306和YYM307，间距分别为3.1和1.4米；东北有YYM316和YYM317，间距分别为1.9和3.1米。

墓圹平面形状，呈抹角长方形，为竖穴土坑墓。东向，方位角为东偏北4°。墓圹规格，圹口东西长2.05、东端宽0.8、西端宽0.78米，圹底东西长1.96、东端宽0.74、西端宽0.72米，圹口至圹底深0.8米。此墓开口于第2层。圹底刚好打破第3层，坐于生黄土层中。无生土二层台。无木质葬具，无活土二层台。在墓圹西壁上层和北壁下层，分别遗有打圹时留下的自然石灰岩石块5块和10块。

圹内填土，为深褐色夹杂碎石颗粒的五花土，即大量深褐色淤积夹砂石土和很少量生黄土混杂后的五花上。经普遍夯实，但未有夯层与夯窝痕迹。在填土中，仅发现夹砂粗褐陶碎片2块，泥质灰陶带弦纹的碎片1块。在圹内东端中上层和东南角中下层的填土中，分别堆砌自然石灰岩石块11块和19块，体积都不太大，规格在11×7×6至22×18×15厘米之间。这显然是有意堆砌的。

殉牲位置，祭牲摆放在圹内东南角上层填土中，上距圹口16厘米深，下距圹底0.46米（图版一四五，1）。殉牲种类，仅有狗1种。数量，狗头3个，已残。殉牲形式，将完整的狗头3个，按东西方向，自东而西，作同层、纵向"一"字排列。其中大号狗头居东，中号狗头居中，小号狗头居西。吻部一律朝东。

在圹底中间偏东北—西南方向，安葬尸骨一具。保存状况不太好，头骨已残碎，其他主要部位骨骼，基本完整。头东足西，仰身直肢。经现场鉴定，死者为男性，45岁左右。骨骼从头到脚通长1.69米（彩版三五，2）。

随葬品很少，仅在死者骨盆左侧及左股骨表面，出青铜削刀1件，刀锋朝下（图三九四；彩版三五，3）。除此之外，再无其他任何遗物。

YYM313

这是玉皇庙墓地属于丁级规格的小型墓葬之一。位于西区西南部。其东南有YYM311，间距1.1米；正南已无墓葬；西南有YYM312，间距1.6米；西北有YYM309，间距2米；东北有YYM314，间距0.9米。

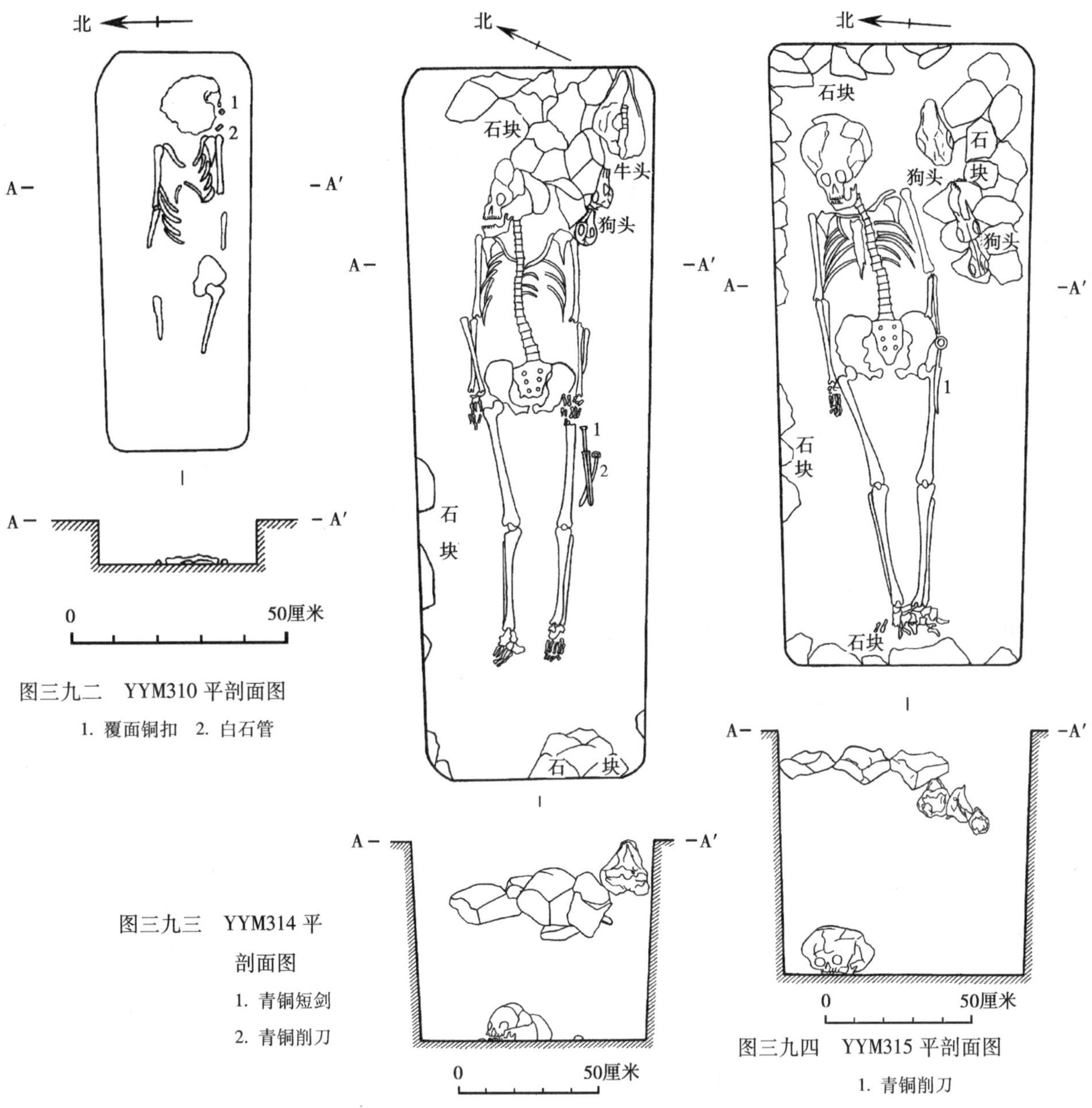

图三九二　YYM310 平剖面图
1. 覆面铜扣　2. 白石管

图三九三　YYM314 平剖面图
1. 青铜短剑
2. 青铜削刀

图三九四　YYM315 平剖面图
1. 青铜削刀

墓圹平面形状，呈抹角长方形，为浅穴土坑墓。东向，方位角为东偏北21°。墓圹规格，圹口东西长2、东端宽0.7、西端宽0.72米，圹底形制、规格与圹口一致，圹口至圹底深0.4米。此墓开口于第2层。整个墓圹均坐于第2层。无生土二层台。无木质葬具，无活土二层台。在墓圹四壁，均遗有打圹时留下的自然石灰岩石块，分布层位及数量不等，东、西壁上、下均有分布，数量分别为8和10块；南壁仅分布于下层，共4块；北壁分布于中层，共3块。石块的体积以西端圹口的1块最大，规格为60×28×18厘米。

圹内填土，为深褐色夹杂碎石颗粒的五花土，未经夯实，土质较疏松。在填土中，仅发现泥质灰陶碎片2块。另在墓圹底部，人骨架南侧，自左肩部以下，至骨盆左侧，还有左腓骨外侧，散布有体积较小的自然石灰岩石块10块。

无殉牲。

在圹底中间位置，按东西方向，安葬尸骨一具。保存状况不好，头骨已残碎，骨质腐朽较严重，上肢骨已残损不全，骨盆和下肢骨，均已酥裂。头东足西，仰身直肢。经现场鉴定，死者为男性，56岁以上。骨骼从头到脚通长1.77米（图版一四五，2）。

随葬品较少，陈放于死者身上及其近前（图三九五）。在死者头骨左后侧，侧置泥质灰陶罐1件，侧置，口朝东北。在左、右耳骨下面，各出螺旋形铜丝耳环1件，无绿松石坠珠伴出。在左股骨外侧，出青铜削刀1件，刀锋朝下（图版一四五，3）。在左、右股骨之间，出铜带钩1件，钩首朝右（图三九六）。

YYM309

这是玉皇庙墓地属于丁级规格的小型墓葬之一。位于西区西南部边缘。其东南有YYM312和YYM313，间距分别为1.9和2米；西南有YYM310，间距2.1米；西侧已无墓葬；西北有YYM308，间距3.1米；北有YYM307，间距4.3米；东北有YYM314和YYM315，间距分别为3.3和4.2米。

墓圹平面形状，呈抹角长方形，为浅穴土坑墓。东向，方位角为东偏南1°。墓圹规格，圹口东西长1.95、东端宽0.8、西端宽0.78米，圹底东西长1.9、东端宽0.77、西端宽0.75米，圹口至圹底深0.35米。此墓开口于第2层，整个墓圹均坐于第2层中。无生土二层台。无木质葬具，无活土二层台。

圹内填土，为深褐色夹杂碎石颗粒的五花土，未经夯实，土质较疏松。在填土中，仅发现夹砂褐陶碎片2块。在圹底南侧中部和北侧西部，各散置自然石灰岩石块5～6块，无一定规则，体积大小不一，规格在8×7×6至27×16×10厘米之间。

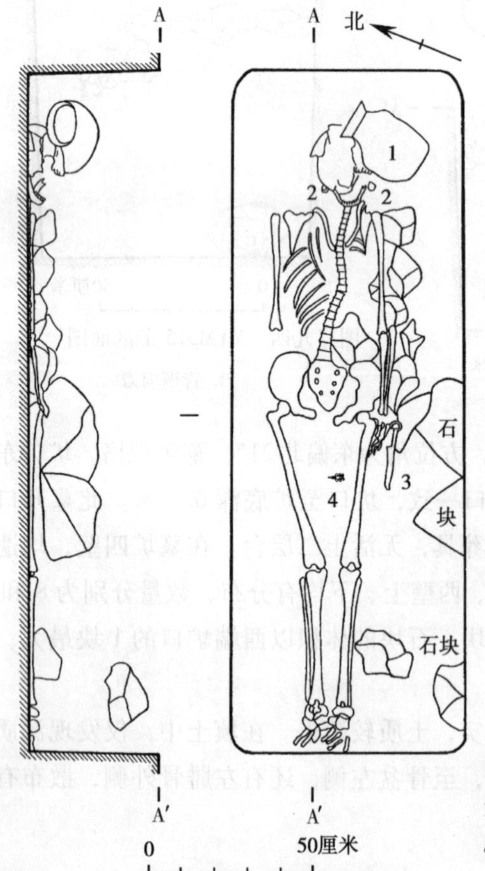

图三九五 YYM313平剖面图

1. 泥质灰陶罐 2. 铜丝耳环 3. 青铜削刀 4. 铜带钩

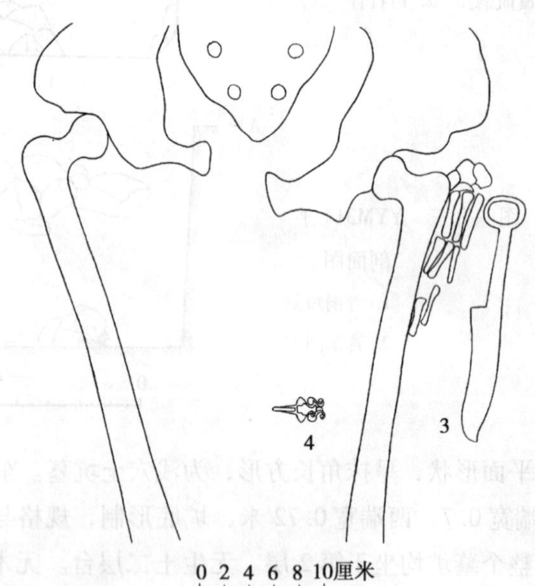

图三九六 YYM313遗物分布图（局部）

3. 青铜削刀 4. 铜带钩

无殉牲。

在圹底中间位置，按东西方向，安葬尸骨一具。保存状况不太好，头骨已残碎，其他主要部位骨骼，基本完整。头东足西，侧面向南，仰身直肢。经现场鉴定，死者为男性，18～20岁。骨骼从头到脚通长1.57米（图三九七；图版一四六，1）。

无任何随葬品。

YYM307

这是玉皇庙墓地属于丁级规格的小型墓葬之一。位于西区西南部边缘。其东有YYM316，间距4.4米；东南有YYM315，间距1.4米；南有YYM309，间距4.3米；西南有YYM308，间距1米；西侧已无墓葬；北有YYM306，间距1米；东北有YYM317，间距3.7米。

墓圹平面形状，呈抹角长方形，为浅穴土坑墓。东向，方位角为东偏北5°。墓圹规格，圹口东西长2.35、东端宽0.84、西端宽0.82米，圹底东西长2.27、东端宽0.82、西端宽0.79米，圹口至圹底深24厘米。此墓开口于第2层，整个墓圹均坐于第2层中。无生土二层台。无木质葬具，无活土二层台。

圹内填土，为深褐色夹杂碎石颗粒的五花土，未经夯实，土质较疏松。在填土中，仅发现夹砂褐陶罐口沿残片1块，泥质灰陶碎片1块。另在圹底东端，人头骨东侧，还有圹底东南角、西南角、西北角，以及北圹壁东端的填土中，分别出有体积较小的自然石灰岩石块1～2块，分布零散，不似专意摆放。

无殉牲。

在圹底中间，按东西方向，安葬尸骨一具。保存状况不太好，头骨已残碎，其他主要部位骨骼，基本完整。头东足西，侧面向南，仰身直肢。经现场鉴定，死者为男性，35～40岁。骨骼从头到脚通长1.74米。值得注意的是，此死者不但双手并拢于骨盆前，而且左、右胫、腓骨及足骨，也紧密地并拢在一起（图版一四六，2），已非属正常仰身直肢葬姿态。故有理由认为，此死者是在其两只手腕和两条小腿及脚腕都被捆绑起来之后埋葬的（图三九八）。

无任何随葬品。

YYM308

这是玉皇庙墓地属于丁级规格的小型墓葬之一。位于西区西南部边缘。其东有YYM315，间距4.2米；东南有YYM309，间距3.1米；南有YYM310，间距5.2米；西南、西和西北，已无墓葬；东北有YYM307，间距1米。

墓圹平面形状，呈抹角长方形，为浅穴土坑墓。东向，方位角为东偏北12°。墓圹规格，圹口东西长2.05、东端宽0.8、西端宽0.72米，圹底东西长1.96、东端宽0.74、西端宽0.68米，圹口至圹底深0.45米。此墓开口于第2层。圹底打破了第3层，坐于生黄土层中。在墓圹南、北两壁上部，分别遗有打圹时留下的1块和数块自然石灰岩石块。无生土二层台。在圹底中间位置，按东西方向，安置木质葬具一具。在木质葬具东端至东圹壁之间，砌有自然石灰岩石块2层，将空间塞满；在南、西、北三面，则以土夯筑活土二层台，台高均为15厘米，宽度不一，南台宽23、西台宽10、北台宽18厘米，其中南、北两侧活土二层台的东部，夹砌一层（3～4块）自然石灰岩石块。

圹内填土，为深褐色夹杂碎石颗粒的五花土，即大量深褐色淤积夹砂石土与很少量生黄土混杂后的五花土。未经夯实，土质较疏松。在填土中，仅发现夹砂褐陶碎片1块，泥质灰陶口沿带弦纹的碎片2块。另在木质葬具的南、北两侧，发现有陷落进来的大小自然石灰岩石块5块，其中以死者头骨左

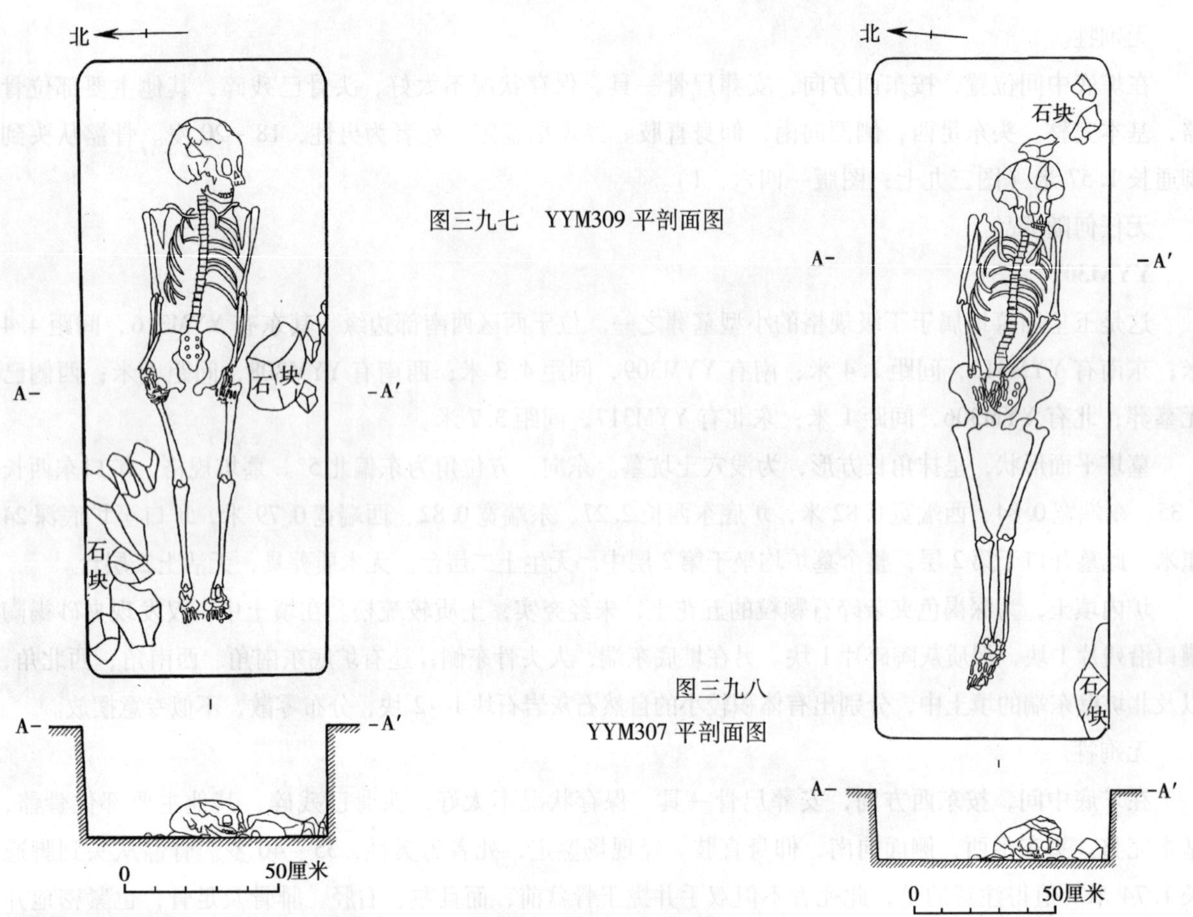

图三九七　YYM309 平剖面图

图三九八　YYM307 平剖面图

侧的1块和压在右腹部上面的1块较大（此石与死者右腹部骨骼之间，有厚约6厘米的填土相隔），其规格分别为43×10×9和37×22×15厘米（图版一四六，3）。

无殉牲。

木质葬具，已腐朽为泥，板灰痕迹已非常模糊，但凭葬具腐朽后的土质较松软，而周边活土二层台的夯土较坚硬这一差别特点，尚不难分辨该葬具的四至界限。其东西顺长为1.86米，东端宽34、西端宽31、总高15厘米。其他相关结构情况，已无从考察。

木质葬具内装殓尸骨一具。保存状况不太好，头骨已残碎，其他主要部位骨骼，基本完整。头东足西，仰身直肢。经现场鉴定，死者为男性，20~22岁。骨骼从头到脚通长1.7米。

随葬品较少，集中出于头、颈部及上半身（图三九九）。在左、右耳骨下面，各出螺旋形铜丝耳环1件，其中左耳环下附出绿松石坠珠1枚，右耳环下无。在左、右眼眶内和口中，各出覆面铜扣1枚。在颈部，出玛瑙珠、黑白石珠项链1串，由玛瑙珠3颗、小黑石珠33粒和小白石珠27粒，联合、相间串成。在右尺骨下面，压有铜铃饰3件。在左尺骨、桡骨表面及其周围，出纺锤形铜珠1串（44枚）（图四〇〇）。

YYM317

这是玉皇庙墓地属于丁级规格的小型墓葬之一。位于西区中部。其东南有YYM316和YYM318，间距分别为1.5和1.4米；西南有YYM315，间距3.1米；西有YYM306，间距2.5米；西北有YYM305，间距5.2米；东北有YYM320，间距3.2米。

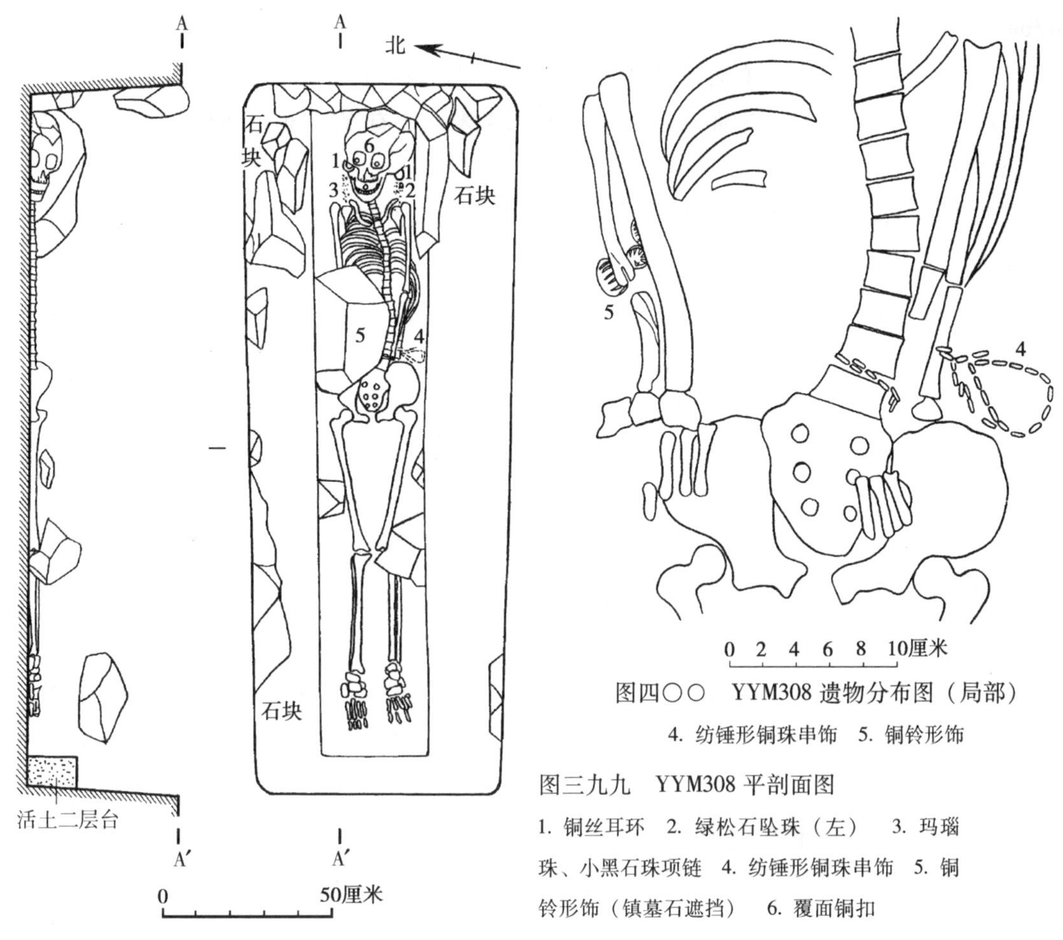

图四〇〇 YYM308 遗物分布图（局部）

4. 纺锤形铜珠串饰 5. 铜铃形饰

图三九九 YYM308 平剖面图

1. 铜丝耳环 2. 绿松石坠珠（左） 3. 玛瑙珠、小黑石珠项链 4. 纺锤形铜珠串饰 5. 铜铃形饰（镇墓石遮挡） 6. 覆面铜扣

墓圹平面形状，呈弧边抹角长方形，南、北两侧边西半部略外弧，为浅穴土坑墓。东向，方位角为东偏北 6°。墓圹规格，圹口东西长 2.3、东端宽 0.82、西端宽 0.85 米，圹底东西长 2.02、东端宽 0.49、西端宽 0.45 米，圹口至圹底深 0.4 米。此墓开口于第 2 层，整个墓圹均坐于第 2 层中。在墓圹东、南、北 3 壁中腰位置，各留出生土二层台一道，3 台面等高，均分别上距圹口和下距圹底 20 厘米，宽度不一，东台宽 27、南台宽 16、北台宽 19 厘米。无木质葬具，无活土二层台。

圹内填土，为深褐色夹杂碎石颗粒的五花土，未经夯实，土质较疏松。在填土中，仅发现夹砂褐陶碎片 1 块，泥质灰陶罐腹部残片 2 块。

无殉牲。

在圹底中间略偏东北—西南方向，安葬尸骨一具。保存状况不好，骨质腐朽较严重，头骨、上下肢骨等，已残碎。头东足西，仰身直肢。经现场鉴定，死者为女性（头骨似男，骨架似女），45 岁左右。骨骼从头到脚通长 1.67 米（图版一四七，1）。

随葬品较少，陈放于死者头部周围及胸部（图四〇一；彩版三六，1）。在头骨右后侧，放置泥质灰陶折肩罐 1 件，正置，口沿已残。在左、右耳骨下面，各出螺旋形铜丝耳环 1 件，无绿松石坠珠伴出。在右胸左侧，出铜泡形镜形饰 1 件，右侧出铜镜形饰 1 件，在铜泡形镜形饰与铜镜形饰之间偏下位置，出特小号铜凿 1 件，在铜泡形镜形饰近前，出白石管 1 枚（彩版三六，2；图版一四七，2）。这件特小号铜凿，同 YYM118 和 YYM305 出土者相似，亦非实用器，而应为垂坠之属。

YYM306

这是玉皇庙墓地属于丁级规格的小型墓葬之一。位于西区西部边缘。其东有 YYM317，间距 2.5 米；东南有 YYM315 和 YYM316，间距分别为 3.1 和 4.3 米；南有 YYM307，间距 1 米；西侧已无墓葬；北有 YYM305，间距 4.7 米。

墓圹平面形状，呈抹角长方形，为浅穴土坑墓。东向，方位角为东偏北 15°。墓圹规格，圹口东西长 2.25、东端宽 0.84、西端宽 0.88 米，圹底东西长 2.17、东端宽 0.8、西端宽 0.83 米，圹口至圹底深 0.4 米。此墓开口于第 2 层，圹底打破了第 3 层，坐于生黄土层中。无生土二层台。在圹底中间略偏东北—西南方向，安置木质葬具一具。在木质葬具四周至圹底部四壁之间，筑有活土二层台，台土经过夯打，较坚实，东、南、西、北四台等高，均为 15 厘米，宽度不一，东台宽 21、南台宽 19、西台宽 22、北台宽 23 厘米（中段）。在墓圹北壁、西壁及西南角中上部位，遗有打圹时留下的淤积夹石块层剖面，内含众多大小不一的自然石灰岩石块，所以这一部分圹壁，参差不齐。

圹内填土，为深褐色夹杂碎石颗粒的五花土，即大量深褐色淤积夹砂石土与很少量生黄土混杂后的五花土。未经夯实，土质较疏松。在填土中，仅发现夹砂粗褐陶碎片 3 块。除此之外，再未见其他遗物。

殉牲位置，祭牲摆放在圹内东端偏北侧的上层填土中，上面与圹口近乎平齐，下距圹底 0.33 米。殉牲种类，仅有狗 1 种。数量，狗头 1 个，已残碎不成形。从下颌骨状态观察，此狗头吻部，原是朝东的。

木质葬具，已腐朽为泥，板灰已无存，根据墓圹底部土质软、硬的差别，经清理、分辨，基本上可确认此葬具的四至界限。其东西顺长为 1.78 米，东端宽 42、西端宽 38、总高 15 厘米，与四周活土二层台台面平齐。其他相关结构情况，已无从考察。

木质葬具内装殓尸骨一具。保存状况不好，头骨残碎严重，脊椎骨、肋骨等，残缺不全，骨盆与下肢骨，基本完整。头东足西，仰身直肢。经现场鉴定，死者为女性，40～45 岁。骨骼从头到脚通长 1.58 米。

随葬品很少，仅在木质葬具内，死者头骨右后侧，放置夹砂红褐陶罐 1 件，正置，已酥碎，不成形。在左、右耳骨下面，各出螺旋形铜丝耳环 1 件（图四〇二）。除此之外，再无其他任何遗物。

YYM303

这是玉皇庙墓地属于丁级规格的小型墓葬之一。位于西区西北部。其南有 YYM304，间距 1.6 米；西南有 YYM302，间距 1.1 米；西北有 YYM301，间距 2.5 米；东北有 YYM325，间距 7.2 米。

墓圹平面形状，呈抹角长方形，为浅穴土坑墓。东向，方位角为东偏北 15°。墓圹规格，圹口东西长 2.05、东端宽 0.8、西端宽 0.84 米，圹底形制、规格，与圹口一致，圹口至圹底深 0.55 米。此墓开口于第 2 层，圹底打破了第 3 层，坐于生黄土层中。无生土二层台。在圹底中间，按东西方向，安置木椁一具。在木椁外壁四周至圹底部四壁之间，筑有活土二层台，台土经过严密夯打，较坚实，东、南、西、北四台等高，均为 20 厘米，宽度不一，东台宽 7、南台宽 17、西台宽 10、北台宽 11 厘米。

圹内填土，为深褐色夹杂碎石颗粒的五花土，即大量深褐色淤积夹砂石土与很少量生黄土混杂后的五花土。未经夯实，土质较疏松。在填土中，仅发现夹砂红褐陶碎片 2 块。在圹内南侧和中间东、西两端殉牲之下或上面的上层填土中，分布有零散的、体积较小的自然石灰岩石块 7 块。

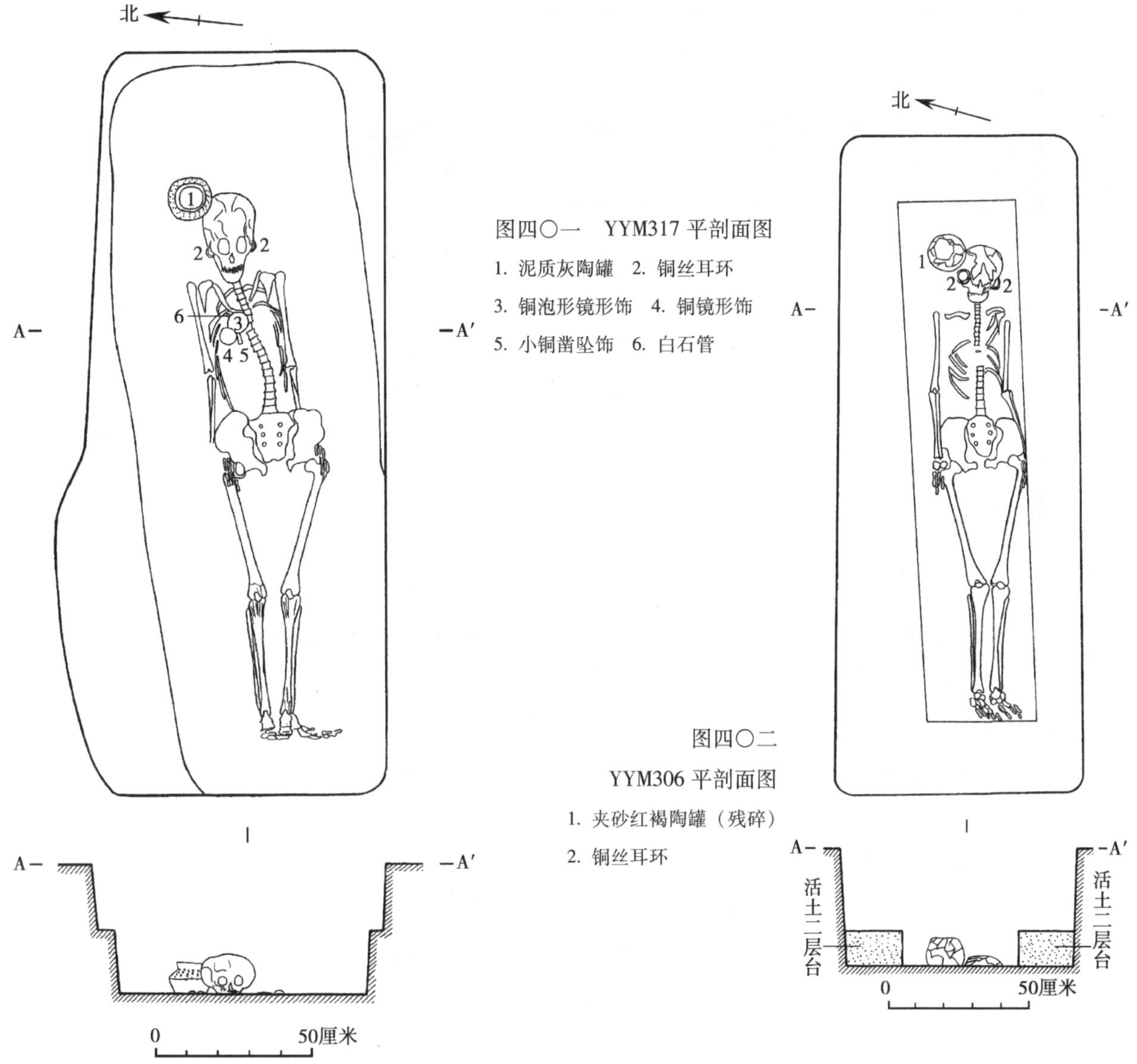

图四〇一　YYM317 平剖面图

1. 泥质灰陶罐　2. 铜丝耳环　3. 铜泡形镜形饰　4. 铜镜形饰　5. 小铜凿坠饰　6. 白石管

图四〇二　YYM306 平剖面图

1. 夹砂红褐陶罐（残碎）　2. 铜丝耳环

殉牲位置，祭牲摆放在圹内中间自东端至西半部的上层填土中，上与圹口平齐，下距圹底 19～41 厘米。殉牲种类，为牛、狗 2 种家畜。殉牲数量，牛头 1 个，狗头 11 个。殉牲形式，将牛和狗头的上、下颌拆解开后，按东西方向，作同层相邻、牛东狗西、呈纵向“一”字排列。自圹内东端至西侧，所殉牛牲与狗牲，延续 1.77 米长（图四〇三；图版一四七，3）。其中牛牲的下颌骨，侧置在下，牛上颌骨覆扣其上，牛角朝下，居殉牲之首，摆在最东端；其西侧，则连续顺摆拆解开的狗上、下颌骨 11 套，皆侧置。这组牛牲与狗牲的吻部，一律朝东。需要指出的是，11 套狗牲原本是与牛牲在同一个填土层位上殉祭的，但因其位在木椁盖板以上的填土中，由于木椁腐朽后盖板坍塌，遂造成填土下陷，因此这些狗牲才随之发生了层位错动。

木椁已朽，板灰呈很浅的白色粉渣状，盖板无存，底板痕迹已不清楚，南、北侧板与东、西堵板灰痕轮廓，尚可分辨。南、北侧板东西顺长 2.05 米，与墓圹东、西两端挤严，总高 20 厘米，与四周活土二层台台面平齐，板灰厚 3 厘米。东、西堵板，分别竖插于南、北侧板之间，立插部位，分别在南、

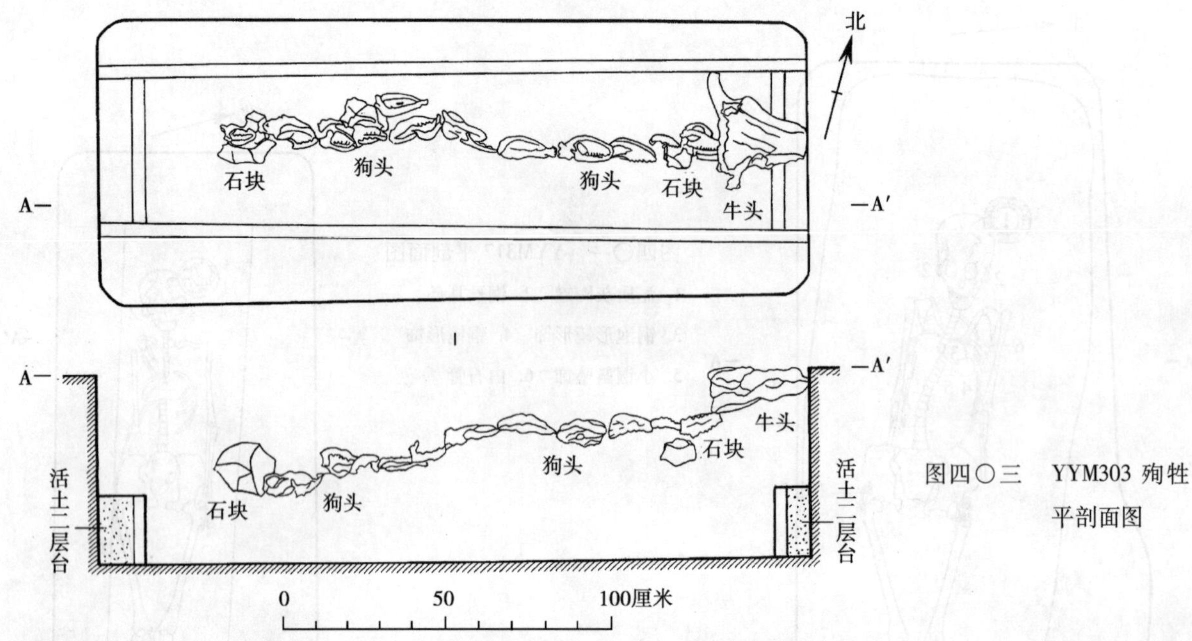

图四〇三　YYM303 殉牲平剖面图

北侧板东、西两端内缩7和10厘米处，高度与南、北侧板一致，均为20厘米，总宽东端46、西端42、板灰厚3厘米。南、北侧板与东、西堵板的板块组成情况，已不能详。

木椁内装殓尸骨一具。保存状况不好，头骨残碎严重，脊椎骨、右尺骨、肋骨、骨盆等，已残损不全，下肢骨基本完整。头东足西，侧面向北，仰身直肢。经现场鉴定，死者为男性，50～55岁。骨骼从头到脚通长1.77米（图版一四九，1）。

随葬品陈放于木椁内、死者身上及其附近（图四〇四；彩版三六，3）。在死者颈下至左胸之间，侧置夹砂灰褐陶罐1件，口朝西，已残碎。在左耳骨下面和右肱骨外侧，各出螺旋形铜丝耳环1件，皆残，无绿松石坠珠伴出。在右肱骨内侧，出梯形带穿孔的砂岩砺石1件。在腰椎骨右侧，出铜带钩1件，钩首朝上。在腰椎骨左侧至左髋骨之间，出青铜短剑1件，剑锋朝下。在短剑剑柄左侧，出服饰铜泡1件。在短剑和服饰铜泡的左侧，出青铜削刀1件，刀锋朝左侧斜下方。在削刀刀身表面，出长方形骨管1件（彩版三六，4）。在右股骨下段外侧，紧贴木椁北壁的地方，出铜镞和骨镞各4枚，镞锋均朝下（图四〇五）。

YYM304

这是玉皇庙墓地属于丙（C）级规格的小型墓葬之一。位于西区西北部。其东南有YYM321，间距7.8米；南有YYM305，间距2.5米；西南已无墓葬；西北有YYM302，间距0.8米；北有YYM303，间距1.6米；东北有YYM324和YYM325，间距分别为9和7.9米。

墓圹平面形状，呈抹角长方形，为竖穴土坑墓。东向，方位角为东偏北11°。墓圹规格，圹口东西长2.5米，东、西两端宽均为1米，圹底东西长2.46、东端宽0.96、西端宽0.94米，圹口至圹底深0.7米。此墓开口于第2层。圹底打破了第3层，坐于生黄土层中。无生土二层台。在圹底中间位置，按东西方向，安置木质葬具一具。在木质葬具四周至圹底部四壁之间，筑有活土二层台，台土经过严密夯打，较坚实，东、南、西、北四台等高，均为22厘米，宽度不一，东台宽39、南台宽29、西台宽42、北台宽21厘米。在西端圹口中间部位，遗有打圹时留下的体积较小的自然石灰岩石块1块。

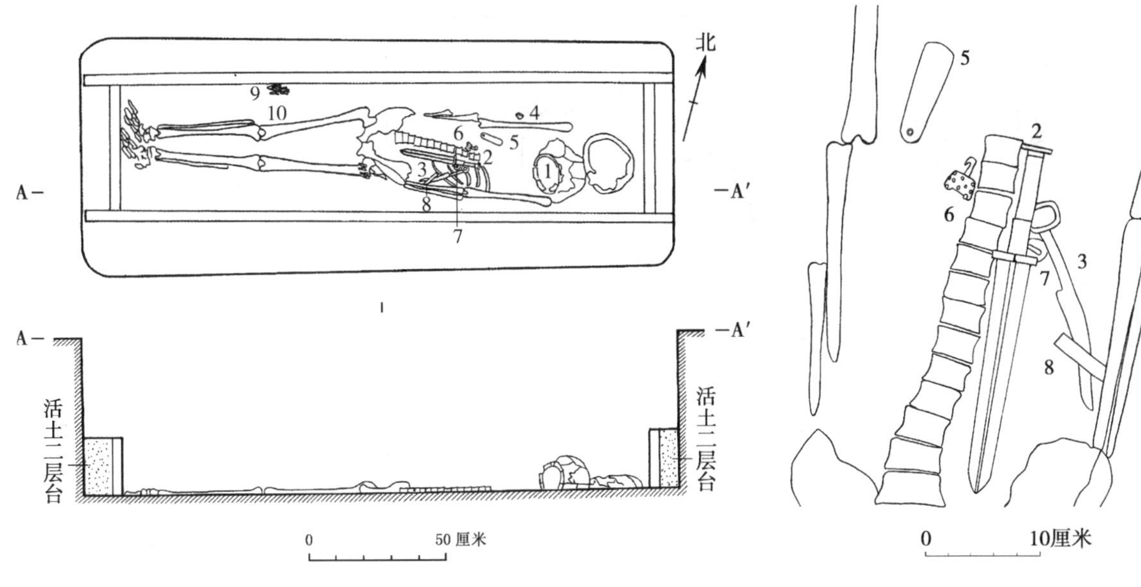

图四〇四　YYM303 平剖面图

1. 夹砂褐陶罐　2. 青铜短剑　3. 青铜削刀　4. 铜丝耳环　5. 穿孔砺石　6. 铜带钩　7. 铜泡　8. 长方形骨管　9. 铜镞　10. 骨镞

图四〇五　YYM303 遗物分布图

2. 青铜短剑　3. 青铜削刀　5. 穿孔砺石　6. 铜带钩　7. 铜泡　8. 长方形骨管

圹内填土，为深褐色夹杂碎石颗粒的五花土，即大量深褐色淤积夹砂石土与很少量生黄土混杂后的五花土。经普遍夯实，但未有夯层与夯窝痕迹。在填土中，仅发现夹砂粗褐陶残片 1 块。在南侧活土二层台东、西两端台面上，各有体积较小的自然石灰岩石块 1 块。另在南、北两侧和东端，在殉牲以下至木质葬具以上中层填土中，分别出有零散的自然石灰岩石块 4、5 和 12 块，以东端出土数量最多，石块大小相差较悬殊，大者为 33×20×18 厘米，小者为 10×6×6 厘米。

殉牲位置，祭牲摆放在圹内东端偏南侧的上层填土中，上距圹口 8 厘米深，下距圹底 0.55 米深。殉牲种类，仅有狗 1 种。数量，狗头 6 个，皆属小号狗头。殉牲形式，将完整狗头 6 个，按东西方向，自东而西、作同层、纵向“一”字排列，吻部一律朝东（图四〇六）。

木质葬具，已腐朽为泥，已看不到板灰痕迹。凭对墓圹底部土质软、硬的差别作仔细清理，最后可确定该木质葬具的四至界限。其东西顺长为 1.66、东端宽 0.5、西端宽 0.43 米，总高 22 厘米，与四周活土二层台台面平齐。其他相关结构情况，已无从考察。

木质葬具内装殓尸骨一具。保存状况不太好，头骨已残碎，左上肢残缺不全，其他主要部位骨骼，基本完整。头东足西，仰身直肢。经现场鉴定，死者为女性，35～40 岁。骨骼从头到脚通长 1.5 米（图四〇七；图版一四八，1）。

无任何随葬品。

YYM305

这是玉皇庙墓地属于丙（C）级规格的小型墓葬之一。位于西区西部边缘。其东有 YYM321，间距 7.2 米；东南有 YYM317 和 YYM320，间距 5.2 和 6.7 米；南有 YYM306，间距 4.7 米；西南和正西，已无墓葬；西北有 YYM302，间距 3.8 米；北有 YYM304，间距 2.5 米。

墓圹平面形状，呈抹角长方形，东端略宽，为竖穴土坑墓。东向，方位角为东偏北 11°。墓圹规格，

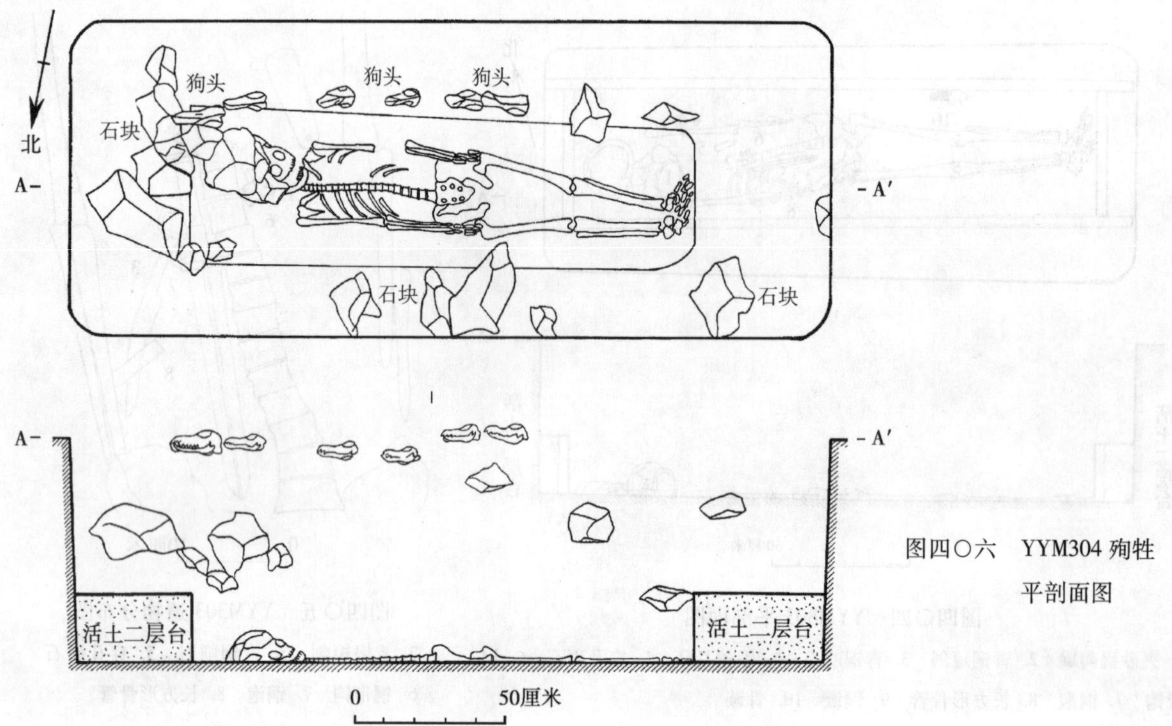

图四〇六　YYM304 殉牲平剖面图

圹口东西长2.35、东端宽0.92、西端宽0.74米，圹底东西长2.25、东端宽0.84、西端宽0.69米，圹口至圹底深0.65米。此墓开口于第2层。圹底未有打破第3层，整个墓圹均坐于第2层中。无生土二层台。在圹底中间，按东西方向，安置木质葬具一具。在木质葬具四周至圹底部四壁之间，筑有活土二层台，台土经过严密夯打，较坚实，东、南、西、北四台等高，均为20厘米，宽度不一，东台宽29、南台宽24、西台宽18、北台宽20厘米（中段）。在南侧圹壁中间上层位置，遗有打圹时留下的自然石灰岩石块1块，外裸部分规格为18×8×7厘米。

圹内填土，为深褐色夹杂碎石颗粒的五花土，经普遍夯实，但未有夯层与夯窝痕迹。在填土中，仅发现夹砂褐陶碎片2块。在墓圹东端，木椁东南角上方的上层填土中，平置较大的自然石灰岩石块1块，其上距圹口11厘米深，下距圹底0.37米，上面遗有一小堆残破殉牲兽骨，规格为38×34×18厘米。此外，在木质葬具东端底部，人头骨左侧，还有陷落下来的体积较小的自然石灰岩石块1块。

殉牲位置，祭牲摆放在圹内东端偏南侧的上层填土自然石块上，已腐朽残碎。根据兽牙判断，这置于石块表面的一小堆兽骨，应属于1个狗头。因破碎严重，殉牲的吻部朝向，不能确指。

木质葬具，已腐朽为泥，不见板灰痕迹，只能依据墓圹底部土质软、硬的差异，来判断此木质葬具的四至界限。经清理、分辨，此葬具东西顺长1.83米，东端宽40、西端宽38、总高20厘米。其他相关结构情况，已无从考察。

木质葬具内装殓尸骨一具。保存状况不太好，头骨已残碎，其他主要部位骨骼，基本完整。头东足西，仰身直肢。经现场鉴定，死者为女性，40～45岁。骨骼从头到脚通长1.64米（图版一四九，2）。

随葬品较少，集中于头部和颈、胸部（图四〇八；彩版三七，1；图版一四九，3）。在左、右耳骨下面，各出螺旋形铜丝耳环1件。无绿松石坠珠伴出。在颈部至胸部，出铜泡14枚，从颈部绕挂于

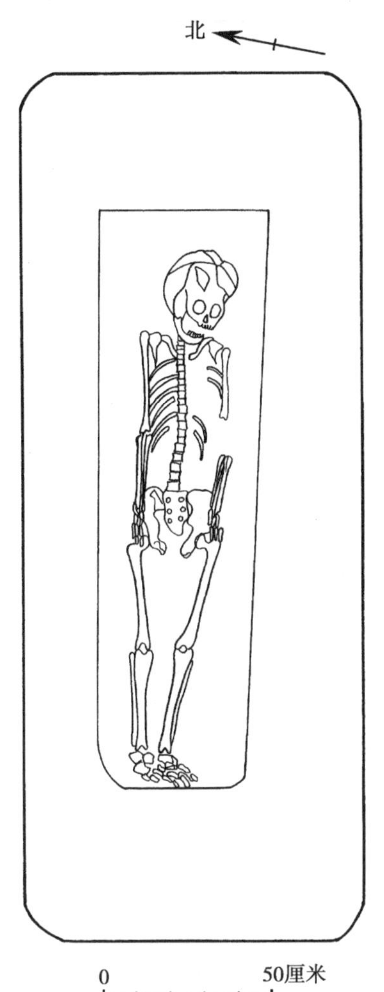

图四〇七　YYM304 平面图

胸前，左、右两侧各7枚，每侧下端，各连挂铜镜形饰1件（图四〇九；彩版三七，2），在左侧颈下第1件大号铜泡的背面和右侧铜镜形饰的背面，各附有特小号铜凿1件，凿銎之下有穿孔，同YYM118随葬的小铜凿相似，亦非实用器，而应为垂坠之属，与铜镜形饰联挂在一起，动则作响。

YYM301

这是玉皇庙墓地属于丙（B）级规格的小型墓葬之一。位于西区西北部边缘。其东南有YYM303，间距2.5米；南有YYM302，间距3.5米；西南、西、西北与正北，已无墓葬；东北有YYM325和YYM327，间距分别为9.9和12.2米。

墓圹平面形状，呈弧边抹角长方形，南侧边略外弧，为竖穴土坑墓。东向，方位角为东偏南2°。墓圹规格，圹口东西长2.3、东端宽0.86、西端宽0.84、中间最宽处0.99米，圹底东西长2.19、东端宽0.78、西端宽0.75米，圹口至圹底深0.92米。此墓开口于第2层。圹底打破了第3层，坐于生黄土层中。无生土二层台。在圹底中间位置，略偏东北—西南位置，安置木椁一具。在木椁外壁四周至圹底部四壁之间，筑有活土二层台，台土经过严密夯打，较坚实，东、南、西、北四台等高，均为17厘米，宽度不一，东台宽20、南台宽37、西台宽25、北台宽12厘米（中段）。

圹内填土，为深褐色夹杂砂石颗粒的五花土，即大量深褐色淤积夹砂石土与少量生黄土混杂后的五花土。经普遍夯实，但未有夯层与夯窝痕迹。在填土中，仅发现夹砂褐陶罐口沿残片2块，腹部残片1块。在距圹底25厘米深的南侧西半部圹壁上，遗有打圹时留下的自然石灰岩石块3块，大小差不多，体积在20×15×10厘米左右；在北侧东半部活土二层台台面上，有散落的体积较小的自然石灰岩石块1块；在东半部偏南侧的殉牲位置，在西侧的2狗头之间和下面，有体积较小的自然石灰岩石块2块；在墓圹东端偏北侧，木椁东北角，正对死者头部上方的上层填土中，压有较大的自然石灰岩石块1块，石块的顶部与墓口相平。规格为34×26×20厘米，这应是有意摆放的一块“封顶石”。

殉牲位置，祭牲集中摆放在圹内东端偏南侧的上层填土中，上距东端圹口16厘米深，下距圹底0.58米。殉牲种类，为牛、狗2种家畜。殉牲数量，牛头1个，狗头3个（其中1个已残碎）。殉牲形式，将牛和狗头的上、下颌拆解开后，按东西方向，作同层相邻、牛东狗西、呈纵向“一”字排列。其中牛下颌骨侧置在下，牛上颌骨覆扣其上，牛角朝下，居殉牲之首，摆在最东端；其西侧接连摆放3个狗头，挨牛头最近的，是1个大号狗头，中间的是1个中号狗头，末端（即西侧）的是1个小号狗头，已残碎，狗头均正置，牛牲与狗牲的吻部，一律朝东。

木椁已朽，板灰呈很浅的白色粉状，盖板无存，底板灰痕不清楚，南、北侧板与东、西堵板板灰轮廓，尚可辨识。南、北侧板东西顺长1.94米，总高17厘米，板灰厚3厘米。东、西堵板，分别竖插

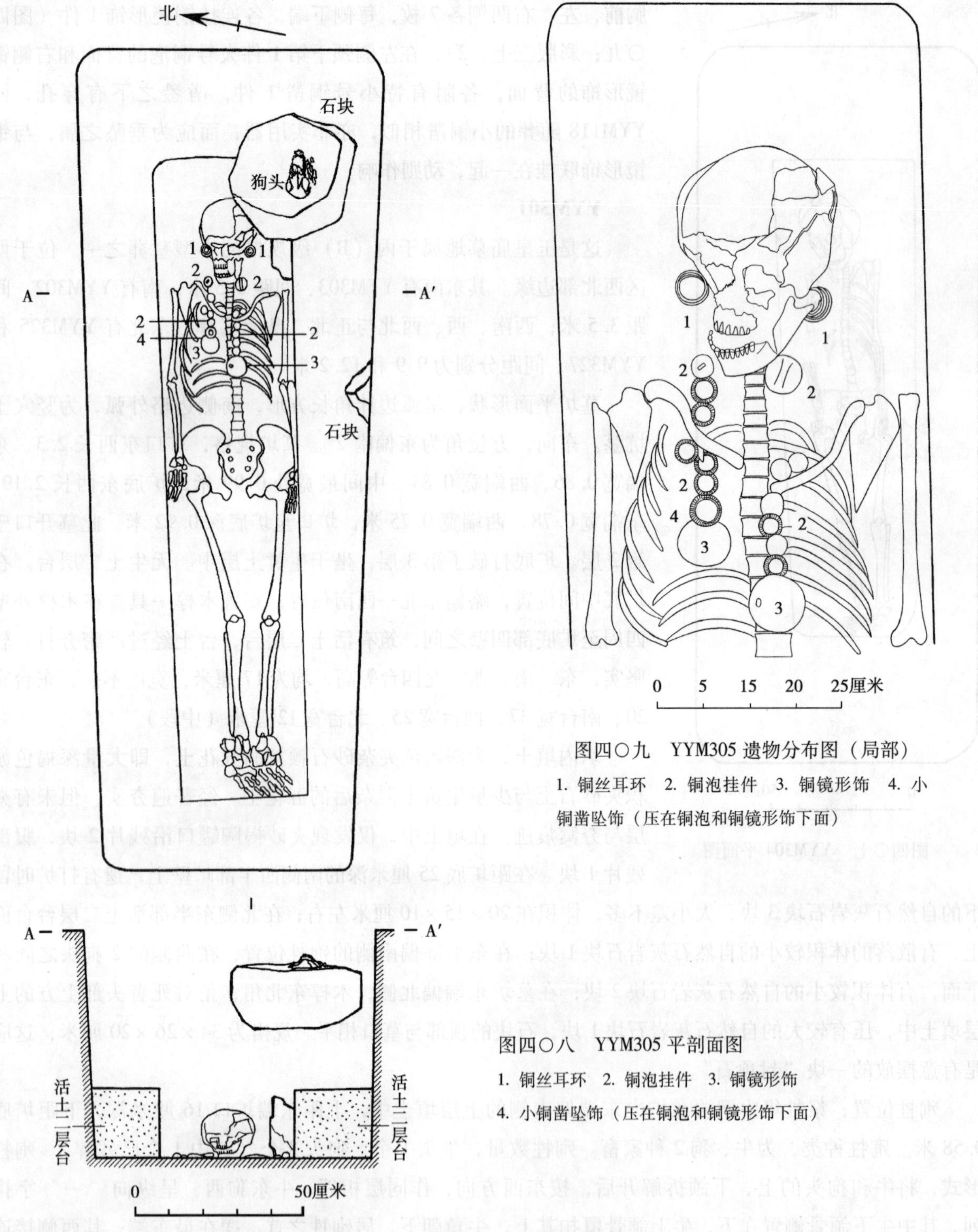

图四〇八 YYM305 平剖面图

1. 铜丝耳环 2. 铜泡挂件 3. 铜镜形饰 4. 小铜凿坠饰（压在铜泡和铜镜形饰下面）

图四〇九 YYM305 遗物分布图（局部）

1. 铜丝耳环 2. 铜泡挂件 3. 铜镜形饰 4. 小铜凿坠饰（压在铜泡和铜镜形饰下面）

于南、北侧板之间，立插部位，分别在南、北侧板东、西两端内缩 10 厘米处，高度与南、北侧板一致，均为 17 厘米，总宽东端 37、西端 31、板灰厚 3 厘米。南、北侧板与东、西堵板的板块组成情况，已不能详。

木椁内装殓尸骨一具。保存状况不好，头骨已残碎，额骨无存，面骨大部残缺，左上肢骨、骨盆、

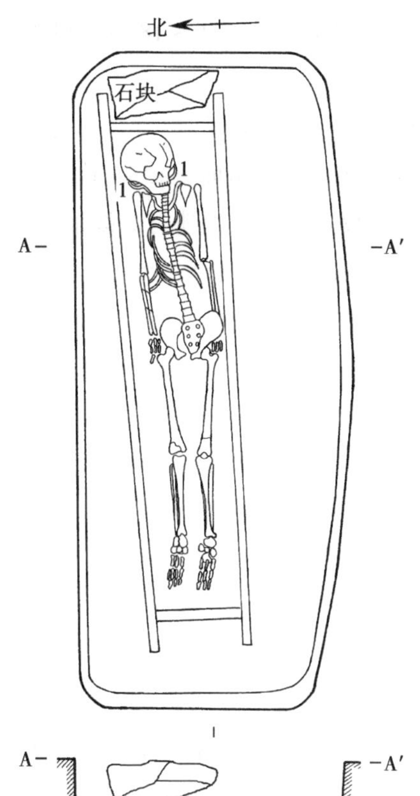

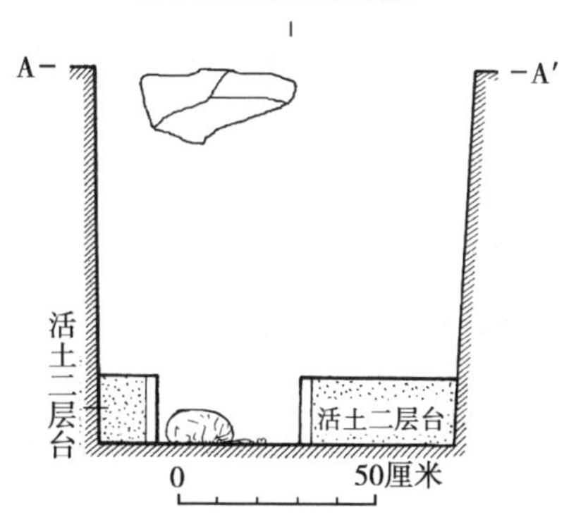

图四一〇　YYM301 平剖面图

1. 铜丝耳环

右下肢骨等，已残损不全。头东足西，仰身直肢。经现场鉴定，死者为女性，55 岁以上。骨骼从头到脚通长 1.5 米（图版一四八，2）。

随葬品很少，仅在木椁内死者左、右耳骨下面，各出大、中号螺旋形铜丝耳环 2 件（图版一四八，3），无绿松石坠珠伴出。除此之外，再无其他任何遗物（图四一〇）。

YYM302

这是玉皇庙墓地属于丙（C）级规格的小型墓葬之一。位于西区西北部边缘。其东南有 YYM304 和 YYM305，间距分别为 0.8 和 3.8 米；西南、西和西北，已无墓葬；北有 YYM301，间距 3.5 米；东北有 YYM303，间距 1.1 米。

墓圹平面形状，呈抹角长方形，为竖穴土坑墓。东向，方位角为东偏南 3°。墓圹规格，圹口东西长 2.05、东端宽 0.8、西端宽 0.72 米，圹底东西长 1.95、东端宽 0.76、西端宽 0.68 米，圹口至圹底深 0.77 米。此墓开口于第 2 层。圹底打破了第 3 层，坐于生黄土层中。无生土二层台。在圹底中间略偏南侧位置，按东西方向，安置木质葬具一具。在木质葬具四周至圹底部四壁之间，筑有活土二层台，台土经过严密夯打，较坚实，东、南、西、北四台等高，均为 22 厘米，宽度不一，东台宽 20、南台宽 11、西台宽 9、北台宽 23 厘米（中段）。在北侧圹口西端，遗有打圹时留下的体积较小的自然石灰岩石块 2 块。

圹内填土，为深褐色夹杂砂石颗粒的五花土，即大量深褐色淤积夹砂石土与少量生黄土混杂后的五花土。经普遍夯实，但未有夯层与夯窝痕迹。在填土中，仅发现夹砂粗褐陶碎片 3 块。在圹内东北角活土二层台台面上，有大小不一的自然石灰岩石块 2 块，其中大块的规格为 23 × 14 × 11 厘米。还有 1 块自然石灰岩石块，随填土一起陷落于木质葬具内，位置处于木质葬具东南角，死者左肩部上方，中间隔有 5 ~ 6 厘米厚的填土，此石块规格为 24 × 12 × 12 厘米。在东端偏南侧殉牲附近的上层填土中，有体积较小的自然石灰岩石块 1 块。

殉牲位置，祭牲集中摆放在圹内东端偏南侧的上层填土中，上与东端圹口相平，下距圹底 0.64 米。殉牲种类，仅有狗 1 种。数量，狗头 5 个。殉牲形式，将 5 个完整的狗头，按东西方向，自东而西，呈纵向，作同层相邻、"一" 字排列。狗头皆正置，一个挨一个，吻部一律朝东。

木椁已腐朽为泥，已看不出板灰痕迹，仅能凭墓圹底部土质软、硬的差别，大致确定该木质葬具的四至界限。其东西顺长为 1.73 米，东端宽 42、西端宽 31、总高 22 厘米，与四周活土二层台台面平齐。其他相关结构情况，已无从考察。

木椁内装殓尸骨一具。保存状况不好，头骨已残碎，脊椎骨、肋骨、骨盆等，已残损不全，左、右尺骨已残断，唯下肢骨较完整。头东足西，仰身直肢。经现场鉴定，死者为女性，16～18岁。骨骼从头到脚通长1.64米（图版一五○，1）。

随葬品主要为装饰品，集中陈放于死者头部及上半身（图四一一、四一二；彩版三八）。在死者左、右耳骨附近，各出螺旋形铜丝耳环2件，无绿松石坠珠伴出。在前额部位，出覆面铜扣14枚，小白石珠1串（33粒），呈横向“一”字排列，在14枚覆面铜扣中，有6枚背面穿鼻内遗有麻线痕迹。在头骨右侧，出服饰铜泡1枚。在头骨顶部，出骨锥1件，已断为4截。在颈部至胸部，出不同质料的项链3串：（1）玛瑙珠、白石管项链1串，出于颈部周围，由玛瑙珠4颗、白石管21枚，联合串成；（2）粟粒形铜珠项链1串，出于颈部至右肱骨外侧，由267粒粟粒形铜珠串成，末端（右肱骨下段内、外侧）附出铜环3件；（3）纺锤形铜珠项链1串，出于颈、胸部至左肱骨内、外侧，由227枚纺锤形铜珠串成，末端（左肱骨肘关节内侧及下面）附出铜环2件（图版一五○，2）。此外，在左、右手骨下面，分别出有铜铃形饰11和9件（图版一五○，3）。

六　春秋晚期后段墓葬（80座）

YYM164

这是玉皇庙墓地属于丙（B）级规格的小型墓葬之一。位于南区南部，其正东方无墓葬，东南有YYM172和YYM163，间距分别为3.1和0.8米；西南有YYM160，间距仅0.1米；西北有YYM159，间距0.75米；北有YYM165，间距只有0.2米；东北有YYM166，间距1.75米。此墓的地层堆积，大体上同于YYM174，不赘。

墓圹平面形状，基本上呈抹角长方形，为竖穴土坑墓，东向，方位角东偏北5°。墓圹规格，圹口东西长2.4、东端宽0.7、西端宽0.91米，圹底东西长2.32、圹底东端宽0.66、西端宽0.82米，圹口至圹底深0.9米。无生土二层台。在圹底正中位置，按东西方向，安置木椁一具。在木椁四壁的外侧至圹底部四壁之间，筑有活土二层台，台土经过严密夯打，较坚实，台面等高，均为30厘米，宽度不一，东台宽16、南台宽10（中段）、西台宽21、北台宽20厘米（中段）。

圹内填土，为淤积夹砂石褐色土与生黄土混杂后的五花土，经普遍夯实，但未见夯层与夯窝痕迹。在填土中，发现夹砂褐陶罐类口沿和腹部残片6块，泥质灰陶器碎片11块，烧烤过的残碎兽骨6块。在靠东端木椁之上、殉牲之下的填土中，出石灰岩自然石块3块，其中最大的一块，恰好置于木椁内死者头上部位，此石块的规格为30×25×12厘米，这应属有意放置的。

殉牲位置，祭牲集中摆放在圹内东端中间上层填土中，上距东端圹口11厘米深，下距圹底61厘米（图四一三；图版一五一，1）。殉牲种类，只有狗和山羊2种家畜。殉牲数量，山羊头1个，羊肱骨1只，狗头2个，狗肱骨2只。殉牲形式，将狗、羊头的上、下颌均拆解开，作同层由东而西依次摆放。先在东端摆上狗肱骨2只、狗头2个，狗肱骨在下面，狗头在上面，然后再在两狗头中间的西侧，摆放羊肱骨1只、山羊头1个。此墓所殉的狗头和山羊头，吻部均一律朝东。

木椁已朽，盖板无存，底板板灰保存得不好，轮廓已不清楚，南、北侧板和东、西堵板板灰痕迹，尚可辨识，但板块结构已非常模糊，很难详指。南、北侧板东西顺长2.2米，总高30、板灰厚3.5厘米。东、西堵板，分别竖插于南、北两侧板之间，立插部位，分别在侧板东、西两端内缩15和13厘米处，高度与活土二层台台面平齐，均为30厘米，总宽东端41、西端40、板灰厚3.5厘米。

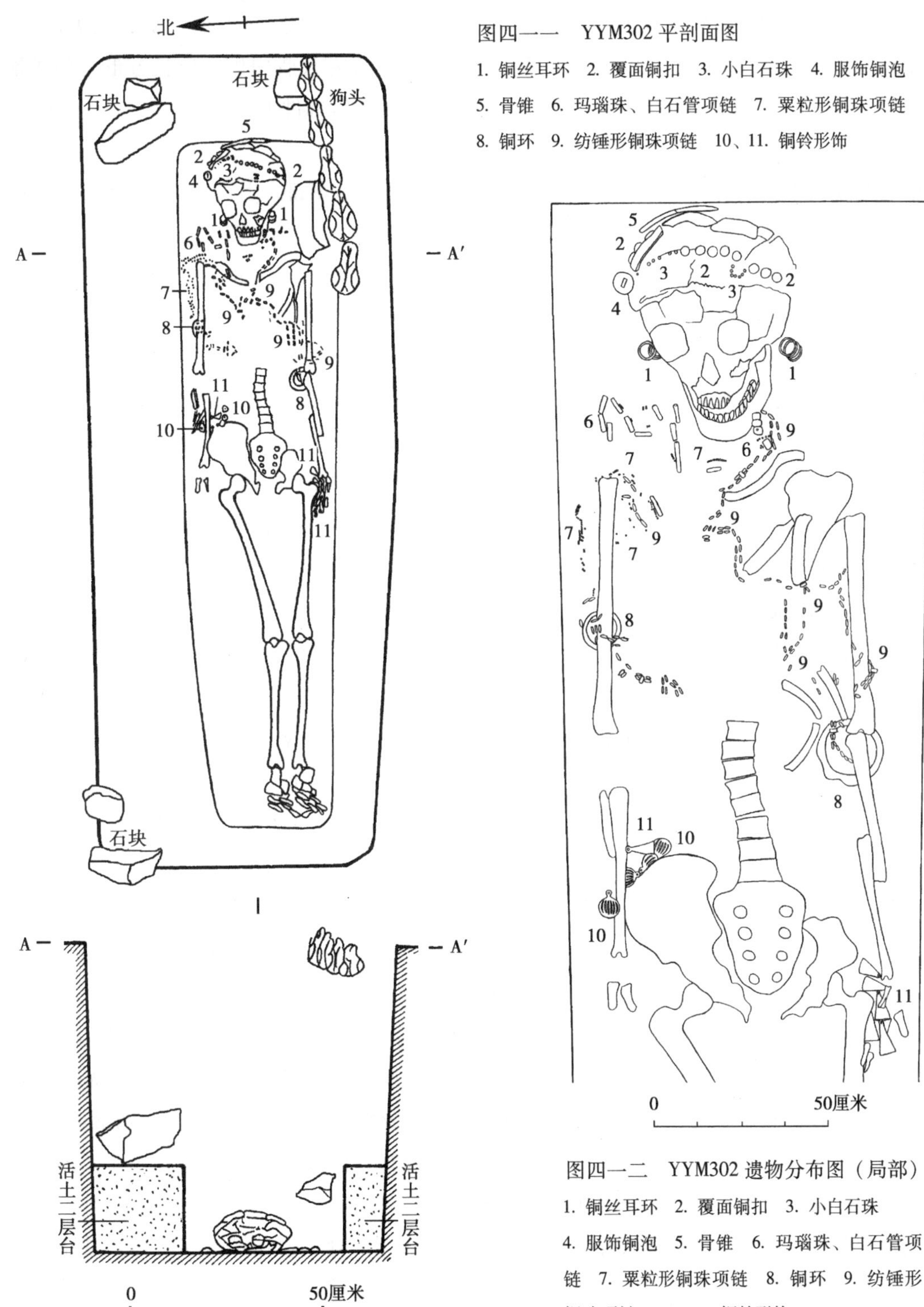

图四一一　YYM302 平剖面图

1. 铜丝耳环　2. 覆面铜扣　3. 小白石珠　4. 服饰铜泡　5. 骨锥　6. 玛瑙珠、白石管项链　7. 粟粒形铜珠项链　8. 铜环　9. 纺锤形铜珠项链　10、11. 铜铃形饰

图四一二　YYM302 遗物分布图（局部）

1. 铜丝耳环　2. 覆面铜扣　3. 小白石珠　4. 服饰铜泡　5. 骨锥　6. 玛瑙珠、白石管项链　7. 粟粒形铜珠项链　8. 铜环　9. 纺锤形铜珠项链　10、11. 铜铃形饰

木椁内装殓尸骨一具。保存状况较好，头骨与骨架基本完整。头东足西，仰身直肢，经现场鉴定，死者为男性，成年。骨骼从头到脚通长 1.63 米。

随葬品集中陈放于木椁内、死者身上及其近前（图四一四）。在头骨左侧，放置夹砂红褐陶罐 1 件，侧置。覆面铜扣 3 枚，已滑漏在下颌骨下面。在左、右耳骨下面，各出螺旋形铜丝耳环 1 件及绿松石坠珠1枚。在右侧腰间至右髋骨前缘，出青铜短剑1件，在短剑右侧、右尺骨内侧，出尖首刀币1件，铜锥1件，剑锋、刀锋、锥锋，均朝下（图版一五一，2）。在左尺骨内侧，出长方形几何纹铜锥（针）管具1件（彩版三九，1）。在锥（针）管具下方，出双足形铜饰件1枚。

YYM127

这是玉皇庙墓地属于丙（C）级规格的小型墓葬之一。位于南区南部。其东有YYM159，间距4.6米；东南有YYM130，间距1.3米；南有YYM128，间距2.2米；西南有YYM109，间距2.7米；西有YYM110，间距0.8米；西北有YYM126，间距1.9米；东北有YYM131，间距1.1米。此墓的地层堆积，基本上同于YYM174，不赘。

墓圹平面形状，呈抹角长方形，为竖穴土坑墓。东向，方位角为东偏北19°。墓圹规格，圹口东西长2.2米，东、西两端宽，均为0.76米，圹底形制、规格，与圹口一致，圹口至圹底深0.72米。无生土二层台。在圹底中间稍偏南侧位置，按东西方向，安置木椁一具。在木椁外壁四周至圹底部四壁之间，筑有活土二层台，台土经过严密夯打，较坚实，东、南、西、北四台等高，均为22厘米，宽度不一，东台宽17、南台宽10、西台宽23、北台宽19厘米（中段）。

圹内填土，为淤积夹砂石褐色土与生黄土混杂后的五花土，经普遍夯实，但未有夯层与夯窝痕迹。在填土中，仅发现泥质灰陶口沿碎片2块，除此之外，再未见其他遗物。

殉牲位置，祭牲集中摆放在圹内东端中间上层填土中，上距东端圹口6厘米深，下距圹底0.52米。殉牲种类，为羊、狗2种家畜。殉牲数量，羊头1个（山羊），羊肱骨1只，狗头3个，狗肱骨3只。殉牲形式，将羊、狗头上、下颌拆解开后，以狗牲居东、西北和东南，羊牲居西南的布局，作同层、相邻摆放。即先将拆解开的1套大号狗上、下颌骨及狗肱骨1只，顺置于圹内最东端中间位置的上层填土上，狗肱骨在下，上、下颌骨叠置其上；然后于其南侧略偏后的位置（即“殉牲堆”的东南角），照例顺摆狗上、下颌骨1套及狗肱骨1只，然后于其西北侧（即“殉牲堆”的西北角），分置狗上、下颌骨1套及狗肱骨1只，不相叠压，狗上颌骨在北侧，狗下颌骨在南侧，狗肱骨居上、下颌骨中间；最后，在“殉牲堆”的西南角，再顺摆拆解开的山羊上、下颌骨1套及羊肱骨1只，羊肱骨在下，羊上、下颌骨叠置其上。此组祭牲中的羊、狗上、下颌的吻部，一律朝东（图版一五二，1）。

木椁已朽，板灰呈白色粉状。盖板无存，底板灰痕不清楚，南、北侧板与东、西堵板板灰轮廓，尚可辨识。南、北侧板东西顺长2.02米，总高22厘米，与四周活土二层台台面平齐，板灰厚2.5~3厘米。东、西堵板，分别竖插于南、北侧板之间，立插部位，分别在南、北侧板东、西两端内缩12和11厘米处，高度与南、北侧板一致，均为22厘米，总宽东端38、西端33、板灰厚3厘米。南、北侧板与东、西堵板的板块组成情况，已难以再作具体分辨。

木椁内装殓尸骨一具。保存状况不太好，头骨已被压裂，脊椎骨、肋骨等，因腐朽残缺不全，唯四肢骨与骨盆，基本完整。头东足西，仰身直肢。经现场鉴定，死者为男性，22~24岁。骨骼从头到脚通长1.55米。

随葬品较少，集中陈放于木椁内、死者身上及其近前（图四一五）。在头骨左侧，放置泥质黑陶折肩罐1件，正置。在左、右耳骨下面，各出螺旋形铜丝耳环1件及绿松石坠珠1枚。覆面铜扣2枚，滑落于下颌骨左侧和右侧各1枚。在颈下，左锁骨处，出马形铜牌饰1件，马头朝左上方。在腰椎与骶骨上缘之间，出青铜削刀1件，刀锋朝上。骨镞3枚，右股骨下段表面出1枚，左股骨下段表面出2

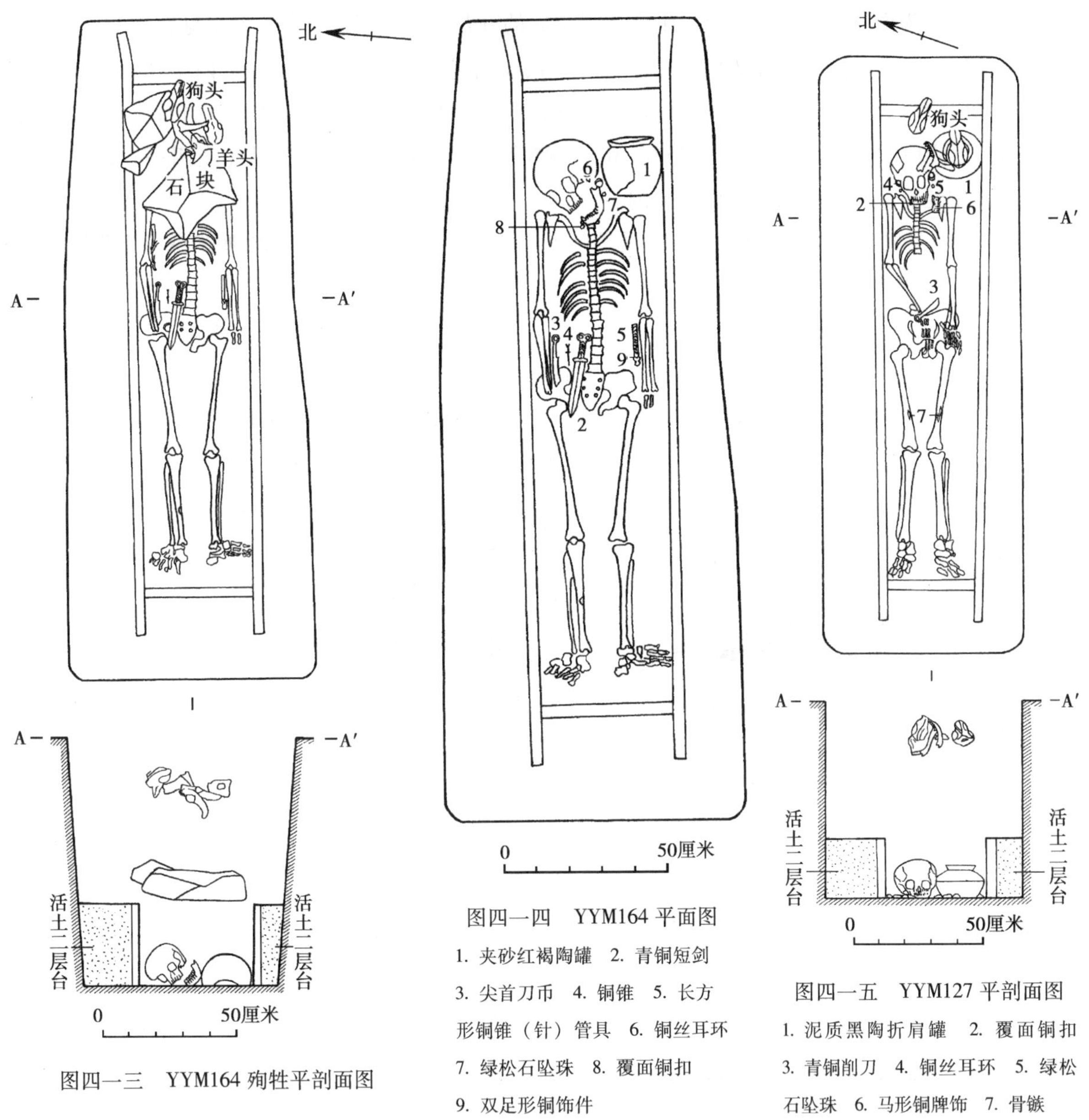

图四一三　YYM164 殉牲平剖面图

图四一四　YYM164 平面图

1. 夹砂红褐陶罐　2. 青铜短剑　3. 尖首刀币　4. 铜锥　5. 长方形铜锥（针）管具　6. 铜丝耳环　7. 绿松石坠珠　8. 覆面铜扣　9. 双足形铜饰件

图四一五　YYM127 平剖面图

1. 泥质黑陶折肩罐　2. 覆面铜扣　3. 青铜削刀　4. 铜丝耳环　5. 绿松石坠珠　6. 马形铜牌饰　7. 骨镞

枚，镞锋均下。

YYM110

这是玉皇庙墓地属于丙（B）级规格的小型墓葬之一。位于南区南部，其东有 YYM127，间距 0.8 米；东南有 YYM128，间距 2.8 米；南有 YYM109，间距 2.1 米；西南有 YYM162，间距 2.2 米；西北有 YYM111，间距 0.9 米；东北有 YYM126，间距 2 米。此墓的地层堆积，大体上同于 YYM174，不赘。

墓圹平面形状，呈抹角长方形，为竖穴土坑墓。东向，方位角为东偏北 5°。墓圹规格，圹口东西长 2.28、东端宽 0.87、西端宽 0.8 米，圹底东西长 2.24、东端宽 0.8、西端宽 0.75 米，圹口至圹底深 0.9 米。无生土二层台。在圹底中间略偏南位置，按东西方向，安置木椁一具。在木椁外壁四周至圹底部四壁之间，筑有活土二层台，台土经过严密夯打，较坚实，东、南、西、北四台等高，均为 25 厘米，宽度不一，东台宽 22、南台宽 14、西台宽 15、北台宽 22 厘米。

圹内填土，为淤积夹砂石褐色土与生黄土混杂后的五花土，经普遍夯实，但未见夯层与夯窝痕迹。在填土中，仅发现夹砂褐陶碎片2块，泥质灰陶带弦纹或绳纹的残片4块。在圹内祭牲以下、椁室及四周活土二层台以上的填土中，发现数量较多的分布零散、无一定规律的自然石灰岩石块（共72块），上、下落差近40厘米，大小不一，规格在10×8×6至38×20×15厘米之间（图四一六；图版一五二，2），其中还有2块，陷落于西侧椁室内。

殉牲位置，祭牲集中摆放在圹内东端偏北侧的上层填土中，上距东端圹口26厘米深，下距圹底0.53米（图四一六）。殉牲种类，为羊、狗2种家畜。殉牲数量，羊头2个（山羊1，绵羊1），羊肱骨2只，狗头2个，狗肱骨2只。殉牲形式，将羊和狗头的上、下颌拆解开后，作东、西相邻同层摆放。即先将狗肱骨2只及拆解开的狗上、下颌骨2套，并列于圹内东端偏北侧的上层填土上，狗肱骨在下，狗头骨叠置其上，吻部皆朝东；然后于其西侧，摆放羊牲，其中山羊肱骨1只及山羊上颌1个，顺置于北，肱骨在下，上颌在上，吻部朝东，而拆解开的绵羊上、下颌骨及肱骨，还有山羊下颌骨1副，则斜置于南，绵羊上颌在下，绵羊下颌及肱骨在上，而山羊下颌骨1副，位居最西侧，其吻部均朝东北。

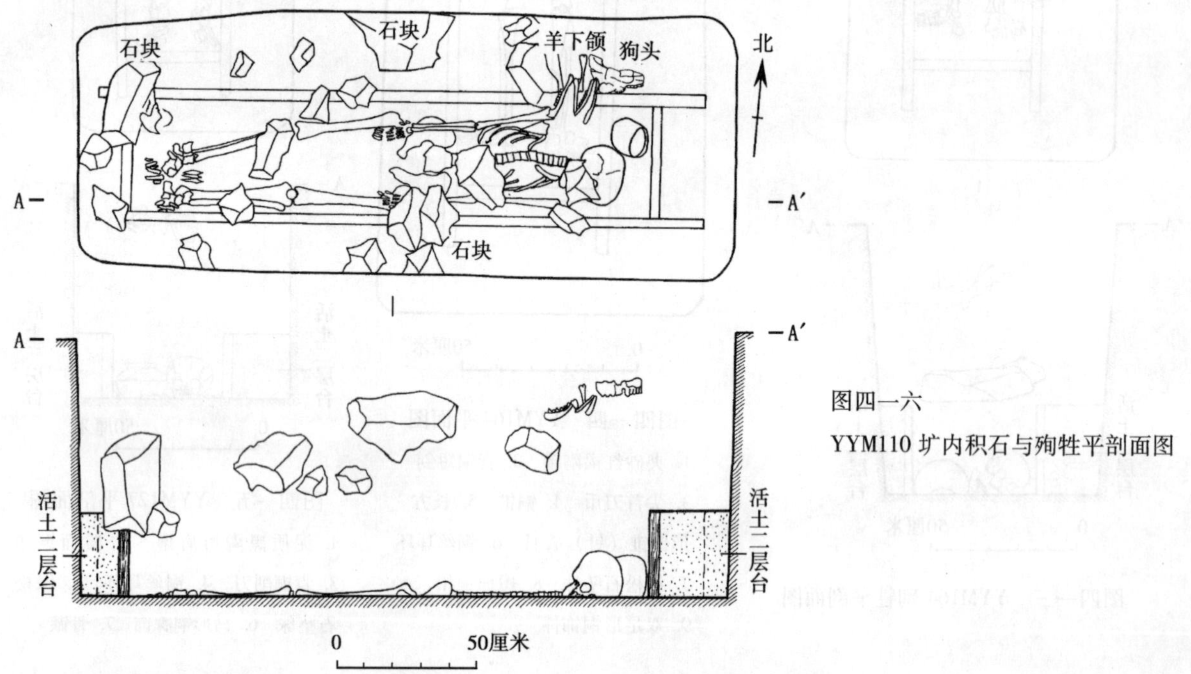

图四一六
YYM110圹内积石与殉牲平剖面图

木椁已朽，盖板无存，底板灰痕保存不好，四至不清，唯南、北侧板与东、西堵板板灰轮廓，尚可分辨。板灰呈白色粉状，南、北侧板东西顺长2.1米，总高25厘米，与南、北活土二层台台面平齐，板灰厚3~4厘米；东、西堵板，分别竖插于南、北侧板之间，立插部位，分别在南、北侧板东、西两端内缩16和8厘米处，高度与南、北侧板一致，均为25厘米，总高东端36、西端37、板灰厚3厘米。南、北侧板与东、西堵板的板块组成情况，已难以作具体分辨。

木椁内装殓尸骨一具。保存状况较好，头骨及主要部位骨骼，基本完整。头东足西，仰身直肢，经现场鉴定，死者为男性，35~40岁。骨骼从头到脚通长1.6米（图版一五二，3）。

随葬品集中陈放于木椁内、死者身上及其近前（图四一七）。在头骨右后侧、椁底东北角，放置夹砂褐陶四疣罐1件，斜侧置，口朝东。在左耳骨下面，出螺旋形铜丝耳环1件，无绿松石坠珠伴出，右耳骨下无耳环。覆面铜扣2枚，出于右眼眶下缘1枚，滑落于颈下1枚。在胸部，出马形铜带饰2件，纵向并列，马头均朝右。在耻骨弓之间，出青铜削刀1件，刀锋朝下（图版一五三，1）。在骨盆下面，压有铜锥1件，锥尖朝下。在左、右踝骨之间，出骨镞4枚，镞锋均朝下。

YYM172

这是玉皇庙墓地属于丁级规格的小型墓葬之一。位于南区南部。其东南有YYM175，间距1米；西南有YYM173，间距1.6米；西有YYM163，间距1.5米；西北有YYM164和YYM166，间距分别为3.2和3米；北有YYM171，间距3.5米。此墓的地层堆积，基本上同于YYM174，不赘。

墓圹平面形状，呈抹角长方形，为浅穴土坑墓。东向，方位角为东偏北15°。墓圹规格，圹口东西长2、东端宽0.64、西端宽0.6米，圹底形制、规格，与圹口一致，圹口至圹底深0.4米。无生土二层台。无木质葬具，无活土二层台。

圹内填土，为淤积夹砂石褐色土与生黄土混杂后的五花土，未经夯实，土质较疏松。在填土中，未发现任何文化遗物。

无殉牲。

在圹底中间位置，按东西方向，安葬尸骨一具。保存状况不好，头骨残破严重，脊椎骨、骨盆、肋骨等，因腐朽残缺不全。唯四肢骨，基本完整。头东足西，侧面向南，仰身直肢。经现场鉴定，死者为男性，22~24岁。骨骼从头到脚通长1.69米（图版一五三，2）。

随葬品较少，集中陈放于头骨近前及左侧腰间（图四一八）。在头骨右侧，放置泥质灰陶折肩罐1件，正置，口沿已残。在左、右耳骨下面，各出螺旋形铜丝耳环1件及绿松石管1枚，左耳环下，另附出绿松石坠珠1枚，右耳环下未见。在左侧腰间，出铜尖首刀币1件，刀尖（残缺）朝下，被压在左髋骨上缘之下（图版一五三，3）。

YYM163

这是玉皇庙墓地属于乙（B）级规格的中型墓葬之一。位于南区南部，其东和东南分别与YYM172和YYM173相邻，间距均为1.5米；西南有YYM161，间距0.9米；西有YYM160，间距1米；西北有YYM164，间距0.7米；北有YYM166，间距3.4米。此墓的地层堆积，基本上同于YYM174，不赘。

墓圹平面形状，基本上呈抹角长方形，为竖穴土坑墓。正东向，方位角为90°。墓圹规格，圹口东西长2.55、东端宽0.92、西端宽0.97、圹底东西长2.48、东端宽0.86、西端宽0.91、圹口至圹底深1.45米。无生土二层台。在圹底正中位置，按东西方向，安置木椁一具。在木椁外壁四周至圹底部四壁之间，筑有活土二层台，台土经过严密夯打，较坚实，东、南、西、北四台等高，均为30厘米，宽度不一，东台宽31、南台宽20、西台宽33、北台宽15厘米。

圹内填土，为淤积夹砂石褐色土与生黄土混杂后的五花土，经普遍夯实，但未有夯层与夯窝痕迹。在填土中，仅发现夹砂褐陶罐口沿与腹部残片2块，泥质灰陶碎片3块，另有自然石灰岩石块10块，大小不一，大者36×25×20，小者10×7×6厘米。除此之外，再未见其他遗物。

殉牲位置，祭牲集中摆放在圹内东端中间上层填土中，上距东端圹口11厘米深，下距圹底1.12米（图四一九；图版一五四，1）。殉牲种类，只有狗1种。数量，狗头3个，狗肱骨3只。殉牲形式，将狗头上、下颌拆解开后，按东西方向，作同层聚堆摆放。即将狗肱骨3只及拆解开的狗上、下颌骨3套，均顺摆于圹内东端中间位置的上层填土上，肱骨在下，头骨在上，其中1个大号头骨居于正中位

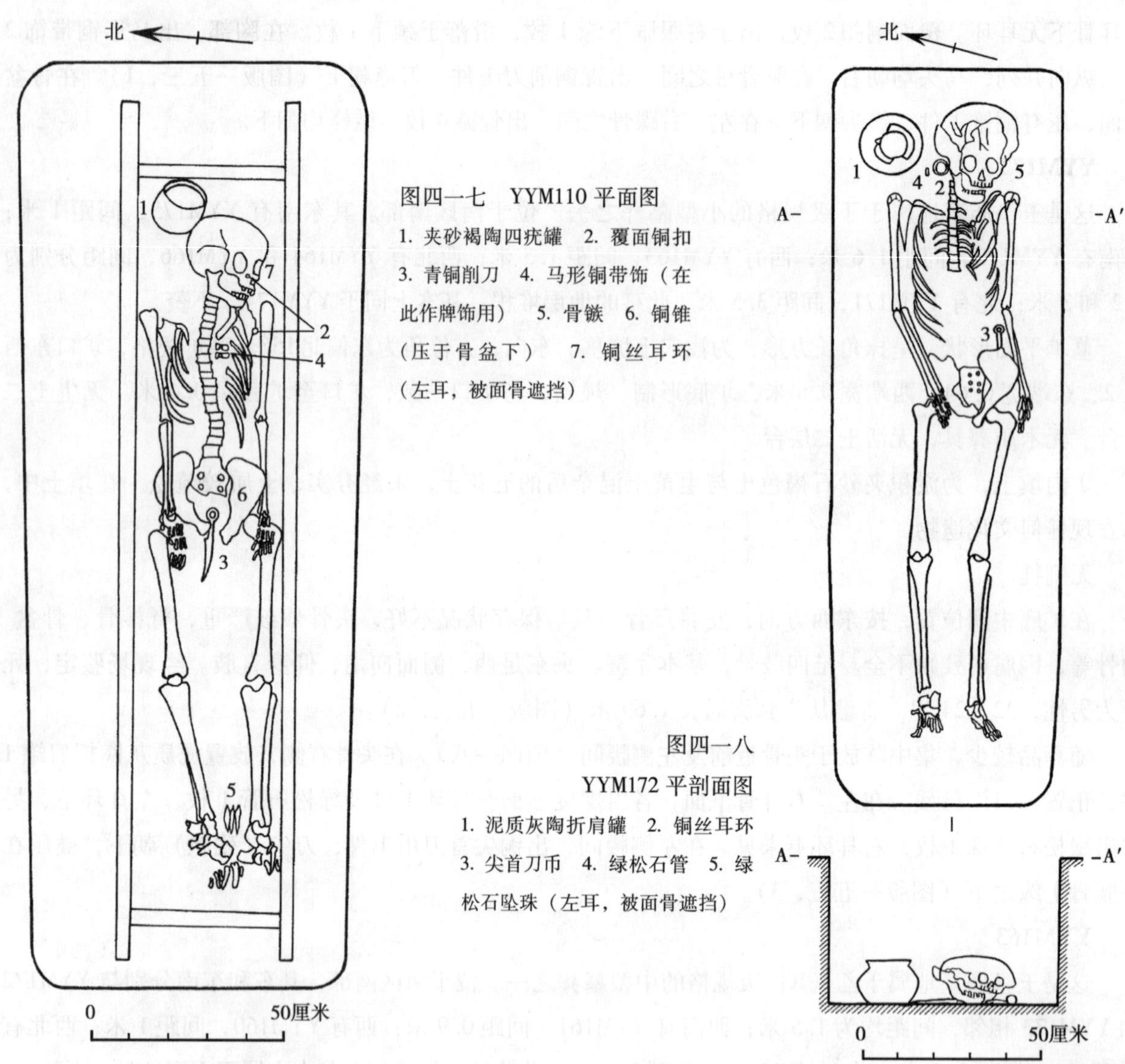

图四一七　YYM110 平面图
1. 夹砂褐陶四疣罐　2. 覆面铜扣　3. 青铜削刀　4. 马形铜带饰（在此作牌饰用）　5. 骨镞　6. 铜锥（压于骨盆下）　7. 铜丝耳环（左耳，被面骨遮挡）

图四一八　YYM172 平剖面图
1. 泥质灰陶折肩罐　2. 铜丝耳环　3. 尖首刀币　4. 绿松石管　5. 绿松石坠珠（左耳，被面骨遮挡）

置，1 个中号狗头居其西南侧，还有 1 个小号狗头居其东南侧，居正中的大号狗头和居其西南侧的中号狗头，吻部朝东，而居东南侧的小号狗头，吻部朝向东北。

木椁已朽，板灰呈白色粉状，盖板无存，南北侧板、东西堵板与底板，灰痕轮廓尚可辨识。底板东西顺长 2.04 ~ 2.08、总宽东端 0.51、西端 0.49 米，由 2 块东西向长板组成，靠北侧的 1 块较南侧的 1 块略宽长，规格分别为：2.08 × 0.28 和 2.04 × 0.23 米。南、北侧板立于底板之上，两侧边与底板边压齐，东、西两端较底板长出一截，东西顺长 2.23 米，总高 30 厘米，与南、北活土二层台台面平齐，板灰厚 3 ~ 3.5 厘米。东、西堵板，分别竖插于南、北侧板之间，立插部位，分别在南、北侧板东、西两端内缩 20 和 7 厘米处，高度与南、北侧板一致，均为 30 厘米，总宽东端 44、西端 41、板灰厚 3.5 厘米。南、北侧板与东、西堵板的板块组成情况，已难以具体分辨。

木椁内装殓尸骨一具。保存状况不太好，头骨已残裂，其他主要部位骨骼，基本完整。头东足西，仰身直肢，经现场鉴定，死者为女性，40 ~ 45 岁。骨骼从头到脚通长 1.62 米。

随葬品集中陈放于木椁内、死者身上及其近前（图四二〇）。在头骨左后侧、椁底东南角，放置夹

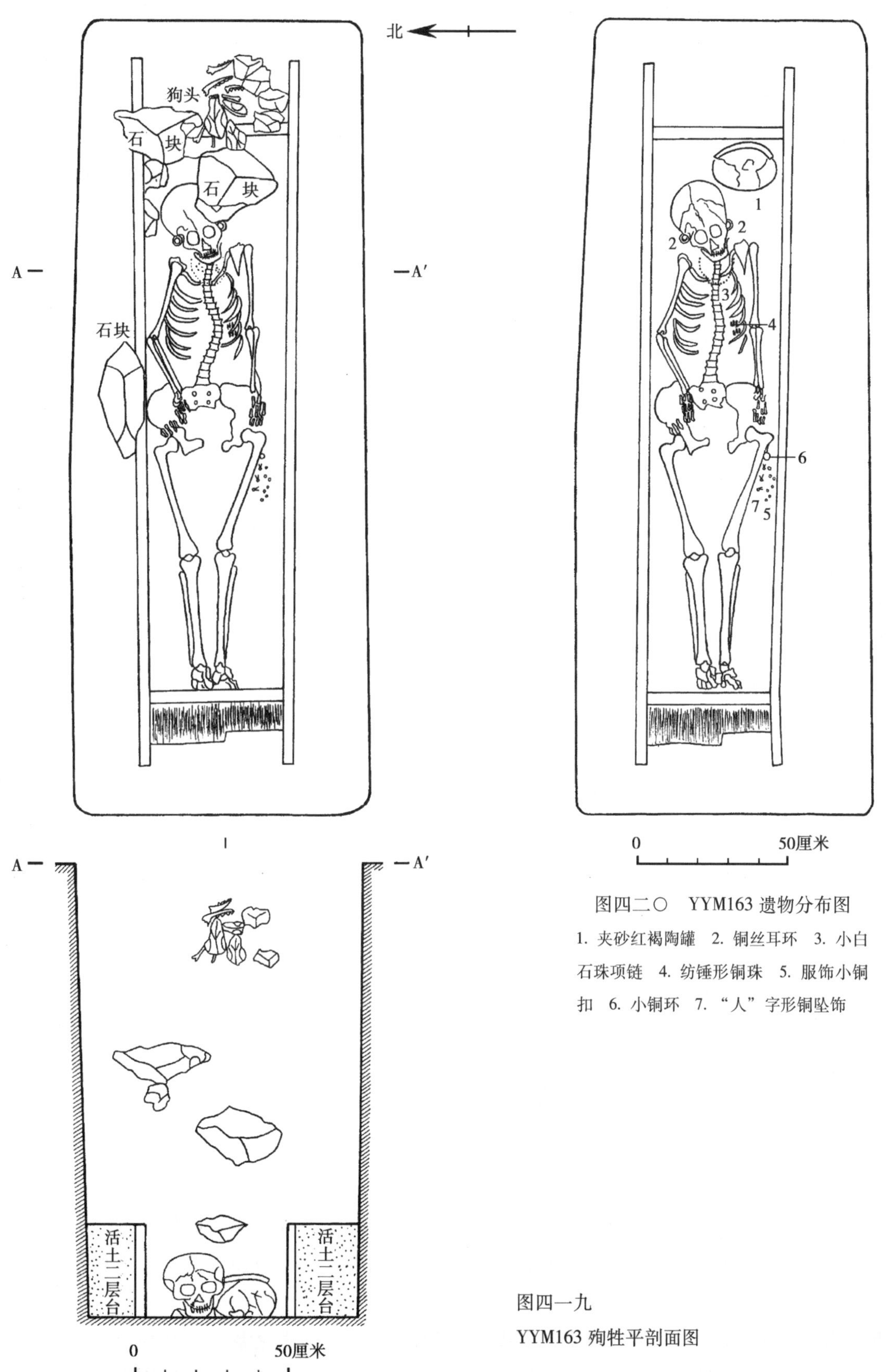

图四二〇　YYM163遗物分布图

1. 夹砂红褐陶罐　2. 铜丝耳环　3. 小白石珠项链　4. 纺锤形铜珠　5. 服饰小铜扣　6. 小铜环　7. "人"字形铜坠饰

图四一九
YYM163殉牲平剖面图

砂红褐陶罐1件，斜侧置，口朝东，已残碎。在左、右耳骨下面，各出螺旋形铜丝耳环1件，无绿松石坠珠伴出。在颈、胸部，出小白石珠项链1串，由31粒小白石珠串成。在左侧肋骨表面，出纺锤形铜珠16枚。在左股骨外侧，出服饰小铜扣7枚，小铜环2件，“人”字形铜坠饰3枚。

YYM160

这是玉皇庙墓地属于乙（B）级规格的中型墓葬之一。位于南区南部，其东有YYM163，间距0.9米；南有YYM161，间距1.5米；西南有YYM129，间距1.9米；西有YYM130，间距0.8米；北有YYM159，间距1.5米；东北有YYM164，间距10厘米。此墓的地层堆积，基本上同于YYM174，不赘。

墓圹平面形状，呈抹角长方形，为竖穴土坑墓。西向，方位角为西偏南4°。墓圹规格，圹口东西长2.51、东端宽0.93、西端宽0.9米，圹底形制、规格与圹口一致，圹口至圹底深1.42米。无生土二层台。在圹底中间略偏南侧位置，按西东方向，安置木椁一具。在木椁外壁四周至圹底部四壁之间，筑有活土二层台，台土经过严密夯打，较坚实，东、南、西、北四台等高，均为44厘米，宽度不一，东台宽37、南台宽27、西台宽34、北台宽14厘米。

圹内填土，为淤积夹砂石褐色土与生黄土混杂后的五花土，经普遍夯实，但未有夯层与夯窝痕迹。在填土中，仅发现泥质灰陶带细绳纹的残片4块，羊下颌骨残件1块，另在上层填土中发现自然石灰岩石块4块，陷落于椁室内的有6块，规格大小相差较大，大者39×28×20、小者10×9×6厘米（图版一五四，2）。除此之外，再未见其他遗物。

殉牲位置，祭牲集中摆放在圹内西端中间上层填土中，上距西端圹口27厘米深，下距圹底0.94米（图四二一）。殉牲种类，为牛、羊、狗3种家畜。殉牲数量，牛头1个，牛肱骨1只，羊头1个（山羊），羊肱骨1只，狗头2个，狗肱骨2只。殉牲形式，将牛、羊、狗头的上、下颌拆解开后，按西东方向，自西而东作同层依次摆放。即先将狗肱骨2只及拆解开的狗上、下颌骨2套，顺摆于圹内西端中间上层填土上，狗肱骨在下，狗头骨叠置其上；然后在其斜后方（即其东南侧），再摆上羊肱骨1只及拆解开的山羊上、下颌骨1套；然后再在狗牲的东侧、羊牲的北侧，顺摆牛肱骨1只及拆解开的牛上、下颌骨1套。这组祭牲中的牛、羊、狗的上、下颌骨的吻部，均一律朝西。

木椁已朽，板灰呈白色粉状，盖板无存，南、北侧板，东、西堵板与底板，板灰轮廓尚清楚。底板由2块长板组成，东西顺长2.14、总宽西端0.5、东端0.55米，板宽西端24~26、东端25~30厘米，残存板灰很薄，仅0.2~0.3厘米。南、北侧板立于底板之上，两侧边与底板边压齐，东西顺长2.18米，两端稍长于底板，总高44厘米，与南、北活土二层台台面平齐，板灰厚3~4厘米。东、西堵板，分别竖插于南、北侧板之间，立插部位，分别在南、北侧板西、东两端内缩21和17厘米处，高度与南、北侧板一致，均为44厘米，总宽西端42、东端45、板灰厚3厘米。南、北侧板与东、西堵板的板块组成情况，已难以作具体分辨。

木椁内装殓尸骨一具（图版一五五，1）。保存状况较好，除头骨被压裂以外，其他主要部位骨骼，基本完整。头西足东，仰身直肢，经现场鉴定，死者为男性，35~40岁。骨骼从头到脚通长1.59米。

随葬品集中陈放于木椁内、死者身上及其近前（图四二二）。在死者胸部正中位置，放置泥质灰陶折肩罐1件，正置，口沿残。在左、右耳骨下面，各出螺旋形铜丝耳环1件，未有绿松石坠珠伴出。

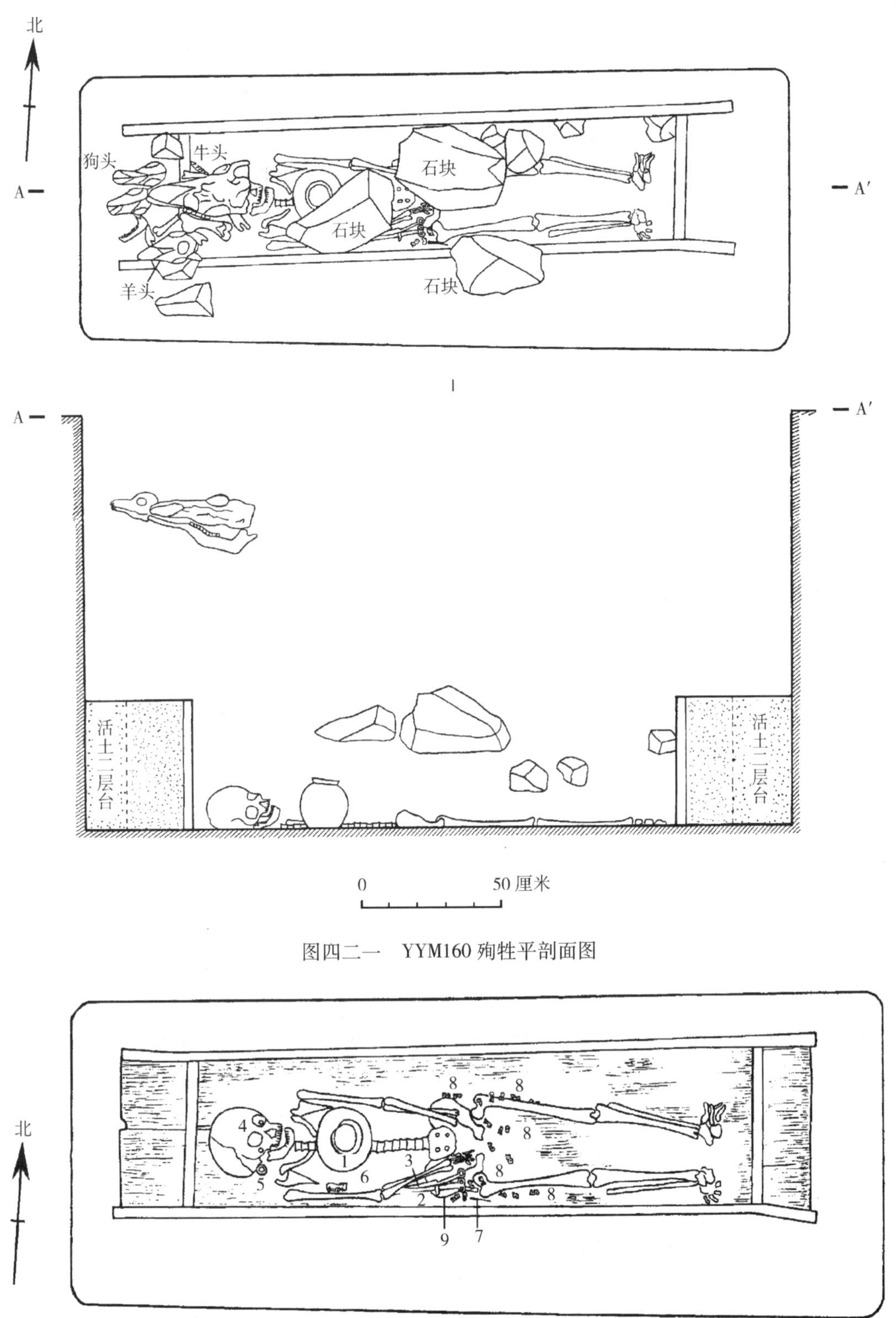

图四二一　YYM160 殉牲平剖面图

图四二二　YYM160 平面图

1. 泥质灰陶折肩罐　2. 青铜短剑　3. 青铜削刀　4. 覆面铜扣　5. 铜丝耳环　6. 马形铜牌饰　7. 铜锥　8. 马形铜带饰　9. 长方形铜锥（针）管具（压于右髋骨外缘下面）

覆面铜扣2枚，分别出于右颧骨上和左眼眶内。在右胸部，出马形铜牌饰1件，马头朝左侧斜下方。在右髋骨外缘，出青铜短剑1件，在其左侧，出青铜削刀1件，剑锋与刀锋，均朝上（图版一五五，2）。在右髋骨外缘下面，出铜锥1件，锥尖朝下；还有长方形几何纹铜锥（针）管具1件。在死者腰际以下至左、右股骨之间，出卧马形铜带饰26枚，分布如次：（1）压在右髋骨下面4枚，（2）右髋骨上面3枚，（3）右股骨外侧4枚，（4）左髋骨上面5枚，（5）左股骨外侧5枚，（6）左、右股骨之间5枚。

YYM130

这是玉皇庙墓地属于乙（B）级规格的中型墓葬之一。位于南区南部。其东有YYM160，间距0.8米；东南有YYM161，间距2.9米；南有YYM129，间距1.8米；西南有YYM128，间距0.6米；西北有YYM127，间距1.3米；北有YYM131，间距2.5米；东北有YYM159，间距1.7米。此墓的地层堆积，基本上同于YYM174，不赘。

墓圹平面形状，呈抹角长方形，为竖穴土坑墓。东向，方位角为东偏南3°。墓圹规格，圹口东西长2.55米，东、西两端宽均为0.86米，圹底形制、规格，与圹口一致，圹口至圹底深1.35米。无生土二层台。在圹底中间略偏东北—西南方向，安置木椁一具。在木椁外壁四周至圹底部四壁之间，筑有活土二层台，台土经过严密夯打，较坚实，东、南、西、北四台等高，均为38厘米，宽度不一，东台宽26、南台宽26、西台宽41、北台宽12厘米（中段）。

圹内填土，为淤积夹砂石褐色土与生黄土混杂后的五花土，经普遍夯实，但未有夯层与夯窝痕迹。在填土中，仅发现夹砂褐陶罐类器底残片1块，泥质灰陶带弦纹的碎片3块，除此之外，再未见其他遗物。

殉牲位置，祭牲集中摆放在圹内东端中间上层填土中，上距东端圹口0.47米深，下距圹底0.78米（图版一五六，1）。殉牲种类，仅有狗1种。数量，狗头3个，狗肱骨3只。殉牲形式，将狗头的上、下颌拆解开后，作同层聚堆摆放，肱骨在下，上、下颌骨在上，吻部朝向多不一致，或朝东，或朝南，或朝北等。

木椁已朽，板灰呈白色粉状。盖板多半无存，西半部残存4块，东半部仅东北角残存一点痕迹。从灰痕看，盖板呈南北向，横搭于南、北侧板之上，南、北两端均长出侧板一截，贴附于南、北活土二层台台帮上，盖板长60~64、宽13~17厘米不等。底板灰痕大部残缺，存留部分，模糊不清。南、北侧板东西顺长2.19米，总高38厘米，与活土二层台台面平齐，板灰厚3厘米。东、西堵板，分别竖插于南、北侧板之间，立插部位，分别在南、北侧板东、西两端内缩16和14厘米处，高度与南、北侧板一致，均为38厘米，总宽东端40、西端42、板灰厚3厘米。南、北侧板与东、西堵板的板块组成情况，已难以再作具体分辨。

木椁内装殓尸骨一具。保存状况不太好，头骨残碎严重，面骨几乎无存，其他主要部位骨骼，基本完整。头东足西，仰身直肢，经现场鉴定，死者为女性，25岁左右。骨骼从头到脚通长1.55米。

随葬品很少，仅在木椁内、死者头骨左侧，放置夹砂红褐陶罐1件，侧置，口朝西南，口沿已残。除此之外，再未见其他任何遗物（图四二三）。

YYM175

这是玉皇庙墓地属于丙（A）级规格的小型墓葬之一。位于南区南部东界边缘，其东和东南，已无墓葬，南有 YYM174，间距 1.7 米；西南有 YYM173，间距 1.4 米；西北有 YYM172，间距 1 米。此墓的地层堆积，基本上同于 YYM174，不赘。

墓圹平面形状，呈抹角梯形，东端略宽，西端略窄，为竖穴土坑墓。东向，方位角为东偏北 4°。墓圹规格，圹口东西长 2.5、东端宽 1.2、西端宽 1 米，圹底东西长 2.44、东端宽 1.14、西端宽 0.94 米，圹口至圹底深 1.15 米。无生土二层台。在圹底中间稍偏东南—西北方向，安置木椁一具。在木椁外壁四周至圹底部四壁之间，筑有活土二层台，台土经过严密夯打，较坚实，东、南、西、北四台等高，均为 25 厘米，宽度不一，东台宽 32、南台宽 31、西台宽 22、北台宽 26 厘米。

圹内填土，为淤积夹砂石褐色土与生黄土混杂后的五花土，经普遍夯实，但未有夯层与夯窝痕迹。在填土中，仅发现夹砂红褐陶残片 4 块，泥质灰陶折肩罐口沿残片 3 块，狗上颌骨残件 1 块，除此之外，再未见其他遗物。

殉牲位置，祭牲集中摆在圹内东端略偏南侧的上层填土中，上距东端圹口 15 厘米深，下距圹底 0.85 米（彩版三九，2）。殉牲种类，为牛、羊、狗 3 种家畜。殉牲数量，牛头 1 个，牛肱骨 1 只，羊头 1 个（绵羊），羊肱骨 1 只，狗头 6 个，狗肱骨 6 只。殉牲形式，将牛、羊、狗头的上、下颌拆解开后，按东西方向，作南、北相邻同层摆放。即先将狗肱骨 3 只及拆解开的狗上、下颌骨 3 套，顺摆于圹内最东端中间稍偏南侧的上层填土上，狗肱骨在下，狗头骨叠置其上；然后在其西侧，接着顺摆羊肱骨 1 只及拆解开的绵羊上、下颌骨 1 套，狗肱骨 3 只及拆解开的狗上、下颌骨 3 套，肱骨均在下，头骨均在上；然后在狗牲与羊牲的南侧，再顺摆牛肱骨 1 只及拆解开的牛上、下颌骨 1 套，牛肱骨在下，牛头叠置其上。上述牛、羊、狗上、下颌的吻部，均一律朝东。

木椁已朽，板灰呈白色粉状，盖板无存，底板灰痕薄而残缺，唯南、北侧板与东、西堵板板灰轮廓，尚可分辨。南、北侧板东西顺长 2.38 米，总高 25 厘米，与南、北活土二层台台面平齐，板灰厚 3 ~3.5 厘米；东、西堵板，分别竖插于南、北侧板之间，立插部位，分别在南、北侧板东、西两端内缩 24 和 21 厘米处，高度与南、北侧板一致，均为 25 厘米，总宽东端 45、西端 40、板灰厚 4 厘米。南、北侧板与东、西堵板的板块组成情况，已难以具体分辨。

木椁内装殓尸骨一具。保存状况较好，头骨及其他主要部位骨骼，基本完整。头东足西，仰身直肢，经现场鉴定，死者为男性，40 ~45 岁。骨骼从头到脚通长 1.67 米（图版一五六，2）。

随葬品集中陈放于木椁内、死者身上及其近前（图四二四；彩版四〇，1；图版一五七，1）。头骨右侧、椁底东北角，放置泥质灰陶壶 1 件，正置。在左、右耳骨下面，各出螺旋形铜丝耳环 1 件及绿松石坠珠 3 枚。在鼻骨和上颌骨处，出覆面铜扣 4 枚。在颈下，出鹿形铜牌饰 2 件，二鹿作横向“一”字排列，头皆朝右（彩版四〇，2；图版一五七，2）。在胸部左、右侧，出绿松石珠 3 枚。在骨盆右侧至右股骨内侧，斜出青铜短剑 1 件，在短剑左侧，出青铜削刀 1 件，剑锋与刀锋，均指向左侧斜下方。在左股骨外侧，出长方形几何纹铜锥（针）管具 1 件。在左、右股骨之间，出铜锥 1 件，锥尖朝斜上方。在左股骨内侧，出铃形铜饰 1 件。动物纹服饰铜扣 5 枚，出于骨盆上面 1 枚，骨盆左侧 1 枚，压在右髋骨下面 1 枚，压在右手指骨下面 2 枚。在死者腰际以下至左、右股骨之间，出鹿形铜带饰 23 枚，卧马形铜带饰 33 枚（彩版四〇，3）。分布如次：鹿形铜带饰，（1）出于左股骨外侧 14 枚，（2）左、右股骨之间 6 枚，（3）压在右手指骨下面 3 枚；卧马形铜带饰，（1）压在右手指骨下面 3 枚，（2）右股骨上面 2 枚，（3）右股骨外侧 4 枚，（4）压在右股骨下面 10 枚，（5）左股骨内侧 6 枚，

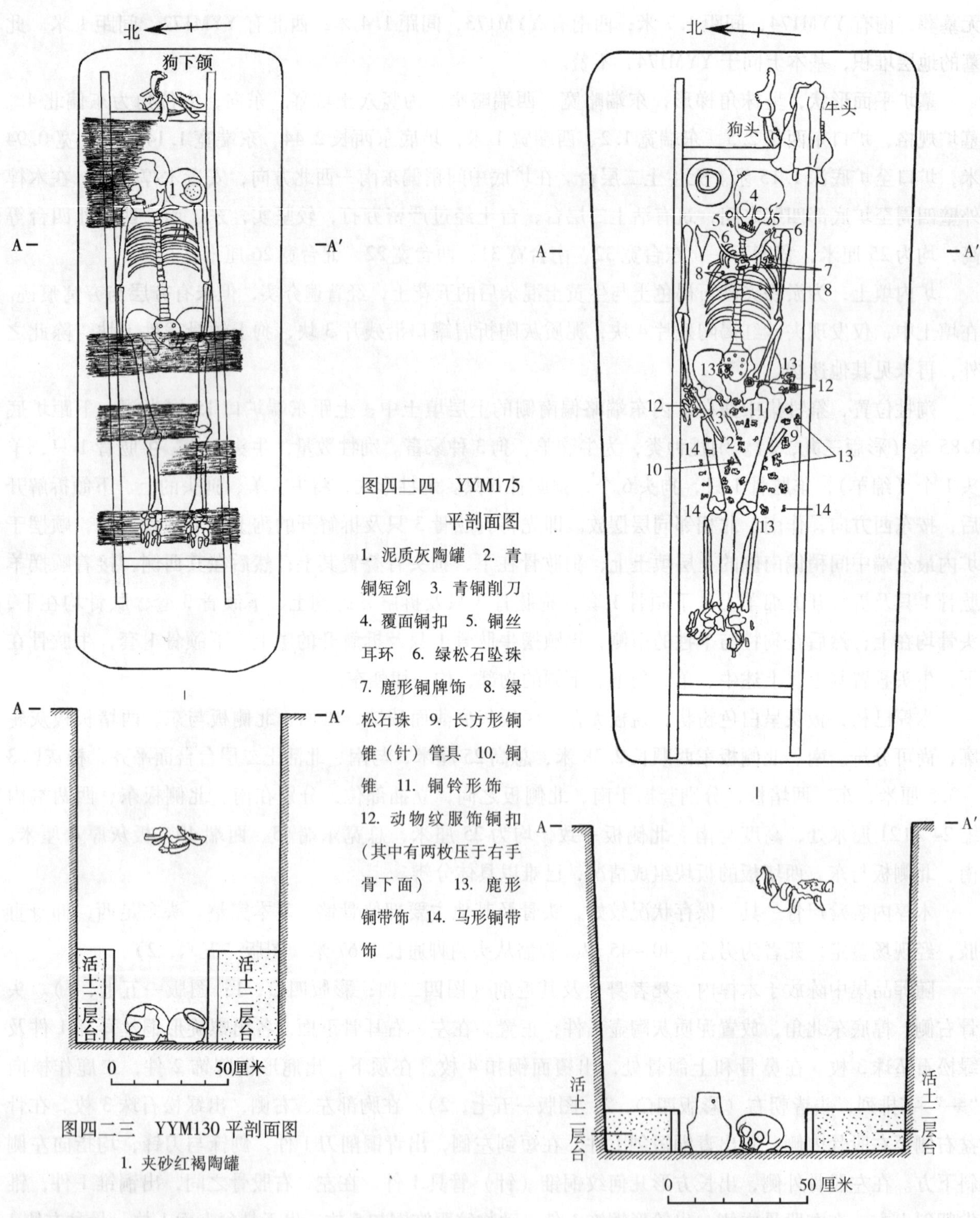

图四二三　YYM130 平剖面图
1. 夹砂红褐陶罐

图四二四　YYM175 平剖面图
1. 泥质灰陶罐　2. 青铜短剑　3. 青铜削刀　4. 覆面铜扣　5. 铜丝耳环　6. 绿松石坠珠　7. 鹿形铜牌饰　8. 绿松石珠　9. 长方形铜锥（针）管具　10. 铜锥　11. 铜铃形饰　12. 动物纹服饰铜扣（其中有两枚压于右手骨下面）　13. 鹿形铜带饰　14. 马形铜带饰

（6）压在左股骨下面 7 枚，（7）左股骨外侧 1 枚。

YYM173

这是玉皇庙墓地属于丙（C）级规格的小型墓葬之一。位于南区南部。其东南有 YYM174，间距 1. 2 米；南有 YYM340，间距 2 米；西南有 YYM337，间距 4. 7 米；西有 YYM161，间距 1. 3 米；西北有 YYM163，间距 1.5 米；东北有 YYM172 和 YYM175，间距分别为 1.6 和 1.3 米。此墓的地层堆积，基本上同于 YYM174，不赘。

墓圹平面形状，呈抹角长方形，为竖穴土坑墓。东向，方位角为东偏北 13°。墓圹规格，圹口东西长 2.6、东端宽 0.89、西端宽 0.77 米，圹底东西长 2.5、东端宽 0.82、西端宽 0.72 米，圹口至圹底深 0.6 米。无生土二层台。无木质葬具，无活土二层台。

圹内填土，为淤积夹砂石褐色土与生黄土混杂后的五花土，经普遍夯实，但未有夯层与夯窝痕迹。在填土中，仅发现泥质灰陶带弦纹的口沿残片 1 块。另在圹内东端人头骨上方的中层填土中，有意放置自然石灰岩石块 2 块，右侧的 1 块较大（40 × 20 × 15 厘米），左侧的 1 块较小（25 × 15 × 9 厘米）（图版一五八，1）；在北侧东半部接近圹底的填土中，有体积较小的零散的自然石灰石石块 2 块。除此之外，再无其他遗物。

殉牲位置，祭牲集中摆在圹内东端偏北侧的上层填土中，上距东端圹口 8 厘米深，下距圹底 0.41 米。殉牲种类，为猪、狗 2 种家畜。殉牲数量，猪头 1 个，狗头 1 个，狗肱骨 1 只。殉牲形式，将猪和狗头的上、下颌拆解开后，按东西方向，猪牲在前（居东），狗牲在后（居西），作同层、纵列摆放。即先将拆解开的猪上、下颌骨 1 套，顺摆于圹内东端北侧上层填土上，下颌骨 1 副，依傍于上颌骨北侧，吻部皆朝东；然后于其西侧，再顺摆狗下颌骨 1 副（已残碎不成形）和狗上颌骨 1 个，以及狗肱骨 1 只，狗下颌骨在东侧，紧挨在猪上颌骨后边，狗上颌骨与狗肱骨，又紧挨在狗下颌骨后边，居于西侧，狗肱骨在下，狗上颌骨叠置其上，狗上、下颌骨的吻部，亦皆朝东（图四二五）。

在圹底中间，按东西方向，安葬尸骨一具。保存状况较好，头骨及其他主要部位骨骼，基本完整。头东足西，仰身直肢。经现场鉴定，死者为男性，50～55 岁。骨骼从头到脚通长 1.68 米。

随葬品很少，仅在死者下颌骨下，出铜带钩 1 件，钩首朝左。在右胫骨内侧，出铜镞 3 枚，骨镞 4 枚，镞锋均朝右侧（图四二六）。除此之外，再无其他任何遗物。

YYM161

这是玉皇庙墓地属于乙（A）级规格的中型墓葬之一。位于南区中南部，其东有 YYM173，间距 1.3 米；东南有 YYM340，间距 2.9 米；南有 YYM339，间距 4.3 米；西南有 YYM337，间距 2.2 米；西有 YYM129，间距 2.1 米；西北有 YYM160，间距 1.5 米；东北有 YYM163，间距 0.9 米。此墓的地层堆积，基本上同于 YYM174，不赘。

墓圹平面形状，呈抹角长方形，为竖穴土坑墓。东西向，方位角为东偏北 1°。墓圹规格，圹口东西长 2.65、东端宽 0.9、西端宽 0.81 米，圹底东西长 2.55、东端宽 0.81、西端宽 0.72 米，圹口至圹底深 1.7 米。无生土二层台。在圹底正中位置，按东西方向，安置木椁一具。在木椁四壁的外侧至圹底部四壁之间，筑有活土二层台，台土经过严密夯打，较坚实，台面等高，均为 0.4 米，宽度不一，东台宽 31、南台宽 20（中段）、西台宽 26、北台宽 19 厘米（中段）。

圹内填土，为淤积夹砂石褐色土与生黄土混杂后的五花土。普遍经过夯实，但未有明显的夯层与夯窝。在填土中，发现夹砂红褐陶器残片 3 块，泥质灰陶器口沿、肩部、器底残件 11 块，狗下颌骨 1 块，羊肱骨残段 1 块。在墓圹东半部，木椁之上、殉牲之下填土中，有错落散置的石灰岩自然石块 4 块。

殉牲位置，祭牲集中摆放在圹内东端中间上层填土中，上距东端圹口 41 厘米深，下距圹底 1.17 米（图四二七；图版一五八，2）。殉牲种类，只有狗 1 种。数量，狗头 5 个，狗肱骨 5 只。殉牲形式，

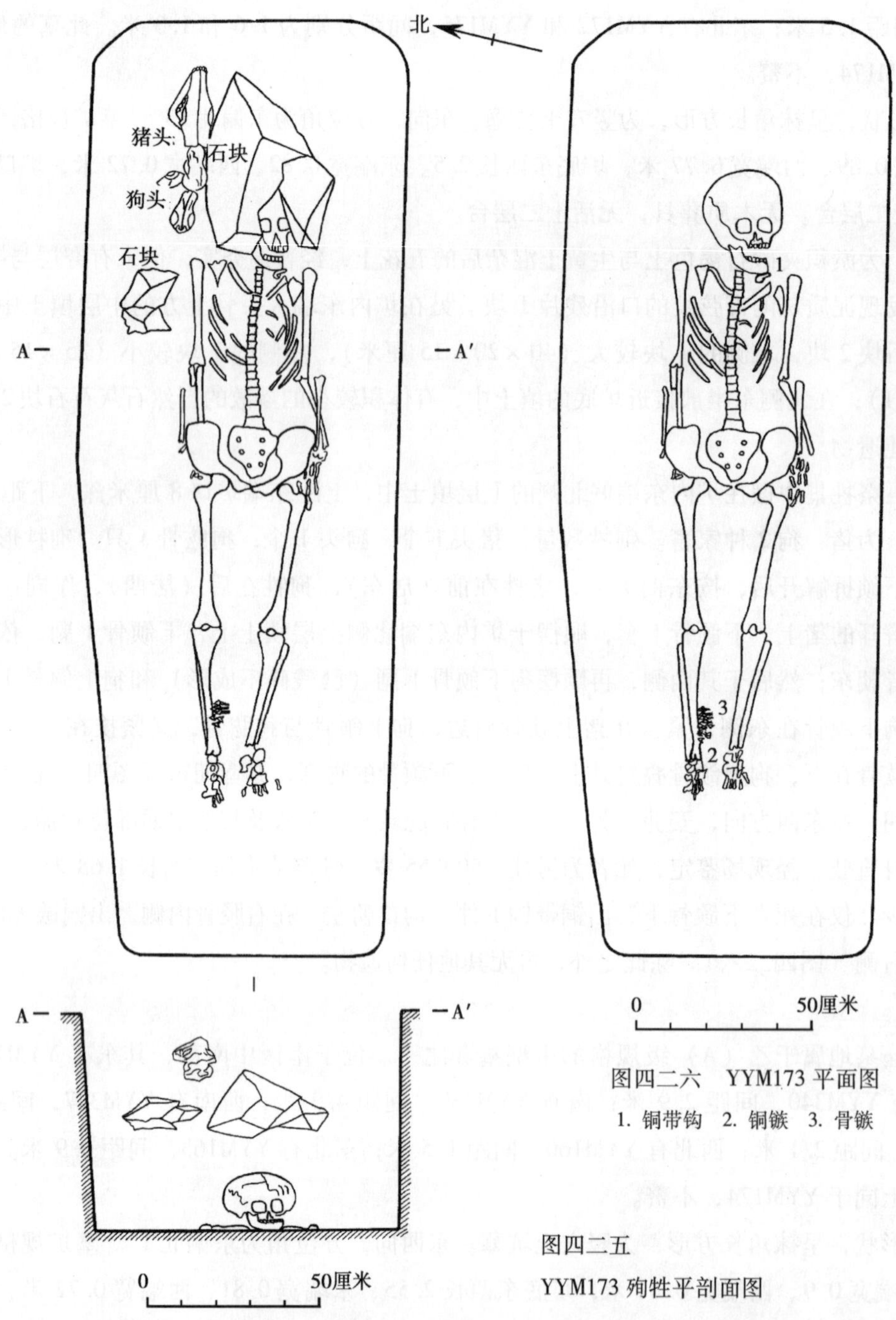

图四二六 YYM173 平面图

1. 铜带钩 2. 铜镞 3. 骨镞

图四二五

YYM173 殉牲平剖面图

将狗头的上、下颌均拆解开，作同层、由东而西呈纵向依次摆放。先在东端摆上狗肱骨 2 只，再在狗肱骨之上摆放狗头 1 个，然后在其西侧摆上狗肱骨 1 只，再在这狗肱骨之上，摆放狗头 1 个，然后再在其西侧摆上狗肱骨 1 只，再将 2 个狗头并列叠压在这只狗肱骨上，最后再在其西侧并列摆上狗头 1 个，狗肱骨 1 只（按东西方向顺放），此墓所殉的 5 个狗头的吻部，均一律朝东。

木椁已朽，盖板无存，底板板灰遗痕模糊，只有南、北侧板与东、西堵板的板灰尚能显示其轮廓与界限，但各部分的板块结构，已难以具体分辨。南、北侧板东西顺长 2.45、总高 0.4 米，板灰厚 4 厘米。东、西堵板，分别竖插于南、北两侧板之间，立插部位，分别在南、北侧板东、西两端内缩 21

和18厘米处，高度与活土二层台台面平齐，均为0.4米，总宽东端34、西端35、板灰厚3.5厘米。

木椁内装殓尸骨一具。保存状况较好，除骨盆腐朽残碎外，其他部分基本完整。头东足西，仰身直肢，经现场鉴定，死者为男性，成年。骨骼从头到脚通长1.68米。

随葬品集中陈放于木椁内、死者身上及其近前（图四二八）。在死者颈部左侧和左肩上，放置泥质

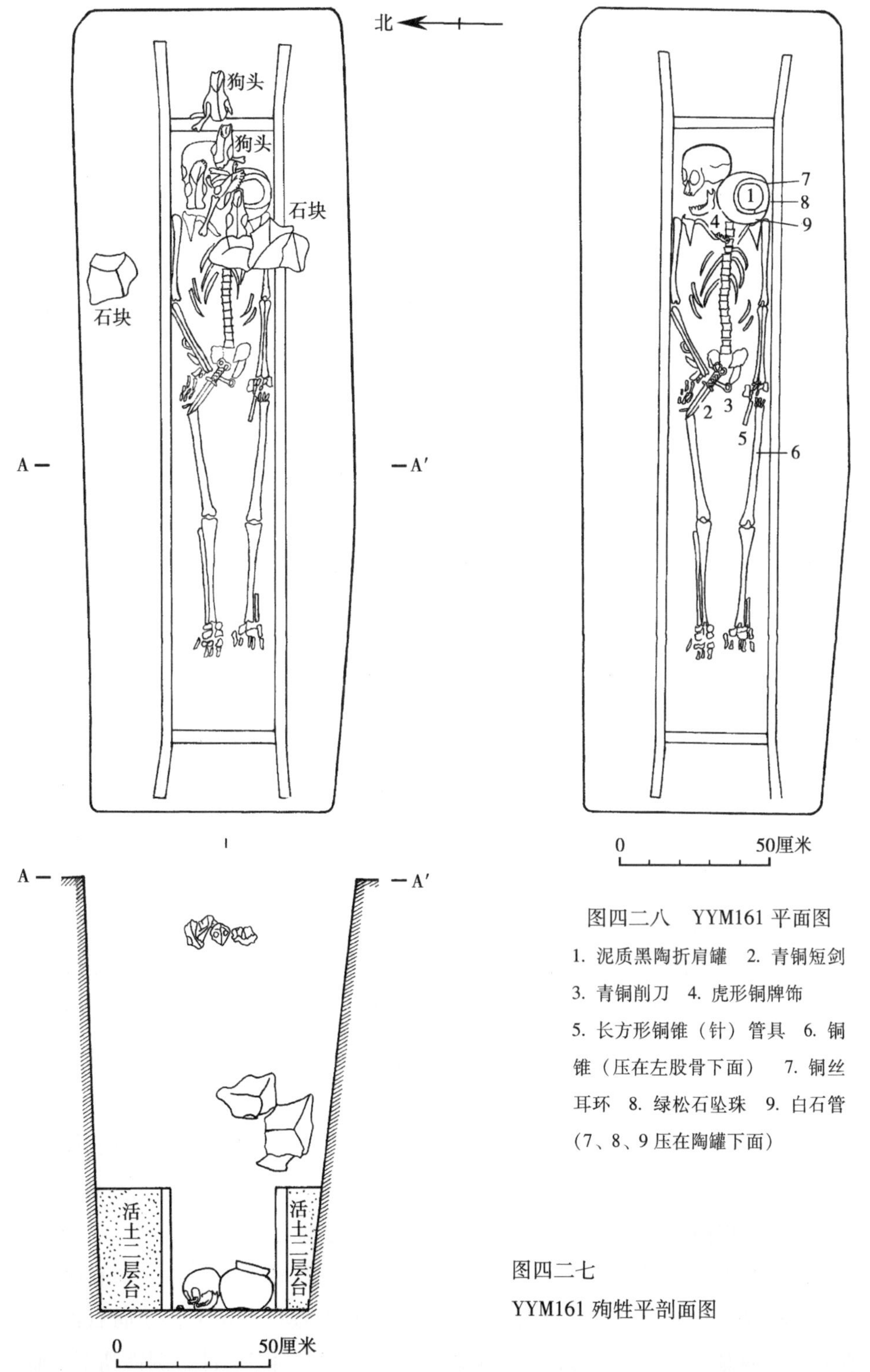

图四二八　YYM161平面图
1. 泥质黑陶折肩罐　2. 青铜短剑　3. 青铜削刀　4. 虎形铜牌饰　5. 长方形铜锥（针）管具　6. 铜锥（压在左股骨下面）　7. 铜丝耳环　8. 绿松石坠珠　9. 白石管（7、8、9压在陶罐下面）

图四二七
YYM161殉牲平剖面图

黑陶折肩罐1件，略斜侧置。在陶罐下，压有白石管1枚。在左、右耳骨下面，各出螺旋形铜丝耳环1件及绿松石坠珠1枚。在颈下，左、右锁骨交接部位，出虎形铜牌饰1件，倒置，虎头朝右。在右髋骨和右股骨之间，出青铜短剑1件，剑锋朝斜下方。在右尺骨之下和短剑剑柄之下，压有青铜削刀1件，与短剑交叉，环首朝下，刀锋朝斜上方。在左股骨下面，压有铜锥1件。在左股骨内侧，出长方形几何纹铜锥（针）管具1件（图版一五八，3）。

YYM129

这是玉皇庙墓地属于乙（A）级较高规格的中型墓葬之一。位于南区南部，其东有YYM161，间距2.1米；东南有YYM337，间距0.9米；西南有YYM334和YYM328，间距分别为1.1和2.6米；西北有YYM128，间距0.7米；北有YYM130，间距1.8米；东北有YYM160，间距2米。此墓的地层堆积，基本上同于YYM174，不赘。

墓圹平面形状，基本上呈抹角长方形，为竖穴土坑墓。东向，方位角为东偏北10°。墓圹规格，圹口东西长2.9、东端宽0.9、西端宽0.86米，圹底东西长2.84、东端宽0.85、西端宽0.8米，圹口至圹底深1.75米。在墓圹南、北两侧壁中腰部位，分别留出很窄的生土二层台，台面距圹口深均为1.05米，南台宽10、北台宽4厘米，台壁笔直下切，二台高均为0.7米。在圹底正中部位，按东西方向，安置木椁一具。在木椁四壁的外侧至圹底部四壁之间，筑有活土二层台，台土均经严密夯打，较坚实，台面等高，均为45厘米，宽度不一，东台宽32、南台宽14（中段）、西台宽51、北台宽16厘米（中段）。

圹内填土，为淤积夹砂石褐色土与生黄土混杂后的五花土，普遍经过夯实，但未有夯层与夯窝痕迹，在填土中，发现夹砂褐陶器残件3片，泥质灰陶器口沿和器底残件11片，残碎兽骨2块。

殉牲位置，祭牲集中摆放在圹内东端上层填土中，上距东端圹口0.52米深，下距圹底0.93米（图四二九；图版一五九，1）。殉牲种类，为牛、羊、狗3种家畜。殉牲数量，牛头1个，牛肱骨1只，羊头（山羊头）4个，羊肱骨4只，狗头6个，狗肱骨6只。殉牲形式，3种牲头均完整保留，未加拆解，狗、羊在南侧，牛在北侧。狗在下，羊在上。先按东西向摆上狗肱骨4只，然后将狗头6个置于狗肱骨之上，再将另2只狗肱骨分别斜搭在偏西一些的2个狗头上；然后将羊肱骨4只，按东西向散插在狗头之间，再将山羊头4个，摆在上面。其北侧，牛肱骨1只，按东西向摆在下面，牛头1个，压于牛肱骨上。此墓三种祭牲的吻部，均一律朝东。

木椁已朽，盖板无存，南、北侧板与东、西堵板板灰呈白色粉状，轮廓尚清楚，但板块结构已不能辨识，底板灰痕呈褐色，界限已不明显。南、北侧板东西顺长2.34米，总高45厘米，与南、北活土二层台台面平齐，板灰厚4厘米。东、西堵板，分别竖插于南、北侧板之间，立插部位，分别在南、北侧板东、西两端内缩20和18厘米处，高度与活土二层台平齐，均为45厘米，总宽东、西两端均为47厘米，板灰厚4厘米。

木椁内装殓尸骨一具。头骨压裂，脊椎骨、肋骨不完整，骨盆大部分无存，四肢骨保存较好。头东足西，仰身直肢，经现场鉴定，死者为男性，50岁左右。骨骼从头到脚通长1.75米。

随葬品集中陈放于木椁内、死者身上及其近前（图四三〇、四三一；图版一五九，2）。在死者颈部左侧和左肩部位，放置泥质灰陶折肩罐1件，正置。在左、右耳骨下面，各出螺旋形铜丝耳环1件及绿松石坠珠3枚。在左、右眼眶内和口腔内，各出覆面铜扣1枚。在颈下，偏向右锁骨处，出马形铜牌饰1件。在右尺骨内侧和右髋骨表面，出青铜短剑1件，青铜削刀1件，剑锋朝下，而刀锋朝上。

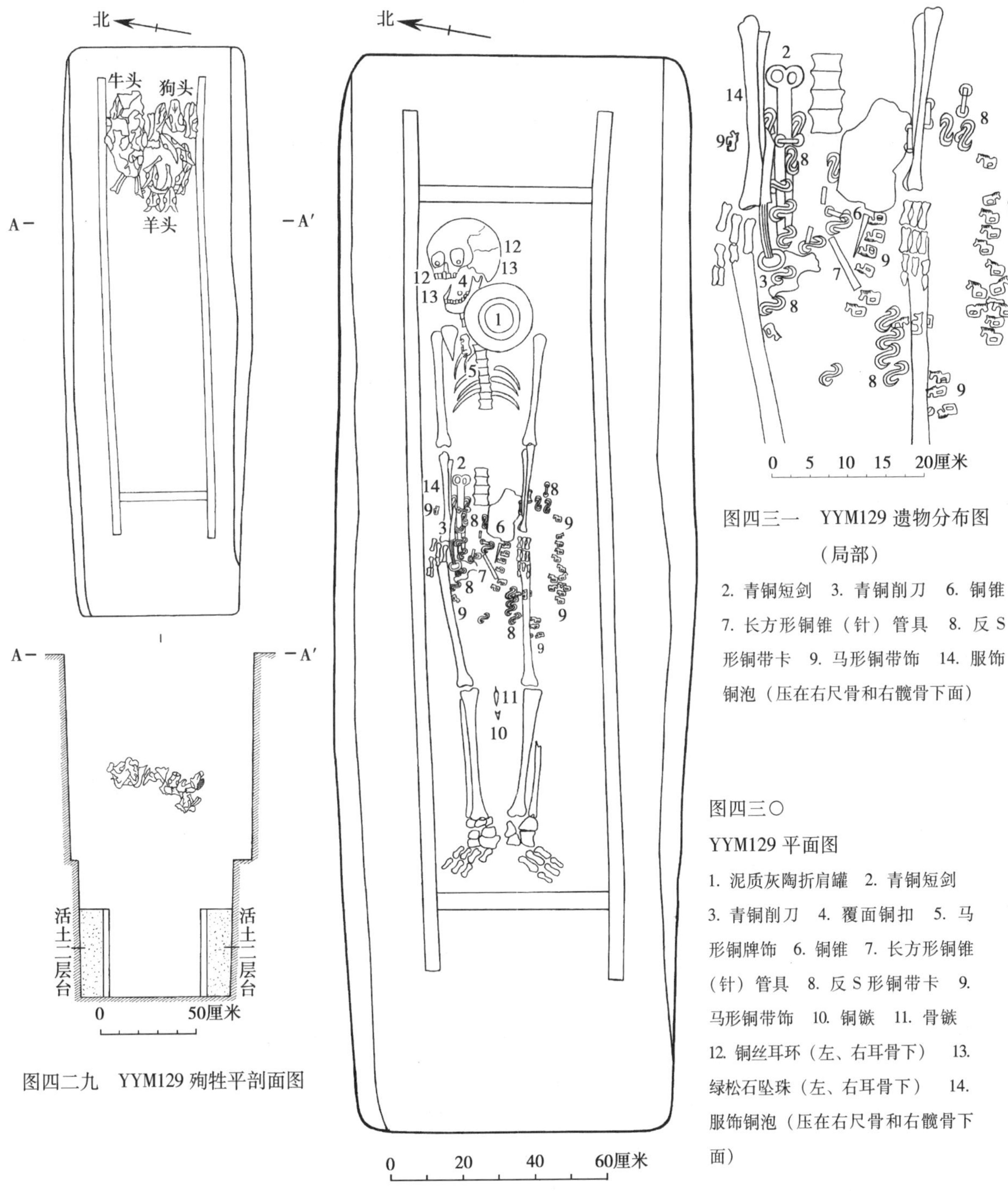

图四二九　YYM129殉牲平剖面图

图四三〇　YYM129平面图

1. 泥质灰陶折肩罐　2. 青铜短剑　3. 青铜削刀　4. 覆面铜扣　5. 马形铜牌饰　6. 铜锥　7. 长方形铜锥（针）管具　8. 反S形铜带卡　9. 马形铜带饰　10. 铜镞　11. 骨镞　12. 铜丝耳环（左、右耳骨下）　13. 绿松石坠珠（左、右耳骨下）　14. 服饰铜泡（压在右尺骨和右髋骨下面）

图四三一　YYM129遗物分布图（局部）

2. 青铜短剑　3. 青铜削刀　6. 铜锥　7. 长方形铜锥（针）管具　8. 反S形铜带卡　9. 马形铜带饰　14. 服饰铜泡（压在右尺骨和右髋骨下面）

在左髋骨的下方、左股骨内侧，出铜锥1件，锥尖朝下。在左、右股骨中间、铜锥右侧，出长方形铜锥管1件。在左、右胫骨上端中间，出铜镞1枚，骨镞1枚，镞锋均朝下。在右尺骨下面，压有服饰铜泡1枚，在右髋骨下出服饰铜泡2枚；在死者身后，在骨盆下面，压有一横排13枚反S形铜带卡；在左尺骨外侧和右尺骨内侧青铜短剑表面，又各出5枚和10枚反S形铜带卡。此外，还有卧马形铜带饰73枚，被压在骨盆下面的有34枚，压在右股骨下面的有5枚；出于右股骨内侧的有34枚。

YYM128

这是玉皇庙墓地属于乙（B）级规格的中型墓葬之一。位于南区南部，其东南有 YYM129，间距 0.65 米；南有 YYM334，间距 2.5 米；西南有 YYM328，间距 1.1 米；西有 YYM109，间距 2.2 米；西北有 YYM110，间距 2.8 米；北有 YYM127，间距 2.1 米；东北有 YYM130，间距 0.6 米。此墓的地层堆积，基本上同于 YYM174，不赘。

墓圹平面形状，基本上呈抹角长方形，为竖穴土坑墓。东向，方位角为东偏北15°。墓圹规格，圹口东西长 2.65、东端宽 0.84、西端宽 0.76 米，圹底东西长 2.57、东端宽 0.72、西端宽 0.8 米，圹口至圹底深 1.49 米。无生土二层台。在圹底正中位置，按东西方向，安置木椁一具。在木椁外壁四周至圹底部四壁之间，筑有活土二层台，台土经过严密夯打，较坚实，东、南、西、北四台等高，均为 28 厘米，宽度不一，东台宽 46、南台宽 11、西台宽 36、北台宽 12 厘米。

圹内填土，为淤积夹砂石褐色土与生黄土混杂后的五花土，经普遍夯实，但未有夯层与夯窝痕迹。在填土中，仅发现夹砂红褐陶残片 2 块，泥质灰陶绳纹碎片 3 块，还有牛牙 1 颗，另在东端祭牲之下的填土中，有自然石灰岩石块 2 块，规格为 20×10×8 厘米。除此之外，再未见其他遗物。

殉牲位置，祭牲集中摆放在圹内东端中间上层填土中，上距东端圹口 13 厘米深，下距圹底 0.93 米（图版一六〇，1）。殉牲种类，为牛、羊、狗 3 种家畜。殉牲数量，牛头 1 个，牛肱骨 1 只，羊头 4 个（山羊），羊肱骨 4 只，狗头 6 个，狗肱骨 6 只。殉牲形式，将牛、羊、狗头的上、下颌拆解开后，自东而西作同层依次摆放。即按东西方向，先在圹内东端中间上层填土上，顺摆狗肱骨 3 只及拆解开的狗上、下颌骨 3 套，狗肱骨在下，狗头骨在上，其中 2 套狗上、下颌的吻部朝东，另 1 套的吻部朝北；然后在其西侧，接着顺摆羊肱骨 4 只及拆解开的山羊上、下颌骨 4 套，狗肱骨 1 只及拆解开的狗上、下颌骨 1 套，此狗牲位居羊牲北侧，这组羊牲与狗牲的吻部，一律朝东；然后在这组祭牲的北侧和南侧，分别顺摆牛肱骨 1 只和拆解开的牛头上、下颌骨 1 套，牛的上、下颌吻部亦朝东；最后，于牛头西侧，再顺摆狗肱骨 2 只及拆解开的狗上、下颌骨 2 套，这 2 套狗上、下颌的吻部，亦朝东。这一殉牲形式，构成了东、北、西三面为狗，南面为牛，而羊居其中的布局特点。至于位于西侧的狗牲，在层位上出现下陷的情况，那是因为其位正在木椁东端之上层，由于木椁腐朽后塌顶，而随填土一起陷落所致。

木椁已朽，板灰呈灰褐色，盖板无存，底板保存不好，唯南、北侧板与东、西堵板板灰轮廓，尚可辨识。南、北侧板东西顺长 2.1 米，总高 28 厘米，与南、北活土二层台台面平齐，板灰厚 4 厘米；东、西堵板，分别竖插于南、北侧板之间，立插部位，分别在南、北侧板东、西两端内缩 15 和 19 厘米处，高度与南、北侧板一致，均为 28 厘米，总宽东、西两端均为 40、板灰厚 4 厘米。南、北侧板与东、西堵板的板块组成情况，已不能作具体分辨。

木椁内装殓尸骨一具。保存状况较好，头骨及主要部位骨骼，基本完整。头东足西，仰身直肢，经现场鉴定，死者为女性，35～40 岁。骨骼从头到脚通长 1.55 米。

随葬品集中陈放于木椁内、死者身上及其近前（图四三二）。在头骨右侧，放置泥质灰陶折肩罐 1 件，正置。在左、右耳骨下面，各出螺旋形铜丝耳环 1 件，在左耳环下，附出绿松石坠珠 2 枚；在右耳环下，附出绿松石坠珠 3 枚。在左、右眼眶内，各出覆面铜扣 1 枚。在颈下至胸、腹部，出不同质料的项链 2 串：（1）铜珠项链 1 串，由 69 枚纺锤形小铜珠组成，其末端（在骶骨上）附出匕形铜坠饰1件，匕尖朝斜下方；（2）玛瑙珠、白石管和小黑石珠联合组成的项链1串，由玛瑙珠2颗、白石管1枚、小黑石珠68粒联合串成。在左、右肘部内侧，各出“人”字形铜坠饰4枚。

YYM109

这是玉皇庙墓地属于丙（C）级规格的小型墓葬之一。位于南区南部。其东有YYM128，间距2.2米；东南有YYM328，间距1.7米；南有YYM380，间距4.5米；西南有YYM351和YYM352，间距分别为1.7和1.5米；西北有162，间距2.1米；北有YYM110，间距2.1米；东北有YYM127，间距2.7米。此墓的地层堆积，基本上同于YYM174，不赘。

墓圹平面形状，呈抹角长方形，为竖穴土坑墓。东向，方位角为东偏北7°。墓圹规格，圹口东西长2.05、东端宽0.66、西端宽0.74米，圹底形制、规格，与圹口一致，圹口至圹底深0.6米。无生土二层台。在圹底中间位置，按东西方向，安置木质葬具一具。在木质葬具四周至圹底部四壁之间，筑有活土二层台，台土经过严密夯打，较坚实，东、南、西、北四台等高，均为20厘米，宽度不一，东台宽9、南台宽16、西台宽25、北台宽15厘米（中段）。

圹内填土，为淤积夹砂石褐色土与生黄土混杂后的五花土，经普遍夯实，但未有夯层与夯窝痕迹。在填土中，仅发现泥质灰陶带弦纹的肩部残件1块。另在圹内东端人体头、胸之间，及其附近的上层填土中，有专意放置的自然石灰岩石块5块，规格在23×22×12和13×10×8厘米之间。在圹内西端中间和南侧东部活土二层台上，也各有较小的自然石灰岩石块1块。除此之外，再未见其他遗物。

殉牲位置，祭牲摆放在圹内东端中间上层填土中，上距东端圹口6厘米深，下距圹底0.4米，其东端为人工摆布的自然石块（图版一六〇，2）。殉牲种类，仅有狗1种。数量，狗头2个，狗肱骨2只，均已残碎。从残存现状看，其殉牲形式是，将狗头上、下颌拆解开后，按东西方向，将2套狗牲作同层，东、西相邻纵向摆放。上、下颌骨分开，上颌骨叠置于狗肱骨之上，上、下颌的吻部，均朝东。

木质葬具，已腐朽为泥。根据圹底部土质软、硬的差别，可以确定该葬具的四至规格。东西顺长1.7米，东端宽40、西端宽37、总高20厘米。其他相关结构情况，已无从考察。

在圹底中间位置，按东西向，安葬尸骨一具。保存状况较好，头骨及其他主要部位骨骼，基本完整。头东足西，仰身直肢。经现场鉴定，死者为女性，30岁左右。骨骼从头到脚通长1.57米。

随葬品很少，仅在死者左、右耳骨下面，各出螺旋形铜丝耳环1件，已残，无绿松石坠珠伴出（图四三三）。另在头骨下面，压有黑、白石珠项链1串，由小黑石珠6粒、小白石珠19粒，联合串成。

YYM162

这是玉皇庙墓地属于丁级规格的小型墓葬之一。位于南区南部西界，其东南有YYM109，间距2.1米；南有YYM351，间距1.1米；西有YYM353，间距0.8米；北有YYM111，间距2.4米；东北有YYM110，间距2.2米。此墓的地层堆积，基本上同于YYM174，不赘。

墓圹平面形状，呈抹角长方形，为竖穴土坑墓。东北向，方位角为东偏北27°。墓圹规格，圹口东北—西南长2.1、东北端宽0.74、西南端宽0.72米，圹底东北—西南长2.02、东北端宽0.69、西南端宽0.67米，圹口至圹底深0.45米。无生土二层台。在圹底正中位置，顺墓圹方向，安置木质葬具一具，在木质葬具外壁四周至圹底部四壁之间，筑有活土二层台，台土经过夯打，较坚实，四台等高，均为20厘米，宽度不一，东台宽14、南台宽10、西台宽15、北台宽13厘米。

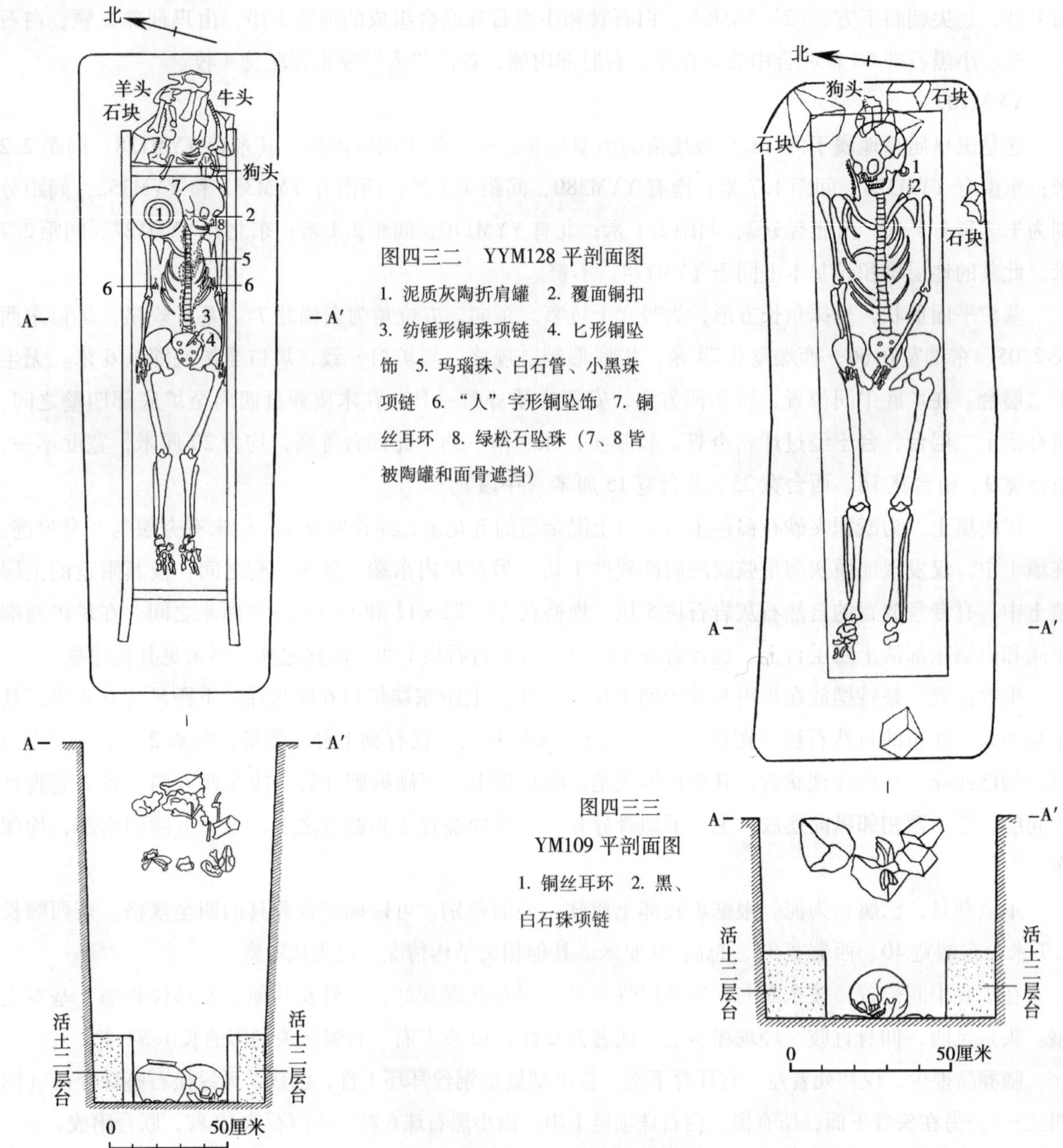

图四三二 YYM128平剖面图

1. 泥质灰陶折肩罐 2. 覆面铜扣 3. 纺锤形铜珠项链 4. 匕形铜坠饰 5. 玛瑙珠、白石管、小黑珠项链 6. "人"字形铜坠饰 7. 铜丝耳环 8. 绿松石坠珠（7、8皆被陶罐和面骨遮挡）

图四三三 YM109平剖面图

1. 铜丝耳环 2. 黑、白石珠项链

圹内填土，为淤积夹砂石褐色土与生黄土混杂后的五花土，未经夯实，土质较疏松。在填土中，仅发现夹砂褐陶罐类口沿残片1块，泥质灰陶带绳纹的碎陶片2块，另在墓圹东南角、北侧中段及南侧西段的活土二层台台面上，各发现自然石灰岩石块1～2块，除此之外，再未发现其他遗物。

殉牲位置，在圹内东端靠近中间位置的上层填土中，上与东端圹口相平，下距圹底40厘米深。殉牲种类，只有狗1种，数量，仅有狗下颌骨1副，吻部朝向东北。

木质葬具已朽，板灰已化为泥，清理时，仅能凭土的软、硬程度，来辨别其四至，总体形状呈长方形，东北—西南长1.76米，东北端宽46、西南端宽41、四面高均为20厘米，死者就仰卧在这样一个长方形的矮箱中。至于此葬具各部分之间的结构与关系情况，已无从辨察。

木质葬具内装殓尸骨一具。保存状况不太好，头骨已残碎，其他主要部位骨骼，基本完整。头朝东北，足向西南，仰身直肢，经鉴定，死者为女性，25～30 岁。骨骼从头到脚通长 1.66 米（图版一六〇，3）。

随葬品极少，仅在死者左、右耳骨下面，各出螺旋形铜丝耳环 1 件，除此之外，再未见其他任何遗物（图四三四）。

YYM353

这是玉皇庙墓地属于丁级规格的小型墓葬之一。位于南区南部西界边缘。其东有 YYM162，间距 0.8 米；东南有 YYM351，间距 1.6 米；南有 YYM354，间距 2.3 米；西南、西和西北，已无墓葬；北有 YYM80，间距 7.1 米；东北有 YYM111，间距 3.8 米。此墓的地层堆积，基本上同于 YYM174，不赘。

墓圹平面形状，呈抹角长方形，为浅穴土坑墓。东北向，方位角为东偏北 32°。墓圹规格，圹口东北—西南长 2.04、东北端宽 0.66、西南端宽 0.7 米，圹底形制、规格，与圹口一致，圹口至圹底深 20 厘米。无生土二层台。无木质葬具，无活土二层台。圹内填土，为淤积夹砂石褐色土，未经夯实，土质较疏松。在填土中，仅发现夹砂褐陶罐口沿残片 2 块，泥质灰陶带绳纹的碎片 2 块，除此之外，再未见其他遗物。

无殉牲。

在圹底中间，顺墓圹方向，安葬尸骨一具。保存状况不好，头骨、骨盆已残碎，其他主要部位骨骼，基本完整。头朝东北，足向西南，侧面向西北，仰身直肢。经现场鉴定，死者为女性，20 岁左右，骨骼从头到脚通长 1.46 米（图版一六一，1）。

随葬品较少，集中陈放于死者头部附近及上半身（图四三五）。在头骨左侧，放置夹砂红陶罐 1 件，正置，已残，仅余半件。在左、右耳骨下面，各出螺旋形铜丝耳环 1 件，已残，无绿松石坠珠伴出。在颈部，出黑、白石珠项链 1 串，由小黑石珠 3 粒、小白石珠 61 粒，联合串成。在左上肢肘关节内侧和左腹部，各出“人”字形铜坠饰 3 枚。

YYM174

这是玉皇庙墓地晚期阶段属于乙（B）级较高规格的中型墓葬之一，也是这一级别的 80 座墓葬中地位最显赫的一座重要的首领级人物的墓葬。位于南区中部东端，其东已无墓葬，东南有 YYM345，间距 2.6 米；西南有 YYM344 和 YYM340，间距分别为 1.2 和 1.7 米；西北有 YYM173，间距 1.4 米；北有 YYM175，间距 1.6 米。此墓的地层堆积，墓口以上可分上、下两层，上层为夹杂自然石块的深褐色山皮土层，厚 25 厘米；下层为淤积夹砂石层，即夹略大和较大砂石颗粒的褐色土层，此层属这里晚期泥石流堆积层，厚 35 厘米。揭掉这两层堆积之后，即发现墓圹圹口。圹口以下至墓底的地层堆积，自上而下，可分 2 层，第 1 层（上层）为淤积夹砂石层，即夹中细砂石颗粒的褐色土层，此层属这里早期泥石流堆积层，厚 45 厘米；第 2 层（下层）为生黄土层，即属于更新世晚期形成的黄土质砂质黏土层，厚 1.07 米以上（墓圹底部以下均为此层堆积）。这就是说，此墓圹口打破了早期泥石流堆积层——淤积夹砂石层，而圹底则坐进了更新世晚期形成的黄土质砂质黏土层中（即生黄土层中）。此墓的地层堆积，在玉皇庙墓地南区中部，是具有代表性的。

此墓墓圹平面形状，基本上呈“凸”字形，为竖穴土坑墓。东向，方位角为东偏北 3°。墓圹规格，

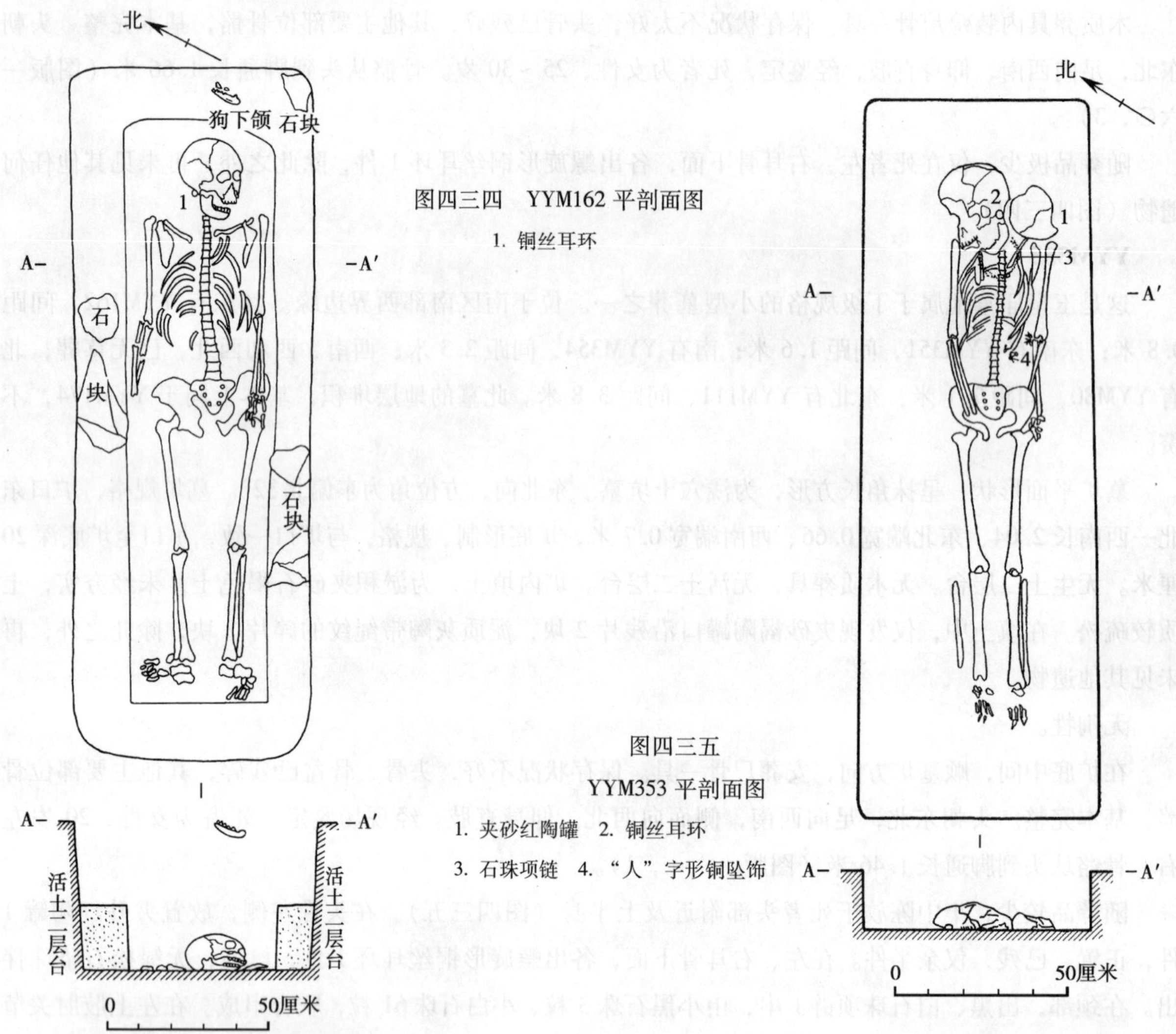

图四三四　YYM162平剖面图

1. 铜丝耳环

图四三五

YYM353平剖面图

1. 夹砂红陶罐　2. 铜丝耳环
3. 石珠项链　4. "人"字形铜坠饰

圹口东西长2.75、东端宽1.1、西端宽1.75米，圹底东西长2.75、东端宽1.02、西端宽1.27米，圹口至圹底深1.52米。在墓圹北壁和南壁西半部中腰部位，分别留出生土二层台，北侧生土二层台台面较南侧的高出一截，北侧台面最宽处为36厘米，南侧台面最宽处为19厘米，台壁均作笔直下切直达墓底，北侧台面至墓底高为1.02米，南侧台面至墓底高为0.82米。在圹底正中部位，顺东西方向安置木椁一具。在椁室四壁的外侧至圹底部四壁之间，筑有活土二层台，台土经过严密夯打，较为坚实，东、南、西、北四台等高，东台台面宽26、南台台面宽35、西台台面宽49、北台台面宽31、台高平均为32厘米。

圹内填土，为淤积夹砂石褐色土与生黄土混杂之后的五花土，经过夯打，较硬实，但未有明显的夯层与夯窝。仅发现夹砂红、褐陶碎片和泥质灰陶带弦纹的陶器残片各1片，除此之外，未见其他遗物。

殉牲位置，祭牲集中摆放在圹内东端木椁盖板以上的上层填土中（图版一六一，2），未有特别夯筑殉牲台。殉牲种类，为马、牛、羊、狗4种家畜。殉牲数量，马头2个（包括上、下颌），牛头1个（包括上、下颌），牛肱骨3只，羊头8个，羊肱骨8只（其中绵羊6，山羊2），狗头5个，狗肱骨5

只。此墓殉牲的个体，也均选其成年硕壮者。殉牲形式，马、牛头完整保留，狗、羊头的上、下颌均被拆解开，分上、下两层略作前、后错位摆放。即在下层先将2个马头一北一南间隔摆好，马的吻部朝东，接着在两个马头中间，陈放牛腿2只，羊腿2只，羊头2个，狗腿2只，狗头2个，此为下层祭牲；然后再在下层祭牲之上继续叠陈上层祭牲，陈放位置，并未与下层码齐，而是向后（即向西侧）错位约30厘米，先摆狗和羊，即摆上狗腿3只，狗头3个，羊腿6只，羊头6个，最后再摆上牛腿1只，牛头1个，牲吻也一律朝向东方（图四三六）。但上层这一组祭牲，由于木椁腐朽后塌陷，而造成其随填土陷落而错位，原本为上层祭牲，反倒散落到了下层。故此墓殉牲的上下高差为0.75米。

木椁已朽，板灰呈白色粉状，侧板与堵板灰痕保存较清楚，盖板痕迹已无存，底板仅可辨识其东西两端界限，其板块组成已模糊不清。底板东西顺长2.25、总宽东端0.65、西端0.58米，残留板灰呈黑褐色，很薄，不足1厘米。南、北侧板立于底板之上，每侧均由3块板组成，其中南侧板长2.48、北侧板长2.44米，每块板宽10～11、板厚4.5、总高皆为32厘米。东、西两端堵板，分别竖插于南、北两侧板之间，立插部位，分别在南、北侧板东、西两端内缩21和23.5厘米处，东端堵板高45、西端堵板高32、总宽东端54、西端50厘米，各由3块板组成，每块板宽17～19厘米不等，堵板板灰厚4.5厘米。

木椁内装殓尸骨一具，顺置于木椁正中（彩版四一）。骨骼已朽，头骨已塌碎，上肢骨与椎骨保存状况不好，左尺骨、手骨，以及胸椎已无存，骨盆及下肢骨保存尚好。死者头东足西，仰身直肢，经现场鉴定，死者为男性，40～45岁，骨骼从头到脚通长1.7米（图版一六二）。

随葬品集中陈放于木椁内、死者身上及其近前（图四三七；彩版四二，1；图版一六三，1）。在头骨右后侧、椁底东北角，放置泥质灰陶折肩罐1件，稍向内侧倾斜。在左、右耳骨下面，各出螺旋形金丝耳环1件及绿松石坠珠3枚。在左、右眼眶及鼻骨内，出覆面铜扣3枚。在颈下，左、右锁骨之间，出金璜形饰1件。在右尺骨内侧，出青铜短剑1件，短剑之下，出铜扣2枚。在短剑左侧，出青铜削刀1件，剑、刀锋部均朝下。在骨盆至左、右股骨之间，出有鹿形铜带饰16枚，其中出于骨盆左侧1枚，左髋骨与右髋骨表面各4枚，短剑下面压1枚，左、右股骨内侧各3枚。在左股骨内侧，出有圆筒形竹节状铜锥（针）管具1件（图版一六三，2）。在左膝左侧，出铜马衔2副，其中一副马衔环孔中，遗有骨镳1副，已朽残。在左胫骨下端左侧，置铜铆1件，在铜铆下面至左胫骨空隙间，出铜锛、铜凿、铜锥各1件。在右胫骨下端右侧，出铜镞4枚，骨镞3枚，镞锋均朝下（图版一六五，2）。在死者身后，腰际以下至左、右股骨中下端之间部位，出有卧马形铜带饰5条，共77枚（彩版四二，2）：第1条，分布于右侧腰际以下，沿短剑方向向下弧垂，计有16枚；第2条，出于右髋骨下面至右股骨外侧一线，计有15枚；第3条，出于骶骨下面，又斜垂至右股骨下面及其内侧，计有15枚；第4条，出于左髋骨下面，又弧垂至左股骨下面及其内侧，计有15枚；第5条，分布于骨盆左侧至左股骨外侧一线，计有16枚。此外，还有双环孔形铜饰件4枚，其一出于左髋骨边缘的下面，其二出于短剑剑柄的下面，另2枚分别出于左、右股骨中段的下面。

YYM340

这是玉皇庙墓地属于丙（A）级规格的小型墓葬之一。位于南区南部，被压在玉海公路下面。其南为YYM344，间距0.9米；西南有YYM339，间距1.1米；西北有YYM337和YYM161，间距分别为4.2和2.9米；北有YYM173，间距1.9米；东北有YYM174，间距1.7米。此墓的地层堆积，基本上

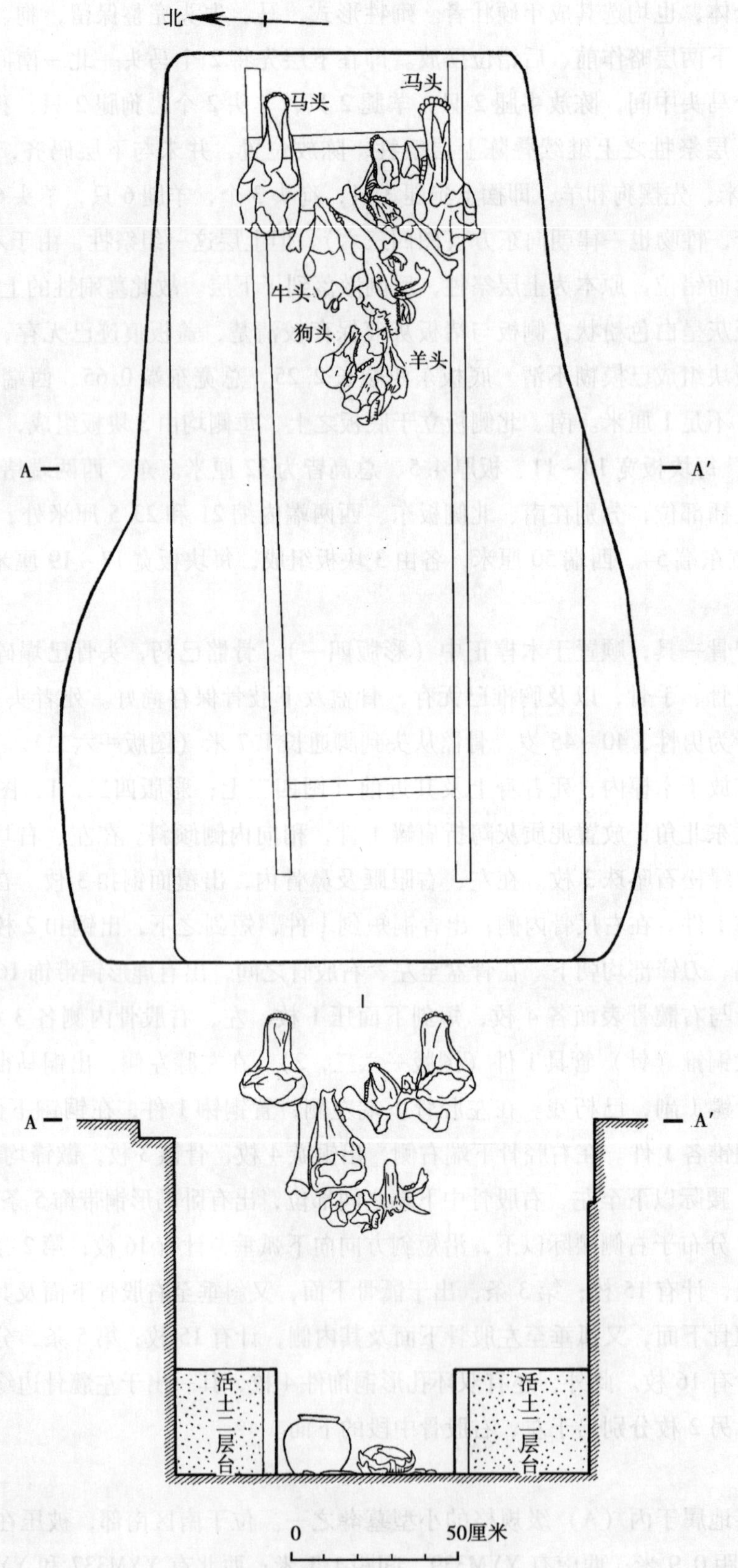

图四三六 YYM174 殉牲平剖面图

图四三七　YYM174平面图

1. 泥质灰陶折肩罐 2. 青铜短剑 3 青铜削刀 4. 覆面铜扣 5. 金丝耳环 6. 绿松石坠珠 7. 金璜形饰 8. 鹿形铜带饰 9. 马形铜带饰 10. 圆筒形竹节状铜锥（针）管具 11. 铜衔 12. 铜镳 13. 铜铆 14. 铜锛 15. 铜凿 16. 铜锥 17. 铜镞 18. 骨镞 19. 双环孔形铜饰件（压于短剑剑柄下、左、右股骨下各1件）

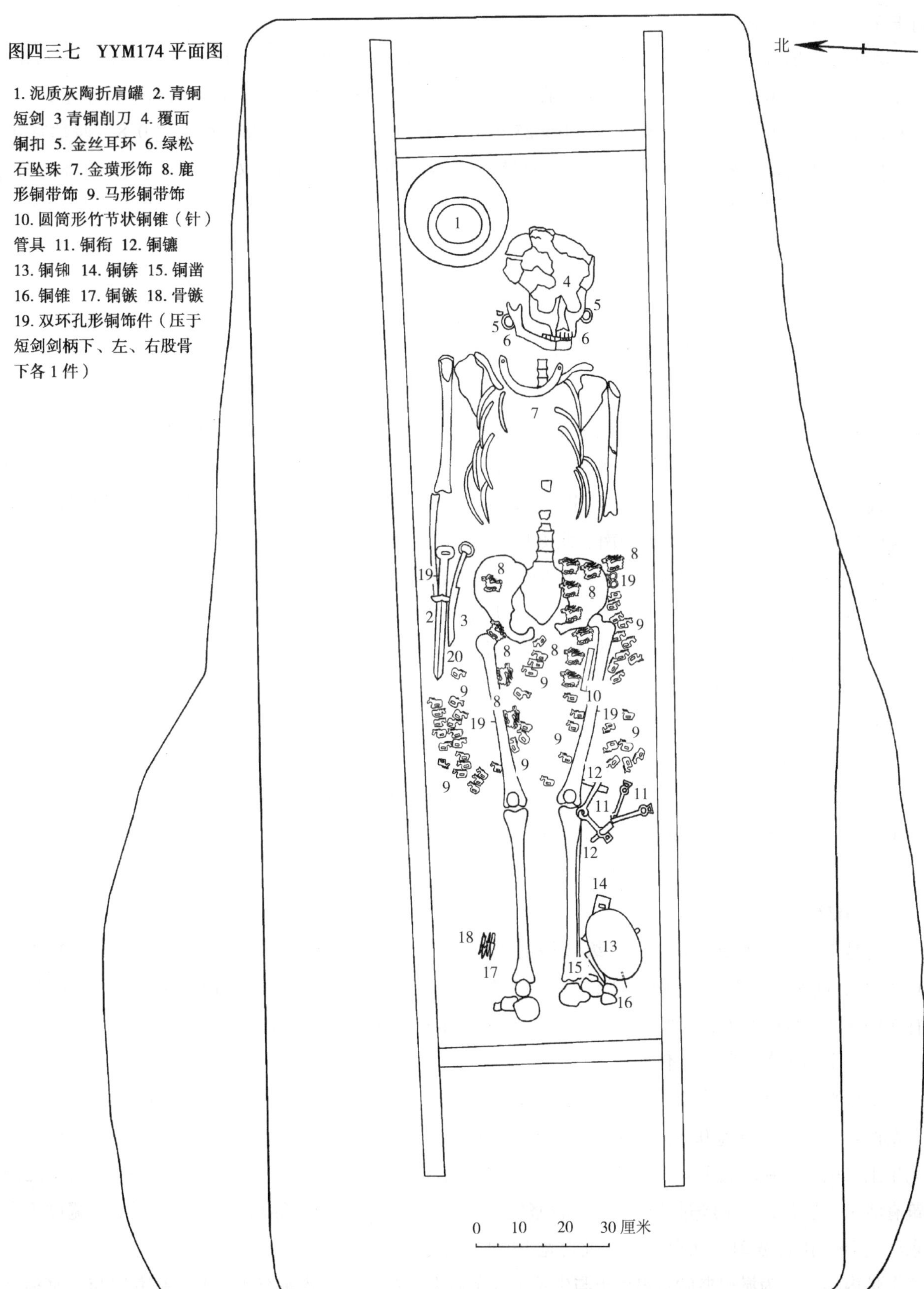

同于 YYM174，不赘。

墓圹平面形状，呈抹角长方形，为竖穴土坑墓。东向，方位角为东偏北13°。墓圹规格，圹口东西长2.35、东端宽0.86、西端宽0.76米，在墓圹西端和西南角圹口下，遗有打圹时留下的地层内的自然石块3块，大者46×30×20、小者30×25×16厘米。圹底东西长2.28、东端宽0.8、西端宽0.7米，圹口至圹底深1米。无生土二层台。在圹底中间偏东北—西南方向，安置木椁一具。在木椁外壁四周至圹底部四壁之间，筑有活土二层台，台土经过严密夯打，较坚实，东、南、西、北四台等高，均为20厘米，宽度不一，东台宽18、南台宽23（中段）、西台宽38、北台宽12厘米（中段）。

殉牲位置，祭牲摆在圹内东端中间上层填土中，上距东端圹口10厘米深，下距圹底0.6米。殉牲种类，只有狗1种。数量，狗头2个。殉牲形式，未对狗头进行拆解，按东西方向，将2个狗头自东而西作同层依次摆放，使其吻部朝东。其中偏西侧的1个狗头，因木椁腐朽坍顶，而随填土陷落错位，故较东端第1个狗头下移约20厘米。

木椁已朽，板灰呈白色粉状，盖板无存，底板灰痕薄而残缺，唯有南、北侧板与东、西堵板的板灰痕迹，尚可分辨其界限。南、北侧板东西顺长1.98米，总高20厘米，与南、北活土二层台台面平齐，板灰厚3厘米；东、西堵板，分别竖插于南、北侧板之间，立插部位，分别在南、北侧板东、西两端内缩11和15厘米处，高度与南、北侧板一致，均为20厘米，总宽东端38、西端37、板灰厚3厘米。南、北侧板与东、西堵板的板块组成情况，已不能详。

木椁内装殓尸骨一具。保存状况较好，除头骨残裂外，其他部位骨骼基本完整。头东足西，仰身直肢，经现场鉴定，死者为女性，18岁左右。骨骼从头到脚通长1.55米（图版一六四，1）。在死者骨盆盆腔内，遗有婴儿骨架一具，婴儿头部已出露盆腔口外，但因难产而未完成分娩，致使母婴双亡（图版一六四，2）。

随葬品集中陈放于木椁内、死者身上及其近前（图四三八）。在女主人头骨左侧，卧置夹砂褐陶罐1件，侧置，器口朝东。在左、右耳骨附近，各出螺旋形铜丝耳环1件及绿松石坠珠1枚。覆面铜扣3枚，已滑落于头骨左侧和左下颌骨下面。在颈部至胸部，出小白石珠项链1串（1025枚），铜环1件，“人”字形铜坠饰2枚。在婴儿头颈部位，出小白石珠项链1串（32枚）（参见图版一六四，2）。

YYM337

这是玉皇庙墓地属于丙（C）级规格的小型墓葬之一。位于南区南部。其东南有 YYM339 和 YYM340，间距分别为3.1和4.2米；南有 YYM338，间距2.7米；西南有 YYM336，间距3.9米；西有 YYM334，间距1.9米；西北有 YYM129，间距1米；东北有 YYM161，间距1.4米。此墓的地层堆积，基本上同于 YYM174，不赘。

墓圹平面形状，呈抹角长方形，东端略宽，为竖穴土坑墓。正东向，方位角为90°。墓圹规格，圹口东西长1.66、东端宽0.8、西端宽0.7米，圹底形制、规格，与圹口一致，圹口至圹底深0.65米。无生土二层台。在圹底中间偏东北—西南方向，安置木椁一具。在木椁外壁四周至圹底部四壁之间，筑有活土二层台，台土经过严密夯打，较坚实，东、南、西、北四台等高，均为19厘米，宽度不一，东台宽28、南台宽21、西台宽30、北台宽19厘米（中段）。

圹内填土，为淤积夹砂石褐色土与生黄土混杂后的五花土，经普遍夯实，但未有夯层与夯窝痕迹。在填土中，仅发现泥质灰陶带弦纹的口沿残片2块。另在南、北活土二层台中部和东半部台面上，各

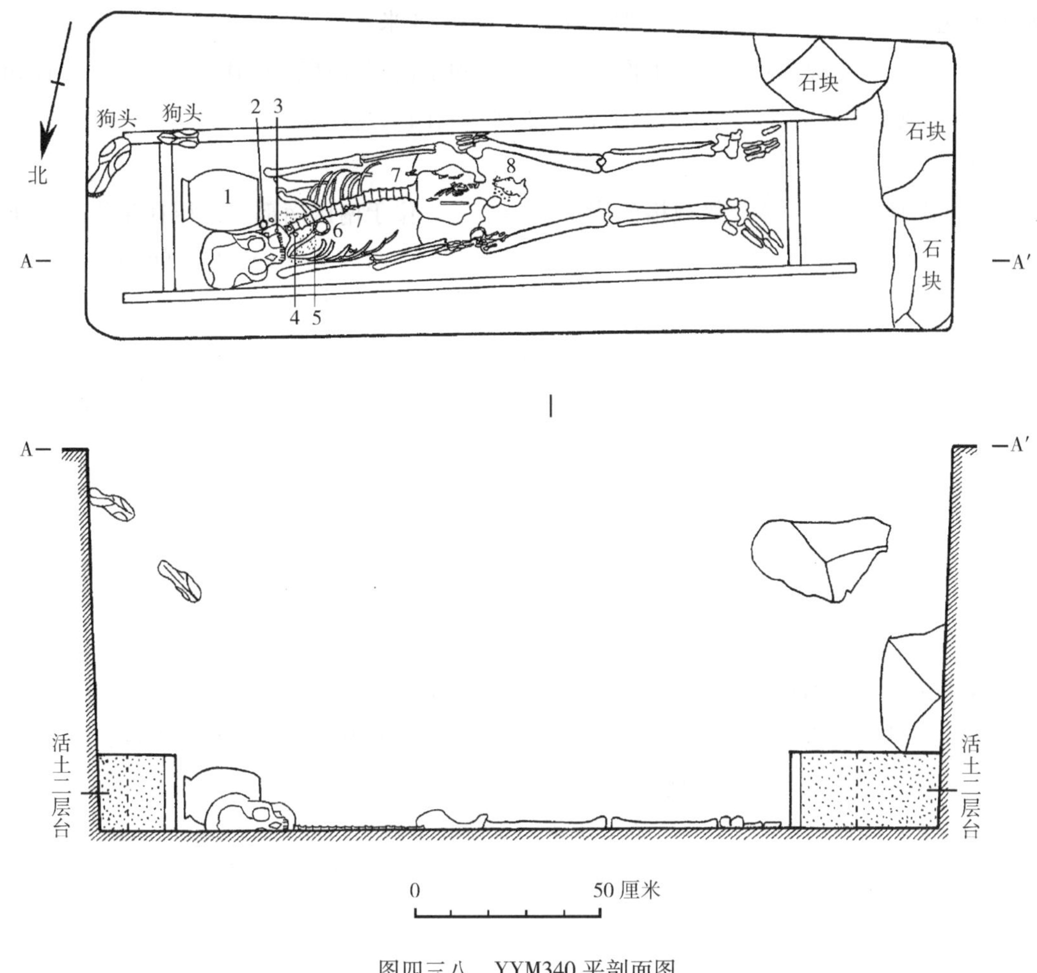

图四三八　YYM340 平剖面图

1. 夹砂红褐陶罐　2. 铜丝耳环　3. 绿松石坠珠　4. 覆面铜扣　5. 小白石珠项链　6. 铜环　7. "人"字形铜坠饰　8. 小白石珠项链

有人为放置的自然石灰岩石块 1 块，在圹内东端中、上层填土中，有零散的自然石灰岩石块 9 块，大小不一，规格在 9×6×7 至 31×21×20 厘米之间。

殉牲位置，祭牲摆放在圹内东端中间中上层填土中，上距东端圹口 22 厘米深，下距圹底 34 厘米。殉牲种类，仅有狗 1 种。数量，狗头 1 个，狗肱骨 1 只。殉牲形式，将狗头上、下颌拆解开后，按东西方向，作同层、分开顺摆于圹内东端中间中上层填土上，上、下颌骨吻部皆朝东，狗肱骨斜搭在上、下颌骨之上。

木椁已朽，盖板无存，底板灰痕模糊不清，南、北侧板与东、西堵板板灰轮廓，尚可分辨。板灰呈白色粉状，南、北侧板东西顺长 1.3 米，总高 19 厘米，与四周活土二层台台面平齐，板灰厚 2.5 厘米。东、西堵板，分别竖插于南、北侧板之间，立插部位，分别在南、北侧板东、西两端内缩 9 和 13 厘米处，高度与南、北侧板一致，均为 19 厘米，总宽东端 29、西端 28、板灰厚 2 厘米。南、北侧板与东、西堵板的板块组成情况，已不能详。

木椁内装殓孩童尸骨一具。保存状况不太好，骨质腐朽较严重，头骨已残碎，上、下肢骨，骨盆等，已残缺不全，手、足骨等，已无存。头东足西，侧面向北，仰身直肢（图版一六五，1）。经现场鉴定，死者为儿童，3～4岁。骨骼从头至胫骨末端存长0.88米。

随葬品很少，仅在木椁内死者头骨下面，出白石管和小白石珠项链1串，由白石管1枚和小白石珠75粒，联合串成。除此之外，再未见其他任何遗物（图四三九）。

YYM334

这是玉皇庙墓地属于乙（A）级规格的中型墓葬之一。位于南区南部。被压在玉海公路下面。其东南有YYM338，间距2.2米；南有YYM335，间距0.3米；西南有YYM380，间距2.6米；西北有YYM328，间距1.1米；北有YYM128，间距2.5米；东北有YYM337和YYM129，间距分别为1.9和1.1米。此墓的地层堆积，基本上同于YYM174，不赘。

墓圹平面形状，呈抹角长方形，为竖穴土坑墓。东向，方位角为东偏北9°。墓圹规格，圹口东西长2.7米，东、西两端宽均为1米，圹底东西长2.6、东端宽0.94、西端宽0.9米，圹口至圹底深1.8米。无生土二层台。在圹底中间偏东北—西南方向，安置木椁一具。在木椁外壁四周至圹底部四壁之间，筑有活土二层台，台土经过严密夯打，较坚实，东、南、西、北四台等高，均为30厘米，宽度不一，东台宽23、南台宽24（中段）、西台宽40、北台宽17厘米（中段）。

圹内填土，为淤积夹砂石褐色土与生黄土混杂后的五花土，经普遍夯实，但未有夯层与夯窝痕迹。在填土中，仅发现泥质灰陶碎片4块。牛牙2颗，羊肱骨残段1块，除此之外，再未见其他遗物。

殉牲位置，祭牲集中摆放在圹内东端中间中上层填土中，上距东端圹口0.5米深，下距圹底0.93米（图四四〇；图版一六五，2）。殉牲种类，为牛、羊、狗3种家畜。殉牲数量，牛头1个，牛肱骨1只，羊头（山羊）3个，羊肱骨1只，狗头4个，狗肱骨1只。殉牲形式，将牛、羊、狗的上、下颌拆解开后，作南、北相邻摆放。即按东西方向，先将拆解开的狗上、下颌骨1套，顺置于圹内东端中间上层填土上；然后将牛肱骨1只和牛下颌骨1副，顺置其北侧，然后再将牛上颌叠置于牛肱骨及牛下颌骨之上，使其吻部朝东，略作交错状；然后再在紧挨着牛牲南侧的地方，摆上拆解开的狗上、下颌3套和狗肱骨1只，并使狗上、下颌的吻部朝东；然后再将羊肱骨1只和拆解开的山羊上、下颌骨3套，叠放到狗牲之上，亦使其吻部朝东（图版一六五，3）。

木椁已朽，盖板无存，底板板灰薄而残缺不全，南、北侧板与东、西堵板，尚可分辨其轮廓。板灰呈白色粉状，南、北侧板东西顺长2.31米，总高30厘米，与南、北活土二层台台面平齐，板灰厚4厘米。东、西堵板，分别竖插于南、北侧板之间，立插部位，分别在南、北侧板东、西两端内缩11和17厘米处，高度与南、北侧板一致，均为30厘米，总宽东端48、西端47、板灰厚4厘米。南、北侧板与东、西堵板的板块组成情况，已难以分辨。

木椁内装殓尸骨一具。保存状况较好，除头骨压碎外，其他部位骨骼基本完整。头东足西，仰身直肢。经现场鉴定，死者为男性，20～22岁。骨骼从头到脚通长1.64米（图版一六六，1）。

随葬品集中陈放于木椁内、死者身上及其近前（图四四一；图版一六六，2）。在头骨右后方、椁底东北角，放置夹砂灰褐陶罐1件，已残碎。在左、右耳骨下面，各出螺旋形铜丝耳环1件及绿松石坠珠1枚。在面部右颧骨下方，出覆面铜扣1枚。在右侧锁骨表面，出虎形铜牌饰1件，倒置，虎头朝右，在颈下正中部位，出绿松石管1枚。在右髋骨与右尺骨之下，压有青铜短剑1件，剑柄之上叠压青铜削刀1件，剑锋、刀锋均朝上（彩版四三，1）。青铜削刀右侧，出长方形几何纹铜锥（针）管具1件（图四四二）。在左胫骨内侧，出土铜镞1枚，镞锋朝下。

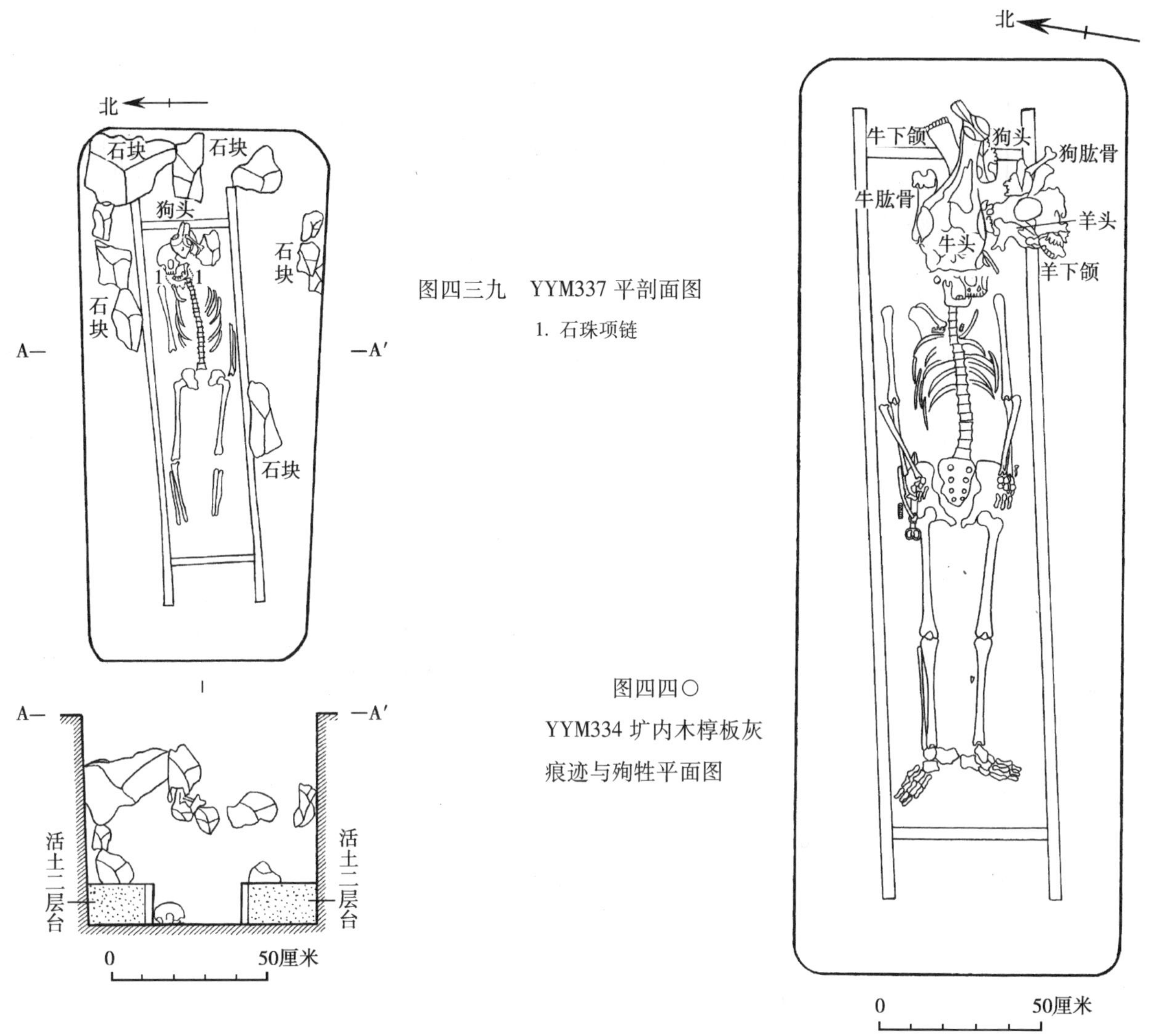

图四三九　YYM337 平剖面图
1. 石珠项链

图四四○
YYM334 圹内木椁板灰痕迹与殉牲平面图

YYM328

这是玉皇庙墓地属于丙（A）级规格的小型墓葬之一。位于南区南部。其东南有 YYM334，间距 1.1 米；西南有 YYM380 和 YYM355，间距分别为 2.2 和 3.3 米；西有 YYM352，间距 2.4 米；西北有 YYM109，间距 1.7 米；东北有 YYM128 和 YYM129，间距分别为 1 和 2.6 米。此墓的地层堆积，基本上同于 YYM174，不赘。

墓圹平面形状，呈抹角长方形，为竖穴土坑墓。东向，方位角为东偏北 23°。墓圹规格，圹口东西长 2.1 米，东、西两端宽均为 0.72 米，圹底东西长 2.02、东端宽 0.69、西端宽 0.67 米，圹口至圹底深 1.25 米。无生土二层台。在圹底中间，按东西方向，安置木椁一具。在木椁外壁四周至圹底部四壁之间，筑有活土二层台，台土经过严密夯打，较坚实，东、南、西、北四台等高，均为 30 厘米，宽度不一，东台宽 9、南台宽 16、西台宽 17、北台宽 14 厘米。

圹内填土，为淤积夹砂石褐色土与生黄土混杂后的五花土，经普遍夯实，但未有夯层与夯窝痕迹。在填土中，仅发现夹砂褐陶残片 1 块，泥质灰陶带弦纹和绳纹的残片 3 块，另在圹内西南角，活土二层台台面上，有自然石块 1 块，压在木椁南侧板西端探头之上，还有 1 块自然石块，落于椁室内，死者

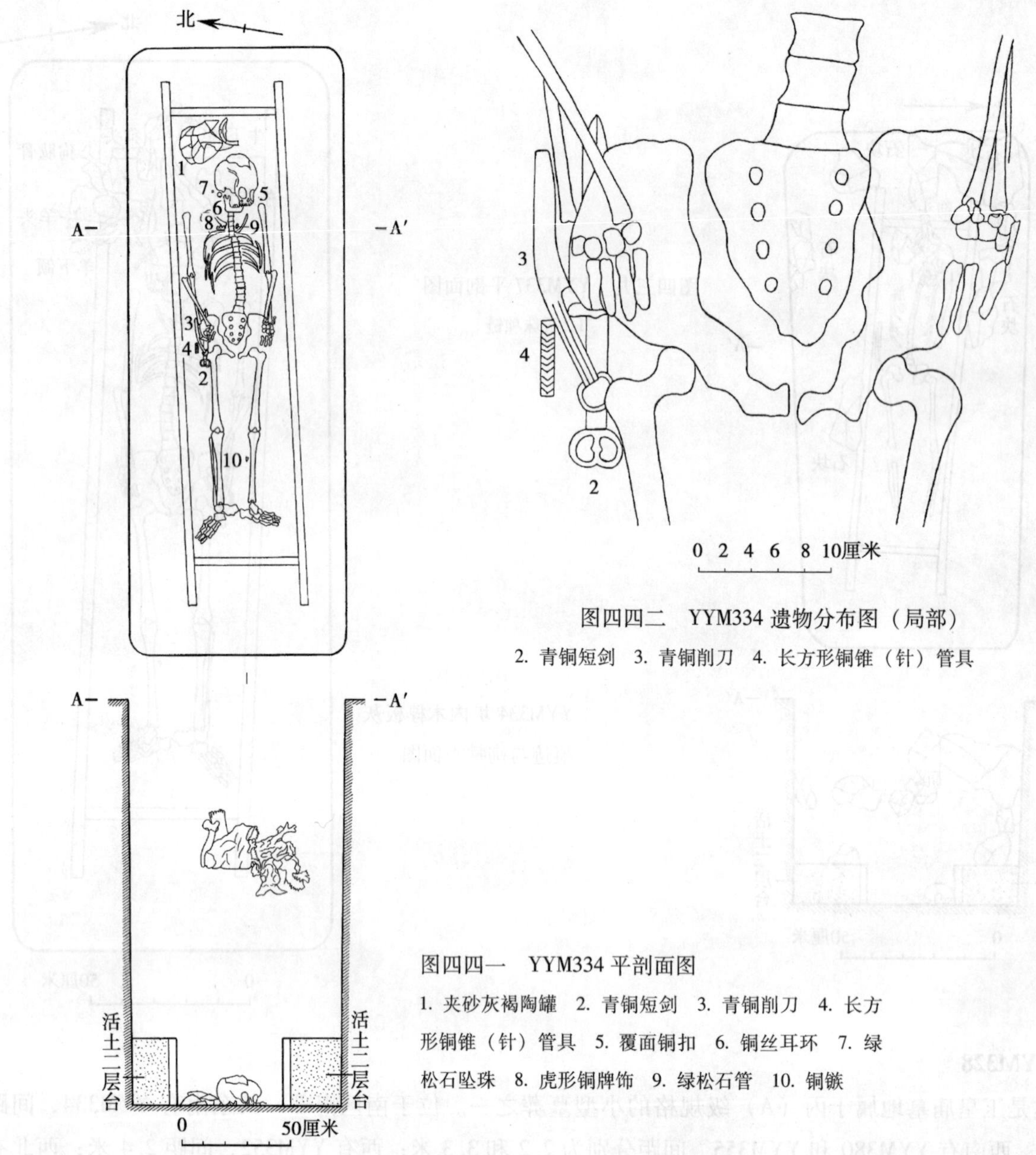

图四四二　YYM334 遗物分布图（局部）

2. 青铜短剑　3. 青铜削刀　4. 长方形铜锥（针）管具

图四四一　YYM334 平剖面图

1. 夹砂灰褐陶罐　2. 青铜短剑　3. 青铜削刀　4. 长方形铜锥（针）管具　5. 覆面铜扣　6. 铜丝耳环　7. 绿松石坠珠　8. 虎形铜牌饰　9. 绿松石管　10. 铜镞

左、右股骨之间。除此之外，再未见其他遗物。

殉牲位置，祭牲摆放在圹内东端中间上层填土中，上距东端圹口 20 厘米深，下距圹底 0.95 米（图版一六七，1）。殉牲种类，仅有狗 1 种。数量，狗头 1 个，狗肱骨 1 只。殉牲形式，将狗头上、下颌拆解开后，按东西方向，作聚堆摆放。上颌骨倒置于南侧，下颌骨在北侧，吻部皆朝东，肱骨斜搭于上、下颌骨之上。

木椁已朽，板灰呈白色粉状，盖板无存，底板灰痕残缺不清，南、北侧板与东、西堵板板灰痕迹，四至可辨。南、北侧板东西顺长 2 米，总高 30 厘米，与活土二层台台面平齐，板灰厚 2～2.5 厘米。东、西堵板，分别竖插于南、北侧板之间，立插部位，均在南、北侧板东、西两端内缩 12 厘米处，高度与南、北侧板一致，均为 30 厘米，总宽东端 35、西端 30、灰厚 3 厘米。南、北侧板与东、西堵板的板块组成情况，已难以再作具体分辨。

木椁内装殓尸骨一具。保存状况不太好，头骨已残碎，其他主要部位骨骼，基本完整。头东足西，仰身直肢。经现场鉴定，死者为男性，35～40岁。骨骼从头到脚通长1.58米（图四四三）。

无任何随葬品。

YYM352

这是玉皇庙墓地属于丙（C）级规格的小型墓葬之一。位于南区南部。其东有YYM328，间距2.4米；东南有YYM380，间距2.9米；南有YYM355，间距1.9米；西南有YYM356，间距4.8米；西有YYM354，间距1.2米；北有YYM351，间距0.7米；东北有YYM109，间距1.5米。此墓的地层堆积，基本上同于YYM174，不赘。

墓圹平面形状，呈弧边抹角不规则长方形，南、北两侧边东半部均略内弧，为浅穴土坑墓。东向，方位角为东偏北7°。墓圹规格，圹口东西长2.45、东端宽0.82、西端宽0.7米，圹底形制、规格，基本上与圹口一致，圹口至圹底深35厘米。无生土二层台。在圹底中间位置，按东西方向，安置木椁一具。在木椁外壁四周至圹底部四壁之间，筑有活土二层台，台土经过严密夯打，较坚实，东、南、西、北四台等高，均为15厘米，宽度不一，东台宽30、南台宽15、西台宽27、北台宽14厘米（中段）。

圹内填土，为淤积夹砂石褐色土，未经夯实，土质较疏松。在填土中，仅发现夹砂褐陶罐类腹部残片1块，泥质灰陶碎片3块，另在圹内南侧活土二层台上，有较小的自然石灰岩石块2块。

无殉牲。

木椁已朽，板灰呈白色粉状，盖板无存，底板灰痕不清楚，南、北侧板与东、西堵板板灰轮廓，尚可分辨。南、北侧板东西顺长2.1米，总高15厘米，与活土二层台台面平齐，板灰厚2.5厘米。东、西堵板，分别竖插于南、北侧板之间，立插部位，分别在南、北侧板东、西两端内缩12和14厘米处，高度与南、北侧板一致，均为15厘米，总宽东端38、西端29、板灰厚2.5厘米。南、北侧板与东、西堵板的板块组成情况，已不能详。

木椁内装殓尸骨一具。保存状况不好，头骨、骨盆等，已残碎，脊椎骨、肋骨等，因腐朽残缺不全，唯四肢骨，基本完整。头东足西，脊椎向右侧弯曲，身体略向左翻侧，作侧身直肢状。经现场鉴定，死者为女性，22～24岁。骨骼从头到脚通长1.52米（图版一六七，2）。

随葬品较少，集中陈放于木椁内，死者头、颈、胸部及其近前。在头骨右后侧，椁底东北角，放置泥质灰陶折肩罐1件，正置（图四四四；图版一六七，3）。在左、右耳骨下面，各出螺旋形铜丝耳环1件，皆残，在左耳环下，附出绿松石坠珠3枚，右耳环下无。覆面铜扣3枚，出于残破头骨内，在颈部至胸部，出石珠项链1串，由白石管1枚，小白石珠126粒和小黑石珠40粒，交错、间隔、联合串成。

YYM351

这是玉皇庙墓地属于丁级规格的小型墓葬之一。位于南区南部。其东南有YYM328，间距3.5米；南有YYM352，间距0.7米；西南有YYM354，间距1.1米；西北有YYM353，间距1.6米；北有YYM162，间距1米；东北有YYM109，间距1.7米。此墓的地层堆积，基本上同于YYM174，不赘。

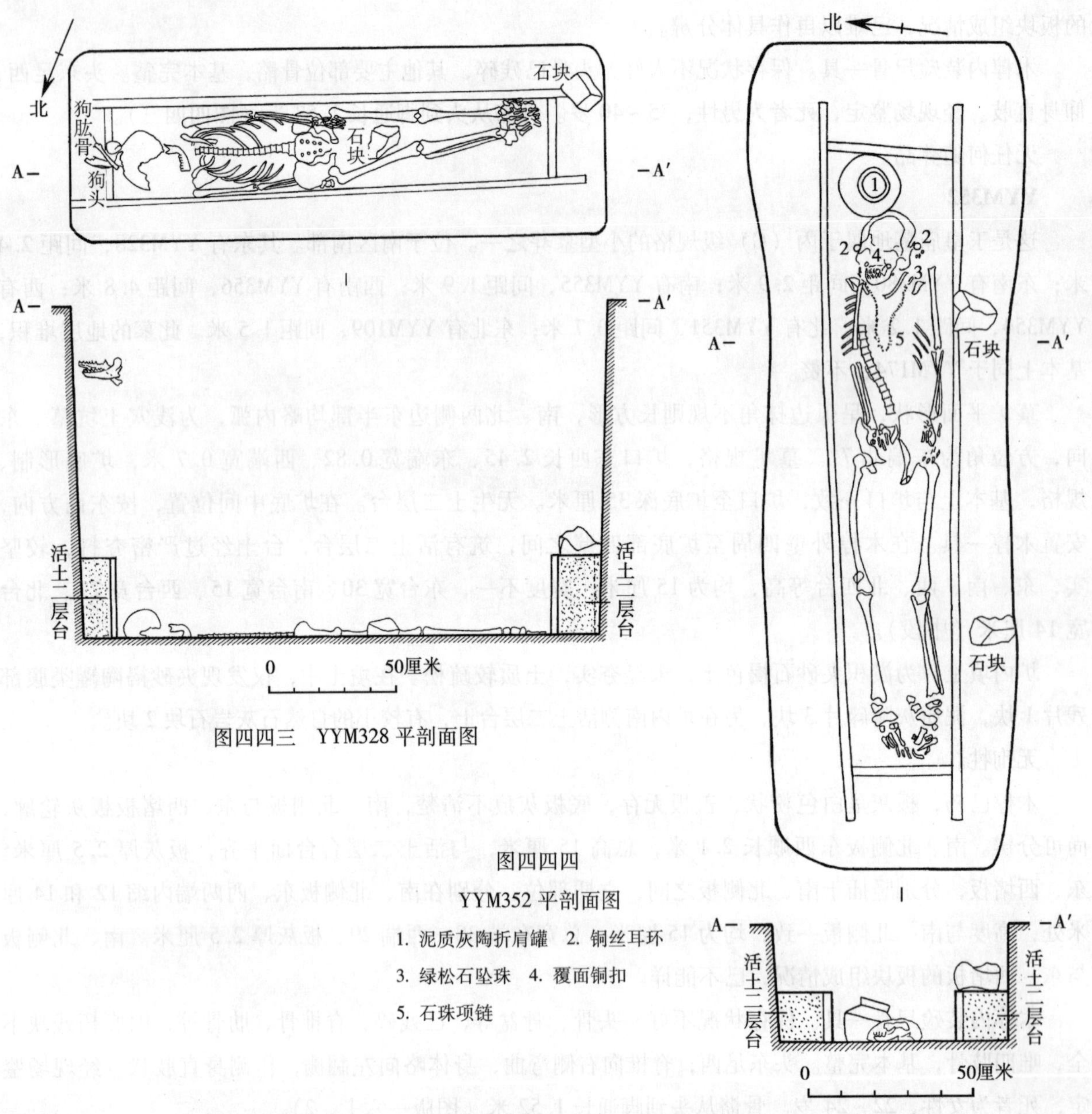

图四四三 YYM328 平剖面图

图四四四 YYM352 平剖面图

1. 泥质灰陶折肩罐 2. 铜丝耳环 3. 绿松石坠珠 4. 覆面铜扣 5. 石珠项链

墓圹平面形状，呈抹角长方形，为浅穴土坑墓。东向，方位角为东偏北13°。墓圹规格，圹口东西长2.03、东端宽0.65、西端宽0.64米，圹底东西长1.99、东端宽0.62、西端宽0.6米，圹口至圹底深东端0.55、西端0.42米。无生土二层台。在圹底中间略偏北侧位置，按东西方向，放置木椁一具。在木椁外壁四周至圹底部四壁之间，筑有活土二层台，台土经过严密夯打，较坚实，东、南、西、北四台等高，均为20厘米，宽度不一，东台宽25、南台宽23、西台宽9、北台宽10厘米。

圹内填土，为淤积夹砂石褐色土与生黄土混杂后的五花土，未经夯实，土质较疏松。在填土中，仅发现泥质灰陶碎片2块，除此之外，再未见其他遗物。

无殉牲。

木椁已朽，板灰呈白色粉状，盖板无存，底板灰痕模糊不清，南、北侧板与东、西堵板板灰轮廓，尚可分辨。南、北侧板东西顺长1.85米，总高20厘米，与四周活土二层台台面平齐，板灰厚2~2.5

厘米。东、西堵板，分别竖插于南、北侧板之间，立插部位，分别在南、北侧板东、西两端内缩11和9厘米处，高度与南、北侧板一致，均为20厘米，总宽东端31、西端32、板灰厚2厘米。南、北侧板与东、西堵板的板块组成情况，已不能详。

木椁内装殓尸骨一具。保存状况不太好，头骨已残碎，脊椎骨、肋骨、左右尺骨、骨盆等，因腐朽已残缺不全，唯下肢骨，基本完整。头东足西，仰身直肢。经现场鉴定，死者为男性，45～50岁。骨骼从头到脚通长1.47米（图版一六八，1）。

随葬品较少，集中陈放于木椁内，死者头部及上半身（图四四五）。在死者右胸部，放置夹砂黑陶罐1件，正置，已碎裂。在左、右耳骨下面，各出螺旋形铜丝耳环1件，无绿松石坠珠伴出。覆面铜扣3枚，出于左眼眶内1枚，出于上颌骨处2枚（图版一六八，2）。在颈部至胸部，出石珠项链1串，由绿松石珠1枚、白石管1枚，以及小黑石珠118粒，联合串成。另在左、右肱骨下端内侧，各出"人"字形铜坠饰3枚。

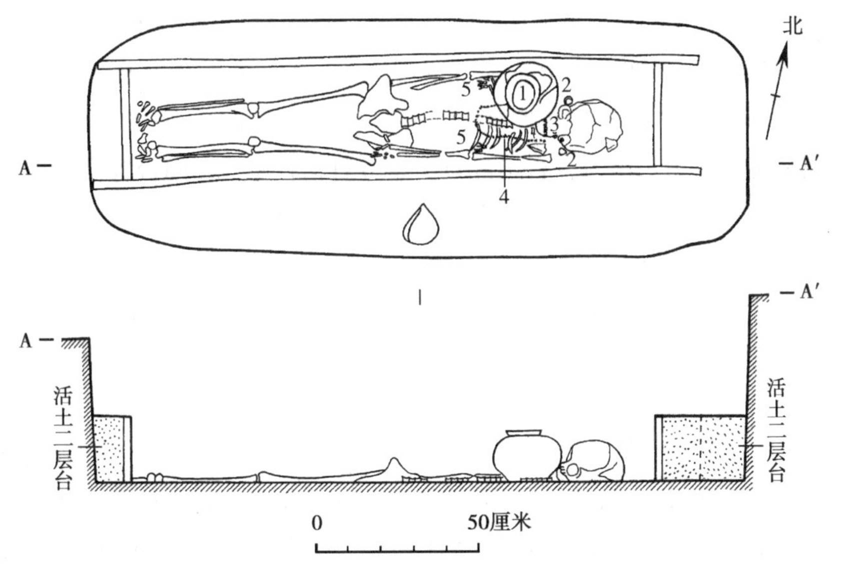

图四四五　YYM351平剖面图

1. 夹砂红陶罐　2. 铜丝耳环　3. 覆面铜扣　4. 石珠项链　5. "人"字形铜坠饰

YYM354

这是玉皇庙墓地属于丁级规格的小型墓葬之一。位于南区南部，被压在玉海公路之下。其东有YYM352，间距1.2米；东南有YYM355，间距2.4米；南有YYM358，间距4.4米；西南有YYM356，间距2.9米；西侧已无墓葬；北有YYM353，间距2.3米；东北有YYM351，间距1.1米。此墓的地层堆积，基本上同于YYM174，不赘。

墓圹平面形状，呈弧边不规则长方形，南、北两侧边均向北弧曲，为浅穴土坑墓。东西向，方位角为东偏北14°。墓圹规格，圹口东西长2.04、东端宽0.61、西端宽0.64米，圹底形制、规格，与圹口一致，圹口至圹底深21厘米。无生土二层台。无木质葬具，无活土二层台。

圹内填土，为淤积夹砂石褐色土，未经夯实，土质较疏松。在填土中，仅发现泥质灰陶碎片1块，除此之外，再未见其他遗物。

无殉牲。

在圹底中间略偏南侧位置，按东西方向，安葬尸骨一具。保存状况不太好，头骨、骨盆已残破，其他主要部位骨骼，基本完整。头东足西，侧面向南，仰身直肢。经现场鉴定，死者为女性，30～35

岁。骨骼从头到脚通长 1.53 米（图版一六九，1）。

随葬品较少，集中陈放于死者头部附近及颈、胸之间（图四四六、四四七；图版一六九，2）。在头骨右侧，放置夹砂褐陶罐 1 件，侧置，口朝南。在左、右耳骨下面，各出螺旋形铜丝耳环 1 件及绿松石坠珠 3 枚，耳环已残。覆面铜扣 3 枚，出于右眼眶内 1 枚，滑落于头骨右侧和下颌骨右侧各 1 枚。在颈部至胸部，出不同质料的项链 2 串（彩版四三，2）：（1）玛瑙珠、绿松石珠项链 1 串，由玛瑙珠 140 颗、绿松石珠 27 枚，联合串成（彩版七〇，2）；（2）绿松石珠、小黑石珠项链 1 串，由绿松石珠 6 枚和小黑石珠 636 粒，间隔、交错、联合串成（彩版七〇，3）。

YYM345

这是玉皇庙墓地属于丙（A）级规格的小型墓葬之一。位于南区南部东界边缘，被压在玉海公路下面。其东、东南和东北，已无墓葬，南有 YYM346，间距 1.5 米；西南有 YYM343，间距 1.6 米；西北有 YYM344，间距 2 米；北有 YYM174，间距 3 米。此墓的地层堆积，基本上同于 YYM174，不赘。

墓圹平面形状，呈抹角长方形，为竖穴土坑墓。东北向，方位角为东偏北 25°。墓圹规格，圹口东北—西南长 2.35、东北端宽 0.85、西南端宽 0.79 米，圹底东北—西南长 2.27、东北端宽 0.78、西南端宽 0.73 米，圹口至圹底深 1.1 米。无生土二层台。在圹底中间偏东北—西南方向，安置木椁一具。在木椁外壁四周至圹底部四壁之间，筑有活土二层台，台土经过严密夯打，较坚实，四台等高，均为 36 厘米，宽度不一，东北台宽 32、东南台宽 19、西南台宽 26、西北台宽 15 厘米。

圹内填土，为淤积夹砂石褐色土与生黄土混杂后的五花土，经普遍夯实，但未有夯层与夯窝痕迹。在填土中，仅发现夹砂褐陶残片 1 块，泥质灰陶带绳纹的残片 2 块，除此之外，再未见其他遗物。

殉牲位置，祭牲集中摆在圹内东端中间上层填土中，上距东北端圹口仅 1 厘米深，下距圹底 0.9 米（图版一七〇，1）。殉牲种类，仅有狗 1 种。数量，狗头 3 个，狗肱骨 3 只。殉牲形式，将狗头上、下颌拆解开后，顺墓圹方向，分东—西两组，作同层相邻依次摆放。即先将狗肱骨 3 只和狗下颌骨 3 副，顺摆于圹内东端中间上层填土上，狗肱骨在下，下颌骨叠置其上，吻部朝东，此为东组，然后在紧挨着的西侧位置，顺摆狗上颌骨 3 个，呈“品”字形布局，东 1 西 2，吻部皆朝东北，此为西组。

木椁已朽，盖板无存，底板灰痕模糊，四至不清，南、北侧板与东、西堵板板灰轮廓，尚依稀可辨。板灰呈白色粉渣状，南、北侧板东西顺长 1.98 米，总高 36 厘米，与南、北活土二层台台面平齐，板灰厚 3 厘米；东、西堵板，分别竖插于南、北侧板之间，立插部位，分别在南、北侧板东、西两端内缩 15 和 13 厘米处，高度与南、北侧板一致，均为 36 厘米，总宽东端 41、西端 37、板灰厚 3 厘米。南、北侧板与东、西堵板的板块组成情况，已不能详。

木椁内装殓尸骨一具。保存状况不太好，头骨与下肢骨基本完整，但其他部位骨骼，多残损不全。头朝东北，足向西南，仰身直肢。经现场鉴定，死者为男性，25～30 岁。骨骼从头到脚通长 1.47 米。

随葬品集中陈放于木椁内、死者身上及其近前（图四四八）。在头骨左侧，左肩部位，放置泥质灰陶折肩罐 1 件，正置。在左、右耳骨下面，各出螺旋形铜丝耳环 1 件，无绿松石坠珠伴出。在右眼眶内，遗有覆面铜扣 1 枚。在右尺骨下面，右髋骨表面，出青铜削刀 1 件，刀锋朝右侧斜上方（图版一七〇，2）。在右趾骨外侧，出骨鸣镝 1 件，铜镞 1 枚，骨镞 3 枚，镞锋均朝下。

YYM346

这是玉皇庙墓地属于乙（B）级规格的中型墓葬之一。位于南区南部东界边缘，被压在玉海公路下

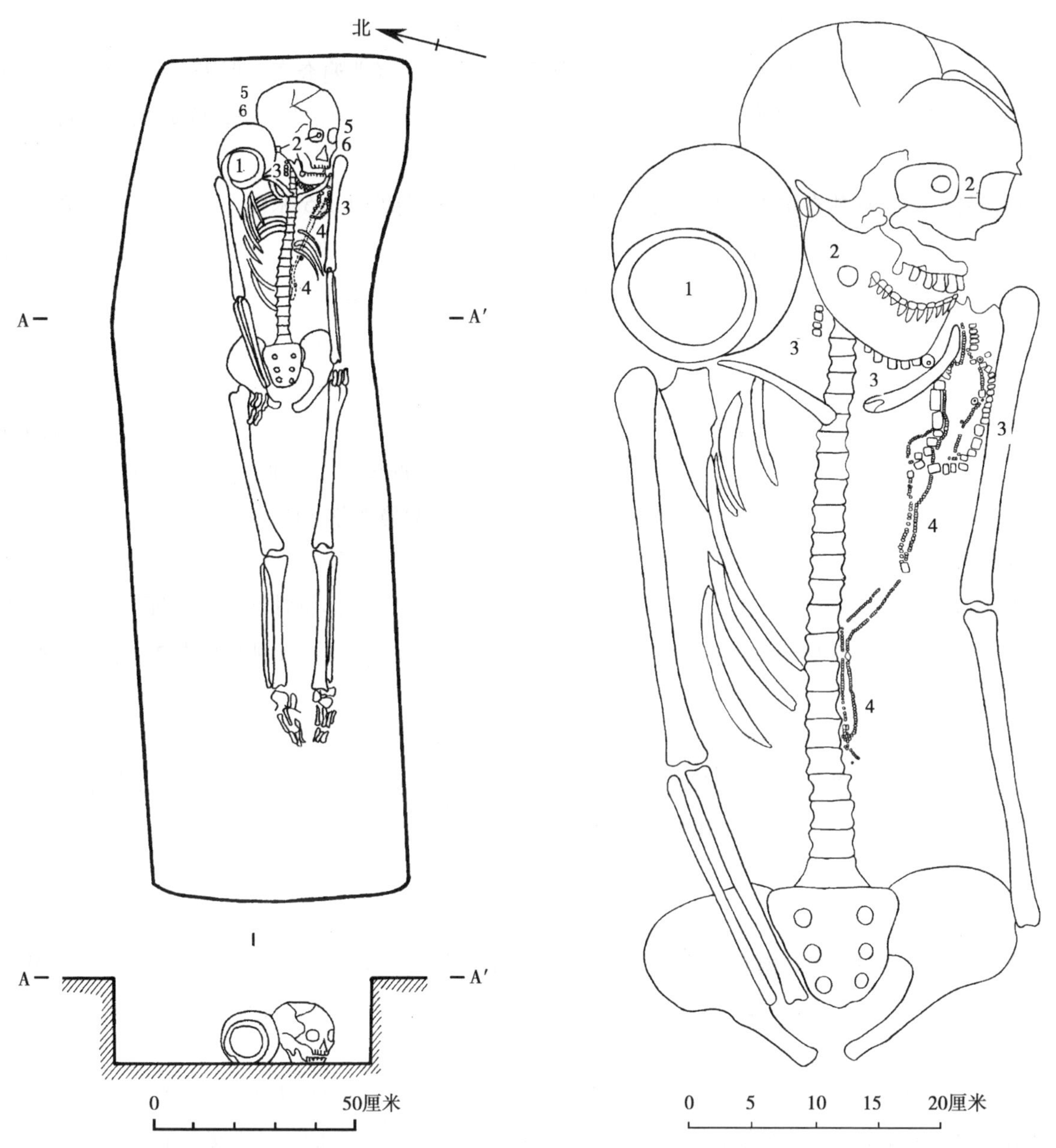

图四四六　YYM354 平剖面图

1. 夹砂褐陶罐　2. 覆面铜扣　3. 玛瑙珠、绿松石珠项链　4. 绿松石珠、小黑石珠项链　5. 铜丝耳环　6. 绿松石坠珠（5、6 被陶罐和面骨遮挡）

图四四七　YYM354 遗物分布图（局部）

1. 夹砂褐陶罐　2. 覆面铜扣　3. 玛瑙珠、绿松石珠项链　4. 绿松石珠、小黑石珠项链

面。其东、东南和东北，已无墓葬，南有 YYM381，间距 4.9 米；西南有 YYM347，间距 1.5 米；西北有 YYM343，间距 2.5 米；北有 YYM345，间距 1.5 米。此墓的地层堆积，基本上同于 YYM174，不赘。

墓圹平面形状，呈抹角长方形，为竖穴土坑墓。东向，方位角为东偏北 20°。墓圹规格，圹口东西长 2.4、东端宽 0.83、西端宽 0.8 米，圹底东西长 2.33、东端宽 0.78、西端宽 0.75 米，圹口至圹底深 1.4 米。无生土二层台。在圹底部正中位置，按东西方向，安置木椁一具。在木椁外壁四周至圹底部四壁之间，筑有活土二层台，台土经过严密夯打，较坚实，东、南、西、北四台等高，均为 35 厘米，宽度不一，东台宽 15、南台宽 18、西台宽 28、北台宽 17 厘米。

圹内填土，为淤积夹砂石褐色土与生黄土混杂后的五花土，经普遍夯实，但未有夯层与夯窝痕迹。在填土中，仅发现夹砂褐陶罐类口沿残片 2 块，泥质灰陶罐折肩部位残件 1 块，除此之外，再未见其他遗物。

殉牲位置，祭牲摆放在圹内东端中间上层填土中，上距东端圹口 0.5 米深，下距圹底 0.78 米。殉牲种类，仅有狗 1 种。数量，狗头 2 个，狗肱骨 1 只。殉牲形式，将狗头上、下颌拆解开后，按南北方向，作并列同层摆放。即将狗肱骨 1 只及拆解开的狗上、下颌骨 2 套，一律吻部朝北，并列于圹内东端中间上层填土上，狗肱骨在下，狗头骨在上，下颌骨居中间，2 上颌骨分摆在东、西两侧。

木椁已朽，盖板无存，盖板灰痕大部残缺，四至不清，南、北侧板与东、西堵板板灰轮廓，尚可分辨。板灰呈白色粉状，南、北侧板东西顺长 2.15 米，总高 35 厘米，与南、北活土二层台台面平齐，板灰厚 3 厘米。东、西堵板，分别竖插于南、北侧板之间，立插部位，分别在南、北侧板东、西两端内缩 9 和 14 厘米处，高度与南、北侧板一致，均为 35 厘米，总宽东端 40、西端 34、板灰厚 2.5 厘米。南、北侧板与东、西堵板的板块组成情况，已难以再作具体分辨。

木椁内装殓尸骨一具。保存状况不太好，头骨已残碎，其他主要部位骨骼，基本完整。头东足西，仰身直肢，侧面向南。经现场鉴定，死者为女性，18～19 岁。骨骼从头到脚通长 1.58 米（图版一七一，1）。

随葬品较少，集中陈放于木椁内、死者头部及其近前（图四四九）。在头骨右后侧、椁底东北角，放置泥质灰陶折肩罐 1 件，正置。覆面铜扣 2 枚，因头骨残碎，滑落于头盖骨后面。在颈部，出小白石珠项链 1 串，由 1565 粒小白石珠串成（彩版七〇，1）。

YYM344

这是玉皇庙墓地属于乙（A）级规格的中型墓葬之一。位于南区南部，被压在玉海公路下面。其东南有 YYM345，间距 2 米；南有 YYM343，间距 0.6 米；西南有 YYM341，间距 2 米；西有 YYM339，间距 1.8 米；北有 YYM340，间距 0.9 米，东北有 YYM174，间距 1.7 米。此墓的地层堆积，基本上同于 YYM174，不赘。

墓圹平面形状，基本上呈抹角长方形，为竖穴土坑墓。东向，方位角为东偏北 10°。墓圹规格，圹口东西长 2.9、东端宽 1.1、西端宽 1.2 米，圹底东西长 2.8、东端宽 0.94、西端宽 1.1 米，圹口至圹底深 1.82 米。无生土二层台。在圹底中间偏东北—西南方向，安置木椁一具。在木椁外壁四周至圹底四壁之间，筑有活土二层台，台土经过严密夯打，较坚实，东、南、西、北四台等高，均为 35 厘米，宽度不一，东台宽 46、南台宽 25（中段）、西台宽 45、北台宽 9 厘米（中段）。

圹内填土，为淤积夹砂石褐色土与生黄土混杂后的五花土，经普遍夯实，但未有夯层与夯窝痕迹。在填土中，仅发现夹砂褐陶罐类残片 2 块，泥质灰陶器口沿及器底残片 7 块，狗下颌骨残件 1 段。此外，在东端和北侧活土二层台之上的填土中，各出有不规则形自然石块 5 块和 1 块，大者 32×30×20、小者 14×12×7 厘米。除此之外，再无其他遗物。

殉牲位置，祭牲集中摆放在圹内东端至中部上层填土中。在圹内东端，祭牲表面与圹口平齐；在墓圹中部，祭牲上距圹口 0.8 米，下距圹底 0.96 米（图四五〇；图版一七一，2）。殉牲种类，为牛、羊、狗 3 种家畜。殉牲数量，牛头 1 个，牛肱骨 1 只，羊头（绵羊）3 个，羊肱骨 3 只，狗头 7 个，狗

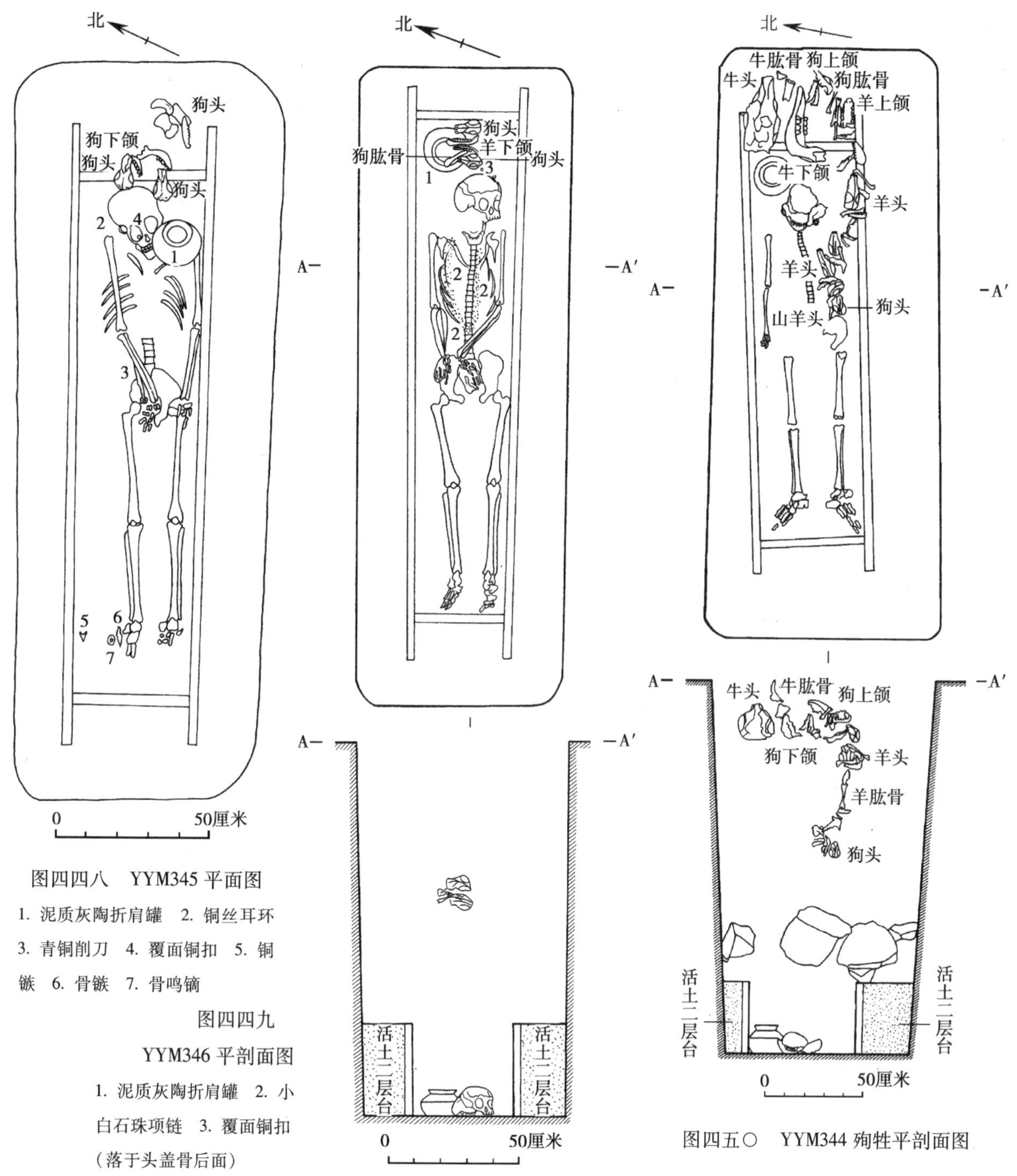

图四四八　YYM345 平面图

1. 泥质灰陶折肩罐　2. 铜丝耳环　3. 青铜削刀　4. 覆面铜扣　5. 铜镞　6. 骨镞　7. 骨鸣镝

图四四九　YYM346 平剖面图

1. 泥质灰陶折肩罐　2. 小白石珠项链　3. 覆面铜扣（落于头盖骨后面）

图四五〇　YYM344 殉牲平剖面图

肱骨 4 只。殉牲形式，将牛、羊、狗上、下颌拆解开后，将狗、羊牲与牛牲分作南、北两部分摆放。即按东西方向，先将狗肱骨 1 只及 1 套大号狗的上、下颌骨，置于圹内东端中间位置上层填土中，然后在其西南侧，接连顺摆羊牲 3 套，排在前面的是 1 个大羊头，后边的为 2 个小羊头，羊肱骨均置于羊头骨之下；羊牲之后，接着往西又顺摆拆解开的狗上、下颌骨 6 套及狗肱骨 3 只，肱骨在下，狗头在上，其中紧挨羊牲的是 1 个大狗头，其后为 2 个小狗头，然后又是 1 个大狗头，最后尾随 2 个小狗头（最西侧），所殉羊、狗的吻部，均朝东。这一纵列狗牲与羊牲，从圹内东端一直延续摆放到墓圹中部，东西长1.23米，高低落差为0.8米。在这组狗牲与羊牲之北侧，按东、西方向，顺摆牛肱骨1只和拆解开的牛上、下颌骨1套，其中牛下颌紧挨着狗下颌，牛肱骨居中，牛上颌居北，牛的上、下颌吻部亦朝东。造成中部狗牲错落的原因，在于圹底木椁腐朽后塌顶，致使上面的填土和祭牲随之下陷（图版一七二，1）。

木椁已朽，板灰呈白色粉状，盖板无存，底板灰痕界限不明显，南、北侧板与东、西堵板，轮廓可辨。南、北侧板东西顺长2.27米，总高35厘米，与南、北活土二层台台面平齐，板灰厚4厘米；东、西堵板，分别竖插于南、北侧板之间，立插部位，分别在南、北侧板东、西两端内缩15和13厘米处，高度与南、北侧板一致，均为35厘米，总宽东端53、西端52、板灰厚4厘米。南、北侧板与东西堵板的板块组成情况，已难详辨。

木椁内装殓尸骨一具。保存状况不好，头骨已朽粉，骨架腐朽严重，锁骨、肋骨无存，骨盆与股骨等残缺不全。头东足西，仰身直肢，经现场鉴定，死者为男性，45岁左右。骨骼从头到脚通长1.63米（图版一七二，2）。

随葬品集中陈放于木椁内、死者身上及其近前（图四五一、四五二；彩版四四，1）。头骨右后方，椁底东北角，放置泥质灰陶折肩罐1件，正置。在左、右耳骨下面，各出螺旋形铜丝耳环1件及绿松石坠珠2枚。覆面铜扣3枚，出于下颌骨1枚，滑落于颈下和左胸部各1枚。在颈下，出马形铜牌饰1件。在右尺骨内侧，出铜锥1件，锥尖朝下，还有骨珠1件，开口骨器1件。在骶骨至右股骨之间，出青铜短剑1件，剑锋朝斜下方。在右髋骨表面出铜环1件。在骨盆左侧，出青铜削刀1件，刀锋朝下，在刀身上面附压铜环1件。在左股骨上端下面，压有长方形几何纹铜锥（针）管具1件。在右股骨外侧，出铜凿1件，凿刃朝上。在右胫骨外侧，出铜锛1件，锛刃朝下。铜锛下方，出铜镞1枚，镞锋朝下；铜锛右侧，出骨镞3枚，镞锋亦朝下。在死者腰际至左、右股骨之间，出长方形铜带卡2种共29枚，其一为回纹带卡24枚，其二为卷云纹带卡5枚，分布如次：（1）腰际横排回纹带卡8枚（背面朝上者7枚，正面者1枚）；（2）右尺骨内侧、骨盆右侧，回纹带卡9枚（背面朝上者7枚，正面者2枚），卷云纹带卡2枚（背面朝上者1枚，正面者1枚）；（3）骨盆左侧，回纹带卡7枚（背面朝上者4枚，正面者3枚），卷云纹带卡3枚（压于青铜削刀之下，皆背面朝上）。还出卧马形铜带饰95枚（图版一七三），分布如次：（1）骨盆下面压有12枚，其中左髋骨下7枚，右髋骨下5枚；（2）左髋骨与左股骨外侧14枚；（3）左髋骨与左股骨内侧12枚；（4）右髋骨及右股骨外侧，北数第一排17枚；（5）北数第二排18枚；（6）右髋骨及右股骨内侧，北数第三排9枚；（7）北数第四排13枚（彩版四四，2）。

YYM343

这是玉皇庙墓地属于丙（A）级规格的小型墓葬之一。位于南区南部。被压在玉海公路下面。其东南有YYM346和YYM347，间距分别为2.6和3.5米；西南有YYM342，间距1.8米；西有YYM341，间距1.5米；北有YYM344，间距0.7米；东北有YYM345，间距1.6米。此墓的地层堆积，基本上同于YYM174，不赘。

墓圹平面形状，呈抹角长方形，为竖穴土坑墓。东向，方位角为东偏北5°。墓圹规格，圹口东西长2.2米，东、西两端宽均为0.74米，圹底东西长2.13、东端宽0.7、西端宽0.68米，圹口至圹底深1.15米。无生土二层台。在圹底南侧，筑有一道既矮又窄的活土二层台，台高15、台宽16厘米，台土

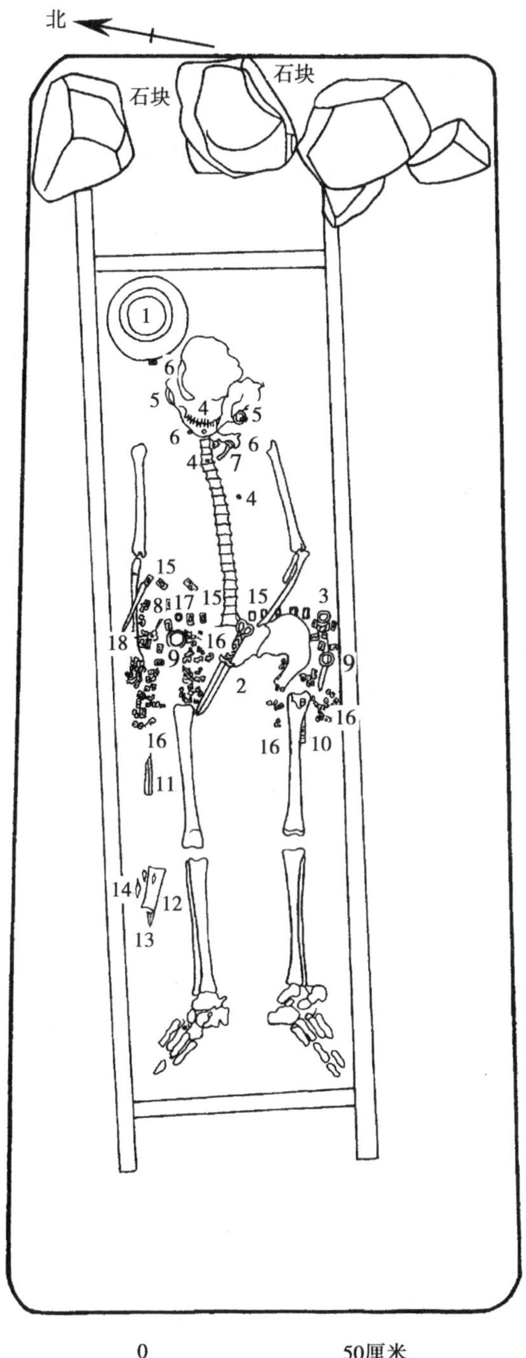

图四五一　YYM344 平面图

1. 泥质灰陶折肩罐　2. 青铜短剑　3. 青铜削刀　4. 覆面铜扣　5. 铜丝耳环　6. 绿松石坠珠　7. 马形铜牌饰　8. 铜锥　9. 铜环　10. 长方形铜锥（针）管具　11. 铜凿　12. 铜锛　13. 铜镞　14. 骨镞　15. 长方形铜带卡　16. 马形铜带饰　17. 骨珠　18. 开口骨器

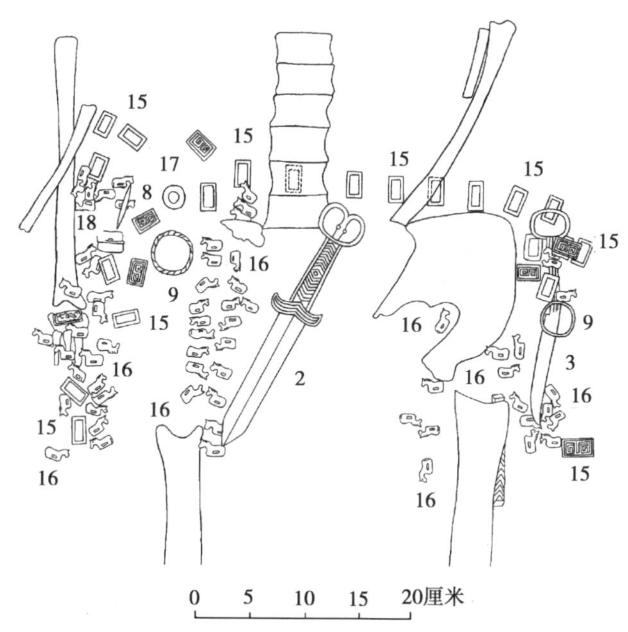

图四五二　YYM344 遗物分布图（局部）

2. 青铜短剑　3. 青铜削刀　8. 铜锥　9. 铜环　15. 长方形铜带卡　16. 马形铜带饰　17. 骨珠　18. 开口骨器

经过夯打，较坚实，但在此台内侧和圹底其他各边，均未发现木质葬具痕迹。唯在圹底东端，顺圹壁对码自然石灰岩石块 2 块，规格分别为 25×16×13 和 36×15×12 厘米。

圹内填土，为淤积夹砂石褐色土与生黄土混杂后的五花土，经普遍夯实，但未有夯层与夯窝痕迹。在填土中，仅发现泥质灰陶带弦纹的残片 2 块，除此之外，再未见其他遗物。

殉牲位置，祭牲集中摆在圹内东端中间上层填土中，上距东端圹口 35 厘米深，下距圹底 0.59 米（图版一七四，1）。殉牲种类，仅有狗 1 种。数量，狗头 3 个，狗肱骨 2 只。殉牲形式，将狗头上、下颌拆解开后，按东西方向，自东而西作同层依次摆放。即先将狗肱骨2只，东、西相间斜置于圹内、东端中间上层填土上，然后将拆解开的2套狗上、下颌骨，分别叠置其上；最后，再于其西北侧，顺摆狗上、下颌骨1套。上述3套狗牲的吻部，一律朝东。

在活土二层台与北圹壁之间的浅土坑内，按东西方向，安葬尸骨一具。保存状况较好，头骨及其他主要部位骨骼，基本完整。头东足西，仰身直肢。头向右侧斜下方歪斜，右胫骨生前即已骨折，较左胫骨粗壮。经现场鉴定，死者为男性，50岁左右。骨骼从头到脚通长1.7米（图版一七四，2）。

随葬品很少，无陶器，仅在死者右胫骨外侧，置铜镞2枚，骨镞2枚（镞锋均朝上）。除此之外，再未有其他遗物（图四五三）。

YYM339

这是玉皇庙墓地属于乙（A）级规格的中型墓葬之一。位于南区南部。被压在玉海公路下面。其东为YYM344，间距1.8米；南有YYM341，间距0.5米；西南有YYM348，间距1.4米；西有YYM338，间距0.9米；西北有YYM337，间距3米；北有YYM161，间距4.3米；东北有YYM340，间距1.1米。此墓的地层堆积，基本上同于YYM174，不赘。

墓圹平面形状，呈抹角长方形，为竖穴土坑墓。东向，方位角为东偏北1°。墓圹规格，圹口东西长2.65、东端宽1.15、西端宽1.2米。在东北角与西南角，各压有自然石灰岩石块1块，石块规格29×21×13和35×22×16厘米；在南、北两侧壁圹口下，遗有打圹时留下的地层内的数块自然石块。圹底东西长2.55米，东、西两端宽均为1.08米，圹口至圹底深1.9米。无生土二层台。在圹底中间东北—西南方向，安置木椁一具。在木椁外壁四周至圹底部四壁之间，筑有活土二层台，台土经过严密夯打，较坚实，东、南、西、北四台等高，均为0.5米，宽度不一，东台宽46、南台宽31（中段）、西台宽40、北台宽29厘米（中段）。

圹内填土，为淤积夹砂石褐色土与生黄土混杂后的五花土，经普遍夯实，但未有夯层与夯窝痕迹。在填土中，发现夹砂褐陶罐口沿残片2块，泥质灰陶与褐陶表面饰细绳纹的残片7块，还有碎炭粒10余粒，除此之外，再未见其他遗物。

殉牲位置，祭牲集中摆放在圹内东端中间中部填土中，上距东端圹口0.75米深，下距圹底0.96米（图版一七五，1）。殉牲种类，只有狗1种。数量，狗头3个，狗肱骨1只。殉牲形式，将狗的上、下颌拆解开后，在圹内东端中间中部填土上呈纵列自东而西同层依次摆放，下颌骨在下，上颌骨叠置其上，稍有错位，吻部均朝东，狗肱骨1只横附于最东端狗头之南侧。

木椁已朽，板灰呈白色粉状，盖板无存，底板板灰保存不好，仅能辨其南、北侧板与东、西堵板四至轮廓。南、北侧板东西顺长2.01米，总高0.5米，与南、北活土二层台台面平齐，板灰厚3厘米。东、西堵板，分别竖插于南、北侧板之间，立插部位，分别在南、北侧板东、西两端内缩11和14厘米处，高度与南、北侧板一致，均为0.5米，总宽东端45、西端43、板灰厚3厘米。南、北侧板与东、西堵板的板块组成情况，已难以具体分辨。

木椁内装殓尸骨一具。保存状况较好，除头骨压碎之外，其他骨骼基本完整。头东足西，仰身直肢。经现场鉴定，死者为女性，45~50岁。骨骼从头到脚通长1.53米。

随葬品集中陈放于木椁内、死者身上及其近前（图四五四）。在头骨后方，放置泥质灰陶折肩罐1

件，正置。在右肩部位，出自然石块1块，系原椁顶部填土中物，后因木椁腐朽，而坍落椁室内。在左、右耳骨下面，各出螺旋形铜丝耳环1件，无绿松石坠珠伴出。覆面铜扣3枚，出于左眼眶内1枚，左侧上、下颌骨咬合处1枚，滑落于下颌骨下面1枚。在颈椎骨下面，出白石管1枚。在左、右锁骨交接部位，出匕形铜坠饰1枚。在右肩胛骨与左肱骨内侧，各出“人”字形铜坠饰4枚。

YYM341

这是玉皇庙墓地属于丙（A）级规格的小型墓葬之一。位于南区南部。被压在玉海公路下面，其东有YYM343，间距1.5米；东南有YYM342，间距2.2米；南有YYM374，间距6.2米；西南有YYM373，间距4.7米；西有YYM348，间距2米；西北有YYM338，间距2.4米；北有YYM339，间距0.5米；东北有YYM344，间距1.3米。此墓的地层堆积，基本上同于YYM174，不赘。

墓圹平面形状，呈抹角长方形，为竖穴土坑墓。东向，方位角为东偏北17°。墓圹规格，圹口东西长2.8、东端宽1.14、西端宽1.08米，圹底东西长2.7、东端宽1.02、西端宽0.99米，圹口至圹底深1.5米。无生土二层台。在圹底正中位置，按东西方向，安置木椁一具。在木椁外壁四周至圹底部四壁之间，筑有活土二层台，台土经过严密夯打，较坚实，东、南、西、北四台等高，均为40厘米，宽度有差，东台宽40、西台宽55，南、北台宽25厘米。

圹内填土，为淤积夹砂石褐色土与生黄土混杂后的五花土，经普遍夯实，但未有夯层与夯窝痕迹。在填土中，仅发现夹砂褐陶残片1块，泥质灰陶残片3块。除此之外，再未见其他遗物。

殉牲位置，祭牲摆放在圹内东端中间上层填土中，上距东端圹口0.5米深，下距圹底0.9米（图版一七五，2）。殉牲种类，仅有狗1种。数量，狗头2个，狗肱骨1只。殉牲形式，将狗头上、下颌拆解开后，按东西方向，分开、同层聚堆摆放。即先将拆解开的1套狗上、下颌骨，顺摆于圹内东端中间上层填土上；然后于其西侧，再顺摆狗上颌骨1个，狗下颌骨1副及狗肱骨1只，彼此作分开并列，不相叠压。2个上颌骨，吻部朝东北，1副下颌骨，吻部朝东。

木椁已朽，盖板无存，底板灰痕大部残缺，四至不清，南、北侧板与东、西堵板，板灰呈白色粉状，轮廓可辨。南、北侧板东西顺长2.08米，总高40厘米，与南、北活土二层台台面平齐，板灰厚2.5厘米。东、西堵板，分别竖插于南、北侧板之间，立插部位，分别在南、北侧板东、西两端内缩14和19厘米处，高度与南、北侧板一致，均为40厘米，总宽东端44、西端42、板灰厚2.5厘米。南、北侧板与东、西堵板的板块组成情况，已难以再作具体分辨。

木椁内装殓尸骨一具。保存状况较好，头骨及其他主要部位骨骼，基本完整。头东足西，侧面向南，仰身直肢。经现场鉴定，死者为女性，35～40岁。骨骼从头到脚通长1.54米。

随葬品较少，集中陈放于木椁内、死者头颈部位及其近前（图四五五）。在头骨右侧，放置泥质灰陶折肩罐1件，斜侧置，口朝东北。覆面铜扣1枚，已滑落于头骨下面。在头骨下面和颈部，出小黑石珠项链1串，共由2363粒小黑石珠串成。在左手骨上，出服饰铜泡1枚。

YYM338

这是玉皇庙墓地属于乙（A）级规格的中型墓葬之一。位于南区南部。被压在玉海公路下面。其东有YYM339，间距0.9米；东南有YYM341，间距2.4米；南有YYM348，间距0.9米；西南有YYM349，间距2.5米；西北有YYM336，间距1.5米；西北有YYM334和YYM335，间距分别为2.3和2.5米；北有YYM337，间距2.75米。此墓的地层堆积，基本上同于YYM174，不赘。

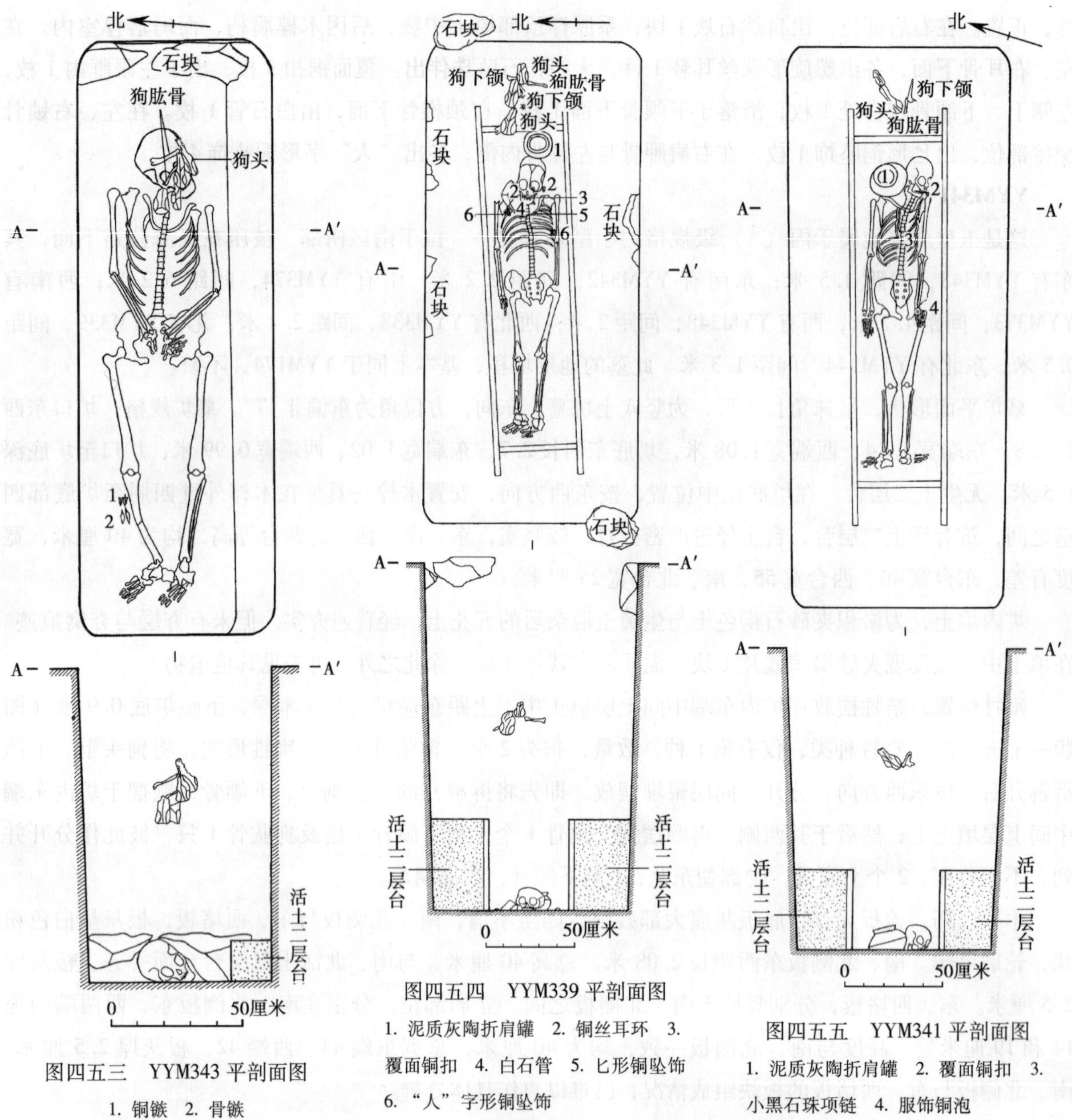

图四五三 YYM343 平剖面图

1. 铜镞 2. 骨镞

图四五四 YYM339 平剖面图

1. 泥质灰陶折肩罐 2. 铜丝耳环 3. 覆面铜扣 4. 白石管 5. 匕形铜坠饰 6. "人"字形铜坠饰

图四五五 YYM341 平剖面图

1. 泥质灰陶折肩罐 2. 覆面铜扣 3. 小黑石珠项链 4. 服饰铜泡

墓圹平面形状，呈抹角长方形，为竖穴土坑墓。东向，方位角为东偏北1°。墓圹规格，圹口东西长2.75、东端宽0.9、西端宽0.88米，圹底东西长2.6、东端宽0.82、西端宽0.8、圹口至圹底深1.84米。无生土二层台。在圹底中间正中位置，按东西方向安置木椁一具。在木椁外壁四周至圹底部四壁之间，筑有活土二层台，台土经过严密夯打，较坚实，东、南、西、北四台等高，均为40厘米，宽度不一，东台宽21、南台宽18、西台宽48、北台宽16厘米。

圹内填土，为淤积夹砂石褐色土与生黄土混杂后的五花土，经普遍夯实，但未有夯层与夯窝痕迹。在填土中，仅发现夹砂红褐陶碎片2块，泥质灰陶带细绳纹的残片3块，还有不规则的自然石块4块，体积都较小，散置，并无一定规律。除此之外，再未见其他遗物。

殉牲位置，祭牲集中摆放在圹内东端中间中部填土中，上距东端圹口0.75米深，下距圹底0.93

米（图四五六；图版一七六，2）。殉牲种类，为羊、狗2种家畜。殉牲数量，羊头（绵羊）2个，羊肱骨2只，狗头7个，狗肱骨7只。殉牲形式，将狗、羊的上、下颌拆解开后，作东、西同层交错摆放（图版一七六，1）。即按东西方向，先将大号的狗肱骨2只及拆解开的狗上、下颌骨2套，顺置于圹内东端中间中部填土上，肱骨在下，头骨在上，吻部朝东；然后在紧挨着西南侧的位置，顺摆羊肱骨2只及拆解开的绵羊上、下颌骨2套，也是肱骨在下，头骨在上，吻部皆朝东；然后再在羊牲西北侧，接续摆上狗肱骨5只及拆解开的另外5套狗的上、下颌骨，其中有4只狗肱骨摆放在狗头骨的下面，只有1只狗肱骨横置于狗上、下颌骨之上，这5个狗头的吻部，有4套朝东，另1套上颌朝南，下颌朝西。

木椁已朽，板灰呈白色粉状，盖板无存，底板灰痕薄而残缺，唯南、北侧板与东、西堵板板灰界限较明显。南、北侧板东西顺长2.17米，总高40厘米，与南、北活土二层台台面平齐，板灰厚3厘米；东、西堵板，分别竖插于南、北侧板之间，立插部位，分别在南、北侧板东、西两端内缩11和13厘米处，高度与南、北侧板一致，均为40厘米，总宽东端42、西端41、板灰厚3厘米。南、北侧板与东、西堵板的板块组成情况，已难以分辨。

木椁内装殓尸骨一具。保存状况不太好，头骨残碎不全，上颌骨已无存，下颌骨已朽粉成末，仅余几枚牙齿，脊椎、上肢骨均酥朽，只有骨盆与下肢骨基本完整。头东足西，仰身直肢。经现场鉴定，死者为女性，35～40岁。骨骼从头到脚通长1.57米（图版一七六，3）。

随葬品集中陈放于木椁内、死者身上及其近前（图四五七）。在头骨后方，放置泥质灰陶折肩罐1件，斜侧置，口朝右。在左、右耳骨下面，各出螺旋形铜丝耳环1件及绿松石坠珠4枚。在死者面部左、右眼眶和鼻骨外，出覆面铜扣3枚。在颈部至胸部，出3种不同质料的饰珠组成的项链1串（红玛瑙珠4枚，纺锤形小铜珠7枚，小黑、灰石珠568枚），末端附出匕形铜坠饰1枚，坠尖朝下。在下腹部，出小白石珠1串（33枚），附出“人”字形铜坠饰8枚（在腰椎表面出4枚，骶骨上缘出4枚）。

YYM348

这是玉皇庙墓地属于乙（B）级规格的中型墓葬之一。位于南区南部，被压在玉海公路下面。其东有YYM341，间距2米；东南有YYM374和YYM377，间距分别为7和6.9米；南有YYM372，间距6.6米；西南有YYM373，间距2.3米；西有YYM349，间距0.8米；西北有YYM336，间距2.1米；北有YYM338，间距0.9米；东北有YYM339，间距1.5米。此墓的地层堆积，基本上同于YYM174，不赘。

墓圹平面形状，呈抹角长方形，为竖穴土坑墓。东向，方位角为东偏南5°。墓圹规格，圹口东西长2.4米，东、西两端宽0.8米，圹底东西长2.33、东端宽0.75、西端宽0.74米，圹口至圹底深1.5米。无生土二层台。在圹底中间略偏东北—西南方向，安置木椁一具。在木椁外壁四周至圹底部四壁之间，筑有活土二层台，台土经过严密夯打，较坚实，东、南、西、北四台等高，均为20厘米，宽度不一，东台宽33、南台宽18、西台宽28、北台宽8厘米。

圹内填土，为淤积夹砂石褐色土与生黄土混杂后的五花土，经普遍夯实，但未有夯层与夯窝痕迹。在填土中，仅发现夹砂褐陶残片2块，泥质灰陶带弦纹的碎片1块。除此之外，再未见其他遗物。

殉牲位置，祭牲摆放在圹内东端中间上层填土中，上距东端圹口44厘米深，下距圹底0.81米（图版一七七，1）。殉牲种类，仅有狗1种。数量，狗头3个，狗肱骨2只。殉牲形式，将狗头上、下

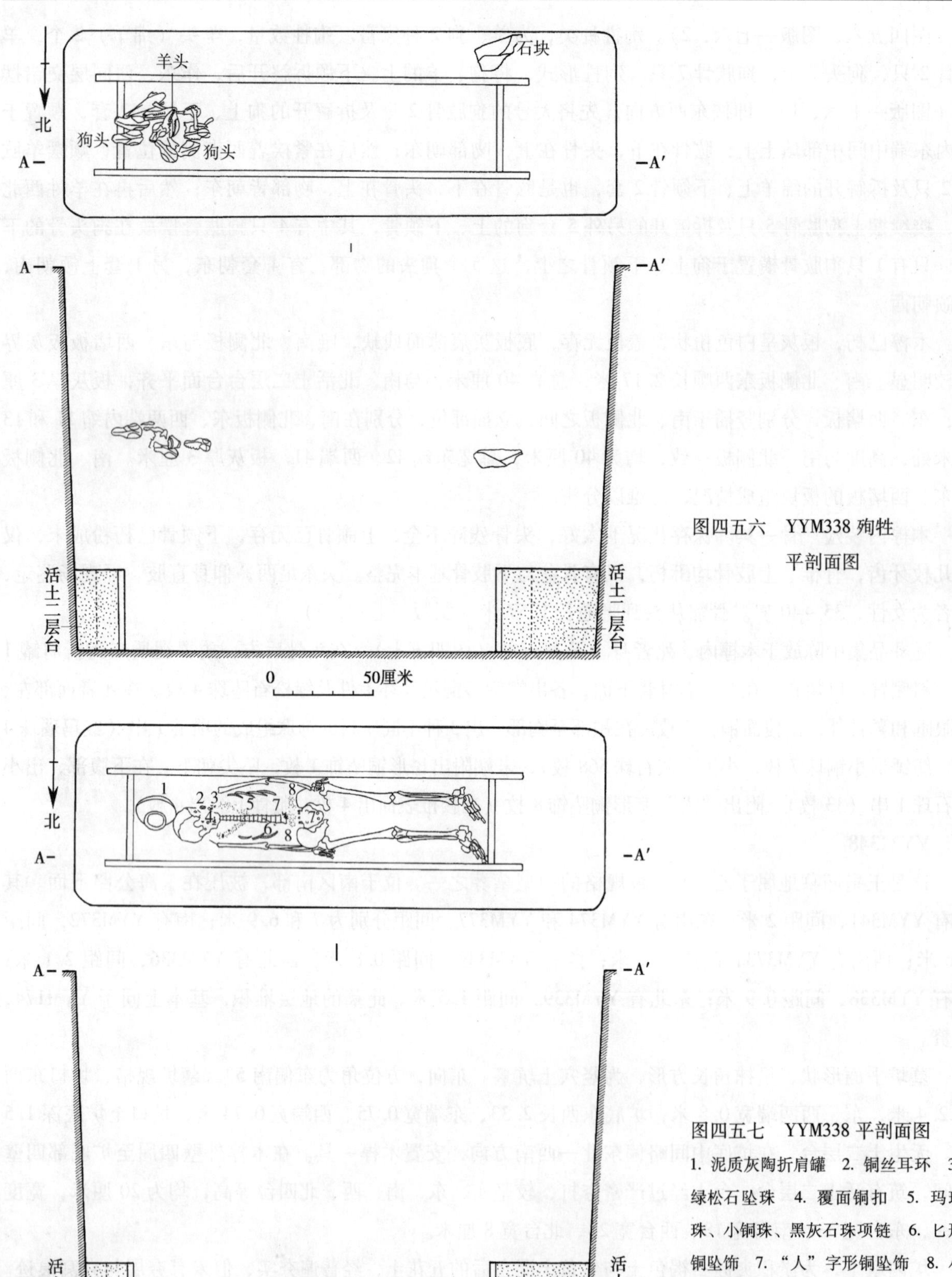

图四五六 YYM338 殉牲平剖面图

图四五七 YYM338 平剖面图

1. 泥质灰陶折肩罐 2. 铜丝耳环 3. 绿松石坠珠 4. 覆面铜扣 5. 玛瑙珠、小铜珠、黑灰石珠项链 6. 匕形铜坠饰 7. “人”字形铜坠饰 8. 小白石珠串饰

颌拆解开后，按东西方向，分开、同层聚堆摆放。即先将狗肱骨 2 只，顺置于圹内最东端中间上层填土上，然后将拆解开的狗上、下颌骨 2 套叠置其上，吻部朝东；最后，在紧挨着西侧，再并列顺摆狗上、下颌骨 1 套，吻部亦朝东。西侧的 1 套狗牲，因位于木椁东端上层，由于木椁腐朽塌陷的缘故，而导致其下陷错位，并非原来分层殉祭。

木椁已朽，盖板无存，底板灰痕保存不好，四至不清，南、北侧板与东、西堵板板灰轮廓，尚可辨识。板灰呈白色粉状，南、北侧板东西顺长 2.05 米，总高 20 厘米，与南、北活土二层台台面平齐，板灰厚 2.5～3 厘米。东、西堵板，分别竖插于南、北侧板之间，立插部位，分别在南、北侧板东、西两端内缩 15 和 11 厘米处，高度东、西有差，西堵板高度与南、北侧板一致，为 20 厘米，东端堵板高 38、总宽 42 厘米，从灰痕观察，其共由 3 块竖板组成，每块板宽在 13～15 厘米之间，西端堵板灰痕总宽为 38 厘米，板块组成已难分辨，东、西堵板板灰厚 3 厘米。南、北侧板的板块组成情况，亦不能详。

木椁内装殓尸骨一具。保存状况较好，头骨及主要部位骨骼，基本完整。头东足西，仰身直肢。经现场鉴定，死者为男性，45～50 岁。骨骼从头到脚通长 1.51 米。

随葬品集中出于木椁内、死者身上及其近前（图四五八；图版一七七，2）。在头骨右侧，放置夹砂红褐陶罐 1 件，斜侧置，口朝东北，已残碎。在左、右耳骨下面，各出螺旋形铜丝耳环 1 件，无绿松石坠珠伴出。覆面铜扣 2 枚，出于下颌骨右侧 1 枚，滑落于头骨下面 1 枚。在颈下，左锁骨表面，出犬形铜牌饰 1 件。在左髋骨表面，出青铜短剑 1 件，青铜削刀 1 件，削刀叠压于短剑之上，剑锋朝下，刀锋朝左侧斜上方（彩版四三，4）。在右髋骨下面，压有长方形几何纹铜锥（针）管具 1 件。

YYM335

这是玉皇庙墓地属于丁级规格的小型墓葬之一。位于南区南部，被压在玉海公路下面。其东南有 YYM338，间距 2.5 米；南有 YYM336，间距 0.7 米；西南有 YYM380，间距 2.1 米；北有 YYM334，间距 0.2 米。此墓的地层堆积，基本上同于 YYM174，不赘。

墓圹平面形状，呈抹角长方形，为浅穴土坑墓。东向，方位角为 90°。墓圹规格，圹口东西长 1.5、东端宽 0.48、西端宽 0.5 米，圹底形制、规格，与圹口一致，圹口至圹底深 0.35 米。无生土二层台。在圹底中间略偏北侧位置，按东西方向，安置木质葬具一具。在木质葬具四周至圹底部四壁之间，筑有活土二层台，台土经过严密夯打，较坚实，东、南、西、北四台等高，均为 20 厘米，宽度不一，东台宽 25、南台宽 11、西台宽 16、北台宽 7 厘米。

圹内填土，为淤积夹砂石褐色土，未经夯实，土质较疏松。在填土中，仅发现泥质灰陶带绳纹的碎片 2 块，除此之外，再未见其他遗物。

殉牲位置，祭牲摆放在圹内东端中间上层填土中，上距东端圹口 2 厘米深，下距圹底 25 厘米。殉牲种类，仅有狗 1 种。数量，狗头 1 个，狗肱骨 1 只。殉牲形式，将狗头的上、下颌拆解开后，按东西方向，作同层、分开，顺摆于圹内东端中间上层填土上，互不叠压，上颌骨居中，下颌骨紧贴其西北侧，吻部皆朝东，狗肱骨置于上颌骨南侧（图版一七八，1）。

木质葬具，已腐朽为泥。根据有木质葬具的地方较松软，而四周经过夯打的活土二层台台土较坚硬的明显差别，可确定此木质葬具的四至规格。其东西顺长为 1.09 米，东端宽 29、西端宽 27、总高 20 厘米，与四周活土二层台台面平齐。其他相关结构情况，已无从考察。

木质葬具内装殓婴孩尸骨一具。保存状况不好，头骨已残碎，骨骼因腐朽大部残缺不全，手、足骨等细小骨骼已无存。头东足西，侧面向北，脊椎骨向左弯曲，下肢向右屈，作侧身屈肢葬式。经现场鉴定，死者为1.5～2岁婴儿（图版一七八，2）。

随葬品较少，仅在死者左、右耳骨下面，各出螺旋形铜丝耳环1件，无绿松石坠珠伴出。在颈部，出小白石珠项链1串（172粒）。在骨盆附近，出服饰小铜扣10枚（图四五九；彩版四三，3）。

YYM336

这是玉皇庙墓地属于丙（A）级规格的小型墓葬之一。位于南区南部，被压在玉海公路下面。其东南有YYM338和YYM348，间距分别为1.5和2米；南有YYM349，间距1.3米；西南有YYM350，间距1米；西北有YYM380，间距1.5米；北有YYM335，间距0.7米；东北有YYM337，间距3.9米。此墓的地层堆积，基本上同于YYM174，不赘。

墓圹平面形状，呈抹角长方形，为竖穴土坑墓。东向，方位角为东偏北2°。墓圹规格，圹口东西长2.5、东端宽0.9、西端宽0.85米，圹底东西长2.42、东端宽0.84、西端宽0.8米，圹口至圹底深1.1米。无生土二层台。在圹底中间略偏北侧位置，按东西方向，安置木椁一具。在木椁外壁四周至圹底部四壁之间，筑有活土二层台，台土经过严密夯打，较坚实，东、南、西、北四台等高，均为20厘米，宽度不一，东台宽23、南台宽31、西台宽32、北台宽11厘米（中段）。

圹内填土，为淤积夹砂石褐色土与生黄土混杂后的五花土，经普遍夯实，但未有夯层与夯窝痕迹。在填土中，仅发现泥质灰陶碎片3块，在东端活土二层台台面以上至祭牲以下的填土中，有错落相间的自然石灰岩石块4块，大者31×16×10厘米，小者14×12×8厘米，在椁室内，在死者胸部和骨盆处，各有1块因椁盖板腐朽后陷落进来的自然石灰岩石块，压在胸上的1块，规格为27×12×9厘米，压在骨盆上的1块，规格为16×15×10厘米，这两块石块，原来当压在椁盖板上面。

殉牲位置，祭牲集中摆放在圹内东端中间中部填土中，上距东端圹口0.6米深，下距圹底0.41米（图版一七九，1）。殉牲种类，仅有狗1种。数量，狗头2个，狗肱骨1只。殉牲形式，将狗头的上、下颌拆解开后，按东西方向，作同层并列聚堆摆放。即将拆解开的2个狗上颌骨，紧靠在一起，同层、并列、吻部朝东顺摆于圹内东端中部填土上，下颌骨及肱骨，摆于其西侧下方，其中1副下颌骨吻部朝东，另1副下颌骨吻部朝北，肱骨斜侧置，未与上、下颌骨相叠压。

木椁已朽，盖板无存，底板灰痕大部残缺，南、北侧板与东西堵板板灰，呈白色粉状，轮廓可辨。南、北侧板东西顺长2.12米，总高20厘米，与活土二层台台面平齐，板灰厚3厘米。东、西堵板，分别竖插于南、北侧板之间，立插部位，分别在南、北侧板东、西两端内缩13和10厘米处，高度与南、北侧板一致，均为20厘米，总宽东端37、西端34、板灰厚3厘米。南、北侧板与东、西堵板的板块组成情况，已不能详。

木椁内装殓尸骨一具。保存状况不太好，头骨已残碎，其他主要部位骨骼，基本完整。头东足西，侧面向北，仰身直肢。经现场鉴定，死者为男性，56岁以上。骨骼从头到脚通长1.65米（图版一七九，2）。

随葬品很少，仅在死者左、右耳骨下面，各出螺旋形铜丝耳环1件，无绿松石坠珠伴出。另有覆面铜扣3枚，出于上颌部位2枚，滑落于头骨下面1枚。除此之外，再无其他任何遗物（图四六〇）。

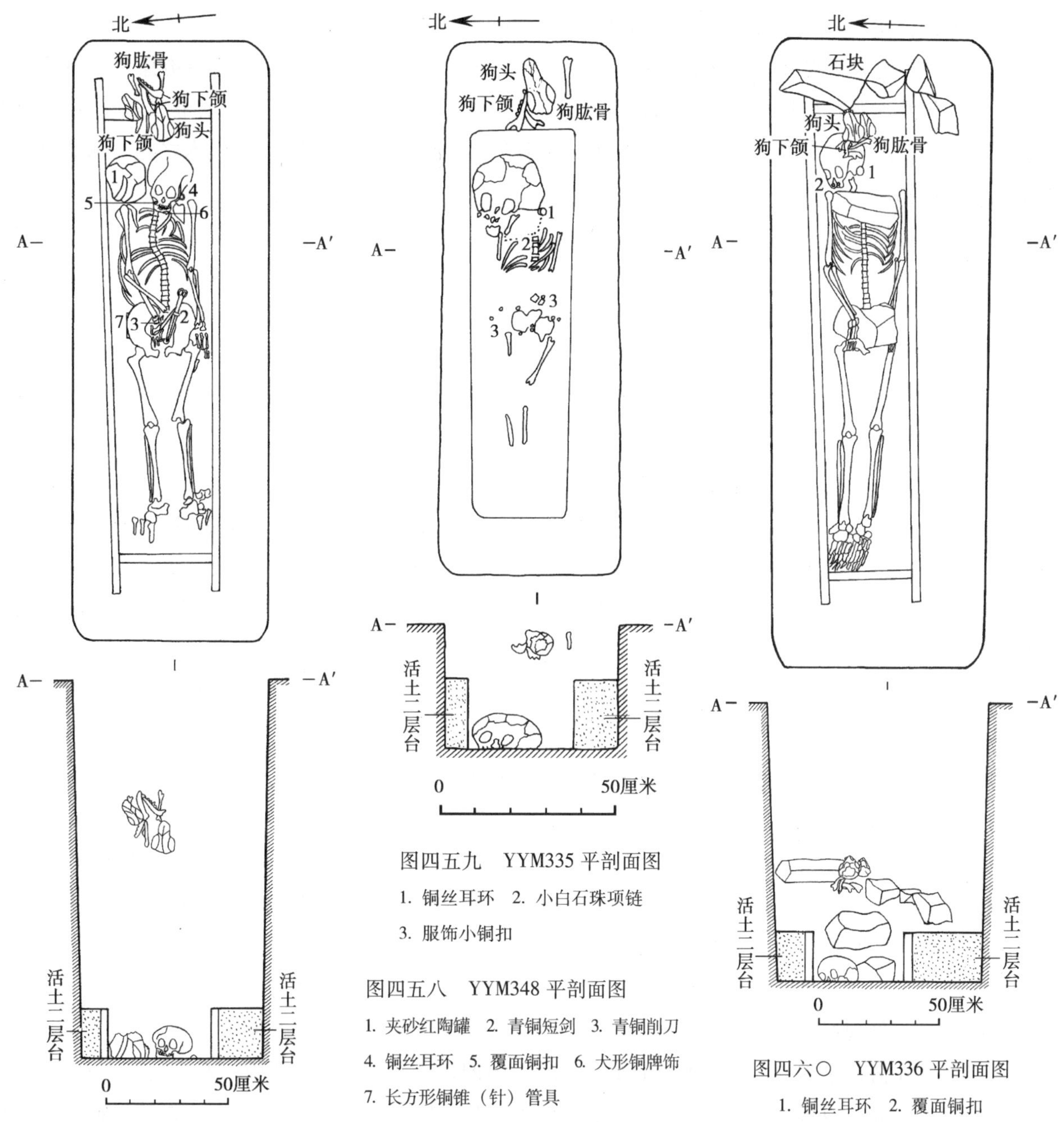

图四五八　YYM348 平剖面图

1. 夹砂红陶罐　2. 青铜短剑　3. 青铜削刀　4. 铜丝耳环　5. 覆面铜扣　6. 犬形铜牌饰　7. 长方形铜锥（针）管具

图四五九　YYM335 平剖面图

1. 铜丝耳环　2. 小白石珠项链　3. 服饰小铜扣

图四六○　YYM336 平剖面图

1. 铜丝耳环　2. 覆面铜扣

YYM349

这是玉皇庙墓地属于乙（B）级规格的中型墓葬之一。位于南区南部，被压在玉海公路下面。其东有 YYM348，间距 0.8 米；南有 YYM373，间距 2.2 米；西南有 YYM366，间距 1.8 米；西有 YYM350，间距 0.6 米；北有 YYM336，间距 1.2 米；东北有 YYM338，间距 1.5 米。此墓的地层堆积，基本上同于 YYM174，不赘。

墓圹平面形状，呈抹角长方形，为竖穴土坑墓。东向，方位角为东偏北 10°。墓圹规格，圹口东西长 2.58、东端宽 1、西端宽 0.96 米，圹底东西长 2.48、东端宽 0.92、西端宽 0.87 米，圹口至圹底深 1.7 米。无生土二层台。在圹底中间略偏东南—西北方向，安置木椁一具。在木椁外壁四周至圹底部四壁之间，筑有活土二层台，台土经过严密夯打，较坚实，东、南、西、北四台等高，均为 40 厘米，宽度不一，东台宽31、南台宽29、西台宽25、北台宽13厘米。

圹内填土，为淤积夹砂石褐色土与生黄土混杂后的五花土，经普遍夯实，但未有夯层与夯窝痕迹。在填土中，仅发现泥质灰陶残片3块，泥质灰陶碎片2块。另在圹内东半部上层填土和东端祭牲北侧同层位填土中，出零散的自然石灰岩石块6块，规格在10×8×7至32×15×13厘米之间。除此之外，再未见其他遗物。

殉牲位置，祭牲集中摆放在圹内东端中间上层填土中，上距东端圹口38厘米深，下距圹底0.9米（图四六一）。殉牲种类，为牛、羊、狗3种家畜。殉牲数量，牛头1个，牛肱骨1只，羊头3个（山羊1，绵羊2），羊肱骨3只，狗头6个，狗肱骨6只。殉牲形式，将牛、羊、狗头的上、下颌拆解开后，按东西方向，作南、北相邻同层依次摆放。即先将狗肱骨2只及拆解开的狗上、下颌骨2套，顺置于圹内最东端中间上层填土上，狗肱骨在下，狗头骨在上，吻部朝东；然后于其西北侧，顺摆牛肱骨1只，及拆解开的牛上、颌骨1套，牛肱骨在下，牛上、下颌骨分别叠压其上，吻部朝东；然后在牛牲南侧，先顺摆羊肱骨2只及拆解开的绵羊上、下颌骨2套，羊肱骨在下，羊上、下颌骨叠压其上，吻部亦朝东；然后在2套羊牲的西南侧，再顺摆狗肱骨2只及拆解开的狗上、下颌骨2套，由于木椁腐朽后塌陷，而造成填土和祭牲下陷，故狗牲上、下颌骨的吻部朝向，多不一致，或朝东，或朝西，或朝南；然后在其西北侧，再顺摆山羊牲1套，吻部朝东；最后，在牛牲的西侧、山羊牲的北侧，再顺摆狗牲2套，吻部亦朝东。后面所述的山羊牲与狗牲，也因随填土下陷而出现错位。上述祭牲阵容，构成了6只狗呈“品”字形，守护在东、西南和西北3个方向，而将牛和羊置于狗群中间加以保护的布局特点。

木椁已朽，盖板无存，底板灰痕大部残缺，四至不清，南、北侧板与东西堵板板灰轮廓，尚可辨识。板灰呈白色粉状，南、北侧板东西顺长2.22米，总高40厘米，与南、北活土二层台台面平齐，板灰厚2.5~3厘米；东、西堵板，分别竖插于南、北侧板之间，立插部位，分别在南、北侧板东、西两端内缩13和15厘米处，高度与南、北侧板一致，均为40厘米，总宽东端43、西端39、板灰厚2.5~3厘米。南、北侧板与东、西堵板的板块组成情况，已难以再作具体分辨。

木椁内装殓尸骨一具。保存状况不太好，头骨已残碎，其他主要部位骨骼，尚基本完整。头东足西，仰身直肢。经现场鉴定，死者为男性，40~45岁。骨骼从头到脚通长1.58米（图版一八〇，1）。

随葬品集中陈放于木椁内、死者身上及其近前（图四六二、四六三；图版一八〇，2）。在头骨右后侧、椁底东北角，放置夹砂红陶罐1件，正置，已残裂。在左、右耳骨下面，各出螺旋形铜丝耳环1件，无绿松石坠珠伴出。覆面铜扣3枚，出于左眼眶内1枚，滑落于头骨右侧下方2枚。在颈下，左、右锁骨交接部位，出犬形铜牌饰1件，犬头朝右（图版一八一，1）。在右尺骨与骨盆右侧，出青铜短剑1件，剑锋朝下。在短剑剑身下面，压有长方形几何纹铜锥（针）管具1件。在骨盆下方，左、右股骨上端之间，出青铜削刀1件，刀锋朝左侧斜上方。在左髋骨表面，出铜锥1件，锥尖朝斜上方。在右股骨外侧，出椭圆形骨柄饰1件。此外，在死者腰际至左、右股骨之间，出反S形铜带卡20枚，卧马形铜带饰49枚（图版一八一，2）。分布如次：反S形铜带卡，(1) 压在左尺骨下面1枚，(2) 压在骶骨下面2枚，(3) 左股骨外侧2枚，(4) 右髋骨与右股骨外侧4枚，(5) 左、右股骨之间11枚；卧马形铜带饰，(1) 压在左尺骨下面1枚，(2) 压在骶骨下面5枚，(3) 压在右髋骨下面2枚，(4) 左股骨外侧12枚，(5) 右股骨外侧10枚，(6) 左、右股骨之间19枚。在右胫骨内侧出铜镞2枚。

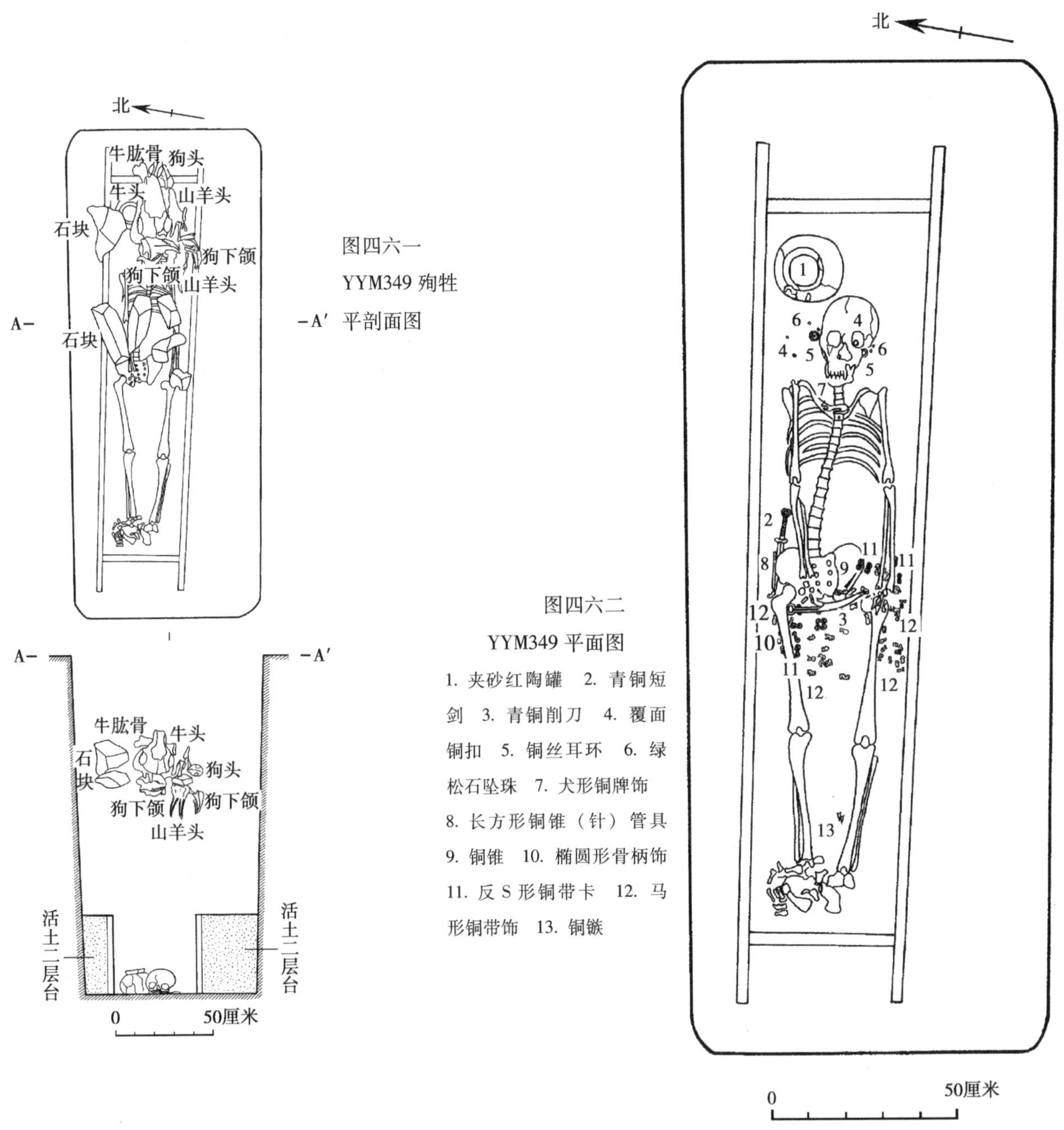

图四六一
YYM349 殉牲平剖面图

图四六二
YYM349 平面图
1. 夹砂红陶罐　2. 青铜短剑　3. 青铜削刀　4. 覆面铜扣　5. 铜丝耳环　6. 绿松石坠珠　7. 犬形铜牌饰　8. 长方形铜锥（针）管具　9. 铜锥　10. 椭圆形骨柄饰　11. 反S形铜带卡　12. 马形铜带饰　13. 铜镞

YYM380

这是玉皇庙墓地属于丁级规格的小型墓葬之一。位于南区南部，被压在玉海公路下面。其东南有YYM336和YYM350，间距分别为1.5和2.3米；西南有YYM357，间距0.9米；西北有YYM355，间距0.7米；东北有YYM335和YYM334，间距分别为2.1和2.6米。此墓的地层堆积，基本上同于YYM174，不赘。

墓圹平面形状，呈抹角长方形，为浅穴土坑墓。东向，方位角为东偏北11°。墓圹规格，圹口东西长2.25、东端宽0.76、西端宽0.71米，圹底东西长2.21、东端宽0.71、西端宽0.67米，圹口至圹底东端深35、西端深30厘米。无生土二层台。在圹底中间略偏北位置，按东西方向，安置木质葬具一具，其北侧板紧挨着北圹壁，二者之间没有空当，故北侧无活土二层台；除北侧以外，东、南、西3面，均筑有活土二层台，台土经过夯打，较坚实，3台等高，均为20厘米，宽度不一，东台宽20、南台宽19、西台宽13厘米。在东端活土二层台中，用自然石灰岩石块6块，作上、下两层垒砌；在南侧和西端活土二层台台面上，也人为地堆砌自然石灰岩石块2~3块。

圹内填土，为淤积夹砂石褐色土，未经夯实，土质较疏松。在填土中，仅发现泥质灰陶带弦纹的残片2块，另在木质葬具西端填土中，有零散的自然石灰岩石块3块，体积都较小。除此之外，再未见其他遗物。

无殉牲。

木质葬具已腐朽为泥，仅能分辨其四至界限，其他相关结构情况，已无从考察。南北侧板东西顺长1.9米，东西堵板总宽分别为54和48、总高20厘米，与活土二层台台面平齐。

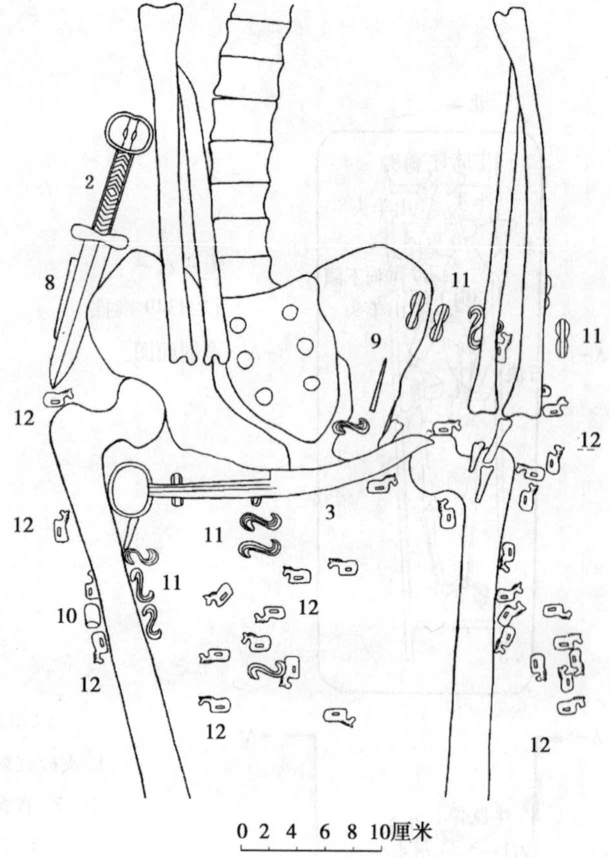

图四六三 YYM349遗物分布图（局部）

2. 青铜短剑 3. 青铜削刀 8. 长方形铜锥（针）管具 9. 铜锥 10. 椭圆形骨柄饰 11. 反S形铜带卡 12. 马形铜带饰

在木质葬具内，按东西方向，装殓尸骨一具。保存状况较好，头骨及主要部位骨骼，基本完整。头东足西，仰身直肢。经现场鉴定，死者为男性，22~24岁。骨骼从头到脚通长1.66米（图版一八二，1）。

随葬品很少，仅在死者颈部，出黑、白小石珠项链1串，由小黑石珠2粒、小白石珠66粒，联合串成。另在左胸部（胸椎以上5厘米的淤土中），出尖首刀币1件，刀首朝右侧斜上方（图四六四；图版一八二，2）。

YYM350

这是玉皇庙墓地属于乙（B）级规格的中型墓葬之一。位于南区南部，被压在玉海公路下面。其东有YYM349，间距0.6米；东南有YYM373，间距3.4米；南有YYM366，间距1.9米；西南有YYM367和YYM359，间距分别为0.9和1.4米；西北有YYM357，间距1.6米；北有YYM380，间距2.3米；东北有YYM336，间距1米。此墓的地层堆积，基本上同于YYM174，不赘。

墓圹平面形状，呈抹角长方形，为竖穴土坑墓。东向，方位角为东偏北15°。墓圹规格，圹口东西长2.5、东端宽0.84、西端宽0.9米，圹底东西长2.4、东端宽0.79、西端宽0.85米，圹口至圹底深1.3米。无生土二层台。在圹底中间略东南—西北方向，安置木椁一具。在木椁外壁四周至圹底部四壁之间，筑有活土二层台，台土经过严密夯打，较坚实，东、南、西、北四台等高，均为25厘米，宽

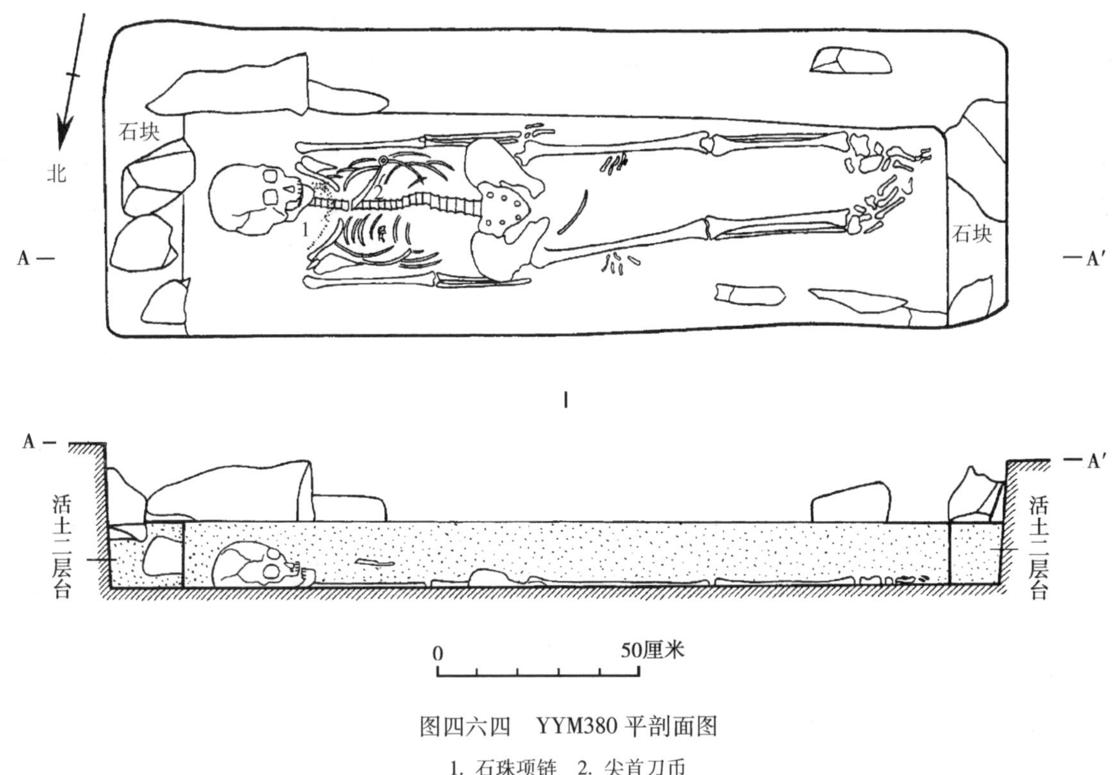

图四六四　YYM380 平剖面图
1. 石珠项链　2. 尖首刀币

度不一，东台宽 28、南台宽 17、西台宽 35、北台宽 15 厘米（中段）。

圹内填土，为淤积夹砂石褐色土与生黄土混杂后的五花土，经普遍夯实，但未有夯层与夯窝痕迹。在填土中，仅发现夹砂褐陶残片 1 块，泥质灰陶碎片 3 块，除此之外，再未见其他遗物。

无殉牲。

木椁已朽，板灰呈白色粉渣状，盖板仅在东端残存一部分，呈南北向，横搭在南、北侧板之上，其南、北两端，分别贴附在南、北活土二层台台帮上一截，盖板灰痕南北长 0.54、东西残宽 0.76 米，板块组成印迹不清。南、北侧板东西顺长 2.12 米，总高 25 厘米，与南、北活土二层台台面平齐，板灰厚 3 厘米。东、西堵板，分别竖插于南、北侧板之间，立插部位，分别在南、北侧板东、西两端内缩 15 和 16 厘米处，高度与南、北侧板一致，均为 25 厘米，总宽东、西两端各 40 厘米，板灰厚 3 厘米。南、北侧板与东、西堵板的板块组成情况，已不能详。

木椁内装殓尸骨一具。保存状况不太好，头骨后部残裂，右尺骨残缺，骨盆残损不全，唯下肢骨骼完整。头东足西，仰身直肢，颈椎略向左侧弯曲，侧面向左侧斜下方。经现场鉴定，死者为男性，45 岁左右。骨骼从头到脚通长 1.57 米（图版一八三，1）。

随葬品较少，集中陈放于木椁内、死者身上及其近前（图四六五）。在头骨右侧，放置夹砂红褐陶罐 1 件，斜侧置，口朝东。覆面铜扣 3 枚，出于上颌骨 1 枚，滑落于头骨左侧下方 2 枚。在颈部至胸部，出小白石珠项链 1 串，由 220 粒小白石珠串成。在左侧胸下，出双联珠双尾形铜坠饰 1 件，双尾朝下（图版一八三，2）。

YYM355

这是玉皇庙墓地属于丁级规格的小型墓葬之一。位于南区南部，被压在玉海公路下面。其东南有

YYM380，间距0.7米；南有YYM357，间距1.7米；西南有YYM358和YYM356，间距分别为2.5和3.5米；西侧已无墓葬；西北有YYM354，间距2.4米；北有YYM352，间距1.9米；东北有YYM328，间距3.3米。此墓的地层堆积，基本上同于YYM174，不赘。

墓圹平面形状，呈东端略外弧的抹角长方形，为浅穴土坑墓。东向，方位角为东偏北5°。墓圹规格，圹口东西长2、东端宽0.5、西端宽0.48米，圹底东西长1.97米，圹底东、西两端宽与圹口一致，圹口至圹底深东端28、西端18厘米。无生土二层台。无木质葬具，无活土二层台。

圹内填土，为淤积夹砂石褐色土，未经夯实，土质较疏松。在填土中，仅发现泥质灰陶罐折肩部位残件1块，除此之外，再未见其他遗物。

无殉牲。

在圹底中间略偏北侧位置，按东西方向，安葬尸骨一具。保存状况不太好，头骨、骨盆已残碎，其他主要部位骨骼，基本完整。头东足西，面部向北歪斜，仰身直肢。经现场鉴定，死者为女性，25岁左右。骨骼从头到脚通长1.43米（图版一八四，1）。

随葬品较少，陈放于死者上半身（图四六六）。在死者胸部，放置泥质灰陶折肩罐1件，斜侧置，口朝南，口沿已残（图版一八四，2）。覆面铜扣1枚，出于面部左侧。在颈下，出蚌珠1颗，小白石珠5粒。在右尺骨表面，遗有小铜扣1枚。

YYM357

这是玉皇庙墓地属于丁级规格的小型墓葬之一。位于南区南部，被压在玉海公路下面。其东南有YYM350，间距1.6米；南有YYM359，间距1.5米；西南有YYM360，间距2米；西有YYM358，间距0.9米；北有YYM355，间距1.7米。此墓的地层堆积，基本上同于YYM174，不赘。

墓圹平面形状，呈抹角长方形，为浅穴土坑墓。东向，方位角为东偏北20°。墓圹规格，圹口东西长2.3、东端宽0.76、西端宽0.75米，圹底东西长2.22、东端宽0.7、西端宽0.69米，圹口至圹底深0.53米。无生土二层台。在圹底中间位置，按东西方向，安置木椁一具。在木椁外壁四周至圹底部四壁之间，筑有活土二层台，台土经过严密夯打，较坚实，东、南、西、北四台等高，均为21厘米，宽度不一，东台宽28、南台宽12、西台宽15、北台宽17厘米。

圹内填土，为淤积夹砂石褐色土，未经夯实，土质较疏松。在填土中，仅发现夹砂褐陶碎片1块，泥质灰陶罐口沿残片2块，除此之外，再未见其他遗物。

无殉牲。

木椁已朽，板灰呈白色粉状。盖板无存，底板灰痕模糊不清，南、北侧板与东、西堵板板灰轮廓，尚可辨识。南北侧板东西顺长2.01米，总高21厘米，与四周活土二层台台面平齐，板灰厚2.5厘米。东、西堵板，分别竖插于南、北侧板之间，立插部位，分别在南、北侧板东、西两端内缩11和9厘米处，高度与南、北侧板一致，均为21厘米，总宽东端39、西端35、板灰厚2厘米。南、北侧板与东、西堵板的板块组成情况，已不能详。

木椁内装殓尸骨一具。保存状况不太好，头骨残碎，其他主要部位骨骼，基本完整。头东足西，仰身直肢。经现场鉴定，死者为女性，35岁左右。骨骼从头到脚通长1.61米（图版一八四，3）。

随葬品很少，仅在木椁内、死者头骨左侧，放置夹砂褐陶罐1件，正置，已残（图四六七）。除此之外，再未见其他任何遗物。

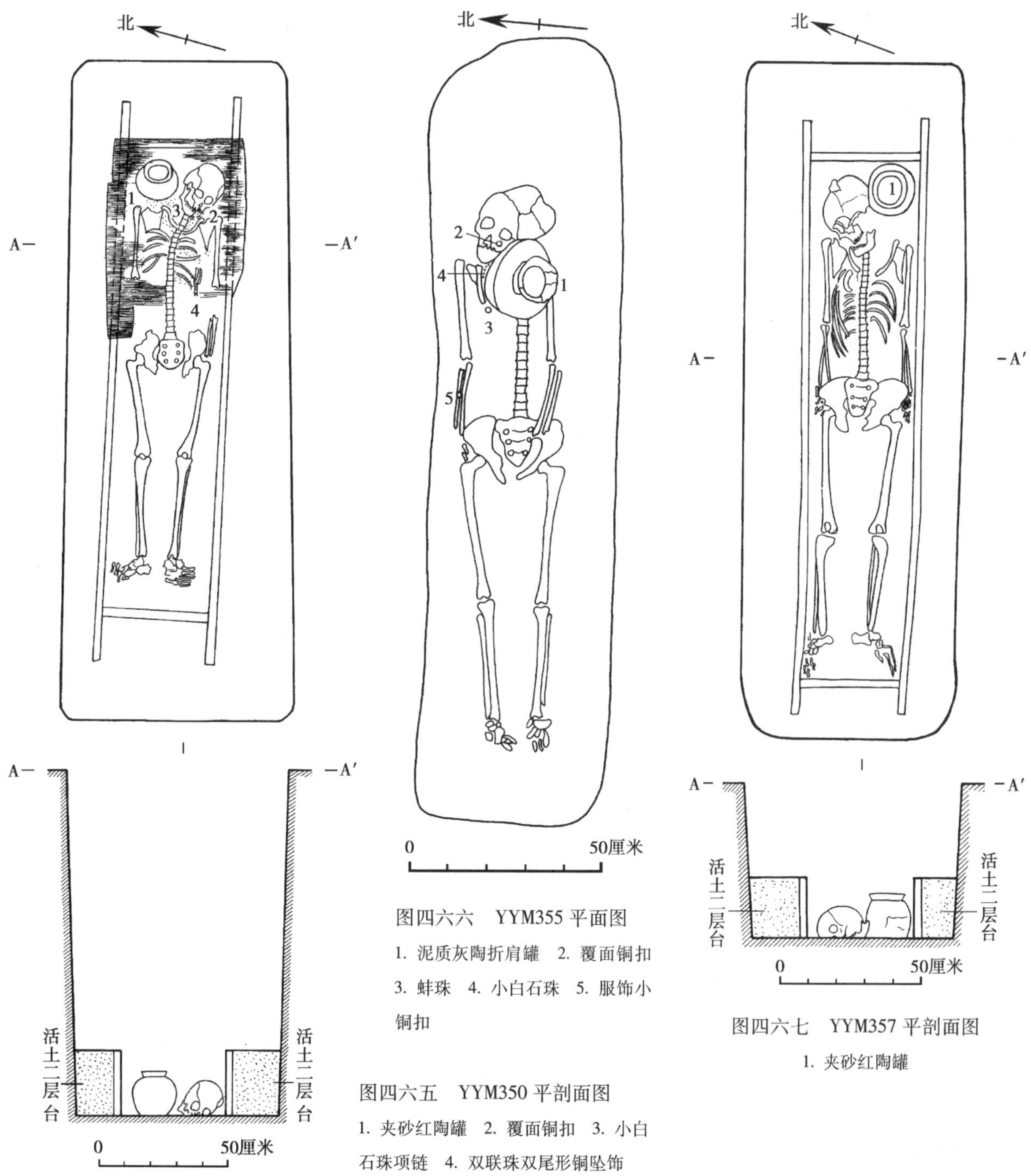

图四六五　YYM350 平剖面图

1. 夹砂红陶罐　2. 覆面铜扣　3. 小白石珠项链　4. 双联珠双尾形铜坠饰

图四六六　YYM355 平面图

1. 泥质灰陶折肩罐　2. 覆面铜扣　3. 蚌珠　4. 小白石珠　5. 服饰小铜扣

图四六七　YYM357 平剖面图

1. 夹砂红陶罐

YYM358

这是玉皇庙墓地属于丁级规格的小型墓葬之一。位于南区南部西界边缘，被压在玉海公路下面。其东有 YYM357，间距 0. 9 米；东南有 YYM359，间距 2. 8 米；南有 YYM360，间距 1. 8 米；西南与正西，已无墓葬；西北有 YYM356，间距 1. 1 米；东北有 YYM355，间距 2. 5 米。此墓的地层堆积，基本上同于 YYM174，不赘。

墓圹平面形状，呈长方形，为浅穴土坑墓。东北向，方位角为东偏北 25°。墓圹规格，圹口东北—

西南长2.3、东北端宽0.67、西南端宽0.64米，圹底形制、规格，与圹口一致，圹口至圹底深32厘米。无生土二层台。在圹底中间位置，顺墓圹方向，安置木椁一具。在椁外壁四周至圹底部四壁之间，筑有活土二层台，台土经过严密夯打，较坚实，四台等高，均为20厘米，宽度不一，东北台宽20、东南台宽10、西南台宽18、西北台宽13厘米。

圹内填土，为淤积夹砂石褐色土，未经夯实，土质较疏松。在填土中，仅发现泥质灰陶带弦纹的口沿残片3块，除此之外，再未见其他遗物。

无殉牲。

木椁已朽，板灰呈白色粉状。盖板无存，底板板灰大部残缺，四至不清，南、北侧板与东西堵板灰痕轮廓，尚可辨识。南、北侧板东西顺长2.08米，总高20厘米，与四周活土二层台台面平齐，板灰厚2厘米。东、西堵板，分别竖插于南、北侧板之间，立插部位，分别在南、北侧板东、西两端内缩8和7厘米处，高度与南、北侧板一致，均为20厘米，总宽东端39、西端37、板灰厚2.5厘米。南、北侧板与东、西堵板的板块组成情况，已不能详。

木椁内装殓尸骨一具。保存状况不好，头骨残碎严重，其他主要部位骨骼，基本完整。头朝东北，足向西南，仰身直肢。经现场鉴定，死者为男性，50～55岁。骨骼从头到脚通长1.6米（图版一八五，1）。

随葬品较少，集中陈放于木椁内、死者身上及其近前（图四六八）。在头骨左后侧，放置夹砂黑陶罐1件，斜侧置，口朝西南。在左、右耳骨下面，各出螺旋形铜丝耳环1件，无绿松石坠珠伴出。覆面铜扣3枚，出于面部右侧。在左侧锁骨上，出尖首刀币环首坠饰1件。在左髋骨下缘，出青铜削刀1件，刀锋朝右侧斜下方。在左、右股骨之间，出铜锥1件，锥尖朝下。在椁底西南角，出骨鸣镝3件。

YYM330

这是玉皇庙墓地属于丁级规格的小型墓葬之一。位于西区东北部边缘，其东已无墓葬；东南有YYM331，间距1.2米；南有YYM323，间距4.6米；西南有YYM322和YYM324，间距分别为7和2.4米；西北有YYM326和YYM329，间距分别为4.6和5.2米。

墓圹平面形状，呈抹角长方形，为浅穴土坑墓。北向，方位角为北偏东16°。墓圹规格，圹口南北长2.1、北端宽0.94、南端宽0.92米，圹底南北长2.04、北端宽0.9、南端宽0.88米，圹口至圹底深0.22米。此墓开口于第2层，整个墓圹均坐于第2层中。无生土二层台。无木质葬具，无活土二层台。

圹内填土，为深褐色夹杂碎石颗粒的五花土，未经夯实，土质较疏松。在填土中，未发现任何文化遗物。

无殉牲。

在圹底中间位置，顺墓圹方向，安葬尸骨一具。保存状况不太好，头骨已残碎，脊椎骨、肋骨、骨盆等，残缺不全，下肢骨较完整。头北足南，侧面向东南，躬背向左，侧身直肢。经现场鉴定，死者为男性，35岁左右。骨骼从头到脚通长1.6米（图四六九；图版一八五，2）。

无任何随葬品。

YYM325

这是玉皇庙墓地属于丁级规格的小型墓葬之一。位于西区东北部，其东南有YYM324，间距2.5米；西南有YYM303，间距7.2米；北有YYM327，间距4.2米；东北有YYM326，间距0.1米。

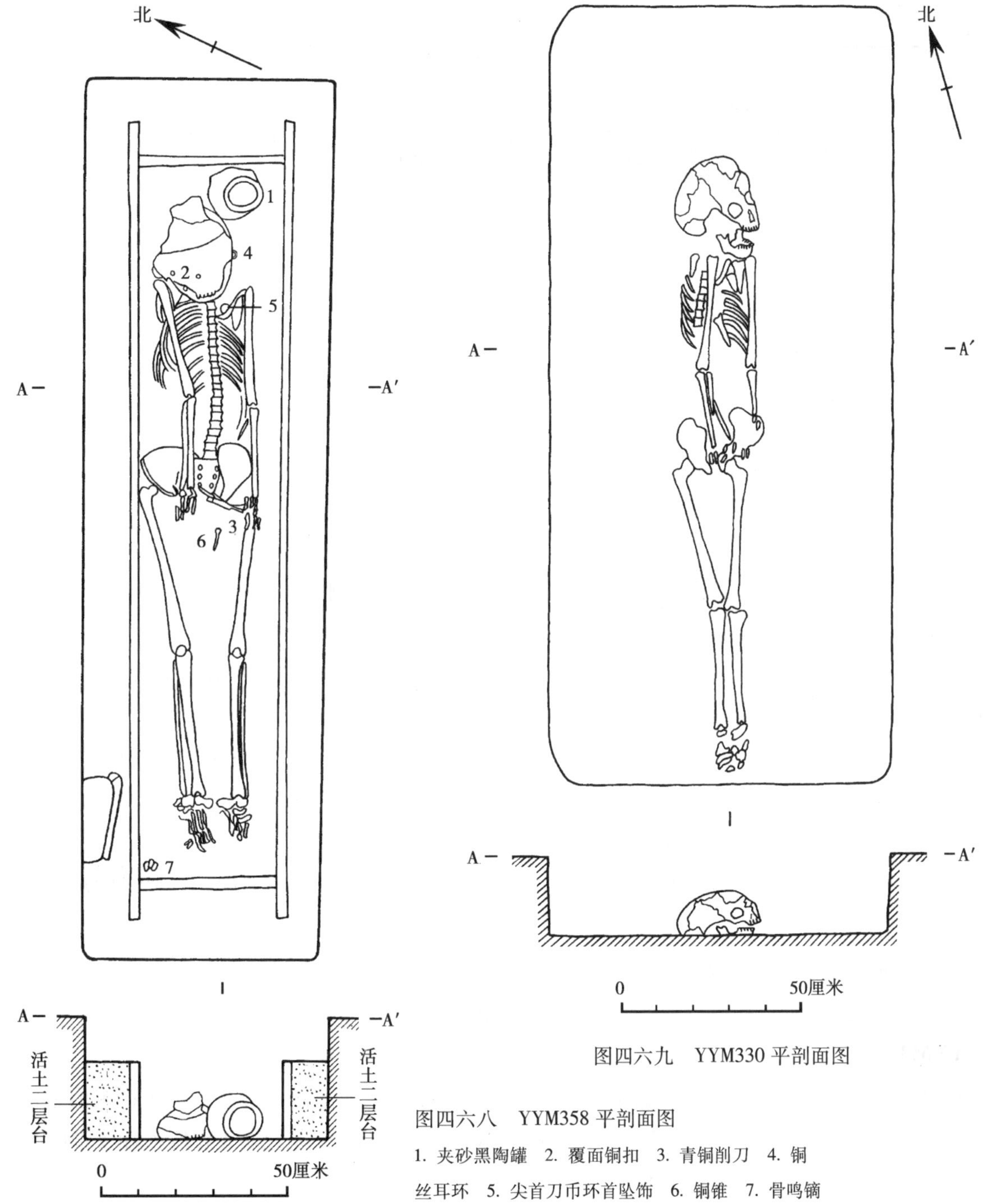

图四六八　YYM358 平剖面图

1. 夹砂黑陶罐　2. 覆面铜扣　3. 青铜削刀　4. 铜丝耳环　5. 尖首刀币环首坠饰　6. 铜锥　7. 骨鸣镝

图四六九　YYM330 平剖面图

墓圹平面形状，呈抹角长方形，为浅穴土坑墓。北向，方位角为北偏东22°。墓圹规格，圹口南北长2.4、北端宽0.78、南端宽0.7米，圹底南北长2.32、北端宽0.72、南端宽0.65米，圹口至圹底深0.4米。此墓开口于第2层，整个墓圹均坐于第2层中。无生土二层台。无木质葬具，无活土二层台。

圹内填土，为深褐色夹杂碎石颗粒的五花土，未经夯实，土质较疏松。在填土中，仅发现泥质灰陶带弦纹的碎片2块。除此之外，再未见其他遗物。

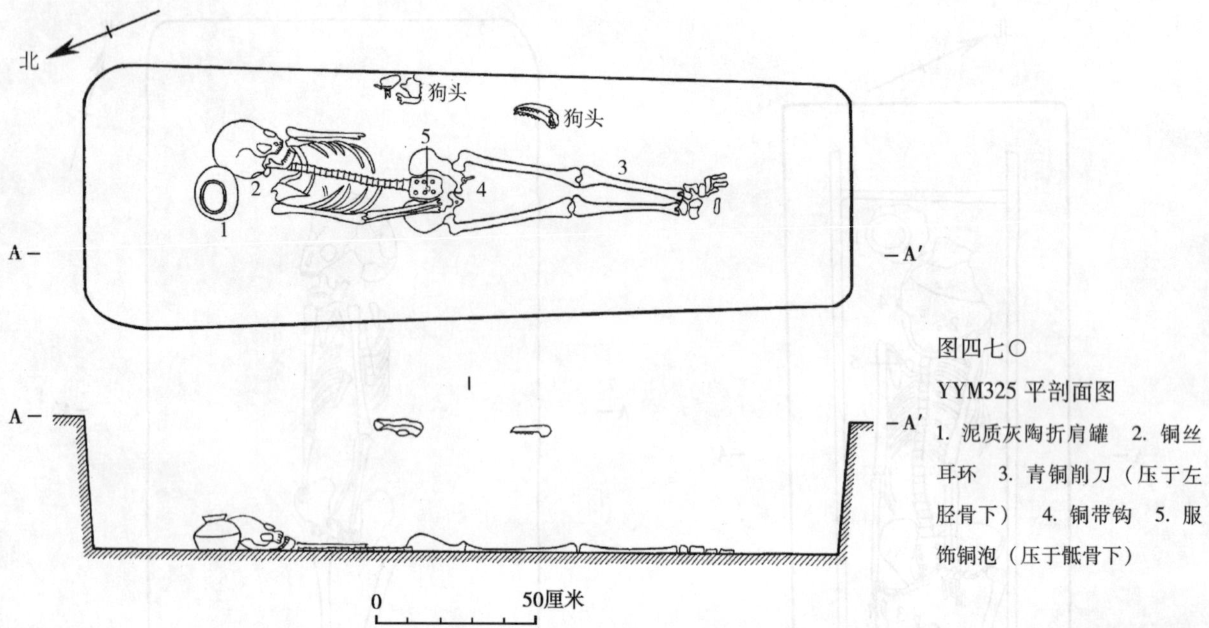

图四七〇 YYM325 平剖面图

1. 泥质灰陶折肩罐 2. 铜丝耳环 3. 青铜削刀（压于左胫骨下） 4. 铜带钩 5. 服饰铜泡（压于骶骨下）

殉牲位置，祭牲摆放在圹内东侧中部上层填土中，上面与东侧圹口近乎平齐，下距圹底0.3米深。殉牲种类，仅有狗1种。数量，狗头1个（已残碎），狗下颌骨1副。殉牲形式，先将完整狗头1个，顺墓圹方向，顺置于圹内东侧中部上层填土上，吻部朝东北；然后于同一层位，在其南侧25厘米处，再顺置狗下颌骨1副，吻部亦朝东北。

在圹底中间位置，顺墓圹方向，安葬尸骨一具。保存状况不太好，头骨已残碎，缺左尺骨和桡骨，以及左、右手骨与右趾骨，其他主要部位骨骼，基本完整。头北足南，仰身直肢。经现场鉴定，死者为男性，45岁左右。骨骼从头到脚通长1.55米（图版一八六，1）。

随葬品较少，陈放于死者身上及其近前（图四七〇）。在死者头骨右后侧，放置泥质灰陶折肩罐1件，基本正置（图版一八六，2）。在左、右耳骨下面，各出螺旋形铜丝耳环1件，无绿松石坠珠伴出。在左髋骨正面下端，出铜带钩1件，钩首朝左侧斜下方（图版一八六，3）。在骶骨下面，压有服饰铜泡1枚。在左胫骨下面，压有青铜削刀1件，刀锋朝下。

YYM356

这是玉皇庙墓地属于丁级规格的小型墓葬之一。位于南区南部西界边缘，被压在玉海公路下面。其东南有YYM358，间距1.1米；南、西南、西与西北，已无墓葬；东北有YYM354和YYM355，间距分别为2.9和3.5米。此墓的地层堆积，基本上同于YYM174，不赘。

墓圹平面形状，呈长方形，为浅穴土坑墓。东北向，方位角为东偏北30°。墓圹规格，圹口东西长2.04、东端宽0.45、西端宽0.48米，圹底形制、规格，与圹口一致，圹口至圹底深20厘米。无生土二层台。无木质葬具，无活土二层台。

圹内填土，为淤积夹砂石褐色土，未经夯实，土质较疏松。在填土中，未发现任何文化遗物。

无殉牲。

在圹底中间，顺墓圹方向，安葬尸骨一具。保存状况不太好，头骨已酥裂，其他主要部位骨骼，基本完整。头朝东北，足向西南，侧面向东南，仰身直肢。经现场鉴定，死者为男性，40～45岁。骨骼从头到脚通长 1.72 米（图版一八七，1）。

随葬品很少，仅在死者左股骨上端与左髋骨外缘之间，出铜带钩 1 件，钩首朝左（图四七一；图版一八七，2）。除此之外，再未见其他任何遗物。

YYM347

这是玉皇庙墓地属于乙（B）级规格的中型墓葬之一。位于南区南部东界边缘，被压在玉海公路南侧护坡下面。其东已无墓葬，东南有 YYM381，间距 2.6 米；西南有 YYM379，间距 2.2 米；西北有 YYM342 和 YYM343，间距分别为 2.8 和 3.5 米；东北有 YYM346，间距 1.4 米。此墓的地层堆积，基本上同于 YYM174，不赘。

墓圹平面形状，呈抹角长方形，为竖穴土坑墓。东西向，方位角为东偏北 10°。墓圹规格，圹口东西长 2.45、东端宽 0.85、西端宽 0.8 米，圹底东西长 2.37、东端宽 0.79、西端宽 0.74 米，圹口至圹底深 1.5 米。无生土二层台。在圹底中间偏东南—西北方向，安置木椁一具。在木椁外壁四周至圹底部四壁之间，筑有活土二层台，台土经过严密夯打，较坚实，东、南、西、北四台等高，均为 20 厘米，宽度不一，东台宽 24、南台宽 22、西台宽 37、北台宽 13 厘米（中段）。

圹内填土，为淤积夹砂石褐色土与生黄土混杂后的五花土，经普遍夯实，但未有夯层与夯窝痕迹。在填土中，仅发现夹砂褐陶残片 1 块，泥质灰陶罐口沿残片 2 块。除此之外，再未见其他遗物。

无殉牲。

木椁已朽，盖板无存，底板灰痕不清楚，南、北侧板与东西堵板板灰，呈白色粉状，四至界限尚可分辨。南、北侧板东西顺长 2.02 米，总高 20 厘米，与南、北活土二层台台面平齐，板灰厚 2.5 厘米。东、西堵板，分别竖插于南、北侧板之间，立插部位，分别在南、北侧板东、西两端内缩 10 和 13 厘米处，高度与南、北侧板一致，均为 20 厘米，总宽东端 40、西端 35、板灰厚 2.5 厘米。南、北侧板与东、西堵板的板块组成情况，已难以作具体分辨。

木椁内装殓尸骨一具。保存状况较好，头骨及主要部位骨骼，基本完整。头东足西，仰身直肢，侧面向南。经现场鉴定，死者为女性，56 岁以上。骨骼从头到脚通长 1.57 米（图版一八七，3）。

随葬品较少，集中陈放于木椁内、死者头部及其近前（图四七二）。在头骨右后侧，椁底东北角，放置泥质灰陶折肩罐 1 件，斜侧置，口朝东。在左耳骨下面，出螺旋形铜丝耳环 1 件，无绿松石坠珠伴出。右耳无耳环，在右耳骨表面，出绿松石珠 1 枚。在颈部，出小白石珠 2 粒。

YYM342

这是玉皇庙墓地属于丙（A）级规格的小型墓葬之一。位于南区南部，被压在玉海公路南侧护坡下面。其东南有 YYM347，间距 2.8 米；南有 YYM377，间距 2.2 米；西南有 YYM374，间距 4.1 米；西有 YYM373，间距 6.4 米；西北有 YYM341，间距 2.2 米；东北有 YYM343，间距 1.8 米。此墓的地层堆积，基本上同于 YYM174，不赘。

墓圹平面形状，呈抹角长方形，为竖穴土坑墓。东向，方位角为东偏北 14°。墓圹规格，圹口东西长 2.2 米，东、西两端宽均为 0.78 米，圹底东西长 2.12、东端宽 0.74、西端宽 0.72 米，圹口至圹底深 1.4 米。无生土二层台。在圹底中间偏东北—西南方向，安置木椁一具。在木椁外壁四周至圹底部四壁之间，筑有活土二层台，台土经过严密夯打，较坚实，东、南、西、北四台等高，均为 20 厘米，宽度不一，东台宽 25、南台宽 12、西台宽 7、北台宽 21 厘米（中段）。在墓圹南、北侧壁上部，各遗有打圹时留下的自然石灰岩石块1和2块。

圹内填土，为淤积夹砂石褐色土与生黄土混杂后的五花土，经普遍夯实，但未有夯层与夯窝痕迹。在填土中，仅发现夹砂红褐陶残片2块，泥质灰陶带绳纹的残片3块。另在圹内东半部和祭牲北侧的上层填土中，发现零散的体积较小的自然石块6块。除此之外，再未见其他遗物。

殉牲位置，祭牲摆放在圹内东端偏南侧的上层填土中，上距东端圹口32厘米深，下距圹底0.92米。殉牲种类，仅有狗1种。数量，狗头2个，狗肱骨1只。殉牲形式，将狗头上、下颌拆解开后，作东西相间同层摆放。除其中1副狗下颌的吻部朝北以外，其余的2个上颌与1副下颌，吻部皆朝东北。

木椁已朽，盖板无存，底板灰痕保存不好，四至不清，南、北侧板与东西堵板灰痕轮廓，尚可辨识。板灰呈白色粉状，南、北侧板东西顺长2.04米，总高20厘米，与南、北活土二层台台面平齐，板灰厚3厘米。东、西堵板，分别竖插于南、北侧板之间，立插部位，分别在南、北侧板东、西两端内缩11和7厘米处，高度与南、北侧板一致，均为20厘米，总宽东端38、西端32、板灰厚2.5厘米。南、北侧板与东、西堵板的板块组成情况，已难以再作具体分辨。

木椁内装殓尸骨一具。保存状况不太好，头骨已残裂，其他主要部位骨骼，基本完整。头东足西，仰身直肢。经现场鉴定，死者为男性，45～50岁。骨骼从头到脚通长1.68米（图版一八八，1）。

随葬品很少，无陶器，仅在死者左、右耳骨下面各出螺旋形铜丝耳环1件，无绿松石坠珠伴出（图四七三）。另在头骨下面，压有小白石珠项链1串（134粒）。除此之外，再未见其他遗物。

YYM373

这是玉皇庙墓地属于乙（B）级规格的中型墓葬之一。位于南区南部，被压在玉海公路南侧护坡下面。其东有YYM342，间距6.4米；东南有YYM372和YYM374，间距分别为3.6和4.7米；南有YYM369，间距1.5米；西南有YYM368，间距0.2米；西有YYM366，间距1.6米；西北有YYM350，间距3.5米；北有YYM349，间距2.2米；东北有YYM348和YYM341，间距分别为2.3和4.7米。此墓的地层堆积，基本上同于YYM174，不赘。

墓圹平面形状，呈抹角长方形，为竖穴土坑墓。东向，方位角为东偏北15°。墓圹规格，圹口东西长2.7、东端宽0.86、西端宽0.81米，圹底东西长2.63、东端宽0.84、西端宽0.79米，圹口至圹底深1.54米。无生土二层台。在圹底中间略偏东南—西北方向，安置木椁一具。在木椁外壁四周至圹底部四壁之间，筑有活土二层台，台土经过严密夯打，较坚实，东、南、西、北四台等高，均为24厘米，宽度不一，东台宽39、南台宽24、西台宽37、北台宽28厘米。

圹内填土，为淤积夹砂石褐色土与生黄土混杂后的五花土，经普遍夯实，但未有夯层与夯窝痕迹。在填土中，仅发现夹砂褐陶罐类腹部与器底残片2块，泥质灰陶带弦纹和绳纹的残片4块。除此之外，再未见其他遗物。

殉牲位置，祭牲集中摆放在圹内东端中间上层填土中，上距东端圹口0.38米深，下距圹底0.82米（图四七四）。殉牲种类，为羊、狗2种家畜。殉牲数量，羊头2个（绵羊），羊肱骨2只，狗头3个，狗肱骨3只。殉牲形式，将羊、狗头的上、下颌拆解开后，按东西方向，自东而西呈纵列作相邻同层依次摆放。即先将狗肱骨1只及拆解开的大号狗上、下颌骨1套，顺置于圹内最东端中间上层填土上，狗肱骨在下，狗头骨叠置其上；然后于其南侧，照例顺摆大号羊牲1套；然后于这大号羊牲的西

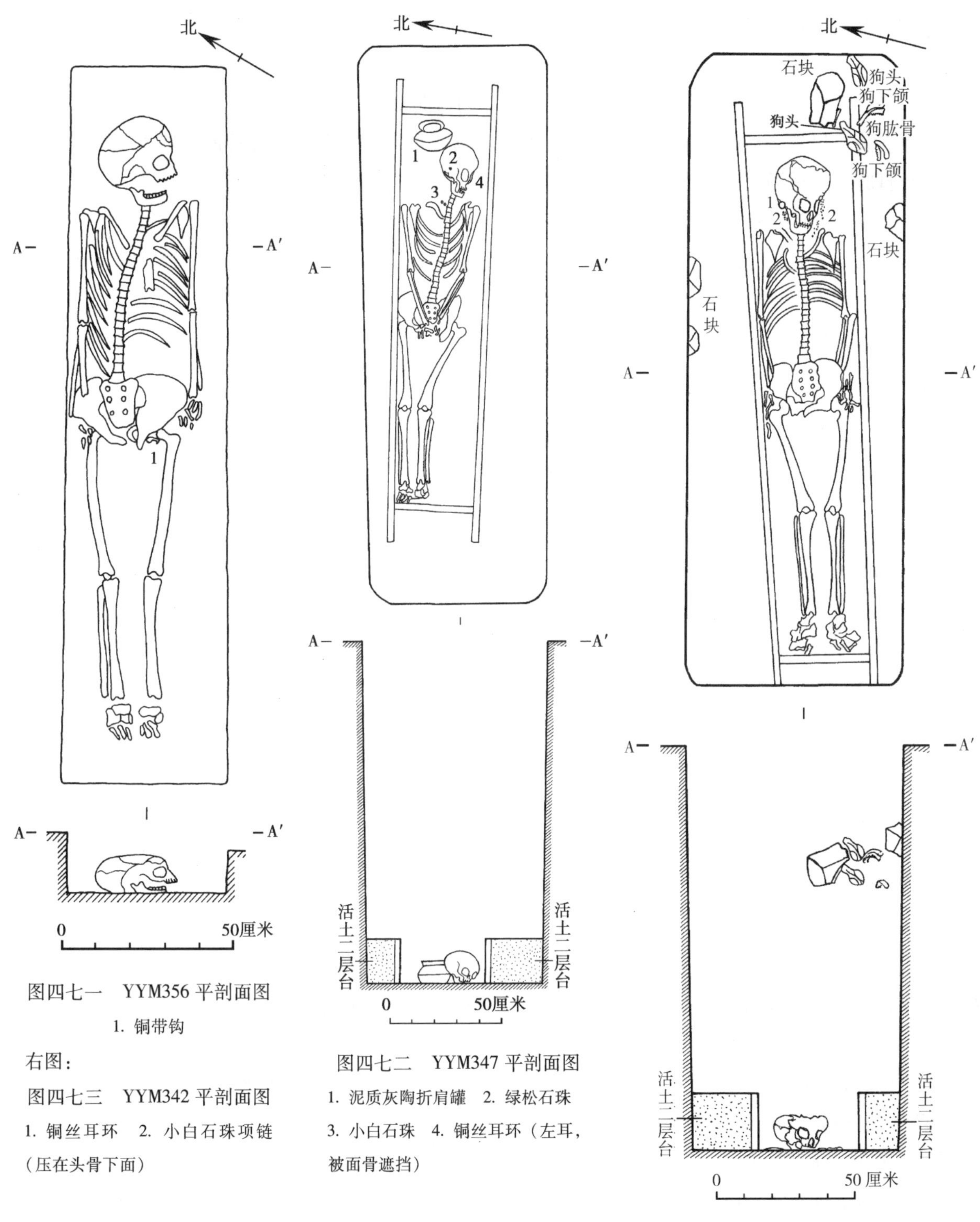

图四七一　YYM356 平剖面图

1. 铜带钩

右图：

图四七三　YYM342 平剖面图

1. 铜丝耳环　2. 小白石珠项链（压在头骨下面）

图四七二　YYM347 平剖面图

1. 泥质灰陶折肩罐　2. 绿松石珠　3. 小白石珠　4. 铜丝耳环（左耳，被面骨遮挡）

侧，接着顺摆拆解开的羊牲2套，羊肱骨在下，羊上、下颌分开摆放，叠压于羊肱骨之上；最后，在这2套羊牲的西侧，再顺摆拆解开的狗牲2套。上述羊牲与狗牲的上、下颌吻部，均一律朝东。这一祭牲阵容，构成了狗分别在东、西两端，而羊居狗群中间的布局特点。

木椁已腐朽为泥，盖板无存，南、北侧板，东、西堵板及底板，板灰痕迹保存的都不好，仅能凭土的软、硬差别，来确定木椁的四至界限，至于南、北侧板是否探头及板块组成等情况，已无从考察。该木椁东西顺长1.87米，东端宽42、中间宽46、西端宽38厘米，侧板与堵板高，均为24厘米，与四周活土二层台台面平齐。南、北两侧边，有不同程度的弯曲变形，不平直。

木椁内装殓尸骨一具。保存状况不好，头骨残破较严重，其他主要部位骨骼，基本完整。头东足西，仰身直肢。经现场鉴定，死者为男性，40～45岁。骨骼从头到脚通长1.68米（图版一八八，2）。

随葬品集中陈放于木椁内、死者身上及其近前（图四七五；图版一八八，3）。在头骨右后侧、椁底东北角，放置夹砂红褐陶罐1件，正置，已残。在左、右耳骨下面，各出螺旋形铜丝耳环1件。覆面铜扣3枚，落入破碎头骨内1枚，滑落于下颌骨左下方2枚。在颈下，左锁骨部位，出马形铜牌饰1件，马头朝左（图版一八九，1）。在右尺骨与右髋骨外缘下面，出青铜短剑1件，剑锋朝下。在右髋骨表面和右尺骨之下，出青铜削刀1件，刀锋朝右侧斜上方，叠压于短剑剑格之上。在右尺骨下面，压有玛瑙珠1件。在左股骨内侧，出铜锥1件，锥尖朝下。在左股骨上端，出长方形几何纹铜锥（针）管具1件（图版一八九，2）。在死者腰际以下，至骨盆内外侧，出卧马形铜带饰29枚，分布如次：（1）腰椎右侧3枚。（2）压在骨盆下面5枚，（3）右髋骨表面4枚，（4）右尺骨及骨盆右侧9枚，（5）骨盆左侧8枚（图四七六）。

YYM366

这是玉皇庙墓地属于乙（B）级规格的中型墓葬之一。位于南区南部，被压在玉海公路南侧护坡下面。其东有YYM373，间距1.6米；东南有YYM368，间距0.9米；南有YYM365，间距1.4米；西南有YYM363，间距0.8米；西北有YYM367，间距0.7米；北有YYM350，间距2米；东北有YYM349，间距1.8米。此墓的地层堆积，基本上同于YYM174，不赘。

墓圹平面形状，呈抹角长方形，为竖穴土坑墓。东向，方位角为东偏北13°。墓圹规格，圹口东西长2.7、东端宽0.85、西端宽0.82米，圹底形制、规格与圹口一致，圹口至圹底深北侧1.38、南侧1.28米。无生土二层台。在圹底中间偏北侧，按东西方向，安置木椁一具。在木椁外壁四周至圹底部四壁之间，筑有活土二层台，台土经过严密夯打，较坚实，东、南、西、北四台等高，均为20厘米，宽度不一，东台宽34、南台宽25、西台宽50、北台宽12厘米。

圹内填土，为淤积夹砂石褐色土与生黄土混杂后的五花土，经普遍夯实，但未有夯层与夯窝痕迹。在填土中，仅发现夹砂褐陶残片1块，泥质灰陶口沿和折肩部位残片3块，除此之外，再未见其他遗物。

殉牲位置，祭牲集中摆放在圹内东端偏北侧的上层填土中，上距东端北侧圹口0.48米深，下距圹底0.67米（图版一八九，3）。殉牲种类，为羊、狗2种家畜。殉牲数量，羊头2个（山羊1，绵羊1），狗头1个，狗肱骨1只。殉牲形式，将羊和狗头的上、下颌拆解开后，按东西方向，作狗东羊西同层相邻摆放。即先将狗肱骨1只及拆解开的狗上、下颌骨1套，顺置于圹内最东端偏北侧的上层填土上，狗肱骨在下，狗上、下颌骨在上；然后于其西侧，顺摆拆解开的绵羊上、下颌骨1套；最后，再于绵羊牲西侧，顺摆拆解开的山羊上、下颌骨1套。上述羊牲与狗牲上、下颌的吻部，均朝东。

木椁已朽，盖板无存，底板灰痕大部残缺，四至不清，南、北侧板与东、西堵板板灰痕迹，轮廓可辨。板灰呈白色粉状，南、北侧板东西顺长2.06米，总高20厘米，与南、北活土二层台台面平齐，板灰厚2.5厘米；东、西堵板，分别竖插于南、北侧板之间，立插部位，分别在南、北侧板东、西两端

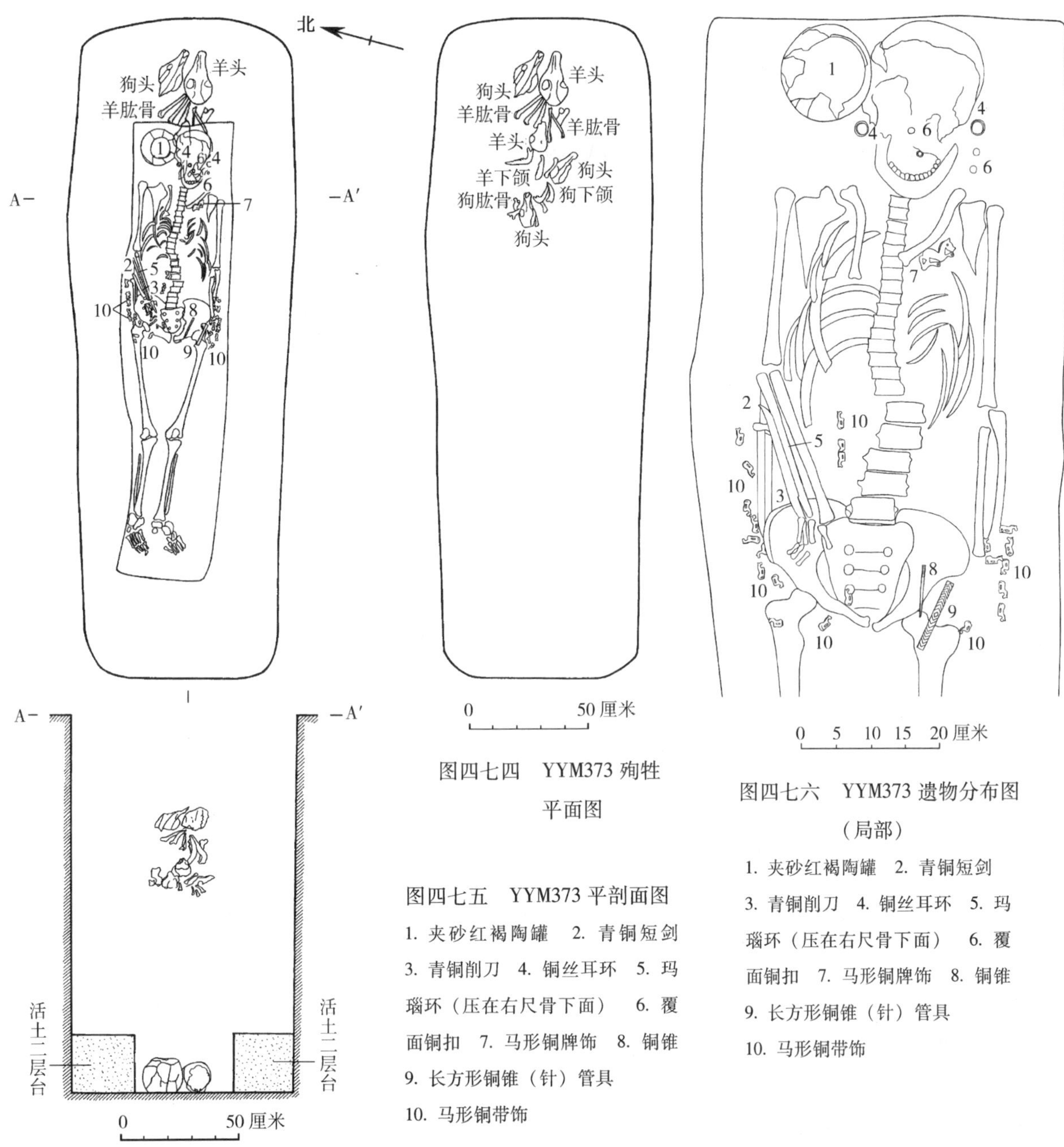

图四七四　YYM373 殉牲平面图

图四七五　YYM373 平剖面图

1. 夹砂红褐陶罐　2. 青铜短剑　3. 青铜削刀　4. 铜丝耳环　5. 玛瑙环（压在右尺骨下面）　6. 覆面铜扣　7. 马形铜牌饰　8. 铜锥　9. 长方形铜锥（针）管具　10. 马形铜带饰

图四七六　YYM373 遗物分布图（局部）

1. 夹砂红褐陶罐　2. 青铜短剑　3. 青铜削刀　4. 铜丝耳环　5. 玛瑙环（压在右尺骨下面）　6. 覆面铜扣　7. 马形铜牌饰　8. 铜锥　9. 长方形铜锥（针）管具　10. 马形铜带饰

内缩 8 和 12 厘米处，高度与南、北侧板一致，均为 20 厘米，总宽东端 42、西端 35、板灰厚 2.5 厘米。南、北侧板与东、西堵板的板块组成情况，已不能详。

木椁内装殓尸骨一具。保存状况不太好，头骨已残，其他主要部位骨骼，尚较完整。头东足西，仰身直肢。经现场鉴定，死者为女性，25 岁左右。骨骼从头到脚通长 1.64 米。

随葬品较少，集中陈放于木椁内，死者头、颈部及其近前（图四七七）。在头骨左后侧，出泥质灰陶折肩罐 1 件，正置，已残。在左、右耳骨下面，各出螺旋形铜丝耳环 1 件，无绿松石坠珠伴出。在死者右眼眶内，出覆面铜扣 1 枚。在颈部，出白石管及小白石珠项链 1 串，由白石管 1 枚加小白石珠 258 粒串成。

YYM367

这是玉皇庙墓地属于丁级规格的小型墓葬之一。位于南区南部，被压在玉海公路南侧护坡下面。其东南有 YYM366，间距 0.7 米；南有 YYM363，间距 1 米；西南有 YYM361，间距 2.4 米；西北有 YYM359，间距 1.1 米；东北有 YYM350 和 YYM349，间距分别为 0.7 和 3.2 米。

墓圹平面形状，呈不规则的抹角长方形，南、北两侧边弧曲不直，为浅穴土坑墓。东向，方位角为东偏北 19°。墓圹规格，圹口东西长 2.1、东端宽 0.5、西端宽 0.4 米，圹底东西长 2.02、东端宽 0.42、西端宽 0.35 米，圹口至圹底深 0.2 米。无生土二层台。无木质葬具，无活土二层台。

圹内填土，为淤积夹砂石褐色土与生黄土混杂后的五花土，未经夯实，土质较疏松。在填土中，仅发现夹砂褐陶罐类口沿残片 2 块，泥质灰陶罐器底残片 1 块，除此之外，再未见其他遗物。

无殉牲。

圹底中间，按东西方向，安葬尸骨一具。保存状况较好，头骨及其他主要部位骨骼，基本完整。头东足西，仰身直肢，侧面向北。经现场鉴定，死者为女性，25 岁左右。骨骼从头到脚通长 1.63 米（图版一九〇，1）。

随葬品极少，仅在死者头骨下面，发现小铜珠 3 枚，已锈残（图四七八）。除此之外，再无其他任何遗物。

YYM359

这是玉皇庙墓地属于丁级规格的小型墓葬之一。位于南区南部，被压在玉海公路南侧护坡之下。其东南有 YYM367，间距 1.1 米；西南有 YYM361，间距 1.7 米；西有 YYM360，间距 1.6 米；西北有 YYM358，间距 2.8 米；北有 YYM357，东北有 YYM350，间距均为 15 厘米。此墓的地层堆积，基本上同于 YYM174，不赘。

墓圹平面形状，呈抹角长方形，为浅穴土坑墓。西南向，方位角为西偏南 28°。墓圹规格，圹口东北—西南长 1.7、东北端宽 0.5、西南端宽 0.51 米，圹底形制、规格，与圹口一致，圹口至圹底深 15 厘米。无生土二层台。无木质葬具，无活土二层台。

圹内填土，为淤积夹砂石褐色土，未经夯实，土质较疏松。在填土中，仅发现泥质灰陶碎片 2 块，除此之外，再未见其他遗物。

无殉牲。

在圹底中间位置，顺墓圹方向，安葬孩童尸骨一具。保存状况不太好，骨质腐朽较严重，头骨已残碎，脊椎骨、上肢骨、骨盆等，已残缺不全，手、足骨等细小骨骼，已无存。头朝西南，足向东北，侧面向南，仰身直肢。经现场鉴定，死者为儿童，7～8 岁。骨骼从头到脚通长 1.2 米（图版一九〇，2）。

随葬品很少，仅在死者左、右耳骨下面，各出螺旋形铜丝耳环 1 件，无绿松石坠珠伴出（图四七九）。在颈部，出白石管和小白石珠项链 1 串，由白石管 1 枚和小白石珠 17 粒，联合串成。

YYM360

这是玉皇庙墓地属于丁级规格的小型墓葬之一。位于南区南部，被压在玉海公路南侧护坡之下。其东有 YYM359，间距 1.7 米；东南有 YYM361，间距 1.5 米；北有 YYM358，间距 1.9 米；东北有 YYM357，间距 2 米。此墓的地层堆积，基本上同于 YYM174，不赘。

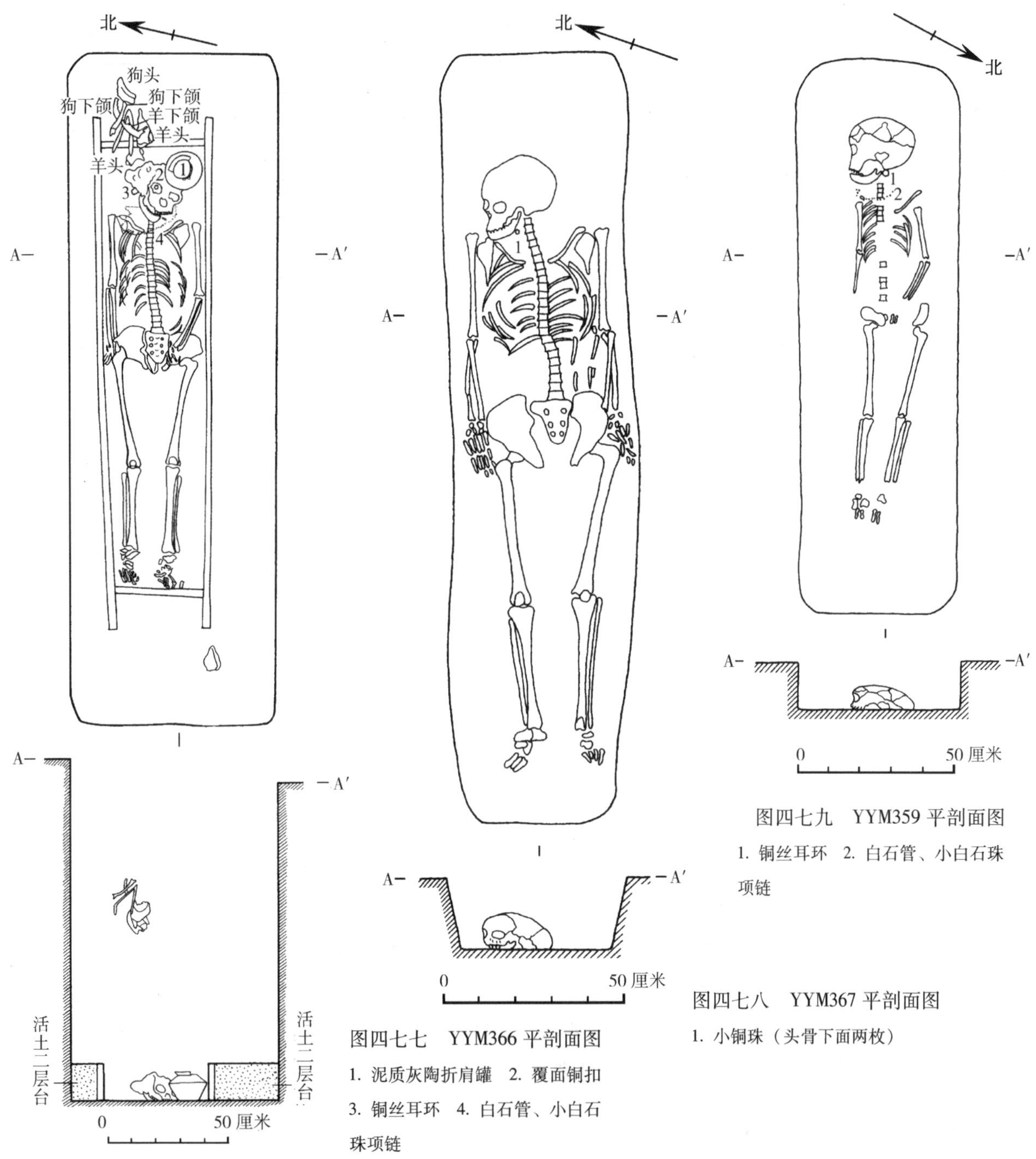

图四七七　YYM366 平剖面图

1. 泥质灰陶折肩罐　2. 覆面铜扣　3. 铜丝耳环　4. 白石管、小白石珠项链

图四七八　YYM367 平剖面图

1. 小铜珠（头骨下面两枚）

图四七九　YYM359 平剖面图

1. 铜丝耳环　2. 白石管、小白石珠项链

墓圹平面形状，呈抹角长方形，为浅穴土坑墓。东北向，方位角为东偏北25°。墓圹规格，圹口东北—西南长1.92、东北端宽0.55、西南端宽0.43米，圹底形制、规格与圹口一致，圹口至圹底深20厘米。无生土二层台。无木质葬具，无活土二层台。

圹内填土，为淤积夹砂石褐色土与生黄土混杂后的五花土，未经夯实，土质较疏松。在填土中，仅发现泥质灰陶带弦纹的口沿残片2块，除此之外，再未见其他遗物。

无殉牲。

在圹底中间，顺墓圹方向，安葬尸骨一具。头朝东北，足向西南，仰身直肢，保存状况不太好，头骨已残碎，其他部位骨骼，基本完整。经现场鉴定，死者为女性，30～35岁。骨骼从头到脚通长1.45米。

随葬品很少，仅在圹内死者头骨右后侧，放置泥质灰陶折肩罐1件，正置，口沿已残（图版一九〇，3）。除此之外，再未有其他任何遗物（图四八〇）。

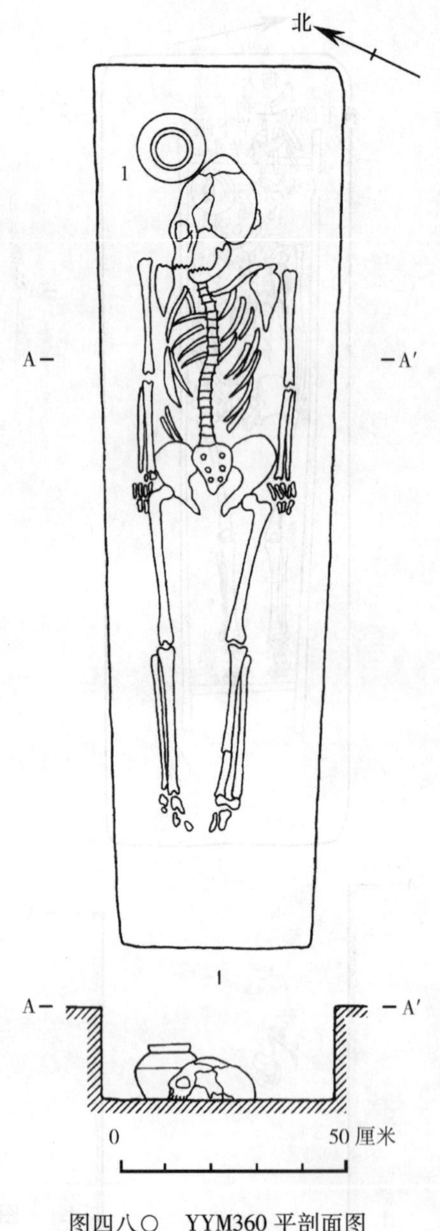

图四八〇　YYM360平剖面图

1. 泥质灰陶折肩罐

YYM381

这是玉皇庙墓地属于丁级规格的小型墓葬之一。位于南区南部东界边缘，玉海公路南侧。其东、东南、南和东北，已无墓葬；西南有YYM382，间距2.6米；西有YYM379，间距1.7米；西北有YYM347，间距2.6米；北有YYM346，间距4.9米。此墓的地层堆积，基本上同于YYM370，不赘。

墓圹平面形状，呈抹角长方形，为浅穴土坑墓。东向，方位角为东偏北6°。墓圹规格，圹口东西长2.22、东端宽0.67、西端宽0.7米，圹底形制、规格，与圹口一致，圹口至圹底深北侧40、南侧37厘米。因墓圹较浅，故整个墓穴全部挖在淤积夹砂石层中（夹中细砂石颗粒层，属于此地早期泥石流堆积层）。无生土二层台。无木质葬具，无活土二层台。

圹内填土，为淤积夹砂石褐色土，未经夯实，土质较疏松。在填土中，仅发现夹砂褐陶残片1块，泥质灰陶带弦纹的碎片3块。除此之外，再未见其他遗物。

无殉牲。

在圹底中间，按东西方向，安葬尸骨一具。保存状况不好，头骨已残碎，其他部位骨骼，也大多朽残不全。头东足西，仰身直肢。经现场鉴定，死者为男性，40～45岁。骨骼从头到胫骨下端（趾骨残缺）通长1.45米（图版一九一，1）。

随葬品集中陈放于死者头部及上身（图四八一；图版一九一，2）。在头骨右侧，放置泥质黑陶折肩罐1件，正置。在左、右耳骨下面，各出螺旋形铜丝耳环1件及绿松石坠珠5枚。覆面铜扣2枚，出于左眼眶内1枚，滑落于左颧骨下1枚。在颈部至胸部，出玛瑙珠、绿松石珠、小白石珠及小黑石珠项链1串，由玛瑙珠50颗、绿松石珠2枚、小白石珠3粒、小黑石珠218粒，联合串成，末端（腰椎处）附出尖首刀币柄形坠饰1件，坠尖朝下。此外在腰椎下段，出纵向排列野猪形铜坠饰4件（图四八二）。

YYM379

这是玉皇庙墓地属于丙（A）级规格的小型墓葬之一。位于南区南部，玉海公路南侧。其东有YYM381，间距1.7米；南有YYM382，间距2.6米；西南有YYM376和YYM378，间距分别为1.4和1.2米；西北有YYM377，间距1米；东北有YYM347，间距2.1米。此墓的地层堆积，基本上同于YYM370，

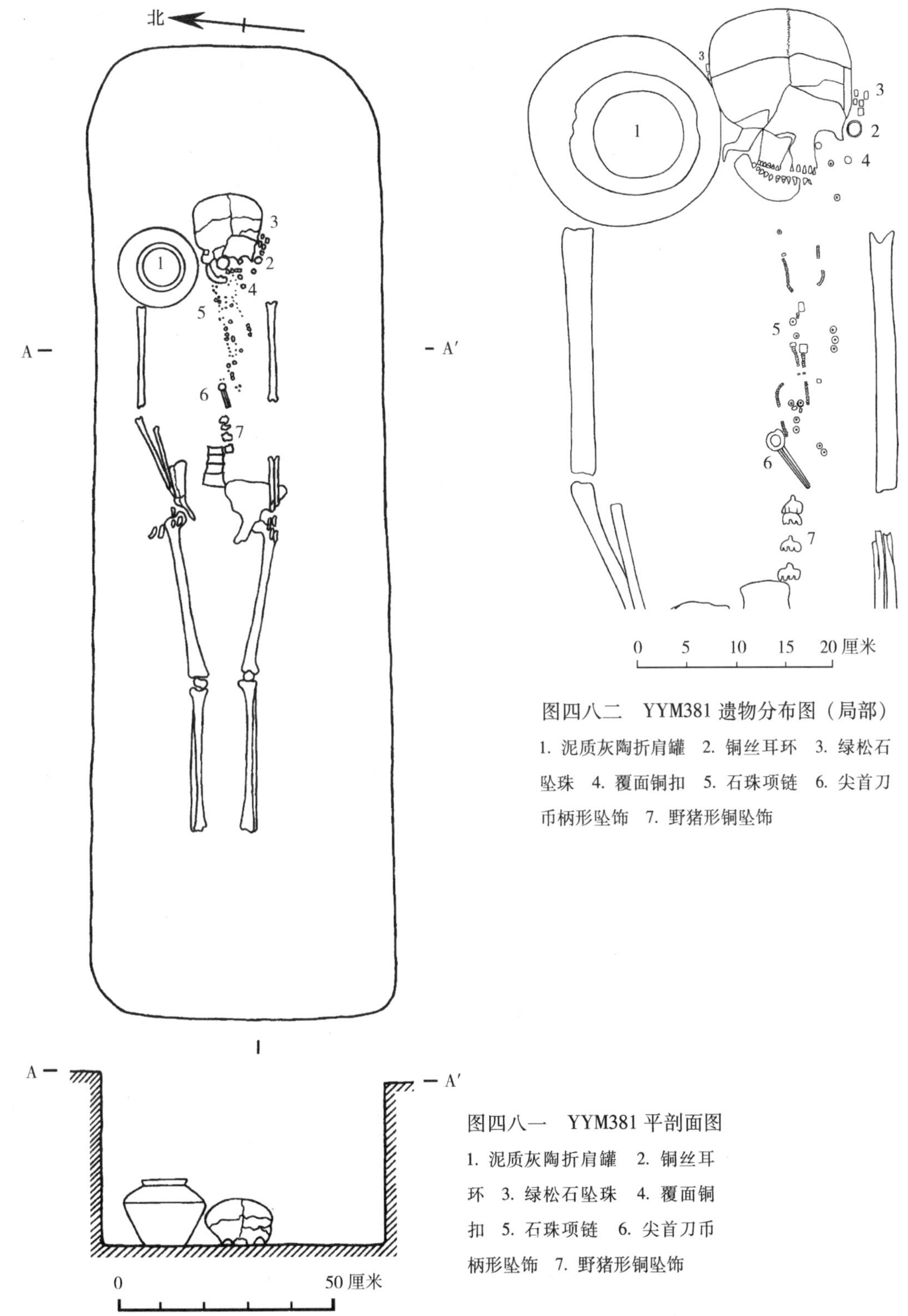

图四八二　YYM381遗物分布图（局部）

1. 泥质灰陶折肩罐　2. 铜丝耳环　3. 绿松石坠珠　4. 覆面铜扣　5. 石珠项链　6. 尖首刀币柄形坠饰　7. 野猪形铜坠饰

图四八一　YYM381平剖面图

1. 泥质灰陶折肩罐　2. 铜丝耳环　3. 绿松石坠珠　4. 覆面铜扣　5. 石珠项链　6. 尖首刀币柄形坠饰　7. 野猪形铜坠饰

不赘。

墓圹平面形状，呈抹角长方形，为竖穴土坑墓。东向，方位角为东偏北10°。墓圹规格，圹口东西长2.25、东端宽0.73、西端宽0.74米，圹底东西长2.22、东端宽0.69、西端宽0.7米，圹口至圹底深1.1米。无生土二层台。在圹底中间位置，按东西方向，安置木质葬具一具。在木质葬具四周至圹底部四壁之间，筑有活土二层台，台土经过夯打，较坚实，东、南、西、北四台等高，均为20厘米，宽度不一，东台宽21、南台宽14、西台宽20、北台宽18厘米。

圹内填土，为淤积夹砂石褐色土与生黄土混杂后的五花土，经普遍夯实，但未有夯层与夯窝痕迹。在填土中，仅发现夹砂褐陶碎片2块，泥质灰陶罐口沿和器底残片4块，除此之外，再未见其他遗物。

殉牲，只有狗下颌骨1块，摆放在圹内东端中间稍偏南侧的上层填土中，上距东端圹口19厘米深，下距圹底0.85米，吻部朝向东北。

木质葬具已腐朽为泥，凭对圹底土质软、硬的发掘经验，可大体判定此木质葬具的四至界限。南、北侧板东西顺长1.8米，东、西堵板总宽分别为43和36、总高均为20厘米，与活土二层台台面平齐。其他相关结构情况，已无从考察。

在木质葬具内，按东西方向，装殓尸骨一具。保存状况不太好，头骨已残碎，脊椎残缺不全，其他部位骨骼，基本完整。头东足西，仰身直肢。经现场鉴定，死者为男性，17～18岁。骨骼从头到脚通长1.6米（图版一九二，1）。

随葬品较少，仅在木质葬具内，死者头骨右侧，放置夹砂黑陶罐1件，斜侧置，口朝东南，口沿已残（图四八三）。在左、右耳骨下面，各出螺旋形铜丝耳环1件，无绿松石坠珠伴出。有覆面铜扣2枚，出于左、右眼眶内各1枚。另在头骨下面，压有绿松石珠1枚，小白石珠35粒。除此之外，再未见其他任何遗物。

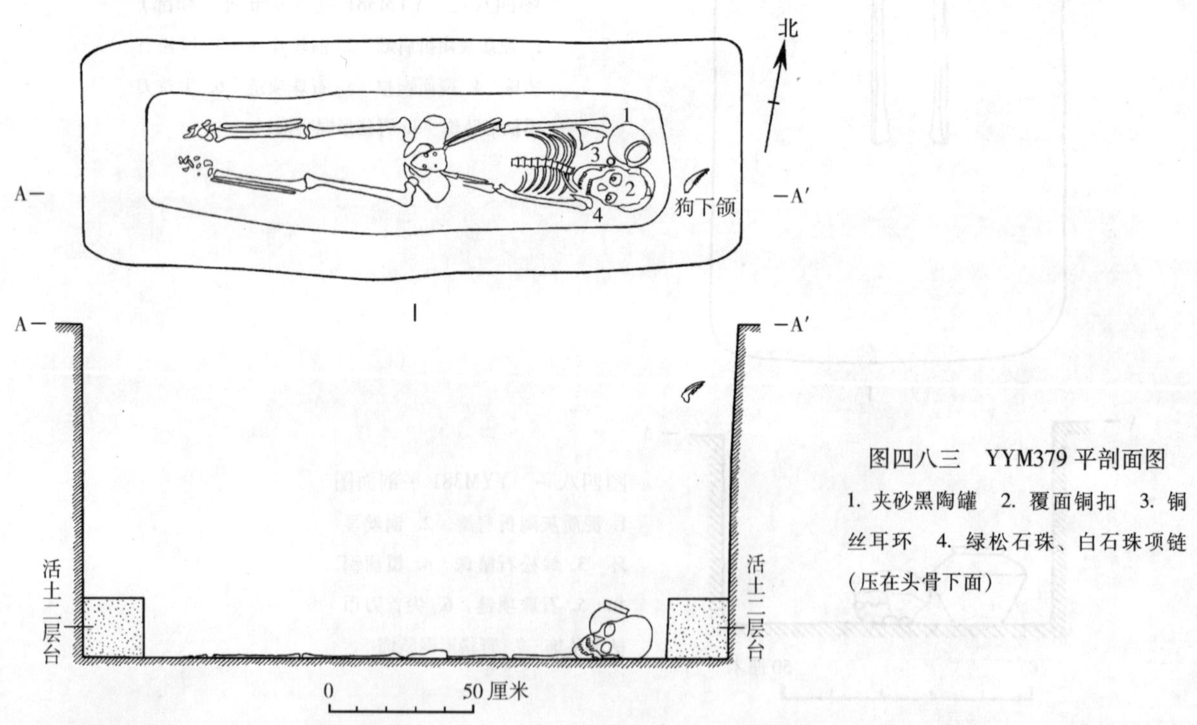

图四八三　YYM379平剖面图

1. 夹砂黑陶罐　2. 覆面铜扣　3. 铜丝耳环　4. 绿松石珠、白石珠项链（压在头骨下面）

YYM382

这是玉皇庙墓地属于丙（B）级规格的小型墓葬之一。位于南区南部，玉海公路南侧东界边缘，其东、东南和南，已无墓葬；西北有YYM376，间距0.7米；北有YYM379，东北有YYM381，间距均为2.6米。此墓的地层堆积，基本上同于YYM370，不赘。

墓圹平面形状，呈抹角长方形，为竖穴土坑墓。东向，方位角为东偏北21°。墓圹规格，圹口东西长2.3、东端宽0.8、西端宽0.77米，圹底形制、规格与圹口一致，圹口至圹底深0.95米。无生土二层台。在圹底中间略偏南侧位置，按东西方向，安置木质葬具一具。在木质葬具四周至圹底部四壁之间，筑有活土二层台，台土经过夯打，较坚实，东、南、西、北四台等高，均为20厘米，宽度不一，东台宽34、南台宽14、西台宽20、北台宽24厘米。

圹内填土，为淤积夹砂石褐色土与生黄土混杂后的五花土，经普遍夯实，但未有夯层与夯窝痕迹。在填土中，仅发现泥质灰陶罐口沿残片2块，除此之外，再未见其他遗物。

殉牲，只有狗头1个，将其上、下颌拆解开后，顺摆于圹内东端中间上层填土中，上面与东端圹口平齐，上、下颌的吻部，皆朝东（图版一九二，2）。

木质葬具已腐朽为泥，凭其与四周活土二层台土质软、硬程度的差别，可找出其四至界限。南、北侧板东西顺长1.75米，东、西堵板总宽分别为40和33、总高均为20厘米，与活土二层台台面平齐。至于其他相关结构情况，已无从辨察。

在木质葬具内，按东西方向，装殓尸骨一具。保存状况不太好，头骨已碎裂，其他主要部位骨骼，基本完整。头东足西，仰身直肢。经现场鉴定，死者为女性，40岁左右。骨骼从头到脚通长1.6米。

随葬品较少，仅在木质葬具内、死者头骨左侧，侧置夹砂褐陶罐1件，已残碎。在左、右耳骨下面，各出螺旋形铜丝耳环1件，无绿松石坠珠伴出。在颈下，出铜珠、白石管、小白石珠项链1串，由双联铜珠2枚、白石管2枚、小白石珠98粒，联合串成，末端（左胸部位）附出双尾形铜坠饰1件（图四八四）。

YYM377

这是玉皇庙墓地属于丙（A）级规格的小型墓葬之一。位于南区南部，玉海公路南侧。其东南有YYM379，南有YYM378，间距均为1米；西南有YYM374，间距1.3米；北有YYM342，间距2.2米；东北有YYM347，间距2.9米。此墓的地层堆积，基本上同于YYM370，不赘。

墓圹平面形状，呈抹角长方形，为竖穴土坑墓。东向，方位角为东偏北5°。墓圹规格，圹口东西长2.7、东端宽0.78、西端宽0.7米，圹底东西长2.62、东端宽0.73、西端宽0.65米，圹口至圹底深1.4米。无生土二层台。在圹底中间略偏东北—西南方向，安置木质葬具一具。在木质葬具的四周至圹底部四壁之间，筑有活土二层台，台土经过夯打，较坚实，东、南、西、北四台等高，均为20厘米，宽度不一，东台宽29、南台宽21、西台宽56、北台宽12厘米（中段）。

圹内填土，为淤积夹砂石褐色土与生黄土混杂后的五花土，经普遍夯实，但未有夯层与夯窝痕迹。在填土中，仅发现夹砂褐陶残片1块，泥质灰陶带弦纹的碎片2块，除此之外，再未见其他遗物。

无殉牲。

木质葬具已腐朽为泥，仅能凭土质软、硬来分辨其四至框边，南、北侧板东西顺长1.78米，东、西堵板总宽分别为40和41、总高均为20厘米，与活土二层台台面平齐。其他相关结构情况，已无从分辨。

在木质葬具内、按东西方向，装殓尸骨一具。保存状况不太好，头骨已碎裂，其他主要部位骨骼，基本完整。头东足西，仰身直肢。经现场鉴定，死者为女性，45岁左右。骨骼从头到脚通长1.59米（图版一九二，3）。

随葬品很少，仅在木质葬具内（图四八五），死者头骨左侧，侧置泥质灰陶折肩罐1件，口朝北。另在左、右耳骨下，各出螺旋形铜丝耳环1件，无绿松石坠珠伴出。除此之外，再未见其他任何遗物。

YYM378

这是玉皇庙墓地属于丙（A）级规格的小型墓葬之一。位于南区南部，玉海公路南侧。其东南有YYM376，间距1.2米；西南有YYM375，间距1.1米；西北有YYM374，间距1米；北有YYM377，间距1米；东北有YYM379，间距1.2米。此墓的地层堆积，基本上同于YYM370，不赘。

墓圹平面形状，呈抹角长方形，为竖穴土坑墓。东向，方位角为东偏北11°。墓圹规格，圹口东西长2.25、东端宽0.79、西端宽0.89米，圹底形制、规格，与圹口一致，圹口至圹底深1.7米。无生土二层台。在圹底正中位置，按东西方向，安置木质葬具一具。在木质葬具的四周至圹底部四壁之间，筑有活土二层台，台土经夯实，东、南、西、北四台等高，均为30厘米，宽度不一，东台宽39、南台宽19、西台宽27、北台宽15厘米（中段）。

圹内填土，为淤积夹砂石褐色土与生黄土混杂后的五花土，经普遍夯实，但未有夯层与夯窝痕迹。在填土中，仅发现夹砂褐陶罐类口沿残片1块，泥质灰陶带绳纹的碎片2块，除此之外，再未见其他遗物。

殉牲位置，祭牲摆在圹内东端中间略偏南侧的上层填土中。殉牲种类，仅有狗1种。数量，狗头2个，狗肱骨1只。殉牲形式，将狗头的上、下颌拆解开后，按东西方向，依次摆放。牲骨已残碎，其上、下颌的吻部，均朝东。

木质葬具已腐朽为泥，凭其与圹底活土二层台土质软、硬程度的差别，可大致找到木质葬具的四至边框。此木质葬具南、北侧板东西顺长1.6米，东西堵板总宽均为46、总高均为30厘米，与活土二层台台面平齐，其他相关结构情况，已无从分辨。

在木质葬具内，按东西方向，装殓尸骨一具。保存状况不太好，头骨已碎裂，脊椎残缺不全，其他部位骨骼，基本完整。头东足西，仰身直肢（图版一九三，1），经现场鉴定，死者为女性，35～40岁。骨骼从头到脚通长1.46米。

随葬品较少，仅在木质葬具内，死者右肩部，侧置泥质灰陶折肩罐1件，口朝北（图四八六）。在左、右耳骨下面，各出螺旋形铜丝耳环1件，无绿松石坠珠伴出。有覆面铜扣3枚，出于右眼眶下缘1枚，下颌骨左侧1枚，滑落于下颌骨内1枚。另在头骨下面，压有小白石珠项链1串（13粒）。

YYM376

这是玉皇庙墓地属于丙（A）级规格的小型墓葬之一。位于南区南部，玉海公路南侧。其东南有YYM382，间距0.7米；西有YYM375，间距1.8米；西北有YYM378，间距1.2米；东北有YYM379，间距1.4米。此墓的地层堆积，基本上同于YYM370，不赘。

墓圹平面形状，呈抹角长方形，为竖穴土坑墓。东向，方位角为东偏北11°。墓圹规格，圹口东西长2.2、东端宽0.78、西端宽0.72米，圹底东西长2.12、东端宽0.72、西端宽0.66米，圹口至圹底深0.98米。无生土二层台。在圹底正中位置，按东西方向，安置木椁一具。在木椁外壁四周至圹底部四壁之间，筑有活土二层台，台土经过严密夯打，较坚实，东、南、西、北四台等高，均为23厘米，宽度不一，东台宽16、南台宽11、西台宽10、北台宽9厘米。在墓圹南侧壁西半部及西南角上部，遗有打圹时留下的自然石灰岩石块5块，裸露部分的规格在16×14×10至25×25×17厘米之间。

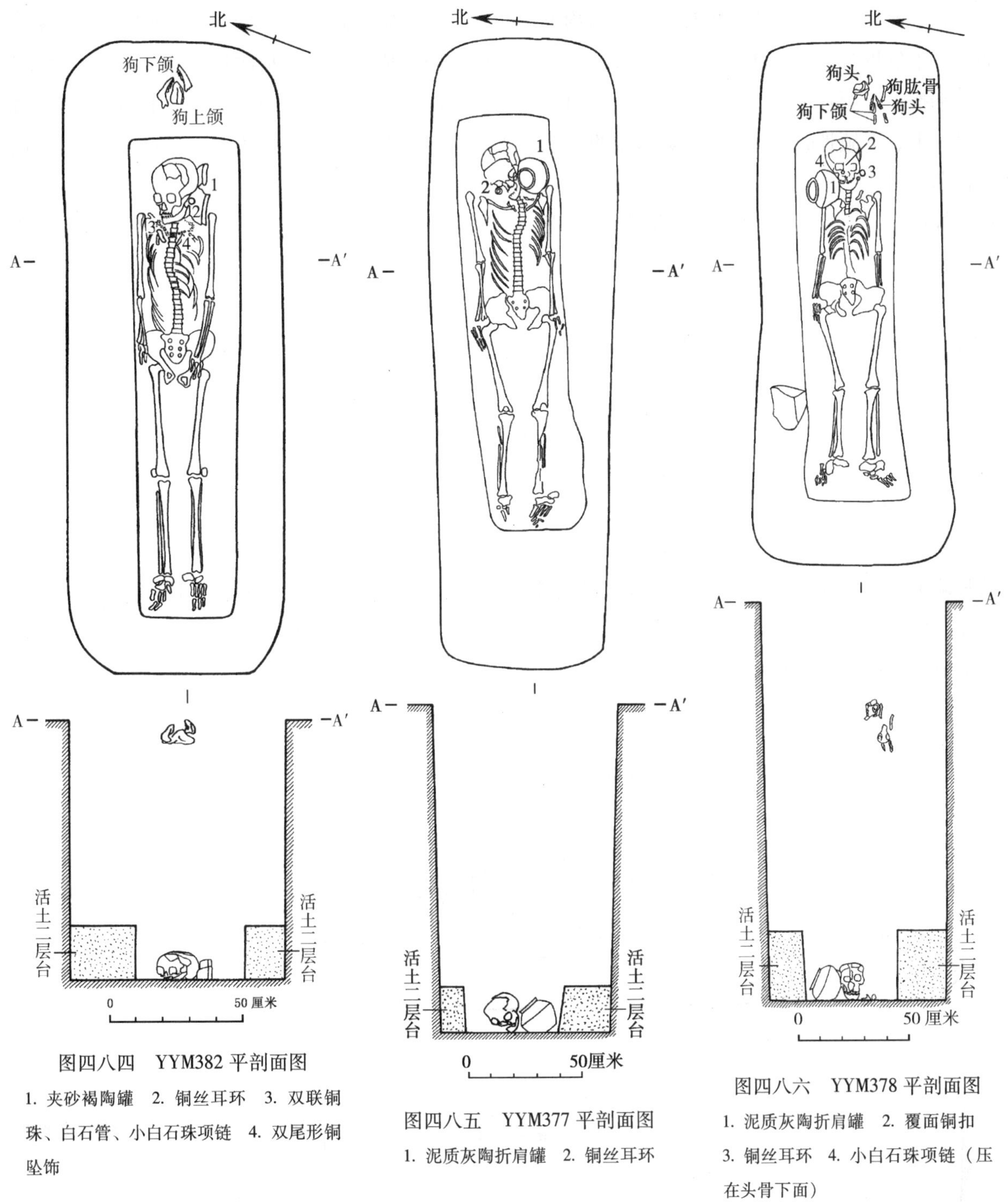

图四八四　YYM382 平剖面图

1. 夹砂褐陶罐　2. 铜丝耳环　3. 双联铜珠、白石管、小白石珠项链　4. 双尾形铜坠饰

图四八五　YYM377 平剖面图

1. 泥质灰陶折肩罐　2. 铜丝耳环

图四八六　YYM378 平剖面图

1. 泥质灰陶折肩罐　2. 覆面铜扣　3. 铜丝耳环　4. 小白石珠项链（压在头骨下面）

圹内填土，为淤积夹砂石褐色土与生黄土混杂后的五花土，经普遍夯实，但未有夯层与夯窝痕迹。在填土中，仅发现夹砂褐陶罐类口沿与腹部残片2块，泥质灰陶带绳纹的碎片3块。在圹内西端和东半部上层填土中，有零散的自然石灰岩石块5块（西端2，东半部3），除此之外，再未见其他遗物。

殉牲位置，祭牲集中摆放在圹内东端中间上层填土中，上与圹口平齐，下距圹底0.7米（图版一九三，2）。殉牲种类，仅有狗1种。数量，狗上颌6个，狗下颌4副，狗肱骨4只。殉牲形式，将狗头的上、下颌拆解开后，基本上按东西方向，自东而西作同层依次摆放。狗肱骨在下，上、下颌骨在上。东端摆放上颌骨4个，下颌骨2副，肱骨2只；相邻的西侧，摆放上颌骨2个，下颌骨2副，肱骨2只。上、下颌骨的吻部朝向，除东端的1个上颌骨朝向东南以外，其余的上、下颌骨均朝东和东北（图版一九三，3）。

木椁已朽，盖板无存，底板灰痕不清楚，南、北侧板与东西堵板板灰轮廓，尚可辨识。板灰呈白色粉状，南、北侧板东西顺长2.17米，总高23、板灰厚3厘米；东、西堵板，分别竖插于南、北侧板之间，立插部位，分别在南、北侧板东、西两端内缩16和10厘米处，高度与南、北侧板一致，均为23厘米，总宽东端46、西端42、板灰厚3厘米。南、北侧板与东、西堵板的板块组成情况，已不能再作具体分辨。

木椁内装殓尸骨一具。保存状况不好，头骨大部残缺，脊椎无存，肋骨、上肢骨及骨盆，多残缺不全，只有下肢骨尚较完整。头东足西，仰身直肢。经现场鉴定，死者为男性，45岁左右。骨骼从头到脚通长1.64米（图版一九四，1）。

随葬品集中陈放于木椁内、死者身上及其近前（图四八七）。在头骨左侧，放置泥质灰陶束颈弧肩鼓腹罐1件，正置。在左、右耳骨下面，各出螺旋形铜丝耳环1件，左耳环下附出绿松石坠珠1枚，右耳无。覆面铜扣3枚，均滑落于下颌骨处。在颈下，颈椎右侧，出虎形铜牌饰1件，虎头朝右。在右肘关节内侧，出铜锥1件，锥尖朝上。在左尺骨外侧至左髋骨上缘之间，出青铜削刀1件，刀锋朝上（图版一九四，2）。在右趾骨外侧，出铜镞1枚，镞锋朝上。

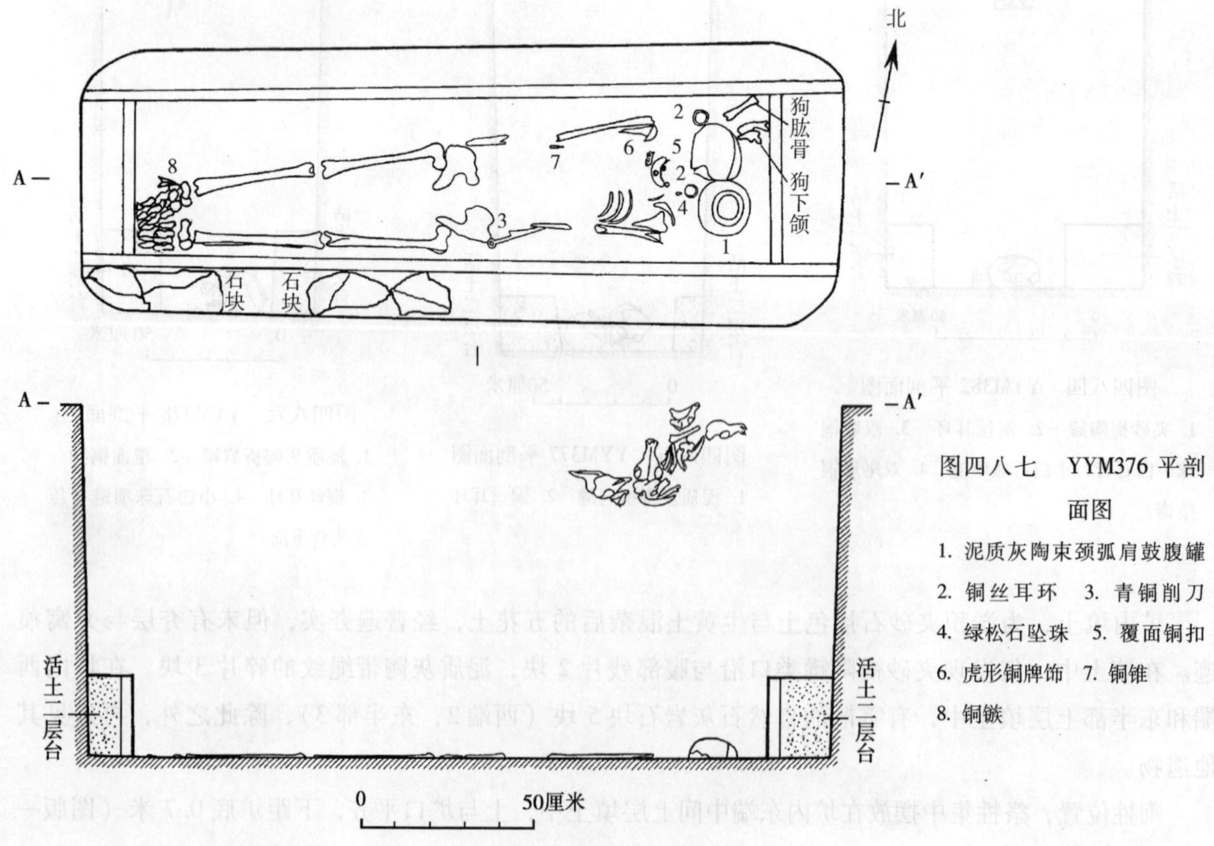

图四八七　YYM376平剖面图

1. 泥质灰陶束颈弧肩鼓腹罐　2. 铜丝耳环　3. 青铜削刀　4. 绿松石坠珠　5. 覆面铜扣　6. 虎形铜牌饰　7. 铜锥　8. 铜镞

YYM374

这是玉皇庙墓地属于乙（B）级规格的中型墓葬之一。位于南区南部，玉海公路南侧。其东南有YYM378，间距1米；南有YYM375，间距1.4米；西南有YYM371，间距1.7米；西有YYM372，间距1.4米；西北有YYM373，间距4.7米；北有YYM341，间距6.2米；东北有YYM377，间距1.2米。此墓的地层堆积，基本上同于YYM370，不赘。

墓圹平面形状，大体呈抹角长方形，为竖穴土坑墓。东向，方位角为东偏北5°。墓圹规格，圹口东西长2.5、东端宽0.98、西端宽0.94米，圹底东西长2.44、东端宽0.94、西端宽0.9米，圹口至圹底深1.5米。无生土二层台。在圹底正中位置，按东西方向，安置木椁一具。在木椁外壁四周至圹底部四壁之间，筑有活土二层台，台土经过严密夯打，较坚实，东、南、西、北四台等高，均为20厘米，宽度不一，东台宽38、南台宽27、西台宽26、北台宽28厘米。

圹内填土，为淤积夹砂石褐色土与生黄土混杂后的五花土，经普遍夯实，但未有夯层与夯窝痕迹。在填土中，仅发现泥质灰陶带弦纹的口沿残片2块，除此之外，再未见其他遗物。

殉牲位置，祭牲集中摆放在圹内东端中间上层填土中，上距东端圹口12厘米深，下距圹底1.19米（图版一九五，1）。殉牲种类，仅有狗1种。数量，狗上颌2个，狗下颌3副，狗肱骨2只。殉牲形式，将狗头的上、下颌拆解开后，按东西方向，分开、同层聚堆摆放。狗肱骨与狗上、下颌骨不相叠压，除其中1副狗下颌骨的吻部朝西南外，其余的上、下颌骨吻部，均朝东。

木椁已朽为泥，盖板无存，底板模糊不清，南、北侧板与东西堵板的四至轮廓，也仅能凭土质软、硬予以分辨。椁箱东西长1.8米，东端宽39、西端宽37、四周总高均为20厘米，与活土二层台台面平齐。至于侧板是否探头及其与东、西堵板及底板的板块组成等情况，已无从考察。

木椁内装殓尸骨一具。保存状况不好，头骨残碎严重，脊椎无存，上肢骨、肋骨及骨盆等，均残缺不全，唯下肢骨保存较好，但左胫骨生前即已残断。头东足西，仰身直肢。经现场鉴定，死者为女性，40岁左右。骨骼从头到脚通长1.5米。

随葬品集中陈放于木椁内、死者身上及其近前（图四八八、四八九）。在头骨右后侧，椁底东北角，放置夹砂褐陶罐1件，正置，已残碎。在左、右耳骨下面，各出螺旋形铜丝耳环1件及绿松石坠珠3枚。覆面铜扣3枚，出于残破头骨内1枚，滑落于下颌骨下方2枚。在颈部至胸部，出石珠项链2串：（1）小白石珠项链1串，由109粒小白石珠串成；（2）玛瑙珠，白石管及小黑石珠项链1串，由玛瑙珠3颗、白石管1枚及小黑石珠103粒，联合组成。在颈部以下至腰间，出双联小铜扣项链1串，由242枚双联小铜扣组成，其末端（左髋骨上缘）附出非实用小铜凿坠饰1件，凿刃朝下。在左肱骨内侧，出“人”字形铜坠饰3枚。在右肱骨内侧，出“人”字形铜坠饰1枚。在腹部，出“人”形铜饰1件。在左髋骨表面，出服饰铜泡1枚。

YYM375

这是玉皇庙墓地属于丙（C）级规格的小型墓葬之一。位于南区南部，玉海公路南侧。其东有YYM376，间距1.8米；西南有YYM396，间距4.1米；西有YYM371，间距1.8米；西北有YYM372，间距3.1米；北有YYM374，间距1.4米；东北有YYM378，间距1.1米。此墓的地层堆积，基本上同于YYM370，不赘。

墓圹平面形状，呈抹角长方形，为竖穴土坑墓。西向，方位角为西偏南12°。墓圹规格，圹口东西

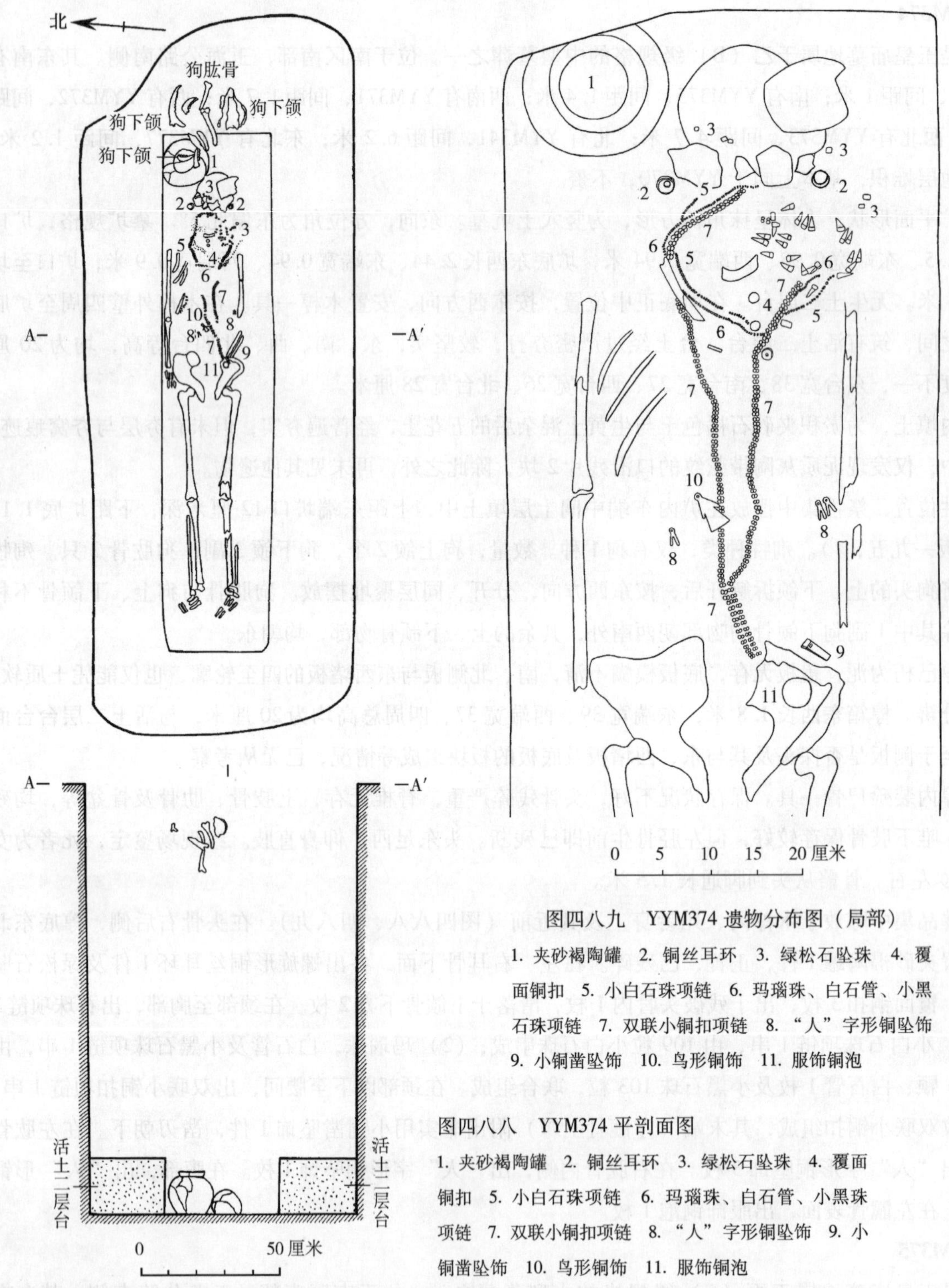

图四八九 YYM374 遗物分布图（局部）

1. 夹砂褐陶罐 2. 铜丝耳环 3. 绿松石坠珠 4. 覆面铜扣 5. 小白石珠项链 6. 玛瑙珠、白石管、小黑石珠项链 7. 双联小铜扣项链 8. “人”字形铜坠饰 9. 小铜凿坠饰 10. 鸟形铜饰 11. 服饰铜泡

图四八八 YYM374 平剖面图

1. 夹砂褐陶罐 2. 铜丝耳环 3. 绿松石坠珠 4. 覆面铜扣 5. 小白石珠项链 6. 玛瑙珠、白石管、小黑珠项链 7. 双联小铜扣项链 8. “人”字形铜坠饰 9. 小铜凿坠饰 10. 鸟形铜饰 11. 服饰铜泡

长2.3、东端宽0.6、西端宽0.65米，圹底东西长2.25、东端宽0.57、西端宽0.6米，圹口至圹底深1.17米。无生土二层台。在圹底中间略偏南侧位置，按西东方向，安置木椁一具。在木椁外壁四周至圹底部四壁之间，筑有活土二层台，台土经过严密夯打，较坚实，东、南、西、北四台等高，均为20厘米，宽度不一，东台宽13、南台宽9、西台宽34、北台宽20厘米。

圹内填土，为淤积夹砂石褐色土与生黄土混杂后的五花土，经普遍夯实，但未有夯层与夯窝痕迹。在填土中，仅发现夹砂红褐陶残片1块，泥质灰陶带弦纹和绳纹的残片4块，除此之外，再未见其他遗物。

殉牲位置，祭牲摆放在圹内西端南侧的上层填土中，上距西端圹口10厘米深，下距圹底0.99米。殉牲种类，仅有狗1种。数量，狗下颌骨1副，狗肱骨1只。殉牲形式，狗肱骨顺置在下，狗下颌骨叠置其上，下颌骨的吻部，朝向东北。

木椁已朽，板灰呈白色粉状，灰痕非常稀薄，轮廓较窄小。盖板无存，底板灰痕大部残缺。南、北侧板东西顺长1.78米，总高20厘米；东、西堵板，高度与侧板一致，均为20厘米，总宽东端41、西端27厘米。南、北侧板东西两端是否探头，以及与东、西堵板的板块组成、板灰厚度等情况，已无从考察。

木椁内装殓尸骨一具。头西足东，仰身直肢，保存状况不好，头骨已残碎，脊椎、肋骨、上肢骨、骨盆等，均腐朽严重，残缺不全，唯下肢骨基本完整。经现场鉴定，死者为女性，40~45岁。骨骼从头到脚通长1.64米（图版一九五，2）。

随葬品集中陈放于木椁内、死者身上及其近前（图四九〇）。在头骨右侧，椁底西南角，放置夹砂红陶罐1件，略斜侧置，口朝东。在左、右耳骨下面，各出螺旋形铜丝耳环1件，无绿松石坠珠伴出。覆面铜扣3枚，均滑落于下颌骨部位。在颈部至胸、腹部，出不同质料的项链2串：（1）小黑石珠项链1串，由283粒小黑石珠串成；（2）铜珠、玛瑙珠、绿松石珠、绿松石管及白石管组成的项链1串，由纺锤形铜珠22枚、玛瑙珠3颗、绿松石珠1枚、绿松石管1枚及白石管1枚，联合串成，末端（腰椎处）附出由尖首刀币柄部加工而成的尖首刀币柄形坠1件，坠尖朝下。另外，在腰椎右侧，还出有“人”字形铜坠饰10枚（图四九一；图版一九五，3）。

YYM372

这是玉皇庙墓地属于丙（A）级规格的小型墓葬之一。位于南区南部，玉海公路南侧。其东有YYM374，间距1.4米；东南有YYM375，间距3.2米；南有YYM371，间距1.5米；西南有YYM370，间距1.3米；西北有YYM369，间距1.1米；东北有YYM342，间距6.6米。此墓的地层堆积，基本上同于YYM370，不赘。

墓圹平面形状，呈不规则抹角长方形，东端略宽，西端略窄，南、北两侧边有弧曲，为竖穴土坑墓。东向，方位角为东偏北18°。墓圹规格，圹口东西长2.35、东端宽0.84、西端宽0.73米，圹底东西长2.27、东端宽0.77、西端宽0.7米，圹口至圹底深1.2米。无生土二层台。在圹底正中位置，按东西方向，安置木椁一具。在木椁外壁四周至圹底部四壁之间，筑有活土二层台，台土经过严密夯打，较坚实，东、南、西、北四台等高，均为20厘米，宽度不一，东台宽28、南台宽20、西台宽17、北台宽21厘米（中段）。

圹内填土，为淤积夹砂石褐色土与生黄土混杂后的五花土，经普遍夯实，但未有夯层与夯窝痕迹。在填土中，仅发现夹砂褐陶罐腹部残片2块，泥质灰陶罐口沿残片3块。另在圹内中上层填土中，从东到西，共发现自然石灰岩石块5块，其中较大的有4块，规格在30×20×12至49×25×18厘米之间，小的有1块，规格为14×12×7厘米。

殉牲位置，祭牲集中摆在圹内东端中间上层填土中，上距东端圹口平齐，下距圹底1米（图四九

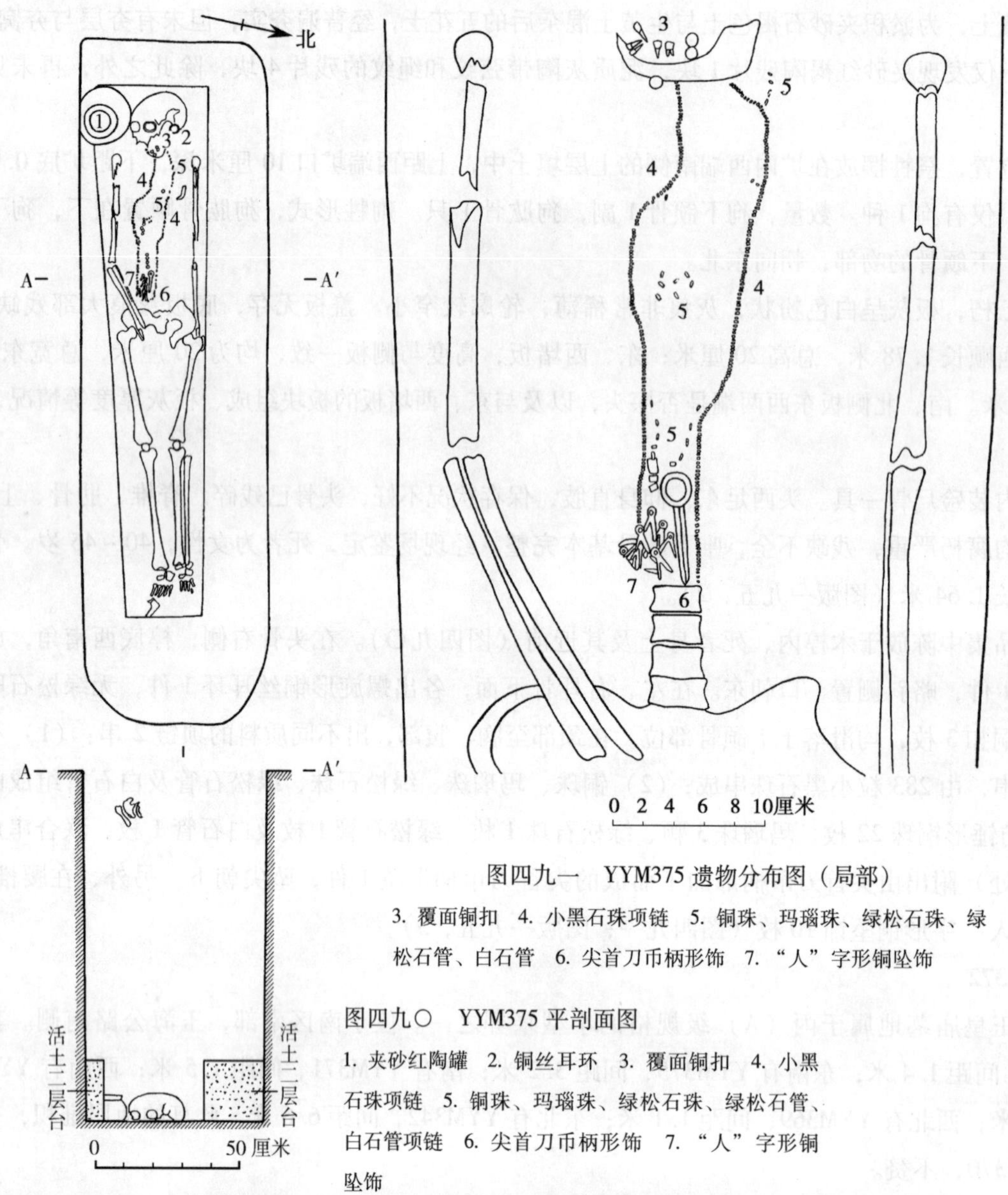

图四九一　YYM375 遗物分布图（局部）

3. 覆面铜扣　4. 小黑石珠项链　5. 铜珠、玛瑙珠、绿松石珠、绿松石管、白石管　6. 尖首刀币柄形饰　7. "人"字形铜坠饰

图四九〇　YYM375 平剖面图

1. 夹砂红陶罐　2. 铜丝耳环　3. 覆面铜扣　4. 小黑石珠项链　5. 铜珠、玛瑙珠、绿松石珠、绿松石管、白石管项链　6. 尖首刀币柄形饰　7. "人"字形铜坠饰

二）。殉牲种类，为羊、狗 2 种家畜。殉牲数量，羊下颌骨 1 副，狗下颌骨 3 副，狗肱骨 2 只。大多已残碎，未有上颌骨。从残碎的祭牲骨骼观察，其殉牲形式，是将狗牲置于东、西两端，而把羊牲放在中间。即最东端，摆放狗下颌骨 1 块及狗肱骨 1 只；然后于其西侧，摆放羊下颌骨 1 副（已碎）；然后再于西侧和西南侧，摆放狗肱骨 1 只及狗下颌骨 2 副。

木椁已朽为泥，盖板无存，南、北侧板，东、西堵板及底板，板灰痕迹已不显，只可凭辨别土质软硬差别，来确认木椁四至轮廓，至于南、北侧板是否探头及各部分的板块组成情况，已无从考察。此木椁东西顺长 1.85 米，东端宽 44、西端宽 41 厘米，侧板与堵板高，均为 20 厘米，与四周活土二层台台面平齐。

木椁内装殓尸骨一具。保存状况较差，头骨已残碎，脊椎、肋骨无存，上肢骨与骨盆，残缺不全，只有下肢骨尚较完整。头东足西，仰身直肢。经现场鉴定，死者为女性，50 岁左右。骨骼从头到脚通长 1.66 米（图版一九六，1）。

随葬品集中陈放于木椁内、死者身上及其近前（图四九三）。在头骨左侧，放置夹砂红陶罐 1 件，斜侧置，口朝东南，已残碎。在左、右耳骨下面，各出螺旋形铜丝耳环 1 件及绿松石坠珠 1 枚。覆面铜

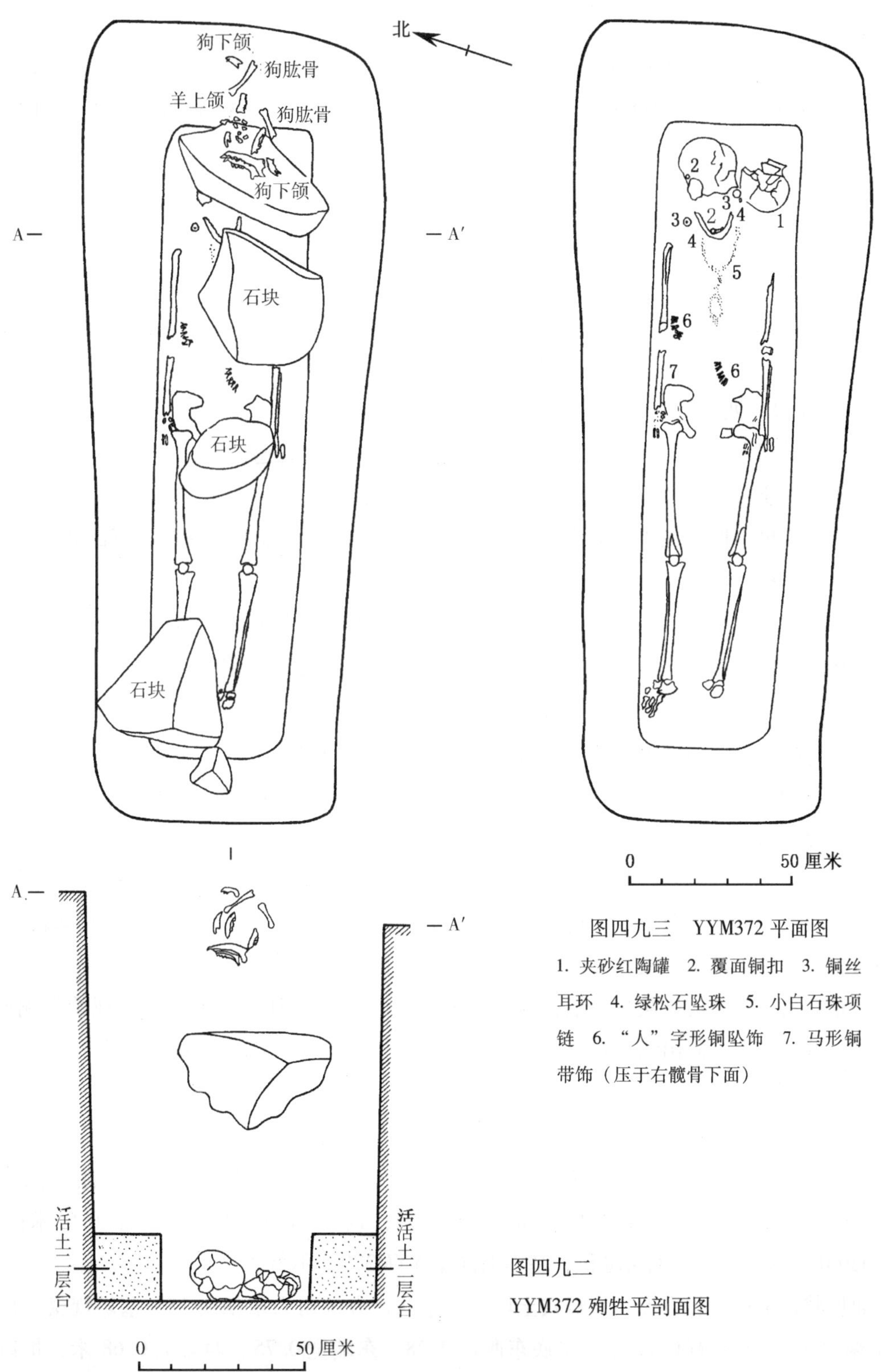

图四九二　YYM372 殉牲平剖面图

图四九三　YYM372 平面图

1. 夹砂红陶罐　2. 覆面铜扣　3. 铜丝耳环　4. 绿松石坠珠　5. 小白石珠项链　6. “人”字形铜坠饰　7. 马形铜带饰（压于右髋骨下面）

扣3枚，出于右额角1枚，下颌骨上1枚，滑落于残碎头骨内1枚。在颈部，出小白石珠项链1串（113粒）。“人”字形铜坠饰11枚，出于右肘部内侧5枚，腰椎部位6枚。此外，在右髋骨下面，压有卧马形铜带饰4枚。

YYM371

这是玉皇庙墓地属于丙（C）级规格的小型墓葬之一。位于南区南部，玉海公路南侧。其东有YYM375，间距1.8米；南有YYM396，间距2.1米；西南有YYM389和YYM390，间距分别为4和4.3米；西北有YYM370，间距2米；北有YYM372，间距1.5米；东北有YYM374，间距1.6米。此墓的地层堆积，基本上同于YYM370，不赘。

墓圹平面形状，呈抹角长方形，为竖穴土坑墓。东向，方位角为东偏北12°。墓圹规格，圹口东西长2.22米，东、西两端宽均为0.6米，圹底形制、规格，与圹口一致，圹口至圹底深1米。无生土二层台。在圹底中间偏北侧位置，按东西方向，安置木质葬具一具。在木质葬具的四周至圹底部四壁之间，筑有活土二层台，台土经过夯打，较坚实，东、南、西、北四台等高，均为20厘米，宽度不一，东台宽30、南台宽21、西台宽27、北台宽5厘米。

圹内填土，为淤积夹砂石褐色土与生黄土混杂后的五花土，经普遍夯实，但未有夯层与夯窝痕迹。在填土中，仅发现泥质灰陶残片3块，除此之外，再未见其他遗物。

殉牲位置，祭牲集中摆放在圹内东部中间上层填土中，上几乎与圹口平齐，下距圹底0.7米深。殉牲种类，仅有狗1种。数量狗头2个，狗肱骨1只。殉牲形式，将狗头上、下颌拆解开后，按东西方向，自东而西依次摆放。狗头上、下颌的吻部，均朝东。偏西侧的狗牲，因位于木质葬具之上，由于木质葬具腐朽后坍顶，遂造成填土下陷，而导致这部分狗牲随之发生陷落与错位（图四九四；图版一九六，2）。

木质葬具已腐朽为泥，只能依据活土二层台的土较硬实，有木质葬具部分的土较松软，来判定此木质葬具的四至规格，至于有关结构的情况，已无从考察。木质葬具南、北侧板东西顺长1.65米，东、西堵板总宽分别为39和32厘米，总高均为20厘米，与活土二层台台面平齐。

在木质葬具内，按东西方向，装殓尸骨一具。保存状况不太好，头骨已残碎，其他主要部位骨骼，基本完整。头东足西，仰身直肢。经现场鉴定，死者为女性，50岁左右。骨骼从头到脚通长1.56米。

随葬品较少，集中陈放于木质葬具内，死者头部与颈部（图四九五；图版一九六，3）。在头骨右侧，木质葬具东北角，放置泥质灰陶折肩罐1件，正置。在左、右耳骨下面，各出螺旋形铜丝耳环1件，已残，在左耳环之下，附出绿松石坠珠3枚，右耳环下无。在颈部，出纺锤形小铜珠2枚，小白石珠项链1串（43粒）。

YYM368

这是玉皇庙墓地属于丙（C）级规格的小型墓葬之一。位于南区南部，玉海公路南侧。其南有YYM369，间距0.3米；西南有YYM365，间距1.3米；西北有YYM366，间距0.9米；东北有YYM373，间距0.2米。此墓的地层堆积，基本上同于YYM370，不赘。

墓圹平面形状，呈抹角长方形，为竖穴土坑墓。东向，方位角为东偏南1°。墓圹规格，圹口东西长2.35、东端宽0.8、西端宽0.72米，圹底东西长2.28、东端宽0.75、西端宽0.68米，圹口至圹底深1.1米。无生土二层台。在圹底中间偏东北—西南方向，安置木椁一具。在木椁外壁四周至圹底部四

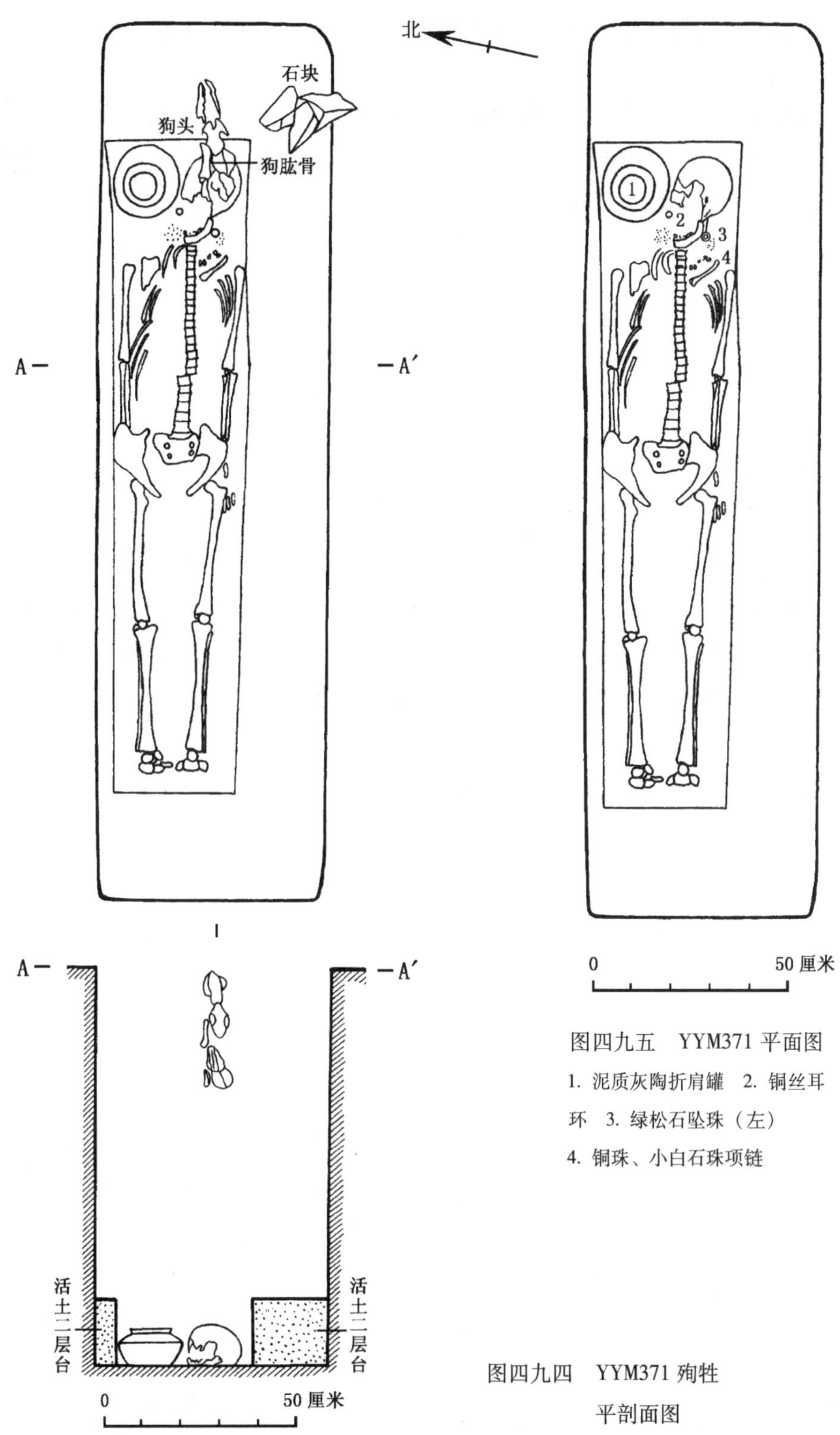

图四九五 YYM371 平面图

1. 泥质灰陶折肩罐 2. 铜丝耳环 3. 绿松石坠珠（左） 4. 铜珠、小白石珠项链

图四九四 YYM371 殉牲平剖面图

壁之间，筑有活土二层台，台土经过严密夯打，较坚实，东、南、西、北四台等高，均为35厘米，宽度不一，东台宽34、南台宽19、西台宽29、北台宽12厘米（中段）。

圹内填土，为淤积夹砂石褐色土与生黄土混杂后的五花土，经普遍夯实，但未有夯层与夯窝痕迹。

在填土中，仅发现夹砂红褐陶罐残片 2 块，泥质灰陶带弦纹和绳纹的残片 4 块。除此之外，再未见其他遗物。

殉牲位置，祭牲集中摆放在圹内东端中间略偏北侧的上层填土中，上距东端圹口 0.4 米深，下距圹底 0.6 米（图版一九七，1）。殉牲种类，仅有狗 1 种。数量，狗头 5 个。殉牲形式，将狗头上、下颌拆解开后，按东西方向，作同层聚堆摆放，吻部一律朝东。

木椁已朽，板灰呈白色粉状。盖板灰痕，仅残存中间和东半部一部分，呈南北方向，横搭在南、北侧板之上，南、北两端分别贴附于南、北活土二层台台帮上一截，板长 55，板宽在 9～16 厘米之间。底板灰痕大部残缺，四至不清。南、北侧板与东、西堵板，仅存板灰轮廓，板块组成情况，已不能具体分辨。南、北侧板东西顺长 1.87 米，总高 35 厘米，与南、北活土二层台台面平齐，板灰厚 3 厘米。东、西堵板，分别竖插于南、北侧板之间，立插部位，分别在南、北侧板东西两端内缩 10 和 12 厘米处，高度与南、北侧板一致，均为 35 厘米，总宽东端 41、西端 32、板灰厚 3 厘米。

木椁内装殓尸骨一具。保存状况不太好，头骨已残碎，脊椎残缺不全，其他部位骨骼基本完整。头东足西，仰身直肢。经现场鉴定，死者为女性，35～40 岁。骨骼从头到脚通长 1.51 米。

随葬品较少，集中陈放于木椁内，死者头部和颈、胸部（图四九六）。在头骨左侧，椁底东南角，放置泥质黑陶罐 1 件，斜侧置，口朝西南。在左右耳骨下面，各出螺旋形铜丝耳环 1 件，未有绿松石坠珠伴出。覆面铜扣 3 枚，出于下颌骨表面。在颈部至胸部，出不同质料的项链 2 串：（1）小黑石珠项链 1 串，由 254 粒小黑石珠串成；（2）玛瑙珠、绿松石珠、白石管及小白石珠项链 1 串，由玛瑙珠 8 粒、绿松石珠 7 枚、白石管 9 枚，及小白石珠 7 粒，联合组成。

YYM369

这是玉皇庙墓地属于乙（B）级规格的中型墓葬之一。位于南区南部，玉海公路南侧。其东南有 YYM372，间距 1.1 米；南有 YYM370，间距 2 米；西南有 YYM364，间距 2.1 米；西有 YYM365，间距 1.9 米；北有 YYM368，间距 0.3 米。此墓的地层堆积，基本上同于 YYM370，不赘。

墓圹平面形状，呈抹角长方形，为竖穴土坑墓。东向，方位角为东偏北 1°。墓圹规格，圹口东西长 2.9、东端宽 0.92、西端宽 0.89 米，圹底东西长 2.86、东端宽 0.85、西端宽 0.82 米，圹口至圹底深东端 1.6 米，西端 1.17 米。无生土二层台。在圹底中间略偏东南—西北方向，安置木椁一具。在木椁外壁四周至圹底部四壁之间，筑有活土二层台，台土经过严密夯打，较坚实，东、南、西、北四台等高，均为 20 厘米，宽度不一，东台宽 47、南台宽 24、西台宽 70、北台宽 15 厘米。

圹内填土，为淤积夹砂石褐色土与生黄土混杂后的五花土，经普遍夯实，但未有夯层与夯窝痕迹。在填土中，仅发现夹砂褐陶罐类口沿残片 1 块，泥质灰陶带绳纹的残片 2 块。另在圹内活土二层台以上填土中，发现有零散分布的自然石灰岩石块 19 块，大小不一，规格在 9×5×6 至 39×21×15 厘米之间，除此之外，再未见其他遗物。

殉牲位置，祭牲集中摆放在圹内东端中间上层填土中，上距东端圹口 31 厘米深，下距圹底 1.1 米（图版一九七，2）。殉牲种类，仅有狗 1 种。数量，狗头 5 个，狗肱骨 5 只。殉牲形式，将狗头上、下颌拆解开后，基本上按东西方向和东北—西南方向，作同层聚堆摆放。狗肱骨在下，狗上、下颌骨分开，叠置其上，其中有 2 套狗上、下颌的吻部朝东，3 个狗上颌及 1 副狗下颌的吻部朝东北，另有 1 副狗下颌的吻部朝西北，还有 1 副狗下颌的吻部朝西南。

木椁已朽，盖板无存，底板灰痕已很模糊，南、北侧板与东、西堵板，板灰呈白色粉状，轮廓尚可分辨。南、北侧板东西顺长 1.9 米，总高 20 厘米，与南、北活土二层台台面平齐，板灰厚 2.5 厘米。东、西堵板，分别竖插于南、北侧板之间，立插部位，分别在南、北侧板东、西两端内缩 12 和 11 厘米处，高度与南、北侧板一致，均为 20 厘米，总宽东端 44、西端 37、板灰厚 2.5 厘米。南、北侧板与东、西堵板的板块组成情况，已难以具体分辨。

木椁内装殓尸骨一具。保存状况不太好，除头骨与下肢骨基本完整以外，其他部位骨骼都有不同程度残缺。头东足西，仰身直肢，经现场鉴定，死者为女性，25 岁左右。骨骼从头到脚通长 1.59 米。

随葬品较少，集中陈放于木椁内，死者头部与颈、胸部（图四九七）。在死者右胸部位，放置夹砂红褐陶罐 1 件，稍向东侧倾斜，口朝东。在右耳骨下面，出螺旋形铜丝耳环 1 件，已残碎，附出绿松石坠珠 1 枚。覆面铜扣 1 枚，滑落于左胸上。在颈部至胸部，出不同质料的项链 3 串：（1）铜珠、玛瑙珠、绿松石珠项链 1 串，由纺锤形铜珠 4 枚、玛瑙珠 7 颗、绿松石珠 3 枚，联合串成；（2）小白石珠项链 1 串，由 132 粒小白石珠串成；（3）小黑石珠项链 1 串，由 198 粒小黑石珠串成。

YYM370

这是玉皇庙墓地属于丙（B）级规格的小型墓葬之一。位于南区南部，玉海公路南侧。其东南有 YYM371，间距 2 米；西南有 YYM389，间距 1.7 米；西有 YYM364，间距 0.2 米；北有 YYM369，间距 2 米；东北有 YYM372，间距 1.3 米。此墓的地层堆积，在玉海公路南侧茔区内，具有一定的代表性。墓口以上的堆积，可分上、下二层，第一层（上层），为夹杂自然石块的深褐色山皮土层，厚 30 厘米；第二层（下层）为淤积夹砂石层，即夹有略大和较大砂石颗粒的褐色土层，属于此地晚期泥石流堆积层，厚 1.2 米。揭掉这 2 层堆积物之后，始发现墓圹圹口。从圹口至圹底的地层堆积，也分为上、下二层，第一层（上层），仍为淤积夹砂石层，唯所夹杂的砂石颗粒为中细砂石颗粒，属于这里的早期泥石流堆积层，厚 0.9 米；第二层（下层）为生黄土层，即属于更新世晚期形成的黄土质砂质黏土层，此种生黄土堆积，在这一带地区可厚达数十米，远远超过这里墓圹的深度。

墓圹平面形状，呈抹角长方形，为竖穴土坑墓。东向，方位角为东偏北 5°。墓圹规格，圹口东西长 2.37、东端宽 0.72、西端宽 0.67 米，圹底形制、规格，与圹口一致，圹口至圹底深 1.08 米。无生土二层台。在圹底正中位置，按东西方向，安置木椁一具。在木椁外壁四周至圹底部四壁之间，筑有活土二层台，台土经过严密夯打，较坚实，东、南、西、北四台等高，均为 20 厘米，宽度不一，东台宽 25、南台宽 12、西台宽 11、北台宽 10 厘米。在东端活土二层台台面上，砌有 3 层 5 块自然石灰岩石块，规格在 11 × 10 × 9 至 24 × 15 × 19 厘米之间。

圹内填土，为淤积夹砂石褐色土与生黄土混杂后的五花土，经普遍夯实，但未有夯层与夯窝痕迹。在填土中，仅发现夹砂褐陶残片 1 块，泥质灰陶折肩罐口沿与肩部残片 3 块，除此之外，再未见其他遗物。

殉牲位置，祭牲集中摆放在圹内东端中间上层填土中，上距东端圹口 5 厘米深，下距圹底 0.85 米。殉牲种类，为羊、狗 2 种家畜。殉牲数量，羊头 3 个（山羊 2，绵羊 1），羊肱骨 3 只，狗头 1 个，狗肱骨 1 只。殉牲形式，将羊和狗头的上、下颌折解开后，按东西方向，作狗东羊西、相邻同层摆放。即先将狗肱骨 1 只及拆解开的狗上、下颌骨 1 套，顺摆于圹内最东端中间上层填土上，狗肱骨在下，狗头骨叠置其上；然后于其南侧和西侧，再顺摆山羊牲 2 套、绵羊牲 1 套，其中山羊牲居南，绵羊牲居

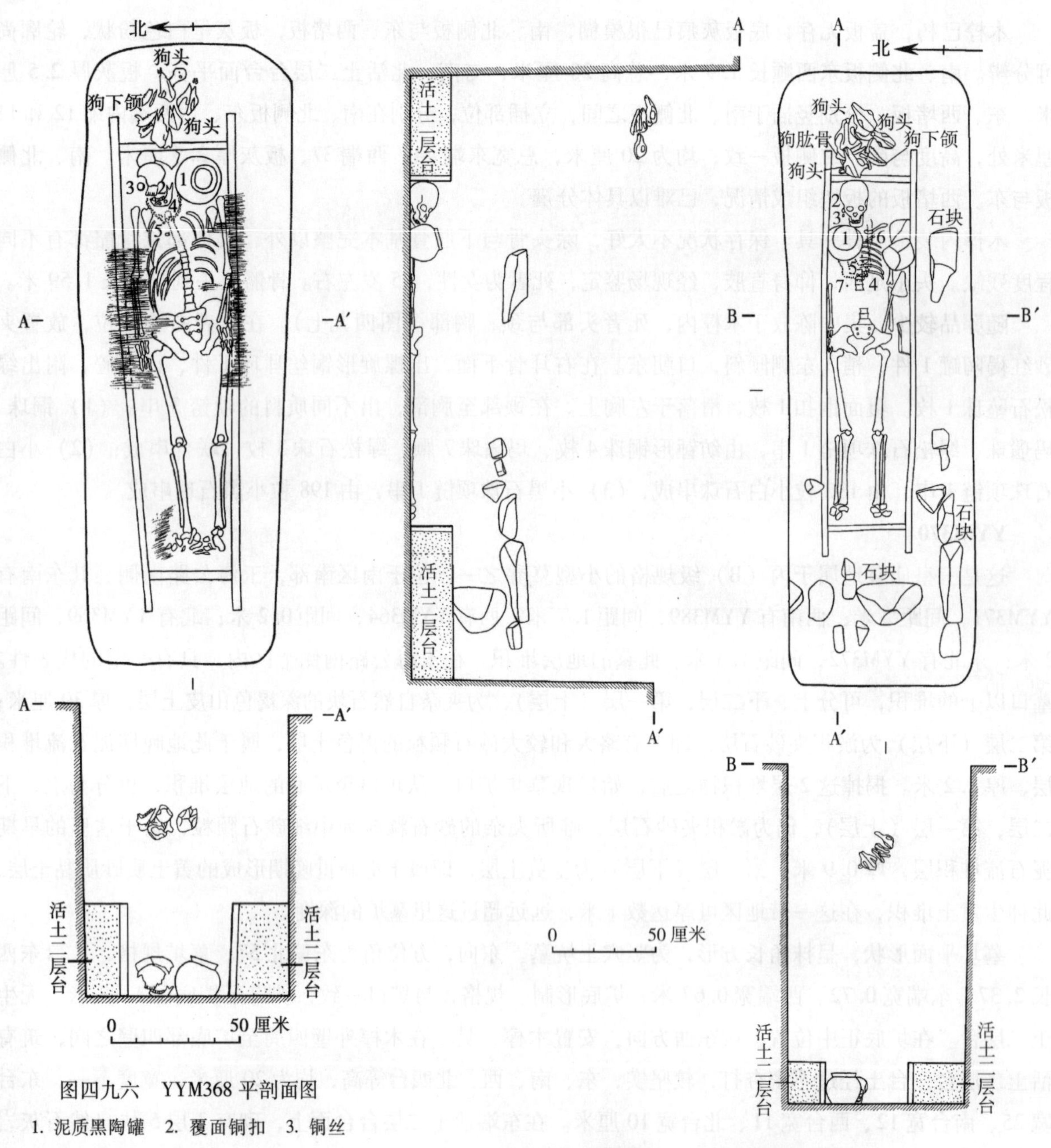

图四九六　YYM368 平剖面图

1. 泥质黑陶罐　2. 覆面铜扣　3. 铜丝耳环　4. 小黑石珠项链　5. 玛瑙珠、绿松石珠、白石管、小白石珠项链

图四九七　YYM369 平剖面图

1. 夹砂红褐陶罐　2. 铜丝耳环　3. 绿松石坠珠　4. 覆面铜扣　5. 纺锤形铜珠、玛瑙珠、绿松石珠项链　6. 小白石珠项链　7. 小黑石珠项链

北。上述羊牲和狗牲的上、下颌骨的吻部，均一律朝东。

木椁已朽，板灰呈白色粉状，盖板无存，底板灰痕大部残缺，南、北侧板与东、西堵板灰痕轮廓，大致可辨。南、北侧板东西顺长2.18米，总高20厘米，与南、北活土二层台台面平齐，板灰厚3厘米；东、西堵板，分别竖插于南、北侧板之间，立插部位，分别在南、北侧板东、西两端内缩10和11厘米处，高度与南、北侧板一致，均为20厘米，总宽东端39、西端36、板灰厚2.5～3厘米。南、北侧板与东、西堵板的板块组成情况，已不能详。

木椁内装殓尸骨一具。保存状况不太好，头骨、骨盆已残碎，脊椎骨残缺不全，只有四肢骨基本完整。头东足西，仰身直肢。经现场鉴定，死者为男性，35～40岁。骨骼从头到脚通长1.72米（图版一九七，3）。

随葬品集中陈放于木椁内、死者身上及其近前（图四九八；图版一九八，1）。在头骨右后侧、椁底东北角，放置夹砂红褐陶罐1件，正置，已残碎。在左、右耳骨下面，各出螺旋形铜丝耳环1件，左耳环下附出绿松石坠珠3枚，右耳无。在左眼眶内，出覆面铜扣1枚。在颈下，右锁骨一侧，出犬形铜牌饰1件，犬头朝右。在右尺骨与骨盆右侧，出青铜短剑1件；短剑下面，压有青铜削刀1件，剑锋与刀锋，均朝下。在右股骨外侧，出长方形几何纹铜锥（针）管具1件。此外，在死者腰际以下至左、右股骨之间，出反S形铜带卡18枚，卧马形铜带饰68枚（图版一九八，2）。分布如次：反S形铜带卡，（1）压在腰椎下面和右髋骨下面5枚，（2）出于骨盆表面6枚，（3）右尺骨外侧1枚，（4）左尺骨外侧2枚，（5）右股骨上端内侧1枚，（6）耻骨弓之间3枚；卧马形铜带饰，（1）压在左尺骨下面9枚，（2）压在左髋骨下面6枚，（3）压在右髋骨下面10枚，（4）压在青铜短剑下面16枚，（5）青铜短剑及右股骨外侧15枚，（6）左股骨上端与左髋骨交接处3枚，（7）耻骨弓下方9枚（图四九九）。

YYM365

这是玉皇庙墓地属于丁级规格的小型墓葬之一。位于南区南部，玉海公路南侧。其东有YYM369，间距1.8米；东南有YYM370，间距1.5米；南有YYM364，间距0.4米；西有YYM362，间距4.2米；西北有YYM363，间距1米；北有YYM366，间距1.4米；东北有YYM368，间距1.3米。此墓的地层堆积，基本上同于YYM370，不赘。

墓圹平面形状，呈封口"U"字形，东端平直，西端外弧，为浅穴土坑墓。北向，方位角为北偏西13°。墓圹规格，圹口东西长1.75、北端宽0.69、南端宽0.68米，圹底形制、规格，与圹口一致，圹口至圹底深35厘米，无生土二层台。无木质葬具，无活土二层台。

圹内填土，为淤积夹砂石褐色土与生黄土混杂后的五花土，未经夯实，土质较疏松。在填土中，仅发现泥质灰陶碎片2块，除此之外，再未见其他遗物。

殉牲位置，祭牲摆放在圹内北端中间上层填土中，上距东端圹口6厘米深，下距圹底25厘米。殉牲种类，只有羊1种。数量，羊肩胛骨1个，羊肱骨1只。殉牲形式，羊肱骨在下，作东西向横置，羊肩胛骨在上，作西北—东南向，二者错位摆放，不相叠压。

圹底正中位置，按南北方向，放置无头尸骨一具。上身朝北，足朝南，作仰身直肢葬式。骨架保存较好，经现场鉴定，死者为男性，35岁左右。骨骼从颈椎至脚趾骨通长1.45米（图五〇〇；图版一九九，1）。

无任何随葬品。

YYM364

这是玉皇庙墓地属于丙（B）级规格的小型墓葬之一。位于南区南部，玉海公路南侧。其东有YYM370，间距0.2米；南有YYM389，间距1.9米；西南有YYM388，间距2.7米；西北有YYM362，间距4.8米；北有YYM365，间距0.4米；东北有YYM369，间距2.1米。此墓的地层堆积，基本上同于YYM370，不赘。

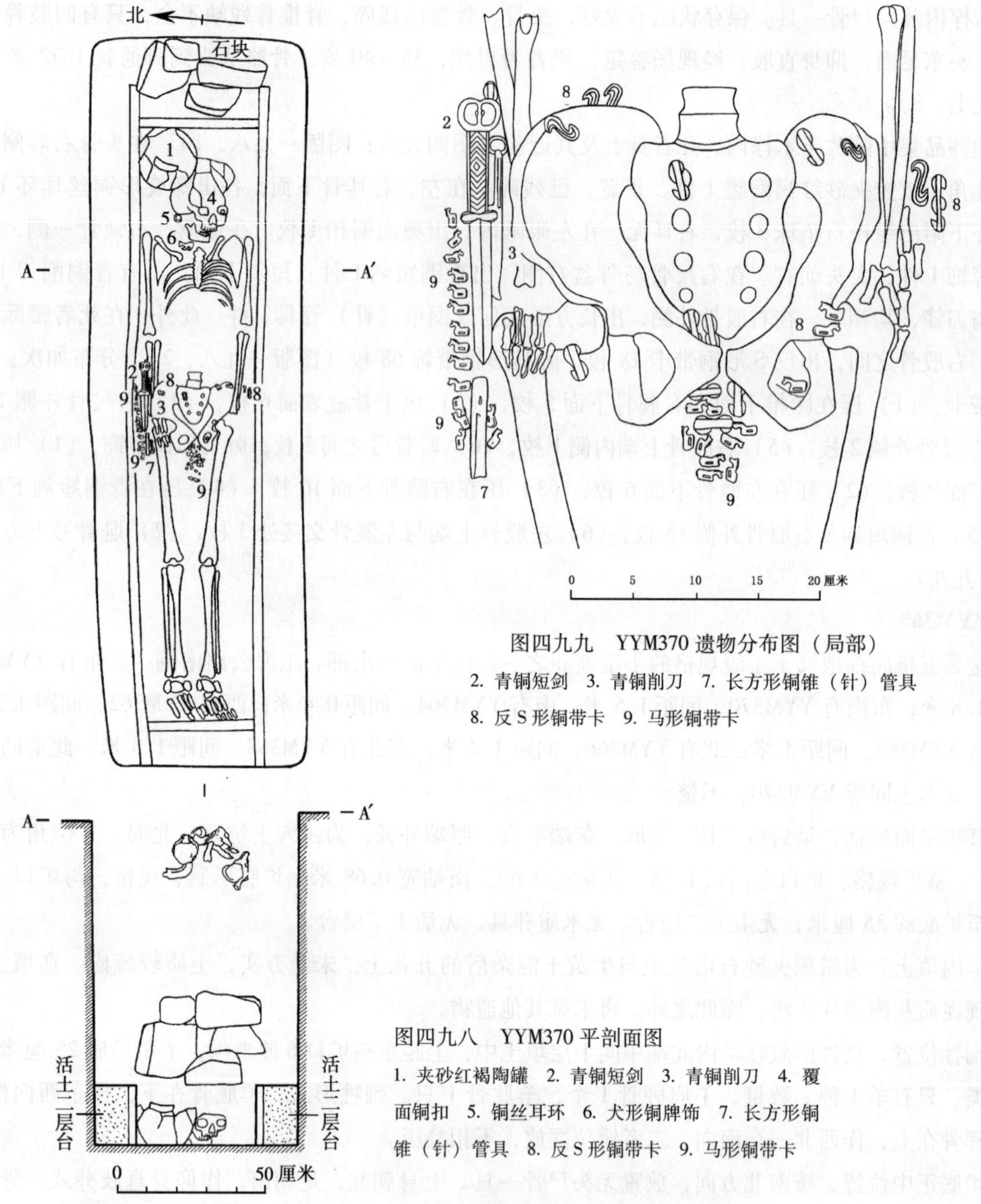

图四九九　YYM370 遗物分布图（局部）

2. 青铜短剑　3. 青铜削刀　7. 长方形铜锥（针）管具　8. 反S形铜带卡　9. 马形铜带卡

图四九八　YYM370 平剖面图

1. 夹砂红褐陶罐　2. 青铜短剑　3. 青铜削刀　4. 覆面铜扣　5. 铜丝耳环　6. 犬形铜牌饰　7. 长方形铜锥（针）管具　8. 反S形铜带卡　9. 马形铜带卡

墓圹平面形状，呈抹角长方形，为竖穴土坑墓。东向，方位角为东偏北20°。墓圹规格，圹口东西长2.15、东端宽0.65、西端宽0.66米，圹底东西长2.09、东端宽0.63、西端宽0.64米，圹口至圹底深0.88米，无生土二层台。在圹底正中位置，按东西方向，安置木椁一具。在木椁外壁四周至圹底部四壁之间，筑有活土二层台，台土经过严密夯打，较坚实，东、南、西、北四台等高，均为20厘米，宽度不一，东台宽23、南台宽15、西台宽20、北台宽13厘米。

圹内填土，为淤积夹砂石褐色土与生黄土混杂后的五花土，经普遍夯实，但未有夯层与夯窝痕迹。在填土中，仅发现夹砂褐陶残片1块，泥质灰陶罐类口沿及器底残片3块，除此之外，再未见其他遗物。

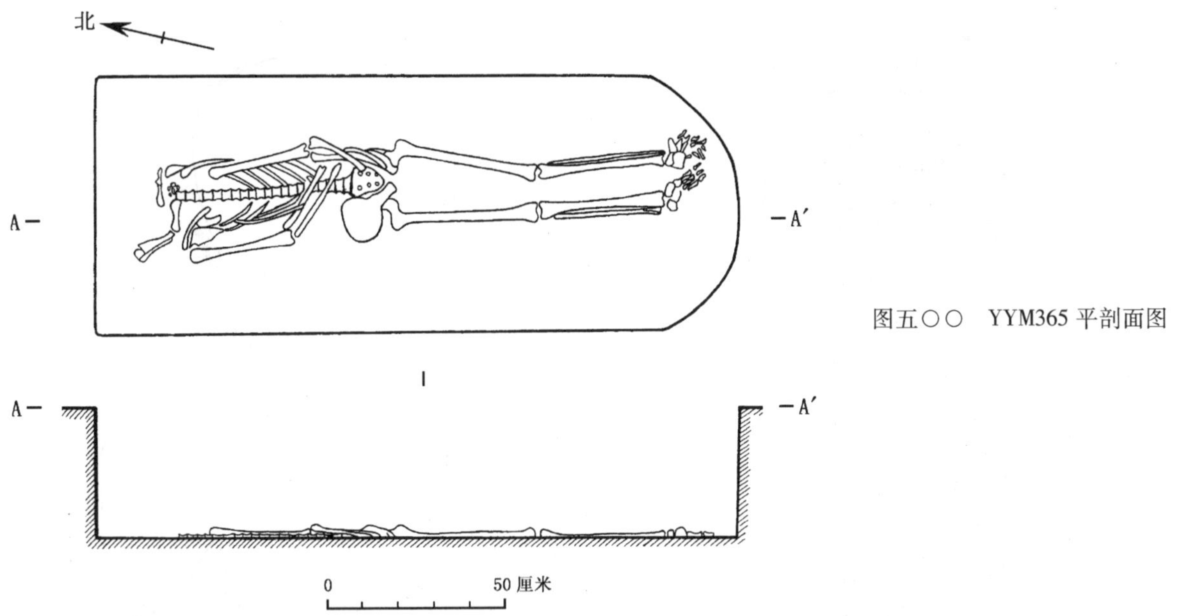

图五〇〇　YYM365 平剖面图

殉牲位置，祭牲摆放在圹内东端中间上层填土中，上部几乎与圹口平齐，下距圹底 0.74 米深（图版一九九，2）。殉牲种类，仅有狗 1 种。数量，狗头 1 个，另加狗下颌骨 1 副，狗肱骨 2 只。殉牲形式，将狗头上、下颌拆解开后，作同层、聚堆摆放。狗肱骨在下，上、下颌骨在上，其中最东端的 1 副下颌的吻部，朝东南，中间的 1 副下颌及偏西侧的 1 副上颌的吻部，朝东北。

木椁已朽，盖板无存，底板灰痕不清楚。南、北侧板与东、西堵板灰痕轮廓，尚可分辨。板灰呈白色粉状，南、北侧板东西顺长 1.77 米，总高 20 厘米，与南、北活土二层台台面平齐，板灰厚 2.5 厘米。东、西堵板，分别竖插于南、北侧板之间，立插部位，分别在南、北侧板东、西两端内缩 10 和 11 厘米处，高度与南、北侧板一致，均为 20 厘米，总宽东端 33、西端 26、板灰厚 2.5 厘米。南、北侧板与东、西堵板的板块组成情况，已不能详。

木椁内装殓尸骨一具。保存状况较好，头骨及主要部位骨骼，基本完整。头东足西，仰身直肢，经现场鉴定，死者为女性，16～18 岁。骨骼从头到脚通长 1.46 米。

随葬品较少，集中陈放于木椁内、死者头部与颈部（图五〇一）。在头骨左后侧，椁底东南角，侧置夹砂褐陶罐 1 件，口朝东。在左、右耳骨下面，各出螺旋形铜丝耳环 1 件及细小绿石珠 43 和 42 粒。覆面铜扣 1 枚，出于鼻骨部位（图版一九九，3）。在头骨下面和颈部，出不同质料的项链 3 串：（1）玛瑙珠、绿松石珠项链 1 串，由玛瑙珠 46 粒和绿松石珠 1 枚，联合组成；（2）小黑石珠项链 1 串，由 32 粒小黑石珠串成；（3）小白石珠项链 1 串，由 61 粒小白石珠串成（图五〇二）。

YYM363

这是玉皇庙墓地属于丁级规格的小型墓葬之一。位于南区南部，玉海公路南侧。其东有 YYM368，间距 2.3 米；东南有 YYM365，间距 1 米；西南有 YYM362，间距 2.3 米；西北有 YYM361，间距 1.9 米；北有 YYM367，间距 1 米；东北有 YYM366，间距 0.8 米。此墓的地层堆积，基本上同于 YYM370，不赘。

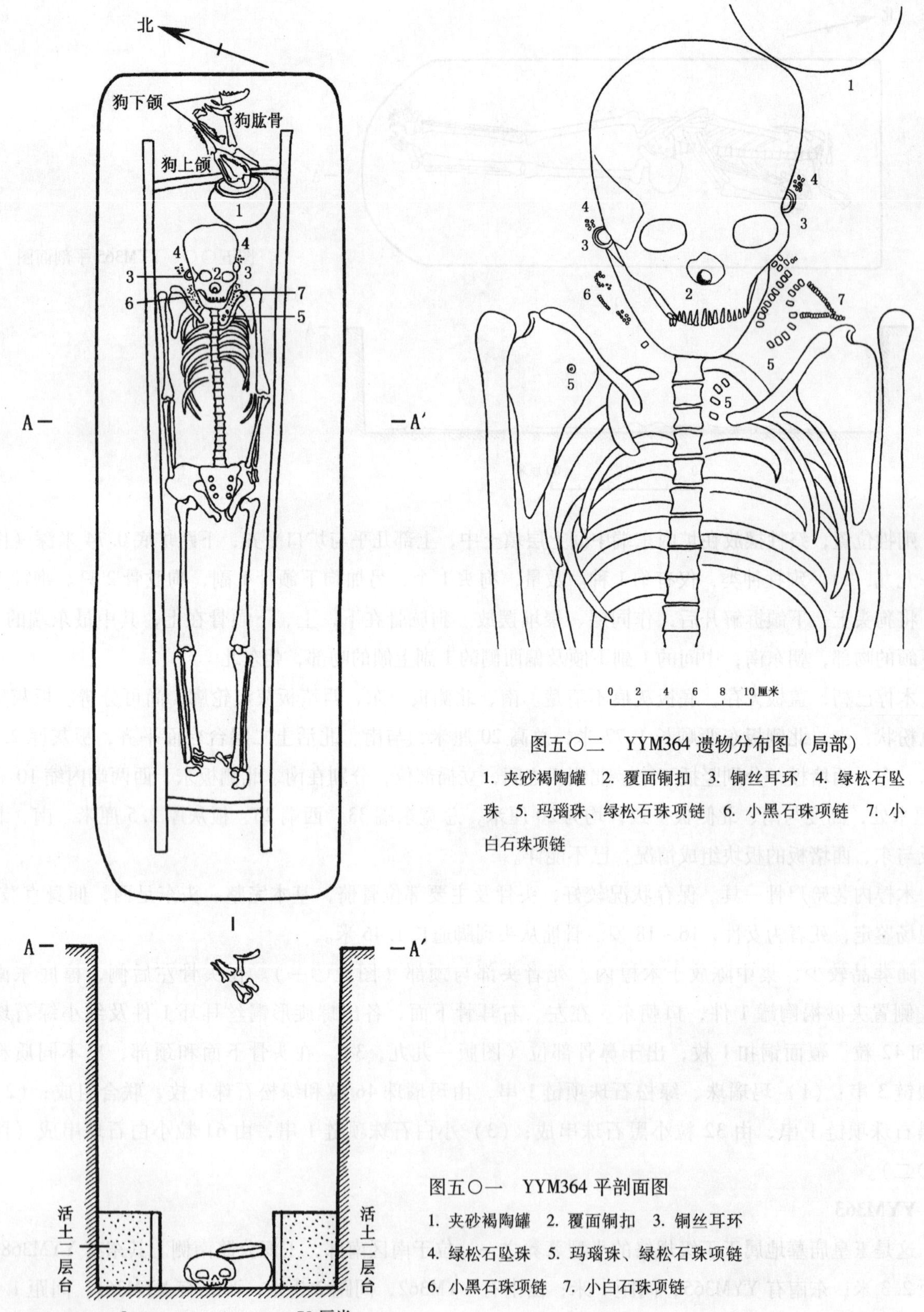

图五〇二 YYM364 遗物分布图（局部）

1. 夹砂褐陶罐 2. 覆面铜扣 3. 铜丝耳环 4. 绿松石坠珠 5. 玛瑙珠、绿松石珠项链 6. 小黑石珠项链 7. 小白石珠项链

图五〇一 YYM364 平剖面图

1. 夹砂褐陶罐 2. 覆面铜扣 3. 铜丝耳环 4. 绿松石坠珠 5. 玛瑙珠、绿松石珠项链 6. 小黑石珠项链 7. 小白石珠项链

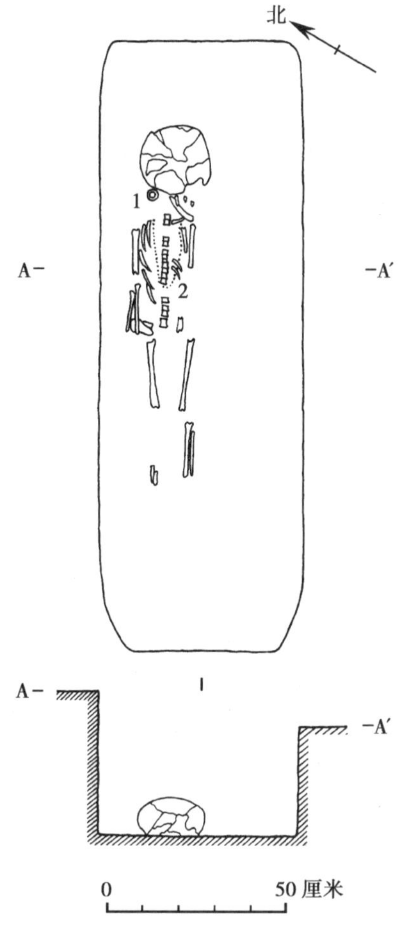

图五〇三　YYM363平剖面图
1. 铜丝耳环　2. 绿松石珠、小黑石珠项链

墓圹平面形状，呈抹角长方形，为浅穴土坑墓。东北向，方位角为东偏北30°。墓圹规格，圹口东北—西南长1.65、东北端宽0.55、西南端宽0.5米，圹底形制、规格，与圹口一致，圹口至圹底深北侧40、南侧30厘米。无生土二层台。无木质葬具，无活土二层台。

圹内填土，为淤积夹砂石褐色土与生黄土混杂后的五花土，未经夯实，土质较疏松。在填土中，仅发现夹砂褐陶残片1块，泥质灰陶带绳纹的残片3块。除此之外，再未见其他遗物。

无殉牲。

在圹底中间偏北位置，顺墓圹方向，安葬孩童尸骨一具。保存状况不好，头骨已残碎，其他部位骨骼，也多残缺不全。头朝东北，足向西南，仰身直肢，侧面向东南。经现场鉴定，死者系儿童，7~8岁。骨骼从头至胫骨末端（趾骨残缺）通长0.97米（图版二〇〇，1）。

随葬品很少，无陶器，仅在头部左、右耳骨下面，各出螺旋形铜丝耳环1件，无绿松石坠珠伴出（图五〇三）。在颈部至胸部，出绿松石珠与小黑石珠项链1串（绿松石珠1枚，小黑石珠67粒）。

YYM361

这是玉皇庙墓地属于丁级规格的小型墓葬之一。位于南区南部，玉海公路南侧。其东有YYM366，间距4.1米；东南有YYM363，间距1.9米；南有YYM362，间距1.3米；西北有YYM360，间距1.5米；东北有YYM359和YYM367，间距分别为1.7和2.4米。此墓的地层堆积，基本上同于YYM370，不赘。

墓圹平面形状，呈抹角长方形，为浅穴土坑墓。东向，方位角为东偏北20°。墓圹规格，圹口东西长1.9、东端宽0.67、西端宽0.63米，圹底形制、规格，与圹口一致，圹口至圹底深南侧0.6、北侧0.5米。无生土二层台。无木质葬具，无活土二层台。

圹内填土，为淤积夹砂石褐色土与生黄土混杂后的五花土，未经夯实，土质较疏松。在填土中，仅发现夹砂褐陶罐类腹部残片2块，泥质灰陶碎片4块。另在圹内东端靠近南侧壁的中部填土中，发现有零散分布的自然石灰岩石块1块，除此之外，再未见其他遗物。

殉牲位置，摆放在圹内东端中间上层填土中，上距东端南侧圹口15厘米深，下距圹底40厘米。殉牲种类，仅有狗1种。数量，狗肱骨1只。殉牲形式，作东南—西北向顺置，位于人头骨东侧斜上方的填土中。

在圹底中间偏北侧位置，按东西方向，安葬尸骨一具。头东足西，仰身直肢。保存状况不太好，头骨已残碎，脊椎、肋骨已朽残不全，四肢骨尚较完整。经现场鉴定，死者为男性，40~45岁。骨骼从头到脚通长1.66米（图版二〇〇，2）。

随葬品较少，陈放于圹内人头骨及颈部周围（图五〇四；图版二〇〇，3）。在头骨右后侧，放置夹砂褐陶罐1件，斜侧置，口朝东，已残。覆面铜扣2枚，已滑落于残碎头骨内。在颈部，出玛瑙珠1颗，绿松石珠1枚，小白石珠1粒。

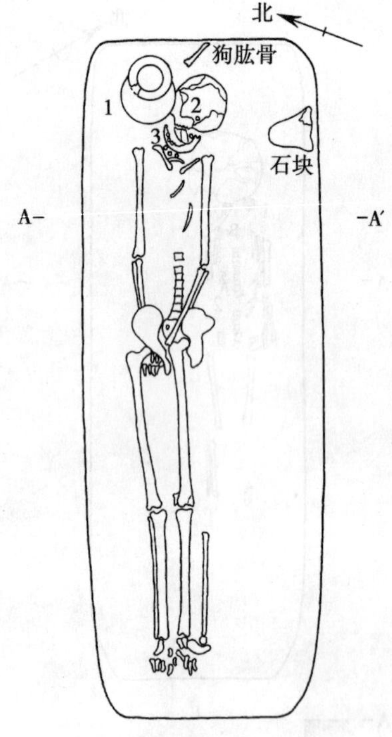

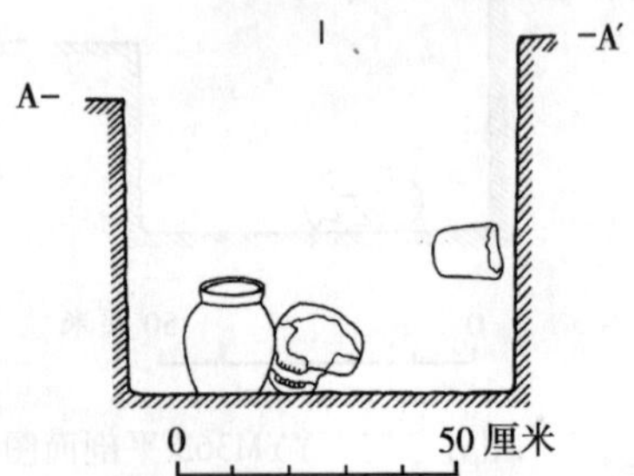

图五〇四 YYM361平剖面图

1. 夹砂褐陶罐 2. 覆面铜扣 3. 玛瑙珠、绿松石珠、小白石珠项链

YYM362

这是玉皇庙墓地属于丁级规格的小型墓葬之一。位于南区南部，玉海公路南侧。其东有YYM365，间距4.2米；东南有YYM364，间距4.8米；北有YYM361，间距1.3米；东北有YYM363，间距2.3米。此墓的地层堆积，基本上同于YYM370，不赘。

墓圹平面形状，呈弧边抹角长方形，南、北两侧边，向南作同步弧曲，为浅穴土坑墓。西向，方位角为西偏南24°。墓圹规格，圹口东西长2.5、东端宽0.52、西端宽0.6米，圹底形制、规格，与圹口一致，圹口至圹底深西端23、东端12厘米。无生土二层台。无木质葬具，无活土二层台。

圹内填土，为淤积夹砂石褐色土与生黄土混杂后的五花土，未经夯实，土质较疏松。在填土中，仅发现夹砂褐陶残片1块，泥质灰陶带弦纹的肩部残片2块。另在圹内东端中间底部，有自然石灰岩石块2块，北侧壁有1块，规格在13×10×7至15×11×10厘米之间。

无殉牲。

在圹底东半部，残存左髋骨1块，及左、右下肢骨与趾骨（图五〇五）。下肢与趾骨，未被扰动，作伸直状，足朝东。由此可判知，死者头部原是朝西的，为仰身直肢葬式（图版二〇一，1）。因此墓圹较浅，可能在修玉海公路过程中，遭到破坏，故上半身已无存。经对残存骨骼鉴定，死者为男性，成年。

未见任何随葬品。

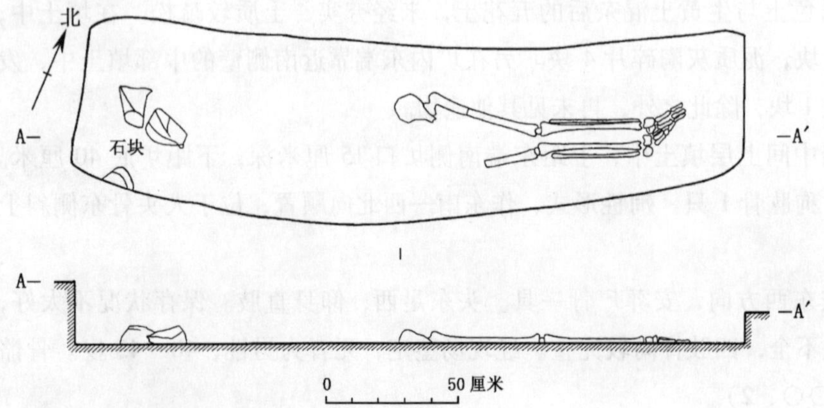

图五〇五 YYM362平剖面图

YYM396

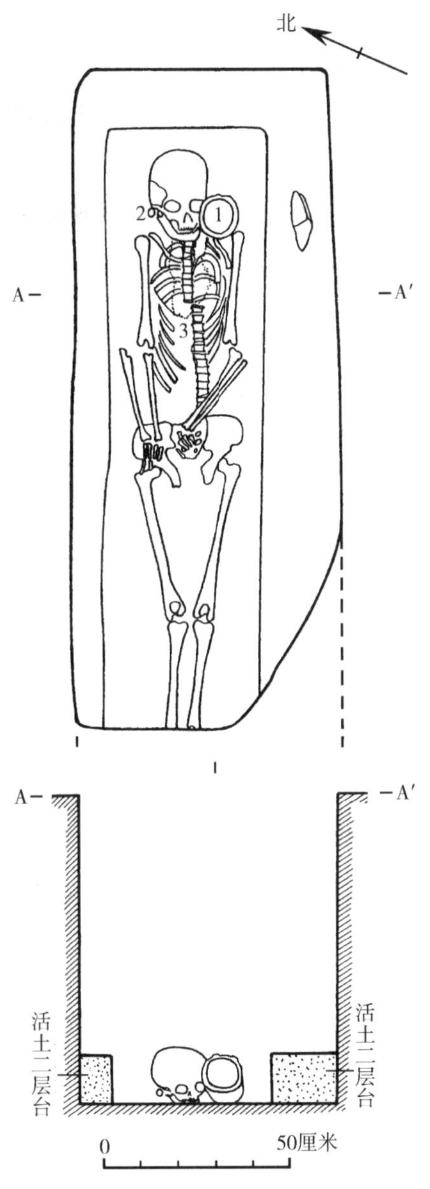

图五〇六　YYM396 平剖面图

1. 夹砂黑陶罐　2. 铜丝耳环　3. 小白石珠、小黑石珠项链

这是玉皇庙墓地属于丙（C）级规格的小型墓葬之一。位于南区南部，玉海公路南侧。其东无墓葬；东南有 YYM397，间距 2 米；西南有 YYM391，间距 1.1 米；西北有 YYM390，间距 1.6 米；东北有 YYM371，间距 2.1 米。此墓的地层堆积，基本上同于 YYM370，不赘。

墓圹平面形状，呈抹角长方形，为竖穴土坑墓。东向，方位角为东偏北 24°。此墓西端与西南角，因挖电缆沟而被破坏，故墓圹残缺不全。墓圹规格，圹口东西存长 1.7 米，东、西两端存宽 0.68 米，圹底形制、规格，与圹口一致，圹口至圹底深 0.8 米。无生土二层台。在圹底中间偏北位置，安置木质葬具一具。在木质葬具四周至圹底部四壁之间，筑有活土二层台，台土经过夯打，较坚实，东、南、北 3 台（缺西台）等高，均为 18 厘米，宽度不一，东台宽 15、南台宽 18、北台宽 9 厘米。

圹内填土，为淤积夹砂石褐色土与生黄土混杂后的五花土，经普遍夯实，但未有夯层与夯窝痕迹。在填土中，仅发现夹砂褐陶罐类口沿残片 1 块，泥质灰陶带绳纹的残片 2 块。除此之外，再未见其他遗物。

无殉牲。

木质葬具，已腐朽为泥，经清理分辨，其大致轮廓可以确定，东西顺长 1.56、东端宽 0.43、西端 0.41 米，总高 18 厘米，与活土二层台台面平齐。其他相关结构情况，已无从辨察。

在木质葬具内，装殓尸骨一具。保存状况较好，头骨及主要部位骨骼，基本完整。头东足西，仰身直肢，唯缺失左、右足骨。经现场鉴定，死者为女性，30 岁左右。骨骼从头到胫骨末端通长 1.5 米（图版二〇一，2）。

随葬品较少，陈放于木质葬具内，死者头与颈部及其近前（图五〇六）。在头骨左侧，左肩以上，放置夹砂黑陶罐 1 件，正置。在左、右耳骨下面，各出螺旋形铜丝耳环 1 件，无绿松石坠珠伴出。在颈部，出石珠项链 1 串，由小白石珠 46 粒和小黑石珠 101 粒，联合串成。

YYM389

这是玉皇庙墓地属于丙（C）级规格的小型墓葬之一。位于南区南部，玉海公路南侧。其东南有 YYM396，间距 3.1 米；南有 YYM390，间距 1.4 米；西南有 YYM388，间距 1.1 米；西北有 YYM362，间距 6.7 米；北有 YYM364，间距 1.8 米；东北有 YYM370 和 YYM371，间距分别为 1.2 和 4 米。此墓的地层堆积，基本上同于 YYM370，不赘。

墓圹平面形状，呈抹角长方形，为竖穴土坑墓。东向，方位角为东偏北 22°。墓圹规格，圹口东西长2.17、东端宽0.7、西端宽0.75米，圹底形制、规格，与圹口一致，圹口至圹底深0.64米。无生土二层台。在圹底中间，按东西方向，安置木质葬具一具。在木质葬具四周至圹底部四壁之间，筑有活土二层台，台土经过夯打，较坚实，东、南、西、北四台等高，均为20厘米，宽度不一，东台宽30、南台宽15、西台宽39、北台宽19厘米。

圹内填土，为淤积夹砂石褐色土，经普遍夯实，但未有夯层与夯窝痕迹。在填土中，仅发现泥质灰陶碎片3块，除此之外，再未见其他遗物。

无殉牲。

木质葬具，已腐朽为泥，经清理分辨，其四至界限可以确定，东西长1.48、东端宽0.4、西端宽0.36米，总高20厘米，与四周活土二层台台面平齐，其他相关结构情况，已无从考察。

在木质葬具内，装殓尸骨一具。保存状况不太好，头骨已碎裂，骨盆残缺不全，缺左、右手骨及右足骨，其他部位骨骼，基本完整。头东足西，上身作仰身，下身向左侧屈肢，右尺骨及桡骨，前屈搭于腹部，左尺骨及桡骨，被压在右股骨及右胫骨之下（图版二〇一，3）。经现场鉴定，死者为男性，45岁左右。

随葬品很少，仅在木质葬具内、死者左肩部位，斜置泥质灰陶折肩罐1件，侧置，口朝东，已残碎（图五〇七）。在右眼眶下方，出覆面铜扣1枚。除此之外，再无其他任何遗物。

YYM390

这是玉皇庙墓地属于丙（C）级规格的小型墓葬之一。位于南区南部，玉海公路南侧。其东南有YYM396，间距1.6米；南有YYM391，间距1.1米；西南和西侧，已无墓葬；西北有YYM388，间距1.6米；北有YYM389，间距1.4米；东北有YYM371，间距4.4米。此墓的地层堆积，基本上同于YYM370，不赘。

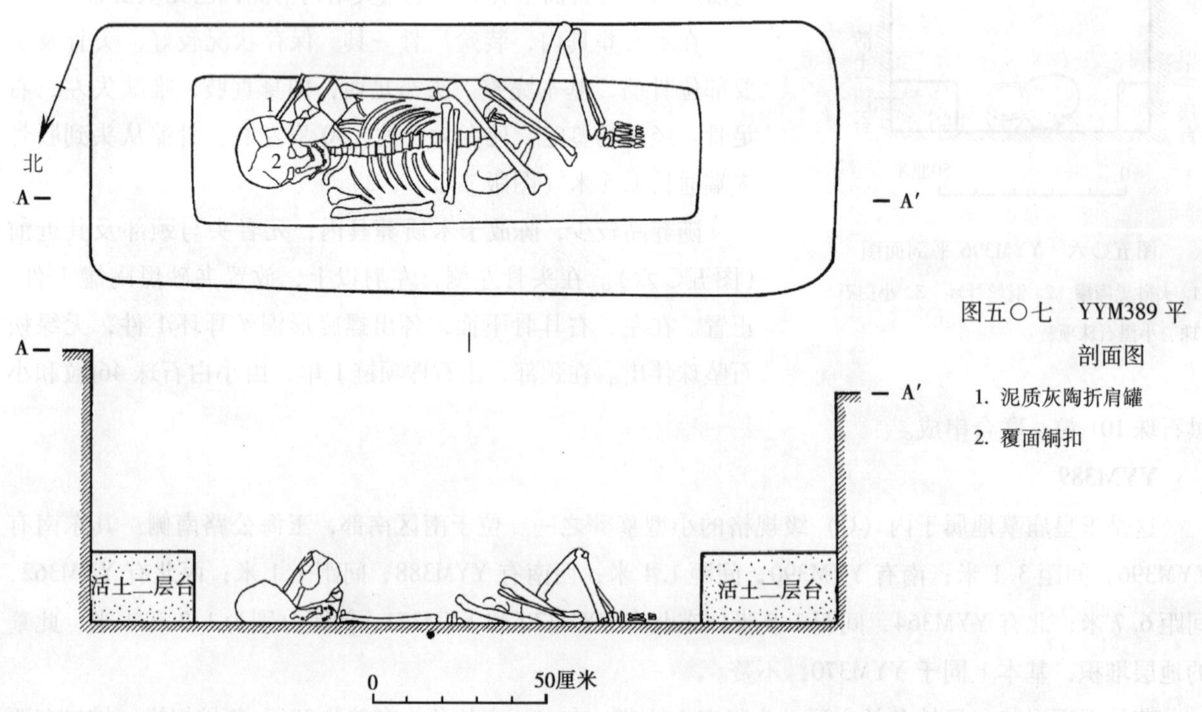

图五〇七　YYM389平剖面图

1. 泥质灰陶折肩罐
2. 覆面铜扣

墓圹平面形状，呈抹角长方形，为竖穴土坑墓。东向，方位角为东偏北13°。墓圹规格，圹口东西长2.15、东端宽0.6、西端宽0.71米，圹底形制、规格，与圹口一致，圹口至圹底深0.68米。无生土二层台。在圹底中间，按东西方向，安置木椁一具。在木椁外壁四周至圹底部四壁之间，筑有活土二层台，台土经过夯打，较坚实，东、南、西、北四台等高，均为20厘米，宽度不一，东台宽26、南台宽10、西台宽33、北台宽11厘米（中段）。

圹内填土，为淤积夹砂石褐色土，经普遍夯实，但未有夯层与夯窝痕迹。在填土中，仅发现泥质灰陶带弦纹的碎片3块，除此之外，再未见其他遗物。

无殉牲。

木椁已朽，盖板无存，底板灰痕模糊不清，南、北侧板与东、西堵板板灰痕迹，轮廓可辨。板灰呈白色粉状，南、北侧板东西顺长1.82米，总高20厘米，板灰厚3厘米。东、西堵板，分别竖插于南、北侧板之间，立插部位，分别在南、北侧板东、西两端内缩13和12厘米处，高度与南、北侧板一致，均为20厘米，总宽东端38、西端31、板灰厚3厘米。南、北侧板与东、西堵板的板块组成情况，已不能详。

木椁内装殓尸骨一具。保存状况不太好，头骨已被压碎，其他主要部位骨骼，基本完整。头东足西，仰身直肢，经现场鉴定，死者为男性，25～30岁。骨骼从头到脚通长1.44米（图五〇八；图版二〇二，1）。

无任何随葬品。

YYM391

这是玉皇庙墓地属于丙（C）级规格的小型墓葬之一。位于南区南部，玉海公路南侧。其东南有YYM392和YYM397，间距分别为2.1和2.2米；西南和西侧，已无墓葬；西北有YYM388，间距3.4米；北有YYM390，东北有YYM396，间距均为1.1米。此墓的地层堆积，基本上同于YYM370，不赘。

墓圹平面形状，呈抹角长方形，为竖穴土坑墓。东北向，方位角为东偏北25°。墓圹规格，圹口东北—西南长2.4、东北端宽0.67、西南端宽0.7米，圹底形制、规格，与圹口一致，圹口至圹底深0.7米。无生土二层台。在圹底中间，顺墓圹方向，安置木质葬具一具。在木质葬具四周至圹底部四壁之间，筑有活土二层台，台土经过夯打，较坚实，四台等高，均为20厘米，宽度不一，东台宽25、南台宽17、西台宽22、北台宽23厘米（中段）。

圹内填土，为淤积夹砂石褐色土，经普遍夯实，但未有夯层与夯窝痕迹。在填土中，仅发现泥质灰陶器底残片2块，除此之外，再未见其他遗物。

无殉牲。

木质葬具，已腐朽为泥，经清理分辨，其四至界限尚可确定，东北—西南顺长1.9，东北端宽0.37、西南端宽0.28米，总高20厘米，与四周活土二层台台面平齐。其他相关结构情况，已无从考察。

在木质葬具内，装殓尸骨一具。保存状况不太好，头骨已残碎，其他主要部位骨骼，基本完整。头朝东北，足向西南，仰身直肢，经现场鉴定，死者为女性，25岁左右。骨骼从头到脚通长1.56米。

随葬品较少，陈放于木质葬具内，死者头部及身上（图五〇九；图版二〇二，2）。在胸部，放置泥质灰陶折肩罐1件，略向西南倾斜，口沿已残。在左、右耳骨下面，各出螺旋形铜丝耳环1件，无绿松石坠珠伴出。覆面铜扣2枚，已滑落于下颌骨下面。另在左股骨内侧，出服饰铜扣1枚。

YYM388

这是玉皇庙墓地属于丁级规格的小型墓葬之一。位于南区南部，玉海公路南侧。其南、西南和西侧，已无墓葬；东南有 YYM390，间距 1.6 米；西北有 YYM362，间距 6.6 米；北有 YYM363，间距 7 米；东北有 YYM389，间距 1.1 米。此墓的地层堆积，基本上同于 YYM370，不赘。

墓圹平面形状，呈抹角长方形，为浅穴土坑墓。东北向，方位角为东偏北26°。墓圹规格，圹口东北—西南长 2.05、东北端宽 0.52、西南端宽 0.56 米，圹底形制、规格，与圹口一致，圹口至圹底深 34 厘米。无生土二层台。无木质葬具，无活土二层台。

圹内填土，为淤积夹砂石褐色土，未经夯实，土质较疏松。在填土中，仅发现泥质灰陶罐口沿残片1块，除此之外，再未见其他遗物。

无殉牲。

在圹底，顺墓圹方向，斜置尸骨一具。保存状况不太好，头骨已残碎，其他主要部位骨骼，基本完整。头朝东北，足向西南，仰身直肢，经现场鉴定，死者为女性，30~35岁。骨骼从头到脚通长 1.62 米（图五一〇；图版二〇三，1）。

无任何随葬品。

YYM397

这是玉皇庙墓地属于丙（C）级规格的小型墓葬之一。位于南区南部，玉海公路南侧。其东和东南，已无墓葬；南有 YYM398，西南有 YYM392，间距均为 1.1 米；西北有 YYM391 和 YYM396，间距分别为 2.1 和 2 米；东北有 YYM375，间距 4.9 米。此墓的地层堆积，基本上同于 YYM370，不赘。

墓圹平面形状，呈抹角长方形，为竖穴土坑墓。西南向，方位角为西偏南25°。墓圹规格，圹口西南—东北长 2.4、东北端宽 0.8、西南端宽 0.72 米，圹底形制、规格，与圹口一致，圹口至圹底深 0.6 米。无生土二层台。在圹底中间，顺墓圹方向，安置木椁一具。在木椁外壁四周至圹底部四壁之间，筑有活土二层台，台土经过夯打，较坚实，四台等高，均为 20 厘米，宽度不一，东北台宽 30、东南台宽 19、西南台宽 31、西北台宽 20 厘米。

圹内填土，为淤积夹砂石褐色土，经普遍夯实，但未有夯层与夯窝痕迹。在填土中，仅发现泥质灰陶罐口沿与器底残片4块，除此之外，再未见其他遗物。

无殉牲。

木椁已朽，盖板无存，底板灰痕稀薄、残缺，南、北侧板与东、西堵板板灰轮廓，尚可分辨。板灰呈白色粉状，南、北侧板东西顺长 2.1 米，总高 20 厘米，与南、北活土二层台台面平齐，板灰厚 2.5~3 厘米。东、西堵板，分别竖插于南、北侧板之间，立插部位，分别在南、北侧板东、西两端内缩 21 和 11 厘米处，高度与南、北侧板一致，均为 20 厘米，总宽东端 30、西端 34、板灰厚 3 厘米。南、北侧板与东、西堵板的板块组成情况，已不能详。

木椁内装殓成人及初生婴儿尸骨2具。保存状况较好，成人骨骼基本完整，头朝西南，足向东北，仰身直肢，经现场鉴定，死者为女性，22~24岁。骨骼从头到脚通长 1.53 米。在女主人的左腹部，有婴儿尸骨一具，作斜侧卧姿，头朝右侧斜上方，脚朝左侧斜下方，头骨已被压碎，四肢骨尚清楚可辨。女主人的左尺骨与桡骨，斜搭在这具婴儿的尸骨上，经鉴定，此婴儿为初生婴儿（图版二〇三，2）。

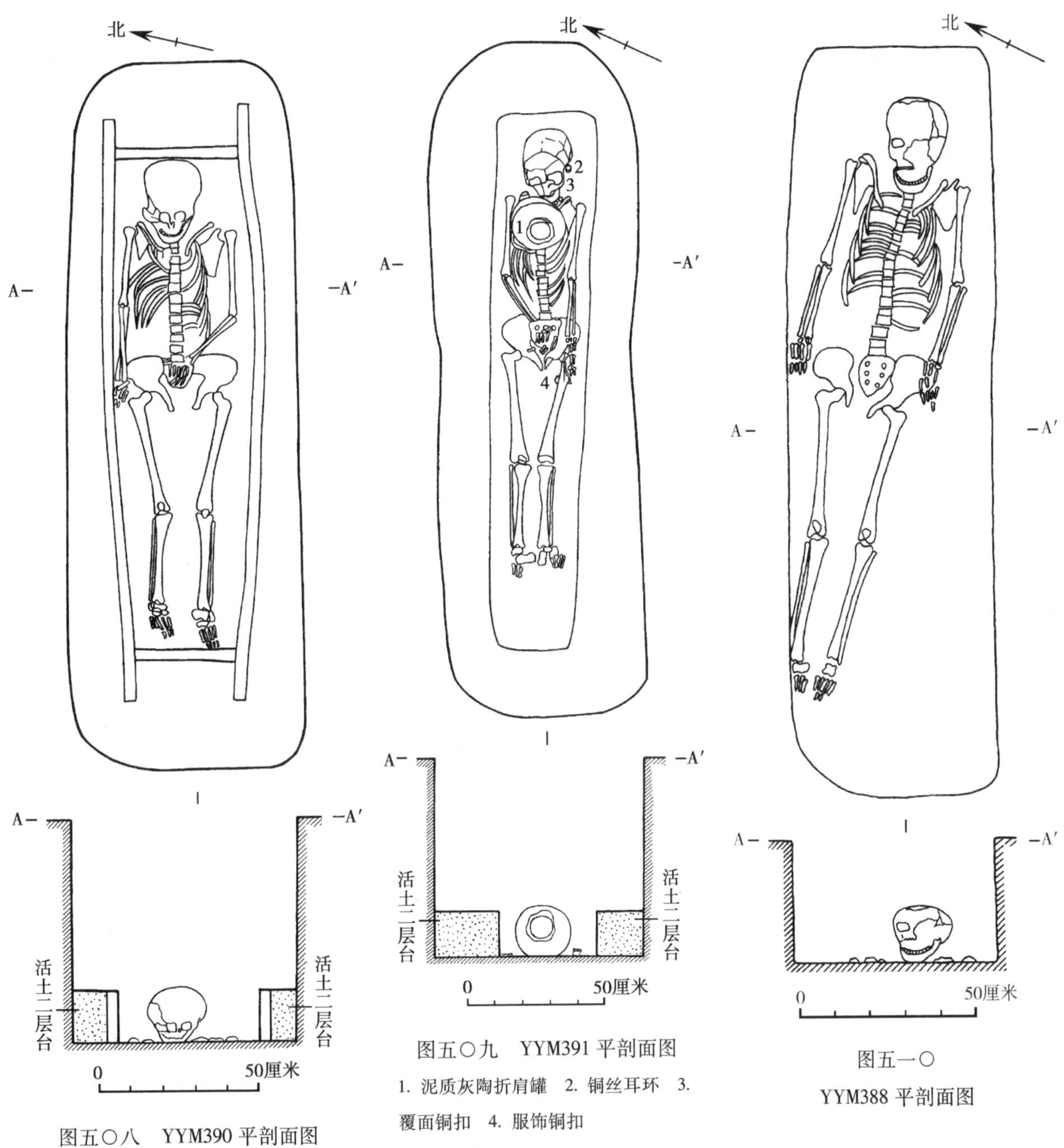

图五〇八　YYM390 平剖面图

图五〇九　YYM391 平剖面图

1. 泥质灰陶折肩罐　2. 铜丝耳环　3. 覆面铜扣　4. 服饰铜扣

图五一〇
YYM388 平剖面图

随葬品较少，陈放于木椁内，成人死者头部与颈、胸部之间（图五一一）。在头骨右侧，侧置泥质灰陶折肩罐 1 件，口朝东南。在左、右耳骨下面，各出螺旋形铜丝耳环 1 件及绿松石坠珠 2 枚。覆面铜扣 3 枚，出于左、右眼眶内各 1 枚，滑落于下颌骨左侧 1 枚。在颈、胸部，出不同质料的项链 2 串：(1) 铜珠、玛瑙珠、小白石珠项链 1 串，由铜珠 2 枚、玛瑙珠 1 颗，及小白石珠 55 粒，联合串成；(2) 小黑石珠项链 1 串，由 350 粒小黑石珠串成。

YYM398

这是玉皇庙墓地属于丙（C）级规格的小型墓葬之一。位于南区南部，玉海公路南侧。其东和东南，已无墓葬；南有 YYM399，间距 2.4 米；西南有 YYM393，间距 1.1 米；西北有 YYM392，间距

1.3米；北有YYM397，间距1.1米。此墓的地层堆积，基本上同于YYM370，不赘。

墓圹平面形状，呈抹角长方形，为竖穴土坑墓。东向，方位角为东偏北16°。墓圹规格，圹口东西长2.4、东端宽0.82、西端宽0.85米，圹底形制、规格，与圹口一致，圹口至圹底深0.75米。无生土二层台。在圹底中间略偏北侧位置，安置木质葬具一具。在木质葬具四周至圹底部四壁之间，筑有活土二层台，台土经过夯打，较坚实，东、南、西、北四台等高，均为23厘米，宽度不一，东台宽30、南台宽21、西台宽22、北台宽14厘米（中段）。

圹内填土，为淤积夹砂石褐色土，经普遍夯实，但未有夯层与夯窝痕迹。在填土中，仅发现泥质灰陶带弦纹和绳纹的残片3块，另在四周活土二层台及其以上的填土中，发现一些有序摆放的自然石灰岩石块，以南侧和东端较密集，北侧较少，仅有6块，西端最少，仅有1块（图版二〇三，3）。除此之外，再未见其他遗物。

无殉牲。

木质葬具，已腐朽为泥，经清理分辨，其四至界限可以确定，东西长1.87、东端宽0.48、西端宽0.43米，总高23厘米，与四周活土二层台台面平齐，其他相关结构情况，已无从考察。

在木质葬具内，装殓尸骨一具。保存状况不太好，头骨已残碎，其他主要部位骨骼，基本完整。头东足西，仰身直肢，经现场鉴定，死者为女性，56岁以上。骨骼从头到脚通长1.49米。

随葬品较少，陈放于木质葬具内，死者头部与颈、胸部之间（图五一二）。在头骨正中后侧，放置夹砂红褐陶罐1件，正置，已残。在左、右耳骨下面，各出螺旋形铜丝耳环1件，无绿松石坠珠伴出。覆面铜扣3枚，出于左右眼眶内各1枚，滑落于下颌骨内1枚。在颈、胸部之间，出小白石珠及蚌珠项链1串，由小白石珠99粒和蚌珠2颗，联合串成。

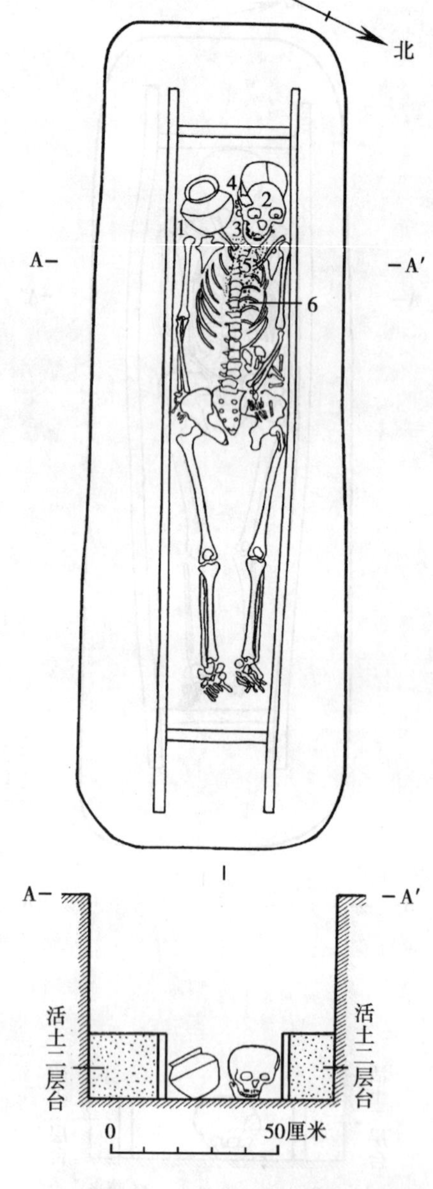

图五一一　YYM397平剖面图

1. 泥质灰陶折肩罐　2. 覆面铜扣　3. 铜丝耳环　4. 绿松石坠珠　5. 铜珠、玛瑙珠、小白石珠项链　6. 小黑石珠项链

YYM392

这是玉皇庙墓地属于丁级规格的小型墓葬之一。位于南区南部，玉海公路南侧。其东南有YYM398，间距1.3米；南有YYM393，间距1.4米；西南和西侧，已无墓葬；西北有YYM391，间距2.1米；东北有YYM397，间距1.1米。此墓的地层堆积，基本上同于YYM370，不赘。

墓圹平面形状，呈抹角长方形，为浅穴土坑墓。东向，方位角为东偏北7°。墓圹规格，圹口东西长2.3、东端宽0.66、西端宽0.65米，圹底形制、规格，与圹口一致，圹口至圹底深0.47米。无生土

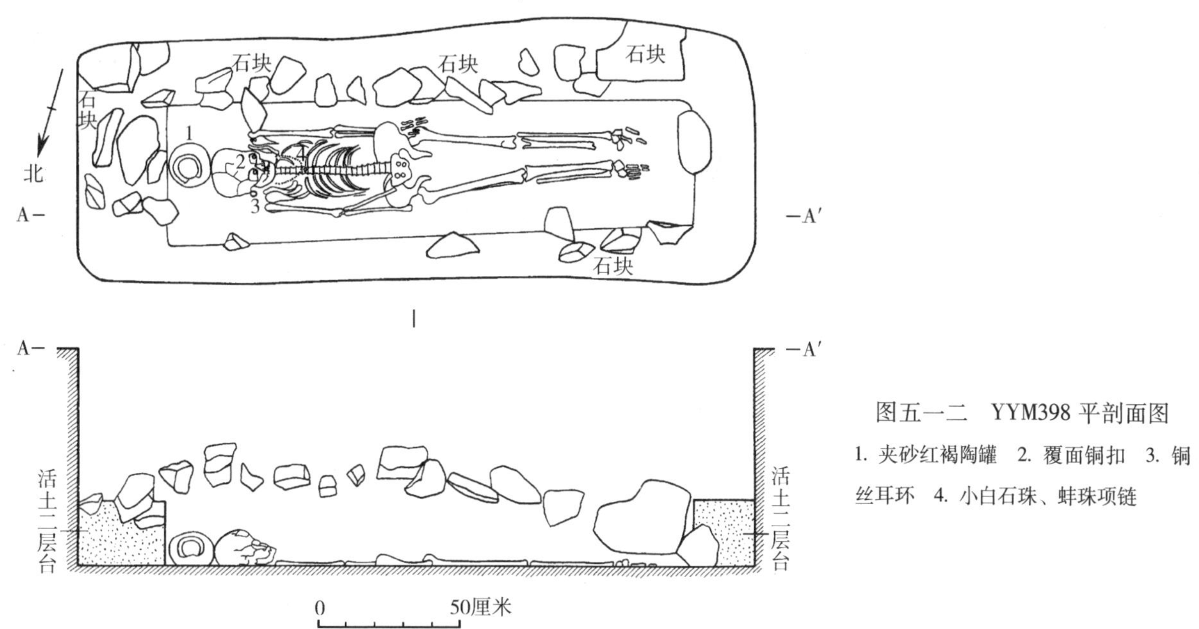

图五一二　YYM398 平剖面图
1. 夹砂红褐陶罐　2. 覆面铜扣　3. 铜丝耳环　4. 小白石珠、蚌珠项链

二层台。在圹底中间偏北侧，安置木质葬具一具。在木质葬具四周至圹底部四壁之间，筑有活土二层台，靠木质葬具的一侧，围砌自然石灰岩石块一周，每边数量不等，其中以南侧最密集，大部分砌有二、三层，西北两侧略稀疏，仅为一、二层，或有空缺部分，而东端最少，仅在两角各置 1 块（图版二〇四，2）。石块空隙，均以填土充实，并经过夯打，较坚实，东、南、西、北四台等高，均为 20 厘米，宽度不一，东台宽 19、南台宽 16、西台宽 37、北台宽 11 厘米（中段）。

圹内填土，为淤积夹砂石褐色土，未经夯实，土质较疏松。在填土中，仅发现泥质灰陶罐口沿残片 2 块，除此之外，再未见其他遗物。

殉牲位置，祭牲摆在圹内东端中间略偏北侧的上层填土中，上距东端圹口仅 3 厘米深，下距圹底 35 厘米（图五一三）。殉牲种类，仅有狗 1 种。数量，狗头 2 个，已残碎，狗肱骨 2 只。殉牲形式，将狗头上、下颌拆解开后，作分开、同层相邻摆放（图版二〇四，1）。即先将已拆解开的 1 套较大号的狗上、下颌骨及肱骨 2 只，分开摆放在圹内东端中间略偏北侧的上层填土上，上颌骨靠近中间位置，吻部朝东，被拆散的 1 副下颌骨与 2 只肱骨，置其北侧，其中 1 块下颌骨吻部朝东，另 1 块朝北；然后于其西侧，再摆放另 1 套已被拆散的较小号的狗上、下颌骨，其吻部皆朝东北。

木质葬具，已腐朽为泥，经清理分辨，其四至界限可以确定，东西顺长 2. 09、东端宽 0. 42、西端宽 0. 32 米，总高 20 厘米，与四周活土二层台台面平齐，至于此葬具的相关结构情况，已无从考察。

在木质葬具内，装殓尸骨一具。保存状况不太好，头骨已残碎，其他部位骨骼，基本完整。头东足西，垂首偏右，仰身直肢，经现场鉴定，死者为女性，56 岁以上。骨骼从头到脚通长 1. 4 米。

随葬品较少，陈放于木质葬具内，死者头部及上半身（图五一四）。在死者右侧胸部，放置泥质灰陶折肩罐 1 件，稍斜侧，口朝西南。在左、右耳骨下面，各出螺旋形铜丝耳环 1 件及绿松石坠珠 4 枚和 2 枚。覆面铜扣 3 枚，出于残碎的头骨内。在颈部，出玛瑙和石珠项链 2 串：（1）玛瑙珠、白石管项链 1 串，由玛瑙珠 31 颗、白石管 6 枚，联合串成；（2）小黑石珠项链 1 串，由 242 粒小黑石珠串成。另有“人”字形铜坠饰 11 枚，出自右胸部陶罐器底之下 6 枚，出于右侧肋骨与右肘之间 5 枚。

YYM399

这是玉皇庙墓地属于丙（B）级规格的小型墓葬之一。位于南区南部，玉海公路南侧。其东和东南，已无墓葬；南有 YYM400，间距 1 米；西南有 YYM394 和 YYM395，间距分别为 0.8 和 1.5 米；西北有 YYM393，间距 1.3 米；北有 YYM398，间距 2.4 米。此墓的地层堆积，基本上同于 YYM370，不赘。

墓圹平面形状，呈抹角长方形，为竖穴土坑墓。东向，方位角为东偏北 17°。墓圹规格，圹口东西长 2.55、东端宽 0.82、西端宽 0.8 米，圹底形制、规格，与圹口一致，圹口至圹底深 0.88 米，无生土二层台。在圹底中间，按东西方向，安置木质葬具一具。在木质葬具四周至圹底部四壁之间，筑有活土二层台，台土经过严密夯打，较坚实，东、南、西、北四台等高，均为 20 厘米，宽度不一，东台宽 47、南台宽 24、西台宽 25、北台宽 18 厘米。

圹内填土，为淤积夹砂石褐色土与生黄土混杂后的五花土，经普遍夯实，但未有夯层与夯窝痕迹。在填土中，仅发现泥质灰陶残片 2 块，另在圹内北侧、西半部及西端上层填土中，有零散的石灰岩石块 4 块，规格在 16×9×8 至 29×19×16 厘米之间，除此之外，再未见其他遗物。

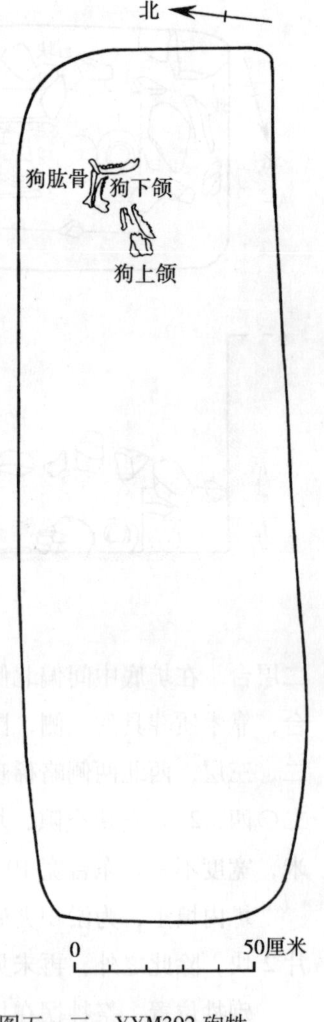

图五一三 YYM392 殉牲平面图

殉牲位置，祭牲摆放在圹内东端中间略偏北侧的上层填土中，上距东端圹口仅有 2 厘米深，下距圹底 0.74 米。殉牲种类，仅有狗 1 种。数量，狗头 2 个，狗肱骨 2 只。殉牲形式，将狗头上、下颌拆解开后，作分开、同层相邻摆放。即先将拆解开的 1 个大号狗上颌，顺摆于圹内东端中间稍偏北侧的上层填土上，吻部朝东，其下颌骨 1 副及肱骨 1 只，置于北侧，互不叠压；然后在这套大号狗上、下颌骨之间，略偏西侧的位置，再摆放另 1 套已拆解开的较小号的狗上、下颌骨及肱骨 1 只，此狗肱骨在下，狗上颌骨倒置其上，吻部朝西南，狗下颌骨与上颌骨分开摆放，亦倒置，但吻部朝东北。

木质葬具，已腐朽为泥，经清理分辨，可判定其四至，东西长 1.8、东端宽 0.38，西端宽 0.37、总高 20 厘米，与四周活土二层台台面平齐，至于此葬具的其他相关结构情况，已无从辨察。

在木质葬具内，装殓尸骨一具。保存状况不太好，头骨已残碎，其他主要部位骨骼，基本完整。头东足西，垂首偏右，仰身直肢。经现场鉴定，死者为男性，35 岁左右。骨骼从头到脚通长 1.55 米（图版二〇五，1）。

随葬品较少，陈放于木质葬具内、死者头部及其近前（图五一五）。在头骨左侧，放置泥质黑陶折肩罐 1 件，正置，口沿已残。在左、右耳骨下面，各出螺旋形铜丝耳环 1 件，已残，无绿松石坠珠伴出。覆面铜扣 1 枚，已滑落于颈下。

YYM393

这是玉皇庙墓地属于丙（C）级规格的小型墓葬之一。位于南区南部，玉海公路南侧。其东南有

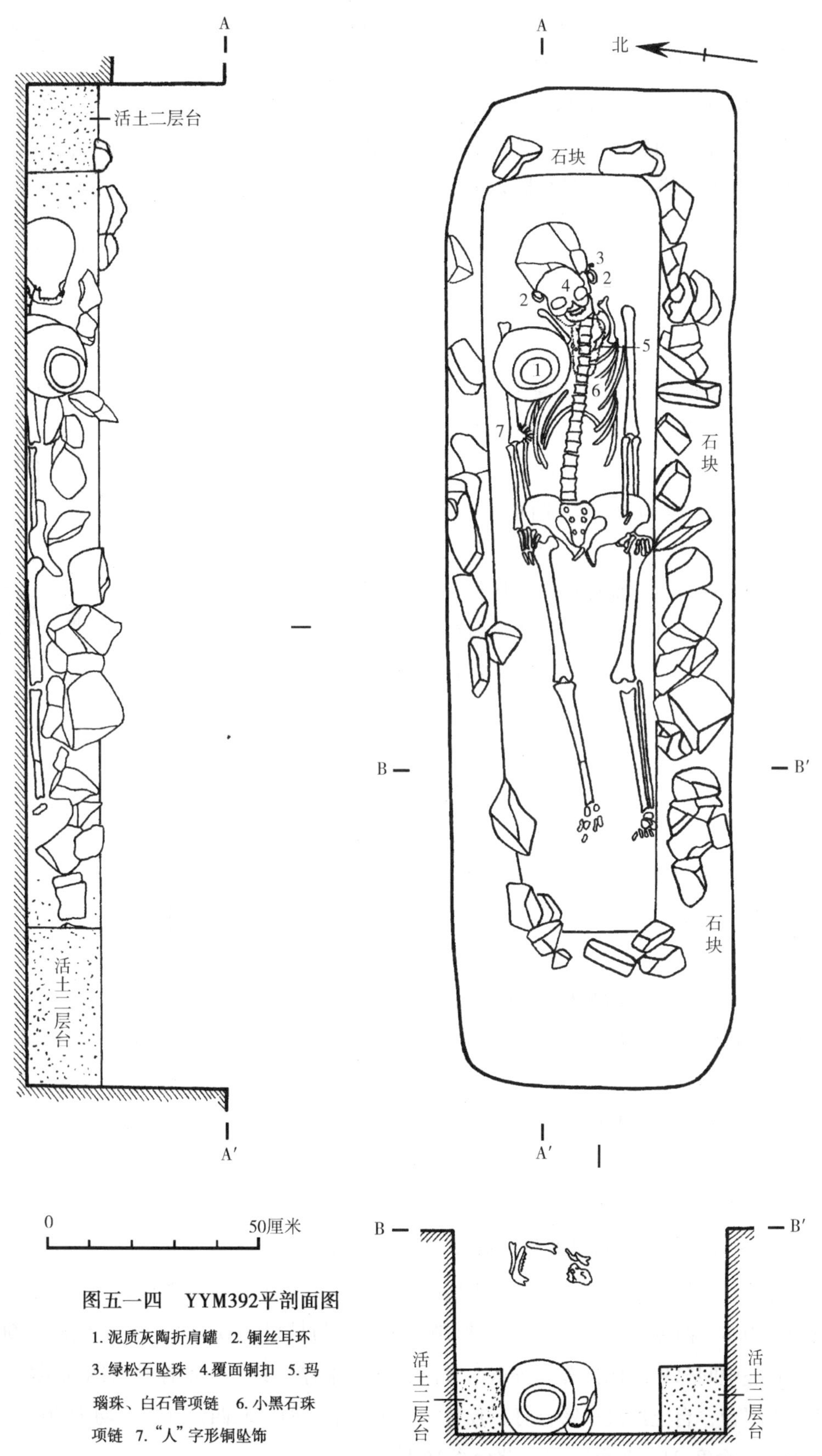

图五一四　YYM392平剖面图

1. 泥质灰陶折肩罐　2. 铜丝耳环　3. 绿松石坠珠　4. 覆面铜扣　5. 玛瑙珠、白石管项链　6. 小黑石珠项链　7. “人”字形铜坠饰

YYM399，间距1.3米；南有YYM394，间距1.2米；北有YYM392，间距1.5米；东北有YYM398，间距1.1米。此墓的地层堆积，基本上同于YYM370，不赘。

墓圹平面形状，呈抹角长方形，为竖穴土坑墓。东向，方位角为东偏北17°。墓圹规格，圹口东西长2.4、东端宽0.63、西端宽0.61米，圹底形制、规格，与圹口一致，圹口至圹底深0.9米。无生土二层台。无木质葬具，无活土二层台。在圹底四周，用大小不等的自然石灰岩石块围砌一圈，作为象征性石椁（图版二〇五，3）。

圹内填土，为淤积夹砂石褐色土与生黄土混杂后的五花土，经普遍夯实，但未有夯层与夯窝痕迹。在填土中，仅发现泥质灰陶碎片3块，除此之外，未见其他遗物。

殉牲位置，祭牲摆放在圹内东端中间上层填土中，上距东端圹口20厘米深，下距圹底0.56米。殉牲种类，仅有狗1种。数量，狗头1个，狗肱骨1只。殉牲形式，将狗头上、下颌拆解开后，按东西方向，与狗肱骨一起，顺摆于圹内东端中间上层填土上，肱骨置于头骨南侧，未相叠压，上、下颌的吻部朝东（图五一六；图版二〇五，2）。

圹底中间偏北侧，安葬尸骨一具。保存状况不太好，头骨已残碎，其他主要部位骨骼，基本完整。头东足西，仰身直肢，经现场鉴定，死者为男性，25岁左右。骨骼从头到脚通长1.65米。

随葬品较少，仅在死者头骨右侧，出泥质黑陶罐1件，正置，已残碎（图五一七）。在左、右耳骨下面，各出螺旋形铜丝耳环1件，无绿松石坠珠伴出。在颈部至胸部，出石珠项链1串，由白石管1枚、小白石珠56粒及小黑石珠16粒，联合串成。在骶骨上缘，出铜带钩1件。

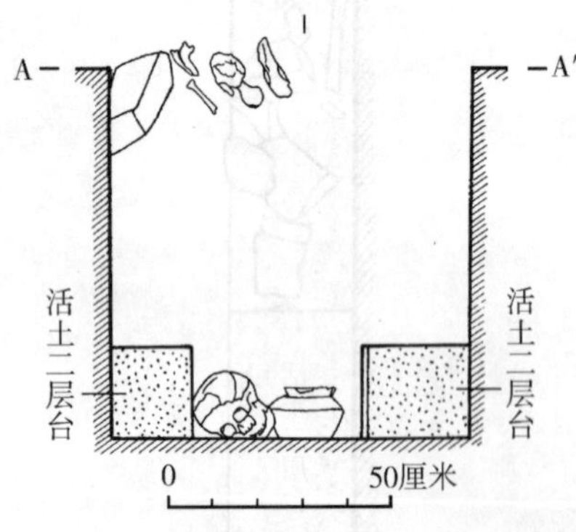

图五一五　YYM399平剖面图

1. 泥质黑陶折肩罐　2. 铜丝耳环　3. 覆面铜扣

YYM394

这是玉皇庙墓地属于乙（B）级规格的中型墓葬之一。位于南区南部，玉海公路南侧。其东南有YYM400，间距2.2米；南有YYM395，间距0.6米；北有YYM393，间距1.2米；东北有YYM399，间距0.8米。此墓的地层堆积，基本上同于YYM370，不赘。

墓圹平面形状，呈抹角长方形，为竖穴土坑墓。东向，方位角为东偏北12°。墓圹规格，圹口东西长2.58、东端宽0.8、西端宽0.84米，圹底形制、规格，与圹口一致，圹口至圹底深1.66米。无生土二层台。在圹底中间略偏北侧位置，按东西方向，安置木椁一具。在木椁外壁四周至圹底部四壁之间，筑有活土二层台，台土经过严密夯打，较坚实，东、南、西、北四台等高，均为26厘米，宽度不一，东台宽48、南台宽24、西台宽41、北台宽16厘米。

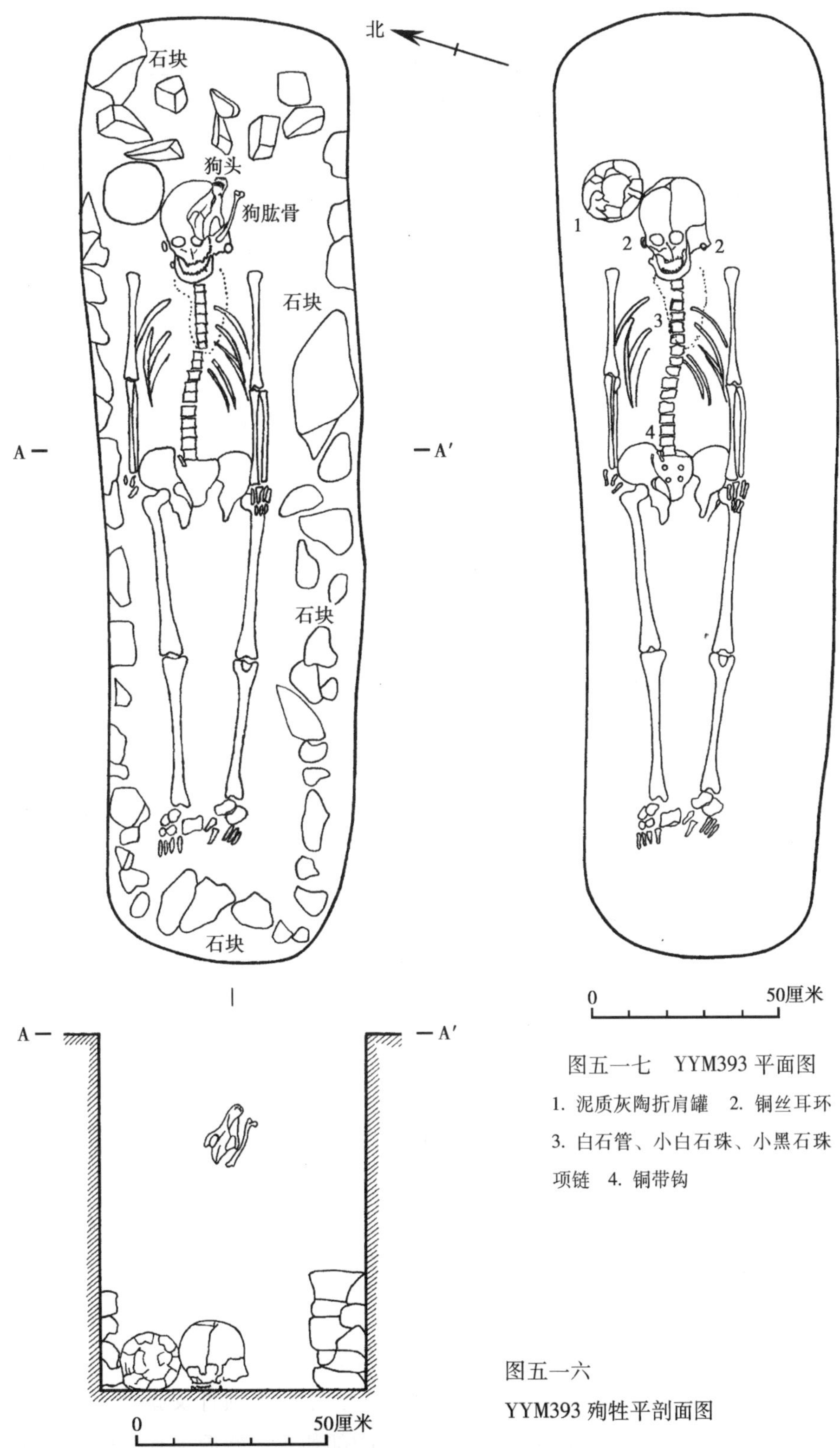

图五一六
YYM393 殉牲平剖面图

图五一七　YYM393 平面图
1. 泥质灰陶折肩罐　2. 铜丝耳环
3. 白石管、小白石珠、小黑石珠项链　4. 铜带钩

圹内填土，为淤积夹砂石褐色土与生黄土混杂后的五花土，经普遍夯实，但未有夯层与夯窝痕迹。在填土中，仅发现夹砂褐陶罐类口沿残片 1 块，泥质灰陶带弦纹的碎片 3 块。除此之外，再未见其他

遗物。

殉牲位置，祭牲集中摆放在圹内东端中间上层填土中，上距东端圹口22厘米深，下距圹底1.2米（图版二〇六，1）。殉牲种类，为牛、狗2种家畜。殉牲数量，牛头1个，牛肱骨1只，狗头4个，狗肱骨4只。殉牲形式，将牛和狗头的上、下颌拆解开后，按东西方向，作南、北相邻同层依次摆放。即先将拆解开的1套大号狗上、下颌骨及肱骨，顺摆于圹内东端中间上层填土上，然后在其西南侧，再插摆3套狗上、下颌骨及肱骨，吻部朝向，除1块狗下颌骨朝西北外，其余的皆朝东；然后再在北侧，顺摆牛牲1套，牛下颌骨及牛肱骨在下，牛上颌骨叠置其上，吻部朝东。

木椁已朽，盖板无存，底板灰痕残缺不全。南、北侧板与东、西堵板板灰呈白色粉状，轮廓可辨。南、北侧板东西顺长2.05米，总高26厘米，与南、北活土二层台台面平齐，板灰厚3.5厘米。东、西堵板，分别竖插于南、北侧板之间，立插部位，分别在南、北侧板东、西两端内缩25和10厘米处，高度与南、北侧板一致，均为26厘米，总宽东端42、西端34、板灰厚3.5厘米。南、北侧板与东、西堵板的板块组成情况，已不能详。

木椁内装殓尸骨一具。保存状况不太好，头骨已残碎，脊椎残缺不全，其他主要部位骨骼，基本完整。头东足西，仰身直肢，经现场鉴定，死者为女性，30岁左右。骨骼从头到脚通长1.53米。

随葬品较少，仅在木椁内死者头骨左侧，出泥质灰陶折肩罐1件，正置。有覆面铜扣3枚，出于上颌处1枚，滑落于残碎头骨内和下颌骨左侧各1枚（图五一八）。另在颈部出不同质料的项链2串：（1）小黑石珠项链1串，由389粒小黑石珠串成；（2）玛瑙珠、绿松石珠、小白石珠项链1串，由玛瑙珠14颗、绿松石珠26枚及小白石珠11粒，联合串成。

YYM400

这是玉皇庙墓地属于丙（A）级规格的小型墓葬之一。位于南区南部，玉海公路南侧边缘。其东、东南、南和西南，已无墓葬；西北有YYM395，北有YYM399，间距均为1米。此墓的地层堆积，基本上同于YYM370，不赘。

墓圹平面形状，呈抹角长方形，为竖穴土坑墓。东向，方位角为东偏北21°。墓圹规格，圹口东西长2.35、东端宽0.7、西端宽0.78米，圹底形制、规格，与圹口一致，圹口至圹底深1.28米。无生土二层台。在圹底中间，略偏北侧位置，安置木质葬具一具。在木质葬具四周至圹底部四壁之间，筑有活土二层台，台土经过严密夯打，较坚实，东、南、西、北四台等高，均为25厘米，宽度不一，东台宽24、南台宽20、西台宽36、北台宽9厘米（中段）。

圹内填土，为淤积夹砂石褐色土与生黄土混杂后的五花土，经普遍夯实，但未有夯层与夯窝痕迹。在填土中，仅发现泥质灰陶带弦纹的碎片3块，除此之外，再未见其他遗物。

殉牲位置，祭牲摆在圹内东端中间及偏北侧的上层填土中，上距东端圹口0.52米深，下距圹底0.73米。殉牲种类，仅有狗1种。数量，狗头2个，狗肱骨1只。殉牲形式，将狗头上、下颌拆解开后，作分开、同层相邻摆放。即先将拆解开的1套大号的狗上、下颌骨及肱骨，顺摆于圹内东端中间位置的上层填土上，肱骨在下，上、下颌骨叠置其上，吻部朝东；然后于其北侧，再分开摆放另1套较小号的狗上、下颌骨，已残缺不全，吻部朝向东北。

木质葬具，已腐朽为泥，经清理分辨，可确定其四至轮廓，东西长1.74、东端宽0.43、西端宽0.31米，总高25厘米，与四周活土二层台台面平齐，至于此葬具的相关结构情况，已无从考察。

在木质葬具内，装殓尸骨一具。保存状况不太好，头骨已碎裂，其他部位骨骼，基本完整。头东足西，仰身直肢，经现场鉴定，死者为男性，25 岁左右。骨骼从头到脚通长 1.6 米（图版二〇六，2）。

随葬品较少，陈放于木椁内，死者头、颈部及其近前（图五一九）。在头骨左后侧，放置泥质黑陶折肩罐 1 件，略倾斜，口朝东南。在左、右耳骨下面，各出螺旋形铜丝耳环 1 件及绿松石坠珠 1 枚。在颈部，出石珠项链 2 串：（1）小黑石珠项链 1 串（348 粒）；（2）小白石珠项链 1 串（40 粒）。

YYM395

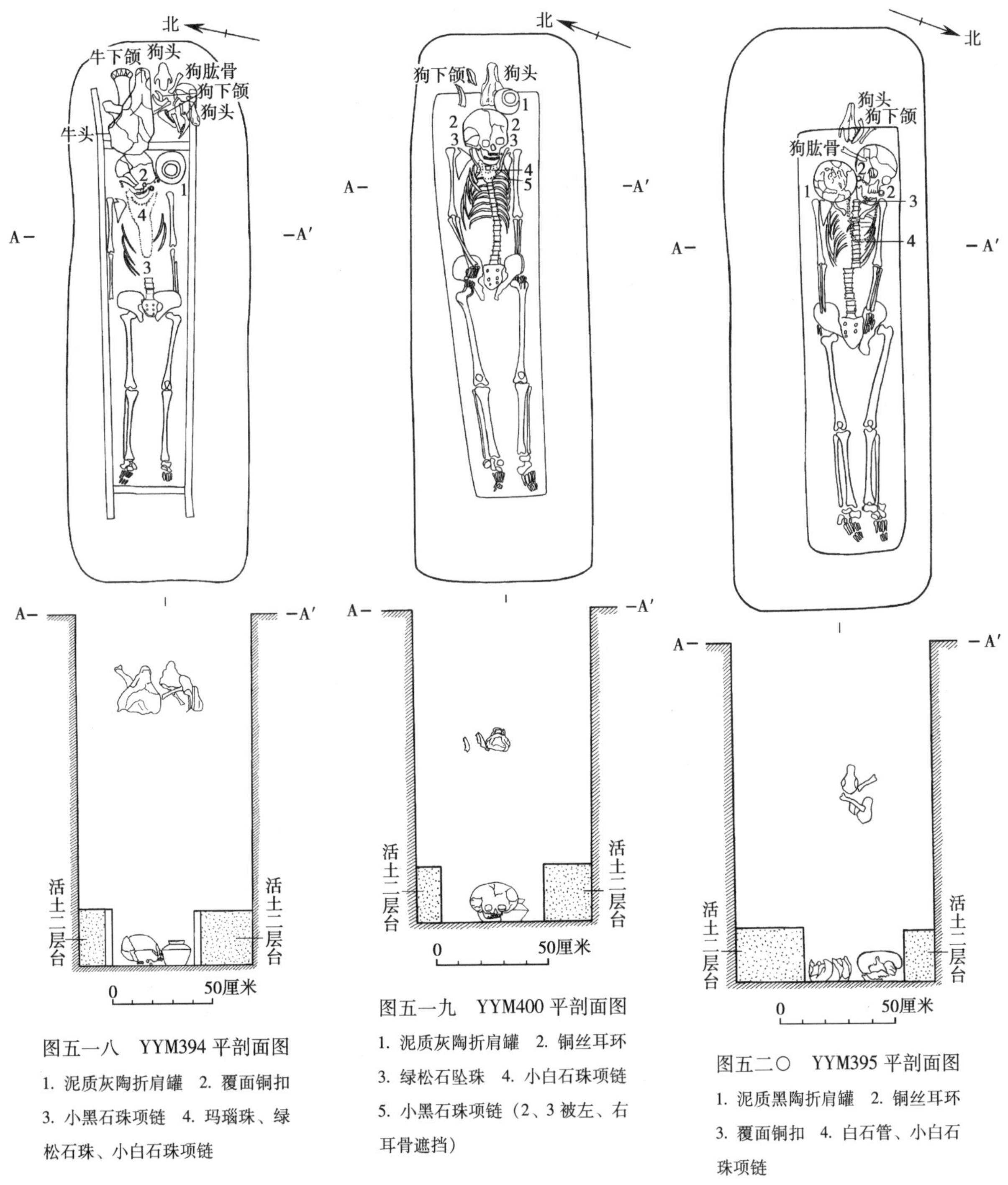

图五一八　YYM394 平剖面图
1. 泥质灰陶折肩罐　2. 覆面铜扣　3. 小黑石珠项链　4. 玛瑙珠、绿松石珠、小白石珠项链

图五一九　YYM400 平剖面图
1. 泥质灰陶折肩罐　2. 铜丝耳环　3. 绿松石坠珠　4. 小白石珠项链　5. 小黑石珠项链（2、3 被左、右耳骨遮挡）

图五二〇　YYM395 平剖面图
1. 泥质黑陶折肩罐　2. 铜丝耳环　3. 覆面铜扣　4. 白石管、小白石珠项链

这是玉皇庙墓地属于丙（A）级规格的小型墓葬之一。位于南区南部，玉海公路南侧边缘。其南、西，已无墓葬；东南有 YYM400，间距 1 米；北有 YYM394，间距 0.6 米；东北有 YYM399，间距 1.5 米。此墓的地层堆积，基本上同于 YYM370，不赘。

墓圹平面形状，呈抹角长方形，为竖穴土坑墓。西向，方位角为西偏南 20°。墓圹规格，圹口东西长 2.35、东端宽 0.75、西端宽 0.8 米，圹底形制、规格，与圹口一致，圹口至圹底深 1.37 米，无生土二层台。在圹底中间略北侧，安置木质葬具一具。在木质葬具四周至圹底部四壁之间，筑有活土二层台，台土经过严密夯打，较坚实，东、南、西、北四台等高，均为 22 厘米，宽度不一，东台宽 22、南台宽 21、西台宽 40、北台宽 11 厘米。

圹内填土，为淤积夹砂石褐色土与生黄土混杂后的五花土，经普遍夯实，但未有夯层与夯窝痕迹。在填土中，仅发现泥质灰陶带弦纹的碎片 3 块，除此之外，再未见其他遗物。

殉牲位置，祭牲摆在圹内西端中间略偏北侧的中部填土中，上距西端圹口 0.5 米深，下距圹底 0.65 米（图版二〇七，1）。殉牲种类，仅有狗 1 种。数量，狗头 2 个，狗肱骨 2 只。殉牲形式，将狗头上、下颌拆解开后，按西东方向，作同层依次摆放。即先将拆解开的 1 套大号的狗上、下颌骨及肱骨，摆放到圹内中间略偏北侧的中部填土上，肱骨与上、下颌骨分开放置，不相叠压，上颌骨吻部朝西，下颌骨吻部朝东南；然后于其东侧，再摆上另 1 套已拆解开的较小号的狗上、下颌骨及肱骨，此肱骨斜搭在上、下颌骨之上，其上、下颌骨吻部，皆朝西。

木质葬具，已腐朽为泥，经清理分辨，其四至界限大致如次：东西长 1.72、东端宽 0.41、西端宽 0.43 米，总高 22 厘米，与四周活土二层台台面平齐。至于该木质葬具的相关结构情况，已无从辨察。

在木质葬具内，装殓尸骨一具。保存状况不太好，头骨已残碎，其他主要部位骨骼，基本完整。头西足东，仰身直肢，经现场鉴定，死者为男性，40～45 岁。骨骼从头到脚通长 1.52 米（图版二〇七，2）。

随葬品较少，陈放于木质葬具内，死者头、颈部及其近前（图五二〇）。在右肩部，放置泥质黑陶折肩罐 1 件，正置，已残碎。在左、右耳骨下面，各出螺旋形铜丝耳环 1 件，无绿松石坠珠伴出。覆面铜扣 2 枚，已滑落于下颌骨内。在颈部，出小黑石珠项链 1 串（339 粒）。

肆　随葬器物

在玉皇庙墓地经发掘的400座墓葬中，有随葬品的墓共365座，占该墓地墓葬总数的91.25%，其中包括大型墓葬8座，中型墓葬111座，小型墓葬245座，还有规格级别不详的墓1座，出土文物较为丰富。另有35座墓，未见任何随葬品，此类墓占该墓地墓葬总数的8.75%。

随葬品的种类主要有：陶器、金器、青铜器、石、玛瑙、绿松石制品，骨器、蚌、贝饰品，小件竹制品及皮革残件等11类。共出土大小件器物124种，总计60722件。其中以青铜器物种类最多，特色十分鲜明。

有随葬品的365座墓，从分布看，在玉皇庙墓地各个墓区均有分布，且所占比例较高。如北Ⅰ区有随葬品的墓共有53座，占该墓区墓葬总数（58座）的91.4%；北Ⅱ区有随葬品的墓共有121座，占该墓区墓葬总数（136座）的89%；南区有随葬品的墓共有166座，占该墓区墓葬总数（174座）的95.4%；西区有随葬品的墓共有25座，占该墓区墓葬总数（32座）的78.1%。

从性别和年龄看，有随葬品的墓葬包括男、女、老、幼各个年龄段群体，其中男、女、少儿及无人墓所占比例较高；婴儿和性别不详者所占比例偏低。如男性有随葬品的墓共162座，占男性墓葬总数（177座）的91.5%；女性有随葬品的墓共145座，占女性墓葬总数（156座）的92.9%；少儿有随葬品的墓共35座，占少儿墓葬总数（37座）的94.6%；无人墓有3座，均有随葬品，所占比例为100%；婴儿有随葬品的墓共15座，占婴儿墓葬总数（20座）的75%；性别不详者有随葬品的墓共5座，占此类墓葬总数（7座）的71.4%。

从墓葬规格级别看，属于大、中型墓的甲、乙两级墓（甲级墓8座，乙级墓111座，共119座）每座墓均有随葬品，所占比例各为100%；属于小型墓的丙、丁级墓（丙级墓188座，丁级墓92座，共280座），有随葬品墓的比例较大、中型墓呈递减趋势。如丙（A）级有随葬品者76座，占该级别墓葬总数（81座）的93.8%；丙（B）级有随葬品者38座，占该级别墓葬总数（41座）的92.7%；丙（C）级有随葬品者56座，占该级别墓葬总数（66座）的84.8%；丁级有随葬品者75座，占该级别墓葬总数（92座）的81.5%；规格级别不详的墓有随葬品者1座（参见附表103）。

无随葬品的墓，从分布看，在玉皇庙墓地各墓区均有数量不等分布，总体上看，所占比例较低，其中以南区所占比例最低，其次为北Ⅰ区和北Ⅱ区，而以西区所占比例略高。如南区无随葬品的墓共8座，仅占该墓区墓葬总数的4.6%；北Ⅰ区无随葬品的墓共5座，占该墓区墓葬总数的8.6%；北Ⅱ区无随葬品的墓共15座，占该墓区墓葬总数的11%；西区无随葬品的墓共7座，占该墓区墓葬总数的21.87%。

从性别考察，无随葬品的墓包含了男、女、老、幼各个年龄段的群体，其中以被破坏的、性别无法鉴定者（即性别不详者）和婴儿所占比例偏高，而成年男、女和少儿所占比例较低。如性别不详者无随葬品的墓共2座，占此类墓葬总数（7座）的28.6%；婴儿无随葬品的墓共5座，占婴儿墓葬总数（20座）的2.5%；男性无随葬品的墓共15座，占男性墓葬总数（177座）的8.47%；女性无随葬

附表 103－1 **玉皇庙墓地有随葬品墓葬统计表**

墓号（YYM）	分布		分期	墓葬规格级别	性别	合计
22	北Ⅰ区	中部	春秋早期	甲（B）	男	
21				丙（B）	女	
20				乙（A）	女	
35				乙（B）	女	
32				丙（A）	无人	
33				丙（A）	不详	
34				丙（B）	无人	
31				丙（B）	男	
30				丙（C）	男	
29				丙（B）	女	
25				丙（A）	女	
19				乙（B）	男	
17				乙（B）	无人	
16				丙（C）	男	
15				丁	少儿	
1				不详	不详	
2				甲（B）	女	32
3				乙（B）	女	
18				甲（A）	男	
14				丁	女	
13				乙（A）	男	
4				丙（A）	女	
11				乙（A）	男	
5				丙（C）	男	
9				丙（C）	女	
10				乙（B）	女	
82		西部		丙（A）	男	
386				丙（C）	男	
300				乙（A）	男	
385				丙（C）	男	
383				丁	不详	
384				乙（B）	男	
248	北Ⅱ区	北部	春秋早中期	丙（C）	女	
249				丙（C）	女	
278				丙（A）	男	
281				丁	男	
245				丙（A）	女	
279				乙（B）	女	
280				乙（A）	女	
387				丁	女	
283				丁	女	
285				丁	女	
37				丙（C）	女	

附表 103－2　**玉皇庙墓地有随葬品墓葬统计表**

墓号（YYM）	分布		分期	墓葬规格级别	性别	合计
98	北Ⅱ区	北部	春秋早中期	丙（A）	女	37
277				丙（A）	男	
250				甲（A）	男	
282				丙（A）	男	
251				乙（B）	女	
230				甲（A）	男	
229				乙（A）	男	
233				乙（B）	男	
231				乙（B）	女	
228				乙（B）	男	
232				丙（A）	女	
227				乙（A）	男	
241				乙（B）	女	
264				丙（A）	男	
276				丁	男	
97				丙（B）	女	
99				丁	女	
38				丙（A）	男	
39				丙（C）	女	
226				乙（B）	男	
240				乙（B）	女	
252				丙（A）	男	
265				丙（A）	女	
275				乙（A）	男	
96				丙（A）	女	
47				丙（C）	女	
234	北Ⅱ区	中部	春秋中期	乙（B）	男	
239				丁	少儿	
253				丁	婴儿	
263				乙（B）	男	
274				丙（B）	少儿	
45				丙（A）	男	
43				丙（A）	男	
42				丙（C）	少儿	
41				乙（B）	男	
225				乙（B）	女	
254				乙（B）	女	
266				乙（A）	女	
273				丙（A）	女	
46				乙（B）	男	
44				乙（B）	男	
236				乙（A）	男	
238				丙（C）	少儿	
237				乙（B）	女	
255				丁	少儿	

附表103－3 **玉皇庙墓地有随葬品墓葬统计表**

墓号（YYM）	分布		分期	墓葬规格级别	性别	合计
256	北Ⅱ区	中部	春秋中期	乙（A）	女	49
261				乙（A）	男	
267				丙（B）	婴儿	
272				丙（A）	女	
94				丙（C）	少儿	
49				丙（A）	男	
89				乙（B）	不详	
90				丙（C）	少儿	
257				乙（B）	男	
259				丙（C）	少儿	
247				乙（B）	男	
268				丙（A）	女	
270				乙（B）	男	
271				乙（B）	男	
48				丙（A）	男	
95				乙（A）	男	
258				乙（A）	女	
260				丙（A）	男	
269				丙（B）	男	
51				乙（A）	男	
65				乙（B）	男	
191				丙（A）	女	
190				乙（B）	男	
125				丁	女	
188				乙（B）	男	
52				甲（B）	男	
54				乙（A）	男	
100				丁	女	
66				乙（B）	女	
67				丙（C）	少儿	
36	北Ⅰ区	北部		乙（B）	男	12
26				乙（B）	女	
296				丙（B）	女	
297				丙（B）	男	
298				丁	女	
293				丁	婴儿	
295				乙（A）	男	
299				丙（B）	少儿	
294				丙（A）	女	
291				丁	少儿	
289				丁	少儿	
290				丙（C）	男	
23		中部		丙（A）	男	2
24				丁	少儿	

附表 103－4　**玉皇庙墓地有随葬品墓葬统计表**

墓号（YYM）	分布		分期	墓葬规格级别	性别	合计
12	北Ⅰ区	南部	春秋中期	丁	女	7
8				丙（B）	女	
6				丙（A）	女	
101				丙（B）	女	
7				丙（C）	男	
103				丁	不详	
102				丙（B）	男	
212	北Ⅱ区	南部	春秋中晚期	乙（B）	男	35
208				丙（A）	女	
192				丙（B）	男	
189				丙（A）	女	
187				丙（A）	女	
53				丁	婴儿	
55				丙（C）	少儿	
58				乙（B）	男	
196				乙（B）	女	
186				乙（B）	男	
87				乙（B）	女	
56				丁	少儿	
57				乙（B）	男	
185				丙（A）	女	
86				乙（A）	男	
59				丁	少儿	
60				乙（B）	男	
71				丙（C）	男	
91				丁	少儿	
184				丙（B）	少儿	
85				丁	婴儿	
149				丙（B）	女	
61				乙（B）	男	
64				乙（B）	女	
72				丙（C）	男	
69				丙（A）	男	
84				丙（A）	女	
83				丙（A）	男	
81				乙（B）	女	
62				丙（C）	男	
63				乙（B）	男	
92				丁	少儿	
148				丙（A）	男	
141				丁	婴儿	
70				乙（B）	男	
217	南区	北部	春秋晚期前段	甲（B）	男	
207				乙（B）	男	
224				丙（A）	男	
194				丙（C）	婴儿	
182				乙（B）	男	
139				丙（A）	女	
203				乙（B）	男	
223				乙（B）	女	
222				丙（B）	女	

附表 103－5　　**玉皇庙墓地有随葬品墓葬统计表**

墓号（YYM）	分布		分期	墓葬规格级别	性别	合计
221	南区	北部	春秋晚期前段	丙（A）	女	59
220				乙（B）	女	
219				丙（A）	女	
216				乙（B）	女	
215				丙（B）	女	
214				乙（B）	男	
213				乙（B）	男	
211				乙（B）	女	
210				乙（A）	男	
209				乙（A）	男	
195				丙（C）	婴儿	
206				丙（A）	女	
205				乙（B）	男	
204				乙（B）	女	
197				乙（B）	女	
198				乙（B）	女	
170				乙（B）	男	
199				丙（A）	男	
200				丙（A）	女	
183				丙（B）	女	
181				丙（A）	男	
180				丙（A）	女	
179				乙（B）	男	
169				乙（B）	女	
178				乙（B）	女	
177				丁	婴儿	
150				乙（B）	女	
151				甲（B）	男	
157				丙（C）	少儿	
153				丙（A）	女	
147				丁	婴儿	
142				丙（A）	男	
145				丙（A）	男	
143				丙（A）	男	
144				丙（A）	女	
138				丙（A）	女	
137				丙（A）	女	
136				丙（C）	少儿	
135				丙（C）	少儿	
117				丙（A）	男	
116				丁	少儿	
118				丙（B）	女	
119				丙（A）	女	
104				丙（B）	女	
105				丙（C）	男	
74				乙（A）	男	
75				丙（B）	女	
76				丙（C）	女	
112				丁	女	
201				丁	少儿	
202		中部		丙（A）	女	
176				丙（B）	女	
154				丙（C）	男	

附表 103－6　**玉皇庙墓地有随葬品墓葬统计表**

墓号（YYM）	分布		分期	墓葬规格级别	性别	合计
155	南区	中部	春秋晚期前段	丁	少儿	34
286				丁	婴儿	
156				乙（A）	男	
158				乙（B）	男	
167				乙（B）	女	
168				丙（B）	男	
134				乙（B）	男	
133				乙（B）	女	
132				丙（C）	少儿	
131				丙（A）	男	
122				丙（A）	男	
123				丙（C）	婴儿	
124				乙（B）	男	
126				丙（A）	女	
120				丙（B）	少儿	
121				丙（C）	男	
115				丁	少儿	
114				丙（B）	女	
113				丙（A）	女	
111				丙（A）	男	
159				丁	婴儿	
165				丁	少儿	
166				丙（C）	少儿	
171				丙（A）	男	
106				丁	少儿	
108				丙（C）	男	
80				丁	女	
107				丁	男	
77				丙（B）	男	
79				丁	男	
78				丁	女	
332	西区			丙（C）	男	24
333				丙（B）	男	
331				丁	女	
323				丙（C）	男	
319				丙（B）	男	
329				丁	男	
327				丁	女	
324				丁	女	
322				丁	男	
321				丁	男	
320				丙（B）	男	
316				丁	女	
312				丙（C）	男	
310				丁	婴儿	
314				丙（C）	男	
315				丙（B）	男	
313				丁	男	
308				丁	男	
317				丁	女	
306				丁	女	
303				丁	男	
305				丙（C）	女	
301				丙（B）	女	
302				丙（C）	女	

附表 103－7　　**玉皇庙墓地有随葬品墓葬统计表**

墓号（YYM）	分布		分期	墓葬规格级别	性别	合计
164	南区	南部	春秋晚期后段	丙（B）	男	38
127				丙（C）	男	
110				丙（B）	男	
172				丁	男	
163				乙（B）	女	
160				乙（B）	男	
130				乙（B）	女	
175				丙（A）	男	
173				丙（C）	男	
161				乙（A）	男	
129				乙（A）	男	
128				乙（B）	女	
109				丙（C）	女	
162				丁	女	
353				丁	女	
174				乙（B）	男	
340				丙（A）	女	
337				丙（C）	少儿	
334				乙（A）	男	
352				丙（C）	女	
351				丁	男	
354				丁	女	
345				丙（A）	男	
346				乙（B）	女	
344				乙（A）	男	
343				丙（A）	男	
339				乙（A）	女	
341				丙（A）	女	
338				乙（A）	女	
348				乙（B）	男	
335				丁	婴儿	
336				丙（A）	男	
349				乙（B）	男	
380				丁	男	
350				乙（B）	男	
355				丁	女	
357				丁	女	
358				丁	男	
325	西区			丁	男	1

附表 103－8　**玉皇庙墓地有随葬品墓葬统计表**

墓号（YYM）	分布		分期	墓葬规格级别	性别	合计
356	南区	南部	春秋晚期后段	丁	男	35
347				乙（B）	女	
342				丙（A）	男	
373				乙（B）	男	
366				乙（B）	女	
367				丁	女	
359				丁	少儿	
360				丁	女	
381				丁	男	
379				丙（A）	男	
382				丙（B）	女	
377				丙（A）	女	
378				丙（A）	女	
376				丙（A）	男	
374				乙（B）	女	
375				丙（C）	女	
372				丙（A）	女	
371				丙（C）	女	
368				丙（C）	女	
369				乙（B）	女	
370				丙（B）	男	
364				丙（B）	女	
363				丁	少儿	
361				丁	男	
396				丙（C）	女	
389				丙（C）	男	
391				丙（C）	女	
397				丙（C）	女	
398				丙（C）	女	
392				丁	女	
399				丙（B）	男	
393				丙（C）	男	
394				乙（B）	女	
400				丙（A）	男	
395				丙（A）	男	
总计				甲（A） 3 甲（B） 5 乙（A） 28 乙（B） 83 丙（A） 76 丙（B） 38 丙（C） 56 丁 75 不详 1	男 162 女 145 少儿 35 婴儿 15 无人 3 性别不详 5	365（座）

品的墓共11座，占女性墓葬总数（156座）的7.1%；少儿无随葬品的墓共2座，占少儿墓葬总数（37座）的5.4%。

以墓葬规格级别考察，无随葬品的墓在玉皇庙墓地无1例大、中型甲、乙级墓葬，而只包含丙（A）级以下的小型墓葬，其中以丁级和丙（C）级所占比例偏高。如丙（A）级无随葬品的墓共5座，占该级别墓葬总数（81座）的6.2%；丙（B）级无随葬品的墓共3座，占该级别墓葬总数（41座）的7.3%；丙（C）级无随葬品的墓共10座，占该级别墓葬总数（66座）的15.2%；丁级无随葬品的墓共17座，占该级别墓葬总数（92座）的18.5%。

还应指出的是，上述无随葬品的墓葬大多数还无任何殉牲，仅有少数墓殉有少量羊、狗头和肱骨。如35座无随葬品墓中，无殉牲者即有25座，占无随葬品墓葬总数的69.4%，有殉牲者只有8座，占无随葬品墓葬总数的21.6%。

上述这些情况表明，无随葬品墓的死者，其身份地位普遍是低下的（参见附表104）。

一　陶　器

玉皇庙墓地随葬陶器的墓共278座，占该墓地墓葬总数的69.5%。共出陶器279件，占该墓地各类随葬品总数（60722件）的0.46%。除YYM221随葬2件以外，其余277座墓每墓均只随葬1件。从陶系看，主要分为两大陶系，即夹砂系与泥质系。夹砂系主要是夹砂红陶或夹砂红褐陶器，泥质系主要为泥质灰陶，或少量泥质黑陶器。两个陶系共存于一个墓地，是这支文化发展过程的特点之一。从两系陶器的数量看，夹砂系陶器共有195件，约占出土陶器总数的70%，泥质系陶器共有84件，约占出土陶器总数的30%，夹砂陶器所占比例是泥质陶器的2倍多。从数量对比看，夹砂系陶器在该墓地显然是属于占主导地位的因素之一，而泥质系陶器，则应属次要地位的因素之一。

不论夹砂系陶器，还是泥质系陶器，不管器体较大者，还是器体矮小者，均为实用器，而无冥器。在很多陶器的器底，都遗有明显的磨蚀痕迹，不少陶器的器表尚遗留着烟炱痕迹。

陶器出土时，有的因为烧制火候低，陶质极疏松，长期受潮后，已经酥粉，起取出来，即变为一堆粉末，无法复原；有的残碎过甚，也难以复原。此类情况，以夹砂系陶器较多，泥质系陶器较少。夹砂系陶器因此而不能进行整理和确定其型式者，共有46件（墓葬编号：YYM1、5、15、16、17、26、34、35、36、37、41、52、58、66、67、83、98、101、117、125、126、137、145、170、176、178、189、191、209、217、222、248、270、276、303、306、312、334、348、353、357、369、370、372、373、382），可作整理、并能确定其型式者149件；泥质系陶器不能进行整理和确定其型式者，共有5件（墓葬编号：YYM79、182、398、393、395），可作整理、并能确定其型式者79件。

1. 陶质

（1）夹砂系陶器

夹砂系陶器以夹砂红陶和红褐陶器为大宗，这在该墓地早、中期阶段，是十分明显的现象，也有数量较少的夹砂褐陶，以及数量更少的夹砂灰褐陶器，这在该墓地晚期阶段，比较多见。陶质普遍较粗糙，含砂量较多，颗粒较粗大，火候低而不匀，强度不高，质地疏松，有一些陶罐，甚至是手触砂落。器表多带杂斑，在很多陶罐的颈、肩和腹部，遗有不规则的或大片的褐色或黑褐色斑迹。据中国科学院上海硅酸盐研究所测定，此类夹砂系陶器，均系采用了当地风化程度很差的砂质黄土为原料，加

附表 104

玉皇庙墓地无随葬品墓葬统计表

墓号（YYM）	分布	分期	墓葬规格级别	性别	备注		
					墓被破坏者	无殉牲者	墓内有殉牲者
27	北Ⅰ中	春秋早期	丙（B）	不详	√		
28			丙（A）	不详	√		
246	北Ⅱ北	春秋早中期	丁	男		√	
242			丁	少儿		√	
243			丁	男		√	
244			丙（B）	男		√	
284			丁	男		√	
40			丙（A）	女		√	
235	北Ⅱ中	春秋中期	丁	婴儿		√	
262			丙（C）	婴儿			狗头 1，狗肱骨 1
50			丙（C）	女			羊头 1，羊下颌 1，羊肱骨 1
88			丙（B）	女		√	
68			丙（C）	女			狗头 1
292	北Ⅰ北		丁	女		√	
287			丁	女		√	
288			丙（C）	女		√	
193	北Ⅱ南	春秋中晚期	丁	婴儿		√	
140			丁	少儿		√	
93			丙（A）	男		√	
73			丙（C）	女		√	
218	南区北	春秋晚期前段	丙（A）	女			狗头 1，狗肱骨 1
152			丁	婴儿		√	
146			丁	婴儿		√	
326	西区		丙（C）	男		√	
318			丙（C）	男			羊头 1，狗头 3
311			丙（C）	男		√	
309			丁	男		√	
307			丁	男		√	
304			丙（C）	女			狗头 6
330		春秋晚期后段	丁	男		√	
328	南区南		丙（A）	男			狗头 1，狗肱骨
365			丁	男			羊肩胛骨 1，羊肱骨 1
362			丁	男		√	
390			丙（C）	男		√	
388			丁	女		√	
合计 35（座）			丙（A） 5 丙（B） 3 丙（C） 10 丁 17	男 15 女 11 少儿 2 婴儿 5 性别不详 2	2 例	25 例	8 例

工烧制的。所谓砂，并非石英砂，其粗颗粒部分主要为长石类矿物，常见有大颗粒玉髓存在；细颗粒部分主要为蒙脱石类矿物的皂石和风化程度很低的白云母所构成。

（2）泥质系陶器

泥质系陶器，以泥质灰陶器为大宗，也有数量较少的泥质灰褐陶和泥质黑皮陶器。泥质系陶器在玉皇庙墓地的早、中期阶段，数量稀少，到晚期阶段，数量显著增加。陶质较夹砂系陶器明显细腻。原因是在原料的选择上有所改进：系选用了经天然淘洗过的、不带粗颗粒的冲积土为原料，加工烧制而成。据上海硅酸盐研究所专家检测确认：玉皇庙墓地泥质系陶器的陶土，并非经过人工淘洗，只是制作者有意识地去寻找并获取这类冲积而成的较细腻的陶土原料的结果。所以，其陶质的矿物组成，与夹砂系陶器是一致的。

2. 制法

（1）夹砂系陶器

全部为手制，未有1例采用慢轮加工。所有陶罐，均分口沿、肩腹、器底三部分，分别用手大致捏制成形，然后再采取泥条盘筑方法，将器底与腹部、肩部和口颈部分，粘接在一起。有很多残碎陶器，都是从口颈与肩部衔接部位，或是从下腹部与器底衔接部位，断裂开来的，其原陶坯与后来用泥条盘筑方法相结合，将一道一道的泥条，粘附在原陶坯之上的痕迹，十分清楚。不少陶罐的内、外壁，都遗有当初制器时的手捏指印和捺压坑窝。多数陶器的表面，遗有利器或竹木器刮削痕，或横向，或纵向，或斜向，或互相交叉，这是陶器捏制成形之后，修整工序留下的痕迹。从制作工艺看，大多数夹砂陶器，做工粗拙。口沿不平齐，器表未经打磨，不但不光平，而且多有凸凹坑窝，或裸露明显的捏接凸棱。内壁绝大多数更显粗糙，多是用手粗略一抹，就完事了，故在内壁遗留的各部分捏接痕迹，或手捺坑窝，比比皆是。还有不少器物做得不对称，或一侧偏高，另一侧偏矮，器口和整个器身向一侧歪斜，或口沿、颈部、肩部、腹部，捏制的口径不均匀，一边偏大，另一边偏小，整个器体出现走形，或很不规矩。器形对称，做工精细，器表经过打磨，略带光泽者极少。

（2）泥质系陶器

仅少数为手制，绝大多数为手制与慢轮加工相结合。少数手制者，限于早期陶器标本。晚期绝少有手制者，基本上都采用了手制与轮制相兼的制法。所有陶器，也是分别先用手捏制出口沿、肩腹部和器底三部分大形，然后再以泥条盘筑法，将已经捏制好的三部分，用泥条盘绕、粘接成一个整体，然后再做刮削和采用慢轮进行修整。器形大多较规整，口沿较平齐，口径、肩径、腹径、底径较规矩和对称，内、外壁多较平整，虽然仍有不少标本器表遗有刮削痕，但明显凸凹不平的情况，已很少见。折肩罐的口沿内侧和方唇中间，以及折肩部位，所饰的阴刻弦纹，绝大多数都是采用慢轮工艺加工出来的，所以纹路比较均匀和整齐。

（3）烧成温度

经中国科学院上海硅酸盐研究所实验测定，玉皇庙墓地出土的夹砂系陶器和泥质系陶器的烧成温度，基本在600°C ~700°C之间。两系陶器的烧成温度相差不大，都一直徘徊在较低的水平，其工艺也是较原始的。

3. 纹饰

（1）夹砂系陶器

夹砂系陶器，绝大多数为素面，有纹饰者很少。在280件夹砂系陶器中，真正施纹的陶器标本只有2例（仅占夹砂系陶器总数的0.7%）：其一，YYM300：1，在罐的颈部表面装饰由锥刺篦点纹组成的三角形纹带一周（图五二一，3；彩版四五，上）；其二，YYM385：1，在罐的颈部表面装饰由锥刺篦点纹组成的不规则形方角回纹纹带一周。

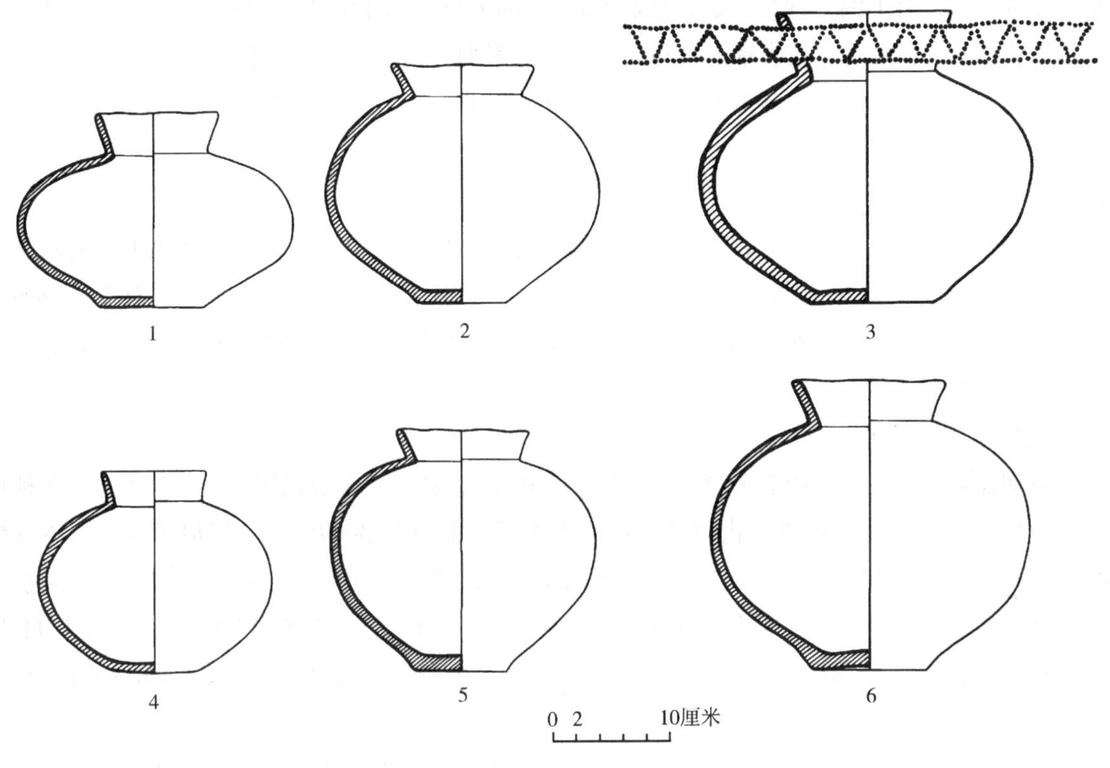

图五二一　玉皇庙墓地出土夹砂红、褐陶Ⅰ型椭圆腹罐

1. Ⅰ式（YYM22:1）　2. Ⅱ式（YYM20:1）　3. Ⅱ式（YYM300:1）
4. Ⅱ式（YYM384:1）　5. Ⅱ式（YYM13:1）　6. Ⅱ式（YYM11:1）

除此之外，唯有以手捏乳突为装饰形式的陶器标本5例，占夹砂系陶器总数的1.8%。这5例标本的共同装饰特点是，于罐的肩、腹交接部位，贴附有以手捏塑而成的乳突作疣耳。或单乳二分式1对，如YYM81:1；或单乳四分式2对，如YYM268:1、YYM385:1（彩版四五，下）；或联体双乳四分式2对，如YYM74:1、YYM358:1（图五二八，4、图五二九，3；图版二一四，2、图版二一五，1）。

看来，锥刺篦点纹（三角纹带或不规则形方角回纹带），当属该文化早期阶段富有特色的主要陶器纹饰之一；以手捏乳突为疣耳，应为该文化从早到晚发展过程中夹砂系陶器上的主要装饰形式之一。

（2）泥质系陶器

泥质系陶器经整理的共79件，其中素面者17件，占泥质系陶器（经整理者）总数的21.5%；有纹饰者62件，占泥质系陶器（经整理者）总数的78.5%。

纹饰种类共有8种：（1）绳纹；（2）弦纹；（3）指甲纹；（4）楔形纹；（5）绹纹；（6）小圆圈纹；（7）“十”字形符号纹；（8）在陶罐口沿部位施对称圆形钻孔1对。其中以弦纹数量最多，共计58例（件），占泥质系陶器（经整理者）总数的73.4%，占施纹陶器总数的93.5%；指甲纹次之，共计13例（件），占泥质系陶器（经整理者）总数的16.5%。占施纹陶器总数的21%；数量较少的是，在陶罐口沿部位施对称圆形钻孔1对，共计8例（件），占泥质系陶器（经整理者）总数的10.1%，占施纹陶器总数的12.9%；数量再少的是绚纹和小圆圈纹，各有4例（件），分别占施纹陶器总数的6.45%；数量更少的是楔形纹和“十”字符号纹，各有3例（件），分别占施纹陶器总数的4.8%；数量最少的是绳纹，只有1例（件），仅占施纹陶器总数的1.6%（图五四六，5；图版二三一，5）。

施纹器类包括：折肩罐、鼓腹罐、壶和盂。豆皆为素面。以折肩罐的口沿和折肩部位施阴刻弦纹者最多，共计58例（件）；鼓腹罐施纹较少，仅有3例（件）；壶和盂施纹者最少，仅各1例（件）。

4. 器形

（1）夹砂系陶器

夹砂系陶器器形简单，绝大多数属于罐类，共有各种型式的罐193件，占该墓地出土夹砂系陶器总数的99%，是这一文化发展过程中主要的、富于代表性的陶器器类。其他器形，仅有2件，即夹砂褐陶绳纹单耳杯1件（YYM2:26，出于墓内填土中），夹砂红陶盂1件（YYM291:1）。除此之外，再未见别的任何器类。

（2）泥质系陶器

泥质系陶器器形，仅比夹砂系陶器多出2种（壶和豆），其绝大多数仍属罐类，其中尤以各种形式的折肩罐数量最多，共出土58件，占该墓地出土泥质系陶器总数的69%。除折肩罐以外，还有弧肩（或溜肩）罐7件（Ⅰ型YYM82:1、47:1，Ⅱ型YYM103:1、75:1、198:1、368:1、376:1），圆折肩罐3件（Ⅲ型YYM9:1，Ⅳ型YYM212:1、313:1），敛口鼓腹小罐1件（Ⅴ型YYM57:1），以上11件标本，姑称作“非折肩罐”。壶8件（Ⅰ型YYM232:1、86:1、200:1、104:1，Ⅱ型YYM184:1、221:1、156:1，Ⅲ型YYM175:1）；豆4件（均属Ⅰ型Ⅰ式，YYM71:1、72:1、70:1、214:1，皆为残件，仅余盘部，柄座已缺失）；盂2件（Ⅰ型YYM221:2，Ⅱ型YYM321:1）。这几种器形数量的总和，仅占该墓地出土泥质陶器总数的31%。大量的泥质灰陶折肩罐，是出于玉皇庙等地晚期阶段墓葬中，可知这类折肩罐应属该墓地晚期发展阶段具有典型意义的重要文化因素之一。

（一）夹砂系陶器

经整理，可以确定型式者共149件。其中罐147件，分为14型（Ⅰ型~ⅩⅣ型），每型罐中，又各有不同式别；另有杯1件，盂1件。依次分述如下：

罐　共147件。

Ⅰ型　夹砂红、褐陶椭圆腹罐　共22件。

此型罐造型的基本特征是，斜侈口，弧肩，鼓腹非常显著，腹腔呈横向椭圆形，腹径与器高之比值，一般在1.12~1.45之间。是玉皇庙文化夹砂陶器中的早期器型之一。可分4式。

Ⅰ式　1件，YYM22:1。此式除具有上述Ⅰ型罐一般基本特征之外，其个性特点是，颈较高，鼓腹最为显著，腹腔呈横向扁圆形，其腹径与器高之比值为1.45，是此型罐的4种式别中比值最大者。

Ⅱ式　14件，YYM20:1、13:1、300:1、384:1、11:1、249:1、229:1、231:1、227:1、256:1、95:1、298:1、23:1、7:1。此式区别于Ⅰ式的突出个性特点是，颈部长、短不稳定，既有稍高或较高者，也有短颈者；腹部外鼓程度，较Ⅰ式者有所收敛，其腹径与器高之比值，一般在1.15~1.35之间，14件标本的平均值为1.19；器底大多为小平底。

Ⅲ式　6件，YYM3:1、386:1、4:1、233:1、228:1、6:1。此式区别于Ⅰ式和Ⅱ式的突出个性特点是，腹部外鼓程度，又作进一步收敛，其腹径与器高之比值，一般在1.09～1.19之间，6件标本的平均值为1.14，器底大小不稳定。

Ⅳ式　1件，YYM213:1。此式不同于前3式的个性特点在于，颈部偏高，斜垂肩，圆折腹，器形接近壶类（参见附表105）。

附表105　**玉皇庙墓地夹砂红、褐陶Ⅰ型椭圆腹罐（22件）式别特征相关数值统计表**

器号（YYM）	型式		腹径与器高之比值	器号（YYM）	型式		腹径与器高之比值
	型	式			型	式	
22:1	Ⅰ	Ⅰ	23.2/16=1.45	95:1	Ⅰ	Ⅱ	20.3/17.5=1.16
20:1	Ⅰ	Ⅱ	23/19.4=1.19	298:1	Ⅰ	Ⅱ	18/15.6=1.15
13:1	Ⅰ	Ⅱ	22.2/19.7=1.13	23:1	Ⅰ	Ⅱ	19.7/14.7=1.34
300:1	Ⅰ	Ⅱ	21/18.2=1.15	7:1	Ⅰ	Ⅱ	21.8/18.9=1.15
384:1	Ⅰ	Ⅱ	20/16.7=1.2	3:1	Ⅰ	Ⅲ	20.2/17.9=1.13
11:1	Ⅰ	Ⅱ	27.2/23.7=1.15	386:1	Ⅰ	Ⅲ	20.2/17.8=1.13
249:1	Ⅰ	Ⅱ	18.3/15=1.22	4:1	Ⅰ	Ⅲ	19.7/16.5=1.19
229:1	Ⅰ	Ⅱ	20.8/18.4=1.13	233:1	Ⅰ	Ⅲ	21/18.8=1.12
231:1	Ⅰ	Ⅱ	23/17=1.35	228:1	Ⅰ	Ⅲ	20.5/18.8=1.09
227:1	Ⅰ	Ⅱ	19.4/16.6=1.17	6:1	Ⅰ	Ⅲ	18.8/16.1=1.16
256:1	Ⅰ	Ⅱ	22.6/19.7=1.15	213:1	Ⅰ	Ⅳ	21.7/18.1=1.2

依次介绍这22件标本：

Ⅰ型　夹砂红、褐陶椭圆腹罐

Ⅰ式　1件，YYM22:1。浅砖红色，胎内含砂量较大，颗粒较粗，质地十分粗糙、疏松，火候不太均匀，肩、腹部有少量褐色杂斑。圆唇、斜侈口、颈较高，呈喇叭口，弧肩、鼓腹、腹腔呈扁圆形，腹下作弧曲内收，平底、磨蚀较重。手制、素面，做工较细致，器形基本规整对称，口沿也较平齐，肩、腹部有斜向和纵向刮削痕，下腹部遗有大量的捺压小坑窝，在颈与肩、下腹部与器底上缘交接部位，有清楚的对接和捏接痕迹。器表略经打磨，但未泛光泽。已残碎，经修复。

口径10.3、腹径23.2、底径9、高16厘米（图五二一，1；图版二〇八，1）。

Ⅱ式　14件。

（1）YYM20:1，砖红色，胎内含砂量较少，颗粒较粗，质地粗糙、疏松。火候不匀，颈、肩、腹部有大块黑色杂斑。圆唇、斜侈口、短颈，弧肩、鼓腹、腹腔呈横向椭圆形，小平底，磨蚀较重。手制，素面，口沿不平齐，肩、腹部有粗糙的刮削痕迹，器表凸凹不平，在颈与肩，下腹与器底交接部位，有明显的手捏接痕。未经打磨，无光泽。口径12、腹径23、底径7.2、高19.4厘米（图五二一，2；图版二〇八，2）。

（2）YYM13∶1，深砖红色，胎内含砂量较大、陶质粗糙、疏松。火候不太均匀，颈、肩、腹部有少量褐色杂斑。圆唇、斜侈口、颈略高，圆肩，鼓腹，腹腔呈横向椭圆形，小平底，磨蚀严重。手制，素面，器形基本规整、对称，但口沿不太平齐，肩、腹部有密集的纵向刮削痕和捺压小坑窝，腹部表面凸凹不平。肩腹部与器底上缘交接部位，有明显的手捏接痕。略经打磨，但无光泽。口沿残碎、经修复。

口径11.2、腹径22.2、底径8.2、高19.7厘米（图五二一，5；图版二〇八，5）。

（3）YYM300∶1，深红色，胎内含砂量较大、质地较粗糙，火候较均匀，无杂斑。圆唇、斜侈口，颈较高，呈喇叭形，弧肩、鼓腹，腹腔呈横向椭圆形，重心偏下，下腹略呈斜折内收，平底，磨蚀严重。

手制，做工较细，口沿基本平齐，器形规整，肩、腹部虽经打磨，但仍显露出斜向和纵向刮削痕及密集的捺压小坑窝，器表虽略泛光泽，但并不光平。在下腹与器底交接部位，遗有手捏接痕。在颈部饰锥刺篦点纹带一周，图案为12组相对三角形，分别由不甚规则的锥刺篦点纹连接而成。

口径11.3、腹径20.5、底径8.5、高18.2厘米（图五二一，3；彩版四五，1；图版二〇八，3）。

（4）YYM384∶1，深红色，胎内含砂量较多，颗粒均匀，手制，做工细致，口沿较平齐，器形规整，对称，器表经仔细打磨，较细腻光平，不见手捏接痕。火候较匀，无杂斑。圆唇，短颈，稍作斜侈口（近于直领），弧肩，鼓腹，腹腔呈横向椭圆形，小平底，磨蚀较重。

口径9、腹径20、底径8、高16.7厘米（图五二一，4；彩版四六，1；图版二〇八，4）。

（5）YYM11∶1，砖红色，胎内含砂量较大，颗粒较粗大，陶质十分粗糙、疏松。火候不匀，颈、肩、腹部有黑褐色杂斑。器体较大，圆唇、斜侈口，颈略高，弧肩，鼓腹，腹腔呈横向椭圆形，底稍内凹，磨蚀较重。

手制、素面，做工较细致，器形基本规整、对称。肩、腹部有斜向刮削痕和密集的捺压坑窝，虽经打磨，但仍凸凹不平，未有光泽。器底上缘，遗有清楚的手捏接痕。

口径13.2、腹径27.2、底径10、高23.7厘米（图五二一，6；图版二〇八，6）。

（6）YYM249∶1，砖红色，胎内含砂量较多、颗粒粗大，质地十分粗糙、疏松。火候不匀，肩、腹部有黑色杂斑。圆唇，斜侈口，短颈，溜肩，鼓腹，腹腔呈横向椭圆形，平底，磨蚀严重，手制，素面，口沿不齐，器形不对称，表面刮削痕迹粗糙，凸凹不平。在颈与肩、肩与腹，下腹与器底交接部位，遗有清楚的手捏接痕，器表未经打磨，无光泽。已残碎，经修复。

口径12.4、腹径18.3、底径7.7、高15厘米（图五二二，1；图版二〇九，1）。

（7）YYM229∶1，深砖红色，胎内含砂量较大，颗粒较粗，质地十分粗糙、疏松。火候不匀，肩、腹部有大块黑褐色杂斑。圆唇，斜侈口，颈略高，弧肩，鼓腹，腹腔呈横向椭圆形，小底，稍内凹，磨蚀较重。

手制，素面，器形基本规整，肩腹部布满斜向刮削痕和捺压小坑窝，器表凹凸不平。颈与肩，下腹与器底上缘交接部位，遗有明显的手捏接痕，略经打磨，但未泛光泽。

口径10.4、腹径20.8、底径7.4、高18.4厘米（图五二二，2；图版二〇九，2）。

（8）YYM231∶1，砖红色，胎内含砂量较大，质地粗糙、疏松。火候不匀，肩、腹部有深褐色杂斑。圆唇，斜侈口，短颈，弧肩，鼓腹，腹腔呈横向椭圆形。小平底，磨蚀较重。手制，素面，口沿

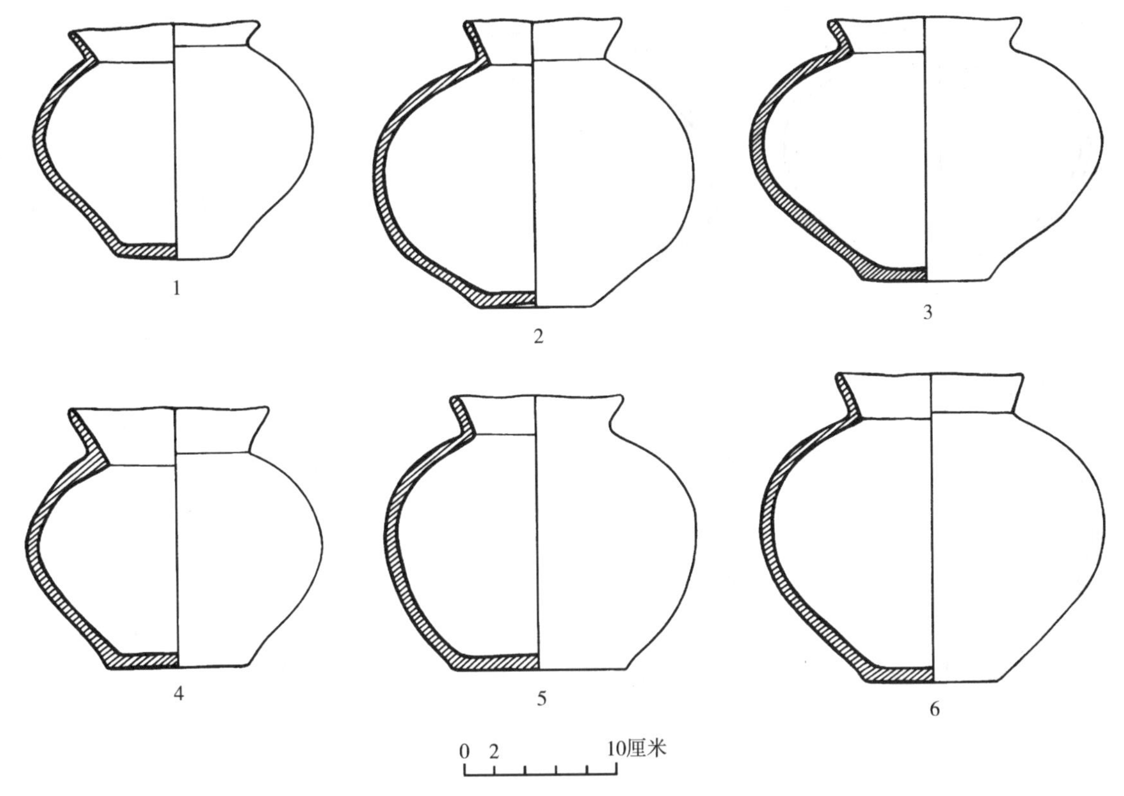

图五二二　玉皇庙墓地出土夹砂红、褐陶Ⅰ型椭圆腹罐

1. Ⅱ式（YYM249:1）　2. Ⅱ式（YYM229:1）　3. Ⅱ式（YYM231:1）
4. Ⅱ式（YYM227:1）　5. Ⅱ式（YYM95:1）　6. Ⅱ式（YYM256:1）

不齐，但器形基本较规整。肩、腹部有横向刮削痕和分布密集的捺压坑窝，器表凸凹不平。在下腹部和器底上缘，遗有明显的手捏接痕。表面未经打磨，无光泽。已碎裂，经修复。

口径12.4、腹径23、底径7.4、高17厘米（图五二二，3；图版二〇九，3）。

（9）YYM227:1，红褐色，胎内含砂量较大，陶质粗糙、疏松。火候不匀，肩、腹部有大块黑色杂斑。圆唇，斜侈口，颈较高，弧肩，鼓腹，腹腔呈横向椭圆形，下腹作孤曲内收，平底，磨蚀较重。手制，素面，做工粗糙，口沿不齐，器形不大规整，也不太对称，肩、腹部有横向和斜向刮削痕，下腹部多捺压坑窝，器表凸凹不平，颈与肩对接处，已开裂，下腹部与器底上缘交接部位，遗有明显的手捏接痕。未经打磨，无光泽。已碎裂，经修复。

口径13、腹径19.4、底径8.8、高16.6厘米（图五二二，4；图版二〇九，4）。

（10）YYM256:1，砖红色，胎内含砂量较大，陶质粗糙、疏松。火候不匀，颈、肩、腹部有大块黑色杂斑。圆唇，斜侈口，颈略高，弧肩，鼓腹，腹腔呈横向椭圆形，平底，磨蚀较重。

手制，素面，口沿不齐，但器形基本规整、对称，肩、腹部有密集的横向刮削痕和捺压坑窝，器表凸凹不平。在颈与肩，下腹部与器底交接部位，遗有明显的手捏接痕。器表未经打磨，无光泽。

口径12.1、腹径22.6、底径9、高19.7厘米（图五二二，6；图版二〇九，6）。

（11）YYM95:1，砖红色，胎内含砂量较多，颗粒较粗大，质地十分粗糙、疏松。火候不匀，肩、腹部有黑色杂斑。圆唇，斜侈口，颈略高，弧肩，鼓腹，腹腔呈横向椭圆形，平底，磨蚀严重。手制，

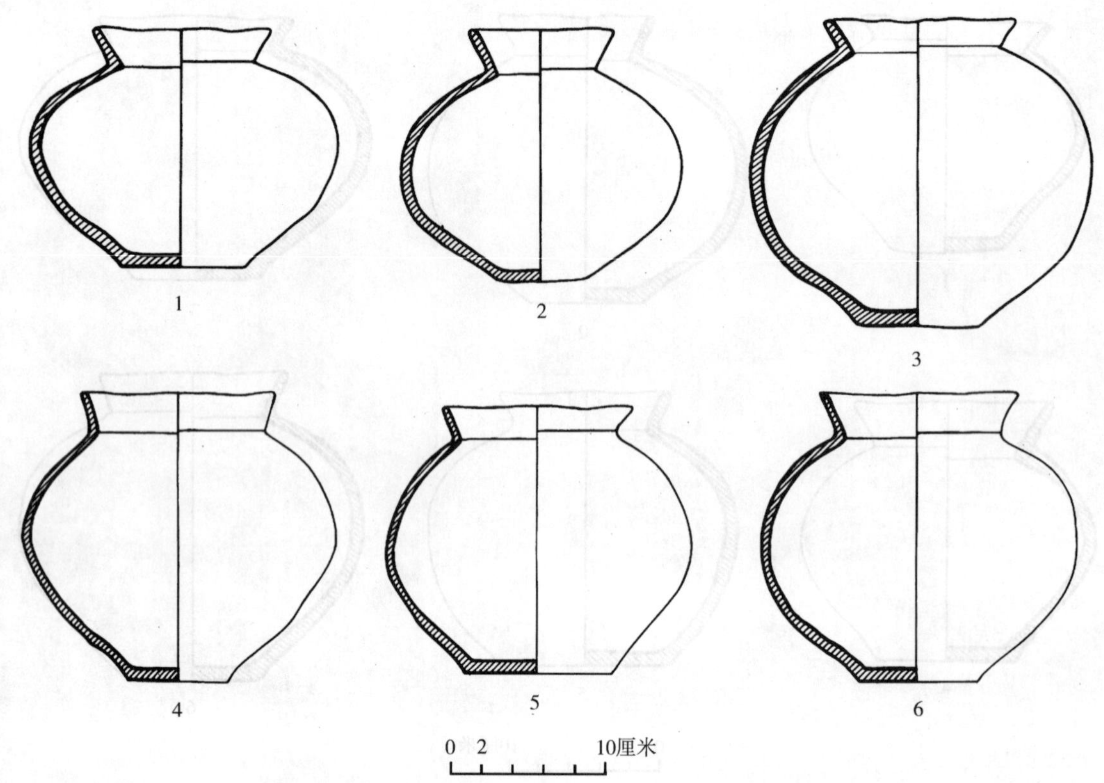

图五二三　玉皇庙墓地出土夹砂红、褐陶Ⅰ型椭圆腹罐

1. Ⅱ式（YYM23∶1）　2. Ⅱ式（YYM298∶1）　3. Ⅱ式（YYM7∶1）
4. Ⅲ式（YYM3∶1）　5. Ⅲ式（YYM4∶1）　6. Ⅲ式（YYM386∶1）

素面，做工较粗糙，口沿不齐，器形不大规整，不太对称，肩、腹部普见横向刮削痕迹和捺压坑窝，器表凸凹不平。在颈与肩、下腹与器底交接部位，遗有明显的手捏接痕。未经打磨，无光泽。

口径11.6、腹径20.3、底径11.3、高17.5厘米（图五二二，5；图版二〇九，5）。

（12）YYM298∶1，砖红色，胎内含砂量较大，颗粒较粗，质地粗糙、疏松，火候不匀，肩、腹部有黑褐色杂斑。圆唇，斜侈口，颈较高，呈喇叭形，弧肩，鼓腹，腹腔呈横向椭圆形，小平底，磨蚀严重。

手制，素面，做工较细致，器形基本规整，肩、腹部有较密集的斜向刮削痕和捺压小坑窝，器表虽经打磨但仍不平，未泛光泽。在颈与肩、下腹与器底上缘交接部位，遗有清楚的手捏接痕。

口径9.2、腹径18、底径、高15.6厘米（图五二三，2；图版二一〇，2）。

（13）YYM23∶1，红褐色，胎内含砂量较多，质地粗糙疏松，火候较低，颈、肩部有黑色杂斑。圆唇，斜侈口，颈稍高，肩微上弧，鼓腹，腹腔呈横向椭圆形，下腹作斜弧内收，平底，磨蚀严重。手制，素面，口沿不齐，器形基本规整，肩、腹部有斜向和纵向刮削痕，腹部有大量捺压坑窝，在颈与肩、下腹与器底上缘交接部位，遗有明显的手捏接痕。未经打磨，无光泽，已碎裂，经修复。

口径11.3、腹径19.7、底径7.9、高14.7厘米（图五二三，1；图版二一〇，1）。

（14）YYM7∶1，红褐色，胎内含砂量较大，颗粒较粗，质地十分粗糙、疏松。火候不匀，颈、肩、腹部有黑褐色杂斑。圆唇，斜侈口，短颈，弧肩，鼓腹，腹腔呈横向椭圆形，下腹呈弧曲内收，小平底，磨蚀严重。

手制，素面，口沿不齐，但器形基本规整，肩、腹部有斜向和纵向刮削痕，腹部以下有大量捺压小坑窝，器表凸凹不平。在颈与肩、下腹与器底上缘交接部位，遗有明显的手捏接痕。未经打磨，无光泽。

口径12.2、腹径21.8、底径7.8、高18.9厘米（图五二三，3；图版二一〇，3）。

Ⅲ式　6件。

（1）YYM3:1，夹砂红陶罐，砖红色，胎内夹砂颗粒较大，量多，质地粗糙，火候较低，陶质疏松，表面少量黑色杂斑。斜侈口，短颈，弧肩斜垂，鼓腹，下腹弧曲内收，小平底，磨蚀痕较重。手制，素面，在颈部、肩、腹交接部位和器底与下腹交接处，有明显的手捏接痕，器表凸凹不平，但总地看，器型制作得还较规整。素面，器表未经打磨，无光泽。

口径12.5、腹径20.2、底径6.5、高17.9厘米（图五二三，4；图版二一〇，4）。

（2）YYM386:1，夹砂褐陶罐，深褐色，胎内含砂量较大，胎质粗糙，质地疏松，火候较低，表存大面积黑色杂斑。手制、器形基本规整。口沿不大平齐，在颈部、下腹部遗有明显的手捏接痕。圆唇、斜侈口、短颈、鼓肩、鼓腹，腹下呈弧曲内收、小平底、磨蚀严重，素面、器表未经打磨，无光泽。已碎裂修复。

口径12.7、腹径20.2、底径7.6、通高17.8（图五二三，6；图版二一〇，6）。

（3）YYM4:1，黑褐色，胎内砂粒量大，胎质非常粗糙，火候较低，质地疏松，器表有大面积黑色杂斑。手制，器形基本较规整。口沿不大平齐，在颈部、下腹部和底部上缘，遗有明显的手捏接痕，表面凸凹不平。圆唇斜侈口，短颈，溜肩，鼓腹、下腹呈斜线内收，平底，磨蚀严重。素面，器表未经打磨，无光泽。已碎裂，经修复。

口径12.1、腹径19.7、底径9.6、高16.5厘米（图五二三，5；图版二一〇，5）。

（4）YYM233:1，砖红色，胎内含砂量较大，颗粒较粗，质地十分粗糙、疏松。火候不匀，肩、腹部有黑褐色杂斑。圆唇，斜侈口，胎较厚，颈稍高，弧肩，鼓腹，腹腔呈横向椭圆形，平底，磨蚀较重。手制，素面，做工较粗糙，口沿不齐，器形不规整，不对称。肩、腹部有斜向刮削痕和密集的捺压坑窝，器表凸凹不平。在颈与肩、下腹与器底上缘交接部位，遗有明显的手捏接痕。未经打磨，无光泽，已碎裂，经修复。

口径11.8、腹径21、底径9.4、高18.8厘米（图五二四，1；图版二一一，1）。

（5）YYM228:1，砖红色，胎内含砂量较大，陶质粗糙、疏松。火候不匀，肩、腹部有黑褐色杂斑。圆唇，斜侈口，颈略高，弧肩，鼓腹，腹腔呈横向椭圆形，平底，磨蚀较重。手制，素面，器形较规整，肩、腹部有斜向刮削痕和大量捺压小坑窝，器表凸凹不平。在颈与肩，下腹与器底上缘交接部位，遗有手捏接痕，未经打磨，无光泽。

口径11、腹径20.5、底径9.6、高18.8厘米（图五二四，2；图版二一一，2）。

（6）YYM6:1，褐色，胎内含砂量较大，质地较粗糙疏松，火候低而不匀，肩、腹部有黑褐色杂斑，圆唇，斜侈口，高颈，溜肩，鼓腹，下腹斜弧内收，凹底，周边磨蚀较重。手制，素面，器形基本规整，肩、腹部密布斜向和纵向刮削痕及捺压坑窝，在颈与肩，肩与腹、下腹部和底部上缘交接部

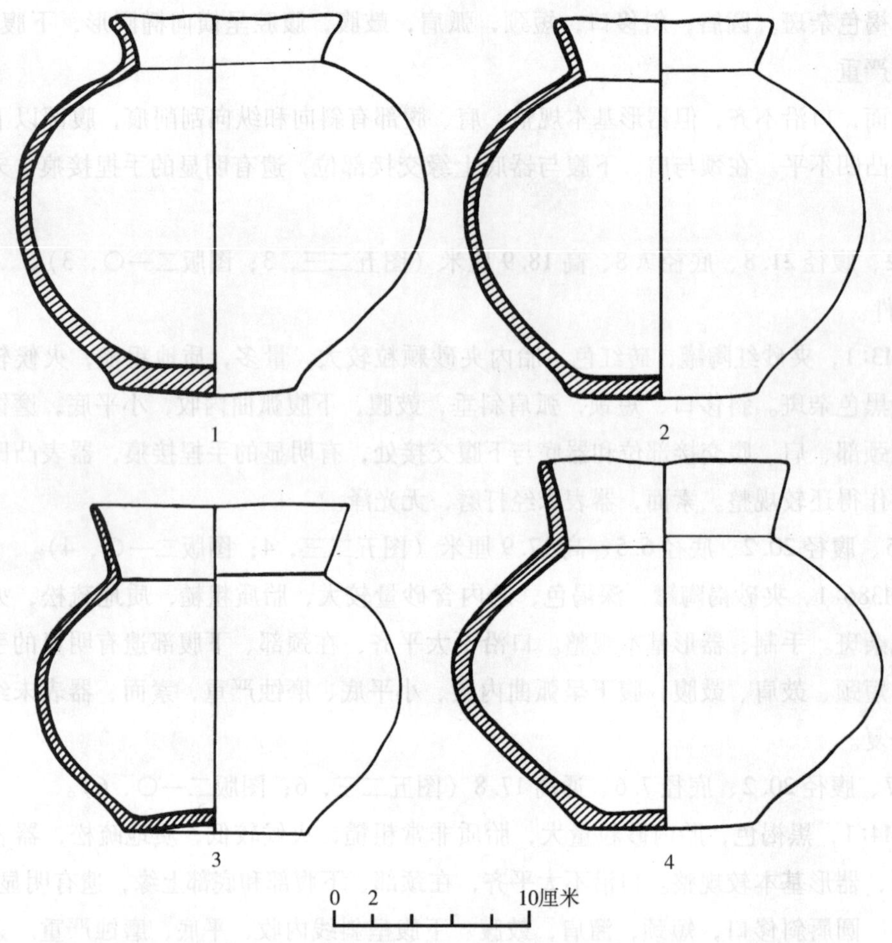

图五二四 玉皇庙墓地出土夹砂红、褐陶Ⅰ型椭圆腹罐

1. Ⅲ式（YYM233:1） 2. Ⅲ式（YYM228:1） 3. Ⅲ式（YYM6:1） 4. Ⅳ式（YYM213:1）

位，遗有明显的手捏接痕，表面凸凹不平。器表未经打磨，无光泽。口沿已碎裂，经修复。

口径11.3、腹径18.8、底径9.6、高16.1厘米（图五二四，3；图版二一一，3）。

Ⅳ式 1件，YYM213:1。褐色，胎内含砂量较多，颗粒粗大，质地十分粗糙、疏松。火候不匀，颈、肩、腹部有大面积黑色杂斑。圆唇，斜侈口，高颈，斜溜肩，圆折腹，平底，磨蚀较重。手制，素面，口沿不齐整，肩、腹部密布横向刮削痕，在颈与肩、下腹与器底交接部位，遗有清晰的手捏接痕，器表凸凹不平，未经打磨，无光泽。已碎裂，经修复。

口径12.5、腹径21.7、底径9、高18.1厘米（图五二四，4；图版二一一，4）。

Ⅱ型 夹砂褐、红陶垂腹罐 共4件。

此型罐造型的基本特征是，斜侈口，短颈，溜肩，垂腹，腹腔呈横向椭圆形，重心偏下，小底。是玉皇庙墓地夹砂陶器中的早期器型之一。可分2式。

Ⅰ式 2件，YYM32:1、YYM279:1。此式除具有上述Ⅱ型罐一般基本特征之外，其较突出的个性特点是，重心位于距器底高约1/4处，底稍内凹。

Ⅱ式 2件，YYM278:1、YYM241:1。此式区别于Ⅰ式的个性特点在于，垂腹下垂程度更大，下腹部呈沉袋形，重心更加偏下，重心位置距器底高约1/6处（YYM241:1），或1/10处（YYM278:1），

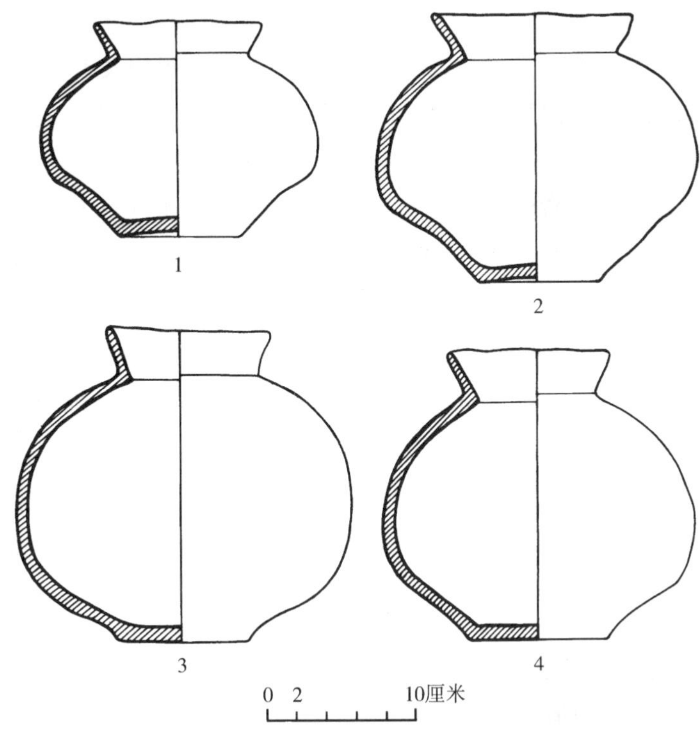

图五二五　玉皇庙墓地出土夹砂褐、红陶Ⅱ型垂腹罐

1. Ⅰ式（YYM32∶1）　2. Ⅰ式（YYM279∶1）

3. Ⅱ式（YYM278∶1）　4. Ⅱ式（YYM241∶1）

平底。

依次介绍这4件标本：

Ⅱ型　夹砂褐、红陶垂腹罐

Ⅰ式　2件。

（1）YYM32∶1，褐色，胎内含砂量较多，颗粒较粗，质地粗糙、疏松。火候不匀，颈、肩、腹部有大块黑色杂斑。圆唇，斜侈口，短颈，溜肩，鼓腹，下腹作斜弧内收，底稍内凹，磨蚀痕迹明显。手制，素面，口沿不平齐，器形基本规整，肩、腹部普见刮削痕迹，器表凸凹不平。在颈与肩、下腹与器底交接部位，遗有清楚的手捏接痕。未经打磨，无光泽。口沿残碎，经修复。

口径11.4、腹径18.4、底径8、高14厘米（图五二五，1；图版二一一，5）。

（2）YYM279∶1，砖红色，胎内含砂量较多，砂粒粗大，质地极为粗糙、疏松。圆唇，斜侈口，短颈，溜肩，垂腹，腹腔呈横向椭圆下垂形，重心偏下，腹径与高度之比值为1.26%，下腹呈内弧急收，底较小，稍内凹，磨蚀较重。手制，在颈与肩、肩与腹、下腹与器底之间的交接部位，遗有明显的手捏接痕；器表未经打磨，凸凹不平，疙疙瘩瘩，无光泽。

口径13.6、腹径21.6、底径8.2、高17.8厘米（图五二五，2；图版二一一，6）。

Ⅱ式　2件。

（1）YYM278∶1，砖红色，胎内含砂量较大，陶质粗糙、疏松。火候不匀，肩、腹部有深褐色杂斑。圆唇，斜侈口，颈较高，弧肩，垂腹，腹腔呈横向椭圆形，垂心偏下，平底，磨蚀严重。手制，素面，口沿不太平齐，器形不大对称，肩、腹部有斜向和纵向刮削痕及大量捺压小坑窝，器表凸凹不平。颈与肩，下腹与器底上缘交接部位，遗有明显的手捏接痕。未经打磨，无光泽。

口径11.2、腹径22.2、底径9、高20.5厘米（图五二五，3；图版二一二，1）。

（2）YYM241∶1，砖红色，胎内含砂量较多，颗粒粗大，质地十分粗糙疏松。火候不匀，肩、腹部有大面积黑色杂斑。圆唇，斜侈口，颈稍高，溜肩，垂腹，腹腔呈横向椭圆形，垂心偏下，平底，磨蚀严重。手制，素面，口沿不齐整、器形不太对称，器表普见刮削痕迹，十分粗糙，凸凹不平，在颈与肩、肩与腹、下腹与器底交接部位，有明显的手捏接痕。器表未经打磨，无光泽。已碎裂，经修复。

口径11.2、腹径21.3、底径9.5、高19厘米（图五二五，4；图版二一二，2）。

Ⅲ型　夹砂红陶圆折腹罐　共8件。

此型罐造型的基本特征是，斜侈口，短颈，口径较大，溜肩，圆折腹，小平底，腹径均大于器高，其与器高之比值，一般在1.01~1.2之间，口径与腹径之比值，一般在0.54~0.77之间。是玉皇庙墓地夹砂陶器中的早期器型之一。可分3式。

Ⅰ式　5件，YYM31:1、245:1、236:1、261:1、247:1。此式除具有上述Ⅲ型罐一般基本特征之外，其个性特点是，口径略小，其与腹径之比，5件平均值为0.65；腹径较大，腹腔横向膨胀，器体显得粗矮，其与器高之比值，5件平均值为1.17。

Ⅱ式　1件，YYM293:1。此式区别于Ⅰ式的个性特点是，口径与腹径之比值为0.75，明显增大；腹径相对变小，腹腔有所收敛，其与器高之比值为1.15，器形不像Ⅰ式那样粗矮，也不像Ⅲ式那样瘦高。

Ⅲ式　2件，YYM69:1、YYM203:1。此式不同于Ⅰ式和Ⅱ式的突出的个性特点是，口径进一步增大，其与腹径之比，2件平均值为0.76；溜肩下垂；腹径相对进一步变小，腹腔收敛显著，其与器高之比，2件平均值为1.015，器形略显瘦高（参见附表106）。

附表106　**玉皇庙墓地夹砂红陶Ⅲ型圆折腹罐（8件）式别特征相关数值统计表**

器号（YYM）	型式		腹径与器高之比值	口径与腹径之比值
	型	式		
31:1	Ⅲ	Ⅰ	20/17 = 1.18	10.8/20 = 0.54
245:1	Ⅲ	Ⅰ	17.8/15.8 = 1.13	12.2/17.8 = 0.69
236:1	Ⅲ	Ⅰ	19.6/16.3 = 1.2	14.7/19.6 = 0.75
261:1	Ⅲ	Ⅰ	19.8/17 = 1.16	11.8/19.8 = 0.6
247:1	Ⅲ	Ⅰ	19.6/16 = 1.2	13.3/19.6 = 0.68
293:1	Ⅲ	Ⅱ	15.4/13.4 = 1.15	11.5/15.4 = 0.75
69:1	Ⅲ	Ⅲ	17.6/17.3 = 1.01	13.5/17.6 = 0.77
203:1	Ⅲ	Ⅲ	17.6/17.2 = 1.02	13/17.6 = 0.74

依次介绍这8件标本：

Ⅲ型　夹砂红陶圆折肩罐

Ⅰ式　5件。

（1）YYM31:1，砖红色，胎内含砂量较多，颗粒粗大，质地十分粗糙、疏松。火候不匀，颈、肩、腹部有大面积黑褐色杂斑。圆唇，斜侈口，短颈，弧肩，鼓腹，下腹作圆折内收，小平底，磨蚀严重。手制，素面，做工较粗糙，口沿不齐，肩、腹部密布斜向和纵向刮削痕及捺压小坑窝，在颈与肩、下腹与器底上缘交接部位，遗有明显的手捏接痕。未经打磨、无光泽。颈、肩局部残缺，经修复。

口径10.8、腹径20、底径7.6、高17厘米（图五二六，1）。

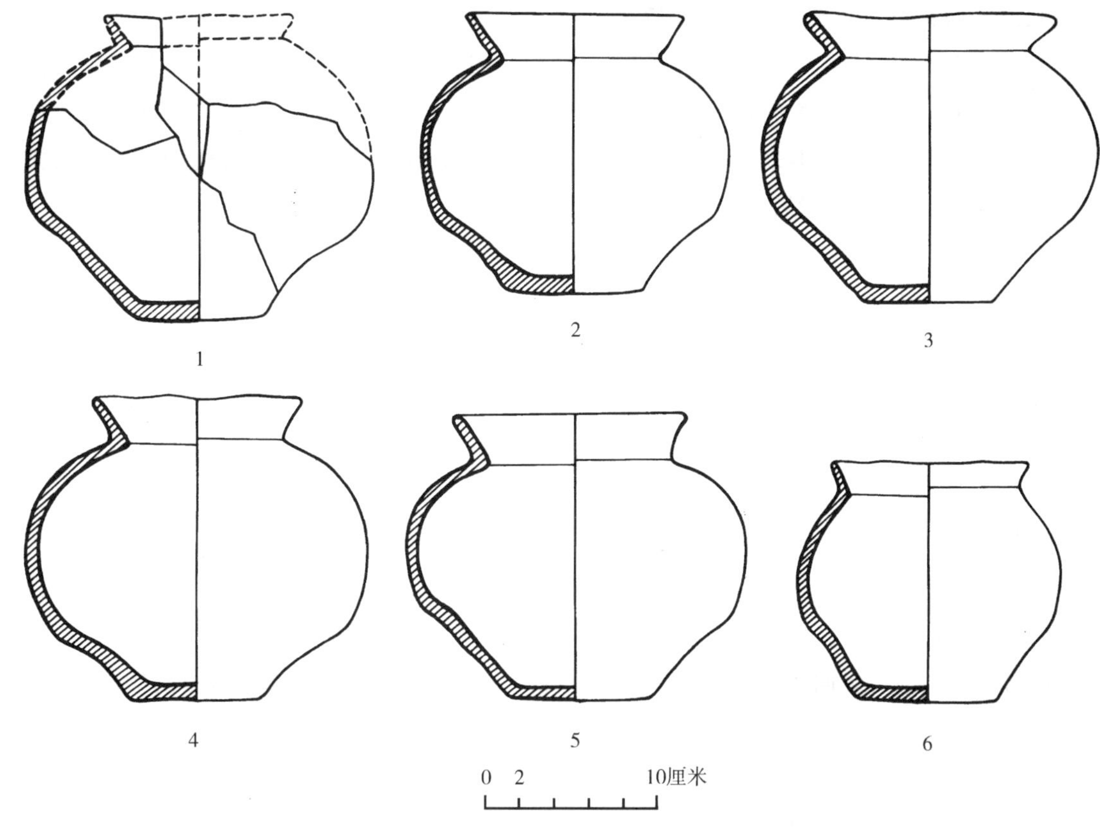

图五二六　玉皇庙墓地出土夹砂红陶Ⅲ型圆折腹罐

1. Ⅰ式（YYM31:1）　2. Ⅰ式（YYM245:1）　3. Ⅰ式（YYM236:1）
4. Ⅰ式（YYM261:1）　5. Ⅰ式（YYM247:1）　6. Ⅱ式（YYM293:1）

（2）YYM245:1，红褐色，胎内含砂量较少，但颗粒较粗，质地较疏松，火候不匀，器表有大面积黑色杂斑。圆唇，斜侈口，短颈，圆肩，鼓腹，下腹部呈圆折内收，平底，磨蚀严重。手制，素面，口沿不齐，器形不完全对称，在颈与肩、肩与腹、下腹与器底交接部位，遗有明显的手捏接痕，表面凸凹不平，刮削痕迹粗糙，已残，经修复。

口径12.2、腹径17.8、底径8、高15.8厘米（图五二六，2）。

（3）YYM236:1，深砖红色，胎内含砂量较多，颗粒较粗，陶质十分粗糙、疏松，火候较均匀，仅肩部有小块褐色杂斑。圆唇，斜侈口，短颈，弧肩，鼓腹，腹下作圆折内收，平底，磨蚀较重。手制，素面，口沿不平齐，器形基本规整，器表虽经打磨修整，但仍不光平，仍可见到密集的纵向刮削痕迹和捺压坑窝，在下腹部与器底交接部位，仍遗有明显的手捏接痕。

口径14.7、腹径19.6、底径7.6、高16.3厘米（图五二六，3；彩版四六，2；图版二一二，3）。

（4）YYM261:1，砖红色，胎内含砂量较大，颗粒较粗，质地非常粗糙、疏松。火候不匀，肩、腹部有大块黑、褐色杂斑。圆唇，斜侈口，颈略高，弧肩，鼓腹，下腹作圆折内收，腹腔基本呈椭圆形，小平底，磨蚀严重。手制，素面，做工较粗糙，口沿不齐，肩、腹部有密集的横向和斜向刮削痕及捺压坑窝，器表凸凹不平，在颈与肩、下腹与器底上缘交接部位，遗有明显的手捏接痕，未经打磨，无光泽。

口径11.8、腹径19.8、底径7.4、高17厘米（图五二六，4；图版二一二，4）。

（5）YYM247:1，砖红色，胎内含砂量较多，颗粒较粗，质地疏松，口沿和肩部有小块黑色杂斑。圆唇，斜侈口，短颈，圆肩，鼓腹，下腹作圆折内收，平底，磨蚀严重。手制，素面，口沿不平齐，器形不规整，两侧不太对称，器表刮削痕迹粗糙，凸凹不平，在颈与肩、肩与腹、下腹与器底的交接部位，遗有明显的手捏接痕。器表未经打磨，无光泽。

口径13.3、腹径19.6、底径8、高16厘米（图五二六，5；图版二一二，5）。

Ⅱ式　1件，YYM293:1。砖红色，胎内含砂量较多，质地粗糙、疏松。火候不匀，口沿和肩部有黑色杂斑。圆唇，斜侈口，短颈，溜肩，鼓腹，腹下作圆折内收，平底，磨蚀严重。手制，素面，口沿不齐整，肩、腹部表面遗有明显的刮削痕迹，器表凸凹不平，在下腹部与器底交接部位，遗有手捏接痕。

口径11.5、腹径15.4、底径8.1、高13.4厘米（图五二六，6；图版二一二，6）。

Ⅲ式　2件。

（1）YYM69:1，砖红色，胎内含砂较多，质地粗糙，火候不匀，肩、腹部有黑色杂斑。圆唇，斜侈口，短颈，溜肩，鼓腹，腹部呈圆折内收，平底，磨蚀痕迹明显。手制，素面。做工粗糙，口沿不齐，肩、腹部布满斜向和纵向刮削痕，及大量捺压坑窝，下腹部至器底上缘，裸露制器时泥条盘筑的凸棱与凹沟，器表凸凹不平，下腹部与器底交接部位，遗有明显的手捏接痕，未经打磨，无光泽。下腹部钻一菱形小孔。

口径13.5、腹径17.6、底径8.1、高17.3厘米（图五二七，1）。

（2）YYM203:1，砖红色，胎内含砂量较大，颗粒较粗糙，质地疏松。火候不匀，有黑色杂斑。圆唇，斜侈口，短颈，溜肩，鼓腹，下腹呈圆折内收，小平底，磨蚀痕迹明显。手制，素面，口沿不齐整，器表凸凹不平，肩、腹部有刮削痕迹，未经打磨，无光泽。颈与肩部交接处，手捏接痕明显。

口径13、腹径17.6、底径7、高17.2厘米（图五二七，2；图版二一三，1）。

Ⅳ型　夹砂红、褐陶带疣罐　共10件。

此型罐造型的基本特征是，在肩部或肩、腹交接部位，附贴有各种形式的疣耳。各件标本所附贴的疣耳，无论在数量、布局形式，还是具体形状特点上，多互有差异。结合罐形本身的特点，这10件标本，可分为9式。为便于比较，兹将9种不同式别标本的疣耳形式特点，概括成附表107。

附表107－1　　玉皇庙墓地夹砂红、褐陶Ⅳ型带疣罐（10件）

不同式别疣耳形式特点比较表

器号（YYM）	型式		疣耳形式特点
	型	式	
29:1	Ⅳ	Ⅰ	在肩部，附贴手捏横向对称盲鼻疣耳一对。
385:1	Ⅳ	Ⅱ	在颈、肩交接部位，附贴三分式手捏带穿孔小鼻纽3个；在腹部，附贴四分式手捏对称单乳突形小疣耳4个。
282:1	Ⅳ	Ⅲ	在肩、腹交接部位，附贴四分式手捏对称长方形小鋬耳4个。
268:1	Ⅳ	Ⅳ	在肩、腹交接部位，附贴四分式手捏对称联体双乳突形小疣耳4个。
74:1	Ⅳ	Ⅳ	在肩、腹交接部位，附贴四分式手捏对称联体双乳突形小疣耳4个。

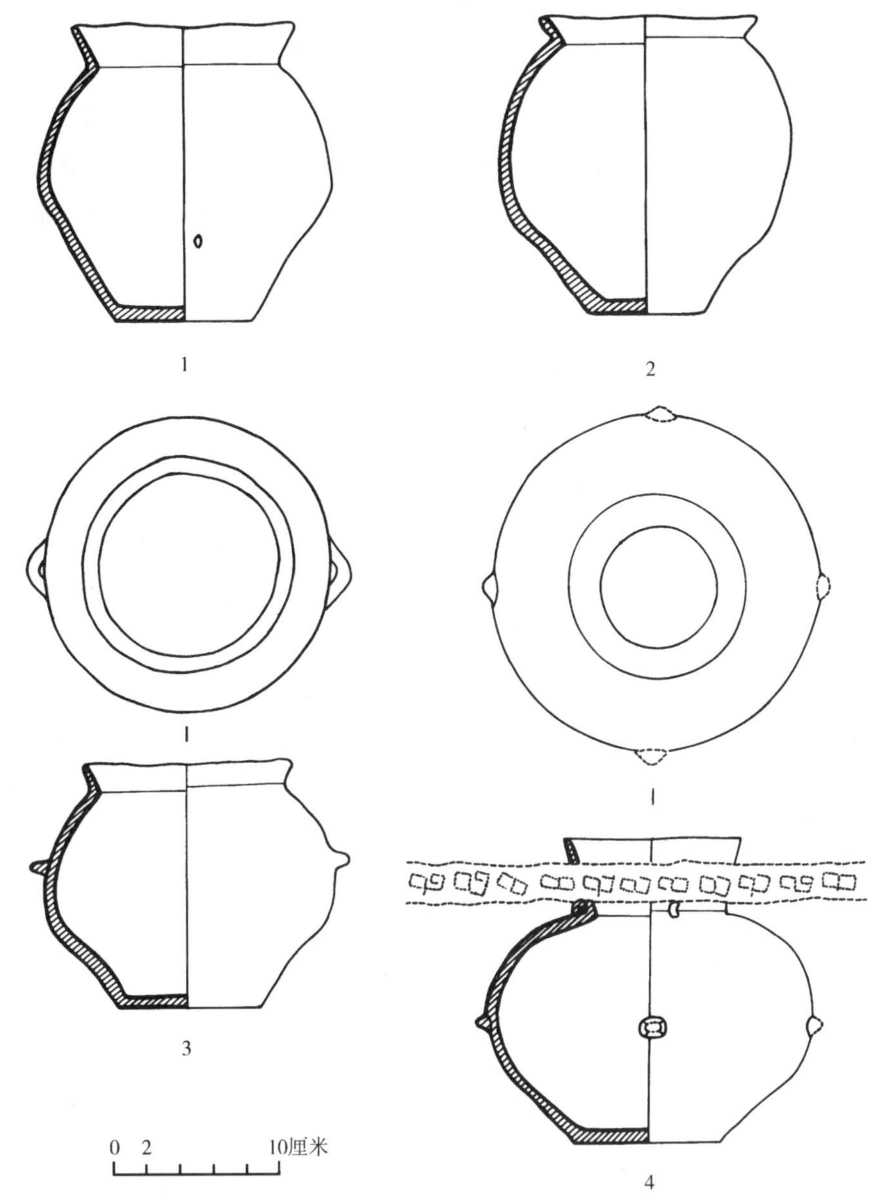

图五二七　玉皇庙墓地出土夹砂红陶Ⅲ型圆折腹罐及Ⅳ型带疣罐

1. Ⅲ型Ⅲ式（YYM69∶1）　2. Ⅲ型Ⅲ式（YYM203∶1）　3. Ⅳ型Ⅰ式（YYM29∶1）　4. Ⅳ型Ⅱ式（YYM385∶1）

附表 107－2

器号（YYM）	型式		疣耳形式特点
	型	式	
81∶1	Ⅳ	Ⅴ	在肩、腹交接部位，附贴二分式手捏对称单乳突形小疣耳 2 个。
179∶1	Ⅳ	Ⅵ	在肩、腹交接部位，附贴三分式手捏长方形小錾耳 3 个。
332∶1	Ⅳ	Ⅷ	在颈、肩交接部位，附贴三分式手捏小泥耳 3 个。
110∶1	Ⅳ	Ⅸ	在肩、腹交接部位，附贴四分式手捏不完全对称的长方形小錾耳 4 个。
358∶1	Ⅳ	Ⅸ	在肩、腹交接部位，附贴四分式手捏对称横向疣耳 4 个，其中一对为长方形小錾耳；另一对为联体双乳突形小疣耳。

依次介绍这10件标本：

Ⅳ型　夹砂红、褐陶带疣罐

Ⅰ式　1件，YYM29∶1。夹砂红陶双疣罐，砖红色，胎内含砂量较多，颗粒较大，质地十分粗糙、疏松，火候较低。手制，器形基本规整，口沿不平齐，颈部下缘和下腹部遗有明显手捏接痕，器表凸凹不平。圆唇，斜侈口，短颈，溜肩，鼓腹，下腹呈圆折内收。平底，磨蚀严重。素面。在肩、腹交接部位，附手捏横向盲鼻对称双疣耳。器表未经打磨，无光泽。已碎裂，经修复。

口径12.6、腹径17.2、底径8.4、高14.1厘米（图五二七，3；图版二一三，2）。

Ⅱ式　1件，YYM385∶1。深砖红色，胎内含砂量较多，陶质粗糙、疏松。火候不匀，肩、腹部有大块深褐色杂斑。圆唇，喇叭形口，颈较高，弧肩，鼓腹，腹腔呈横向椭圆形，重心偏下，下腹作弧曲内收，平底，磨蚀严重。器表局部有脱皮，砂胎裸露。手制，做工较细，器形较规整，唯稍向一侧倾斜。肩、颈表面，显露横向和斜向刮削痕，以及十分密集的捺压小坑窝。器表虽经打磨，但仍不光平，腹部以下，尤显凸凹不平。颈部饰不规则篦点纹一周：上、下各施篦点线纹一条，在篦点线纹中间，饰横向方角“S”形纹和回纹，共11个单元。腹部附饰四分式两两相对的小乳突疣耳4个，其中3个已经脱落，在器壁上遗有粘接的痕迹。肩、腹部曾经打磨过，大部有光泽。

口径10.7、腹径19.5、底径8.8、高17.6厘米（图五二七，4；彩版四五，2；图版二一三，3）。

Ⅲ式　1件，YYM282∶1。砖红色，胎内含砂量较大，陶质粗糙、疏松。火候不匀，肩、腹部有数块黑褐色杂斑。圆唇，斜侈口，短颈，弧肩，鼓腹，下腹部作圆折内收，平底，磨蚀较重。手制，素面，做工较细致，口沿基本平齐，器形较规整、对称。肩、腹部密布横向和斜向刮削与打磨痕迹，下腹部至器底上缘，则为纵向刮削与打磨痕迹，并显露制器时泥条盘筑的凸棱与凹沟，以及捺压坑窝和手捏接痕。在肩、腹交接处，有4个长方形小鋬耳，呈四分式布局贴附在器壁上。器表虽经打磨，但未泛光泽。

口径14.5、底径8.4、腹径19.2、高15厘米。（图五二八，1；图版二一三，4）。

Ⅳ式　2件。

（1）YYM268∶1，砖红色，胎内含砂量较大，质地粗糙、疏松。火候不匀，肩、腹部有大块黑褐色杂斑。圆唇，斜侈口，短颈，鼓肩，鼓腹，平底，磨蚀严重。手制、素面，口沿不齐，但器形较规整，肩、腹部满布斜向刮削痕和捺压小坑窝，在颈与肩、下腹与器底上缘交接部位，遗有明显的手捏接痕，器表凸凹不平。在肩、腹交接部位，附饰四分式两两相对联体双乳突形凸疣4个。器表未经打磨，无光泽。口沿有残，经修复。

口径12.5、腹径18、底径8.2、高14.7厘米（图五二八，2；图版二一四，1）。

（2）YYM74∶1，砖红色，胎内含砂量较多，颗粒较大，质地粗糙、疏松，火候较低，在口沿、肩、腹部，有黑色杂斑。手制，器形基本规整，但口沿不太平齐，在颈、肩结合部，下腹部和器底上缘，遗有较明显的手捏接痕，器表凸凹不平。圆唇，斜侈口，短颈，鼓肩，鼓腹，腹下呈斜弧内收，平底、磨蚀较重。素面，在肩、腹交接处，贴附四分式两两相对的双乳突形凸疣4个。器表未经打磨，无光泽。已碎裂，经修复。

口径14.8、腹径21.4、底径9.2、高16.6厘米（图五二八，4；图版二一四，2）。

Ⅴ式　1件，YYM81∶1。浅砖红色，胎内含砂量较大，质地粗糙、疏松。火候不匀，肩、腹部有

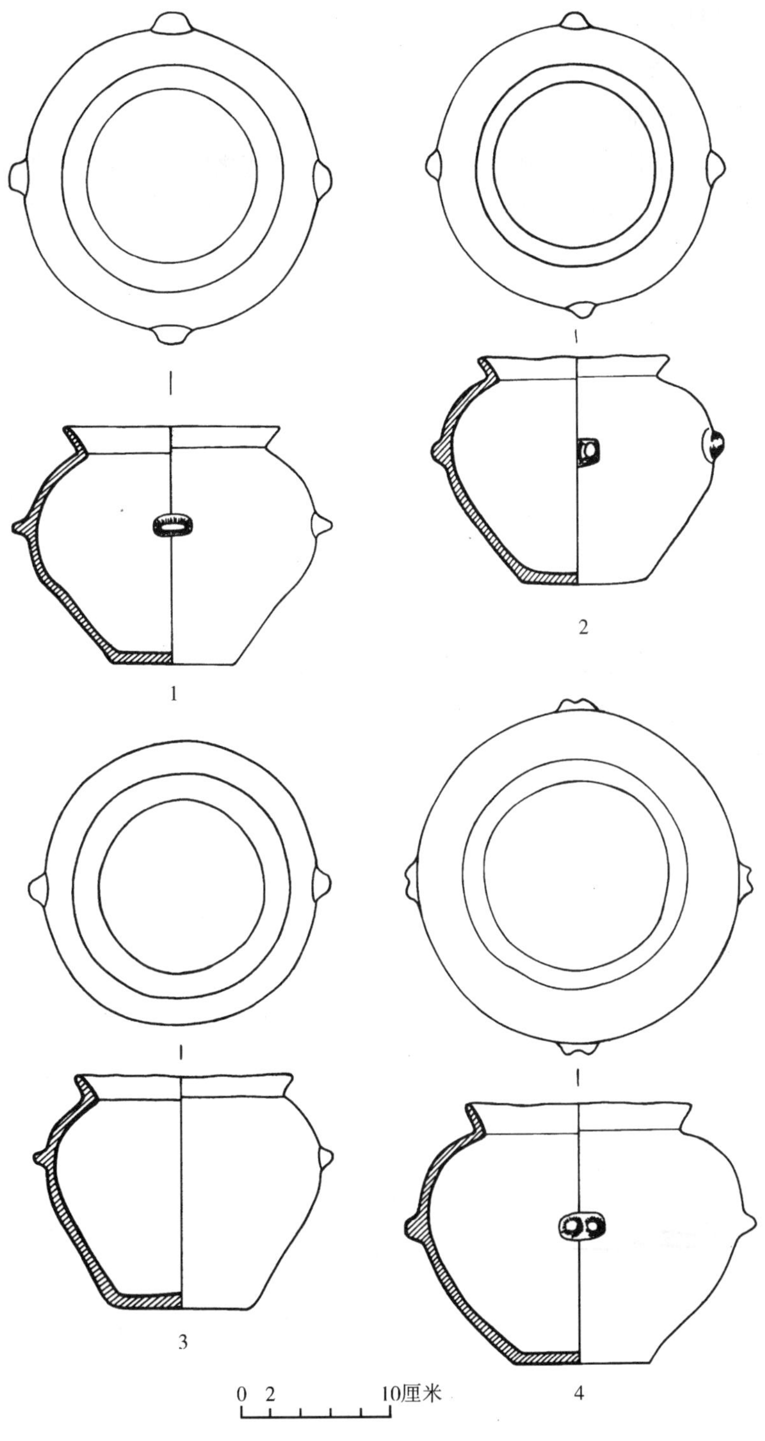

图五二八　玉皇庙墓地出土夹砂红、褐陶Ⅳ型带疣罐
1. Ⅲ式（YYM282∶1）　2. Ⅳ式（YYM268∶1）
3. Ⅴ式（YYM81∶1）　4. Ⅳ式（YYM74∶1）

黑褐色杂斑。圆唇，斜侈口，短颈，鼓肩，鼓腹，下腹弧曲内收，平底，磨蚀较重。手制，素面，口沿不太平齐，但器形基本规整、对称。肩、腹部有纵向刮削痕和大量捺压坑窝，器表凸凹不平。颈与肩交接处，捏接痕迹明显。在肩与腹交接部位的器壁上，贴附有对称的乳突式小鋬耳2个。未经打磨，无光泽。

口径14.8、腹径18.4、底径9.6、高15厘米（图五二八，3；图版二一四，3）。

Ⅵ式　1件，YYM179∶1。浅红褐色，胎内含砂量较大，质地粗糙、疏松，一经触摸，即有砂粒脱落。火候低而不匀，肩、腹部有大面积黑褐色杂斑。手制，器形基本规整，但口沿不齐，肩、腹交接部位遗有手捏接痕，凸凹不平。圆唇，斜侈口，短颈，肩微鼓，鼓腹。腹下斜曲内收，平底。磨蚀严重。素面，在肩、腹交接处，附三分式手捏长方形小鋬耳3个，器表未经打磨，无光泽。

口径12.9、腹径18.4、底径8.5、高14.8厘米（图五二九，4；图版二一四，4）。

Ⅶ式　1件，YYM332∶1。褐色，胎内含砂量较多，质地粗糙，疏松，火候不匀，颈、肩、腹部有黑褐色杂斑。圆唇，斜侈口，颈略高，弧肩，鼓腹，腹腔呈球形，下腹作弧曲内收，底稍内凹，磨蚀较重。手制，素面，口沿不齐，器形基本规整，肩、腹部布满纵向刮削痕迹和大量捺压坑窝，器表凸凹不平。在颈与肩、下腹与器底上缘交接部位，遗有明显的手捏接痕。在颈、肩交接处，有3个附加小泥耳，作三分式贴附在器壁上。器表未经打磨，无光泽。

口径11.6、腹径17、底径8、高16.4厘米（图五二九，2；图版二一四，5）。

Ⅷ式　1件，YYM110:1。褐色，胎内含砂量较大，质地粗糙、疏松，胎壁较厚，器体较重。火候较低，腹部有大面积黑褐色杂斑。手制，口沿不平齐，颈、肩之间，下腹与器底之间有明显的手捏接痕，器表凸凹不平。圆唇、外叠，敛口，溜肩，深腹微鼓，小平底，磨蚀严重。素面。在肩、腹交接部位，附四分式长方形小鋬耳4个，分布不完全对称。器表未经打磨，无光泽。

口径9.9、腹径12.1、底径5.9、高10.4厘米（图五二九，1；图版二一四，6）。

Ⅸ式　1件，YYM358:1。褐色，胎内含砂量较多，颗粒较大，质地十分粗糙、疏松。火候较低。器表有大面积黑色杂斑。手制，器形不太规整，口沿不齐，颈部和下腹部有明显的手捏接痕，器表凸凹不平，刮削痕迹明显。圆唇，斜侈口，短颈，溜肩，鼓腹，底微凹，有磨蚀痕迹。素面。在肩、腹交接部位，附四分式手捏横向四疣耳，其中一对为长方形鋬耳，另一对为双乳突形疣耳。器表未经打磨，无光泽。器身有一道斜向裂缝。

口径11.5、腹径15.3、底径8.9、高11.8厘米（图五二九，3；图版二一五，1）。

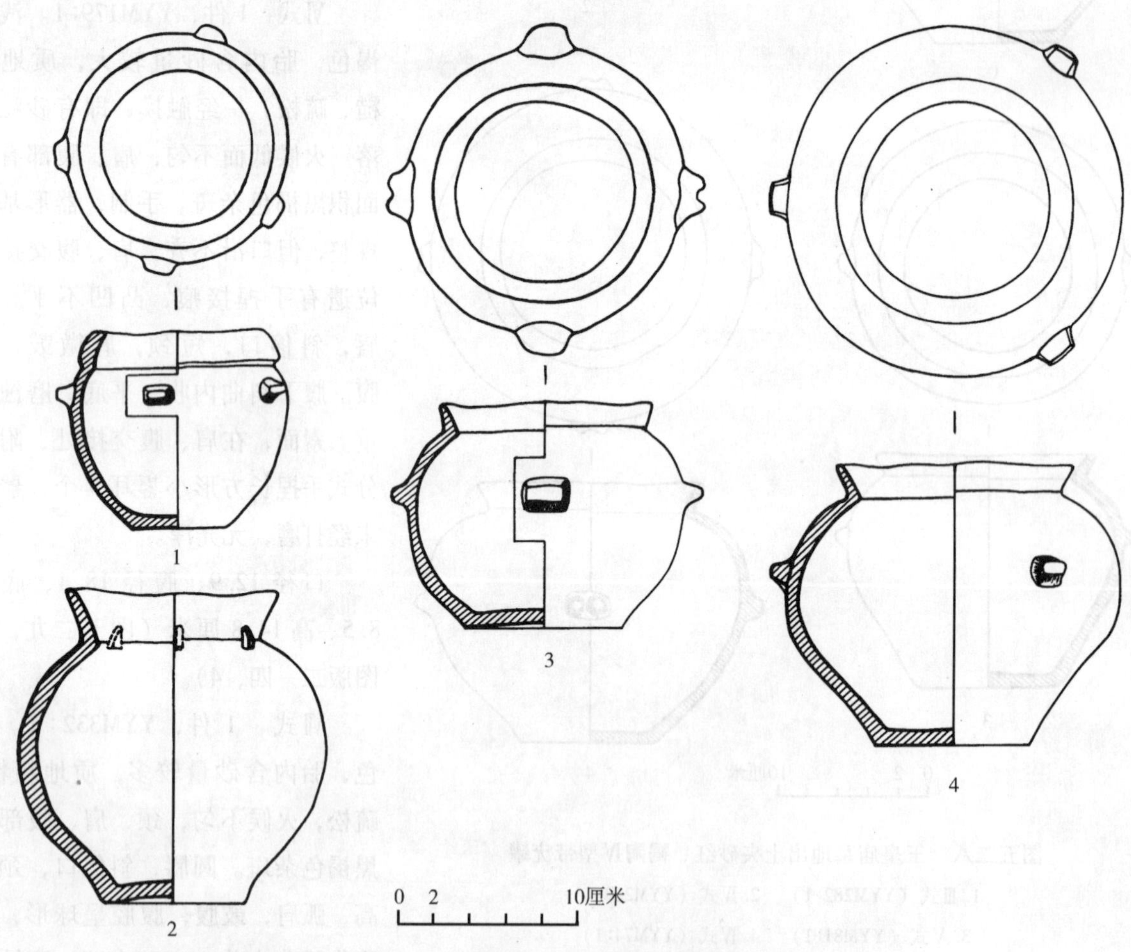

图五二九　玉皇庙墓地出土夹砂红陶Ⅳ型带疣罐

1. Ⅷ式（YYM110:1）　2. Ⅶ式（YYM332:1）　3. Ⅸ式（YYM358:1）　4. Ⅵ式（YYM179:1）

Ⅴ型　夹砂红、褐陶球腹罐　共24件。

此型罐造型的基本特征是，斜侈口，短颈，弧肩，鼓腹，腹腔呈球形，腹径与器高之比，一般在1～1.1之间，口径与腹径之比值，一般在0.52～0.7之间，大多数为小平底。是玉皇庙文化夹砂陶器中出现较早的器型之一。可分4式。

Ⅰ式　10件，YYM19:1、10:1、230:1、226:1、252:1、266:1、258:1、295:1、294:1、61:1。此式除具有上述Ⅴ型罐一般基本特征之外，其较突出的个性特点是，口径相对较小，其与腹径之比，10件标本的平均值为0.52，是此型罐4个式别中最小者；腹径与器高之比，10件标本的平均值为1.05，在4个式别中居中。

Ⅱ式　9件，YYM281:1、240:1、265:1、48:1、260:1、186:1、206:1、205:1、167:1。此式区别于Ⅰ式的突出个性特点是，口径变得略大，其与腹径之比，9件标本的平均值为0.62；而腹径变得更大，其与器高之比，9件标本的平均值为1.08，在此型罐4个式别中，是与Ⅳ式者并列最大者。

Ⅲ式　2件，YYM275:1、216:1。此式区别于其他3种式别的突出个性特点是，口径变得最大，其与腹径之比，2件标本的平均值为0.69，是此型罐4个式别中比值最大者；而腹腔明显收敛，腹径相对变小，其与器高之比，2件标本的平均值为1.02，是4个式别中比值最小者，故器身略显瘦高。

Ⅳ式　3件，YYM84:1、YYM220:1、YYM105:1。此式不同于其他3种式别的突出个性特点是，大口、大腹。即其口径与腹径之比值与其腹径与器高之比值，均偏大。前者，其3件标本的平均值为0.68，与大口径的Ⅲ式者近似；3件标本的平均值为1.08，与大腹径的Ⅱ式者并居4式之首（参见附表108）。

附表108－1　**玉皇庙墓地夹砂红、褐陶Ⅴ型球腹罐（24件）式别特征相关数值统计表**

器号（YYM）	型式		口径与腹径之比值	腹径与器高之比值
	型	式		
19:1	Ⅴ	Ⅰ	11.2/21.6=0.52	21.6/21=1.03
10:1	Ⅴ	Ⅰ	10/19.2=0.52	19.2/17.4=1.1
230:1	Ⅴ	Ⅰ	11.7/20.5=0.57	20.5/20.1=1.02
226:1	Ⅴ	Ⅰ	10.3/21.4=0.48	21.4/20.5=1.04
252:1	Ⅴ	Ⅰ	10.7/19.1=0.56	19.1/18.8=1.02
266:1	Ⅴ	Ⅰ	10.6/19.9=0.53	19.9/19.1=1.04
258:1	Ⅴ	Ⅰ	8.2/20.4=0.4	20.4/19=1.07
295:1	Ⅴ	Ⅰ	11.8/21=0.56	21/19=1.1
294:1	Ⅴ	Ⅰ	11/19.9=0.55	19.9/18.8=1.06
61:1	Ⅴ	Ⅰ	8.8/16.6=0.53	16.6/16.6=1
281:1	Ⅴ	Ⅱ	12.2/19.6=0.62	19.6/19=1.03
240:1	Ⅴ	Ⅱ	12/19.6=0.61	19.6/18.7=1.05
265:1	Ⅴ	Ⅱ	10.6/16.8=0.63	16.8/15.4=1.09

附表108－2

器号（YYM）	型式		口径与腹径之比值	腹径与器高之比值
	型	式		
48:1	Ⅴ	Ⅱ	11.8/18.8＝0.63	18.8/17.3＝1.09
260:1	Ⅴ	Ⅱ	12.4/19.3＝0.64	19.3/18.1＝1.07
186:1	Ⅴ	Ⅱ	10.1/18＝0.56	18/16.5＝1.09
206:1	Ⅴ	Ⅱ	11/17.5＝0.63	17.5/16.1＝1.09
205:1	Ⅴ	Ⅱ	11.7/18.9＝0.62	18.9/17.5＝1.08
167:1	Ⅴ	Ⅱ	12/20＝0.6	20/18.4＝1.09
275:1	Ⅴ	Ⅲ	12.4/17.5＝0.7	17.5/17.4＝1.01
216:1	Ⅴ	Ⅲ	11.5/16.8＝0.68	16.8/16.3＝1.03
84:1	Ⅴ	Ⅳ	13/18.5＝0.7	18.5/17.6＝1.05
220:1	Ⅴ	Ⅳ	12/18.2＝0.66	18.2/16.8＝1.08
105:1	Ⅴ	Ⅳ	13.7/20＝0.69	20/18.2＝1.1

依次介绍这24件标本：

Ⅴ型 夹砂红、褐陶球腹罐

Ⅰ式 10件。

（1）YYM19:1，砖红色，胎内含砂量较多，颗粒较大，质地粗糙、疏松。圆唇，斜侈口，短颈，圆肩，鼓腹，腹腔呈球形，平底，磨蚀痕迹严重。手制，口沿不齐，但整个器形较规整，在肩与腹、下腹与器底交接部位，遗有明显的手捏接痕。器表普见刮削痕迹，凸凹不平，素面，肩、腹部略经打磨，局部有光泽。

口径11.2、腹径21.6、底径9.4、高21厘米（图五三〇，1；图版二一五，2）。

（2）YYM10:1，砖红色，胎内含砂量较大，陶质粗糙、疏松，火候基本均匀，仅见小块褐色斑迹。圆唇，斜侈口，稍直，颈略高，弧肩，鼓腹，腹腔呈横向椭圆形，下腹呈弧曲内收，平底，磨蚀严重。手制，素面，做工较细，器形较规整，肩部有较密集的斜向刮削痕，腹部以下显露大量捺压小坑窝，表面凸凹不平。器底上缘，遗有明显的手捏接痕。器表经过打磨，但未泛光泽。

口径10、腹径19.2、底径7.1、高17.4厘米（图五三〇，2；图版二一五，3）。

（3）YYM230:1，砖红色，胎内含砂量较大，质地粗糙，肩、腹部有脱皮裸露砂胎处，火候不匀，腹部以下有黑色杂斑。圆唇，斜侈口，溜肩，鼓腹，腹下作弧形内收，平底。磨蚀痕迹较重。手制，素面，器形较规整。器表刮削痕迹明显，不太平整，肩、腹交接处，有明显凸凹不平的手捏接痕。肩、腹部经打磨，局部遗有光泽。

口径11.7、腹径20.5、底径8、高20.1厘米（图五三〇，3；图版二一五，4）。

（4）YYM226:1，砖红色，胎内含砂量较多，颗粒较粗大，质地十分粗糙、疏松。火候不匀，肩、腹部有黑褐色杂斑。圆唇，斜侈口，颈略高，圆肩，鼓腹，腹腔呈球形。底稍内凹，磨蚀严重。手制，素面，肩、腹部密布捺压窝坑，器表凸凹不平，在颈与肩、下腹与器底交接部位，遗有手捏接痕。未

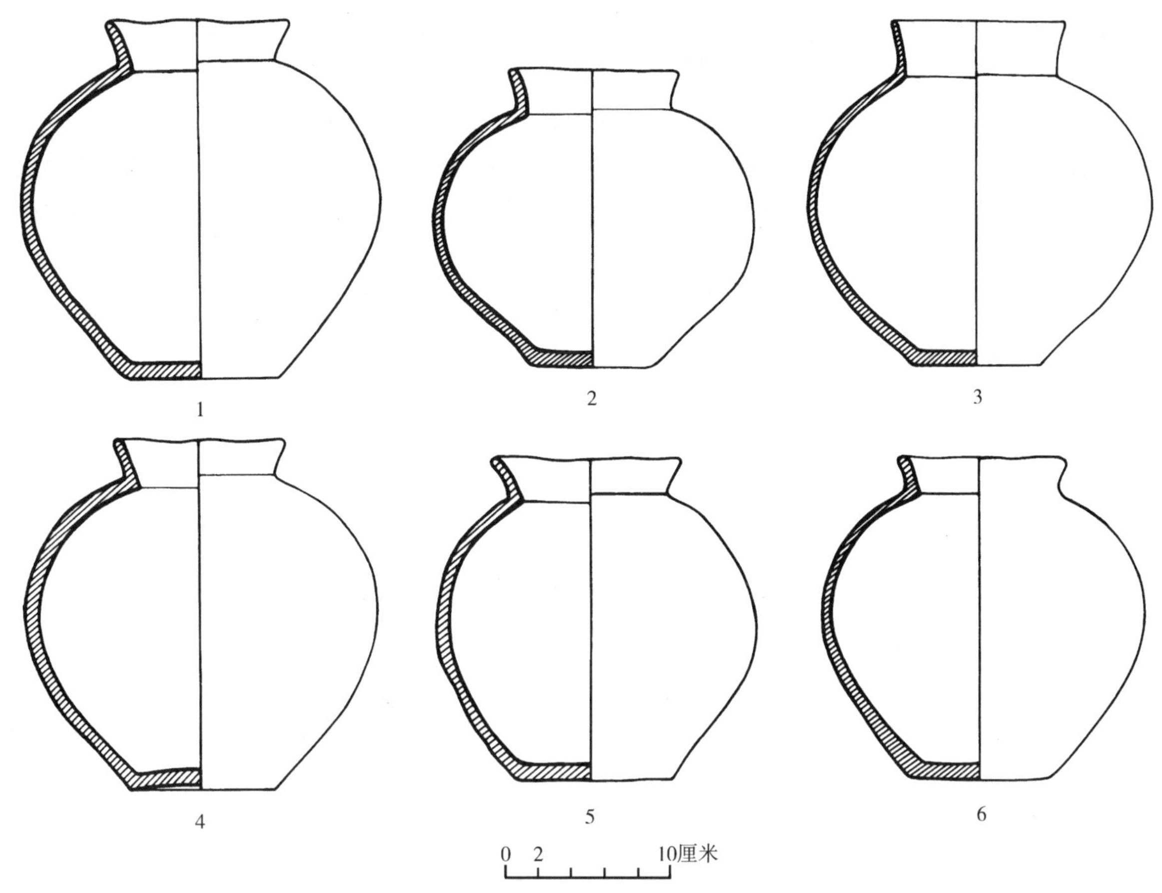

图五三〇　玉皇庙墓地出土夹砂红、褐陶Ⅴ型球腹罐

1. Ⅰ式（YYM19∶1）　2. Ⅰ式（YYM10∶1）　3. Ⅰ式（YYM230∶1）
4. Ⅰ式（YYM226∶1）　5. Ⅰ式（YYM252∶1）　6. Ⅰ式（YYM266∶1）

经打磨，无光泽。已碎裂，经修复。

口径10.3、腹径21.4、底径8.9、高20.5厘米（图五三〇，4；图版二一五，5）。

（5）YYM252∶1，红褐色，胎内含砂量较多，颗粒粗大，质地非常粗糙、疏松。火候不匀，颈、肩、腹部有大面积黑色杂斑。圆唇，斜侈口，短颈，溜肩，鼓腹，腹腔呈球形。平底，磨蚀严重。手制，素面，口沿不齐，左右两侧不大对称，肩、腹部密布斜向刮削痕迹，遗有明显的手捏接痕。未经打磨，无光泽。已碎裂，经修复。

口径10.7、腹径19.1、底径10、高18.8厘米（图五三〇，5；图版二一五，6）。

（6）YYM266∶1，砖红色，胎内含砂量较多，质地较粗糙、疏松，火候均匀，无杂斑。圆唇，斜侈口，短颈，弧肩，鼓腹，腹腔呈球形，平底，磨蚀较重。手制，素面，做工较细致，器形基本规整，口沿稍有不齐。器表经打磨较均匀，刮削痕迹不明显，但不显光泽。在颈部、下腹部和器底，遗有手捏接痕。

口径10.6、腹径19.9、底径8.6、高19.1厘米（图五三〇，6；图版二一六，1）。

（7）YYM258∶1，砖红色，胎内含砂量较大，颗粒较粗，质地粗糙、疏松。火候不匀，颈、肩、腹部有大块黑褐色杂斑。圆唇，斜侈口，颈较高，口径较小，鼓肩，鼓腹，腹腔圆大，平底，磨蚀较重。手制，素面，沿口不齐，器形基本规整，肩、腹部密布斜向和纵向刮削痕及大量捺压坑窝，器表凸凹不平。在颈与肩、下腹与器底上缘交接部位，遗有明显的手捏接痕。未经打磨，无光泽。

口径8.2、腹径20.4、底径9.5、高19厘米（图五三一，1；图版二一六，2）。

（8）YYM295∶1，砖红色，胎内含砂量较大，陶质粗糙、疏松。火候不匀，肩、腹部有大块黑褐色杂斑。圆唇，斜侈口，短颈，鼓肩，鼓腹，腹腔呈球形，平底，磨蚀严重。手制，素面，做工较粗糙，口沿不大平齐，器形不大对称，肩、腹部多纵向刮削痕，腹部以下有大量捺压坑窝，器表凸凹不平。颈与肩、下腹与器底上缘交接部位，遗有手捏接痕。未经打磨，无光泽。已碎裂，经修复。

口径11.8、腹径8.2、底径21、高19厘米（图五三一，2；图版二一六，3）。

（9）YYM294∶1，褐色，胎内含砂量较大，质地十分粗糙、疏松。火候不匀，肩、腹部有黑色杂斑。圆唇，斜侈口，短颈，圆肩，鼓腹。腹腔呈球形，小平底，磨蚀严重。手制，素面，口沿不平齐，器表普见粗糙的刮削痕迹，凸凹不平。在颈与肩、肩与腹、下腹与器底交接部位，遗有清楚的手捏接痕。未经打磨，无光泽。已碎裂，经修复。

口径11、腹径19.9、底径7.6、高18.8厘米（图五三一，3；图版二一六，4）。

（10）YYM61∶1，浅砖红色，胎内含砂量较多，质地粗糙、疏松。火候不匀，肩部有黑色杂斑。圆唇，斜侈口，颈略高，弧肩，鼓腹，腹腔呈球形，平底，磨蚀较重。手制，素面，器形较规整，肩、腹部有横向和斜向刮削痕，腹部有大量捺压小坑窝，在颈与肩、下腹与器底交接部位，有手捏接痕。器表凸凹不平。未经打磨，无光泽。在肩、腹交接处，有一圆形钻孔，孔径1.4厘米。

口径8.8、腹径16.6、底径7、高16.6厘米（图五三一，4；图版二一六，5）。

Ⅱ式　9件。

（1）YYM281∶1，深红色，胎内含砂量较大，颗粒较粗，质地十分粗糙、疏松。火候均匀，无杂斑。圆唇，斜侈口，短颈，弧肩，鼓腹，腹腔呈球形，平底，磨蚀较轻。手制，素面，口沿不齐，器形基本规整，肩、腹部密布斜向和纵向刮削痕及捺压小坑窝，器表凸凹不平。在颈与肩、下腹与器底上缘交接部位，遗有明显的手捏接痕。经过打磨，肩部略泛光泽。口沿、肩部残碎，经修复。

口径12.2、腹径19.6、底径9.6、高19厘米（图五三一，5）。

（2）YYM240∶1，深红色，胎内含砂量较多，颗粒粗大，质地非常粗糙、疏松。火候不匀，颈、腹部有黑色杂斑。圆唇、斜侈口、颈略高，圆肩，鼓腹，腹腔呈球形，平底，磨蚀严重。手制，素面，口沿不太平齐，肩、腹部密布刮削痕迹，在颈与肩、下腹与器底交接部位，遗有明显的手捏接痕，器表凸凹不平。未经打磨，无光泽。已碎裂，经修复。

口径12、腹径19.6、底径8.6、高18.7厘米（图五三一，6；图版二一六，6）。

（3）YYM265∶1，砖红色，胎内含砂量较大，陶质粗糙、疏松。火候不匀，颈、肩、腹部，有黑褐色杂斑。圆唇，斜侈口，短颈，溜肩，鼓腹，下腹部接近圆折内收，平底，磨蚀较重。手制，素面，做工较粗糙，口沿不齐，器形不大规整，肩、腹部有纵向刮削痕，下腹部有较多捺压坑窝，在颈与肩、下腹部与器底上缘交接部位，遗有明显的手捏接痕。未经打磨，无光泽。

口径10.6、腹径16.8、底径8.4、高15.4厘米（图五三二，1；图版二一七，1）。

（4）YYM48∶1，砖红色，胎内含砂量较大，陶质粗糙、疏松。火候不匀，肩、腹部有大块黑褐色杂斑。圆唇，斜侈口，短颈，弧肩，鼓腹，腹腔呈球形，平底，磨蚀痕迹明显。手制，素面，口沿不

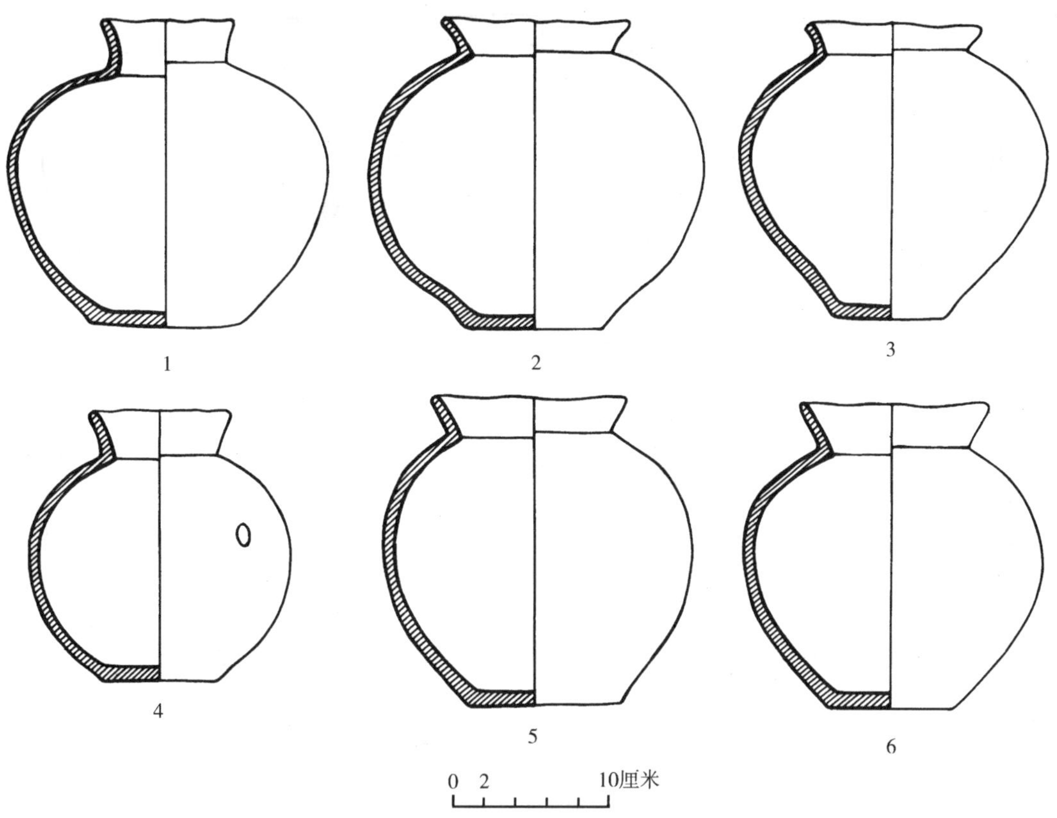

图五三一　玉皇庙墓地出土夹砂红、褐陶Ⅴ型球腹罐

1. Ⅰ式（YYM258∶1）　2. Ⅰ式（YYM295∶1）　3. Ⅰ式（YYM294∶1）

4. Ⅰ式（YYM61∶1）　5. Ⅱ式（YYM281∶1）　6. Ⅱ式（YYM240∶1）

齐整，肩、腹、表面密布刮削痕迹，器表不平整，颈与肩、下腹与器底交接部位，遗有手捏接痕。未经打磨，无光泽。

口径 11.8、腹径 18.8、底径 8.9、高 17.3 厘米（图五三二，2；图版二一七，2）。

（5）YYM260∶1，褐色，胎内含砂量较多，颗粒粗大，质地十分粗糙、疏松。火候不匀，颈、肩、腹部有大量黑色杂斑。圆唇，斜侈口，短颈，弧肩，鼓腹，腹腔呈球形，平底，磨蚀较重。手制，素面，器形不规整，口沿不齐，肩、腹部有刮削和捺压痕迹，在颈与肩、下腹和器底交接部位，有明显的手捏接痕。

口径 12.4、腹径 19.3、底径 8、高 18.1 厘米（图五三二，3；图版二一七，3）。

（6）YYM186∶1，砖红色，胎内含砂量较多，陶质粗糙、疏松。火候不匀，肩、腹部有黑褐色杂斑。圆唇，斜侈口，稍直，颈较高，圆肩，鼓腹，腹腔基本呈球形，平底，磨蚀严重。腹部陶皮脱落，砂胎裸露，手触砂落。手制，素面，口沿不平齐，肩、腹部显露横向和斜向刮削痕及大量捺压坑窝，器表凸凹不平。颈与肩、下腹与器底上缘交接部位，遗有明显的手捏接痕。未经打磨，无光泽。

口径 10.1、腹径 18、底径 8.4、高 16.5 厘米（图五三二，4；图版二一七，4）。

（7）YYM206∶1，浅砖红色，胎内含砂量较多，火候低而不匀，陶质粗糙、疏松，腹部与器底有大块黑色杂斑。圆唇，斜侈口，短颈，弧肩，鼓腹，腹腔基本呈球形，下腹作斜弧内收，平底，磨蚀严重。

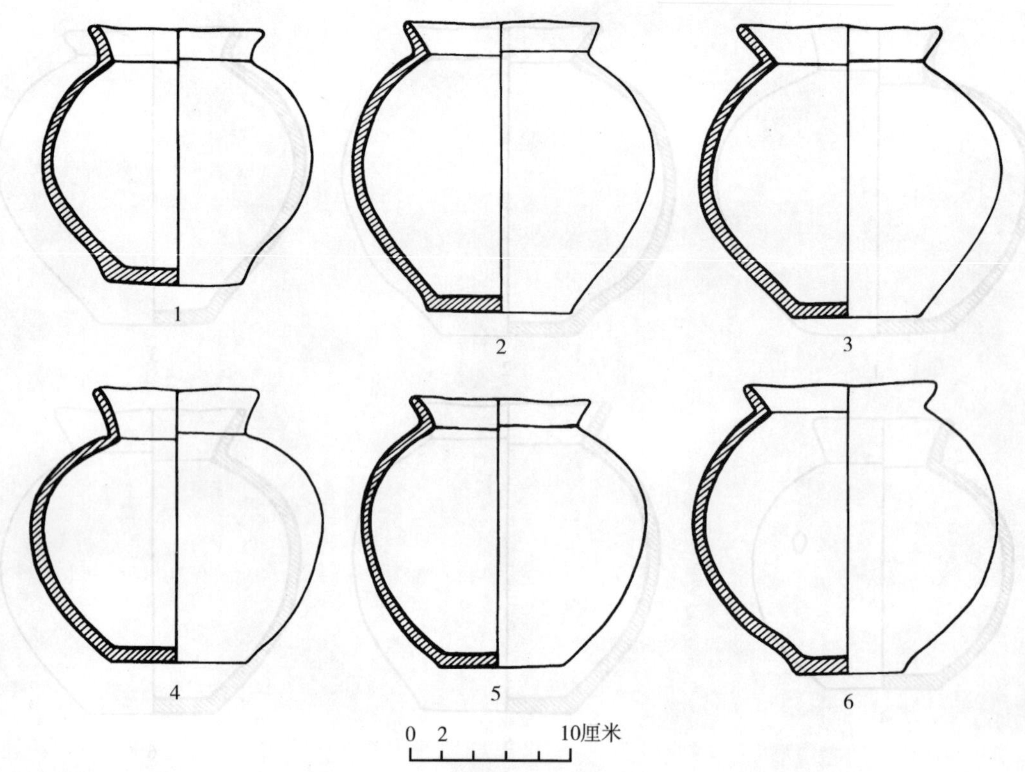

图五三二 玉皇庙墓地出土夹砂红、褐陶Ⅴ型球腹罐

1. Ⅱ式（YYM265:1） 2. Ⅱ式（YYM48:1） 3. Ⅱ式（YYM260:1）
4. Ⅱ式（YYM186:1） 5. Ⅱ式（YYM206:1） 6. Ⅱ式（YYM205:1）

手制，素面，器形基本规整，但口沿不齐，肩、腹部有斜向刮削痕和密集的捺压小坑窝，器表凸凹不平，在颈与肩交接部位，遗有手捏接痕，肩部略经打磨，但无光泽。已残碎，经修复。

口径 11、腹径 17.5、底径 7.9、高 16.1 厘米（图五三二，5；图版二一七，5）。

（8）YYM205:1，褐色，胎内含砂量较多，颗粒较粗大，质地十分粗糙、疏松。火候不匀，肩与下腹部，有黑色杂斑。圆唇，斜侈口，短颈，弧肩，鼓腹，腹腔呈球形，小平底，磨蚀严重。手制，素面，口沿不齐，器形不太对称，表皮大部脱落，露出砂胎，腹部有密集的捺压坑窝，器表凸凹不平，在颈与肩、下腹与器底交接部位，有明显的手捏接痕。未经打磨，无光泽。

口径 11.7、腹径 18.9、底径 6.5、高 17.5 厘米（图五三二，6；图版二一七，6）。

（9）YYM167:1，红褐色，胎内含砂量较多，颗粒较粗大，质地十分粗糙、疏松。火候不匀，肩、腹部有大面积黑褐色杂斑。圆唇，斜侈口，短颈，弧肩，鼓腹，腹腔呈球形，底稍内凹，磨蚀严重。手制，素面，器形基本规整，肩、腹部普见纵向和斜向刮削痕迹，及捺压坑窝，器表凸凹不平。在颈与肩、下腹与器底上缘交接部位，遗有清楚的手捏接痕。未经打磨，无光泽，已碎裂，经修复。

口径 12、腹径 20、底径 9、高 18.4 厘米（图五三三，1；图版二一八，1）。

Ⅲ式 2件。

（1）YYM275:1，褐色，胎内含砂量较大，陶质粗糙、疏松。火候不匀，肩、腹部有黑褐色杂斑。圆唇，斜侈口，口径较大，短颈，弧肩下垂，鼓腹，腹腔基本呈球形，小底，稍内凹，磨蚀严重。手

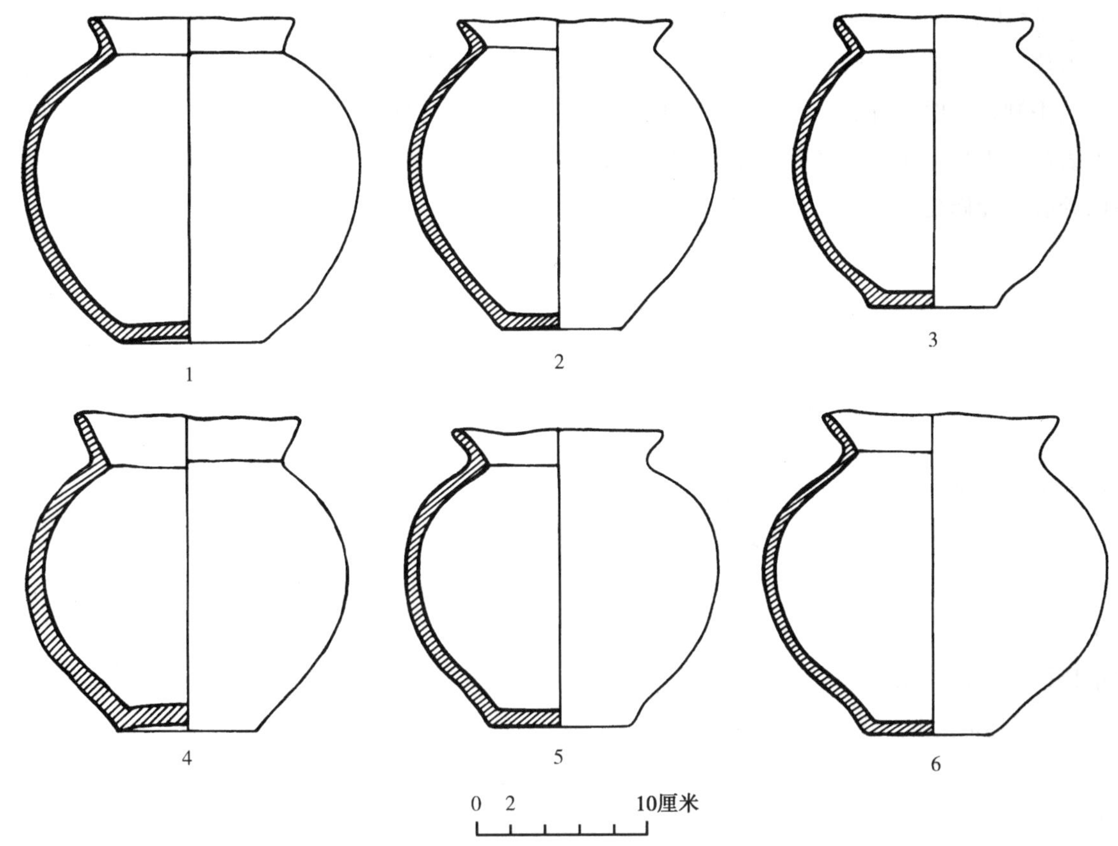

图五三三　玉皇庙墓地出土夹砂红、褐陶Ⅴ型球腹罐

1. Ⅱ式（YYM167:1）　2. Ⅲ式（YYM275:1）　3. Ⅲ式（YYM216:1）

4. Ⅳ式（YYM84:1）　5. Ⅳ式（YYM220:1）　6. Ⅳ式（YYM105:1）

制，素面，口沿不齐，但器形基本规整，肩、腹部有斜向刮削痕和大量捺压小坑窝，表面凸凹不平，在颈与肩、下腹部与器底上缘交接部位，遗有明显的手捏接痕。未经打磨，无光泽。

口径 12.4、腹径 17.5、底径 6.5、高 17.4 厘米（图五三三，2；图版二一八，2）。

（2）YYM216:1，砖红色，胎内含砂量较多，陶质粗糙、疏松。火候不匀，肩、腹部有大块黑色杂斑。圆唇，斜侈口，短颈，弧肩下垂，鼓腹，腹腔基本呈球形，平底，磨蚀较重。

手制，素面，口沿不齐，肩、腹部密布横向刮削痕，下腹部有较多的捺压痕，器表凸凹不平。在颈与肩、下腹与器底上缘交接部位，遗有明显的手捏接痕。未经打磨，无光译。口沿已碎裂，经修复。

口径 11.5、腹径 16.8、底径 7.7、高 16.3 厘米（图五三三，3；图版二一八，3）。

Ⅳ式　3 件。

（1）YYM84:1，深褐色，胎内含砂量较多，颗粒较粗，质地十分粗糙、疏松。火候不匀，肩、腹部有大块黑色杂斑。圆唇、斜侈口，口径较大，颈略高，圆肩，鼓腹，腹腔呈球形，凹底，磨蚀较重。手制，素面，口沿不齐，器表刮削痕迹粗糙，凸凹不平。在颈与肩、下腹与器底交接部位，遗有清楚的手捏接痕。未经打磨，无光泽。

口径 13、腹径 18.5、底径 8.5、高 17.6 厘米（图五三三，4；图版二一八，4）。

（2）YYM220∶1，砖红色，胎内含砂量较多，颗粒较大，质地非常粗糙、疏松。火候不匀，肩、腹部有大块黑色杂斑。圆唇，斜侈口，口径较大，短颈，弧肩，鼓腹，腹腔呈球形，小平底，磨蚀痕迹明显。手制，素面。口沿不齐，器表基本规整，肩、腹部有斜向和纵向刮削痕迹，及密集的捺压坑窝，器表凸凹不平。在颈与肩、下腹与器底上缘交接部位，遗有清楚的手捏接痕。未经打磨，无光泽。口沿已碎裂，经修复。

口径12、腹径18.2、底径8、高16.8厘米（图五三三，5；图版二一八，5）。

（3）YYM105∶1，砖红色，胎内含砂量较大，质地十分粗糙、疏松。口沿不齐整，刮削粗糙，表面凸凹不平，在颈与肩、下腹与器底交接部位，手捏接痕明显。手制，素面，器表未经打磨，无光泽。圆唇，斜侈口，口径较大，短颈，溜肩，鼓腹，腹腔呈球形。小平底磨蚀较重。出土时已残碎，经修复。

口径13.7、腹径20、底径7.4、高18.2厘米（图五三三，6；图版二一八，6）。

Ⅵ型　夹砂红、褐陶鼓肩大腹罐　共10件。

此型罐造型的基本特征是，斜侈口，短颈稍高，或略高，鼓肩，鼓腹，腹腔膨大。可分3式。

Ⅰ式　7件，YYM280∶1、264∶1、97∶1、237∶1、49∶1、257∶1、151∶1。此式除具有上述Ⅵ型罐一般基本特征之外，其较突出的个性特点是，鼓肩与鼓腹程度甚为显著；口径相对较小，其与腹径之比，7件标本的平均值为0.56；而器底略大，其底径与口径之比，7件标本的平均值为0.79。

Ⅱ式　2件，YYM188∶1、YYM76∶1。此式区别于Ⅰ式的个性特点是，腹腔略有收敛；口径相对变大，其与腹径之比，2件标本的平均值为0.6；而器底变得略小，其底径与口径之比，2件标本的平均值为0.685。

Ⅲ式　1件，YYM150∶1。此式区别于Ⅰ式和Ⅱ式的突出特点在于，腹腔作进一步收敛；器底变为小平底，其底径与口径之比值为0.6，是3种式别中比值最小者（参见附表109）。

附表109　**玉皇庙墓地夹砂红、褐陶Ⅵ型鼓肩大腹罐（10件）式别特征相关数值统计表**

器号（YYM）	型—式		口径与腹径之比值	底径与口径之比值
	型	式		
280∶1	Ⅵ	Ⅰ	13.6/25.6=0.53	11.2/13.6=0.82
264∶1	Ⅵ	Ⅰ	13/21.4=0.61	10.2/13=0.78
97∶1	Ⅵ	Ⅰ	13/20.9=0.62	10.2/13=0.78
237∶1	Ⅵ	Ⅰ	11.4/21.6=0.53	10.1/11.4=0.89
49∶1	Ⅵ	Ⅰ	13.8/24.7=0.56	9.6/13.8=0.7
257∶1	Ⅵ	Ⅰ	11/19.7=0.56	9.5/11=0.86
151∶1	Ⅵ	Ⅰ	13.4/25.4=0.53	9/13.4=0.67
188∶1	Ⅵ	Ⅱ	14/22.5=0.62	9.8/14.2=0.69
76∶1	Ⅵ	Ⅱ	13.9/23.2=0.6	9.5/13.9=0.68
150∶1	Ⅵ	Ⅲ	11.7/20.4=0.57	7/11.7=0.6

依次介绍这10件标本：

Ⅵ型　夹砂红、褐陶鼓肩大腹罐

Ⅰ式　7件。

(1) YYM280:1，砖红色，胎内含砂量较大，陶质粗糙、疏松。火候不匀，颈、肩、腹部有黑褐色杂斑。圆唇，斜侈口，口径较小，颈略高，鼓肩，鼓腹，腹腔圆大，凹底，底径较大，磨蚀较重。手制，素面，做工较粗糙，口沿不大平齐，向一侧歪斜，器形不大对称，一肩偏高，另一肩偏低，肩、腹部有大量斜向刮削痕和捺压小坑窝，器表凸凹不平。在颈与肩、下腹与器底上缘交接部位遗有明显的手捏接痕。未经打磨，无光泽。

口径13.6、腹径25.6、底径11.2、高22.8厘米（图五三四，1；图版二一九，1）。

(2) YYM264:1，浅砖红色，胎内含砂量较大，陶质粗糙、疏松，火候不匀，肩、腹部有大块黑色杂斑。圆唇，斜侈口，颈略高，鼓肩，鼓腹，下腹弧曲内收，平底，底径较大，磨蚀严重。手制，素面，做工较粗，口沿不齐，肩、腹布满横向刮削痕和捺压坑窝，器表凸凹不平。在颈与肩、下腹与器底上缘交接部位，有明显的手捏接痕。未经打磨，无光泽。口沿和肩部已碎裂，经修复。

口径13、腹径21.4、底径10.2、高18.8厘米（图五三四，2；图版二一九，2）。

(3) YYM97:1，深砖红色，胎内含砂量较多，颗粒较大，质地非常粗糙、疏松。火候不匀，腹部有黑色杂斑。圆唇、斜侈口、颈略高，鼓肩，鼓腹，腹腔圆大，呈横向椭圆形，腹下作斜弧内收，平底，底径较大，磨蚀较重。手制，素面，肩、腹部普见刮削痕迹，表面凸凹不平，未经打磨，无光泽。在颈与肩、下腹与器底交接部位，遗有明显的手捏接痕。已碎裂，经修复。

口径13、腹径20.9、底径10.2、高17.4厘米（图五三四，3；图版二一九，3）。

(4) YYM237:1，砖红色，胎内含砂量较大，质地粗糙、疏松，火候不匀，器表有褐色杂斑。圆唇，斜侈口，口径较小，短颈，鼓肩，鼓腹，腹腔圆大，下腹作斜弧内收，底稍内凹，底径较大，磨蚀痕迹明显。手制，素面，口沿不齐整，器表普见粗糙的刮削痕迹，凸凹不平。颈与肩、肩与腹、下腹与器底交接部位，手捏接痕明显。未经打磨，表面无光泽。

口径11.4、腹径21.6、底径10.1、高18厘米（图五三四，4；图版二一九，4）。

(5) YYM49:1，砖红色，胎内含砂量较多、颗粒较粗大，质地较粗糙、疏松，腹部有大面积黑色杂斑。圆唇，斜侈口，口径较小，颈略高，鼓肩，鼓腹，腹腔圆大，呈横向椭圆形，下腹呈斜弧内收，平底，磨蚀较重。手制，素面，口沿不太齐整，肩、腹部普见刮削痕迹，表面凸凹不平，颈与肩部、下腹部与器底交接部位，遗有明显的手捏接痕。器表未经打磨，无光泽。

口径13.8、腹径24.7、底径9.6、高20.8厘米（图五三四，5；图版二一九，5）。

(6) YYM257:1，灰褐色，胎内含砂量较多，颗粒粗大，质地非常粗糙、疏松。火候不匀，颈、肩、腹部有大块黑褐色杂斑。圆唇，斜侈口，口径较小，颈较高，鼓肩，鼓腹，底稍内凹。手制，素面，口沿不齐整，但器形基本对称，器表有刮削痕迹，肩部予以打磨，腹部则凸凹不平。在颈与肩、下腹与器底交接部位，遗有明显的手捏接痕。

口径11、腹径19.7、底径9.5、高16.8厘米（图五三四，6；图版二一九，6）。

(7) YYM151:1，砖红色，胎内含砂量较多，颗粒粗大，质地十分粗糙、疏松。火候不匀，腹部局部有黑色杂斑。圆唇，斜侈口，短颈，鼓肩，鼓腹，腹腔呈横向椭圆形，平底，磨蚀较重。手制，

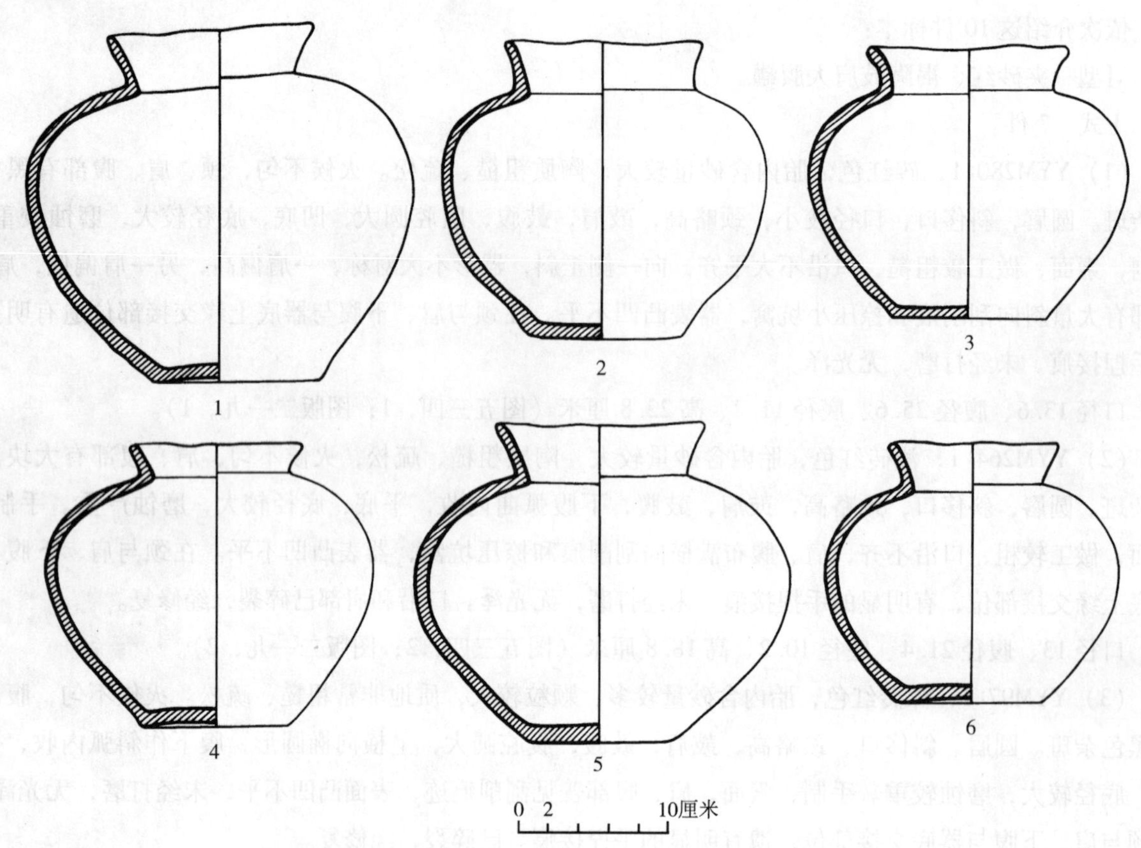

图五三四 玉皇庙墓地出土夹砂红、褐陶Ⅵ型鼓肩大腹罐

1. Ⅰ式（YYM280∶1） 2. Ⅰ式（YYM264∶1） 3. Ⅰ式（YYM97∶1）
4. Ⅰ式（YYM237∶1） 5. Ⅰ式（YYM49∶1） 6. Ⅰ式（YYM257∶1）

素面，口沿基本平齐，器形较规整，肩、腹部有斜向刮削痕迹和手指捺压坑窝，器表凸凹不平。未经打磨，无光泽。已碎裂，经修复。

口径13.4、腹径25.4、底径9、高19.2厘米（图五三五，1；图版二二○，1）。

Ⅱ式 2件。

（1）YYM188∶1，浅砖红色，胎内含砂量较多，质地粗糙、疏松，火候不匀，肩、腹部有大面积黑褐色杂斑。圆唇，斜侈口，短颈，鼓肩，鼓腹，腹腔圆大，但较Ⅰ式者收敛，最大腹径稍偏上，腹下作斜弧内收，平底，底径较小，磨蚀较重。手制，素面，口沿不齐整，器表普见粗糙刮削痕迹，表面凸凹不平，在颈与肩、下腹与器底交接部位，遗有手捏接痕，表面未经打磨，无光泽。

口径14.2、腹径22.5、底径9.8、高20厘米（图五三五，2；图版二二○，2）。

（2）YYM76∶1，砖红色，胎内含砂量较多、颗粒较大，质地非常粗糙、疏松，胎壁较厚，器体较重。火候较低，肩、腹部有大面积黑色杂斑。圆唇，斜侈口，短颈，口径较大，鼓肩，鼓腹，腹腔圆大，但较Ⅰ式者收敛，腹下弧曲内收，平底，磨蚀较重。手制，器形基本规整，但口沿不齐，颈部，肩、腹交接处，下腹部与器底交接部位，遗有明显的手捏接痕，器表凸凹不平。素面，器表未经打磨，无光泽。已碎裂，经修复。

口径13.9、腹径23.2、底径9.5、高19厘米（图五三五，3；图版二二○，3）。

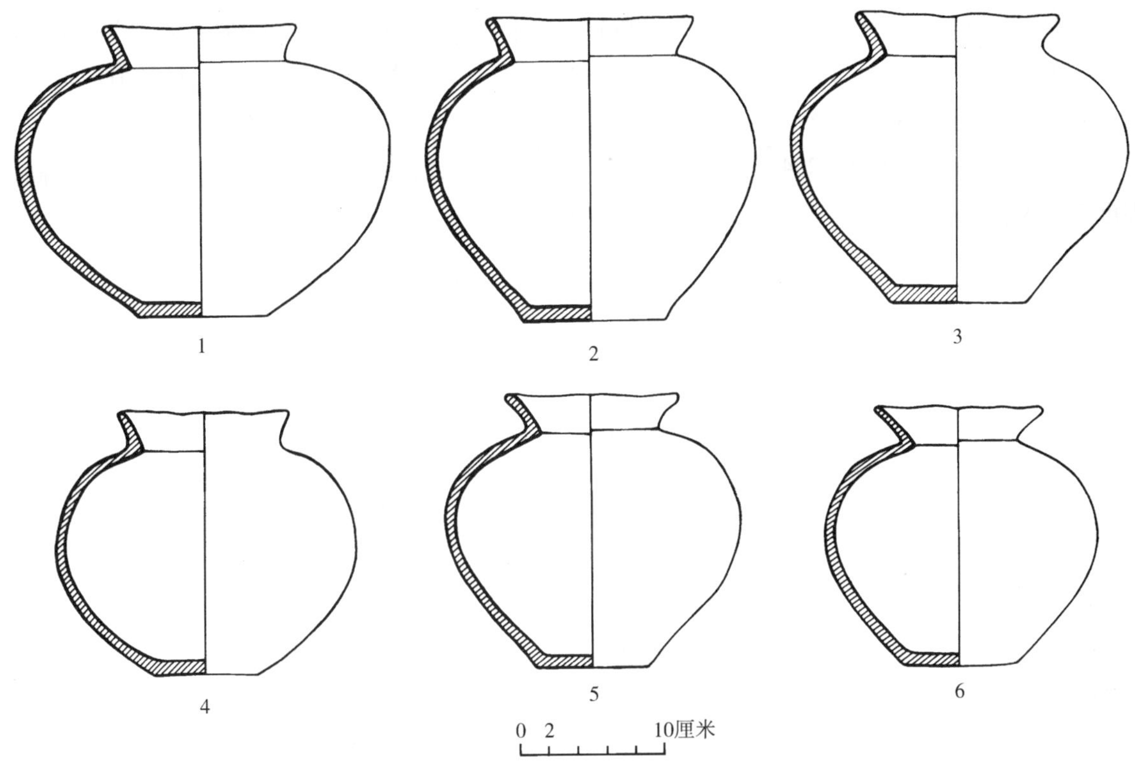

图五三五　玉皇庙墓地出土夹砂红、褐陶Ⅵ型鼓肩大腹罐及Ⅶ型夹砂红、褐陶弧肩鼓腹罐

1. Ⅵ型Ⅰ式（YYM151:1）　2. Ⅵ型Ⅱ式（YYM188:1）　3. Ⅵ型Ⅱ式（YYM76:1）
4. Ⅵ型Ⅲ式（YYM150:1）　5. Ⅶ型Ⅰ式（YYM277:1）　6. Ⅶ型Ⅰ式（YYM272:1）

Ⅲ式　1件，YYM150。红褐色，胎内含砂量较大，颗粒较粗，质地十分粗糙、疏松，火候不匀，颈、肩、腹部有大块黑色杂斑。圆唇，斜侈口，颈稍高，鼓肩，鼓腹，腹腔圆大，呈横向椭圆状，但较Ⅰ式者有明显收敛，下腹作斜弧内收，小平底，磨蚀严重。手制，素面，口沿不甚平齐，但器形基本规整、对称，肩、腹部有斜向和纵向刮削痕及捺压小坑窝，器表凸凹不平。颈与肩、下腹部与器底上缘交接部位，有明显的手捏接痕。未经打磨，无光泽。

口径11.7、腹径20.4、底径7、高17.6厘米（图五三五，4；图版二二○，4）。

Ⅶ型　夹砂红、褐陶弧肩鼓腹罐　共22件。

此型罐造型的基本特征是，斜侈口，弧肩，鼓腹，腹径多大于器高，腹腔较大。可分4式。

Ⅰ式　4件，YYM277:1、272:1、51:1、12:1。此式除具有上述Ⅶ型罐一般基本特征之外，其较突出的个性特点是，弧肩、鼓腹程度显著，腹腔膨大，器形矮胖，腹径与器高之比，4件标本的平均值为1.11，腹径水平线，略偏下，其距器底高度与器高之比，4件标本的平均值为0.5，重心居中；皆为平底。

Ⅱ式　6件，YYM38:1、43:1、46:1、8:1、64:1、153:1。此式区别于Ⅰ式的突出个性特点是，短颈，鼓腹，腹腔不及Ⅰ式膨大，腹径水平线明显偏上，其距器底高度与器高之比，6件标本的平均值为0.56，重心偏上，器底年代较早者为平底，年代较晚者为凹底（如YYM153）。

Ⅲ式　8件，YYM42:1、87:1、181:1、142:1、144:1、124:1、350:1、364:1。此式较突出的个性

特点是，鼓腹程度较轻，腹腔收敛较明显，其腹径与器高之比，8件标本的平均值为1.06，器形较瘦高，腹径水平线距器底高度与器高之比，8件标本的平均值为0.58，为4式标本中最高值，重心明显偏上；器底，平、凹底各占一半，其中凹底者多属晚期标本（如YYM124:1、350:1、364:1）。

Ⅳ式 4件，YYM196:1、204:1、131:1、171:1。此式区别于前3式的突出个性特点是颈略高，鼓腹程度不显著，腹腔收敛，器形较高，重心偏上（参见附表110）。

附表110 玉皇庙墓地夹砂红、褐陶Ⅶ型弧肩鼓腹罐（22件）式别特征相关数值统计表

器号(YYM)	型式		腹径与器高之比值	最大腹径水平线距器底高度与器高之比值	器底	
	型	式			平底	内凹
277:1	Ⅶ	Ⅰ	20.1/18.1=1.1	9.8/18.1=0.54	√	
272:1	Ⅶ	Ⅰ	19.1/17.4=1.1	8.2/17.4=0.47	√	
51:1	Ⅶ	Ⅰ	23.2/20.8=1.12	10.3/20.8=0.495	√	
12:1	Ⅶ	Ⅰ	21.5/19=1.13	9.4/19=0.495	√	
38:1	Ⅶ	Ⅱ	18.6/17.2=1.08	9.4/17.2=0.55	√	
43:1	Ⅶ	Ⅱ	17.4/14.8=1.18	8.1/14.8=0.55	√	
46:1	Ⅶ	Ⅱ	17.1/14.8=1.16	7.6/14.8=0.51	√	
8:1	Ⅶ	Ⅱ	16.8/14.6=1.15	8.4/14.6=0.575	√	
64:1	Ⅶ	Ⅱ	16.8/14.2=1.18	8.2/14.2=0.58	√	
153:1	Ⅶ	Ⅱ	16.2/13.1=1.2	7.6/13.1=0.58		稍内凹
42:1	Ⅶ	Ⅲ	15.8/15=1.05	8.2/15=0.55	√	
87:1	Ⅶ	Ⅲ	17.4/16.8=1.04	9.3/16.8=0.55		凹底
181:1	Ⅶ	Ⅲ	17.7/17=1.04	10.4/17=0.61	√	
142:1	Ⅶ	Ⅲ	15.8/15=1.05	8.8/15=0.59	√	
144:1	Ⅶ	Ⅲ	13.8/13.8=1	8/13.8=0.58	√	
124:1	Ⅶ	Ⅲ	15.6/15=1.04	8.8/15=0.59		稍内凹
350:1	Ⅶ	Ⅲ	17.9/15.9=1.13	9.6/15.9=0.6		稍内凹
364:1	Ⅶ	Ⅲ	16.8/15=1.12	8.2/14.2=0.55		稍内凹
196:1	Ⅶ	Ⅳ	18.4/17.8=1.03	9.6/17.8=0.54	√	
204:1	Ⅶ	Ⅳ	22.7/21.4=1.06	11.8/21.4=0.55	√	
131:1	Ⅶ	Ⅳ	21/18.8=1.12	10.6/18.8=0.56	√	
171:1	Ⅶ	Ⅳ	20.4/20.3=1.01	11.4/20.3=0.56		稍内凹

依次介绍这22件标本：

Ⅶ型 夹砂红、褐陶弧肩鼓腹罐

Ⅰ式 4件。

（1）YYM277∶1，砖红色，胎内含砂量较大，质地粗糙、疏松。火候较均匀，无杂斑。圆唇，斜侈口，颈略高，弧肩，鼓腹，腹腔较大，下腹作弧曲内收，小平底，磨蚀较重。器体较高，重心居中。手制，素面，口沿不齐，肩、腹部有密集的横向刮削痕和捺压坑窝，器表凸凹不平。颈与肩对接处已开裂，下腹与器底交接处，遗有明显的手捏接痕。未经打磨，无光泽。口沿已碎裂，经修复。

口径 12、腹径 20.1、底径 7.5、高 18.1 厘米（图五三五，5；图版二二〇，5）。

（2）YYM272∶1，砖红色，胎内含砂量较多，陶质粗糙、疏松，火候基本均匀，仅见少量小块褐色杂斑。圆唇，宽沿，斜侈口，颈稍高，弧肩，鼓腹，腹腔较大，平底，磨蚀较重。器体较高，重心居中。手制，素面，口沿不平齐，肩、腹部显露横向刮削痕和大量捺压坑窝，器表凸凹不平。在颈与肩、下腹与器底上缘交接部位，遗有显著的手捏接痕。未经打磨，无光泽。口沿残碎，经修复。

口径 11.7、腹径 19.1、底径 8.3、高 17.4 厘米（图五三五，6；图版二二〇，6）。

（3）YYM51∶1，深砖红色，胎内含砂量较多，颗粒粗大，质地十分粗糙、疏松。火候较均匀，无杂斑。圆唇，斜侈口，颈稍高，弧肩，鼓腹，腹腔较大，下腹呈斜弧内收，平底，磨蚀严重。器体较高，重心居中。手制，素面，口沿不齐整，肩、腹部普见粗糙的刮削痕迹，器表凸凹不平，颈与肩、下腹与器底交接部位，遗有手捏接痕。肩、腹部表面经打磨，大部有光泽。已残碎，经修复。

口径 15.6、腹径 23.3、底径 7.4、高 20.8 厘米（图五三六，1；图版二二一，1）。

（4）YYM12∶1，浅砖红色，胎内含砂量较多，质地粗糙、疏松。火候低而匀，无杂斑。圆唇，斜侈口，颈稍高，弧肩，鼓腹，腹腔较大，下腹作弧曲内收，平底，磨蚀较重。器体较高，重心居中。手制，素面，做工粗糙，口沿不齐，肩、腹部密布斜向刮削痕迹和捺压坑窝，器表凸凹不平。在颈与肩、下腹与器底上缘交接部位，遗有明显的手捏接痕。未经打磨，无光泽。已碎裂，经修复。

口径 13.5、腹径 21.5、底径 10.1、高 19 厘米（图五三六，2；图版二二一，2）。

Ⅱ式　6 件。

（1）YYM38∶1，砖红色，胎内含砂量较大，颗粒较粗，质地十分粗糙、疏松。火候不匀，颈、肩、腹部有大块黑色杂斑，圆唇，斜侈口，短颈，弧肩，鼓腹，腹腔不及Ⅰ式者膨大，重心偏上。小平底，磨蚀较重。手制，素面，做工较粗，口沿不齐，器形不大规整，肩、腹部有大量的斜向刮削痕和捺压坑窝，器表凸凹不平，在颈与肩、下腹与器底上缘交接部位，遗有明显的手捏接痕。未经打磨，无光泽。残碎，经修复。

口径 10.6、腹径 18.6、底径 7、高 17.2 厘米（图五三六，3）。

（2）YYM43∶1，浅砖红色，火候不匀，腹部和口沿有黑色杂斑。胎内含砂较多，质地比较疏松。斜侈口，尖圆唇，短颈，弧肩，鼓腹，腹腔不及Ⅰ式者膨大，重心偏上。腹下弧曲内收，平底，磨蚀痕迹较重。手制，口沿不齐整，素面。腹下手捏痕迹明显，器表未经打磨，不平，无光泽。

口径 11.1、腹径 17.4、底径 8.9、高 14.8 厘米。（图五三六，4；图版二二一，3）。

（3）YYM46∶1，褐色，胎内含砂量较多，质地粗糙，火候较低，腹部有大面积黑色杂斑。圆唇，斜侈口，短颈，弧肩，鼓腹，重心偏上。腹下弧曲内收，平底，磨蚀严重。手制，器形基本规整，口

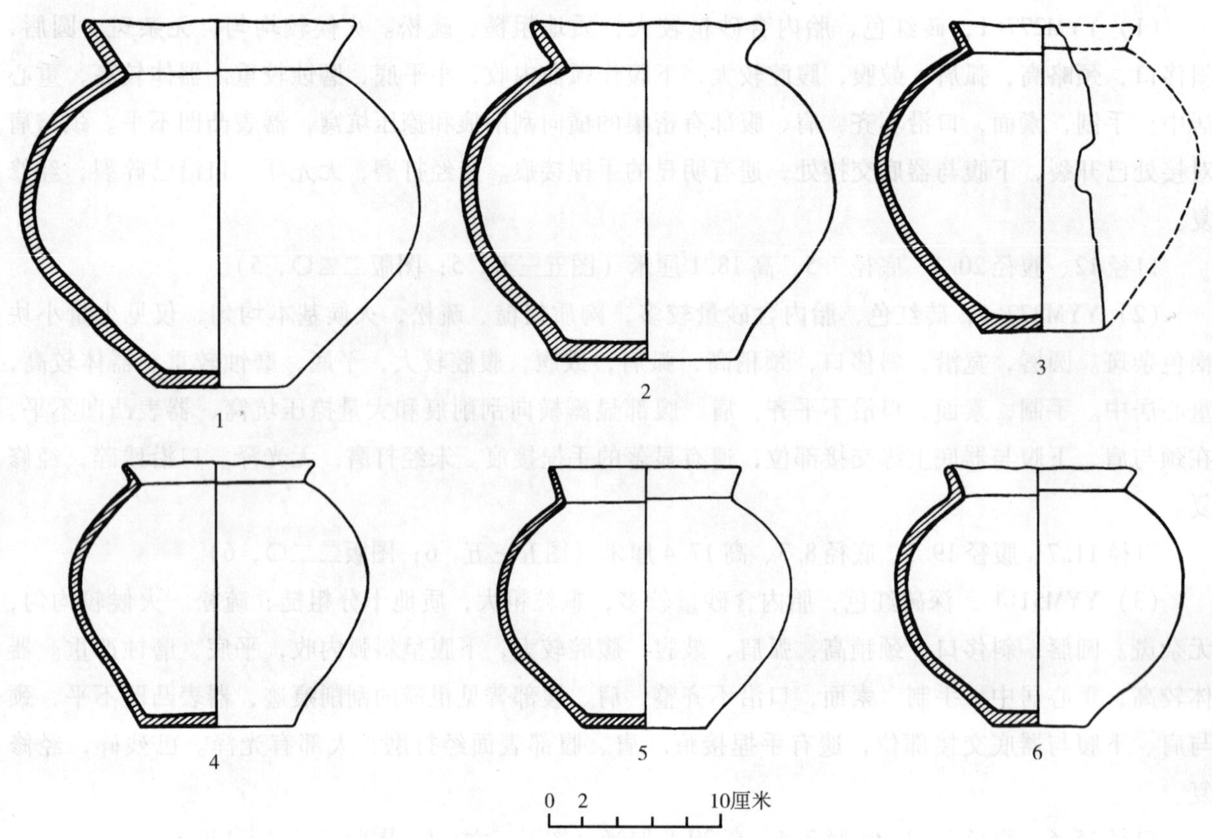

图五三六 玉皇庙墓地出土夹砂红、褐陶Ⅶ型弧肩鼓腹罐

1. Ⅰ式（YYM51:1） 2. Ⅰ式（YYM12:1） 3. Ⅱ式（YYM38:1）
4. Ⅱ式（YYM43:1） 5. Ⅱ式（YYM46:1） 6. Ⅱ式（YYM8:1）

沿不齐，肩腹之间、下腹部与器底上缘，遗有明显的手捏接痕，器表凸凹不平，到处遗有刮削痕迹。素面，未经打磨，无光泽。有裂缝，经修复。

口径11.2、腹径17.1、底径7.2、高14.8厘米（图五三六，5；图版二二一，4）。

（4）YYM8:1，砖红色，胎内含砂量较大，陶质粗糙、疏松，火候不匀，肩、腹部有黑褐色斑。圆唇，斜侈口，短颈，弧肩，鼓腹，重心偏上，下腹作弧曲内收，小平底，磨蚀较重。手制，素面，器形基本规整，口沿不甚平齐，肩、腹部有斜向和纵向刮削痕，及较密的捺压坑窝。颈与肩、下腹与器底上缘交接部位，有明显的手捏接痕。器表未经打磨，无光泽。

口径11、腹径16.8、底径5.4、高14.6厘米（图五三六，6；图版二二一，5）。

（5）YYM64:1，砖红色，胎内含砂量较大，质地粗糙、疏松。火候不匀，肩、腹部有大块黑褐色杂斑。圆唇，斜侈口，短颈，弧肩，鼓腹，重心偏上，下腹弧曲内收，小平底，磨蚀较重。手制，素面，做工较粗糙，口沿不齐，肩腹部有斜向和纵向刮削痕，及大量捺压坑窝，器表凸凹不平。在颈与肩、下腹与器底上缘交接部位，遗有明显手捏接痕。未经打磨，无光泽。已残碎，经修复。

口径9、腹径16.8、底径7、高14.2厘米（图五三七，1）。

（6）YYM153:1，灰褐色，胎内含砂量较大，颗粒较粗、质地非常粗糙、疏松。火候不匀，肩、腹部有大面积黑色杂斑。圆唇，斜侈口，短颈，弧肩，鼓腹，重心偏上，下腹部作弧曲内收，小底，

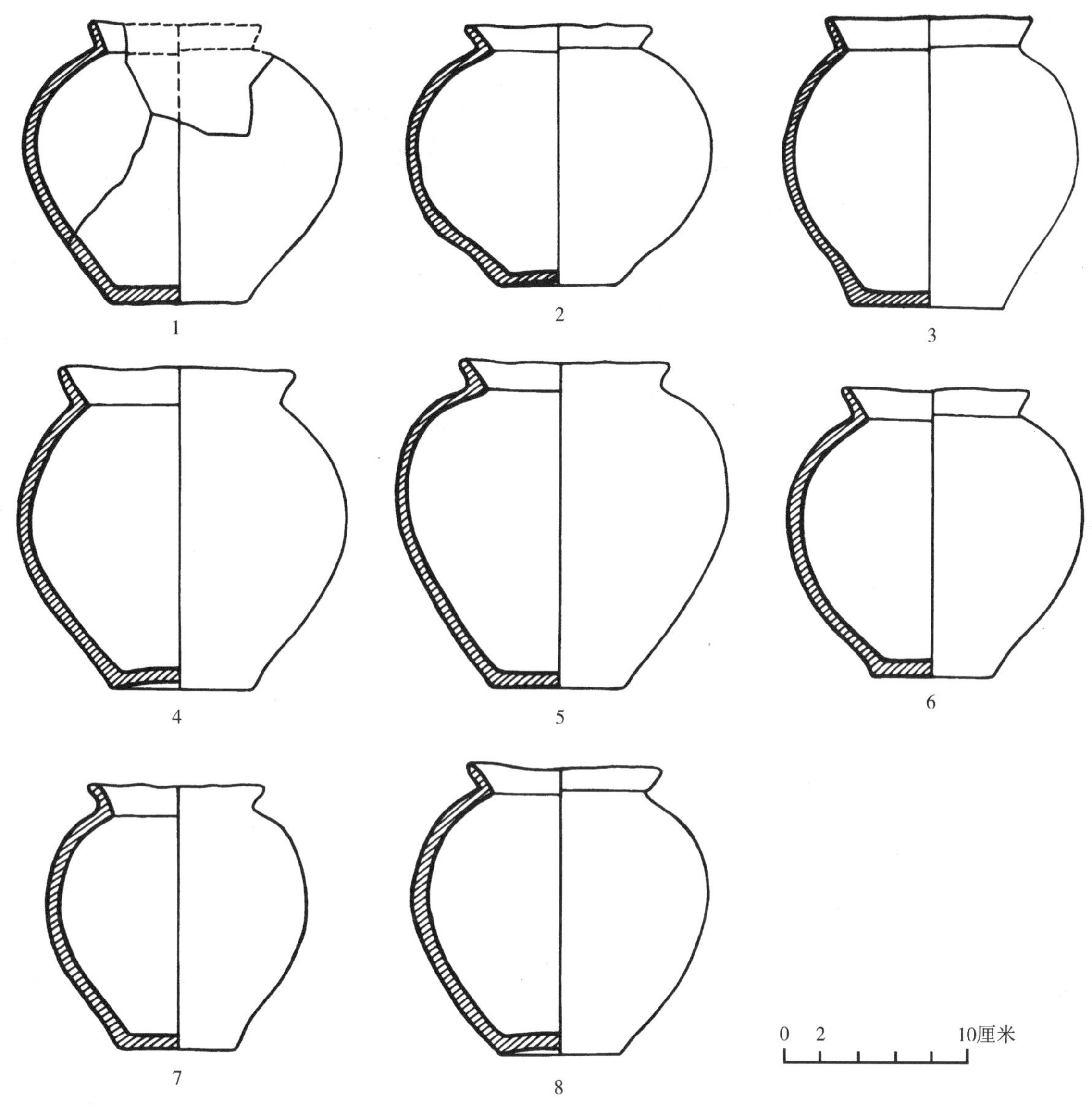

图五三七　玉皇庙墓地出土夹砂红、褐陶Ⅶ型弧肩鼓腹罐

1. Ⅱ式（YYM64:1）　2. Ⅱ式（YYM153:1）　3. Ⅲ式（YYM42:1）　4. Ⅲ式（YYM87:1）
5. Ⅲ式（YYM181:1）　6. Ⅲ式（YYM142:1）　7. Ⅲ式（YYM144:1）　8. Ⅲ式（YYM124:1）

稍内凹，磨蚀较重。手制，素面，口沿不齐，但器形基本规整，肩、腹部有斜向刮削痕和大量捺压小坑窝，器表凸凹不平。颈与肩、下腹部与器底上缘交接部位，遗有明显的手捏接痕。未经打磨，无光泽。已碎裂，经修复。

口径 9.8、腹径 16.2、底径 6.1、高 13.1 厘米（图五三七，2；图版二二一，6）。

Ⅲ式　8 件。

（1）YYM42:1，浅砖红色，胎内砂粒较大、量多，质地粗糙，火候较低，口、肩、腹部有黑色杂斑。圆唇，斜侈口，短颈，肩微弧，鼓腹，腹腔收敛明显，重心偏上，腹下弧曲内收，平底，磨蚀痕迹明显。手制，器形不规整，左右不完全对称，口沿不齐，表面凸凹不平。下腹和器底上缘，遗有明显的手捏接痕。素面，器表未经打磨，无光泽。已碎裂，经修复。

口径11、腹径15.8、底径8.4、高15厘米（图五三七，3；图版二二二，1）。

（2）YYM87:1，砖红色，胎内含砂量较大，质地粗糙、疏松，火候不匀，颈、肩、腹部有黑色杂斑。圆唇，斜侈口，短颈，弧肩，鼓腹，腹腔收敛明显，重心偏上，凹底，磨蚀较重。手制，素面，口沿不平齐，肩、腹部有刮削痕迹，表面凸凹不平，在颈与肩、下腹与器底交接部位，有手捏接痕。未经打磨，无光泽。口沿残碎，经修复。

口径12.5、腹径17.4、底径7.9、高16.8厘米（图五三七，4；图版二二二，2）。

（3）YYM181:1，砖红色，胎内含砂量较多，质地粗糙、疏松。火候不匀，腹部有黑色杂斑。圆唇，斜侈口，短颈，弧肩，鼓腹，腹腔收敛明显，重心偏上，小平底，磨蚀较重。手制，素面，器形较规整，肩、腹部有密集的斜向刮削痕和捺压坑窝，器表凸凹不平。在颈与肩、下腹与器底上缘交接部位，遗有明显的手捏接痕，未经打磨、无光泽。

口径11、腹径17.7、底径7、高17厘米（图五三七，5；图版二二二，3）。

（4）YYM142:1，砖红色，胎内含砂量较多，质地粗糙、疏松。火候不匀，肩、腹部有褐色杂斑。圆唇，斜侈口，短颈，弧肩，鼓腹，腹腔收敛明显，重心偏上，腹下作弧曲内收，小平底，磨蚀较重。手制，素面，口沿不齐，器形基本规整，肩、腹部有纵向刮削痕迹，在颈与肩、下腹部与器底交接部位，遗有明显的手捏接痕。器表略经打磨，无光泽。

口径10.1、腹径15.8、底径6.7、高15厘米（图五三七，6；图版二二二，4）。

（5）YYM144:1，褐色，胎内含砂量较大，陶质粗糙、疏松。火候不匀，肩、腹部有大块黑褐色杂斑。圆唇，斜侈口，短颈，弧肩，鼓腹，腹腔收敛明显，重心偏上，小平底，磨蚀严重。手制，素面，做工较粗糙，口沿不平齐，器形不太规整，肩、腹部有粗糙的斜向刮削痕和密集的捺压坑窝，器表凸凹不平，在下腹与器底上缘交接部位，遗有手捏接痕。未经打磨，无光泽。已残碎，经修复。

口径9.4、腹径13.8、底径6.2、高13.8厘米（图五三七，7；图版二二二，5）。

（6）YYM124:1，红褐色，胎内含砂量较多，陶质粗糙、疏松。火候不匀，肩、腹部有大面积黑褐色杂斑。圆唇，斜侈口，短颈，弧肩，鼓腹，腹腔收敛明显，重心偏上，小底，稍内凹，磨蚀较重。手制，素面，口沿不齐，器形基本规整，肩、腹部有密集的斜向刮削痕迹，下腹部有较多捺压坑窝，器表凸凹不平。在颈与肩、下腹与器底上缘交接部位，遗有明显的接缝痕和手捏接痕。未经打磨，无光泽。

口径10.2、腹径15.6、底径6.7、高15厘米（图五三七，8；图版二二二，6）。

（7）YYM350:1，砖红色，胎内含砂量较多，颗粒较大，质地十分粗糙、疏松。火候不匀，肩、腹部有大块黑色杂斑。圆唇，斜侈口，短颈，弧肩，鼓腹，腹腔较收敛，重心偏上，小底，稍内凹，磨蚀痕迹明显。手制，素面，口沿不齐，肩、腹部密布斜向刮削痕迹及捺压坑窝，器表凸凹不平。在颈与肩、下腹与器底上缘交接部位，遗有明显的手捏接痕。未经打磨，无光泽。

口径11.8、腹径17.9、底径6.9、高15.9厘米（图五三八，1；图版二二三，1）。

（8）YYM364:1，褐色，胎内含砂量较多，火候低而不匀，肩、腹、器底有大块黑褐色杂斑。陶质粗糙、疏松。圆唇，斜侈口，较陡，短颈，弧肩，鼓腹，腹腔较收敛，重心偏上，下腹斜内收，底

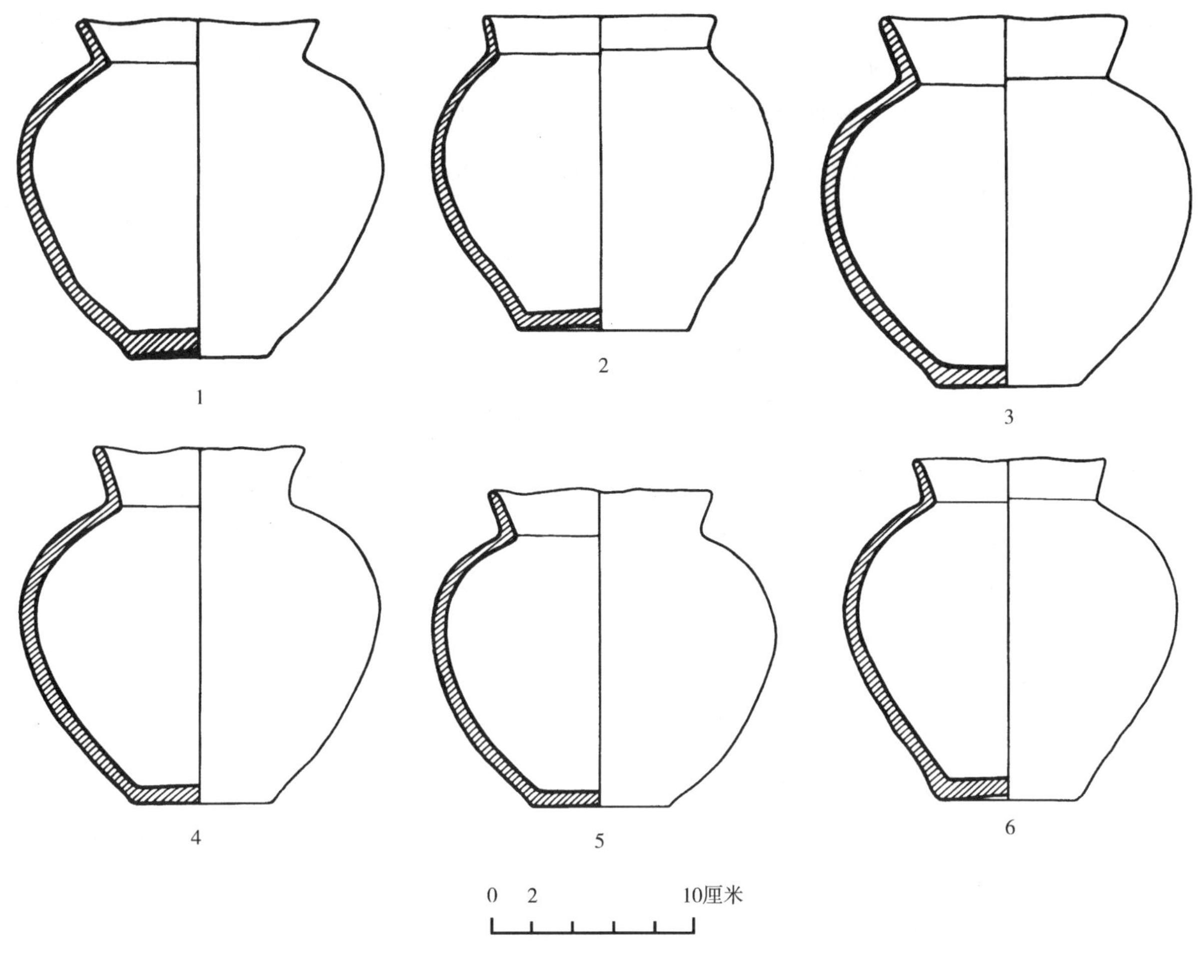

图五三八　玉皇庙墓地出土夹砂红、褐陶Ⅶ型弧肩鼓腹罐

1. Ⅲ式（YYM350:1）　2. Ⅲ式（YYM364:1）　3. Ⅳ式（YYM196:1）
4. Ⅳ式（YYM204:1）　5. Ⅳ式（YYM131:1）　6. Ⅳ式（YYM171:1）

微内凹，磨蚀较重。手制，素面，做工较粗，口沿不平齐，两侧不太对称，肩、腹部密布斜向和纵向刮削痕，在颈与肩、下腹与器底上缘交接部位，遗有手捏接痕，器表凸凹不平。未经打磨，无光泽。已碎裂，经修复。

口径 11.3、腹径 16.8、底径 8.3、高 15 厘米（图五三八，2；图版二二三，2）。

Ⅳ式　4 件。

（1）YYM196:1，砖红色，胎内含砂量较大，陶质粗糙、疏松。火候不匀，肩、腹部有大块黑色杂斑。圆唇，斜侈口，颈较高，圆肩，鼓腹，腹腔收敛，器形较高，重心略偏上，小平底，磨蚀较重。器表无皮，砂胎裸露。手制，素面，口沿不齐，肩、腹部布满横向刮削痕和密集的捺压坑窝，器表凸凹不平。颈与肩对接痕迹明显，下腹与器底上缘交接部位，遗有显著的手捏接痕，未经打磨，无光泽。

口径 12、腹径 18.4、底径 7.2、高 17.8 厘米（图五三八，3；图版二二三，3）。

（2）YYM204:1，红褐色，胎内含砂量较多，颗粒较相大，质地非常粗糙、疏松。火候不匀，肩、腹部有黑色杂斑。圆唇，斜侈口，颈较高，弧肩，鼓腹，腹腔收敛，器形较高，重心略偏上，平底，磨蚀较重。手制，素面，口沿不齐，肩、腹部有密集斜向刮削痕迹和横向捺压坑窝，器表凸凹不平。在颈与肩、下腹与器底上缘交接部位，遗有明显的手捏接痕。未经打磨，无光泽。

口径13.2、腹径22.7、底径8.7、高21.4厘米（图五三八，4；图版二二三，4）。

（3）YYM131:1，砖红色，胎内含砂量较多，陶质粗糙、疏松。火候不匀，腹部有大面积黑色杂斑。圆唇，斜侈口，颈略高。弧肩，鼓腹，腹腔收敛，器形较高，重心偏上，平底，磨蚀较重。手制，素面，口沿不齐，器形基本规整，肩、腹部有密集的斜向刮削痕迹和捺压坑窝，器表凸凹不平。在颈与肩、下腹与器底上缘交接部位，遗有明显的手捏接痕。未经打磨，无光泽。

口径12.3、腹径21、底径8.6、高18.8厘米（图五三八，5；图版二二三，5）。

（4）YYM171:1，红褐色，胎内含砂量较多，质地粗糙、疏松，火候不匀，肩、腹部有黑褐色杂斑。圆唇，斜侈口，颈略高，弧肩，鼓腹，腹腔收敛，器形较高，重心略偏上，底稍内凹。磨蚀较重。手制，素面，口沿不齐，肩、腹部密布斜向刮削痕，下腹部有密集的捺压坑窝，器表凸凹不平。在颈与肩、下腹与器底交接部位，遗有清楚的手捏接痕。表面未经打磨，无光泽。

口径11.9、腹径20.4、底径8.4、高20.3厘米（图五三八，6；图版二二三，6）。

Ⅷ型　夹砂红、褐陶高体鼓腹罐　共10件。

此型罐造型的基本特征是，斜侈口，短颈或略高，弧肩，鼓腹，器体较高，器高均大于腹径，其与腹径之比值，一般在1～1.06之间。可分3式。

Ⅰ式　6件，YYM251:1、99:1、234:1、44:1、148:1、210:1。此式除具有上述Ⅷ型罐一般基本特征之外，其较突出的个性特点是，口径相对略小，其与腹径之比，6件标本的平均值为0.62；最大腹径水平线，皆位于器体上半部，其距器底高度与器高之比，6件标本的平均值为0.57，重心明显偏上。

Ⅱ式　3件，YYM96:1、190:1、297:1。此式区别于Ⅰ式的突出个性特点在于，口径相对变大，其与腹径之比，3件标本的平均值为0.67；最大腹径水平线，皆位于器体下半部，其距器底高度与器高之比，3件标本的平均值为0.45，重心明显偏下。

Ⅲ式　1件，YYM164:1。此式不同于Ⅰ式和Ⅱ式的个性特点是，口径进一步增大，其与腹径之比值为0.72，是3式中最大者；其最大腹径水平线，位于中间稍偏上一点，重心居中（参见附表111）。

依次介绍这10件标本：

Ⅷ型　夹砂红、褐陶高体鼓腹罐

Ⅰ式　6件。

（1）YYM251:1，浅砖红色，胎内含砂量较多，陶质粗糙、疏松。火候不匀，肩、腹部有黑褐色杂斑。圆唇，斜侈口，口径略小，颈略高，鼓肩，鼓腹，腹腔较大，器体较高，重心偏上，腹下作斜弧内收，小平底，磨蚀较重。手制，素面，口沿不齐，肩、腹部有纵向刮削痕迹，下腹陶皮脱落，砂胎裸露，多见捺压小坑窝，凸凹不平。器底上缘，遗有手捏接痕。未经打磨，无光泽。

口径13.2、腹径20.5、底径7.3、高21.1厘米（图五三九，1；图版二二四，1）。

（2）YYM99:1，砖红色，胎内含砂量较大，质地粗糙、疏松。火候不匀，肩部有大面积黑色杂斑。圆唇，斜侈口，口径较小，颈略高，弧肩，鼓腹，腹腔较大，重心偏上，下腹作斜弧内收，平底，

附表111　**玉皇庙墓地夹砂红、褐陶Ⅷ型高体鼓腹罐（10件）式别特征相关数值统计表**

器号（YYM）	型式		器高与腹径之比值	口径与腹径之比值	最大腹径水平线距器底高度与器高之比值
	型	式			
251:1	Ⅷ	Ⅰ	21.1/20.5 = 1.03	13.2/20.5 = 0.64	12.8/21.1 = 0.61
99:1	Ⅷ	Ⅰ	23.3/23.2 = 1	12.5/23.2 = 0.54	12.8/23.3 = 0.55
234:1	Ⅷ	Ⅰ	18.4/17.9 = 1.03	12.8/17.9 = 0.71	11/18.4 = 0.6
44:1	Ⅷ	Ⅰ	22.5/21.3 = 1.06	13.9/21.3 = 0.65	12.4/22.5 = 0.55
148:1	Ⅷ	Ⅰ	17.8/17.7 = 1.01	10.3/17.7 = 0.58	9.7/17.8 = 0.55
210:1	Ⅷ	Ⅰ	19.8/19.6 = 1.01	11.5/19.6 = 0.59	11.2/19.8 = 0.57
96:1	Ⅷ	Ⅱ	约20.4/19.5 = 1.05	约12.8/19.5 = 0.66	9.3/20.4 = 0.46
190:1	Ⅷ	Ⅱ	19.8/18.8 = 1.05	12.6/18.8 = 0.67	8.4/19.8 = 0.42
297:1	Ⅷ	Ⅱ	15.6/15.2 = 1.03	10.2/15.2 = 0.67	7.5/15.6 = 0.48
164:1	Ⅷ	Ⅱ	17.6/17 = 1.04	12.7/17.6 = 0.72	9.4/17.6 = 0.53

磨蚀较重。手制，素面，口沿不齐，肩部有密集的横向刮削痕迹，腹部有大量捺压坑窝，器表凸凹不平。在颈与肩、下腹与器底上缘交接部位，遗有明显的手捏接痕。未经打磨，无光泽。

口径12.5、腹径23.2、底径9.8、高23.3厘米（图五三九，2；图版二二四，2）。

（3）YYM234:1，砖红色，胎内含砂量较多，质地粗糙、疏松。火候不匀，肩、腹部有大块黑褐色杂斑。圆唇，斜侈口，短颈，鼓肩，鼓腹，重心偏上，下腹作斜弧内收，小平底，磨蚀较重。手制，素面，口沿不齐，肩、腹部布满纵向刮削痕迹和捺压坑窝，器表凸凹不平。在颈与肩、下腹与器底上缘交接部位，遗有手捏接痕。未经打磨，无光泽。

口径12.8、腹径17.9、底径8.4、高18.4厘米（图五三九，3；图版二二四，3）。

（4）YYM44:1，浅砖红色，胎内含砂量较大，陶质粗糙、疏松。火候不匀，肩、腹部有大面积黑色杂斑。圆唇，斜侈口，口径略小，颈略高，弧肩，鼓腹，腹腔较大，呈立卵形，器体较高，重心偏上。底稍内凹，磨蚀痕迹明显。手制，素面，做工较粗糙，口沿不齐，向一侧歪斜，肩、腹部密布纵向刮削痕迹和大量捺压坑窝，器表凸凹不平。在颈与肩、下腹与器底上缘交接部位，有明显的手捏接痕。未经打磨，无光泽。

口径13.9、腹径21.3、底径9、高22.5厘米（图五三九，4；图版二二四，4）。

（5）YYM148:1，深褐色，胎内含砂量较大，陶质粗糙、疏松。火候不匀，颈、肩、腹部有大面积黑色杂斑。圆唇，斜侈口，口径较小，颈较高，弧肩，鼓腹，腹腔较大，呈立卵形，器体较高，重心偏上，平底，磨蚀较重。手制，素面，做工粗糙，口沿不齐，器形不规整，下腹部走形不对称。肩、腹部布满纵向刮削痕迹，腹部有大量捺压坑窝，器表凸凹不平。在颈与肩、下腹与器底上缘交接部位，

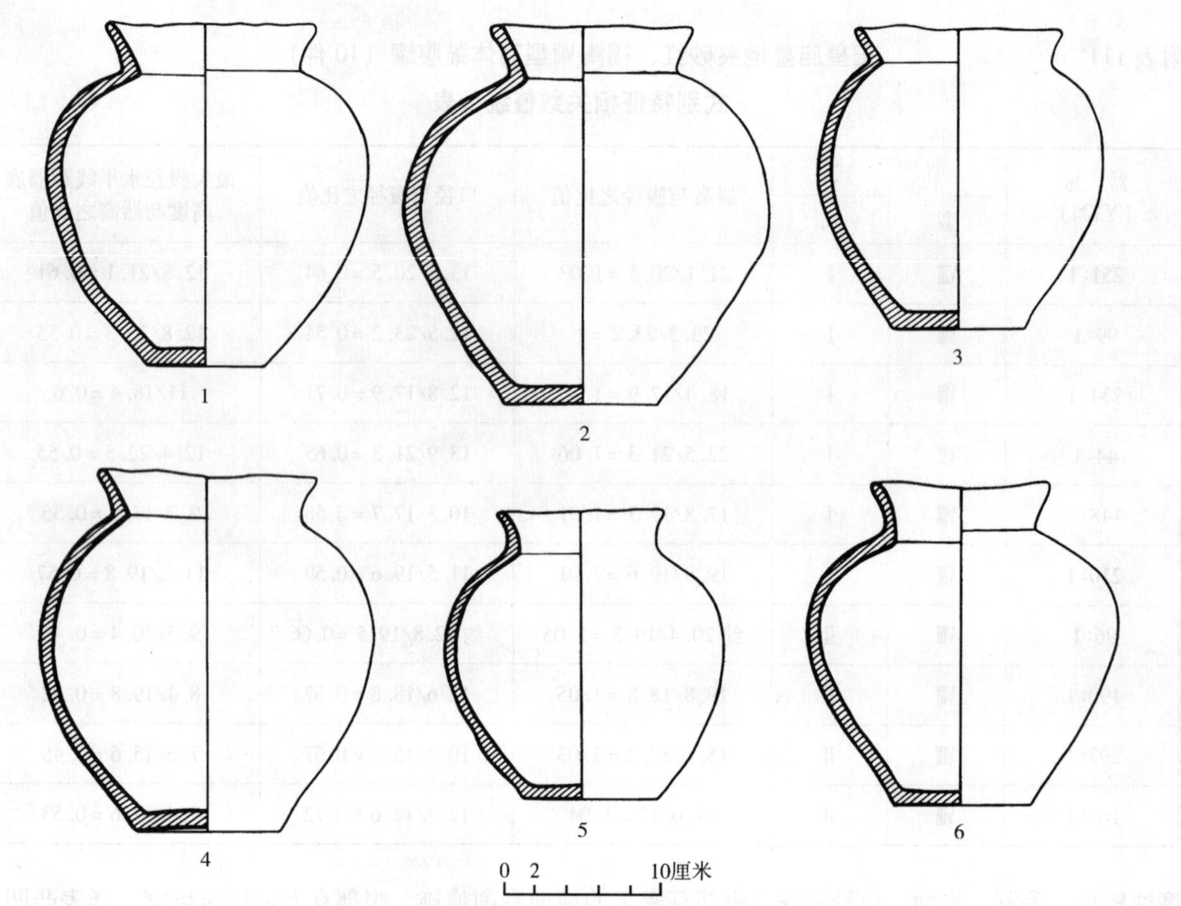

图五三九　玉皇庙墓地出土夹砂红、褐陶Ⅷ型高体鼓腹罐

1. Ⅰ式（YYM251:1）　2. Ⅰ式（YYM99:1）　3. Ⅰ式（YYM234:1）
4. Ⅰ式（YYM44:1）　5. Ⅰ式（YYM148:1）　6. Ⅰ式（YYM210:1）

遗有明显的手捏接痕。未经打磨，无光泽。

口径 10.3、腹径 17.7、底径 8.6、高 17.8 厘米（图五三九，5；图版二二四，5）。

（6）YYM210:1，褐色，胎内含砂量较多，颗粒较粗，质地粗糙、疏松。火候不匀，颈、肩、腹部有大面积黑色杂斑。圆唇，斜侈口，口径较小，颈略大，弧肩，鼓腹，体高稍大于腹径，腹腔呈立卵形，重心偏上，平底，磨蚀较重。手制，素面，肩、腹部密布横向刮削痕，在颈与肩、下腹与器底交接部位，遗有手捏接痕。未打磨，无光泽。

口径 11.5、腹径 19.6、底径 8.5、高 19.8 厘米（图五三九，6；图版二二四，6）。

Ⅱ式　3 件。

（1）YYM96:1，红褐色，胎内含砂量较多，质地粗糙、疏松，火候不匀，肩、腹部有深褐色杂斑。口沿已残缺，颈略高，弧肩，鼓腹，体高大于腹径，腹腔较圆，重心偏下，平底，磨蚀较重。手制，素面，做工粗拙，器形不规整，不对称。下腹部和底部裸露数道泥条盘筑凸棱，以及手捏接痕。器表未经打磨，无光泽。胎壁较厚（厚度 1.1 厘米），器体较重。肩、腹部密布斜向刮削痕和大量捺压坑窝，器表凸凹不平。

口径 11.1、腹径 19.5、底径 8.5、残高 19.8 厘米（图五四〇，1；图版二二五，1）。

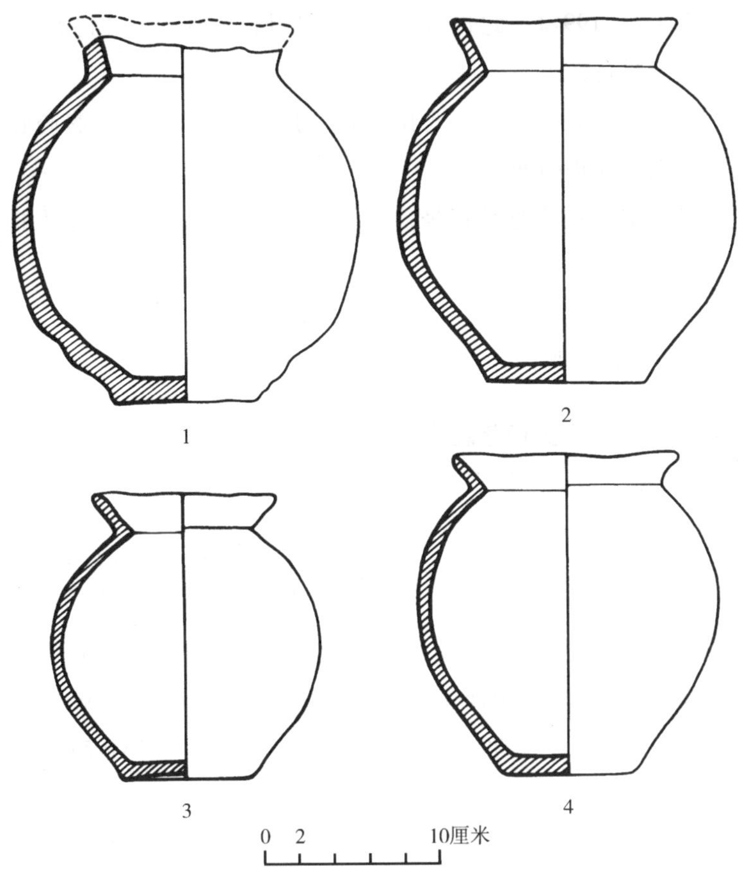

图五四〇　玉皇庙墓地出土夹砂红、褐陶Ⅷ型高体鼓腹罐

1. Ⅱ式（YYM96:1）　2. Ⅱ式（YYM190:1）
3. Ⅱ式（YYM297:1）　4. Ⅱ式（YYM164:1）

（2）YYM190:1，深砖红色，胎内含砂量较大，质地粗糙、疏松。火候均匀，无杂斑。圆唇，斜侈口，口径略大，颈略高，溜肩，鼓腹，重心偏下，平底、磨蚀较重。手制，素面，口沿不齐，肩、腹部有斜向和纵向刮削痕，及大量捺压坑窝，虽经打磨，但仍凸凹不平，在颈与肩、下腹与器底上缘交接部位，遗有明显的手捏接痕。器表经过打磨，肩部略见光泽。

口径12.6、腹径18.8、底径9、高19.8厘米（图五四〇，2；图版二二五，2）。

（3）YYM297:1，砖红色，胎内含砂量较大，颗粒较粗，质地非常粗糙、疏松。火候不匀，肩、腹部有黑褐色杂斑。圆唇，斜侈口，口径略大，颈略高，弧肩，鼓腹，体高长于腹径，腹腔较圆，重心偏下，凹底，磨蚀较重。手制，素面，做工较粗糙，口沿不齐，器形不大规整，不太对称，肩、腹部有较多斜向和纵向刮削痕和大量的捺压小坑窝，器表凸凹不平。在颈与肩、下腹与器底上缘交接部位，有明显的手捏接痕。未经打磨，无光泽。口沿残碎，经修复。

口径10.2、腹径15.2、底径7.2、高15.6厘米（图五四〇，3；图版二二五，3）。

Ⅲ式　YYM164:1，浅砖红色，胎内含砂量较多，颗粒较粗，质地十分粗糙、疏松。火候不匀，肩、腹部有黑褐色杂斑。圆唇，斜侈口，口径较大，短颈，溜肩，鼓腹，腹腔收敛，重心居中，平底，磨蚀较重。手制，素面，口沿不齐，肩、腹部有刮削痕迹和粗糙的手指捺压痕迹，在颈与肩、下腹与器底交接部位，遗有手捏接痕。未经打磨，无光泽。

口径12.7、腹径17、底径7.5、高17.6厘米（图五四〇，4；图版二二五，4）。

Ⅸ型　夹砂红、褐陶大口鼓腹罐　共12件。

此型罐造型的基本特征是，斜侈口，口径较大（口径与腹径之比值，多在0.72～0.86之间），短颈，弧肩，鼓腹，腹径均大于器高（腹径与器高之比值，在1.02～1.15之间），最大腹径水平线，绝大多数在器体上半部，重心偏高。可分5式。

Ⅰ式　2件，YYM263:1、YYM225:1。此式除具有上述Ⅸ型罐一般基本特征之外，其个性特点是，鼓腹显著，腹径与器高之比值明显偏大，重心明显偏上。

Ⅱ式 5件，YYM54:1、187:1、63:1、223:1、199:1。此式不同于Ⅰ式和其他式别的个性特点是，肩部较Ⅰ式者略显下垂，鼓腹不太显著，腹径与器高之比值相对变小，重心略有下移。

Ⅲ式 3件，YYM202:1、168:1、158:1。此式区别于Ⅰ、Ⅱ式和其他式别的个性特点是，腹腔收敛明显，下腹部作弧曲内收，小底（或为小平底，或稍内凹）。

Ⅳ式 1件，YYM349:1。此式区别于其他诸式别的个性特点是，肩部外鼓较明显，下腹部作弧曲内收，器底稍变大，平底。

Ⅴ式 1件，YYM361:1。此式不同于前4个式别的个性特点是，宽沿大口，为此型罐中口径与腹径之比值最大者；垂肩圆折，腹腔收敛显著，下腹作斜弧内收，平底较大（参见附表112）。

附表112 **玉皇庙墓地夹砂红、褐陶Ⅸ型大口鼓腹罐（12件）式别特征相关数值统计表**

器号（YYM）	型	式	口径与腹径之比值	腹径与器高之比值	最大腹径水平线距器底高度与器高之比值
263:1	Ⅸ	Ⅰ	15.4/21 = 0.73	21/18.2 = 1.15	10.4/18.2 = 0.57
225:1	Ⅸ	Ⅰ	12.6/16.6 = 0.76	16.6/15.2 = 1.09	9.6/15.2 = 0.63
54:1	Ⅸ	Ⅱ	16.1/20.8 = 0.77	20.8/18.7 = 1.1	10.4/18.7 = 0.56
187:1	Ⅸ	Ⅱ	12.2/16.6 = 0.73	16.6/15 = 1.1	9/15 = 0.6
63:1	Ⅸ	Ⅱ	13.3/17.3 = 0.77	17.3/16.3 = 1.06	9.2/16.3 = 0.56
223:1	Ⅸ	Ⅱ	12.5/16.3 = 0.77	16.3/15.7 = 1.04	0.92/15.7 = 0.59
199:1	Ⅸ	Ⅱ	12.9/16.5 = 0.78	16.5/14.4 = 1.15	8.3/14.4 = 0.58
202:1	Ⅸ	Ⅲ	13.3/17.5 = 0.76	17.5/17.1 = 1.02	10.8/17.1 = 0.63
168:1	Ⅸ	Ⅲ	14/18.2 = 0.76	18.2/17.6 = 1.06	10.4/17.6 = 0.59
158:1	Ⅸ	Ⅲ	13.2/16.6 = 0.8	16.6/16 = 1.04	8/16 = 0.5
349:1	Ⅸ	Ⅳ	14.5/20.2 = 0.72	20.2/18 = 1.1	11/18 = 0.61
361:1	Ⅸ	Ⅴ	14.4/16.8 = 0.86	16.8/15.8 = 1.06	8.2/15.8 = 0.52

依次介绍这12件标本：

Ⅸ型 夹砂红、褐陶大口鼓腹罐

Ⅰ式 2件。

（1）YYM263:1，砖红色，胎内含砂量较多，颗粒较粗，质地十分粗糙、疏松。火候不匀，肩、腹部有大块黑褐色杂斑。圆唇，斜侈口，口径较大，短颈，溜肩，鼓腹显著，腹径与器高之比值明显偏大，重心明显偏上，底稍内凹，磨蚀严重。手制，素面，口沿不齐整，肩、腹部有密集而粗糙的横向和斜向刮削痕迹及捺压坑窝，器表凸凹不平。在颈与肩、肩与腹、下腹与器底交接部位，遗有明显的手捏接痕。未经打磨，无光泽。口沿碎裂，经修复。

口径15.4、腹径21、底径8.4、高18.2厘米（图五四一，1；图版二二五，5）。

（2）YYM225:1，砖红色，胎内含砂量较大，陶质粗糙、疏松。火候不匀，肩、腹部有大块黑褐

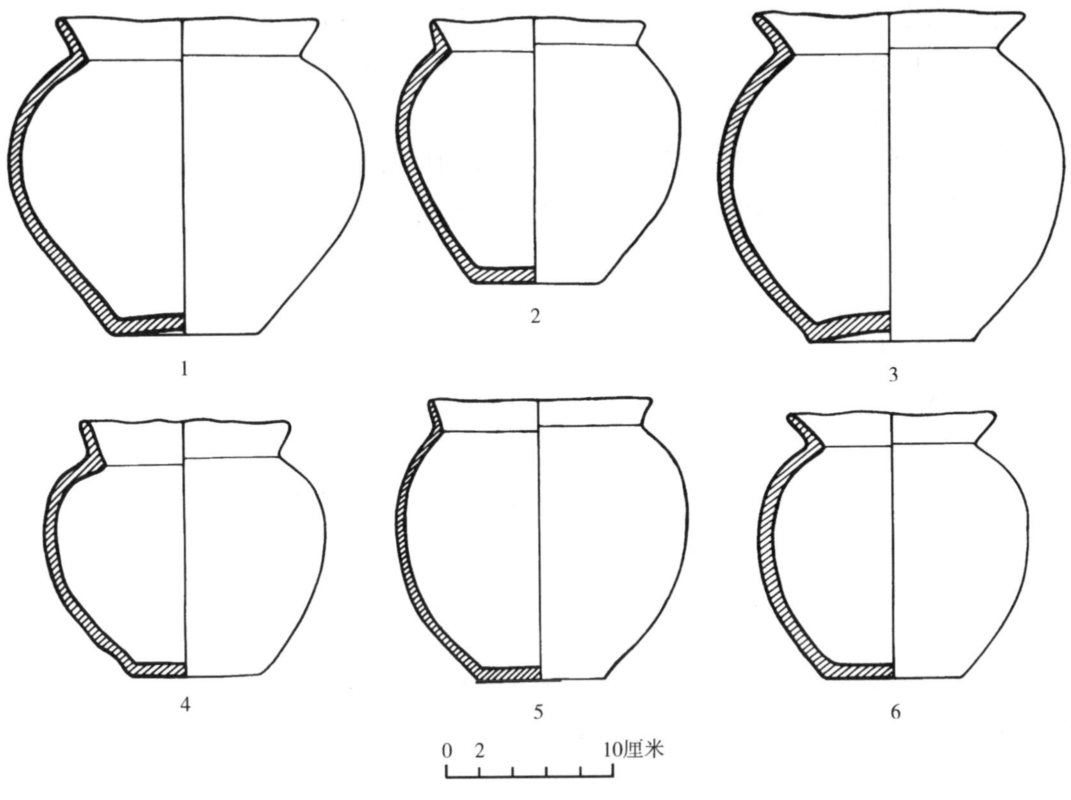

图五四一　玉皇庙墓地出土夹砂红、褐陶Ⅸ型大口鼓腹罐

1. Ⅰ式（YYM263:1）　2. Ⅰ式（YYM225:1）　3. Ⅱ式（YYM54:1）
4. Ⅱ式（YYM187:1）　5. Ⅱ式（YYM63:1）　6. Ⅱ式（YYM223:1）

色杂斑。圆唇，斜侈口，口径较大，短颈，弧肩，鼓腹，重心明显偏上，平底，磨蚀较重。手制，素面，做工较粗糙，口沿不齐，器形不大规整，也不大对称，肩、腹部有斜向和纵向刮削痕及较多的捺压坑窝，器表凸凹不平。在下腹部与器底交接部位，有手捏接痕。未经打磨，无光泽。

口径12.6、腹径16.6、底径7.6、高15.2厘米（图五四一，2；图版二二五，6）。

Ⅱ式　5件。

（1）YYM54:1，砖红色，胎内含砂量较多，颗粒较大，质地十分粗糙、疏松。火候不匀，口颈、肩、腹部有黑褐色杂斑。圆唇，斜侈口，口径较大，短颈，弧肩斜垂，鼓腹不太显著，凹底，磨蚀较重。手制，素面，口沿不齐，肩、腹部遗有粗糙的刮削痕迹，器表凸凹不平。在颈与肩、下腹与器底交接部位，有清楚的手捏接痕。未经打磨，无光泽，已残碎，经修复。

口径16.1、腹径20.8、底径10.2、高18.7厘米（图五四一，3；图版二二六，1）。

（2）YYM187:1，砖红色，胎内含砂量较大，质地粗糙、疏松。火候较均匀，无杂斑。圆唇，斜侈口，短颈，弧肩，鼓腹不太显著，平底，磨蚀痕迹严重。手制，素面，做工较粗糙，口沿不齐，器形不大规整，两侧不对称，肩、腹部有斜向刮削痕，下腹部有较多捺压小坑窝，在颈与肩交接部位和器底上缘，遗有明显的手捏接痕。未经打磨，无光泽。

口径12.2、腹径16.6、底径7.6、高15厘米（图五四一，4；图版二二六，2）。

（3）YYM63:1，褐色，胎内含砂量较多，质地粗糙，火候较低，陶质疏松，腹部表面有大面积黑色杂斑。圆唇，斜侈口，口径较大，短颈，弧肩、鼓腹不显著，下腹斜弧内收，平底，磨蚀严重。手制，器形不规整，口沿不齐，左右也不很对称，腹下和器底部位有明显的手捏接痕，器表到处都遗有刮削痕迹。素面，器表未经打磨，无光泽。已碎裂，经修复。

口径 13.3、腹径 17.3、底径 7.6、高 16.3 厘米（图五四一，5；图版二二六，3）。

（4）YYM223:1，砖红色，胎内含砂量较多，颗粒较粗大，质地十分粗糙、疏松。火候均匀，无杂斑。圆唇，斜侈口，口径较大，短颈，弧肩，腹稍外鼓，平底，磨蚀痕迹明显。手制，素面，做工粗糙，口沿不齐，器形不甚规整，肩、腹部密布斜向刮削痕迹和捺压坑窝。器表凸凹不平。颈与肩、下腹与器底上缘交接部位，遗有对接捏捺痕迹。未经打磨，无光泽。已碎裂，经修复。

口径 12.5、腹径 16.3、底径 8.4、高 15.7 厘米（图五四一，6；图版二二六，4）。

（5）YYM199:1，灰褐色，胎内含砂量较大，颗粒较粗，质地十分粗糙、疏松。火候不匀，肩、腹部有大块黑色杂斑。圆唇，斜侈口，口径较大，短颈，弧肩，鼓腹不太显著，底稍内凹，磨蚀严重。手制，素面，制作粗拙，口沿不齐，器形不甚对称，胎壁较厚，器体较重，大部无皮，砂胎裸露，下腹部有很多捺压坑窝，凸凹不平。颈与肩、下腹与器底上缘交接部位，遗有明显的手捏接痕。未经打磨，无光泽。

口径 12.9、腹径 16.5、底径 9.3、高 14.4 厘米（图五四二，1；图版二二六，5）。

Ⅲ式 3 件。

（1）YYM202:1，深褐色，胎内含砂量较大，质地非常粗糙、疏松，火候不匀，肩、腹部有大面积黑色杂斑。圆唇，斜侈口，口径较大，短颈，弧肩，鼓腹，腹腔收敛明显，下腹部作弧曲内收，小平底，磨蚀较重。手制，素面，做工粗糙，口沿不齐，器形不规整，左右两侧不大对称，器表到处可见捺压窝坑，凸凹不平。在颈与肩、下腹与器底交接部位，遗有明显的手捏接痕。未经打磨，无光泽。已碎裂，经修复。

口径 13.3、腹径 17.5、底径 6、高 17.1 厘米（图五四二，2；图版二二六，6）。

（2）YYM168:1，深褐色，胎内含砂量较大，颗粒粗大，质地十分粗糙、疏松，火候不匀，颈、肩、腹部有大面积黑色杂斑。圆唇，斜侈口，口径较大，短颈，弧肩，鼓腹，腹腔收敛明显，下腹部作斜弧内收，平底，磨蚀严重。手制，素面，口沿不齐，肩、腹部有斜向刮削痕迹和横向手指捺压印痕，在颈与肩、下腹与器底交接部位，遗有明显的手捏接痕。未经打磨，无光泽。已碎裂，经修复。

口径 14、腹径 18.2、底径 7.1、高 17.6 厘米（图五四二，3；图版二二七，1）。

（3）YYM158:1，深褐色，胎内含砂量较大，质地粗糙、疏松。火候不匀，颈、肩、腹部有大块黑褐色杂斑。圆唇，斜侈口，口径较大，短颈，弧肩，鼓腹，下腹作斜弧内收，平底较大，磨蚀严重。手制，素面，口沿不齐，器形不太规整，肩、腹部密布斜向刮削痕迹和横向捺压坑窝。器表凸凹不平。在颈与肩、肩与腹、下腹与器底交接部位，遗有明显的手捏接痕。未经打磨，无光泽。

口径 13.2、腹径 16.6、底径 7.8、高 16 厘米（图五四二，4；图版二二七，2）。

Ⅳ式 1 件。YYM349:1，深砖红色，胎内含砂量较多，颗粒粗大，质地非常粗糙、疏松。火候较匀，无杂斑。圆唇，斜侈口，口径较大，短颈，弧肩，鼓腹，下腹作弧曲内收，平底较大，磨蚀痕迹较重。手制，素面，口沿不齐，肩、腹部有斜向刮削痕迹，工艺粗糙，器表凸凹不平。颈部和下腹部，遗有明显的手捏接痕。未经打磨，无光泽。已残碎，经修复。

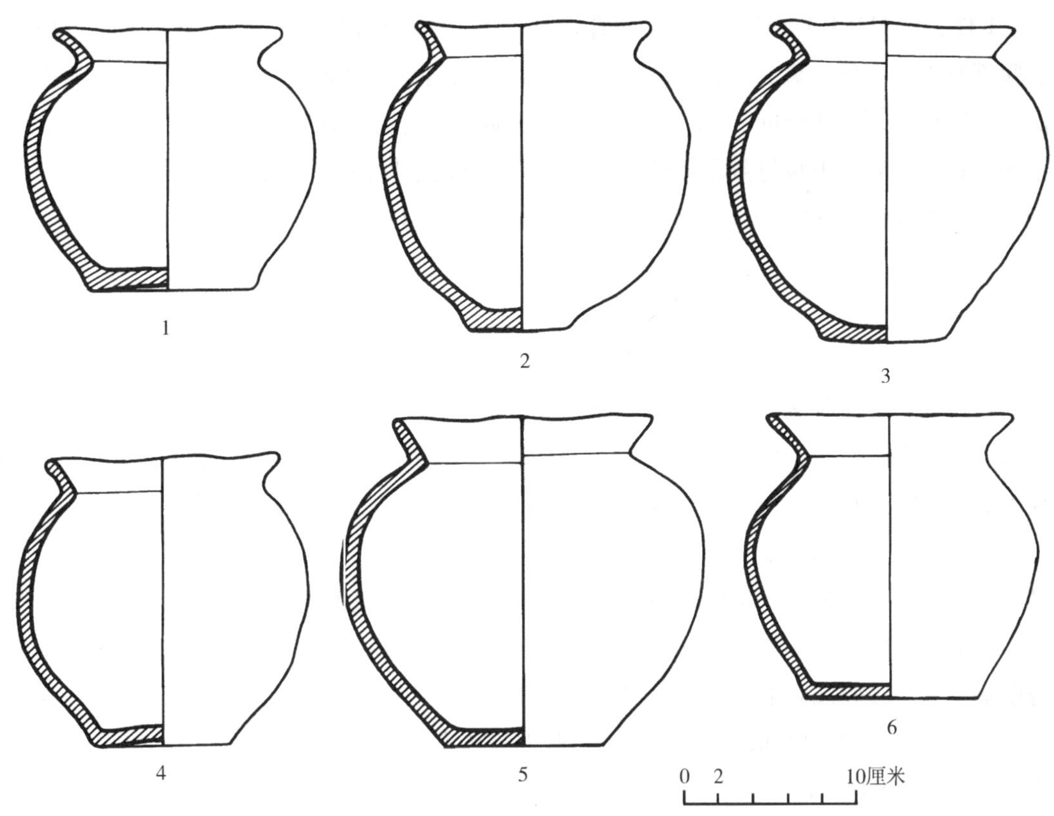

图五四二　玉皇庙墓地出土夹砂红、褐陶Ⅸ型大口鼓腹罐

1. Ⅱ式（YYM199:1）　2. Ⅲ式（YYM202:1）　3. Ⅲ式（YYM168:1）

4. Ⅲ式（YYM158:1）　5. Ⅳ式（YYM349:1）　6. Ⅴ式（YYM361:1）

口径14.5、腹径20.2、底径8.7、高18厘米（图五四二，5；图版二二七，3）。

Ⅴ式　1件。YYM361:1，夹砂黑褐陶罐，胎内砂粒较多，质地粗糙，火候较低。手制，圆唇宽沿，斜侈口，口径较大，其与腹径之比值为0.86，是Ⅸ型罐中比值最大者。短颈，垂肩圆折，鼓腹，腹腔收敛明显，下腹部作斜弧内收，平底较大，有磨蚀痕迹。素面，器表遗有手捏痕迹，不平整。已碎裂，经修复。

口径14.4、腹径16.8、底径10、高15.8厘米（图五四二，6；图版二二七，4）。

Ⅹ型　夹砂红、褐陶筒形罐　共2件。

此型罐造型的基本特征是，斜侈口，短颈，口径较大，溜肩，深筒腹，稍外鼓，器体瘦高，平底。可分2式。

Ⅰ式　1件，YYM254:1。此式除具有上述Ⅹ型罐一般基本特征之外，较突出的个性特点是，圆唇，口径较Ⅱ式者略小，其口径与腹径之比值为0.74，颈很短，底略大（其底径与口径之比值为0.75），胎壁较厚，器件较重。

Ⅱ式　1件，YYM340:1。此式不同于Ⅰ式的个性特点在于，圆唇外叠，口径大（其与腹径之比值为0.84），底很小（其底径与口径之比值为0.54），胎壁较薄，器体较轻。

依次介绍这2件标本：

Ⅰ式　1件，YYM254:1。砖红色，胎内含砂量较多，颗粒较粗大，质地十分粗糙、疏松。火候不匀，肩、腹部有大块褐色杂斑。圆唇，斜侈口，短颈，溜肩，深筒腹，稍外鼓，平底，磨蚀较重。手制，素面，器壁较厚，器体较重。口沿不齐，肩、腹部刮削痕迹十分粗糙，手指捺压痕分布稠密，器表凸凹不平。在颈与肩、下腹与器底交接部位，遗有明显的手捏接痕。未经打磨，无光泽。

口径11.1、腹径15、底径8.3、高18厘米（图五四三，1；图版二二七，5）。

Ⅱ式　1件，YYM340:1。褐色，胎内含砂量较大，颗粒较粗，质地非常粗糙、疏松。火候不匀，肩、腹部有大块黑褐色杂斑。圆唇，外叠，斜侈口，口径较大，短颈，溜肩，深筒腹，稍外鼓，小底，稍内凹，磨蚀较重。手制，素面，做工粗糙，口沿起伏不平，肩、腹部有密集的斜向刮削痕和捺压坑窝，有1/3面积的陶皮已脱落，砂胎裸露。从肩部以下至器底之间，显露制器时遗留下的7道泥条盘筑棱沟痕迹，器表严重凸凹不平。在器底上缘，遗有明显的手捏接痕。未经打磨，无光泽。

口径13.7、腹径16.3、底径7.4、高18.6厘米（图五四三，2；图版二二七，6）。

Ⅺ型　夹砂红、褐陶折肩罐　共2件。

此型罐造型的基本特征是，斜侈口，口径较大，折肩，腹部斜弧内收，平底。可分2式。

Ⅰ式　1件，YYM273:1。此式除具有上述Ⅸ型罐一般基本特征之外，较突出的个性特点是，束颈，器身明显宽矮，腹腔浅而小，并向一侧倾斜，其器高与肩径之比值为0.62，胎壁厚，器体重。手制与轮制结合，口沿、颈、肩部，以慢轮加工；腹部与器底为手制。

Ⅱ式　1件，YYM163:1。此式突出的个性特点在于，短颈，垂肩斜折，深腹。器身略瘦高，其器高与肩径之比值为0.96，器底较厚。手制，器形不太规整。

依次介绍这2件标本：

Ⅺ型　夹砂红、褐陶折肩罐

Ⅰ式　1件，YYM273:1。褐色，胎内含砂量较大，颗粒较粗，质地十分粗糙、疏松。火候较匀，无杂斑。斜方唇，宽沿，敞口，束颈，斜折肩，平底，磨蚀严重。器壁厚，体较重。手制与轮制相结合，口沿及颈、肩部，以慢轮加工，各部分正圆形均较规整，腹部与器底为手制，整个器形向一侧倾斜，左、右不大对称。腹部见纵向刮削痕，器表凸凹不平。口沿与肩部经过打磨，但无光泽。在口沿左右对称部位，各钻一圆孔，肩部边缘施阴刻弦纹一周。

口径10.8、腹径15.6、底径7、高9.6厘米（图五四三，3；图版二二八，1）。

Ⅱ式　1件，YYM163:1。砖红色，胎内含砂量较多，陶质粗糙、疏松。火候不匀。肩、腹部有大块黑褐色杂斑。圆唇，斜侈口，短颈，垂肩斜折，深腹，平底，磨蚀较重。手制，素面，口沿不齐，腹部有较密集的刮削痕迹，在颈与肩、下腹与器底交接部位，遗有明显的手捏接痕。未经打磨，无光泽。

口径12.4、腹径16.3、底径8.3、高15.6厘米（图五四三，4；图版二二八，2）。

Ⅻ型　夹砂红、褐陶矮身鼓腹小罐　共19件。

此型罐造型的基本特征是，器体普遍矮小，器高一般在8.7~14.6厘米之间。绝大多数为斜侈口，短颈，弧肩，鼓腹，下腹作弧曲内收或斜弧内收，腹径皆大于器高，器高与腹径之比值，一般在0.7~0.97之间。可分9式。

Ⅰ式　4件，YYM100:1、215:1、121:1、77:1。此式除具有上述Ⅻ型罐一般基本特征之外，较突出的个性特点是，口径略大（其与腹径之比的平均值为0.74），弧肩与鼓腹的程度较显著，腹腔较圆。

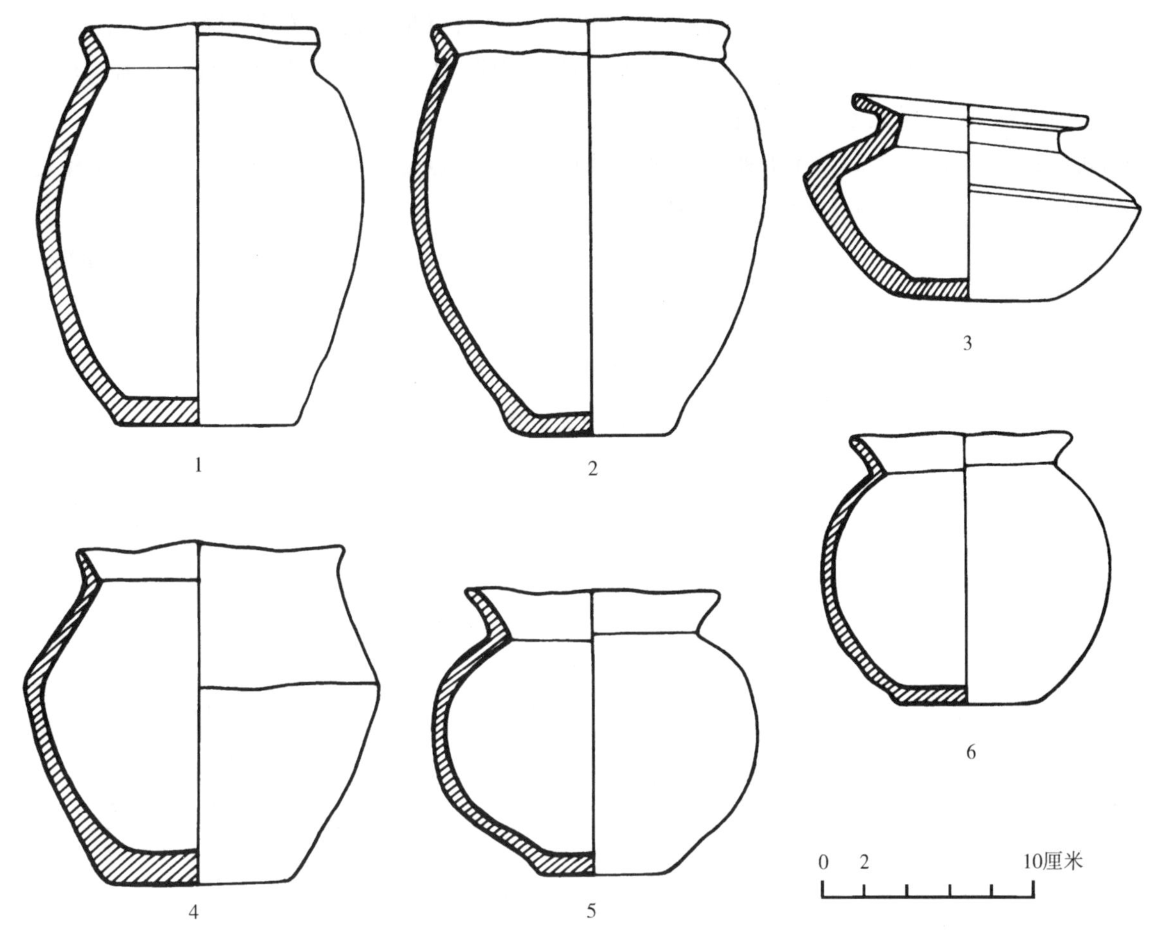

图五四三　玉皇庙墓地出土夹砂红、褐陶Ⅹ型筒型罐、Ⅺ型折肩罐及Ⅻ型矮身鼓腹小罐

1. Ⅹ型Ⅰ式（YYM254:1）　2. Ⅹ型Ⅱ式（YYM340:1）　3. Ⅺ型Ⅰ式（YYM273:1）
4. Ⅺ型Ⅱ式（YYM163:1）　5. Ⅻ型Ⅰ式（YYM100:1）　6. Ⅻ型Ⅰ式（YYM215:1）

其器高与腹径之比的平均值为0.88，在此型9个式别中，是属于偏高者。

Ⅱ式　仅1件，YYM192:1。此式区别于其他式别的突出个性特点在于，口径较小（其与腹径之比值为0.49，是XⅡ型9个式别19件标本中口径最小的一件）；鼓腹突出，腹腔膨大。

Ⅲ式　4件，YYM185:1、354:1、379:1、374:1。此式的突出个性特点是，大口（其口径与腹径之比的平均值为0.78，是此型9个式别中仅小于Ⅶ式者，而大于其他7种式别）；溜肩；腹虽外鼓，但作明显收敛状，故器身显得相对较高（其器高与腹径之比的平均值为0.945，与此型Ⅷ式者，并居9个式别之首）。

Ⅳ式　2件，YYM207:1、YYM130:1。此式的突出个性特点是，溜肩，鼓腹圆折，胎壁较厚，重心居中。

Ⅴ式　2件，YYM211:1、YYM375:1。此式的突出个性特点是，腹径大，鼓腹显著，整个器身显得矮胖。

Ⅵ式　1件，YYM180:1。此式的突出个性特点是，敛口，斜垂肩，鼓腹圆折，平底，大而厚。

Ⅶ式　2件，YYM119∶1、YYM120∶1。此式的突出个性特点是，大口（其口径与腹径之比的平均值为0.915，是此型9个式别中最大者），小鼓腹，腹腔很浅，整个器身，甚为矮扁（其器高与腹径之比的平均值为0.725，是此型9个式别中最小者）。

Ⅷ式　2件，YYM122∶1、YYM398∶1。此式的突出个性特点是，口径较小（其口径与腹径之比的平均值为0.645），短颈稍直，鼓腹，腹腔较圆。

Ⅸ式　1件，YYM351∶1。此式的突出个性特点是，口径较小（其与腹径之比值为0.61），颈略高，广肩圆折，底稍内凹，器体矮扁（其器高与腹径之比值为0.7，是此型9个式别中最小者）（参见附表113）。

附表113　**玉皇庙墓地夹砂红、褐陶Ⅻ型矮身鼓腹小罐（19件）式别特征相关数值统计**

器号（YYM）	型式		器高与腹径之比值	口径与腹径之比值
	型	式		
100∶1	ⅩⅡ	Ⅰ	12.8/14.8＝0.86	11.6/14.8＝0.78
215∶1	ⅩⅡ	Ⅰ	12/13.2＝0.9	10.2/13.2＝0.77
121∶1	ⅩⅡ	Ⅰ	13/15.4＝0.84	11/15.4＝0.71
77∶1	ⅩⅡ	Ⅰ	13.4/14.5/0.92	10/14.5/0.69
192∶1	ⅩⅡ	Ⅱ	14.2/17.2＝0.83	8.4/17.2＝0.49
185∶1	ⅩⅡ	Ⅲ	13/14.4＝0.9	12/14.4＝0.83
354∶1	ⅩⅡ	Ⅲ	14.5/15.1＝0.96	12.1/15.1＝0.8
379∶1	ⅩⅡ	Ⅲ	13.5/13.9＝0.97	10.9/13.9＝0.78
374∶1	ⅩⅡ	Ⅲ	14.4/15.2＝0.95	9.8/14＝0.7
207∶1	ⅩⅡ	Ⅳ	12.1/14.5＝0.83	11.1/14.5＝0.77
130∶1	ⅩⅡ	Ⅳ	12.7/15＝0.85	10.5/15＝0.7
211∶1	ⅩⅡ	Ⅴ	14.6/18.5＝0.79	11.2/18.5＝0.6
375∶1	ⅩⅡ	Ⅴ	13.5/17＝0.79	11.9/17＝0.7
180∶1	ⅩⅡ	Ⅵ	12.2/16.2＝0.75	9.7/16.2＝0.6
119∶1	ⅩⅡ	Ⅶ	10.6/14.6＝0.73	12.9/14.6＝0.88
120∶1	ⅩⅡ	Ⅶ	8.7/12.1＝0.72	11.5/12.1＝0.95
122∶1	ⅩⅡ	Ⅷ	14.4/15.6＝0.92	9.2/15.6＝0.59
398∶1	ⅩⅡ	Ⅷ	13.6/14＝0.97	9.8/14＝0.7
351∶1	ⅩⅡ	Ⅸ	12.6/18＝0.7	11/18＝0.61

依次介绍这19件标本：

Ⅻ型　夹砂红、褐陶矮身鼓腹小罐

Ⅰ式　4件。

（1）YYM100∶1，红褐色，胎内含砂量较大，陶质粗糙、疏松。火候不匀，肩、腹部有大块黑褐色杂斑。圆唇，斜侈口，口径较大，短颈，弧肩，鼓腹，下腹呈弧曲内收，平底，磨蚀较重，器身矮小。手制，素面，做工粗糙，口沿不齐，器形不规整，两侧不对称，肩、腹部有斜向刮削痕和捺压坑窝，在下腹部与器底上缘交接部位，遗有明显的手捏接痕。未经打磨，无光泽，口沿已残，经修复。

口径 11.6、腹径 14.8、底径 6、高 12.8 厘米（图五四三，5；图版二二八，3）。

（2）YYM215:1，砖红色，胎内含砂量较大，颗粒较粗，陶质十分粗糙、疏松。火候不匀，肩、腹部有深褐色杂斑。圆唇，斜侈口，口径略大，短颈，弧肩，鼓腹，下腹作斜弧内收，平底，磨蚀较重，器身矮小。手制，素面，做工粗糙，器形不大规整，也不大对称，肩、腹部有斜向刮削痕和大量捺压痕，颈与肩、下腹与器底交接部位，遗有明显的手捏接痕。未经打磨，无光泽。已碎裂，经修复。

口径 10.2、腹径 13.2、底径 6.3、高 12 厘米（图五四三，6；图版二二八，4）。

（3）YYM121:1，褐色，胎内含砂量较多，质地粗糙、疏松。火候不匀，颈、肩、腹部有大块黑褐色杂斑。圆唇，斜侈口，口径略大，短颈，弧肩，鼓腹，底稍内凹，磨蚀痕迹明显。器身矮小。手制，素面，器形基本规整，在肩、腹部密布横向刮削痕迹和捺压坑窝，器表凸凹不平，在颈与肩、下腹与器底交接部位，遗有明显的手捏接痕。未经打磨，无光泽。

口径 11、腹径 15.4、底径 8.6、高 13 厘米（图五四四，1；图版二二八，5）。

（4）YYM77:1，红褐色，胎内含砂量较多，陶质粗糙、疏松。火候不匀，肩、腹部有小块深褐色杂斑。圆唇，斜侈口，口径略大，短颈，弧肩，鼓腹，下腹作斜弧内收，小平底，磨蚀较轻，器身矮小。手制，素面，器形较规整。肩、腹部有刮削痕和捺压窝坑，表面凸凹不平。在颈与肩、下腹与器底交接部位，遗有手捏接痕。未经打磨，无光泽。

口径 10、腹径 14.5、底径 6.4、高 13.4 厘米。（图五四四，2；图版二二八，6）。

Ⅱ式　1 件。YYM192:1，砖红色，胎内含砂量较多，质地粗糙、疏松，火候较匀，无杂斑。圆唇，斜侈口，口径较小，短颈，弧肩，鼓腹，腹腔较大，平底。手制，素面，器形较规整，器表密布捺压痕迹，疙瘩较多，凸凹不平。未经打磨，无光泽。

口径 8.4、腹径 17.2、底径 7.4、高 14.2 厘米（图五四四，3；图版二二九，1）。

Ⅲ式　4 件。

（1）YYM185:1，褐色，胎内含砂量较多，颗粒较粗，陶质十分粗糙、疏松。火候不匀，颈、肩、腹部，有大面积黑色杂斑。圆唇，斜侈口，口径较大，短颈，弧肩，鼓腹，但腹腔显著收敛，底稍内凹，磨蚀严重。手制，素面，做工粗糙，口沿不齐，肩、腹部普见粗糙的斜向刮削痕迹和密集的捺压坑窝，器表凸凹不平。在颈与肩、下腹与器底交接部位，遗有明显的手捏接痕。未经打磨，无光泽。已碎裂，经修复。

口径 12、腹径 14.4、底径 7.4、高 13 厘米（图五四四，4；图版二二九，2）。

（2）YYM354:1，灰褐色，胎内含砂量较多，颗粒较粗，质地非常粗糙、疏松。火候不匀，颈、肩、腹部有大块黑色杂斑。圆唇，斜侈口，口径较大，颈略高，弧肩，鼓腹，但腹腔明显收敛，底稍内凹，磨蚀较重。手制、素面，做工粗糙，口沿不齐，肩、腹部有粗糙的横向刮削痕和捺压坑窝，器表凸凹不平。在颈与肩、下腹与器底交接部位，遗有显著的手捏接痕。未经打磨，无光泽。

口径 12.1、腹径 15.1、底径 7.5、高 14.5 厘米（图五四四，5；图版二二九，3）。

（3）YYM379:1，深褐色，胎内含砂量较多，陶质粗糙、疏松。火候不匀，肩、腹部有大面积黑色杂斑。圆唇，斜侈口，短颈，弧肩，腹稍外鼓，腹腔呈明显收敛状，平底，磨蚀较重。手制，素面，

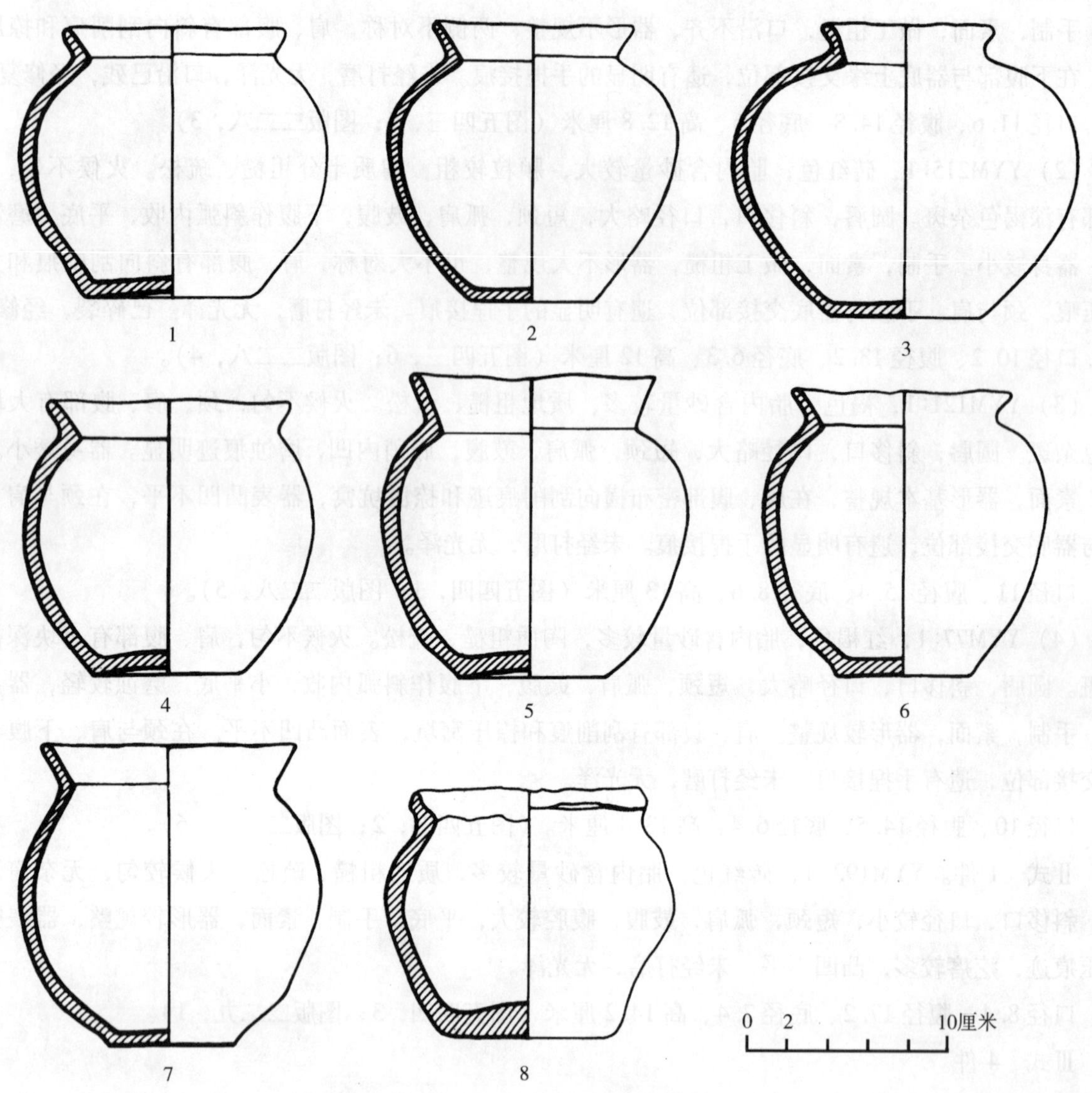

图五四四　玉皇庙墓地出土夹砂红、褐陶Ⅻ型矮身鼓腹小罐

1. Ⅰ式（YYM121:1）　2. Ⅰ式（YYM77:1）　3. Ⅱ式（YYM192:1）　4. Ⅲ式（YYM185:1）
5. Ⅲ式（YYM354:1）　6. Ⅲ式（YYM379:1）　7. Ⅲ式（YYM374:1）　8. Ⅳ式（YYM207:1）

口沿不齐，肩、腹有较密的斜向刮削痕和捺压坑窝，器表凸凹不平。在颈与肩、下腹与器底上缘交接部位，遗有清楚的手捏接痕。未经打磨，无光泽。

口径10.9、腹径13.9、底径6.5、高13.5厘米（图五四四，6）。

（4）YYM374:1，褐色，胎内含砂量较多，质地粗糙、疏松。火候较低，有黑色杂斑，斜侈口，口径较大，短颈，溜肩，鼓腹，腹腔呈明显收敛状，下腹作弧形内收，平底，磨蚀痕迹较重。手制，手捏遗痕较明显，口沿、器表不齐整。素面，已碎裂，经修复。

口径13.8、腹径15.2、底径6.5、高14.4厘米（图五四四，7；图版二二九，4）。

Ⅳ式　2件。

（1）YYM207:1，砖红色，胎内含砂量较多，质地粗糙、疏松，火候较匀，无杂斑。圆唇，斜侈口，短颈，溜肩，鼓腹圆折，下腹作弧曲内收，平底，磨蚀严重，胎壁较厚，重心居中。手制、素面，做工粗糙，口沿不齐，器形不规整，两侧不对称，肩、腹部密布横向刮削痕迹，在颈与肩、下腹与器底交接部位，遗有明显的手捏捺压接痕，凸凹不平。未经打磨，无光泽。

口径11.1、腹径14.5、底径8.6、高12.1厘米（图五四四，8；图版二二九，5）。

（2）YYM130∶1，砖红色，胎内含砂量较多，陶质粗糙、疏松。火候不匀，肩、腹部有大面积黑色杂斑。圆唇，斜侈口，短颈，弧肩，鼓腹，平底，磨蚀较重，胎壁较厚，重心居中。手制，素面，口沿不齐，器形基本规整，肩、腹部有横向和斜向刮削痕迹，颈与肩、下腹与器底上缘交接部位，遗有明显的手捏接痕。未经打磨，无光泽。已碎裂，经修复。

口径10.5、腹径15、底径7.5、高12.7厘米（图五四五，1；图版二二九，6）。

Ⅴ式　2件。

（1）YYM211∶1，褐色，胎内含砂量较多，颗粒较大，质地非常粗糙、疏松。火候不匀，腹部有大量黑褐色杂斑。圆唇，斜侈口，口径较大，短颈，弧肩，鼓腹较显著，底稍内凹。整个器身，显得矮胖。手制，素面，口沿不齐，器表遗有密集的刮削痕和手指捺压痕，凸凹不平。在颈与肩、下腹与器底交接部位，遗有明显的手捏接痕。未经打磨，无光泽。

口径11.2、腹径18.5、底径7.4、高14.6厘米（图五四五，2；图版二三〇，1）。

（2）YYM375∶1，浅砖红色，胎内夹砂粒较大、量多，质地粗糙，火候较低，陶质疏松。圆唇，斜侈口，口径较大，短颈，弧肩，鼓腹较显著，下腹斜弧内收，底微内凹，磨蚀较重，整个器形，显得矮胖。手制，器表遗有明显的手捏痕迹，器形不规整。素面，已碎裂，经修复。

口径11.9、腹径17、底径8、高13.5厘米（图五四五，3；图版二三〇，2）。

Ⅵ式　1件，YYM180∶1。红褐色，胎内含砂量较大，质地粗糙、疏松。火候不匀，肩、腹部有黑褐色杂斑。圆唇，敛口，斜弧肩，鼓腹，平底，磨蚀严重。手制，素面，做工粗糙，口沿不齐，器形不大规整，肩、腹部有斜向和纵向刮削痕和大量捺压坑窝，器表凸凹不平。器底上缘遗有明显的手捏接痕。

口径9.7、腹径16.2、底径9.4、高12.2厘米（图五四五，4；图版二三〇，3）。

Ⅶ式　2件。

（1）YYM119∶1，砖红色，胎内含砂量过大，质地极为粗糙、疏松，器表皆砂无皮，手触砂落。火候低而不匀，颈、肩、腹局部有黑褐色杂斑。圆唇，斜侈口，大口径，短颈，鼓腹，腹腔很浅，底稍内凹，磨蚀较重。手制，素面，口沿不齐，器形不规整、不对称。器表和器底均遗有捺压坑窝，凸凹不平。未经打磨，无光泽。已碎裂，经修复。

口径12.9、腹径14.6、底径8.2、高10.6厘米（图五四五，5；图版二三〇，4）。

（2）YYM120∶1，砖红色，胎内含砂量较多，质地粗糙、疏松。火候不匀，颈、肩、腹部有小块黑色杂斑。圆唇，斜侈口，大口径，短颈，溜肩，鼓腹，腹腔很浅，平底，磨蚀痕迹明显。整个器身，甚为矮扁。手制，素面，口沿不齐，肩、腹部有横向刮削痕迹和捺压坑窝，在颈与肩、下腹与器底交接部位，遗有明显的手捏接痕。未经打磨，无光泽。

口径11.5、腹径12.1、底径7.5、高8.7厘米（图五四五，6；图版二三〇，5）。

Ⅷ式　2件。

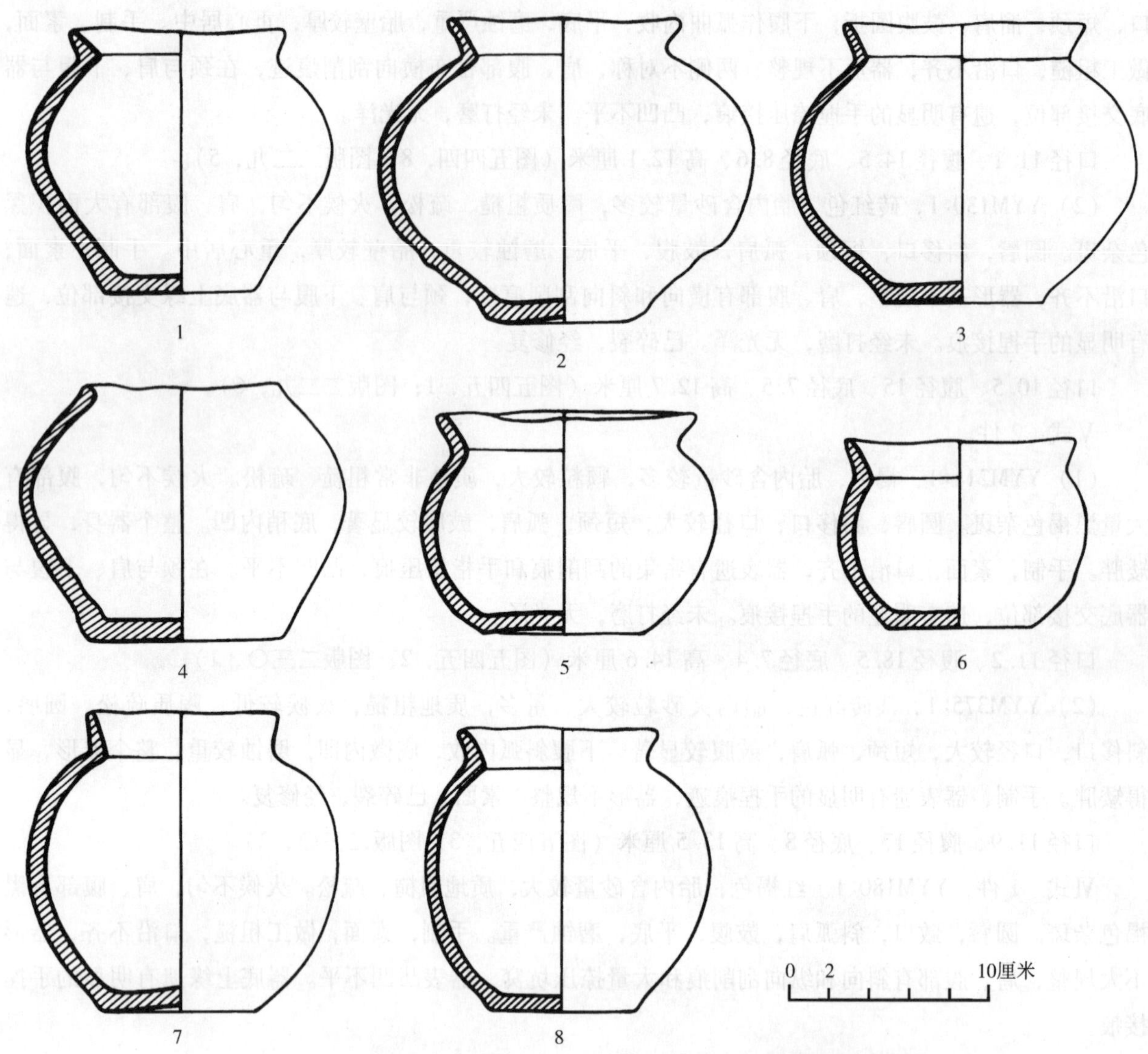

图五四五 玉皇庙墓地出土夹砂红、褐陶Ⅻ型矮身鼓腹小罐

1. Ⅳ式（YYM130:1） 2. Ⅴ式（YYM211:1） 3. Ⅴ式（YYM375:1） 4. Ⅵ式（YYM180:1）
5. Ⅶ式（YYM119:1） 6. Ⅶ式（YYM120:1） 7. Ⅷ式（YYM122:1） 8. Ⅷ式（YYM398:1）

（1）YYM122:1，砖红色，胎内含砂量较大，质地粗糙、疏松。火候较匀，仅见腹部有2小片黑褐色杂斑。圆唇，斜侈口，口径较小，短颈，稍直，弧肩，鼓腹，底稍内凹，磨蚀较重。

手制，素面，器形基本规整，肩、腹部有纵向刮削痕迹，在颈与肩、下腹与器底交接部位，遗有手捏接痕，未经打磨，无光泽。

口径9.2、腹径15.6、底径7.6、高14.4厘米（图五四五，7；图版二三〇，6）。

（2）YYM398:1，褐色，胎内含砂量较大，陶质粗糙、疏松。火候不匀，肩、腹部有黑色杂斑。圆唇，斜侈口，口颈较小，短颈，弧肩、鼓腹，平底，磨蚀严重。手制，素面，做工粗糙，口沿不齐，器形不规整，不对称，肩、腹部有斜向刮削痕和较密集的捺压坑窝，在颈与肩、下腹与器底上缘交接处，遗有明显的手捏接痕。未经打磨，无光泽。

口径9.8、腹径14、底径7、高13.6厘米（图五四五，8）。

Ⅸ式　1件，YYM351:1。褐色，胎内含砂量较大，质地粗糙、疏松。火候低而不匀，器表有黑色杂斑。圆唇，斜侈口，口沿不齐整，颈稍高，广肩圆折，微外弧，腹部向内斜收，底稍内凹，有清楚的磨蚀痕迹。手制，素面。已碎裂，经修复。

口径11、腹径18、底径8.8、高12.6厘米（图五四六，1；图版二三一，1）。

ⅩⅢ型　夹砂褐陶双耳罐　仅1件。

Ⅰ式　1件，YYM169:1。褐色，胎内含砂量较多，质地粗糙、疏松。火候较低，器口、肩、腹部有大面积黑色杂斑。圆唇，斜侈口，短颈，溜肩，鼓腹，腹下斜弧内收，小平底，磨蚀严重。手制，器形基本规整，但口径不圆，口沿不太平齐，在颈部、下腹部及器底上缘，遗有明显的手捏接痕。器表凸凹不平。素面，在口沿与肩之间，附有对称的两个环耳，出土时均已残缺。器表未经打磨，无光泽。

口径10.9、腹径13、底径6.4、高11.5厘米（图五四六，2；图版二三一，2）。

ⅩⅣ型　夹砂褐陶单耳小罐　仅1件。

Ⅰ式　1件，YYM396:1。褐色，胎质含砂量较多，颗粒较粗大，质地粗糙而疏松。火候不匀，在口沿、肩、腹部，有大面积黑色杂斑。圆唇，斜侈口，短颈，口径大于底径，器形较小。手制，口沿不齐整，表面凸凹不平，也不太对称。器壁较厚，在一侧口沿和肩部，遗有单环耳粘附于器壁上的残迹，据此可将此器的单环耳复原。腹稍外鼓，平底，磨蚀较重。素面。在颈与肩、下腹部与器底交接部位，遗有明显的手捏接痕。

口径13、腹径12.3、底径7.4、高9.8厘米（图五四六，3；图版二三一，3）。

杯　仅1件。

Ⅰ型Ⅰ式　夹砂褐陶细绳纹单耳杯　1件。

标本YYM2:26，出于墓内填土中，器形完整。褐色，胎内含砂量较少，颗粒较细，火候低而不匀，陶质较粗糙、疏松，颈、腹及鋬耳上有黑褐色杂斑。手制，器形基本规整。抹边平唇，直口微敛，杯口平面呈椭圆形，颈部略高，颈外壁下端与肩部交接处，有一周凹沟，肩部外有凸棱，腹稍外鼓、下腹作斜弧内收，腹腔较深。磨蚀严重。在口沿与肩部之间贴附一环形单鋬耳，环耳上卷显著，环孔较大。在颈、肩、腹及鋬耳表面，满施细绳纹，局部经磨蚀绳纹已不显。已碎裂，经修复。

口径7、腹径8.2、底径4.8、通耳高7.4厘米（图五四六，5；图版二三一，5）。

盂　仅1件。

Ⅰ型Ⅰ式　夹砂红陶盂　1件。

标本YYM291:1，夹砂红陶盂，浅砖红色，胎内含砂量较多，颗粒较大，质地十分粗糙、疏松，火候较低。圆唇，宽沿，斜敞口，短颈，有明显折棱，腹略外鼓，下腹作斜弧内收，小平底，腹腔呈盆形，有磨蚀痕迹。手制，素面，器形基本规整，但口沿不平齐，颈部、下腹部及器底上缘，遗有明显的手捏接痕。器表凸凹不平，腹部多有刮削痕迹，疙瘩很多。器表未经打磨，无光泽。

口径13.8、腹径11.1、底径6.2、高7.7厘米（图五四六，4；图版二三一，4）。

（二）泥质系陶器

经整理，可以确定型式者共79件。其中非折肩罐共11件，分为5型（Ⅰ型～Ⅴ型），折肩罐54件，分为9型（Ⅵ型～ⅩⅣ型），每型中又各有不同式别；另有壶8件，分为3型（Ⅰ型～Ⅲ型）；豆4件，型式一致（Ⅰ型Ⅰ式）；盂2件，分为2型（Ⅰ型、Ⅱ型）。

依次分述如下：

非折肩罐　共11件，分为5型（Ⅰ型～Ⅴ型）。

Ⅰ型　泥质灰陶手制溜肩深腹小平底罐　共2件。

此型罐造型的基本特征是，手制，斜侈口，溜肩，深腹，腹壁作斜弧内收，小平底，器高略大于腹径。分为2式。

Ⅰ式　1件，YYM82:1。此式除具有上述Ⅰ型罐一般基本特征之外，其较突出的个性特点是，颈稍高，以肩径为最大径，重心明显偏上。

Ⅱ式　1件，YYM47:1。此式区别于Ⅰ式的突出个性特点在于，短颈，鼓腹，以腹径为最大径，重心下移，居中。

依次介绍这2件标本：

Ⅰ式　1件，YYM82:1。弧肩，平底，斜侈口，短颈，灰色，胎质较细，火候较匀，无杂斑。手制，口沿不太齐整，但整个器形较规矩。圆唇，斜侈口短颈，圆弧肩，腹稍外鼓，腹下作弧曲内收，重

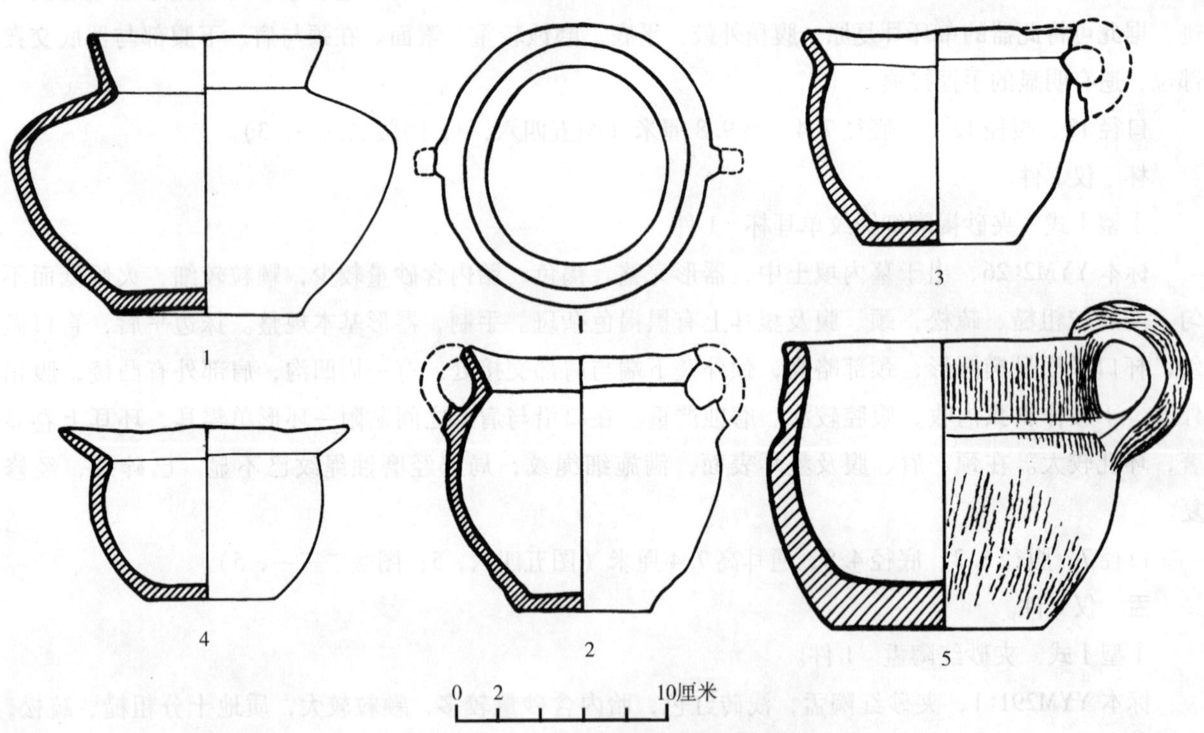

图五四六　玉皇庙墓地出土夹砂红、褐陶Ⅻ型矮身鼓腹小罐、ⅩⅢ型双耳罐、ⅩⅣ型单耳小罐、夹砂红陶盂及夹砂褐陶细绳纹单耳杯

1. Ⅻ型Ⅸ式（YYM351:1）　2. ⅩⅢ型Ⅰ式（YYM169:1）　3. ⅩⅣ型Ⅰ式（YYM396:1）
4. 夹砂红陶盂Ⅰ型Ⅰ式（YYM291:1）　5. 夹砂褐陶细绳纹单耳杯Ⅰ型Ⅰ式（YYM2:26）

心明显偏上，小平底，磨蚀痕迹明显。在颈、肩交接部位，遗有手捏接痕，局部凸凹不平。素面。器表未经打磨，无光泽。

口径11.9、腹径15.1、底径7.5、高16.6厘米（图五四七，1；图版二三二，1）。

Ⅱ式　1件，YYM47∶1。灰色，泥质，胎质较细，火候低而不匀，陶质较疏松，腹部有大面积黑褐色杂斑。圆唇，斜侈口，短颈，胎壁较厚，颈外壁稍直，溜肩，鼓腹，腹腔较深，以腹径为最大径，重心居中（较Ⅰ式者下移），腹壁左斜弧内收。小平底，磨蚀较重。器高大于腹胫，腹腔呈立卵形。手制，素面，做工较粗糙，口沿不齐，肩、腹表面，均密布纵向刮削痕和捺压坑窝，腹部至器底，显露数道制器时泥条盘筑的凸棱与凹沟，在颈与肩、肩与腹、下腹与器底上缘交接部位，都遗有明显的手捏接痕。未经打磨，无光泽。

口径9.8、腹径14.4、底径7、高14.7厘米（图五四七，2；图版二三二，2）。

Ⅱ型　泥质灰陶束颈弧肩鼓腹罐　共5件。

此型罐造型的基本特征是，斜敞口，束颈，鼓肩或弧肩，鼓腹，底稍内凹。手制或手制与轮制兼用。可分3式。

Ⅰ式　2件，YYM103∶1、YYM75∶1。此式除具有上述Ⅱ型罐一般基本特征之外，其较突出的个性特点是，口径相对较大，束颈相对略短。鼓肩较显著，腹腔与器体均较高大，素面无纹。

Ⅱ式　2件，YYM198∶1、YYM368∶1。此式区别于Ⅰ式的突出个性特点在于，口径相对较小，束颈相对稍高，肩部呈弧肩下垂，腹腔收敛，器形略矮小，在方唇中间，饰有弦纹一周。

Ⅲ式　1件，YYM376∶1。此式区别于Ⅰ式和Ⅱ式的突出个性特点在于，口径变得相对更小，束颈变得更高，肩、腹又作进一步收敛，腹腔与整个器形都变得较矮小，在口沿内侧与肩部，分别饰以弦纹和“十”字符号。

依次介绍这5件标本：

Ⅰ式　2件。

（1）YYM103∶1，灰色，胎质较细，火候略高，陶质较坚硬，圆唇，斜敞口，口沿略外展，束颈较短，鼓肩，鼓腹较显著，器体较高大，腹壁作斜弧内收，底稍内凹，磨蚀较重。手制，素面。器形基本规整，但口沿不平齐，口沿、腹部有粗糙的刮削痕，肩、腹交接部位，遗有明显的捏接痕迹，腹部多不平整。未经打磨，无光泽。

口径12.7、腹径21.7、底径9.9、高19.5厘米（图五四七，3；图版二三二，3）。

（2）YYM75∶1，纯青灰色，胎质较细，火候略高，质地较坚硬。圆唇，斜敞口，口径较大，束颈较短，鼓肩，鼓腹，腹壁作斜弧曲内收，底稍内凹，磨蚀较轻。手制、轮制并用，口、颈采用慢轮加工，器形规整，肩、腹和器底为手制，器表经过打磨，较平整，但未泛光泽。腹部稍露横向刮削痕迹。在下腹与器底上缘交接部位，遗有手捏接痕。

口径13.9、腹径18.9、底径10.5、高17.3厘米（图五四七，4；图版二三二，4）。

Ⅱ式　2件。

（1）YYM198∶1，灰色，胎质较细，火候略高，但不均匀，质地较硬，肩、腹部有黑褐色杂斑。方唇，斜侈口，口径略小，口沿略外展，束颈较短，弧肩鼓腹，腹腔收敛，凹底，周缘磨蚀痕迹明显。器体略矮小。手制与轮制兼用，口、颈采用慢轮加工，肩、腹和器底为手制，器形较规整，口沿基本

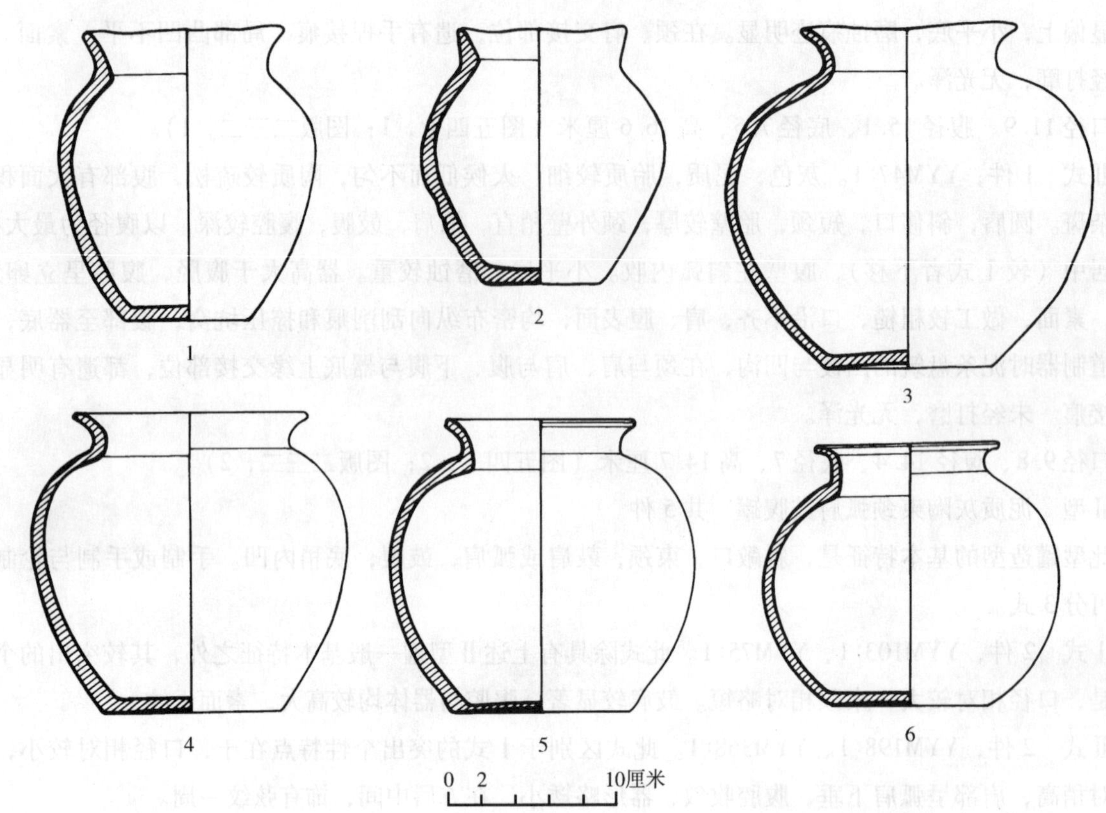

图五四七 玉皇庙墓地出土泥质灰陶Ⅰ型手制溜肩深腹小平底罐及Ⅱ型束颈弧肩鼓腹罐

1. Ⅰ型Ⅰ式（YYM82:1） 2. Ⅰ型Ⅱ式（YYM47:1） 3. Ⅱ型Ⅰ式（YYM103:1）
4. Ⅱ型Ⅰ式（YYM75:1） 5. Ⅱ型Ⅱ式（YYM198:1） 6. Ⅱ型Ⅱ式（YYM368:1）

平齐，口、颈皆为正圆形。在方唇中间，施阴刻弦纹一周。肩、腹部密布横向和斜向刮削痕，下腹与器底上缘交接部位，遗有明显的手捏接痕。未经打磨，无光泽。

口径11、腹径18、底径10.4、高16.8厘米（图五四七，5；图版二三二，5）。

（2）YYM368:1，灰色，胎质较细，火候不高且不匀，质地不硬，肩、腹部有大块黑褐色杂斑。方唇，斜敞口，口径较小，束颈，略高，弧肩斜垂，鼓腹，腹腔收敛，底稍内凹，磨蚀较重。器体较矮小。手制与轮制兼用，口、颈采用慢轮加工，肩、腹和器底为手制。口、颈规整，皆呈正圆形，口沿平齐；肩、腹部做工较粗糙，器形不大规整和对称，表面有密集的横向刮削痕，下腹至器底，尚保留着数道制器时泥条盘筑的凸棱与凹沟。在方唇中间，施阴刻弦纹一周。颈、肩略经打磨，但无光泽。

口径10.7、腹径17.5、底径9.2、高15厘米（图五四七，6；图版二三二，6）。

Ⅲ式 1件，YYM376:1。黑褐色，胎质较细，陶质较硬，火候不匀，肩、腹部有褐色杂斑。圆唇，窄沿，斜敞口，口径较小，束颈较高，弧肩，腹略外鼓，腹作进一步收敛，腔呈纵向长圆形，底稍内凹，磨蚀严重。手制、轮制兼用。口、颈采用慢轮加工，肩、腹器底为手制，器形较规整，口、颈呈正圆形，口沿平齐。颈、肩、腹部有较密集的横向刮削痕，腹部有较多的捺压坑窝，凸凹不平。颈与肩交接部位，遗有明显的手捏接痕。在口沿内侧外缘，施阴刻弦纹一周。在肩部留有刀刻的“十”字符号一个。口沿局部残缺。

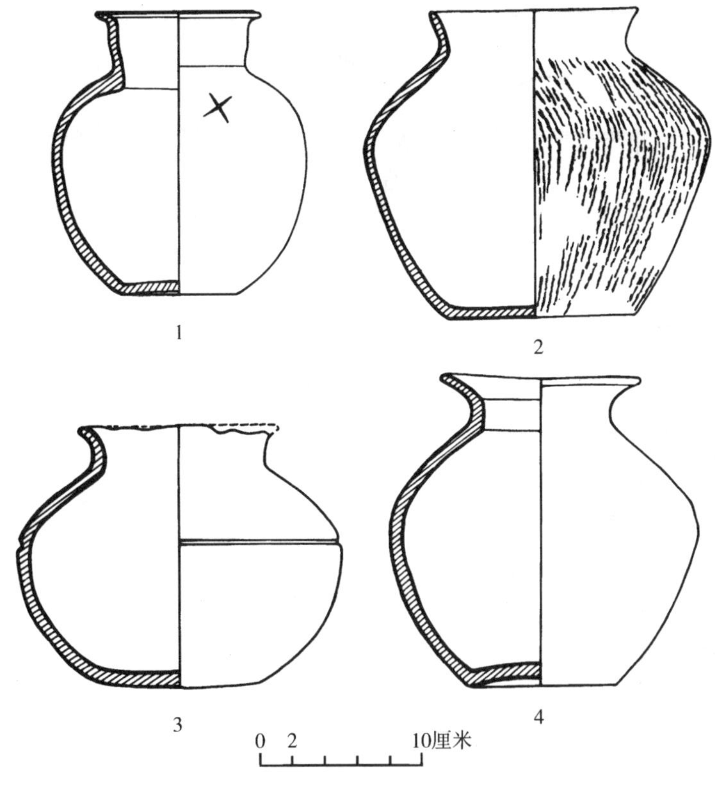

图五四八　玉皇庙墓地出土泥质灰陶Ⅱ型束颈弧肩鼓腹罐、Ⅲ型手制圆折肩绳纹罐及Ⅳ型束颈圆折肩罐

1. Ⅱ型Ⅲ式（YYM376:1）　2. Ⅲ型Ⅰ式（YYM9:1）　3. Ⅳ型Ⅱ式（YYM212:1）　4. Ⅳ型Ⅲ式（YYM313:1）

口径10、腹径15.4、底径7、高16.8厘米（图五四八，1；图版二三三，1）。

Ⅲ型　泥质红褐陶手制圆折肩绳纹罐　1件。

Ⅰ式　1件，YYM9:1。红褐色，胎质较细，火候低而均匀，质地较疏松，未有杂斑。肩、腹部有大面积脱皮。圆唇，斜侈口，束颈稍高，肩斜垂圆折，腹部作斜直内收，平底，磨蚀严重。肩、腹部饰滚印绳纹，后经抹平，故绳纹痕迹已不清晰。手制，器形较规整。未经打磨，无光泽。已碎裂，经修复。

口径12.5、腹径21、底径11.6、高18厘米（图五四八，2；图版二三三，2）。

Ⅳ型　泥质灰陶束颈圆折肩罐　共2件。

此型罐造型的基本特征是，斜敞口，口沿略外展，束颈，圆折肩。手制与轮制兼用。此型Ⅰ式者，为西梁垙墓地YXM6:1；此2件标本，分属Ⅱ式和Ⅲ式（需要说明的是，为了便于掌控和比较，我们将玉皇庙、葫芦沟和西梁垙3处墓地出土的陶器进行了统一分型分式，其中玉皇庙墓地在此型罐中缺Ⅰ式，而只有Ⅱ、Ⅲ式，Ⅰ式罐为西梁垙墓地YXM6:1号标本，故有关Ⅰ式标本的内容在此从略，请见本报告西梁垙墓地陶器部分）。

Ⅱ式　1件，YYM212:1。此式除具有上述Ⅳ型罐一般基本特征之外，其区别于Ⅰ式的突出个性特点在于，束颈较高，腹部略外弧，体形矮胖，平底。在肩、腹交接处，饰阴刻弦纹一周。

Ⅲ式　1件，YYM313:1。此式不同于Ⅰ式和Ⅱ式的突出个性特点在于，口沿较宽，长肩斜垂，凹底显著，器体较高。

依次介绍这2件标本：

Ⅱ式　1件，YYM212:1。浅砖红色，胎质较细，火候较低，陶质疏松，颈、肩、腹部出现大面积脱皮。圆唇，斜敞口，口径较短，略外展，束颈较高，弧肩圆折，腹略外鼓，腹壁作斜弧内收，平底，磨蚀严重。体型矮胖。手制与轮制兼用。口颈与肩部采用慢轮加工，腹部与器底为手制，器形较规整。器表普遍经过打磨，未见明显的刮削痕和捺压痕，但也未泛光泽。

口径12、腹径19.8、底径9、高15.6厘米（图五四八，3；图版二三三，3）。

Ⅲ式　1件，YYM313:1。灰色，胎质较细，火候低而不匀，陶质较疏松，肩、腹部有黑褐色杂

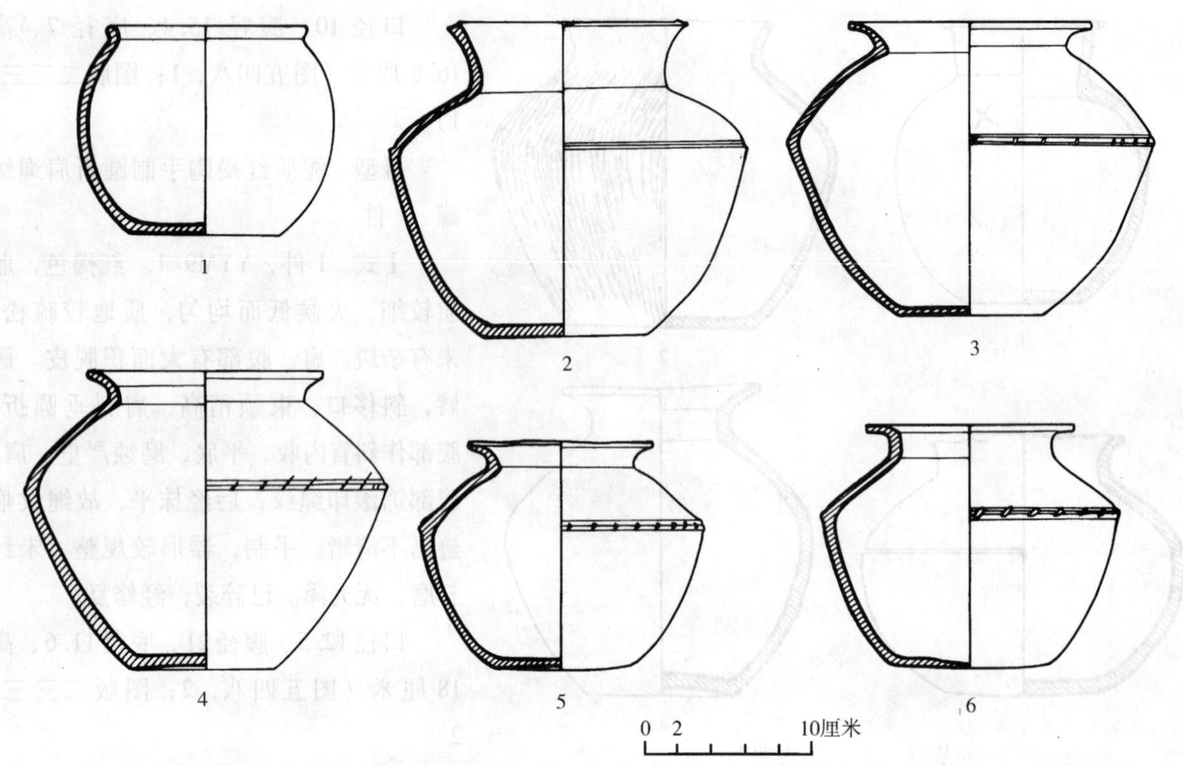

图五四九 玉皇庙墓地出土泥质黑陶Ⅴ型卷唇敛口鼓腹小罐及Ⅵ型泥质灰陶束颈广肩斜折罐

1. Ⅴ型Ⅰ式（YYM57:1） 2. Ⅵ型Ⅰ式（YYM102:1） 3. Ⅵ型Ⅱ式（YYM138:1）
4. Ⅵ型Ⅲ式（YYM174:1） 5. Ⅵ型Ⅳ式（YYM352:1） 6. Ⅵ型Ⅳ式（YYM341:1）

斑。圆唇，斜敞口，口沿较宽，较外展，束颈较高，长肩斜垂，肩角圆折，腹腔较大，腹壁作斜弧内收，腹径略大于肩径，底内凹显著，外缘磨蚀较重。胎壁较厚，器体较重。体形较高。手制与轮制并用。素面。口沿和颈部，采用慢轮加工，肩、腹、器底为手制，做工较粗，口沿不太平直，器形不大对称，略向一侧偏斜，肩、腹部密布横向刮削痕，颈与肩、下腹与器底上缘交接部位，遗有手捏接痕。

口径12、腹径18.8、底径9.2、高18.5厘米（图五四八，4；图版二三三，4）。

Ⅴ型 泥质黑陶卷唇敛口鼓腹小罐 1件。

Ⅰ式 1件，YYM57:1。黑色，颜色纯净，胎质较细，火候均匀，质地较硬。圆唇，外卷，敛口，溜肩，鼓腹，平底，磨蚀痕迹明显。手制、轮制并用。口沿、肩部采用慢轮加工，腹部和器底为手制。器形规整、匀称，口沿平齐。肩、腹部表面密布横向刮削痕。素面。经打磨，但无光泽。

口径11.6、腹径15.2、底径9.2、高12.1厘米（图五四九，1；图版二三四，1）。

折肩罐 共54件，分为9型（Ⅵ型~ⅪⅤ型）。

Ⅵ型 泥质灰陶束颈广肩斜折罐 共7件。

此型罐造型的基本特征是，斜敞口，束颈，广肩斜折，腹壁作斜弧内收，深腹，腹腔较大。折肩部位，阴刻弦纹。手制和轮制兼用。可分6式。

Ⅰ式 1件，YYM102:1。此式除具有上述Ⅵ型罐一般基本特征之外，其较突出的个性特点是，高束颈，广肩上弧，平底，在口沿外缘和折肩部位，各施阴刻弦纹一周。器体较高大，若仿铜罍之形。

Ⅱ式 1件，YYM138:1。此式区别于Ⅰ式的个性特点在于，短束颈；在折肩部位的棱上、下，施阴刻弦纹二周，并在折棱上又加刻指甲纹一周。

Ⅲ式 1件，YYM174:1。此式区别于Ⅰ式和Ⅱ式的突出个性特点在于，小底，稍内凹。在折肩部位，阴刻弦纹一周，并在此弦纹上再加刻稀疏楔形纹。

Ⅳ式 2件，YYM352:1、YYM341:1。此式区别于前3式的个性特点在于，口沿外展较显著；器体矮小；在口沿内侧外缘饰阴刻弦纹一周，在折肩部位，饰阴刻弦纹二周，并在折棱上又加刻指甲纹一周。

Ⅴ式 1件，YYM344:1。此式区别于前4式的突出特点在于，口径较小，广肩斜垂，底内凹显著，器身略显瘦高，仅在折肩部位，饰阴刻弦纹二周，未加饰指甲纹等。

Ⅵ式 1件，YYM355:1。此式不同于前5式的突出特点是，口径较大；束颈较高；广肩上耸；于口沿内侧外缘阴刻弦纹一周，在折肩部位，饰阴刻弦纹二周。

依次介绍这7件标本：

Ⅰ式 1件，YYM102:1。灰褐色，胎质较细，火候较低，陶质较疏松。尖唇，斜敞口，束颈较高，广肩斜折，腹作斜弧内收，深腹，腹腔较大，平底，磨蚀较重。器体较高大，似仿铜罍之形。手制与轮制兼用，口、颈、肩部采用慢轮加工，腹与器底为手制。口沿顶部外缘和折肩部位，各放阴刻弦纹一周。器表经过打磨，无捺压坑窝或手捏接痕，较平整，但无光泽。

口径14.2、腹径21.3、底径9.8、高18.2厘米（图五四九，2；图版二三四，2）。

Ⅱ式 1件，YYM138:1。灰褐色，胎质较细，火候较高，质地较坚硬，腹部有黑色杂斑。方唇，斜敞口，口沿略外展，短束颈，广肩斜折，腹部作弧曲内收，底稍内凹，磨蚀严重。手制与轮制并用，口、颈、肩部采用慢轮加工皆呈正圆形，口沿平齐。腹部与器底为手制，器形较规整。肩、腹部有较密集的斜向和纵向刮削痕。器表经过仔细打磨，较干净、平整，未见各部分的捏接遗痕，但未泛光泽。在肩部折棱上、下，施阴刻弦纹二周，在折棱上又用刀阴刻指甲纹一周。

口径14.6、肩径21.8、底径8.6、高17厘米（图五四九，3；图版二三四，3）。

Ⅲ式 1件，YYM174:1。灰色，颜色纯净，胎质细腻，火候较高，质地较坚硬。方唇，斜敞口，沿略外展，束颈，较短，广肩斜折，腹作斜弧内收，小底稍内凹，磨蚀严重。手制与轮制兼用。口、颈、肩部，采用慢轮加工，腹与器底为手制。器形规整，口颈呈正圆形，口沿平齐。肩、腹部密布纵向刮削痕，器表经过细致打磨，平整而略泛光泽。在折肩部位，施阴刻弦纹一周，并在弦纹上加刻稀疏的楔形纹。口沿稍残。

口径14、腹径21.8、底径8.5、高17.2厘米（图五四九，4；图版二三四，4）。

Ⅳ式 2件。

(1) YYM352:1，灰色，颜色纯净，胎质较细，火候较高，陶质较坚致。方唇，斜敞口，口沿外展明显，束颈较短，广肩斜折，腹作斜弧内收，底稍内凹，磨蚀较重。手制与轮制兼用。口、颈、肩部采用慢轮加工，腹与器底为手制。器形较规整，但口沿不平齐，肩部密布横向和斜向刮削痕，腹部有大量纵向刮削痕，器表经细致打磨，较为光平，肩部略泛光泽。在口沿内侧外缘施阴刻弦纹一周，在肩部折棱上、下，施阴刻弦纹二周，在折棱上，又用刀刻指甲纹一周。

口径11、肩径17.1、底径7.6、高13.4厘米（图五四九，5；彩版四六，4；图版二三四，5）。

(2) YYM341∶1，灰色，颜色纯净，胎质较细，火候稍高，质地稍硬。方唇，斜敞口，口沿外展显著，趋近平沿，束颈稍高，广肩斜折，腹作斜弧内收，平底，磨蚀严重。手制与轮制兼用，口、颈、肩部采用慢轮加工，腹和器底为手制。器形规整、匀称，口沿平齐，口、颈、肩均呈正圆形。肩、腹部显露密集的纵向刮削痕，下腹与器底上缘交接部位，隐遗手捏接痕，器表经过细致打磨，比较平整，但未有光泽。在肩部折棱上、下，施阴刻弦纹二周，折棱上又用刀刻指甲纹一周。

口径12.4、肩径17.8、底径9.5、高14.2厘米（图五四九，6；图版二三四，6）。

Ⅴ式 1件，YYM344∶1。灰色，颜色纯净，胎质较细，火候较高，质地较坚硬。方唇，斜敞口，口径较小，口沿略外展，束颈较高，广肩垂折，腹作斜弧内收，底内凹显著，磨蚀较重。手制与轮制兼用。口、颈、肩部采用慢轮加工，肩棱、腹部和器底为手制。器形基本规整，但口沿不平齐，肩部折棱因手工制作，起伏不平，肩部表面多横向和斜向刮削痕，腹部则密布纵向刮削痕，在颈与肩交接部位，遗有捏接痕迹。在肩部折腹上下，施阴刻弦纹二周，纹路不齐。

口径11.2、底径9、肩径19.4、高16.8厘米（图五五○，1；图版二三五，1）。

Ⅵ式 1件，YYM355∶1。灰色，胎质较细，火候较高，质地较坚硬。方唇，斜敞口，口径较大，口沿略外展，束颈较高，广肩上耸斜折，腹作斜弧内收，底稍内凹，磨蚀严重。手制与轮制并用，口、颈和肩的大部采用慢轮加工，肩棱、腹部和器底为手制。加工较粗糙，器形不大规整，不太对称，口沿不齐，肩棱起伏不平，肩、腹部密布横向刮削痕和捺压坑窝，近一半的地方因磨蚀陶皮脱落，留下密密麻麻的疤痕。颈与肩交接部位，遗有捏接痕迹。在口沿内侧外缘施阴刻弦纹一周，在肩部折棱上、下，施阴刻弦纹二周。

口径13.4、底径7.8、肩径20.3、高15.8厘米（图五五○，2；图版三五五，2）。

Ⅶ型 泥质灰陶短颈广肩斜折罐 共9件。

此型罐造型的基本特征是，斜侈口，短颈，广肩斜折，腹部作斜弧内收，在折肩部位，饰阴刻弦纹一或二周，器形矮胖。手制与轮制兼用。可分5式（需要说明的是，为了便于掌控和比较，我们将玉皇庙、葫芦沟和西梁垙3处墓地出土的陶器；进行了统一分型分式，其中玉皇庙墓地在此型罐中缺Ⅳ式，而只有Ⅰ、Ⅱ、Ⅲ、Ⅴ式，Ⅳ式罐为葫芦沟墓地YHM52∶1号标本，故有关Ⅳ式标本的内容在此从略，请见本报告葫芦沟墓地陶器部分）。

Ⅰ式 2件，YYM208∶1、YYM134∶1。此式除具有上述Ⅶ型罐一般基本特征之外，其较突出的个性特点是，在口沿内侧边缘与方唇之间，各施阴刻弦纹一周，在折肩部位，施阴刻弦纹二周。平底。

Ⅱ式 2件，YYM224∶1、YYM378∶1。此式区别于Ⅰ式的突出个性特点在于，在其口沿内侧外缘、方唇中间及折肩部位，各施阴刻弦纹一周，并在折肩部位弦纹下，又加刻了指甲纹一周。

Ⅲ式 4件，YYM183∶1、114∶1、113∶1、111∶1。此式区别于前2式的突出特点在于，施纹形式较简单，仅在折肩部位，施阴刻弦纹一周；或于口沿内侧外缘及折肩部位，各施阴刻弦纹一周，多为凹底。

Ⅴ式 1件，YYM394∶1（此型Ⅳ式者，为葫芦沟墓地YHM52∶2）。此式区别于前3式的突出特点是，口径较小，弧肩斜折，在口沿内侧外缘，施阴刻弦纹一周，在肩部折棱上、下，施阴刻弦纹二周，凹底。器体矮小。

依次介绍这9件标本：

Ⅰ式　2件。

（1）YYM208∶1，灰色，胎质较细，火候较高，颜色纯净，质地较硬。斜侈口，短颈，广肩斜折，腹部作斜弧内收，平底，磨蚀较轻。体形矮胖。手制与轮制并用，口、颈和肩部，以慢轮加工，腹部与器底为手制，器形规整、对称，口沿基本平齐。肩部平整，腹部遗有斜向刮削痕。在口沿内侧边缘和方唇中间，各施阴刻弦纹一周，在肩部施阴刻弦纹二周。器表经过打磨，但未泛光泽。

口径11.8、肩径19.4、底径8.8、高13.4厘米（图五五○，3；图版二三五，3）。

（2）YYM134∶1，黑色，胎质较细，火候略高，质地较硬，无杂斑。方唇，斜侈口，短颈，广肩斜折，腹部作斜弧内收，平底，磨蚀严重。体形矮胖。手制与轮制兼用，口、颈、肩部，采用慢轮加工，腹部与器底为手制，做工较细。器形规整、对称，口、颈、肩皆呈正圆形，口沿平齐，口沿、肩部经过仔细打磨，较为光平，腹部遗有较密集的斜向刮削痕。在口沿内侧外缘和方唇中间，施阴刻弦纹一周，口沿中间有对称的圆形钻孔2个，孔径为0.3厘米左右，其中一穿孔内还遗有一截皮绳残迹，在肩部折棱上、下，施阴刻弦纹二周。肩部和腹部上半，略泛光泽。

口径11.8、肩径19.4、底径8.4、高13.6厘米（图五五○，4；图版二三五，4）。

Ⅱ式　2件。

（1）YYM224∶1，黑色，胎质较细，火候均匀，无杂斑，质地较硬。方唇，侈口，短颈，斜折肩，腹部作斜弧内收，平底，磨蚀较重。口颈与肩部，以慢轮加工，腹部与器底为手制和轮制并用。器形规整。肩、腹部有密集的纵向刮削痕，虽经打磨，但器表仍不光平。在口沿内侧外缘与方唇中间，以

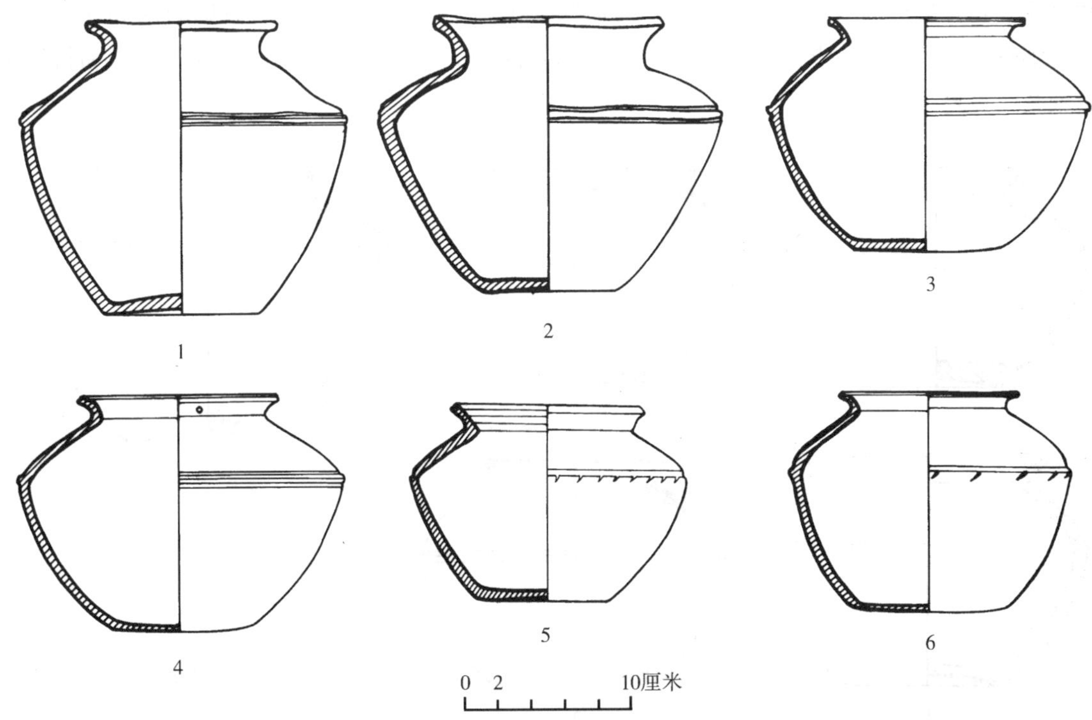

图五五○　玉皇庙墓地出土泥质灰陶Ⅵ型束颈广肩斜折罐及Ⅶ型短颈广肩斜折罐

1. Ⅵ型Ⅴ式（YYM344∶1）　2. Ⅵ型Ⅵ式（YYM355∶1）　3. Ⅶ型Ⅰ式（YYM208∶1）

4. Ⅶ型Ⅰ式（YYM134∶1）　5. Ⅶ型Ⅱ式（YYM224∶1）　6. Ⅶ型Ⅱ式（YYM378∶1）

及折肩部位，各施阴刻弦纹一周，在折肩部位弦纹下，又施阴刻指甲纹一周。

口径11、肩径16.4、底径7.5、高11.2厘米（图五五○，5；图版二三五，5）。

（2）YYM378:1，灰色，胎质较细，火候较高，质地较坚硬。方唇，斜侈口，沿外展，短颈，弧肩斜折，腹作斜弧内收，平底，磨蚀严重，略朝一侧偏斜，胎壁较薄，器体较轻。全器各部分均采用慢轮加工，做工较细，器形规整，通体均经打磨，器表较平整，看不到各部分的捏接痕迹。但未泛光泽。唯腹部仍可见密集的横向刮削痕迹，刮削程度较轻。在口沿内侧外缘和唇中间，及折肩部位各施弦纹一周，并在折肩部位的弦纹下，用刀阴刻出稀疏指甲纹一周。

口径10.8、肩径17、底径8.8、高12.8厘米（图五五○，6；图版二三五，6）。

Ⅲ式 4件。

（1）YYM183:1，灰色，胎质稍粗，泥胎内含有稀疏小粒细砂，火候较低，陶质较疏松，肩、腹部局部脱皮。方唇，斜侈口，短颈，广肩斜折，腹部作斜弧内收，底内凹显著，磨蚀严重。从器底至腹部，以至于肩沿，都附着黑色烟炱痕迹。手制与轮制并用。口颈与肩部，以慢轮加工，腹部与器底为手制。腹部密布横向和斜向刮削痕，下腹部与器底上缘交接部位，遗有明显的手捏接痕。在折肩部位，施阴刻弦纹一周。器表未经打磨，无光泽。

口径9.4、肩径15.2、底径7.6、高10.4厘米（图五五一，1；图版二三六，1）。

（2）YYM114:1，青灰色，颜色纯净，胎质细腻，火候较高，质地较坚硬。方唇，斜侈口，短颈，广肩斜折，腹部斜弧内收，底内凹显著，磨蚀痕迹明显。手制与轮制并用，口、颈、肩部采用慢轮加工，器形规整，皆呈正圆形，口沿平齐。腹与器底为手制，肩、腹部有较密集的斜向和纵向刮削痕，器表经仔细打磨，较平整，未见凸凹不平的坑窝和各部分的捏接遗痕。在口沿内侧外缘和折肩部位，各施阴刻弦纹一周。

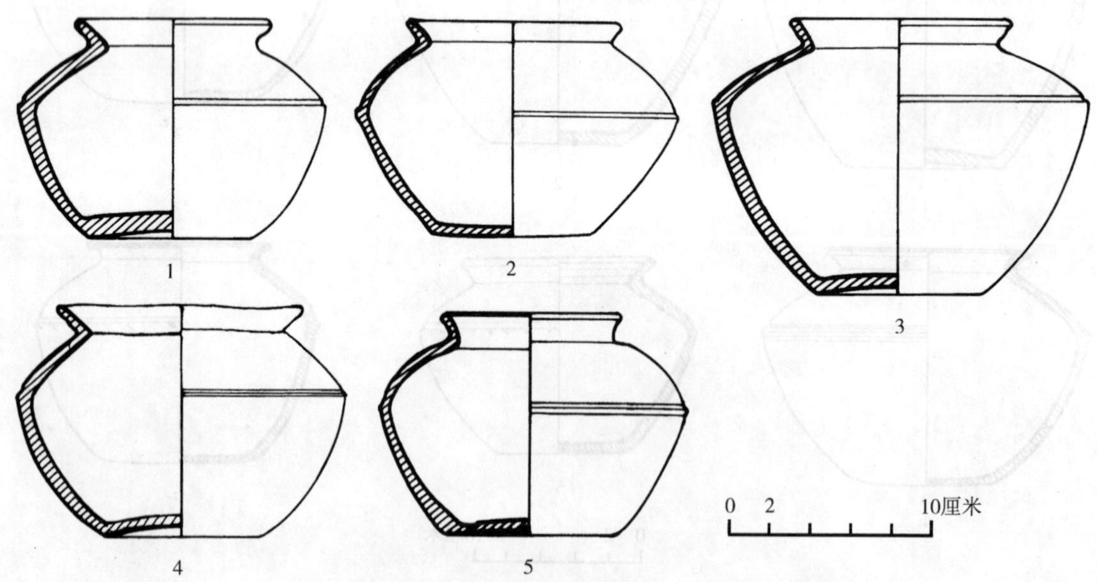

图五五一 玉皇庙墓地出土泥质灰陶Ⅶ型短颈广肩斜折罐

1. Ⅲ式（YYM183:1） 2. Ⅲ式（YYM113:1） 3. Ⅲ式（YYM114:1）
4. Ⅲ式（YYM111:1） 5. Ⅴ式（YYM394:1）

口径 10.6、肩径 18.4、底径 8、高 13 厘米（图五五一，3；图版二三六，3）。

（3）YYM113:1，浅砖红色，胎质稍粗，泥胎中含有稀疏小砂粒，火候偏低且不均匀，质地稍疏松。肩部有小块黑色杂斑。方唇，斜侈口，短颈，广肩斜折，腹作斜弧内收，平底，磨蚀较轻。手制与轮制并用，口、颈、肩部采用慢轮加工，器形皆呈正圆形，口沿平齐，较规整。腹与器底为手制，肩、腹部有斜向和纵向刮削痕，在颈与肩、下腹与器底上缘交接部位，遗有手捏接痕。在折肩部位，施阴刻弦纹一周。未经打磨，无光泽。

口径 10.4、肩径 15.8、底径 7.8、高 10.1 厘米（图五五一，2；图版二三六，2）。

（4）YYM111:1，黑色，胎质较细，火候较高，质地较坚硬。方唇，斜侈口，短颈，广肩斜折，腹作斜弧内收，底内凹显著，磨蚀较重。手制与轮制并用。口、颈、肩用慢轮加工，腹与器底为手制。做工不细，除肩部呈正圆形外，其他部分都不规整，口沿和颈部不圆，不齐，腹部满是纵向刮削痕，多不平整。在折肩部位，施阴刻弦纹一周。未经打磨，无光泽。

口径 12.2、肩径 16.4、底径 7.8、高 11.1 厘米（图五五一，4；图版二三六，4）。

Ⅴ式　1 件，YYM394:1。灰色，胎质较细，火候较高，质地较硬。圆唇，斜侈口，口径较小，口沿稍外展，短颈，弧肩斜折，腹近斜直内收，底稍内凹。器形矮小。全器各部分均采用慢轮加工，器形较规整，口、颈、肩、腹、底均呈正圆形，口沿平齐。肩、腹部有密集的横向刮削痕，器表经过打磨，未见各部分的捏接痕迹。在口沿内侧外缘施阴刻弦纹一周；在肩部折棱上、下，施阴刻弦纹二周。器表经过打磨，但未泛光泽。

口径 8.8、肩径 15、底径 8.2、高 10.6 厘米（图五五一，5；图版二三六，5）。

Ⅷ型　泥质灰陶短颈垂肩斜折罐　共 7 件。

此型罐造型的基本特征是，斜侈口，短颈，垂肩斜折，腹壁作斜弧内收，在口沿和折肩部位，多饰弦纹，器底多内凹。除个别标本为手制之外，绝大多数标本皆手制与轮制兼用。可分 6 式。

Ⅰ式　1 件，YYM60:1。此式除具有上述Ⅷ型罐一般基本特征之外，其较突出的个性特点是，口径较大，在口沿与折肩部位，各施阴刻弦纹一周，底较宽，稍内凹。

Ⅱ式　2 件，YYM116:1、YYM108:1。此式区别于Ⅰ式的突出个性特点在于，颈甚短，口径相对较小，在口沿中间，有对称的钻孔 2 个。

Ⅲ式　1 件，YYM161:1。此式区别于Ⅰ式和Ⅱ式的突出个性特点在于，颈特短而口径大，弧肩斜垂，圆折，小底，内凹明显。

Ⅳ式　1 件，YYM128:1。此式区别于前 3 式的突出特点是，颈较短，口径较小，在口沿内侧外缘，施阴刻弦纹一周，在折肩部位，施阴刻弦纹二周，并在折棱上加刻斜向楔形纹一周。

Ⅴ式　1 件，YYM381:1。此式区别于前 4 式的突出特点在于，在口沿内侧外缘、方唇中间，以及折肩部位，各施阴刻弦纹一周。口径和底径均较大，平底。

Ⅵ式　1 件，YYM377:1。此式区别于其他 5 式的突出特点在于，口径很小，肩部下垂显著，底径较大，内凹，素面无纹，手制（其他 5 式标本皆有纹，手制与轮制兼用）。

依次介绍这 7 件标本：

Ⅰ式　1 件，YYM60:1。灰色，胎质较细，火候均匀，颜色纯正无杂斑，质地较硬。方唇，斜敞口，宽沿，口径较大，垂肩斜折，腹部作斜弧内收，底稍内凹，磨蚀严重。手制与轮制并用，口沿、

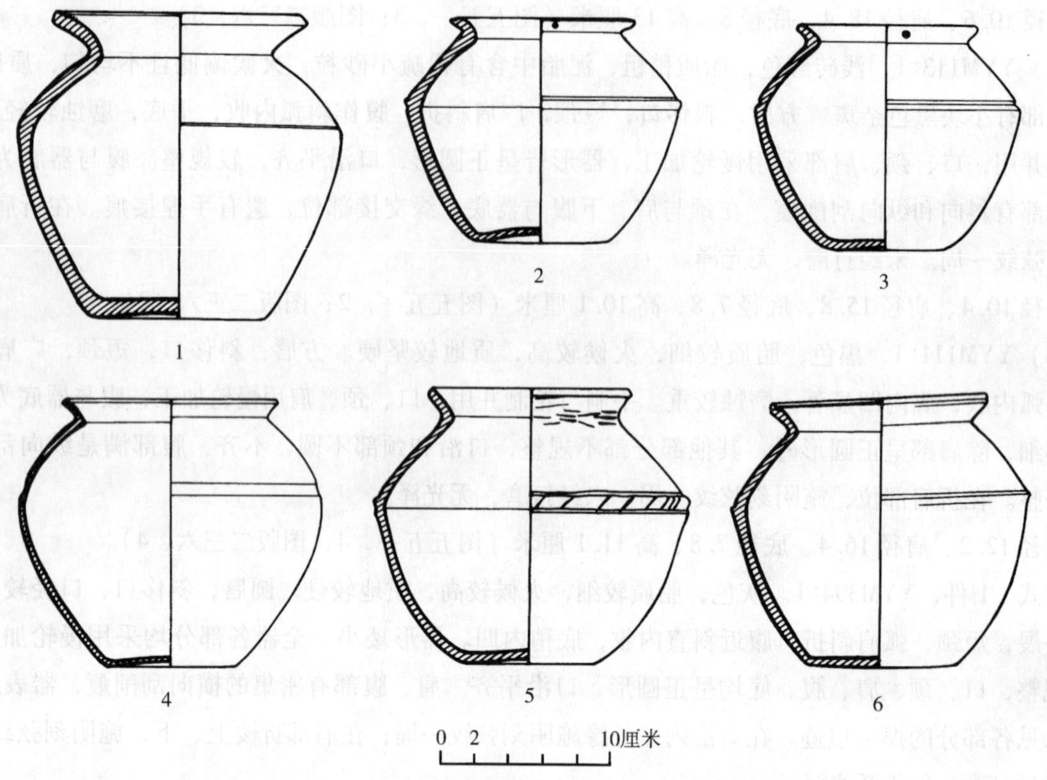

图五五二 玉皇庙墓地出土泥质灰陶Ⅷ型短颈垂肩斜折罐

1. Ⅰ式（YYM60:1） 2. Ⅱ式（YYM116:1） 3. Ⅱ式（YYM108:1）

4. Ⅲ式（YYM161:1） 5. Ⅳ式（YYM128:1） 6. Ⅴ式（YYM381:1）

颈、肩采用慢轮加工，腹与器底为手制。器形较规整、对称，口沿平齐，肩部有斜向刮削痕，腹部有密集的斜向和纵向刮削痕，虽经打磨，但仍不光平。在口沿内侧外缘和肩部，各施阴刻弦纹一周。

口径14.8、肩径19.1、底径10.5、高17.1厘米（图五五二，1；图版二三七，1）。

Ⅱ式 2件。

（1）YYM116:1，灰色，胎质较细，火候不高，质地不硬。尖圆唇，斜侈口，口沿外展，外缘已呈平沿，短颈，口径略小，垂肩斜折，腹部斜弧内收，底内凹显著，磨蚀较重。手制与轮制并用，口、颈、肩部采用慢轮加工，皆呈正圆形，口沿平齐。腹与器底为手制，器形较规整。肩部有横向刮削痕，腹部有密集的纵向刮削痕和大量的硌碰坑窝，器表不平整，粘满一层泥锈。在口沿内侧外缘和折肩部位，各施阴刻弦纹一周，在口沿内侧中间，有对称的钻孔2个，孔径为0.3厘米。未经打磨，无光泽。口径10.6、肩径16、底径7.8、高12.4厘米（图五五二，2；图版二三七，2）。

（2）YYM108:1，灰色，胎质较细，火候较高，均匀，质地较坚硬。圆唇，斜侈口，口径较小，短颈，斜折肩，腹作斜弧内收，小底稍内凹，磨蚀较重。手制与轮制并用，肩部采用慢轮加工，口、颈、腹与器底为手制。做工较粗，口颈不成正圆，口沿不齐，腹部也不太对称，肩部有横向刮削痕，腹部有密集的斜向和纵向刮削痕，在颈与肩、下腹与器底上缘交接部位，遗有手捏接痕。在折肩部位，施阴刻弦纹一周，在口沿中间，有对称的圆形钻孔2个，孔径0.3厘米左右。未经打磨，无光泽。

口径10.4、肩径15.4、底径6.8、高12.7厘米（图五五二，3；图版二三七，3）。

Ⅲ式　1件，YYM161∶1。黑色，颜色纯净，胎质较细，火候稍高，质地较硬。方唇，斜侈口，短颈，口径较大，弧肩斜垂，圆折，腹作斜弧内收，小底，内凹明显，磨蚀较重。器壁较薄，器体较轻。手制与轮制并用，口、颈、肩部采用慢轮加工，皆呈正圆形，口沿平齐。腹与器底为手制，器形较规整。肩、腹部有较密集的纵向和斜向刮削痕，腹部有少量手捏坑窝，表面不平整。在口沿内侧外缘和折肩部位，各施弦纹一周。器表经过打磨，但未泛光泽。

口径12.5、肩径17.6、底径7.6、高15厘米（图五五二，4；图版二三七，4）。

Ⅳ式　1件，YYM128∶1。灰褐色，胎质较细，火候偏高，质地稍硬，腹部有黑色杂斑。方唇，斜侈口，短颈，口径较小，垂肩斜折，腹作斜弧内收。底内凹较显著，磨蚀严重。手制与轮制并用，口、颈、肩采用慢轮加工，皆属正圆形，器形较规整，口沿平齐。腹与器底为手制。肩、腹部有密集的纵向刮削痕，肩下与腹部衔接部位，有明显凹陷，下腹与器底交接处，遗有手捏接痕。在口沿内侧外缘，施阴刻弦纹一周，在肩部折棱上、下，施阴刻纹2周，在折棱上，又用刀阴刻斜向楔形纹一周。器表经打磨，但未泛光泽。

口径11.6、肩径18.4、底径7.4、高15.4厘米（图五五二，5；图版二三七，5）。

Ⅴ式　1件，YYM381∶1。灰色，胎质较细，火候较高，质地较坚硬。方唇，斜侈口，口径较大，短颈，垂肩斜折，腹作斜弧内收，平底，底径略大，磨蚀较重。手制与轮制兼用，口、颈、肩采用慢轮加工，基本呈正圆形。腹与器底为手制。器形不大规整和对称，向一侧偏斜。肩、腹部有密集的斜向和纵向刮削痕。在颈与肩、下腹与器底上缘交接部位，遗有手捏接痕。器表经打磨，无光泽。在口沿内侧外缘和方唇中间，及折肩部位，各施阴刻弦纹一周。

口径12.6、肩径17.4、底径8.6、高15.2厘米（图五五二，6；图版二三八，1）。

Ⅵ式　1件，YYM377∶1。灰色，胎质较细，火候较低，质地较疏松。刮削方唇，斜侈口，口径很小，短颈，垂肩斜折，腹部作斜弧内收，底稍内凹，磨蚀较重。手制，素面，做工较粗糙，器形不甚规整和对称，口沿不齐，肩、腹部有较密集的斜向和纵向刮削痕，在颈与肩对接部位和器底上缘，遗有明显的手捏接痕。肩部略经打磨，但未有光泽。

口径9.7、肩径16.3、底径8.8、高14.9厘米（图五五三，1；图版二三七，6）。

Ⅸ型　泥质灰陶短颈窄肩斜折罐　共7件。

此型罐造型的基本特征是，斜侈口，短颈，窄肩斜折，在口沿与折肩部位，多饰有弦纹。手制与轮制兼用。可分4式。

Ⅰ式　2件，YYM149∶1、YYM106∶1。此式除具有上述Ⅸ型罐一般基本特征之外，其突出的个性特点是，在折肩部位，施阴刻弦纹一周；在颈部或口沿中间，有对称的钻孔2个。

Ⅱ式　3件，YYM154∶1、172∶1、371∶1。此式区别于Ⅰ式的突出个性特点在于，在口沿内侧外缘和折肩部位，各施阴刻弦纹一周。

Ⅲ式　1件，YYM127∶1。此式区别于前2式的突出个性特点在于，在口沿内侧外缘，施阴刻弦纹一周；在折肩部位，施阴刻弦纹二周；在折棱上，又加刻指甲纹一周。器底内凹显著。

Ⅳ式　1件，YYM160∶1。此式区别于前3式的突出个性特点在于，在其口沿内侧外缘和折肩部位，各施阴刻弦纹一周，并在折棱上浮雕细绹纹一周。

依次介绍这7件标本：

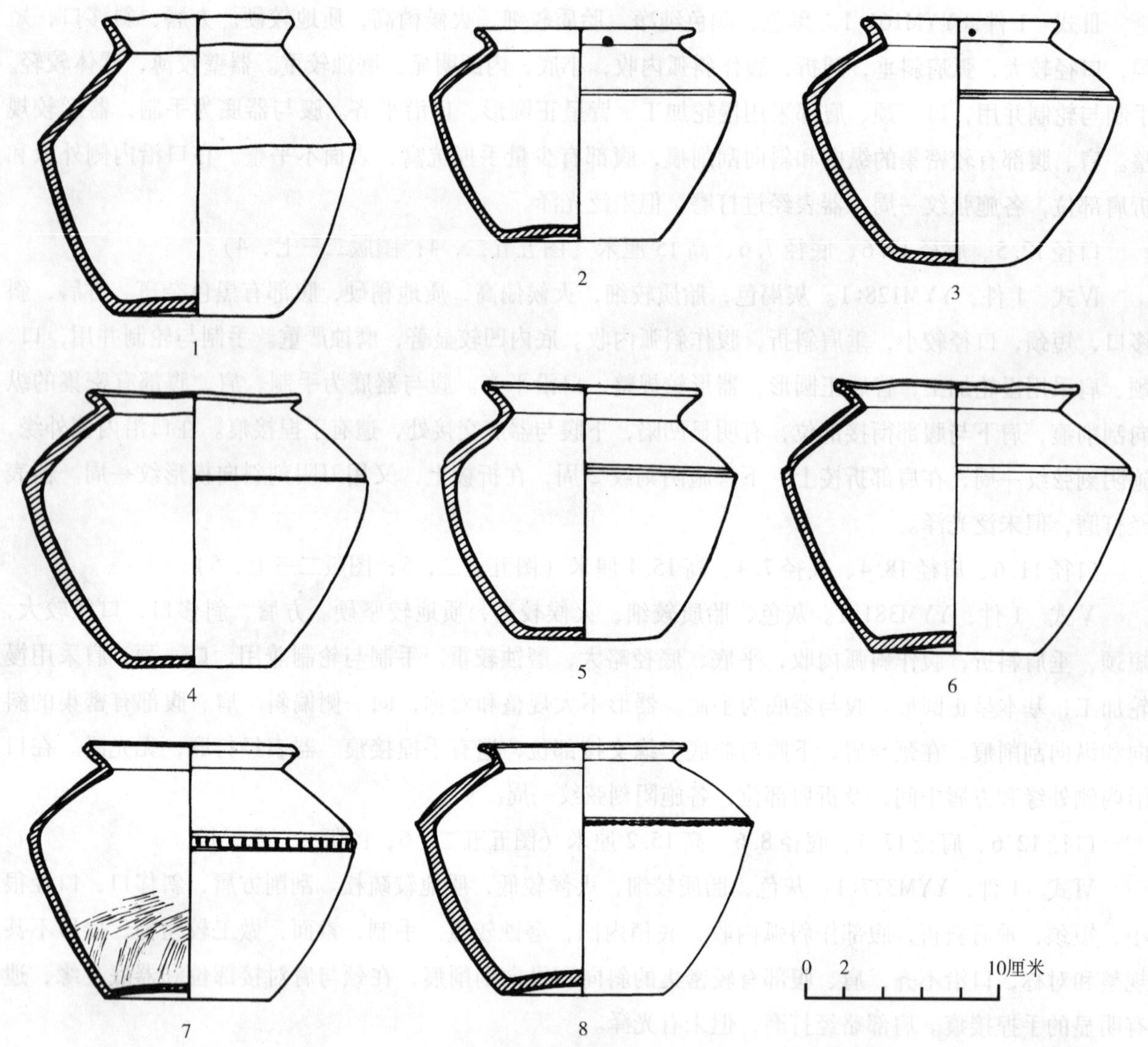

图五五三　玉皇庙墓地出土泥质灰陶Ⅷ型短颈垂肩斜折罐及Ⅸ型短颈窄肩斜折罐

1. Ⅷ型Ⅳ式（YYM377:1）　2. Ⅸ型Ⅰ式（YYM149:1）　3. Ⅸ型Ⅰ式（YYM106:1）　4. Ⅸ型Ⅱ式（YYM154:1）
5. Ⅸ型Ⅱ式（YYM172:1）　6. Ⅸ型Ⅱ式（YYM371:1）　7. Ⅸ型Ⅲ式（YYM127:1）　8. Ⅸ型Ⅳ式（YYM160:1）

Ⅰ式　2件。

（1）YYM149:1，灰色，胎质较细，火候较高，质地较硬。器形短小，圆唇，斜侈口，短颈，窄肩斜折，腹作弧形内收，底稍内凹，磨蚀痕迹较重。器体矮小。口沿、肩部、器底以慢轮加工，器腹手制。折肩部位施阴刻弦纹一周，在颈与肩交接处，有对称钻孔2个，但未见有穿系绳索的磨耗痕迹。腹部有较密集的纵向刮削痕迹，器表多有磨损疤痕，未经打磨，无光泽。

口径11.3、肩径15.7、底径8.3、高11.5厘米（图五五三，2；图版二三八，2）。

（2）YYM106:1，灰色，胎质较细，火候较高，质地较硬。圆唇，斜侈口，短颈，窄肩斜折，腹作斜弧内收，小平底，磨蚀较重。手制与轮制兼用。口、颈、肩部采用慢轮加工，皆呈正圆形，口沿基本平齐。腹与器底为手制，器形较规整。腹部有较密集的纵向刮削痕。在下腹与器底上缘交接部位，略显手捏接痕。其他部分均打磨得较平整，但未泛光泽。在折肩部位，施阴刻弦纹一周。在口沿中间，有对称的钻孔 2 个，孔径 0.3 厘米。

口径 10、肩径 16.2、底径 6.6、高 12.2 厘米（图五五三，3；图版二三八，3）。

Ⅱ式　3 件。

（1）YYM154:1，灰色，胎质较细，火候较高，质地较坚硬。方唇，斜侈口，短颈，窄肩斜折，腹部作斜弧内收，平底，磨蚀较重。手制与轮制并用，口、颈、肩部采用慢轮加工，基本上都呈正圆形。腹部与器底为手制，做工较粗，口沿不齐，肩、腹部有密集的纵向刮削痕和捺压小坑窝，器表凸凹不平。在口沿内侧、外缘和折肩部位，各施阴刻弦纹一周。虽略经打磨，但无光泽。

口径 11、肩径 17.8、底径 7.2、高 13.6 厘米（图五五三，4；图版二三八，4）。

（2）YYM172:1，灰色，胎质较细，火候较高，质地较坚硬。方唇，斜侈口，短颈，窄肩斜折，腹作斜弧内收，平底，磨蚀较重。手制与轮制并用，口、颈、底手制，口沿不齐，颈非正圆。肩、腹用慢轮加工，器形较规整，呈正圆形，器表较平整，腹部可见斜向刮削痕，在颈与肩交接处，遗有手捏接痕。在口沿内侧外缘和折肩部位，各施阴刻弦纹一周。

口径 11、肩径 15.2、底径 7.2、高 12.6 厘米（图五五三，5；图版二三八，5）。

（3）YYM371:1，灰色，胎质较细，火候较高，质地较坚硬。方唇，斜侈口，斜折肩，腹下作斜弧内收，底内凹显著，周边磨蚀较重，底心阴刻“X”形符号。器形较矮小。全器均以慢轮加工，器形较规整，唯口沿不平齐，肩部有横向刮削痕，腹部有密集的纵向刮削痕，器表经打磨，但无光泽。在口沿内侧外缘和折肩部位，各施阴刻弦纹一周。

口径 12.5、肩径 17.8、底径 8.7、高 13.4 厘米（图五五三，6；图版二三八，6）。

Ⅲ式　1 件，YYM127:1。灰色，胎质较细，火候较高，质地较坚硬。方唇，斜侈口，短颈，窄肩斜折，腹作斜弧内收，底内凹显著，磨蚀较重。手制与轮制并用，口、颈、肩采用慢轮加工，器形较规整，皆呈正圆形，口沿平齐。腹与器底为手制。肩部有横向刮削痕，腹部有密集的纵向刮削痕，局部有脱皮。器表经过仔细打磨，较平整，未见各部分的捏接遗痕。在口沿内侧外缘施阴刻弦纹一周，在肩部折棱上、下，施阴刻弦纹 2 周，在折棱上又用刀阴刻指甲纹一周。另在下腹内壁，遗有一片用硬刷子刷过的痕迹。

口径 10.8、肩径 16.8、底径 8.6、高 12.6 厘米（图五五三，7；图版二三九，1）。

Ⅳ式　1 件，YYM160:1。黑色，胎质较细，火候较高，质地较坚硬。方唇，斜侈口，口沿外展，短颈，窄肩斜折，腹作斜弧内收，底内凹显著，磨蚀痕迹明显。全器各个部分，均采用慢轮加工，器形规整。口、颈、肩、腹、底皆呈正圆形，口沿平齐。器表平整、干净。肩部的横向刮削痕与腹部的纵向刮削痕，仅在局部地方隐约显露。不见各部分有捏接痕迹。在口沿内侧外缘与折肩部位上缘，各施阴刻弦纹一周，在肩部折棱上，浮雕细绹纹一周。全器表面均经仔细打磨，肩、腹部略泛光泽。

口径 10.5、肩径 17、底径 8.6、高 12.3 厘米（图五五三，8；图版二三九，2）。

X型　泥质灰陶短颈抹棱斜折肩罐　共 5 件。

此型罐造型的基本特征是，斜侈口，短颈，抹棱斜折肩，器体较矮小。或手制，或手制与轮制并用。可分 5 式。

Ⅰ式　1 件，YYM62:1。此式除具有上述X型罐一般基本特征外，其较突出的个性特点是，手制，器形不规整，方唇，在口沿中间，有对称的圆形钻孔 2 个，在口沿内侧外缘和方唇中间，各施阴刻弦纹一周；在肩部，施阴刻弦纹三周。平底。

Ⅱ式 1 件，YYM219∶1。此式区别于在Ⅰ式的突出个性特点在于，圆唇，肩部无纹，只在口沿内侧中间，施阴刻弦纹一周。凹底。

Ⅲ式 1 件，YYM197∶1。此式区别于Ⅰ式和Ⅱ式的突出个性特点在于，口径略小，肩部弧垂，原于抹棱折肩部位，施阴刻弦纹一周，后经抹平，仅存断续遗痕，其他部位，均无纹饰。

Ⅳ式 1 件，YYM397∶1。此式区别于前 3 式的突出个性特点是，肩斜垂，小平底，素面无纹。

Ⅴ式 1 件，YYM400∶1。此式不同于前 4 式的突出特点是，在口沿内侧外缘、方唇中间，以及抹棱折肩部位，各施阴刻弦纹一周，唯肩部的弦纹，以手刻划，起伏不平，首尾错位。

依次介绍这 5 件标本：

Ⅰ式 1 件。YYM62∶1，灰色，胎质稍粗，内含稀疏小砂粒，火候略高，质地较硬。方唇，斜侈口，短颈斜折肩，抹棱，深腹，斜直，平底，磨蚀严重，已偏向一侧。手制，做工粗糙，器形不规整，不对称，向一侧歪斜，口颈不圆，口沿不平齐。腹部有密集的纵向刮削痕和捺压坑窝，器表凸凹不平。在口沿内侧中间部位，有对称的圆形钻孔 2 个，孔径 0.4 厘米。在口沿内侧外缘和方唇中间，各施阴刻弦纹一周，在肩部施阴刻弦纹三周，局部已被磨平。未经打磨，无光泽。

口径 11.8、肩径 16.7、底径 9、高 15.5 厘米（图五五四，1；图版二三九，3）。

Ⅱ式 1 件。YYM219∶1，灰色，胎质较细，火候不高，质地不硬，肩、腹部有小块深褐色杂斑，下腹部有大片脱皮。圆唇，斜侈口，短颈，肩斜垂，抹棱折肩，腹部作斜弧内收，底内凹显著，磨蚀严重。手制，做工较粗，器形不太规整，口颈未呈正圆形，腹部有密集的横向和斜向刮削痕，器表不太平整。在口沿内侧中间施阴刻弦纹一周。肩部略经打磨，但无光泽。

口径 12、肩径 17.6、底径 7.4、高 14.6 厘米（图五五四，2；图版二三九，4）。

Ⅲ式 1 件，YYM197∶1。灰色，胎质稍粗，泥胎内含稀疏小砂粒，火候低且不均匀，质地稍显疏松，肩、腹部有黑褐色杂斑，肩部局部脱皮。圆唇，斜敞口，口沿略外展，短颈，肩部弧垂，与腹部交接处作抹棱折肩，原施阴刻弦纹一周，后经抹平，局部仍有沟痕。鼓腹，腹下作斜弧内收，底内凹显著，磨蚀严重。手制与轮制并用，口沿和肩部采用慢轮加工，腹部与器底为手制器形较规整，口沿较平齐，腹部有密集的纵向刮削痕迹，虽经打磨，仍不平整。

口径 10.4、肩径 17.1、底径 7.3、高 12.6 厘米（图五五四，3；图版二三九，5）。

Ⅳ式 1 件。YYM397∶1，灰色，颜色纯净，胎质较细，火候较高，质地较坚硬。圆唇，斜侈口，短颈，肩斜垂，抹棱折肩，腹部作斜弧内收，小平底，磨蚀严重。手制，素面。做工粗糙，器形不规整，不对称，口沿不齐，口沿内侧和肩、腹部表面密布横向和斜向刮削痕，凸凹不平。在颈与肩交接部位，遗有明显的手捏接痕。

口径 12、肩径 16.2、底径 6、高 14 厘米（图五五四，4；图版二三九，6）。

Ⅴ式 1 件，YYM400∶1。灰黑色，胎质较细，火候不高，质地不硬。方唇，斜侈口，短颈，肩斜垂，抹棱折肩，腹部作斜弧内收，小底稍内凹，磨蚀严重。手制与轮制并用，口、颈采用慢轮加工，呈正圆形，口沿平齐。肩、腹与器底为手制，做工较粗糙。肩、腹部有密集的横向和纵向刮削痕，在颈与肩、肩与腹交接部位，遗有明显的手捏接痕。在口沿内侧外缘和方唇中间，各施阴刻弦纹一周。

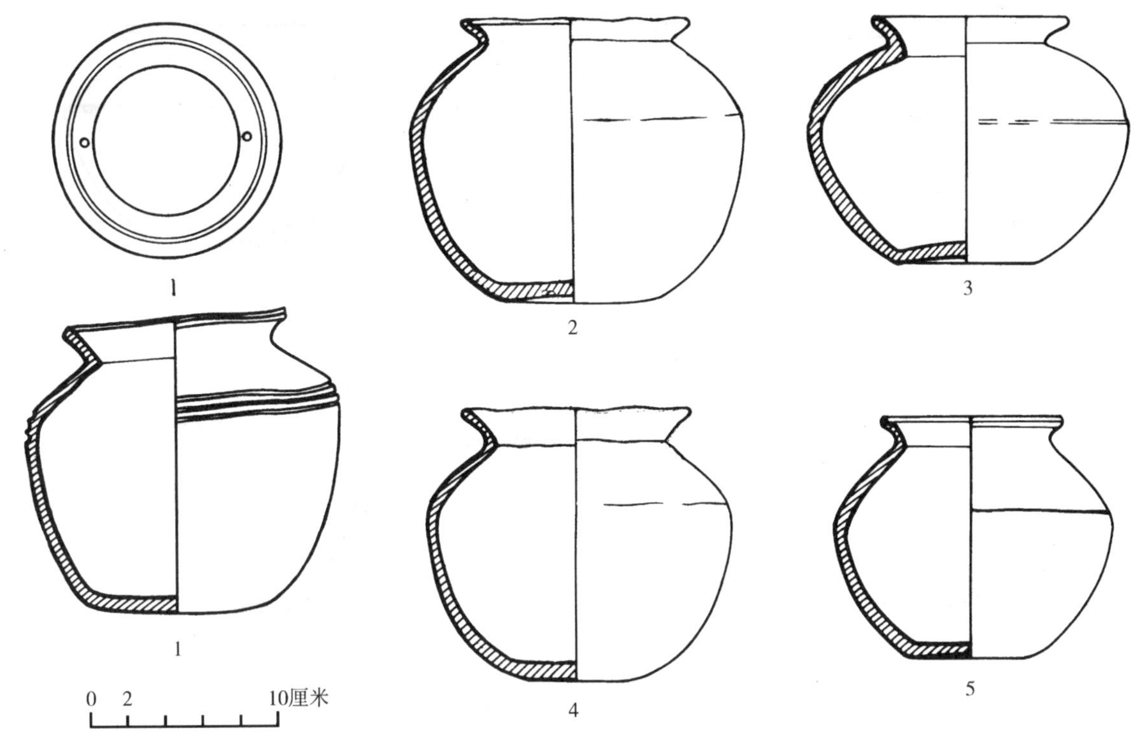

图五五四　玉皇庙墓地出土泥质灰陶Ⅹ型短颈抹棱折肩罐

1. Ⅰ式（YYM62:1）　2. Ⅱ式（YYM219:1）　3. Ⅲ式（YYM197:1）　4. Ⅳ式（YYM397:1）　5. Ⅴ式（YYM400:1）

在肩部抹棱稍上部位，阴刻起伏不平，首尾错位弦纹一周。未经打磨，无光泽。

口径9.6、肩径15、底径6.6、高12.6厘米（图五五四，5；图版二四〇，1）。

Ⅺ型　泥质灰陶短颈斜折肩罐　共6件。

此型罐造型的基本特征是，斜侈口，短颈，斜折肩，在折肩部位，饰有阴刻弦纹，并附加其他形式的纹饰。手制与轮制并用，或全部采用慢轮加工。可分6式。

Ⅰ式　1件，YYM139:1。此式除具有上述Ⅺ型罐一般基本特征之外，其较突出的个性特点是，在口沿内侧外缘和折肩部位，各施阴刻弦纹一周，并在折肩部位弦纹之下，又浮雕出细绹纹一周。小底，内凹。

Ⅱ式　1件，YYM133:1。此式区别于Ⅰ式的突出个性特点在于，在口沿内侧外缘，阴刻弦纹一周；在肩部折棱上、下，施阴刻弦纹二周，又在折棱上，加刻细绹纹一周。

Ⅲ式　1件，YYM80:1。此式区别于Ⅰ式和Ⅱ式的突出个性特点在于，口沿部位无纹饰，在折肩部位施阴刻弦纹二周，并在折棱上加刻绹纹一周。平底，底径相对较大。器形矮扁。

Ⅳ式　1件，YYM129:1。此式区别于前3式的突出个性特点在于，在折肩部位，施阴刻弦纹一周，并于折棱上加刻稀疏指甲纹一周。

Ⅴ式　1件，YYM346:1。此式区别于前4式的突出个性特点在于，全器各部分均采用慢轮加工，器形规整；在口沿内侧外缘，施阴刻弦纹一周；在折肩部位施阴刻弦纹二周，又于折棱上加刻指甲纹一周。器形矮小。

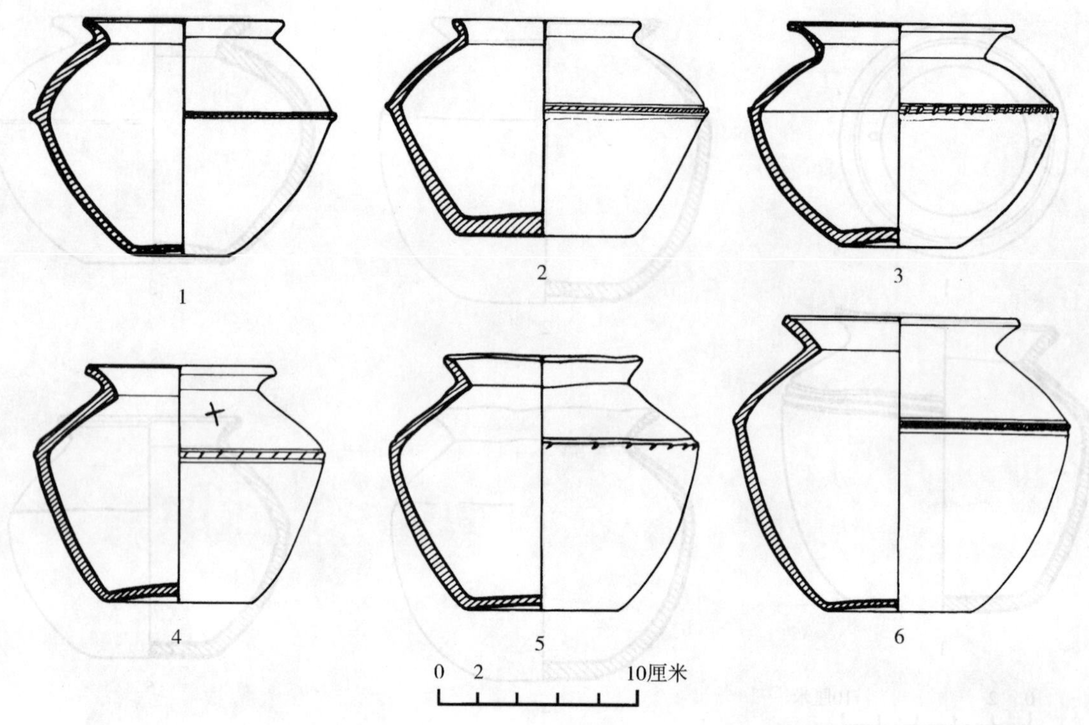

图五五五　玉皇庙墓地出土泥质灰陶XI型短颈斜折肩罐

1. Ⅰ式（YYM139:1）　2. Ⅲ式（YYM80:1）　3. Ⅴ式（YYM346:1）
4. Ⅵ式（YYM399:1）　5. Ⅳ式（YYM129:1）　6. Ⅱ式（YYM133:1）

Ⅵ式　1件，YYM399:1。此式区别于前5式的较突出个性特点是，在折肩部位二周阴刻弦纹之间，又加刻出楔形长指甲纹一周。

依次介绍这6件标本：

Ⅰ式　1件。YYM139:1，灰色，胎质较细，火候稍高，质地较硬。圆唇，斜侈口，口径略小，短颈，斜折肩，稍上弧，腹作斜弧内收，小凹底，磨蚀严重，有火烧烟炱痕迹。器形较矮小。手制与轮轮并用。口颈与肩部采用慢轮加工，腹部与器底为手制。器形较规整，口沿基本平齐。肩部和腹部有斜向和纵向刮削痕，腹部与器底多处脱皮。在口沿内侧外缘及在折肩部位上缘，各施阴刻弦纹一周，其下附浮雕细绹纹一周。未经打磨，无光泽。

口径10、肩径15、底径5、高11.5厘米（图五五五，1；图版二四〇，2）

Ⅱ式　1件。YYM133:1，黑色，胎质较细，火候较高，质地较坚硬，无杂斑。方唇，斜侈口，口径较大，短颈，颈稍长，斜折肩，腹部作斜弧内收，底内凹显著，磨蚀较重。器形较高大。手制与轮制并用，口、颈、肩部采用慢轮加工，皆呈正圆形。腹与器底为手制，器形规整，对称，口沿基本平齐。口沿和肩部经过细致打磨，较为平整、光洁，腹部显露大量纵向刮削痕，在颈与肩交接部位，仍可见到捏接遗痕。在口沿内侧外缘施阴刻弦纹一周，在肩部折棱上、下，施阴刻弦纹二周，折棱表面被加工成一条细绹纹。肩部泛有光泽。

口径14.8、肩径21.2、底径9.4、高18厘米（图五五五，6；图版二四〇，3）。

Ⅲ式　1件，YYM80:1。黑色，胎质较细，火候稍高，质地稍硬。器形矮小，圆唇，斜侈口，口径略小，短颈，斜折肩，腹作斜直内收，平底，底径相对较大，磨蚀较重。体形矮扁。手制与轮制兼用，口、颈、肩部采用慢轮加工，皆呈正圆形，腹与器底为手制，器形较规整。肩部有横向刮削痕，腹部有较密集的纵向刮削痕，在颈与肩、下腹与器底上缘交接处，遗有手捏接痕。在折棱上、下，施阴刻弦纹二周，在折棱上又雕刻出绹纹一周。口、颈、肩、腹经打磨，肩部略泛光泽。

口径9.2、肩径16、底径8.8、高10.4厘米（图五五五，2；图版二四〇，4）。

Ⅳ式　1件，YYM129:1。深灰色，胎质较细，火候较高，但不均匀，质地较坚硬，腹部有大块黑色杂斑。圆唇，斜侈口，口径略小，短颈，斜折肩，腹作斜弧内收，底内凹显著，磨蚀严重。体形中等。手制与轮制兼用，肩腹部采用慢轮加工，口、颈器底为手制，做工较粗，器形不大规整，口颈、腹底均非正圆形，口沿不齐，左右不太对称，肩部有横向刮削痕，腹部有较密集的纵向刮削痕，在颈与肩、下腹与器底上缘交接部位，遗有手捏接痕。在折肩部位，施阴刻弦纹一周，起伏不平，在折棱上又用刀阴刻出稀疏的指甲纹一周。器表虽经打磨，但无光泽。

口径12.4、肩径19.5、底径9.6、高15.8厘米（图五五五，5；图版二四〇，5）。

Ⅴ式　1件，YYM346:1。深灰色，颜色纯净，胎质较细，火候较高，陶质较坚硬。方唇，斜侈口，口沿外展，口径较大，短颈，斜折肩，肩部略上弧，腹作斜弧内收，小底内凹显著，磨蚀痕迹明显。胎壁较薄，器体较轻。器形矮小。器均采用慢轮加工，器形规整，口、颈、肩、腹、底皆呈正圆形，器表经过打磨，较平整，不见各部分的捏接痕迹，唯在肩、腹表面，显露轻度纵向刮削痕。在口沿内侧外缘施阴刻弦纹一周，在肩部折棱上、下，施阴刻弦纹二周，在折棱上又用刀阴刻出指甲纹一周。

口径11.2、肩径15.2、底径6、高10.6厘米（图五五五，3；图版二四〇，6）。

Ⅵ式　1件，YYM399:1。黑色，胎质较细，火候不高，质地稍疏松。方唇，斜侈口，口径略小，短颈，斜折肩，腹作斜弧内收，凹底较显著，磨蚀较重。胎壁较厚，器体较重。全器各部分均采用慢轮加工，器形规整、对称。肩、腹部有较密集的斜向和纵向刮削痕。器表经过打磨，未见各部分的捏接痕迹。无光泽。在口沿内侧外缘，施阴刻弦纹一周，在肩部阴刻斜向“十”字符号一个，在折棱上、下，施阴刻弦纹二周，在折棱上又用刀阴刻出长指甲纹一周。

口径12、肩径18.4、底径9.2、高14.6厘米（图五五五，4；图版二四一，1）。

XⅡ型　泥质灰陶短束颈垂肩斜折罐　共8件。

此型罐造型的基本特征是，斜敞口，短束颈，垂肩斜折，在口沿内侧和折肩部位，饰有阴刻弦纹。或手制，或手制与轮制兼用。可分7式。

Ⅰ式　1件，YYM143:1。此式除具有上述XⅡ型罐一般基本特征之外，其较突出的个性特点是，手制，器形不太规整，器身较矮，平底，底径较大，器形宽矮。在口沿内侧外缘与折肩部位，各施阴刻弦纹一周。

Ⅱ式　1件，YYM118:1。此式区别于Ⅰ式的较突出的个性特点在于，在折肩部位的一周阴刻弦纹之下，又加刻斜向指甲纹一周。小底内凹，器体甚为矮小。

Ⅲ式　1件，YYM78:1。此式区别于Ⅰ式和Ⅱ式的较突出的个性特点在于，口径较小，在口沿内侧，方唇之间及折肩部位，各施阴刻弦纹一周，并在折肩部位弦纹之下，又加刻斜向指甲纹一周。手制与轮制并用。

Ⅳ式　1件，YYM338:1。此式区别于前3式的较突出的个性特点在于，在口沿内侧、方唇中间及折肩部位，各施阴刻弦纹一周，并在折肩部位弦纹之下，又加刻斜向楔形纹一周。

Ⅴ式 2件，YYM345:1，YYM347:1。此式区别于前四式的较突出的个性特点在于，在口沿内侧和折肩部位，各施阴刻弦纹一周。

Ⅵ式 1件，YYM391:1。此式区别于前五式的较突出的个性特点在于口径相对较小，口沿外展显著，器体较高大。在口沿内侧外缘，施阴刻弦纹一周；在折肩部位，施阴刻弦纹二周；又在折肩部位弦纹之下，加刻指甲纹一周。

Ⅶ式 1件，YYM392:1。此式区别于其他诸式的较突出的个性特点在于，口沿外展显著，近于平沿；体形瘦高；在口沿内侧边缘和折肩部位，各施阴刻弦纹一周，再无其他纹饰。

依次介绍这8件标本：

Ⅰ式 1件，YYM143:1。灰色，胎质较细，火候偏低，质地较疏松。圆唇，斜侈口，口沿稍外展，短束颈，垂肩斜折，腹部作斜弧内收，平底，磨蚀较重。胎壁较厚，器体较重。器形宽矮。手制，器形不太规整，口颈呈不规则椭圆形，口沿不齐，器表不平，肩、腹部有密集的纵向刮削痕。在口沿内侧外缘，施不规则的阴刻弦纹一周。因久经磨蚀，纹迹大部被磨平。在折肩部位，亦施阴刻弦纹一周。器底正中，刻划“十”字符号。表面未经打磨，无光泽。

口径12、肩径17、底径9、高13.2厘米（图五五六，1；图版二四一，2）。

Ⅱ式 1件，YYM118:1。灰色，胎质较细，火候偏低，质地比较疏松。器形较小，方唇，斜侈口，口沿稍外展，短束颈，垂肩斜折，腹作斜弧内收，底内凹，磨蚀痕迹较轻。手制，器形不大规整，不太对称，口沿不平，口、颈未呈正圆形。腹部表面，遗有纵向和斜向刮削痕，及凸凹不平的捺压坑窝。在口沿内侧外缘与肩部上缘，各施阴刻弦纹一周；在肩部弦纹之下，又阴刻斜向指甲纹一周。器表未经打磨，无光泽。

口径10.8、肩径12.2、底径6.1、高9.1厘米（图五五六，2；图版二四一，3）。

Ⅲ式 1件，YYM78:1。灰色，胎质较细腻，火候略高，质地较硬，颜色纯净无杂斑。方唇，斜敞口，口沿略外展，口径略小，短束颈，垂肩斜折，腹作斜弧内收，底稍内凹，磨蚀严重。

口沿、肩部和腹部，以慢轮加工，器形较规整。在口沿内侧外缘、方唇中间及折肩部位，各施阴刻抹平弦纹一周；在折棱下缘，阴刻稀疏的斜向指甲纹一周。器表未经打磨，无光泽。

口径10.2、肩径15.9、底径8.3、高12.3厘米（图五五六，3；图版二四一，4）。

Ⅳ式 1件。YYM338:1，灰色，颜色纯净，胎质较细，火候较高，陶质较坚硬。方唇，斜侈口，口径略小，短颈，垂肩斜折，腹作斜弧内收，平底，因磨蚀严重已偏向一边，致使全器向一侧倾斜。手制与轮制并用，口、颈、肩部采用慢轮加工，腹与器底为手制，做工较粗，除肩部呈正圆形外，其他部分均不规整，口沿不平齐。腹部有密集的纵向刮削痕，在肩部与腹部交接部位，器表多有凹陷，在颈与肩、下腹与器底上缘交接部位，遗有明显的手捏接痕。在口沿内侧外缘和方唇中间，各施阴刻弦纹一周；在折肩部位，施刀刻弦纹一周，线条起伏不齐，在弦纹下又加刻斜向楔形纹一周。

口径10.6、肩径18.4、底径8.8、高15厘米（图五五六，4；图版二四一，5）。

Ⅴ式 2件。

（1）YYM345:1，灰色，颜色纯净。胎质较细，火候较高，质地较坚硬。方唇，斜敞口，口径略小，口沿略外层，短束颈，垂肩斜折，腹作斜弧内收，底略内凹，磨蚀严重。手制与轮制兼用，口、

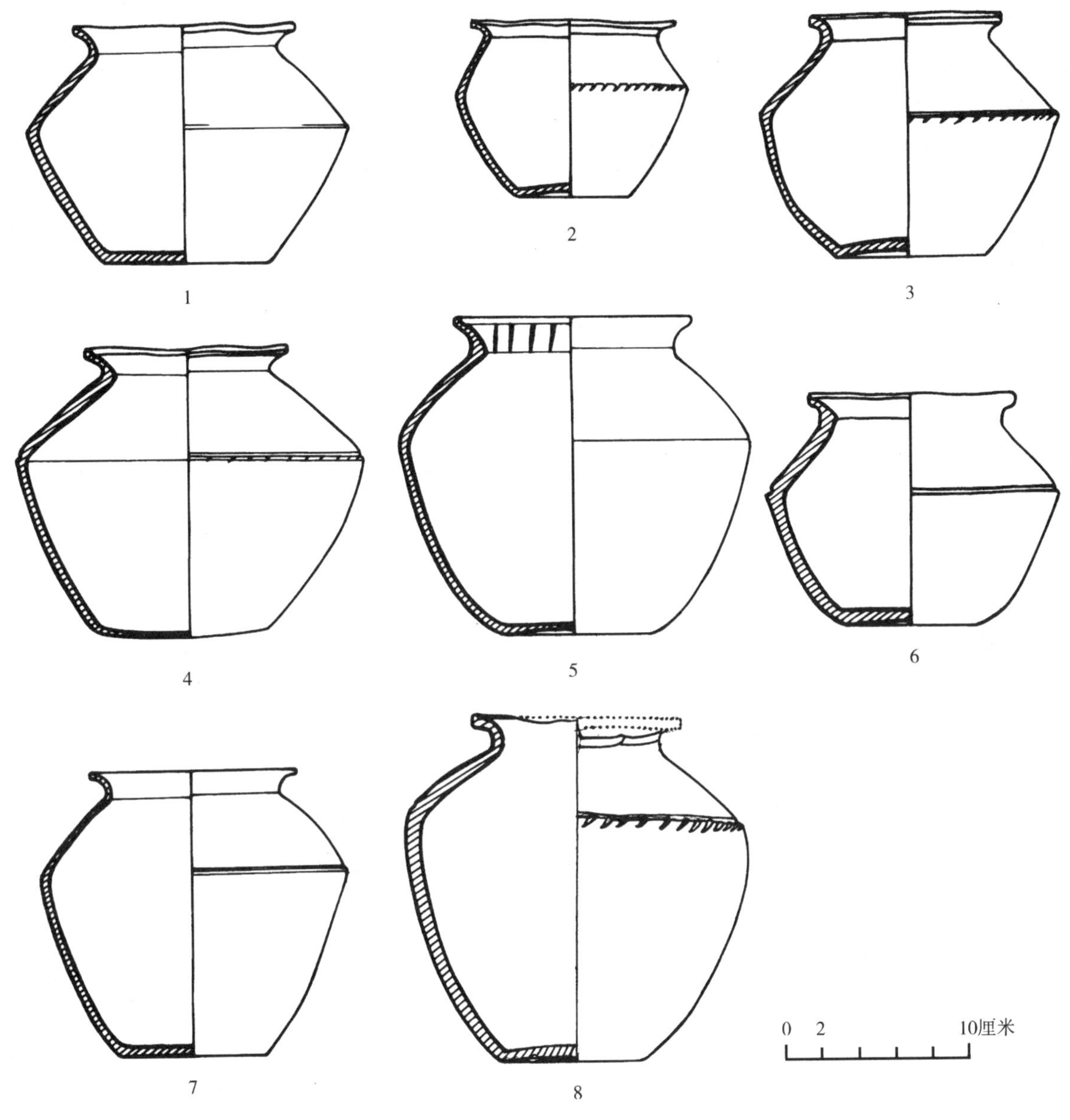

图五五六　玉皇庙墓地出土泥质灰陶Ⅻ型短束颈垂肩斜折罐

1. Ⅰ式（YYM143:1）　2. Ⅱ式（YYM118:1）　3. Ⅲ式（YYM78:1）　4. Ⅳ式（YYM338:1）　5. Ⅴ式（YYM345:1）　6. Ⅴ式（YYM347:1）　7. Ⅶ式（YYM392:1）　8. Ⅵ式（YYM391:1）

颈、肩部采用慢轮加工，腹与器底为手制。器形规整，口、颈、肩均呈正圆形，肩、腹部有较密集的横向和斜向刮削痕，在颈、肩交接部位，遗有捏接和捺压痕迹。器表经过仔细打磨，比较平整和干净。唯因久经使用磨蚀，肩、腹部陶皮已大部脱落，留下很多硌碰坑窝。在肩部没有脱皮的地方，可略见光泽。在口沿内侧外缘和折肩部位，各施阴刻弦纹一周，另在口沿内侧弦纹之下，又用刀阴刻出纵向短线纹10道。

口径12.4、肩径18.6、底径8.2、高16.5厘米（图五五六，5；图版二四一，6）。

（2）YYM347:1，灰色，胎质较细，火候不高，质地稍疏松，腹部有大块黑色杂斑。尖圆唇，斜敞口，短束颈，垂肩斜折，肩部下垂较显著，腹作斜直内收，底内凹明显，磨蚀较重。手制与轮制兼用，肩部采用慢轮加工，口、颈、腹与器底为手制。肩部呈正圆形，很平整；口沿和颈部不齐，不圆，表面凸凹不平，腹部有密集的纵向刮削痕，器表多处有凹陷，下腹局部陶皮脱落，泥胎裸露。在口沿内侧外缘和折肩部位，各施阴刻弦纹一周。

口径 11.2、肩径 15.8、底径 7.2、高 11.8 厘米（图五五六，6；图版二四二，1）。

Ⅵ式　1 件，YYM391:1。灰色，胎质较细，火候低而不匀，质地较疏松，腹部有大块黑色杂斑。方唇，斜敞口，口径略小，口沿外展显著，趋近平沿，束颈，垂肩斜折，深腹，斜弧内收，底稍内凹，磨蚀严重。器体较高大。手制与轮制兼用，口、颈肩部采用慢轮加工，腹与器底为手制。器形较规整，口、颈、肩均为正圆形，肩、腹部有密集的横向和斜向刮削痕，下腹部有较多的捺压坑窝。在颈与肩交接部位，遗有明显的手捏接痕。在口沿内侧外缘施阴刻弦纹一周，在肩部折棱上、下，施阴刻弦纹 2 周；在折棱上又用刀阴刻出指甲纹一周。口沿大半残缺。

口径 11、肩径 18、底径 7.4、高 18 厘米（图五五六，8）。

Ⅶ式　1 件，YYM392:1。灰色，胎质较细，火候较高，质地较坚硬。方唇，斜敞口，平沿外展显著，边缘起凸棱。短颈，垂肩斜折，腹部斜弧内收，平底，磨蚀较重。器体瘦高。口颈和肩部以慢轮加工，器形较规整。腹、底为手制，腹部表面有密集的横向刮削痕。器表略经打磨，但未泛光泽。未见各部分捏接痕迹。在口沿内侧边缘和折肩部位，各施阴刻弦纹一周。

口径 11.1、肩径 16.2、底径 8、高 14.6 厘米（图五五六，7；图版二四二，2）。

ⅩⅢ型　泥质灰陶肩饰戳压小圆圈纹折肩小罐　共 4 件。

此型罐造型的基本特征是，短颈，窄肩斜折，在肩部，饰戳压圆圈纹，在折肩部位，饰阴刻弦纹。器体矮小。或手制与轮制兼用，或全部采用慢轮加工，器形较规整。可分 4 式。

Ⅰ式　1 件，YYM317:1。此式除具有上述ⅩⅢ型罐一般基本特征之外，其较突出的个性特点是，在口沿内侧外缘和折肩部位，各施阴刻弦纹一周；在肩部饰戳压小圆圈纹 4 行；在颈、肩交接部位，有对称的圆形钻孔 2 个。

Ⅱ式　1 件，YYM339:1。此式区别于Ⅰ式的较突出的个性特点在于，在口沿内侧外缘，施阴刻弦纹一周；在折肩部位，施阴刻弦纹二周；在折肩部位二弦纹之间的折棱上，又加刻绹纹；在肩部，饰戳压小圆圈纹（上、下平行 2 行，中间纵列 20 条）。

Ⅲ式　1 件，YYM366:1。此式区别于Ⅰ式和Ⅱ式的较突出的个性特点在于，在折肩部位，施阴刻弦纹一周；在肩部，饰戳压小圆圈纹 3 行，在折肩部位弦纹之下，饰戳压小圆圈纹 1 行。

Ⅳ式　1 件，YYM360:1。此式区别于前 3 式的较突出的个性特点在于，口沿外展，呈平沿；在口沿边缘和折肩部位，各施阴刻弦级一周；肩部满饰戳压小圆圈纹。

依次介绍这 4 件标本：

Ⅰ式　1 件，YYM317:1。灰色，胎质较细，火候稍高，陶质稍硬。器形矮小，方唇，斜侈口，短颈，窄肩斜折，腹部作斜弧内收，底稍内凹，磨蚀较轻。器形矮小。全器各部分均采用慢轮加工，器形较规整，口、颈、肩、腹、底皆呈正圆形，肩、腹部略显横向和斜向刮削痕迹。器表经过打磨，未见各部分的捏接痕迹，但也未见光泽。在口沿内侧外缘和折肩部位，各施阴刻弦纹一周，在肩部施戳压小圆圈纹 4 行。在颈、肩交接部位，有对称的圆形钻孔 2 个，口径 0.3 厘米。

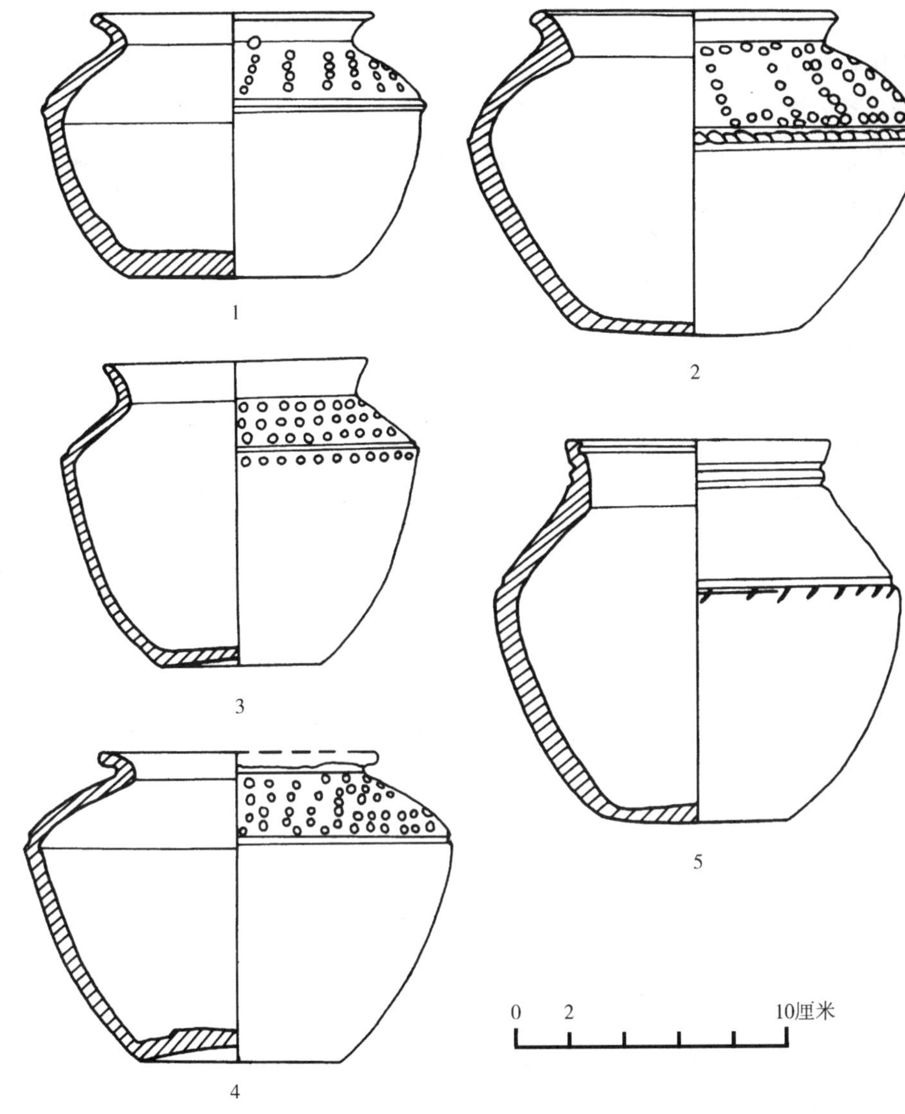

图五五七 玉皇庙墓地出土泥质灰陶XⅢ型肩饰戳压小圆圈纹折肩小罐及XⅣ型泥质褐陶直口直颈垂肩斜折小罐

1. XⅢ型Ⅰ式（YYM317:1） 2. XⅢ型Ⅱ式（YYM339:1） 3. XⅢ型Ⅲ式（YYM366:1） 4. XⅢ型Ⅳ式（YYM360:1） 5. XⅣ型Ⅰ式（YYM325:1）

口径10.1、肩径13.8、底径8.6、高9.4厘米（图五五七，1；图版二四二，3）。

Ⅱ式 1件，YYM339:1。灰色，胎质较细，火候较高，质地较坚硬。方唇，斜侈口，短颈，窄肩斜折，腹作斜弧内收，平底，磨蚀严重。手制与轮制并用，口、颈、肩部采用慢轮加工，皆呈正圆形，口沿平齐。腹部与器底为手制，器形较规整，肩、腹部有较密集的斜向刮削痕。器表经过打磨，未见各部分的捏接痕迹，但未经光泽。在口沿内侧外缘施阴刻弦纹一周，在肩部饰戳压小圆圈纹，构图形式是：肩部上、下缘，饰平行2行，中间差不多以等距间隔再填以纵行20条。在肩部折棱上、下，施阴刻弦纹2周，在折棱上，雕刻出绹纹一周。

口径10.9、肩径16.2、底径7.6、高11.6厘米（图五五七，2；图版二四二，4）。

Ⅲ式 1件，YYM366:1。黑色，胎质较细，火候不高，质地稍疏松。器形矮小，圆唇，斜侈口，口沿稍外展，短颈，窄肩斜折，深腹，斜弧内收，小底稍内凹，磨蚀较重。器形矮小。全器均采用慢轮加工，器形较规整。腹部有较密集的纵向刮削痕。在下腹与器底交接部位，遗有手捏接痕。在折肩部位，施阴刻弦纹一周，在肩部，施戳压小圆圈纹3行，在折肩部位弦纹之下，饰戳压小圆圈纹1行。图案排列有序。略经打磨，无光泽。

口径9.7、肩径12.8、底径6、高10.7厘米（图五五七，3；图版二四二，5）。

Ⅳ式 1件，YYM360∶1。黑色，胎质较细，火候较高，陶质较坚硬，方唇，斜敞口，口沿外展，平沿，短颈，窄肩斜折，腹作斜弧内收，底内凹显著，磨蚀较重。胎壁较薄，器体较轻。全器各部分均采用慢轮加工。做工较细，器形规整，通体均经打磨，除腹部显露出密集的纵向刮削痕之外，看不到有其他的不平整之处和各部分的捏接痕迹。腹局部略泛光泽。在口沿边缘和折肩部位，各施阴刻弦纹一周，肩部满饰戳压的小圆圈纹。口沿局部残缺，经修复。

口径10.2、肩径15.6、底径7.3、高11厘米（图五五七，4；图版二四二，6）。

ⅩⅣ型 泥质褐陶直口直颈垂肩斜折小罐 1件。

Ⅰ式 1件，YYM325∶1。褐色，颜色纯净，火候稍高，质地稍硬。圆唇，直口，直颈较短，口径较小，垂肩斜折，深腹，斜弧内收，小平底、磨痕严重。器体较矮小。手制与轮制兼用。口、颈、肩采用慢轮加工，腹与器底为手制。器形较规整，口、颈、肩皆呈正圆形。肩部有较密集的横向刮削痕，腹部则为密集的纵向刮削痕，并显露出制造时数道泥条盘筑的棱沟痕迹，使器表凸凹不平，在肩与腹、下腹与器底上缘，交接部位，遗有较明显手提接痕。在口沿内侧上部和折肩部位，各施阴刻弦纹一周；在颈外侧施阴刻弦纹2周；在折棱上用刀阴刻出斜向长指甲纹一周。

口径9.4、肩径14.4、底径6.4、高13.6厘米（图五五七，5；图版二四三，1）。

灰陶壶 共8件。

可分3型6式。

Ⅰ型 高颈鼓腹壶 4件。

Ⅰ式 1件，YYM232∶1。造型的突出特点是，高颈，鼓肩，鼓腹，手制与轮制兼用。

浅灰色，胎质较细，火候略高且均匀，陶质较硬，无杂斑。圆唇，斜直口，高颈、鼓肩、鼓腹，平底，磨蚀较重。胎壁较薄，器体较轻。素面。手制与轮制兼用。口、颈采用慢轮加工，肩、腹、器底为手制，器形规整，口、颈呈正圆形，口沿平齐。在肩、腹部有斜向刮削痕，在下腹部与器底上缘交接部位，遗有手捏接痕。器表经过打磨，但无光泽。

口径9.8、腹径14.6、底径7.6、高15.8厘米（图五五八，1；图版二四三，2）。

Ⅱ式 1件，YYM86∶1。造型的突出特点是，高颈，溜肩，鼓腹，体形较高大，手制。

灰褐色，胎质较细，火候略高但不匀，质地较硬，肩、腹部有大面积黑色杂斑。圆唇，直口，高颈，溜肩，鼓腹，下腹呈外弧内收，底稍内凹，磨蚀程度较轻。手制，素面。做工较粗，整个器形不大规整和对称，口沿起伏不平，甚为显著，颈部有纵向刮削痕和粗糙的横向刮抹痕，肩、腹部密布斜向刮削痕，下腹部遗有大量捺压小坑窝，器表虽经打磨，但仍很不平整，亦无光泽。颈与肩交接部位，接口已裂缝。

口径10.4、腹径17.4、底径9.8、高21厘米（图五五八，4；彩版四六，3；图版二四三，3）。

Ⅲ式 2件，YYM200∶1、YYM104∶1。造型的突出特点是，高颈，圆肩，鼓腹，器体较矮小，手制与轮制兼用。

（1）YYM200∶1，深灰色，胎质较细，火候略高，但不均匀，质地较硬。肩、腹部有大面积黑色杂斑。圆唇，斜直口，高颈，圆肩，鼓腹，底稍内凹，磨蚀较轻。胎壁较薄，器体较轻。手制与轮制兼用。口、颈采用慢轮加工，肩、腹、器底为手制。器形较规整对称，口、颈呈正圆形，口沿平齐。肩、腹部密布横向刮削痕，腹部有捺压坑窝，下腹与器底交接部位，遗有手捏接痕，器表凸凹不平。

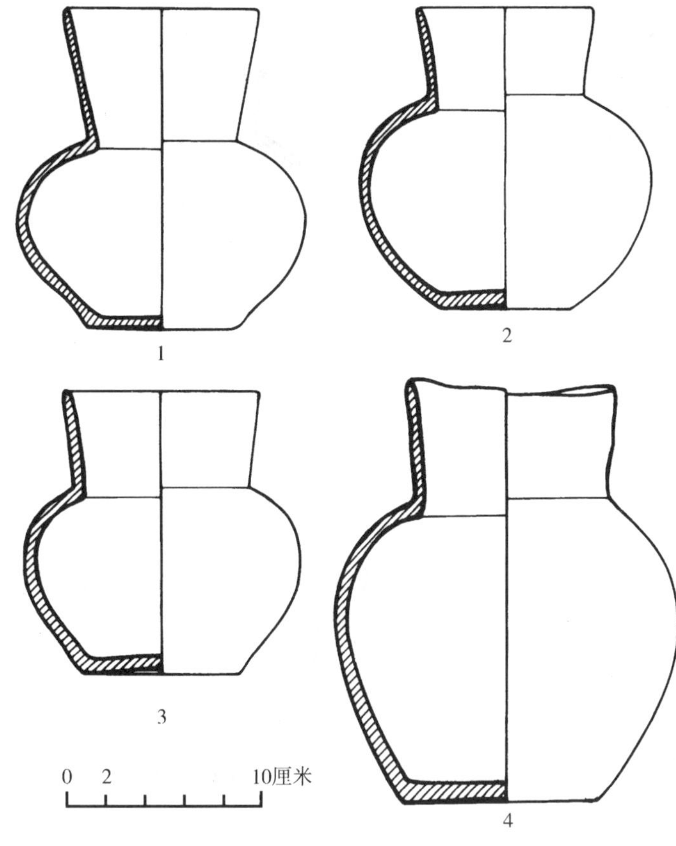

图五五八　玉皇庙墓地出土泥质灰陶Ⅰ型高颈鼓腹壶
1. Ⅰ式（YYM232∶1）　2. Ⅲ式（YYM200∶1）
3. Ⅲ式（YYM104∶1）　4. Ⅱ式（YYM86∶1）

未经打磨，无光泽。

口径 8.8、腹径 14.6、底径 6.7、高 14.8 厘米（图五五八，2；图版二四三，4）。

（2）YYM104∶1，灰色，胎质较细，火候低而不匀，颈、肩、腹部有大块黑褐色杂斑，质地较疏松，肩、腹部大部脱皮。圆唇，斜直口，高颈，圆肩、鼓腹，底稍内凹，磨蚀较轻。素面。手制轮制并用。口、颈采用慢轮加工，肩、腹、器底为手制，器形较规整对称，口沿平齐，口、颈均呈正圆形。下腹与器底上缘交接部位，遗有捏接痕迹。器表未经打磨，无光泽。

口径 10、腹径 14、底径 8、高 14 厘米（图五五八，3；图版二四三，5）。

Ⅱ型　高颈圆折肩壶　3 件。

Ⅰ式　1 件，YYM184∶1。造型的突出特点是，高颈，圆折肩，腹腔较小，器高大于腹径，体形较高。

灰黑色，胎质较细，火候不匀，陶质不硬，颈、肩、腹都有大面积黑色杂斑。圆唇，斜直口，高颈，广肩斜垂而圆折，腹略作斜弧内收，底稍内凹，磨蚀较重。胎壁较薄，器体较轻。器高大于腹径，体形较高。素面。手制与轮制兼用。口、颈以慢轮加工，肩、腹与器底为手制。器形规整，口、颈呈正圆形，口沿平齐。腹部有较多横向刮削痕，在颈与肩交接部位，遗有明显的捏接痕迹。器表经打磨，但未泛光泽。

口径 10.6、腹径 14.8、底径 8、高 16.1 厘米（图五五九，1；图版二四四，1）。

Ⅱ式　2 件，YYM221∶1、YYM156∶1。造型的突出特点是，高颈，广肩斜垂，圆折，阔腹，腹径大于器高，体形粗矮。

（1）YYM221∶1，灰色，胎质较细，火候稍高，颜色纯净，陶质较硬。圆唇，斜直口，高颈，广肩斜垂而圆折，阔腹略作斜弧内收。宽底，稍内凹，磨蚀程度较轻。胎壁较薄，器体较轻。腹径大于体高，整体显得矮胖。素面。手制与轮制兼用，口、颈与肩部，以慢轮加工，腹部与器底为手制，器形规整，对称，口沿平齐。在颈与肩，下腹与器底交接部位，遗有手捏接痕。器表有刀削痕迹，虽经打磨，但仍清晰可见，未有光泽。

口径 10.3、腹径 16.6、底径 9.6、高 15.6 厘米（图五五九，2；图版二四四，2）。

（2）YYM156∶1，灰色，颜色较纯净，胎质较细，火候较高，质地较坚硬。圆唇，斜直口，广肩斜垂而圆折，腹作斜弧内收，平底，磨蚀较重。胎壁较薄，器体较轻。素面。手制与轮制兼用。做工较细，口、颈以慢轮加工，肩、腹、器底为手制。器形较规整，口、颈皆呈正圆形，口沿平齐。腹部有横向刮削痕，在颈与肩交接部位，遗有接缝痕，在下腹与器底上缘交接部位，遗有手捏接痕。器表略经打磨，未有光泽。

口径 11.2、肩径 21.2、底径 11.8、高 21.1 厘米（图五五九，3；图版二四四，3）。

Ⅲ型　高颈折肩壶 1 件。

Ⅰ式　1 件，YYM175∶1，灰色，胎质较细，火候较低，质地较疏松。圆唇，直口，高颈，高体，斜折肩，深腹，作斜直内收，底稍内凹，磨蚀严重。手制，仅颈壁用慢轮加工过，口沿不平齐，颈、肩、腹部密布刮削痕，肩、腹部有大量捺压小坑窝，在颈与肩，下腹与器底交接部位，遗有明显的手捏接痕，器表凸凹不平。未经打磨，无光泽。在颈部偏上部位，有对称的圆形穿孔 2 个，孔径 0.9～1 厘米，在肩部施阴刻弦纹一周。

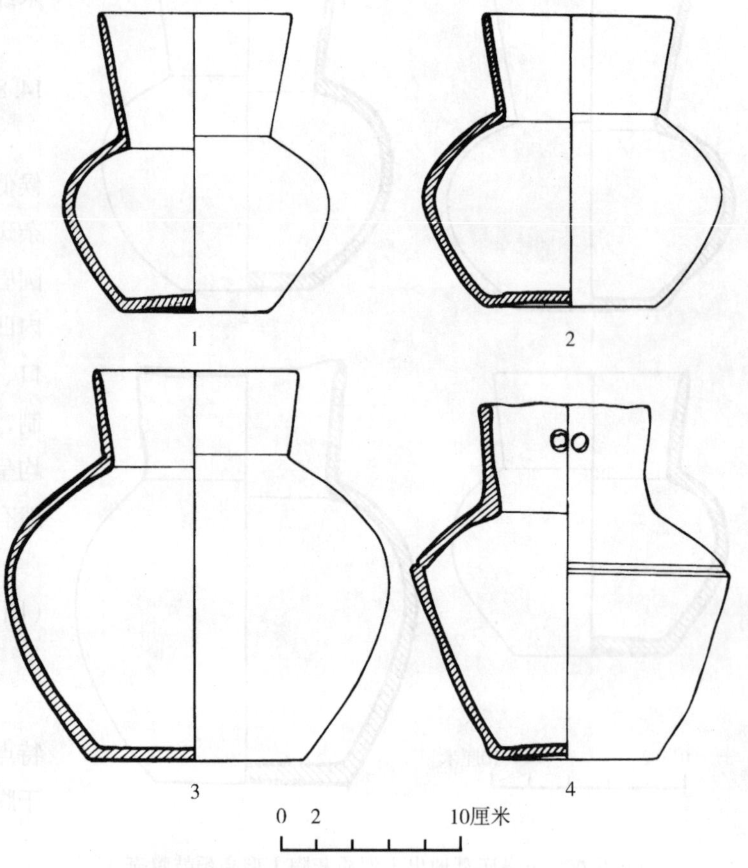

图五五九　玉皇庙墓地出土泥质灰陶Ⅱ型高颈圆折肩壶及Ⅲ型高颈折肩壶

1. Ⅱ型Ⅰ式（YYM184∶1）　2. Ⅱ型Ⅱ式（YYM221∶1）　3. Ⅱ型Ⅱ式（YYM156∶1）　4. Ⅲ型Ⅰ式（YYM175∶1）

口径 9.5、肩径 16.6、底径 9.2、高 19.1 厘米（图五五九，4；图版二四四，4）。

灰陶豆　共 4 件。

皆残，仅存盘部，稍带柄部上端残迹。4 件标本，分别出自 4 座墓中，此当属毁器葬俗，有意为之。型式基本一致，均属Ⅰ型Ⅰ式。其造型基本特征是，盘呈圆形，呈浅锅底形；柄为空心圆筒形，于盘底正中与盘部衔接；手制，器形不太规整。

Ⅰ型Ⅰ式　4 件。

（1）YYM71∶1，纯灰色，火候均匀，质地较硬。柄部豆盘为圆形，残缺，仅存豆盘和柄部上端残余部分。圆唇，敞口，凹底，呈锅底形，盘底正中接豆柄，柄为空心圆筒形。手制，素面，做工较粗，盘形不规矩，未成正圆形，口沿不平齐，盘内壁有较多捺压坑窝，凸凹不平，外壁和盘底则密布刮削痕，在与豆柄衔接部位、周边遗有明显的手捏接痕。未经打磨，无光泽。

盘径 15、柄径 4.7、残高 5.8 厘米（图五六〇，1；图版二四五，1）。

（2）YYM72∶1，纯灰色，火候较匀，陶质较坚实。柄部残灰色，仅存豆盘和柄部上端很短一截。豆盘呈圆形，圆唇，敞口，凹底，底呈浅锅底形，盘底正中接豆柄，柄为空心圆筒形。

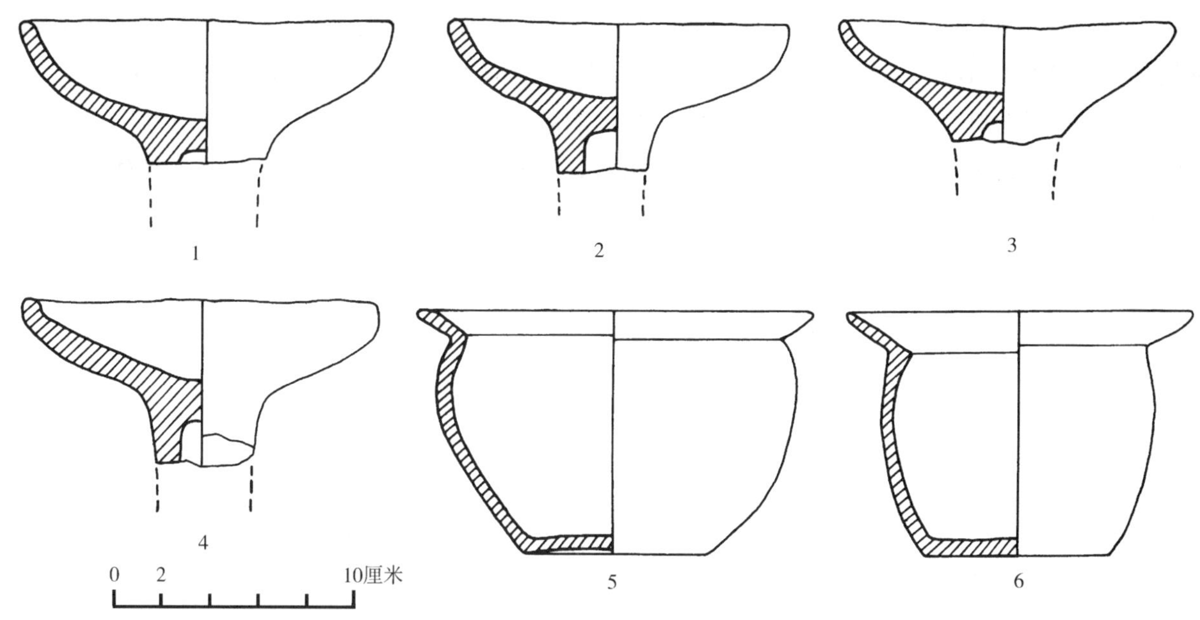

图五六〇　玉皇庙墓地出土泥质灰陶Ⅰ型豆及泥质黑、褐陶Ⅰ型、Ⅱ型盂

1、2、3、4. Ⅰ型Ⅰ式泥质灰陶豆（YYM71∶1、72∶1、70∶1、214∶1）

5. Ⅰ型Ⅰ式黑陶盂（YYM221∶2）　6. Ⅱ型Ⅱ式褐陶盂（YYM321∶1）

盘径13.8、柄径4.2、残高5.8厘米（图五六〇，2；图版二四五，2）。

（3）YYM70∶1，纯灰色，火候较匀，陶质较坚实。柄部残灰色，仅存豆盘和柄部上端很短一截。豆盘呈圆形，圆唇，敞口，凹底，底呈浅锅底形，盘底正中接豆柄，柄为空心圆筒形。手制，素面，做工较粗，盘形不规矩，未呈正圆形，口沿不平齐，盘内壁有较多捺压坑窝，凸凹不平，外壁和盘底则密布刮削痕，在与豆柄衔接部位，周边遗有明显的手捏接痕。未经打磨，无光泽。

盘径13.7、柄径4.3、残高4.6厘米（图五六〇，3）。

（4）YYM214∶1，灰褐色，火候均匀，豆盘底部有黑褐色杂斑，质地较疏松。柄部残缺，仅存豆盘和柄部上端一截。豆盘圆形，圆唇，立折沿，敞口，凹底，呈锅底形。盘底正中接豆柄，柄为空心圆筒形。手制，素面，做工粗糙，盘形不规整，未呈正圆形，口沿不齐，盘底有较多捺压坑窝和刮削痕，凸凹不平。在与豆柄衔接处，周边皆为手捏接痕。未经打磨，无光泽。

盘径14.4、柄径4.4、残高6.6厘米（图五六〇，4；图版二四五，3）。

黑、褐陶盂　共2件。

分属2型，即Ⅰ型和Ⅱ型。两型最主要的差别在于，Ⅰ型者为弧肩，Ⅱ型者为折肩。

Ⅰ型Ⅰ式　1件，YYM221∶2。黑色，胎质较细，火候均匀，质地较硬，圆唇，宽沿，斜敞口，短颈，肩略外弧，深腹，腹作斜弧内收，底稍内凹，磨蚀较重。颈与肩部以慢轮加工，腹与器底为手制、轮制并用。素面。腹部有密集的横向刮削痕，但无光泽。

口径16、腹径14.5、底径7.4、高9.8厘米（图五六〇，5；图版二四五，4）。

Ⅱ型Ⅱ式　1件（需要说明的是，为了便于掌控和比较，我们将玉皇庙、葫芦沟和西梁垙3处墓地出土的陶器进行了统一分型分式，其中玉皇庙墓地在此型盂中缺Ⅰ式，而只有Ⅱ型Ⅱ式盂，Ⅱ型Ⅰ

式盂为葫芦沟墓地 YHM36:4 及 YHM105:1 号标本，故有关Ⅱ型Ⅰ式盂的内容，请见本报告葫芦沟墓地陶器部分)，YYM321:1。褐色，胎质较细，火候较低，质地疏松，器表大部起酥皮，多处脱落。全器各部分均采用慢轮加工，器形较规整。圆唇、宽沿、斜敞口，抹棱斜折肩，折角较大，折肩不太明显，深腹，斜弧内收，平底，磨蚀较重。在口沿内侧外缘，施阴刻抹平弦纹一周，其余部位素面。器表经打磨，未见各部分的捏接痕迹，但无光泽。已碎裂，经修复。

口径 14.1、腹径 11.1、底径 8、高 9.5 厘米（图五六〇，6；图版二四五，5）。

讨论

1. 关于陶系及其早晚数量变化特点

从陶器系统考察，该墓地是夹砂系陶器与泥质系陶器长期伴存，唯两系陶器在墓地不同发展阶段，其出土数量所占比例，曾有明显不同。经统计，春秋早期至春秋中期阶段（北Ⅰ区全部、北Ⅱ区北部及中部)，共出陶器 109 件，其中夹砂系陶器 103 件，占此期陶器总数的 94.5%，泥质系陶器 6 件，仅占此期陶器总数的 5.5%；春秋中晚期阶段（北Ⅱ区南部)，共出陶器 27 件，其中夹砂系陶器 16 件，占此期陶器总数的 59.3%，泥质系陶器 11 件，占此期陶器总数的 40.7%；春秋晚期前段（南区北部和中部，及西区)，共出土陶器 82 件，其中夹砂系陶器 51 件，占此期陶器总数的 62.2%，泥质系陶器 31 件，占此期陶器总数的 37.8%；春秋晚期后段（南区南部及西区个别墓葬)，共出陶器 61 件，其中夹砂系陶器 26 件，占此期陶器总数的 42.6%，泥质系陶器 35 件，占此期陶器总数的 57.4%（参见附表 114)。

附表 114－1　　**玉皇庙墓地两系陶器的分布、分期、数量及性别统计表**

<table>
<tr><th rowspan="2" colspan="2">分期</th><th rowspan="2" colspan="2">分区</th><th colspan="6">夹砂系陶器（YYM）</th><th colspan="4">泥质系陶器（YYM）</th><th rowspan="2">合计</th></tr>
<tr><th>男性</th><th>女性</th><th>少儿</th><th>婴儿</th><th>无人</th><th>性别不详</th><th>男性</th><th>女性</th><th>少儿</th><th>性别不详</th></tr>
<tr><td rowspan="4">早期</td><td rowspan="2">春秋早期</td><td rowspan="2">北Ⅰ区</td><td>中部</td><td>22、31、19、16、13</td><td>20、35、29、2、3</td><td>15</td><td></td><td>32、34、17</td><td>1</td><td></td><td>9</td><td></td><td></td><td>16</td></tr>
<tr><td>西部</td><td>386、300、385、384</td><td></td><td></td><td></td><td></td><td></td><td>82</td><td></td><td></td><td></td><td>5</td></tr>
<tr><td rowspan="2">春秋早中期</td><td rowspan="2">北Ⅱ区</td><td>中部</td><td>11、5</td><td>4、10</td><td></td><td></td><td></td><td></td><td></td><td></td><td></td><td></td><td>4</td></tr>
<tr><td>北部</td><td>278、281、277、282、230、229、233、228、227、264、276、38、226、252、275</td><td>248、249、245、279、280、37、98、251、231、241、97、99、240、265、96</td><td></td><td></td><td></td><td></td><td></td><td>232、47</td><td></td><td></td><td>32</td></tr>
<tr><td rowspan="4">中期</td><td rowspan="4">春秋中期</td><td>北Ⅱ区</td><td>中部</td><td>234、263、43、41、46、44、236、261、49、257、247、270、48、95、260、51、190、188、52、54</td><td>225、254、266、273、237、256、272、268、258、191、125、100、66</td><td>42
67</td><td></td><td></td><td></td><td></td><td></td><td></td><td></td><td>35</td></tr>
<tr><td rowspan="3">北Ⅰ区</td><td>北部</td><td>36、297、295</td><td>26、298、294</td><td>291</td><td>293</td><td></td><td></td><td></td><td></td><td></td><td></td><td>8</td></tr>
<tr><td>中部</td><td>23</td><td></td><td></td><td></td><td></td><td></td><td></td><td></td><td></td><td></td><td>1</td></tr>
<tr><td>南部</td><td>7</td><td>12、8、6、101</td><td></td><td></td><td></td><td></td><td>102</td><td></td><td></td><td>103</td><td>7</td></tr>
</table>

附表 114－2

分期		分区		夹砂系陶器（YYM）男性	夹砂系陶器（YYM）女性	夹砂系陶器（YYM）少儿	夹砂系陶器（YYM）婴儿	夹砂系陶器（YYM）无人	夹砂系陶器（YYM）性别不详	泥质系陶器（YYM）男性	泥质系陶器（YYM）女性	泥质系陶器（YYM）少儿	泥质系陶器（YYM）性别不详	合计
中期	春秋中晚期	北Ⅱ区	南部	192、58、186、61、69、83、63、148	189、187、196、87、185、64、84、81					212、57、86、60、71、72、62、70	208、149	184		27
晚期	春秋晚期前段	南区	北部	217、207、203、213、210、209、205、170、199、181、179、151、142、145、117、105、74	223、222、220、216、215、211、206、204、180、169、178、150、153、144、137、119、76					224、182、214、143	139、221∶1、221∶2、219、197、198、200、183、138、118、104、75	116		51
			中部	158、168、131、122、124、121、171、77	202、176、167、126	120				154、156、134、111、108、79	133、114、113、80、78	106		25
		西区		332、312、303	306					321、313	317			7
晚期	春秋晚期后段	南区	南部	164、110、334、351、348、349、350、358	163、130、353、340、354、357					127、172、160、175、161、129、174、345、344	128、352、346、339、341、338、355			30
		西区								325				1
		南区	南部	373、379、370、361	382、374、375、372、369、364、396、398					381、376、389、399、393、400、395	347、366、360、377、378、371、368、391、397、392、394			30
累计				99	86	5	1	3	1	38	41	3	1	279件
合计				195（座墓），195（件）						83（座墓），84（件）				278座墓

注：为简明起见，表内陶器除YYM221（因一墓出2件）注明器物号外，其余标本一律以墓号代替。

以上统计结果表明，在春秋早、中期阶段，夹砂系陶器（均为罐类）在该墓地曾占绝对主导地位，泥质系陶器仅占极为次要的从属地位；到春秋中晚期阶段，两系陶器出土的数量和各自所占的比例，开始出现比较明显的变化，夹砂系陶器出土数量及其所占比例，已明显减少，泥质系陶器出土数量及其所占比例，有较大幅度增加，开始显露出发展和上升的趋势，尽管夹砂系陶器在数量上仍占多数，在比例上仍占优势，但像春秋早、中期阶段那样占绝对优势和占绝对主导地位的局面，已不复存在了，与此相反的是，泥质系陶器已摆脱了过去零星、稀少，可被忽略不计的极为次要的从属地位，而成长壮大起来，变为直接威胁夹砂系陶器主导地位的重要因素。两系陶器的这一变化，透露出这支文化在春秋中晚期阶段，在突破传统生产方式方面，已开始发生某些变革。及至春秋晚期前段，两系陶器在出土数量和所占比例的格局上，基本上延续着春秋中晚期以来的势头。而到春秋晚期后段，两系陶器出土数量及所占比例，则完全发生了逆转，即泥质系陶器终于超过了夹砂陶系。从此，该文化固有的重要文化因素之一——夹砂系手制红、褐陶罐，在该文化的主导地位终于走到了历史的尽头，取而代之的是泥质系手制与轮制相结合的灰陶折肩罐、高颈壶和高柄豆。这一现象和结果，绝非偶然，这是该文化长期以来不间断地同燕和中原文化发生接触与交流，并逐渐发生文化融合所走出的必然的一步。

2. 陶器分布特点

从陶器分布考察，如上所述，大量的、占绝对主导地位的夹砂系陶器，绝大多数都出于北Ⅰ区和北Ⅱ区的墓葬中，分布于南区的较少，尤其在南区南部为数更少；而泥质系陶器的分布形势，则恰恰相反，其在北Ⅰ区和北Ⅱ区范围内，出土很少，即使有零星几件，也多为手制者，而在南区则数量大增，甚为普及，且绝大多数采用了慢轮加工技术。这两系陶器在分布特点上表现出来的北、南反差变化规律，与该墓地北、南两大区域在地层关系上的差异，以及北、南两大区域间墓内随葬的直刃匕首式青铜短剑和青铜削刀的型式发展演变规律，具有同步的规律性特点。这就从器物类型学的一个侧面，证明了玉皇庙墓地北区墓葬（北Ⅰ区、北Ⅱ区），在年代上早于南区墓葬，于北区墓葬内出土的各式夹砂系陶器，将早于在南区墓葬内出土的各式夹砂系陶器和泥质系陶器。

3. 随葬陶器与墓葬规格级别及性别和年龄的关系

将墓中是否随葬陶器，与墓葬规格级别及性别和年龄相联系，不难看出，不论成年男、女墓，无人墓，还是少儿墓与婴儿墓，普遍情况是：有陶器的墓，大多属墓葬规格级别较高或稍高者，虽然也有一定数量的级别低下的丙（C）级与丁级规格的小型墓，但其数量所占各自类别有陶器墓总数的比例，均相对较小；而无陶器的墓，情况则恰恰相反，绝大多数属墓葬规格级别较低的丙级和最低级的丁级小型墓，而不见或罕见有乙（B）级以上规格较高的大、中型墓葬。

在此需要说明的说是，凡出土成组青铜礼器的高级大型墓，如甲（A）级 YYM18、YYM250 和甲（B）级 YYM2，均不随葬陶器。（YYM2 的 1 件夹砂褐陶单耳陶杯，系出于圹内填土中，非属墓内随葬品。）这类高级大型墓，因已随葬了青铜容器，故不再随葬陶器。也有个别高级大型墓，如甲（A）级 YYM230，未随葬青铜礼器，则必随葬陶器。这一点，当是该文化的葬制特点之一。

下面，对玉皇庙墓地男、女、无人、少儿与婴儿等 5 类墓葬，有否随葬陶器、墓葬规格级别和年龄的关系，分别作出归纳和分析。

玉皇庙墓地共有墓葬 400 座，有陶器随葬的墓共计 278 座，占该墓地墓葬总数的 69.5%；无陶器墓共计 122 座，该墓地墓葬总数的 30.5%。男性墓共计 177 座，占玉皇庙墓地墓葬总数的 44.25%。其中随葬陶器的墓为 138 座，占该墓地墓葬总数的 34.5%，占该墓地随葬陶器墓葬总数的 49.6%，占男性墓总数的 78%。在 138 座随葬陶器的男性墓中，属于甲（A）级的 1 座（YYM230），属于甲（B）级的 4 座（YYM22、52、217、151），属于乙（A）级的 21 座（YYM11、13、300、227、229、275、51、54、95、236、261、295、86、74、209、210、156、129、161、334、344），属于乙（B）级的 41 座（YYM19、384、226、228、233、41、44、46、188、190、234、247、257、263、270、36、57、58、60、61、63、70、186、212、170、179、182、203、207、213、214、205、124、134、158、160、174、348、349、350、373）；属于丙（A）级的 32 座（YYM23、82、38、252、264、277、278、282、

43、48、49、260、69、83、148、117、142、143、145、181、199、224、111、122、131、171、175、345、376、379、395、400）；属于丙（B）级的10座（YYM31、297、102、192、77、168、110、164、370、399）；属于丙（C）级的17座（YYM5、16、385、386、7、62、71、72、105、108、121、154、312、332、127、389、393）；属于丁级的12座（YYM276、281、79、303、313、321、325、172、351、358、361、381）。

若将丙（A）级和这一级别以上的墓，作为规格稍高和较高级别墓葬的话，则上述随葬陶器的墓，计有100例，占玉皇庙墓地随葬陶器男性墓总数的72.5%，所占比例明显较大；而丙（B）级及其以下级别的墓，作为规格较低和很低级别的墓葬，则共有38例，仅占该墓地随葬陶器男性墓总数的27.5%，所占比例明显较小（参见附表115）。

附表115－1　**玉皇庙墓地随葬陶器的男性墓规格级别与分布统计表**

墓葬规格级别	数量（座）	分布墓区	墓号（YYM）	分期
甲（A）	1	北Ⅱ北	230	春秋早中期
甲（B）	4	北Ⅰ中	22	春秋早期
		北Ⅱ中	52	春秋中期
		南区北	217、151	春秋晚期前段
乙（A）	21	北Ⅰ中	11、13	春秋早期
		北Ⅰ西	300	
		北Ⅱ北	227、229、275	春秋早中期
		北Ⅱ中	51、54、95、236、261	春秋中期
		北Ⅰ北	295	
		北Ⅱ南	86▲	春秋中晚期
		南区北	74、209、210	春秋晚期前段
		南区中	156▲	
		南区南	129▲、161▲、334、344▲	春秋晚期后段
乙（B）	41	北Ⅰ中	19	春秋早期
		北Ⅰ西	384	
		北Ⅱ北	226、228、233	春秋早中期
		北Ⅱ中	41、44、46、188、190、234、247、257、263、270	春秋中期
		北Ⅰ北	36	
		北Ⅱ南	57▲、58、60▲、61、63、70▲、186、212▲	春秋中晚期
		南区北	170、179、182▲、203、207、213、214▲、205	春秋晚期前段
		南区中	124、134▲、158	
		南区南	160▲、174▲、348、349、350、373	春秋晚期后段
丙（A）	32	北Ⅰ中	23	春秋早期
		北Ⅰ西	82▲	
		北Ⅱ北	38、252、264、277、278、282	春秋早中期
		北Ⅱ中	43、48、49、260	春秋中期
		北Ⅱ南	69、83、148	春秋中晚期
		南区北	117、142、143▲、145、181、199、224▲	春秋晚期前段
		南区中	111▲、122、131、171	
		南区南	175▲、345▲、376▲、379、395▲、400▲	春秋晚期后段

附表 115 - 2

墓葬规格级别	数量（座）	分布墓区	墓号（YYM）	分期
丙（B）	10	北Ⅰ中	31	春秋早期
		北Ⅰ北	297	春秋中期
		北Ⅰ南	102▲	
		北Ⅱ南	192	春秋中晚期
		南区中	77、168	春秋晚期前段
		南区南	110、164、370、399▲	春秋晚期后段
丙（C）	17	北Ⅰ中	5、16	春秋早期
		北Ⅰ西	385、386	
		北Ⅰ南	7	春秋中期
		北Ⅱ南	62▲、71▲、72▲	春秋中晚期
		南区北	105	春秋晚期前段
		南区中	108▲、121、154▲	
		西区	312、332	
		南区南	127▲、389▲、393▲	春秋晚期后段
丁	12	北Ⅱ北	276、281	春秋早中期
		南区中	79▲	春秋晚期前段
		西区	303、313▲、321▲	春秋晚期前段
			325▲	春秋晚期后段
		南区南	172▲、351、358、361、381▲	
合计	138		注：带▲者，为随葬泥质系陶器的墓，不带符号者，为随葬夹砂系陶器的墓，每墓均各出1件。	

无陶器随葬的男性墓，共39座（其中含2座随葬有成组青铜礼器的甲（A）级大型墓YYM18和YYM250）。占玉皇庙墓地墓葬总数的9.75%，占该墓地无陶器墓总数的32.2%，占男性墓总数的22%。排除YYM18与YYM250，尚余37座墓。在这37座无陶器的男性墓中，不见乙（A）级规格的墓葬，属于乙（B）级的仅2座（YYM65、271）；属于丙（A）级的6座（YYM45、93、328、336、342、343）；属于丙（B）级的6座（YYM244、269、315、319、320、333）；属于丙（C）级的9座（YYM30、290、311、314、318、323、326、173、390）；属于丁级的有14座（YYM243、246、284、107、307、308、309、322、329、330、356、362、365、380）。若亦按前述规格级别档次划分，则属于丙（A）级以上规格稍高和较高级别的墓葬，仅有7例（排除YYM18和YYM250），仅占玉皇庙墓地37座无陶器男性墓总数的18.9%，所占比例明显较小；而属于丙（B）级以下规格较低和很低级别的墓葬，则共有30例，占该墓地无陶器男性墓总数的81.1%，所占比例明显较大（参见附表116）。

附表 116 - 1　　**玉皇庙墓地无陶器男性墓规格级别与分布统计表**

墓葬规格级别	数量（座）	分布墓区	墓号（YYM）	分期	备注
甲（A）	2	北Ⅰ中	18	春秋早期	随葬有成组青铜礼器
		北Ⅱ北	250	春秋早中期	
乙（B）	2	北Ⅱ中	65、271	春秋中期	

附表 116－2

<table>
<tr><th>墓　葬
规格级别</th><th>数量（座）</th><th>分布墓区</th><th>墓号（YYM）</th><th>分期</th><th>备注</th></tr>
<tr><td rowspan="3">丙（A）</td><td rowspan="3">6</td><td>北Ⅱ中</td><td>45</td><td>春秋中期</td><td></td></tr>
<tr><td>北Ⅱ南</td><td>93</td><td>春秋中晚期</td><td></td></tr>
<tr><td>南区南</td><td>328、336、342、343</td><td>春秋晚期后段</td><td></td></tr>
<tr><td rowspan="3">丙（B）</td><td rowspan="3">6</td><td>北Ⅱ北</td><td>244</td><td>春秋早中期</td><td></td></tr>
<tr><td>北Ⅱ中</td><td>269</td><td>春秋中期</td><td></td></tr>
<tr><td>西区</td><td>315、319、320、333</td><td>春秋晚期前段</td><td></td></tr>
<tr><td rowspan="4">丙（C）</td><td rowspan="4">9</td><td>北Ⅰ中</td><td>30</td><td>春秋早期</td><td></td></tr>
<tr><td>北Ⅰ北</td><td>290</td><td>春秋中期</td><td></td></tr>
<tr><td>西区</td><td>311、314、318、323、326</td><td>春秋晚期前段</td><td></td></tr>
<tr><td>南区南</td><td>173、390</td><td>春秋晚期后段</td><td></td></tr>
<tr><td rowspan="5">丁</td><td rowspan="5">14</td><td>北Ⅱ北</td><td>243、246、284</td><td>春秋早中期</td><td></td></tr>
<tr><td>南区中</td><td>107</td><td rowspan="2">春秋晚期前段</td><td></td></tr>
<tr><td rowspan="2">西区</td><td>307、308、309、322、329</td><td></td></tr>
<tr><td>330</td><td rowspan="2">春秋晚期后段</td><td></td></tr>
<tr><td>南区南</td><td>356、362、365、380</td><td></td></tr>
<tr><td>合计</td><td>39</td><td></td><td></td><td></td><td></td></tr>
</table>

女性墓共计156座，占玉皇庙墓地墓葬总数的39%。其中随葬陶器的墓为126座，占玉皇庙墓地墓葬总数的31.5%，占该墓地随葬陶器墓总数的45.2%，占女性墓总数的80.8%。这个比例，与男性大体相近，表明玉皇庙墓地男、女两性在随葬陶器的数量、比率方面，基本均衡，无大差别。在126座随葬陶器的女性墓中，属于甲（B）级的有1座（YYM2，此墓随葬成组青铜礼器，在圹内填土中，出夹砂褐陶单耳细绳纹陶杯1件，非属墓内随葬品，可排除在外）；属于乙（A）级的有7座（YYM20、280、256、258、266、338、339）；属于乙（B）级的38座（YYM3、10、35、231、240、241、251、279、66、225、237、254、26、64、81、87、196、150、169、178、197、198、204、211、216、220、223、133、167、128、130、163、346、347、366、369、374、394）；属于丙（A）级的37座（YYM4、29、96、98、232、245、265、191、268、272、273、294、6、84、185、187、189、208、119、137、138、139、144、153、180、200、206、219、221、113、126、202、340、341、372、377、378）；属于丙（B）级的14座（YYM97、8、101、149、75、104、118、183、215、222、114、176、364、382）；属于丙（C）级的14座（YYM9、37、47、248、249、76、352、368、371、375、391、396、397、398）；属于丁级的15座（YYM99、100、125、298、12、78、80、306、317、353、354、355、357、360、392）。

按前述规格级别档次划分，则属于丙（A）级以上规格稍高和较高级别的墓葬，计有82座（YYM2未计在内），占玉皇庙墓地随葬陶器女性墓总数的65.6%，所占比例较大；而丙（B）级及其以下级别较低和很低规格的墓葬，则共有43座，占该墓地随葬陶器女性墓总数的34.4%，所占比例较小。这两个档次的比例，虽然不及男性墓差别那样显著，但其高、低两档所占比例的趋势特点，基本上是一致的（参见附表117）。

附表117 **玉皇庙墓地随葬陶器的女性墓规格级别与分布统计表**

墓葬规格级别	数量（座）	分布墓区	墓号（YYM）	分期
甲（B）	1	北Ⅰ中	2（此墓随葬成组青铜礼器，圹内填土中出陶杯1件，非属墓椁内随葬品。）	春秋早期
乙（A）	7	北Ⅰ中	20	
		北Ⅱ北	280	春秋早中期
		北Ⅱ中	256、258、266	春秋中期
		南区南	338▲、339▲	春秋晚期后段
乙（B）	38	北Ⅰ中	3、10、35	春秋早期
		北Ⅱ北	231、240、241、251、279	春秋早中期
		北Ⅱ中	66、225、237、254	春秋中期
		北Ⅰ北	26	
		北Ⅱ南	64、81、87、196	春秋中晚期
		南区北	150、169、178、197▲、198▲、204、211、216、220、223	春秋晚期前段
		南区中	133▲、167	
		南区南	128▲、130、163、346▲、347▲、366▲、369、374、394▲	春秋晚期后段
丙（A）	37	北Ⅰ中	4、29	春秋早期
		北Ⅱ北	96、98、232▲、245、265	春秋早中期
		北Ⅱ中	191、268、272、273	春秋中期
		北Ⅰ北	294	
		北Ⅰ南	6	
		北Ⅱ南	84、185、187、189、208▲	春秋中晚期
		南区北	119、137、138▲、139▲、144、153、180、200▲、206、219▲、221▲	春秋晚期前段
		南区中	113▲、126、202	
		南区南	340、341▲、372、377▲、378▲	春秋晚期后段
丙（B）	14	北Ⅱ北	97	春秋早中期
		北Ⅰ南	8、101	春秋中期
		北Ⅱ南	149▲	春秋中晚期
		南区北	75▲、104▲、118▲、183▲、215、222	春秋晚期前段
		南区中	114▲、176	
		南区南	364、382	春秋晚期后段
丙（C）	14	北Ⅰ中	9▲	春秋早期
		北Ⅱ北	37、47▲、248、249	春秋早中期
		南区北	76	春秋晚期前段
		南区南	352▲、368▲、371▲、375、391▲、396、397▲、398	春秋晚期后段
丁	15	北Ⅱ北	99	春秋早中期
		北Ⅱ中	100、125	春秋中期
		北Ⅰ北	298	
		北Ⅰ南	12	
		南区中	78▲、80▲	春秋晚期前段
		西区	306、317▲	
		南区南	353、354、355▲、357、360▲、392▲	春秋晚期后段
合计	126		注：带▲者为随葬泥质系陶器的墓，除YYM221出2件外，余者每墓均各出1件；不带符号者，为随葬夹砂系陶器的墓，每墓各出1件。	

无陶器随葬的女性墓，共 30 座。占玉皇庙墓地墓葬总数的 7.5%，占该墓地无陶器墓总数的 24.8%，占女性墓总数的 19.2%。其中无 1 座属于较高规格的大、中型墓，只有属于丙级和丁级较低和很低规格的小型墓葬。计有丙（A）级 3 座（YYM25、40、218），占玉皇庙墓地无陶器女性墓总数的 10%；丙（B）级 4 座（YYM21、88、296、301）；丙（C）级 9 座（YYM39、50、68、288、73、302、304、305、109）；丁级 14 座（YYM14、387、283、285、287、292、112、316、324、327、331、162、367、388）。丙（B）级以下的低级规格小型墓总计为 27 座占该墓地无陶器女性墓总数的 9%（参见附表 118）。

附表 118　**玉皇庙墓地无陶器女性墓规格级别与分布统计表**

墓葬规格级别	数量（座）	分布墓区	墓号（YYM）	分期
丙（A）	3	北Ⅰ中	25	春秋早期
		北Ⅱ北	40	春秋早中期
		南区北	218	春秋晚期前段
丙（B）	4	北Ⅰ中	21	春秋早期
		北Ⅱ中	88	春秋中期
		北Ⅰ北	296	
		西区	301	春秋晚期前段
丙（C）	9	北Ⅱ北	39	春秋早中期
		北Ⅱ中	50、68	春秋中期
		北Ⅰ北	288	
		北Ⅱ南	73	春秋中晚期
		西区	302、304、305	春秋晚期前段
		南区南	109	春秋晚期后段
丁	14	北Ⅰ中	14	春秋早期
		北Ⅱ北	387、283、285	春秋早中期
		北Ⅰ北	287、292	春秋中期
		南区北	112	春秋晚期前段
		西区	316、324、327、331	
		南区南	162、367、388	春秋晚期后段
合计	30			

无人墓共 3 座，均分布于北Ⅰ区中部，各随葬夹砂系陶罐 1 件，年代皆约当春秋早期。属于乙（B）级 1 座（YYM17），属于丙（A）级 1 座（YYM32）；属于丙（B）级 1 座（YYM34）。不见丙（C）级和丁级规格的小型墓。此类墓葬仅占玉皇庙墓地墓葬总数的 0.75%，占该墓地随葬陶器墓总数的 1%（参见附表 119）。

附表 119　**玉皇庙墓地随葬陶器的无人墓规格级别与分布统计表**

墓葬规格级别	数量（座）	分布墓区	墓号（YYM）	分期
乙（B）	1	北Ⅰ中	17	春秋早期
丙（A）	1		32	
丙（B）	1		34	
合计	3		注：每墓各随葬夹砂系陶罐 1 件。	

少儿墓共37座，占玉皇庙墓地墓葬总数的9.25%。其中随葬陶器的墓为8座，占该墓地墓葬总数的2%，占该墓地随葬陶器墓总数的2.9%，占少儿墓总数的21.6%。这8座随葬陶器的墓，无1例规格属于丙（A）级及其以上级别者，均属于丙（B）级以下者。计有丙（B）级2座（YYM184、120）；丙（C）级2座（YYM42、67）；丁级4座（YYM15、291、116、106）。

这清楚地表明，少儿随葬陶器者，不但数量少，所占比例小（仅占少儿死者总数的1/5多一点），而且墓葬的规格级别档次普遍较低，这与成年男、女墓和无人墓，存在显著差别（参见附表120）。

附表120　**玉皇庙墓地随葬陶器的少儿墓规格级别与分布统计表**

墓葬规格级别	数量（座）	分布墓区	墓号（YYM）	分期
丙（B）	2	北Ⅱ南	184▲	春秋中晚期
		南区中	120	春秋晚期前段
丙（C）	2	北Ⅱ中	42、67	春秋中期
丁	4	北Ⅰ中	15	春秋早期
		北Ⅰ北	291	春秋中期
		南区北	116▲	春秋晚期前段
		南区中	106▲	
合计	8		注：同附表115注。	

无陶器随葬的少儿墓，共29座。占玉皇庙墓地墓葬总数的7.25%，占该墓地无陶器墓总数的24%，占少儿墓总数的78.4%。其中无1座属于丙（A）级或其以上较高规格的墓葬，均属丙（B）级及其以下规格的低级小型墓。计有丙（B）级2座（YYM274、299）；丙（C）级12座（YYM90、94、238、239、259、55、135、136、157、132、166、337）；丁级15座（YYM242、255、289、24、56、59、91、92、140、115、155、165、201、359、363）。

无陶器少儿墓数量之多，所占比例之大（占少儿死者总数的3/4强），恰与有陶器随葬的少儿墓形成鲜明对照。这种反差，与成年男、女墓是完全不同的。这当是该文化埋葬制度的显著特点之一（参见附表121）。

婴儿墓共20座，占玉皇庙墓地墓葬总数的5%。其中随葬陶器的墓仅有1座，占该墓地墓葬总数的0.25%，占该墓地随葬陶器墓总数的0.36%，占婴儿墓总数的5%。此座随葬陶器的墓，编号为YYM293，分布于北Ⅰ区北部，属于丁级小型浅穴土坑墓，年代约当春秋中期。

无陶器随葬的婴儿墓，共19座。占玉皇庙墓地墓葬总数的4.75%，占该墓地无陶器墓总数的15.7%，占婴儿墓总数的95%。其墓葬规格状况，与少儿墓相类似，即无1座属于丙（A）级或其以上规格的墓葬，皆属丙（B）级及其以下规格的低级小型墓。计有丙（B）级1座（YYM267）；丙（C）级4座（YYM262、194、195、123）；丁级14座（YYM235、253、53、85、141、193、146、147、152、177、159、286、310、335）。

如果说少儿墓随葬陶器者，已经为数很少，所占比例已经很小的话，那么婴儿墓随葬陶器者，就更少，实属极个别、或极特殊的孤例。换言之，玉皇庙墓地的婴儿墓有陶器随葬者，是甚为罕见的，普遍无陶器随葬，其墓葬规格均属低级小型墓。这当是该文化埋葬制度的又一显著特点（参见附表122）。

附表 121　　**玉皇庙墓地无陶器少儿墓规格级别与分布统计表**

<table>
<tr><th>墓葬规格级别</th><th>数量（座）</th><th>分布墓区</th><th>墓号（YYM）</th><th>分期</th></tr>
<tr><td rowspan="2">丙（B）</td><td rowspan="2">2</td><td>北Ⅱ中</td><td>274</td><td rowspan="2">春秋中期</td></tr>
<tr><td>北Ⅰ北</td><td>299</td></tr>
<tr><td rowspan="5">丙（C）</td><td rowspan="5">12</td><td>北Ⅱ中</td><td>90、94、238、239、259</td><td>春秋中期</td></tr>
<tr><td>北Ⅱ南</td><td>55</td><td>春秋中晚期</td></tr>
<tr><td>南区北</td><td>135、136、157</td><td rowspan="2">春秋晚期前段</td></tr>
<tr><td>南区中</td><td>132、166</td></tr>
<tr><td>南区南</td><td>337</td><td>春秋晚期后段</td></tr>
<tr><td rowspan="7">丁</td><td rowspan="7">15</td><td>北Ⅱ北</td><td>242</td><td>春秋早中期</td></tr>
<tr><td>北Ⅱ中</td><td>255</td><td rowspan="3">春秋中期</td></tr>
<tr><td>北Ⅰ北</td><td>289</td></tr>
<tr><td>北Ⅰ中</td><td>24</td></tr>
<tr><td>北Ⅱ南</td><td>56、59、91、92、140</td><td>春秋中晚期</td></tr>
<tr><td>南区中</td><td>115、155、165、201</td><td>春秋晚期前段</td></tr>
<tr><td>南区南</td><td>359、363</td><td>春秋晚期后段</td></tr>
<tr><td>合计</td><td>29</td><td></td><td></td><td></td></tr>
</table>

附表 122　　**玉皇庙墓地无陶器婴儿墓规格级别与分布统计表**

<table>
<tr><th>墓葬规格级别</th><th>数量（座）</th><th>分布墓区</th><th>墓号（YYM）</th><th>分期</th></tr>
<tr><td>丙（B）</td><td>1</td><td rowspan="2">北Ⅱ中</td><td>267</td><td rowspan="2">春秋中期</td></tr>
<tr><td rowspan="3">丙（C）</td><td rowspan="3">4</td><td>262</td></tr>
<tr><td>南区北</td><td>194、195</td><td rowspan="2">春秋晚期前段</td></tr>
<tr><td>南区中</td><td>123</td></tr>
<tr><td rowspan="6">丁</td><td rowspan="6">14</td><td>北Ⅱ中</td><td>235、253</td><td>春秋中期</td></tr>
<tr><td>北Ⅱ南</td><td>53、85、141、193</td><td>春秋中晚期</td></tr>
<tr><td>南区北</td><td>146、147、152、177</td><td rowspan="3">春秋晚期前段</td></tr>
<tr><td>南区中</td><td>159、286</td></tr>
<tr><td>西区</td><td>310</td></tr>
<tr><td>南区南</td><td>335</td><td>春秋晚期后段</td></tr>
<tr><td>合计</td><td>19</td><td></td><td></td><td></td></tr>
</table>

性别不详的墓共 7 座（编号为 YYM1、27、28、33、89、103、383），绝大多数已遭不同程度的破坏或扰乱，其墓葬规格和随葬品，以及人骨等，均已非原状，资料价值有限。其中 YYM1 墓圹填土中发现有夹砂红陶罐口沿及腹部残片 4 片，YYM103 圹底死者头骨左侧出土泥质灰陶罐 1 件，其他 5 座墓葬未见有陶器出土。

4. 关于陶器组合问题

玉皇庙墓地随葬陶器的墓，除了 YYM221 属于唯一特例出了 2 件一组陶器（泥质黑陶盂 1 件、泥质灰陶壶 1 件）以外，其余的 278 座墓都仅随葬 1 件陶器。所以，该墓地普遍不存在陶器组合问题。

5. 夹砂系陶器的型式分布及年代分期

玉皇庙墓地夹砂系陶器，经整理并确定其型式者共 149 件，其中绝大多数属罐类，共 147 件；另外2件，为杯和盂各1件。很明显，罐类是夹砂系陶器的主体器类，考察夹砂系陶器的型式分布及年代分期，重点应在罐类上。

罐类共分14型，每型中往往包括不同式别。这些型式不同的标本，在墓地中的分布茔域多不相同，表明它们之间在年代上存在早晚之差。

在14型罐中，不同的型与型之间，有同期共存并列的现象，但也有相当一部分存在年代早晚差别。如Ⅰ型、Ⅱ型、Ⅲ型、Ⅳ型、Ⅴ型罐，它们的Ⅰ式标本，均首先集中出于北Ⅰ区中部和西部部分墓葬中，呈现同时并存的现象，年代上限约当春秋早期；Ⅵ型、Ⅶ型、Ⅷ型罐，其Ⅰ式标本，均首先集中出于北Ⅱ区北部部分墓葬中，呈现出与以上5型罐分布区域不同，又在另一区域同时并存一组新型罐的现象，年代较前5型罐略晚，上限约当春秋早中期；Ⅸ型、Ⅹ型、Ⅺ型、Ⅻ型罐，其Ⅰ式标本，均首先集中出于北Ⅱ区中部部分墓葬中，呈现出与前8型罐分布区域不同，又在新的茔域同时并存一组新型罐的现象，年代较前8型罐又略偏晚，上限约当春秋中期；ⅩⅢ型罐仅有1件标本（Ⅰ式，YYM169:1），出于南区北部墓葬中，其分布茔域与前12型又有所不同，年代上限约当春秋晚期前段，较前述Ⅸ型——Ⅻ型罐更晚；ⅩⅣ型罐也仅有1件标本（Ⅰ式，YYM396:1），出于南区南部墓葬中，其分布茔域与前13型又不相同，年代上限约当春秋晚期后段，较前述ⅩⅢ型还晚，是14型罐中年代最晚的器型。所以，对不同型的罐，要作分布茔域和共存器物的具体分析，有的型与型之间，是同期共存并列关系，有的型与型之间，又明显地具有年代早晚差别的意义。

在同型罐中不同式别之间，主要意义是体现出年代早晚的差别。虽然有的器型中有二、三个不同式别皆出于同一茔域，表明它们大体是属于同时期出现和彼此并存的关系，但它们各自延续使用的时间，长短有差，其中Ⅰ式者一般都没有相延很久，更少有延续使用至该型罐末期阶段的，而末式者，其分布茔域与Ⅰ式者则多有不同，其出现的年代和终止的年代，不但比Ⅰ式者晚，而且大多也比其他诸式别要晚。

如Ⅰ型，共有4式。这4个式别的标本，在分布茔域、并存关系、相续时间及终止年代上，各有差别。其中Ⅰ式1件（YYM22:1）与Ⅱ式5件（YYM20:1、13:1、300:1、384:1、11:1）和Ⅲ式3件（YYM3:1、386:1、4:1），大体同时期出于北Ⅰ区中部和西部墓葬中，年代约当春秋早期，但Ⅰ式在其他茔域再未出现，表明Ⅰ式再未延续发展，已经终止；而Ⅱ式与Ⅲ式，却在北Ⅱ区北部和中部，以及北Ⅰ区南部，继续相延并存，年代约当春秋早中期至春秋中期，表明Ⅱ式与Ⅲ式延续制作与使用的年限比Ⅰ式长，终止的年代比Ⅰ式晚；Ⅳ式（1件，YYM213:1）出于南区北部墓葬中，年代约当春秋晚期前段，其分布茔域与前述3式不同，是此型罐4个式别22件标本中唯一出自南区北部茔域的1件标本，其相对年代也是最晚的。

Ⅱ型共2式。这2式标本分布茔域有所不同，Ⅰ式者有1件（YYM32:1）出于北Ⅰ区中部，年代约当春秋早期，另有1件（YYM279:1）与Ⅱ式的2件标本（YYM278:1和YYM241:1）同出于北Ⅱ区北部，年代约当春秋早中期。表明Ⅱ型Ⅰ式者出现于春秋早期，延续至春秋早中期；Ⅱ型Ⅱ式者出现于春秋早中期，曾与Ⅰ式者并存过一段时间，但往后再未延续发展即告终止。就出现年代早晚而论，Ⅰ式早于Ⅱ式。

Ⅲ型共3式。这3式标本分布茔域各不相同。Ⅰ式者5件，出于北Ⅰ区中部者1件（YYM31:1），年代约当春秋早期；出于北Ⅱ区北部者1件（YYM245:1），年代约当春秋早中期；还有3件

（YYM236∶1、261∶1、247∶1）出于北Ⅱ区中部，与出于北Ⅰ区北部的1件Ⅱ式标本（YYM293∶1），年代均约当春秋中期；Ⅲ式者2件，其中1件（YYM69∶1）出于北Ⅱ区南部，年代约当春秋中晚期，另1件（YYM203∶1）出于南区北部，年代约当春秋晚期前段。表明Ⅲ型Ⅰ式者出现于春秋早期，延续发展到春秋中期；Ⅲ型Ⅱ式者出现于春秋中期，曾与Ⅰ式者并存过一段时间，然后再未得到发展即告结束；Ⅲ型Ⅲ式者出现于春秋中晚期，延续到春秋晚期前段。就出现年代而论，Ⅰ式早于Ⅱ式，Ⅱ式又早于Ⅲ式；就终止年代而论，Ⅰ式与Ⅱ式都明确地早于Ⅲ式。

Ⅳ型共9式。这9式标本分布茔域，多有不同。Ⅰ式者1件（YYM29∶1）出于北Ⅰ区中部，Ⅱ式者1件（YYM385∶1），出于北Ⅰ区西部，年代均约当春秋早期；Ⅲ式者1件（YYM282∶1），出于北Ⅱ区北部，年代约当春秋早中期；Ⅳ式者2件，其中1件（YYM268∶1），出于北Ⅱ区中部，年代约当春秋中期，另1件（YYM74∶1），出于南区北部，年代约当春秋晚期前段；Ⅴ式者1件（YYM81∶1），出于北Ⅱ区南部，年代约当春秋中晚期；Ⅵ式者1件（YYM179∶1），出于南区北部，Ⅶ式者1件（YYM332∶1），出于西区，年代均约当春秋晚期前段；Ⅷ式者1件（YYM110∶1），Ⅸ式者1件（YYM358∶1），均出于南区南部，年代均约当春秋晚期后段。表明Ⅳ型罐中Ⅰ、Ⅱ两式出现的时间最早，Ⅲ式也较早，Ⅳ、Ⅴ两式年代居中，Ⅵ、Ⅶ两式已进入晚期阶段，Ⅷ、Ⅸ两式属于末期形式。9式标本中，除Ⅳ式有2件，在年代上有延续关系外，其余8件标本，均无同式延续关系。

Ⅴ型共4式。这4式标本的分布茔域，也多不相同。Ⅰ式共10件，其中2件（YYM19∶1、10∶1）出于北Ⅰ区中部，年代约当春秋早期；3件（YYM230∶1、226∶1、252∶1）出于北Ⅱ区北部，年代约当春秋早中期；4件（YYM266∶1、258∶1、295∶1、294∶1）出于北Ⅱ区中部和北Ⅰ区北部，年代均约当春秋中期；1件（YYM61∶1）出于北Ⅱ区南部，年代约当春秋中晚期，表明Ⅴ型Ⅰ式自春秋早期出现之后，一直延续发展到春秋中晚期，才告结束。Ⅱ式共9件，其中3件（YYM281∶1、240∶1、265∶1）出于北Ⅱ区北部，年代约当春秋早中期；2件（YYM48∶1、260∶1）出于北Ⅱ区中部，年代约当春秋中期；1件（YYM186∶1）出于北Ⅱ区南部，年代约当春秋中晚期；还有3件（YYM206∶1、205∶1、167∶1）出于南区北部和中部，年代约当春秋晚期前段。Ⅲ式共2件，其中1件（YYM275∶1）出于北Ⅱ区北部，年代约当春秋早中期；另1件（YYM216∶1）出于南区北部，年代约当春秋晚期前段。表明Ⅴ型Ⅱ式与Ⅲ式罐，出现与终止的年代，均各比Ⅰ式者晚了一个阶段，但二者本身出现与终止的年代，则大体一致，二者还曾有前、后两度相互并存的时期，唯Ⅲ式中间曾有缺环期，而Ⅱ式者没有，它一直保持连贯延续态势，直至春秋晚期前段方告终止。Ⅳ式共3件，其中1件（YYM84∶1）出于北Ⅱ区南部，年代约当春秋中晚期；另2件（YYM220∶1、105∶1）出于南区北部，年代约当春秋晚期前段。表明Ⅴ型Ⅳ式罐出现的年代，较Ⅰ、Ⅱ、Ⅲ式都晚，但其终止的年代，则与Ⅱ、Ⅲ式罐基本一致，只比Ⅰ式罐晚了一个阶段。

Ⅵ型共3式。这3式标本的分布茔域，各不相同。Ⅰ式共7件，其中3件（YYM280∶1、264∶1、97∶1）出于北Ⅱ区北部，年代约当春秋早中期；3件（YYM237∶1、49∶1、257∶1）出于北Ⅱ区中部，年代约当春秋中期；另1件（YYM151∶1）出于南区北部，年代约当春秋晚期前段。Ⅱ式共2件，其中1件（YYM188∶1）出于北Ⅱ区中部，年代约当春秋中期；另1件（YYM76∶1）出于南区北部，年代约当春秋晚期前段；Ⅲ式只有1件（YYM150∶1），出于南区北部，年代约当春秋晚期前段。表明Ⅵ型Ⅰ式罐出现的年代，较Ⅱ式和Ⅲ式都早（约当春秋早中期），Ⅱ式晚于Ⅰ式，而早于Ⅲ式（约当春秋中期），以Ⅲ式最晚（春秋晚期前段）；Ⅰ式和Ⅱ式都延续发展到春秋晚期前段，其终止的年限与Ⅲ式相当，它们在春秋中晚期阶段，都曾出现空环。

Ⅶ型共4式。这4式标本的分布茔域，也多有不同。Ⅰ式共4件，其中1件（YYM277:1）出于北Ⅱ区北部，年代约当春秋早中期；另3件（YYM272:1、51:1、12:1）出于北Ⅱ区中部，年代约当春秋中期。Ⅱ式共6件，其中1件（YYM38:1）出于北Ⅱ区北部，年代约当春秋早中期；3件（YYM43:1、46:1、8:1）出于北Ⅱ区中部和北Ⅰ区南部，年代约当春秋中期；1件（YYM64:1）出于北Ⅱ区南部，年代约当春秋中晚期；1件（YYM153:1）出于南区北部，年代约当春秋晚期前段。Ⅲ式共8件，其中1件（YYM42:1）出于北Ⅱ区中部，年代约当春秋中期；1件（YYM87:1）出于北Ⅱ区南部，年代约当春秋中晚期；4件（YYM181:1、142:1、144:1、124:1）出于南区北部和中部，年代约当春秋晚期前段；还有2件（YYM350:1、364:1）出于南区南部，年代约当春秋晚期后段。Ⅳ式共4件，其中1件（YYM196:1）出于北Ⅱ区南部，年代约当春秋中晚期，另3件（YYM204:1、YYM131:1、YYM171:1）出于南区北部和中部，年代约当春秋晚期前段。表明Ⅶ型Ⅰ式和Ⅱ式罐出现的年代，较Ⅲ式和Ⅳ式早（约当春秋早中期），二者同期出现，并存到春秋中期，Ⅰ式终止，而Ⅱ式一直延续发展至春秋晚期前段；Ⅲ式自春秋中期出现后，一直延续发展到春秋晚期后段，是4式罐中延续发展年限最长的一式；Ⅳ式出现的年代最晚（约当春秋中晚期），延续到春秋晚期前段即告终结。

Ⅷ型共3式。这3式标本的分布茔域，不尽一致。Ⅰ式共6件，其中2件（YYM251:1，99:1）出于北Ⅱ区北部，年代约当春秋早中期；2件（YYM234:1、44:1）出于北Ⅱ区中部，年代约当春秋中期；1件（YYM148:1）出于北Ⅱ区南部，年代约当春秋中晚期；另1件（YYM210:1）出于南区北部，年代约当春秋晚期前段。Ⅱ式共3件，其中1件（YYM96:1）出于北Ⅱ区北部，年代约当春秋早中期；另2件（YYM190:1、297:1）出于北Ⅱ区中部和北Ⅰ区北部，年代约当春秋中期。Ⅲ式仅1件（YYM164:1），出于南区南部，年代约当春秋晚期后段。表明Ⅷ型Ⅰ式和Ⅱ式罐出现的年代，较Ⅲ式早（约当春秋早中期），二者同期出现，并存到春秋中期，Ⅱ式终止，而Ⅰ式则一直延续发展到春秋晚期前段；当Ⅰ式终结后，到春秋晚期后段，才出现Ⅲ式罐。

Ⅸ型共5式。这5式标本的分布茔域，多不一致。Ⅰ式共2件（YYM263:1、225:1），出于北Ⅱ区中部，年代约当春秋中期。Ⅱ式共5件，其中1件（YYM54:1）出于北Ⅱ区中部，年代约当春秋中期；2件（YYM187:1、63:1）出于北Ⅱ区南部，年代约当春秋中晚期；另2件（YYM223:1、199:1）出于南区北部，年代约当春秋晚期前段。Ⅲ式共3件（YYM202:1、168:1、158:1），出于南区中部，年代约当春秋晚期前段。Ⅳ式1件（YYM349:1），Ⅴ式1件（YYM361:1），均出于南区南部，年代约当春秋晚期后段。表明Ⅸ型Ⅰ式和Ⅱ式罐出现的年代，较Ⅲ式和Ⅳ式早（约当春秋中期），二者同期出现，Ⅰ式没有延续发展，而Ⅱ式则延续发展到春秋晚期前段，才告结束；Ⅲ式约当春秋晚期前段出现，也未延续下去；取而代之的是Ⅳ式和Ⅴ式，它们于春秋晚期后段同期出现。

Ⅹ型共2式。这2式标本，分别出于两个茔域。Ⅰ式1件（YYM254:1），出于北Ⅱ区中部，年代约当春秋中期；Ⅱ式1件（YYM340；1），出于南区南部，年代约当春秋晚期后段。Ⅰ式罐的年代较Ⅱ式罐早两个阶段，中间有缺环。

Ⅺ型共2式，这2式标本，也分别出自两个茔域。Ⅰ式1件（YYM273:1），出于北Ⅱ区中部，年代约当春秋中期；Ⅱ式1件（YYM163:1），出于南区南部，年代约当春秋晚期后段。情况与Ⅹ型罐大体相同，Ⅰ式罐的年代较Ⅱ式罐早两个阶段，中间亦有缺环。

Ⅻ型共9式。这9式标本的分布茔域，多不相同。Ⅰ式共4件，其中1件（YYM100:1），出于北Ⅱ区中部，年代约当春秋中期；另3件（YYM215:1、121:1、77:1）出于南区北部，年代约当春秋晚期前段。Ⅱ式1件（YYM192:1），出于北Ⅱ区南部，年代约当春秋中晚期。Ⅲ式共4件，其中1件（YYM185:1）出于北Ⅱ区南部，年代约当春秋中晚期；另3件（YYM354:1、379:1、374:1）出于南区南部，年代约当春秋晚期后段。Ⅳ式共2件，其中1件（YYM207:1）出于南区北部，年代约当春秋晚期前段；另1件（YYM130:1）出于南区南部，年代约当春秋晚期后段。Ⅴ式共2件，其中1件（YYM211:1）出于南区北部，年代约当春秋晚期前段；另1件（YYM375:1）出于南区南部，年代约当春秋晚期后段。Ⅵ式1件（YYM180:1），Ⅶ式2件（YYM119:1、120:1），皆出于南区北部和中部，年代均约当春秋晚期前段。Ⅷ式共2件，其中1件（YYM122:1）出于南区中部，年代约当春秋晚期前段；另1件（YYM398:1）出于南区南部，年代约当春秋晚期后段。Ⅸ式1件（YYM351:1），出于南区南部，年代约当春秋晚期后段。表明Ⅻ型Ⅰ式罐是此型罐9个式别中出现年代最早的一式（约当春秋中期），其延续发展至春秋晚期前段，但在春秋中晚期阶段有缺环；Ⅱ式和Ⅲ式于春秋中晚期同期出现，其中Ⅱ式未得到发展即告终止，而Ⅲ式则延续发展到春秋晚期后段，显然在春秋晚期前段曾有缺环；Ⅳ、Ⅴ、Ⅵ、Ⅶ、Ⅷ式，皆于春秋晚期前段同期出现，除其中Ⅵ、Ⅶ式未延续下去以外，其余3式均延续发展到春秋晚期后段，从而最终形成了Ⅻ型罐Ⅲ、Ⅳ、Ⅴ、Ⅷ、Ⅸ5式并存于该墓地晚期阶段的局面，大体反映出晚期阶段夹砂系陶器的器形变化特点。

ⅩⅢ型仅1件（YYM169:1），出于南区北部，年代约当春秋晚期前段。

ⅩⅣ型也只有1件（YYM396），出于南区南部，年代约当春秋晚期后段。

这2件标本表明，此类夹砂褐陶双耳罐和单耳罐，基本上都属于该文化晚期阶段的器类与器型。

Ⅰ型Ⅰ式夹砂褐陶细绳纹单耳杯（YYM2:26），出自北Ⅰ区中部YYM2圹内填土中，年代约当春秋早期。

Ⅰ型Ⅰ式夹砂红陶盂（YYM291:1），出于北Ⅰ区北部，年代约当春秋中期。

兹将该墓地夹砂系陶器型式、分布及年代分期，归纳成附表123。

6. 夹砂系陶罐的型式变化规律

在夹砂系陶器中，罐是其中数量最大的器类，是夹砂系陶器的主体，其型式也是最为繁多的。在考察了14型罐的分布与分期之后，有必要对其主要器型的型式发展演变规律，作进一步的探究，以深化对这支文化陶器特征的认识。

在玉皇庙墓地春秋早期阶段，曾出现5种夹砂系陶罐器型，即Ⅰ型夹砂红、褐陶椭圆腹罐，Ⅱ型夹砂褐、红陶垂腹罐，Ⅲ型夹砂红陶圆折腹罐，Ⅳ型夹砂红、褐陶带疣罐，Ⅴ型夹砂红、褐陶球腹罐；在春秋早中期阶段，又曾出现3种新的夹砂系陶罐器型，即Ⅵ型夹砂红、褐陶鼓肩大腹罐，Ⅶ型夹砂红、褐陶弧肩鼓腹罐，Ⅷ型夹砂红、褐陶高体鼓腹罐；在春秋中期阶段，又出现4种新的夹砂系陶罐器型，即Ⅸ型夹砂红、褐陶大口鼓腹罐，Ⅹ型夹砂红、褐陶筒形罐，Ⅺ型夹砂红、褐陶折肩罐，Ⅻ型夹砂红、褐陶矮身鼓腹小罐；春秋中晚期，没有新的器型出现，基本上承袭了春秋中期的器型；春秋晚期前段，仅新增添1种夹砂系陶罐器型，即ⅩⅢ型夹砂褐陶双耳罐；春秋晚期后段，也仅增添1种夹砂系陶罐器型，即ⅩⅣ型夹砂褐陶单耳罐。

附表 123－1

玉皇庙墓地夹砂系陶器型式、分区与分期表

早期		中期		晚期	
春秋早期	春秋早中期	春秋中期	春秋中晚期	春秋晚期前段	春秋晚期后段
Ⅰ型Ⅰ式1件:22 Ⅱ式5件:20、13、300、384、11 Ⅲ式3件:3、386、4	Ⅰ型 Ⅱ式4件:249、229、231、227 Ⅲ式2件:233、228	Ⅰ型 Ⅱ式5件:256、95、298、23、7 Ⅲ式1件:6		Ⅰ型 Ⅳ式1件:213	
Ⅱ型Ⅰ式1件:32	Ⅱ型Ⅰ式1件:279 Ⅱ式2件:278、241				
Ⅲ型Ⅰ式1件:31	Ⅲ型Ⅰ式1件:245	Ⅲ型Ⅰ式3件:236、261、247 Ⅱ式1件:293	Ⅲ型 Ⅲ式1件:69	Ⅲ型 Ⅲ式1件:203	
Ⅳ型Ⅰ式1件:29 Ⅱ式1件:385	Ⅳ型Ⅲ式1件:282	Ⅳ型 Ⅳ式1件:268	Ⅳ型 Ⅴ式1件:81	Ⅳ型 Ⅳ式1件:74 Ⅵ式1件:179 Ⅶ式1件:332	Ⅳ型 Ⅷ式1件:110 Ⅸ式1件:358
Ⅴ型Ⅰ式2件:19、10	Ⅴ型Ⅰ式3件:230、226、252 Ⅱ式3件:281、240、265 Ⅲ式1件:275	Ⅴ型Ⅰ式4件:266、258、295、294 Ⅱ式2件:48、260	Ⅴ型Ⅰ式1件:61 Ⅱ式1件:186 Ⅳ式1件:84	Ⅴ型 Ⅱ式3件:206、205、167 Ⅲ式1件:216 Ⅳ式2件:220、105	
	Ⅵ型Ⅰ式3件:280、264、97	Ⅵ型Ⅰ式3件:237、49、257 Ⅱ式1件:188		Ⅵ型Ⅰ式1件:151 Ⅱ式1件:76 Ⅲ式1件:150	
北Ⅰ区中部(部分墓葬) 北Ⅰ区西部	北Ⅱ区北部	北Ⅱ区中部 北Ⅰ区北、中、南部(部分墓葬)	北Ⅱ区南部	南区北部、中部 西区(部分墓葬)	南区南部

附表 123－2

玉皇庙墓地夹砂系陶器型式、分区与分期表

早期		中期		晚期	
春秋早期	春秋早中期	春秋中期	春秋中晚期	春秋晚期前段	春秋晚期后段
	Ⅶ型Ⅰ式 1 件：277 Ⅱ式 1 件：38	Ⅶ型Ⅰ式 3 件：272、51、12 Ⅱ式 3 件：43、46、8 Ⅲ式 1 件：42	Ⅶ型 Ⅱ式 1 件：64 Ⅲ式 1 件：87 Ⅳ式 1 件：196	Ⅶ型 Ⅱ式 1 件:153 Ⅲ式 4 件:181、142、144、124 Ⅳ式 3 件:204、131、171	Ⅶ型 Ⅲ式 2 件：350、364
	Ⅷ型Ⅰ式 2 件：251、99 Ⅱ式 1 件：96	Ⅷ型Ⅰ式 2 件：234、4 Ⅱ式 2 件：190、97	Ⅷ型Ⅰ式 1 件：148	Ⅷ型Ⅰ式 1 件：210	Ⅷ型 Ⅲ式 1 件：164
		Ⅸ型Ⅰ式 2 件：263、25； Ⅱ式 1 件：54	Ⅸ型 Ⅱ式 2 件：187、63	Ⅸ型 Ⅱ式 2 件:223、99 Ⅲ式 3 件:202、168、158	Ⅸ型 Ⅳ式 1 件：349； Ⅴ式 1 件：361
		Ⅹ型Ⅰ式 1 件：254			Ⅹ型 Ⅱ式 1 件：340
		Ⅺ型Ⅰ式 1 件：273			Ⅺ型 Ⅱ式 1 件：163
		Ⅻ型Ⅰ式 1 件：100	Ⅻ型 Ⅱ式 1 件：192 Ⅲ式 1 件：185	Ⅻ型Ⅰ式 3 件：215、121、77 Ⅳ式 1 件：207 Ⅴ式 1 件：211 Ⅵ式 1 件：180 Ⅶ式 2 件：119、20 Ⅷ式 1 件：122	Ⅻ型 Ⅲ式 3 件：354、379、374 Ⅳ式 1 件：130 Ⅴ式 1 件：375 Ⅷ式 1 件：398 Ⅸ式 1 件：351
				ⅩⅢ型Ⅰ式 1 件：169	
					ⅩⅣ型Ⅰ式 1 件：396
褐陶细绳纹单耳杯 Ⅰ型Ⅰ式 1 件：2		红陶盂 Ⅰ型Ⅰ式 1 件：291			
北Ⅰ区中部 北Ⅰ区西部	北Ⅱ区北部	北Ⅱ区中部 北Ⅰ区北部、南部	北Ⅱ区南部	南区北部、中部	南区南部

综观该墓地各个阶段出现的器型，可明显地看出，以春秋早期和早中期阶段最为重要。因为这两个阶段创制的多数器型，在春秋中期和春秋中晚期，甚至一直到春秋晚期前段，都在承袭和发展，构成了该文化夹砂系陶器的骨干器类和主要因素成分。其次是春秋中期阶段出现的4种器型，其中尤以Ⅻ型较为普及，它作为夹砂系陶器少数器型的典型代表，延续到该墓地的最后阶段。至于春秋中晚期至春秋晚期阶段，就很少再见到有夹砂系陶罐新的器型的出现，仅在春秋晚期前段，发现1例夹砂褐陶双耳罐，在春秋晚期后段，发现1例夹砂褐陶单耳罐，这与春秋中期以前夹砂系陶罐多种器型同时或不断涌现的局面相比，已不可同日而语了。因为在这一时期，其陶器制作的重心和发展热点，已转移和集中到泥质灰陶器方面，传统的夹砂系陶器至此已大势已去，向历史的终点迅速地滑落下去。

现将春秋早期至春秋中期出现的夹砂系陶罐主要器型中具有型式发展变化规律特点者，归纳如次。

（1）Ⅰ型夹砂红、褐陶椭圆腹罐

自春秋早期至春秋晚期前段，共分4式。从早到晚，其型式发展演变的规律特点是：腹腔横径由特大逐渐变小，其腹径与器高之比值，由早期Ⅰ式的1.45（YYM22:1），逐渐收敛到晚期Ⅳ式的1.2（YYM213:1）。

（2）Ⅱ型夹砂褐、红陶垂腹罐

自春秋早期至春秋早中期，共分2式。从早到晚，其型式发展变化的特点是：腹腔由横向椭圆、重心略偏下，变为腹腔呈沉袋形，垂腹程度愈加显著，重心更趋偏下。如早期Ⅰ式标本（YYM32:1），其重心位于距器底高约1/4处，而晚期Ⅱ式标本（YYM241:1和YYM278:1），其重心位置已变为距器底高约1/6和1/10处。

（3）Ⅲ型夹砂红陶圆折腹罐

自春秋早期至春秋晚期前段，共分Ⅲ式。从早到晚，其型式发展演变的规律特点是：口径由较小逐渐变大，腹径由较大，逐渐收敛变小，整个器形，由较粗矮，变为较瘦高。如早期Ⅰ式标本（YYM31:1等5件），其口径与腹径之比的平均值为0.65，腹径与器高之比的平均值为1.17；晚期Ⅲ式标本（YYM69:1等2件），其口径与腹径之比的平均值为0.76，腹径与器高之比的平均值为1.015。

（4）Ⅳ型夹砂红、褐陶带疣罐

自春秋早期至春秋晚期后段，共分9式。样式繁多，从早到晚，其型式变化有两个特点值得注意：其一，自春秋早期至春秋晚期前段，器形比较高大一些，而到春秋晚期后段，器体明显矮小；其二，早期标本皆饰以单乳突形疣耳，而不见联体双乳突形疣耳，中、晚期标本，则多为联体双乳突形疣耳，而罕见单乳突形疣耳。

（5）Ⅴ型夹砂红、褐陶球腹罐

自春秋早期至春秋晚期前段，共分4式。从早到晚，其型式发展演变的规律特点是：口径由相对较小，逐渐变得相对较大，腹径与器高之比值，也由相对较小，逐渐变得相对较大。如早期Ⅰ式标本（YYM19:1等10件标本），其口径与腹径之比的平均值为0.52，腹径与器高之比的平均值为1.05；晚期Ⅳ式标本（YYM105:1等3件），其口径与腹径之比的平均值为0.68，腹径与器高之比的平均值为1.08。

（6）Ⅵ型夹砂红、褐陶鼓肩大腹罐

自春秋早中期至春秋晚期前段，共分3式。从早到晚，其型式发展演变的规律特点是：口径由较小逐渐变得较大，腹腔由膨大而变得收敛，底径由略大变为小平底。如早期Ⅰ式标本（YYM280:1 等7件），其口径与腹径之比的平均值为0.56，到中、晚期的Ⅱ式（YYM188:1 等2件）和Ⅲ式（YYM150:1）标本，其比值便上升到0.62 和0.57；底径与口径之比值，则由Ⅰ式的0.79（平均值），减少到Ⅱ式的0.69 和Ⅲ式的0.6。

（7）Ⅶ型夹砂红、褐陶弧肩鼓腹罐

自春秋早中期至春秋晚期后段，共分4 式。从早到晚，其型式发展演变的规律特点是：腹腔由膨大逐渐变为收敛，器体由矮胖变为较高，重心由居中变为偏上。如早期Ⅰ式标本（YYM277:1 等4件），其腹径与器高之比的平均值为1.11，到晚期Ⅳ式标本（YYM196:1 等4 件），其比值减少到1.055（平均值）；最大腹径水平线距器底高度与器高之比值，由早期Ⅰ式标本的0.5（平均值），上升到晚期Ⅳ式标本的0.55（平均值）。

（8）Ⅷ型夹砂红、褐陶高体鼓腹罐

自春秋早中期至春秋晚期后段，共分3 式。从早到晚，其型式发展演变的规律特点是：口径由较小逐渐增大，重心由偏上，逐渐下移居中。如早期Ⅰ式标本（YYM251:1 等6 件），其口径与腹径之比的平均值为0.62，到晚期Ⅲ式标本（YYM164:1）已增大到0.72；最大腹径水平线距器底高度与器高之比值，早期Ⅰ式标本的平均值为0.57（重心明显偏上），到晚期Ⅲ式标本，此比值降低为0.53（重心居中）。

（9）Ⅸ型夹砂红、褐陶大口鼓腹罐

自春秋中期至春秋晚期后段，共分5 式。从早到晚，其型式发展演变的规律特点是：口径逐渐变大，腹腔由外鼓显著变为逐渐收敛，重心由明显偏上变为下移居中，如早期Ⅰ式标本（YYM263:1 等2件），其口径与腹径之比的平均值为0.73，到晚期Ⅴ式标本（YYM361:1），此比值已增大到0.86；最大腹径水平线距器底高度与器高之比值，早期Ⅰ式标本的平均值为0.6，而到晚期Ⅴ式标本，此比值已降到0.52。

（10）Ⅹ型夹砂红、褐陶筒形罐

自春秋中期至春秋晚期后段，共分2 式。从早到晚，由Ⅰ式（YYM254:1）到Ⅱ式（YYM340:1），其型式变化特点是：口径由较小变为较大，器底由相对较大，变为相对较小（成为小平底），口沿由圆唇不外叠，变为外叠唇，器壁由较厚变为较薄。这两式之间，分布茔域相距较远，时间差距较大，中间尚存在缺环，其变化轨迹，尚缺乏规律性的内在联系。

（11）Ⅺ型夹砂红、褐陶折肩罐

自春秋中期至春秋晚期后段，共分2 式。Ⅰ式标本（YYM273:1），出于北Ⅱ区中部，Ⅱ式标本（YYM163:1）出于南区南部，二者在时、空两个方面，都存在较大差距，情况与Ⅹ型者相似。从器型上考察，除了二者都具有折肩的特点之外，别的特点几乎没有必然的内在联系，故不存在器型发展演变规律特点的归纳问题。不过，在此值得指出的是，YYM273:1 号标本，属春秋中期，是该墓地出现年代最早的折肩罐标本，而且是采用前所未有的手制与轮制相结合的方式制作出来的，虽然它不是泥质灰陶器，而是夹砂褐陶器，且只出有1 件，但它本身的年代特征，及其所反映的该文化制陶工艺技术从此开始发生重要变革的信息，却是颇具历史意义的。

（12）Ⅻ型夹砂红、褐陶矮身鼓腹小罐

自春秋中期至春秋晚期后段，共分9 式。从早到晚，其型式发展变化的大致特点是：口径由略大变为较小，器身由较矮变为更加矮扁。如偏早的Ⅰ式标本（YYM100:1 等4件），其口径与腹径之比的平均值为0.74，到晚期Ⅸ式标本（YYM351:1），此比值已减小至0.61；器高与腹径之比值，Ⅰ式标本的平均值为0.88，而到晚期Ⅸ式标本，此比值已降至0.7。

7. 泥质系陶器的型式分布及年代分期

玉皇庙墓地泥质系陶器，经整理并确定其型式者共79件，其中绝大多数仍属罐类，共计65件，占泥质系陶器总数的82.3%。其中非折肩罐11件，占罐类总数的16.9%，分为5型（Ⅰ型～Ⅴ型）；折肩罐54件，占罐类总数的83.1%，分为9型（Ⅵ型～ⅩⅣ型）。其余14件，为壶8件，占泥质系陶器总数的10.1%，分为3型；豆4件，占泥质系陶器总数的5.1%，均属Ⅰ型；盂2件，占泥质系陶器总数的2.5%，分为2型。显然，罐类是泥质系陶器的主体器类，尤其是折肩罐所占比例最大。因此，考察泥质系陶器的型式分布与年代分期，重点仍应放在罐类上，特别应放在折肩罐上。

关于泥质系陶器分型、分式的原则，以及型与型之间、式与式之间的时、空关系等问题，与前已述及的夹砂系陶器相似，在此不赘。

（1）非折肩罐

Ⅰ型　泥质灰陶手制溜肩深腹小平底罐共分2式。Ⅰ式1件（YYM82:1），出于北Ⅰ区西部年代约当春秋早期；Ⅱ式1件（YYM47:1），出于北Ⅱ区北部，年代约当春秋早中期。表明泥质系灰陶罐自春秋早期就已出现，唯数量极少，型式仅限于手制的、溜肩深腹小平底罐，且仅延续到春秋早中期即告终止。此型罐是玉皇庙墓地泥质系陶器中唯一年代最早的器型。

Ⅱ型　泥质灰陶束颈弧肩鼓腹罐共分3式。Ⅰ式2件，其中1件（YYM103:1）出于北Ⅰ区南部，年代约当春秋中期；另1件（YYM75:1）出于南区北部，年代约当春秋晚期前段。Ⅱ式2件，其中1件（YYM198:1）出于南区北部，年代约当春秋晚期前段，另1件（YYM368:1）出于南区南部，年代约当春秋晚期后段。Ⅲ式1件（YYM376:1），出于南区南部，年代约当春秋晚期后段。表明Ⅱ型Ⅰ式罐出现于春秋中期，延续至春秋晚期前段，数量极少，而且于春秋中晚期还有缺环；Ⅱ式罐出现于春秋晚期前段，延续至春秋晚期后段。而Ⅲ式罐则一直到春秋晚期后段才出现，是Ⅱ型罐中年代最晚者。

Ⅲ型　泥质红褐陶手制圆折肩绳纹罐1件（YYM9:1）出于北Ⅰ区中部，年代约当春秋早期。表明此型罐也曾是泥质系陶器中年代较早的器型之一，但仅此1例，只能视为偶然因素。

Ⅳ型　泥质灰陶束颈圆折肩罐共分2式。Ⅱ式1件（YYM212:1），出于北Ⅱ区南部，年代约当春秋中晚期；Ⅲ式1件（YYM313:1）出于西区，年代约当春秋晚期前段。表明此型罐在玉皇庙墓地出现于春秋中晚期，延续到春秋晚期前段，数量很少。

Ⅴ型　泥质黑陶卷唇敛口鼓腹小罐只有Ⅰ式1件（YYM57:1），出于北Ⅱ区南部，年代约当春秋中晚期。表明此型罐在该墓地出现于春秋中晚期，与Ⅲ型者一样，亦属孤例，不具普遍意义。

（2）折肩罐

Ⅵ型　泥质灰陶束颈广肩斜折罐共分6式。这6式标本中的前2式与后4式，在分布茔域上，存在较大差别。Ⅰ式1件（YYM102:1），出于北Ⅰ区南部，年代约当春秋中期；Ⅱ式1件（YYM138:1），出于南区北部，年代约当春秋晚期前段；Ⅲ式1件（YYM174:1），Ⅳ式2件（YYM352:1、341:1），Ⅴ式1件（YYM344:1），Ⅵ式1件（YYM355:1），皆出于南区南部，年代约当春秋晚期后段。表明Ⅵ型罐在玉皇庙墓地出现于春秋中期，延续发展到春秋晚期后段，尽管在春秋中晚期曾有缺环。Ⅵ型Ⅰ式是该墓地泥质系折肩罐诸型式中最早的型式，在春秋晚期又出现了若干延续形式，尤其在春秋晚期后段，更有较充分发展。因此，Ⅵ型罐是玉皇庙墓地中、晚期阶段泥质系折肩罐的主要器型之一。

Ⅶ型 泥质灰陶短颈广肩斜折罐共分4式，这4式标本分布茔域多有不同。Ⅰ式者共2件，其中1件（YYM208:1），出于北Ⅱ区南部，年代约当春秋中晚期；另1件（YYM134:1）出于南区中部，年代约当春秋晚期前段。Ⅱ式共2件，其中1件（YYM224:1）出于南区北部，年代约当春秋晚期前段。另1件（YYM378:1）出于南区南部，年代约当春秋晚期后段。Ⅲ式4件（YYM183:1、114:1、113:1、111:1），出于南区北部和中部，年代约当春秋晚期前段。Ⅴ式1件（YYM394:1），出于南区南部。表明Ⅶ型罐出现于春秋中晚期，一直延续至春秋晚期后段，中间未曾间断，在春秋晚期前段，曾出现Ⅰ、Ⅱ、Ⅲ式并存的兴盛局面，但到春秋晚期后段，仅剩下其中的Ⅱ式和新出现的Ⅳ式，Ⅰ式与Ⅲ式已告终止。Ⅶ型罐是玉皇庙墓地晚期阶段泥质系折肩罐的主要器型之一。

Ⅷ型 泥质灰陶短颈垂肩斜折罐共分6式。这6式标本中，Ⅰ、Ⅱ式与Ⅲ、Ⅳ、Ⅴ、Ⅵ式分布茔域，有所不同。Ⅰ式1件（YYM60:1），出于北Ⅱ区南部，年代约当春秋中晚期；Ⅱ式2件（YYM116:1、108:1），出于南区北部和中部，年代约当春秋晚期前段；Ⅲ式1件（YYM161:1），Ⅳ式1件（YYM128:1），Ⅴ式1件（YYM381:1），Ⅵ式1件（YYM377:1），皆出于南区南部，年代约当春秋晚期后段。表明Ⅷ型罐出现于春秋中晚期，一直延续至春秋晚期后段，中间没有缺环，Ⅰ式与Ⅱ式，Ⅱ式与Ⅲ～Ⅵ式之间，在年代环节上，彼此可以衔接起来，发展轨迹清楚，并具有连贯性。在春秋晚期后段，出现Ⅲ、Ⅳ、Ⅴ、Ⅵ式同时并存发展的局面，可知Ⅷ型罐也是玉皇庙墓地晚期阶段泥质系折肩罐的主要器型之一。

Ⅸ型 泥质灰陶短颈窄肩斜折罐共分4式。这4式标本的分布茔域，多不相同。Ⅰ式共2件，其中1件（YYM149:1），出于北Ⅱ区南部，年代约当春秋中晚期；另1件（YYM106:1）出于南区中部，年代约当春秋晚期前段；Ⅱ式共3件，其中1件（YYM154:1）出于南区中部，年代约当春秋晚期前段，另2件（YYM172:1、YYM371:1）出于南区南部，年代约当春秋晚期后段；Ⅲ式1件（YYM127:1），Ⅳ式1件（YYM160:1），均出于南区南部，年代约当春秋晚期后段。表明Ⅸ型罐出现于春秋中晚期，一直延续至春秋晚期后段，中间没有缺环，型式发展的连续性较强。Ⅰ式于春秋中晚期出现后，延续到春秋晚期前段，与此时期出现的Ⅱ式并存，而Ⅱ式又延续到春秋晚期后段，与此时期出现的Ⅲ、Ⅳ式并存，于是呈现出愈到晚期，愈加发展的局面。因此，Ⅸ型罐也是玉皇庙墓地晚期阶段泥质系折肩罐的主要器型之一。

Ⅹ型 泥质灰陶短颈抹棱斜折肩罐共分5式。这5式标本的分布茔域，也多有不同。Ⅰ式1件（YYM62:1），出于北Ⅱ区南部，年代约当春秋中晚期；Ⅱ式1件（YYM219:1），Ⅲ式1件（YYM197:1），皆出于南区北部，年代均约当春秋晚期前段；Ⅳ式1件（YYM397:1），Ⅴ式1件（YYM400:1），皆出于南区南部，年代均约当春秋晚期后段。表明Ⅹ型罐出现于春秋中晚期，一直延续至春秋晚期后段，中间没有缺环，具有型式发展的连续性。虽然Ⅰ式自春秋中晚期出现后未再延续，但Ⅱ式和Ⅲ式接着便在春秋晚期前段出现，之后又有Ⅳ式和Ⅴ式在春秋晚期后段出现，也大体呈现出愈到晚期愈显发展的面貌。所以，Ⅹ型罐也是玉皇庙墓地晚期阶段泥质系折肩罐中较为主要的器型之一。

Ⅺ型 泥质灰陶短颈斜折肩罐共分6式。这6式标本中的前3式与后3式，在分布茔域上有所不同。Ⅰ式1件（YYM139:1），出于南区北部，Ⅱ式1件（YYM133:1），Ⅲ式1件（YYM80:1），皆出于南区中部，年代均约当春秋晚期前段；Ⅳ式1件（YYM129:1），Ⅴ式1件（YYM346:1），Ⅵ式1件（YYM399:1），皆出于南区南部，年代约当春秋晚期后段。表明Ⅺ型罐出现于春秋晚期前段，延续到春秋晚期后段。每段时间都各有3式并存，呈现出不断发展的面貌，也是玉皇庙墓地晚期阶段泥质系折肩罐中较为主要的器型之一。

Ⅻ型　泥质灰陶短束颈垂肩斜折罐共分7式。这7式标本中的前3式与后4式，在分布茔域上有所不同。Ⅰ式1件（YYM143:1），Ⅱ式1件（YYM118:1），出于南区北部；Ⅲ式1件（YYM78:1），出于南区中部，年代均约当春秋晚期前段；Ⅳ式1件（YYM338:1），Ⅴ式2件（YYM345:1、347:1），Ⅵ式1件（YYM391:1），Ⅶ式1件（YYM392:1），皆出于南区南部，年代约当春秋晚期后段。表明Ⅻ型罐出现于春秋晚期前段，延续至春秋晚期后段。前段期间曾有3式并存，后段期间曾有4式并存，呈现出愈到晚期发展愈显充分的面貌，是玉皇庙墓地晚期阶段泥质系折肩罐的主要器型之一。

ⅩⅢ型　泥质灰陶肩饰戳压小圆圈纹折肩小罐共分4式。这4式标本中的Ⅰ式与Ⅱ、Ⅲ、Ⅳ式，在分布茔域上有所不同。Ⅰ式1件（YYM317:1），出于西区，年代约当春秋晚期前段；Ⅱ式1件（YYM339:1），Ⅲ式1件（YYM366:1），Ⅳ式1件（YYM360:1），皆出于南区南部，年代约当春秋晚期后段。表明ⅩⅢ型罐出现于春秋晚期前段，延续至春秋晚期后段。前段期间仅有Ⅰ式，后段期间有Ⅱ、Ⅲ、Ⅳ式并存，说明此型罐愈到晚期愈得到充分发展，也是构成玉皇庙墓地晚期阶段泥质系折肩罐的主要器型之一。

ⅩⅣ型　泥质褐陶直口直颈垂肩斜折小罐仅1式。Ⅰ式1件，YYM325:1，属孤例。出于西区，此墓为南北向墓，与ⅩⅣ型罐伴存的扣环首式青铜削刀，型式已接近尖首刀币，年代约当春秋晚期后段。表明ⅩⅣ型罐是玉皇庙墓地晚期阶段泥质系折肩罐中的非主流器型之一。

（3）壶

Ⅰ型　共分3式。Ⅰ式1件（YYM232:1），出于北Ⅱ区北部，年代约当春秋早中期；Ⅱ式1件（YYM86:1），出于北Ⅱ区南部，年代约当春秋中晚期；Ⅲ式2件（YYM200:1、104:1），出于南区北部，年代约当春秋晚期前段。

Ⅱ型　共分2式。Ⅰ式1件（YYM184:1），出于北Ⅱ区南部，年代约当春秋中晚期；Ⅱ式2件（YYM221:1、156:1），出于南区北部与中部，年代约当春秋晚期前段。

Ⅲ型　仅1式。Ⅰ式1件（YYM175:1），出于南区南部，年代约当春秋晚期后段。

表明泥质灰陶壶在玉皇庙墓地最早出现于春秋早中期，延续发展到春秋晚期后段。其中Ⅰ型Ⅰ式年代最早；Ⅰ型Ⅱ式和Ⅰ型Ⅲ式，曾分别与Ⅱ型Ⅰ式和Ⅱ型Ⅱ式，在春秋中晚期至春秋晚期前段并存发展，这一阶段，是泥质灰陶溜肩、圆肩和圆折肩壶并行发展的时期；Ⅲ型Ⅰ式泥质灰陶折肩壶只有1件，其年代是3型壶中最晚的，属泥质系壶类晚期型式。

（4）豆

Ⅰ型　仅1式，其中3件（YYM71；1、72:1、70:1），出于北Ⅱ区南部，年代约当春秋中晚期；另1件（YYM214:1），出于南区北部，年代约当春秋晚期前段。表明泥质灰陶豆在玉皇庙墓地出现的时间约当春秋中晚期，延续发展到春秋晚期前段。

（5）盂

Ⅰ型　仅1式。Ⅰ式1件（YYM221:2），出于南区北部，年代约当春秋晚期前段。

Ⅱ型　仅1式。Ⅱ式1件（YYM321∶1），出于西区，年代亦约当春秋晚期前段。表明泥质黑、褐陶盂在玉皇庙墓地出现的年代比较偏晚，即约当春秋晚期前段。在此之前和之后，均未见此类泥质系器型（参见附表124）。

附表124－1　**玉皇庙墓地泥质系陶器型式、分区与分期表**

早期		中期		晚期	
春秋早期	春秋早中期	春秋中期	春秋中晚期	春秋晚期前段	春秋晚期后段
Ⅰ型Ⅰ式1件:82	Ⅰ型 Ⅱ式1件：47				
		Ⅱ型Ⅰ式1件:103		Ⅱ型Ⅰ式1件：75 Ⅱ式1件：198	Ⅱ型 Ⅱ式1件：368 Ⅲ式1件：376
Ⅲ型Ⅰ式1件：9					
			Ⅳ型 Ⅱ式1件：212	Ⅳ型 Ⅲ式1件：313	
			Ⅴ型Ⅰ式1件：57		
		Ⅵ型Ⅰ式1件:102		Ⅵ型 Ⅱ式1件：138	Ⅵ型 Ⅲ式1件：174 Ⅳ式2件:352、341 Ⅴ式1件：344 Ⅵ式1件：355
			Ⅶ型Ⅰ式1件:208	Ⅶ型Ⅰ式1件：134 Ⅱ式1件：224 Ⅲ式4件:183、114、113、111	Ⅶ型 Ⅱ式1件：378 Ⅴ式1件：394
			Ⅷ型Ⅰ式1件：60	Ⅷ型 Ⅱ式2件：116、108	Ⅷ型 Ⅲ式1件：161 Ⅳ式1件：128 Ⅴ式1件：381 Ⅵ式1件：377
			Ⅸ型Ⅰ式1件：149	Ⅸ型Ⅰ式1件：106 Ⅱ式1件：154	Ⅸ型 Ⅱ式2件：172、371 Ⅲ式1件：127 Ⅳ式1件：160
			Ⅹ型Ⅰ式1件：62	Ⅹ型 Ⅱ式1件：219 Ⅲ式1件：197	Ⅹ型 Ⅳ式1件：397 Ⅴ式1件：400
北Ⅰ区中部、北Ⅰ区西部	北Ⅱ区北部	北Ⅰ区南部	北Ⅱ区南部	南区北部、中部、西区	南区南部

附表124－2 **玉皇庙墓地泥质系陶器型式、分区与分期表**

早期		中期		晚期	
春秋早期	春秋早中期	春秋中期	春秋中晚期	春秋晚期前段	春秋晚期后段
				Ⅺ型Ⅰ式1件：139 Ⅱ式1件：133 Ⅲ式1件：80	Ⅺ型 Ⅳ式1件：129 Ⅴ式1件：346 Ⅵ式1件：399
				Ⅻ型Ⅰ式1件：143 Ⅱ式1件：118 Ⅲ式1件：78	Ⅻ型 Ⅳ式1件：338 Ⅴ式2件:345、347 Ⅵ式1件：391 Ⅶ式1件：392
				ⅩⅢ型Ⅰ式1件：317	ⅩⅢ型 Ⅱ式1件：339 Ⅲ式1件：366 Ⅳ式1件：360
					ⅩⅣ型Ⅰ式1件：325
	壶Ⅰ型Ⅰ式1件：232		壶Ⅰ型 Ⅱ式1件：86 Ⅱ型Ⅰ式1件：184	壶Ⅰ型 Ⅲ式2件:200、104 Ⅱ型 Ⅱ式2件:221、156	壶Ⅲ型Ⅰ式1件：175
			豆Ⅰ型Ⅰ式3件：71. 72. 70	豆Ⅰ型Ⅰ式1件：214	
				盂Ⅰ型Ⅰ式1件：221 Ⅱ型 Ⅱ式1件：321	
北Ⅰ区中部、北Ⅰ区西部	北Ⅱ区北部	北Ⅱ区中部	北Ⅱ区南部	南区北部、中部、西区	南区南部、西区

8. 泥质系陶器的型式变化规律

在玉皇庙墓地，最早出现的泥质系陶器是非折肩罐，即Ⅰ型Ⅰ式泥质灰陶手制小平底罐（YYM82:1）及Ⅲ型Ⅰ式泥质红褐陶手制圆折肩绳纹罐（YYM9:1），年代约当春秋早期；然后是Ⅰ型Ⅱ式泥质灰陶手制短颈溜肩小平底罐（YYM47:1），年代约当春秋早中期；其后是非折肩罐Ⅱ型Ⅰ式泥质灰陶束颈弧肩鼓腹罐（YYM103:1），年代约当春秋中期。在此期间，始有折肩罐出现，即Ⅵ型Ⅰ式泥质灰陶束颈广肩斜折罐（YYM102:1）。因此，泥质灰陶折肩罐在玉皇庙墓地出现的年代，是在春秋中期，较非折肩罐出现的年代，晚了一个历史发展阶段。

在此之后，非折肩罐又有Ⅳ型Ⅱ式（YYM212:1）和Ⅴ型Ⅰ式（YYM57:1）出现，年代约当春秋中晚期，并与折肩罐Ⅶ型Ⅰ式（YYM208:1）和Ⅷ型Ⅰ式（YYM60:1），以及Ⅸ型Ⅰ式（YYM149:1）、

Ⅹ型Ⅰ式（YYM62:1），并存发展；而后，非折肩罐又有Ⅱ型Ⅰ式（YYM75:1）、Ⅱ式（YYM198:1）、Ⅳ型Ⅲ式（YYM313：1）与折肩罐之Ⅵ型Ⅱ式（YYM138：1）、Ⅶ型Ⅰ式（YYM134：1）、Ⅱ式（YYM224:1）、Ⅲ式（YYM183:1、114:1、113:1、111:1）、Ⅷ型Ⅱ式（YYM116:1、108:1）、Ⅸ型Ⅰ式（YYM106:1）、Ⅱ式（YYM154:1）、Ⅹ型Ⅱ式（YYM219:1）、Ⅲ式（YYM197:1）并存发展，年代约当春秋晚期前段。最后，非折肩罐又有Ⅱ型Ⅱ式（YYM368:1）、Ⅲ式（YYM376:1）与折肩罐Ⅵ型Ⅲ式（YYM174:1）、Ⅳ式（YYM352:1、341:1）、Ⅴ式（YYM381:1）、Ⅵ式（YYM377:1）、Ⅸ型Ⅱ式（YYM172: 1、371：1）、Ⅲ式（YYM127：1）、Ⅳ式（YYM160：1）、Ⅹ型Ⅳ式（YYM297：1）、Ⅴ式（YYM400:1）并存发展，时当春秋晚期后段。

上述情况表明，手制非折肩罐是泥质系陶器的先驱者，它出现于春秋早期，较折肩罐早一个历史发展阶段；但数量很少，尽管一直延续至春秋晚期后段，但始终未出现过充分发展的局面。与此相反，折肩罐虽然出现的较晚，虽然在开始阶段（春秋中期），只有1件（YYM102:1），但进入春秋中晚期之后，在制作技术上普遍采用了中原式的、较为先进的慢轮加工工艺，使折肩罐得到充分发展，在种类与数量上，都大大超过了非折肩罐，呈现出后来居上、繁荣发展的局面。以至于到春秋晚期前段，泥质灰陶折肩罐在种类与数量上，已可与夹砂系陶罐相抗衡，而到春秋晚期后段，已胜出夹砂系陶罐，完全占居了玉皇庙墓地随葬陶器的主导地位。这一发展趋势，从一个侧面，反映了这支文化同燕文化和中原文化逐步发生文化融合的过程及其规律特点。

就器形本身型式发展变化的规律特点考察，非折肩罐、折肩罐以及陶壶，从早到晚其型式变化，都各有一定规律特点可以归纳。

A　非折肩罐　其型式发展从早到晚的变化特点大致是：

（1）口沿由斜侈口逐渐变作口沿斜敞和外展；（2）颈部由短颈（或较短）逐渐变作略高或较高；（3）肩部由溜肩逐渐变为鼓肩、弧肩或圆折肩；（4）器底由早斯的平底，到中、晚期变为凹底；（5）制法，早、中期皆为手制，自中晚期以后，皆变为手制与轮制相结合，口沿、颈部、肩部，均以慢轮加工，器形变得规整、对称、美观，并于多数器物的口沿和肩部，以慢轮加工出阴刻弦纹。进入春秋晚期以后，在加工工艺和施纹方式上，已趋同于泥质灰陶折肩罐。

B　折肩罐　其多数器型从早到晚的发展变化，具有一定规律特点。

（1）器形规格，年代较早或偏早者，多相对高大一些，而年代偏晚或较晚者，则相对矮小，如Ⅵ型、Ⅶ型、Ⅷ型、Ⅸ型、Ⅹ型，即大致如此。

（2）纹饰特点，年代较早或偏早者，一般仅在口沿内侧外缘与折肩部位，各施阴刻弦纹一周，而年代偏晚或较晚的标本，则往往还要复杂一些，即除了在口沿内侧外缘施阴刻弦纹一周之外，还多在方唇中间，也施阴刻弦纹一周，在折肩部位，往往要施阴刻弦纹2周，另外还要在折肩部位弦纹之下或两道弦纹中间，再加刻细绚纹，或指甲纹，或楔形纹一周，如Ⅵ型、Ⅶ型、Ⅸ型、Ⅺ型、Ⅻ型，即基本如此。

C　陶壶　其型式发展从早到晚的变化特点大致是：

（1）肩部由鼓肩（Ⅰ型Ⅰ式YYM232：1）、溜肩（Ⅰ型Ⅱ式YYM86：1）或圆肩（Ⅰ型Ⅲ式YYM200:1、104:1），发展到圆折肩（Ⅱ型Ⅰ式YYM184:1、221:1），最后再发展到折肩（Ⅲ型Ⅰ式YYM175:1）；（2）器体与腹腔，由小变大，由矮变高；（3）最大腹径或最大肩径，由低到高，重心逐渐上移。

9. 泥质系陶器纹饰的分类、分布与年代分期

如前所述，玉皇庙墓地泥质系陶器的纹饰种类，共有8种。饰有纹饰的陶器，多出于玉皇庙墓地各个不同茔域内，故其年代也多有早晚之差。兹将这8种纹饰的分布与年代分期，归纳如次：

(1) 绳纹

绳纹仅有1例（YYM9:1），出于北Ⅰ区中部，年代约当春秋早期，在此后其他茔域，均再未有发现，故可视为个别、偶然因素。

(2) 弦纹

A 口沿内侧外缘施阴刻弦纹一周

在陶器口沿内侧外缘施阴刻弦纹一周的纹饰，共计37例，是玉皇庙墓地泥质系陶器8种纹饰中数量最多的一种纹饰。最早的1例标本YYM102:1，出于北Ⅰ区南部，年代约当春秋中期；其后有YYM208:1、60:1、62:1等3例，分布于北Ⅱ区南部，年代约当春秋中晚期；再后有YYM139:1、219:1、116:1、118:1等4例，分布于南区北部，YYM154:1、134:1、133:1、114:1等4例，分布于南区中部，YYM321:1、317:1等2例，分布于西区，以上10例标本的年代，均约当春秋晚期前段；最后有YYM127:1、172:1、160:1、161:1、128:1、352:1、345:1、346:1、339:1、338:1、355:1、347:1、360:1、381:1、378:1、376:1、371:1、391:1、392:1、399:1、394:1、400:1等22例，分布于南区南部，还有1例YYM325:1，出于西区，以上这23例，年代均约当春秋晚期后段。

表明在玉皇庙墓地泥质系陶器口沿内侧外缘施阴刻弦纹一周的纹饰，最早始于春秋中期，一直延续发展到春秋晚期后段。刚开始时，只有1例，仅占此类纹饰总量的2.7%；到春秋中晚期时，已有3例，占此类纹饰总量的8.1%；及至春秋晚期前段，已增至10例，占此类纹饰总量的27%；发展到春秋晚期后段，已激增到23例，占此类纹饰总量的62.2%。呈现出愈到后期愈显发展的趋势。

B 折肩部位施阴刻弦纹一周

在陶器折肩部位施阴刻弦纹一周的纹饰，共计35例，是玉皇庙墓地泥质系陶器8种纹饰中数量较多的一种纹饰。最早见于北Ⅱ区南部，共3例YYM212:1、60:1、149:1，年代约当春秋中晚期；其后有YYM224:1、139:1、197:1、183:1、143:1、116:1、118:1等7例，分布于南区北部，YYM154:1、114:1、113:1、106:1、108:1、78:1等6例，分布于南区中部，还有1例YYM317:1，出于西区，以上这14例，年代均约当春秋晚期前段；最后有YYM172:1、111:1、160:1、175:1、161:1、129:1、174:1、345:1、346:1、338:1、347:1、366:1、381:1、378:1、371:1、392:1、400:1等17例，分布于南区南部，还有1例YYM325:1，出于西区，以上18例，年代均约当春秋晚期后段。

表明在玉皇庙墓地泥质系陶器折肩部位施阴刻弦纹一周的纹饰，最早始于春秋中晚期，一直延续发展到春秋晚期后段。在春秋中晚期阶段，只有3例，仅占此类纹饰总量的8.6%；及至春秋晚期前段，已增至14例，占此类纹饰总量的40%；发展到春秋晚期后段，又增至18例，占此类纹饰总量的51.4%。也呈现出愈到后期愈显发展的趋势。

C 在口沿方唇中间施阴刻弦纹一周

在陶罐口沿方唇中间施阴刻弦纹一周的纹饰，共计9例，是玉皇庙墓地泥质系陶器8种纹饰中数量较少的一种纹饰。最早见于北Ⅱ区南部，共2例：YYM208:1、62:1，年代约当春秋中晚期；其后有

YYM198∶1，出于南区北部，YYM134∶1、78∶1，出于南区中部，这3例的年代，均约当春秋晚期前段；最后有YYM338∶1、381∶1、378∶1、368∶1，分布于南区南部，这4例的年代，均约当春秋晚期后段。

表明在玉皇庙墓地泥质系陶罐口沿方唇中间施阴刻弦纹一周的纹饰，最早始于春秋中晚期，一直延续到春秋晚期后段。在春秋中晚期阶段，数量还很少，仅有2例，占此类纹饰总量的22.2%；及至春秋晚期前段，增至3例，占此类纹饰总量的33.3%；到春秋晚期后段，又增至4例，占此类纹饰总量的44.5%。呈现出愈到后期愈有所发展的趋势。

D　折肩部位施阴刻弦纹2周

在陶罐折肩部位施阴刻弦纹2周的纹饰，共计16例，是玉皇庙墓地泥质系陶器8种纹饰中数量较多的一种纹饰。最早见于北Ⅱ区南部，仅1例，YYM208∶1，年代约当春秋中晚期；其后有YYM180∶1、138∶1，出于南区北部，YYM134∶1、133∶1，出于南区中部，以上这4例，年代均约当春秋晚期前段；最后有YYM127∶1、128∶1、352∶1、344∶1、339∶1、341∶1、355∶1、360∶1、391∶1、399∶1、394∶1，这11例皆分布于南区南部，年代约当春秋晚期后段。

表明在玉皇庙墓地泥质系陶罐折肩部位施阴刻弦纹2周的纹饰，最早始于春秋中晚期，一直延续到春秋晚期后段。在春秋中晚期阶段，仅有1例，数量很少，仅占此类纹饰总量的6.3%；及至春秋晚期前段，增至4例，占此类纹饰总量的25%；到春秋晚期后段，激增到11例，占此类纹饰总量的68.7%。呈现出愈到后期愈显发展的趋势。

E　在陶罐肩部施阴刻弦纹3周

在陶罐肩部施阴刻弦纹3周的纹饰，仅1例，YYM62∶1，出于北Ⅱ区南部，年代约当春秋中晚期。是玉皇庙墓地泥质系陶器8种纹饰中数量最少的一种纹饰。此种纹饰，在春秋中晚期之前，未曾见到；在春秋中晚期之后，未得到延续发展，属于个别、偶然因素。

（3）对称圆形钻孔

在陶罐或陶壶口沿部位施对称圆形钻孔1对，共计8例，是玉皇庙墓地泥质系陶器8种纹饰中数量较少的一种形式。最早见于北Ⅱ区南部，共2例，YYM149∶1、62∶1，年代约当春秋中晚期；其后有116∶1，出于南区北部，YYM134∶1、106∶1、108∶1，分布于南区中部，还有1例YYM317∶1，出于西区，这5例的年代，均约当春秋晚期前段；最后有YYM175∶1（泥质灰陶壶）1例，出于南区南部，年代约当春秋晚期后段。

表明在玉皇庙墓地泥质系陶器口沿部位施对称圆形钻孔1对，这种装饰形式（同时也具有实用功能），最早始于春秋中晚期，一直延续到春秋晚期后段。在春秋中晚期阶段，仅有2例，数量还很少，仅占此类形式总量的25%；及至春秋晚期前段，增至5例，占此类形式总量的62.5%，达到最高值，是此种装饰形式得到比较充分发展的时期；到春秋晚期后段，仅有1例，仅占此种装饰形式总量的12.5%，趋于衰退、萎缩状态。

（4）指甲纹

在陶罐的折肩部位，施阴刻指甲纹一周，共计13例，是玉皇庙墓地泥质系陶器8种纹饰中数量较多的一种纹饰。最早见于南区北部，共3例，YYM224∶1、138∶1、118∶1，南区中部1例，YYM78∶1，这4例的年代，均约当春秋晚期前段；其后又有YYM127∶1、129∶1、352∶1、346∶1、341∶1、378∶1、391∶1、399∶1，分布于南区南部，还有1例YYM325∶1，出于西区，以上这9例，年代均约当春秋晚期后段。

表明在玉皇庙墓地在陶罐的折肩部位施阴刻指甲纹一周的纹饰，最早始于春秋晚期前段，延续发展到春秋晚期后段。在春秋晚期前段，共有4例，占此种纹饰总量的30.8%；到春秋晚期后段，增至9例，占此种纹饰总量的69.2%。呈现出愈到后期愈显发展的趋势。是该文化晚期阶段富于特点的主要纹饰因素。

（5）绹纹

在折肩罐的折肩部位雕刻绹纹一周，共计4例，是玉皇庙墓地泥质系陶器8种纹饰中数量较少的一种纹饰。最早见于南区北部，仅1例，YYM139:1，还有南区中部1例，YYM133:1，二者年代均约当春秋晚期前段；其后又有YYM160:1、339:1，分布于南区南部，二者年代约当春秋晚期后段。

表明在玉皇庙墓地在折肩罐的折肩部位，雕刻绹纹一周的纹饰，最早始于春秋晚期前段，延续到春秋晚期后段。这种纹饰发现量较少，前、后两段数量均衡，看不出后期更有发展的趋势，只是作为弦纹和指甲纹的一种辅助纹饰出现的，是该墓地晚期阶段次要的纹饰因素之一。

（6）“十”字形符号

在陶罐肩部或器底，阴刻“十”字形符号，共有3例，是玉皇庙墓地泥质系陶器8种纹饰中数量较少的一种形式。最早见于南区北部，仅1例，YYM143:1，年代约当春秋晚期前段；其后有YYM376:1和YYM399:1，分布于南区南部，年代约当春秋晚期后段。

表明在玉皇庙墓地在陶罐肩部或器底，阴刻“十”字形符号，最早始于春秋晚期前段，而延续至春秋晚期后段。发现数量较少，后段比前段仅多1例。这应是一种标志符号，应具有特定的涵义。

（7）楔形纹

在折肩罐的折肩部位，施阴刻楔形纹一周，共有3例，是玉皇庙墓地泥质系陶器8种纹饰中数量较少的一种纹饰。这3例，YYM128:1、174:1、338:1，均分布于南区南部，年代约当春秋晚期后段。在此之前不曾见到。

表明楔形纹是玉皇庙墓地泥质系陶器纹饰中年代最晚的纹饰，属该文化晚期阶段富于特点的次要纹饰因素之一。

（8）小圆圈纹

在折肩罐肩部，戳压小圆圈纹，共有4例，是玉皇庙墓地泥质系陶器8种纹饰中数量较少的一种纹饰。最早见于西区1例，YYM317:1，年代约当春秋晚期前段；其后有339:1、366:1、360:1，分布于南区南部，年代约当春秋晚期后段。

表明在玉皇庙墓地在折肩罐肩部，戳压小圆圈纹，最早始于春秋晚期前段，延续至春秋晚期后段。发现数量较少，后段比前段发现量略多。这是该文化晚期阶段富于特点的次要纹饰因素之一（参见附表125）。

二 金器

玉皇庙墓地随葬金器的墓共6座（YYM2、18、151、156、174、250），占该墓地墓葬总数的1.5%。共出土各种金器26件，占该墓地出土器物总数的0.04%，皆属装饰品，器类包括：牌饰、项饰、耳环、串饰、包金铜贝等5种。

附表125

玉皇庙墓地泥质系陶器纹饰分类、分区及分期表

纹饰种类 \ 标本实例 \ 年代分期		早期	中期		晚期		合计		占各类纹饰总量的百分比
		春秋早期	春秋中期	春秋中晚期	春秋晚期前段	春秋晚期后段			
绳纹		9					1		0.75%
弦纹	口沿内侧外缘1周		102	208、60、62	139、219、116、118、154、134、133、114、321、317	127、172、160、161、128、352、345、346、339、338、355、347、360、381、378、376、371、391、392、399、394、400、325	37	98	73.15%
	折肩部位1周			212、60、149	224、139、197、183、143、116、118、154、114、113、106、108、78、317	172、111、160、175、161、129、174、345、346、338、347、366、381、378、371、392、400、325	35		
	口沿方唇中间1周			208、62	198、134、78	338、381、378、368	9		
	折肩部位2周			208	180、138、134、133	127、128、352、344、339、341、355、360、391、399、394	16		
	折肩部位3周			62			1		
对称圆形钻孔				149、62	116、134、106、108、317	175	8		6%
指甲纹					224、138、118、78	127、129、352、346、341、378、391、399、325	13		9.7%
绹 纹					139、133	160、339	4		3%
“十”字形符号					143	376、399	3		2.2%
楔形纹						128、174、338	3		2.2%
小圆圈纹						339、366、360	4		3%
合计		1	1	12		76	134		100%
占各类纹饰总量的百分比		0.75%	0.75%	9%		56.7%			
分布墓区		北Ⅰ区中部	北Ⅰ区南部	北Ⅱ区南部	南区北部，中部 西区（部分墓葬）	南区南部 西区（个别墓葬）			

牌饰为浮雕虎形，模铸；项饰为平面月牙形，以金片压制；耳环多螺旋形，以粗金丝卷制3至4周；也有个别模铸者，下端呈扁喇叭口形（如YYM156:5）；串珠以细金丝卷制成螺旋形，口径很小，串于项链中；包金铜贝，是以金片包于模铸铜贝的表面，作为佩饰。经测定，这些金器（包括包金铜贝表面的金片），含金量均在99%以上，属纯金制品。

牌饰 1件。

标本YYM18:5，虎形。虎头右向，浮雕，通长4.8、通宽2.5厘米，重14.4克。模铸。引颈探首，前后肢屈曲向前，呈行走状。前后腿肱头肌呈隆起状，表现出虎的强劲有力。眼、前后爪窝和尾端有4个圆形嵌窝，前爪嵌窝直径为0.15厘米，后爪和尾端的嵌窝直径均为0.25厘米，眼窝直径0.2厘米。背面有纵向穿鼻2个（图五六一，1；彩版四七）。

项饰 3件，为月牙形璜饰。

标本YYM250:5，1件。通长13.6、矢高6.3厘米，重14克。璜片最宽1.4、两端穿孔直径0.35厘米（图五六一，2；彩版四八，3）。

标本YYM151:7，1件。通长16.4、矢高10.6厘米，重25.9克。璜片最宽2、两端穿孔直径0.45厘米，孔缘凸起（图五六一，3；彩版四八，1）。

标本YYM174:7，1件。通长16.3、矢高10.3厘米，重21.6克。璜片最宽2.5、两端穿孔直径0.25厘米（图五六一，4；彩版四八，2）。

耳环 10件。

可分2型，Ⅰ型为螺旋形，Ⅱ型下端呈扁喇叭口形。

Ⅰ型 螺旋形 8件。

标本YYM2:12-1、2，2件。外周直径分别为1.9和2、金丝直径0.1厘米，分别盘绕3.5和3周，2件共重6.4克（图五六一，5）。

标本YYM18:6-1、2，2件。外周直径分别为1.9和2、金丝直径0.1厘米，均盘绕4周，2件共重7克（图五六一，6）。

标本YYM250:4-1、2，2件。外周直径均为2.5、金丝直径0.1~0.12厘米，均盘绕2.5周，2件共重9克（图五六一，7；彩版四九，2）。

标本YYM174:5-1、2，2件。外周直径为1.5、金丝直径0.08厘米，均盘绕2周，2件共重2.6克（图五六一，9）。

Ⅱ型 下端呈扁喇叭口形 2件。

标本YYM156:5-1、2，2件。外周直径分别为1.8和1.9、金丝直径0.2厘高米，均盘绕2周，一端呈扁喇叭口形，边长1、高0.9厘米，2件共重15克（图五六一，8；彩版四九，3）。

串饰 2件。

标本YYM2:14-214、215，螺旋形。小者盘绕4.5周，通长0.55、环外径0.58~0.6、金丝直径0.1厘米，重1.3克。大者盘绕7.5周，通长0.94、环外径0.42~0.55厘米，金丝直径0.06~0.09厘米，重1.5克（图五六一，11、12）。

包金铜贝 10件。

标本YYM2:15-1~10，仿海贝形，一头偏大，另一头略小，正面包金，微凸，背面微凹，中间

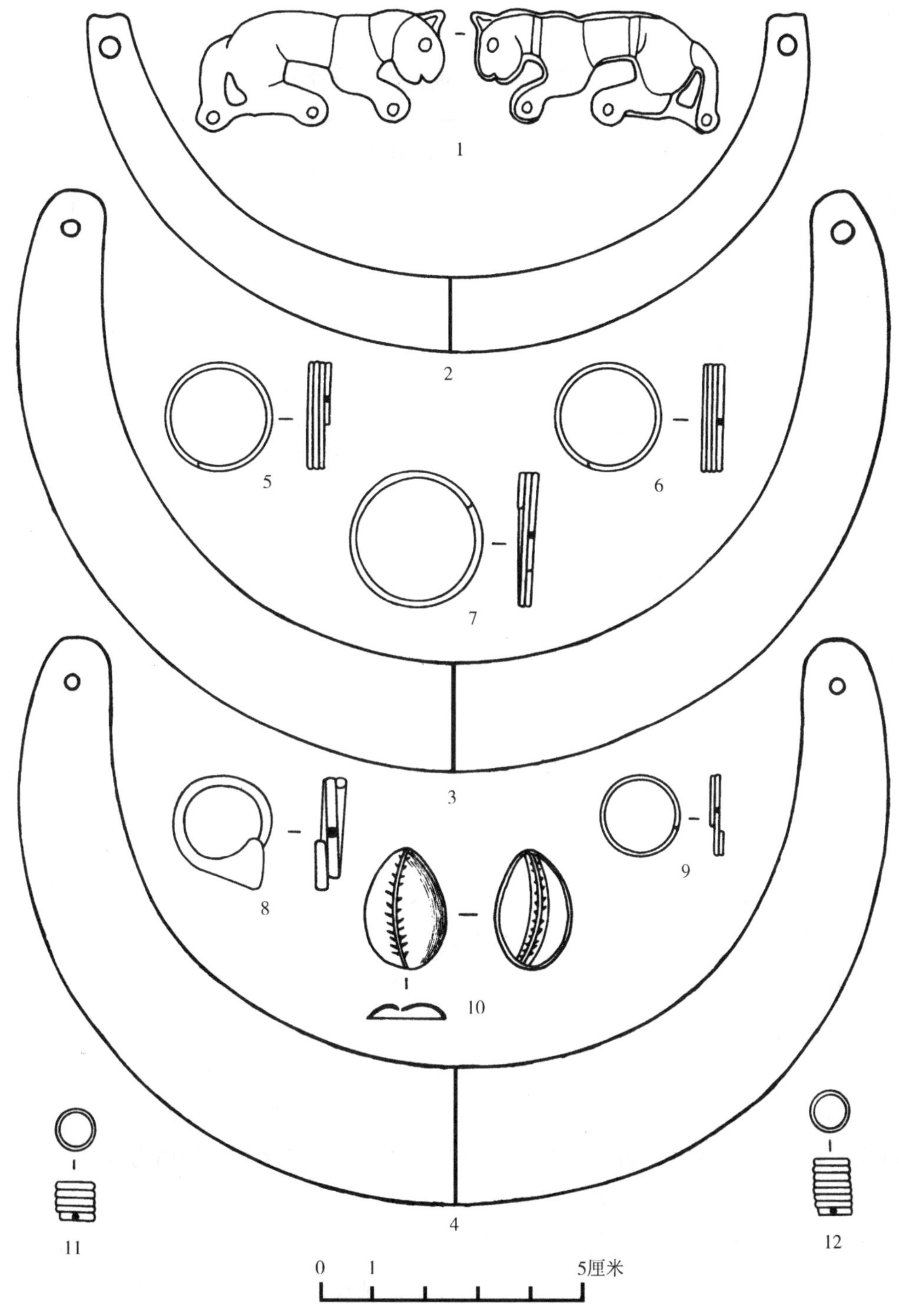

图五六一　玉皇庙墓地出土金饰品

1. 金虎牌饰（YYM18:5）　2、3、4. 金璜形饰（YYM250:5、151:7、174:7）　5～9. 金耳环（YYM2:12－1、18:6－1、250:4－1、156:5－1、174:5－1）　10. 包金铜贝（YYM2:15－1）　11、12. 金丝串饰（YYM2:14－214、215）

有带锯齿纹的纵向弧形裂隙一道，贝胎为铜质，周边出露绿色铜锈。通长2.1～0.25、通宽1.5～1.6、厚0.38～0.45厘米，均重2.1克（图五六一，10；彩版四九，1）。

详见附表126。

附表126　　**玉皇庙墓地出土黄金饰品统计表**

器物名称	序号	器物名	型	数量	通长/外径	通高/矢高	通宽	厚/丝径	圈数	孔径	重量	备注
耳环	1	YYM2:12-1、2	Ⅰ	2	1.9~2			0.1	3.5/3		6.4	
	2	YYM18:6-1、2	Ⅰ	2	1.9~2			0.1	4		7	
	3	YYM250:4-1、2	Ⅰ	2	2.5			0.1~1.12	2.5		9	
	4	YYM156:5-1、2	Ⅱ	2	1.8~1.9			0.2	2		15	
	5	YYM174:5-1、2	Ⅰ	2	1.5			0.08	2		2.6	
串饰	1	YYM2:14-214、215		2	0.58~0.6/0.42-0.55	0.55/0.94		0.1/0.06~0.09	4.5/7.5		1.3~1.5	螺旋形
包金铜贝	1	YYM2:15-1~10		10	2.1/2.25		1.5/1.6	0.38/0.45			21.1	
虎形牌饰	1	YYM185		1	4.8		2.5				14.4	前后爪及尾端有嵌窝，直径0.15~0.25
璜形饰	1	YYM250:5		1	13.6	6.3	1.4			0.35	14	两端各有一个穿孔
	2	YYM151:7		1	16.4	10.6	2			0.45	25.9	
	3	YYM174:7		1	16.3	10.3	2.5			0.25	21.6	

注：长度单位厘米，重量单位为克，矢高即外弧最高点至两端头连线的垂直线的长度。

讨论

从墓葬规格看，随葬金器的6座墓，均属高级或较高级大、中型墓葬，其中属于大型甲（A）级者有2座（YYM18，YYM250），属于大型甲（B）级者有2座（YYM2，YYM151），属于中型乙（A）级者1座（YYM156），属于中型乙（B）级者1座（YYM174）。

从分布看，上述随葬金器的6座墓，在北Ⅰ区中部，北Ⅱ区北部，南区北部、中部和南部，均有分布，表明在玉皇庙墓地早、中、晚三个发展阶段，都曾有地位较显赫的部族首领或贵族人物在此埋葬。

从性别看，上述6座墓葬中，除YYM2一座为女性墓之外，其余5座皆属男性墓。说明在这支部族中，有资格享用高级金饰品的，主要为男性首领级人物。

出自YYM18号墓中的金虎形牌饰，是该墓地出土众多的动物形牌饰中唯一一件金质牌饰，形象生动，铸工精致，在虎的眼、爪和尾端铸出嵌孔，原镶嵌有绿松石，是一件金碧耀眼的佩饰。它佩戴在一代部落酋王的胸前，必有其不同寻常的意义，它不但强烈地折射出这支部族欲威加天下，征服一切的理想追求与精神寄托，而且还蕴含和标志着这支部族固有的一种原始宗教信仰——将百兽之王虎奉为他们的图腾或族徽。

金璜形饰，在玉皇庙墓地出土3件，在西梁垙墓地出土2件，近年在冀北山地同类文化一些规格较高的墓葬中，也常有发现，它佩于男性首领的颈下，是这支部族标志其主人特定身份的一种“礼制”。这种形式的金饰品，在中国北方先秦时代其他文化中均未曾发现，唯见于军都山和冀北山地含直刃匕首式青铜短剑的文化遗存中，因此，可以认定：金璜形饰是构成以玉皇庙墓地为代表的这支北方部族文化内涵的重要文化因素之一。

三　青铜器

玉皇庙墓地随葬青铜器的墓葬共334座（编号为：YYM2、3、4、5、6、7、8、9、10、11、12、13、14、15、17、18、19、20、21、22、23、24、25、26、29、30、31、32、33、34、35、36、37、38、41、42、44、45、46、47、48、49、51、52、53、54、56、57、58、59、60、61、63、64、65、66、67、69、70、71、72、74、75、76、77、78、79、80、81、82、83、84、85、86、90、91、92、94、95、96、97、98、99、100、102、104、105、106、108、109、110、111、112、113、114、115、116、117、118、119、120、122、123、124、125、126、127、128、129、131、132、133、134、135、136、137、138、142、143、144、145、147、148、149、150、151、153、154、155、156、157、158、159、160、161、162、163、164、165、166、167、168、170、171、172、173、174、175、176、177、178、179、182、183、184、185、186、187、188、190、191、192、195、196、197、198、199、200、201、202、203、204、205、206、208、209、210、211、212、213、214、215、216、217、220、221、222、223、224、225、226、227、228、229、230、231、232、233、234、236、237、238、239、240、241、247、248、249、250、251、252、253、255、256、257、258、259、260、261、263、264、265、266、267、271、272、273、274、275、276、277、278、279、280、281、282、283、284、289、290、291、293、294、295、296、297、298、299、300、301、302、303、305、306、308、310、312、313、314、315、316、317、319、320、321、322、323、324、325、327、329、331、332、333、334、335、336、338、339、340、341、342、343、344、345、346、347、348、349、350、351、352、353、354、355、356、358、359、361、363、364、366、367、368、369、370、371、372、373、374、375、376、377、378、379、380、381、382、383、384、385、386、387、388、391、392、393、394、395、396、397、398、399、400），占该墓地墓葬总数的83.5%。共出土各类青铜器17790件，占该墓地出土器物总数（60722件）的29.3%。这些青铜器，按用途可分为礼器（含中原式礼器与土著式铜容器两部分）、兵器、工具、马具、装饰品和货币等6类。这些青铜器，特别是前5类青铜器的特点，是构成这支文化内涵特征主要的和重要的方面之一。

礼器　共22件，占该墓地出土青铜制品总数的0.12%。多为容器，是6类青铜器中体形较大者，属大件青铜器，多成套或成组地出于规格较高的大型墓葬中，仅有少数单件的鍑，出于中、小型墓葬中。22件礼器中，属于中原式的青铜礼器有20件，器形包括：烹煮器鼎，食器敦、钵、匕，酒器罍、杯、斗，水器盘、匜、鍑等；属土著的青铜礼器只有2件，器形仅1种，即烹煮器。从数量看，礼器是出土的6类青铜器中数量较少的器类。

兵器　共395件，占该墓地出土青铜制品总数的2.2%。器类较少，仅包括3类：中原式三穿铜戈，本部族固有的直刃匕首式青铜短剑和各式铜镞。从数量上看，铜镞最多，铜戈最少，短剑居中；从造型风格与制作特点看，以各式直刃匕首式青铜短剑最具特色。

工具　共423件，占该墓地出土青铜制品总数的2.38%。器类较多，共有8类：削刀、锛、凿、锥（含骨柄铜锥）、针、锥（针）管具、盒形器、瓶形器等。数量以青铜削刀最多，其次是铜锥和锥

(针) 管具，然后属铜锛与铜凿，数量较少的是铜针和铜盒形器，数量最少的是瓶形器。

马具　共213件，占该墓地出土青铜制品总数的1.197%。包括7类；衔、镳、节约、铜泡、铜箍、环具和铜环箍。数量以铜泡最多，其次是铜箍，然后属衔与镳，数量较少的是节约和铜环，数量最少的是铜环箍。

装饰品　共16734件（枚），占该墓地出土青铜制品总数的94.06%，是6类青铜器中数量最多、种类最繁杂的器类。主要包括5类：佩饰、服饰、小铜扣、双联小铜扣和其他饰件。其中以佩饰品最多，其次是服饰品，再次为双联小铜扣，数量较少的是小铜扣，数量最少的属其他饰件。

货币　属尖首刀币，出土完整和较完整者3枚，占该墓地出土青铜制品总数的0.02%，是出土的6类青铜器中数量最少的一类，是该文化与燕文化发生接触，并有贸易往来的实物例证。

上述6类青铜器，皆属实用器，没有所谓明器。这是玉皇庙墓地青铜器的特点之一。

经检验，青铜礼器（不论是中原式的，还是土著者），均有使用和磨耗痕迹。如YYM2和YYM18出土的2件中原式铜罍，起取时里面还遗有一多半已经炭化了的酒糟沉积物（经鉴定属谷类粮食作物），证明铜罍既是储酒器，同时又是酿酒器，而且一直供墓主人使用。YYM18出土的土著青铜“礼器”——锼，整个器体的外表，附着一层厚厚的黑色烟炱，口沿上的两只绹纹环耳，因久经磨耗，已有明显的磨蚀凹痕。其他的食器、水器等，也有不同程度的使用磨损痕迹。

兵器中的戈，刃部虽无明显的使用痕迹，但经测定的金属成分表明，它们都是可以用于实战的兵器，这一点是没有疑问的。玉皇庙墓地的直刃匕首式青铜短剑和铜镞，虽然有一部分属新铸的制品，尚未经过使用，便作了随葬品，但其形制、质量和金属成分表明，它们都是可以用来作实战的兵器，而非为明器。

工具中的削刀、锥、锛、凿等锋刃器，经测定，它们在金属成分的配比上、综合机械性能上、铸后的热冷加工上，都要比兵器短剑还要强化，制作技术更显优良些，在其锋刃部位，观察到使用痕迹滑移线的情况，更为普遍，故在工具类器物中，也不存在明器。

马具中的衔、镳、节约、泡饰、铜箍、环具、环箍等，绝大多数都有明显的使用磨损痕迹，有的环孔中还遗有皮缰绳残迹，百分之百属于实用器具。

装饰品中的耳环、带钩、带饰、牌饰、各种泡、扣饰、坠饰、铃形饰等均属铸制品，它们在金属成分上，与兵器、工具类，基本一致，并未发现有意区别或自觉控制的情况，也未见纯铅制品，故这些种类庞杂的青铜装饰品，也应属实用品，而非属明器。

3枚尖首刀币，从材质、形制规格、重量和所具铭文考察，毫无疑问均属当时燕国铸行的实用流通货币。

为了解军都山墓地出土的各类青铜器的金属成分与金属组织特点，考察其材质及制作水平，并进而考察其与中原文化，以及同时期的辽西地区夏家店上层文化青铜器之间的差异问题，我们选取了122件各类青铜器物标本，请北京科技大学冶金与材料史研究所作了系统的检测与研究，该研究所专家采用扫描电镜能谱分析仪和化学分析方法，对于铜器成分，作了检测和分析，并结合光学金相显微镜仔细观察了金相显微组织情况，又配合使用偏光显微镜，对青铜器中的夹杂物、锈蚀层结构等，进行了观察和照相，获得了一批系统的检测数据和第一手研究资料，在此基础上，撰写出《军都山墓地出土铜器的鉴定》测试与研究报告（见本报告附录四）。

为从军都山出土的这批青铜器资料中，获取更多的科学技术信息，拓宽多学科综合研究的领域，向深层次推进，进一步了解军都山墓地出土青铜器的铸造技术特点，考察其冶铸工艺和当时生产力的发展水平，并进而与中原地区和邻近地域相关文化作比较研究，我们又在各类器物中选取了一部分具有代表意义的青铜器标本，与中国科学院自然科学史研究所的专家合作，作了扫描电镜能谱成分分析和器物铸造工艺形态与结构的解剖考察，专门从铸造技术的角度，对军都山这批青铜器的冶铸特点，作了专题分析与研究，撰写出《军都山山戎墓地出土青铜器铸造技术初步考察》、《北京市延庆县军都山山戎青铜合金技术初步研究》和《延庆玉皇庙墓地出土的铜柄铁刀及其科学分析》等3篇科学检测与研究报告（见本报告附录五、六、七）。

（一）礼器

玉皇庙墓地共出土青铜礼器22件，占玉皇庙墓地出土青铜制品总数的0.12%，是出土的6类青铜制品中数量最少的器类，分别出自7座墓葬，墓号为：YYM35（1件）、2（11件）、18（4件）、250（3件）、156（1件）、171（1件）、174（1件），占玉皇庙墓地墓葬总数的1.75%。多为容器，以风格划分，可分为中原式礼器和土著式礼器2类；以功能划分，可分为烹煮器、食器、酒器和水器等4类。属于中原式的青铜礼器有20件，属土著的青铜礼器只有2件。

1. 中原式礼器

共20件，占该墓地出土青铜礼器总数的91%。

（1）烹煮器

1件，占该墓地出土中原式青铜礼器总数的5%。

鼎　1件，占该墓地出土中原式青铜烹煮器总数的100%。

标本YYM2:1，通高19.6、连耳通宽20厘米，重2000克。口径正圆，外径17.7厘米。方唇，平沿，口微敛。方直耳，长4.2、宽4.2、厚0.5、耳孔高2.4、宽1.7厘米。弧腹圜底，下接兽腿形三足，三足上有纵向铸缝，圜底连接三蹄处有三角形铸补底片，中心有浇铸口。腹部饰重环纹。（图五六二，1；彩版五一，2）。

（2）食器

共4件，占该墓地出土中原式青铜礼器总数的20%。

敦　共2件，占该墓地出土中原式青铜食器总数的50%。

标本YYM2:2，通高15、连耳通宽26.3厘米，重1475克。配盖为正圆形，口径21.6、腹径21.4厘米。盖呈覆钵状，浅腹弧壁，边缘外展，顶正中置凹心捉手，束颈，方唇，宽平沿，缘部有三个扣齿以固定器盖。器口圆，方唇平沿，敞口，短束颈，窄肩斜折，腹壁斜弧内收，肩下有对称环耳，平底无足，腹部饰三道弦纹。器壁表面粘有多层麻布痕迹（图五六二，2）。

标本YYM18:2，通高14.2厘米，重1500克。配盖为正圆形。器盖外径22.5厘米，口沿上有3个扣齿，卷沿捉手外径9.3厘米，一处断裂，裂纹两侧各有2个规整的圆形铆眼。器身方唇，平口，外径22厘米。束颈，弧腹，双环耳外径2.7厘米，内侧有铸缝，（图五六二，4；彩版五五，2）。

钵　1件，占该墓地中原式青铜食器总数的25%。

标本YYM2:3，因器壁较薄，长期置于木椁底部，故器底已因氧化锈蚀严重，器壁也因锈烂解体，残存碎片或粉渣，已无法复原。从遗存的器壁、器底与口沿碎片，可以推知，此器应属钵类，其口、

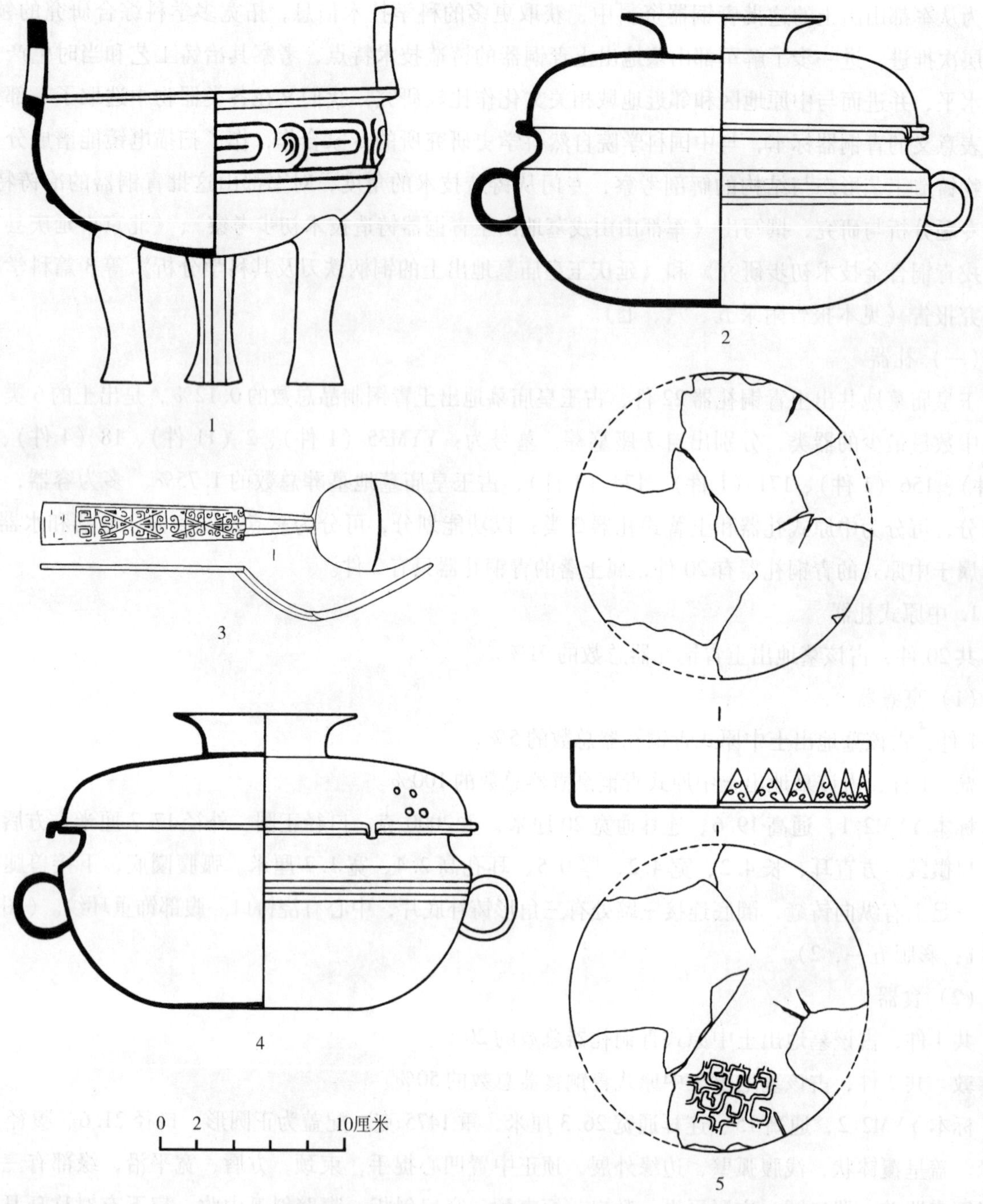

图五六二 玉皇庙墓地出土青铜礼器

1. 鼎（YYM2:1） 2. 敦（YYM2:2） 3. 匕（YYM2:4） 4. 敦（YYM18:2） 5. 钵（YYM2:3）

腹、底均呈圆形，平沿、口稍内敛，浅腹，下腹呈弧形内敛，估计底为平底，无盖，腹壁下半部饰阴线三角勾云纹，底部饰阴线勾连回纹，口径约20厘米，器高约8～9厘米，器壁厚1.5毫米左右，遗留残片共重250克（图五六二，5）。

匕 1件，占该墓地中原式青铜食器总数的25%。

标本YYM2:4，通长21、重94.7克，勺部为长圆形，长6.8、宽4.7、厚0.1厘米。一折柄，前半

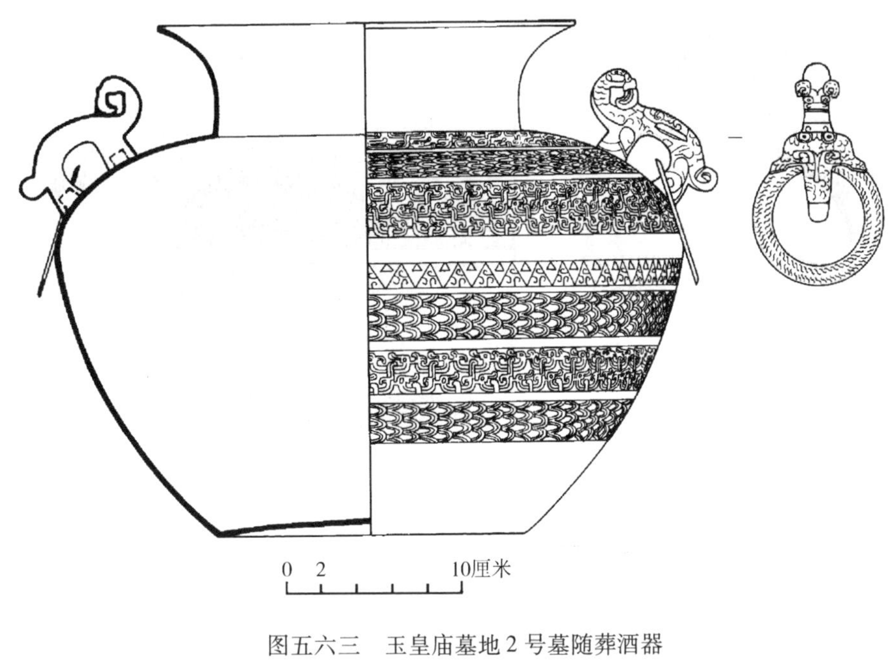

图五六三　玉皇庙墓地2号墓随葬酒器青铜罍（YYM2:5）

部与勺相接，正面二棱三面，背面呈弧形，长4、前端宽0.75、后端宽1.2厘米；后半部平面呈梯形，正面饰阴刻勾云纹，尾部饰三角纹，端头略呈弧形，长11、前端宽1.6、后端宽2.1、厚0.22厘米。（图五六二，3；图版二四七，3）。

（3）酒器

共6件，占该墓地中原式青铜礼器总数的30%。

罍　既是酿酒器，也是储酒器，共3件，占该墓地中原式青铜酒器总数的50%。

标本YYM2:5，通高28.2、通宽39.8厘米。重5000克。口形正圆，外径24、腹径35.8、底径17.6厘米。斜敞口，方唇，束颈较高，广肩下弧，阔腹，腹壁作斜弧内收，凹底，器壁较薄。两肩置对称的回首卷尾螭龙衔环环耳一对，龙体饰鳞纹，衔环外径7.4、内径5.2厘米，饰绹索纹。环耳与器身连接处，使用纯铅焊料。自颈下部至下腹部间，呈环状，分别饰有蟠螭纹、弦纹、左向龙麟纹、弦纹、蟠螭纹、弦纹、三角勾云纹、弦纹、右向龙麟纹、弦纹、蟠螭纹、弦纹、右向龙麟纹（图五六三；彩版五二）。

标本YYM18:3，通高26.6、通宽37.4厘米。重4320克。口形正圆，外径22.4、腹径34.4、底径16.6厘米。斜敞口，方唇，束颈较高，广肩下弧，阔腹，腹壁作斜弧内收，底部残损。两肩置对称的回首卷尾螭龙环耳一对，龙体饰鳞纹。出土时，罍下有1件从环耳上脱落的环饰。环耳与器身连接处，使用铜锡焊料。自颈下部至下腹部间，呈环状，分别饰有三角勾云纹、弦纹、蟠螭纹、弦纹、左向龙鳞纹、弦纹、蟠螭纹、弦纹、三角勾云纹、弦纹、蟠螭纹、弦纹、右向龙鳞纹。器体表面粘有麻布纤维和毛皮痕迹（图五六四；彩版五三）。

YYM2:5和YYM18:3在出土时，当器口板结的填土块被清理掉之后，清理者当时尚能闻到罍内散发出的浓郁的酒香。2件罍腹中均遗有炭化了的粟米酒糟积块。YYM2:5的酒糟积块厚约13厘米，YYM18:3的酒糟积块厚约16厘米。证明罍在这支文化中既是贮酒器，同时也是酿酒器（参见附录报告九《玉皇庙墓地春秋时期青铜罍中残留谷物的检测与研究》）。

标本YYM250:2，通高26.5、通宽35.2厘米，重4400克。口形正圆，外径20.5、腹径34、底径17.8厘米。斜敞口，方唇，束颈较高，广肩下弧，阔腹，腹壁作斜弧内收，凹底，器壁较薄。两肩置对称的回首卷尾螭龙环耳一对，龙体饰鳞纹。环耳与器身连接处，使用铅锡焊料。自颈下部至下腹部间，呈环状，分别饰有蟠螭纹、弦纹、右向龙鳞纹、弦纹、蟠螭纹、弦纹、三角勾云纹、蟠螭纹、弦

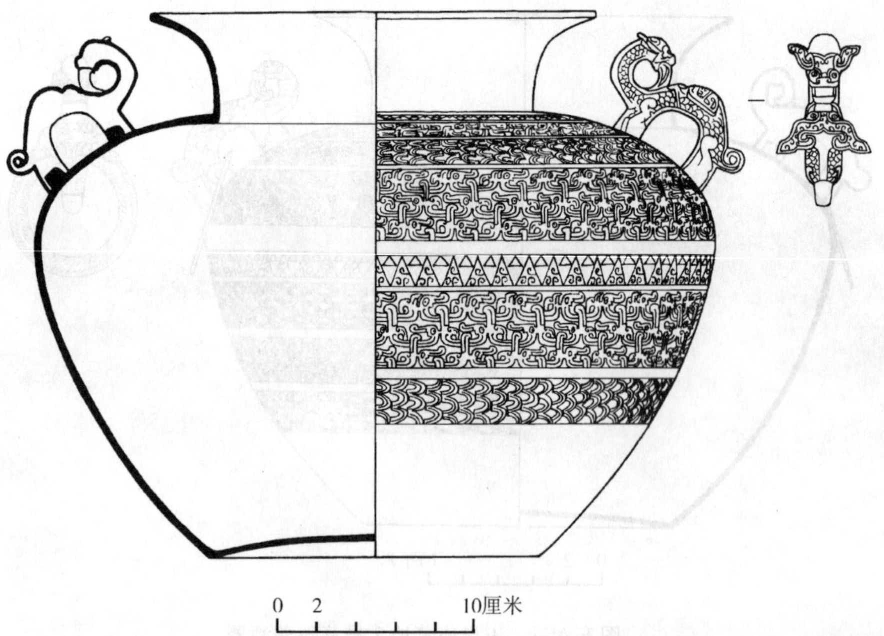

图五六四 玉皇庙墓地18号墓随葬酒器

青铜罍（YYM18:3）

纹、右向龙鳞纹。器体表面粘有麻布纤维（图五六五）。

玉皇庙出土的3件铜罍，虽外形相近，但其环耳与器身的焊接工艺却有所不同，分别采用了3种不同的焊料。经检测研究这是迄今我国发现的最早的焊接例证。（参见附录报告五《军都山山戎墓地青铜铸造技术初步考察》）。

杯 2件，占该墓地中原式青铜酒器总数的33.3%。

标本YYM2:10，通高5.6、连耳宽14.7、长12.2厘米，重300克。椭圆口，平沿方唇，圜底，两长边正中饰螭龙形环耳一对，外径3.3、内径2厘米。素面，下接兽腿形足。整体器形向一侧倾斜（图五六六，2；图版二四七，1）。

标本YYM2:11 通高5.1、连耳宽13.4、长11.8厘米，重246克。椭圆口，平沿方唇，圜底，两长边正中饰兽形环耳一对，外径2.8、内径1.7厘米。素面，下接兽腿形足。（图五六六，3；图版二四七，2）。

斗 1件，占该墓地

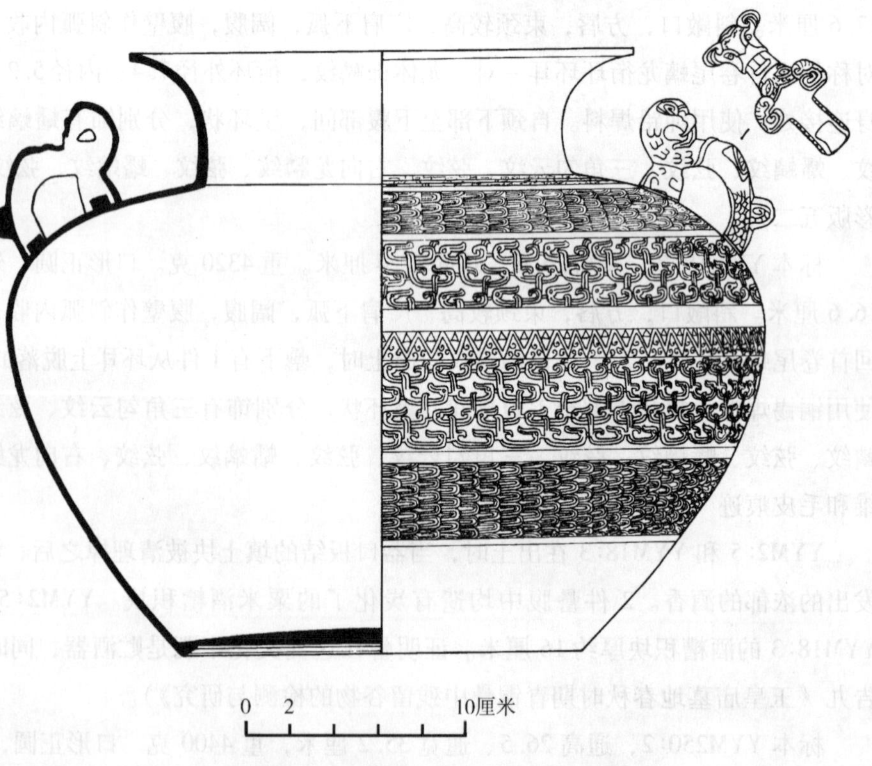

图五六五 玉皇庙墓地250号墓随葬酒器

青铜罍（YYM250:2）

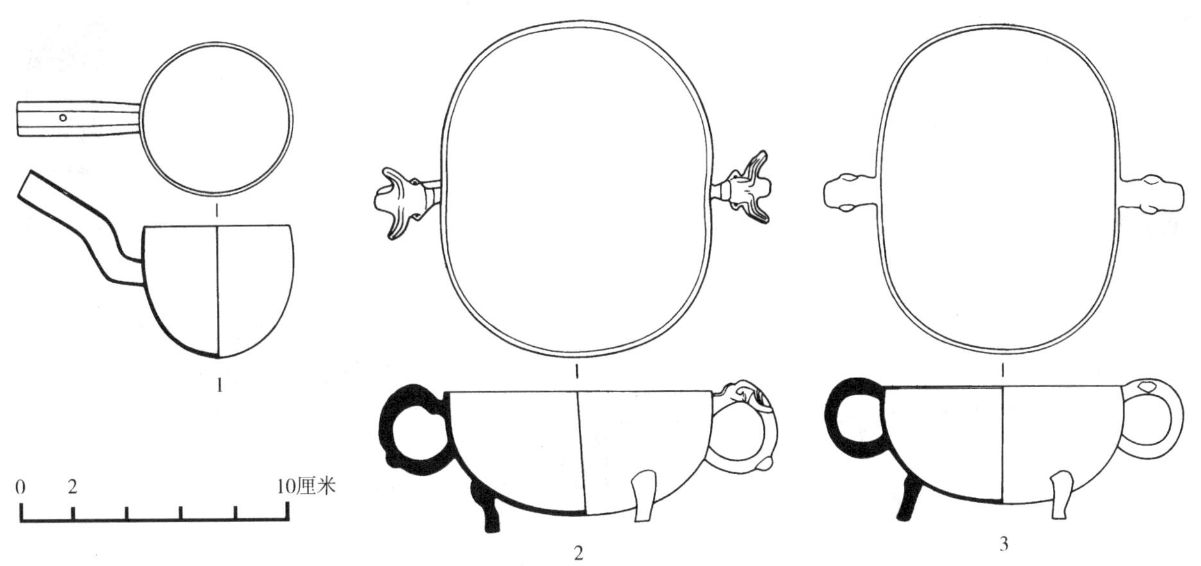

图五六六　玉皇庙墓地2号墓随葬青铜酒器

1. 斗（YYM2:6）　2. 螭龙耳三足杯（YYM2:10）　3. 兽形耳三足杯（YYM2:11）

中原式青铜酒器总数的16.7%。

标本YYM2:6，通长10.2、通高6.8厘米，重123.2克。圆口微敛，外径5厘米，平沿，卵形深腹，深4.6厘米，圜底。腹一侧置两折中空八棱銎柄，尾端有一个圆形穿孔，出土时銎柄内尚遗有木质残迹（图五六六，1；图版二四七，3）。

（4）水器

9件，占该墓地中原式青铜礼器总数的45%。包括：盘1件，匜1件，鍑7件。

盘　1件，占该墓地中原式青铜水器总数的11.1%。

标本YYM2:7，正圆形。通高11.8、连耳通宽45、口内径38、底径22.4、盘高6.5厘米，重3500克。敞口，平沿外折，方唇。两侧各有一个附耳，高6.8、宽4.4厘米，反向两折，与盘体两处相连，耳顶端近直角方折后形成一个6×3厘米的长方形鋬，饰兽面纹。浅腹平地，下接有折缘的外撇圈足，口沿以下至腹部铸饰三角勾云纹和勾云纹，圈足饰垂鳞纹（图五六七；彩版五四，2）。

匜　1件，占该墓地中原式青铜水器总数的11.1%。

标本YYM2:8，通高15.8、通长28、通宽15厘米，重1017克。器形椭圆，平沿，口微敛，长槽流，鋬手作扁体环状夔龙形，圜底，下接4条兽形扁足。口沿与流下饰带状三角纹。前足呈兽首状，后足呈兽足状。底有纵向铸缝（图五六八；彩版五四，1）。

鍑　7件，占该墓地中原式青铜水器总数的77.8%。

标本YYM35:2，通高7.4、通长16、连耳通宽17.2厘米，重302.7克。平面呈椭圆形，尖唇小侈口，口部长径14.4、短径11厘米。弧肩，肩下两个横长边置对称环耳，外径3.2厘米，与器体衔接处较宽，有0.9厘米，中间较窄，宽0.4厘米。鼓腹平底，上腹内收，腹部长径16、短径12.7厘米。口沿粘有麻布痕，一侧有破损镂孔。底部有一条纵向铸缝。器壁较薄，只有0.1厘米厚（图五六九，1；图版二四六，1）。

标本YYM2:9，通高9.4、通长17.2、连耳通宽18.2厘米，重746克。配盖为椭圆形，器壁较薄。

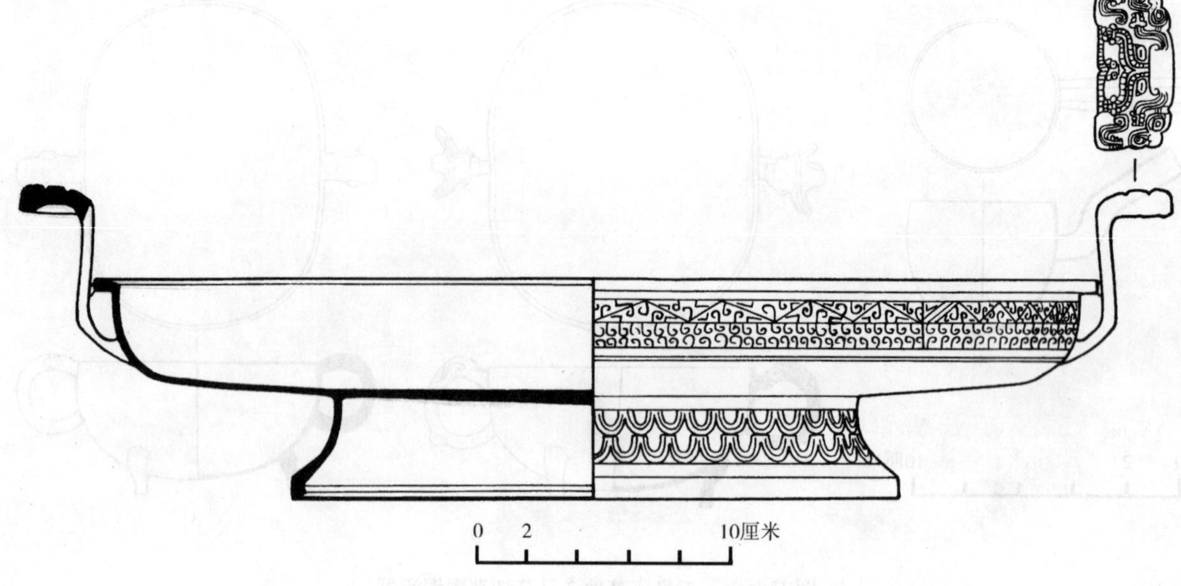

图五六七 玉皇庙墓地2号墓随葬水器

青铜盘（YYM2:7）

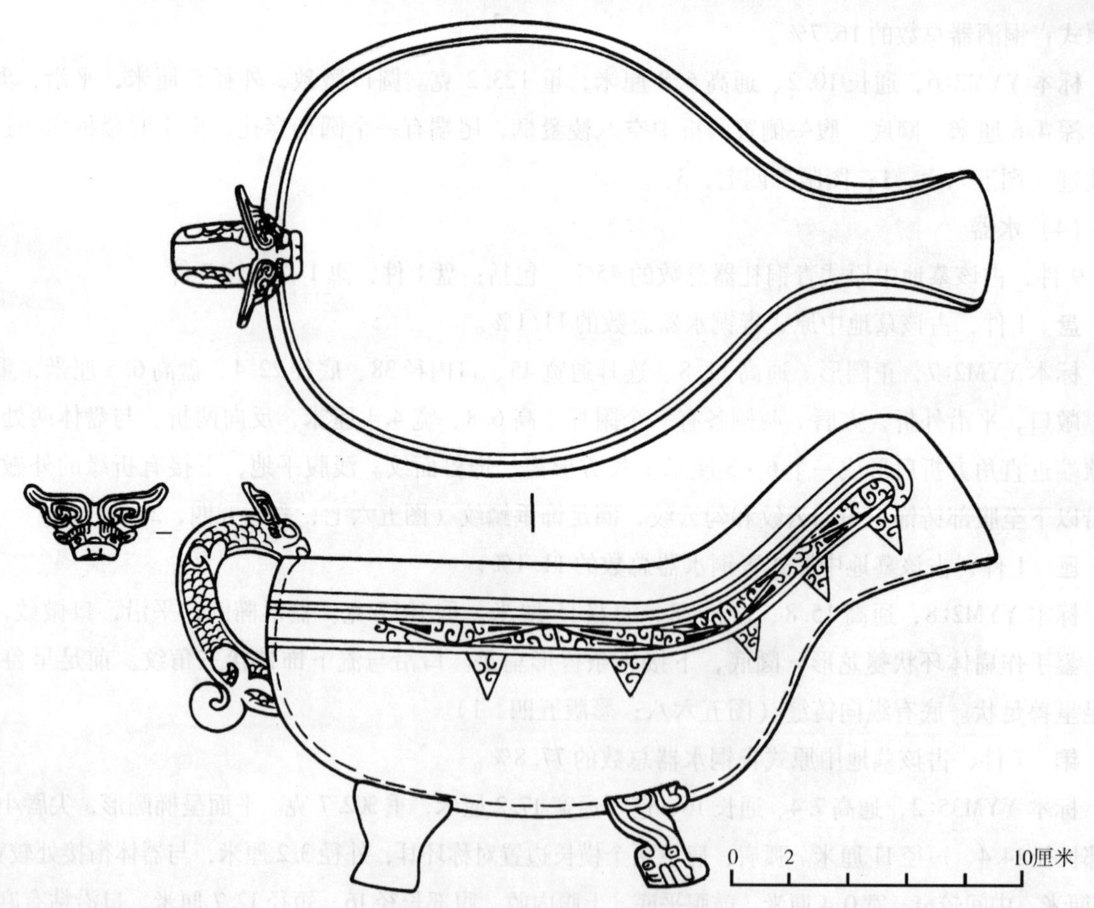

图五六八 玉皇庙墓地2号墓随葬水器

青铜匜（YYM2:8）

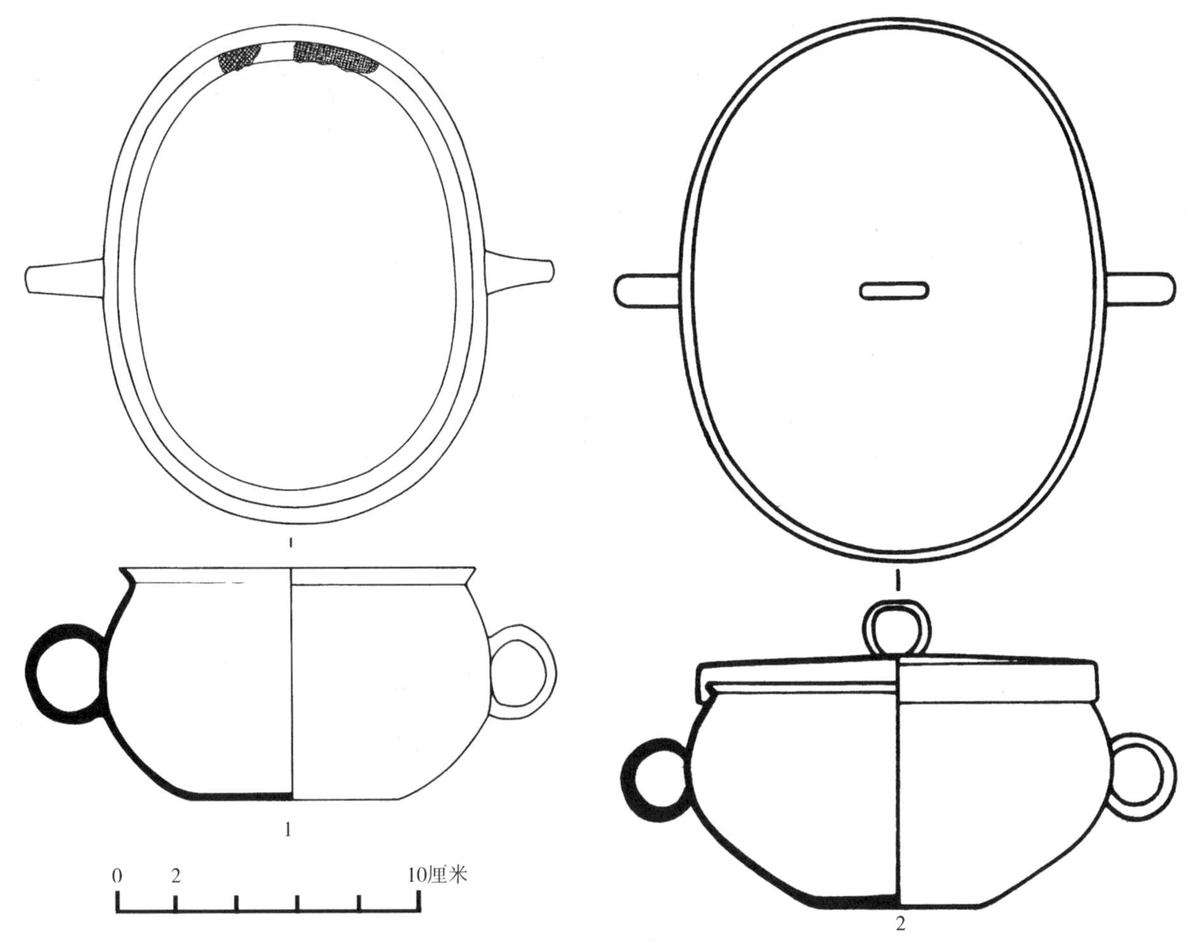

图五六九 玉皇庙墓地出土青铜铆

1. YYM35∶2 2. YYM2∶9

直口平顶盖，长径17.2、短径13.2厘米，顶部正中附一环钮，外径1.6厘米，边沿断裂，裂纹两侧各有一个圆形铆眼。器形圆唇小侈口，长径15.6、短径12.3厘米。弧肩，肩下两长边置对称环耳，外径2.6、内径1.8厘米。双环耳与器盖环钮在与器底垂直的同一平面上。鼓腹平底，上腹内收，腹径横宽14厘米（图五六九，2；图版二四六，2）。

标本YYM18∶4，鎏金铜胎。通高6.9、通长14、连耳通宽12.6厘米。重329.5克。平面呈椭圆形，尖唇小侈口，口部长径11.5、短径8.7厘米。上腹内收，鼓腹平底，腹部长径13、短径10.2厘米。长边一侧肩、腹交接部位铸饰圆形环耳一只，外径2.9、内径1.4厘米。两短边各铸饰一个小鼻钮，外径0.6厘米。腹部偏上饰带状勾云纹，下接三角纹。器底有纵向铸缝（图五七〇；彩版五五，1）。

标本YYM250∶3，通高6.8、通长16.6、连耳通宽17.4厘米，重367克。平面呈椭圆形，尖唇小侈口，口部长径15、短径11.4厘米。上腹内收，鼓腹平底，腹部长径16.6、短径13、两长边置对称环耳，外径2.6、内径1.8厘米（图五七一，1；图版二四六，3）。

标本YYM156∶4，通高5.3、通长16.8、连耳通宽16.8厘米，重411.7克。平面呈椭圆形，尖唇小侈口，长径15.4、短径11.9厘米。上腹内收，鼓腹平底，腹部长径16.8、短径13.2厘米。两长边置对称环耳，外径1.8、宽0.4厘米，中间有铸缝。底面有纵向铸缝（图五七一，2）。

标本YYM171:4，通高7、通长14、连耳通宽13.9厘米，重476.8克。平面呈椭圆形，尖唇小侈口，口部长径12.3、短径10.5厘米。上腹内收，鼓腹平底。腹部长径13.7、短径11.9厘米。长边一侧置环耳，外径2厘米，没有明显铸缝。两短边置对称小鼻纽，其1残损，另1外径0.6厘米。底面有纵向铸缝（图五七一，3）。

标本YYM174:13，通高5.1、通长15.5、连耳通宽13.6厘米，重381.5克。平面呈椭圆形，尖唇小侈口，口部长径14.9、短径11.3厘米。上腹内收，鼓腹平底。腹部长径15.5、短径11.7厘米。两长边置对称环耳，其1残缺，另1个外径1.9、宽0.35厘米。底部有一条纵向铸缝（图五七一，4）。

2. 土著式礼器

共2件，占该墓地青铜礼器总数的9%。器类只有烹煮器镀1种。

镀 2件，占该墓地土著式青铜礼器总数的100%。

标本YYM18:1，通高20.9、间距20.2厘米，重2000克。口径正圆，尖唇小侈沿，敛口，外径19.8厘米。球腹，腹径21.1、深13.3厘米，深圜底。粗绹索状直耳，铸于口沿上，磨耗痕迹明显，一耳高3.8、宽3.4、另一耳高3.6、宽3.5厘米。圜底，上部直径8厘米。下接喇叭口形矮圈足，上径6、下径8、高3.8厘米，铸工粗拙，遗有铸瘤和铸缝。在器腹外壁与圈足中间遗有明显纵向铸痕，扉碴未经打磨。器表通体沾满烟垢，出土时器表附着多层麻布痕迹（图五七二，1；彩版五〇）。

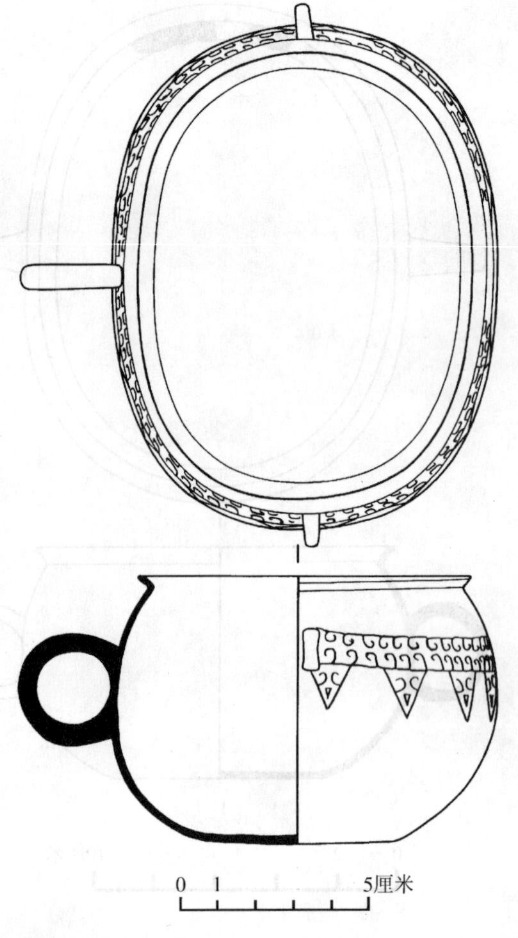

图五七〇 玉皇庙墓地18号墓随葬水器青铜銗（YYM18:4）

标本YYM250:1，通高23.3、两耳间距22.2厘米，重1500克。口径正圆，方唇平沿，敛口，口外径21厘米。鼓腹圜底，腹径21.3、深12.3厘米。耳有纵向铸缝，耳根铸于口沿下上腹部，高4.4厘米。腹部有铸缝。高柄中空，折沿圈足，高8.4、柄顶端直径4.9、圈足直径11.4厘米，圈足坡面上有三角形镂孔和铸补痕迹（图五七二，2；彩版五一，1）。

详见附表127。

讨论

玉皇庙墓地出土的青铜礼器主要来自两个文化系统，一个是燕和中原文化系统，有鼎、敦、钵、匕、罍、杯、斗、盘、匜、銗等10类器物，其数量占青铜礼器总数的91%；另一个是土著文化系统，即玉皇庙文化自制的器物，只有烹煮器镀1种，仅占9%。从工艺上可以轻而易举地区分二者。燕和中原青铜器铜质精

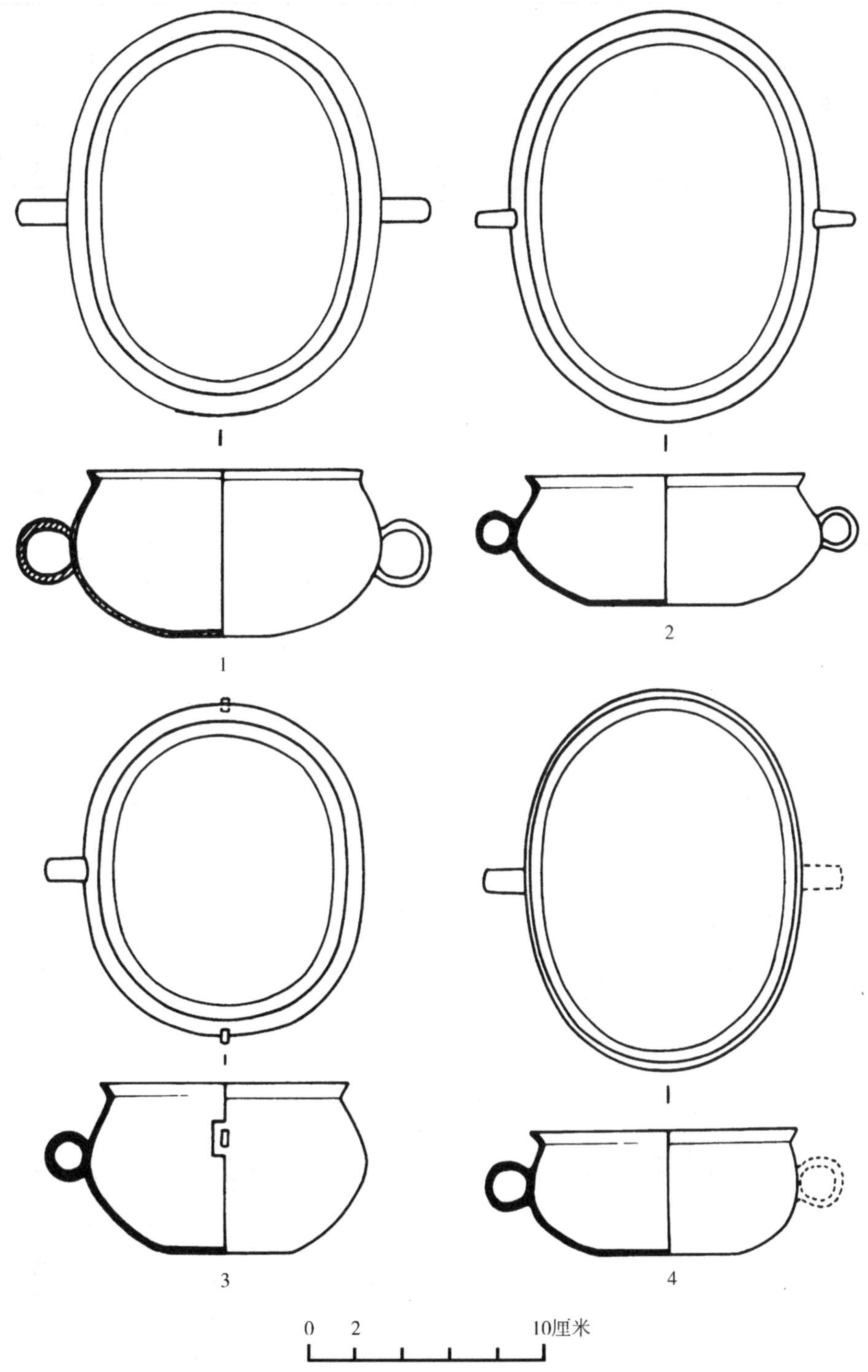

图五七一　玉皇庙墓地出土青铜铆

1. YYM250∶3　2. YYM156∶4　3. YYM171∶4　4. YYM174∶13

附表 127－1

玉皇庙墓地出土青铜礼器统计表

器物名称	序号	器物号(YYM)	通高	通长/宽	口部		沿形		唇形	腹部		器盖			耳部				底部		足形	纹饰	重量	备注
					形状	直径	形状	厚		形状	尺寸	通高	口径	沿形	形状	通高	通宽	内径	形状	尺寸				
鼎	1	2：1	19.6	20	微敛/圆	17.7	平	0.4	方	弧	18.8				方直	4.2	4.2	2.4	圜		兽蹄	重环	2000	
敦	1	2：2	15	26.3	敞/圆	21.6	平		方	斜弧	21.4	6	21.6	平	环耳	2.6		2.2	平			弦纹	1475	
	2	18：2	15.2	26.6	敞/圆	22	平	0.2	方	斜弧	22	6	22.8	平	环耳	2.7		2.4	平			弦纹	1500	
钵	1	2：3	8～9			20																三角勾云及勾连回纹	250	
匕	1	2：4		21	勺部：6.8/4.7，0.1－0.2，柄前端为正面二棱，背面弧形：长4/前宽0.75/后宽1.2，柄后端为梯形：长11/前宽1.6/后宽2.1，饰勾云、三角纹																		94.7	
罍	1	2：5	28.2	39.8	斜敞/圆	24	平	0.3	方	阔腹	35.8				螭龙	4.6	5.6	8.6	凹	17.6		蟠螭/鳞纹/勾云	5000	耳有衔环
	2	18：3	26.6	37.4	斜敞/圆	22.6	平	0.3	方	阔腹	34.4				螭龙	4	4.8	8.4	凹	16.6		蟠螭/鳞纹/勾云	4320	底残
	3	250：2	26.5	35.2	斜敞/圆	20.5	平	0.4	方	阔腹	34				螭龙	4.2	3.8	7.2	凹	17.8		蟠螭/鳞纹/勾云	4400	
杯	1	2：10	5.6	12.2/14.7	直/椭圆	12.2/9.9	平	0.2	方	弧					螭龙环耳	3.3		2	圜		兽蹄		300	
	2	2：11	5.1	11.8/13.4	敛/椭圆	11.8/9.1	平	0.1	方	弧					兽环耳	2.8		1.7	圜		兽蹄		246	
斗	1	2：6	6.8	10.2	微敛/圆	5	平			卵形深腹高4.6					两折中空八棱銎柄，尾端有一个圆形穿孔				圜底				123.2	
盘	1	2：7	11.8	45/39.4	敞/圆	38	平/外折		方	浅					长方形	6.8	4.4		平	22.4	圈	三角/勾云/垂鳞	3500	
匜	1	2：8	15.8	28/15	微敛/椭圆		平/外折														兽蹄/扁	夔龙/三角	1017	有长槽流和鋬

附表127－2

玉皇庙墓地出土青铜礼器统计表

器物名称	序号	器物号（YYM）	通高	通长/宽	口部		沿形		唇形	腹部		器盖			耳部				底部		足形	纹饰	重量	备注
					形状	直径	形状	厚		形状	尺寸	通高	口径	沿形	形状	通高	通宽	内径	形状	尺寸				
铆	1	35：2	7.4	16/17.2	小侈/椭圆	14.9/11.5			尖	鼓	16/12.7				双环耳	3.2		1.5	平				302.7	
	2	2：9	9.4	17.2/18.2	微敛/椭圆	15.6/12.3			尖	鼓	14	直口平顶	17.2/13.2		双环耳	2.6		1.8	平				746	
	3	18：4	6.9	14.5/12.6	小侈/椭圆	11.5/8.7			尖	鼓	13/10.2				单环耳	2.9		1.4	平			勾云/三角	329.5	2鼻纽
	4	250：3	6.8	16.6/17.4	小侈/椭圆	15/11.4			尖	鼓	16.6/13				双环耳	2.6		1.8	平				367	
	5	156：11	5.3	16.8/16.8	小侈/椭圆	15.4/11.9			尖	鼓	16.8/13.2				双环耳	1.8	0.4		平				411.7	耳、底有铸缝
	6	171：4	7	14/13.9	小侈/椭圆	14/13.9			尖	鼓	13.7/11.9				单环耳	2			平				476.8	2鼻纽残1底有铸缝
	7	174：13	5.1	15.5/13.6	小侈/椭圆	15.5/13.6			尖	鼓	15.5/11.7				双环耳	1.9			平				381.5	底有铸缝
镘	1	18：1	20.9	21.1	敛口/正圆	19.8	略侈		尖	鼓	21.1				绹索双直耳	3.8/3.6	3.4/3.5		圜	直径6/8高3.8	喇叭口圈足		2000	腹、足有铸缝
	2	250：1	23.3	22.2	敛口/正圆	21	平沿		方	鼓	21.3				双直耳	4.4			圜	直径4.9/11.4高8.4	中空圈足		1500	腹、足有铸缝

注：长度单位为厘米，重量单位为克。铜罍的“直径”系通长。

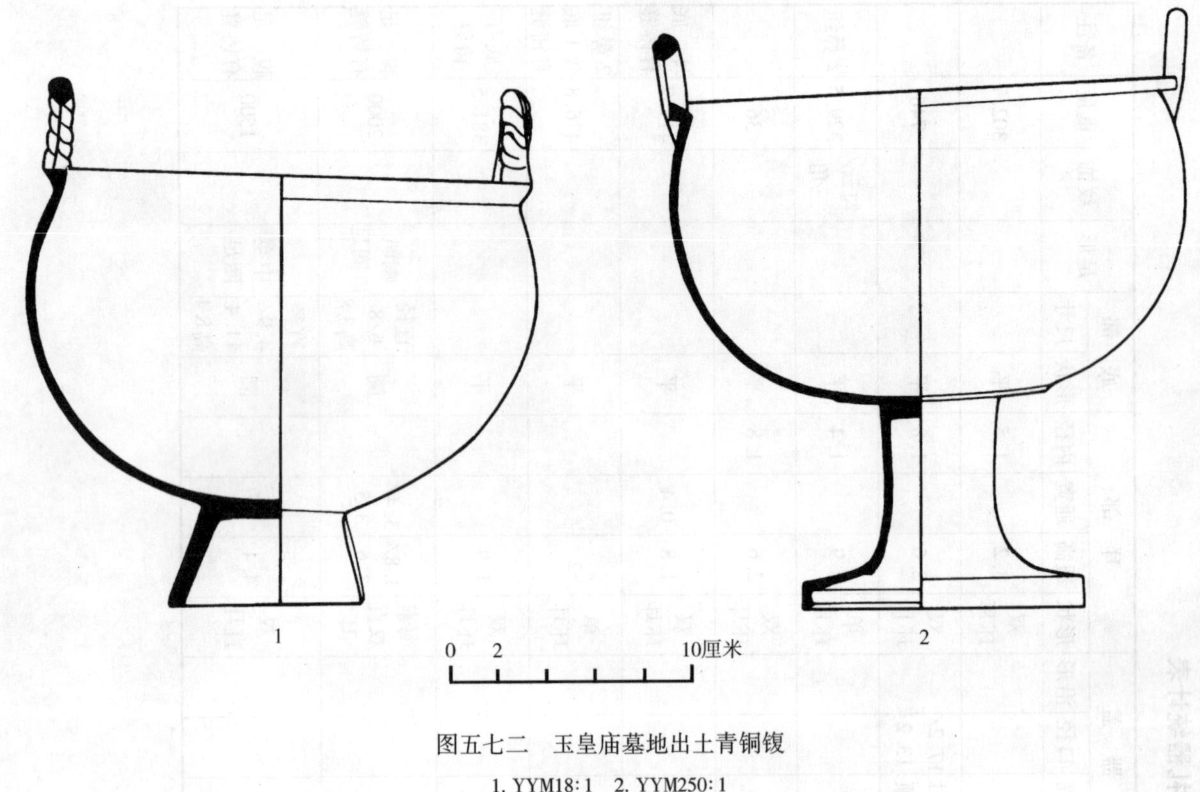

图五七二 玉皇庙墓地出土青铜鍑

1. YYM18∶1 2. YYM250∶1

良，铸工精细，纹饰精美，玉皇庙人采取“拿来主义”，而非融合、改造。土著文化的青铜器品质粗劣，朴实无华，磨耗明显。反映了两支文化的交流往来。

从分布和年代考察，随葬青铜礼器的7座墓葬，分布于北Ⅰ区中部的有3座（YYM2、18、35），属于春秋早期；分布于北Ⅱ区北部的有1座（YYM250），属于春秋早中期。即属于春秋早期至春秋早中期的墓葬共有4座，占随葬青铜礼器墓葬总数的57.1%；分布于南区中部的墓葬有2座（YYM156、171），属于春秋晚期前段；分布于南区南部的墓葬只有1座（YYM174），属于春秋晚期后段。即属于春秋晚期的墓葬共有3座，占随葬青铜礼器墓葬总数的42.9%。

从性别考察，7座随葬青铜器礼器的墓葬，有5座属男性（YYM18、250、156、171、174），占随葬青铜礼器墓葬总数的71.4%；2座为女性（YYM35、2），占随葬青铜器礼器墓葬总数的28.6%，男性占主导地位。

从墓葬规格级别考察，7座墓中，属甲（A）级者2座（YYM18、250），属甲（B）级者1座（YYM2），属乙（A）级者1座（YYM156），属乙（B）级者2座（YYM35、174），合计属大、中型甲、乙两级规格的墓共6座，占随葬青铜礼器墓葬总数的85.7%，仅有1座丙（A）级墓（YYM171）。

从青铜礼器的器类组合考察，这7座墓可分2个类别（或等次）：

第一类（第一等）为烹煮器、食器、酒器和水器四类俱全，且数量较多者，如YYM2；

第二类（第二等）为烹煮器、食器、酒器和水器四类皆备，或仅缺食器一项，数量较少者，如YYM18、250；

第三类（第三等）为只有水器铜铆1件，而缺其他三类礼器者，如YYM35、YYM156、YYM171、YYM174。

综上情况表明，在玉皇庙墓地，凡墓葬规格级别较高，随葬青铜礼器组合较齐全、较丰富的大型墓，主要集中分布于北Ⅰ区中部和北Ⅱ区北部，其他墓区则不见这类大型墓，仅有少数属于乙、丙级的墓葬只随葬1件青铜礼器（铜锄）。这一情况，从一个侧面暗示出约当春秋早期至春秋早中期阶段，玉皇庙文化在该地区曾一度繁荣过，而到春秋晚期，则开始走向衰落。

（二）兵器

玉皇庙墓地共出土青铜兵器395件，占玉皇庙墓地出土青铜制品总数的2.2%。有3个类别，即戈（4件）、直刃匕首式短剑（86件）、镞（305枚）等。

戈　共4件，占玉皇庙墓地出土青铜兵器总数的1%；分别出自4座墓葬，1墓1件，墓号为：YYM32、34、18、250，占玉皇庙墓地墓葬总数的1%。均为三穿式，根据援脊横剖面的形状，可将4件铜戈分为2型。

Ⅰ型　援脊横剖面呈菱形

共3件，占玉皇庙墓地出土青铜兵器总数的75%；分别出自YYM32、34、250。以援的起翘程度，可分为3式。

Ⅰ式　援较平直

标本YYM34:4，通长19.3、通宽10.9厘米，重141.7克。直刃尖头援，援部较平直，两面起棱脊，横剖面呈菱形；长方形内，尾起凸，穿孔为不规则圆形；短胡三穿；直棱阑，内外侧剖面上可见铸缝。援长11.9、刃宽3、厚0.3厘米；内长7.3、宽3.6、厚0.3、穿孔径0.8~1厘米；阑长10.9厘米，三穿为纵向，长0.7~1、宽0.2~0.3厘米（图五七三，1；图版二四八，1）。

Ⅱ式　援尖稍上翘

标本YYM32:4，通长20.3、通宽9.8厘米，重180.1克。直刃尖头援，援部稍上翘，较长，下刃略有残缺，两面起棱脊，横剖面呈菱形；长方形内，穿孔亦为长方形；中胡三穿；直棱阑，较短，内的外侧剖面上可见铸缝。援长12.8、刃宽3.1、厚0.4厘米；内长7.3、宽3.4、厚0.3厘米，穿孔横向，1.4×0.4厘米；阑长9.7厘米，三穿为纵向，长0.9~1.1、宽0.3~0.4厘米（图五七三，2；图版二四八，2）。

Ⅲ式　援尖上翘较Ⅱ式明显

标本YYM250:6，通长18.5、通宽13.8厘米，重348.7克。直刃尖头援，援部上翘较Ⅱ式明显，较短，两面起棱脊，横剖面呈菱形；长方形内，穿孔为长方形；短胡三穿；直棱阑，长度居首位。援长11.5、刃宽3.5、厚0.6厘米；内长6.6、宽3.4、厚0.45厘米，穿孔为横向，长2.3、宽0.4厘米；阑长13.6厘米，三穿为纵向，长0.8~1.4、宽0.2~0.3厘米（图五七三，4；图版二四八，4）。

Ⅱ型　援部横剖面呈柳叶形

1件，占玉皇庙墓地出土青铜兵器总数的25%。

标本YYM18:7，通长18.5、通宽11.6厘米，重249克。直刃尖头援，援部略上翘，两面起脊，横剖面呈梭形；长方形内，穿孔为长方形；短胡三穿；直棱阑。援长11.7、刃宽3.2、厚0.5厘米，内长6.7、宽3.5、厚0.4厘米，穿孔为横向，长1.2、宽0.25厘米，阑长11.5厘米，三穿为纵向，长0.6~0.9，宽0.3厘米（图五七三，3；图版二四八，3）。

详见附表128。

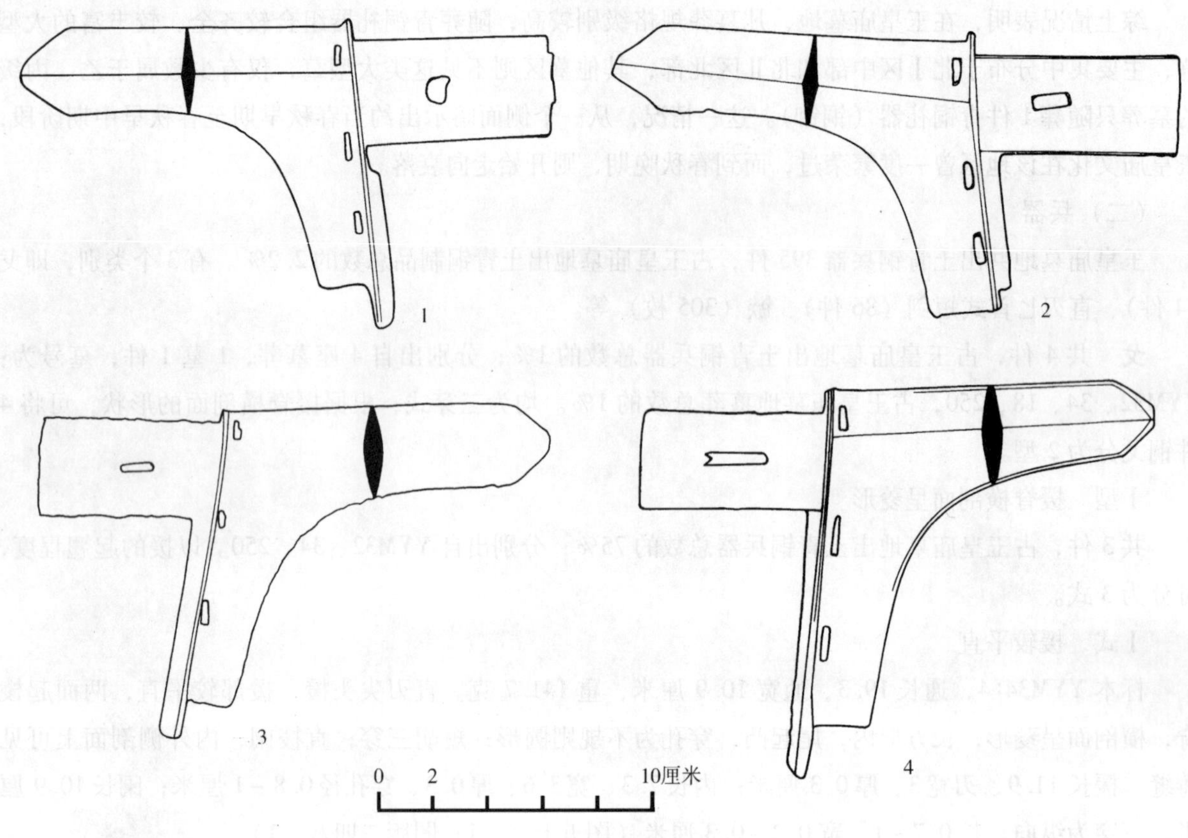

图五七三　玉皇庙墓地出土青铜戈

1. Ⅰ型Ⅰ式（YYM34:4）　2. Ⅰ型Ⅱ式（YYM32:4）　3. Ⅱ型（YYM18:7）　4. Ⅰ型Ⅲ式（YYM250:6）

表128　　**玉皇庙墓地出土青铜戈统计表**

序号	器物号（YYM）	型	式	通长	通宽	重	援部					胡形	阑部		内部			
							特点	横剖面	长	宽	厚		特点	长	长	宽	厚	孔形
1	32：4	Ⅰ	Ⅱ	20.3	9.8	180.1	端头斜上翘	菱形	12.8	3.1	0.4	中胡三穿	上端起凸	9.7	7.3	3.4	0.3	长方形
2	34：4	Ⅰ	Ⅰ	19.3	10.9	141.7	端头斜上翘	菱形	11.9	3	0.3	短胡三穿	上、下端起凸	10.8	7.3	3.6	0.3	不规则圆形
3	18：7	Ⅱ		18.5	11.6	249	端头斜上翘	梭形	11.7	3.2	0.5	短胡三穿	下端起凸	11.5	6.7	3.5	0.4	长方形
4	250：6	Ⅰ	Ⅲ	18.5	13.8	348.7	端头斜上翘	菱形	11.5	3.5	0.6	短胡三穿	下端起长凸	13.6	6.6	3.4	0.45	长方形
合计							共4座墓　4件											

注：长度单位为厘米，重量单位为克。

讨论

玉皇庙出土的戈均为三穿式，是来自燕和中原文化的青铜勾兵。

从分布和年代考察，随葬青铜戈的4座墓，其中有3座（YYM18、32、34）分布于北Ⅰ区中部，有1座（YYM250）分布于北Ⅱ区北部，再从形制上观察这4件三穿铜戈的特点，可推定这4座墓葬的年代约当春秋早期至春秋早中期前后。

从性别考察，4 件铜戈的墓主，有 2 例属男性（YYM18、250），2 例为无人墓（YYM32、34）。

从墓葬规格级别考察，这 4 座墓中的 2 座男性墓，均属甲（A）级，2 座无人墓分别属丙（A）级和丙（B）级。

从伴存器物考察，随葬铜戈的这 4 座墓，均同时伴出青铜短剑、铜镞等兵器和削刀等青铜工具，以及青铜带饰，从这样的器类组合判断，随葬铜戈的 4 位死者，均应为男性武士。

直刃匕首式短剑　玉皇庙墓地共出土直刃匕首式青铜短剑 86 件，占玉皇庙墓地出土青铜兵器总数的 21.8%；分别出自 86 座墓葬，每墓 1 件，墓号为：YYM22、32、34、19、17、18、13、82、386、300、385、384、11、281、250、230、227、264、226、275、234、41、46、236、261、257、247、48、95、51、190、188、52、54、36、295、7、102、212、186、57、86、71、61、83、148、70、224、182、213、210、209、199、179、151、142、145、143、117、105、74、156、158、168、134、131、122、124、111、171、108、333、314、303、164、160、175、161、129、174、334、344、348、349、373、370，占玉皇庙墓地墓葬总数的 21.5%。经性别统计，凡出青铜短剑的墓葬，死者皆属男性。妇女和儿童均不随葬青铜短剑。

此类直刃匕首式青铜短剑，从造型、结构考察，整个剑体由剑首、剑柄、剑格与剑身四部分组成，均为双范一次浇铸而成。剑体普遍较短，通长在 26～28 厘米者较多，超过 30 厘米者很少。其金属成分，均为铜、铅、锡合金，属含铅偏高、含锡偏低的低锡铜，但均为实用的短刺兵器，而非冥器。

短剑在墓葬中皆陈放于死者腰间（在左侧，或在右侧腰间），大多数剑锋朝下，仅有少数剑锋朝上。有一部分标本，剑身表面尚遗有木质剑鞘痕迹，还有一些标本，出土时剑体外面裹有一层腐朽的皮鞘痕迹。可知当时埋葬时，或生前佩带时，剑体多套有鞘具。

依据剑首、剑柄与剑格的差异特点，可将 86 件青铜短剑标本，分为 18 型（每一型标本中，还将依据各自某一项或某几项具体部位特点的差异与变化，再区分为不同的式别），这 18 型短剑在玉皇庙的每个茔域内均有分布。

下面，按剑型依次介绍。

Ⅰ型　双环羊角形剑首

共 11 件（YYM22∶2、YYM19∶2、YYM82∶2、YYM385∶2、YYM11∶2、YYM188∶2、YYM57∶2、YYM70∶2、YYM179∶2、YYM190∶2、YYM36∶2），分布于北Ⅰ区北部（YYM36∶2）、中部（YYM22∶2、YYM19∶2、YYM11∶2）、西部（YYM82∶2、YYM385∶2），北Ⅱ区中部（YYM190∶2、YYM188∶2）、南部（YYM57∶2、YYM70∶2），南区北部（YYM179∶2）。占玉皇庙墓地出土青铜短剑总数的 12.8%。其特点是剑首为变形双羊角；剑柄大多为扁形长方体，只有一例为椭圆柱体；剑格大多为叠翼形，“一”字形和弧形很少；剑身正中均为凸脊，横剖面呈扁菱形。根据剑首、剑柄和剑格的不同特点，可分为 5 式。

Ⅰ式　长方形剑柄，弧形剑格

1 件，占Ⅰ型短剑总数的 9.1%。

标本 YYM22∶2。此式的特点是剑首两羊角紧密相连，无间隔；剑格为弧形。通长 27.4 厘米，重 166.5 克。铸工规整。剑首纵向长 1.8、横向宽 3.4、最厚 0.7 厘米，每个羊角是两个同心圆，内层素面，外层饰绚纹，中心镂空，孔径 0.6 厘米。剑柄长 6.3、上端宽 1.7、下端宽 1.9、厚 0.7 厘米，横

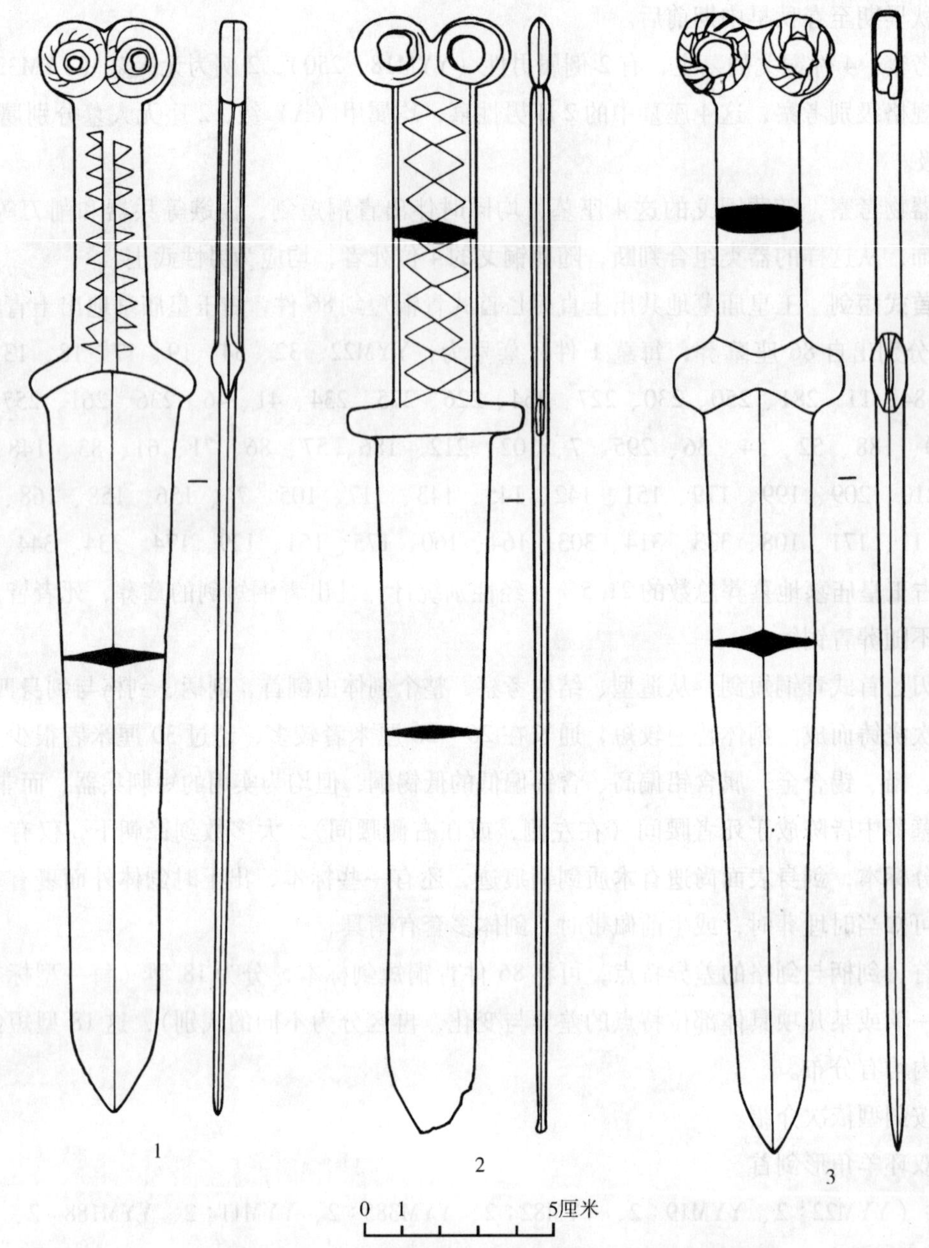

图五七四 玉皇庙墓地出土直刃匕首式青铜短剑

1. Ⅰ型Ⅰ式（YYM22:2） 2. Ⅰ型Ⅱ式（YYM19:2）

3. Ⅰ型Ⅲ式（YYM82:2）

剖面大致呈长方形，两面上端各有一个1.5×0.9厘米的平面，正中为一个0.3厘米见方的凹坑，其下柄正中有一条宽0.25厘米的纵向凸棱，其两侧饰锯齿纹，正背面图案相同。剑格两肩下弧，纵向长1.2、横向宽4.2、最厚0.9厘米，横剖面呈棱形。剑身中间长18、两边长17.9、上端宽3.5厘米，最厚0.4厘米，刃锋利。柄、首两侧及顶部有铸缝（图五七四，1；图版二四九，1）。

Ⅱ式 长方形剑柄，“一”字形剑格

1件，占Ⅰ型短剑总数的9.1%。

标本 YYM19∶2。此式区别于Ⅰ式的特点是剑首的双羊角略有间隔；剑柄饰纵向菱形格；剑格为"一"字形。通长28厘米，重149克。整体轻薄，成片状。剑首纵向长1.7、横向宽3.9、厚0.5厘米，边缘隐约可见绹纹遗痕，但基本上已被磨蚀平整，每个羊角中心是内移圆心的圆形镂孔，孔径0.9厘米，两羊角之间以柄延伸部分相连，间距0.3厘米。剑柄长7.8、宽2.1、厚0.45厘米，在宽0.1厘米的边框内，一面饰8个、另一面饰9个纵向阳刻菱形纹。剑格两肩平，中间较宽，上端稍高，两端略窄，纵向最长0.9、横向宽4.5、最厚0.4厘米，横剖面呈扁菱形。剑身长17.5、上端宽2.9、最厚0.4厘米，刃部较钝（图五七四，2；图版二四九，2）。

Ⅲ式　长方形剑柄，叠翼形剑格

7件（YYM82∶2、YYM385∶2、YYM11∶2、YYM188∶2、YYM57∶2、YYM70∶2、YYM179∶2），占Ⅰ型短剑总数的63.6%。此式区别于Ⅱ式的特点是剑格为叠翼形，横剖面呈扁菱形。

标本 YYM82∶2，通长28.4厘米，重193.3克。剑首纵向长1.8、横向宽4、厚0.6～0.7厘米，两羊角饰绹纹，间距0.4厘米，中心镂空，孔径1.1厘米。剑柄长6.1、宽2.2、最厚0.7厘米，素面，横剖面呈抹角扁长方形。剑格两肩平，纵向长1.9、横向宽4.3、最厚0.8厘米。剑身中间长18.9、两边长18.6、上端宽2.7厘米，最厚0.7厘米，刃锋利（图五七四，3；图版二四九，3）。

标本 YYM385∶2，通长29.3厘米，重224克。铸工精致。剑首纵向长2.1、横向宽3.8、厚0.6～0.8厘米，两环间距0.3厘米，柄延伸部分顶端形成小圆柱与两环齐平，每个羊角是两个同心圆，内层素面，外层饰绹纹，中心镂空，孔径0.5厘米。剑柄黑绿锈中夹杂黄铜颜色，长6.5、上端宽1.8、下端宽1.9、厚0.6—0.7厘米，素面，横剖面呈椭圆形。剑格两肩微垂，纵向长1.6、横向宽5、最厚0.85厘米。剑身颜色黄绿，中间长19.3、两边长19.1、上端宽2.8厘米，最厚0.6厘米，刃较锋利（图五七五，1；图版二五〇，1）。

标本 YYM11∶2，通长26.9厘米，重220.3克。铸工规整。剑首纵向长1.7、横向宽3.6、厚0.6～0.8厘米，两环间距0.3厘米，每个羊角是两个同心圆，内层素面，外层饰绹纹，中心为盲孔，孔径0.5厘米。剑柄长6.5、宽1.8～2、厚0.6～0.7厘米，上端有一个1.9×1厘米的带箍，素面，横剖面呈抹角扁长方形。剑格两肩下垂，与柄夹角呈120°，纵向长1.5、横向宽4.1、最厚0.8厘米，横剖面呈扁菱形。剑身中间长16.6、两边长16.1、上端宽2.8厘米，最厚0.7厘米，刃锋利（图五七五，2；图版二五〇，2）。

标本 YYM188∶2，通长24.5厘米，重129.5克。铸工规整。剑首纵向长1.5、横向宽3.3、厚0.4～0.5厘米，两环间距0.4厘米，每个羊角是两个同心圆，内层素面，外层饰绹纹，中心镂空，孔径0.4厘米。一羊角上外侧略缺损。剑柄长7、宽1.5、厚0.6厘米，两面正中纵向饰一列平面圆点纹（一面19枚，一面18枚），其两侧饰锯齿纹，横剖面呈椭圆形。剑格两肩较平，与柄夹角呈95°，纵向长1、横向宽3.4、最厚0.6厘米。剑身中间长15.3、两边长15、上端宽2.4厘米，最厚0.5厘米，刃锋利，一面剑脊中部有木质剑鞘遗痕（图五七五，3；图版二五〇，3）。

标本 YYM57∶2，通长26.4厘米，重198.5克。绿锈斑驳，锈蚀严重，铸工规整。剑首纵向长1.7、横向宽4.1、最厚0.7厘米，两环间距0.8厘米，每个羊角纹是两个同心圆，内层素面，外层饰绹纹，中心为盲孔，孔径0.6厘米。剑柄长7、宽2.2、厚0.6厘米，素面，横剖面呈抹角扁长方形。剑格两肩下垂，与柄夹角呈113°，纵向长1.3、横向宽4.5、最厚0.6厘米。剑身中间长16.6、两边长

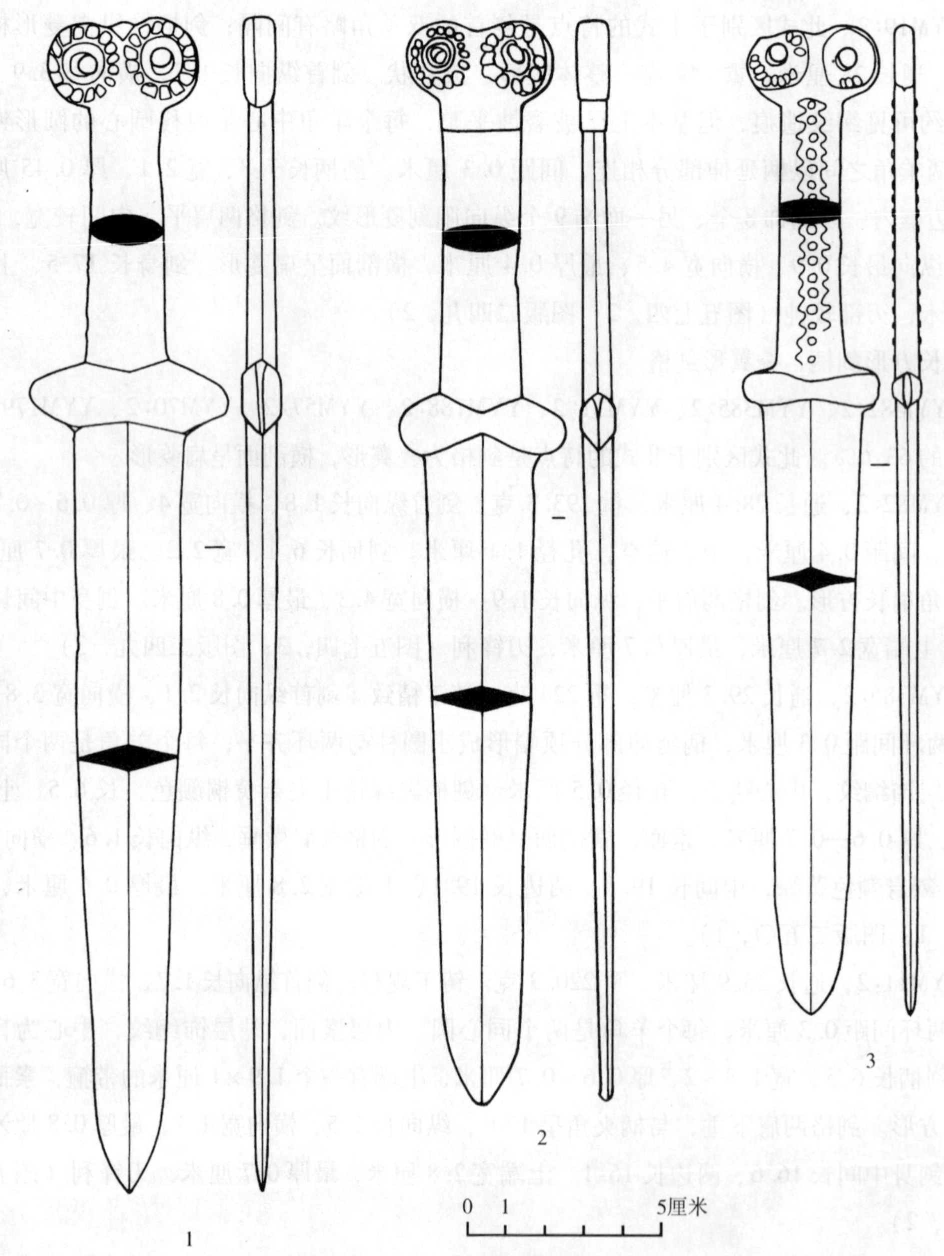

图五七五　玉皇庙墓地出土直刃匕首式青铜短剑

1、2、3. Ⅰ型Ⅲ式（YYM385:2、11:2、188:2）

16.2、上端宽2.9厘米，最厚0.5厘米，刃部甚钝（图五七六，1；彩版五七，1；图版二五一，1）。

标本YYM70:2，通长24.5厘米，重141克。剑首纵向长1.6、横向宽3.5、厚0.4~0.5厘米，两环间距0.4厘米，每个羊角纹是两个同心圆，内层素面，外层饰绹纹，中心镂空，孔径0.4厘米。剑柄长7.3、宽1.6~1.7、厚0.5厘米，两面正中纵向饰一列18枚平面圆点纹，其两侧饰锯齿纹，横剖面呈抹角长方形。剑格两肩平，纵向长1、横向宽3.5、最厚0.7厘米。剑身中间长14.9、两边长14.5、上端宽2.4厘米，最厚0.6厘米，刃部平整，不甚锋利。柄两侧、首顶端及两侧有铸缝（图五七六，2；图版二五一，2）。

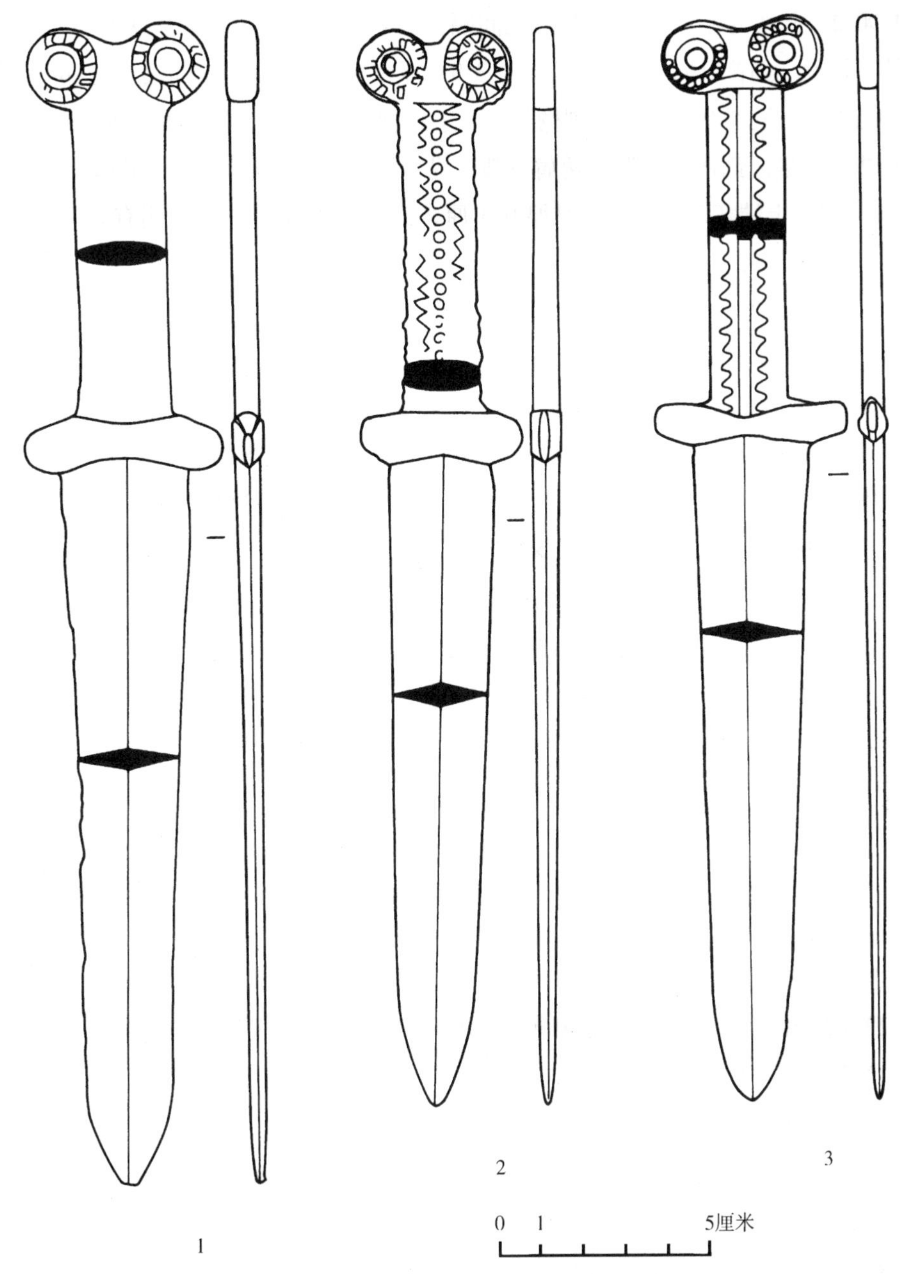

图五七六　玉皇庙墓地出土直刃匕首式青铜短剑

1、2、3. Ⅰ型Ⅲ式（YYM57:2、70:2、179:2）

标本 YYM179:2，通长 24.6 厘米，重 114.5 克。铸工规整，器体轻薄。剑首纵向长 1.5、横向宽 3.5、厚 0.4 厘米，两环间距 0.6 厘米，每个羊角纹是两个同心圆，内层素面，外层饰绹纹，中心为盲孔，孔径 0.4、0.5 厘米。剑柄长 7.1、宽 1.7、厚 0.5 厘米，两面正中起纵向凸棱，其两侧饰锯齿纹，横剖面大致呈长方形。剑格两肩微翘，纵向长 0.9、横向宽 4.3、最厚 0.6 厘米。剑身中间长 15.2、两边长 14.7、上端宽 2.5 厘米，最厚 0.4 厘米，刃锋利（图五七六，3；图版二五一，3）

Ⅳ式　圆柱形剑柄，扇形剑格

1 件，占Ⅰ型短剑总数的 9.1%。

标本YYM190:2。此式的特点是剑首两圆无间隔，剑柄为椭圆柱体，剑格为扇形。通长22.6厘米，重130.5克。铸工精致。剑首纵向长2.2、横向宽3.9、厚0.6厘米，每个羊角是1个同心圆，内层素面，外层饰绹纹，中心镂空，孔径0.7厘米。剑柄长7、宽1、厚0.9厘米，横剖面呈椭圆形，使用时剑柄外有木套，木套用皮条缠裹。剑格呈扇形，两肩下弧，纵向长1.6、横向宽3.7、最厚0.7厘米。剑身中间长12.7、两边长12.2、上端宽2.1厘米，最厚0.4厘米，刃一侧较平整，一侧有若干齿口，剑锋上卷。柄两侧、首顶端及两侧有铸缝（图五七七，1；图版二五二，1）。

Ⅴ式　联顶剑首，长方形剑柄，叠翼形剑格

1件，占Ⅰ型短剑总数的9.1%。

标本YYM36:2。此式的特点是剑首的羊角更写实，两圆顶部相连，分别由左、右向下盘卷，末梢略尖似羊角尖端，并以短斜线纹表现羊角盘卷的纹理。通长27.7厘米，重244.5克。铸工精致。剑首纵向长2、横向宽4.1、厚0.7厘米，羊角两环间距0.3厘米，中心镂空，孔径0.6厘米。剑柄长7、宽2.2、厚0.5～0.6厘米，上端有一个2.2×0.7×0.6厘米的带箍，横剖面呈抹角长方形。剑格两肩略上翘，纵向长1.2、横向宽5.2、最厚0.8厘米。剑身中间长17.8、两边长17.5、上端宽3厘米，最厚0.7厘米，刃锋利。柄两侧、首顶端及两侧有铸缝（图五七七，2；图版二五二，2）。

Ⅱ型　横向凹筒状剑首

共7件（YYM32:2、YYM281:2、YYM83:2、YYM148:2、YYM199:2、YYM314:2、YYM303:2）。分布于北Ⅰ区中部（YYM32:2），北Ⅱ区北部（YYM281:2）、南部（YYM83:2、YYM148:2），南区北部（YYM199:2），西区（YYM314:1、YYM303:2）。占玉皇庙墓地出土青铜短剑总数的8.1%。其特点是剑首呈横向凹筒形；剑柄大致呈长方形薄片状，横剖面为菱形；剑格或无，或呈横向菱形台面。根据剑格的不同特点，可分为2式。

Ⅰ式　无剑格

2件（YYM32:2、YYM281:2），占Ⅱ型短剑总数的28.6%。该式的特点是剑柄直接与剑身相连。

标本YYM32:2，残长27厘米，重121克。铸工较精致。剑首外径2.6、内径1.1、高1厘米，唇呈弧形，厚0.5厘米，一侧有破损孔，底部以中线与柄垂直相接。剑柄与剑身接近处折断，残长6、宽1、厚0.25厘米，横剖面呈扁菱形，一侧下部有环状穿鼻，外直径0.8、内直径0.3厘米，一面上端有木鞘痕迹，使用时柄以木质剑鞘包裹，再用皮条缠绕。无剑格斜折肩。剑身长20，上端最宽2.6厘米，两面正中起棱脊，脊上端宽0.8、最厚0.8厘米，刃锋利，1/2横剖面呈平底五边形，左右对称。柄两侧延伸至筒心外侧有铸缝（图五七七，3；图版二五二，3）。

标本YYM281:2，通长27.2厘米，重125.7克。铸工精致。剑首外径2.1、内径1、高1.5厘米，唇呈弧形，厚0.5厘米，底部以中线与柄垂直相接。剑柄长6.2、上宽1.1、下宽1.3、厚0.6厘米，横剖面呈梭形。一侧中部偏下有环状穿鼻，外直径0.8、内直径0.4厘米。无剑格，平折肩。剑身长19.5、上端最宽2.7厘米，两面正中起六棱脊，脊上端宽0.7、最厚0.7厘米，脊横剖面呈六棱花柱形，刃锋利。柄两侧延伸至筒心外侧有铸缝（图五七八，1；图版二五三，1）。

Ⅱ式　菱形台式剑格

5件（YYM83:2、YYM148:2、YYM199:2、YYM314:2、YYM303:2），占Ⅱ型短剑总数的71.4%。与Ⅰ式的区别在于剑柄横剖面均为扁菱形，剑格为菱形台面。

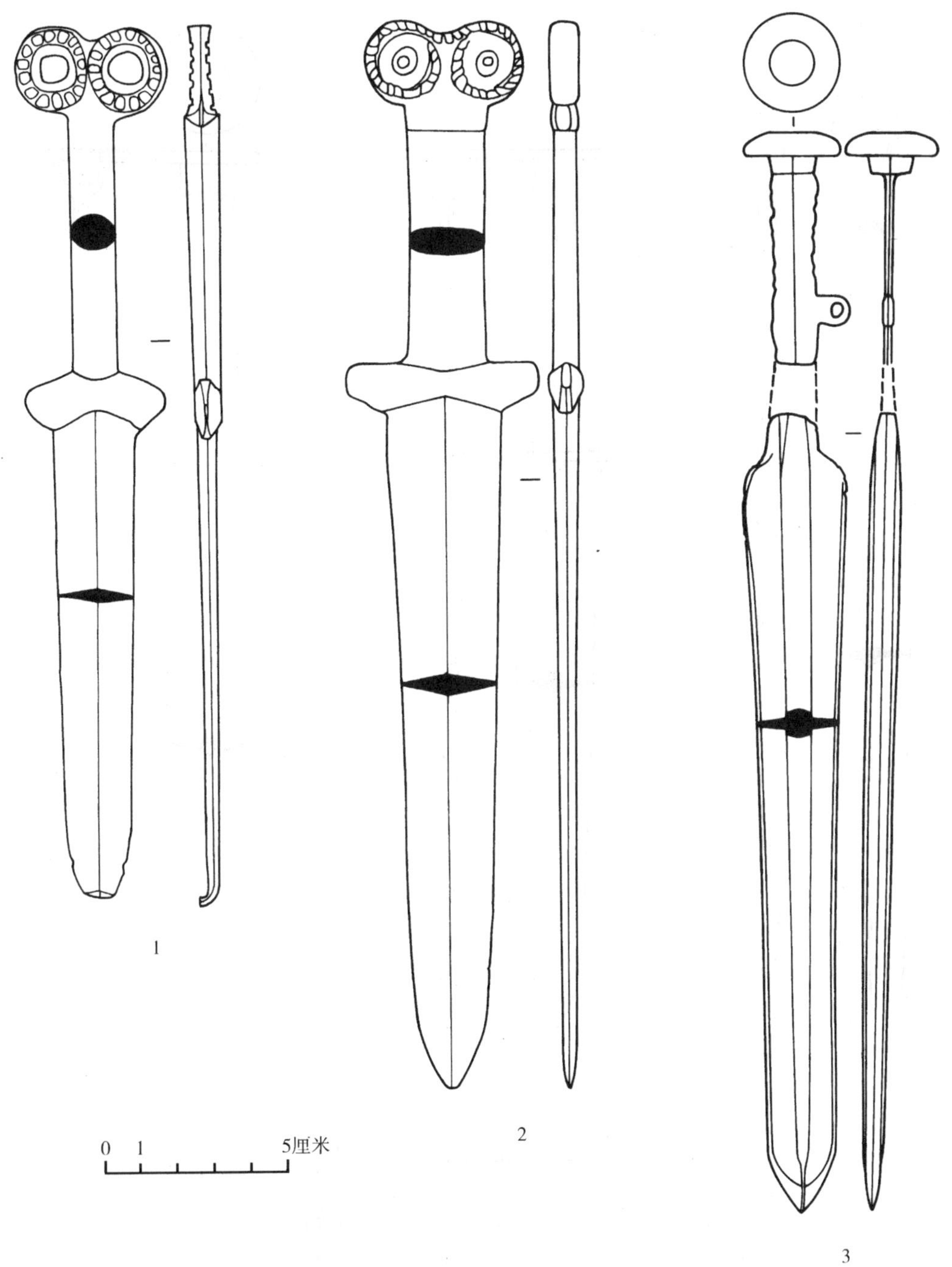

图五七七　玉皇庙墓地出土直刃匕首式青铜短剑

1. Ⅰ型Ⅳ式（YYM190∶2）　2. Ⅰ型Ⅴ式（YYM36∶2）　3. Ⅱ型Ⅰ式（YYM32∶2）

标本YYM83∶2，通长25.2厘米，重95.5克。铸工精致。剑首外径2.8、内径1.2、高1.2、边缘厚0.2厘米，底部以中线与柄垂直相接。剑柄长7.6、上宽1.2、下宽1.4、厚0.2～0.5厘米。剑格长对角线3.1、短对角线1.5、厚0.2厘米。剑身长16.4、上端最宽2.7厘米，两面正中起棱脊，脊上端宽0.5、最厚0.6厘米，刃部较锋利，一侧距剑锋53厘米处有缺损，横剖面近似菱形。剑格台面长对角线、柄两侧延伸至筒心外侧有铸缝（图五七八，2；图版二五三，2）。

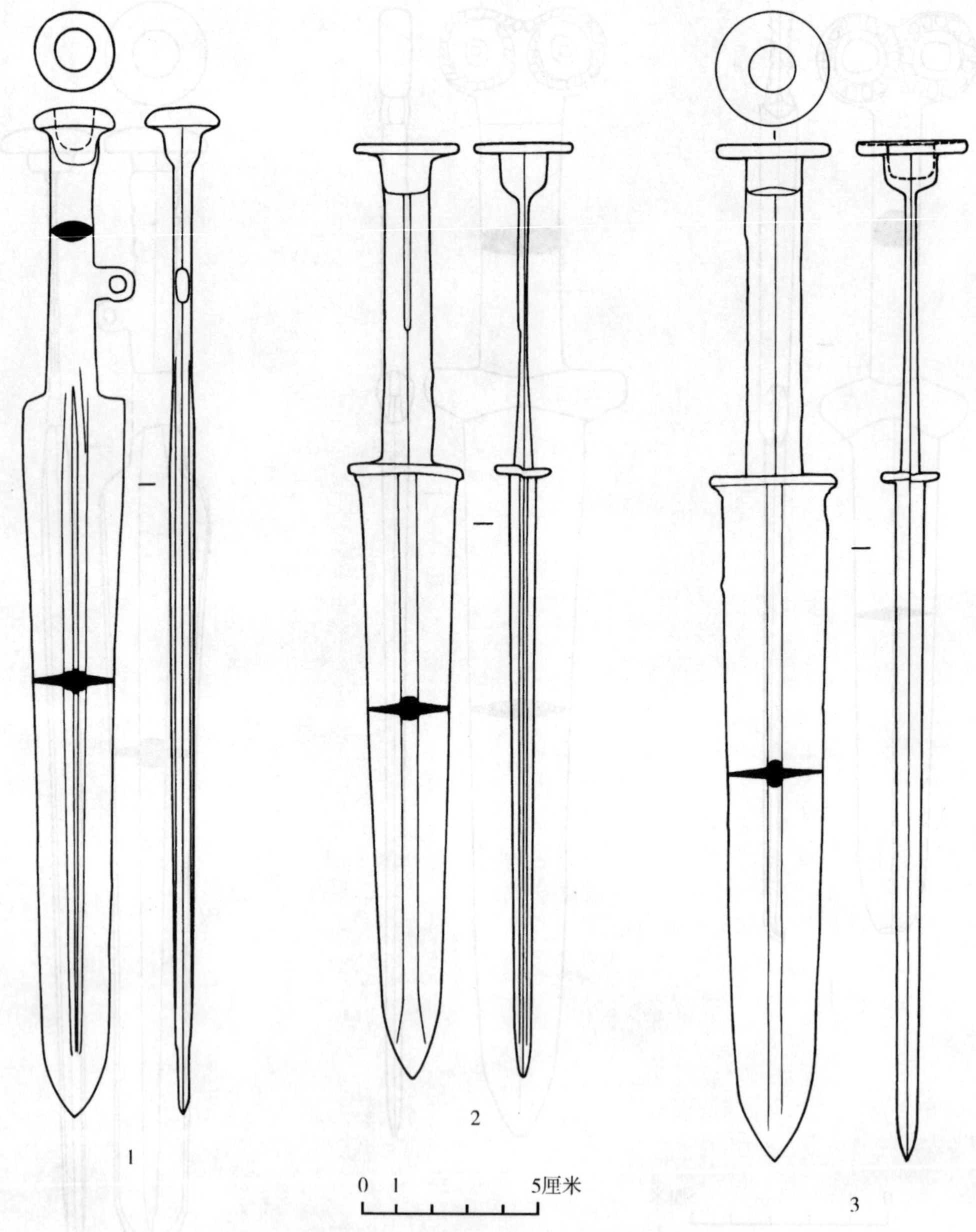

图五七八 玉皇庙墓地出土直刃匕首式青铜短剑

1. Ⅱ型Ⅰ式（YYM281:2） 2、3. Ⅱ型Ⅱ式（YYM83:2、YYM148:2）

标本 YYM148:2，通长 27.7 厘米，重 123.5 克。剑首外径 3.1、内径 1.3、高 1.1、边缘厚 0.3 厘米。筒心外侧有木质剑鞘遗痕，底部以中线与柄垂直相接。剑柄长 8、上宽 1.3、下宽 1.4、厚 0.3～0.5 厘米，一面粘有某种纤维遗痕。剑格长对角线 3.4、短对角线 1.6、厚 0.2 厘米。剑身长 18.4、上端最宽 2.8 厘米，两面正中起棱脊，脊通体宽度基本一致，宽 0.4、最厚 0.8 厘米，刃较锋利，有细小齿口，横剖面大致呈扁菱形。剑格台面长对角线、柄两侧延伸至筒心外侧有铸缝（图五七八，3）。

标本 YYM199:2，通长 28.3 厘米，重 127.5 克。铸工精致剑首外径 2.8、内径 1.4、高 1.1、边缘厚 0.15 厘米，底部以中线与柄垂直相接。剑柄长 7.9、上宽 1.3、下宽 1.4、厚 0.2～0.4 厘米。剑格

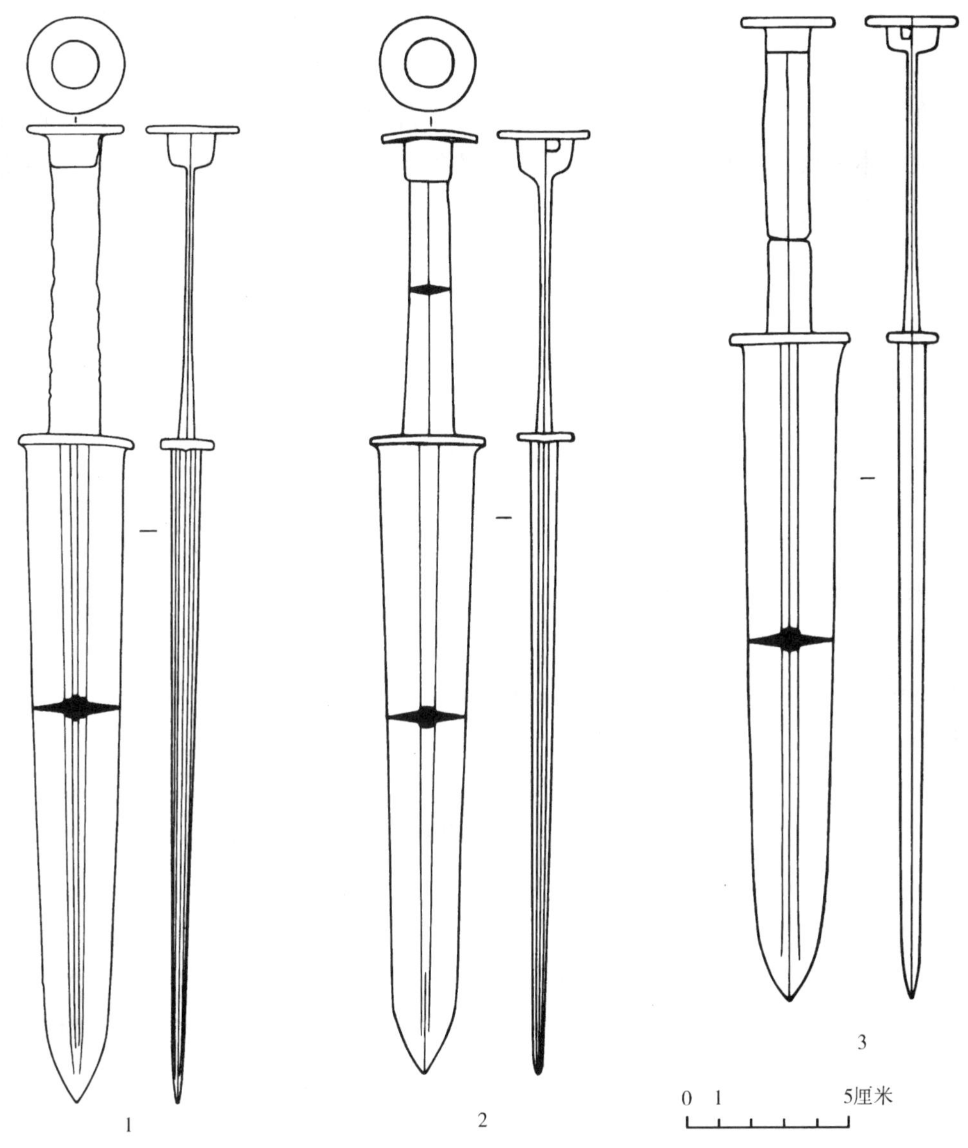

图五七九　玉皇庙墓地出土直刃匕首式青铜短剑

1、2、3. Ⅱ型Ⅱ式（YYM199∶2、314∶1、303∶2）

长对角线3.3、短对角线1.6、厚0.2厘米。剑身长19.1、上端最宽3厘米，两面正中起六棱脊，脊上端宽0.8，最厚0.8厘米，横剖面呈六棱花柱形，刃较锋利，有细小齿口。剑格台面长对角线、柄两侧延伸至筒心外侧有铸缝（图五七九，1；图版二五三，3）。

标本YYM314∶1，通长27.8厘米，重108.8克。剑首外径2.8、内径1.4、高1.3、边缘厚0.15厘米，底部以中线与柄垂直相接，筒凹心一侧有破损。剑柄长7.7、上宽1.1、下宽1.4、厚0.3～0.4厘米，一侧偏上部有一突出断面，长0.4厘米，应为残断穿鼻遗痕，一面粘有木质剑鞘遗痕。剑格长对角线3.3、短对角线1.6、厚0.2厘米。剑身长18.6，上端最宽2.8厘米，两面正中起棱脊，脊上端宽0.6，最厚0.7厘米，刃锋利，横剖面大致呈扁菱形。柄两侧延伸至筒心外侧有铸缝（图五七九，2；图版二五四，1）。

标本YYM303:2，通长28.7厘米，重121克。铸工较好。剑首外径2.8、内径1.4、高1、唇厚0.2厘米，底部以中线与柄垂直相接。剑柄长8.2、宽1.3、厚0.2～0.4厘米，距剑格2.8厘米处折断。剑格长对角线3.6，短对角线1.6、厚0.2厘米。剑身长19.3、上端最宽2.8厘米，两面正中起棱脊，脊通体宽度基本一致，宽0.4、最厚0.8厘米，刃锋利，有细小齿口，横剖面大致呈扁菱形。柄两侧延伸至筒心外侧有铸缝（图五七九，3；图版二五四，2）。

Ⅲ型 横置相叠双圆形剑首

共2件（YYM34:2、YYM142:2）。分布于北Ⅰ区中部（YYM34:2）和南区北部（YYM142:2）。占玉皇庙墓地出土青铜短剑总数的2.3%。其特点是剑首为横置相叠双圆，每个圆中间有一个不规则镂孔，其周围饰乳钉纹；剑柄为长方形扁片状，中间是一条纵向凹槽，两侧外倾，凹槽中饰5个长方形凸钉纹；剑格为“人”字形，两肩向上卷翘，横剖面呈扁菱形；剑脊均为凸棱形，横剖面呈扁菱形。

标本YYM34:2，通长25.7厘米，重145.3克。铸工粗糙。剑首纵向长2.2、横向宽4.4、最厚0.6厘米，每圆中间的镂孔四周饰4个粟粒纹，双圆中间斜向断裂。剑柄长6.3、宽2.2、最厚0.5厘米。剑格纵向长1.8（有1.2厘米延伸至柄下端）、横向宽4.7、最厚0.5厘米。剑身中间长17.3、两边长16.6、上端最宽2.9、最厚0.4厘米，刃锋利（图五八〇，1；图版二五四，3）。

标本YYM142:2，通长25厘米，重98克。器体很薄。剑首纵向长2.3、横向宽4.2、最厚0.3厘米，每圆中间的镂孔四周饰5个粟粒纹，其中一个粟粒纹缺损。剑柄长6.2、上宽2.2、下宽2、最厚0.45厘米。剑格纵向长1.8（有1厘米延伸至柄下端）、横向宽4.5、最厚0.45厘米。剑身中间长16.4、两边长15.7、上端最宽2.9、最厚0.35厘米，刃有细小齿口（图五八〇，2；图版二五五，1）。

Ⅳ型 镂空扁球体剑首

共6件（YYM17:2、YYM386:2、YYM227:2、YYM52:2、YYM7:2、YYM102:2）。分布于北Ⅰ区中部（YYM17:2）、西部（YYM386:2）、南部（YYM7:2、102:2），北Ⅱ区北部（YYM227:2）、中部（YYM52:2）。占玉皇庙墓地出土青铜短剑总数的7%。其特点是剑首为镂空扁球体；剑柄为八棱柱体，横剖面为四宽四窄相间的八边形；剑格为倒置兽面形。根据剑首镂孔的形状，可分为3式。

Ⅰ式 剑首镂孔呈横向长方形

共3件（YYM17:2、YYM386:2、YYM227:2）。占Ⅳ型短剑总数的50%。

标本YYM17:2，通长28.3厘米，重148.7克。质地银白色，铸工精致。剑首最大直径2.48、高1.5厘米，球体以顶部直径0.7厘米的圆形镂孔为中心，用阴刻线划分成3横8纵网格，每格内有一个镂孔，第一层镂孔在顶部，围绕中心孔呈放射状梯形孔，第二、三层镂孔为横向长方形，第三层有一盲孔，每格四角各有一个直径0.05厘米的乳钉纹，两侧及第一、二层之间有铸缝。剑柄长6.2、宽1.22厘米，中间有1道3棱带箍，最大外径1.4、宽0.6厘米，箍的一侧是一个环形穿鼻，外直径0.5、内直径0.25厘米，柄体内有一个直径0.2厘米的圆柱形穿孔，柄横剖面为八角环形。剑格纵向长2、横向宽3、最厚1.5厘米，两兽耳向下涡卷，双目为凸缘嵌窝，自鼻梁始左右各有4条凸棱线向两颊围括，在两腮及下唇处形成卷云纹，在鼻翼两侧、两腮、下唇处饰6个凸缘嵌窝，面部共8个凸缘嵌窝，内直径约0.1厘米，高约0.1厘米，两面形制相同，横剖面近似椭圆形。剑身中间长19.3、两边长18.6、上端最宽2.6厘米，两面正中距上端1/3处起三棱脊，最厚0.88厘米，脊上部横剖面为多曲花棱形，以下为凸脊，横剖面为扁菱形，刃极锋利，距剑锋5.1和7厘米两处折断，中部受压下

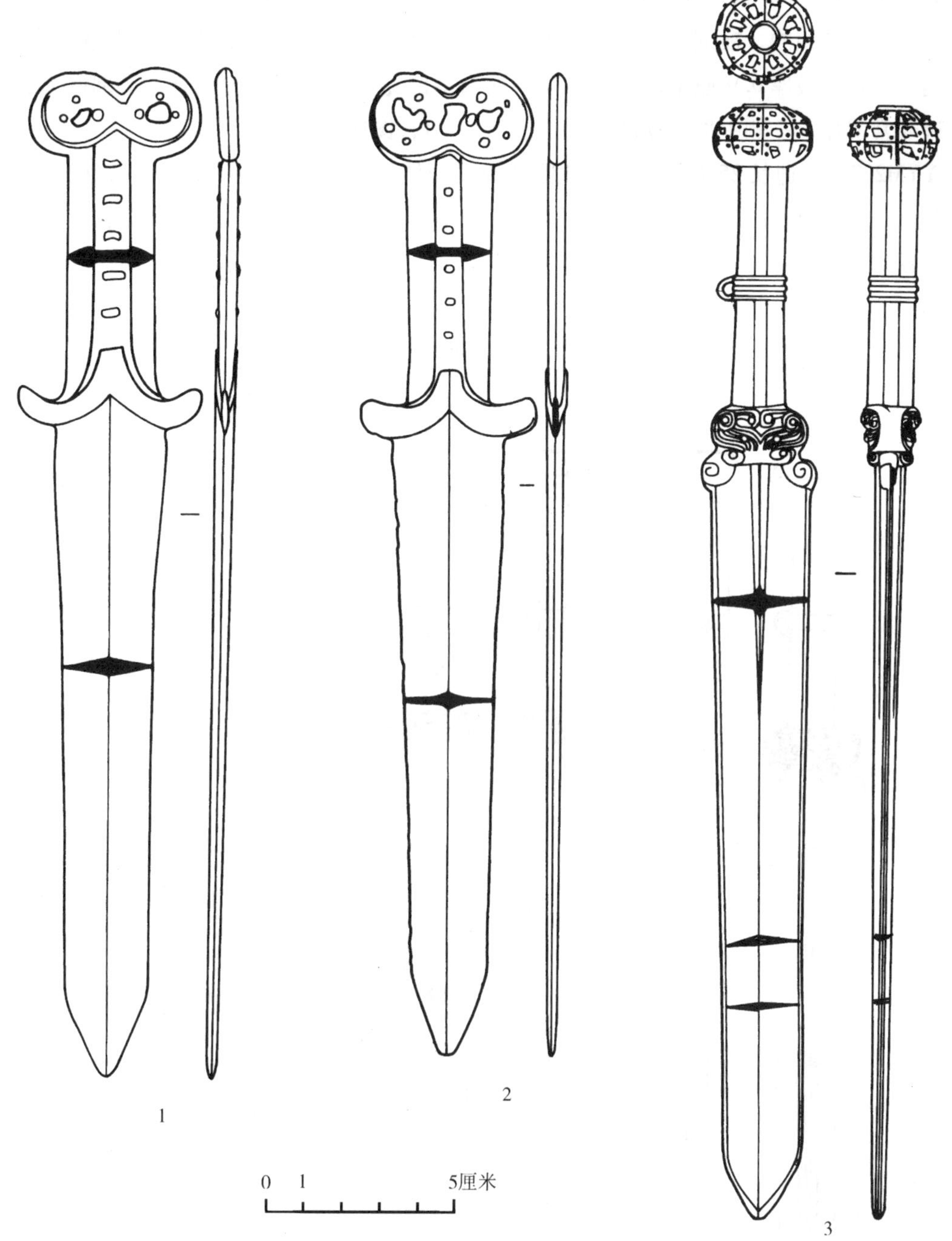

图五八〇　玉皇庙墓地出土直刃匕首式青铜短剑

1、2. Ⅲ型（不分式，YYM34:2、YYM142:2）　3. Ⅳ型Ⅰ式（YYM17:2）

凹变形（图五八〇，3；图版二五五，2）。

标本YYM386:2，剑通长28.2厘米，重140.05克。剑首最大直径2.5、高1.3厘米，球体以顶部直径0.5厘米的圆形镂孔为中心，用阴刻线划分成3横8纵网格，每一网格内饰一横向长方形镂孔，顶部饰一周弦纹。剑柄长6.8、最宽1.2厘米，中间有1道凸棱带箍，最大外径1.6、宽0.4厘米，箍的一侧是一个环形穿鼻，外直径0.7、内直径0.4厘米，下端豁裂，柄体中空，横剖面为八角环形。剑格纵向长2、横向宽3.2、最厚1.6厘米，两兽耳外撇，双目为凸缘嵌窝，内直径0.15厘米，嘴阔，胡须卷曲，两面形制相同，横剖面近似椭圆形。剑身中间长18.5、两边长18.1、上端最宽2.8厘米，两面正中起三棱脊，最厚0.9厘米，脊上端横剖面为多曲花棱形，其下为凸脊，横剖面为扁菱形，刃部使用痕迹非常明显，一侧中部磨损严重（图五八一，1；图版二五五，3）。

标本YYM227:2，通长25.8厘米，重130.3克。器体较轻薄。剑首最大直径2.56、高1.1厘米，球体以顶部直径0.7厘米的圆形镂孔为中心，用阴刻线划分成3横10纵网格，每格内有一个镂孔，第一层镂孔在顶部，围绕中心孔呈放射状梯形孔，第二、三层镂孔为横向长方形，顶部饰一周凸弦纹，剑首只有1/3纹饰清晰，其余均被堵塞。剑柄长6.4、两端宽1.3、中间宽1.2厘米。中间偏上有1道凸

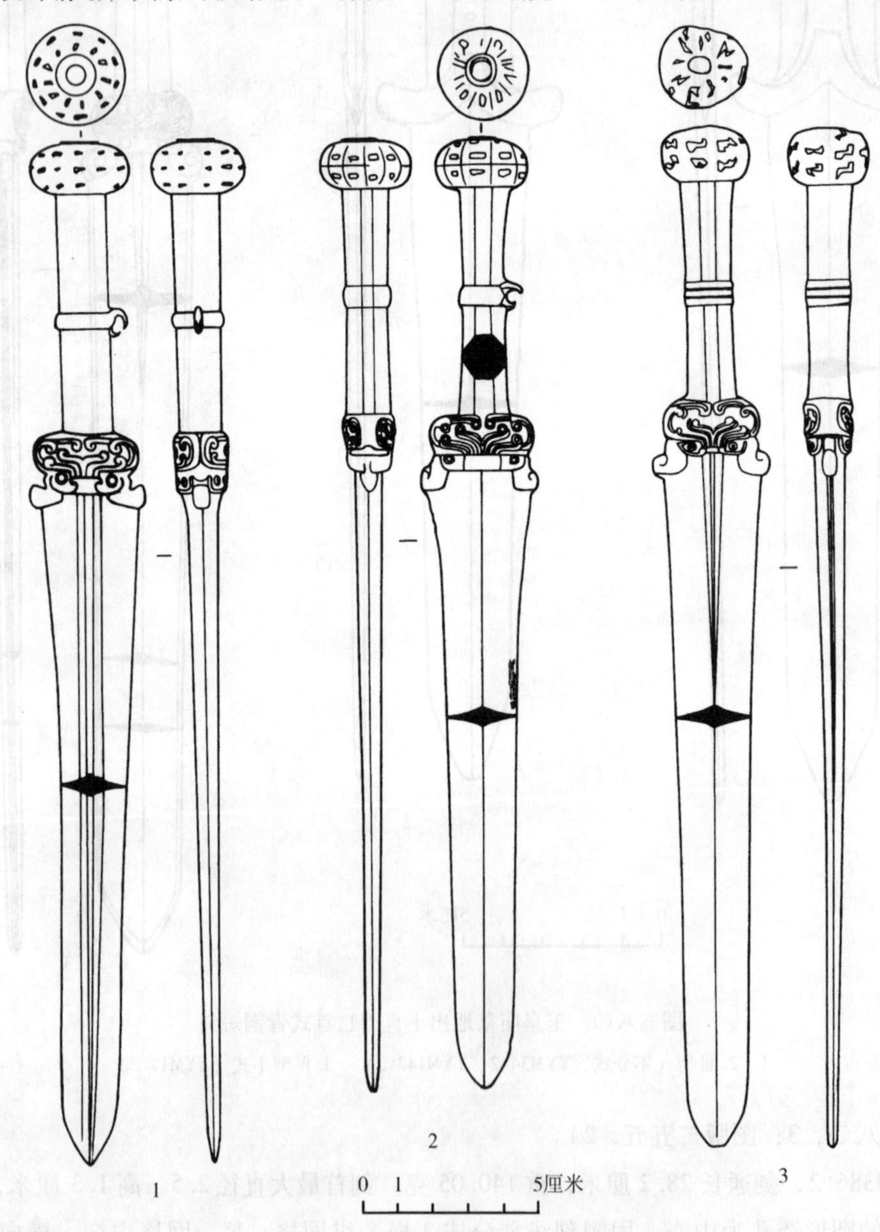

图五八一　玉皇庙墓地出土直刃匕首式青铜短剑

1、2. Ⅳ型Ⅰ式（YYM386:2、YYM227:2）　3. Ⅳ型Ⅱ式（YYM52:2）

棱带箍，最大外径1.4、宽0.6厘米，饰三角纹，箍的一侧是一个环形穿鼻，已折断，柄横剖面为八角环形。剑格纵向长2、横向宽3.3、最厚1.44厘米，两兽耳外撇，双目为凸缘嵌窝，自鼻梁始左右各有4条凸棱线向两颊围括，在两腮及下唇处形成卷云纹，在两颊、鼻翼两侧、两腮、下唇处饰8个凸缘嵌窝，面部共10个凸缘嵌窝，内直径0.15厘米左右，两面形制相同，横剖面近似椭圆形。剑身中间长16.9、两边长16.3、上端最宽2.8厘米，两面正中起凸脊，最厚0.72厘米，横剖面呈扁菱形（图五八一，2；图版二五五，4）。

Ⅱ式　剑首镂孔呈曲尺形

共2件（YYM52:2、YYM7:2）。占Ⅳ型短剑总数的33.3%。

标本YYM52:2，通长27.9厘米，重142.3克。剑首最大直径2.4、高1.5厘米。球体以顶部直径0.6厘米的圆形镂孔为中心，用阴刻线划分成3横8纵网格，每格内有一个镂孔，第一层网格在顶部，围绕中心孔呈放射状梯形孔，第二、三层镂孔基本为曲尺形。剑柄长5.9、最宽1.4厘米。中间有1道3棱带箍，最大外径1.4、宽0.7厘米，横剖面为八角环形。剑格纵向长2.1、横向宽3.3、最厚1.4厘米，两兽耳外撇，双目为凸缘嵌窝，内直径0.15厘米，自鼻梁始左右各有3条凸棱线向两颊围括，在两腮及下唇处形成卷云纹，两面形制相同，横剖面近似椭圆形。剑身中间长19.1、两边长18.4、上端最宽2.8厘米，两面正中距上端1/3处起三棱脊，最厚0.84厘米，脊上部横剖面为多曲花棱形，以下为凸脊，横剖面为扁菱形，刃锋利（图五八一，3；图版二五六，1）。

标本YYM7:2，通长29厘米，重163.2克。质地银灰色，光泽莹润，制作精良。剑首最大直径2.5、高1.3厘米，球体以顶部直径0.7厘米的圆形镂孔为中心，用阴刻线划分成4横10纵网格，每格内有一个镂孔，第一层镂孔在顶部，围绕中心孔呈放射状梯形孔，第二、三层镂孔基本为曲尺形，顶部镂孔口沿呈凸棱状。剑柄长6.7、最宽1.3厘米。中间有1道3棱带箍，最大外径1.52、宽0.5厘米，箍一侧下端有一个环形穿鼻，已折断，横剖面为八角环形。剑格纵向长1.8、横向宽3.25、最厚1.6厘米，两兽耳向下涡卷，双目为凸钉状，直径0.3厘米，自鼻梁始各有3条凸棱线向两颊围括，在两腮及下唇处形成卷云纹，在鼻翼两侧、两腮、唇两旁共饰8个凸钉纹，两面形制相同，横剖面近似椭圆形。剑身中间长19.6、两边长19.2、上端最宽2.8厘米，两面正中距上端1/3处起三棱脊，最厚1.22厘米，脊上部横剖面为多曲花棱形，以下为凸脊，横剖面为扁菱形，刃锋利（图五八二，1；图版二五六，2）。

Ⅲ式　剑首镂孔呈圆形

1件，占Ⅳ型短剑总数的16.7%。

标本YYM102:2。其特点是剑首的镂孔为圆形。通长28厘米，重158.5克。剑首最大直径2.6、高1.7厘米，球体以顶部直径0.6厘米的圆形镂孔为中心，用阴刻线划分成3横8纵网格，每格内有一个圆形镂孔，第二层镂孔孔径最大。剑柄长6.5、最宽1.36厘米。中间偏上有1道带箍，最大外径1.72、宽0.62厘米，箍一侧下端有一个环形穿鼻，外直径0.7、内直径0.4厘米，横剖面为八角环形。剑格纵向长1.8、横向宽3.1、最厚1.6厘米，两兽耳向下涡卷，双目为凸钉状，直径0.3厘米，自鼻梁始左右均有凸棱线向两颊围括，两面形制相同，横剖面近似椭圆形。剑身中间长18.4、两边长18、上端最宽2.8，两面正中起三棱脊，中脊凸出明显，最厚1.1厘米，脊横剖面为多曲花棱形，刃部较钝。剑格两侧有铸缝（图五八二，2；图版二五六，3）。

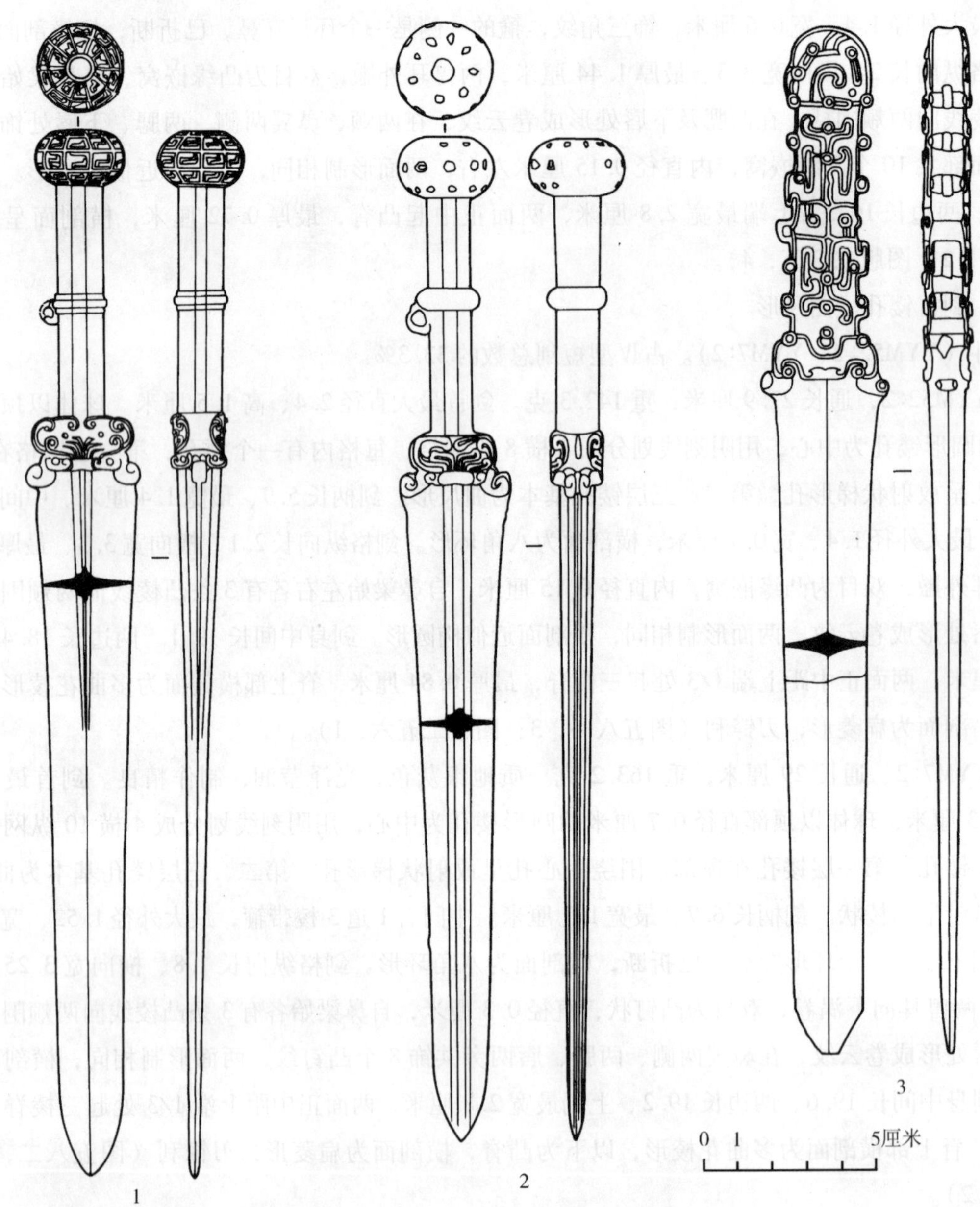

图五八二 玉皇庙墓地出土直刃匕首式青铜短剑

1. Ⅳ型Ⅱ式（YYM7:2） 2. Ⅳ型Ⅲ式（YYM102:2） 3. Ⅴ型Ⅰ式（YYM18:8）

Ⅴ型 剑首、剑柄和剑格一体模铸阳纹

共4件（YYM18：8、YYM300：2、YYM384：2、YYM13：2）。分布于北Ⅰ区中部（YYM18：2、YYM13:2）、西部（YYM300:2、YYM384:2）。占玉皇庙墓地出土青铜短剑总数的4.7%。其特点是剑首、剑柄和剑格浑然一体，线雕几何纹和变形动物纹。剑首近似扁平半圆形，饰几何纹；剑柄大致呈长方体，饰回纹，以对角线对称分布；剑格为兽面形，吻部朝向剑身，呈吞剑状；剑身两面正中起凸脊，横剖面呈扁菱形。剑体纹饰均为模铸阳纹。正、背面形制完全相同。根据剑首纹饰布局特点，可分2式。

Ⅰ式　剑首纹饰左右不对称

共3件（YYM18:8、YYM300:2、YYM384:2）。占Ⅴ型短剑总数的75%。

标本YYM18:8，通长28.6厘米，重217.5克。剑首高2.2、最宽2.5厘米，饰云纹和5个嵌窝。剑柄长6.1、最宽2.7厘米，以对角线对称布置回纹及凸缘嵌窝，共14个嵌窝，一侧中部有一个穿鼻，孔径0.3厘米。剑格纵向长1.9、横向宽3.7厘米，左右胡须分别由两侧向上卷翘，胡须两端、双目、双眉及额头正中均饰凸缘嵌窝，共7个嵌窝。剑身中间长18.8、两边长18.4、上端宽3.2厘米。剑体嵌窝的平均直径为0.2厘米，中部折断（图五八二，3；图版二五六，4）。

标本YYM300:2，通长29.3厘米，重251.5克。剑身中部两面有银灰色光泽，质地光滑，器体厚重。剑首高2、最宽2.5、最厚1.4厘米，饰由回纹组成的鸟首纹，在鸟目、颈上端和下端及长喙下共有4个嵌窝，鸟目嵌窝内直径为0.1厘米，另3个嵌窝内直径为0.2厘米；顶部有一个长方形孔，剑首两侧贯通一个横向穿孔，一侧开口大，另一侧开口较小。剑柄长6、最宽2.1、最厚1.4厘米，以对角线对称布置回纹及凸缘嵌窝，共4组回纹；相邻两组回纹之间和第4组回纹与剑首交接处各有一个凸缘嵌窝，内直径0.25厘米，共4个嵌窝；每组回纹在一些转折点布置若干内直径0.1厘米的凸缘嵌窝，共18个嵌窝；第2组回纹正、背面在同一侧边缘相背各设一个凸缘嵌窝，内直径0.2厘米，其上有一个半圆形穿鼻；一面第3组回纹的一侧边缘有一个凸缘嵌窝，内直径0.2厘米，背后是一个方形镂孔；第4组回纹正、背面两侧边缘各有一个凸缘嵌窝，内直径0.2厘米，其中只有一个盲孔，两面嵌窝以横向长方形穿孔相连。剑格纵向长1.5、横向宽3.4、最厚1.4厘米，左右胡须向两侧外撇，胡须两端、双目、两眉心和两眉弓均饰凸起嵌窝，共8个嵌窝，眉心的嵌窝略小，内径0.1厘米，其余嵌窝内径0.2厘米。剑身中间长20.3、两边长19.8、上端宽3厘米，最厚0.8厘米，刃锋利，两面均有木质剑鞘残痕。剑体双面共有75个嵌窝，剑首和剑格正、背面完全一致，剑柄正、背面嵌窝不完全一致。其中有3个被堵塞（图五八三，1；图版二五六，5）。

标本YYM384:2，通长26.4厘米，重180.5克。铸工精细，器体厚重。剑首高2.1、最宽2.5、最厚1.4厘米，饰一个侧面、曲颈振翅的鸟纹，目、双翅根饰嵌窝，内直径0.25厘米。剑柄长5.6、最宽2（不包括穿鼻）、最厚1.4厘米，以对角线对称布置回纹，分左、中、右三路纵向分布凸缘嵌窝，中路有5个，两侧有4个嵌窝，共13个嵌窝，一侧中部偏上有一个长方形穿鼻，外径0.8×0.64、内径0.4×0.24厘米，两侧分布6个贯通的穿孔，孔形近似长方形，规格0.5×0.35厘米左右，最下端与穿鼻同侧的穿孔为圆形，直径0.15厘米。剑格纵向长2.2、横向宽3.4、最厚1.4厘米，兽面额上端以两大、两小凸缘嵌窝与剑柄相隔，中间为两个小嵌窝，内直径0.15厘米，其两侧为两个大嵌窝，内直径为0.25厘米，剑眉倒竖，怒目圆睁，双目为两个凸缘小嵌窝，内直径为0.15厘米，左右胡须分别由两侧向上卷翘。剑身中间长17.3、两边长17、上端宽3、最厚0.8厘米，刃部规整（图五八三，2；图版二五七，1）。

Ⅱ式　剑首纹饰左右对称

1件，标本YYM13:2。占Ⅴ型短剑总数的25%。通长27.2厘米，重207克。剑首高2、最宽2.5、最厚1.2厘米，似一倒置兽面，左右对称，双目由涡纹组成，两目之间有一个凸缘嵌窝，内直径0.3厘米，吻部为上方下圆的回纹。剑柄长6.9、最宽2.5（不包括穿鼻）厘米，上端厚1.1、下端厚1.4厘米，分两纵列布置回纹，纹饰没有严格的规律，两列回纹中间及柄的两侧分布有三列凸缘嵌窝，一

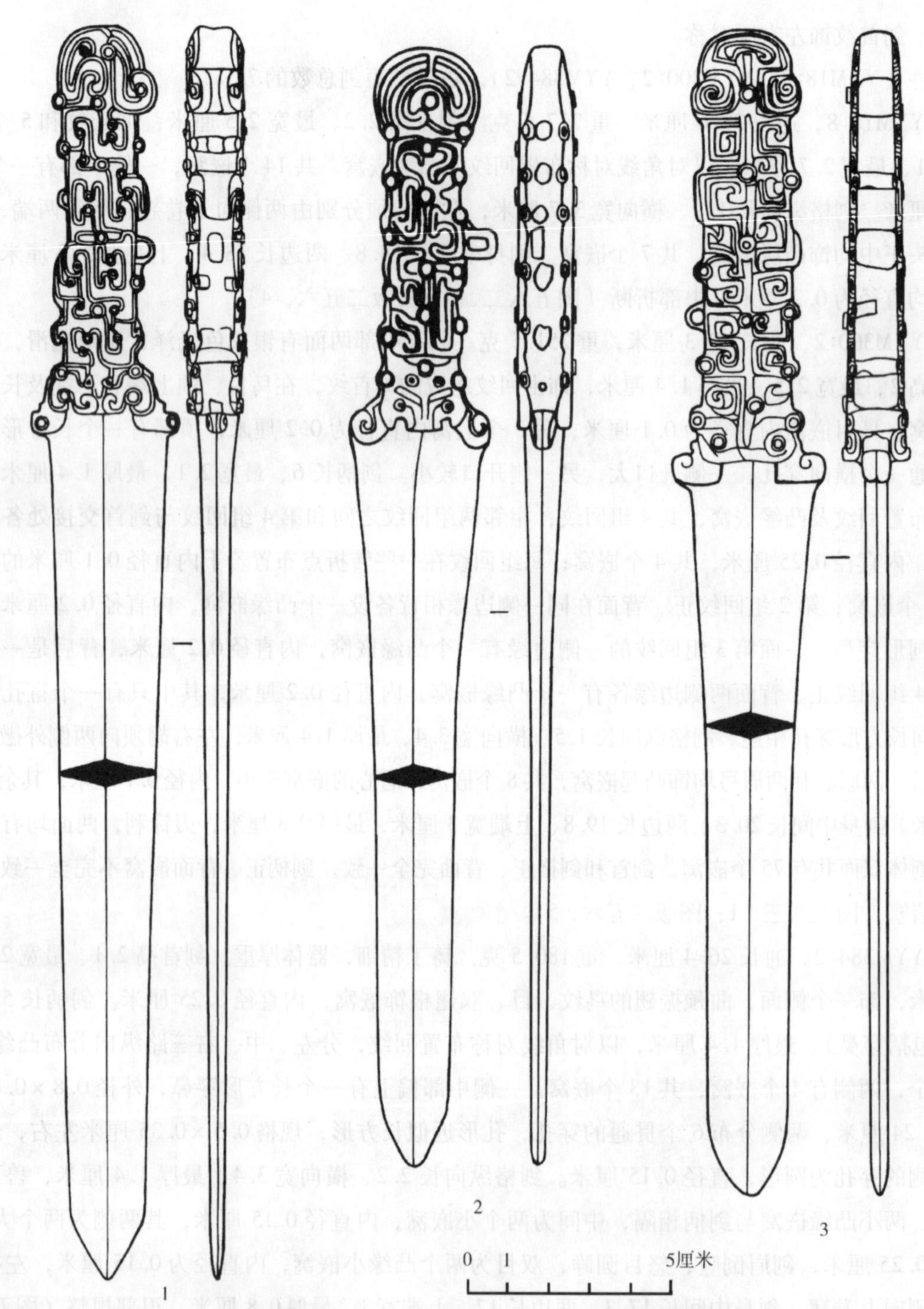

图五八三　玉皇庙墓地出土直刃匕首式青铜短剑

1、2. Ⅴ型Ⅰ式（YYM300∶2、YYM384∶2）　3. Ⅴ型Ⅱ式（YYM13∶2）

面中间有嵌窝4枚，左侧2枚，右侧2枚，另一面中间4枚，左侧2枚，右侧3枚，共17枚，内直径为0.3厘米，一侧中部偏下有一个圆形穿鼻，外径0.7、内径0.4厘米。剑格纵向长1.7、横向宽3.6、最厚1.6厘米，耸眉立目，双目为两个凸缘小嵌窝，内直径为0.15厘米，两眉梢各有一个凸缘嵌窝，内直径为0.3厘米，左右胡须由两侧向上卷翘。剑身中间长17.2、两边长16.6、上端宽3厘米，最厚

0.5 厘米，刃部规整，一侧偏上端略有缺损（图五八三，3；图版二五七，2）。

Ⅵ型　剑首与剑格对称

共 3 件（YYM250:7、YYM230:2、YYM54:2）。分布于北Ⅱ区北部（YYM250:2、YYM230:2）和中部（YYM54:2）。占玉皇庙墓地出土青铜短剑总数的 3.5%。其特点是剑首和剑格形制相同，上、下对称，剑首正置，剑格倒置，剑格略大于剑首，横剖面呈菱形；剑柄为扁长方体；剑身正中为凸脊，横剖面呈扁菱形。根据剑首和剑格的造型，可分 2 式。

Ⅰ式　剑首、剑格为羊首形

2 件（YYM250:7、YYM54:2）。占Ⅵ型短剑总数的 66.7%。其特点是剑首和剑格是羊首形，羊角于两侧弯转成圈状，双目为凸起盲孔；剑柄饰若干兽面纹，横剖面近似椭圆形。

标本 YYM250:7，通长 31.2 厘米，重 217.5 克。铸工较好。剑首纵向长 1.8、横向宽 4.3、厚 0.7 厘米，羊目直径 0.25 厘米。剑柄长 7.5、宽 1.7、厚 0.7 厘米，纵向分布 6 个兽面纹，其轮廓为曲线形，怒目圆睁，目为凸缘嵌窝，双眉上挑，鼻、吻部为三角形。剑格纵向长 1.8、横向宽 4.5、最厚 0.8 厘米，羊目直径 0.2 厘米，下颌方正。剑身中间长 20.7、两边长 20.1、上端宽 2.5 厘米，最厚 0.6 厘米，刃部较钝，边缘齐整（图五八四，1；图版二五七，3）。

标本 YYM54:2，通长 27.8 厘米，重 190.8 克。铸工较好。剑首纵向长 1.6、横向宽 3.4、厚 0.8 厘米，羊目直径 0.2 厘米。剑柄长 7、宽 1.5、厚 0.78 厘米，纵向分布 5 个兽面纹，其轮廓为直线形，怒目圆睁，目为凸缘嵌窝，双眉上挑，鼻、吻部为三角形。剑格纵向长 1.8、横向宽 4.2、最厚 0.85 厘米，羊目直径 0.15 厘米，下颌方正。剑身中间长 17.8、两边长 17.4、上端宽 2.4 厘米，最厚 0.6 厘米，刃部中腰呈弧形突起，有曲刃的趋势（图五八四，2；图版二五八，1）。

Ⅱ式　剑首、剑格为飞鸟形

1 件，标本 YYM230:2。占Ⅵ型短剑总数的 33.3%。其特点是剑首、剑柄和剑格均无纹饰，剑首和剑格轮廓似飞鸟形。通长 24.8 厘米，重 137.8 克。铸工精致。剑首纵向长 1.4、横向宽 3.1、厚 0.6 厘米。剑柄长 7.3、上端宽 1.4、下端宽 1.7、厚 0.6～0.7 厘米，两面正中起脊，一面粘有纺织物痕迹，横剖面呈菱形。剑格纵向长 1.5、横向宽 4、最厚 0.8 厘米。剑身中间长 15、两边长 14.6、上端宽 2.3. 厘米，最厚 0.6 厘米，刃锋利（图五八四，3；图版二五八，2）。

Ⅶ型　五边形剑首

1 件，占玉皇庙墓地出土青铜短剑总数的 1.2%。标本 YYM264:2，分布于北Ⅱ区北部。其特点是剑首为对称扁五边形片体，饰网格纹；剑柄为扁长方体；剑格为叠翼形。通长 27.3 厘米，重 205 克。剑首纵向长 2.4、横向宽 3、厚 0.8 厘米，横剖面大致呈长方形。剑柄长 7.1、上端宽 2.2、中间宽 2.4、下端宽 2.3、最厚 0.6 厘米，横剖面为梭形。剑格两肩微翘，纵向长 1.7、横向宽 5.2、最厚 0.8 厘米，横剖面呈扁菱形。剑身中间长 16.4、两边长 16.1、上端最宽 2.8 厘米，两面正中起凸脊，最厚 0.6 厘米，刃锋利，横剖面呈扁菱形（图五八五，1；图版二五八，3）。

Ⅷ型　单环形剑首

共 5 件（YYM226:2、YYM212:2、YYM186:2、YYM117:2、YYM108:2）。分布于北Ⅱ区北部（YYM226:2）、南部（YYM212:2、YYM186:2），南区北部（YYM117:2）、中部（YYM108:2）。占玉皇庙墓地出土青铜短剑总数的 5.8%。其特点是剑首为单环形，剑柄基本上呈扁长方体。根据剑首、

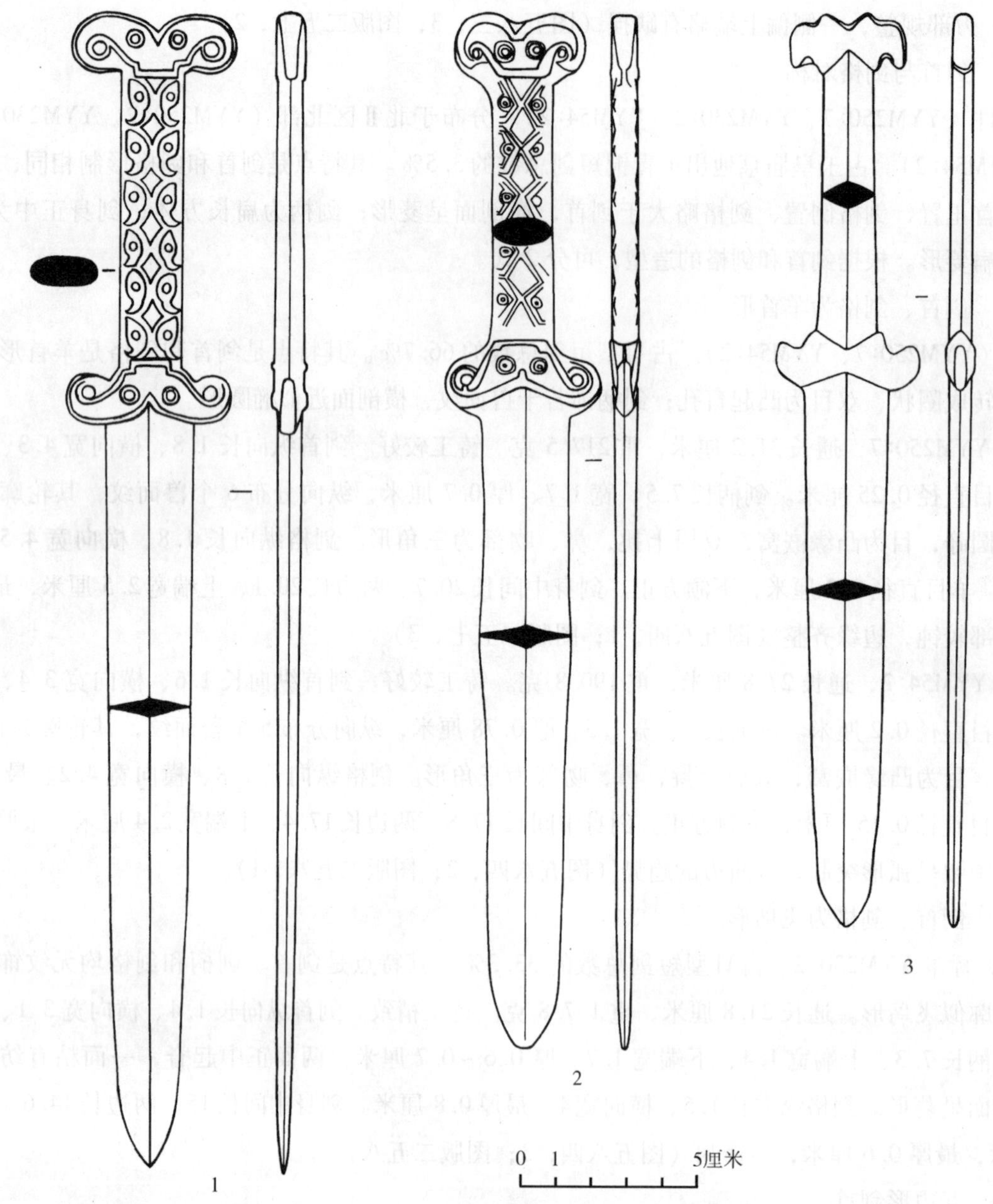

图五八四　玉皇庙墓地出土直刃匕首式青铜短剑

1、2. Ⅵ型Ⅰ式（YYM250:7、YYM54:2）　3. Ⅵ型Ⅱ式（YYM230:2）

剑柄和剑格的不同特点，可分5式。

Ⅰ式　椭圆凸环首式剑首，长方形剑柄，叠翼形剑格

1件，占Ⅷ型短剑总数的20%。标本YYM226:2，通长24厘米，重113克。铸工较粗。剑首外径2.6×3、内径1.6×1.9、厚0.6～0.7厘米，横剖面大致呈椭圆形。剑柄长6.1、宽1.3、厚0.5厘米，横剖面呈长方形。剑格垂肩，纵向长1.3、横向宽3.5、最厚0.5厘米，横剖面呈扁菱形。剑身中间长14.6、两边长14、上端最宽2.5厘米，两面正中起凸脊，最厚0.4厘米，刃锋利，横剖面呈扁菱形。剑首环壁内侧有铸缝（图五八五，2；图版二五九，1）。

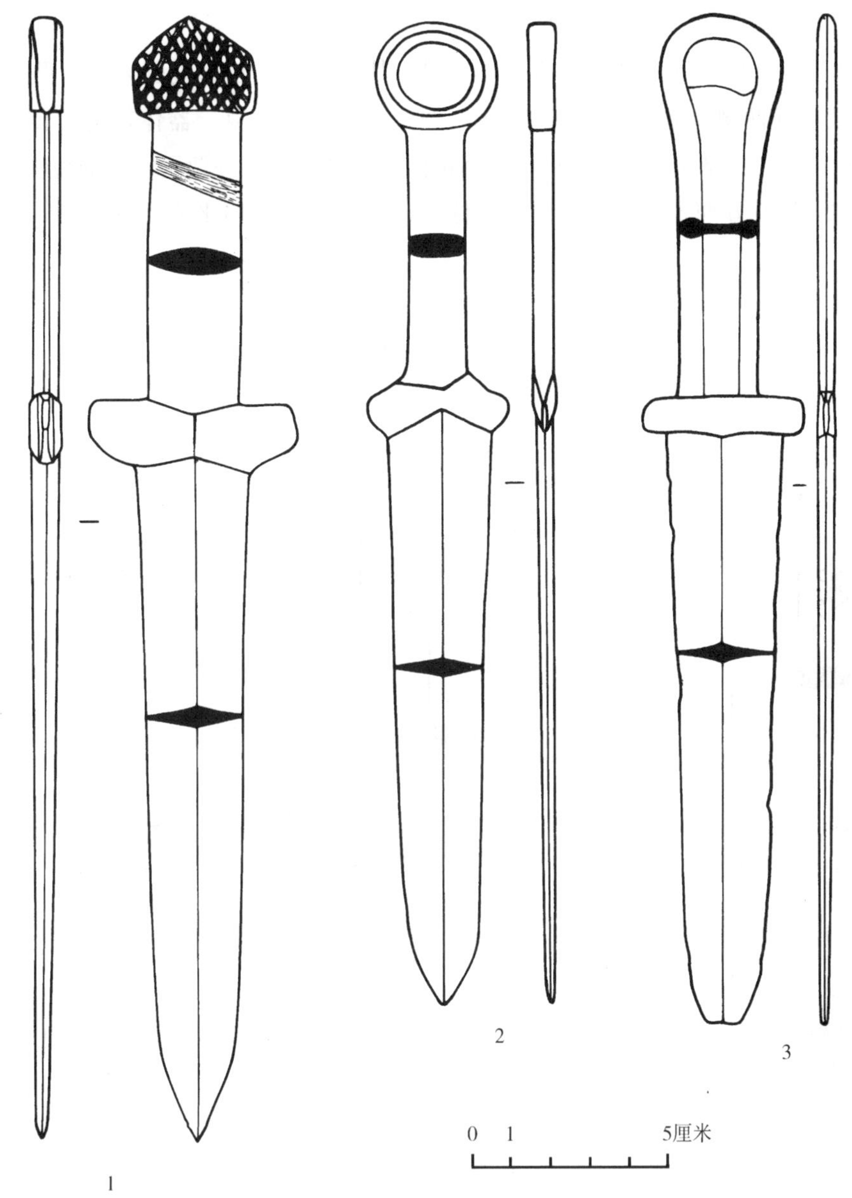

图五八五　玉皇庙墓地出土直刃匕首式青铜短剑

1. Ⅶ型（YYM264:2）　2. Ⅷ型Ⅰ式（YYM226:2）　3. Ⅷ型Ⅱ式（YYM212:2）

Ⅱ式　半环形剑首，纵槽形剑柄，“一”字形剑格

1件，占Ⅷ型短剑总数的20%。标本YYM212:2。其特点是剑首与剑柄连铸一体，上端有半环形镂孔，以下直至剑格纵向铸一道凹槽；剑格为中间略宽的“一”字形。残长24.6厘米，重111.4克。铸工粗糙。剑首与剑柄通体长9.2、上端最宽3、下端宽1.9厘米，通体边框宽0.5、厚0.4厘米，镂孔宽1.9、高1.3厘米。剑格平肩，纵向长1.1、横向宽4、最厚0.35厘米，横剖面呈梭形。剑身中间残长14.3、两边残长14.5、上端最宽2.8厘米，两面正中起凸脊，最厚0.45厘米，刃多齿口，剑锋缺损，横剖面呈扁菱形。剑柄两侧、顶端及镂孔内侧有铸缝（图五八五，3；图版二五九，2）。

Ⅲ式　椭圆凸环首式剑首，锯齿纹剑柄，“人”字形剑格

1件，占Ⅷ型短剑总数的20%。标本YYM186∶2。其特点是剑首为椭圆环体，凸环首；剑柄中间纵向铸一道阴刻线，其两侧饰锯齿纹。通长26.7厘米，重153.8克。器体较薄。剑首环外径2.6×3.2、环孔内径1.1×1.8、厚0.6厘米，环体中间被阴刻线分成内、外两层，均饰短斜线纹。剑柄纵向长6.8、均宽1.72、厚0.6厘米，横剖面呈亚腰抹角扁长方形。剑格平肩，纵向长1.3、横向宽4.1、最厚0.7厘米，一端略起翘变形。剑身中间长16.6、两边长16、上端宽2.6厘米，两面正中起棱脊，最厚0.6厘米，刃较钝，横剖面呈扁菱形（图五八六，1；图版二五九，3）。

Ⅳ式　圆形扣环首剑首，长方形剑柄，“人”字形翘肩剑格

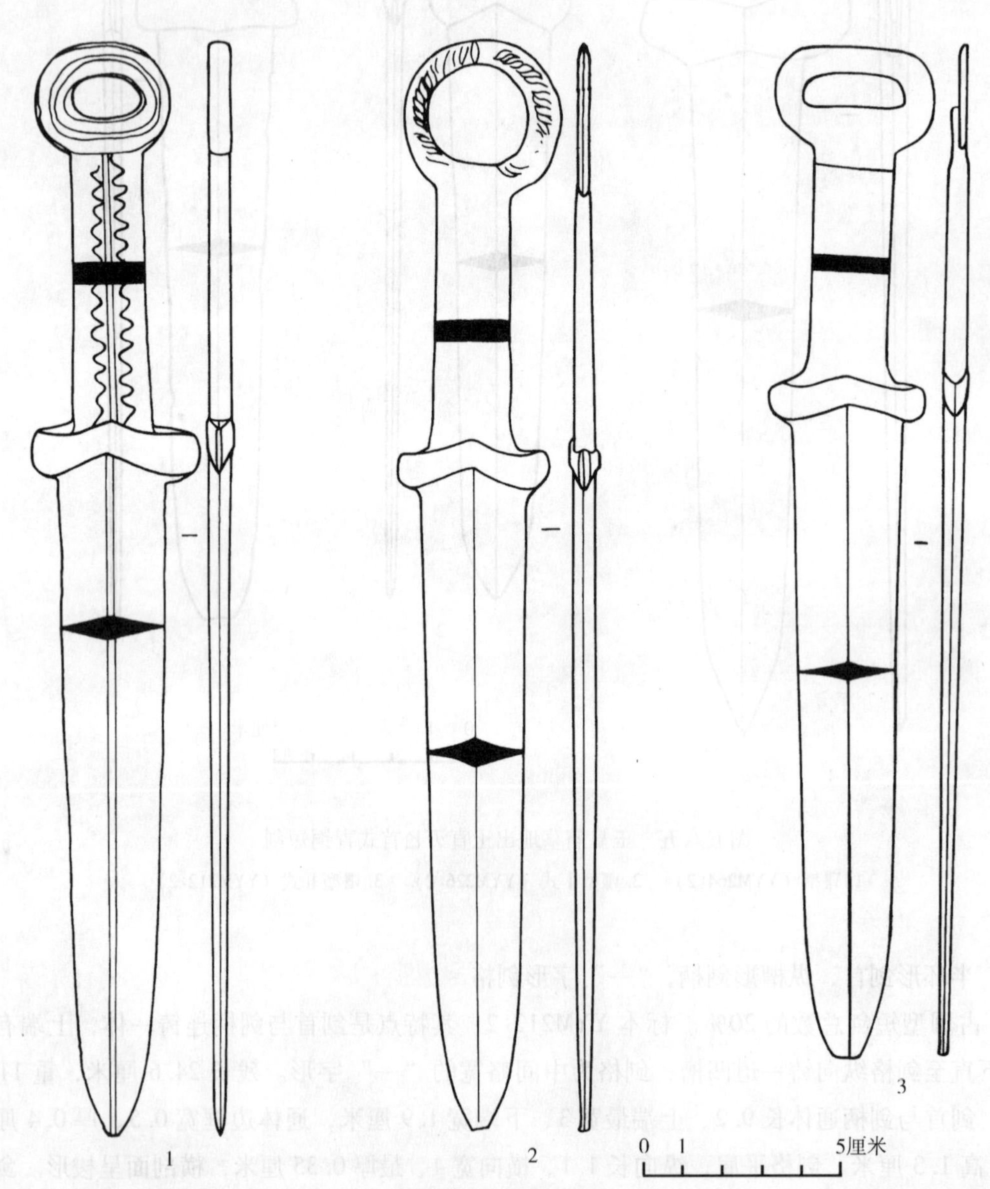

图五八六　玉皇庙墓地出土直刃匕首式青铜短剑

1. Ⅷ型Ⅲ式（YYM186∶2）　2. Ⅷ型Ⅳ式（YYM117∶2）　3. Ⅷ型Ⅴ式（YYM108∶2）

1件，占Ⅷ型短剑总数的20%。标本YYM117:2，通长26.6厘米，重145克。铸工较粗。剑首外径3.7×3.8、内径2.6×2.7、厚0.2~0.3厘米，饰绹纹，横剖面呈梭形。剑柄长6.2、宽1.8、上端厚0.3、下端厚0.4厘米，横剖面呈长方形。剑格两肩微翘，纵向长1、横向宽3.7、最厚0.6厘米，横剖面呈扁菱形。剑身中间长16.1、两边长15.7、上端最宽2.7厘米，两面正中起凸脊，最厚0.5厘米，刃较锋利，横剖面呈扁菱形。剑格两侧、柄两侧、环首内外侧有铸缝（图五八六，2；图版二六〇，1）。

Ⅴ式　抹角长方扣环首剑首，长方形剑柄，“人”字形翘肩剑格

1件，占Ⅷ型短剑总数的20%。标本YYM108:2，通长24.5厘米，重117克。铸工粗糙。剑首纵向长2.1、横向宽3.7、厚0.2厘米，呈半浮雕状，一面平整，另一面呈半圆形隆起，横剖面呈半圆形。剑柄长5.8、宽1.8厘米，上端至0.7厘米处形成下凹平面，厚0.35厘米，以下厚0.4厘米，横剖面呈长方形。剑格两肩微翘，纵向长1、横向宽3.8、最厚0.7厘米，横剖面呈扁菱形。剑身中间长15.9、两边长15.6、上端最宽2.6，两面正中起凸脊，最厚0.4厘米，刃锋利，横剖面呈扁菱形。剑格两侧、柄两侧、环首内侧有铸缝（图五八六，3；图版二六〇，2）。

Ⅸ型　双羊目剑首

共9件（YYM275:2、YYM46:2、YYM51:2、YYM71:2、YYM213:2、YYM151:2、YYM143:2、YYM74:2、YYM333:2）。分布于北Ⅱ区北部（YYM275:2）、中部（YYM46:2、YYM51:2）、南部（YYM71:2），南区北部（YYM213:2、YYM151:2、YYM143:2、YYM74:2），西区（YYM333:2）。占玉皇庙墓地出土青铜短剑总数的10.5%。其特点是剑首为变形双羊目；剑柄呈扁长方体；剑身正中为凸脊，横剖面呈扁菱形。

Ⅰ式　剑首框以亚腰横置长圆，叠翼形剑格

1件，占Ⅸ型短剑总数的11.1%。标本YYM275:2，通长25.1厘米，重135.5克。铸工较规整。剑首纵向长1.8、横向宽3.7、厚0.5厘米，有两重边框，其内有两个相距0.5厘米的圆，之间饰2个横向长方形凸钉纹，两圆中间各有一个镂孔，直径分别为0.5和0.6厘米。剑柄长6.4、上端宽1.7、下端宽1.8、最厚0.46厘米，横剖面呈椭圆形，上端一侧有缺损。剑格一肩较平，另一肩略垂，纵向长1.3、横向宽4、最厚0.6厘米，横剖面呈扁菱形。剑身中间长15.8、两边长15.6、上端最宽2.4、最厚0.45厘米，刃锋利。剑首顶部及两侧有铸缝（图五八七，1；图版二六〇，3）。

Ⅱ式　剑首框以亚腰横置葫芦，“人”字形剑格

共6件（YYM46:2、YYM51:2、YYM71:2、YYM213:2、YYM151:2、YYM74:2）。占Ⅸ型短剑总数的66.7%。剑首外侧为一个横置的大致呈葫芦形的边框，左、右大小相同，内有两个饰绹纹的圆，两圆之间为亚腰长方形镂孔，圆中间或为镂孔，或为盲孔。

标本YYM46:2，通长27.8厘米，重201克。铸工较规整。剑首纵向长2.4、横向宽4.4、厚0.5厘米，圆中间为盲孔，直径分别为0.7和0.8厘米，两圆相距0.55厘米。剑柄长6.7（至剑格中部），上端宽2、下端宽2.2、厚0.5~0.8厘米，正中饰一列纵向阳刻方格纹，两面形制相同，横剖面近似梭形。剑格平肩，上端延伸至剑柄1/4处，纵向长3、横向宽4.7、最厚0.7厘米，横剖面呈扁菱形。剑身中间长18.5、两边长17.2、上端最宽2.8、最厚0.5厘米，刃部整齐，较锋利（图五八七，2；图版二六一，1）。

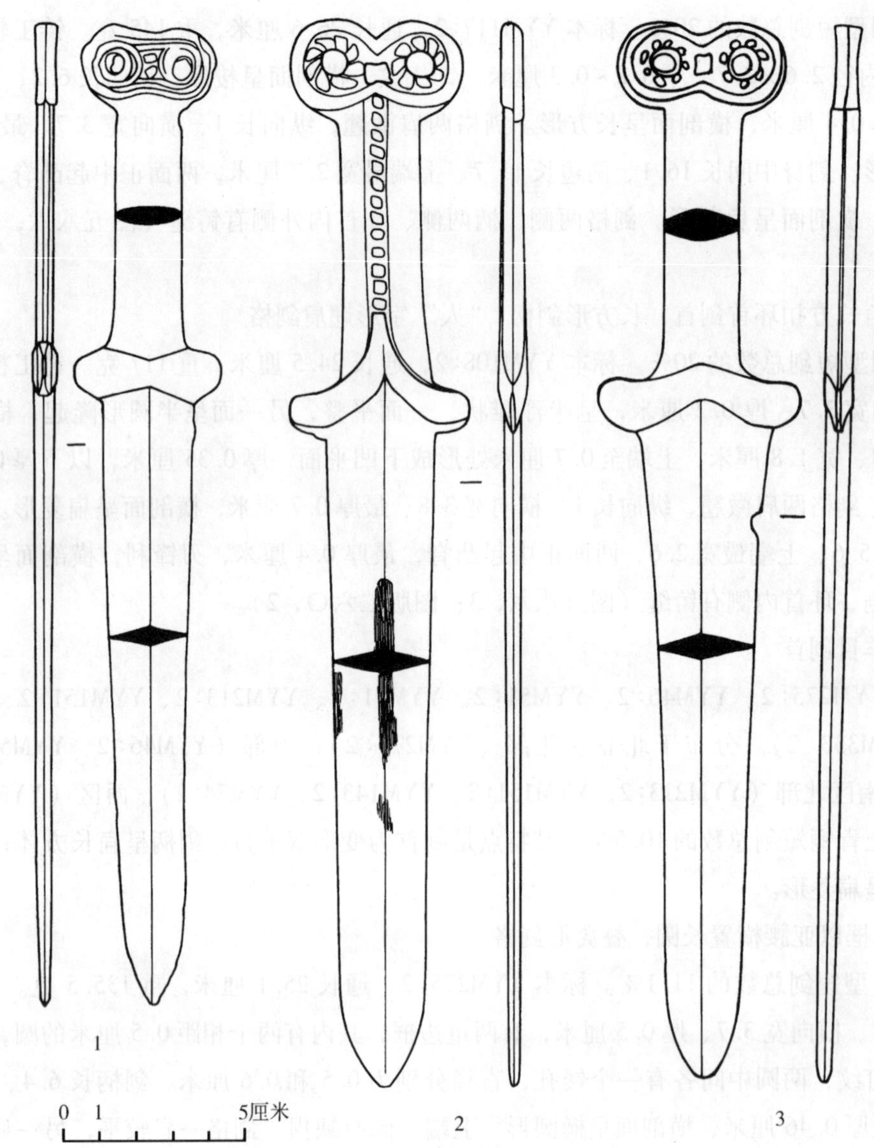

图五八七　玉皇庙墓地出土直刃匕首式青铜短剑
1. Ⅸ型Ⅰ式（YYM275:2）　2、3. Ⅸ型Ⅱ式（YYM46:2、YYM51:2）

标本 YYM51:2，通长 27.3 厘米，重 207 克。铸工较规整。剑首纵向长 2、横向宽 4.2、厚 0.6 厘米，圆中间是镂孔，直径均为 0.3 厘米，两圆相距 0.55 厘米。剑柄长 7、宽 1.9、厚 0.7 厘米，横剖面呈梭形。剑格两肩微翘，纵向长 1.3、横向宽 5.1、最厚 0.6 厘米，横剖面呈梭形。剑身中间长 17.5、两边长 17、上端宽 3.5、最厚 0.8 厘米，刃部一侧距剑格 2.2 厘米处有缺损，另一侧有细小齿口（图五八七，3；图版二六一，2）。

标本 YYM71:2，通长 26.5 厘米，重 154.6 克。铸工较规整。剑首纵向长 2、横向宽 3.7、厚 0.5 厘米，圆中间是镂孔，直径均为 0.4 厘米，两圆相距 0.6 厘米。剑柄长 6.5、宽 1.8、厚 0.5~0.6 厘米，横剖面呈椭圆形。剑格两肩微翘，纵向长 1.6、横向宽 4.6、最厚 0.7 厘米，横剖面呈梭形。剑身中间长 17、两边长 16.4、上端宽 3、最厚 0.5 厘米，刃部一侧略有缺损（图五八八，1；图版二六一，3）。

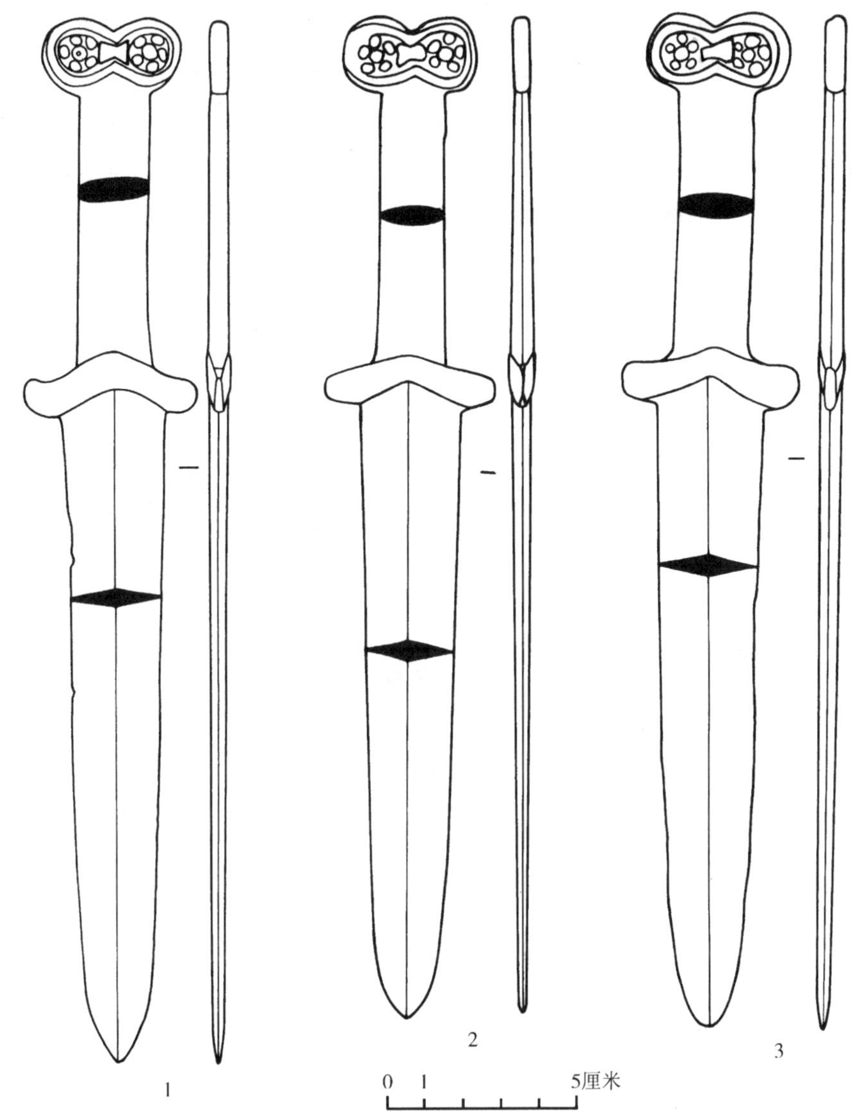

图五八八　玉皇庙墓地出土直刃匕首式青铜短剑
1－3. Ⅸ型Ⅱ式（YYM71:2、213:2、151:2）

标本 YYM213:2，通长 25.2 厘米，重 134.5 克。铸工规整。剑首纵向长 1.7、横向宽 3.3、最厚0.48 厘米，圆中间是盲孔，直径均为0.35 厘米，两圆相距0.8 厘米。剑柄长6.8、宽1.6、厚0.55 厘米，横剖面呈椭圆形。剑格两肩微垂，纵向长 1.2、横向宽 4.3、最厚 0.6 厘米，横剖面呈扁菱形。剑身中间长 16.2、两边长 15.5、上端宽 2.5、最厚 0.5 厘米，刃锋利（图五八八，2；图版二六二，1）。

标本 YYM151:2，通长 25.7 厘米，重 162 克。铸工规整。剑首纵向长 1.7、横向宽 3.6、最厚 0.5 厘米，圆中间是盲孔，直径均为 0.4 厘米，两圆相距 0.9 厘米。剑柄长 6.6、宽 1.8、最厚 0.5 厘米，横剖面呈椭圆形。剑格两肩微翘，纵向长 1.5、横向宽 4.5、最厚 0.6 厘米，横剖面呈扁菱形。剑身中间长 16.5、两边长 15.9、上端宽 2.6、最厚 0.5 厘米，刃锋利。在剑首和剑柄的一面粘有纺织物痕迹。剑首环体内侧有铸缝（图五八八，3；图版二六二，2）。

标本YYM74∶2，通长26.3厘米，重150.5克。剑首纵向长1.9、横向宽3.6、最厚0.6厘米，圆中间是镂孔，直径均为0.3厘米，其中一圆镂孔被锈蚀物，泥土堵塞，两圆相距0.6厘米。剑柄长6.8、宽1.8、最厚0.6厘米，横剖面呈椭圆形。剑格两肩上翘，纵向长1.4、横向宽4.6、最厚0.6厘米，横剖面呈扁菱形。剑身中间长17、两边长16.2、上端宽2.7、最厚0.5厘米，刃较钝。剑身一面粘有木鞘遗痕，剑格和剑柄沾满泥土板结物，剑柄与剑格相接处有缑的遗迹（图五八九，1；图版二六二，3）。

Ⅲ式　剑首双羊目外无边框，"八"字形剑格

1件，占Ⅸ型短剑总数的11.1%。标本YYM143∶2。其特点是剑首不再有明确的边框，表现羊目的

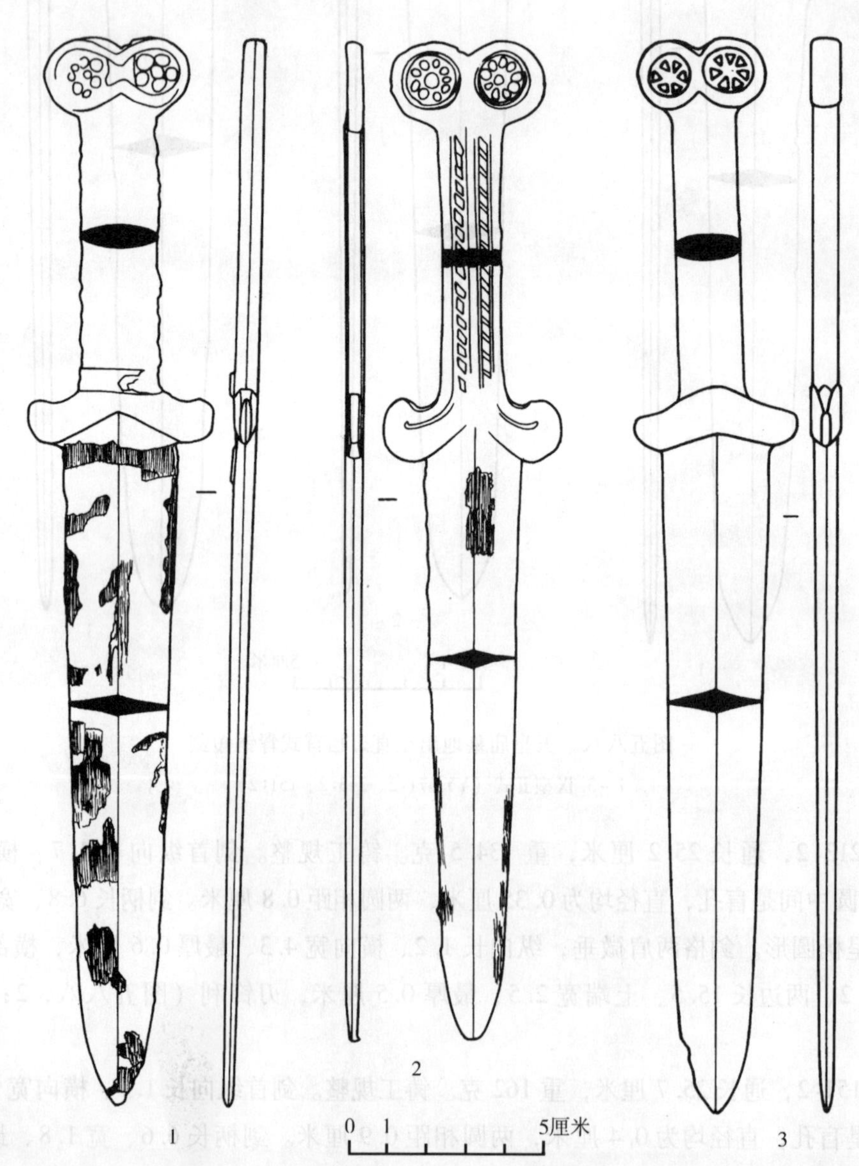

图五八九　玉皇庙墓地出土直刃匕首式青铜短剑

1. Ⅸ型Ⅱ式（YYM74∶2）　2. Ⅸ型Ⅲ式（YYM143∶2）　3. Ⅸ型Ⅳ式（YYM333∶2）

双圆以剑柄延伸部分相连；剑格为“八”字形，两端浑圆上卷。通长24.4厘米，重101.7克。铸工规整。剑首纵向长1.9、横向宽3.8、最厚0.3～0.4厘米，饰绹纹的两圆中间是镂孔，直径为0.3和0.4厘米，两圆相距0.4厘米。剑柄长6.9、宽1.5、最厚0.32厘米，正中有一条宽0.2厘米的纵向凸棱，两侧饰两条纵向绹纹，横剖面呈扁长方形，两面形制相同。剑格纵向长1.4、横向宽4.4、最厚0.42厘米，阴刻“八”字纹，横剖面呈扁菱形，两面形制相同。剑身中间长15.1、两边长14.2、上端宽2.4、最厚0.42厘米，刃较锋利，剑身沾有黄白色土壤凝结物，一侧上部有木质剑鞘痕迹（图五八九，2；图版二六三，1）。

Ⅳ式　剑首与Ⅲ式相同，剑格与Ⅱ式相同

1件，占Ⅸ型短剑总数的11.1%。标本YYM333:2。通长26.4厘米，重170.8克。铸工精致。剑首纵向长1.5、横向宽3.2、最厚0.7厘米，饰绹纹的两圆中间是盲孔，直径均为0.4厘米，两圆相距0.25厘米。剑柄长7.2、宽1.6、最厚0.7厘米，横剖面呈椭圆形，两面均有麻布遗痕。剑格垂肩，纵向长1.3、横向宽4.1、最厚0.7厘米，横剖面呈扁菱形。剑身中间长16.8、两边长16.4、上端最宽2.7厘米，两面正中起凸脊，最厚0.5厘米，刃锋利，横剖面呈扁菱形，一面有木质剑鞘遗痕（图五八九，3；图版二六三，2）。

Ⅹ型　云朵形剑首

1件，占玉皇庙墓地出土青铜短剑总数的1.2%。标本YYM234:2。分布于北Ⅱ区中部。其特点是剑首呈对称云朵形，剑柄为长方六边体，剑格为倒置兽面形，剑脊为六棱脊和单凸脊的混合型。通长25.6厘米，重116.7克。剑身银灰色。剑首纵向长1.4、横向长2.6、最厚1.4厘米，横剖面为六边形。剑柄两面正中起脊，长6.4、宽1.7、厚1.2厘米，饰勾云纹，一侧中间有一穿鼻，外直径0.6厘米左右，内直径0.4厘米。剑格纵向长1.8、横向宽3.1、厚1.4厘米，兽面两耳外撇，双眼为凸缘嵌窝，双侧鼻翼各有一凸缘嵌窝，下唇未封闭，唇上沿中线两侧各有一凸缘嵌窝，所有嵌窝内直径为0.15厘米。剑身中间长16.5、两边长16、上端宽2.7、两面正中自剑格至6.5厘米处起三棱脊，以下为凸脊，最厚0.9厘米，刃部一侧缺损，缺损处长5.5厘米，脊上部横剖面为多曲花棱形，下部横剖面为扁菱形（图五九〇，1；图版二六三，3）。

Ⅺ型　喇叭形剑首

1件，占玉皇庙墓地出土青铜短剑总数的1.2%。标本YYM41:2。分布于北Ⅱ区中部。其特点是剑首为喇叭形；剑柄为椭圆柱体；剑格为垂肩八字形；剑身中段两侧略鼓，剑脊为棱形。该剑明显区别于其他短剑，其风格有曲刃短剑的倾向。通长30.5厘米，重250克。剑首纵向长3.4、横向宽5.6、最厚1.3厘米，顶端为五个环形花瓣，其下有5个三角形镂孔，分成两排，上排是3个倒三角，下排是2个正三角，中空，横剖面为椭圆环形。剑柄长6.5、上下宽1.9、中间宽1.7、上端厚1.5，下端厚1.3厘米，中部两侧有一个贯通两侧的穿孔，直径0.6厘米，上端有两周阴刻弦纹，中空，横剖面呈椭圆环形。剑格纵向长1.6、横向宽4.2、最厚1.3厘米，下端有一条横向阴刻装饰线，横剖面呈抹角菱形。剑身上端齐整，长19、上端宽4.2、最厚1厘米，刃多齿口，横剖面呈二曲花棱形（图五九〇，2；彩版五六，1；图版二六四，1）。

Ⅻ型　羊头形剑首

共5件（YYM236:2、YYM257:2、YYM61:2、YYM247:2、YYM182:2）。分布于北Ⅱ区中部

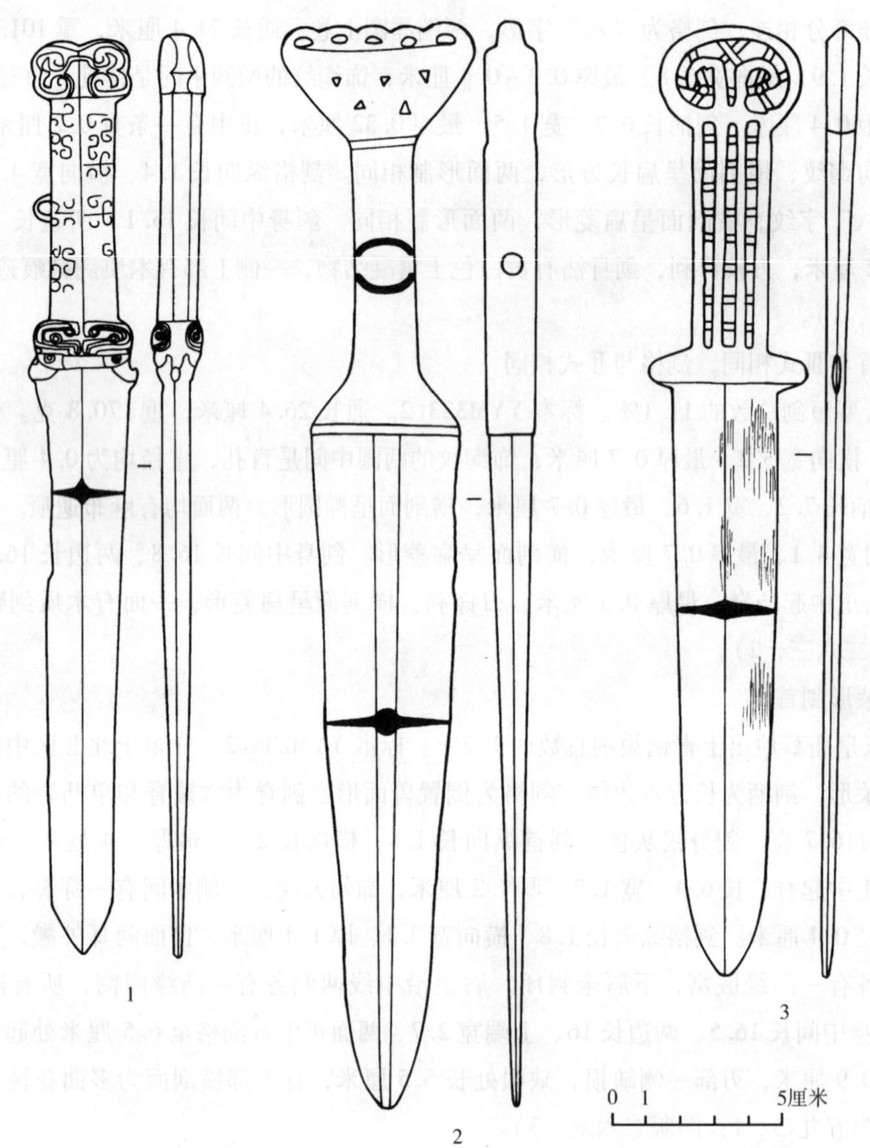

图五九○ 玉皇庙墓地出土直刃匕首式青铜短剑

1. Ⅹ型（YYM234:2） 2. Ⅺ型（YYM41:2） 3. Ⅻ型Ⅰ式（YYM236:2）

（YYM236:2、YYM257:2、YYM247:2）、南部（YYM61:2），南区北部（YYM182:2）。占玉皇庙墓地出土青铜短剑总数的5.8%。其特点是剑首为椭圆形镂空羊头，图案由模铸线条表现，前、后共4层，正、背面分别铸饰一对羊角，双目以两根前后贯通的短柱横剖面表示，由这两根短柱向两侧各伸出3条短柱与边框相连，在两对羊角上方各有两条相交线，有6条短柱与两对羊角垂直相接；剑柄为长方形扁体网格状，前、后共3层，正、背面饰纵线，中间加横线，每个交叉点都有短柱与前后层垂直相接，大多4纵8横，只有YYM247:2为4纵9横；剑格为“一”字形和“人”字形。

Ⅰ式 “一”字形剑格

共3件（YYM236:2、YYM257:2、YYM61:2）。占Ⅻ型短剑总数的60%。

标本YYM236:2，通长26.8厘米，重141.5克。剑首纵向长2.5、横向宽4、最厚0.96厘米，有一个羊角缺损1/3。剑柄长6.6、宽2.2、最厚0.85厘米。剑格中间宽两端尖，肩微下弧，纵向长1、横向宽4.5、最厚0.57厘米，横剖面呈扁菱形。剑身长16.7、上端宽3厘米，两面正中起凸脊，最厚0.5厘米，刃锋利，横剖面呈扁菱形，两面均粘有木质剑鞘遗痕（图五九〇，3；图版二六五，1）。

标本YYM257:2，通长26.8厘米，重123.8克。剑首纵向长2.8、横向宽3.9、最厚0.8厘米，下端有缺损（彩版五九，1）。剑柄长6.2、宽2.4、上端厚0.8、下端厚0.6厘米。剑格略下弧，两肩微弧，纵向长0.8、横向宽4.3、最厚0.7厘米，横剖面呈扁菱形。剑身中间长17.2、两边长17、上端宽3.2，两面正中起凸脊，最厚0.5厘米，横剖面呈扁菱形（图五九一，1；图版二六四，2）。

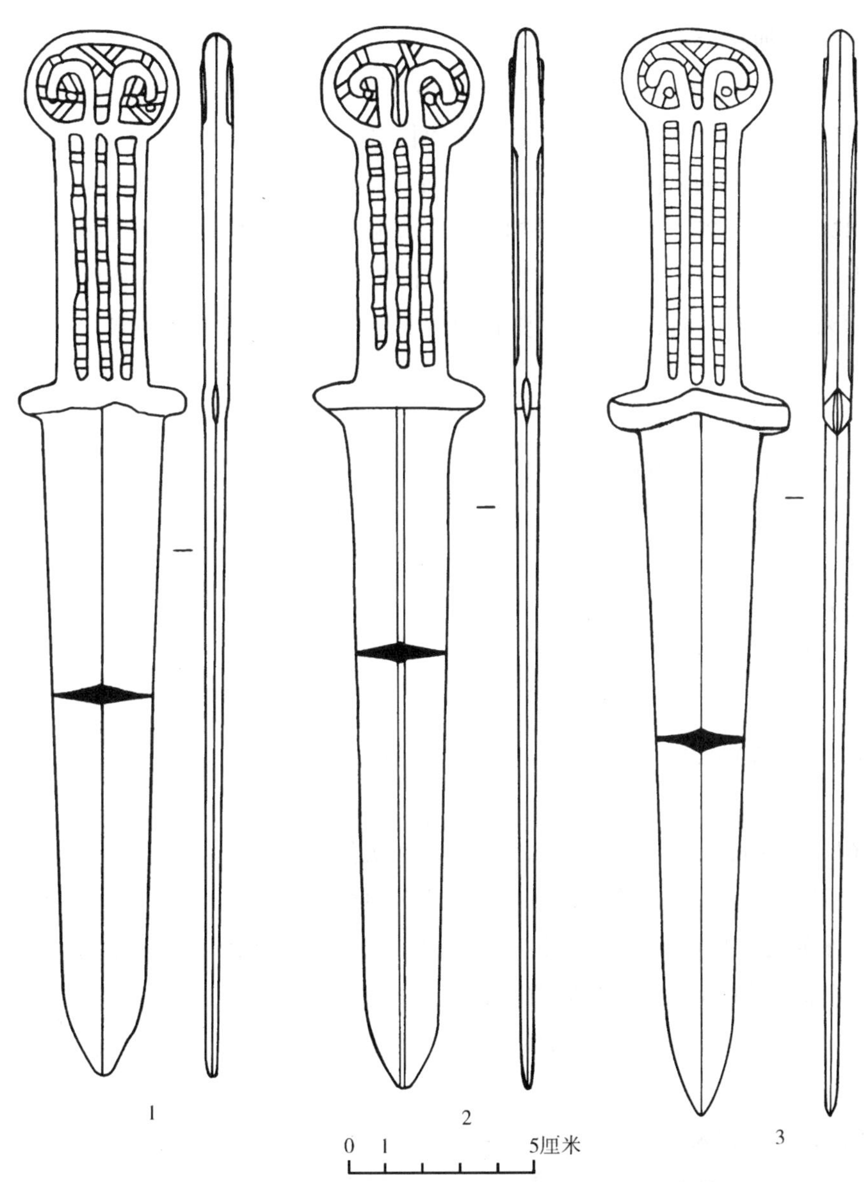

图五九一　玉皇庙墓地出土直刃匕首式青铜短剑

1、2. Ⅻ型Ⅰ式（YYM257:2、YYM61:2）　3. Ⅻ型Ⅱ式（YYM247:2）

标本 YYM61∶2，通长 27.2 厘米，重 128 克。铸工精巧。剑首纵向长 2.9、横向宽 4.2、最厚 0.8 厘米。剑柄长 6、宽 2.3、上端厚 0.8、下端厚 0.7 厘米。剑格两端尖，肩下弧，纵向长 1、横向宽 4.4、最厚 0.6 厘米，横剖面呈扁菱形。剑身中间长 17.5、两边长 17.3、上端宽 2.8 厘米，两面正中起棱脊，最厚 0.5 厘米，刃锋利，横剖面呈扁菱形。柄上端两侧有明显铸缝（图五九一，2；图版二六五，2）。

Ⅱ式 "人"字形剑格

共 2 件（YYM247∶2、YYM182∶2）。占Ⅸ型短剑总数的 40%。剑格横剖面呈扁菱形；剑身正中起凸脊，横剖面呈扁菱形。

标本 YYM247∶2，通长 28 厘米，重 141.5 克。铸工精巧。剑首纵向长 2.3、横向宽 3.8、最厚 0.9 厘米。剑柄长 6.8、宽 2.3、上端厚 0.9、下端厚 0.6 厘米，一面上端第一横中间折断。剑格肩微垂，纵向长 1.2、横向宽 4.7、最厚 0.65 厘米。剑身中间长 18.1、两边长 17.6、上端宽 3.2、最厚 0.55 厘米，刃锋利。柄上端两侧有明显铸缝（图五九一，3；图版二六五，3）。

标本 YYM182∶2，通长 27.2 厘米，重 124 克。铸工精巧。剑首纵向长 2.8、横向宽 4、最厚 1.1 厘米，下端有破损。剑柄长 6.5、宽 2.3、上端厚 1、下端厚 0.65 厘米。剑格平肩，纵向长 1、横向宽 4.4、最厚 0.6 厘米。剑身中间长 17，两边长 16.9、上端宽 3.5、最厚 0.5 厘米，刃锋利。柄上端两侧有明显铸缝（图五九二，1；图版二六六，1）。

ⅩⅢ型 鼓面羊目纹剑首

共 6 件（YYM261∶2、YYM295∶2、YYM86∶2、YYM158∶2、YYM48∶2、YYM210∶2）。分布于北Ⅰ区北部（YYM295∶2），北Ⅱ区中部（YYM261∶2、YYM48∶2）、南部（YYM86∶2），南区北部（YYM210∶2）和中部（YYM158∶2）。占玉皇庙墓地出土青铜短剑总数的 7%。其特点是剑首是一对鼓面圆组成的羊目纹，饰辐射纹；剑柄呈扁长方体；剑格为叠翼形，或是由一道过梁连接的双鼓面圆；剑身正中起凸脊，横剖面呈扁菱形。

Ⅰ式 叠翼形剑格

4 件（YYM261∶2、YYM295∶2、YYM86∶2、YYM158∶2）。占ⅩⅢ型短剑总数的 66.7%。剑格横剖面呈扁菱形。

标本 YYM261∶2，通长 28 厘米，重 186.5 克。泛银灰色光泽。剑首纵向长 1.8、横向宽 3.5、最厚 1.43 厘米，最外围是宽 0.1 厘米的边框，每目直径 0.7 厘米，两圆相距 0.2 厘米，剑首两侧有一个贯通的 0.8×0.4 厘米的长方形穿孔。剑柄长 7、宽 1.9、最厚 0.7 厘米，正中纵向饰一列平面圆点纹，两侧饰锯齿纹，两面形制相同，横剖面呈纺锤形。剑格翘肩，纵向长 1.4、横向宽 4.9、最厚 1 厘米。剑身中间长 18.2、两边长 17.8、上端宽 2.8、最厚 0.7 厘米，刃锋利（图五九二，2；图版二六六，2）。

标本 YYM295∶2，通长 28.8 厘米，重 226 克。铸工精致。剑首纵向长 2.4、横向宽 4.5、厚 1.5 厘米，两圆相距 0.3 厘米，一面两目间、一目下侧及一侧面共有 3 处破损，剑首中空。剑柄长 6.8、宽 2.2、最厚 0.6 厘米，纹饰和形制与 YYM261∶2 同，横剖面呈椭圆形，一面上端有两处凹坑。剑格肩微垂，纵向长 1.6、横向宽 4.7、最厚 0.7 厘米。剑身中间长 18.4、两边长 18、上端宽 3、最厚 0.6 厘米，刃锋利，上端有木质剑鞘遗痕（图五九二，3；图版二六六，3）。

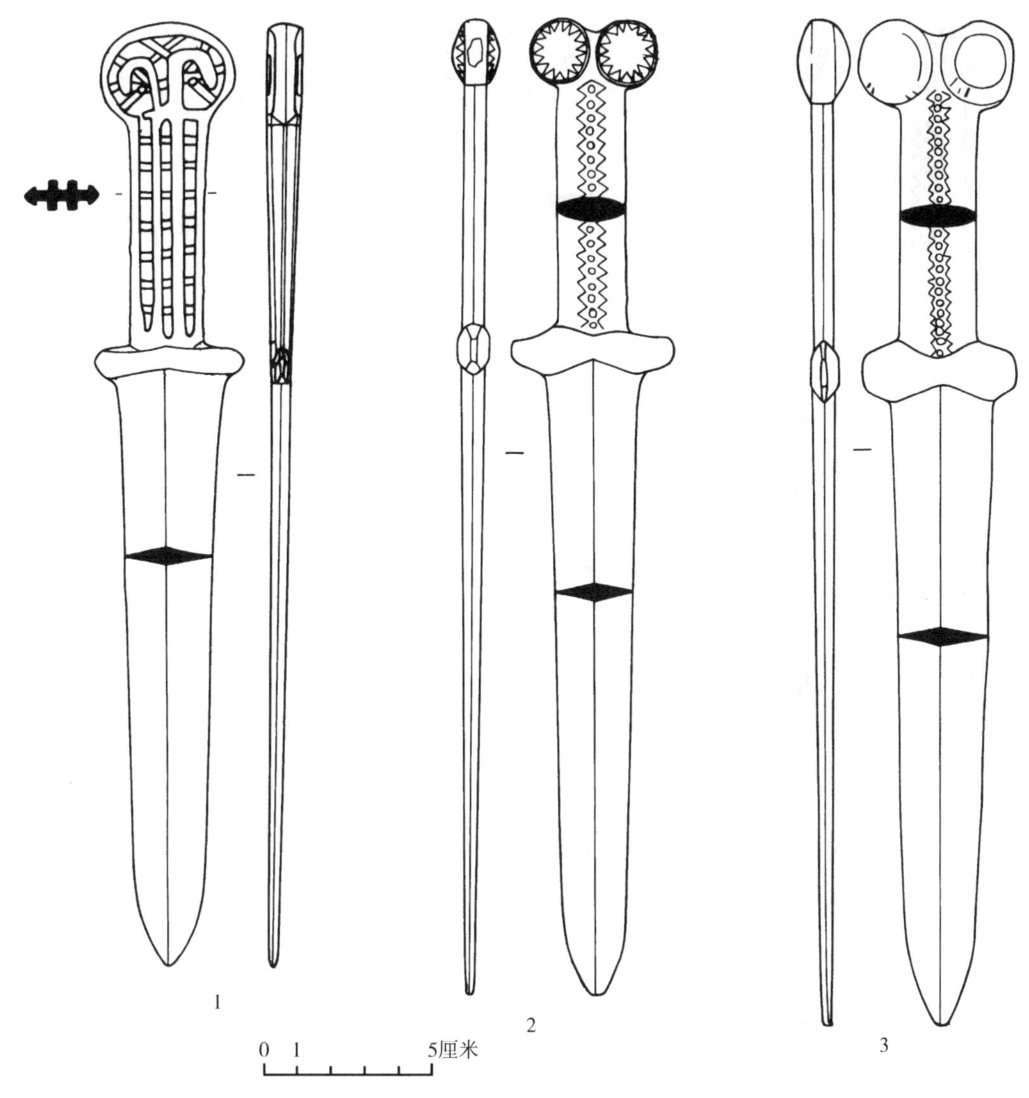

图五九二　玉皇庙墓地出土直刃匕首式青铜短剑

1. Ⅻ型Ⅱ式（YYM182:2）　2、3. XⅢ型Ⅰ式（YYM261:2、YYM295:2）

标本 YYM86:2，通长 26.4 厘米，重 151 克。铸工精致。剑首纵向长 1.7、横向宽 3.4、最厚 1.1 厘米，两圆相距 0.4 厘米。剑柄长 7.8、宽 2、最厚 0.5 厘米，纹饰和形制与 YYM261:2 同，横剖面呈纺锤形，一面略有缺损。剑格肩微垂，纵向长 1.3、横向宽 4.6、最厚 0.6 厘米。剑身中间长 16.2、两边长 15.6、上端宽 2.6、最厚 0.5 厘米，刃锋利（图五九三，1；图版二六七，1）。

标本 YYM158；2，通长 26.2 厘米，重 148 克。铸工规整。剑首纵向长 1.7、横向宽 3.8、最厚 1.3 厘米，两圆相距 0.4 厘米，剑首两侧有一个贯通的穿孔，已被泥沙堵塞。剑柄长 7.6、宽 1.8、最厚 0.5 厘米，一面上端饰阴刻变形人形纹，圆形头部，上下相叠的菱形为身体，两腿分开，脚尖向上，似在舞蹈，下面有一个阴刻“山”字形纹，与剑格纹饰在同一面，横剖面呈纺锤形。剑格肩微翘，纵向长 0.9、横向宽 4.1、最厚 0.5 厘米，一面饰阴刻“山”形纹。剑身中间长 16.3、两边长 16、上端宽 2.7、最厚 0.4 厘米，刃锋利，下端向一侧扭曲变形（图五九三，2；图版二六七，2）。

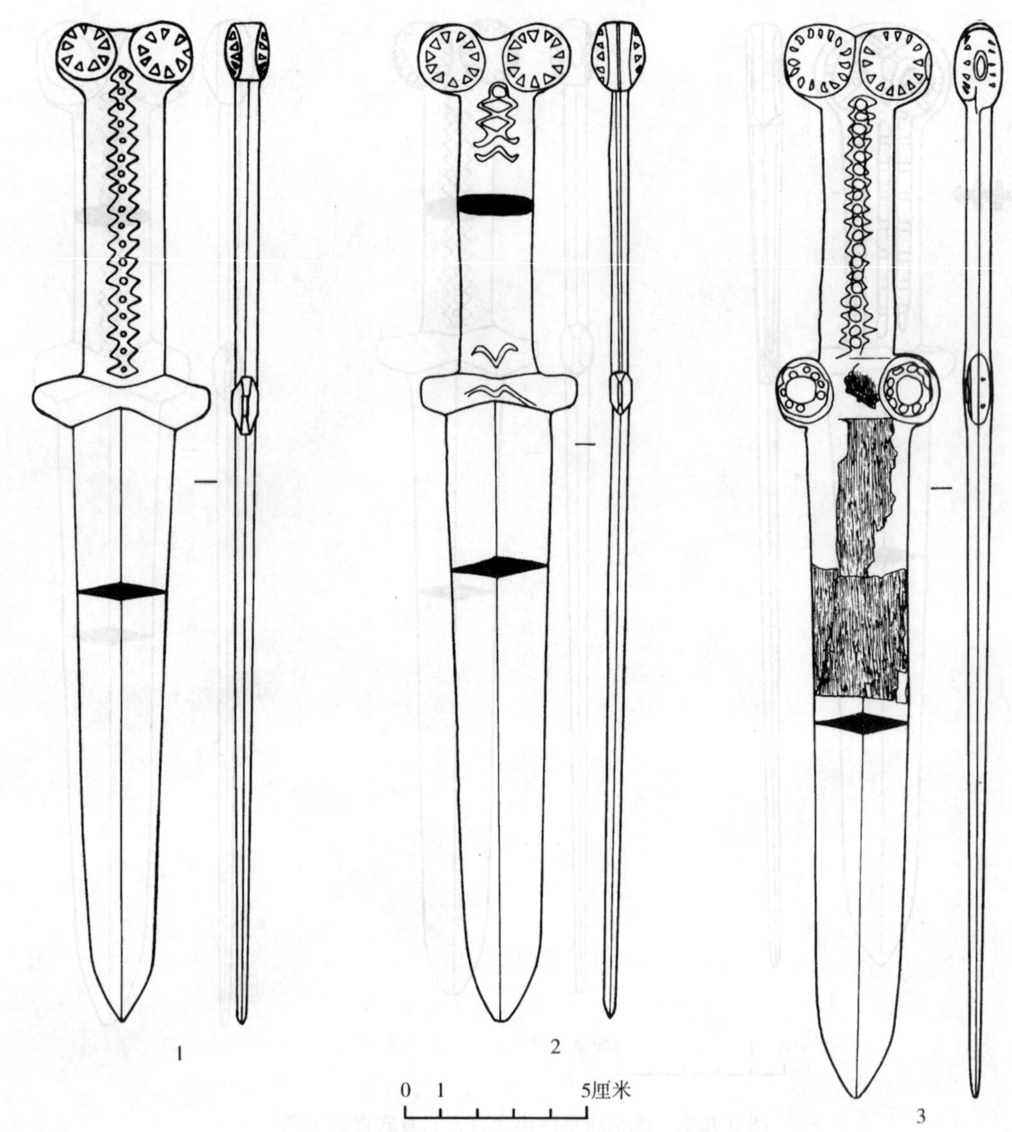

图五九三　玉皇庙墓地出土直刃匕首式青铜短剑

1、2. XIII型Ⅰ式（YYM86∶2、YYM158∶2）　3. XIII型Ⅱ式（YYM48∶2）

Ⅱ式　剑格是由一道过梁连接的双鼓面圆

共2件（YYM48∶2、YYM210∶2）。占XIII型短剑总数的33.3%。

标本YYM48∶2，通长28.3厘米，重218.5克。铸工规整。剑首纵向长2、横向宽4、最厚1.4厘米，有边框，两圆相距0.2厘米，剑首两侧有一个贯通的穿孔，已被泥沙堵塞。剑柄长6.7、宽1.9、上端厚0.8、下端厚0.7厘米，纹饰和形制与YYM261∶2同，横剖面呈纺锤形。剑格纵向长1.8、横向宽4.3、最厚0.8厘米，圆形鼓面上一面饰辐射纹，另一面饰环形粟点纹。剑身中间长18.6、两边长17.8、上端宽2.8、最厚0.7厘米，一面在7.6×2.5厘米的范围内有木质剑鞘遗痕（图五九三，3；图版二六七，3）。

标本YYM210∶2，通长25.8厘米，重140.5克。铸工粗糙。剑首纵向长1.8、横向宽3.4、最厚0.8厘米，两圆中部凸起，四周饰辐射纹，有边框，两圆相距0.4厘米。剑柄长6.5、宽1.7、最厚

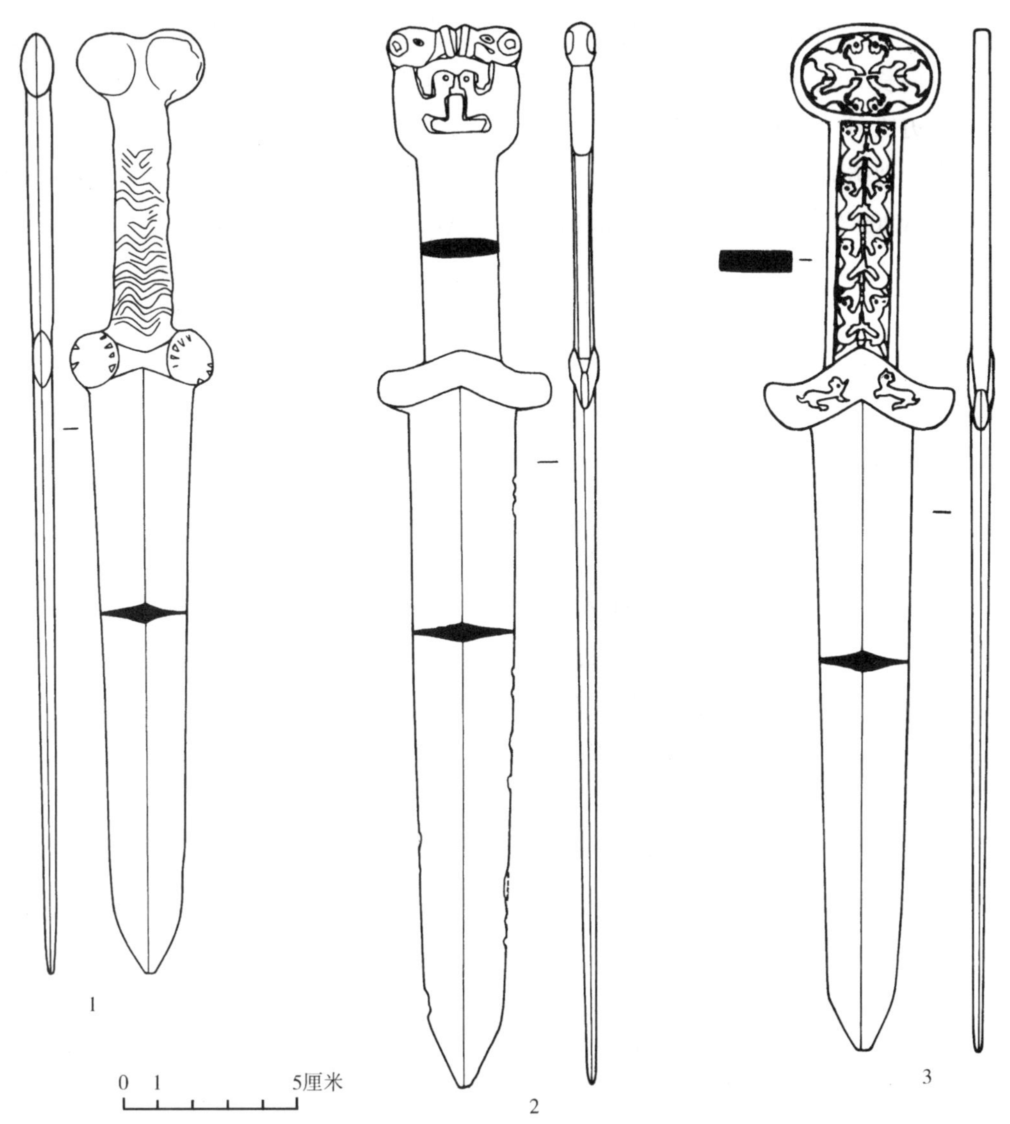

图五九四　玉皇庙墓地出土直刃匕首式青铜短剑

1. XIII型Ⅱ式（YYM210:2）　2. XIV型Ⅰ式（YYM95:2）　3. XIV型Ⅱ式（YYM145:2）

0.6厘米，饰水波纹，两面形制相同，横剖面大致呈椭圆形。剑格纵向长1.5、横向宽4、最厚0.5厘米，两圆相距1.35厘米，鼓面圆外缘饰辐射纹，两面形制相同。剑身中间长16.5、两边长16、上端宽2.9、最厚0.5厘米，刃锋利（图五九四，1；图版二六八，1）。

XIV型　片状变体抹角长方形剑首

共5件（YYM95:2、YYM209:2、YYM145:2、YYM174:2、YYM124:2）。分布于北Ⅱ区中部（YYM95:2），南区北部（YYM209:2、YYM145:2）、南区中部（YYM124:2）、南区南部（YYM174:2）。占玉皇庙墓地出土青铜短剑总数的5.8%。其特点是剑首为一个或几个动物纹组成的图案；剑柄为扁长方体；剑格为“人”字形，横剖面呈扁菱形；剑身正中起凸脊，横剖面呈扁菱形。

Ⅰ式　剑首近似正方形，透雕两小熊作揖、对吻

1件，占XIV型短剑总数的20%。标本YYM95:2。通长29.4厘米，重212.5克。剑首纵向长3.8、

横向宽3.6、头厚0.8、体厚0.6厘米。剑柄长5.2、宽2.2、厚0.5厘米，素面，横剖面呈扁长方形。剑格两肩平，纵向长1.7、横向宽4.8、最厚0.8厘米。剑身中间长19.4、两边长18.7、上端最宽3、最厚0.6厘米，刃锋利（图五九四，2；彩版五六，2；图版二六八，2）。

Ⅱ式 剑首近似椭圆形，浮雕1只或几只动物形象

共3件（YYM209:2、YYM145:2、YYM174:2）。占ⅩⅣ型短剑总数的60%。

标本YYM209:2，通长29.1厘米，重209克。铸工精良。剑首纵向长2.5、横向宽4.3、厚0.4～0.5厘米，一面雕纠结蛇纹，蛇目为阳刻圆形，另一面浮雕1只侧立的鹿，作引颈食草状，身饰阴刻卷云纹，颏下、身后饰阴刻回纹，剑首中间有一个0.5×0.4镂孔（彩版五九，4、5）。剑柄长6.8、宽2.2、厚0.6厘米，正面有两条纵向凹槽将柄分为三部分，中间饰锯齿纹，两侧棱饰贯通正、背面的斜线纹，两面形制相同，横剖面大致呈扁长方形。剑格两肩上挑，纵向长2.2、横向宽5.3、最厚0.7厘米，中间饰一条阴刻装饰线，一侧有凹陷。剑身中间长18、两边长17.6、上端最宽3、最厚0.6厘米，刃锋利（图五九五，1；彩版五八，1；图版二六九，1）。

标本YYM145:2，通长28厘米，重181.6克。铸工精良。剑首纵向长2.6、横向宽4、厚0.5～0.6厘米，镂刻4只上下左右两两相对的奔马，曲颈低首，弓腰提臀，前肢前屈，横剖面大致呈抹角扁长方形。剑柄长6.2、宽2、厚0.5厘米，横向镂刻4对幼犬，头向剑首，前肢蹲伏，弓腰提臀翘尾，尖耳圆眼，左右两两相对，分隔线上饰绳纹，横剖面呈扁长方形（彩版五九，6）。剑格两肩卷翘，纵向长2.1、横向宽5.4、最厚0.8厘米，每一面阴刻两条相对奔跑的幼犬。剑身中间长18、两边长17.1、上端最宽2.8、最厚0.5厘米，刃锋利，剑锋略有缺损（图五九四，3；彩版五六，3；图版二六八，3）。

标本YYM174:2，通长29.1厘米，重210.3克，铸工精制，器体厚重。剑首纵向长3、横向宽4.2、厚0.6厘米，中间有一个1.5×0.4厘米的抹角长方形镂孔，围绕镂孔放射状排列10只阳刻鹿头，右侧5只鹿头依次反时针排列，左侧5只鹿头依次顺时针排列，居中者鹿角下垂，其余的鹿角上翘，另一面形制相同，横剖面大致呈扁长方形。剑柄长6.8、宽2.2、厚0.6厘米，横向阳刻4对幼犬，两两相对，头向剑首，前肢蹲伏，曲颈弓腰，提臀翘尾，身饰阴刻装饰线，圆眼短耳，另一面形制相同，横剖面呈抹角扁长方形。剑格两肩微翘，纵向长2.3、横向宽5.8、最厚0.8厘米。剑身中间长18、两边长17、上端最宽3、最厚0.6厘米，刃锋利，剑锋略有缺损，一面粘有木质剑鞘遗痕（图五九五，2；图版二六九，2）。

Ⅲ式 剑首为上端抹角的扁长方体，饰兽面纹

1件，占ⅩⅣ型短剑总数的20%。标本YYM124:2，通长29.5厘米，重256克。剑身泛银灰色光泽，器体厚重。剑首纵向长2.6、横向宽3.6、厚0.7～0.8厘米，中间有一个0.5×0.3的纵向镂孔，两侧为回纹形双目，下为"人"字形吻，左、右、下方饰粟粒纹，两眉骨处各饰一个略大的粟粒纹，横剖面呈扁长方形。剑柄长6.9、宽2、厚0.8厘米，横向饰3只阴刻奔犬，前肢蹲伏，引颈弓腰，提臀翘尾，颈、背饰粟粒纹，每只犬背的上方和下肢后下方各饰1个倒置带粟粒纹的"人"字形纹，共6枚，横剖面呈抹角扁长方形。剑格两肩微翘，纵向长2、横向宽5、最厚0.9厘米，沿轮廓饰一圈粟粒纹，两面形制相同。剑身中间长19、两边长18、上端最宽2.9、最厚0.5厘米，刃锋利（图五九六，1；图版二六九，3）。

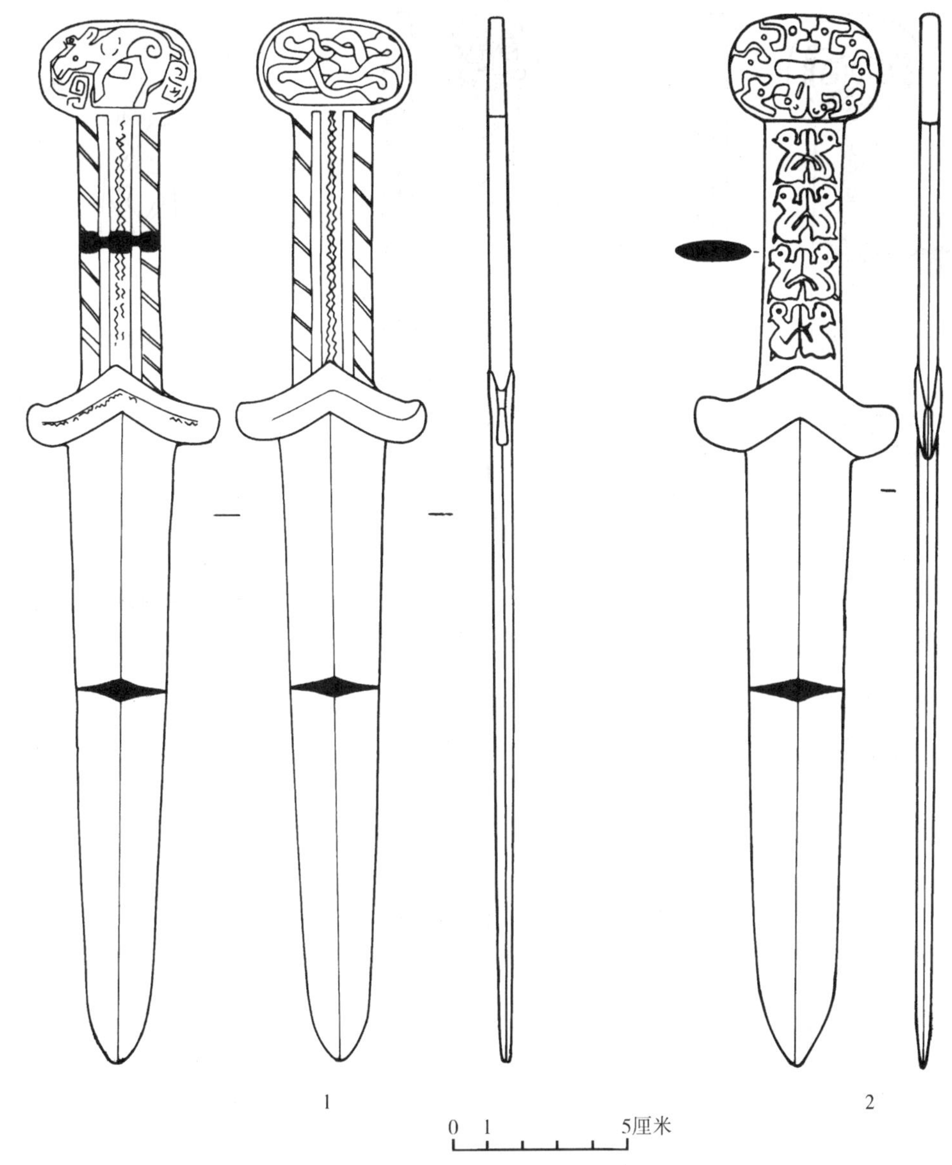

图五九五　玉皇庙墓地出土直刃匕首式青铜短剑
1、2. XIV型Ⅱ式（YYM209:2、YYM174:2）

XV型　长方体剑首

1件，占玉皇庙墓地出土青铜短剑总数的1.2%。标本YYM224:2。其特点是器形纤巧、修长，从剑首至剑格纹饰密集，以凸点纹为主。通长24.5厘米，重126.6克。剑首大致呈扁长方体，纵向长1.9、横向宽2.3、最厚0.8厘米，饰倒置相向鸟首纹，长喙向下，长颈外卷，两喙下饰卷云纹，再下以弧形凸棱相连；鸟目饰凸点纹，颈末端饰凸点纹，两面形制相同。剑柄大致呈扁长方体，长6.4、宽1.4、厚1厘米，饰斜向槽状绹索纹，正背面贯通，隔行饰凸点纹，每面饰6行凸点纹，最上端和最下端各饰2个凸点纹，其余各行各饰3个凸点纹。剑格为菱形台面上饰两朵卷云纹，纵向长1.2、横向宽3.1、最厚1.2厘米，每个卷云纹上各饰两个凸点纹。剑身长15、上端最宽2.6厘米，两面正中起凸脊，最厚0.5厘米，刃锋利，横剖面呈扁菱形。剑体的凸点纹直径大约0.25厘米（图五九六，2；

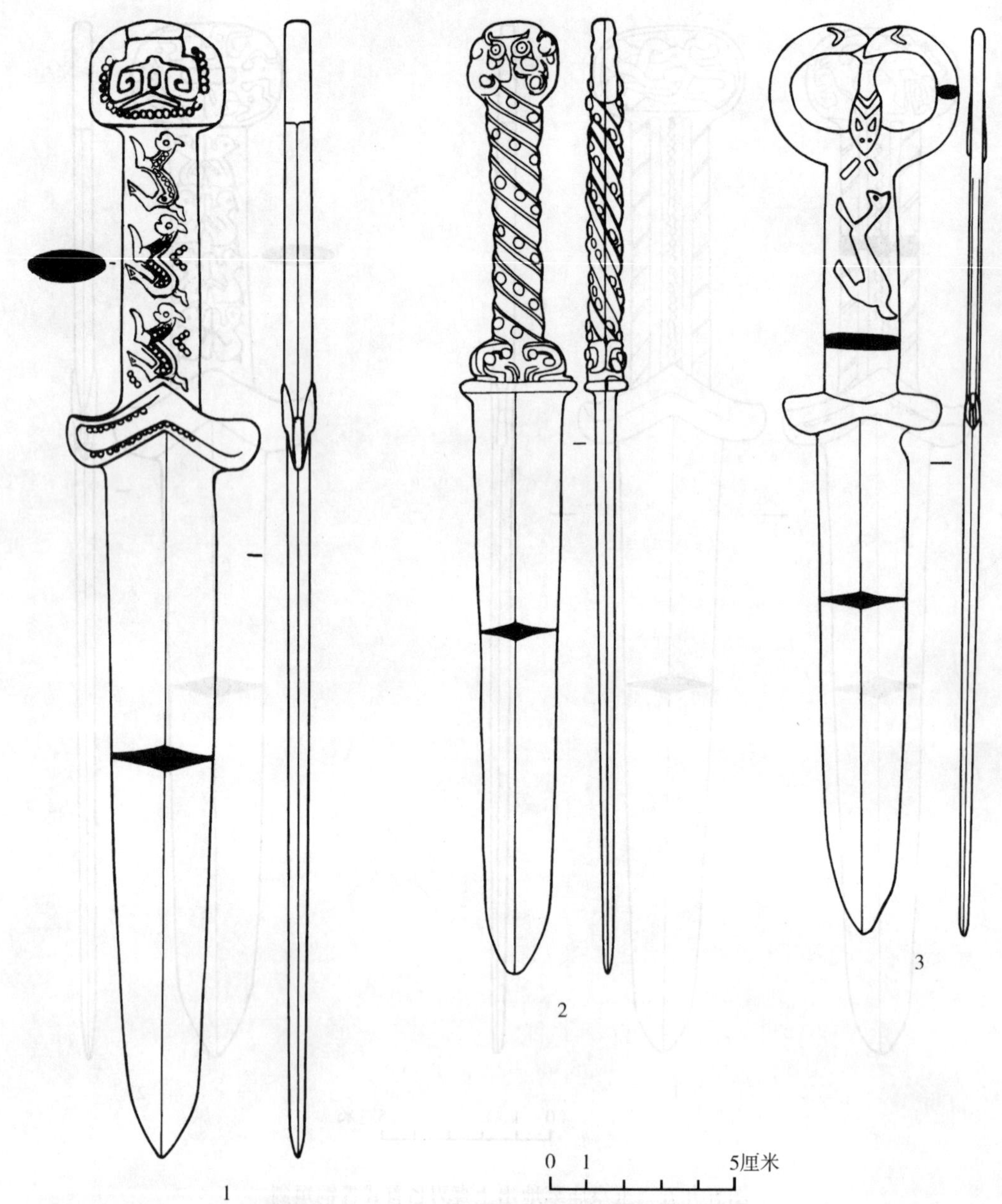

图五九六　玉皇庙墓地出土直刃匕首式青铜短剑

1. XIV型Ⅲ式（YYM124:2）　2. XV型（YYM224:2）　3. XVI型Ⅰ式（YYM105:2）

彩版五七，2；图版二七〇，1）。

XVI型　双环蛇形剑首

共16件（YYM105:2、YYM168:2、YYM111:2、YYM160:2、YYM129:2、YYM334:2、YYM134:2、YYM131:2、YYM122:2、YYM171:2、YYM164:2、YYM161:2、YYM348:2、YYM349:2、YYM370:2、YYM344:2）。分布于南区北部（YYM105:2）、中部（YYM168:2、YYM111:2、YYM134:2、YYM131:2、YYM122:2、YYM171:2）、南部（YYM164:2、YYM161:2、YYM160:2、YYM129:2、YYM334:2、YYM344:2、YYM348:2、YYM349:2、YYM370:2）。占玉皇庙墓地出土青铜短剑总数的18.6%。其特点是剑首为双环蛇形，两环间以相背两蛇首为隔梁，蛇头向下，蛇目为鼓圆形；剑柄为扁长方体，横

剖面呈扁长方形；剑格为叠翼形和“人”字形，横剖面呈扁菱形；剑脊均为凸形，横剖面呈扁菱形。

Ⅰ式　叠翼形剑格

共6件（YYM105:2、YYM168:2、YYM111:2、YYM160:2、YYM129:2、YYM334:2）。剑体较短。占XⅥ型短剑总数的37.5%。

标本YYM105:2，通长23.5厘米，重101.5克。铸工粗糙。剑首纵向长3.6、横向宽4.9、最厚0.45厘米，一面剑首上端两环相接处又是两个相向的蛇首，俯视形，两蛇吻同衔第三只蛇身（在两环交接处，蛇头向下），背面因模糊不能判断上端是否有蛇。剑柄长6、宽1.9、厚0.35厘米，上端一侧略有缺损，一面（同剑首有三只蛇者在同一面）上端阴刻一“人”字纹，其下有横向阴刻犬纹，犬呈半蹲伏状，头朝剑首；另一面上端有一阴刻“人”字纹，因模糊不清不能判断其下是否有犬纹。剑格两肩微垂，纵向长0.8、横向宽4.1、最厚0.44厘米。剑身中间长13.4、两边长13.1、上端最宽2.3厘米，一侧有缺损，最厚0.42厘米，刃有齿口。剑首两环内、外侧有铸缝（图五九六，3；图版二七〇，2）。

标本YYM168:2，通长22.1厘米，重98克。铜质差，铸工粗劣。剑首纵向长2.5、横向宽4.1、最厚0.3厘米，一面蛇首很模糊。剑柄长6.6、宽1.9、中间最厚0.48厘米，上、下两端薄，一面上端阴刻一“人”字纹，其下有横向阴刻犬纹，犬呈半蹲伏状，头朝剑首，另一面为素面。剑格为平肩，纵向长0.9、横向宽4.1、最厚0.5厘米。剑身中间长12.6、两边长12.1、上端最宽2.3、最厚0.42厘米，刃钝，凹凸不齐，剑锋处一侧遗有铸造铜瘤，未经打磨。剑柄偏离剑身中心延长线。剑首两环内、外侧有铸缝（图五九七，1，图版二七〇，3）。

标本YYM111:2，通长22.3厘米，重85.2克。铸工粗劣。剑首一环缺损，纵向长2.5、横向残宽2.5、最厚0.31厘米，制作极粗，两环间的蛇首模糊不清。剑柄长6.5、上宽1.8、下宽2、厚0.56厘米，一面上端阴刻“人”字纹，其下有横向阴刻犬纹，犬呈半蹲伏状，头朝剑首。剑格为平肩，纵向长1、横向宽4、最厚0.5厘米。剑身中间长12.4、两边长12.3、上端最宽2.5、最厚0.4厘米，刃有齿口，剑锋向一侧卷曲。剑首两环内、外侧有铸缝（图五九七，2；图版二七一，1）。

标本YYM160:2，通长23.7厘米，重103克。铸工粗糙。剑首两环大小不一，纵向长3.3、横向宽4.9、最厚0.5厘米。剑柄长6、宽1.8、厚0.4厘米，一面上端阴刻一“人”字纹，其下有横向阴刻犬纹，犬呈半蹲伏状，头朝剑首；另一面只上端有一阴刻“人”字纹。纹饰模糊，剑格为平肩，纵向长0.9、横向宽4.1、最厚0.46厘米。剑身中间长13.6、两边长13.5、上端最宽2.4、最厚0.4厘米，刃较锋利。剑首两环内、外侧有铸缝（图五九七，3；图版二七一，2）。

标本YYM129:2，通长21.9厘米，重103.5克。铸工粗糙。剑首纵向长2.3、横向宽4.1、最厚0.3厘米，一面蛇首很模糊。剑柄长6.5、上宽1.8、下宽1.9、厚0.48厘米，一面上端阴刻一“人”字纹，其下有横向阴刻犬纹，犬呈半蹲伏状，头朝剑首，另一面为素面。剑格为平肩，纵向长1、横向宽4.1、最厚0.5厘米。剑身中间长12.4、两边长12.1、上端最宽2.4、最厚0.5厘米，刃锋利。剑首两环内、外侧有铸缝（图五九八，1；图版二七一，3）。

标本YYM334；2，通长22厘米，重103.7克。铸工粗糙。剑首纵向长2.5、横向宽4.1、最厚0.35厘米，蛇首模糊。剑柄长6.5、宽1.8、厚0.45厘米，素面，一面剑首以下4.2厘米处形成一台面。剑格为平肩，纵向长0.9、横向宽4、最厚0.52厘米。剑身中间长12、两边长12.1、上端最宽

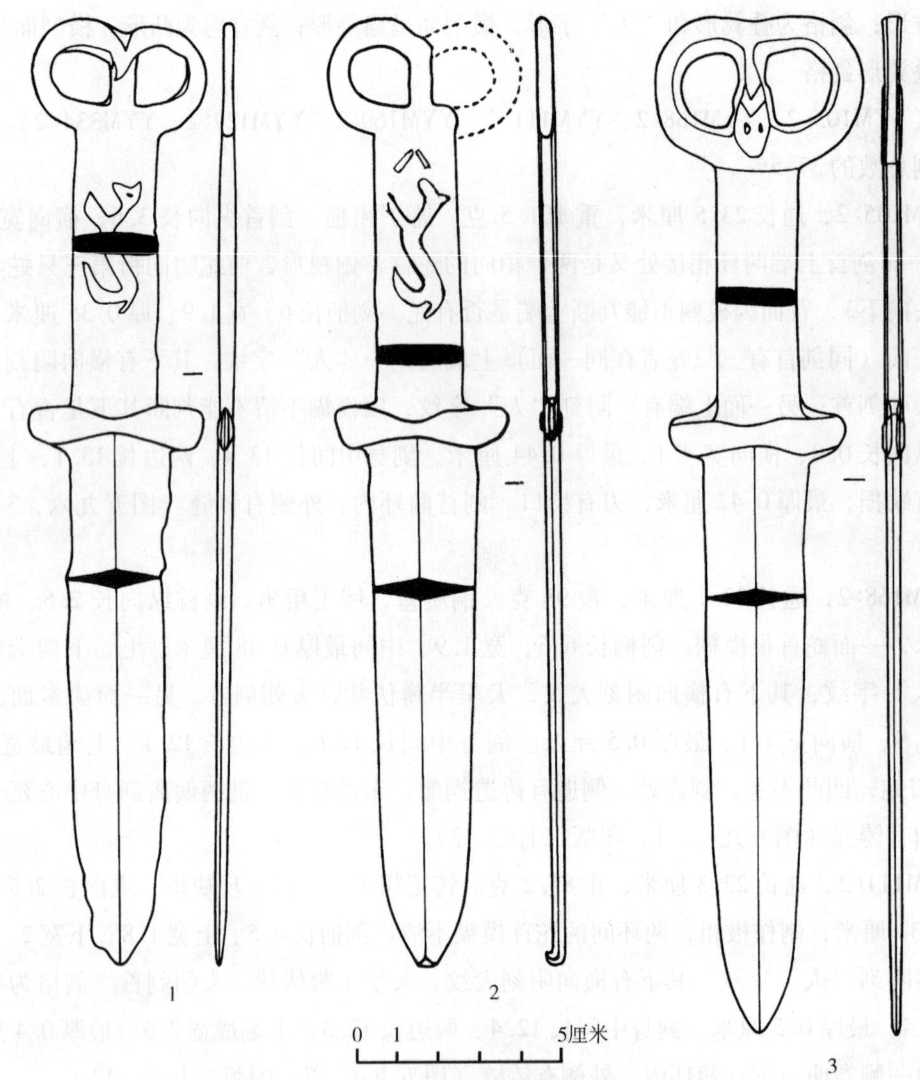

图五九七　玉皇庙墓地出土直刃匕首式青铜短剑

1、2、3. XⅥ型Ⅰ式（YYM168:2、111:2、160:2）

2.4、最厚0.48厘米，刃钝而平整。剑首两环内、外侧有铸缝（图五九八，2；图版二七二，1）。

Ⅱ式　“人”字形剑格

共4件（YYM134:2、YYM131:2、YYM122:2、YYM171:2）。占XⅥ型短剑总数的25%。其特点是剑体较长，剑格横剖面呈扁菱形。

标本YYM134:2，通长26厘米，重141.2克。铸工精致。剑首纵向长3.2、横向宽4.5、最厚0.4厘米，环体是6条两两相背的蛇，除两环交接处的蛇外，环下端为长方形棱台，棱台上有吻部相抵的两蛇首。剑柄长6、宽1.8、厚0.5厘米，素面，一面距剑首1.1厘米处有0.1厘米宽的凹槽。剑格两肩微翘，纵向长1、横向宽3.8、最厚0.8厘米。剑身中间长16.2、两边长15.8、上端最宽2.6、最厚0.6厘米，刃锋利。剑首两环内、外侧有铸缝（图五九八，3；图版二七二，2）。

标本YYM131:2，通长29.7厘米，重187.5克。剑体银灰色，铸工精致。剑首纵向长3.2、横向宽4.6、厚0.5厘米，除两环交接处的蛇外，环下端为长方形棱台，棱台上有横置、吻部相向的两条

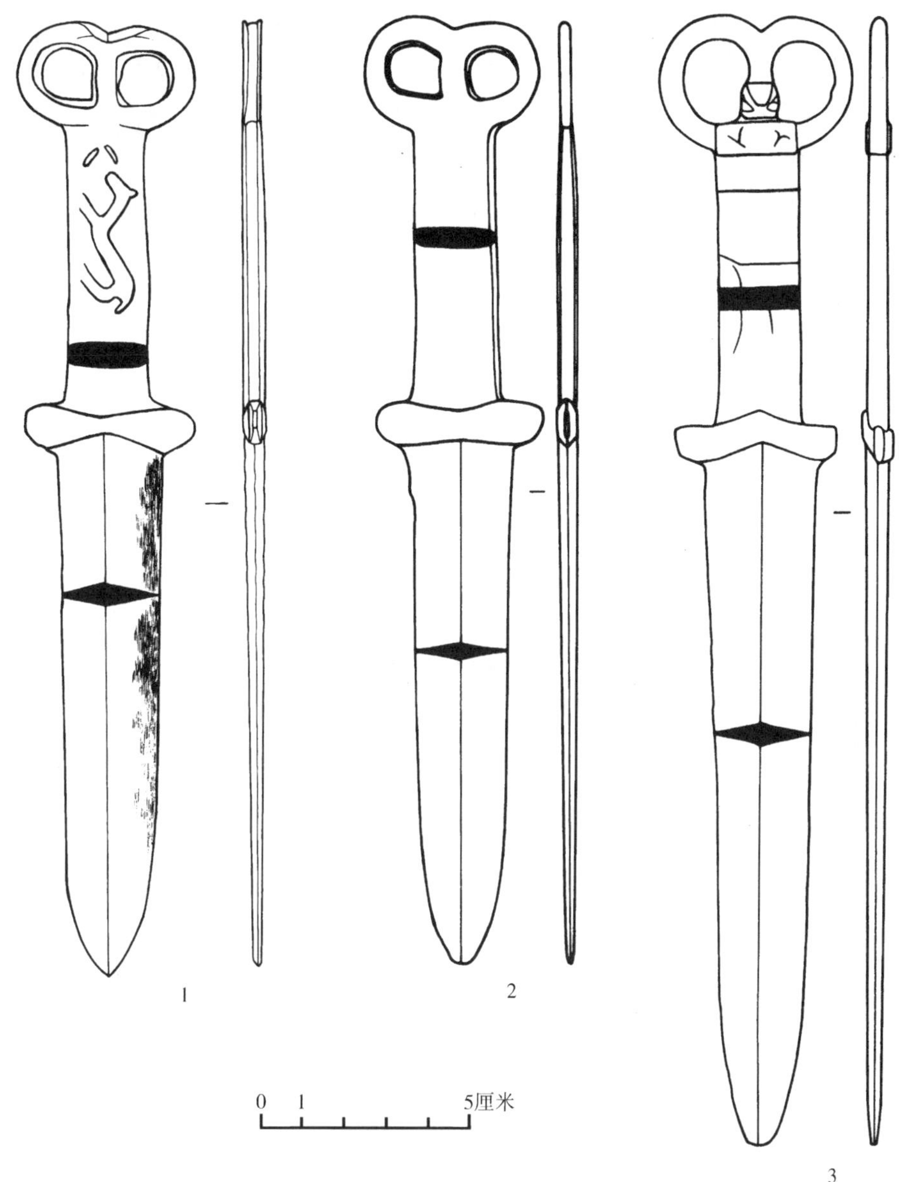

图五九八　玉皇庙墓地出土直刃匕首式青铜短剑

1、2. XⅥ型Ⅰ式（YYM129:2、YYM334:2）　3. XⅥ型Ⅱ式（YYM134:2）

蛇；另一面三只蛇首的纹饰较模糊。剑柄长7.1、上宽1.9、下宽2.2、厚0.5厘米，中间有一凹槽，上宽0.8、下宽1厘米，两侧饰斜线纹，两面形制相同，横剖面呈侧卧“工”字形。剑格两肩微翘，纵向长1.7、横向宽4.6、最厚0.8厘米。剑身中间长18.2、两边长17.7、上端最宽3.1、最厚0.6厘米，刃锋利。剑首两环内、外侧有铸缝（图五九九，1；图版二七二，3）。

标本YYM122:2，通长31.5厘米，重209克。铸工精致。剑首纵向长3.2、横向宽4.7、厚0.4、龙首处厚0.6厘米，环下端为长方形棱台。剑柄长7.3、上宽1.9、下宽2.3、厚0.52厘米，中间有一凹槽，上宽1.6、下宽2厘米，内饰阳刻独身双头蛇和与之盘绕的两端尖、蛇形三曲带状物的图案，蛇头在身体的两端，均向上，俯视形，蛇身饰两条平行阴刻线，蛇的眼、角、吻清晰，蛇身素面；另一

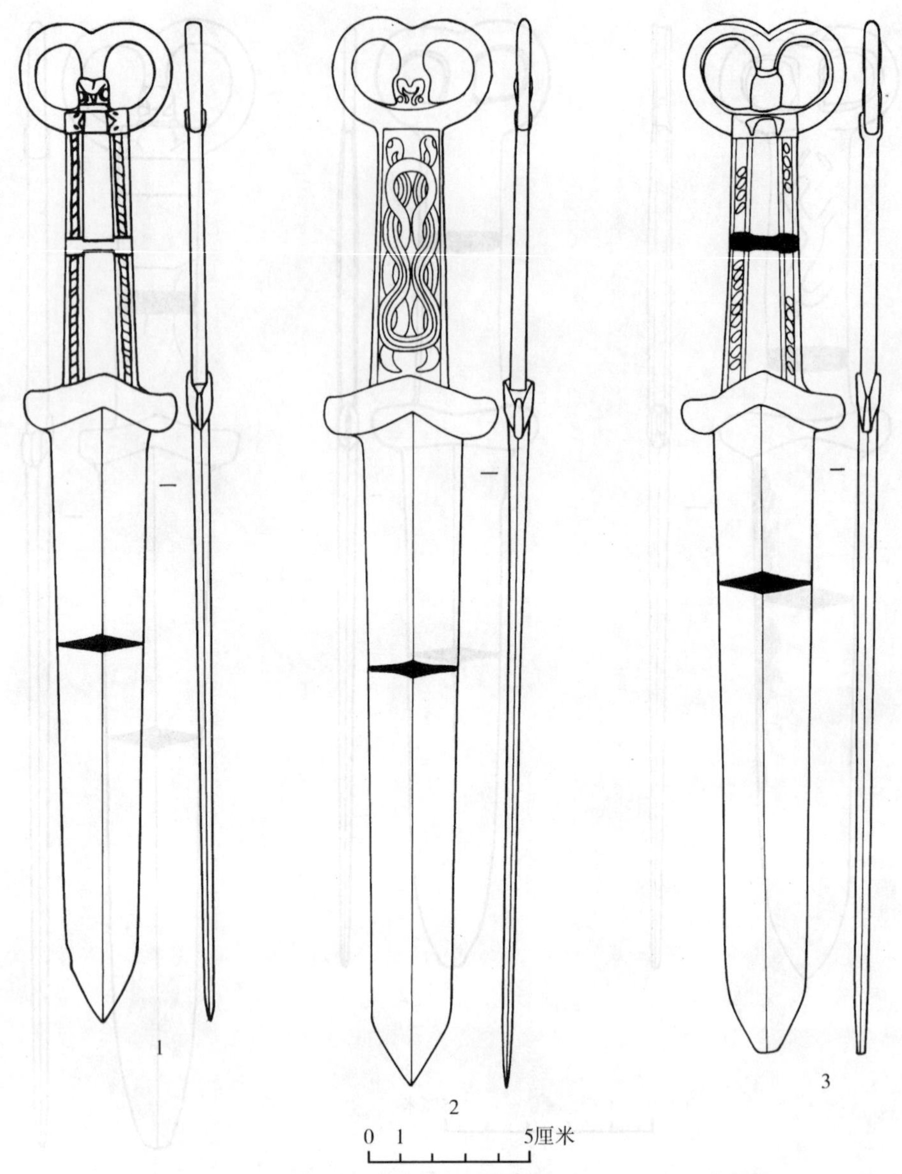

图五九九　玉皇庙墓地出土直刃匕首式青铜短剑

1、2、3. XⅥ型Ⅱ式（YYM131:2、122:2、171:2）

面纹饰大致相同，只是盘绕过程中的叠压关系有所不同（彩版五九，3）。剑格两肩略上翘，纵向长1.8、横向宽5.2、最厚0.92厘米。剑身中间长19.8、两边长19.2、上端最宽3、最厚0.6厘米，刃极锋利，没有磨损痕迹，一面脊锋略偏离中心线。剑首两环内、外侧有铸缝（图五九九，2；彩版五八，3；图版二七三，1）。

标本YYM171:2，通长30.2厘米，重202克。剑体银灰色，铸工精致。剑首纵向长3.3、横向宽4.7、厚0.6厘米，环体是6条两两相背的蛇，除两环交接处的蛇外，环下端为正方形棱台，棱台两侧各有一个倒置侧向的蛇首，双蛇吻部张开，争食一球状物；另一面形制相同，三只蛇首的纹饰较模糊。剑柄长7、上宽1.8、下宽2.2、厚0.4~0.5厘米，中间有一凹槽，上宽0.8、下宽1.1厘米，两侧饰斜线纹，两面形制相同，横剖面呈侧卧“工”字形。剑格两肩微翘，纵向长1.7、横向宽4.8、最厚

0.7 厘米。剑身中间长 19、两边长 18.2、上端最宽 2.8、最厚 0.6 厘米，刃锋利，剑锋略损。剑首两环内、外侧有铸缝（图五九九，3；图版二七三，2）。

Ⅲ式　剑柄中间饰纵向条形槽，叠翼形剑格

共 5 件（YYM164:2、YYM161:2、YYM348:2、YYM349:2、YYM370:2）。占XⅥ型短剑总数的 31.25%。其特点是剑体较短；剑首与Ⅰ式相近，两环交接处双面蛇头向下，衔蛇背；剑柄呈扁长方体，中间纵向筑一道凹槽，内饰上下对称的阳刻“人”字纹，横剖面大致呈扁长方形；剑格横剖面呈扁菱形。两面形制相同。

标本 YYM164:2，通长 22.2 厘米，重 85.5 克。剑首纵向长 2.2、横向宽 3.4、厚 0.4 厘米，一侧环体边缘略有缺损。剑柄长 6.1、宽 1.7、厚 0.3 ~ 0.4 厘米。剑格两肩平，纵向长 0.8、横向宽 3.4、最厚 0.4 厘米。剑身中间长 13.4、两边长 13.1、上端最宽 2.4、最厚 0.41 厘米，刃较锋利，中部由于外力向一面弯曲变形。剑首两环内、外侧有铸缝（图六〇〇，1；图版二七三，3）。

标本 YYM161:2，通长 20.8 厘米，重 73.5 克。剑首纵向长 2.2、横向宽 3.6、厚 0.4 厘米。剑柄长 6.3、宽 1.8、厚 0.3 厘米。剑格两肩平，纵向长 0.6、横向宽 3.4、最厚 0.36 厘。剑身中间长 12、两边长 11.7、上端最宽 2.3、最厚 0.42 厘米，刃较锋利。剑首两环内、外侧有铸缝（图六〇〇，2；图版二七四，1）。

标本 YYM348:2，通长 20.6 厘米，重 62.5 克。多处破损。剑首纵向长 2.1、横向宽 3.4、厚 0.4 厘米。剑柄长 6.2、宽 1.7、厚 0.2 厘米。剑格两肩微翘，纵向长 0.9，一翼缺损，横向残宽 2.9、最厚 0.2 厘米。剑身中间长 11.6、两边长 11.4、上端最宽 2、最厚 0.3 厘米，刃多处缺损。剑首两环内、外侧有铸缝（图六〇〇，3；图版二七四，2）。

标本 YYM349:2，通长 20.8 厘米，重 70.2 克。剑首纵向长 2.2、横向宽 3.4、厚 0.4 厘米，一侧环体边缘略有缺损。剑柄长 6.2、上宽 1.7、下宽 1.8、厚 0.2 厘米。剑格两肩平，纵向长 0.8、横向宽 3.4、最厚 0.2 厘米。剑身中间长 12、两边长 11.6、上端最宽 2.3、最厚 0.38 厘米，刃较锋利，一侧有少许木屑痕迹。剑首两环内、外侧有铸缝，一侧边缘有浇铸痕迹（图六〇一，1；图版二七四，3）。

标本 YYM370:2，通长 20.5 厘米，重 73.5 克。剑首纵向长 2.2、横向宽 3.5、厚 0.4 厘米。剑柄长 6.2、宽 1.8、厚 0.3 厘米。剑格两肩平，纵向长 0.7、横向宽 3.3、最厚 0.4 厘米。剑身中间长 11.8、两边长 11.4、上端最宽 2.4、最厚 0.4 厘米，刃较锋利，有齿口，一面上端一侧有木屑痕迹。剑首两环内、外侧有铸缝（图六〇一，2；图版二七五，1）。

Ⅳ式　剑柄中间饰纵向条形槽，“人”字形剑格

一件，占XⅥ型短剑总数的 6.25%。标本 YYM344:2，与Ⅲ式剑相似，唯一的区别是剑格为“人”字形。通长 24 厘米，重 94.5 克。剑首纵向长 3、横向宽 4.4、厚 0.4 厘米。剑柄长 6.6、上宽 1.4、下宽 1.9、厚 0.3 厘米。剑格两肩卷翘，饰阴刻随形装饰线。纵向长 1.2、横向宽 4.4、最厚 0.5 厘米。剑身长 13.2、上端最宽 2.4、最厚 0.4 厘米，刃锋利，一侧有齿口。剑首两环内、外侧有铸缝，一侧边缘有浇铸痕迹（图六〇一，3；图版二七五，2）。

XⅦ型　动物纹环形剑首

共 2 件（YYM156:2、YYM175:2），占玉皇庙墓地出土青铜短剑总数的 2.3%。分布于南区中部和

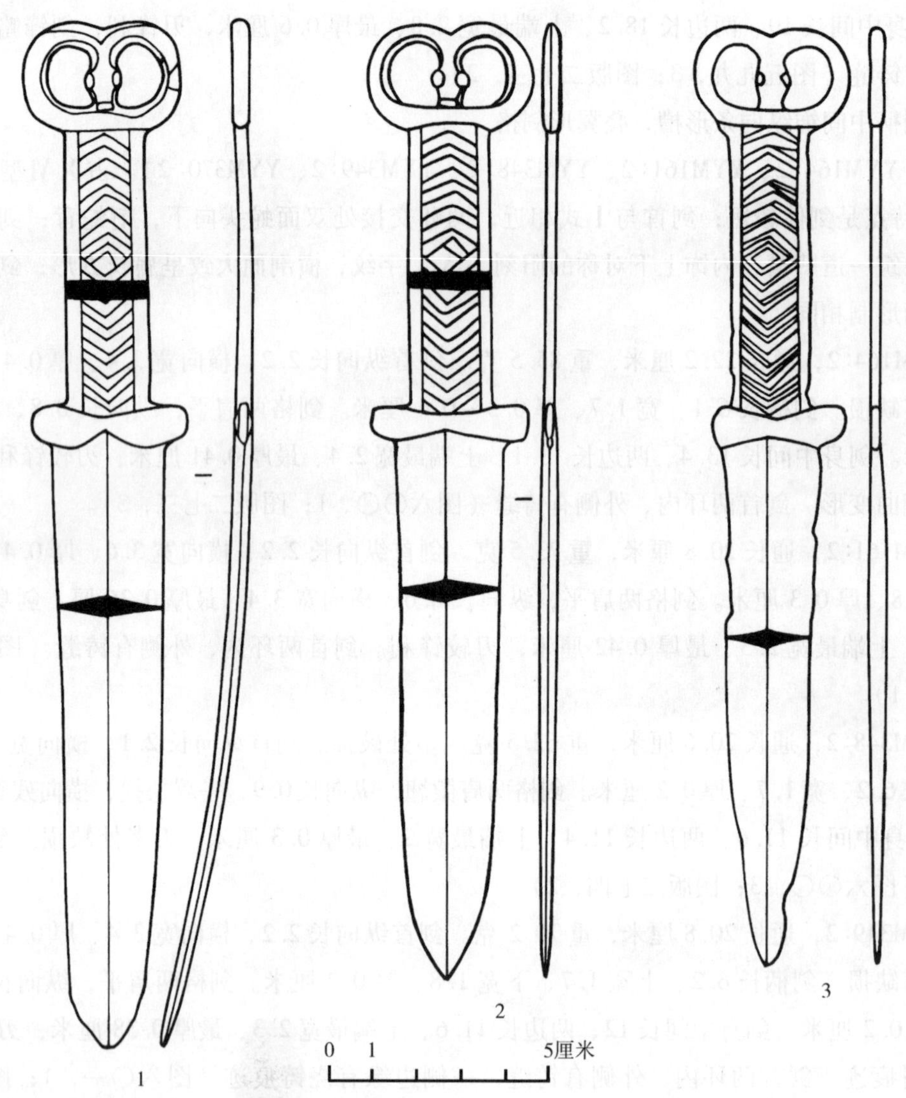

图六〇〇　玉皇庙墓地出土直刃匕首式青铜短剑

1、2、3. XⅥ型Ⅲ式（YYM164:2、161:2、348:2）

南部。其特点是剑首大致为镂空椭圆形环体，透雕一对相向的蜷兽（似羊），头、尾相抵，在动物眼部、前肱骨、后肱骨处各有一个圆形嵌窝，每面6个嵌窝，两面共12个嵌窝，内直径0.3、外直径0.4、高0.1～0.2厘米；剑柄大致呈扁长方体，中间为纵向凹槽，边棱饰斜线纹，横剖面呈侧卧"工"字形；剑格为"人"字形，横剖面呈扁菱形；剑脊均为凸脊，横剖面呈扁菱形。

标本YYM156:2，通长29.8厘米，重222.5克。铸工精致。剑首纵向长2.8、横向宽3.9，边缘厚0.62厘米（不含嵌窝高度）；一面左侧动物的前、后肱骨嵌窝内遗有绿松石，尾残断，右侧动物的眼部、后肱骨嵌窝内遗有绿松石；另一面左侧动物眼部、前肱骨处嵌窝内，右侧动物眼部、后肱骨处嵌窝内遗有绿松石（彩版五九，2）。剑柄长8.2、上宽2.1、下宽2.2、厚0.6厘米。中间凹槽内一面上下排列有三个三角形嵌窝，底边长0.5、高0.5厘米，中间的嵌窝中遗有边角缺损的蓝色的绿松石，其余两个嵌窝空；另一面槽内无纹饰。剑格两肩上挑，纵向长1.6、横向宽4.8、厚0.8厘米。一面有三

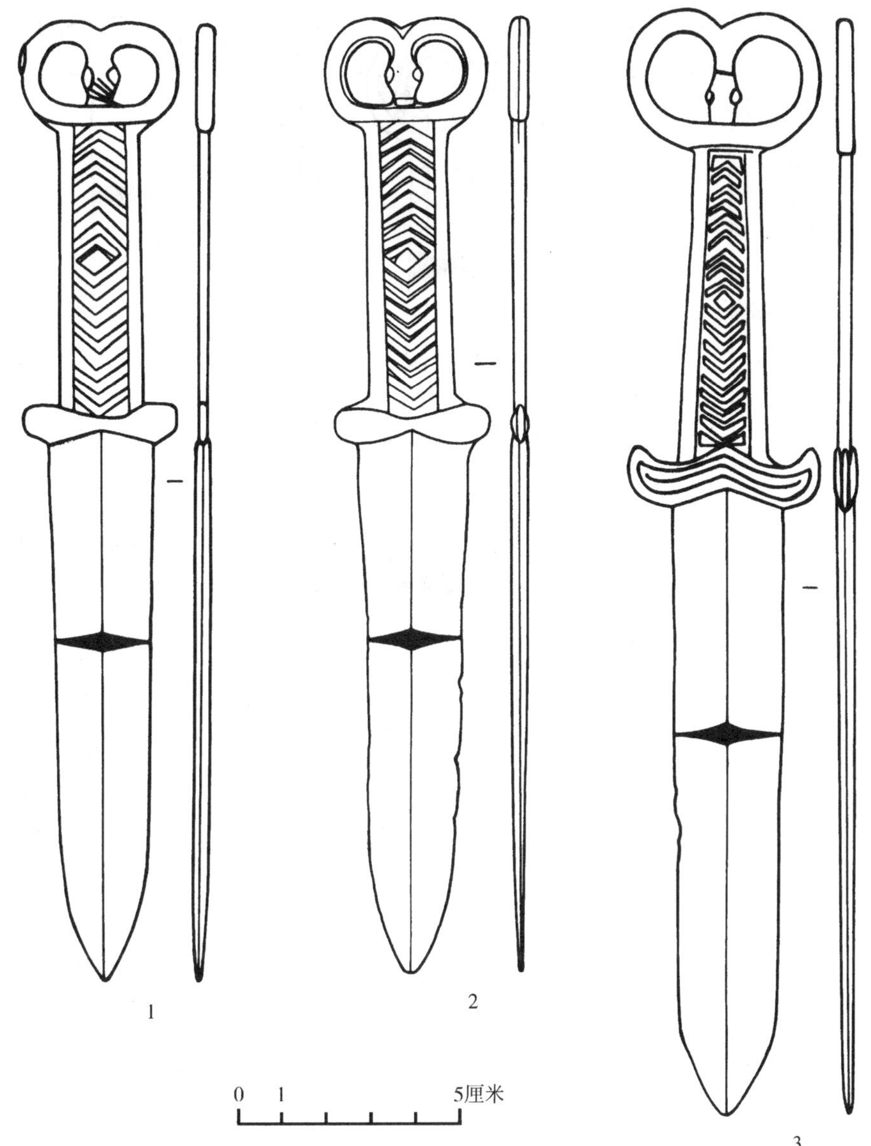

图六〇一　玉皇庙墓地出土直刃匕首式青铜短剑

1、2. XⅥ型Ⅲ式（YYM349:2、YYM370:2）　3. XⅥ型Ⅳ式（YYM344:2）

个嵌窝（与有嵌窝的剑柄在同一面），中间是底边长0.6、高0.4厘米的等边三角形，嵌蓝色的绿松石；左右各有一个大致呈倒梯形的嵌窝，上边长0.8、下边长0.5厘米，左侧嵌窝嵌有一块绿松石，右侧嵌窝空。剑身长17.2、上端最宽3.1、最厚0.6厘米，刃锋利，剑锋缺损，两面上端有腐蚀、表皮剥落痕迹（图六〇二，1；彩版五七，3；图版二七五，3）。

标本YYM175:2，通长20.2厘米，重130克。铸工精致。剑首纵向长2.9、横向宽3.6、厚0.6～0.8厘米（不含嵌窝高度），嵌窝均空。剑柄长6.6、上宽1.5、下宽1.8、边缘厚0.6厘米。剑格两肩上卷，纵向长1.4、横向宽4.7、厚0.8厘米。剑身长9.3、上端最宽2.8、最厚0.6厘米，刃有齿口。这把剑值得注意的是其剑身比例严重失调（图六〇二，2；彩版五八，2）。

XⅧ型　素面长方形剑首

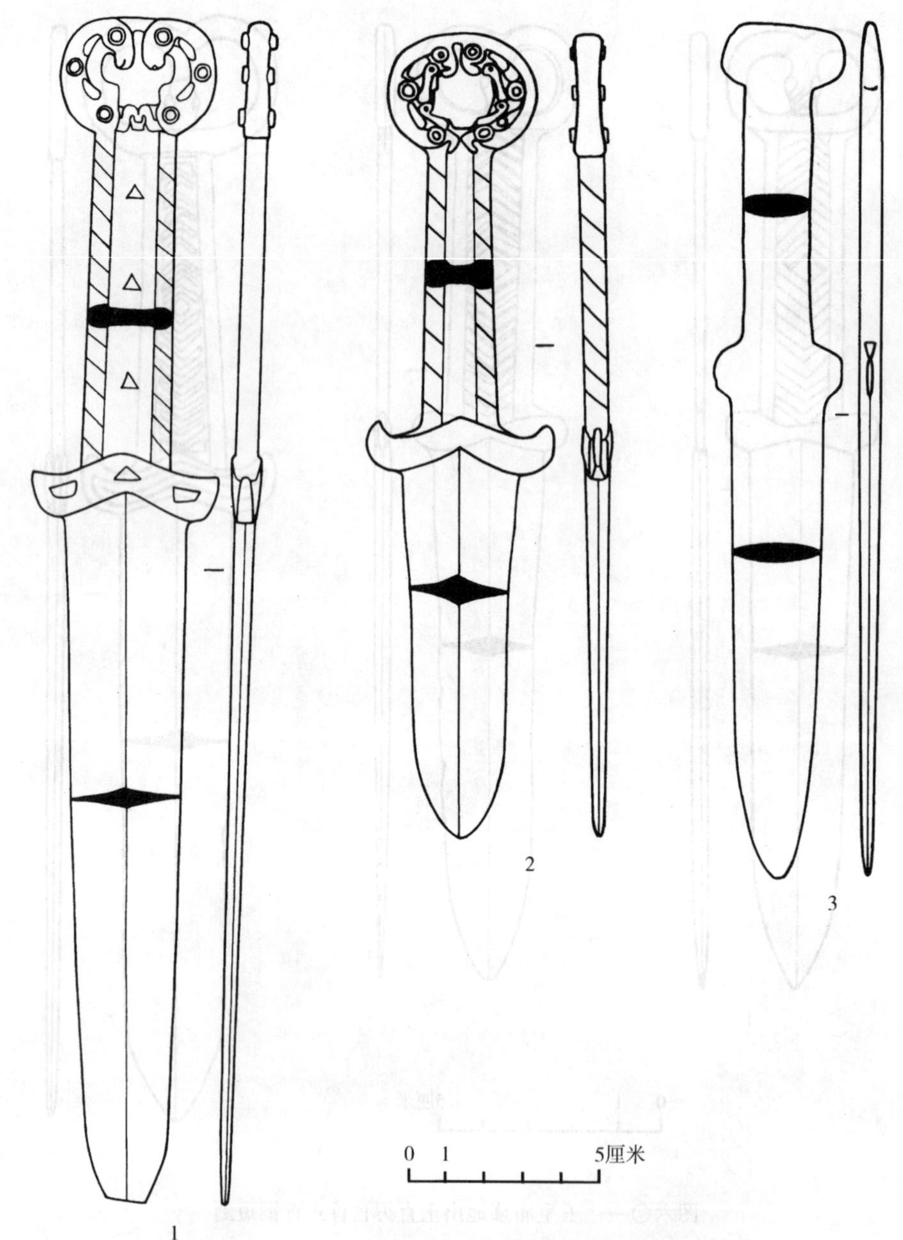

图六〇二 玉皇庙墓地出土直刃匕首式青铜短剑
1、2. XⅦ型（不分式 YYM156:2、YYM175:2） 3. XⅧ型（YYM373:2）

1 件，占玉皇庙墓地出土青铜短剑总数的 1.2%。标本 YYM373:2，分布于南区南部，是南区最南边的一把剑。其特点是剑首、剑柄、剑格、剑身均无明显分界，整体素面，制作简率，剑身无脊，剑锋无刃。通长 21.6 厘米，重 130.5 克。剑首呈横向抹角长方形，纵向长 1.3、横向宽 3.1、最厚 0.45 厘米，横剖面呈梭形。剑柄呈扁长方体，长 6.7、宽 1.7、最厚 0.62 厘米，横剖面呈椭圆形。剑格与剑首形制相同，纵向长 1.2、横向宽 3.3、厚 0.59 厘米，横剖面呈扁长方形。剑身长 12.4、上端宽 2.4、最厚 0.53 厘米，刃部平整，横剖面呈梭形（图六〇二，3；图版二七五，4）。（详参见附表 129）

表 129－1　**玉皇庙墓地出土青铜短剑规格统计表**

序号	器物号（YYM）	型	式	重量（克）	通长	首形	柄长	格形	身长	备注
1	22:2	Ⅰ	Ⅰ	166.5	27.4	双联环	6.3	弧形	18	
2	19:2	Ⅰ	Ⅱ	149	28	双环	7.8	一字	17.5	
3	82:2	Ⅰ	Ⅲ	193.3	28.4	双环	6.1	叠翼	18.9	
4	385:2	Ⅰ	Ⅲ	224	29.3	双环	6.5	叠翼	19.3	
5	11:2	Ⅰ	Ⅲ	220.3	26.9	双环	6.5	叠翼	16.6	
6	188:2	Ⅰ	Ⅲ	129.5	24.5	双环	7	叠翼	15.3	
7	57:2	Ⅰ	Ⅲ	198.5	26.4	双环	7	叠翼	16.6	
8	70:2	Ⅰ	Ⅲ	141	24.5	双环	7.3	叠翼	14.9	
9	179:2	Ⅰ	Ⅲ	114.5	24.6	双环	7.1	叠翼	15.2	
10	190:2	Ⅰ	Ⅳ	130.5	22.6	双联环	7	扇形	12.7	
11	36:2	Ⅰ	Ⅴ	244.5	27.7	联顶双环	7	翘肩	17.8	
12	32:2	Ⅱ	Ⅰ	121	27	横向凹桶	6	无	20	略残
13	281:2	Ⅱ	Ⅰ	125.7	27.2	横向凹桶	6.2	无	19.5	
14	83:2	Ⅱ	Ⅱ	95.5	25.2	横向凹桶	7.6	菱形台式	16.4	
15	148:2	Ⅱ	Ⅱ	123.5	27.7	横向凹桶	8	菱形台式	18.4	
16	199:2	Ⅱ	Ⅱ	127.5	28.3	横向凹桶	7.9	菱形台式	19.1	
17	314:1	Ⅱ	Ⅱ	108.8	27.8	横向凹桶	7.7	菱形台式	18.6	
18	303:2	Ⅱ	Ⅱ	121	28.7	横向凹桶	8.2	菱形台式	19.3	
19	34:2	Ⅲ		145.3	25.7	相叠双圆	6.3	人字	17.3	
20	142:2	Ⅲ		98	25	相叠双圆	6.2	人字	16.4	
21	17:2	Ⅳ	Ⅰ	148.7	28.3	镂空扁球	6.2	倒置兽面	19.3	长方镂孔
22	386:2	Ⅳ	Ⅰ	140.05	28.2	镂空扁球	6.8	倒置兽面	18.5	长方镂孔
23	227:2	Ⅳ	Ⅰ	130.3	25.8	镂空扁球	6.4	倒置兽面	16.9	长方镂孔
24	52:2	Ⅳ	Ⅱ	142.3	27.9	镂空扁球	5.9	倒置兽面	19.1	曲尺镂孔
25	7:2	Ⅳ	Ⅱ	163.2	29	镂空扁球	6.7	倒置兽面	19.6	曲尺镂孔
26	102:2	Ⅳ	Ⅲ	158.5	28	镂空扁球	6.5	倒置兽面	18.4	圆形镂孔
27	18:8	Ⅴ	Ⅰ	217.5	28.6	半圆形	6.1	兽面形	18.8	
28	300:2	Ⅴ	Ⅰ	251.5	29.3	半圆形	6	兽面形	20.3	
29	384:2	Ⅴ	Ⅰ	180.5	26.4	半圆形	5.6	兽面形	17.3	
30	13:2	Ⅴ	Ⅱ	207	27.2	半圆形	6.9	兽面形	17.2	
31	250:7	Ⅵ	Ⅰ	217.5	31.2	羊首形	7.5	倒置羊首	20.7	
32	54:2	Ⅵ	Ⅰ	190.8	27.8	羊首形	7	倒置羊首	17.8	
33	230:2	Ⅵ	Ⅱ	137.8	24.8	飞鸟形	7.3	倒置飞鸟	15	
34	264:2	Ⅶ		205	27.3	五边形	7.1	叠翼形	16.4	
35	226:2	Ⅷ	Ⅰ	113	24	椭圆凸环	6.1	叠翼形	14.6	
36	212:2	Ⅷ	Ⅱ	111.4	24.6	半环形	连首 9.2	一字形	14.3	略残
37	186:2	Ⅷ	Ⅲ	153.8	26.7	椭圆凸环	6.8	人字形	16.6	
38	117:2	Ⅷ	Ⅳ	145	26.6	圆形扣环	6.2	人字形	16.1	
39	108:2	Ⅷ	Ⅴ	117	24.5	方形扣环	5.8	人字形	15.9	
40	275:2	Ⅸ	Ⅰ	135.5	25.1	羊目形	6.4	叠翼形	15.8	
41	46:2	Ⅸ	Ⅱ	201	27.8	羊目形	6.7	人字形	18.5	
42	51:2	Ⅸ	Ⅱ	207	27.3	羊目形	7	人字形	17.5	
43	71:2	Ⅸ	Ⅱ	154.6	26.5	羊目形	6.5	人字形	17	
44	213:2	Ⅸ	Ⅱ	134.5	25.2	羊目形	6.8	人字形	16.2	

表129－2　　**玉皇庙墓地出土青铜短剑规格统计表**

序号	器物号（YYM）	型	式	重量（克）	通长	首形	柄长	格形	身长	备注
45	151：2	Ⅸ	Ⅱ	162	25.7	羊目形	6.6	人字形	16.5	
46	74：2	Ⅸ	Ⅱ	150.5	26.3	羊目形	6.8	人字形	17	
47	143：2	Ⅸ	Ⅲ	101.7	24.4	羊目形	6.9	八字形	15.1	
48	333：2	Ⅸ	Ⅳ	170.8	26.4	羊目形	7.2	人字形	16.8	
49	234：2	Ⅹ		116.7	25.6	云朵形	6.4	兽面形	16.5	
50	41：2	Ⅺ		250	30.5	喇叭形	6.5	八字形	19	
51	236：2	Ⅻ	Ⅰ	141.5	26.8	羊头形	6.6	一字形	16.7	
52	257：2	Ⅻ	Ⅰ	123.8	26.8	羊头形	6.2	一字形	17.2	
53	61：2	Ⅻ	Ⅰ	128	27.2	羊头形	6	一字形	17.5	
54	247：2	Ⅻ	Ⅱ	141.5	28	羊头形	6.8	人字形	18.1	
55	182：2	Ⅻ	Ⅱ	124	27.2	羊头形	6.5	人字形	17	
56	261：2	ⅩⅢ	Ⅰ	186.5	28	鼓面羊目	7	叠翼形	18.2	
57	295：2	ⅩⅢ	Ⅰ	226	28.8	鼓面羊目	6.8	叠翼形	18.4	
58	86：2	ⅩⅢ	Ⅰ	151	26.4	鼓面羊目	7.8	叠翼形	16.2	
59	158：2	ⅩⅢ	Ⅰ	148	26.2	鼓面羊目	7.6	叠翼形	16.3	
60	48：2	ⅩⅢ	Ⅱ	218.5	28.3	鼓面羊目	6.7	鼓面圆形	18.6	
61	210：2	ⅩⅢ	Ⅱ	140.5	25.8	鼓面羊目	6.5	鼓面圆形	16.5	
62	95：2	ⅩⅣ	Ⅰ	212.5	29.4	对吻双熊	5.2	人字形	19.4	
63	209：2	ⅩⅣ	Ⅱ	209	29.1	正面蛇纹 背面鹿纹	6.8	人字形	18	
64	145：2	ⅩⅣ	Ⅱ	181.6	28	长方马纹	6.2	人字形	18	
65	174：2	ⅩⅣ	Ⅱ	210.3	29.1	长方鹿纹	6.8	人字形	18	
66	124：2	ⅩⅣ	Ⅲ	256	29.5	长方兽面	6.9	人字形	19	
67	224：2	ⅩⅤ		126.6	24.5	双鸟首形	6.4	菱形台形	15	
68	105：2	ⅩⅥ	Ⅰ	101.5	23.5	龙形双环	6	叠翼形	13.4	
69	168：2	ⅩⅥ	Ⅰ	98	22.1	龙形双环	6.6	叠翼形	12.6	
70	111：2	ⅩⅥ	Ⅰ	85.2	22.3	龙形双环	6.5	叠翼形	12.4	
71	160：2	ⅩⅥ	Ⅰ	103	23.7	龙形双环	6	叠翼形	13.6	
72	129：2	ⅩⅥ	Ⅰ	103.5	21.9	龙形双环	6.5	叠翼形	12.4	
73	334：2	ⅩⅥ	Ⅰ	103.7	22	龙形双环	6.5	叠翼形	12	
74	134：2	ⅩⅥ	Ⅱ	141.2	26	龙形双环	6	人字形	16.2	
75	131：2	ⅩⅥ	Ⅱ	187.5	29.7	龙形双环	7.1	人字形	18.2	
76	122：2	ⅩⅥ	Ⅱ	209	31.5	龙形双环	7.3	人字形	19.8	
77	171：2	ⅩⅥ	Ⅱ	202	30.2	龙形双环	7	人字形	19	
78	164：2	ⅩⅥ	Ⅲ	85.5	22.2	龙形双环	6.1	叠翼形	13.4	
79	161：2	ⅩⅥ	Ⅲ	73.5	20.8	龙形双环	6.3	叠翼形	12	
80	348：2	ⅩⅥ	Ⅲ	62.5	20.6	龙形双环	6.2	叠翼形	11.6	
81	349：2	ⅩⅥ	Ⅲ	70.2	20.8	龙形双环	6.2	叠翼形	12	
82	370：2	ⅩⅥ	Ⅲ	73.5	20.5	龙形双环	6.2	叠翼形	11.8	
83	344：2	ⅩⅥ	Ⅳ	94.5	24	龙形双环	6.6	人字形	13.2	
84	156：2	ⅩⅦ		222.5	29.8	环形	8.2	人字形	17.2	
85	175：2	ⅩⅦ		130	20.2	环形	6.6	人字形	9.3	
86	373：2	ⅩⅧ		130.5	21.6	素面长方	6.7	长方形	12.4	
合计		共86件，出自86座墓葬								

注：长度单位为厘米。

讨论

（1）关于玉皇庙青铜短剑型式、分布与年代特点

玉皇庙墓地出土的86件青铜短剑可分为18型。这18型青铜短剑的出现有早晚，持续的时间有长短，其数量、在各期所占比例也不尽相同。经统计：

分布于北Ⅰ区中部和西部、属春秋早期短剑共有5型13件——Ⅰ型5件、Ⅱ型1件、Ⅲ型1件、Ⅳ型2件和Ⅴ型4件。其中Ⅰ型短剑（YYM22、19、82、385、11）占该期短剑总数的38.46%，Ⅱ型和Ⅲ型短剑（YYM32、34）均各占该期短剑总数的7.69%，Ⅳ型短剑（YYM17、386）占该期短剑总数的15.38%，Ⅴ型短剑（YYM18、300、384、13）占该期短剑总数的30.77%。

分布于北Ⅱ区北部、属春秋早中期短剑共有6型7件——Ⅱ型1件、Ⅳ型1件、Ⅵ型2件、Ⅶ型1件、Ⅷ型1件和Ⅸ型1件。其中Ⅱ型、Ⅳ型、Ⅶ型、Ⅷ型和Ⅸ型短剑（YYM281、227、264、226、275）各占该期短剑总数的14.29%，Ⅵ型短剑（YYM250、230）占该期短剑总数的28.57%。

分布于北Ⅱ区中部及北Ⅰ区北部和南部、属春秋中期短剑共有9型18件——Ⅰ型3件、Ⅳ型3件、Ⅵ型1件、Ⅸ型2件、Ⅹ型1件、Ⅺ型1件、Ⅻ型3件、XIII型3件和XIV型1件。其中Ⅰ型、Ⅳ型、Ⅻ型和XIII短剑（YYM188、190、36，52、7、102，236、257、247，261、295、48）均各占该期短剑总数的16.67%，Ⅵ型、Ⅹ型、Ⅺ型和XIV型（YYM54、234、41、95）均各占该期短剑总数的5.56%，Ⅸ型短剑（YYM46、51）占该期短剑总数的11.11%。

分布于北Ⅱ区南部、属春秋中晚期短剑共有6型9件短剑——Ⅰ型2件、Ⅱ型2件、Ⅷ型2件、Ⅸ型1件、Ⅻ型1件和XIII型1件。其中Ⅰ型、Ⅱ型和Ⅷ型短剑（YYM57、70，83、148，212、186）均各占该期短剑总数的22.22%，Ⅸ型、Ⅻ型和XIII型短剑（YYM71、61、86）均各占该期短剑总数的11.11%。

分布于南区北部和中部及西区、属春秋晚期前段短剑共有11型27件短剑——Ⅰ型1件、Ⅱ型3件、Ⅲ型1件、Ⅷ型2件、Ⅸ型5件、Ⅻ型1件、XIII型2件、XIV型3件、ⅩⅤ型1件、ⅩⅥ型7件和ⅩⅦ型1件。其中Ⅰ型、Ⅲ型、Ⅻ型、XV型和XVII型短剑（YYM179、142、182、224、156）均各占该期短剑总数的3.7%，Ⅱ型和XIV型短剑（YYM199、314、303，209、145、124）均各占该期短剑总数的11.11%，Ⅷ型和XIII型短剑（YYM117、108，158、210）均各占该期短剑总数的7.4%，Ⅸ型短剑（YYM213、151、74、143、333）占该期短剑总数的18.52%，XIV型短剑（YYM105、168、111、134、131、122、171）占该期短剑总数的25.93%。

分布于南区南部、属春秋晚期后段短剑共有4型12件短剑——XIV型1件、XVI型9件、XVII型1件和XVIII型1件。其中XIV型、XVII型和XVIII型短剑（YYM174、175、373）均各占该期短剑总数的8.33%，ⅩⅥ型短剑（YYM160、129、334、164、161、348、349、370、344）占该期短剑总数的75%。

以上统计结果表明：

在春秋早期有5型短剑同时出现且并存，Ⅰ型短剑比Ⅴ型短剑略占优势，处于首要位置，Ⅴ型短剑仅居其次，Ⅳ型短剑虽然比Ⅱ型和Ⅲ型短剑略占优势，但逊于Ⅰ型和Ⅴ型短剑，处于从属地位。即双环羊角形剑首和首柄格一体线雕纹饰短剑为该期主要短剑类型。

在春秋早中期，Ⅰ型、Ⅲ型和Ⅴ型短剑均未出现，Ⅱ型和Ⅳ型短剑得以保留，新出现了Ⅵ型、Ⅶ型、Ⅷ型和Ⅸ型短剑，Ⅵ型短剑处于相对优势，其余剑型处于从属地位，数量分布较均匀。即首格对

称型短剑为该期主要短剑类型。

在春秋中期，无论是剑型，还是短剑的数量，均居6个阶段短剑的第2位，Ⅰ型短剑再次出现，Ⅳ型、Ⅵ型和Ⅸ型短剑继续保留，新增加了Ⅹ型、Ⅺ型、Ⅻ型、XⅢ型和XⅣ型短剑，各型短剑数量差别不大，没有占明显优势的剑型，Ⅰ型、Ⅳ型、Ⅻ型和XⅢ型短剑略占优势，其次为Ⅸ型短剑，Ⅵ型、Ⅹ型、Ⅺ型和XⅣ型短剑数量最少。该期短剑型式庞杂，以双环羊角形、镂空扁球体、羊头形和鼓面羊目纹剑首者为主。

在春秋中晚期，没有再新增加剑型，保持了原有的Ⅰ型、Ⅱ型、Ⅷ型、Ⅸ型、Ⅻ型和XⅢ型短剑，其中Ⅱ型和Ⅷ型短剑都是在春秋中期终止，于春秋中晚期再度出现的，各型短剑数量差别极小，Ⅰ型、Ⅱ型和Ⅷ型短剑所占比例略多于Ⅸ型、Ⅻ型和XⅢ型短剑。即双环羊角形、横向凹筒状和单环形剑首短剑为该期主要短剑类型。

在春秋晚期前段，短剑的型式和数量都达到了高峰，剑型和数量均居6个阶段的首位，除原有的Ⅰ型、Ⅱ型、Ⅲ型、Ⅷ型、Ⅸ型、Ⅻ型、XⅢ型和XⅣ型短剑外（其中Ⅲ型短剑于春秋早中期就已终止，而XⅣ型短剑在春秋中晚期终止），新出现了XⅤ型、XⅥ型和XⅦ型短剑，XⅥ型短剑刚一出现就表现出明显的优势，比数量居第2位的Ⅸ型短剑高出7.41%，而Ⅸ型短剑又比居第3位的Ⅱ型和XⅣ型短剑高出7.41%，其下差距减小。即双环龙形剑首短剑为该期短剑的主要类型。

在春秋晚期后段，剑型种类明显减少，是型式最少的阶段，只有原有的XⅣ型、XⅥ型和XⅦ型和新增加的XⅧ型短剑，这个阶段占主导地位的剑型是XⅥ型，其数量占75%，其余3型短剑处于绝对从属地位。该期同样以双环龙形剑首短剑为其主要短剑类型。

这18型短剑中，出现时间最早的是Ⅰ型短剑，出现时间最晚的是XⅧ型短剑；持续时间最长的是Ⅰ型、Ⅱ型和Ⅸ型短剑，均延续了4个阶段，存在时间最短的是Ⅴ型、Ⅶ型、Ⅹ型、Ⅺ型、XⅤ型和XⅧ型短剑，均只在1个阶段出现；数量最多的是XⅥ型短剑，有16件，数量最少的是Ⅶ型、Ⅹ型、Ⅺ型、XⅤ型和XⅧ型短剑，均只出土1件，应视为偶然因素。

(2) 青铜短剑的形制发展规律

玉皇庙出土的每一型短剑都有其自身独特的发展规律。

Ⅰ型短剑共11件，从春秋早期延续至春秋晚期前段，春秋早中期空缺，主要集中于春秋早期，其次是春秋中期，再次是春秋中晚期、春秋晚期前段，存在于4个阶段。

Ⅱ型短剑共7件，春秋早期出现，延续至春秋晚期前段，春秋中期空缺，春秋晚期前段发展到鼎盛时期，其次为春秋中晚期，再次是春秋早期和春秋早中期，存在于4个阶段。

Ⅲ型短剑共2件，春秋早期出现，之后发展中断，直到春秋晚期前段再度出现，共存在于2个阶段。

Ⅳ型短剑共6件，从春秋早期至春秋中期，共持续3个阶段，春秋中期是较发达时期。

Ⅴ型短剑共4件，全部集中在春秋早期。

Ⅵ型短剑共3件，春秋早中期出现，延续到春秋中期，存在于2个阶段。

Ⅶ型短剑只1件，存在于春秋早中期。

Ⅷ型短剑共5件，出现于春秋早中期，春秋中期消失，春秋中晚期和春秋晚期前段再度出现，存在于3个阶段。

Ⅸ型短剑共9件，春秋早中期出现，一直延续到春秋晚期前段，春秋晚期前段是鼎盛时期，存在于4个阶段。

Ⅹ型短剑只1件，存在于春秋中期。

Ⅺ型短剑只1件，存在于春秋中期。

Ⅻ型短剑共5件，春秋中期出现，延续到春秋晚期前段，存在于3个阶段。

XⅢ型短剑共6件，春秋中期出现，延续至春秋晚期前段，存在于3个阶段。

XⅣ型短剑共5件，春秋中期出现，春秋中晚期中断，春秋晚期前段再度出现，存在于2个阶段。

XⅤ型短剑只1件，存在于春秋晚期前段。

XⅥ型短剑共16件，存在于春秋晚期的前、后段，共2个阶段。

XⅦ型短剑共2件，存在于春秋晚期前、后段，共2个阶段。

XⅧ型短剑只1件，存在于春秋晚期后段。

没有一个型式的短剑能够涵盖这支文化在玉皇庙地区的发展全过程，持续时间最长者也只经历4个阶段。

Ⅰ 短剑长度的发展变化规律

玉皇庙墓地出土的青铜短剑，从春秋早期到春秋晚期有逐渐变短的趋势（参见附表130）。

附表130 **玉皇庙墓地青铜短剑通长统计表**

年代 类别 标本	春秋早期	春秋早中期	春秋中期	春秋中晚期	春秋晚期前段	春秋晚期后段	总计
Ⅰ类 tc≤25		230、226	188、190	70、212	179、142、108、143、224、105、168、111	160、129、334、164、161、348、349、370、344、175、373	25
Ⅱ类 25 < tc≤27	11、32、34、384	227、275	234、236、257	57、83、186、71、86	117、213、151、74、333、158、210、134		22
Ⅲ类 27 < tc < 30	22、19、82、385、17、386、18、300、13	281、264	36、52、7、102、54、46、51、247、261、295、48、95	148、61	199、314、303、182、145、124、131、156、209	174	35
Ⅳ类 tc≥30		250	41		122、171		4
分布地域	北Ⅰ区中部、西部	北Ⅱ区北部	北Ⅱ区中部 北Ⅰ区北部、南部	北Ⅱ区南部	南区、北部、中部西区	南区南部	
总计	13	7	18	9	27	12	86

注：为简明起见，所有青铜短剑统计表中器号均以墓号代替。短剑通长（tc）单位为厘米。

如表所示，分布于北Ⅰ区中部和西部的属于春秋早期13件短剑中，Ⅰ类剑空缺；Ⅱ类剑有4件，占该期短剑总数的30.77%；Ⅲ类剑有9件，占该期短剑总数的69.23%；Ⅳ类剑空缺。分布于北Ⅱ区北部的属于春秋早中期7件短剑中，Ⅰ类、Ⅱ类和Ⅲ类剑各有2件，均各占该期短剑总数的28.57%；

Ⅳ类剑只有1件，占该期短剑总数的14.29%。分布于北Ⅱ区中部、北Ⅰ区北部和南部的属于春秋中期18件短剑中，Ⅰ类剑有2件，占该期短剑总数的11.11%；Ⅱ类剑有3件，占该期短剑总数的16.67%；Ⅲ类剑有12件，占该期短剑总数的66.67%；Ⅳ类剑有1件，占该期短剑总数的5.56%。分布于北Ⅱ区南部的属于春秋中晚期9件短剑中，Ⅰ类和Ⅲ类剑各有2件，均各占该期短剑总数的22.22%；Ⅱ类剑有5件，占该期短剑总数的55.56%；Ⅳ类剑空缺。分布于南区北部和中部及西区的属于春秋晚期前段27件短剑中，Ⅰ类和Ⅱ类剑各有8件，均各占该期短剑总数的29.63%；Ⅲ类剑有9件，占该类短剑总数的33.33%；Ⅳ类剑有2件，占该类短剑总数的7.41%。分布于南区南部的属于春秋晚期后段12件短剑中，Ⅰ类剑有11件，占该期短剑总数的91.67%；Ⅲ类剑只有1件，占该期短剑总数的8.33%；Ⅱ类和Ⅳ类剑空缺。

综上所述，春秋早期有近70%的短剑通长在27～30厘米之间，是该期短剑数量最多者，代表了春秋早期短剑的主流长度，属偏长型，余者为长度在25～27厘米之间的中等长度型，偏短和超长者未出现。春秋早中期短剑在各个长度上的分布较平均，通长在25厘米以下、25～27厘米之间和27～30厘米之间3段长度的短剑数量分布相同，值得注意的是此时出现了超长型短剑，即通长超过30厘米（YYM250）。春秋中期短剑虽然有4个长度段，但60%以上的短剑通长在27～30厘米之间，同春秋早期一样，偏长型短剑是该期短剑的主流形式。春秋中晚期超过50%短剑的通长在25～27厘米之间，即中等长度的短剑是该期短剑的主要类型，短型和偏长型数量较少，超长型未出现。春秋晚期前段，短型（Ⅰ类）数量大增，中等长度（Ⅱ类）的短剑数量也有所增加，此二类在数量上已经有了可与偏长型（Ⅲ类）短剑抗衡的实力，Ⅲ类短剑仅以1件的优势略胜于Ⅰ、Ⅱ类，超长型数量极有限。春秋晚期后段情况发生了逆转，出现一边倒的局面，即短型剑占据了绝对主导地位，通长在25厘米以下的短剑占到该期短剑总数的90%以上，成为短剑发展的主流长度，偏长型的Ⅲ类剑仅出现1例，其余二类消失。

每一类长度的短剑，均有其自身发展规律。Ⅰ类短剑共有25件，占短剑总数的29.07%；春秋早期未出现，春秋早中期、春秋中期、春秋中晚期各有2件，均各占该类短剑总数的8%；春秋晚期前段有8件，占该类短剑总数的32%；春秋晚期后段有11件，占该类短剑总数的44%。Ⅱ类短剑共22件，占短剑总数的25.58%；春秋早期有4件，各占该类短剑总数的18.18%；春秋早中期有2件，各占该类短剑总数的9.09%；春秋中期有3件，占该类短剑总数的13.64%；春秋中晚期有5件，占该类短剑总数的22.73%；春秋晚期前段有8件，占该类短剑总数的36.36%；春秋晚期后段消失。Ⅲ类短剑数量最多，也是唯一一类从春秋早期一直延续到春秋晚期后段的短剑形式，共35件，占短剑总数的40.7%；春秋早期和春秋晚期前段各有9件，各占该类短剑总数的25.71%；春秋早中期和春秋中晚期各有2件，各占该类短剑总数的5.71%；春秋中期有12件，占该类短剑总数的34.29%；春秋晚期后段只有1件，占该类短剑总数的2.86%。Ⅳ类短剑数量最少，只有4件，占短剑总数的4.65%；发展倾向性不明显，春秋早期、春秋中晚期和春秋晚期后段均未出现，春秋早中期和春秋中期各有1件，占该类短剑总数的25%；春秋晚期前段有2件，占该类短剑总数的50%。从中明显看出，短型短剑呈递增趋势，从无到有到占据主导地位；中等长度的短剑虽也有增长迹象，但还是在春秋晚期后段消亡了；偏长型短剑从起伏发展到骤减，最终退出主导地位；超长形短剑没有得到充分发展。以上分析表明，玉皇庙青铜短剑从春秋早期到春秋晚期，由偏长型向短型发展、转变。

Ⅱ　短剑剑身比例的发展变化规律

从春秋早期至春秋晚期后段，剑身长度与通长之比是有差异的。春秋早期的短剑剑身偏长，时代越晚，剑身与通长的比例就越小，这是一般规律，并不排斥偶然现象（参见附表131）。

附表131　**玉皇庙墓地青铜短剑身长与通长比值（s/t）统计表**

标本＼类别＼年代	春秋早期	春秋早中期	春秋中期	春秋中晚期	春秋晚期前段	春秋晚期后段	总计
Ⅰ类 s/t＜0.5						175	1
Ⅱ类 0.5≤s/t＜0.6			190	212	105、168、111、156	160、129、334、161、348、349、370、344、373	15
Ⅲ类 0.6≤s/t≤0.65	19、11、13	230、264、226、275	188、36、54、51、234、41、236、257、247、261、295	57、70、83、186、71、61、86	179、117、108、213、151、74、143、333、182、158、210、209、145、124、224、134、131、122、171	174、164	46
Ⅳ类 0.65＜s/t＜0.7	22、82、385、34、17、386、18、300、384	227、250	52、7、102、46、48、95	148	199、314、303、142		22
Ⅴ类 0.7≤s/t＜0.8	32	281					2
分布地域	北Ⅰ区中部、西部	北Ⅱ区北部	北Ⅱ区中部北Ⅰ区北部、南部	北Ⅱ区南部	南区北部、中部西区	南区南部	
总计	13	7	18	9	27	12	86

分布于北Ⅰ区中部和西部属于春秋早期的13件短剑中，Ⅰ类和Ⅱ类空缺；Ⅲ类有3件，占该类短剑总数的23.08%；Ⅳ类有9件，占该类短剑总数的69.23%；Ⅴ类只有1件，占该类短剑总数的7.7%。分布于北Ⅱ区北部属于春秋早中期的7件短剑中，Ⅰ类和Ⅱ类空缺；Ⅲ类有4件，占该类短剑总数的57.14%；Ⅳ类有2件，占该类短剑总数的28.57%；Ⅴ类只有1件，占该类短剑总数的14.29%。分布于北Ⅱ区中部、北Ⅰ区北部和南部属于春秋中期的18件短剑中，Ⅰ类和Ⅴ类空缺；Ⅱ类只有1件，占该类短剑总数的5.56%；Ⅲ类有11件，占该类短剑总数的61.11%；Ⅳ类有6件，占该类短剑总数的33.33%。分布于北Ⅱ区南部属于春秋中晚期的9件短剑中，Ⅰ类和Ⅴ类空缺；Ⅱ类和Ⅳ类各有1件，各占该类短剑总数的11.11%；Ⅲ类有7件，占该类短剑总数的77.78%。分布于南区北部和中部及西区属于春秋晚期前段的27件短剑中，Ⅰ类和Ⅴ类空缺；Ⅱ类和Ⅳ各有4件，各占该类短剑总数的14.81%；Ⅲ类有19件，占该类短剑总数的70.37%。分布于南区南部的属于春秋晚期后段12件短剑中，Ⅰ类只有1件，占该类短剑总数的8.33%；Ⅱ类有9件，占该类短剑总数的75%；Ⅲ

类有 2 件，占该类短剑总数的 16. 67%；Ⅳ类和Ⅴ类空缺。

春秋早期短剑有 1 件的 s/t 值达到超大值；将近 70% 的短剑 s/t 值偏大，占主要地位；s/t 值居中者位居第二；而最小和偏小 s/t 值短剑没有出现。春秋早中期，s/t 值达超大及偏大者仍存在；s/t 值居中者数量最多，在半数以上；最小和偏小 s/t 值者仍未出现；春秋中期，s/t 值超大者消失，s/t 值偏大者位居第二；s/t 值居中者数量最多，达 60% 以上；s/t 值偏小者浮出水面；s/t 值最小者尚未出现。春秋中晚期的情况与春秋中期相似，只是 s/t 值偏大者明显减少，数量与 s/t 值偏小者持平；s/t 值居中者比例达最高值，接近 80%；春秋晚期前段的情况与春秋中晚期基本一致，仍是 s/t 值超大者和最小者空缺；s/t 值偏大和偏小者持平；s/t 值居中者虽然比例有所下降，但数量陡增，几乎是春秋中晚期同类短剑的 3 倍。春秋晚期后段不仅 s/t 值超大者仍未出现，而且偏大者也遁出；s/t 值居中者数量急剧下降，彻底退出主导地位；s/t 值偏小者跃居榜首，比例超过 3/5，接近 4/5；s/t 值最小类者也首次出现。

s/t 值属于Ⅰ类的短剑只 1 例（YYM175），观其外形，剑身与剑柄的比例明显失调，此例应视为偶然因素。Ⅱ类短剑共 15 件，春秋早期和春秋早中期均未出现，春秋中期和春秋中晚期各有 1 件，各占该类短剑总数的 6. 67%；春秋晚期前段有 4 件，占该类短剑总数的 26. 67%；春秋晚期后段有 9 件，占该类短剑总数的 60%；Ⅲ类短剑共 46 件，是 5 类 s/t 值短剑中数量最多的，春秋早期有 3 件，占该类短剑总数的 6. 52%；春秋早中期有 4 件，占该类短剑总数的 8. 7%；春秋中期较多，有 11 件，占该类短剑总数的 23. 91%；春秋中晚期有 7 件，占该类短剑总数的 15. 22%；春秋晚期前段数量最多，达 19 件，占该类短剑总数的 41. 3%；春秋晚期后段有 2 件，占该类短剑总数的 4. 35%。Ⅳ类短剑共 22 件，春秋早期有 9 件，占该类短剑总数的 40. 91%；春秋早中期有 2 件，占该类短剑总数的 9. 1%；春秋中期有 6 件，占该类短剑总数的 27. 27%；春秋中晚期只有 1 件，占该类短剑总数的 4. 55%；春秋晚期前段有 4 件，占该类短剑总数的 18%；春秋晚期后段未出现。Ⅴ类短剑只有 2 例（YYM32、281），分别属于春秋早期和春秋早中期。可见，剑身长度居中的短剑是主流形式，是发展的主线，贯穿玉皇庙墓地发展的始末；剑身超长形短剑只出现于春秋早中期以前，偏长形也主要集中于春秋早期，其次是春秋中期；而剑身最短的短剑仅在春秋晚期后段出现，偏短形也集中于春秋晚期后段，最终取代了剑身长度居中形短剑的主导地位；

综上所述，玉皇庙的青铜短剑从春秋早期到春秋晚期，剑身的比例有由大变小的趋势。这种变化与短剑剑体变短有关系，同时剑柄相对剑身增长，更易于把握，更省力。

Ⅲ 短剑剑格的发展变化规律

玉皇庙墓地出土的青铜短剑剑格形式有 15 种，以叠翼型和“人”字形剑格最为典型（参见附表 132）。

如表所示，玉皇庙墓地出土的青铜短剑共有 15 种剑格形式，其中叠翼形和“人”字形短剑数量最多，各有 26 件，各占玉皇庙墓地可统计剑格青铜短剑总数的 30. 95%。叠翼形剑格短剑分布于北Ⅰ区西部（YYM82、385）、中部（YYM11）、北部（YYM36、295），北Ⅱ区北部（YYM264、226、275）、中部（YYM188、261）、南部（YYM57、70、86），南区北部（YYM179、105）、中部（YYM158、168、111）、南部（YYM160、129、334、164、161、348、349、370），北Ⅰ区南部和西区空缺。这种短剑持续时间最长，贯穿了春秋早期到春秋晚期的全过程，且呈不断发展状态，到春秋晚期后段达到高

附表 132　**玉皇庙墓地青铜短剑剑格形式统计表**

肩形＼墓号＼年代	春秋早期	春秋早中期	春秋中期	春秋中晚期	春秋晚期前段	春秋晚期后段	总计
弧形	22						1 期 1 件
“一”字形	19		236、257	212、61			3 期 5 件
叠翼形	82、385、11	264、226、275	188、36、261、295	57、70、86	179、158、105、168、111	160、129、334、164、161、348、349、370	6 期 26 件
扇形			190				1 期 1 件
横置菱形				83、148	199、314、303		2 期 5 件
“人”字形	34		46、247、95、51	186、71	142、117、108、213、151、74、333、182、209、145、124、134、131、122、171、156	174、344、175	5 期 26 件
倒置兽面形	17、386	227	52、7、102、234				3 期 7 件
兽面形	18、300、384、13						1 期 4 件
倒置羊头形		250	54				2 期 2 件
倒置飞鸟形		230					1 期 1 件
“八”字形					143		1 期 1 件
倒置喇叭形			41				1 期 1 件
双鼓面圆形			48		210		2 期 2 件
菱形台托卷云纹形					224		1 期 1 件
横向抹角长方形						373	1 期 1 件
分布墓区	北Ⅰ区西部、中部	北Ⅱ区北部	北Ⅱ区中部 北Ⅰ区北部、南部	北Ⅱ区南部	南区北部、中部	南区南部	
总计	6 形 12 件	4 形 6 件	8 形 18 件	4 形 9 件	6 形 27 件	3 形 12 件	84 件

注：YYM32、281 出土的青铜短剑无剑格，因此不计算在内。

峰，有 8 件，占该形剑格短剑总数的 30.77%；春秋晚期前段有 5 件，占该形剑格短剑总数的 19.23%；春秋中期有 4 件，占该形剑格短剑总数的 15.38%；春秋早期、春秋早中期和春秋中晚期各有 3 件，各占该形剑格短剑总数的 11.54%。“人”字形剑格短剑分布于北Ⅰ区中部（YYM34），北Ⅱ区中部（YYM46、247、95、51）、南部（YYM186、71），南区北部（YYM142、117、213、151、74、182、209、145）、中部（YYM108、124、134、131、122、171、156）、南部（YYM174、344、175），西区（YYM333），北Ⅰ区北部、南部和北Ⅱ区北部空缺。“人”字形剑格短剑在时间上的分布上不像折翼形剑格短剑那样均衡，集中于春秋晚期前段，这时的数量占绝对优势，有16件之多，占该形剑格短剑总数的61.54%，比同期数量居第二位的折翼形剑格短剑多3倍有余；春秋中期有4件，占该形剑格短剑总数的15.38%；春秋晚期后段有3件，占该形剑格短剑总数的11.54%；春秋中晚期有2件，占该形剑格短剑总数的7.69%；春秋早期有1件，占该形剑格短剑总数的3.85%；春秋早中期空缺。

倒置兽面形剑格短剑有7件，占玉皇庙可统计剑格青铜短剑总数的8.33%。分布于北Ⅰ区中部（YYM17）、西部（YYM386）、南部（YYM7、102），北Ⅱ区北部（YYM227）、中部（YYM52、234），北Ⅰ区北部、北Ⅱ区南部、南区和西区空缺。主要存在于春秋中期，有4件，占该形剑格短剑总数的57.14%；春秋早期有2件，占该形剑格短剑总数的28.57%；春秋早中期有1件，占该形剑格短剑总数的14.29%；春秋中期以后再未出现。

"一"字形和横置菱形剑格短剑各有5件，各占玉皇庙可统计剑格青铜短剑总数的5.95%。"一"字形剑格短剑分布于北Ⅰ区中部（YYM19）、北Ⅱ区北部（YYM236、257）和南部（YYM212、61），北Ⅰ区西部、北部、南部以及北Ⅱ区中部、南区、西区均空缺。春秋中期和春秋中晚期各有2件，各占该形剑格短剑总数的40%；春秋早期有1件，占该形剑格短剑总数的20%。春秋早中期空缺，春秋中晚期以后不再出现。横置菱形剑格短剑分布于北Ⅱ区南部（YYM83、148）、南区北部（YYM199）和西区（YYM314、303），北Ⅰ区、北Ⅱ区北部和南部、南区中部和南部均空缺。春秋晚期前段有3件，占该形剑格短剑总数的60%；春秋中晚期有2件，占该形剑格短剑总数的40%；从春秋早期到春秋中期以及春秋晚期后段均未出现该形短剑。

兽面形剑格短剑有4件，占玉皇庙可统计剑格的青铜短剑总数的4.76%。分布于北Ⅰ区中部（YYM18、13）和西部（YYM300、384），北Ⅰ区北部、南部和北Ⅱ区、南区均空缺，全部属于春秋早期，春秋早中期到春秋晚期后段不再出现。

倒置羊头形和双鼓面圆形剑格短剑各有2件，各占玉皇庙可统计剑格的青铜短剑总数的2.38%。前者分布于北Ⅱ区北部（YYM250）和中部（YYM54），北Ⅰ区、北Ⅱ区南部、南区和西区均空缺，属于春秋早中期和春秋中期，每个时期各占50%。后者分布于北Ⅱ区中部（YYM48）和南区北部（YYM210），分布比例各占50%，北Ⅰ区、北Ⅱ区北部和南部、南区中部和南部以及西区空缺，分别属于春秋中期和春秋晚期前段，每个时期各占50%。

弧形、扇形、倒置飞鸟形、"八"字形、倒置喇叭形、菱形台托卷云纹形和横向抹角长方形剑格短剑各只有1件，均各占玉皇庙可统计剑格的青铜短剑总数的1.19%，分别分布于北Ⅰ区中部（YYM22），北Ⅱ区北部（YYM230）、中部（YYM190、41），南区北部（YYM143、224）、南部（YYM373），属于春秋早期（YYM22）、春秋早中期（YYM230）、春秋中期（YYM190、41）、春秋晚期前段（YYM143、224）和春秋晚期后段（YYM373）。

春秋中期是短剑剑格形式最复杂的时期，共有8种形式，占剑格形式总数的53.33%。其次是春秋早期和春秋晚期前段，各有6种剑格形式，各占剑格形式总数的40%。春秋早中期和春秋中晚期各有4种剑格形式，各占剑格形式总数的26.67%。剑格形式最少的时期是春秋晚期后段，有3种形式，占剑格形式总数的20%。剑格形式虽以春秋中期最为丰富，但短剑数量最多的却是春秋晚期前段，共有27件，占可统计剑格形式短剑总数的32.14%；其次是春秋中期，共有18件，占可统计剑格形式短剑总数的21.43%；春秋晚期后段虽然剑格形式最少，但短剑数量仍居第三位，共有12件，占可统计剑格短剑总数的 14. 29%，与春秋早期短剑数量相同；春秋中晚期有 9 件，占可统计剑格短剑总数的 10. 71%；短剑数量最少的是春秋早中期，只有 6 件，占可统计剑格的短剑总数的 7. 14%。从春秋早期到春秋中晚期是对剑格进行不断探索的时期，人们进行了各种尝试，研究其造型及剑格形式与短剑使用的关系，到春秋晚期前段日臻成熟，确定了几种剑格形式。

剑格的设计，不仅出于美观的需要，更重要的是使用价值。它可以防止在使用短剑的过程中，手由于用力而滑至剑身而受伤，因此只有极个别的短剑没有剑格，剑柄直接与剑身相接，这种情况发生在春秋早期或偏早时期，如 YYM32 和 281。无论是否有剑格，短剑剑柄与剑身之间——我们称这个部位为肩，两端的走向、形式是经过不断琢磨、改进的，起到更好的保护手的作用（参见附表 133）。

附表 133　**玉皇庙墓地青铜短剑肩形统计表**

肩形＼年代墓号	春秋早期	春秋早中期	春秋中期	春秋中晚期	春秋晚期前段	春秋晚期后段	总计
下垂	22、385、11、32、17、386、18、300、384、13	227、226、275	190、52、7、102、54、234、41、236、257、247、295	57、61、86	213、333		29
平行	19、82	281、250	188、46、48、95	70、83、148、212、186	199、314、303、182、210、224、168、111、105、158	160、129、334、164、161、349、370、373	31
上翘	34	264、230	36、51、261	71	179、142、117、108、151、74、143、209、145、124、134、131、122、171、156	174、348、344、175	26
分布区域	北Ⅰ区中部、西部	北Ⅱ区北部	北Ⅱ区中部 北Ⅰ区南部、北部	北Ⅱ区南部	南区北部、中部 西区	南区南部	
总计	13	7	18	9	27	12	86

如果我们把短剑的肩形分为 3 种，即下垂、平行、上翘，这 3 种肩形的数量相差甚少，下垂形数量居中，有 29 件，占玉皇庙出土青铜短剑总数的 33. 72%。其中春秋早期 10 件，春秋早中期 3 件，春秋中期 11 件，春秋中晚期 3 件，春秋晚期前段 2 件，春秋晚期后段空缺。春秋中期数量最多，占该肩形短剑总数的 37. 93%；春秋早期数量位居第二，占该肩形短剑总数的 34. 48%；春秋早中期和春秋中晚期数量一样，各占该肩形短剑的 10. 34%；春秋晚期前段数量最少，占该肩形短剑总数的 6. 9%。

平行形肩的短剑数量最多，有 31 件，占玉皇庙出土青铜短剑总数的 36. 05%。其中春秋早期和春秋早中期各 2 件，春秋中期 4 件，春秋中晚期 5 件，春秋晚期前段 10 件，春秋晚期后段 8 件。春秋晚期前段数量最多，占该肩形短剑总数的 32. 26%；春秋晚期后段数量位居第二，占该肩形短剑总数的 25. 81%；春秋中晚期者占该肩形短剑总数的 16. 13%；春秋中期者占该肩形短剑总数的 12. 9%；春秋早期和早中期数量最少，各占该肩形短剑总数的6.45%。

上翘形肩的短剑有26件，占玉皇庙出土的青铜短剑总数的30.23%。其中春秋早期和中晚期各1件，春秋早中期2件，春秋中期3件，春秋晚期前段15件，春秋晚期后段4件。春秋晚期前段数量最多，占该肩形短剑总数的11.54%，占了绝对优势；春秋晚期后段数量位居第2，占该肩形短剑总数的15.38%；春秋中期者占该肩形短剑总数的57.69%；春秋早中期者占该肩形短剑总数的7.69%；春秋早期和春秋中晚期数量最少，各占该肩形短剑总数的3.85%。

共有13件短剑属于春秋早期，占玉皇庙墓地出土短剑总数的15.12%；其中下垂形肩短剑就有10件之多，占该期短剑总数的76.92%；平行形肩短剑有2件，占该期短剑总数的15.38%；上翘形肩短剑有1件，占该期短剑总数的7.69%。共有7件短剑属于春秋早中期，占玉皇庙墓地出土短剑总数的8.14%；其中下垂形肩短剑最多，有3件，占该期短剑总数的42.86%；平行形和上翘形肩短剑各2件，各占该期短剑数28.57%。共有18件短剑属于春秋中期，占玉皇庙墓地出土青铜短剑总数的20.93%；其中下垂形肩短剑数量最多，有11件，占该短剑总数的61.11%；平行形肩短剑有4件，占该期短剑总数的22.22%；上翘形肩短剑有3件，占该期短剑总数的16.67%。共有9件短剑属于春秋中晚期，占玉皇庙墓地出土青铜短剑总数的10.47%，其中平行形肩短剑数量最多，有5件，占该期短剑总数的55.56%；下垂形肩短剑有3件，占该期短剑总数的33.33%；上翘形件短剑有1件，占该期短剑总数的11.11%。共有27件短剑属于春秋晚期前段，占玉皇庙墓地出土青铜短剑总数的31.4%，其中上翘形肩短剑数量最多，有15件，占该期短剑总数的55.56%；平行形肩短剑有10件，占该期短剑总数的37.04%，下垂形肩短剑只有2件，占该短剑总数的7.41%。共有12件短剑属于春秋晚期后段，占玉皇庙墓地出土青铜短剑总数的13.95%，其中平行形肩短剑数量最多，有8件，占该期短剑总数的66.67%；上翘形肩短剑有4件，占该期短剑33.33%；下垂形肩短剑空缺。

显然，春秋中期以前，短剑肩形是以下垂形为主，平行形和上翘形肩短剑明显处于劣势。春秋中晚期这种情况出现改观，平行形肩短剑数量居于第一位，下垂形肩短剑数量大减，上翘形肩短剑仍处于低谷。春秋晚期前段，上翘形肩短剑数量大幅度增加，跃居第一位，且占居了绝对优势；平行形肩短剑数量稳步增长，数量达到最高值；而下垂形肩短剑萎缩至最低值。春秋晚期后段，平行形肩短剑数量虽有所减少，但仍居该期三种肩形短剑的最高值；上翘形肩短剑数量降低；下垂形肩短剑消失。平行形肩短剑发展平稳，春秋中晚期以后逐渐走向主导地位。上翘形肩短剑在春秋晚期前段达到巅峰。

下垂形肩短剑虽然已在无剑格的短剑基础上进行了改进，但仍显不足。尤其是曲线形肩（倒置兽面形剑格），窄而弧曲，使用短剑的手极易滑脱至剑身。平行形肩和上翘形肩短剑以肩部将使用短剑的手挡在剑身以上，免受伤害，实用的功能使其在后期的发展中占了上风。

Ⅳ　短剑剑柄的发展变化规律

玉皇庙墓地出土的青铜短剑剑柄剖面有12种形式（参见附表134）。

如表所示，柄剖面呈扁长方形的短剑共有22件，是各柄形短剑中数量最多的，占玉皇庙墓地出土青铜短剑总数的25.58%。分布于北Ⅰ区中部（YYM22），北Ⅱ区南部（YYM186），南区北部（YYM179、117、108、143、209、145、105）、中部（YYM168、111、134、122）、南部（YYM160、129、334、164、161、348、349、370、344）。属于春秋早期和春秋中晚期者各1件，各占该柄形短剑

附表 134　**玉皇庙墓地青铜短剑剑柄剖面形式统计表**

柄剖面＼墓号＼年代	春秋早期	春秋早中期	春秋中期	春秋中晚期	春秋晚期前段	春秋晚期后段	总计
扁长方形	22			186	179、117、108、143、209、145、105、168、111、134、122	160、129、334、164、161、348、349、370、344	22
梭形	19、385、11	264、275	51、261、295、48	57、86	213、74、210、124	174	16
弧面长方形	82	250、226	188、36、54、95	70、71	151、333、158	373	13
椭圆形			190、41		224		3
扁菱形	32	281		83、148	199、314、303		7
凹槽斜边形	34		46		142		3
八棱形	17、386	227	52、7、102				6
中空长方形	18、300、384、13						4
菱形		230					1
凹槽凸边形				212	131、171、156	175	5
六边形			234				1
网格形			236、257、247	61	182		5
总计	13	7	18	9	27	12	86
分布墓区	北Ⅰ区中部、西部	北Ⅱ区北部	北Ⅱ区中部 北Ⅰ区南部、北部	北Ⅱ区南部	南区北部、中部西区	南区南部	

总数的 4.55%；属于春秋晚期前段者 11 件，占该柄形短剑总数的 50%，所占比例最大；属于春秋晚期后段者 9 件，占该柄形短剑总数的 40.9%，位居第二；春秋早中期和春秋中期空缺。即扁长方体柄是春秋晚期短剑的特征。

柄剖面呈梭形的短剑共有 16 件，是各柄形短剑中数量居第二者，占玉皇庙墓地出土青铜短剑总数的 18.6%。分布于北Ⅰ区中部（YYM19、11）、西部（YYM385）、北部（YYM295），北Ⅱ区北部（YYM264、275）、中部（YYM51、261、48）、南部（YYM57、86），南区北部（YYM213、74、210）、中部（YYM124）、南部（YYM174）。属于春秋早期者 3 件，占该柄形短剑总数的 18.75%；属于春秋早中期和春秋中晚期者各 2 件，各占该柄形短剑总数的 12.5%；属于春秋中期和春秋晚期前段者各 4 件，各占该柄形短剑总数的 25%；属于春秋晚期后段者 1 件，占该柄形短剑总数的 6.25%。该柄形短剑贯穿于春秋早期至春秋晚期后段的全过程，是延续时间最长的短剑柄形之一，且各阶段分布较均匀，春秋中期和春秋晚期前段略多，春秋晚期后段最少。

柄剖面呈弧面长方形的短剑共有 13 件，在各柄形短剑中数量居第三者，占玉皇庙墓地出土青铜短剑总数的15.12%。分布于北Ⅰ区西部（YYM82）、北部（YYM36），北Ⅱ区北部（YYM250、226）、中部（YYM188、54、95）和南部（YYM70、71），南区北部（YYM151）、中部（YYM158）和南部（YYM373），西区（YYM333）。属于春秋早期和春秋晚期后段者各1件，各占该柄形短剑总数的7.69%；属于春秋早中期和春秋中晚期者各2件，各占该柄形短剑总数的15.38%；属于春秋中期者4件，占该柄形短剑总数的30.77%；属于春秋晚期前段者3件，占该柄形短剑总数的23.08%；该柄形是玉皇庙墓地从春秋早期延续至春秋晚期后段的两种柄形之一，数量分布较均匀，春秋中期数量略多。

柄剖面呈椭圆形的短剑数量不多，只3件，占玉皇庙墓地出土青铜短剑总数的3.49%。分布于北Ⅱ区中部（YYM190、41）和南区北部（YYM224）。属于春秋中期者2件，占该柄形短剑总数的66.67%；属于春秋晚期前段者1件，占该柄形短剑总数的33.33%。该柄形没有得到充分发展，是春秋中期以及春秋晚期前段偶尔出现的一个类型。

柄剖面呈扁菱形的短剑有7件，占玉皇庙墓地出土的青铜短剑总数的8.14%。分布于北Ⅰ区中部（YYM32），北Ⅱ区北部（YYM281）、南部（YYM83、148），南区北部（YYM199），西区（YYM314、303）。属于春秋早期和春秋早中期者各1件，各占该柄形短剑总数的14.29%；属于春秋中晚期者2件，占该柄形短剑总数的28.57%；属于春秋晚期前段者3件，占该柄形短剑总数的42.86%；春秋中期和春秋晚期后段空缺。该柄形短剑从春秋早期就已出现，春秋晚期前段较集中。

柄剖面呈凹槽斜边形的短剑共有3件，占玉皇庙墓地出土青铜短剑总数的3.49%。分布于北Ⅰ区中部（YYM34）、北Ⅱ区中部（YYM46）和南区北部（YYM142）。属于春秋早期、春秋中期和春秋晚期前段，各占该柄形短剑总数的33.33%。该柄形短剑数量少且布局分散，居次要地位。

柄剖面呈八棱形的短剑共有6件，占玉皇庙墓地出土青铜短剑总数的6.98%。分布于北Ⅰ区中部（YYM17）、西部（YYM386）和南部（YYM7、102），北Ⅱ区北部（YYM227）和中部（YYM52）。属于春秋早期者2件，占该柄形短剑总数的33.33%；属于春秋早中期者1件，占该柄形短剑总数的16.67%；属于春秋中期者3件，占该柄形短剑总数的50%。该柄形是春秋中期以前短剑的特点。

柄剖面呈中空长方形的短剑共有4件，占玉皇庙墓地出土青铜短剑总数的4.65%。分布于北Ⅰ区中部（YYM18、13）和西部（YYM300、384），该柄形短剑均属于春秋早期，出土地点集中，是非常典型的春秋早期短剑柄形。

柄剖面呈菱形的短剑只有1件（YYM230），是各柄形短剑中数量最少者之一，仅占玉皇庙墓地出土青铜短剑总数的1.16%。分布于北Ⅱ区北部，属于春秋早中期，当视为偶然因素。

柄剖面呈凹槽凸边形的短剑共有5件，占玉皇庙墓地出土青铜短剑总数的5.81%。分布于北Ⅱ区南部（YYM212）、南区中部（YYM131、171、156）和南部（YYM175）。属于春秋中晚期和春秋晚期后段者各1件，各占该柄形短剑总数的20%；属于春秋晚期前段者3件，占该柄形短剑总数的60%；春秋中期以前空缺。该柄形是春秋中晚期以后的典型形式。

柄剖面呈六边形的短剑只有1件（YYM234），同菱形柄体短剑一样，也是各柄形短剑中数量最少者之一，仅占玉皇庙墓地出土青铜短剑总数的1.16%，分布于北Ⅱ区中部，属于春秋中期，当视为偶然因素。

柄剖面呈网格形的短剑共有5件，占玉皇庙墓地出土青铜短剑总数的5.81%。分布于北Ⅱ区中部

（YYM236、257、247）、南部（YYM61）和南区北部（YYM182）。属于春秋中期者3件，占该柄形短剑总数的60%；属于春秋中晚期和春秋晚期前段者各1件，各占该柄形短剑总数的20%。该柄形在春秋中期至春秋晚期前段集中出现，是这一时期的典型形式。

春秋早期的13件短剑中共有7种柄形，占玉皇庙墓地青铜短剑柄形总数的58.33%，是剑柄形式较多的时期，仅次于春秋晚期前段。其中柄剖面呈中空长方的短剑数量最多有4件，占该期短剑总数的30.77%，是这个时期的主要柄形；柄剖面呈梭形的短剑有3件，数量位居第二，占该期短剑总数的23.08%；柄剖面呈八棱形的短剑有2件，占该期短剑总数的15.38%；柄剖面呈扁长方形、弧面长方形、扁菱形和凹槽斜边形的短剑各有1件，各占该期短剑总数的7.69%。柄剖面呈中空长方形者不仅数量最多，也是只在该期出现者，应视为春秋早期的典型特征。

春秋早中期的7件短剑中共有5种柄形，占玉皇庙墓地青铜短剑柄形总数的41.67%。其中柄剖面呈梭形和弧面长方形的短剑略多，各有2件，各占该期短剑总数的28.57%；柄剖面呈扁菱形、八棱形和菱形的短剑各有1件，各占该期短剑总数的14.29%。这个时期没有非常典型的短剑柄形，唯柄剖面呈菱形者只在该期出现。

春秋中期的18件短剑共有7种柄形，占玉皇庙墓地青铜短剑柄形总数的58.33%，是剑柄形式较多的时期，位居第二。其中柄剖面呈梭形和弧面长方形的短剑数量最多，各有4件，各占该期短剑总数的22.22%；其次是柄剖面呈八棱形和网格形的短剑，各有3件，各占该期短剑总数的16.67%；柄剖面呈椭圆形的短剑有2件，占该期短剑总数的11.11%；柄剖面呈凹槽斜边形和六边形的短剑各有1件，各占该期短剑总数的5.56%。柄剖面呈梭形、弧面长方形、八棱形和网格形者是该期主要特征。

春秋中晚期的9件短剑共有6种柄形，占玉皇庙墓地青铜短剑柄形总数的50%。其中柄剖面呈梭形、弧面长方形和扁菱形的短剑各有2件，各占该期短剑总数的22.22%；柄剖面呈扁长方形、凹槽凸边形和网格形的短剑各有1件，各占该期短剑总数的11.11%。该期没有非常典型的剑柄形式。

春秋晚期前段的27件短剑共有8种柄形，占玉皇庙墓地青铜短剑柄形总数的66.67%。这个时期不仅短剑数量最多，而且剑柄的形式也最多。其中柄剖面呈扁长方形的短剑数量激增，有11件，是位居第二的梭形柄短剑数量的近3倍，占该期短剑总数的40.74%；柄剖面呈梭形的短剑有4件，占该期短剑总数的14.81%；柄剖面呈弧面长方形、扁菱形和凹槽凸边形的短剑各有3件，各占该期短剑总数的11.11%；柄剖面呈椭圆形、凹槽斜边形和网格形者各有1件，各占该期短剑总数的3.7%。柄剖面呈扁长方形者成为这个时期剑柄的主导形式，另凹槽凸边形者也是该期典型剑柄形式。

春秋晚期后段的12件短剑共有4种柄形，此期是拥有剑柄形式种类最少的时期，占玉皇庙墓地青铜短剑柄形总数的33.33%。这个时期仍以柄剖面呈扁长方形的短剑为主流，数量位居冠首，有9件，是该期其他柄形短剑数量的9倍，占该期短剑总数的75%；柄剖面呈梭形、弧面长方形和凹槽凸边形的短剑各有1件，各占该期短剑总数的8.33%。

V　短剑剑首的发展变化规律

玉皇庙墓地出土的青铜短剑剑首共有24种形式（参见附表135）。

附表135　**玉皇庙墓地青铜短剑剑首形式统计表**

首形 \ 墓号 \ 年代	春秋早期	春秋早中期	春秋中期	春秋中晚期	春秋晚期前段	春秋晚期后段	总计
双羊角形	22、19、82、385、11		188、190、36	57、70	179		11
横向凹筒形	32	281		83、148	199、314、303		7
联体双目形	34				142		2
镂空扁球形	17、386	227	52、7、102				6
扁平半圆形	18、300、384、13						4
羊头形		250	54				2
飞鸟形		230					1
扁五边形		264					1
凸环形		226		186			2
半月形				212			1
扣环形					117		1
方扣环形					108		1
双羊目形		275	46、51	71	213、151、74、143、333		9
云朵形			234				1
喇叭形			41				1
镂空椭圆形			236、257、247	61	182		5
鼓面羊目形			261、295、48	86	158、210		6
圆雕双兽形			95				1
扁椭圆形					209、145	174	3
上抹角长方形					124		1
双鸟首形					224		1
双环蛇形					105、186、111、134、131、122、171	160、129、334、164、161、348、349、370、344	16
单环双兽形					156	175	2
横向抹角长方形						373	1
总计	13	7	18	9	27	12	86
分布墓区	北Ⅰ区中部、西部	北Ⅱ区北部	北Ⅱ区中部北Ⅰ区南部、北部	北Ⅱ区南部	南曲北部、中部南区	南区南部	

这24形短剑剑首的分布区域、分布年代各有不同，其形态发展也差异很大，但总体发展是有规律的。我们通过对每一形剑首的发展、演变过程，及处于相同时间段的短剑剑首的特点分析，来说明玉皇庙出土的青铜短剑剑首的特征及演变规律。

双羊角形剑首短剑共有11件，在各类别剑首的短剑中是数量较多的，居第二位，占玉皇庙墓地青铜短剑总数的12.79%。分布于北Ⅰ区中部（YYM22、19、11）、西部（YYM82、385）、北部（YYM36），北Ⅱ区中部（YYM188、190）、南部（YYM57、70），南区北部（YYM179）。属于春秋早期者5件，占该剑首形短剑总数的45.45%；属于春秋中期者3件，占该剑首形短剑总数的27.27%；属于春秋中晚期者2件，占该剑首形短剑总数的18.18%；属于春秋晚期前段者1件，占该剑首形短剑总数的9.09%；春秋早中期和春秋晚期后段空缺。该剑首形短剑在春秋早期和春秋中期较发达。

横向凹筒形剑首短剑共有7件，占玉皇庙墓地青铜短剑总数的8.14%。分布于北Ⅰ区中部（YYM32），北Ⅱ区北部（YYM281）、南部（YYM83、148），南区北部（YYM199）和西区（YYM314、303）。属于春秋早期和春秋早中期者各1件，各占该剑首形短剑总数的14.29%；属于春秋中晚期者2件，占该剑首形短剑总数的28.57%；属于春秋晚期前段者3件，占该剑首形短剑总数的42.86%；春秋中期和春秋晚期后段空缺。春秋中晚期和春秋晚期前段是该剑首形短剑最繁盛时期。

联体双目形剑首短剑共有2件，占玉皇庙墓地青铜短剑总数的2.33%。分别分布于北Ⅰ区中部（YYM34）和南区北部（YYM142），分别属于春秋早期和春秋晚期前段。该剑首形短剑没有充分发展，应属于偶然因素。

镂空扁球形剑首短剑共有6件，占玉皇庙墓地青铜短剑总数的6.98%。分布于北Ⅰ区中部（YYM17）、西部（YYM386）和南部（YYM7、102），北Ⅱ区北部（YYM227）和中部（YYM52）。属于春秋早期者2件，占该剑首形短剑总数的33.33%；属于春秋早中期者1件，占该剑首形短剑总数的16.67%；属于春秋中期者3件，占该剑首形短剑总数的50%；春秋中晚期后空缺。该首形是春秋中期以前典型的短剑剑首形式。

扁平半圆形首短剑共有4件，占玉皇庙墓地青铜短剑总数的4.65%。分布于北Ⅰ区中部（YYM18、13）、西部（YYM300、384），地理分布极其集中，均属于春秋早期，是该期剑首的典型形式。

羊头形剑首短剑共有2件，占玉皇庙墓地青铜短剑总数的2.33%。分别分布于北Ⅱ区北部（YYM250）和中部（YYM54）。分别属于春秋早中期和春秋中期，各占50%。因发展不充分，应归为个别因素。

飞鸟形剑首短剑只有1件（YYM230），占玉皇庙墓地青铜短剑总数的1.16%。分布于北Ⅱ区北部，属于春秋早中期。系偶然因素。

扁五边形剑首短剑只有1件（YYM264），占玉皇庙墓地青铜短剑总数的1.16%。分布于北Ⅱ区北部。应属于春秋早中期。系偶然因素。

凸环型剑首短剑共有2件，占玉皇庙墓地青铜短剑总数的2.33%。分布于北Ⅱ区北部（YYM226）和南部（YYM186）。分别属于春秋早中期和春秋中晚期。系偶然因素。

半月形剑首短剑只有1件（YYM212），占玉皇庙墓地青铜短剑总数的1.16%。分布于北Ⅱ区南部，属于春秋中晚期。系偶然因素。

扣环形剑首短剑只有1件（YYM117），占玉皇庙墓地青铜短剑总数的1.16%。分布于南区北部，属于春秋晚期前段。系偶然因素。

方扣环形剑首短剑只有1件（YYM108），占玉皇庙墓地青铜短剑总数的1.16%。分布与南区中部，属于春秋晚期前段。系偶然因素。

双羊目形剑首短剑共有9件，占玉皇庙墓地青铜短剑总数的10.47%。分布于北Ⅱ区北部（YYM275）、中部（YYM46、51）、南部（YYM71），南区北部（YYM213、151、74、143）和西区（YYM333）。属于春秋早中期和春秋中晚期者各1件，各占该首形短剑总数的11.11%；属于春秋中期者2件，占该剑首形短剑总数的22.22%；属于春秋晚期前段者5件，占该剑首形短剑总数的55.56%；春秋早期和春秋晚期后段空缺。该剑首形是春秋晚期前段的典型剑首形式。

云朵形剑首短剑只有1件（YYM234），占玉皇庙墓地青铜短剑总数的1.16%。分布于北Ⅱ区中部，属于春秋中期。当视为偶然因素。

喇叭形剑首短剑只有1件（YYM41），占玉皇庙墓地青铜短剑总数的1.16%。分布于北Ⅱ区中部，属于春秋中期。当视为偶然因素。

镂空椭圆形剑首短剑共有5件，占玉皇庙墓地青铜短剑总数的5.81%。分布于北Ⅱ区中部（YYM236、257、247）、南部（YYM61），南区北部（YYM182）。属于春秋中期者3件，占该剑首形短剑总数的60%；属于春秋中晚期和春秋晚期前段者各1件，各占该剑首形短剑总数的20%；春秋早期、春秋早中期和春秋晚期后段空缺。该剑首形是春秋中期短剑剑首的主要形式之一。

鼓面羊目形剑首短剑共有6件，占玉皇庙墓地青铜短剑总数的6.98%。分布于北Ⅰ区北部（YYM295），北Ⅱ区中部（YYM261、48）、南部（YYM86），南区北部（YYM210）、中部（YYM158）。属于春秋中期者3件，占该剑首形短剑总数的50%；属于春秋中晚期者1件，占该剑首形短剑总数的16.67%；属于春秋晚期后段者2件，占该剑首形短剑总数的33.33%。该剑首形短剑集中于春秋中期和春秋晚期前段。

圆雕双兽形剑首短剑只有1件（YYM95），占玉皇庙墓地青铜短剑总数的1.16%，分布于北Ⅱ区中部，属于春秋中期。为偶然因素。

扁椭圆形剑首短剑共有3件，占玉皇庙墓地青铜短剑总数的3.49%。分布于南区北部（YYM209、145）、南部（YYM174）。属于春秋晚期前段者2件，占该剑首形短剑总数的66.67%；属于春秋晚期后段者1件，占该剑首形短剑总数的33.33%。该剑首形式是春秋晚期的作品。

上抹角长方形剑首短剑只有1件（YYM124），占玉皇庙墓地青铜短剑总数的1.16%，分布于南区中部属于春秋晚期前段。为偶然因素。

双鸟首形剑首短剑只有1件（YYM224），占玉皇庙墓地青铜短剑总数的1.16%，分布于南区北部，属于春秋晚期前端，为偶然因素。

双环蛇形剑首短剑共有16件，在各类别剑首的短剑中是数量最多的，占玉皇庙墓地青铜短剑总数的18.6%。分布于南区北部（YYM105）、中部（YYM168、111、134、131、122、171）、南部（YYM160、129、334、164、161、348、349、370、344）。属于春秋晚期前段者7件，占该剑首形短剑总数的43.75%；属于春秋晚期后段者9件，占该剑首形短剑总数的56.25%。该剑首形式是春秋晚期重要的剑首形式。

单环双兽形剑首短剑共有 2 件，占玉皇庙墓地青铜短剑总数的 2.33%。分布于南区中部（YYM156）、南部（YYM175），分别属于春秋晚期前段和春秋晚期后段，各占该剑首形短剑总数的 50%。该剑首形式在春秋晚期出现，很精致，但数量较少。

横向抹角长方形剑首短剑只有 1 件（YYM373），占玉皇庙墓地青铜短剑总数的 1.16%，分布于南区南部，属于春秋晚期后段。属偶然因素。

春秋早期的 13 件短剑中共有 5 种剑首形式，占剑首种类的 20.83%。其中双羊角形剑首短剑数量最多，共有 5 件，占该期短剑总数的 38.46%；其次是扁平半圆形剑首短剑，共有 4 件，占该期短剑总数的 30.77%；镂空扁球形剑首短剑有 2 件，占该期短剑总数的 15.38%；横向凹筒形剑首和连体双目形剑首短剑各有 1 件，各占该期短剑总数的 7.69%。双羊角形剑首是该期的重要剑首形式，扁平半圆形剑首是该期短剑的标志。

春秋早中期的 7 件短剑中共有 7 种剑首形式，占剑首种类的 29.17%。横向凹筒形、镂空扁球形、羊头形、飞鸟形、扁五边形、凸环形、双羊目形等 7 种剑首短剑各有 1 件，分布均匀，各占该期短剑总数的 14.29%，没有典型剑首形式。

春秋中期的 18 件短剑中共有 9 种剑首形式，占剑首种类 37.5%。其中双羊角形、镂空扁球形、镂空椭圆形和鼓面羊目形剑首短剑各有 3 件，各占该期短剑总数的 16.67%；双羊目形剑首短剑有 2 件，占该期短剑总数的 11.11%；羊头形、云朵形、喇叭形和圆雕双兽形剑首短剑各有 1 件，各占该期短剑总数的 5.56%。显然，双羊角形、镂空扁球形、镂空椭圆形和鼓面羊目形剑首是该期主要的剑首形式。

春秋中晚期的 9 件短剑中共有 7 种剑首形式，占剑首种类 29.17%。其中双羊角形和横向凹筒形剑首短剑略多，各有 2 件，各占该期短剑总数的 22.22%；凸环形、半月形、双羊目形、镂空椭圆形和鼓面羊目形剑首短剑各有 1 件，各占该期短剑总数的 11.11%。该期的情况同春秋早中期类似，数量分布比较平均，没有占突出地位的剑首形式。

春秋晚期前段的 27 件短剑中共有 13 种短剑剑首形式，也是剑首形式最多的时期，占剑首种类 54.17%。其中数量最多的是双环蛇形剑首短剑，有 7 件，占该期短剑总数的 25.93%；其次是双羊目形剑首短剑，有 5 件，占该期短剑总数的 18.52%；横向凹筒形剑首短剑有 3 件，占该期短剑总数的 11.11%；鼓面羊目形和扁椭圆形剑首短剑各有 2 件，各占该期短剑总数的 7.4%；双羊角形、连体双目形、扣环形、方扣环形、镂空椭圆形、上抹角长方形、双鸟首形和单环双兽形剑首短剑各有 1 件，各占该期短剑总数的 3.7%。双环蛇形剑首是该期居主导地位的剑首形式，双羊目形剑首是该期重要的剑首形式。

春秋晚期后段的 12 件短剑中共有 4 种剑首形式，占剑首种类的 16.67%，是剑首种类最少的时期。其中，双环蛇形剑首短剑数量最多，共有 9 件，占该期短剑总数的 75%；扁椭圆形、单环双兽形和横向抹角长方形剑首短剑各有 1 件，各占该期短剑总数的 8.33%。显然，双环蛇形剑首具有绝对优势，仍然占据主导地位。

在这 24 种剑首形式中，没有 1 种剑首是延续整个春秋时期的，出现最早的是双羊角形、横向凹筒形、连体双目形、镂空扁球形和扁平半圆形剑首，均出现于春秋早期；出现比较早的是羊头形、飞鸟型、扁五边形、凸环型和双羊目形剑首，春秋早中期出现。出现最晚的是横向抹角长方形剑首，春秋晚期后段才出现；出现比较晚的是扣环形、方扣环形、扁椭圆形、上抹角长方形、双鸟首形、双环蛇形和单环双兽形剑首，春秋晚期前段出现。持续时间最长的是双羊角形、横向凹筒型和双羊目形剑首，均持续了4个阶段。

玉皇庙墓地出土的青铜短剑剑首有以下特点：

A　由双羊角形向双环形剑首演变

春秋早期，剑首有双羊角形和连体双目形，以羊角形剑首为主。春秋早中期，虽然双羊角形剑首暂时空缺，但又出现了一种新的剑首——双羊目形剑首。春秋中期，双羊角形剑首仍然是数量最多的剑首形式之一，双羊目形剑首位居第二，这时又出现了鼓面羊目形且数量与双羊角形持平。春秋中晚期，双羊角形和鼓面羊目形剑首依然保持该期数量第一，双羊目形加鼓面羊目形剑首也仍旧平稳发展。春秋晚期前段，双羊目形剑首短剑数量猛增，鼓面羊目形剑首也略有增加。双羊角形剑首尚存，连体双目形剑首再次出现，同时出现了双环蛇形剑首，且一出现就位居榜首。春秋晚期后段，双环蛇形剑首仍处住主导地位，数量是其他剑首从未达到的最高值。

可见，这种横向二圆相连形状颇受该文化主人偏爱，无论如何发展、变化，取何种动物形象，都保持这样的造型。该造型极简练，只要在双圆的基础上稍作加工和变通，便概括出不同种类与形式的动物的典型特征，且制作工艺简单易行，所以容易普及，这大约是该造型经久不衰的主要原因。

B　在空间造型上的两种方式

玉皇庙的短剑，在空间造型上采取两种方式，大多数在二维空间内造型，有两种剑首施展于三维空间内，即横向凹筒形和镂空扁球形剑首。这两种剑首都是在春秋早期便已出现，前者持续到春秋晚期前段，春秋中期空缺，后者持续到春秋中期。这种造型是吸收了中原铜剑剑首的工艺造型特点的结果。其没有能够延续发展下来的原因，恐怕与制作工艺复杂不易掌握有关。

C　品种、数量的分布情况

该墓地的早期阶段，剑首的品种较少。从春秋早中期到春秋中晚期阶段，剑首的创作非常活跃，品种繁杂，而数量分布比较均匀，反映了探索阶段不断求新、求异的特点，这时审美情趣还不稳定，经常转移。这种情况到春秋晚期前段发展到顶峰，该期是品种最多的一个时期，反映艺术创作思维异常活跃，数量的差别增大，有集中于某几种形式的趋势。春秋晚期后段，剑首品种剧减，数量集中于一种形式上，既表明经过长时间摸索、发展，审美取向趋同，剑首的制作趋向程式化，也显露出短剑的生产出现停滞现象。

（3）青铜短剑纹饰的变化规律

玉皇庙墓地出土的青铜短剑中，有11件（YYM32、83、108、148、199、212、226、281、303、314、373）未装饰纹饰，占短剑总数的12.79%，其余75件均装饰各类纹饰，施纹短剑是绝大多数，占短剑总数的87.21%。大部分纹饰装饰在剑首和剑柄上，有少数装饰在剑格上，剑身无纹饰。短剑纹饰共有37种，装饰169件次（参见附表136）。

羊角纹均装饰于剑首，共11件次，占玉皇庙墓地青铜短剑装饰纹饰件次总数的6.51%。分布于北Ⅰ区北部（YYM36）、中部（YYM22、19、11）、西部（YYM82、385），北Ⅱ区中部（YYM188、190）、南部（YYM57、70），南区北部（YYM179）属春秋早期者5件，占施此种纹饰件次总数的45.45%；属春秋中期者3件次，占施该种纹饰件次总数的27.27%；属春秋中晚期者2件次，占施此种纹饰件次总数的18.18%；属春秋晚期前段者1件次，占施此种纹饰件次总数的9.09%。春秋早中

附表 136 - 1

玉皇庙墓地青铜短剑纹饰统计表

纹饰 墓号 年代		春秋早期	春秋早中期	春秋中期	春秋中晚期	春秋晚期前段	春秋晚期后段	总计
羊角纹	剑首	22、19、82、385、11		188、190、36	57、70	179		11
凸棱、锯齿组合纹	剑柄	22			186	179		3
菱形纹	剑柄	19						1
乳钉纹	剑首	34				142		2
凸钉纹	剑首	17						1
	剑柄	34				142		2
	剑格	17		7		224		3
镂空球纹	剑首	17、386	227	52、7、102				6
兽面纹	剑首	13				124		2
	剑柄		250	54				2
	剑格	17、386、18、300、384、13	227	52、7、102、234				11
嵌窝纹 圆形	剑首	18、300、384、13				156	175	6
	剑柄	18、300、384、13						4
	剑格	18、300、384、13	227	234				6
嵌窝纹 三角形	剑柄					156		1
	剑格					156		1
鸟纹	剑首	18、300、384	230					4
	剑柄					158		1
	剑格		230			158		2
回纹	剑柄	18、300、384、13						4
羊首纹	剑首		250	54				2
	剑格		250	54				2
网格纹	剑首		264					1
羊目纹	剑首		275	46、51	71	213、151、74、143、333		9
云纹	剑首			234				1
勾云纹	剑柄			234				1
花瓣、镂空三角组合纹	剑首			41				1
绹纹	剑首					117		1
	剑柄			46		131、171、156	175	5
圆点、锯齿组合纹	剑柄			188、261、295、48	86、70			6
镂空羊首纹	剑首			236、257、247	61	182		5
镂空网格纹	剑柄			236、257、247	61	182		5

附表 136－2

玉皇庙墓地青铜短剑纹饰统计表

纹饰 \ 年代 墓号		春秋早期	春秋早中期	春秋中期	春秋中晚期	春秋晚期前段	春秋晚期后段	总计
放射纹	剑首			261、295、48	86	158、210		6
	剑格					210		1
圆点纹	剑格			48		124		2
双熊纹	剑首			95				1
水波纹	剑柄					210		1
蛇纹	剑首					209、105、168、111、134、131、122、171	164、160、161、129、334、344、348、349、370	17
	剑柄					122		1
鹿纹	剑首					209		1
绹纹、锯齿组合纹	剑柄					209		1
马纹	剑首					145		1
犬纹	剑柄					145、124、105、168、111	129、174	7
	剑格					145		1
凸棱、绹纹组合纹	剑柄					143		1
八字纹	剑格					143		1
鸟首纹	剑首					224		1
圆点、绹纹组合纹	剑柄					224		1
圆点、云纹组合纹	剑格					224		1
人字纹	剑柄						164、161、348、349、370、344	6
	剑格					209、124	344	3
双羊纹	剑首					156	175	2
鹿首纹	剑首						174	1
分布区域		北Ⅰ区中部、西部	北Ⅱ区	北Ⅱ区中部北Ⅰ区北部、南部	北Ⅱ区南部	南曲北部、中部西区	南区南部	共37种169件次
总计		39	10	36	9	53	22	

期和春秋晚期后段空缺。该纹饰分布比较均匀，春秋早、中、晚3个阶段均有此类纹饰。

由1条纵向凸棱纹及两侧的锯齿纹形成的组合纹饰均饰于剑柄，共3件次，占玉皇庙墓地青铜短剑装饰纹饰件次总数的1.78%。分布于北Ⅰ区中部（YYM22）、北Ⅱ区南部（YYM186）、南区北部（YYM179）。分别属于春秋早期、春秋中晚期和春秋晚期前段，各占施此种纹饰件次总数的33.33%。春秋早中期、春秋中期、春秋晚期后段均空缺，此类纹饰未得到充分发展。

菱形纹饰于剑柄，只1件次（YYM19），占玉皇庙墓地青铜短剑装饰纹饰件次总数的0.59%。分布于北Ⅰ区中部，属于春秋早期，为孤例。

乳钉纹均施于剑首，共2件次，占玉皇庙墓地青铜短剑装饰纹饰件次总数的1.18%。分布于北Ⅰ区中部（YYM34）和南区北部（YYM142），分别属于春秋早期和春秋晚期前段，各占施此种纹饰件次总数的50%。为个别因素。

凸钉纹分别施于剑首、剑柄和剑格，共6件次，占玉皇庙墓地青铜短剑装饰纹饰件次总数的3.55%。纹饰施于剑首者1件次（YYM17），占短剑中施此种纹饰件次总数的16.67%，分布于北Ⅰ区中部，属于春秋早期。纹饰施于剑柄者2件次（YYM34、142），占短剑中施此种纹饰件次总数的33.33%，分布于北Ⅰ区中部和南区北部，分别属于春秋早期和春秋晚期前段。纹饰施于剑格者3件次（YYM17、7、224），占短剑中施此种纹饰件次总数的50%，分布于北Ⅰ区中部（YYM17）、南部（YYM7）和南区北部（YYM224），分别属于春秋早期、春秋中期和春秋晚期前段。此类纹饰分布较均匀，春秋早、中、晚3个阶段均出现，春秋早期略占优势，春秋早中期、春秋中晚期和春秋晚期后段空缺。

镂空球纹均施于剑首，共6件次，占玉皇庙墓地青铜短剑装饰纹饰件次总数的3.55%。分布于北Ⅰ区中部（YYM17、386）、南部（YYM7、102），北Ⅱ区北部（YYM227）、中部（YYM52）。属于春秋早期者2件次，占施此种纹饰件次总数的33.33%；属于春秋早中期者1件次，占施此种纹饰件次总数的16.67%；属于春秋中期者3件次，占施此种纹饰件次总数的50%。春秋中晚期至春秋晚期后段空缺。此类纹饰是春秋中期以前的典型纹饰。

兽面纹施于青铜短剑剑首、剑柄、剑格3个部位，共有15件次，占玉皇庙墓地青铜短剑装饰纹饰件次总数的8.88%。该纹饰装饰于剑首者2件次（YYM13、124），占短剑中施此种纹饰件次总数的13.33%，分布于北Ⅰ区中部（YYM13）和南区中部（YYM124），属于春秋早期和春秋晚期前段；装饰于剑柄者2件次（YYM250、54），占短剑中施此种纹饰件次总数的13.33%，分布于北Ⅱ区北部（YYM250）和中部（YYM54），属于春秋早中期和春秋中期；装饰于剑格者11件次（YYM17、386、18、300、384、13、227、52、7、102、234），占施此种纹饰短剑件次总数的73.33%，分布于北Ⅰ区中部（YYM17、18、13）、西部（YYM386、300、384）、南部（YYM7、102），北Ⅱ区北部（YYM227）、中部（YYM52、234），分布于北Ⅰ区中部和西部者属于春秋早期，分布于北Ⅱ区北部者属于春秋早中期，分布于北Ⅱ区中部和北Ⅰ区南部者属于春秋中期。可见以剑格装饰为主流。纵观此类纹饰的时代特点，属于春秋早期者7件次，占施此种纹饰件次总数的46.67%；属于春秋早中期者2件次，占施此种纹饰件次总数的13.33%；属于春秋中期者5件次，占施此种纹饰件次总数的33.33%；属于春秋晚期前段者仅1件次，占施此种纹饰件次总数的6.67%。春秋中晚期和春秋晚期后段空缺。

嵌窝纹饰于剑首、剑柄、剑格3个部位，共18件次，是装饰件次最多、延续时间最长的纹饰，占玉皇庙墓地青铜短剑装饰纹饰件次总数的10.65%。嵌窝纹分为2种形式，一种为圆形，有16件次（装饰于剑首者6件：YYM18、300、384、13、156、175，装饰于剑柄者4件：YYM18、300、384、13，装饰于剑格者6件：YYM18、300、384、13、227、234），占短剑中施此种纹饰件次总数的88.89%；另一种为三角形，有2件次（YYM156，分别在剑柄和剑格上进行装饰），占短剑中施此种纹饰件次总数的11.11%。可见圆形嵌窝纹为主要形式。圆形嵌窝纹装饰在剑首者占短剑中施此种纹饰件次总数的37.5%，分布于北Ⅰ区中部（YYM18、13）、西部（YYM300、384），南区中部（YYM156）、南部（YYM175），分布于北Ⅰ区者属于春秋早期，分布于南区者分别属于春秋晚期前段和春秋晚期后段。圆形嵌窝纹装饰于剑柄者占短剑中施此种纹饰件次总数的25%，即YYM18、13、300、384，均属于春秋早期。圆形嵌窝纹装饰于剑格者占短剑中施此种纹饰件次总数的37.5%，除属于春秋早期的YYM18、13、300、384外，还有分布于北Ⅱ区北部和中部的YYM227和YYM234，分别属于春秋早中期和春秋中期。施嵌窝纹的8件短剑中，有5件在剑首、剑柄、剑格3个部位进行装饰（YYM18、300、384、13、156），占施此种纹饰短剑总数的62.5%，除YYM156剑首装饰圆形嵌窝纹，而剑柄和剑格装饰三角形嵌窝纹外，其余4件均在3个部位装饰圆形嵌窝纹。该纹饰延续时间最长，除春秋中晚期以外，其余5个阶段均出现，春秋早期是其发展的兴盛阶段，有12件次，占短剑中施此种纹饰件次总数的66.67%。

鸟纹饰于剑首、剑柄和剑格，共饰青铜短剑7件次，占玉皇庙墓地青铜短剑装饰纹饰件次总数的4.14%。装饰于剑首者4件（YYM18、300、384、230），占短剑中施该种纹饰件次总数的57.14%，分布于北Ⅰ区中部（YYM18）、西部（YYM300、384）共3件次，属于春秋早期；分布于北Ⅱ区北部1件次（YYM230），属于春秋早中期。装饰于剑柄者1件次（YYM158），占短剑中施该种纹饰件次总数的14.29%，分布于南区中部，属于春秋晚期前段。装饰于剑格者2件次（YYM230、158），占施该种纹饰件次总数的28.57%，分布于北Ⅱ区北部（YYM230）和南区中部（YYM158），分别属于春秋早中期和春秋晚期前段。春秋中期、春秋中晚期和春秋晚期后段空缺。装饰该种纹饰的短剑共5件，其中3件属于春秋早期（YYM18、300、384），占施此纹饰短剑总数的60%。可见春秋早期是此类纹饰发展的重要阶段。

回纹均施于剑首，共4件次，占玉皇庙墓地青铜短剑装饰纹饰件次总数的2.37%。分布于北Ⅰ区中部（YYM18、13）和西部（YYM300、384），均属于春秋早期，是春秋早期的典型纹饰

羊首纹施于剑首和剑格，共4件次，占玉皇庙墓地青铜短剑装饰纹饰件次总数的2.37%。纹饰施于剑首和剑格的短剑各占50%，分布于北Ⅱ区北部（YYM250的剑首和剑格）、中部（YYM54的剑首和剑格），分别属于春秋早中期和春秋中期，春秋早期、春秋中晚期、春秋晚期前段、春秋晚期后段空缺，显然该纹饰是偏早和中期阶段的偶然因素。

网格纹只施于剑首，只有1件次（YYM264），占玉皇庙墓地青铜短剑装饰纹饰件次总数的0.59%。分布于北Ⅱ区北部，属于春秋早中期，为个别因素。

羊目纹施于剑首，共有9件次，占玉皇庙墓地青铜短剑装饰纹饰件次总数的5.33%。分布于北Ⅱ区北部（YYM275）、中部（YYM46、51）、南部（YYM71）、南区北部（YYM213、151、74、143）、西区（YYM333），属于春秋早中期者1件次，占施此种纹饰件次总数的11.11%；属于春秋中期者2件次，占施此种纹饰件次总数的22.22%；属于春秋中晚期者1件次，占施此种纹饰短剑总数的11.11%；属于春秋晚期前段者5件次，占施此种纹饰短剑总数的55.56%。春秋早期、春秋晚期后段空缺。此类纹饰虽然春秋早期已出现，但数量最多是在春秋晚期前段，因此应是以春秋晚期前段为主要发展阶段的纹饰。

云纹只施于剑首，只1件次（YYM234），占玉皇庙墓地青铜短剑装饰纹饰件次总数的0.59%。分

布于北Ⅱ区中部，属于春秋中期，为个别因素。

勾云纹只施于剑柄，只1件次（YYM234），占玉皇庙墓地青铜短剑装饰纹饰件次总数的0.59%。分布于北Ⅱ区中部，属于春秋中期，为个别因素。

上端饰花瓣纹、下端饰镂空三角纹的组合形纹饰只施于剑首，只1件次（YYM41），占玉皇庙墓地青铜短剑装饰纹饰件次总数的0.59%。分布于北Ⅱ区中部，属于春秋中期，为个别因素。

绹纹施于剑首和剑柄，共有6件次，占玉皇庙墓地青铜短剑装饰纹饰件次总数的3.55%。该纹饰施于剑首者1件次（YYM117），占施此种纹饰件次总数的16.67%，分布于南区北部，属于春秋晚期前段。该纹饰施于剑柄者5件次（YYM46、131、171、156、175），占施此种纹饰件次总数的83.33%，占绝对优势，分布于北Ⅱ区中部（YYM46），南区中部（YYM131、171、156）、南部（YYM175）。属于春秋中期和春秋晚期后段者各1件次，各占在剑柄施此纹饰件次总数的20%；属于春秋晚期前段者3件次，占在剑柄施此纹饰件次总数的60%。春秋早期、春秋早中期和春秋中晚期空缺。此类纹饰主要施于剑柄，是春秋中期以后的纹饰，春秋晚期前段最繁荣。

由中间1列纵向圆点纹及两侧的锯齿纹形成的组合纹饰，均施于剑柄，共6件次，占玉皇庙墓地青铜短剑装饰纹饰件次总数的3.55%。分布于北Ⅱ区中部（YYM188、261、48）、南部（YYM86、70），北Ⅰ区北部（YYM295）。属于春秋中期者4件次，占施此种纹饰件次总数的66.67%；属于春秋中晚期者2件次，占施此种纹饰短剑总数的33.33%。春秋早期、春秋早中期、春秋晚期前段和春秋晚期后段空缺。此类纹饰集中于春秋中期，中期偏晚阶段也有少量出现。

镂空羊首纹施于剑首，共5件次，占玉皇庙墓地青铜短剑装饰纹饰件次总数的2.96%。分布于北Ⅱ区中部（YYM236、257、247）、南部（YYM61），南区北部（YYM182）。属于春秋中期者3件次，占施此种纹饰件次总数的60%；属于春秋中晚期和春秋晚期前段者各1件次，各占施此种纹饰件次总数的20%。春秋早期、春秋早中期、春秋晚期后段空缺。此类纹饰是以春秋中期为主要发展阶段，其后偶有出现。

镂空网格纹施于剑柄，共5件次，占玉皇庙墓地青铜短剑装饰纹饰件次总数的2.96%。分布于北Ⅱ区中部（YYM236、257、247）、南部（YYM61），南区北部（YYM182）。属于春秋中期者3件次，占施此种纹饰件次总数的60%；属于春秋中晚期和春秋晚期前段者各1件次，各占施此种纹饰件次总数的20%。春秋早期、春秋早中期、春秋晚期后段空缺。此类纹饰是以春秋中期为主要发展阶段，其后偶有出现。

放射纹施于剑首和剑格，共7件次，占玉皇庙墓地青铜短剑装饰纹饰件次总数的4.14%。放射纹施于剑首者6件次（YYM261、295、48、86、158、210），占短剑中施此种纹饰件次总数的85.71%，分布于北Ⅱ区中部（YYM261、48）、南部（YYM86），北Ⅰ区北部（YYM295），南区北部（YYM210）、中部（YYM158），属于春秋中期者3件次，占此类纹饰施于剑首件次总数的50%；属于春秋中晚期者1件次，占此类纹饰施于剑首件次总数的16.67%；属于春秋晚期前段者2件次，占此类纹饰施于剑首件次总数的33.33%。放射纹施于剑格者只1件次（YYM210），占短剑中施此种纹饰件次总数的14.29%，分布于南区北部，属于春秋晚期前段。春秋早期、春秋早中期、春秋晚期后段空缺。此类纹饰主要施于剑首，出现于春秋中期至春秋晚期前段，其发展在春秋中期和春秋晚期前段并重。

圆点纹施于剑格，共2件次，占玉皇庙墓地青铜短剑装饰纹饰件次总数的1.18%。分布于北Ⅱ区中部（YYM48）和南区中部（YYM124），分别属于春秋中期和春秋晚期前段，为个别因素。

双熊纹施于剑首，只1件次（YYM95），占玉皇庙墓地青铜短剑装饰纹饰件次总数的0.59%。分布于北Ⅱ区中部，属于春秋中期，为个别因素。

水波纹施于剑柄，只1件次（YYM210），占玉皇庙墓地青铜短剑装饰纹饰件次总数的0.59%。分布于南区北部，属于春秋晚期前段，为个别因素。

蛇纹施于剑首和剑柄，共18件次，是装饰件次最多的类型之一，占玉皇庙墓地青铜短剑装饰纹饰件次总数的10.65%。蛇纹施于剑首者17件次，占短剑中施此种纹饰件次总数的94.44%，分布于南区北部（YYM209、105、168、111、134、131、122、171）、南部（YYM164、160、129、334、161、348、349、344、370）。属于春秋晚期前段者8件次，占此类纹饰施于剑首件次总数的47.06%；属于春秋晚期后段者9件次，占此类纹饰施于剑首件次总数的52.94%。蛇纹施于剑柄者只1件次（YYM122），占短剑中施此种纹饰件次总数的5.56%，分布于南区中部，属于春秋晚期前段。蛇纹绝大多数施纹于剑首，是春秋晚期最典型的纹饰。

鹿纹施于剑首，仅1件次（YYM209），占玉皇庙墓地青铜短剑装饰纹饰件次总数的0.59%。分布于南区北部，属于春秋晚期前段，为孤例。

中间饰锯齿纹、两侧饰绹纹的组合形纹饰施于剑柄，只1件次（YYM209），占玉皇庙墓地青铜短剑装饰纹饰件次总数的0.59%。分布于南区北部，属于春秋晚期前段，为孤例。

马纹施于剑首，只1件次（YYM145），占玉皇庙墓地青铜短剑装饰纹件次总数的0.59%。分布于南区北部，属于春秋晚期前段，为孤例。

犬纹施于剑柄和剑格，共8件次，占玉皇庙墓地青铜短剑装饰纹饰件次总数的4.73%。犬纹施于剑柄者有7件次，占短剑中施此种纹饰件次总数的87.5%，分布于南区北部（YYM145、105）、中部YYM124、168、111）、南部（YYM174、129）。属于春秋晚期前段者5件次，占此类纹饰施于剑首件次总数的71.43%；属于春秋晚期后段者2件次，占此类纹饰施于剑首件次总数的28.57%。犬纹施于剑格者1件次（YYM145），占短剑中施此种纹饰件次总数的12.5%，分布于南区北部，属于春秋晚期前段。犬纹主要施于剑首，是春秋晚期的典型纹饰。

中间一道纵向凸棱纹、两侧饰绹纹的组合形纹饰只施于剑柄，只1件次（YYM143），占玉皇庙墓地青铜短剑装饰纹饰件次总数的0.59%。分布于南区北部，属于春秋晚期前段，是孤例。

八字纹施于剑首，只1件次（YYM143），占玉皇庙墓地青铜短剑装饰纹饰件次总数的0.59%。分布于南区北部，属于春秋晚期前段，是孤例。

鸟首纹施于剑首，只1件次（YYM224），占玉皇庙墓地青铜短剑装饰纹饰件次总数的0.59%。分布于南区北部，属于春秋晚期前段，是孤例。

圆点纹和绹纹相间组合而成的纹饰施于剑柄，只1件次（YYM224），占玉皇庙墓地青铜短剑装饰纹饰件次总数的0.59%。分布于南区北部，属于春秋晚期前段，是孤例。

圆点纹和云纹组合而成的纹饰施于剑格，只1件次（YYM224），占玉皇庙墓地青铜短剑装饰纹饰件次总数的0.59%。分布于南区北部，属于春秋晚期前段，是孤例。

“人”字纹施于剑柄和剑格，共9件次，占玉皇庙墓地青铜短剑装饰纹饰件次总数的5.33%。该纹饰施于剑柄者6件次（YYM164、161、348、349、370、344），占短剑中施此种纹饰件次总数的66.67%，全部分布于南区南部，属于春秋晚期后段。该纹饰施于剑格者3件次（YYM209、124、344），占短剑中施此种纹饰件次总数的33.33%，分布于南区北部（YYM209）、中部（YYM124）、南部（YYM344）。属于春秋晚期前段者2件次，占此类纹饰施于剑格件次总数的66.67%；属于春秋晚期后段者1件次，占此类纹饰施于剑格件次总数的33.33%。"人"字纹60%以上施于剑柄，是春秋晚期比较典型的纹饰。

双羊纹施于剑首，共2件次，占玉皇庙墓地青铜短剑装饰纹饰件次总数的1.18%。分布于南区中部（YYM156）和南部（YYM175），分别属于春秋晚期前段和春秋晚期后段，是春秋晚期出现的纹饰。

鹿首纹施于剑首，只1件次（YYM174），占玉皇庙墓地青铜短剑装饰纹饰件次总数的0.59%。分布于南区南部，属于春秋晚期后段，为孤例。

短剑纹饰在各个时期，有不同特点或相同特征。

春秋早期共有10种纹饰装饰39件次：（1）羊角纹5件次；（2）凸棱、锯齿组合纹1件次；（3）菱形纹1件次；（4）乳钉纹1件次；（5）凸钉纹3件次；（6）镂空球纹2件次；（7）兽面纹7件次；（8）嵌窝纹12件次；（9）鸟纹3件次；（10）回纹4件次。

春秋早中期有7种纹饰装饰10件次：（1）镂空球纹1件次；（2）兽面纹2件次；（3）嵌窝纹1件次；（4）鸟纹2件次；（5）羊首纹2件次；（6）网格纹1件次；（7）羊目纹1件次。

春秋中期有17种纹饰36件次：（1）羊角纹3件次；（2）凸钉纹1件次；（3）镂空球纹3件次；（4）兽面纹5件次；（5）嵌窝纹1件次；（6）羊首纹2件次；（7）羊目纹2件次；（8）云纹1件次；（9）勾云纹1件次；（10）花瓣、镂空三角组合纹1件次；（11）绹纹1件次；（12）圆点、锯齿组合纹4件次；（13）镂空羊首纹3件次；（14）镂空网格纹3件次；（15）放射纹3件次；（16）圆点纹1件次；（17）双熊纹1件次。

春秋中晚期有7种纹饰9件次：（1）羊角纹2件次；（2）凸棱、锯齿组合纹1件次；（3）羊目纹1件次；（4）圆点、锯齿组合纹2件次；（5）镂空羊首纹1件次；（6）镂空网格纹1件次；（7）放射纹1件次。

春秋晚期前段有26种纹饰53件次：（1）羊角纹1件次；（2）凸棱、锯齿组合纹1件次；（3）乳钉纹1件次；（4）凸钉纹2件次；（5）兽面纹1件次；（6）嵌窝纹3件次；（7）鸟纹2件次；（8）羊目纹5件次；（9）绹纹4件次；（10）镂空羊首纹1件次；（11）镂空网格纹1件次；（12）放射纹3件次；（13）圆点纹1件次；（14）水波纹1件次；（15）蛇纹9件次；（16）鹿纹1件次；（17）绹纹、锯齿组合纹1件次；（18）马纹1件次；（19）犬纹6件次；（20）凸棱、绹纹组合纹1件次；（21）"八"字纹1件次；（22）鸟首纹1件次；（23）圆点、绹纹组合纹1件次；（24）圆点、云纹组合纹1件次；（25）人字纹2件次；（26）双羊纹1件次。

春秋晚期后段有7种纹饰22件次：（1）嵌窝纹1件次；（2）绹纹1件次；（3）蛇纹9件次；（4）犬纹2件次；（5）"人"字纹7件次；（6）双羊纹1件次；（7）鹿首纹1件次。

显然，春秋晚期前段是青铜短剑纹饰种类最多的时期，其次是春秋中期，再次是春秋早期，春秋早中期、春秋中晚期和春秋晚期后段纹饰种类数量相同，均是最少时期。春秋中期和春秋晚期前段应是短剑纹饰发展的两个高潮。每一时期短剑纹饰种类的多少与短剑数量的多少不是完全成正比的，春秋晚期前段短剑数量最多，同时纹饰种类也最多；但短剑数量居第二位的春秋早期，短剑纹饰种类却居第三位；短剑数量居第三位的春秋中期，短剑纹饰种类居第二位。在短剑数量上再次证明了春秋晚期前段是玉皇庙青铜短剑发展的高峰期，春秋中期也是青铜短剑综合发展的第二高峰期。

玉皇庙墓地出土的青铜短剑纹饰除春秋中晚期外，每一期均有新的样式出现。春秋早中期相对春秋早期来讲，增加了3种纹饰：羊首纹、网格纹、羊目纹，新增加的纹饰是春秋早中期纹饰种类总数的42.86%；春秋中期增加了10种纹饰：云纹、勾云纹、花瓣与镂空三角组合纹、绹纹、圆点与锯齿组合纹、镂空羊首纹、镂空网格纹、放射纹、圆点纹、双熊纹，新增加的纹饰是春秋中期纹饰种类总数的58.82%；春秋中晚期没有新增加纹饰种类；春秋晚期前段增加的纹饰最多，达13种之多：水波纹、蛇纹、鹿纹、绹纹与锯齿纹组合纹、马纹、犬纹、凸棱与绹纹组合纹、“八”字纹、鸟首纹、圆点纹与绹纹组合纹、圆点纹与云纹组合纹、“人”字纹、双羊纹，新增加的纹饰是春秋晚期前段纹饰种类总数的50%；春秋晚期后段增加的纹饰不多，只有1种，即鹿首纹，新增加的纹饰是春秋晚期后段纹饰种类总数的14.29%。新增加纹饰所占比例最高的是春秋中期，其次是春秋晚期前段，说明这两个时期应为社会变革阶段，思想活跃，求新求变，艺术创作繁荣。

玉皇庙青铜短剑纹饰的种类在春秋早期就已具备了绝大部分，如取单体动物局部造型的羊角纹，取单体小型飞禽整体造型的鸟纹，几何纹（菱形纹、乳钉纹、凸钉纹、回纹），幻想形纹饰（兽面纹），组合形纹饰（凸棱与锯齿组合纹），三维空间透雕纹饰（漏空球形纹），为附加工艺所设纹饰（嵌窝纹）。春秋早中期所增加的纹饰并未超出这7种纹饰造型方式的范畴。春秋中期的纹饰在取材上增加了自然景观（云）和植物（花瓣），另外在造型上开始采用一对整体动物造型（双熊），有圆雕趋势，而且采用三层空间的繁杂工艺（镂空羊首、镂空网格）。春秋晚期前段短剑纹饰的动物取材增加了蛇、鹿、马、犬，其造型有不同纹饰施于同一部位的两面（YYM209）和对称群体动物造型（YYM145）。春秋晚期后段的短剑纹饰在动物类型取材上增加了鹿，群体造型上又增加了环形排列的方式。没有一种纹饰能够持续从春秋早期至春秋晚期的整个过程，持续时期最长的是嵌窝纹，有5个阶段；其次为羊角纹、兽面纹和羊目纹，均延续4个阶段。嵌窝纹和蛇纹装饰件次最多，达18件次；其次是兽面纹，共装饰15件次；再次为羊角纹，共装饰11件次；之后为羊目纹和“人”字纹，均装饰9件次。

玉皇庙墓地青铜短剑在装饰部位上很有特点（参见附表137）。

在玉皇庙墓地出土的75件青铜短剑中，在剑首、剑柄、剑格3个部位装饰纹饰的短剑17件，占施纹短剑总数的22.67%。其中施4种纹饰的短剑共有9件，占3部位施纹短剑总数的52.94%；春秋早期和春秋晚期前段各4件，各占3部位施4种纹饰短剑总数的44.44%；春秋中期1件，占3部位施4种纹饰短剑总数的11.11%；春秋早中期、春秋中晚期、春秋晚期后段空缺；3部位施4种纹饰短剑集中于春秋早期和春秋晚期前段。施3种纹饰的短剑共有2件，占3部位施纹短剑总数的11.76%；春秋中期和春秋晚期前段各1件，未成规模。施2种纹饰的短剑共有6件，占3部位施纹短剑总数的35.29%；其中春秋早中期、春秋中期和春秋晚期后段各1件，各占3部位施2种纹饰短剑总数的16.67%；春秋晚期前段3件，占3部位施2种纹饰短剑总数的50%；春秋早期和春秋中晚期空缺；3部位施2种纹饰的短剑以春秋晚期前段为主。3部位施纹的短剑以施4种纹饰为主，其次为施2种纹饰者，施3种纹饰者是极少数。

附表 137　**玉皇庙墓地青铜短剑装饰部位及纹饰种类统计表**

类型			春秋早期	春秋早中期	春秋中期	春秋中晚期	春秋晚期前段	春秋晚期后段	总计
三部位装饰	剑首剑柄剑格	4 种纹饰	18、300、384、13		234		209、156、124、224		9
		3 种纹饰			48		143		2
		2 种纹饰		250	54		158、210、145	344	6
二部位装饰	剑首剑柄	3 种纹饰						175	1
		2 种纹饰	22、19、34		188、46、236、257、247、261、295	70、61、86	182、179、142、105、168、111、131、171	174、129、164、161、348、349、370	28
		1 种纹饰					122		1
	剑首剑格	4 种纹饰	17						1
		3 种纹饰		227	7				2
		2 种纹饰	386		52、102				3
		1 种纹饰		230					1
一部位装饰	剑首	1 种纹饰	82、385、11	264、275	190、36、51、41、95	57、71	117、213、151、74、333、134	160、334	20
	剑柄	1 种纹饰				186			1
分布地域			北Ⅰ区中部、西部	北Ⅱ区北部	北Ⅱ区中部北Ⅰ区北部、南部	北Ⅱ区南部	南区北部、中部、西区	南区南部	
合计			12	5	18	6	23	11	75

在 2 个部位施纹的短剑共 37 件，占施纹短剑总数的 49.33%。可分为在剑首和剑柄施纹和在剑首和剑格施纹 2 种。前者共 30 件，占 2 个部位施纹短剑总数的 81.08%。其中施 3 种纹饰和 1 种纹饰者各 1 件，分别属于春秋晚期后段和春秋晚期前段，各占在剑首和剑柄 2 部位施纹短剑总数的 3.33%。施 2 种纹饰者 28 件，占在剑首和剑柄 2 部位施纹短剑总数的 93.33%；其中春秋早期和春秋中晚期各 3 件，各占在剑首和剑柄 2 部位施 2 种纹饰短剑总数的 10.71%；春秋中期和春秋晚期后段各 7 件，各占在剑首和剑柄 2 部位施 2 种纹饰短剑总数的 25%；春秋晚期前段 8 件，占在剑首和剑柄 2 部位施 2 种纹饰短剑总数的 28.57%；春秋早中期空缺。后者共有 7 件，占 2 个部位施纹短剑总数的 18.92%。其中施 4 种纹饰和 1 种纹饰者各 1 件，分别属于春秋早期和春秋早中期，各占在剑首和剑格 2 部位施纹短剑总数的 14.29%；施 3 种纹饰者 2 件，分别属于春秋早中期和春秋中期，共占在剑首和剑格 2 部位施纹短剑总数的 28.57%；施 2 种纹饰者 3 件，分别属于春秋早期和春秋中期，共占在剑首和剑格 2 部位施纹短剑总数的 42.86%；可见在剑首和剑格 2 部位施纹者以装饰 2 种纹饰为主，其次为 3 种纹饰。

即2部位施纹短剑大多在剑首和剑柄进行装饰，其中90%以上之装饰2种纹饰，这种装饰方法持续的时间较长，共经历5个阶段，数量最多。

在1个部位施纹的短剑共有21件，占施纹短剑总数的28%。可分为在剑首装饰纹饰和在剑柄装饰纹饰2种。前者共20件，占1个部位施纹饰短剑总数的95.24%。春秋早期3件，占仅在剑首施纹短剑总数的15%；春秋早中期、春秋中晚期和春秋晚期后段各2件，各占仅在剑首施纹短剑总数的10%；春秋中期5件，占仅在剑首施纹短剑总数的25%；春秋晚期前段6件，占仅在剑首施纹短剑总数的30%。后者只有1件，仅占1个部位施纹饰短剑总数的4.76%，属孤例。从以上分析可知，在1个部位施纹的短剑数量位居第二，持续时间最长，经历了这支文化发展的6个阶段，绝大多数于剑首施纹。

各个阶段施纹方式也各具特色。春秋早期共12件施纹短剑，其中3个部位施纹者4件，2个部位施纹者5件，1个部位施纹者3件，各占33.33%、41.67%和25%，数量最集中的是3个部位施4种纹饰者，2个部位施2种纹饰和只在剑首施纹者仅居其次。春秋早中期共5件施纹短剑，其中3个部位施纹者1件，2个部位和1个部位施纹者各2件，各占20%、40%和40%，数量比较分散，相对集中的是1个部位施1种纹饰者。春秋中期共18件短剑，其中3个部位施纹者3件，2个部位施纹者10件，1个部位施纹者5件，各占16.67%、55.56%和27.78%，数量最集中者是2个部位施2种纹饰者，3个部位施4种纹饰者数量仅次于春秋早期，3个部位施2种纹饰者和只在剑首施纹者数量居各阶段之首。春秋中晚期共6件施纹短剑，没有出现3个部位施纹者；2个部位和1个部位施纹者各3件，各占50%，数量相对集中于2个部位施2种纹饰者。春秋晚期前段共23件施纹短剑，3个部位施纹者8件，2个部位施纹者9件，1个部位施纹者6件，各占34.78%、39.13%和26.09%，数量最集中者为2个部位施2种纹饰者。春秋晚期后段共11件施纹短剑，3个部位施纹者1件，2个部位施纹者8件，1个部位施纹者2件，各占9.09%、72.72%和18.18%，数量最集中者为2个部位施2种纹饰者。可见，春秋早期重视多部位装饰，同时喜爱用多种纹饰装饰，且不排斥单一部位装饰或2部位装饰。春秋中期以2部位装饰为主，单一部位装饰得到发展。春秋晚期前段，装饰手法异彩纷呈，多部位、双部位和单部位装饰方法均得到发展，唯一退化的是双部位装饰中剑格的装饰。春秋晚期后段短剑纹饰装饰趋向单一化，除双部位2种纹饰的装饰方法保持前期水平，另增加了双部位3种纹饰装饰方法，其余方法均衰落。

（4）青铜短剑的分布与墓葬规格级别的关系

前面已经提到，玉皇庙墓地出土青铜短剑的墓共有86座，均为男性墓葬，与女性和儿童无缘，占该墓地墓葬总数的21.5%，占男性墓总数的48.59%。这些佩带青铜短剑的死者，生前皆应属男性武士。

从分布看，这些随葬青铜短剑的男性武士墓，在玉皇庙墓地各墓区均有数量不等的分布。属于春秋早期阶段的北Ⅰ区中、西部共13座短剑墓，占此阶段墓葬总数的38.24%；属于春秋早中期阶段的北Ⅱ区北部共7座短剑墓，占此阶段墓葬总数的16.28%；属于春秋中期阶段的北Ⅱ区中部、北Ⅰ区北部和南部共18座短剑墓，占此阶段墓葬总数的23.08%；属于春秋中晚期阶段的北Ⅱ区南部共9座短剑墓，占此阶段墓葬总数的23.08%；属于春秋晚期前段的南区北部和中部及西区共27座短剑墓，占此阶段墓葬总数的21.43%；属于春晚期后段的南区南部共12座短剑墓，占此阶段墓葬总数的15%。春秋早期应是该部落武士阶层占人口比例较高的时期，春秋晚期后段显然武士阶层在缩减。

随葬青铜短剑的男性武士墓在级别高的墓葬中所占比例也较高，随着墓葬级别的降低，其比例也不断下降。玉皇庙墓地共有甲（A）级规格墓葬3座，全部为佩戴短剑男性武士墓，占此级别墓葬总数的100%，占此级别男性墓葬总数的100%；甲（B）级规格墓葬共5座，其中YYM2是女性墓，该墓拥有成组青铜礼器和铜柄铁刀，还有青铜马具，是女性墓葬中级别最高者，但唯独未随葬青铜短剑，表明女性无论地位高低均不佩戴短剑，男性墓中除YYM217外其余3座墓葬均出土青铜短剑，占此级别墓葬总数的60%，占此级别男性墓葬总数的75%；乙（A）级规格墓葬共有28座，其中男性墓有21座，出土短剑墓有20座，短剑墓占此级别墓葬总数的71.43%，占此级别男性墓总数的95.24%；乙（B）级规格墓葬共有83座，其中男性墓有43座，出土短剑墓有28座，短剑墓占此级别墓葬总数的33.73%，占此级别男性墓总数的65.12%；丙（A）级规格墓葬共有81座，其中男性墓有38座，出土短剑墓有17座，短剑墓占此级别墓葬总数的20.99%，占此级别男性墓总数的44.74%；丙（B）级规格墓葬共有41座，其中男性墓有16座，出土短剑墓有6座，短剑墓占此级别墓葬总数的14.63%，占此级别男性墓总数的37.5%；丙（C）级规格墓葬共有66座，其中男性墓有26座，出土短剑墓有7座，短剑墓占此级别墓葬总数的10.61%，占此级别男性墓总数的26.92%；丁级规格墓葬共有92座，其中男性墓有26座，出土短剑墓有2座，短剑墓占此级别墓葬总数的2.17%，占此级别男性墓总数的7.69%。

通过上述考察不难看出，玉皇庙墓地墓葬规格级别越高的墓，所出短剑的比例就越高，其所占男性墓的比例也越高；级别越低的墓葬，所出短剑的比例就相对较低，其所占男性墓的比例也相对较低。随葬短剑的男性武士墓的比例，由较低级别到较高级别，呈现明显递增趋势，表明男性武士在这支文化中享有较高的社会地位，他们的身份，明显地高于非武士男性以及妇女和儿童，是这支文化的支配者，无短剑者应属弱势群体。这清楚地说明，这支部族尚武的特性（参见附表138）。

附表138 **玉皇庙墓地青铜短剑墓规格级别统计表**

级别 \ 墓号 \ 分布区域	北Ⅰ区中部、西部	北Ⅱ区北部	北Ⅱ区中部北Ⅰ区北部、南部	北Ⅱ区南部	南曲北部、中部　西区	南区南部	合计	占该级别墓葬总数的百分比	占男性该级别墓葬总数的百分比
甲（A）	18	230、250					3	100%	100%
甲（B）	22		52		151		3	60%	75%
乙（A）	11、13、300	227、275	51、54、95、236、261、295	86	74、156、209、210	129、161、334、344	20	71.43%	95.24%
乙（B）	17、19、384	226	36、41、46、188、190、234、247、257	57、61、70、186、212	124、134、158、179、182、213	160、174、348、349、373	28	33.73%	65.12%
丙（A）	32、82	264	48	83、148	142、145、143、117、122、131、111、171、199、224	175	17	20.99%	44.74%
丙（B）	34		102		168、333	164、370	6	14.63%	37.5%
丙（C）	385、386		7	71	105、108、314		7	10.61%	26.92%
丁		281			303		2	2.17%	7.69%
合计	13	7	18	9	27	12	86		

铜镞 玉皇庙墓地共出土青铜镞305枚，占该墓地出土青铜兵器总数的77.2%；分别出自71座墓葬，墓号为：YYM32（4枚）、34（8枚）、19（2枚）、17（12枚）、18（61枚）（图版二七六，1）、300（1枚）、384（1枚）、5（1枚）、277（1枚）、250（29枚）（图版二七六，2）、282（3枚）、230（2枚）、229（1枚）、233（3枚）、227（1枚）、264（10枚）、276（1枚）、226（5枚）、252（1枚）、275（5枚）、236（1枚）、261（2枚）、257（5枚）、247（1枚）、48（3枚）、95（6枚）、51（3枚）、65（6枚）、190（8枚）、188（1枚）、52（10枚）（图版二七六，3）、36（1枚）、192（2枚）、186（1枚）、57（11枚）、60（1枚）、71（3枚）、72（1枚）、148（2枚）、217（1枚）、213（2枚）、210（5枚）、209（5枚）、205（2枚）、199（2枚）、151（9枚）、145（2枚）、117（5枚）、105（5枚）、74（6枚）、156（3枚）、158（1枚）、134（2枚）、131（1枚）、122（2枚）、124（1枚）、332（3枚）、333（3枚）、321（3枚）、320（1枚）、316（1枚）、303（4枚）、173（3枚）、129（1枚）、174（4枚）、334（1枚）、345（1枚）、344（1枚）、343（2枚）、349（2枚）、376（1枚），占玉皇庙墓地墓葬总数的17.75%。从造型、结构考察，青铜镞可分前锋、后锋、翼、脊、关、銎、铤等几部分。根据青铜镞翼的形制，以及銎、铤、关和前后锋等部位的变化，现将器形较完整和形状可辨的233枚分为12型11亚型18式。

Ⅰ型 三翼有銎型

共134枚，占玉皇庙墓地出土的形状可辨的青铜镞总数的57.5%。根据銎的特点，可分为2个亚型。

Ⅰa型 平口銎

共125枚，占Ⅰ型青铜镞总数的93.3%。銎口与后锋尾端内侧齐。根据翼的形状可分为2式。

Ⅰ式 直线形翼

共121枚，占Ⅰa型青铜镞总数的96.8%，分别出自49座墓葬，墓号为：YYM32（3枚）、34（1枚）、19（1枚）、18（14枚）、5（1枚）、250（1枚）、282（1枚）、229（1枚）、233（1枚）、227（1枚）、264（10枚）、226（5枚）、275（4枚）、236（1枚）、257（3枚）、247（1枚）、48（2枚）、95（1枚）、65（1枚）、190（4枚）、192（1枚）、57（10枚）、71（1枚）、148（1枚）、217（1枚）、210（4枚）、209（3枚）、205（2枚）、199（1枚）、151（7枚）、155（1枚）、145（2枚）、117（4枚）、105（4枚）、156（1枚）、158（1枚）、134（1枚）、122（1枚）、124（1枚）、332（2枚）、333（2枚）、321（3枚）、320（1枚）、316（1枚）、303（2枚）、173（1枚）、174（2枚）、344（1枚）、343（2枚）。

标本YYM32:15－1，这是最早出现的Ⅰa型Ⅰ式铜镞，属于春秋早期。通长4.3、宽1.7、銎口内径0.6厘米，重4.65克（图六〇三，1）。

标本YYM343:1－2，这是最晚出现的Ⅰa型Ⅰ式铜镞，属于春秋晚期后段。通长3.3、残宽1.8厘米，翼、銎残，重1.73克。

其余标本与上述2件形制相近，如标本YYM32:15－2（图六〇三，2）、32:15－3（图六〇三，3）、34:14－1（图六〇三，4）、19:17－1（图六〇三，5）、18:30－14（图六〇三，6；图版二七七，1）、5:14（图六〇三，7）、250:16－1（图六〇三，8；图版二七七，2）、282:12－1（图六〇三，9；图版二七七，3）、229:10（图六〇三，10）、233:12－1（图六〇三，11）、227:12（图六〇三，12；

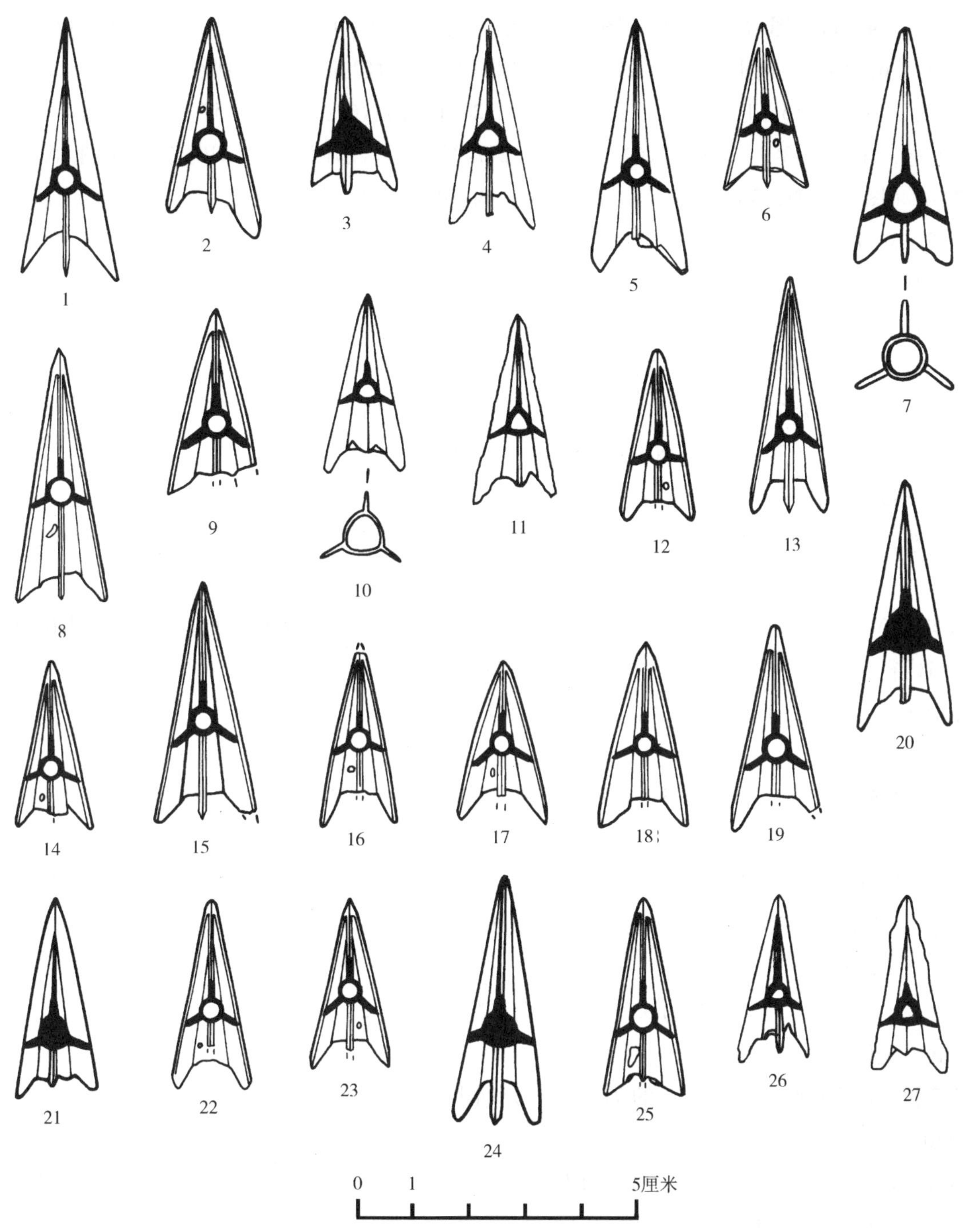

图六〇三　玉皇庙墓地出土青铜镞

1～27. Ⅰa型Ⅰ式：1～7（YYM32：15－1、32：15－2、32：15－3、34：14－1、19：17－1、18：30－14、5：14）8～12（YYM250：16－1、282：12－1、229：10、233：12－1、227：12）13～18（YYM264：17－1、226：9－2、275：16－2、236：7、257：7－1、247：11）19～27（YYM48：15－1、95：17－1、65：10－1、190：18－4、192：7－1、71：5－1、57：12－1、57：12－8、148：9－1）

图版二七七，4）、264：17－1（图六〇三，13；图版二七七，5）、226：9－2（图六〇三，14；图版二七七，6）、275：16－2（图六〇三，15；图版二七七，8）、236：7（图六〇三，16）、257：7－1（图六

〇三，17）、247∶11（图六〇三，18；图版二七七，7）、48∶15－1（图六〇三，19）、95∶17－1（图六〇三，20）、65∶10－1（图六〇三，21）、190∶18－4（图六〇三，22；图版二七七，9）、192∶7－1（图六〇三，23）、71∶5－1（图六〇三，24）、57∶12－1（图六〇三，25）、57∶12－8（图六〇三，26；图版二七七，10）、148∶9－1（图六〇三，27）、217∶10（图六〇四，1）、210∶7－1（图六〇四，2）、209∶12－1（图六〇四，3）、205∶7－1（图六〇四，4）、151∶13－5（图六〇四，5；图版二七七，11）、145∶13－1（图六〇四，6；图版二七七，12）、145∶13－2（图六〇四，7）、117∶11－1（图六〇四，8；图版二七七，13）、156∶21－1（图六〇四，9）、158∶15（图六〇四，10）、134∶11－2（图六〇四，11）、124∶14（图六〇四，12）、332∶2－1（图六〇四，13；图版二七七，14）、333∶1－1（图六〇四，14；图版二七七，15）、321∶2－1（图六〇四，15；图版二七七，16）、320∶1（图六〇四，16）、173∶2－1（图六〇四，17）、174∶17－1（图六〇四，18）、344∶13（图六〇四，19；图版二七七，17）、343∶1－1（图六〇四，20；图版二七七，18）。

Ⅱ式　弧线形翼

共4枚，占Ⅰa型青铜镞总数的3.2%，分别出自4座墓葬，每墓1枚，墓号为：YYM213、134、173、129。

标本YYM213∶12－1，这是最早出现的Ⅰa型Ⅱ式青铜镞，属于春秋晚期前段。通长2.6厘米，翼残，銎口内径0.45，重1.6克（图六〇四，21；图版二七八，1）。

标本YYM134∶11－1，通长2.5、宽1.5、銎口内径0.6厘米，重3.2克（图六〇四，22；图版二七八，2）。

标本YYM173∶2－2，通长2.5、翼残，銎口内径0.5厘米，重2.03克（图六〇四，23；图版二七八，3）。

标本YYM129∶10，这是最晚出现的Ⅰa型Ⅱ式青铜镞，属于春秋晚期后段。通长2.1厘米，翼及銎残，重1.08克（图六〇四，24；图版二七八，4）。

Ⅰb型　管銎

共9枚，占Ⅰ型青铜镞总数的6.7%。根据前锋尾端的形式，可分为2式。

Ⅰ式　无倒刺

共7枚，占Ⅰb型青铜镞总数的77.8%。分别出自4座墓葬，墓号为：YYM19（1枚）、18（4枚）、230（1枚）、156（1枚）。

标本YYM19∶17－2，这是最早出现的Ⅰb型Ⅰ式铜镞，属于春秋早期。通长3.8、宽1.5、管銎长0.8、銎口内直径0.6厘米，重5.45克（图六〇五，1；图版二七八，5）。

标本YYM156∶21－2，这是最晚出现的Ⅰb型Ⅰ式铜镞，属于春秋晚期前段。通长3.5、宽1.5、管銎长0.4、銎口内直径0.6，重2.88克（图六〇五，6）。

其余标本与上述2件形制相近，如标本YYM18∶30－5（图六〇五，2；图版二七八，6）、18∶30－7（图六〇五，3）、18∶30－60（图六〇五，4）、230∶7－1（图六〇五，5）。

Ⅱ式　有倒刺

共2枚，占Ⅰb型青铜镞总数的22.2%。分别出自2座墓葬，每墓1枚，墓号为：YYM151、156。

标本YYM151∶13－1，这是较早出现的Ⅰb型Ⅱ式铜镞，属于春秋晚期前段。通长3.3、宽1.3、

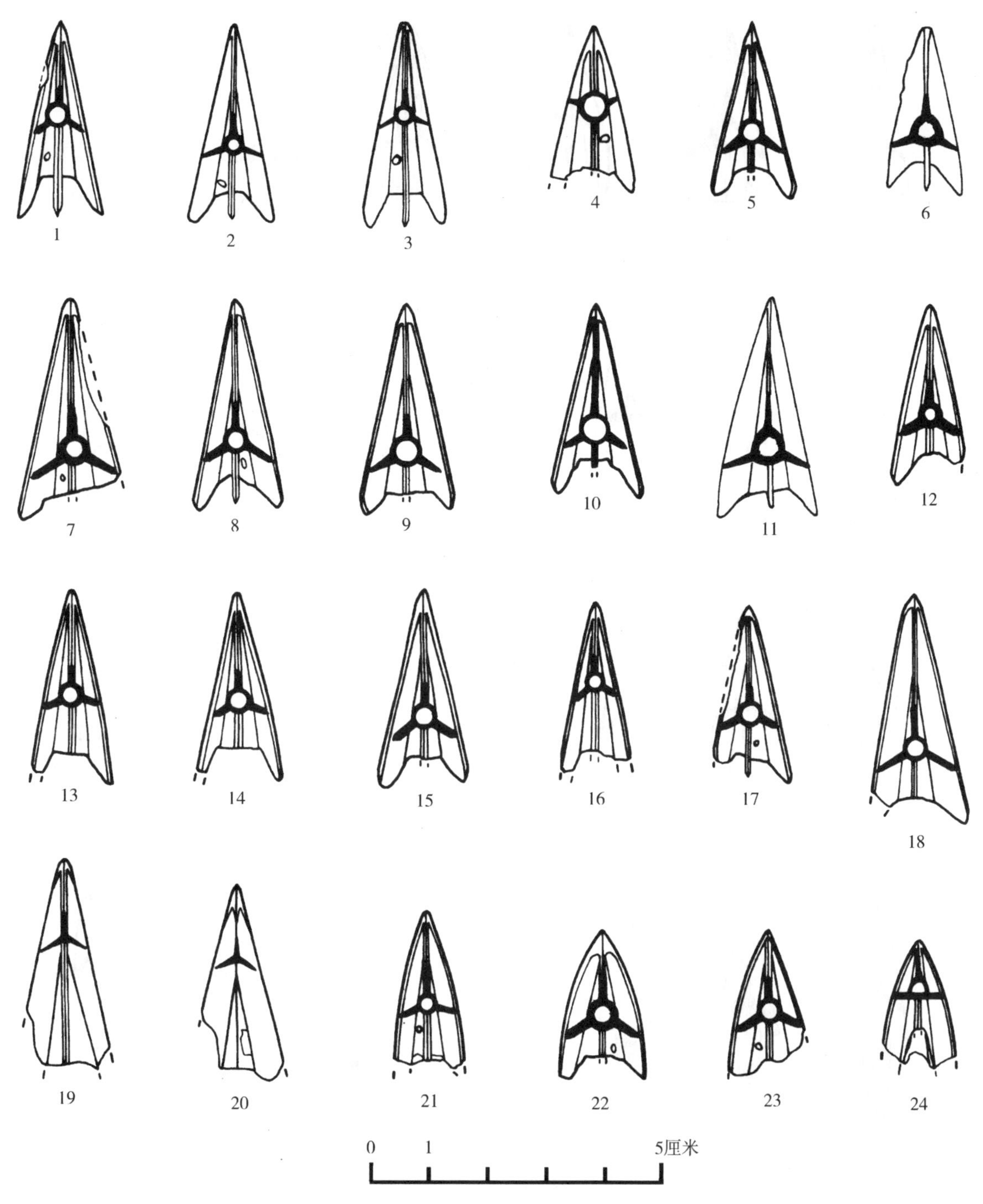

图六〇四　玉皇庙墓地出土青铜镞

1～20. Ⅰa型Ⅰ式：1～6（YYM217:10、210:7－1、209:12－1、205:7－1、151:13－5、145:13－1）　7～12（YYM145:13－2、117:11－1、156:21－1、158:15、134:11－2、124:14）　13～18（YYM332:2－1、333:1－1、321:2－1、320:1、173:2－1、174:17－1）　19、20（YYM344:13、343:1－1）　21～24. Ⅰa型Ⅱ式（YYM213:12－1、134:11－1、173:2－2、129:10）

管銎长0.4、銎口内直径0.5，重2.85克（图六〇五，7）。

标本YYM156:21－3，这是较晚出现的Ⅰb型Ⅱ式铜镞，也属于春秋晚期前段。通长3.5、宽1.1、

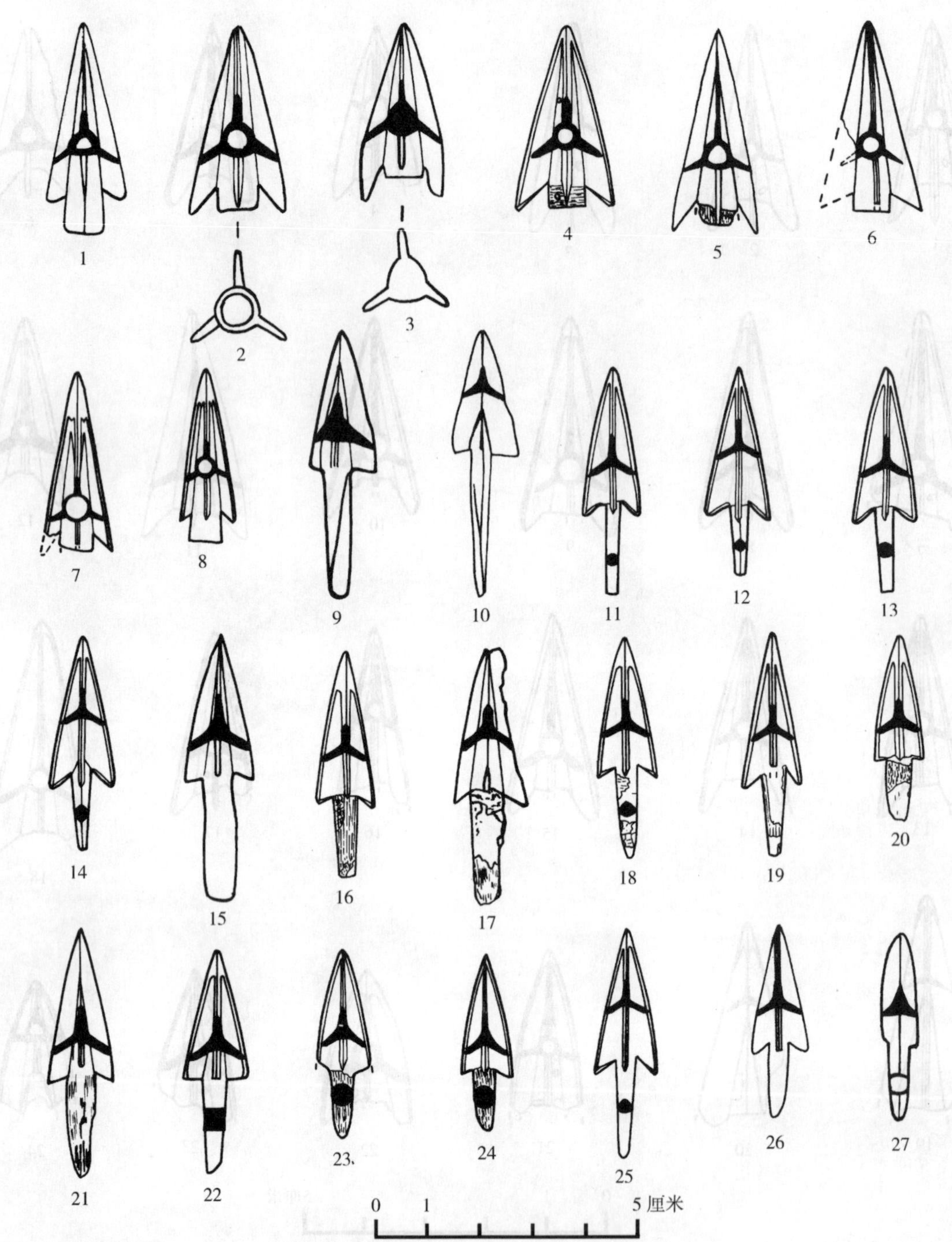

图六〇五 玉皇庙墓地出土青铜镞

1～6. Ⅰb型Ⅰ式（YYM19∶17－2、18∶30－5、18∶30－7、18∶30－60、230∶7－1、156∶21－2） 7、8. Ⅰb型Ⅱ式（YYM151∶13－1、156∶21－3） 9～26. Ⅱa型Ⅰ式：9～13（YYM32∶15－4、34∶14－7、17∶14－1、17∶14－2、17∶14－3） 14～20（YYM17∶14－4、18∶30－16、18∶30－19、18∶30－26、18∶30－28、18∶30－31、18∶30－40） 21～26（YYM18∶30－32、277∶7、252∶9、261∶16－2、52∶10－5、52∶10－8） 27. Ⅱa型Ⅱ式（YYM51∶6－3）

管銎长0.6、銎口内直径0.5厘米，重2.4克（图六〇五，8；图版二七八，7）。

Ⅱ型　三翼有铤

共44枚，占玉皇庙墓地出土的形状可辨的青铜镞总数的18.9%。根据通体的长短可分为2个亚型。

Ⅱa型　长体

共43枚，占Ⅱ型青铜镞总数的97.7%。根据翼或铤等的突出特点，可分为3式。

Ⅰ式　直线形翼，短铤

共41枚，占Ⅱa型青铜镞总数的95.3%。分别出自9座墓葬，墓号为：YYM32（1枚）、34（2枚）、17（6枚）、18（25枚）、277（1枚）、252（1枚）、261（2枚）、52（2枚）、48（1枚）。

标本YYM32:15－4，这是最早出现的Ⅱa型Ⅰ式铜镞，属于春秋早期。通长4.9、宽1.3厘米，铤为扁锥形，长2.3厘米，重4.85克（图六〇五，9）。

标本YYM18:30－40，通长3.4、宽0.9、铤长1.2厘米，重3.52克（图六〇五，20）。

标本YYM18:30－41，通长4.2、宽1、铤长1.9厘米，重4.02克。

标本YYM18:30－42，通长3.6、宽0.9、铤长1.7厘米，重3.65克。

标本YYM48:15－1，通长5.9、宽1.1厘米，铤为扁锥形，长3.8厘米，重3.3克。

标本YYM52:10－8，这是最晚出现的Ⅱa型Ⅰ式铜镞，属于春秋中期。通长3.4、宽1、铤为圆锥形，长1.5厘米，重2.35克（图六〇五，26）。

其余标本与上述6件形制相近，如标本YYM34:14－7（图六〇五，10）、17:14－1（图六〇五，11）、17:14－2（图六〇五，12）、17:14－3（图六〇五，13）、17:14－4（图六〇五，14）、18:30－16（图六〇五，15）、18:30－19（图六〇五，16）、18:30－26（图六〇五，17）、18:30－28（图六〇五，18）、18:30－31（图六〇五，19）、18:30－32（图六〇五，21；图版二七八，8）、277:7（图六〇五，22；图版二七八，9）、252:9（图六〇五，23）、261:16－2（图六〇五，24；图版二七八，10）、52:10－5（图六〇五，25；图版二七八，11）。

Ⅱ式　弧线形翼，短折后锋

1枚，占Ⅱa型青铜镞总数的2.3%。标本YYM51:6－3，属于春秋中期。通长3.5、宽0.7，铤为三角锥形，长1.4厘米（图六〇五，27）。

Ⅲ式　弧线形翼，长铤扁尾

1枚，占Ⅱa型青铜镞总数的2.3%。标本YYM52:10－2，属于春秋中期。其特点是前锋后部为弧形，后锋短直，无倒刺，扁铤。通长5、宽0.9、铤长3.2厘米，重5.75克（图六〇六，1；图版二七八，12）。

Ⅱb型　短体

1枚，占Ⅱ型青铜镞总数的2.3%。标本YYM18:30－43，通体极短小纤细，方折后锋，铤断。存长1.5、宽0.8，铤存长0.2厘米，重1.45克（图六〇六，2）。

Ⅲ型　双翼有銎

共14枚，占玉皇庙墓地出土的形状可辨的青铜镞总数的6%。根据銎的形状，可分为2个亚型。

Ⅲa型　管銎

共5枚，占Ⅲ型青铜镞总数的35.7%。根据管銎的剖面形状，可分为2式。

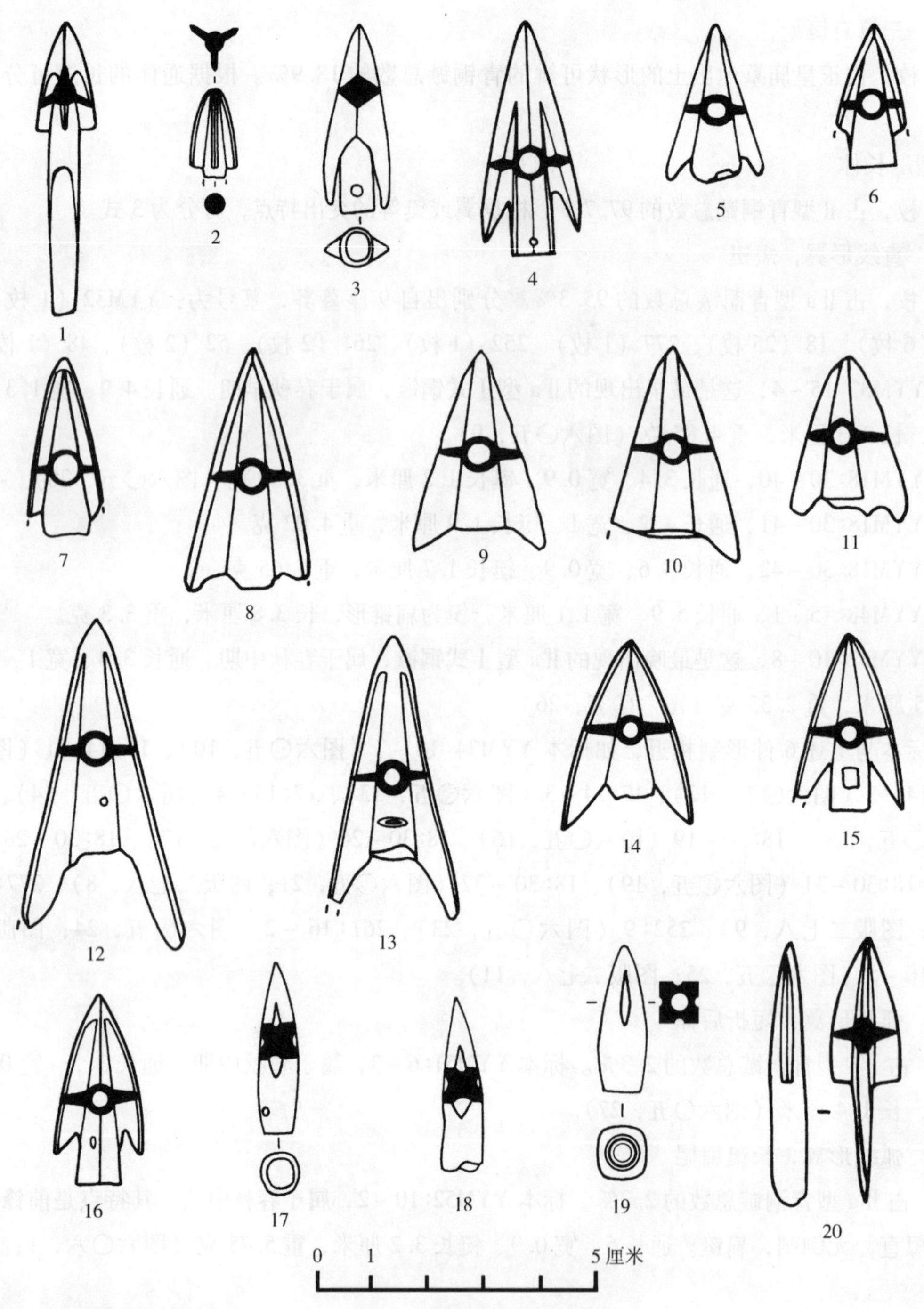

图六〇六 玉皇庙墓地出土青铜镞

1. Ⅱa型Ⅲ式（YYM52：10－2） 2. Ⅱb型（YYM18：30－43） 3. Ⅲa型Ⅰ式（YYM34：14－4） 4. Ⅲa型Ⅱ式（YYM188：15） 5～7. Ⅲa型Ⅲ式（YYM36：4、199：7－2、174：17－4） 8～13. Ⅲb型Ⅰ式（YYM300：7、233：12－2、51：6－1、60：5、303：9－4、303：9－3） 14～16. Ⅲb型Ⅱ式（YYM276：7、275：16－5、122：14－2） 17～19. Ⅳ型（YYM34：14－5、52：10－1、250：16－10） 20. Ⅴ型Ⅰ式（YYM17：14－7）

Ⅰ式 圆形管銎，后锋内收

1枚，占Ⅲa型青铜镞总数的20%。标本YYM34：14－4，属于春秋早期。通长3.3、宽1.2、管銎长1.3，口内径0.5厘米（图六〇六，3）。

Ⅱ式　八棱形管銎

1枚，占Ⅲa型青铜镞总数的20%。标本YYM188：15，属于春秋中期。其特点是阔翼，八棱形管状銎，棱形筒脊，脊、翼之间有血槽，后锋长而锋利。通长4、宽1.8、管銎长1、銎口内径0.6厘米，重7.32克（图六〇六，4；图版二七八，13）。

Ⅲ式　圆形管銎，后锋顺展

共3枚，占Ⅲa型青铜镞总数的60%。分别出自3座墓葬，每墓1枚，墓号为：YYM36、199、174。

标本YYM36：4，这是最早出现的Ⅲa型Ⅲ式青铜镞，属于春秋中期。通长2.6、宽1.8、管銎存长0.4、銎口内径0.5厘米，重2.67克（图六〇六，5；图版二七八，14）。

标本YYM199：7－2，通长2.4、宽1.2、銎长0.6、銎口内径0.6厘米，重2.12克（图六〇六，6）。

标本YYM174：17－4，这是最晚出现的Ⅲa型Ⅲ式青铜镞，属于春秋晚期后段。通长3.2、宽1.4、銎存长0.5、銎口内径0.7厘米，重3克（图六〇六，7）。

Ⅲb型　平口銎

共9枚，占Ⅲ型青铜镞总数的64.3%。根据翼的外沿，可分为2式。

Ⅰ式　直线形翼

共6枚，占Ⅲb型青铜镞总数的66.7%。分别出自5座墓葬，墓号为：YYM300（1枚）、233（1枚）、51（1枚）、60（1枚）、303（2枚）。

标本YYM300：7，这是最早出现的Ⅲb型Ⅰ式青铜镞，属于春秋早期。通长4.3、宽2.4、管銎存长0.4、銎口内径0.7厘米，重5.97克（图六〇六，8）。

标本YYM303：9－4，这是最晚出现的Ⅲb型Ⅰ式青铜镞，属于春秋晚期前段。通长5.9、宽3、銎口内径0.8厘米，重8.4克（图六〇六，12；图版二七九，2）。

其余标本与上述2枚标本形制相近，如标本YYM233：12－2（图六〇六，9）、51：6－1（图六〇六，10）、60：5（图六〇六，11；图版二七九，1）、303：9－3（图六〇六，13；图版二七九，3）。

Ⅱ式　弧线形翼

共3枚，占Ⅲb型青铜镞总数的33.3%。分别出自3座墓葬，每墓1枚，墓号为：YYM276、275、122。

标本YYM276：7，这是最早出现的Ⅲb型Ⅱ式青铜镞，属于春秋早中期。通长3.4、宽2.5、管銎存长0.3、銎口内径0.5厘米，重5.1克（图六〇六，14；图版二七九，4）。

标本YYM275：16－5，通长3、宽2.1、銎长0.9、口内径0.55厘米。重3.95克（图六〇六，15；图版二七九，5）。

标本YYM122：14－2，这是最晚出现的Ⅲb型Ⅱ式青铜镞，属于春秋晚期前段。通长3.2、宽1.7、管銎长1、銎口内径0.55厘米，重3.75克（图六〇六，16；图版二七九，6）。

Ⅳ型　四棱形

共3枚，占玉皇庙墓地出土的形状可辨的青铜镞总数的1.3%。分别出自3座墓葬，每墓1枚，墓号为：YYM34、52、250。剖面均为四出花棱形。

标本YYM34：14－5，这是最早出现的Ⅳ型青铜镞，属于春秋早期。通长3、宽0.8、銎口内径0.5厘米（图六〇六，17）。

标本 YYM250:16－10，属于春秋早中期。通长2.5、宽0.9、管銎长0.9、銎口内径0.6厘米，重4.95克（图六〇六，19；图版二七九，7）。

标本 YYM52:10－1，这是最晚出现的Ⅳ型青铜镞，属于春秋中期。通长2.9、宽0.7、管銎长0.9、銎口内径0.6厘米，重4.48克（图六〇六，18；图版二七九，8）。

Ⅴ型　双翼有铤

共5枚，占玉皇庙墓地出土的形状可辨的青铜镞总数的2.1%。根据翼的形状和关的情况，可分为4式。

Ⅰ式　纵扁铤，方折后锋

1枚，占Ⅴ型青铜镞总数的20%。标本 YYM17:14－7，属于春秋早期。其特点是阔翼，棱脊，后锋较直，扁铤垂直于两翼平面。通长4.6、宽1.2、铤长2.1厘米，重5.35克（图六〇六，20；图版二七九，9）。

Ⅱ式　圆锥铤，有关

2枚，占Ⅴ型青铜镞总数的40%。标本 YYM250:16－4，通长5、宽1.8、铤长1.9厘米，重约7.2克（图六〇七，1；图版二七九，10）。

标本 YYM250:16－5，通长4.9、宽1.9，圆锥形铤，长1.9厘米，重7.2克（图版二七九，11）。

Ⅲ式　扁挺，有关，双翼前端呈“八”字形

1枚，占Ⅴ型青铜镞总数的20%。标本 YYM209:12－6，属于春秋晚期前段。其特点是阔翼，前锋后部呈“八”字形，截棱脊，短后锋，有关，扁铤。通长5.8、宽1.5、铤长2.5厘米，重8.35克（图六〇七，2；图版二七九，12）。

Ⅳ式　扁挺，宽扁脊延至前锋

1枚，占Ⅴ型青铜镞总数的20%。标本 YYM376:8，属于春秋晚期后段。其特点是阔翼，宽棱脊，后锋锐利，扁铤。通长4、宽1.7、铤长2.2厘米，重4.4克（图六〇七，3；图版二七九，13、14）。

Ⅵ型　三翼有铤，有倒刺

共13枚，占玉皇庙墓地出土的形状可辨的青铜镞总数的5.6%，在前锌尾端有所向例刺。根据翼的外沿，可分为2个亚型。

Ⅵa型　直线形翼

1枚，占Ⅵ型青铜镞总数的7.7%。标本 YYM18:30－44，通长4.7、宽1.2、铤长2.6厘米，重5.65克（图六〇七，4；图版二八〇，1）。

Ⅵb型　弧形形翼

共12枚，占Ⅵ型青铜镞总数的92.3%。根据翼尾端的变化，可分为2式。

Ⅰ式　后锋内敛

共8枚，占Ⅵb型青铜镞总数的66.7%。均出自 YYM18。

标本 YYM18:30－45，通长4.3、宽0.8，铤为圆锥形，长1.8厘米，重4.35克（图六〇七，6；图版二七九，16）。

其余标本与上述标本形制相近，如标本 YYM18:30－30（图六〇七，5；图版二七九，15）、18:30－48（图六〇七，7；图版二七九，17）。

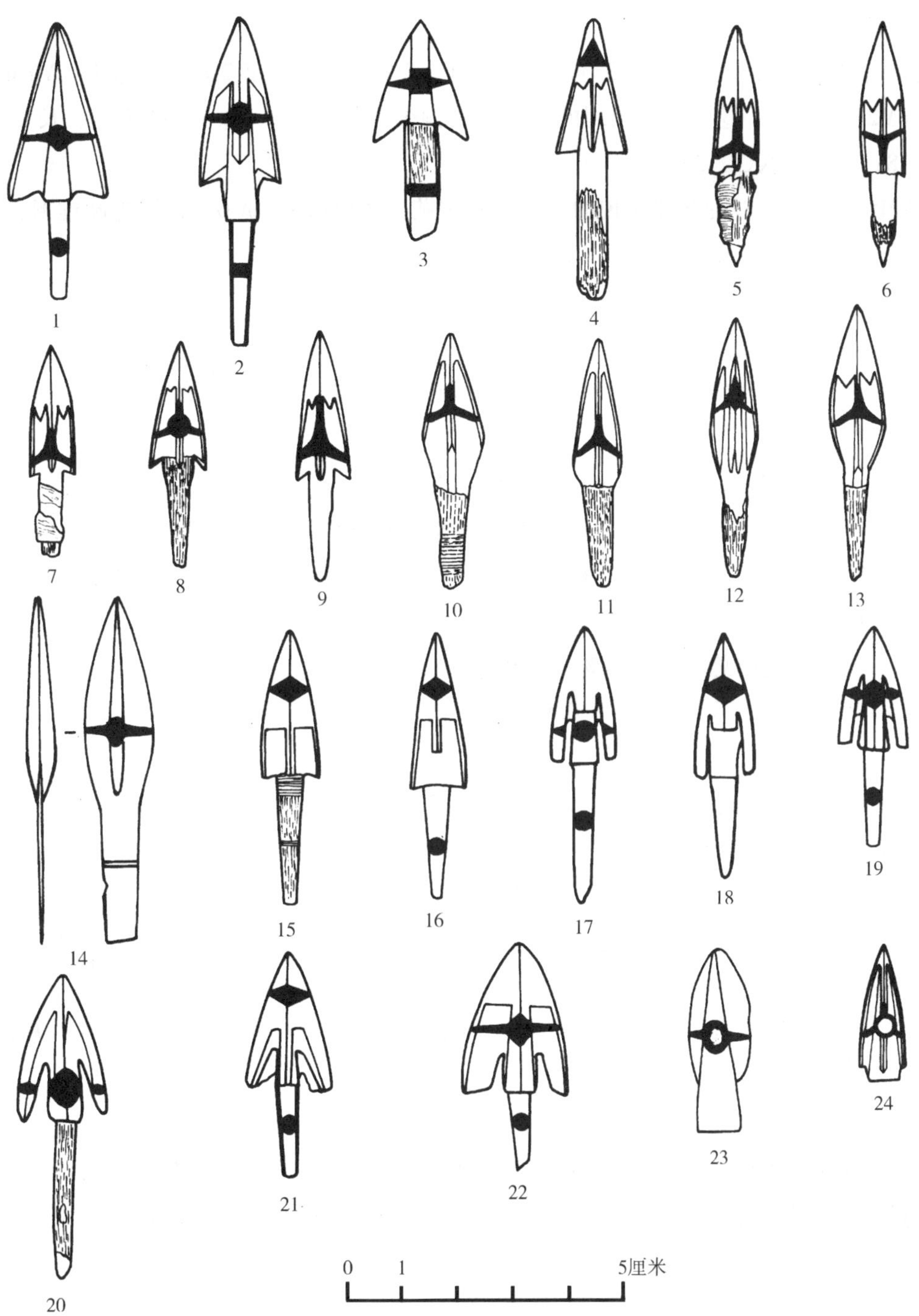

图六〇七　玉皇庙墓地出土青铜镞

1. Ⅴ型Ⅱ式（YYM250:16－4）　2. Ⅴ型Ⅲ式（YYM209:12－6）　3. Ⅴ型Ⅳ式（YYM376:8）　4. Ⅵa型（YYM18:30－44）　5～7. Ⅵb型Ⅰ式（YYM18:30－30、18:30－45、18:30－48）　8、9. Ⅵb型Ⅱ式（YYM250:16－3、52:10－6）　10、11. Ⅶa型（YYM18:30－52、18:30－53）　12. Ⅶb型（YYM18:30－54）　13. Ⅶc型（YYM18:30－58）　14. Ⅷ型（YYM384:10）　15、16. Ⅸ型（YYM250:16－6、250:16－8）　17、18. Ⅹ型Ⅰ式（YYM52:10－3、52:10－4）　19～21. Ⅹ型Ⅱ式（YYM186:11、105:11－5、333:1－3）　22. Ⅹ型Ⅲ式（YYM213:12－2）　23. Ⅺ型（YYM148:9－2）　24. Ⅻ型（YYM174:17－3）

Ⅱ式　后锋顺展

共4枚，占Ⅵb型青铜镞总数的33.3%。分别出自2座墓葬，每墓2枚，墓号为：YYM250、52。

标本YYM250:16-3，这是较早出现的Ⅱ型Ⅴ式铜镞。通长3.9、宽1、圆锥铤，长2，重3.6克（图六〇七，8；图版二八〇，3）。

标本YYM52:10-6，这是较晚出现的Ⅱ型Ⅴ式铜镞。通长4.4、宽0.9，铤为圆锥形，长2厘米，重3.95克（图六〇七，9；图版二八〇，2）。

其余标本与上述2件形制相近。

Ⅶ型　三棱梭形，无后锋

共7枚，占玉皇庙墓地出土的形状可辨的青铜镞总数的3%。根据脊部的变化，可分为3个亚型。

Ⅶa型　三棱脊

共2枚，占Ⅶ型青铜镞总数的28.6%。均出自YYM18。

标本YYM18:30-52，通长4.5、宽1.1、铤长2厘米，重4.65克（图六〇七，10；图版二八〇，4）。

标本YYM18:30-53，通长4.4、宽0.9、铤长1.9厘米，重3.6克（图六〇七，11）。

Ⅶb型　六棱脊

共4枚，占Ⅶ型青铜镞总数的57.1%。均出自YYM18。

标本YYM18:30-54，通长4.5、宽0.9厘米，铤为三角锥形，长2.1厘米，重4.7克（图六〇七，12；图版二八〇，5）。

标本YYM18:30-55，通长4.7、宽0.9、铤长2.3厘米，重5.41克（图版二八〇，6）。

标本YYM18:30-56，通长3.5、宽0.8厘米，三角锥形铤，长1.6厘米，重3.05克（图版二八〇，7）。

标本YYM18:30-57，通长3.7、宽0.9厘米，三角锥形铤，长1.8厘米，重3.4克。

Ⅶc型　三棱脊，血槽前端有倒刺

1枚，占Ⅶ型青铜镞总数的14.3%。标本YYM18:30-58，其特点是三翼后掠，无后锋。通长4.9、宽0.9厘米，铤为三角锥形，长2.2厘米，重5.35克（图六〇七，13；图版二八〇，8）。

Ⅷ型　扁挺柳叶形

1枚，占玉皇庙墓地出土的形状可辨的青铜镞总数的0.4%。标本YYM384:10，属于春秋早期。其特点是双翼为柳叶形，棱脊，扁片形铤。存长6.1、宽1.2、铤存长2.5厘米，重4.3克（图六〇七，14；图版二八〇，9）。

Ⅸ型　双翼，前锋加重

共4枚，占玉皇庙墓地出土的形状可辨的青铜镞总数的1.7%。均出自YYM250，其前锋末端均横向棱起，使前锋加重，加大穿刺力度。

标本YYM250:16-6，通长4.8、宽1.1，圆锥形铤，长2.4厘米，重约5.5克（图六〇七，15；图版二八〇，10）。

标本YYM250:16-7，通长4.8、宽1.1，圆锥形铤，长2.3厘米，重约5.5克。

标本YYM250:16-8，通长4.7、宽1.1，圆锥形铤，长2.1厘米，重约5.5克（图六〇七，16；图版二八〇，11）。

标本 YYM250:16－9，通长4.8、宽1，圆锥形铤，长2.2厘米，重约5.5克。

Ⅹ型　条形双翼

共6枚，占玉皇庙墓地出土的形状可辨的青铜镞总数的2.6%。根据脊部的变化，可分为3式。

Ⅰ式　脊中部有横向截棱

共2枚，占Ⅹ型青铜镞总数的33.3%。均出自 YYM52。

标本 YYM52:10－3，通长4.9、宽1.2，圆锥形铤，长2.6厘米，重5.42克（图六〇七，17；图版二八〇，12）。

标本 YYM52:10－4，通长4.2、宽1.2，圆锥形铤，长1.8厘米，重5.1克（图六〇七，18）。

Ⅱ式　窄棱脊

共3枚，占Ⅹ型青铜镞总数的50%。分别出自3座墓葬，每墓1枚，墓号为：YYM186、105、333。

标本 YYM186:11，这是最早出现的Ⅹ型Ⅱ式青铜镞，属于春秋中晚期。通长3.8、宽1.4、铤长1.8厘米，重3.66克（图六〇七，19）。

标本 YYM105:11－5，通长5.5、宽1.7、铤长3.1厘米，重6.6克（图六〇七，20）。

标本 YYM333:1－3，这是最晚出现的Ⅹ型Ⅱ式青铜镞，属于春秋晚期前段。其特点是阔翼，棱脊，有关，圆锥形铤，铤两侧铸缝明显。通长3.9、宽1.5、铤长1.7厘米，重3.8克（图六〇七，21；图版二八〇，13）。

Ⅲ式　前锋加重

1枚，占Ⅹ型青铜镞总数的16.7%。标本 YYM213:12－2，属于春秋晚期前段。其特点是阔翼为条形，前锋后部呈齐棱形，加大了前锋的质量。筒脊，有关，圆锥形铤。通长4.1、宽2、铤长1.6厘米，重7.05克（图六〇七，22；图版二八〇，14）。

Ⅺ型　管銎柳叶形

1枚，占玉皇庙墓地出土的形状可辨的青铜镞总数的0.4%。标本 YYM148:9－2，属于春秋中晚期。通长3.2、宽1.1、銎长0.9、銎口内径0.7厘米，重3.3克（图六〇七，23；图版二八〇，15）。

Ⅻ型　三棱有銎，短方折后锋

1枚，占玉皇庙墓地出土的形状可辨的青铜镞总数的0.4%。标本 YYM174:17－3，属于春秋晚期后段。其特点是窄身三棱，棱末端出极短小的后峰，筒脊，短管銎。通长2.3、宽0.8、管銎长0.3、銎口内径0.5厘米，重1.18克（图六〇七，24；图版二八〇，16）。

详见附表139。

讨论

出土铜镞的墓葬有71座，其中位于北Ⅰ区中部者6座（YYM32、34、19、17、18、5）、西部者2座（YYM300、384），此8座均属于春秋早期，占玉皇庙墓地出土铜族墓葬总数的11.3%；位于北Ⅱ区北部者12座（YYM277、250、282、230、229、233、227、264、276、226、252、275），属于春秋早中期，占玉皇庙墓地出土铜族墓葬总数16.9%；位于北Ⅱ区中部和北Ⅰ区北部者12座（YYM236、261、257、247、48、95、51、65、190、188、52、36），属于春秋中期，占玉皇庙墓地出土铜族墓葬总数16.9%；位于北Ⅱ区南部者7座（YYM192、186、57、60、71、72、148），属于春秋中晚期，占玉皇庙墓地出土铜族墓葬总数9.9%；位于南区北部和中部者17座（YYM217、213、210、209、205、

附表 139－1

玉皇庙墓地出土青铜镞统计表

序号	器物号（YYM）	型	式	形　制	通长	宽	銎部			关	铤		重量
							长	内径	穿孔		形	长	
1	32∶15－1	Ⅰa	Ⅰ	直线形三翼，有銎	4.3	1.7	1.4	0.6	有				4.65
2	32∶15－2	Ⅰa	Ⅰ	直线形三翼，有銎	3.8	1.6		0.6	有				4.35
3	32∶15－3	Ⅰa	Ⅰ	直线形三翼，有銎	3.2	1.6		0.55	有				4.7
4	34∶14－1	Ⅰa	Ⅰ	直线形三翼，有銎	3.7	1.6		0.6	不详				
5	19∶17－1	Ⅰa	Ⅰ	直线形三翼，有銎	4.3	1.7		0.6	有				5.45
6	18∶30－1	Ⅰa	Ⅰ	直线形三翼，有銎	3.5	2.1		0.6					5.08
7	18∶30－2	Ⅰa	Ⅰ	直线形三翼，有銎	3.8	1.7		0.7					5.08
8	18∶30－3	Ⅰa	Ⅰ	直线形三翼，有銎	3.7	2		0.7					5.08
9	18∶30－4	Ⅰa	Ⅰ	直线形三翼，有銎	3.8	2.1		0.6					5.08
10	18∶30－6	Ⅰa	Ⅰ	直线形三翼，有銎	3.6	1.9		0.7					5.08
11	18∶30－8	Ⅰa	Ⅰ	直线形三翼，有銎	3.4	1.5		0.5					5.08
12	18∶30－9	Ⅰa	Ⅰ	直线形三翼，有銎	3.1	1.7		0.5					5.08
13	18∶30－10	Ⅰa	Ⅰ	直线形三翼，有銎	3.1	1.8		0.6					5.08
14	18∶30－11	Ⅰa	Ⅰ	直线形三翼，有銎	3.1	1.6		0.6					5.08
15	18∶30－12	Ⅰa	Ⅰ	直线形三翼，有銎	2.9	1.7		0.6					5.08
16	18∶30－13	Ⅰa	Ⅰ	直线形三翼，有銎	3.1	1.8		0.6					5.08
17	18∶30－14	Ⅰa	Ⅰ	直线形三翼，有銎	2.9	1.5		0.4	有				5.08
18	18∶30－15	Ⅰa	Ⅰ	直线形三翼，有銎	2.8	1.8		0.5					5.08
19	18∶30－61	Ⅰa	Ⅰ	直线形三翼，有銎	2.8	1.8		0.6	有				3.6
20	5∶14	Ⅰa	Ⅰ	直线形三翼，有銎	4	1.7		0.6	有				6.2
21	250∶16－1	Ⅰa	Ⅰ	直线形三翼，有銎	4.3	1.6		0.5	有				5.65
22	282∶12－1	Ⅰa	Ⅰ	直线形三翼，有銎	3.2	残		0.5	有				3.65
23	229∶10	Ⅰa	Ⅰ	直线形三翼，有銎	3.1	1.5		0.6	不详				
24	233∶12－1	Ⅰa	Ⅰ	直线形三翼，有銎	3.3	1.6			不详				
25	227∶12	Ⅰa	Ⅰ	直线形三翼，有銎	3.2	1.5		0.5	有				2.47
26	264∶17－1	Ⅰa	Ⅰ	直线形三翼，有銎	4	1.5		0.5	有				3.8
27	264∶17－2	Ⅰa	Ⅰ	直线形三翼，有銎	4	残		0.5	有				3.8
28	264∶17－3	Ⅰa	Ⅰ	直线形三翼，有銎	4	1.5		0.5	有				3.8
29	264∶17－4	Ⅰa	Ⅰ	直线形三翼，有銎	4	1.4		0.5	有				3.8
30	264∶17－5	Ⅰa	Ⅰ	直线形三翼，有銎	3.9	1.5		0.55	有				3.8
31	264∶17－6	Ⅰa	Ⅰ	直线形三翼，有銎	3.7	1.5		0.5	有				3.8
32	264∶17－7	Ⅰa	Ⅰ	直线形三翼，有銎	3.8	1.4		0.55	有				3.8
33	264∶17－8	Ⅰa	Ⅰ	直线形三翼，有銎	3.8	残		0.5	有				3.8
34	264∶17－9	Ⅰa	Ⅰ	直线形三翼，有銎	3.9	残		0.55	有				3.8
35	264∶17－10	Ⅰa	Ⅰ	直线形三翼，有銎	3.5	1.5		0.5	有				3.8
36	226∶9－1	Ⅰa	Ⅰ	直线形三翼，有銎	3.3	1.4		0.5	有				2.09
37	226∶9－2	Ⅰa	Ⅰ	直线形三翼，有銎	2.9	1.4		0.5	有				2.09
38	226∶9－3	Ⅰa	Ⅰ	直线形三翼，有銎	2.9	残		0.5	有				2.09
39	226∶9－4	Ⅰa	Ⅰ	直线形三翼，有銎	2.9	1.4		0.5	有				2.09
40	226∶9－5	Ⅰa	Ⅰ	直线形三翼，有銎	2.8	残		0.5	有				2.09
41	275∶16－1	Ⅰa	Ⅰ	直线形三翼，有銎	4.2	1.8		0.5	有				5
42	275∶16－2	Ⅰa	Ⅰ	直线形三翼，有銎	4.2	1.8		0.5	有				5

附表139-2　**玉皇庙墓地出土青铜镞统计表**

序号	器物号（YYM）	型	式	形　制	通长	宽	銎　部			关	铤		重量
							长	内径	穿孔		形	长	
43	275:16-3	Ⅰa	Ⅰ	直线形三翼，有銎	4.3	1.8		0.5	有				5
44	275:16-4	Ⅰa	Ⅰ	直线形三翼，有銎	4.1	1.8		0.5	有				5
45	236:7	Ⅰa	Ⅰ	直线形三翼，有銎	3	1.4		0.5	有				2.05
46	257:7-1	Ⅰa	Ⅰ	直线形三翼，有銎	2.7	1.6		0.6	有				3.95
47	257:7-2	Ⅰa	Ⅰ	直线形三翼，有銎	3	1.3		0.45	有				2.19
48	257:7-5	Ⅰa	Ⅰ	直线形三翼，有銎	3	1.3		0.5	有				2.19
49	247:11	Ⅰa	Ⅰ	直线形三翼，有銎	3.2	1.6		0.5	有				3.85
50	48:15-1	Ⅰa	Ⅰ	直线形三翼，有銎	3.7	残		0.5	有				3.85
51	48:15-2	Ⅰa	Ⅰ	直线形三翼，有銎	2.7	1.5		0.6	有				3.38
52	95:17-1	Ⅰa	Ⅰ	直线形三翼，有銎	4.4	1.8							
53	65:10-1	Ⅰa	Ⅰ	直线形三翼，有銎	3.5	1.6							
54	190:18-1	Ⅰa	Ⅰ	直线形三翼，有銎	3.7	残		0.55	有				3.69
55	190:18-2	Ⅰa	Ⅰ	直线形三翼，有銎	3.5	1.5		0.45	有				3.69
56	190:18-3	Ⅰa	Ⅰ	直线形三翼，有銎	3.5	残		0.5	有				3.69
57	190:18-4	Ⅰa	Ⅰ	直线形三翼，有銎	3.2	1.4		0.4	有				3.69
58	192:7-1	Ⅰa	Ⅰ	直线形三翼，有銎	2.9	1.4		0.55	有				2.2
59	57:12-1	Ⅰa	Ⅰ	直线形三翼，有銎	3.4	1.4		0.55	有				2.43
60	57:12-2	Ⅰa	Ⅰ	直线形三翼，有銎	3.4	1.5		0.5	有				2.43
61	57:12-3	Ⅰa	Ⅰ	直线形三翼，有銎	3.2	1.5		0.55	有				2.43
62	57:12-4	Ⅰa	Ⅰ	直线形三翼，有銎	3.2	1.4		0.55	有				2.43
63	57:12-5	Ⅰa	Ⅰ	直线形三翼，有銎	3.2	1.3		0.4	有				2.43
64	57:12-6	Ⅰa	Ⅰ	直线形三翼，有銎	3.1	1.2		0.5	有				2.43
65	57:12-7	Ⅰa	Ⅰ	直线形三翼，有銎	3	1.4		0.5	有				2.43
66	57:12-8	Ⅰa	Ⅰ	直线形三翼，有銎	2.8	1.3		0.5	有				2.43
67	57:12-9	Ⅰa	Ⅰ	直线形三翼，有銎	3	1.2		0.5	有				2.43
68	57:12-10	Ⅰa	Ⅰ	直线形三翼，有銎	3.4	1.4		0.55	有				2.43
69	71:5-1	Ⅰa	Ⅰ	直线形三翼，有銎	4.2	1.7		0.55	有				4
70	148:9-1	Ⅰa	Ⅰ	直线形三翼，有銎	3.1	残		0.5	有				1.8
71	217:10	Ⅰa	Ⅰ	直线形三翼，有銎	3.3	1.5		0.5	有				2.3
72	210:7-1	Ⅰa	Ⅰ	直线形三翼，有銎	2.9	1.3		0.5	有				2.3
73	210:7-2	Ⅰa	Ⅰ	直线形三翼，有銎	3.4	1.5		0.5	有				2.78
74	210:7-3	Ⅰa	Ⅰ	直线形三翼，有銎	3.2	1.5		0.5	有				2.15
75	210:7-4	Ⅰa	Ⅰ	直线形三翼，有銎	2.5	1.4		0.5					1.28
76	209:12-1	Ⅰa	Ⅰ	直线形三翼，有銎	3.4	1.4		0.45	有				2
77	209:12-2	Ⅰa	Ⅰ	直线形三翼，有銎	3.4	1.4		0.4	有				1.98
78	209:12-3	Ⅰa	Ⅰ	直线形三翼，有銎	3.4	残		0.45	有				1.95
79	205:7-1	Ⅰa	Ⅰ	直线形三翼，有銎	2.8	1.5		0.5	有				2.6
80	205:7-2	Ⅰa	Ⅰ	直线形三翼，有銎	2.8	残		0.5	有				1.48
81	199:7-1	Ⅰa	Ⅰ	直线形三翼，有銎	2.9	残		残	不详				1.1
82	151:13-1	Ⅰa	Ⅰ	直线形三翼，有銎	3	1.3		0.4	有				2.53
83	151:13-2	Ⅰa	Ⅰ	直线形三翼，有銎	3.2	1.3		0.4	有				2.53
84	151:13-3	Ⅰa	Ⅰ	直线形三翼，有銎	3	1.3		0.4	有				2.53

附表139－3

玉皇庙墓地出土青铜镞统计表

序号	器物号（YYM）	型	式	形制	通长	宽	銎部			关	铤		重量
							长	内径	穿孔		形	长	
85	151：13－4	Ⅰa	Ⅰ	直线形三翼，有銎	2.9	残		0.45	有				2.53
86	151：13－5	Ⅰa	Ⅰ	直线形三翼，有銎	2.9	1.5		0.45	有				2.53
87	151：13－6	Ⅰa	Ⅰ	直线形三翼，有銎	2.8	残		0.45	有				2.53
88	151：13－7	Ⅰa	Ⅰ	直线形三翼，有銎	3	残		0.4	有				2.53
89	151：13－8	Ⅰa	Ⅰ	直线形三翼，有銎	2.5	残		0.4	有				2.53
90	145：13－1	Ⅰa	Ⅰ	直线形三翼，有銎	2.8	1.4		0.45	有				2.2
91	145：13－2	Ⅰa	Ⅰ	直线形三翼，有銎	3.8	残		0.55	有				2.7
92	117：11－1	Ⅰa	Ⅰ	直线形三翼，有銎	3.4	1.6		0.5	有				2.57
93	117：11－2	Ⅰa	Ⅰ	直线形三翼，有銎	3.6	1.6		0.55	有				2.38
94	117：11－3	Ⅰa	Ⅰ	直线形三翼，有銎	3.7	残		0.5	有				2.75
95	117：11－4	Ⅰa	Ⅰ	直线形三翼，有銎	3.3	残		0.5	有				2.18
96	105：11－1	Ⅰa	Ⅰ	直线形三翼，有銎	3.5	1.7		0.5	有				3.2
97	105：11－2	Ⅰa	Ⅰ	直线形三翼，有銎	3.3	1.6		0.45	有				2.6
98	105：11－3	Ⅰa	Ⅰ	直线形三翼，有銎	3.4	残		0.5	有				2.85
99	105：11－4	Ⅰa	Ⅰ	直线形三翼，有銎	2.7	残		残	有				1.25
100	156：21－1	Ⅰa	Ⅰ	直线形三翼，有銎	3.5	1.6		0.5	有				3.05
101	158：15	Ⅰa	Ⅰ	直线形三翼，有銎	3.2	1.5		0.6	有				1.57
102	134：11－2	Ⅰa	Ⅰ	直线形三翼，有銎	3.7	1.8		0.5	有				3.6
103	122：14－1	Ⅰa	Ⅰ	直线形三翼，有銎	3	残		0.5	有				2.35
104	124：14	Ⅰa	Ⅰ	直线形三翼，有銎	3.5	残		0.5	有				2.8
105	332：2－1	Ⅰa	Ⅰ	直线形三翼，有銎	3.3	1.5		0.5	有				1.7
106	332：2－2	Ⅰa	Ⅰ	直线形三翼，有銎	2.9	1.4		0.4	有				2
107	333：1－1	Ⅰa	Ⅰ	直线形三翼，有銎	3.2	1.5		0.5	有				1.9
108	333：1－2	Ⅰa	Ⅰ	直线形三翼，有銎	2.7	残		0.5	有				1.98
109	321：2－1	Ⅰa	Ⅰ	直线形三翼，有銎	3.4	1.5		0.5	有				3
110	321：2－2	Ⅰa	Ⅰ	直线形三翼，有銎	2.8	残		0.45	有				1.55
111	321：2－3	Ⅰa	Ⅰ	直线形三翼，有銎	2.5	残		0.6	有				1.56
112	320：1	Ⅰa	Ⅰ	直线形三翼，有銎	2.8	残		0.45	有				1.2
113	316：3	Ⅰa	Ⅰ	直线形三翼，有銎	1.6	残		残	不详				0.78
114	303：9－1	Ⅰa	Ⅰ	直线形三翼，有銎	2.6	残		残	有				1.73
115	303：9－2	Ⅰa	Ⅰ	直线形三翼，有銎	1.7	残		残	有				1.73
116	173：2－1	Ⅰa	Ⅰ	直线形三翼，有銎	3	1.4		0.6	有				1.7
117	174：17－1	Ⅰa	Ⅰ	直线形三翼，有銎	4	残		0.7	有				2.45
118	174：17－2	Ⅰa	Ⅰ	直线形三翼，有銎	2.3	残		0.5	有				1.4
119	344：13	Ⅰa	Ⅰ	直线形三翼，有銎	3.5	残		0.5	有				1.57
120	343：1－1	Ⅰa	Ⅰ	直线形三翼，有銎	3.2	残		0.5	有				1.37
121	343：1－2	Ⅰa	Ⅰ	直线形三翼，无銎	3.3	残		残	有				1.73
122	213：12－1	Ⅰa	Ⅱ	弧线形三翼，有銎	2.6	残		0.45	有				1.6
123	134：11－1	Ⅰa	Ⅱ	弧线形三翼，有銎	2.5	1.5		0.6	有				3.2
124	173：2－2	Ⅰa	Ⅱ	弧线形三翼，有銎	2.5	残		0.5	有				2.03
125	129：10	Ⅰa	Ⅱ	弧线形三翼，有銎	2.1	残		残	不详				1.08
126	19：17－2	Ⅰb	Ⅰ	三翼管銎，无倒刺	3.8	1.5	0.8	0.6	有				5.45

附表 139－4

玉皇庙墓地出土青铜镞统计表

序号	器物号（YYM）	型	式	形制	通长	宽	銎部			关	铤		重量
							长	内径	穿孔		形	长	
127	18：30－5	Ⅰb	Ⅰ	三翼管銎，无倒刺	3.5	1.7		0.5					5.08
128	18：30－7	Ⅰb	Ⅰ	三翼管銎，无倒刺	3.2	1.8		0.6					5.08
129	18：30－59	Ⅰb	Ⅰ	三翼管銎，无倒刺	3.6	1.7	0.5	0.8	有				5.08
130	18：30－60	Ⅰb	Ⅰ	三翼管銎，无倒刺	3.4	1.9	0.5	0.6	有				5.08
131	230：7－1	Ⅰb	Ⅰ	三翼管銎，无倒刺	3.8	1.7		0.7	不详				
132	156：21－2	Ⅰb	Ⅰ	三翼管銎，无倒刺	3.5	1.5	0.4	0.6	有				2.88
133	151：13－1	Ⅰb	Ⅱ	三翼管銎，有倒刺	3.3	1.3	0.4	0.5	有				2.85
134	156：21－3	Ⅰb	Ⅱ	三翼管銎，有倒刺	3.5	1.1	0.6	0.5	有				2.4
135	32：15－4	Ⅱa	Ⅰ	直线形三翼，有铤	4.9	1.3					扁	2.3	4.85
136	34：14－6	Ⅱa	Ⅰ	直线形三翼，有铤	3.4	1					扁	1.4	
137	34：14－7	Ⅱa	Ⅰ	直线形三翼，有铤	4.9	1.3					扁	2.6	
138	17：14－1	Ⅱa	Ⅰ	直线形三翼，有铤	4.2	1.1					圆	1.8	3.72
139	17：14－2	Ⅱa	Ⅰ	直线形三翼，有铤	3.7	1.3					圆锥	1.4	3.75
140	17：14－3	Ⅱa	Ⅰ	直线形三翼，有铤	4.1	1.2					圆	1.7	3.45
141	17：14－4	Ⅱa	Ⅰ	直线形三翼，有铤	3.9	1.2					圆锥	1.5	3.62
142	17：14－5	Ⅱa	Ⅰ	直线形三翼，有铤	3.8	1.3					圆锥	1.5	3.57
143	17：14－6	Ⅱa	Ⅰ	直线形三翼，有铤	3.6	1					圆锥	1.4	2.8
144	18：30－16	Ⅱa	Ⅰ	直线形三翼，有铤	4.8	1.4					不详	2.3	5.68
145	18：30－17	Ⅱa	Ⅰ	直线形三翼，有铤	3.9	1.2					不详	1.5	3.9
146	18：30－18	Ⅱa	Ⅰ	直线形三翼，有铤	4.2	1.2					不详	1.7	3.95
147	18：30－19	Ⅱa	Ⅰ	直线形三翼，有铤	4.2	1.1					不详	1.6	4
148	18：30－20	Ⅱa	Ⅰ	直线形三翼，有铤	4.1	1.2					不详	1.5	3.8
149	18：30－21	Ⅱa	Ⅰ	直线形三翼，有铤	4.2	1.2					不详	1.6	4.1
150	18：30－22	Ⅱa	Ⅰ	直线形三翼，有铤	4.2	1.1					不详	1.5	3.98
151	18：30－23	Ⅱa	Ⅰ	直线形三翼，有铤	4.2	1.2					不详	1.6	3.9
152	18：30－24	Ⅱa	Ⅰ	直线形三翼，有铤	4.3	1.3					不详	1.8	4.4
153	18：30－25	Ⅱa	Ⅰ	直线形三翼，有铤	4.5	1.3					不详	2	5.52
154	18：30－26	Ⅱa	Ⅰ	直线形三翼，有铤	4.6	1.2					不详	2	3.9
155	18：30－27	Ⅱa	Ⅰ	直线形三翼，有铤	4.9	1.1					不详	2.1	3.88
156	18：30－28	Ⅱa	Ⅰ	直线形三翼，有铤	4.1	1.1					不详	1.8	4.05
157	18：30－29	Ⅱa	Ⅰ	直线形三翼，有铤	4.4	1					不详	2.2	3.22
158	18：30－31	Ⅱa	Ⅰ	直线形三翼，有铤	4.2	1.2					不详	1.8	3.95
159	18：30－32	Ⅱa	Ⅰ	直线形三翼，有铤	4.5	1.2					三角锥	1.8	4.2
160	18：30－33	Ⅱa	Ⅰ	直线形三翼，有铤	4.8	1.1					不详	2.5	3.95
161	18：30－34	Ⅱa	Ⅰ	直线形三翼，有铤	4.3	1.2					不详	1.6	4.1
162	18：30－35	Ⅱa	Ⅰ	直线形三翼，有铤	4.4	1					不详	2	2.55
163	18：30－36	Ⅱa	Ⅰ	直线形三翼，有铤	4.2	1.1					不详	2	3.7
164	18：30－37	Ⅱa	Ⅰ	直线形三翼，有铤	3.9	1.1					圆锥	1.9	3.58
165	18：30－38	Ⅱa	Ⅰ	直线形三翼，有铤	3.8	1					三角锥	1.5	2.35
166	18：30－40	Ⅱa	Ⅰ	直线形三翼，有铤	3.4	0.9					圆锥	1.2	3.52
167	18：30－41	Ⅱa	Ⅰ	直线形三翼，有铤	4.2	1						1.9	4.02
168	18：30－42	Ⅱa	Ⅰ	直线形三翼，有铤	3.6	0.9					圆锥	1.7	3.65

表 139－5

玉皇庙墓地出土青铜镞统计表

序号	器物号（YYM）	型	式	形制	通长	宽	銎部			关	铤		重量
							长	内径	穿孔		形	长	
169	277：7	Ⅱa	Ⅰ	直线形三翼，有铤	4.2	1.2					圆锥	1.9	3.1
170	252：9	Ⅱa	Ⅰ	直线形三翼，有铤	3.4	1.1					圆锥	1.3	2.85
171	261：16－1	Ⅱa	Ⅰ	直线形三翼，有铤	3	1					圆锥	1.5	1.85
172	261：16－2	Ⅱa	Ⅰ	直线形三翼，有铤	3.2	0.9					圆锥	1.2	2
173	48：15－1	Ⅱa	Ⅰ	直线形三翼，有铤	5.9	1.1					扁	3.8	3.3
174	52：10－5	Ⅱa	Ⅰ	直线形三翼，有铤	4.2	1.2					圆锥	2	3
175	52：10－8	Ⅱa	Ⅰ	直线形三翼，有铤	3.4	1					圆锥	1.5	2.35
176	51：6－3	Ⅱa	Ⅱ	弧线形三翼，有铤	3.5	0.7					三角锥	1.4	
177	52：10－2	Ⅱa	Ⅲ	长铤扁尾，前锋末端前弧	5	0.9					扁	3.2	5.75
178	18：30－43	Ⅱb		极短小纤细，方折后锋	1.5	0.8					圆	0.2	1.45
179	34：14－4	Ⅲa	Ⅰ	双翼，圆形管銎，后锋内收	3.3	1.2	1.3	0.5	有				
180	188：15	Ⅲa	Ⅱ	双翼，八棱形管銎	4	1.8	1	0.6	有				7.32
181	36：4	Ⅲa	Ⅲ	双翼，圆形管銎，后锋顺展	2.6	1.8	0.4	0.5	有				2.67
182	199：7－2	Ⅲa	Ⅲ	双翼，圆形管銎，后锋顺展	2.4	1.2	0.6	0.6					2.12
183	174：17－4	Ⅲa	Ⅲ	双翼，圆形管銎，后锋顺展	3.2	1.4	0.5	0.7	有				3
184	300：7	Ⅲb	Ⅰ	直线形双翼，平口銎	4.3	2.4	0.4	0.7	有				5.97
185	233：12－2	Ⅲb	Ⅰ	直线形双翼，平口銎	3.5								
186	51：6－1	Ⅲb	Ⅰ	直线形双翼，平口銎	3.8	残							
187	60：5	Ⅲb	Ⅰ	直线形双翼，平口銎	2.9	2.1		0.55	有				4.4
188	303：9－3	Ⅲb	Ⅰ	直线形双翼，平口銎	5	2.5		0.75	有				5.74
189	303：9－4	Ⅲb	Ⅰ	直线形双翼，平口銎	5.9	3		0.8	有				8.4
190	276：7	Ⅲb	Ⅱ	弧线形双翼，平口銎	3.4	2.5	0.3	0.5	有				5.1
191	275：16－5	Ⅲb	Ⅱ	弧线形双翼，平口銎	3	2.1	0.9	0.55	有2				3.95
192	122：14－2	Ⅲb	Ⅱ	弧线形双翼，平口銎	3.2	1.7	1	0.55	有				3.75
193	34：14－5	Ⅳ		四棱形，四出花棱剖面	3	0.8		0.5					
194	250：16－10	Ⅳ		四棱形，四出花棱剖面	2.5	0.9		0.6					4.95
195	52：10－1	Ⅳ		四棱形，四出花棱剖面	2.9	0.7		0.6	有				4.48
196	17：14－7	Ⅴ	Ⅰ	双翼纵扁铤，方折后锋	4.6	1.2					纵扁	2.1	5.35
197	250：16－4	Ⅴ	Ⅱ	双翼圆锥铤，有关	5	1.8				有	圆锥	1.9	7.2
198	250：16－5	Ⅴ	Ⅱ	双翼圆锥铤，有关	4.9	1.9				有	圆锥	1.9	7.2
199	209：12－6	Ⅴ	Ⅲ	双翼扁铤，有关	5.8	1.5				有	圆锥	2.5	8.35
200	376：8	Ⅴ	Ⅳ	双翼扁铤，阔脊延至前锋	4	1.7					扁	2.2	4.4
201	18：30－44	Ⅵa		直线形三翼，有铤、倒刺	4.7	1.2					扁	2.6	5.65
202	18：30－30	Ⅵb	Ⅰ	弧线形三翼，后锋内敛	4.2	1					不详	1.7	4.35
203	18：30－45	Ⅵb	Ⅰ	弧线形三翼，后锋内敛	4.3	0.8					圆锥	1.8	4.35
204	18：30－46	Ⅵb	Ⅰ	弧线形三翼，后锋内敛	3.8	0.8						1.6	4.42
205	18：30－47	Ⅵb	Ⅰ	弧线形三翼，后锋内敛	3.6	0.8					圆锥	1.5	3.95
206	18：30－48	Ⅵb	Ⅰ	弧线形三翼，后锋内敛	4.3	0.8					圆锥	2	4.37
207	18：30－49	Ⅵb	Ⅰ	弧线形三翼，后锋内敛	3.7	0.8					三角锥	1.6	4
208	18：30－50	Ⅵb	Ⅰ	弧线形三翼，后锋内敛	4.1	0.8						1.9	4.5
209	18：30－51	Ⅵb	Ⅰ	弧线形三翼，后锋内敛	3.7	0.8						1.4	4
210	250：16－2	Ⅵb	Ⅱ	弧线形三翼，后锋顺展	3.5	0.9					圆锥	1.6	2.95

附表 139－6　　**玉皇庙墓地出土青铜镞统计表**

序号	器物号（YYM）	型	式	形　制	通长	宽	銎　部			关	铤		重量
							长	内径	穿孔		形	长	
211	250∶16－3	Ⅵb	Ⅱ	弧线形三翼，后锋顺展	3.9	1					圆锥	2	3.6
212	52∶10－6	Ⅵb	Ⅱ	弧线形三翼，后锋顺展	4.4	0.9					圆锥	2	3.95
213	52∶10－7	Ⅵb	Ⅱ	弧线形三翼，后锋顺展	3.4	1					圆锥	1.5	3.1
214	18∶30－52	Ⅶa		三棱梭形，三棱脊	4.5	1.1						2	4.65
215	18∶30－53	Ⅶa		三棱梭形，三棱脊	4.4	0.9						1.9	3.6
216	18∶30－54	Ⅶb		三棱梭形，六棱脊	4.5	0.9					三角锥	2.1	4.7
217	18∶30－55	Ⅶb		三棱梭形，六棱脊	4.7	0.9						2.3	5.41
218	18∶30－56	Ⅶb		三棱梭形，六棱脊	3.5	0.8					三角锥	1.6	3.05
219	18∶30－57	Ⅶb		三棱梭形，六棱脊	3.7	0.9					三角锥	1.8	3.4
220	18∶30－58	Ⅶc		三棱梭形，血槽前端有倒刺	4.9	0.9					三角锥	2.2	5.35
221	384∶10	Ⅷ		有铤柳叶形	6.1	1.2					扁	2.5	4.3
222	250∶16－6	Ⅸ		双翼，前锋加重	4.8	1.1				有	圆锥	2.4	5.5
223	250∶16－7	Ⅸ		双翼，前锋加重	4.8	1.1				有	圆锥	2.3	5.5
224	250∶16－8	Ⅸ		双翼，前锋加重	4.7	1.1				有	圆锥	2.1	5.5
225	250∶16－9	Ⅸ		双翼，前锋加重	4.8	1				有	圆锥	2.2	5.5
226	52∶10－3	Ⅹ	Ⅰ	双条形翼，脊中部有截棱	4.9	1.1				有	圆锥	2.6	5.42
227	52∶10－4	Ⅹ	Ⅰ	双条形翼，脊中部有截棱	4.2	1.2				有	圆锥	1.8	5.1
228	186∶11	Ⅹ	Ⅱ	双条形翼，窄棱脊	3.8	1.4				有	圆锥	1.8	3.66
229	105∶11－5	Ⅹ	Ⅱ	双条形翼，窄棱脊	5.5	1.7				有	圆锥	3.1	6.6
230	333∶1－3	Ⅹ	Ⅱ	双条形翼，窄棱脊	3.9	1.5				有	圆锥	1.7	3.8
231	213∶12－2	Ⅹ	Ⅲ	双条形翼，前锋加重	4.1	2				有	圆锥	1.6	7.05
232	148∶9－2	Ⅺ		管銎柳叶形	3.2	1.1	0.9	0.7					3.3
233	174∶17－3	Ⅻ		管銎三棱形	2.3	0.8	0.3	0.5					1.18
合　计				可分型分式铜镞共 233 件，出自 66 座墓葬									

注：长度单位为厘米，重量单位为克。

199、151、145、117、105、74、156、158、134、131、122、124），位于西区者有 6 座（YYM332、333、321、320、316、303），此 23 座均属于春秋晚期前段，占玉皇庙墓地出土铜族墓葬总数 32.4%；位于南区南部者 9 座（YYM173、129、174、334、345、344、343、349、376），属于春秋晚期后段，占玉皇庙墓地出土铜族墓葬总数 12.7%。铜镞从春秋早期一直延续到春秋晚期后段，其中以春秋晚期前段数量偏多，其他 5 个阶段差别不大。

在出土铜镞的墓葬中，男性墓有 67 座（YYM19、18、300、384、5、277、250、282、230、229、233、227、264、276、226、252、275、236、261、257、247、48、95、51、65、190、188、52、36、192、186、57、60、71、72、148、217、213、210、209、205、199、151、145、117、105、74、156、158、134、131、122、124、332、333、321、320、303、173、129、174、334、345、344、343、349、376），占玉皇庙墓地出土铜族墓葬总数 94.4%；女性墓有 1 座（YYM316），占玉皇庙墓地出土铜族墓葬总数 1.4%；无人墓有 3 座（YYM32、34、17），占玉皇庙墓地出土铜族墓葬总数 4.2%。以上统计表明，铜镞是男性武士专有的兵器之一。1 例女性墓（YYM316）所出的 1 枚铜镞，出在死者右只骨外侧，镞锋朝向死者腰部，与一般男性墓随葬铜镞出土部位异样，属于特殊情况，故有理由推测，该女

性之死，可能与此铜镞有关。

在玉皇庙墓地的墓葬中，甲（A）级墓（YYM18、250、230）100%出土铜镞；出土铜镞的甲（B）级墓葬有3座（YYM52、217、151），占甲（B）级墓葬总数（5座）的60%；乙（A）级墓有15座（YYM300、229、227、275、236、261、95、51、210、209、74、156、129、334、344），占乙（A）级墓葬总数（28座）的53.6%；乙（B）级墓葬有21座（YYM19、17、384、233、226、257、247、65、190、188、36、186、57、60、213、205、158、134、124、174、349），占乙（B）级墓葬总数（83座）的25.3%；丙（A）级墓葬有15座（YYM32、277、282、264、252、48、148、199、145、117、131、122、345、343、376），占丙（A）级墓葬总数（81座）的18.5%；丙（B）级墓葬有4座（YYM34、192、333、320），占丙（B）级墓葬总数（41座）的9.8%；丙（C）级墓葬有6座（YYM5、71、72、105、332、173），占丙（C）级墓葬总数（66座）的9.1%；丁级墓葬有4座（YYM276、321、316、303），占丁级墓葬总数（92座）的4.3%。铜镞是非常重要的武器，也是身份地位的象征，因此在高级别的阶层中占有率较高，而作为实战兵器，被中等和低等阶层拥有也在情理之中，只是拥有比例随等级的降低而减小。

如果将青铜镞以翼的形式划分成二翼、三翼和四翼等三种类别，那么玉皇庙墓地出土的铜镞中，三翼类型有199枚，包括Ⅰ型134枚、Ⅱ型44枚、Ⅵ型13枚、Ⅶ型7枚、Ⅻ型1枚，占可分型分式青铜镞总数的85.4%；二翼类型有31枚，包括Ⅲ型14枚、Ⅴ型5枚、Ⅷ型1枚、Ⅸ型4枚、Ⅹ型6枚、Ⅺ型1枚，占可分型分式青铜镞总数的13.3%；四翼类型有3枚，仅Ⅳ型一种类型，占可分型分式青铜镞总数的13.3%。

在三翼类型中，三翼有銎形（Ⅰ型和Ⅻ型）是占据重要地位的、最主要的类别，共135枚，占三翼类型铜镞67.8%，从春秋早期出现，一直延续到春秋晚期后段。三翼有铤形（Ⅱ型、Ⅵ型和Ⅶ型）有64枚，占三翼类型铜镞的32.2%，出现于春秋早期，延续至春秋中晚期，春秋晚期绝迹，其中春秋早期有51枚，占三翼有铤形铜镞的79.7%，即三翼有铤形绝大多数集中于春秋早期，是玉皇庙青铜镞的偏早期形态。

在二翼类型中，二翼有銎形（Ⅲ型和Ⅺ型）共15枚，占二翼类型青铜镞的48.4%，出现于春秋早期，一直延续至春秋晚期后段，虽然数量不多却分布于玉皇庙墓地的各个历史阶段未曾中断。二翼有铤形（Ⅷ型、Ⅸ型和Ⅹ型）共16枚，占二翼类型青铜镞的51.6%，出现于春秋早期，一直延续到春秋晚期前段，春秋晚期后段无此类型。

四翼类型只偶然出现于春秋早期、早中期和中期等3个偏早阶段，是非主流青铜镞类别。

在71座墓葬中，每墓出土青铜镞的数量不等，多者达61枚，如YYM18，YYM250出土29枚，居数量第2位，YYM17出土12枚，居第3位，其余均出土10枚以下，少者只有1枚。

玉皇庙墓地的青铜镞多为三范（1个内范，2个外范）合铸或双范合铸。属于小型远射兵器。

（三）工具

玉皇庙墓地共出土青铜工具424件，占玉皇庙墓地出土青铜制品总数的2.4%。包括削刀（137件）、锛（36件）、凿（31件）、斧（2件）、锥（108件）、针（8件）、锥（针）管具（92件）、盒形器（9件）、瓶形器（1件）等10类。

削刀 玉皇庙墓地共出土青铜削刀137件，占玉皇庙墓地出土青铜工具总数的32.3%；分别出自

137 座墓葬，每墓 1 件，墓号为 YYM2、3、5、7、10、11、13、17、18、19、20、22、23、26、32、34、35、36、37、41、42、46、48、49、51、52、54、57、58、61、63、65、69、70、71、74、82、83、86、90、95、98、99、102、105、108、110、111、112、117、122、124、127、129、131、134、142、143、145、148、151、153、156、158、160、161、168、171、174、175、177、178、179、182、186、188、190、192、199、203、205、209、210、212、213、214、217、220、224、226、227、228、229、230、233、234、236、247、250、252、256、257、260、261、264、271、275、276、280、281、282、283、285、293、295、297、299、300、303、312、313、314、315、325、334、344、345、348、349、358、370、373、376、383、384、385、386，占玉皇庙墓地墓葬总数的 34.25%。削刀皆为双范合铸，多弧背，仅有少数凹背弧刃，用于刮削兽皮或切割兽肉，均为实用工具。

从造型、结构考察，削刀可分为刀首、刀柄、刀身三部分，依据这三部分的特点，可将玉皇庙 137 件青铜削刀中形状完整可辨的 130 件进行分型分式，可分为 14 型 24 式。

Ⅰ型　柄首一体，有穿孔

共 8 件，占可分型分式青铜削刀总数的 6.15%。其形制特点是，柄、首连为一体，末端有一穿孔，根据刀身的形状，可分 3 式。

Ⅰ式　弧背挑尖

共 2 件（YYM22:3、YYM283:3），占Ⅰ型削刀总数的 25%。

标本 YYM22:3，属于春秋早期。通长 18.4 厘米，重 34.7 克。刀身长 11.1，尾端最宽 1.8，最厚 0.3 厘米，前端略窄而薄，刀尖上挑，弧背，单面凹刃，刃较锋利，横剖面呈直角楔形；柄、首连为一体，长 7.3、前端宽 1.1、后端宽 2.2、厚 0.3 厘米，后端有一个三角形穿孔，柄两面中间有凹槽，横剖面呈葫芦形。刀身上沿、柄上下沿有铸缝，末端有浇注痕迹。刀身与柄分界不很明显，夹角呈 135 度（图六〇八，1；图版二八一，1）。

标本 YYM283:3，属于春秋早中期。通长 17.3 厘米，重 33.2 克。刀身长 10.3，尾端宽 1.7，厚 0.35 厘米。前端窄而薄，刀尖微翘，端头残损，弧背，双面凹刃，横剖面呈三角楔形；刀柄和首连为一体，长 7、宽 1.4、上沿厚 0.3、下沿厚 0.2 厘米，横剖面呈倒梯形，末端有一个三角形穿孔。刀身上沿、柄上下沿、三角孔内侧有铸缝，末端有浇注痕迹。刀柄、身分界较明显，夹角呈 124 度（图六〇八，2；图版二八一，2）。

Ⅱ式　凹背翘尖

共 2 件（YYM13:3、YYM227:3），占Ⅰ型削刀总数的 25%。

标本 YYM13:3，属于春秋早期。残长 17.3 厘米，重 64 克。刀身长 10.6、尾端最宽 2.3、厚 0.35 厘米，前端窄而薄，刀尖上翘，端头残损，凹背，单面刃，刃较锋利且向一侧微弯卷；刀柄、首连为一体，长 6.7、宽 2、上沿厚 0.45、下沿厚 0.35 厘米，一侧有凹槽，末端有 1 个三角形穿孔。刀身上沿、柄上沿及末端三角孔内壁有铸缝。刀身与柄分界不明显，夹角呈 146 度（图六〇八，3；图版二八一，3）。

标本 YYM227:3，属于春秋早中期。通长 18.2 厘米，重 34.6 克。刀身长 10.8、最宽 1.6、最厚 0.35 厘米。前端窄而薄，刀尖上翘，凹背，双面刃，刃有齿，横剖面呈倒等腰三角形。柄、首连为一体，上沿呈直线，长 7.4、前端宽 1.2、后端宽 1.5 厘米，尾端有一长形穿孔，略呈抹角长三角形。上

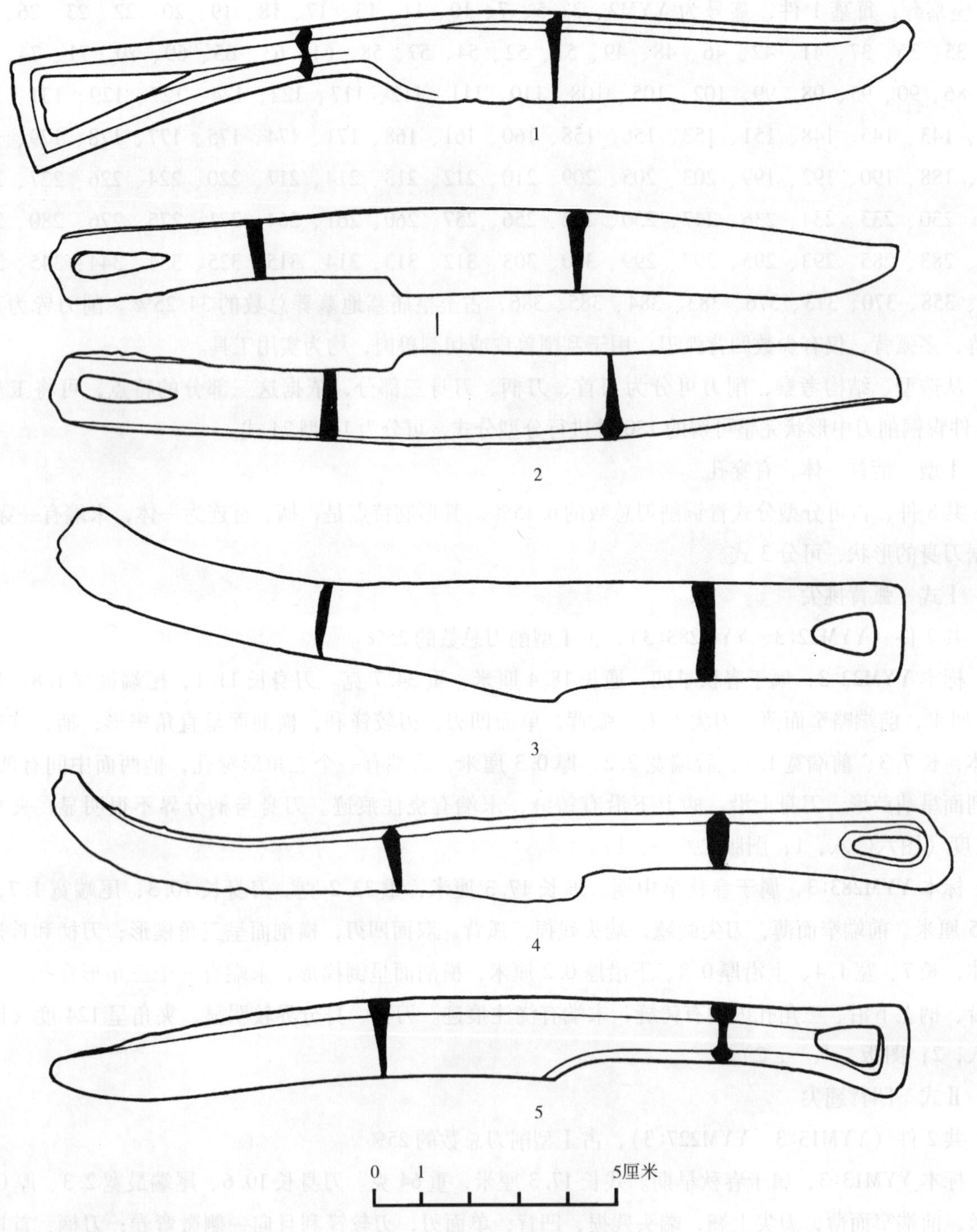

图六〇八　玉皇庙墓地出土青铜削刀

1、2. Ⅰ型Ⅰ式（YYM22:3、283:3）

3、4. Ⅰ型Ⅱ式（YYM13:3、227:3）　5. Ⅰ型Ⅲ式（YYM300:3）

沿厚0.4、下沿厚0.1厘米，横剖面呈倒梯形。刀背、柄上下沿及末端、穿孔内侧有铸缝。刀身与柄分界明显，夹角呈98度（图六〇八，4；图版二八一，4）。

Ⅲ式　弧背平尖

共4件（YYM300:3、YYM229:3、YYM234:3、YYM192:3），占Ⅰ型削刀总数的50%。

标本YYM300:3，属于春秋早期。通长17.3厘米，重37.7克。刀身长10.2、前端宽0.9、后端宽1.6。弧背平尖，双面凹刃，刃较钝，上沿有一宽0.2厘米的棱。横剖面呈"T"形。刀柄长7.1、前端宽1.3、后端宽1厘米，上、下沿厚0.4厘米，双面正中是凹槽，横剖面呈"工"字形。刀首与柄平连一体，长2.2、宽1.8、厚0.5厘米，中间有一个三角形环孔，长1.4、宽0.8厘米，环壁横剖面呈长方形。刀背、柄上下沿、柄首环孔内外侧有铸缝。刀身与柄分界明显，夹角呈160度。刀锋折断（图六〇八，5；图版二八一，5）。

标本YYM229:3，属于春秋早中期。通长20厘米，重53.4克。刀身长11.4、末端宽2、厚0.4厘米。背微弧，平尖，背略窄于尾，双面凹刃，刃有缺损，横剖面呈楔形。柄、首连为一体，长8.6、前端宽1.6、中腰宽1.4、后端宽1.8、上沿前端厚0.4、后端厚0.3、下沿前端厚0.2、后端厚0.3厘米，横剖面呈楔形。末端有一纵向，高2、底边宽0.6厘米的长等腰三角孔。刀背、柄上下沿、三角孔内沿有铸缝，柄末端有浇注痕迹。刀柄、身分界不明显，夹角呈134度（图六〇九，1；图版二八二，1）。

标本YYM234:3，属于春秋中期。通长14.7厘米，重27.8克。刀身长8.7、后端最宽1.5、最厚0.3厘米，前端窄而薄，弧背平尖，双面刃，刃较锋利。横剖面呈长倒等腰三角形。刀柄、首连为一体，长6、前端宽1.2、后端宽1.4、上沿厚0.3、下沿厚0.1厘米，横剖面呈倒梯形。末端有一不规则穿孔。刀背、柄上下沿及尾端有铸缝。刀身与柄分界不明显，夹角呈144度（图六〇九，2；图版二八二，2）。

标本YYM192:3，属于春秋中晚期。通长19.4厘米，重49.2克。刀身长11.5、前端宽1、后端宽2、刀锋长0.9厘米，弧背平尖，双面凹刃，刃较钝。横剖面呈倒三角形，刀柄长7.9、前端宽1.6、后端宽1.7厘米。横剖面呈倒三角形。后端有一长0.9、宽0.7厘米的略呈圆形的穿孔。刀背及柄上沿有铸缝，柄末端有浇注痕迹。刀身与柄分界明显，夹角呈115度（图六〇九，3；图版二八二，3）。

Ⅱ型　单兽目形穿孔

共3件，占可分型分式青铜削刀总数的2.31%。其形制特点是刀首为单孔兽目形，向下弧垂。根据刀首的型式可分2式。

Ⅰ式　圆形兽目形刀首

共2件（YYM20:3、YYM275:3），占Ⅱ型削刀总数的66.67%。

标本YYM20:3，属于春秋早期。通长16.7厘米，重40.2克。较轻薄，铜质优良，含锡量较高，绿锈斑驳，身、环首局部泛银灰光泽。刀身长9.9、后端最宽1.8、刀背最厚0.4厘米，前端窄而薄，刀柄、刀背呈弧形，双面刃，刃残损，多齿口，横剖面呈等腰三角楔形，近刀尖1.9厘米处折断。刀柄长5.1、前端宽1、后端宽0.9、厚0.4厘米，横剖面呈抹角矩形；环首作单孔兽目形，环径1.7×1.8、厚0.3厘米。双范合铸，在身、柄与环首中间，遗有铸缝。刀身与柄分界明显，夹角呈120度（图六〇九，4；图版二八二，4）。

标本YYM275:3，属于春秋早中期。通长22.2厘米，重74克。刀身长13.7、后端最宽2.1、最厚0.5厘米，前端窄而薄，背微弧，刀尖略上挑，双面凹刃，刃锋利，横剖面呈长等腰三角楔形。刀柄长6.3、宽1.4、上沿厚0.4厘米，横剖面呈等腰三角形。单孔兽目，横向外径2.2、内径1.1、纵向外

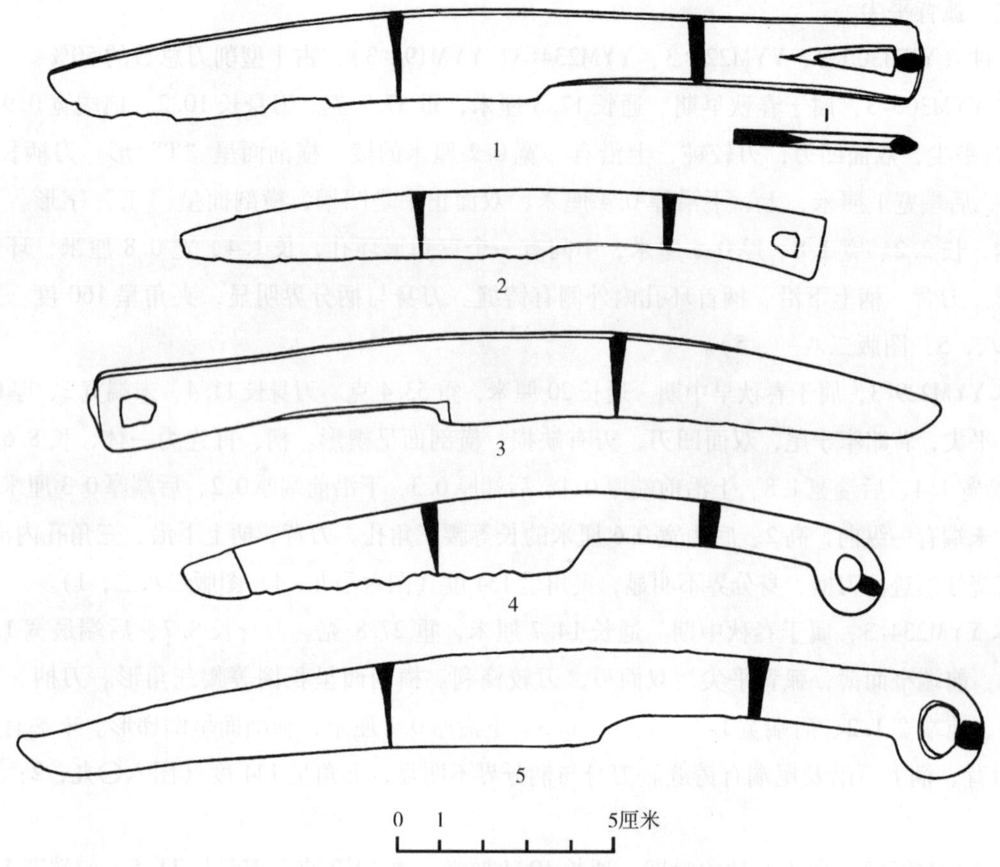

图六〇九 玉皇庙墓地出土青铜削刀

1、2、3. Ⅰ型Ⅲ式（YYM229:3、234:3、YYM192:3）

4、5. Ⅱ型Ⅰ式（YYM20:3、275:3）

径1.8、内径0.9、最厚0.52厘米。环首内外侧有铸缝。刀身与柄分界不明显，夹角呈126度（图六〇九，5；图版二八二，5）。

Ⅱ式　三角兽目形刀首

1件，占Ⅱ型削刀总数的33.33%。即YYM48:3，属于春秋中期。残长20.6厘米，重72.5克。刀身残长13.2、前端宽1、厚0.2、后端最宽2、厚0.4厘米，刀锋上翘，尖残，锋残长1.1厘米；弧背，双面平刃，刃较锋利，横剖面呈等腰三角形。柄、首连为一体，长4.9、前端最窄1.2、厚0.34、后端最宽2.1、厚0.4厘米，下沿略薄，横剖面呈梯形。尾端有一椭圆形穿孔，外周长径2.5、短径2.4厘米。刀背、柄上下沿及后沿、穿孔内侧有铸缝。刀身、柄分界略明显，夹角呈134度（图六一〇，1；图版二八三，1）。

Ⅲ型　凸环首

共62件占可分型分式青铜削刀总数的47.69%。根据环首、柄、身的特点，可分为5式。

Ⅰ式　短形体，阔柄小环首

共36件（YYM35∶3、YYM2∶18、YYM3∶3、YYM5∶3、YYM281∶3、YYM280∶3、YYM37∶3、YYM250∶8、YYM282∶3、YYM230∶3、YYM233∶3、YYM228∶3、YYM276∶3、YYM226∶3、YYM252∶3、

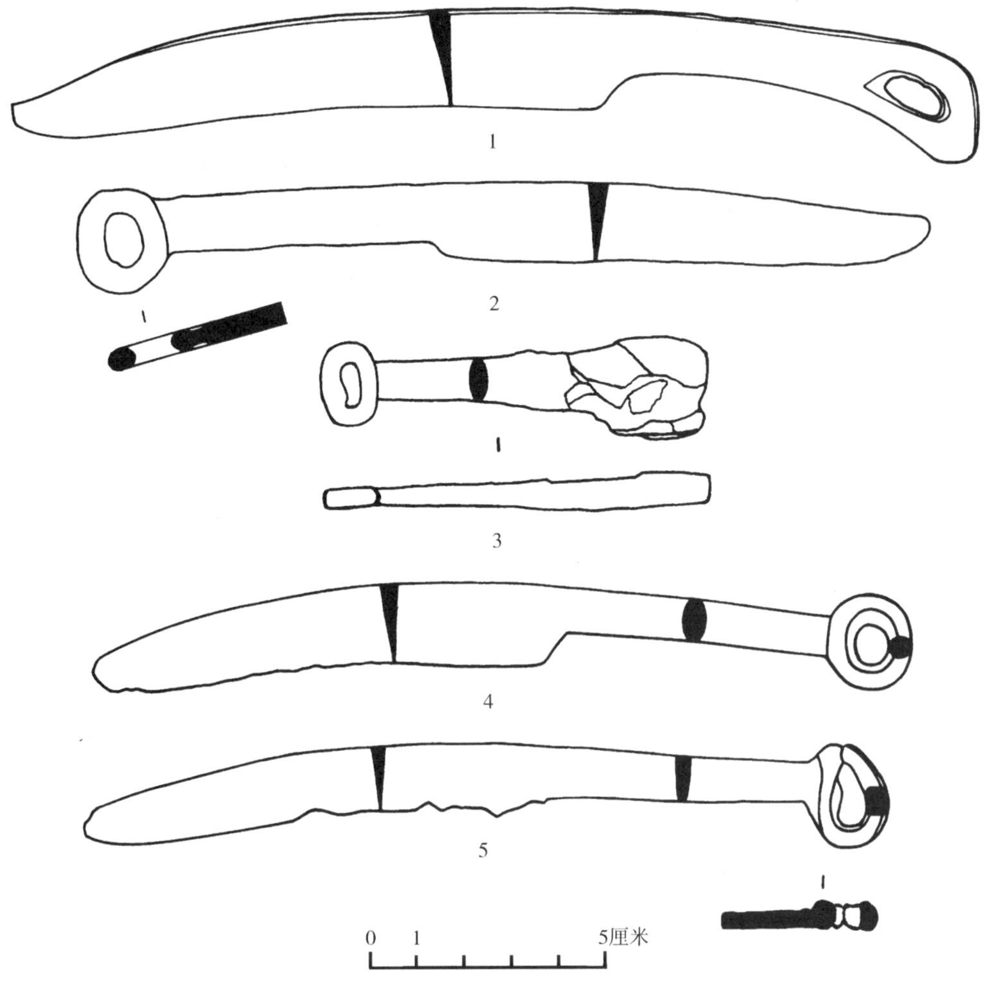

图六一〇　玉皇庙墓地出土青铜削刀

1. Ⅱ型Ⅱ式（YYM48:3）　2－5. Ⅲ型Ⅰ式（YYM35:3、YYM2:18、YYM3:3、YYM5:3）

YYM41:3、YYM46:3、YYM256:3、YYM49:3、YYM247:3、YYM95:3、YYM260:3、YYM51:3、YYM190:3、YYM52:3、YYM297:3、YYM293:3、YYM7:3、YYM57:3、YYM86:3、YYM71:3、YYM182:3、YYM199:3、YYM178:3、YYM153:3、YYM312:3），占Ⅲ型削刀总数的58.06%。

标本YYM35:3，属于春秋早期。通长18厘米，重44.5克。刀身长10.4、后端最宽1.6、厚0.3厘米，前端窄而薄，刀尖略上翘，背微弧，双面刃锋利，横剖面呈等腰三角楔形，刀柄长5.6、前端宽1.2、后端宽1.1、上沿厚0.3、下沿厚0.2~0.3厘米，横剖面大致呈梯形，一面靠近环首部略凹；小凸环首，横向外径2.1×2、内径1.1×0.8、壁宽0.5、厚0.4厘米，横剖面大致呈矩形。刀身上沿、柄上下沿、环壁内外侧有铸缝，环首末端有浇注痕迹。刀身、柄分界较明显，夹角呈118度（图六一〇，2；图版二八三，2）。

标本YYM2:18，属于春秋早期。残长8.1厘米，残重16克。刀身残，仅存长2.1、宽2.1、厚0.8厘米，铁制，锈蚀严重，铁锈延伸至刀柄前端1厘米处。刀柄铜制，长4.9、前端宽1.3、后端宽0.7、厚0.38厘米，横剖面呈纺锤形，一面前部有渣状铁锈。小凸环首，横向外径1.6×1.1、内径1×0.5厘米（图六一〇，3；彩版六〇，3；图版二八三，3~5）。经检测，刀身断口处，铁成分达90%以上，此外还有少量铜、铅成分；刀柄成分以铜为主，其次为铅，另有铁、锡等，即此刀应为铜柄铁刀。刀身材质推测应是人工冶炼的块炼铁，身、柄结合处采用“铜包铁”的分铸法。详见附属报告《延庆玉皇庙墓地出土的铜柄铁刀及其科学分析》。

标本YYM3∶3，属于春秋早期。通长17.3厘米，重42.5克。刀身长10、后端最宽1.7、厚0.4厘米，前端窄而薄，弧背，双面刃，刃多齿口，横剖面呈等腰三角楔形；刀尖缺损，刀柄长5.6、前端宽0.9、后端宽0.8、厚0.4厘米，横剖面呈椭圆形；小凸环首，横向外径1.9×1.7、内径0.9×0.7、壁宽0.5、厚0.4厘米，横剖面大致呈纺锤形。刀身上沿、柄上下沿、环壁内外侧有铸缝。刀身、柄分界明显，夹角呈121度（图六一〇，4；图版二八四，1）。

标本YYM5∶3，属于春秋早期。通长17厘米，重34克。刀身长9.6、后端最宽1.5、刀背最厚0.2厘米，前端略窄而薄，弧背，双面刃，刃缺损，多齿口，刀尖残损，余部略上翘，横剖面呈等腰三角楔形，刀身扭曲变形；刀柄长5.7，比刀身加厚，身、柄交界处起棱，前端宽1.2、后端宽0.8、上沿厚0.3、下沿厚0.1～0.2，横剖面呈抹角三角形；小凸环首，因浇注未到位，上部未完全形成环状而遗留缝隙，横向外径2.1×1.7、厚0.5厘米。刀背、柄上下沿、环壁内外侧有铸缝。刀身与柄分界不明显，夹角呈161度（图六一〇，5；图版二八四，2）。

标本YYM37∶3，春秋早中期。通长18.5厘米，重51克。刀身长10.8、后端最宽1.9、厚0.3，前端窄而薄，弧背，双面刃，刃较锋利，横剖面呈等腰三角楔形，刀尖向一侧弯卷；刀柄长6、前端宽1.1、后端宽0.9、上沿厚0.3、下沿厚0.2，横剖面大致呈梯形；小凸环首，略呈抹角矩形，横向外径2×1.7、内径1×0.8、壁宽0.4、厚0.55厘米，横剖面大致呈椭圆形。刀身有一处、刀柄有两处折断，环首一面有纺织物遗痕。刀身上沿、柄上下沿、环壁内外侧有铸缝。刀身、柄分界明显，夹角呈122度（图六一一，1；图版二八四，3）。

标本YYM281∶3，春秋早中期。通长16.7厘米，重36.7克。刀身长9.9、后端最宽1.7、最厚0.4厘米，前端窄而薄，弧背，刀尖微挑，双面凹刃，刃较锋利，横剖面呈长等腰三角楔形。刀柄长5.1、前端宽1.1、后端宽0.9、上沿厚0.3、下沿厚0.2厘米，双面饰锯齿纹。小凸环首，横向外径2.3×1.7、内径1.5×1、最厚0.42厘米。刀背、柄上下沿、环首内外侧有铸缝。刀身与柄分界明显，夹角呈127度（图六一一，2；图版二八四，4、5）。

标本YYM280∶3，春秋早中期。通长13.1厘米，重25.6克。保存完好，制工精良，铜质较好。刀身长8.2、末端最宽1.5、厚0.31，一侧上缘出肩，肩上饰绳纹，弧背，平尖，单面直刃，刃较锋利，横剖面呈楔形。刀柄长3.7、前端宽0.7、后端宽0.62、厚0.4厘米，横剖面呈椭圆形。小凸环首，横向外径1.4×1.2、内径0.7×0.6、厚0.5厘米。环首内侧有铸缝。柄身分界明显，夹角呈124度（图六一一，3；图版二八五，1）。

标本YYM282∶3，属于春秋早中期。通长21.3厘米，重58.9克。刀身长13.4、末端宽1.9、厚0.4厘米。背窄于尾，弧背翘尖，双面直刃，横剖面呈楔形。前5.3厘米处折断。刀柄长6、宽1.3、上沿前端厚0.4、后端厚0.5、下沿前端厚0.2、后端厚0.4厘米，一侧下凹，一侧中间纵向饰一组圆点纹，两边饰锯齿纹，横剖面呈收腰状。小凸环首，横向外径2.6×1.9、内径1.4×0.9、厚0.5厘米。刀柄上下沿、环首内侧有铸缝，柄、身分界明显，夹角呈135度（图六一一，4；图版二八五，2）。

标本YYM250∶8，属于春秋早中期。通长20厘米，重56克。刀身长12.3、末端宽2、厚0.4厘

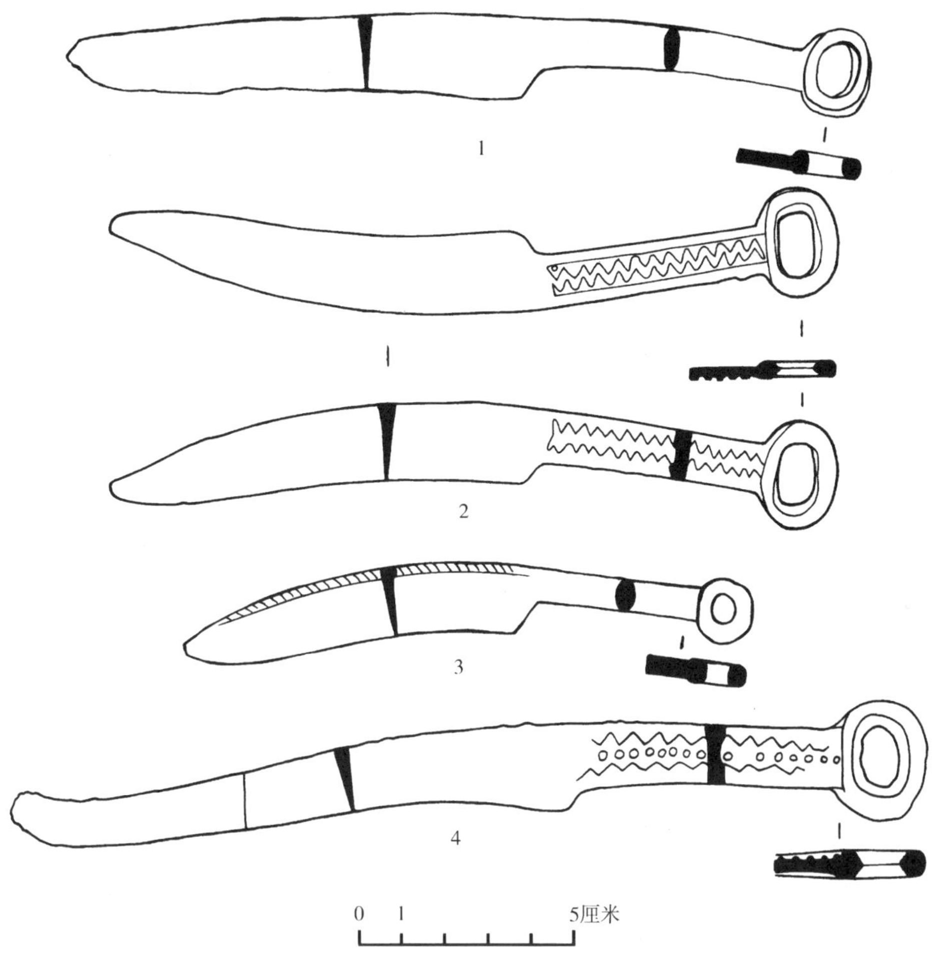

图六一一　玉皇庙墓地出土青铜削刀

1、2、3、4. Ⅲ型Ⅰ式（YYM37:3、281:3、280:3、282:3）

米。弧背平尖，双面直刃，横剖面呈楔形。刀柄长5.5、宽1.1、中间前端厚0.4、后端厚0.5厘米，一侧饰一个三角纹，横剖面呈椭圆形。小凸环首，横向外径2.5×2.2、内径1.5×1.2、厚0.5厘米。柄、身分界明显，夹角呈140度（图六一二，1；图版二八五，3）。

标本YYM230:3，属于春秋早中期。通长21.2厘米，重67.4克。刀身长12.8、末端宽1.8、厚0.5厘米，弧背平尖，背略窄于尾。双面凹刃，横剖面呈楔形，前端受压变形。刀柄长6.6、前端宽1.3、后端宽1.1、上沿前端厚0.5、后端宽0.4、下沿厚0.3厘米，横剖面呈梯形，两侧与身交界处呈斜棱状。小凸环首，横向外径2.4×1.8、内径1.3×0.9、厚0.5厘米。刀背、柄上下沿、环内外侧有铸缝。柄身分界明显，夹角呈130度（图六一二，2；图版二八五，4）。

标本YYM233:3，属于春秋早中期。通长20厘米，重63克。刀身长12.6、末端宽1.9、厚0.4厘米，弧背平尖，背窄于尾，双面直刃，横剖面呈楔形。刀柄长5.5、前端宽1.2、后端宽1.1、上沿前端厚0.5、后端宽0.35、下沿厚0.4厘米，一侧正中饰一组纵向圆点纹，两边饰锯齿纹，横剖面大致呈梯形。小凸环首，横向外径2.4×1.9、内径1.3×0.9、厚0.5厘米。刀身上沿、柄上下沿、环首内外侧有铸缝。柄身分界明显，夹角呈145度（图六一二，3；图版二八五，5）。

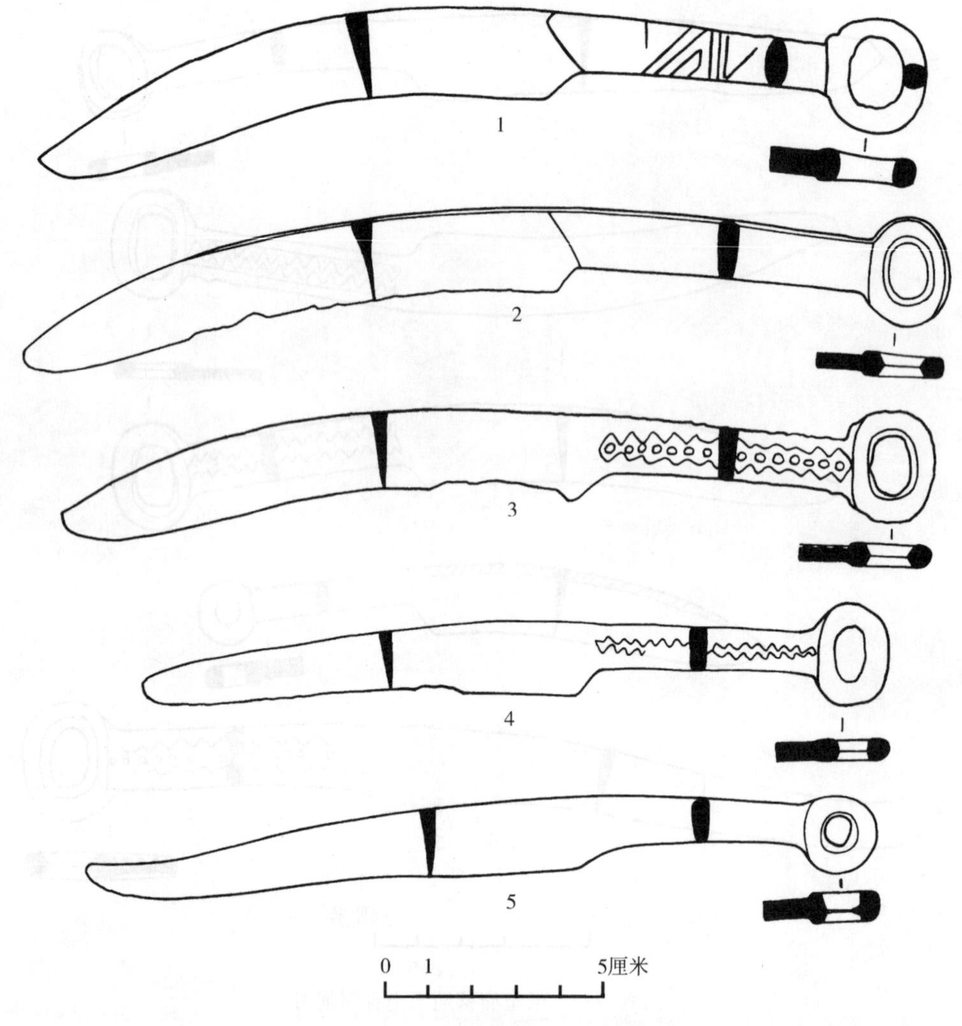

图六一二　玉皇庙墓地出土青铜削刀

1、2、3、4、5. Ⅲ型Ⅰ式（YYM250:8、230:3、233:3、228:3、276:3）

标本 YYM228:3，属于春秋早中期。通长 17.1 厘米，重 38.3 克。刀身长 10.4，末端最宽 1.6、厚 0.35 厘米，背窄于尾，背微弧，平尖，双面直刃，刃有缺损，横剖面呈楔形。刀柄长 5、宽 1、上沿厚 0.4、下沿厚 0.32 厘米，两侧中间饰横向锯齿纹，横剖面呈束腰鼓形，一侧柄与身呈斜棱状分隔。小凸环首，横向外径 2.2×1.7、内径 1.3×0.8、厚 0.4 厘米。环首内外侧有铸缝。柄身分界明显，夹角呈 132 度（图六一二，4）。

标本 YYM276:3，属于春秋早中期。通长 18 厘米，重 41 克。刀身长 11.8、后端最宽 1.6、最厚 0.3 厘米，前端窄而薄，背微弧，刀锋细长上挑，双面刃，刃锋利，横剖面呈等腰三角形。刀柄长 4.7、前端宽 1.3、后端宽 0.9、上沿前端厚 0.3、后端厚 0.4、下沿前端厚 0.2、下沿厚 0.3 厘米，横剖面呈梯形。小凸环首，横向外径 1.6×1.5、内径 0.7×0.6、最厚 0.65 厘米。刀背、柄上下沿，环首内外侧有铸缝。刀身与柄分界不明显，夹角呈 147 度（图六一二，5；图版二八六，1）。

标本 YYM226:3，属于春秋早中期。约 20.1 厘米，残重 54 克。刀身长 12、后端宽 1.8、宽 0.42 厘米，前端窄而薄，刀尖上挑，锋刃略卷曲，双面刃，刃较锋利，横剖面呈长等腰三角形。一面刀身

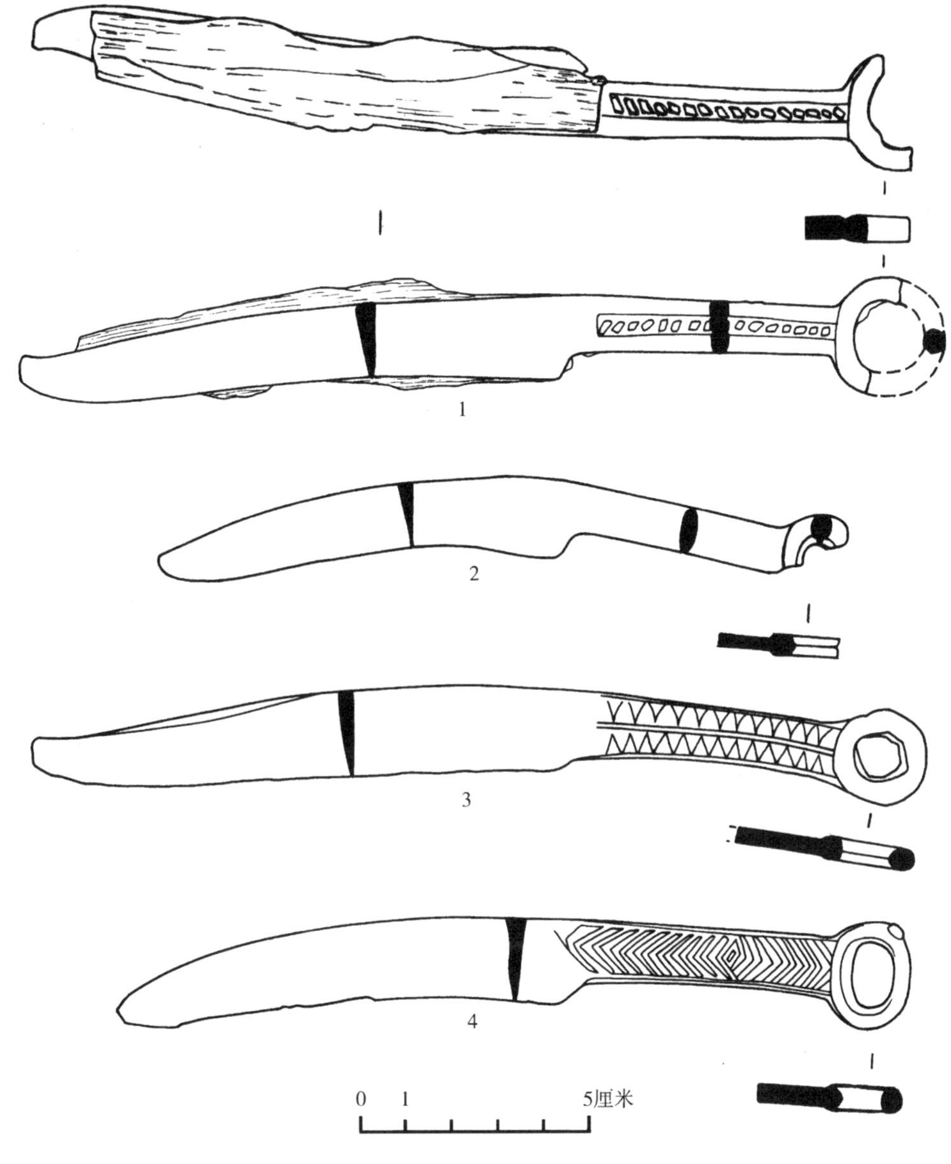

图六一三　玉皇庙墓地出土青铜削刀

1、2、3、4. Ⅲ型Ⅰ式（YYM226:3、252:3、41:3、46:3）

后半部延至柄，长 8.9 厘米，粘有木制刀鞘遗痕。柄长 5.8、前端宽 1.2、后端宽 0.9、厚 0.4 厘米，横剖面呈纺锤形。一面在纵向凹槽内饰阳刻绹索纹。小凸环首，后端残，残长 1.8，环首内外侧有铸缝。刀身、柄分界明显，夹角呈 127 度（图六一三，1；图版二八六，2、3）。

标本 YYM252:3，属于春秋早中期。残长 14.9 厘米，重 29 克。刀体短小。刀身长 8.9、后端最宽 1.7、最厚 0.3 厘米，前端窄而薄，弧背，双面刃，刃锋利，横剖面呈长等腰三角形。刀柄长 4.6、宽 1、上沿厚 0.3、下沿厚 0.2 厘米，横剖面呈梯形。小凸环首，大部已残缺。刀背、柄上下沿、环首内外侧有铸缝。刀身与柄分界明显，夹角呈 114 度（图六一三，2；图版二八六，4）。

标本 YYM41:3，属于春秋中期。通长 19.4 厘米，重 62.4 克。刀身长 11.7、前端宽 0.9、后端宽 1.7、刀锋长 1、刀背均厚 0.3 厘米。弧背，双面刃，刃锋利，刀锋上翘，横剖面呈三角形。刀柄长

5.8、前端宽1.4、后端最窄1.2、厚0.3厘米。一面正中饰纵向阳刻粟粒纹，其两侧饰锯齿纹，横剖面呈纺锤形。小凸环首，长1.9、宽2、环壁宽0.5、厚0.25厘米，环壁横剖面近似方形。刀背、柄上下沿、柄首环壁内外侧有铸缝。刀身与柄分界较明显。夹角呈150度（图六一三，3；图版二八六，5）。

标本YYM46:3，属于春秋中期。通长17.2厘米，重52.2克。刀身长10.2、后端最宽1.7、刀背最厚0.4厘米，前端窄而薄，弧背，双面刃，刃较锋利，横剖面呈等腰三角楔形。刀柄长5.2、前端宽1.3、后端宽1.2、上沿厚0.4、下沿厚0.3厘米，横剖面呈梯形，两面饰反向阳刻三角纹。小凸环首，横向外径2.2×1.8、内径1×0.6、厚0.5厘米。双范和铸，刀背、柄上下沿、环壁内外侧有铸缝，环首上部有浇注痕迹。刀身、柄分界明显，夹角呈146度（图六一三，4；图版二八七，1）。

标本YYM49:3，属于春秋中期。通长15.7厘米，重33.2克。刀身长9.7、后端最宽1.5、刀背最厚0.35厘米，前端窄而薄，弧背，双面凹刃，刃略缺损，有齿口，横剖面近似“T”字形。刀柄长4.3、前端宽0.9、后端宽0.7、厚0.3厘米，横剖面呈纺锤形，与刀身相连处呈斜棱状，一面饰4组相对阴刻双线三角纹，近刀首处有1条纵向方块纹。小凸环首，横向外径1.7×1.7、内径0.7×0.7、厚0.4厘米。双范合铸，在刀背、柄、环首中间遗有铸缝。刀身与柄分界明显，夹角呈144度（图六一四，1；图版二八七，2）。

标本YYM256:3，属于春秋中期。通长15.1厘米，重28.9克。刀身长8.6、后端最宽1.6、最厚0.35厘米，前端略窄而薄，背微弧，刀锋细长微翘，双面刃，刃钝，横剖面呈长等腰三角形。刀柄长5.1、前端宽0.8、后端宽0.7、厚0.3厘米。一面正中饰阳刻人字纹；另一面在长条形凹槽内饰方格纹。小凸环首，横向外径1.7×1.4、内径0.9×0.7、最厚0.42厘米。刀背、柄上下沿、环首内外侧有铸缝。刀身与柄分界明显，夹角呈116度（图六一四，2；图版二八七，3、4）。

标本YYM247:3，属于春秋中期。通长15.1厘米，重33.1克。刀身长9、后端最宽1.6、最厚0.35厘米，前端窄而薄，弧背，双面刃，刃较锋利，横剖面呈长等腰三角形。刀柄呈长方形，长4.6、宽0.9、厚0.4厘米，横剖面呈纺锤形。小凸环首，横向外径1.9×1.5、内径1×0.8、最厚0.45厘米。刀背、柄上下沿、环首内外侧有铸缝。刀身与柄分界较明显，夹角呈142度（图六一四，3；图版二八七，5）。

标本YYM95:3，属于春秋中期。通长17.8厘米，重46克。刀身长10.3、后端最宽1.7、最厚0.35厘米，前端窄而薄，弧背，双面刃，刃较锋利，横剖面呈长等腰三角形。刀柄呈长方形，长5.8、宽0.9、厚0.4厘米，横剖面呈梯形。小凸环首，横向外径2×1.7、内径1.2×1、最厚0.4厘米。刀背、柄上下沿、环首内外侧有铸缝。刀身与柄分界较明显，夹角呈114度（图六一四，5）。

标本YYM260:3，属于春秋中期。通长19.6厘米，重52克。刀身长11.8、后端宽1.7厘米。弧背，双面凹刃，刃有齿口，横剖面呈楔形。柄长5.6、前端宽1.1、后端宽1、厚0.4厘米。一面正中凹槽内饰方格纹，横剖面大致呈“凹”字形。凸环首，横向外径2.3×2.2、内径1.6×1.4厘米，环壁宽0.2~0.4、厚0.5厘米，环壁横剖面呈长方形。刀背、柄上下沿、柄首环壁内外侧有铸缝。刀身和柄分界明显，夹角呈137度。刀锋端头折断（图六一四，4；图版二八八，1）。

标本YYM51:3，属于春秋中期。通长18.4厘米，重49克。刀身长11.2、前端宽1.3、后端宽1.9、刀背后端厚0.35厘米。弧背，双面凹刃，刃钝。上缘一侧有一宽0.2厘米的棱，横剖面呈“T”

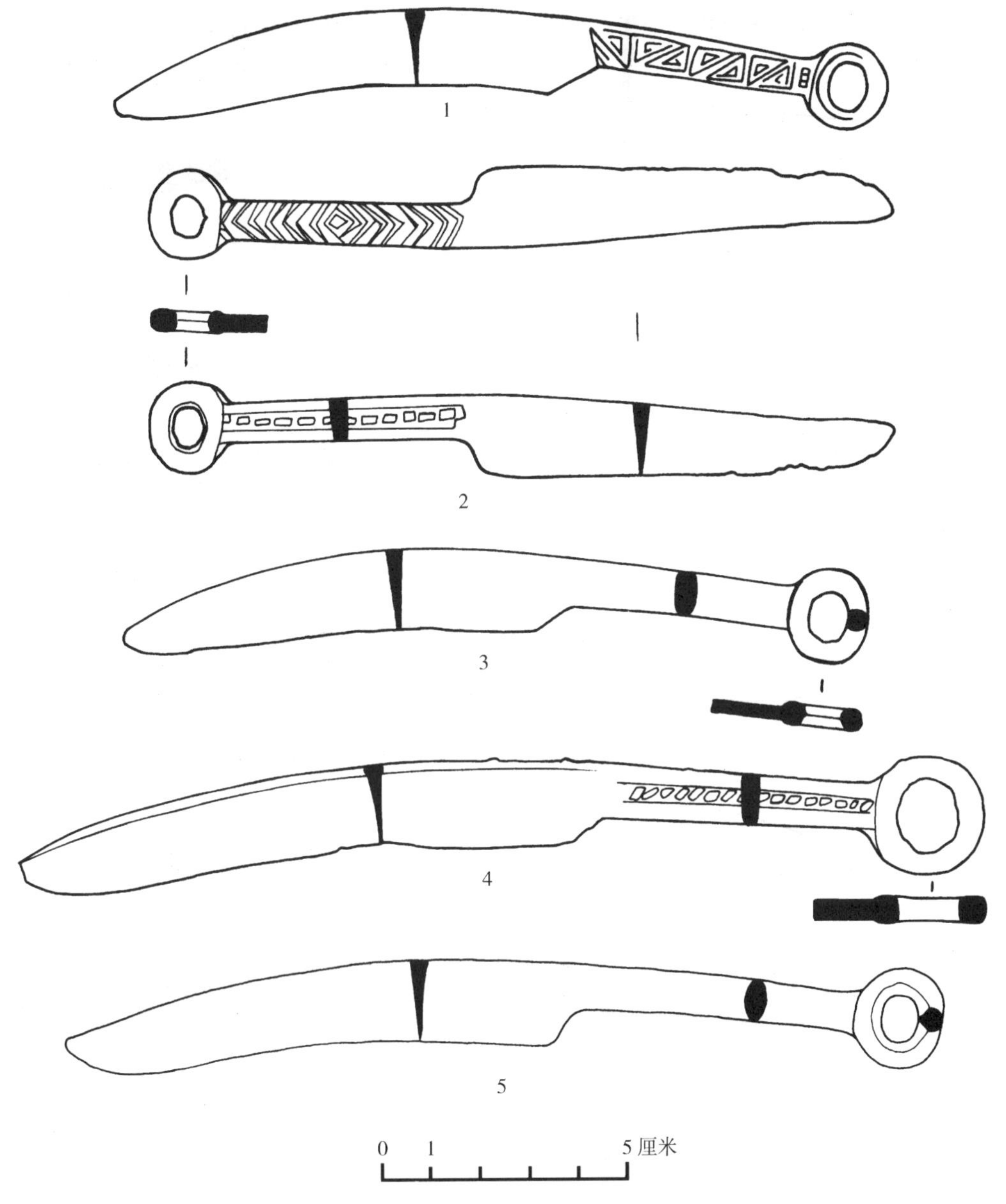

图六一四　玉皇庙墓地出土青铜削刀

1、2、3、4、5. Ⅲ型Ⅰ式（YYM49:3、256:3、247:3、260:3、95:3）

字形。刀柄长5.4、前端宽0.9、后端宽1、最厚0.35厘米。横剖面呈纺锤形。小凸环首，横向外径2×1.8、径1×0.8、环壁宽平均0.5、厚0.25厘米，环壁横剖面大致呈椭圆形。刀背、柄上下沿、柄首环壁内外侧有铸缝，柄首末端有浇注痕迹。刀身和柄分界明显，夹角呈123度。刀锋前端折断（图六一五，1；图版二八八，2）。

标本YYM190:3，属于春秋中期。通长16.9厘米，重34.3克。刀身长9.7、后端最宽1.6、最厚0.3厘米，前端窄而薄，弧背，刀尖略残，双面刃，刃较锋利，横剖面呈长等腰三角形。刀柄长5.5、宽1、厚0.3厘米，横剖面呈长方形。小凸环首，横向外径2.1×1.7、0.9×0.9、最厚0.4厘米。刀背、柄上下沿、环首内外侧有铸缝，环首末端有浇注痕迹。刀身与柄分界较明显，夹角呈125度（图

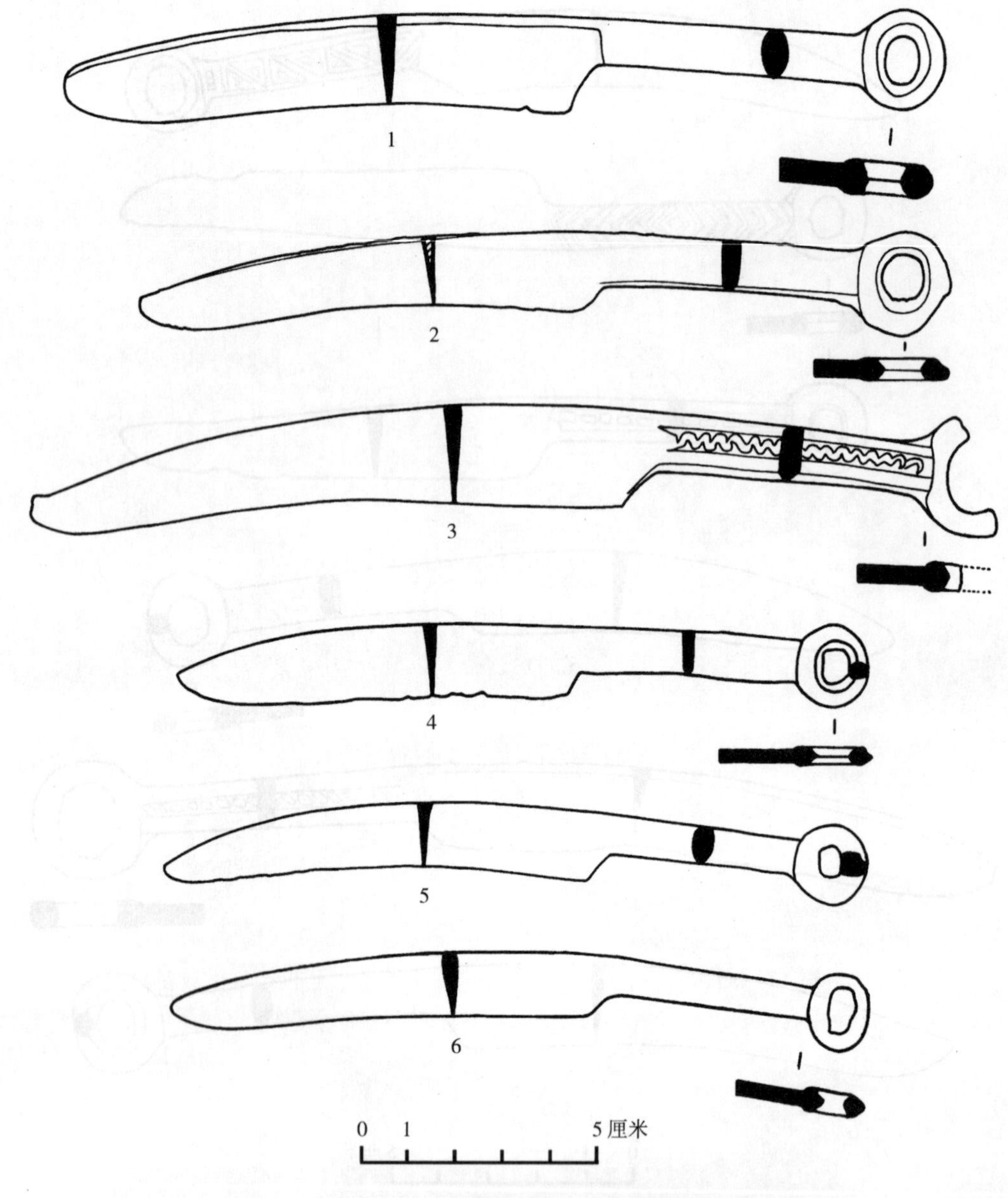

图六一五　玉皇庙墓地出土青铜削刀

1、2、3、4、5、6. Ⅲ型Ⅰ式（YYM51∶3、190∶3、52∶3、297∶3、293∶3、7∶3）

六一五，2；图版二八八，3）。

标本 YYM52∶3，属于春秋中期。残长 20.3 厘米，残重 63.6 克。刀身长 13、后端最宽 2、厚 0.4 厘米，前端窄而薄，弧背，双面刃，刃锋利，横剖面呈等腰三角楔形，刀尖向一侧弯卷。刀柄长 5.5、前端宽 1.2、后端宽 1、上沿厚 0.4、下沿厚 0.3，横剖面呈梯形；一面在宽 0.4 厘米的凹槽内饰横向锯齿纹。小凸环首，大部分已折断缺损，残长 1.8、壁宽 0.4、厚 0.5 厘米，横剖面大致呈矩形。刀身上沿、柄上下沿、环壁内外侧有铸缝。刀身、柄分界明显，夹角呈 128 度（图六一五，3；图版二八八，4）。

标本 YYM297∶3，属于春秋中期。通长 14.4 厘米，重 23 克。刀身长 8.4，后端最宽 1.5、厚 0.25 厘米，前端窄而薄，刀尖向一侧弯折，弧背，单面刃，刃多齿口，横剖面呈直角楔形。刀柄长 4.7、宽0.9、厚2厘米，横剖面呈长方形。小凸环首，横向外径1.7×1.3、内径1.3×0.7、壁宽0.4、厚0.3厘米，横剖面呈椭圆形。刀身上沿、柄上下沿、环壁内外侧有铸缝。刀身、柄分界明显，夹角呈116度（图六一五，4；图版二八八，5）。

标本YYM293:3，属于春秋中期。通长14.4厘米，重28.1克。刀身长9.2、后端最宽1.4、最厚0.8厘米，前端窄而薄，弧背，双面刃，刃锋利，横剖面呈等腰三角形。刀柄长4、前端宽0.8、后端宽0.7、上沿厚0.4、下沿厚0.8厘米，横剖面呈梯形。小凸环首，横向外径1.6×1.2、内径0.6×0.5、最厚0.42厘米。刀背、柄上下沿、环首内外侧有铸缝，环首末端有浇注痕迹。刀身与柄分界明显，夹角呈124度（图六一五，5；图版二八九，1）。

标本YYM7:3，属于春秋中期。通长14.5厘米，重29.5克。刀身长9.1、后端宽1.3、厚0.3厘米，前端窄而薄，背微弧，双面刃，刃锋利，横剖面呈方锥楔形。刀柄长4.2、宽1.2、厚0.3厘米，横剖面呈椭圆形。小凸环首，横向外径1.5×1.2、内径0.9×0.5、壁宽0.3、厚0.3厘米。横剖面呈矩形。环壁中间遗有明显铸缝痕迹。刀身与柄分界明显，夹角呈129度（图六一五，6；图版二八九，2）。

标本YYM71:3，属于春秋中晚期。通长20.6厘米，重78.6克。刀身长13、前端宽1.2、后端最宽2.1、刀背后端厚0.4厘米。弧背，双面凹刃，刃锋利上翘，横剖面呈三角形。刀柄长5.5、前端宽1.5、后端宽1.1、上沿厚0.4、下沿厚0.3，横剖面呈梯形。小凸环首，横向外径2.3×2.1、内径1.4×1.1、环壁宽0.4、厚0.25厘米，环壁横剖面近似长方形。刀背、柄下沿、柄首环壁内侧有铸缝。刀身与柄分界明显，夹角呈123度（图六一六，1；图版二九〇，1）。

标本YYM57:3，属于春秋中晚期。通长16.2厘米，重35克。刀身长9.6、前端宽0.6、后端宽1.4、刀背厚0.4厘米。弧背，单面刃，刀锋上翘。横剖面呈三角形。刀柄长5.3、前端宽1、后端宽0.9、上沿厚0.4、下沿厚0.3厘米，一面中间凹槽内饰方格纹，横剖面大致呈“凹”字形。小凸环首，横向外径2.1×1.3、内径1.5×0.8、环壁宽0.3、厚0.5厘米。横剖面呈长方形。刀身与柄分界明显，夹角呈135度（图六一六，2；图版二八九，3）。

标本YYM86:3，属于春秋中晚期。通长17.4厘米，重31克。刀身长10.1、后端宽1.7、刀背厚0.4厘米。弧背平尖，双面刃，横剖面呈三角形。刀柄长5.6、宽1、厚0.3厘米，一面饰上下2行锯齿纹，另一面饰一行折线纹，横剖面大致呈“凹”字形。小凸环首，横向外径2×1.7、内径1.4×0.9、环壁剖面呈0.2×0.2厘米的正方形。刀首末端有1个突出0.1厘米的铸瘤。刀身与柄分界明显，夹角呈136度（图六一六，3；图版二八九，4、5）。

标本YYM182:3，属于春秋晚期前段。残长14.6厘米，重28.5克。刀身长7.7、后端最宽1.4、最厚0.3厘米，前端窄而薄，刀背微弧，刀锋略上翘，刀尖残，双面刃，刃有细小齿口，横剖面呈长等腰三角形。刀柄微弧，长5.4、前端宽0.9、后端宽0.8、厚0.3、下沿厚0.2厘米，横剖面呈梯形。小凸环首，横向外径1.9×1.5、内径1.2×0.8、最厚0.4厘米。刀背、柄上下沿、环首内外沿有铸缝，环首末端有浇注痕迹。刀身、柄分界明显，夹角呈128度（图六一六，4；图版二九〇，2）。

标本YYM199:3，属于春秋晚期前段。通长16.8厘米，重41.8克。刀身长10.1、后端最宽2、最厚0.3，前端窄而薄，弧背，刀尖微挑，双面刃，刃较锋利，横剖面呈长等腰三角形。刀柄微弧，长5、前端宽1.2、后端宽1、上沿厚0.3、下沿厚0.2厘米，横剖面呈梯形。小凸环首，横向外径2.2×

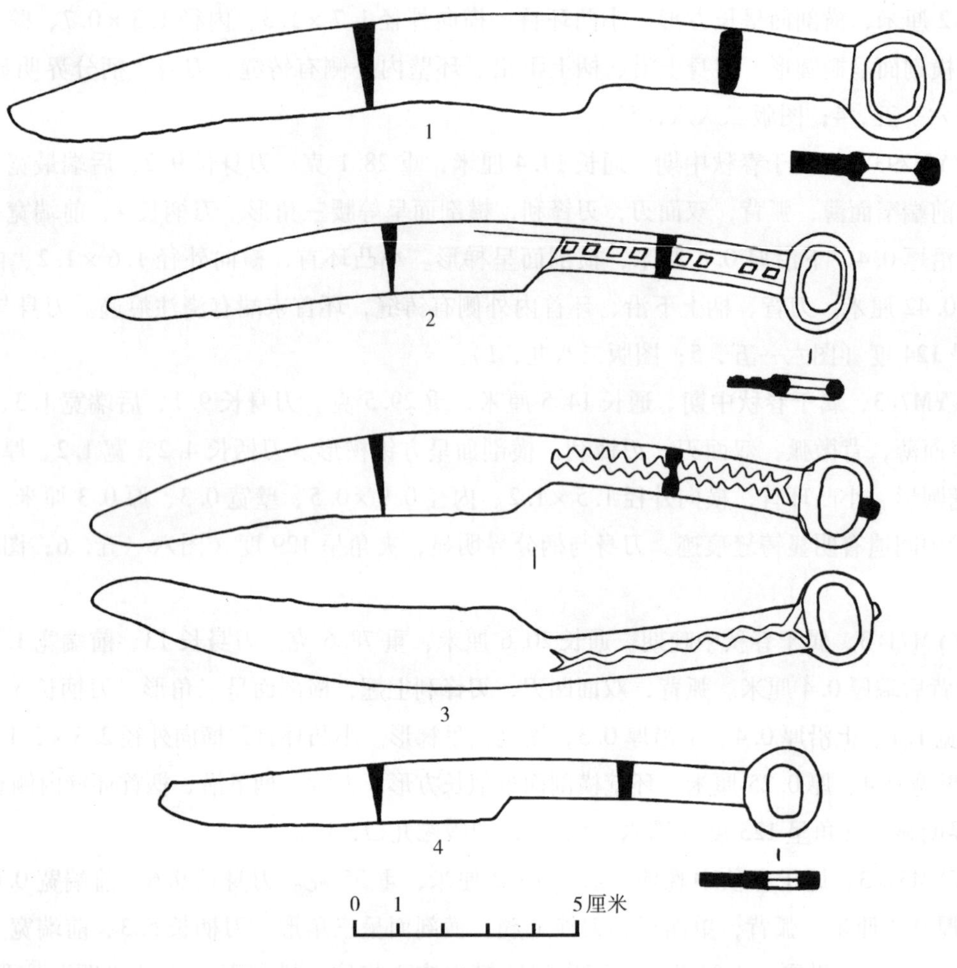

图六一六　玉皇庙墓地出土青铜削刀
1、2、3、4. Ⅲ型Ⅰ式（YYM71:3、57:3、86:3、182:3）

1.7、内径0.9×0.7、最厚0.5厘米。刀背、柄上下沿、环首内外侧有铸缝。刀身与柄分界较明显，夹角呈119度（图六一七，1；图版二九〇，3）。

标本YYM178:3，属于春秋晚期前段。通长13.6厘米，重18.5克。刀身长7.8、后端最宽1.4、最厚0.28厘米，前端窄而薄，弧背，刀尖略损，微翘，双面刃较锋利，横剖面呈等腰三角形。刀柄长4.2、前端宽1、后端宽0.8、上沿厚0.23、下沿厚0.2厘米，横剖面呈梯形。小凸环首，横向外径1.9×1.6、内径1.2×0.8、最厚0.3厘米。刀背、柄上下沿、环首内外侧有铸缝。环首末端有浇注痕迹。一面刀身与柄前端粘有木制剑鞘痕迹。刀身厚柄分界不很明显，夹角呈111度（图六一七，2；图版二九〇，4）。

标本YYM153:4，属于春秋晚期前段。通长15厘米，重22.6克。刀身长8.7、后端最宽1.7、最厚0.25厘米，前端窄而薄，弧背，刀尖微翘，双面凹刃，刃较锋利，横剖面呈长等腰三角楔形。前端变形向一面弯翘。刀柄长4.3、前端宽1.1、后端宽1、上沿厚0.25、下沿厚0.15厘米，横剖面呈梯形。小凸环首，横向外径2.1×2、内径1.4×1.3、最厚0.35厘米。刀背、柄上下沿、环首内外侧有铸缝。刀身与柄分界明显，夹角呈124度（图六一七，3；图版二九〇，5）。

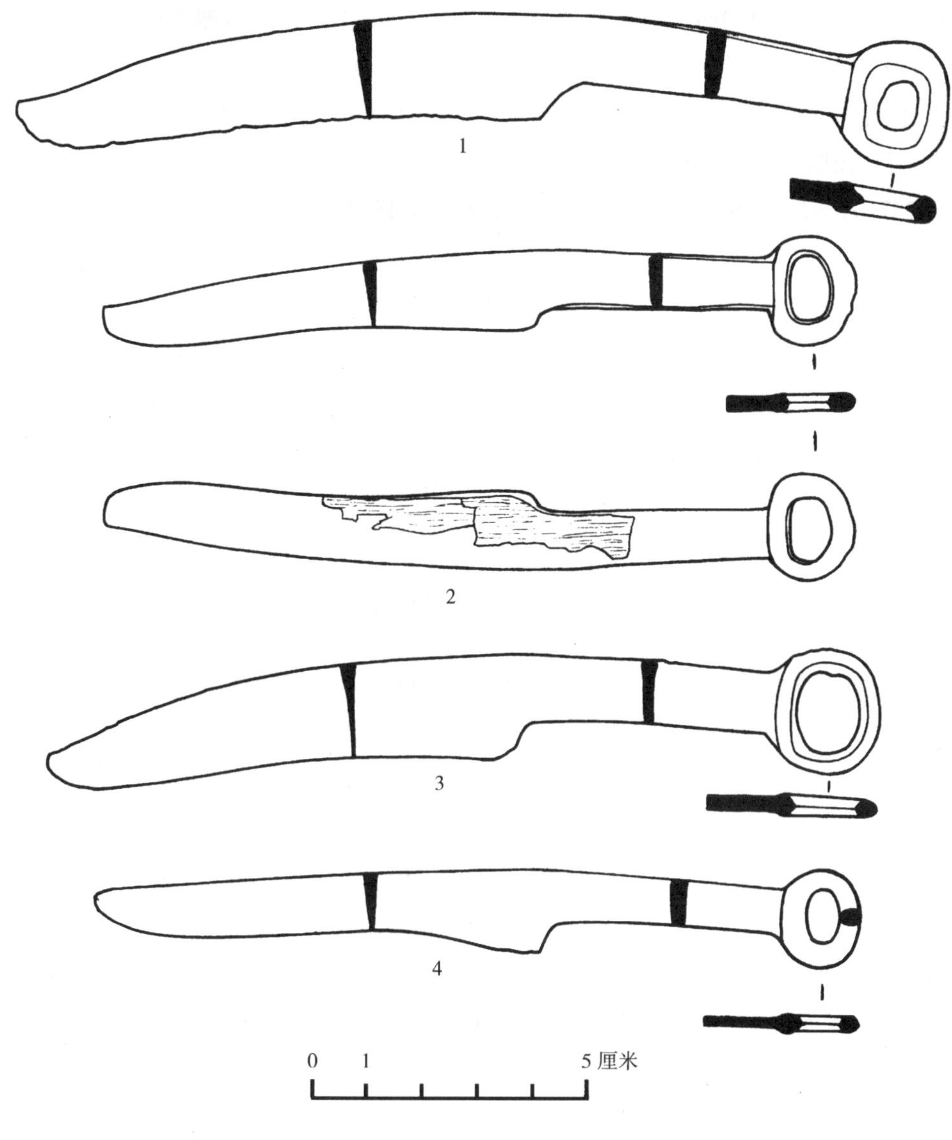

图六一七　玉皇庙墓地出土青铜削刀

1、2、3、4. Ⅲ型Ⅰ式（YYM199:3、178:3、153:3、312:3）

标本YYM312:3，属于春秋晚期前段。通长13.8厘米，重18.8克。刀身长8.3、后端最宽1.5、最厚0.25厘米，前端窄而薄，背较平直，刀尖微翘，双面刃，刃锋利，横剖面呈等腰三角形。刀柄长4.1、前端宽0.9、后端宽0.8、上沿厚0.2、下沿厚0.1厘米，横剖面呈梯形。小凸环首，横向外径1.7×1.4、内径1×0.7、厚0.3厘米。刀背、柄上下沿、环首内外侧有铸缝。刀身与柄分界明显，夹角呈120度（图六一七，4；图版二九一，1）。

Ⅱ式　长形体，窄柄大环首

共13件（YYM11:3、YYM257:3、YYM188:3、YYM36:3、YYM23:3、YYM102:3、YYM186:3、YYM61:3、YYM148:3、YYM213:3、YYM117:3、YYM131:3、YYM314:3），占Ⅲ型削刀总数的20.97%。

标本YYM11:3，属于春秋早期。通长19.2厘米，重53.1克。刀身长11.9、前端宽1.5、后端最宽2.1。弧背，双面凹刃，横剖面呈三角形。刀柄长5.3、前端宽0.9、后端宽0.7、厚0.4厘米，横剖面大致呈纺锤形。凸环首，横向外径2.9×2、内径2×1、宽0.5、最厚0.25厘米。环壁横剖面呈椭圆形。刀背、柄上下沿、柄首环壁内外侧有铸缝，环首末端有浇注痕迹。刀身和柄分界明显，夹角呈98度（图六一八，2；图版二九一，2）。

标本YYM257:3，属于春秋中期。通长20.5厘米，重45.2克。刀身长12.1、后端最宽1.9、最厚0.4厘米，前端略窄而薄，弧背，刀尖微翘，双面凹刃，刃多齿口，横剖面呈长等腰三角楔形。刀柄微弧，长6、前端宽1、后端宽0.8厘米，横剖面呈纺锤形。凸环首，横向外径2.7×2.4、内径1.7×1.5、最厚0.35厘米。刀背、柄上下沿、环首内外侧有铸缝，环首末端偏下有浇注痕迹。刀身与柄分界明显，夹角呈99度（图六一八，3；图版二九一，3）。

标本YYM188:3，属于春秋中期。通长19.5厘米，重42.2克。刀身长11.7后端最宽1.6、最厚0.4厘米，前端窄而薄，弧背，刀尖上翘，双面凹刃，刃锋利，横剖面呈长等腰三角楔形。刀柄微弧，长5.5、前端宽1、后端宽0.9、上沿厚0.4、下沿厚0.2厘米，横剖面呈梯形。凸环首，横向外径2.8×2.3、内径1.8×1.3、最厚0.4厘米。刀背、柄上下沿、环首内外侧有铸缝，环首末端有浇注痕迹，刀身与柄分界明显，夹角呈138度（图六一八，4；图版二九一，4）。

标本YYM36:3，属于春秋中期。通长22.8厘米，重86克。刀身长14、后端宽2.4、厚0.5；刀锋略上翘，弧背，双面凹刃，刃较锋利，前端有齿口；横剖面呈等腰三角楔形。柄长6、前端宽1.2、后端宽1、中部最厚有0.7厘米。横剖面呈纺锤形。凸环首，横向外径3.7×2.8、内径2.6×1.5、壁厚0.5厘米。横剖面呈椭圆形。刀背、柄上下沿、首环壁内外沿有铸缝。环首末端有浇注痕迹。刀身、柄分界明显，夹角呈99度（图六一八，5；图版二九一，5）。

标本YYM23:3，属于春秋中期。通长19.5厘米，重65.5克。刀身长11.7、后端宽2、柄延伸至身末端，厚0.6厘米，前端略窄而薄，刀尖上挑，弧背，双面凹刃，刃较锋利，横剖面呈等腰三角楔形。柄长5.4、前端宽1、厚0.7、后端宽0.9、厚0.6，横剖面呈纺锤形。凸环首，横向外径2.9×2.4、内径2×1.6、壁宽0.5、厚0.4厘米，横剖面呈椭圆形。刀身上沿、柄上下沿、环壁内外侧有铸缝，环首末端有浇注痕迹。刀身、柄分界明显，夹角呈92度（图六一八，1；图版二九二，1）。

标本YYM102:3，属于春秋中期。通长17.4厘米，重37克。刀身长9、后端宽1.6、厚0.4厘米；弧背平尖，横剖面呈楔形。柄长6.2、前端宽0.9、后端宽0.8、厚0.4厘米。横剖面呈抹角长方形。凸环首，横向外径2.6×2.2、内径1.7×1.4、壁厚0.4厘米。横剖面呈椭圆形。刀背、柄上下沿、首环壁内外沿有铸缝。柄末端加厚至0.5厘米，延至环首前端，厚至0.6厘米。刀身、柄分界明显，夹角呈83度（图六一九，1；图版二九二，2）。

标本YYM186:3，属于春秋中晚期。通长18.9厘米，重50.8克。刀身长10.9、后端最宽1.9、最厚0.4厘米，前端窄而薄，弧背，刀锋微翘，刀尖略缺损，双面凹刃，刃锋利，横剖面呈长等腰三角楔形。刀柄长6、宽0.8、厚0.45厘米，横剖面大致呈长方形。凸环首，横向外径2.9×2、内径1.9×1.2、厚0.53厘米。刀背、柄上下沿、环首内外侧有铸缝。刀身与柄分界明显，夹角呈91度（图六一九，2；图版二九二，3）。

标本YYM61:3，属于春秋中晚期。通长18.5厘米，重44.3克。刀身长10.6、后端宽1.8、厚0.4厘米。弧背，尖微翘，双面凹刃，刃锋利，前端有细齿口，横剖面呈楔形。刀柄长5.8、前端宽0.8、

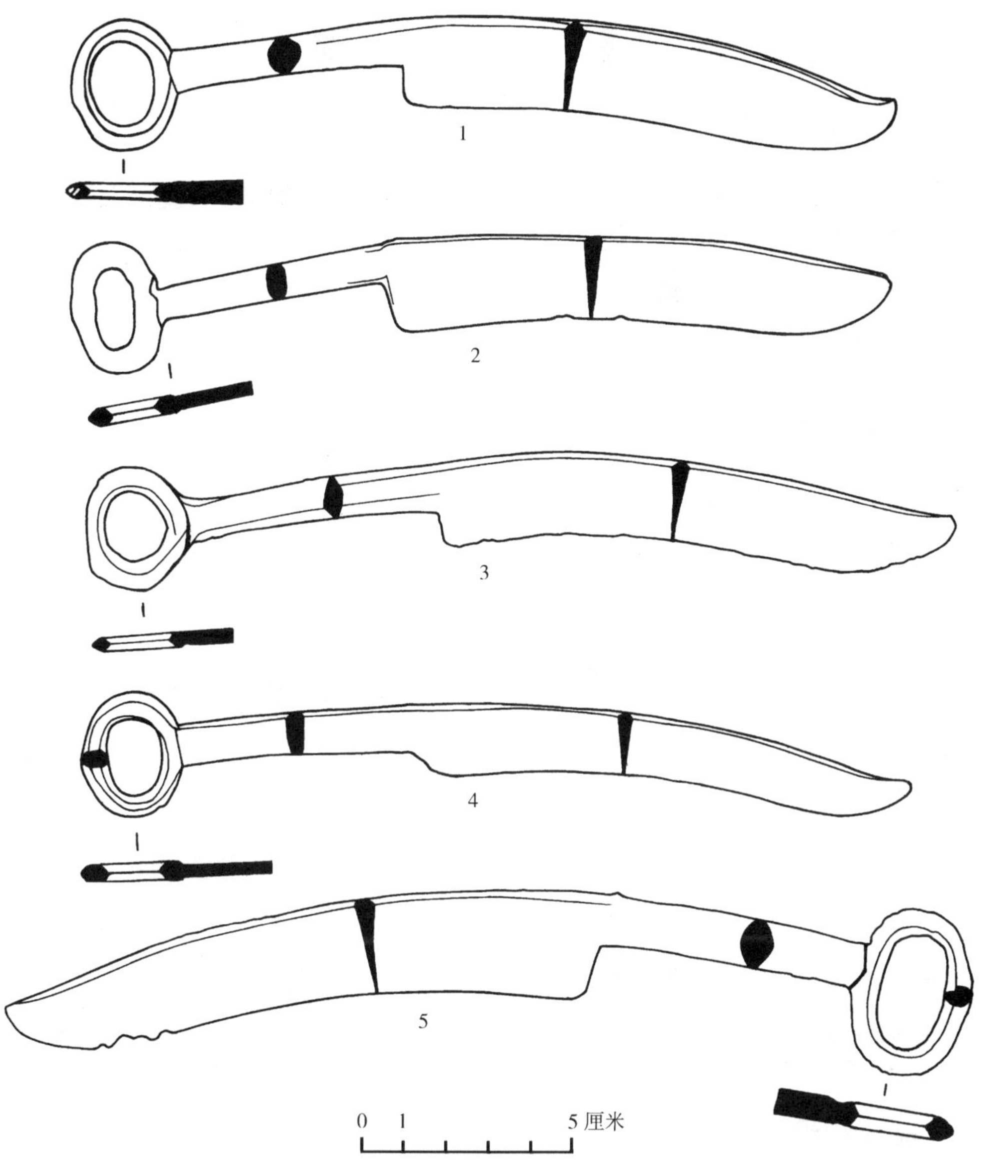

图六一八　玉皇庙墓地出土青铜削刀

1、2、3、4、5. Ⅲ型Ⅱ式（YYM23:3、11:3、257:3、188:3、36:3）

后端宽0.65、前端厚0.4、中间厚0.5、后端厚0.35厘米。横剖面呈纺锤形。凸环首，横向外径2.5×2.1、内径1.7×1.4、厚0.35厘米，横剖面近似椭圆形。刀背、柄上下沿、柄首环壁内外侧有铸缝。刀身和柄分界明显，夹角呈104度（图六一九，3；图版二九二，4）。

标本YYM148:3，属于春秋中晚期。通长19.7厘米，重39.5克。刀身长11.5、后端宽1.7、厚0.4厘米，弓背，双面凹刃，横剖面呈三角形。刀柄长5.6、前端宽1、后端宽0.8、上沿厚0.4、下沿厚0.2厘米，横剖面大致呈三角形。凸环首，横向外径3.3×2.6、内径2.2×1.6、厚0.25厘米，环壁横剖面呈椭圆形。刀背、柄上下沿、柄首环壁内外侧有铸缝，柄首末端有浇注痕迹。刀身与柄分界明显，夹角呈106度（图六一九，4；图版二九二，5）。

标本YYM213:3，属于春秋晚期前段。通长19.6厘米，重41.8克。刀身长11.2、后端最宽2.1、

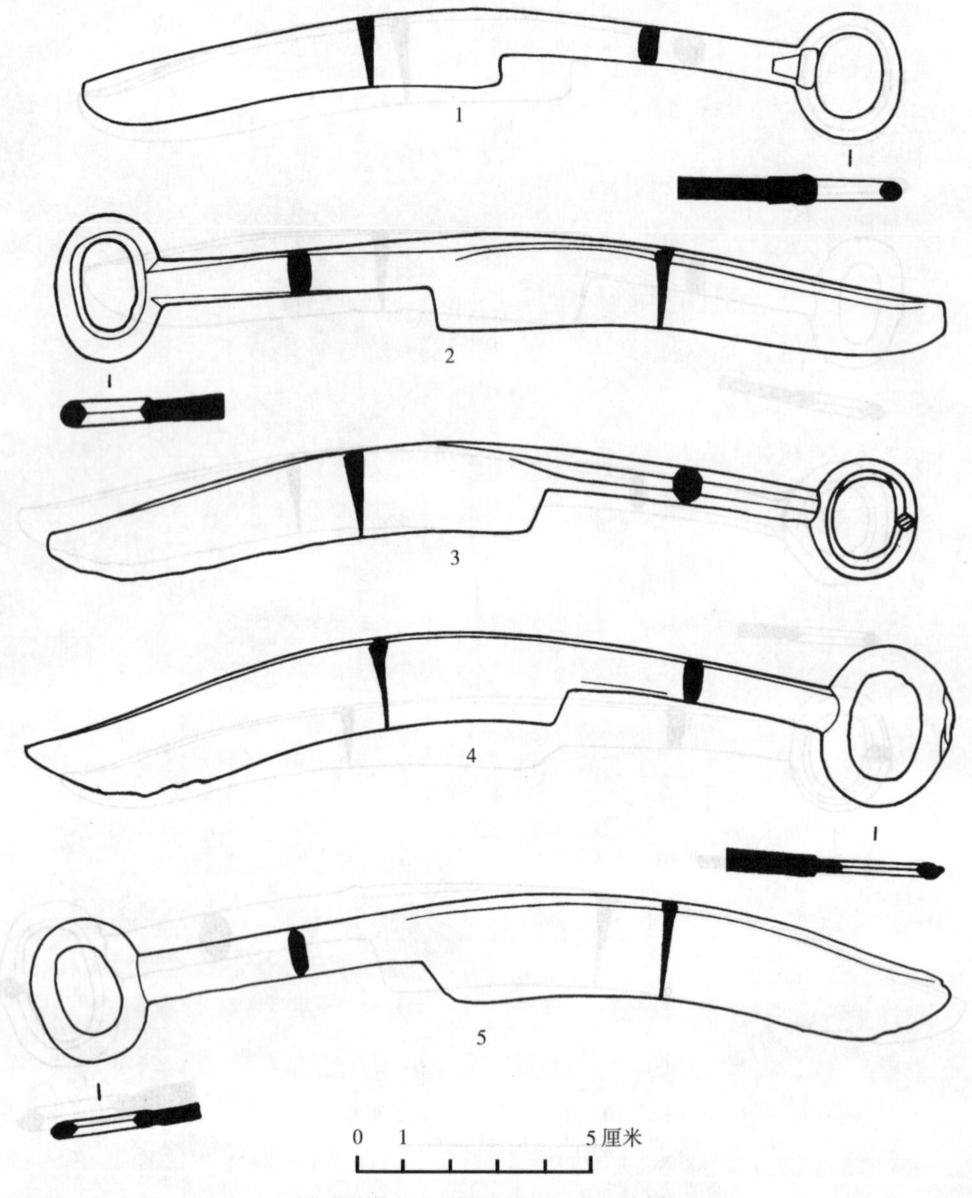

图六一九 玉皇庙墓地出土青铜削刀
1、2、3、4、5. Ⅲ型Ⅱ式（YYM102:3、186:3、61:3、148:3、213:3）

最厚0.4厘米，前端略窄而薄，弧背，双面凹刃，刀尖、刃略翻卷，横剖面呈长等腰三角楔形。刀柄呈直线形，长6.1、前端宽1.1、后端宽0.9、上沿厚0.3、下沿厚0.2厘米，横剖面呈梯形。凸环首，横向外径3×2.3、内径1.9×1.4、最厚0.31厘米。刀身、柄上下沿、环首内外侧有铸缝，环首末端有浇注痕迹。刀身与柄分界明显，夹角呈118度（图六一九，5；图版二九三，1）。

标本YYM117:3，属于春秋晚期前段。通长17.8厘米，重31克。刀身长10.2、后端最宽1.8、最厚0.3厘米，前端窄而薄，背较平直，刀尖微翘，双面刃多齿口，横剖面呈等腰三角形。刀柄微弧，长5.4、宽1、上沿厚0.3、下沿厚0.2厘米，后剖面呈梯形。凸环首，横向外径2.6×2.2、内径1.7×1.3、最厚0.34厘米。刀背、柄上下沿、环首内外侧有铸缝。刀身与柄分界明显，夹角呈90度（图六二〇，1；图版二九三，2）。

标本YYM314∶2，属于春秋晚期前段。通长20.4厘米，重40克。刀身长11.4、后端宽2、厚0.3厘米，弧背，双面凹刃，刃较锋利，刀锋上翘，横剖面呈三角形。刀柄长6.4、宽0.9、前端厚1、后端厚0.8，横剖面呈纺锤形。凸环首，横向外径3.3×2.6、内径2.4×1.6、环壁宽0.4厘米，环壁横剖面呈梭形。刀背、柄上下沿、柄首环壁内外侧有铸缝，柄首末端有浇注痕迹。刀身和柄分界明显，夹角呈98度（图六二〇，2；图版二九三，3）。

标本YYM131∶3，属于春秋晚期前段。通长20厘米，重48.5克。刀身长11.3、后端宽1.8、厚0.3，弧背，双面直刃，刃钝，横剖面呈等腰三角形。刀柄长6.2、前端宽1.1、上沿厚0.3下沿厚0.1、后端宽0.6、上沿厚0.3、下沿厚0.2厘米，横剖面近似长方形。凸环首，外围近似长方形，横向外径3.2×2.5、内径2.5×1.7、壁厚0.3厘米，横剖面呈长方形。刀背、柄上下沿、首环壁内外侧有铸缝，环首末端有浇注痕迹。刀身、柄分界明显，夹角呈90度（图六二〇，3；图版二九三，4）。

Ⅲ式　靠近上沿有横向血槽

共3件（YYM236∶3、YYM217∶3、YYM122∶3），占Ⅲ型削刀总数的4.84%。

标本YYM236∶3，属于春秋中期。通长19.9厘米，重46.2克。刀身长12.6、后端最宽1.55、最厚0.35厘米，前端窄而薄，背微弧，刀锋略上挑，刀尖变形向一侧翻卷，双面刃，刃较锋利。刀柄长5.7、宽1.1、上沿厚0.35、下沿厚0.25厘米。贯通刀身及柄上端，两面各有一血槽。凸环首，上端残，纵向外径1.6、内径0.9、最厚0.44厘米。刀背、柄上下沿、环首内外侧有铸缝。刀身与柄分界较明显，夹角呈127度（图六二〇，4）。

标本YYM217∶3，属于春秋晚期前段。通长20厘米，重57.2克。刀身长11.9、后端最宽1.7、最厚0.4厘米，前端窄而薄，刀尖上挑，刀柄两面有凹槽一直延伸至刀尖，弧背，双面刃，刃较锋利，横剖面呈“T”字楔形。刀柄长6、宽1、上沿厚0.4、下沿厚0.3厘米，横剖面呈“工”字形。凸环首，横向外径3×2.1、内径2.3×1.3、壁均宽0.3、厚0.55厘米，横剖面大致呈半圆形。环首内壁有铸缝。身、柄分界较明显，夹角呈126度（图六二〇，5；图版二九三，5）。

标本YYM122∶3，属于春秋晚期前段。通长19.3厘米，重45.5克。刀身长10.3、后端最宽1.8、最厚0.3厘米，前端略窄而薄，弧背，双面凹刃，刃锋利，横剖面呈长等腰三角楔形。刀柄长6.2、前端宽1.2、后端宽0.9、厚0.3厘米，横剖面呈侧置“凹”形。一面正中有一道平行于上下沿的凹槽。大凸环首，横向外径3.3×2.8、内径2.3×1.8、最厚0.35厘米。刀背、柄上下沿、环首内外侧有铸缝。刀身与柄分界明显，夹角呈93度（图六二一，1；图版二九四，1）。

Ⅳ式　高拱背

共7件（YYM83∶3、YYM203∶3、YYM220∶3、YYM179∶3、YYM177∶3、YYM315∶3、YYM313∶3），占Ⅲ型削刀总数的11.29%。

标本YYM83∶3，属于春秋中晚期。通长17.9厘米，重32.1克。刀身长10.4、后端宽1.8、厚0.25厘米，高拱背，背高2厘米，双面凹刃，刀锋上翘，横剖面呈“T”形。刀柄长5.2、前端宽0.9、中段最窄0.7、后端宽1，横剖面呈纺锤形。凸环首，横向外径2.6×2.3、内径1.7×1.2厘米，环壁宽0.4～0.6厘米，环壁横剖面呈梭形。刀背、刀柄上下沿、柄首环壁内外侧有铸缝，柄首末端有明显浇注痕迹。刀身和刀柄分界明显，夹角呈101度（图六二一，2；图版二九四，2）。

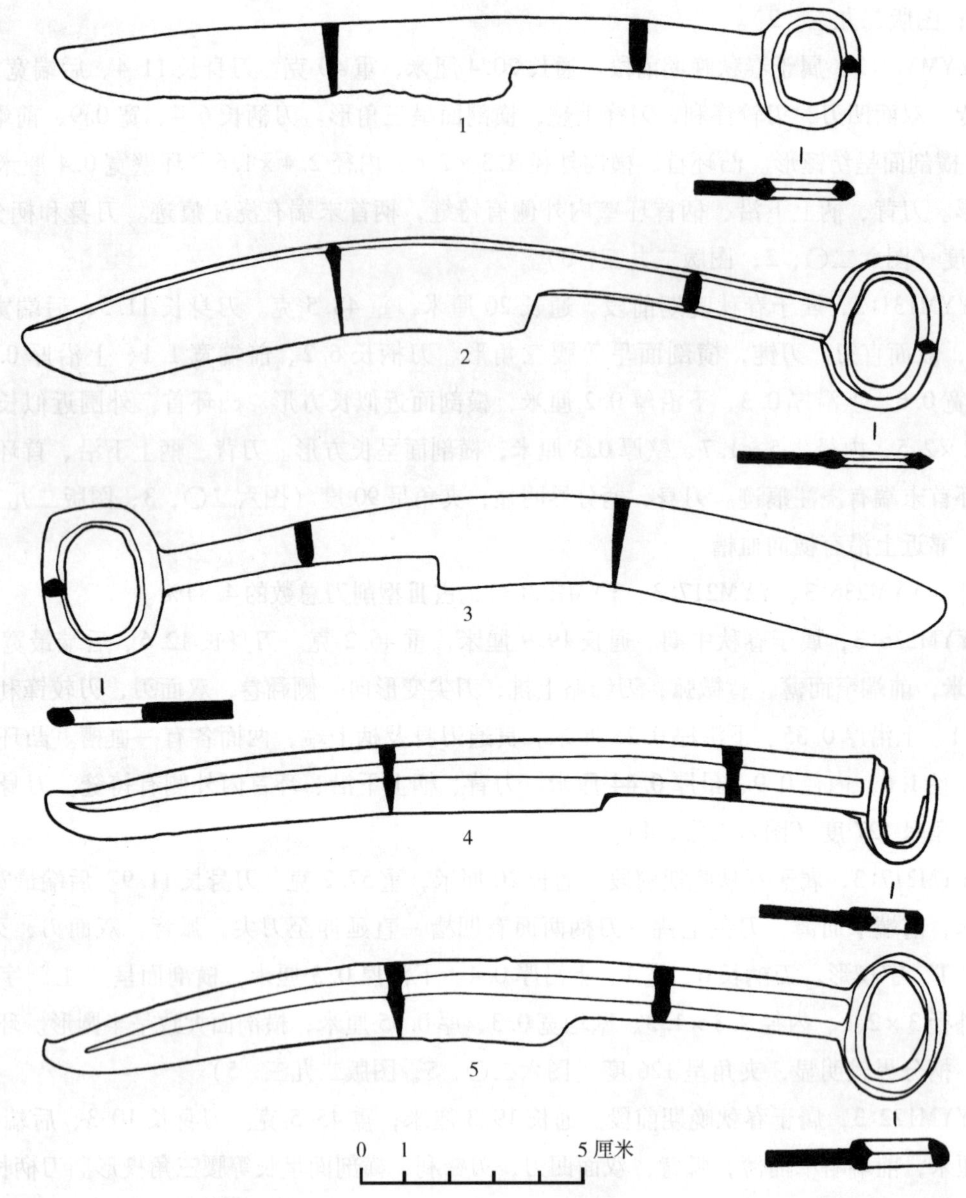

图六二〇　玉皇庙墓地出土青铜削刀
1、2、3. Ⅲ型Ⅱ式（YYM117:3、314:2、131:3）　4、5. Ⅲ型Ⅲ式（YYM236:3、217:3）

标本 YYM203:3，属于春秋晚期前段。通长 19.2 厘米，重 32.8 克。刀身长 11.1、后端宽 2、厚 0.3 厘米，高拱背，背高 2.1 厘米，刀尖上翘，双面凹刃，平整锋利，横剖面呈楔形。刀柄长 5.7、宽 0.86、厚 0.3 厘米，横剖面呈纺锤形。凸环首，横向外径 3.2×2.4、内径 2.1×1.5 厘米，环壁宽 0.5、厚 0.25 厘米，横剖面呈梭形。刀背、柄上下沿、环首内外侧有铸缝。刀声与柄分界明显，夹角呈 94 度（图六二一，3；图版二九四，3）。

标本 YYM220:3，属于春秋晚期前段。通长 16.8 厘米，重 28 克。刀身长 9.3、后端最宽 1.9、最厚 0.3 厘米，前端窄而薄，弓背，背高 1.8 厘米，双面凹刃，刃较锋利，横剖面呈长等腰三角楔形。刀柄呈长方形，长 5.7、宽 1 厘米，横剖面呈纺锤形。凸环首，横向外径 2.8×1.8、内径 1.6×1、最

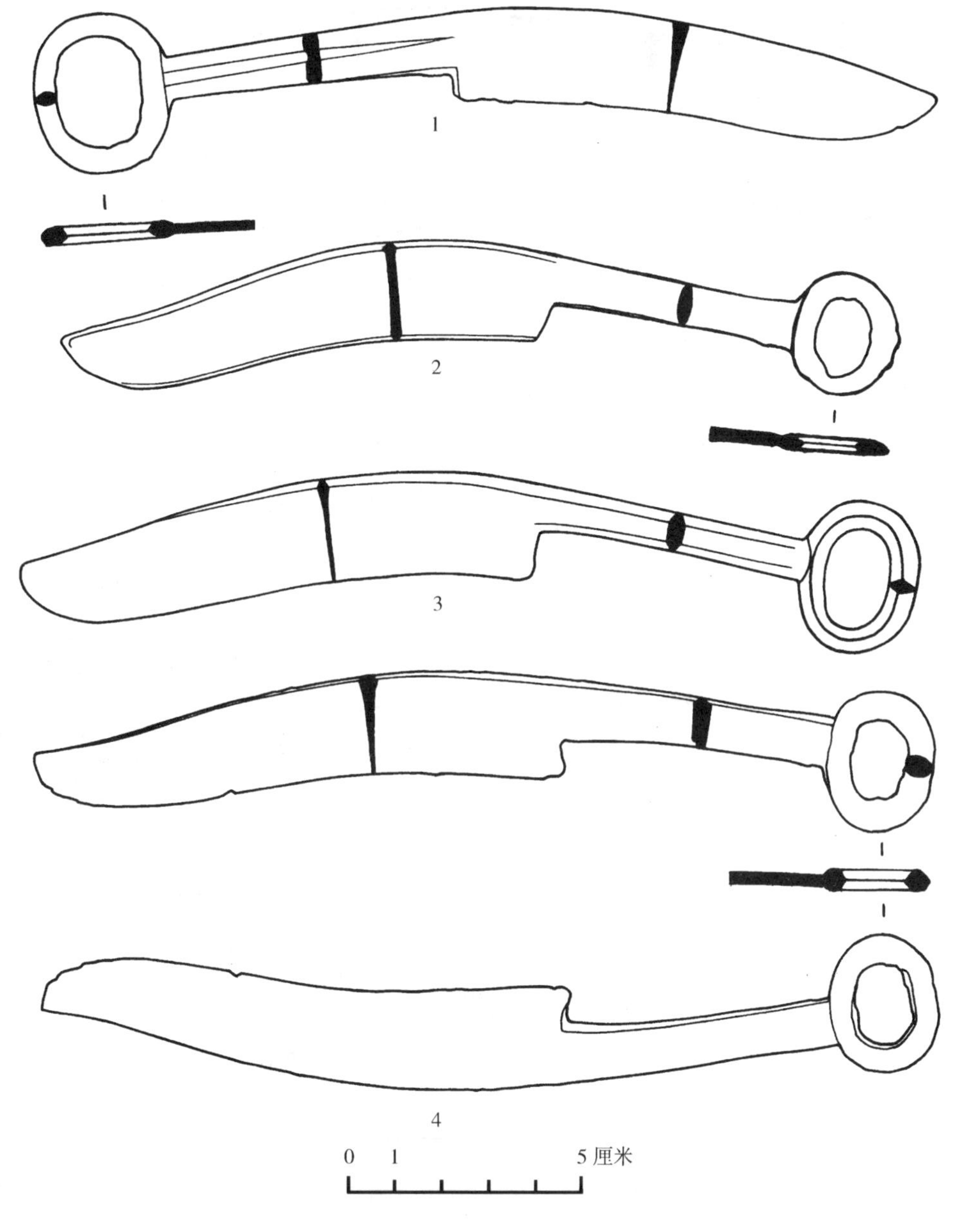

图六二一　玉皇庙墓地出土青铜削刀

1. Ⅲ型Ⅲ式（YYM122:3）　2、3、4. Ⅲ型Ⅳ式（YYM83:3、203:3、179:3）

厚0.31厘米。刀背、柄上下沿、环首内外侧有铸缝，环首末端有浇注痕迹。刀身与柄分界明显，夹角呈90度（图六二二，1；图版二九四，5）。

标本YYM179:3，属于春秋晚期前段。通长19.2厘米，重41.3克。刀身长11.3、后端最宽2.1、最厚0.3厘米，前端略窄而薄，弓背，背高2.1厘米，刀尖微翘，双面凹刃较锋利，横剖面呈长等腰三角楔形。刀柄长5.7（0.1厘米深入刀身尾端），前端宽1.2、后端宽1、上沿厚0.35、下沿厚0.28厘米，横剖面呈梯形。凸环首，横向外径2.8×2.2、内径1.7×1.1、最厚0.42厘米。刀背、柄上下沿、环首内外侧有铸缝，环首末端有浇注痕迹。刀身与柄分界明显，夹角呈78度（图六二一，4；图版二九四，4）。

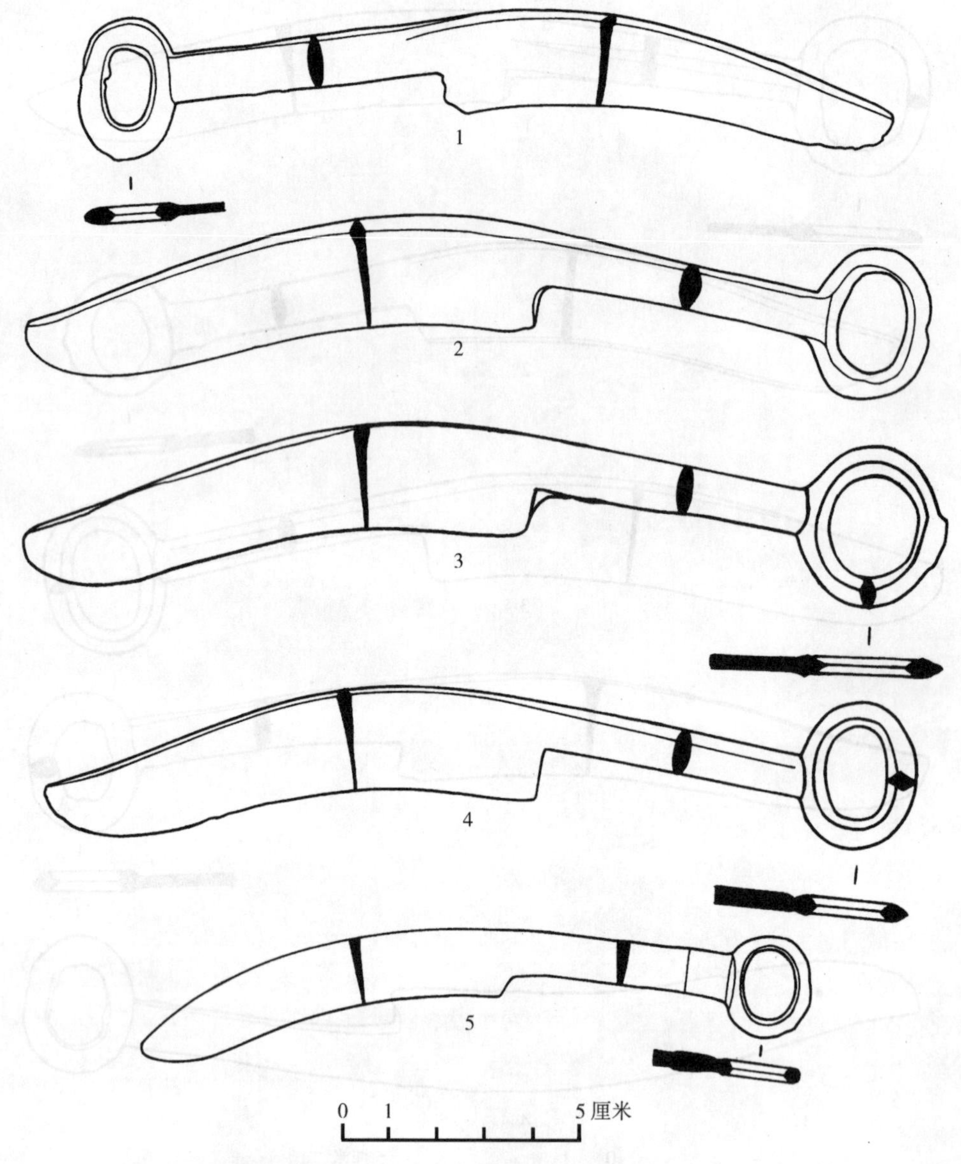

图六二二 玉皇庙墓地出土青铜削刀

1、2、3、4. Ⅲ型Ⅳ式（YYM220:3、177:3、315:3、313:3） 5. Ⅲ型Ⅴ式（YYM158:3）

标本 YYM177:3，属于春秋晚期前段。通长 18.7 厘米，重 37.6 克。刀身长 10.8、后端最宽 2.1、最厚 0.38 厘米，前端略窄而薄，高拱背，背高 2.2 厘米，刀尖微翘，双面凹刃锋利，横剖面呈长等腰三角楔形。刀柄长 5.8、前端宽 1、后端宽 0.8、最厚 0.38 厘米，横剖面呈纺锤形。凸环首，横向外径 3×2.1、内径 1.9×1.3、厚 0.32 厘米。刀背、柄上下沿、环首内外侧有铸缝，环首末端有浇注痕迹。刀身与柄分界明显，夹角呈 90 度（图六二二，2；图版二九五，1）。

标本 YYM315:3，属于春秋晚期前段。通长 19.2 厘米，重 39.5 克。刀身长 10.7，后端宽 2、厚 0.35 厘米。高弓背，背高 2.1 厘米，双面凹刃锋利，刀锋上翘。横剖面呈三角形。刀柄长 5.6、前端宽 1.2、后端宽 0.8、最厚 0.35 厘米，横剖面呈纺锤形。凸环首，横向外径 3.1×2.9、内径 2.9×1.9、环壁均宽 0.5 厘米，横剖面呈梭形。刀背、柄上下沿、柄首环壁内外侧有铸缝，柄首末端有浇注痕迹。

刀身和柄分界明显，夹角呈95度（图六二二，3；图版二九五，2）。

标本YYM313:3，属于春秋晚期前段。通长18.1厘米，重31.8克。刀身长10.3、后端宽2、厚0.3厘米，高弓背，背高2厘米，尖微翘，双面凹刃，平整锋利，横剖面呈楔形。刀柄长5.6、前端宽0.9、后端宽0.8、厚0.3厘米，横剖面呈纺锤形。凸环首，横向外径2.9×2.2、内径1.9×1.4、厚0.25厘米，横剖面呈梭形。刀背、柄上下沿、环首内外侧有铸缝，环首末端有被磨平的浇注痕迹。刀身与柄分界明显，夹角呈94度（图六二二，4；图版二九五，3）。

Ⅴ式　柄末端以箍或棱的形式进行加固

共3件（YYM158:3、YYM111:3、YYM348:3），占Ⅲ型削刀总数的4.84%。

标本YYM158:3，属于春秋晚期前段。通长14厘米，重20.8克。刀身长7.9、后端最宽1.4、最厚0.25厘米，前端略窄而薄，弧背，双面刃，刃锋利。刀柄微弧，长4.5、宽0.8、上沿厚0.25、下沿厚0.15厘米，横剖面呈梯形。末端加厚成箍状。凸环首，横向外径2.1×1.6、内径1.4×1.1、最厚0.26厘米。刀背、柄上下沿、环首内外侧有铸缝。刀身与柄分界明显，夹角呈109度（图六二二，5；图版二九五，4）。

标本YYM111:3，属于春秋晚期前段。残长14.9厘米，重20.1克。刀身长8.3、后端最宽1.7、最厚0.25厘米，前端窄而薄，弧背，刀尖残，双面刃，较锋利，横剖面呈长等腰三角形。刀柄呈长方形，长4.6、均宽1.05、末端长0.8厘米处加厚成箍状，最厚0.35厘米，上沿厚0.22、下沿厚0.19厘米，横剖面呈梯形。凸环首，断裂，横向外径2.4×2、内径1.9×1.3、最厚0.31厘米。刀背、柄上下沿、环首内外侧有铸缝。刀身、柄分界明显，夹角呈120度（图六二三，1；图版二九五，5）。

标本YYM348:3，属于春秋晚期后段。通长13.3厘米，重18.1克。刀身长8、后端最宽1.2、最厚0.2厘米，前端窄而薄，弧背，双面凹刃较钝，横剖面呈等腰三角楔形。刀柄长3.7、前端宽1、后端宽0.85、厚0.2厘米，横剖面呈长方形。柄、身分界处两面各有一凸棱。柄后端两面各有一凸棱。凸环首，横向外径2.1×1.6、内径1.5×1、最厚0.3厘米。刀背、柄上下沿、环首内外侧有铸缝。刀身与柄分界不明显，夹角呈134度（图六二三，2；图版二九六，1）。

Ⅳ型　菱形凸环首

1件，占可分型分式青铜削刀总数的0.77%。标本YYM32:3，属于春秋早期。通长23.2厘米，重78.5克。刀身长14.6、后端宽2、厚0.5厘米，前端窄而薄，刀尖上翘，弧背，单面刃，刃锋利，上沿一侧形成凸棱，横剖面呈直角楔形。柄长6.8、前端宽1.7、后端宽1.4、上沿厚0.5、下沿前端厚0.05、后端厚0.32厘米，一面上部有阳刻锯齿纹，下部有凸棱；横剖面呈“凹”形。菱形环首，长对角线外长2.7、内长1.7、短对角线外长1.8、内长1.1、壁宽0.2、厚0.6厘米，横剖面呈矩形。刀身上沿、柄上沿、菱形首内外壁有铸缝，柄末端上沿有浇注痕迹。刀身与柄分界不明显，夹角122度（图六二三，3）。

Ⅴ型　单面刃，联环首

共2件（YYM34:3、YYM42:3），占可分型分式青铜削刀总数的1.54%。形制相似，刀体均为单面浮雕型刃，刀首与柄的分界不明显，联环首。

标本YYM34:3，属于春秋早期。通长16.8厘米，重41.5克。刀身长10.9、后端最宽1.8、厚0.5厘米，前端窄而薄，刃锋利，横剖面呈直角楔形。刀柄长4.3、前端宽1.2、厚0.5、后端宽1、厚0.4

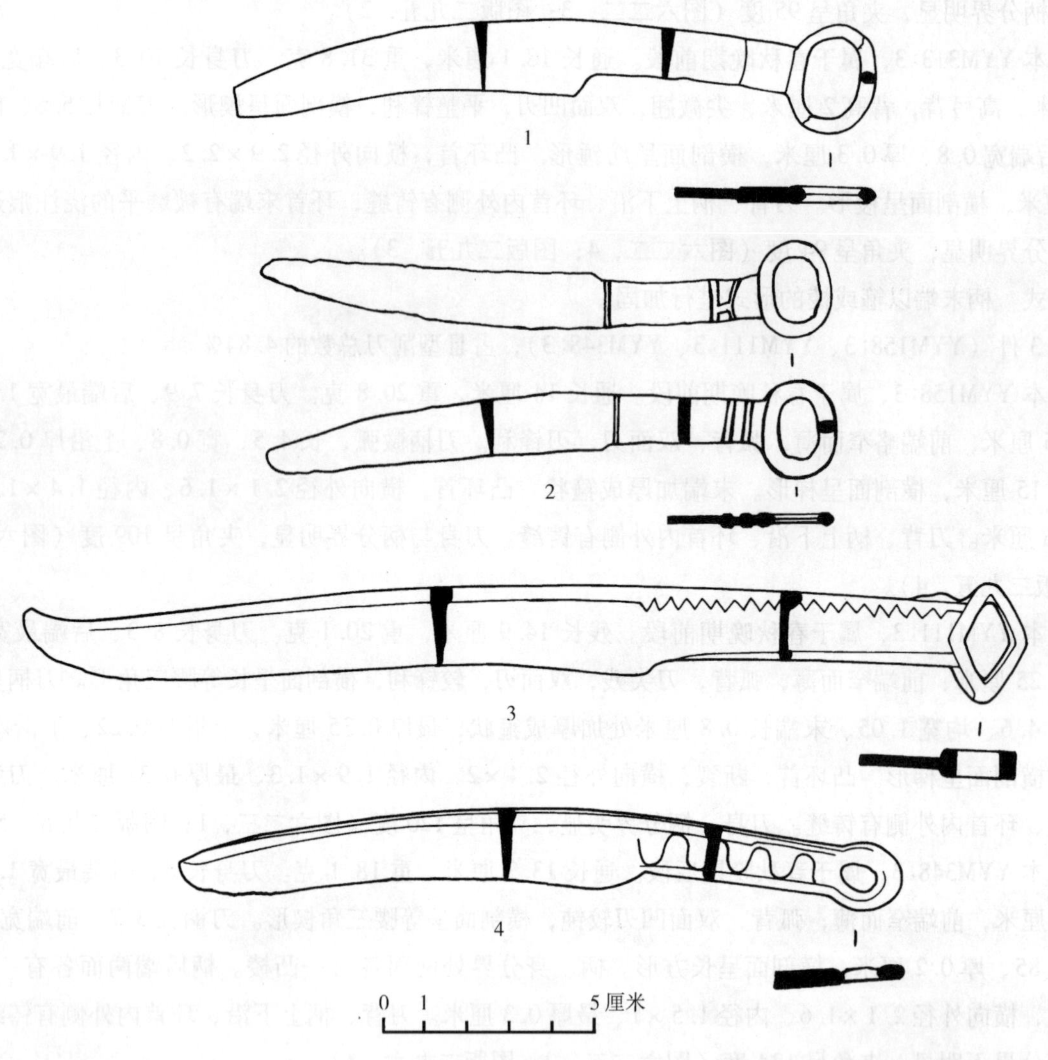

图六二三　玉皇庙墓地出土青铜削刀

1、2. Ⅲ型Ⅴ式（YYM111:3、348:3）　3. Ⅳ型（YYM32:3）　4. Ⅴ型（YYM34:3）

厘米，与刃凹面同一侧有凹槽，槽内饰阳刻水波纹，另一面平整，横剖面大致呈“凹”字形。联环首，长1.6、宽1.5、环孔长0.8、宽0.6、壁宽0.4、厚0.3厘米，环壁中部起棱，横剖面呈三角形。刀柄下沿、环壁内外侧有明显铸缝，环首末端浇注痕迹明显。刀身与柄分界较明显，夹角呈128度（图六二三，4；图版二九六，2）。

标本YYM42:3，属于春秋中期。通长17.7厘米，重40.9克。刀身长11.7、前端宽1、后端最宽1.7、刀锋长1.5厘米，弧背，单面凹刃，多齿口，刀锋上翘。横剖面呈直角三角形。刀柄长4.5、前端宽1.3、后端宽1.2、厚0.3厘米，与刃凹面同一侧有凹槽，槽内饰阳刻水波纹，另一面平整，横剖面大致呈“凹”字形。联环首，长1.5、宽1.5、环壁宽0.4、孔径长0.7、宽0.6厘米，环壁横剖面近似半圆形。刀身与柄分界明显，夹角呈131度。距刀锋6.1处折断（图六二四，1；图版二九六，3）。

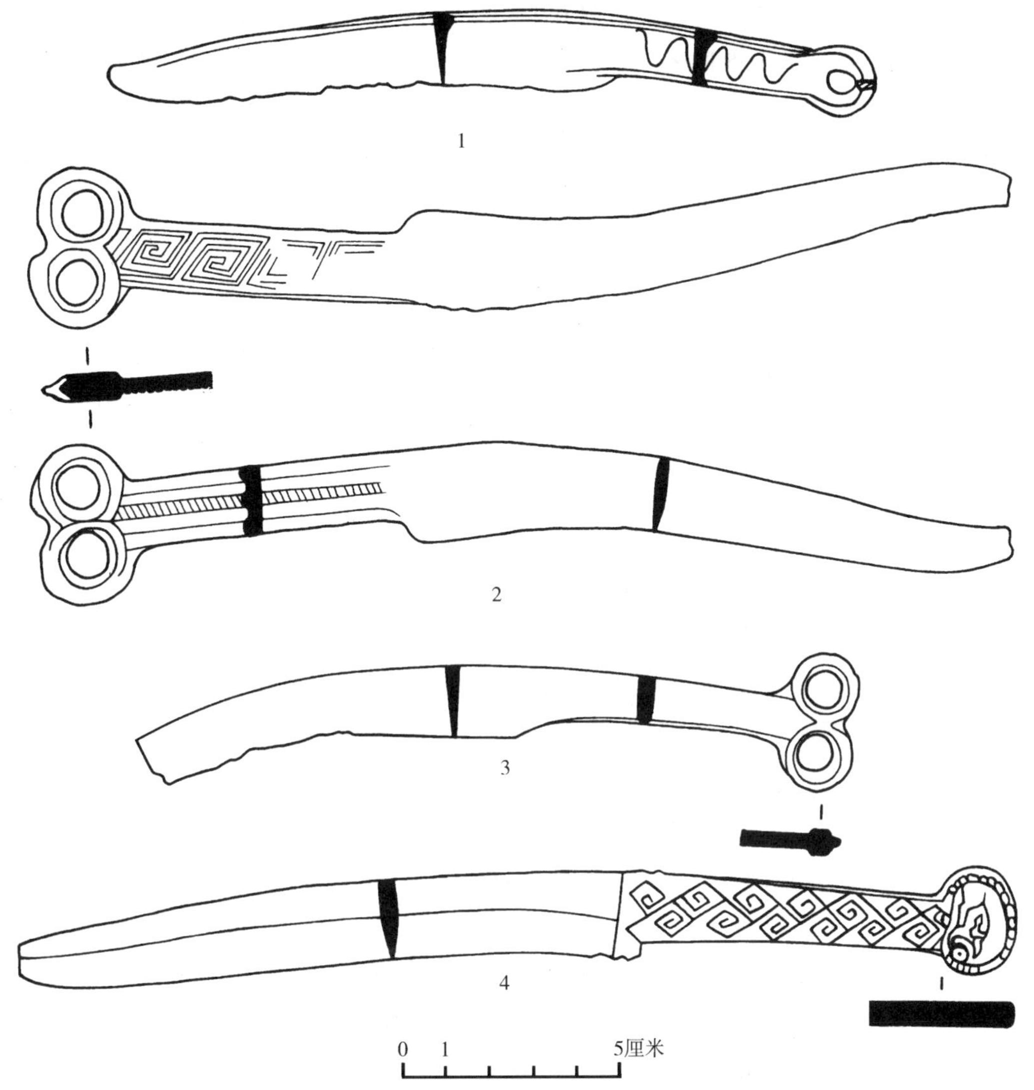

图六二四　玉皇庙墓地出土青铜削刀

1. Ⅴ型（YYM42:3）　2、3. Ⅵ型（YYM19:3、17:3）　4. Ⅶ型（YYM18:9）

Ⅵ型　双孔兽目形刀首

共2件（YYM19:3、YYM17:3），占可分型分式青铜削刀总数的1.54%。形制基本相同。

标本YYM19:3，属于春秋早期。残长22.5厘米，重85.5克。刀身残长14厘米，前端宽1、厚0.1厘米，后端最宽2、厚0.4厘米，刀锋上翘，尖残；弧背，双面平刃较锋利；横剖面呈等腰三角形。柄长6.1、宽1.4、厚0.4厘米，横剖面大致呈长方形；一面中间置凹槽，凹槽正中是阳刻绹纹，其两侧为直线纹，另一面是4个两两反向的阳刻回纹。双环首，内径1、外径2、厚0.5厘米，横剖面大致呈椭圆形。刀背、柄上下沿、双环首环壁内外侧有铸痕，一环末端有浇注痕迹。刀身、柄分界略为明显，夹角呈128度（图六二四，2；彩版六〇，1；图版二九六，4）。

标本YYM17:3，属于春秋早期。残长16.5厘米，重48克。刀身残长9.1、后端最宽1.6、厚0.35厘米，前端窄而薄，刀尖残损，弧背，双面凹刃多齿口，横剖面呈等腰三角楔形。刀柄长5.8、前端宽1.3、后端最窄0.9、上沿厚0.35、下沿厚0.1～0.3厘米，横剖面呈梯形。双联环首，每环外径1.5、内径0.8、壁宽0.3、厚0.5厘米，横剖面近似椭圆形。刀身上沿、柄上下沿、两环壁内外侧有铸缝，上端环外侧末端有浇注痕迹。刀身、柄分界不很明显，夹角呈151度（图六二四，3；图版二九六，5）。

Ⅶ型　实心椭圆刀首

1件，占可分型分式青铜削刀总数的0.77%。标本YYM18:9，属于春秋早期。通长23.1厘米，重92克。刀身长14.6、后端最宽2、最厚0.4厘米，前端窄而薄，尖略残，背微弧，双面刃，横剖面呈尖桩形。刀柄长6.9、前端宽1.6、后端宽1.2、厚0.5厘米，横剖面呈长方形，一面饰双排斜向回纹，另一面饰单排斜向回纹。刀首2.4×1.6厘米，与柄同宽，为实心椭圆体，两面纹饰相同，外围饰阳刻圆点纹，中心铸饰右向蜷兽。刀身与柄分界较明显，夹角呈115度（图六二四，4；彩版六〇，2；图版二九七，1）。

Ⅷ型　柄首一体，无穿孔

1件，占可分型分式青铜削刀总数的0.77%。标本YYM82:3，属于春秋早期。通长18.3厘米，重53.2克。刀身长11.4、前端宽1、后端最宽1.9、刀锋长1.2，平背，双面凹刃，锋利上翘。横剖面呈倒等腰三角形。刀柄长6.9、前端宽1.4、后端宽1、最厚0.1厘米。横剖面大致呈纺锤形。末端（即刀首部位）加厚，弧线下垂。刀背、柄上下沿有铸缝。刀身和柄分界不明显，夹角呈130度。刀身有纺织物遗痕（图六二五，1；图版二九七，2）。

Ⅸ型　刀柄前端有齿突

1件，占可分型分式青铜削刀总数的0.77%。标本YYM386:3，属春秋早期。已残，柄部折断，刀首及部分刀柄缺损。残长14厘米，重41.8克。刀身长10.6厘米，后端最宽1.9、最厚0.4厘米，前端略窄而薄，弧背，刀尖微翘，双面刃锋利，横剖面呈长等腰三角形。刀柄残长3.4、宽1.3、上沿厚0.4、下沿厚0.3厘米。横剖面呈梯形。柄前端下沿呈尖齿状。刀背、柄上沿有铸缝。刀身与柄前端尖齿间呈75度锐角。刀柄一面有木制剑鞘遗痕（图六二五，2；图版二九七，3）。

Ⅹ型　凸环首，凸棱柄

共7件，占可分型分式青铜削刀总数的5.38%。其形制特点是刀首呈凸环状，柄带横向凸棱。根据刀身、柄分界的形式，可分为2式。

Ⅰ式　身、柄间无棱线

共4件（YYM385:3、YYM384:3、YYM264:3、YYM271:3），占Ⅹ型削刀总数的57.14%。

标本YYM385:3，属于春秋早期。通长20.5厘米，重69.2克。刀身长11.7、后端最宽2.1、最厚0.5厘米，前端略窄而薄，弧背，刀尖微翘，双面凹刃较锋利，横剖面呈长等腰三角形。刀柄微弧，长6.3、前端宽1.4、后端宽1.2、上沿厚0.5、下沿厚0.4厘米，横剖面呈梯形。两面各铸饰两道较粗平行凸棱线。凸环首，横向外径3.4、内径2.3厘米，纵向外径2.5、内径1.5厘米，与柄交接处厚0.53厘米，其余部分厚0.4厘米。刀背、柄上下沿，环首内外侧有铸缝，环首末端有浇注痕迹。刀身与柄分界明显，夹角成93度（图六二五，3；图版二九七，4）。

标本YYM384:3，属于春秋早期。通长21厘米，重67克。刀身长12、前端宽1.5、后端宽1.9、刀锋长1.3，弧背。双面凹刃锋利。横剖面呈“T”字形。刀柄长6.4、前端宽1.6、后端宽1.3、最厚

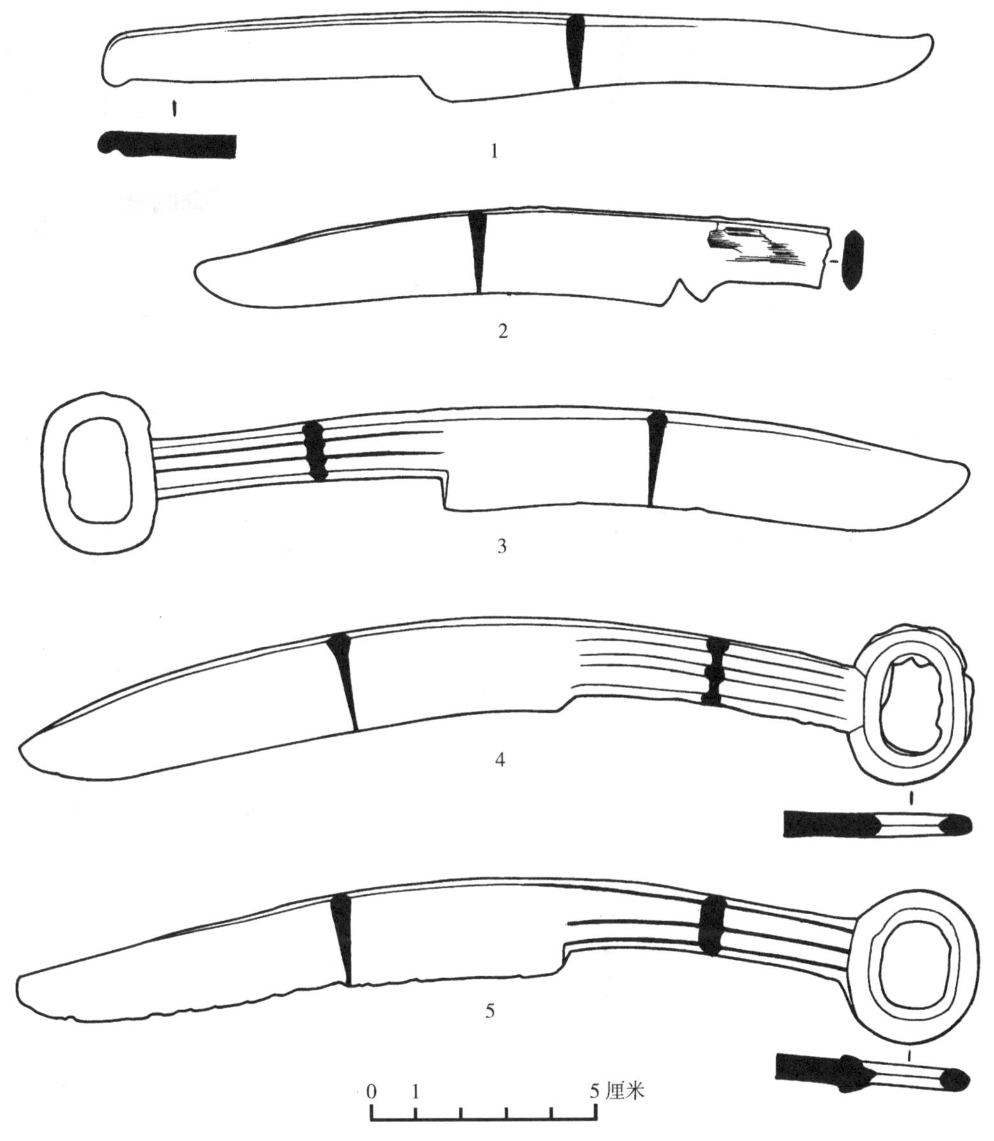

图六二五　玉皇庙墓地出土青铜削刀

1. Ⅷ型（YYM82:3）　2. Ⅸ型（YYM386:3）　3、4、5. Ⅹ型Ⅰ式（YYM385:3、YYM384:3、YYM264:3）

0.4 厘米。柄双面为三凸棱纹，横剖面呈“王”字形。凸环首，横向外径 3.4×2.6、环壁宽 0.5～0.6、最厚 0.25、内径 2.1×1.3 厘米。环壁横剖面大致呈椭圆形。刀背、柄上下沿，柄首环壁内外侧有铸缝，柄首末端有浇注痕迹。刀身和柄分界明显，夹角呈 138 度。刀身后部由于外力凹陷变形（图六二五，4；图版二九七，5）。

标本 YYM264:3，属于春秋早中期。通长 21.3 厘米，重 79 克。刀身长 12.2、后端最宽 2.1、最厚 0.48 厘米，前端窄而薄，中间断裂，弧背，刀尖略弯卷，双面刃多齿口，横剖面呈长等腰三角形。刀柄呈弧形，长 6.3、宽 1.2、厚 0.52 厘米，一面饰一道平行于上下沿的凸棱线，横剖面近似长方形。凸环首，横向外径 3.2×2.8、内径 2×1.5，与柄交接处最厚达 0.78 厘米。刀背、柄上下沿、环首内外侧有铸缝，环首末端有浇注痕迹。刀身、柄分界较明显，夹角呈 118 度（图六二五，5；图版二九八，1）。

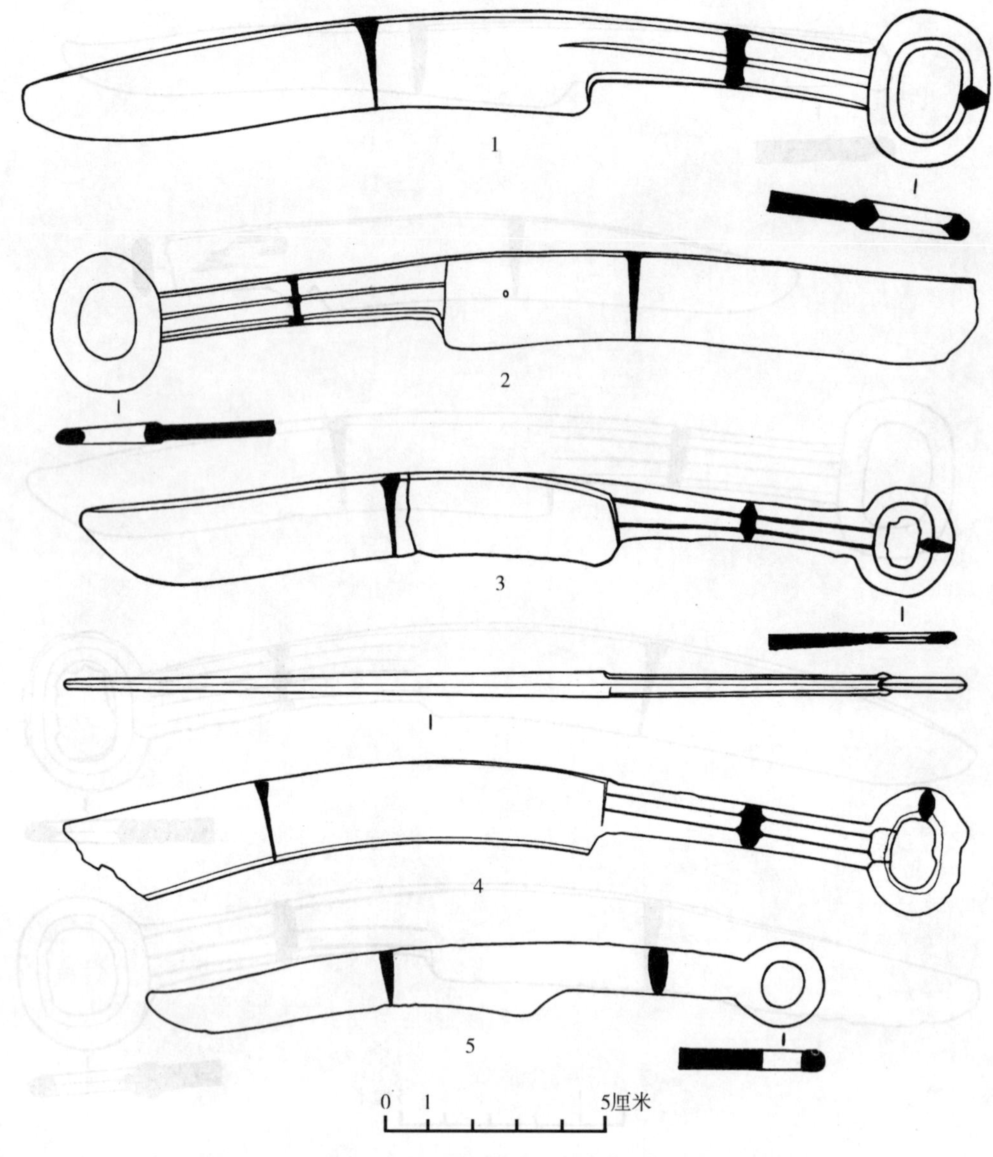

图六二六　玉皇庙墓地出土青铜削刀

1. Ⅹ型Ⅰ式（YYM271:3）　2、3、4. Ⅹ型Ⅱ式（YYM26:3、295:3、299:3）　5. Ⅺ型Ⅰ式（YYM383:3）

标本YYM271:3，属于春秋中期。通长21.6厘米，重88克。刀身长12.8、最宽2.2、最厚0.5厘米，弧背，刀尖微损，双面凹刃锋利，横剖面呈长等腰三角楔形。刀柄呈弧形，长6.3、前端宽1.4、后端宽1.2、上沿厚0.5、下沿厚0.4厘米，一面在凹槽正中饰一条平行于上下沿的凸棱线。凸环首，横向外径3.3×2.5、内径2×1.4、最厚0.54厘米。刀背、柄上下沿、环首内外侧有铸缝。刀身与柄分界明显，夹角呈90度（图六二六，1；图版二九八，2）。

Ⅱ式　身、柄以棱线分界

共3件（YYM26:3、YYM295:3、YYM299:3），占Ⅹ型削刀总数的42.86%。

标本YYM26:3，属于春秋中期。通长20.7厘米，重50.7克。刀身长12、后端最宽1.9、刀背最厚0.6厘米，前端略窄而薄，弧背，双面凹刃锋利，刀背两侧起棱，横剖面呈“T”字形，刀尖略上翘，锋尖残损，刀柄长6.4、前端宽1.2、后端宽0.9、上沿厚0.4、下沿厚0.2厘米，两面起1条平行于上下沿的凸棱，横剖面呈倒置“王”字形，凸环首，横向外径2.9×2.3、内径1.6×1.2、厚0.3厘米。双范合铸，刀背、柄、环首中间遗有铸缝。刀身后端有一镂空砂岩。刀身与柄分界处起棱，夹角呈98度（图六二六，2；图版二九八，3）。

标本YYM295:3，属于春秋中期。通长19.6厘米，重38.8克。刀身长12.2、宽1.8、后端厚0.4厘米，前端较薄，刀尖略上翘，腰部折断，弧背，双面刃钝，上沿有凸棱，横剖面呈“T”字形。刀柄长5.4、前端宽1.3、后端宽1、厚0.3厘米，双面饰2道平行凸棱线，横剖面呈“王”字形。凸环首，横向外径2.4×2、内径1.2×0.8、壁均宽0.5、厚0.2厘米，横剖面大致呈椭圆形。刀身上沿、柄上下沿环壁内外侧有铸缝，环首末端有浇注后抹平痕迹。刀身、柄分界处起棱，夹角呈120度（图六二六，3；图版二九八，4）。

标本YYM299:3，属于春秋中期。通长20.7厘米，重46克。整体形似尖首刀币。刀身前端比后端宽，刀锋齐整。刀身长12.5、后端最宽1.6、最厚0.45、前端最宽1.95，薄于后端，弧背，双面凹刃较锋利，刃锋与刃折角平直，横剖面呈长等腰三角楔形。刀柄与身以棱线相隔，长6、前端宽1、后端宽0.85、上沿厚0.4、下沿厚0.2厘米。两面呈弧形，各饰两条阳刻平行线，横剖面大致呈梭形。刀首呈扣环首趋势，首、柄相接处加厚，但加厚部宽度窄于柄末端，横向外径2.7×2.2、内径1.5×1.1、与柄相接处厚0.5厘米，其余部厚0.3厘米。刀背、柄上下沿、环首内外侧有铸缝，环首末端有浇注痕迹。刀身与柄分界明显，夹角呈92度（图六二六，4；图版二九八，5）。

XI型 平环首

共4件，占可分型式青铜削刀总数的3.08%。根据刀身与柄夹角的形状，分为2式。

I式 柄、身夹角呈钝角

1件，占XI型青铜削刀总数的25%。标本YYM383:3，属于春秋早期。通长15.1厘米，重33.2克。刀身长8.7、后端宽1.6、厚0.3厘米，刀尖略残，弧背，双面平刃锋利，刀尖上翘，横剖面呈倒等腰三角形。刀柄长4.6、宽0.9、上沿厚0.3、下沿厚0.2~0.3厘米，横剖面大致呈长方形。平环首，横向外径1.8×1.8、内径1×1、壁厚0.35厘米，横剖面呈长方形。首环壁内侧有铸缝。刀身、柄分界较明显，夹角为141度（图六二六，5；图版二九九，1）。

II式 柄、身夹角呈直角

共3件（YYM212:3、YY205:3、YYM373:3），占XI型青铜削刀总数的75%。

标本YYM212:3，属于春秋中晚期。通长17厘米，重32.5克。刀身长10.2厘米，后端宽1.7、厚0.4厘米，弧背，锋略上翘，双面凹刃较锋利，横剖面呈等腰三角楔形。刀柄长5厘米，前端宽0.9、厚0.4厘米，后端宽0.6、厚0.3厘米，横剖面大致呈长方形。凸环首，横向外径2.6×1.8、内径1.7×1、均厚0.4厘米，横剖面近似椭圆形。刀背、柄上下沿、首环壁内外侧有铸缝，环首末端有浇注痕迹。柄、身分界明显，夹角成95度（图六二七，1；图版二九九，2）。

标本YYM205:3，属于春秋晚期前段。通长19厘米，重35克，刀身长11.3厘米，后端最宽1.9最厚0.42厘米，前端窄而薄，弧背，双面凹刃锋利，横剖面呈长到要三角楔形。刀柄长5.6、前端宽0.9、后端宽0.8、均厚0.45厘米，横剖面呈纺锤形。平环首，横向外径2.7×2.1、内径1.7×1.2、最厚0.31厘米。刀背、柄上下沿、环首内外侧有铸缝，环首末端有浇注痕迹。刀身与柄分界明显，夹

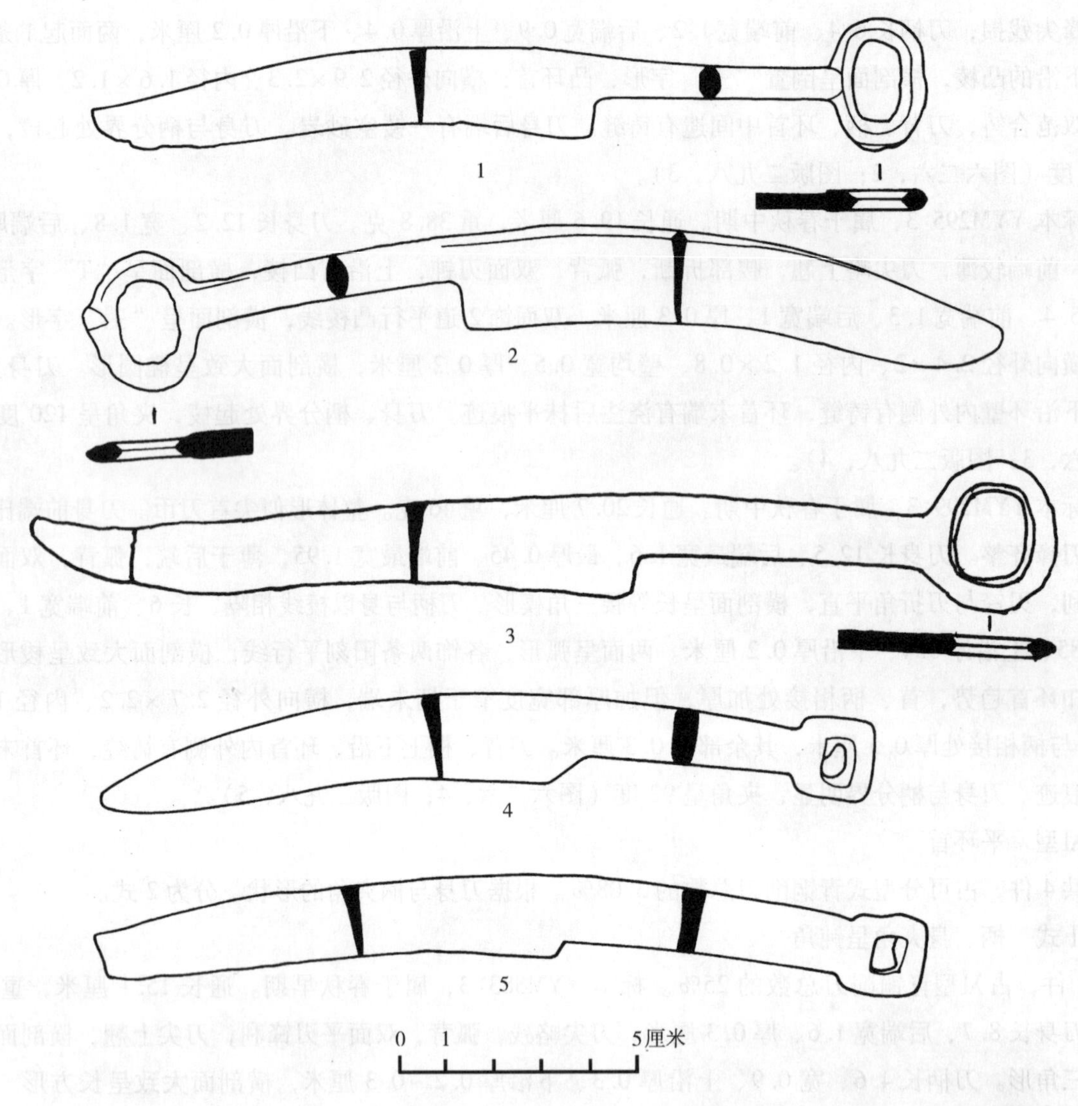

图六二七　玉皇庙墓地出土青铜削刀

1、2、3. Ⅺ型Ⅱ式（YYM212:3、YYM205:3、YYM373:3）　4、5. Ⅻ型（YYM285:3、YYM99:3）

角呈94度（图六二七，2；图版二九九，3）。

标本YYM373:3，属于春秋晚期后段。通长20.3厘米，重48.7克。刀身长11.7、后端最宽2.1、最厚0.3厘米，前端窄而薄，背较平直，刀尖略上翘，双面刃锋利，横剖面呈长等腰三角形。刀柄长6厘米，前端宽1.2、上沿厚0.24、下沿厚0.18厘米，后端宽1、上沿厚0.34、下沿厚0.3厘米，横剖面呈长方形。平环首，横向外径2.9×2.6、内径1.8×1.5、最厚0.4厘米。刀背、柄上下沿、环首内外侧有铸缝。刀身与柄分界明显，夹角呈97度（图六二七，3；图版二九九，4）。

Ⅻ型　方形凸首

共2件（YYM285:3、YYM99:3），占可分型分式青铜削刀总数的1.54%。

标本YYM285:3，属于春秋早中期。通长15.9厘米，重40克。刀身长10，双面凹刃锋利，横剖面呈等腰三角楔形。刀柄长4.4、前端宽1、后端宽0.8、上沿厚0.4、下沿厚0.3厘米，横剖面呈梯形。方形凸首，外边长1.5厘米，中间有1个横向0.6×0.3厘米的不规则穿孔，厚0.4厘米，横剖面呈长方形。刀身上沿、柄上下沿、凸首外侧及穿孔内侧有铸缝，凸首末端有浇注痕迹。刀身、柄分界明显，夹角呈136度（图六二七，4；图版二九九，5）。

标本YYM99∶3，属于春秋早中期。残长16.8厘米，重38.8克。锈蚀严重。刀身残长9.7、后端最宽1.6、最厚0.4厘米，前端窄而薄，弧背，刀尖残，双面刃较锋利，横剖面呈长等腰三角形。刀柄微弧，长5.6、前端宽1.2、后端宽1、上沿厚0.4、下沿厚0.3厘米，横剖面呈梯形。小方形凸首，横向长1.6、纵向长1.5厘米，中间有1个横向0.7×0.5厘米的不规则穿孔，厚0.4厘米。刀背、柄上下沿、凸首外侧及穿孔内侧有铸缝。刀身与柄分界明显，夹角呈112度（图六二七，5；图版三〇〇，1）。

XIII型　刀首与柄连为一体，末端有月牙形或半圆形穿孔

共2件（YYM261∶3、YYM210∶3），占可分型分式青铜削刀总数的1.54%。根据穿孔的型状况分为2式：

Ⅰ式　刀首有月牙形穿孔

1件，标本YYM261∶3，属于春秋中期。残长19.7厘米，重79.2克。刀身残长11.2、后端宽2.2、厚0.4厘米，前端较窄而薄，刀尖残损，弧背，双面刃锋利，横剖面呈等腰三角楔形。刀柄、首连为一体，长8.5、前端宽1.7、后端宽1.9、上沿厚0.3至0.4、下沿厚0.1至0.4厘米，横剖面呈梯形，末端有半月形穿孔。刀身上沿、柄上下沿有铸缝，柄末端有浇注痕迹。刀身、柄分界不很明显，夹角呈132度。刀尖残断（图六二八，1；图版三〇〇，2）。

Ⅱ式　刀首有半圆形穿孔

1件，标本YYM210∶3，属于春秋晚期前段。通长18.4厘米，重41.6克。刀身长10.8、后端最宽1.7、最厚0.3厘米，前端略窄而薄，弧背，双面凹刃有缺损，横剖面呈长等腰三角楔形。刀柄与首联为一体，长7.6、两端宽1.6、中间宽1.4、上沿厚0.32、下沿厚0.22厘米，中间略凹，一面中间饰一纵向阴刻线，两侧饰阴刻水波纹，尾端有一半圆形穿孔。刀背、柄上下沿、穿孔内外侧有铸缝。刀身与柄分界很不明显，夹角呈165度（图六二八，2；图版三〇〇，3）。

XIV型　扣环首

共34件，占可分型分式青铜削刀总数的26.15%。根据扣环的形式、柄部的特点和身与柄夹角，可分为8式：

Ⅰ式　首部扣环与凸环结合

1件，占XIV型青铜削刀总数的2.94%。标本YYM54∶3，属于春秋中期，是凸环首向扣环首的过渡形式。通长19.5厘米，重58克。刀身长10.9，后端最宽1.9，厚0.35厘米，前端窄而薄，刀尖残损，端头向一侧弯转，刀柄上沿至刀身上沿联为弧形，双面刃多齿口，横剖面呈等腰三角形。刀柄长6.5、前端宽1.2、后端宽1.1、上沿厚0.4、下沿厚0.2厘米，横剖面呈梯形。扣环首，横向外径2.7×2.1、内径1.9×1.3、壁宽0.4、厚0.3厘米，横剖面大致呈椭圆形。刀身上沿、柄上下沿、环壁内外侧有铸缝。刀身与柄分界明显，夹角呈127度（图六二八，3；图版三〇〇，4）。

Ⅱ式　柄部有加强筋未及扣环部

1件，占XIV型青铜削刀总数的2.94%。标本YYM58∶3，属于春秋中晚期。通长21.1厘米，重47.8克。铜质较差，刀锋一面砂眼明显。刀身长11.8、后端最宽1.6、刀背最宽0.4厘米，前端略窄

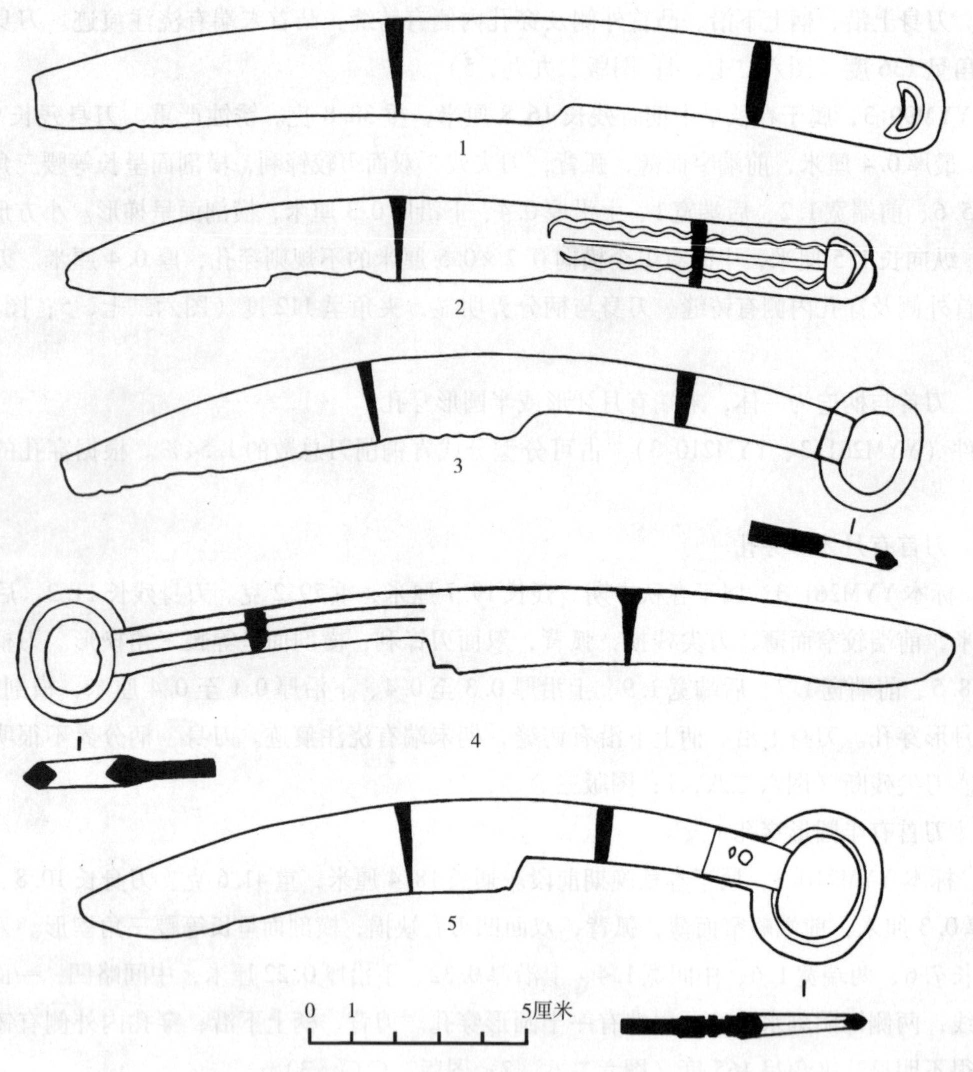

图六二八　玉皇庙墓地出土青铜削刀

1. ⅩⅢ型Ⅰ式（YYM261:3）　2. ⅩⅢ型Ⅱ式（YYM210:3）　3. ⅩⅣ型Ⅰ式（YYM54:3）
4. ⅩⅣ型Ⅱ式（YYM58:3）　5. ⅩⅣ型Ⅲ式（YYM224:3）

而薄，相连的柄、背上沿成弧形，双面凹刃较钝，刀背两侧有肩，横剖面呈“T”字形。刀柄长7、宽0.8、上沿厚0.3、下沿厚0.2厘米，横剖面呈梯形，两面各饰2道阴刻平行弧线。扣环首，横向外径2.8×2.3、内径1.9×1.5、厚0.4厘米。双范合铸，刀背、柄、环首中间遗有铸缝。刀身、柄分界明显，夹角呈99度（图六二八，4；图版三〇〇，5）。

Ⅲ式　柄部无加强筋，末端饰一带箍

共5件（YYM224:3、YYM214:3、YYM209:3、YYM105:3、YYM127:3），占ⅩⅣ型青铜削刀总数的14.71%。

标本YYM224:3，属于春秋晚期前段。通长18.3厘米，重47克。刀身长10.3，后端最宽2、最厚0.3厘米，前端略窄而薄，刀背上沿与刀柄相连为弧形，双面刃锋利，横剖面呈长等腰三角形。刀柄长5.3、前端宽1.2、后端宽1、上沿厚0.3、下沿厚0.2厘米，横剖面呈梯形，末端加厚成箍状，箍双

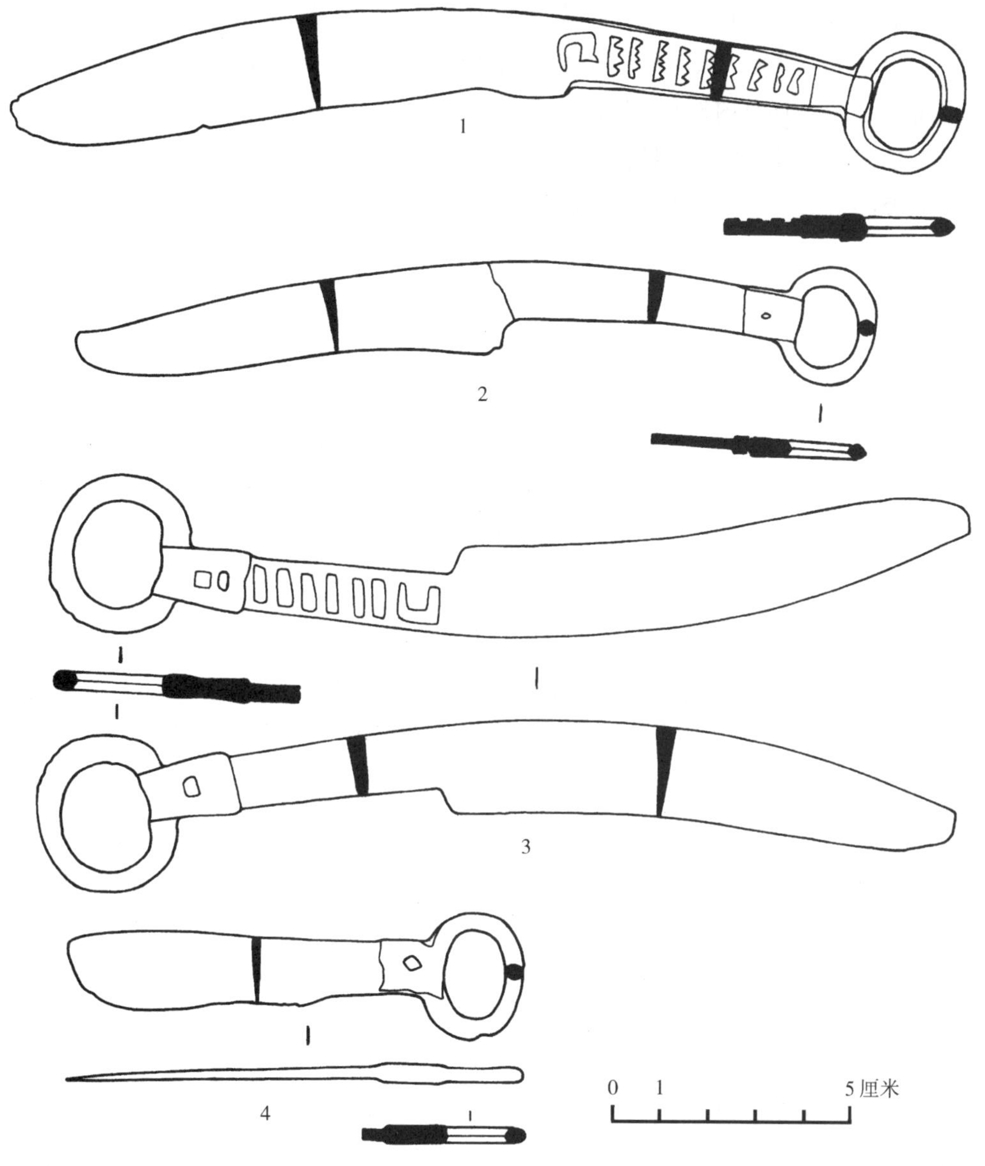

图六二九　玉皇庙墓地出土青铜削刀

1、2、3、4. XIV型Ⅲ式（YYM214:3、209:3、105:3、127:3）

面各有2个凹坑。扣环首，横向外径3.2×2.7、内径2.2×1.7、最厚0.34厘米。刀背、柄上下沿、环首内外侧有铸缝。刀身与柄分界明显，夹角呈117度（图六二八，5；图版三〇一，1）。

标本YYM214:3，属于春秋晚期前段。通长19.6厘米，重48.5克。刀身长11.6、后端最宽1.6、最厚0.4、前端比后端宽，最宽处1.8厘米，略薄，双面刃多齿口，横剖面呈长等腰三角形。刀柄微弧，长5.8、前端宽1.3、后端宽0.8、上沿厚0.3、下沿厚0.2厘米，横剖面呈梯形，末端加厚成箍状。扣环首，横向外径2.7×2.2、内径1.9×1.4、最厚0.4厘米。刀背、柄上下沿、环首内外侧有铸缝。刀身与柄分界不明显，夹角呈115度（图六二九，1；图版三〇一，2、3）。

标本YYM209:3，属于春秋晚期前段。通长16.5厘米，重28.3克。刀身长8.9，后端最宽1.7，最厚0.3，前端窄而薄，弧背，刀尖微翘，双面凹刃较锋利，横剖面呈长等腰三角楔形。刀柄长5.7、前端宽1.1、后端宽0.8、上沿前端厚0.3、后端厚0.2、下沿厚0.15，横剖面呈梯形，尾端加厚成箍状。凸环首，横向外径2.3×1.9、内径1.6×1.3、厚0.3厘米，与柄交接处加厚且同柄尾端的箍连为一体。刀背、柄上下沿、环首内外侧有铸缝。刀身尾端、环首上部折断。刀身与柄分界明显，夹角呈98度（图六二九，2；图版三〇一，4）。

标本YYM105∶3，属于春秋晚期前段。通长19厘米，重47.8克。刀身长10.7、后端最宽1.8、最厚0.35厘米，前端窄而薄，弧背，刀尖略残，变形向一侧弯转，双面凹刃较锋利，横剖面呈长等腰三角楔形。刀柄长5.5、前端宽1.2、后端宽1.1、上沿厚0.3、下沿厚0.2厘米，横剖面呈梯形，尾端加厚成箍状，一面饰凸起方格纹。扣环首，横向外径3.2×2.8、内径2.2×1.8、最厚0.4厘米。刀背、柄上下沿、环首内外侧有铸缝。刀身与柄分界明显，夹角呈111度（图六二九，3；图版三〇一，5）。

标本YYM127∶3，属于春秋晚期后段。通长9.4厘米，重14克。铜质差，铸工粗糙，器体短小，形制不规整。刀身长5.2，前端比后端宽，后端最宽1.3、最厚0.2、前端最宽1.5，略薄，刀背平直，双面刃不规整，横剖面呈长等腰三角形。刀柄很短，长2.2、宽1、厚0.2厘米，横剖面呈长方形，尾端加厚成箍状。扣环首，横向外径2.5×2、内径1.8×1.3、最厚0.3厘米。刀背、柄上下沿、环首内外侧有铸缝。刀身与柄分界很不明显，夹角呈165度（图六二九，4；图版三〇二，1）。

Ⅳ式　延长加强筋，身柄以直棱分界，夹角呈钝角

共15件（YYM151∶3、145∶3、74∶3、112∶3、168∶3、124∶3、171∶3、160∶3、175∶3、161∶3、129∶3、174∶3、334∶3、344∶3、349∶3），占ⅩⅣ型青铜削刀总数的44.12%。柄部加强筋延至扣环首内沿，身柄间有凸棱，夹角大于90度。

标本YYM151∶3，属于春秋晚期前段。通长19.4厘米，重50克。刀身长10.6、后端最宽1.9、最厚0.4厘米，前端窄而薄，刀背与刀柄上沿联为弧形，刀尖微翘，双面刃较锋利，横剖面呈长等腰三角形。刀柄长6.2、前端宽1、后端宽0.8、上沿厚0.4、下沿厚0.2厘米，横剖面呈梯形。扣环首，横向外径3.3×2.6、内径2.2×1.7、厚0.4厘米。刀背、柄上下沿、环首内外侧有铸缝，环首末端有浇注痕迹。刀身与柄分界明显，夹角呈95度（图六三〇，2；图版三〇二，3）。

标本YYM145∶3，属于春秋晚期前段。残长19.5厘米，重35.2克。刀身残长10.8、后端最宽1.8、最厚0.3，前端略薄，弧背，刀尖残损，双面刃锋利，横剖面呈长等腰三角形。刀柄长6.2、前端宽1.2、后端宽1、上沿厚0.3、下沿厚0.1厘米，横剖面呈梯形。扣环首，横向外径3.4×2.5、内径2.1×1.6、厚0.2厘米。刀背、柄上下沿、环首内外侧有铸缝，环首末端有浇注痕迹。刀身与柄分界明显，夹角呈97度（图六三〇，3；图版三〇二，4、5）。

标本YYM74∶3，属于春秋晚期前段。残长14.8厘米，残重39.2克。刀身仅存5.3厘米，最宽1.9、最厚0.4厘米，前端残损，弧背，双面刃锋利，横剖面呈等腰三角楔形，柄长6.7、宽1、上沿前端厚0.4、后端厚0.3、下沿厚0.2厘米，横剖面呈梯形。扣环首，横向外径3.4×2.8、内径2.3×1.7、壁宽0.5、厚0.3厘米，横剖面呈梭形。刀身上沿、柄上下沿、环壁内外侧有铸缝，环首末端有浇注痕迹。刀身、柄分界明显，夹角呈90度（图六三〇，4；图版三〇三，1）。

标本YYM112∶3，属于春秋晚期前段。通长19.5厘米，重31.4克。刀身长10.9、后端最宽1.6、最厚0.25厘米，前端窄而薄，背微弧，刀尖略上翘，双面刃多齿口。刀柄呈弧形，长6、宽1、上沿厚0.2、下沿厚0.1厘米，横剖面呈梯形。扣环首，横向外径3.3×2.6、内径2.3×1.8、厚0.22厘

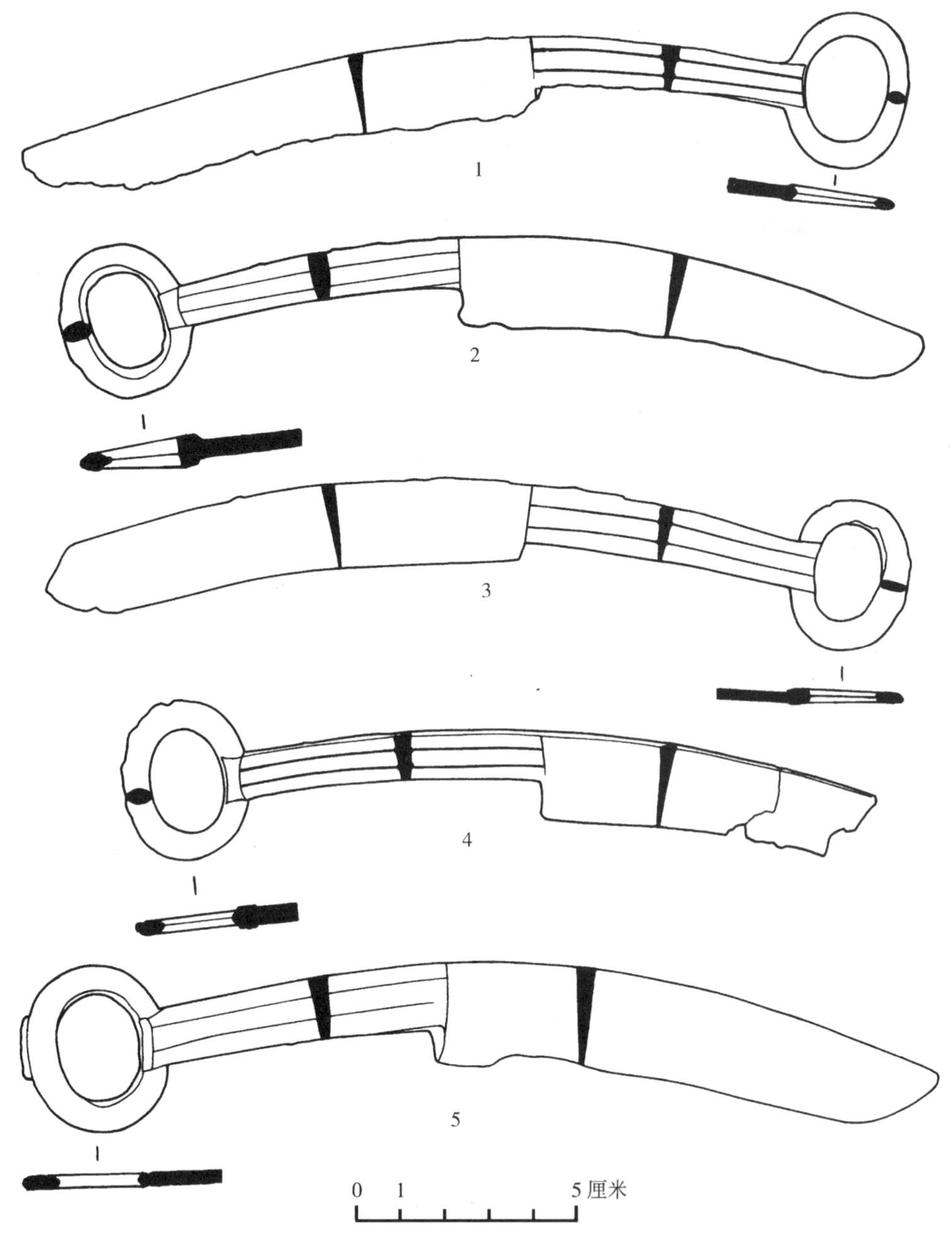

图六三〇　玉皇庙墓地出土青铜削刀

1、2、3、4、5. XIV型IV式（YYM168:3、151:3、145:3、74:3、124:3）

米。刀背、柄上下沿、环首内外侧有铸缝，环首末端有浇注痕迹。刀身与柄分界明显，夹角呈96度（图六三一，3；图版三〇四，1）。

标本YYM168:3，属于春秋晚期前段。通长20厘米，重40.7克。刀身长11.8、后端宽1.7、厚0.4厘米，弧背，双面凹刃多齿口，横剖面呈等腰三角楔形。刀柄长5.6，前端宽1、上沿厚0.4、下沿厚0.15厘米，后端宽0.9、上沿厚0.3、下沿厚0.15厘米。扣环首，横向外径3.4×2.6、内径2.3×1.9厘米，壁厚0.25厘米，横剖面近似椭圆形。刀背、柄上沿有铸缝。身、柄分界明显，夹角呈106度（图六三〇，1；图版三〇二，2）。

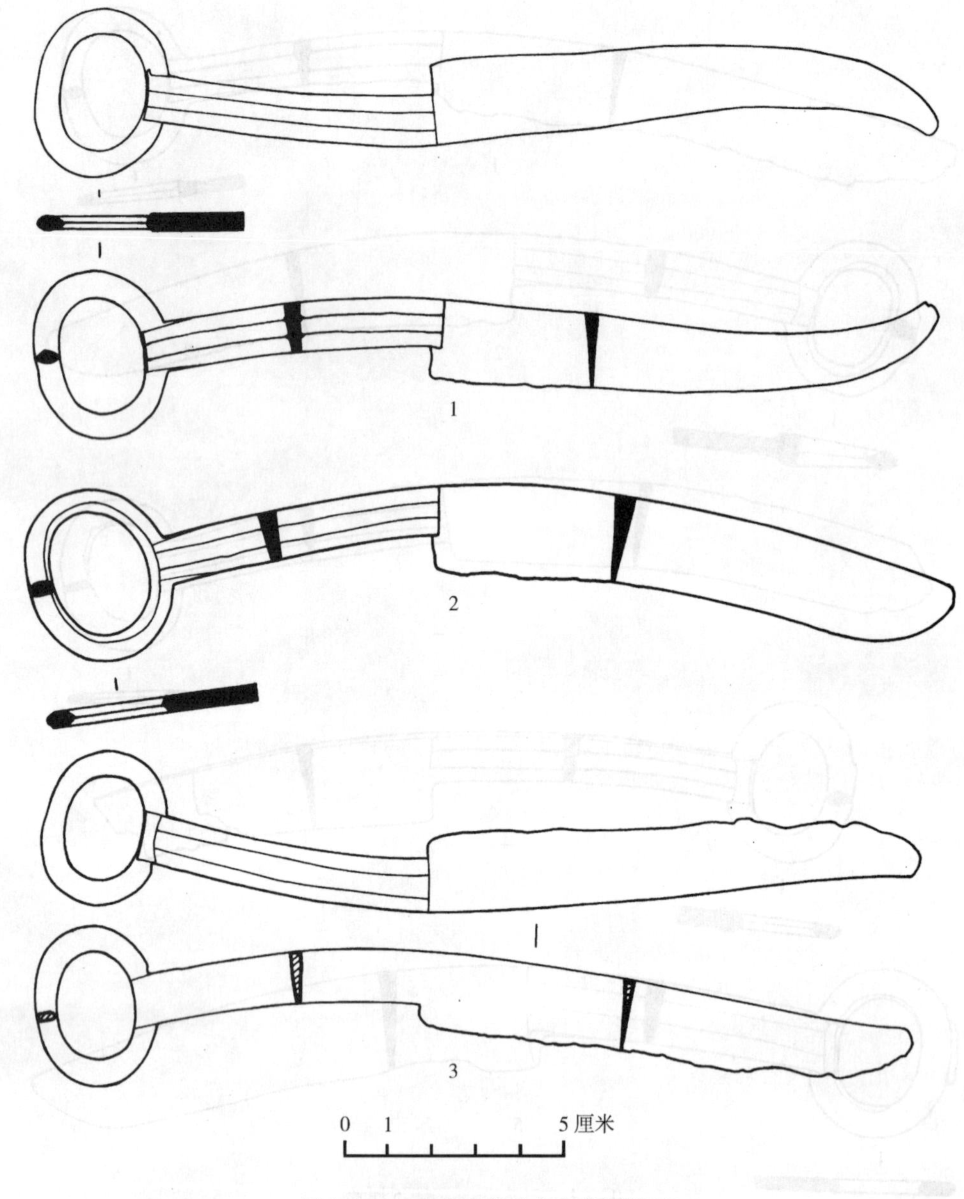

图六三一 玉皇庙墓地出土青铜削刀

1、2、3. ⅩⅣ型Ⅳ式（YYM171:3、174:3、112:3）

标本 YYM124:3，属于春秋晚期前段。通长 20.8 厘米，重 59.5 克。刀身长 11.4，后端宽 2.1，厚 0.4 厘米，前端略窄而薄，弧背，双面刃，后端残损，横剖面呈等腰三角楔形。刀柄长 6.3、前端宽 1.3、后端宽 1.05、上沿前端厚 0.4、后端厚 0.3、下沿厚 0.2 厘米，横剖面呈梯形。扣环首，横向外径 3.5×3.1、内径 2.4×1.9、壁宽 0.5、厚 0.3 厘米，横剖面呈梭形。刀身上沿、柄上下沿、环壁内外侧有铸缝，环首末端有浇注痕迹。刀身、柄分界明显，夹角呈 96 度（图六三〇，5；图版三〇三，2、3）。

标本 YYM171:3，属于春秋晚期前段。通长 20.2 厘米，重 39.7 克。刀身长 11.2、后端宽 1.7、厚 0.4 厘米，弧背，刀锋明显上翘，双面凹刃较锋利，有细小齿口，横剖面呈等腰三角楔形。刀柄长 6.2、前端宽 0.9、上沿厚 0.4、下沿厚 0.2 厘米，后端宽 1、上沿厚 0.3、下沿厚 0.2 厘米，横剖面呈梯形。扣环首，横向外径3.5×2.8、内径2.6×2、厚0.22厘米，横剖面近似椭圆形。刀背、柄上下沿、首环壁内外侧有铸缝，环首末端有浇注痕迹。身、柄分界明显，夹角呈90度（图六三一，1；图版三〇三，4）。

标本YYM160:3，属于春秋晚期后段。通长18.2厘米，重32克。刀身长9.4、后端最宽1.9、最厚0.3厘米，前端略窄而薄，刀尖上挑，略缺损，弧背，双面凹刃较锋利，横剖面呈“T”字楔形。刀柄长6、前端略宽为1、后端宽0.9、上沿厚0.3、下沿厚0.2厘米，横剖面呈梯形。扣环首，横向外径3.5×2.8、内径2.8×2.2、环壁宽0.3、厚0.25厘米，横剖面呈椭圆形。刀身上沿、柄上下沿、环壁内外侧有铸缝。刀身、柄分界明显，夹角呈93度（图六三二，1）。

标本YYM175:3，属于春秋晚期后段。通长15.8厘米，残重28.5克。刀身残长7.1、后端最宽1.4、最厚0.4厘米，前端窄而薄且残断，背呈下凹形，双面凹刃锋利，横剖面呈长等腰三角楔形。刀柄呈弧形，长6.1、宽0.7、上沿厚0.4、下沿厚0.3厘米，横剖面呈梯形。凸环首，横向外径3×2.6、内径2.2×1.8、最厚0.4厘米。刀背、柄上下沿、环首内外侧有铸缝，环首末端有浇注痕迹。刀身与柄分界明显，夹角呈122度（图六三二，2；图版三〇四，2）。

标本YYM161:3，属于春秋晚期后段。残长17.7厘米，重22.4克。刀身残长9.6、后端最宽1.6、最厚0.3厘米，前端窄而薄，弧背，刀尖残，双面刃多齿口，横剖面呈长等腰三角形，后端变形弯翘。刀柄长5.6、前端宽0.9、后端宽0.7、上沿厚0.2、下沿厚0.1厘米，横剖面呈梯形。扣环首，横向外径3.2×2.5、内径2.3×1.7、厚0.2厘米。刀背、柄上下沿、环首内外侧有铸缝。刀身与柄分界明显，夹角呈93度（图六三二，3；图版三〇四，3）。

标本YYM129:3，属于春秋晚期后段。通长18厘米，重34.5克。刀身长9.1、后端最宽1.8、最厚0.3厘米，前端略窄而薄，刀身与刀柄上沿连为弧形，双面刃锋利，横剖面呈长等腰三角形。刀柄长6.1厘米，前端宽1.1、后端宽0.9、上沿厚0.25、下沿厚0.15厘米，横剖面呈梯形。大扣环首，横向外径3.6×2.8、内径2.9×2.2、厚0.3厘米。刀背、柄上下沿、环首内外侧有铸缝。刀身与柄分界明显，夹角呈91度（图六三二，4；图版三〇四，4、5）。

标本YYM174:3，属于春秋晚期后段。通长20.8厘米，重51.8克。刀身长11.6、后端最宽1.9、厚0.5厘米，前端略窄而薄，刀尖稍残缺，弧背，双面凹刃较锋利，横剖面呈等腰三角楔形。刀柄长6.1、宽1、厚0.5、下沿厚0.25厘米，横剖面呈梯形。扣环首，横向外径3.7×3.1、内径2.8×2.2、壁宽0.5、厚0.3厘米，横剖面呈椭圆形。刀身长沿、柄上下沿、环壁内外侧有铸缝，环首末端有浇注痕迹。刀身与柄分界明显，夹角呈90度（图六三一，2；图版三〇三，5）。

标本YYM334:3，属于春秋晚期后段。残长18.6厘米，重32.5克。刀身残长10.4、后端最宽1.8、最厚0.3厘米，前端略窄而薄，刀身与刀柄上沿连为弧形，刀尖残损，双面刃多齿口，横剖面呈长等腰三角形。刀柄长5.5、宽0.9、上沿厚0.3、下沿厚0.2厘米，横剖面呈梯形。扣环首，横向外径3.4×2.7、内径2.3×1.7、厚0.25厘米。刀背、柄上下沿、环首内外侧有铸缝，环首末端有浇注痕迹。刀身与柄分界明显，夹角呈95度（图六三三，5；图版三〇五，1）。

标本YYM344:3，属于春秋晚期后段。通长18.3厘米，重37克。刀身长9.7、后端宽1.5、厚0.4厘米，背微弧，双面凹刃锋利，刀尖上翘，横剖面呈等腰三角楔形。刀柄长5.8、宽0.7、上沿厚0.4、下沿厚0.3厘米左右，横剖面呈梯形。扣环首，横向外径3.2×2.8、内径2.5×2、壁厚0.3厘米，横

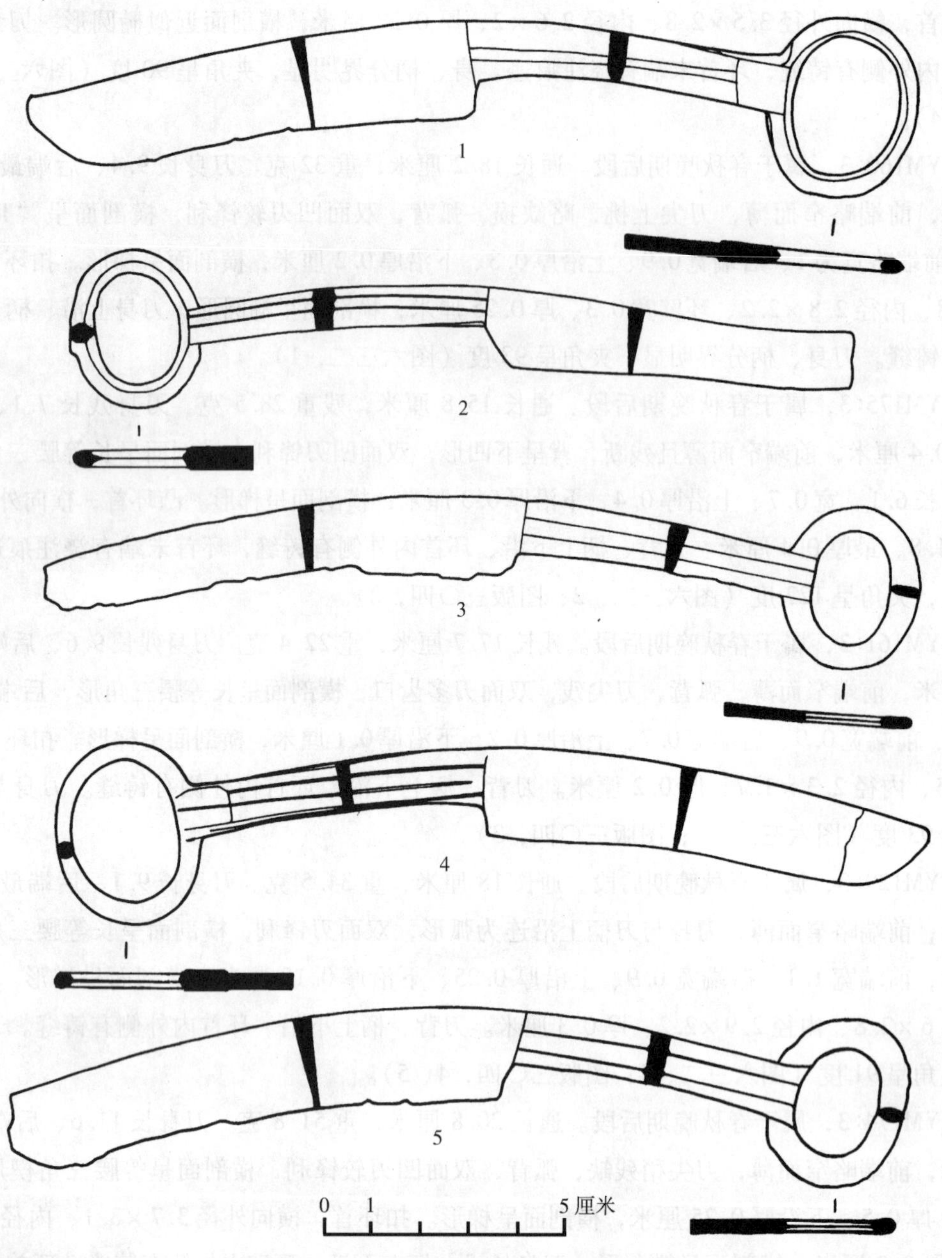

图六三二　玉皇庙墓地出土青铜削刀

1、2、3、4、5. ⅩⅣ型Ⅳ式（YYM160:3、175:3、161:3、129:3、334:3）

剖面呈椭圆形。刀背、柄上下沿、首环壁内外侧有铸缝，环首末端有浇注痕迹。刀身、柄分界明显，夹角呈90度（图六三三，1；图版三〇五，2）。

标本YYM349:3，属于春秋晚期后段。通长20.2厘米，重44.2克。刀身长11.3、后端宽1.7、厚0.35厘米，刀身与刀柄连为弧形，双面凹刃多齿口，刀尖略上翘，横剖面呈等腰三角楔形。刀柄长6.2、宽0.9、上沿厚0.3、下沿厚0.2厘米，横剖面呈梯形。扣环首，横向外径3.4×2.7、内径2.4×1.9、壁厚0.3厘米，横剖面呈椭圆形。刀背、柄上下沿、首环壁内外侧有铸缝，环首末端有浇注痕迹。刀身、柄分界明显，夹角呈90度（图六三三，2；图版三〇五，3）。

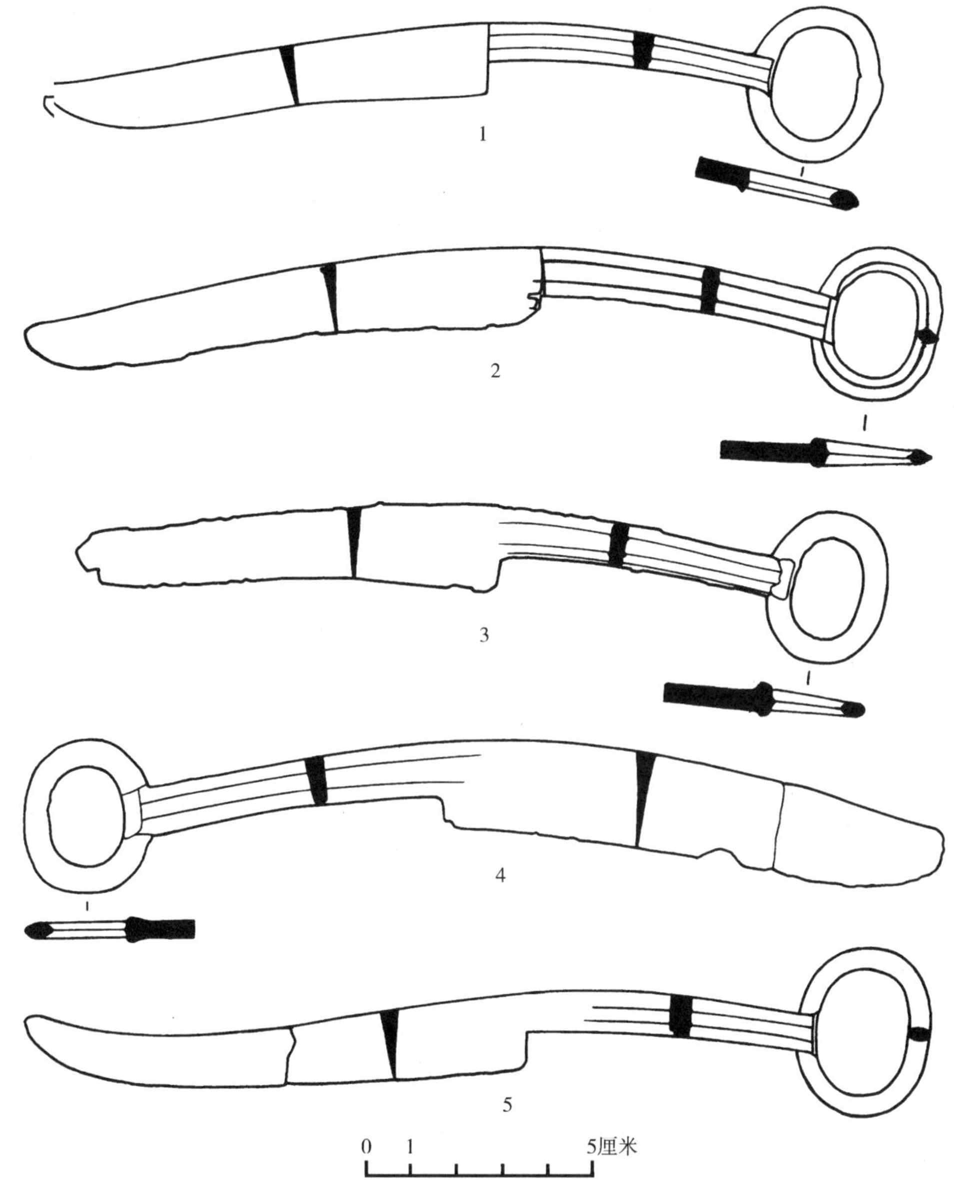

图六三三　玉皇庙墓地出土青铜削刀

1、2. XIV型IV式（YYM344:3、349:3）　3、4、5. XIV型V式（YYM142:3、134:3、358:3）

V式　延长加强筋，夹角呈钝角

4件（YYM142:3、YYM134:3、YYM358:3、YYM325:3），占XIV型青铜削刀总数的11.76%。主要特征与IV式相同，只是身柄间无棱线。

标本YYM142:3，属于春秋晚期前段。残长17.8厘米，重41.5克。刀身残长9.2、后端最宽1.8、最厚0.4厘米，前端窄而薄，背微弧，刀尖残，双面刃锋利，横剖面呈长等腰三角形。刀柄长6.1、前端宽1、后端宽0.7、上沿厚0.3、下沿厚0.2厘米，横剖面呈梯形。扣环首，横向外径3.2×2.5、内径2.2×1.7、厚0.4厘米。刀背、柄上下沿、环首内外侧有铸缝。刀身与柄分界明显，夹角呈92度（图六三三，3；图版三〇五，4）。

标本YYM134∶3，属于春秋晚期前段。通长20.3厘米，重51.3克。刀身长11、后端最宽2、最厚0.4厘米，前端略窄而薄，背微弧，刀尖略残、微翘，双面刃锋利，横剖面呈长等腰三角形，前端折断。刀柄长6.6、前端宽1.1、后端宽1、上沿前端厚0.4、后端厚0.3、下沿厚0.2厘米，横剖面呈梯形。扣环首，横向外径3.3×2.7、内径2.2×1.7、最厚0.3厘米。刀背、柄上下沿、环首内外侧有铸缝。刀上与柄分界明显，夹角呈90度（图六三三，4；图版三〇五，5）。

标本YYM358∶3，属于春秋晚期后段。通长20.1厘米，重40.7克。刀身长11、后端最宽1.6、最厚0.4厘米，前端窄而薄，下弧背，刀尖上翘，双面刃较钝，横剖面呈长等腰三角形。刀柄下凹，长6.2、宽0.8、厚0.42厘米，横剖面呈长方形。大扣环首，横向外径3.6×2.9、内径2.8×2.1、最厚0.44厘米。刀背、柄上下沿、环首内外侧有铸缝。刀身和柄分界明显，夹角呈92.5度（图六三三，5；图版三〇六，1）。

标本YYM325∶3，属于春秋晚期后段。通长18厘米，重44.5克。铜质较好，刀身泛银灰色，铸工精良。刀身长10.4、后端宽1.7、厚0.6厘米，弧背，双面凹刃，刃锋利，有齿口，横剖面呈等腰三角楔形。刀柄长5.1、前端宽0.6、厚0.6厘米，后端宽0.6、厚0.7厘米，横剖面呈梯形。刀背、柄上沿有明显锉痕。扣环首，横向外径3.1×2.5、内径2.1×1.7、均厚0.5厘米，横剖面近似三角形。刀背正中、柄上下沿正中、首环壁内外侧有铸缝，环首末端有浇注痕迹。柄、身分界明显，夹角近90度（图六三四，1；图版三〇六，2）。

Ⅵ式　延长加强筋，身柄以直棱分界，夹角呈锐角

共5件（YYM143∶3、108∶3、345∶3、376∶3、370∶3），占ⅩⅣ型青铜削刀总数的14.71%。与Ⅳ式的区别仅在身柄夹角的变化。

标本YYM143∶3，属于春秋晚期前段。通长18.8厘米，重42.5克。刀身残长10.2、后端最宽0.8、最厚0.4厘米，前端窄而薄，刀背与刀柄连为弧形，刀尖残，双面凹刃锋利，横剖面呈长等腰三角楔形。刀柄长5.9、宽1厘米，上沿厚0.35、下沿厚0.25厘米，后剖面呈梯形。扣环首，横向外径3.5×2.7、2.3×1.5、最厚0.38厘米，环首尾端折断，断口相叠。刀身、柄上下沿、环首内外侧有铸缝。刀身与柄分界明显，夹角呈83度（图六三四，2；图版三〇六，3）。

标本YYM108∶3，属于春秋晚期前段。通长16.3厘米，重27.2克。刀身长7.5、后端最宽1.5、最厚0.25厘米，前端窄而薄，背微弧，刀锋细长微翘，双面刃多齿口，横剖面呈长等腰三角形。刀柄长6（有0.1厘米深入刀身尾端），前端宽1.1、后端宽1、上沿厚0.25、下沿厚0.1厘米。横剖面呈梯形。扣环首，横向外径3.3×2.8、内径2.3×1.8、均厚0.2厘米。刀背、柄上下沿、环首内外侧有铸缝。刀身与柄分界不明显，夹角呈86度（图六三四，3；图版三〇六，4）。

标本YYM345∶3，属于春秋晚期后段。残长16.2厘米，重23克。刀身残长8.8、后端最宽1.7、最厚0.3厘米，前端窄而薄，弧背，刀锋微翘，到尖残，双面凹刃锋利，横剖面呈长等腰三角楔形。刀柄长5.1厘米（0.1厘米深入刀身尾端），前端宽0.8、厚0.3、后端宽0.6、厚0.2、下沿前端厚0.2、后端厚0.1厘米。扣环首，横向外径2.8×2.4、内径2.1×1.6、厚0.24厘米，残断。刀背、柄上下沿、环首内外侧有铸缝，环首末端有浇注痕迹。刀身与柄分界明显，夹角呈74度（图六三四，4；图版三〇六，5）。

标本YYM376∶3，属于春秋晚期后段。通长18.5厘米，重33.2克。器体纤细修长。刀身长9.9、

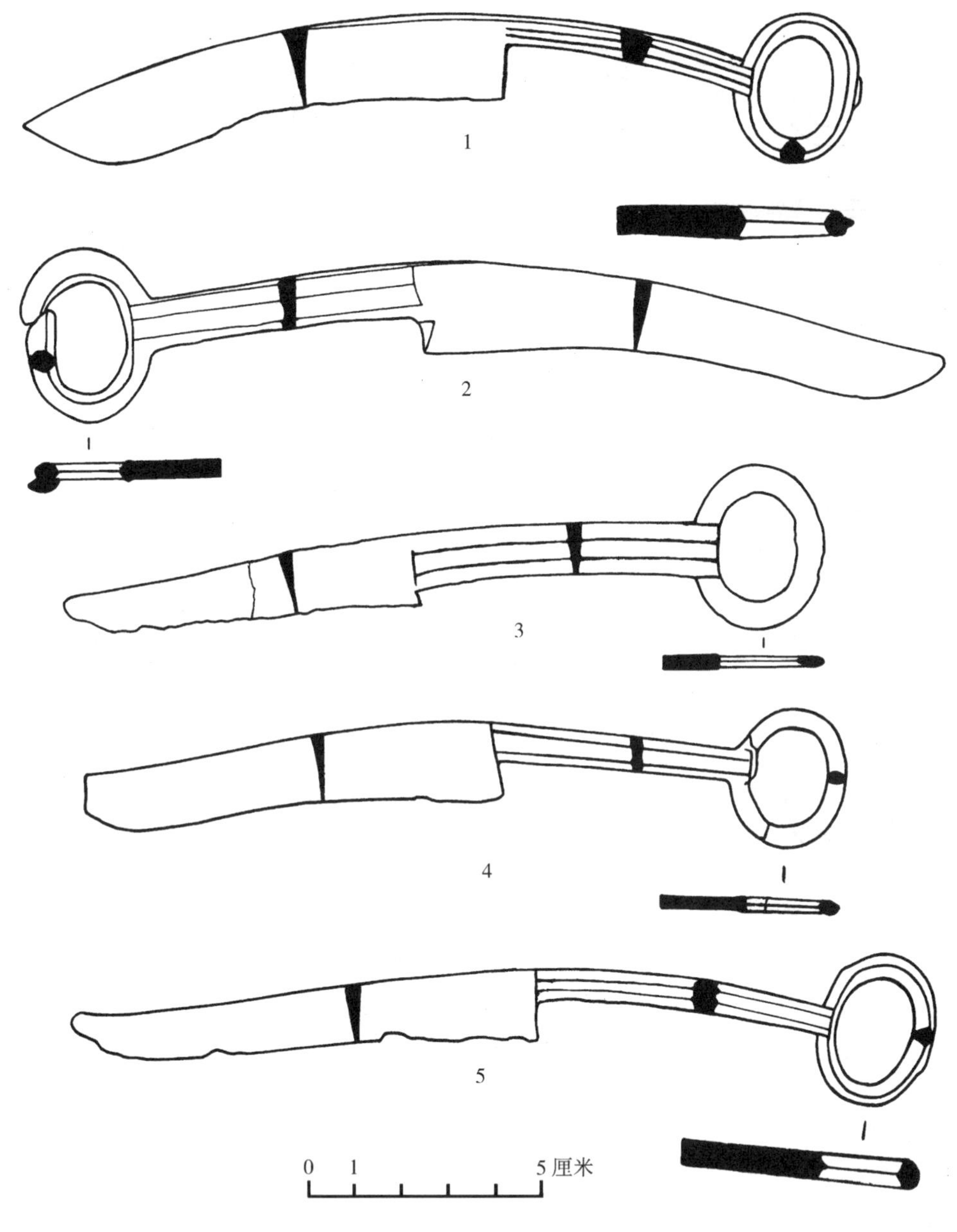

图六三四　玉皇庙墓地出土青铜削刀

1. XIV型V式（YYM325:3）　2、3、4、5. XIV型VI式（YYM143:3、108:3、345:3、376:3）

后端最宽1.5、最厚0.45厘米，前端窄而薄，背微弧，刀尖上翘，双面凹刃有齿口，横剖面呈等腰三角楔形。刀柄呈弧形，长6.2、宽0.5、上沿厚0.5、下沿厚0.4厘米，横剖面呈梯形。扣环首，横向外径3.1×2.4、内径2.3×1.8、厚0.42厘米。刀背、柄上下沿、环首内外侧有铸缝，环首末端有浇注痕迹。刀身和柄分界明显，夹角呈80度（刀身尾端缺损，以刀身与柄间的直棱线的延长线与柄的夹角计算）（图六三四，5；图版三〇七，1）。

标本YYM370:3，属于春秋晚期后段。通长17.2厘米，重35克。刀身长9.2、后端最宽1.7、最厚0.3厘米，前端略窄而薄，刀背微下凹，刀尖上翘，受外力变形，向一侧略翻卷。双面刃较锋利，横剖面呈长等腰三角形。刀柄呈微弧形，长5.9（有0.3厘米深入刀身尾端）、宽0.8、上沿厚0.3、下

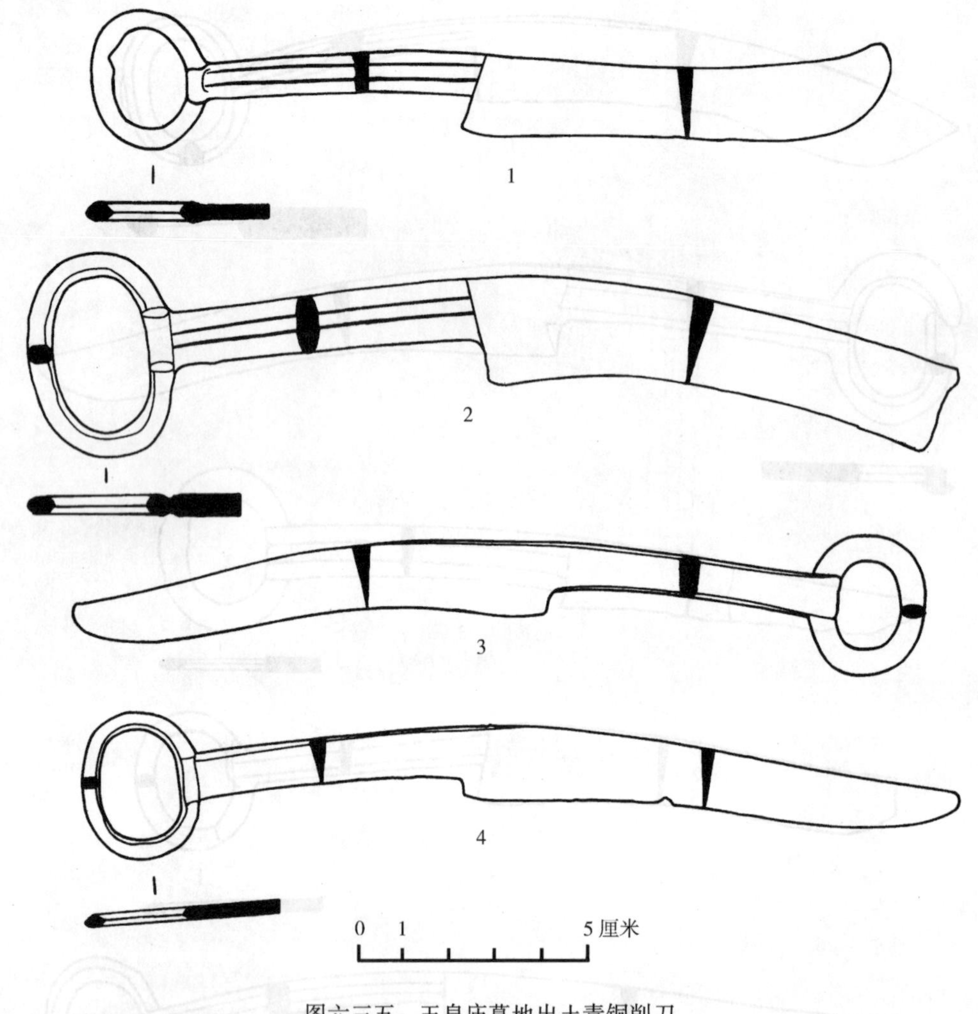

图六三五 玉皇庙墓地出土青铜削刀

1. XIV型VI式（YYM370:3） 2. XIV型VII式（YYM156:3） 3、4. XIV型VIII式（YYM303:3、110:3）

沿厚0.2厘米，横剖面呈梯形。扣环首，横向外径2.9×2.4、内径2.1×1.7、最厚0.3厘米。刀背、柄上下沿、环首内外侧有铸缝，环首末端有浇注痕迹。刀身与柄分界明显，夹角呈76度（图六三五，1；图版三〇七，2）。

VII式 柄以细棱带与环首相扣

1件，占XIV型青铜削刀总数的2.94%。标本YYM156:3，属于春秋晚期前段。柄饰加强筋，尚有凸环痕迹，只以2条细棱带与环首相扣。残长20.1厘米，重64.8克。刀身残长10.3、后端宽2.2、厚0.4厘米，前端窄而薄，端头残缺，弧背，双面凹刃锋利，横剖面呈三角楔形；刀柄长6.8、前端宽1.2、后端宽1、上沿厚0.3、下沿厚0.2厘米，横剖面呈双面微弧的梯形。大扣环首，横向外径4.1×3、内径3.3×2.2、环壁宽0.4、厚0.32厘米，横剖面呈椭圆形。刀上与柄分界明显，夹角呈95度（图六三五，2；图版三〇七，3）。

VIII式 无装饰线

共2件（YYM303:3、YYM110:3），占XIV型青铜削刀总数的5.88%。是柄部无加强筋、身柄交接处无直棱线的扣环首形式。

标本 YYM303∶3，属于春秋晚期前段。通长 18.5 厘米，重 33.2 克。刀身长 10.4、后端最宽 1.6、最厚 0.3 厘米，前端窄而薄，弧背，刀尖上挑，双面凹刃锋利，横剖面呈等腰三角楔形。刀柄微弧，长 5.7、前端宽 1、后端宽 0.8、上沿厚 0.35、下沿厚 0.25 厘米，横剖面呈梯形。扣环首，横向外径 2.9×2.4、内径 2×1.5、最厚 0.3 厘米。刀背、柄上下沿、环首内外侧有铸缝。刀身与柄分界明显，夹角呈 100 度（图六三五，3；图版三〇七，4）。

标本 YYM110∶3，属于春秋晚期后段。通长 18.9 厘米，重 27.2 克。刀身长 10.6、后端最宽 1.5、最厚 0.3 厘米，前端窄而薄，弧背，刀尖微挑，双面刃较钝，横剖面呈长等腰三角形。刀柄微弧，长 5.8、宽 0.9、上沿厚 0.3、下沿厚 0.15 厘米，横剖面呈梯形。扣环首，横向外径 3×2.5、内径 2.4×1.8、最厚 0.25 厘米。刀背、柄上下沿、环首内外侧有铸缝。刀身与柄分界明显，夹角呈 98 度（图六三五，4；图版三〇七，5）。

详见附表 140。

附表 140－1　**玉皇庙墓地出土青铜削刀规格统计表**

序号	器物号（YYM）	型	式	重量	通长	身长	柄长	环首外径	墓主性别	墓葬级别	分布区域	年代	备注
1	22∶3	Ⅰ	Ⅰ	34.7	18.4	11.1	7.3		男	甲（B）	北Ⅰ区中部	春秋早期	柄首一体
2	283∶3	Ⅰ	Ⅰ	33.2	17.3	10.3	7		女	丁	北Ⅱ区北部	春秋早中期	柄首一体
3	13∶3	Ⅰ	Ⅱ	64	17.3	10.6	6.7		男	乙（A）	北Ⅰ区中部	春秋早期	柄首一体
4	227∶3	Ⅰ	Ⅱ	34.6	18.2	10.8	7.4		男	乙（A）	北Ⅱ区北部	春秋早中期	柄首一体
5	300∶3	Ⅰ	Ⅲ	37.7	17.3	10.2	7.1		男	乙（A）	北Ⅰ区西部	春秋早期	柄首一体
6	229∶3	Ⅰ	Ⅲ	53.4	20	11.4	8.6		男	乙（A）	北Ⅱ区北部	春秋早中期	柄首一体
7	234∶3	Ⅰ	Ⅲ	27.8	14.7	8.7	6		男	乙（B）	北Ⅱ区中部	春秋中期	柄首一体
8	192∶3	Ⅰ	Ⅲ	49.2	19.4	11.5	7.9		男	丙（B）	北Ⅱ区南部	春秋中晚期	柄首一体
9	20∶3	Ⅱ	Ⅰ	40.2	16.7	9.9	5.1	1.8×1.7	女	乙（A）	北Ⅰ区中部	春秋早期	
10	275∶3	Ⅱ	Ⅰ	74	22.2	13.7	6.7	2.2×1.8	男	乙（A）	北Ⅱ区北部	春秋早中期	
11	48∶3	Ⅱ	Ⅱ	72.5	20.6	13.2	4.9	2.5×2.4	男	丙（A）	北Ⅱ区中部	春秋中期	刀身残
12	35∶3	Ⅲ	Ⅰ	44.5	18	10.4	5.6	2.1×2	女	乙（B）	北Ⅰ区中部	春秋早期	
13	2∶18	Ⅲ	Ⅰ	16	8.1	2.1	4.9	1.6×1.1	女	甲（B）	北Ⅰ区中部	春秋早期	刀身残
14	3∶3	Ⅲ	Ⅰ	42.5	17.3	10	5.6	1.9×1.7	女	乙（B）	北Ⅰ区中部	春秋早期	
15	5∶3	Ⅲ	Ⅰ	34	17	9.6	5.7	2.1×1.7	男	丙（C）	北Ⅰ区中部	春秋早期	
16	281∶3	Ⅲ	Ⅰ	36.7	16.7	9.9	5.1	2.3×1.7	男	丁	北Ⅱ区北部	春秋早中期	
17	280∶3	Ⅲ	Ⅰ	25.6	13.1	8.2	3.7	1.4×1.2	女	乙（A）	北Ⅱ区北部	春秋早中期	
18	37∶3	Ⅲ	Ⅰ	51	18.5	10.8	6	2×1.7	女	丙（C）	北Ⅱ区北部	春秋早中期	
19	250∶8	Ⅲ	Ⅰ	56	20	12.3	5.5	2.5×2.2	男	甲（A）	北Ⅱ区北部	春秋早中期	
20	282∶3	Ⅲ	Ⅰ	58.9	21.3	13.4	6	2.6×1.9	男	丙（A）	北Ⅱ区北部	春秋早中期	
21	230∶3	Ⅲ	Ⅰ	67.4	21.2	12.8	6.6	2.4×1.8	男	甲（A）	北Ⅱ区北部	春秋早中期	
22	233∶3	Ⅲ	Ⅰ	63	20	12.6	5.5	2.4×1.9	男	乙（B）	北Ⅱ区北部	春秋早中期	
23	228∶3	Ⅲ	Ⅰ	38.3	17.1	10.4	5	2.2×1.7	男	乙（B）	北Ⅱ区北部	春秋早中期	
24	276∶3	Ⅲ	Ⅰ	41	18	11.8	4.7	1.6×1.5	男	丁	北Ⅱ区北部	春秋早中期	
25	226∶3	Ⅲ	Ⅰ	54	约 20.1	12	5.8	约 2.4×2.3	男	乙（B）	北Ⅱ区北部	春秋早中期	环首残
26	252∶3	Ⅲ	Ⅰ	29	残 14.9	8.9	4.6	约 1.9×1.4	男	丙（A）	北Ⅱ区北部	春秋早中期	环首残
27	41∶3	Ⅲ	Ⅰ	62.4	19.4	11.7	5.8	2×1.9	男	乙（B）	北Ⅱ区中部	春秋中期	

附表 140－2　**玉皇庙墓地出土青铜削刀规格统计表**

序号	器物号（YYM）	型	式	重量	通长	身长	柄长	环首外径	墓主性别	墓葬级别	分布区域	年代	备注
28	46∶3	Ⅲ	Ⅰ	52.2	17.2	10.2	5.2	2.2×1.8	男	乙（B）	北Ⅱ区中部	春秋中期	
29	256∶3	Ⅲ	Ⅰ	28.9	15.1	8.6	5.1	1.7×1.4	女	乙（A）	北Ⅱ区中部	春秋中期	
30	49∶3	Ⅲ	Ⅰ	33.2	15.7	9.7	4.3	1.7×1.7	男	丙（A）	北Ⅱ区中部	春秋中期	
31	247∶3	Ⅲ	Ⅰ	33.1	15.1	9	4.6	1.9×1.5	男	乙（B）	北Ⅱ区中部	春秋中期	
32	95∶3	Ⅲ	Ⅰ	46	17.8	10.3	5.8	2×1.7	男	乙（A）	北Ⅱ区中部	春秋中期	
33	260∶3	Ⅲ	Ⅰ	52	19.6	11.8	5.6	2.3×2.2	男	丙（A）	北Ⅱ区中部	春秋中期	
34	51∶3	Ⅲ	Ⅰ	49	18.4	11.2	5.4	2×1.8	男	乙（A）	北Ⅱ区中部	春秋中期	
35	190∶3	Ⅲ	Ⅰ	34.3	16.9	9.7	5.5	2.1×1.7	男	乙（B）	北Ⅱ区中部	春秋中期	
36	52∶3	Ⅲ	Ⅰ	63.6	残20.3	13	5.5	约2.3×1.8	男	甲（B）	北Ⅱ区中部	春秋中期	环首残
37	297∶3	Ⅲ	Ⅰ	23	14.4	8.4	4.7	1.7×1.3	男	丙（B）	北Ⅰ区北部	春秋中期	
38	293∶3	Ⅲ	Ⅰ	28.1	14.4	9.2	4	1.6×1.2	婴儿	丁	北Ⅰ区北部	春秋中期	
39	7∶3	Ⅲ	Ⅰ	29.5	14.5	9.1	4.2	1.5×1.2	男	丙（C）	北Ⅰ区南部	春秋中期	
40	57∶3	Ⅲ	Ⅰ	35	16.2	9.6	5.3	2.1×1.3	男	乙（B）	北Ⅱ区南部	春秋中晚期	
41	86∶3	Ⅲ	Ⅰ	31	17.4	10.1	5.6	2×1.7	男	乙（A）	北Ⅱ区南部	春秋中晚期	
42	71∶3	Ⅲ	Ⅰ	78.6	20.6	13	5.5	2.3×2.1	男	丙（C）	北Ⅱ区南部	春秋中晚期	
43	182∶3	Ⅲ	Ⅰ	28.5	14.6	7.7	5.4	1.9×1.5	男	乙（B）	南区北部	春秋晚期前段	
44	199∶3	Ⅲ	Ⅰ	41.8	16.8	10.1	5	2.2×1.7	男	丙（A）	南区北部	春秋晚期前段	
45	178∶3	Ⅲ	Ⅰ	18.5	13.6	7.8	4.2	1.9×1.6	女	乙（B）	南区北部	春秋晚期前段	
46	153∶4	Ⅲ	Ⅰ	22.6	15	8.7	4.3	2.1×2	女	丙（A）	南区北部	春秋晚期前段	
47	312∶3	Ⅲ	Ⅰ	18.8	13.8	8.3	4.1	1.7×1.4	男	丙（C）	西区	春秋晚期前段	
48	11∶3	Ⅲ	Ⅱ	53.1	19.2	11.9	5.3	2.9×2	男	乙（A）	北Ⅰ区中部	春秋早期	
49	257∶3	Ⅲ	Ⅱ	45.2	20.5	12.1	6	2.7×2.4	男	乙（B）	北Ⅱ区中部	春秋中期	
50	188∶3	Ⅲ	Ⅱ	42.2	19.5	11.7	5.5	2.8×2.3	男	乙（B）	北Ⅱ区中部	春秋中期	
51	36∶3	Ⅲ	Ⅱ	86	22.8	14	6	3.7×2.8	男	乙（B）	北Ⅰ区北部	春秋中期	
52	23∶3	Ⅲ	Ⅱ	65.5	19.5	11.7	5.4	2.9×2.4	男	丙（A）	北Ⅰ区中部	春秋中期	
53	102∶3	Ⅲ	Ⅱ	37	17.4	9	6.2	2.6×2.2	男	丙（B）	北Ⅰ区南部	春秋中期	
54	186∶3	Ⅲ	Ⅱ	50.8	18.9	10.9	6	2.9×2	男	乙（B）	北Ⅱ区南部	春秋中晚期	
55	61∶3	Ⅲ	Ⅱ	44.3	18.5	10.6	5.8	2.5×2.1	男	乙（B）	北Ⅱ区南部	春秋中晚期	
56	148∶3	Ⅲ	Ⅱ	39.5	19.7	11.5	5.6	3.3×2.6	男	丙（A）	北Ⅱ区南部	春秋中晚期	
57	213∶3	Ⅲ	Ⅱ	41.8	19.6	11.2	6.1	3×2.3	男	乙（B）	南区北部	春秋晚期前段	
58	117∶3	Ⅲ	Ⅱ	31	17.8	10.2	5.4	2.6×2.2	男	丙（A）	南区北部	春秋晚期前段	
59	131∶3	Ⅲ	Ⅱ	48.5	20	11.3	6.2	3.2×2.5	男	丙（A）	南区中部	春秋晚期前段	
60	314∶2	Ⅲ	Ⅱ	40	20.4	11.4	6.4	3.3×2.6	男	丙（C）	西区	春秋晚期前段	
61	236∶3	Ⅲ	Ⅲ	46.2	19.9	12.6	5.7	约3.3×1.6	男	乙（A）	北Ⅱ区中部	春秋中期	环首残
62	217∶3	Ⅲ	Ⅲ	57.2	20	11.9	6	3×2.1	男	甲（B）	南区北部	春秋晚期前段	
63	122∶3	Ⅲ	Ⅲ	45.5	19.3	10.3	6.2	3.3×2.8	男	丙（A）	南区中部	春秋晚期前段	
64	83∶3	Ⅲ	Ⅳ	32.1	17.9	10.4	5.2	2.6×2.3	男	丙（A）	北Ⅱ区南部	春秋中晚期	
65	203∶3	Ⅲ	Ⅳ	32.8	19.2	11.1	5.7	3.2×2.4	男	乙（B）	南区北部	春秋晚期前段	
66	220∶3	Ⅲ	Ⅳ	28	16.8	9.3	5.7	2.8×1.8	女	乙（B）	南区北部	春秋晚期前段	
67	179∶3	Ⅲ	Ⅳ	41.3	19.2	11.3	5.7	2.8×2.2	男	乙（B）	南区北部	春秋晚期前段	
68	177∶3	Ⅲ	Ⅳ	37.6	18.7	10.8	5.8	3×2.1	婴儿	丁	南区北部	春秋晚期前段	
69	315∶3	Ⅲ	Ⅳ	39.5	19.2	10.7	5.6	3.1×2.9	男	丙（B）	西区	春秋晚期前段	

附表 140－3

玉皇庙墓地出土青铜削刀规格统计表

序号	器物号（YYM）	型	式	重量	通长	身长	柄长	环首外径	墓主性别	墓葬级别	分布区域	年代	备注
70	313∶3	Ⅲ	Ⅳ	31.8	18.1	10.3	5.6	2.9×2.2	男	丁	西区	春秋晚期前段	
71	158∶3	Ⅲ	Ⅴ	20.8	14	7.9	4.5	2.1×1.6	男	乙（B）	南区中部	春秋晚期前段	
72	111∶3	Ⅲ	Ⅴ	20.1	14.9	8.3	4.6	2.4×2	男	丙（A）	南区中部	春秋晚期前段	
73	348∶3	Ⅲ	Ⅴ	18.1	13.3	8	3.7	2.1×1.6	男	乙（B）	南区南部	春秋晚期后段	
74	32∶3	Ⅳ		78.5	23.2	14.6	6.8	外对角线 2.7×1.8	无人	丙（A）	北Ⅰ区中部	春秋早期	
75	34∶3	Ⅴ		41.5	16.8	10.9	4.3	1.6×1.5	无人	丙（B）	北Ⅰ区中部	春秋早期	
76	42∶3	Ⅴ		40.9	17.7	11.7	4.5	1.5×1.5	少儿	丙（C）	北Ⅱ区中部	春秋中期	
77	19∶3	Ⅵ		85.5	22.5	14	6.1		男	乙（B）	北Ⅰ区中部	春秋早期	双环首
78	17∶3	Ⅵ		48	16.5	9.1	5.8		无人	乙（B）	北Ⅰ区中部	春秋早期	双环首
79	18∶9	Ⅶ		92	23.1	14.6	6.9	2.4×1.6	男	甲（A）	北Ⅰ区中部	春秋早期	
80	82∶3	Ⅷ		53.2	18.3	11.4	6.9		男	丙（A）	北Ⅰ区西部	春秋早期	柄首一体
81	386∶3	Ⅸ		41.8	14	10.6	3.4		男	丙（C）	北Ⅰ区西部	春秋早期	柄至首残
82	385∶3	Ⅹ	Ⅰ	69.2	20.5	11.7	6.3	3.4×2.5	男	丙（C）	北Ⅰ区西部	春秋早期	
83	384∶3	Ⅹ	Ⅰ	67	21	12	6.4	3.4×2.6	男	乙（B）	北Ⅰ区西部	春秋早期	
84	264∶3	Ⅹ	Ⅰ	79	21.3	12.2	6.3	3.2×2.8	男	丙（A）	北Ⅱ区北部	春秋早中期	
85	271∶3	Ⅹ	Ⅰ	88	21.6	12.8	6.3	3.3×2.5	男	乙（B）	北Ⅱ区中部	春秋中期	
86	26∶3	Ⅹ	Ⅱ	50.7	20.7	12	6.4	2.9×2.3	女	乙（B）	北Ⅰ区北部	春秋中期	
87	295∶3	Ⅹ	Ⅱ	38.8	19.6	12.2	5.4	2.4×2	男	乙（A）	北Ⅰ区北部	春秋中期	
88	299∶1	Ⅹ	Ⅱ	46	20.7	12.5	6	2.7×2.2	少儿	丙（B）	北Ⅰ区北部	春秋中期	
89	383∶3	Ⅺ	Ⅰ	33.2	15.1	8.7	4.6	1.8×1.8	不详	丁	北Ⅰ区西部	春秋早期	
90	212∶3	Ⅺ	Ⅱ	32.5	17	10.2	5	2.6×1.8	男	乙（B）	北Ⅱ区南部	春秋中晚期	
91	205∶3	Ⅺ	Ⅱ	35	19	11.3	5.6	2.7×2.1	男	乙（B）	南区北部	春秋晚期前段	
92	373∶3	Ⅺ	Ⅱ	48.7	20.3	11.7	6	2.9×2.6	男	乙（B）	南区南部	春秋晚期后段	
93	285∶3	Ⅻ		40	15.9	10	4.4	1.5×1.5	女	丁	北Ⅱ区北部	春秋早中期	
94	99∶3	Ⅻ		38.8	16.8	9.7	5.6	1.6×1.5	女	丁	北Ⅱ区北部	春秋早中期	
95	261∶3	ⅩⅢ	Ⅰ	79.2	19.7	11.2	8.5		男	乙（A）	北Ⅱ区中部	春秋中期	柄首一体
96	210∶3	ⅩⅢ	Ⅱ	41.6	18.4	10.8	7.6		男	乙（A）	南区北部	春秋晚期前段	柄首一体
97	54∶3	ⅩⅣ	Ⅰ	58	19.5	10.9	6.5	2.7×2.1	男	乙（A）	北Ⅱ区中部	春秋中期	
98	58∶3	ⅩⅣ	Ⅱ	47.8	21.1	11.8	7	2.8×2.3	男	乙（B）	北Ⅱ区南部	春秋中晚期	
99	224∶3	ⅩⅣ	Ⅲ	47	18.3	10.3	5.3	3.2×2.7	男	丙（A）	南区北部	春秋晚期前段	
100	214∶3	ⅩⅣ	Ⅲ	48.5	19.6	11.6	5.8	2.7×2.2	男	乙（B）	南区北部	春秋晚期前段	
101	209∶3	ⅩⅣ	Ⅲ	28.3	16.5	8.9	5.7	2.3×1.9	男	乙（A）	南区北部	春秋晚期前段	
102	105∶3	ⅩⅣ	Ⅲ	47.8	19	10.7	5.5	3.2×2.8	男	丙（C）	南区北部	春秋晚期前段	
103	127∶3	ⅩⅣ	Ⅲ	14	9.4	5.2	2.2	2.5×2	男	丙（C）	南区南部	春秋晚期后段	
104	151∶3	ⅩⅣ	Ⅳ	50	19.4	10.6	6.2	3.3×2.6	男	甲（B）	南区北部	春秋晚期前段	
105	145∶3	ⅩⅣ	Ⅳ	35.2	19.5	10.8	6.2	3.4×2.5	男	丙（A）	南区北部	春秋晚期前段	刀身残
106	74∶3	ⅩⅣ	Ⅳ	39.2	14.8	5.3	6.7	3.4×2.8	男	乙（A）	南区北部	春秋晚期前段	刀身残
107	112∶3	ⅩⅣ	Ⅳ	31.4	19.5	10.9	6	3.3×2.6	女	丁	南区北部	春秋晚期前段	
108	168∶3	ⅩⅣ	Ⅳ	40.7	20	11.8	5.6	3.4×2.6	男	丙（B）	南区中部	春秋晚期前段	
109	124∶3	ⅩⅣ	Ⅳ	59.5	20.8	11.4	6.3	3.5×3.1	男	乙（B）	南区中部	春秋晚期前段	
110	171∶3	ⅩⅣ	Ⅳ	39.7	20.2	11.2	6.2	3.5×2.8	男	丙（A）	南区中部	春秋晚期前段	

附表 140－4 **玉皇庙墓地出土青铜削刀规格统计表**

序号	器物号（YYM）	型	式	重量	通长	身长	柄长	环首外径	墓主性别	墓葬级别	分布区域	年代	备注
111	160∶3	ⅩⅣ	Ⅳ	32	18.2	9.4	6	3.5×2.8	男	乙（B）	南区南部	春秋晚期后段	
112	175∶3	ⅩⅣ	Ⅳ	28.5	15.8	7.1	6.1	3×2.6	男	丙（A）	南区南部	春秋晚期后段	刀身残
113	161∶3	ⅩⅣ	Ⅳ	22.4	17.7	9.6	5.6	3.2×2.5	男	乙（A）	南区南部	春秋晚期后段	刀身残
114	129∶3	ⅩⅣ	Ⅳ	34.5	18	9.1	6.1	3.6×2.8	男	乙（A）	南区南部	春秋晚期后段	
115	174∶3	ⅩⅣ	Ⅳ	51.8	20.8	11.6	6.1	3.7×3.1	男	乙（B）	南区南部	春秋晚期后段	
116	334∶3	ⅩⅣ	Ⅳ	32.5	18.6	10.4	5.5	3.4×2.7	男	乙（A）	南区南部	春秋晚期后段	刀身残
117	344∶3	ⅩⅣ	Ⅳ	37	18.3	9.7	5.8	3.2×2.8	男	乙（A）	南区南部	春秋晚期后段	
118	349∶3	ⅩⅣ	Ⅳ	44.2	20.2	11.3	6.2	3.4×2.7	男	乙（B）	南区南部	春秋晚期后段	
119	142∶3	ⅩⅣ	Ⅴ	41.5	17.8	9.2	6.1	3.2×2.5	男	丙（A）	南区北部	春秋晚期前段	
120	134∶3	ⅩⅣ	Ⅴ	51.3	20.3	11	6.6	3.3×2.7	男	乙（B）	南区中部	春秋晚期前段	
121	358∶3	ⅩⅣ	Ⅴ	40.7	20.1	11	6.2	3.6×2.9	男	丁	南区南部	春秋晚期后段	
122	325∶3	ⅩⅣ	Ⅴ	44.5	18	10.4	5.1	3.1×2.5	男	丁	西区	春秋晚期后段	
123	143∶3	ⅩⅣ	Ⅵ	42.5	18.8	10.2	5.9	3.5×2.7	男	丙（A）	南区北部	春秋晚期前段	
124	108∶3	ⅩⅣ	Ⅵ	27.2	16.3	7.5	6	3.3×2.8	男	丙（C）	南区中部	春秋晚期前段	
125	345∶3	ⅩⅣ	Ⅵ	23	16.2	8.8	5	2.8×2.4	男	丙（A）	南区南部	春秋晚期后段	
126	376∶3	ⅩⅣ	Ⅵ	33.2	18.5	9.9	6.2	3.1×2.4	男	丙（A）	南区南部	春秋晚期后段	
127	370∶3	ⅩⅣ	Ⅵ	35	17.2	9.2	5.6	2.9×2.4	男	丙（B）	南区南部	春秋晚期后段	
128	156∶3	ⅩⅣ	Ⅶ	64.8	20.1	10.3	6.8	4.1×3	男	乙（A）	南区中部	春秋晚期前段	刀身残
129	303∶3	ⅩⅣ	Ⅷ	33.2	18.5	10.4	5.7	2.9×2.4	男	丁	西区	春秋晚期前段	
130	110∶3	ⅩⅣ	Ⅷ	27.2	18.9	10.6	5.8	3×2.5	男	丙（B）	南区南部	春秋晚期后段	
合计	可分型分式削刀共130件，出自130座墓葬												

讨论

（1）青铜削刀的分布与年代

青铜削刀在玉皇庙墓地各茔区均有分布，自春秋早期一直延续到春秋晚期后段。

Ⅰ型刀8件，分布于北Ⅰ区中部2件（YYM22∶3、13∶3）、北Ⅰ区西部1件（YYM300∶3），属于春秋早期，占该型刀总数的37.5%；分布于北Ⅱ区北部3件（YYM283∶3、YYM229∶3、YYM227∶3），属于春秋早中期，占该型刀总数的37.5%；分布于北Ⅱ区中部1件（YYM234∶3），属于春秋中期，占该型刀总数的12.5%；分布于北Ⅱ区南部1件（YYM192∶3），属于春秋中晚期，占该型刀总数的12.5%。由此可见，Ⅰ型刀出现于春秋早期，在春秋早中期得到了发展，在春秋中期、中晚期走向衰落，春秋晚期已不见。

Ⅱ型刀3件，分布于北Ⅰ区中部1件（YYM20∶3），属于春秋早期，占该型刀总数的33.33%；分布于北Ⅱ区北部1件（YYM275∶3），属于春秋早中期，占该型刀总数的33.33%；分布于北Ⅱ区中部1件（YYM48∶3），属于春秋中期，占该型刀总数的33.33%。Ⅱ型刀出现于春秋早期，并未得到普及，只在春秋早中期和中期偶有发现，春秋中晚期已不见。

Ⅲ型刀共62件，分布于北Ⅰ区中部7件（YYM35∶3、YYM2∶18、YYM3∶3、YYM5∶3、YYM11∶3、YYM36∶3、YYM23∶3），除YYM23∶3外，其余均属春秋早期，占该型刀总数的9.68%；分布于北Ⅱ区北部11件（YYM37∶3、YYM281∶3、YYM280∶3、YYM250∶8、YYM282∶3、YYM230∶3、YYM233∶3、

YYM228:3、YYM276:3、YYM226:3、YYM252:3)，属于春秋早中期，占该型刀总数的17.74%；分布于北Ⅱ区中部13件（YYM41:3、YYM46:3、YYM236:3、YYM256:3、YYM49:3、YYM257:3、YYM247:3、YYM95:3、YYM260:3、YYM51:3、YYM190:3、YYM188:3、YYM52:3)，北Ⅰ区北部2件（YYM297:3、YYM293:3)、南部2件（YYM7:3、YYM102:3)，此17件外另有北Ⅰ区中部的1件（YYM23:3)，共18件均属于春秋中期，占该型刀总数的29.03%；分布于北Ⅱ区南部7件（YYM186:3、YYM57:3、YYM86:3、YYM71:3、YYM61:3、YYM83:3、YYM148:3)，属于春秋中晚期，占该型刀总数的11.29%；分布于南区北部11件（YYM217:3、YYM182:3、YYM203:3、YYM220:3、YYM213:3、YYM199:3、YYM179:3、YYM177:3、YYM178:3、YYM153:3、YYM117:3)、南区中部4件（YYM131:3、YYM122:3、YYM158:3、YYM111:3)、西区4件（YYM312:3、YYM315:3、YYM314:3、YYM313:3)，此19件属于春秋晚期前段，占该型刀总数的30.65%；分布于南区南部1件（YYM348:3)，属于春秋晚期后段，占该型刀总数的1.61%。Ⅲ型刀出现于春秋早期，在春秋中期得到了迅猛发展，春秋晚期前段达到巅峰状态，春秋晚期后段数量骤然下降，只余1件，最终被扣环首削刀取代。

Ⅳ型刀只1件（YYM32:3)，分布于北Ⅰ区中部，属于春秋早期，未得到推广，以后便不再出现。

Ⅴ型刀共2件，分布于北Ⅰ区中部（YYM34:3）和北Ⅱ区中部（YYM42:3)，属于春秋早期和春秋中期的偶然发现，在其他阶段未发现。

Ⅵ型刀2件（YYM19:3、YYM17:3)，均分布于北Ⅰ区中部，属于春秋早期。并未得到推广，春秋早中期已不见。

Ⅶ型刀只1件（YYM18:9)，分布于北Ⅰ区中部，属于春秋早期。

Ⅷ型刀只1件（YYM82:3)，分布于北Ⅰ区西部，属于春秋早期。

Ⅸ型刀只1件（YYM386:3)，分布于北Ⅰ区西部，属于春秋早期，春秋早中期已不见。虽然该刀已从柄部残损，但这种刀身尾部有齿突的形式，从玉皇庙墓地出土情况看，也仅此1件。

Ⅹ型刀共7件，分布于北Ⅰ区西部2件（YYM385:3、YYM384:3)，属于春秋早期，占该型刀总数的28.57%；分布于北Ⅱ区北部1件（YYM264:3)，属于春秋早中期，占该型刀总数的14.29%；分布于北Ⅱ区中部1件（YYM271:3)、北Ⅰ区北部3件（YYM26:3、YYM295:3、YYM299:3)，属于春秋中期，占该型刀总数的57.14%。Ⅹ型刀出现于春秋早期，发展于春秋中期，春秋中晚期以后消失。

Ⅺ型刀共4件，分布于北Ⅰ区西部1件（YYM383:3)，属于春秋早期；分布于北Ⅱ区南部1件（YYM212:3)，属于春秋中晚期；分布于南区北部1件（YYM205:3)，属于春秋晚期前段；分布于南区南部1件（YYM373:3)，属于春秋晚期后段。4个阶段削刀分布数量相同，均占该型刀总数的25%。Ⅺ型刀出现于春秋早期，未具规模，只在春秋中晚期、晚期前后段偶有发现。

Ⅻ型刀共2件（YYM285:3、YYM99:3)，分布于北Ⅱ区北部，属于春秋早中期，其他阶段未见。

ⅩⅢ型刀共2件，分布于北Ⅱ区中部1件（YYM261:3)，属于春秋中期；分布于南区北部1件（YYM210:3)，属于春秋晚期前段。该型刀数量少，而且发展没有连续性，应视为偶然因素。

ⅩⅣ型刀共34件，分布于北Ⅱ区中部1件（YYM54:3)，属于春秋中期，占该型刀总数的2.94%；分布于北Ⅱ区南部1件（YYM58:3)，属于春秋中晚期，占该型刀总数的2.94%；分布于南区北部11件（YYM224:3、YYM214:3、YYM209:3、YYM151:3、YYM142:3、YYM145:3、YYM143:3、YYM105:3、YYM74:3、YYM112:3、YYM156:3)、南区中部5件（YYM168:3、YYM134:3、YYM124:3、YYM171:3、

YYM108:3)、西区1件（YYM303:3），此17件均属于春秋晚期前段，占该型的总数的50%；分布于南区南部14件（YYM127:3、YYM110:3、YYM358:3、YYM160:3、YYM175:3、YYM161:3、YYM129:3、YYM174:3、YYM334:3、YYM345:3、YYM344:3、YYM349:3、YYM376:3、YYM370:3）、西区1件（YYM325:3），此15件属于春秋晚期后段，占该型刀总数的44.12%。XIV型刀出现于春秋中期，春秋晚期前段得到迅猛发展，在春秋晚期后段取代了凸环首削刀的统治地位，成为占主导地位的削刀形式。

（2）关于凸环首青铜削刀

凸环首青铜削刀在玉皇庙墓地出土的削刀中，占有重要地位，其数量最多，达69件，占可分型分式削刀总数（130件）的53.08%；分布区域最广，在已划分的11个区域内均有出土；延续时间最长，从春秋早期至春秋晚期后段没有间断过。

凸环首削刀分为2个型别，即Ⅲ型和Ⅹ型。

Ⅲ型削刀共62件，占凸环首形削刀总数的89.86%。在5个式别中，Ⅰ式为小凸环首，即环首最大环外径与柄平均宽度的比值在1.25至2.3之间，有36件之多，占凸环首削刀总数的52.17%。其中春秋早期有4件，占该式削刀总数的11.11%；早中期有11件，占30.56%；中期有13件，占36.11%；中晚期有3件，占8.33%；晚期前段有5件，占13.89%；晚期后段绝迹。早中期和中期数量最集中（详见附表149）。

小凸环首削刀在春秋早期已存在，到早中期已达高峰，所占比例高至凸环首削刀的90%以上，到中期数量达到最高值，虽然该阶段由于大凸环首和柄饰棱线的凸环首形式异军突起，冲击了小凸环首的霸主地位，使小凸环首削刀在凸环首削刀总数所占的比例有所下降，但仍在半数以上。直到春秋晚期前段，削刀造型花样翻新，种类繁多，小凸环首形式才衰败，继而彻底退出历史舞台。可以说，小凸环首削刀在春秋早期已是成熟状态，到早中期即处巅峰，中期后一路下滑。

小凸环首刀无论在Ⅲ型削刀中（占58.06%），还是在整体凸环首形削刀中（占52.17%），所占比例都是相当高的，均在1/2以上，在各类削刀中，数量也是最多的（占玉皇庙可分型式青铜削刀总数的27.69%）。它在数量上占绝对优势和长时间延续的原因，恐怕同它的实用耐久有关。春秋早期的小凸环首形削刀体长适中，通长在17~18厘米之间；这里将YYM2:14排除在外，因为其刀身大部分残缺，不过按刀柄与通长的比例规律推测（参见下文（8）从刀身与刀柄的比值看玉皇庙青铜削刀的实用功能），其通长当不超过18厘米。刀首最大环外径与刀柄均宽的比值在1.6~2.24之间。刀背微弧，刀尖平直。春秋早中期的小凸环首削刀通长差距加大，在13.1~21.3厘米之间。虽然出现了短于15厘米的偏短形削刀，但只有2件，仅占该期小凸环首削刀数的18.18%，而长度超过19厘米的偏长形却有5件之多，比例达45.45%，YYM282:3、YYM276:3、YYM226:3的刀尖也有所变化，开始略上翘；最大环外径与柄均宽的比值在1.45~2.3之间。春秋中期的小凸环首形削刀通长加大的趋势有所抑制，仅YYM41:3、YYM260:3、YYM52:3的通长超过19厘米，占Ⅲ型Ⅰ式春秋中期削刀总数（13件）的23.08%；形体趋向短小，如YYM49:3、YYM256:3、YYM247:3、YYM293:3、YYM297:3、YYM7:3的通长在14.4~15.7厘米，占Ⅲ型Ⅰ式春秋中期削刀总数的46.15%；刀尖大都平直，只有YYM52:3微翘，最大环外径与柄均宽的比值在1.25~2.27之间。春秋中晚期，小凸环首形削刀骤减，仅3件，YYM71:3的通长超过20厘米，YYM57:3和YYM86:3的通长分别为16.2和17.4厘米，中等体长的削刀占了优势，3件均是弧背、平直刀尖形，最大环外径与柄均宽的比值在1.77~2.21之间。属春秋晚期前段的小凸环首形削刀，中等体长者只有 YYM199:3，通长 16.8 厘米，占该期小凸环首削刀总数的 20%，YYM182:3、YYM178:3、YYM153:3、YYM312:3 的通长在 13.8～15 厘米之间，占Ⅲ型Ⅰ式春秋晚期前段削刀总数的 80%，可见小巧体态的削刀占了优势；最大环外径与柄均宽的比值在 2～2.24 之间。

综上统计显示，小凸环首形削刀在形制特征上保持有其他形制的削刀所不具备或不能充分具备的几条优点：（1）小环首既可穿绳佩挂又不妨碍行动；（2）体长有 82.86% 在 20 厘米以下，有 51.43% 在 17 厘米以下，便于携带；（3）从早期到晚期，最大环外径与柄均宽的比值变化不大，均小于大凸环首型刀，这样既可节省铜料，又可减少或避免柄与环首连接部位容易折断的可能性；（4）微弧背的形制，在使用时比较省力；（5）简单的造型，使其铸造工艺易于掌握和操作。

基于上述优点，人们便十分钟爱这种形制，更在生活实践中不断地改进，因此使小凸环首型削刀从春秋早期延续至春秋晚期，成为诸多型式的青铜削刀中使用寿命最长的一种类型。

Ⅲ型Ⅱ式削刀 13 件，占凸环首削刀总数（69 件）的 18.84% 是“大凸环首”刀。所谓“大凸环首”是指环首最大环外径与柄平均宽度的比值在 2.6～3.76 之间、弧形刀背的青铜削刀。其中属于春秋早期者 1 件，占该式刀总数的 7.69%；属于春秋中期者 5 件，占该式削刀总数的 38.46%；属于春秋中晚期者 3 件，占该式刀总数的 23.08%；属春秋晚期前段者 4 件，占该式削刀总数的 30.77%。该式刀在春秋早期出现时已是成熟形态，在春秋中期进一步发展，停滞于春秋晚期前段，但其质料和工艺并未有衰落迹象。

Ⅲ型Ⅲ式刀 3 件，占凸环首削刀总数（69 件）的 4.35%。其中属春秋中期者 1 件，春秋晚期前段者 2 件。特点是自刀尖至柄末端上部或柄部上沿下贯穿以横向凹槽。

Ⅲ型Ⅳ式刀 7 件，占凸环首削刀总数的 10.14%。其中属春秋中晚期者 1 件，其余均属于春秋晚期前段。其外形第一个特点是高拱背。一般削刀刀身最宽处在刀身末端，而高拱背的削刀最宽处在刀背腰部最高处，或刀背与刀身末端宽度一致，刀背明显拱起。第二个特点是削刀身长与柄长的比值一般在 1.86～2 之间。第三个特点是刀身与柄夹角近似直角（参见附表 141）。

附表 141　**玉皇庙墓地高拱背削刀统计表**

项目 墓号	刀身末端宽（厘米）	刀背宽（厘米）	身长与柄长比值	刀身与柄夹角	地域分布	年代
83	1.8	2	2	101°	北Ⅱ区南部	春秋中晚期
203	2	2.1	1.95	94°	南区北部	春秋晚期前段
220	1.9	1.8	1.63	90°	南区北部	春秋晚期前段
179	2.1	2.1	1.98	78°	南区北部	春秋晚期前段
177	2.1	2.2	1.86	90°	南区北部	春秋晚期前段
315	2	2.1	1.91	95°	西区	春秋晚期前段
313	2	2	1.84	94°	西区	春秋晚期前段
合计 7 件	1.8～2.1	1.8～2.2	1.63～2	78°～101°	北Ⅱ区南部、南区北部、西区	春秋中晚期—春秋晚期前段

注：为简明起见，表中以墓号代替器物号，以下表同。

值得注意的是 YYM179:3 的刀身与柄夹角已成为锐角。

这里有 1 个特例，就是 YYM220:3。其刀背窄于刀身末端，身长与柄长的比值只有 1.63，比平均值1.89要低0.26。仔细观察，发现其刀尖和刃部磨损较严重，但背部明显隆起。所以我认为有理由相信，该刀经过严重磨损后，背部尺寸已有很大改变，其原有形式应该是背高与刀身末端宽度一致，或稍宽一点。这一类型是春秋晚期前段比较典型的削刀类型。

Ⅲ型Ⅴ式刀有3件，占凸环首削刀总数的4.41%，其中2件属于春秋晚期前段，另1件属于晚期后段。特点是体形较短，柄后段饰一带状套箍或凸棱线。

Ⅹ型为柄带棱线的凸环首，共7件，占凸环首形削刀总数的10.14%。分为2个式别，Ⅰ式4件，占Ⅹ型削刀总数的57.14%，始于春秋早期（YYM385:3、YYM384:3），没有得到大规模发展，停止于春秋中期（YYM264:3、YY271:3）。特点是大凸环首，最大环外径在3.2~3.4厘米之间，形体较大，通长在20.5~21.6厘米之间，刀体上沿微弧，柄饰不很规整的粗棱线，YYM385:3的柄部饰2条棱线，YYM384:3的柄上、下沿呈凸棱状，中间又饰一棱线，YYM264:3、YYM271:3只饰1条棱线。早期的削刀柄双面饰棱线，到中期只一侧饰棱线。YYM385:3、YYM264:3、YYM271:3刀身末端略宽于前端，YYM384:3刀身前后宽度一致。

Ⅹ型Ⅱ式刀共3件，占该形削刀总数的42.86%，全部分布于北Ⅰ区北部，属于春秋中期。环首小于Ⅰ式，最大环外径在2.4~2.9厘米之间，形体也略小于Ⅰ式，通长在19.6~20.7厘米之间。柄两面饰不规整棱线，刀身上沿出肩，与柄分界处也有界棱。YYM295:3、YYM26:3刀身末端与前端宽度一致，YYM299:3刀身末端窄于前端，刃前端呈直线转折，造型颇似尖首刀币。

玉皇庙共400座墓葬，有137座墓葬出土青铜削刀，占墓葬总数的34.25%，其中发现凸环首青铜削刀69件，占可分型分式青铜削刀总数的53.08%。而且在每一分区都占明显优势。130件可分型分式的削刀在北Ⅰ区北部出土6件，全部为凸环首形，占该区域青铜削刀数的100%；在北Ⅰ区中部出土14件，其中凸环首形有6件，占42.86%；在北Ⅰ区南部出土2件，均为凸环首形，占100%；在北Ⅰ区西部出土6件，其中凸环首形有2件，占33.33%；在北Ⅱ区北部出土18件，其中凸环首形有12件，占66.67%；在北Ⅱ区中部出土19件，其中凸环首有14件，占73.68%；北Ⅱ区南部出土青铜削刀10件，其中凸环首形有7件，占70%；在南区北部出土23件，其中凸环首形有11件，占47.83%；在南区中部出土10件，其中凸环首形有4件，占40%；在南区南部出土16件，其中凸环首形只1件，占6.25%；在西区出土6件，其中凸环首形有4件，占66.67%。从以上统计可以看出，在玉皇庙4区10部中，有2部凸环首形青铜削刀占到青铜削刀总数的100%，成为这2个区域内削刀的唯一形式；有4部在60%以上，无疑在这4个区域内，凸环首削刀独占鳌头；有3部在40%以上（包括40%），其中在北Ⅰ区中部凸环首削刀仍位居榜首，但在南区北部扣环首与凸环首削刀的数量已很接近，已形成抗衡之势，在南部中部，凸环首削刀终于抵挡不住扣环首削刀的逼人态势，将领先地位拱手相让；有1区在1/3左右，虽数量并不可观，却还是居于龙头；只有1部比例处绝对劣势，也是凸环首削刀发展的尾声阶段。

凸环首形青铜削刀在每个分期内的高比例从另一个角度显示其重要性。在可分型分式的130件青铜削刀中，分布于北Ⅰ区中部和西部属于春秋早期者19件，其中凸环首形有7件，占该期削刀数的36.84%；分布于北Ⅱ区北部属于春秋早中期者18件，其中凸环首形有12件，占66.67%；分布于北Ⅱ区中部和北Ⅰ区北部、中部、南部属于春秋中期者28件，其中凸环首形有23件，占82.14%；分布于北Ⅱ区南部属于春秋中晚期者10件，其中凸环首形有7件，占70%；分布于南区北部、中部和西区属于春秋晚期前段者38件，其中凸环首形有19件，占50%；分布于南区南部和西区属于春秋晚期后段者17件，其中凸环首形有1件，占5.88%。由此可见，凸环首形青铜削刀在春秋早期阶段就已达1/3强的比例，春秋早中期迅速上升接近2/3，在高度发展的春秋中期到达巅峰状态，占居绝对优势，春秋中晚期仍居高不下，春秋晚期前段居半数，春秋晚期后段比例骤然下跌，急剧衰落。

综上所述，凸环首形青铜削刀是玉皇庙占主导地位的刀形。因其刀首孔径呈圆形，在穿绳佩带上，较三角孔、菱形孔、方形孔等更灵便、更自如，因此其实用功能便胜过其他刀型。这当是凸环首削刀自春秋早期始至春秋晚期前段，在一个较长的历史发展阶段中，在总体数量上，一直占据统治地位，远远超过其他刀形，并能一直延续到春秋晚期后段，其主导地位才最终被扣环首型削刀取而代之的主要原因。而其刀首孔径呈圆形这一基本结构特点，却仍旧被扣环首刀形所承继，这其中的缘故，也盖因这圆形孔径，在穿挂佩带上，较其他任何形状的孔径刀形，都更便利，更少障碍和麻烦，其实用功能更强，因此，造型、工艺已经进步了的扣环首削刀，也还是要继承这一结构上的优点，而未能废弃，或在这一基本结构特点上，再作重大改进或突破。

（3）关于扣环首青铜削刀

扣环首削刀在玉皇庙青铜削刀中，占有重要地位，数量位居第二，共34件，占可分型分式青铜削刀总数的26.15%。最早出现于北Ⅱ区中部（YYM54:3），属于春秋中期。这时的扣环首刀还处于萌芽状态，环首似扣似凸，兼有扣环首和凸环首的特点。之后，扣环首得到完善，人们又尝试在刀柄部铸两条平行加强筋，但最初的加强筋是不完美的，在扣环部位点到为是，没有同环部完全结合。这种形式出于北Ⅱ区南部（YYM58:3），属于春秋中晚期。到春秋晚期前段，人们将凸环首削刀刀柄末端饰带箍的形式，用于扣环首（YYM224:3、YYM214:3、YYM209:3、YYM105:3、YYM127:3）。这时候，加强筋的设计也越来越完美，由扣环部位起，贯穿柄部，有的一直延伸至刀身尾端（如YYM134:3）。稍晚一些出现刀身与柄以直棱线分界的形式，加强了刀身与柄衔接部位的强度（YYM151:3、YYM145:3、YYM143:3、YYM74:3、YYM112:1、YYM156:3、YYM168:3、YYM124:3、YYM171:3、YYM108:3、YYM160:3、YYM175:3、YYM161:3、YYM129:3、YYM174:3、YYM334:3、YYM345:3、YYM344:3、YYM349:3、YYM376:3、YYM370:3）。在春秋晚期前段，扣环首开始逐渐取代凸环首，偶尔也出现反复。YYM156:3墓出土的青铜削刀刀身与柄以直棱线相隔，柄部饰两条平行加强筋，但环首部位并未以整个柄部的宽度相扣，而是以柄上、下沿延长出两条带状棱线与环首相扣，环首与柄衔接部位凸起，尚有凸环首的痕迹。春秋晚期前段到春秋晚期后段的过渡阶段，出现柄部无加强筋的刀型（YYM303:3、YYM110:3），这恐怕是当时人们为简化铸造程序，或为节省铜料而采取的措施，但并未流行起来，之后柄饰加强筋的扣环首青铜削刀，成为玉皇庙青铜削刀占主导地位的重要形式。刀形向纤细形发展，刀身与柄夹角由直角向锐角转化（YYM345:3、YYM370:3、YYM376:3）。

扣环首青铜削刀从春秋中期开始出现，与凸环首型削刀并行发展，到春秋晚期后段完全取代凸环首削刀的绝对统治地位，究其原因，主要是因为到春秋晚期，这支文化虽然开始走向衰落，经济水平下降，但作为实用工具的削刀并未迅速衰败，而是在原有基础上继续前进，因为削刀是游牧部族日常生活中必须依赖、须臾不可离开的工具。我们可以根据削刀的重量，分析玉皇庙墓地不同历史阶段生产削刀用铜量的变化。

Ⅰ型刀共8件，重量大多在30余克，只有YYM234:3偏轻，有27.8克，而YYM229:3达53.4

克，YYM13∶3 达 64 克，平均重量是 41.83 克。

Ⅱ型刀共 3 件，只有 YYM20∶3 重 40.2 克，其余两件分别为 74 克、72.5 克，平均重量达 62.23 克。

Ⅲ型刀数量比较多，共 62 件，其中Ⅰ式刀是小凸环首型刀，形体较短小，重量相对较轻，最重的是 YYM71∶3，重 78.6 克，最轻的属 YYM178∶3，重 18.5 克（YYM2∶18 因残损严重不计算在内），平均重量为 41.49 克；Ⅱ式刀是大凸环首型刀，形体较大，最重的是 YYM36∶3，重 86 克，最轻的是 YYM117∶3，重 31 克，平均重量是 41.44 克；Ⅲ式刀分别重 46.2、57.2、45.5 克，平均重量为 49.63 克。Ⅳ型刀最重的是 YYM179∶3，重 41.3 克，最轻的是 YYM220∶3，重 28 克，平均重量为 34.73 克。Ⅴ型刀共分别重 20.8、20.1、18.1 克，平均重量为 19.67 克。Ⅲ型刀的平均重量是 41.44 克。

Ⅳ型刀只 1 件，即 YYM32∶3，重 78.5 克。

Ⅴ型刀共 2 件，即 YYM34∶3 和 YYM42∶3，均重 41.2 克。

Ⅵ型刀共 2 件，YYM19∶3 重达 85.5 克，YYM17∶3 残重 48 克，平均重量为 66.75 克。

Ⅶ型刀只 1 件，即 YYM18∶9，重达 92 克。

Ⅷ型刀只 1 件，即 YYM82∶3，重达 53.2 克。

Ⅸ型刀只 1 件，即 YYM386∶3，柄大部分和刀首缺损，残重 41.8 克。

Ⅹ型刀共 7 件，最重的是 YYM271∶3，达 88 克，最轻的属 YYM295∶3，有 38.8 克，平均重量 62.67 克。

Ⅺ型刀共 4 件，最重的是 YYM373∶3，重 48.7 克，最轻的是 YYM212∶3，重 32.5 克，平均重量为 37.35 克。

Ⅻ型刀共 2 件，即 YYM285∶3、YYM99∶3，分别重 40、38.8 克，平均重量为 39.4 克。

ⅩⅢ型刀共 2 件，即 YYM261∶3 和 YYM210∶3，分别重 79.2、41.6 克，平均重量为 60.4 克。

ⅩⅣ型刀共 34 件，最重的是 YYM156∶3，重 64.8 克，最轻的是 YYM127∶3，重 14 克，平均重量为 39.24 克。

从以上统计数字可以看出，玉皇庙的青铜削刀总体上是早期偏重，晚期偏轻。春秋中期以后出现的ⅩⅣ型刀的平均重量，与春秋早期出现、以春秋早中期数量最盛的Ⅲ型刀的平均重量相近，在平均长度略长的情况下，ⅩⅣ型刀每件的用铜量略低于早期，根据金相分析，“春秋中、晚期削刀铅锡成分控制虽不稳定，但其型式的改进与制作技术优良的比例是同步的”（参见附属报告《北京市延庆县山戎墓地出土铜器的鉴定》），可以断定，这是由于工艺的改进节省了铜料，而非质量的下降。青铜削刀于春秋晚期阶段，工艺在原有基础上朝着更美观、更合理、更实用的方向继续发展。环首的最大环外径与柄的平均宽度的比值，普遍比凸环首加大，柄的均宽减小，刀型显得更加纤巧、灵便、精制。柄部饰两条平行加强筋已经成为定式，线条规整，与早期凸环首刀柄部所饰凸棱有天壤之别，有的加强筋延伸至刀身末端，刀身尾端以直棱线加固，环首与柄的衔接由凸变扣，这些措施都使刀体更坚固耐用。刀身与柄的夹角普遍成为接近直角的形态，到晚期最后几件削刀，身与柄的夹角已成锐角，这样能够很好地保护握刀的手不被刃部划伤。最终扣环首削刀以自身多项优势取代了其他形式的削刀，而成为春秋晚期军都山青铜削刀的主要形式，到晚期后段，几乎成为唯一形式。

（4）玉皇庙青铜削刀的纹饰及演变规律

玉皇庙墓地出土的可分型分式的 130 件青铜削刀中，有 57 件在刀身上沿、柄部和刀首进行装饰，占可分型分式青铜削刀总数的43.85%。纹式共16种：横向锯齿纹、水波纹、绹纹、回纹、直线纹、蜷兽纹、横向凸棱线纹、圆点纹、方格纹、三角纹、人字纹、界棱纹、加强筋纹、纵向锯齿纹、倒“U”字纹和纵向凸棱线纹（详见表142）。

春秋早期纹饰有横向锯齿纹（YYM32∶3），水波纹（YYM34∶3）、绹纹（YYM19∶3）、回纹（YYM19∶3、YYM18∶9）、直线纹（YYM19∶3），蜷兽纹（YYM18∶9）、横向凸棱线纹（YYM385∶3、YYM384∶3）、圆点纹（YYM18∶9），共8种纹饰6件削刀，分别占纹饰种类总数和有纹饰削刀总数的50%、10.53%。

春秋早中期的纹饰有横向锯齿纹（YYM281∶3、YYM282∶3、YYM233∶3、YYM228∶3）、绹纹（YYM280∶3）、横向凸棱线纹（YYM264∶3）、圆点纹（YYM282∶3、233∶3）、方格纹（YYM226∶3）、三角纹（YYM250∶8），共6种纹饰8件削刀，分别占纹饰种类总数和有纹饰削刀总数的37.5%、14.04%；

春秋中期纹饰有横向锯齿纹（YYM41∶3、YYM52∶3）、水波纹（YYM42∶3）、直线纹（YYM41∶3）、横向凸棱线纹（YYM271∶3、YYM26∶3、YYM295∶3、YYM299∶3）、方格纹（YYM256∶3、YYM49∶3、YYM260∶3）、三角纹（YYM49∶3）、人字纹（YYM46∶3、YYM256∶3）、界棱纹（YYM26∶3、YYM295∶3、YYM299∶3），共8种纹饰11件削刀，分别占纹饰种类总数和有纹饰削刀总数的50%、19.3%；

春秋中晚期的纹饰有横向锯齿纹（YYM86∶3）、水波纹（YYM86∶3）、方格纹（YYM57∶3）、加强筋纹（YYM58∶3），共4种纹饰3件削刀，分别占纹饰种类总数和有纹饰削刀总数的25%、5.26%。

春秋晚期前段的纹饰有水波纹（YYM210∶3）、直线纹（YYM210∶3）、方格纹（YYM105∶3）、界棱纹（YYM151∶3、YYM145∶3、YYM143∶3、YYM74∶3、YYM112∶1、YYM156∶3、YYM168∶3、YYM124∶3、YYM171∶3、YYM108∶3）、加强筋纹（YYM151∶3、YYM142∶3、YYM145∶3、YYM143∶3、YYM74∶3、YYM112∶1、YYM156∶3、YYM168∶3、YYM134∶3、YYM124∶3、YYM171∶3、YYM108∶3）、纵向锯齿纹（YYM214∶3）、倒“U”字纹（YYM105∶3），共7种纹饰15件削刀，分别占纹饰种类总数和有纹饰削刀总数的43.75%、26.32%。

春秋晚期后段的纹饰有界棱纹（YYM160∶3、YYM175∶3、YYM161∶3、YYM129∶3、YYM174∶3、YYM334∶3、YYM345∶3、YYM344∶3、YYM349∶3、YYM376∶3、YYM370∶3）、加强筋纹（YYM160∶3、YYM175∶3、YYM161∶3、YYM129∶3、YYM174∶3、YYM334∶3、YYM345∶3、YYM344∶3、YYM349∶3、YYM358∶3、YYM325∶3、YYM376∶3、YYM370∶3）、纵向凸棱线纹（YYM348∶3），共3种纹饰14件削刀，分别占纹饰种类总数和有纹饰削刀总数的18.75%、24.56%。

从以上统计可以看出，纹饰种类最多的是春秋早期和春秋中期，其次是春秋晚期前段，再次为春秋早中期，最少的是春秋晚期后段。从装饰纹样削刀数量上看，最多的是春秋晚期前段，其次是春秋晚期后段，再次是春秋中期，最少的是春秋中晚期。

从另一组统计数字中，同样显示了削刀纹饰变化的一些规律。在这130件青铜削刀中，春秋早期共19件，其中6件有纹饰，占31.58%；春秋早中期共18件，其中8件有纹饰，占44.44%；春秋中期共28件，其中11件有纹饰，占39.29%；春秋中晚期共10件，其中3件有纹饰，占30%；春秋晚期前段共38件，其中15件有纹饰，占39.47%；春秋晚期后段共17件，其中14件有纹饰，占82.35%。可见，春秋早期虽然纹饰种类最丰富，但装饰的普遍率不是很高，纹饰集中于1/3的削刀；随着青铜削刀的发展人们越来越重视纹饰的装饰作用，春秋早中期和春秋中期装饰之风盛行，超过2/

5的削刀装饰纹饰；到春秋晚期后段，纹饰的种类虽然不多，但4/5强的削刀都加以装饰，纹饰风格趋向简明、简单、统一。

Ⅰ　各类纹饰分布年代及其与型式关系

A　横向锯齿纹

这是玉皇庙墓地最早出现的纹饰，属于春秋早期1例（YYM32∶3），早中期（YYM281∶3、YYM282∶3、YYM233∶3、YYM228∶3）得到了发展，一直延续到中期（YYM41∶3、YYM52∶3）和中晚期（YYM86∶3）。共有8件，占施纹削刀总数的14.04%。集中于春秋早中期（50%）。分别属于Ⅲ型Ⅰ式（YYM281∶3、282∶3、233∶3、228∶3、YYM41∶3、YYM52∶3、YYM86∶3）和Ⅳ型（YYM32∶3），共2个型别，占型别总数的14.29%。

B　水波纹

出现于春秋早期（YYM34∶3），中期（YYM42∶3）、中晚期（YYM86∶3）和晚期前段（YYM210∶3）各1例，之后便消失了。共4件，占施纹削刀总数的7.02%。分别属于Ⅲ型Ⅰ式（YYM86∶3）、Ⅴ型（YYM34∶3、YYM42∶3）和ⅩⅢ型Ⅱ式（YYM210∶3），共3个型别，占型别总数的21.43%。

C　绹纹

出现于春秋早期（YYM19∶3），只延续到春秋早中期（YYM280∶3）。共2件，占施纹削刀总数的3.51%。分别属于Ⅲ型Ⅰ式（YYM280∶3）和Ⅵ型（YYM19∶3），共2个型别，占型别总数的14.29%。

D　回纹

仅存在于春秋早期（YYM19∶3、YYM18∶9），共2件，占施纹削刀总数的3.51%。分别属于Ⅵ型和Ⅶ型，共2个型别，占型别总数的14.29%。

E　直线纹

出现于春秋早期（YYM19∶3），中期和晚期前段各1例（YYM41∶3、YYM210∶3），共3件，占施纹削刀总数的5.26%。分别属于Ⅲ型Ⅰ式（YYM41∶3）、Ⅵ型（YYM19∶3）和ⅩⅢ型Ⅱ式（YYM210∶3），共3种型别，占型别总数的21.43%。

F　蜷兽纹

仅存于春秋早期（YYM18∶9），1件，占施纹削刀总数的1.75%，属Ⅶ型，占型别总数的7.14%。

G　横向凸棱纹

出现于春秋早期（YYM385∶3、YYM384∶3），早中期有1例（YYM264∶3），中期数量最多（YYM271∶3、YYM26∶3、YYM295∶3、YYM299∶3），中晚期终止，共7件，占施纹削刀总数的12.28%。分别属于Ⅹ型Ⅰ式（YYM385∶3、YYM384∶3、YYM264∶3、YYM271∶3）和Ⅱ式（YYM26∶3、YYM295∶3、YYM299∶3），仅1个型别，占型别总数的7.14%。

H　圆点纹

出现于春秋早期（YYM18∶9），早中期有2件（YYM282∶3、YYM233∶3），中期消失，共3件，占施纹削刀总数的5.26%。分别属于Ⅲ型Ⅰ式（YYM282∶3、YYM233∶3）和Ⅶ型（YYM18∶9），共2个型别，占型别总数的14.29%。

I　方格纹

出现于春秋早中期（YYM226∶3），中期数量最多，有3件（YYM256∶3、YYM49∶3、YYM260∶3），

中晚期和晚期前段各1件（YYM57∶3、YYM105∶3），以后便不复存在，共6件，占施纹削刀总数的10.53%。分别属于Ⅲ型Ⅰ式（YYM226∶3、YYM256∶3、YYM49∶3、YYM260∶3、YYM57∶3）和ⅩⅣ型Ⅲ式（YYM105∶3），共2个型别，占型别总数的14.29%。

J　三角纹

出现于春秋早中期（YYM250∶8），中期1例（YYM49∶3），共2件，占施纹削刀总数的3.51%。均属于Ⅲ型Ⅰ式，仅1个型别，占型别总数的7.14%。

K　人字纹

仅存在于春秋中期（YYM46∶3、YYM256∶3），共2件，占施纹削刀总数的3.51%。均属于Ⅲ型Ⅰ式（YYM46∶3、YYM256∶3），仅1个型别，占型别总数的7.14%。

L　界棱纹

出现于春秋中期（YYM26∶3、YYM295∶3、YYM299∶3），春秋中晚期间断，春秋晚期前段数量大增（YYM151∶3、YYM145∶3、YYM143∶3、YYM74∶3、YYM112∶3、YYM156∶3、YYM168∶3、YYM124∶3、YYM171∶3、YYM108∶3），春秋晚期后段达到高峰（YYM160∶3、YYM175∶3、YYM161∶3、YYM129∶3、YYM174∶3、YYM334∶3、YYM345∶3、YYM344∶3、YYM349∶3、YYM376∶3、YYM370∶3），共24件，占施纹削刀总数的42.11%，87.5%集中于春秋晚期。分别属于Ⅹ型Ⅱ式（YYM26∶3、YYM295∶3、YYM299∶3）和ⅩⅣ型Ⅳ（YYM151∶3、YYM145∶3、YYM74∶3、YYM112∶3、YYM168∶3、YYM124∶3、YYM171∶3、YYM160∶3、YYM175∶3、YYM161∶3、YYM129∶3、YYM174∶3、YYM334∶3、YYM344∶3、YYM349∶3）、Ⅵ式（YYM156∶3）、Ⅷ式（YYM143∶3、YYM108∶3、YYM345∶3、YYM376∶3、YYM370∶3），共2个型别，占型别总数的14.29%。

M　加强筋纹

出现于春秋中晚期（YYM58∶3），春秋晚期前段迅速发展（YYM151∶3、YYM142∶3、YYM145∶3、YYM143∶3、YYM74∶3、YYM112∶3、YYM156∶3、YYM168∶3、YYM134∶3、YYM124∶3、YYM171∶3、YYM108∶3），春秋晚期后段数量处最高值（YYM160∶3、YYM175∶3、YYM161∶3、YYM129∶3、YYM174∶3、YYM334∶3、YYM345∶3、YYM344∶3、YYM349∶3、YYM358∶3、YYM325∶3、YYM376∶3、YYM370∶3），共26件，占施纹削刀总数的45.61%。分别属于ⅩⅣ型Ⅱ式（YYM58∶3）、Ⅳ式（YYM151∶3、YYM145∶3、YYM74∶3、YYM112∶3、YYM168∶3、YYM124∶3、YYM171∶3、YYM160∶3、YYM175∶3、YYM161∶3、YYM129∶3、YYM174∶3、YYM334∶3、YYM344∶3、YYM349∶3）、Ⅴ式（YYM142∶3、YYM134∶3、YYM358∶3、YYM325∶3）、Ⅵ式（YYM156∶3）、Ⅷ式（YYM143∶3、YYM108∶3、YYM345∶3、YYM376∶3、YYM370∶3），仅1个型别，占型别总数的7.14%。

N　纵向锯齿纹

仅存于春秋晚期前段，1件（YYM214∶3），占施纹削刀总数的1.75%，属于ⅩⅣ型Ⅲ式，占型别总数的7.14%。

O　倒“U”字纹

只在春秋晚期前段出现1例（YYM105∶3），占施纹削刀总数的1.75%，属于ⅩⅣ型Ⅲ式，占型别总数的7.14%。

P　纵向凸棱线纹

仅在春秋晚期后段出现1例（YYM348:3），占施纹削刀总数的1.75%，属于Ⅲ型Ⅴ式，占型别总数的7.14%。

以上统计表明，50%的纹饰是在春秋早期形成的，早中期、中期和晚期前段各增加2种纹饰，中晚期和晚期后段各增加1种纹饰。春秋早期比较重视削刀纹饰的设计，偏早阶段的凸环首削刀装饰纹样有10种之多，占纹饰种类的62.5%，尤其是小凸环首形削刀装饰了50%的纹样（8种），囊括了所有设计形式：折线、曲线、直线和点。而晚期出现的扣环首形削刀只以直线进行装饰，但削刀纹样装饰的普及率大大高于早期。

Ⅱ 青铜削刀纹饰装饰部位及表现形式

青铜削刀纹饰大多数装饰在刀柄上。57件削刀中，有56件柄部有装饰，占有纹饰削刀总数的98.25%，唯有YYM280:3只在刀身上沿饰纹，仅占有纹饰削刀总数的1.75%。在柄部饰纹的削刀中，除YYM18:9另在首部饰纹外，有24件削刀（YYM26:3、YYM295:3、YYM299:3、YYM151:3、YYM145:3、YYM143:3、YYM74:3、YYM112:3、YYM156:3、YYM168:3、YYM124:3、YYM171:3、YYM108:3、YYM160:3、YYM175:3、YYM161:3、YYM129:3、YYM174:3、YYM334:3、YYM345:3、YYM344:3、YYM349:3、YYM376:3、YYM370:3）在刀身末端，或说柄前端饰纹，占有纹饰削刀总数的42.11%。

玉皇庙墓地青铜削刀的施纹方式有2种：单一式和复合式，即同一削刀只施一种纹饰或两种以上纹饰，其中复合式又分一刀双纹和一刀三纹两种形式。

单一式削刀共23件（YYM32:3、YYM34:3、YYM385:3、YYM384:3、YYM281:3、YYM280:3、YYM250:8、YYM228:3、YYM264:3、YYM226:3、YYM42:3、YYM46:3、YYM271:3、YYM260:3、YYM52:3、YYM58:3、YYM57:3、YYM214:3、YYM142:3、YYM134:3、YYM348:3、YYM358:3、YYM325:3），占有纹饰削刀总数的40.35%。

复合式削刀中，一刀双纹者共32件（YYM282:3、YYM233:3、YYM41:3、YYM256:3、YYM49:3、YYM26:3、YYM295:3、YYM299:1、YYM86:3、YYM210:3、YYM151:3、YYM145:3、YYM143:3、YYM105:3、YYM74:3、YYM112:3、YYM156:3、YYM168:3、YYM124:3、YYM171:3、YYM108:3、YYM160:3、YYM175:3、YYM129:3、YYM161:3、YYM174:3、YYM334:3、YYM345:3、YYM344:3、YYM349:3、YYM376:3、YYM370:3），占有纹饰削刀总数的56.14%。一刀三纹者2件（YYM19:3、YYM18:9），占有纹饰削刀总数的3.51%。

可见，复合式削刀占优势，占有纹饰削刀近60%，其中又以一刀双纹者为主，在复合式削刀中占94.12%。

Ⅲ 纹饰的演变规律

A 由繁入简，由斜线、曲线、折线向直线转化

春秋早期出现8种纹饰，即横向锯齿纹、水波纹、绹纹、回纹、直线纹、蜷兽纹、横向凸棱线纹、圆点纹，分别属于折线形（横向锯齿纹、回纹）、曲线形（水波纹、蜷兽纹、圆点纹）、斜线形（绹纹）和直线形（直线纹、横向凸棱纹）等4个类型，各占该期纹饰类别总数的25%、37.5%、12.5%、25%，比例最高的是曲线形纹饰，最低的是斜线形纹饰。

春秋早中期出现6种纹饰，即横向锯齿纹、绹纹、横向凸棱线纹、圆点纹、方格纹、三角纹，分别属于折线形（横向锯齿纹、方格纹、三角纹）、曲线形（圆点纹）、斜线形（绹纹）和直线形（横向

凸棱线纹）等 4 个类型，各占该期纹饰类别总数的 50%、16.7%、16.7%、16.7%，比例最高的是折线形纹饰，其余比例相当。

春秋中期出现 8 种纹饰，即横向锯齿纹、水波纹、直线纹、横向凸棱线纹、方格纹、三角纹、人字纹、界棱纹，分别属于折线形（横向锯齿纹、方格纹、三角纹、人字纹）、曲线形（水波纹）、直线形（直线纹、横向凸棱线纹、界棱纹）等 3 个类型，各占该期纹饰类别总数的 50%、12.5%、37.5%。

春秋中晚期出现 4 种纹饰，即横向锯齿纹、水波纹、方格纹和加强筋纹，分别属于折线形（横向锯齿纹、方格纹）、曲线形（水波纹）和直线形（加强筋纹）等 3 个类型，各占该期纹饰类别总数的 50%、25%、25%。

春秋晚期前段出现 7 种纹饰，即水波纹、直线纹、方格纹、界棱纹、加强筋纹、纵向锯齿纹、倒“U”字纹，分别属于折线形（方格纹、纵向锯齿纹）、曲线形（水波纹、倒“U”字纹）、直线形（直线纹、界棱纹、加强筋纹）等 3 个类型，各占该期纹饰类别、总数的 28.6%、28.6%、42.9%。

春秋晚期后段出现 3 种纹饰，即界棱纹、加强筋纹、纵向凸棱线纹，全部属于直线形 1 个类别，达 100%。

从以上统计数字看，折线形纹饰持续时间较长，从春秋早期到晚期前段，其类别所占比例经历了由最低到最高、持续最高、较低、完全消失的过程。曲线形纹饰经历了曲折的发展过程，春秋早期其类别所占比例最高，早中期迅速下滑，中期跌入最低谷，中晚期回升，春秋晚期前段继续回升，晚期后段即消失。斜线形纹饰持续时间最短，只存在于春秋早期和春秋早中期，且均为类别所占比例最低者。直线形纹饰持续时间最长，囊括 6 个阶段，总的发展趋势是递增的，其类别所占比例经历了与折线形纹饰持平、降至最低限、一度升高、再次回落、占据主导地位、完全取代其他类型成为唯一纹饰类型等阶段。纵观纹饰发展历程，直线形纹饰取代折线形、曲线形和斜线形纹饰有一个从不自觉、无序到自觉、有序发展的过程，最终，复杂、繁缛的折线形、曲线形纹饰被简洁的直线形纹饰所代替。

B　由纯装饰功能向兼有装饰、实用功能的转化

春秋早期阶段出现的折线形、曲线形和斜线形纹饰属于装饰性纹饰，不具备或较少具备实用功能，至多能有在柄部增大摩擦力的作用。早期出现的直线形纹饰有增大摩擦力的作用，但主要是起装饰作用。而春秋中晚期出现的直线形纹饰中的加强筋纹、界棱纹却有加固刀体的作用。后期的加强筋纹延伸至刀身末端，使刀柄与刀身的整体性更强，不易折断。界棱纹则有加厚刀身尾端的作用，使折角部位不易磨损。就直线形纹本身来讲，也由装饰性为主向装饰、实用功能兼有的方向转化。春秋早期出现的凸棱纹（YYM384∶3、YYM385∶3）并无加固作用，刀柄本身已很厚重结实，以凸棱纹加固无实际意义，而脱胎于该式凸棱纹，出现在春秋中晚期的加强筋纹则不同。这时的刀柄与早期相比，轻薄而纤细，节省了大量铜料，这样加强筋的运用就至关重要了。这种装饰兼实用的加强筋及界棱纹经过实践的检验，是切实可行的，因此，在春秋晚期后段占有绝对优势。

实用而美观，二者兼备，缺一不可，这是该文化主人奉守的信念，同时也是生产工具和青铜兵器等器具形式的发展在实践中遵循的法则。

在凸环首型削刀向扣环首型削刀的过渡阶段，曾出现一种柄尾端呈箍状的削刀形式，共有 8 件，只占可分型分式的凸环首和扣环首削刀数之和（103 件）的 7.8%，其中既有凸环首 3 件（YYM158∶3、YYM111∶3、YYM348∶3），还有扣环首 5 件（YYM224∶3、YYM214∶3、YYM105∶3、YYM209∶3、

YYM127:3)。所谓带箍，即在刀柄的末端与刀首衔接部位，加铸一段比刀柄更厚、更宽的加固带。最早的1件，是春秋晚期前段出现的YYM224:3，最晚的1件是春秋晚期后段的YYM348:3，与此年代大体相当的还有1件是YYM127:3，其余5件标本均属春秋晚期前段。这表明此种带箍的青铜削刀在该墓地出现的时间较晚，延续发展的时间较短，主要在春秋晚期前段，到春秋晚期后段已处于萎缩衰退阶段。这是探索如何加固刀柄与刀首的衔接部位的过程中的作品，通过这8件标本，我们看到这支文化的主人，曾在如何加固刀首与刀柄的衔接部位强度这一铸造工艺方面作出过努力。在使用实践中也确曾起到过加固的作用。但在体现实用功能的同时又明显表现出它的缺陷，加固带在刀柄部分的凸棱在使用过程中，不可避免地磨、硌手掌和手指，这给使用者带来一定的麻烦。另外，加固凸棱带外观粗拙、不美观，同时，还需耗费更多的铜料。从实用与美观两方面考察，这种刀柄形式均不够理想，因此，这种刀柄带箍的青铜削刀到春秋晚期后段没有得到继续发展。与此相反，扣环首、柄部施加强筋的青铜削刀，在春秋晚期后段数量剧增，得到了充分普及和发展。因为这种带加强筋的扣环首刀柄，光滑、轻巧、美观，在使用中不再磨、硌手部，且耗费铜料少，恰恰克服了前者的缺点，在实用与美观两方面均胜柄部带箍的青铜削刀一筹，因此加强筋削刀得到迅速发展就是理所当然的了。

C　由单一式向复合式的转化

春秋早期有6件施纹削刀，其中施单一纹饰者4件（YYM32:3、YYM34:3、YYM385:3、YYM384:3），施复合纹饰者2件（YYM19:3、YYM18:9），各占该期施纹削刀总数的66.7%和33.3%。

春秋早中期有8件施纹削刀，其中施单一纹饰者6件（YYM281:3、YYM280:3、YYM250:8、YYM228:3、YYM264:3、YYM226:3），施复合纹饰者2件（YYM282:3、YYM233:3），各占该期施纹削刀总数的75%和25%。

春秋中期有11件施纹削刀，其中施单一纹饰者5件（YYM42:3、YYM271:3、YYM52:3、YYM260:3、YYM46:3），施复合纹饰者6件（YYM41:3、YYM295:3、YYM299:3、YYM26:3、YYM49:3、YYM256:3），各占该期施纹削刀总数的45.5%和54.5%。

春秋中晚期有3件施纹削刀（YYM57:3、YYM58:3、YYM86:3），前2者为施单一纹饰者，后者为施复合纹饰者，各占该期施纹削刀总数的66.7%和33.3%。

春秋晚期前段有15件施纹削刀，其中施单一纹饰者3件（YYM142:3、YYM134:3、YYM214:3），施复合纹饰者12件（YYM210:3、YYM105:3、YYM151:3、YYM145:3、YYM143:3、YYM74:3、YYM112:1、YYM156:3、YYM168:3、YYM124:3、YYM171:3、YYM108:3），各占该期施纹削刀总数的20%和80%。

春秋晚期后段有14件施纹削刀，其中施单一纹饰者3件（YYM358:3、YYM325:3、YYM348:3），施复合纹饰者11件（YYM160:3、YYM175:3、YYM161:3、YYM129:3、YYM174:3、YYM334:3、YYM345:3、YYM344:3、YYM349:3、YYM376:3、YYM370:3），各占该期施纹削刀总数的21.4%和78.6%。

从以上统计可以看出，在春秋早期，单一纹饰削刀达2/3，占据优势地位，复合式处于劣势，只1/3。到春秋早中期和中期，单一式与复合式纹饰削刀处于拉锯状态，复合式已略占上风。春秋中晚期施纹削刀数量骤减，在仅有3件的情况下，复合式仍占1/3。之后，在春秋晚期前段和后段，单一式便一蹶不振，把绝对优势地位让给了复合式削刀。可见，玉皇庙青铜削刀纹饰由单一式向复合式转化是其发展的规律（参见附表142）。

附表 142　**玉皇庙墓地青铜削刀纹饰类别统计表**

序号	纹饰	墓号	型	式	数量	时代	装饰部位
1	横向锯齿纹	32	Ⅳ		8	春秋早期	刀柄上沿
		281、282、233、228	Ⅲ	Ⅰ		春秋早中期	刀柄中部
		41、52				春秋中期	
		86				春秋中晚期	
2	水波纹	34	Ⅴ		4	春秋早期	刀柄中部
		42	Ⅴ			春秋中期	
		86	Ⅲ	Ⅰ		春秋中晚期	
		210	ⅩⅢ	Ⅱ		春秋晚期前段	
3	绹纹	19	Ⅵ		2	春秋早期	刀柄中部
		280	Ⅲ	Ⅰ		春秋早中期	刀身上沿
4	回纹	19	Ⅵ		2	春秋早期	刀柄中部
		18	Ⅶ				
5	直线纹	19	Ⅵ		3	春秋早期	刀柄中部
		41	Ⅲ	Ⅰ		春秋中期	
		210	ⅩⅢ	Ⅱ		春秋晚期前段	
6	蜷兽纹	18	Ⅶ		1	春秋早期	刀首
7	横向凸棱线纹	385、384	Ⅹ	Ⅰ	7	春秋早期	刀柄中部
		264				春秋早中期	
		271				春秋中期	
		26、295、299	Ⅹ	Ⅱ			
8	圆点纹	18	Ⅶ		3	春秋早期	刀首外沿
		282、233	Ⅲ	Ⅰ		春秋早中期	刀柄中部
9	方格纹	226	Ⅲ	Ⅰ	6	春秋早中期	刀柄中部、末端
		256、49、260				春秋中期	
		57				春秋中晚期	
		105	ⅩⅣ	Ⅲ		春秋晚期前段	
10	三角纹	250	Ⅲ	Ⅰ	2	春秋早中期	刀柄中部
		49				春秋中期	
11	人字纹	46、256	Ⅲ	Ⅰ	2	春秋中期	刀柄中部
12	界棱纹	26、295、299	Ⅹ	Ⅱ	24	春秋中期	刀身末端
		151、145、74、112、168、124、171	ⅩⅣ	Ⅳ		春秋晚期前段	
		156		Ⅵ			
		143、108		Ⅷ			
		160、175、161、129、174、334、344、349		Ⅳ		春秋晚期后段	
		345、376、370		Ⅷ			
13	加强筋纹	58	ⅩⅣ	Ⅱ	26	春秋中晚期	刀柄中部
		151、145、74、112、168、124、171		Ⅳ		春秋晚期前段	
		142、134		Ⅴ			
		156		Ⅵ			
		143、108		Ⅷ			
		160、175、161、129、174、334、344、349		Ⅳ		春秋晚期后段	
		358、325		Ⅴ			
		345、376、370		Ⅷ			
14	纵向锯齿纹	214	ⅩⅣ	Ⅲ	1	春秋晚期前段	刀柄中部
15	倒“U”字纹	105	ⅩⅣ	Ⅲ	1	春秋晚期前段	刀柄前端
16	纵向凸棱线纹	348	Ⅲ	Ⅴ	1	春秋晚期后段	刀柄中部
总计	共57件削刀，装饰16种纹饰。春秋早期共6件削刀装饰8种纹饰，春秋早中期共8件削刀装饰6种纹饰，春秋中期共11件削刀装饰8种纹饰，春秋中晚期共3件削刀装饰4种纹饰，春秋晚期前段共15件削刀装饰7种纹饰，春秋晚期后段共14件削刀装饰3种纹饰。装饰单一纹饰者23件，装饰复合纹饰者34件，其中2种组合者32件，3种组合者2件。							

（5）玉皇庙青铜削刀演变规律

Ⅰ 刀首由多元化向一元化——环首形演变

玉皇庙青铜削刀中，刀首形式明确者共有130件，刀首形式有12种：①柄首一体横向穿孔形；②单兽目形；③凸环首形；④菱形；⑤单面刃联环首形；⑥双兽目形；⑦实心椭圆形；⑧柄首相联兽头形；⑨平环首；⑩方凸首形；⑪柄首一体纵向穿孔形；⑫扣环首形。

春秋早期有9种刀首形式，占玉皇庙刀首形式总数的75%。包括柄首一体横向穿孔形3件（YYM22:3、YYM13:3、YYM300:3），单兽目形1件（YYM20:3），凸环首形7件（YYM35:3、YYM2:18、YYM3:3、YYM5:3、YYM11:3、YYM385:3、YYM384:3），菱形1件（YYM32:3），单面刃联环首形1件（YYM34:3），双兽目形2件（YYM19:3、YYM17:3），实心椭圆形1件（YYM18:9），柄首相联兽头形1件（YYM82:3），平环首形1件（YYM383:3）。其中非环首形刀首有6种（柄首一体横向穿孔形，单兽目形，菱形，双兽目形，实心椭圆形，柄首相联兽头形），占66.7%；环首形刀首有3种（凸环首形、联环首形、平环首形），占33.3%。

春秋早中期有4种刀首形式，占玉皇庙刀首形式总数的33.3%。包括柄首一体横向穿孔形3件（YYM283:3、YYM227:3、YYM229:3），单兽目形1件（YYM275:3），凸环首形12件（YYM281:3、YYM280:3、YYM37:3、YYM250:8、YYM282:3、YYM230:3、YYM233:3、YYM228:3、YYM264:3、YYM276:3、YYM226:3、YYM252:3），方凸首形2件（YYM285:3、YYM99:3）。其中非环首形刀首有3种（柄首一体横向穿孔形，单兽目形，方凸首形），占75%；环首形刀首仅1种（凸环首形），占25%。

春秋中期有6种刀首形式，占玉皇庙刀首形式总数的50%。包括柄首一体横向穿孔形1件（YYM234:3），单兽目形1件（YYM48:3），凸环首形23件（YYM41:3、YYM46:3、YYM256:3、YYM49:3、YYM247:3、YYM95:3、YYM260:3、YYM51:3、YYM190:3、YYM52:3、YYM297:3、YYM293:3、YYM7:3、YYM257:3、YYM188:3、YYM36:3、YYM23:3、YYM102:3、YYM236:3、YYM271:3、YYM26:3、YYM295:3、YYM299:3），单面刃联环首形1件（YYM42:3），柄首一体纵向穿孔形1件（YYM261:3），扣环首形1件（YYM54:3）。其中非环首形刀首有3种（柄首一体横向穿孔形，单兽目形，柄首一体纵向穿孔形），占50%；环首形刀首有3种（单面刃联环首形、凸环首形、扣环首形），占50%。

春秋中晚期有4种刀首形式，占玉皇庙刀首形式总数的33.3%。包括柄首一体横向穿孔形1件（YYM192:3），凸环首形7件（YYM57:3、YYM86:3、YYM71:3、YYM186:3、YYM61:3、YYM148:3、YYM83:3），平环首形1件（YYM212:3），扣环首形1件（YYM58:3）。其中非环首形刀首有1种（柄首一体横向穿孔形），占25%；环首形刀首有3种（凸环首形、平环首形、扣环首形），占75%。

春秋晚期前段有4种刀首形式，占玉皇庙刀首形式总数的33.3%。包括凸环首形19件（YYM182:3、YYM199:3、YYM178:3、YYM153:3、YYM312:3、YYM213:3、YYM117:3、YYM131:3、YYM314:3、YYM217:3、YYM122:3、YYM203:3、YYM220:3、YYM179:3、YYM177:3、YYM315:3、YYM313:3、YYM158:3、YYM111:3），平环首形1件（YYM205:3），柄首一体纵向穿孔形1件（YYM210:3），扣环首形17件（YYM224:3、YYM214:3、YYM209:3、YYM105:3、YYM151:3、YYM145:3、YYM74:3、YYM112:3、YYM168:3、YYM124:3、YYM171:3、YYM142:3、YYM134:3、YYM156:3、YYM303:3、

YYM143:3、YYM108:3)。其中非环首形刀首有1种（柄首一体纵向穿孔形），占25%；环首形刀首有3种（凸环首形、平环首形、扣环首形），占75%。

春秋晚期后段有3种刀首形式，占玉皇庙刀首形式总数的25%。包括凸环首1件（YYM348:3），平环首1件（YYM373:3），扣环首15件（YYM127:3、YYM160:3、YYM175:3、YYM161:3、YYM129:3、YYM174:3、YYM334:3、YYM344:3、YYM349:3、YYM358:3、YYM325:3、YYM110:3、YYM345:3、YYM376:3、YYM370:3），全部为环首形刀首，占100%。

以上统计显示，非环首形刀首形式在春秋早期所占比例很高，达60%以上，到春秋早中期更超过70%，春秋中期便开始下降至1/2，春秋中晚期和春秋晚期前段下滑至1/4，春秋晚期后段绝迹，总的趋势是从高到低，从占据显要地位到彻底消失。而环首形刀首形式恰恰相反，从春秋早期和春秋早中期的所占比例只有1/3、1/4，到春秋中期已达1/2，春秋中晚期和春秋晚期前段至3/4，春秋晚期后段独占鳌头，成为唯一的刀首形式。以上变化揭示出玉皇庙墓地出土青铜削刀刀首由多元化逐渐演变为单一环首形式的发展历程。

环首削刀环首孔径呈圆形这一结构特点，还为春秋晚期尖首刀币和战国“匽”刀币所继承。这样一种承袭逻辑，当绝非偶然。可以说环首青铜削刀应是尖首刀币和“匽”刀币的始祖，尖首刀币和“匽”刀币就起源于由青铜环首削刀。

Ⅱ　环首形式由凸环首向扣环首演变

凸环首在春秋早期就已出现，且已处于成熟阶段，共有7件。到春秋早中期得到发展，共12件。到春秋中期到达鼎盛时期，共有23件之多。这时候出现了由凸环首向扣环首形式过渡的削刀形态（YYM54:3）。到春秋中晚期，凸环首削刀走向衰落，数量只有7件，这时扣环首已初具形态（YYM58:3）。春秋晚期前段，凸环首削刀进入第二个发展高峰，数量达19件之多。扣环首数量也陡然增加，共有17件。到春秋晚期后段，凸环首只余1件（YYM348:3），而扣环首尚处于发展态势，有15件之多。

凸环首和扣环首削刀是玉皇庙青铜削刀演变的主线，贯穿着玉皇庙墓地的主人在制作青铜削刀的过程中的不断探索、不断总结、不断提高的发展过程。其余形式的削刀最多不超过8件，分布在各时期也只是零散出现，浅尝辄止，没有明显的规律和发展脉络可寻。从凸环首到扣环首的演变，反映了这支部族的审美情趣、实用观念的变化及发展，是由朴拙、庄重向纤巧、秀丽转变，在节省铜料的前提下，同样保证牢固耐用。

Ⅲ　刀柄与刀身夹角由钝角向直角再向锐角演变

玉皇庙墓地出土的可分型分式的130件青铜削刀，刀身与柄夹角均明确可辨，从早期到晚期变化规律明显。我们将夹角分成五类：

大钝角：≥120°，小钝角：100°~119°，近直角96°~99°，

直角：90°~95°，锐角：<90°。

因在制作、绘图、测量过程中都会有误差，所以将直角规定在一定范围内，才能更准确地表达创作者的真实意图，减少误差带来的混淆。

玉皇庙墓地分布于北Ⅰ区中部和西部属于春秋早期可分型分式青铜削刀有19件，其中大钝角削刀14件，占该期可分型分式削刀总数的73.68%；小钝角者3件，占该期可分型分式削刀总数的15.79%；近直角者1件，占该期可分型分式削刀总数的5.26%；直角范围者1件，占该期可分型分式

削刀总数的5.26%；没有锐角削刀（参见附表143）。

表143 **玉皇庙墓地春秋早期削刀刀身与刀柄夹角统计表**

器物号（YYM）	刀身与刀柄夹角	器物号（YYM）	刀身与刀柄夹角	器物号（YYM）	刀身与刀柄夹角
22：3	135°	20：3	120°	35：3	118°
32：3	122°	34：3	128°	19：3	128°
17：3	151°	2：18	117°	3：3	121°
18：9	115°	13：3	146°	82：3	130°
386：3	120°	300：3	160°	385：3	93°
383：3	141°	384：3	138°	11：3	98°
5：3	161°				

分布于北Ⅱ区北部属于春秋早中期可分型分式青铜削刀有18件，其中大钝角削刀14件，占该期可分型分式削刀总数的77.78%；小钝角者3件，占该期可分型分式削刀总数的16.67%；近直角者1件，占该期可分型分式削刀总数的5.56%；直角范围内者及锐角者缺略（参见表144）。

表144 **玉皇庙墓地春秋早中期削刀刀身与刀柄夹角统计表**

器物号（YYM）	刀身与刀柄夹角	器物号（YYM）	刀身与刀柄夹角	器物号（YYM）	刀身与刀柄夹角
281：3	127°	280：3	124°	283：3	124°
285：3	136°	37：3	122°	250：8	140°
282：3	135°	230：3	130°	229：3	134°
233：3	145°	228：3	132°	227：3	98°
264：3	118°	276：3	147°	99：3	112°
226：3	127°	252：3	114°	275：3	126°

分布于北Ⅱ区中部、北Ⅰ区北部和南部属于春秋中期可分型分式青铜削刀有28件，其中大钝角者削刀18件，占该期可分型分式削刀总数的64.29%；小钝角者、近直角者、直角范围内者各3件，各占该期可分型分式削刀总数的10.71%；锐角者1件，占该期可分型分式削刀总数的3.57%。（参见附表145）。

表145 **玉皇庙墓地春秋中期削刀刀身与刀柄夹角统计表**

器物号（YYM）	刀身与刀柄夹角	器物号（YYM）	刀身与刀柄夹角	器物号（YYM）	刀身与刀柄夹角
234：3	144°	42：3	131°	41：3	150°
46：3	146°	236：3	127°	256：3	116°
261：3	132°	49：3	144°	257：3	99°
247：3	142°	271：3	90°	48：3	134°
95：3	114°	260：3	137°	51：3	123°
190：3	125°	188：3	138°	52：3	128°
54：3	127°	36：3	99°	26：3	98°
297：3	116°	293：3	124°	295：3	120°
299：3	92°	23：3	92°	7：3	129°
102：3	83°				

分布于北Ⅱ区南部属于春秋中晚期可分型分式青铜削刀有10件，其中大钝角者削刀3件，占该期可分型分式削刀总数的30%；小钝角者4件，占该期可分型分式削刀总数的40%；近直角者1件，占该期可分型分式削刀总数10%；直角范围内者2件，占该期可分型分式削刀总数的20%；锐角者缺略（参见附表146）。

表146　**玉皇庙墓地春秋中晚期削刀刀身与刀柄夹角统计表**

器物号（YYM）	刀身与刀柄夹角	器物号（YYM）	刀身与刀柄夹角	器物号（YYM）	刀身与刀柄夹角
212：3	95°	192：3	115°	58：3	99°
186：3	91°	57：3	135°	86：3	136°
71：3	123°	61：3	104°	83：3	101°
148：3	106°				

分布于南区北部和中部及西区部分地区属于春秋晚期前段可分型分式青铜削刀有38件，其中大钝角削刀6件，占该期可分型分式削刀总数的15.79%；小钝角者9件，占该期可分型分式削刀总数的23.68%；近直角者5件，占该期可分型分式削刀总数的13.16%；直角范围内者15件，占该期可分型分式削刀总数的39.47%；锐角者3件，占该期可分型分式削刀总数的7.89%（参见附表147）。

表147　**玉皇庙墓地春秋晚期前段削刀刀身与刀柄夹角统计表**

器物号（YYM）	刀身与刀柄夹角	器物号（YYM）	刀身与刀柄夹角	器物号（YYM）	刀身与刀柄夹角
217：3	126°	224：3	117°	182：3	128°
203：3	94°	220：3	90°	214：3	115°
213：3	118°	210：3	165°	209：3	98°
205：3	94°	199：3	119°	179：3	78°
178：3	111°	177：3	90°	151：3	95°
153：3	124°	142：3	92°	145：3	97°
143：3	83°	117：3	90°	105：3	111°
74：3	90°	112：3	96°	156：3	95°
158：3	109°	168：3	106°	134：3	90°
131：3	90°	122：3	93°	124：3	96°
111：3	120°	171：3	90°	108：3	86°
312：3	120°	314：3	98°	315：3	95°
313：3	94°	303：3	100°		

分布于南区南部及西区部分地区属于春秋晚期后段可分型分式青铜削刀有17件，其中大钝角和近直角削刀各2件，各占该期可分型分式削刀总数的11.76%；直角范围内者10件，占该期可分型分式削刀总数的58.82%；锐角3件，占该期可分型分式削刀总数的17.65%；小钝角者没有出现（参见附表148）。

表 148 **玉皇庙墓地春秋晚期后段削刀刀身与刀柄夹角统计表**

器物号（YYM）	刀身与刀柄夹角	器物号（YYM）	刀身与刀柄夹角	器物号（YYM）	刀身与刀柄夹角
127：3	165°	110：3	98°	160：3	93°
175：3	90°	161：3	93°	129：3	91°
174：3	90°	334：3	95°	345：3	74°
344：3	90°	348：3	134°	349：3	90°
358：3	92°	325：3	90°	373：3	97°
376：3	80°	370：3	76°		

从以上统计可以看出，刀身与柄夹角为大钝角的削刀，从春秋早期到春秋晚期后段，所占比例基本呈递减状态；小钝角削刀发展处于不稳定状态，比例升降无序，前期阶段升降幅度小，后期阶段升降幅度大；近直角削刀的发展比较稳定，早中期前略低，中期之后保持在1/5或略多；直角范围内削刀比例基本处于上升态势，后期阶段上升幅度较大；锐角削刀在春秋中期出现，处上升态势。由此可见玉皇庙青铜削刀从春秋早期到春秋晚期后段，其刀身与柄的夹角发展变化经历了从钝角到直角、锐角的过程。这同人们对实用功能的追求分不开。刀身与刀柄夹角呈直角和锐角者在使用过程中，刀身尾部起到阻隔作用，使握刀的手不易被划伤。

Ⅳ 环首削刀最大环外径与柄均宽的比值由小变大

玉皇庙环首形青铜削刀环首的发展有由小变大的趋势，但这不是绝对数值，而是就最大环外径与柄均宽的比值而言的相对数字。现将最大环外径与柄均宽的比值称为Z/B，将该值分为6类：

Ⅰ类：1≤Z/B＜2，Ⅱ类：2≤Z/B＜3，Ⅲ类：3≤Z/B＜4，

Ⅳ类：4≤Z/B＜5，Ⅴ类：5≤Z/B＜6，Ⅵ类：6≤Z/B＜7

这里所指环首形刀即Ⅲ型、Ⅹ型、Ⅺ型和ⅩⅣ型，共107件。

春秋早期的8件环首刀中，有Ⅰ类2件、Ⅱ类5件、Ⅲ类1件，分别占25%、62.5%和12.5%，Ⅳ类、Ⅴ类、Ⅵ类均无。

春秋早中期的12件环首刀中，有Ⅰ类2件、Ⅱ类10件，各占16.67%和83.33%，Ⅲ类、Ⅳ类、Ⅴ类、Ⅵ类均无。

春秋中期的24件环首刀中，Ⅰ类和Ⅲ类各4件，各占16.67%，Ⅱ类16件，占66.67%，Ⅳ类、Ⅴ类、Ⅵ类均无。

春秋中晚期的9件环首刀中，有Ⅰ类1件、Ⅱ类3件、Ⅲ类5件，各占11.11%、33.33%和55.56%。Ⅳ类、Ⅴ类、Ⅵ类均无。

春秋晚期前段的37件环首刀中，有Ⅱ类16件、Ⅲ类21件，各43.24%和56.76%，Ⅰ类、Ⅳ类、Ⅴ类、Ⅵ类均无。

春秋晚期后段的17件环首刀中，有Ⅱ类3件、Ⅲ类7件、Ⅳ类5件，分别占17.65%、41.18%和29.41%，Ⅴ类和Ⅵ类各1件，均占5.88%，Ⅰ类空缺。

Ⅰ类削刀共9件，集中于春秋中晚期以前，其中春秋中期数量最多，有4件，占44.44%。Ⅱ类削

刀贯穿整个春秋时期，是数量最多的类型，共53件，将近占环首刀的一半，集中于春秋中期和春秋晚期前段，各有16件，均占30.19%；其次是春秋早中期，有10件，占18.87%。Ⅲ类削刀仅春秋早中期空缺，共38件，集中于春秋晚期前段，有21件，占55.26%；其次是春秋晚期后段，有7件，占18.42%；此类削刀是春秋晚期的典型类别。Ⅳ类、Ⅴ类、Ⅵ类均只属于春秋晚期后段，前5期未出现。

综上所述，玉皇庙环首刀的环首最大环外径与柄均宽的比值从春秋早期到春秋晚期后段的发展趋势是递增的，即刀柄日趋变窄，而环首越变越大（参见附表149）。

附表149　**玉皇庙墓地青铜削刀最大环外径与柄均宽比值统计表**

年代 墓号 类别	春秋早期	春秋早中期	春秋中期	春秋中晚期	春秋晚期前段	春秋晚期后段	合计
Ⅰ类 1≤Z/B＜2	35、2	276、252	41、46、297、7	71			9
Ⅱ类 2≤Z/B＜3	3、385、383、384、5	281、280、250、282、230、233、228、264、226、37	256、49、247、271、95、260、51、190、188、52、54、26、293、295、299、236	57、83、86	224、182、178、220、214、209、199、179、153、117、105、124、111、312、217、158	127、348、373	53
Ⅲ类 3≤Z/B＜4	11		257、36、23、102	212、58、186、61、148	203、213、205、177、151、142、145、143、74、112、156、134、131、122、171、108、314、313、303、315、168	110、160、129、174、334、349、370	38
Ⅳ类 4≤Z/B＜5						161、175、345、344、358	5
Ⅴ类 5≤Z/B＜6						325	1
Ⅵ类 6≤Z/B＜7						376	1
分布区域	北Ⅰ区中部、西部	北Ⅱ区北部	北Ⅱ区中部 北Ⅰ区 北部、南部	北Ⅱ区南部	南区北部、中部 西区部分	南区南部 西区部分	
合计	8	12	24	9	37	17	107

注：为简明起见，表中以墓号代替器物号。

（6）从重量和通长看玉皇庙青铜削刀持续发展的稳定性

根据统计，可以从重量和刀体通长看玉皇庙青铜削刀的早晚发展情况。

玉皇庙完好或微残、可以说明重量问题的削刀有128件，占玉皇庙墓地可分型分式削刀总数的98.46%。现将玉皇庙青铜削刀的重量划分为4类，以G代表削刀的重量，重量单位为克：

Ⅰ类为超重型：G≥60，Ⅱ类为偏重型：50≤G＜60，Ⅲ类为均重型：30≤G＜50，Ⅳ类为轻型：G＜30

春秋早期可称重削刀有 17 件，占玉皇庙墓地称重削刀总数的 13. 28%。其中Ⅰ类有 6 件（YYM32∶3、YYM19∶3、YYM18∶9、YYM13∶3、YYM385∶3、YYM384∶3），占该期称重削刀数的 35. 29%；Ⅱ类有 2 件（YYM82∶3、YYM11∶3），占 11. 76%；Ⅲ类有 9 件（YYM22∶3、YYM20∶3、YYM35∶3、YYM34∶3、YYM17∶3、YYM3∶3、YYM300∶3、YYM383∶3、YYM5∶3），占52. 94%。无Ⅳ类削刀。

春秋早中期可称重削刀有 18 件，占玉皇庙墓地称重削刀总数的 14. 06%。其中Ⅰ类有 4 件（YYM230∶7、YYM233∶3、YYM264∶3、YYM275∶3），占该期称重削刀数的 22. 22%；Ⅱ类有 5 件（YYM37∶3、YYM250∶8、YYM282∶3、YYM229∶3、YYM226∶3），占该期称重削刀数的 27. 78%；Ⅲ类有 7 件（YYM281∶3、YYM283∶3、YYM285∶3、YYM228∶3、YYM227∶3、YYM276∶3、YYM99∶3），占 38. 89%；Ⅳ类有 2 件（YYM280∶3、YYM252∶3），占 11. 11%。

春秋中期可称重削刀有 28 件，占玉皇庙墓地称重削刀总数的 21. 88%。其中Ⅰ类有 7 件（YYM41∶3、YYM261∶3、YYM271∶3、YYM48∶3、YYM52∶3、YYM36∶3、YYM23∶3），占该期称重削刀数的 25%；Ⅱ类有 4 件（YYM46∶3、YYM260∶3、YYM54∶3、YYM26∶3），占 14. 29%；Ⅲ类有 12 件（YYM42∶3、YYM236∶3、YYM49∶3、YYM257∶3、YYM247∶3、YYM51∶3、YYM95∶3、YYM190∶3、YYM188∶3、YYM295∶3、YYM299∶3、YYM102∶3），占 42. 86%；Ⅳ类有 5 件（YYM234∶3、YYM256∶3、YYM297∶3、YYM293∶3、YYM7∶3），占 17. 86%。

春秋中晚期可称重削刀有 10 件，占玉皇庙墓地称重削刀总数的 7. 81%。其中Ⅰ类、Ⅱ类各有 1 件（YYM71∶3、YYM186∶3），各占该期称重削刀数的 10%；Ⅲ类有 8 件（YYM212∶3、YYM192∶3、YYM58∶3、YYM57∶3、YYM86∶3、YYM61∶3、YYM83∶3、YYM148∶3），占 80%。无Ⅳ类削刀。

春秋晚期前段可称重削刀有 38 件，占玉皇庙墓地称重削刀总数的 29. 69%。其中Ⅰ类有 1 件（YYM156∶3），占该期称重削刀数的 2. 63%；Ⅱ类有 4 件（YYM217∶3、YYM151∶3、YYM134∶3、YYM124∶3），占 10. 53%；Ⅲ类有 24 件（YYM224∶3、YYM203∶3、YYM214∶3、YYM213∶3、YYM210∶3、YYM205∶3、YYM199∶3、YYM179∶3、YYM177∶3、YYM142∶3、YYM145∶3、YYM143∶3、YYM117∶3、YYM105∶3、YYM74∶3、YYM112∶3、YYM168∶3、YYM131∶3、YYM122∶3、YYM171∶3、YYM314∶3、YYM315∶3、YYM313∶3、YYM303∶3），占 63. 16%；Ⅳ类有 9 件（YYM182∶3、YYM220∶3、YYM209∶3、YYM111∶3、YYM178∶3、YYM153∶3、YYM158∶3、YYM108∶3、YYM312∶3），占 23. 68%。

春秋晚期后段可称重削刀有 17 件，占玉皇庙墓地称重削刀总数的 13. 28%。其中Ⅱ类有 1 件（YYM174∶3），占该期称重削刀数的 5. 88%；Ⅲ类有 10 件（YYM160∶3、YYM129∶3、YYM334∶3、YYM344∶3、YYM349∶3、YYM358∶3、YYM325∶3、YYM373∶3、YYM376∶3、YYM370∶3），占 58. 82%；Ⅳ类有 6 件（YYM127∶3、YYM110∶3、YYM175∶3、YYM161∶3、YYM345∶3、YYM348∶3），占 35. 29%。无Ⅰ类削刀。

参见附表 150。

从以上统计可以看出：

Ⅰ类削刀共有 19 件，占玉皇庙墓地称重削刀总数的 14. 84%。除春秋晚期后段外，其余阶段均曾出现，主要集中于春秋早期和中期，分别占 31. 58% 和 36. 84%。

Ⅱ类削刀分布较均匀，从春秋早期延续到春秋晚期后段，共有 17 件，占玉皇庙墓地称重削刀总数的 13. 28%，早期和晚期数量差别不大，是数量最少的一类削刀。

附表 150 **玉皇庙墓地青铜削刀重量统计表**

年代 \ 类别	Ⅰ类（超重型）G≥60	Ⅱ类（偏中型）50≤G<60	Ⅲ类（均重型）30≤G<50	Ⅳ类（轻型）G<30	合计
春秋早期	13、32、19、18、385、384	11、82	22、300、20、35、3、5、34、17、383		17
春秋早中期	275、230、233、264	229、37、250、282、226	283、227、281、228、276、285、99	280、252	18
春秋中期	48、41、52、36、23、271、261	46、260、26、54	49、247、95、51、190、257、188、102、236、42、295、299	234、256、297、293、7	28
春秋中晚期	71	186	192、57、86、61、148、83、212、58		10
春秋晚期前段	156	217、151、124、134	199、213、117、131、314、122、203、179、177、315、313、205、210、224、214、105、145、74、112、168、171、142、303、143	182、178、153、312、220、158、111、209、108	38
春秋晚期后段		174	373、160、129、334、344、349、358、325、376、370	348、127、175、161、110、345	17
合　计	19	17	70	22	128

注：G 代表重量，重量单位为克。为简明，以墓号代表器物号。

Ⅲ类削刀是玉皇庙墓地数量最多的削刀形式，共有 70 件，占玉皇庙称重削刀总数的 54.69%。该类削刀在每一个时期所占比例均大于其他类型的削刀，数量居首位。可见，这个重量范围是最典型的削刀重量类别。

Ⅳ类削刀共有 22 件，占玉皇庙墓地称重削刀总数的 17.19%，数量位居第二。该类削刀出现于春秋早中期，春秋晚期较多，占 68.18%。

玉皇庙文化注重发展均重型削刀（Ⅲ类）。作为须臾不离的工具，他们更看重削刀的实用功能。从偏重型和轻型削刀比例看，玉皇庙墓地青铜削刀有由重向轻发展的趋势，但从整体上看，人们最看重的均重型削刀发展到春秋晚期后段也没有明显的衰落迹象，保持平稳发展。

从青铜削刀的长度变化仍可破译玉皇庙墓地削刀发展的历程。玉皇庙墓地青铜削刀刀体基本完好或略残者共 127 件，占玉皇庙墓地可分型分式削刀总数的 97.69%。我们以 L 代表削刀的长度，以厘米为单位，将玉皇庙墓地的青铜削刀分为 4 个类型：

Ⅰ类：L≥20，Ⅱ类：17≤L<20，Ⅲ类：15≤L<17，Ⅳ类：L<15

春秋早期的可量长度削刀共有 17 件，占玉皇庙墓地可量长度削刀总数的 13.39%。其中Ⅰ类削刀有 5 件（YYM32∶3、YYM19∶3、YYM18∶19、YYM385∶3、YYM384∶3），占该期可量长度削刀数的 29.41%；Ⅱ类削刀有 8 件（YYM22∶3、YYM35∶3、YYM3∶3、YYM13∶3、YYM82∶3、YYM300∶3、YYM11∶3、YYM5∶3），占 47.06%；Ⅲ类削刀有 4 件（YYM20∶3、YYM34∶3、YYM17∶3、YYM383∶3），占 23.53%。Ⅳ类削刀没有出现。

春秋早中期的可量长度削刀共有18件，占玉皇庙墓地可量长度削刀总数的14.17%。其中Ⅰ类削刀有8件（YYM250:8、YYM282:3、YYM230:3、YYM229:3、YYM233:3、YYM264:3、YYM275:3、YYM226:3），占该期可量长度削刀数的44.44%；Ⅱ类削刀有5件（YYM283:3、YYM37:3、YYM228:3、YYM227:3、YYM276:3），占27.78%；Ⅲ类削刀有3件（YYM281:3、YYM285:3、YYM99:3），占16.67%；Ⅳ类削刀有2件（YYM280:3、YYM252:3），占11.11%。

春秋中期的可量长度削刀共有28件，占玉皇庙墓地可量长度削刀总数的22.05%。其中Ⅰ类削刀有7件（YYM257:3、YYM271:3、YYM48:3、YYM52:3、YYM36:3、YYM26:3、YYM299:3），占该期可量长度削刀数的25%；Ⅱ类削刀有13件（YYM42:3、YYM41:3、YYM46:3、YYM236:3、YYM261:3、YYM95:3、YYM260:3、YYM51:3、YYM188:3、YYM54:3、YYM295:3、YYM23:3、YYM102:3），占46.43%；Ⅲ类削刀有4件（YYM256:3、YYM49:3、YYM247:3、YYM190:3），占14.29%；Ⅳ类削刀有4件（YYM234:3、YYM297:3、YYM293:3、YYM7:3），占14.29%。

春秋中晚期的可量长度削刀共有10件，占玉皇庙墓地可量长度削刀总数的7.87%。其中Ⅰ类削刀有2件（YYM58:3、YYM71:3），占20%；Ⅱ类削刀有7件（YYM212:3、YYM192:3、YYM186:3、YYM86:3、YYM61:3、YYM83:3、YYM148:3），占70%；Ⅲ类削刀有1件（YYM57:3），占10%。Ⅳ类削刀没有出现。

春秋晚期前段可量长度削刀共有38件，占玉皇庙墓地可量长度削刀总数的29.92%。其中Ⅰ类削刀有8件（YYM217:3、YYM156:3、YYM168:3、YYM134:3、YYM131:3、YYM124:3、YYM171:3、YYM314:3），占该期可量长度削刀数的21.05%；Ⅱ类削刀有19件（YYM224:3、YYM203:3、YYM214:3、YYM213:3、YYM210:3、YYM205:3、YYM179:3、YYM177:3、YYM151:3、YYM142:3、YYM145:3、YYM143:3、YYM117:3、YYM105:3、YYM112:3、YYM122:3、YYM315:3、YYM313:3、YYM303:3），占50%；Ⅲ类削刀有5件（YYM220:3、YYM209:3、YYM199:3、YYM153:3、YYM108:3），占13.16%；Ⅳ类削刀有6件（YYM182:3、YYM178:3、YYM74:3、YYM158:3、YYM111:3、YYM312:3），占15.79%。

春秋晚期后段可量长度削刀共有16件，占玉皇庙墓的可量长度削刀总数的12.6%。其中Ⅰ类削刀有4件（YYM174:3、YYM349:3、YYM358:3、YYM373:3），占该期可量长度削刀数的25%；Ⅱ类削刀有9件（YYM110:3、YYM160:3、YYM161:3、YYM129:3、YYM334:3、YYM344:3、YYM325:3、YYM376:3、YYM370:3），占56.25%；Ⅲ类削刀有1件（YYM345:3），占6.25%；Ⅳ类削刀有2件（YYM127:3、YYM348:3），占12.5%。

从上述统计看，Ⅰ类削刀在每个时期均有分布，数量较多，是比较重要的长度类型，占26.77%，春秋中晚期最少，其他阶段在数量和所占比例上变化不大。Ⅱ类削刀多达61件，占48.03%，也是每期所占比例最高的，是居主导地位的削刀形式。Ⅲ类削刀虽然每期都有，但所占比例较低，占14.17%。最高是在春秋晚期前段，达该期可量长度削刀数的27.78%以上，其余时段均在10%～20%之间，是居次要地位的削刀形式。至于Ⅳ类削刀在春秋早期和春秋中晚期均未出现，是数量最少的长度类型，占11.02%。

从刀身的长度看，玉皇庙青铜削刀从春秋早期到春秋晚期发展是均衡的，没有出现衰落迹象。

参见附表151。

附表151　**玉皇庙墓地青铜削刀长度统计表**

类别 年代	Ⅰ类 L≥20	Ⅱ类 17≤L<20	Ⅲ类 15≤L<17	Ⅳ类 L<15	合计
春秋早期	32、19、18、385、384	22、13、300、35、3、5、11、82	20、34、17、383		17
春秋早中期	229、275、250、282、230、233、226、264	283、227、37、228、276	281、285、99	280、252	18
春秋中期	48、52、257、36、271、26、299	41、46、95、260、51、188、23、102、236、42、295、261、54	256、49、247、190	234、297、293、7	28
春秋中晚期	71、58、	192、86、186、61、148、83、212	57		10
春秋晚期前段	131、314、217、168、124、171、134、156	213、117、122、203、179、177、315、313、205、210、224、214、105、151、145、112、142、303、143	199、153、220、209、108	182、178、312、158、111、74	38
春秋晚期后段	373、174、349、358	160、161、129、334、344、325、110、376、370	345	348、127	16
合　计	34	61	18	14	127

注：L代表长度，长度单位为厘米。为简明，以墓号代表器物号。

（7）从刀身与刀柄长度的比值看玉皇庙青铜削刀的实用功能

直观考察玉皇庙墓地的青铜削刀，发现春秋早晚期削刀的身长与柄长的比例是有变化的。以S/B代表削刀身长和柄长的比值，将玉皇庙墓地出土的削刀中可统计该值者116件分为4类：

Ⅰ类：S/B≥2.5，Ⅱ类：2≤S/B<2.5，Ⅲ类：1.5≤S/B<2，Ⅳ类：S/B<1.5

春秋早期可测S/B值的削刀共有16件，占玉皇庙墓地可测S/B值削刀总数的13.79%。其中Ⅰ类削刀有1件（YYM34:3），占该期可测S/B值削刀数的6.25%；Ⅱ类削刀有4件（YYM32:3、YYM19:3、YYM18:19、YYM11:3），占25%；Ⅲ类削刀有10件（YYM22:3、YYM20:3、YYM35:3、YYM3:3、YYM13:3、YYM82:3、YYM385:3、YYM383:3、YYM384:3、YYM5:3），占62.5%；Ⅳ类削刀有1件（YYM300:3），占6.25%。

春秋早中期的可测S/B值削刀共有17件，占玉皇庙墓地可测S/B值削刀总数的14.66%。其中Ⅰ类削刀有1件（YYM276:3），占该期可测S/B值削刀数的5.88%；Ⅱ类削刀有8件（YYM280:3、YYM285:3、YYM250:8、YYM282:3、YYM233:3、YYM228:3、YYM226:3、YYM275:3），占47.06%；Ⅲ类削刀有5件（YYM281:3、YYM37:3、YYM230:3、YYM264:3、YYM252:3），占29.41%；Ⅳ类削刀有3件（YYM283:3、YYM229:3、YYM227:3），占17.65%。

春秋中期的可测S/B值削刀共有25件，占玉皇庙墓地可测S/B值削刀总数的21.55%。其中Ⅰ类削刀有1件（YYM42:3），占该期可测S/B值削刀数的4%；Ⅱ类削刀有15件（YYM41:3、YYM236:3、YYM49:3、YYM257:3、YYM271:3、YYM48:3、YYM260:3、YYM51:3、YYM188:3、YYM52:3、YYM36:3、YYM293:3、YYM295:3、YYM23:3、YYM7:3），占60%；Ⅲ类削刀有8件（YYM46:3、YYM256:3、YYM247:3、YYM95:3、YYM190:3、YYM26:3、YYM297:3、YYM102:3），占32%；Ⅳ类削刀有1件（YYM234:3），占4%。

春秋中晚期的可测 S/B 值削刀共有 10 件，占玉皇庙墓地可测 S/B 值削刀总数的 8.62%。其中Ⅱ类削刀有 4 件（YYM212:3、YYM71:3、YYM83:3、YYM148:3），占该期可测 S/B 值削刀数的 40%；Ⅲ类削刀有 5 件（YYM58:3、YYM186:3、YYM57:3、YYM86:3、YYM61:3），占 50%；Ⅳ类 1 件（YYM192），占 10%。Ⅰ类削刀没有出现。

春秋晚期前段的可测 S/B 者削刀共有 35 件，占玉皇庙墓地可测 S/B 值削刀总数的 30.17%。其中Ⅱ类削刀有 6 件（YYM205:3、YYM199:3、YYM153:3、YYM168:3、YYM312:3、YYM214:3），占该期可测 S/B 值削刀数的 17.14%；Ⅲ类削刀有 26 件（YYM178:3、YYM213:3、YYM117:3、YYM314:3、YYM131:3、YYM217:3、YYM122:3、YYM203:3、YYM220:3、YYM179:3、YYM177:3、YYM315:3、YYM313:3、YYM158:3、YYM111:3、YYM224:3、YYM214:3、YYM209:3、YYM105:3、YYM142:3、YYM112:3、YYM134:3、YYM171:3、YYM151:3、YYM303:3、YYM143:3），占该期可测 S/B 值削刀数的 74.29%；Ⅳ类削刀有 3 件（YYM182:3、YYM210:3、YYM108:3），占该期可测 S/B 值削刀数的 8.57%。Ⅰ类削刀没有出现。

春秋晚期后段的可测 S/B 值削刀共有 13 件，占玉皇庙墓地可测 S/B 值削刀数的 11.21%。其中Ⅱ类削刀有 3 件（YYM127:3、YYM348:3、YYM325:3），占该期可测 S/B 值削刀数的 23.08%；Ⅲ类削刀有 9 件（YYM110:3、YYM160:3、YYM344:3、YYM174:3、YYM345:3、YYM349:3、YYM358:3、YYM376:3、YYM370:3），占该期可测 S/B 值削刀数的 69.23%；Ⅳ类削刀有 1 件（YYM129:3），占该期可测 S/B 值削刀数的 7.69%；Ⅰ类削刀没有出现。

由以上统计可以看出，Ⅰ类削刀均出现于春秋中期以前，而且数量最少；这种具有超长形刀身的削刀力臂不稳，不实用，因此未能得到发展。Ⅳ类削刀从春秋早期到春秋晚期后段的发展过程中，每一阶段数量都较少，所占比例也很低，可以说这种短刀身形的削刀，是处于次要地位的刀形。贯穿玉皇庙文化发展的始终，且居主导地位的刀型是Ⅱ类和Ⅲ类削刀，即刀身处于偏长和中长形的削刀。在春秋早中期和中期Ⅱ类削刀居优势地位，Ⅲ类削刀在春秋早期已占龙头，从春秋中晚期开始又恢复王者之席，到春秋晚期前段更是遥遥领先，春秋晚期后段也当仁不让，说明该类削刀的刀身与刀柄的长度是最具实用性的，必定是力臂长度合理，使用时灵便、轻松。

（8）关于女性墓与儿童墓的青铜削刀

玉皇庙墓地出土青铜削刀的 137 座墓葬中，有 17 座属女性墓（YYM2:18、YYM3:3、YYM10:3、YYM20:3、YYM26:3、YYM35:3、YYM37:3、YYM98:3、YYM99:3、YYM112:3、YYM153:3、YYM178:3、YYM220:3、YYM256:3、YYM280:3、YYM283:3、YYM285:3），还有 5 座孩童墓出土青铜削刀（少儿墓 3 座:YYM42:3、YYM90:3、YYM299:3，婴儿墓:2 座 YYM177:3、YYM293:3）。

出土削刀的女性墓分布于北Ⅰ区中部 5 座（YYM2:18、YYM3:3、YYM10:3、YYM20:3、YYM35:3），属于春秋早期；北Ⅲ区北部 6 座（YYM37:3、YYM98:3、YYM99:3、YYM280:3、YYM283:3、YYM285:3），属于春秋早中期；分布于北Ⅰ区北部 1 件（YYM26:3）、北Ⅲ区中部 1 件（YYM256:3），属于春秋中期；分布于南区北部 4 件（YYM112:3、YYM153:3、YYM178:3、YYM220:3），属于春秋晚期前段。此 17 件削刀中可分型分式者 15 件，分别属于Ⅰ型Ⅰ式（YYM283:3），Ⅱ型Ⅰ式（YYM20:3），Ⅲ型Ⅰ式（YYM2:18、YYM3:3、YYM35:3、YYM37:3、YYM153:3、YYM178:3、YYM256:3、YYM280:3）、Ⅳ式（YYM220:3），Ⅹ型Ⅱ式（YYM26:3），Ⅻ型（YYM99:3、YYM285:3），ⅩⅣ型Ⅳ式（YYM112:3）。在造型上，没有明显区

别于男性削刀的特点。

从重量上看，由于YYM2:18残损严重，可忽略不计外，其余14件削刀中没有Ⅰ类重量型，只有2件属于Ⅱ类重量型，且其重量刚过偏重型削刀的底线（YYM37:3重51克，YYM26:3重50.7克），占这14件削刀的14.29%；有7件（YYM20:3、YYM35:3、YYM3:3、YYM283:3、YYM285:3、YYM99:3、YYM112:3）属于Ⅲ类重量型削刀，占50%；有5件（YYM280:3、YYM256:3、YYM220:3、YYM178:3、YYM153:3）属于Ⅳ类重量型削刀，占35.71%，可见，女性削刀以Ⅲ类重量型为主，Ⅳ类重量型削刀仅居其次。这14件削刀的平均重量是35.42克，而玉皇庙墓地可称重削刀的平均重量是43.82克，女性削刀偏轻。

从长度上看，上述14件标本中Ⅰ类长度削刀有1件（YYM26:3），占这14件削刀的7.14%；Ⅱ类长度削刀有5件（YYM35:3、YYM3:3、YYM283:3、YYM37:3、YYM112:3），占35.71%；Ⅲ类长度削刀有6件（YYM20:3、YYM285:3、YYM99:3、YYM256:3、YYM220:3、YYM153:3），占42.86%；Ⅳ类长度削刀有2件（YYM280:3、YYM178:3），占14.29%。女性削刀主要以Ⅲ类长度者为主，其次是Ⅱ类，再次是Ⅳ类，最次是Ⅰ类。平均长度是18.28厘米，而玉皇庙墓地可测长度削刀的平均长度是18.16厘米，女型削刀偏短。

出土削刀的孩童墓分布于北Ⅱ区中部2件（YYM42:3、YYM90:3）、北Ⅰ区北部2件（YYM293:3、YYM299:3），属于春秋中期；南区北部1件（YYM177:3），属于春秋晚期前段。其中可分型分式者4件，Ⅲ型Ⅰ式（YYM293:3）、Ⅳ式（YYM177:3），分别属于Ⅴ型（YYM42:3），Ⅹ型Ⅱ式（YYM299:3）。造型上没有特殊性。均重为38.08克，均长为17.88厘米。孩童墓出土的削刀均重和均长都高于女性墓，低于平均值。

（9）出土青铜削刀的墓葬级别与性别的关系

玉皇庙墓地共有137座墓出土青铜削刀，每墓1件，占玉皇庙墓地墓葬总数的34.25%。其中男性墓出土青铜削刀111件，占削刀总数的81.02%；女性墓中出土青铜削刀17件，占削刀总数的12.41%；孩童墓中出土青铜削刀5件，占削刀总数的3.65%。性别不详或无人墓出土削刀4件，占削刀总数的2.92%。显然，男性墓占绝大多数。青铜削刀作为生产工具，大多数掌握在男性手中，说明这个部族在生产实践中，以男性为主。

男性占有削刀这种生产工具的比例非常高，177座男性墓葬中，有111座墓出土青铜削刀，占男性墓葬总数的62.71%。在玉皇庙墓葬的8个级别中，越是级别高的墓葬，男性墓的比例就越大，男性墓中出土青铜削刀的比例也就越大；相反，越是级别低的墓葬，男性墓的比例就越小，男性墓中出土青铜削刀的比例也就越小。甲（A）级墓葬共3座，全部为出土青铜削刀的男性墓，占该级别墓葬总数和男性墓总数的100%；甲（B）级墓葬共5座，其中男性墓有4座，全部出土青铜削刀，占该级别墓葬总数的80%，占该级别男性墓总数的100%；乙（A）级墓葬共28座，其中21座为男性墓，全部出土青铜削刀，占该级别墓葬总数的75%，占该级别男性墓总数的100%；乙（B）级墓葬共有83座，其中男性墓有43座，36座出土青铜削刀，占该级别墓葬总数的43.37%，占该级别男性墓总数的83.72%；丙（A）级墓葬共有81座，其中有38座为男性墓，24座出土青铜削刀，占该级别墓葬总数的29.63%，占该级别男性墓总数的63.16%；丙（B）级墓葬共有41座，其中男性墓葬有16座，7座出土青铜削刀，占该级别墓葬总数的17.07%，占该级别男性墓总数的43.75%；丙（C）级墓葬共有67座，其中男性墓葬有26座，10座出土青铜削刀，占该级别墓葬总数的15.15%，占该级别男性墓总数的38.46%；丁级墓葬共有92座，其中男性墓葬有26座，6座出土青铜削刀，占该级别墓葬总数的6.52%，占该级别男性墓总数的23.08%。表明在男性墓中，级别越高，出土青铜削刀的比例也就越高；反之，级别越低，出土青铜削刀的比例也随之降低。

女性占有削刀这种生产工具的比例很小，156座墓葬中，只有17座墓出土了青铜削刀，占女性墓葬总数的10.9%。甲（A）级墓葬中没有女性墓。甲（B）级墓葬中只有1座女性墓，出土了1件青铜削刀，占该级别墓葬总数的20%，占该级别女性墓总数的100%。乙（A）级墓葬中有女性墓7座，其中有3座出土青铜削刀，占该级别墓葬总数的10.71%，占该级别女性墓总数的42.86%；乙（B）级墓葬中有女性墓38座，其中有6座出土青铜削刀，占该级别墓葬总数的7.23%，占该级别女性墓总数的15.79%；丙（A）级墓葬中有女性墓40座，其中有2座出土青铜削刀，占该级别墓葬总数的2.47%，占该级女性墓总数的5%；丙（B）级墓葬中有女性墓18座，没有出土青铜削刀；丙（C）级墓葬中有女性墓23座墓，其中有1座出土青铜削刀，占该级别墓葬总数的1.52%，占该级别女性墓总数的4.35%；丁级墓葬中有女性墓29座，其中有4座墓出土青铜削刀，占该级别墓葬总数的4.35%，占该级别女性墓总数的13.79%。出土削刀数量最多的是乙（B）级墓葬，有6座，其次是丁级，有4座，再次是乙（A）级，之后是丙（A）级，最次是甲（B）级和丙（C）级，只有1座。出土削刀的女性墓与男性墓的规律不同，所占比例呈波浪状。是否随葬削刀，与身份地位关系不大。

孩童墓共有57座，只有5座出土青铜削刀，占孩童墓葬总数的8.77%。其中丙（B）级1件，丙（C）级2件，丁级2件，均属于级别低的墓葬，而孩童墓没有高于丙（B）级者。青铜削刀的随葬，并没有提高墓葬的等级，因此说，孩童墓出土的青铜削刀，与墓葬级别没有明确关系（参见附表152）。

表152　**玉皇庙墓地出土青铜削刀的墓葬规格级别与性别关系统计表**

级别＼性别＼墓号	男性	女性	孩童	性别不详或无人墓	合计
甲（A）	18、230、250				3
甲（B）	22、52、151、217	2			5
乙（A）	11、13、51、54、74、86、95、129、156、161、209、210、227、229、236、261、275、295、300、334、344	20、280、256			24
乙（B）	19、36、41、46、57、58、61、63、65、70、124、134、158、160、174、179、182、186、188、190、203、205、212、213、214、226、228、233、234、247、257、271、348、349、373、384	3、10、35、26、178、220		17	43
丙（A）	23、48、49、69、82、83、111、117、122、131、142、143、145、148、171、175、199、224、252、260、264、282、345、376	98、153		32	27
丙（B）	102、110、168、192、297、315、370		299	34	9
丙（C）	5、7、71、105、108、127、312、314、385、386	37	42、90		13
丁	276、281、303、313、325、358	99、283、285、112	293、177	383	13
合计	111	17	5	4	137

注：为简明起见，表中以墓号代替器物号。

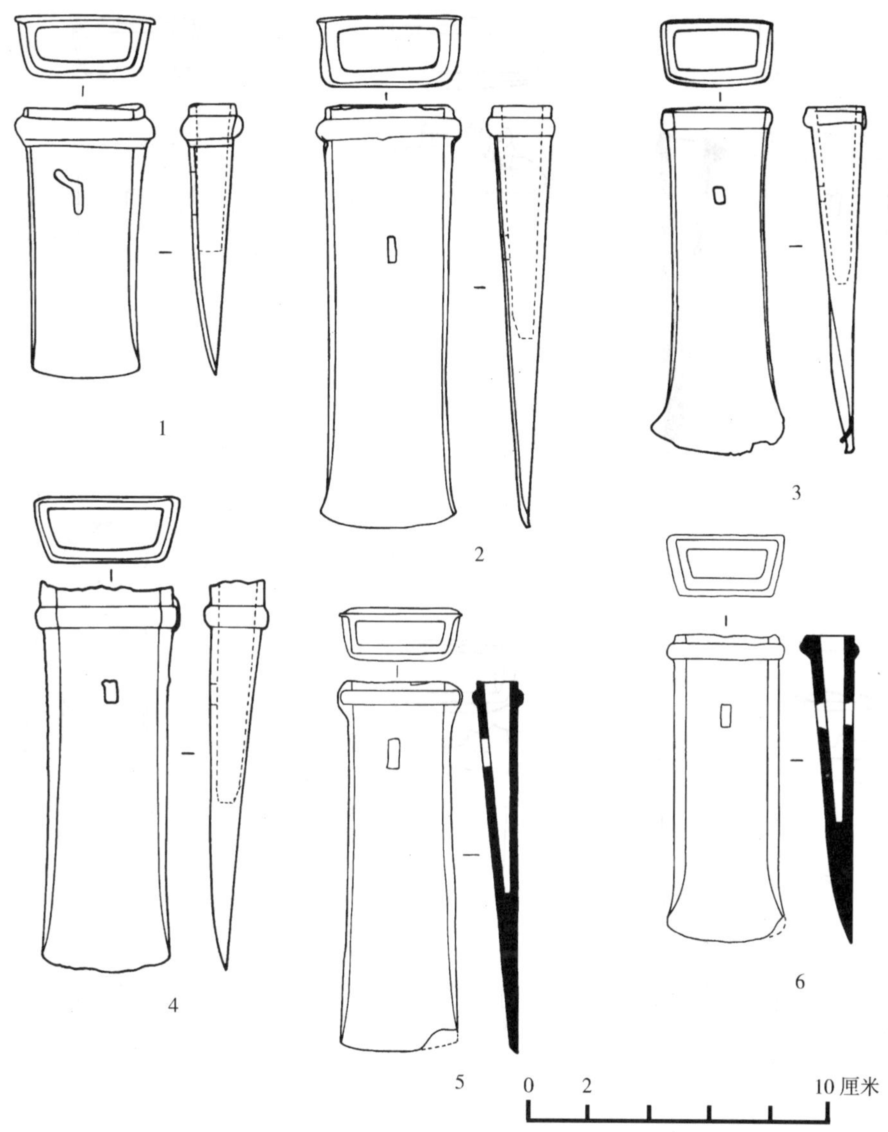

图六三六　玉皇庙墓地出土青铜锛

1、2、3、4、5、6. Ⅰ型Ⅰ式（YYM22:13、19:16、17:6、18:19、386:4、300:4）

锛　玉皇庙墓地共出土青铜锛36件，占玉皇庙墓地出土青铜工具总数的8.5%；分别出自35座墓葬，墓号为YYM22（1件，凡出土1件者，以后不再注明）、19、17、18、386、300、384、250、230、229、264（2件）、275、41、236、261、95、190、188、52、54、7、212、217、209、151、145、143、117、74、156、122、124、171、174、344，占玉皇庙墓地墓葬总数的8.75%。标本基本完整，皆有銎，单面刃，双范合制。一些标本銎内遗存木楔或其遗痕，大多数铜锛靠近銎口部两面有穿孔以便将铜锛固定在手柄上，也有穿孔只在一面，或一面上下排列2个穿孔者。根据标本刃的形状、銎下是否饰箍、是否有段，可划分为3型3式。

Ⅰ型　斜直锛身、弧形刃

共32件，占玉皇庙墓地铜锛总数的88.9%。根据箍的出现及刃的变化，可分为3式。

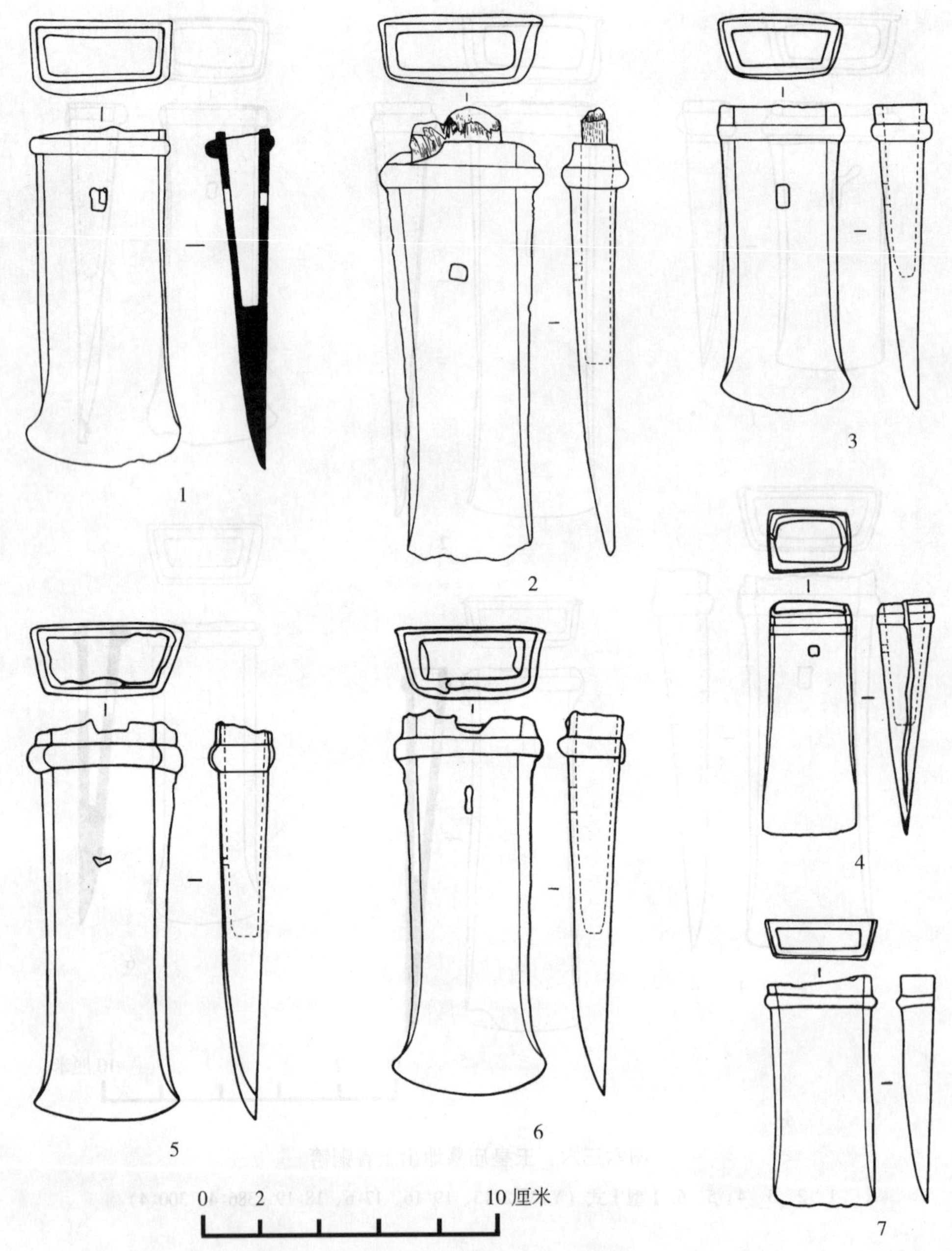

图六三七　玉皇庙墓地出土青铜锛

1、2、3、4、5、6、7. Ⅰ型Ⅰ式（YYM384:4、250:12、229:9、275:15、95:4、52:4、7:6）

Ⅰ式　銎下有箍

共15件（YYM22:13、YYM19:16（图版三〇八，2）、YYM17:6（图版三〇八，4）、YYM18:19（图版三〇八，5）、YYM386:4、YYM300:4（图版三〇八，3）、YYM384:4（图版三〇九，1）、YYM250:12（图版三〇九，2）、YYM229:9（图版三〇九，3）、YYM275:15（图版三〇九，4）、YYM41:4、YYM95:4（图版三〇九，5）、YYM52:4（图版三〇九，6）、YYM7:6、YYM217:9），占Ⅰ型铜锛总数的46.9%。

标本YYM22:13，最早的Ⅰ型Ⅰ式铜锛，属于春秋早期。通长8.7、宽4.6厘米，重141克。銎呈

3.1×1.1 厘米的长方形，壁厚0.4 厘米。銎下有一周正面长4.6、侧面长2.1、宽0.6 厘米的箍。箍下有0.3×1 厘米的长方形穿孔。弧形刃（图六三六，1；图版三〇八，1）。

标本 YYM386:4，銎内遗留残木楔。通长11.7，通宽4 厘米。重150.5 克。銎呈梯形，两边分别长2.6、2.8，高1 厘米，壁厚0.3 厘米。銎下有一周正面长4、侧面长1.5、宽0.5 厘米的箍。箍下有0.5×0.9 厘米的长方形穿孔。弧形刃（图六三六，5；图版三〇八，6）。

标本 YYM7:6，直刃。通长7.5、通宽3.7 厘米，重95 克。銎呈2.7×0.6 厘米的长方形，壁厚0.3 厘米。銎下有一周正面长3.7、侧面长1.3、宽0.3 厘米的箍（图六三七，7；图版三一〇，1）。

标本 YYM217:9，最晚的Ⅰ型Ⅰ式铜锛，属于春秋晚期前段。通长12.5、通宽4.5 厘米，重218克。銎呈梯形，两边分别长3.3、3.5 厘米，高1.3、壁厚0.3 厘米。銎下有一周正面长4.5、侧面长2、宽0.6 厘米的箍。箍下有2 个分别为0.8×0.5 厘米，0.4×0.6 厘米的长方形穿孔。弧形刃（图六三八，1；图版三一〇，2）。

其余标本与上述标本形制相近。（参见图六三六～六三八）

Ⅱ式　銎下无箍

共13 件（YYM236:5、YYM190:16（图版三一〇，3）、YYM188:14（图版三一〇，5）、YYM54:4、YYM212:11（图版三一〇，6）、YYM209:11（图版三一一，1）、YYM145:11、YYM143:9、YYM117:9、YYM156:20、YYM171:14（图版三一一，4）、YYM174:14、YYM344:12），占Ⅰ型铜锛总数的40.6%。

标本 YYM236:5，最早的Ⅰ型Ⅱ式铜锛，属于春秋中期。通长10.1、通宽3.8 厘米，重130.8 克。銎呈3×1 厘米长方形，壁厚0.15 厘米。上部有不规则穿孔，宽0.4、长0.6 厘米。弧形刃（图六三八，2；图版三一〇，4）。

标本 YYM54:4，銎口有铸瘤。通长14.9、通宽4.2 厘米，重312 克。銎呈3.5×1.7 厘米长方形，壁厚0.55 厘米。銎下两面有2 个三角形穿孔，底边分别为0.8、0.5 厘米，高分别为0.8、0.3 厘米。弧形刃（图六三八，4）。

标本 YYM145:11，两侧有铸缝。通长10.4、通宽3.7 厘米，重193.4 克。銎呈梯形，两边分别为2.8、3 厘米，高2，壁厚0.3 厘米。銎下有梯形穿孔，两边分别为0.3、0.5 厘米，高0.5 厘米。弧形刃（图六三九，2；图版三一一，2）。

标本 YYM143:9，銎内遗留残木楔。通长10.3、通宽4.5 厘米，重170 克。銎呈3×1.8 厘米的长方形，壁厚0.3 厘米。銎下有3 个穿孔，两面各有1 个三角形穿孔，底边均长0.5、高分别为0.4、0.5 厘米，一面还有1 个圆形穿孔，直径0.6 厘米。弧形刃（图六三九，3；图版三一一，3）。

标本 YYM344:12，最晚铜锛，属于春秋晚期后段。通长8、通宽2.9 厘米，重69.4 克。銎呈梯形。两边分别长1.9、2.2 厘米，高1.2 厘米，壁厚0.25 厘米。銎下正、背面各有1 个长方形穿孔（0.45×0.8、0.3×0.6 厘米），直刃（图六四〇，3；图版三一二，1）。

其余标本与上述标本形制相近（参见图六三八～六四〇）。

Ⅲ式　束腰大弧刃翘尖

共4 件（YYM151:11、YYM74:11、YYM122:12、YYM124:12），占Ⅰ型铜锛总数的12.5%。无箍。

标本 YYM151:11，是较早出现的Ⅰ型Ⅲ式铜锛，属于春秋晚期前段。束腰，大弧刃，双尖上卷。

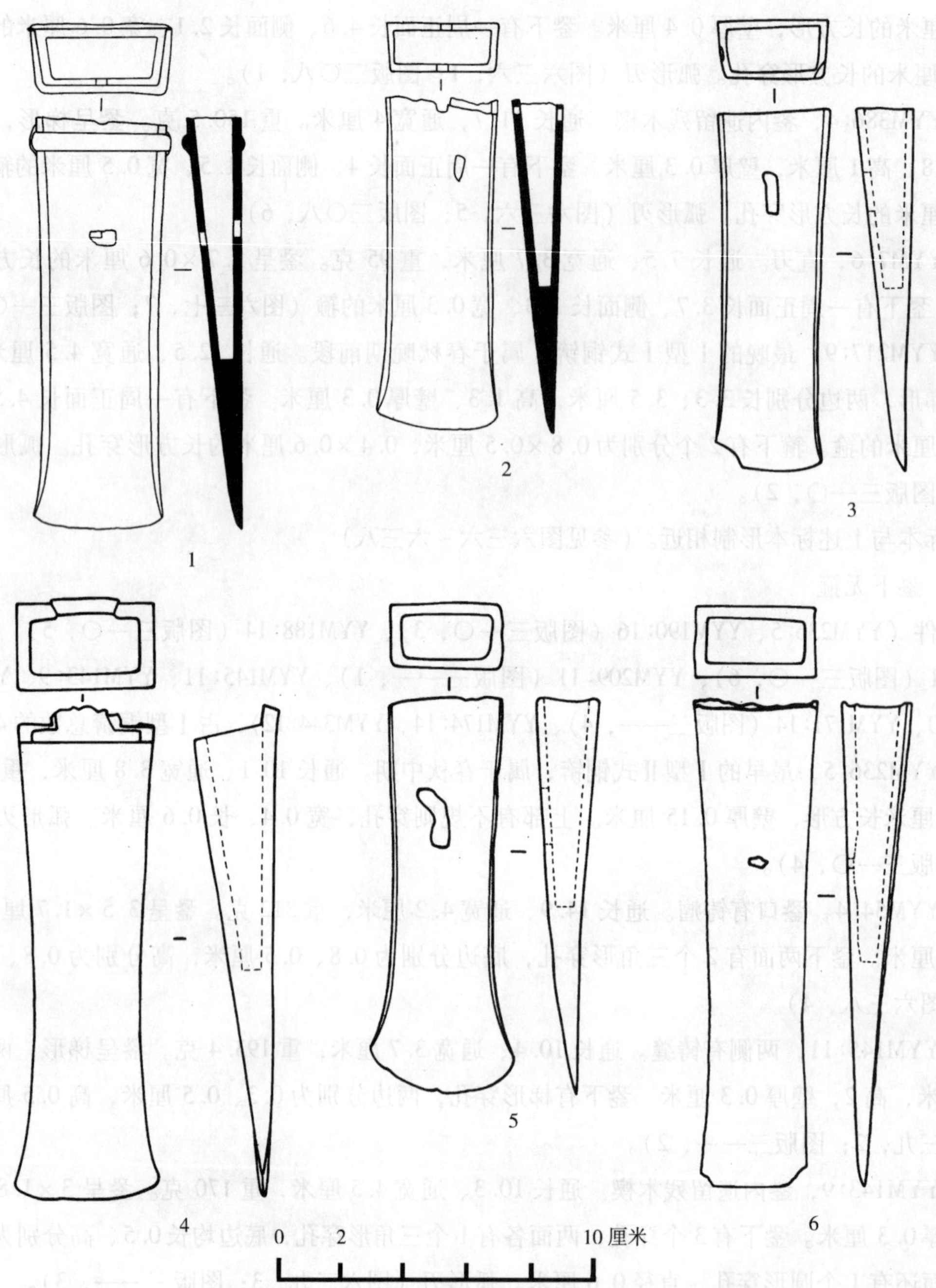

图六三八　玉皇庙墓地出土青铜锛

1. Ⅰ型Ⅰ式（YYM217:9）　2～6. Ⅰ型Ⅱ式（YYM236:5、190:16、54:4、188:14、212:11）

重291克。通长11.4，宽5.8，长方形銎口内3.4×1.8，壁厚0.4，两面各有1个三角形穿孔，底长分别为0.18、0.25厘米，高0.18、0.25厘米。銎口有铸瘤（图六四〇，4；图版三一一，6）。

标本YYM74:11，形似YYM151:11。重237克。通长11.8，宽4.8，长方形銎口内3.4×1.8、壁厚0.4厘米，一侧有1个三角形穿孔，底长0.5厘米，高0.4厘米（图六四〇，5）。

标本YYM122:12，腰微束，翘尖。重237克。通长10.7、宽5.4、长方形銎口内3.4×1.5、壁厚0.3厘米，两侧各有1个长方形穿孔，规格分别为0.7×0.8、0.6×0.7厘米（图六四〇，6；图版三一

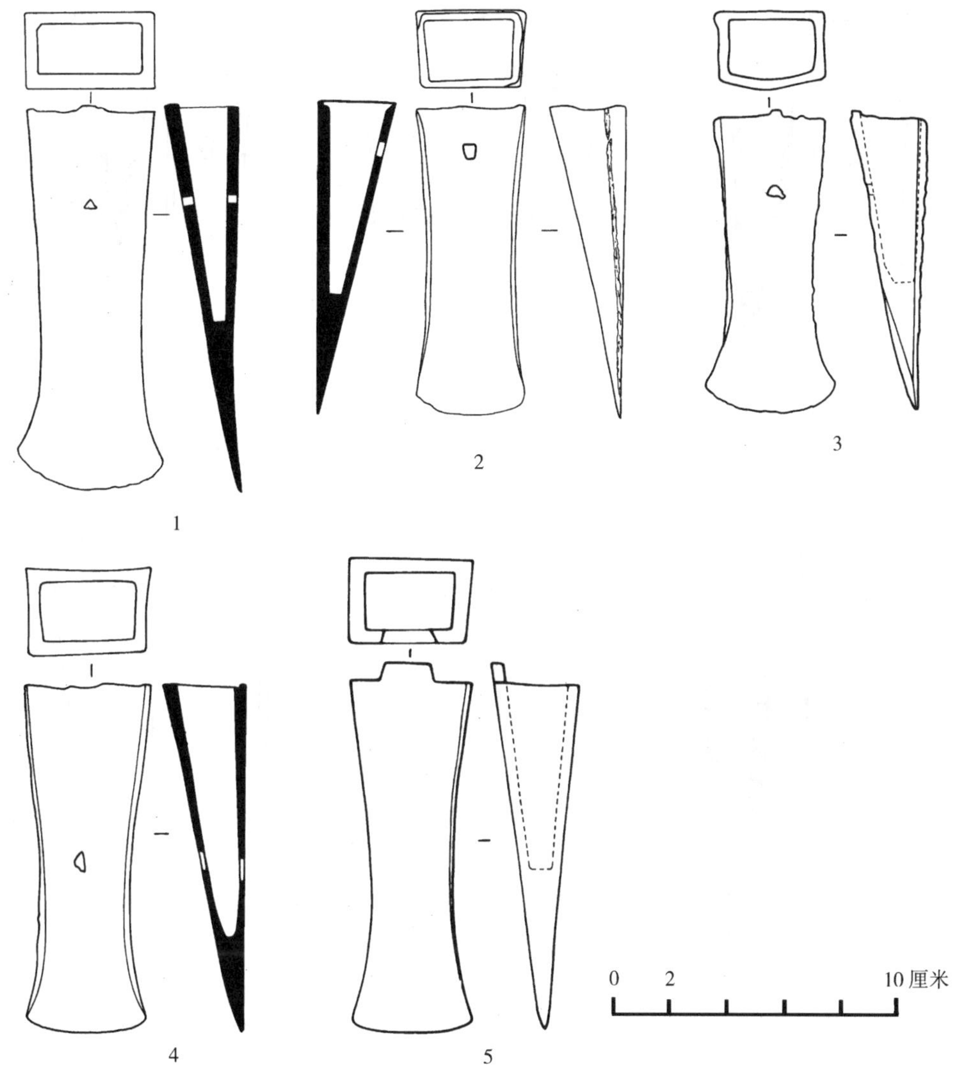

图六三九　玉皇庙墓地出土青铜锛

1、2、3、4、5. Ⅰ型Ⅱ式（YYM209∶11、145∶11、143∶9、117∶9、156∶20）

一，5）。

标本 YYM124∶12，是较晚出现的Ⅰ型Ⅲ式铜锛，也属于春秋晚期前段。形似 YYM151∶11。重 170 克。通长 12.4、通宽 4.5 厘米，梯形銎口，上边长 3、底边长 3.2、高 1.7、壁厚 0.45 厘米，一侧有 1 个三角形穿孔，底长 0.5、高 0.5 厘米。銎口有铸瘤（图六四一，1；图版三一二，2）。

Ⅱ型　有段

共 3 件（YYM230∶27、YYM264∶5、YYM261∶14），占玉皇庙墓地铜锛总数的 8.3%。除锛体有段外，其余特点与Ⅰ型Ⅰ式铜锛相同。

标本 YYM230∶27，通长 14.7、通宽 5.3 厘米，重 258 克。銎呈梯形，两边分别为 3.3、4 厘米，高 1.3、壁厚 0.5 厘米。銎四周有箍，正面长 5.3、侧面长 1.7、宽 0.7 厘米。銎下正、背面共有 3 个穿孔，两面均有 1 个方形穿孔，边长 0.7 厘米，一面有 1 个圆形穿孔，直径 0.8 厘米。正面有段。弧形刃（图六四一，2；图版三一二，3、4）。

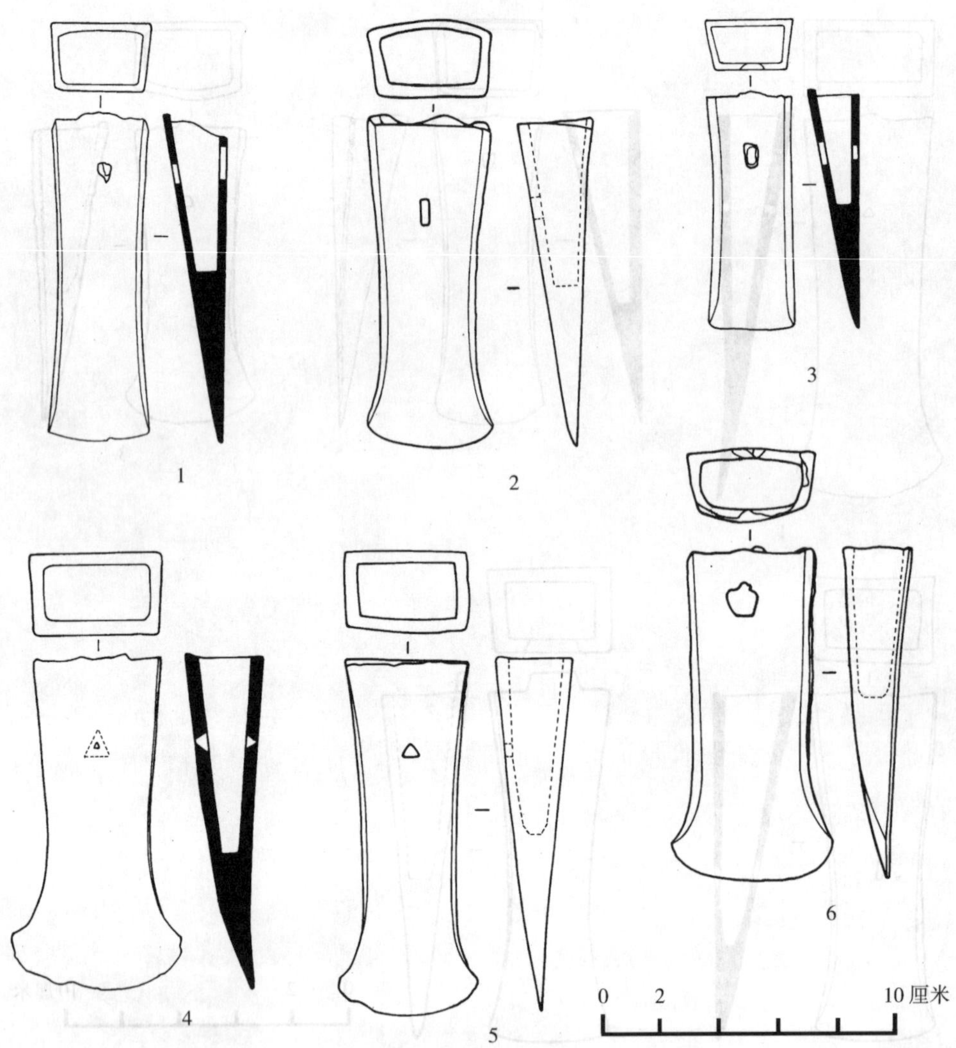

图六四〇　玉皇庙墓地出土青铜锛

1、2、3. Ⅰ型Ⅱ式（YYM171:14、174:14、344:12）　4、5、6. Ⅰ型Ⅲ式（YYM151:11、74:11、122:12）

标本YYM264:5，通长14.6、通宽4.3厘米，重284克。銎呈梯形，两面分别长3.5、3.7厘米，高1.4，壁厚0.3厘米。銎外围有箍，正面长4.3、侧面长1.9、宽0.6厘米。銎下有0.4×0.9厘米的长方形穿孔。正面有段。弧形刃（图六四一，4）。

标本YYM261:14，通长13.5、通宽5厘米，重278.2克。銎呈梯形，两边分别长2.8、3.2，高1.3，壁厚0.3厘米。銎下有箍，正面长4、侧面长2、宽0.5厘米。銎下正、背面各有1个不规则穿孔，宽分别为0.55×0.6、高分别为1.2×0.5厘米。正面有段。弧形刃（图六四一，3；图版三一二，5、6）。

Ⅲ型　舌形刃

1件，标本YYM264:6，占可分型分式铜锛总数的2.7%。除刃部为舌形外，其余特点与Ⅰ型Ⅰ式铜锛相同。通长8.8、通宽3.1厘米，重133克。銎呈梯形，两边分别长2.2×2.6、高1.6、壁厚0.3厘米。銎下有箍，正面长3.1、侧面长2.3、宽0.25厘米。箍下正、背面各有1长方形穿孔（0.25×0.6、0.3×0.5厘米）（图六四一，5；图版三一三，1）。

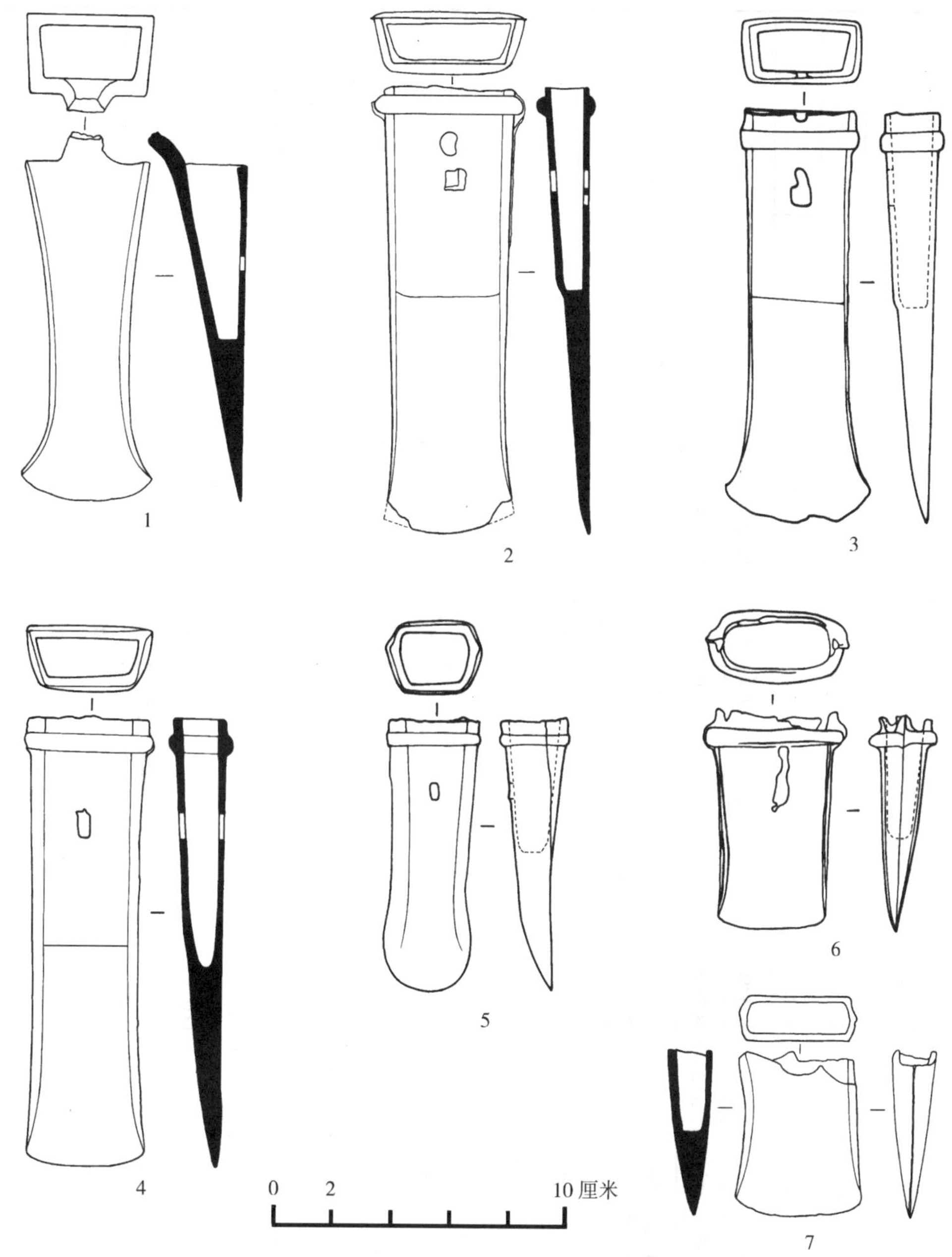

图六四一　玉皇庙墓地出土青铜锛及青铜斧

1～5. 青铜锛：1. Ⅰ型Ⅲ式（YYM124：12）　2、3、4. Ⅱ型（YYM230：27、261：14、264：5）
5. Ⅲ型（YYM264：6）　6、7. 青铜斧（YYM13：5、226：8）

详见附表153。

讨论

玉皇庙墓地出土青铜锛的35座墓葬中，除YYM264出土2件外，其余墓葬均出土1件铜锛。这些墓葬位于北Ⅰ区中部者4座（YYM22、19、17、18）、西部者3座（YYM386、300、384），此7座均属于春秋早期，占该墓地出土铜锛墓葬总数的20%；位于北Ⅱ区北部者5座（YYM250、230、229、264、275），属于春秋早中期，占该墓地出土铜锛墓葬总数的14.3%；位于北Ⅱ区中部者8座

附表153－1

玉皇庙墓地出土青铜锛统计表

序号	器物号（YYM）	型	式	通长	通宽	重量	銎		箍		刃形	穿孔（三角形底/高）	备注
							口形	内长/宽/壁厚或内径	位置	长/宽/高			
1	22：13	Ⅰ	Ⅰ	8.7	4.6	141	长方形	3.1/1.1/0.4	銎下	4.6/2.1/0.6	弧形	长方形0.3/1	
2	19：16	Ⅰ	Ⅰ	13.2	4.6	308.5	长方形	3.3/1.9/0.4	銎下	4.6/2.1/0.5	弧形	长方形0.3/0.8	
3	17：6	Ⅰ	Ⅰ	11	4.5	301	长方形	2.7/1.3/0.3	銎外围	3.7/2.1/0.5	弧形	长方形0.3/0.5	
4	18：19	Ⅰ	Ⅰ	12.4	4.7	305	梯形	3.2－3.8/0.8/0.3	銎下	4.7/2.1/0.6	弧形	长方形0.4/0.6	
5	386：4	Ⅰ	Ⅰ	11.7	4	150.5	梯形	2.6－2.8/1/0.3	銎下	4/1.5/0.5	弧形	长方形0.5/0.9	銎内遗留残木楔
6	300：4	Ⅰ	Ⅰ	9.7	3.9	130.6	梯形	2.9/1.2/0.3	銎外围	3.9/1.9/0.4	弧形	长方形0.35/0.7	
7	384：4	Ⅰ	Ⅰ	11.1	5.1	262.7	梯形	3.6－3.8/1.5/0.5	銎外围	4.3/2.4/0.4	弧形	长方形0.9/0.7	
8	250：12	Ⅰ	Ⅰ	13.2	5.2	261	梯形	3.3－3.7/1.2/0.3	銎下	5.3/2.3/0.6	弧形	长方形0.6/0.5	
9	230：27	Ⅱ		14.7	5.3	258	梯形	3.3－4/1.3/0.5	銎外围	5.3/1.7/0.7	弧形	方形0.7，0.7圆形0.8	在填土中，3个穿孔
10	229：9	Ⅰ	Ⅰ	9.7	4.2	139	梯形	2.7/3.2/0.3	銎下	4.2/1.8/0.5	弧形	长方形0.4/0/7	
11	264：5	Ⅱ		14.6	4.3	284	梯形	3.5－3.7/1.4/0.3	銎下	4.3/1.9/0.6	弧形	长方形0.4/0.9	
12	264：6	Ⅲ		8.8	3.1	133	梯形	2.2－2.6/1.6/0.3	銎下	3.1/2.3/0.25	半圆形	长方形0.25/0.6，0.3/0.5	
13	275：15	Ⅰ	Ⅰ	7.3	3.1	100.5	长方形	2.1/1.8/0.2	銎下	2.5/1.8/0.3	弧形	方形0.3，0.3	两侧有铸缝
14	41：4	Ⅰ	Ⅰ	13	3.2	217	长方形	2.6/1.5/0.3	銎下	3.2/2.1/0.3	弧形		
15	236：5	Ⅰ	Ⅱ	10.1	3.8	130.8	长方形	3/1/0.15			弧形	不规则0.4/0.6	
16	261：14	Ⅱ		13.5	5	278.2	梯形	2.8－3.2/1.3/0.3	銎下	4/2/0.5	弧形	不规则0.55/1.2，0.6/0.5	
17	95：4	Ⅰ	Ⅰ	13	5.2	281	梯形	3.4－4/1.5/0.4	銎下	5.2/2.3	弧形		
18	190：16	Ⅰ	Ⅱ	11	3.4	157.4	梯形	2.7－2.9/1.3/0.2			弧形	长方形0.35/1.25	
19	188：14	Ⅰ	Ⅱ	12	4.4	194.5	长方形	2.8/1.4/0.3			弧形	不规则0.5/1.7	
20	52：4	Ⅰ	Ⅰ	12.2	4.7	196.9	梯形	3.3－3.5/1.3/0.25	銎下	4.7/1.8/0.5	弧形	长方形0.5/0.7，0.4/0.7	
21	54：4	Ⅰ	Ⅱ	14.9	4.2	312	长方形	3.5/1.7/0.55			弧形	三角形0.8/0.8，0.5/0.3	有铸瘤

附表 153－2

玉皇庙墓地出土青铜锛统计表

序号	器物号（YYM）	型	式	通长	通宽	重量	銎		箍		刃形	穿孔（三角形底/高）	备注
							口形	内长/宽/壁厚或内径	位置	长/宽/高			
22	7:6	Ⅰ	Ⅰ	7.5	3.7	95	长方形	2.7/0.6/0.3	銎下	3.7/1.3/0.3	直		
23	212:11	Ⅰ	Ⅱ	14.9	3.8	223.5	长方形	3/1.4/0.4			弧形	不规则 0.6/0.2	
24	217:9	Ⅰ	Ⅰ	12.5	4.5	218	梯形	3.3－3.5/1.3/0.3	銎下	4.5/2/0.6	弧形	长方形 0.8/0.5，0.4/0.6	
25	209:11	Ⅰ	Ⅱ	13.2	5	297	长方形	3.5/1.6/0.4			弧形	三角形 0.4/0.3，0.4/0.3	有铸瘤
26	151:11	Ⅰ	Ⅲ	11.4	5.8	291	长方形	3.4/1.8/0.4			弧形	三角形 0.18/0.18，0.25/0.25	有铸瘤
27	145:11	Ⅰ	Ⅱ	10.4	3.7	193.4	梯形	2.8－3/2/0.3			弧形	梯形 0.3－0.5/0.5	两侧有铸缝
28	143:9	Ⅰ	Ⅱ	10.3	4.5	170	长方形	3/1.8/0.3			弧形	三角形 0.5/0.4，0.5/0.5，圆形 0.6	銎内遗留残木楔
29	117:9	Ⅰ	Ⅱ	11.7	4.3	218.5	长方形	3.3/2/0.5			弧形	三角形 0.6/0.6	
30	74:11	Ⅰ	Ⅲ	11.8	4.8	237	长方形	3.4/1.8/0.4			弧形	三角形 0.5/0.4	
31	156:20	Ⅰ	Ⅱ	12.4	3.9	237.3	长方形	3/1.9/0.6			弧形	三角形 0.4/0.25	有铸瘤
32	122:12	Ⅰ	Ⅲ	10.7	5.4	237	长方形	3.4/1.5/0.3			弧形	长方形 0.7/0.8，0.6/0.7	
33	124:12	Ⅰ	Ⅲ	12.4	4.5	170	梯形	3－3.2/1.7/0.45			弧形	三角形 0.5/0.5	有铸瘤
34	171:14	Ⅰ	Ⅱ	10.8	3.2	180	长方形	4.7/1.8/0.2			弧形	不规则 0.5/0.6，0.3/1.1	有铸瘤
35	174:14	Ⅰ	Ⅱ	10.8	4.1	172.8	长方形	3.2/1.9/0.4			弧形	长方形 0.3/0.8，0.4/1.2	
36	344:12	Ⅰ	Ⅱ	8	2.9	45	梯形	1.9－2.2/1.2/0.25			直	长方形 0.45/0.8，0.3/0.6	有铸瘤
合计							共35座墓 36件						

注：长度单位为厘米，重量单位为克。

（YYM41、236、261、95、190、188、52、54）、北Ⅰ区南部者1座（YYM7），此9座均属于春秋中期，占出土铜锛墓葬总数的25.7%；位于北Ⅱ区南部者1座（YYM212），属于春秋中晚期，占该墓地出土铜锛墓葬总数的2.9%；位于南区北部者7座（YYM217、209、151、145、143、117、74）、中部者4座（YYM156、122、124、171），此11座均属于春秋晚期前段，占该墓地出土铜锛墓葬总数的31.4%；位于南区南部者2座（YYM174、344），属于春秋晚期后段，占该墓地出土铜锛墓葬总数的5.7%。铜锛延续时间较长，且每一阶段都不曾间断，形制变化不大，没有修饰纹样。说明铜锛是这支文化日常生活所必需的、经久耐用的生产工具。

这35座墓葬中，除YYM17为无人墓外，其余皆为男性墓，而YYM17也应是战死在外的男性武士，故青铜锛应为男性所持有的青铜工具。

在男性墓葬中，最高级别的甲（A）级墓3座（YYM18、250、230）和甲（B）级墓4座（YYM22、52、217、151）100%随葬青铜锛；另有乙（A）级墓11座（YYM300、229、275、236、261、95、54、209、74、156、344），占乙（A）级男性墓葬总数的52.38%；乙（B）级墓9座（YYM19、17、384、41、190、188、212、124、174），占乙（B）级男性墓葬总数的20.93%；丙（A）级墓6座（YYM264、145、143、117、122、171），占丙（A）级男性墓葬总数的15.8%；丙（C）级墓2座（YYM386、7），占丙（C）级男性墓葬总数的7.7%，丙（B）级和最低级别的丁级墓均不见有青铜锛随葬。可见在这支文化中，青铜锛是主要的、也是非常重要的大型青铜生产工具，由于用铜量较大，在铜料资源比较匮乏的条件下，是否拥有青铜锛便成为墓主人身份地位和财富的标志物之一，其价值意义明显超过青铜削刀。随着墓葬规格级别的降低，随葬青铜锛的比率也相应呈递减趋势。

斧 玉皇庙墓地只出土青铜斧2件，占玉皇庙墓地出土青铜工具总数的0.47%，即YYM13∶5和YYM226∶8，分别出自2座墓葬，占玉皇庙墓地墓葬总数的0.5%。其外形与青铜锛颇似，区别在于斧为双面刃，而锛为单面刃。根据銎口下是否有箍，可将形制完整的YYM13∶5号标本确定为Ⅰ型。

Ⅰ型 饰带箍

1件 标本YYM13∶5，这是较早出现的青铜斧，属于春秋早期。双面弧形刃，两侧有铸缝。通长7.2、通宽5厘米，重122克。銎呈3.7×1.5厘米的长方形，壁厚0.5厘米。銎下有一周正面长5、侧面长1.5、宽0.5厘米的带箍。带箍下有不甚规则的穿孔，宽0.54、高2.1厘米（图六四一，6）。

标本YYM226∶8，銎口残缺，型式难以确定，属于春秋早中期。双面弧形刃，两侧有铸缝。距刃5.5厘米以上残损（图六四一，7；图版三一三，2、3）。

青铜斧随葬于春秋早中期以前的男性墓中，分别属于乙（A）级和乙（B）级，中型墓葬。

凿 玉皇庙墓地共出土青铜凿31件，占玉皇庙墓地出土青铜工具总数的7.3%；分别出自30座墓葬，墓号为：YYM22（1件，凡出土1件者以下不再注明）、33、19、18、13、300、11、250、230、229、264、236、261、190、188、52、7、212、217、209、151、145、143、117、74（2件）、156、122、124、174、344，占玉皇庙墓地墓葬总数的7.5%。皆有銎，双面刃，双范合制。一些标本銎内遗存木楔或其遗痕，大多数青铜凿靠近銎口部有穿孔以便将铜凿固定在手柄上。根据标本銎的形状、銎下是否饰箍，可将青铜凿分为2型2式。

Ⅰ型 方銎方体直刃

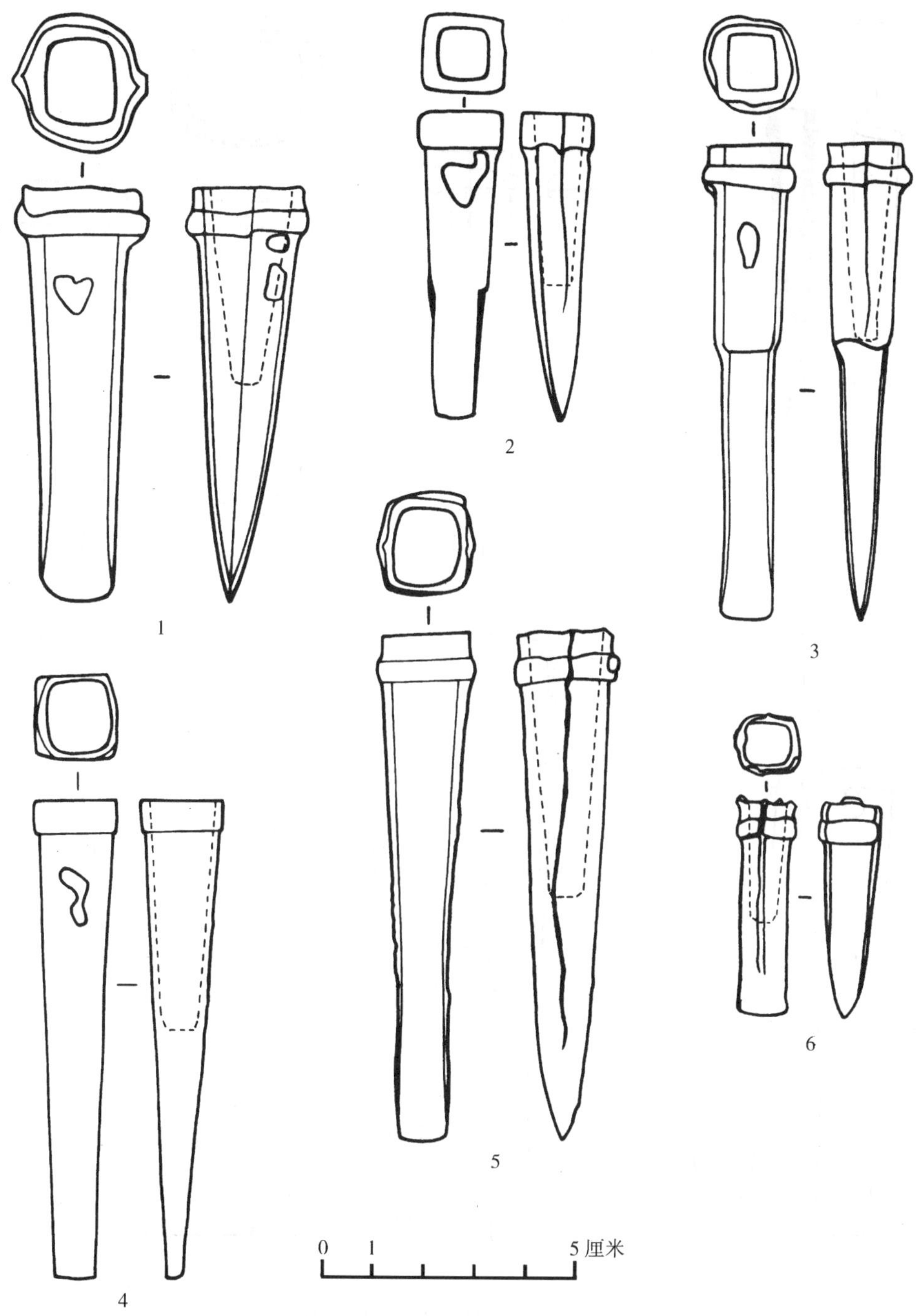

图六四二　玉皇庙墓地出土青铜凿
1～6. Ⅰ型Ⅰ式（YYM22∶14、33∶3、19∶16、18∶22、300∶6、13∶9）

共29件，占该墓地出土青铜凿总数的93.5%。根据銎下是否饰箍，可将这29件标本分为2式。

Ⅰ式　銎下有箍

共26件（YYM22∶14、YYM33∶3、YYM19∶16（图版三一三，5）、YYM18∶22（图版三一四，1）、YYM13∶9（图版三一三，7）、YYM300∶6、YYM11∶6（图版三一三，8）、YYM250∶18、YYM230∶6（图版三一四，3）、YYM229∶8（图版三一四，4）、YYM264∶4（图版三一四，9）、YYM236∶6（图版

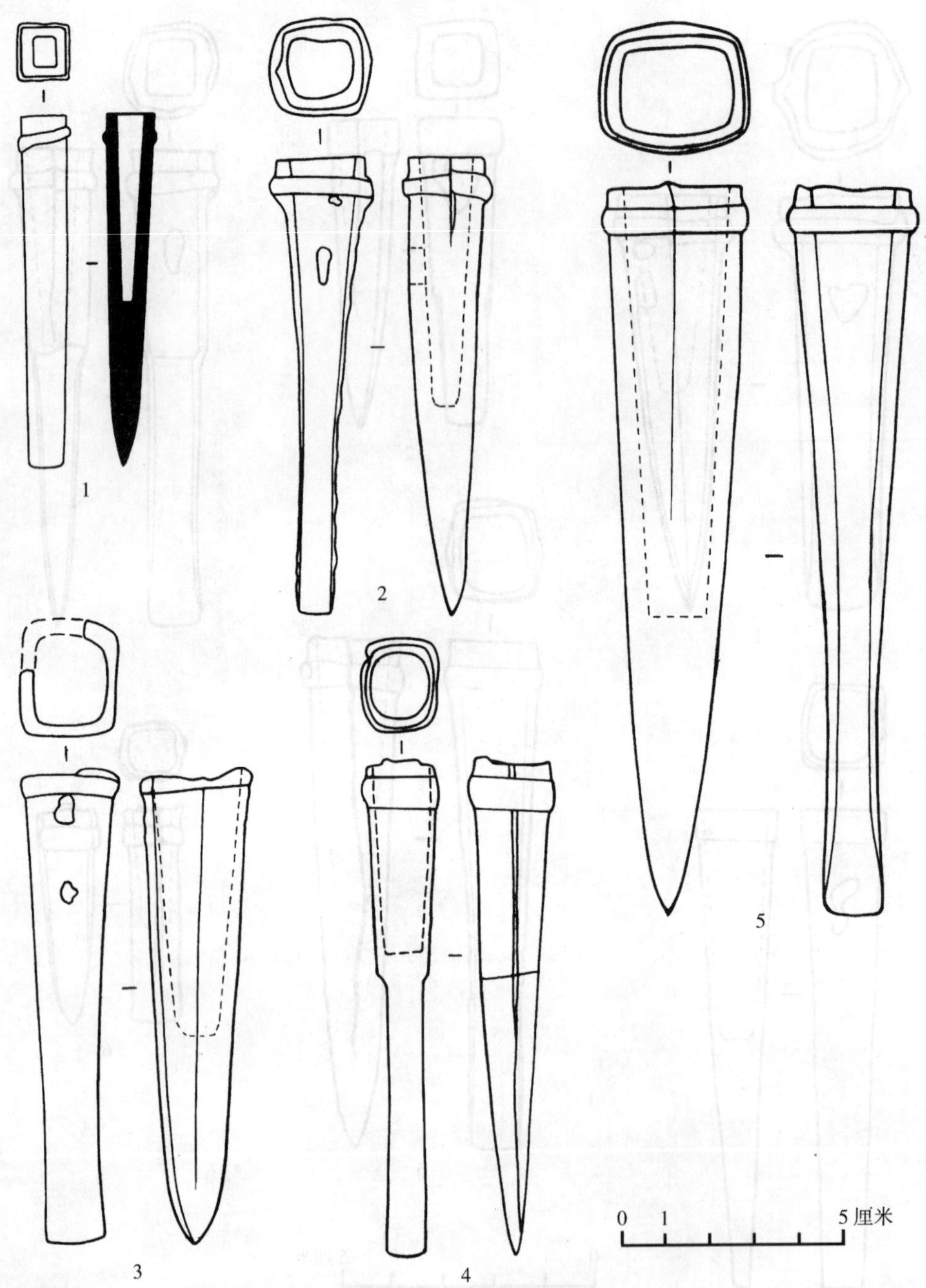

图六四三　玉皇庙墓地出土青铜凿

1～5. Ⅰ型Ⅰ式（YYM11:6、250:18、229:8、230:6、264:4）

三一四，7、8）、YYM261:15（图版三一三，4）、YYM190:17（图版三一五，1、2）、YYM188:13（图版三一四，5）、YYM52:5（图版三一五，3、4）、YYM7:7、YYM217:8、YYM209:10、YYM145:12、YYM143:10（图版三一四，6）、YYM74:12－1（图版三一四，11）、YYM122:13、YYM124:13、YYM174:15（图版三一四，10）、YYM344:11），占Ⅰ型青铜凿总数的89.7%。

标本YYM22:14，最早的Ⅰ型Ⅰ式青铜凿，属于春秋早期。通长7.8厘米，重58.9克。銎呈1.4×1.7厘米的长方形，壁厚0.3厘米。銎下有一周正面长2.4、侧面长2.4、宽0.4厘米的箍。箍下有

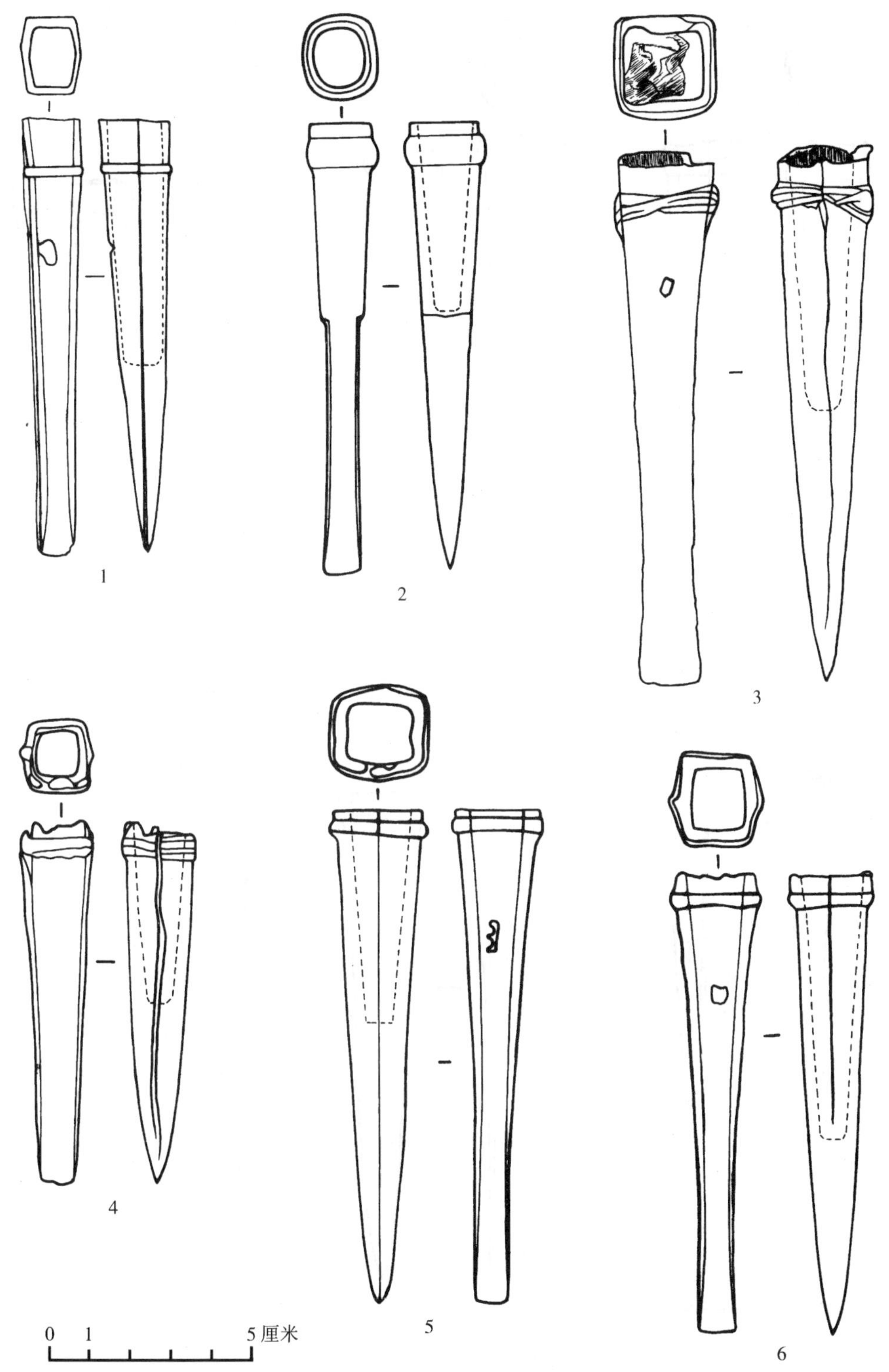

图六四四　玉皇庙墓地出土青铜凿

1～6. Ⅰ型Ⅰ式（YYM236:6、261:15、188:13、190:17、52:5、7:7）

0.3×1、0.7×0.7厘米的方形穿孔。直刃（图六四二，1）。

标本YYM33:3，两侧有铸缝。通长5.8厘米，重29.7克。銎呈1×0.9厘米的长方形，壁厚0.3

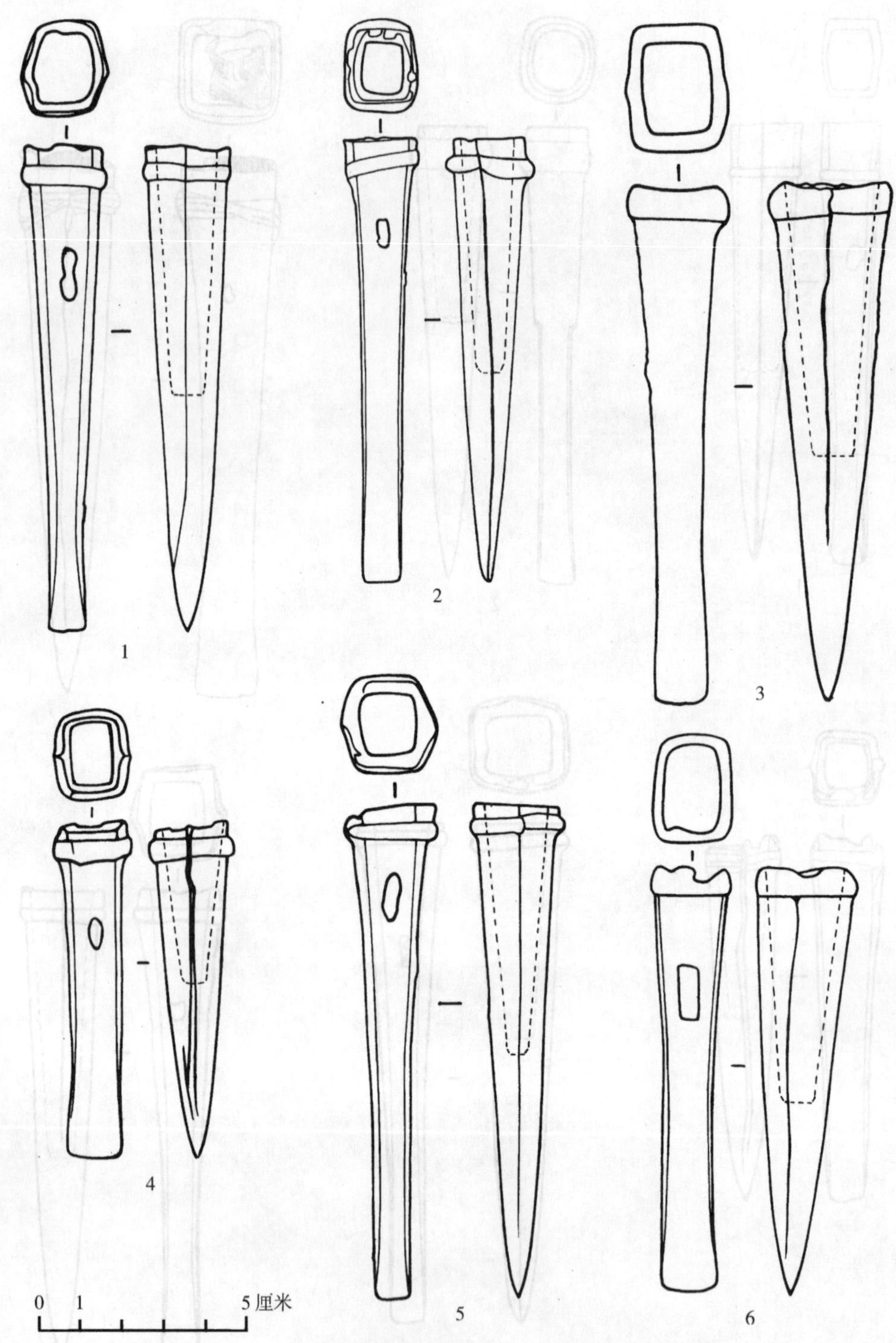

图六四五　玉皇庙墓地出土青铜凿

1～6. Ⅰ型Ⅰ式（YYM217:8、209:10、143:10、145:12、74:12－1、122:13）

厘米。銎沿外围一周正面长1.4、侧面长1.4、宽0.6厘米的箍。箍下有不甚规则的穿孔，底宽0.25、0.3、高0.6、0.7厘米。直刃（图六四二，2；图版三一三，6）。

标本YYM300:6，两侧有铸缝，箍饰双弦纹。通长9.5厘米，重74.7克。銎呈1.3×1.4厘米长方

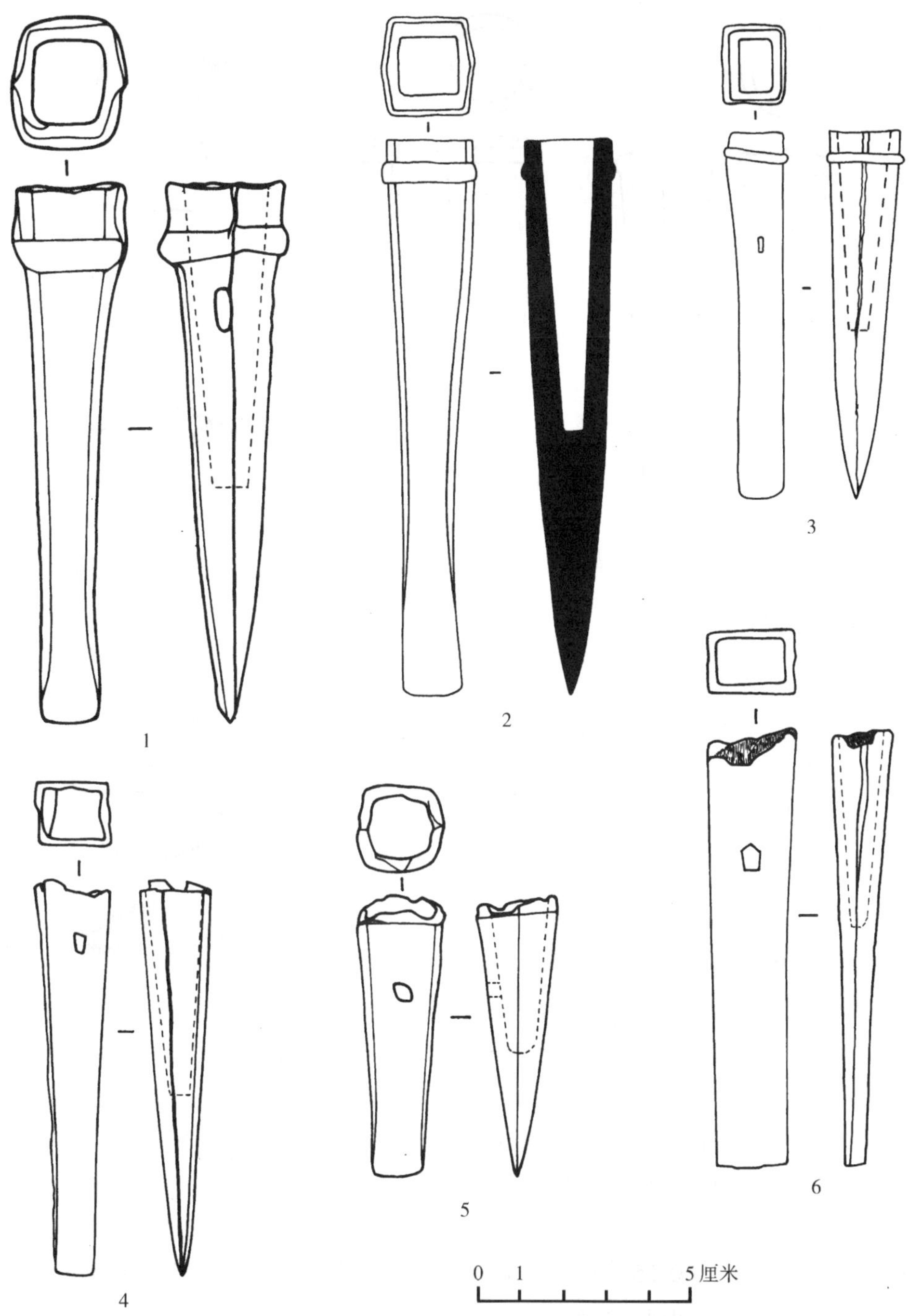

图六四六　玉皇庙墓地出土青铜凿

1、2、3. Ⅰ型Ⅰ式（YYM124:13、174:15、344:11）

4、5、6. Ⅰ型Ⅱ式（YYM212:12、117:10、74:12－2）

形，壁厚0.2厘米。銎下有一周正面长1.5、侧面长1.8、宽0.4厘米的箍。箍下有直径0.15厘米的圆形穿孔。直刃（图六四二，5；图版三一四，2）。

标本YYM344:11，最晚的Ⅰ型Ⅰ式铜凿，属于春秋晚期后段。通长8.5厘米，重44.9克。銎呈1.3×1.5厘米的长方形，壁厚0.2厘米。銎下有一周正面长1.5、侧面长2、宽0.2厘米的箍。箍下两

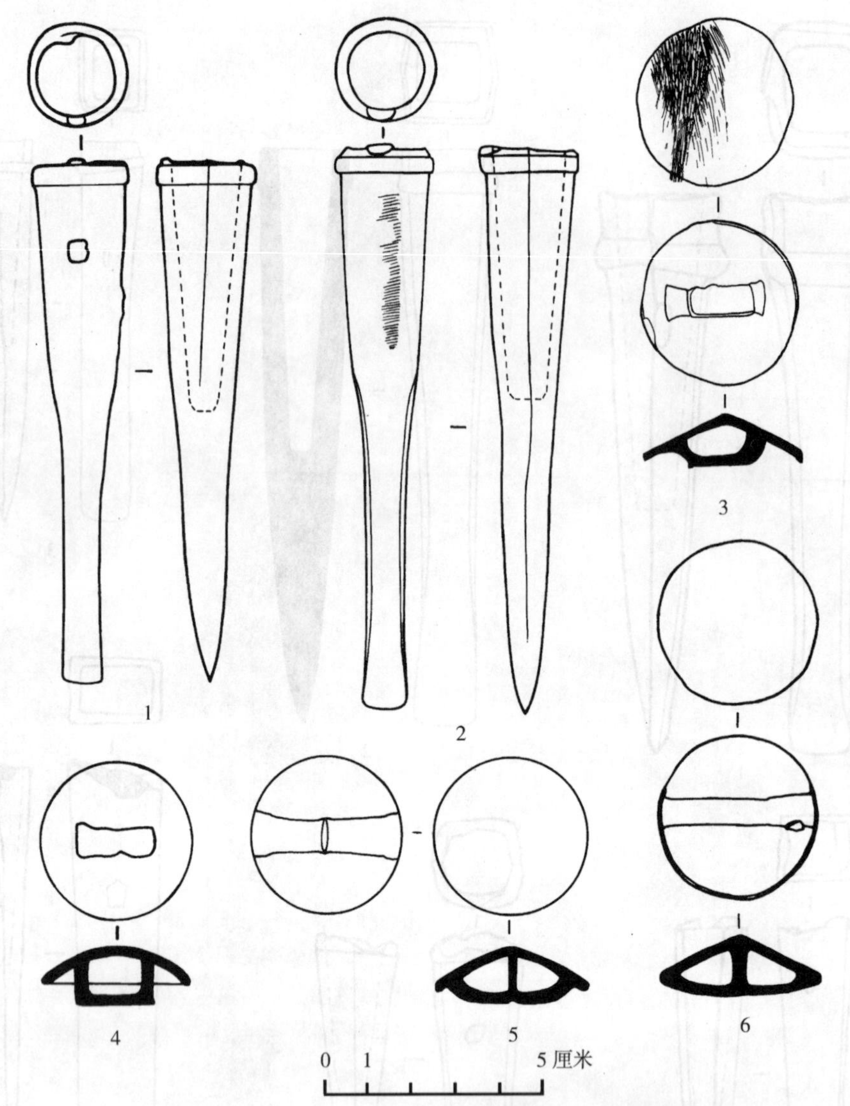

图六四七　玉皇庙墓地出土青铜凿及马具铜泡

1、2. 青铜凿Ⅱ型（YYM151∶12、156∶25）　3－6. 青铜马具铜泡：3、4. Ⅰa型（YYM2∶24－1、18∶26－1）　5、6. Ⅰb型（YYM18∶26－4、2∶24－14）

面各有1个长方形穿孔（0.3×0.25、0.4×0.15厘米）。直刃（图六四六，3；图版三一五，5）。

其余标本与上述标本形制相似（参见图六四二～六四六）。

Ⅱ式　銎下无箍

共3件（YYM212∶12、YYM117∶10、YYM74∶12－2），占Ⅰ型青铜凿总数的10.3%。

标本YYM212∶12，最早的Ⅰ型Ⅱ式铜凿，属于春秋中晚期。通长8.9厘米，重56.2克。銎呈边长1.1厘米的正方形，壁厚0.2厘米。上部有不规则穿孔，宽0.4、长0.6厘米。直刃（图六四六，4；图版三一五，6）。

标本YYM117∶10，两侧有铸缝。通长6.1厘米，重48克。銎呈边长1.4厘米的方形，壁厚0.3厘米。銎下有0.3厘米见方的方形穿孔。直刃（图六四六，5；图版三一五，7）。

标本 YYM74:12－2，最晚的Ⅰ型Ⅱ式铜凿，属于春秋晚期前段。两侧有铸缝。通长 10 厘米，重 60 克。銎呈 1.6×1 厘米的长方形，壁厚 0.2 厘米。銎下有五边形穿孔，底长 0.3、高 0.6 厘米。直刃（图六四六，6；图版三一五，8）。

Ⅱ型　圆銎方体直刃

共 2 件（YYM151:12、YYM156:25），占该墓地出土青铜凿总数的 6.5%。銎沿外围饰箍，銎下呈四棱形。

标本 YYM151:12，是较早的Ⅱ型铜凿，属于春秋晚期前段。銎沿有铸瘤，两侧有铸缝。通长 11.5 厘米，重 77.5 克。銎呈圆形，外径 2.3、内径 1.8、壁厚 0.25 厘米。銎沿外围有箍，宽 0.32 厘米。銎下有 0.5×0.4 厘米的长方形穿孔。直刃（图六四七，1；图版三一五，10）。

标本 YYM156:25，是较晚的Ⅱ型铜凿，也属于春秋晚期前段。銎口内遗有木柄残屑。通长 12.4 厘米，重 101.7 克。銎呈圆形，外径 2.3、内径 1.7、壁厚 0.35 厘米。銎沿外围有箍，壁厚 0.3 厘米。銎下正、背面各有 1 个长方形穿孔（0.3×0.4、0.4×0.4 厘米）。直刃（图六四七，2；图版三一五，9）。

详见附表 154。

讨论

玉皇庙墓地出土青铜凿的 30 座墓葬中，除 YYM74 出土 2 件外，其余墓葬均出土 1 件铜锛。这些墓葬位于北Ⅰ区中部者 6 座（YYM22、33、19、18、13、11）、西部者 1 座（YYM300），此 7 座均属于春秋早期，占该墓地出土青铜凿墓葬总数的 23.3%；位于北Ⅱ区北部者 4 座（YYM250、230、229、264），属于春秋早中期，占出土铜凿墓葬总数的 15.79%；位于北Ⅱ区中部者 5 座（YYM236、261、190、188、52）、北Ⅰ区南部者 1 座（YYM7），此 6 座均属于春秋中期，占该墓地出土青铜凿墓葬总数的 20%；位于北Ⅱ区南部者 1 座（YYM212），属于春秋中晚期，占该墓地出土青铜凿墓葬总数的 3.3%；位于南区北部者 7 座（YYM217、209、151、145、143、117、74）、南区中部者 3 座（YYM156、122、124），此 10 座均属于春秋晚期前段，占该墓地出土青铜凿墓葬总数的 33.3%；位于南区南部者 2 座（YYM174、344），属于春秋晚期后段，占该墓地出土青铜凿墓葬总数的 6.7%。青铜凿的使用从春秋早期一直延续到春秋晚期后段，时间跨度较长且未曾间断，形制变化不大，没有装饰纹样。青铜凿是这支文化日常生活所必需的主要青铜工具之一。

这 30 座墓葬中，除 YYM33 为性别不详墓外，其余皆为男性墓，男性墓所占比例高达 96.7%。

在男性墓葬中，最高级别的甲（A）级墓 3 座（YYM18、250、230）和甲（B）级墓 4 座（YYM22、52、217、151）100% 随葬青铜凿；另有乙（A）级墓 10 座（YYM13、300、11、229、236、261、209、74、156、344），占乙（A）级男性墓葬总数的 47.6%；乙（B）级墓 6 座（YYM19、190、188、212、124、174），占乙（B）级男性墓葬总数的 14%；丙（A）级墓 6 座（YYM33、264、145、143、117、122），占丙（A）级男性墓葬总数的 15.79%；丙（C）级墓 1 座（YYM7），占丙（C）级男性墓葬总数的 3.8%，丙（B）级和最低级别的丁级墓没有随葬青铜凿者。青铜凿与青铜锛一样，也是主要的青铜生产工具之一，也有标示墓葬主人身份地位和财富的意义。随着墓葬规格级别的降低，随葬青铜凿的比率也相应呈递减趋势。

锥　玉皇庙墓地共出土铜锥 108 件，占玉皇庙墓地出土青铜工具总数的 25.5%；分别出自 103 座

附表 154

玉皇庙墓地出土青铜凿统计表

序号	器物号（YYM）	型	式	通长	重量	銎		箍		刃形	穿孔（三角形底/高）	备注
						口形	内长/宽/壁厚或外/内径	位置	长/宽/高			
1	22∶14	Ⅰ	Ⅰ	7.8	58.9	方	1.4/1.7/0.3	銎下	2.4/2.4/0.4	直	长方形 0.3/1，0.7/0.7	
2	33∶3	Ⅰ	Ⅰ	5.8	29.7	方	1/0.9/0.3	銎外围	1.4/1.4/0.6	直	不规则 0.25/0.6，0.3/0.7	两侧有铸缝
3	19∶16	Ⅰ	Ⅰ	9	72	方	0.9/1/0.3	銎下	1.9/1.8/0.4	直		两侧有铸缝
4	18∶22	Ⅰ	Ⅰ	9	44.7	方	1/1/0.3	銎外围	1.7/1.7/0.5	直		两侧有铸缝
5	13∶9	Ⅰ	Ⅰ	10.3	83	方	1/1.2/0.3	銎下	1.8/2.1/0.3	直		两侧有铸缝
6	300∶6	Ⅰ	Ⅰ	9.5	74.7	方	1.3/1.4/0.2	銎下	1.5/1.8/0.4	直	圆形 0.15	两侧有铸缝，箍饰双弦纹
7	11∶6	Ⅰ	Ⅰ	7.6	31.2	方	0.9/0.9/0.1	銎下	1.2/1.3/0.2	直	圆形 0.2	
8	250∶18	Ⅰ	Ⅰ	9.8	83	方	1.3/1.5//0.2	銎下	2/2.2/0.3	直		
9	230∶6	Ⅰ	Ⅰ	10.9	98	方	1.3/1.4/0.2	銎下	1.7/2/0.6	直		两侧有铸缝
10	229∶8	Ⅰ	Ⅰ	10.1	81	方	1.7/2/0.3	銎外围	2/2.3/0.3	直	不规则 0.3/0.4	两侧有铸缝
11	264∶4	Ⅰ	Ⅰ	15.7	219	方	2/2.5/0.3	銎下	2.8/3.2/0.4	直		
12	236∶6	Ⅰ	Ⅰ	10.5	51.1	方	1.1/1.4/0.2	銎下	1/1.7/0.15	直		两侧有铸缝、残破漏孔
13	261∶15	Ⅰ	Ⅰ	10.6	59.4	方	1.2/1.5/0.15	銎下	1.5/1.8/0.6	直		銎口内遗有木柄残屑
14	190∶17	Ⅰ	Ⅰ	8.2	62.8	方	1/1.1/0.3	銎下	1.2/1.5/0.25	直		銎沿有铸瘤，两侧有铸缝，箍饰弦纹
15	188∶13	Ⅰ	Ⅰ	12.6	150.8	方	1.8/1.8/0.2	銎下	2.3/2.3/0.6	直	长方形 0.2/0.3	銎口内遗有木柄残屑，箍饰 4 道凸弦纹
16	52∶5	Ⅰ	Ⅰ	11.7	86	方	1.4/1.6/0.2	銎下	1.3/2.1/0.2	直	长方形 0.25/0.8，0.2/0.7	两侧有铸缝
17	7∶7	Ⅰ	Ⅰ	10.8	69.8	方	1.3/1.6/0.2	銎下	2/2/0.2	直	长方形 1.5/0.5，0.2/0.35	
18	212∶12	Ⅰ	Ⅱ	8.9	56.2	方	1.1/1.1/0.2			直	长方形 0.2/0.35	两侧有铸缝
19	217∶8	Ⅰ	Ⅰ	11.2	84	方	1.4/1.7/0.3	銎下	2/2.1/0.4	直		两侧有铸缝
20	209∶10	Ⅰ	Ⅰ	10.1	61.6	方	1/1.2/0.25	銎下	1.6/2/0.2	直	长方形 0.3/0.6	
21	151∶12	Ⅱ		11.5	77.5	圆	2.3/1.8/0.25	銎外围	0.32	直	长方形 0.5/0.4	銎沿有铸瘤，两侧有铸缝
22	145∶12	Ⅰ	Ⅰ	7.6	38.7	方	1/1.4/0.15	銎下	1.6/2/0.3	直	长方形 0.3/0.8，0.3/0.7	两侧有铸缝
23	143∶10	Ⅰ	Ⅰ	11.7	125.9	方	1.6/2.2/0.4	銎外围	2.3/2.7/0.6	直		两侧有铸缝
24	117∶10	Ⅰ	Ⅱ	6.1	48	方	1.4/1.4/0.3			直	方形 0.3×0.3	两侧有铸缝
25	74∶12－1	Ⅰ	Ⅰ	11.4	87	方	1.4/1.4/0.3	銎下	2.2/2.3/0.4	直	不规则 0.4/1	两侧有铸缝
26	74∶12－2	Ⅰ	Ⅱ	10	60	方	1.6/1/0.2			直	五边形 0.3/0.6	两侧有铸缝
27	156∶25	Ⅱ		12.4	101.7	圆	2.3/1.7/0.35	銎外围	0.3	直	长方形 0.3/0.4，0.4/0.4	銎口内遗有木柄残屑
28	122∶13	Ⅰ	Ⅰ	9.5	62.7	方	1.3/1.9/0.25	銎外围	1.7/2.4/0.4	直	长方形 0.5/1.3	
29	124∶13	Ⅰ	Ⅰ	12.2	137.5	方	1.6/1.9/0.4	銎下	2/2.7/0.5	直		
30	174∶15	Ⅰ	Ⅰ	12.5	141.5	方	1.7/1.9/0.3	銎下	2.1/2.1/0.5	直		
31	344∶11	Ⅰ	Ⅰ	8.5	44.9	方	1.3/1.5/0.2	銎下	1.5/2/0.2	直	长方形 0.3/0.25，0.4/0.15	
合计							共 30 座墓　31 件					

注：长度单位为厘米，重量单位为克。

墓葬，墓号为：YYM22（1件，凡出土1件者以后不再注明）、20（2件）、35、32、34、19、17、18、13、82、386、300（2件）、385、384、11、5、10、281、280、283、98、250（2件）、282、230、229、233、227、264、276、99、226、252、275、234、41、266、46、236、261、49、257、247、271（2件）、48、95、260、51、65、190、188（2件）、52、54、295、23、7、102、212、58、186、57、86、61、69、148、182、203、213、210、209、205、199、179、178、151、142、145、143、117、105、74、75、156、158、168、134、131、122、124、111、171、108、164、110、160、175、161、129、174、344、349、358、373、376，占玉皇庙墓地墓葬总数的25.75%。从现有保存较完整、可辨别型式的104件标本看，有10件青铜锥尚存骨、木护柄。许多方锥体的标本外表粘有麻线或骨、木残痕。由此推断，为了节省铜料和方便使用，铲形首、平首、斜面尖首和尖棱首四棱锥体青铜锥，以及圆锥体青铜锥原本应有骨制或木制柄。为便于剖析材料，将可区分型别和式别的标本划分为有护柄和无护柄两大类，再根据不同特点划分亚型。

Ⅰ型　骨制或木制护柄

共96件，占可分型分式青铜锥总数的92.3%。根据一些标本附着物推测，这类青铜锥有或应有骨制和木制护柄。根据形态将此类青铜锥划分为3个亚型。

Ⅰa型　残存护柄

共11件（YYM20：10、YYM19：13、YYM5：4、YYM233：4、YYM48：5、YYM52：6、YYM7：5、YYM212：13、YYM61：6、YYM74：13、YYM158：18），占Ⅰ型青铜锥总数的11.5%。此类青铜锥护柄尚存，均为骨制，有的保存了基本形态，有的柄首部残缺，有的只在锥体上附着少量骨质残件。

标本YYM20：10，这是Ⅰa型青铜锥中时代最早者，属于春秋早期。蘑菇头骨柄，饰0.8厘米宽的凸弦纹。锥与柄衔接处断开。通长15.5、锥长9.2厘米，重13.4克。铜锥为平首方锥体，顶部边长0.4厘米（图六四八，1；图版三一六，1）。

标本YYM19：13，骨柄首部残缺，锥从柄中脱离。通长12.6、锥长7.7厘米，锥重6.5克。铜锥为铲形首方锥体，最大横截面0.4×0.25平方厘米（图六四八，2；图版三一六，4）。

标本YYM5：4，蘑菇首骨柄，头径1.7厘米，饰宽0.4厘米的凸弦纹。总重10.6克。铜锥为平首方锥体，暴露部分边长0.17厘米（图六四八，3；图版三一六，3）。

标本YYM233：4，蘑菇首骨柄，头径2.1厘米。总重11.6克。铜锥为平首棱锥体，顶面包在柄中，通长13.5厘米（图六四八，4；图版三一六，5）。

标本YYM48：5，圆首骨柄。通长12厘米，共重16.3克。铜锥为平首方锥体，最大边长0.4厘米（图六四八，5；图版三一六，6）。

标本YYM52：6，圆首骨柄。通长13.5、锥长12.5厘米，共重17.1克。铜锥为平首方锥体，顶面0.4×0.5平方厘米（图六四八，6；图版三一六，7）。

标本YYM7：5，圆首骨柄，首直径1.5、通长12.6，锥长8.7厘米，重13.9克。铜锥为平首方锥体，最大边长0.4厘米（图六四九，1；图版三一六，2）。

标本YYM212：13，骨柄，首部残失，接近柄首有直径0.3厘米穿孔。通长9.7、锥长6.7厘米，重14.2克。铜锥为平首方锥体，最大边长0.4厘米（图六四九，2；图版三一六，10、11）。

标本YYM61：6，圆首骨柄，首直径1.3、通长8.5厘米，重13.3克。铜锥为平首方锥体（图六四

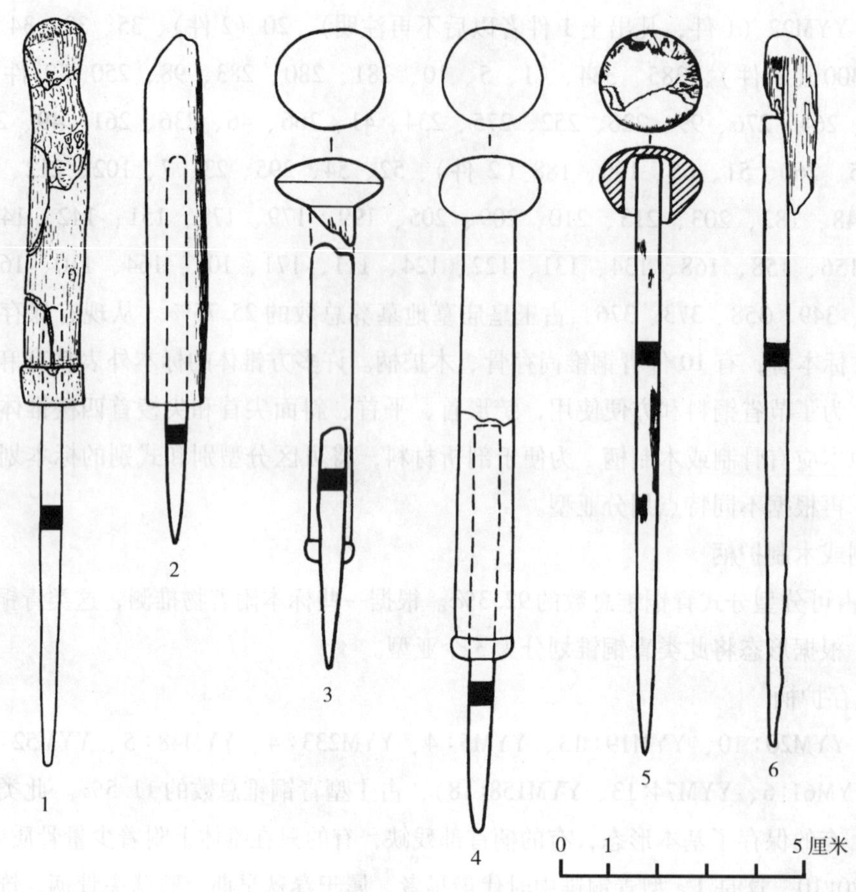

图六四八 玉皇庙墓地出土青铜锥

1～6. Ⅰa型（YYM20:10、19:13、5:4、233:4、48:5、52:6）

九，3；图版三一六，8）。

标本YYM74:13，蘑菇首骨柄。距顶部1.7厘米处有1个直径0.15厘米的穿孔，锥尖残。通长13厘米，重15.7克。铜锥为平首方锥体（图六四九，4；图版三一六，9）。

标本YYM158:18，最晚的1件尚存护柄的青铜锥，属于春秋晚期前段。蘑菇首骨柄。下有宽0.4厘米的凸弦纹，锥体有缠裹麻线遗痕。铜锥为平首方锥体，通长9.4、锥长5.3厘米，重12.6克，顶部规格为0.5×0.5平方厘米（图六四九，5；图版三一六，12、13）。

Ⅰb型 四棱锥体

共81件，占Ⅰ型青铜锥总数的84.375%。此型铜锥的护柄已脱落，可以清晰地辨认铜锥的形状。根据顶部变化，可分为4式。

Ⅰ式 铲形首

共43件（YYM22:16、YYM20:11、YYM32:5（图版三一八，12）、YYM34:7、YYM17:12、YYM18:21、YYM82:4、YM300:5－1（图版三一九，3）、YYM300:5－2（图版三一七，4）、YYM385:4、YYM280:10、YYM250:9（图版三一七，5）、YYM227:4、YYM252:4、YYM275:4、YYM41:5（图版三一七，7）、YYM236:4、YYM261:13（图版三一八，13）、YYM257:4、YYM247:4、YYM260:4（图版三一九，5）、YYM190:8（图版三一九，7）、YYM295:6、YYM23:7、YYM58:9（图版三一七，

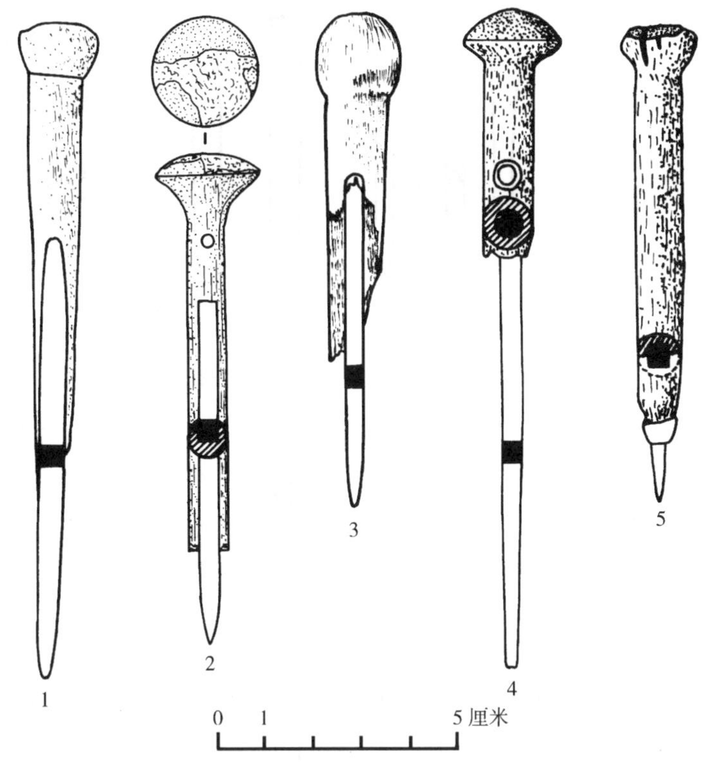

图六四九　玉皇庙墓地出土青铜锥

1、2、3、4、5. Ⅰa 型（YYM7:5、212:13、61:6、74:13、158:18）

1）、YYM86：9（图版三一八，10）、YYM182：8、YYM213：4（图版三一八，8）、YYM199:4、YYM151:8、YYM117:15、YYM134:4（图版三一八，9）、YYM131:4（图版三一九，8）、YYM124:16（图版三一七，10）、YYM111：9、YYM108：4、YYM110：6（图版三一七，12）、YYM175:10、YYM161：6、YYM344：8、YYM349:9、YYM373:8、YYM376:7），占Ⅰb 型青铜锥总数的53.1%。

标本 YYM20:11，这是Ib 型I式青铜锥中时代较早者，属于春秋早期。锥长10厘米，重6.2克。最大横截面0.25×0.25平方厘米（图六五〇，2；图版三一七，3）。

标本 YYM18:21，外表粘有木柄残痕。体形较大，锥长10.7厘米，重15.5克。铜锥为铲形首扁锥体，较宽，中部规格为0.7×0.3平方厘米（图六五〇，6；图版三一七，2）。

标本 YYM280:10，外表遗留木柄残痕，尖部残损。锥长5厘米，重4.9克。最大横截面0.4×0.3厘米（图六五〇，11）。

标本 YYM227:4，锥体一侧有4.5×0.1厘米纵向凹槽。锥长7.1厘米，重8.6克（图六五〇，13；图版三一七，6）。

标本 YYM295:6，两侧有铸缝。锥长10.3厘米，重12克。最大横截面长0.45×0.35平方厘米（图六五一，9；图版三一七，8）。

标本 YYM117:15，两侧有铸缝。锥长10.2厘米，重9.5克。最大横截面0.4×0.3平方厘米（图六五二，5；图版三一七，9）。

标本 YYM349:9，外表有缠裹麻线遗痕。锥长4厘米，重2.2克。最大横截面0.4×0.3平方厘米（图六五三，3）。

标本 YYM373:8，外表有木柄遗痕，两侧有铸缝。锥长9.3厘米，重8克。最大横截面0.4×0.35平方厘米（图六五三，4）。

标本 YYM376:7，这是Ⅰb 型Ⅰ式青铜锥中时代最晚者，属于春秋晚期后段。锥长5.5厘米，重6.5克。最大横截面0.5×0.4平方厘米（图六五三，5；图版三一七，11）。

其余标本与上述标本形制相近（参见图六五〇～图六五三）。

Ⅱ式　平首

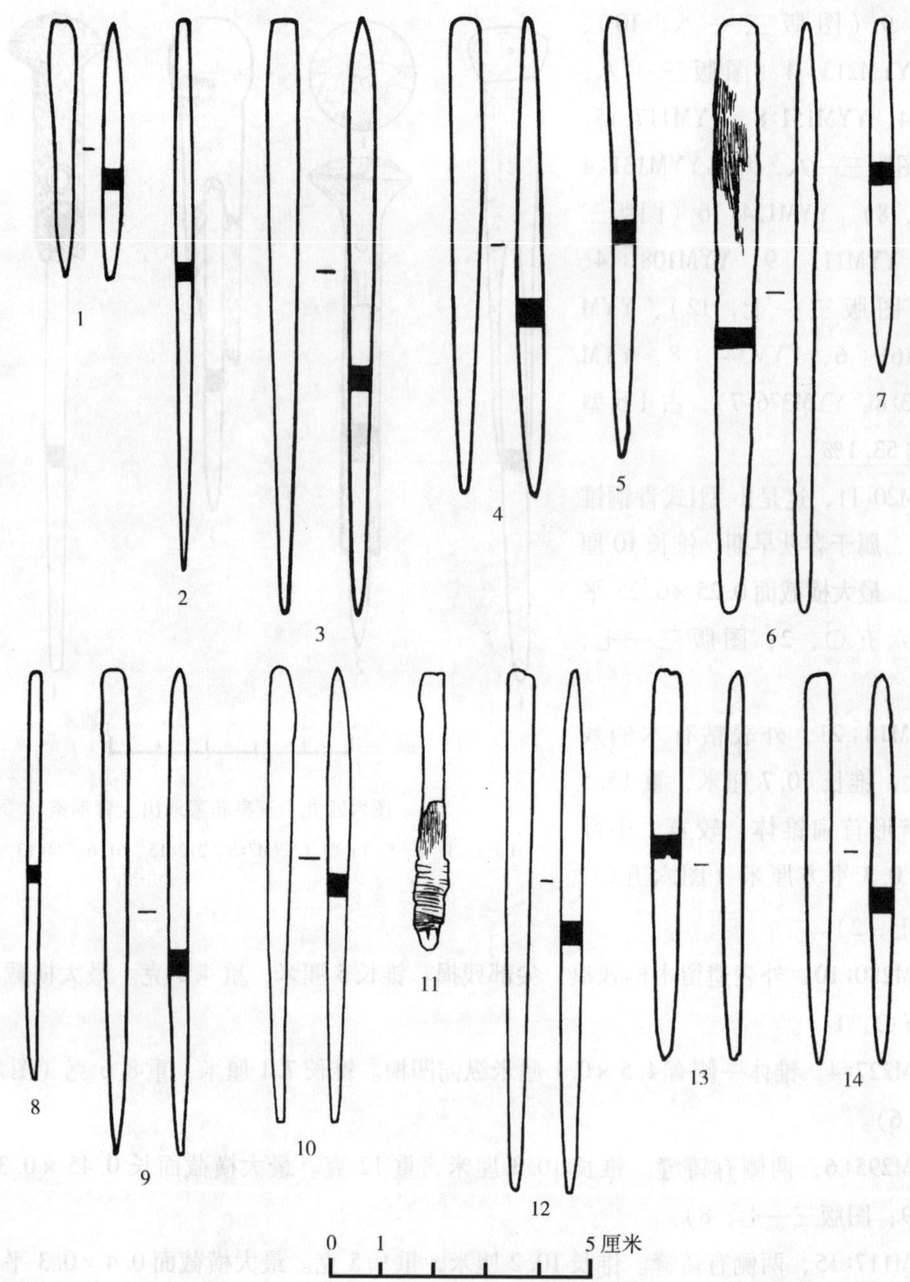

图六五〇　玉皇庙墓地出土青铜锥

1、2、3、4、5、6、7、8、9、10、11、12、13、14. Ⅰb型Ⅰ式（YYM22∶16、20∶11、32∶5、34∶7、17∶12、18∶21、82∶4、300∶5－1、300∶5－2、385∶4、280∶10、250∶9、227∶4、252∶4）

共35件（YYM13∶6、YYM386∶5、YYM384∶5、YYM11∶4、YYM281∶4、YYM283∶4、YYM98∶12、YYM282∶4、YYM230∶4、YYM229∶14、YYM276∶4（图版三一七，15）、YYM99∶9（图版三一九，11）、YYM234∶4（图版三一八，2）、YYM46∶4（图版三一八，1）、YYM49∶10、YYM51∶4（图版三一八，17）、YYM65∶12、YYM188∶18－1（图版三一八，11）、YYM54∶5、YYM57∶4（图版三一八，3）、YYM69∶6、YYM148∶11（图版三一八，4）、YYM203∶7（图版三一八，6）、YYM210∶6（图版三一八，

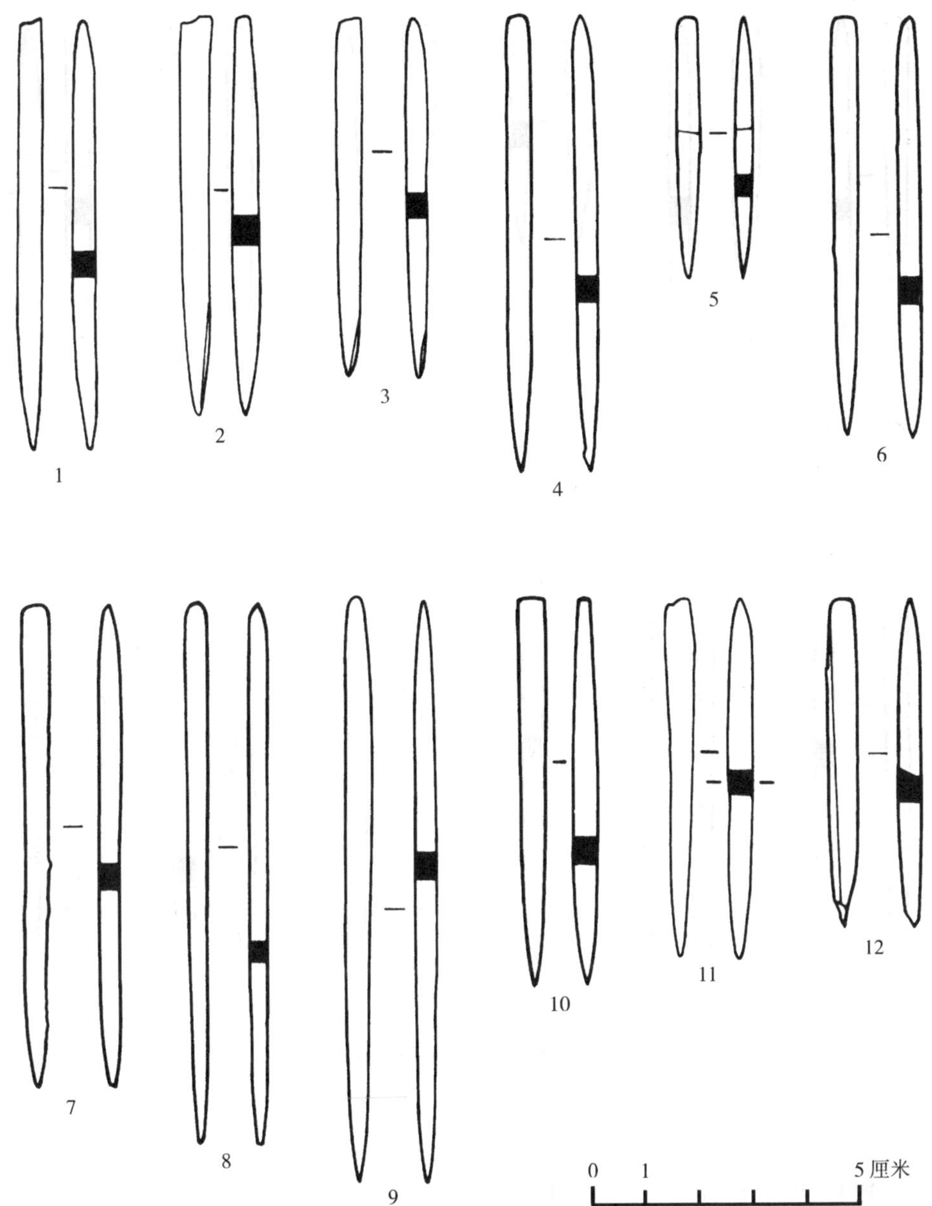

图六五一　玉皇庙墓地出土青铜锥

1、2、3、4、5、6、7、8、9、10、11、12. Ⅰb型Ⅰ式（YYM275:4、41:5、236:4、261:13、257:4、247:4、260:4、190:8、295:6、23:7、58:9、86:9）

5）、YYM209:18、YYM205:6（图版三一九，4）、YYM142:13、YYM145:8、YYM143:13（图版三一九，9）、YYM105:8、YYM168:9、YYM122:4（图版三一九，2）、YYM171:10、YYM160:7（图版三一九，1）、YYM129:6），占Ⅰb型青铜锥总数的43.2%。

标本YYM13:6，这是最早的Ⅰb型Ⅱ式青铜锥，属于春秋早期。上端有木柄痕。锥长3.4厘米，重1.4克。顶部规格为0.2×0.2厘米（图六五三，6；图版三一七，14）。

标本YYM384:5，外表有缠裹麻线遗痕。锥长9.8厘米，重11.2克。顶部规格为0.35×0.35厘米（图六五三，8；图版三一七，13）。

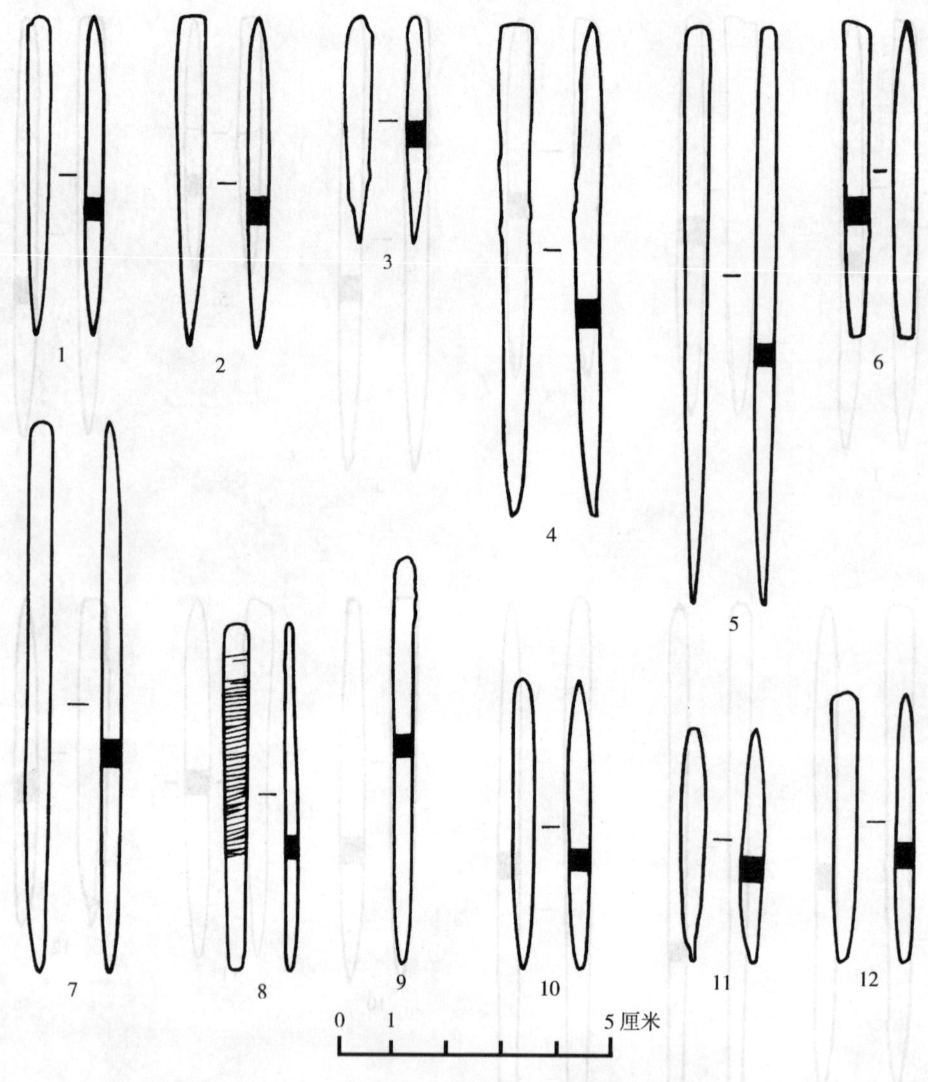

图六五二　玉皇庙墓地出土青铜锥

1、2、3、4、5、6、7、8、9、10、11、12. Ⅰb型Ⅰ式（YYM182∶8、213∶4、199∶4、151∶8、117∶15、134∶4、131∶4、124∶16、111∶9、108∶4、110∶6、175∶10）

标本YYM281∶4，两侧有铸缝。锥长8.9厘米，重9.5克。顶部规格为0.4×0.4厘米（图六五三，10；图版三一七，16）。

标本YYM283∶4，外表有麻线和木柄遗痕。锥长6.2厘米，重6.2克。顶部规格为0.5×0.3厘米（图六五三，11；图版三一八，16）。

标本YYM230∶4，顶部为圆形平面，直径0.5厘米。锥长11.5厘米，重12.3克（图六五三，14）。

标本YYM54∶5，顶部以下1.1厘米处错位。锥长8.3厘米，重9.2克（图六五四，5）。

标本YYM145∶8，顶部以下3.4厘米长为圆柱体，两侧有铸缝。锥长11.6厘米，重14.8克（图六五四，14）。

标本YYM129∶6，这是时间最晚的Ⅰb型Ⅱ式青铜锥。两侧有铸缝。锥长6厘米，重8克（图六五

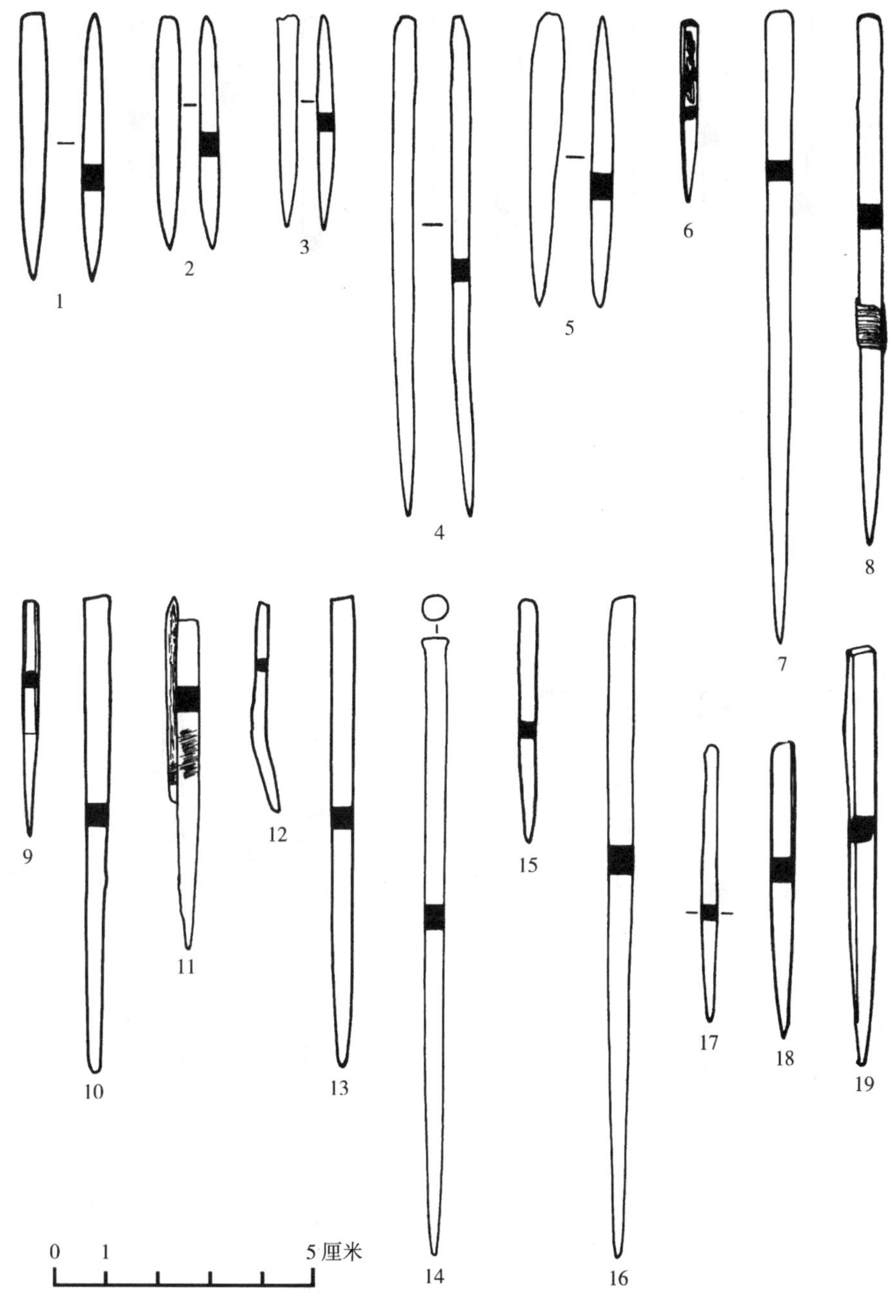

图六五三　玉皇庙墓地出土青铜锥

1～5. Ⅰb型Ⅰ式（YYM161:6、344:8、349:9、373:8、376:7）　6～19. Ⅰb型Ⅱ式（YYM13:6、386:5、384:5、11:4、281:4、283:4、98:12、282:4、230:4、229:14、276:4、99:9、234:4、46:4）

四，21）。

其余标本与上述标本形制相近（参见图六五三、六五四）。

Ⅲ式　斜面尖首

共2件（YYM271:5－1、YYM271:5－2），占Ⅰb型青铜锥总数的2.5%。均属于春秋中期。

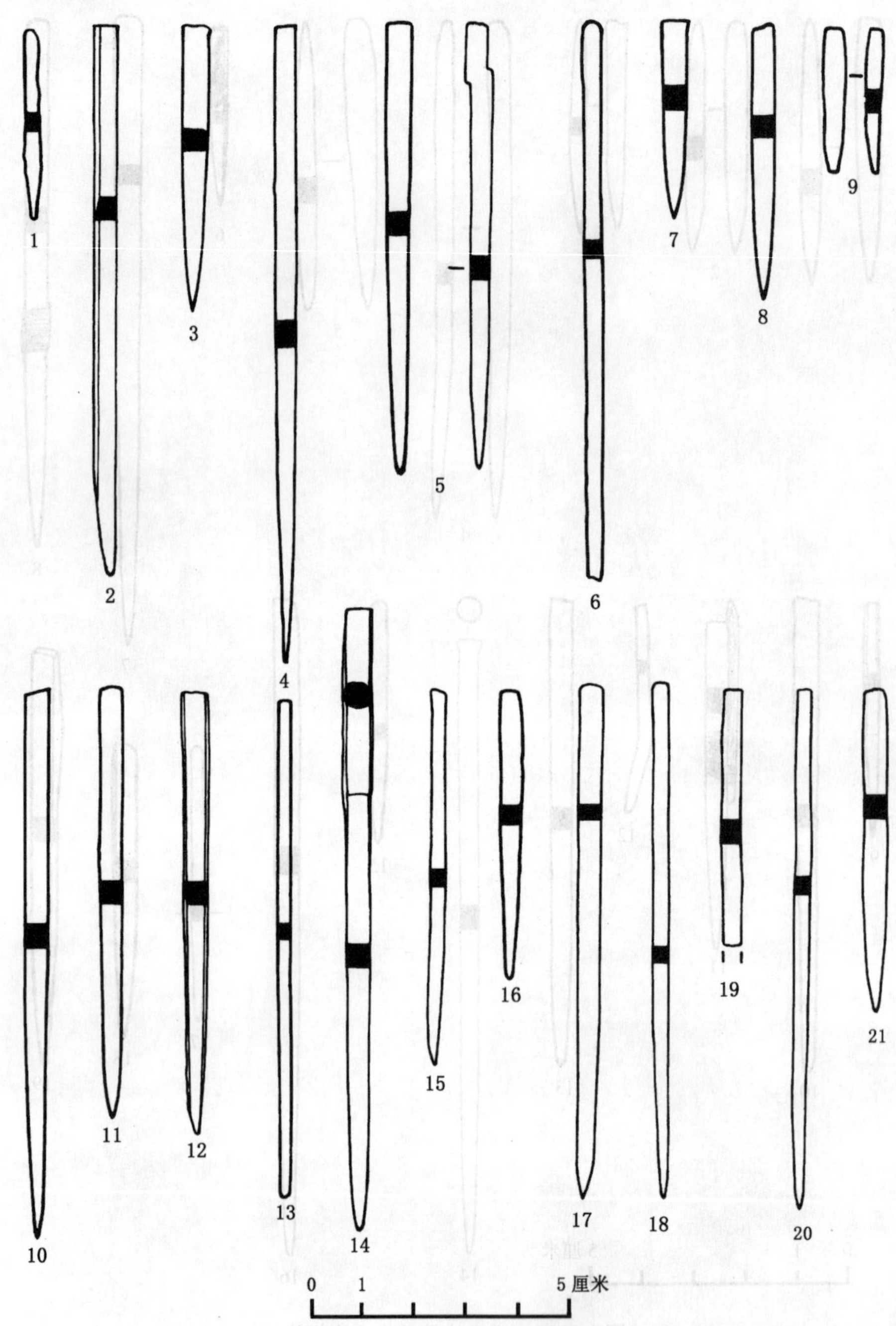

图六五四 玉皇庙墓地出土青铜锥

1～21. Ⅱb 型Ⅱ式（YYM49:10、51:4、65:12、188:18－1、54:5、57:4、69:6、148:11、203:7、210:6、209:18、205:6、142:13、145:8、143:13、105:8、168:9、122:4、171:10、160:7、129:6）

标本 YYM271:5－1，锥长 9.6 厘米，重 11.5 克。最大横截面规格 0.5×0.4 厘米（图六五五，1；图版三一九，6）。

标本 YYM271:5－2，锥长 8 厘米，重 10.4 克。最大横截面规格 0.5×0.35 厘米（图六五五，2）。

Ⅳ式 尖棱首

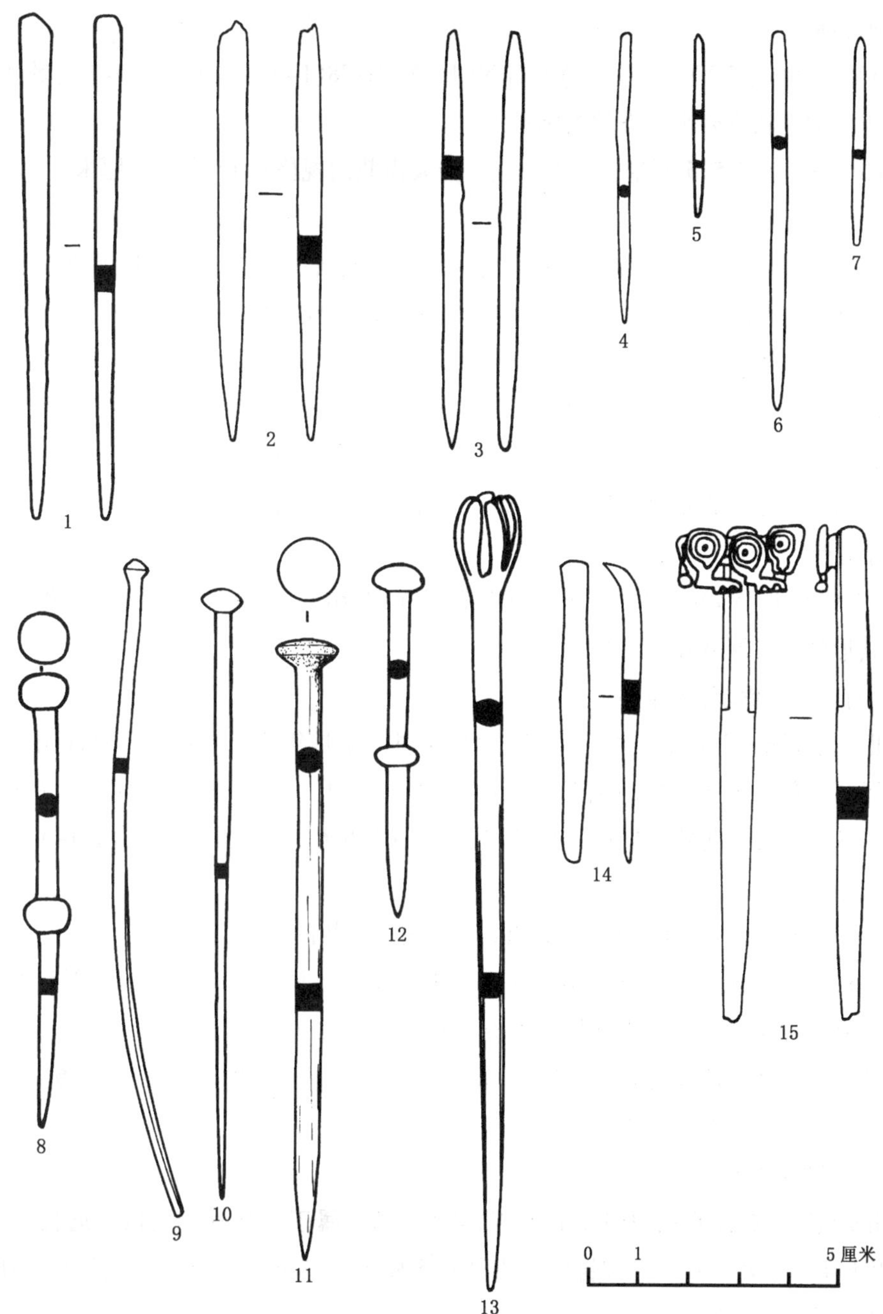

图六五五　玉皇庙墓地出土青铜锥

1、2. Ⅰb型Ⅲ式（YYM271∶5－1、271∶5－2）　3. Ⅰb型Ⅳ式（YYM186∶4）　4～7. Ⅰc型（YYM266∶9、102∶13、179∶4、178∶14）　8. Ⅱa型Ⅰ式（YYM35∶4）　9、10. Ⅱa型Ⅱ式（YYM250∶10、264∶7）　11. Ⅱa型Ⅲ式（YYM156∶12）　12. Ⅱa型Ⅳ式（YYM164∶4）　13. Ⅱb型（YYM95∶5）　14. ⅡC型（YYM188∶18－2）　15. Ⅱd型（YYM174∶16）

1件，占Ⅰb型青铜锥总数的1.2%。属于春秋中晚期。标本YYM186∶4，锥长8，最大横截面规格为0.4×0.35厘米（图六五五，3；图版三一八，7）。

Ⅰc型　圆锥体

共4件（YYM266:9、YYM102:13、YYM179:4、YYM178:14），占Ⅰ型青铜锥总数的4.2%。该型青铜锥顶端呈四棱尖锥状或略平，下端为圆锥形。

标本YYM266:9，通长5.5厘米，重1.7克。最大横截面规格0.15×0.15厘米（图六五五，4；图版三一九，12）。

标本YYM102:13，通长3.6厘米，重0.5克。最大横截面规格0.15×0.15厘米（图六五五，5）。

标本YYM179:4，通长7.1厘米，重2.5克。最大横截面规格0.2×0.2厘米（图六五五，6；图版三一九，10）。

标本YYM178:14，通长3.9厘米，重0.5克。最大横截面规格0.2×0.2厘米（图六五五，7）。

Ⅱ型　无护柄

共8件，占可分型分式青铜锥总数的7.7%。根据其形态，可分为4个亚型。

Ⅱa型　钉帽首

共5件（YYM35:4、YYM250:10、YYM264:7、YYM156:12、YYM164:4），占Ⅱ型青铜锥总数的62.5%。根据其形体的发展变化，可分为4式。

Ⅰ式　钉帽首圆颈饰腰环方锥体

1件，占Ⅱa型青铜锥总数的20%。标本YYM35:4，这是年代最早的Ⅱa型青铜锥，属于春秋早期。钉帽首圆颈方锥体，腰部有环距顶部4.3厘米，外径0.9、高0.6厘米。环以上为圆柱体，环以下为方锥体。锥长8.7、顶部直径1厘米，重15.9克（图六五五，8；图版三一九，14）。

Ⅱ式　钉帽首方锥体

共2件（YYM250:10、YYM264:7），占Ⅱa型青铜锥总数的40%。

标本YYM250:10，这是较早的Ⅱa型Ⅱ式青铜锥，属于春秋早中期。弯曲变形且断为两截。锥长12.5、顶部直径0.6厘米，重5.5克（图六五五，9；图版三二〇，1）。

标本YYM264:7，这是较晚的Ⅱa型Ⅱ式青铜锥，也属于春秋早中期。锥长11.6、顶部直径0.8厘米，重4.7克（图六五五，10；图版三二〇，3）。

Ⅲ式　钉帽首圆颈方锥体

1件，占Ⅱa型青铜锥总数的20%。标本YYM156:12，属于春秋晚期前段。通长11.6、顶部直径1.3，从顶部以下4厘米处，其上为圆锥体，直径0.5厘米，其下为方锥体，边长0.5厘米。重22克（图六五五，11；图版三二〇，2）。

Ⅳ式　钉帽首圆颈饰腰环圆锥体

1件，占Ⅱ型青铜锥总数的20%。标本YYM164:4，这是年代最晚的Ⅱa型青铜锥，属于春秋晚期后段。钉帽首圆颈圆锥体，腰部有环距顶部3.5厘米，外径0.85、高0.35厘米，环上下均为圆锥体。锥长6.7、顶部直径1厘米，重7.9克（图六五五，12；图版三一九，13）。

Ⅱb型　花瓣首圆颈方锥体

1件，占Ⅱ型青铜锥总数的12.5%。标本YYM95:5，属于春秋中期。锥体上1/3为圆柱体，下2/3为方锥体。锥长15.2、锥首最大直径1.3厘米，重19克（图六五五，13；图版三二〇，4）。

Ⅱc型　匙首

1 件，占Ⅱ型青铜锥总数的 12.5%。属于春秋中期。特点是锥首为匙状，锥体呈方锥形。标本 YYM188:18-2，属于春秋中期。锥长 5.7 厘米，最大横截面规格为 0.5×0.35 厘米，重 5.9 克（图六五五，14；图版三一八，15）。

Ⅱd 型　锥首侧饰镂雕动物纹

1 件，占Ⅱ型青铜锥总数的 12.5%。标本 YYM174:16，属于春秋晚期后段。侧饰动物呈右向行走状，似虎，长 2.5，高 1.3 厘米。顶部以下至 3.1 厘米处为六棱体，其下为方锥体。锥长 9.4，顶部对角线长 0.6 厘米，重 25.6 克（图六五五，15；图版三二〇，5）。

详见附表 155。

讨论

出土青铜锥的墓葬有 103 座，占玉皇庙墓地墓葬总数的 25.8%，即 1/4 强的墓主人拥有青铜锥。位于北Ⅰ区中部者 12 座（YYM22、20、35、32、34、19、17、18、13、11、5、10）、西部者 5 座（YYM82、386、300、385、384），此 17 座均属于春秋早期，占出土青铜锥墓葬总数的 16.5%；位于北Ⅱ区北部者 16 座（YYM281、280、283、98、250、282、230、229、233、227、264、276、99、226、252、275），属于春秋早中期，占出土青铜锥墓葬总数的 15.5%；位于北Ⅱ中部者 19 座（YYM234、41、266、46、236、261、49、257、247、271、48、95、260、51、65、190、188、52、54）、北Ⅰ区北部者 1 座（YYM295）、北Ⅰ区中部者 1 座（YYM23）、北Ⅰ区南部者 2 座（YYM7、YYM102），此 23 座均属于春秋中期，占出土青铜锥墓葬总数的 22.3%；位于北Ⅱ区南部者 8 座（YYM212、58、186、57、86、61、69、148），属于春秋中晚期，占出土青铜锥墓葬总数的 7.8%；位于南部北部者 17 座（YYM182、203、213、210、209、205、199、179、178、151、142、145、143、117、105、74、75）、南区中部者 10 座（YYM156、158、168、134、131、122、124、111、171、108），此 27 座均属于春秋晚期前段，占出土青铜锥墓葬总数的 26.2%；位于南区南部者 12 座（YYM164、110、160、175、161、129、174、344、349、358、373、376），属于春秋晚期后段，占出土青铜锥墓葬总数的 11.7%。青铜锥分布广泛，使用时间长，从春秋早期至春秋晚期未有中断，属于实用价值高、经久耐用的青铜工具。

在这 103 座墓葬中，男性墓有 90 座（YYM22、19、18、13、82、386、300、385、384、11、5、281、250、282、230、229、233、227、264、276、226、252、275、234、41、46、236、261、49、257、247、271、48、95、260、51、65、190、188、52、54、295、23、7、102、212、58、186、57、86、61、69、148、182、203、213、210、209、205、199、179、151、142、145、143、117、105、74、156、158、168、134、131、122、124、111、171、108、164、110、160、175、161、129、174、344、349、358、373、376），占出土青铜锥墓葬总数的 87.4%；女性墓 10 座（YYM20、35、10、280、283、98、99、266、178、75），占出土青铜锥墓葬总数的 9.7%；无人墓有 3 座（YYM32、34、17），占出土青铜锥墓葬总数的 2.9%。青铜锥主要为男性所用。

在这 103 座墓葬中，甲（A）级 3 座墓全部出土青铜锥（YYM18、250、230）；甲（B）级 4 座墓中有 3 座出土青铜锥（YYM22、52、151），占甲（B）级墓葬总数的 60%；乙（A）级墓 23 座（YYM20、13、300、11、280、229、227、275、266、236、261、95、51、54、295、86、210、209、74、156、161、129、344），占乙（A）级墓葬总数 82.1%；乙（B）级墓 34 座（35、19、17、384、

附表155－1

玉皇庙墓地出土青铜锥统计表

序号	器物号	型	式	通长	重量	锥长	柄形	锥形	最大横截面	备注
1	22:16	Ⅰb	Ⅰ		5. 7	4. 7		铲形首方锥体	0.4×0.3（中部）	
2	20:10	Ⅰa		15.5	13.4	9.2	蘑菇首骨柄，下端有宽0.8凸弦纹	平首方锥体	0.4×0.4（顶部）	从铜锥根部与柄断开
3	20:11	Ⅰb	Ⅰ		6.2	10		铲形首方锥体	0.25×0.25（中部）	
4	35:4	Ⅱa	Ⅰ		15.9	8.7		钉帽首圆颈腰环方锥体	1（顶部直径）	腰部环形凸起以上为圆锥
5	32:5	Ⅰb	Ⅰ		14.8	10.9		铲形首方锥体	0.5×0.5（中部）	
6	34:7	Ⅰb	Ⅰ		9.3	8.7		铲形首方锥体	0.5×0.4（中部）	
7	19:13	Ⅰa		12.6	6.5	7.7	骨柄	铲形首方锥体	0.4×0.25（中部）	柄首部残，柄与锥脱离
8	17:12	Ⅰb	Ⅰ		8	8		铲形首方锥体	0.4×0.4	顶端0.3×0.07
9	18:21	Ⅰb	Ⅰ		15.5	10.7		铲形首扁锥体	0.7×0.3（中部）	上部有木柄残痕
10	13:6	Ⅰb	Ⅱ		1.4	3.4		平首方锥体	0.2×0.22（顶部）	上端有木柄残痕
11	82:4	Ⅰb	Ⅰ		10.1	6.5		铲形首方锥体	0.4×0.4（中部）	
12	386:5	Ⅰb	Ⅱ		12.2	11.8		平首方锥体	0.5×0.5（顶部）	
13	300:5－1	Ⅰb	Ⅰ		2.1	7.5		铲形首方锥体	0.22×0.12（中部）	
14	300:5－2	Ⅰb	Ⅰ		9.2	8.7		铲形首方锥体	0.5×0.35（中部）	
15	385:4	Ⅰb	Ⅰ		8.2	8.4		铲形首方锥体	0.4×0.35（中部）	
16	384:5	Ⅰb	Ⅱ		11.2	9.8		平首方锥体	0.35×0.35（顶部）	锥体有缠裹麻线遗痕
17	11:4	Ⅰb	Ⅱ		1.8	4.4		平首方锥体	0.1/0.22/0.22（顶部）	顶面梯形上底/下底/高
18	5:4	Ⅰa		9.5	10.6	4.7	蘑菇首骨柄，头径1.7，下端有宽0.4凸弦纹	平首方锥体	无法辨识	锥体嵌入柄中，宽0.17
19	10:10									残
20	281:4	Ⅰb	Ⅱ		9.5	8.9		平首方锥体	0.4×0.4（顶部）	两边铸缝
21	280:10	Ⅰb	Ⅰ		4.9	5		铲形首方锥体	0.4×0.3（中部）	上部有木柄残痕，尖部残损
22	283:4	Ⅰb	Ⅱ		6.2	6.2		平首方锥体	0.5×0.3（顶部）	外表有麻线和木柄遗痕
23	98:12	Ⅰb	Ⅱ		1.6	4		平首方锥体	0.2×0.2（顶部）	
24	250:9	Ⅰb	Ⅰ		10.6	9.6		铲形首方锥体	0.45×0.4（中部）	上部有木柄残痕
25	250:10	Ⅱa	Ⅱ		5.5	12.5		钉帽首方锥体	0.6（顶部直径）	断为两截，弯曲变形
26	282:4	Ⅰb	Ⅱ		9	8.8		平首方锥体	0.4×0.4（顶部）	
27	230:4	Ⅰb	Ⅱ		12.3	11.5		平首方锥体	0.5（圆顶直径）	顶部为圆形
28	229:14	Ⅰb	Ⅱ		2.5	4.6		平首方锥体	0.25×0.25（顶部）	
29	233:4	Ⅰa		13.5	11.6		蘑菇首骨柄，头径2.1	平首棱锥体	无法辨识	锥体嵌入柄中，宽0.17
30	227:4	Ⅰb	Ⅰ		8.6	7.1		铲形首方锥体	0.5×0.3（中部）	一面有4.5×0.1纵向凹槽

附表 155 – 2

玉皇庙墓地出土青铜锥统计表

序号	器物号	型	式	通长	重量	锥长	柄形	锥形	最大横截面	备注
31	264:7	Ⅱa	Ⅱ		4.7	11.6		钉帽首方锥体	0.8（顶部直径）	
32	276:4	Ⅰb	Ⅱ		15	12.2		平首方锥体	0.4×0.4（上部）	
33	99:9	Ⅰb	Ⅱ		1.9	5.1		平首方锥体	0.18×0.2（顶部）	
34	226:4									残
35	252:4	Ⅰb	Ⅰ		7.5	7.1		铲形首方锥体	0.45×0.35（中部）	
36	275:4	Ⅰb	Ⅰ		8	7.6		铲形首方锥体	0.4×0.35（中部）	
37	234:4	Ⅰb	Ⅱ		7	5.4		平首方锥体	0.4×0.4（顶部）	
38	41:5	Ⅰb	Ⅰ		10.6	7.1		铲形首方锥体	0.45×0.45（中部）	
39	266:9	Ⅰc			1.7	5.5		圆锥体	0.15×0.15（顶部）	
40	46:4	Ⅰb	Ⅱ		10.2	7.8		平首方锥体	0.4×0.4（顶部）	
41	236:4	Ⅰb	Ⅰ		6.2	6.5		铲形首方锥体	0.4×0.35（中部）	
42	261:13	Ⅰb	Ⅰ		9	8		铲形首方锥体	0.4×0.3（中部）	
43	49:10	Ⅰb	Ⅱ		1	3.4		平首方锥体	0.2×0.2（顶部）	
44	257:4	Ⅰb	Ⅰ		2.8	4.6		铲形首方锥体	0.4×0.3（中部）	
45	247:4	Ⅰb	Ⅰ		8.7	7.4		铲形首方锥体	0.45×0.4（中部）	
46	271:5–1	Ⅰb	Ⅲ		11.5	9.6		斜面尖首方锥体	0.5×0.4（上部）	
47	271:5–2	Ⅰb	Ⅲ		10.4	8		斜面尖首方锥体	0.5×0.35（上部）	
48	48:5	Ⅰa		12	16.3		圆首骨柄	平首方锥体	0.4×0.4	
49	95:5	Ⅱb			19	15.2		花瓣首圆颈方锥体	1.3（锥首最大直径）	锥体上部 1/3 为圆锥体
50	260:4	Ⅰb	Ⅰ		9.9	8.4		铲形首方锥体	0.4×0.35（中部）	
51	51:4	Ⅰb	Ⅱ		11.2	10.3		平首方锥体	0.35×0.35（顶部）	
52	65:12	Ⅰb	Ⅱ		7.1	5.3		平首方锥体	0.5×0.5（顶部）	
53	190:8	Ⅰb	Ⅰ		8	9.5		铲形首方锥体	0.4×0.35（中部）	
54	188:18–1	Ⅰb	Ⅱ		14.6	11.1		平首方锥体	0.4×0.4（顶部）	
55	188:18–2	Ⅱc			5.9	5.7		匙首方锥体	0.5×0.35（中部）	
56	52:6	Ⅰa		13.5	17.1	12.5	圆首骨柄	平首方锥体	0.4×0.5（顶部）	柄残
57	54:5	Ⅰb	Ⅱ		9.2	8.3		平首方锥体	0.45×0.45（顶部）	顶下 1.1 处错位
58	295:6	Ⅰb	Ⅰ		12	10.3		铲形首方锥体	0.45×0.35（中部）	两侧有铸缝
59	23:7	Ⅰb	Ⅰ		12.1	6.9		铲形首方锥体	0.4×0.4（中部）	
60	7:5	Ⅰa		12.6	13.9	8.7	圆首骨柄	平首方锥体	0.4×0.4	骨柄头部宽 1.5
61	102:13	Ⅰc			0.5	3.6		尖首圆锥体	0.15（中部）	两头尖

附表155－3　　**玉皇庙墓地出土青铜锥统计表**

序号	器物号	型	式	通长	重量	锥长	柄形	锥形	最大横截面	备注
62	212∶13	Ⅰa		9.7	14.2	6.7	骨柄	平首方锥体	0.4×0.4（中部）	柄头部残，下端有0.3穿孔
63	58∶9	Ⅰb	Ⅰ		7.5	6.4		铲形首方锥体	0.45×0.4（中部）	
64	186∶4	Ⅰb	Ⅳ		9.2	8		尖棱首方锥体	0.4×0.35（中部）	两头尖
65	57∶4	Ⅰb	Ⅱ		5.1	10.3		平首方锥体	0.3×0.28（顶部）	尖残
66	86∶9	Ⅰb	Ⅰ		7	5.8		铲形首方锥体	0.5×0.4（中部）	
67	61∶6	Ⅰa		8.5	13.3		圆首骨柄	平首方锥体	无法辨识	柄首直径1.3
68	69∶6	Ⅰb	Ⅱ		3.1	3.6		平首方锥体	0.5×0.5	
69	148∶11	Ⅰb	Ⅱ		4.7	5		平首方锥体	0.4×0.4（顶部）	
70	182∶8	Ⅰb	Ⅰ		4.5	5.6		铲形首方锥体	0.4×0.3（中部）	
71	203∶7	Ⅰb	Ⅱ		1.9	2.6		平首方锥体	0.4×0.3（顶部）	
72	213∶4	Ⅰb	Ⅰ		5.7	5.8		铲形首方锥体	0.5×0.35（中部）	
73	210∶6	Ⅰb	Ⅱ		13	9.8		平首方锥体	0.4×0.4（顶部）	
74	209∶18	Ⅰb	Ⅱ		9	8		平首方锥体	0.4×0.3（顶部）	两侧有铸缝
75	205∶6	Ⅰb	Ⅱ		9.4	8.2		平首方锥体	0.5×0.4（顶部）	
76	199∶4	Ⅰb	Ⅰ		2.5	3.8		铲形首方锥体	0.4×0.3（中部）	
77	179∶4	Ⅰc			2.5	7.1		圆锥体	0.2（顶部）	尖残
78	178∶14	Ⅰc			0.5	3.9		尖首圆锥体	0.2（中部）	折断，尖残
79	151∶8	Ⅰb	Ⅰ		11	8.6		铲形首方锥体	0.5×0.3（中部）	
80	142∶13	Ⅰb	Ⅱ		3.6	9.2		平首方锥体	0.22×0.2（顶部）	尖残
81	145∶8	Ⅰb	Ⅱ		14.8	11.6		平首方锥体	0.45（顶部直径）	顶下至3.4为圆柱体，两侧有铸缝
82	143∶13	Ⅰb	Ⅱ		3.3	6.9		平首方锥体	0.3×0.25（顶部）	
83	117∶15	Ⅰb	Ⅰ		9.5	10.2		铲形首方锥体	0.4×0.3（中部）	两侧有铸缝
84	105∶8	Ⅰb	Ⅱ		3	5.3		平首方锥体	0.4×0.4（顶部）	
85	74∶13	Ⅰa		13	15.7		蘑菇首骨柄，顶下1.7有直径0.15的穿孔	平首方锥体	无法辨识	锥尖残
86	75∶10									残
87	156∶12	Ⅱa	Ⅲ		22	11.6		钉帽首圆颈方锥体	1.3（顶部）	
88	158∶18	Ⅰa		9.4	12.6	5.3	蘑菇首骨柄，头下有宽0.4凸弦纹	平首方锥体	0.5×0.5（顶部）	锥体有绳索遗痕
89	168∶9	Ⅰb	Ⅱ		8.1	9.5		平首方锥体	0.45×0.45（顶部）	
90	134∶4	Ⅰb	Ⅰ		5.5	5.5		铲形首方锥体	0.3×0.3（中部）	尖部残损

附表 155 – 4

玉皇庙墓地出土青铜锥统计表

序号	器物号	型	式	通长	重量	锥长	柄形	锥形	最大横截面	备注
91	131:4	Ⅰb	Ⅰ		9	8.7		铲形首方锥体	0.4×0.35（中部）	
92	122:4	Ⅰb	Ⅱ		4	9.7		平首方锥体	0.25×0.2（顶部）	两侧有铸缝
93	124:16	Ⅰb	Ⅰ		3.5	6.1		铲形首方锥体	0.4×0.2（中部）	
94	111:9	Ⅰb	Ⅰ		5.5	7.1		铲形首方锥体	0.3×0.3（中部）	
95	171:10	Ⅰb	Ⅱ		5.9	4.8		平首方锥体	0.4×0.3（顶部）	尖残损，两侧有铸缝
96	108:4	Ⅰb	Ⅰ		3.5	5		铲形首方锥体	0.3×0.3（中部）	
97	164:4	Ⅱa	Ⅳ		7.9	6.7		钉帽首腰环圆锥体	1（顶部直径）	腰部有环形凸起
98	110:6	Ⅰb	Ⅰ		3.2	4.1		铲形首方锥体	0.4×0.3（中部）	
99	160:7	Ⅰb	Ⅱ		5.2	9.5		平首方锥体	0.3×0.3（顶部）	
100	175:10	Ⅰb	Ⅰ		3.7	4.7		铲形首方锥体	0.4×0.3（中部）	
101	161:6	Ⅰb	Ⅰ		4.7	5		铲形首方锥体	0.45×0.3（中部）	
102	129:6	Ⅰb	Ⅱ		8	6		平首方锥体	0.4×0.4（顶部）	两侧有铸缝
103	174:16	Ⅱd			25.6	9.4		镂雕兽首方锥体	0.6（顶对角线）	顶下至 3.1 为六棱体，侧饰右向兽
104	344:8	Ⅰb	Ⅰ		3.5	4.3		铲形首方锥体	0.35×0.3（中部）	
105	349:9	Ⅰb	Ⅰ		2.2	4		铲形首方锥体	0.4×0.3（中部）	锥体有缠裹麻线遗痕
106	358:6									残
107	373:8	Ⅰb	Ⅰ		8	9.3		铲形首方锥体	0.4×0.35（中部）	外表有木柄遗痕，两侧有铸缝
108	376:7	Ⅰb	Ⅰ		6.5	5.5		铲形首方锥体	0.5×0.4（中部）	
合计							共 103 座墓　108 件			

注：器物号前缀 YYM 省略，长度单位为厘米，重量单位为克。

10、233、226、234、41、46、257、247、271、65、190、188、212、58、186、57、61、182、203、213、205、179、178、158、134、124、160、174、349、373)，占乙（B）级墓葬总数的41%；丙（A）级墓23座（YYM32、82、98、282、264、252、49、48、260、23、69、148、199、142、145、143、117、131、122、111、171、175、376)，占丙（A）级墓葬总数的28.4%；丙（B）级墓6座（YYM34、102、75、168、164、110)，占丙（B）级墓葬总数的14.6%；丙（C）级墓6座（YYM386、385、5、7、105、108)，占丙（C）级墓葬总数的9.1%；丁级墓5座（YYM281、283、276、99、358)，占丁级墓葬总数的5.4%。以上统计表明，铜锥的分布基本是随墓葬级别的降低而呈递减趋势（甲〈B〉级除外)，显示青铜锥与其他青铜工具一样，在铜料匮乏的玉皇庙文化中，成为部族成员身份、地位和财富的标志物之一。

针　玉皇庙墓地共出土青铜针8件，占玉皇庙墓地出土青铜工具总数的1.9%；分别出自8座墓葬，每墓1件，墓号为：YYM300、4、9、279、97、256、65、81，占玉皇庙墓地墓葬总数的2%。形制均为圆锥体或近似方锥体，没有明显差别。

标本YYM300:23，残。这是时代最早的铜针，属于春秋早期。圆锥体，通长5、直径0.15厘米，重0.2克（图六五六，1)。

标本YYM4:5，残。圆锥体，通长5.8、直径0.15厘米，重0.6克（图六五六，2；图版三二〇，8)。

标本YYM9:6，残。圆锥体，通长7.6、直径0.18厘米，重1.4克（图六五六，3；图版三二〇，9)。

标本YYM279:4，残。圆锥体，通长7.3、直径0.2厘米，重1.6克（图六五六，4)。

标本YYM97:6，方锥体，通长3.4、直径0.13厘米，重0.7克（图六五六，5；图版三二〇，10)。

标本YYM256:2，弯折变形且残断。圆锥体，通长7.3、直径0.13厘米，重1.1克（图六五六，6；图版三二〇，11)。

标本YYM65:2，折断。圆锥体，通长7.3，直径0.1厘米，重0.2克（图六五六，7)。

标本YYM81:3，这是玉皇庙墓地时代最晚的青铜针，属于春秋中晚期，残。圆锥体，通长5.1、直径0.18厘米，重0.7克（图六五六，8)。

详见附表156。

附表156　　**玉皇庙墓地出土青铜针统计表**

序号	器物号（YYM）	数量	通长（厘米）	最大径（厘米）	重量（克）	备　注
1	300:23	1	5	0.15	0.2	残
2	4:5	1	5.8	0.15	0.6	残
3	9:6	1	7.6	0.18	1.4	残
4	279:4	1	7.3	0.2	1.6	残
5	97:6	1	3.4	0.13	0.7	方锥体
6	256:2	1	7.3	0.13	1.1	弯折
7	65:2	1	7.3	0.1	0.2	折断
8	81:3	1	5.1	0.18	0.7	残
合　计				共8座墓　8件		

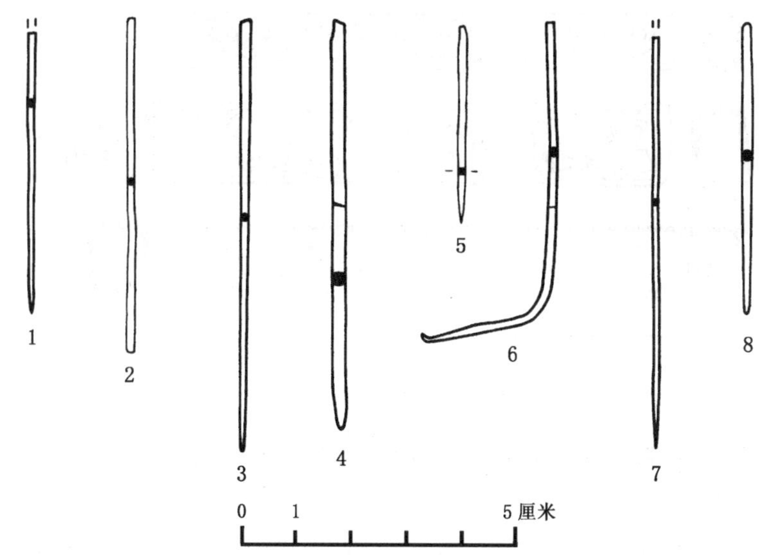

图六五六　玉皇庙墓地出土青铜针

1－8.（YYM300:23、4:5、9:6、279:4、97:6、256:2、65:2、81:3）

讨论

出土青铜针的8座墓葬，分别分布在北Ⅰ区中部3座（YYM300、4、9），北Ⅱ区北部2座（YYM279、97）、中部2座（YYM256、65）和南部1座（YYM81），分别属于春秋早期（3件）、春秋早中期（2件）、春秋中期（2件）和春秋中晚期（1件），春秋晚期未见。从性别看，8座墓葬中有6座为女性墓（YYM4、9、279、97、256、81），占出土青铜针墓葬总数的75%，另2座为男性墓（YYM300、65），占出土铜针墓葬总数的25%。级别较高的乙级墓有5座，其中乙（A）级2座（YYM300、256）、乙（B）级3座（YYM279、65、81），级别较低的丙级墓有3座，包括丙（A）级（YYM4）、丙（B）级（YYM97）和丙（C）级（YYM9）墓各1座，未见最高级别的甲级和最低级别的丁级墓。由此推断，铜针应是存在于春秋中期以前、主要由中等身份女性使用的小件工具。

锥（针）管具　青铜锥（针）管具，是用于盛装青铜锥、针，或骨针的器具，类同鞘具。两端相通，未有底盖，所盛放的锥、针，均以麻布或软皮包裹，然后装入其中，外面再套以皮囊，易于随身携带，便于随时取用。既可保护锥、针之类免遭折损，又可保护人体安全。其功能从出土情况可以看出。YYM10:9、YYM98:11和YYM264:8管具内各插装铜锥1件，YYM22:17、YYM179:5管内装有骨针1枚，YYM2:19管内装有皮囊，皮子上布满针眼。

玉皇庙墓地共出土92件青铜锥（针）管具，占玉皇庙墓地出土青铜工具总数的21.7%；分别出自92座墓葬，每墓1件，墓号为：YYM22、20、35、32、34、19、17、2、18、13、300、11、10、280、98、250、282、230、233、231、241、264、99、226、252、275、263、42、266、256、261、272、49、48、95、190、125、188、52、54、6、102、212、86、83、148、220、213、210、209、206、197、179、178、151、153、142、145、143、117、105、74、75、76、202、176、156、158、167、168、134、133、131、122、124、126、111、171、108、312、164、160、175、161、129、174、334、344、348、349、373、370，占玉皇庙墓地墓葬总数的23%。青铜锥（针）管具以三范合铸的方式制成，大多为长方形，圆筒形和菱形者极少。按锥（针）管具的形制差异，可将其分为3型14亚型

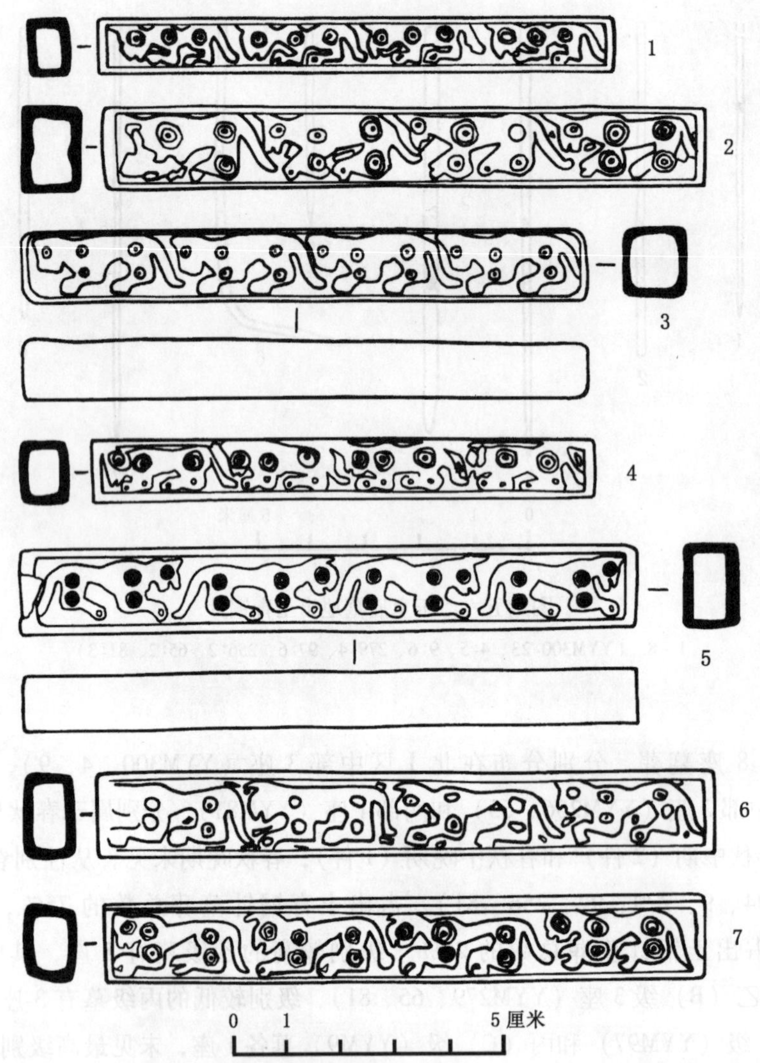

图六五七　玉皇庙墓地出土青铜锥（针）管具

1、2、3、4、5、6、7. Ⅰa型（YYM22:17、20:12、35:5、34:8、2:19、13:7、11:5）

3式。

Ⅰ型　长方体

共84件，占玉皇庙墓地出土锥（针）管具总数的91.3%，数量上占绝对优势。根据模铸纹饰，又可将Ⅰ型锥（针）管具分为14个亚型。

Ⅰa型　正背两面铸四虎纹

共17件，即YYM22:17、YYM20:12、YYM35:5、YYM34:8、YYM2:19、YYM13:7、YYM300:21、YYM11:5、YYM10:9、YYM280:11、YYM98:11、YYM99:10、YYM275:22、YYM263:12、YYM272:6、YYM49:11、YYM75:11，占Ⅰ型锥（针）管具总数的20.2%。

标本YYM22:17，这是年代最早的Ⅰa型锥（针）管具，属于春秋早期。重21.5克，通长9.5、宽1、厚0.7厘米，管口内径0.7×0.5厘米（图六五七，1；图版三二一，5）。

标本YYM20:12，重34.9克，通长11、宽1.5、厚1、管口内径1.2×0.8厘米（图六五七，2；

图版三二二，1）。

标本 YYM35:5，重41.6克，通长10.5、宽1.2、厚0.9、管口内径0.9×0.7厘米（图六五七，3；图版三二二，8）。

标本 YYM34:8，重29.3克，通长9.2、宽1.1、厚0.8、管口内径0.9×0.7厘米（图六五七，4；图版三二一，3）。

标本 YYM2:19，重60.6克，通长11.5、宽1.5、厚1、管口内径1.4×0.8厘米（图六五七，5）。

标本 YYM13:7，重38.2克，通长11.3、宽1.4、厚1、管口内径1.2×0.7厘米（图六五七，6；彩版六一，1；图版三二一，1）。

标本 YYM300:21，重48.4克，通长11.3、宽1.5、厚1.1、管口内径1.2×0.8厘米（图六五八，1；彩版六一，3；图版三二二，3）。

标本 YYM11:5，重52克，通长11.1、宽1.3、厚0.9、管口内径1.1×0.7厘米（图六五七，7）。

标本 YYM10:9，重51克，通长10.9、宽1.4、厚1、管口内径1×0.6厘米（图六五八，2；彩版六一，2；图版三二一，2）。

标本 YYM280:11，重49克，通长11.3、宽1.4、厚1、管口内径1.2×0.8厘米（图六五八，3；图版三二二，6）。

标本 YYM98:11，重21.5克，通长9.6、宽1、厚0.7、管口内径0.9×0.5厘米（图六五八，4）。

标本 YYM99:10，重48克，通长11.4、宽1.5、厚1、管口内径1.3×0.7厘米（图六五八，5；图版三二二，7）。

标本 YYM275:22，重42克，通长9.3、宽1、厚0.7、管口内径0.8×0.5厘米（图六五八，6；图版三二一，4）。

标本 YYM263:12，重40克，通长11.1、宽1.4、厚1.1、管口内径1.2×0.7厘米（图六五九，1；图版三二二，2）。

标本 YYM272:6，重60克，通长11.2、宽1.4、厚1.1、管口内径1.2×0.8厘米（图六五九，2；图版三二一，6）。

标本 YYM49:11，重43克，通长11.1、宽1.5、厚1.1、管口内径1.1×0.7厘米（图六五九，3；图版三二二，4）。

标本 YYM75:11，这是年代最晚的Ⅰa型锥（针）管具，属于春秋晚期前段。重33.4克，通长10.8，宽1.3，厚1，管口内径1.1×0.8厘米（图六五九，4；图版三二一，7）。

Ⅰb型 正背两面铸变体马纹

共17件，即 YYM32:6、YYM19:14、YYM282:5、YYM230:5、YYM264:8、YYM252:12、YYM266:10、YYM261:23、YYM95:6、YYM190:9、YYM188:12、YYM6:7、YYM86:10、YYM83:7、YYM179:5、YYM178:13、YYM142:15，占Ⅰ型锥（针）管具总数的20.2%。

标本 YYM32:6，这是年代最早的Ⅰb型锥（针）管具，属于春秋早期。重58.2克，通长10.4、宽1.1、厚1厘米，管口内径0.9×0.7厘米（图六五九，5；彩版六二，1）。

标本 YYM19:14，重24.1克，通长10.5、宽0.9、厚0.7、管口内径0.8×0.6厘米（图六五九，6；图版三二三，2）。

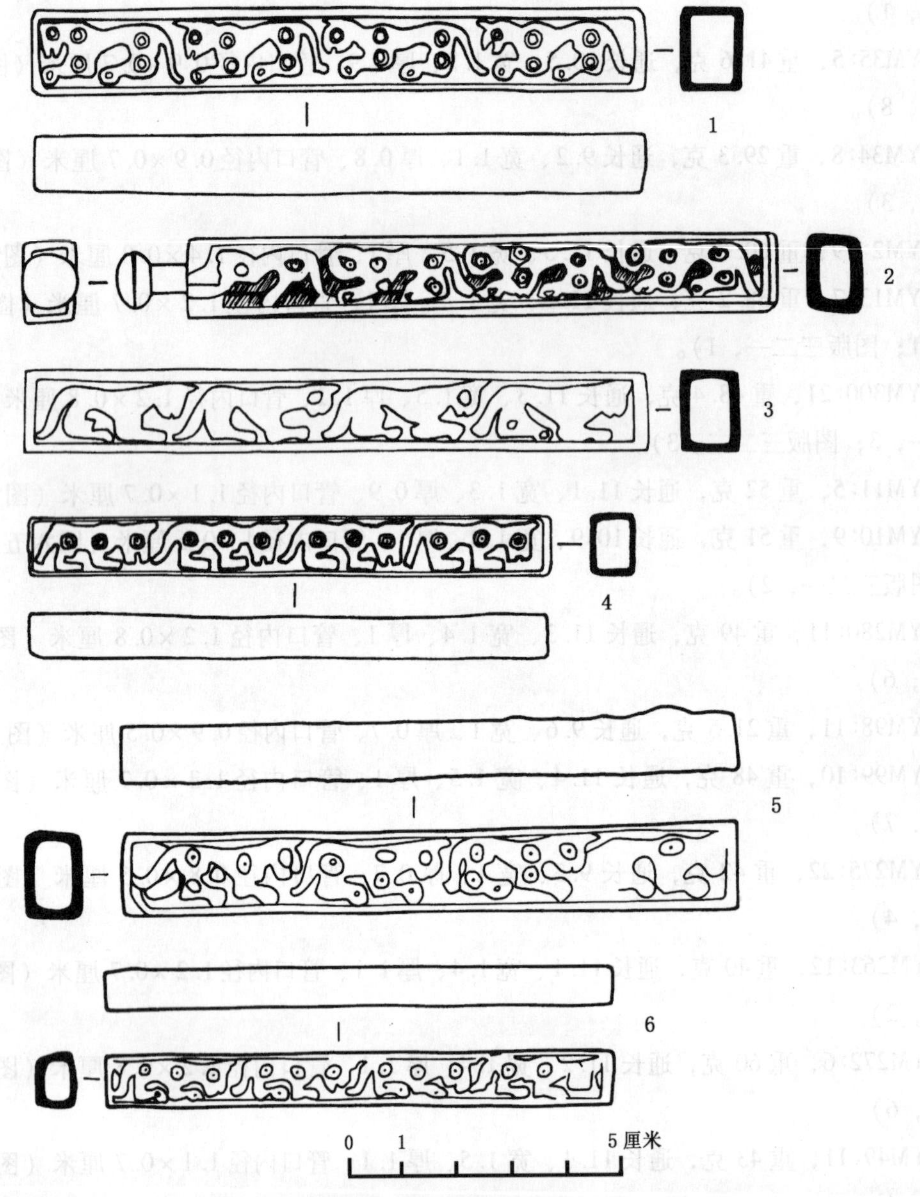

图六五八 玉皇庙墓地出土青铜锥（针）管具
1、2、3、4、5、6. Ⅰa型（YYM300:21、10:9、280:11、98:11、99:10、275:22）

标本 YYM282:5，重 47 克，通长 9.6、宽 1、厚 0.8、管口内径 0.75×0.5 厘米（图六五九，7）。

标本 YYM230:5，重 27 克，通长 9、宽 0.9、厚 0.7、管口内径 0.7×0.4 厘米（图六六〇，1）。

标本 YYM264:8，重 25.6 克，通长 8.8、宽 1、厚 0.7、管口内径 0.8×0.4 厘米（图六六〇，2；图版三二四，5）。

标本 YYM252:12，重 47.4 克，通长 9.9、宽 1.2、厚 0.8、管口内径 1×0.5 厘米（图六六〇，3；图版三二三，3）。

标本 YYM266:10，重 35.8 克，通长 10.4、宽 1、厚 0.8、管口内径 0.8×0.6 厘米（图六六〇，4；图版三二四，1）。

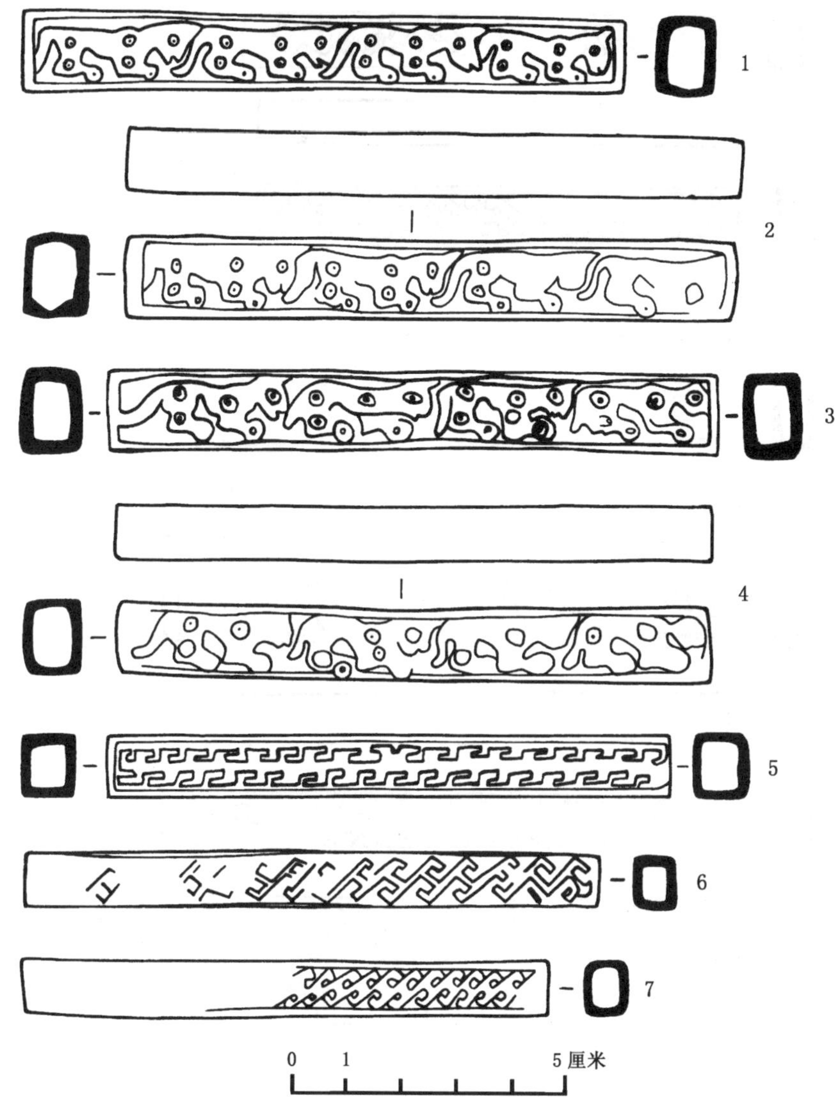

图六五九　玉皇庙墓地出土青铜锥（针）管具
1、2、3、4. Ⅰa型（YYM263:12、272:6、49:11、75:11）
5、6、7. Ⅰb型（YYM32:6、19:14、282:5）

标本 YYM261:23，重27.5克，通长10.3、宽1、厚0.9、管口内径0.8×0.75厘米（图六六〇，5；图版三二三，4）。

标本 YYM95:6，重36克，通长10.4、宽1.1、厚0.8、管口内径0.9×0.5厘米（图六六〇，6；彩版六二，2；图版三二四，2）。

标本 YYM190:9，重44.3克，通长10.8、宽0.9、厚1、管口内径0.7×0.7厘米（图六六一，1；图版三二三，1）。

标本 YYM188:12，重33.3克，通长9.7、宽0.9、厚0.8、管口内径0.7×0.6厘米（图六六一，2；图版三二三，5）。

标本 YYM6:7，重31.2克，通长9.5、宽1、厚0.8、管口内径0.7×0.6厘米（图六六一，3；图

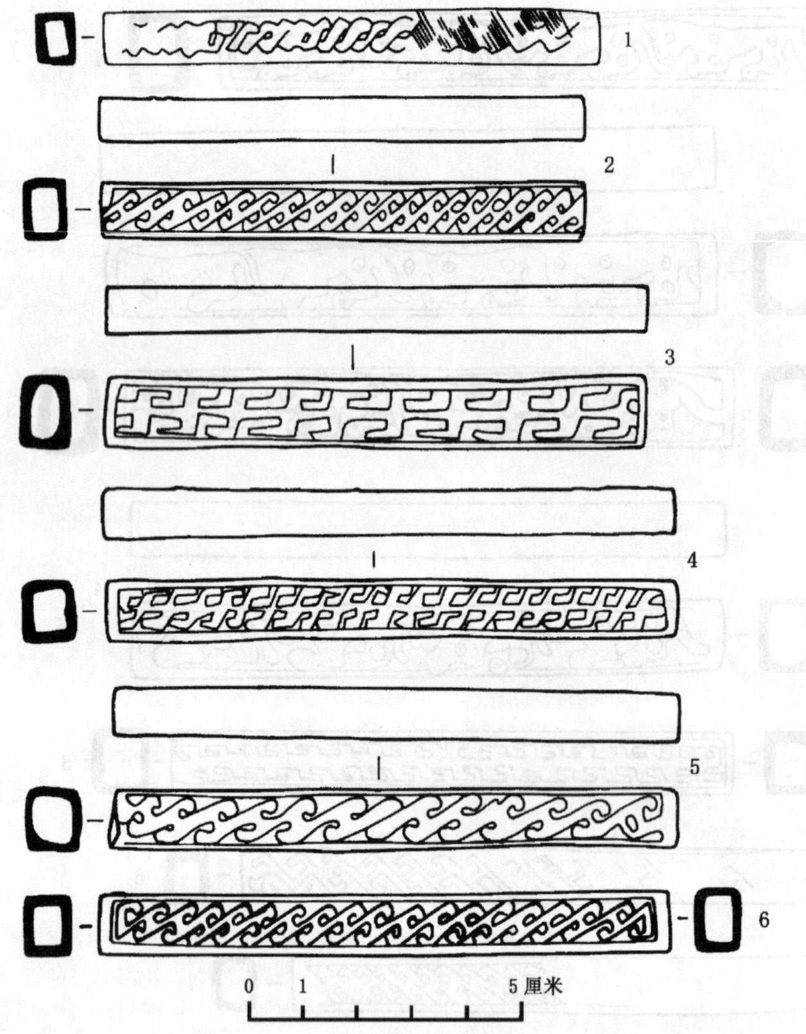

图六六〇 玉皇庙墓地出土青铜锥（针）管具

1、2、3、4、5、6. Ⅰb型（YYM230:5、264:8、252:12、266:10、261:23、95:6）

版三二四，4）。

标本 YYM86:10，重 28.3 克，通长 10.2、宽 1.1、厚 0.7、管口内径 0.9×0.5 厘米（图六六一，4；图版三二四，3）。

标本 YYM83:7，重 25.4 克，通长 9.1、宽 1、厚 0.8、管口内径 0.7×0.5 厘米（图六六一，5；图版三二三，7）。

标本 YYM179:5，重 34.8 克，通长 10.3、宽 1.1、厚 0.8、管口内径 0.9×0.7 厘米（图六六一，6；图版三二四，7）。

标本 YYM178:13，重 30.2 克，通长 10.3、宽 1、厚 0.7、管口内径 0.9×0.6 厘米（图六六二，1；图版三二三，6）。

标本 YYM142:15，这是年代最晚的Ⅰb 型锥（针）管具，属于春秋晚期前段。重 24.2 克，通长 10.3、宽 1、厚 0.7、管口内径 0.8×0.5 厘米（图六六二，2）。

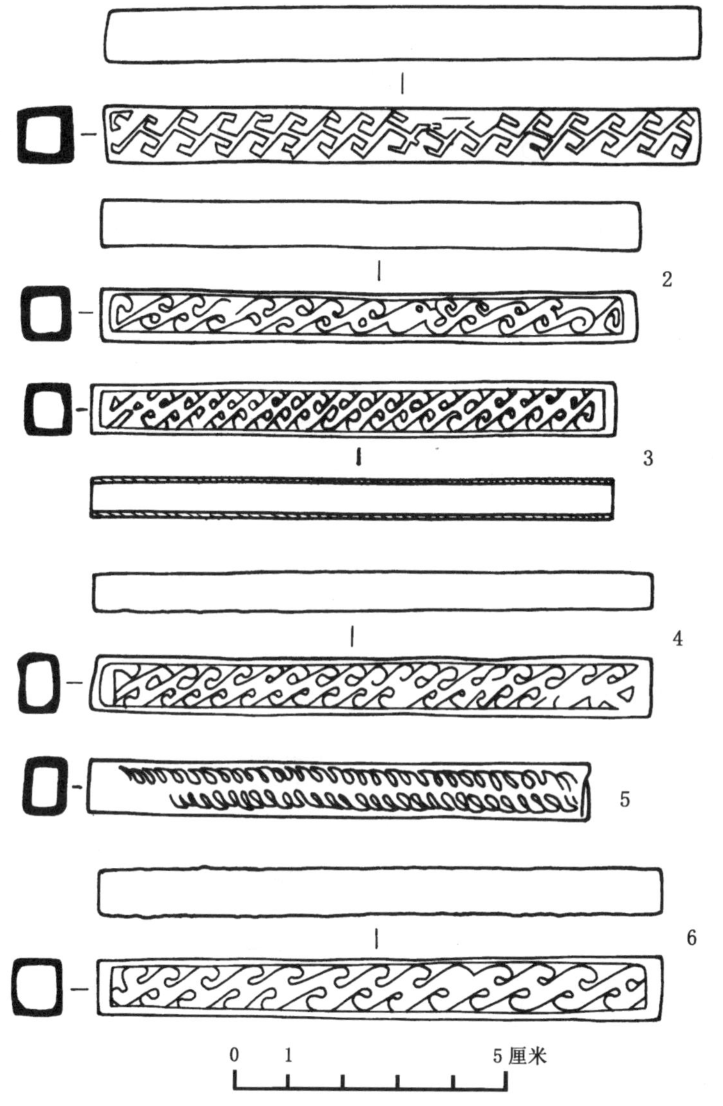

图六六一　玉皇庙墓地出土青铜锥（针）管具
1、2、3、4、5、6. Ⅰb型（YYM190:9、188:12、6:7、86:10、83:7、179:5）

Ⅰc型　四面铸变体马纹

1件，占Ⅰ型锥（针）管具总数的1.2%。标本YYM18:20，属于春秋早期。正背面为方折宽带阳纹，两侧面为圆折单线阴纹。重31.6克，通长10.6、宽1.1、厚0.8、管口内径0.8×0.6厘米（图六六二，3）。

Ⅰd型　四面均模铸纹饰，相对两面铸四虎纹，另两面铸变体马纹

共6件，即YYM233:5、YYM256:14、YYM48:5、YYM125:14、YYM153:4、YYM105:9，占Ⅰ型锥（针）管具总数的7.1%。

标本YYM233:5，这是年代最早的Ⅰd型锥（针）管具，属于春秋早中期。重32克，通长9.3、宽1.1、厚0.8、管口内径0.8×0.6厘米（图六六二，4）。

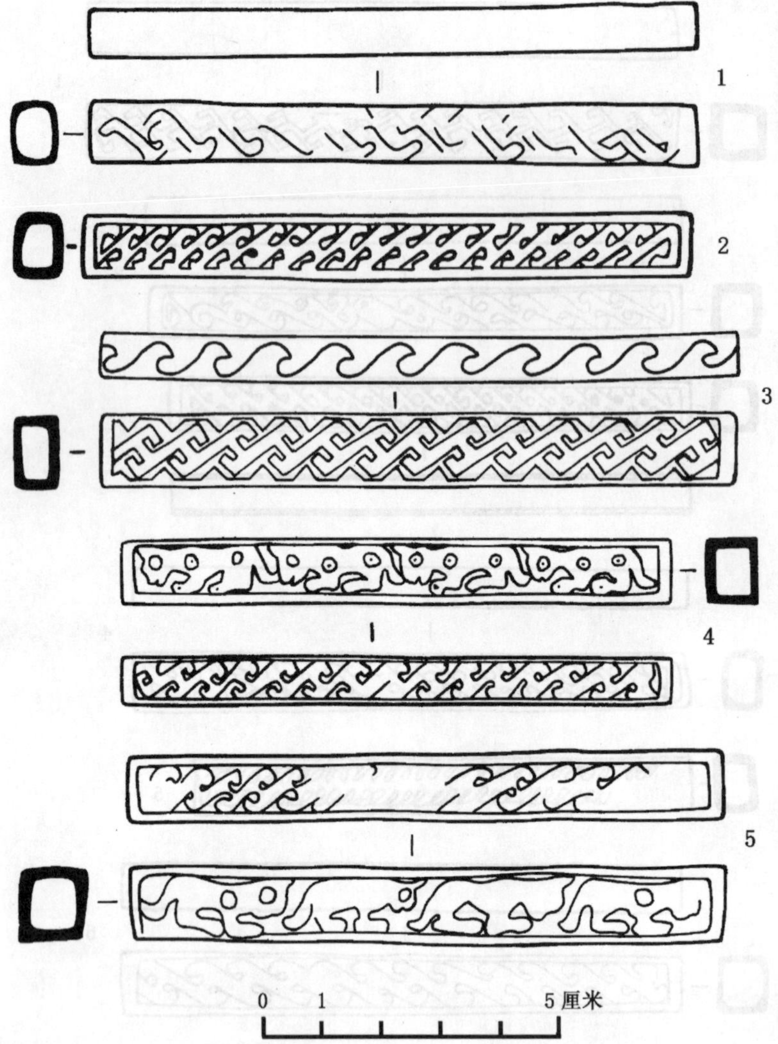

图六六二 玉皇庙墓地出土青铜锥（针）管具

1、2. Ⅰb 型（YYM178:13、142:15） 3. Ⅰc 型（YYM18:20）

4、5. Ⅰd 型（YYM233:5、256:14）

标本 YYM256:14，重 50.7 克，通长 10.1、宽 1.2、厚 1、管口内径 0.9×0.8 厘米（图六六二，5；图版三二四，8）。

标本 YYM48:5，重 39.7 克，通长 10.1、宽 1.2、厚 1、管口内径 1×0.8 厘米（图六六三，1；图版三二二，5）。

标本 YYM125:14，重 33.6 克，通长 10.1、宽 1.2、厚 1、管口内径 1×0.8 厘米（图六六三，2；图版三二四，6）。

标本 YYM153:4，重 51 克，通长 10.1、宽 1.2、厚 1、管口内径 0.9×0.7 厘米（图六六三，3；图版三二五，1）。

标本 YYM105:9，这是年代最晚的 Ⅰd 型锥（针）管具，属于春秋晚期前段。重 35.5 克，通长 10.2、宽 1.3、厚 1.1、管口内径 1.1×0.9 厘米（图六六三，4）。

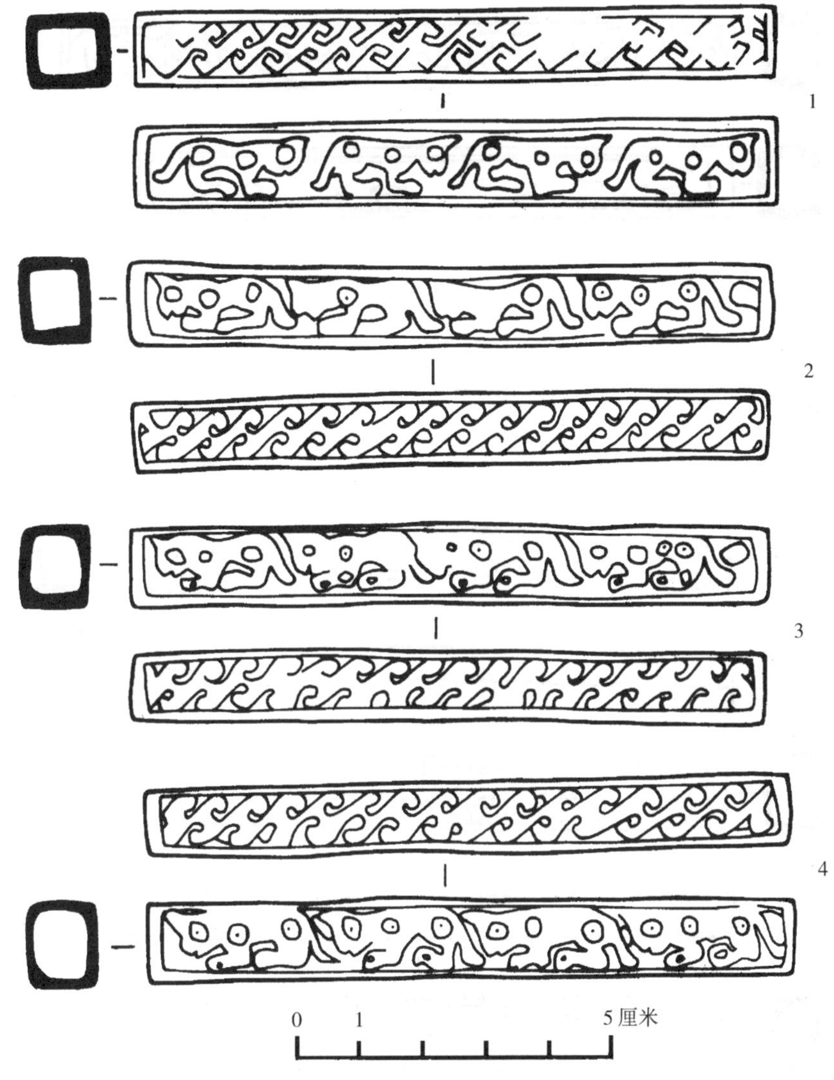

图六六三 玉皇庙墓地出土青铜锥（针）管具

1、2、3、4. Ⅰd型（YYM48:5、125:14、153:4、105:9）

Ⅰe型 正、背两面铸斜向回纹

共2件，即YYM231:10、YYM175:9，占Ⅰ型锥（针）管具总数的2.4%。

标本YYM231:10，这是较早的Ⅰe型锥（针）管具，属于春秋早中期。重26.7克，通长8.9、宽1、厚0.9，管口内径0.8×0.5厘米（图六六五，1）。

标本YYM175:9，这是较晚的Ⅰe型锥（针）管具，属于春秋晚期后段。重16.2克，通长9.1、宽1.1、厚0.5、管口内径0.9×0.4厘米（图六六五，2）。

Ⅰf型 正、背两面铸四犬纹

共5件，即YYM42:7、YYM148:8、YYM210:5、YYM151:9、YYM133:11，占Ⅰ型锥管总数的6%。

标本YYM42:7，这是年代最早的Ⅰf型锥（针）管具，属于春秋中期。重36.7克，通长10.3、宽1.1、厚0.8、管口内径0.8×0.5厘米（图六六四，1；彩版六一，4；图版三二五，2）。

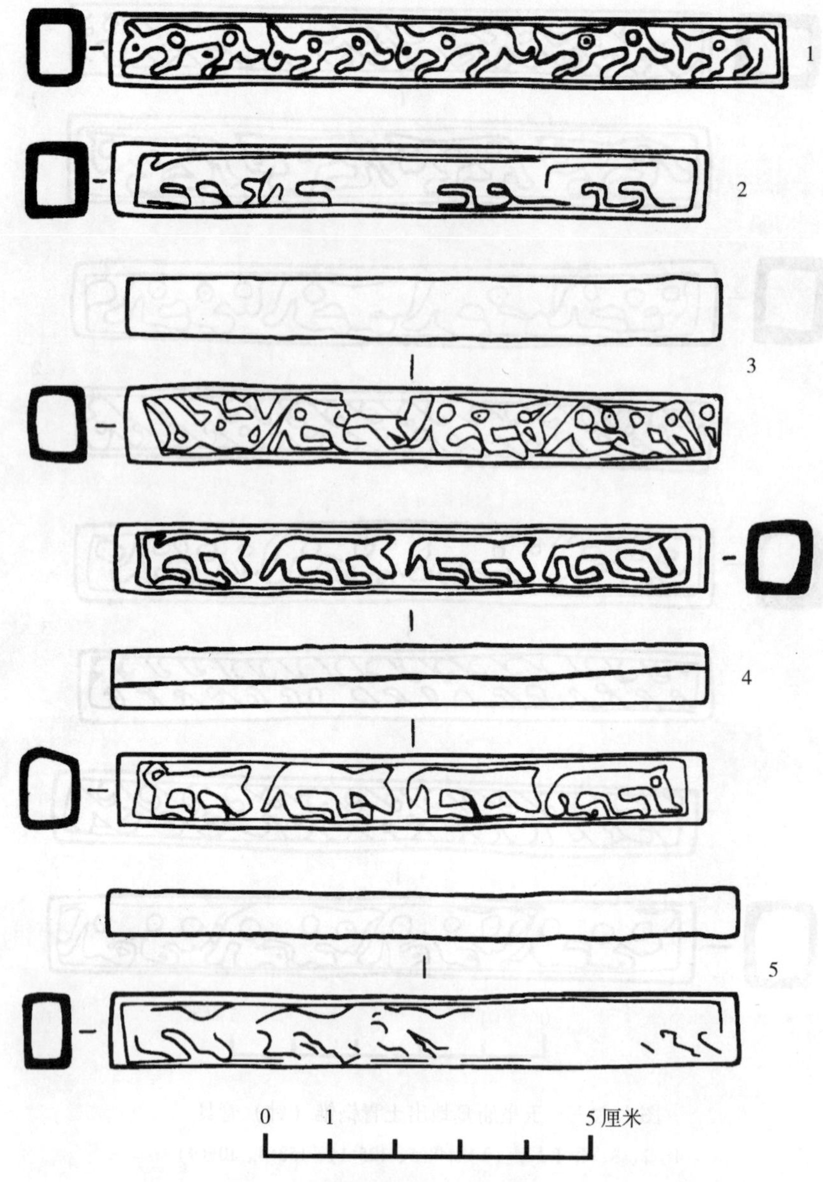

图六六四　玉皇庙墓地出土青铜锥（针）管具

1、2、3、4、5. Ⅰf型（YYM42:7、148:8、210:5、151:9、133:11）

标本 YYM148:8，重25.7克，通长9、宽1、厚0.8、管口内径0.9×0.7厘米（图六六四，2）。

标本 YYM210:5，重27.5克，通长9、宽1、厚0.9、管口内径0.9×0.7厘米（图六六四，3；图版三二五，4）。

标本 YYM151:9，重25.5克，通长9.1、宽1、厚0.8、管口内径0.9×0.7厘米（图六六四，4；图版三二五，3）。

标本 YYM133:11，这是时间最晚的Ⅰf型锥（针）管具，属于春秋晚期前段。重15.6克，通长9.7、宽1.1、厚0.6、管口内径0.9×0.5厘米（图六六四，5）。

Ⅰg型　正、背两面铸“人”字纹

共10件，即 YYM52:7、YYM168:10、YYM122:5、YYM164:5、YYM129:7、YYM334:4、YYM344

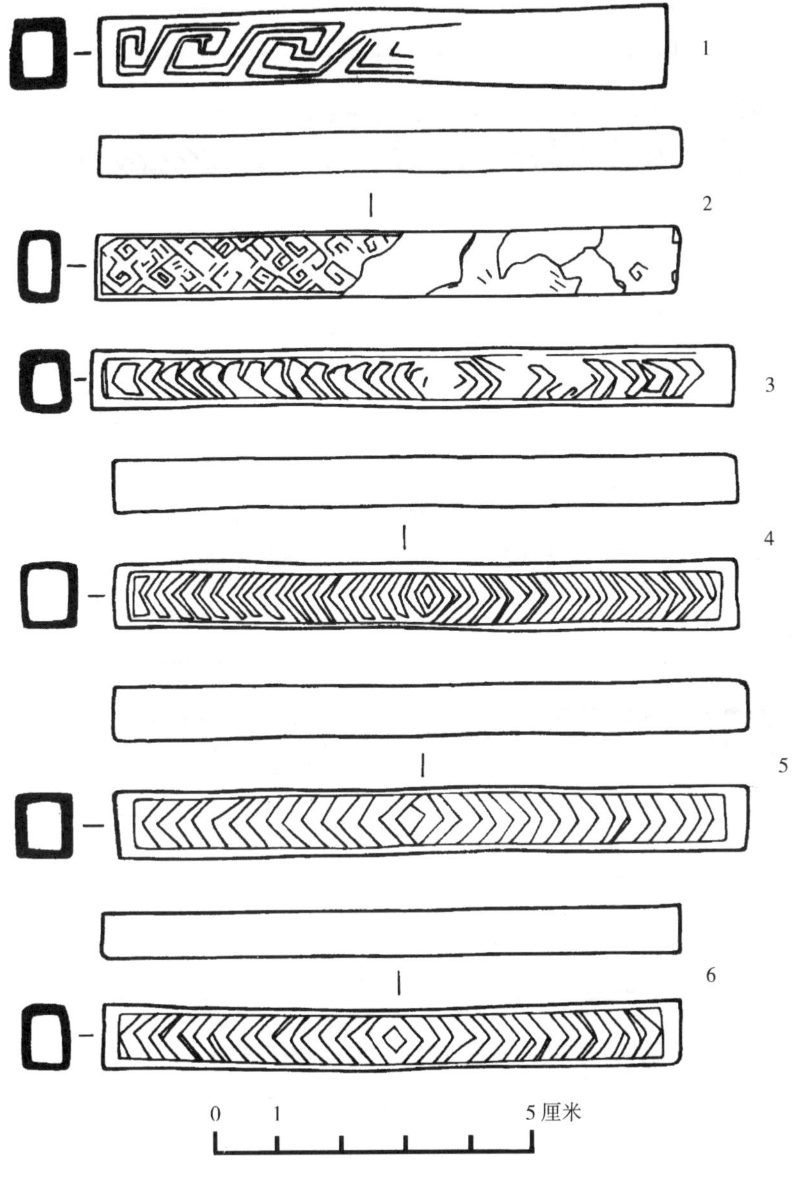

图六六五　玉皇庙墓地出土青铜锥（针）管具

1、2. Ⅰe型（YYM231:10、175:9）

3、4、5、6. Ⅰg型（YYM52:7、168:10、122:5、164:5）

:4、YYM349:8、YYM373:9、YYM370:7，占Ⅰ型锥（针）管具总数的11.9%。

标本YYM52:7，这是年代最早的Ⅰg型锥（针）管具，属于春秋中期。重26.5克，通长10.1、宽0.9、厚0.7、管口内径0.7×0.5厘米（图六六五，3；图版三二五，5）。

标本YYM168:10，重23克，通长9.9、宽1、厚0.8、管口内径1.1×0.9厘米（图六六五，4；图版三二五，7）。

标本YYM122:5，重24.4克，通长9.9、宽1、厚0.8、管口内径0.8×0.6厘米（图六六五，5；图版三二五，6）。

标本YYM164:5，重17.2克，通长9.2、宽1、厚0.7、管口内径0.7×0.5厘米（图六六五，6；

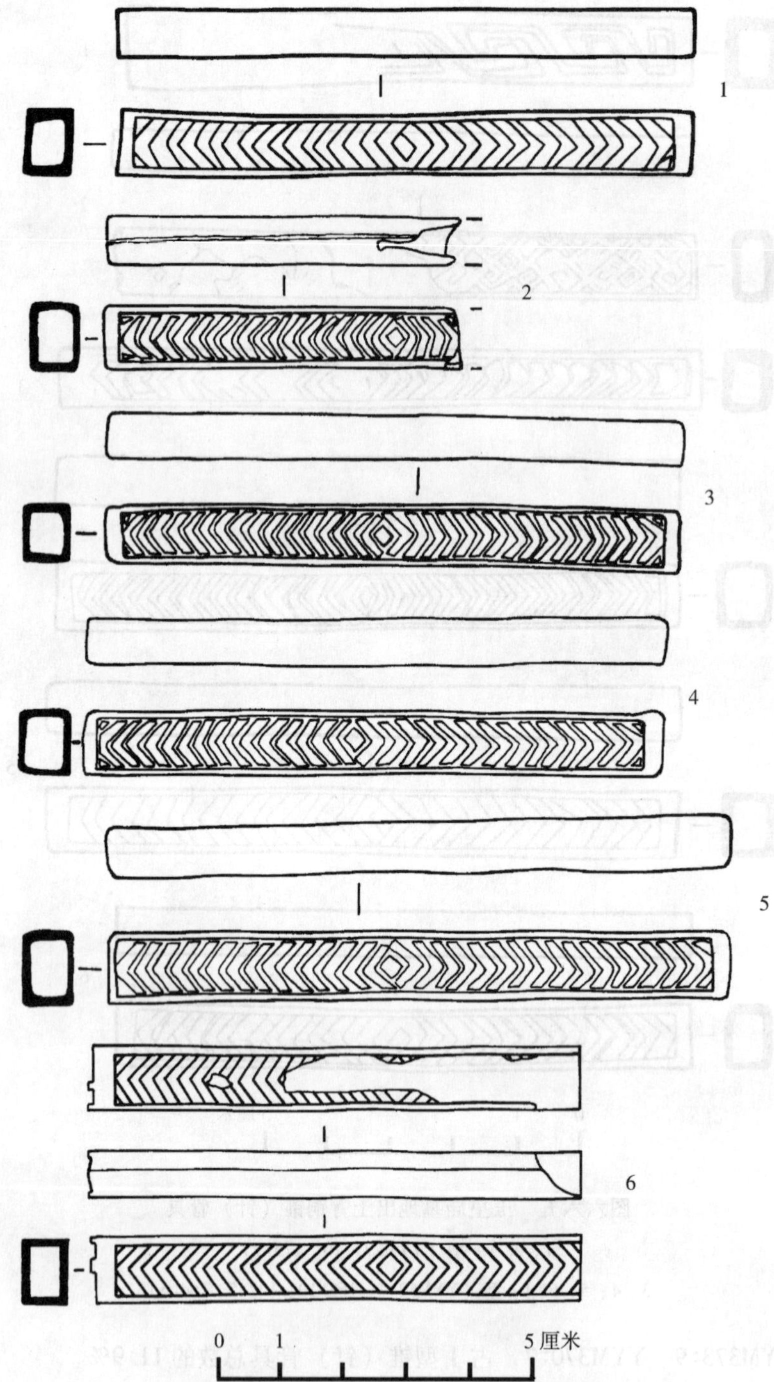

图六六六　玉皇庙墓地出土青铜锥（针）管具

1、2、3、4、5、6. Ⅰg型（YYM129:7、334:4、344:10、349:8、373:9、370:7）

图版三二五，8）。

标本 YYM129:7，重 16.5 克，通长 9.1、宽 0.9、厚 0.7、管口内径 0.8×0.5 厘米（图六六六，1；图版三二六，1）。

标本 YYM334:4，重 11.1 克，残长 5.6、宽 0.9、厚 0.7、管口内径 0.8×0.6 厘米（图六六六，

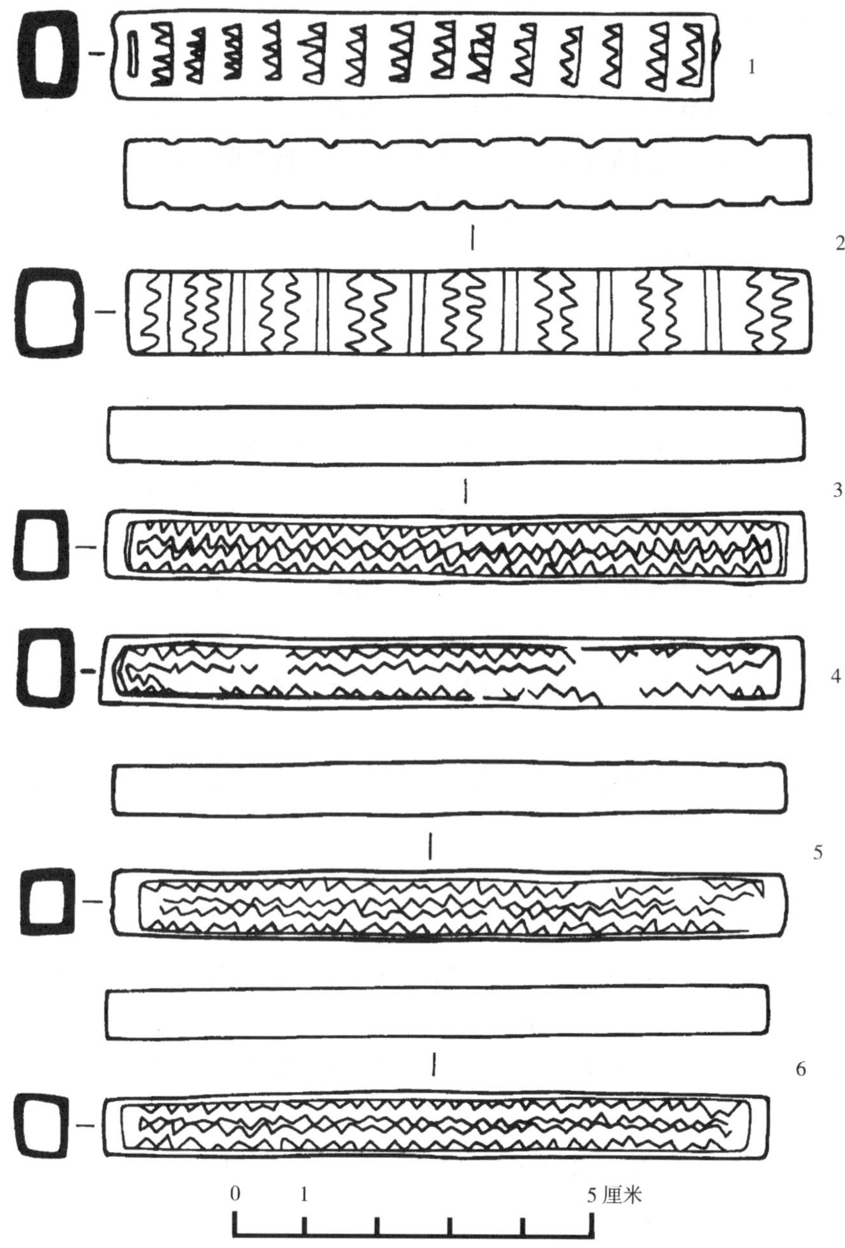

图六六七　玉皇庙墓地出土青铜锥（针）管具

1、2. Ⅰh型（YYM54:6、212:8）　3、4、5、6. Ⅰi型（YYM220:9、145:9、74:10、76:8）

2）。

标本YYM344:10，重20.1克，通长9.1、宽0.9、厚0.7、管口内径0.75×0.5厘米（图六六六，3；图版三二六，2）。

标本YYM349:8，重18克，通长9.2、宽0.9、厚0.7、管口内径0.8×0.6厘米（图六六六，4）。

标本YYM373:9，重27.6克，通长9.8、宽1、厚0.8、管口内径0.8×0.6厘米（图六六六，5；图版三二六，3）。

标本YYM370:7，这是年代最晚的Ⅰg型锥（针）管具，属于春秋晚期后段。重16克，残长7.7、宽1、厚0.7、管口内径0.8×0.5厘米（图六六六，6）。

Ⅰh型　正、背两面铸山形纹

共2件（YYM54:6、YYM212:8），占Ⅰ型锥管总数的2.4%。

标本YYM54:6，这是较早的Ⅰh型锥（针）管具，属于春秋中期。重17.5克，通长8.3、宽1.1、厚0.7、管口内径0.9×0.5厘米（图六六七，1；图版三二六，4）。

标本YYM212:8，这是较晚的Ⅰh型锥（针）管具，属于春秋中晚期。重29.7克，通长9.5、宽1.1、厚0.9、管口内径1×0.7厘米（图六六七，2；彩版六二，3；图版三二六，5）。

Ⅰi型　正背两面铸波折纹

共16件，即YYM220:9、YYM145:9、YYM74:10、YYM76:8、YYM202:8、YYM176:9、YYM158:4、YYM167:10、YYM131:5、YYM124:17、YYM126:7、YYM171:9、YYM108:5、YYM312:5、YYM161:5、YYM348:7，占Ⅰ型锥管总数的19%。

标本YYM220:9，这是最早的Ⅰi型锥（针）管具，属于春秋晚期前段。重18.1克，通长9.8、宽0.9、厚0.7，管口内径0.8×0.6厘米（图六六七，3；图版三二六，6）。

标本YYM145:9，重19克，通长9.8、宽0.9、厚0.7、管口内径0.8×0.5厘米（图六六七，4）。

标本YYM74:10，重17.8克，通长9.4、宽0.9、厚0.7、管口内径0.6×0.5厘米（图六六七，5；图版三二七，4）。

标本YYM76:8，重16.4克，通长9.3、宽0.8、厚0.7、管口内径0.7×0.5厘米（图六六七，6；图版三二八，1）。

标本YYM202:8，重16.5克，通长9.3、宽0.8、厚0.7、管口内径0.7×0.5厘米（图六六八，1；图版三二七，1）。

标本YYM176:9，重23.4克，通长9.8、宽1、厚0.7、管口内径0.9×0.6厘米（图六六八，2；图版三二六，7）。

标本YYM158:4，重18.4克，通长9.3、宽0.9、厚0.7、管口内径0.6×0.5厘米（图六六八，3；图版三二七，5）。

标本YYM167:10，重16.5克，通长9.3、宽0.8、厚0.6、管口内径0.6×0.5厘米（图六六八，4；图版三二七，7）。

标本YYM131:5，重24克，通长9.3、宽0.9、厚0.7、管口内径0.7×0.5厘米（图六六八，5；图版三二七，6）。

标本YYM124:17，重19.5克，通长9.8、宽0.9、厚0.7、管口内径0.7×0.5厘米（图六六八，6；图版三二六，8）。

标本YYM126:7，重18.5克，通长9.4、宽0.8、厚0.65、管口内径0.7×0.55厘米（图六六九，1；图版三二七，2）。

标本YYM171:9，重20克，通长9.3、宽0.9、厚0.7、管口内径0.7×0.5厘米（图六六九，2；图版三二七，3）。

标本YYM108:5，重23.8克，通长9.8、宽0.9、厚0.7、管口内径0.8×0.5厘米（图六六九，3；图版三二七，8）。

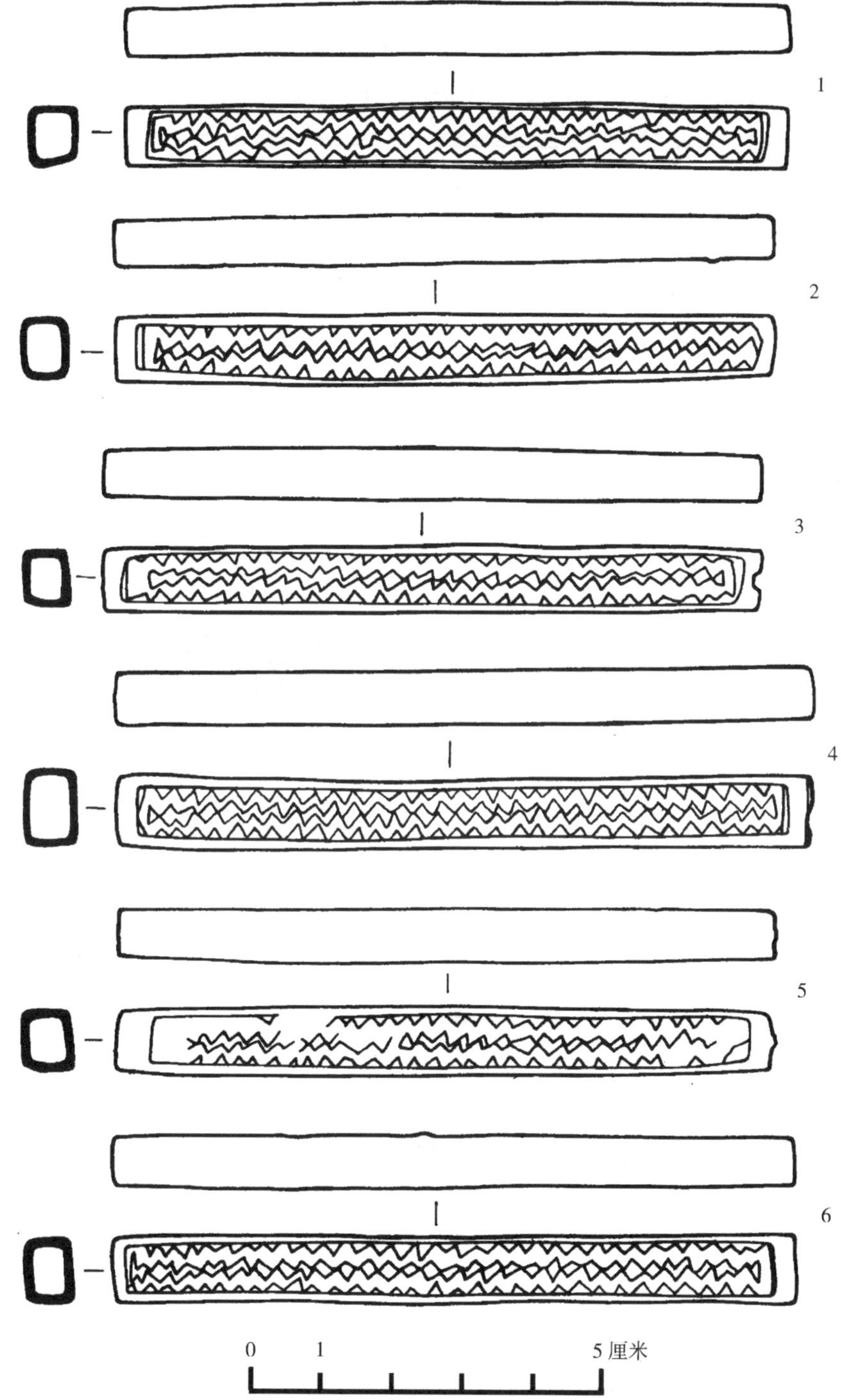

图六六八　玉皇庙墓地出土青铜锥（针）管具

1、2、3、4、5、6. Ⅰi型（YYM202:8、176:9、158:4、167:10、131:5、124:17）

标本YYM312:5，重21.8克，通长9.8、宽0.9、厚0.7、管口内径0.8×0.5厘米（图六六九，4）。

标本YYM161:5，重19.5克，通长9.2、宽0.9、厚0.6、管口内径0.8×0.5厘米（图六六九，5；

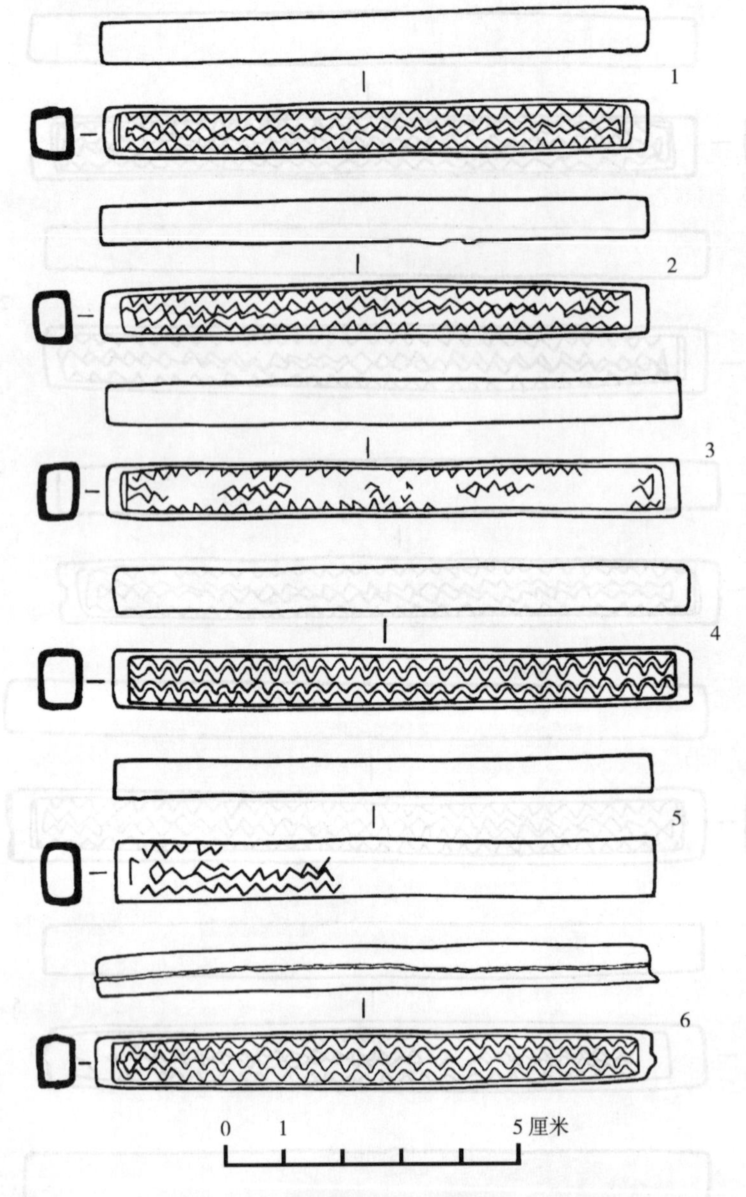

图六六九 玉皇庙墓地出土青铜锥（针）管具

1、2、3、4、5、6. Ⅰi型（YYM126:7、171:9、108:5、312:5、161:5、348:7）

图版三二八，2）。

标本YYM348:7，这是最晚的Ⅰi型锥（针）管具，属于春秋晚期后段。重18.5克，通长9.5、宽0.9、厚0.7、管口内径0.7×0.5厘米（图六六九，6）。

Ⅰj型 正、背两面铸“EO”纹

共2件，即YYM213:5、YYM206:7，均属于春秋晚期前段，占Ⅰ型锥（针）管具总数的2.4%。

标本YYM213:5，重30.6克，通长9.6、宽1.2、厚0.9、管口内径1×0.7厘米（图六七〇，1；图版三二八，3）。

标本YYM206:7，重26.5克，通长9.6、宽1.1、厚0.8、管口内径0.9×0.6厘米（图六七〇，2；

彩版六二，4；图版三二八，4）。

Ⅰk　正、背两面铸菱形纹和三角纹

1件，占Ⅰ型锥（针）管具总数的1.2%。标本YYM209:19，属于春秋晚期前段，重31.2克，残长8.3、宽0.9、厚0.9、管口内径0.8×0.6厘米（图六七〇，3）。

Ⅰl型　正背两面铸“W”纹

共2件，即YYMYYM197:7、YYM117:8，均属于春秋晚期前段，占Ⅰ型锥（针）管具总数的2.4%。

标本YYM197:7，重31.7克，通长9.8、宽1.1、厚0.8、管口内径0.9×0.6厘米（图六七〇，4；彩版六二，5；图版三二八，5）。

标本YYM117:8，重22克，通长10.1、宽1、厚0.8、管口内径0.9×0.7厘米（图六七〇，5；图版三二八，6）。

Ⅰm型　正、背两面铸五犬纹

1件，占Ⅰ型锥（针）管具总数的1.2%。标本YYM143:8，属于春秋晚期前段，重13.1克，通长9.6、宽1.1、厚0.6、管口内径0.9×0.4厘米（图六七一，1）。

Ⅰn型　正、背两面铸反“SO”纹

共2件，即YYM111:8、YYM160:9，占Ⅰ型锥（针）管具总数的2.4%。

标本YYM111:8，这是较早的Ⅰn型锥（针）管具，属于春秋晚期前段。重22.2克，残长9.8、宽1.1、厚0.8、管口内径0.9×0.6厘米（图六七一，2；图版三二八，7）。

标本YYM160:9，这是较晚的Ⅰn型锥（针）管具，属于春秋晚期后段。重28.5克，通长9.6、宽1.1、厚0.8、管口内径0.8×0.6厘米（图六七一，3；图版三二八，8）。

Ⅱ型　圆筒形

共7件，占玉皇庙墓地出土锥（针）管具总数的7.6%。根据纹饰，可将Ⅱ型锥（针）管具分为3个式别。

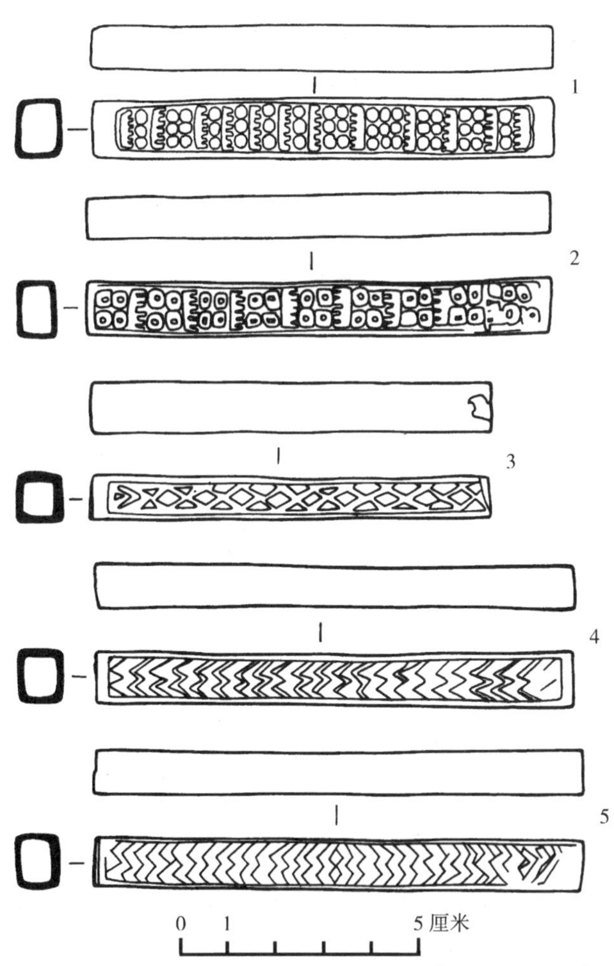

图六七〇　玉皇庙墓地出土青铜锥（针）管具
1、2. Ⅰj型（YYM213:5、206:7）　3. Ⅰj型（YYM209:19）
4、5. Ⅰl型（YYM197:7、117:8）

Ⅰ式　素面无纹

共4件，即YYM17:13、YYM250:15、YYM226:5、YYM102:14，占Ⅱ型锥（针）管具总数的57.1%。

标本YYM17:13，这是年代最早的Ⅱ型Ⅰ式锥（针）管具，属于春秋早期。重21.2克，通长9.6、

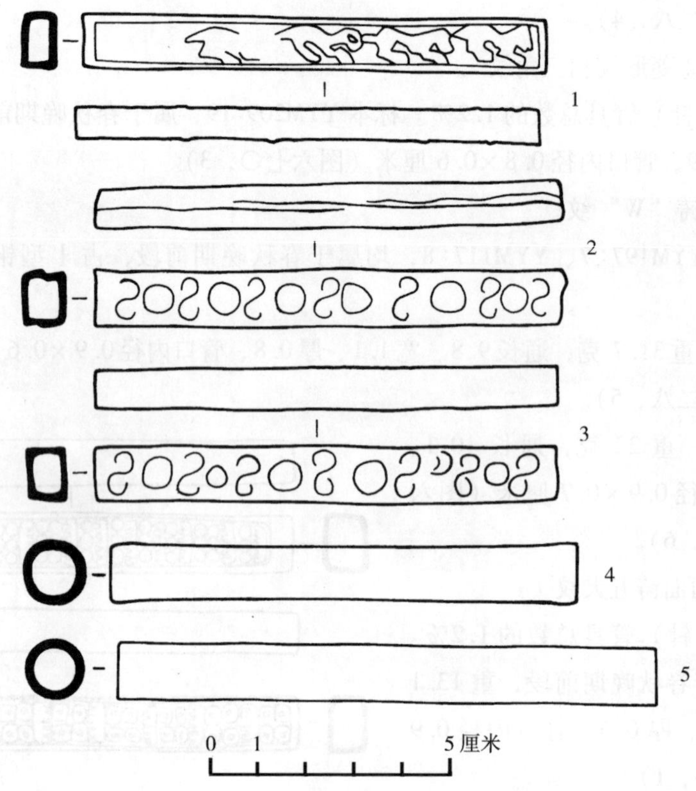

图六七一 玉皇庙墓地出土青铜锥（针）管具

1. Ⅰm型（YYM143:8） 2、3. Ⅰn型（YYM111:8、160:9） 4、5. Ⅱ型Ⅰ式（YYM17:13、250:15）

外径1.1、管口内径0.9厘米（图六七一，4；彩版六三，2；图版三二九，4）。

标本YYM250:15，重48克，通长11.2、外径1.1、管口内径0.9厘米（图六七一，5）。

标本YYM226:5，重21克，通长10.2、外径1、管口内径0.7厘米（图六七二，1；图版三二九，1）。

标本YYM102:14，这是年代最晚的Ⅱ型Ⅰ式锥（针）管具，属于春秋中期。重24.1克，通长9.7、口外径1.2、管口内径0.9厘米（图六七二，2；图版三二九，2）。

Ⅱ式 周身饰相间圆点纹和绹纹组合纹饰

1件，占Ⅱ型锥（针）管具总数的14.3%。标本YYM156:9，属于春秋晚期前段。重31.7克，通长10.8、外径1、管口内径0.9厘米（图六七二，3；彩版六三，4；图版三二九，6）。

Ⅲ式 周身饰竹节纹

共2件，即YYM134:5、YYM174:10，占Ⅱ型锥（针）管具总数的28.6%。

标本YYM134:5，这是较早的Ⅱ型Ⅲ式锥（针）管具，属于春秋晚期前段。重24.7克，通长10、外径1.1、管口内径0.85厘米（图六七二，4；彩版六三，3；图版三二九，5）。

标本YYM174:10，这是较晚的Ⅱ型Ⅲ式锥（针）管具，属于春秋晚期后段。重18.6克，通长9.7、外径1、管口内径0.7厘米（图六七二，5；彩版六三，1；图版三二九，3）。

Ⅲ型 菱形

1件，占玉皇庙锥（针）管具总数的1.1%。标本YYM241:11，属于春秋早中期。四面均铸四虎

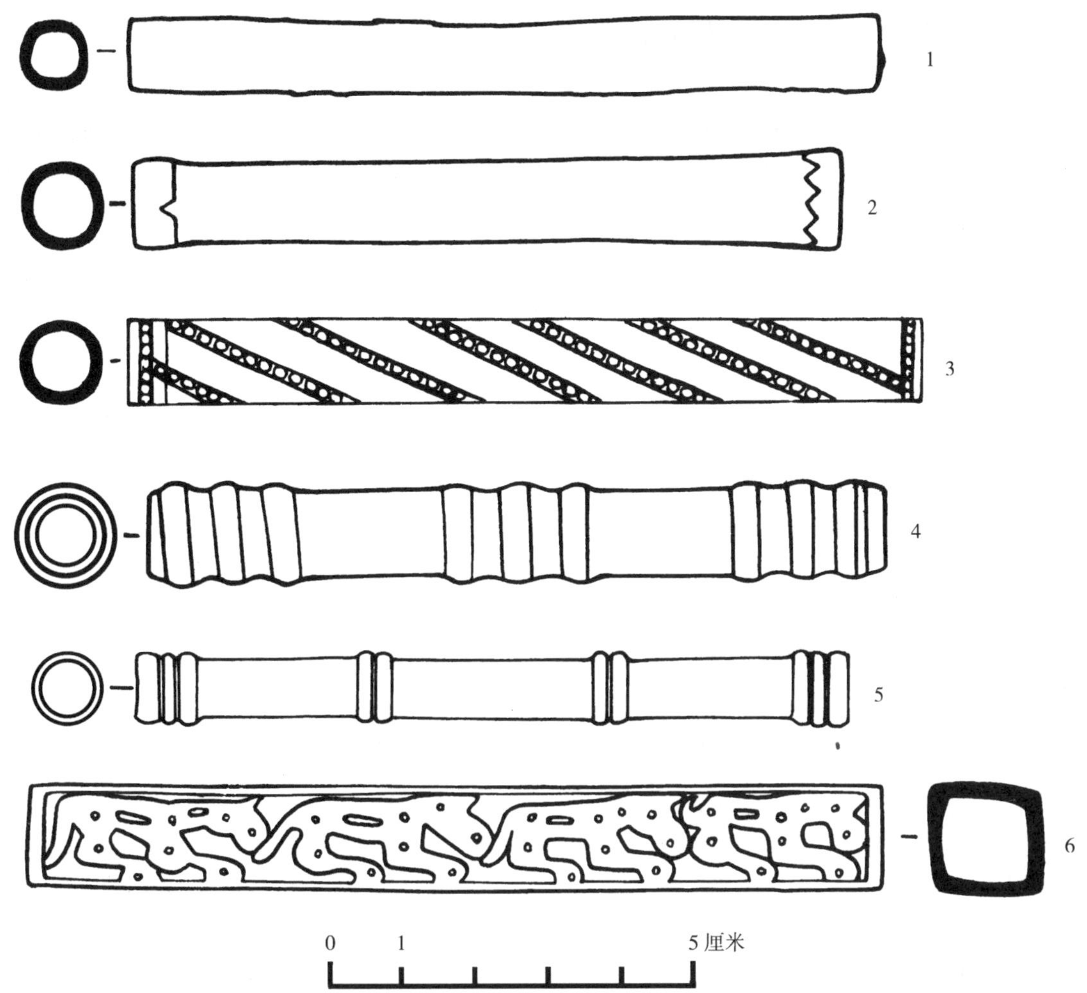

图六七二　玉皇庙墓地出土青铜锥（针）管具

1、2. Ⅱ型Ⅰ式（YYM226:5、102:14）　3. Ⅱ型Ⅱ式（YYM156:9）
4、5. Ⅱ型Ⅲ式（YYM134:5、174:10）　6. Ⅲ型（YYM241:11）

纹。重50克，通长11.8、宽1.5、厚1.5、管口内径1.3×1.3厘米（图六七二，6；彩版六三，5；图版三二九，7）。

详见附表157。

讨论

玉皇庙墓地出土青铜锥（针）管具的92座墓葬中，位于北Ⅰ区中部者12座（YYM22、20、35、32、34、19、17、2、18、13、11、10）、西部者1座（YYM300），此13座均属于春秋早期，占玉皇庙墓地出土青铜锥（针）管具墓葬总数的14.1%；位于北Ⅱ区北部者13座（YYM280、98、250、282、230、233、231、241、264、99、226、252、275），属于春秋早中期，占玉皇庙墓地出土青铜锥（针）管具墓葬总数的14.1%；位于北Ⅱ区中部者14座（YYM263、42、266、256、261、272、49、48、95、190、125、188、52、54）、北Ⅰ区南部者2座（YYM6、102），此16座均属于春秋中期，占玉皇庙墓

附表 157－1 **玉皇庙墓地出土青铜锥（针）管具统计表**

序号	器物号（YYM）	型	式	形状	重量（克）	规格（厘米）				纹饰	
						通长	宽	厚	口内径	正背面	两侧面
1	22:17	Ⅰa		长方	21.5	9.5	1	0.7	0.7×0.5	四虎纹（左）	
2	20:12	Ⅰa		长方	34.9	11	1.5	1	1.2×0.8	四虎纹（左）	
3	35:5	Ⅰa		长方	41.6	10.5	1.2	0.9	0.9×0.7	四虎纹（左）	
4	32:6	Ⅰb		长方	58.2	10.4	1.1	1	0.9×0.7	变体马纹（右）	
5	34:8	Ⅰa		长方	29.3	9.2	1.1	0.8	0.9×0.7	四虎纹（左）	
6	19:14	Ⅰb		长方	24.1	10.5	0.9	0.7	0.8×0.6	变体马纹（右）	
7	17:13	Ⅱ	Ⅰ	圆形	21.2	9.6	1.1		0.9	素面	
8	2:19	Ⅰa		长方	60.6	11.5	1.5	1	1.4×0.8	四虎纹（右）	
9	18:20	Ⅰc		长方	31.6	10.6	1.1	0.8	0.8×0.6	变体马纹（右）	变体马纹（右）
10	13:7	Ⅰa		长方	38.2	11.3	1.4	1	1.2×0.7	四虎纹（左）	
11	300:21	Ⅰa		长方	48.4	11.3	1.5	1.1	1.2×0.8	四虎纹（左）	
12	11:5	Ⅰa		长方	52	11.1	1.3	0.9	1.1×0.7	四虎纹（左）	
13	10:9	Ⅰa		长方	51	10.9	1.4	1	1×0.6	四虎纹（左）	
14	280:11	Ⅰa		长方	49	11.3	1.4	1	1.2×0.8	四虎纹（右）	
15	98:11	Ⅰa		长方	21.5	9.6	1	0.7	0.9×0.5	四虎纹(一面左一面右)	
16	250:15	Ⅱ	Ⅰ	圆形	48	11.2	1.1		0.9	素面	
17	282:5	Ⅰb		长方	47	9.6	1	0.8	0.75×0.5	变体马纹（右）	
18	230:5	Ⅰb		长方	27	9	0.9	0.7	0.7×0.4	变体马纹（右）	
19	233:5	Ⅰd		长方	32	9.3	1.1	0.8	0.8×0.6	四虎纹（左）	变体马纹（右）
20	231:10	Ⅰe		长方	26.7	8.9	1	0.9	0.8×0.5	斜向回纹	
21	241:11	Ⅲ		菱形	50	11.8	1.5	1.5	1.3×1.3	四虎纹（右）	四虎纹（右）
22	264:8	Ⅰb		长方	25.6	8.8	1	0.7	0.8×0.4	变体马纹（右）	
23	99:10	Ⅰa		长方	48	11.4	1.5	1	1.3×0.7	四虎纹（右）	
24	226:5	Ⅱ	Ⅰ	圆形	21	10.2*	1		0.7	素面	
25	252:12	Ⅰb		长方	47.4	9.9	1.2	0.8	1×0.5	变体马纹（右）	
26	275:22	Ⅰa		长方	42	9.3	1	0.7	0.8×0.5	四虎纹（右）	
27	263:12	Ⅰa		长方	40	11.1	1.4	1.1	1.2×0.7	四虎纹(一面左一面右)	
28	42:7	Ⅰf		长方	36.7	10.3	1.1	0.8	0.8×0.5	四犬纹（左）	
29	266:10	Ⅰb		长方	35.8	10.4	1	0.8	0.8×0.6	变体马纹（右）	
30	256:14	Ⅰd		长方	50.7	10.1	1.2	1	0.9×0.8	四虎纹(一面右一面左)	变体马纹（右）
31	261:23	Ⅰb		长方	27.5	10.3	1	0.9	0.8×0.75	变体马纹（右）	
32	272:6	Ⅰa		长方	60	11.2	1.4	1.1	1.2×0.8	四虎纹（右）	
33	49:11	Ⅰa		长方	43	11.1	1.5	1.1	1.1×0.7	四虎纹（右）	
34	48:5	Ⅰd		长方	39.7	10.1	1.2	1	1×0.8	四虎纹（右）	变体马纹（右）
35	95:6	Ⅰb		长方	36	10.4	1.1	0.8	0.9×0.5	变体马纹（右）	
36	190:9	Ⅰb		长方	44.3	10.8	0.9	1	0.7×0.7	变体马纹（右）	
37	125:14	Ⅰd		长方	33.6	10.1	1.2	1	1×0.8	四虎纹（左）	变体马纹（右）
38	188:12	Ⅰb		长方	33.3	9.7	0.9	0.8	0.7×0.6	变体马纹（右）	
39	52:7	Ⅰg		长方	26.5	10.1	0.9	0.7	0.7×0.5	人字纹	
40	54:6	Ⅰh		长方	17.5	8.3	1.1	0.7	0.9×0.5	山形纹	
41	6:7	Ⅰb		长方	31.2	9.5	1	0.8	0.7×0.6	变体马纹（右）	
42	102:14	Ⅱ	Ⅰ	圆形	24.1	9.7	1.2		0.9	素面	
43	212:8	Ⅰh		长方	29.7	9.5	1.1	0.9	1×0.7	山形纹	
44	86:10	Ⅰb		长方	28.3	10.2	1.1	0.7	0.9×0.5	变体马纹（右）	
45	83:7	Ⅰb		长方	25.4	9.1	1	0.8	0.7×0.5	变体马纹（左）	
46	148:8	Ⅰf		长方	25.7	9	1	0.8	0.9×0.7	四犬纹（右）	
47	220:9	Ⅰi		长方	18.1	9.8	0.9	0.7	0.8×0.6	波折纹	
48	213:5	Ⅰj		长方	30.6	9.6	1.2	0.9	1×0.7	“EO”纹	

附表 157 - 2　**玉皇庙墓地出土青铜锥（针）管具统计表**

序号	器物号（YYM）	型	式	形状	重量（克）	规格（厘米）				纹饰	
						通长	宽	厚	口内径	正背面	两侧面
49	210:5	Ⅰf		长方	27.5	9	1	0.9	0.9×0.7	四犬纹(一面右,一面一右三左)	
50	209:19	Ⅰk		长方	31.2	8.3*	0.9	0.9	0.8×0.6	菱形三角纹	
51	206:7	Ⅰj		长方	26.5	9.6	1.1	0.8	0.9×0.6	"EO"纹	
52	197:7	Ⅰl		长方	31.7	9.8	1.1	0.8	0.9×0.6	"w"纹	
53	179:5	Ⅰb		长方	34.8	10.3	1.1	0.8	0.9×0.7	变体马纹（右）	
54	178:13	Ⅰb		长方	30.2	10.3	1	0.7	0.9×0.6	变体马纹（左）	
55	151:9	Ⅰf		长方	25.5	9.1	1	0.8	0.9×0.7	四犬纹（右）	
56	153:4	Ⅰd		长方	51	10.1	1.2	1	0.9×0.7	四虎纹（左）	变体马纹（右）
57	142:15	Ⅰb		长方	24.2	10.3	1	0.7	0.8×0.5	变体马纹（右）	
58	145:9	Ⅰi		长方	19	9.8	0.9	0.7	0.8×0.5	波折纹	
59	143:8	Ⅰm		长方	13.1	9.6	1.1	0.6	0.9×0.4	五犬纹（右）	
60	117:8	Ⅰl		长方	22	10.1	1	0.8	0.9×0.7	"w"纹	
61	105:9	Ⅰd		长方	35.5	10.2	1.3	1.1	1.1×0.9	四虎纹（左）	变体马纹（右）
62	74:10	Ⅰi		长方	17.8	9.4	0.9	0.7	0.6×0.5	波折纹	
63	75:11	Ⅰa		长方	33.4	10.8	1.3	1	1.1×0.8	四虎纹（右）	
64	76:8	Ⅰi		长方	16.4	9.3	0.8	0.7	0.7×0.5	波折纹	
65	202:8	Ⅰi		长方	16.5	9.3	0.8	0.7	0.7×0.5	波折纹	
66	176:9	Ⅰi		长方	23.4	9.8	1	0.7	0.9×0.6	波折纹	
67	156:9	Ⅱ	Ⅱ	圆形	31.7	10.8	1		0.9	圆点绹纹	
68	158:4	Ⅰi		长方	18.4	9.3	0.9	0.7	0.6×0.5	波折纹	
69	167:10	Ⅰi		长方	16.5	9.3	0.8	0.6	0.6×0.5	波折纹	
70	168:10	Ⅰg		长方	23	9.9	1	0.8	1.1×0.6	人字纹	
71	134:5	Ⅱ	Ⅲ	圆形	24.7	10	1.1		0.85	竹节纹	
72	133:11	Ⅰf		长方	15.6	9.7	1.1	0.6	0.9×0.5	四犬纹（右）	
73	131:5	Ⅰi		长方	24	9.3	0.9	0.7	0.7×0.5	波折纹	
74	122:5	Ⅰg		长方	24.4	9.9	1	0.8	0.8×0.6	人字纹	
75	124:17	Ⅰi		长方	19.5	9.8	0.9	0.7	0.7×0.5	波折纹	
76	126:7	Ⅰi		长方	18.5	9.4	0.8	0.65	0.7×0.55	波折纹	
77	111:8	Ⅰn		长方	22.2	9.8*	1.1	0.8	0.9×0.6	反"SO"纹	
78	171:9	Ⅰi		长方	20	9.3	0.9	0.7	0.7×0.5	波折纹	
79	108:5	Ⅰi		长方	23.8	9.8	0.9	0.7	0.8×0.5	波折纹	
80	312:5	Ⅰi		长方	21.8	9.8	0.9	0.7	0.8×0.5	波折纹	
81	164:5	Ⅰg		长方	17.2	9.2	1	0.7	0.7×0.5	人字纹	
82	160:9	Ⅰn		长方	28.5	9.6	1.1	0.8	0.8×0.6	反"SO"纹	
83	175:9	Ⅰe		长方	16.2	9.1	1.1	0.5	0.9×0.4	斜向回纹	
84	161:5	Ⅰi		长方	19.5	9.2	0.9	0.6	0.8×0.5	波折纹	
85	129:7	Ⅰg		长方	16.5	9.1	0.9	0.7	0.8×0.5	人字纹	
86	174:10	Ⅱ	Ⅲ	圆形	18.6	9.7	1		0.7	竹节纹	
87	334:4	Ⅰg		长方	11.1	5.6*	0.9	0.7	0.8×0.6	人字纹	
88	344:10	Ⅰg		长方	20.1	9.1	0.9	0.7	0.75×0.5	人字纹	
89	348:7	Ⅰi		长方	18.5	9.5	0.9	0.7	0.7×0.5	波折纹	
90	349:8	Ⅰg		长方	18	9.2	0.9	0.7	0.8×0.6	人字纹	
91	373:9	Ⅰg		长方	27.6	9.8	1	0.8	0.8×0.6	人字纹	
92	370:7	Ⅰg		长方	16	7.7*	1	0.7	0.8×0.5	人字纹	
合计						共92座墓　92件					

注：带*符号者为有残损者。

地出土青铜锥（针）管具墓葬总数的17.4%；位于北Ⅱ区南部者4座（YYM212、86、83、148），属于春秋中晚期，占玉皇庙墓地出土青铜锥（针）管具墓葬总数的4.3%；位于南区北部者18座（YYM220、213、210、209、206、197、179、178、151、153、142、145、143、117、105、74、75、76）、中部者15座（YYM202、176、156、158、167、168、134、133、131、122、124、126、111、171、108）、西区者1座（YYM312），此34座均属于春秋晚期前段，占玉皇庙墓地出土青铜锥（针）管具墓葬总数的37%；位于南区南部者12座（YYM164、160、175、161、129、174、334、344、348、349、373、370），属于春秋晚期后段，占玉皇庙墓地出土青铜锥（针）管具墓葬总数的13%。显然，春秋晚期前段锥（针）管具数量大幅度增加。

在出土锥（针）管具的墓葬中，男性墓62座（YYM22、19、18、13、300、11、250、282、230、233、264、226、252、275、263、261、49、48、95、190、188、52、54、102、212、86、83、148、213、210、209、179、151、142、145、143、178、105、74、156、158、168、134、131、122、124、111、171、108、312、164、160、175、161、129、174、334、344、348、349、373、370），占玉皇庙墓地出土青铜锥（针）管具墓葬总数的67.4%；女性墓26座（YYM20、35、2、10、280、98、231、241、99、266、256、272、125、6、220、206、197、178、153、75、76、202、176、167、133、126），占玉皇庙墓地出土青铜锥（针）管具墓葬总数的28.3%；无人墓3座（YYM32、34、17），占玉皇庙墓地出土青铜锥（针）管具墓葬总数的3.3%；少儿墓1座（YYM42），占玉皇庙墓地出土青铜锥（针）管具墓葬总数的1.1%。以上统计表明锥（针）管具主要为男性使用的工具。

在玉皇庙墓地的400座墓葬中，甲（A）级墓3座（YYM18、250、230）全部随葬锥（针）管具，随葬锥（针）管具率高达100%；甲（B）级墓中有4座（YYM22、2、52、151）随葬锥（针）管具，占甲（B）级墓葬总数的80%；乙（A）级墓中有20座（YYM20、13、300、11、280、275、266、256、261、95、54、86、210、209、74、156、161、129、334、344）随葬锥（针）管具，占玉皇庙墓地乙（A）级墓葬总数的71.4%；乙（B）级墓中有27座（YYM35、19、17、10、233、231、241、226、263、190、188、212、220、213、197、179、178、158、167、134、133、124、160、174、348、349、373）随葬锥（针）管具，占玉皇庙墓地乙（B）级墓葬总数的32.5%；丙（A）级墓中有24座（YYM32、98、282、264、252、272、49、48、6、83、148、206、153、142、145、143、117、202、131、122、126、111、171、175）随葬锥（针）管具，占丙（A）级墓葬总数（81座）的29.6%；丙（B）级墓中有7座（YYM34、102、75、176、168、164、370）随葬锥（针）管具，占丙（B）级墓葬总数的17.1%；丙（C）级墓中有5座（YYM42、105、76、108、312）随葬锥（针）管具，占丙（C）级墓葬总数（66座）的7.6%；丁级墓中有2座（YYM99、125）随葬锥（针）管具，占丁级墓葬总数的2.2%。在玉皇庙墓地，每个级别的墓葬均可随葬锥（针）管具，从最高级别到最低级别随葬锥（针）管具的比例逐步降低，揭示出锥（针）管具所具有的标识死者身份地位的特性，同削刀和锛、凿一样是这支文化重要的生产工具。

从锥（针）管具的长度看，春秋早期的13件锥（针）管具中，超过或等于11厘米者有5件（YYM20:12、YYM2:19、YYM13:7、YYM300:21、YYM11:5），占本期锥（针）管具总数的38.5%；在10～11厘米之间者有5件（YYM35:5、YYM32:6、YYM19:14、YYM18:20、YYM10:9），占本期锥（针）管具总数的38.5%；在9－10厘米之间有3件（YYM22:17、YYM34:8、YYM17:13），占本期锥

（针）管具总数的23.1%，9厘米以下者无。春秋早中期的13件锥（针）管具中，超过11厘米有4件（YYM280:11、YYM250:15、YYM241:11、YYM99:10），占本期锥（针）管具总数的30.8%；在10～11厘米之间者有1件（YYM226:5），占本期锥（针）管具总数的7.7%；在9～10厘米之间者有6件（YYM98:11、YYM282:5、YYM230:5、YYM233:5、YYM252:12、YYM275:22），占本期锥（针）管具总数的46.2%；在8～9厘米之间者有2件（YYM231:10、YYM264:8），占本期锥（针）管具总数的15.4%。春秋中期的16件锥（针）管具中，超过11厘米者有3件（YYM263:13、YYM272:6、YYM49:11），占本期锥（针）管具总数的18.75%；在10～11厘米之间者有9件（YYM42:7、YYM266:10、YYM256:14、YYM261:23、YYM48:5、YYM95:6、YYM190:9、YYM125:14、YYM52:7），占本期锥（针）管具总数的56.25%；在9～10厘米之间者有3件（YYM188:12、YYM6:7、YYM102:14），占本期锥（针）管具总数的18.75%；在8～9厘米之间者1件（YYM54:6），占本期锥（针）管具总数的6.25%。春秋中晚期的4件锥（针）管具中，11厘米以上及9厘米以下者无，在10～11厘米之间者有1件（YYM86:10），占本期锥（针）管具总数的25%；在9～10厘米之间者有3件（YYM212:8、YYM83:7、YYM148:8），占本期锥（针）管具总数的75%。春秋晚期前段的34件锥（针）管具中，11厘米以上者无，在10～11厘米之间者有9件（YYM179:5、YYM178:13、YYM153:4、YYM142:15、YYM117:8、YYM105:9、YYM75:11、YYM156:9、YYM134:5），占本期锥（针）管具总数的26.5%；在9～10厘米之间者有24件（YYM220:9、YYM213:5、YYM210:5、YYM206:7、YYM197:7、YYM151:9、YYM145:9、YYM143:8、YYM74:10、YYM76:8、YYM202:8、YYM176:9、YYM158:4、YYM167:10、YYM168:10、YYM133:11、YYM131:5、YYM122:5、YYM124:17、YYM126:7、YYM111:8、YYM171:9、YYM108:5、YYM312:5），占本期锥（针）管具总数的70.6%；在8～9厘米之间者有1件（YYM209:19），占本期锥（针）管具总数的2.9%。春秋晚期后段的12件锥（针）管具中，除2件（YYM334:4、YYM370:7）残损严重外，其余10件（YYM164:5、YYM160:9、YYM175:9、YYM161:5、YYM129:7、YYM174:10、YYM344:10、YYM348:7、YYM349:8、YYM373:9）长度均在9～10厘米之间，其余长度均不见。由此可见，超过11厘米的锥（针）管具出现在春秋早期、早中期和中期3个阶段，所占比例呈递减状态，春秋中晚期开始再未出现这个长度段的锥（针）管具。10～11厘米和9～10厘米长度的锥（针）管具是占主导地位的主要类型，在春秋早期至春秋中晚期阶段，二者处于拉锯状态，先后占上风，在春秋晚期前段后者占据绝对优势，到春秋晚期后段，9～10厘米长度的锥（针）管具成为唯一形态，可以看出，随着锥（针）管具的长度逐步减小，与之相应的是管口口径的减小和重量的降低，从一个侧面反映了生产力水平的逐渐降低。

锥（针）管具的纹饰共有18种类别或组合关系，在春秋早期阶段简单而明确，即只有四虎纹和变体马纹，这两种纹饰也是春秋早中期和春秋中期的主导纹饰，一直延续到春秋晚期前段，稳定成熟。春秋早中期偶然出现1例斜向回纹，春秋中期四犬纹、人字纹和山形纹各1例。到春秋晚期前段，纹饰种类陡然剧增，出现波折纹、“EO”纹、菱形三角纹、“W”纹、五犬纹、圆点绹纹、竹节纹、反“SO”纹等8种新的类别，而春秋晚期后段再没有新的纹饰出现。在春秋晚期前段和后段，共有波折纹锥（针）管具16件（YYM220:9、YYM145:9、YYM74:10、YYM76:8、YYM220:8、YYM176:9、YYM158:4、YYM167:10、YYM131:5、YYM124:17、YYM126:7、YYM171:9、YYM108:5、YYM312:5、YYM161:5、YYM348:7），其余新增纹饰个体数量不多，其中只有2件者为“EO”纹（YYM213:5、

YYM206∶7)、"W"纹(YYM197∶7、YYM117∶8)、竹节纹(YYM134∶5、YYM174∶10)、反"SO"纹(YYM111∶8、YYM160∶9),仅1件者有菱形三角纹(YYM209∶19)、五犬纹(YYM143∶8)、圆点绹纹(YYM156∶9)。这些昙花一现而又丰富多彩的纹饰反映了春秋晚期军都山部落与其他文化交流日益频繁、社会动荡不安的状况。这时的军都山部族逐渐衰落,作为主要工具的锥(针)管具以其独特的角度展示出了这一社会变动。

8　盒形器

玉皇庙墓地出土青铜盒形器9件(完整器8件,器盖1件),占玉皇庙墓地出土青铜工具总数的2.1%;分别出自8座墓葬,除YYM18出土2件其余每墓1件,墓号为:YYM2、5、252、51、142、74、167,占玉皇庙墓地墓葬总数的2.3%。标本YYM18∶36,仅剩器盖,属于春秋早期。器盖为子母口,背面内凹,中心有圆形卯眼。通长1.75,宽1.1,厚0.63厘米,重6.2克(图六七三,3;图版三三〇,3)。完整盒形器为中空长方体,一端封堵,另一端开口,原应有盖,一般一侧有纽,也有另一侧还有联孔者。根据造型及纹饰可分型式者有8件,可分为3型5式。

Ⅰ型　长方孔穿鼻接近器口

共2件,墓号为:YYM2、18,占玉皇庙墓地出土青铜盒形器总数的2.2%。

标本YYM2∶20,是较早出现的Ⅰ型盒形器,属于春秋早期。纹饰为阴刻斜向回纹。通长3、宽2.2、厚1.1、壁厚0.18、纽外围1×0.5、纽内周0.4×0.15厘米,重23.5克。方纽位置偏上,靠近口部,两侧有铸缝(图六七三,1;图版三三〇,1)。

标本YYM18∶37,是较早出现的Ⅰ型盒形器,也属于春秋早期。纹饰与YYM2∶20相同,表面粘有麻布痕。器口加盖,盖的平面为1.7×1.1、厚0.3厘米,由榫插入器口,这是唯一一件保存器盖的盒形器。通长3.3、宽1.7、厚1.1、壁厚0.15、纽外围1×0.5、纽内周0.5×0.15厘米,重21.8克(图六七三,2;图版三三〇,2)。

Ⅱ型　穿鼻位置移向中点

共3件,占玉皇庙墓地出土青铜盒形器总数的33.3%。根据纹饰的差异,可分为2式。

Ⅰ式　疏大锯齿纹

共2件,墓号为:YYM5、252,占Ⅱ型盒形器总数的66.7%。

标本YYM5∶5,是较早出现的Ⅱ型Ⅰ式盒形器,属于春秋早期。横排5行锯齿纹,上2排与下3排齿尖相对。通长4、宽2、厚1.1、壁厚0.11厘米,重22克。纽残损,侧面遗有圆孔,略向器口偏移,孔径0.5厘米(图六七三,4;图版三三〇,4)。

标本YYM252∶13,是较晚出现的Ⅱ型盒形器,属于春秋早中期。横排4行锯齿纹。通长3.4、宽2.9、厚1.1、壁厚0.2厘米,圆环形鼻纽略向器口偏移,外径0.6、纽内径0.4厘米。重34克。两侧及底部各有1个残破镂孔(图六七三,5;图版三三〇,5)。

Ⅱ式　细密锯齿纹

1件,占Ⅱ型盒形器总数的33.3%。标本YYM142∶14,属于春秋晚期前段。横排6行锯齿纹,上3排与下3排齿尖相对,齿纹细小紧密,每排锯齿纹间以直棱纹相隔。通长3.2、宽2.4、厚1.1、壁厚0.1厘米,圆环形鼻纽略偏向器口,外径0.7×0.5、内径0.22厘米,重18.8克。两侧有铸缝(图六七三,6;图版三三〇,6)。

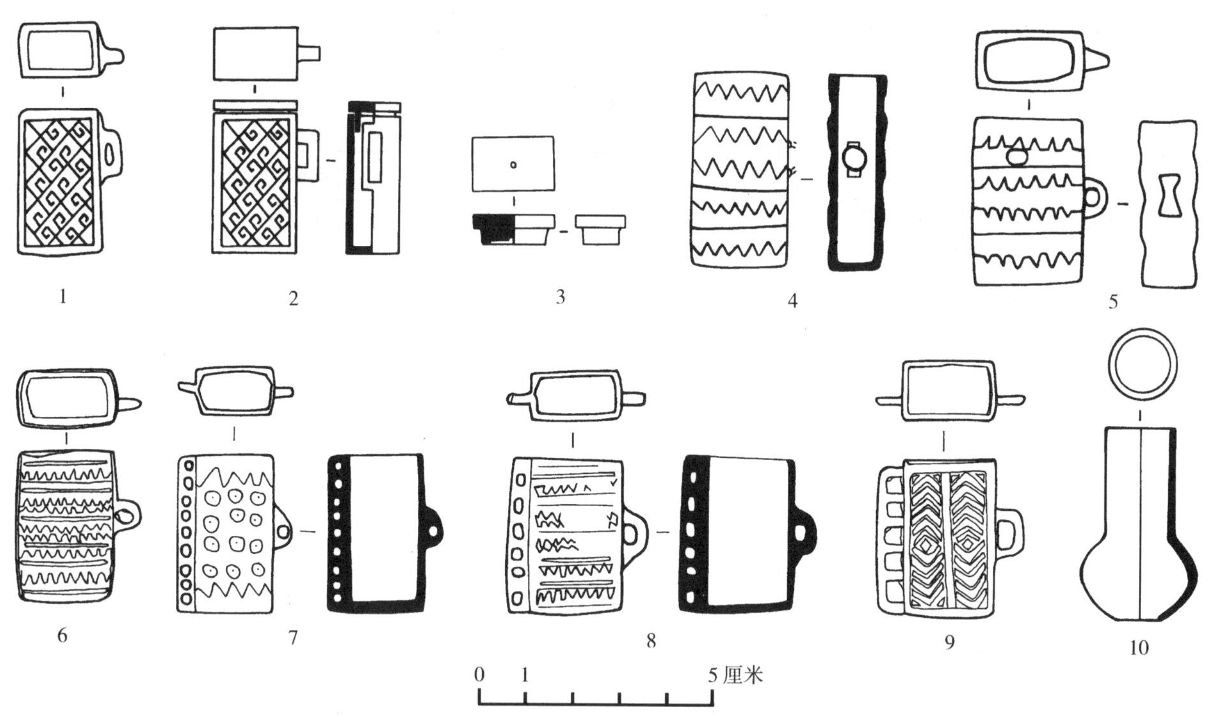

图六七三　玉皇庙墓地出土铜盒形器及瓶形器

1－9. 铜盒形器：1、2. Ⅰ型（YYM2:20、18:37）　3 盒形器器盖（18:36）　4、5. Ⅱ型Ⅰ式（YYM5:5、252:13）　6. Ⅱ型Ⅱ式（YYM142:14）　7. Ⅲ型Ⅰ式（YYM51:16）　8. Ⅲ型Ⅱ式（YYM74:9）　9. Ⅲ型Ⅲ式（YYM167:9）　10. 铜瓶形器（YYM13:20）

Ⅲ型　一侧饰联孔

共3件，占玉皇庙墓地出土青铜盒形器总数的33.3%。根据一侧联孔的数目，可分为3式，每式1件，各占Ⅲ型盒形器总数的33.3%。

Ⅰ式　9联孔

1件，标本YYM51:16，是最早出现的Ⅲ型铜盒形器，属于春秋中期。两端为阳刻锯齿纹，齿尖相对，中间分布双重圆圈纹。通长3.3、宽2.4、厚1、壁厚0.1，圆环形鼻纽略偏向器口，外径0.8×0.4、纽内径0.2厘米，重20克。与鼻纽相对的一侧铸连一条长方形薄板，上面镂圆形9联孔，孔径0.12厘米（图六七三，7；图版三三〇，7）。

Ⅱ式　8联孔

1件，标本YYM74:9，属于春秋晚期前段。横排6行锯齿纹，上3排与下3排齿尖相对，每排锯齿纹间以直棱纹相隔。通长3.3、宽3、厚1厘米，壁厚0.1厘米，圆环形鼻纽居中，外径0.9×0.5，纽内径0.4厘米。与纽相对的一侧铸连一条长方形薄板，上面镂圆形8联孔，孔径0.2厘米（图六七三，8）。

Ⅲ式　5联孔

1件，标本YYM167:9，是最晚出现的Ⅲ型盒形器，属于春秋晚期前段。纵向双列反向“人”字纹，每列中间以菱形纹相隔。通长3.2、宽3.2、厚1，壁厚0.08，长方孔鼻钮居中，外径0.9×0.6，钮内径0.45×0.38厘米，重14.8克。与鼻纽相对的一面有5联方孔，内边长约0.3厘米（图六七三，9；图版三三〇，8）。

详见附表158。

附表158 **玉皇庙墓地出土青铜盒形器统计表**

序号	器物号（YYM）	型	式	形制与纹饰	重量（克）	数量	规格（厘米）						备注
							长	宽	厚	壁厚	钮外径	钮内径	
1	2:20	Ⅰ		长方体，长方孔穿鼻接近器口，阴刻斜向回纹	23.5	1	3	2.2	1.1	0.18	1×0.5	0.4×0.15	两侧有铸缝
2	18:37	Ⅰ		长方体，长方孔穿鼻接近器口，有器盖，阴刻斜向回纹	21.8	1	3.3	1.7	1.1	0.15	1×0.5	0.5×0.15	盖厚0.3厘米
3	18:36			器盖子母口，背面内凹，中心有圆形卯眼	6.2	1	1.75	1.1	0.63				仅剩器盖
4	5:5	Ⅱ	Ⅰ	长方体，穿鼻残损，其遗留圆孔略偏向器口，阳刻疏大锯齿纹	22	1	4	2	1.1	0.11			侧面圆孔直径0.5厘米
5	252:13	Ⅱ	Ⅰ	长方体，圆环形穿鼻略偏向器口，阳刻疏大锯齿纹	34	1	3.4	2.9	1.1	0.2	0.6	0.4	两面及底各有1个残破镂空
6	51:16	Ⅲ	Ⅰ	长方体，圆孔穿鼻略偏向器口，与纽相对的一侧有圆形9联孔，两端阳刻锯齿纹间饰阴刻圆圈纹	20	1	3.3	2.4	1	0.1	0.8×0.4	0.2	9联孔直径0.12厘米
7	142:14	Ⅱ	Ⅱ	长方体，圆环形穿鼻略偏向器口，阳刻细密锯齿纹	18.8	1	3.2	2.4	1.1	0.1	0.7×0.5	0.22	两侧有铸缝
8	74:9	Ⅲ	Ⅱ	长方体，圆孔穿鼻居中，与纽相对的一侧有圆形8联孔，阳刻细密锯齿纹	22	1	3.3	3	1	0.1	0.9×0.5	0.4	8联孔直径0.2厘米
9	167:9	Ⅲ	Ⅲ	长方体，长方孔穿鼻基本居中，与纽相对的一侧有5联方孔，2排以中间菱形纹为准，向两侧延深阴刻人字纹	14.8	1	3.2	3.2	1	0.08	0.9×0.6	0.45×0.38	5联孔内边长约0.3厘米
合计							共8座墓　9件						

讨论

玉皇庙墓地出土青铜盒形器数量较少，仅9件，从分布和年代考察，其中有4件（YYM2:20、YYM18:37、YYM18:36、YYM5:5）出于北Ⅰ区中部，属春秋早期；1件（YYM252:13）出于北Ⅱ区北部，属春秋早中期；1件（YYM51:16）出于北Ⅱ区中部，属春秋中期；2件（YYM142:14、YYM74:9）出于南区北部，1件（YYM167:9）出于南区中部，此3件均属于春秋晚期前段。春秋中晚期和晚期后段未见。属春秋早期者，占玉皇庙墓地出土青铜盒形器总数的44.5%；春秋晚期前段者，占玉皇庙墓地出土青铜盒形器总数的33.3%；属春秋早中期和春秋中期者，各占玉皇庙墓地出土青铜盒形器总数的11.1%。春秋早期略多，其次是春秋晚期前段。

从性别考察，随葬青铜盒形器的8座墓葬，属男性者6座（YYM18、5、252、51、142、74），占随葬青铜盒形器墓葬总数的75%，属于女性者仅2例（YYM2、167），占随葬青铜盒形器墓葬总数的25%。很明显，男性是享有和使用青铜盒形器的主体成员，而女性仅居少数、次要地位。

从墓葬规格级别考察，随葬青铜盒形器的 8 座墓葬，含甲（A）级 1 座（YYM18），甲（B）级 1 座（YYM2），乙（A）级 2 座（YYM51、74），乙（B）级 1 座（YYM167），大、中型墓葬共有 5 座，占随葬青铜盒形器墓葬总数的 62.5%；另有丙（A）级 2 座（YYM252、142），丙（C）级 1 座（YYM5），无丙（B）级和丁级墓。这表明，享用青铜盒形器者，多为身份地位略高或较高者，身份地位低下者，如丙（B）级以下者，则基本不能享用。

瓶形器　玉皇庙墓地出土青铜瓶形器 1 件，占玉皇庙墓地出土青铜工具总数的 0.2%；出自北Ⅰ区中部一座属于乙（A）级的男性墓（YYM13），属于春秋早期，占玉皇庙墓地墓葬总数的 0.25%。

标本 YYM13∶20，长颈瓶形，素面。通长 4，宽 2.5，壁厚 0.15 厘米。无钮（图六七三，10；图版三三〇，9）。

（四）马具

玉皇庙墓地出土的青铜马具包括衔（18 件）、镳（19 件）、节约（10 件）、泡（117 件）、箍（39 件）、环（9 件）和环箍（1 件）等 7 类，共 213 件，占玉皇庙墓地出土青铜制品总数的 1.2%。

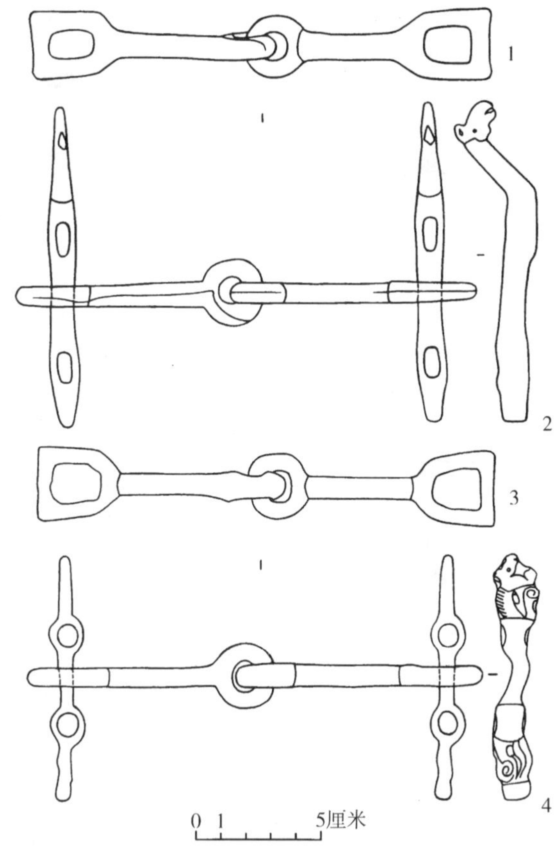

图六七四　玉皇庙墓地出土青铜马衔、镳
1、3. Ⅰ式铜衔（YYM2∶22－1、18∶24－1）
2. Ⅰ型Ⅰ式铜镳（YYM2∶23－1）
4. Ⅰ型Ⅱ式铜镳（YYM18∶25－1）

衔　玉皇庙墓地共出土铜马衔 18 副（YYM2∶22、YYM18∶24、YYM300∶8、YYM250∶19、YYM230∶9、YYM52∶8、YYM151∶15、YYM156∶14、YYM174∶11，每 1 个器物号代表 2 副，下同），占玉皇庙墓地出土青铜马具总数的 8.5%；分别出自 9 座墓葬，每墓 2 件，占玉皇庙墓地墓葬总数的 2.25%。马衔的造型简单，均为两节直杆式，中间以两环相扣连，两端为不同形状的环孔，衔杆外沿中间有铸缝，扣环内侧有铸瘤。根据两端环孔的形状，可将玉皇庙的马衔分为三个式别。

Ⅰ式　两端为单环孔，环孔平面形状呈“口”字形

共 8 件（YYM2∶22、YYM18∶24（图六七四，3）、YYM300∶8（图六七五，1）、YYM52∶8（图六七五，3）），占玉皇庙墓地青铜马衔总数的 44.4%。

标本 YYM2∶22－1～2，为最早的Ⅰ式马衔，属于春秋早期。通长 17.9 厘米，均重 124.1 克。中间环孔外径 2.3，内径 1 厘米，两端单环孔外侧长 3.2、宽 2.65、内侧长 1.85、宽 1.3 厘米（图六七四，1；图版三三一，1）。

其余 6 件标本形制与 YYM2∶22 相同（参见图六七四、六七五，1、3；图版三三一，2、3）。

Ⅱ式　两端为联环孔，环孔平面形状呈“凸”字形

共 3 件（YYM250∶19、YYM156∶14－1），占玉皇庙墓地青铜马衔总数的 16.7%。标本 YYM250∶19－1

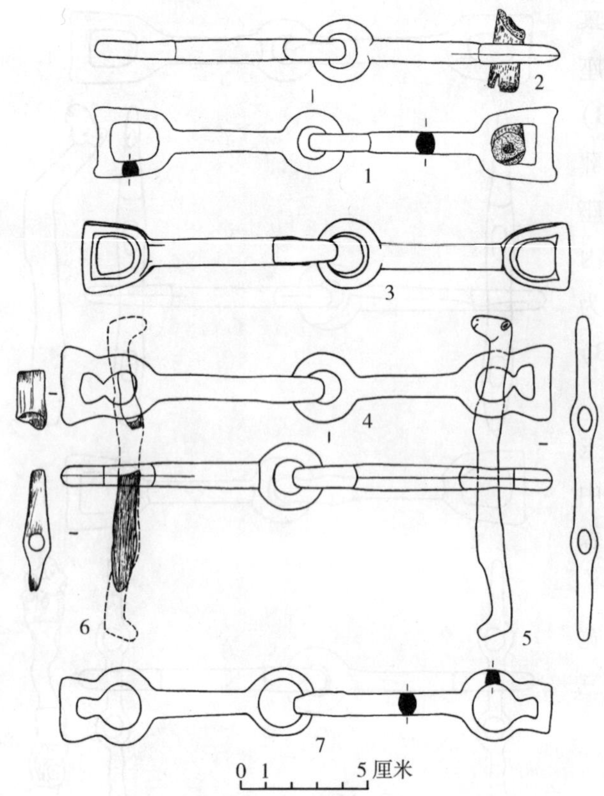

图六七五 玉皇庙墓地出土青铜马衔、镳及骨镳

1、3. Ⅰ式铜衔（YYM300:8－1、52:8－1） 2、6. 骨镳（YYM300:22－1、250:34） 4、7. Ⅱ式铜衔（YYM250:19－1、156:14－1） 5. Ⅰ型Ⅰ式铜镳（YYM250:20）

~2，这是首先出现的Ⅱ式马衔，属于春秋早中期。通长19.5厘米，均重131克。中间环孔外径2.6，内径1.2，两端联环孔外侧长3.7，宽2.9，内侧长2.3，宽1.3厘米（图六七五，4；图版三三一，4）。

标本YYM156:14－1形式与YYM250:19相同（参见图六七五，7）。

Ⅲ式 两端为双环孔，平面形状呈“吕”字形。

共7件（YYM230:9、YYM151:15（图六七六，2）、YYM156:14－2（图六七六，3）、YYM174:11（图六七六，4）），占玉皇庙墓地青铜马衔总数的38.9%。

标本YYM230:9－1~2，为最早的Ⅲ式马衔，属于春秋早中期。通长19.2厘米，均重127克。中间环孔外径2.4、内径1.1厘米。两端双环孔外侧孔外宽2.5、高1.2、内宽1.3、高0.4厘米；内侧环孔外侧长径2.7、短径2.4、内径1.4厘米（图六七六，1；图版三三一，5）。

其余5件标本与YYM230:9形制相同（参见图六七六）。

马衔的演变规律比较清晰，即由单环孔经联环孔的过渡，向双环孔发展的变化过程。春秋早期，马衔两端均为单环孔，平面形状呈“口”字形；春秋早中期，孔形变为联通式双环孔，平面形状呈“凸”字形，不久又出现封闭式双环孔，平面形状呈“吕”字形；春秋晚期后段，孔形完全变为封闭式双环孔。这种变化可能是与马衔实用功能的不断改进相联系的。

详见附表159。

镳 玉皇庙墓地共出土马镳19件，器物号为：YYM2:23－1~5（5件）、YYM2:23－6（1件）、YYM18:25－1~8（8件）、YYM250:20（1件）、YYM156:15－1~2（2件）、YYM156:15－3~4（2件），占玉皇庙墓地出土青铜马具总数的8.9%；分别出自4座墓葬，占玉皇庙墓地墓葬总数的1%。造型有两种，一为条状动物造型，即整体为1个头尾完整动物造型；二为两端各饰1个反向对称动物头形。有2个纵向穿鼻，也有在两个纵向穿鼻间另设1个横向圆形穿孔者。根据穿鼻形式及不同动物形象，可将铜镳划分为2型3式。

Ⅰ型 1个完整动物造型，2个纵向椭圆形穿鼻

共16件，占玉皇庙墓地出土青铜马镳总数的84.2%。根据动物种类的不同，可分为3个式别。

Ⅰ式 马形

共6件，器物号为：YYM2:23－1~5（5件）、YYM250:20（1件），占玉皇庙墓地出土Ⅰ型青铜

附表 159

玉皇庙墓地出土青铜马具铜衔统计表

序号	器物号（YYM）	式	形式	数量	均重（克）	通长	环孔规格							
							中间环孔		两端环孔					
									单孔		联环孔		双环	
							外径	内径	外长/宽	内长/宽	外长/宽	内长/宽	外侧孔外宽/高，内宽/高	内侧环外长/短径，内长/短径
1	2：22－1～2	Ⅰ	单环	2	124.1	17.9	2.3	1	3.2/2.65	1.85/1.3				
2	18：24－1～2	Ⅰ	单环	2	102.4	18.1	2.3	1.1	3.1/2.75	2.1/1.6				
3	300：8－1～2	Ⅰ	单环	2	111.6	18.2	2.5	1.15	3.1/2.65	1.8/1.35				
4	250：19－1～2	Ⅱ	联环	2	131	19.5	2.6	1.2			3.7/2.9	2.3/1.3		
5	230：9－1～2	Ⅲ	双环	2	127	19.2	2.4	1.1					2.5/1.2，1.3/0.4	2.7/2.4，1.4/1.4
6	52：8－1～2	Ⅰ	单环	2	123.5	18.7	2.6	1.5	2.5/2.5	1.6/1.4				
7	151：15－1～2	Ⅲ	双环	2	167.5	23	2.6	1.5					2.65/1.85，1.2/0.95	2.6/1.7，1.4/1.2
8	156：14－1	Ⅱ	联环	1	125.5	19.8	2.6	1.7			3.8/2.9	2.6/1.7		
	156：14－2	Ⅲ	双环	1	120.3	20.9	2.3	1.3					2.8/2，1.6/1.2	2.6/2，1.5/1.2
9	174：11－1～2	Ⅲ	双环	2	123.1	26	2.4	1.4					2.6/1.7，1.4/1	2.55/1.9，1.7/1.4
合计							共9座墓葬　18件							

注：长度单位为厘米。

马镳总数的37.5%。

标本YYM2∶23－1，为最早的Ⅰ型Ⅰ式马镳，属于春秋早期。通长12.3厘米，均重72.4克。昂首举颈，马的胸部和臀部各有1个纵向椭圆形穿鼻，长径1.25、短径0.65厘米（图六七四，2；图版三三一，1）。

标本YYM250∶20与YYM2∶23形制相同（参见图六七五，5；图版三三一，4）。

Ⅱ式　豹形

共8件，均出自同一座墓葬，器物号为YYM18∶25－1～8，占玉皇庙墓地出土Ⅰ型青铜马镳总数的50%。属于春秋早期。通长12.15厘米，均重32.1克。豹口大张，弓颈塌腰，前后肢直前驱，呈狂奔状。胸和腰后部各有1个纵向椭圆形穿鼻，长径0.95、短径0.75厘米（图六七四，4；图版三三一，2）。

Ⅲ式　虎形

共2件，出自同一座墓葬，器物号为YYM156∶15－3～4，占Ⅰ型马镳总数的12.5%。属于春秋晚期前段。通长9.45厘米，均重41.5克。方首露齿，弓颈低首，弧腰垂尾，前后肢屈曲平卧。在胸和后腰部各有1个纵向椭圆形穿鼻，长径1.25、短径0.82厘米（图六七七，3）。

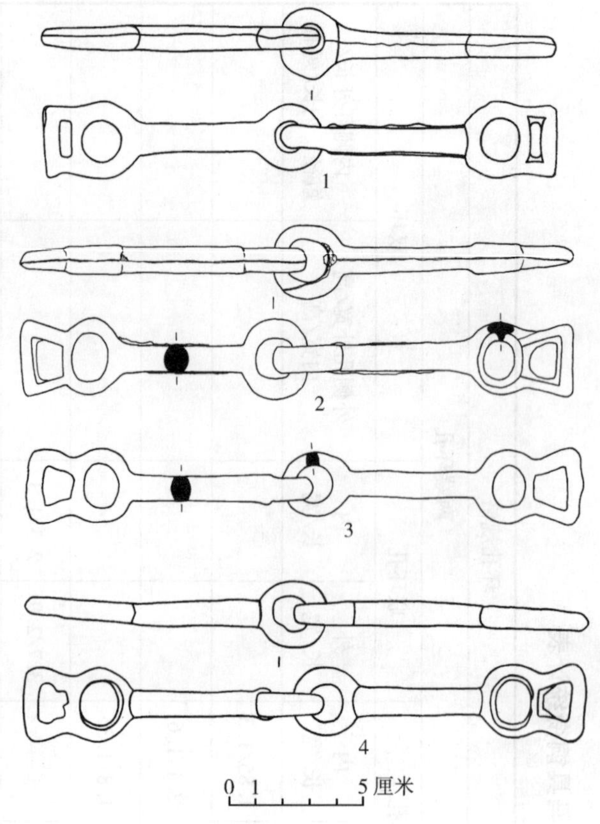

图六七六　玉皇庙墓地出土青铜马衔

1～4. Ⅲ式铜衔（YYM230∶9－1、151∶15－1、156∶14－2、174∶11－1）

Ⅱ型　2个纵向椭圆形穿鼻之间，另设1个横向圆形穿孔。

共3件，占玉皇庙墓地出土青铜马镳总数的15.8%。特点是根据不同动物形象，可分为二个式别。

Ⅰ式　双头兽形

1件，标本YYM2∶23－6，为。通长16.3厘米，重109克。两端各设1个外向兽头，二者对称，无耳，口露锐齿，两身相交处上端为横向圆形穿孔，直径2厘米。两胸部各有1个椭圆形穿鼻，长径1.2、短径0.6厘米（图六七七，1）。

Ⅱ式　虎形

2件，标本YYM156∶15－1～2，通长16.1厘米，均重75克。虎的形象与YYM156∶15－3～4相同，在虎腰处上面有1个横向圆形穿孔，直径2.1厘米。虎的胸部和后腰部各有1个椭圆形穿鼻，长径1.1、短径0.5厘米（图六七七，2）。

详见附表160。

节约　玉皇庙墓地共出土马具节约10件，器物号为：YYM2∶21－1～2（2件）、YYM18∶27－1～2（2件）、YYM276∶9－1～2（2件）、YYM156∶16－1～4（4件），占玉皇庙墓地出土青铜马具总数的4.7%。根据不同形制，可划分为3型。

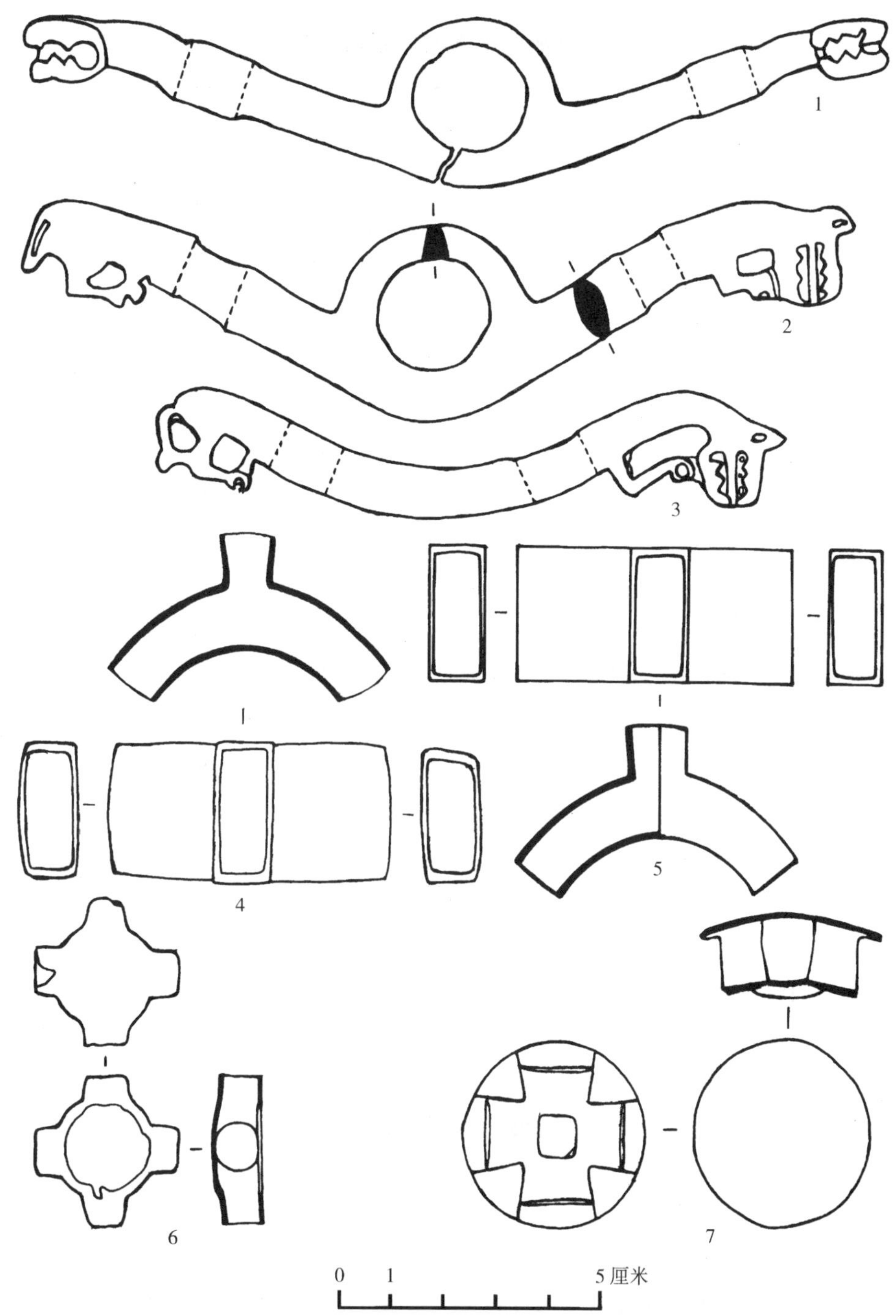

图六七七　玉皇庙墓地出土青铜马具

1～3. 青铜镳：1. Ⅱ型Ⅰ式（YYM2:23－6）　2. Ⅱ型Ⅱ式（YYM156:15－1）　3. Ⅰ型Ⅲ式（YYM156:15－3）
4、5. Ⅰ型三通节约（YYM2:21－1、18:27－1）　6. Ⅱ型四通节约（YYM276:9－1）　7. Ⅲ型四通节约（YYM156:16－1）

Ⅰ型　三通式

4 件，器物号为：YYM2：21（2 件）、YYM18：27（2 件），占玉皇庙墓地出土青铜节约总数的 40%。是最早出现的青铜节约。

附表160　　**玉皇庙墓地出土青铜马具铜镳统计表**

序号	器物号（YYM）	型	式	数量	均重（克）	形式	通长（厘米）	穿鼻形状	穿鼻规格（厘米）	备注
1	2:23-1~5	Ⅰ	Ⅰ	5	72.4	马	12.3	椭圆	1.25×0.65	2个穿鼻
	2:23-6	Ⅱ	Ⅰ	1	109	双头兽	16.3	圆、椭圆	2 1.2×0.6	1个圆形、2个椭圆形穿鼻
2	18:25-1~8	Ⅰ	Ⅱ	8	32.1	豹	12.15	椭圆	0.95×0.75	2个穿鼻
3	250:20	Ⅰ	Ⅰ	1	73	马	12.3	椭圆	0.9×0.5	2个穿鼻
4	156:15-1~2	Ⅱ	Ⅱ	2	75	虎	16.1	圆、椭圆	2.1 1.1×0.5	1个圆形、2个椭圆形穿鼻
	156:15-3~4	Ⅰ	Ⅲ	2	41.5	虎	9.45	椭圆	1.25×0.82	2个穿鼻
合　计				共4座墓葬　19件						

标本YYM2:21-1~2，是较早出现的Ⅰ型青铜节约，属于春秋早期。通长5.2、通宽2.4，通高3、壁厚0.1~0.2厘米，均重46.3克。为弧形长方筒形，两端为长方形穿孔，隆起一面的正中，凸起1个长方筒形穿鼻，高0.9厘米，穿鼻口内径长2.2、宽1.25厘米（图六七七，4）。

标本YYM18:27与YYM2:21形制相同（参见图六七七，5；图版三三二，1）。

Ⅱ型　钵形四通式

共2件，占玉皇庙墓地出土青铜节约总数的20%，均出自同一座墓葬，标本YYM276:9-1~2（2件），属于春秋早中期。通长2.7，通宽2.7，通高1厘米。壁厚0.1~0.15厘米，均重10.8克。节约中心为平底圆形钵，底外侧阴刻弦纹，四周呈“十”字铸出圆形穿鼻，内直径0.6厘米（图六七七，6；图版三三二，2）。

Ⅲ型　斗笠形四通式

共4件，占出土节约总数的40%，均出自同一座墓葬，标本YYM156:16-1~4（4件），是最晚出现的青铜节约，属于春秋晚期前段。直径3.4、通高1.6、壁厚0.1厘米，均重19.5克。其外形似铜泡，顶面为斗笠形，下面是四通穿孔，孔形为下抹角梯形，上边长1.2、下边长0.9、高1厘米（图六七七，7；图版三三二，3）。

详见附表161。

马具铜泡　玉皇庙墓地出土马具铜泡117件，占玉皇庙墓地出土青铜马具总数的54.9%；分别出自10座墓葬，墓号为：YYM2（20件）、18（18件）、13（6件）、250（28件）、230（6件）、52（10件）、217（6件）、151（6件）、74（9件）、156（8件），占玉皇庙墓地墓葬总数的2.5%。根据其形制，可分为3型，包括6个亚型。

Ⅰ型　顶面为斗笠形或拱形方形穿鼻

共86件，占玉皇庙墓地出土青铜马具铜泡总数的73.5%；分别出自9座墓葬，墓号为：YYM2（20件）、18（18件）、13（6件）、250（14件）、230（6件）、52（10件）、217（6件）、151（4件）、156（2件）。根据穿鼻穿孔数目的不同，可分为2个亚型。

Ⅰa型　方形单孔鼻

附表161　**玉皇庙墓地出土青铜马具节约统计表**

序号	器物号（YYM）	型	形式	数量	均重	规格						备注
						通长	通宽/直径	通高	壁厚	穿鼻形状	穿鼻口内径	
1	2:21－1～2	Ⅰ	三通	2	46.3	5.2	2.4	3	0.1～0.2	长方形	2.2×1.25	完好，弧形长方筒，鼓面正中为凸起0.9厘米的长方形穿鼻
2	18:27－1～2	Ⅰ	三通	2	39.1	5.2	2.5	3.1	0.1～0.2	长方形	2.4×1.25	长弧面1件有3处、另1件有1处残破，2件弧面上端穿鼻根部均有残破
3	276:9－1～2	Ⅱ	四通	2	10.8	2.7	2.7	1	0.1～0.15	圆形	0.6	平底圆形钵四周呈“十”字铸出圆形穿鼻，钵底外侧阴刻弦纹
4	156:16－1～4	Ⅲ	四通	4	19.5		3.4	1.6	0.1	下抹角梯形	1.2×0.9×1	顶面为斗笠形，覆盖四通穿孔
合计						共4座墓葬　10件						

注：长度单位为厘米，重量单位为克。梯形规格为上边长×下边长×高。

共41件，占玉皇庙墓地出土Ⅰ型青铜马具铜泡总数的47.7%。分别出自8座墓葬，器物号为：YYM2:24－1～13（13件）、YYM18:26－1～3（3件）、YYM13:18－1～3（3件）、YYM230:10－1（图六七八，2）～6（6件）、YYM52:9－1（图六七八，3）～10（10件）、YYM217:12－1（图六七八，4）～2（2件）（图版三三四，1）、YYM151:16－1（图六七八，五）～2（2件）（图版三三四，2）、YYM156:17－1～2（2件）。

标本YYM2:24－1～13，其中1件表面占有木质纤维痕迹，是最早出现的Ⅰa型马具铜泡，属于春秋早期。敛唇斗笠形，均重21克，直径3.5，通高1.1～1.35，鼻长1.2～1.5，鼻宽0.8厘米（图六四七，3；图版三三四，3）。

标本YYM18:26－1～3，斗笠形，均重15克，直径3.4，通高1.25～1.3，鼻长1.4～1.9，鼻宽0.6厘米（图六四七，4；图版三三三，1、2）。

标本YYM13:18－1～3，鼓面敛唇，均重20克，直径4，通高0.82～0.98，鼻长1.5～1.8，鼻宽0.5厘米（图六七八，1；图版三三二，4）。

标本YYM156:17－1～2，是最晚出现的Ⅰa型马具铜泡，属于春秋晚期前段。斗笠形，均重9.8克，直径3.3，通高1.1，鼻长1.2，鼻宽0.65厘米（图六七八，6）。

其余标本与上述标本形制相同（参见图六四七、六七八）。

Ⅰb型　方形双孔鼻

共45件，占玉皇庙墓地出土Ⅰ型青铜马具铜泡总数的52.3%。分别出自7座墓葬，器物号为：YYM2:24－14～20（7件）、YYM18:26－4～18（15件）、YYM13:18－4～6（3件）、YYM250:21－1～14（14件）、YYM217:12－3（图六七九，1）～6（4件）（图版三三五，1）、YYM151:16－3～4（2件）。

标本YYM2:24－14～20，是最早出现的Ⅰb型马具铜泡，属于春秋早期。敛唇斗笠形。均重23.5

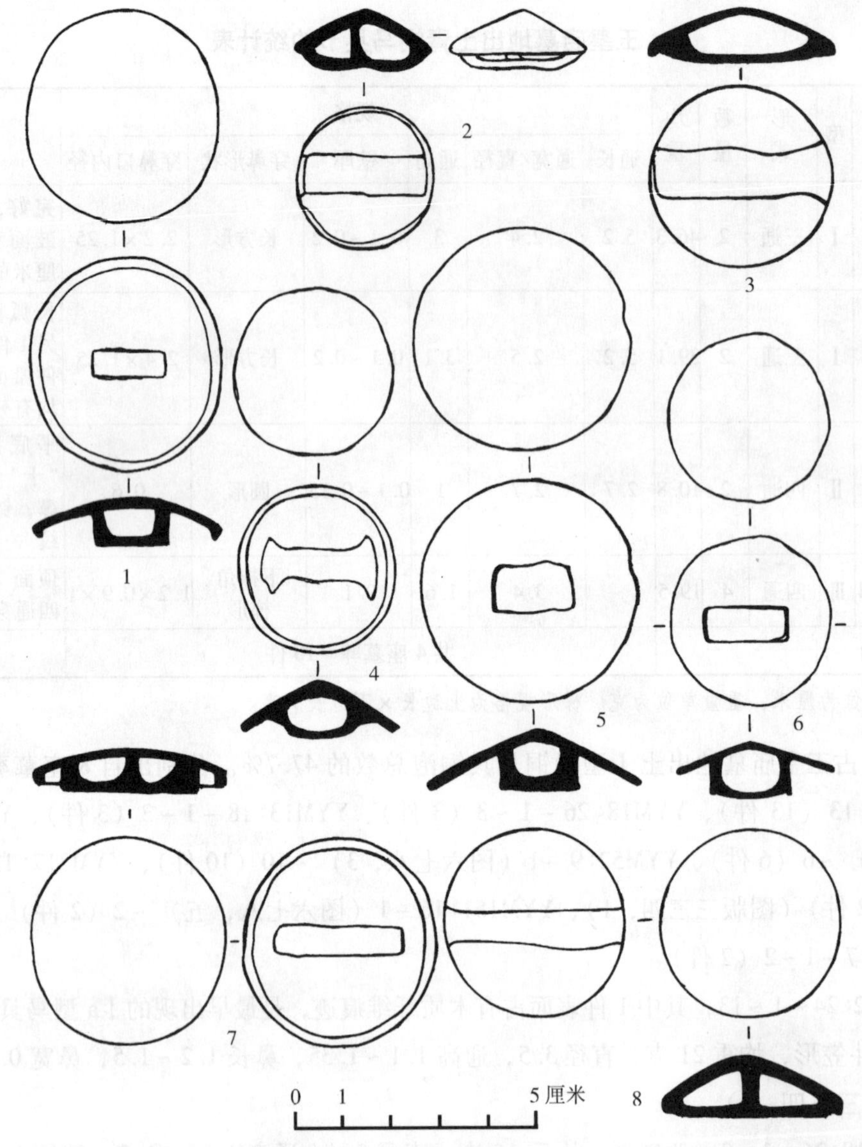

图六七八 玉皇庙墓地出土马具铜泡

1～6. Ⅰa型（YYM13:18－1、230:10－1、52:9－1、217:12－1、151:16－1、156:17－1）

7、8. Ⅰb型（YYM13:18－4、250:21－1）

克，直径3.5，通高1.3～1.5，鼻长3.4，鼻宽0.8厘米（图六四七，6；图版三三二，5）。

标本YYM18:26－4～18，斗笠形。均重20.5克，直径3.4，通高1.25，鼻长2.2～2.6，鼻宽0.6厘米（图六四七，5）。

标本YYM13:18－3、4，鼓面敛唇。均重20.2克，直径4.1，通高0.82～0.9，鼻长2.7，鼻宽0.5厘米（图六七八，7；图版三三四，4）。

标本YYM151:16－4～6，是最晚出现的Ⅰb型马具铜泡，属于春秋晚期前段。斗笠形。均重25克。直径4.5，通高1.2，鼻长2～2.4，鼻宽0.8～1厘米（图六七九，2；图版三三五，2）。

其余标本与上述标本形制相同（参见图六七八、六七九）。

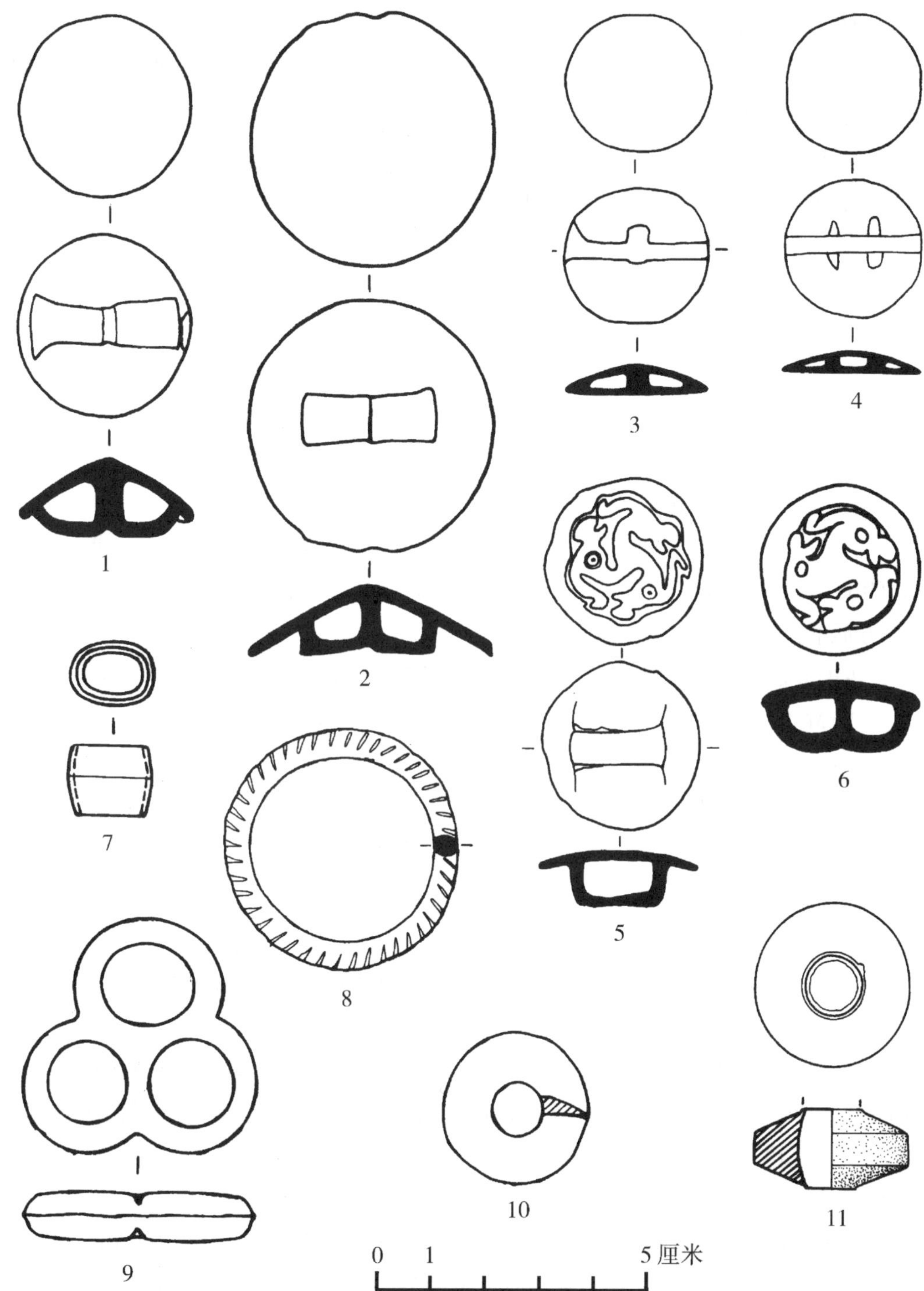

图六七九　玉皇庙墓地出土青铜马具

1、2. 铜泡Ⅰb型（YYM217:12－3、151:16－4）　3. Ⅱa型（YYM250:22－15）　4. Ⅱb型（YYM250:22－18）　5. Ⅲa型（YYM156:17－3）　6. Ⅲb型（YYM156:17－5）　7. 串饰（YYM18:28－1）　8. Ⅰ型铜环（YYM18:31－1）　9. Ⅱ型铜环（YYM18:32－1）　10. Ⅲ型铜环（YYM156:19－1）　11. 铜环箍（YYM18:29）

Ⅱ型 顶面呈弧形，条形穿鼻

共14件，占玉皇庙墓地出土青铜马具铜泡总数的12%；均出自1座墓葬。根据穿鼻穿孔数目的不同，可分为2个亚型。

Ⅱa型 条形双孔鼻

1件，占玉皇庙墓地出土Ⅱ型青铜马具铜泡总数的7.1%。

标本YYM250:22-15，属于春秋早中期。均重5.5克，直径2.6、通高0.5、鼻长2.6、鼻宽0.3厘米（图六七九，3；图版三三五，3）。

Ⅱb型 条形三孔鼻

共13件，占玉皇庙墓地出土Ⅱ型青铜马具铜泡总数92.9%。均出自1座墓葬，标本YYM250:22-16~28，属于春秋早中期。均重5.1克，直径2.5~2.6、通高0.4~0.48、鼻长2.5，鼻宽0.3厘米（图六七九，4；图版三三五，4）。

Ⅲ型 顶面为弧形，方形穿鼻

共17件，占玉皇庙墓地出土青铜马具铜泡总数的14.5%；分别出自3座墓葬，墓号为：YYM151（2件）、74（9件）、156（6件）。根据穿鼻穿孔的数目，可分为2个亚型。

Ⅲa型 方形单孔鼻

共12件，占玉皇庙墓地出土Ⅲ型青铜马具铜泡总数的70.6%，出自3座墓葬，器物号为：YYM151:16-5（1件）、YYM74:21-1~9（9件）、YYM156:17-3~4（2件），均属于春秋晚期前段。

标本YYM151:16-5，重10克，直径2.9、通高1、鼻长1.8、鼻宽0.7厘米。

标本YYM74:21-1~9，均重9.7克、直径2.7、通高0.9、鼻长1.7、鼻宽0.6厘米。

标本YYM156:17-3~4，顶面有顺向三鹿头纹。均重10克，直径2.9、通高1、鼻长1.8、鼻宽0.7厘米（图六七九，5）。

Ⅲb型 方形双孔鼻

共5件，占玉皇庙墓地出土Ⅲ型青铜马具铜泡总数的29.4%。出自2座墓葬，器物号为：YYM151:16-6（1件）、YYM156:17-5~8（4件）。均属于春秋晚期前段。

标本YYM151:16-6，重12.6克，直径3.1、通高0.9、鼻长2.9、鼻宽0.8厘米。

标本YYM156:17-5~6，4件，均重14克，直径3、通高0.9、鼻长2.5、鼻宽0.6厘米（图六七九，6；图版三三六，1）。

详见附表162。

串饰 玉皇庙墓地只有1座墓葬出土马具串饰，即铜箍。共39件，均出自YYM18，器物号为YYM18:28-1~39，占玉皇庙墓地出土青铜马具总数的18.3%，仅占玉皇庙墓地墓葬总数的0.25%。其形制完全相同，皆为椭圆筒形，中间起凸棱。通高1.1~1.2、口部长外径1.2~1.3、短外径0.9~1、腰部长外径1.5~1.6、短外径1.1~1.2、壁厚0.1厘米，均重3.4克（图六七九，7；图版三三六，5）。出土时系用皮条与马具铜泡一起穿连，应为马的装饰品。YYM18是一座春秋早期属甲（A）级规格的男性贵族墓。

环 玉皇庙墓地共出土马具铜环9件，占玉皇庙墓地出土青铜马具总数的4.2%；分别出自3座墓葬，墓号为：YYM18（6件）、74（1件）、156（2件），占玉皇庙墓地墓葬总数的0.75%。可分为3型。

附表162

玉皇庙墓地出土青铜马具铜泡统计表

序号	器物号（YYM）	型	顶面	鼻形	均重（克）	数量	规格（厘米）				出土位置	性别	级别	分布区域	年代
							直径	通高	鼻长	鼻宽					
1	2∶24－1～13	Ⅰa	敛唇斗笠形	方形单孔鼻	21	13	3.5	1.1～1.35	1.2～1.5	0.8	右侧胫骨和右侧足骨之上及其外侧	女	甲（B）	北Ⅰ中	春秋早
	2∶24－14～20	Ⅰb		方形双孔鼻	23.5	7	3.5	1.3～1.5	3.4	0.8					
2	18∶26－1～3	Ⅰa	斗笠形	方形单孔鼻	15	3	3.4	1.25～1.3	1.4～1.9	0.6	骨盆至左、右股骨之间	男	甲（A）	北Ⅰ中	春秋早
	18∶26－4～18	Ⅰb		方形双孔鼻	20.5	15	3.4	1.25	2.2～2.6	0.6					
3	13∶18－1～3	Ⅰa	拱形敛唇	方形单孔鼻	20	3	4	0.82～0.98	1.5～1.8	0.5	左胫、腓骨表面及内、外侧	男	乙（A）	北Ⅰ中	春秋早
	13∶18－4～6	Ⅰb		方形双孔鼻	20.2	3	4.1	0.82～0.9	2.7	0.5					
4	250∶21－1～14	Ⅰb	斗笠形	方形双孔鼻	21.8	14	3.6	1.22	3	0.6	左胫骨上	男	甲（A）	北Ⅱ北	春秋早中
	250∶22－15	Ⅱa	弧形	条形双孔鼻	5.5	1	2.6	0.5	2.6	0.3	左股骨外侧				
	250∶22－16～28	Ⅱb		条形三孔鼻	5.1	13	2.5－2.6	0.4～0.48	2.5	0.3					
5	230∶10－1～6	Ⅰa	斗笠形	方形单孔鼻	10	6	2.8	1.2	2.6	0.8	右颈骨下端及右足骨外侧	男	甲（A）	北Ⅱ中	春秋中
6	52∶9－1～10	Ⅰa	斗笠形	方形单孔鼻	9.8	10	3.8	1	3.6	0.8	左右股骨下端之间	男	甲（B）	北Ⅱ中	春秋中
7	217∶12－1～2	Ⅰa	斗笠形	桥形单孔鼻	21	2	3.3	1.2	1.4	0.6	左趾骨外侧	男	甲（B）	南区北	春秋晚前
	217∶12－3～6	Ⅰb		桥形双孔鼻	17.2	4	3.2－3.4	1.2	2.6	0.7					
8	151∶16－1～2	Ⅰa	斗笠形	方形单孔鼻	25	2	4.5	1.2	1.4～1.8	0.8～1	胸椎右侧和骨盆上	男	甲（B）	南区北	春秋晚前
	151∶16－3～4	Ⅰb		方形双孔鼻	25	2	4.5	1.2	2～2.4	0.8～1					
	151∶16－5	Ⅲa	弧形	方形双孔鼻	10	1	2.9	1	1.8	0.7					
	151∶16－6	Ⅲb		方形双孔鼻	12.6	1	3.1	0.9	2.9	0.8					
9	74∶21－1～9	Ⅲa	弧形	方形单孔鼻	9.7	9	2.7	0.9	1.7	0.6	左、右胫骨下端至左足骨	男	乙（A）	南区北	春秋晚前
10	156∶17－1～2	Ⅰa	斗笠形	方形单孔鼻	9.8	2	3.3	1.1	1.2	0.65	左胫骨外侧，右胫骨内侧	男	乙（A）	南区中	春秋晚前
	156∶17－3～4	Ⅲa	弧形，三鹿头纹	方形单孔鼻	10	2	2.9	1	1.8	0.7					
	156∶17－5～6	Ⅲb		方形双孔鼻	14	4	3	0.9	2.5	0.6					
合　计							共10座墓葬　117枚								

注：长度单位为厘米，重量单位为克。

Ⅰ型单环形

共3件，占玉皇庙墓地出土青铜马具铜环总数的33.3%。出自2座墓葬，墓号为：YYM18:31－1～2（2件）、YYM74:20（1件），分别属于春秋早期和春秋晚期前段。

标本YYM18:31－1～2，是最早出现的Ⅰ型马具铜环。均重15.8克，外径4.2、内径3.3、厚0.5厘米，饰绹纹（图六七九，8；图版三三六，4）。

YYM74:20与YYM18:31形制相同。

Ⅱ型　三环形

共4件，占玉皇庙墓地出土青铜马具铜环总数的44.4%。均出自1座墓，即YYM18:32－1～4，均重39.5克，通高4.2、通宽4.4、偏大环外径2.7、略小环外径2.4厘米，内径分别为1.7、1.4，厚0.9厘米。侧面中间有铸缝（图六七九，9）。

Ⅲ型　平底鼓面算珠形

共2件，占玉皇庙墓地出土青铜马具铜环总数的22.2%。均出自1座墓，即YYM156:19－1～2，均重9.9克，外径分别为2.7、2.8，内径分别为1、1.15，厚0.48厘米（图六七九，10；图版三三六，2）。

详见附表163。

附表163　**玉皇庙墓地出土青铜马具环具统计表**

序号	器物号（YYM）	型	数量	均重	形状	外径	内径	厚	备注
1	18:31－1～2	Ⅰ	2	15.8	单环	4.2	3.3	0.5	饰绹纹
	18:32－1～4	Ⅱ	4	39.5	三环	2.7/2.4	1.7/1.4	0.9	高4.2、宽4.4厘米，外沿中间有铸缝
2	74:20	Ⅰ	1	15	单环	4	3	0.4	饰绹纹
3	156:19－1～2	Ⅲ	2	9.9	算珠形	2.7/2.8	1/1.15	0.48	平底鼓面
合　计						共3座墓葬　9件			

注：长度单位为厘米，重量单位为克。

环箍　玉皇庙墓地出土青铜马具环箍1件，出自YYM18，器物号为YYM18:29，占玉皇庙墓地出土青铜马具总数的0.47%；占玉皇庙墓地墓葬总数的0.25%。双面外鼓，直腰，中空，穿孔一端略小，一端略大。腰部外径2.72、通高1.47、腰宽0.7厘米，穿孔一端口径0.92，另一端口径1.22厘米，重24.8克（图六七九，11；图版三三六，3）。

YYM18为春秋早期甲（A）级男性墓，青铜马具环箍仅此1例。

北京文物与考古系列丛书

军都山墓地

——玉皇庙

北京市文物研究所　编著

文物出版社

北京·2007

第　三　册

（五）装饰品

玉皇庙墓地出土的青铜装饰品共包括佩饰、服饰、铜扣和其他饰件，共16733件，占玉皇庙墓地出土青铜制品总数的94.1%。

1. 佩饰

玉皇庙墓地共出土青铜佩饰9262件，占该墓地出土青铜装饰品总数的55.3%。包括铜丝耳环、牌饰、镜形饰、小铜珠、铃形饰、小铜箍、坠饰、小铜扣项链、双联小铜扣项链和卷云纹三联珠形铜饰项链等10大类。

铜丝耳环　玉皇庙墓地共出土铜丝耳环556件，占玉皇庙墓地出土青铜佩饰总数的6%。分别出自271座墓葬，墓号为：YYM22（2件，凡出土2件耳环者，以下不再注明）、21、20（4件）、35、32、34、31、30、29、19、17、15、3、13、82、386、300、385、383、384、4、11、5、9、10、248、249（8件）、281、279、280、283（1件）、37、98、277、251、230、229、233、231、228、232（1件）、227、241、264、276、97、99、226、240、252（1件）、265、275、96、47、234、263、274（1件）、45（1件）、42、41、225、266、46、44、236、237、256、261、267、94、49（4件）、257、259（1件）、247、271（1件）、48、95、258（4件）、51、65、191、190、125、188、52、54、100、66、67、36、26、296（4件）、297、298、293、295、299、294、291、289、23、24、12、8、6、7、102、212、208（1件）、53、58、196、186、57、86、59、91、184（1件）、149、64、72、84、83、81、92（1件）、148、217、224、182、203、223、222、220、216、215、213、211（6件）、209、195、204、197、198、199、200、179（1件）、178、177、150（4件）、151、157、153（3件）、142、145、143、144、138、137、136、135、117、118、119、104、105、74、75、76、201、202、176、154、155、158、167、168、134、133、132、131、122、124、126、120、115、114、113、111、165、166、171、106、108、80、77、79、78、332（1件）、331、323、319、329、327（4件）、324、322、316、312、313、308、317、306、303、305、301（4件）、302（4件）、164、127、110（1件）、172、163（4件）、160、175、161、129、128、109、162、353、340、334、352、351、354、345、344、339、338、348、335、336、349、358、325、347（1件）、342、373、366、359、381、379、382、377、378、376、374、375、372、371、368、369（1件）、370、364、363、396、391、397、398、392、399、393、400、395，占玉皇庙墓地墓葬总数的67.75%。可见铜丝耳环是这支部族主要的和较为普及的佩饰之一。保存完好的不多，一些耳环虽然折断成数截，但还可以拼合成原状；多数都有缺失，许多成粉状，或只余一截获数截残断的铜丝、铜片。根据其形制可分为4型。耳环的外环直径差别较大，可划分为4种规格：直径小于或等于3厘米者为小形耳环；直径大于3厘米，小于或等于4厘米者为中形耳环；直径大于4厘米，小于或等于6厘米者为大形耳环；直径大于6厘米者为特大形耳环。

Ⅰ型　圆形截面

共494件，分别出自座245墓葬，墓号为：YYM22、21、20（4件）、35（图版三三八，3）、32、34（图版三三八，4）、31、30、29、19、17、15、3、13（图版三三九，8）、82、386、300、385、383、384、4、11、5、9、10、248、249、281、279（图版三三九，4）、280、283（1件）、37、277、251、230（图版三三九，1）、229、233（图版三三九，2）、231（图版三三九，3）、228（图版三三九，5）、232（1件）（图版三三九，6）、227、241、264、276、97、99、226、240、252（1件）、

265、275、96、47、234、263、274（1件）、45（1件）、42、41、225、266、46、44、236、237、256、261、267、94、49（4件）、257、259（1件）、247、271（1件）、48、95、258（4件）、51、65、191、190（1件）、125、52、54、100、66、67、36、26、296（3件）、297、298、293、295、299、294、291、289、23、24、12、8、6、7、102、212、208（1件）、53、58、196、186、57、86、59、91、184（1件）、149、64、72、84、83、81、92（1件）、148（图版三三九，7）、217、224、182、203、223、222、220、216、215、213、211（6件）、209、195、204、197、198、199、200、178、177、150（4件）、151、157、153（3件）、142、143、144、137、136、117、118、119、104、105、74、75、76、201、202、158、168、133、132、131、122、124、126、120、115、113、111、165、166、171、106、108、80、77、79、78、332（1件）、331、323、319、329、327（4件）、324（1件）（图版三三九，15）、322、316、312、313、308、317、306、303、305、301（3件）、302（4件）、164、127、110（1件）、172、163（4件）、160、175、161、128、109、162、353、334、351、354、345、344、339、338、349、325、347（1件）、342、366、359、379（1件）、382、377、378、376、374、375、368、369（1件）、370、363、397、398、392、399、393、400、395，占玉皇庙墓地出土铜丝耳环总数的88.8%。由一根圆柱形铜丝呈螺旋形盘绕而成，两端尖细以便穿戴。

标本YYM22:4-1，这是最早出现的Ⅰ型铜丝耳环，属于春秋早期。保存完整，重1克，为小形者，外径2.1厘米，盘绕2周，最大截面直径0.15厘米（图六八四，12）。

标本YYM31:2-1，均保存完好，重2.4克，为中形者，最大外周直径3.2厘米，盘绕3周，最大截面直径0.15厘米（图六八四，18；图版三三八，5）。

标本YYM9:2-1，重3.5克，外径3.7厘米，为中形者，盘绕近2周，最大截面直径0.2厘米（图六八三，8）。

标本YYM248:2-1，重2.4克，为中形者，外径3.3厘米，存2.5周，最大截面直径0.11厘米（图六八一，3）。

标本YYM249:2-1，保存基本完整，重9克，为特大形者，外径6.5，盘绕1.5周，最大截面直径0.2厘米（图六八〇，1；图版三三七，1）。

标本YYM249:2-2，残断，重5.6克，为大形者，外径6厘米，可拼合2周余，最大截面直径0.15厘米（图六八〇，2）。

标本YYM191:2-1~2，保存基本完整，重6克，为中形者，外径3.6厘米，盘绕4周余，最大截面直径0.15厘米（图六八一，5；图版三三八，1）。

标本YYM296:2-2，保存完整，重7克，为中形者，外径4厘米，盘绕3周，最大截面直径0.2厘米（图六八一，7）。

标本YYM296:2-3，保存完整，重2.5克，为中形者，外径3.1厘米，盘绕2周，最大截面直径0.15厘米（图六八二，8）。

标本YYM149:2-1，保存完整，重2克，为中形者，外径3.2厘米，盘绕2.5周，最大截面直径0.12厘米（图六八三，15）。

标本YYM81:4-1，属于春秋中晚期。残断，为大形者，外径4.9厘米，最大截面直径0.2厘米（图六八〇，3）。

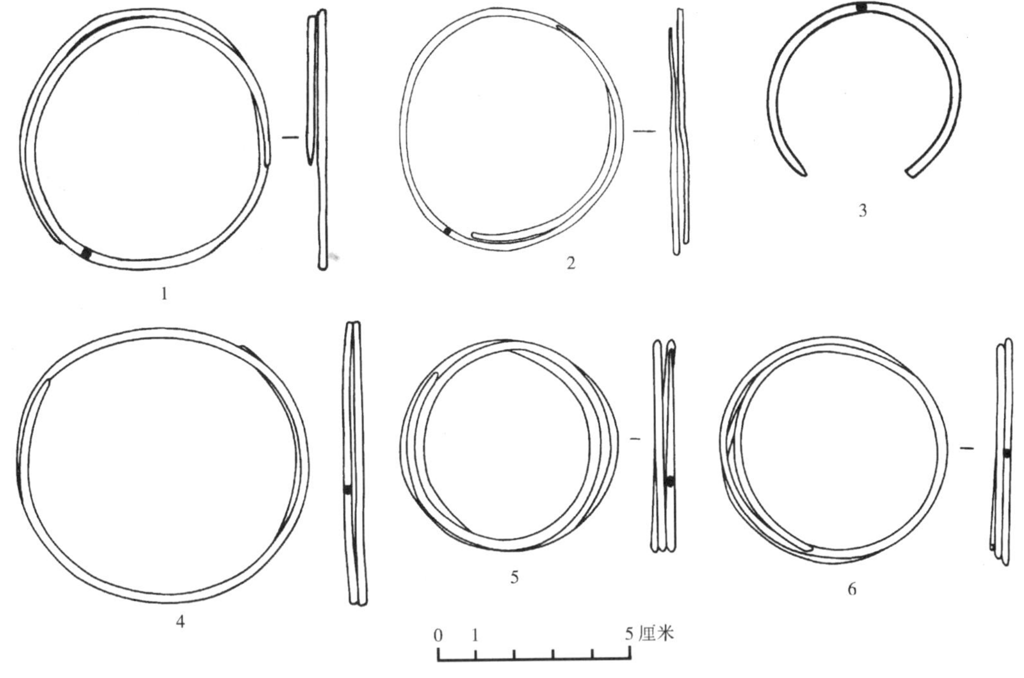

图六八〇　玉皇庙墓地出土铜丝耳环

1～6. Ⅰ型大号（YYM249:2－1、249:2－2、81:4－1、211:2－1、301:1－1、301:1－3）

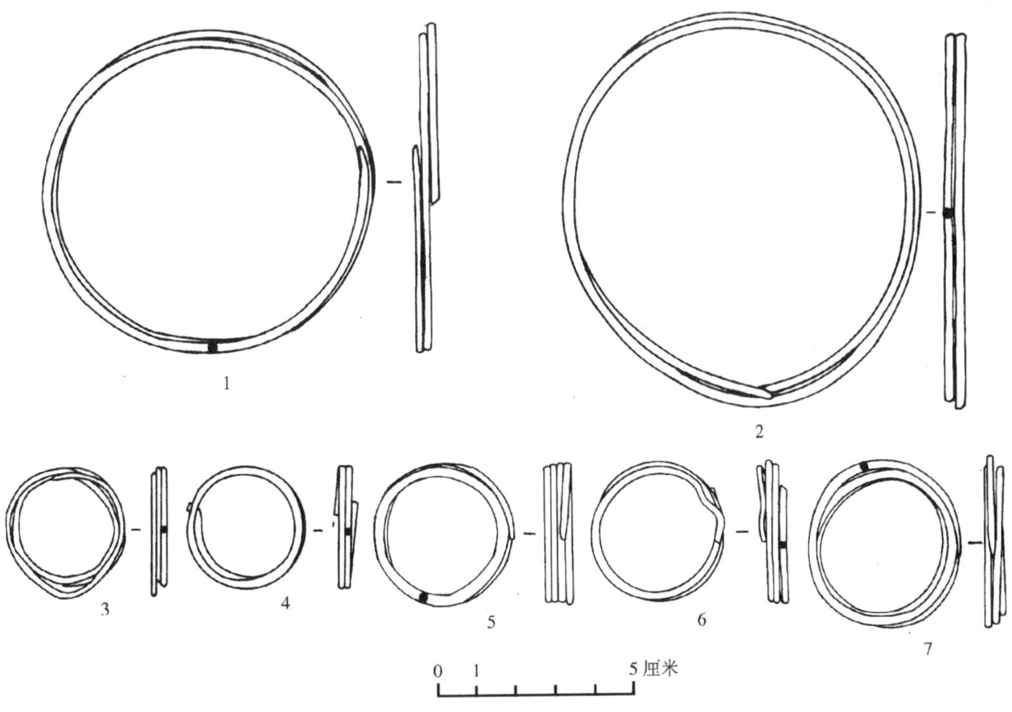

图六八一　玉皇庙墓地出土铜丝耳环

Ⅰ型大号（YYM211:2－4、211:2－5）　3～7. Ⅰ型中号（YYM248:2－1、256:4－1、191:2－1、191:2－2、296:2－2）

标本YYM211:2－1，保存完好，重14克，为特大形者，外径7.6厘米，盘绕2周，最大截面直径0.22厘米（图六八〇，4）。

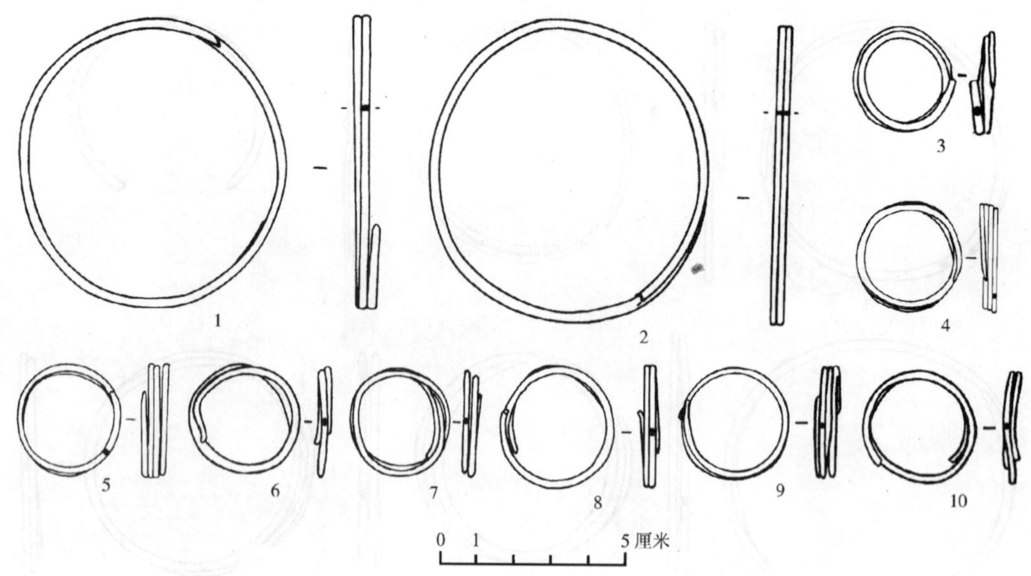

图六八二 玉皇庙墓地出土铜丝耳环

1、2. Ⅰ型大号（YYM327:1－1、327:1－3） 3～10. Ⅰ型中号（YYM44:2－1、258:2－1、258:2－2、65:5－1、52:12－1、296:2－3、8:2－1、6:2－1）

标本 YYM211:2－4，保存完整，重 13.1 克，为特大形者，外径 8.1 厘米，盘绕 2 周，最大截面直径 0.2 厘米（图六八一，1；图版三三七，2）。

标本 YYM211:2－5，保存完整，重 17 克，为特大形者，外径 9.6 厘米，盘绕 2 周，最大截面直径 0.22 厘米（图六八一，2；图版三三七，3）。

标本 YYM329:1－1～2，保存比较完整，均重 4.7 克，其 1 为中形者，外径 3.9 厘米（图六八三，17）；另一为大形者，外径 5.4 厘米，盘绕 4 周，最大截面直径 0.2 厘米。

标本 YYM327:1－1，折断，重 27 克，为特大形者，外径 7.3 厘米，可拼合 4 周，最大截面直径 0.2 厘米（图六八二，1；图版三三七，5）。

标本 YYM327:1－2，折断，重 25.2 克，为特大形者，外径 7.6 厘米，可拼合 3 周，最大截面直径 0.25 厘米。

标本 YYM327:1－3，保存完整，均重 14 克，为特大形者，外径 7.6 厘米，盘绕 2 周，最大截面直径 0.25 厘米（图六八二，2；图版三三七，5）。

标本 YYM322:1－1～2，保存完整，其一重 3.5 克，外径 3.1 厘米（图六八三，19；图版三三九，13）；另 1 重 4.6 克，外径 3.5 厘米，均为中形者，盘绕 3 周，最大截面直径 0.18 厘米。

标本 YYM306:2－1，保存完整，均重 2.8 克，为中形者，外径均为 3.4 厘米，分别盘绕 1 和 2 周，最大截面直径 0.13 厘米（图六八四，2；图版三三八，2）。

标本 YYM305:1－1～2，保存完整，均重 5.1 克，为中形者，外径均为 3.7 厘米，分别盘绕 2 和 3 周，最大截面直径 0.2 厘米（图六八四，3、4）。

标本 YYM301:1－1，保存完整，重 11.2 克，为大形者，外径 5.6 厘米，盘绕 3 周，最大截面直径 0.2 厘米（图六八〇，5）。

图六八三　玉皇庙墓地出土铜丝耳环

1～19　Ⅰ型中号：1－8.（YYM31:2－2、29:2－1、19:4－1、82:6－1、300:10－1、4:7－1、4:7－2、9:2－1）　9～16.（YYM9:2－2、96:2－1、36:6－1、102:5－1、58:4－1、84:2－1、149:2－1、198:2－1）　17～19.（YYM329:1－1、324:1－2、322:1－1）

标本 YYM301:1－2，保存完整，重 8.9 克，为中形者，外径 4.3 厘米，盘绕 3 周，最大截面直径 0.18 厘米（图六八四，5）。

标本 YYM301:1－3，保存完整，重 10.1 克，为大形者，外径 5.9 厘米，盘绕 2.5 周，最大截面直径 0.2 厘米（图六八〇，6；图版三三七，4）。

标本 YYM172:2－1～2，均残，尚能拼合 1 周，直径 3.5 厘米，最大截面直径 0.2 厘米。

标本 YYM344:5－1，保存基本完整，重 4.2 克，为中形者，外径 3.2 厘米，盘绕近 3 周，最大截面直径 0.18 厘米（图六八四，6；图版三三九，12）。

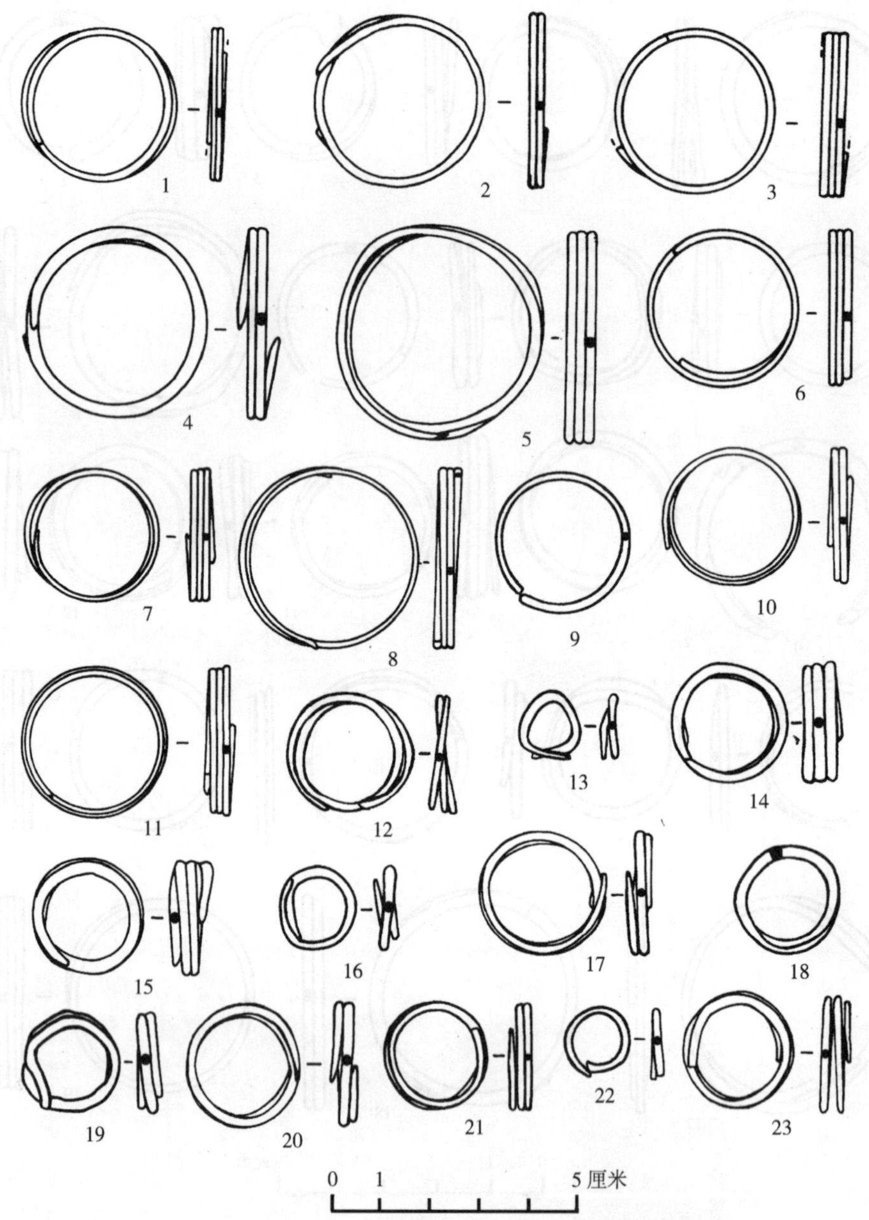

图六八四　玉皇庙墓地出土铜丝耳环

1～11. Ⅰ型中号（YYM317∶2－1、306∶2－1、305∶1－1、305∶1－2、301∶1－2、344∶5－1、338∶2－1、376∶2－1、374∶2－1、397∶3－1、393∶2－1）　12～23. Ⅰ型小号（YYM22∶4－1、21∶1－1、20∶4－1、35∶6－1、32∶8－1、34∶5－1、31∶2－1、30∶1－1、17∶4－1、3∶4－1、15∶2－1、13∶10－1）

标本 YYM325∶2－1，残断，尚可拼合1.5周，为中形者，外径3.9厘米，最大截面直径0.2厘米（图版三三九，14）。

标本 YYM376∶2－1，保存完整，重3.4克，为中形者，外径3.6厘米，盘绕3周，最大截面直径0.18厘米（图六八四，8）。

标本 YYM395∶2－1，这是最晚出现的Ⅰ型铜丝耳环，属于春秋晚期后段。保存完整，重0.8克，为小形者，外径2.1厘米，盘绕1周，最大截面直径0.15厘米。

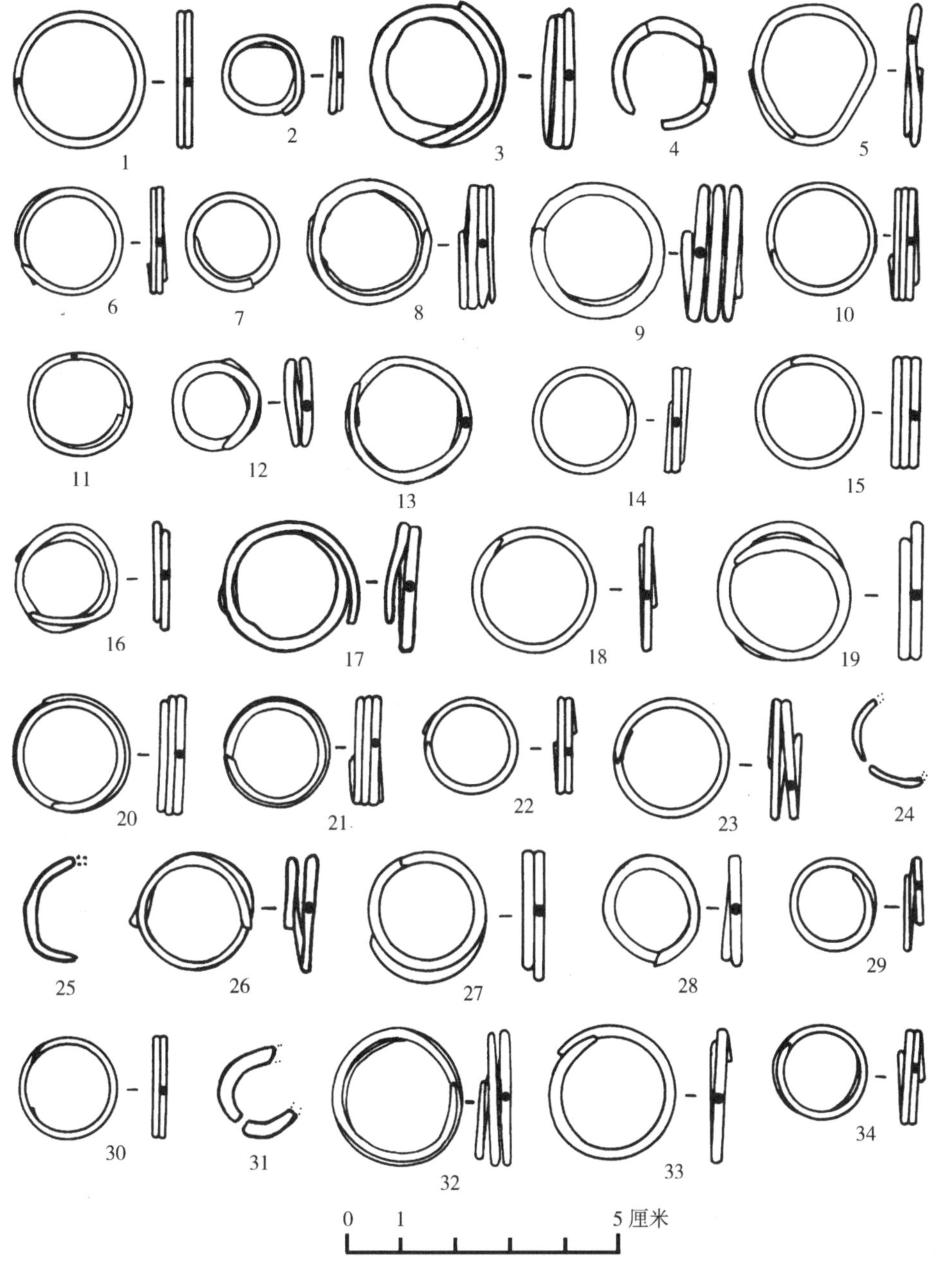

图六八五　玉皇庙墓地出土铜丝耳环

1～34. Ⅰ型小号：1～10（YYM386:6－1、383:2－1、384:6－1、5:7－1、248:2－2、281:5－1、279:4－1、280:4－1、37:4－1、251:8－1）　11～19.（YYM230:11－1、233:14－1、231:2－1、228:4－1、227:8－1、264:9－1、97:2、226:15－1、240:2－1）　20～29（YYM265:3－1、47:2－1、234:6－1、263:2－1、45:1－1、45:1－2、42:2－1、225:2－1、46:5－1、237:10－1）　30～34（YYM261:4－1、94:1、49:2－1、257:5－1、247:6－1）

其余标本与上述标本形制相近（参见图六八一～六八七）。

Ⅱ型　“8”字形截面

共9件，分别出自4座墓葬，墓号为：YYM249（6件）、190（1件）、324（1件）、301（1件），占玉皇庙墓地出土铜丝耳环总数的1.6%。大多数由宽铜条环绕1周成环状，内外饰1道阴刻弦纹。

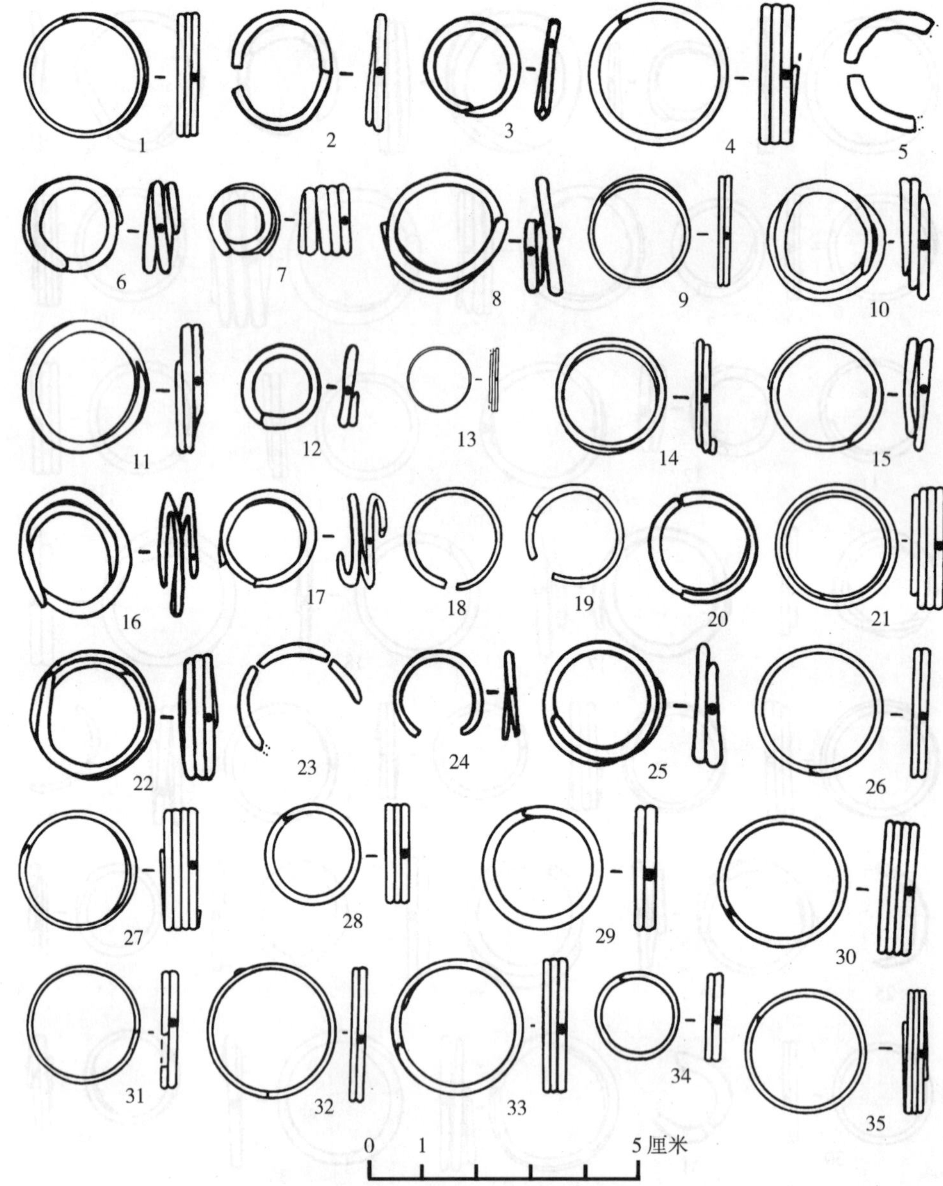

图六八六 玉皇庙墓地出土铜丝耳环

1~35. Ⅰ型小号：1~10（YYM258∶2-3、51∶8-1、51∶8-2、125∶8-1、54∶7-1、66∶3-1、67∶2-1、26∶4-1、293∶2-1、295∶4-1） 11~21.（YYM23∶10-1、24∶1-1、12∶2-1、7∶9-1、57∶5-1、86∶5-1、86∶5-2、59∶1-1、59∶1-2、91∶1-1、149∶2-2） 22~30（YYM64∶2-1、83∶5-1、92∶1、148∶4-1、217∶4-1、222∶3-1、213∶6-1、199∶9-1、178∶4-1） 31~35.（YYM177∶1-1、150∶2-2、151∶5-1、153∶6-1、153∶6-2）

标本YYM249∶2-3~6，是最早出现的Ⅱ型铜丝耳环，属于春秋早中期。其中1件残断，其余保存完整，均重12.8克，为特大形者，外径在7厘米左右，最大1件为7.3、铜条宽0.3、厚0.15厘米；内外侧均有1道阴刻弦纹，盘绕1周，接口相叠，3件接口处未作特殊处理，呈平齐状，只有1件完整者一端制成斜尖状（图六八八，1~3；图版三四〇，1）。

标本YYM249∶2-7，断，重8.1克，为大形者，外径5.5、铜条宽0.32、厚0.18厘米；内外侧均有1道阴刻弦纹，拼合成1周，接口平齐。

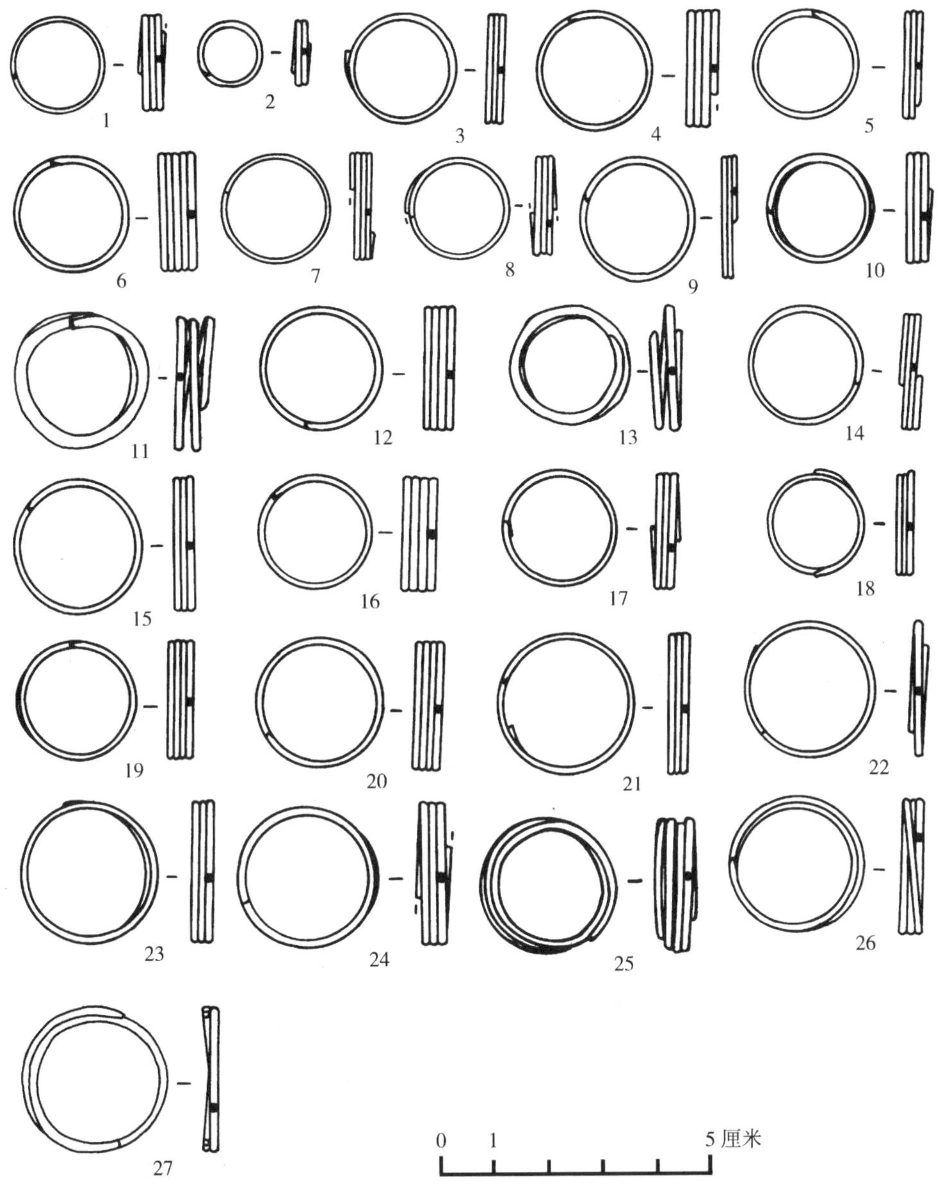

图六八七　玉皇庙墓地出土铜丝耳环

1～27. Ⅰ型小号：1～10（YYM144:2－1、137:3－1、136:1－1、118:2－1、104:2－1、202:2－1、132:1－1、124:5－1、120:2－1、316:1）　11～18.（YYM302:1－1、313:2－1、302:1－2、127:4－1、175:5－1、128:7－1、334:6－1、339:2－1）　19～27（YYM338:2－2、349:5－1、342:1－1、377:2－1、375:2－1、368:3－1、363:1－1、392:2－1、400:2－1）

标本 YYM249:2－8，保存完整，重 7.5 克，为大形者，外径 4.6、铜条宽 0.31、厚 0.18 厘米；内外侧均有 1 道阴刻弦纹，环绕 1 周，接口相叠，一端略尖。

标本 YYM190:5－1，重 2.8 克，为小形者，外径 2.3、铜条宽 0.4、厚 0.2 厘米；内外侧各有 1 道弦纹，环绕 1 周，接口相叠，两端平齐（图六八八，4；图版三四〇，3）。

标本 YYM324:1－1，重 10.6 克，为大形者，外径 4.8、铜条宽 0.5、最厚 0.2 厘米，内外侧各饰 2 道阴刻弦纹，接口相叠，一端略宽，另一端略尖（图六八八，5）。

标本 YYM301:1－4，1 件，属于春秋晚期前段。重 13.4 克，为大形者，外径 5.4、铜条宽 0.4、

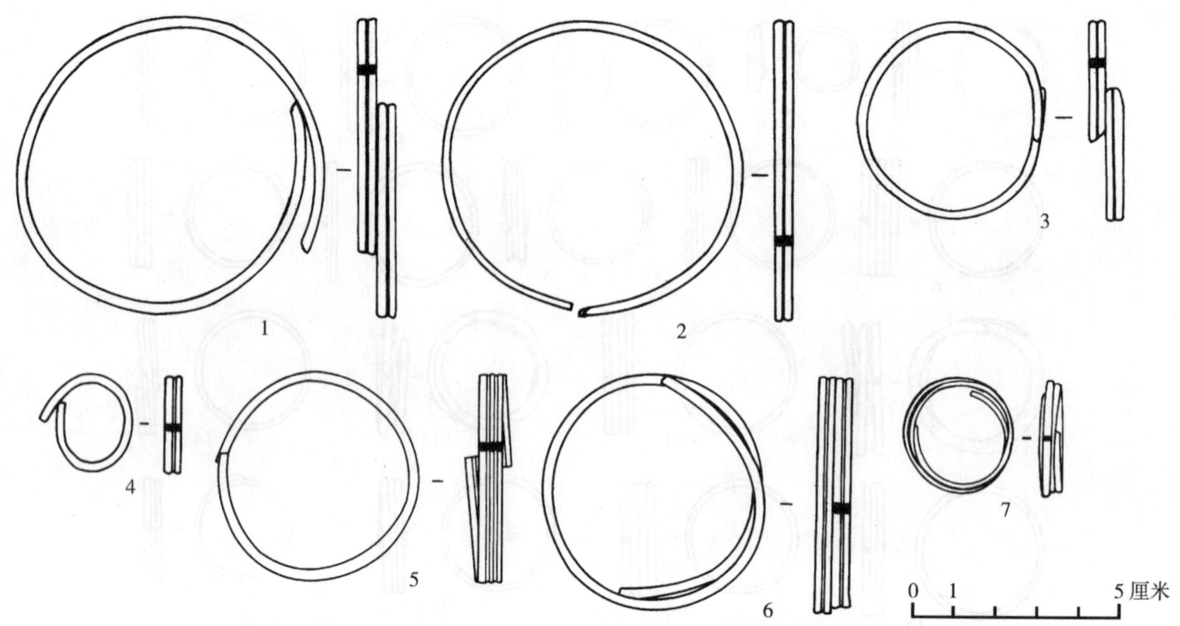

图六八八 玉皇庙墓地出土铜丝耳环

1～6. Ⅱ型（YYM249:2－3、249:2－4、249:2－5、190:5－1、324:1－1、301:1－4） 7. Ⅲ型（YYM371:2－1）

厚0.2厘米，内外侧各饰1道阴刻弦纹，环绕1.5周，接口一端加宽加厚，0.5×0.3厘米，另一端齐平（图六八八，6；图版三四〇，2）。

其余标本与上述标本形制相近。

Ⅲ型 长方形截面

共52件，分别出自27座墓葬，墓号为：YYM98（2件，以下不注明者皆为2件）、188、179（1件）、145、138（图版三四〇，4）、135、176、154、155、167（图版三四〇，5）、134、114（图版三四〇，6）、129、340（图版三三九，11）、352、348、335、336、358、373、381、379（1件）、372、371、364、396（图版三三九，10）、391，占玉皇庙墓地出土铜丝耳环总数的9.4%。由一根窄铜条呈螺旋形盘绕而成，两端尖细以便穿戴，形态与Ⅰ型相似，只是横截面形状不同。

标本YYM98:4－1，这是最早出现的Ⅲ型铜丝耳环，属于春秋早中期。残断，为小形者，外径2.2、铜条宽0.12、厚0.05厘米（图六八九，1）。

标本YYM379:3－2，残断，残重2.6克，这是Ⅲ型铜丝耳环中唯一1件为中形者，外径3.1、铜条宽0.2、厚0.1厘米（图六八九，20）。

标本YYM391:2－1～2，这是最晚出现的Ⅲ型铜丝耳环，属于春秋晚期后段。均为小形者，分别为重1.6和2.1克，外径3和2.5、铜条宽0.12、厚0.08厘米（图六八九，24、25；图版三三九，9）。

其余标本与上述标本形制相近（参见图六八八～六九六）。

Ⅳ型 外弧型截面

1件，占玉皇庙墓地出土铜丝耳环总数的0.18%。标本YYM296:2－1，属于春秋中期。由外弧形宽铜片环绕1周，接口相叠，一端截齐，另一端呈尖状以便穿戴，两端均有圆形穿孔，似有穿绳固定功能。重9.4克，外径7、铜片宽0.5、厚0.1厘米（图七四三，14）。

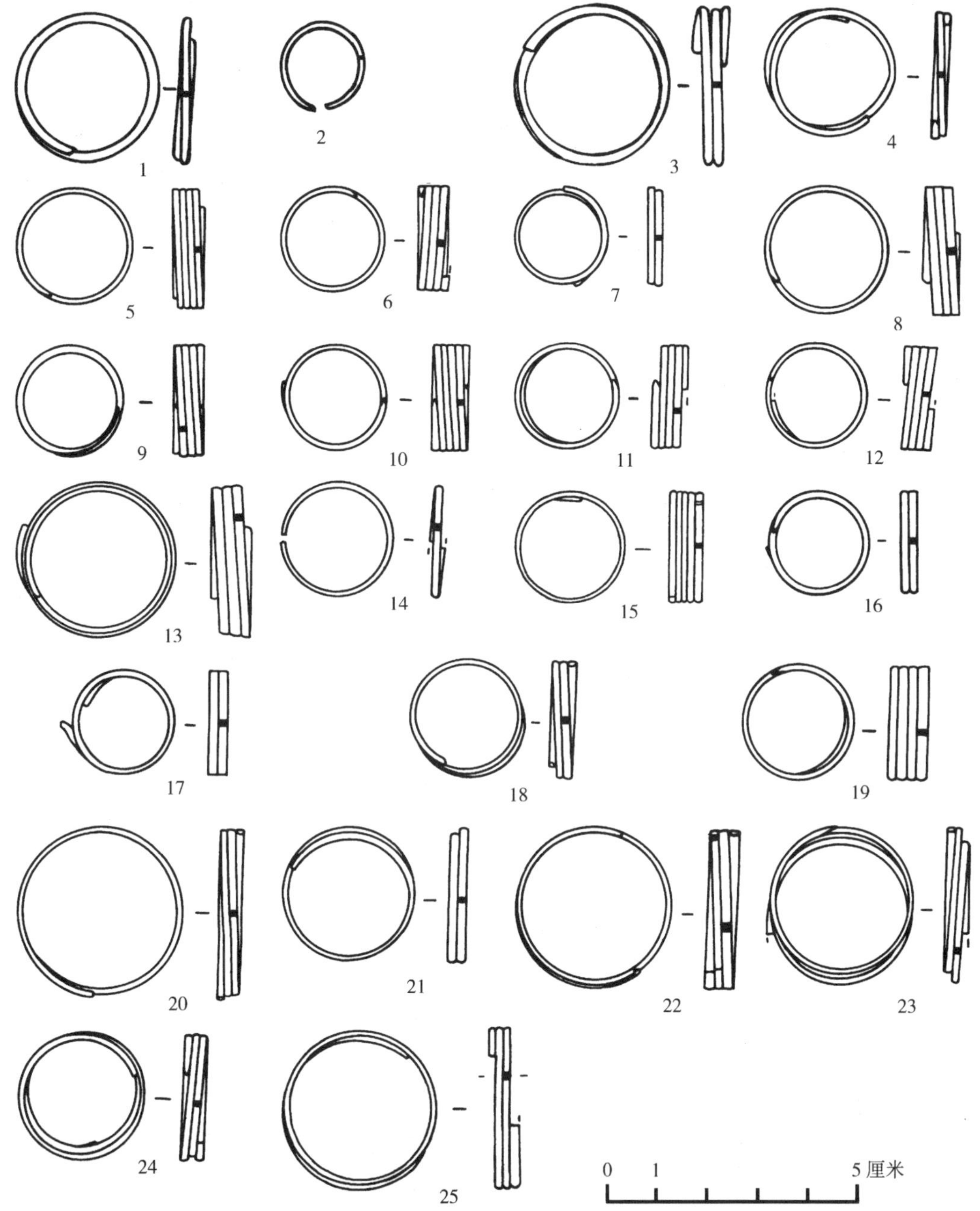

图六八九　玉皇庙墓地出土铜丝耳环

1～26. Ⅲ型：1～8（YYM98：4－1、145：5－1、138：2－1、135：1－1、176：2－1、154：2－1、155：1－1、167：2－1）　9～16.（YYM134：7－1、114：2－1、114：2－2、129：12－1、340：2－1、352：2－1、348：4－1、335：1－1）　17～22.（YYM336：1－1、373：4－1、381：2－1、379：3－2、372：3－1、396：2－1）　23～25.（YYM396：2－2、391：2－1、391：2－2）

详见附表164。

讨论

从年代考察，出土铜丝耳环的墓葬中，位于北Ⅰ区中部者19座（YYM22、21、20、35、32、34、31、30、29、19、17、15、3、13、4、11、5、9、10）、西部者6座（YYM82、386、300、385、

附表164－1

玉皇庙墓地出土青铜耳环统计表

序号	器物号（YYM）	型	形　　态	均重（克）	数量	规　　格（厘米）				出土位置	性别	墓葬级别	分布	分期
						外径	截面直径	铜片宽	铜片厚					
1	22:4－1～2	Ⅰ	完整者1件，2圈	1	2	2.5/2.1	0.1/0.15			左、右耳部各1	男	甲(B)	北Ⅰ中	春秋早
2	21:1－1～2	Ⅰ	均残，存1圈	0.5	2	1.2	0.15			左、右耳部各1	女	丙(B)		
3	20:4－1～3	Ⅰ	完整者2件，3圈	2.8	4	2.2/2.3	0.15			左、右耳部各2	女	乙(A)		
4	35:6－1～2	Ⅰ	完整，3圈	2.7	2	2.2	0.18			左、右耳各1	女	乙(B)		
5	32:8－1～2	Ⅰ	均残，存1圈		2	1.6	0.15			在象征“左、右耳部各1”	无人	丙(A)		
6	34:5－1～2	Ⅰ	完整，2圈	2	2	2.5/2.6	0.1/0.15			在象征“左、右耳部各1”	无人	丙(B)		
7	31:2－1～2	Ⅰ	完整，2圈	2.4	2	3/3.2	0.15			左、右耳部各1	男	丙(B)		
8	30:1－1～2	Ⅰ	完整者1件，2圈	1.3	2	1.9	0.15			左、右耳部各1	男	丙(C)		
9	29:2－1～2	Ⅰ	完整者1件，2圈	3.2	2	2.8	0.12/0.15			左、右耳部各1	女	丙(A)		
10	19:4－1～2	Ⅰ	完整，3.5圈	3.9	2	2.4/2.6	0.15			左、右耳部各1	男	乙(B)		
11	17:4－1～2	Ⅰ	均残，存2圈	2.4	2	2.3/2.4	0.2			在象征“左、右耳部”各1	无人	乙(B)		
12	15:2－1～2	Ⅰ	均残，拼合1圈		2	0.8	0.1			左、右耳部各1	少儿	丁		
13	3:4－1～2	Ⅰ	完整者1件，2.5圈	1.2	2	2.1	0.11			左、右耳部各1	女	乙(B)		
14	13:10－1～2	Ⅰ	完整，分别为2、3圈	2.2	2	2.1	0.15			左、右耳部各1	男	乙(A)		
15	82:6－1～2	Ⅰ	均残碎，可拼合1圈		2	2	0.1			左、右耳部各1	男	丙(A)	北Ⅰ西	
16	386:6－1～2	Ⅰ	完整，2圈	1.8	2	2.4	0.15			左、右耳部各1	男	丙(C)		
17	300:10－1～2	Ⅰ	完整者1件，3圈	3.5	2	2.6	0.2			左、右耳部各1	男	乙(A)		
18	385:5－1～2	Ⅰ	完整者1件，2圈	2	2	2.1	0.11			左、右耳部各1	男	丙(C)		
19	383:2－1～2	Ⅰ	均残，存1.3圈		2	1.4	0.1			左、右耳部各1	不详	丁		
20	384:6－1～2	Ⅰ	完整者1件，2圈	2.5	2	2.3	0.11			左、右耳部各1	男	乙(B)	北Ⅰ中	
21	4:7－1～2	Ⅰ	完整者1件，3圈	2.7	2	2.8	0.15			左、右耳部各1	女	丙(A)		
22	11:8－1～2	Ⅰ	均残毁，只余一些残断铜丝		2	2.4	0.1			左、右耳部各1	男	乙(A)		
23	5:7－1～2	Ⅰ	均残碎		2	1.1	0.11			左、右耳部各1	男	丙(C)		
24	9:2－1～2	Ⅰ	完整者1，近2圈	3.5	2	3.7	0.2			左、右耳部各1	女	丙(C)		
25	10:2－1～2	Ⅰ	完整者1，2.5圈		2	2.2	0.18			左、右耳部各1	女	乙(B)		

附表 164－2

玉皇庙墓地出土青铜耳环统计表

序号	器物号（YYM）	型	形　态	均重（克）	数量	规　格（厘米）				出土位置	性别	墓葬级别	分布	分期
						外径	截面直径	铜片宽	铜片厚					
26	248:2－1	Ⅰ	残,存 2.5 圈	2.4	1	3.3	0.11			左耳部 1	女	丙(C)	北Ⅱ北	春秋早中
	248:2－2	Ⅰ	近 2 卷	1.2	1	2.5	0.12			右耳部 1				
27	249:2－1	Ⅰ	基本完整,1.5 圈	9	1	6.5	0.2			左、右耳部各 4	女	丙(C)		
	249:2－2	Ⅰ	残断,可拼合成 2 圈余	5.6	1	6	0.15							
	249:2－3～6	Ⅱ	断 1,完整 3,1 圈,内外侧有 1 道弦纹	12.8	4	7.1/7.3		0.3	0.15					
	249:2－7	Ⅱ	断,拼合Ⅰ圈,内外侧有 1 道弦纹	8.1	1	5.5		0.32	0.18					
	249:2－8	Ⅱ	完整,1 圈,内外侧有 1 道弦纹	7.5	1	4.6		0.31	0.18					
28	281:5－1～2	Ⅰ	完整者 1,存 2 圈多	1.5	2	1.9	0.13			左、右耳部各 1	男	丁		
29	279:4－1～2	Ⅰ	完整,1.3 圈	0.8	2	1.7	0.1			左、右耳部各 1	女	乙(B)		
30	280:4－1～2	Ⅰ	完整,3 余圈	2.5	2	2.1	0.1			左、右耳部各 1	女	乙(A)		
31	283:2	Ⅰ	残		1	1.8	0.1			在残碎头骨下方	女	丁		
32	37:4－1～2	Ⅰ	完整,存 3 圈	4.4	2	2.3/2.4	0.2			左、右耳部各 1	女	丙(C)		
33	98:4－1～2	Ⅲ	均残断		2	2.2		0.2	0.05	左、右耳部各 1	女	丙(A)		
34	277:2－1～2	Ⅰ	均残断		2	1.5	0.12			左、右耳部各 1	男	丙(A)		
35	251:8－1～2	Ⅰ	完整者 1.3 圈	1.7	2	2.2	0.12			左、右耳部各 1	女	乙(B)		
36	230:11－1～2	Ⅰ	残,存 2 圈	2	2	1.9	0.1			左、右耳部各 1	男	甲(A)		
37	229:4－1～2	Ⅰ	均残甚		2	1.8	0.11			左、右耳部各 1	男	乙(A)		
38	233:14－1～2	Ⅰ	完整,近 1.5 圈	1.2	2	1.6	0.17			左、右耳部各 1	男	乙(B)		
39	231:2－1～2	Ⅰ	均残断,可拼合成 2 圈余	1	2	2.1	0.13			左、右耳部各 1	女	乙(B)		
40	228:4－1～2	Ⅰ	完整,2.5 圈	2	2	1.9	0.15			左、右耳部各 1	男	乙(B)		
41	232:4	Ⅰ	残,存近 2 圈		1	1.5	0.12			右耳部 1	女	丙(A)		
42	227:8－1～2	Ⅰ	基本完整,存 2、2.5 圈	0.9/2.5	2	1.8/2	0.12/0.18			左、右耳部各 1	男	乙(A)		
43	241:2－1～2	Ⅰ	完整	4.4	2	2.1	0.1			左、右耳部各 1	女	乙(B)		
44	264:9－1～2	Ⅰ	完整者 1,近 2 圈	1.3	2	1.8	0.14			左、右耳部各 1	男	丙(A)		
45	276:2－1～2	Ⅰ	完整者 1,1 圈	1	2	2	0.2			左、右耳部各 1	男	丁		
46	97:2－1～2	Ⅰ	均残断		2	2	0.15			左、右耳部各 1	女	丙(B)		
47	99:2－1～2	Ⅰ	均残断		2	2.9	0.12			左、右耳部各 1	女	丁		

附表 164－3

玉皇庙墓地出土青铜耳环统计表

序号	器物号（YYM）	型	形态	均重（克）	数量	规格（厘米）外径	截面直径	铜片宽	铜片厚	出土位置	性别	墓葬级别	分布	分期
48	226:15－1～2	Ⅰ	基本完整者1，存1圈余	0.8/1.4	2	1.3/2.3	0.15			左、右耳部各1	男	乙(B)	北Ⅱ北	春秋早中
49	240:2－1～2	Ⅰ	基本完整，近2圈	2.5	2	2.4/2.7	0.2			左、右耳部各1	女	乙(B)		
50	252:5	Ⅰ	残甚，尚能拼合成1圈		1	1.7	0.12			右耳部1	男	丙(A)		
51	265:3－1～2	Ⅰ	完整者1，2.5圈		2	2.6/2.1	0.12			左、右耳部各1	女	丙(A)		
52	275:6－1～2	Ⅰ	右耳环残甚，左耳环尚能拼合成1圈		2	2.6	0.2			左、右耳部各1	男	乙(A)		
53	96:2－1～2	Ⅰ	完整，3圈	5.3/4.7	2	2.9/2.8	0.18			左、右耳部各1	女	丙(A)		
54	47:2－1～2	Ⅰ	基本完整者1，存2、2.5圈	2	2	2/2.1	0.12			左、右耳部各1	女	丙(C)		
55	234:6－1～2	Ⅰ	完整者1，近2圈	1	2	1.7	0.1/0.11			左、右耳部各1	男	乙(B)	北Ⅱ中	春秋中
56	263:2－1～2	Ⅰ	基本完整，存2圈余	2.3	2	2.2	0.15			左、右耳部各1	男	乙(B)		
57	274:1	Ⅰ	残		1	1.4	0.1			左耳部1	少儿	丙(B)		
58	45:1	Ⅰ	残甚		1		0.12			右耳部1	男	丙(A)		
59	42:2－1～2	Ⅰ	均残断，存1圈余		2	2.1	0.12			左、右耳部各1	少儿	丙(C)		
60	41:10－1～2	Ⅰ	均残甚		2	1.9/1	0.2/0.1			左、右耳部各1	男	乙(B)		
61	225:2－1～2	Ⅰ	存1圈余	1.2	2	2.3	0.15			左、右耳部各1	女	乙(B)		
62	266:2－1～2	Ⅰ	完整者1，近2圈	1.3	2	2.1	0.12			左、右耳部各1	女	乙(A)		
63	46:5－1～2	Ⅰ	均残断，存1圈		2	1.8/1.95	0.15			左、右耳部各1	男	乙(B)		
64	44:2－1～2	Ⅰ	均残断，存1圈		2	2.65	0.11			左、右耳部各1	男	乙(B)		
65	236:10－1～2	Ⅰ	均残		2	2.1	0.2			左、右耳部各1	男	乙(A)		
66	237:10－1～2	Ⅰ	完整，1圈余	0.5	2	1.7	0.12			左、右耳部各1	女	乙(B)		
67	256:4－1～2	Ⅰ	基本完整者1，2圈	3.3	2	3	0.18			左、右耳部各1	女	乙(A)		
68	261:4－1～2	Ⅰ	基本完整，近2圈	0.8	2	1.8	0.12			左、右耳部各1	男	乙(A)		
69	267:1－1～2	Ⅰ	均残断，存1圈余		2	1.8	0.12			左、右耳部各1	婴儿	丙(B)		
70	94:1－1～2	Ⅰ	均残		2	2.3	0.12			左、右耳部各1	少儿	丙(C)		
71	49:2－1～2	Ⅰ	完整，2.5圈，右耳的2只耳环锈蚀在一起	5	2	3	0.2			左、右耳部各2	男	丙(A)		
	49:2－3～4	Ⅰ		3	2	2.3	0.12							
72	257:5－1～2	Ⅰ	基本完整，存1圈余	1	2	2.4	0.17			左、右耳部各1	男	乙(B)		
73	259:1	Ⅰ	残甚，尚能拼合成1圈		1	1.3	0.11			左耳部1	少儿	丙(C)		
74	247:6－1～2	Ⅰ	基本完整者1，存2圈余	1	2	1.7	0.11			左、右耳部各1	男	乙(B)		

附表 164－4

玉皇庙墓地出土青铜耳环统计表

序号	器物号（YYM）	型	形　态	均重（克）	数量	规格（厘米）				出土位置	性别	墓葬级别	分布	分期
						外径	截面直径	铜片宽	铜片厚					
75	271:1	Ⅰ	列断，存半圈余		1	2.1	0.2			左耳部 1	男	乙(B)	北Ⅱ中	春秋中
76	48:6－1～2	Ⅰ	基本完整者 1，存 2 圈	1	2	1.9	0.1			左、右耳部各 1	男	丙(A)		
77	95:7－1～2	Ⅰ	均残断		2	1.4	0.15			左、右耳部各 1	男	乙(A)		
78	258:2－3～2	Ⅰ	完整，近 4 圈	3	2	2.9	0.11			左、右耳部各 1	女	乙(A)		
	258:2－3～4	Ⅰ	完整，2.5 圈	2	2	2.4	0.11							
79	51:8－1～2	Ⅰ	均残甚		2	1.7	0.12			左、右耳部各 1	男	乙(A)		
80	65:5－1～2	Ⅰ	均残断		2	2.2	0.12			左、右耳部各 1	男	乙(B)		
81	191:2－1～2	Ⅰ	基本完整，4 圈	6	2	3.6	0.15			左、右耳部各 1	女	丙(A)		
82	190:5－1	Ⅱ	完整，1 圈	2.8	1	2.3		0.4	0.2	左、右耳部各 1	男	乙(B)		
	190:5－2	Ⅰ	残，存 1 圈	0.5	1	2.3	0.2							
83	125:8－1～2	Ⅰ	完整者 1，3 圈	4	2	2.4/1.5	0.2/0.1			被扰乱	女	丁		
84	188:5－1～2	Ⅲ	均残		2			0.15	0.1	左、右耳部各 1	男	乙(B)		
85	52:12－1～2	Ⅰ	均残，存 2 圈		2	2.7	0.1			左、右耳部各 1	男	甲(B)		
86	54:7－1～2	Ⅰ	均残		2	2.7	0.2			左、右耳部各 1	男	乙(A)		
87	100:2－1～2	Ⅰ	均残		2	2.5	0.13			左、右耳部各 1	女	丁		
88	66:3－1～2	Ⅰ	均残甚		2		0.2			左、右耳部各 1	女	乙(B)		
89	67:2－1～2	Ⅰ	均残		2	2.8	0.15			左、右耳部各 1	少儿	丙(C)		
90	36:6－1～2	Ⅰ	完整，2 圈	2.4	2	3/3.2	0.15			左、右耳部各 1	男	乙(B)	北Ⅰ北	
91	26:4－1～2	Ⅰ	完整，2 圈	2.4	2	3/3.2	0.15			左、右耳部各 1	女	乙(B)		
92	296:2－1	Ⅳ	接口相叠，两端有穿孔	9.4	1	7		0.5	0.1	左、右耳部各 2	女	丙(B)		
	296:2－2	Ⅰ	完整 1，3 圈	7	1	4	0.2							
	296:2－3	Ⅰ	完整 1，2 圈	2.5	1	3.1	0.15							
	296:2－4	Ⅰ	基本完整，近 2 圈	1.1	1	1.9	0.14							
93	297:2－1～2	Ⅰ	均残		2	2.8	0.11			左、右耳部各 1	男	丙(B)		
94	298:2－1～2	Ⅰ	均残		2	1.6	0.11			左、右耳部各 1	女	丁		
95	293:2－1～2	Ⅰ	完整者 1，近 2 圈	0.8	2	1.8	0.11			左、右耳部各 1	婴儿	丁		
96	295:4－1～2	Ⅰ	完整	1.5	2	2.1	0.18			左、右耳部各 1	男	乙(A)		
97	299:1－1～2	Ⅰ	均残甚		2	2	0.1			左、右耳部各 1	少儿	丙(B)		
98	294:2－1～2	Ⅰ	基本完整者 1，存近 1.5 圈	1.8	2	2.1	0.13			左、右耳部各 1	女	丙(A)		

附表 164－5

玉皇庙墓地出土青铜耳环统计表

序号	器物号（YYM）	型	形态	均重（克）	数量	规格（厘米）外径	截面直径	铜片宽	铜片厚	出土位置	性别	墓葬级别	分布	分期
99	291：2－1～2	Ⅰ	均残断，存近1圈		2	2.1	0.2			左、右耳部各1	少儿	丁	北Ⅰ北	春秋中
100	289：1－1～2	Ⅰ	均残断，存近2圈		2	2.4	0.16			左、右耳部各1	少儿	丁		
101	23：10－1～2	Ⅰ	基本完整者1，存2.5圈	3	2	2.8	0.15			左、右耳部各1	男	丙（A）	北Ⅰ中	
102	24：1－1～2	Ⅰ	基本完整者1，存1圈	0.5	2	1.5	0.12			左、右耳部各1	少儿	丁		
103	12：2－1～2	Ⅰ	基本完整，3圈	2	2	2.4	0.1			左、右耳部各1	女	丁	北Ⅰ南	
104	8：2－1～2	Ⅰ	均残断，拼合3圈		2	3	0.1			左、右耳部各1	女	丙（B）		
105	6：2－1～2	Ⅰ	完整者1，1圈余	1	2	2.9	0.12			左、右耳部各1	女	丙（A）		
106	7：9－1～2	Ⅰ	基本完整者1，存2圈		2	2	0.11			左、右耳部各1	男	丙（C）		
107	102：5－1～2	Ⅰ	均残		2	2.4	0.1			左、右耳部各1	男	丙（B）		
108	212：5－1～2	Ⅰ	均残		2	2.8	0.18/0.2			左、右耳部各1	男	乙（B）	北Ⅱ南	春秋中晚
109	208：3	Ⅰ	残		1	2.1	0.1			右耳部1	女	丙（A）		
110	53：1－1～2	Ⅰ	均残甚，仅存半圈		2	2	0.1			左、右肘关节外侧各1	婴儿	丁		
111	58：4－1～2	Ⅰ	基本完整者1，存1.5圈		2	2.7	0.12			左、右耳部各1	男	乙（B）		
112	196：2－1～2	Ⅰ	均残		2	1.8	0.1			左、右耳部各1	女	乙（B）		
113	186：6－1～2	Ⅰ	均残	1	2	1.9/2	0.2			左、右耳部各1	男	乙（B）		
114	57：5－1～2	Ⅰ	基本完整者1，存1圈		2	2	0.13			左、右耳部各1	男	乙（B）		
115	86：5－1～2	Ⅰ	均残		2	2.5	0.11			左、右耳部各1	男	乙（A）		
116	59：1－1～2	Ⅰ	均残		2	2.5	0.1			左、右耳部各1	少儿	丁		
117	91：1－1～2	Ⅰ	均残		2	2.1	0.1			左、右耳部各1	少儿	丁		
118	184：2	Ⅰ	残		1	2.8	0.11			左耳部1	少儿	丙（B）		
119	149：2－1	Ⅰ	完整，2.5圈	2	1	3.2	0.12			左、右耳部各1	女	丙（B）		
	149：2－2	Ⅰ	完整3，5圈	2.6	1	2.2	0.15							
120	64：2－1～	Ⅰ	2.5圈	1.8/2.3	2	2.2/2.3	0.14/0.15			左、右耳部各1	女	乙（B）		
121	72：2－1～2	Ⅰ	均残		2	2.1	0.15			左、右耳部各1	男	丙（C）		
122	84：2－1～2	Ⅰ	均残		2	1.8	0.13			左、右耳部各1	女	丙（A）		
123	83：5－1～2	Ⅰ	均残		2	2	0.11			左右耳部各1	男	丙（A）		
124	81：4－1～2	Ⅰ	均残甚		2	4.9	0.2			左、右耳部各1	女	乙（B）		
125	92：1	Ⅰ	残		1	1.5	0.15			左耳部1	少儿	丁		
126	148：4－1～2	Ⅰ	完整，2圈	2.2	2	2.3	0.2			左、右耳部各1	男	丙（A）		

附表 164－6

玉皇庙墓地出土青铜耳环统计表

序号	器物号(YYM)	型	形态	均重(克)	数量	规格(厘米)				出土位置	性别	墓葬级别	分布	分期
						外径	截面直径	铜片宽	铜片厚					
127	217:4－1～2	Ⅰ	完整,1.5 圈	1.1	2	2.4/2.5	0.11			左、右耳部各 1	男	甲(B)	南北区	春秋晚前
128	224:5－1～2	Ⅰ	1 件存 1 圈余,另 1 残碎		2	1.8	0.12			左、右耳部各 1	男	丙(A)		
129	182:5－1～2	Ⅰ	均残		2	1.9	0.15			左、右耳部各 1	男	乙(B)		
130	203:4－1～2	Ⅰ	均残,存 1 圈		2	1.5/1.8	0.1			左、右耳部各 1	男	乙(B)		
131	223:3－1～2	Ⅰ	残断,可拼合成 4 圈	3.8	2	2.4	0.15			左、右耳部各 1	女	乙(B)		
132	222:3－1～2	Ⅰ	完整者 1,4 圈	3.3	2	2.3	0.15			左、右耳部各 1	女	丙(B)		
133	220:4－1～2	Ⅰ	基本完整者 1,存 2.5 圈	1.5	2	2.2/2.3	0.08/0.1			左、右耳部各 1	女	乙(B)		
134	216:3－1～2	Ⅰ	均残甚		2	2.2	0.2			左、右耳部各 1	女	乙(B)		
135	215:3－1～2	Ⅰ	1 枚折断,可拼合 4 圈,另 1 残甚	2.1	2	2	0.11			左、右耳部各 1	女	丙(B)		
136	213:6－1～2	Ⅰ	完整,2.5 圈	1.5	2	1.75	0.12/0.17			左、右耳部各 1	男	乙(B)		
137	211:2－1～2	Ⅰ	基本完整 1,近 2 圈	14	2	7.6	0.22			左、右耳部各 1	女	乙(B)		
	211:2－3～4	Ⅰ	基本完整 1,2 圈	13.1	2	8.1	0.2							
	211:2－5～6	Ⅰ	基本完整 1,2 圈	17	2	9.6	0.22							
138	209:5－1～2	Ⅰ	基本完整者 1,存 1 圈余	1.5	2	2.3	0.12/0.18			左、右耳部各 1	男	乙(A)		
139	195:1－1～2	Ⅰ	均残		2	2.1	0.15			左、右耳部各 1	婴儿	丙(C)		
140	204:3－1～2	Ⅰ	基本完整者 1,存 1.5 圈		2	2.3	0.2			左、右耳部各 1	女	乙(B)		
141	197:2－1～2	Ⅰ	均残		2	2/2.2	0.11			左、右耳部各 1	女	乙(B)		
142	198:2－1～2	Ⅰ	基本完整者 1,3 圈	3.7	2	3	0.15			左、右耳部各 1	女	乙(B)		
143	199:9－1～2	Ⅰ	基本完整者 1,1.5 圈	2.2	2	1.7/2.2	0.18			左、右耳部各 1	男	丙(A)		
144	200:3－1～2	Ⅰ	均残,存 1.8 圈		2	2.6/2.1	0.12			左、右耳部各 1	女	丙(A)		
145	179:9	Ⅲ	残	0.4	1	1.6		0.1	0.05	左耳部 1,压在罐下	男	乙(B)		
146	178:4－1～2	Ⅰ	完整者 1,4 圈	4.2	2	2.3	0.15			左、右耳部各 1	女	乙(B)		
147	177:1－1～2	Ⅰ	完整者 1,1.5 圈	0.6	2	2	0.12			左、右耳部各 1	婴儿	丁		
148	150:2－1～2	Ⅰ	均残,其 1 存 1 圈	1.1	2	1.9	0.2			左、右耳部各 1	女	乙(B)		
	150:2－3～4	Ⅰ	均残,其 1 存 1.5 圈	1	2	2.4	0.12							
149	151:5－1～2	Ⅰ	完整者 1,近 4 圈	2.6	2	2.1	0.12			左、右耳部各 1	男	甲(B)		
150	157:1	Ⅰ	基本完整者 1,存 1.5 圈		2	2.1	1.12			左、右耳部各 1	少儿	丙(C)		
151	153:6－1～2	Ⅰ	完整,3 圈	1.9	2	2.1	0.1			左、右耳部共 3	女	丙(A)		
	153:6－3	Ⅰ	完整,2 圈	1	1	1.6	0.11							

附表 164－7 **玉皇庙墓地出土青铜耳环统计表**

序号	器物号（YYM）	型	形态	均重（克）	数量	规格（厘米）				出土位置	性别	墓葬级别	分布	分期
						外径	截面直径	铜片宽	铜片厚					
152	142:4－1～2	Ⅰ	均残		2	3	0.12			左、右耳部各1	男	丙(A)	南区北	春秋晚前
153	145:5－1～2	Ⅲ	基本完整者1，存1圈	0.8	2	1.8		0.11	0.05	左、右耳部各1	男	丙(A)		
154	143:4－1～2	Ⅰ	均残，其1存2圈		2	2	0.15			左、右耳部各1	男	丙(A)		
155	144:2－1～2	Ⅰ	完整，5圈	2	2	1.8	0.12			左、右耳部各1	女	丙(A)		
156	138:2－1～2	Ⅲ	完整，3圈	3.7	2	3		0.2	0.1	左、右耳部各1	女	丙(A)		
157	137:3－1～2	Ⅰ	完整者1，1圈余	0.2	2	1.1	0.1			左、右耳部各1	女	丙(A)		
158	136:1－1～2	Ⅰ	完整，3圈	1.2	2	2	1			左、右耳部各1	少儿	丙(C)		
159	135:1－1～2	Ⅲ	均残		2	2.4		0.19	0.1	左、右耳部各1	少儿	丙(C)		
160	117:5－1～2	Ⅰ	均残，可拼合3圈	1.2	2	1.9	0.12			左、右耳部各1	男	丙(A)		
161	118:2－1～2	Ⅰ	基本完整者1，存3圈余	1.8	2	2.2	0.13			左、右耳部各1	女	丙(B)		
162	119:2－1～2	Ⅰ	均残甚，其1可拼成1圈		2	1.95	0.11			左、右耳部各1	女	丙(A)		
163	104:2－1～2	Ⅰ	完整，2.5圈	0.9	2	1.9	0.11			左、右耳部各1	女	丙(B)		
164	105:5－1～2	Ⅰ	基本完整，存3圈余	1.2	2	1.8	0.1			左、右耳部各1	男	丙(C)		
165	74:4－1～2	Ⅰ	均残		2	1.1	0.1			左、右耳部各1	男	乙(A)		
166	75:3－1～2	Ⅰ	均残		2	1.4	0.12			左、右耳部各1	女	丙(B)		
167	76:2－1～2	Ⅰ	均残		2	2.3	0.1			左、右耳部各1	女	丙(C)		
168	201:2－1～2	Ⅰ	残甚		2	2	0.1			左、右耳部各1	少儿	丁		
169	202:2－1～2	Ⅰ	均残，存4、4.5圈	2.6	2	2	0.11			左、右耳部各1	女	丙(A)	南区中	
170	176:2－1～2	Ⅲ	基本完整，存4.5、4圈	2.3	2	2.2		0.12	0.05	左、右耳部各1	女	丙(B)		
171	154:2－1～2	Ⅲ	完整者1，3圈	1.6	2	2		0.12	0.08	左、右耳部各1	男	丙(C)		
172	155:1－1～2	Ⅲ	均残，其1存1.5圈	0.5	2	1.8		0.2	0.08	左、右耳部各1	少儿	丁		
173	158:7－1～2	Ⅰ	均残		2	3	0.15			左、右耳部各1	男	乙(B)		
174	167:2－1～2	Ⅲ	完整，3圈	2.2	2	2.5		0.18	0.08	左、右耳部各1	女	乙(B)		
175	168:4－1～2	Ⅰ	均残，存1.5圈		2	2.1	0.12			左、右耳部各1	男	丙(B)		
176	134:7－1～2	Ⅲ	完整者1，3圈	1.2	2	2		0.12	0.08	左、右耳部各1	男	乙(B)		
177	133:2－1～2	Ⅰ	3圈	1.9/1.2	2	1.9	0.13			左、右耳部各1	女	乙(B)		
178	132:1－1～2	Ⅰ	完整者1，4圈，另1存2.5圈	1.5	2	2/1.9	0.1/0.11			左、右耳部各1	少儿	丙(C)		
179	131:6－1～2	Ⅰ	均残，存2圈余		2	1.9	0.11			左、右耳部各1	男	丙(A)		
180	122:16－1～2	Ⅰ	均残碎		2	1.8	0.1			左、右耳部各1	男	丙(A)		
181	124:5－1～2	Ⅰ	残断，可拼合成3.5圈	1.2	2	2.2	0.15			左、右耳部各1	男	乙(B)		

附表 164－8

玉皇庙墓地出土青铜耳环统计表

序号	器物号（YYM）	型	形　态	均重（克）	数量	规　格（厘米）				出土位置	性别	墓葬级别	分布	分期
						外径	截面直径	铜片宽	铜片厚					
182	126:2－1～2	Ⅰ	均残，存3圈		2	2.1	0.12			左、右耳部各1	女	丙(A)	南区中	春秋晚前
183	120:2－1～2	Ⅰ	均残		2	2.6	0.1/0.2			左、右耳部各1	少儿	丙(B)		
184	115:1－1～2	Ⅰ	均残，存1圈		2	1.8	0.12			左、右耳部各1	少儿	丁		
185	114:2－1	Ⅲ	完整，4.5圈	2.3	1	2		0.12	0.06	左、右耳部各1	女	丙(B)		
	114:2－2	Ⅲ	完整，4.5圈	1.7	1	1.8		0.11	0.06					
186	113:2－1～2	Ⅰ	基本完整者1，存4圈	2	2	2.1	0.11/0.15			左、右耳部各1	女	丙(A)		
187	111:5－1～2	Ⅰ	均残，存3圈		2	2.2	0.12			左、右耳部各1	男	丙(A)		
188	165:1－1～2	Ⅰ	均残		2	1.1	0.11			左、右耳部各1	少儿	丁		
189	166:1－1～2	Ⅰ	均残		2	1.9	0.11			左、右耳部各1	少儿	丙(C)		
190	171:5－1～2	Ⅰ	均残甚，尚能拼合成1圈		2	2	0.1			左、右耳部各1	男	丙(A)		
191	106:2－1～2	Ⅰ	均，残甚，尚能拼合成2圈		2	1.8	0.1－0.2			左、右耳部各1	少儿	丁		
192	108:7－1～2	Ⅰ	均残，存1.5圈		2	2.3	0.12			左、右耳部各1	.男	丙(C)		
193	80:5－1～2	Ⅰ	均残		2		0.11			左、右耳部各1	女	丁		
194	77:2－1～2	Ⅰ	均残		2	3	0.12			左、右耳部各1	男	丙(B)		
195	79:4－1～2	Ⅰ	均残		2	1.3	0.15			左、右耳部各1	男	丁		
196	78:2－1～2	Ⅰ	均残		2	2.6	0.15			左、右耳部各1	女	丁		
197	332:4	Ⅰ	残甚，尚能拼合成1圈		1	2.6	0.2			左耳部1	男	丙(C)	西区	
198	331:1－1～2	Ⅰ	均残，存1.5圈		2	2.6	0.2			左耳部1，头骨右后侧1	女	丁		
199	323:1－1～2	Ⅰ	均残断，可拼合成1圈	1.4	2	2.5/2	0.11			左、右耳部各1	男	丙(C)		
200	319:1－1～2	Ⅰ	均残甚，尚能拼合成1圈		2	2.5	0.15			左、右耳部各1	男	丙(B)		
201	329:1－1～2	Ⅰ	完整者1，4圈	4.7	2	3.9/5.4	0.2			左、右耳部各1	男	丁		
202	327:1－1	Ⅰ	折断，可拼合4圈	27	1	7.3	0.2			左、右耳部各2	女	丁		
	327:1－2		折断，可拼合3圈	25.2	1	7.6	0.25							
	327:1－3～4		2圈	14	2	7.6	0.25							
203	324:1－1	Ⅱ	完整，接口相叠，内外均有2周阴刻弦纹	10.6	1	4.8		0.5	0.15－0.2	左、右耳部各1	女	丁		
	324:1－2	Ⅰ	残	8.6	1	3.8	2							
204	322:1－1～2	Ⅰ	完整，3圈	3.5/4.6	2	3.1/3.5	0.18			左、右耳部各1	男	丁		

附表 164－9

玉皇庙墓地出土青铜耳环统计表

序号	器物号（YYM）	型	形态	均重（克）	数量	规格（厘米）				出土位置	性别	墓葬级别	分布	分期
						外径	截面直径	铜片宽	铜片厚					
205	316:1－1～2	Ⅰ	完整者1,3圈	1.2	2	1.9	0.11			右耳1,头骨东侧1	女	丁	西区	春秋晚前
206	312:2－1～2	Ⅰ	均残甚,尚能拼合成2圈		2	0.1/0.16				左、右耳部各1	男	丙(C)		
207	313:2－1～2	Ⅰ	基本完整,4圈	2.8	2	2.15	0.14			左、右耳部各1	男	丁		
208	308:1－1～2	Ⅰ	均残,存2圈		2	1.8	0.12			左、右耳部各1	男	丁		
209	317:2－1～2	Ⅰ	基本完整者1,2圈	1.8	2	3/2.2	0.11/0.18			左、右耳部各1	女	丁		
210	306:2－1～2	Ⅰ	完整	2.8	2	3.4	0.13			左、右耳部各1	女	丁		
211	303:4－1～2	Ⅰ	均残		2	2.2	0.11			左耳部1,右肱骨外侧1	男	丁		
212	305:1－1～2	Ⅰ	完整,2,3圈	5.1	2	3.7	0.2			左、右耳部各1	女	丙(C)		
213	301:1－1	Ⅰ	完整,3圈	11.2	1	5.6	0.2			左、右耳部各2	女	丙(B)		
	301:1－2	Ⅰ	完整,3圈	8.9	1	4.3	0.18							
	301:1－3	Ⅰ	完整,2.5圈	10.1	1	5.9	0.2							
	301:1－4	Ⅱ	完整,一端较宽厚,宽0.5,厚0.3厘米,内外各有1道弦纹	13.4	1	5.4		0.4	0.2					
214	302:1－1～2	Ⅰ	均残,存2圈	2.8	2	2.3	0.2			左、右耳部各2	女	丙(C)		
	302:1－3～4		均残,其1存4圈	4.25	2	2.4	0.15							
215	164:6－1～2	Ⅰ	均残		2	1.5	0.12			左、右耳部1	男	丙(B)	南区南	春秋晚后
216	127:4－1～2	Ⅰ	完整1,3圈	1.5	2	2.2	0.1			左、右耳部各1	男	丙(C)		
217	110:7	Ⅰ	残,存3圈	1.3	1	2	0.1			左耳部1	男	丙(B)		
218	172:2－1～2	Ⅰ	均残甚,尚能拼合成1圈		2	3.5	0.2			左、右耳部各1	男	丁		
219	163:2－1～4	Ⅰ	基本完整者1,存2圈		4	2	0.12			左、右耳部各2	女	乙(B)		
220	160:5－1～2	Ⅰ	均残甚,尚能拼合成1圈		2	1.5	0.1			右耳部各1	男	乙(B)		
221	175:5－1～2	Ⅰ	基本完整者,3圈或近3圈	1.9	2	2.3	0.1			左、右耳部各1	男	丙(A)		
222	161:7－1～2	Ⅰ	均残,1枚可拼合成存3圈	1.2	2	1.9	0.1/0.18			左、右耳部各1	男	乙(A)		
223	129:12－1～2	Ⅲ	铜丝弯卷成3圈或近3圈重圆环		2	2.05/1.72		0.14	0.08	左、右耳部各1	男	乙(A)		
224	128:7－1～2	Ⅰ	基本完整者1,存4圈	2.7	2	2.1	0.11			左、右耳部各1	女	乙(B)		
225	109:1－1～2	Ⅰ	均残甚,尚能拼合成3圈		2	2.2	0.1/0.15			左、右耳部各1	女	丙(C)		
226	162:1－1～2	Ⅰ	基本完整者1,存1圈		2	2	0.18			左、右耳部各1	女	丁		
227	353:2－1～2	Ⅰ	均残甚		2		0.17/0.19			左、右耳部各1	女	丁		

附表 164－10

玉皇庙墓地出土青铜耳环统计表

序号	器物号（YYM）	型	形　态	均重（克）	数量	规格（厘米）外径	截面直径	铜片宽	铜片厚	出土位置	性别	墓葬级别	分布	分期
228	340:2－1～2	Ⅲ	完整，3 圈	3.7	2	3		0.18	0.1	左、右耳部各 1	女	丙(A)	南区南	春秋晚后
229	334:6－1～2	Ⅰ	均残，存 3 圈		2	2.1	0.14			左、右耳部各 1	男	乙(A)		
230	352:2－1～2	Ⅲ	均残损		2	2.1		0.11	0.06	左、右耳部各 1	女	丙(C)		
231	351:2－1～2	Ⅰ	均残甚		2	2.2	0.18			左、右耳部各 1	男	丁		
232	354:5－1～2	Ⅰ	均残甚		2	1.2	0.1			左、右耳部各 1	女	丁		
233	345:2－1～2	Ⅰ	均残碎		2	3	0.18			左、右耳部各 1	男	丙(A)		
234	344:5－1～2	Ⅰ	基本完整，近 3 圈	4.2	2	3.2	0.18			左、右耳部各 1	男	乙(A)		
235	339:2－1～2	Ⅰ	基本完整，2 圈	1.5	2	1.8/1.9	0.1/0.15			左、右耳部各 1	女	乙(A)		
236	338:2－1～2	Ⅰ	基本完整，3、2.5 圈	2.6	2	2.6/1.2	0.2			左、右耳部各 1	女	乙(A)		
237	348:4－1～2	Ⅲ	均残，其 1 可拼合 4 圈	1.8	2	2		0.15	0.08	左、右耳部各 1	男	乙(B)		
238	335:1－1～2	Ⅲ	均残损		2	2		0.15	0.1	左、右耳部各 1	婴儿	丁		
239	336:1－1～2	Ⅲ	均残甚，尚能拼合成 2 圈		2	2		0.15	0.05	左、右耳部各 1	男	丙(A)		
240	349:5－1～2	Ⅰ	完整，4 圈	2.3	2	2.3	0.15			左、右耳部各 1	男	乙(B)		
241	358:4－1～2	Ⅲ	均残碎		2			0.18	0.1	左、右耳部各 1	男	丁		
242	325:2－1～2	Ⅰ	基本完整者 1，存 1.5 圈		2	3.9	0.2			左、右耳部各 1	男	丁	西区	
243	347:4	Ⅰ	残，存 2 圈		1	2.2	0.2			左耳部 1	女	乙(B)	南区南	
244	342:1－1～2	Ⅰ	基本完整，3 圈	2.4	2	2.5	0.18			左、右耳部各 1	男	丙(A)		
245	373:4－1～2	Ⅲ	均残损		2	2.4		0.11	0.08	左、右耳部各 1	男	乙(B)		
246	366:3－1～2	Ⅰ	基本完整，近 4 圈	2	2	2.1/2.2	0.12			左、右耳部各 1	女	乙(B)		
247	359:1－1～2	Ⅰ	均残，存 1.5、1 圈	0.8	2	2.1	0.14/0.12			左、右耳部各 1	少儿	丁		
248	381:2－1～2	Ⅲ	均残，存 3、4 圈	2	2	2.2		0.2	0.1	左、右耳部各 1	男	丁		
249	379:3－1	Ⅰ	完整，1.5 圈	1.2	1	2.3	0.18			左耳部 1	男	丙(A)		
	379:3－2	Ⅲ	完整，2.5 圈	2.6	1	3.1		0.2	0.1	右耳部 1				
250	382:2－1～2	Ⅰ	均残，存 2 圈余		2	2.9	0.11			左、右耳部各 1	女	丙(B)		
251	377:2－1～2	Ⅰ	完整者 1，1.2 圈	1.2	2	2.4	0.2			左、右耳部各 1	女	丙(A)		
252	378:2－3～2	Ⅰ	基本完整，存 2、3 圈	1.3	2	2	0.1			左、右耳部各 1	女	丙(A)		
253	376:2－1～2	Ⅰ	基本完整，存 2、3 圈	3.4	2	3.6	0.18			左、右耳部各 1	男	丙(A)		
254	374:2－1～2	Ⅰ	基本完整，存 1、2 圈	1.8	2	2.7	0.2			左、右耳部各 1	女	乙(B)		
255	375:2－1～2	Ⅰ	基本完整，存 2、3 圈	2.2	2	2.4	0.11			左、右耳部各 1	女	丙(C)		

附表 164－11

玉皇庙墓地出土青铜耳环统计表

序号	器物号（YYM）	型	形态	均重（克）	数量	规格（厘米） 外径	截面直径	铜片宽	铜片厚	出土位置	性别	墓葬级别	分布	分期
256	372:3－1～2	Ⅲ	基本完整者1,3圈	2.4	2	2.6		0.18	0.1	左、右耳部各1	女	丙(A)	南区南	春秋晚后
257	371:2－1～2	Ⅲ	基本完整者1,3圈	2	2	2.6		0.15	0.08	左、右耳部各1	女	丙(C)		
258	368:3－1～2	Ⅰ	基本完整,3圈	3.4	2	2.5	0.15			左、右耳部各1	女	丙(C)		
259	369:2	Ⅰ	残损		1		0.1			右耳部1	女	乙(B)		
260	370:5－1～2	Ⅰ	均残损		2	2.3	0.15			左、右耳部各1	男	丙(B)		
261	364:3－1～2	Ⅲ	完整,3.5圈	2.9	2	2.5		0.12	0.08	左、右耳部各1	女	丙(B)		
262	363:1－1～2	Ⅰ	均残		2	2.5	0.13			左、右耳部各1	少儿	丁		
263	396:2－1～2	Ⅲ	均残断,1件存1圈,另1存3圈	2.8	2	3		0.2	0.1	左、右耳部各1	女	丙(C)		
264	391:2－1	Ⅲ	基本完整,2.5圈	1.6	1	3		0.12	0.08	左耳部1	女	丙(C)		
	391:2－2	Ⅲ	基本完整,近3圈	2.1	1	2.5		0.12	0.08	右耳部1				
265	397:3－1～2	Ⅰ	完整,2、2.2圈	2	2	2.7	0.11			左、右耳部各1	女	丙(C)		
266	398:3－1～2	Ⅰ	完整,1圈	0.7	2	1.6	0.2			左、右耳部各1	女	丙(C)		
267	392:2－1～2	Ⅰ	完整,3.5圈	2.3	2	2.6	0.15			左、右耳部各1	女	丁		
268	399:2－1～2	Ⅰ	均残甚		2	1.4	0.17			左、右耳部各1	男	丙(B)		
269	393:2－1～2	Ⅰ	完整者1,存3.3圈	2.9	2	2.9	0.1			左、右耳部各1	男	丙(C)		
270	400:2－1～2	Ⅰ	完整,1、2圈	1.4	2	2.4	0.12			左、右耳部各1	男	丙(A)		
271	395:2－1～2	Ⅰ	基本完整者1,1圈	0.8	2	2.1	0.15			左、右耳部各1	男	丙(A)		
合计				共271座墓　556件										

383、384），这25座墓葬均属于春秋早期，占玉皇庙墓地出土铜丝耳环墓葬总数的9.2%，占玉皇庙墓地春秋早期墓葬总数的73.5%；位于北Ⅱ区北部者29座（YYM248、249、281、279、280、283、37、98、277、251、230、229、233、231、228、232、227、241、264、276、97、99、226、240、252、265、275、96、47），属于春秋早中期，占玉皇庙墓地出土铜丝耳环墓葬总数的10.7%，占玉皇庙墓地春秋早中期墓葬总数的67.4%；位于北Ⅱ区中部者35座（YYM234、263、274、45、42、41、225、266、46、44、236、237、256、261、267、94、49、257、259、247、271、48、95、258、51、65、191、190、125、188、52、54、100、66、67）、北Ⅰ区北部者11座（YYM36、26、296、297、298、293、295、299、294、291、289）、北Ⅰ区中部者2座（YYM23、24）、北Ⅰ区南部者5座（YYM12、8、6、7、102），这53座墓葬均属于春秋中期，占玉皇庙墓地出土铜丝耳环墓葬总数的19.6%，占玉皇庙墓地春秋中期墓葬总数的67.9%；位于北Ⅱ区南部者19座（YYM212、208、53、58、196、186、57、86、59、91、184、149、64、72、84、83、81、92、148），属于春秋中晚期，占玉皇庙墓地出土铜丝耳环墓葬总数的7%，占玉皇庙墓地春秋中晚期墓葬总数的48.7%；位于南区北部者42座（YYM217、224、182、203、223、222、220、216、215、213、211、209、195、204、197、198、199、200、179、178、177、150、151、157、153、142、145、143、144、138、137、136、135、117、118、119、104、105、74、75、76、201）、南区中部者28座（YYM202、176、154、155、158、167、168、134、133、132、131、122、124、126、120、115、114、113、111、165、166、171、106、108、80、77、79、78）、西区者18座（YYM332、331、323、319、329、327、324、322、316、312、313、308、317、306、303、305、301、302），这88座墓葬属于春秋晚期前段，占玉皇庙墓地出土铜丝耳环墓葬总数的32.5%，占玉皇庙墓地春秋晚期前段墓葬总数的69.8%；位于南区南部者56座（YYM164、127、110、172、163、160、175、161、129、128、109、162、353、340、334、352、351、354、345、344、339、338、348、335、336、349、358、347、342、373、366、359、381、379、382、377、378、376、374、375、372、371、368、369、370、364、363、396、391、397、398、392、399、393、400、395）、西区者1座（YYM325），这57座墓葬属于春秋晚期后段，占玉皇庙墓地出土铜丝耳环墓葬总数的21%，占玉皇庙墓地春秋晚期后段墓葬总数的71.3%。从出土铜丝耳环的墓葬数量看，春秋晚期前段最多，其次是春秋晚期后段，再次为春秋中期，其下分别是春秋早中期、春秋早期、春秋中晚期。但铜丝耳环的随葬率与墓葬的数量不成正比。春秋早期随葬铜丝耳环的墓葬数量虽然位居第5，但在该时期随葬率是最高的，其次是春秋晚期后段，再次为晚期前段，接下来为春秋中期、春秋早中期、春秋中晚期，除春秋中晚期接近50%外，其余5个时段铜丝耳环的随葬率均超过60%，春秋早期和春秋晚期后段甚至高达70%以上，说明铜丝耳环在这支文化中是较为普及的饰品。

从墓主人性别考察，出土铜丝耳环的男性墓121座（YYM22、31、30、19、13、82、386、300、385、384、11、5、281、277、230、229、233、228、227、264、276、226、252、275、234、263、45、41、46、44、236、261、49、257、247、271、48、95、51、65、190、188、52、54、36、297、295、23、7、102、212、58、186、57、86、72、83、148、217、224、182、203、213、209、199、179、151、142、145、143、117、105、74、154、158、168、134、131、122、124、111、171、108、77、79、332、323、319、329、322、312、313、308、303、164、127、110、172、160、175、161、129、

334、351、345、344、348、336、349、358、325、342、373、381、379、376、370、399、393、400、395)，占玉皇庙墓地出土铜丝耳环墓葬总数的44.6%，占玉皇庙墓地男性墓葬总数的68.4%；女性墓113座（YYM21、20、35、29、3、4、9、10、248、249、279、280、283、37、98、251、231、232、241、97、99、240、265、96、47、225、266、237、256、258、191、125、100、66、26、296、298、294、12、8、6、208、196、149、64、84、81、223、222、220、216、215、211、204、197、198、200、178、150、153、144、138、137、118、119、104、75、76、202、176、167、133、126、114、113、80、78、331、327、324、316、317、306、305、301、302、163、128、109、162、353、340、352、354、339、338、347、366、382、377、378、374、375、372、371、368、369、364、396、391、397、398、392)，占玉皇庙墓地出土铜丝耳环墓葬总数的41.7%，占玉皇庙墓地女性墓葬总数的72.4%；少儿墓有27座（YYM15、274、42、94、259、67、299、291、289、24、59、91、184、92、157、136、135、201、155、132、120、115、165、166、106、359、363)，占玉皇庙墓地出土铜丝耳环墓葬总数的10%，占玉皇庙墓地少儿墓葬总数的73%；婴儿墓有6座（YYM267、293、53、195、177、335)，占玉皇庙墓地出土铜丝耳环墓葬总数的2.2%，占玉皇庙墓地婴儿墓葬总数的30%；性别不详者墓有1座（YYM383)，占玉皇庙墓地出土铜丝耳环墓葬总数的0.4%，占玉皇庙墓地性别不详墓葬总数的14.3%；无人墓有3座（YYM32、34、17)，占玉皇庙墓地出土铜丝耳环墓葬总数的1.1%，占玉皇庙墓地无人墓葬总数的100%。无人墓的耳环随葬率最高，男性、女性和少儿墓的比率相差不大，女性略高，婴儿墓和性别不详者墓偏低。男性墓虽比女性墓多8座，但女性墓的随葬率比男性墓高出4个百分点。少儿墓随葬铜丝耳环的高比例，说明这支文化有从少儿时代起即普遍佩戴耳环的习俗，且不分性别。

从墓葬规格级别看，甲（A）级墓1座（YYM230)，占甲（A）级墓葬总数的33.3%；甲B（B）级墓4座（YYM22、52、217、151)，占甲（B）级墓葬总数的80%；乙（A）级墓26座（YYM20、13、300、11、280、229、227、275、266、236、256、261、95、258、51、54、295、86、209、74、161、129、334、344、339、338)，占乙（A）级墓葬总数的92.9%；乙（B）级墓65座（YYM35、19、17、3、384、10、279、251、233、231、228、241、226、240、234、263、41、225、46、44、237、257、247、271、65、190、188、66、36、26、212、58、196、186、57、64、81、182、203、223、220、216、213、211、204、197、198、179、178、150、158、167、134、133、124、163、160、128、348、349、347、373、366、374、369)，占乙（B）级墓葬总数的78.3%；丙（A）级墓53座（YYM32、29、82、4、98、277、232、264、252、265、96、45、49、48、191、294、23、6、208、84、83、148、224、199、200、153、142、145、143、144、138、137、117、119、202、131、122、126、113、111、171、175、340、345、336、342、379、377、378、376、372、400、395)，占丙（A）级墓葬总数的65.4%；丙（B）级墓31座（YYM21、34、31、97、274、267、296、297、299、8、102、184、149、222、215、118、104、75、176、168、120、114、77、319、301、164、110、382、370、364、399)，占丙（B）级墓葬总数的75.6%；丙（C）级墓41座（YYM30、386、385、5、9、248、249、37、47、42、94、259、67、7、72、195、157、136、135、105、76、154、132、166、108、332、323、312、305、302、127、109、352、375、371、368、396、391、397、398、393)，占丙（C）级墓葬总数的62.1%；丁级墓50座（YYM15、383、281、283、276、99、125、100、298、293、291、

289、24、12、53、59、91、92、177、201、155、115、165、106、80、79、78、331、329、327、324、322、316、313、308、317、306、303、172、162、353、351、354、335、358、325、359、381、363、392)，占丁级墓葬总数的54.3%。以上统计结果显示，甲（A）级墓随葬铜丝耳环的比例较低，这是因为另外2座甲（A）级墓（YYM18和YYM250）随葬的是金制耳环，故其耳环随葬率原是100%；甲（B）级墓耳环随葬率也一样达到100%，除4座随葬铜制耳环外，另一座（YYM2）随葬金制耳环。乙（A）级和乙（B）级墓也各出土1对金制耳环，其耳环的随葬率实为96.4%和79.5%，乙（A）级墓未随葬耳环者也仅1例（YYM210)。由此可见，在玉皇庙墓地，耳环的普及率相当高，高规格墓葬比例达100%自不待言，最低级的丁级墓也在50%以上。

Ⅰ型耳环数量众多，共494件，所占比例接近90%，是玉皇庙墓地铜丝耳环的主要形式。从春秋早期出现后，一直贯穿玉皇庙文化发展的6个时段，未曾间断，且规格齐全，小型、中型、大型和特大型各类俱备。春秋早期共52件，其中小型耳环49件，占94.2%；中型耳环3件，占5.8%；不见大型和特大型耳环。春秋早中期共53件，其中小型耳环50件，占94.3%；中型、大型和特大型耳环各1件，各占1.9%。春秋中期可统计者共101件（共104件，有3件残损严重，不计算在内)，其中小型耳环95件，占94.1%；中型耳环6件，占5.9%；不见大型和特大型耳环。春秋中晚期共35件，其中小型耳环32件，占91.4%；中型耳环1件，占2.9%；大型耳环2件，占5.7%；不见特大型者。春秋晚期前段可统计者共164件（共166件，有2件残损严重，不计算在内)，其中小型耳环143件，占87.2%；中型耳环7件，占4.3%；大型耳环4件，占2.4%；特大型耳环10件，占6.1%。春秋晚期后段可统计者共81件（共86件，其中5件残损严重，不计算在内)，其中小型耳环73件，占90.1%；中型耳环8件，占9.9%；不见大型和特大型耳环。

可统计的Ⅰ型耳环共486件，其中小型耳环共442件，占90.9%，是Ⅰ型耳环的主要形式，从春秋早期一直延续到春秋晚期后段，春秋中期以前在每期内所占比例高达94%以上，春秋中晚期以后有所下降；随葬小型耳环者男女均有，少儿和婴儿凡随葬耳环者皆为小型耳环；随葬Ⅰ型小型耳环的墓，在8个墓葬规格级别中均有分布。中型耳环虽然只有27件，占可统计的Ⅰ型耳环总数的6.1%，却也始终伴随着Ⅰ型耳环的发展过程，同样从春秋早期一直延续到春秋晚期后段；共出自17座墓葬（男性墓8座，女性墓9座)，不见儿童墓；最高级别为乙（A）级，仅1座，其次为乙（B）级墓共2座，其余属丙级和丁级墓。大型耳环共7件，占可统计的Ⅰ型耳环总数的1.6%，分别出自4座墓葬，分布于春秋早中期、春秋中晚期和春秋晚期前段；其中男性墓1座，女性墓3座；最高级别为乙（B）级，1座，其余3座属丙级和丁级。特大型耳环共11件，占可统计的Ⅰ型耳环总数的2.5%；出自3座墓葬（春秋早中期1座，1件；春秋晚期前段2座，10件，占Ⅰ型特大型耳环总数的90.9%)，均为女性墓，分属于乙（B）级、丙（C）级和丁级。显然，在Ⅰ型耳环中，小型耳环占绝对主导地位，是出现最早、延续时间最长、普及面最大的一种类型；中型代表一种以大为美的倾向；大型和特大型耳环出现略晚，女性占优势，以丙、丁级的低级别墓葬为主，以夸张形态显示了对形式美的极致追求。

Ⅱ型耳环数量较少，共9件，占1.6%。最早出现于春秋早中期（6件，占Ⅱ型耳环总数的66.7%)，而后在春秋中期（1件，占11.1%）和春秋晚期前段再次出现（2件，占22.2%)，是非主流型耳环，但形体较大，9件中只有1例属于小型（YYM190:5－1)，是随葬Ⅱ型耳环的唯一的男性墓，也是随葬Ⅱ型耳环的级别最高的墓（乙B）；其余8件属大型和特大型（各4件），是Ⅱ型耳环的主导形式（占Ⅱ型耳环总数的88.9%），均属女性，大多出自春秋早中期的丙级墓（YYM249共6件）中，也有少数出自春秋晚期前段的丁级墓（YYM324、YYM301）中。

Ⅲ型耳环共52件，占9.4%。出现于春秋早中期（2件），春秋中期数量很少（2件），各占3.8%；春秋晚期前段有19件，达36.5%；春秋晚期后段有29件，达55.8%；可见春秋晚期是Ⅲ型耳环的重要发展时期，特别是春秋晚期后段。这50件Ⅲ型耳环分别出自27座墓葬，其主人不仅有成年男女，还有儿童。墓葬级别最高为乙（A）级，乙（B）级墓占1/5强大部分为丙级和丁级，不见甲级墓。在可统计的46件Ⅲ型耳环中，仅有1件属中型耳环，且在中型耳环外径最低限的规格内，其余皆为小型，绝无大型和特大型者。即Ⅲ型耳环是春秋晚期较多见的小型耳环。

Ⅳ型耳环只有1件（YYM296:2－1），出现于春秋中期，为丙级女性墓，是特大型耳环。

详见附表165。

从附表165中可知，随葬中型、大型和特大型特例耳环的墓共23座，55件。其中男性墓9座，占38.1%；女性墓14座，占60.9%；未有孩童墓。可见中型规格以上耳环为成年人所专有。中型耳环出自18座墓葬，男女数量相当，各9座，各占50%；大型耳环出自5座墓葬，男性墓仅1座，占20%，女性墓4座，占80%；特大型耳环出自4座墓葬，全部为女性。这表明特例耳环外径值的增加与女性墓的比例呈正比。

由以上统计可以看出特例耳环的几个特点：

①中型耳环以春秋晚期为主，大型和特大型时段居中；

②中型耳环男性偏多，大形耳环以女性为主，特大型耳环为女性所特有；

③较低级的丙级墓和最低级的丁级墓是主流。

牌饰　玉皇庙墓地共出土青铜牌饰75件，占玉皇庙墓地出土青铜佩饰总数的0.8%。分别出自69座墓葬，墓号为：YYM34、383、11（2件）、277、282、230（2件）、233、228、227、264、226、252、275、234、42、46、236、261、267、247、48、95、65、190、188、54、299、212、92、217、224、213、210、209、195、205、157、147、142、145、143、117、105、201、154、156（2件）、158、168、131、122、123、124（2件）、111、159（2件）、166、171、108、127、160、175（2件）、161、129、334、344、348、349、373、376、370，占玉皇庙墓地墓葬总数的17.25%。大多数为1墓1件，有6座墓为每墓2件，占出土青铜牌饰墓葬总数的8.7%。根据造型及纹饰特征将其分作4型10式。

Ⅰ型　虎形

共28件，占玉皇庙墓地出土青铜牌饰总数的37.3%。根据虎的形态或刻画部位，又可分为3式。

Ⅰ式　卧虎

共6件：YYM34:6、YYM383:1（图版三四一，2）、YYM230:14－1（图版三四一，3）、YYM230:14－2、YYM42:4（图版三四一，6）、YYM46:7（图版三四一，4），占玉皇庙墓地出土虎形牌饰总数的21.4%。

标本YYM34:6，是最早的牌饰，也是最早的卧虎牌饰，属于春秋早期。侧面右向浮雕式。通长4.2、通宽1.8、厚0.28厘米，重4.2克。圆头小尖耳，引颈垂首，前后肢屈曲平卧，垂尾端头后卷。在

附表 165

玉皇庙墓地出土中型、大型、特大型铜丝耳环统计表

序号	中型	大型	特大型	数量	型	性别	墓葬级别	年代
1	YYM31:2－2			1	Ⅰ	男	丙(B)	春秋早
2	YYM9:2－1～2			2	Ⅰ	女	丙(C)	春秋早
3	YYM248:2－1			1	Ⅰ	女	丙(C)	春秋早中
4			YYM249:2－1	1	Ⅰ	女	丙(C)	春秋早中
		YYM249:2－2		1	Ⅰ			
			YYM249:2－3～6	4	Ⅱ			
		YYM249:2－7～8		2	Ⅱ			
5	YYM191:2－1～2			2	Ⅰ	女	丙(A)	春秋中
6	YYM36:6－2		1	Ⅰ	男	乙(B)	春秋中期	
7	YYM36:4－2		1	Ⅰ	女	乙(B)	春秋中期	
8			YYM296:2－1	1	Ⅳ	女	丙(B)	春秋中
	YYM296:2－2～3			2	Ⅰ			
9	YYM149:2－1			1	Ⅰ	女	丙(B)	春秋中晚
10		YYM81:4－1～2		2	Ⅰ	女	乙(B)	春秋中晚
11			YYM211:2－1～6	6	Ⅰ	女	乙(B)	春秋晚前
12	YYM329:1－1			1	Ⅰ	男	丁	春秋晚前
		YYM329:1－2		1	Ⅰ			
13			YYM327:1－1～4	4	Ⅰ	女	丁	春秋晚前
14	YYM324:1－2(Ⅰ型)	YYM324:1－1(Ⅱ型)		2	Ⅰ、Ⅱ	女	丁	春秋晚前
15	YYM322:1－1～2			2	Ⅰ	男	丁	春秋晚前
16	YYM306:2－1～2			2	Ⅰ	女	丁	春秋晚前
17	YYM305:1－1～2			2	Ⅰ	女	丙(C)	春秋晚前
18		YYM301:1－1～3		3	Ⅰ	女	丙(B)	春秋晚前
		YYM301:1－4		1	Ⅱ			
19	YYM172:2－1～2			2	Ⅰ	男	丁	春秋晚后
20	YYM344:5－1～2			2	Ⅰ	男	乙(A)	春秋晚后
21	YYM325:2－1～2			2	Ⅰ	男	丁	春秋晚后
22	YYM379:3－2			1	Ⅲ	男	丙(A)	春秋晚后
23	YYM376:2－1～2			2	Ⅰ	男	丙(A)	春秋晚后
合计	18墓　28件其中男性墓9座,14件(Ⅰ型13件,Ⅲ型1件);女性墓9座,14件(Ⅰ型)。	5墓11件 其中男性墓1座,1件(Ⅰ型);女性墓4座,10件(Ⅰ型6件,Ⅱ型4件)	4墓　16件 全部为女性墓,Ⅰ型11件,Ⅱ型4件,Ⅳ型1件	55件	Ⅰ型44件,Ⅱ型9件,Ⅲ型1件,Ⅳ型1件	男性墓9座,女性墓14座	乙(A)级1座,乙(B)级4座,丙(A)级3座,丙(B)级4座,丙(C)级4座,丁级7座	春秋早期2座,春秋早中期2座春秋中期2座,春秋中晚期4座,春秋晚期前段8座,春秋晚期后段5座

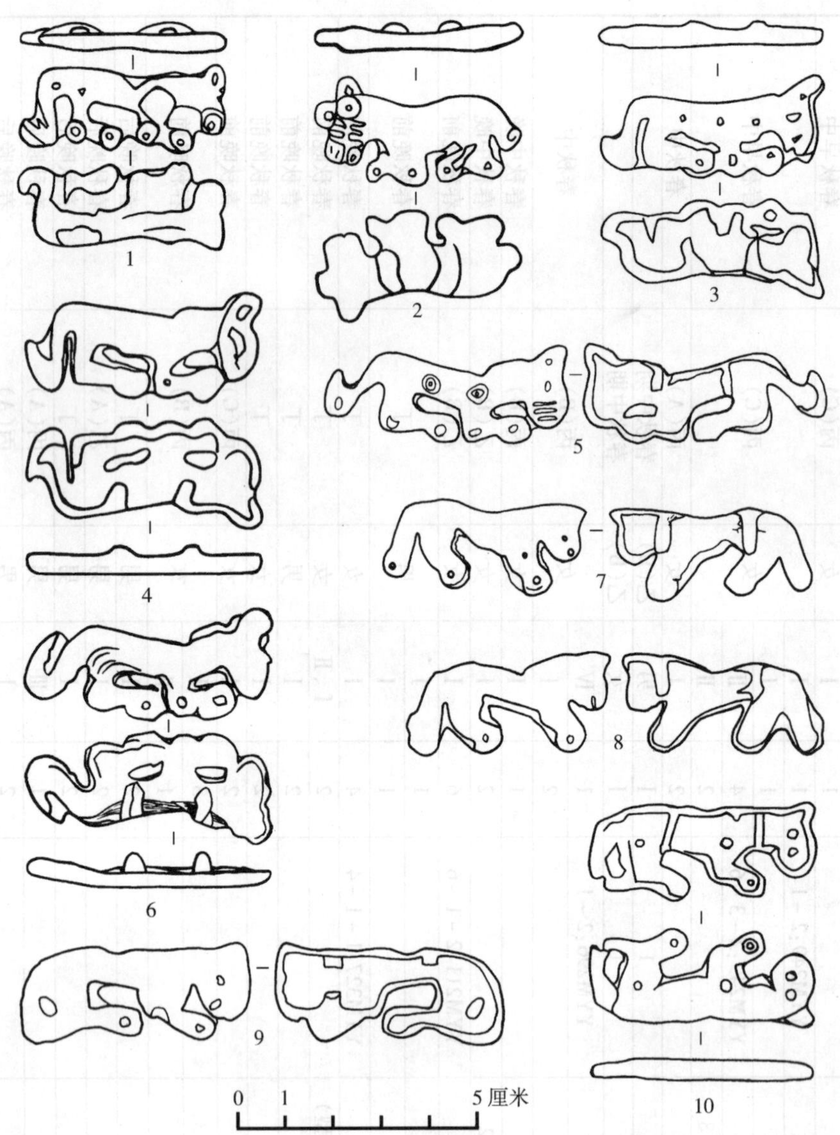

图六九〇 玉皇庙墓地出土青铜牌饰（Ⅰ型—虎形）

1～6. Ⅰ型Ⅰ式（YYM34∶6、383∶1、230∶14－1、230∶14－2、42∶4、46∶7）

7～10. Ⅰ型Ⅱ式（YYM11∶10－1、11∶10－2、277∶5、282∶2）

肱、股骨头部，前后爪，臀部和尾端各有1个平口嵌窝，直径0.2厘米。背面在颈与胸、腰与臀之间各有1个横向穿鼻，分别长0.9、1，分别宽0.3、0.25厘米。牌饰表面大部分粘有纺织品痕迹（图六九〇，1；图版三四一，1）。

其余5件标本形态与YYM34∶6类似，但背面穿鼻均为纵向，另YYM383∶1为左向卧虎（参见图六九〇，2～6）。

Ⅱ式 行虎

共20件：YYM11∶10－1、YYM11∶10－2（图版三四一，5）、YYM277∶5、YYM282∶2（图版三四一，7）、YYM233∶2（图版三四二，1）、YYM228∶5（图版三四二，2）、YYM252∶11、YYM261∶7（图版三四二，3）、YYM247∶9、YYM48∶9、YYM213∶10（图版三四二，4）、YYM147∶1（图版三四二，

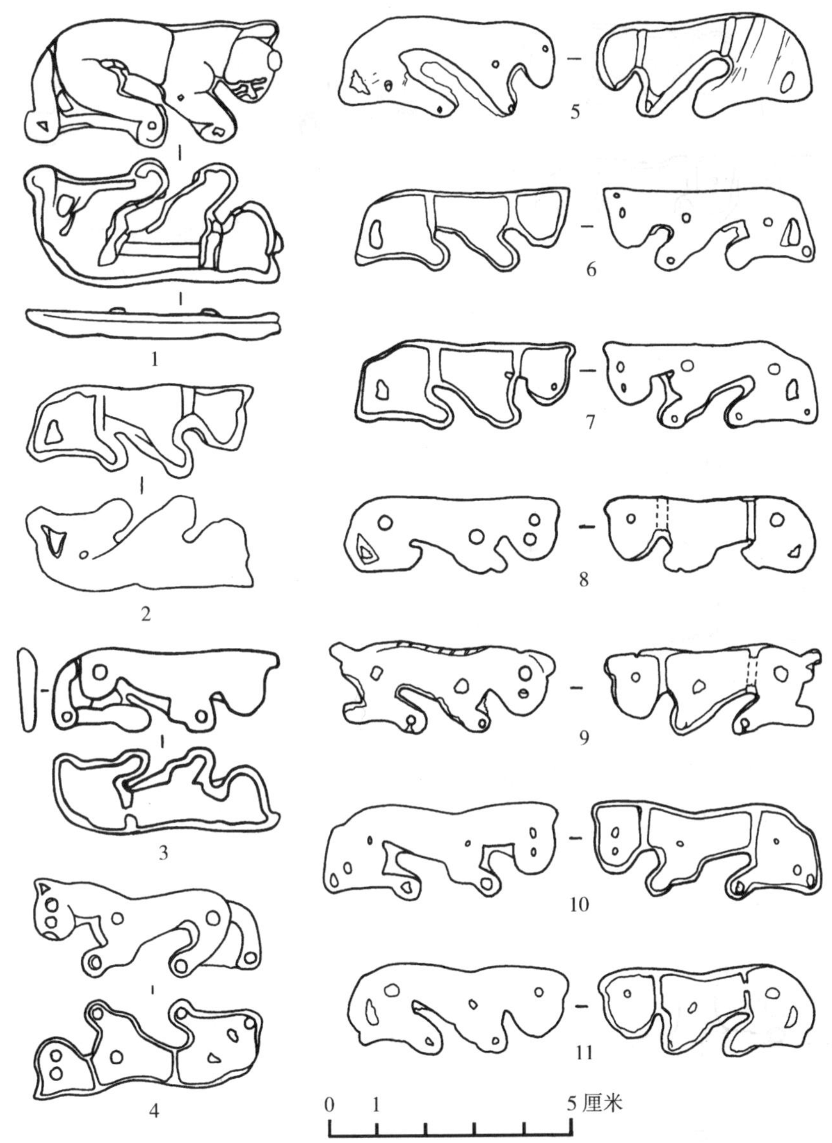

图六九一　玉皇庙墓地出土青铜牌饰（Ⅰ型—虎形）

1～11. Ⅰ型Ⅱ式（YYM233∶2、228∶5、48∶9、261∶7、252∶11、247∶9、213∶10、147∶1、168∶6、124∶7－1、111∶7）

5）、YYM168∶6（图版三四三，1）、YYM124∶7－1、YYM124∶7－2、YYM111∶7、YYM171∶8（图版三四三，3）、YYM161∶4（图版三四三，2）、YYM334∶8（图版三四三，4）、YYM376∶6（图版三四三，5），占玉皇庙墓地出土虎形牌饰总数的71.4%。

标本YYM11∶10－1，是最早的行虎牌饰，属于春秋早期。侧面右向浮雕式。通长4、通宽2、厚0.13～0.28厘米，重7.7克。圆头小尖耳，引颈探首，前后肢斜直前趋，细腰垂尾。眼部，口部，肱、股骨头部，两爪和尾端各有1个平口嵌窝，直径0.2厘米。背面颈、腰部位各有1个纵向穿鼻，长、宽一致，长0.6、宽0.3厘米（图六九○，7）。

其余18件标本与YYM11∶10－1相似，YYM282∶2、YYM228∶5、YYM247∶9、YYM213∶10和

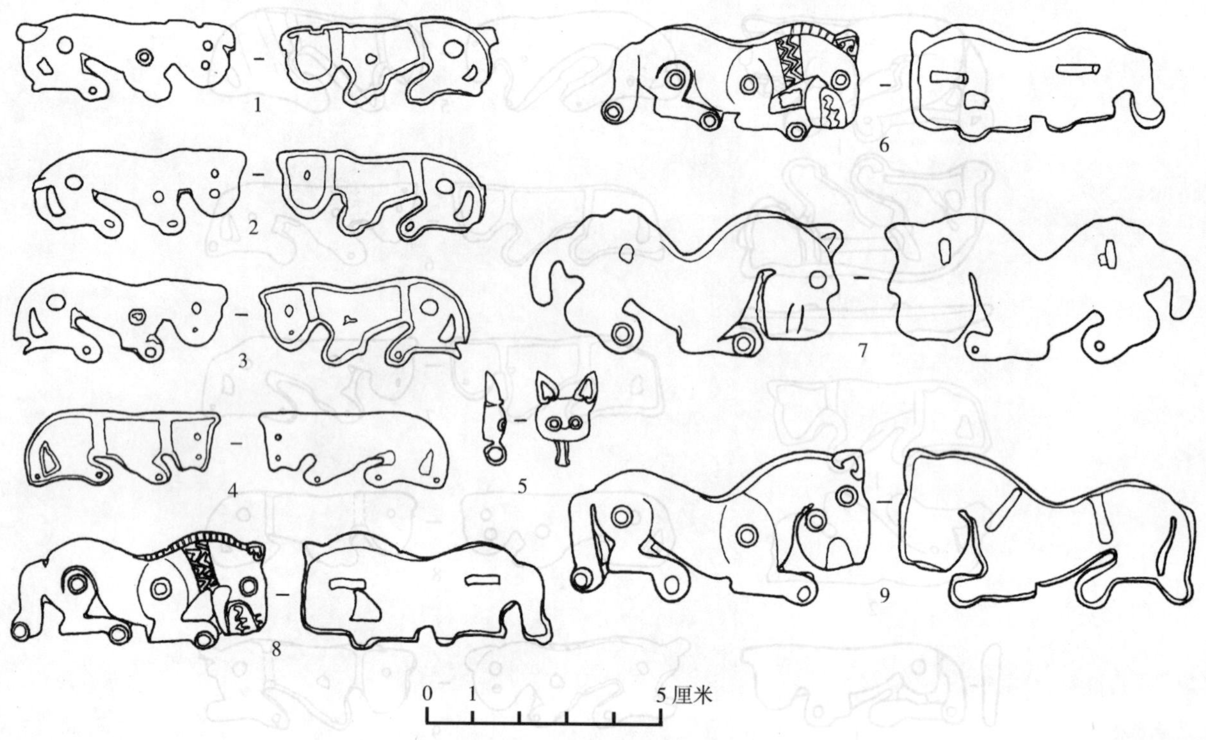

图六九二 玉皇庙墓地出土青铜牌饰（Ⅰ型—虎形及Ⅱ型—马形）

1～4. Ⅰ型Ⅱ式（YYM171:8、161:4、334:8、376:6） 5. Ⅰ型Ⅲ式（YYM159:1－1）

6～9. Ⅱ型Ⅰ式（227:5、264:12、236:12、95:10）

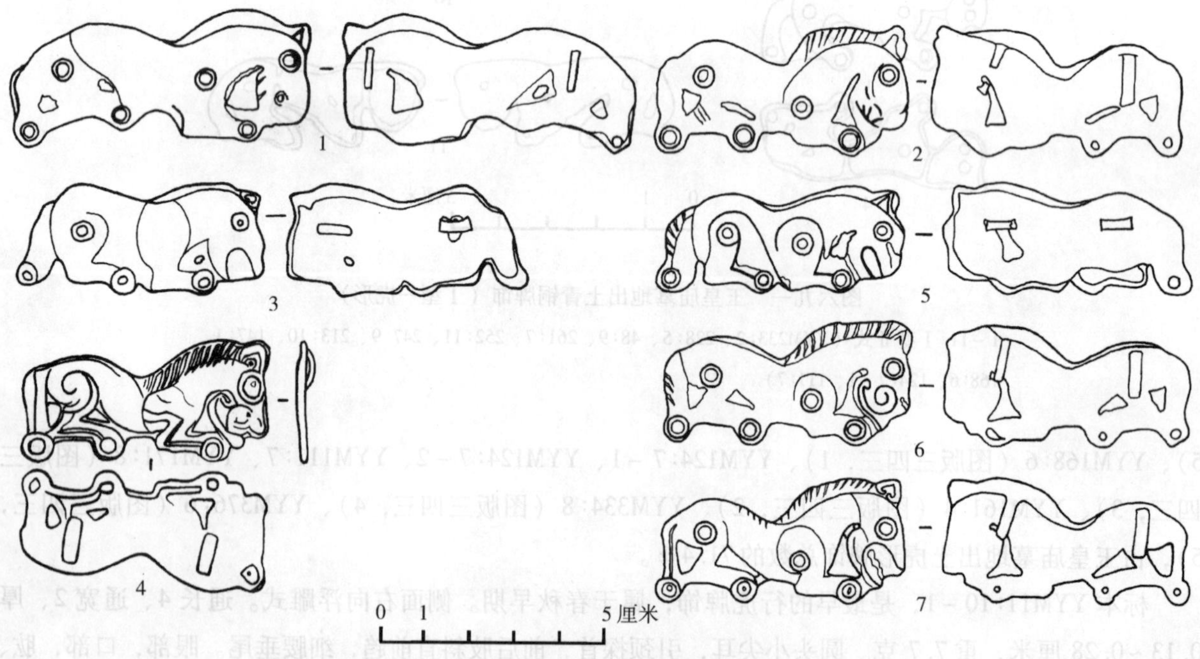

图六九三 玉皇庙墓地出土青铜牌饰（Ⅱ型—马形）

1～7. Ⅱ型Ⅰ式（YYM188:7、54:10、212:7、92:2、217:2、210:11、209:7）

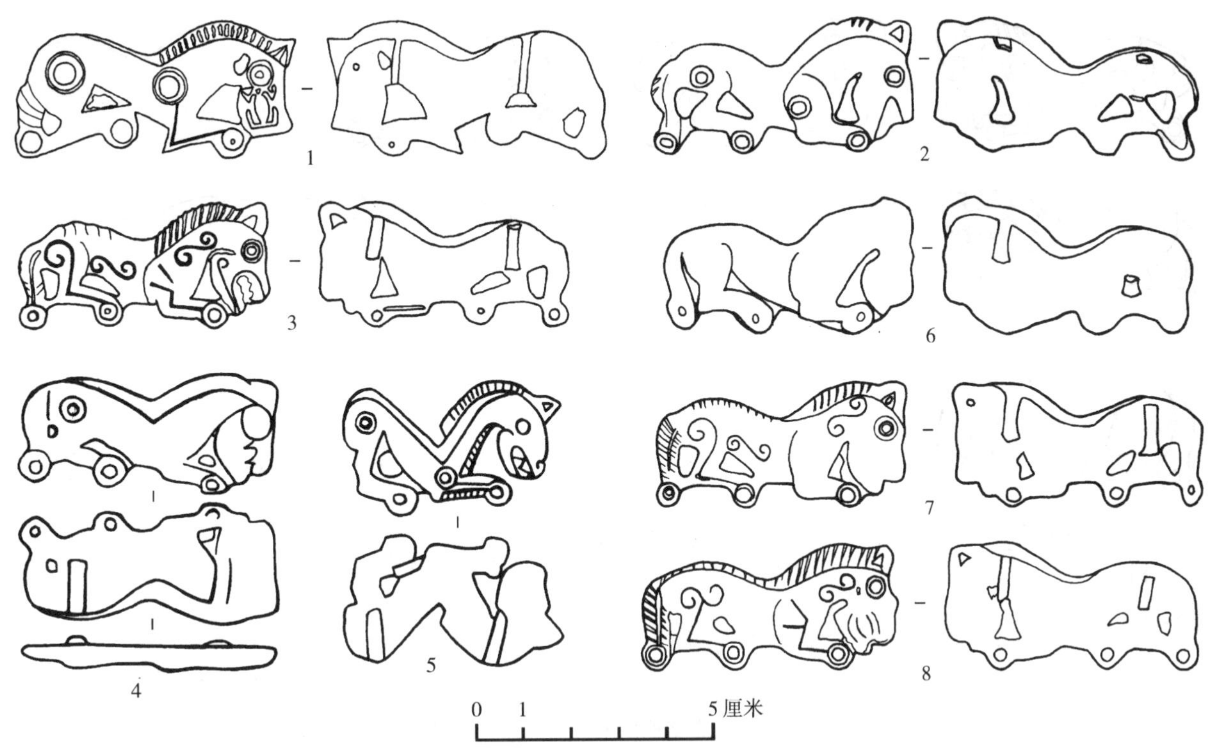

图六九四　玉皇庙墓地出土青铜牌饰（Ⅱ型—马形）

1～8. Ⅱ型Ⅰ式（YYM195:2、205:4、157:3、142:7、145:7、143:7、117:7、105:7）

YYM261:7 为左向行虎，其中 YYM261:7 造型生动，铸工精美，尾部嵌窝内尚遗有一枚绿松石（参见图六九〇、六九一、六九二；彩版六四，3）。

Ⅲ式　虎头

共2件，标本 YYM159:1－1 和 YYM159:1－2，占玉皇庙墓地出土虎形牌饰总数的7.1%。属于春秋晚期前段。只模铸正面虎头，背面有1个纵向穿鼻。属于春秋晚期前段。重2.2克，通高1.7、通宽1.1厘米（图六九二，5）。

Ⅱ型　马形

共40件，占玉皇庙墓地出土青铜牌饰总数的53.3%。根据马的不同姿态，可分为5个式别。

Ⅰ式　卧马

共31件：YYM227:5、YYM264:12（图版三四三，6）、YYM236:12、YYM95:10（图版三四四，1）、YYM188:7（图版三四四，2）、YYM54:10、YYM212:7、YYM92:2、YYM217:2（图版三四四，3）、YYM210:11（图版三四四，4）、YYM209:7、YYM195:2（图版三四四，6）、YYM205:4、、YYM157:3（图版三四四，5）、YYM142:7、YYM145:7、YYM143:7、YYM117:7、YYM105:7、YYM201:3（图版三四四，7）、YYM156:7－1（图版三四五，1）、YYM156:7－2（图版三四五，2）、YYM158:9（图版三四五，3）、YYM122:7、YYM123:1、YYM108:8（图版三四五，4）、YYM127:6（图版三四六，1）、YYM160:6、YYM129:5（图版三四六，3）、YYM344:7（图版三四六，2）、YYM373:7（图版三四六，4），占玉皇庙墓地出土马形牌饰总数的77.5%。

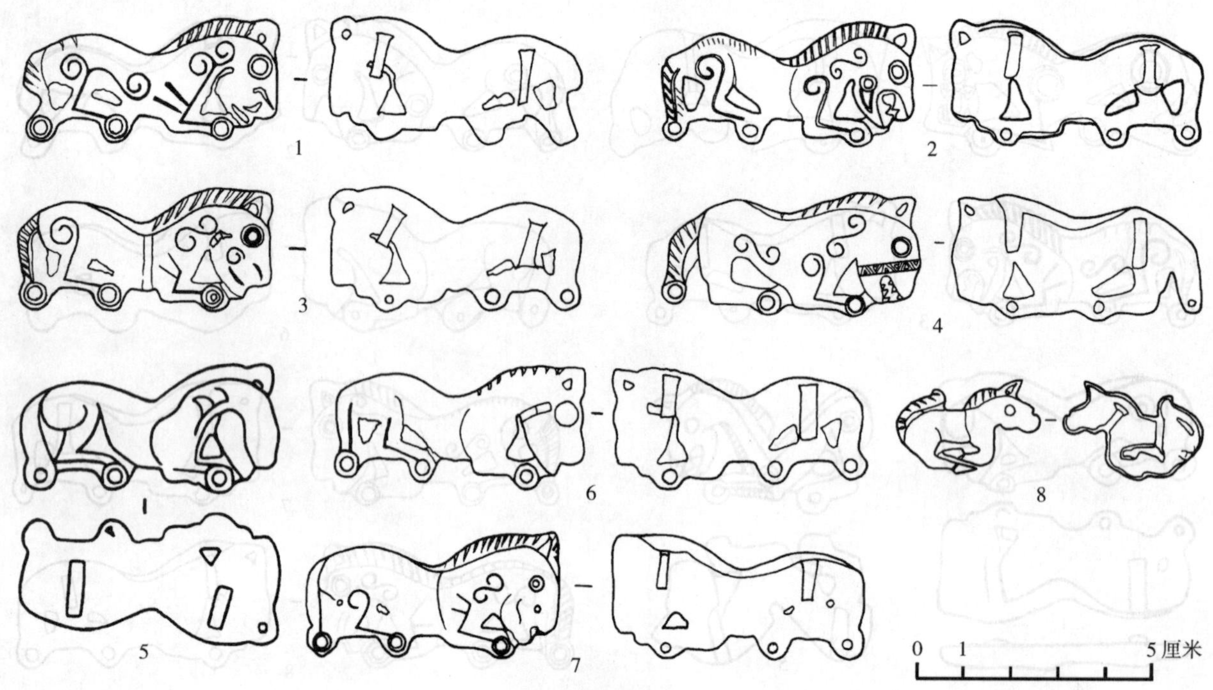

图六九五 玉皇庙墓地出土青铜牌饰（Ⅱ型—马形）

1~7. Ⅱ型Ⅰ式（YYM201:3、156:7-1、156:7-2、158:9、122:7、123:1、108:8） 8. Ⅱ型Ⅴ式（YYM166:2）

标本 YYM227:5，是最早的卧马牌饰，属于春秋早中期。侧面右向浮雕式，通长5.3，通宽2.4厘米，重11.5克。面阔吻方，露齿，弧形颈部有鬐饰，前后肢屈曲平卧，垂尾略后卷。眼部、肱骨头、股骨头、两蹄端和尾端各有1个凸沿嵌窝，边缘高0.1~0.15，直径0.25~0.3厘米。背面在头颈间和腰臀间各有1个横向条形穿鼻，长分别为0.85、0.9，宽均为0.2厘米（图六九二，6）。

其余31件标本与 YYM227:5 形态大致相同，YYM95:10、YYM344:7 穿鼻为斜向，YYM264:12、YYM236:12、YYM188:7、YYM212:7、YYM217:2 穿鼻为横向，其余23件穿鼻均为纵向（参见图六九二~六九六）。

Ⅱ式 奔马

共3件：YYM226:6、YYM275:9、YYM190:7（图版三四六，6），占玉皇庙墓地出土马形牌饰总数的7.5%。

标本 YYM226:6，是最早的奔马牌饰，属于春秋早中期。侧面右向浮雕式，通长6.7、通宽3.4厘米，重20.6克。面阔吻方，露齿，颈部有鬐饰，尾饰捆扎绹纹；收腹提臀，尾后张，呈奔跑状。眼部、腮部、股骨头、前后肢中部关节、两蹄端和尾端各有1个凸沿嵌窝，内直径约0.3厘米。背面颈部和臀部各有1个横向条形穿鼻，长均为0.8、宽均为0.3厘米，前者略倾斜（图六九六，5；彩版六四，1；图版三四六，5）。

其余2件标本形态与 YYM226:6 大致相同，但穿鼻为纵向（参见图六九七，1、2）。

Ⅲ式 立马

共4件：YYM234:7、YYM267:2（图版三四六，8）、YYM299:4、YYM224:6，占玉皇庙墓地出土

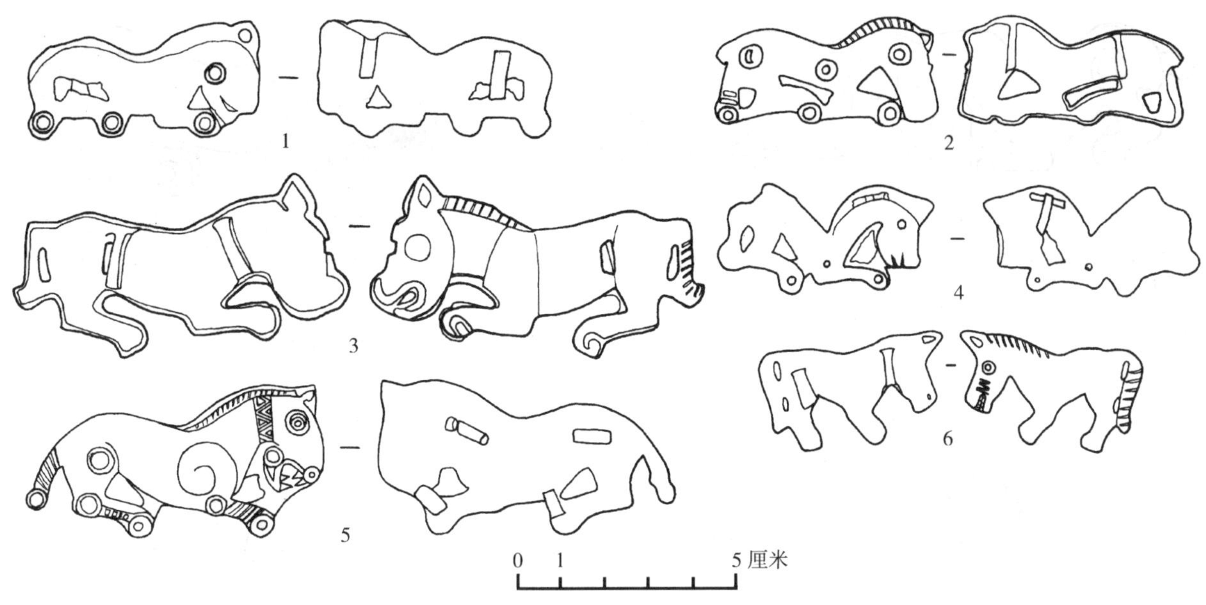

图六九六　玉皇庙墓地出土青铜牌饰（Ⅱ型—马形）

1、2、3、4. Ⅱ型Ⅰ式（YYM127:6、160:6、344:7、373:7）　5. Ⅱ型Ⅱ式（226:6）　6. Ⅱ型Ⅲ式（YYM234:7）

马形牌饰总数的10%。

标本YYM234:7，是最早的立马牌饰，属于春秋中期。侧面左向浮雕式，浮面明显低于卧马和奔马牌饰。通长3.8、通宽2.4厘米，重6.3克。头部狭长，垂尾直立。背面在颈部和臀部各有1个纵向穿鼻，长分别为0.6、0.5，宽约0.15厘米（图六九六，6；图版三四六，7）。

其余3件标本与YYM234:7大致相同，YYM267:2和YYM224:6穿鼻为纵向（参见图六九七、六九七）。

Ⅳ式　翘首卧马

1件，占玉皇庙墓地出土马形牌饰总数的2.5%，标本YYM65:1，属于春秋中期。侧面左向浮雕式。头部明显区别于Ⅰ、Ⅱ式，为狭长形，姿态为卧式，由引颈垂首变为昂颈翘首，腹部上抬，蹄呈三角形，前蹄叠于后蹄上，形态更为写实。通长4.5、通宽4.1厘米，重13.7克。背面在头、颈间和腰、臀间各有1个穿鼻，均从左上方向右下方倾斜，长0.7、宽0.3厘米（图六九八，1；彩版六四，2）。

Ⅴ式　昂首扬尾奔马

1件，占玉皇庙墓地出土马形牌饰总数的2.5%，标本YYM166:2，属于春秋晚期前段。侧面右向浮雕式。头部与Ⅳ式相同，为狭长形，姿态为奔跑式，昂首挺颈，收腹提臀，尾部上扬，蹄呈三角形，前蹄叠于后蹄上。通长3、通宽1.9厘米，重2.1克。背面在颈、腰部各有1个纵向穿鼻，长0.4、宽0.15厘米（图六九五，8）。

Ⅲ型　犬形

共5件，占玉皇庙墓地出土青铜牌饰总数的6.7%。根据姿态的区别，可分为2个式别。

Ⅰ式　卧犬

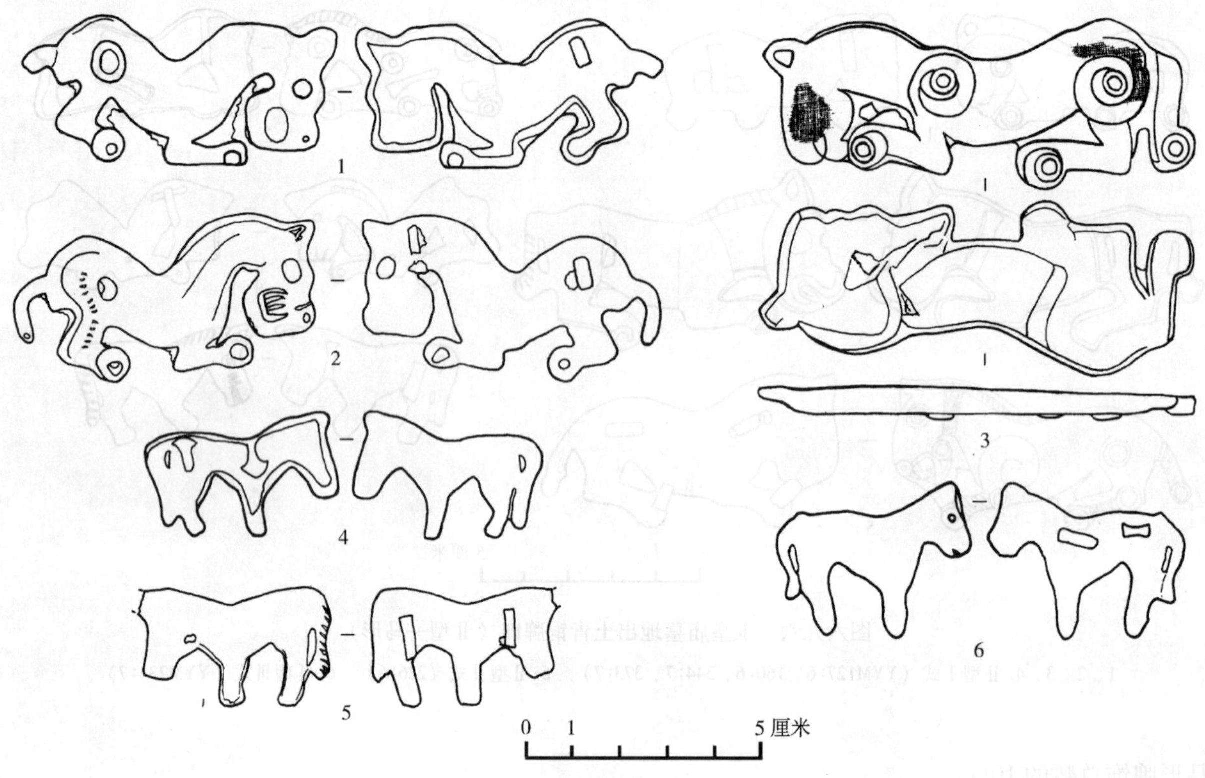

图六九七　玉皇庙墓地出土青铜牌饰（Ⅱ型—马形）
1、2. Ⅱ型Ⅱ式（YYM275:9、190:7）　3. Ⅱ型Ⅰ式（YYM129:5）
4、5、6. Ⅱ型Ⅲ式（YYM267:2、224:6、299:4）

共4件：YYM154:3、YYM131:10、YYM349:7（图版三四七，2）、YYM370:6，占玉皇庙墓地出土犬形牌饰总数的80%。

标本YYM154:3，是最早的犬形牌饰，属于春秋晚期前段。侧面左向平面模铸，通长5.8、通宽2.8厘米，重8克。长头方吻，颈平伸，头微抬，前后肢屈曲平卧，尾从根部折断。背部在胸部和腰、臀之间各有1个纵向穿鼻，长0.7、宽0.2厘米（图六九八，2；图版三四七，1）。

其余3件标本与YYM154:3大致相同（参见图六九八，3、4、5）。

Ⅱ式　立犬

1件，占玉皇庙墓地出土犬形牌饰总数的20%。标本YYM348:6，属于春秋晚期后段。侧面左向平面模铸，前后肢直立，通长4.7、通宽2厘米，重4.5克。背面在胸、臀部为各有1个纵向穿鼻，长0.6、宽0.15厘米（图六九八，6；图版三四七，3）。

Ⅳ型　鹿形

2件，即YYM175:7-1、YYM175:7-2，占玉皇庙墓地出土青铜牌饰总数的2.7%，属于春秋晚期后段。2件形态相同，均为侧面左向浮雕式。通长3.4、3.3，通宽3、2.9厘米，重3.7、4、3.8克。引颈翘首，四叉鹿角，尾上卷，收腹提臀，前蹄叠压后蹄，呈伏卧状。背面在腹部有1个纵向穿鼻，长0.6、宽0.1~0.2厘米（图六九八，7；图版三四七，4）。

详见附表166。

附表 166－1

玉皇庙墓地出土青铜牌饰统计表

序号	器物号(YYM)	型	式	形态	纹饰					嵌窝						重量(克)	规格(厘米)										备注
					面	颈	身	肢	尾	形	位置						通长	通宽	面高	嵌窝			穿鼻				
											眼	口	身	足	尾					数	高	径	位置	方向	数	长/宽	
1	34:6	Ⅰ	Ⅰ	右向卧虎						平			2	2	2	9.8	4.2	1.8	0.28	6		0.2	颈胸/腰臀	横向	2	0.9/0.3,1/0.25	
2	383:1	Ⅰ	Ⅰ	左向卧虎	线					平	1	1	2	2		10.2	4.3	2	0.4	6		0.15	颈/腰	纵向	2	0.6/0.3	
3	11:10－1	Ⅰ	Ⅱ	右向行虎						平	1		2	2	1	7.7	4	2	0.28	6		0.2	头颈/腰臀	纵向	2	0.7/0.2	
	11:10－2	Ⅰ	Ⅱ	右向行虎												7.5	4.2	2	0.29				颈/腰	纵向	2	0.7/0.2	
4	277:5	Ⅰ	Ⅱ	右向行虎						平	1	1		2		14.7	4.8	1.8	0.51	4		0.2	颈/腰	纵向	2	0.8/0.4	
5	282:2	Ⅰ	Ⅱ	左向行虎						平	1	1	2	2		12.2	4.6	2	0.3	6		0.2	颈/腰	纵向	2	0.6/0.15	
6	230:14－1	Ⅰ	Ⅰ	右向卧虎						平	1	1	2	2		13.5	4.6	2	0.3	6		0.15	颈/腰	纵向	2	0.6/0.25	
	230:14－2	Ⅰ	Ⅰ	右向卧虎												14.2	4.9	2.2	0.38				颈/腰	纵向	2	0.8/0.3	
7	233:2	Ⅰ	Ⅱ	右向行虎						平			4	2	1	14.6	5.1	2.4	0.48	7		0.2	颈/腰	纵向	2	0.7/0.3	
8	228:5	Ⅰ	Ⅱ	左向行虎												12.4	4.7	1.9	0.29				颈/腰	纵向	2	0.6/0.2	
9	227:5	Ⅱ	Ⅰ	右向卧马		锯齿				凸	1		2	2	1	11.5	5.3	2.4	0.48	6	0.15	0.25	头颈/腰臀	横向	2	0.85/0.2,0.9/0.2	
10	264:12	Ⅱ	Ⅰ	右向卧马						凸				2		17.4	6.7	3	0.49	2	0.05	0.2	颈/臀	横向	2	0.8/0.25	
11	226:6	Ⅱ	Ⅱ	右向奔马		三角	弦	绹	绹	凸	1	1	3	2	1	20.6	6.7	3.4	0.32	8	0.05	0.3	颈/臀	斜/横	2	0.8/0.3	
12	252:11	Ⅰ	Ⅱ	右向行虎						平	1		3	2	1	10.7	4.4	2	0.33	7		0.2	头颈/腰	纵向	2	0.5/0.25	
13	275:9	Ⅱ	Ⅱ	右向奔马						凸	1		1	2		24.1	6.5	3.3	0.32	4	0.1	0.3	颈/臀	纵向	2	0.6/0.3	
14	234:7	Ⅱ	Ⅲ	左向立马												6.3	3.8	2.4	0.3				颈/臀	纵向	2	0.6/0.2,0.5/0.15	
15	42:4	Ⅰ	Ⅰ	右向卧虎	线		涡			平			2	2	1	13	5	1.9	0.32	5		0.2	颈/腰	纵向	2	0.4/0.2,0.6/0.2	
16	46:7	Ⅰ	Ⅰ	右向卧虎			涡			平				2		12.8	5	2	0.32	2		0.2	颈/腰	纵向	2	0.5/0.25	
17	236:12	Ⅱ	Ⅰ	右向卧马		绹				凸	1		2	2	1	11	5.5	2.2	0.55	6	0.15	0.25	头/臀	横向	2	0.8/0.15	
18	261:7	Ⅰ	Ⅱ	左向行虎							1	1	2	2	1	4.3	4.6	2	0.3	7		0.2	头颈/臀	横向	2	0.7/0.2－0.3	尾部嵌窝遗绿松石
19	267:2	Ⅱ	Ⅲ	左向立马												6	4	2.5	0.37				胸/臀	纵向	2	0.5/0.2	
20	247:9	Ⅰ	Ⅱ	左向行虎						平	1		2	2	1	4.2	4.4	1.6	0.25	6		0.15	颈/腰	纵向	2	0.5/0.15	
21	48:9	Ⅰ	Ⅱ	右向行虎						平	1	1	2	2	1	4.8	4.8	1.8	0.22	7		0.15	颈/腰	纵向	2	0.7/0.2	
22	95:10	Ⅱ	Ⅰ	右向卧马						凸	1	1	2	2	1	17.5	6.4	3	0.72	7	0.15	0.25	颈/腰	斜向	2	0.9/0.2	

附表 166－2

玉皇庙墓地出土青铜牌饰统计表

序号	器物号（YYM）	型	式	形态	纹饰					嵌窝						重量（克）	规格（厘米）									备注
					面	颈	身	肢	尾	形	位置						通长	通宽	面高	嵌窝			穿鼻			
											眼	口	身	足	尾					数	高	径	位置	方向	数	长/宽	
23	65:1	Ⅱ	Ⅳ	左向卧马												13.7	4.5	4.1	0.22				头颈/腰臀	纵向	2	0.7/0.3	
24	190:7	Ⅱ	Ⅱ	右向奔马						凸	1		1	2	1	18.3	6.6	3.1	0.25	5	0.05	0.2	颈/臀	纵向	2	0.5/0.2	
25	188:7	Ⅱ	Ⅰ	右向卧马						凸	1		2	2	1	14.1	6.5	2.7	0.3	6	0.2	0.3	头/臀	横向	2	1.1/0.2	背部断裂
26	54:10	Ⅱ	Ⅰ	右向卧马						凸	1		2	2	1	10.4	5.6	2.8	0.2	6	0.15	0.25	颈/臀	纵向	2	1.1/0.3	
27	299:4	Ⅱ	Ⅲ	右向立马												10.2	4.2	3	0.3				胸/腰	横向	2	0.5/0.25	
28	212:7	Ⅱ	Ⅰ	右向卧马						凸	1		2	2	1	13.4	5.5	2.4	0.44	6	0.1	0.2	头/臀	横向	2	0.6/0.2	
29	92:2	Ⅱ	Ⅰ	右向卧马						凸				2	1	8.3	5.4	2.5	0.3	3	0.2	0.3	头颈/腰臀	纵向	2	0.8/0.3，1/0.3	
30	217:2	Ⅱ	Ⅰ	右向卧马						凸	1		2	2	1	11.2	5.4	2.3	0.3	6	0.1	0.2	颈/腰臀	横向	2	0.9/0.2	
31	224:6	Ⅱ	Ⅲ	左向立马												4.2	4.2	2.5	0.31				头颈/臀	纵向	2	0.8/0.3	耳尖残，颈断裂
32	213:10	Ⅰ	Ⅱ	左向行虎						平	1	1	2	2		5	4.4	1.6	0.3	6		0.1/0.2	颈/腰	纵	2	0.5/0.2，0.6/0.1	
33	210:11	Ⅱ	Ⅰ	右向卧马						凸	1		2	2	1	9.2	5.4	2.5	0.3	6	0.1	0.3	头颈/臀	斜/纵	2	1.1/0.2	
34	209:7	Ⅱ	Ⅰ	右向卧马						凸	1		2	2	1	9.3	5.5	2.4	0.45	6	0.1	0.25	头颈/臀	纵向	2	0.9/0.3，1/0.25	
35	195:2	Ⅱ	Ⅰ	右向卧马					绹	凸	1		2	2	1	10.15	6	2.8	0.3	6	0.2	0.15	头颈/腰臀	纵向	2	0.8/0.18，1.1/0.2	
36	205:4	Ⅱ	Ⅰ	右向卧马						凸	1		2	2	1	8.8	5.5	2.7	0.48	6	0.1	0.25	颈/臀	纵	2		鼻残
37	157:3	Ⅱ	Ⅰ	右向卧马		S	S/涡	线	绹	凸	1			2	1	10.5	5.5	2.5	0.36	4	0.05	0.2	头颈/臀	纵向	2	1/0.25，0.85/0.25	
38	147:1	Ⅰ	Ⅱ	右向行虎						平	1		2	1		3.9	4.4	1.5	0.36	4		0.3	腰	纵	1	0.6/0.15	
39	142:7	Ⅱ	Ⅰ	右向卧马						凸	1		2	2	1	11.8	5.3	2.6	0.35	6	0.05	0.3	颈/臀	纵	2	0.9/0.3	
40	145:7	Ⅱ	Ⅰ	右向卧马	卷云				绹	凸			2	2		8.4	4.6	2.7	0.34	4	0.1	0.25	颈/臀	纵向	2	0.8/0.25	
41	143:7	Ⅱ	Ⅰ	右向卧马												11.7	5.5	2.7	0.4				颈/臀	纵向	2	0.8/0.3	
42	117:7	Ⅱ	Ⅰ	右向卧马	卷云	卷云			绹/线	凸	1			2	1	10	5.4	2.6	0.22	4	0.05	0.2	头/臀	纵向	2	1.1/0.3	
43	105:7	Ⅱ	Ⅰ	右向卧马				线		凸				2	1	8.8	5.5	2.8	0.29	3	0.05	0.4	头颈/臀	纵向	2	1/0.25	
44	201:3	Ⅱ	Ⅰ	右向卧马		卷云	卷云	卷云	绹	凸				2	1	8.5	5.4	2.5		3	0.1	0.3	头颈/臀	纵向	2	1/0.3，1.2/0.3	
45	154:3	Ⅲ	Ⅰ	左向卧犬												8	5.8	2.8	0.18				胸/腰臀	纵向	2	0.7/0.2	
46	156:7－1	Ⅱ	Ⅰ	右向卧马		卷云		线	绹/线	凸			2	1	8.2	5.4	2.5	0.3	3	0.1	0.25		头颈/臀	纵向	2	0.9/0.3，1/0.3	
	156:7－2	Ⅱ	Ⅰ	右向卧马			涡	线	绹/线	凸				2	1	8.2	5.3	2.4	0.32	3	0.1	0.3	头颈/臀	纵向	2	0.8/0.3，0.9/0.3	
47	158:9	Ⅱ	Ⅰ	右向卧马		卷云	卷云	线	绹	凸				2	1	7.4	5.4	2.6	0.34	3	0.05	0.2－0.3	头颈/臀	纵向	2	0.8/0.25，1/0.2	

附表 166 – 3

玉皇庙墓地出土青铜牌饰统计表

序号	器物号（YYM）	型	式	形态	纹饰					嵌窝						重量（克）	规格（厘米）										备注
					面	颈	身	肢	尾	形	位置						通长	通宽	面高	嵌窝			穿鼻				
											眼	口	身	足	尾					数	高	径	位置	方向	数	长/宽	
48	168:6	Ⅰ	Ⅱ	右向行虎						平	1	1	2			4.8	4.5	1.8	0.36	4		0.15 – 0.3	颈/腰	纵向	2	0.6/0.2	尾残
49	131:10	Ⅲ	Ⅰ	左向卧犬												11.2	6.1	3	0.23				胸/臀	纵向	2	0.8/0.3	
50	122:7	Ⅱ	Ⅰ	右向卧马						凸	1			2	1	9.7	5.4	2.6		4	0.05	0.3	颈/臀	纵向	2	0.9/0.3	
51	123:1	Ⅱ	Ⅰ	右向卧马				线		凸				2	1	8.1	5.5	2.5	0.32	3	0.05	0.25	头颈/臀	纵向	2	0.8/0.3,1/0.25	
52	124:7 – 1	Ⅰ	Ⅱ	右向行虎						平	1	1	2	2	1	5.6	4.8	1.9	0.28	7		0.2	头颈/腰臀	纵向	2	0.7/0.15,0.6/0.1	
	124:7 – 2	Ⅰ	Ⅱ	右向行虎						平	1	1	2	2	1	5.4	4.6	1.8	0.25	7		0.2	头颈/腰臀	纵向	2	0.6/0.15,0.5/0.1	
53	111:7	Ⅰ	Ⅱ	右向行虎						平	1		2	2	1	4	4.6	1.8	0.2	6		0.2 – 0.32	颈/腰	纵向	2	0.5/0.2,0.5/0.15	
54	159:1 – 1	Ⅰ	Ⅲ	正面虎头												2.2	1.7	1.1	0.25				头	纵向	1	0.6/0.1	
	159:1 – 2	Ⅰ	Ⅲ	正面虎头												2.2	1.7	1.1	0.25				头	纵向	1	0.6/0.1	
55	166:2	Ⅱ	Ⅴ	右向奔马												2.1	3	1.9	0.21				颈/腰	纵向	2	0.4/0.15	
56	171:8	Ⅰ	Ⅱ	右向行虎						平	1	1	2	2		5.1	4.6	1.8	0.32	6		0.15 – 0.3	颈/腰	纵向	2	0.5/0.25,0.6/0.2	尾残
57	108:8	Ⅱ	Ⅰ	右向卧马				线	线	凸				2	1	9	5.3	2.5	0.33	3	0.1	0.4	头颈/臀	纵向	2	0.9/0.3,0.8/0.35	
58	127:6	Ⅱ	Ⅰ	右向卧马						凸				2	1	8.5	5.4	2.5	0.3	3	0.05	0.25	头颈/臀	纵向	2	1/0.25	
59	160:6	Ⅱ	Ⅰ	右向卧马					绹	凸	1		2	2	1	5.6	5.2	2.4	0.3	6	0.1	0.25	头/腰	纵向	2	1/0.2	
60	175:7 – 1	Ⅳ		左向卧鹿												4	3.4	3	0.28				腹	纵向	1	0.6/0.2	
	175:7 – 2	Ⅳ		左向卧鹿												3.8	3.3	2.9	0.28				腹	纵向	1	0.6/0.2	
61	161:4	Ⅰ	Ⅱ	左向行虎						平	1	1	2	2		5.1	4.4	1.8	0.3	6		0.15	头颈/腰臀	纵向	2	0.5/0.2	
62	129:5	Ⅱ	Ⅰ	左向卧马						凸			2	2	1	30.4	9.3	3.6	0.2	5		0.3	颈/腰	纵向	2	1.2/0.2,1.6/0.3	
63	334:8	Ⅰ	Ⅱ	右向行虎						平	1		2	2	1	4.2	4.4	2	0.3	6		0.2/0.3	颈/腰	纵向	2	0.6/0.15	
64	344:7	Ⅱ	Ⅰ	左向卧马					绹							19.6	7.5	4.1	0.3				颈/腰	斜向	2	1.2/0.4,1.2/0.4	
65	348:6	Ⅲ	Ⅱ	左向立犬												4.5	4.7	2	0.15				胸/臀	纵向	2	0.6/0.15	
66	349:7	Ⅲ	Ⅰ	左向卧犬												11.5	6.1	2.8	0.22				胸/臀	纵向	2	0.6/0.2	
67	373:7	Ⅱ	Ⅰ	右向卧马						平	1		1	2	1	5.4	4.6	2.4	0.26	5		0.15	颈/臀	纵向	2	0.6/0.2	
68	376:6	Ⅰ	Ⅱ	左向行虎						平	1	1		2	1	2.8	4.2	1.6	0.22	5		0.1	颈/腰	纵向	2	0.5/0.25	
69	370:6	Ⅲ	Ⅰ	左向卧犬												11.6	5.5	2.6	0.28				胸/腰臀	纵向	2	1.1/0.3,0.8/0.3	
合计										共 69 座墓葬 75 件																	

注：动物头向以读者的视角为准。

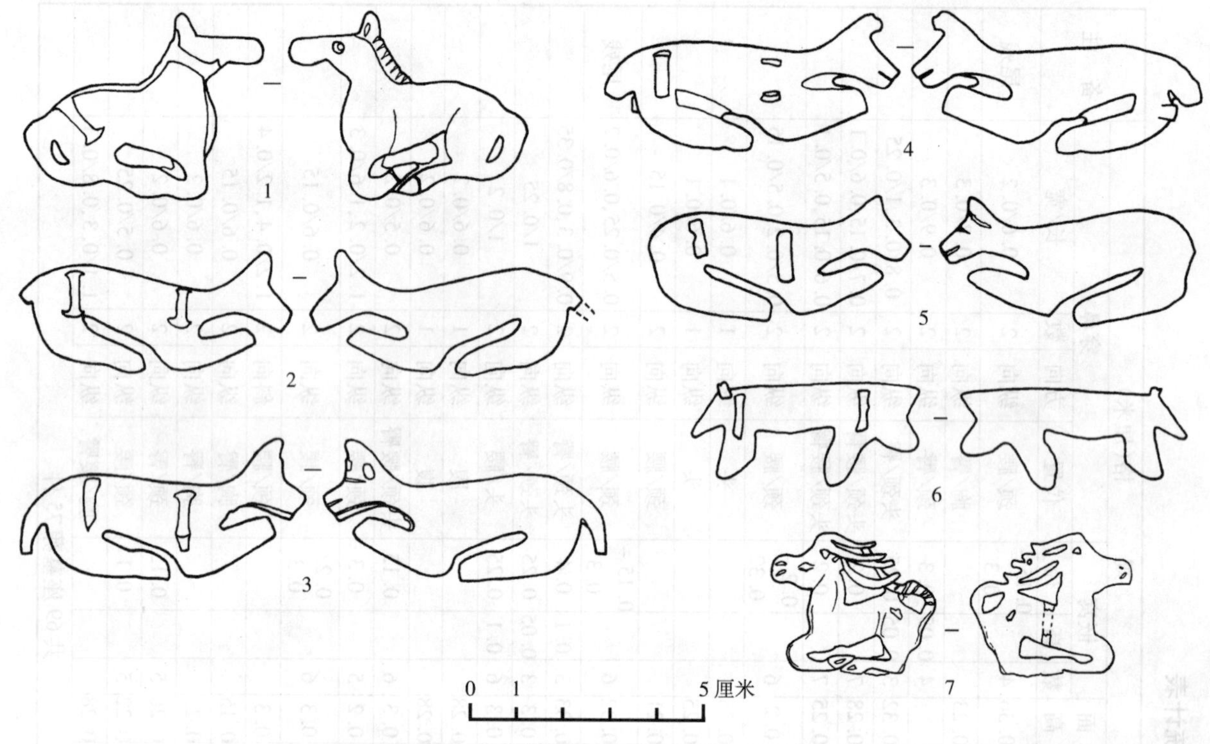

图六九八　玉皇庙墓地出土青铜牌饰（Ⅱ型—马形、Ⅲ型—犬形、Ⅳ型—鹿形）

1. Ⅱ型Ⅳ式（YYM65:1）　2、3、4、5. Ⅲ型Ⅰ式（YYM154:3、349:7、131:10、370:6）

6. Ⅲ型Ⅱ式（YYM348:6）　7. Ⅳ型（YYM175:7－1）

讨论

从年代考察，在玉皇庙墓地出土青铜牌饰的墓葬中，位于北Ⅰ区中部者2座（YYM34、11）、西部者1座（YYM383），此3座均属于春秋早期，占出土青铜牌饰墓葬总数的4.3%；位于北Ⅱ区北部者10座（YYM277、282、230、233、228、227、264、226、252、275），属于春秋早中期，占出土青铜牌饰墓葬总数的14.5%；位于北Ⅱ区中部者13座（YYM234、42、46、236、261、267、247、48、95、65、190、188、54）、北Ⅰ区北部者1座（YYM299），此14座均属于春秋中期，占出土青铜牌饰墓葬总数的20.3%；位于北Ⅱ区南部者2座（YYM212、92），属于春秋中晚期，占出土青铜牌饰墓葬总数的2.9%；位于南区北部者15座（YYM217、224、213、210、209、195、205、157、147、142、145、143、117、105、201）、中部者13座（YYM154、156、158、168、131、122、123、124、111、159、166、171、108），此28座均属于春秋晚期前段，占出土青铜牌饰墓葬总数的40.6%；位于南区南部者12座（YYM127、160、175、161、129、334、344、348、349、373、376、370），属于春秋晚期后段，占出土青铜牌饰墓葬总数的17.4%。可见青铜牌饰从春秋早期到春秋晚期后段均有制作，且不曾中断。春秋晚期前段随葬牌饰的墓葬数量最多，其次是春秋中期，再次为春秋晚期后段，之后是春秋早中期，春秋早期数量较少，春秋中晚期数量最少。

从性别考察，出土青铜牌饰的墓葬大多数是男性墓，共有56座（YYM11、277、282、230、233、228、227、264、226、252、275、234、46、236、261、247、48、95、65、190、188、54、212、217、224、213、210、209、205、142、145、143、117、105、154、156、158、168、131、122、124、111、

171、108、127、160、175、161、129、334、344、348、349、373、376、370），占玉皇庙墓地出土青铜牌饰墓葬总数的81.2%，少儿墓（YYM42、299、92、157、201、166）、婴儿墓（YYM267、195、147、123、159）及无人墓（YYM34）和性别不详者墓（YYM383）共13座，占玉皇庙墓地出土青铜牌饰墓葬总数的18.8%，而绝无女性墓。综上分析，牌饰应是以成年男性为主体的青铜装饰品。

在出土青铜牌饰的69座墓葬中，属甲（A）级墓者1座（YYM230），占甲（A）级墓葬总数（3座）的33.3%；甲（B）级墓者1座（YYM217），占甲（B）级男性墓葬总数（4座）的25%；乙（A）级墓者14座（YYM11、227、275、236、261、95、54、210、209、156、161、129、334、344），占乙（A）级男性墓葬总数（21座）的66.7%；乙（B）级墓者18座（YYM233、228、226、234、46、247、65、190、188、212、213、205、158、124、160、348、349、373），占非女性乙（B）级墓葬总数（45座）的40%；丙（A）级墓者16座（YYM277、282、264、252、48、224、142、145、143、117、131、122、111、171、175、376），占非女性丙（A）级墓葬总数（41）的39%；丙（B）级墓者5座（YYM34、267、299、168、370），占非女性丙（B）级墓葬总数（23座）的21.7%；丙（C）级墓者9座（YYM42、195、157、105、154、123、166、108、127），占非女性丙（C）级墓葬总数（43座）的20.9%；丁级墓者5座（YYM383、92、147、201、159），占非女性丁级墓葬总数（63座）的7.9%。在本级别内随葬青铜牌饰比例最高的是乙（A）级墓，其次是丙（A）级墓，再次是乙（B）级墓，最低的是丁级墓，可以推断，中等级左右级别的人群拥有青铜牌饰的比例偏高，最低级别的人群佩戴牌饰的比例很低，但无论地位高低均可佩戴。

虎牌饰是最早出现、延续时间最长者，从春秋早期直至春秋晚期后段。虽然卧虎牌饰最先出现，但随即出现的行虎牌饰发展迅速，数量最终占上风，为前者的3倍。到春秋晚期后段，出现局部刻画虎头的牌饰。马牌饰出现于春秋早中期，以卧马为主，至春秋中期出现立马，但铸工和艺术表现力远远赶不上卧马。春秋中期出现Ⅳ式卧马，春秋晚期后段出现Ⅴ式奔马，此2式的特点是不重嵌窝等修饰手法，而细部刻画和姿态都更加写实，如狭长的马头和三角形蹄部，均比方形头和圈状蹄更生动形象。春秋晚期前段出现犬形牌饰，铸工和艺术表现力均大不如前期。但春秋晚期后段出现的卧鹿形牌饰，再度显现出这支文化的艺术生命力，高擎的头颈、飞扬的鹿角、凸起的肌肉，栩栩如生地表现出鹿的勃勃生机。

采用浮雕式造型，早期浮雕高低错落有致，立体感强，晚期浮雕凹凸浅显，几乎呈平面。纹饰以虎、马为主。虎是出现最早、持续时间最长的纹饰，但造型简单，装饰性不强，其嵌窝直径小，呈平口凹坑状。比虎略晚出现的马牌饰，也一直延续到春秋晚期后段，且更精致，有的颈部、尾部装饰绹纹，有的面部有辔饰，特别是经常装饰在眼部、肱骨、股骨、尾部和蹄部的嵌窝呈凸沿状，直径是虎形牌饰嵌窝的1倍甚至更多。到晚期，嵌窝装饰明显减少。早期构图以卧式或行走状为主，晚期构图中立式增多。春秋晚期前段出现犬形牌饰，但无一例精品。春秋晚期后段出现的卧鹿牌饰一反牌饰总体的萎靡形态，造型生动，线条流畅，堪为佳品，只是数量极有限。

镜形饰　玉皇庙墓地共出土镜形饰9件，占玉皇庙墓地出土青铜佩饰总数的0.097%；分别出自7座墓葬，墓号为：YYM13、149、211、118、327、317（2件）、305（2件），占玉皇庙墓地墓葬总数的1.75%。除2座墓随葬2件镜形饰外，其余皆为每墓1件。造型简洁，圆形镜面，背面铸桥形穿鼻。根据镜面的平凸程度，可划分为2型。

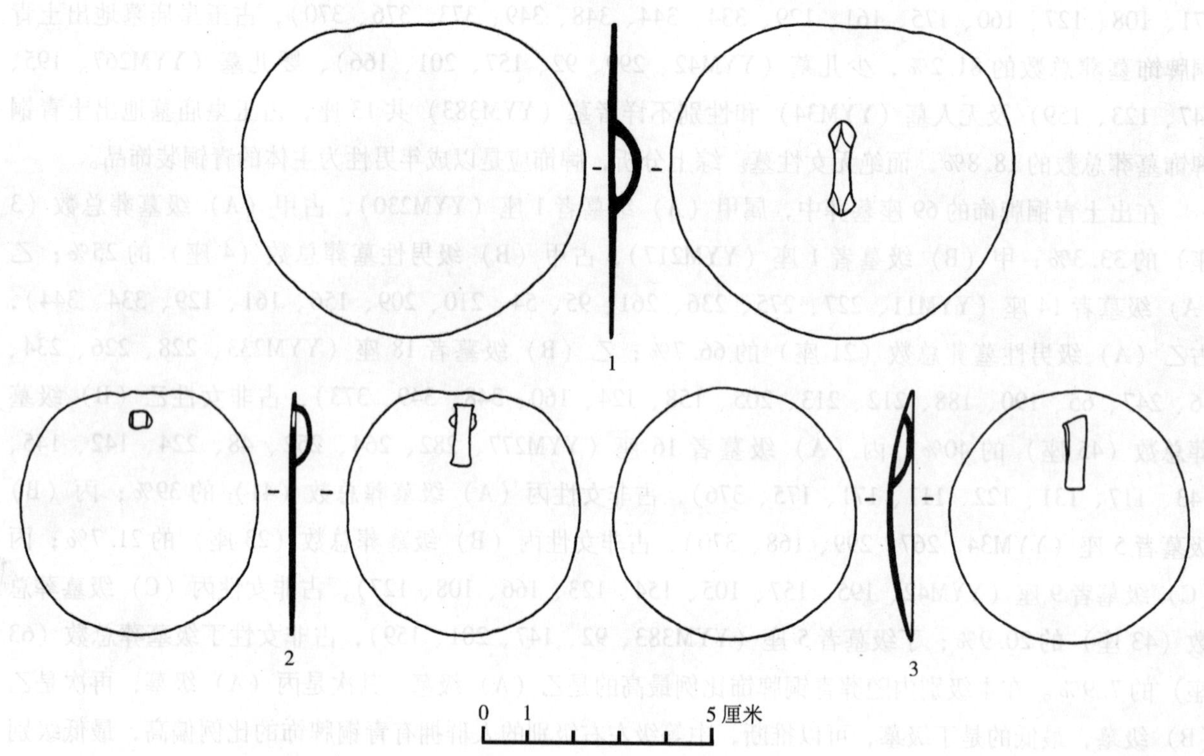

图六九九　玉皇庙墓地出土铜镜形饰

1、2、3. Ⅰ型（YYM211:3、305:3－1、305:3－2）

Ⅰ型　平或弧形镜面

共7件，分别出自6座墓葬（YYM13、211、118、327、317、305），占玉皇庙墓地出土镜形饰总数的77.8%。

标本YYM13:14，这是最早出现的Ⅰ型镜形饰，属于春秋早期。平面，重9.5克，直径4.3、厚0.13、通高0.51厘米，穿鼻在背面居中，长1.3、宽0.2～0.7厘米（图七〇〇，1；图版三四七，5）。

标本YYM211:3，含铅量较高，呈银灰色。平面，重47.5克，直径7.3、厚0.15、通高0.69厘米，穿鼻在背面居中，长1.9、宽0.3厘米（图六九九，1；图版三四七，6）。

标本YYM118:5，微弧面，重16克，直径4.9、厚0.15、通高0.45厘米，穿鼻在背面偏上，长1.1、宽0.25厘米（图七〇〇，2；图版三四七，7）。

标本YYM327:2，弧面，重20.5克，直径4.4、厚0.27、通高0.58厘米，穿鼻在背面偏上，长1.5、宽0.3厘米（图七〇〇，3；图版三四八，1）。

标本YYM317:4，平面，重11.9克，直径4.5、厚0.35厘米，穿鼻在背面偏上，长1.1、宽0.2厘米（图七〇〇，4；图版三四八，2）。

标本YYM305:3－1～2，这是最晚出现的Ⅰ型镜形饰，属于春秋晚期前段。弧面，分别重17.2、14.2克，直径5.2、5.1，厚0.12，通高0.4、0.42厘米，穿鼻在背面偏上，长1.2、1.3，宽0.3、0.4厘米（图六九九，2、3；图版三四九，1；图版三四八，3）。

Ⅱ型　斗笠形面，穿鼻皆居中

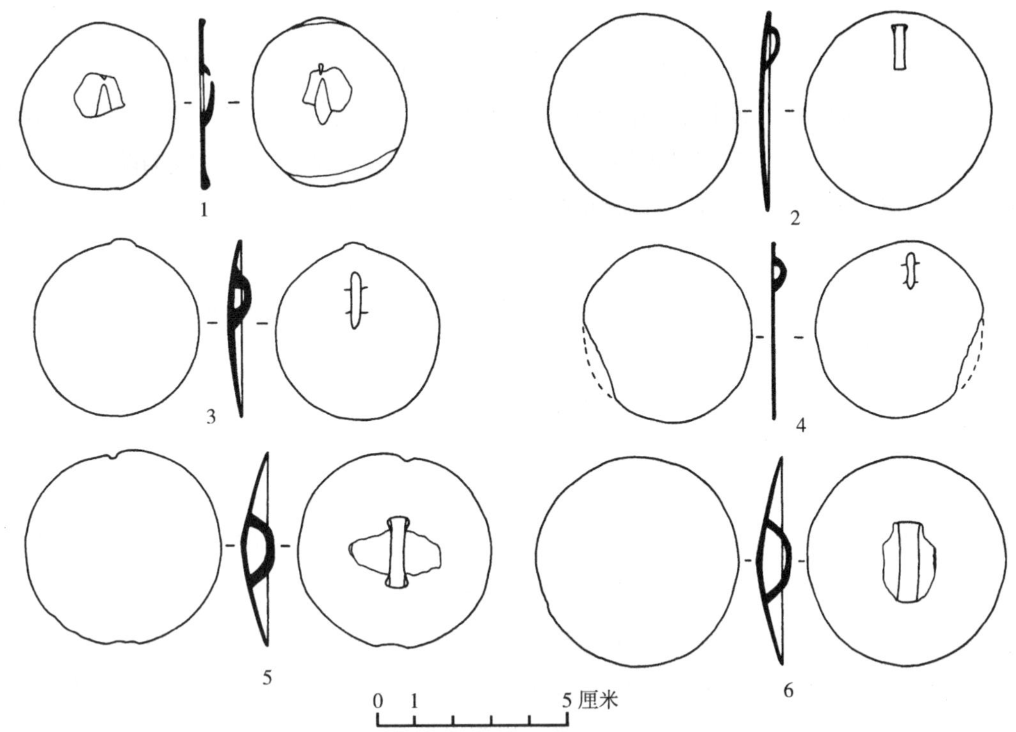

图七〇〇 玉皇庙墓地出土铜镜形饰

1～4. Ⅰ型（YYM13∶14、118∶5、327∶2、317∶4） 5、6. Ⅱ型（YYM149∶7、317∶3）

共2件，分别出自2座墓葬（YYM149、317），占镜形饰总数的28.6%。

标本YYM149∶7，这是较早出现的Ⅱ型镜形饰，属于春秋中晚期。重15.8克，直径5、厚0.04、通高0.87厘米，鼻长1.8、宽0.4厘米（图七〇〇，5；图版三四九，2）。

标本YYM317∶3，1件，这是较晚出现的Ⅱ型镜形饰，属于春秋晚期前段。重22.5克，直径5.2、厚0.11、通高0.9厘米，鼻长2、宽0.42厘米（图七〇〇，6；图版三四九，3）。

详见附表167。

附表167 **玉皇庙墓地出土青铜镜形饰统计表**

序号	器物号（YYM）	型	数量	重量	直径	厚	高	鼻长/宽	备注
1	13∶14	Ⅰ	1	9.5	4.3	0.13	0.51	1.3/0.2－0.7	平面，穿鼻居中
2	149∶7	Ⅱ	1	15.8	5	0.04	0.87	1.8/0.4	斗笠形，银灰色，穿鼻居中
3	211∶3	Ⅰ	1	47.5	7.3	0.15	0.69	1.9/0.3	平面，穿鼻居中
4	118∶5	Ⅰ	1	16	4.9	0.15	0.45	1.1/0.25	微弧面，穿鼻偏上
5	327∶2	Ⅰ	1	20.5	4.4	0.27	0.58	1.5/0.3	弧面，穿鼻偏上
6	317∶3	Ⅱ	1	22.5	5.2	0.11	0.9	2/0.42	斗笠形，穿鼻居中
	317∶4	Ⅰ	1	11.9	4.5	0.1	0.35	1.1/0.2	平面，穿鼻偏上
7	305∶3－1	Ⅰ	1	17.2	5.2	0.12	0.4	1.2/0.3	弧面，穿鼻偏上
	305∶3－2	Ⅰ	1	14.2	5.1	0.12	0.42	1.3/0.4	弧面，穿鼻偏上
合计					共7座墓葬 9件				

注：长度单位为厘米，重量单位为克。

讨论

从年代考察，出土镜形饰的7座墓，除1座（YYM13）位于北Ⅰ区中部，属于春秋早期，1座（YYM149）位于北Ⅱ区南部，属于春秋中晚期外，其余5座均位于南区北部（YYM211、118）和西区（YYM327、317、305），属于春秋晚期前段，占71.4%，说明镜形饰是以春秋晚期前段为主的饰品。

从墓主性别考察，除YYM13外，其余随葬镜形饰者皆为女性墓，镜形饰应为以女性为主的装饰品。

从墓葬级别考察，出土镜形饰的墓葬中最高级别为乙（A）级（YYM13），其次为乙（B）级（YYM211），以下便为较低级的丙（B）级者（YYM149、118）、丙（C）级者（YYM305），最低级的丁级墓（YYM327、317），偏低等级和低等级的丙丁级墓占出土镜形饰墓葬总数的71.4%。可见，随葬镜形饰的墓葬规格偏低，以中等以下的低级墓葬为主。

小铜珠 玉皇庙墓地出土小铜珠5235枚，占玉皇庙墓地出土青铜佩饰总数的56.5%；分别出自51座墓葬，墓号为：YYM21（2枚）、29（16枚）、5（28枚）、383（53枚）、280（12枚）、251（185枚）、230（28枚）、231（79枚）、97（37枚）、99（46枚）、38（1枚）、275（6枚）、47（103枚）、239（12枚）、253（66枚）、266（142枚）、46（19枚）、267（3枚）、49（1562枚）、95（4枚）、58（8枚）、196（29枚）、85（1枚）、220（9枚）、206（144枚）、178（30枚）、150（742枚）、153（17枚）、147（12枚）、144（265枚）、137（70枚）、75（135枚）、76（76枚）、202（9枚）、133（258枚）、132（12枚）、126（60枚）、114（166枚）、113（112枚）、165（9枚）、79（4枚）、308（44枚）、302（494枚）、163（16枚）、128（69枚）、338（7枚）、367（3枚）、375（22枚）、371（2枚）、369（4枚）、397（2枚），占玉皇庙墓地墓葬总数的12.75%。形式简单，只有2型。

Ⅰ型 粟粒形

共3594枚，占玉皇庙墓地出土小铜珠总数的68.7%；分别出自29座墓葬，墓号为：YYM21（2枚）、29（16枚）、5（28枚）、383（53枚）（图版三五〇，1）、280（12枚）、251（185枚）（图版三五〇，2）、231（79枚）、97（37枚）、99（46枚）、38（1枚）、275（6枚）、47（103枚）、253（60枚）（图版三五〇，3）、266（142枚）（图版三五一，1）、46（19枚）、267（3枚）、49（1562枚）、95（3枚）、58（8枚）、196（29枚）、85（1枚）、206（144枚）、178（28枚）、150（742枚）（图版三五〇，4）、202（9枚）、79（4枚）、302（267枚）、367（3枚）、397（2枚）。其形状犹如粟粒，中空，纵向穿孔。最早出现于春秋早期，一直延续到春秋晚期后段，集中随葬于春秋晚期前段之前。

标本YYM21:3－1～2，这是最早出现的Ⅰ型小铜珠，属于春秋早期。均重0.1克，通长0.25、腹径0.3、孔径0.15厘米（图七〇一，1）。

标本YYM397:5－1～2，这是最晚出现的Ⅰ型小铜珠，属于春秋晚期后段。均重0.2克，通长0.25、腹径0.25、孔径0.15厘米。

其余标本与上述标本形制相近（参见图七〇一，2～24）。

Ⅱ型 纺锤形

共1641枚，占出土小铜珠总数的31.3%。分别出自26座墓葬，墓号为：YYM230（28枚）、239（12枚）、253（6枚）、95（1枚）、220（9枚）、178（2枚）、153（17枚）（图版三五一，2）、147

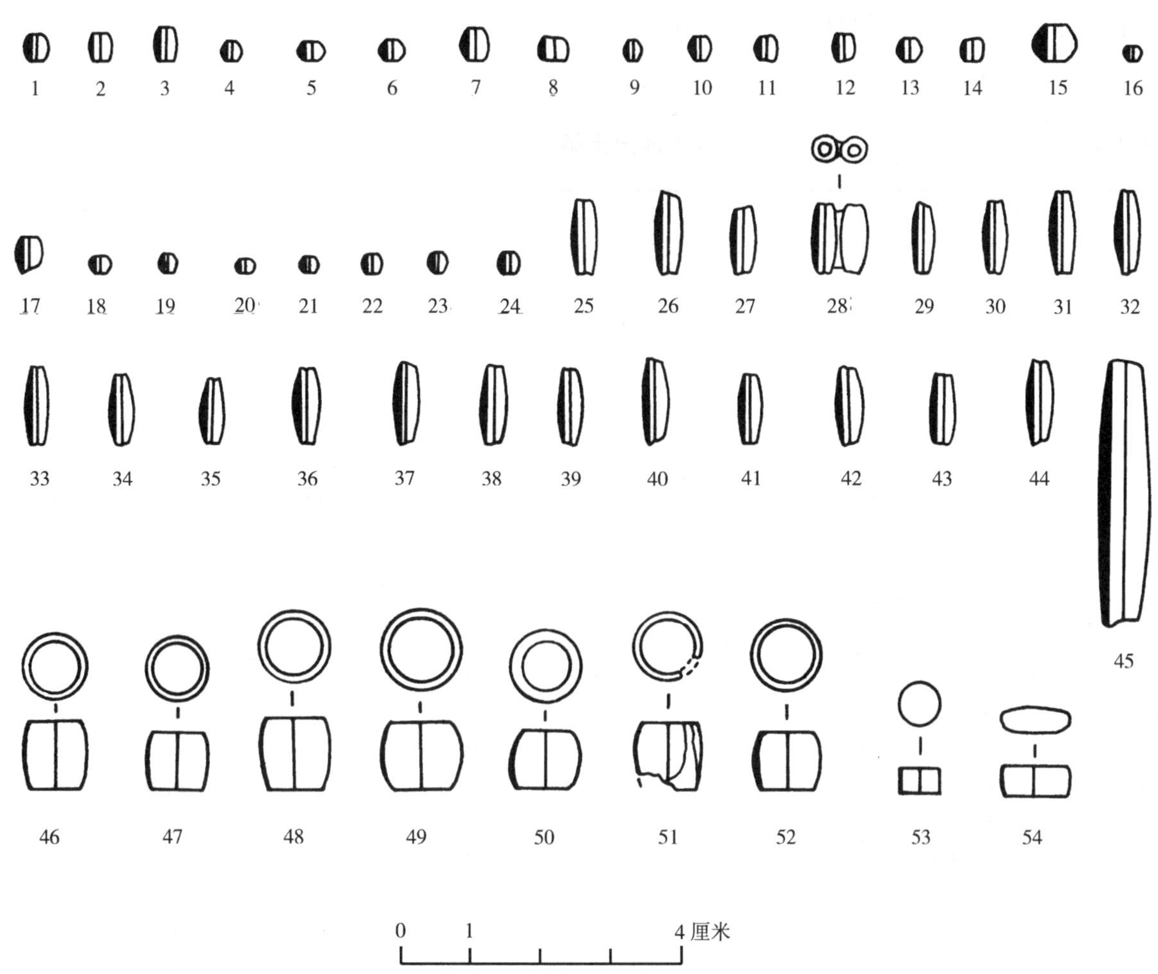

图七〇一　玉皇庙墓地出土小铜珠与小铜箍

1～24. Ⅰ型粟粒形：1～16（YYM21∶3－1、29∶7－1、5∶11－1、383∶5－1、251∶3－1、231∶4－1、231∶4－2、97∶4－1、38∶2、275∶8－21、47∶5－1、253∶2－1、266∶6－1、46∶8－1、267∶5－1、49∶5－1）　17～24.（YYM95∶12－1、58∶7－1、196∶5－1、206∶4－1、178∶7－1、150∶6－1、202∶5－1、302∶7－1）　25～45. Ⅱ型纺锤形：25～37.（YYM239∶3－1、253∶2－61、369∶5－1、220∶6－4、178∶7－29、153∶11－1、144∶5－1、137∶5－1、133∶7－1、132∶4－1、126∶6－1、114∶6－1、165∶3－1）　38～45.（YYM308∶4－1、302∶9－1、163∶4－1、128∶3－1、338∶5－5、375∶5－1、371∶4－1、95∶12－4）　46～53. Ⅰ型小铜箍（YYM281∶9－1、44∶4－12、267∶4－1、48∶13－1、52∶18－1、86∶12、149∶5－1、323∶3－32）　54. Ⅱ型小铜箍.（165∶4－1）

（12）、144（265枚）、137（70枚）（图版三五一，3）、75（135枚）、76（76枚）、133（258枚）（图版三五一，4左）、132（12枚）、126（60枚）、114（166枚）、113（112枚）（图版三五二，1）、165（9枚）、308（44枚）（图版三五二，2）、302（227枚）（图版三五二，3）、163（16枚）、128（69枚）（图版三五一，4右）、338（7枚）、375（22枚）、371（2枚）、369（4枚）。形状似纺锤，中空，纵向穿孔。最早出现于春秋中期，延续至春秋晚期后段，绝大多数在春秋晚期。

标本YYM230∶15－1～28，这是最早出现的Ⅱ型小铜珠，属于春秋早中期。均重0.13克，通长0.3、最大径0.32、孔径0.18厘米。

标本YYM369∶5－1～4，这是最晚出现的Ⅱ型小铜珠，属于春秋晚期后段。均重0.4克，通长1、腹径0.42、孔径0.2厘米（图七〇一，27）。

其余标本与上述标本形制相近（参见图七〇八，24～44）。

详见附表168。

附表168－1 **玉皇庙墓地出土佩饰铜珠统计表**

序号	器物号（YYM）	型	数量	均重	规格（厘米）			备注
					通长	最大径	穿孔	
1	21：3－1～2	Ⅰ	2	0.1	0.25	0.3	0.15	粟粒形，饰珠
2	29：7－1～16	Ⅰ	16	0.15	0.23	0.3	0.15	粟粒形，项链
3	5：11－1～11	Ⅰ	11	0.2	0.55	0.4	0.14	粟粒形，项链
	5：12－1～17		17	0.2	0.55	0.4	0.14	粟粒形，串饰
4	383：5－1～53	Ⅰ	53	0.08	0.25	0.32	0.11	粟粒形，项链
5	280：5－1～12	Ⅰ	12	0.18	0.22	0.25	0.13	粟粒形，项链
6	251：3－1～185	Ⅰ	185	0.14	0.42	0.4	0.18	粟粒形，项链
7	230：15－1～28	Ⅱ	28	0.13	0.3	0.32	0.18	纺锤形，项链
8	231：4－1～79	Ⅰ	79	0.1	0.2	0.25	0.15	粟粒形，项链
9	97：4－1～37	Ⅰ	37	0.1	0.25	0.25	0.15	粟粒形，项链
10	99：6－1～46	Ⅰ	46	0.1	0.25	0.25	0.15	粟粒形，项链
11	38：2	Ⅰ	1	0.1	0.32	0.31	0.11	粟粒形，饰珠
12	275：8－21～26	Ⅰ	6	0.18	0.4	0.4	0.18	粟粒形，项链
13	47：5－1～103	Ⅰ	103	0.1	0.3	0.36	0.2	粟粒形，项链
14	239：3－1～12	Ⅱ	12	0.22	0.6～1.1	0.3～0.32	0.2～0.25	纺锤形，项链
15	253：2－1～60	Ⅰ	60	0.1	0.35	0.35	0.2	粟粒形，项链
	253：2－61～66	Ⅱ	6	0.25	0.9～1.1	0.35～0.4	0.2	纺锤形，项链
16	266：6－1～142	Ⅰ	142	0.24	0.4	0.4	0.2	粟粒形，项链
17	46：8－1～19	Ⅰ	19	0.2	0.3	0.3	0.15	粟粒形，项链
18	267：5－1～3	Ⅰ	3	0.4	0.4	0.78	0.34	粟粒形，饰珠
19	49：5－1～1250	Ⅰ	1250	0.08	0.3	0.3	0.11	粟粒形，项链
	49：9－1251～1562		312	0.16	0.4	0.42	0.2	粟粒形，串饰
20	95：12－1～3	Ⅰ	3	0.15	0.35	0.36	0.18	粟粒形，项链
	95：12－4	Ⅱ	1	1.8	3.8	0.7	0.35	纺锤形，项链
21	58：7－1～8	Ⅰ	8	0.1	0.38	0.38	0.18	粟粒形，项链
22	196：5－1～29	Ⅰ	29	0.1	0.25	0.3	0.15	粟粒形，项链
23	85：2	Ⅰ	1	0.1	0.25	0.25	0.15	粟粒形，饰珠
24	220：6－4～12	Ⅱ	9	0.46	1	0.4	0.2	纺锤形，项链
25	206：4－1～144	Ⅰ	144	0.03	0.26	0.42	0.16	粟粒形，项链
26	178：7－1～28	Ⅰ	28	0.06	0.16～0.25	0.3	0.2	粟粒形，项链
	178：7－29～30	Ⅱ	2	0.4	1	0.3	0.15	纺锤形，项链
27	150：6－1～742	Ⅰ	742	0.07	0.25	0.35	0.16	粟粒形，项链
28	153：11－1～17	Ⅱ	17	0.46	0.9～1.2	0.4	0.2	纺锤形，项链
29	147：2－1～12	Ⅱ	12	0.43	1.4	0.3	0.18	纺锤形，项链
30	144：5－1～265	Ⅱ	265	0.6	0.9	0.41	0.19	纺锤形，项链
31	137：5－1～70	Ⅱ	70	0.49	1.06	0.35	0.21	纺锤形，项链
32	75：7－1～135	Ⅱ	135	0.5	1	0.4	0.2	纺锤形，项链
33	76：5－1～76	Ⅱ	76	0.46	1	0.3～0.4	0.2	纺锤形，项链

附表 168－2　**玉皇庙墓地出土佩饰铜珠统计表**

序号	器物号（YYM）	型	数量	均重	规格（厘米）			备　注
					通长	最大径	穿孔	
34	202：5－1～9	Ⅰ	9	0.08	0.25	0.4	0.15	粟粒形，项链
35	133：7－1～258	Ⅱ	258	0.46	1	0.35	0.15	纺锤形，项链
36	132：4－1～12	Ⅱ	12	0.38	0.8～1.1	0.35～0.4	0.2	纺锤形，项链
37	126：6－1～60	Ⅱ	60	0.4	1	0.35	0.2	纺锤形，串饰
38	114：6－1～166	Ⅱ	166	0.5	0.9～1.1	0.4～0.42	0.2～0.25	纺锤形，项链
39	113：5－1～112	Ⅱ	112	0.51	1	0.4	0.2	纺锤形，项链
40	165：3－1～9	Ⅱ	9	0.4～0.45	0.9～1.2	0.35～0.4	0.2	纺锤形，项链
41	79：2－1～4	Ⅰ	4	0.2	0.36	0.36	0.17	粟粒形，项链
42	308：4－1～44	Ⅱ	44	0.5	1.1	0.4	0.2	纺锤形，串饰
43	302：7－1～267	Ⅰ	267	0.05	0.3	0.3	0.15	粟粒形，项链
	302：9－1～227	Ⅱ	227	0.48	1	0.3	0.15	纺锤形，项链
44	163：4－1～16	Ⅱ	16	0.47	0.9～1.3	0.3～0.4	0.2	纺锤形，项链
45	128：3－1～69	Ⅱ	69	0.44	0.8～1.3	0.4	0.15～0.2	纺锤形，项链
46	338：5－5～11	Ⅱ	7	0.5	1.1	0.4	0.2	纺锤形，项链
47	367：1－1～3	Ⅰ	3	0.18	0.23	0.25	0.15	粟粒形，饰珠
48	375：5－1～22	Ⅱ	22	0.32	0.8～1.1	0.3－0.4	0.2	纺锤形，项链
49	371：4－1～2	Ⅱ	2	0.6	1.2	0.35	0.18	纺锤形，项链
50	369：5－1～4	Ⅱ	4	0.4	1	0.42	0.2	纺锤形，项链
51	397：5－1～2	Ⅰ	2	0.2	0.25	0.25	0.15	粟粒形，项链
合　计			共51座墓　5235枚，其中粟粒形铜珠3594枚，纺锤形铜珠1641枚					

讨论

玉皇庙墓地共出土粟粒形小铜珠3594枚，分别出自29座墓葬，其中位于北Ⅰ区中部者3座（YYM21、29、5）、西部者1座（YYM383），此4座墓均属于春秋早期，占出土粟粒形小铜珠墓葬总数的13.8%；位于北Ⅱ区北部者8座（YYM280、251、231、97、99、38、275、47），属于春秋早中期，占出土粟粒形小铜珠墓葬总数的27.6%；位于北Ⅱ区中部者6座（YYM253、266、46、267、49、95），属于春秋中期，占出土粟粒形小铜珠墓葬总数的20.7%；位于北Ⅱ区南部者3座（YYM58、196、85），属于春秋中晚期，占出土粟粒形小铜珠墓葬总数的10.3%；位于南区北部者5座（YYM206、178、150、202、79）、西区者1座（YYM302），此6座墓属于春秋晚期前段，占出土粟粒形小铜珠墓葬总数的20.7%；位于南区南部者2座（YYM367、397），属于春秋晚期后段，占出土粟粒形小铜珠墓葬总数的6.9%。粟粒形小铜珠分布广泛，延续时间较长，从春秋早期直至春秋晚期后段未曾间断，春秋早中期随葬粟粒形小铜珠墓最多，其次是春秋中期和春秋晚期前段，再次为春秋早期，最少为春秋晚期后段。春秋中期以前，出土粟粒形小铜珠墓葬比例达60%以上，显然，粟粒形小铜珠主要集中于春秋中期以前（包括春秋中期）。

从墓主性别考察，出土粟粒形小铜珠的墓葬中，男性墓8座（YYM5、38、275、46、49、95、58、79），占出土粟粒形小铜珠墓葬总数的27.6%；女性墓17座（YYM21、29、280、251、231、97、99、47、266、196、206、178、150、202、302、367、397），占出土粟粒形小铜珠墓葬总数的58.6%；性

别不详者1座（YYM383），占出土粟粒形小铜珠墓葬总数的3.4%；婴儿墓3座（YYM253、267、85），占出土粟粒形小铜珠墓葬总数的10.3%。由此可知，当时在玉皇庙，不论性别与年龄，都能够使用粟粒小铜珠，但女性占多数。

从墓葬级别考察，出土粟粒形小铜珠的墓葬中，乙（A）级墓4座（YYM280、275、266、95），乙（B）级墓7座（YYM251、231、46、58、196、178、150），丙（A）级墓5座（YYM29、38、49、206、202），丙（B）级墓3座（YYM21、97、267），丙（C）级墓4座（YYM5、47、302、397），丁级墓6座（YYM383、99、253、85、79、367），最高级别的甲级墓空缺，中等以上级别（含中等级别）墓葬占37.9%，中等以下级别墓葬占62.1%。可以断定，粟粒形小铜珠是中等以下人群的青铜小饰品。

玉皇庙墓地共出土纺锤形小铜珠1641枚，分别出自26座墓葬，其中位于北Ⅱ区北部者1座（YYM230），属于春秋早中期，占出土纺锤形小铜珠墓葬总数的3.8%；位于北Ⅱ区中部者3座（YYM239、253、95），属于春秋中期，占出土纺锤形小铜珠墓葬总数的11.5%；位于南区北部者8座（YYM220、178、153、147、144、137、75、76）、中部者6座（YYM133、132、126、114、113、165）、西区者2座（YYM308、302），此16座均属于春秋晚期前段，占出土纺锤形小铜珠墓葬总数的61.5%；位于南区南部者6座（YYM163、128、338、375、371、369），属于春秋晚期后段，占出土纺锤形小铜珠墓葬总数的23.1%；春秋早期和春秋中晚期空缺。春秋晚期前段随葬纺锤形小铜珠的墓葬最多，其次是春秋晚期后段，最少的是春秋早期。春秋晚期随葬纺锤形小铜珠墓葬所占比例高达80%以上，可见纺锤形小铜珠是主要属于春秋晚期的青铜小饰品。

从性别考察，出土纺锤形小铜珠的墓葬中，男性墓3座（YYM230、95、308），占出土纺锤形小铜珠墓葬总数的11.5%；女性墓18座（YYM220、178、153、144、137、75、76、133、126、114、113、302、163、128、338、375、371、369），占出土纺锤形小铜珠墓葬总数的69.2%；少儿墓3座（YYM239、132、165），占出土纺锤形小铜珠墓葬总数的11.5%；婴儿墓2座（YYM253、147），占出土纺锤形小铜珠墓葬总数的7.7%。同粟粒形小铜珠一样，纺锤形小铜珠的佩戴者也没有性别和年龄的限制，但女性墓比例高于出土粟粒形小铜珠者，占绝对优势。

从墓葬规格级别考察，出土纺锤形小铜珠的墓葬中，甲A级墓1座（YYM230），乙A级墓2座（YYM95、338），乙B级墓6座（YYM220、178、133、163、128、369），丙A级墓5座（YYM153、144、137、126、113），丙B级墓2座（YYM75、114），丙C级墓5座（YYM76、132、302、375、371），丁级墓5座（YYM239、253、147、165、308）。与随葬粟粒形小铜珠墓葬不同的是，随葬纺锤形小铜珠者有最高级别的甲A级墓，唯甲B级空缺。中等以上级别（含中等级别）墓葬占34.6%，中等以下级别墓葬占65.4%。随葬纺锤形小铜珠墓葬的规格级别与随葬粟粒形小铜珠墓葬规格级别相仿，均以偏低等级为主，即纺锤形小铜珠也是中等偏下人群的青铜小饰品。

铃形饰 玉皇庙墓地共出土铃形饰61件，占玉皇庙墓地出土青铜佩饰总数的0.66%；分别出自18座墓葬，墓号为：YYM22（1件，凡只出1件者以后不再标明）、34、19、17、230、240（6件）、275、65、188、102、220、215（8件）、213、198（4件）、202（8件）、308（3件）、302（20）、175占玉皇庙墓地墓葬总数的4.5%。顶端均铸环钮。根据其形制，可分为3型。

Ⅰ型 圆锥形

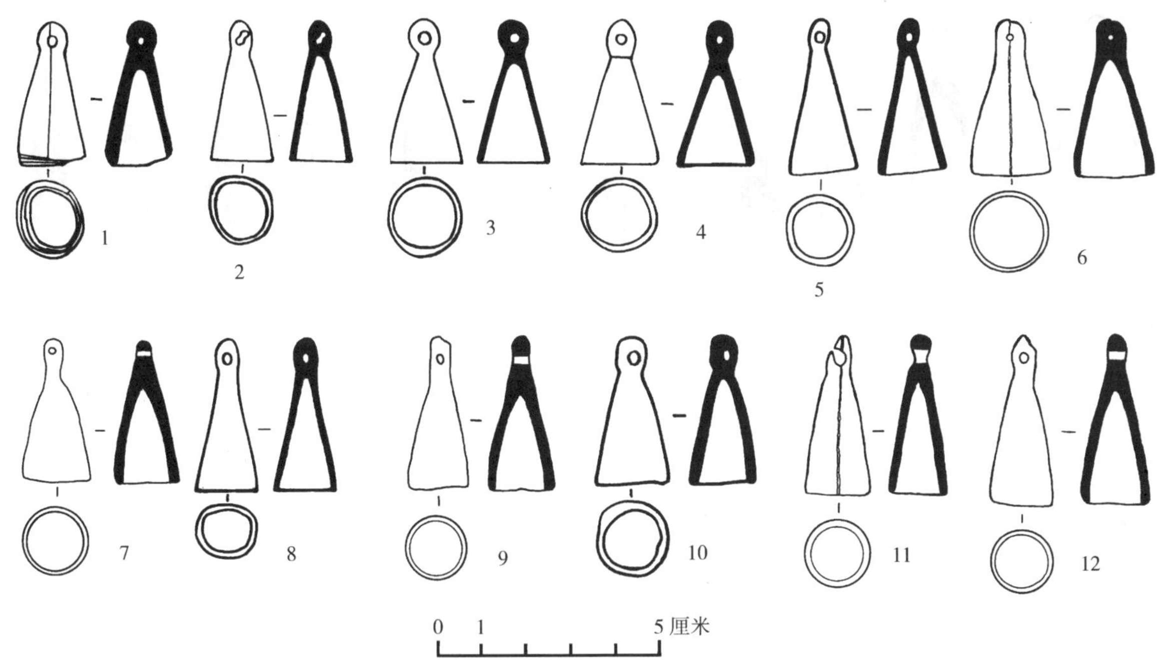

图七〇二　玉皇庙墓地出土铜铃形饰

1～12. Ⅰ型（YYM22∶10、34∶12、19∶20、17∶10、230∶16、240∶10－1、275∶13、65∶7、188∶19、102∶15、220∶10、213∶14）

共45件，占玉皇庙墓地铃形饰总数的73.8%；分别出自17座墓葬，墓号为：YYM22、34（图版三五四，1右3）、19、（图版三五四，1左3）17（图版三五四，1左1）、230、240（6件）（图版三五四，2）、275（图版三五三，4左1）、65（图版三五四，1左2）、188（图版三五三，4左2）、102（图版三五四，1右1）、220（图版三五三，4左3）、213（图版三五三，4右2）、198（4件）（图版三五五，1）、202（8件）（图版三五四，3）、308（3件）、302（12件）（图版三五五，2、4）、175。

标本YYM22∶10，这是最早出现的Ⅰ型铃形饰，属于春秋早期。重7.2克，通高3.2、通宽1.5、环钮外径0.65、内径0.2厘米（图七〇二，1；图版三五四，1右2）。

标本YYM175∶11，这是最晚出现的Ⅰ型铃形饰，属于春秋晚期后段。重2.7克，通高3.1、通宽1.2、环钮外径0.9、内径0.3厘米（图七〇三，6；图版三五三，4右1）。

其余标本与上述标本形制相近（参见图七〇二、七〇三）。

Ⅱ型　镂空球形

共15件，占玉皇庙墓地铃形饰总数的24.6%；分别出自2座墓葬，墓号为：YYM215（8件）、302（7），均属于春秋晚期前段。

标本YYM215∶7－1～8，每件有12个条形镂孔，双层塔形钮。均重7.1克，通高2.7、通宽2厘米，环钮外径0.8、内径0.2厘米（图七〇三，7；图版三五五，3）。

标本YYM302∶10－13～19，每件镂孔数量不一，最多者达14个。均重9.1克，通高2.2～2.8、通宽1.6～1.9厘米，环钮外径0.7、内钮0.15厘米（图七〇三，8、9、10、11、12；图版三五五，4、5）。

Ⅲ型　球形

1件，占玉皇庙墓地铃形饰总数的1.6%。标本YYM302∶10－20，属于春秋晚期前段。一侧有1个

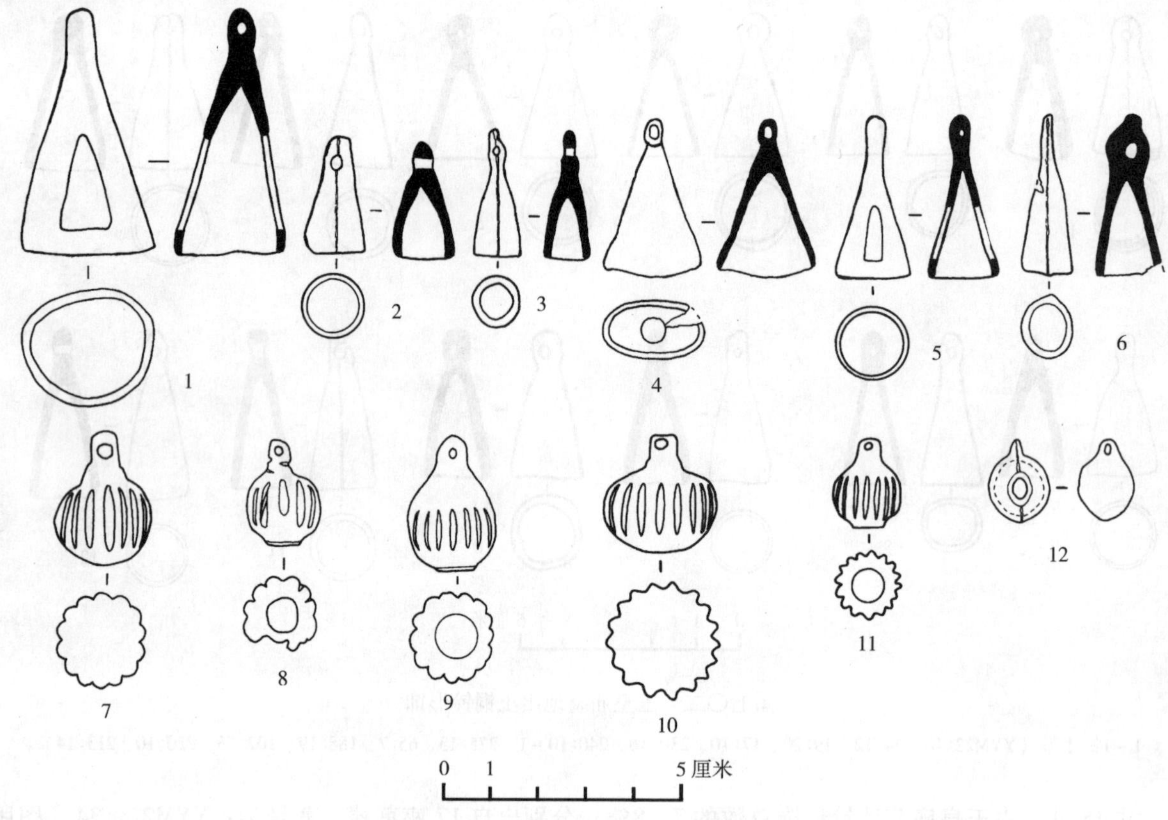

图七〇三 玉皇庙墓地出土铜铃形饰

1～6. Ⅰ型（YYM198：8、202：7－1、202：7－2、302：10－1、302：10－2、175：11） 7、8、9、10、11. Ⅱ型（YYM215：7－1、302：10－13、302：10－14、302：10－17、302：10－15、302：10－16） 12. Ⅲ型（YYM302：10－20）

直径0.3厘米的凸缘孔。重2.7克，通高1.6、通宽1.25厘米，环钮外径0.4、内径0.1厘米（图七〇三，12；图版三五五，4、6）。

详见附表169。

讨论

从年代考察，出土铃形饰的18座墓葬中，分布于北Ⅰ区中部者4座（YYM22、34、19、17），属于春秋早期，占玉皇庙墓地出土铃形饰墓葬总数的22.2%；分布于北Ⅱ区北部者3座（YYM230、240、275），属于春秋早中期，占玉皇庙墓地出土铃形饰墓葬总数的16.7%；分布于北Ⅱ区中部者2座（YYM65、188）、北Ⅰ区南部者1座（YYM102），此3座均属于春秋中期，占玉皇庙墓地出土铃形饰墓葬总数的16.7%；分布于南区北部者4座（YYM220、215、213、198）、中部者1座（YYM202）、西区者2座（YYM308、302），此7座均属于春秋晚期前段，占玉皇庙墓地出土铃形饰墓葬总数的38.9%；分布于南区南部者1座（YYM175），属于春秋晚期后段，占玉皇庙墓地出土铃形饰墓葬总数的5.6%。除春秋中晚期空缺以外，春秋晚期前段出土铃形饰的墓葬最多，其次为春秋早期，数量最少的是春秋晚期后段。

从性别考察，男性墓10座（YYM22、19、230、275、65、188、102、213、308、175），占玉皇庙墓地出土铃形饰墓葬总数的55.6%；女性墓6座（YYM240、220、215、198、202、302），占玉皇庙墓

附表 169　**玉皇庙墓地出土青铜铃形饰统计表**

序号	器物号（YYM）	型	数量	均重	形　状	通高	通宽	钮		备　注
								外径	内径	
1	22：10	Ⅰ	1	7.2	圆锥形	3.2	1.5	0.65	0.2	
2	34：12	Ⅰ	1	7.1	圆锥形	3.1	1.4	0.7	0.15	
3	19：20	Ⅰ	1	7	圆锥形	3.1	1.7	0.8	0.2	
4	17：10	Ⅰ	1	7.5	圆锥形	3.2	1.7	0.8	0.2	
5	230：16	Ⅰ	1	8.5	圆锥形	3.5	1.6	0.7	0.15	
6	240：10－1～6	Ⅰ	6	11	圆锥形	3.4～3.7	1.8	0.6	0.18	两侧有铸缝
7	275：13	Ⅰ	1	8.2	圆锥形	3.1	1.5	0.8	0.2	
8	65：7	Ⅰ	1	7.6	圆锥形	3.3	1.5	0.8	0.2	
9	188：19	Ⅰ	1	5.8	圆锥形	3.5	1.5	0.9	0.2	
10	102：15	Ⅰ	1	7.3	圆锥形	3.2	1.6	0.8	0.2	
11	220：10	Ⅰ	1	9	圆锥形	3.5	1.4	0.8	0.3	铜质偏黄，两侧有铸缝
12	215：7－1～8	Ⅱ	8	7.1	镂空球形	2.7	2	0.8	0.2	残 1，每件 12 镂孔，双层塔形钮
13	213：14	Ⅰ	1	8.7	圆锥形	3.7	1.55	0.9	0.15	钮顶有铸瘤，一侧隐约见铸缝
14	198：8	Ⅰ	4	14.3	圆锥形	5	2.2～2.7	0.8	0.25	有 2 个相对三角形镂孔，两侧有铸缝
15	202：7－1～8	Ⅰ	8	4.9	圆锥形	2.3～2.5	1.3	0.9	0.1～0.2	1 件钮明显，余者在锥尖下有穿孔，两侧有铸缝
16	308：5－1～3	Ⅰ	3		圆锥形	3.2				残
17	302:10－1～12	Ⅰ	12	11.4	圆锥形	3.15～4	1.6－1.8	0.5	0.2	侧面有无孔、双或4三角孔者
	302:10－13～19	Ⅱ	7	9.1	镂空球形	2.2－2.8	1.6～1.9	0.7	0.15	镂孔数量不一，最多 14 个
	302:10－20	Ⅲ	1	3.8	球形	1.6	1.25	0.4	0.1	一侧有直径 0.3 厘米的凸缘孔
18	175:11	Ⅰ	1	2.7	圆锥形	3.1	1.2	0.9	0.3	钮顶有铸瘤，两侧有铸缝，有残孔
合　计					共 18 座墓葬　61 件					

注：长度单位为厘米，重量单位为克。

地出土铃形饰墓葬总数的 33.3%；无人墓 2 座（YYM34、17），占玉皇庙墓地出土铃形饰墓葬总数的 11.1%。出土铃形饰的男性墓比例偏高，即使用铃形饰的男性人数居多。

从墓葬级别考察，甲（A）级墓 1 座（YYM230），甲（B）级墓 1 座（YYM22），乙（A）级墓 1 座（YYM275），乙（B）级墓 8 座（YYM19、17、240、65、188、220、213、198），丙（A）级墓 2 座（YYM202、175），丙（B）级墓 3 座（YYM34、102、215），丙（C）级墓 1 座（YYM302），丁级墓 1 座（YYM308）。以上统计表明，中、高级墓葬（乙 A 级以上）虽然有随葬铃形饰者，但数量极有限，中等级别（乙 B 级）的墓葬随葬铃形饰者数量最多，中等以下级别墓葬数量也远远超过高规格墓葬。可以说，铃形饰的使用者以中等及其以下级别的人群为主。

小铜箍　玉皇庙墓地共出土小铜箍 79 件，占玉皇庙墓地出土青铜佩饰总数的 0.85%；分别出自 9 座墓葬，墓号为：YYM281（17 件）、44（2 件）、267（7 件）、48（32 件）、52（2 件）、86（1 件）、

149（9件）、165（7件）、323（2件），占玉皇庙墓地墓葬总数的2.25%。按外观可划分为2型。

Ⅰ型 直圆筒形

共72件，占玉皇庙墓地出土小铜箍总数的91.1%，分别出自8座墓葬，墓号为：YYM281（17件）、44（2件）、267（7件）、48（32件）（图版三五三，1）、52（2件）、86（1件）、149（9件）（图版三五三，2右）、323（2件）。

标本YYM281∶9－1～17，这是最早出现的直圆筒形小铜箍，属于春秋早中期。均重0.25克，通高0.8～1、外径0.8～0.9、内径0.7～0.8厘米（图七〇一，46；图版三五三，2左）。

标本YYM323∶3－32～33，这是最晚出现的直圆筒形小铜箍，属于春秋晚期前段。均重0.2克，通高分别为0.3、0.4厘米，外径0.6、内径0.5厘米（图七〇一，53）。

其余标本与上述标本形制相近（参见图七〇一，47～53）。

Ⅱ型 椭圆形

共7件，占玉皇庙墓地出土小铜箍总数的8.9%。均出自1座墓，标本YYM165∶4－1～7，属于春秋晚期前段。均重0.3克，通高0.4、外径1×0.4、内径0.8×0.3厘米（图七〇一，54；图版三五三，3）。

详见附表170。

附表170 **玉皇庙墓地出土小铜箍统计表**

序号	器物号（YYM）	型	数量	均重	通高	外径	内径	备注
1	281：9－1～17	Ⅰ	17	0.25	0.8～1	0.8～0.9	0.7～0.8	
2	44：4－12～13	Ⅰ	2	1	0.85	0.9	0.7	
3	267：4－1～7	Ⅰ	7	1.1	0.8～1	0.9～1	0.6～0.7	
4	48：13－1～32	Ⅰ	32	1.6	0.9	1.15	0.8～0.9	
5	52：18－1～2	Ⅰ	2	1.1	0.75	1	0.6～0.7	
6	86：12	Ⅰ	1	0.8	1	0.85	0.7	一侧因磨损成豁口
7	149：5－1～9	Ⅰ	9	1	0.8	1	0.75	
8	165：4－1～7	Ⅱ	7	0.3	0.4	1×0.4	0.8×0.3	残4
9	323：3－32～33	Ⅰ	2	0.2	0.3/0.4	0.6	0.5	
合　计			共9座墓　79件					

注：长度单位为厘米，重量单位为克。

讨论

从分布年代看，出土小铜箍的墓葬中，分布于北Ⅱ区北部者1座（YYM281），属于春秋早中期，占玉皇庙墓地出土小铜箍墓葬总数的11.1%；分布于北Ⅱ区中部者4座（YYM44、267、48、52），属于春秋中期，占玉皇庙墓地出土小铜箍墓葬总数的44.4%；分布于北Ⅱ区南部者2座（YYM86、149），属于春秋中晚期，占玉皇庙墓地出土小铜箍墓葬总数的22.2%；分布于南区中部者1座（YYM165）、西区者1座（YYM323），此二座均属于春秋晚期前段，占玉皇庙墓地出土小铜箍墓葬总数的22.2%。小铜箍出现于春秋早中期，春秋晚期后段已不见。出土小铜箍墓葬最多的是春秋中期，其次是春秋中晚期和春秋晚期前段。

从性别考察，出土小铜箍的墓葬中，男性墓有6座（YYM281、44、48、52、86、323），占玉皇庙墓地出土小铜箍墓葬总数的66.7%；女性墓、少儿墓和婴儿墓各1座（149、165、267），各占玉皇庙墓地出土小铜箍墓葬总数的11.1%。男性墓占绝对优势，即小铜箍主要为男性用品。

从墓葬级别考察，甲（B）级墓1座（YYM52），乙（A）级墓1座（YYM86），乙（B）级墓1座（YYM44），丙（A）级墓1座（YYM48），丙（B）级墓2座（YYM267、149），丙（C）级墓1座（YYM323），丁级2墓（YYM281、165）。乙（A）级以上的中高级墓占22.2%，乙（B）级以下的中等或偏下级墓占77.8%。可见小铜箍适用于中等以下级别的人群。

坠饰　玉皇庙墓地出土的青铜坠饰共770件，占玉皇庙墓地出土青铜佩饰总数的8.3%；分别出自77座墓葬，墓号为：YYM20（1件，凡1件者以后不再注明）、35（13件）、15（4件）、2（137件）、3、18（71件）、10、279、280（8件）、283、285（12件）、37、98（16件）、250（7件）、251（15件）、231（11件）、232、241（21件）、97、99（7件）、240（2件）、47（15件）、253、263（11件）、266、44、237（13件）、256（25件）、272、49（29件）、258（5件）、125（27件）、208、60、149（5件）、222、221、220（20件）、206、197、198（10件）、178（13件）、150（13件）、153（20件）、144、138（9件）、136（6件）、118、119（6件）、75（10件）、76（14件）、176（10件）、167（26件）、133（17件）、114（10件）、113（8件）、80（8件）、77、324（2件）、322、317、305（2件）、363（3件）、128（9件）、353（6件）、340（2件）、351（6件）、339（9件）、338（9件）、350、358、381（5件）、382、374（4件）、375（11件）、372（11件）、392（11件），占玉皇庙墓地墓葬总数的19.25%。其中有5件匕形铜坠饰已残（墓葬编号YYM99、75、76、77、338），其余765件可进行分型分式，根据其形态可分为11型6亚型14式。

Ⅰ型　匕形

共35件，占玉皇庙墓地出土可分型分式青铜坠饰总数的4.6%。分别出自35座墓葬，墓号为：YYM20、35、3、10、279、280、285、37、98、251、231、232、241、97、47、263、266、44、237、256、272、49、258、125、208、222、220、206、197、178、150、153、133、128、339，每墓1件。由柄、匕和穿鼻三部分组成。根据其造型的差别，可分4个亚型。

Ⅰa型饰纹柄槽形匕

共26件，占匕形青铜坠饰总数的74.3%。墓号为：YYM20、35、3、280、285、98、251、231、232、241、47、263、266、44、256、272、49、258、208、222、220、206、178、150、153、133。根据柄部动物纹种类的不同，可分为3式。

Ⅰ式　纵向马纹

共20件，占Ⅰa型青铜坠饰总数的76.9%。墓号为：YYM20、35、3、280（图版三五六，2）、285（图版三五六，3）、98、251（图版三五六，6）、231（图版三五六，5）、232（图版三五六，8）、241（图版三五六，9）、47（图版三五六，4）、263（图版三五六，10）、266（图版三五七，1）、44（图版三五六，7）、272（图版三五六，11）、208（图版三五七，2）、222（图版三五七，3）、206（图版三五七，4）、153（图版三五七，5）、133。柄部马纹为左向右回首卧马，前蹄叠于后蹄上，肱骨头和股骨头饰双圈纹。坠首背面有1个纵向穿鼻。

标本YYM20:9，是最早出现的Ⅰa型Ⅰ式坠饰，属于春秋早期。重8.7克，通长7.9、通宽1.5、柄高2、宽1.5厘米，桥形鼻长0.7，宽0.2厘米（图七〇四，1）。

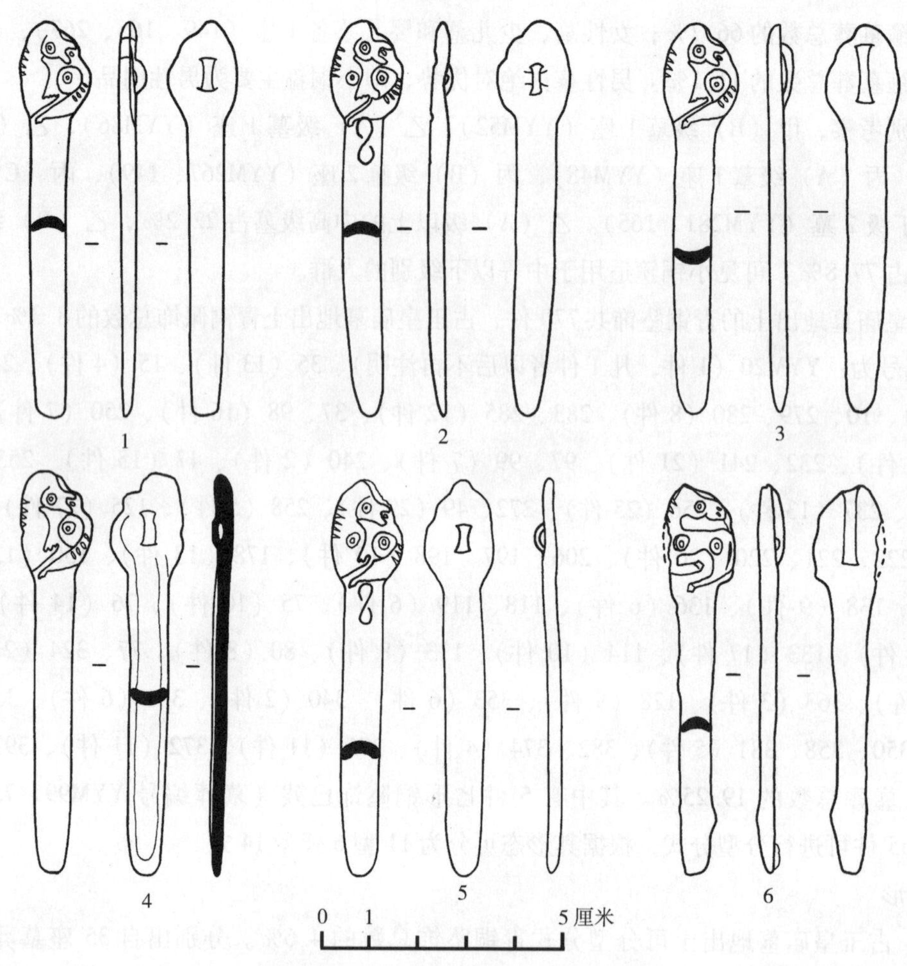

图七〇四　玉皇庙墓地出土匕形铜坠饰

1、2、3、4、5、6. Ⅰa型Ⅰ式（YYM20:9、35:10、3:8、280:6、285:5、98:9）

标本YYM35:10，属于春秋早期。柄首下端有“8”字纹。重9.2克，通长7.8、通宽1.4、柄高1.8、宽1.4厘米，桥形鼻长0.4、宽0.2厘米（图七〇四，2；图版三五六，1）。

标本YYM133:8，是最晚出现的Ⅰa型Ⅰ式坠饰，属于春秋晚期前段。重10.8克，通长9.2、通宽1.5厘米，柄高1.6、宽1.5，桥形鼻长1、宽0.25厘米（图七〇七，2；图版三五七，6）。

其余标本与上述标本形制相似（参见图七〇四～七〇七）。

Ⅱ式　横向相背双虎纹

共5件，占Ⅰa型青铜坠饰总数的19.2%。墓号为：YYM256、49（图版三五七，7）、258（图版三五七，9）、178（图版三五七，10）、150。柄部横向布2只相背卧虎，前后肢曲卧，眼、肱骨头、股骨头各饰1个双圈纹，前爪尖、后爪尖各饰1个圈纹，柄背面有1个纵向穿鼻。

标本YYM256:10，是最早出现的Ⅰa型Ⅱ式坠饰，属于春秋中期。重14.8克，通长9.7、通宽1.6、柄高1.9、宽1.6厘米，桥形鼻长0.5、宽0.2厘米（图七〇七，3；图版三五七，8）。

标本YYM150:7，是最晚出现的Ⅰa型Ⅱ式坠饰，属于春秋晚期前段。重15.8克，通长10.6、通宽2厘米，柄高2、宽2厘米，拱形鼻长0.8、宽0.3厘米（图七〇八，1；图版三五七，11）。

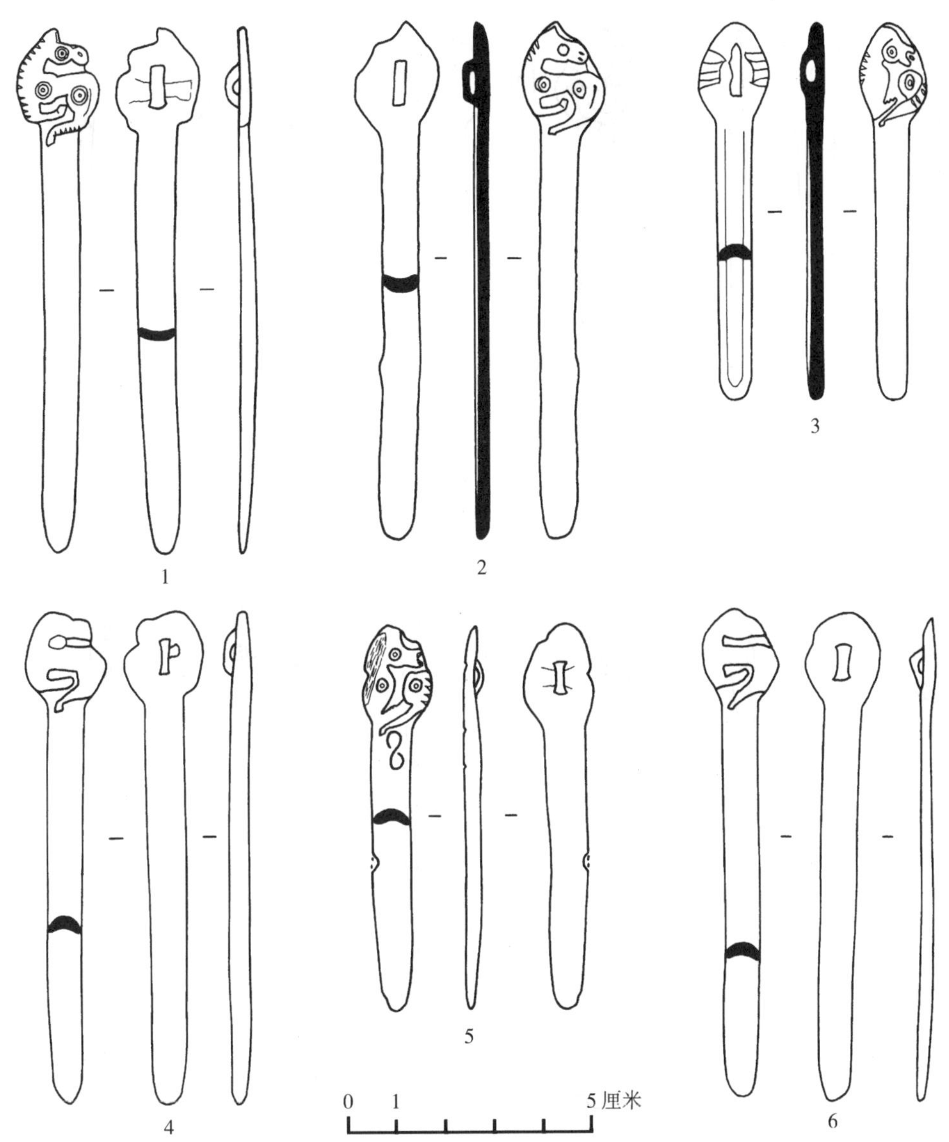

图七〇五　玉皇庙墓地出土匕形铜坠饰

1、2、3、4、5、6. Ⅰa型Ⅰ式（YYM251:4、231:5、232:3、241:6、47:6、263:10）

其余标本与上述标本形制相似（参见图七〇七，4～6）。

Ⅲ式　柄匕一体鱼纹

1件，占Ⅰa型青铜坠饰总数的3.8%。标本YYM220:7，属于春秋晚期前段，柄匕一体，条形，两端为圆弧形，正面顶端下至3厘米处，即"柄部"饰阴刻鱼纹，眼部夸张，圆形单眼，下面以阴线表示鳍、尾。重16.2克，通长10.2、通宽1.1厘米，背面呈凹槽状，上部"柄部"背面有1个纵向桥鼻，高1.1、宽0.25厘米（图七〇八，2图版三五八，1）。

Ⅰb型　勺形匕

共5件，占Ⅰ型青铜坠饰总数的14.3%。墓号为：YYM10、37、97、125、128。根据柄部形式的区别，可分为3式。

Ⅰ式　横向筒鼻绹纹柄

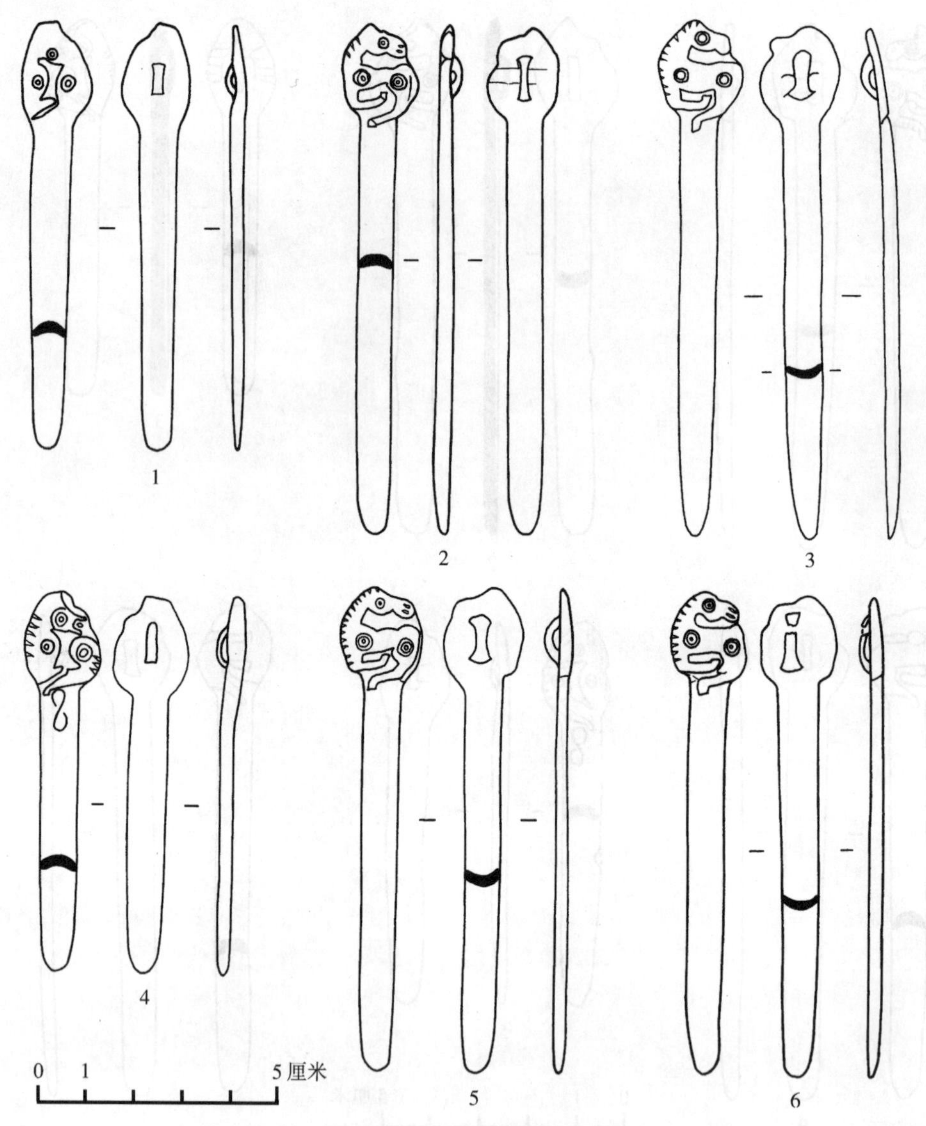

图七〇六　玉皇庙墓地出土匕形铜坠饰
1、2、3、4、5、6. Ⅰa型Ⅰ式（YYM266:7、44:5、272:4、208:6、222:7、206:5）

共3件，占Ⅰb型青铜坠饰总数的60%。墓号为YYM10、37、97，特点是筒形穿鼻位于顶部，下接绹纹柱形柄和勺形匕。

标本YYM10:8，是最早出现的Ⅰb型Ⅰ式坠饰，属于春秋早期。重15.2克，通长10.1、通宽1.2、柄高6、宽0.8厘米，穿鼻长0.8、宽0.8、孔径0.6厘米（图七〇八，3；图版三五八，2）。

标本YYM97:5，是最晚出现的Ⅰb型Ⅰ式坠饰，属于春秋晚期前段。重13克，通长9、通宽0.8、柄高3.7、宽0.8厘米，穿鼻长0.8、宽0.7、孔径0.5厘米（图七〇八，5）。

标本YYM37:7，与上述标本形制相似（参见图七〇八，4；图版三五八，3）。

Ⅱ式　横向筒鼻四联孔柄

1件，占Ⅰb型青铜坠饰总数的20%。标本YYM125:7，属于春秋中期，特点是筒形穿鼻位于顶部，下接纵向四联孔条形柄和勺形匕。重11.6克，通长8、通宽1.4、柄高3.2、宽1.1厘米，穿鼻长

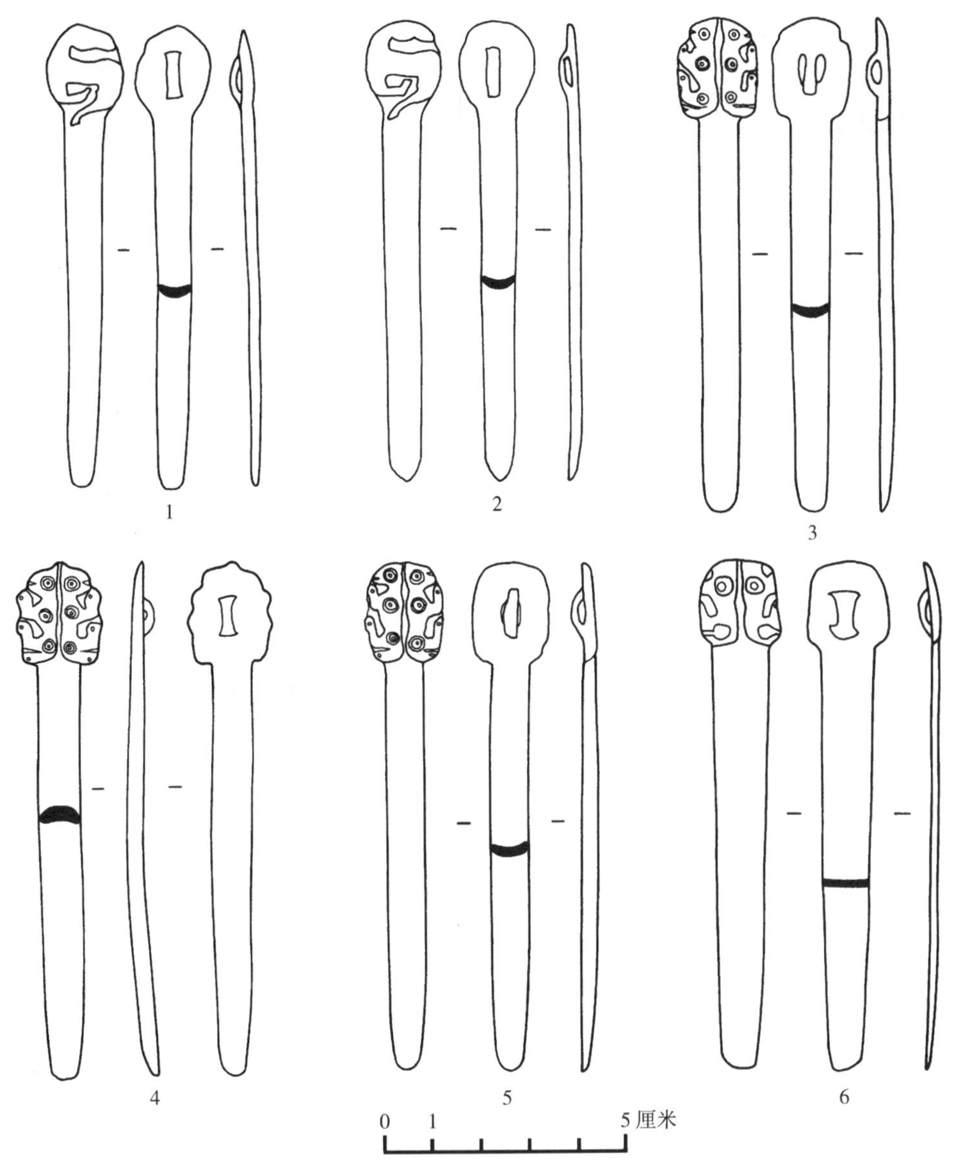

图七〇七　玉皇庙墓地出土匕形铜坠饰

1、2. Ⅰa型Ⅰ式（YYM153:12、133:8）　3、4、5、6. Ⅰa型Ⅱ式（YYM256:10、49:6、258:2、178:9）

0.8、宽0.7、孔径0.4厘米（图七〇八，6；图版三五八，4）。

Ⅲ式　条形柄

1件，占Ⅰb型青铜坠饰总数的20%。标本YYM128:4，属于春秋晚期后段，柄部为条形板，上端正向有1个圆形穿孔，顶端有铸瘤。重8.2克，通长7.8、通宽1.1、柄部高3、最宽0.8、孔径0.25厘米（图七〇八，7；图版三五八，5）。

Ⅰc型　条状直板形

共2件，占Ⅰ型青铜坠饰总数的5.7%。墓号为：YYM279、339，根据造型的不同，可分2式。

Ⅰ式　双联方珠柄

1件，占Ⅰc型青铜坠饰总数的50%。标本YYM279:5，属于春秋早中期，柄部为纵向双联方珠

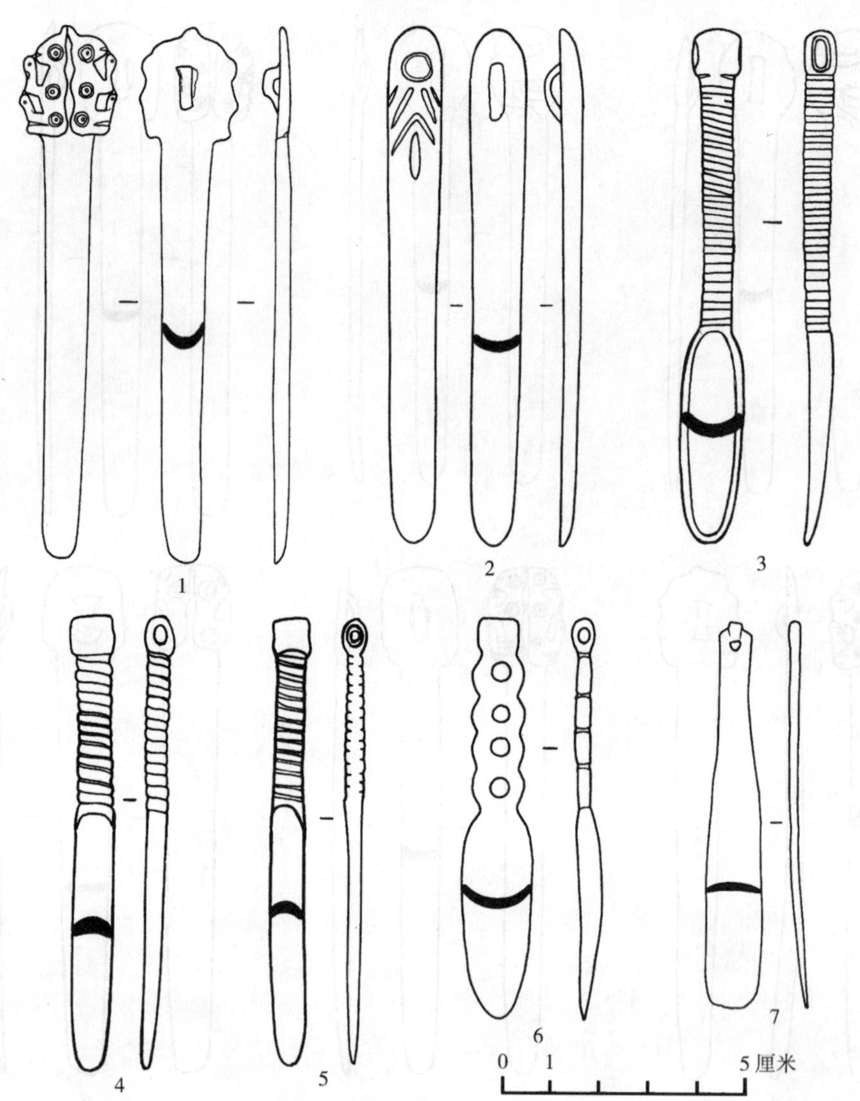

图七〇八　玉皇庙墓地出土匕形铜坠饰

1. Ⅰa型Ⅱ式（YYM150:7）　2. Ⅰa型Ⅲ式（YYM220:7）　3、4、5. Ⅰb型Ⅰ式（YYM10:8、37:7、97:5）　6. Ⅰb型Ⅱ式（YYM125:7）　7. Ⅰb型Ⅲ式（YYM128:4）

形，上下方珠下端均饰横向四联方珠纹。重13.4克，通长9、通宽1.3、柄部高2.7、宽1.3厘米，柄上端方珠背面有1个横向桥鼻，长0.8、宽0.2厘米（图七〇九，1；图版三五八，6）。

Ⅱ式　柄匕一体

1件，占Ⅰc型青铜坠饰总数的50%。标本YYM339:5，属于春秋晚期后段，特点是柄匕一体，为上宽下窄条形直板，上端有1个正向圆形穿孔，顶端有铸瘤。重5克，通长7.7、通宽0.8、孔径0.2厘米（图七〇九，2；图版三五八，7）。

Ⅰd型　素柄槽形匕

共2件，占Ⅰ型青铜坠饰总数的5.7%。墓号为：YYM237、197，特点为槽形匕，柄部呈方或圆形片状。

标本YYM237:5，是较早出现的Ⅰd型坠饰，属于春秋中期。重9克，通长7.9、通宽0.9厘米，柄部

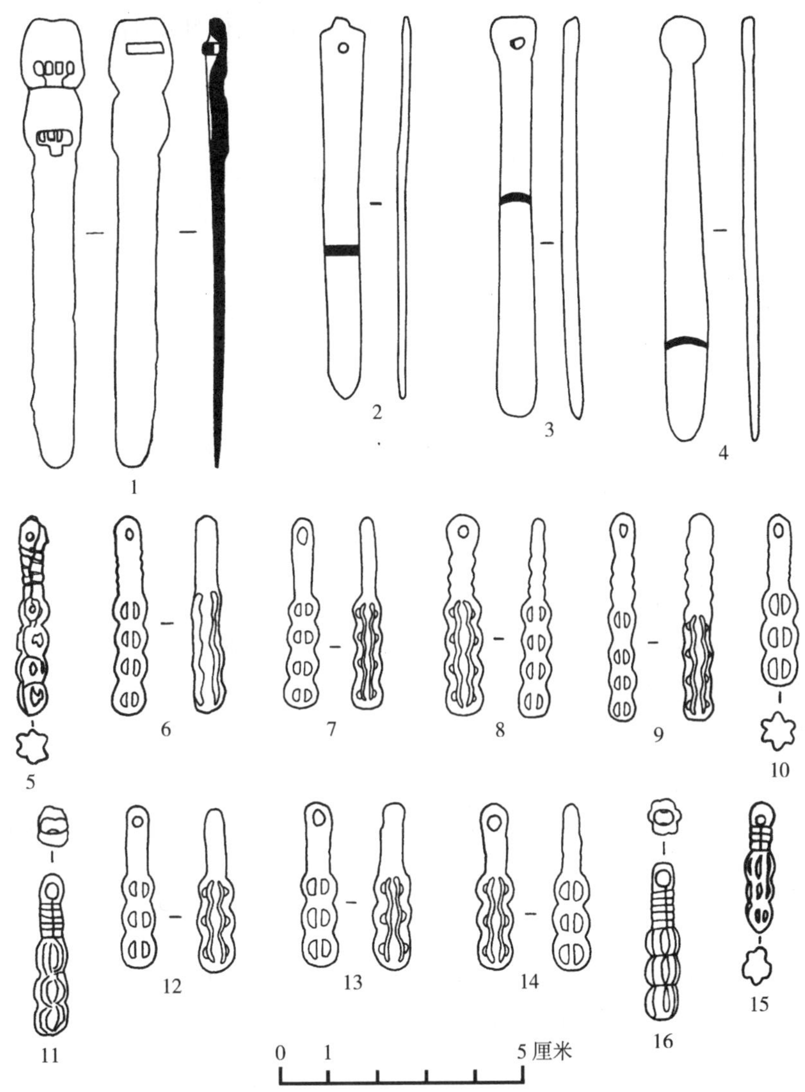

图七〇九　玉皇庙墓地出土匕形及联珠棍形铜坠饰

1. Ⅰc型Ⅰ式（YYM279:5）　2. Ⅰc型Ⅱ式（YYM339:5）　3、4. Ⅰd型（YYM237:5、197:6）　5、6、7、8、9. Ⅱa型Ⅰ式（YYM35:12-1、263:11-1、237:6-1、258:9-1、150:9-1）　10、11、12、13、14、15、16. Ⅱa型Ⅱ式（YYM2:16-1、280:7-1、285:6-1、251:7-1、241:10-1、47:9-1、49:7-1）

近方形，高0.8、宽0.9厘米，中间有1个圆形穿孔，孔径0.3厘米（图七〇九，3；图版三五八，9）。

标本YYM197:6，是较晚出现的Ⅰd型坠饰，属于春秋晚期前段。重7克，通长8.4、通宽0.9厘米，柄部近圆形，无孔，高1、宽0.9厘米（图七〇九，4；图版三五八，8）。

Ⅱ型　联珠棍形

共257件，占可分型分式青铜坠饰总数的33.6%。分别出自22座墓葬，墓号为：YYM35（12件）、2（24件）、280（7件）、285（11件）、98（15件）、251（14件）、231（10件）、241（20件）、99（6件）、47（14件）、253（1件）、263（10件）、237（12件）、256（18件）、49（17件）、258（4件）、198（10件）、178（12件）、150（12件）、76（10件）、114（10件）、113（8件）。由

穿鼻、柄、坠三部分组成，穿鼻位于顶端，中间有圆形穿孔，下接柱形柄，最下端是瓜棱形联珠坠，通体两侧有铸缝。根据其形制，可分为2个亚型。

Ⅱa型　绚纹柄

共256件，占Ⅱ型青铜坠饰总数的99.6%。分别出自21座墓葬，墓号为：YYM35（12件）、2（24件）、280（7件）、285（11件）、98（15件）、251（14件）、231（10件）、241（20件）、99（6件）、47（14件）、263（10件）、237（12件）、256（18件）、49（17件）、258（4件）、198（10件）、178（12件）、150（12件）、76（10件）、114（10件）、113（8件）。根据联珠的数目，可分为4式。

Ⅰ式　四联珠坠

共50件，占Ⅱa型青铜坠饰总数的19.5%。分别出自5座墓葬，墓号为：YYM35（12件）、263（10件）（图版三六○，1）、237（12件）、258（4件）、150（12件）。

标本YYM35:12－1～12，这是最早出现的Ⅱa型Ⅰ式坠饰，属于春秋早期。均重5克，通长4、通宽0.6厘米，穿鼻连柄高1.6、宽0.6、孔径0.15厘米（图七○九，5；图版三五九，1）。

标本YYM150:9－1～12，这是最晚出现的Ⅱa型Ⅰ式坠饰，属于春秋晚期前段。均重4.4克，通长4、通宽0.6厘米，穿鼻连柄高1.8、宽0.5、孔径0.15厘米（图七○九，9）。

其余标本与上述标本形制相似（参见图七○九，6、7、8）。

Ⅱ式　三联珠坠

共107件，占Ⅱa型青铜坠饰总数的41.8%。分别出自7座墓葬，墓号为：2（24件）、280（7件）（图版三五九，2）、285（11件）、251（14件）、241（20件）、47（14件）、49（17件）。

标本YYM2:16－1～24，这是最早出现的Ⅱa型Ⅱ式坠饰，属于春秋早期。均重4克，通长3.3、通宽0.8厘米，穿鼻连柄高1.5、宽0.4、孔径0.15厘米（图七○九，10；图版三五九，3）。

标本YYM49:7－1～17，这是最晚出现的Ⅱa型Ⅱ式坠饰，属于春秋中期。均重2.9克，通长2.6、通宽0.6厘米，穿鼻连柄高0.9、宽0.5、孔径0.2厘米（图七○九，16）。

其余标本与上述标本形制相似（参见图七○九，11～15）。

Ⅲ式　六联珠坠

共71件，占Ⅱa型青铜坠饰总数的27.7%。分别出自6座墓葬，墓号为：98（15件）、231（10件）（图版三五九，4）、99（6件）、256（18件）（图版三六○，2）、178（12件）、114（10件）。

标本YYM98:10，共15件，是最早出现的Ⅱ型Ⅲ式坠饰，属于春秋早中期。均重6.7克，通长5.1、通宽0.8厘米，穿鼻连柄高1.6、宽0.5、孔径0.2厘米（图七一○，1）。

标本YYM114:7－1～10，这是最晚出现的Ⅱa型Ⅲ式坠饰，属于春秋晚期前段。均重5.5克，通长5.1、通宽0.8厘米，穿鼻连柄高1.6、宽0.5、孔径0.2厘米（图七一○，6）。

其余标本与上述标本形制相似（参见图七一○，2～5）。

Ⅳ式　五联珠坠

共28件，占Ⅱa型青铜坠饰总数10.9%。分别出自3座墓葬，墓号为：YYM198（10件）、76（10件）、113（8件）。

标本YYM198:9－1～10，这是最早出现的Ⅱa型Ⅳ式，属于春秋晚期前段。均重6.6克，通长

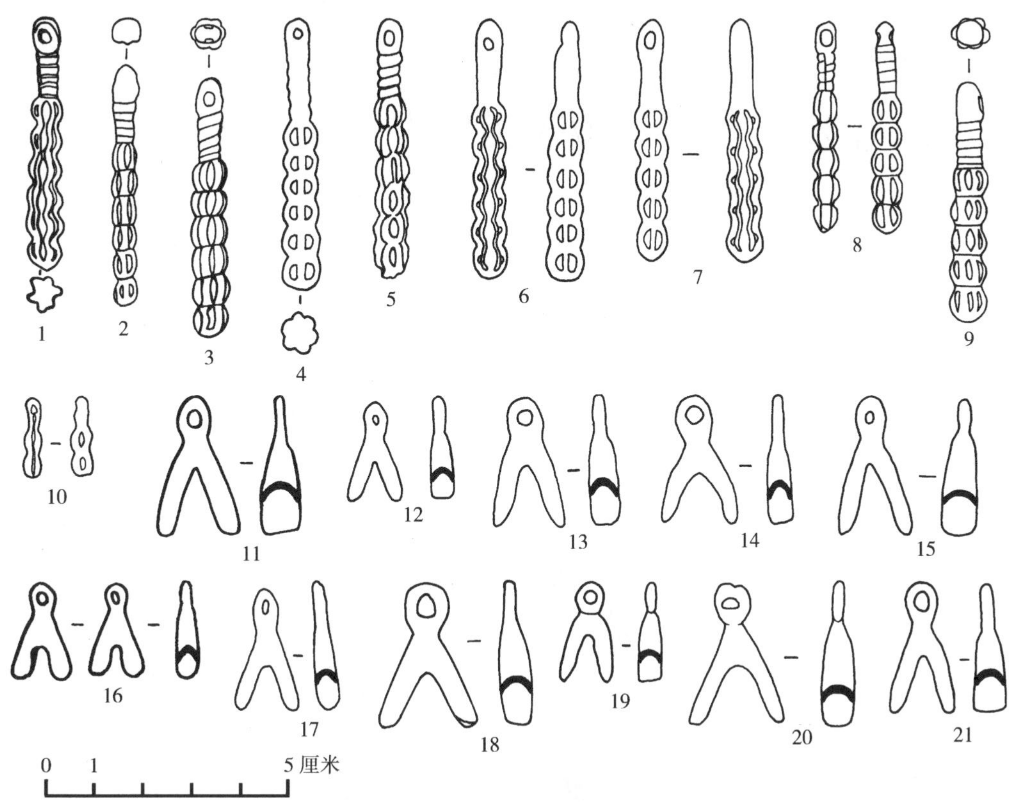

图七一〇　玉皇庙墓地出土联珠棍形铜坠饰及人字形铜坠饰

1~9. 联珠棍形铜坠饰：1~6. Ⅱa 型Ⅲ式（YYM98:10-1、231:7-1、99:8-1、256:11-1、178:11-1、114:7-1）　7~9. Ⅱa 型Ⅳ式（YYM198:9-1、76:7-1、113:9-1）　10. Ⅱb 型（YYM253:3）　11~21. Ⅲ型人字形铜坠饰（YYM15:9-1、2:17-1、18:33-1、283:5、256:12-1、49:13-1、125:11-1、149:12-1、220:11-4、220:11-1、153:14-1）

4.7、通宽 0.8 厘米，穿鼻连柄高 1.7、宽 0.5、孔径 0.2 厘米（图七一〇，7；图版三六〇，3）。

标本 YYM113:9-1~8，这是最晚出现的Ⅱa 型Ⅲ式坠饰，属于春秋也属于春秋晚期前段。均重 6.1 克，通长 4.6、通宽 0.8 厘米，穿鼻连柄高 1.8、宽 0.5、孔径 0.2 厘米（图七一〇，9）。

其余标本与上述标本形制相似（参见图七一〇，8）。

Ⅱb 型　素柄

1 件，占Ⅱ型青铜坠饰总数的 0.4%。标本 YYM253:3，属于春秋中期，柄极短，双联珠坠，质地粗糙，联珠略显瓜棱状。重 0.8 克，通长 1，通宽 0.45 厘米，穿鼻连柄高 0.6、宽 0.15、孔径 0.15 厘米（图七一〇，10；图版三六〇，4）。

Ⅲ型　人字形

共 430 件，占可分型分式青铜坠饰总数的 56.2%。分别出自 30 座墓葬，墓号为：15（4 件）、2（113 件）（图版三六一，1）、18（59 件）（图版三六一，2）、283（1 件）、256（6 件）、49（11 件）、125（26 件）、149（4 件）、220（19 件）、153（19 件）（图版三六一，3）、138（8 件）、136（6 件）、119（6 件）、75（9 件）、76（3 件）、176（10 件）、167（26 件）、133（16 件）、80（8 件）、163（3 件）、128（8 件）、353（6 件）、340（2 件）、351（6 件）、339（8 件）、338（8 件）、374（3 件）、375（10 件）、372（11 件）、392（11 件）。顶端为环钮，下接人字形支架，内侧呈槽形，环钮顶端常

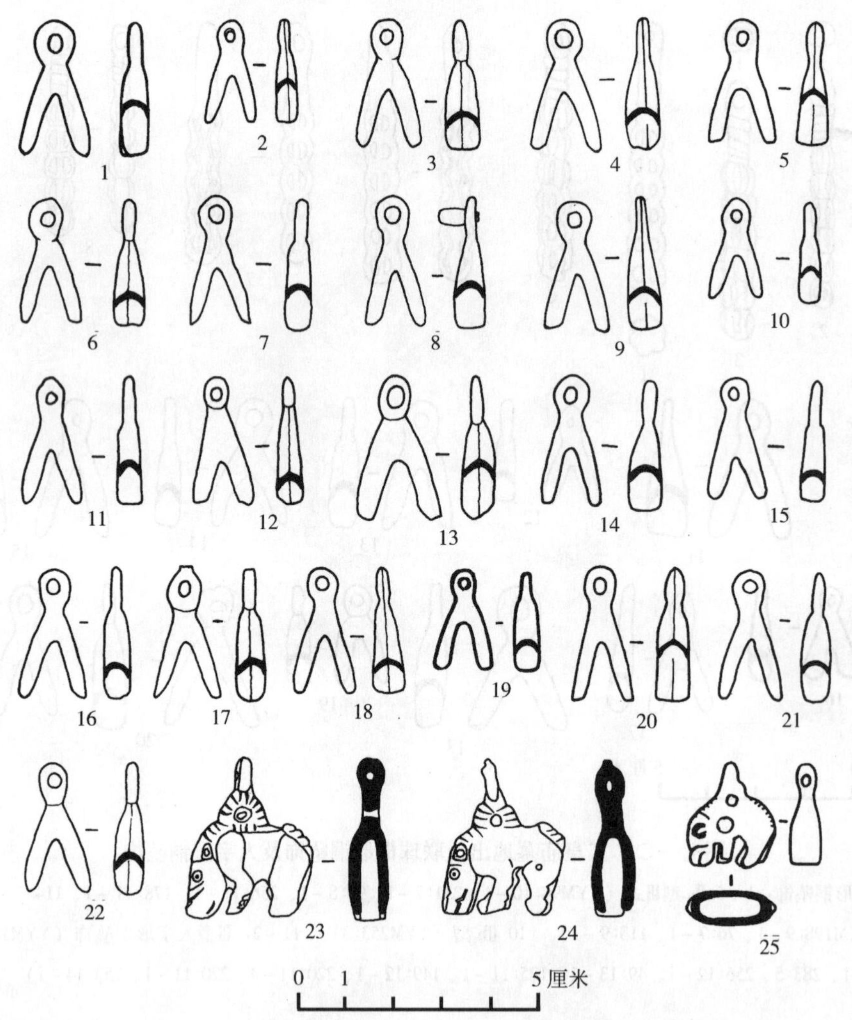

图七一一　玉皇庙墓地出土人字形铜坠饰及野猪形铜坠饰

1～22. Ⅲ型人字形铜坠饰（YYM138:9－1、136:3－1、119:6－1、75:9－1、76:9－1、176:8－1、167:11－1、133:10－1、80:4－1、163:7－1小、163:7－2大、128:6－1、353:4－1、340:7－1、351:5－1小、351:5－2大、339:6－1、338:7－1、374:8－1、375:7－1、372:6－1、392:7－1）　23、24、25. Ⅳ型野猪形铜坠饰（YYM18:18－1、250:31－1、381:7－1）

有铸瘤，通体两侧有铸缝。

标本 YYM15:9－1～3，这是最早出现的Ⅲ型坠饰，属于春秋早期。均重3.9克，通长3、通宽1.8、环钮高1、孔径0.3厘米（图七一〇，11）。

标本 YYM392:7－1～11，这是最晚出现的Ⅲ型坠饰，属于春秋晚期后段。均重2.3克，通长2.5、通宽1.3、环钮高0.8、孔径0.25厘米（图七一一，22；图版三六一，4）。

其余标本与上述标本形制相似（参见图七一〇、七一一）。

Ⅳ型　野猪形

共23件，占可分型分式青铜坠饰总数的3%。分别出自3座墓葬，墓号为：YYM18（12件）、250（7件）（图版三六二，3、4）、381（4件）。为垂首而立的野猪形，中空圆雕式，背上有纵向排列双环钮，上者侧向，下者正向，二者垂直。

标本 YYM18:18－1～12，这是最早出现的Ⅳ型坠饰，属于春秋早期。均重 9.6 克，通长 2.6、通高 3、环钮高 1.2、宽 1、孔径 0.2 厘米（图七一一，23；图版三六二，1、2）。

标本 YYM381:7－1～4，这是最晚出现的Ⅳ型坠饰，属于春秋晚期后段。均重 4.2 克，通长 2、通高 1.8、钮高 0.8、宽 0.6、孔径 0.18 厘米（图七一一，25；图版三六二，5、6）。

其余标本与上述标本形制相似（图七一八，24）。

Ⅴ型　鸟形

2 件，占可分型分式青铜坠饰总数的 0.3%。均出自同一座墓葬。标本 YYM240:7－1～2，属于春秋早中期，整体为双翅平展的鸟形，头部有 1 个横向圆形穿孔。重 5.9 克，通长 3.6、通宽 2.5、坠首高 1.2、宽 0.6、孔径 0.2 厘米（图七一二，1；图版三六二，7、8）。

Ⅵ型　小铜凿形

共 6 件，可分型分式青铜坠饰总数的 0.8%。分别出自 5 座墓葬，墓号为：YYM60、118（图版三六二，10）、317（图版三六二，11）、305（2 件）（图版三六二，12、13）、374，占上部有 1 个正向穿孔，两侧有铸缝。

标本 YYM60:2，这是最早出现的Ⅵ型坠饰，属于春秋中晚期。重 5.2 克，通长 3.1、通宽 0.9 厘米。上端残（图七一二，2；图版三六二，9）。

标本 YYM374:9，这是最晚出现的Ⅵ型坠饰，属于春秋晚期后段。重 3.4 克，通长 2.7、通宽 0.9、上端有 1 个方形穿孔、边长 0.35 厘米（图七一二，7；图版三六二，14）。

其余标本与上述标本形制相似（参见图七一二，3～6）。

Ⅶ型　圆锥形

共 4 件，占可分型分式青铜坠饰总数的 0.5%。分别出自 3 座墓葬，墓号为：YYM149、324（2 件）（图版三六三，1 左 2、左 3）、322，通体圆锥形，上端有横向穿鼻，其下饰绹纹。

标本 YYM149:9，这是最早出现的Ⅶ型坠饰，属于春秋中晚期。重 10.7 克，通长 7.5、通宽 0.8、穿鼻高 1.7、厚 0.35 厘米，方形穿孔高 1.5、宽 0.4 厘米（图七一二，9；图版三六三，1 左 1）。

标本 YYM322:3，这是最晚出现的Ⅶ型坠饰，属于春秋晚期前段。重 10 克，通长 6.9、通宽 0.7、穿鼻高 1.5、厚 0.6 厘米，方形穿孔高 1.2、宽 0.6 厘米（图七一二，12；图版三六三，1 右 4）。

其余标本与上述标本形制相似（参见图七一二，10、11）。

Ⅷ型　三联珠形

1 件，占可分型分式青铜坠饰总数的 0.1%。标本 YYM221:6，属于春秋晚期前段，为纵向三联珠，上端珠饰涡纹，下端珠背面微凹。顶端为横圆筒形穿鼻。重 2.2 克，通长 3.3、通宽 1 厘米，穿鼻高 0.6、宽 1、直径 0.2 厘米（图七一二，8；图版三六三，2）。

Ⅸ型　三环形

1 件，占可分型分式青铜坠饰总数的 0.1%。标本 YYM144:6，属于春秋晚期前段，为“品”字形三环形，其一顶端有铸瘤。重 8.5 克，通长 3.9、通宽 3.8、最大环内径 1.4 厘米（图七一二，13；图版三六三，3）。

Ⅹ型　尖首刀币柄形

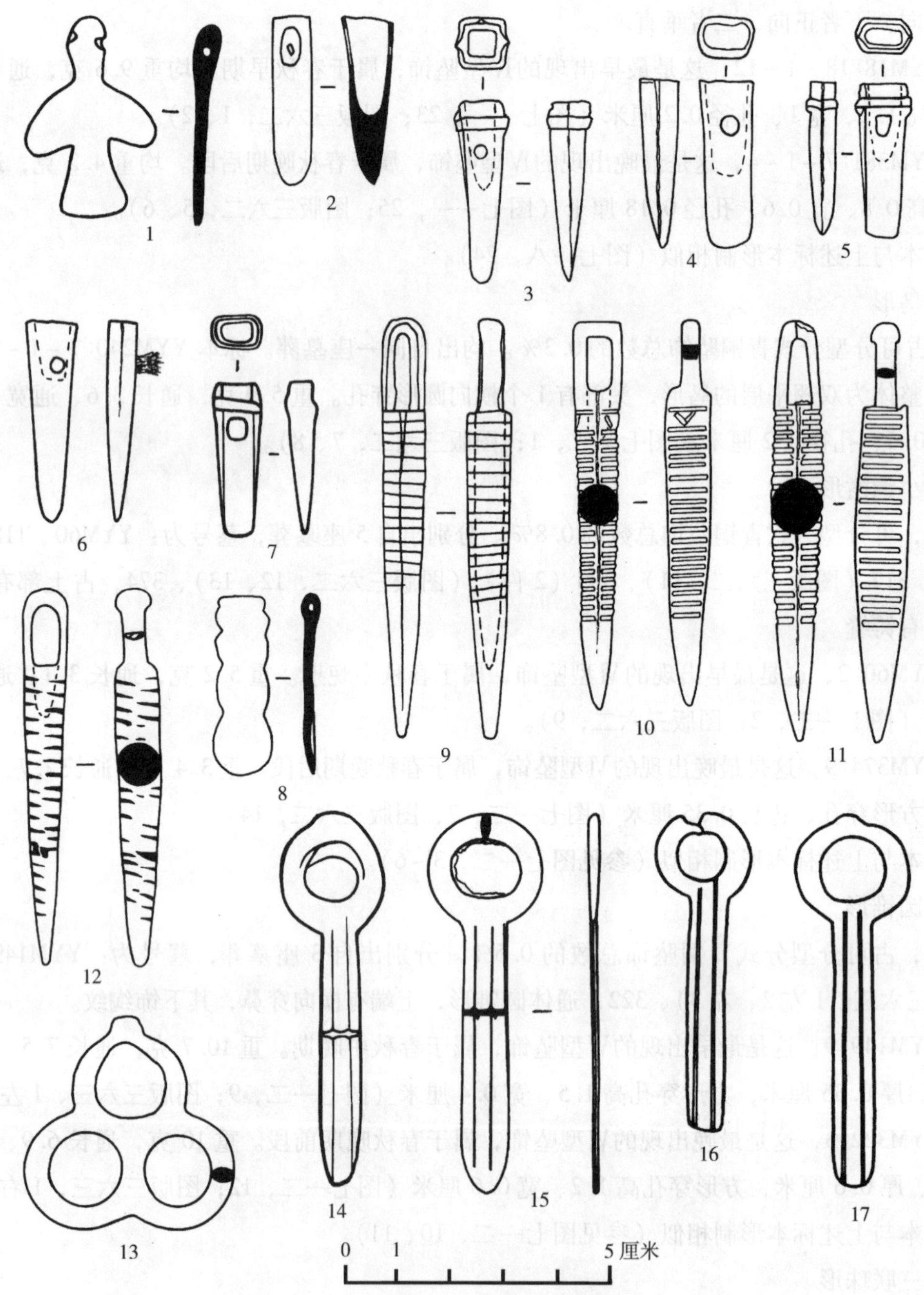

图七一二 玉皇庙墓地出土各种青铜坠饰

1. Ⅴ型鸟形坠饰（YYM240:7-1） 2、3、4、5、6、7. Ⅵ型小铜凿形坠饰（YYM60:2、118:7、317:5、305:4-1、305:4-2、374:9） 8. Ⅷ型三联珠形坠饰（YYM221:6） 9、10、11、12. Ⅶ型圆锥形坠饰（YYM149:9、324:2-1小、324:2-2大、322:3） 13. Ⅸ型三环形坠饰（YYM144:6） 14、15、16、17. Ⅹ型尖首刀币柄形坠（YYM138:6、358:5、381:6、375:6）

共4件，占可分型分式青铜坠饰总数的0.5%。分别出自3座墓葬：YYM138、358（图版三六三，5）、381（图版三六三，6）、375，每墓1件，实为尖首刀币柄部残件。

标本YYM138:6，是最早出现的Ⅹ型坠饰，属于春秋晚期前段。重4.2克，通长6.8、通宽2厘米，扣环首，高2、宽2、穿孔内径1×0.8厘米（图七一二，14；图版三六三，4）。

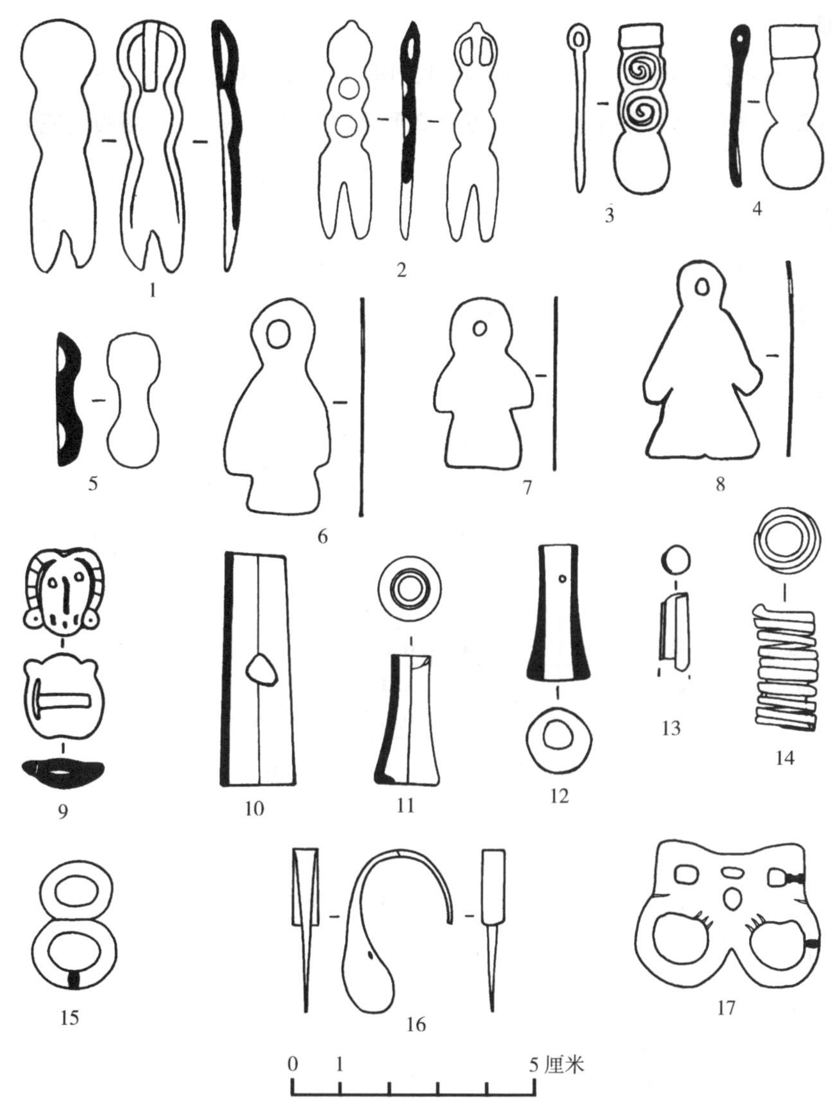

图七一三　玉皇庙墓地出土双尾形铜坠饰及其他铜饰件

1. XI型I式双联珠双尾形铜坠饰（YYM350:4）　2. XI型II式三联珠双尾形铜坠饰（YYM382:4）　3. 卷云纹三联珠形铜饰（YYM15:8）　4、5. 亚腰形铜饰（YYM31:6、250:26）　6、7、8. "人"形铜饰（YYM32:14、204:4、374:10）　9. 羊头铜饰（YYM300:13）　10. 短铜管（YYM13:8）　11、12. 喇叭形管状铜饰（YYM300:20、230:17）　13. 薄壳小铜管（YYM248:3）　14. 弹簧形铜饰（YYM149:4－1）　15. 双环形铜饰（YYM149:15）　16. 钩形铜饰（YYM108:9）　17. 双环孔形铜饰（YYM174:19－1）

标本 YYM375:6，是最晚出现的X型坠饰，属于春秋晚期后段。重3.4克，通长6.8、通宽2.1厘米，扣环首，高2.1、宽1.9、穿孔内径1.2×1.1厘米（图七一二，17；图版三六三，7）。

其余标本与上述标本形制相似（参见图七一二，15、16）。

XI型　联珠双尾形

共2件，占可分型分式青铜坠饰总数的0.3%。分别出自2座墓葬（YYM350、382），每墓1件，上半部为纵向联珠形，顶端珠背面有1个纵向条鼻，下半部是分叉双尾形。虽数量极有限，根据联珠的数目，仍可分作2个式别。

Ⅰ式　双联珠

1件，占Ⅺ坠饰总数的50%。标本YYM350∶4，属于春秋晚期后段，重6.1克，通长4.9、通宽1.4厘米，联珠高2.7、宽1.4、条鼻长1.3、宽0.2厘米（图七一三，1；图版三三六，8）。

Ⅱ式　三联珠

1件，占Ⅺ坠饰总数的50%。标本YYM382∶4，属于春秋晚期后段，上珠正面外凸，背面内凹，下面二珠正面中间有盲孔，顶部出铸瘤。重4克，通长4.3、通宽1厘米，坠首高2.5、宽0.9厘米，条鼻长0.6、宽0.2厘米（图七一三，2；图版三六三，9）。

详见附表171。

附表171－1　　**玉皇庙墓地出土青铜坠饰统计表**

序号	器物号（YYM）	型	式	形制	数量	重量	规格			穿鼻		备注
							通长	通宽	首高×宽	形状	规格	
1	20∶9	Ⅰa	Ⅰ	匕形	1	8.7	7.9	1.5	2×1.5	纵桥	0.7×0.2	马纹，槽柄
2	35∶10	Ⅰa	Ⅰ	匕形	1	9.2	7.8	1.4	1.8×1.4	纵桥	0.4×0.2	马纹，槽柄
	35∶12－1～12	Ⅱa	Ⅰ	四联珠棍	12	5	4	0.6	1.6×0.6	圆孔	孔径0.15	
3	15∶9－1～3	Ⅲ		人字形	4	3.9	3	1.8	高1	环钮	孔径0.3	残1
4	2∶16－1～24	Ⅱa	Ⅱ	三联珠棍	24	4	3.3	0.8	1.5×0.4	圆孔	孔径0.15	
	2∶17－1～113	Ⅲ		人字形	113	2.4	2	1.2	高0.55	环钮	孔径0.15～0.2	
5	3∶8	Ⅰa	Ⅰ	匕形	1	9.6	8	1.5	2×1.5	纵桥	1.2×0.2	马纹，槽柄
6	18∶18－1～12	Ⅳ		野猪形	12	9.6	2.6	3	1.2×1	双环钮	孔径0.15/0.2	
	18∶33－1～59	Ⅲ		人字形	59	3.7	2.7	1.2～1.5	高0.8	环钮	孔径0.2～0.4	
7	10∶8	Ⅰb	Ⅰ	匕形	1	15.2	10.1	1.2	6×0.8	横长方筒	0.8×0.8×0.6	绹纹，勺柄
8	279∶5	Ⅰc	Ⅰ	匕形	1	13.4	9	1.3	2.7×1.3	横桥	0.8×0.2	方珠，直柄
9	280∶6	Ⅰa	Ⅰ	匕形	1	9.8	8	1.5	2×1.5	纵拱	0.7×0.2	马纹，槽柄
	280∶7－1～7	Ⅱa	Ⅱ	三联珠棍	7	4	3.6	0.7	1.5×0.4	圆孔	孔径0.15	残3
10	283∶5	Ⅲ		人字形	1	3.4	2.6	1.6	高0.9	环钮	孔0.4	
11	285∶5	Ⅰa	Ⅰ	匕形	1	11	8	1.5	2×1.5	纵拱	0.5×0.2	马纹，槽柄
	285∶6－1～11	Ⅱa	Ⅱ	三联珠棍	11	3.5	3.6	0.8	1.3×0.4	圆孔	孔径0.2	
12	37∶7	Ⅰb	Ⅰ	匕形	1	13.2	9	0.8	3.8×0.75	横椭圆筒	0.7×0.8×0.6	绹纹，勺柄
13	98∶9	Ⅰa	Ⅰ	匕形	1	9	7.8	1.4	2×1.4	纵桥	1.1×0.25	马纹，槽柄
	98∶10－1～15	Ⅱa	Ⅲ	六联珠棍	15	6.7	5.1	0.8	1.6×0.5	圆孔	孔径0.2	
14	250∶31－1～7	Ⅳ		野猪形	7	7.4	2.4	3	1.3×0.9	双环钮	孔径0.25/0.2	
15	251∶4	Ⅰa	Ⅰ	匕形	1	12.9	10.3	1.7	2.2×1.7	纵桥	0.6×0.2	马纹，槽柄
	251∶7－1～14	Ⅱa	Ⅱ	三联珠棍	14	4	3.4	0.8	1.5×0.5	圆孔	孔径0.2	
16	231∶5	Ⅰa	Ⅰ	匕形	1	12.8	10.3	1.7	1×1.7	纵桥	0.8×0.2	马纹，槽柄
	231∶7－1～10	Ⅱa	Ⅲ	六联珠棍	10	6.3	4.9	0.5	1.6×0.5	圆孔	孔径0.2	
17	232∶3	Ⅰa	Ⅰ	匕形	1	10	7.5	1.5	1.9×1.5	纵桥	1×0.25	马纹，槽柄
18	241∶6	Ⅰa	Ⅰ	匕形	1	11.5	9.7	1.6	1.6×1.6	纵桥	0.7×0.15	马纹，槽柄
	241∶10－1～20	Ⅱa	Ⅱ	三联珠棍	20	4.4	3.3	0.8	1.4×0.4	圆孔	孔径0.2	
19	97∶5	Ⅰb	Ⅰ	匕形	1	13	9	0.8	3.7×0.8	横椭圆筒	0.7×0.8×0.5	绹纹，勺柄

附表 117－2

玉皇庙墓地出土青铜坠饰统计表

序号	器物号（YYM）	型	式	形制	数量	重量	规格			穿鼻		备注
							通长	通宽	首高×宽	形状	规格	
20	99:7			匕形	1							残
	99:8－1～6	Ⅱa	Ⅲ	六联珠棍	6	6.5	5.2	0.8	1.6×0.5	圆孔	孔径 0.2	
21	240:7－1～2	Ⅴ		鸟形	2	5.9	3.6	2.5	1.2×0.6	横圆孔	径 0.2	
22	47:6	Ⅰa	Ⅰ	匕形	1	9.2	7.6	1.4	1.9×1.4	纵桥	0.6×0.3	马纹，槽柄
	47:9－1～14	Ⅱa	Ⅱ	三联珠棍	14	3.5	3.1	0.7	1.3×0.5	圆孔	孔径 0.2	
23	253:3	Ⅱb		双联珠棍	1	0.8	1	0.45	0.6×0.15	横圆孔	径 0.15	
24	263:10	Ⅰa	Ⅰ	匕形	1	12.1	9.6	1.6	1.8×1.6	纵拱	0.8×0.25	马纹，槽柄
	263:11－1～10	Ⅱa	Ⅰ	四联珠棍	10	4.8	4	0.6	1.7×0.4	圆孔	孔径 0.2	
25	266:7	Ⅰa	Ⅰ	匕形	1	9.3	8.5	1.4	1.8×1.4	纵拱	0.5×0.25	马纹，槽柄
26	44:5	Ⅰa	Ⅰ	匕形	1	11	10.1	1.5	1.8×1.5	纵桥	0.8×0.2	马纹，槽柄
27	237:5	Ⅰd		匕形	1	9	7.9	0.9	0.8×0.9	圆孔	孔径 0.3	槽柄
	237:6－1～12	Ⅱa	Ⅰ	四联珠棍	12	4.2	3.8	0.8	1.6×0.4	圆孔	孔径 0.2	
28	256:10	Ⅰa	Ⅱ	匕形	1	14.8	9.7	1.6	1.9×1.6	纵桥	0.5×0.2	双虎纹，槽柄
	256:11－1～18	Ⅱa	Ⅲ	六联珠棍	18	7.9	5.4	0.8	2.2×0.5	圆孔	孔径 0.2	
	256:12－1～6	Ⅲ		人字形	6	3.4	2.8	1.6	高 0.8	环钮	孔 0.2	
29	272:4	Ⅰa	Ⅰ	匕形	1	12	10.3	1.7	1.9×1.7	纵拱	0.8×0.3	马纹，槽柄
30	49:6	Ⅰa	Ⅱ	匕形	1	13.2	10.2	1.7	1.9×1.7	纵拱	0.8×0.3	双虎纹，槽柄
	49:7－1～17	Ⅱa	Ⅱ	三联珠棍	17	2.9	2.6	0.6	0.9×0.5	圆孔	孔径 0.2	
	49:13－1～11	Ⅲ		人字形	11	1.7	1.8	1.1	高 0.4	环钮	孔 0.12－0.2	
31	258:8	Ⅰa	Ⅱ	匕形	1	14.5	10	1.5	1.8×1.5	纵桥	0.7×0.25	双虎纹，槽柄
	258:9－1～4	Ⅱa	Ⅰ	四联珠棍	4	4.9	3.9	0.8	1.7×0.6	圆孔	孔径 0.2	
32	125:7	Ⅰb	Ⅱ	匕形	1	11.6	8	1.4	0.7×0.8	横圆筒形	0.8×0.7×0.4	四联孔纹，勺柄
	125:11－1～26	Ⅲ		人字形	26	3.5	2.4–2.9	1.4	高 0.7	环钮	孔 0.2	
33	208:6	Ⅰa	Ⅰ	匕形	1	9.2	7.6	1.4	1.8×1.4	纵桥	0.9×0.2	马纹，槽柄
34	60:2	Ⅵ		小铜凿形	1	5.2	3.1	0.9				上端残
35	149:9	Ⅶ		圆锥形	1	10.7	7.5	0.8	1.7×0.35	方孔	1.5×0.4	绹纹
	149:12－1～4	Ⅲ		人字形	4	4.4	2.7－3	1.7－2	高 0.7－1	环钮	孔 0.2－0.4	
36	222:7	Ⅰa	Ⅰ	匕形	1	11.7	9.6	1.6	1.8×1.6	纵桥	0.8×0.2	马纹，槽柄
37	221:6	Ⅷ		三联珠形	1	2.2	3.3	1	0.6×1	横圆筒	孔径 0.2	
38	220:7	Ⅰa	Ⅲ	匕形	1	16.2	10.2	1.1	首柄一体	纵桥	1.1×0.25	鱼纹，槽柄
	220:11－1～3	Ⅲ		人字形	3	3.7	3	1.7	高 0.8	环钮	0.32	
	220:11－4～16				16	1.5	2	1.1	高 0.6	环钮	0.25	
39	206:5	Ⅰa	Ⅰ	匕形	1	10.5	9.6	1.5	1.7×1.5	纵桥	1.1×0.25	马纹，槽柄
40	197:6	Ⅰd		匕形	1	7	8.4	0.9	1×0.9			槽柄
41	198:9－1～10	Ⅱa	Ⅳ	五联珠棍	10	6.6	4.7	0.8	1.7×0.5	圆孔	0.2	
42	178:9	Ⅰa	Ⅱ	匕形	1	13.5	10.1	1.6	1.6×1.6	纵桥	1×0.4	双虎纹，直柄
	178:11－1～12	Ⅱa	Ⅲ	六联珠棍	12	7.6	5.3	0.8	2.1×0.5	圆孔	0.2	
43	150:7	Ⅰa	Ⅱ	匕形	1	15.8	10.6	2	2×2	纵拱	0.8×0.3	双虎纹，槽柄
	150:9－1～12	Ⅱa	Ⅰ	四联珠棍	12	4.4	4	0.6	1.8×0.5	圆孔	0.15	
44	153:12	Ⅰa	Ⅰ	匕形	1	11	9.2	1.6	1.8×1.6	纵桥	1.1×0.25	马纹，槽柄
	153:14－1～19	Ⅲ		人字形	19	2.2	2.6	1.3	高 0.8	环钮	孔 0.3	
45	144:6	Ⅸ		三环形	1	8.5	3.9	3.8		三环	径 1.4	

附表 171－3

玉皇庙墓地出土青铜坠饰统计表

序号	器物号（YYM）	型	式	形制	数量	重量	规格 通长	规格 通宽	规格 首高×宽	穿鼻 形状	穿鼻 规格	备注
46	138：6	Ⅹ		尖首刀币柄	1	4.2	6.8	2	2×2	扣环	径1×0.8	
	138：9－1～8	Ⅲ		人字形	8	2.3	25~27	13~14	高07~08	环钮	孔0.25	
47	136：3－1～6	Ⅲ		人字形	6	1.4	2	1	高0.6	环钮	孔0.25	
48	118：7	Ⅵ		小铜凿形	1	4.3	3.3	0.7		圆孔	0.2	有銎
49	119：6－1～6	Ⅲ		人字形	6	2.3	2.7	1.3	高0.8	环钮	孔0.3	
50	75：8			匕形	1							残
	75：9－1～9	Ⅲ		人字形	9	2.3	2.6	1.5	高0.8	环钮	孔0.3	
51	76：6			匕形		1						残
	76：9－1～3	Ⅲ		人字形	3	2.2	2.5	1.4	高0.8	环钮	孔0.25	
	76：7－1～10	Ⅱa	Ⅳ	五联珠棍	10	6	4.3	0.6	1.5×0.4	圆孔	0.2	
52	176：8－1～10	Ⅲ		人字形	10	2.9	2.5	1.4	高0.6	环钮	孔0.25	
53	167：11－1～26	Ⅲ		人字形	26	2.4	2.7	1.4	高0.8	环钮	孔0.3	
54	133：8	Ⅰa	Ⅰ	匕形	1	10.8	9.2	1.5	1.6×1.5	纵桥	1×0.25	马纹，槽柄
	133：10－1～16	Ⅲ		人字形	16	2.6	2.6	1.2	高0.8	环钮	孔0.4	
55	114：7－1～10	Ⅱa	Ⅲ	六联珠棍	10	5.5	5.1	0.8	1.6×0.5	圆孔	0.2	
56	113：9－1～8	Ⅱa	Ⅳ	五联珠棍	8	6.1	4.6	0.8	1.8×0.5	圆孔	0.2	
57	80：4－1～8	Ⅲ		人字形	8	2.7	2.6	1.4	高0.8	环钮	孔0.25	
58	77：5			匕形	1							残
59	324：2－1	Ⅶ		圆锥形	1	10.7	7	0.8	1.3×0.3	长方	1.1×0.5	绹纹
	324：2－2			圆锥形	1	17.3	7.6	0.9	1.6×0.5	梯形	1.2/0.4/0.6	绹纹
60	322：3	Ⅶ		圆锥形	1	10	6.9	0.7	1.5×0.6	方孔	1.2×0.6	绹纹
61	317：5	Ⅵ		小铜凿形	1	6.1	2.9	1		圆孔	0.3	
62	305：4－1	Ⅵ		小铜凿形	1	5	2.7	1		方孔	0.3×0.25	有銎
	305：4－2				1	4.6	3.6	0.8		圆孔	0.25	
63	163：7－1～3	Ⅲ		人字形	3	3	25~26	1.2	高0.7～0.8	环钮	孔径0.3～0.4	
64	128：4	Ⅰb	Ⅲ	匕形	1	8.2	7.8	1.1	3×0.8	圆孔	孔径0.25	勺柄
	128：6－1～8	Ⅲ		人字形	8	3.2	2.5	1.3	高07~08	环钮	孔径0.3	
65	353：4－1～6	Ⅲ		人字形	6	3.4	3	1.8	高0.8	环钮	孔径0.3	
66	340：7－1～2	Ⅲ		人字形	2	2	2.6	12~13	高0.8	环钮	孔径0.3	
67	351：5－1～6	Ⅲ		人字形	6	2.6	2.6	1.4	高0.8	环钮	孔径0.25	
68	339：5	Ⅰc	Ⅱ	匕形	1	5	7.7	0.8	首柄一体	圆孔	孔径0.2	直柄
	339：6－1～8	Ⅲ		人字形	8	2.8	2.5	1.3	高0.8	环钮	0.25	
69	338：6			匕形	1							残
	338：7－1～8	Ⅲ		人字形	8	2.7	26~29	1.3	高0.8	环钮	0.2～0.25	
70	350：4	Ⅺ	Ⅰ	双联珠双尾形	1	6.1	4.9	1.4	2.7×1.4	条鼻	1.3×0.2	
71	358：5	Ⅹ		尖首刀币柄	1	4.9	6.9	2.1	2.1×1.9	扣环	2.1×1.9	
72	381：6	Ⅹ		尖首刀币柄	1	3.3	5.7	1.75	1.75×1.75	扣环	1.75×1.6	
	381：7－1～4	Ⅳ		野猪形	4	4.2	2	1.8	0.8×0.6	双环钮	0.15/0.18	
73	382：4	Ⅺ	Ⅱ	三联珠双尾形	1	4	4.3	1	2.5×0.9	纵桥	0.6×0.2	

附表 171－4　　**玉皇庙墓地出土青铜坠饰统计表**

序号	器物号（YYM）	型	式	形制	数量	重量	规格			穿鼻		备注
							通长	通宽	首高×宽	形状	规格	
74	374：8－1～3	Ⅲ		人字形	3	1.3	2	08～11	高 0.6	环钮	0.2～0.25	
	374：9	Ⅵ		小铜凿形	1	3.4	2.7	0.9		方孔	0.35×0.35	有銎
75	375：6	Ⅹ		尖首刀币柄	1	3.4	6.8	2.1	2.1×2.1	扣环	2.1×1.9	
	375：7－1～10	Ⅲ		人字形	10	2.1	2.7	1.3	高 0.8	环钮	0.25	
76	372：6－1～11	Ⅲ		人字形	11	2.3	25～28	12～14	高 0.8	环钮	0.25～0.3	
77	392：7－1～11	Ⅲ		人字形	11	2.3	2.5	1.3	高 0.8	环钮	0.25	
合计					共 77 座墓葬　770 件							

注：长度单位为厘米，重量单位为克。

讨论

从墓葬分布区域考察，随葬青铜坠饰的墓葬中，位于北Ⅰ区中部者 7 座（YYM20、35、15、2、3、18、10），属于春秋早期，占玉皇庙墓地出土青铜坠饰墓葬总数的 9.1%；位于北Ⅱ区北部者 15 座（YYM279、280、283、285、37、98、250、251、231、232、241、97、99、240、47），属于春秋早中期，占玉皇庙墓地出土青铜坠饰墓葬总数的 19.5%；位于北Ⅱ区中部者 10 座（YYM253、263、266、44、237、256、272、49、258、125），属于春秋中期，占玉皇庙墓地出土青铜坠饰墓葬总数的 13%；位于北Ⅱ区南部者 3 座（YYM208、60、149），属于春秋中晚期，占玉皇庙墓地出土青铜坠饰墓葬总数的 3.9%；位于南区北部者 16 座（YYM222、221、220、206、197、198、178、150、153、144、138、136、118、119、75、76）、中部者 7 座（YYM176、167、133、114、113、80、77）、西区者 4 座（YYM324、322、317、305），此 27 座均属于春秋晚期前段，占玉皇庙墓地出土青铜坠饰墓葬总数的 35.1%；位于南区南部者 15 座（YYM163、128、353、340、351、339、338、350、358、381、382、374、375、372、392），属于春秋晚期后段，占玉皇庙墓地出土青铜坠饰墓葬总数的 19.5%。随葬青铜坠饰墓葬最多的是春秋晚期前段，其次是春秋早中期和春秋晚期后段，但二者相差悬殊。最少的是春秋中晚期。

从性别考察，男性墓 12 座（YYM18、250、263、44、49、60、77、322、351、350、358、381），占出土青铜坠饰墓葬总数的 15.6%；女性墓 62 座（YYM20、35、2、3、10、279、280、283、285、37、98、251、231、232、241、97、99、240、47、266、237、256、272、258、125、208、149、222、221、220、206、197、198、178、150、153、144、138、118、119、75、76、176、167、133、114、113、80、324、317、305、163、128、353、340、339、338、382、374、375、372、392），占出土青铜坠饰墓葬总数的 80.5%；少儿墓 2 座（YYM15、136），婴儿墓 1 座（YYM253），孩童墓占出土青铜坠饰墓葬总数的 3.9%。可见，佩戴青铜坠饰的人群中，女性占绝对优势。除Ⅳ型坠饰为男性独享，Ⅹ型、Ⅺ型与女性持平外，在绝对数量上，及其以上 3 型外的坠饰，男性均处于明显劣势。

从墓葬级别考察，甲（A）级墓 2 座（YYM18、250），占甲（A）级墓葬总数（3 座）的 66.7%；甲（B）级墓 1 座（YYM2），占甲（B）级墓葬总数（5 座）的 20%；乙（A）级墓 7 座（YYM20、280、266、256、258、339、338），占乙（A）级墓葬总数（28 座）的 25%；乙（B）级墓 23 座（YYM35、3、10、279、251、231、241、240、263、44、237、60、220、197、198、178、150、167、133、163、128、350、374），占乙（B）级墓葬总数（83 座）的 27.7%；丙（A）级墓 14 座（YYM98、232、272、49、208、221、206、153、

144、138、119、113、340、372），占丙（A）级墓葬总数（81座）的17.3%；丙（B）级墓9座（YYM97、149、222、118、75、176、114、77、382），占丙（B）级墓葬总数（41座）的22%；丙（C）级墓6座（YYM37、47、136、76、305、375），占丙（C）级墓葬总数（66座）的9.1%；丁级墓15座（YYM15、283、285、99、253、125、80、324、322、317、353、351、358、381、392），占丁级墓葬总数（92座）的16.3%。随葬率最高者为甲（A）级，最低者为丙（C）级。乙（B）级以上规格墓青铜坠饰随葬率均在20%以上，甲（A）级高达60%以上；丙（A）级以下规格墓葬青铜坠饰随葬率大多在20%以下，只有丙（B）级比20%略高，丙（C）级甚至低于10%。

从“玉皇庙墓地出土青铜坠饰型式分期表”（参见附表168）中不难看出，春秋晚期前段是6个时段中，坠饰品种最丰富的时期，在其6型4亚型7式中，有3型2式是新增加的，反映了该阶段思想的活跃，创造力的增长，社会生产力得到一定发展。

在这11型坠饰中，Ⅲ型坠饰是延续时间最长的，其造型简洁，早晚期变化不大。造型和纹饰变化最多的是Ⅰ型坠饰，通过坠首纹饰和坠柄形状的差异，在不足方寸间反映出佩戴者或制作者个性的追求。Ⅱ型坠饰通过坠柄联珠的增加或减少，透露出玉皇庙部族或对端庄秀丽，或对灵巧别致的喜爱。

附表172

玉皇庙墓地出土青铜坠饰型式分期表

春秋早期	春秋早中期	春秋中期	春秋中晚期	春秋晚期前段	春秋晚期后段
Ⅰa型Ⅰ式	Ⅰa型Ⅰ式	Ⅰa型Ⅰ式	Ⅰa型Ⅰ式	Ⅰa型Ⅰ式	
		Ⅰa型Ⅱ式		Ⅰa型Ⅱ式	
				Ⅰa型Ⅲ式	
Ⅰb型Ⅰ式	Ⅰb型Ⅰ式			Ⅰb型Ⅰ式	
		Ⅰb型Ⅱ式			
					Ⅰb型Ⅲ式
	Ⅰc型Ⅰ式				
					Ⅰc型Ⅱ式
		Ⅰd型		Ⅰd型	
Ⅱa型Ⅰ式		Ⅱa型Ⅰ式		Ⅱa型Ⅰ式	
Ⅱa型Ⅱ式	Ⅱa型Ⅱ式	Ⅱa型Ⅱ式			
	Ⅱa型Ⅲ式	Ⅱa型Ⅲ式		Ⅱa型Ⅲ式	
				Ⅱa型Ⅳ式	
		Ⅱb型			
Ⅲ型	Ⅲ型	Ⅲ型		Ⅲ型	Ⅲ型
Ⅳ型	Ⅳ型				Ⅳ型
	Ⅴ型				
			Ⅵ型	Ⅵ型	Ⅵ型
			Ⅶ型	Ⅶ型	
				Ⅷ型	
				Ⅸ型	
				Ⅹ型	Ⅹ型
					Ⅺ型Ⅰ式
					Ⅺ型Ⅱ式
2型3亚型4式	3型4亚型5式	1型5亚型6式	2型1亚型1式	6型4亚型7式	5型2亚型4式

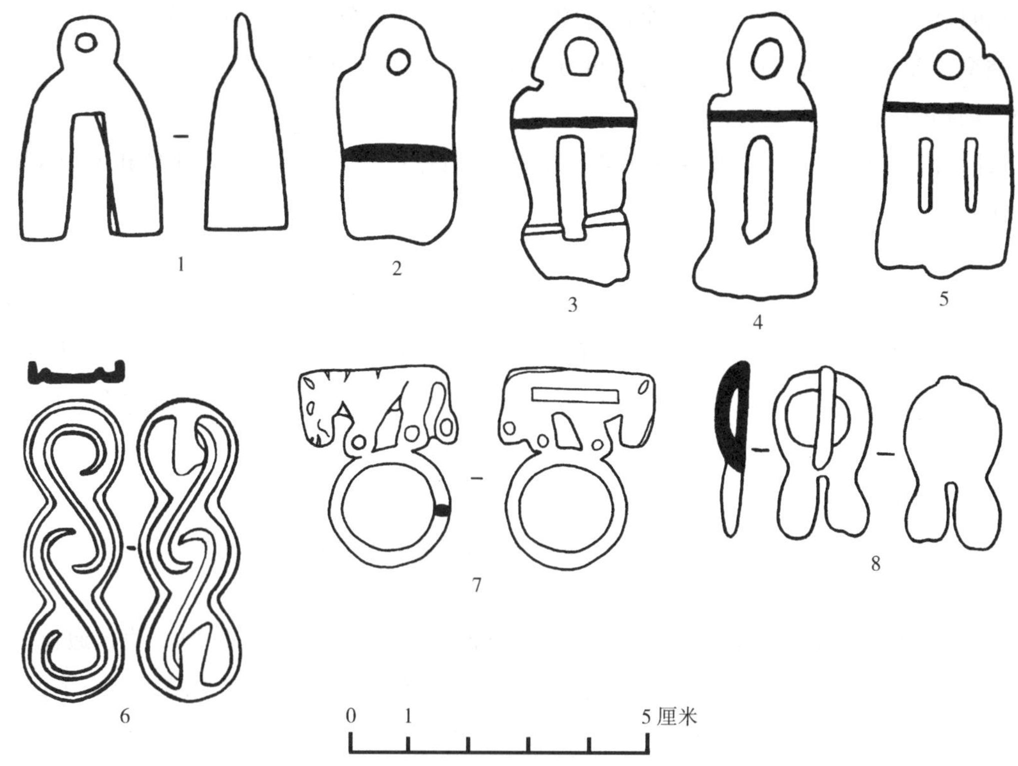

图七一四　玉皇庙墓地出土其他铜饰件

1. 开裆铃形铜饰（YYM240:8）　2、3、4、5. 扁片式铃形铜饰（YYM240:9－1、240:9－2、240:9－3、240:9－4）　6. 三联珠形铜饰（YYM134:8）　7. 马踏单环铜饰（YYM312:4）　8. 双足形铜饰（YYM164:9）

卷云纹三联珠形铜饰项链　玉皇庙墓地共出土卷云纹三联珠形铜饰项链25件，占玉皇庙墓地出土青铜佩饰总数的0.27%；均出自YYM15，占玉皇庙墓地墓葬总数的0.25%。此墓位于北Ⅰ区中部，是一座属春秋早期的丁级少儿墓。

标本YYM15：8－1～25，纵向三联珠形，顶端为一横向筒形穿鼻，上两联珠规格相同，阴刻卷云纹，下一联珠规格略大，素面，面鼓背凹。均重2.8克，通长3.3～3.4、通宽1.2～1.4厘米，穿鼻长0.8～0.9、宽0.5～0.6、孔径0.15～0.2厘米（图七一三，3；图版四二一，5）。

2. 服饰

玉皇庙墓地出土的青铜服饰品6884件，占玉皇庙墓地出土青铜装饰品总数的41.1%；包括带钩（30件）、带扣（3件）、带卡（1062件）、带饰（3179件）、铜环（39件）、铜泡（206枚）、服饰铜扣（158枚）和服饰小铜扣（544枚）及服饰双联小铜扣（1663枚）等9项。

带钩　玉皇庙墓地共出土30件带钩，占玉皇庙墓地出土青铜服饰品总数的0.44%；分别出自30座墓葬，占玉皇庙墓地墓葬总数的7.5%，每墓1件，墓号为：YYM18、250、282、229、228、227、226（图七一八，5）、275、48、95、188（图七一八，6）、7、102、86（图七一八，7）、72、69、63、148、213、209、199、158、122、124（图七一八，8）、313、303、173、325、356、393（图七一八，9）。带钩由钩首、钩体和钉钮三部分组成，钉钮固定在腰带的一端，用钩首连接腰带的另一端以约束服装。钩首折角均呈锐角，钩体铸饰各种纹样，图案极其丰富，很少有重复类型。均为实用饰品，钩首颈部磨耗明显。除5件残损严重，只余钩首的带钩外，根据其余25件钩体图案的内容，可将带钩划分为两大类型，即动物图案和抽象图案，共可分为2型13个亚型和7个式别。

Ⅰ型　动物图案

共17件，占可分型分式带钩总数的68%。根据构图特点，也可分为11个亚型和5个式别。

Ⅰa型　横向奔羊形

1件，占Ⅰ型带钩总数的5.9%。标本YYM18:10，属于春秋早期。右向浮雕。重25.7克，通长5.2、通宽3厘米。羊昂首引颈，收腹提臀，前后肢屈曲前伸；长角由耳根垂及背部，端头上卷，尾上扬后卷；前后蹄、角端、尾端共4个嵌窝，直径0.2厘米。钩首位于左侧，背面在胸部和臀部各有1个钉钮，近似圆形，直径约1.1、高分别为0.45、0.2厘米（图七一五，1；彩版六五，1；图版三六六，1）。

Ⅰb型　纵向鸟形

共5件，占Ⅰ型带钩总数的29.4%。平雕式。根据造型的差异，可分为3式。

Ⅰ式　四翅鸟形

1件，占Ⅰb型带钩总数的20%。标本YYM282:8，属于春秋早中期。重10.1克，通长3.9、通宽2.4厘米。钩首即鸟首，有上下对称的两对翅膀，上面一对翅尖向上，呈向外翻飞状；下面1对翅尖向下，似振翅待发形。两对翅膀表现了鸟儿飞翔时不断煽动的连贯动作。翅膀上饰左右对称的粟粒纹和线纹。钩首位于上端，背面正中有1个钉钮，直径约1.4、高0.5厘米（图七一五，2；彩版六五，5；图版三六六，3）。

Ⅱ式　双翅鸟形

共3件（YYM229、228、69），占Ⅰb型带钩总数的60%。标本YYM229:2，属于春秋早中期。重7.75克，通长3、通宽2.6厘米。钩首即鸟首，双翅外展，饰乳钉纹，尾羽整齐，饰线纹，呈振翅欲飞状。背面正中有1个残损钉钮，直径约1.1、高0.5厘米（图七一五，3；图版三六六，4）。

标本YYM228:6，属于春秋早中期。形态与纹饰与YYM229：2相同。残断。残重8.2克，通长3.8、通宽推断为3厘米。钉钮直径1.2、高0.4厘米（图七一五，4）。

标本YYM69:4，属于春秋中晚期。磨损严重，纹饰不辨，钩首根部粘有纤维痕，钉钮残损。重8.5克，通长3.8、通宽2.7厘米。双翅下垂，尾羽散开（图七一五，5）。

Ⅲ式　静立鸟形

1件，占Ⅰb型带钩总数的20%。标本YYM72:3，属于春秋中晚期。重8.2克，通长3.8、残宽2.2厘米。钩首即鸟首，煞羽静立，两侧胸部饰圈点纹。背面正中有1个钉钮，直径0.9、高0.3厘米（图七一五，6；图版三六六，5）。

Ⅰc型　横向回首瑞兽形

共3件（YYM227、95、209），占Ⅰ型带钩总数的17.6%。右向半浮雕，钩体位于左侧，背面分别在胸部和臀部各有1个钉钮。标本YYM227:6，属于春秋早中期。重19.6克，通长5、通宽3.4厘米。前肢后折，后肢前驱，呈踠卧状。长颈后环，头部正向衔其背，大耳高竖，圆眼凸起为嵌窝，内径0.25、高0.1厘米。身体饰鱼鳞纹，肱骨头和股骨头饰涡纹，前后肢饰线纹，前后蹄端各有1个凸起嵌窝，规格与眼部嵌窝同。钉钮直径1、高分别为0.6和0.5厘米（图七一五，7；图版三六六，

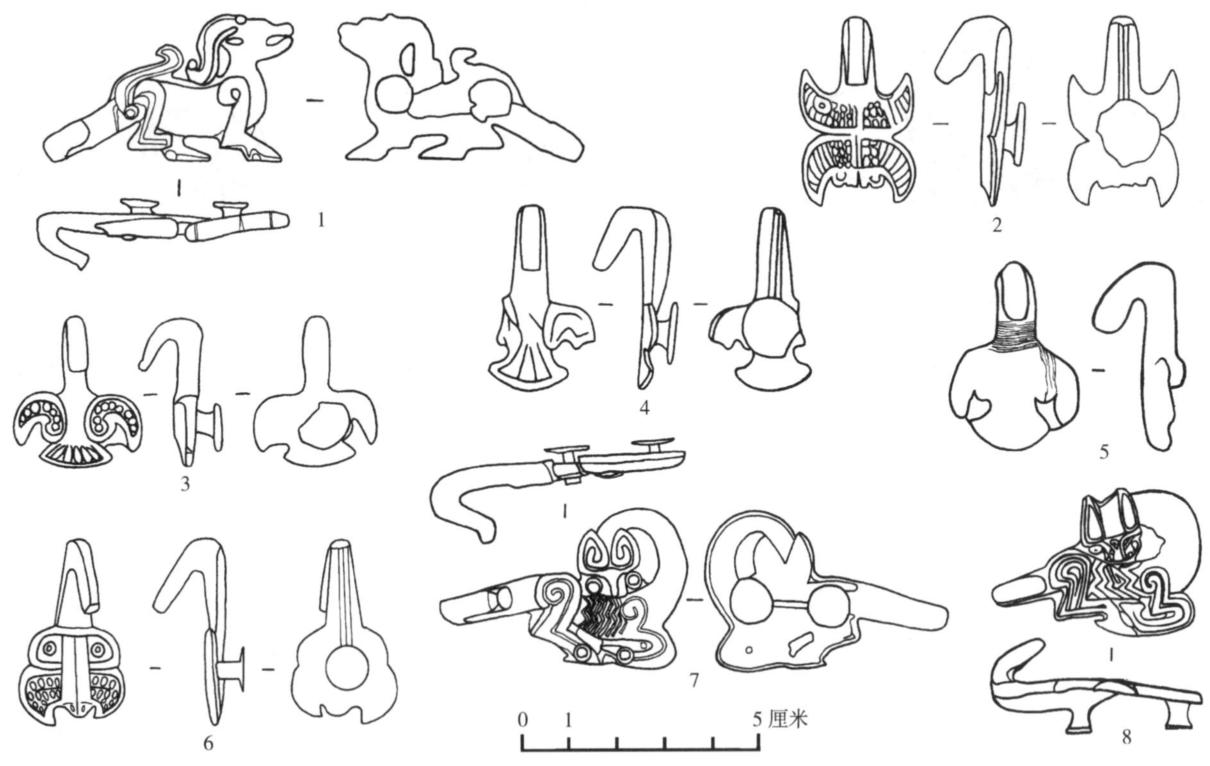

图七一五 玉皇庙墓地出土青铜带钩

1. Ⅰa型（YYM18:10） 2. Ⅰb型Ⅰ式（YYM282:8） 3、4、5. Ⅰb型Ⅱ式（YYM229:2、228:6、69:4）
6. Ⅰb型Ⅲ式（YYM72:3） 7、8. Ⅰc型（YYM227:6、95:13）

2）。

标本YYM95:13，属于春秋中期。重14.7克，通长4.5、通宽3厘米。形态和纹饰与YYM227：6相同，但无嵌窝，眼部为圆点纹。钉钮直径约0.5、高分别为0.5和0.6厘米（图七一五，8；图版三六六，6）。

标本YYM209:9，属于春秋晚期前段。重43.2克，通长4.4、通宽4厘米。形态和纹饰与YYM227：6相同，但无嵌窝，双耳内侧、双眼、口、两蹄端、肱骨头两侧、股骨头两侧、前后蹄端，共有11个直径约0.15厘米的实心圆点。钉钮直径0.9、高0.7厘米（图七一六，1；彩版六五，3；图版三六六，7）。

Ⅰd型 横向马形

1墓1件，占Ⅰ型带钩总数的5.9%。标本YYM275:10，属于春秋早中期。右向浮雕。重16.6克，通长4.2、通宽1.5厘米。前肢平卧，后肢蹄端点地；颈饰线纹，肱骨头、股骨头饰涡纹，眼部、前肢关节和蹄端、后蹄端共有4个嵌窝，内径0.4厘米；马尾即钩首，位于左侧。背面在马头和臀部各有1个钉钮，直径约1、高0.6厘米（图七一六，2；彩版六五，2；图版三六七，1）。

Ⅰe型 纵向兽形

共2件，占Ⅰ型带钩总数的11.8%。浮雕，钩首位于上端，背面钩体正中有1个钉钮。根据构图的不同，可分为2式。

Ⅰ式 外撇足

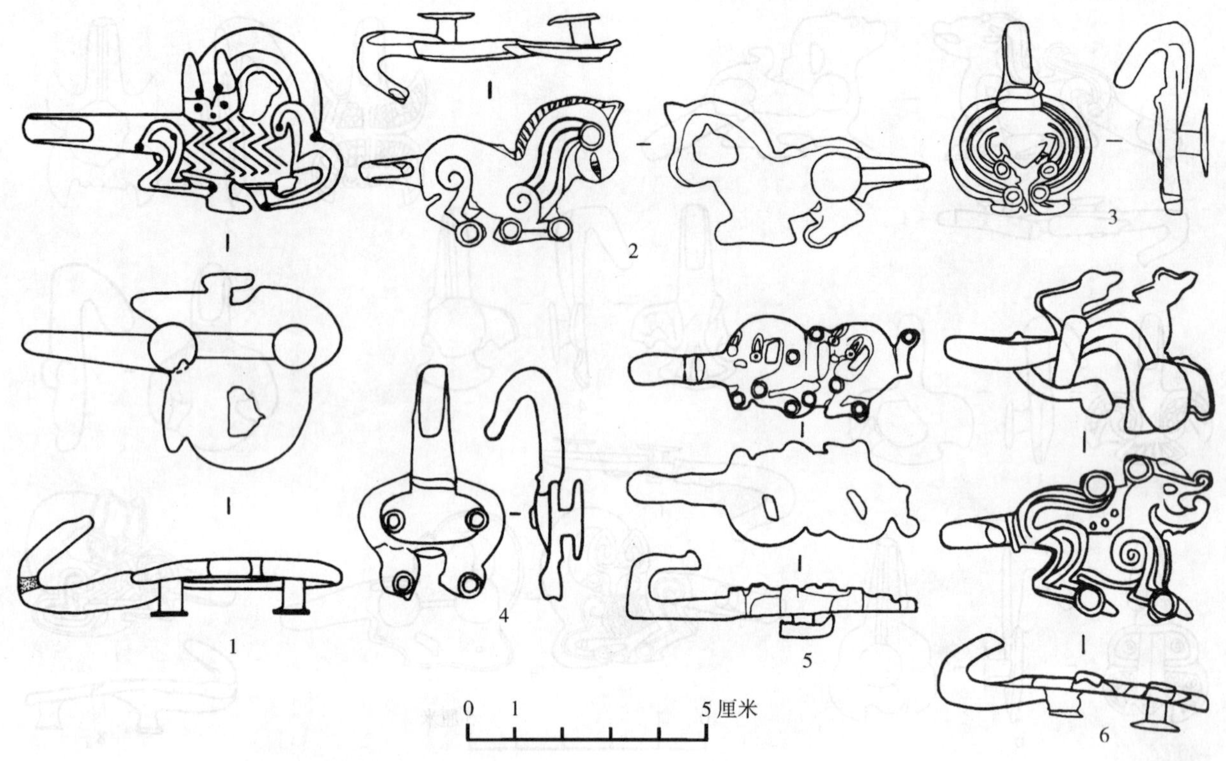

图七一六　玉皇庙墓地出土青铜带钩

1. Ⅰc型（YYM209:9）　2. Ⅰd型（YYM275:10）　3. Ⅰe型Ⅰ式（YYM48:11）
4. Ⅰe型Ⅱ式（YYM63:2）　5. Ⅰf型（YYM7:4）　6. Ⅰg型（YYM102:8）

1件，占Ⅰe型带钩总数的50%。标本YYM48:11，属于春秋中期。重14.6克，通长3.9、通宽2.8厘米。钩首似头部，钩体为椭圆形，由两侧布装饰线圈围至下部形成4个嵌窝，内径0.25、缘高0.05厘米。底端向两侧出2足。钉钮直径1.5、高0.6厘米（图七一六，3；图版三六七，7）。

Ⅱ式　直足

1件，占Ⅰe型带钩总数的50%。标本YYM63:2，属于春秋中晚期。重9.8克，通长4.7、通宽3.1厘米。钩首似头部，无上肢而下出双足，腹部为椭圆形。在腹部和双足共有4个凸起嵌窝，内径0.25、缘高0.1~0.2厘米。钉钮直径1.6、高0.5厘米（图七一六，4）。

Ⅰf型　横向双龙兽

1件，占Ⅰ型带钩总数的5.9%。标本YYM7:4，属于春秋中期。右向浮雕。重22.7克，通长6、通宽2.1厘米。两只姿态相同的龙兽并列相连，长颈后环，头部正向，一爪向上，一爪向前，似腾云驾雾。每只龙兽的肱骨头、股骨头、前后爪、尾端各有1个嵌窝，共10个，内径0.2、缘高0.1~0.15厘米。钩首在左侧，背面钩体正中有1个钉钮，直径1.1、高0.5厘米（图七一六，5；彩版六六，2）。

Ⅰg型　横向瑞兽

1件，占Ⅰ型带钩总数的5.9%。标本YYM102:8，属于春秋中期。右向浮雕。重17.2克，通长5.6、通宽3.8厘米。瑞兽昂首引颈，收腹提臀，尾上扬，前后蹄屈曲向前，呈狂奔状。股骨头至后蹄饰线纹。肱骨头饰涡纹，耳、尾端、前后蹄共有4个嵌窝，内径0.45、缘高0.1~0.15厘米。钩首位

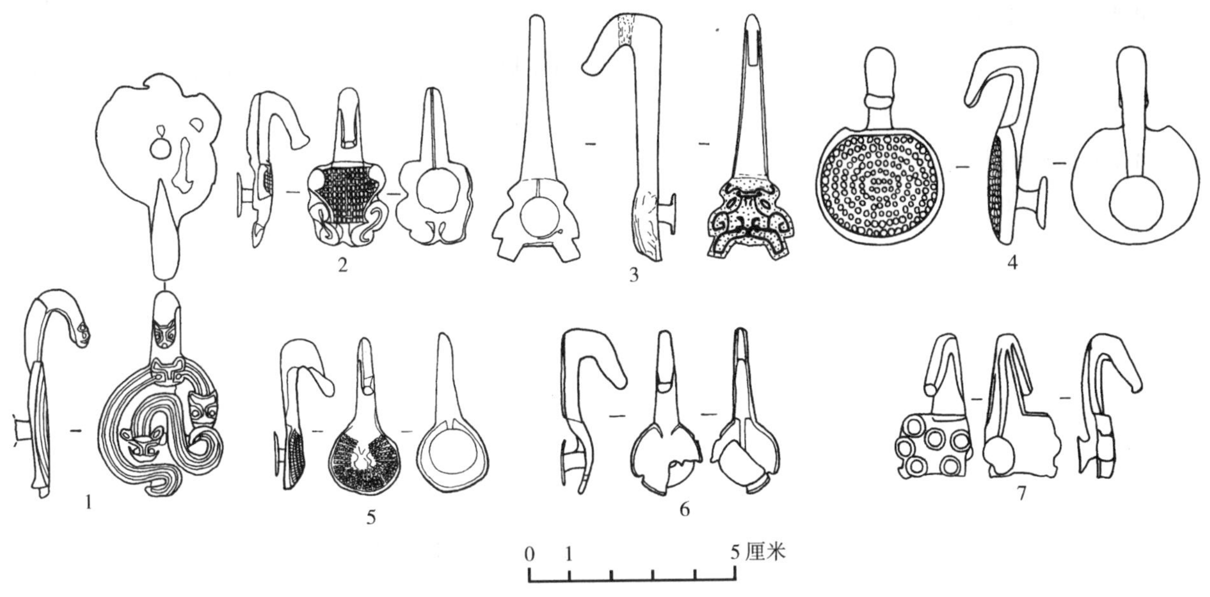

图七一七　玉皇庙墓地出土青铜带钩

1. Ⅰh型（YYM158:5）　2. Ⅰi型（YYM313:4）　3. Ⅰj型（YYM325:4）
4. Ⅱa型Ⅰ式（YYM250:13）　5、6. Ⅱa型Ⅱ式（YYM173:1、356:1）　7. Ⅱb型Ⅰ式（YYM148:6）

于左侧，背面在头部和臀部各有1个钉钮，前者近圆形，直径约1.3厘米，后者长形，1.5×0.5厘米，高分别为0.6、0.5厘米（图七一六，6；彩版六五，4；图版三六七，2）。

Ⅰh型　纵向龙兽

1件，占Ⅰ型带钩总数的5.9%。标本YYM158:5，属于春秋晚期前段。镂空龙兽形。重16.1克，通长4.9、通宽3厘米。主体共有4条龙首盘绕，面部均正向。钩首位于上端，端头是一只龙兽头（龙兽1），根部是另一只龙兽头（龙兽2）；龙兽2口衔第3只龙兽（龙兽3）的胸部；龙兽3由右侧向左侧环绕至钩体的下端，形成钩体右上、左上、左侧、左下和下端的外沿，尾反甩，口衔第4只龙兽（龙兽4）的尾端；龙兽4位于钩体的中心，即龙兽3环体的内侧，呈左上至右下的反“S”形，口衔龙兽3的尾部。背面钩体正中有1个钉钮，钉帽残损，直径0.5，高0.4厘米（图七一七，1；彩版六六，1）。

Ⅰi型　纵向蝎形

1件，占Ⅰ型带钩总数的5.9%。标本YYM313:4，属于春秋晚期前段。重8.8克，通长3.7、通宽2厘米。钩首位于下端，即蝎尾；蝎背饰方格纹，上端两侧饰纵联反“S”纹和“S”纹，似螯；下端两侧饰蝌蚪纹，似后肢。背面钩体正中有1个钉钮，直径1.2、高0.5厘米（图七一七，2；图版三六七，4）。

Ⅰj型　纵向兽面形

1件，占Ⅰ型带钩总数的5.9%。标本YYM325:4，属于春秋晚期后段。重16.7克，通长5.8、通宽2.2厘米。通体为瘦长形，钩首位于下端，兽面正向，双角在顶部两侧，双耳居下，额饰乳钉纹，双目怒睁，张口吐舌，钩首恰似长舌。兽面高1.9厘米，约占总长的1/3。背面钩体正中有1个钉钮，直径0.9、高0.4厘米（图七一七，3；图版三六七，5）。

Ⅱ型　几何造型

共8件，占可分型分式带钩总数的32%。均为纵向布局，钩首位于上端。根据构思特点，可分为2个亚型4个式别。

Ⅱa型　椭圆形钩体

共3件，占Ⅱ型带钩总数的37.5%。可分为2式。

Ⅰ式　大椭圆钩体

1件，占Ⅱa型带钩总数的33.3%。标本YYM250:13，属于春秋早中期。大椭圆形钩体，布6圈乳钉纹。重24.8克，通长4.5、通宽3厘米。背面钩体中间偏下有1个钉钮，直径1.3、高0.7厘米（图七一七，4；图版三六七，6）。

Ⅱ式　小椭圆钩体

共2件（YYM173、356），占Ⅱ型带钩总数的66.7%。

标本YYM173:1，属于春秋晚期后段。小椭圆钩体，钩体布网格纹，中心被一层黑色物质覆盖，粘有麻线。重7.55克，通长3.7、通宽1.9厘米。背面钩体正中有1个钉钮，直径约1.2、高0.5厘米（图七一七，5；图版三六七，3）。

标本YYM356:1，属于春秋晚期后段。小椭圆钩体，纹饰不辨，右下角残缺。重8克，通长4、通宽1.8厘米。背面钩体正中有1个钉钮，直径1.1、高0.6厘米（图七一七，6）。

Ⅱb型　梯形钩体

共5件，占Ⅱ型带钩总数的62.5%。纵向钩体布满圆凸嵌窝。根据底纹的有无，可划分为2式。

Ⅰ式　无底纹

共4件（YYM148、199、122、303），占Ⅱb型带钩总数的80%。

标本YYM148:6，属于春秋中晚期。残重10.2克，通长3.4、根据对称原理推断通宽为2.9厘米。右侧残损，尚余6个嵌窝，内径0.3、缘高0.2厘米。背面钩体中间偏下残存1个钉钮，直径约0.9、高0.5厘米（图七一七，7）。

标本YYM199:5，属于春秋晚期前段。重9.2克，通长3.6、通宽3厘米。钩体中间有3个嵌窝，布局为倒三角形；两侧各纵向排列3个嵌窝；直径0.25、缘高0.2厘米。背面钩体正中有1个钉钮，直径0.9、高0.3厘米（图七一八，1；图版三六七，9）。

标本YYM122:8，属于春秋晚期前段。残重11.2克，通长3.8、残宽2.35厘米。左侧残损，尚余6个嵌窝，内径0.25、缘高0.1厘米。背面钩体正中有1个钉钮，直径1.4、高0.5厘米（图七一八，2）。

标本YYM303:6，属于春秋晚期前段。重9.75克，通长3.5、通宽2.9厘米。钩体中间有4个嵌窝，呈菱形排列；两侧各有3个纵向排列的嵌窝；内径0.25、缘高0.1厘米。背面钩体正中有1个钉钮，直径1.4、高0.4厘米（图七一八，3；图版三六七，8）。

Ⅱ式　有底纹

1件，占Ⅱb型带钩总数的20%。标本YYM213:11，属于春秋晚期前段。重8.7克，通长3.5、通宽3厘米。底纹为折棱线纹；钩体中间有4个嵌窝，呈菱形排列；两侧各有3个纵向排列的嵌窝；嵌窝间以折棱线纹相勾连；嵌窝内径0.25、缘高0.1厘米（图七一八，4；图版三六八，1）。

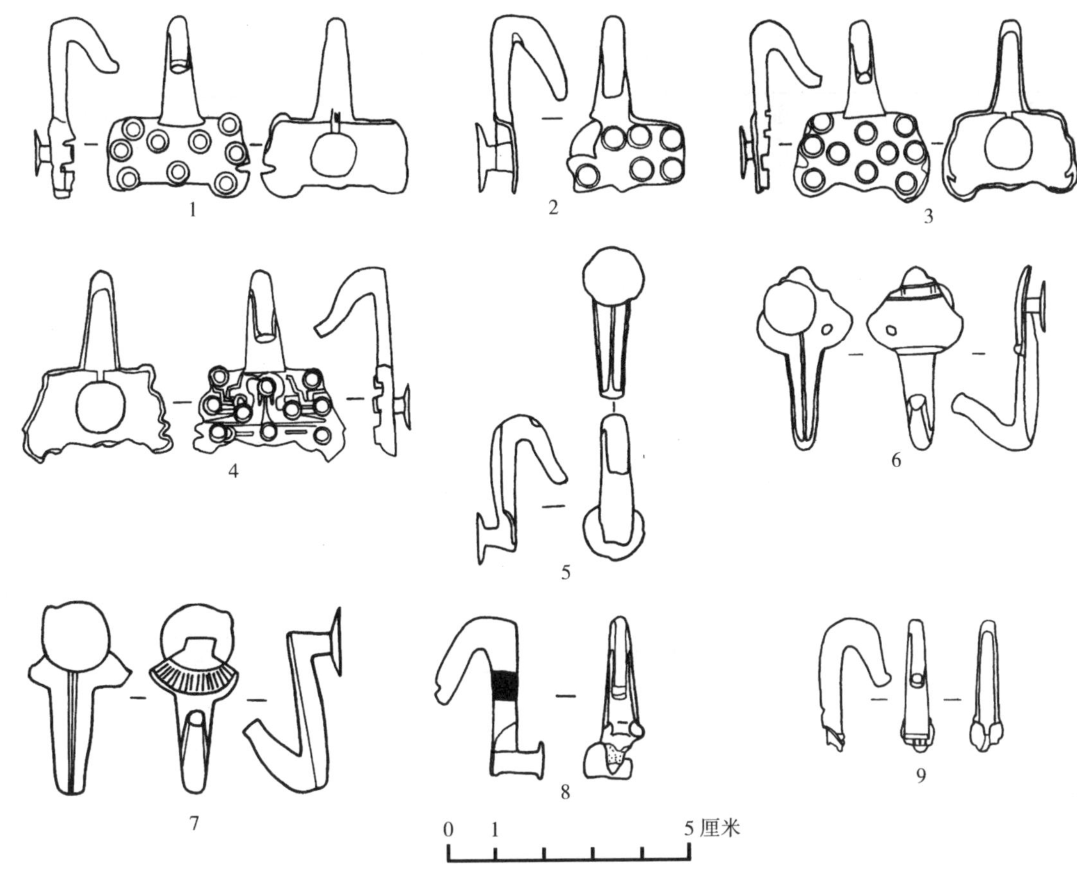

图七一八　玉皇庙墓地出土青铜带钩

1、2、3. Ⅱb型Ⅰ式（YYM199:5、122:8、303:6）　4. Ⅱb型Ⅱ式（YYM213:11）

5、6、7、8、9. 残件（YYM226:7、188:8、86:8、124:8、393:4）

详见附表173。

讨论

从分布和年代考察，玉皇庙墓地出土青铜带钩的30座墓葬，位于北Ⅰ区中部者1座（YYM18），属于春秋早期，占出土青铜带钩墓葬总数的3.3%；位于北Ⅱ区北部者7座（YYM250、282、229、228、227、226、275），属于春秋早中期，占出土青铜带钩墓葬总数的23.3%；位于北Ⅱ区中部者3座（YYM48、95、188）、北Ⅰ区南部者2座（YYM7、102），均属于春秋中期，占出土青铜带钩墓葬总数的16.7%；位于北Ⅱ区南部者5座（YYM86、72、69、63、148），属于春秋中晚期，占出土青铜带钩墓葬总数的16.7%；位于南区北部者3座（YYM213、209、199）、中部者3座（YYM158、122、124）西区者2座（313、303），均属于春秋晚期前段，占出土青铜带钩墓葬总数的26.7%；位于南区南部者3座（YYM173、356、393）、西区者1座（YYM325），均属于春秋晚期后段，占出土青铜带钩墓葬总数的13.3%。由以上统计可知，带钩的发展经历了这支文化从春秋早期至春秋晚期后段的每个发展时期，在春秋早中期和春秋晚期前段达到高峰。

附表173

玉皇庙墓地出土青铜带钩统计表

序号	器物号(YYM)	数量	型	式	重量	通长	通宽	纹饰	嵌窝	备注
1	18:10	1	Ⅰa		25.7	5.2	3	横向羊形	前后蹄、角端、尾端共4，直径0.2	钩首位于左侧，钉钮2
2	250:13	1	Ⅱa	Ⅰ	24.8	4.5	3	纵向椭圆形		钩首位于上部，钉钮1
3	282:8	1	Ⅰb	Ⅰ	10.1	3.9	2.4	纵向鸟形		钩首位于上端，钉钮1
4	229:2	1	Ⅰb	Ⅱ	7.75	3	2.6	纵向鸟形		钩首位于上端，钉钮1
5	228:6	1	Ⅰb	Ⅱ	8.2	3.8	约3	纵向鸟形		断，钩首位于上端，钉钮1
6	227:6	1	Ⅰc		19.6	5	3.4	横向回首兽	两蹄、双眼共4，直径0.25，高0.1	钩首位于左侧，钉钮2
7	226:7	1			5.3					残，只余钩首和钉钮1
8	275:10	1	Ⅰd		16.6	4.2	1.5	横向马形	眼、关节、两蹄端共4，直径0.4	钩首位于左侧，钉钮2
9	48:11	1	Ⅰe	Ⅰ	14.6	3.9	2.8	纵向兽形	下端共4，直径0.25，缘高0.05	钩首位于上端，钉钮1
10	95:13	1	Ⅰc		14.7	4.5	3	横向回首兽		钩首位于左侧，钉钮2
11	188:8	1			7					残，余钩首和钉钮及相连部
12	7:4	1	Ⅰf		22.7	6	2.1	横向双龙兽	前后体根部及端头、尾部共10，直径0.2，缘高0.11～0.15	钩首位于左侧，钉钮1
13	102:8	1	Ⅰg		17.2	5.6	3.8	横向瑞兽	耳、前后蹄、尾端共4，直径0.45，缘高0.1～0.15	钩首位于左侧，钉钮2
14	86:8	1			7.7					只余钩部及钩尾相连的放射纹边缘
15	72:3	1	Ⅰb	Ⅲ	8.2	3.8	2.2	纵向鸟形		钩首位于上端，钉钮1
16	69:4	1	Ⅰb	Ⅱ	8.5	3.8	2.7	纵向鸟形		钩首位于上端，钉钮1
17	63:2	1	Ⅰe	Ⅱ	9.8	4.7	3.1	纵向兽形	腹部2，双足2，直径0.25，高0.15	钩首位于上端，钉钮1
18	148:6	1	Ⅱb	Ⅰ	10.2	3.4	约2.9	纵向梯形	残余6，直径0.3，缘高0.2	钩首位于上端，钉钮1
19	213:11	1	Ⅱb	Ⅱ	8.7	3.5	3	纵向梯形	正面共10，直径0.25，缘高0.1	钩首位于上端，钉钮1
20	209:9	1	Ⅰc		43.2	4.4	4	横向回首兽		钩首位于左侧，钉钮2
21	199:5	1	Ⅱb	Ⅰ	9.2	3.6	3	纵向梯形	正面共9，直径0.25，缘高0.2	钩首位于上端，钉钮1
22	158:5	1	Ⅰh		16.1	4.9	3	纵向镂空龙兽形		钩首位于上端，钉钮1
23	122:8	1	Ⅱb	Ⅰ	11.2	3.8	2.35	纵向梯形	残余6，直径0.25，缘高0.1	残
24	124:8	1			8.4					只余钩部和残半钉钮
25	313:4	1	Ⅰi		8.8	3.7	2	纵向蝎形		钩首位于下端，钉钮1
26	303:6	1	Ⅱb	Ⅰ	9.75	3.5	2.9	纵向梯形	正面共10，直径0.25，缘高0.1	钩首位于上端，钉钮1
27	173:1	1	Ⅱa	Ⅱ	7.55	3.7	1.9	纵向椭圆形		钩首位于上端，钉钮1
28	325:4	1	Ⅰj		16.7	5.8	2.2	纵向兽面形		钩首位于下端，钉钮1
29	356:1	1	Ⅱa	Ⅱ	8	4	1.8	纵向椭圆形		残，余肩部、钩首和钉钮
30	393:4	1			4.5					残，只余钩首
合计							共30座墓葬　30件			

注：重量单位为克，长度单位为厘米。

从性别考察，出土带钩的墓葬全部为成年男性墓，因此说带钩是男性专有用品。

从墓葬规格级别考察，出土带钩的墓葬中，甲（A）级墓有2座（YYM18、250），乙（A）级墓有6座（YYM229、227、275、95、86、209），均属于较高规格以上的墓葬，占出土带钩墓葬总数的26.7%；乙（B）级墓有7座（YYM228、226、188、63、213、158、124），属于中等规格墓葬，占出土带钩墓葬总数的23.3%；丙（A）级墓有6座（YYM282、48、69、148、199、122），丙（B）级墓有1座（YYM102），丙（C）级墓有4座（YYM7、72、173、393），均属于较低规格墓葬，占出土带钩墓葬总数的36.7%；丁级墓有4座（YYM313、303、325、356），属于最低规格墓葬，占出土带钩墓葬总数的13.3%。这一统计结果表明，佩带铜带钩者，其身份并未有尊卑限制。进而说明，铜带钩在玉皇庙并非为身份等级的标志物，而应是男性武士服饰的配件之一。

玉皇庙墓地出土的青铜带钩虽然数量不多，但样式极其丰富，可以划分为2型13亚型9个式别，想象丰富，构思巧妙，反映了男性武士对带钩的偏爱和对个性特点的追求。

玉皇庙青铜带钩的构图分横向纵向两种，前者出现于春秋早期，延续发展到春秋晚期前段，钩钮绝大多数为双钮；后者则出现于春秋早中期，一直发展到春秋晚期后段，钩钮皆为单钮。故横向构图者年代偏早，纵向构图者年代偏晚；钩钮形式，以早到晚，有以双钮向单钮发展演变的规律性特点。

带扣　玉皇庙墓地出土的青铜带扣共3件，占玉皇庙墓地出土青铜服饰品总数的0.044%；分别出自3座墓葬，每墓1件，即YYM13、5、261，占墓葬总数的0.75%。带扣可分为扣首、扣体和穿鼻3部分，扣体和穿鼻呈在同一平面上的双环形，穿鼻固定在腰带的一端；扣首位于扣体和穿鼻的中心线，在垂直于扣体的平面上，与腰带的另一端相扣。根据造型和纹饰，可分为2型。

Ⅰ型　鸟形

共2件，即YYM13、5，均属于春秋早期，占青铜带扣总数的66.7%。方折扣首为鸟头，圆形扣体为鸟身，穿鼻为鸟尾。

Ⅰa型　标本YYM13:4，重28.6克，通长6、通宽3.4、通高1.8厘米。扣体为正圆形，尾部呈三角形，扣体与尾部衔接处分界明显，扣体背面内凹，正面略凸，外缘凸起，中间布乳钉纹，外径3.4、内径2.2、厚0.5厘米。扣首根部宽0.7、厚0.55、高1.2厘米，头部略细，长1.6厘米。穿鼻为等腰三角形，底边长2.2、宽1.5、厚0.5厘米，腰分别长1.4、1.5、宽、厚均为0.4厘米。整体形态似一只煞羽静卧的小鸟（图七一九，1；图版三六八，2）。

Ⅰb型标本YYM5:2，重16.5克，通长4.6、通宽2.6、通高1.5厘米。扣体和穿鼻联为一体，无分界，前宽后窄，前端呈弧边流线形，尾端平齐，厚0.4厘米，扣体中心呈抹角方形，内径1.5厘米，穿鼻孔形近似梯形，上、下边长分别为0.5、0.8厘米，腰长0.8厘米。扣首根部宽0.6、厚0.7、高1厘米，头部略细，长1.3厘米（图七一九，2；图版三六八，3）。

Ⅱ型　虎形

1件，标本YYM261:10，属于春秋中期，占青铜带扣总数的33.3%。重17.2克，通长5.1、通宽3.6、通高0.8厘米。扣体为卷曲的虎形，头、尾相近，前后肢向环体中心伸展，虎体宽0.4、厚0.35厘米，扣体后端有长方形穿鼻，其两端分别与虎头和虎尾相接，穿鼻整体长2、宽0.8、边框宽0.4、厚0.32厘米。扣首呈弧形探出扣体外，根部宽、厚均为0.5、高0.5、长1.3厘米（图七一九，3；图

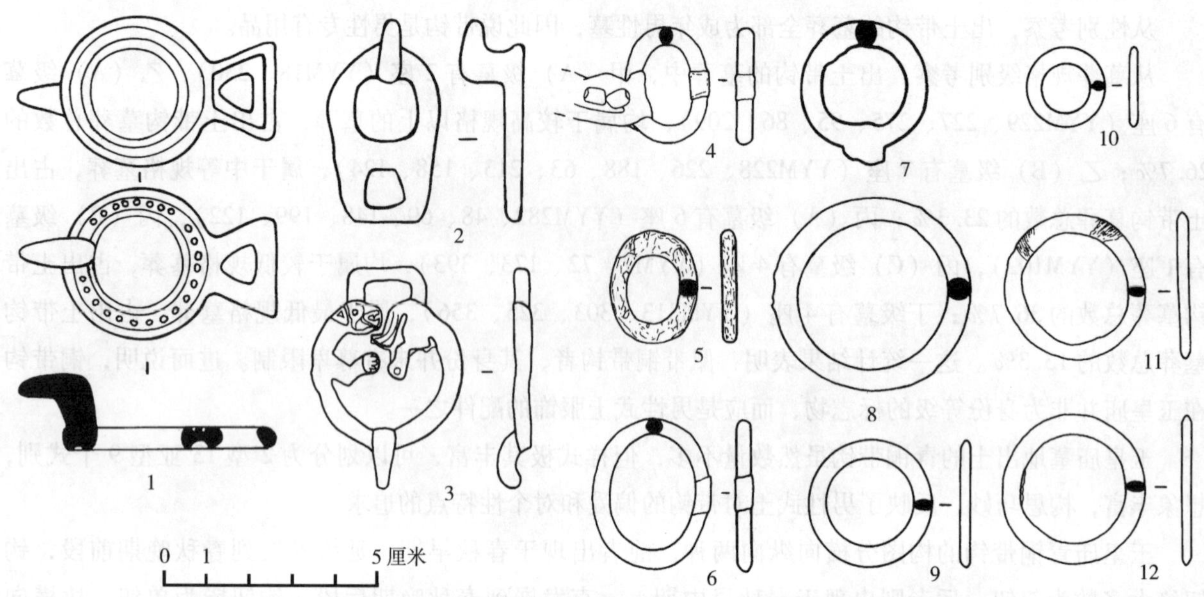

图七一九　玉皇庙墓地出土青铜带扣及服饰铜环

1～3. 青铜带扣：1. Ⅰa型（YYM13:4）　2. Ⅰb型（YYM5:2）　3. Ⅱ型（YYM261:10）　4～12. 服饰铜环：4～6. Ⅰ型（YYM2:28、18:11－1、18:11－6）　7～12. Ⅱ型Ⅰ式（YYM3:9、250:24、241:9、264:13－1、86:11、153:2）

版三六八，4）。

详见附表174。

附表174　　玉皇庙墓地出土青铜带扣统计表

序号	器物号（YYM）	形态	型	数量	重量	规格			鼻规格	
						长	宽	高	长	宽
1	13:4	鸟形，方折首，双环体，扣体为正圆形，饰乳丁纹，尾部呈三角形，扣体与尾部衔接处分界明显，穿鼻为等腰三角形，磨耗不明显	Ⅰa	1	28.7	6	3.4	1.8	0.8	0.8
2	5:2	鸟形，方折首，双环体，扣体中心呈抹角方形，穿鼻孔形近似梯形，扣体和穿鼻联为一体，无分界，前宽后窄，前端呈弧边流线形，尾端平齐，前环肩部和后环尾部磨耗明显	Ⅰb	1	16.5	4.6	2.6	1.5	0.8	0.8
3	261:10	虎形，扣首方折，双环体，前环为蜷虎	Ⅱ	1	17.2	5.1	3.6	0.8	1.1	0.5
	合　　计		共3座墓葬			3件				

注：长度单位为厘米，重量单位为克。

讨论

从分布和年代看，出土青铜带口的这3座墓，其中2座（YYM13、5）分布于北Ⅰ区中部，属于春秋早期，占出土带扣墓葬总数的66.7%；1座（YYM261）分布于北Ⅱ区中部，属于春秋中期，占出土带扣墓葬总数的33.3%。可见带扣是这支文化偏早阶段的青铜带具制品之一。

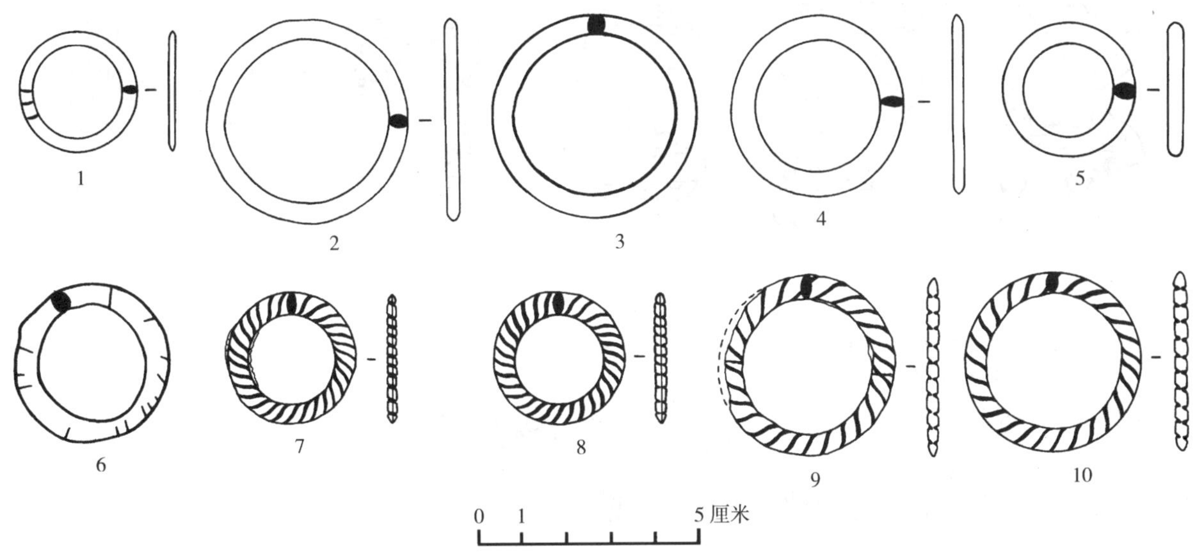

图七二〇　玉皇庙墓地出土服饰铜环

1～5. Ⅱ型Ⅰ式（YYM167:12、168:7、134:9－1、133:9、344:9－2）

6～10. Ⅱ型Ⅱ式（YYM142:10、117:16、122:15－1、340:6、344:9－1）

从墓葬规格级别考察，出土带扣的墓葬中，属于乙（A）级者2座（YYM13、261），为较高规格墓葬，占出土带扣墓葬总数的66.7%；属于丙（C）级者1座（YYM5），为较低规格墓葬，占出土带扣墓葬总数的33.3%。表明，在玉皇庙，佩带带扣没有明显的等级规定。

从性别考察，出土带扣的墓葬全部为男性墓，说明带扣是男性的服饰用品。

带卡　玉皇庙墓地出土的青铜带卡共1062件，占玉皇庙墓地出土青铜服饰品总数的15.4%；分别出自34座墓葬，墓号为：YYM22（39件）、34（24件）、19（26件）、18（1件）、300（54件）、11（60件）、230（17件）、264（55件）、226（33件）、275（18件）、234（19件）、42（4件）、255（10件）、95（22件）、51（21件）、190（30件）、54（34件）、57（30件）、217（27件）、151（25件）、145（27件）、143（25件）、117（10件）、105（23件）、74（23件）、156（105件）、131（20件）、122（77件）、124（39件）、171（69件）、129（28件）、344（29件）、349（20件）、370（18件），占玉皇庙墓地墓葬总数的8.5%。根据其造型和纹饰可分为14型2亚型6式。

Ⅰ型　右向回首奔犬

共244件，占玉皇庙墓地出土青铜带卡总数的23%；分别出自4座墓葬，墓号为：YYM22（39件）、105（23件）（图七二一，2）、156（105件）（图七二一，3；图版三七一）、122（77件）。

标本YYM22:9－1～39，这是最早出现的Ⅰ型带卡，属于春秋早期。均重4.6克，通长3.2、通宽1.9、单条鼻宽0.4厘米。前后肢向前屈伸，尾上扬，眼、肱骨头、前后爪和尾端各有1个平口嵌窝，背面是横向单条形穿鼻，纵向穿孔（图七二一，1）。

标本YYM122:10－1～77，这是最晚出现的Ⅰ型带卡，属于春秋晚期前段。均重3.5克，通长3、通宽1.8、单条鼻宽0.6厘米。形态与YYM22:9相同，在犬腰部、条鼻上饰阴刻卷云纹（图七二一，4；图版三七〇，2）。

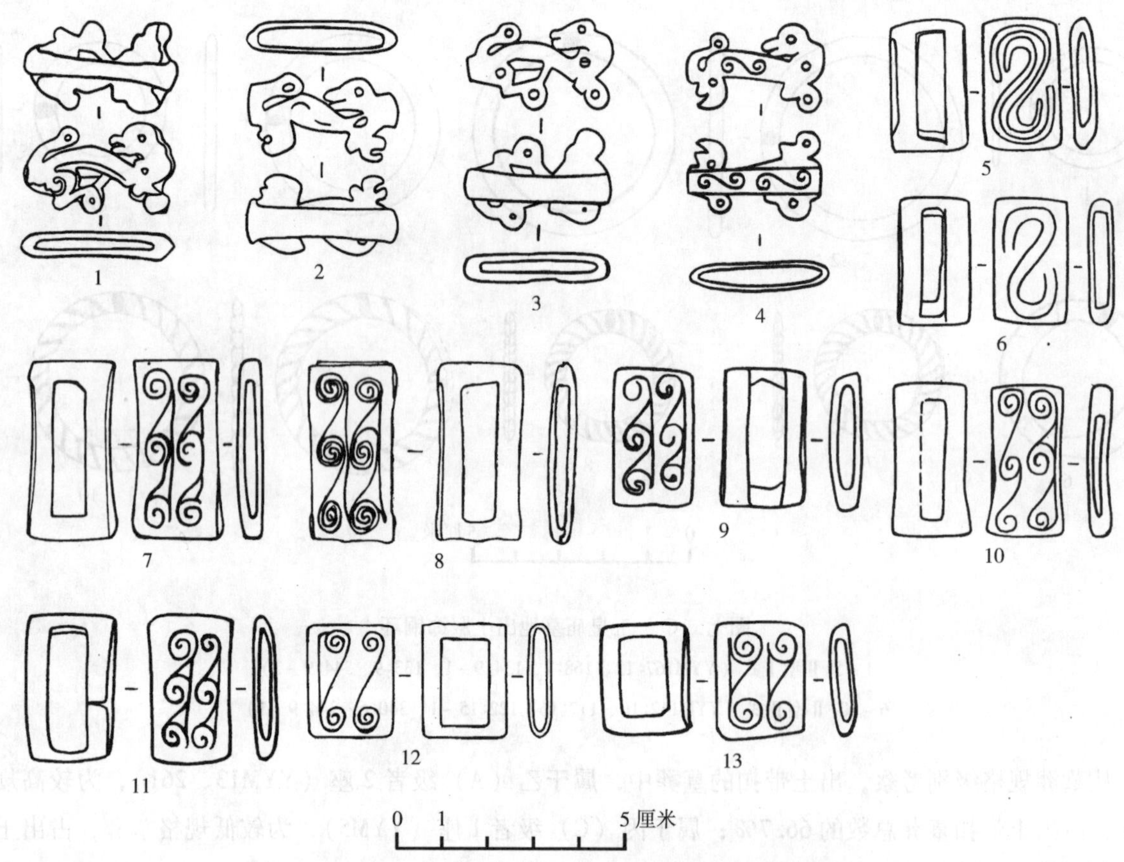

图七二一 玉皇庙墓地出土青铜带卡

1～4. Ⅰ型（YYM22:9－1、105:14－1、156:23－1、122:10－1） 5、6. Ⅱ型（YYM34:9－1、190:15－1） 7－11. Ⅲ型Ⅰ式（YYM19:19－1、11:12－1、275:19－1、217:7－1、51:12－1） 12、13. Ⅲ型Ⅱ式（YYM264:23－1、51:12－20）

其余标本与上述标本形制相近，标本 YYM105:14（图版三七〇，1）纹饰同 YYM122:10 一样，在犬腰部、条鼻上饰阴刻卷云纹（参见图七二一，2、3）。

Ⅱ型 长方形，饰反向单“S”纹

共 54 件，占玉皇庙墓地出土青铜带卡总数的 5.1%；分别出自 2 座墓葬，墓号为：YYM34（24 件）、190（30 件）。

标本 YYM34:9－1～24，这是较早出现的Ⅱ型带卡，属于春秋早期。均重 6.4 克，通长 2.7、通宽 1.7、双条鼻宽 0.4 厘米（图七二一，5；图版三七二，1）。

标本 YYM190:15－1～30，这是较晚出现的Ⅱ型带卡，属于春秋中期。均重 6.7 克，通长 2.6、通宽 1.6、双条鼻宽 0.5 厘米（图七二一，6）。

Ⅲ型 长方形，饰卷云纹

共 180 件，占玉皇庙墓地出土青铜带卡总数的 16.9%；分别出自 11 座墓葬，墓号为：YYM19（26 件）、18（1 件）、11（30 件）、264（16 件）、275（10 件）、275（8 件）、51（19 件）、51（1 件）、54（34 件）、217（27 件）、344（8 件）。根据卷云纹的不同排列方式及装饰方法，可分为 4 式。

Ⅰ式 双排三联卷云纹

共 113 件，占玉皇庙墓地出土Ⅲ型青铜带卡总数的 62.8%；分别出自 6 座墓葬，墓号为：YYM19

（26件）、18（1件）、11（30件）、275（10件）、51（19件）、217（27件）。

标本YYM19:19－1～26，这是最早出现的Ⅲ型Ⅰ式带卡，属于春秋早期。均重10克，通长3.6、通宽1.8、双条鼻宽0.4厘米（图七二一，7）。

标本YYM217：7－1～27，这是最晚出现的Ⅲ型Ⅰ式带卡，属于春秋晚期前段。均重6.3克，通长3.2、通宽1.5、双条鼻宽0.5厘米（图七二一，10）。

其余标本与上述标本形制相近（参见图七二一，8、9、11）。

Ⅱ式　双排二联卷云纹

共17件，占玉皇庙墓地出土Ⅲ型青铜带卡总数的9.4%；分别出自2座墓葬，墓号为:264（16件）、51（1件）。

标本YYM264:23－1～16，这是较早出现的Ⅲ型Ⅱ式带卡，属于春秋早中期。均重5克，通长2.4、通宽1.8、双条鼻宽0.35厘米（图七二一，12）。

标本YYM51:12－20，这是较晚出现的Ⅲ型Ⅱ式带卡，属于春秋中期。均重5.6克，通长2.3、通宽1.6、双条鼻宽0.4厘米（图七二一，13）。

Ⅲ式　饰嵌窝单排三联卷云纹

共16件，占玉皇庙墓地出土Ⅲ型青铜带卡总数的8.9%；分别出自2座墓葬，墓号为：YYM275（8件）、344（8件）。中间的卷云纹四周各有1个凸嵌窝。

标本YYM275:19－11～18，这是较早出现的Ⅲ型Ⅲ式带卡，属于春秋早中期。均重7.5克，通长3.1、通宽1.4、双条鼻宽0.31厘米（图七二二，1）。

标本YYM344:15－22～29，这是较晚出现的Ⅲ型Ⅲ式带卡，属于春秋晚期后段。均重4.5克，通长3、通宽1.3、双条鼻宽0.3厘米（图七二二，2）。

Ⅳ式　单排三联卷云纹

1墓34件，占玉皇庙墓地出土Ⅲ型青铜带卡总数的18.9%。标本YYM54:11－1～34，属于春秋中期。均重5.7克，通长4.3、通宽1.2、双条鼻宽0.3厘米（图七二二，3；图版三七二，2）。

Ⅳ型　三菱形

出自1座墓葬，共54件，占玉皇庙墓地出土青铜带卡总数的5.1%。标本YYM300:17－1～54，属于春秋早期。均重1.6克，通长1.9、通宽1.2、单条鼻宽0.4厘米（图七二二，4；图版三七三）。

Ⅴ型　反向单“S”

共318件，占玉皇庙墓地出土青铜带卡总数的29.9%；分别出自11座墓葬，墓号为：YYM11（30件）、234（19件）、145（27件）、143（25件）、74（23件）、131（20件）、124（39件）、171（69件）、129（28件）、349（20件）、370（18件）。形制为根据造型的差别，可分为2式。

Ⅰ式　端头相连

出自1座墓葬，共30件，占玉皇庙墓地出土Ⅴ型青铜带卡总数的9.4%。标本YYM11:13－1～30，造型与“8”相近，属于春秋早期。均重4.7克，通长3、通宽1.5、单条鼻宽0.6厘米（图七二二，5）。

Ⅱ式　常态反向单“S”

共288件，占玉皇庙墓地出土Ⅴ型青铜带卡总数的90.6%。分别出自10座墓葬，墓号为:

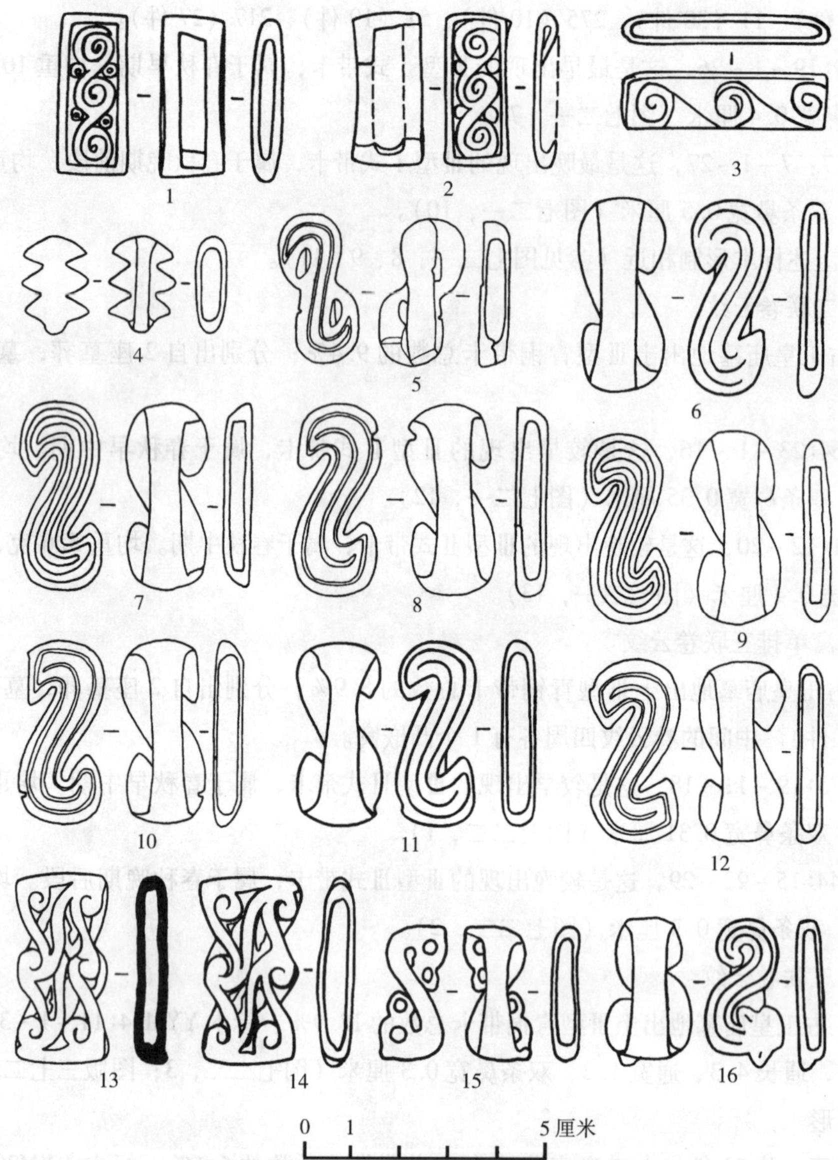

图七二二　玉皇庙墓地出土青铜带卡

1、2. Ⅲ型Ⅲ式（YYM275:19－11、344:15－22）　3. Ⅲ型Ⅳ式（YYM54:11－1）　4. Ⅳ型（YYM300:17－1）　5. Ⅴ型Ⅰ式（YYM11:13－1）　6～12. Ⅴ型Ⅱ式（YYM234:11－1、145:15－1、143:11－1、131:12－1、124:9－1、171:12－1、129:8－1）　13、14. Ⅵ型（YYM230:21－1、95:14－1）　15. Ⅶ型（YYM264:19－1）　16. Ⅷ型（YYM226:13－1）

YYM234（19件）、145（27件）（图版三七四，1）、143（25件）（图版三七二，3）、74（23件）、131（20件）（图版三七四，2）、124（39件）（图版三七五，1）、171（69件）（图版三七五，2）、129（28件）（图版三七六，1）、349（20件）、370（18件）。

标本YYM234:11－1～19，这是最早出现的Ⅴ型Ⅱ式，属于春秋中期。均重6.1克，通长3.8、通宽1.7、单条鼻宽0.7厘米。（图七二二，6）

标本 YYM370∶8 – 1 ~ 18，这是最晚出现的Ⅴ型Ⅱ式，属于春秋晚期后段。均重 6.6 克，通长 3.7、通宽 1.7、单条鼻宽 0.8 厘米。

其余标本与上述标本形制相近（参见图七二二，7 ~ 12）。

Ⅵ型　双面镂空双排三联卷云纹

共 39 件，占玉皇庙墓地出土青铜带卡总数的 3.7%；分别出自 2 座墓葬，墓号为：YM230（17 件）、95（22 件）。中空穿鼻。

标本 YYM230∶21 – 1 ~ 17，这是较早出现的Ⅵ型带卡，属于春秋早中期。均重 8.2 克，通长 3.7、通宽 1.8 厘米（图七二二，13；图版三七六，3）。

标本 YYM95∶14 – 1 ~ 22，这是较晚出现的Ⅵ型带卡，属于春秋中期。均重 11.3 克，通长 3.8、通宽 2 厘米（图七二二，14；图版三七六，4）。

Ⅶ型　回首双兽

出自 1 座墓葬，共 39 件，占玉皇庙墓地出土青铜带卡总数的 3.7%。标本 YYM264∶19 – 1 ~ 39，双兽共用一个身体的，呈对角线对称，属于春秋早中期。均重 3.7 克，通长 2.7、通宽 1.3、单条鼻宽 0.6 厘米（图七二二，15；图版三七七，2）。

Ⅷ型　反“S”状螭龙

出自 1 座墓葬，共 33 件，占玉皇庙墓地出土青铜带卡总数的 3.1%。标本 YYM226∶13 – 1 ~ 33，属于春秋早中期。均重 3.9，通长 3、通宽 1.7、单条鼻宽 0.75 厘米（图七二二，16；图版三七六，2；图版三七七，1）。

Ⅸ型　箍形

共 14 件，占玉皇庙墓地出土青铜带卡总数的 1.3%；分别出自 2 座墓葬，墓号为：YYM42（4）、255（10 件），均属于春秋中期。根据出土时形态可分为双层镂空箍形（Ⅸa 型）和单层箍形（Ⅸb 型）。推测制作者本意是制作Ⅸb 型箍形卡，由于浇注过程中的原因，Ⅸa 型箍形卡上下层之间未完全阻断，形成镂空。

Ⅸa 型　双层镂空箍形

1 座墓 4 件，占玉皇庙墓地出土Ⅸ型青铜带卡总数的 28.6%。标本 YYM42∶9 – 1 ~ 4，均重 2.1 克，通长 1.3、通宽 1.1 厘米。分上下两层，中间以左、右、背 3 处细条铸连，正面饰纵向阴线纹，形成横向三段，中空式穿鼻（图七二三，1；图版三七八，1）。

Ⅸb 型　单层箍形

1 座墓 10 件，占玉皇庙墓地出土Ⅸ型青铜带卡总数的 71.4%。标本 YYM255∶2 – 1 ~ 10，均重 0.6 克，通长 1.1、通宽 0.4 厘米。正面饰纵向阴线纹，形成横向三段，中空式穿鼻（图七二三，2；图版三七八，2）。

Ⅹ型　镂空长方形

出自 1 座墓葬，1 件，占玉皇庙墓地出土青铜带卡总数的 0.09%。标本 YYM51∶12 – 21，形制为在花边长方形底面上镂圆孔。重 4 克，通长 2.3、通宽 1.6、单条鼻宽 0.5 厘米（图七二三，3）。

Ⅺ型　折线纵联双“S”形

出自一座墓葬，共 30 件，占玉皇庙墓地出土青铜带卡总数的 2.8%。标本 YYM57∶9 – 1 ~ 30，以阴刻线装饰，属于春秋中晚期。均重 5.5 克，通长 3.5、通宽 1.6、单条鼻宽 0.7 厘米（图七二三，4；

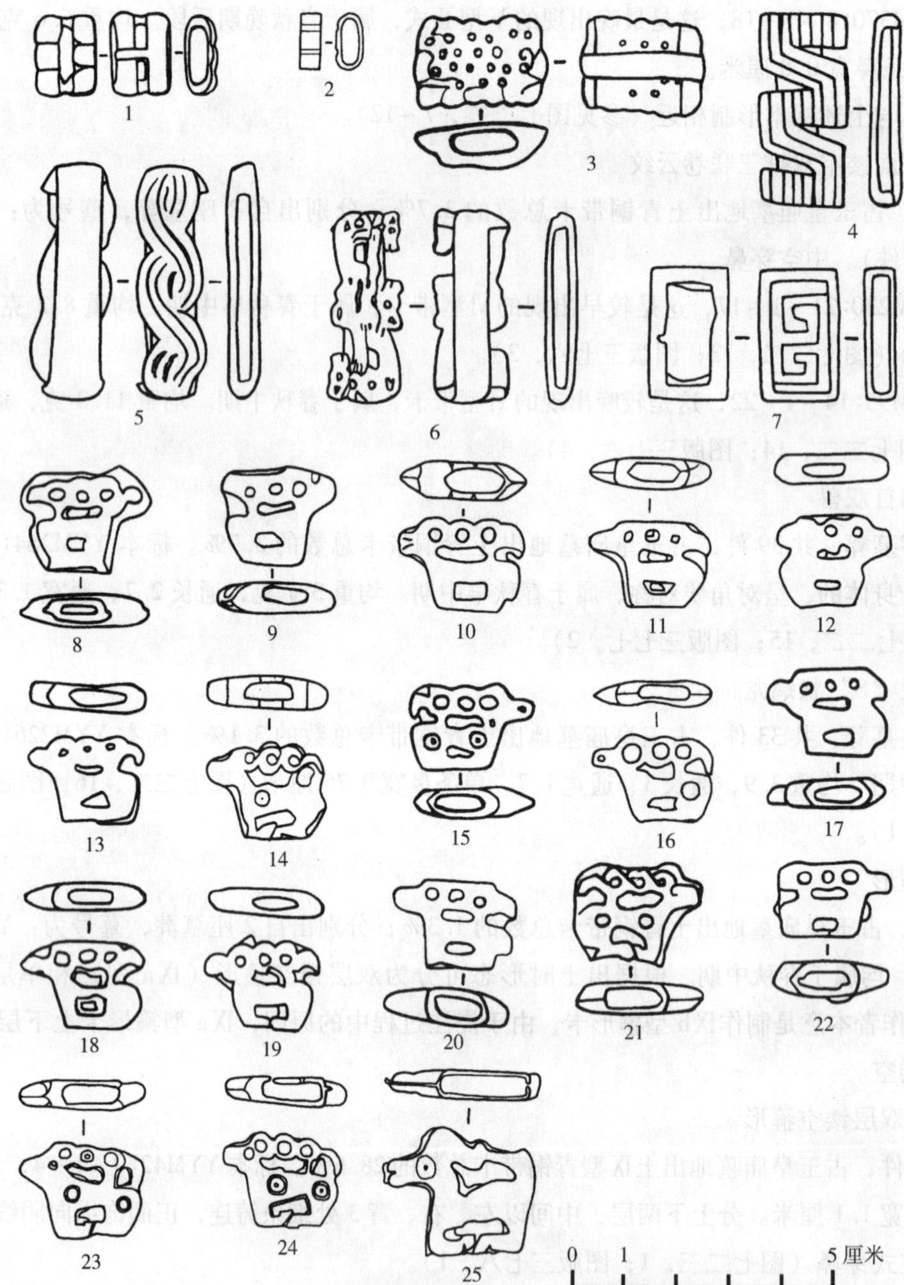

图七二三　玉皇庙墓地出土青铜带卡及带饰

1～7. 青铜带卡：1. Ⅸa型（YYM42:9－1）　2. Ⅸb型（YYM255:2－1）　3. Ⅹ型（YYM51:12－21）　4. Ⅺ型（YYM57:9－1）　5. Ⅻ型（YYM151:18－1）　6. ⅩⅢ型（YYM117:14－1）　7. ⅩⅣ型（YYM344:15－1）　8～25. 青铜带饰Ⅰ型—鹿形：8～24. Ⅰ型Ⅰ式（YYM32:12－1、34:10－1、300:18－1、250:30－1、282:10－1、230:20－1、233:10－1、42:8－1、261:21－1、95:15－1、190:14－1、188:11－1、52:20－1、54:12－1、58:8－1、210:10－1、209:17－1）　25. Ⅰ型Ⅱ式（YYM175:13－1）

图版三七八，3）。

XII型 纵联双“S”形

出自1座墓葬，共25件，占玉皇庙墓地出土青铜带卡总数的2.4%。标本YYM151:18－1～25，似绹索状，饰阴刻随形装饰线，属于春秋晚期前段。均重8.2克，通长4.4、通宽1.4、单条鼻宽0.9厘米（图七二三，5；图版三七九，1）。

XIII型 双虎食三鹿

出自一座墓葬，共10件，占玉皇庙墓地出土青铜带卡总数的0.9%。标本YYM117:14－1～10，两虎各食1鹿，呈对角线对称，两虎之间另立1鹿，属于春秋晚期前段。均重4.2克，通长3.4、通宽1.4、单条鼻宽0.7厘米（图七二三，6；图版三七六，5；图版三七八，4）。

XIV型 回纹长方形

出自1座墓葬，共21件，占玉皇庙墓地出土青铜带卡总数的2%。标本YYM344:15－1～21，形制为在长方形底面上阴刻回纹，属于春秋晚期后段。均重5.3克，通长2.5、通宽1.6、双条鼻宽0.3厘米（图七二三，7；图版三七九，2）。

详见附表175。

附表175－1 **玉皇庙墓地出土青铜带卡统计表**

序号	器物号（YYM）	形态	型	式	数量	均重	规格				备注
							通长	通宽	鼻形	鼻宽	
1	22:9－1～39	右向回首奔犬	I		39	4.6	3.2	1.9	单条鼻	0.4	
2	34:9－1～24	长方形反向单“S”纹	II		24	6.4	2.7	1.7	双条鼻	0.4	残10
3	19:19－1～26	长方形双排三联卷云纹	III	I	26	10	3.6	1.8	双条鼻	0.4	
4	18:16	长方形双排三联卷云纹	III	I	1	9.6	3.5	1.8	双条鼻	0.4	
5	300:17－1～54	三联菱形	IV		54	1.6	1.9	1.2	单条鼻	0.4	残5
6	11:12－1～30	长方形双排三联卷云纹	III	I	30	11.5	3.7	1.8	双条鼻	0.4	残2
	11:13－1～30	端头相连反“S”形	V	I	30	4.7	3	1.5	单条鼻	0.6	残14
7	230:21－1～17	镂空双排三联卷云纹	VI		17	8.2	3.7	1.8	中空鼻		残14
8	264:19－1～39	反向双兽纹	VII		39	3.7	2.7	1.3	单条鼻	0.6	残17
	264:23－1～16	长方形双排二联卷云纹	III	II	16	5	2.4	1.8	双条鼻	0.35	残5
9	226:13－1～33	反“S”形螭龙纹	VIII		33	3.9	3	1.7	单条鼻	0.75	残11
10	275:19－1～10	长方形双排三联卷云纹	III	I	10	6.4	2.8	1.7	双条鼻	0.4	
	275:19－11～18	长方形单排三联卷云纹，中间纹饰四角各有1凸嵌窝，窝径0.15	III	III	8	7.5	3.1	1.4	双条鼻	0.31	
11	234:11－1～19	反向单“S”	V	II	19	6.1	3.8	1.7	单条鼻	0.7	残1
12	42:9－1～4	双层镂空箍形	IXa		4	2.1	1.3	1.1	中空鼻		残2
13	255:2－1～10	单层箍形	IXb		10	0.6	1.1	0.4	中空鼻		

附表175－2

玉皇庙墓地出土青铜带卡统计表

序号	器物号（YYM）	形态	型	式	数量	均重	规格				备注
							通长	通宽	鼻形	鼻宽	
14	95:14－1～22	镂空双排三联卷云纹	Ⅵ		22	11.3	3.8	2	中空鼻		残15
15	51:12－1～19	长方形双排三联卷云纹	Ⅲ	Ⅰ	19	7.3	3	1.7	双条鼻	0.4	残4
	51:12－20	长方形双排二联卷云纹	Ⅲ	Ⅱ	1	5.6	2.3	1.8	双条鼻	0.4	
	51:12－21	长方形镂圆孔	Ⅹ		1	4	2.3	1.6	单条鼻	0.5	
16	190:15－1～30	长方形反向单“S”纹	Ⅱ		30	6.7	2.6	1.6	双条鼻	0.5	残3
17	54:11－1～34	长方形单排三联卷云纹	Ⅲ	Ⅳ	34	5.7	4.3	1.2	双条鼻	0.3	
18	57:9－1～30	折线纵联双“S”形，上纹底线与下纹上线合一，饰随形阴刻装饰线	Ⅺ		30	5.5	3.5	1.6	单条鼻	0.7	残17
19	217:7－1～27	长方形双排三联卷云纹	Ⅲ	Ⅰ	27	6.3	3.2	1.5	双条鼻	0.5	残4
20	151:18－1～25	纵联双“S”形，饰随形阴刻装饰线	Ⅻ		25	8.2	4.4	1.4	单条鼻	0.9	残4
21	145:15－1～27	反向单“S”	Ⅴ	Ⅱ	27	5.6	3.6	1.7	单条鼻	0.7	残5
22	143:11－1～25	反向单“S”	Ⅴ	Ⅱ	25	6.2	3.9	1.8	单条鼻	0.8	残6
23	117:14－1～10	双虎食三鹿	XIII		10	4.2	3.4	1.4	单条鼻	0.7	残4
24	105:14－1～23	右向回首奔犬	Ⅰ		23	3	3.2	2.1	单条鼻	0.7	残17
25	74:17－1～23	反向单“S”	Ⅴ	Ⅱ	23	3	3.1	2.2	单条鼻	0.7	
26	156:23－1～105	右向回首奔犬	Ⅰ		105	4.3	3.1	2	单条鼻	0.5	残18
27	131:12－1～20	反向单“S”	Ⅴ	Ⅱ	20	5.5	3.6	1.6	单条鼻	0.7	残7
28	122:10－1～77	右向回首奔犬	Ⅰ		77	3.5	3	1.8	单条鼻	0.6	残26
29	124:9－1～39	反向单“S”	Ⅴ	Ⅱ	39	5.8	3.6	1.6	单条鼻	0.7	残4
30	171:12－1～69	反向单“S”	Ⅴ	Ⅱ	69	5.4	3.6	1.8	单条鼻	0.7	残13
31	129:8－1～28	反向单“S”	Ⅴ	Ⅱ	28	5.9	3.6	1.6	单条鼻	0.7	残3
32	344:15－1～21	长方形回纹	XIV		21	5.3	2.5	1.6	双条鼻	0.3	
	344:15－22～29	长方形单排三联卷云纹，中间纹饰四角各有1凸嵌窝，窝径0.15	Ⅲ	Ⅲ	8	4.5	3	1.3	双条鼻	0.3	
33	349:11－1～20	反向单“S”	Ⅴ	Ⅱ	20	7.5	3.6	1.7	单条鼻	0.8	
34	370:8－1～18	反向单“S”	Ⅴ	Ⅱ	18	6.6	3.7	1.7	单条鼻	0.8	残10
	合计		34座墓葬		1062件						

注：长度单位为厘米，重量单位为克。

讨论

从年代考察，出土青铜带饰的墓葬中，位于北Ⅰ区中部者5座（YYM22、34、19、18、11）、位于北Ⅰ区西部者1座（YYM300），均属于春秋早期，占出土青铜带卡墓葬总数的17.6%；位于北Ⅱ区北部者4座（YYM230、264、226、275），属于春秋早中期，占出土青铜带卡墓葬总数的11.8%；位于北Ⅱ区中部者7座（YYM234、42、255、95、51、190、54），属于春秋中期，占出土青铜带卡墓葬总数的20.6%；位于北Ⅱ区南部者1座（YYM57），属于春秋中晚期，占出土青铜带卡墓葬总数的2.9%；位于南区北部者7座（YYM217、151、145、143、117、105、74）、位于南部中部者5座（YYM156、131、122、124、171），均属于春秋晚期前段，占出土青铜带卡墓葬总数的35.3%；位于南区南部者4座（YYM129、344、349、370），属于春秋晚期后段，占出土青铜带卡墓葬总数的11.8%。显然春秋晚期前段出土青铜带卡的墓葬最多，其次是春秋中期，再次是春秋早期。可以说，从春秋早期到春秋晚期，青铜带卡的普及率逐渐增高。

从墓主性别考察，在出土青铜带卡的男性墓葬中，男性墓有31座（YYM22、19、18、300、11、230、264、226、275、234、95、51、190、54、57、217、151、145、143、117、105、74、156、131、122、124、171、129、344、349、370），占出土青铜带卡墓葬总数的91.2%；无人墓仅1座（YYM34），占出土青铜带卡墓葬总数的2.9%；少儿墓2座（YYM42、255），占出土青铜带卡墓葬总数的5.9%。绝无女性墓。成年男性是青铜带卡的主要使用者。

从墓葬级别考察，在出土青铜带卡的墓葬中，甲（A）级墓有2座（YYM18、230），占甲（A）级墓葬总数的66.7%，；甲（B）级墓有3座（YYM22、217、151），占男性甲（B）级墓葬总数的75%；乙（A）级墓有10座（YYM300、11、275、95、51、54、74、156、129、344），占男性乙（A）级墓葬总数的47.6%；乙（B）级墓有7座（YYM19、226、234、190、57、124、349），占乙（B）级男性墓总数的16.3%；丙（A）级墓有7座（YYM264、145、143、117、131、122、171），占丙（A）级男性墓总数的18.4%；丙（B）级男性墓有1座（YYM370），占丙（B）级男性墓总数的6.3%；丙（C）级男性墓有1座（YYM105），占丙（C）级男性墓总数的3.8%；男性丁级墓中未有随葬带卡者。甲级墓中随葬带卡的比例较高，在60%以上，其次是乙（A）级墓，接近50%。基本趋势是，墓葬级别越高，随葬青铜带卡的比例也越高。

这些带卡从纹饰和造型上区分，可分为两大类：动物纹类和几何纹类。

动物纹分单体和多体两种，单体动物造型呈反“S”形，两体或多体动物呈对角线对称布局。共4种，占玉皇庙墓地出土青铜带卡种类总数（19种）的21.1%，有Ⅰ型（犬）、Ⅶ型（双兽）、Ⅷ（螭龙）和XⅢ（虎食鹿），共有7座墓随葬（YYM22、264、226、117、105、156、122），占出土青铜带卡墓葬总数的20.6%。其中随葬Ⅰ型带卡的墓葬最多，有4座，其余皆各1座。

几何造型和纹饰占多数，共15种，占玉皇庙墓地出土青铜带卡种类总数的78.9%。可分为两类，一类是在长方形的底面上阴刻纹饰，另一类以纹饰为造型。前者有7种（Ⅱ型、Ⅲ型Ⅰ式、Ⅲ型Ⅱ式、Ⅲ型Ⅲ式、Ⅲ型Ⅳ式、Ⅹ型、XⅣ型），占几何形种类的46.7%。分别出自11座墓葬（YYM34、19、18、11、264、275、51、190、54、217、344），占出土青铜带卡墓葬总数的32.4%。后者有8种（Ⅳ型、Ⅴ型Ⅰ式、Ⅴ型Ⅱ式、Ⅵ型、Ⅸa型、Ⅸb型、Ⅺ型、Ⅻ型），占几何形种类的53.3%。分别出自18座墓葬（YYM300、11、230、234、42、255、95、57、151、145、143、74、131、124、171、129、349、370），占出土青铜带卡墓葬总数的52.9%。

无论是动物纹还是几何纹，均以“S”纹的变体为主要特征。在14型中，以“S”纹为母题者有11种之多，占纹饰型别总数的78.6%，即Ⅰ、Ⅱ、Ⅲ、Ⅴ、Ⅵ、Ⅶ、Ⅷ、Ⅺ、Ⅻ、XIII和XIV型，有正向、反向之分。其中反向居多，有6种（Ⅰ、Ⅱ、Ⅲ、Ⅴ、Ⅷ和XIV型），占54.5%；正向较少，有5种（Ⅵ、Ⅶ、Ⅺ、Ⅻ和XIII型），占45.5%。

带饰 玉皇庙墓地共出土青铜带饰3179件，占玉皇庙墓地出土青铜服饰品总数的46.2%；分别出自57座墓葬，墓号为：YYM32（32件）、34（28件）、17（73件）、18（89件）、13（45件）、300（50件）、250（55件）、282（60件）、230（49件）、229（82件）、233（27件）、227（29件）、264（14件）、276（42件）、275（38件）、42（6件）、41（37件）、236（16件）、261（101件）、247（39件）、95（56件）、190（18件）、188（68件）、52（143件）、54（39件）、295（27件）、7（37件）、212（73件）、58（49件）、210（93件）、209（95件）、151（55件）、142（43件）、145（40件）、143（70件）、117（74件）、105（69件）、74（65件）、156（94件）、158（122件）、168（93件）、134（45件）、131（43件）、122（48件）、124（78件）、171（91件）、108（44件）、110（2件）、160（26件）、175（56件）、129（73件）、174（93件）、344（95件）、349（49件）、373（29件）、372（4件）、370（68件），占玉皇庙墓地墓葬总数的14.25%。根据其形态，可划分为8型12式。

Ⅰ型 鹿形

共797件，占玉皇庙墓地出土青铜带饰总数的25.1%。均为卧鹿，根据鹿角及形制差异，可分为3式。

Ⅰ式 圆雕，三联环形鹿角

共758件，占玉皇庙墓地出土Ⅰ型青铜带饰总数的95.1%；分别出自17座墓葬，墓号为：YYM32（30件）、34（26件）、300（50件）、250（55件）（图版三八〇，2）、282（49件）（图版三八〇，3）、230（49件）、233（27件）（彩版六七，1；图版三八〇，4）、42（6件）、261（31件）（图版三八一）、95（56件）、190（18件）、188（68件）、52（57件）、54（39件）、58（49件）（图版三八二）、210（53件）（图版三八三，1、2）、209（95件）。中空圆雕，中间为纵向椭圆形穿孔。

标本YYM32:12－1～30，这是最早出现的Ⅰ型Ⅰ式带饰，属于春秋早期。鹿昂首引颈，鹿角呈三联环平后伸，前后蹄相叠，肱骨头和股骨头饰双圈纹，尾部上扬。两侧可见铸缝。均重5.5克，通长2.3、通宽1.8、厚0.5、穿鼻孔径0.9×0.3厘米（图七二三，8；图版三八〇，1）。

标本YYM209:17－1～95，这是最晚出现的Ⅰ型Ⅰ式带饰，属于春秋晚期前段。形态与YYM32:12相同，眼睛的阴刻圈线格外清晰。均重3.9克，通长2.4、通宽1.7、厚0.55、穿鼻孔径1×0.4厘米（图七二三，24）。

其余标本与上述标本形制相近（参见图七二三，8～23）。

Ⅱ式 圆雕，钩状鹿角

出自1座墓葬，共23件，占玉皇庙墓地出土Ⅰ型青铜带饰总数的2.9%。标本YYM175:13－1～23，属于春秋晚期后段。中空圆雕，中间为纵向椭圆形穿孔。鹿昂首引颈，鹿角呈三联环平后伸，前后蹄相叠，肱骨头和股骨头饰双圈纹，尾部上扬。两侧可见铸缝。均重6.4克，通长2.8、通宽2.3、厚0.5、穿鼻孔径1.4×0.3厘米（图七二三，25；图版三八四，1、2）。

Ⅲ式 左向浮雕，三叉鹿角

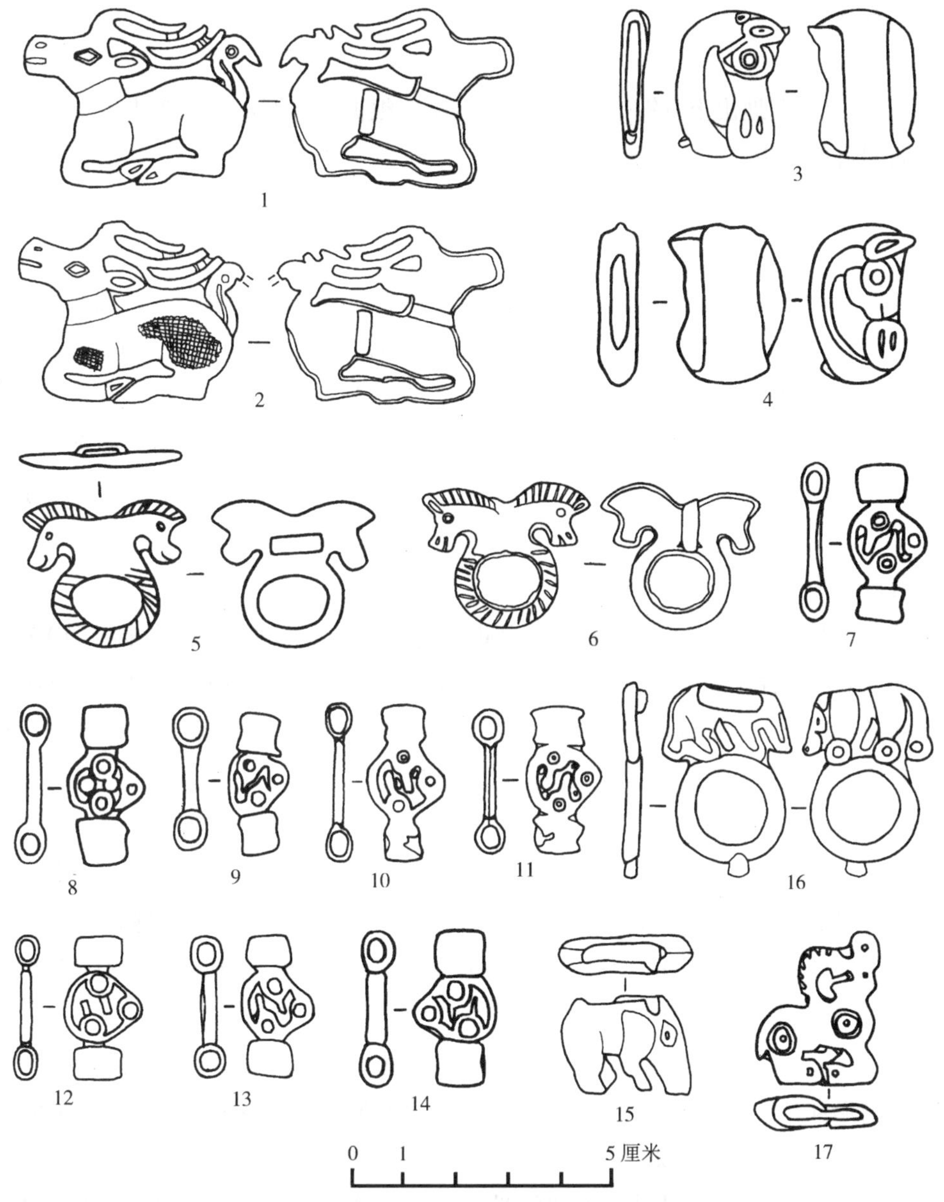

图七二四　玉皇庙墓地出土青铜带饰

1、2. Ⅰ型Ⅲ式（YYM174:8－1、174:8－2）　3～6. Ⅱ型－马形：3、4. Ⅱ型Ⅰ式（YYM32:18－1、295:7－1）　5、6. Ⅱ型Ⅱ式（YYM158:14－1、158:14－29）　7～14. Ⅲ型－三鸟头形（YYM34:11－1、17:7－1、229:13－1、276:6－1、41:9－1、261:20－1、52:21－1、210:9－1）　15～16. Ⅳ型－野猪形：15. Ⅳ型Ⅰ式（YYM18:17－1）　16. Ⅳ型Ⅱ式（YYM52:19－1）　17. Ⅴ型－羊形：Ⅴ型Ⅰ式（YYM13:17－1）

出自1座墓葬，共16件，占玉皇庙墓地出土Ⅰ型青铜带饰总数的2%。标本YYM174:8－1～16，属于春秋晚期后段。与青铜牌饰形制相同，有可能是以牌饰充当带饰使用，可称“牌饰形带饰”。昂首挺颈，三叉鹿角平后伸，上扬的尾部饰线纹和圈点纹，三角形前后蹄相叠，体态饱满，肱骨头和股骨头圆润，强健有力。背面颈部有1个基本横向条形穿鼻，腰部有1个纵向条形穿鼻。均重7.3克，通长4.5、通宽3.4、厚0.4厘米，条形鼻长0.8、宽0.3厘米（图七二四，1、2；彩版六七，2；图版三八五；图版三八六，1、2）。

Ⅱ型　马头形

共68件，占玉皇庙墓地出土青铜带饰总数的2.1%。根据其造型可分为2式。

Ⅰ式　右向回首单马头

共29件，占玉皇庙墓地出土Ⅱ型青铜带饰总数的42.6%；分别出自2座墓葬，墓号为：YYM32（2件）、295（27件）。

标本YYM32:18－1～2，这是较早出现的Ⅱ型Ⅰ式带饰，属于春秋早期。单面镂雕，侧面像，吻部向右，面部呈狭长葫芦形，背面为横向条形穿鼻，穿孔纵向。均重6.5克，通长2.6、通宽2.2厘米，条形鼻长2.2、宽1厘米（图七二四，3；图版三八六，3）。

标本YYM295:7－1～27，这是较晚出现的Ⅱ型Ⅰ式带饰，属于春秋中期。形态与YYM32:18相同。均重7.7克，通长2.8、通宽2.2厘米，条形鼻长2、宽1厘米（图七二四，4；彩版六七，3；图版三八六，4）。

Ⅱ式　相背双马头

出自1座墓葬，共39件，占玉皇庙墓地出土Ⅱ型青铜带饰总数的57.4%。标本YYM158:14－1～39，属于春秋晚期前段。浮雕，颈下接同一环，环上及马鬃饰绹纹。背面两颈间饰横向条形穿鼻，纵向穿孔；或纵向条形穿鼻，穿孔横向。均重4.7克，通长2.7～2.8、通宽2.9～3厘米，横鼻长1.1、纵鼻长0.8、均宽0.3厘米（图七二四，5、6；图版三八七）。

Ⅲ型　环状鸟首形

共427件，占玉皇庙墓地出土青铜带饰总数的13.4%；分别出自8座墓葬，墓号为：YYM34（2件）、17（73件）（图版三八八）、229（82件）（图版三八九，1）、276（42件）（图版三九〇，1）、41（37件）（图版三九一，1）、261（70件）（图版三九一，2）、52（81件）（图版三九二，1）、210（40件）。形态为3只鸟头环形排列。

标本YYM34:11－1～2，这是最早出现的Ⅲ型带饰，属于春秋早期。平面镂雕，中心为环形排列3个鸟头，两侧是筒形穿鼻。均重3.9克，通长2.8、通宽1.5厘米，筒鼻长1、直径0.55厘米（图七二四，7；图版三八九，2左1、左2）。

标本YYM210:9－1～40，这是最晚出现的Ⅲ型带饰，属于春秋晚期前段。形制与YYM34:11相同。均重5.4克，通长2.8、通宽1.7厘米，筒鼻长1.1、直径0.6厘米（图七二四，14；图版三八九，2左3；图版三九〇，2）。

其余标本与上述标本形制相近（图七二四，8～13）。

Ⅳ型　野猪形

共94件，占玉皇庙墓地出土青铜带饰总数的3%。形态为静立的野猪。根据其形制可分为2式。

Ⅰ式　中空圆雕

均出自1座墓葬，共89件，占玉皇庙墓地出土Ⅳ型青铜带饰总数的94.7%。标本YYM18:17－1～89，属于春秋早期。垂首直立，长头尖耳短尾。均重6.5克，通长2.5～3、通宽1.7～2、厚0.7～1厘米，穿鼻规格为0.9×0.3厘米（图七二四，15；彩版六八；图版三九三，1）。

Ⅱ式　浅浮雕

均出自1座墓葬，共5件，占玉皇庙墓地出土Ⅳ型青铜带饰总数的5.3%。标本YYM52:19-1~5，属于春秋中期。垂首直立于一圆环上，前后蹄、尾端各有1个平口嵌窝，直径0.2厘米。背面上端有1个横向条形穿鼻，纵向穿孔。均重7.1克，通长2.5、通宽3.3厘米，条形鼻长1、宽0.4厘米（图七二四，16；图版三九二，2；图版三九三，2）。

Ⅴ型　羊形

共163件，占玉皇庙墓地出土青铜带饰总数的5.1%。根据造型，可分为2式。

Ⅰ式　奔羊

出自1座墓葬，共45件，占玉皇庙墓地出土Ⅴ型青铜带饰总数的27.6%。标本YYM13:17-1~45，属于春秋早期，中空圆雕，昂首引颈，吻部向上，羊角弯转成半圆形，饰绹纹，收腹提臀，前后蹄相叠，肱骨头、股骨头饰圈点纹，短尾下垂，前后肢关节及蹄各饰1个平口嵌窝，穿鼻开口由吻部开至角后端，两侧可见铸缝。均重11.5克，通长2.3、通宽3、厚0.7厘米，穿鼻规格为1.2×0.3厘米（图七二四，17；图版三九三，3；图版三九四，1）。

Ⅱ式　行羊

共118件，占玉皇庙墓地出土Ⅴ型青铜带饰总数的72.4%；分别出自3座墓葬，墓号为：YYM227（29件）、236（16件）（图七二五，2；图版三九四，3）、212（73件）。

标本YYM227:11-1~29，这是最早出现的Ⅴ型Ⅱ式带饰，属于春秋早中期。平面镂雕，右向，垂首，耳直立，角饰绹纹呈弧形，短尾饰绹纹，前肢直立，后肢斜前驱。背面为1个横向条形鼻，纵向穿孔。均重4.2克，通长2.9、通宽2厘米，条形鼻长2.4、宽0.4厘米（图七二五，1；图版三九四，2）。

标本YYM212:10-1~73，这是最晚出现的Ⅴ型Ⅱ式带饰，属于春秋中晚期。形态与YYM227:11相同。均重5.3，通长2.9、通宽2厘米，条形鼻长2.4、宽0.4厘米（图七二五，3；图版三九五）。

其余标本与上述标本形制相近（图七二五）。

Ⅵ型　虎形

共48件，占玉皇庙墓地出土青铜带饰总数的1.5%。根据形态，可分为2式。

Ⅰ式　虎食羊形

共11件，占玉皇庙墓地出土Ⅵ型青铜带饰总数的22.9%。均出自1座墓葬，标本YYM282:9-1~11，属于春秋早中期，镂雕，右向，呈蜷卧状，口衔羊头，前爪按住仅余头部的羊，尾部收至腹下。背面有1个横向穿鼻，纵向穿孔。均重5.5克，通长2.8、通宽1.8厘米，条形鼻长2.3、宽0.5厘米（图七二五，4；图版三九六，1、2）。

Ⅱ式　虎衔兽形

共37件，占玉皇庙墓地出土Ⅵ型青铜带饰总数的77.1%。均出自1座墓葬，标本YYM7:15-1~37，属于春秋中期，中空圆雕，低首垂尾，口衔一兽，前后肢屈曲前伸，眼部、肱骨头、股骨头饰圈点纹，前后肢关节、前后蹄各有平口嵌窝1个，直径0.15厘米。均重9克，通长3、通宽1.7、厚0.7、穿鼻口径为1.1×0.4厘米（图七二五，5）。

Ⅶ型　卧马形

共1568件，占玉皇庙墓地出土青铜带饰总数的49.3%。根据其造型的不同，可分为2式。

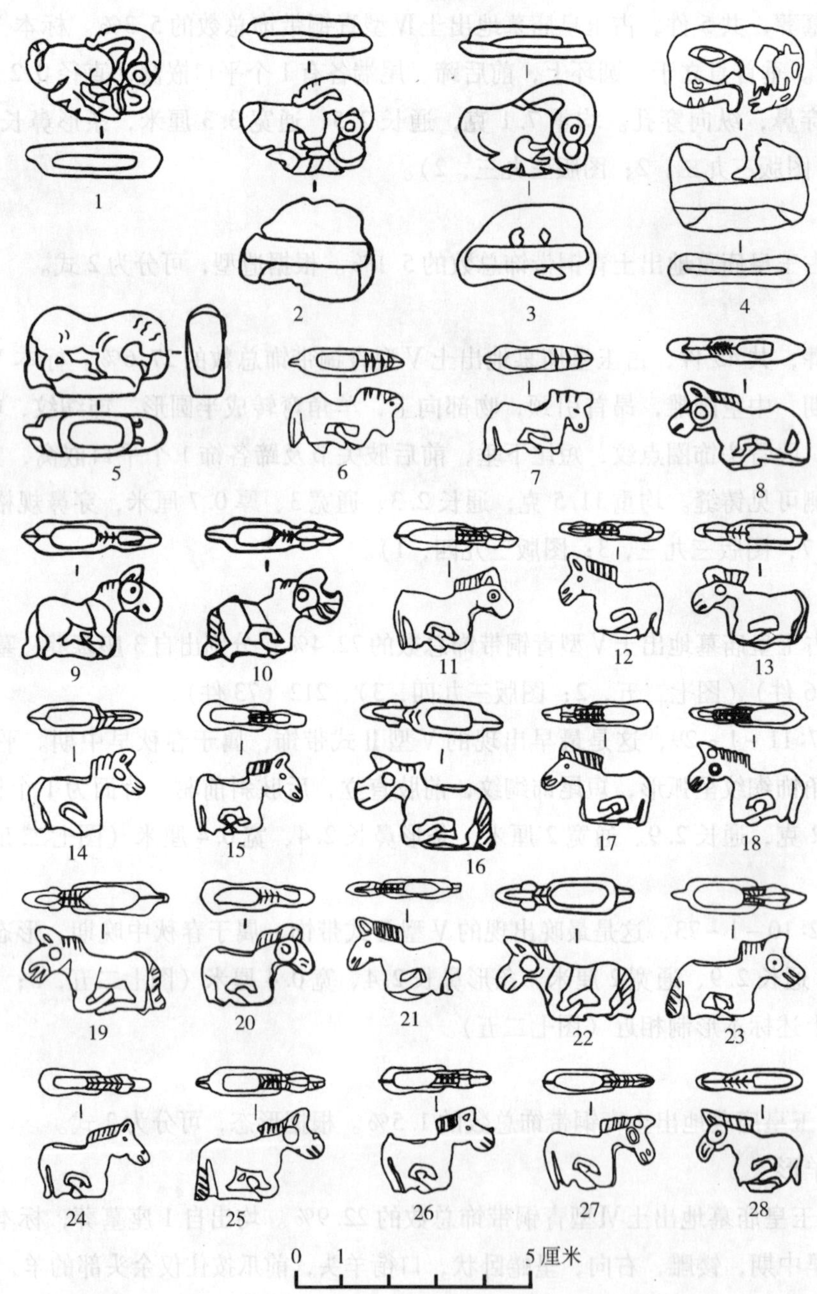

图七二五　玉皇庙墓地出土青铜带饰

1～3. Ⅴ型Ⅱ式（YYM227:11－1、236:13－1、212:10－1）　4～5. Ⅵ型－虎形：4. Ⅵ型Ⅰ式虎食羊（YYM282:9－1）　5. Ⅵ型Ⅱ式虎衔兽（YYM7:15－1）　6～28. Ⅶ型－卧马形：6、7. Ⅶ型Ⅰ式（YYM275:20－1、247:13－1）　8～28. Ⅶ型Ⅱ式（YYM151:17－1、142:8－1、145:14－1、145:14－21、143:12－1、117:13－1、105:13－1、156:24－1、158:13－1、158:13－18、168:11－1、134:13－1、134:13－22、131:13－1、122:11－1、124:10－1、171:13－1、108:10－1、108:10－11、110:4－1、160:8－1）

Ⅰ式　探首垂尾

共91件，占玉皇庙墓地出土Ⅶ型青铜带饰总数的5.8%；分别出自3座墓葬，墓号为：YYM264

(14件)、275 (38件)、247 (39件)。

标本YYM275:20-1~38，为Ⅶ型Ⅰ式带饰的早期形式，属于春秋早中期。中空圆雕，中间为纵向椭圆形穿孔。马鬃以绹纹表现，前后蹄相叠，蹄与腹之间不镂空，中间可见铸缝。均重4.6克，通长2.5、通宽1.3、厚0.5、穿鼻口径为1×0.4厘米（图七二五，6）。

标本YYM247:13-1~39，为最晚出现的Ⅶ型Ⅰ式带饰，属于春秋中期。形态与YYM275:20相同。均重3.5克，通长2.5、通宽1.1、厚0.6、穿鼻口径为1×0.3厘米（图七二五，7）。

其余标本与上述标本形制相近。

Ⅱ式　引首挺颈

共1477件，占玉皇庙墓地出土Ⅶ型青铜带饰总数的94.2%；分别出自26座墓葬，墓号为：YYM151 (55件)、142 (29件)（图版三九七，1)、145 (40件)、143 (70件)（图版三九八)、117 (74件)（图版三九九，1)、105 (69件)（图版三九九，2)、74 (65件)、156 (94件)（图版四〇〇)、158 (83件)、168 (93件)（图版四〇二，1)、134 (45件)、131 (43件)、122 (48件)（图版四〇二，2)、124 (78件)（图版四〇三)、171 (91件)（图版四〇四)、108 (44件)、110 (2件)、160 (26件)（图版四〇五)、175 (33件)、129 (73件)（图版四〇六)、174 (77件)（图版四〇七)、344 (95件)（图版四〇二，3)、349 (49件)、373 (29件)、372 (4件)、370 (68件)。

标本YYM151:17-1~55，这是最早出现的Ⅶ型Ⅱ式带饰，属于春秋晚期前段。中空圆雕，收腹提臀，前后蹄相叠。眼、鼻、口以阴刻手法表现，口部上端有辔饰，马鬃、马尾以绹纹表现，蹄呈三角形。均重5.5克，通长2.9、通宽1.8、厚0.5、穿鼻口径0.9×0.3厘米（图七二五，8；图版三九六，3)。

标本YYM158:13-1~83，属于春秋晚期前段，形态与YYM151:17相同，口部没有明显辔饰，眼部凸起。分大、小两种规格，大者马鬃和马尾均饰绹纹，均重5.8克，通长2.9、通宽1.8、厚0.6、口径为1×0.4厘米；小者仅马鬃饰绹纹，均重3.5克，通长2.4、通宽1.6、厚0.5、口径0.8×0.3厘米（图七二五，16、17；图版四〇一)。

另YYM145:14（图七二五，10、11；图版三九七，2)、YYM134:13、YYM108:10、YYM129:9与YYM158:13相似，均有大、小两种规格，大者马鬃和马尾均饰绹纹，小者仅马鬃饰绹纹。YYM122:11、YYM124:10眼部凸起。

标本YYM370:9-1~68，这是最晚出现的Ⅶ型Ⅱ式带饰，属于春秋晚期后段。形态与YYM158:13较小规格者相似。均重2.6克，通长2.3、通宽1.5、厚0.4、穿鼻口径0.8×0.3厘米（图七二六，10)。

其余标本与YYM158:13和YYM370:9形制相近（图七二五、七二六)。

Ⅷ型　犬形

出自1座墓葬，共14件，占玉皇庙墓地出土青铜带饰总数的0.4%。标本YYM142:9-1~14，属于春秋晚期前段。在弧形面上，阴刻出奔犬图案。探首引颈，收腹提臀，前后肢屈曲向前，呈奔跑状。背面有1个条形穿鼻，有纵向条形鼻横向穿孔，也有横向条形鼻纵向穿孔。纵条鼻者均重5.5克，通长2.5、通宽2.2厘米，条鼻长1.1、宽0.25厘米；横条鼻者均重4.3克，通长2.6、通宽2.1厘米，条鼻长1.2、宽0.3厘米（图七二六，11、12)。

详见附表176。

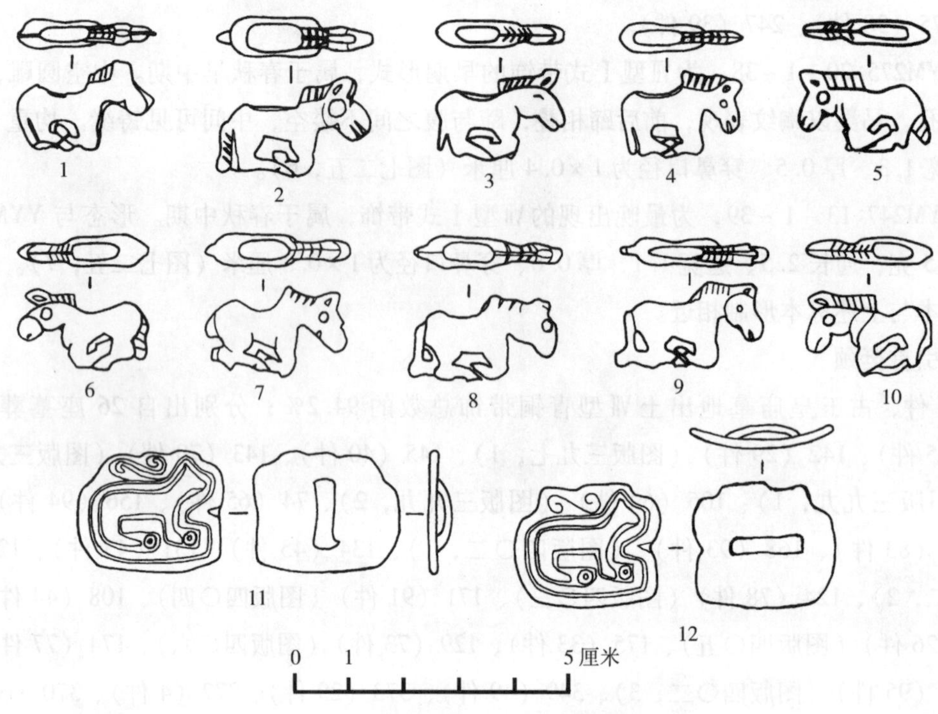

图七二六　玉皇庙墓地出土青铜带饰

1～10. Ⅶ型Ⅱ式（YYM175:14－1、129:9－1、129:9－2、174:9－1、344:16－1、349:12－1、373:10－1、373:10－2、372:7－1、370:9－1）　11、12. Ⅷ型—犬形（YYM142:9－1、142:9－11）

附表176－1　**玉皇庙墓地出土青铜带饰统计表**

序号	器物号（YYM）	型	式	形态	数量	均重	规格：长	规格：宽	规格：厚	规格：穿鼻	备注
1	32:12－1～28	Ⅰ	Ⅰ	联环角卧鹿	30	5.5	2.3	1.8	0.5	0.9×0.3	残2
	32:18－1～2	Ⅱ	Ⅰ	单马头	2	6.5	2.6	2.2	条形鼻长/宽：2.2/1		
2	34:10－1～26	Ⅰ	Ⅰ	联环角卧鹿	26	5.4	2.3	1.6	0.6	1.1×0.3	
	34:11－1～2	Ⅲ		三鸟头纹	2	3.9	2.8	1.5	筒鼻长/径：1/0.55		
3	17:7－1～63	Ⅲ		三鸟头纹	73	3.9	2.8	1.5	筒鼻长/径：1/0.3		残10
4	18:17－1～75	Ⅳ	Ⅰ	野猪	89	6.5	2.5～3	1.7～2	0.7～1	0.9×0.3	残14
5	13:17－1～39	Ⅴ	Ⅰ	奔羊	45	11.5	2.3	3	0.7	1.2×0.3	残6
6	300:18－1～40	Ⅰ	Ⅰ	联环角卧鹿	50	4.9	2.4	1.7	0.7	1.1×0.4	残10
7	250:30－1～20	Ⅰ	Ⅰ	联环角卧鹿	55	4.5	2.3	1.5	0.5	1.1×0.4	残35
8	282:10－1～27	Ⅰ	Ⅰ	联环角卧鹿	49	5.1	2.3	1.6	0.5	0.8×0.2	残22
	282:9－1～7	Ⅵ	Ⅰ	虎食羊	11	5.5	2.8	1.8	条形鼻长/宽：2.3/0.5		残4
9	230:20－1～21	Ⅰ	Ⅰ	联环角卧鹿	49	4.4	2.2	1.6	0.5	1.1×0.25	残28
10	229:13－1～35	Ⅲ		三鸟头纹	82	2.8	2.4	1.2	筒鼻长/径：0.7/0.4		残47

附表 176－2　**玉皇庙墓地出土青铜带饰统计表**

序号	器物号（YYM）	型	式	形态	数量	均重	规格				备注
							长	宽	厚	穿鼻	
11	233：10－1～4	Ⅰ	Ⅰ	联环角卧鹿	27	5.9	2.3	1.8	0.55	1.1×0.3	残 23
12	227：11－1～23	Ⅴ	Ⅱ	行羊	29	4.2	2.9	2	条形鼻长/宽：2.4/0.4		残 6
13	264：18	Ⅶ	Ⅰ	探首垂尾卧马	14						均残
14	276：6－1～42	Ⅲ		三鸟头纹	42	4.1	2.9	1.5	筒鼻长/径：0.7/0.5		
15	275：20－1～38	Ⅶ	Ⅰ	探首垂尾卧马	38	4.6	2.5	1.3	0.5	1×0.4	
16	42：8－1～2	Ⅰ	Ⅰ	联环角卧鹿	6	3.3	2.2	1.5	0.5	1×0.3	残 4
17	41：9－1～33	Ⅲ		三鸟头纹	37	3.4	2.8	1.5	筒鼻长/径：0.9/0.4		残 4
18	236：13－1～6	Ⅴ	Ⅱ	行羊	16	4.7	2.9	2	条形鼻长/宽：2.3/0.4		残 10
19	261：20－1～70	Ⅲ		三鸟头纹	70	3.8	2.7	1.5	筒鼻长/径：0.9/0.4		
	261：21－1～31	Ⅰ	Ⅰ	联环角卧鹿	31	5.6	2.4	1.6	0.5	1.1×0.3	
20	247：13－1～37	Ⅶ	Ⅰ	探首垂尾卧马	39	3.5	2.5	1.1	0.6	1×0.3	残 2
21	95：15－1～56	Ⅰ	Ⅰ	联环角卧鹿	56	5.2	2.3	1.6	0.5	1×0.4	
22	190：14－1～15	Ⅰ	Ⅰ	联环角卧鹿	18	5.8	2.4	1.6	0.5	0.9×0.3	残 3
23	188：11－1～66	Ⅰ	Ⅰ	联环角卧鹿	68	4.8	2.2	1.6	0.5	1×0.4	残 2
24	52：19－1～5	Ⅳ	Ⅱ	野猪	5	7.1	2.5	3.3	条形鼻长/宽：1/0.4		
	52：20－1～52	Ⅰ	Ⅰ	联环角卧鹿	57	4.8	2.2	1.6	0.6	1×0.4	残 5
	52：21－1～79	Ⅲ		三鸟头纹	81	3.4	2.5	1.5	筒鼻长/径：0.9/0.4		残 2
25	54：12－1～26	Ⅰ	Ⅰ	联环角卧鹿	39	3	2.4	1.8	0.5	1×0.4	残 13
26	295：7－1～26	Ⅱ	Ⅰ	单马头	27	7.7	2.8	2.2	条形鼻长/宽：2/1		残 1
27	7：15－1～37	Ⅵ	Ⅱ	虎衔兽	37	9	3	1.7	0.7	1.1×0.4	
28	212：10－1～72	Ⅴ	Ⅱ	行羊	73	5.3	2.9	2	条形鼻长/宽：2.4/0.4		残 1
29	58：8－1～49	Ⅰ	Ⅰ	联环角卧鹿	49	4.5	2.2	1.5	0.45		1×0.4
30	210：9－1～40	Ⅲ		三鸟头纹	40	5.4	2.8	1.7	筒鼻长/径：1.1/0.6		
	210：10－1～40	Ⅰ	Ⅰ	联环角卧鹿	53	4.5	2.4	1.7～1.8	0.55	1×0.4	残 13
31	209：17－1～45	Ⅰ	Ⅰ	联环角卧鹿	95	3.9	2.4	1.7	0.55	1×0.4	残 50
32	151：17－1～41	Ⅶ	Ⅱ	引首挺颈卧马	55	5.5	2.9	1.8	0.5	0.9×0.3	残 14
33	142：8－1～28	Ⅶ	Ⅱ	引首挺颈卧马	29	6.2	3	2	0.6	0.8×0.4	残 1
	142：9－1～10	Ⅷ		奔犬	10	5.5	2.5	2.2	条长纵鼻长/宽：1.1/0.25		
	142：9－11～14	Ⅷ		奔犬	4	4.3	2.6	2.1	条形横鼻长/宽：1.2/0.3		
34	145：14－1～17	Ⅶ	Ⅱ	引首挺颈卧马	20	7	3	1.7	0.6	0.9×0.4	残 3
	145：14－21～33	Ⅶ	Ⅱ	引首挺颈卧马	20	3.2	2.4	1.6	0.5	0.8×0.3	残 7

附表 176－3

玉皇庙墓地出土青铜带饰统计表

序号	器物号（YYM）	型	式	形态	数量	均重	规格				备注
							长	宽	厚	穿鼻	
35	143：12－1～68	Ⅶ	Ⅱ	引首挺颈卧马	70	2.9	2.2	1.4	0.4	0.8×0.3	残 2
36	117：13－1～68	Ⅶ	Ⅱ	引首挺颈卧马	74	3.3	2.4	1.7	0.5	0.8×0.3	残 6
37	105：13－1～53	Ⅶ	Ⅱ	引首挺颈卧马	69	2.8	2.4	1.6	0.5	0.8×0.3	残 16
38	74：18－1～65	Ⅶ	Ⅱ	引首挺颈卧马	65	3.1	2.3	1.6	0.5	0.8×0.3	
39	156：24－1～87	Ⅶ	Ⅱ	引首挺颈卧马	94	3.5	2.3	1.5	0.6	0.8×0.3	残 7
40	158：13－1～17	Ⅶ	Ⅱ	引首挺颈卧马	17	5.8	2.9	1.8	0.6	1×0.4	
	158：13－18～66	Ⅶ	Ⅱ	引首挺颈卧马	66	3.5	2.4	1.6	0.5	0.8×0.3	
	158：14－1～28	Ⅱ	Ⅱ	双马头	28	4.7	2.8	3	横桥 1.1×0.3		
	158：14－29～39	Ⅱ	Ⅱ	双马头	11	4.7	2.7	2.9	纵桥 0.8×0.3		
41	168：11－1～93	Ⅶ	Ⅱ	引首挺颈卧马	93	3.1	2.4	1.5	0.5	0.8×0.3	
42	134：13－1～21	Ⅶ	Ⅱ	引首挺颈卧马	21	5.5	3	1.7	0.7	1×0.5	
	134：13－22～45	Ⅶ	Ⅱ	引首挺颈卧马	24	3.1	2.4	1.7	0.6	1×0.3	
43	131：13－1～43	Ⅶ	Ⅱ	引首挺颈卧马	43	4.2	2.4	1.4	0.6	0.8×0.3	
44	122：11－1～48	Ⅶ	Ⅱ	引首挺颈卧马	48	5.6	3	1.8	0.7	0.9×0.4	
45	124：10－1～68	Ⅶ	Ⅱ	引首挺颈卧马	78	5.3	3	1.8	0.65	0.9×0.4	残 10
46	171：13－1～91	Ⅶ	Ⅱ	引首挺颈卧马	91	4.1	2.3	1.5	0.6	0.8×0.3	
47	108：10－1～5	Ⅶ	Ⅱ	引首挺颈卧马	10	4.2	3	1.6	0.6	1×0.4	残 5
	108：10－11～30	Ⅶ	Ⅱ	引首挺颈卧马	34	2.5	2.5	1.3	0.5	0.9×0.3	残 14
48	110：4－1	Ⅶ	Ⅱ	引首挺颈卧马	2	3	2.5	1.4	0.5	0.9×0.3	残 1
49	160：8－1～26	Ⅶ	Ⅱ	引首挺颈卧马	26	2.8	2.4	1.6	0.4	0.9×0.3	
50	175：13－1～20	Ⅰ	Ⅱ	钩形角卧鹿	23	6.4	2.8	2.3	0.5	1.4×0.3	残 3
	175：14－1～19	Ⅶ	Ⅱ	引首挺颈卧马	33	3	2.4	1.4	0.4	0.9×0.3	残 14
51	129：9－1	Ⅶ	Ⅱ	引首挺颈卧马	1	6	2.8	1.8	0.7	1×0.4	
	129：9－2～41	Ⅶ	Ⅱ	引首挺颈卧马	72	2.7	2.2	1.6	0.4	0.8×0.3	残 32
52	174：8－1～16	Ⅰ	Ⅲ	三叉角卧鹿	16	7.3	4.5	3.4	0.4	0.8×0.3	
	174：9－1～67	Ⅶ	Ⅱ	引首挺颈卧马	77	3	2.3	1.5	0.45	0.8×0.3	残 10
53	344：16－1～90	Ⅶ	Ⅱ	引首挺颈卧马	95	2.8	2.4	1.5	0.4	0.8×0.2	残 5
54	349：12－1～47	Ⅶ	Ⅱ	引首挺颈卧马	49	3.	2.8	1.4	0.5	0.8×0.3	残 2
55	373：10－1～28	Ⅶ	Ⅱ	引首挺颈卧马	29	3.5	2.8	1.4	0.5	0.8×0.25	残 1
56	372：7－1～4	Ⅶ	Ⅱ	引首挺颈卧马	4	3.4	2.8	1.4	0.4	0.8×0.3	
57	370：9－1～57	Ⅶ	Ⅱ	引首挺颈卧马	68	2.6	2.3	1.5	0.4	0.8×0.3	残 11
合计							57 座墓葬 3179 件				

注：长度单位为厘米，重量单位为克。

讨论

从年代考察，玉皇庙墓地出土青铜带饰的墓葬中，位于北Ⅰ区中部者5座（YYM32、34、17、18、13）、位于北Ⅰ区西部者1座（YYM300），均属于春秋早期，占出土青铜带饰墓葬总数的10.5%；位于北Ⅱ区北部者9座（YYM250、282、230、229、233、227、264、276、275），属于春秋早中期，占出土青铜带饰墓葬总数的15.8%；位于北Ⅱ区中部者10座（YYM42、41、236、261、247、95、190、188、52、54）、位于北Ⅰ区北部者1座（YYM295）、位于北Ⅰ区南部者1座（YYM7），均属于春秋中期，占出土青铜带饰墓葬总数的21.1%；位于北Ⅱ区南部者2座（YYM212、58），属于春秋中晚期，占出土青铜带饰墓葬总数的3.5%；位于南区北部者9座（YYM210、209、151、142、145、143、117、105、74）、位于南区中部者9座（YYM156、158、168、134、131、122、124、171、108），均属于春秋晚期前段，占出土青铜带饰墓葬总数的31.6%；位于南区南部者10座（YYM110、160、175、129、174、344、349、373、372、370），属于春秋晚期后段，占出土青铜带饰墓葬总数的17.5%。春秋晚期前段随葬青铜带饰的墓葬最多，其次是春秋中期。总的趋势是由春秋早期开始，逐渐发展，到春秋晚期前段普及率最高，之后开始下降。

从墓主性别考察，除YYM32、YYM34、YYM17为无人墓，YYM42为少儿墓，YYM372为女性墓外，其余52座墓葬均为男性墓，所占比例高达91.2%，因此说，青铜带饰应是男性特有的服饰用品。

因无人墓数量有限，出土青铜带饰的少儿墓和女性墓属极偶然现象，在此暂且不论，仅从出土青铜带饰的男性墓考察墓葬级别与青铜带饰的关系。在出土青铜带饰的男性墓中，甲（A）级墓有3座（YYM18、250、230），占甲（A）级墓葬总数（3座）的100%；甲（B）级墓有2座（YYM52、151），占甲（B）级男性墓总数（4座）的50%；乙（A）级墓有16座（YYM13、300、229、227、275、236、261、95、54、295、210、209、74、156、129、344），占乙（A）级男性墓总数（21座）的76.2%；乙（B）级男性墓有14座（YYM233、41、247、190、188、212、58、158、134、124、160、174、349、373），占乙（B）级男性墓总数（43座）的32.6%；丙（A）级男性墓有10座（YYM282、264、142、145、143、117、131、122、171、175），占丙（A）级男性墓总数（38座）的26.3%；丙（B）级男性墓有3座（YYM168、110、370），占丙（B）级男性墓总数（16座）的18.75%；丙（C）级男性墓有3座（YYM7、105、108），占丙（C）级男性墓总数（26座）的11.5%；丁级男性墓有1座（YYM276），占丁级男性墓总数（26）的3.8%。基本趋势是随着墓葬级别的降低，随葬青铜带饰的墓葬比例呈递减状态，即级别越高，佩挂青铜带饰的人越多。

春秋中晚期以前，共有29座墓葬随葬青铜带饰，此时已具备7型9式（Ⅰ型Ⅰ式、Ⅱ型Ⅰ式、Ⅲ型、Ⅳ型Ⅰ式、Ⅳ型Ⅱ式、Ⅴ型Ⅰ式、Ⅴ型Ⅱ式、Ⅵ型Ⅰ式、Ⅵ型Ⅱ式、Ⅶ型Ⅰ式），共10个类别，占青铜带饰15个类别的66.7%，品种纷繁复杂，构思独特巧妙，是青铜带饰迅速发展的时期。春秋晚期前段以后，共有28座墓葬出土青铜带饰，只有5型5式，其中1型（Ⅷ型）4式（Ⅶ型Ⅱ式、Ⅱ型Ⅱ式、Ⅰ型Ⅱ式、Ⅰ型Ⅲ式）是新增品类，发展趋于平稳，品种归于单一（Ⅶ型Ⅱ式）。虽然青铜带饰前后出现了15个种类，但占主导地位的只有2个品种——Ⅰ型Ⅰ式和Ⅶ型Ⅱ式。Ⅰ型Ⅰ式（奔鹿）在前一阶段位居显要，29座墓葬中，有15座墓葬随葬，占51.7%；Ⅶ型Ⅱ式（奔马）在后一阶段独占鳌头，28座墓葬中有26随葬，比例高达92.9%。

铜环　玉皇庙墓地共出土服饰铜环39件，占玉皇庙青铜服饰品总数的0.57%；分别出自21座墓葬，墓号为：YYM2、3、18（7件）、250、241、264（4件）、261、65、86、153、142、117、167、168、134（3件）、133、122（2件）、302（5件）、163（2件）、340、344（2件），占玉皇庙墓地墓葬总数的5.25%。为椭圆形或圆形，大多内、外侧铸缝明显。根据其形状和纹饰，可分为2型2式。

Ⅰ型 椭圆形

共8件，占服饰铜环总数的20.5%。分别出自2座墓葬，墓号为：YYM2、18（7件），均属于春秋早期。

标本YYM2:28，一条皮条缝制在铜环上，皮条上以细线连缀绿松石珠4粒。铜环一侧长边正中一段略加厚呈箍状。连带皮条重7.8克，外径2.6×2.2、内径1.8×1.3厘米，边宽、厚均为0.4厘米（图七一九，4）。

标本YYM18:11-1~7，其中6件规格相同，均重3.9克，外径2.5×2、内径1.7×1.3厘米，边宽0.3、厚0.4厘米。另一件为带钩环，重7.5克，外径3.3×2.7、内径2.6×2厘米，边宽、厚与以上6件相同（图七一九，5、6；图版三六九，1、2）。

Ⅱ型 圆形

共31件，占服饰铜环总数的79.5%。根据纹饰的有无，可分为2式。

Ⅰ式 素面

共24件，占Ⅱ型服饰铜环总数的77.4%。分别出自15座墓葬，墓号为：YYM3、250、241（图版三六九，11）、264（4件）（图版三六九，12）、261、65、86（图版三六九，3）、153（图版三六九，4）、167（图版三六九，5）、168（图版三六九，6）、134（3件）（图版三六九，7）、133（图版三六九，8）、302（5件）、163（2件）、344。

标本YYM3:9，这是最早出现的Ⅱ型Ⅰ式服饰铜环，属于春秋早期。重8.8克，外径2.9、内径2.1、宽0.4、高0.34厘米（图七一九，7；图版三六九，10）。

标本YYM344:9-2，这是最晚出现的Ⅱ型Ⅰ式服饰铜环，属于春秋晚期后段。重8.1克，外径2.9、内径2.1、宽0.4、高0.35厘米（图七二〇，5；图版三六九，9）。

其余标本与上述标本形制相近（参见图七一九、七二〇）。

Ⅱ式 饰绹纹

共7件，占Ⅱ型服饰铜环总数的22.6%。分别出自5座墓葬，墓号为：YYM142、117（图版三六九，14）、122（2件）（图版三六九，15）、302、340（图版三六九，16）、344。

标本YYM142:10，这是最早出现的Ⅱ型Ⅱ式服饰铜环，属于春秋晚期前段。重9.5克，外径3.5、内径2.6、宽0.45、高0.4厘米（图七二〇，6；图版三六九，13）。

标本YYM344:9-1，这是最晚出现的Ⅱ型Ⅱ式服饰铜环，属于春秋晚期后段。重8克，外径2.9、内径3.1、宽0.45、高0.3厘米（图七二〇，10；图版三六九，17）。

其余标本与上述标本形制相近（参见图七二〇）。

详见附表177。

讨论

从年代考察，玉皇庙墓地出土服饰铜环的21座墓葬，分布于北Ⅰ区中部者3座（YYM2、3、18），属于春秋早期，占玉皇庙墓地出土服饰铜环墓葬总数的14.3%；分布于北Ⅱ区北部者3座（YYM250、

附表 177　**玉皇庙墓地出土服饰铜环统计表**

序号	器物号（YYM）	型	式	数量	均重	外径	内径	宽	高	纹饰	备注
1	2:28	Ⅰ		1	7.8	2.6×2.2	1.8×1.3	0.4	0.4		重量为环与联带皮条和绿松石珠的，椭圆形，上面一侧中间加厚
2	3:9	Ⅱ	Ⅰ	1	8.8	2.9	2.1	0.4	0.34		外侧有铸缝和铸瘤
3	18:11-1~6	Ⅰ		6	3.9	2.5×2	1.7×1.3	0.3	0.4		椭圆形，残3
	18:11-7			1	7.5	3.3×2.7	2.6×2	0.3	0.4		带钩环，椭圆形
4	250:24	Ⅱ	Ⅰ	1	13.4	4.6	3.5	0.55	0.5		
5	241:9	Ⅱ	Ⅰ	1	5.2	2.8	2.1	0.35	0.28		
6	264:13-1~4	Ⅱ	Ⅰ	4	2.1	1.8	1.2	0.3	0.25		内侧有铸缝
7	261:11	Ⅱ	Ⅰ	1	2.5	2.2	1.6	0.3	0.25		
8	65:8	Ⅱ	Ⅰ	1	6.1	3	2.4	0.3	0.3		
9	86:11	Ⅱ	Ⅰ	1	5	3.3	2.6	3.5	0.25		内外侧均有铸缝
10	153:2	Ⅱ	Ⅰ	1	5.3	3.3	2.6	0.35	0.25		内侧有铸缝
11	142:10	Ⅱ	Ⅱ	1	9.5	3.5	2.6	0.45	0.4	绹纹	内侧有铸缝
12	117:16	Ⅱ	Ⅱ	1	5.2	2.9	2.1	0.4	0.3	绹纹	内外侧有铸缝
13	167:12	Ⅱ	Ⅰ	1	2	2.6	2.1	0.25	0.15		
14	168:7	Ⅱ	Ⅰ	1	12	4.5	3.8	0.35	0.35		
15	134:9-1~3	Ⅱ	Ⅰ	3	12.8	4.5	3.7	0.4	0.38		
16	133:9	Ⅱ	Ⅰ	1	9.5	4	3	0.5	0.3		内侧有铸缝
17	122:15-1~2	Ⅱ	Ⅱ	2	4.3	2.9	2	0.45	0.25	绹纹	
18	302:8-1~4	Ⅱ	Ⅰ	4	9.8	3.8~4.1	2.9~3.4	0.4	0.4		
	302:8-5	Ⅱ	Ⅱ	1	4.1	2.8	2.1	0.4	0.2	绹纹	内侧有铸缝
19	163:6-1~2	Ⅱ	Ⅰ	2	2.4	1.8	1.2	0.3	0.25		
20	340:6	Ⅱ	Ⅱ	1	5.7	4	3	0.45	0.25	绹纹	断
21	344:9-1	Ⅱ	Ⅱ	1	8	4	3.1	0.45	0.3	绹纹	
	344:9-2	Ⅱ	Ⅰ	1	8.1	2.9	2.1	0.4	0.35		
合　计						21座墓　39件					

注：长度单位为厘米，重量单位为克。

264、241），属于春秋早中期，占玉皇庙墓地出土服饰铜环墓葬总数的14.3%；分布于北Ⅱ区中部者2座（YYM261、65），属于春秋中期，占玉皇庙墓地出土服饰铜环墓葬总数的9.5%；分布于北Ⅱ区南部者1座（YYM86），属于春秋中晚期，占玉皇庙墓地出土服饰铜环墓葬总数的4.8%；分布于南区北部者3座（YYM153、142、117）、中部者5座（YYM167、168、134、133、122）、西区者1座（YYM302），均属于春秋晚期前段，占玉皇庙墓地出土服饰铜环墓葬总数的42.9%；分布于南区南部者3座（YYM163、340、344），属于春秋晚期后段，占玉皇庙墓地出土服饰铜环墓葬总数的14.3%。随葬服饰铜环最多的是春秋晚期前段，最少的是春秋中晚期，春秋早期、早中期和晚期后段数量相等，说明服饰铜环的分布相对均匀。

从性别考察，男性墓有12座（YYM18、250、264、261、65、86、142、117、168、134、122、344），占玉皇庙墓地出土服饰铜环墓葬总数的57.1%；女性墓有9座（YYM2、3、241、153、167、133、302、163、340），占玉皇庙墓地出土服饰铜环墓葬总数的42.9%。服饰铜环是成年人的服饰用品，少年儿童绝无随葬者。使用服饰铜环者男女均有，男性略高于女性。

从墓葬级别考察，甲（A）级墓2座（YYM18、250），占甲（A）墓葬总数的66.7%；甲（B）级墓座（YYM2），占甲（B）级墓葬总数的20%；乙（A）级墓3座（YYM261、86、344），占乙（A）级墓葬总数的10.7%；乙（B）级墓7座（YYM3、241、65、167、134、133、163），占乙（B）级墓葬总数的8.4%；丙（A）级墓6座（YYM264、153、142、117、122、340），占丙（A）级墓葬总数的7.4%；丙（B）级墓1座（YYM168），占丙（B）级墓葬总数的2.4%；丙（C）级墓1座（YYM302），占丙（C）级墓葬总数的1.5%。随葬服饰铜环比例最高者为甲（A）级，其次为甲（B）级，以下随墓葬级别的降低，随葬服饰铜环的墓葬比例呈递减趋势，直到丙（C）级。最低级的丁级墓没有出土服饰铜环。最低级别墓葬不随葬服饰铜环，在其他各级别的墓葬中分布比较普遍，等级越高随葬服饰铜环墓越多。

服饰铜环形制简单，纹饰单一，主要注重其实用功能。

铜泡 玉皇庙墓地共出土服饰铜泡206件，占玉皇庙墓地出土青铜服饰品总数的2.99%；分别出自76座墓葬，墓号为：YYM22（1件，以下只出土1件者不再注明）、32（6件）、19（3件）、17（2件）、13（4件）、11（4件）、5、249、281（2件）、250、282（4件）、230（7件）、229（4件）、233（2件）、264、252（2件）、275（3件）、234、42（2件）、41、46（2件）、236、238（4件）、261（4件）、257（3件）、247（2件）、48（4件）、95（3件）、51（2件）、65（4件）、190（4件）、125（2件）、188（2件）、52、54（2件）、36（2件）、293（2件）、290（2件）、23（2件）、7（2件）、102、186（3件）、57（2件）、86（3件）、71、149（3件）、217、203（2件）、209、204、199（2件）、151（2件）、157（9件）、147、145（4件）、143（2件）、116、118、105（4件）、201（4件）、154（2件）、156（4件）、158（4件）、168（2件）、122（9件）、124、171（2件）、78、312（9件）、303、305（14件）、302、129（3件）、341、325、374，占玉皇庙墓地墓葬总数的19%。根据其形态和纹饰，可分为3型8亚型。

Ⅰ型 桥鼻蘑菇形

共178件，占服饰铜泡总数的86.4%。根据纹饰和口沿的形状，可分为6个亚型。

Ⅰa型 外沿饰一周放射纹

共125件，占Ⅰ型服饰铜泡总数的70.2%。分别出自45座墓葬，墓号为：YYM22、32（6件）、19（3件）、17（2件）、13（4件）、11（4件）、281（图版四〇九，4）、282（4件）（图版四〇九，5）、229（4件）（图版四〇九，6）、275（3件）（图版四〇九，7）、234（图版四〇八，1）、42（2件）（图版四〇八，2）、46（2件）、236（图版四〇八，3）、238（4件）（图版四〇八，4）、261（3件）（图版四〇八，5）、257（3件）（图版四〇八，6）、48（4件）、51（2件）（图版四〇九，1）、190（4件）（图版四〇九，2）、125（2件）、188、54（2件）、36（2件）、290（2件）、23（2件）、7（2件）（图版四〇九，3）、186（2件）、57（2件）、203（2件）、209（图版四〇八，7）、204、199（2件）、151（2件）、145（4件）、116、105（3件）、201（2件）（图版四〇九，8）、156（4件）（图版四〇八，9）、158（2件）（图版四〇八，10）、122（9件）、171（图版四一〇，1）、305（13件）（图版四一〇，2）、129（2件）（图版四一〇，3）、325。

标本YYM22:11，这是最早出现的Ⅰa型服饰铜泡，属于春秋早期。重5.8克，直径3、鼻长1.5、

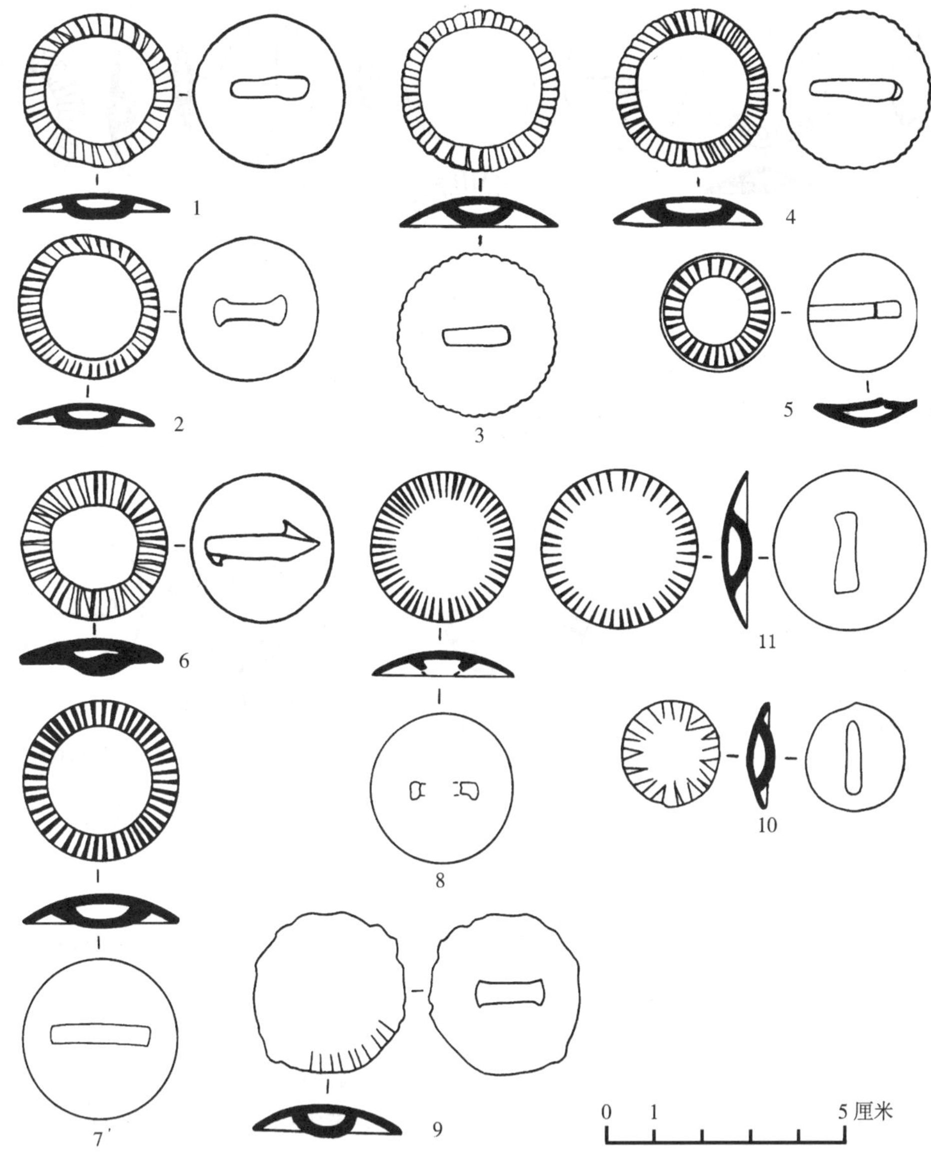

图七二七 玉皇庙墓地出土服饰铜泡

1~11. Ⅰa型（YYM22:11、32:11-1、19:10-1、17:8-1、13:16-1、13:16-3、11:16-1、281:8、229:6-1、282:11-1、275:14-1）

宽0.3厘米（图七二七，1）。

标本YYM325:5，这是最晚出现的Ⅰa型服饰铜泡，属于春秋晚期后段。重5.7克，直径2.7、鼻长1.2、宽0.25厘米（图七三〇，12；图版四一〇，4）。

其余标本与上述标本形制相近（参见图七二七~七三〇）。

Ⅰb型 素面

共47件，占Ⅰ型服饰铜泡总数的26.4%。分别出自21座墓葬，墓号为：YYM5、252（2件）（图版四一〇，6）、247（图版四一一，8）、95（2件）、65（4件）、102、186（图版四一〇，8）、71、149（3件）（图版四一〇，9）、157（9件）、147（图版四一一，1）、143（2件）（图版四一〇，7）、

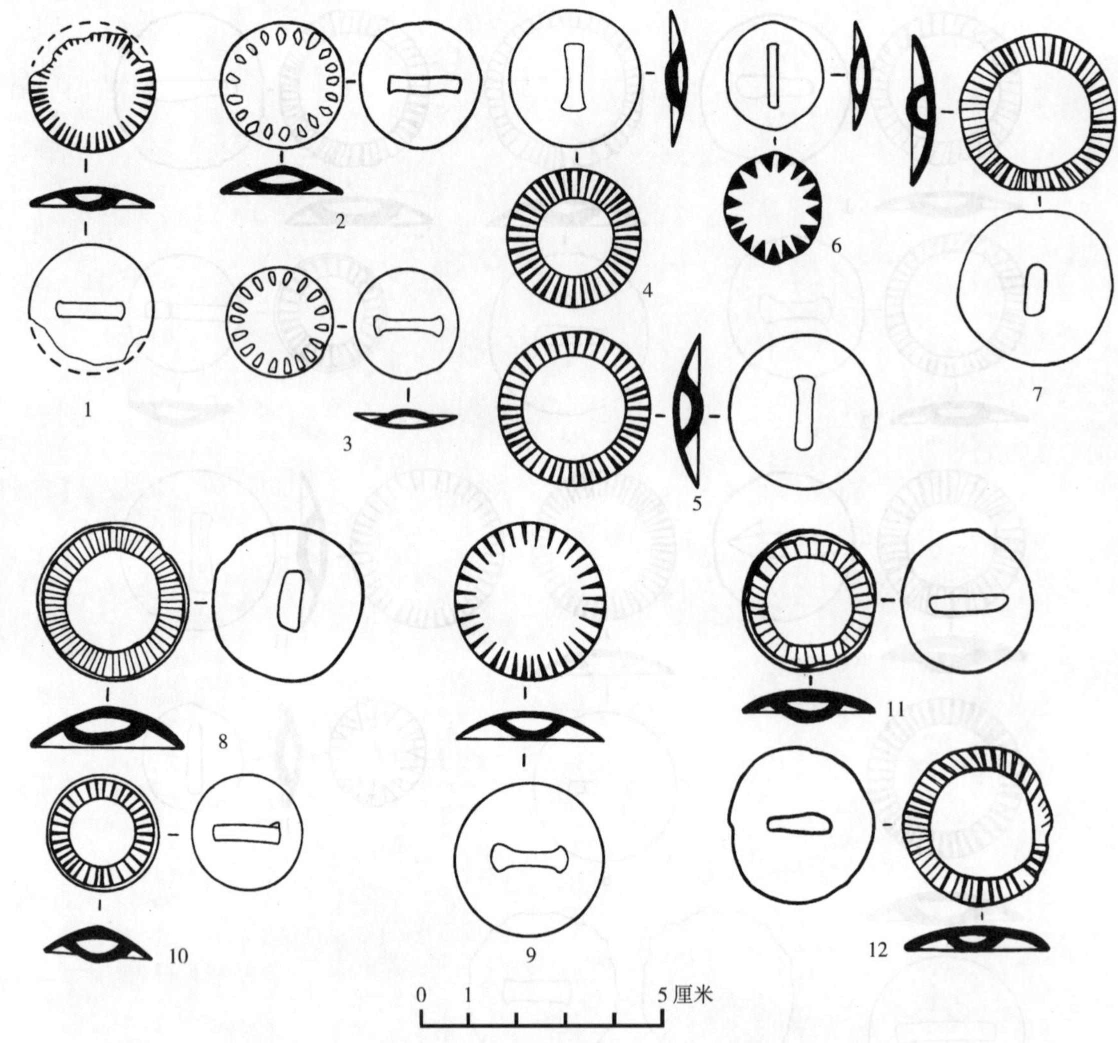

图七二八　玉皇庙墓地出土服饰铜泡

1～12. Ⅰa型（YYM234:10、42:10－1、236:14、238:2－1、261:19－1、257:9－1、48:14－1、51:14－1、190:13－1、125:10－1、54:17－1、36:9－1）

105（图版四一一，2）、168（2件）（图版四一一，3）、124（图版四一一，4）、171（图版四一一，5）、78、312（9件）、303、305（图版四一一，6）、129（图版四一一，7）、374。

标本YYM5:9，这是最早出现的Ⅰb型服饰铜泡，属于春秋早期。重1.6克，直径2厘米，鼻残（图七三〇，13；图版四一〇，5）。

标本YYM374:11，这是最晚出现的Ⅰb型服饰铜泡，属于春秋晚期后段。重5.8克，直径2.9、鼻长1.1、宽0.32厘米（图七三一，13；图版四一一，9）。

其余标本与上述标本形制相近（参见图七三〇、七三一）。

Ⅰc型　外沿饰3道粟粒纹

1件，占Ⅰ型服饰铜泡总数的0.6%。标本YYM118:6，属于春秋晚期前段。重8.5克，直径3.3、鼻长1.4、宽0.3厘米（图七三一，14）。

Ⅰd型　素面敛口

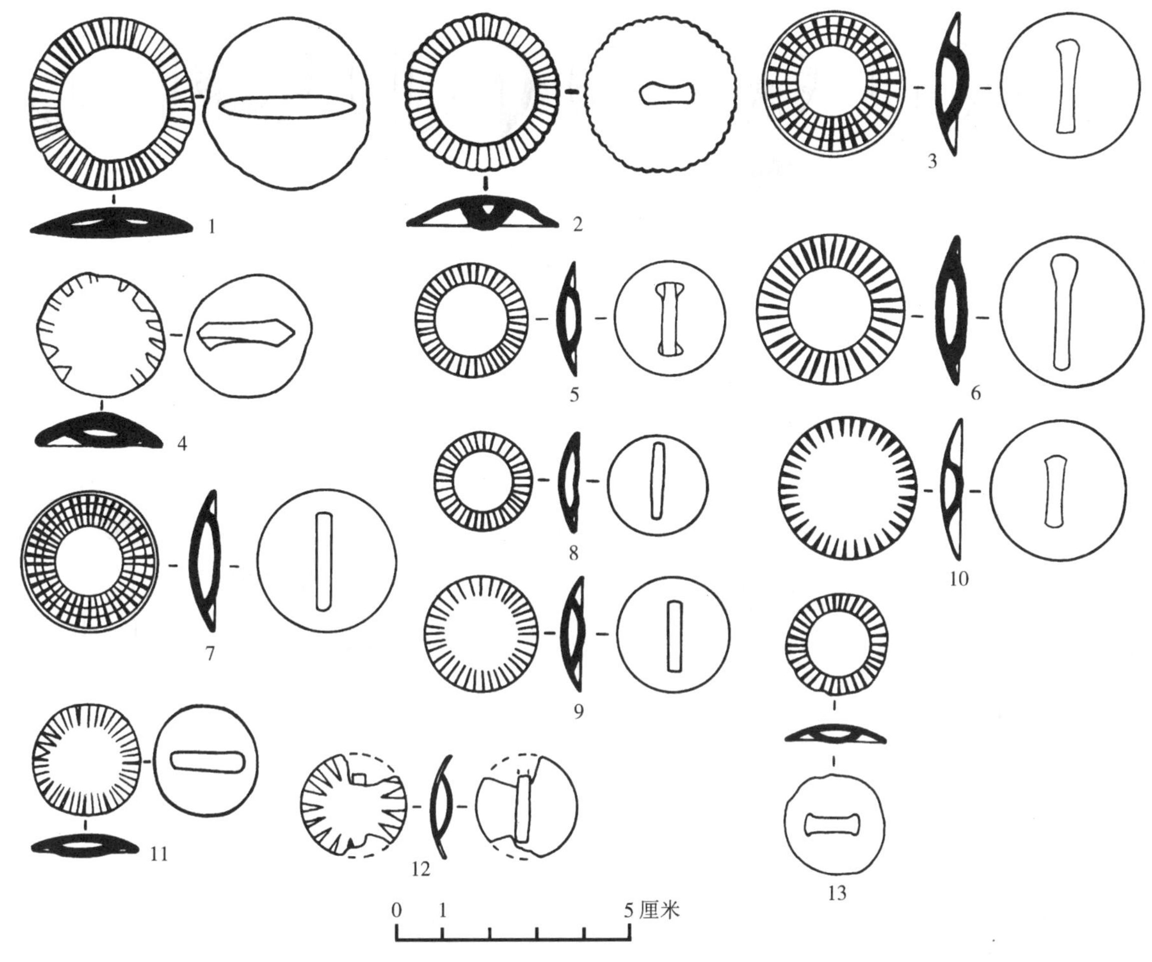

图七二九　玉皇庙墓地出土服饰铜泡

1～13. Ⅰa 型（YYM23:9－1、7:13－1、186:9－1、57:11－1、203:5－1、209:14、204:5、151:21－1、151:21－2、199:6－1、145:10－1、116:2、105:10－1）

2 件，占Ⅰ型服饰铜泡总数的 1.1%。均出自 1 座墓，标本 YYM201:5－3～4，属于春秋晚期前段。均重 2.1 克，直径 2.3、鼻长 0.9、宽 0.3 厘米（图七三一，15）。

Ⅰe 型　圆圈及“人”字纹

2 件，占Ⅰ型服饰铜泡总数的 1.1%。均出自 1 座墓，标本 YYM154:4－1～2，属于春秋晚期前段，中心饰 1 枚双重圆圈纹，其周围饰 7 枚圆圈纹，外沿饰“人”字纹。均重 6.8 克，直径 3.3、鼻长 1.2、宽 0.3 厘米（图七三二，1）。

Ⅰf 型　螺纹

1 件，占Ⅰ型服饰铜泡总数的 0.6%。标本 YYM302:4，属于春秋晚期前段，饰从中心开始向外旋转的螺纹。重 2.5 克，直径 2.5、鼻长 1.6、宽 0.3 厘米（图七三二，2）。

Ⅱ型　三穿直鼻蘑菇形

共 5 件，占服饰铜泡总数的 2.4%。分别出自 4 座墓葬，墓号为：YYM249、250（图七三二，4）、230（2 件）（图七三二，5、6；图版四一二，2）、261。

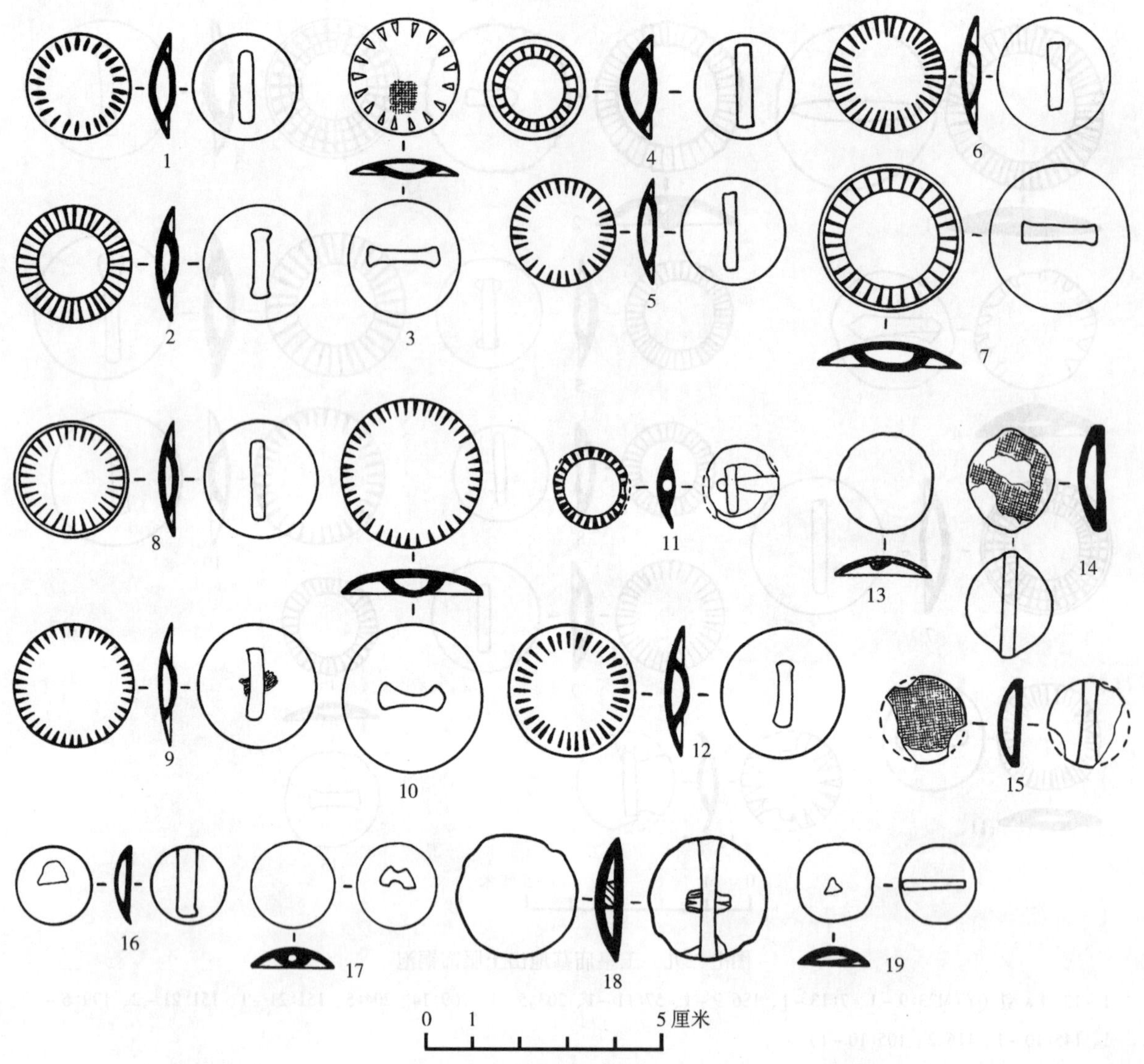

图七三〇 玉皇庙墓地出土服饰铜泡

1～12. Ⅰa型（YYM201:5－1、156:10－1、156:10－2、158:20－1、158:20－2、122:9－1、122:9－2、171:11－1、305:2－1、305:2－13、129:14－2、325:5） 13～19. Ⅰb型（YYM5:9、252:8－1、252:8－2、247:10－2、95:16－2、65:9－1、71:4）

标本YYM249:5，这是最早出现的Ⅱ型服饰铜泡，属于春秋早中期。重5.5克，直径2.65、鼻长2.65、宽0.25厘米（图七三二，3；图版四一二，1）。

标本YYM261:19－4，这是最晚出现的Ⅱ型服饰铜泡，属于春秋中期。重5.5克，直径2.6、鼻长2.6、宽0.3厘米（图七三二，7；图版四一二，3）。

其余标本与上述标本形制相近（参见图七三二，4、5、6）。

Ⅲ型 斗笠形

共23件，占服饰铜泡总数的11.2%。根据纹饰的有无，可分为2个亚型。

Ⅲa型 素面

共18件，占Ⅲ型服饰铜泡总数的78.3%。分别出自12座墓葬，墓号为：YYM281、230（5件）

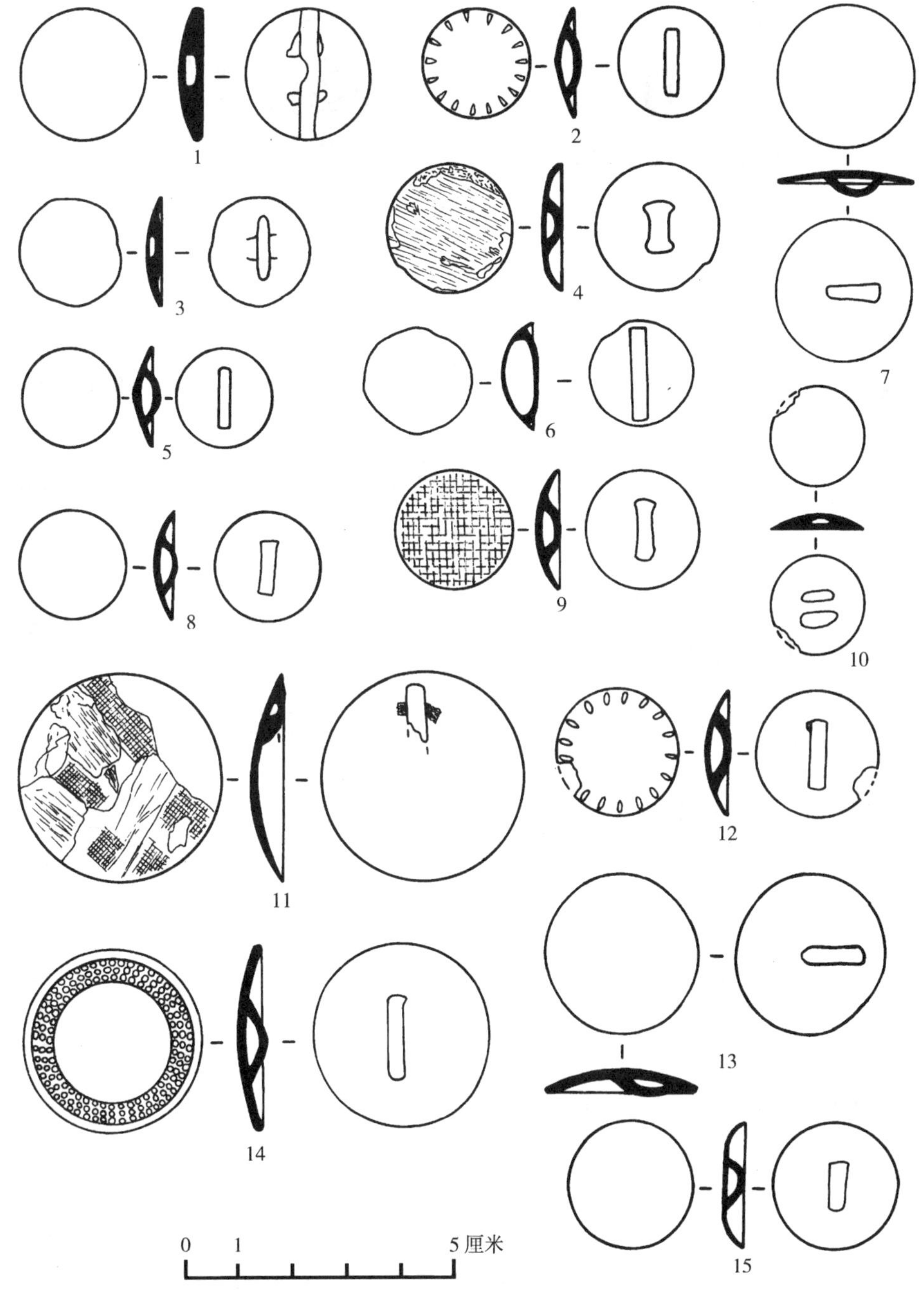

图七三一　玉皇庙墓地出土服饰铜泡

1～13. Ⅰb型（YYM186:9－3、149:8－1、147:4、143:14－1、105:10－4、124:18、168:8－1、171:11－2、312:6－1、303:7、305:2－14、129:14－1、374:11）　14. Ⅰc型（YYM118:6）　15. Ⅰd型（201:5－3）

（图版四一二，5）、233（2件）（图版四一二，6）、264（图版四一二，8）、41（图版四一二，7）、95、188（图版四一二，9）、52（图版四一二，10）、293（2件）（图版四一三，1左1）、217（图版四一三，1左2）、158（图版四一三，1左3）、341（图版四一三，1左4）。

标本YYM281:10，这是最早出现的Ⅲa型服饰铜泡，属于春秋早中期。重2.1克，直径1.5、鼻长

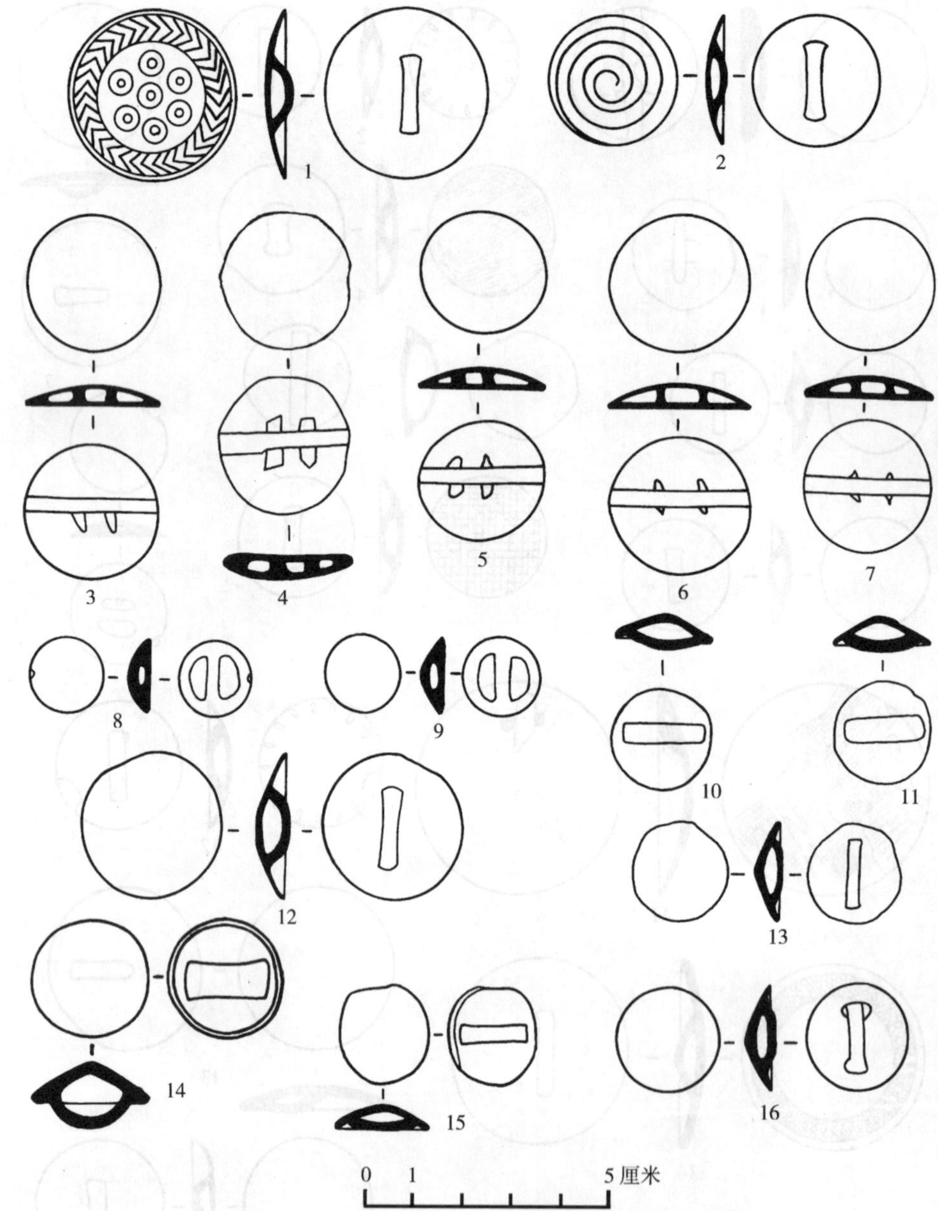

图七三二　玉皇庙墓地出土服饰铜泡

1. Ⅰe 型（YYM154:4－1）　2. Ⅰf 型（YYM302:4）　3～7. Ⅱ型（YYM249:5、250:28、230:18－1、230:18－2、261:19－4）　8～16. Ⅲa 型（281:10、230:19－1、230:19－2、233:11－1、264:14、41:7、95:16－1、52:22、293:7－1）

1、宽 0.2 厘米（图七三二，8；图版四一二，4）。

标本 YYM341:4，这是最晚出现的Ⅲa 型服饰铜泡，属于春秋晚期后段。重 2.4 克，直径 1.8、鼻长 1、宽 0.3 厘米（图七三三，2；图版四一三，1 左4）。

其余标本与上述标本形制相近（参见图七三二、七三三）。

Ⅲb 型　外沿饰一周辐射纹

共 5 件，分别出自 3 座墓葬，墓号为：YYM247、86（3 件）（图七三三，4）、158（1 件），占Ⅲ

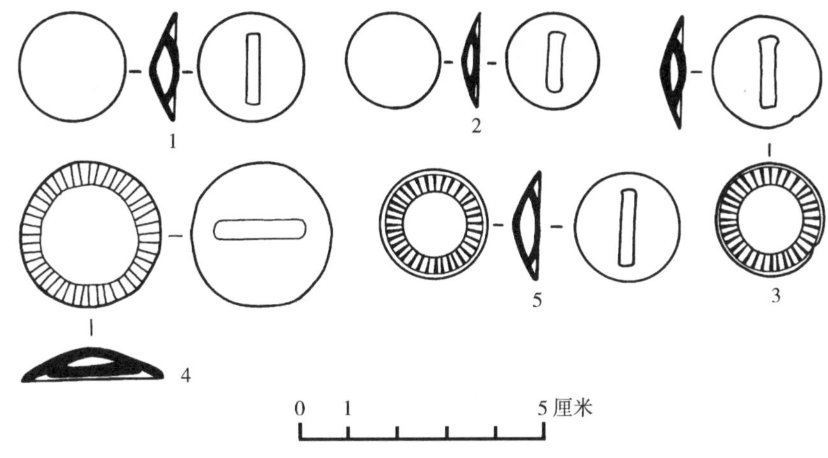

图七三三　玉皇庙墓地出土服饰铜泡

1、2. Ⅲa型（YYM217:6、341:4）

3、4、5. Ⅲb型（YYM247:10-1、86:7-1、158:19-2）

型服饰铜泡总数的21.7%。

标本YYM247:10-1，1件，是最早出现的Ⅲb型服饰铜泡，属于春秋中期。重4克，直径2.2、鼻长1.1、宽0.32厘米（图七三三，3；图版四一三，2）。

标本YYM158:19-2，1件，是最晚出现的Ⅲb型服饰铜泡，属于春秋晚期前段。均重3.8克，直径为2.1、鼻长1.6、宽均为0.3厘米（图七三三，5；图版四一三，3）。

其余标本与上述标本形制相近。

详见附表178。

讨论

从年代考察，在出土服饰铜泡的墓葬中，位于北Ⅰ区中部者7座（YYM22、32、19、17、13、11、5），属于春秋早期，占出土服饰铜泡墓葬总数的9.2%；位于北Ⅱ区北部者10座（YYM249、281、250、282、230、229、233、264、252、275），属于春秋早中期，占出土服饰铜泡墓葬总数的13.2%；位于北Ⅱ区中部者18座（YYM234、42、41、46、236、238、261、257、247、48、95、51、65、190、125、188、52、54）、北Ⅰ区北部者3座（YYM36、293、290）、北Ⅰ区中部1座（YYM23）、北Ⅰ区南部者2座（YYM7、102），这24座墓葬属于春秋中期，占出土服饰铜泡墓葬总数的31.6%；位于北Ⅱ区南部者5座（YYM186、57、86、71、149），属于春秋中晚期，占出土服饰铜泡墓葬总数的6.6%；位于南区北部者14座（YYM217、203、209、204、199、151、157、147、145、143、116、118、105、201）、位于南区中部者8座（YYM154、156、158、168、122、124、171、78）、位于西区者4座（YYM312、303、305、302），此26座墓葬均属于春秋晚期前段，占出土服饰铜泡墓葬总数的34.2%；位于南区南部者4座（YYM129、341、325、374），属于春秋晚期后段，占出土服饰铜泡墓葬总数的5.3%。服饰铜泡在6个历史阶段均有分布，春秋晚期前段随葬墓数量最多，其次是春秋中期，数量最少的是春秋晚期后段。

从墓主性别考察，男性墓有57座（YYM22、19、13、11、5、281、250、282、230、229、233、264、252、275、234、41、46、236、261、257、247、48、95、51、65、190、188、52、54、36、290、

附表 178－1

玉皇庙墓地出土服饰铜泡统计表

序号	器物号（YYM）	型	外形	纹饰	数量	均重（克）	规格（厘米）			备注
							直径	鼻长	鼻宽	
1	22∶11	Ⅰa	蘑菇形桥鼻	外周饰辐射纹	1	5.8	3	1.5	0.3	
2	32∶11－1～6	Ⅰa	蘑菇形桥鼻	外周饰辐射纹	6	6	2.8/3.1	1.4/1.7	0.3/0.4	
3	19∶10－1～2(大号)	Ⅰa	蘑菇形拱鼻	外周饰辐射纹	2	7.5	3.2	1.2	0.35	
	19∶11－1(小号)		蘑菇形拱鼻	外周饰辐射纹	1	3	1.6	1	0.25	
4	17∶8－1	Ⅰa	蘑菇形拱鼻	外周饰辐射纹	2	7.2	3.2	1.3	0.35	残1
5	13∶16－1～2	Ⅰa	蘑菇形桥鼻	外周饰辐射纹	2	4.4	2.3	1.9	0.3	
	13∶16－3～4	Ⅰa	蘑菇形桥鼻	外周饰辐射纹	2	9.6	2.85	1.5	0.3	
6	11∶16－1～4	Ⅰa	蘑菇形桥鼻	外周饰辐射纹	4	8.8	3.1	2	0.35	
7	5∶9	Ⅰb	蘑菇形	素面	1	1.6	2			鼻残
8	249∶5	Ⅱ	蘑菇形三穿直鼻	素面	1	5.5	2.65	2.65	0.25	
9	281∶8	Ⅰa	蘑菇形桥鼻	外周饰辐射纹	1	6.5	3	1.3		鼻残
	281∶10	Ⅲa	斗笠形桥鼻	素面	1	2.1	1.5	1	0.2	
10	250∶28	Ⅱ	蘑菇形三穿直鼻	素面	1	3.4	2.1	2.1	0.4	残
11	282∶11－1～4	Ⅰa	蘑菇形桥鼻	外周饰辐射纹	4	3	1.9	0.8	0.4	
12	230∶18－1～2	Ⅱ	蘑菇形三穿直鼻	素面	2	5/7.2	2.4/2.6	2.4/2.6	0.3	其一表面粘有麻布
	230∶19－1～5	Ⅲa	斗笠形桥鼻	素面	5	3/3.8	1.5/2	0.8/1.3	0.3	
13	229∶6－1～4	Ⅰa	蘑菇形桥鼻	外周饰辐射纹	4	2.8	2.15/3.1	1.1	0.25	
14	233∶11－1～2	Ⅲa	斗笠形桥鼻	素面	2	2.6	2	1.7	0.35	
15	264∶14	Ⅲa	斗笠形桥鼻	素面	1	5.8	2.8	1.6	0.32	
16	252∶8－1～2	Ⅰb	蘑菇形直鼻	素面	2	4	1.8	1.5	0.4	残1，表面均占有麻布痕
17	275∶14－1～3	Ⅰa	蘑菇形桥鼻	外周饰辐射纹	1	7.4	3.1	1.3	0.4	
18	234∶10	Ⅰa	蘑菇形桥鼻	外周饰辐射纹	1	2.9	2.6	1.3	0.22	
19	42∶10－1～2	Ⅰa	蘑菇形桥鼻	外周饰辐射纹	2	4/5.7	2.4/2.8	1.4/1.6	0.3/0.4	
20	41∶7	Ⅲa	斗笠形桥鼻	素面	1	2.2	1.9	1.4	0.25	
21	46∶11－1～2	Ⅰa	蘑菇形桥鼻	外周饰辐射纹	2	2.2	2	1.5	0.3	
22	236∶14	Ⅰa	蘑菇形桥鼻	外周饰辐射纹	1	2.3	2.2	1.2	0.22	
23	238∶2－1～4	Ⅰa	蘑菇形桥鼻	外周饰辐射纹	4	2.7～4.8	2.5～3	1.4～1.8	0.2～0.3	
24	261∶19－1～3	Ⅰa	蘑菇形桥鼻	外周饰辐射纹	3	6.7	2.7～3	1.5～2	0.3	
	261∶19－4	Ⅱ	蘑菇形三穿直鼻	素面	1	5.5	2.6	2.6	0.3	
25	257∶9－1～3	Ⅰa	蘑菇形桥鼻	外周饰辐射纹	3	1.2～2.4	1.9～2.2	1.3～1.4	0.2～0.3	
26	247∶10－1	Ⅲb	斗笠形桥鼻	外周饰辐射纹	1	4	2.2	1.1	0.32	
	247∶10－2	Ⅰb	蘑菇形桥鼻	素面	1	1.2	1.5	1.1	0.32	

附表 178－2　**玉皇庙墓地出土服饰铜泡统计表**

序号	器物号（YYM）	型	外形	纹饰	数量	均重（克）	规格（厘米）			备注
							直径	鼻长	鼻宽	
27	48：14－1～4	Ⅰa	蘑菇形拱鼻	外周饰辐射纹	4	7.2	3.2	1	0.4	
28	95：16－1	Ⅲa	斗笠形拱鼻	素面	1	5.4	2.4	1.7	0.6	
	95：16－2～3	Ⅰb	蘑菇形桥鼻	素面	2	1.8	1.7	0.8	0.4	
29	51：14－1～2	Ⅰa	蘑菇形桥鼻	外周饰辐射纹	2	8.6	2.7/2.9	1.2/1.7	0.3/0.4	
30	65：9－1～4	Ⅰb	蘑菇形直鼻	素面	4	3	2.6	2.6	0.2	
31	190：13－1～4	Ⅰa	蘑菇形拱鼻	外周饰辐射纹	4	6.6	2.8/3.1	1.1/1.6	0.3	
32	125：10－1～2	Ⅰa	蘑菇形桥鼻	外周饰辐射纹	2	3.6	2.3	1.2	0.3	
33	188：10－1	Ⅲa	斗笠形桥鼻	素面	1	3	2.1	1.1	0.3	
	188：10－2	Ⅰa	蘑菇形桥鼻	外周饰辐射纹	1	1.6	2	1.3	0.25	残
34	52：22	Ⅲa	斗笠形桥鼻	素面	1	2.6	2	1.4	0.25	
35	54：17－1～2	Ⅰa	蘑菇形拱鼻	外周饰辐射纹	2	4.7	2.8	1.4	0.27	
36	36：9－1～2	Ⅰa	蘑菇形拱鼻	外周饰辐射纹	2	6.2	3.1/3.2	1.2/1.4	0.3/0.5	
37	293：7－1～2	Ⅲa	斗笠形桥鼻	素面	2	3.3	2	1.4	0.32	
38	290：1－1	Ⅰa	蘑菇形桥鼻	外周饰辐射纹	1	4.5	2.8	1.1	0.4	
	290：1－2	Ⅰa	蘑菇形桥鼻	外周饰辐射纹	1	2.4	2.1	1.3	0.2	
39	23：9－1～2	Ⅰa	蘑菇形桥鼻	外周饰辐射纹	2	6.5	3.5	2.8	0.4	
40	7：13－1～2	Ⅰa	蘑菇形拱鼻	外周饰辐射纹	2	9	3.2	1.1	0.25	
41	102：11	Ⅰb	蘑菇形桥鼻	素面	1	2.7	2.4	1..4	0.3	
42	186：9－1～2	Ⅰa	蘑菇形拱鼻	外周饰辐射纹	2	7.4	3	1.3	0.35	
	186：9－3	Ⅰb	蘑菇形桥鼻	素面	1	5.5	2.5	2.4	0.32	
43	57：11－1～2	Ⅰa	蘑菇形桥鼻	外周饰辐射纹	2	7	2.6/2.7	1.7	0.35	
44	86：7－1～3	Ⅲb	斗笠形桥鼻	外周饰辐射纹	3	7.1	3	1.9	0.35	
45	71：4	Ⅰb	蘑菇形桥鼻	素面	1	1.3	1.6	1.4	0.2	正面有残孔
46	149：8－1～3	Ⅰb	蘑菇形桥鼻	素面	3	3	2/2.2	1.2/2.1	0.27	
47	217：6	Ⅲa	斗笠形桥鼻	素面	1	2.4	2.1	1.3	0.3	
48	203：5－1～2	Ⅰa	蘑菇形桥鼻	外周饰辐射纹	2	3.4	2.4/2.5	1.3	0.3	残1
49	209：14	Ⅰa	蘑菇形桥鼻	外周饰辐射纹	1	8.4	3	2.2	0.3	
50	204：5	Ⅰa	蘑菇形桥鼻	外周饰辐射纹	1	5.8	2.9	1.8	0.3	
51	199：6－1～2	Ⅰa	蘑菇形桥鼻	外周饰辐射纹	2	4.7	2.5	1.7	0.3	残1
52	151：21－1～2	Ⅰa	蘑菇形桥鼻	外周饰辐射纹	2	3.3	2/2.4	1.4/1.5	0.2/0.3	
53	157：5－1～9	Ⅰb	蘑菇形拱鼻	素面	9	2.7	2.2	0.8	0.3	
54	147：4	Ⅰb	蘑菇形拱鼻	素面	1	2.7	2.2	0.8	0.3	
55	145：10－1～4	Ⅰa	蘑菇形桥鼻	外周饰辐射纹	4	2.1～3.4	2.3	1.3	0.3～0.4	
56	143：14－1～2	Ⅰb	蘑菇形桥鼻	素面	2	2.9	2.3	1	0.35	
57	116：2	Ⅰa	蘑菇形桥鼻	外周饰辐射纹	1	1.2	2.2	1.3	0.3	残

附表 178－3

玉皇庙墓地出土服饰铜泡统计表

序号	器物号（YYM）	型	外形	纹饰	数量	均重（克）	规格（厘米）			备注
							直径	鼻长	鼻宽	
58	118∶6	Ⅰc	蘑菇形桥鼻	外周饰3道粟粒纹	1	8.5	3.3	1.4	0.3	
59	105∶10－1～3	Ⅰa	蘑菇形桥鼻	外周饰辐射纹	3	2.2	2.1	1	0.3	
	105∶10－4	Ⅰb	蘑菇形桥鼻	素面	1	1.5	1.8	1.2	0.3	
60	201∶5－1～2	Ⅰa	蘑菇形桥鼻	外周饰辐射纹	2	1.9/2.7	1.9/2.2	/1.3	0.3	1鼻残断
	201∶5－3～4	Ⅰd	蘑菇形敛口桥鼻	素面	2	2.1	2.3	0.9	0.3	
61	154∶4－1～2	Ⅰe	蘑菇形桥鼻	中心及周围饰圆圈纹，外沿饰“人”字纹	2	6.8	3.3	1.2	0.3	
62	156∶10－1～4	Ⅰa	蘑菇形桥鼻	外周饰辐射纹	4	3.2	2.3/2.1	1.3	0.25/0.3	2件
63	158∶19－1	Ⅲa	斗笠形桥鼻	素面	1	3.4	2.2	1.6	0.3	
	158∶19－2	Ⅲb	斗笠形桥鼻	外周饰辐射纹	1	3.8	2.1	1.6	0.3	
	158∶20－1～2	Ⅰa	蘑菇形桥鼻	外周饰辐射纹	2	2.7	2.2/2.5	1.2	0.2	
64	168∶8－1～2	Ⅰb	蘑菇形桥鼻	素面	2	4	2.6	0.8	0.3	1件
65	122∶9－1～9	Ⅰa	蘑菇形桥鼻	外周饰辐射纹	9	3.3	2.3/3	1.4/2	0.3/0.4	1鼻断
66	124∶18	Ⅰb	蘑菇形桥鼻	素面	1	2.5	2	1.3	0.3	
67	171∶11－1	Ⅰa	蘑菇形桥鼻	外周饰辐射纹	1	3.2	2.3	1.3	0.23	
	171∶11－2	Ⅰb	蘑菇形桥鼻	素面	1	2.2	1.9	0.8	0.23	
68	78∶6	Ⅰb	蘑菇形桥鼻	素面	1	2.3	2.2	1.1	0.25	
69	312∶6－1～9	Ⅰb	蘑菇形桥鼻	素面	9	2.1	2.1	1	0.3	5枚表面印有纺织物痕迹
70	303∶7	Ⅰb	蘑菇形直鼻	素面	1	2.8	1.8	0.6	0.3	
71	305∶2－1～12	Ⅰa	蘑菇形桥鼻	外周饰辐射纹	12	2.1～3.5	2.1～2.5	1.2～1.7	0.15～0.3	1件穿鼻内有麻线
	305∶2－13	Ⅰa	蘑菇形桥鼻	外周饰辐射纹	1	10	2.9	1.2	0.3	
	305∶2－14	Ⅰb	蘑菇形桥鼻（偏上）	素面	1	11	3.8	1.1	0.25	面粘纺织物，背面穿鼻内存线状物，粘挂1枚长3.6、上宽1.8厘米小铜凿
72	302∶4	Ⅰf	蘑菇形桥鼻	螺纹	1	2.5	2.5	1.6	0.3	
73	129∶14－1	Ⅰb	蘑菇形桥鼻	素面	1	2.1	1.9	1.2	0.26	
	129∶14－2～3	Ⅰa	蘑菇形桥鼻	外周饰辐射纹	2	2/2.6	1.6/2.3	0.8/1.3	0.15/0.3	
74	341∶4	Ⅲa	斗笠形桥鼻	素面	1	2.4	1.8	1	0.3	
75	325∶5	Ⅰa	蘑菇形桥鼻	外周饰辐射纹	1	5.7	2.7	1.2	0.25	
76	374∶11	Ⅰb	蘑菇形	素面	1	5.8	2.9	1.1	0.32	鼻呈纵向偏中心线上端
合计					共76座墓葬 206件					

23、7、102、186、57、86、71、217、203、209、199、151、145、143、105、154、156、158、168、122、124、171、312、303、129、325），占出土服饰铜泡墓葬总数的75%；女性墓有10座（YYM249、125、149、204、118、78、305、302、341、374），占出土服饰铜泡墓葬总数的13.2%；无人墓有2座（YYM32、17），占出土服饰铜泡墓葬总数的2.6%；少儿墓有5座（YYM42、238、157、116、201），占出土服饰铜泡墓葬总数的6.6%；婴儿墓有2座（YYM293、147），占出土服饰铜泡墓葬总数的2.6%。服饰铜泡主要是男性的装饰品或实用品。

从墓葬级别考察，甲（A）级墓有2座（YYM250、230），占甲（A）级墓葬总数的66.7%；甲（B）级墓葬有4座（YYM22、52、217、151），占甲（B）级墓葬总数的80%；乙（A）级墓有13座（YYM13、11、229、275、236、261、95、51、54、86、209、156、129），占乙（A）级墓葬总数的46.4%；乙（B）级墓有19座（YYM19、17、233、234、41、46、257、247、65、190、188、36、186、57、203、204、158、124、374），占乙（B）级墓葬总数的22.9%；丙（A）级墓有12座（YYM32、282、264、252、48、23、199、145、143、122、171、341），占丙（A）级墓葬总数的14.8%；丙（B）级墓有4座（YYM102、149、118、168），占丙（B）级墓葬总数的9.8%；丙（C）级墓有13座（YYM5、249、42、238、290、7、71、157、105、154、312、305、302），占丙（C）级墓葬总数的19.7%；丁级墓有9座（YYM281、125、293、147、116、201、78、303、325），占丁级墓葬总数的9.8%。甲级墓的服饰铜泡随葬比例在60%以上，乙级墓的服饰铜泡随葬比例在20%至50%之间，丙级墓以下者随葬服饰铜泡的比例均在20%以下。随葬服饰铜泡的总体趋势是从高级墓到低级墓呈递减状态。

服饰铜泡的纹饰并不多，值得注意的是，三类比较别致的类型（Ⅰc、Ⅰe、Ⅰf）均属于中等规格以下的墓葬（丙B和丙C），而非高等级或较高等级者。

大铜扣　玉皇庙墓地共出土大铜扣158件，占玉皇庙墓地出土青铜服饰品总数的2.3%；分别出自48座墓葬，墓号为：YYM32（2件）、33（2件）、34、19（2件）、17（4件）、3、18（9件）、386（6件）、300（12件）、383（8件）、384（2件）、11（3件）、5、9、250（6件）、227、264（3件）、97、226（2件）、252（2件）、275（2件）、46（18件）、238（2件）、261（6件）、90（20件）、258、51、190、52、67（2件）、36、299（2件）、7（2件）、102（2件）、192、57、149、69、209（2件）、151（2件）、74（4件）、156、158、124（5件）、171、175（5件）、174（2件）、391，占玉皇庙墓地墓葬总数的12%。大铜扣为弧面圆形，大多数背面有桥形穿鼻，只有1例为钉帽钮。根据其纹饰，可分为10型8亚型。

Ⅰ型　团兽形

共31件，占玉皇庙墓地出土大铜扣总数的19.6%。根据团兽的朝向及其外沿附属装饰纹饰，可分为6个亚型。

Ⅰa型　顺向，边沿饰一周嵌窝和卷云纹

共2件，占Ⅰ型大铜扣总数的6.5%。均出自同一座墓葬，标本YYM32:10－1～2，属于春秋早期，均重5.6克，直径分别为2.4、2.5厘米，鼻长1.4、宽0.4厘米（图七三四，1；图版四一三，4）。

Ⅰb型　逆向，外沿饰辐射纹

共15件，占Ⅰ型大铜扣总数的48.4%。分别出自7座墓葬，墓号为：YYM33（2件）、386（2

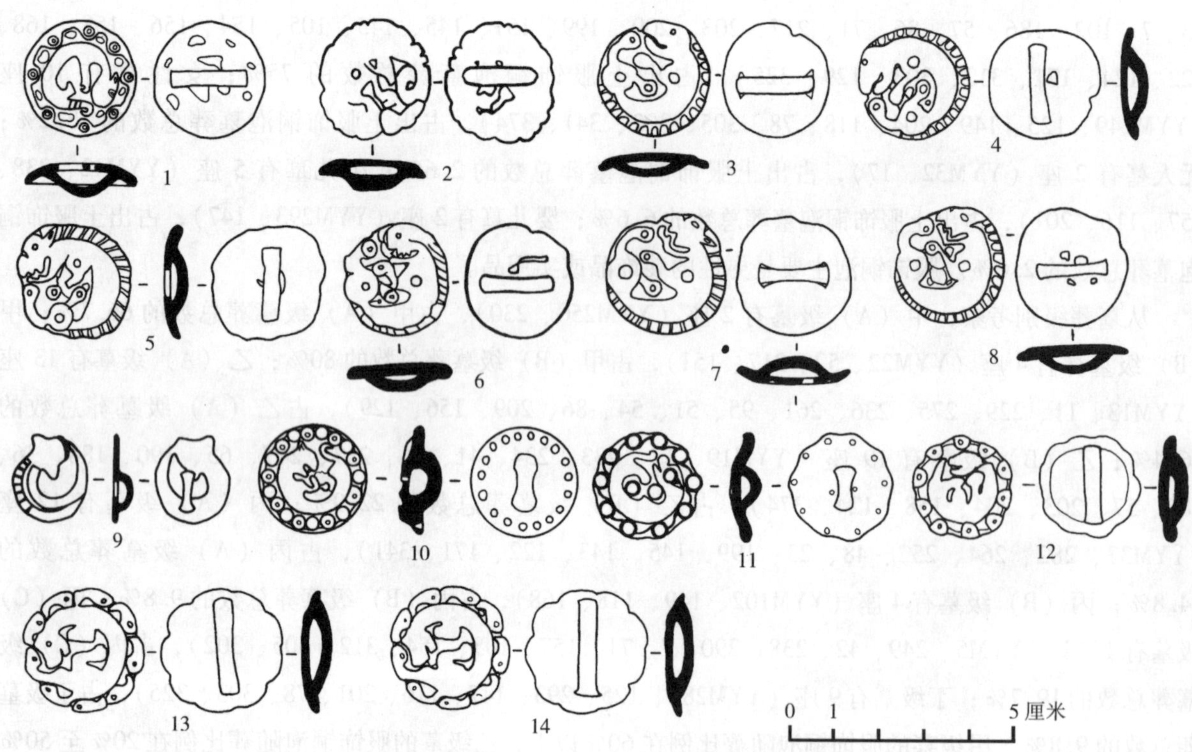

图七三四 玉皇庙墓地出土服饰大铜扣

1. Ⅰa型（YYM32:10－1） 2～8. Ⅰb型（YYM33:1－1、386:11－1、300:14－1、11:15－3、383:7－2、97:8、7:12－1） 9. Ⅰc型（YYM18:12－1） 10. Ⅰd型（YYM18:12－2） 11、12. Ⅰe型（YYM18:12－3、250:25－1） 13、14. Ⅰf型（YYM386:10－1、7:12－2）

件）（图版四一四，1中）、300（6件）（图版四一四，1左）、383（2件）（图版四一三，5）、11、97、7。

标本YYM33:1－1～2，这是最早出现的Ⅰb型大铜扣，属于春秋早期。均重5.6克，直径分别为2.5、2.6厘米，鼻长分别为1.6、1.9厘米，宽分别为0.3、0.4厘米。形状为1个蜷曲的团兽，首尾相接，肱骨头、股骨头、两爪端各有1个平口嵌窝，前两者直径为0.2厘米，后两者直径为0.1厘米。头顶及身体外侧饰辐射纹（图七三四，2）。

标本YYM7:12－1，这是最晚出现的Ⅰb型大铜扣，属于春秋中期。重7克，直径2.65厘米，鼻长1.9、宽0.4厘米，眼睛、肱骨头、股骨头、前爪和尾端各有1个平口嵌窝，直径0.1～0.3厘米。头顶及身体外侧饰辐射纹（图七三四，8；图版四一四，1右）。

其余12件与YYM33:1和YYM7:12－1大致相同（图七三四，3～7）。

Ⅰc型 顺向，没有附属纹饰

1件，占Ⅰ型大铜扣总数的3.2%。标本YYM18:12－1，属于春秋早期。重2.1克，直径1.7、鼻长0.8、宽0.2厘米。形状为顺向蜷曲螭龙，吻衔其尾（图七三四，9；图版四一四，2）。

Ⅰd型 顺向，外沿饰嵌窝

1件，占Ⅰ型大铜扣总数的3.2%。标本YYM18:12－2，属于春秋早期。重12.2克，直径2.4、鼻长1.2、宽0.4厘米，边缘9枚凸沿嵌窝内径0.1厘米，与9枚直径相同的平口嵌窝相间。形状为顺向团兽（图七三四，10；图版四一四，3）。

Ⅰe型　逆向，外沿饰嵌窝

共9件，占Ⅰ型大铜扣总数的29%。分别出自2座墓葬，墓号为：YYM18（6件）、250（3件）。

标本YYM18∶12－3～8，这是较早出现的Ⅰe型大铜扣，属于春秋早期。均重8.8克，直径2.4、鼻长1、宽0.3厘米，边缘平口嵌窝内径0.1～0.15厘米。形状为逆向团兽（图七三四，11；图版四一五，1）。

标本YYM250∶25－1～3，这是较晚出现的Ⅰe型大铜扣，属于春秋早中期。均重8克，直径2.3、鼻长1.5、宽0.3厘米，逆向团兽的眼睛、前后爪饰3枚嵌窝，外缘饰10枚嵌窝，内径0.1～0.15厘米（图七三四，12；图版四一五，2）。

Ⅰf型　逆向，外沿饰勾云纹

共3件，占Ⅰ型大铜扣总数的9.7%。分别出自2座墓葬，墓号为：YYM386（2件）、7。

标本YYM386∶10－1～2，这是较早出现的Ⅰf型大铜扣，属于春秋早期。均重6.5克，直径2.6、鼻长1.6、宽0.35厘米。逆向团兽，外沿饰9枚顺向勾云纹（图七三四，13）。

标本YYM7∶12－2，这是较晚出现的Ⅰf型大铜扣，属于春秋中期。重7克，直径2.5、鼻长1.5、宽0.3厘米。形态与YYM386∶10相同（图七三四，14；图版四一五，3）。

Ⅱ型　顺向四曲涡纹

共80件，占玉皇庙墓地出土大铜扣总数的50.6%。分别出自27座墓葬，墓号为：YYM19（2件）、17（4件）（图版四一六，1左2）、18（图版四一六，1左3）、386（2件）（图版四一六，1左4）、300（6件）（图版四一六，2左1）、383（6件）（图版四一六，2左2）、384（2件）（图版四一六，2左3）、11（2件）（图版四一六，2左4）、9、250（3件）、252（2件）（图版四一六，3左2；图版四一七，1左2）、275（2件）（图版四一六，3左1；图版四一七，1左1）、46、261（6件）（图版四一六，3左3、图版四一七，1左3）、90（20件）、258、51（图版四一六，3左4；图版四一七，1左4）、190、52、67（2件）、36（图版四一七，2左）、102（2件）、151（2件）（图版四一七，2中）、156、124（5件）（图版四一七，2右）、174（2件）、391，多数外缘饰辐射纹，有些纹饰镂空。

标本YYM19∶12－1～2，这是最早出现的Ⅱ型大铜扣，属于春秋早期。重2.6克，直径2.1、鼻长1.3、宽0.32厘米。镂空顺向四曲涡纹，外沿饰辐射纹，已模糊（图七三五，1；图版四一六，1左1）。

标本YYM391∶4，这是最晚出现的Ⅱ型大铜扣，属于春秋晚期后段。重3.2克，直径2.8、鼻长1、宽0.3厘米。镂空顺向四曲涡纹。

其余78件与YYM19∶12和YYM391∶4大致相同（图七三六，1～4）。

Ⅲ型　粟粒纹与弦纹

共27件，占玉皇庙墓地出土大铜扣总数的17.1%。分别出自7座墓葬，墓号为：YYM34、5、264（3件）（图版四一七，3中）、226（2件）（图版四一七，3右）、46（17件）（图版四一八，1左）、238（2件）（图版四一八，1中）、171，纹饰为从中心圆点向外沿分布2周同心圆、1周粟粒纹、1周弦纹的组合。

标本YYM34∶13，这是最早出现的Ⅲ型大铜扣，属于春秋早期。重5克，直径2.2、鼻长1.6、宽0.3厘米。中心残破，中心圆点余半，2周同心圆和1周弦纹之间环1周粟粒纹，共19枚（图七三六，

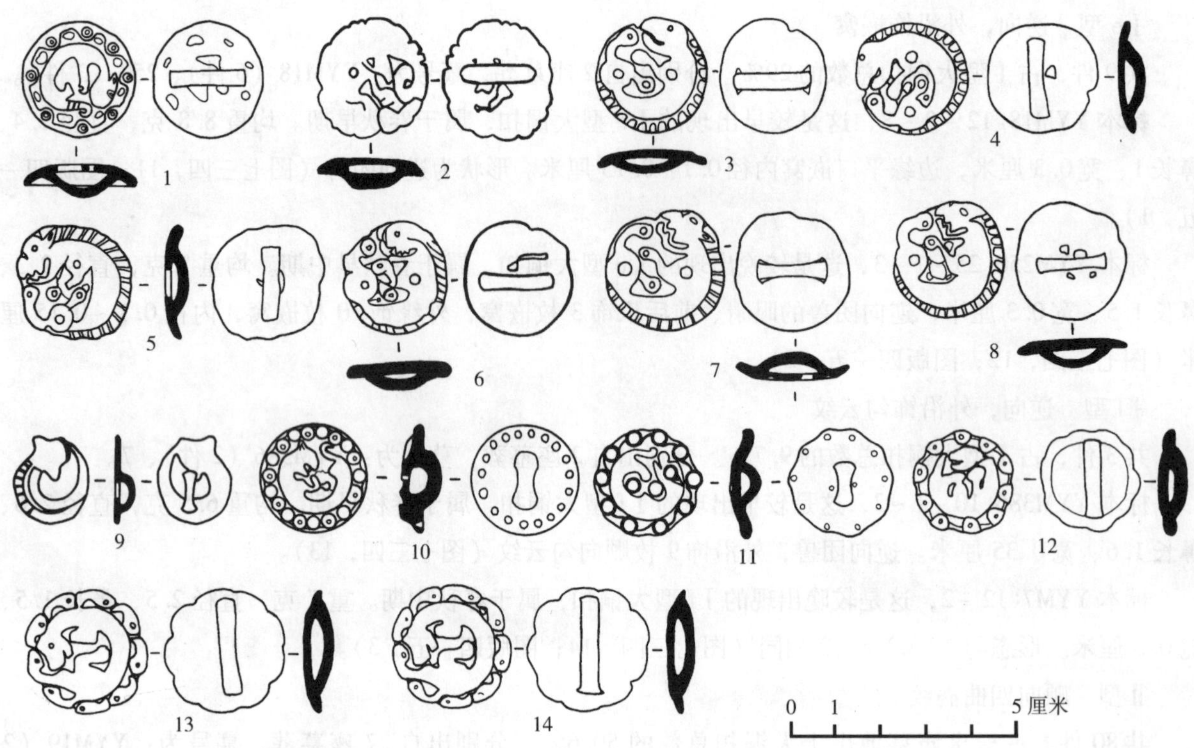

图七三五　玉皇庙墓地出土服饰大铜扣

1~17. Ⅱ型（YYM19:12-1、17:9-1、386:9-1、300:15-1、18:12-9、383:6-1、384:9-1、11:15-1、9:5、252:7-1、275:12-1、46:10-18、261:18-1、90:2-1、51:15、190:12、52:23）

5；图版四一七，3左1）。

标本YYM171:15，这是最晚出现的Ⅲ型大铜扣，属于春秋晚期前段。重3.4克，直径2、鼻长1.2、宽0.3厘米。纹饰的分布与YYM34:13一致，粟粒纹颗粒的数量有别，纹样模糊（图七三六，11；图版四一八，1右）。

其余25件标本与YYM34:13大致相同（图七三六，6~10）。

Ⅳ型　圈纹与辐射纹

1件，占玉皇庙墓地出土大铜扣总数的0.6%。标本YYM3:11，属于春秋早期。中心为3个圈纹呈三角形排列，圈中心有一圆点，外沿饰辐射纹。重2.5克，直径1.6、鼻长1、宽0.2厘米（图七三六，12；图版四一八，2左）。

Ⅴ型　三角纹与逗点纹

1件，占玉皇庙墓地出土大铜扣总数的0.6%。标本YYM227:10，属于春秋早中期。中心圆形区域内对角线分布2个相对的镂空三角纹，一大一小，小者两侧各有1个逗点形嵌窝对称布列，外缘均布6枚凸沿嵌窝，背面中间铸1道凸棱，凸棱正中铸钉帽钮。重6.2克，直径2.6、钮径1.2、嵌窝直径0.1~0.2厘米（图七三六，13；图版四一九，1）。

Ⅵ型　素面

共5件，占玉皇庙墓地出土大铜扣总数的3.2%。分别出自4座墓葬，墓号为：YYM229（2件）、57、149、69。

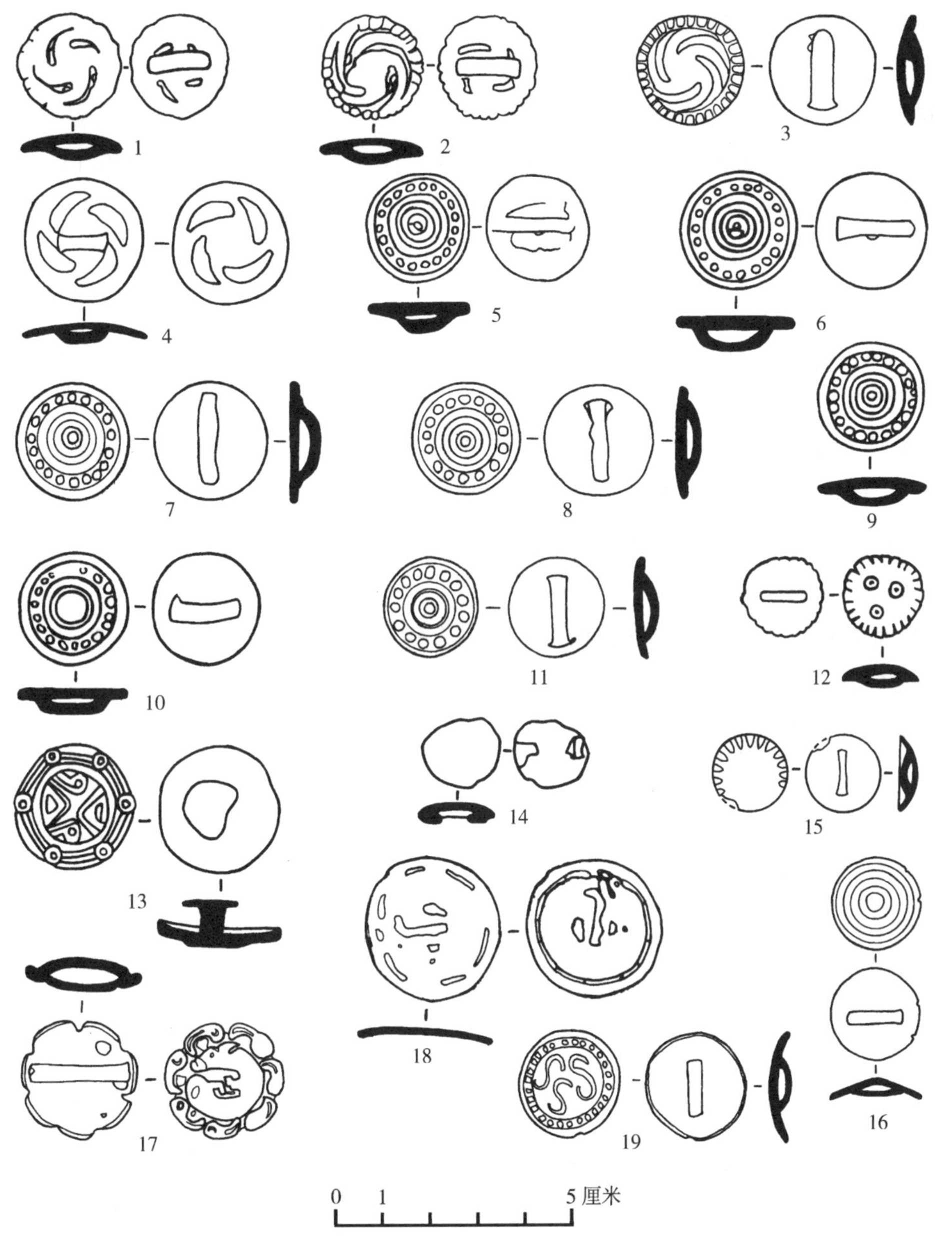

图七三六　玉皇庙墓地出土服饰大铜扣

1～4. Ⅱ型（YYM36：10、102：12－1、151：19－1、124：11－1）　5～11. Ⅲ型（YYM34：13、5：10、264：15－1、226：12－1、238：1－1、46：10－1、171：15）　12. Ⅳ型（YYM3：11）　13. Ⅴ型（YYM227：10）　14. Ⅵ型（YYM57：10）　15. Ⅶ型（YYM192：5）　16. Ⅷ型（YYM209：15－1）　17. Ⅸa型（YYM74：14－1）　18. Ⅸb型（YYM175：12－1）　19. Ⅹ型（YYM158：12）

标本YYM57：10，1件，是较晚出现的Ⅵ型大铜扣，属于春秋中晚期。重1克，直径1.55厘米。鼻断（图七三六，14）。

其余4件与YYM57：10大致相同。

Ⅶ型　辐射纹

1件，占玉皇庙墓地出土大铜扣总数的0.6%。标本YYM192：5，属于春秋中晚期。中心无纹饰，外缘饰一周辐射纹。重 1.6 克，直径 1.6、鼻长 0.9、宽 0.1 厘米（图七三六，15；图版四一八，2 中）。

Ⅷ型 同心圆

2 件，占玉皇庙墓地出土大铜扣总数的 1.3%。均出自 1 座墓葬，标本 YYM209∶15－1～2，属于春秋晚期前段，呈斗笠形，从中心点向外呈辐射状饰 5 周同心圆。均重 1.4 克，直径 1.8、鼻长 1、宽 0.26 厘米（图七三六，16；图版四一八，2 右）。

Ⅸ型 逆向团牛纹

共 9 件，占玉皇庙墓地出土大铜扣总数的 5.7%。根据外缘附属纹的不同，可分为 2 个亚型。

Ⅸa 型 勾云纹

4 件，占Ⅸ型大铜扣总数的 44.4%，均出自 1 座墓葬，标本 YYM74∶14－1～4，属于春秋晚期前段。中心为 1 个逆向蜷曲的牛体，吻部略长，首尾相接，前后蹄相叠，外缘饰 1 周 7 枚勾云纹。均重 5.6 克，直径 2.4、鼻长 1.8、宽 0.3 厘米（图七三六，17；图版四一九，2）。

Ⅸb 型 辐射纹

5 件，占Ⅸ型大铜扣总数的 55.6%，均出自 1 座墓葬，标本 YYM175∶12－1～5，属于春秋晚期后段。中心纹饰镂空，与 YYM74∶14 相似，口衔尾端，外缘饰 1 周辐射纹。均重 3.3 克，直径 2.8 厘米。无鼻（图七三六，18；图版四一九，3）。

Ⅹ型 勾云纹与粟粒纹

1 件，占玉皇庙墓地出土大铜扣总数的 0.6%。标本 YYM158∶12，属于春秋晚期后段。中心饰 3 枚呈三角形排列的勾云纹，其外侧饰 1 周粟粒纹。重 4.2 克，直径 2.2、鼻长 0.8、宽 0.3 厘米（图七三六，19；图版四一九，4）。

详见附表 179。

讨论

从年代考察，出土大铜扣的 48 座墓葬中，分布于北Ⅰ区中部者 10 座（YYM32、33、34、19、17、3、18、11、5、9）、中部者 4 座（YYM386、300、383、384），此 14 座墓均属于春秋早期，占玉皇庙墓地出土大铜扣墓葬总数的 29.2%；分布于北Ⅱ区北部者 7 座（YYM250、227、264、97、226、252、275），属于春秋早中期，占玉皇庙墓地出土大铜扣墓葬总数的 14.6%；分布于北Ⅱ区中部者 9 座（YYM46、238、261、90、258、51、190、52、67）、北Ⅰ区北部者 2 座（YYM36、299）、北Ⅰ区南部者 2 座（YYM7、102），此 13 座墓均属于春秋中期，占玉皇庙墓地出土大铜扣墓葬总数的 27.1%；分布于北Ⅱ区南部者 4 座（YYM192、57、149、69），属于春秋中晚期，占玉皇庙墓地出土大铜扣墓葬总数的 8.3%；分布于南区北部者 3 座（YYM209、151、74）、中部者 4 座（YYM156、158、124、171），此 7 座墓均属于春秋晚期前段，占玉皇庙墓地出土大铜扣墓葬总数的 14.6%；分布于南区南部者 3 座（YYM175、174、391），属于春秋晚期后段，占玉皇庙墓地出土大铜扣墓葬总数的 6.25%。大铜扣在玉皇庙墓地的 6 个时段中均有分布，其中春秋早期随葬大铜扣的墓葬最多，其次是春秋中期，再次为春秋早中期和春秋晚期前段，数量最少的是春秋晚期后段。可见大铜扣主要是春秋中期以前的装饰品。

附表179－1　**玉皇庙墓地出土服饰大铜扣统计表**

序号	器物号（YYM）	型	外形	纹饰	数量	重量（克）	规格（厘米）直径	鼻长	鼻宽	嵌窝高/径	备注
1	32:10－1～2	Ⅰa	弧面桥鼻	顺向龙形蜷兽，边缘饰一周嵌窝和卷云纹	2	5.6	2.4/2.5	1.4	0.4		残1
2	33:1－1～2	Ⅰb	弧面桥鼻	镂空逆向蜷兽，肱骨头、股骨头、前后爪各1平口嵌窝，外周饰辐射纹	2	5.6	2.5/2.6	1.6/1.9	0.3/0.4	0.2/0.1	残1
3	34:13	Ⅲ	弧面桥鼻	中心向外周饰2周同心圆、一周粟粒纹、一周同心圆	1	5	2.2	1.6	0.3		
4	19:12－1～2	Ⅱ	弧面桥鼻	镂空顺向四曲涡纹，外周饰辐射纹	2	2.6	2.1	1.3	0.32		残1
5	17:9－1～4	Ⅱ	弧面桥鼻	阳刻顺向四曲涡纹，面微鼓，外周饰辐射纹	4	3.5	1.9/2.1	1.3/1.6	0.3/0.4		其一镂空
6	3:11	Ⅳ	弧面桥鼻	中心饰3圈点纹，外周饰辐射纹	1	2.5	1.6	1	0.2		
7	18:12－1	Ⅰc	弧面桥鼻	镂空顺向蜷曲螭龙	1	2.1	1.7	0.8	0.2		
	18:12－2	Ⅰd	弧面桥鼻	顺向团兽，边缘饰一周相间凸缘与平口嵌窝，共18枚	1	12.2	2.4	1.2	0.4	0.1	
	18:12－3～8	Ⅰe	弧面拱鼻	逆向龙形团兽，边缘饰一周10枚凸沿嵌窝，眼、前后爪尖共3枚凸沿嵌窝	6	8.8	2.4	1	0.3	0.1/0.15	
	18:12－9	Ⅱ	弧面桥鼻	顺向四曲涡纹	1	4.8	2	1.2	0.35		
8	386:9－1～2	Ⅱ	弧面桥鼻	顺向四曲涡纹	2	3.3	1.9/2.1	1.2	0.25		涡纹扣1枚外表有麻布痕，1枚鼻残
	386:10－1～2	Ⅰf	弧面桥鼻	逆向团兽，外周饰9枚顺向勾云纹	2	6.5	2.6	1.6	0.35		
	386:11－1～2	Ⅰb	弧面桥鼻	逆向团兽，前后爪有平口嵌窝，边缘饰辐射纹	2	5.5	2.4	1.4	0.4	0.15	
9	300:15－1～6	Ⅱ	弧面桥鼻	镂空顺向四曲涡纹，边缘饰一周绹纹	6	3.8	2.2	1.3	0.3		
	300:14－1～6	Ⅰb	弧面桥鼻	逆向螭龙团兽，外周饰辐射纹	6	5.5	2.4	1.4	0.3		
10	383:6－1～6	Ⅱ	弧面桥鼻	顺向四曲涡纹，外周饰辐射纹	6	3.7	2.1	1.2	0.3		
	383:6－7～8	Ⅰb	弧面桥鼻	逆向螭龙团兽，外周饰辐射纹，肱骨头、股骨头、前后爪、尾端有平口嵌窝	2	6	2.4	1.4	0.3	0.1－0.2	
11	384:9－1～2	Ⅱ	弧面桥鼻	顺向四曲涡纹，外周饰辐射纹	2	4.4	2.15	1.2	0.3		

附表 179 －2

玉皇庙墓地出土服饰大铜扣统计表

序号	器物号（YYM）	型	外形	纹饰	数量	重量（克）	规格（厘米）				备注
							直径	鼻长	鼻宽	嵌窝高/径	
12	11∶15－1～2	Ⅱ	弧面桥鼻	镂空顺向四曲涡纹，边缘饰一周绹纹	2	3.8	2.1	1.2	0.5		1 鼻残
	11∶15－3	Ⅰb	弧面桥鼻	逆向团兽，肱骨头、股骨头、前后爪、尾端各有 1 平口嵌窝	1	6.5	2.6	1.5	0.3	0.3	
13	5∶10	Ⅲ	弧面桥鼻	中心向外周饰两周同心圆、一周粟粒纹、一周同心圆	1	5.3	2.5	1.7	0.3		
14	9∶5	Ⅱ	弧面桥鼻	镂空顺向四曲涡纹，边缘饰一周绹纹	1	3.2	2.2	1.2	0.3		表面有麻布痕
15	250∶25－1～3	Ⅰe	弧面桥鼻	逆向龙形团兽，边缘饰一周 10 枚凸沿嵌窝，眼、前后爪尖共 3 枚凸沿嵌窝	3	8	2.3	1.5	0.3	0.1/0.15	
	250∶27－1～3	Ⅱ	弧面桥鼻	顺向四曲涡纹	3	3.5	1.8/2.7	0.8/1	0.3		
16	227∶10	Ⅴ	弧面钉帽钮	中心是在 1 个圆内布两个相对镂空三角纹，两侧各有 1 个逗点形嵌窝，外缘均布 6 枚凸嵌窝，背面中间铸一道凸棱，棱中铸钉帽形钮	1	6.2	2.6	1.2		0.1/0.2	
17	264∶15－1～3	Ⅲ	弧面桥鼻	中心向外周饰两周同心圆、一周粟粒纹、一周同心圆	3	6.4	2.4	1.6	0.42		
18	97∶8	Ⅰb	弧面桥鼻	逆向团兽，肱骨头、股骨头、前后爪各有一平口嵌窝，外周饰绹纹	1	8	2.6	1.5	0.25	0.3/0.15	
19	226∶12－1～2	Ⅲ	弧面桥鼻	中心向外周饰两周同心圆、一周粟粒纹、一周同心圆	2	5	2.8	1.3	0.3		
20	252∶7－1～2	Ⅱ	弧面桥鼻	镂空顺向四曲涡纹，外饰辐射纹	2	2.4/4.1	1.9/2.1	1.3	0.3		
21	275∶12－1～2	Ⅱ	弧面桥鼻	镂空顺向四曲涡纹，外饰辐射纹	2	2.9	1.9/2.1	1.6	0.3		
22	46∶10－1～17	Ⅲ	弧面桥鼻	中心向外周饰两周同心圆、一周粟粒纹、一周同心圆	17	5.2	2.3	1.4	0.3		
	46∶10－18	Ⅱ	弧面桥鼻	镂空顺向四曲涡纹，外饰辐射纹	1	3.8	2.1	1.4	0.3		
23	238：1－1～2	Ⅲ	弧面	中心向外周饰两周同心圆、一周粟粒纹、一周同心圆	2	3/4.5	2.3	1.5	0.3		
24	261∶18－1～6	Ⅱ	弧面桥鼻	镂空顺向四曲涡纹，外饰辐射纹	6	3.1	2.1	1.3	0.32		

附表 179 - 3

玉皇庙墓地出土服饰大铜扣统计表

序号	器物号（YYM）	型	外形	纹饰	数量	重量（克）	规格（厘米）				备注
							直径	鼻长	鼻宽	嵌窝高/径	
25	90 : 2 - 1 ~ 20	Ⅱ	弧面桥鼻	镂空顺向四曲涡纹，外饰辐射纹	20	2.8	2	1.5	0.3		
26	258 : 10	Ⅱ	弧面桥鼻	镂空顺向四曲涡纹，外饰辐射纹	1	2.9	2.2	1.5	0.3		
27	51 : 15	Ⅱ	弧面桥鼻	镂空顺向四曲涡纹，外饰辐射纹	1	3	2.1	1.5	0.35		
28	190 : 12	Ⅱ	弧面桥鼻	镂空顺向四曲涡纹，外饰辐射纹	1	3	2	1.2	0.3		1 件
29	52 : 23	Ⅱ	弧面桥鼻	镂空顺向四曲涡纹，外饰辐射纹	1	2	2	1.3	0.3		残
30	67 : 4 - 1 ~ 2	Ⅱ	弧面桥鼻	镂空顺向四曲涡纹，外饰辐射纹	2	3.2	2.3	1.4	0.3		
31	36 : 10	Ⅱ	弧面桥鼻	镂空顺向四曲涡纹，外饰辐射纹	1	2.5	2.1	1.5	0.3		
32	299 : 7 - 1 ~ 2	Ⅵ	弧面	素面	2		1.5				鼻残
33	7 ; 12 - 1	Ⅰb	弧面桥鼻	镂空逆向蜷兽，眼，肱、股骨头，前后爪有嵌窝，外周饰辐射纹	1	7	2.65	1.9	0.4	平，5 个 0.1 - 0.3	
	7 : 12 - 2	Ⅰf		镂空逆向蜷兽，外周饰 9 枚顺向勾云纹，	1	7	2.5	1.5	0.3		
34	102 : 12 - 1 ~ 2	Ⅱ	弧面桥鼻	镂空顺向四曲涡纹，外饰辐射纹	2	2.9/5.2	2.1/3.8	1.4/0.9	0.3		
35	192 : 5	Ⅶ	弧面桥鼻	外周饰辐射纹	1	1.6	1.6	0.9	0.1		
36	57 : 10	Ⅵ	弧面	素面	1	1	1.55				鼻断
37	149 : 11	Ⅵ	弧面	素面	1	1.3	1.7	1	0.2		
38	69 : 5	Ⅵ	弧面	素面	1	1.5	2	0.9	0.25		
39	209 : 15 - 1 ~ 2	Ⅷ	弧面桥鼻	呈斗笠形饰阴刻 5 重同心圆	2	1.4	1.8	1	0.26		
40	151 : 19 - 1 ~ 2	Ⅱ	弧面桥鼻	顺向四曲涡纹，其一镂空，外周饰辐射纹	2	2.5/4.6	2/2.2	1.35	0.4/0.5		
41	74 : 14 - 1 ~ 4	Ⅸa	弧面桥鼻	逆向团形牛纹，边缘饰一周 7 枚勾云纹	4	5.6	2.4	1.8	0.3		
42	156 : 26	Ⅱ	弧面桥鼻	镂空顺向 4 曲涡纹	1	2.7	2.5	0.9	0.25		

附表 179－4

玉皇庙墓地出土服饰大铜扣统计表

序号	器物号（YYM）	型	外形	纹饰	数量	重量（克）	规格（厘米）				备注
							直径	鼻长	鼻宽	嵌窝高/径	
43	158：12	Ⅹ	弧面桥鼻	阴刻勾云纹，外周饰粟粒纹	1	4.2	2.2	0.8	0.3		
44	124：11－1～5	Ⅱ	弧面桥鼻	镂空顺向四曲涡纹	5	2.9	2.5	1/1.1	0.3/0.35		残 1
45	171：15	Ⅲ	弧面桥鼻	中心向外周饰两周同心圆、一周粟粒纹、一周同心圆	1	3.4	2	1.2	0.3		
46	175：12－1～5	Ⅸb	弧面	镂空逆向团形牛纹，边缘饰辐射纹	5	3.3	2.8				无鼻
47	174：20－1～2	Ⅱ	弧面桥鼻	镂空顺向四曲涡纹	2	2.9	2.6	1	0.3		
48	391：4	Ⅱ	弧面桥鼻	镂空顺向四曲涡纹	1	3.2	2.8	1	0.3		
合　计				共 48 座墓　158 件							

从性别考察，出土大铜扣的男性墓有 33 座（YYM19、18、386、300、384、11、5、250、227、264、226、252、275、46、261、51、190、52、36、7、102、192、57、69、209、151、74、156、158、124、171、175、174），占玉皇庙墓地出土大铜扣墓葬总数的 68.75%；女性墓有 6 座（YYM3、9、97、258、149、391），占玉皇庙墓地出土大铜扣墓葬总数的 12.5%；无人墓有 3 座（YYM32、34、17），占玉皇庙墓地出土大铜扣墓葬总数的 6.25%；性别不详者墓有 2 座（YYM33、383），占玉皇庙墓地出土大铜扣墓葬总数的 4.2%；少儿墓有 4 座（YYM238、90、67、299），占玉皇庙墓地出土大铜扣墓葬总数的 8.3%。男性墓占绝对优势，女性墓只占八分之一，少儿墓数量很少，婴儿墓没有出现。大铜扣主要是成年男性的装饰品和日常用品。

从墓葬及别考察，出土大铜扣的墓葬中，甲（A）级墓 2 座（YYM18、250），占甲（A）级墓葬总数的 66.7%；甲（B）级墓 2 座（YYM52、151），占甲（B）级墓葬总数的 40%；乙（A）级墓 10 座（YYM300、11、227、275、261、258、51、209、74、156），占乙（A）级墓葬总数的 35.7%；乙（B）级墓 12 座（YYM19、17、3、384、226、46、190、36、57、158、124、174），占乙（B）级墓葬总数的 14.5%；丙（A）级墓 7 座（YYM32、33、264、252、69、171、175），占丙（A）级墓葬总数的 8.6%；丙（B）级墓 6 座（YYM34、97、299、102、192、149），占丙（B）级墓葬总数的 14.6%；丙（C）级墓 8 座（YYM386、5、9、238、90、67、7、391），占丙（C）级墓葬总数的 12.1%；丁级墓 1 座（YYM383），占丁级墓葬总数的 1.1%。大铜扣虽然出现于每个级别的墓葬中，但明显较高和高规格的墓葬随葬大铜扣的比例偏高，中等和较低级别的墓葬随葬大铜扣的比例相差不大，而最低级别的丁级墓几乎不随葬，近百座墓葬中仅出现 1 例，说明最低等级的人群基本不使用大铜扣。

小铜扣　玉皇庙墓地共出土小铜扣 1478 枚，占玉皇庙墓地出土青铜装饰品总数的 8.8%。小铜扣虽然数量众多，但形制在同一时期差别不大，早晚变化也不明显，均为圆形弧面凹背，条形穿鼻，也有少量为桥形穿鼻。形制虽然相同，但功能多样，可分为覆面铜扣、服饰小铜扣和项链小铜扣三种类型。

（1）覆面铜扣

覆面铜扣铸工普遍较粗糙，有的条形穿鼻长度超过直径，有的呈不规范的圆形，共558枚，占小铜扣总数的37.8%，分别出自207座墓葬，墓号为：YYM22（2枚）、20（3枚）（图版四二○，1）、35（2枚）、32（3枚）、31（2枚）、30（2枚）、29（22枚）、19（3枚）、15（3枚）、3（3枚）、14（2枚）、13（3枚）、82（2枚）、386（2枚）、300（3枚）、385（3枚）、384（2枚）、4、11（3枚）、5、9（3枚）、10、278（3枚）、281（3枚）、280（2枚）、387、283（2枚）（图版四二○，2）、37（2枚）、98（3枚）、277（3枚）、282（5枚）、251、230（3枚）（图版四二一，1）、233（3枚）（图版四二○，2）、228、227（3枚）、264（3枚）、226（4枚）、240（3枚）、252（2枚）、265（3枚）、275（3枚）、96、47（3枚）、234（3枚）（图版四二○，3）、263（2枚）、42、41、266（3枚）、273（3枚）、46（2枚）、236（3枚）、237（3枚）、261（3枚）、272（2枚）、49、257（3枚）、247（3枚）、271（2枚）、48（2枚）、95（3枚）、258（3枚）、260（2枚）、51（3枚）、65（9枚）、191（5枚）、190（3枚）、125（3枚）、188（2枚）、52（3枚）、54（3枚）、66（3枚）、36（3枚）、26（5枚）、299（3枚）、23（3枚）、12、6（13枚）、7（4枚）、102（2枚）、212（3枚）、208、192（2枚）、187（2枚）、58（2枚）、186、56（3枚）、185、86（3枚）、184（3枚）、149（2枚）、61（2枚）、84、83（3枚）、148、224（3枚）、182（3枚）、203（2枚）、223（3枚）、222（3枚）、221（3枚）、220（3枚）、216（2枚）、215（3枚）、213（3枚）、211（2枚）、209（4枚）、206（3枚）、205、204（3枚）、197（3枚）、198（3枚）、170（2枚）、199（3枚）、200（3枚）、183（2枚）、178（2枚）、150（2枚）、151（2枚）、153（2枚）、142（2枚）（图版四二一，3）、145、143（2枚）、144（3枚）、138（2枚）、137（2枚）、117（3枚）、118（3枚）、119（3枚）、104（2枚）、105（2枚）、74（2枚）、75（3枚）、201（3枚）、202（3枚）、176（2枚）、156（2枚）、158（2枚）、167（3枚）、168（3枚）、134（3枚）、133（3枚）、132（2枚）、131、122（3枚）、124（3枚）、126（2枚）、120（3枚）、113（3枚）、111（2枚）、171（4枚）、106（3枚）（图版四二○，4）、108（3枚）、77（2枚）、78、329、324（4枚）、310（3枚）、308（3枚）、302（14枚）、164（3枚）（图版四二○，5）、127（2枚）、110（2枚）、160（2枚）、175（2枚）、129（3枚）、128（2枚）、174（3枚）、340（3枚）、334、352（3枚）、351（3枚）、354（3枚）、345、346（2枚）、344（3枚）、339（3枚）、341、338（3枚）、348（2枚）、336（3枚）、349（3枚）、350（3枚）、355、358（3枚）、373（3枚）、366、381（2枚）、379（2枚）、378（3枚）、376（3枚）、374（3枚）、375（3枚）、372（3枚）、368（3枚）、369（2枚）、370、364、361（2枚）、389、391（2枚）（图版四二一，4）、397（3枚）、398（3枚）、392（3枚）、399、394（3枚）、395（2枚）。

标本YYM22∶6－1，这是最早出现的覆面铜扣，属于春秋早期。重0.6克，直径0.85、鼻长0.85、鼻宽0.18厘米（图七三七，1）。

标本YYM395∶3－1～2，这是最晚出现的覆面铜扣，属于春秋晚期后段。重1克，直径1.1、鼻长1.1、鼻宽0.2厘米。

其余标本与上述标本形制相近（参见图七三七～七四二）。

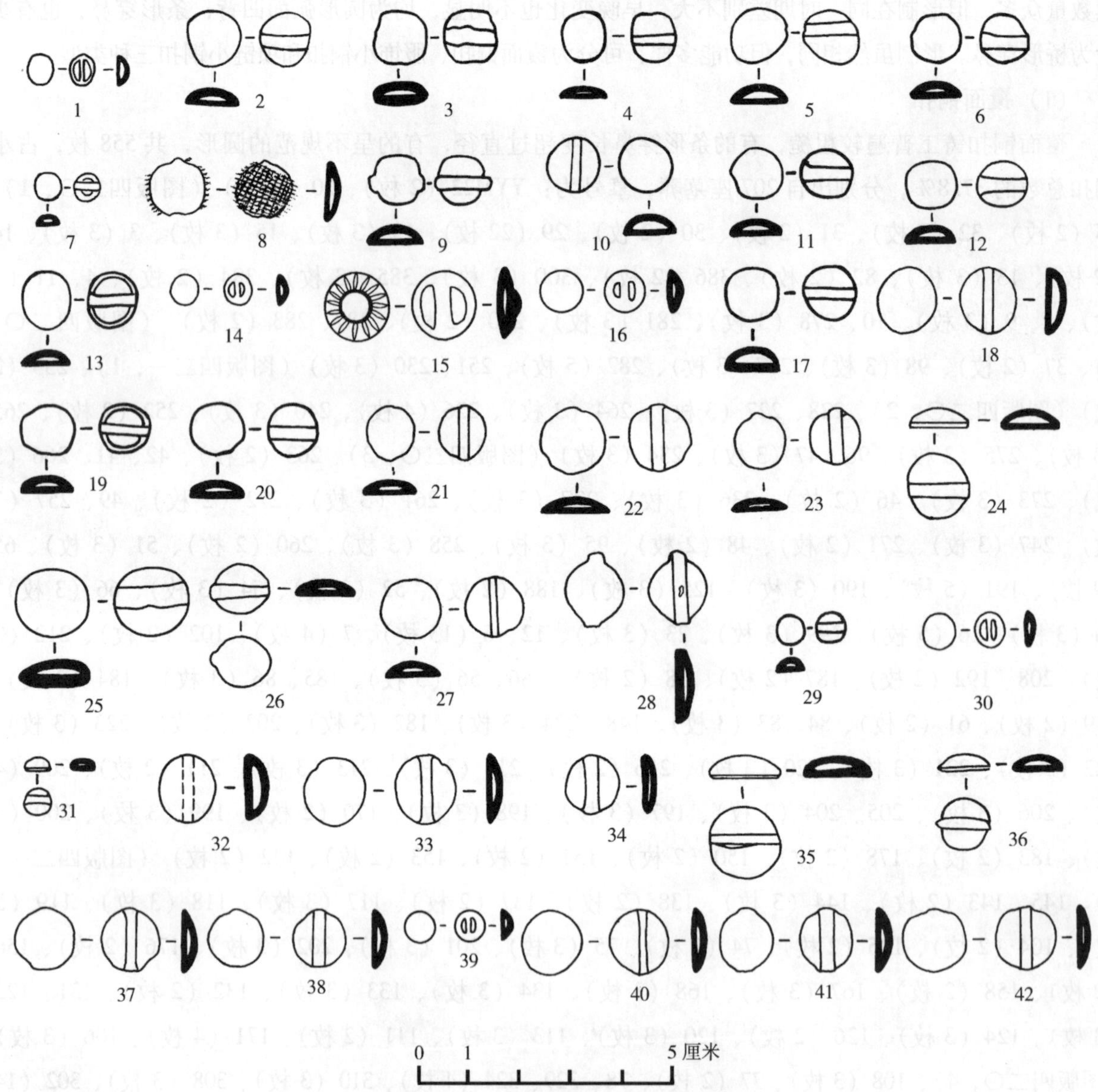

图七三七 玉皇庙墓地出土覆面铜扣

1～10.（YYM22∶6－1、20∶2－1、35∶8－1、32∶9－1、31∶3－1、30∶2－1、29∶4－1、19∶6－1、15∶4－1、3∶2－1） 11～19.（YYM14∶1－1、13∶11－1、82∶7－1、386∶7－1、300∶9－1、385∶6－1、384∶7－1、11∶7－1、5∶8） 20～34.（YYM9∶3－1、278∶2－1、278∶2－2、281∶6－1、280∶2－1、387∶3、283∶1－1、37∶2－1、37∶2－2、98∶6－1、277∶4－1、282∶5－1、282∶5－2、251∶2、230∶13－1） 35～42.（YYM233∶6－1、228∶2、227∶7－1、264∶11－1、226∶11－1、240∶4－1、252∶2－1、265∶2－1）

详见附表20、180。

（2）服饰小铜扣

服饰小铜扣比较精致，穿鼻成桥形，共544枚，占小铜扣总数的36.8%，分别出自28座墓葬，墓号为：YYM22（26枚）、19（7枚）（图版四二二，1）、17（4枚）、13（2枚）、385（15枚）、11（66枚）、231（3枚）、264（29枚）（图版四二二，2）、47（29枚）、263（28枚）（图版四二二，3）、42（15枚）、261（31枚）、51（8枚）、190（3枚）、188（15枚）、52、293（17枚）、294、23

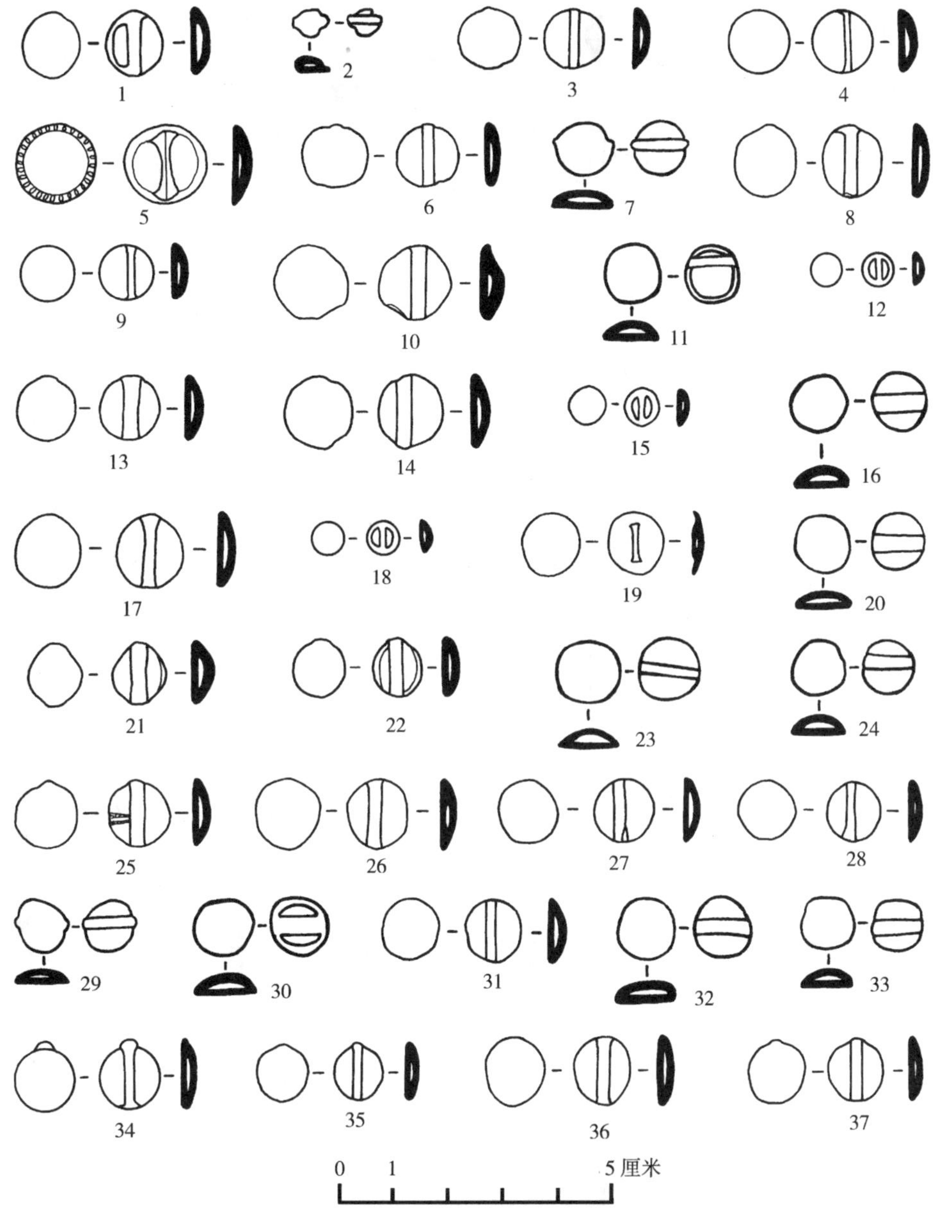

图七三八　玉皇庙墓地出土覆面铜扣

1～12.（YYM275∶5－1、96∶3、47∶3－1、234∶5－1、234∶5－2、263∶4－1、42∶11、266∶4－1、273∶2－1、273∶2－2、46∶6－1、236∶9－1）　13～24.（YYM237∶4－1、261∶6－1、272∶7－1、49∶7、257∶6－1、247∶5－1、271∶2－1、48∶8－1、258∶4－1、260∶2－1、51∶10－1、65∶4－1）　25～37.（YYM191∶3－1、190∶4－1、125∶9－1、188∶4－1、52∶14－1、54∶9－1、66∶2－1、36∶7－1、26∶2－1、293∶6－1、293∶6－2、299∶2－1、294∶5）

（2枚）、7（91枚）、102（7枚）、212（82枚）、178（30枚）、111、329（13枚）、163（7枚）、335（10枚）（图版四二二，4）、355。

标本YYM22∶12－1～26，这是最早出现的服饰小铜扣，属于春秋早期。均重0.2克，直径0.5、鼻长0.5、鼻宽0.12厘米（图七四二，19）。

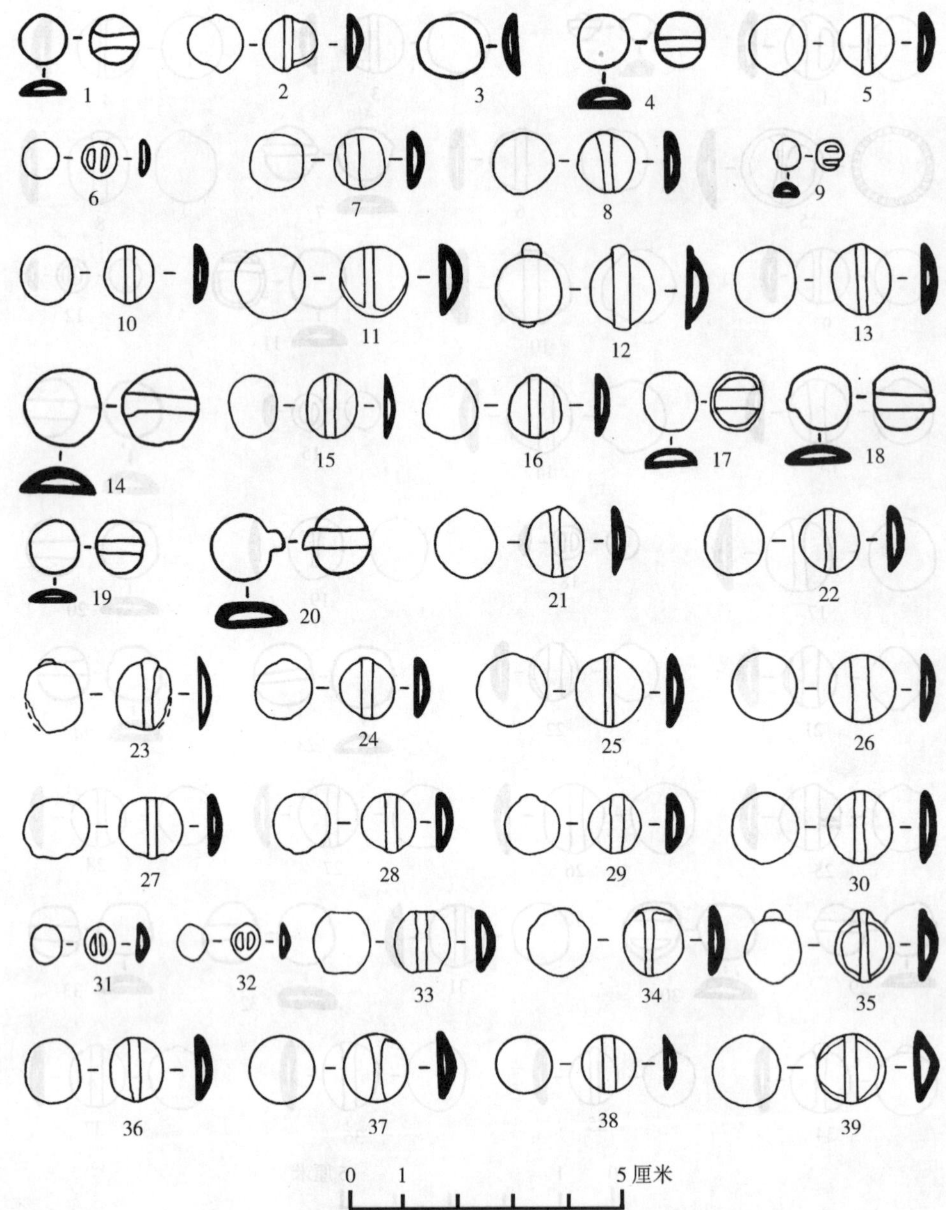

图七三九　玉皇庙墓地出土覆面铜扣

1～10.（YYM23∶2－1、12∶3、6∶3－1、7∶8－1、212∶4－1、208∶2、192∶2－1、187∶2－1、58∶2－1、186∶5）　11～19.（YYM56∶1－1、56∶1－2、185∶2、86∶4－1、184∶3－1、149∶3－1、61∶4－1、84∶3、83∶4－1）　20～27.（YYM148∶5、224∶4－1、182∶4－1、203∶2－1、223∶2－1、221∶3－1、220∶2－1、216∶2－1）　28～39.（YYM215∶2－1、213∶8－1、209∶4－1、206∶2－1、205∶2、204∶2－1、197∶4－1、198∶4－1、170∶2－1、199∶11－1、200∶2－1、200∶2－2）

标本 YYM355∶5，这是最晚出现的服饰小铜扣，属于春秋晚期后段。重 0.5 克，直径 1.1、鼻长 1.1、鼻宽 0.2 厘米（图七四三，11）。

其余标本与上述标本形制相近（参见图七四二，19～37、图七四三，1～11）。

详见附表 73、180。

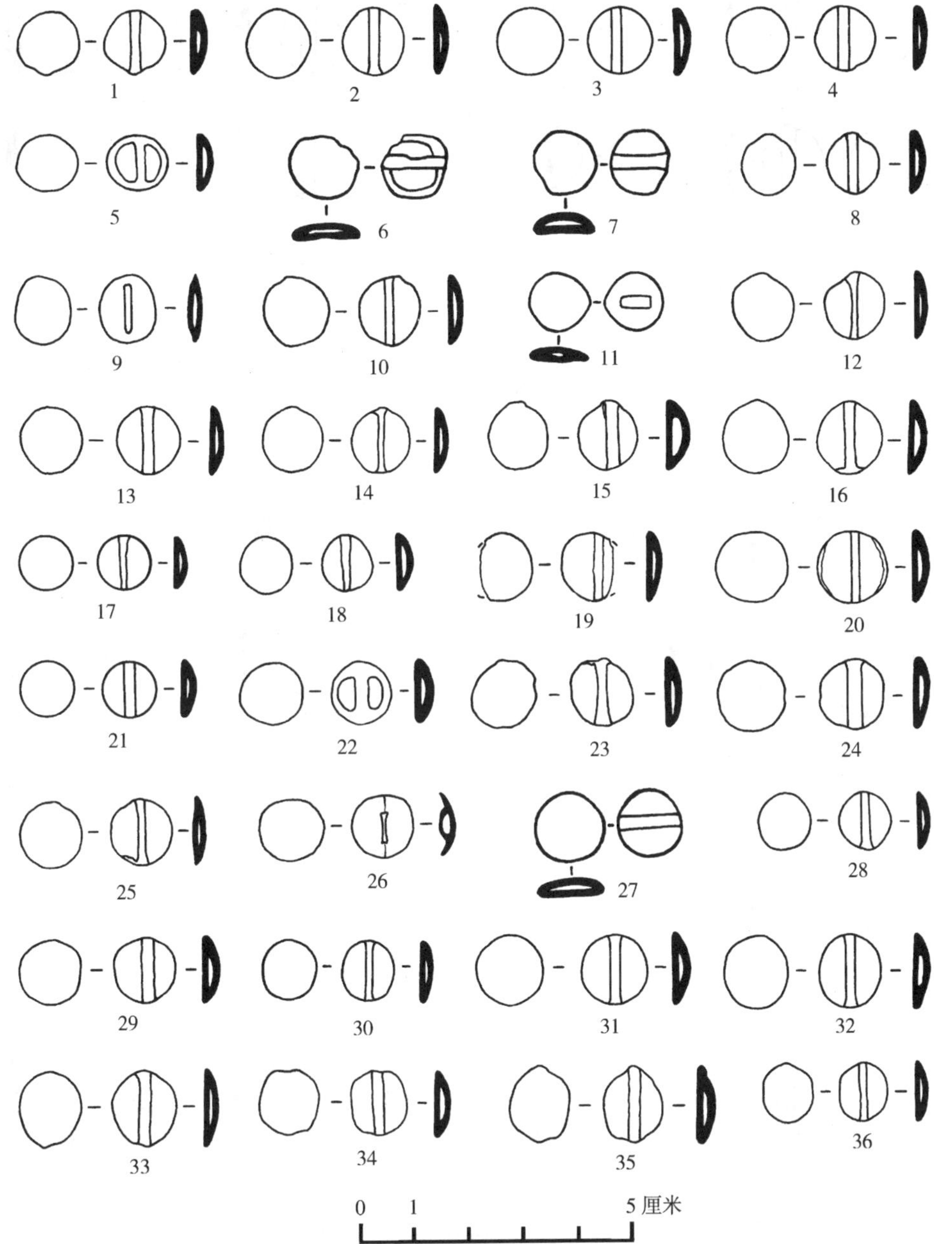

图七四〇　玉皇庙墓地出土覆面铜扣

1～12.（YYM183:2－1、178:2－1、150:4－1、151:4－1、153:5－1、142:6－1、145:4、143:6－1、143:6－2、144:4－1、138:4－1、137:2－1）　13～24.（YYM117:4－1、118:3－1、119:3－1、119:3－2、104:4－1、105:4－1、74:6－1、75:2－1、201:1－1、202:4－1、176:4－1、156:4－1）　25～36.（YYM158:6－1、167:4－1、134:6－1、133:4－1、122:6－1、124:4－1、124:4－2、126:4－1、113:4－1、111:4－1、171:7－1、106:3－1）

（3）项链小铜扣

项链小铜扣穿鼻桥形和条形兼而有之，共376枚，占小铜扣总数的25.4%，分别出自4座墓葬，墓号为：YYM4（88枚）、37（56枚）（图版四二三，2）、241（100枚）196（132枚）。

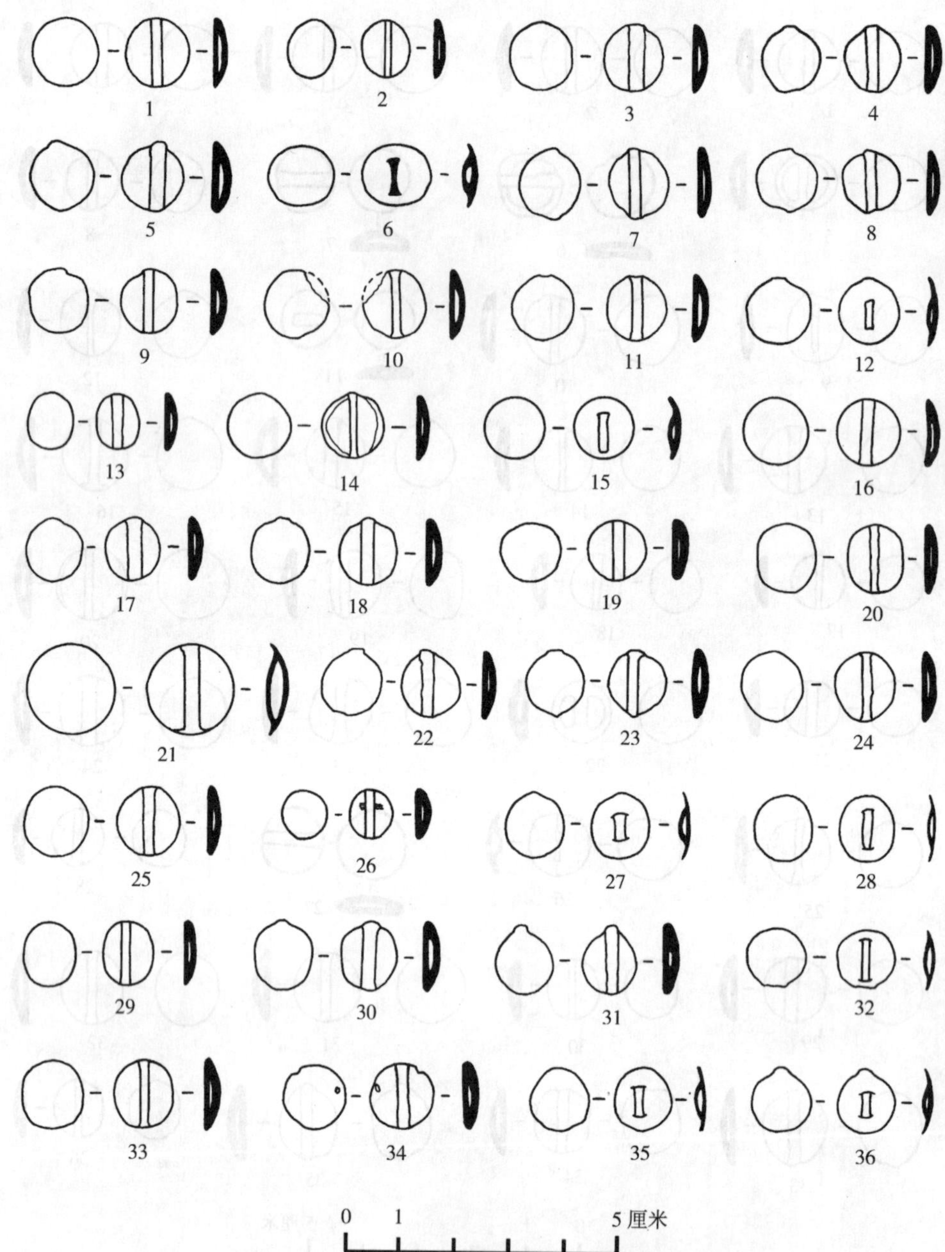

图七四一 玉皇庙墓地出土覆面铜扣

1~12.（YYM108:6-1、77:3-1、78:3、329:2、324:3-1、302:2-1、302:2-2、164:8-1、127:2-1、110:2-1、160:4-1、175:4-1） 13~24.（YYM129:4-1、128:2-1、174:4-1、340:4-1、340:4-2、334:5、352:4-1、351:3-1、354:3-1、345:4、346:2-1、344:4-1） 25~36.（YYM339:3-1、338:4-1、338:4-2、348:5-1、336:2-1、349:4-1、305:2-1、358:2-1、373:6-1、366:2、381:4-1、379:2-1）

标本 YYM4:4-1~88，这是最早出现的项链小铜扣，属于春秋早期。均重 0.6 克，直径 0.9、鼻长 0.6、鼻宽 0.2 厘米（图七四三，12；图版四二三，1）。

标本 YYM196:4-1~132，这是最晚出现的项链小铜扣，属于春秋中晚期。均重 0.18 克，直径

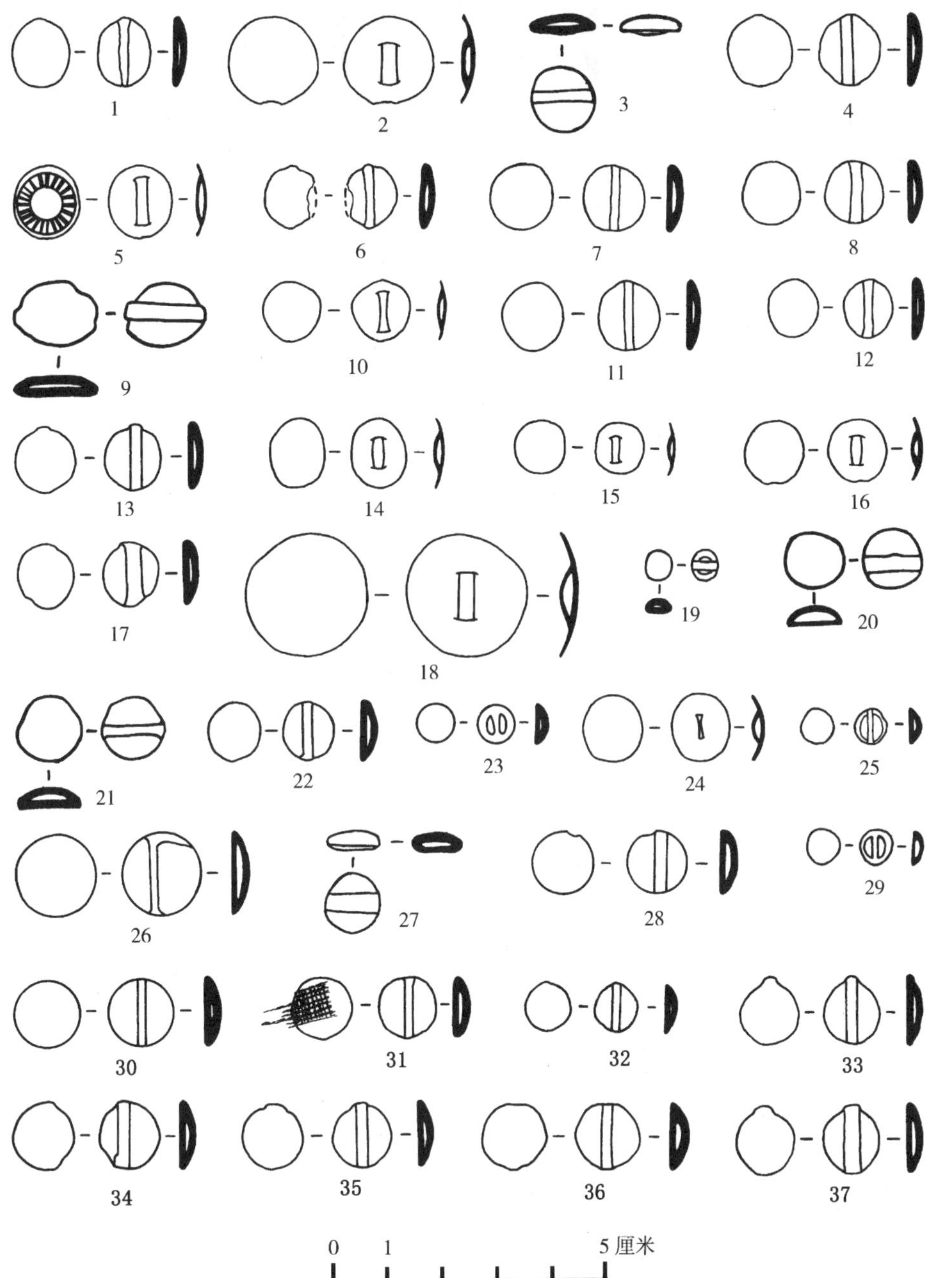

图七四二　玉皇庙墓地出土覆面铜扣及服饰小铜扣

1～18. 覆面铜扣（YYM378:2－1、376:5－1、374:4－1、375:3－1、372:2－1、368:2－1、369:4－1、370:4、364:2、361:2－1、389:2、391:3－1、391:3－2、397:2－1、398:2－1、392:4－1、399:3、394:2－1）　19～37. 服饰小铜扣（YYM22:12－1、19:21－1、17:11－1、13:15－1、385:10－1、385:10－2、11:14－1、11:14－2、231:8－1、264:16－1、47:8－1、263:9－1、263:9－2、42:6－1、42:6－2、261:9－1、51:13－1、190:11－1、188:9－1）

0.6厘米，鼻长0.6、鼻宽0.05厘米（图七四三，13）。

其余标本与上述标本形制相近。

详见附表76、180。

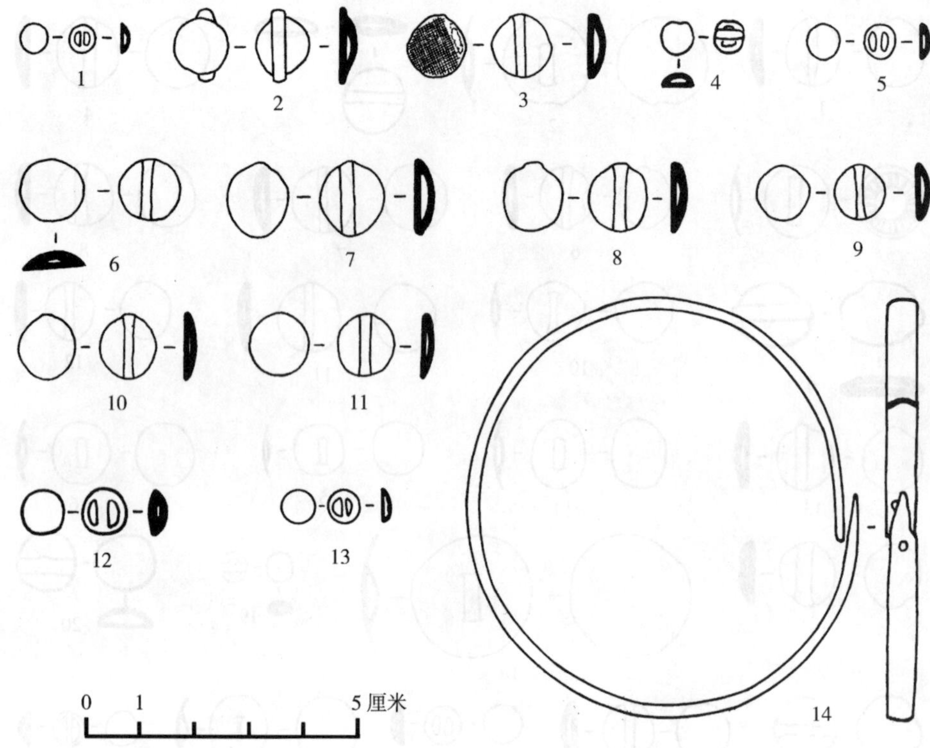

图七四三　玉皇庙墓地出土服饰小铜扣、项链小铜扣及Ⅳ型特大型铜丝耳环

1～11. 服饰小铜扣（YYM52:16、23:6－1、7:14－1、102:10－1、212:9－1、178:12－1、111:13、329:4－1、163:5－1、335:3－1、355:5）　12、13. 项链小铜扣（YYM4:4－1、196:4－1）　14. Ⅳ型特大型铜丝耳环（YYM296:2－1）

附表 180－1　　玉皇庙墓地出土小铜扣统计表

序号	器物号（YYM）	数量	均重	直径	鼻长	鼻宽	备注
1	22:6－1	2	0.6	0.85	0.85	0.18	残 1
	22:12－1～26	26	0.2	0.5	0.5	0.12	服饰
2	20:2－1～3	3	0.4	1～1.1	1～1.1	0.2～0.3	
3	35:8－1～3	3	0.8	1.1	1.1	0.25	
4	32:9－1～3	3	0.6	1.15	1.15	0.25	
5	31:3－1～2	2	0.7	1.05～1.3	1.05～1.3	0.2～0.25	
6	30:2－1～2	2	0.5	1～1.4	1～1.15	0.2～0.3	
7	29:4－1～22	22	0.2	0.6	0.6	0.15	
8	19:6－1～3	3	0.5	0.9～1.2	0.8～1.2	0.15～0.2	
	19:21－1～7	7	0.5	1～1.1	1～1.1	0.2～0.3	服饰
9	17:11－1～4	4	0.8	1.2	1	0.2	服饰
10	15:4－1～3	3	0.8	0.8～1	0.6～1.1	0.18～0.25	
11	3:2－1～3	3	0.7	1～1.2	1～1.2	0.15～0.2	
12	14:1－1～2	2	0.8	0.9/1.1	0.6/1.1	0.2	
13	13:11－1～3	3	1	1～1.2	0.9～1	0.2～0.25	
	13:15－1～2	2	0.7	1	1	0.2	服饰

附表 180－2　**玉皇庙墓地出土小铜扣统计表**

序号	器物号（YYM）	数量	均重	直径	鼻长	鼻宽	备注
14	82:7－1～2	2	0.5	1/1.2	1/1.2	0.25	
15	386:7－1～2	2	1.5	1.4	1.1	0.2	残1
16	300:9－1～3	3	1	1.3	0.8	0.2～0.25	
17	385:6－1～3	3	0.4	0.8	0.4	0.15	
	385:10－1～15	15	0.4	0.6～1.3	0.6～0.7	0.1～0.15	服饰
18	384:7－1～2	2	0.6	1	1	0.2	
19	4:2	1	0.8	1	0.6	0.2	
	4:4－1～88	88	0.6	0.9	0.6	0.2	项链
20	11:7－1～3	3	1	1～1.1	1～1.1	0.2～0.25	
	11:14－1～66	66	0.2	0.6	0.6	0.12	服饰
21	5:8	1	0.6	1	1	0.2	
22	9:3－1～3	3	0.7	1.1～1.2	1.1～1.2	0.2	
23	10:4	1	0.5	0.7	0.8	0.2	
24	278:2－1～3	3	0.4	1.3	1.4	0.25	
25	281:6－1～3	3	0.4	0.9～1.1	0.9～1.1	0.2	
26	280:2－1～2	2	0.8	0.8	0.8	0.18	残1
27	387:3	1	1.2	1.4	1.2	0.4	
28	283:1－1～2	2	0.6	1.1	1	0.2	
29	37:2－1～2	2	0.6	0.9～1.1	0.9	0.25	
	37:6－1～56	56	0.6	0.8～1.3	0.8～1.3	0.18～0.22	项链
30	98:6－1～3	3	0.4	0.6	0.6	0.15	
31	277:4－1～3	3	0.2	0.6	0.6	0.1	
32	282:5－1～5	5	0.7	0.5～1.3	0.5～1.3	0.15～0.25	
33	251:2	1	1	1.2	1.2	0.2	
34	230:13－1～3	3	1	1.1	1.1	0.25	
35	233:6－1～3	3	0.8	0.95	0.95	0.2	
36	231:8－1～3	3	0.5	1	1	0.3	服饰
37	228:2	1	0.9	1	1	0.2	
38	227:7－1～3	3	0.7	1.1	1.1	0.2	
39	241:4－1～100	100	0.7	1.1～1.2	1.1	0.2	项链
40	264:11－1～3	3	0.6	1	1	0.25	
	264:16－1～29	29	0.8	1.1	1.1	0.25	服饰
41	226:11－1～3	4	0.2	0.55	1.05	0.22－0.3	残1
42	240:4－1～3	3	0.6	1.1	1～1.1	0.2～0.25	
43	252:2－1	2	0.8	1.1	1	0.25	残1
44	265:2－1～3	3	0.5	0.9～1.15	0.8～1.1	0.2	
45	275:5－1～3	3	0.7	0.95	0.95	0.25	
46	96:3	1	0.15	0.5	0.6	0.1	
47	47:3－1～3	3	0.5	1－1.1	1	0.15～0.2	
	47:8－1～29	29	0.2	0.5～0.6	0.5～0.6	0.1	服饰
48	234:5－1～3	3	0.9	1.1～1.5	1～1.1	0.15～0.25	
49	263:4－1～2	2	0.8	1.1	1	0.2	
	263:9－1～26	28	0.5	1.2	1.2	0.2	服饰，残2

附表 180－3

玉皇庙墓地出土小铜扣统计表

序号	器物号（YYM）	数量	均重	直径	鼻长	鼻宽	备注
50	42：6－1～15	15	0.7	1.2	1～1.1	0.25	服饰
	42：11	1	0.6	0.9－1.2	0.9	0.2	
51	41：6	1	0.4	0.9	0.9	0.2	
52	266：4－1～3	3	1.2	1.1	1.1	0.2－0.3	
53	273：2－1～3	3	0.9	0.9～1.2	0.9～1.2	0.15～0.3	
54	46：6－1～2	2	0.8	1～1.3	1.25	0.25	
55	236：9－1～3	3	0.15	0.55	0.55	0.1	
56	237：4－1～3	3	0.8	1～1.3	1～1.3	0.2～0.28	
57	261：6－1～3	3	0.8	1.2	1.2	0.2	
	261：9－1～30	31	0.66	1.1	1.1	0.2	服饰，残1
58	272：7－1～2	2	0.25	0.6	0.5	0.05～0.1	
59	49：7	1	0.6	1.1	1	0.35	
60	257：6－1～3	3	0.6	1～1.2	1～1.1	0.2	
61	247：5－1～3	3	0.2	0.6	0.6	0.1	
62	271：2－1～2	2	0.35	1～1.1	0.7～0.9	0.1～0.25	
63	48：8－1～2	2	0.7	1.1～1.2	1	0.15～0.3	
64	95：9－1～3	3	0.15	0.5	0.5	0.12	
65	258：4－1～3	3	0.8	1	1	0.25	
66	260：2－1～2	2	0.6	0.8～1	0.8～1	0.2～0.25	
67	51：10－1～3	3	0.5	1.1～1.4	1～1.3	0.25	
	51：13－1～3	8	0.6	1～1.3	1～1.3	0.2	服饰，残5
68	65：4－1～3	9	0.5	1	1	0.2	
69	191：3－1～4	5	0.6	1.1～1.5	1～1.5	0.2～0.5	残1
70	190：4－1～3	3	0.7	1.2	0.8/1.1	0.2	
	190：11－1～3	3	0.5	1.1	1.2	0.15	服饰
71	125：9－1～3	3	0.6	1.1～1.15	1.1	2	
72	188：4－1～2	2	0.5	0.9/1	0.9/1	0.2	
	188：9－1～11	15	0.5	1.1～1.2	1.1～1.2	0.2	服饰，残4
73	52：14－1～3	3	0.4	0.6	0.5	0.1	
	52：16	1	0.15	0.52	0.52	0.1	服饰
74	54：9－1～3	3	1	1.1～1.3	1.2～1.25	0.25～0.3	
75	66：2－1	3	0.8	1.1	1.1	0.2	残2
76	36：7－1～3	3	1	1.1～1.3	1.1～1.2	0.2～0.3	
77	26：2－1～4	5	0.6	1～1.1	0.95～1.05	0.18～0.25	残1
78	293：6－1～17	17	0.52	0.9～1.2	0.9～1.2	0.1～0.22	服饰
79	299：2－1～3	3	0.7	1.2	1.1	0.2	
80	294：5	1	0.6	1.1	1.1	0.2	服饰
81	23：2－1～3	3	0.7	0.9～1.1	0.9～1.1	0.25	
	23：6－1～2	2	0.7	1	1	0.2	服饰
82	12：3	1	0.4	0.5	0.5	0.12	
83	6：3－1～13	13	0.7	0.1	0.1	0.2	

附表 180－4　**玉皇庙墓地出土小铜扣统计表**

序号	器物号（YYM）	数量	均重	直径	鼻长	鼻宽	备注
84	7:8－1～4	4	0.75	1～1.1	1～1.1	0.2	
	7:14－1～91	91	0.8	1.12	1.12	0.2	服饰，表面粘有纺织物
85	102:4－1～2	2	0.75	1.1	1.1	0.2	
	102:10－1～7	7	0.2	0.6	0.6	0.18	服饰
86	212:4－1～3	3	0.55	1	1	0.12～0.2	
	212:9－1～82	82	0.18	0.5～0.6	0.5～0.6	0.1～0.15	服饰
87	208:2	1	0.1	0.65	0.65	0.12	
88	192:2－1～2	2	0.5	0.9	0.8	0.3	
89	187:2－1～2	2	0.8	1/1.2	1/1.1	0.2/0.25	
90	58:2－1～2	2	0.15	0.55	0.55	0.1	
91	196:4－1～132	132	0.18	0.6	0.6	0.05	项链
92	186:5	1	0.6	0.9	0.9	0.25	
93	56:1－1～3	3	1.5	1.25	1.15	0.2	
94	185:2	1	0.6	1.1	1.1	0.18	
95	86:4－1～3	3	1.1	1.4	1.4	0.25	
96	184:3－1～3	3	0.6	1.1～1.2	1～1.1	0.2	
97	149:3－1～2	2	0.5	1.1	1.1	0.15	
98	61:4－1～2	2	0.5	1	0.9	0.3	
99	84:3	1	0.6	1	1.1	0.2	
100	83:4－1～3	3	0.4	0.9	0.9	0.2	
101	148:5	1	1	1.2	1.3	0.25	
102	224:4－1～3	3	0.4	1.05	1.05	0.2	
103	182:4－1～3	3	0.1	1	1	0.22	
104	203:2－1	2	0.4	1.1	1.1	0.2	残1
105	223:2－1～3	3	0.5	1.05	1	0.2	
106	222:2－1～3	3	0.97	1.1～1.3	1.05～1.3	0.2	
107	221:3－1～3	3	0.7	1.2	1.2	0.2	
108	220:2－1～3	3	0.7	1.2	1.2	0.2～0.35	
109	216:2－1～2	2	0.5	1.1～1.2	1	0.2	
110	215:2－1～3	3	0.4	1.1	1.1	0.2	
111	213:8－1～3	3	0.6	1	1	0.2	
112	211:4－1～2	2	0.15	0.6	0.6	0.12	
113	209:4－1～4	4	0.75	1.2	1.1	0.18	
114	206:2－1～3	3	1.15	0.6	0.6	0.1	
115	205:2	1	0.2	0.55	1.2	0.1	
116	204:2－1～3	3	1	1～1.2	1～1.2	0.18	
117	197:4－1	3	0.8	1.1	1.1	0.15	残2
118	198:4－1～2	3	1.1	1.1	1.1	0.2～0.3	残1
119	170:2－1～2	2	0.6	1～1.2	1～1.1	1.15～2	
120	199:11－1～3	3	0.5	1.2	1～1.2	0.15～0.2	
121	200:2－1～3	3	0.7	1～1.2	1～1.2	0.2～0.25	
122	183:2－1～2	2	0.6	1/1.1	0.95/1.2	0.2	

附表 180－5

玉皇庙墓地出土小铜扣统计表

序号	器物号（YYM）	数量	均重	直径	鼻长	鼻宽	备注
123	178：2－1～2	2	0.7	1.2	1.2	0.2	服饰
	178：12－1～30	30	1.1	0.8～1.3	0.8～1.3	0.12～0.18	
124	150：4－1～2	2	0.6	1/1.1	1/1.1	0.3	
125	151：4－1～2	2	0.5	1.1	1.1	0.2	
126	153：5－1	2	0.8	0.95	0.9	0.28	残1
127	142：6－1～2	2	0.7	1.2/1.3	1.2/1.3	0.2/0.4	
128	145：4	1	0.5	1.1	1.1	0.2	
129	143：6－1～2	2	0.5	1.2	1.1	0.22	
130	144：4－1	3	0.55	1.2	1.2	0.18	残2
131	138：4－1～2	2	0.3	1	1	0.2	
132	137：2－1～2	2	0.35	1.1	1.1	0.1	
133	117：4－1～3	3	0.6	1.2	1.2	0.1～0.2	
134	118：3－1～3	3	0.6	1.1～1.2	1～1.1（残1）	0.18～0.2	
135	119：3－1～3	3	0.6～0.8	1.1～1.25	1.1～1.25	0.2～0.3	残1
136	104：4－1～2	2	0.3	1	0.9	0.15	残1
137	105：4－1～2	2	0.5	0.95	0.9	0.15	
138	74：6－1～2	2	0.6	1.1	1.1	0.15－	残1
139	75：2－1～3	3	0.7	1.2	1.2	0.15	残2
140	201：1－1～3	3	0.4	1	1	0.2	
141	202：4－1～3	3	0.7	0.9～1.1	0.9～1	0.2	
142	176：4－1	2	0.8	1.2	1.2	0.3	残1
143	156：4－1～2	2	0.7	1.05	1	0.3	
144	158：6－1～2	2	0.5	1.2	1.15	0.2	
145	167：4－1～3	3	0.4	1.1	0.8～1	0.06～0.13	
146	168：13－1～3	3	0.67	1.1	1.1	0.18～0.22	
147	134：6－1～3	3	0.6	0.9/1	0.9/1	0.18/0.2	残1
148	133：4－1～3	3	0.4	0.7～1.2	0.7～1.2	0.2	
149	132：3－1～2	2	0.5	1.1～1.15	0.7～1.05	0.2～0.22	
150	131：8	1	0.2	1.1	0.6	0.18	
151	122：6－1～3	3	0.5	0.95～1.2	0.95～1.2	0.2	
152	124：4－1～2	3	0.4～0.6	1.2	1	0.2	残1
153	126：4－1～2	2	0.6	1.2～1.3	1.2～1.3	0.2	
154	120：4－1～3	3					均残
155	113：4－1～3	3	0.5	1.2	1.2	0.2	
156	111：4－1～2	2	0.6	1.1～1.2	1.1	0.3	服饰
	111：13	1	0.8	1.12	1.1	0.25	
157	171：7－1～4	4	0.7	1.1	1	0.2	
158	106：3－1～3	3	0.4	1.2	1.2	0.2	
159	108：6－1～3	3	0.65	1.2	1.1	0.2	
160	77：3－1～2	2	0.5	1	1	0.2	残1
161	78：3	1	0.7	1.2	1.2	0.25	
162	329：2	1	0.7	1	0.9	0.2	服饰
	329：4－1～13	13	0.6	1.1～1.2	1.1～1.2	0.2	

附表180－6　**玉皇庙墓地出土小铜扣统计表**

序号	器物号（YYM）	数量	均重	直径	鼻长	鼻宽	备注
163	324：3－1～4	4	0.8	1～1.2	0.9～1.1	0.25	
164	310：1－1	3	0.5	1.1	1.1	0.2	残2
165	308：6－1～3	3	0.5	1.1～1.2	0.7～1.2	0.2	
166	302：2－1～13	14	0.8	1.05～1.2	0.6～1.1	0.15～0.3	残1
167	164：8－1～3	3	0.6	1	1	0.2	
168	127：2－1	2	0.5	1.1	1.1	0.2	残1
169	110：2－1～2	2	0.5	1.2	1.1	0.12	
170	163：5－1～2	7	0.2	0.9	0.8	0.2	服饰，残5
171	160：4－1～2	2	0.5	1.1	1.1	0.25	
172	175：4－1～2	2	0.4	1.1	0.5	0.15	
173	129：4－1～3	3	0.3	0.8～1	0.8～1	0.2	
174	128：2－1～2	2	0.6	1.12	1.1	0.2	
175	174：4－1～3	3	0.5	1～1.1	1～1.1	0.15～0.22	
176	340：4－1～3	3	0.4	1.1	1.1	0.2	
177	334：5	1	0.9	1.2	1.2	0.2	
178	352：4－1	3	0.5	1.1	1.1	0.2	残2
179	351：3－1～3	3	0.6	1	1	0.2	
180	354：2－1～3	3	0.9	1.6	1.2	0.3	
181	345：4	1	0.4	1.15	1.1	0.2	
182	346：3－1～2	2	0.5	1.1	1	0.2	
183	344：4－1	3	0.5	1.2	1.1	0.15	残2
184	339：3－1～3	3	0.7	1.2	1.2	0.2	
185	341：2	1	0.8	1	1	0.2	
186	338：4－1～3	3	0.3	0.8～1.1	0.6～0.8	0.2	
187	348：5－1～2	2	0.3	1.1～1.3	0.7～0.8	0.2	
188	335：3－1～2	10	0.5	1	1	0.18	服饰，残8
189	336：2－1～3	3	0.5	0.9	0.9	0.2	
190	349：4－1	3	0.5	1.2	1.1	0.25	残2
191	350：2－1～3	3	0.8	1.2	1.15～1.2	0.15～0.3	
192	355：2	1	0.2	1.2	0.7	0.15	
	355：5	1	0.5	1.1	1.1	0.2	服饰
193	358：2－1～3	3	0.25	1.05	0.7	0.15	
194	373：6－1～3	3	0.8	1.05～1.15	0.6～1.2	0.15～0.2	
195	366：2	1	0.8	1.1	1.1	0.2	
196	381：4－1～2	2	0.3	1	0.6	0.2	
197	379：2－1～2	2	0.3	1	0.6	0.18	
198	378：2－1～3	3	0.7	1.1	1.1	0.2	
199	376：5－1	3	0.8	1.5～1.6	0.8	0.25	残2
200	374：4－1～3	3	0.6	1.2	0.9～1.2	0.2	
201	375：3－1～3	3	0.5	1.1	1.1	0.2	
202	372：2－1～3	3	0.5	1.2	0.9	0.2	
203	368：2－1～3	3	0.4	1～1.3	0.7～1.2	0.15	
204	369：4－1	2	0.6	1.15	1.1	0.18	残1

附表 180 – 7　　**玉皇庙墓地出土小铜扣统计表**

序号	器物号（YYM）	数量	均重	直径	鼻长	鼻宽	备注
205	370 : 4	1	0.5	1	1	0.22	
206	364 : 2	1	0.9	1.5	1.4	0.25	
207	361 : 2 – 1 ~ 2	2	0.2	1.05 ~ 1.1	0.7	0.15 ~ 0.2	
208	389 : 2	1	0.4	1.1	1.1	0.17	
209	391 : 3 – 1 ~ 2	2	0.6	1	0.9	0.15	
210	397 : 2 – 1 ~ 3	3	0.5	0.9 ~ 1.2	0.8 ~ 1.1	0.15	
211	398 : 2 – 1 ~ 3	3	0.2	0.9	0.6	0.2	
212	392 : 4 – 1 ~ 3	3	0.6	1	0.7 ~ 1	0.2	
213	399 : 3	1	0.5	1.1	1	0.3	
214	394 : 2 – 1 ~ 3	3	1.5	1.6 ~ 2.1	1.1	0.3	
215	395 : 3 – 1 ~ 2	2	1	1.1	1.1	0.2	残 1
合　计		共 215 座墓　1478 件（覆面小铜扣 558，服饰小铜扣 544，项链小铜扣 376）					

注：长度单位为厘米，重量单位为克。没有注明者为覆面铜扣。

讨论

覆面小铜扣的讨论参见本书第二章贰第八节“覆面葬俗”部分。

玉皇庙墓地出土服饰小铜扣的墓葬共 28 座，其中位于北Ⅰ区中部者 5 座（YYM22、19、17、13、11）、西部者 1 座（YYM385），此 6 座属于春秋早期，占出土服饰小铜扣墓葬总数的 21.4%；位于北Ⅱ区北部者 3 座（YYM231、264、47），属于春秋早中期，占出土服饰小铜扣墓葬总数的 10.7%；位于北Ⅱ区中部者 7 座（YYM263、42、261、51、190、188、52），北Ⅰ区北部者 2 座（YYM293、294）、中部者 1 座（YYM23）、南部者 2 座（YYM7、102），此 12 座属于春秋中期，占出土服饰小铜扣墓葬总数的 42.9%；位于北Ⅱ区南部者 1 座（YYM212），属于春秋中晚期，占出土服饰小铜扣墓葬总数的 3.6%；位于南区北部者 2 座（YYM178、111），西区者 1 座（YYM329），此 3 座属于春秋晚期前段，占出土服饰小铜扣墓葬总数的 10.7%；位于南区南部者 3 座（YYM163、335、355），属于春秋晚期后段，占出土服饰小铜扣墓葬总数的 10.7%。服饰小铜扣延续时间较长，从春秋早期到春秋晚期后段从未间断过。随葬服饰小铜扣墓葬最多者为春秋中期，其次为春秋早期，再次为春秋早中期、春秋晚期前段和春秋晚期后段，最少者为春秋中晚期。

从随葬墓主人性别、年龄看，男性墓 18 座（YYM22、19、13、385、11、264、263、261、51、190、188、52、23、7、102、212、111、329），占出土服饰小铜扣墓葬总数的 64.3%；女性墓 6 座（YYM231、47、294、178、163、355），占出土服饰小铜扣墓葬总数的 21.4%；无人墓 1 座（YYM17），少儿墓 1 座（YYM42），各占出土服饰小铜扣墓葬总数的 3.6%；婴儿墓 2 座（YYM293、335），占出土服饰小铜扣墓葬总数的 7.1%。男性占绝对优势，即男性是服饰小铜扣的主要使用者。

从墓葬规格级别看，甲（B）级墓 2 座（YYM22、52），乙（A）级墓 4 座（YYM13、11、261、51），乙（B）级墓 9 座（YYM19、17、231、263、190、188、212、178、163），丙（A）级墓 4 座

（YYM264、294、23、111），丙（B）级墓1座（YYM102），丙（C）级墓4座（YYM385、47、42、7），丁级墓4座（YYM293、329、335、355），最高级别的甲（A）级墓缺失。中等级别的乙（B）级墓数量最多，比例达32.1%，较高规格的乙（A）级、丙级墓中的A级和C级与最低等级的丁级墓数量相当，高规格的甲（B）级墓数量位居第三，丙（B）级墓数量最少。服饰小铜扣使用者的等级倾向不很明显，应是普遍适用的服饰用品。

玉皇庙墓地随葬项链小铜扣的墓葬不多，共4座，分别位于北Ⅰ区中部（YYM4），北Ⅱ区北部（YYM37、241），北Ⅱ区南部（YYM196），分别属于春秋早期、春秋早中期、春秋中晚期；全部为女性墓；其中乙（B）级墓2座（YYM241、196），丙（A）级墓1座（YYM4），丙（C）级墓1座（YYM37），为中等及偏低规格墓葬。即以小铜扣作项饰者为偏早阶段的中等或偏低等级的女性。

双联小铜扣　玉皇庙墓地共出土双联小铜扣3739枚，占玉皇庙墓地青铜装饰品总数的22.3%；分别出自31座墓葬，占玉皇庙墓地墓葬总数的7.75%。无论早晚，双联小铜扣形制基本一致，均为2个半球相连，背面贯穿一条形鼻。有服饰和项链双重功能。

（1）项链双联小铜扣

项链双联小铜扣共2076枚，占双联小铜扣总数的55.5%。分别出自20座墓葬，墓号为：YYM20（152枚）、35（151枚）、25（16枚）、3（200枚）、10（155枚）、279（82枚）、280（192枚）、285（22枚）、98（125枚）、275（20枚）、47（12枚）、256（282枚）、272（20枚）、258（83枚）、125（88枚）、26（17枚）、222（95枚）（图版四二五，1）、198（120枚）、382（2枚）、374（242枚）。

标本YYM20:8－1～152，这是最早出现的项链双联小铜扣，属于春秋早期。均重0.3克，通长1、腹径0.41、鼻长0.9、宽0.1厘米（图七四四，1）。

标本YYM374:7－1～242，这是最晚出现的项链双联小铜扣，属于春秋晚期后段。均重0.25克，通长0.82、腹径0.45、鼻长0.8、宽0.1厘米（图七四四，29）。

其余标本与上述标本形制相近（参见图七四四）。

详见附表75、181。

（2）服饰双联小铜扣

服饰双联小铜扣共1663枚，占双联小铜扣总数的44.5%。分别出自12座墓葬，墓号为：YYM19（30枚）、2（511枚）、18（416枚）（图版四二四）、300（63枚）、5（25枚）、250（186枚）、275（166枚）（图版四二五，2）、263（47枚）、261（7枚）、48（38枚）、178（166枚）、323（8枚）。

标本YYM19:9－1～30，这是最早出现的服饰双联小铜扣，属于春秋早期。均重0.4克，通长1.05、腹径0.52、鼻长0.9、宽0.12厘米（图七四四，4）。

标本YYM323:2－1～8，这是最晚出现的用于服饰的双联小铜扣，属于春秋晚期前段。均重0.39克，通长0.9、腹径0.4、鼻长0.8、宽0.1厘米（图七四四，19）。

其余标本与上述标本形制相近（参见图七四四）。

详见附表74、181。

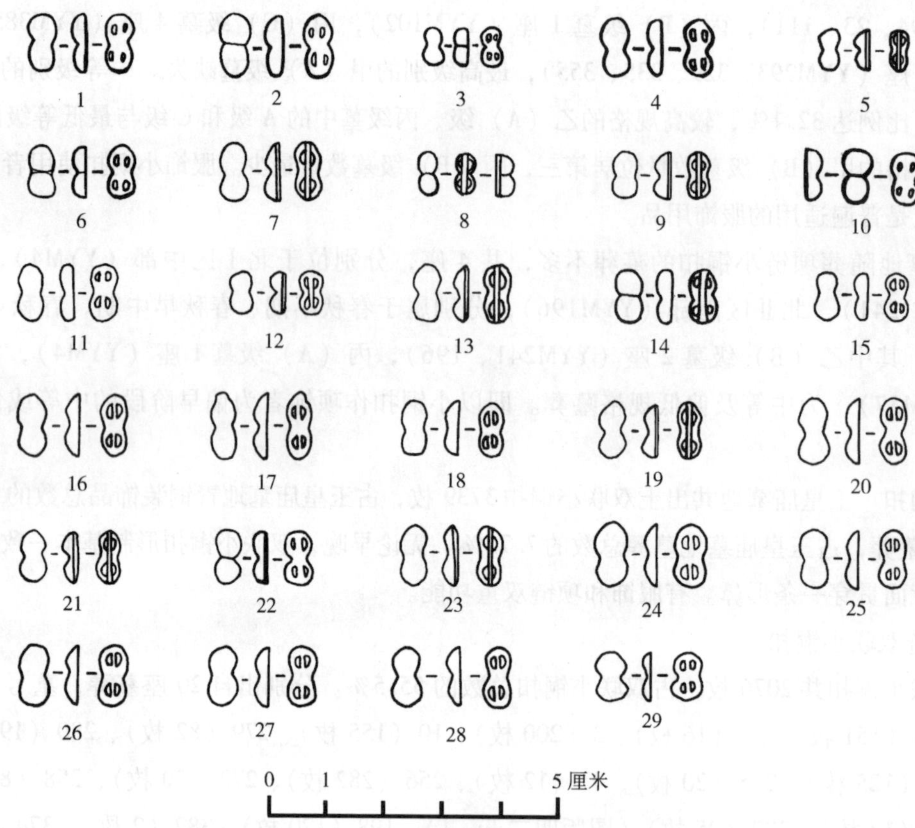

图七四四 玉皇庙墓地出土双联小铜扣

1～10.（YYM20：8－1、35：9－1、25：1－1、19：9－1、2：25－1、3：7－1、18：15－1、18：15－96、300：16－1、5：13－1） 11～20.（YYM279：4－1、280：5－1、285：2－1、98：8－1、250：32－1、275：8－1、47：5－1、263：8－1、256：6－1、261：8－1） 21～29.（YYM272：3－1、48：12－1、258：7－1、125：6－1、222：6－1、198：7－1、178：10－1、323：2－1、374：7－1）

附表 181－1

玉皇庙墓地出土青铜双联小铜扣统计表

序号	器物号（YYM）	数量	均重	通长	腹径	鼻长	鼻宽	备注
1	20：8－1～152	152	0.3	1	0.41	0.9	0.1	项链
2	35：9－1～151	151	0.35	1	0.5	0.9	0.1	项链
3	25：1－1～15	16	0.17	0.6	0.35	0.5	0.05	项链，残 1
4	19：9－1～30	30	0.4	1.05	0.52	0.9	0.12	服饰
5	2：25－1～413	511	0.24	0.65	0.35～0.4	0.6	0.1	服饰，残 98
6	3：7－1～200	200	0.27	1	0.5	0.9	0.1	项链
7	18：15－1～95	95	0.35	1	0.5	0.8	0.1	服饰
	18：15－96～318	321	0.23	0.7	0.35～0.4	0.5	0.1	服饰，残 3
8	300：16－1～63	63	0.2	0.7	0.4	0.5	0.1	服饰
9	5：13－1～25	25	0.25	0.82	0.45	0.8	0.1	服饰
10	10：7－1～155	155	0.38	1	0.5	0.8	0.15	项链
11	279：4－1～40	82	0.22	0.75	0.45	0.65	0.1	项链，残 42
12	280：5－1～192	192	0.22	0.7	0.4	0.6	0.1	项链

附表 181－2　**玉皇庙墓地出土青铜双联小铜扣统计表**

序号	器物号（YYM）	数量	均重	通长	腹径	鼻长	鼻宽	备注
13	285 : 2－1～22	22	0.4	1	0.4～0.5	0.8	0.1	项链
14	98 : 8－1～125	125	0.31	1	0.5	0.85	0.1	项链
15	250 : 32－1～186	186	0.2	0.8	0.4	0.7	0.1	服饰
20	275 : 8－1～20	20	0.26	1	0.45	0.8	0.1	项链
	275 : 11－1～166	166	0.33	1	0.5	0.8	0.1	服饰
17	47 : 5－104～115	12	0.36	1	0.42	0.7～0.9	0.1	项链
18	263 : 8－1～47	47	0.35	0.9	0.5	0.7	0.1	服饰
19	256 : 6－1～282	282	0.3	0.9	0.45	0.8	0.1	项链
20	261 : 8－1～7	7	0.4	1	0.5	0.8	0.05	服饰
21	272 : 3－1～20	20	0.25	0.9	0.4	0.7	0.1	项链
22	48 : 12－1～38	38	0.4	1.1	0.52	1	0.1	服饰
23	258 : 7－1～83	83	0.3	0.9	0.4	0.8	0.1	项链
24	125 : 6－1～9	9	0.3	0.95	0.5	0.8	0.1	项链
	125 : 12－1～79	79	0.3	0.95	0.5	0.8	0.1	项链
25	26 : 6－1～17	17	0.3	1	0.5	0.8	0.1	项链
26	222 : 6－1～94	95	0.3	0.85	0.5	0.7	0.15	项链，残 1
27	198 : 7－1～119	120	0.3	0.95	0.5	0.8	0.1	项链，残 1
28	178 : 10－1～132	166	0.35	0.95	0.55	0.8	0.1	服饰，残 34
29	323 : 2－1～8	8	0.39	0.9	0.4	0.8	0.1	服饰
30	382 : 3－1～2	2	0.35	1	0.5	0.8	0.1	项链
31	374 : 7－1～242	242	0.25	0.82	0.45	0.8	0.1	项链
合　计		共 31 座墓　3739 枚，其中属服饰者 1663 枚，属项链者 2076 枚						

注：长度单位为厘米，重量单位为克。

讨论

从年代考察，在随葬项链双联小铜扣的 20 座墓葬中，位于北 Ⅰ 区中部者 5 座（YYM20、35、25、3、10），属于春秋早期，占出土项链双联小铜扣墓葬总数的 25%；位于北 Ⅱ 区北部者 6 座（YYM279、280、285、98、275、47），属于春秋早中期，占出土项链双联小铜扣墓葬总数的 30%；位于北 Ⅱ 区中部者 4 座（YYM256、272、258、125）、北 Ⅰ 区北部者 1 座（YYM26），此 5 座均属于春秋中期，占出土项链双联小铜扣墓葬总数的 25%；位于南区北部者 2 座（YYM222、198），属于春秋晚期前段，占出土项链双联小铜扣墓葬总数的 10%；位于南区南部者 2 座（YYM382、374），属于春秋晚期后段，占出土项链双联小铜扣墓葬总数的 10%，春秋中晚期缺失。以上统计显示，项链双联小铜扣 80% 出自春秋中期及以前的墓葬，即为偏早阶段的饰品。

从性别考察，在随葬项链双联小铜扣的墓葬中，男性墓仅 1 座（275），占出土项链双联小铜扣墓葬总数的 5%，女性墓 19 座（YYM20、35、25、3、10、279、280、285、98、47、256、272、258、125、26、222、198、382、374），占出土项链双联小铜扣墓葬总数的 95%，绝无儿童墓。即项链双联小铜扣是以女性为主的青铜小饰品。

从墓葬规格、级别考察，在随葬项链双联小铜扣的墓葬中，乙（A）级墓 5 座（YYM20、280、275、256、258）；乙（B）级墓 7 座（YYM35、3、10、279、26、198、374）；丙（A）级墓 3 座

（YYM25、98、272）；丙（B）级墓2座（YYM222、382）；丙（C）级墓1座（YYM47），丁级墓2座（YYM285、125），无最高级别的甲（A）级和甲（B）级墓。较高级和中级墓占60%，中等偏下及最低级墓占40%。可见项链双联小铜扣的使用对象应是身份、地位属于中等和低等级别的部族成员。

从年代考察，在随葬服饰小铜扣的12墓葬中，位于北Ⅰ区中部者4座（YYM19、2、18、5）、西区者1座（YYM300），此5座均属于春秋早期，占出土服饰双联小铜扣墓葬总数的41.7%；位于北Ⅱ区北部者2座（YYM250、275），属于春秋早中期，占出土服饰双联小铜扣墓葬总数的16.7%；位于北Ⅱ区中部者3座（YYM263、261、48），属于春秋中期，占出土服饰双联小铜扣墓葬总数的25%；位于南区北部者1座（YYM178）、西区者1座（YYM323），此2座均属于春秋晚期前段，占出土服饰双联小铜扣墓葬总数的16.7%；春秋中晚期和春秋晚期后段空缺。以上统计显示，服饰双联小铜扣83.4%出自春秋中期及以前的墓葬，即为春秋偏早阶段的服饰用品。

从性别考察，在随葬服饰双联小铜扣的墓葬中，男性墓10座（YYM19、18、300、5、250、275、263、261、48、323），占出土双联小铜扣墓葬总数的83.3%；女性墓2座（YYM2、178），占出土服饰双联小铜扣墓葬总数的16.7%；无儿童墓。即服饰双联小铜扣是以男性为主的服饰用品。

从墓葬规格、级别考察，在出土服饰双联小铜扣的墓葬中，甲（A）级墓2座（YYM18、250），甲（B）级墓1座（YYM2），乙（A）级墓4座（YYM300、275、261），乙（B）级墓3座（YYM19、263、178），丙（A）级墓1座（YYM48），丙（C）级墓2座（YYM5、323），无较低级的丙（A）级和最低级的丁级墓。与项链双联小铜扣的最大区别是在此出现了最高级别的甲级墓，比例达1/4，最低级墓消失。中等及偏上等级墓葬比例高达83.3%。服饰双联小铜扣的主人身份、地位明显高于随葬项链双联小铜扣者，主要为身份、地位较高或很高的人物的服饰品，其中尤以男性武士居多，身份、地位较低者很少使用。看来，服饰双联小铜扣这一服饰形式及其差别，不但包含有等级观念，而且还有表现玉皇庙文化服饰特点的特殊意义。

其他铜饰件

玉皇庙墓地共出土其他零散铜饰件29件，占玉皇庙墓地出土青铜装饰品总数的0.17%；分别出自17座墓葬，墓号为：YYM32（1件，凡只出土1件者，以下不再注明）、31、13、300（2件）、248、250、230、233、240（5件）、149（5件）、204、134、108、312、164、174（4件）、374，占玉皇庙墓地墓葬总数的4.25%。这些铜饰件虽然数量很少，但品类丰富，可分15个类别（参见附表78和178）。其中数量晚多的3个类别分别为：扁片式铃形铜饰、弹簧形铜饰及双环孔形铜饰，扁片式铃形铜饰4件，标本YYM240:9-1~4（图版三六五，5）；弹簧形铜饰4件，标本YYM149:4-1~4（图版三六五，2）；双环孔形铜饰4件，标本YYM174:19-1~4（图版三六五，3）。个体数量居第2位的另两类分别为："人"字形铜饰和喇叭形管状铜饰，"人"字形铜饰3件，标本YYM32:14（图版三六四，1左）、标本YYM204:4（图版三六四，1中）、标本YYM374:10（图版三六四，1右）；喇叭形管状铜饰3件：标本YYM300:20（图版三六四，4右）、标本YYM230:17、标本YYM233:9。还有一类亚腰形铜饰（2件），其一YYM31:6（图版三六四，4左），其二YYM250:26。其余9类每类各为1件，这9类铜饰件分别是：短铜管YYM13:8（图版三六四，5右）、羊头铜饰YYM300:13（图版三六四，2）、薄壳小铜管YYM248:3（图版三六四，5左）、开裆铃形铜饰YYM240:8（图版三六五，4）、双环形铜饰YYM149:15（图版三六五，1）、三联珠形铜饰YYM134:8（图版三六四，6）、钩形铜饰

YYM108:9（图版三六四，5 中）、马踏单环形铜饰 YYM312:4（图版三六四，3）、双足形铜饰 YYM164:9（图版三六五，6）等。这 9 类单件的铜饰品占玉皇庙墓地出土其他铜饰件类别总数（共 15 类）的 60%，表明此类小件铜饰品的制作带有很大的随意性和偶然性，非属约定俗成的规则性和规律性制品，这一点也是该文化青铜饰品的特色之一（参见图七一三、七一四）。

详见附表 182。

从年代考察，出土其他零散铜饰件的墓葬，分布于北Ⅰ区中部者 3 座（YYM32、31、13）、西部者 1 座（YYM300），此 4 座属于春秋早期，占出土其他零散铜饰件墓葬总数的 23.5%；分布于北Ⅱ区北部者 5 座（YYM248、250、230、233、240），属于春秋早中期，占出土其他零散铜饰件墓葬总数的 29.4%；分布于北Ⅱ区南部者 1 座（YYM149），属于春秋中晚期，占出土其他零散铜饰件墓葬总数的 5.9%；分布于南区北部者 1 座（YYM204）、中部者 2 座（YYM134、108）、西区者 1 座（YYM312），此 4 座属于春秋晚期前段，占出土其他零散铜饰件墓葬总数的 23.5%；分布于南区南部者 3 座（YYM164、174、374），属于春秋晚期后段，占出土其他零散铜饰件墓葬总数的 17.7%；春秋中期空缺。随葬其他零散铜饰件墓葬数量最多的是春秋早期和春秋早中期，其次是春秋晚期前段，再次为春秋晚期后段，数量最少者为春秋中晚期。

从墓主性别考察，男性墓 11 座（YYM31、13、300、250、230、233、134、108、312、164、174），占出土其他零散铜饰件墓葬总数的 64.7%；女性墓 5 座（YYM248、240、149、204、374），占出土其他零散铜饰件墓葬总数的 29.4%；无人墓 1 座（YYM32），占玉皇庙墓地出土零散铜饰件墓葬总数的 5.9%。男性墓占绝对优势。

从墓葬级别考察，甲（A）级墓 2 座（YYM250、230），占玉皇庙墓地出土零散铜饰件墓葬总数的 11.8%；中等级别墓葬 8 座，乙（A）级墓 2 座（YYM13、300），乙（B）级墓 6 座（YYM233、240、204、134、174、374），占玉皇庙墓地出土零散铜饰件墓葬总数的 47.1%；较低级别墓葬 7 座，丙（A）级墓 1 座（YYM32），丙（B）级墓 3 座（YYM31、149、164），丙（C）级墓 3 座（YYM248、108、312），占玉皇庙墓地出土零散铜饰件墓葬总数的 41.1%；不见甲（B）级和最低级的丁级墓。由此推断此类造型别致的青铜饰品在高、中、低等各类人群中均可出现，中等和较低等级人群使用比例略高。

以上统计表明，春秋偏早阶段和春秋晚期前段，是玉皇庙文化繁盛和变革时期，曾有 14 种（占其他铜饰件类别总数的 93.3%）不同类别的其他铜饰件产生于春秋早期、春秋早中期和春秋晚期前段，这从一个很小的侧面反映出玉皇庙文化在春秋前期和春秋晚期前段是处于思想活跃、具有创造力的时期。这些铜饰件多数为男性所拥有，再次表明男性的社会地位普遍高于女性和孩童。

（六）货币

玉皇庙墓地出土的青铜货币，只有尖首刀币 1 种。

尖首刀币　玉皇庙墓地共出土 3 件尖首刀币，占玉皇庙墓地出土青铜制品总数的 0.017%；分别出自 3 座墓葬（YYM164、172、380），每墓 1 件，占玉皇庙墓地墓葬总数的 0.75%。形制基本一致，均为阔折尖，方折尾，刀背中间有铸缝，柄饰加强筋，扣环首。

标本 YYM164:3，重 14 克，通长 16.2、通宽 2.4、刀背尾部厚 0.4、柄长 4.7、环首外径 2.1、内径 1.1 厘米。刀身上有“王”字（图七四五，1；图版四二六，2）。

附表182

玉皇庙墓地出土其他铜饰件统计表

序号	器物号（YYM）	名称	形　状	数量	均重（克）	规 格（厘米）
1	32:14	“人”字形铜饰	片状，头部圆形中间有穿孔	1	5	通长4.3，通宽2，环钮外径1.3，内径0.6
2	31:6	亚腰形铜饰	主体为葫芦形纵连双圆，下圆背面内凹，顶端有一横向穿鼻	1	2.5	通长3.2，通宽1.2，穿鼻长0.9，宽0.5，孔径0.15
3	13:8	短铜管	一端略细，另一端略粗	1	5.2	通长4.7，通宽1.6，壁厚0.1，有1残破镂孔
4	300:20	喇叭形管状铜饰	中空，细端口残，粗端口径小于内膛	1	5.7	通长2.45，通宽1.5，细端外径0.85，内径0.65，粗端内径0.6
	300:13	羊头铜饰	正面半浮雕，眼睛为阴刻圆，羊角垂于两侧，饰绹纹，背面横向条鼻	1	3	通长1.7，通宽1.6，条鼻长1.1，宽0.2
5	248:3	薄壳小铜管	薄铜皮卷成，残	1	0.5	残长1.6，宽0.6，孔径0.3
6	250:26	亚腰形铜饰	主体为葫芦形纵连双圆，下圆背面内凹，顶端有一横向穿鼻	1	2.3	通长3.1，通宽1.2，穿鼻长0.8，宽0.5，孔径0.1
7	230:17	喇叭形管状铜饰	直筒形中空，上下壁厚不一致，形成一端小一端大	1	2.7	通长2.7，通宽1.35，壁厚0.1～0.35
8	233:9	喇叭形管状铜饰	直筒形中空，上下壁厚不一致，形成一端小一端大	1	3	通长2.9，通宽1.4，壁厚0.15～0.35
9	240:8	开衩铃形铜饰	顶端为环钮，下接中空、正背面中间开衩钟形饰	1	9.5	通长3.6，通宽2.3，壁厚0.1，环钮外径0.9，内径0.3
	240:9－1～4	扁片铃形铜饰	片状，顶端有环钮，下接长方形铜片，2件中间有条形镂孔	4	6	通长3.6～4.4，通宽2，环钮外径
10	149:4－1～4	弹簧形铜饰	螺旋状，最短者为4周，最长者为13周	4	1.6－6	通长0.6～2.8，通宽0.9～1.5，铜丝直径0.1
	149:15	双环形铜饰	椭圆环上下相接呈葫芦形，上环小，下环大	1	3.7	通长2.5，通宽1.7，上环外径1.4×1.1，宽2，厚2；下环外径1.7×1.4，宽2.5～3，厚2
11	204:4	“人”字形铜饰	片状，头部圆形中间有穿孔	1	3	通长3.4，通宽2，环钮外径1.2，内径0.3
12	134:8	三联珠形铜饰	正面阴刻纵连双“S”纹，背面呈凹槽状，纵向条鼻	1	8.5	鼻断，通长4.8，通宽1.5，厚0.28
13	108:9	钩形铜饰	形似扁钩，柄面垂直于钩面	1	1.6	通长3.2，通宽2.3，
14	312:4	马踏单环形铜饰	低首垂尾的小马静立在一横向椭圆环上，背面有一横向条鼻	1	6.3	通长2.7，通宽1.5，环外径2.1×1.9，环宽0.25，条鼻1.4×0.2
15	164:9	双足形铜饰	正面微鼓，背面内凹，双足对称，背面有一纵向条鼻	1	4.5	通2.7，通宽1.6，鼻长1.5，鼻宽0.22
16	174:19－1～4	双环孔形铜饰	上部横联双环孔，下部横联方孔，方孔间布纵向圆孔和椭圆孔	4	9.4	通长3.8，通宽2.9，上环外径1.7，内径1.2，方孔径0.4
17	374:10	“人”字形铜饰	片状，头部圆形中间有穿孔	1	2.5	通长3.8，通宽2.4，环钮外径0.9，内径0.3
合　计			共17座墓　29件			

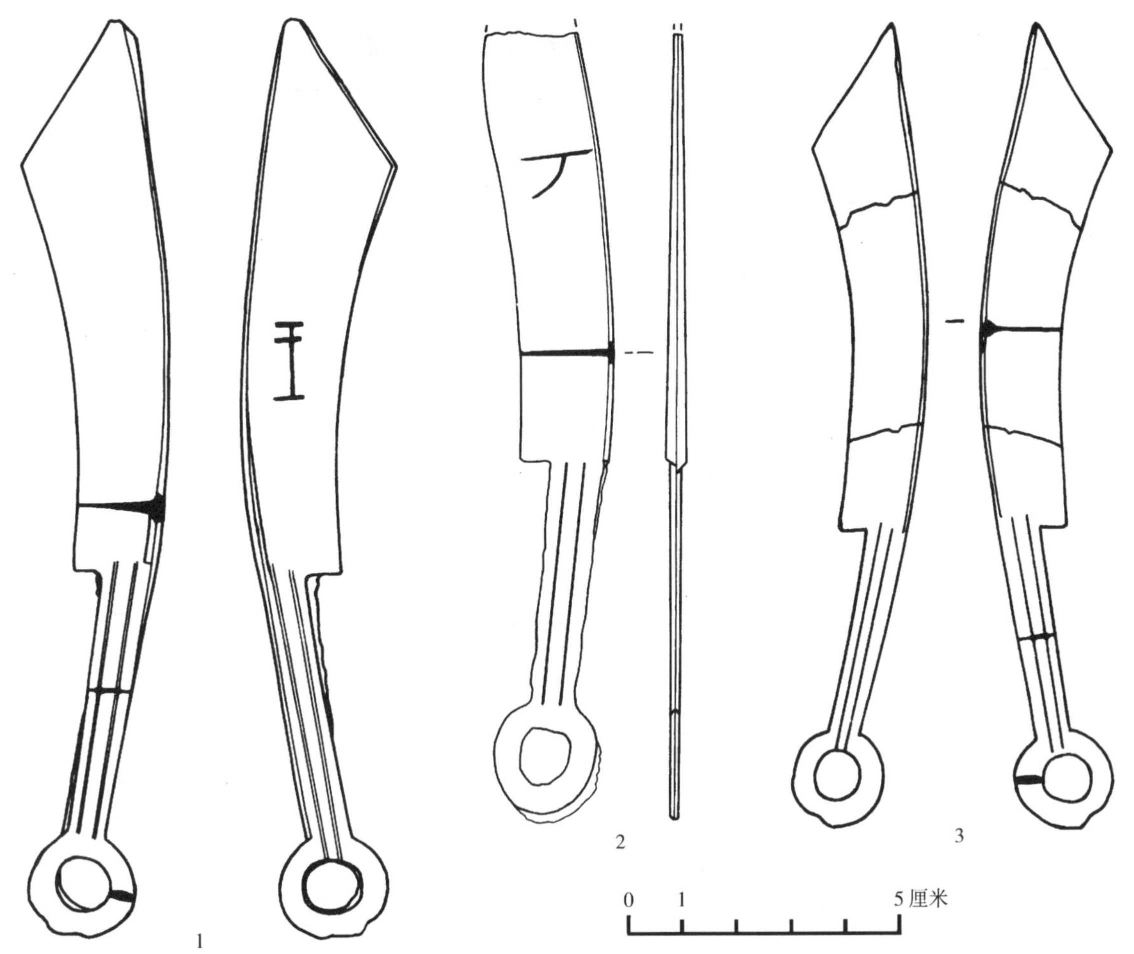

图七四五　玉皇庙墓地出土尖首刀币

1～3.（YYM164:3、172:3、380:2）

标本 YYM172:3，重 13.2 克，通长 14.1、通宽 1.9、刀背尾部厚 0.4、柄长 4.5、环首外径 1.9、内径 0.9 厘米。刀尖残，刀身上有“丁”字（图七四五，2；图版四二六，1）。

标本 YYM380:2，重 14 克，通长 14.2、通宽 1.7、刀背尾部厚 0.2、柄长 3.7、环首外径 1.7、内径 0.8 厘米（图七四五，3；图版四二六，3）。

从分布和年代考察，这 3 座墓均出自南区南部，属于春秋晚期后段；从性别考察，3 座墓全部是男性墓；从墓葬规格级别考察，这 3 座墓级别较低，除 YYM164 属丙（B）级外，其余 2 座（YYM172、380）均为丁级墓。即尖首刀币在玉皇庙墓地，为春秋晚期低等级的男性所拥有（参见附表 183）。

经测量，上述玉皇庙墓地出土的青铜器物，用铜总重量为 101.28 公斤，从一个侧面反映了该部落当时的生产力发展水平。

详见附表 184。

附表 183

玉皇庙墓地出土青铜尖首刀币统计表

序号	器物号（YYM）	数量	重量	通长	通宽	背厚	柄长	环首外径	环首内径	备注
1	164:3	1	14	16.2	2.4	0.4	4.7	2.1	1.1	刀背有铸缝，刀身上有“王”字
2	172:3	1	13.2	14.1	1.9	0.4	4.5	1.9	0.9	刀尖残，刀背有铸缝，环首外侧有铸瘤刀身有“丁”字
3	380:2	1	14	14.2	1.7	0.2	3.7	1.7	0.8	刀背有铸缝

注：长度单位为厘米，重量单位为克。

附表 184－1

玉皇庙墓地出土青铜器重量统计表

序号	名称	序号	名称	数量	均重（克）	总重（克）
1	礼器	1	鼎	1		2000
		2	敦	2	1487.5	2975
		3	钵	1		250
		4	匕	1		94.7
		5	罍	3	4573.333	13720
		6	杯	2	273	546
		7	斗	1		123.2
		8	盘	1		3500
		9	匜	1		1017
		10	铆	7	430.7429	3015.2
		11	镀	2	1750	3500
2	兵器	1	戈	4	229.875	919.5
		2	短剑	86	152.275	13095.65
		3	镞	305	3.568	1088.24
3	工具	1	削刀	137	43.47385	5955.91745
		2	锛	36	209.1139	7528.1
		3	斧	2	122	244
		4	凿	31	80.07419	2482.3
		5	锥	108	8.169444	882.3
		6	针	8	0.8125	6.5
		7	锥管	92	29.66413	2729.1
		8	盒形器	9	22.1125	199
		9	瓶形器	1		20.3
4	马具	1	马衔	18	125.9	2266.2
		2	马镳	19	54.4	1033.8
		3	节约	10	27.04	270.4
		4	铜泡	117	15.9085	1861.3
		5	串饰	39	3.4	132.6
		6	环具	9	24.9	224.4
		7	环箍	1		24.8
5	装饰品	1	耳环	556	2.7	1482.2
		2	牌饰	75	9.59	719.05

附表 184－2　**玉皇庙墓地出土青铜器重量统计表**

序号	名称	序号	名称	数量	均重（克）	总重（克）
		3	镜形饰	9	19.45556	175.1
		4	小铜珠	5235	0.2	1137.59
		5	铃形饰	61	5	302.2
		6	小铜箍	79	1	79.7
		7	坠饰	770	4.1614	3204.3
		8	卷云纹三联珠形铜饰	25	2.8	70
6	服饰	1	带钩	30	13.97167	419.15
		2	带扣	3	20.8	62.4
		3	带卡	1062	5.5	5795.6
		4	带饰	3179	3.9	12485.3
		5	铜环	39	6.3	244.6
		6	铜泡	206	4.2	863.8
		7	大铜扣	158	4.2	671.4
7	小铜扣			1478	0.51	752.93
8	双联小铜扣			3739	0.26	967.37
9	其他铜饰件			29	5	146.3
合　计			101284.5 克，约 101.28 公斤			

四　石、玛瑙、绿松石制品

玉皇庙墓地出土石器和石制品的墓葬共 231 座，占该墓地墓葬总数的 57.75%。其制品主要包括 3 类：生活用具、生产工具和装饰品。三类制品共计 38257 件，占该墓地出土器物总数的 63%。生活用具有石杯和石珠 2 种，共计 6 件，是 3 类石器制品中数量最少的一类；生产工具有砺石和细石器两种，共计 40 件，是三类石器制品中数量居第二位的一类；装饰品有白色叶蜡石石管与小石珠，黑色滑石石管与小石珠，共计 38211 枚，是三类石器制品中数量最多的一类。经检测，以白色叶蜡石制成的白石管和小白石珠，其硬度为 1～2 度；以滑石制成的黑石管和小黑石珠，硬度仅 1 度。

玉皇庙墓地出土的玛瑙制品的墓葬共 61 座，占该墓地墓葬总数的 15.25%。玛瑙环、玛瑙珠共计 1452 件，占该墓地出土器物总数的 2.4%。这些玛瑙饰品，经检测，有的是属于玛瑙，有的属于玉髓，硬度为 7 度。

出土绿松石制品的墓葬，共 172 座，占该墓地墓葬总数的 43%。绿松石管、绿松石珠共计 2234 枚，占该墓地出土器物总数的 3.7%。这些绿松石制品，经检测，确属绿松石，硬度为 5 度。

为了解军都山墓地出土的石玉器的岩矿成分、硬度、原料产地、加工工艺特点等方面的问题，我们请国家地矿部科技司专家会同北京市地质研究测试中心专家一起，作了实地考察和相关标本的检测与分析。结论是：以上石器与石制品，玛瑙及绿松石制品，均采自军都山麓出露的地质体，如各种花岗岩、火山岩、赤铁矿石、硅质岩和一些接触变质、区域变质矿物滑石、蛇纹石、叶蜡石等，故石、玉料的来源，属于在当地就地取材。

装饰品中的石、玛瑙、绿松石管、珠之类，是当时氏族成员采用集切、磨、钻、镟于一体的加工工艺制作出来的手工产品。

石、玛瑙、绿松石管饰品，均分别从管的两端往里钻孔制成的。那些小石珠，则是切割长石管后，经再加工而制成的（参见本书附录报告二）。

现按石器与石制品、玛瑙制品、绿松石制品三类次序，分述如下。

（一）石器与石制品

玉皇庙墓地共出土石器与石制品38257件，包括生产工具（40件）、其他制品（6件）和装饰品（38211枚）等三个类别。

1. 生产工具

玉皇庙墓地共出土石制生产工具40件，占玉皇庙墓地出土石器与石制品总数的0.1%。包括砺石（39件）、细石器（1件）两项。

砺石 玉皇庙墓地共出土砺石39件，占玉皇庙墓地出土石制生产工具总数的97.5%；分别出自33座墓葬，墓号为：YYM35、32、28（2件）、2、18、5、82、277、250（2件）、230（2件）、229、233（2件）、264、39、226、97、240、96、234、43、266、261、49、190、52、57、60、217、209、122、107、79（2件）、303，占玉皇庙墓地墓葬总数的8.25%。由赤铁矿石和砂岩石制成，根据石质可分为2型。

Ⅰ型 不规则形

共29件，占玉皇庙墓地出土砺石总数的74.4%。分别出自26座墓葬，墓号为：YYM35、28（2件）（图版四二七，2）、2（图版四二七，3）、18（图版四二七，4）、5、277（图版四二七，5）、250（图版四二七，6）、230、229、233（2件）、264（图版四二七，7）、39（图版四二七，8）、226（图版四二八，1） 97（图版四二八，2）、240（图版四二八，3）、96、234、43（图版四二八，4）、266（图版四二七，9）、261、49（图版四二八，7）、190（图版四二八，5）、52（图版四二八，8）、57 209、79（2件），石质为赤铁矿石，暗红色。

标本YYM35:14，这是最早出现的Ⅰ型砺石，属于春秋早期。通长2.4、通宽2.2、厚1.1厘米（图七四六，1；图版四二七，1）。

标本YYM79:5－1～2，这是最晚出现的Ⅰ型砺石，属于春秋晚期前段。通长2.2～2.9、通宽1.6～2.1、厚0.9厘米（图七四七，14、15；图版四二八，6）。

其余标本与上述标本形制相近（图七四六、七四七，1～15）

Ⅱ型 舌形

共10件，占玉皇庙墓地出土砺石总数的25.6%；分别出自10座墓葬，墓号为：YYM32、82（图版四二九，1左3）、250、230、190（图版四二九，2左1）、60（图版四二九，1左4）、217（图版四二九，2左2）、122（图版四二九，1左2）、107（图版四二九，2左3）、303，每墓1件。石质为砂岩，青灰色，多数为舌形，也有少数作抹角梯形或长方形的，一端有圆形穿孔。

标本YYM32:7，这是最早出现的Ⅱ型砺石，属于春秋早期。通长6.7、通宽3.6、厚1.1、穿孔内径0.6厘米（图七四八，1；图版四二九，1左1）。

标本YYM303:5，这是最晚出现的Ⅱ型砺石，属于春秋晚期前段。通长7.8、通宽2.2、厚0.6、穿孔直径0.5厘米（图七四八，9；图版四二九，2左4）。

详见附表185。

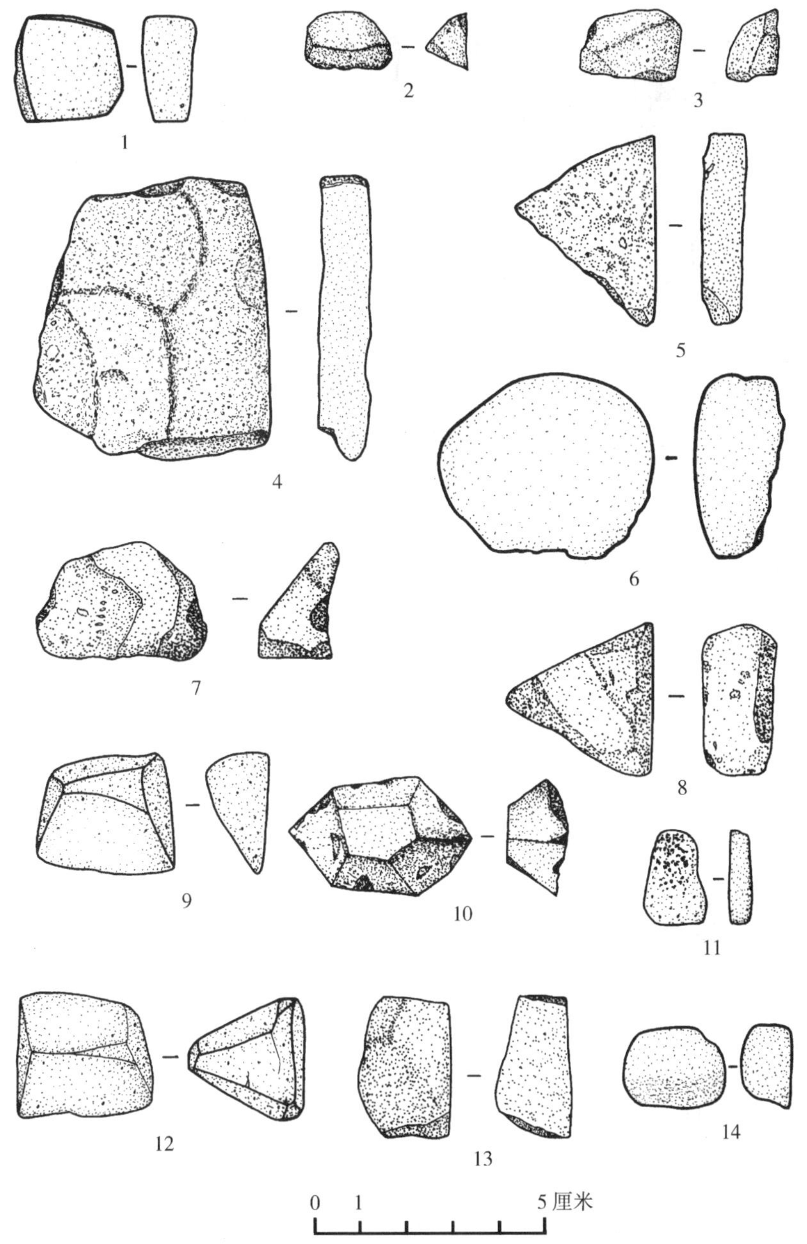

图七四六　玉皇庙墓地出土砺石

1～14. Ⅰ型—赤铁矿砺石（YYM35∶14、28∶1－1、28∶1－2、2∶31、18∶23、5∶6、277∶6、250∶11、230∶24、229∶7、233∶15－1、233∶15－2、264∶20、39∶1）

讨论

从年代考察，出土砺石的墓葬中，分布于北Ⅰ区中部者6座（35、32、28、2、18、5）、西部者1座（YYM82），此7座均属于春秋早期，占玉皇庙墓地出土砺石墓葬总数的21.2%；分布于北Ⅱ区北部者11座（YYM277、250、230、229、233、264、39、226、97、240、96），属于春秋早中期，占玉皇庙墓地出土砺石墓葬总数的33.3%；分布于北Ⅱ区中部者7座（YYM234、43、266、261、49、190、52），属于春秋中期，占玉皇庙墓地出土砺石墓葬总数的21.2%；分布于北Ⅱ区南部者2座（YYM57、

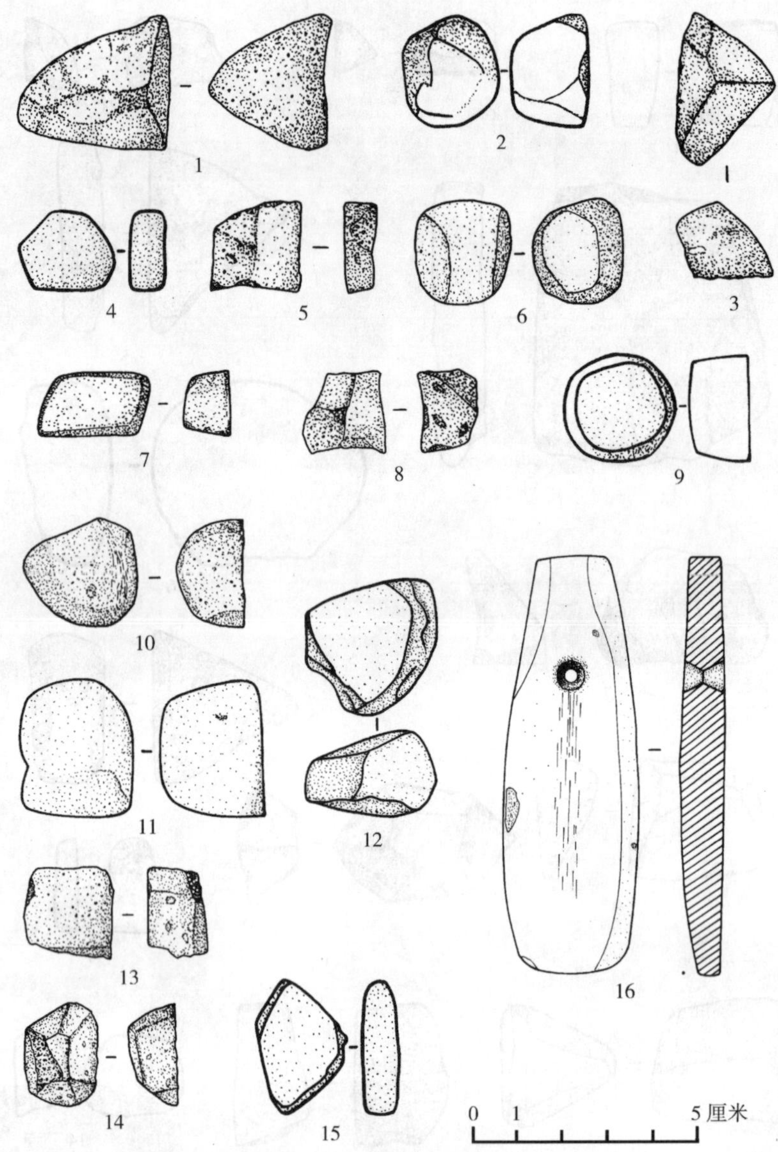

图七四七　玉皇庙墓地出土砺石

1~15. Ⅰ型—赤铁矿砺石（YYM226:14、97:7、240:11、96:6、234:9、43:3、266:11、261:22、49:12、190:20、52:17、57:14、209:11、79:5-1、79:5-2）　16. Ⅱ型—砂岩穿孔砺石（YYM107:1）

60），属于春秋中晚期，占玉皇庙墓地出土砺石墓葬总数的6.1%；分布于南区北部者2座（YYM217、209）、中部者3座（YYM107、122、79）、西区者1座（YYM303），此6座均属于春秋晚期前段，占玉皇庙墓地出土砺石墓葬总数的18.2%；春秋晚期后段没有出现。出土砺石数量最多的是春秋早中期，其次是春秋早期和春秋中期，春秋中晚期后数量较少。

从性别考察，出土砺石的男性墓24座（YYM18、5、82、277、250、230、229、233、264、226、234、43、261、49、190、52、57、60、217、209、107、122、79、303），占玉皇庙墓地出土砺石墓葬总数的72.7%；女性墓7座（YYM35、2、97、39、240、96、266），占玉皇庙墓地出土砺石墓葬总数

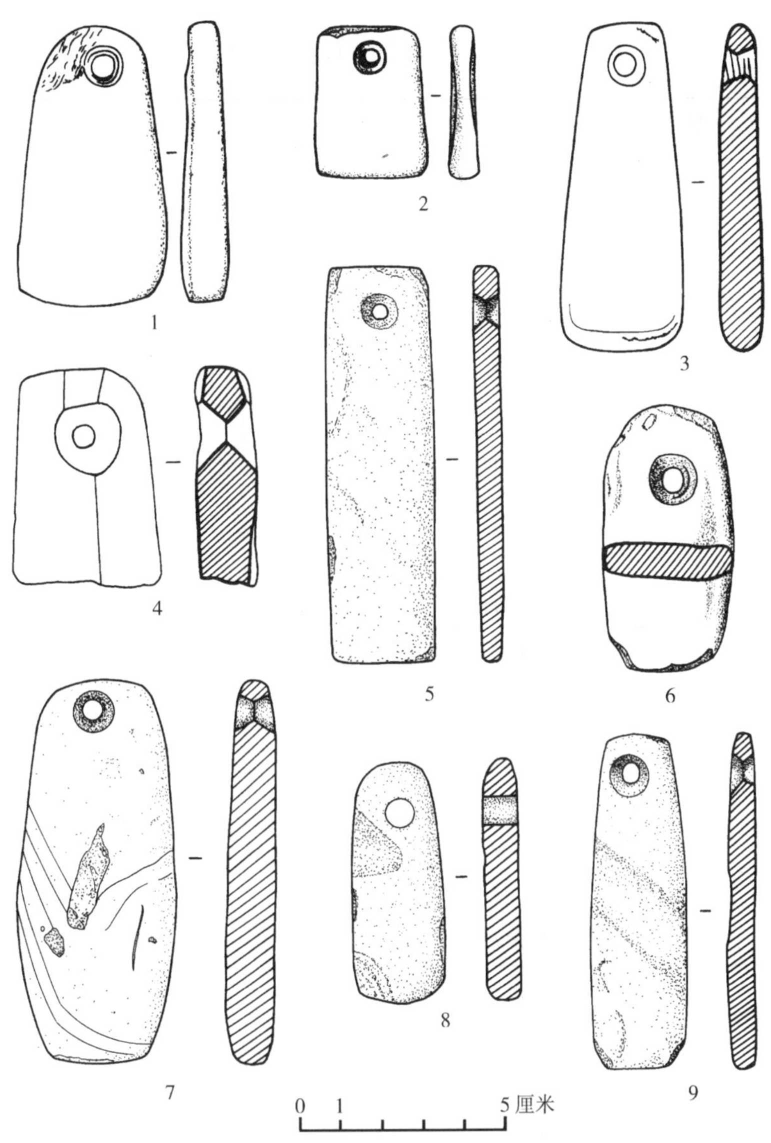

图七四八　玉皇庙墓地出土砺石

1～9. Ⅱ型—砂岩穿孔砺石（YYM32∶7、82∶8、250∶14、230∶23、190∶10、60∶3、217∶13、122∶17、303∶5）

附表185－1

玉皇庙墓地出土砺石统计表

序号	器物号（YYM）	型	数量	种类	形状	通长	通宽	厚	孔径
1	35∶14	Ⅰ	1	赤铁矿石	不规则	2.4	2.2	1.1	
2	32∶7	Ⅱ	1	砂岩石	舌形，有穿孔	6.7	3.6	1.1	0.6
3	28∶1－1～2	Ⅰ	2	赤铁矿石	不规则	1.8/2.1	1.1/1.5	1/1.2	
4	2∶31	Ⅰ	1	赤铁矿石	片状，不规则	6	5	1	
5	18∶23	Ⅰ	1	赤铁矿石	近似三角	4.1	3.3	1	
6	5∶6	Ⅰ	1	赤铁矿石	不规则	4.6	3.9	2	

附表185－2

玉皇庙墓地出土砺石统计表

序号	器物号（YYM）	型	数量	种类	形状	通长	通宽	厚	孔径
7	82:8	Ⅱ	1	砂岩石	舌形，有穿孔	3.6	2.7	0.7	0.45
8	277:6	Ⅰ	1	赤铁矿石	不规则	3.5	2.4	1.6	
9	250:11	Ⅰ	1	赤铁矿石	近似三角体	3.2	3.2	1.7	
	250:14	Ⅱ	1	砂岩石	舌形，有穿孔	7.8	3	1.1	0.6
10	230:23	Ⅱ	1	砂岩石	舌形，有穿孔	5.2	3.6	1.5	0.5
	230:24	Ⅰ	1	赤铁矿石	不规则	2.9	2.5	1.4	
11	229:7	Ⅰ	1	赤铁矿石	不规则	4	2.5	1.3	
12	233:15－1～2	Ⅰ	2	赤铁矿石	不规则	2/2.9	1.4/2.6	0.5/2.5	
13	264:20	Ⅰ	1	赤铁矿石	不规则	2.7	2	1.6	
14	39:1	Ⅰ	1	赤铁矿石	不规则	2.2	1.7	1.1	
15	226:14	Ⅰ	1	赤铁矿石	近似三角体	3.4	2.5	2.8	
16	97:7	Ⅰ	1	赤铁矿石	不规则	2.4	1.8	2.1	
17	240:11	Ⅰ	1	赤铁矿石	不规则	2.8	2.4	1.5	
18	96:6	Ⅰ	1	赤铁矿石	不规则	2.1	1.7	0.8	
19	234:9	Ⅰ	1	赤铁矿石	不规则	2	2	0.7	
20	43:3	Ⅰ	1	赤铁矿石	不规则	2.3	2.1	1.2	
21	266:11	Ⅰ	1	赤铁矿石	不规则	2.4	1.3	1	
22	261:22	Ⅰ	1	赤铁矿石	近似截面圆锥体	1.8	1.8	1.3	
23	49:12	Ⅰ	1	赤铁矿石	近似截面圆锥体	2.3	2.3	1.3	
24	190:10	Ⅱ	1	砂岩石	舌形，有穿孔	9.4	2.6	0.6	0.4
	190:20	Ⅰ	1	赤铁矿石	不规则	2.5	2	1.5	
25	52:17	Ⅰ	1	赤铁矿石	近似正方体	3	2.3	2.5	
26	57:14	Ⅰ	1	赤铁矿石	不规则	3	3	1.8	
27	60:3	Ⅱ	1	砂岩石	舌形，有穿孔	6.3	3.3	0.9	0.6
28	217:13	Ⅱ	1	砂岩石	舌形，有穿孔	9.1	3.9	1.2	0.6
29	209:16	Ⅰ	1	赤铁矿石	不规则	2	2	1.4	
30	122:17	Ⅱ	1	砂岩石	舌形，有穿孔	5.7	2.2	0.9	0.7
31	107:1	Ⅱ	1	砂岩石	舌形，有穿孔	12.4	4.1	1.4	0.9
32	79:5－1～2	Ⅰ	2	赤铁矿石	不规则	2.2/2.9	1.6/2.1	0.9	
33	303:5	Ⅱ	1	砂岩石	舌形，有穿孔	7.8	2.2	0.6	0.5
合计						共33座墓39件			

注：长度单位为厘米

的21.2%；无人墓和性别不详者墓共2座（YYM32、28），占玉皇庙墓地出土砺石墓葬总数的6.1%。男性墓占绝对优势。

从墓葬规格考察，甲（A）级墓3座（YYM18、250、230），占甲（A）级墓葬总数的100%，占玉皇庙墓地出土砺石墓葬总数的9.1%；甲（B）级墓葬3座（YYM2、52、217），占甲（B）级墓葬总数的60%，占玉皇庙墓地出土砺石墓葬总数的9.1%；乙（A）级墓4座（YYM229、266、261、209），占乙（A）级墓葬总数的14.3%，占玉皇庙墓地出土砺石墓葬总数的12.1%；乙（B）墓8座（YYM35、233、226、240、234、190、57、60），占乙（B）级墓葬总数的9.7%，占玉皇庙墓地出土砺石墓葬总数的24.2%；丙（A）级墓9座（YYM32、28、82、277、264、96、43、49、122），占丙（A）级墓葬总数的11.1%，占玉皇庙墓地出土砺石墓葬总数的27.3%；丙（B）级墓1座（YYM97），占丙（B）级墓葬总数的2.4%，占玉皇庙墓地出土砺石墓葬总数的3%；丙（C）级墓2座（YYM5、39），占丙（C）级墓葬总数的3%，占玉皇庙墓地出土砺石墓葬总数的6.1%；丁级墓3座（YYM107、79、303），占丁级墓葬总数的3.3%，占玉皇庙墓地出土砺石墓葬总数的9.1%。出土砺石墓数量最多的是丙（A）级墓，其次是乙（B）级墓，再次为乙（A）级墓，其后为甲（A）级、甲（B）级和丁级墓，数量最少的是丙（B）级墓。值得注意的是甲（A）级墓全部随葬砺石，甲（B）级墓随葬砺石比例也高达半数以上，较其他级别墓葬所占比率都高。表明这支部族各个级别的人群均可使用砺石，但高等级的人使用砺石的比例更高。

细石器　玉皇庙墓地出土细石器1件，占玉皇庙墓地出土石制生产工具总数的2.5%。标本YYM247:14，片状长方形，白色，有浅褐色纹路，四周刃部薄而锋利。通长1.9、通宽1.5、厚0.5厘米（图七四九，7；图版四三一，2）。

YYM247位于北Ⅱ区中部，属于春秋中期，是乙（B）级男性墓。

2. 其他制品

玉皇庙墓地共出土生活用具类石制品6件，占玉皇庙墓地出土石器与石制品总数的0.016%。包括石杯（1件）和石珠（5件）两类。

石杯　玉皇庙墓地只出土1件石杯，占玉皇庙墓地出土其他类石制品总数的16.7%。标本YYM13:19,带鋬斗形，通长7.8、通宽5.55、通高3.58厘米，口径5×4.5厘米（图七四九，1；图版四三〇，1）。

YYM13位于北Ⅰ区中部，是春秋早期的乙（A）级男性墓。

算珠形石珠　玉皇庙墓地共出土算珠形石珠5件，占玉皇庙墓地出土其他类石制品总数的83.3%；分别出自5座墓葬，每墓1件，墓号为：YYM16、385、54、297、186，占玉皇庙墓地墓葬总数的1.25%。均为算珠形。

标本YYM16:2，是最早出现的标本，属于春秋早期。直径2.7、孔径0.9、厚1.05厘米（图七四九，2；图版四三〇，2上）。

标本YYM385:9，属于春秋早期。直径2.7、孔径1、厚1.58厘米（图七四九，3；图版四三〇，2下左）。

标本YYM54:18，属于春秋中期。直径2、孔径0.65、厚0.7厘米（图七四九，4）。

标本YYM297:5，属于春秋中期。直径2.7、孔径0.6、厚0.7厘米（图七四九，5）。

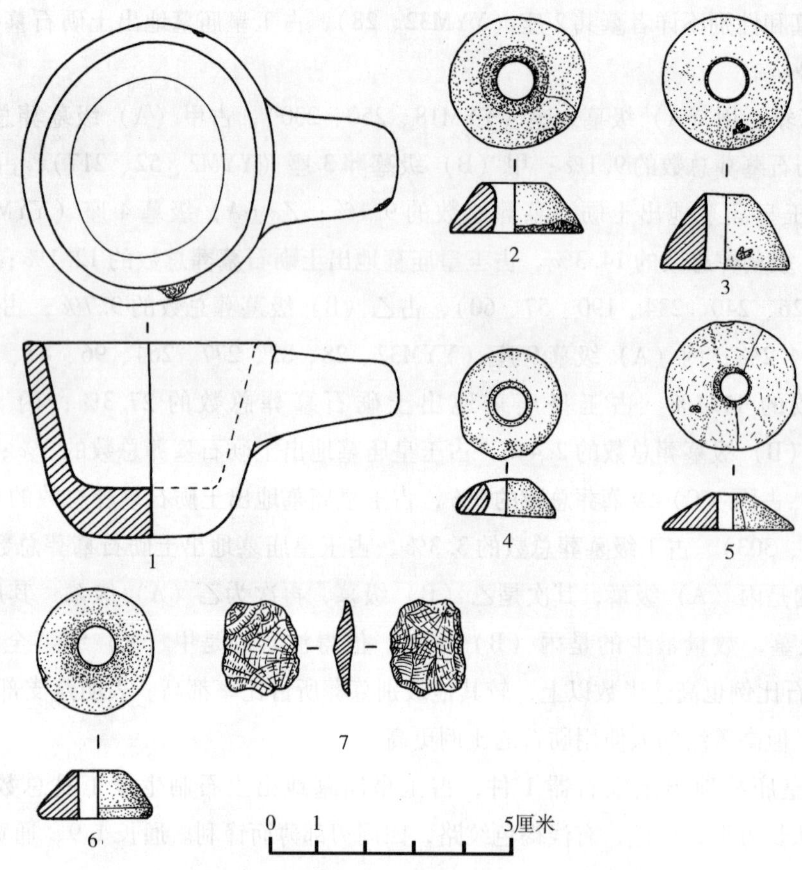

图七四九　玉皇庙墓地出土石杯、算珠形石珠及细石器

1. 单錾杯（YYM13:19）　2～6. 算珠形石珠（YYM16:2、385:9、54:18、297:5、186:10）　7. 细石器（YYM247:14）

标本 YYM186:10，出现的最晚，属于春秋中晚期。直径2.5、孔径0.7、厚1厘米（图七四九，6；图版四三〇，2下右）。

详见附表186。

附表186　**玉皇庙墓地出土其他石制品统计表**

序号	器物号（YYM）	名称	数量	通长（直径）	通宽	通高（厚）	口(孔)径	备注
1	13:19	杯	1	7.8	5.55	3.58	5×4.5	錾为梯形
2	16:2	珠	1	2.7		1.05	0.9	
3	385:9	珠	1	2.7		1.58	1	
4	54:18	珠	1	2		0.7	0.65	
5	297:5	珠	1	2.7		0.7	0.6	
6	186:10	珠	1	2.5		1	0.7	
合　计					共6座墓	6件		

注：长度单位为厘米。

讨论

玉皇庙墓地出土石珠的墓葬分别位于北Ⅰ区中部（YYM16）、西部（YYM385）、北部（YYM297）

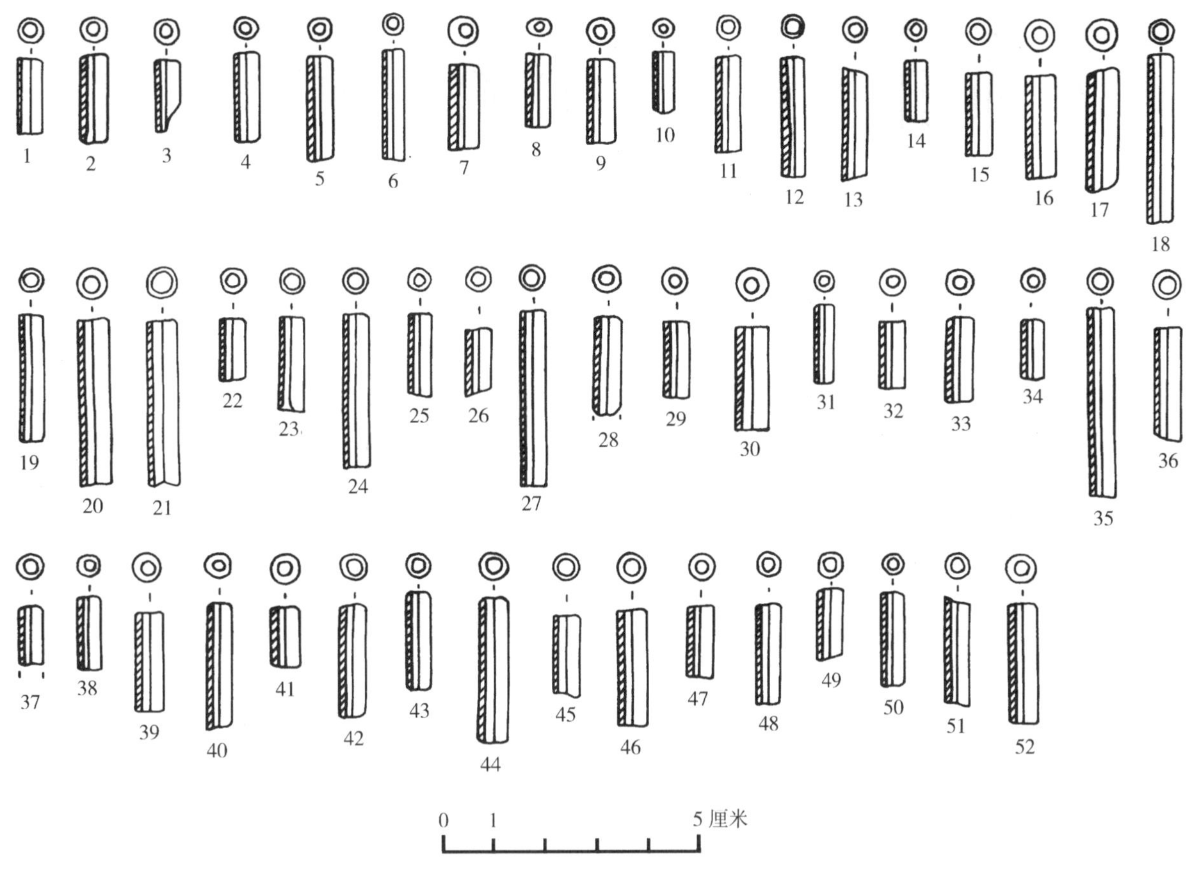

图七五〇　玉皇庙墓地出土白石管

1～13.（YYM22:8－1、20:7－53、35:13、32:13－1、31:4－1、30:3－1、19:8－35、17:17－1、15:7－9、13:13－1、384:8－1、4:6－1、11:7）　14～26.（YYM9:4－523、249:3－1、281:7－1、279:8－1、37:5－3、387:2、251:5－50、233:8－1、231:9－1、232:2－1、241:5－76、276:5－1、226:17）　27～39.（YYM240:5－22、96:4－1、47:7－1、263:7－1、42:5－1、41:8、46:12－1、44:4－1、256:13－1、261:12－1、89:1－1、48:10－1、258:6－14）　40～52.（YYM51:11－1、52:15－11、66:4、67:3－1、26:7－1、298:3－1、295:9－1、294:4－1、23:5－1、24:2－1、8:3－1、7:10－1、102:7－296）

和北Ⅱ区中部（YYM54）、南部（YYM186），分别属于春秋早期（YYM16、385）、春秋中期（YYM54、297）和春秋中晚期（YYM186），属于偏早阶段的器物，春秋晚期没有出现。5座墓主人皆为男性，最高级别为乙（A）级（YYM54），其次为乙（B）级（YYM186），再次为丙（B）级（YYM297），最低为丙（C）级（YYM16、385）。高规格和最低规格的墓葬不随葬石珠，石珠集中于较高规格、中等规格和较低规格的墓葬中。

3. 装饰品

玉皇庙墓地共出土石制装饰品38211枚，占玉皇庙墓地出土石器与石制品总数的99.9%。包括白石管（363枚）、小白石珠（17255枚）、黑石管（13枚）和小黑石珠（20580枚）。

白石管　玉皇庙墓地共出土白石管363枚，占玉皇庙墓地出土石制装饰品总数的0.9%；分别出自110座墓葬，占玉皇庙墓地墓葬总数的27.5%。形制单一，均为直圆筒形，早期和晚期相比，基本没有变化。

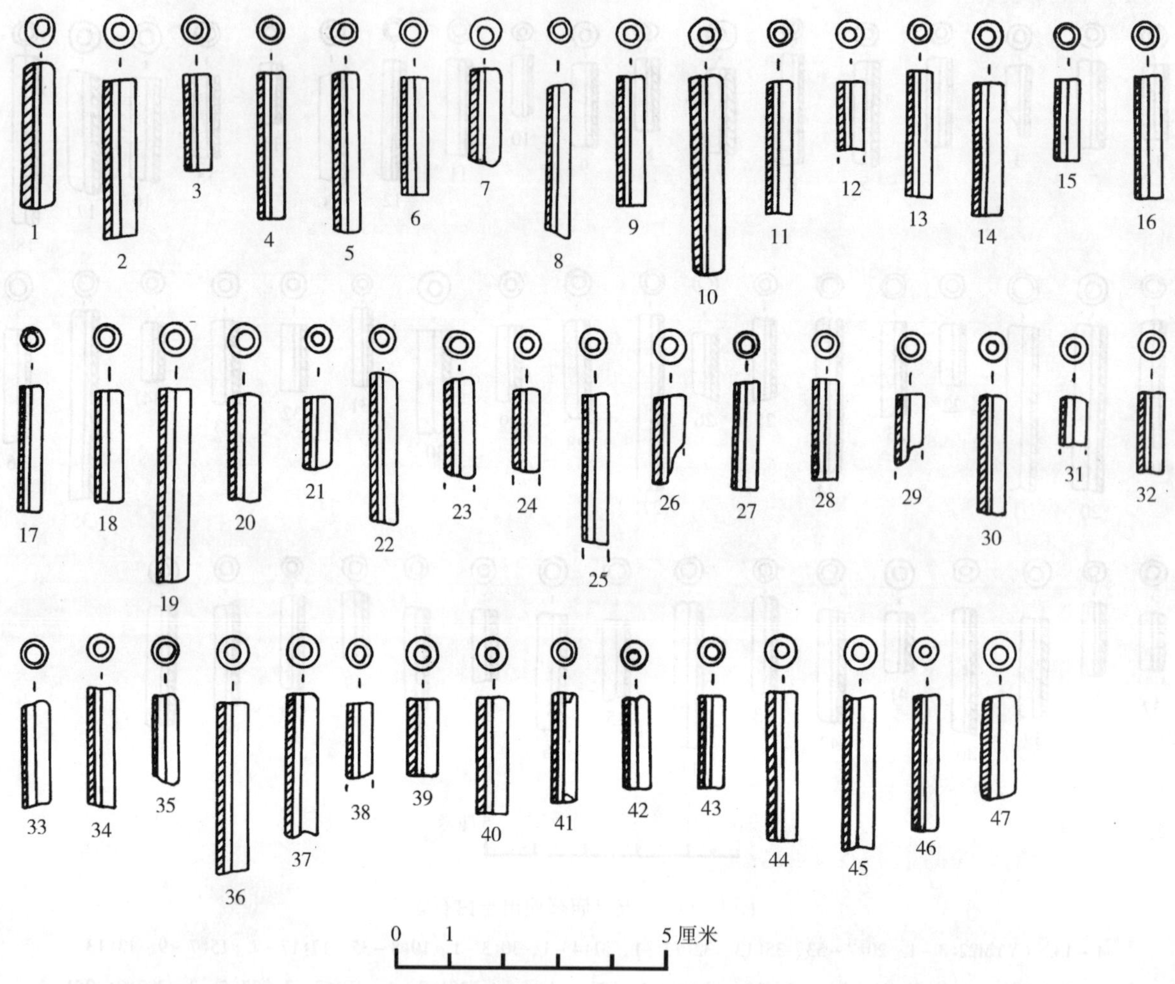

图七五一　玉皇庙墓地出土白石管与黑石管

1～45. 白石管　1～13.（YYM58:7－9、196:7－1、186:8、185:3、59:2－1、184:4－8、85:1、149:14－1、64:5－19、81:2、224:7、222:4－1、216:4－1）　14～25.（YYM206:6－1、197:5－1、198:5－13、178:15－1、150:8、157:4－1、153:13－1、147:3－1、142:12、138:10、137:4－265、119:5－1）　26～37.（YYM104:5－1、176:5－21、158:11、126:5－6、114:4－1、111:12、331:2－1、323:3－11、324:4－1、317:6、302:6－5、302:6－6）　38～45.（YYM161:9、337:1－1、352:5－1、351:4－2、339:4、374:6－4、368:5－16、392:5－32）
46、47. 黑石管（YYM157:4－10、94:2－7）

标本 YYM22:8－1～7，这是最早出现的白石管，属于春秋早期。通长1.1～1.7、外径0.42～0.5、孔径0.2～0.3厘米（图七五〇，1）。

标本 YYM393:3－1，这是最晚出现的白石管，属于春秋晚期后段。通长0.8、外径0.5、孔径0.18厘米。

还有标本 YYM8:3、YYM184:4、YYM302:6 形制均较完整，是作项链使用的（图版四三〇，3、4；图版四三一，1）。

其余标本与上述标本形制相近（参见图七五〇、七五一）。

详见附表187。

附表 187－1

玉皇庙墓地出土白石管统计表

序号	器物号（YYM）	形状	数量	规格（厘米）			备注
				长	外径	孔径	
1	22:8－1～7	直圆筒形	7	1.1～1.7	0.42～0.5	0.2～0.3	右臂佩饰
2	20:7－53～56		4	1.6～2.3	0.5	0.22～0.3	项链
3	35:13		1	1.4	0.5	0.25	腰下佩饰
4	32:13－1～3		3	1.6～1.9	0.4～0.42	0.25	腰间佩饰
5	31:4－1		1	1.2～1.95	0.5	0.2～0.25	项链
6	30:3－1～3		3	1.8～2.3	0.42～0.62	0.25～0.3	项链，腰间佩饰
7	19:8－35～36		2	1.5/1.6	0.5	0.3	项链
8	17:17－1～2		3（残1）	1.4～1.7	0.45～0.53	0.25～0.3	项链
9	15:7－7～9		3	1.55～1.7	0.4～0.52	0.25	项链
10	13:13－1～3		3	1.15～1.4	0.4	0.3	腰间佩饰
11	384:8－1		1	1.8	0.47	0.25	项链
12	4:6－1～4		4	1.89～2.91	0.4～0.45	0.21～0.25	腰下佩饰
13	11:17		1	2	0.42	0.22	腰下佩饰
14	9:4－523		1	1.12	0.41	0.22	项链
15	249:3－1～4		4	0.9～1.6	0.45～0.5	0.25	耳环坠饰
16	281:7－1		1	1.9	0.6	0.3	项链
17	279:8－1～4		4	1.2～1.6	0.45～0.5	0.25～0.27	腰下佩饰
18	280:9－1		3（残2）	0.6	0.5	0.22	右臂佩饰
19	387:2		1	2.35	0.42	0.3	项链
20	37:5－3～7		5	1.2～3.2	0.3～0.5	0.18～0.3	项链
21	251:5－50～53		4	2.2～3.1	0.5	0.22～0.3	项链
22	233:8－1～4		4	1.5～1.7	0.5	0.25	右臂佩饰
23	231:9－1～5		5	1.3～1.9	0.45～0.6	0.26	腰间佩饰
24	232:2－1～4		4	1.2～1.8	0.45	0.25	项链
25	241:5－76～77		2	1.45～2.85	0.5～0.65	0.25～0.4	项链
26	276:5－1		1	1.6	0.42	0.25	项链
27	226:17		1	1.15	0.5	0.25	项链
28	240:5－22～28		7（残5）	3.3～3.42	0.5	0.3	项链
29	96:4－1～4		4	1.6～2.5	0.45	0.25	项链
30	47:7－1～2		2	1.35～1.5	0.42～0.5	0.2～0.3	项链
31	263:7－1～4		4	2.15～2.5	0.45～0.62	0.2～0.3	项链
32	274:2－1～4		4	2.5～3.4	0.5	0.3	项链
33	42:5－1～3		3	1.4～1.42	0.4～0.45	0.2～0.25	项链
34	41:8		1	1.25	0.45	0.3	项链
35	273:3－3～10		8	1.3～2.7	0.5～0.53	0.25～0.3	项链
36	46:12－1～2		2	1.5/1.6	0.45/0.5	0.25/0.3	腰下佩饰
37	44:4－1～3		3	2.3～2.5	0.45	0.2	项链
38	256:13－1～2		2	3.5	0.5	0.3	腰下佩饰
39	261:12－1		1	2.1	0.55	0.35	腰下佩饰
40	89:1－1～2		2	2.63	0.6	0.3	腰下佩饰
41	48:10－1～5		5	1.3～1.65	0.42	0.18	项链
42	258:6－14		1	1.85	0.5	0.3	项链

附表 187－2

玉皇庙墓地出土白石管统计表

序号	器物号（YYM）	形状	数量	规格（厘米）			备注
				长	外径	孔径	
43	51：11－1～5	直圆筒形	5	1.7～2.25	0.48～0.5	0.26～0.28	项链
44	52：15－11		1	残长 1.05	0.6	0.25	项链
45	100：3		1	1.4	0.42	0.24	项链
46	66：4		1	2.4	0.6	0.35	腰下佩饰
47	67：3－1～3		3	1.3～2.45	0.5	0.32	项链
48	26：7－1～9		10（残 1）	1.1～2.7	0.4～0.5	0.25～0.3	腰下佩饰
49	298：3－1		1	残长 1.5	0.45	0.25	项链
50	295：9－1～3		3	1.85～2.3	0.45～0.55	0.3	腰下佩饰
51	294：4－1～4		4	1.3～2.2	0.45～0.5	0.2～0.3	项链
52	23：5－1～7		7	1.1～2.6	0.4～0.5	0.25～0.32	项链
53	24：2－1		1	1.31	0.45	0.25	项链
54	8：3－1～20		20	1.3～3.1	0.41～0.53	0.2～0.31	项链
55	7：10－1		1	1.99	0.45	0.2	项链
56	102：7－296～298		3	1.4～2.3	0.4～0.5	0.25	项链
57	58：7－9		1	2.55	0.55	0.25	项链
58	196：7－1～4		4	1.4～3.05	0.45～0.65	0.25～0.32	腰下佩饰
59	186：8		1	1.7	0.48	0.3	项链
60	185：3		1	2.6	0.5	0.25	项链
61	59：2－1		1	2.8	0.45	0.22	项链
62	184：4－8～32		25	0.8～2.8	0.4～0.6	0.25～0.32	项链
63	85：1		1	1.3	0.45	0.25	项链
64	149：14－1～2		7（残 5）	1.35～3.75	0.4～0.6	0.22～0.35	项链
65	64：5－19～20		2	1.4/1.6	0.4/0.42	0.23/0.25	项链
66	81：2		1	2.4	0.45	0.25	项链
67	224：7		1	2.3	0.41	0.22	项链
68	182：7		1	1.2	0.6	0.25	项链
69	222：4－1		1	1.2	0.45	0.22	项链
70	216：4－1～3		3	1.5～2.3	0.42～0.6	0.25	项链
71	206：6－1～5		5	1.3～2.4	0.42～0.6	0.28～0.3	项链，腰下佩饰
72	197：5－1～2		2	1.5	0.45	0.25	项链，腰下佩饰
73	198：5－13～20		8	1.5～2.5	0.4～0.42	0.25	项链
74	178：15－1～4		4	1.5～2.3	0.4～0.45	0.25～0.3	锥囊佩饰？
75	150：8		1	1.9	0.5	0.26	腰下佩饰
76	157：4－1～9		9	1～3.4	0.5	0.3	项链
77	153：13－1～5		9（残 4）	1.62～2.8	0.45～0.8	0.25～0.45	腰间佩饰
78	147：3－1～2		2	1.28	0.45	0.25	项链
79	142：12		1	2.58	0.48	0.28	项链
80	138：10		1	1.68	0.49	0.24	脚链
81	137：4－265～266		2（残 1）	1.35	0.49/0.58	0.2/0.22	项链
82	119：5－1～2		2	0.9/2.6	0.4/0.6	0.3	项链
83	104：5－1		1	1.5	0.55	0.2	项链
84	176：5－21		1	1.9	0.45	0.22	项链

附表 187 - 3　**玉皇庙墓地出土白石管统计表**

序号	器物号（YYM）	形状	数量	规格（厘米）			备注
				长	外径	孔径	
85	158 : 11	直圆筒形	1	1.7	0.45	0.25	项链
86	126 : 5 - 6		1	1.15	0.5	0.25	项链
87	114 : 4 - 1		1	2.05	0.5	0.25	项链
88	111 : 12		1	1.5	0.45	0.2	项链
89	79 : 3 - 79 ~ 80		2	1.1/1.4	0.55	0.2	项链
90	331 : 2 - 1 ~ 3		3	1.45 ~ 2.9	0.45 ~ 0.5	0.22 ~ 0.25	项链
91	323 : 3 - 11		1	1.9	0.45	0.22	项链
92	329 : 3 - 1		1（重残）	残长 0.3	0.45	0.25	项链
93	324 : 4 - 1 ~ 17		17	1.1 ~ 2.6	0.4 ~ 0.55	0.2 ~ 0.25	项链
94	310 : 2		1	1.8	0.6	0.3	项部佩饰
95	317 : 6		1	1.6	0.5	0.3	胸前佩饰
96	302 : 6 - 5 ~ 25		21（残 2）	1.2 ~ 3.7	0.45 ~ 0.6	0.2 ~ 0.4	项链
97	161 : 9		1	1.4	0.45	0.25	项链
98	128 : 5 - 3		1（重残）	残长 0.4	0.45	0.25	项链
99	337 : 1 - 1		1	1.4	0.6	0.25	项链
100	352 : 5 - 1		1	2.1	0.55	0.2	项链
101	351 : 4 - 2		1	2.05	0.45	0.28	项链
102	339 : 4		1	2.6	0.55	0.25	项链
103	366 : 4 - 1		1	1.3	0.4	0.25	项链
104	359 : 2 - 1		1	1.7	0.45	0.25	项链
105	382 : 3 - 3 ~ 4		2	1.1/1.4	0.45	0.2	项链
106	374 : 6 - 4		1	1.55	0.45	0.2	项链
107	375 : 5 - 28		1	2	0.5	0.22	项链
108	368 : 5 - 16 ~ 24		9	1.65 ~ 2.7	0.4 ~ 0.55	0.2 ~ 0.25	项链
109	392 : 5 - 32 ~ 37		6	1.45 ~ 2.65	0.45 ~ 0.65	0.2 ~ 0.3	项链
110	393 : 3 - 1		1	0.8	0.5	0.18	项链
合　计			共 110 座墓 363 件				

讨论

从年代考察，出土白石管的墓葬中，分布于北Ⅰ区中部者 13 座（YYM22、20、35、32、31、30、19、17、15、13、4、11、9）、西部者 1 座（YYM384），此 14 座均属于春秋早期，占玉皇庙墓地出土白石管墓葬总数的 12.7%；分布于北Ⅱ区北部者 15 座（YYM249、281、279、280、387、37、251、233、231、232、276、226、240、96、47），属于春秋早中期，占玉皇庙墓地出土白石管墓葬总数的 13.6%；分布于北Ⅱ区中部者 17 座（YYM263、274、42、41、273、46、44、256、261、89、48、258、51、52、100、66、67）、北Ⅰ区北部者 4 座（YYM26、298、295、294）、北Ⅰ区中部者 2 座（YYM23、24）、北Ⅰ区南部者 3 座（YYM8、7、102），此 26 座均属于春秋中期，占玉皇庙墓地出土白石管墓葬总数的 23.6%；分布于北Ⅱ区南部者 11 座（YYM192、58、196、186、185、59、184、85、149、64、81），属于春秋中晚期，占玉皇庙墓地出土白石管墓葬总数的 10%；分布于南区北部者 17 座（YYM224、182、222、216、206、197、198、178、150、157、153、147、142、138、137、119、

104)、中部者6座（YYM176、158、126、114、111、79)、西区者7座（YYM331、323、329、324、310、317、302)，此30座均属于春秋晚期前段，占玉皇庙墓地出土白石管墓葬总数的27.3%；分布于南区南部者14座（YYM161、128、337、352、351、339、366、359、382、374、375、368、392、393)，属于春秋晚期后段，占玉皇庙墓地出土白石管墓葬总数的12.7%。以上统计表明，白石管在玉皇庙墓地存在时间较长，从早期到晚期的每一个阶段都在使用，且各期随葬白石管的墓葬比例差别不大，春秋晚期前段和春秋中期略高。

从性别考察，出土白石管的墓葬中，男性墓37座（YYM22、31、30、19、13、384、11、281、233、276、226、263、41、46、44、261、48、51、52、295、23、7、102、192、58、186、224、182、142、158、111、79、323、329、161、351、393)，占玉皇庙墓地出土白石管墓葬总数的33.6%；女性墓57座（YYM20、35、4、9、249、279、280、387、37、251、231、232、240、96、47、273、256、258、100、66、26、298、294、8、196、185、149、64、81、222、216、206、197、198、178、150、153、138、137、119、104、176、126、114、331、324、317、302、128、352、339、366、382、374、375、368、392)，占玉皇庙墓地出土白石管墓葬总数的51.8%；少儿墓10座（YYM15、274、42、67、24、59、184、157、337、359)，占玉皇庙墓地出土白石管墓葬总数的9.1%；婴儿墓3座（YYM85、147、310)，占玉皇庙墓地出土白石管墓葬总数的2.7%；无人墓2座（YYM32、17)，占玉皇庙墓地出土白石管墓葬总数的1.8%；性别不详者墓1座（YYM89)，占玉皇庙墓地出土白石管墓葬总数的0.9%。白石管适用于各年龄段的人群，性别不限，但女性所占比例最高。

从墓葬级别考察，出土白石管的墓葬中，甲（B）级者2座（YYM22、52)，占玉皇庙墓地出土白石管墓葬总数的1.8%；乙（A）级者11座（YYM20、13、11、280、256、261、258、51、295、161、339)，占玉皇庙墓地出土白石管墓葬总数的10%；乙（B）级者32座（YYM35、19、17、384、279、251、233、231、226、240、263、41、46、44、89、66、26、58、196、186、64、81、182、216、197、198、178、150、158、128、366、374)，占玉皇庙墓地出土白石管墓葬总数的29.1%；丙（A）级者18座（YYM32、4、232、96、273、48、294、23、185、224、206、153、142、138、137、119、126、111)、丙（B）级者12座（YYM31、274、8、102、192、184、149、222、104、176、114、382)、丙（C）级者16座（YYM30、9、249、37、47、42、67、7、57、323、302、337、352、375、368、393)，丙级墓共46座，占玉皇庙墓地出土白石管墓葬总数的41.8%；丁级墓19座（YYM15、281、387、276、100、298、24、59、85、147、79、331、329、324、310、317、351、359、392)，占玉皇庙墓地出土白石管墓葬总数的17.3%。最高规格的甲（A）级墓未随葬白石管，较高规格的甲（B）级墓虽然随葬白石管，但随葬墓数量很有限，而较低规格的丙级墓随葬白石管的墓葬数最多，超过40%，中等规格的乙（B）级墓位居其二，二者超过70%。由此推断，白石管应是玉皇庙墓地中等及偏下等级人群的装饰品。

小白石珠 玉皇庙墓地共出土小白石珠共17255枚，占玉皇庙墓地出土石制装饰品总数的45.1%；分别出自142座墓葬，占玉皇庙墓地墓葬总数的35.5%。根据其形制，可分为2型。

Ⅰ型 扁鼓形

共2832枚，占玉皇庙墓地出土小白石珠总数的16.4%；分别出自36座墓葬，墓号为：YYM20（7枚)、29（1枚)、15（180枚)、13（32枚)、385（60枚)、11（70枚)、10（161枚)、249（150

枚)、276（82枚)、240（101枚)、47（163枚)、234（18枚)、263（26枚)、274（8枚)、46（87枚)、44（139枚)、261（33枚)、272（31枚)、94（16枚)、258（1枚)、51（111枚)、296（290枚)、24（27枚)、149（460枚）（图版四三一，4)、222（6枚)、216（53枚)、213（80枚)、198（90枚)、153（51枚)、147（3枚)、118（52枚)、119（15枚)、329（170)、324（30)、302（10枚)、371（18枚)。

标本YYM20:6－77～83，这是最早出现的Ⅰ型小白石珠，属于春秋早期。通长0.2、外径0.35、孔径0.15厘米。

标本YYM371:4－3～20，这是最晚出现的Ⅰ型小白石珠，属于春秋晚期后段。通长0.1～0.2、外径0.29～0.4、孔径0.12厘米。

其余标本与上述标本形制相近（图七五二)。

Ⅱ型　直圆筒形

共14423枚，占玉皇庙墓地出土小白石珠总数的83.6%；分别出自138座墓葬，墓号为：YYM21（130枚)、20（8枚)、32（1枚)、31（156枚)、30（4枚)、25（1枚)、19（34枚)、15（177枚)、3（4枚)、13（34枚)、386（239枚)、300（60枚)、385（67枚)、383（167枚)、384（224枚)、11（52枚)、9（521枚)、10（50枚)、249（40枚)、281（210枚)、283（1枚)、37（48枚)、98（51枚)、276（98枚)、99（74枚)、240（116枚)、275（36枚)、96（166枚)、47（196枚)、234（12枚)、274（8枚)、266（61枚)、46（69枚)、44（130枚)、261（30枚)、267（175枚)、272（26枚)、94（15枚)、95（2枚)、258（6枚)、51（87枚)、191（64枚)、125（22枚)、36（34枚)、297（64枚)、298（11枚)、293（80枚)、299（30枚)、291（53枚)、23（186枚)、24（46枚)、12（29枚)、6（104枚)、101（33枚)、7（97枚)、102（67枚)、208（2枚)、192（18枚)、55（4枚)、57（88枚)、59（60枚)、91（93枚)、149（461枚)、61（137枚)、64（84枚)、222（6枚)、221（92枚)、216（40枚)、215（33枚)、213（48枚)、198（70枚)、199（50枚)、200（30枚)、153（30枚)、147（3枚)、144（83枚）（图版四三一，3)、137（264枚）（图版四三二，1)、136（87枚)、135（33枚)、118（45枚)、74（48枚)、75（2枚)、76（11枚)、202（2枚)、176（125枚)、154（285枚)、155（45枚)、167（1112枚）（图版四三二，2)、132（41枚)、123（118枚)、126（297枚）（图版四三三，1)、113（70枚)、159（102枚)、165（9枚)、166（99枚)、106（152枚）（图版四三三，2)、80（274枚)、77（69枚)、79（27枚)、78（294枚)、323（48枚)、329（8枚)、324（23枚)、308（27枚)、302（23枚)、163（31枚)、109（19枚)、353（61枚)、340（1057枚)、337（75枚)、352（126枚)、346（1565枚）（彩版七〇，1)、338（33枚)、335（172枚)、380（66枚)、350（220枚)、355（5枚)、347（2枚)、342（134枚)、366（258)、359（17枚)、381（3枚)、379（35枚)、382（98枚)、378（13枚)、374（109枚)、372（113枚)、371（25枚)、368（7枚)、369（132枚)、364（61枚)、361（1枚)、396（46枚)、397（55枚)、398（99枚)、393（56枚)、394（11枚)、400（40枚)。

标本YYM21:2－1～130，这是最早出现的Ⅱ型小白石珠，属于春秋早期。通长0.1～0.15、外径0.3～0.4、孔径0.12～0.2厘米。

标本YYM400:4－1～40，这是最晚出现的Ⅱ型小白石珠，属于春秋晚期后段。通长0.21～0.25、外径0.35～0.45、孔径0.15厘米（图七五二，132)。

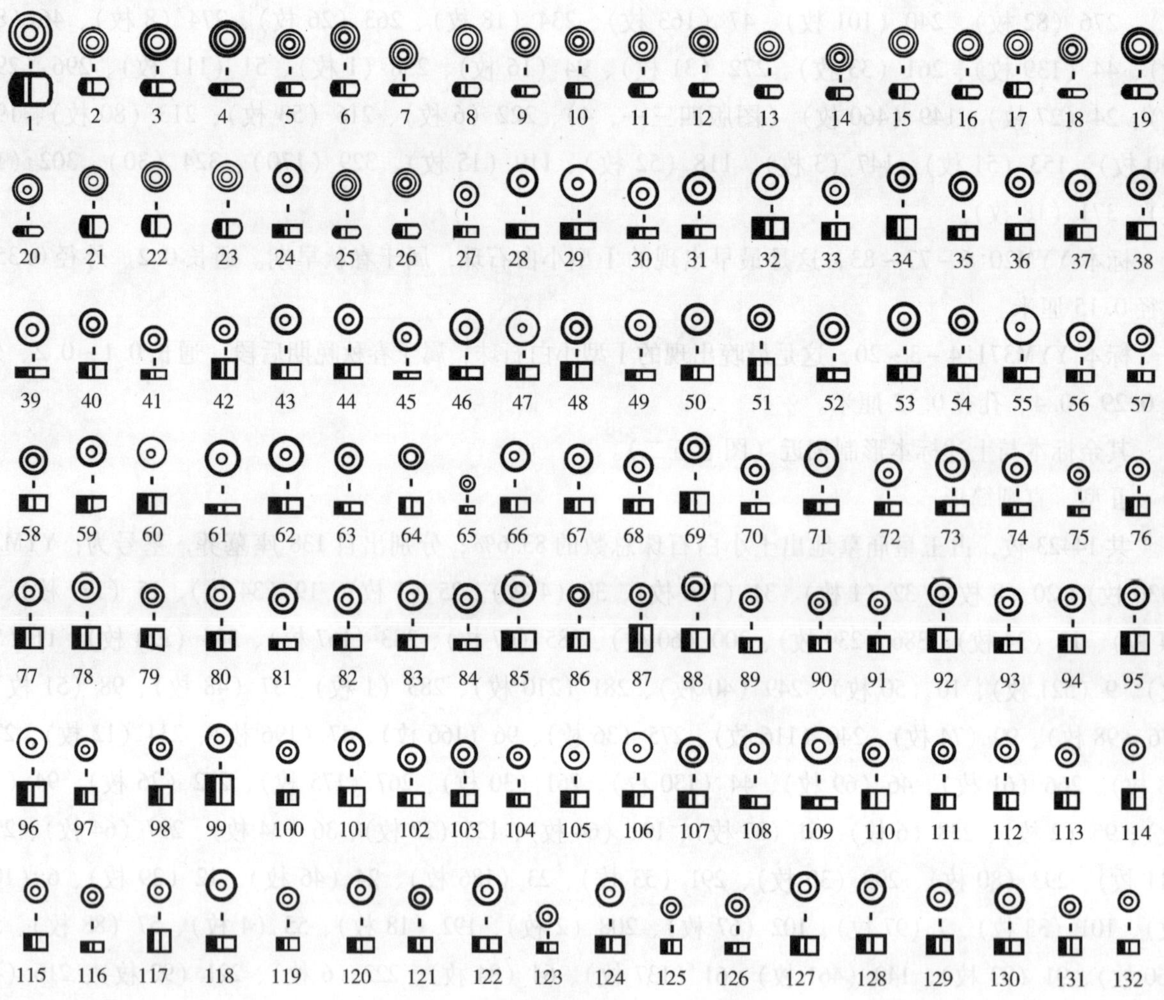

0 1 4厘米

图七五二　玉皇庙墓地出土小白石珠

1～26. Ⅰ型（YYM29∶6－254、13∶12－2、385∶8－1、11∶11－1、249∶4－1、276∶5－2、240∶6－1、47∶7－3、234∶8－10、263∶6－1、274∶2－33、261∶12－2、272∶5－1、258∶6－7、296∶4－1、296∶4－2、149∶6－1、222∶4－2、216∶4－4、213∶9－1、198∶6－1、153∶9－1、119∶4－1、329∶3－2、324∶4－18、302∶3－1）　27～132. Ⅱ型（YYM32∶19、31∶4－2、30∶4－4、25∶3、19∶8－1、15∶6－181、3∶6－398、13∶13－4、300∶19－1、385∶8－61、383∶4－79、384∶8－2、11∶11－71、9∶4－1、10∶6－55、249∶4－4、281∶7－2、283∶6、37∶5－8、98∶7－7、275∶21－1、96∶4－5、47∶7－166、234∶8－28、274∶2－41、46∶12－35、44∶3－140、267∶3－1、272∶5－32、94∶2－29、95∶11－43、258∶6－8、51∶11－117、191∶4－1、125∶4－1、36∶8－1、297∶4－15、298∶3－2、293∶5－1、299∶6－1、291∶3－1、24∶2－28、12∶4－2、6∶5－1、101∶2－1、7∶10－3、102∶7－229、208∶5－1、192∶4－2、57∶7－1、59∶2－2、149∶6－461、61∶5－1、64∶4－1、222∶4－8、221∶4－1、216∶4－57、213∶9－79、198∶6－71、199∶12－1、200∶4－1、153∶9－52、147∶3－10、144∶7－1、137∶4－1、136∶5－1、135∶2－1、118∶4－44、202∶6－33、176∶6－1、154∶7－1、155∶3－1、167∶7－1、132∶7－1、123∶2－1、126∶5－7、113∶7－1、159∶2－3、165∶2－3、166∶3－2、106∶4－7、329∶3－172、324∶4－48、109∶2－1、353∶3－4、340∶5－1、337∶1－2、352∶5－2、338∶8－1、335∶2－1、380∶1－3、350∶3－1、355∶4－1、366∶4－2、359∶2－2、378∶4－1、374∶5－1、372∶5－1、371∶4－21、368∶5－25、369∶6－1、361∶3－3、397∶5－4、398∶4－1、393∶3－2、400∶4－1）

其余标本与上述标本形制相近（参见图七五二）。

详见附表188。

附表188－1

玉皇庙墓地出土小白石珠统计表

序号	器物号（YYM）	型	形态	数量	规格（厘米）			备注
					通长	外径	内径	
1	21:2－1～130	Ⅱ	扁鼓形	130	0.1～0.15	0.3～0.4	0.12～0.2	
2	20:6－77～83	Ⅰ	扁鼓形	7	0.2	0.35	0.15	
	20:6－84～91	Ⅱ	直圆筒形	8				
3	32:19	Ⅱ	直圆筒形	1	0.1	0.35	0.15	
4	31:4－2～153	Ⅱ	直圆筒形	152	0.1～0.3	0.4	0.15	
	31:5－1～4	Ⅱ	直圆筒形	4	0.1～0.2	0.5	0.12	
5	30:4－4～7	Ⅱ	直圆筒形	4	0.1～0.25	0.4～0.42	0.15	
6	29:6－254	Ⅰ	扁鼓形	1	0.5	0.6	0.2	
7	25:3	Ⅱ	直圆筒形	1	0.1	0.38	0.12	
8	19:8－1～34	Ⅱ	直圆筒形	34	0.1～0.2	0.4～0.5	0.12～0.2	
9	15:6－1～180	Ⅰ	扁鼓形	180	0.12～0.35	0.3～0.5	0.13～0.18	
	15:6－181～357	Ⅱ	直圆筒形	177				
10	3:6－398～401	Ⅱ	直圆筒形	4	0.12～0.22	0.3	0.1	
11	13:12－2～32	Ⅰ	扁鼓形	32	0.12～0.4	0.35～0.4	0.15～0.2	残1
	13:12－33～59	Ⅱ	直圆筒形	27				
	13:13－4～10			7				
12	386:8－1～239	Ⅱ	直圆筒形	239	0.1～0.2	0.4～0.45	0.12	
13	300:19－1～60	Ⅱ	直圆筒形	60	0.1～0.13	0.39	0.12	
14	385:8－1～60	Ⅰ	扁鼓形	60	0.1～0.22	0.3～0.4	0.15～0.2	
	385:8－61～127	Ⅱ	直圆筒形	67				
15	383:4－79～245	Ⅱ	直圆筒形	167	0.15～0.2	0.4	0.12	
16	384:8－2～225	Ⅱ	直圆筒形	224	0.08～0.2	0.3～0.4	0.12～0.15	
17	11:11－1～70	Ⅰ	扁鼓形	70	0.1～0.4	0.35～0.4	0.12～0.15	
	11:11－71～122	Ⅱ	直圆筒形	52				
18	9:4－1～521	Ⅱ	直圆筒形	521	0.08～0.2	0.4	0.12	
19	10:6－2～54	Ⅰ	扁鼓形	53	0.1～0.21	0.31～0.41	0.1～0.12	
	10:6－55～104	Ⅱ	直圆筒形	50				
	10:11－1～108	Ⅰ	扁鼓形	108	0.09～0.35	0.32～0.4	0.1～0.15	
20	249:4－1～3	Ⅰ	扁鼓形	150	0.11～0.2	0.3～0.35	0.12～0.15	残184
	249:4－4～6	Ⅱ	直圆筒形	40				
21	281:7－2～211	Ⅱ	直圆筒形	210	0.08～0.25	0.35～0.42	0.1～0.12	

附表188－2 **玉皇庙墓地出土小白石珠统计表**

序号	器物号（YYM）	型	形态	数量	规格（厘米）			备注
					通长	外径	内径	
22	283:6	Ⅱ	直圆筒形	1	0.12	0.31	0.12	
23	37:5－8～46	Ⅱ	直圆筒形	48	0.08～0.2	0.5	0.15	残9
24	98:7－7～57	Ⅱ	直圆筒形	51	0.15～0.2	0.4	0.12	
25	276:5－2～83	Ⅰ	扁鼓形	82	0.1～0.3	0.35～0.4	0.12～0.15	
	276:5－84～181	Ⅱ	直圆筒形	98				
26	99:11	Ⅱ	直圆筒形	74	0.1～0.2	0.5	0.15～0.2	
27	240:6－1～37	Ⅰ	扁鼓形	101	0.15～0.35	0.3～0.4	0.1～0.2	残128
	240:6－38～89	Ⅱ	直圆筒形	116				
28	275:21－1～36	Ⅱ	直圆筒形	36	0.09～0.2	0.4～0.42	0.12	
29	96:4－5～170	Ⅱ	直圆筒形	166	0.08～0.2	0.4	0.15	
30	47:7－3～165	Ⅰ	扁鼓形	163	0.1～0.2	0.4	0.12	
	47:7－166～361	Ⅱ	直圆筒形	196				
31	234:8－10～27	Ⅰ	扁鼓形	18	0.1～0.3	0.3～0.4	0.15	
	234:8－28～39	Ⅱ	直圆筒形	12				
32	263:6－1～26	Ⅰ	扁鼓形	26	0.15～0.3	0.4	0.12	
33	274:2－33～40	Ⅰ	扁鼓形	8	0.09～0.3	0.4～0.5	0.12～0.15	
	274:2－41～48	Ⅱ	直圆筒形	8				
34	266:8－1～61	Ⅱ	直圆筒形	61	0.08～0.21	0.3～0.32	0.1～0.12	
35	46:9－119～173	Ⅰ	扁鼓形	55	0.1～0.4	0.3～0.4	0.15	残2
	46:12－3～34			32				
	46:12－35～101	Ⅱ	直圆筒形	69				
36	44:3－1～139	Ⅰ	扁鼓形	139	0.05～0.22	0.32～0.48	0.08－0.1	
	44:3－140～269	Ⅱ	直圆筒形	130				
37	261:12－2～34	Ⅰ	扁鼓形	33	0.08～0.18	0.35～0.4	0.1～0.14	
	261:12－35～64	Ⅱ	直圆筒形	30				
38	267:3－1～175	Ⅱ	直圆筒形	175	0.09～0.25	0.4	0.12	
39	272:5－1～31	Ⅰ	扁鼓形	31	0.1～0.35	0.35～0.42	0.12	
	272:5－32～57	Ⅱ	直圆筒形	26				
40	94:2－13～28	Ⅰ	扁鼓形	16	0.14～0.25	0.4～0.45	0.12～0.15	
	94:2－29～43	Ⅱ	直圆筒形	15				
41	95:11－43～44	Ⅱ	直圆筒形	2	0.1～0.25	0.3～0.4	0.12～0.15	

附表 188－3　**玉皇庙墓地出土小白石珠统计表**

序号	器物号（YYM）	型	形态	数量	规格（厘米）			备注
					通长	外径	内径	
42	258:6-7	Ⅰ	扁鼓形	1	0.2~0.21	0.35~0.4	0.1~0.15	
	258:6-8~13	Ⅱ	直圆筒形	6				
43	51:11-6~116	Ⅰ	扁鼓形	111	0.1~0.5	0.35~0.42	0.12~0.15	
	51:11-117~203	Ⅱ	直圆筒形	87				
44	191:4-1~64	Ⅱ	直圆筒形	64	0.12~0.22	0.35~0.4	0.12	
45	125:4-1~22	Ⅱ	直圆筒形	22	0.14~0.3	0.35~0.5	0.12~0.15	
46	36:8-1~34	Ⅱ	直圆筒形	34	0.1~0.3	0.3~0.4	0.12~0.15	
47	296:4-1~290	Ⅰ	扁鼓形	290	0.05~0.2	0.32~0.4	0.12~0.15	
48	297:4-15~78	Ⅱ	直圆筒形	64	0.05~0.2	0.35~0.4	0.1~0.12	
49	298:3-2~12	Ⅱ	直圆筒形	11	0.1~0.3	0.3~0.4	0.13	
50	293:5-1~80	Ⅱ	直圆筒形	80	0.04~0.09	0.18	0.08	
51	299:6-1~30	Ⅱ	直圆筒形	30	0.1~0.21	0.32~0.4	0.12	
52	291:3-1~53	Ⅱ	直圆筒形	53	0.12~0.3	0.32~0.4	0.12	
53	23:4-1~186	Ⅱ	直圆筒形	186	0.11~0.25	0.35~0.45	0.12~0.15	
54	24:2-2~27	Ⅰ	扁鼓形	27	0.15~0.4	0.32~0.38	0.12~0.15	残1
	24:2-28~73	Ⅱ	直圆筒形	46				
55	12:4-2~29	Ⅱ	直圆筒形	29	0.16~0.4	0.33~0.35	0.15	
56	6:5-1~84	Ⅱ	直圆筒形	84	0.08~0.32	0.35~0.41	0.1~0.12	
	6:6-526~545	Ⅱ	直圆筒形	20	0.15~0.4	0.32~0.45	0.1~0.12	
57	101:2-1~33	Ⅱ	直圆筒形	33	0.1~0.35	0.4~0.42	0.15	
58	7:10-3~99	Ⅱ	直圆筒形	97	0.01~0.18	0.3~0.4	0.1~0.12	
59	102:7-229~295	Ⅱ	直圆筒形	67	0.15~0.3	0.3~0.35	0.12~0.18	
60	208:5-1~2	Ⅱ	直圆筒形	2	0.12	0.4	0.18	
61	192:4-2~19	Ⅱ	直圆筒形	18	0.12~0.32	0.3~0.4	0.1~0.12	
62	55:1-1~4	Ⅱ	直圆筒形	4	0.18~0.3	0.25~0.35	0.12~0.15	
63	57:7-1~88	Ⅱ	直圆筒形	88	0.1~0.4	0.22~0.5	0.12~0.2	
64	59:2-2~61	Ⅱ	直圆筒形	60	0.12~0.29	0.3~0.35	0.12	
65	91:2-1~93	Ⅱ	直圆筒形	93	0.2~0.35	0.35~0.4	0.18	
66	149:6-1~460	Ⅰ	扁鼓形	460	0.1~0.42	0.3~0.35	0.15	
	149:6-461~921	Ⅱ	直圆筒形	461	0.1~0.42	0.3~0.35	0.15	
67	61:5-1~137	Ⅱ	直圆筒形	137	0.2~0.35	0.35	0.12~0.15	
68	64:4-1~84	Ⅱ	直圆筒形	84	0.25	0.3~0.4	0.15	

附表 188－4

玉皇庙墓地出土小白石珠统计表

序号	器物号（YYM）	型	形态	数量	规格（厘米）			备注
					通长	外径	内径	
69	222：4－2～7	Ⅰ	扁鼓形	6	0.1～0.25	0.25～0.35	0.11～0.15	
	222：4－8～13	Ⅱ	直圆筒形	6				
70	221：4－1～92	Ⅱ	直圆筒形	92	0.18～0.3	0.38～0.4	0.12～0.18	
71	216：4－4～56	Ⅰ	扁鼓形	53	0.12～0.32	0.4～0.42	0.12～0.15	残1
	216：4－57～96	Ⅱ	直圆筒形，完好规整	40				
72	215：6－1～33	Ⅱ	直圆筒形	33	0.15～0.4	0.32～0.41	0.12～0.15	
73	213：9－1～78	Ⅰ	扁鼓形	80	0.1～0.25	0.3～0.35	0.12	残2
	213：9－79～126	Ⅱ	直圆筒形，完好规整	48				
74	198：6－1～70	Ⅰ	扁鼓形	90	0.09～0.25	0.25～0.32	0.12	
	198：6－71～160	Ⅱ	直圆筒形	70				
75	199：12－1～50	Ⅱ	直圆筒形	50	0.11～0.28	0.3～0.35	0.12	
76	200：4－1～30	Ⅱ	直圆筒形	30	0.18～0.35	0.3～0.4	0.12	
77	153：9－1～51	Ⅰ	扁鼓形	51	0.12～0.39	0.3～0.45	0.1～0.15	
	153：9－52～81	Ⅱ	直圆筒形	30				
78	147：3－7～9	Ⅰ	扁鼓形	3	0.1～0.39	0.27～0.4	0.1～0.15	
	147：3－10～12	Ⅱ	直圆筒形	3				
79	144：7－1～83	Ⅱ	直圆筒形，完好规整	83	0.15～0.3	0.25～0.3	0.1	
80	137：4－1～165	Ⅱ	直圆筒形，完好规整	264	0.12～0.2	0.25～0.35	0.1	残99
81	136：5－1～87	Ⅱ	直圆筒形	87	0.05～0.35	0.3～0.38	0.1～0.15	
82	135：2－1～33	Ⅱ	直圆筒形	33	0.1～0.22	0.32～0.35	0.08～0.1	
83	118：4－1～43	Ⅰ	扁鼓形	52	0.11～0.3	0.28～0.4	0.1～0.15	残9
	118：4－44～88	Ⅱ	直圆筒形	45				
84	119：4－1～15	Ⅰ	扁鼓形	15	0.22～0.31	0.3～0.4	0.12	
85	74：19－2～49	Ⅱ	直圆筒形	48	0.15～0.25	0.2～0.3	0.08～0.15	
86	75：6－64～65	Ⅱ	直圆筒形	2	0.22	0.35	0.1	
87	76：4－74～84	Ⅱ	直圆筒形	11	0.12～0.25	0.3	0.1～0.15	
88	202：6－33～34	Ⅱ	直圆筒形	2	0.1/0.28	0.4	0.12	
89	176：6－1～125	Ⅱ	直圆筒形，完好规整	125	0.12～0.32	0.38～0.4	0.1	
90	154：7－1～285	Ⅱ	直圆筒形	285	0.08～0.18	0.3	0.1	
91	155：3－1～45	Ⅱ	直圆筒形	45	0.1～0.22	0.3～0.35	0.1	
92	167：7－1～1112	Ⅱ	直圆筒形，完好规整	1112	0.18	0.3～0.4	0.08～0.2	
93	132：7－1～37	Ⅱ	直圆筒形	41	0.18	0.32	0.1	残4

附表 188－5　**玉皇庙墓地出土小白石珠统计表**

序号	器物号（YYM）	型	形态	数量	规格（厘米）			备注
					通长	外径	内径	
94	123：2－1～117	Ⅱ	直圆筒形	118	0.11～0.31	0.31～0.4	0.11	残1
95	126：5－7～300	Ⅱ	直圆筒形，完好规整	297	0.12～0.25	0.32	0.1～0.12	残3
96	113：7－1～69	Ⅱ	直圆筒形	70	0.09～0.4	0.2～0.4	0.09～0.2	残1
97	159：2－3～104	Ⅱ	直圆筒形	102	0.11～0.19	0.3～0.35	0.08～0.12	
98	165：2－3～11	Ⅱ	直圆筒形	9	0.12～0.2	0.25～0.4	0.12	
99	166：3－2～96	Ⅱ	直圆筒形	99	0.08～0.3	0.3～0.42	0.08～0.15	残4
100	106：4－7～55	Ⅱ	直圆筒形，完好规整	152	0.15～0.35	0.3～0.4	0.1～0.15	残103
101	80：3－28～301	Ⅱ	直圆筒形	274	0.05～0.15	0.35	0.12～0.15	
102	77：4－2～70	Ⅱ	直圆筒形	69	0.12～0.2	0.3～0.35	0.12～0.18	
103	79：3－52～78	Ⅱ	直圆筒形	27	0.1～0.25	0.35～0.4	0.15	
104	78：4－7～300	Ⅱ	直圆筒形	294	0.11～0.21	0.3	0.15～0.2	
105	323：4－1～48	Ⅱ	直圆筒形	48	0.05～0.15	0.25～0.3	0.15	
106	329：3－2～171	Ⅰ	扁鼓形	170	0.05～0.15	0.25～0.3	0.15	
	329：3－172～179	Ⅱ	直圆筒形	8	0.1～0.3	0.3～0.4	0.12～0.2	
107	324：4－18～47	Ⅰ	扁鼓形	30	0.12～0.3	0.3～0.5	0.1～0.15	
	324：4－48～70	Ⅱ	直圆筒形	23				
108	308：3－37～63	Ⅱ	直圆筒形	27	0.12～0.3	0.3～0.4	0.1～0.12	
109	302：3－1～10	Ⅰ	扁鼓形	10	0.2～0.3	0.3～0.4	0.15	
	302：3－11～33	Ⅱ	直圆筒形	23	0.2～0.35	0.35～0.4	0.15～0.2	
110	163：3－1～31	Ⅱ	直圆筒形	31	0.18～0.3	0.25～0.32	0.1～0.15	
111	109：2－1～19	Ⅱ	直圆筒形	19	0.2～0.35	0.3～0.4	0.12～0.2	
112	353：3－4～60	Ⅱ	直圆筒形	61	0.09～0.31	0.3～0.31	0.1～0.12	残4
113	340：5－1～1025	Ⅱ	直圆筒形	1025	0.08～0.12	0.28～0.3	0.1～0.12	
	340：8－1～32	Ⅱ	直圆筒形	32	0.08～0.3	0.3～0.35	0.1～0.15	
114	337：1－2～69	Ⅱ	直圆筒形	75	0.1～0.25	0.3	0.1	残7
115	352：5－2～127	Ⅱ	直圆筒形	126	0.13～0.22	0.28～0.35	0.1～0.12	
116	346：2－1～1565	Ⅱ	直圆筒形	1565	0.2～0.35	0.3～0.4	0.15	
117	338：8－1～32	Ⅱ	直圆筒形	33	0.12～0.3	0.32～0.35	0.12	残1
118	335：2－1～172	Ⅱ	直圆筒形	172	0.08～0.3	0.25～0.35	0.1～0.12	
229	380：1－3～68	Ⅱ	直圆筒形	66	0.1～0.3	0.3～0.32	0.12	
120	350：3－1～220	Ⅱ	直圆筒形	220	0.14～0.36	0.3～0.42	0.1～0.2	

附表 188－6 **玉皇庙墓地出土小白石珠统计表**

序号	器物号（YYM）	型	形态	数量	规格（厘米）			备注
					通长	外径	内径	
121	355:4－1～5	Ⅱ	直圆筒形	5	0.15～0.2	0.31	0.1	
122	347:3－1～2	Ⅱ	直圆筒形	2	0.11	0.25	0.1	全残
123	342:2－1～125	Ⅱ	直圆筒形	134	0.05～0.2	0.3～0.45	0.1	残 9
124	366:4－2～256	Ⅱ	直圆筒形	258	0.12～0.3	0.3～0.45	0.1～0.15	残 3
125	359:2－2～16	Ⅱ	直圆筒形	17	0.1～0.21	0.3～0.34	0.11	残 2
126	381:5－53～55	Ⅱ	直圆筒形	3	0.15～0.2	0.3～0.32	0.1～0.12	
127	379:4－2～36	Ⅱ	直圆筒形	35	0.1～0.25	0.3～0.34	0.12	
128	382:3－5～102	Ⅱ	直圆筒形	98	0.12～0.27	0.25～0.4	0.12	
129	378:4－1～13	Ⅱ	直圆筒形	13	0.1～0.3	0.3～0.4	0.1～0.18	
130	374:5－1～109	Ⅱ	直圆筒形	109	0.12～0.2	0.1～0.34	0.1～0.12	
131	372:5－1～113	Ⅱ	直圆筒形	113	0.12～0.13	0.28～0.36	0.05～0.12	
132	371:4－3～20	Ⅰ	扁鼓形	18	0.1～0.2	0.29～0.4	0.12	残 16
	371:4－21～29	Ⅱ	直圆筒形	25	0.1～0.2	0.29～0.4	0.12	
133	368:5－25～31	Ⅱ	直圆筒形	7	0.1～0.25	0.29～0.32	0.1～0.12	
134	369:6－1～132	Ⅱ	直圆筒形	132	0.11～0.31	0.28～0.38	0.1～0.16	
135	364:7－1～61	Ⅱ	直圆筒形	61	0.05～0.25	0.25～0.3	0.1～0.12	
136	361:3－3	Ⅱ	直圆筒形	1	0.25	0.4	0.2	
137	396:3－1～46	Ⅱ	直圆筒形	46	0.1～0.2	0.3～0.35	0.15	
138	397:5－4～58	Ⅱ	直圆筒形	55	0.1～0.21	0.3～0.4	0.12～0.15	
139	398:4－1～99	Ⅱ	直圆筒形	99	0.12～0.32	0.35～0.4	0.1～0.12	
140	393:3－2～57	Ⅱ	直圆筒形	56	0.1～0.3	0.3～0.32	0.12	
141	394:4－41～51	Ⅱ	直圆筒形	11	0.1～0.3	0.3～0.4	0.12～0.15	
142	400:4－1～40	Ⅱ	直圆筒形	40	0.21～0.25	0.35～0.45	0.15	
合计				共142座墓17255件				

讨论

从年代考察，玉皇庙墓地出土小白石珠的墓葬中，分布于北Ⅰ区中部者14座（YYM21、20、32、31、30、29、25、19、15、3、13、11、9、10）、西部者5座（YYM386、300、385、383、384），此19座均属于春秋早期，占玉皇庙墓地出土小白石珠墓葬总数的13.4%；分布于北Ⅱ区北部者11座（YYM249、281、283、37、98、276、99、240、275、96、47），属于春秋早中期，占玉皇庙墓地出土石小白石珠墓葬总数的7.7%；分布于北Ⅱ区中部者15座（YYM234、263、274、266、46、44、261、267、272、94、95、258、51、191、125）、北Ⅰ区北部者7座（YYM36、296、297、298、293、299、

291）、北Ⅰ区中部者2座（YYM23、24）、南部者5座（YYM12、6、101、7、102），共29座，均属于春秋中期，占玉皇庙墓地出土小白石珠墓葬总数的20.4%；分布于北Ⅱ区南部者8座（YYM208、55、57、59、91、149、61、64），属于春秋中晚期，占玉皇庙墓地出土小白石珠墓葬总数的5.6%；分布于南区北部者19座（YYM222、221、216、215、213、198、199、200、153、147、144、137、136、135、118、119、74、75、76）、中部者17座（YYM202、176、154、155、167、132、123、126、113、159、165、166、106、80、77、79、78）、西区者6座（YYM323、329、324、310、308、302），共42座均属于春秋晚期前段，占玉皇庙墓地出土小白石珠墓葬总数的29.6%；分布于南区南部者33座（YYM163、109、353、340、337、352、346、338、335、380、350、355、347、342、366、359、381、379、382、378、374、372、371、368、369、364、361、396、397、398、393、394、400），属于春秋晚期后段，占玉皇庙墓地出土小白石珠墓葬总数的23.2%。统计表明，小白石珠在玉皇庙墓地延续使用了相当长的一段时间，从春秋早期到春秋晚期后段的各个阶段没有间断过，春秋晚期随葬小白石珠的墓葬数量超过总数的50%。

从性别考察，出土小白石珠的墓葬中，男性墓43座（YYM31、30、19、13、386、300、385、384、11、281、276、275、234、263、46、44、261、95、51、36、297、23、7、102、57、61、213、199、74、154、77、79、323、329、308、380、350、342、381、379、361、393、400），占玉皇庙墓地出土小白石珠墓葬总数的30.3%；女性墓72座（YYM21、20、29、25、3、9、10、249、283、37、98、99、240、96、47、266、272、258、191、125、296、298、12、6、101、208、149、64、222、221、216、215、198、200、153、144、137、118、119、75、76、202、176、167、126、113、80、78、324、302、163、109、353、340、352、346、338、355、347、366、382、378、374、372、371、368、369、364、396、397、398、394），占玉皇庙墓地出土小白石珠墓葬总数的50.7%；少儿墓18座（YYM15、274、94、299、291、24、55、59、91、136、135、155、132、165、166、106、337、359），占玉皇庙墓地出土小白石珠墓葬总数的12.7%；婴儿墓7座（YYM267、293、147、123、159、310、335），占玉皇庙墓地出土小白石珠墓葬总数的4.9%；无人墓和性别不详者墓各1例（YYM32、383），分别占玉皇庙墓地出土小白石珠墓葬总数的0.7%。以上统计显示，以小白石珠为饰品者，是分性别所年龄的，其中唯女性所占比例较高而已。

从墓葬规格级别考察，属于较高规格的乙（A）级墓12座（YYM20、13、300、11、275、266、261、95、258、51、74、338），占玉皇庙墓地出土小白石珠墓葬总数的8.5%；属于中等规格的乙（B）级墓25座（YYM19、3、384、10、240、234、263、46、44、36、57、61、64、216、213、198、167、163、346、350、347、366、374、369、394），占玉皇庙墓地出土小白石珠墓葬总数的17.6%；属于较低规格的丙（A）级墓26座（YYM32、29、25、98、96、272、191、23、6、208、221、199、200、153、144、137、119、202、126、113、340、342、379、378、372、400）、丙（B）级墓18座（YYM21、31、274、267、296、297、299、101、102、149、222、215、118、75、176、77、382、364）、丙（C）级墓28座（YYM30、386、385、9、249、37、47、94、7、55、136、135、76、154、132、123、166、323、302、109、337、352、371、368、396、397、398、393），共72座，占玉皇庙墓地出土小白石珠墓葬总数的50.7%；最低级的丁级墓33座（YYM15、383、281、283、276、99、125、298、293、291、24、12、59、91、147、155、159、165、106、80、79、78、329、324、310、308、

353、335、380、355、359、381、361)，占玉皇庙墓地出土小白石珠墓葬总数的23.2%。统计表明，较低级别的丙级墓，在半数以上，占绝对优势；最低级别的丁级墓位居第二，占1/5强；再次是中等级别的乙（B）级墓，不到1/5；较高等级的乙（A）级墓比例不到10%；甲级墓未出现。可见在玉皇庙，小白石珠是以较低等级的人群为主体的装饰品。

黑石管 玉皇庙墓地共出土黑石管13枚，占玉皇庙墓地出土石制装饰品总数的0.034%；分别出自2座墓葬，墓号为：YYM94（6枚）、157（7枚），占玉皇庙墓地墓葬总数的0.5%。形制相同，均为直圆筒形。这2座墓葬，一座（YYM94）分布于北Ⅱ区中部，属于春秋中期；另一座（YYM157）分布于南区北部，属于春秋晚期前段。均为丙（C）级少儿墓。

标本YYM94:2-7~12，这是较早出现的黑石管，属于春秋中期。通长1.8、外径0.6、孔径0.3厘米（图七五一，47）。

标本YYM157:4-10~16，这是较晚出现的黑石管，属于春秋晚期前段。通长1.5~2.3、外径0.5~0.65、孔径0.3厘米（图七五一，46）。

小黑石珠 共20580件，占石制装饰品总数的53.8%；分别出自120座墓葬，墓号为：YYM22（226件）、21（9件）、20（76件）、35（319件）、29（253件）、25（4件）、19（179件）、17（103件）、15（92件）、3（397件）、13（230件）、300（272件）、385（141件）、383（78件）、4（271件）、11（119件）、9（1件，凡只出土1件者后文不再注明）、10（124件）、279（187件）、280（215件）、37（36件）、98（190件）、282（39件）、251（107件）、230（37件）、231（149件）、241（268件）、97（205件）、99（316件）、275（206件）、96（254件）、47（94件）、239（60件）、263（192件）、274（28件）、266（48件）、46（118件）、255（83件）、256（107件）、49（221件）、95（42件）、258（207件）、125（36件）、52（156件）、36、26（221件）、297（14件）、298（157件）、293（74件）、295（241件）、299（116件）、294（158件）、24（2件）、12（24件）、6（655件）、7（134件）、102（228件）、192（7件）、55（2件）、58（190件）、196（42）、59（112件）、141（6件）、194（78件）、222（122件）、221（83件）、220（731件）（图版图三六）、215（64件）、199（47件）、200（176件）、178（69件）、177（40件）、150（125件）（图版四三四，2）、153（377件）（图版四三五）、144（88件）、138（312件）（图版四三四，1）、136（60件）、135（77件）、104（168件）、75（267件）、76（394件）、201（140件）、202（27件）、176（319件）、155（60件）、286（219件）、167（72件）、133（74件）、132（150件）、115（160件）、113（230件）、165（13件）、80（27件）、77（85件）、79（48件）、316（22件）、308（33件）、128（68件）、109（6件）、353（3件）、352（40件）、351（118件）、354（636件）（彩版七〇，3）、341（2363件）、338（568件）（图版四三七）、380（2件）、381（218件）、374（103件）、375（283件）、368（254件）、369（198件）、364（32件）、363（67件）、396（101件）、397（350件）、392（242件）、393（16件）、394（389件）、400（348件）、395（339件），占玉皇庙墓地墓葬总数的30%。形制单一，均为直圆筒形，早期和晚期基本没有变化。

标本YYM22:7-2~227，这是最早出现的小黑石珠，属于春秋早期。通长0.02~0.15、口外径0.4、内径0.15厘米（图七五三，1）。

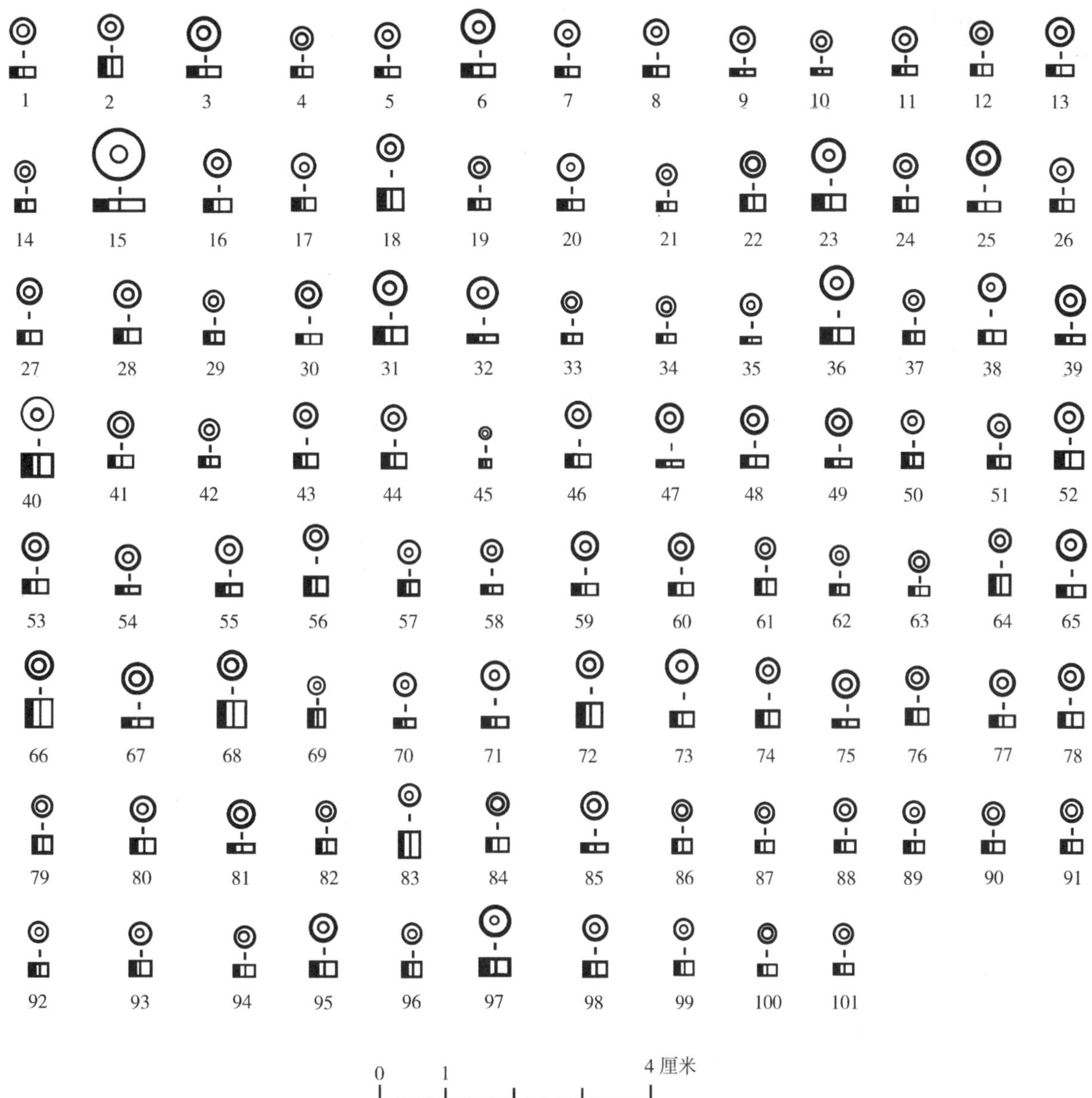

图七五三　玉皇庙墓地出土小黑石珠

1～13.（YYM22:7－2、21:2－131、20:6－1、35:11－7、29:6－1、25:2－1、19:7－1、17:5－1、15:9－1、3:6－1、13:12－61、385:7－1、383:4－1）　14～26.（YYM4:3－1、9:4－522、10:5－1、279:6－1、279:6－2、280:8－17、37:5－56、98:6－1、282:7－6、251:6－1、231:6－1、241:8－1、97:3－1）　27～39.（YYM275:8－27、96:5－1、47:4－5、239:1－1、263:5－1、274:2－5、266:5－1、46:9－1、255:1－11、256:9－1、49:4－1、258:5－1、125:5－1）　40～52.（YYM52:15－12、36:8－35、26:5－1、297:4－1、298:3－13、293:4－1、295:5－1、299:5－1、294:3－1、12:4－30、6:4－1、7:11－1、102:7－1）　53～65.（YYM192:4－20、55:1－5、58:6－1、196:6－1、59:3－1、141:1－1、194:1－2、199:12－51、200:5－1、178:6－1、178:6－2、177:2－1、150:5－1）　66～78.（YYM150:5－2、153:8－1、144:8－1、138:7－1、136:6－1、135:3－1、104:5－2、104:5－3、176:7－1、155:2－1、286:1－8、167:8－18、133:5－1）　79～91.（YYM132:6－1、115:2－1、113:8－1、165:2－12、308:3－4、128:5－4、109:2－1、351:4－3、354:4－7、354:4－8、341:3－1、380:1－1、381:5－56）　92～101.（YYM374:6－5、375:4－1、368:4－1、369:7－1、364:6－1、363:2－1、397:6－1、392:6－1、394:3－1、400:5－1）

标本 YYM395：4－1～339，这是最晚出现的小黑石珠，属于春秋晚期后段。通长 0.1～0.2、外径 0.25～0.35、孔径 0.15 厘米。

其余标本与上述标本形制相近（参见图七五三）。

详见附表 189。

附表 189－1 **玉皇庙墓地出土小黑石珠统计表**

序号	器物号（YYM）	形　态	数量	规格（厘米）			备注
				通长	外径	内径	
1	22：7－2～225	直圆筒形，完好规整	226	0.02～0.15	0.4	0.15	残 2
2	21：2－131～139	直圆筒形，完好规整	9	0.12～0.35	0.35	0.12	
3	20：6－1～76	直圆筒形，完好规整	76	0.1～0.2	0.45～0.5	0.2	
4	35：11－7～325	直圆筒形，完好规整	319	0.08～0.2	0.21～0.31	0.16	
5	29：6－1～253	直圆筒形，完好规整	253	0.08～0.18	0.3～0.4	0.13～0.2	
6	25：2－1～4	直圆筒形，完好规整	4	0.15～0.2	0.35～0.5	0.2	
7	19：7－1～178	直圆筒形，完好规整	179	0.05～0.15	0.35	0.12～0.15	残 1
8	17：5－1～102	直圆筒形，完好规整	103	0.12～0.3	0.3～0.5	0.12～0.15	残 1
9	15：5－1～84	直圆筒形，完好规整	92	0.06～0.17	0.32～0.38	0.18	残 8
10	3：6－1～397	直圆筒形，完好规整	397	0.01～0.11	0.28～0.35	0.1～0.11	
11	13：12－61～290	直圆筒形，完好规整	230	0.1～0.15	0.35	0.15	
12	300：12－1～272	直圆筒形，完好规整	272	0.15～0.2	0.3～0.35	0.13～0.2	
13	385：7－1～141	直圆筒形，完好规整	141	0.1～0.2	0.3～0.33	0.12	
14	383：4－1～78	直圆筒形，完好规整	78	0.1～0.3	0.4～0.42	0.15	
15	4：3－1～271	直圆筒形，完好规整	271	0.1～0.19	0.39	0.1	
16	11：11－123～241	直圆筒形，完好规整	119	0.03～0.13	0.3～0.4	0.12	
17	9：4－522	直圆筒形，完好规整	1	0.18	0.71	0.18	
18	10：5－1～124	直圆筒形，完好规整	124	0.03～0.28	0.35～0.51	0.1～0.25	
19	279：6－1～187	直圆筒形，完好规整	187	0.12～0.32	0.31～0.4	0.12～0.15	
20	280：8－17～231	直圆筒形，完好规整	215	0.11～0.2	0.31～4	0.12	
21	37：5－56～91	直圆筒形，完好规整	36	0.1～0.2	0.4	0.12	
22	98：6－1～190	直圆筒形，完好规整	190	0.09～0.12	0.29	0.1	
23	282：7－6～44	直圆筒形，完好规整	39	0.1～0.3	0.3～0.35	0.12～0.19	
24	251：6－1～107	直圆筒形，完好规整	107	0.04～0.21	0.31～0.45	0.12	
25	230：15－29～65	直圆筒形，完好规整	37	0.12～0.2	0.3	0.12～0.18	
26	231：6－1～149	直圆筒形，完好规整	149	0.1～0.25	0.4	0.12～0.15	
27	241：8－1～268	直圆筒形，完好规整	268	0.05～0.25	0.3～0.35	0.15～0.2	
28	97：3－1～205	直圆筒形，完好规整	205	0.08～0.2	0.32～0.35	0.15	
29	99：5－1～316	直圆筒形，完好规整	316	0.1～0.35	0.4～0.42	0.12～0.15	
30	275：8－27～232	直圆筒形，完好规整	206	0.13～0.24	0.35～0.45	0.15～0.2	
31	96：5－1～254	直圆筒形，完好规整	254	0.09～0.25	0.32～0.38	0.16	
32	47：4－5～98	直圆筒形，完好规整	94	0.11～0.21	0.3	0.15～0.2	
33	239：1－1～60	直圆筒形，完好规整	60	0.09～0.2	0.25～0.32	0.15	
34	263：5－1～192	直圆筒形，完好规整	192	0.08～0.18	0.25～0.35	0.1～0.12	
35	274：2－5～32	直圆筒形，完好规整	28	0.1～0.3	0.3～0.4	0.12～0.15	
36	266：5－1～48	直圆筒形，完好规整	48	0.05～0.25	0.25～0.3	0.18	

附表 189 - 2

玉皇庙墓地出土小黑石珠统计表

序号	器物号（YYM）	形　　态	数量	规格（厘米）			备注
				通长	外径	内径	
37	46:9-1~118	直圆筒形，完好规整	118	0.04~0.14	0.25~0.3	0.15~0.2	
38	255:1-11~93	直圆筒形，完好规整	83	0.1~0.3	0.4~0.42	0.15	
39	256:9-1~107	直圆筒形，完好规整	107	0.12~0.3	0.3~0.5	0.12	
40	49:4-1~221	直圆筒形，完好规整	221	0.05~0.2	0.3~0.32	0.12	
41	95:11-1~42	直圆筒形，完好规整	42	0.08~0.25	0.35~0.4	0.13	
42	258:5-1~207	直圆筒形，完好规整	207	0.1~0.2	0.3~0.35	0.15	
43	125:5-1~36	直圆筒形，完好规整	36	0.11~0.25	0.32~0.42	0.15	
44	52:15-12~167	直圆筒形，完好规整	156	0.06~0.35	0.32~0.4	0.1~0.12	
45	36:8-35	直圆筒形，完好规整	1	0.08	0.4	0.15	
46	26:5-1~221	直圆筒形，完好规整	221	0.11~0.15	0.3~0.4	0.12~0.15	
47	297:4-1~14	直圆筒形，完好规整	14	0.1~0.21	0.32~0.35	0.15~0.18	
48	298:3-13~169	直圆筒形，完好规整	157	0.05~0.2	0.32~0.4	0.12	
49	293:4-1~74	直圆筒形，完好规整	74	0.02~0.08	0.2~0.24	0.1	
50	295:5-1~214	直圆筒形，完好规整	241	0.08~0.18	0.3~0.35	0.12	
51	299:5-1~116	直圆筒形，完好规整	116	0.02~0.18	0.31	0.1	
52	294:3-1~158	直圆筒形，完好规整	158	0.1~0.2	0.4~0.42	0.1	
53	24:2-75	直圆筒形，完好规整	2	0.1	0.35	0.18	残1
54	12:4-30~53	直圆筒形，完好规整	24	0.2~0.35	0.36	0.15	
55	6:4-1~130	直圆筒形，完好规整	130	0.03~0.25	0.35~0.4	0.1~0.12	
	6:6-1~525	直圆筒形，完好规整	525				
56	7:11-1~134	直圆筒形，完好规整	134	0.08~0.19	0.35~0.39	0.1	
57	102:7-1~228	直圆筒形，完好规整	228	0.15~0.35	0.3~0.4	0.1~0.15	
58	192:4-20~26	直圆筒形，完好规整	7	0.2~0.35	0.3~0.35	0.1	
59	55:1-5~6	直圆筒形，完好规整	2	0.1~0.25	0.31	0.12	
60	58:6-1~190	直圆筒形，完好规整	190	0.02~0.2	0.2~0.35	0.1~0.12	
61	196:6-1~42	直圆筒形，完好规整	42	0.12~0.5	0.25~0.38	0.12	
62	59:3-1~112	直圆筒形，完好规整	112	0.1~0.2	0.3~0.35	0.13	
63	141:1-1~6	直圆筒形，完好规整	6	0.18~0.3	0.3	0.1	
64	194:1-2~79	直圆筒形，完好规整	78	0.07~0.3	0.35~0.4	0.12~0.2	
65	222:5-1~122	直圆筒形，完好规整	122	0.1~0.3	0.32	0.15	
66	221:5-1~83	直圆筒形，完好规整	83	0.15~9.2	0.35	0.15	
67	220:8-1~267	直圆筒形，完好规整	731	0.1~0.3	0.3	0.1~0.13	残464
68	215:5-5~68	直圆筒形，完好规整	64	0.15~0.4	0.3~0.4	0.12~0.15	
69	199:12-51~97	直圆筒形，完好规整	47	0.12~0.25	0.31	0.12	
70	200:5-1~176	直圆筒形，完好规整	176	0.09~0.3	0.25~0.3	0.1	
71	178:6-1~69	直圆筒形，完好规整	69	0.06~0.29	0.25~0.29	0.1	
72	177:2-1~40	直圆筒形，完好规整	40	0.16~0.4	0.3	0.1~0.13	
73	150:5-1~120	直圆筒形，完好规整	125	0.15~0.35	0.35	0.15	残5
74	153:8-1~377	直圆筒形，完好规整	377	0.2~0.42	0.35	0.15	
75	144:8-1~88	直圆筒形，完好规整	88	0.12~0.35	0.25~0.4	0.15	
76	138:7-1~305	直圆筒形，完好规整	312	0.12~0.22	0.25-0.3	0.12	残7
77	136:6-1~60	直圆筒形，完好规整	60	0.08~0.41	0.29~0.35	0.1	
78	135:3-1~77	直圆筒形，完好规整	77	0.11~0.21	0.31~0.35	0.1	

附表 189 - 3

玉皇庙墓地出土小黑石珠统计表

序号	器物号（YYM）	形　态	数量	规格（厘米）			备注
				通长	外径	内径	
79	104 : 5 - 2 ~ 169	直圆筒形，完好规整	168	0.15 ~ 0.4	0.35	0.15	
80	75 : 5 - 1 ~ 267	直圆筒形，完好规整	267	0.15 ~ 0.35	0.25 ~ 0.3	0.1 ~ 0.12	
81	76 : 3 - 1 ~ 394	直圆筒形，完好规整	394	0.18 ~ 0.2	0.25	0.12	
82	201 : 4 - 1 ~ 140	直圆筒形，完好规整	140	0.15 ~ 0.32	0.32 ~ 0.35	0.12	
83	202 : 6 - 6 ~ 32	直圆筒形，完好规整	27	0.04 ~ 0.2	0.3 ~ 0.38	0.12 ~ 0.2	
84	176 : 7 - 1 ~ 319	直圆筒形，完好规整	319	0.15 ~ 0.35	0.35	0.12	残 4
85	155 : 2 - 1 ~ 60	直圆筒形，完好规整	60	0.1 ~ 0.3	0.3	0.1 ~ 0.12	
86	286 : 1 - 8 ~ 226	直圆筒形，完好规整	219	0.08 ~ 0.3	0.25 ~ 0.3	0.12	
87	167 : 8 - 18 ~ 89	直圆筒形，完好规整	72	0.15 ~ 0.2	0.25 ~ 0.35	0.15	
88	133 : 5 - 1 ~ 74	直圆筒形，完好规整	74	0.1 ~ 0.2	0.3	0.12	
89	132 : 6 - 1 ~ 147	直圆筒形，完好规整	150	0.08 ~ 0.3	0.25 ~ 0.3	0.15	残 3
90	115 : 2 - 1 ~ 70	直圆筒形，完好规整	160	0.1 ~ 0.3	0.3	0.1	残 90
91	113 : 8 - 1 ~ 230	直圆筒形，完好规整	230	0.18 ~ 0.2	0.2 ~ 0.25	0.1	
92	165 : 2 - 12 ~ 24	直圆筒形，完好规整	13	0.15 ~ 0.2	0.3	0.1	
93	80 : 3 - 1 ~ 27	直圆筒形，完好规整	27	0.08 ~ 0.22	0.32	0.15	
94	77 : 4 - 71 ~ 155	直圆筒形，完好规整	85	0.1 ~ 0.3	0.3 ~ 0.4	0.12	
95	79 : 3 - 4 ~ 51	直圆筒形，完好规整	48	0.12 ~ 0.4	0.3 ~ 0.35	0.12 ~ 0.15	
96	316 : 2 - 1 ~ 22	直圆筒形，完好规整	22	0.1 ~ 0.2	0.25	0.12	
97	308 : 3 - 4 ~ 36	直圆筒形，完好规整	33	0.15 ~ 0.39	0.32 ~ 0.38	0.1	
98	128 : 5 - 4 ~ 63	直圆筒形，完好规整	68	0.1 ~ 0.22	0.28 ~ 0.3	0.1 ~ 0.12	残 8
99	109 : 2 - 1 ~ 6	直圆筒形，完好规整	6	0.15 ~ 0.2	0.3 ~ 0.45	0.11 ~ 0.15	
100	353 : 3 - 1 ~ 2	直圆筒形，完好规整	3	0.15 ~ 0.23	0.3 ~ 0.35	0.16 ~ 0.2	残 1
101	352 : 5 - 128 ~ 167	直圆筒形，完好规整	40	0.02 ~ 0.2	0.28 ~ 0.35	0.1 ~ 0.12	
102	351 : 4 - 3 ~ 120	直圆筒形，完好规整	118	0.12 ~ 0.28	0.3 ~ 0.35	0.12 ~ 0.15	
103	354 : 4 - 7 ~ 11	直圆筒形，完好规整	636	0.08 ~ 0.22	0.3	0.12	残 531
104	341 : 3 - 1 ~ 2363	直圆筒形，完好规整	2363	0.1 ~ 0.9	0.25 ~ 0.28	0.1	
105	338 : 5 - 12 ~ 452	直圆筒形，完好规整	568	0.1 ~ 0.3	0.32	0.12	残 127
106	380 : 1 - 1 ~ 2	直圆筒形，完好规整	2	0.2	0.2 ~ 0.3	0.1	
107	381 : 5 - 56 ~ 273	直圆筒形，完好规整	218	0.15 ~ 0.2	0.28 ~ 0.35	0.1 ~ 0.12	
108	374 : 6 - 5 ~ 107	直圆筒形，完好规整	103	0.1 ~ 0.22	0.3 ~ 0.32	0.1	
109	375 : 4 - 1 ~ 283	直圆筒形，完好规整	283	0.1 ~ 0.25	0.3	0.1	
110	368 : 4 - 1 ~ 254	直圆筒形，完好规整	254	0.1 ~ 0.23	0.25 ~ 0.3	0.12	
111	369 : 7 - 1 ~ 198	直圆筒形，完好规整	198	0.1 ~ 0.3	0.25 ~ 0.38	0.1 ~ 0.2	
112	364 : 6 - 1 ~ 32	直圆筒形，完好规整	32	0.09 ~ 0.2	0.3 ~ 0.38	0.12	
113	363 : 2 - 2 ~ 68	直圆筒形，完好规整	67	0.1 ~ 0.3	0.28 ~ 0.39	0.1	
114	396 : 3 - 47 ~ 147	直圆筒形，完好规整	101	0.08 ~ 0.2	0.35	0.15	
115	397 : 6 - 1 ~ 350	直圆筒形，完好规整	350	0.1 ~ 0.28	0.3 ~ 0.35	0.12	
116	392 : 6 - 1 ~ 242	直圆筒形，完好规整	242	0.08 ~ 0.2	0.3	0.1	
117	393 : 3 - 58 ~ 73	直圆筒形，完好规整	16	0.11 ~ 0.21	0.3 ~ 0.35	0.08 ~ 0.1	
118	394 : 3 - 1 ~ 389	直圆筒形，完好规整	389	0.09 ~ 0.29	0.21 ~ 0.3	0.1	
119	400 : 5 - 1 ~ 348	直圆筒形，完好规整	348	0.08 ~ 0.2	0.25 ~ 0.3	0.1 ~ 0.12	
120	395 : 4 - 1 ~ 339	直圆筒形，完好规整	339	0.1 ~ 0.2	0.25 ~ 0.35	0.15	
合　计		共 120 座墓　20580 件					

讨论

从年代考察，玉皇庙墓地出土的小黑石珠，分布于北Ⅰ区中部者15座（YYM22、21、20、35、29、25、19、17、15、3、13、4、11、9、10）、西部者3座（YYM300、385、383），共18座墓葬均属于春秋早期，占玉皇庙墓地随葬小黑石珠墓葬总数的15%；分布于北Ⅱ区北部者14座（YYM297、280、37、98、282、251、230、231、241、97、99、275、96、47），属于春秋早中期，占玉皇庙墓地随葬小黑石珠墓葬总数的11.7%；分布于北Ⅱ区中部者12座（YYM239、263、274、266、46、255、256、49、95、258、125、52）、北Ⅰ区部者8座（YYM36、26、297、298、293、295、299、294）、北Ⅰ区中部者1座（YYM24）、北Ⅰ区南部者4座（YYM12、6、7、102），共25座墓葬均属于春秋中期，占玉皇庙墓地随葬小黑石珠墓葬总数的20.8%；分布于北Ⅱ区南部者6座（YYM192、55、58、196、59、141），属于春秋中晚期，占玉皇庙墓地随葬小黑石珠墓葬总数的5%；分布于南区北部者19座（YYM194、222、221、220、215、199、200、178、177、150、153、144、138、136、135、104、75、76、201）、南区中部者13座（YYM202、176、155、286、167、133、132、115、113、165、80、77、79）、西区者2座（YYM316、308），共34座墓葬均属于春秋晚期前段，占玉皇庙墓地随葬小黑石珠墓葬总数的28.3%；分布于南区南部者23座（YYM128、109、353、352、351、354、341、338、380、381、374、375、368、369、364、363、396、397、392、393、394、400、395），属于春秋晚期后段，占玉皇庙墓地随葬小黑石珠墓葬总数的19.2%。小黑石珠在玉皇庙墓地延续使用的时间较长，从春秋早期至春秋晚期后段的6个阶段没有中断过，分布也比较均匀，其中春秋中期和春秋晚期前段所占比例略高。

从性别考察，出土滑石小黑石珠的墓葬中，男性墓有31座（YYM22、19、13、300、385、11、282、230、275、263、46、49、95、52、36、295、297、7、102、192、58、199、77、79、308、351、380、381、393、400、395），占玉皇庙墓地随葬小黑石珠墓葬总数的25.8%；女性墓有66座（YYM21、20、35、29、25、3、4、9、10、279、280、37、98、251、231、241、97、99、96、47、266、256、258、125、26、298、294、12、6、196、222、221、220、215、200、178、150、153、144、138、104、75、76、202、176、167、133、113、80、316、128、109、353、352、354、341、338、374、375、368、369、364、396、397、392、394），占玉皇庙墓地随葬小黑石珠墓葬总数的55%；少儿墓有16座（YYM15、239、274、255、299、24、55、59、136、135、201、155、132、115、165、363），占玉皇庙墓地随葬小黑石珠墓葬总数的13.3%；婴儿墓有5座（YYM293、141、194、177、286），占玉皇庙墓地随葬小黑石珠墓葬总数的4.2%；无人墓和性别不详者墓各1座（YYM17、383），各占玉皇庙墓地随葬小黑石珠墓葬总数的0.8%。女性随葬小黑石珠的墓葬数量是男性的一倍多，占绝对优势，说明小黑石珠主要为女性饰品。

从墓葬规格级别考察，随葬小黑石珠的墓葬包括4种规格8个级别的全部等级，其中甲（A）级墓1座（YYM230），占甲（A）级墓葬总数的33.3%；甲（B）级墓2座（YYM22、52），占甲（B）级墓葬总数的40%；随葬小黑石珠的甲级墓占玉皇庙墓地随葬小黑石珠墓葬总数的2.5%；乙（A）级墓12座（YYM20、13、300、11、280、275、266、256、95、258、295、338），占乙（A）级墓葬总数的42.9%，占玉皇庙墓地随葬小黑石珠墓葬总数的10%；乙（B）级墓24座（YYM35、19、17、3、10、279、251、231、241、263、46、36、26、58、196、220、178、150、167、133、128、374、

369、394），占乙（B）级墓葬总数的28.9%，占玉皇庙墓地随葬小黑石珠墓葬总数的20%；丙（A）级墓20座（YYM29、25、4、98、282、96、49、294、6、221、199、200、153、144、138、202、113、341、400、395），占丙（A）级墓葬总数的24.7%，占玉皇庙墓地随葬小黑石珠墓葬总数的16.7%；丙（B）级墓14座（YYM21、94、274、297、299、102、192、222、215、104、75、176、77、364），占丙（B）级墓葬总数的34.1%，占玉皇庙墓地随葬小黑石珠墓葬总数的11.7%；丙（C）级墓19座（YYM385、9、37、47、239、7、55、136、194、135、176、132、109、352、375、368、396、397、393），占丙（C）级墓葬总数的28.8%，占玉皇庙墓地随葬小黑石珠墓葬总数的15.8%；丁级墓28座（YYM15、383、99、255、125、298、293、24、12、59、141、177、201、155、286、115、165、80、79、316、308、353、351、354、380、381、363、392），占丁级墓葬总数的30.4%，占玉皇庙墓地随葬小黑石珠墓葬总数的23.3%。以上统计显示，在高规格和较高规格的墓葬中，随葬小黑石珠的墓葬所占比例是较低的；而中等及低等级别的墓葬随葬小黑石珠的比例是较高的。故中等及下等人群，是佩用小黑石珠的主体人群。

（二）玛瑙制品

玉皇庙墓地共出土玛瑙制品1452枚，占玉皇庙墓地出土石、玛瑙、绿松石制品总数的3.5%。包括玛瑙环（1枚）、玛瑙珠（1451枚）两类。

玛瑙环 玉皇庙墓地仅出土玛瑙环1枚，占玉皇庙墓地玛瑙制品总数的0.07%。

标本YYM57∶15，环横剖面呈鼓菱形，残，仅余1/4，外径3.5、孔径2、厚0.7厘米（图七五四，1）。

玛瑙珠 玉皇庙墓地共出土玛瑙珠1451枚，占玉皇庙墓地出土玛瑙制品总数的99.9%；分别出自59座墓葬，占玉皇庙墓地墓葬总数的14.75%。可划分为7型。

Ⅰ型 圆筒形

共666枚，占玛瑙珠总数的45.9%；分别出自27座墓葬，墓号为：YYM20（22枚）、2（91枚）、280（5枚）、274（6枚）、44（1枚）、256（1枚）、94（6枚）、64（14枚）、198（3枚）、178（45枚）、153（93枚）、74（1枚）、75（62枚）、76（38枚）、202（2枚）、176（2枚）、154（1枚）、158（1枚）、167（172枚）、126（5枚）、114（63枚）（图版四三八，2）、113（1枚）、78（3枚）、308（3枚）、338（4枚）、368（7枚）、394（14枚）。

标本YYM20∶7－1～22，这是最早出现的Ⅰ型玛瑙珠，属于春秋早期。通长0.15～0.68、腹径0.8～1、孔径0.15～0.5厘米（图七五四，2）。

标本YYM394∶4－1～14，这是最晚出现的Ⅰ型玛瑙珠，属于春秋晚期后段。通长0.22～0.38、腹径0.55～0.6、孔径0.15～0.2厘米（图七五四，28）。

其余标本与上述标本形制相近（参见图七五四）。

Ⅱ型 扁鼓形

共765枚，占玉皇庙墓地出土玛瑙珠总数的52.7%；分别出自37座墓葬，墓号为：YYM20（4枚）、29（15枚）、2（61枚）、9（1枚）、241（54枚）、240（16枚）、47（1枚）、44（5枚）、256（13枚）、247（1枚）、258（6枚）、6（2枚）、220（3枚）、215（4枚）、138（146枚）（图版四三八，1）、136（12枚）、176（16枚）、155（1枚）、133（72枚）、132（3枚）、120（3枚）、114（11

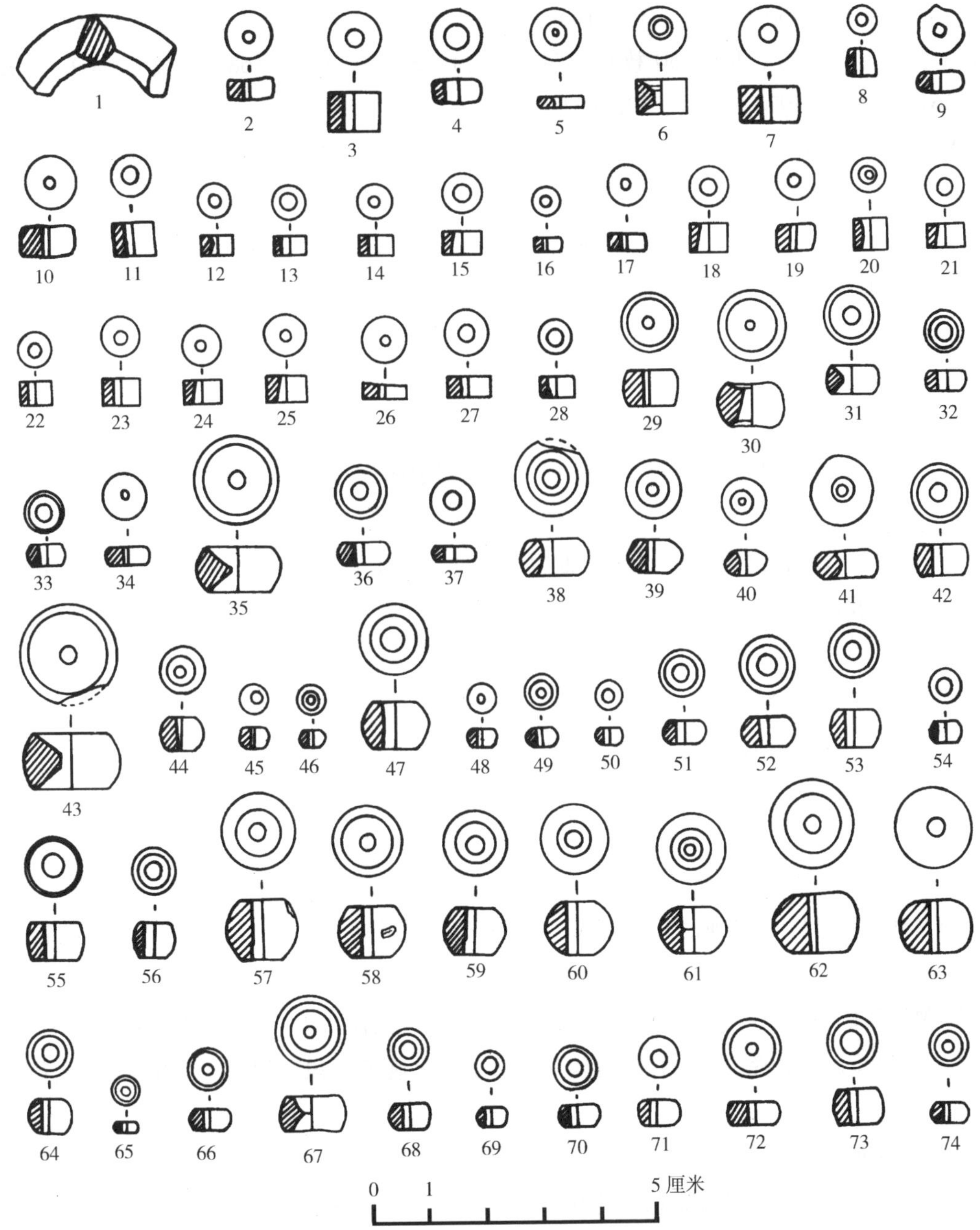

图七五四　玉皇庙墓地出土玛瑙环及玛瑙珠

1. 玛瑙环（YYM57:15）　2～28. Ⅰ型玛瑙珠：4－21（YYM20:7－1、2:14－1、280:8－1、274:3－1、44:4－1、256:8－1、94:2－1、64:5－1、198:5－1、178:8－10、153:10－1、74:19、75:6－1、76:4－1、202:6－1、176:5－14、154:6）22～28（YYM158:10、167:5－1、126:5－1、114:5－12、113:6－1、78:4－1、308:3－1、338:5－1、368:5－1、394:4－1）　29～70. Ⅱ型玛瑙珠：33～43（YYM29:5－1、20:7－23、2:14－111、9:4－524、241:5－1、241:5－2、241:5－3、240:5－1、47:4－1、256:8－13、247:8）44～55（YYM258:6－1、6:6－546、6:6－547、220:6－1、215:5－1、138:5－1、136:4－1、176:5－13、155:3－46、133:6－1、132:5－1、120:6－1）　56～63（YYM114:5－1、113:6－2、165:2－1、128:5－1、323:3－1、302:6－1、302:6－2、302:6－3）　64～74（YYM2:14－151、256:8－1、374:6－2、44:6、354:3－1、354:3－2、381:5－1、374:6－1、375:5－23、368:5、369:5－5、364:5－1、361:3－1、397:5－3、392:5－1）

枚）、113（26枚）（图版四三八，3）、165（2枚）、323（1枚）、302（4枚）、128（2枚）、354（138枚）（彩版七〇，2）、381（50枚）、374（2枚）、375（3枚）、368（1枚）、369（7枚）、364（46枚）、361（1枚）、397（1枚）、392（31枚）。

标本YYM20:7-23~26，这是最早出现的Ⅱ型玛瑙珠，属于春秋早期。通长0.5~0.8、腹径1~1.3、孔径0.2~0.3厘米（图七五四，30）。

标本YYM392:5-1~31，这是最晚出现的Ⅱ型玛瑙珠，属于春秋晚期后段。通长0.2~0.5、腹径0.5~0.75、孔径0.15~0.2厘米（图七五四，74）。

其余标本与上述标本形制相近（图七五四）。

Ⅲ型　长圆鼓形

共12枚，占玉皇庙墓地出土玛瑙珠总数的0.8%；分别出自7座墓葬，墓号为：YYM2（1枚）、256（1枚）、153（2枚）、167（4枚）、114（1枚）（图版四三八，2）、354（2枚）（彩版七〇，2）、374（1枚）。

标本YYM2:14-153，这是最早出现的Ⅲ型玛瑙珠，属于春秋早期。通长1.1、腹径0.55、孔径0.2厘米（图七五五，1；彩版六九）。

标本YYM374:6-3，这是最晚出现的Ⅲ型玛瑙珠，属于春秋晚期后段。通长1.2、腹径0.67、孔径0.18厘米（图七五五，8）。

其余标本与上述标本形制相近（参见图七五五）。

Ⅳ型　饼形

共3枚，占玉皇庙墓地出土玛瑙珠总数的0.2%；分别出自3座墓葬，每墓1枚，墓号为：YYM5、387、373。

标本YYM5:16，是最早出现的Ⅳ型玛瑙珠，属于春秋早期。厚0.12、直径1.2、孔径0.4厘米（图七五五，9）。

标本YYM387:1，属于春秋早中期。厚0.2、直径1.3、孔径0.28厘米（图七五五，11）。

标本YYM373:5，是最晚出现的Ⅳ型玛瑙珠，属于春秋晚期后段。厚0.4、直径2、孔径0.5厘米（图七五五，10）。

Ⅴ型　折棱珠形

1枚，占玉皇庙墓地出土玛瑙珠总数的0.1%。标本YYM44:6，属于春秋中期。腰部中间呈横向棱状。通长0.9、腹径1.1、孔径0.35厘米（图七五五，12）。

Ⅵ型　算珠形

1枚，占玉皇庙墓地出土玛瑙珠总数的0.1%。标本YYM176:5-19，属于春秋晚期前段。接近圆形。通高0.8、腹径1、孔径0.18厘米（图七五五，13）。

Ⅶ型　梯形

共3枚，占玉皇庙墓地出土玛瑙珠总数的0.2%。均出自1座墓葬，标本YYM167:5-177~179，通长0.9~1.4、短边长0.5、长边长0.7厘米，孔径0.2~0.3厘米（图七五五，14）。

详见附表190。

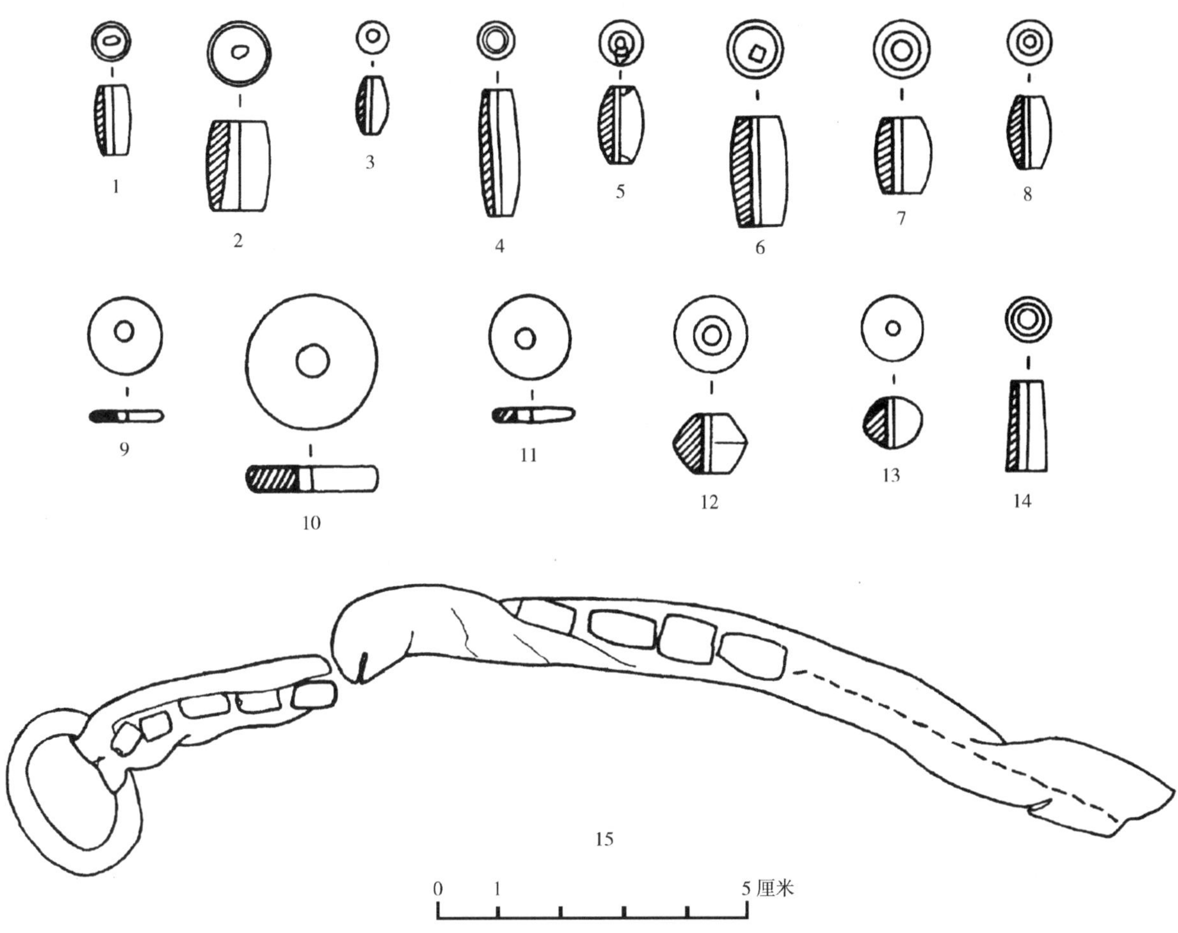

图七五五　玉皇庙墓地出土到玛瑙珠与皮革制品

1～8. Ⅲ型玛瑙珠（YYM2：14－153、256：8－15、153：10－94、167：5－75、354：3－139、354：3－140、374：6－3）
9～11. Ⅳ型玛瑙珠（5：16、373：1、387：1）　12. Ⅴ型玛瑙珠（YYM44：6）　13. Ⅵ型到瑙珠（YYM176：5－19）
14. Ⅶ型玛瑙珠（YYM167：5－177）　15. 皮革残件（YYM2：27－1～2）

附表190－1　**玉皇庙墓地出土玛瑙珠统计表**

序号	器物号（YYM）	型	形状	数量	规格（厘米）			备注
					通长	腹径	孔径	
1	20：7－1～22	Ⅰ	圆筒形	22	0.15～0.68	0.8～1	0.15～0.5	项链
	20：7－23～26	Ⅱ	扁鼓形	4	0.5～0.8	1～1.2	0.2～0.3	
2	29：5－1～15	Ⅱ	扁鼓形	15	0.2～0.7	0.65～1	0.2～0.4	项链
3	2：14－1～91	Ⅰ	圆筒形	91	0.35～0.6	0.5～0.9	0.12～0.3	项链
	2：14－92～152	Ⅱ	扁鼓形	61	0.2～0.8	0.45～1.2	0.15～0.22	
	2：14－153	Ⅲ	长圆鼓形	1	1.1	0.55	0.2	
4	5：16	Ⅳ	饼形	1	0.12	1.2	0.4	锥囊佩饰
5	9：4－524	Ⅱ	扁鼓形	1	0.32	0.7～0.8	0.25	项链

附表 190－2

玉皇庙墓地出土玛瑙珠统计表

序号	器物号（YYM）	型	形状	数量	规格（厘米）			备注
					通长	腹径	孔径	
6	280:8－1～5	Ⅰ	圆筒形	5	0.28～0.32	0.7～0.8	0.12	项链
7	387:1	Ⅳ	饼形	1	0.2	1.3	0.28	项链
8	241:5－1～54	Ⅱ	扁鼓形	54	0.25～0.78	0.73～1.5	0.1～0.45	项链
9	240:5－1～16	Ⅱ	扁鼓形	16	0.2～0.45	0.7～0.85	0.2～0.25	项链
10	47:4－1	Ⅱ	扁鼓形	1	0.28	0.8	0.28	项链
11	274:3－2～7	Ⅰ	圆筒形	6	0.3～0.35	0.7～0.87	0.1～0.2	项链
3	44:4－4	Ⅰ	圆筒形	1	0.6	0.9	0.2	项链
	44:4－5～9	Ⅱ	扁鼓形	5	0.3～0.65	0.55～0.85	0.25～0.35	项链
	44:6	Ⅴ	折棱珠形	1	0.9	1.1	0.35	腰佩饰
13	256:8－1	Ⅰ	圆筒形	1	0.6	1	0.25	项链
	256:8－2～14	Ⅱ	扁鼓形	13	0.55～1	0.95～1.6	0.3～0.45	
	256:8－15	Ⅲ	长圆鼓形	1	1.4	1	0.2	
14	94:2－1～6	Ⅰ	圆筒形	6	0.2～0.25	0.4～0.5	0.15～0.2	项链
15	247:8	Ⅱ	扁鼓形	1	0.5	1	0.2	项链
19	258:6－1～6	Ⅱ	扁鼓形	6（残）	0.28～0.35	0.8	0.1～0.15	项链
17	6:6－546～547	Ⅱ	扁鼓形	2	0.5/0.5	0.92/1.1	0.3	腰佩饰
18	64:5－1～14	Ⅰ	圆筒形	14	0.3～0.4	0.4～0.45	0.22	项链
19	220:6－1	Ⅱ	扁鼓形	3（残2）	0.9	1.6	0.3	项链
20	215:5－4	Ⅱ	扁鼓形	4	0.45～0.9	0.65～1.15	0.2～0.35	项链
21	198:5－1～3	Ⅰ	圆筒形	3	0.35～0.46	0.82～0.95	0.2～0.25	项链
22	178:8－10～54	Ⅰ	圆筒形	45	0.32～0.5	0.58～0.8	0.15～0.25	项链
23	153:10－1～93	Ⅰ	圆筒形	93	0.2～0.35	0.55～0.7	0.1～0.3	项链
	153:10－94～95	Ⅲ	长圆鼓形	2	0.9/1	0.5/0.52	0.2	
24	138:5－1～146	Ⅱ	扁鼓形	146	0.3	0.4～0.5	0.15～0.22	项链
25	136:4－1～12	Ⅱ	扁鼓形	12	0.2～0.32	0.4～0.5	0.1－0.15	项链
26	74:19－1	Ⅰ	圆筒形	1	0.8	1.1	0.35	项链
27	75:6－1～62	Ⅰ	圆筒形	62	0.3～0.45	0.55～0.7	0.15－0.25	项链
28	76:4－1～38	Ⅰ	圆筒形	38	0.3～0.42	0.45～0.5	0.2－0.22	项链
29	202:6－1～2	Ⅰ	圆筒形	2	0.25～0.4	0.5	0.2～0.25	项链
30	176:5－1～2	Ⅰ	圆筒形	2	0.3/0.4	0.48～0.5	0.18/0.2	项链
	176:5－3～18	Ⅱ	扁鼓形	16	0.25～1	0.7～1.2	0.1～0.32	
	176:5－19	Ⅵ	算珠形	1	0.8	1	0.18	
31	154:6	Ⅰ	圆筒形	1	0.5	0.62	0.22	项链
32	155:3－46	Ⅱ	扁鼓形	1	0.3	0.48	0.1	项链
33	158:10	Ⅰ	圆筒形	1	0.4	0.6	0.18	项链
34	167:5－1～172	Ⅰ	圆筒形	172	0.25～0.45	0.42～0.65	0.12～0.2	项链
	167:5－173～176	Ⅲ	长圆鼓形	4	1.1～1.2	0.35～0.6	0.25	
	167:5－177～179	Ⅶ	梯形	3	0.9～1.4	短边0.5，长边0.7	0.2～0.3	
35	133:6－1～72	Ⅱ	扁鼓形	72	0.28～0.42	0.46～0.6	0.1～0.22	项链
36	132:5－1～3	Ⅱ	扁鼓形	3	0.3	0.5	0.15～0.2	项链
37	126:5－1～5	Ⅰ	圆筒形	5	0.3～0.5	0.55～0.65	0.2	项链

附表 190－3　　**玉皇庙墓地出土玛瑙珠统计表**

序号	器物号（YYM）	型	形状	数量	规格（厘米）			备注
					通长	腹径	孔径	
38	120:6－1～3	Ⅱ	扁鼓形	3	0.35～0.4	0.65～0.8	0.2～0.22	项链
39	114:5－1～11	Ⅱ	扁鼓形	11	0.25～0.5	0.55～0.9	0.15～0.26	项链
	114:5－12～74	Ⅰ	圆筒形	63	0.45～0.65	0.8～1	0.12～0.32	
	114:5－75	Ⅲ	长圆鼓形	1	1.25	0.7	0.15	
40	113:6－1	Ⅰ	圆筒形	1	0.5	0.7	0.2	项链
	113:6－2～27	Ⅱ	扁鼓形	26	0.25～0.32	0.5～0.55	0.2～0.3	
41	165:2－1～2	Ⅱ	扁鼓形	2	0.3～0.32	0.4～0.55	0.12～0.3	项链
42	78:4－1～3	Ⅰ	圆筒形	3	0.32～0.4	0.5～0.7	0.2	项链
43	323:3－1	Ⅱ	扁鼓形	1	0.55	0.8	0.22	项链
44	308:3－1～3	Ⅰ	圆筒形	3	0.42	0.48～0.7	0.18	项链
45	302:6－1～3	Ⅱ	扁鼓形	4（残1）	0.8～1.1	1.05～1.25	0.23	项链
46	128:5－1～2	Ⅱ	扁鼓形	2	0.65	1.1	0.4	项链
47	354:3－1～138	Ⅱ	扁鼓形	138	0.2～0.9	0.4～1.2	0.12～0.25	项链
	354:3－139～140	Ⅲ	长圆鼓形	2	1.7/1.2	0.9	0.2/0.3	
48	338:5－1～4	Ⅰ	圆筒形	4	0.25～0.5	0.55～0.7	0.2～0.25	项链
49	373:5	Ⅳ	饼形	1	0.4	2	0.5	剑、刀囊佩饰
50	381:5－1～50	Ⅱ	扁鼓形	50	0.2～0.38	0.5～0.8	0.15～0.2	项链
51	374:6－1～2	Ⅱ	扁鼓形	2	0.6/0.9	1.2/1.28	0.15/0.25	项链
	374:6－3	Ⅲ	长圆鼓形	1	1.2	0.67	0.18	
52	375:5－23～25	Ⅱ	扁鼓形	3	0.3～0.45	0.55～0.8	0.21	项链
53	368:5－1～7	Ⅰ	圆筒形	7	0.25～0.4	0.45～0.72	0.1～0.2	项链
	368:5－8	Ⅱ	扁鼓形	1	0.3	0.5	0.2	
54	369:5－5～11	Ⅱ	扁鼓形	7	0.2～0.35	0.5～0.7	0.15～0.2	项链
55	364:5－1～46	Ⅱ	扁鼓形	46	0.23～0.43	0.48～0.7	0.1～0.22	项链
56	361:3－1	Ⅱ	扁鼓形	1	0.4	0.9	0.2	项链
57	397:5－3	Ⅱ	扁鼓形	1	0.6	0.9	0.32	项链
58	392:5－1～31	Ⅱ	扁鼓形	31	0.2～0.5	0.5～0.75	0.15～0.2	项链
59	394:4－1～14	Ⅰ	圆筒形	14	0.22～0.38	0.55～0.6	0.15～0.2	项链9
合计		共59座墓　1451枚						

注：Ⅰ型为圆筒形、Ⅱ型为扁鼓形、Ⅲ为长圆鼓形、Ⅳ型为饼形、Ⅴ型为算珠形、Ⅵ型为折棱珠形、Ⅶ型为梯形。

讨论

从分布年代、墓主性别和墓葬级别三方面考察玉皇庙墓地出土玛瑙珠的墓葬。

从年代考察，分布于北Ⅰ区中部者5座（YYM20、29、2、5、9），属于春秋早期，占出土玛瑙珠墓葬总数的8.5%；分布于北Ⅱ区北部者5座（YYM280、387、241、240、47），属于春秋早中期，占出土玛瑙珠墓葬总数的8.5%；分布于北Ⅱ区中部者6座（YYM274、44、256、94、247、258）、北Ⅰ区南部者1座（YYM6），此7座墓葬均属于春秋中期，占出土玛瑙珠墓葬总数的11.9%；分布于北Ⅱ区南部者1座（YYM64），属于春秋中晚期，占出土玛瑙珠墓葬总数的1.7%；分布于南部北部者10座（YYM220、215、198、178、153、138、136、74、75、76）、中部者14座（YYM202、176、154、

155、158、167、133、132、126、120、114、113、165、78)、西区者3座(YYM323、308、302),此27座墓葬均属于春秋晚期前段,占出土玛瑙珠墓葬总数的45.8%;分布于南区南部者14座(YYM128、354、338、373、381、374、375、368、369、364、361、397、392、394),属于春秋晚期后段,占出土玛瑙珠墓葬总数的23.7%。统计表明,春秋晚期随葬的玛瑙珠接近70%,即玛瑙珠大多出于春秋晚期。

从性别考察,男性墓11座(YYM5、44、247、74、154、158、323、308、373、381、361),占出土玛瑙珠墓葬总数的18.6%;女性墓41座(YYM20、29、2、9、280、387、241、240、47、256、258、6、64、220、215、198、178、153、138、75、76、202、176、167、133、126、114、113、78、302、128、354、338、374、375、368、369、364、397、392、394),占出土玛瑙珠墓葬总数的69.5%;少儿墓7座(YYM274、94、136、155、132、120、165),占出土玛瑙珠墓葬总数的11.9%。统计结果显示,女性墓所占比例最高,表明女性是佩用玛瑙的主体人群。

从墓葬级别考察,甲(B)级墓1座(YYM2),乙(A)级墓6座(YYM20、280、256、258、74、338),此7座墓属于较高等级的墓葬,占出土玛瑙珠墓葬总数的11.9%;乙(B)级墓16座(YYM241、240、44、247、64、220、198、178、158、167、133、128、373、374、369、394),属于中等级别墓葬,占出土玛瑙珠墓葬总数的27.1%;丙(A)级墓7座(YYM29、6、153、138、202、126、113),丙(B)级墓7座(YYM274、215、75、176、120、114、364),丙(C)级墓13座(YYM5、9、47、94、136、76、154、132、323、302、375、368、397),此27座墓属于较低等级的墓葬,占出土玛瑙珠墓葬总数的45.8%;丁级墓9座(YYM387、155、165、78、308、354、381、361、392),属于最低等级墓葬,占出土玛瑙珠墓葬总数的15.3%。甲(A)级墓空缺。随葬玛瑙珠的墓葬,这表明,以较低级的丙级墓数量最多,超过2/5;其次是中等级别的乙(B)级墓;再次为最低级别的丁级墓。在玉皇庙,佩用玛瑙珠者,多属中等或中低等氏族成员,身份高贵的男性首领人物并不佩用。

(三)绿松石制品

玉皇庙墓地共出土绿松石制品2234枚,占玉皇庙墓地出土石、玛瑙、绿松石制品总数的5.3%。包括绿松石管(139枚)和绿松石珠(2095枚)两项。

绿松石管 玉皇庙墓地共出土绿松石管139枚,占玉皇庙墓地出土绿松石制品总数的6.2%;分别出自27座墓葬,墓号为:YYM20(26枚)、29(9枚)、15(6枚)、11(1枚)、229(1枚)、241(10枚)、240(5枚)、256(7枚)、258(2枚)、184(3枚)、64(4枚)、194(1枚)、198(9枚)、178(4枚)、153(6枚)、75(1枚)、76(8枚)、167(11枚)、133(4枚)、131(1枚)、113(4枚)、159(2枚)、79(2枚)、323(8枚)(图版四三九,1)、172(2枚)、334(1枚)、375(1枚),占玉皇庙墓地墓葬总数的6.75%。形制相同,均为直圆筒形。

标本YYM20:7-27~49,这是最早出现的绿松石管,属于春秋早期。通长0.7~3、外径0.55~0.7、孔径0.25~0.3厘米(图七五六,1;图版四三九,2)。

标本YYM375:5-27,这是最晚出现的绿松石管,属于春秋晚期后段。通长1.43、外径0.78、孔径0.25厘米(图七五六,25)。

其余标本与上述标本形制相近(参见图七五六)。

详见附表191。

附表 191　　玉皇庙墓地出土绿松石管统计表

序号	器物号（YYM）	形状	数量	规格（厘米）			备注
				通长	外径	孔径	
1	20:7-27~49	直圆筒形	26（残3）	0.7-3	0.55~0.7	0.25~0.3	项链
2	29:5-16~24	直圆筒形	9	1.1~2.6	0.7~0.8	0.3~0.4	项链
3	15:7-1~6	直圆筒形	6	1.73~2.5	0.6~0.75	0.25~0.35	项链
4	11:11-242	直圆筒形	1	1.4	0.45	0.2	项链
5	229:5	直圆筒形	1	0.94	0.6	0.22	耳坠饰
6	241:5-55~64	直圆筒形	10	1.3~3.15	0.6~0.9	0.2~0.3	项链
7	240:5-17~21	直圆筒形	5	1.25~1.9	0.68~0.85	0.25~0.3	项链
8	256:8-16~22	直圆筒形	7	1.12~1.8	0.78~0.9	0.3~0.35	项链
9	258:6-15~16	直圆筒形	2	1.3	0.64	0.3	项链
10	184:4-5~7	直圆筒形	3	0.68~0.82	1.35~1.7	0.25~0.3	项链
11	64:5-15~18	直圆筒形	4	1.85~2.3	0.65~0.75	0.24~0.36	项链
12	194:1-1	直圆筒形	1	1.6	0.88	0.35	项链
13	198:5-4~12	直圆筒形	9	1.3~2.7	0.62~0.9	0.3~0.4	项链
14	178:8-55~58	直圆筒形	4	0.65~1.7	0.7~0.8	0.28~0.3	项链
15	153:10-96~101	直圆筒形	6	0.55~1.6	0.52~0.8	0.2~0.4	项链
16	75:6-63	直圆筒形	1	1.15	0.58	0.3	项链
17	76:4-66~73	直圆筒形	8	0.9~1.85	0.55~0.8	0.2~0.35	项链
18	167:8-1~10	直圆筒形	11（残1）	1.3~2.4	0.65~0.8	0.3~0.4	项链
19	133:6-73~76	直圆筒形	4	0.62~1.4	0.5~1.2	0.17~0.3	项链
20	131:9	直圆筒形	1	1.7	0.9	0.4	项链
21	113:6-47~50	直圆筒形	4	1.1~2	0.8~0.82	0.25~0.35	项链
22	159:2-1~2	直圆筒形	2	1.4/1.6	0.72/0.8	0.4	项链
23	79:3-1~2	直圆筒形	2	1.45/1.5	0.65/0.7	0.3	项链
24	323:3-3~10	直圆筒形	8	1.2~2.2	0.8	0.2~0.3	项链
25	172:4-1~2	直圆筒形	2	1.12~1.4	0.7	0.3	耳坠饰
26	334:9	直圆筒形	1	1.15	0.5~0.6	0.2~0.25	项链
27	375:5-27	直圆筒形	1	1.43	0.78	0.25	项链
合计			共27座墓　139枚				

讨论

从年代考察，出土绿松石管的墓葬中，分布于北Ⅰ区中部者4座（YYM20、29、15、11），属于春秋早期，占玉皇庙墓地出土绿松石管墓葬总数的14.8%；分布于北Ⅱ区北部者3座（YYM229、241、240），属于春秋早中期，占玉皇庙墓地出土绿松石管墓葬总数的11.1%；分布于北Ⅱ区中部者2座（YYM256、258），属于春秋中期，占玉皇庙墓地出土绿松石管墓葬总数的7.4%；分布于北Ⅱ区南部者2座（YYM184、64），属于春秋中晚期，占玉皇庙墓地出土绿松石管墓葬总数的7.4%；分布于南区北部者6座（YYM194、198、178、153、75、76）、中部者6座（YYM167、133、131、113、159、79）、西区者1座（YYM323），此13座均属于春秋早期前段，占玉皇庙墓地出土绿松石管墓葬总数的48.1%；分布于南区南部者3座（YYM172、334、375），属于春秋晚期后段，占玉皇庙墓地出土绿松石管墓葬总数的11.1%。春秋晚期前段数量最多，其次是春秋早期，春秋中期和春秋中晚期数量最少。

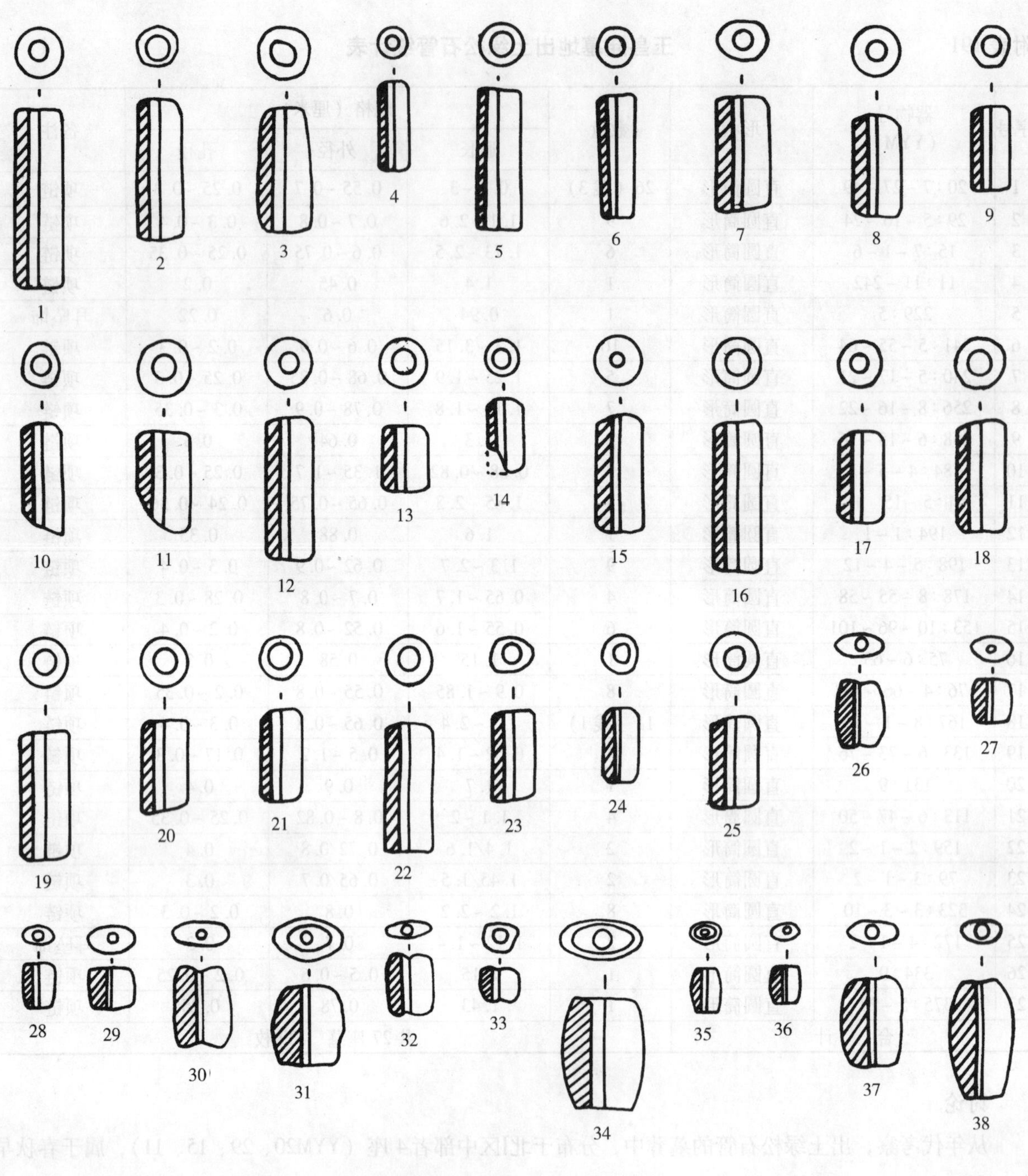

图七五六 玉皇庙墓地出土绿松石管及绿松石珠

1～25. 绿松石管：1～9（YYM20:7－27、29:5－16、15:7－1、11:11－242、229:5、241:5－55、240:5－17、256:8－16、258:6－15） 10～18.（YYM184:4－5、194:1－1、198:5－4、153:10－96、75:6－63、76:4－66、167:8－1、133:6－73、131:9） 19～25.（YYM113:6－47、159:2－1、79:3－1、323:3－3、172:4－1、334:9、375:5－27） 26～38. 绿松石珠Ⅰ型：（YYM22:5－1、20:5－1、35:7－1、29:3－1、19:5、17:5－1、15:3－1、15:3－2、2:13－1、3:5－1、3:5－2、18:13－1、18:13－2）

从墓主性别考察，男性墓 7 座（YYM11、229、131、79、323、172、334），占玉皇庙墓地出土绿松石管墓葬总数的 25.9%；女性墓 16 座（YYM20、29、241、240、256、258、64、198、178、153、75、76、167、133、113、375），占玉皇庙墓地出土绿松石管墓葬总数的 59.3%；少儿墓 2 座（YYM15、184），占玉皇庙墓地出土绿松石管墓葬总数的 7.4%；婴儿墓 2 座（YYM194、159），占玉皇庙墓地出土绿松石管墓葬总数的 7.4%。女性墓占绝对优势，是男性的 2 倍多，是少儿和婴儿的 8 倍。

从墓葬级别考察，乙（A）级墓 6 座（YYM20、11、229、256、258、334），占玉皇庙墓地出土绿松石管墓葬总数的 22.2%；乙（B）级墓 7 座（YYM241、240、64、198、178、167、133），占玉皇庙墓地出土绿松石管墓葬总数的 25.9%；丙（A）级墓 4 座（YYM29、153、131、113），占玉皇庙墓地出土绿松石管墓葬总数的 14.8%；丙（B）级墓 2 座（YYM184、75），占玉皇庙墓地出土绿松石管墓葬总数的 7.4%；丙（C）级墓 4 座（YYM194、76、323、375），占玉皇庙墓地出土绿松石管墓葬总数的 14.8%；丁级墓 4 座（YYM15、159、79、172），占玉皇庙墓地出土绿松石管墓葬总数的 14.8%。甲级墓不随葬绿松石管，随葬绿松石管墓葬数量最多的是中等规格的乙（B）级墓，其次是较高规格的乙（A）级墓，数量最少的是丙（B）级墓。

绿松石珠　玉皇庙墓地共出土共出土绿松石珠 2095 枚，占玉皇庙墓地出土绿松石制品总数的 93.8%；分别出自 170 座墓葬，占玉皇庙墓地墓葬总数的 42.5%。根据其形状，可划分为 6 型。

Ⅰ型　弧面抹角长方形

共 1355 枚，占玉皇庙墓地出土绿松石珠总数的 64.7%；分别出自 165 座墓葬，墓号为：YYM22（2 枚）、20（7 枚）、35（14 枚）、29（8 枚）、19（1 枚）、17（3 枚）、15（3 枚）、2（63 枚）、3（8 枚）、18（185 枚）（图版四四〇，1）、13（1 枚）、300（4 枚）、11（1 枚）、5（1 枚）、10（1 枚）、278（4 枚）、279（7 枚）、280（11 枚）、285（4 枚）、37（2 枚）、98（18 枚）、277（2 枚）、250（6 枚）、282（5 枚）、251（53 枚）、230（6 枚）、229（1 枚）、233（10 枚）、231（3 枚）、227（12 枚）、241（19 枚）、264（2 枚）、99（3 枚）、226（5 枚）、240（4 枚）、252（1 枚）、275（2 枚）、47（3 枚）、234（9 枚）、239（29 枚）、253（1 枚）、263（1 枚）、274（1 枚）、266（2 枚）、273（2 枚）、44（2 枚）、236（3 枚）、237（8 枚）、256（20 枚）、261（3 枚）、267（7 枚）、272（1 枚）、247（4 枚）、48（6 枚）、95（3 枚）、258（8 枚）、51（6 枚）、65（1 枚）、190（10 枚）、125（19 枚）、188（2 枚）、52（8 枚）、54（1 枚）、23（4 枚）、102（1 枚）、212（2 枚）、192（1 枚）、58（17 枚）、196（6 枚）、186（2 枚）、57（8 枚）、86（10 枚）、184（4 枚）、64（5 枚）、69（2 枚）、83（1 枚）、217（4 枚）、182（2 枚）、220（14 枚）、219（6 枚）、215（3 枚）、213（5 枚）、209（5 枚）、206（2 枚）、197（2 枚）、198（16 枚）、199（1 枚）、178（14 枚）、177（1 枚）、150（11 枚）、151（4 枚）、157（2 枚）、153（12 枚）、142（6 枚）、145（6 枚）、143（6 枚）、144（37 枚）、138（25 枚）、136（4 枚）、117（5 枚）、104（2 枚）、105（4 枚）、74（2 枚）、75（9 枚）、76（27 枚）、202（5 枚）、154（1 枚）、155（2 枚）、286（7 枚）、156（6 枚）、158（2 枚）、167（16 枚）（图版四四〇，2）、168（6 枚）、133（22 枚）、132（4 枚）、131（6 枚）、124（3 枚）、126（6 枚）、120（6 枚）、114（37 枚）、113（23 枚）、111（4 枚）、166（1 枚）、171（7 枚）、106（6 枚）、80（54 枚）、77（1 枚）、79（1 枚）、78（3 枚）、323（19 枚）、322（37 枚）、308（1 枚）、164（2 枚）、127（2 枚）、172（1 枚）、175（9 枚）、161（2 枚）、129（6 枚）、128（5 枚）、174（6 枚）、340（2 枚）、334（2 枚）、352（3 枚）、351（1 枚）、354（6 枚）、344（4 枚）、338（8

枚）、349（4枚）、347（1枚）、381（12枚）、379（1枚）、376（1枚）、374（6枚）、375（1枚）、372（2枚）、371（3枚）、368（7枚）、369（4枚）、364（1枚）、363（1枚）、361（1枚）、397（4枚）、392（6枚）、394（11枚）、400（2枚）。纵向穿孔贯通中部。

标本YYM22:5-1~2，这是最早出现的Ⅰ型绿松石珠，属于春秋早期。通长1.05~1.1、通宽0.75~0.96、厚0.32~0.5、孔径0.2~0.35厘米（图七五六，26）。

标本YYM400:3-1~2，这是最晚出现的Ⅰ型绿松石珠，属于春秋晚期后段。通长1.05、通宽1.02、厚0.4、孔径0.15厘米（图七五九，27）。

其余标本与上述标本形制相近（参见图七五六~七五九）。

Ⅱ型 扁鼓形

共490枚，占玉皇庙墓地出土绿松石珠总数的23.4%；分别出自座18墓葬，墓号为：YYM22（1枚）、2（1枚）、278（60枚）、240（1枚）、255（10枚）、256（5枚）、95（15枚）、52（3枚）、7（1枚）、208（1枚）、58（1枚）、220（78枚）、147（3枚）、176（2枚）、167（221枚）（图版四四〇，2）、171（1枚）、323（1枚）、364（85枚）。

标本YYM22:7-1，这是最早出现的Ⅱ型绿松石珠，属于春秋早期。通长0.4、外径1、孔径0.15厘米（图七五九，28）。

标本YYM364:4-1~85，这是最晚出现的Ⅱ型绿松石珠，属于春秋晚期后段。通长0.1~0.23、腹径0.21~0.35、孔径0.1厘米。

其余标本与上述标本形制相近（图七五九，29~4）。

Ⅲ型 直圆筒形

共183枚，占玉皇庙墓地出土绿松石珠总数的8.7%；分别出自11座墓葬，墓号为：YYM20（1枚）、2（2枚）、241（150枚）、240（1枚）、256（6枚）、261（1枚）、52（7枚）、58（1枚）、64（1枚）、178（1枚）、136（12枚）。

标本20:5-8，这是最早出现的Ⅲ型绿松石珠，属于春秋早期。通长1.1、外径0.7、孔径0.25厘米（图七五九，41）。

标本YYM136:4-13~24，这是最晚出现的Ⅲ型绿松石珠，属于春秋晚期前段。通长0.1、外径0.2、孔径0.08厘米（图七五九，49）。

其余标本与上述标本形制相近（参见图七五九，42~48、50）。

Ⅳ型 长圆鼓形

共48件，占玉皇庙墓地出土绿松石珠总数的2.3%；分别出自6座墓葬，墓号为：YYM2（2枚）、241（1枚）、226（1枚）、147（1枚）、132（13枚）、354（30枚）。

标本YYM2:14-212~213，这是最早出现的Ⅳ型绿松石珠，属于春秋早期。通长0.82、2、腰径0.42、0.7、孔径0.18、0.28厘米（图七五九，51）。

标本YYM354:3-141~142及YYM354:4-1~3，这是最晚出现的Ⅳ型绿松石珠，属于春秋晚期晚期后段。通长0.5~0.75、外径0.4~0.5、孔径0.18~0.25厘米（彩版七〇，3）。

其余标本与上述标本形制相近（参见图七五九，52~55）。

Ⅴ型 横穿孔长方形

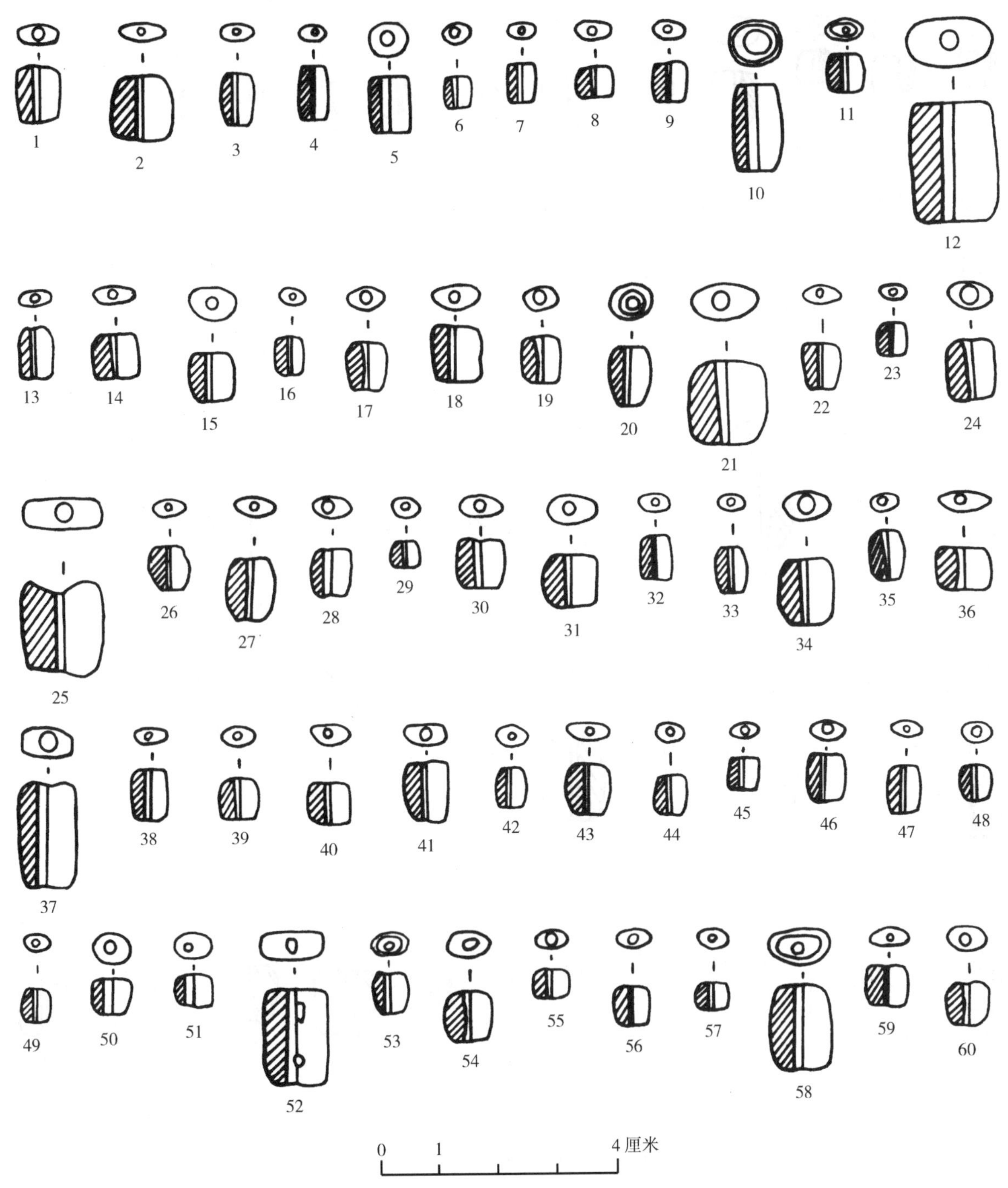

图七五七　玉皇庙墓地出土绿松石珠

1～60. Ⅰ型：1－12（YYM13:12－1、300:11－1、11:9、5:17、10:6－1、278:3－1、279:3－1、280:8－11、285:1－1、37:5－1、98:5－1、250:23－2）　13～24.（YYM250:23－1、277:3－1、282:7－1、230:12－1、229:16、233:7－1、233:7－2、231:3－1、227:9－1、241:3－1、264:10－1、226:16－1）　25～36.（YYM240:3－1、252:6、275:7－1、47:4－2、234:8－1、239:2－1、253:1、263:3、274:3、273:3－1、236:11－1、237:3－1）　37～48.（YYM256:5－1、261:5－1、272:2、247:7－1、48:7－1、95:8－1、95:8－2、258:3－1、51:9－1、65:6、190:6－1、125:2－1）　49～60.（YYM188:6－1、52:13－1、54:8、23:11－1、102:6、212:6－1、192:4－1、196:3－1、186:7－1、57:6－1、86:6－1、184:4－1）

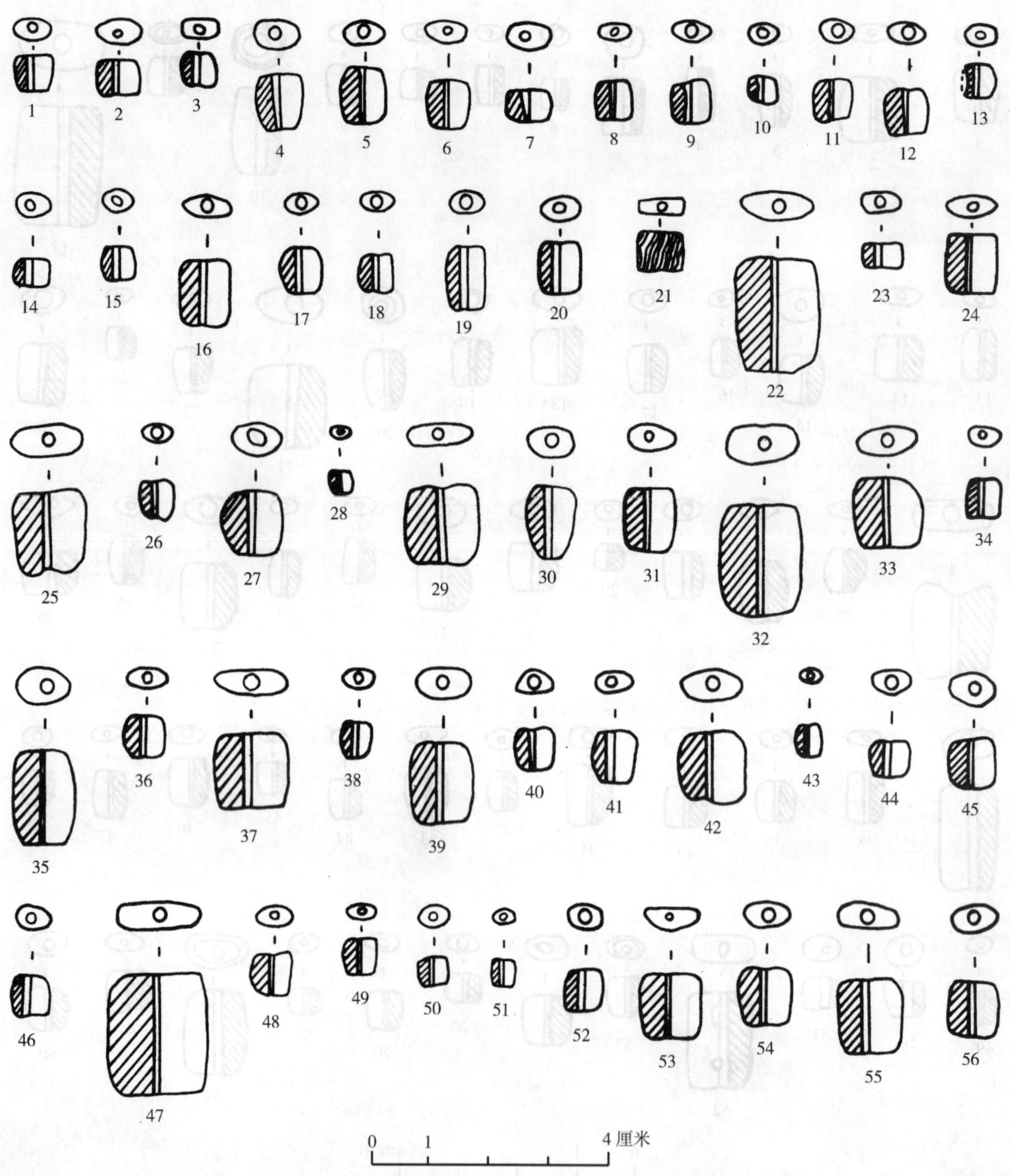

图七五八 玉皇庙墓地出土绿松石珠

1～56. Ⅰ型：1－13（YYM64:3－1、69:2－1、83:6、217:5－1、182:6－1、220:5－1、219:2－1、215:4－1、209:6－1、206:3－1、197:3－1、198:3－1、199:10） 14～24.（YYM178:8－1、177:2、150:3－1、151:6－1、157:2－1、153:7－1、142:5－1、145:6－1、143:5－1、144:3－1、138:3－1） 25～34.（YYM117:6－1、104:3－1、105:6－1、74:5－1、202:3－1、155:4－1、286:1－1、156:6－1、158:8－1、167:3－1） 35～45.（YYM168:5－1、133:3－1、132:2－1、131:7－1、124:6－1、126:3－1、120:3－1、114:4－2、114:3－1、113:3－1、111:6－1） 46～56.（YYM166:3－1、171:6－1、106:4－1、77:4－1、323:3－12、322:2－1、308:2、164:7－1、127:5－1、175:6－1、161:8－1）

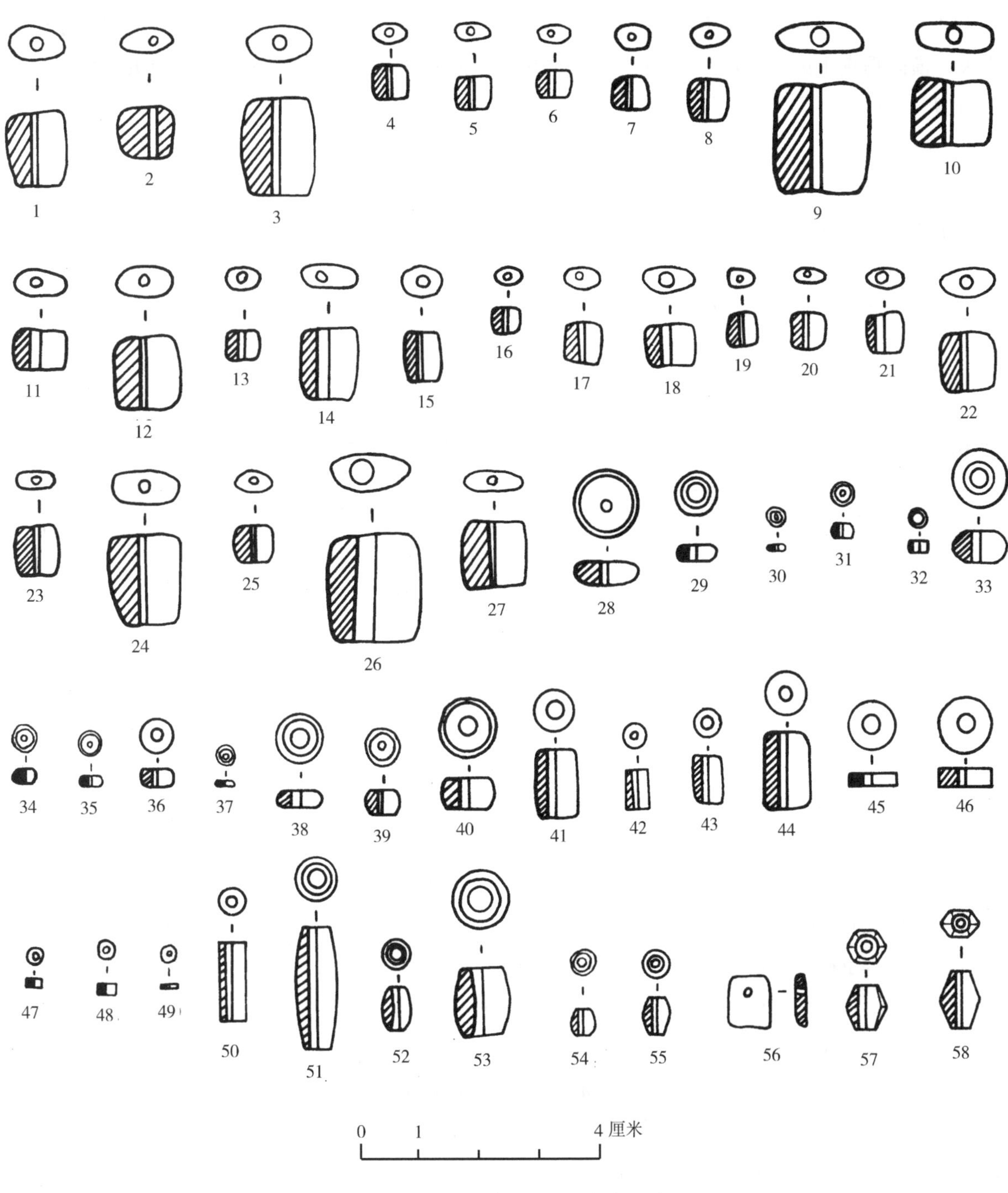

图七五九　玉皇庙墓地出土绿松石珠

1～27. Ⅰ型：1～10（YYM129:13－1、128:8－1、174:6－1、340:3－1、334:7－1、352:4－1、351:4－1、354:6－1、344:6－1、338:3－1）　11～22.（YYM347:2、381:3－1、379:4－1、376:4、374:3－1、375:5－26、372:4－1、371:3－1、368:5－9、369:5－12、364:5－47、363:2－1）　23～27.（YYM361:3－2、397:4－1、392:3－1、394:4－15、400:3－1）　28～40 Ⅱ型：（YYM22:7－1、240:3－5、255:1－1、167:6－1、95:8－17、7:10－2、278:3－5、208:4、58:7－25、220:6－13、176:3－1、171:6－8、323:3－31）　41～50. Ⅲ型：（YYM20:5－8、241:7－16、58:7－26、64:3－6、240:3－6、261:5－4、256:7－6、178:8－9、136:4－13、2:14－210）　51～55. Ⅳ型：（YYM2:14－213、241:7－166、226:16－6、147:3－6、132:5－6）　56. Ⅴ型：（YYM3:5－9）　57、58. Ⅵ型：（394:4－26、354:4－6）

仅1枚，占玉皇庙墓地出土绿松石珠总数的0.05%。标本YYM3:5-9，属于春秋早期。穿孔在上端中央，横向垂直于正、背面。通长0.9、通宽0.7、厚0.19、孔径0.1厘米（图七五九，56）。

Ⅵ型 六边形

共18枚，占玉皇庙墓地出土绿松石珠总数的0.9%；分别出自2座墓葬，墓号为：YYM354（3枚）、394（15枚），均属于春秋晚期后段。标本的横剖面和纵剖面皆为六边形。

标本YYM354:4-4~6，通长0.7~0.91、宽0.6~0.7、厚0.4~0.6、孔径0.2厘米（图七五九，58；彩版七〇，3）。

标本YYM394:4-26~40，通长0.7~1、通宽0.6~0.8、厚0.5~0.6、孔径0.15~0.25厘米（图七五九，57）。

详见附表192。

附表192-1 玉皇庙墓地出土绿松石珠统计表

序号	器物号（YYM）	型	数量	规格（厘米）				备注
				通长/高	宽/外径	厚	孔径	
1	22:5-1~2	Ⅰ	2	1.05~1.1	0.75~0.96	0.32~0.5	0.2~0.35	
	22:7-1	Ⅱ	1	0.4	1		0.15	
2	20:5-1~2	Ⅰ	7	0.6~0.8	0.6	0.2~0.23	0.15	残5
	20:5-8	Ⅲ	1	1.1	0.7		0.25	直圆筒
3	35:7-1~8	Ⅰ	8	0.6~1.2	0.5~0.95	0.2~0.3	0.1~0.2	
	35:11-1~2	Ⅰ	6	0.48~0.7	0.5	0.21~0.28	0.12	残4
4	29:3-1~7	Ⅰ	8	0.6~1.2	0.5~0.7	0.3~0.4	0.15~0.2	残1
5	19:5	Ⅰ	1	1	0.85	0.5	0.15	
6	17:5-104~105	Ⅰ	2	1.2/1.3	1.1/1.2	0.53/0.6	0.2/0.25	残1
	17:5-106	Ⅰ	1	0.55	0.48	0.25	0.12	
7	15:3-1~3	Ⅰ	3	0.55~0.9	0.6~0.72	0.25~0.4	0.2~0.25	
8	2:13-1~8	Ⅰ	8	0.55~0.85	0.7~1.0	0.35~0.42	0.15~0.2	
	2:14-154~208	Ⅰ	55	0.42~1.3	0.46~1.0	0.3~0.4	0.1~0.15	
	2:14-209	Ⅱ	1	0.34	0.41		0.12	
	2:14-210~211	Ⅲ	2	0.6/1.3	0.8/0.45		0.38/0.18	直圆筒形
	2:14-212~213	Ⅳ	2	0.82/2	0.42/0.7		0.18/0.28	长圆鼓形
9	3:5-1~8	Ⅰ	8	0.4~0.7	0.38~0.5	0.25~0.32	0.1~0.12	
	3:5-9	Ⅴ	1	0.9	0.7	0.19	0.1	
10	18:13-1~16	Ⅰ	16	0.55~1.75	0.4~1.07	0.2~0.58	0.1~0.3	
	18:14-1~169	Ⅰ	169	0.4~1.4	0.4~1.0	0.2~0.6	0.1~0.2	
11	13:12-1	Ⅰ	1	0.85	0.75	0.3	0.12	

附表192－2　　**玉皇庙墓地出土绿松石珠统计表**

序号	器物号（YYM）	型	数量	规格（厘米）				备注
				通长/高	宽/外径	厚	孔径	
12	300:11－1～4	Ⅰ	4	0.65～1.3	0.65～1.05	0.22～0.35	0.1～0.15	
13	11:9	Ⅰ	1	0.81	0.58	0.3	0.1	
14	5:17	Ⅰ	1	0.83	0.5	0.3	0.16	
15	10:6－1	Ⅰ	1	1.18	0.8	0.42	0.2	
16	278:3－1～4	Ⅰ	4	0.5～0.65	0.46～0.72	0.3～0.35	0.1～0.15	
	278:3－5～60	Ⅱ	60	0.2～0.32	0.3～0.4		0.1～0.12	
17	279:3－1～7	Ⅰ	7	0.5～0.62	0.4～0.55		0.1～0.15	
18	280:8－6～16	Ⅰ	11	0.48～0.8	0.3～0.6	0.25～0.3	0.1～0.12	
19	285:1－1～4	Ⅰ	4	0.52～0.7	0.45～0.55	0.3	0.1～0.12	
20	37:5－1～2	Ⅰ	2	1.0～1.1	0.7～0.9	0.3～0.45	0.2～0.22	
21	98:5－1～12	Ⅰ	12	0.42～0.7	0.35～0.45	0.25～0.3	0.15～0.2	
	98:7－1～6	Ⅰ	6	0.5～0.55	0.42～0.5	0.25～0.3	0.12	
22	277:3－1～2	Ⅰ	2	0.7	0.72/0.78	0.28/0.46	0.18	
23	250:23－1～6	Ⅰ	6	0.5～0.7	0.42～0.6	0.25～0.3	0.12～0.15	
24	282:7－1～5	Ⅰ	5	0.52～0.7	0.55～0.8	0.22～0.33	0.1～0.15	
25	251:9－1～4	Ⅰ	4	0.38～0.98	0.42～0.72	0.21～0.45	0.1～0.28	
	251:5－1～49	Ⅰ	49	0.31～0.6	0.35～0.58	0.25～0.4	0.12～0.15	
26	230:12－1～6	Ⅰ	6	0.55～0.87	0.45～0.67	0.22～0.28	0.12～0.14	
27	229:16	Ⅰ	1	0.7	0.7		0.2	
28	233:7－1～10	Ⅰ	10	0.55～0.72	0.31～0.62	0.3～0.48	0.11～0.19	
29	231:3－1～3	Ⅰ	3	0.48～0.7	0.3～0.6	0.25～0.3	0.12～0.15	
30	227:9－1～12	Ⅰ	12	0.5～1.35	0.5～1.4	0.3～0.6	0.15～0.3	
31	241:3－1～4	Ⅰ	4	0.35～0.9	0.4～0.65	0.25～0.3	0.1～0.15	
	241:7－1～15	Ⅰ	15	0.48～1.45	0.45～1	0.2～0.45	0.1～0.2	
	241:7－16～165	Ⅲ	150	0.21～0.75	0.18～0.3		0.1～0.15	直圆筒
	241:7－166	Ⅳ	1	0.7	0.45		0.15	长圆鼓形
32	264:10－1～2	Ⅰ	2	0.55	0.47/0.55	0.3	0.1	
33	99:4－1～3	Ⅰ	3	0.6	0.72～0.75	0.28～0.4	0.15	
34	226:16－1～5	Ⅰ	5	0.5－1	0.5～0.9	0.25～0.4	0.12～0.32	
	226:16－6	Ⅳ	1	0.55	0.9		0.35	长圆鼓形
35	240:3－1～4	Ⅰ	4	0.35～0.92	0.35～0.9	0.2～0.42	0.1～0.2	
	240:3－5	Ⅱ	1	0.22	0.7		0.28	
	240:3－6	Ⅲ	1	0.2	0.8		0.3	
36	252:6	Ⅰ	1	0.7	0.66	0.25	0.15	

附表 192－3

玉皇庙墓地出土绿松石珠统计表

<table>
<tr><th rowspan="2">序号</th><th rowspan="2">器物号（YYM）</th><th rowspan="2">型</th><th rowspan="2">数量</th><th colspan="4">规 格（厘米）</th><th rowspan="2">备 注</th></tr>
<tr><th>通长/高</th><th>宽/外径</th><th>厚</th><th>孔径</th></tr>
<tr><td>37</td><td>275：7－1～2</td><td>Ⅰ</td><td>2</td><td>0.5/0.95</td><td>0.5/0.8</td><td>0.27/0.32</td><td>0.15/0.2</td><td></td></tr>
<tr><td>38</td><td>47：4－2～4</td><td>Ⅰ</td><td>3</td><td>0.75－0.85</td><td>0.65/0.8</td><td>0.3/0.42</td><td>0.18</td><td></td></tr>
<tr><td>39</td><td>234：8－1～8</td><td>Ⅰ</td><td>9</td><td>0.35～0.55</td><td>0.4～0.45</td><td>0.2～0.3</td><td>0.11～0.2</td><td>残1</td></tr>
<tr><td rowspan="2">40</td><td>239：2－1～2</td><td>Ⅰ</td><td>2</td><td>0.75/0.8</td><td>0.75/0.8</td><td>0.3</td><td>0.18/0.22</td><td></td></tr>
<tr><td>239：2－3～29</td><td>Ⅰ</td><td>27</td><td>0.4～0.42</td><td>0.4～0.42</td><td>0.2～0.3</td><td>0.1～0.15</td><td></td></tr>
<tr><td>41</td><td>253：1</td><td>Ⅰ</td><td>1</td><td>0.8</td><td>0.82</td><td>0.5</td><td>0.18～0.25</td><td></td></tr>
<tr><td>42</td><td>263：3</td><td>Ⅰ</td><td>1</td><td>0.7</td><td>0.52</td><td>0.3</td><td>0.1</td><td></td></tr>
<tr><td>43</td><td>274：3</td><td>Ⅰ</td><td>1</td><td>0.82</td><td>0.52</td><td>0.32</td><td>0.12</td><td></td></tr>
<tr><td>44</td><td>266：3－1～2</td><td>Ⅰ</td><td>2</td><td>0.45/0.8</td><td>0.5/0.7</td><td>0.27/0.3</td><td>0.15/0.2</td><td></td></tr>
<tr><td>45</td><td>273：3－1～2</td><td>Ⅰ</td><td>2</td><td>0.95/1.08</td><td>0.9</td><td>0.4/0.55</td><td>0.12/0.3</td><td></td></tr>
<tr><td>46</td><td>44：4－10～11</td><td>Ⅰ</td><td>2</td><td>0.5/0.55</td><td>0.4/0.5</td><td>0.28</td><td>0.12</td><td></td></tr>
<tr><td>47</td><td>236：11－1～3</td><td>Ⅰ</td><td>3</td><td>0.31～0.8</td><td>0.4～0.6</td><td>0.3～0.38</td><td>0.12～0.2</td><td></td></tr>
<tr><td>48</td><td>237：3－1～8</td><td>Ⅰ</td><td>8</td><td>0.5～1.1</td><td>0.55～0.8</td><td>0.3～0.4</td><td>0.15～0.25</td><td></td></tr>
<tr><td>49</td><td>255：1－1～10</td><td>Ⅱ</td><td>10</td><td>0.15</td><td>0.3</td><td></td><td>0.1</td><td></td></tr>
<tr><td rowspan="3">50</td><td>256：5－1～20</td><td>Ⅰ</td><td>20</td><td>0.2～0.6</td><td>0.3～0.6</td><td>0.2～0.25</td><td>0.08～0.2</td><td></td></tr>
<tr><td>256：7－1～5</td><td>Ⅱ</td><td>5</td><td>0.3～0.4</td><td>0.4～0.5</td><td></td><td>0.08～0.15</td><td></td></tr>
<tr><td>256：7－6～11</td><td>Ⅲ</td><td>6</td><td>0.12～0.18</td><td>0.3～0.42</td><td></td><td>0.1～0.25</td><td></td></tr>
<tr><td rowspan="2">51</td><td>261：5－1</td><td>Ⅰ</td><td>3</td><td>0.8</td><td>0.6</td><td>0.25</td><td>0.1</td><td>残2</td></tr>
<tr><td>261：5－4</td><td>Ⅲ</td><td>1</td><td>0.3</td><td>0.9</td><td></td><td>0.28</td><td></td></tr>
<tr><td>52</td><td>267：3－176～182</td><td>Ⅰ</td><td>7</td><td>0.7～1.05</td><td>0.65～1.0</td><td>0.3～0.6</td><td>0.15</td><td></td></tr>
<tr><td>53</td><td>272：2</td><td>Ⅰ</td><td>1</td><td>0.7</td><td>0.65</td><td>0.38</td><td>0.12</td><td></td></tr>
<tr><td>54</td><td>247：7－1～3</td><td>Ⅰ</td><td>4</td><td>0.6～0.9</td><td>0.5～0.7</td><td>0.3～0.4</td><td>0.2</td><td>残1</td></tr>
<tr><td>55</td><td>48：7－1～6</td><td>Ⅰ</td><td>6</td><td>0.52～1.4</td><td>0.4～0.75</td><td>0.3～0.35</td><td>0.1～0.2</td><td></td></tr>
<tr><td rowspan="2">56</td><td>95：8－1～3</td><td>Ⅰ</td><td>3</td><td>0.6～0.95</td><td>0.5～1</td><td>0.3～0.6</td><td>0.1～0.2</td><td></td></tr>
<tr><td>95：8－4～18</td><td>Ⅱ</td><td>15</td><td>0.18～0.28</td><td>0.28～0.35</td><td></td><td>0.15～0.28</td><td></td></tr>
<tr><td rowspan="2">57</td><td>258：3－1</td><td>Ⅰ</td><td>1</td><td>0.8</td><td>0.9</td><td>0.4</td><td>0.18</td><td></td></tr>
<tr><td>258：3－2～8</td><td>Ⅰ</td><td>7</td><td>0.5～0.6</td><td>0.45～0.6</td><td>0.28～0.32</td><td>0.2～0.22</td><td></td></tr>
<tr><td>58</td><td>51：9－1～6</td><td>Ⅰ</td><td>6</td><td>0.42～0.55</td><td>0.4～0.52</td><td>0.28～0.3</td><td>0.1～0.18</td><td></td></tr>
<tr><td>59</td><td>65：6</td><td>Ⅰ</td><td>1</td><td>0.8</td><td>0.7</td><td>0.5</td><td>0.2</td><td></td></tr>
<tr><td>60</td><td>190：6－1～10</td><td>Ⅰ</td><td>10</td><td>0.45～0.8</td><td>0.4～0.8</td><td>0.2～0.35</td><td>0.1～0.12</td><td></td></tr>
<tr><td rowspan="2">61</td><td>125：2－1～6</td><td>Ⅰ</td><td>6</td><td>0.8～1.1</td><td>0.6～1</td><td>0.3～0.6</td><td>0.18～0.25</td><td></td></tr>
<tr><td>125：3－7～19</td><td>Ⅰ</td><td>13</td><td>0.3～0.64</td><td>0.35～0.65</td><td>0.18～0.42</td><td>0.12～0.2</td><td></td></tr>
<tr><td>62</td><td>188：6－1～2</td><td>Ⅰ</td><td>2</td><td>0.5/0.55</td><td>0.45/0.5</td><td>0.28</td><td>0.12</td><td></td></tr>
<tr><td rowspan="3">63</td><td>52：13－1～8</td><td>Ⅰ</td><td>8</td><td>0.55～0.98</td><td>0.5～0.7</td><td>0.25～0.35</td><td>0.1～0.2</td><td></td></tr>
<tr><td>52：15－1～3</td><td>Ⅱ</td><td>3</td><td>0.4～0.55</td><td>0.35～0.4</td><td></td><td>0.1～0.12</td><td></td></tr>
<tr><td>52：15－4～10</td><td>Ⅲ</td><td>7</td><td>0.15～0.5</td><td>0.35～0.39</td><td></td><td>0.12～0.15</td><td></td></tr>
<tr><td>64</td><td>54：8</td><td>Ⅰ</td><td>1</td><td>0.5</td><td>0.6</td><td>0.4</td><td>0.12</td><td></td></tr>
<tr><td>65</td><td>23：11－1</td><td>Ⅰ</td><td>4</td><td>1.5</td><td>1</td><td>0.35</td><td>0.2</td><td>残3</td></tr>
<tr><td>66</td><td>7：10－2</td><td>Ⅱ</td><td>1</td><td>0.51</td><td>0.9</td><td></td><td>0.32</td><td></td></tr>
<tr><td>67</td><td>102：6</td><td>Ⅰ</td><td>1</td><td>0.85</td><td>0.8</td><td>0.5</td><td>0.15</td><td></td></tr>
<tr><td>68</td><td>212：6－1～2</td><td>Ⅰ</td><td>2</td><td>0.8/0.9</td><td>0.7/0.8</td><td></td><td>0.2/0.25</td><td></td></tr>
</table>

附表 192－4

玉皇庙墓地出土绿松石珠统计表

序号	器物号（YYM）	型	数量	规　格（厘米）				备　注
				通长/高	宽/外径	厚	孔径	
69	208：4	Ⅱ	1	0.21	0.35		0.1	
70	192：4－1	Ⅰ	1	0.45	0.62	0.32	0.15	
71	58：5－1～2	Ⅰ	2	0.85	0.82	0.4	0.1～0.22	
	58：7－10～24	Ⅰ	15	0.35～0.95	0.45～0.9	0.3～0.52	0.1～0.2	
	58：7－25	Ⅱ	1	0.3	0.55		0.18	
	58：7－26	Ⅲ	1	0.8	0.5		0.2	直圆筒
72	196：3－1～6	Ⅰ	6	0.3～0.65	0.38～0.7	0.32～0.36	0.1～0.2	
73	186：7－1～2	Ⅰ	2	0.42	0.55	0.35	0.12	
74	57：6－1～2	Ⅰ	2	1.25/1.4	1.2/1.05	0.7/0.45	0.3/0.2	
	57：6－3～8	Ⅰ	6	0.52～0.72	0.6	0.2～0.3	0.15	
75	86：6－1～10	Ⅰ	10	0.45～0.55	0.4～0.5	0.15～0.35	0.1～0.2	
76	184：4－1～4	Ⅰ	4	0.5～0.75	0.6～0.7	0.42	0.15	
77	64：3－1～6	Ⅰ	5	0.5～0.65	0.4～0.67	0.3～0.45	0.1～0.15	
	64：3－6	Ⅲ	1	1.2	0.75		0.18	直圆筒
78	69：2－1～2	Ⅰ	2	0.5/0.52	0.6	0.35	0.18	
79	83：6	Ⅰ	1	0.8	0.8	0.48	0.15	
80	217：5－1～4	Ⅰ	4	0.9～1	0.6～1	0.46～0.61	0.1～0.25	残 1
81	182：6－1～2	Ⅰ	2	0.9	0.85/0.9	0.4/0.58	0.22	
82	220：5－1～14	Ⅰ	14	0.4～0.8	0.4～0.6	0.3～0.35	0.15～0.2	
	220：6－13～90	Ⅱ	78	0.06～0.2	0.15～0.4		0.08～0.1	
83	219：2－1～6	Ⅰ	6	0.4～0.6	0.55～0.7	0.25～0.42	0.15	残 1
84	215：4－1～3	Ⅰ	3	0.6～0.7	0.55～0.9	0.3～0.4	0.12～0.2	
85	213：7－1～5	Ⅰ	5	0.8～1	0.45～1	0.42～0.45	0.15～0.25	残 1
86	209：6－1～5	Ⅰ	5	0.6～1	0.7～0.9	0.4～0.5	0.15～0.3	
87	206：3－1～2	Ⅰ	2	0.42	0.5	0.35	0.14～0.2	
88	197：3－1～2	Ⅰ	2	0.7/1.0	0.65/0.85	0.38/0.45	0.2	
89	198：3－1～16	Ⅰ	16	0.4～0.8	0.58～0.9	0.4～0.52	0.12～0.25	
90	199：10	Ⅰ	1	0.5	0.52	0.32	0.12	
91	178：5－1～6	Ⅰ	6	0.4～0.6	0.5～0.65	0.4	0.12～0.2	
	178：8－1～8	Ⅰ	8	0.4～0.9	0.35～0.82	0.23～0.55	0.1～0.2	
	178：8－9	Ⅲ	1	0.2	0.3		0.1	

附表 192－5

玉皇庙墓地出土绿松石珠统计表

序号	器物号（YYM）	型	数量	规格（厘米）				备注
				通长/高	宽/外径	厚	孔径	
92	177：2	Ⅰ	1	0.52	0.6	0.4	0.15	
93	150：3－1～11	Ⅰ	11	0.38～1.1	0.45～1	0.2～0.5	0.12～0.25	
94	151：6－1～4	Ⅰ	4	0.7～1.05	0.7～0.8	0.35	0.15～0.25	
95	157：2－1～2	Ⅰ	2	0.6	0.5/0.65	0.3	0.18	
96	153：7－1～12	Ⅰ	12	0.55～1.1	0.55～0.75	0.22～0.42	0.15～0.25	
97	147：3－3～5	Ⅱ	3	0.5	0.4		0.15	
	147：3－6	Ⅳ	1	0.4	0.4		0.1	长圆鼓形
98	142：5－1～6	Ⅰ	6	0.7～1	0.5～0.7	0.4～0.45	0.15～0.2	
99	145：6－1～3	Ⅰ	6	0.5～0.7	0.5～0.7	0.22～0.25	0.12	残3
100	143：5－1～2	Ⅰ	6	1.6/1.8	1.4	1.6/1.8	0.25	残4
101	144：3－1～36	Ⅰ	37	0.4～0.6	0.45～0.7	0.15～0.4	0.15～0.2	残1
102	138：3－1～25	Ⅰ	25	0.65～1.35	0.3～1.1	0.3～0.5	0.1～0.2	
103	136：2－1～4	Ⅰ	4	0.6～0.65	0.6～0.7	0.3～0.35	0.1～0.12	
	136：4－13～24	Ⅲ	12	0.1	0.2		00.8	
104	117：6－1～5	Ⅰ	5	0.55～1.6	0.58～0.12	0.3～0.5	0.2～0.3	
105	104：3－1～2	Ⅰ	2	0.6～0.7	0.6	0.3	0.18～0.2	
106	105：6－1～2	Ⅰ	2	1	1	0.6	0.25/0.35	
	105：6－3～4	Ⅰ	2	0.5/0.52	0.6/0.62	0.25～0.4	0.1～0.25	
107	74：5－1～2	Ⅰ	2	0.35/0.4	0.37/0.45	0.16/0.2	0.1	
108	75：4－1～9	Ⅰ	9	0.5～0.65	0.5～0.7	0.32～0.4	0.12～0.15	
109	76：4－39～65	Ⅰ	27	0.4～0.8	0.55～0.85	0.4～0.52	0.15～0.2	
110	202：3－1～4	Ⅰ	4	0.52～1.28	0.5～1.2	0.3～0.65	0.1～0.2	
	202：6－3	Ⅰ	1	1	0.9	0.6	0.25	
111	176：3－1～2	Ⅱ	2	0.25/0.4	0.75		0.3	
112	154：5	Ⅰ	1	1.15	0.9	1.1	0.2	
113	155：4－1～2	Ⅰ	2	0.7/1.2	0.9	0.32/0.45	0.1/0.12	
114	286：1－1～7	Ⅰ	7	0.7～1.12	0.65～0.9	0.35～0.65	0.12～0.3	
115	156：6－1～2	Ⅰ	2	1.8	1.3	0.6	0.3	
	156：6－3～6	Ⅰ	4	0.8～1.02	0.8～0.9	0.2	0.18	
116	158：8－1	Ⅰ	2	1.05	1.1	0.45/0.6	0.23/0.3	残1
117	167：3－1～16	Ⅰ	16	0.45～0.75	0.55～0.9	0.3～0.4	0.1～0.2	
	167：6－1～221	Ⅱ	221	0.15～0.25	0.2～0.4		0.1	残35

附表 192－6

玉皇庙墓地出土绿松石珠统计表

序号	器物号（YYM）	型	数量	规格（厘米）				备注
				通长/高	宽/外径	厚	孔径	
118	168：5－1～6	Ⅰ	6	0.8～1.5	0.8～1.05	0.5～0.6	0.2～0.25	
119	133：3－1～22	Ⅰ	22	0.35～1	0.4～0.96	0.25～0.48	0.1～0.16	
120	132：2－1～2	Ⅰ	2	0.9	0.9	0.4	0.15	
	132：5－4～5	Ⅰ	2	0.5/0.55	0.5/0.6	0.25	0.12	
	132：5－6～18	Ⅳ	13	0.4～0.52	0.4～0.5		0.12～0.18	
121	131：7－1～5	Ⅰ	6	0.52～0.6	0.52～0.6	0.32	0.11～0.18	残1
122	124：6－1～3	Ⅰ	3	1.1～1.2	1～1.1	0.62～0.65	0.2	
123	126：3－1～5	Ⅰ	6	0.5～0.75	0.6	0.3～0.4	0.15～0.18	残1
124	120：3－1～3	Ⅰ	3	0.8～1.2	0.9～1.1	0.3～0.45	0.2	
	120：3－4～6	Ⅰ	3	0.5～0.6	0.55	0.25～0.3	0.18～0.2	
125	114：3－1～4	Ⅰ	4	0.3～0.5	0.4～0.45	0.15～0.23	0.1～0.2	
	114：4－2～30	Ⅰ	33	0.55～1.2	0.52～1.1	0.2～0.52	0.15～0.25	残4
126	113：3－1～4	Ⅰ	4	0.6			0.15	（全残）
	113：6－28～46	Ⅰ	19	0.45～0.7	0.55～0.72	0.3～0.5	0.1～0.15	
127	111：6－1～4	Ⅰ	4	0.7～0.9	0.65～0.8	0.35～0.55	0.15～0.2	
128	166：3－1	Ⅰ	1	0.65	0.7	0.4	0.18	
129	171：6－1～7	Ⅰ	7	0.85～1.9	0.8～1.7	0.3～0.45	0.13～0.25	
	171：6－8	Ⅱ	1	0.45	0.6		0.15	
130	106：4－1～5	Ⅰ	5	0.5～0.6	0.5～0.6	0.3～0.4	0.12	
	106：4－6	Ⅰ	1	1	0.6	0.4	0.2	
131	80：2－1～50	Ⅰ	50	0.25～0.52	0.32～0.5	0.25～0.3	0.18～0.2	
	80：6－1～4	Ⅰ	4	0.4～0.7	0.52～0.8	0.3～0.4	0.1～0.2	
132	77：4－1	Ⅰ	1	0.55	0.5	0.2	0.1	
133	79：3－3	Ⅰ	1	0.4	0.65	0.35	0.15	
134	78：4－4～6	Ⅰ	3	0.6～0.85	0.8～1.0	0.3～0.4	0.13～0.15	
135	323：3－12～23	Ⅰ	19	0.4～0.6	0.4～0.62	0.2～0.4	0.15	残7
	323：3－31	Ⅱ	1	0.5	0.9		0.28	
136	322：2－1～11	Ⅰ	37	0.2～0.5	0.3～0.45	0.2	0.1	残26
137	308：2	Ⅰ	1	0.58/0.63	0.6/0.65	0.4/0.5	0.2	
138	164：7－1～2	Ⅰ	2	0.7～1	0.8～1	0.3～0.4	0.18	
139	127：5－1～2	Ⅰ	2	0.7/0.8	0.8/0.85	0.42/0.5	0.15	

附表 192－7

玉皇庙墓地出土绿松石珠统计表

序号	器物号（YYM）	型	数量	规格（厘米）				备注
				通长/高	宽/外径	厚	孔径	
140	172:5	Ⅰ	1	0.3	0.8	0.5	0.2	残
141	175:6－1～5	Ⅰ	6	1.1～1.37	1～1.2	0.45～0.5	0.2	残1
	175:8－1～3	Ⅰ	3	0.55～0.75	0.45～0.8	0.3～0.6	0.1～0.2	
142	161:8－1～2	Ⅰ	2	0.9	0.7～0.9	0.4	0.2	
143	129:13－1～6	Ⅰ	6	1～1.3	0.8～1.05	0.3～0.6	0.2～0.25	
144	128:8－1～5	Ⅰ	5	0.7～0.9	0.7～0.9	0.35～0.55	0.15～0.2	残1
145	174:6－1～6	Ⅰ	6	1.1～1.65	1～1.2	0.4～0.5	0.2	
146	340:3－1～2	Ⅰ	2	0.5/0.55	0.6	0.25/0.32	0.1/0.15	
147	334:7－1	Ⅰ	2	0.5	0.6	0.32	0.15	残1
148	352:3－1～3	Ⅰ	3	0.45～0.7	0.5～0.6	0.27～0.3	0.1～0.12	
149	351:4－1	Ⅰ	1	0.5	0.62	0.38	0.12	
150	354：3－141～142	Ⅳ	27	0.5～0.75	0.4～0.5		0.18～0.25	残25
	354：4－1～3	Ⅵ	3					
	354：4－4～6	Ⅳ	3	0.7～0.91	0.6～0.7	0.4～0.6	0.2	
	354：6－1～6	Ⅰ	6	0.5～0.8	0.5～0.7	0.3～0.4	0.12～0.15	
151	344:6－1～4	Ⅰ	4	1.1	1.1	0.45	0.25	全残
152	338:3－1～2	Ⅰ	2	1/1.52	1.1/1.4	0.42	0.28～0.3	
	338:3－3～7	Ⅰ	6	0.7～1.02	0.65～0.8	0.3～0.4	0.18～0.3	残1
153	349:6－1～4	Ⅰ	4	0.65～0.91	0.6～0.7	0.4～0.55	0.15～0.2	
154	347:2	Ⅰ	1	0.6	0.9	0.4	0.18	
155	381:3－1～10	Ⅰ	10	1.0～1.3	0.8～1.15	0.51～0.6	0.18～0.2	
	381:5－51～52	Ⅰ	2	1.05/1.2	1.0/1.1	0.52/0.57	0.2/0.25	
156	379:4－1	Ⅰ	1	0.5	0.6	0.4	0.12	
157	376:4	Ⅰ	1	1.17	0.97	0.4	0.2	
158	374:3－1～6	Ⅰ	6	0.43～0.93	0.5～0.9	0.3～0.45	0.1～0.22	
159	375:5－26	Ⅰ	1	0.42	0.45	0.28	0.13	
160	372:4－1～2	Ⅰ	2	0.58/0.62	0.6	0.3/0.4	0.1/0.12	
161	371:3－1～3	Ⅰ	3	0.72～0.92	0.58～0.82	0.35～0.5	0.1～0.22	
162	368:5－9～15	Ⅰ	7	0.42～0.5	0.4～0.5	0.28～0.3	0.1～0.12	
163	369:3	Ⅰ	1	1.05	1.35	0.35	0.15	
	369:5－12～14	Ⅰ	3	0.5～0.7	0.5～0.7	0.25～0.47	0.12～0.22	

附表 192－8　**玉皇庙墓地出土绿松石珠统计表**

序号	器物号（YYM）	型	数量	规　格（厘米）				备　注
				通长/高	宽/外径	厚	孔径	
164	364：4－1～85	Ⅱ	85	0.1～0.23	0.21～0.35		0.1	
	364：5－47	Ⅰ	1	0.65	0.6	0.3	0.12	
165	363：2－1	Ⅰ	1	0.95	0.92	0.4	0.2	
166	361：3－2	Ⅰ	1	0.8	0.7	0.3	0.13	
167	397：4－1～4	Ⅰ	4	1～1.4	0.9～1.15	0.5～0.6	0.9～1.2	
168	392：3－1～6	Ⅰ	6	0.45～0.8	0.55～0.8	0.35～0.5	0.12～0.15	
169	394：4－15～25	Ⅰ	11	0.5～2.15	0.55～1.8	0.3～0.72	0.1～0.35	
	394：4－26～40	Ⅵ	15	0.7～1	0.6～0.8	0.5～0.6	0.15～0.25	残 1
170	400：3－1～2	Ⅰ	2	1.05	1.02	0.4	0.15	残 1
合　计				共 170 座墓　2095 枚				

注：Ⅰ型为弧面长方体，横剖面为椭圆形；Ⅱ型为扁鼓形；Ⅲ型为直圆筒形；Ⅳ型为长圆鼓形；Ⅴ型为横穿孔长方形；Ⅵ扁六边形。

讨论

从年代考察，在出土绿松石珠的墓葬中，分布于北Ⅰ区中部者 14 座（YYM22、20、35、29、19、17、15、2、3、18、13、11、5、10）、西区者 1 座（YYM300），此 15 座均属于春秋早期，占玉皇庙墓地出土绿松石珠墓葬总数的 8.8%；分布于北Ⅱ区北部者 23 座（YYM278、279、280、285、37、98、277、250、282、251、230、229、233、231、227、264、241、99、226、240、252、275、47），属于春秋早中期，占玉皇庙墓地出土绿松石珠墓葬总数的 13.5%；分布于北Ⅱ区中部者 26 座（YYM234、239、253、263、274、266、273、44、236、237、255、256、261、267、272、247、48、95、258、51、65、190、125、188、52、54）、北Ⅰ区中部者 1 座（YYM23）、北Ⅰ区南部者 2 座（YYM7、102），此 29 座均属于春秋中期，占玉皇庙墓地出土绿松石珠墓葬总数的 17.1%；分布于北Ⅱ区南部者 12 座（YYM212、208、192、58、196、186、57、86、184、64、69、83），属于春秋中晚期，占玉皇庙墓地出土绿松石珠墓葬总数的 7.1%；分布于南区北部者 30 座（YYM217、182、220、219、215、213、209、206、197、198、199、178、177、150、151、157、153、147、142、145、143、144、138、136、117、104、105、74、75、76）、中部者 25 座（YYM202、176、154、155、286、156、158、167、168、133、132、131、124、126、120、114、113、111、166、171、106、80、77、79、78）、西区者 3 座（YYM323、322、308），此 58 座均属于春秋晚期前段，占玉皇庙墓地出土绿松石珠墓葬总数的 34.1%；分布于南区南部者 33 座（YYM164、127、172、175、161、129、128、174、340、334、352、351、354、344、338、349、347、381、379、376、374、375、372、371、368、369、364、363、361、397、392、394、400），属于春秋晚期后段，占玉皇庙墓地出土绿松石珠墓葬总数的 19.4%。

从墓主人性别考察，男性墓 85 座（YYM22、19、18、13、300、11、5、278、277、250、282、230、229、233、227、264、226、252、275、234、263、44、236、261、247、48、95、51、65、190、

188、52、54、23、7、102、212、192、58、186、57、86、69、83、217、182、213、209、199、151、142、145、143、117、105、74、154、156、158、168、131、124、111、171、77、79、323、322、308、164、127、172、175、161、129、174、334、351、344、349、381、379、376、361、400)，占玉皇庙墓地出土绿松石珠墓葬总数的50%；女性墓66座（YYM20、35、29、2、3、10、279、280、285、37、98、251、231、241、99、240、47、266、273、237、256、272、258、125、208、196、64、220、219、215、206、197、198、178、150、153、144、138、104、75、76、202、176、167、133、126、114、113、80、78、128、340、352、354、338、347、374、375、372、371、368、369、364、397、392、394)，占玉皇庙墓地出土绿松石珠墓葬总数的38.8%；无人墓1座（YYM17)，占玉皇庙墓地出土绿松石珠墓葬总数的0.6%；少儿墓13座（YYM15、239、274、255、184、157、136、155、132、120、166、106、363)，占玉皇庙墓地出土绿松石珠墓葬总数的7.6%；婴儿墓5座（YYM253、267、177、147、286)，占玉皇庙墓地出土绿松石珠墓葬总数的2.9%。绿松石珠适用于不同性别、不同年龄段的人群，男性与女性相比略占优势。

从墓葬级别考察，甲（A）级墓3座（YYM18、250、230)，占甲（A）级墓葬总数的100%；甲（B）级墓5座（YYM22、2、52、217、151)，占甲（B）级墓葬总数的100%；乙（A）级墓24座（YYM20、13、300、11、280、229、227、275、236、256、261、95、258、51、54、86、209、74、156、161、129、334、344、338)，占乙（A）级墓葬总数的85.7%；乙（B）级墓44座（YYM35、19、17、3、10、279、251、233、231、241、226、240、234、263、44、237、247、65、190、188、212、58、196、186、57、64、182、220、213、197、198、178、150、158、167、133、124、128、174、349、347、374、369、394)，占乙（B）级墓葬总数的53%；丙（A）级墓36座（YYM29、278、98、277、282、264、252、273、272、48、23、208、69、83、219、206、199、153、142、145、143、144、138、117、202、131、126、113、111、171、175、340、379、376、372、400)，占丙（A）级墓葬总数的44.4%；丙（B）级墓15座（YYM274、267、102、192、184、215、104、75、176、168、120、114、77、164、364)，占丙（B）级墓葬总数的36.6%；丙（C）级墓18座（YYM5、37、47、7、157、136、105、76、154、132、166、323、127、352、375、371、368、397)，占丙（C）级墓葬总数的27.3%；丁级墓24座（YYM15、285、99、239、253、255、125、177、147、155、286、106、80、79、78、322、308、172、351、354、381、363、361、392)，占丁级墓葬总数的26.1%。以上统计表明，绿松石珠在玉皇庙墓地是普遍适用于各阶层的饰品，随着级别的降低，随葬绿松石的比例也随之降低。

五 骨器

玉皇庙墓地共出土各类骨器593件，占该墓地出土器物总数的0.98%。分别出自95座墓葬，墓葬编号为：YYM22、32、33、34、19、17、3、18、13、82、300、11、5、277、250、282、230、229、233、228、227、264、276、226、252、275、234、43、273、236、261、257、247、271、48、95、269、51、65、190、188、52、54、36、23、192、58、186、57、60、71、184、72、83、148、217、203、213、210、209、205、199、179、151、142、143、138、117、105、74、76、156、158、168、134、131、124、111、78、332、333、321、320、303、302、127、110、173、129、174、345、344、343、349、358，占该墓地墓葬总数的23.75%。这些骨器，按用途可分为兵器（509件）、工具（13

件)、马具（31 件)、装饰品（26 件）和其类（14 件）等 5 类。

从数量看，兵器类最多，其次是马具类，第三属装饰品类，第四为工具类，数量最少的属其他类。从质量看，兵器类、马具类，纺轮、锥柄一类工具，因为需求量较大，工艺均显粗糙；而骨针的制作工艺，则较精细，骨针的针鼻孔经有的只有 0.4～0.5 毫米。从材质看，皆选用兽骨，尤以选用动物肢骨数量最多，也有少数用动物肋骨作原料的。从制法看，上述 5 类 10 余种骨器的生产过程，至少都要经过一系列几道工序方可制成：(1) 选料；(2) 开料，刮除骨松质；(3) 设计好器形与规格；(4) 按设计器形与规格切割、分料；(5) 在分割好的料坯上划出器形；(6) 按所划器形和规格进行加工：局部锯割，刮削，镂刻，锉磨；(7) 需带槽者则开槽，需带孔者，则钻孔；(8) 再经反复磨制，使器表光滑，便于使用。

从纹饰看，上述各类骨器，均为素面，未见有施纹者。这也是玉皇庙墓地出土骨器的特点之一。

(一) 兵器

玉皇庙墓地共出土骨制兵器 509 件，占玉皇庙墓地出土骨制品总数的 85.8%。包括弓弭（5 件)、镞（481 枚)、鸣镝（23 件)。

弓弭　玉皇庙墓地共出土骨弓弭 5 件，占玉皇庙墓地出土骨制兵器总数的 0.98%；分别出自 3 座墓葬，墓号为：YYM95（1 件)、54（2 件)、74（2 件)。

标本 YYM95:20，这是最早出现的骨弓弭，属于春秋中期。口部残损，长 11.1、宽 0.8、高 0.22 厘米（图七六〇，1)。

标本 YYM54:15－1～2，属于春秋中期。其一保存较完整，长 12.5、宽 1.2、高 0.2 厘米，口部宽 0.4、深 0.1 厘米（图七六〇，2)。

标本 YYM74:7－1～2，这是最晚出现的骨弓弭，属于春秋晚期前段。其一保存较完整，长 7.8、宽 1.1、高 0.2 厘米，口部 0.6 宽、深 0.2 厘米（图七六〇，3；图版四四四，3)。

这 3 座墓均属于乙（A）级男性墓，其中 2 座（YYM95、54）分布于北Ⅱ区中部，属于春秋中期；1 座（YYM74）分布于南区北部，属于春秋晚期前段。

详见附表 193。

附表 193　**玉皇庙墓地出土骨弓弭统计表**

序号	器物号（YYM)	数量	通长	通宽	通高	口宽	口深	备注
1	95:20	1	11.1	0.8	0.22	残		
2	54：15－1～2	2	7.5/12.5	0.4/1.2	0.2	0.4	0.1	残 1
3	74:7－1～2	2	7.8	1.1	0.2	0.6	0.2	残 1
合　计		共 3 座墓　5 件						

注：长度单位为厘米。

骨镞　玉皇庙墓地共出土骨镞 481 枚，占玉皇庙墓地出土骨制兵器总数的 94.5%；分别出自 72 座墓葬，占玉皇庙墓地墓葬总数的 18%。骨镞的保存状况不佳，能够明确辨认其形制者只有 134 枚，是出土骨镞总数的 27.9%。根据这 134 枚骨镞刃部的形状，可划分为 3 型 6 个亚型。

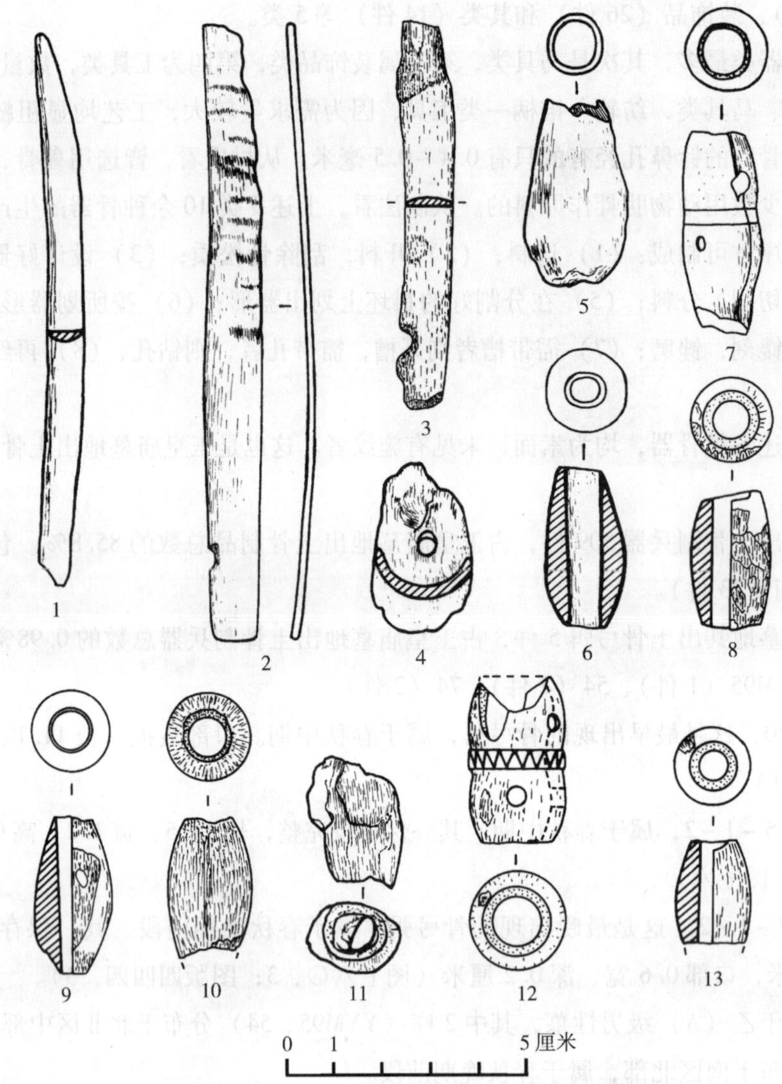

图七六〇　玉皇庙墓地出土骨弓弭及骨鸣镝

1～3. 骨弓弭（YYM95:20、54:15－1、74:7－1）　4～13. 骨鸣镝（YYM32:17、17:16、229:12－1、228:7、264:21、275:18、188:17－1、54:14、192:6、111:11）

Ⅰ型　两翼形

共29枚，占玉皇庙墓地可分型骨镞总数的21.6%。根据镞身后部的区别，可分为2个亚型。

Ⅰa型　镞身整体横剖面呈扁菱形或棱形

共19枚，占Ⅰ型骨镞总数的65.5%，分别出自13座墓葬，墓号为：YYM34（1枚）、17（2枚）、282（1枚）、226（4枚）（图版四四二，3）、275（2枚）、188（1枚）、57（1枚）、217（1枚）、203（1枚）、134（2枚）（图版四四二，1）、111（1枚）、127（1枚）、110（1枚）。

标本YYM34:15－1，是最早出现的Ⅰa型骨镞，属于春秋早期。镞身横剖面呈棱形，宽侧翼，短后锋，扁铤。残长5.1、通宽1.5、扁铤残长0.4厘米（图七六一，1；图版四四二，2）。

标本YYM110:5－1，是最晚出现的Ⅰa型骨镞，属于春秋晚期后段。镞身横剖面呈菱形，后锋极短，扁铤。通长6.7、通宽1.1、铤长2.3厘米（图七六一，11）。

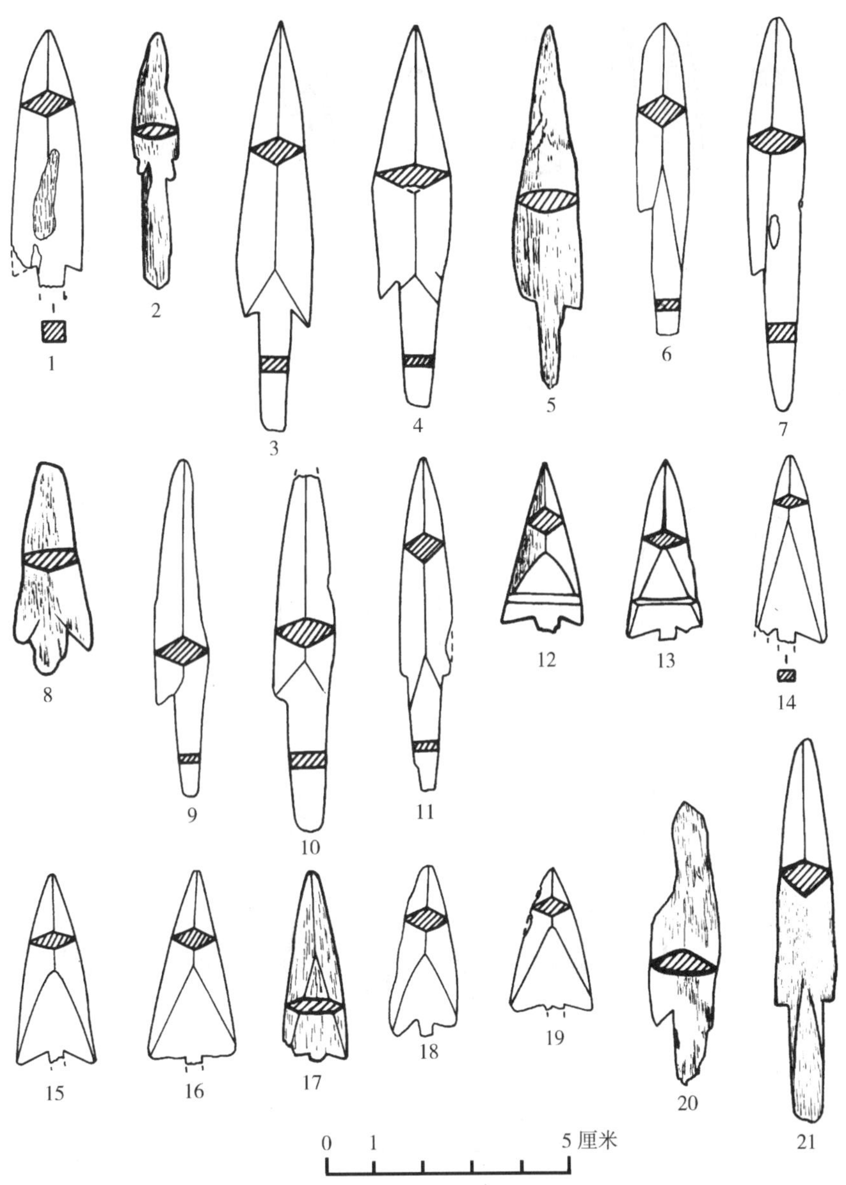

图七六一　玉皇庙墓地出土骨镞

1～11. Ⅰa型（YYM34:15－1、17:15－1、226:10－1、275:17－1、57:13－1、217:11、203:6、134:12－1、111:10－1、127:7、110:5－1）　12～19. Ⅰb型（YYM95:18－1、5:15－1、51:7－1、188:16－2、188:16－3、148:10－1、117:12－1、303:10－1）　20、21. Ⅱa型（YYM22:15、34:15－2）

其余17枚标本与上述2枚标本形态类似（参见图七六一，2～10）。

Ⅰb型　镞身后部呈三角形

共10枚，占Ⅰ型骨镞总数的34.5%，分别出自7座墓葬，墓号为：YYM5（1枚）、95（1枚）、51（1枚）、188（3枚）（图版四四二，4）、148（1枚）（图版四四二，7）、117（2枚）（图版四四二，5）、303（1枚）。

标本YYM5:15－1，是最早出现Ⅰb型骨镞，属于春秋早期。镞身前部横剖面呈菱形，自镞尖1.7

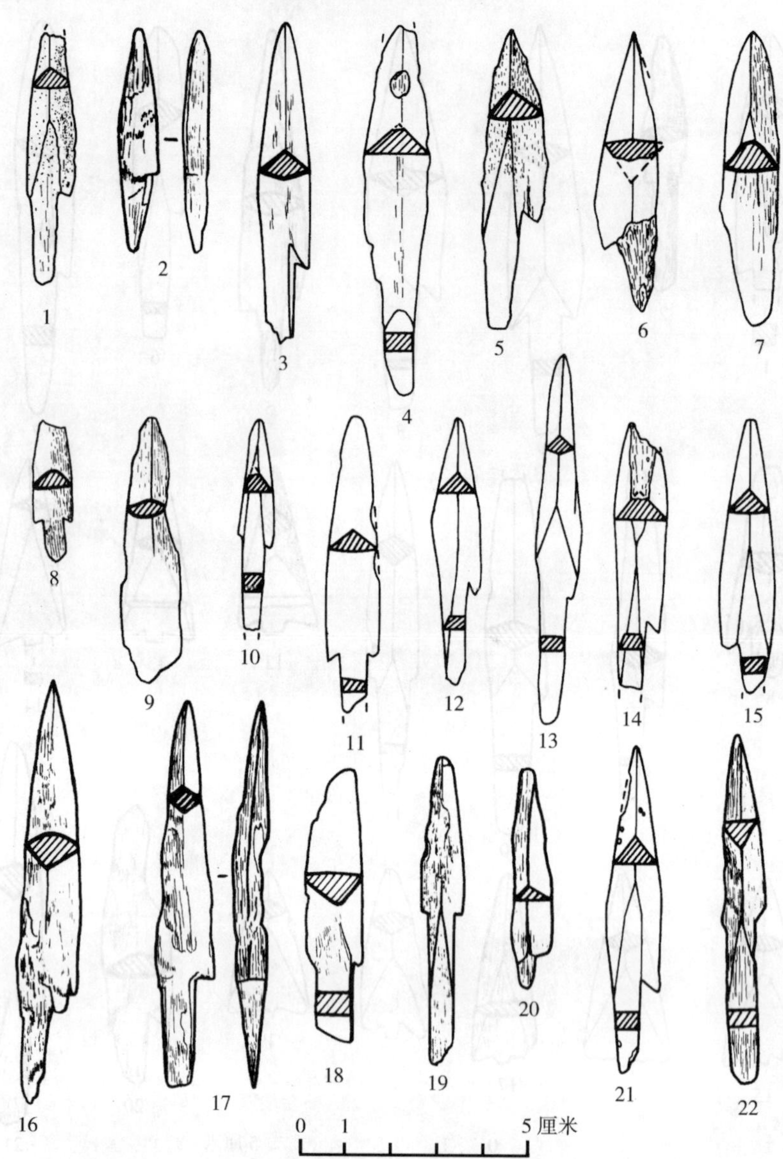

图七六二　玉皇庙墓地出土骨镞

1～22. Ⅱa型：1－7（YYM32:16－1、19:18－1、5:15－2、250:17－1、282:13－2、282:13－3、229:11）　8～15（YYM230:8、233:13、276:8－1、276:8－2、226:10－5、252:10－1、275:17－3、236:8）　16～22（YYM48:16－1、95:18－2、51:7－2、65:11、71:6－1、188:16－5、54:16－1）

厘米处，至两侧尾翼尖端形成三角形，横剖面呈六边形。通长3.6、通宽1.6、扁铤残长0.2厘米（图七六一，13）。

标本YYM303:10－1，是最晚出现的Ⅰb型骨镞，属于春秋晚期前段。镞身前部横剖面呈菱形，自镞尖1.2厘米处，至两侧尾翼尖端形成三角形，横剖面呈六边形。通长2.9、通宽1.7厘米，铤残（图七六一，19；图版四四二，6）。

其余8枚标本与上述2枚标本形制相似（参见图七六一，12～18）。

Ⅱ型　三棱形

共91枚，占玉皇庙墓地可分型骨镞总数的67.9%。根据前锋与铤的关系及后锋的形状，可分为2个亚型。

Ⅱa型　长前锋短铤，短后锋

共64枚，占Ⅱ型骨镞总数的70.3%；分别出自36座墓葬，墓号为：YYM22（1枚）、32（1枚）（图版四四二，8）、34（2枚）（图版四四二，9）、19（2枚）、5（2枚）、250（1枚）（图版四四二，11）、282（2枚）（图版四四二，12）、230（1枚）、229（1枚）、233（1枚）、276（2枚）（图版四四二，13）、226（1枚）（图版四四二，14）、252（1枚）（图版四四二，15）、275（1枚）（图版四四二，16）、234（1枚）（图版四四二，10）、236（1枚）（图版四四二，17）、48（1枚）（图版四四二，18）、95（1枚）、51（1枚）、65（1枚）、188（2枚）（图版四四三，1）、54（2枚）（图版四四三，2）、57（2枚）、71（2枚）、83（1枚）、210（11枚）（图版四四三，3）、209（2枚）、142（1枚）、111（2枚）（图版四四三，4）、332（3枚）（图版四四三，5）、333（4枚）（图版四四三，6）、320（1枚）、303（1枚）、110（3枚）（图版四四三，7）、174（1枚）（图版四四三，8）、343（1枚）。

标本YYM22:15，是最早出现的Ⅱa型骨镞，属于春秋早期。镞身横剖面呈等边三角形，后锋较短，扁铤残。残长5.6、宽1.5、铤残长1.5厘米（图七六一，20）。

标本YYM343:2，是最晚出现的Ⅱa型骨镞，属于春秋晚期后段。镞身横剖面呈等边三角形，铤根部横剖面略呈三角形。残长5.4、通宽0.9、铤残长1厘米（图七六三，12；图版四四三，9）。

其余62枚标本与上述2枚标本形态类似（参见图七六一～七六三）。

Ⅱb型　短前锋长铤，不出后锋

共27枚，占Ⅱ型骨镞总数的29.7%；分别出自9座墓葬，墓号为：YYM34（2枚）、17（12枚）（图版四四三，12）、250（2枚）（图版四四三，13）、226（1枚）（图版四四三，14）、252（2枚）（图版四四三，15）、52（4枚）、36（1枚）、58（2枚）、57（1枚）。

标本YYM34:15-4，2枚，是最早出现的Ⅱb型骨镞，属于春秋早期。镞身横剖面呈等边三角形，其一镞身略宽，后锋稍尖出；其二无后锋，长铤前后由三角形渐呈扁长方形，后段横剖面呈长方形。规格分别为：残长5.6、6.1、宽1、0.8、铤长3.1、4.2厘米（图七六三，15、16；图版四四三，10、11）。

标本YYM57:13-4，1枚，是最晚出现的Ⅱb型骨镞，属于春秋中晚期。镞身顶部磨损，横剖面呈抹顶角三角形，无后锋，长扁铤。通长9.1、宽1.1、铤长6.4厘米（图七六三，25）。

其余25枚标本与上述2枚标本形态相似（参见图七六三，16～24）。

Ⅲ型　四棱形

共14枚，占玉皇庙墓地可分型骨镞总数的10.4%。根据镞身横剖面形状，可分为4个亚型。

Ⅲa型　镞身横剖面呈四出花棱形

1枚，占Ⅲ型骨镞总数的7.1%。标本YYM34:15-6，属于春秋早期。短镞无后锋，扁铤，镞身与铤通宽，4棱间4面中间有凹槽，铤横剖面呈抹角长方形。残长2.8、宽0.5、铤残长0.9厘米（图七六四，1；图版四四三，18）。

Ⅲb型　镞身横剖面呈六边形

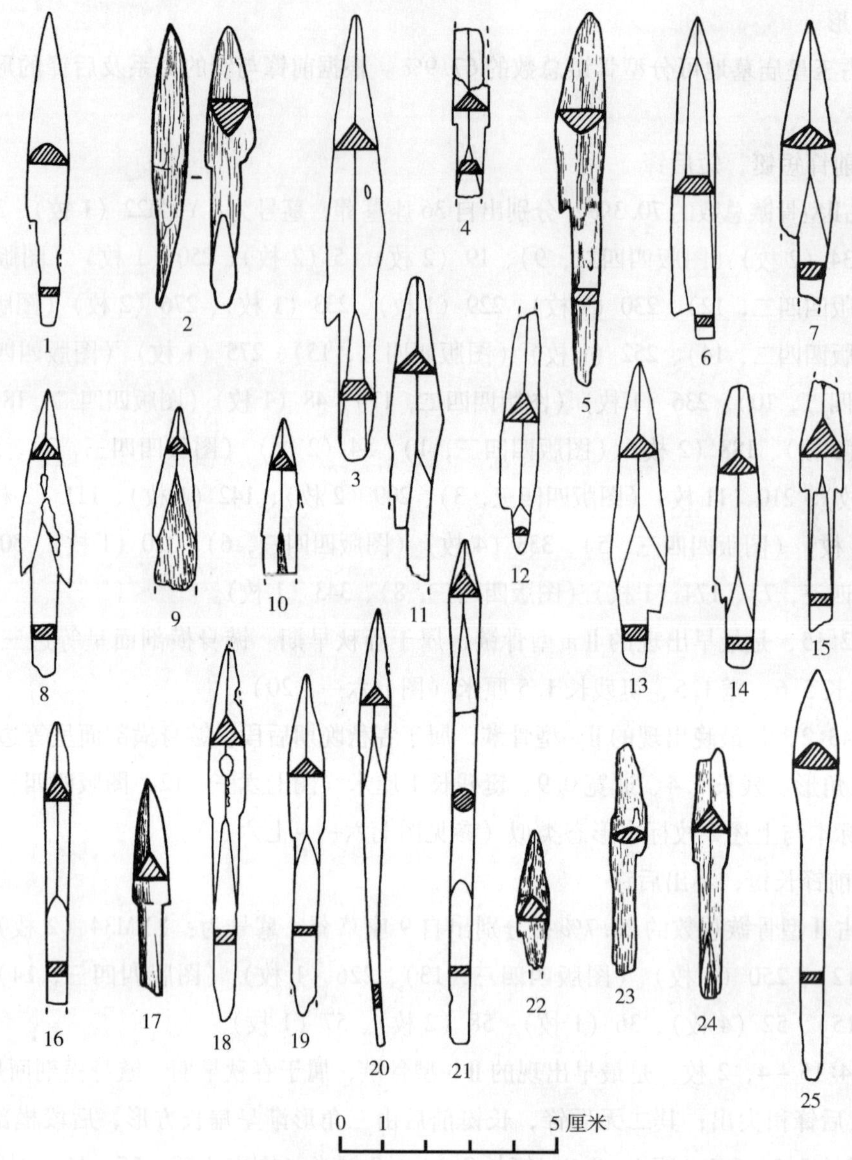

图七六三　玉皇庙墓地出土骨镞

1～14. Ⅱa型（YYM57:13－2、83:8、210:8－1、209:13－1、142:11、111:10－2、332:3－1、333:3－1、320:2、303:10－2、110:5－2、343:2、234:12－1、174:18）　15～25. Ⅱb型（YYM34:15－4、34:15－5、17:15－3、250:17－2、226:10－6、252:10－2、252:10－3、36:5、58:10－1、52:11－1、57:13－4）

共6枚，占Ⅲ型骨镞总数的42.9%；分别出自4座墓葬，墓号为：YYM34（2枚）、17（2枚）（图七六四，3、4）、52（1枚）、148（1枚）。

标本YYM34::15－7，是最早出现的Ⅲb型骨镞，属于春秋早期。镞尖略残，镞身正视为枣核形，前部横剖面呈菱形，后部横剖面呈六边形，扁铤。规格分别为：残长3.5、5、宽0.8、0.9、铤残长1、2.6厘米（图七六四，2；图版四四三，17）。

标本YYM148:10－2，属于春秋中晚期。镞身横剖面呈六边形，铤横剖面呈抹角正方形。通长

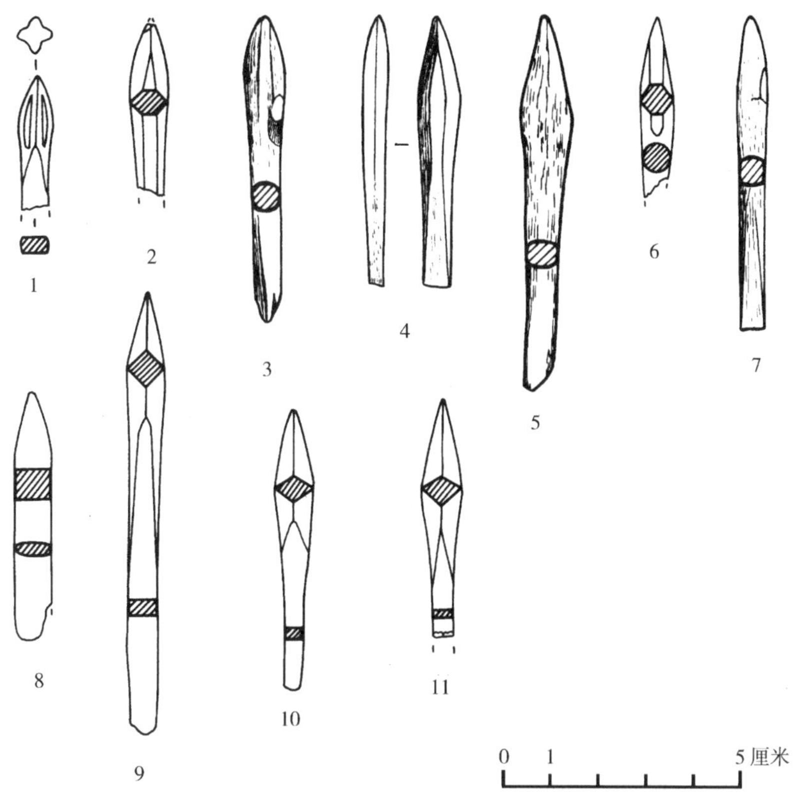

图七六四　玉皇庙墓地出土骨镞

1. Ⅲa型（YYM34:15－6）　2～6. Ⅲb型（YYM34:15－7、17:15－15、17:15－16、148:10－2、52:11－5）　7、8. Ⅲc型（YYM17:15－18、52:11－6）　9－11. Ⅲd型（YYM226:10－7、58:10－3、105:12－1）

7.5、宽1.1、铤长4厘米（图七六四，5；图版四四三，16）。

标本YYM52:11－5，是最晚出现的Ⅲb型骨镞，属于春秋中期。铤残。通长3.6、宽0.7、铤残长1.2厘米（图七六四，6）。

其余3枚标本与上述3枚标本形制相近（参见图七六四，3、4）。

Ⅲc型　镞身横剖面呈正方形

共4枚，占Ⅲ型骨镞总数的28.6%；分别出自2座墓葬，墓号为：YYM17（3枚）、52（1枚）。

标本YYM17:15－18，是较早出现的Ⅲc型骨镞，属于春秋早期。方身扁铤，通长6.3、宽0.7、铤长2.5厘米（图七六四，7）。

标本YYM52:11－6，是较晚出现的Ⅲc型骨镞，属于春秋中期。短镞无后锋，扁铤，镞身与铤通宽，镞身横剖面呈正方形，铤横剖面呈抹角长方形。通长5、宽0.8、铤长2.6厘米（图七六四，8）。

其余2枚标本与上述2枚标本形制相似。

Ⅲd型　镞身横剖面呈菱形

共3枚，占Ⅲ型骨镞总数的21.4%；分别出自3座墓葬，墓号为：YYM226（1枚）、58（1枚）（图七六四，10）、105（1枚）。

标本YYM226:10－7，是最早出现的Ⅲd型骨镞，属于春秋早中期。镞身横剖面呈菱形，长扁铤。

通长9、宽0.6、铤长5.8厘米（图七六四，9；图版四四三，20）。

标本YYM58:10－3，属于春秋中晚期。铤较短。通长5.7、宽0.8、铤长3.4厘米（图七六四，10）。

标本YYM105:12－1，是早晚出现的Ⅲd型骨镞，属于春秋晚期前段。铤残。通长4.9、宽0.9、铤残长2.3厘米（图七六四，11；图版四四三，19）。

详见表194。

附表194－1 **玉皇庙墓地出土骨镞统计表**

序号	器物号（YYM）	型	形状	数量	规格（厘米）			备注
					长	宽	铤长	
1	22:15	Ⅱa	三棱（1）	12	5.6	1.5	1.5	残11
2	32:16	Ⅱa	三棱（1）	16	5.4	0.8	1.8	残15
3	33:2			3				残
4	34:15－1	Ⅰa	两翼（1）	21	5.1	1.5	0.4	残13
	34:15－2～3	Ⅱa	三棱（2）		7.3/7.6	1.4/1.2	2.2/2.4	
	34:15－4～5	Ⅱb	三棱（2）		5.6/6.1	1/0.6	3.1/4.2	
	34:15－6	Ⅲa	四棱（1）		2.8	0.5	0.9	
	34:15－7～8	Ⅲb	四棱（2）		3.5/5	0.8/0.9	1/2.6	
5	19:18－1～2	Ⅱa	三棱（2）	6	3.6/4.7	0.7/0.8	残4	
6	17:15－1～2	Ⅰa	两翼（2）	21	5.1/6.5	1/1.4	2.3/2	残2
	17:15－3～14	Ⅱb	三棱（12）		3.6～5.8	0.8～1	1.8～4	
	17:15－15～16	Ⅲb	四棱（2）		6.3/6.4	0.7	4.5/4	
	17:15－17～19	Ⅲc	四棱（3）		5.1～7.2	0.8	3.2～4.9	
7	5:15－1	Ⅰb	两翼（1）	3	3.6	1.6	0.2	
	5:15－2～3	Ⅱa	三棱（2）		6.7～6.9	1.2～1.4	1.6～2	
8	277:8			2	7	1.2	2.4	残
9	250:17－1	Ⅱa	三棱（1）	36				残33
	250:17－2～3	Ⅱb	三棱（2）		5.8/6.7	0.8/0.9	2.9/3.2	
10	282:13－1	Ⅰa	两翼（1）	9	6	1.5	1.4	残6
	282:13－2～3	Ⅱa	三棱（2）		6.4/4.9	1.5/1	2.5/1.6	
11	230:8	Ⅱa	三棱（1）	4	3	0.9	0.9	残3
12	229:11	Ⅱa	三棱（1）	4	6.3	1.3	2.1	残3
13	233:13	Ⅱa	三棱（1）	13	4.9	1.1	1.9	残12
14	227:13－1			10				残
15	276:8－1～2	Ⅱa	三棱（2）	6	4.4/6.3	0.7/1.2	1.9/1.3	残4
16	226:10－1～4	Ⅰa	两翼（4）	10	5.6～8.5	1.1～1.7	1.4～2.5	残3
	226:10－5	Ⅱa	三棱（1）		5.7	0.8	2.3	
	226:10－6	Ⅱb	三棱（1）		7.6	1	4.1	
	226:10－7	Ⅲd	四棱（1）		9	0.6	5.8	
17	252:10－1	Ⅱa	三棱（1）	5	7.8	1	2.7	残2
	252:10－2～3	Ⅱb	三棱（2）		9.7/11.2	0.7	2.5/1.6	
18	275:17－1～2	Ⅰa	两翼（2）	12	5.7/7.7	1.2/1.6	2.6	残9
	275:17－3	Ⅱa	三棱（1）		5.7	1.1	1.7	

附表 194－2

玉皇庙墓地出土骨镞统计表

序号	器物号（YYM）	型	形状	数量	规格（厘米）			备注
					长	宽	铤长	
19	234：12－1	Ⅱa	三棱（1）	7	6.8	1.3	1.2	残 6
20	236：8	Ⅱa	三棱（1）	11	6	1.2	1	残 10
21	261：17			1				残
22	257：8			1				残
23	247：12－1～8			8				残
24	48：16－1	Ⅱa	三棱（1）	12	9	1.4	2	残（11）
25	95：18－1	Ⅰb	两翼（1）	15	3.4	1.7	0.3	残 13
	95：18－2	Ⅱa	三棱（1）		8.3	1.4	2.3	
26	51：7－1	Ⅰb	两翼（1）	10	3.7	1.4	0.2	残 8
	51：7－2	Ⅱa	三棱（1）		5.8	1.3	1.7	
27	65：11	Ⅱa	三棱（1）	3	6.5	0.9	3.2	残 2
28	190：19			3				残
29	188：16－1	Ⅰa	两翼（1）	11	8.2	1.4	5.2	残 5
	188：16－2～4	Ⅰb	两翼（3）		3.2～3.9	1.4～1.9		
	188：16－5～6	Ⅱa	三棱（2）		7～7.5	1～1.2	2～2.5	
30	52：11－1～4	Ⅱb	三棱（4）	16	3.9～5.6	0.6～0.8	2～3	残 10
	52：11－5	Ⅲb	四棱（1）		3.6	0.7	1.2	
	52：11－6	Ⅲc	四棱（1）		5	0.8	2.6	
31	54：16－1～2	Ⅱa	三棱（2）	5	7.3/9.4	0.8/1.2	3.4/2.5	残 3
32	36：5	Ⅱb	三棱（1）	6	（残长）2.8	0.7	0.7	残 5
33	192：8			5				残
34	58：10－1～2	Ⅱb	三棱（2）	13	4.6/5.2	0.9	2/2.8	残 10
	58：10－3	Ⅲd	四棱（1）		5.7	0.8	3.4	
35	186：12			2				残
36	57：13－1	Ⅰa	两翼（1）	11	6.9	1.3	2	残 7
	57：13－2～3	Ⅱa	三棱（2）		4.7－7.4	0.8/1.4	1.5/3.7	
	57：13－4	Ⅱb	三棱（1）		9.1	1.1	6.4	
37	71：6－1～2	Ⅱa	三棱	2	3.4/4.7	1.1/0.9	0.6/0.7	
38	72：5			5				残
39	83：8	Ⅱa	三棱（1）	5	6.2	1.2	3.1	残 4
40	148：10－1	Ⅰb	两翼（1）	3	3.7	1.3		残 1
	148：10－2	Ⅲb	四棱（1）		7.5	1.1	4	
41	217：11	Ⅰa	两翼（1）	5	6.3	1.2	2.5	残 4
42	203：6	Ⅰa	两翼（1）	4	8	1.2	3	残 3
43	213：13			6				残
44	210：8－1～11	Ⅱa	三棱	11	6.7～10	1.1～1.7	1.7～3.5	
45	209：13－1～2	Ⅱa	三棱（2）	6	3.7/5	0.7/1	1.3/3.1	残 4
46	205：8			5				残
47	199：8			3				残
48	179：7			6				残
49	151：14			4				残
50	142：11	Ⅱa	三棱（1）	5	8.3	1.1	4	残 4

附表 194－3 **玉皇庙墓地出土骨镞统计表**

序号	器物号（YYM）	型	形状	数量	规格（厘米）			备注
					长	宽	铤长	
51	138∶8			2				残
52	117∶12－1～2	Ⅰb	两翼	2	3.5/3.4	1.7/1.5	0.2	
53	105∶12－1	Ⅲd	四棱（1）	2	4.9	0.9	2.3	残1
54	74∶16			12				残
55	156∶22			6				残
56	158∶16			2				残
57	134∶12－1～2	Ⅰa	两翼	2	4.2/4.9	1.6/1.3	0.9/1.4	
58	124∶15			4				残
59	111∶10－1	Ⅰa	两翼（1）	6	6.7	1.2	2	残3
	111∶10－2～3	Ⅱa	三棱（2）		4.7/7	1	1.7/0.6	
60	332∶3－1～3	Ⅱa	三棱	3	6.2～6.8	1.1～1.2	1.4～1.8	
61	333∶3－1～4	Ⅱa	三棱（4）	5	5.1～6.4	0.95～1.3	0.4～2.4	残1
62	321∶3			2				残
63	320∶2	Ⅱa	三棱（1）	3	4	0.9		残2
64	303∶10－1	Ⅰb	两翼（1）	4	2.9	1.7		残2
	303∶10－2	Ⅱa	三棱（1）		3.5	0.8		
65	127∶7	Ⅰa	两翼（1）	3	7	1.3	2.7	残2
66	110∶5－1	Ⅰa	两翼（1）	4	6.7	1.1	2.3	
	110∶5－2～4	Ⅱa	三棱（3）		6.2～6.7	1－/1.1	1～2.3	
67	173∶3			4				残
68	129∶11			1				残
69	174∶18	Ⅱa	三棱（1）	3	6.3	1.1	1.6	残2
70	345∶6			3				残
71	344∶14			3				残
72	343∶2	Ⅱa	三棱（1）	2	5.4	0.9	1	残1
合计				共72座墓 481枚				

注：形状栏内括弧的数字，表示可确认其型式的骨镞数。长度单位为厘米。

讨论

从年代考察，在出土骨镞的墓葬中，分布于北Ⅰ区中部者7座（YYM22、32、33、34、19、17、5），属于春秋早期，占玉皇庙墓地出土骨镞墓葬总数的9.7%；分布于北Ⅱ区北部者11座（YYM277、250、282、230、229、233、227、276、226、252、275），属于春秋早中期，占玉皇庙墓地出土骨镞墓葬总数的15.3%；分布于北Ⅱ区中部者14座（YYM234、236、261、257、247、48、95、51、65、190、188、52、54、36），属于春秋中期，占玉皇庙墓地出土骨镞墓葬总数的19.4%；分布于北Ⅱ区南部者8座（YYM192、58、186、57、71、72、83、148），属于春秋中晚期，占玉皇庙墓地出土骨镞墓葬总数的11.1%；分布于南区北部者14座（YYM217、203、213、210、209、205、199、179、151、142、138、117、105、74）、中部者5座（YYM156、158、134、124、111）、西区者5座（YYM332、333、321、320、303），此24座均属于春秋晚期前段，占玉皇庙墓地出土骨镞墓葬总数的33.3%；分布于南区南部者8座（YYM127、110、173、129、174、345、344、343），属于春秋晚期后段，占玉皇庙墓地出土骨镞墓葬总数的11.1%。这表明，在玉皇庙，自春秋早期至春秋晚期，骨镞的制作一直在不间断地进行，所占比例最高的属春秋晚期前段，其次属春秋中期，再次为春秋早中期，说明以上3个时期骨镞生产比较发达。

从墓主性别考察，除3座无人墓（YYM32、34、17）、1座性别不详者墓（YYM33）、1座女性墓（YYM138）外，其余皆为男性墓（67座），男性墓所占比例高达93.1%，占绝对优势。

从墓葬级别考察，甲（A）级墓2座（YYM250、230），占甲（A）级墓葬总数的66.7%；甲（B）级墓4座（YYM22、52、217、151），占甲（B）级墓葬总数的80%；以上2类属于最高级别墓葬，占玉皇庙墓地出土骨镞墓葬总数的8.3%；乙（A）级墓14座（YYM229、227、275、236、261、95、51、54、210、209、74、156、129、344），占乙（A）级墓葬总数的50%，属于较高级别墓葬，占玉皇庙墓地出土骨镞墓葬总数的19.4%；乙（B）级墓22座（YYM19、17、233、226、234、257、247、65、190、188、36、58、186、57、203、213、205、179、158、134、124、174），占乙（B）级墓葬总数的26.5%，属于中等级别墓葬，占玉皇庙墓地出土骨镞墓葬总数的30.6%；丙（A）级墓15座（YYM32、33、277、282、252、48、83、148、199、142、138、117、111、345、343），占丙（A）级墓葬总数的18.5%；丙（B）级墓5座（YYM34、192、333、320、110），占丙（B）级墓葬总数的12.2%；丙（C）级墓7座（YYM5、71、72、105、332、127、173），占丙（C）级墓葬总数的10.6%；丙级墓属于较低级墓葬，占玉皇庙墓地出土骨镞墓葬总数的37.5%；丁级墓3座（YYM276、321、303），占丁级墓葬总数的3.3%；占玉皇庙墓地出土骨镞墓葬总数的1.4%。

这一统计结果显示，骨镞在玉皇庙的使用还是较为普遍的，但所占比例却随墓葬规格级别的不同而有明显差别，规格级别较高的则所占比例较高，级别较低或很低的，则所占比例也较低或很低。

鸣镝　玉皇庙墓地共出土骨鸣镝23件，占玉皇庙墓地骨制兵器总数的4.5%；分别出自15座墓葬，墓号为：YYM32（1件，凡只出1件者以后不再注明）（图版四四一，1）、17（图版四四一，2）、229（5件）（图版四四一，4）、228（图版四四一，5）、264（图版四四一，6）、275（图版四四一，3）、48、188（3件）（图版四四一，7）、54（图版四四一，8）、192（图版四四一，9）、179、74、111（图版四四一，10）、345、358（3件），占玉皇庙墓地墓葬总数的3.75%。形制相同，为中空枣核形，有的侧面有数个圆形镂孔。保存状况不佳，均有残损。参见七六〇，4～13。

标本YYM192:6，1件，属于春秋中晚期。磨蚀严重，口部残破。腰部有1周宽0.3厘米的带箍，饰三角纹；侧面保留4个圆形镂孔，孔径在0.25～0.35之间；残长3.2、宽2.1、口径1.1厘米（图七六〇，12；图版四四一，9）。

详见附表195

讨论

从年代考察，出土骨鸣镝的墓葬中，分布于北Ⅰ区中部者2座（YYM32、17），属于春秋早期，占玉皇庙墓地出土骨鸣镝墓葬总数的13.3%；分布于北Ⅱ区北部者4座（YYM229、228、264、275），属于春秋早中期，占玉皇庙墓地出土骨鸣镝墓葬总数的26.7%；分布于北Ⅱ区中部者3座（YYM48、188、54），属于春秋中期，占玉皇庙墓地出土骨鸣镝墓葬总数的20%；分布于北Ⅱ区南部者1座（YYM192），属于春秋中晚期，占玉皇庙墓地出土骨鸣镝墓葬总数的6.7%；分布于南区北部者2座（YYM179、74）、中部者1座（YYM111），此3座均属于春秋晚期前段，占玉皇庙墓地出土骨鸣镝墓葬

附表 195　　**玉皇庙墓地出土骨鸣镝统计表**

序号	器物号（YYM）	数量	通长（厘米）	通宽（厘米）	孔径（厘米）	备注
1	32∶17	1	3.5			残。俩面有1个圆形镂孔。直径0.4
2	17∶16	1	3.5	2	0.6	残
3	229∶12－1～5	5	1.8	1.7	0.8	均残。较完整者1件
4	228∶7	1	4	1.7	0.8	残。仙面腰部有2个圆形镂孔。直径0.15/0.3
5	264∶21	1	2.6	1.7	1	残
6	275∶18	1	3.1	1.6	0.5/0.7	侧面有1个圆形镂孔。直径0.3
7	48∶17	1				残碎
8	188∶17－1～3	3	3.1	1.6	0.8	均残。较完整者1件
9	54∶14	1	2.7	1.6	0.8	残
10	192∶6	1	3.2	2.1	1.1	残。侧面腰部有1宽0.3的带箍，饰三我纹；残留4个镂孔，直径0.25～0.35
11	179∶10	1				残碎
12	74∶23	1				残碎
13	111∶11	1	2	1.5	0.6	残
14	345∶7	1				残
15	358∶7－1～3	3				均残碎
合　计						共15座墓　23件

注：长度单位为厘米。

总数的20%；分布于南区南部者2座（YYM345、358），属于春秋晚期后段，占玉皇庙墓地出土骨鸣镝墓葬总数的13.3%。骨鸣镝从春秋早期一直延续到春秋晚期后段，没有间断，各阶段所占比例差别不大，略多者为春秋中期和春秋晚期前段，春秋中晚期最少。

从墓主人性别考察，男性墓13座（YYM229、228、264、275、48、188、54、192、179、74、111、345、358），占玉皇庙墓地出土骨鸣镝墓葬总数的86.7%；无人墓2座（YYM32、17），占玉皇庙墓地出土骨鸣镝墓葬总数的13.3%。骨鸣镝是男性特有的兵器之一。

从墓葬级别考察，乙（A）级墓4座（YYM229、275、54、74），占玉皇庙墓地出土骨鸣镝墓葬总数的26.7%；乙（B）级墓4座（YYM17、228、188、179），占玉皇庙墓地出土骨鸣镝墓葬总数的26.7%；丙（A）级墓5座（YYM32、264、48、111、345），占玉皇庙墓地出土骨鸣镝墓葬总数的33.3%；丙（B）级墓1座（YYM192），占玉皇庙墓地出土骨鸣镝墓葬总数的6.7%；丁级墓1座（YYM358），占玉皇庙墓地出土骨鸣镝墓葬总数的6.7%。随葬骨鸣镝的墓葬中没有最高级的甲级墓，也不见低级的丙（C）级墓。看来，在玉皇庙这支部族中使用骨鸣镝的人，基本上是那些身份属于中等和中下等的男性武士。

（二）马具

玉皇庙墓地共出土骨制马具31件，占玉皇庙墓地出土骨制品总数的5.3%。包括镳（6件）和环

（25 件）两类。

镳　玉皇庙墓地共出土骨制马镳 6 件，占玉皇庙墓地出土骨制马具总数的 19.4%；分别出自 4 座墓葬，墓号为：YYM300（2 件）（图七六五，14）、250（1 件）、230（1 件）（图七六五，13）、174（2 件）（图七六五，16），占玉皇庙墓地墓葬总数的 1%。骨制马镳均残损，根据其残留的 1 截穿在马衔的穿孔内而确认。

标本 YYM250∶34，属于春秋早中期。残留 2 截，相接后长 6.8、宽 1.1、穿孔孔径 0.6 厘米（图七六五，15）。

详见附表 196。

附表 196　**玉皇庙墓地出土骨制马镳统计表**

序号	器物号（YYM）	型	数量	通长	通宽	备注
1	300∶22－1～2		2	2.6	1.3	残
2	250∶34		1	6.8	1.1	残余 2 截，穿孔径 0.6
3	230∶25		1	3.5	1.3	残
4	174∶12－1～2		2	3.3	1.2	残
合　计				共 4 座墓　6 件		

注：长度单位为厘米。

讨论

随葬骨制马镳的墓葬均为男性墓；分别分布于北Ⅰ区西部（YYM300）属于春秋早期，北Ⅱ区北部（YYM250、230）属于春秋早中期，分布于南区南部（YYM174）属于春秋晚期后段，偏早阶段居多；分别属于甲（A）级（YYM250、230）、乙（A）级（YYM300、174），均属规格级别较高的墓葬，因此可以认为，马具骨镳是墓主人身份、地位及性别的标志之一。

环　玉皇庙墓地共出土马具骨环 25 件，占玉皇庙墓地出土骨制马具总数的 80.6%；分别出自 6 座墓葬，墓号为：YYM18（8 件）、250（6）230（2 件）151（1 件）、74（3 件）、156（5 件），占玉皇庙墓地墓葬总数的 1.5%。可划分为 2 型。

Ⅰ型　平底鼓面圆形

共 18 件，占玉皇庙墓地出土马具骨环总数的 72%；分别出自 5 座墓葬，墓号为：YYM18（4 件）、250（5 件）（图七六五，3、4；图版四四四，1 上中）、230（2 件）（图七六五，5；图版四四四，1 上右）、74（3 件）（图七六五，6；图版四四四，1 下左）、156（4 件）（图版四四四，1 下右），占玉皇庙墓地出土马具骨环墓葬总数的 83.3%。

标本 YYM18∶35－1～4，是最早出现的Ⅰ型马具骨环，属于春秋早期。外径 2.7～3.5、孔径 0.7～1、厚 0.82～1.1 厘米，其中一件中间穿孔为等边三角形，边长 1 厘米（图七六五，1、2；图版四四四，1 上左）。

标本 YYM156∶28－1～2，是最晚出现的Ⅰ型马具骨环，属于春秋晚期前段。其中 2 件保存较完整，外径 3.5～3.6、孔径 0.9～1、厚 0.8～1.1 厘米（图七六五，7；图版四四四，1 下右）。

Ⅰ型其他标本，参见图七六五，3～6，图版四四四，1。

Ⅱ型　平底平面圆形

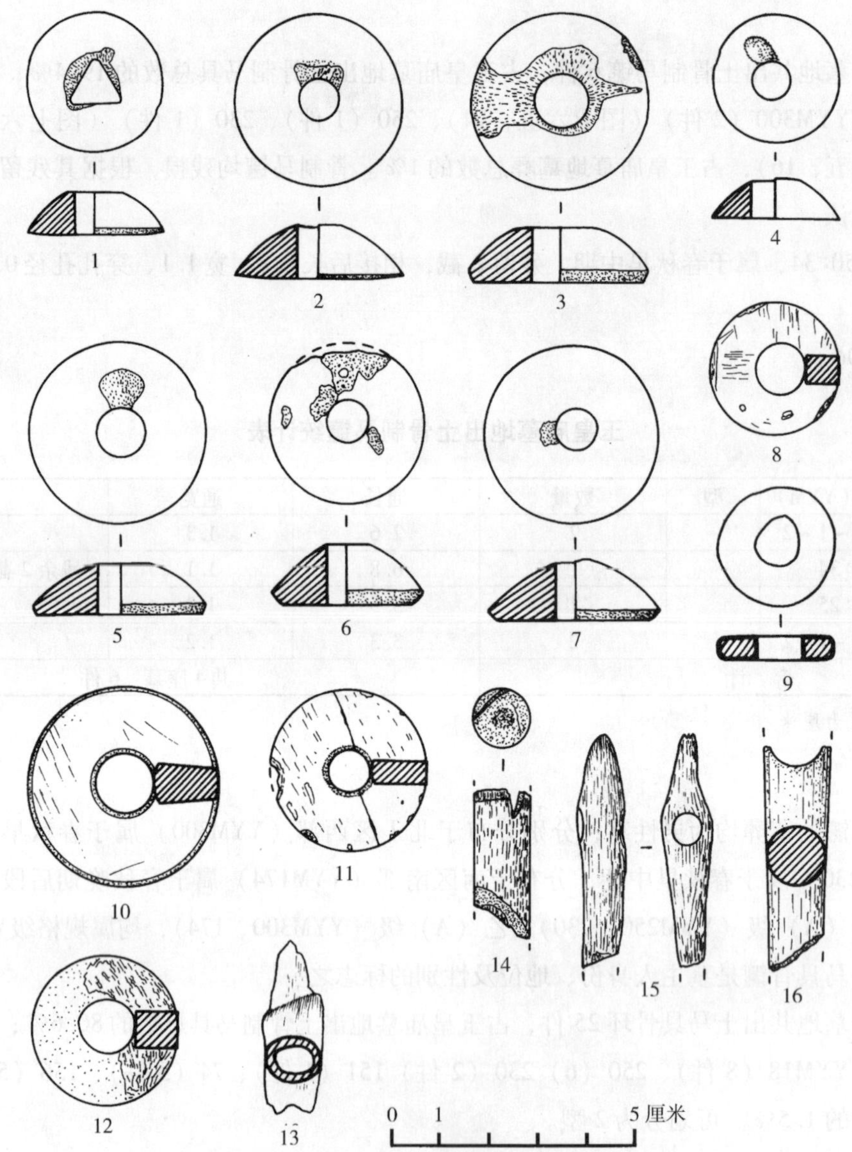

图七六五 玉皇庙墓地出土骨马具

1～7. Ⅰ型马具骨环（1、2. YYM18:35－1、2；3、4. YYM250:35－1、2；5、6、7. YYM230:26－1、74:22－1、156:28－1） 8～12. Ⅱ型马具骨环（8、10. YYM18:35－5、6；9、11、12. YYM250:35－6、151:20、156:28－3） 13～16. 骨镳（YYM230:25、300:22－1、250:34、174:12－1）

共7件，占玉皇庙墓地出土马具骨环总数的28%；分别出自4座墓葬，墓号为：YYM18（4件）、250（1件）（图七六五，9；图版四四四，2下左）、151（1件）（图七六五，11）、156（1件），占玉皇庙墓地出土马具骨环墓葬总数的66.7%。

标本YYM18:35－5、6，是最早出现的Ⅱ型马具骨环，属于春秋早期。外径2.6～3.9、孔径1～1.3、厚0.7～0.82厘米（图七六五，8、10；图版四四四，2上）。

标本YYM156:28－3，是最晚出现的Ⅱ型马具骨环，属于春秋晚期前段。外径2.9、孔径1.1、厚

0.7 厘米（图七六五，12；图版四四四，2 下右）。Ⅱ型其他标本，参见图七六五，9、11。

详见附表 197。

附表 197　**玉皇庙墓地出土马具骨环统计表**

序号	器物号（YYM）	型	数量	外径	孔径	厚	备注
1	18∶35－1～4	Ⅰ	4	2.7～3.5	0.7～1	0.82～1.1	其一穿孔为等边三角形，边长 1
	18∶35－5～8	Ⅱ	4	2.6～3.9	1～1.3	0.7～0.82	
2	250∶35－1～5	Ⅰ	5	2.5～3.6	0.8～1.2	0.8～1.1	
	250∶35－6	Ⅱ	1	2.7	0.9	0.4	
3	230∶26－1～2	Ⅰ	2	3.6	0.95	1.05	
4	151∶20	Ⅱ	1	3.3	0.9	0.4	
5	74∶22－1～3	Ⅰ	3	3～3.2	0.9～1.2	1～1.15	
6	156∶28－1～2	Ⅰ	4	3.5/3.6	0.9/1	0.8/1.1	残 2，其二保存完整
	156∶28－3	Ⅱ	1	2.9	1.1	0.7	
合　计			共 6 座墓　25 件				

注：长度单位为厘米。

讨论

随葬马具骨环的墓葬，集中于春秋早中期以前和春秋晚期前段，其中春秋早期 1 座（YYM18），春秋早中期 2 座（YYM250、230），春秋晚期前段 3 座（YYM151、74、156）；全部为男性墓；墓葬级别均在较高规格以上，其中甲（A）级墓全部随葬马具骨环（YYM18、250、230），甲（B）级墓 1 座（YYM，151），乙（A）级墓 2 座（YYM74、156），说明随葬马具骨环者均是玉皇庙墓地的男性、首领级人物，即马具骨环也是墓主人身份、地位及性别的标志之一。

（三）生产工具

玉皇庙墓地共出土骨制生产工具 13 件，占玉皇庙墓地出土骨制品总数的 2.2%。包括针（6 件）、锥（3 件）和绞具（4 件）。

针　玉皇庙墓地共出土骨针 6 件，占玉皇庙墓地出土骨制生产工具总数的 46.2%；分别出自 6 座墓葬，每墓 1 件，墓号为：YYM22、13、11、250、51、179，占玉皇庙墓地墓葬总数的 1.5%。大多有残损，主体为圆锥形，尾端扁平，上面有穿鼻。

标本 YYM22∶18，是最早出现的骨针，属于春秋早期。中部折断，尖残损，残长 5.1，直径 0.15，孔径 0.03 厘米（图七六六，1）。

标本 YYM13∶22，属于春秋早期。残，长 5.2、直径 0.15、穿鼻孔径 0.05 厘米（图七六六，2；图版四四六，4 左 1）。

标本 YYM11∶18，属于春秋早期。残，长 4、直径 0.1 厘米（图七六六，3；图版四四六，4 左 2）。

标本 YYM250∶33，属于春秋早中期。是唯一完整者，通体浸染蓝绿色铜锈。通长 5.6、直径 0.12、穿鼻孔径 0.05 厘米（图七六六，4；图版四四六，4 左 3）。

标本 YYM51∶5，属于春秋中期。残，长 4.8、直径 0.1、穿鼻孔径 0.05 厘米（图七六六，5）。

标本 YYM179∶8，是最晚出现的骨针，属于春秋晚期前段。残长 4.3、直径 0.15 厘米（图七六六，

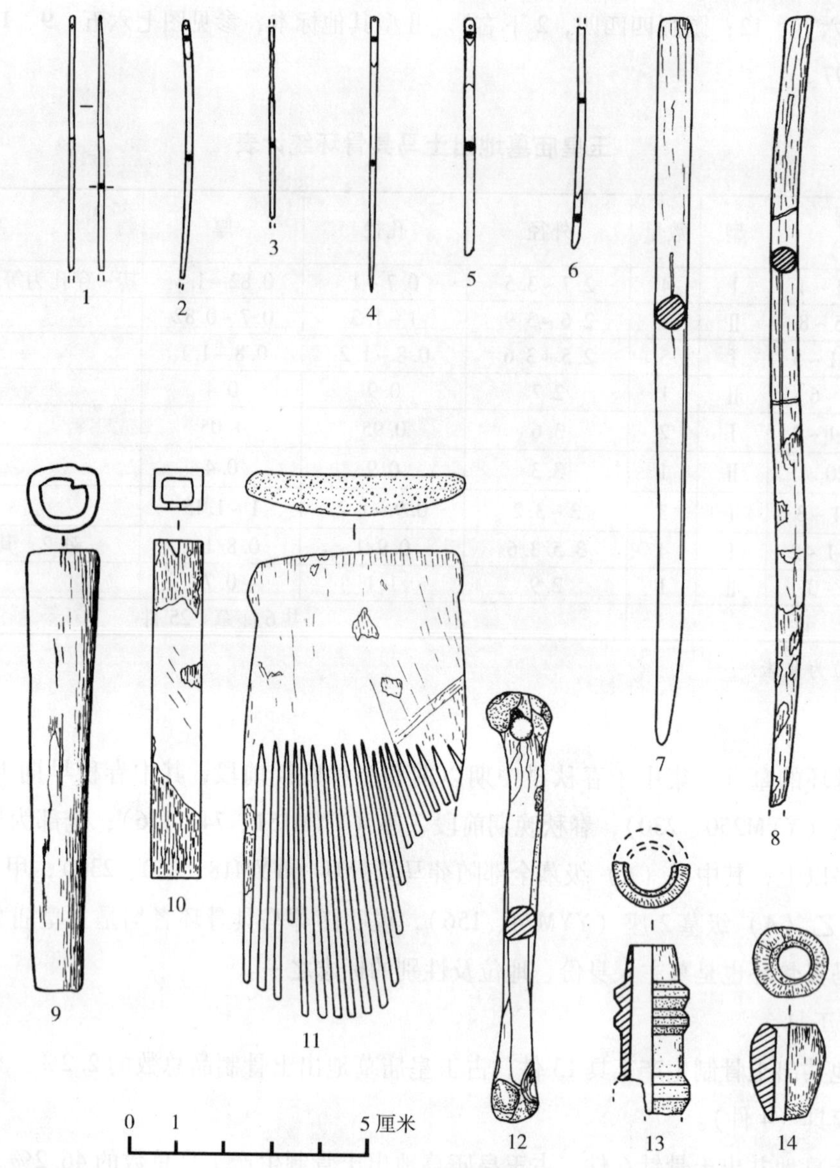

图七六六　玉皇庙墓地出土骨器

1～6. 骨针（YYM22：18、13：22、11：18、250：33、51：5、179：8）　7、8. 骨锥（YYM273：4、302：5）　9、10、13. 骨管（YYM43：2、303：8、271：4）　11. 梳形器（YYM269：1）　12. 绞具（YYM18：34－1）　14. 骨柄饰（YYM349：10）

6；图版四四六，4左4）。

详见附表198

讨论

出土骨针的6座墓葬分别位于北Ⅰ区中部（YYM22、13、11）、北Ⅱ区北部（YYM250）、北Ⅱ区中部（YYM51）和南区北部（YYM179），分别属于春秋早期、早中期、中期和春秋晚期前段；均为男性墓；墓葬级别为甲（A）级（YYM250）、甲（B）级（YYM22）、乙（A）级（YYM13、11、51）和乙（B）级（YYM179），属中等及以上较高规格墓葬。即骨针多在春秋中期以前、为身份地位较高的男性所使用的工具。骨针虽小，但在玉皇庙却具有标示性别、身份和年代的作用。

锥　玉皇庙墓地共出土骨锥3件，占玉皇庙墓地出土骨制生产工具总数的23.1%；分别出自3座墓葬，每墓1件，墓号为：YYM273、54、302，占玉皇庙墓地墓葬总数的0.75%。为上粗下细状。

标本YYM273:4，是最早出现的骨锥，属于春秋中期。是唯一保存完整者。为三角锥形，通长14.5、顶端底边长0.6、侧边长0.5厘米（图七六六，7；图版四四四，5）。

标本YYM302:5，是最晚出现的骨锥，属于春秋晚期前段。圆锥形，残断成数截，保留4截，拼合后长15.8，顶端直径0.6厘米（图七六六，8）。

详见附表198。

讨论

出土骨锥的3座墓葬分布位于北Ⅱ区中部（YYM273、54）和西区（YYM302），分别属于春秋中期和春秋晚期前段；男性墓1座（YYM54），女性墓2座（YYM273、302）；墓葬级别为乙（A）级（YYM54）、丙（A）级（YYM273）和丙（C）级（YYM302）。骨锥的使用者为中等身份的成年男性或女性，2/3属春秋中期。

绞具　玉皇庙墓地共出土骨绞具4件，占玉皇庙墓地出土骨制生产工具总数的33.3%；均出自同1座墓葬，即YYM18，占玉皇庙墓地墓葬总数的0.25%。该墓为春秋早期的甲（A）级男性墓。采用小型动物一节完整的肢骨，在一端凿有圆形穿孔。

标本YYM18:34－1～4，通长8.5～8.7、通宽1.3～1.6、孔径0.4厘米。其一穿孔处破损（图七六六，12；图版四四六，5）。

详见附表198。

附表198　**玉皇庙墓地出土骨制生产工具统计表**

序号	器物号（YYM）	名称	数量	通长	通宽（直径）	孔径	备注
1	22:18	针	1	5.1（残）	0.15	0.03	中部折断，尖残损，上端扁平
2	13:22	针	1	5.2	0.15	0.05	残
3	11:18	针	1	4	0.1		残
4	250:33	针	1	5.6	0.12	0.05	
5	51:5	针	1	4.8	0.1	0.05	
6	179:8	针	1	4.3	0.15		残
7	273:4	锥	1	14.5	0.6		三角锥形，顶端为等腰三角形，底边0.6，侧边0.5
8	54:13	锥	1				残碎
9	302:5	锥	1	15.8	0.6		圆锥形、残留4截
10	18:34－1～4	绞具	4	8.5～8.7	1.3～1.6	0.4	其一穿鼻残
合　计		共10座墓　13件					

注：长度单位为厘米。

（四）装饰品

玉皇庙墓地共出土骨制装饰品26件，占玉皇庙墓地出土骨器总数的4.4%。包括骨贝（2件）、骨珠（11件）、和骨环（13件）。

骨贝 玉皇庙墓地共出土骨贝2件，占玉皇庙墓地出土骨制装饰品总数的7.7%。均出自一座墓，标本YYM184：4－33～34，一端大一端小，通长分别为2.4、2.1厘米，通宽2、厚0.65厘米，中间阴刻纵向深线纹，宽0.1厘米，两侧饰与之垂直的近20条平行浅线纹。背面各有2个圆孔，其一两孔相连，孔径0.5厘米（图七六七，1、2；图版四四五，6）。

YYM184位于北Ⅱ区南部，属于春秋中晚期，是丙（B）级少儿墓。

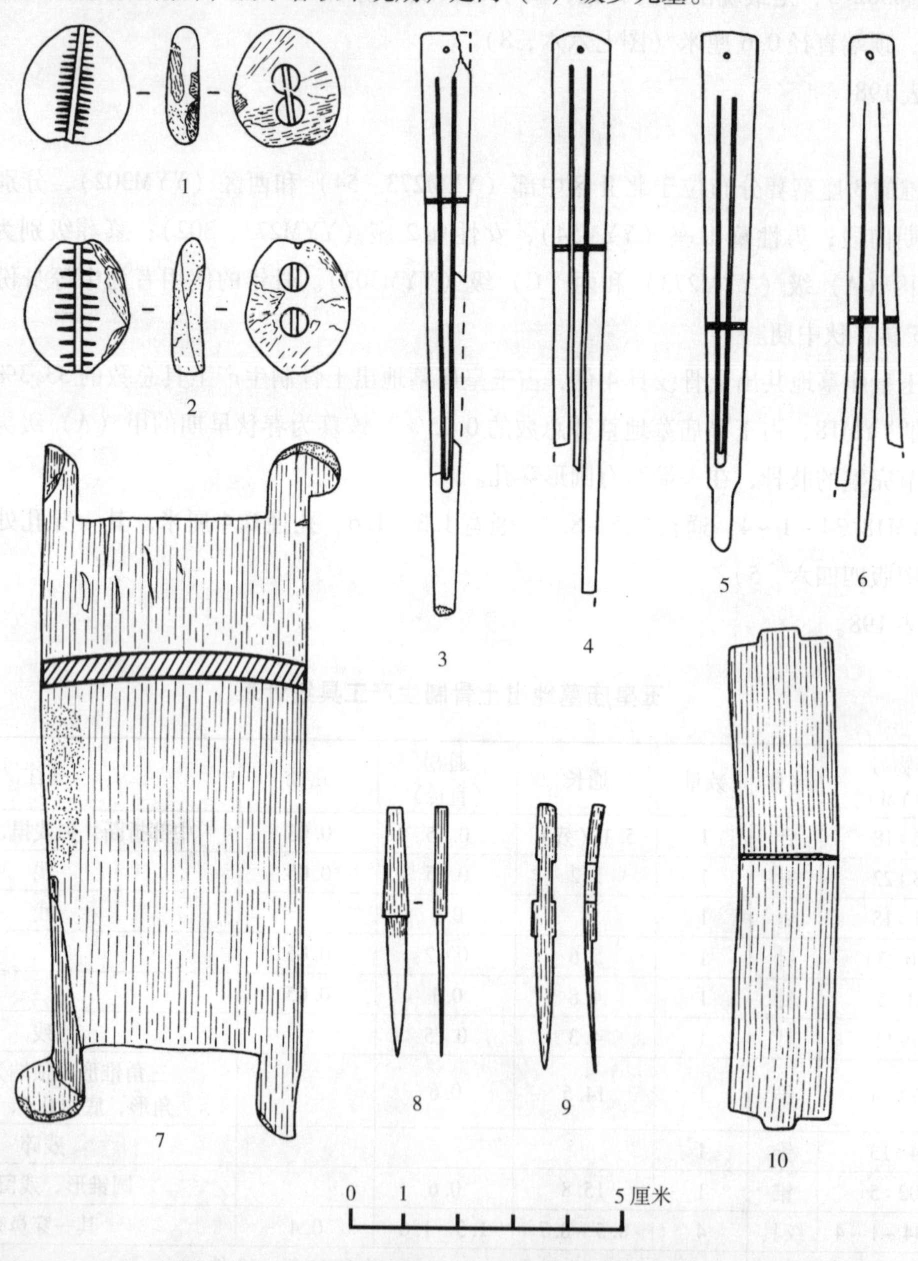

图七六七 玉皇庙墓地出土骨贝与竹制品

1、2. 骨贝（YYM184：4－33、184：4－34） 3～6. 竹篾簧片（YYM264：22、95：21、102：9、156：8） 7. 竹板制品（YYM2：29－1） 8、9. 竹签（YYM2：30－1、2：30－2） 10. 竹片制品（YYM2：29－2）

骨珠　玉皇庙墓地共出土骨珠11枚，占玉皇庙墓地出土骨制装饰品总数的42.3%；分别出自10座墓葬，墓号为：YYM3、282、229、188（图版四四五，2b）、143（图版四四五，2d）、105（图版四四五，2c）、76、168（图版四四五，2e）、131（图版四四五，2f）、344，占玉皇庙墓地墓葬总数的2.5%。骨珠形制相同，均为算珠形。

标本YYM3:10，是最早出现的骨珠，属于春秋早期。外径1.6、孔径0.7、厚1.1厘米（图七六八，1；图版四四五，2a）。

标本YYM344:17，是最晚出现的骨珠，属于春秋晚期后段。外径2.1、孔径1、厚1.2厘米（图七六八，8；图版四四五，2g）。

其余标本与上述标本形制相近（图七六八，2~7）。

详见附表199

附表199　**玉皇庙墓地出土骨珠统计表**

序号	器物号（YYM）	数量	外径	孔径	厚	备　注
1	3:10	1	1.6	0.7	1.1	
2	282:15	1	1.9	0.8	1.3	
3	229:15	1				残碎
4	188:20	1	1.96	0.8	1.51	
5	143:15	1	1.75	0.7	1.14	
6	105:15	1	1.9	0.8	1.46	
7	76:4-85~86	2				残碎
8	168:12	1	1.68	0.8	1.42	
9	131:11	1	2.28	1	1.72	
10	344:17	1	2.1	1	1.2	
合　计		共10座墓11件				

注：长度单位为厘米。

讨论

从年代考察，出土骨珠的墓葬中，分布于北Ⅰ区中部者1座（YYM3），属于春秋早期，占玉皇庙墓地出土骨珠墓葬总数的10%；分布于北Ⅱ区北部者2座（YYM282、229），属于春秋早中期，占玉皇庙墓地出土骨珠墓葬总数的20%；分布于北Ⅱ区中部者1座（YYM188），属于春秋中期，占玉皇庙墓地出土骨珠墓葬总数的10%；分布于南区北部者3座（143、105、76）、中部者2座（YYM168、131），此5座均属于春秋晚期前段，占玉皇庙墓地出土骨珠墓葬总数的50%；分布于南区南部者1座（YYM344），属于春秋晚期后段，占玉皇庙墓地出土骨珠墓葬总数的10%。惟春秋中晚期没有出现随葬骨珠的墓葬。随葬骨珠墓葬数量最多者为春秋晚期前段，其次为春秋早中期，其余时段数量相等。

从墓主性别考察，男性墓8座（YYM282、229、188、143、105、168、131、344），占玉皇庙墓地出土骨珠墓葬总数的80%；女性墓2座（YYM3、76），占玉皇庙墓地出土骨珠墓葬总数的20%。男性是骨珠的主要使用者。

从墓葬级别考察，乙（A）级墓2座（YYM229、344），乙（B）级墓2座（YYM3、188），丙（A）级墓3座（YYM282、143、131），丙（B）级墓1座（YYM168），丙（C）级墓2座（YYM105、76），较低级的丙级墓占优势，达60%；较高级的乙（A）级和中级的乙（B）级墓各占20%。

骨环 玉皇庙墓地共出土骨环13件，占玉皇庙墓地出土骨制装饰品总数的50%；分别出自13座墓葬，每墓1件，墓号为：YYM13、82、250、282、230、271、95、52、23、60、148、209、205，占玉皇庙墓地墓葬总数的3.25%。同马具骨环一样，可划分为2型。

Ⅰ型 平底平面圆形

共5件，占玉皇庙墓地出土骨环总数的38.5%；分别出自5座墓葬，每墓1件，墓号为：YYM13、250、282、95（图版四四五，4右）、52。

标本YYM13:21，是最早出现的Ⅰ型骨环，属于春秋早期。外径2.3、孔径0.8、厚0.35厘米（图七六八，9；图版四四五，4左）。

标本YYM52:24，是最晚出现的Ⅰ型骨环，属于春秋中期。外径2.2、孔径0.6、厚0.5厘米（图七六八，13）。

其余3件与上述2件形制相近（参见图七六八，10～12）。

Ⅱ型 平底鼓面圆形

共8件，占玉皇庙墓地出土骨环总数的61.5%；分别出自9座墓葬，每墓1件，墓号为：YYM82、230、271（图版四四六，1左）、23、60、148（图版四四五，5）、209、205。

标本YYM82:5，是最早出现的Ⅱ型骨环，属于春秋早期。外径3.5、孔径1、厚0.8厘米（图七六八，14）。

标本YYM205:5，是最晚出现的Ⅱ型骨环，属于春秋晚期前段。外径3.6、孔径1、厚1厘米（图七六八，21；图版四四六，1右）。

其余6件与上述2件形制相近（参见图七六八，15～20）。

详见附表200。

讨论

从年代考察，在出土骨环的墓葬中，分布于北Ⅰ区中部者1座（YYM13）、西部者1座（YYM82），此2座均属于春秋早期，占玉皇庙墓地出土骨环墓葬总数的15.4%；分布于北Ⅱ区北部者3座（YYM250、282、230），属于春秋早中期，占玉皇庙墓地出土骨环墓葬总数的23.1%；分布于北Ⅱ区中部者3座（YYM271、95、52）、北Ⅰ区中部者1座（YYM23），此4座均属于春秋中期，占玉皇庙墓地出土骨环墓葬总数的30.8%；分布于北Ⅱ区南部者2座（YYM60、148），属于春秋中晚期，占玉皇庙墓地出土骨环墓葬总数的15.4%；分布于南区北部者2座（YYM209、205），均属于春秋晚期前段，占玉皇庙墓地出土骨环墓葬总数的15.4%。骨环从春秋早期出现，一直延续到春秋晚期前段，春秋晚期后段没有出现。随葬骨环墓葬数量最多的是春秋中期，其次为早中期，再次为春秋早期、春秋中晚期和春秋晚期前段。

从墓主性别考察，出土骨环的墓葬全部为男性墓。

从墓葬级别考察，甲（A）级墓2座（YYM250、230），甲（B）级墓1座（YYM52），甲级墓占

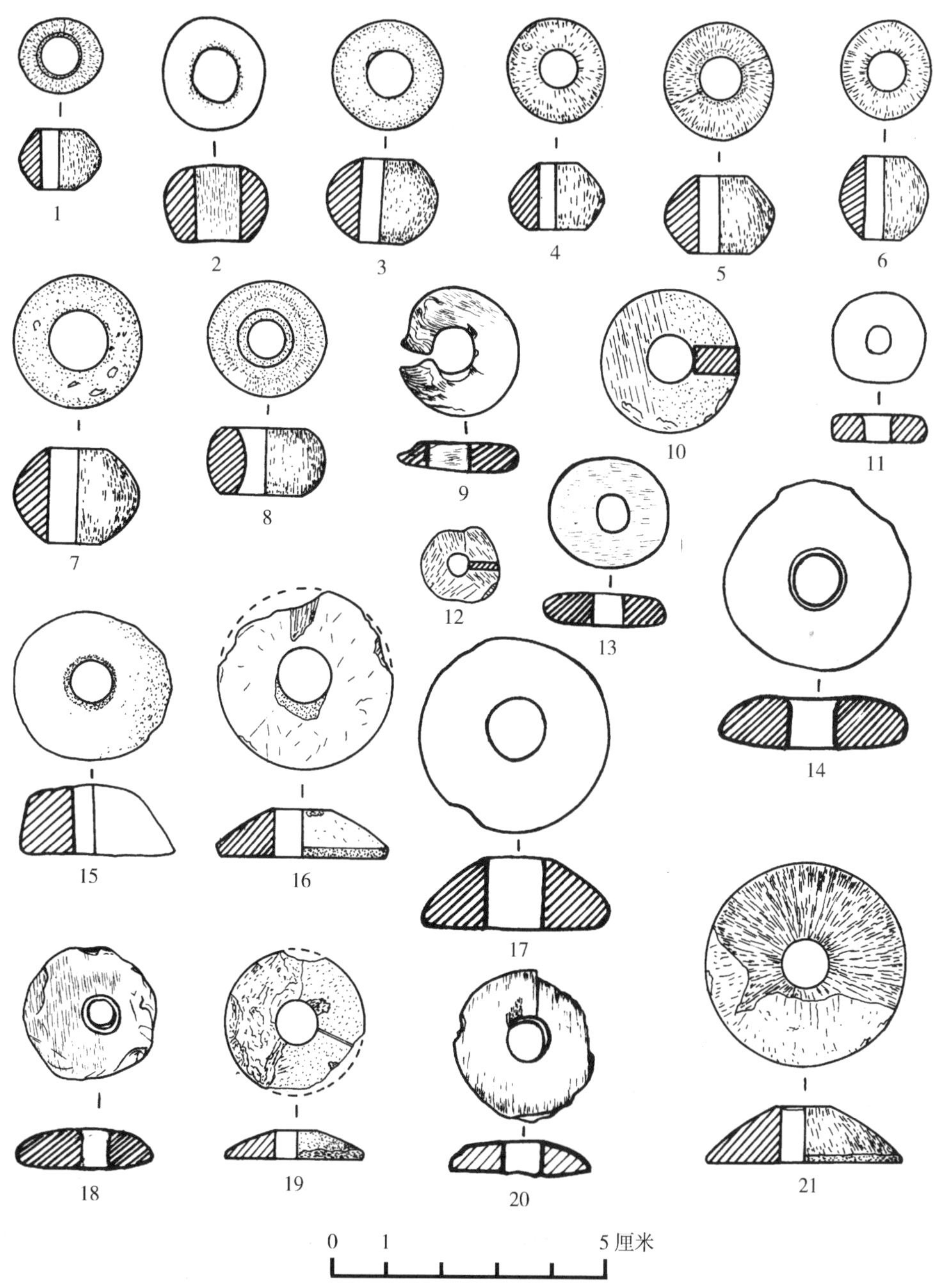

图七六八 玉皇庙墓地出土骨珠与服饰骨环

1～8. 骨珠（YYM3:10、282:15、188:20、143:15、105:15、168:12、131:11、344:17） 9～21. 服饰骨环：9～13. Ⅰ型骨环（YYM13:21、250:29、282:14、95:19、52:24） 14～21. Ⅱ型骨环（YYM82:5、230:22、271:6、23:8、60:4、148:7、209:8、205:5）

玉皇庙墓地出土骨环墓葬总数的23.1%；乙（A）级墓3座（YYM13、95、209），乙（B）级墓3座（YYM271、60、205），乙级墓占玉皇庙墓地出土骨环墓葬总数的46.2%；丙（A）级墓4座（YYM82、282、23、148），占玉皇庙墓地出土骨环墓葬总数的30.8%。中等规格以上级别墓葬所占比例接近70%，丙（B）级以下不随葬骨环，说明随葬骨环墓葬的主人是身份地位偏高者。由此可以认为，骨环应是玉皇庙部族中、上等成年男性的装饰品之一。

附表200 **玉皇庙墓地出土骨环统计表**

序号	器物号（YYM）	型	数量	外径	厚	备　　注
1	13∶21	Ⅰ	1	2.3	0.8	0.35
2	82∶5	Ⅱ	1	3.5	1	0.8
3	250∶29	Ⅰ	1	2.5	0.9	0.5
4	282∶14	Ⅰ	1	1.7	0.4	0.5
5	230∶22	Ⅱ	1	2.9	0.8	1.2
6	271∶6	Ⅱ	1	3.1	1	0.8
7	95∶19	Ⅰ	1	1.5	0.5	0.1
8	52∶24	Ⅰ	1	2.2	0.6	0.5
9	23∶8	Ⅱ	1	3.4	1.1	1.3
10	60∶4	Ⅱ	1	2.5	0.5	0.7
11	148∶7	Ⅱ	1	2.6	0.7	0.78
12	209∶8	Ⅱ	1	2.6	0.7	0.6
13	205∶5	Ⅱ	1	3.6	1	1
合　计		共13座墓　13件				

注：长度单位为厘米。

（五）其他

玉皇庙墓地共出土零散骨制品14件，占玉皇庙墓地出土骨制品总数的2.4%。包括骨管（3件）、骨柄饰（1件）、开口骨器（8件）和梳形器（2件）等4个类别。

管　玉皇庙墓地共出土骨管3件，占玉皇庙墓地出土其他骨器总数的21.4%；分别出自3座墓葬，每墓1件，墓号为：YYM43、271、303，占玉皇庙墓地墓葬总数的0.75%。可划分为3型，每型1件，各占33.3%。

Ⅰ型　方形

标本YYM43∶2，通长8.7、通宽1.4、通高1.1、口部1×0.8厘米（图七六六，9；图版四四四，6）。

Ⅱ型　圆形

标本YYM271∶4，残，只余半周。残长3.3厘米。顶端有凸沿，其下有两周凸弦纹（图七六六，13）。

Ⅲ型　长方形

标本YYM303∶8，通长6.6、通宽1、通高0.6、口部0.7×0.4厘米（图七六六，10；图版四四四，7）。

详见附表201。

讨论

出土骨管的3座墓葬分别位于北Ⅱ区中部（YYM43、271）和西区（YYM303），分别属于春秋中期和春秋晚期前段；均为男性墓，墓葬级别为乙（B）级（YYM271），丙（A）级（YYM43）和丁级（YYM303）。即骨管为中等级别以下男性用品。

柄饰　玉皇庙墓地出土骨柄饰1件，占玉皇庙墓地出土其他骨器总数的7.1%，即标本YYM349:10，属于春秋晚期后段的乙（B）级男性墓。梨形，通长1.9、通宽1.6、口径0.7厘米（图七六六，14；图版四四五，3）。

开口骨器　玉皇庙墓地共出土开口骨器8件，占玉皇庙墓地出土其他骨器总数的57.1%；分别出自8座墓葬，每墓1件，墓号为：YYM236、57、179（图版四四六，2右）、151（图版四四六，3左）、143（图版四四六，3中）、74、78、344，占玉皇庙墓地墓葬总数的2%。形制相同。

标本YYM236:15，是最早出现的开口骨器，属于春秋中期。通长2.9、通宽2.72、通高2、口部1.7×0.7厘米（图七六九，1；图版四四六，2左）。

标本YYM344:18，是最晚出现的开口骨器，属于春秋晚期后段。通长3、通宽2.5、通高2.4、口部0.9×0.3厘米（图七六九，7；图版四四六，3右）。

其余标本与上述标本形制相近（参见图七六九，2~6）。

详见附表1201。

讨论

从年代考察，玉皇庙墓地出土开口骨器的墓葬中，分布于北Ⅱ区中部者1座（YYM236），属于春秋中期，占玉皇庙墓地出土开口骨器墓葬总数的12.5%；分布于北Ⅱ区南部者1座（YYM57），属于春秋中晚期，占玉皇庙墓地出土开口骨器墓葬总数的12.5%；分布于南区北部者4座（YYM179、151、143、74）、中部者1座（YYM78），此5座均属于春秋晚期前段，占玉皇庙墓地出土开口骨器墓葬总数的62.5%；分布于南区南部者1座（YYM344），属于春秋晚期后段，占玉皇庙墓地出土开口骨器墓葬总数的12.5%。开口骨器从春秋中期开始出现，直至春秋晚期后段，春秋晚期前段所占比例较高。

从墓主性别考察，男性墓7座（YYM236、57、179、151、143、74、344），占玉皇庙墓地出土开口骨器墓葬总数的87.5%；女性墓只有1座（YYM78），占玉皇庙墓地出土开口骨器墓葬总数的12.5%。这说明，开口骨器的使用者主要为男性氏族成员。

从墓葬级别考察，甲（B）级墓1座（YYM151），乙（A）级墓3座（YYM236、74、344），乙（B）级墓2座（YYM57、179），丙（A）级墓1座（YYM143），丁级墓1座（YYM78）。随葬开口骨器的墓葬中没有甲（A）级墓和较低级的丙（B）级及丙（C）墓。这表明，开口骨器使用者的身份多属中等或中上等男性武士。

梳形器　玉皇庙墓地共出土骨梳形器2件，占玉皇庙墓地出土其他骨器总数的14.3%；分别出自2座墓葬，每墓1件，墓号为：YYM269、156，占玉皇庙墓地墓葬总数的0.5%。其中1件保存较好，即标本YYM269:1，长方形，一端为齿形；通长9.5、通宽4.5、厚0.7厘米（图七六六，11；图版四四五，1）。

出土骨梳形器的2座墓葬分别位于北Ⅱ区中部（YYM269）和南区中部（YYM156），分别属于春秋中期和春秋晚期前段；均为男性墓；墓葬级别为乙（A）级（YYM156）和丙（B）级（YYM269）。

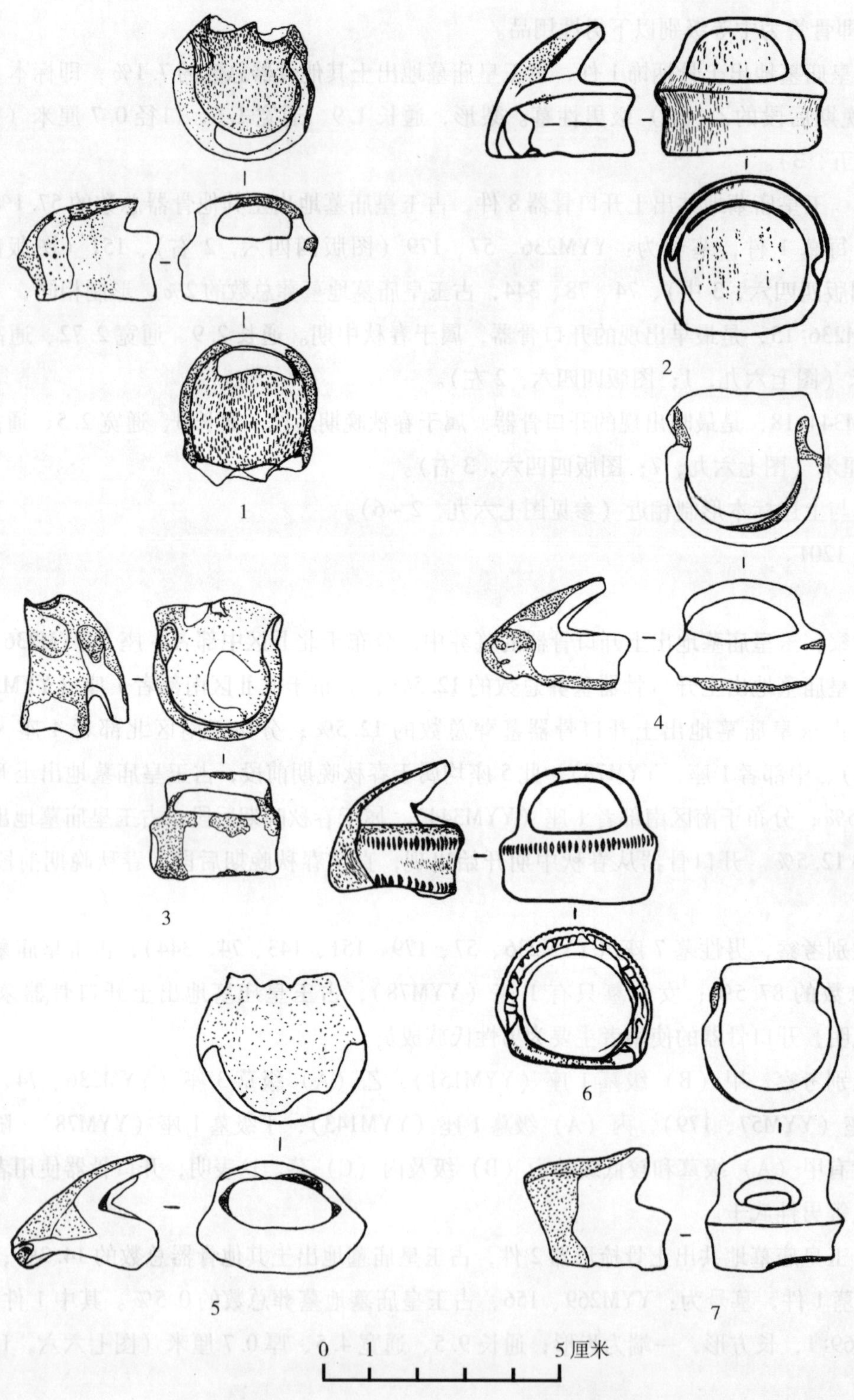

图七六九　玉皇庙墓地出土开口骨器
1～7.（YYM236：15、57：16、179：6、151：10、143：16、78：5、344：18）

详见附表201。

六　蚌、贝饰品

玉皇庙墓地出土蚌类制品和贝类实物标本的墓葬，共22座，仅占该墓地墓葬总数的5.5%。共计47件，皆为装饰品。

（一）蚌饰品

附表201　**玉皇庙墓地出土其他骨器统计表**

序号	器物号（YYM）	名称	型	数量	通长	通宽	通高	口宽	口高	备注
1	43:2	骨管	Ⅰ	1	8.7	1.4	1.1	1	0.8	方形
2	271:4	骨管	Ⅱ	1	3.3					残碎，顶端凸沿，其下有2周凸弦纹
3	303:8	骨管	Ⅲ	1	6.6	1	0.6	0.7	0.4	长方形
4	349:10	柄饰		1	1.9	1.6		0.7		中空梨形
5	236:15	开口骨器		1	2.9	2.72	2	1.7	0.7	
6	57:16	开口骨器		1	3.5	3.2	2.7	2.1	1	
7	179:6	开口骨器		1	2.3	2.85	2.12	1.8	0.4	
8	151:10	开口骨器		1	3.2	3	2.18	2.2	0.9	
9	143:16	开口骨器		1	3.45	3.3	2.35	2.1	0.9	
10	74:8	开口骨器		1						残
11	78:5	开口骨器		1	3.3	2.8	2.8	2	2	
12	344:18	开口骨器		1	3	2.5	2.4	0.9	0.3	
13	269:1	梳形器		1	9.5	4.5	0.7			长方形，一端呈齿状
14	156:27	梳形器		1						残
合　计				共14座墓　14件						

注：长度单位为厘米。

玉皇庙墓地共出土蚌饰品37件，占玉皇庙墓地出土蚌、贝饰品总数的78.7%。包括环饰（4件）、珠饰（30件）、蚌刻贝饰（1件）、坠饰（1件）和蚌片（1件）等5类。

环饰　玉皇庙墓地共出土蚌环4件，占玉皇庙墓地出土蚌饰品总数的10.8%；分别出自3座墓葬，墓号为：YYM295（1件）、57（1件）、156（2件），占玉皇庙墓地墓葬总数的0.75%。片状，中心为圆形穿孔。根据轮廓的形状，可分为2型。

Ⅰ型　方形

1件，占玉皇庙墓地出土蚌环总数的25%。标本YYM295:8，属于春秋中期。边长1.6×1.3、孔径0.65、厚0.3厘米（图七七〇，1；图版四四七，1左1）。

Ⅱ型　圆形

3件，占玉皇庙墓地出土蚌环总数的75%。

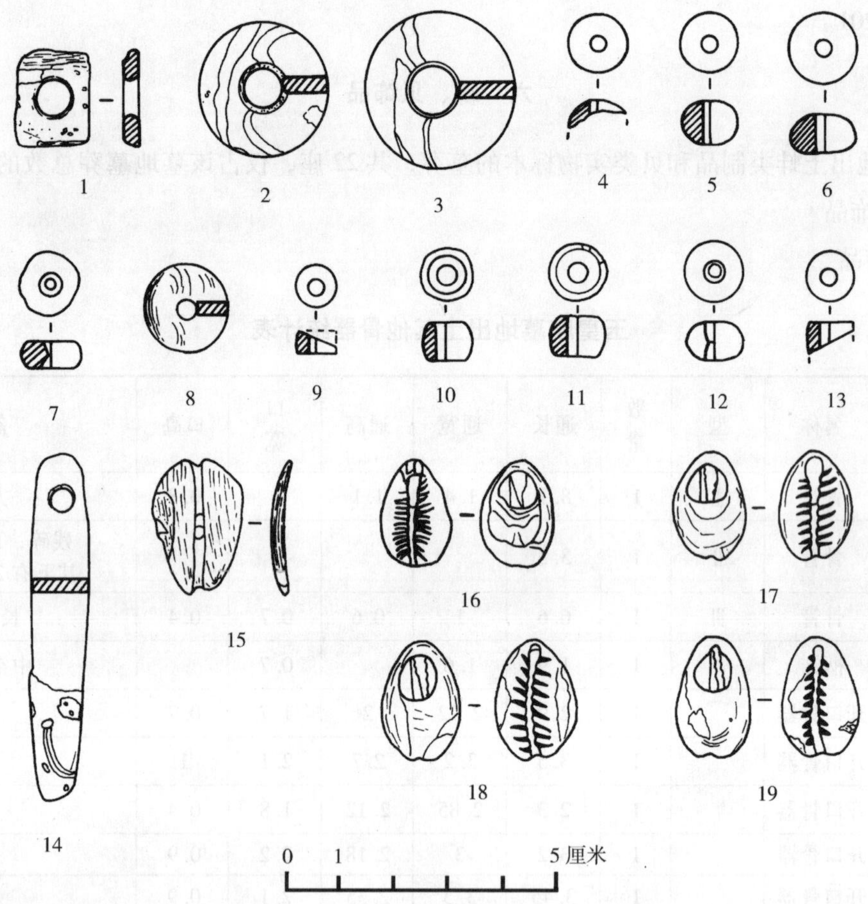

图七七〇　玉皇庙墓地出土蚌、贝饰品

1～3. 蚌环（YYM295：8、57：8、156：13－1）　4～13. 蚌珠（YYM285：4、241：5－65、125：13－1、6：6－549、149：13、198：5－21、153：10－102、176：5－20、355：3、398：4－100）　14. 蚌坠（YYM153：10－103）　15. 蚌刻贝饰（YYM149：10）　16～19. 贝饰（YYM146：16－1、142：16－2、167：8－12、120：5）

标本 YYM57：8，是出现较早的Ⅱ型蚌环，属于春秋中晚期。外径 2.4、内径 0.7、厚 0.25 厘米（图七七〇，2；图版四四七，1左2）。

标本 YYM156：13－1～2，是出现较晚的Ⅱ型蚌环，属于春秋晚期前段。外径 2.7、内径 1.1、厚 0.35 厘米（图七七〇，3；图版四四七，1左3、4）。

详见附表 202。

附表 202　　　　玉皇庙墓地出土蚌环统计表

序号	器物号（YYM）	型	数量	外径	厚	备注	
1	295：8	Ⅰ	1	1.6×1.3	0.65	0.3	方形
2	57：8	Ⅱ	1	2.4	0.7	0.25	圆形
3	156：13－1～2	Ⅱ	2	2.7	1.1	0.35	圆形
合　计			共3座墓　4件				

注：长度单位为厘米。

讨论

玉皇庙墓地出土蚌环的3座墓葬中，1座（YYM295）分布于北Ⅰ区北部，属于春秋中期；1座（YYM57）分布于北Ⅱ区南部，属于春秋中晚期；1座（YYM156）分布于南区中部，属于春秋晚期前段；从年代看，介于春秋中期至春秋晚期前段之间。从墓主性别考察，3座全部为男性墓。从墓葬级别考察，2座（YYM295、156）为乙（A）级墓，1座（YYM57）为乙（B）级墓，规格居中等和中上等，说明蚌环在当时的玉皇庙是比较珍贵的，是身份地位较高的男性武士才能佩用的饰品。

珠饰　玉皇庙墓地共出土蚌珠30枚，占玉皇庙墓地出土蚌饰品总数的81.1%；分布出自14座墓葬，墓号为：YYM285（1件）、241（11件）（图版四四七，2）、125（2件）（图版四四七，3）、6（2件）（图版四四七，5左1、2）、149（1件）（图版四四七，2）、198（1件）、153（1件）（图版四四七，5左5）、202（2件）、176（1件）（图版四四七，5左4）、114（2件）、323（1件）、322（2件）、355（1件）（图版四四七，5左3）、398（2件），占玉皇庙墓地墓葬总数的3.5%。形制相同，均为扁鼓形。

标本YYM285:4，是最早出现的蚌珠，属于春秋早中期。横向残半，外径1.1、孔径0.4、残高0.4厘米（图七七〇，4）。

标本YYM398:4－100～101，是最晚出现的蚌珠，属于春秋晚期后段。外径0.9、孔径0.4、高0.5厘米（图七七〇，13）。

其余标本与上述标本形制相近（参见图七七〇，5～12）。

详见附表203

附表203　**玉皇庙墓地出土蚌珠统计表**

序号	器物号（YYM）	数量	外径	孔径	高	备注
1	285:4	1	1.1	0.4	0.4	横向残半
2	241:5－65～75	11	0.8～1	0.25～0.3	0.6～0.75	
3	125:13－1～2	2	0.9/1.25	0.35	0.55/0.7	
4	6:6－548～549	2	1.1	0.4/0.5	0.45	
5	149:13	1	1.6	0.32	0.3	
6	198:5－21	1	0.8	0.3	0.4	
7	153:10－102	1	0.95	0.35	0.8	横向断裂成3段
8	202:6－4～5	2				残碎
9	176:5－20	1	0.9	0.35	0.7	
10	114:5－76～77	2	0.9	0.3	0.7	
11	323:3－2	1	0.8	0.4	0.45	
12	322:2－38～39	2	0.8～0.9	0.22～0.25	0.33～0.4	
13	355:3	1	1.1	0.4	0.7	
14	398:4－100～101	2	0.9	0.4	0.5	残1
合　计			共14座墓　30枚			

注：长度单位为厘米

讨论

从年代考察，玉皇庙墓地出土蚌珠的墓葬中，分布于北Ⅱ区北部者2座（YYM285、241），属于春秋早中期，占玉皇庙墓地出土蚌珠墓葬总数的14.3%；分布于北Ⅱ区中部者1（YYM125）、北Ⅰ区南部者1座（YYM6），此2座属于春秋中期，占玉皇庙墓地出土蚌珠墓葬总数的14.3%；分布于北Ⅱ区南部者1座（YYM149），属于春秋中晚期，占玉皇庙墓地出土蚌珠墓葬总数的7.1%；分布于南区北部者2座（YYM198、153）、中部者3座（YYM202、176、114）、西区者2座（YYM323、322），此7座属于春秋晚期前段，占玉皇庙墓地出土蚌珠墓葬总数的50%；分布于南区南部者2座（YYM355、398），属于春秋晚期后段，占玉皇庙墓地出土蚌珠墓葬总数的14.3%。春秋早期空缺，其余阶段均随葬有蚌珠，数量最多的是春秋晚期前段，达半数，数量最少的是春秋中晚期，其余各阶段数量相等，说明蚌珠的制作在春秋晚期前段较兴盛。

从墓主性别考察，男性墓2座（YYM323、322），占玉皇庙墓地出土蚌珠墓葬总数的14.3%；其余12座皆为女性墓（YYM285、241、125、6、149、198、153、202、176、114、355、398），占玉皇庙墓地出土蚌珠墓葬总数的85.7%。女性占居绝对优势，且是成人饰品，孩童没有佩戴者。

从墓葬级别考察，乙（B）级墓2座（YYM241、198），占玉皇庙墓地出土蚌珠墓葬总数的14.3%；丙（A）级墓3座（YYM6、153、202），占玉皇庙墓地出土蚌珠墓葬总数的21.4%；丙（B）级墓3座（YYM149、176、114），占玉皇庙墓地出土蚌珠墓葬总数的21.4%；丙（C）级墓2座（YYM323、398），占玉皇庙墓地出土蚌珠墓葬总数的14.3%；丁级墓4座（YYM285、125、322、355），占玉皇庙墓地出土蚌珠墓葬总数的28.6%。以上统计显示，在玉皇庙墓地随葬蚌珠的墓葬均为中等及以下规格的墓葬，其中数量最多的是丁级墓，其次是丙（A）级和丙（B）级，再次为乙（B）级和丙（C）级，即佩戴蚌珠者身份并不高，多属中、下等氏族成员。

蚌刻贝饰 玉皇庙墓地出土蚌刻贝饰1件，占玉皇庙墓地出土蚌饰品总数的2.7%。标本YYM149∶10，属于春秋中晚期的丙（B）级女性墓。由蚌刻制成贝币。通长2.4、通宽1.8、厚0.18厘米。磨耗严重，中间残留纵向阴刻线（图七七〇，15；图版四四四，4上）。

坠饰 玉皇庙墓地出土蚌质匕形坠饰1件，占玉皇庙墓地出土蚌饰品总数的2.7%。标本YYM153∶10－103，属于春秋晚期前段的丙（A）级女性墓。器物条形，通长6.1、通宽1.1、厚0.25，顶端有圆形穿孔，孔径0.45厘米（图七七〇，14；图版四四七，4）。

蚌片 玉皇庙墓地出土蚌片饰1件，占玉皇庙墓地出土蚌饰品总数的2.7%。标本YYM158∶17，属于春秋晚期前段的乙（B）级男性墓。器物残损严重，尚余3.1×1.2厘米残片。

（二）贝饰品

玉皇庙墓地共出土贝饰品10件，占玉皇庙墓地出土蚌、贝饰品总数的21.3%；分别出自4座墓葬，均属于春秋晚期前段，墓号为：YYM142（2件）、167（6件）、120（1件）、113（1件），占玉皇庙墓地墓葬总数的1%。10件贝饰形制相同，平底拱背，底面有一条纵向弧形条状开口，两侧有垂直于口的平行线，背面一端钻一圆形穿孔，以便佩戴。

标本YYM142∶16－1～2，出于丙（A）级男性墓，通长1.9、通宽1.3、厚0.9厘米（图七七〇，17）。

标本YYM167∶8－12～17，出于乙（B）级女性墓，通长1.8～2.1、通宽1.35～1.5、厚0.9～

0.95厘米。其中1件背残（图七七〇，18）。

标本YYM120:5，出于丙（B）级少儿墓，通长2.1、通宽1.4、厚1厘米（图七七〇，19；图版四四四，4下）。

详见附表204。

附表204　**玉皇庙墓地出土贝饰统计表**

序号	器物号（YYM）	数量	通常	通宽	厚	备注
1	142:16－1～2	2	1.9	1.3	0.9	
2	167:8－12～17	6	1.8～2.1	1.35～1.5	0.9～0.95	1残者残高0.6
3	120:5	1	2.1	1.4	1	
4	113:6－51	1				残碎
合　计			共4座墓　10件			

注：长度单位为厘米。

讨论

玉皇庙墓地出土贝饰品的4座墓葬，从年代考察，1座（YYM142）位于南区北部，其余3座（YYM167、120、113）皆位于南区中部，均属春秋晚期前段；从墓主性别、年龄考察，男性墓1座（YYM142），女性墓2座（YYM167、113），少儿墓1座（YYM120），女性略占优势；从墓葬级别考察，最高等级为乙（B）级（YYM167），其次为丙（A）级（YYM142、113），最次为丙（B）级（YYM120），介于中等和中下等之间。

蚌贝饰品从春秋早中期开始出现，延续到春秋晚期后段，共有22座墓随葬蚌贝饰品，春秋晚期前段最为集中，此期所占比例高达59.1%。共有6个品种，即蚌环、蚌珠、蚌刻贝饰、蚌坠、蚌片和贝，其中男性独享者有2种——蚌环和蚌片；女性独享者也有2种——蚌刻贝饰和蚌坠；男女共享者为蚌珠，女性占绝对优势；成年男女和孩童共享者为贝饰，女性略占优势。随葬蚌贝饰品的墓葬，没有甲级墓，最高级别为乙（A）级，均为男性墓，且均随葬蚌环；乙（B）级墓5座，男性墓2座，其一随葬蚌环，女性墓3座；即随葬蚌贝制品的较高级墓均为随葬蚌环的男性墓，第二等级的墓中有1例男性墓，以下等级没有随葬蚌环者，表明蚌环的佩用在玉皇庙墓地有标志身份和性别的意义。

七　竹制品

玉皇庙墓地共出土竹制品42件，占玉皇庙墓地出土器物总数的0.069%。包括竹篾簧片（4件）、竹签（35件）、小件竹制品（3件）。

竹篾簧片　玉皇庙墓地共出土竹篾簧片4件，占玉皇庙墓地出土竹制品总数的9.5%；分别出自4座墓葬，每墓1件，墓号为：YYM264、95、102、156，占玉皇庙墓地墓葬总数的1%。簧片形制相同，规格略有差异，整体为前窄后宽的薄竹片，尖端收缩，外围成框，中间有条形舌，尾端有1个圆形穿孔。

标本YYM264:22，属于春秋早中期丙（A）级男性墓。残断数截，存3截，通体被铜锈浸染呈蓝绿色。通长10.3、残宽1、簧舌长7.2、舌根宽0.3、厚0.05、尾孔直径0.1厘米（图七六七，3；图版四四八，1左）。

标本YYM95:21，属于春秋中期乙（A）级男性墓。前端残损。残长9.8、通宽1、簧舌残长7、残宽0.25、厚0.05、尾孔直径0.08厘米（图七六七，4；图版四四八，1右）。

标本YYM102:9，属于春秋中期丙（B）级男性墓。保存完整。通长9.1、通宽1、舌长6.6、舌根宽0.3、厚0.05、尾孔直径0.05厘米（图七六七，5）。

标本YYM156:8，属于春秋晚期前段乙（A）级男性墓。前端残，簧舌保存完整。残长8.9、通宽0.9、舌长7.8、舌根宽0.2、厚0.05、尾孔直径0.1厘米（图七六七，6）。

详见附表205。

附表205　　**玉皇庙墓地出土竹篾簧片统计表**

序号	器物号（YYM）	数量	通长	通宽	舌长	舌根宽	厚	尾孔直径	备　注
1	264:22	1	10.3	1	7.2	0.3	0.05	0.1	残断成3截，簧舌完整，通体被铜锈浸染呈蓝绿色
2	95:21	1	9.8	1	7	0.25	0.05	0.08	前端残损，簧舌尖部残损
3	102:9	1	9.1	1	6.6	0.3	0.05	0.05	唯一完整者
4	156:8	1	8.9	0.9	7.8	0.2	0.05	0.1	前端残，簧舌保存完整
合　计			共4座墓　4件						

注：长度单位为厘米。

讨论

玉皇庙墓地出土竹篾簧片的4座墓葬，分别分布于北Ⅱ区北部（YYM264）、中部（YYM95）、北Ⅰ区南部（YYM102）和南区中部（YYM156），属于春秋早中期（YYM264）、春秋中期（YYM95、102）和春秋晚期前段（YYM156）；4座墓的主人全部为男性；墓葬最高级别为乙（A）级（YYM95、156），其次为丙（A）级（YYM264），最低者为丙（B）级（YYM102）。

这表明，在玉皇庙这支部族中，自春秋早中期至春秋晚期前段，曾流行过用竹篾簧片为吹奏乐器（或乐器配件）的演奏形式，其吹奏者（即拥有者）均属少数中等阶层的男性武士。

竹签　玉皇庙墓地共出土竹签35枚，占玉皇庙墓地出土竹制品总数的83.3%；均出自YYM2，属于春秋早期甲（B）级女性墓，占玉皇庙墓地墓葬总数的0.25%。

标本YYM2:30－1～35，两端窄，中间宽，分竹尖和竹柄两部分，柄部加厚，大多为梯形，有2件为“工”字形；尖部呈等腰三角形。通长4.2～4.4、通宽0.4～0.5、尖长2.4、柄厚0.18厘米（图七六七，8、9；图版四四九，1）。

小件竹制品　玉皇庙墓地共出土小件竹制品3件，占玉皇庙墓地出土竹制品总数的7.1%；均出自YYM2，属于春秋早期甲（B）级女性墓，占玉皇庙墓地墓葬总数的0.25%。包括长方形竹板和长条形薄竹片2种，器物号为YYM2:29－1～3。竹板主体为长方形，一侧变形鼓起，两端出头，伸出部分呈圆头向外探，呈对角线的2个出头外探部分已残损；通长12.4、通宽5.8、厚0.5厘米（图七六七，7；图版四四九，2）。长条形竹片两端中间出榫，2件，器物号为YYM2:29－2、3，其中1件一端残损；完整的1件通长8.9、通宽1.8、厚0.05厘米，榫头突出0.2、宽0.6、0.7厘米（图七六七，10；图版四四八，2）。

八　革制品

玉皇庙墓地共出土皮革残件 2 件，占玉皇庙墓地出土器物总数的 0.0033%；均出自 YYM2，占玉皇庙墓地墓葬总数的 0.25%。标本 YYM2∶27－1～2，保存较好的有 2 条，其一残长 4.3、宽 1.3 厘米，是单层皮条由两侧向中间折叠成双层，接缝以麻线连缀，一端裹住一铜环，再以麻线固定，上面联缀 5 枚绿松石珠。其二残长 13.5、宽 1.4 厘米，缝制方法与前一件相同，上面连缀 4 枚绿松石珠（图七五五，15；图版四四八，3）。

伍　器类组合

玉皇庙墓地有随葬品的墓葬共365座。无随葬品的墓葬有35座。这365座有随葬品的墓葬，情况也多有不同，在随葬品的种类和数量上，彼此之间由于死者身份地位的不同，在随葬品的器类组合及数量的多寡上、在殉牲的配伍组合和数量上和在墓葬规格级别等方面，都表现出不同的差别。这种差别，或体现得不甚显著，或表现得相当悬殊，其中原因可能是多方面的，或比较复杂，但归根到底体现的是死者之间的阶级属性和阶级关系。因此，对玉皇庙墓地整个墓地的器类组合问题作一番综合考察与分析，对于深入观察和解读玉皇庙文化的特征及社会性质问题，是十分必要和具有重要意义的。

综合玉皇庙墓地的全部随葬品，可将其器类组合分为九种类型：一、第一类器类组合——以成组青铜礼器和金器为代表的器类组合；二、第二类器类组合——以青铜马具铜衔为代表的器类组合；三、第三类器类组合——以直刃匕首式青铜短剑为代表的器类组合；四、第四类器类组合——以青铜削刀为代表的器类组合（含只有单件削刀者）；五、第五类器类组合——以青铜锥（针）管具为代表的器类组合；六、第六类器类组合——以1件（个别2件）陶器为代表的器类组合；七、第七类器类组合——仅有1件陶器者；八、第八类器类组合——以铜镞、骨镞为代表的器类组合；九、第九类器类组合——仅有零星小件器物者。

一　第一类器类组合——以成组青铜礼器和金器为代表的器类组合

此类器类组合，在玉皇庙墓地属最高级器类组合。共有3例，墓葬编号为：YYM2、YYM18、和YYM250，占该墓地有随葬品墓葬总数（365座）的0.8%。YYM2是一座属甲（B）级的女性墓，YYM18和YYM250是两座属甲（A）级的男性墓。其共同特点是，都有成组的青铜礼器和金器，同时还都随葬成套的青铜马具、配套的青铜与砺石工具，以及各种装饰品等。因为这3座墓都随葬有成组青铜礼器，故随葬品中不再随葬陶器（YYM2虽有1件夹砂褐陶细绳纹陶杯，但系圹内东端填土中之遗物，而非椁内随葬品）。

YYM2随葬有烹煮器铜鼎1，食器铜敦1、铜钵1、铜匕1，酒器铜罍1、铜斗1、兽耳三足铜杯2，水器铜盘1、匜1、铜鋓1；金耳环2、金串珠2、包金铜贝10枚；还有青铜马具铜衔2副、铜镳3副、马具铜泡20、三通式铜节约2；青铜和砺石工具有铜柄铁刀1、铜锥（针）管具1、铜盒形器1、赤铁矿砺石1；以及联珠棍形铜坠饰、人字形铜坠饰、绿松石珠项链等装饰品。

YYM18随葬有烹煮器铜镀1，食器铜敦1，酒器铜罍1，水器铜鋓1；金耳环2、金虎牌饰1；同时随葬有成组青铜兵器：三穿铜戈1、直刃匕首式青铜短剑1、铜镞61枚；成套青铜马具：铜衔2副、铜镳4副、马具铜泡18、三通式铜节约2、马具铜箍39、马具铜环箍1、马具铜环2、三环孔马具铜环4、马具骨环8；配套青铜和砺石工具：铜削刀1、铜锛1、铜凿1、铜锥1、铜锥（针）管具1、铜盒形器1、赤铁矿砺石1件等；还有铜带钩、铜带卡、野猪形铜坠饰，以及服饰铜扣、铜环等装饰品。

YYM250随葬有烹煮器铜镀1，酒器铜罍1，水器铜鋓1；金耳环2、金璜形项饰1；同时随葬有成组青铜兵器：三穿铜戈1、直刃匕首式青铜短剑1、铜镞29、骨镞37枚；成套青铜马具：铜衔2副、铜镳1、马具铜泡大号14、小号14、骨镳1、马具骨环6；配套青铜和砺石工具：铜削刀1、铜锛1、铜凿1、铜锥2、铜锥（针）管具1、赤铁矿砺石1、穿孔砺石1、骨针1；还有铜带钩、小鹿形铜带饰、野猪形铜坠饰，以及服饰铜泡、服饰铜扣等装饰品。

从器类组合的角度考察，以上3座墓规格最高者当首推YYM18，其次为YYM250，再次为YYM2。

玉皇庙墓地随葬的青铜礼器（含中原式和土著式两类），共包括四类，即烹煮器、食器、酒器和水器。YYM18所随葬的4件青铜礼器，恰好代表了这四类器物，可谓类别齐备；在随葬的金器中，又独具YYM2和YYM250及其他较高规格的墓葬都未有的、唯一1件至为尊贵的金虎牌饰，同时还随葬有品质最为精良的一组青铜兵器（包括三穿铜戈、青铜短剑、铜镞等，其中铜镞不仅数量最多，而且种类也最为丰富），以及与男性武士相配套的、与众不同的系列青铜服饰品（如羊形带钩、野猪形带饰等），这些都是YYM2和YYM250所不具备的。

YYM250随葬的青铜礼器共3件，仅代表了烹煮器、酒器和水器三类器物，而缺少食器，未达到四类器的标准；在随葬的金器中，虽有1件金璜形项饰，但其价值和意义不能同YYM18出土的金虎牌饰相提并论（此种金璜形项饰在玉皇庙墓地共出土3例，除YYM250随葬1件外，还有YYM151和YYM174也各随葬1件；在西梁垙墓地出土2例，YXM1和YXM25各随葬1件）。所出铜镞和青铜带饰，在种类、数量和质量上，也都不及YYM18。

YYM2的随葬品，虽然在青铜礼器这一项上达到了四类器标准，而且在食器、酒器和水器上数量还略多于YYM18和YYM250，但由于此墓主人为女性，这就注定了此墓不能像YYM18和YYM250那样随葬成组青铜兵器（如铜戈、短剑、各种铜镞等）和与男性相匹配的系列青铜服饰品，如带钩、服饰铜环、带卡、带饰、服饰铜泡及大、小铜扣等，更不能在金器中出有金虎牌饰和金璜形项饰这类象征着至尊地位和权力的金饰品。因性别差异所造成的这些器类缺项遗憾，自然也就决定了YYM2死者的身份和地位必然低于YYM18和YYM250。

由以上器类组合考察与分析所得出的YYM18、YYM250和YYM2这3座墓主人身份、地位间的差异，依次呈降幂顺序排列的认识，恰与这3座墓的规格级别及其殉牲配伍组合情况相一致（YYM18和YYM250属第一类第Ⅰ种最高级殉牲配伍组合，而YYM2属第一类第Ⅱ种次高级殉牲配伍组合），这当不是偶然的巧合。

从年代分期看，YYM18和YYM2约属春秋早期，YYM250约属春秋早中期。自春秋中期以后至春秋晚期，在玉皇庙墓地再未发现属于第一类器类组合的高规格墓葬，表明玉皇庙墓地所代表的这支文化在春秋早期和早中期阶段曾处于比较繁荣和发展的时期，而到春秋中期以后至春秋晚期，则趋于衰落。

通过对器类组合、殉牲配伍组合、墓葬规格级别年代分期及性别等多方面综合考察，有理由判定：YYM18的墓主人应是春秋早期阶段玉皇庙文化在军都山地带一位拥有最高权力的一代部落酋王；YYM250的墓主人则应为春秋早中期阶段该文化在这一地区的另一位重要的部落首领级人物；而YYM2的墓主人则应是春秋早期阶段该文化在这一地区的一位身份特殊、地位显赫的贵族妇人。

参见附表206。

二　第二类器类组合——以青铜马具铜衔为代表的器类组合

此类器类组合，在玉皇庙墓地共有6例，墓葬编号为：YYM300、230、52、151、156、174，占该墓地有随葬品墓葬总数的1.6%。

此类器类组合，与第一类器类组合的差别主要在于缺少成组青铜礼器，或多数墓葬无青铜礼器，或有半数墓葬无金器，但在其他器类组合方面齐备而丰富，所以这是玉皇庙墓地在器类组合上仅次于第一类组合的、排在第二位的属于较高规格的器类组合。

这6座墓葬皆为男性墓，均属高规格和较高规格的墓葬，其中YYM230属甲（A）级，YYM52和YYM151属甲（B）级，YYM300和YYM156属乙（A）级，YYM174属乙（B）级。其共同特点是，都随葬有青铜马具铜衔2副和其他附属马具，还有直刃匕首式青铜短剑和铜镞等青铜兵器，并有成套青铜工具（削刀、锛、凿、锥和锥（针）管具等），以及覆面铜扣、青铜带饰、耳环、服饰铜泡或铜扣等装饰品。其中YYM156和YYM174还各随葬铜铆1件，金耳环2件，YYM151和YYM174还各随葬金璜形项饰1件。同时每墓随葬陶器1件。

随葬青铜马衔和其他附属马具的墓葬，在玉皇庙墓地共有9座，即除了此类器类组合的6座墓葬以外，还有前述的第一类器类组合的3座墓（YYM2、YYM18和YYM250）。由此可见凡有2副或2副以上铜马衔及其他附属马具随葬的墓，其规格级别必定是较高和很高的。因此，有无青铜马衔，或享有青铜马衔的多少，也是该文化衡量死者身份地位是否尊贵的标准之一。

属第二类器类组合的这6座墓葬，其殉牲配伍组合的情况与其在器类组合方面的规格级别是一致的，除YYM300由于上层殉牲遭到破坏，所余殉牲残缺不全而影响了其殉牲组合的排位（排在第一类第Ⅴ种组合）之外，其他4座墓（YYM230、151、156、174）均属第一类第Ⅰ种殉牲配伍组合，即属于最高级殉牲配伍组合；而YYM52属于第一类第Ⅲ种殉牲组合，也属于较高级的殉牲配伍组合。

从性别考察，上述6座墓葬为清一色男性墓，这表明在玉皇庙墓地凡享有第二类器类组合礼遇的墓，均应属高级男性武士墓。

从年代分期看，YYM300属春秋早期，YYM230属春秋早中期，YYM52属春秋中期，YYM151和YYM156属春秋晚期前段，而YYM174属春秋晚期后段。表明第二类器类组合在玉皇庙墓地整个春秋时期曾持续不断的存在，只是到春秋晚期后段仅余1例（YYM174），而且其墓葬规格级别在这组墓葬中属偏低的（属乙（B）级），现出后继乏力之象。

参见附表207。

三　第三类器类组合——以直刃匕首式青铜短剑为代表的器类组合

此类器类组合，在玉皇庙墓地共有78例，墓葬编号为；YYM22、32、34、19、17、13、82、386、385、384、11、281、227、264、226、275、234、41、46、236、261、257、247、48、95、51、190、188、54、36、295、7、102、212、186、57、86、71、61、83、148、70、224、182、213、210、209、199、179、142、145、143、117、105、74、158、168、134、131、122、124、111、171、108、333、314、303、164、160、175、161、129、334、344、348、349、373、370，占该墓地有随葬品墓葬总数的21.4%。

此类器类组合，与前述第一类和第二类器类组合的差别主要在于，不但缺少青铜礼器和金器，而且还缺少青铜马衔和马镳等主要青铜马具。其突出的特点是，各墓均随葬直刃匕首式青铜短剑1件，多数墓葬附有铜镞和骨镞，并同时随葬成套或成组青铜工具（成套的如削刀、锛、凿、锥、锥（针）管具，或再附加砺石等。成组的一般为削刀、铜锥，或再加铜锥（针）管具等），还有覆面铜扣、铜丝耳环、或青铜牌饰、青铜带卡、青铜带饰、服饰铜扣，以及各种石珠项链等装饰品。此外，绝大多数

附表206　**玉皇庙墓地第一类器类组合——以成组青铜礼器和金器为代表的器类组合统计表**

墓号（YYM）	墓葬规格级别	性别	青铜礼器	金器	兵器	马具	工具	装饰品	陶器	其他器物	分布	分期	合计（座）
2	甲（B）	女	鼎1、敦1、钵1、匕1、罍1、斗1、盘1、匜1、铆1、兽耳三足杯2	耳环2、串珠2、包金铜贝10		铜衔2副、铜镳3副、马具铜泡20、三通式铜节约2	铜柄铁刀1、铜锥（针）管具1、铜盒形器1、铜盒形器1、赤铁矿砺石1	联珠棍形铜坠饰24、双联小铜扣511、小铜环1、皮条残件2、玛瑙珠、绿松石珠项链1串（玛瑙珠153、绿松石珠60）、绿松石坠珠8	墓圹填土中出土夹砂褐陶单耳环1	人字形铜坠饰113、小件竹制品3、竹签35	北Ⅰ中		春秋早2期
18	甲（A）	男	镀1 敦1 罍1 铆1	虎形牌饰1、耳环2	铜戈1、青铜短剑1、铜镞61	铜衔2、铜镳4副、马具铜泡18、三通式铜节约2、马具铜箍39、马具铜环箍1、马具铜环2、三环孔马具铜环4、马具骨环8	铜削刀1、铜锛1、铜凿1、铜锥1、铜锥（针）管具1、铜盒形器1、赤铁矿砺石1、骨绞具4	铜带钩1、铜环7、长方形铜带卡1、野猪形铜带饰89、野猪形铜坠饰12、服饰铜扣9、服饰双联小铜扣416、绿松石珠169、绿松石坠珠16		人字形铜坠饰59、铜盒形器器盖1			
250	甲（A）	男	镀1 罍1 铆1	璜形饰1、耳环2	铜戈1、青铜短剑1、铜镞29、骨镞37	铜衔2幅、铜镳1、马具铜泡大号14、小号14、骨镳1、马具骨环6	铜削刀1、铜锛1、铜凿1、铜箍2、铜锥（针）管具1、赤铁矿砺石1、砂岩穿孔砺石1、骨针1	铜带钩1、铜环1、小鹿形铜带饰55、野猪表铜带饰7、服饰铜泡1、服饰铜扣3、蜷身动物纹铜扣3、亚腰形铜饰件1、服饰双联小铜扣186、绿松石坠珠6、骨环1			北Ⅰ北	春秋早中期	1
合计	甲（A）2 甲（B）	男2 女1											3

附表207－1　玉皇庙墓地第二类器类组合——以马具铜衔为代表的器类组合统计表

墓号（YYM）	墓葬规格级别	性别	单件青铜礼器	金器	兵器	马具	工具	装饰品	陶器	其他器物	分布	分期	合计（座）
300	乙（A）	男			青铜短剑1、铜镞1	铜衔2副、骨镳1副	铜削刀1、铜锛1、铜凿1、铜锥2、铜针1、铜锥（针）管具1	覆面铜扣3、铜丝耳环2、三菱形铜带卡54、小鹿形铜带饰50、素面铜扣7、兽纹铜扣3、涡纹铜扣2、服饰双联小铜扣63、喇叭形管状铜饰1、羊头铜饰1、绿松石坠珠4、小黑石珠项链1串（272）、小白石珠1串（60）	夹砂红陶罐1		北Ⅰ西	春秋早期	1
230	甲（A）	男			青铜短剑1、铜镞2、骨镞4	铜衔2副、骨镳1、马具铜泡6、马具骨环2、	铜削刀1、铜锛1、铜凿1、铜锥1、铜锥（针）管具1、赤铁矿砺石1、砂岩穿孔砺石1	覆面铜扣3、铜丝耳环2、虎形铜牌饰1、双联S纹铜带卡17、小鹿形铜带饰49、铜铃形饰1、服饰铜泡大号2、中号5、喇叭形管状铜饰1、纺锤形小铜珠及小黑石珠项链1串（小铜珠28、小黑石珠37）、骨环1	夹砂红陶罐1		北Ⅱ北	春秋早中期	1
52	甲（B）	男			青铜短剑1、铜镞10、骨镞16	铜衔2副、马具铜泡10	铜削刀1、铜锛1、铜凿1、铜锥（针）管具1、赤铁矿砺石1	覆面铜扣3、铜丝耳环2、野猪形铜带饰5、小鹿形铜带饰57、三鸟头纹铜带饰81、服饰小铜泡1、服饰涡纹铜扣1、服饰小铜扣1、铜箍串珠2、绿松石、白石管、小黑石珠项链1串（绿松石珠10、白石管1、小黑石珠156）、骨环1	夹砂红陶罐1		北Ⅱ中	春秋中期	1

附表 207－2

玉皇庙墓地第二类器类组合——以马具铜衔为代表的器类组合统计表

墓号（YYM）	墓葬规格级别	性别	单件青铜礼器	金器	兵器	马具	工具	装饰品	陶器	其他器物	分布	分期	合计（座）
151	甲（B）	男		璜形饰1	青铜短剑1 铜镞9 骨镞4	铜衔2幅 马具铜泡6 马具骨环1	铜削刀1、铜锛1、铜凿1、铜锥1、铜锥（针）管具1	覆面铜扣2、铜丝耳环2、反S形铜带卡25、马形铜带饰55、服饰铜泡2、服饰铜扣2、绿松石坠珠4	夹砂红陶罐1	开口骨器1	南区北	春秋晚期前段	2
156	乙（A）	男	鋗1	耳环2	青铜短剑1 铜镞3 骨镞6	铜衔2副、铜镳2副、四通式铜节约4、三鹿纹马具铜泡2、素面马具铜泡6、算珠形马具铜环2、马具骨环5	铜削刀1、铜锛1、铜凿1、铜锥1、铜锥（针）管具1	覆面铜扣2、马形铜牌饰1、犬纹铜带卡105、马形铜带饰94、服饰铜泡4、服饰铜扣1、绿松石坠珠6、蚌环2	泥质灰陶壶1	梳形骨器1、竹篾簧片1	南区中		
174	乙（B）	男	鋗1	璜形饰1、耳环2	青铜短剑1、铜镞4、骨镞3、	铜衔2幅、骨镳1副、	铜削刀1、铜锛1、铜凿1、铜锥1、铜锥（针）管具1	覆面铜扣3、马形铜带饰77、鹿形铜带饰16、铜扣2、双环孔形铜饰件4、绿松石坠珠6	泥质灰陶折肩罐1		南区南	春秋晚期后段	1
合计	甲（A）1 甲（B）2 乙（A）2 乙（B）1	男6											6

墓葬都随葬陶器1件（78座墓中有76座随葬陶器，所占比例高达97.4%；只有YYM333和YYM314两座墓未随葬陶器，此种情况仅占2.6%）。

随葬直刃匕首式青铜短剑的墓葬，在玉皇庙墓地共有86座（每墓各出1件，共86件），即除了以上此类器类组合的78座墓随葬的78件以外，还有另外8件分别出于前述的第一类器类组合中的2座墓（YYM18、YYM250）2件和第二类器类组合中的6座墓（YYM300、230、52、151、156、174）6件。由此可知，第三类器类组合——以直刃匕首式青铜短剑为代表的器类组合，在玉皇庙墓地是仅次于第一类和第二类器类组合的、属于较高规格级别的器类组合。因此，除个别或少数特殊情况外，是否随葬青铜短剑，也成为该文化衡量死者身份地位高低的又一显著标志之一。

从性别看，玉皇庙墓地以直刃匕首式青铜短剑为代表的器类组合（也包括第一类和第二类器类组合中所有随葬直刃匕首式青铜短剑）的墓葬，其墓主性别皆属男性，除3座无人墓外，而绝无女性。

从墓葬规格级别看，第三类器类组合的78座墓葬，其中有甲（B）级1座（YYM22），乙（A）级18座（YYM13、11、227、275、236、261、95、51、54、295、86、210、209、74、161、129、334、344），乙（B）级27座（YYM19、17、384、226、234、41、46、257、247、190、188、36、212、186、57、61、70、182、213、179、158、134、124、160、348、349、373），丙（A）级17座（YYM32、82、264、48、83、148、224、199、142、145、143、117、131、122、111、171、175），丙（B）级6座（YYM34、102、168、333、164、370），丙（C）级7座（YYM386、385、7、71、105、108、314），丁级2座（YYM281、303）。甲、乙两级高级和较高级规格的墓例共计为46座，占此类器类组合墓葬总数（78座）的59%，占据大多数；丙级小型墓共计30座，占此类器类组合墓葬总数的38.5%，只占少数；丁级墓共2座，仅占此类器类组合墓葬总数的2.5%，属极少数特殊情况。

由此可见，在玉皇庙墓地凡属第三类器类组合的墓葬，皆为男性武士墓，其中多数身份地位较高，也有一部分（少数）身份地位偏低或较低。

从殉牲配伍组合看，第三类器类组合的78座墓葬，除一座因死者情况较特殊（YYM281）无殉牲和另13座因墓圹上部被破坏，殉牲无存或殉牲情况不详（墓葬编号分别为：YYM32、34、19、82、386、385、36、7、102、71、70、145、105），不能确定其殉牲配伍组合外，其余64座墓均有殉牲配伍组合资料。据统计，这64座墓中属第一类第Ⅰ种殉牲配伍组合的，有1例（YYM74），属第一类第Ⅱ种殉牲配伍组合的有2例（YYM13、YYM57），属第一类第Ⅲ种殉牲配伍组合的也有2例（YYM257、YYM212），属第一类第Ⅳ种殉牲配伍组合的1例（YYM11），属第一类第Ⅴ种殉牲配伍组合的1例（YYM17），合计属第一类殉牲配伍组合共7例，占第三类器类组合有殉牲墓葬总数（64座）的10．95%；属第二类第Ⅵ种殉牲配伍组合的有30例（YYM22、384、275、41、236、261、48、95、51、190、188、148、210、209、199、142、143、117、158、134、131、122、124、171、160、175、129、334、344、349），属第二类第Ⅶ种殉牲配伍组合的有12例（YYM227、264、226、234、54、186、86、213、168、333、314、303），合计属第二类殉牲配伍组合共42例，占第三类器类组合有殉牲墓葬总数的65.6%；属第三类第Ⅹ种殉牲配伍组合者共7例（YYM295、224、179、111、164、373、370），占第三类器类组合有殉牲墓葬总数的10.95%；属第四类第Ⅻ种殉牲配伍组合者共8例（YYM46、247、61、83、182、108、161、348），占第三类器类组合有殉牲墓葬总数的12.5%。若将第一类和第二类殉牲配伍组合的墓例加在一起，二者之和共占第三类器类组合有殉牲墓葬总数的百分比为76.45%；而第三类和第四类殉牲配伍组合的墓例之和所占第三类器类组合有殉牲墓葬总数的百分比不过为23.55%。这一统计结果表明，属第三类器类组合的墓葬在殉牲配伍组合上，大多数是配以较高规格的、即以大牲畜马或牛为中心的殉牲配伍组合，而较少有配以较低规格的、即以小牲畜羊或狗为中心的殉牲配伍组合的情况，即使属于此种情况，所殉的羊和狗的数量也相对较多一些。此结果与前述墓葬规格级别的统计结果基本上是一致的。

从年代分期看，第三类器类组合的78座墓葬，属春秋早期者11座（YYM22、32、34、19、17、13、82、386、385、384、11），占此期墓葬总数（34座）的32.4%；属春秋早中期者5座（YYM281、227、264、226、275），占此期墓葬总数（43座）的11.6%；属春秋中期者17座（YYM234、41、46、236、261、257、247、48、95、51、190、188、54、36、295、7、102），占此期墓葬总数（78座）的21.8%；属春秋中晚期者9座（YYM212、186、57、86、71、61、83、148、70），占此期墓葬总数（39座）的23%；属春秋晚期前段者25座（YYM224、182、213、210、209、199、179、142、145、143、117、105、74、158、168、134、131、122、124、111、171、108、333、314、303），占此期墓葬总数（126座）的19.8%；属春秋晚期后段者11座（YYM164、160、175、161、129、334、344、348、349、373、370），占此期墓葬总数（80座）的13.75%。这一统计结果表明，第三类器类组合在玉皇庙墓地自始至终都持续存在，只是在不同历史阶段所占比例高低有所不同，最显著的差别体现在早晚两头，即春秋早期阶段和春秋晚期后段的差别，前者所占同期墓葬总数的百分比是32.4%，而后者仅占13.75%，高出18.65个百分点。此外，春秋早期、春秋中期和春秋中晚期所占的百分比，也均高于春秋晚期前段者。这表明享有第三类器类组合配置的男性武士的数量，在春秋早期阶段在这支部族总人口中所占的比例达到将近1/3的高比率，显然是处于上升发展时期；但到春秋晚期阶段，这个比例却呈现大幅度下降的趋势，至春秋晚期后段甚至下降到13.75%，所占当时这支部族总人口的比例已不足1/7。这一兴衰变化趋势，与其他项目的统计结果所反应的现象是一致的，这也是玉皇庙文化总体发展过程的一个缩影。

参见附表208。

四　第四类器类组合——以青铜削刀为代表的器类组合（含只有单件削刀者）

此类器类组合，在玉皇庙墓地共有52例，墓葬编号为：YYM20、35、3、383、5、10、280、283、285、37、98、282、229、233、228、276、99、252、42、256、49、90、271、260、65、26、297、293、299、23、192、58、69、63、217、203、220、214、205、178、177、153、112、312、315、313、127、110、345、358、325、376，占该墓地有随葬品墓葬总数的14.3%。

此类器类组合，与前述第一类、第二类和第三类器类组合已有明显差别，不但缺少青铜礼器（除YYM35有1件铜鍤以外，其余各墓均无青铜礼器）、金器、青铜马具（只有YYM276有铜节约2件，YYM217有马具铜泡6枚，其余各墓均无任何马具）和大件青铜兵器直刃匕首式青铜短剑，而且也很少有前三类组合中必备的成套或成组青铜工具，如铜锛、铜凿这两种青铜工具，只有在个别规格较高的墓中才出现（如YYM229和YYM217，仅此两例），其余绝大多数墓中已不再配置。最突出的特点是，各墓均随葬青铜削刀1件，绝大多数墓葬随葬陶器1件，半数墓葬配置有铜锥，少数墓葬配置铜锥（针）管具，还有更少数墓配置有砺石或铜盒形器等。还有各类装饰品，大多数墓葬有覆面铜扣、铜丝耳环；男性死者多佩有动物形铜牌饰、铜带钩、铜带饰，还有服饰铜泡、服饰铜扣等，女性死者多

附表 208－1　玉皇庙墓地第三类器类组合——以直刃匕首式青铜短剑为代表的器类组合统计表

墓号（YYM）	墓葬规格级别	性别	兵器	马具	工具	装饰品	陶器	其他器物	分布	分期	合计（座）
22	甲(B)	男	青铜短剑1、骨镞12		铜削刀1、铜锛1、铜凿1、铜锥1、骨针1、铜锥(针)管具1	覆面铜扣2、铜丝耳环2、犬纹铜带卡39、铜铃形饰1、服饰铜泡1、服饰小铜扣26、绿松石坠珠2、绿松石株、小黑石珠项链1串(绿松石珠1、小黑石珠226)、白石管7	夹砂红陶罐1		北1中	春秋早期	11
32	丙(A)	无人	铜戈1、青铜短剑1、铜镞4、骨镞16、骨鸣镝1		铜削刀1、铜锥1、铜锥(针)管具1、砂岩穿孔砺石1	覆面铜扣3、铜丝耳环2、小鹿形铜带饰30、马头形铜带饰2、服饰铜泡4、服饰铜扣2、“人”字形铜饰件1、白石管3、小白石珠1	夹砂褐陶罐1				
34	丙(B)	无人	铜戈1、青铜短剑1、铜镞8、骨镞21		铜削刀1、铜锥1、铜锥(针)管具1	铜丝耳环2、虎形铜牌饰1、长方形反S纹铜带卡24、小鹿形铜带饰26、三鸟头纹铜带饰2、铜铃形饰1、服饰铜扣1	夹砂红陶罐1				
19	乙(B)	男	青铜短剑1、铜镞2、骨镞6		铜削刀1、铜锛1、铜凿1、骨柄铜锥1、铜锥(针)管具1	覆面铜扣3、铜丝耳环2、长方形卷云纹铜带卡26、铜铃形饰1、服饰铜泡2、素面铜泡1、服饰铜扣2、服饰小铜扣7、服饰双联小铜扣30、绿松石坠珠1、小黑石珠项链1串(179)、白石管、小白石珠项链1串(白石管2、小白石珠34)	夹砂红陶罐1				
17	乙(B)	无人	青铜短剑1、铜镞12、骨镞21、骨鸣镝1		铜削刀1、铜锛1、铜锥1、铜锥(针)管具1	铜丝耳环2、三鸟头纹铜带饰73、铜铃形饰1、服饰铜泡2、服饰铜扣4、服饰小铜扣4、白石管3、绿松石珠3、小黑石珠项链1串(103)	夹砂褐陶罐1				
13	乙(A)	男	青铜短剑1	马具铜泡6	铜削刀1、铜斧1、铜凿1、骨针1、铜锥(针)管具1	覆面铜扣3、铜丝耳环2、铜带扣1、羊形铜带饰45、铜镜形饰1、服饰铜泡4、服饰小铜扣2、短铜管1、铜瓶形器1、白石管3、小白石珠串饰7、绿松石珠、小白石珠、小黑石珠项链1串(绿松石珠1、小白石珠59、小黑石珠230)、骨环1	夹砂红褐陶罐1	单鋬石杯1			
82	丙(A)	男	青铜短剑1		铜削刀1、铜锥1、砂岩穿孔砺石1	覆面铜扣2、铜丝耳环2、骨环1	泥质灰陶罐1				
386	丙(C)	男	青铜短剑1		铜削刀1、铜锛1、铜锥1	面铜扣2、铜丝耳环2、服饰铜扣5、服饰小铜扣1、小白石珠项链1串(239)	夹砂红陶罐1		北Ⅰ西		
385	丙(C)	男	青铜短剑1		铜削刀1、铜锥1	覆面铜扣3、铜丝耳环2、服饰小铜扣15、算珠形石珠1、小黑石珠项链1串(141)、小白石珠项链1串(127)	夹砂红陶罐1				

附表208－2

玉皇庙墓地第三类器类组合——以直刃匕首式青铜短剑为代表的器类组合统计表

墓号（YYM）	墓葬规格级别	性别	兵器	马具	工具	装饰品	陶器	其他器物	分布	分期	合计（座）
384	乙（B）	男	青铜短剑1、铜镞1		铜削刀1、铜锛1、铜锥1	覆面铜扣2、铜丝耳环2、服饰铜扣2、白石管、小白石珠项链1串（白石管1、小白石珠224）	夹砂红陶罐1		北Ⅰ西	春秋早期	
11	乙（A）	男	青铜短剑1		铜削刀1、铜凿1、铜锥1、骨针1、铜锥（针）管具1	覆面铜扣3、铜丝耳环2、虎形铜牌饰2、反S纹铜带卡30、长方形卷云纹铜带卡30、服饰铜泡4、服饰铜扣3、服饰小铜扣66、绿松石坠珠1、绿松石管、小白石珠、小黑石珠项链1串（绿松石管1、小白石珠122、小黑石珠119）、白石管1	夹砂红陶罐1		北Ⅰ中		
281	丁	男	青铜短剑1		铜削刀1、铜锥1	覆面铜扣3、铜丝耳环2、服饰铜泡2、小铜17、白石管、小白石珠项链1串（白石管1、小白石珠210）	夹砂红陶罐1		北Ⅱ北	春秋早中期	5
227	乙（A）	男	青铜短剑1、铜镞1、骨镞10		铜削刀1、铜锥1	覆面铜扣3、铜丝耳环2、马形铜牌饰1、铜带钩1、羊形铜带饰29、服饰铜扣1、绿松石坠珠12	夹砂红褐陶罐1				
264	丙（A）	男	青铜短剑1、铜镞10、骨鸣镝1		铜削刀1、铜锛2、铜凿1、铜锥1、铜锥（针）管具1、赤铁矿砺石1	覆面铜扣3、铜丝耳环2、马形铜牌饰1、长方形云纹铜带卡16、马形铜带饰14、反S形铜带卡39、小铜环4、服饰铜泡1、服饰铜扣3、服饰小铜扣29、绿松石坠珠2	夹砂红陶罐1	竹篾簧片1			
226	乙（B）	男	青铜短剑1、铜镞5、骨镞10		铜削刀1、铜斧1、铜锥1、铜锥（针）管具1、赤铁矿砺石1	覆面铜扣4、铜丝耳环2、马形铜牌饰1、螭龙形铜带卡33、服饰铜扣2、绿松石坠珠6、白石管1	夹砂红陶罐1				
275	乙（A）	男	青铜短剑1、铜镞5、骨镞12、骨鸣镝1		铜削刀1、铜锛1、铜锥1、铜锥（针）管具1	覆面铜扣3、铜丝耳环2、马形铜牌饰1、马形铜带钩1、长方形云纹铜带卡18、马形铜带饰38、铜铃形饰1、服饰铜泡3、服饰铜扣2、服饰小铜扣166、绿松石坠珠2、小铜珠、小黑石珠项链1串（小铜珠6、小黑石珠206）、小白石珠串饰36	夹砂褐陶罐1				

附表 208－3　玉皇庙墓地第三类器类组合——以直刃匕首式青铜短剑为代表的器类组合统计表

墓号（YYM）	墓葬规格级别	性别	兵器	马具	工具	装饰品	陶器	其他器物	分布	分期	合计（座）
234	乙（B）	男	青铜短剑1、骨镞7		铜削刀1、铜锥1、赤铁矿砺石1	覆面铜扣3、铜丝耳环2、马形铜牌饰1、反S形铜带卡19、服饰铜泡1、绿松石珠、小白石珠串饰1串（绿松石珠9、小白石珠30）	夹砂红陶罐1				
41	乙（B）	男	青铜短剑1		铜削刀1、铜锛1、铜锥1	覆面铜扣1、铜丝耳环2、三鸟头纹铜带饰37、服饰铜泡1、白石管1	夹砂红陶罐1				
46	乙（B）	男	青铜短剑1		铜削刀1、铜锥1	覆面铜扣2、铜丝耳环2、虎形铜牌饰1、服饰铜泡2、服饰小铜扣18、小铜珠项链1串（19）、石珠项链1串（小黑石珠118、小白石珠55）	夹砂褐陶罐1				
236	乙（A）	男	青铜短剑1、铜镞1、骨镞11		铜削刀1、铜锛1、铜凿1、铜锥1	覆面铜扣3、铜丝耳环2、马形铜牌饰1、羊形铜带饰16、服饰铜泡1、绿松石坠珠3	夹砂红陶罐1	开口骨器1			
261	乙（A）	男	青铜短剑1、铜镞2、骨镞1		铜削刀1、铜锛1、铜凿1、铜锥1、铜锥（针）管具1、赤铁矿砺石1	覆面铜扣3、铜丝耳环2、虎形铜牌饰1、铜带扣1、铜环1、小鹿形铜带饰31、三鸟头纹铜带饰70、服饰铜泡4、服饰铜扣6、服饰小铜扣31、服饰双联小铜扣7、绿松石坠珠4、白石管1、小白石珠63	夹砂红陶罐1				
257	乙（B）	男	青铜短剑1、铜镞5、骨镞1		铜削刀1、铜锥1	覆面铜扣3、铜丝耳环2、服饰小铜泡3	夹砂褐陶罐1				
247	乙（B）	男	青铜短剑1、铜镞1、骨镞8		铜削刀1、铜锥1、细石器1	覆面铜扣3、铜丝耳环2、虎形铜牌饰1、马形铜带饰39、服饰铜泡2、玛瑙珠1、绿松石坠4	夹砂红陶罐1				

附表 208－4　**玉皇庙墓地第三类器类组合——以直刃匕首式青铜短剑为代表的器类组合统计表**

墓号（YYM）	墓葬规格级别	性别	兵器	马具	工具	装饰品	陶器	其他器物	分布	分期	合计（座）
48	丙（A）	男	青铜短剑 1、铜镞 3、骨镞 12、骨鸣镝 1		铜削刀 1、铜锥 1、铜锥（针）管具 1	覆面铜扣 2、铜丝耳环 2、虎形铜牌饰 1、铜带钩 1、服饰铜泡 4、服饰双联小铜扣 38、铜箍串珠 32、绿松石坠珠 6、白石管 5	夹砂红陶罐 1		北Ⅱ中	春秋中期	
95	乙（A）	男	青铜短剑 1、铜镞 6、骨镞 15、骨弓弭 1		铜削刀 1、铜锛 1、铜锥 1、铜锥（针）管具 1	覆面铜扣 3、铜丝耳环 2、马形铜牌饰 1、铜带钩 1、双联 S 形卷云纹铜带卡 22、小鹿形铜带饰 56、服饰铜泡 3、小铜珠项链 1 串（4）、绿松石坠珠 18、石珠项链 1 串（小黑石珠 42、小白石珠 2）、骨环 1	夹砂红陶罐 1	竹篾簧片 1			
51	乙（A）	男	青铜短剑 1、铜镞 3、骨镞 10		铜削刀 1、铜锥 1、骨针 1、铜盒形器 1	覆面铜扣 3、铜丝耳环 2、长方形卷云纹铜带卡 21、服饰铜泡 2、服饰铜扣 1、服饰小铜扣 8、绿松石坠珠 6、石珠项链 1 串（白石管 5、小白石珠 198）	夹砂红陶罐 1				
190	乙（B）	男	青铜短剑 1、铜镞 8、骨镞 3		铜削刀 1、铜锛 1、铜凿 1、铜锥 1、铜锥（针）管具 1、赤铁矿砺石 1、砂岩穿孔砺石 1	覆面铜扣 3、铜丝耳环 2、马形铜牌饰 1、长方形反 S 纹铜带卡 30、小鹿形铜带饰 18、服饰铜泡 4、服饰铜扣 4、绿松石坠珠 10	夹砂红陶罐 1				
188	乙（B）	男	青铜短剑 1、铜镞 1、骨镞 11、骨鸣镝 3		铜削刀 1、铜锛 2、铜凿 1、铜锥 1、铜锥（针）管具 1	覆面铜扣 2、铜丝耳环 2、马形铜牌饰 1、铜带钩 1、小鹿形铜带饰 68、铜铃形饰 1、服饰铜泡 2、服饰小铜扣 15、绿松石坠珠 2、骨珠 1	夹砂红陶罐 1				

附表208－5 玉皇庙墓地第三类器类组合——以直刃匕首式青铜短剑为代表的器类组合统计表

墓号（YYM）	墓葬规格级别	性别	兵器	马具	工具	装饰品	陶器	其他器物	分布	分期	合计（座）
54	乙（A）	男	青铜短剑1、骨镞5、骨弓弭2、骨鸣镝1		铜削刀1、铜锛1、铜锥1、骨锥1、铜锥（针）管具1	覆面铜扣3、铜丝耳环2、马形铜牌饰1、长方形卷云纹铜带卡34、小鹿形铜带饰39、服饰铜泡2、石珠1、绿松石坠珠1	夹砂红陶罐1		北Ⅱ中	春秋中期	17
36	乙（B）	男	青铜短剑1、铜镞5、骨镞6		铜削刀1	覆面铜扣3、铜丝耳环2、服饰铜泡2、服饰铜扣1、石珠项链1串（小黑石珠1、小白石珠34）	夹砂红陶罐1		北Ⅰ北		
295	乙（A）	男	青铜短剑1		铜削刀1、铜锥1	铜丝耳环2、马头形铜带饰27、白石管串饰3、小黑石珠项链1串（241）、蚌环1	夹砂红褐陶罐1				
7	丙（C）	男	青铜短剑1		铜削刀1、铜锛1、铜凿1、骨柄铜锥1	覆面铜扣4、铜丝耳环2、铜带钩1、马形铜带饰37、服饰铜泡2、服饰铜扣2、服饰小铜扣91、绿松石珠、小白石珠项链1串（绿松石珠1、小白石珠97）、小黑石珠项链1串（134）	夹砂褐陶罐1		北Ⅰ南		
102	丙（B）	男	青铜短剑1		铜削刀1、铜锥1、铜锥（针）管具1	覆面铜扣2、铜丝耳环2、铜带钩1、铜铃形饰1、服饰铜泡1、服饰铜扣2、服饰小铜扣7、绿松石坠珠1、石珠项链1串（白石管3、小白石珠67、小黑石珠228）	泥质灰陶束颈折肩罐1	竹篾簧片1			
212	乙（B）	男	青铜短剑1		铜削刀1、铜锛1、铜凿1、铜锥1、铜锥（针）管具1	覆面铜扣3、铜丝耳环2、马形铜牌饰1、羊形铜带饰73、服饰小铜扣82、绿松石坠珠2	泥质灰陶罐1		北Ⅱ南	春秋中晚期	

附表 204－6　**玉皇庙墓地第三类器类组合——以直刃匕首式青铜短剑为代表的器类组合统计表**

墓号（YYM）	墓葬规格级别	性别	兵器	马具	工具	装饰品	陶器	其他器物	分布	分期	合计（座）
186	乙（B）	男	青铜短剑 1、铜镞 1、骨镞 2		铜削刀 1、铜锥 1	覆面铜扣 1、铜丝耳环 2、服饰铜泡 3、算珠形石珠 1、绿松石坠珠 2、白石管 1	夹砂红陶罐 1		北Ⅱ南	春秋中晚期	9
57	乙（B）	男	青铜短剑 1、铜镞 11、骨镞 11		铜削刀 1、铜锥 1、赤铁矿砺石 1	铜丝耳环 2、双联 S 形云纹铜带卡 30、服饰铜泡 2、服饰铜扣 1、玛瑙环 1、绿松石坠珠 8、小白石珠项链 1 串（88）、蚌环 1	夹砂黑褐陶罐 1	开口骨器 1			
86	乙（A）	男	青铜短剑 1		铜削刀 1、铜锥 1、铜锥（针）管具 1	覆面铜扣 3、铜丝耳环 2、铜带钩 1、服饰铜泡 3、铜环 1、小铜箍 1、绿松石坠珠 10	泥质灰陶壶 1				
71	丙（C）	男	青铜短剑 1、铜镞 3、骨镞 2		铜削刀 1	服饰铜泡 1	泥质灰陶豆盘 1				
61	乙（B）	男	青铜短剑 1		铜削刀 1、铜锥 1	覆面铜扣 2、小白石珠项链 1 串（137）	夹砂红陶罐 1				
83	丙（A）	男	青铜短剑 1、骨镞 5		铜削刀 1、铜锥（针）管具 1	覆面铜扣 3、铜丝耳环 2、绿松石坠珠 1	夹砂红陶罐 1				
148	丙（A）	男	青铜短剑 1、铜镞 2、骨镞 3		铜削刀 1、铜锥 1、铜锥（针）管具 1	覆面铜扣 1、铜丝耳环 2、铜带钩 1、骨环 1	夹砂黑褐陶罐 1				
70	乙（B）	男	青铜短剑 1		铜削刀 1		泥质灰陶豆盘 1				
224	丙（A）	男	青铜短剑 1		铜削刀 1	覆面铜扣 3、铜丝耳环 2、马形铜牌饰 1、白石管 1	泥质黑陶折肩罐 1		南区北	春秋晚期前段	
182	乙（B）	男	青铜短剑 1		铜削刀 1、铜锥 1	覆面铜扣 3、铜丝耳环 2、绿松石坠珠 2、白石管 1	泥质灰陶折肩罐 1				

附表208－7 **玉皇庙墓地第三类器类组合——以直刃匕首式青铜短剑为代表的器类组合统计表**

墓号（YYM）	墓葬规格级别	性别	兵器	马具	工具	装饰品	陶器	其他器物	分布	分期	合计（座）
213	乙（B）	男	青铜短剑1、铜镞2、骨镞6		铜削刀1、铜锥1、铜锥（针）管具1	覆面铜扣3、铜丝耳环2、虎形铜牌饰1、铜带钩1、铜铃形饰1、绿松石坠珠5、小白石珠项链1串（128）	夹砂褐陶圆折腹壶1		南区北	春秋晚期前段	9
210	乙（A）	男	青铜短剑1、铜镞5、骨镞11		铜削刀1、铜锥1、铜锥（针）管具1	马形铜牌饰1、小鹿形铜带饰53、三鸟头纹铜带饰40	夹砂黑褐陶罐1				
209	乙（A）	男	青铜短剑1、铜镞5、骨镞6		铜削刀1、铜锛1、铜凿1、铜锥1、铜锥（针）管具1、赤铁矿砺石1	覆面铜扣4、铜丝耳环2、马形铜牌饰1、铜带钩1、小鹿形铜带饰95、服饰铜泡1、服饰铜扣2、绿松石坠珠5、骨环1	夹砂红陶罐1				
199	丙（A）	男	青铜短剑1、铜镞2、骨镞3		铜削刀1、铜锥1	覆面铜扣3、铜丝耳环2、铜带钩1、服饰铜泡2、绿松石坠珠1、石珠项链1串（小白石珠50、小黑石珠47）	夹砂黑褐陶罐1				
179	乙（B）	男	青铜短剑1、骨镞6、骨鸣镝1		铜削刀1、铜锥1、骨针1、铜锥（针）管具1	铜丝耳环1	夹砂红褐陶罐1	开口骨器1			
142	丙（A）	男	青铜短剑1、骨镞5		铜削刀1、铜锥1、铜锥（针）管具1、铜盒形器1	覆面铜扣2、铜丝耳环2、马形铜牌饰1、马形铜带饰29、犬形铜带饰14、铜环1、绿松石坠珠6、白石管1、贝饰2	夹砂红褐陶罐1				
145	丙（A）	男	青铜短剑1、铜镞2		铜削刀1、铜锛1、铜凿1、铜锥1、铜锥（针）管具1	覆面铜扣1、铜丝耳环2、马形铜牌饰1、反S形铜带卡27、马形铜带饰40、服饰铜泡4、绿松石坠珠6	夹砂褐陶罐1				

附表 208 - 8　玉皇庙墓地第三类器类组合——以直刃匕首式青铜短剑为代表的器类组合统计表

墓号（YYM）	墓葬规格级别	性别	兵器	马具	工具	装饰品	陶器	其他器物	分布	分期	合计（座）
143	丙（A）	男	青铜短剑 1		铜削刀 1、铜锛 1、铜凿 1、铜锥 1、铜锥（针）管具 1	覆面铜扣 2、铜丝耳环 2、马形铜牌饰 1、反 S 形铜带卡 25、马形铜带饰 70、服饰铜泡 2、绿松石坠珠 6、骨珠 1	泥质灰陶折肩罐 1	开口骨器 1	南区北	春秋晚期前段	
117	丙（A）	男	青铜短剑 1、铜镞 5、骨镞 2		铜削刀 1、铜锛 1、铜凿 1、铜锥 1、铜锥（针）管具 1	覆面铜扣 3、铜丝耳环 2、马形铜牌饰 1、虎食鹿纹铜带卡 10、铜环 1、绿松石坠珠 5	夹砂红陶罐 1				
105	丙（C）	男	青铜短剑 1、铜镞 5、骨镞 2		铜削刀 1、铜锥 1、铜锥（针）管具 1	覆面铜扣 2、铜丝耳环 2、马形铜牌饰 1、犬形铜带卡 23、马形铜带饰 69、服饰铜泡 4、绿松石坠珠 4、骨珠 1	夹砂红陶罐 1				
74	乙（A）	男	青铜短剑 1、铜镞 6、骨镞 12、骨弓弭 2、骨鸣镝 1	马具铜泡 9 马具铜环 1 马具骨环 3	铜削刀 1、铜锛 1、. 铜凿 1、骨柄铜锥 1、铜锥（针）管具 1、铜盒形器 1	覆面铜扣 2、铜丝耳环 2、反 S 形铜带卡 23、马形铜带饰 65、服饰铜扣 4、绿松石坠珠 2、玛瑙珠、小白石珠项链 1 串（玛瑙珠 1、小白石珠 48）	夹砂红陶罐 1	开口骨器 1			
158	乙（B）	男	青铜短剑 1、铜镞 1、骨镞 2		铜削刀 1、铜锥 1、铜锥（针）管具 1	覆面铜扣 2、铜丝耳环 2、马形铜牌饰 1、螭龙纹铜带钩 1、马形铜带饰 83、双马头相背纹铜带饰 39、服饰铜泡 4、服饰铜扣 1、玛瑙珠 1、绿松石坠珠 2、白石管 1、蚌片 1	夹砂红褐陶罐 1		南区中		
168	丙（B）	男	青铜短剑 1		铜削刀 1、铜锥 1、铜锥（针）管具 1	覆面铜扣 3、铜丝耳环 2、虎形铜牌饰 1、马形铜带饰 93、铜环 1、服饰铜泡 2、绿松石坠珠 6、骨珠 1	夹砂红褐陶罐 1				

附表 208－9　**玉皇庙墓地第三类器类组合——以直刃匕首式青铜短剑为代表的器类组合统计表**

墓号（YYM）	墓葬规格级别	性别	兵器	马具	工具	装饰品	陶器	其他器物	分布	分期	合计（座）
134	乙（B）	男	青铜短剑1、铜镞2、骨镞2		铜削刀1、铜锥1、铜锥（针）管具1	覆面铜扣3、铜丝耳环2、马形铜带饰45、服饰铜泡2、三联珠形铜饰件1、铜环3	泥质灰陶折肩罐1		南区中	春秋晚期前段	
131	丙（A）	男	青铜短剑1、铜镞1		铜削刀1、铜锥1、铜锥（针）管具1	覆面铜扣1、铜丝耳环2、犬形铜牌饰1、反S形铜带卡20、马形铜带饰43、绿松石坠珠6、绿松石管1、骨珠1	夹砂红陶罐1				
122	丙（A）	男	青铜短剑1、铜镞2		铜削刀1、铜锛1、铜凿1、铜锥1、铜锥（针）管具1、砂岩穿孔砺石1	覆面铜扣3、铜丝耳环2、马形铜牌饰1、铜带钩1、犬纹铜带卡77、马形铜带饰48、服饰铜泡9、铜环2	夹砂红陶罐1				
124	乙（B）	男	青铜短剑1、铜镞1、骨镞4		铜削刀1、铜锛1、铜凿1、铜锥1、铜锥（针）管具1	覆面铜扣3、铜丝耳环2、虎形铜牌饰2、铜带钩1、反S形铜带卡39、马形铜带饰78、服饰铜泡1、服饰铜扣5、绿松石坠珠3	夹砂红陶罐1				
111	丙（A）	男	青铜短剑1、骨镞6、骨鸣镝1		铜削刀1、铜锥1、铜锥（针）管具1	覆面铜扣2、铜丝耳环2、虎形铜牌饰1、小铜扣1、绿松石坠珠4、白石管1	泥质灰陶折肩罐1				
171	丙（A）	男	青铜短剑1		铜削刀1、铜锥1、铜锥（针）管具1	覆面铜扣3、铜丝耳环2、虎形铜牌饰1、反S形铜带卡69、马形铜带饰91、服饰铜泡2、粟粒纹服饰铜扣1、铜环1、绿松石坠珠8	夹砂红褐陶罐1	铜鍑1			
108	丙（C）	男	青铜短剑1		铜削刀1、铜锥1、铜锥（针）管具1	覆面铜扣3、铜丝耳环2、马形铜牌饰1、马形铜带饰44、钩形铜饰1	泥质灰陶折肩罐1				

附表 208 - 10　**玉皇庙墓地第三类器类组合——以直刃匕首式青铜短剑为代表的器类组合统计表**

墓号（YYM）	墓葬规格级别	性别	兵器	马具	工具	装饰品	陶器	其他器物	分布	分期	合计（座）
333	丙（B）	男	青铜短剑 1、铜镞 3、骨镞 5						西区	春秋晚期前段	25
314	丙（C）	男	青铜短剑 1		铜削刀 1						
303	丁	男	青铜短剑 1、铜镞 4、骨镞 4		铜削刀 1、长方形骨管 1、砂岩穿孔砺石 1	铜丝耳环 2、铜带钩 1、服饰铜泡 1	夹砂灰褐陶罐 1	尖首刀币 1			
164	丙（B）	男	青铜短剑 1		铜锥 1、铜锥（针）管具 1	覆面铜扣 3、铜丝耳环 2、双足形铜饰件 1、绿松石坠珠 2	夹砂红褐陶罐 1		南区南	春秋晚期后段	
160	乙（B）	男	青铜短剑 1		铜削刀 1、铜锥 1、铜锥（针）管具 1	覆面铜扣 2、铜丝耳环 2、马形铜牌饰 1、马形铜带饰 26	泥质灰陶折肩罐 1				
175	丙（A）	男	青铜短剑 1		铜削刀 1、铜锥 1、铜锥（针）管具 1	覆面铜扣 4、铜丝耳环 2、鹿形铜牌饰 2、鹿形铜带饰 23、马形铜带饰 33、铜铃形饰 1、服饰铜扣 5、绿松石坠珠 6、绿松石珠 3	泥质灰陶壶 1				
161	乙（A）	男	青铜短剑 1		铜削刀 1、铜锥 1、铜锥（针）管具 1	铜丝耳环 2、虎形铜牌饰 1、绿松石坠珠 2、白石管 1	泥质黑陶折肩罐 1				
129	乙（A）	男	青铜短剑 1、铜镞 1、骨镞 1		铜削刀 1、铜锥 1、铜锥（针）管具 1	覆面铜扣 3、铜丝耳环 2、虎形铜牌饰 1、反 S 形铜带卡 28、马形铜带饰 73、服饰铜泡 3、绿松石坠珠 6	泥质灰陶折肩罐 1				
334	乙（A）	男	青铜短剑 1、铜镞 1		铜削刀 1、铜锥（针）管具 1	覆面铜扣 1、铜丝耳环 2、虎形铜牌饰 1、绿松石坠珠 2、绿松石管 1	夹砂灰褐陶罐 1				

附表 208－11 玉皇庙墓地第三类器类组合——以直刃匕首式青铜短剑为代表的器类组合统计表

墓号（YYM）	墓葬规格级别	性别	兵器	马具	工具	装饰品	陶器	其他器物	分布	分期	合计（座）
344	乙（A）	男	青铜短剑1、铜镞1、骨镞3		铜削刀1、铜锛1、铜凿1、铜锥1、铜锥（针）管具1	覆面铜扣3、铜丝耳环2、马形铜牌饰1、长方形铜带卡29、马形铜带饰95、铜环2、绿松石坠珠4、骨珠1	泥质灰陶折肩罐1	开口骨器1	南区南	春秋晚期后段	11
348	乙（B）	男	青铜短剑1		铜削刀1、铜锥（针）管具1	覆面铜扣2、铜丝耳环2、犬形铜牌饰1	夹砂红陶罐1				
349	乙（B）	男	青铜短剑1、铜镞2、		铜削刀1、铜锥1、铜锥（针）管具1、椭圆形骨柄饰1	覆面铜扣3、铜丝耳环2、犬形铜牌饰1、反S形铜带卡20、马形铜带饰49、绿松石坠珠4	夹砂红陶罐1				
373	乙（B）	男	青铜短剑1		铜削刀1、铜锥1、铜锥（针）管具1	覆面铜扣3、铜丝耳环2、马形铜牌饰1、马形铜带饰29、玛瑙珠1、绿松石坠珠2	夹砂红褐陶罐1				
370	丙（B）	男	青铜短剑1		铜削刀1、铜锥（针）管具1	覆面铜扣1、铜丝耳环2、犬形铜牌饰1、反S形铜带饰卡18、马形铜带饰68	夹砂红褐陶罐1				
合计	甲(B)1 乙(A)18 乙(B)27 丙(A)17 丙(B)6 丙(C)7 丁 2	男75 无人3									78

佩有各种质料的项链及各式青铜坠饰等。

随葬青铜削刀的墓葬，在玉皇庙墓地共有137座（每墓各出1件，共计137件），即除了以上此类器类组合的52座墓随葬的52件以外，还有另外85件分别出于前述的第一器类组合中的3座墓（YYM2、18、250）3件和第二类器类组合中的6座墓（YYM300、230、52、151、156、174）6件，及第三类器类组合中的76座墓（YYM22、32、34、19、17、13、82、386、385、384、11、281、227、264、226、275、234、41、46、236、261、257、247、48、95、51、190、188、54、36、295、7、102、212、186、57、86、71、61、83、148、70、224、182、213、210、209、199、179、142、145、143、117、105、74、158、168、134、131、122、124、111、171、108、314、303、160、175、161、129、334、344、348、349、373、370）76件（在第三类器类组合中未随葬青铜削刀的墓只有2座：YYM333和YYM164）。

由于青铜削刀在玉皇庙文化是日常生活和生产活动中最常用的或不可缺少的最主要的和最重要的一种生产和生活工具，各阶层的人都离不开它，所以上至第一类和第二类最高级和高级器类组合，都无不将其作为必备的配套器类列在其中，下及第三类较高级器类组合中的绝大多数墓葬，也同样将其列为必备的配套器类（78座墓中只缺2座墓未随葬青铜削刀，这种特殊情况只占此类器类组合墓葬总数的2.6%；而其中76座墓随葬有青铜削刀，这种正常情况占此类器类组合墓葬总数的97.4%）。这表明，此类器类组合不但与前述三类器类组合存在密切联系，而且具有难以断然切割的文化级差的连续性，所以，此器类组合在玉皇庙墓地是继前述三类器类组合之后虽然规格不高，但却具有承上启下意义的一种主要的器类组合。

从性别看，以青铜削刀为代表的器类组合，既有男性，也有女性，既有少儿，也有婴儿，还有因遭破坏，性别不详者。其中男性墓30例（YYM5、282、229、233、228、276、252、49、271、260、65、297、23、192、58、69、63、217、203、214、205、312、315、313、127、110、345、358、325、376），占该器类组合墓葬总数的57.7%；女性墓16例（YYM20、35、3、10、280、283、285、37、98、99、256、26、220、178、153、112），占该器类组合墓葬总数的30.8%；少儿墓3例（YYM42、90、299），占该器类组合墓葬总数的5.8%；婴儿墓2例（YYM293、177），占该器类组合墓葬总数的3.8%；性别不详者1例（YYM383），占该器类组合墓葬总数的1.9%。这一统计结果显示，男性在此类器类组合中所占比例较高，居主导地位，是此类组合中的主体人群；女性所占比例较低，居次要地位，是此类组合中的附属人群；少儿和婴儿墓例均很少，只能表明孩童也有随葬青铜削刀的资格；性别不详者仅有1例，属于特殊情况。

从墓葬规格级别看，此器类组合的墓葬中，有甲（B）级1座（YYM217），乙（A）级4座（YYM20、280、229、256），乙（B）级15座（YYM35、3、10、233、228、271、65、26、58、63、203、220、214、205、178），甲、乙两级共20座，占此类器类组合墓葬总数的38.5%；丙（A）级10座（YYM98、282、252、49、260、23、69、153、345、376），丙（B）级5座（YYM297、299、192、315、110），丙（C）级6座（YYM5、37、42、90、312、127），较低规格的丙级墓共21座，占此类器类组合墓葬总数的40.4%；最低规格的丁级墓共11座（YYM383、283、285、276、99、293、177、112、313、358、325），占此类器类组合墓葬总数的21.1%。这一统计结果表明，以青铜削刀为代表的器类组合，所适应的人群阶层比较宽泛，既有身份地位较高者，也有身份地位较低者，这与性别统计结果基本上是一致的。综合以上情况可以认为，玉皇庙墓地第四类器类组合——以青铜削刀为代表的器类组合（含只有单件削刀者），是一个相当于中级到低级规格级别的器类组合。

从殉牲配伍组合看，第四类器类组合的52座墓葬，这里面有18座无殉牲墓，其中有6座是被破坏的墓（YYM35、3、5、37、90、112），占第四类器类组合墓葬总数的11.5%；另12座是原本无殉牲墓（YYM383、283、285、98、276、99、42、293、299、214、313、358）。其余34座为有殉牲墓，其中属第一类第Ⅳ种殉牲配伍组合者1例（YYM217）；属第二类第Ⅵ种殉牲配伍组合者10例（YYM20、280、282、229、256、49、203、220、178、153），属第二类第Ⅶ种殉牲配伍组合者3例（YYM233、23、58），属第二类第Ⅷ种殉牲配伍组合者1例（YYM10），属第二类第Ⅸ种殉牲配伍组合者1例（YYM26）；属第三类第Ⅹ种殉牲配伍组合者5例（YYM228、252、271、127、110）；属第四类第Ⅻ种殉牲配伍组合的有13例（YYM260、65、297、192、69、63、205、177、312、315、345、325、376）。合计属第一和第二类殉牲配伍组合者共16例，即以大牲畜马或牛为中心的较高级殉牲配伍组合的墓例占第四类器类组合墓葬总数的百分比为30.8%，不到1/3；合计属第三和第四类殉牲配伍组合者共18例，再加上无殉牲的墓12例，共计30例，即以小牲畜羊或狗为中心的较低级殉牲组合和原本无殉牲的墓例占第四类器类组合墓葬总数的百分比为57.7%，超过半数。这一统计结果表明，属第四类器类组合的墓主人在殉牲配伍组合上，大多数已失去较高规格（即以大牲畜马或牛为主的）殉牲配伍组合的资格，而代之以较低规格（即以小牲畜羊或狗为主的）殉牲配伍组合的待遇，还有一部分身份更低的死者，则根本没有任何殉牲待遇。所以有理由认为，第四类器类组合的墓主人多属该部族普通氏族成员。这一结果与上述关于该器类组合墓葬规格级别的统计与分析是一致的。

从年代分期看，第四类器类组合的52座墓葬，属春秋早期者6座（YYM20、35、3、383、5、10），占此期墓葬总数（34座）的17.6%；属春秋早中期者12座（YYM280、283、285、37、98、282、229、233、228、276、99、252），占此期墓葬总数（43座）的27.9%；属春秋中期者12座（YYM42、256、49、90、271、260、65、26、297、293、299、23），占此期墓葬总数（78座）的15.4%；属春秋中晚期者4座（YYM192、58、69、63），占此期墓葬总数（39座）的10.3%；属春秋晚期前段者12座（YYM217、203、220、214、205、178、177、153、112、312、315、313），占此期墓葬总数（126座）的9.5%；属春秋晚期后段者6座（YYM127、110、345、358、325、376），占此期墓葬总数（80座）的7.5%。这一统计结果表明，第四类器类组合在玉皇庙墓地各个历史阶段都持续存在，唯春秋早期至春秋早中期阶段所占同期墓葬总数的百分比高于春秋中期，更明显高于春秋中晚期和春秋晚期前段及后段。从早到晚以青铜削刀为代表的器类组合的数量在同时期总人口中，所占的比例呈现逐渐衰减的现象，尤其到春秋晚期后段衰减的幅度最大，这一兴衰变化趋势特点，与前述第三类器类组合的变化趋势特点基本相似。说明作为玉皇庙文化的主要生产和生活工具的青铜削刀，也同该文化的一些主要青铜制品一样，总是伴随着该文化的总体兴衰趋势，在自觉或不自觉地调整着自身的产品数量，到春秋晚期后段已跌至最低谷，透示出玉皇庙文化此时已经走向衰败。

参见附表209。

五　第五类器类组合——以青铜锥（针）管具为代表的器类组合

此类器类组合，在玉皇庙墓地共有16例，墓葬编号为：YYM231、241、263、266、272、125、6、206、197、75、76、202、176、167、133、126，占该墓地有随葬品墓葬总数的4.4%。

附表 209－1　**玉皇庙墓地第四类器类组合——以青铜削刀为代表的器类组合（含只有单件削刀者）统计表**

墓号（YYM）	墓葬规格级别	性别	工具	单件青铜礼器	兵器	马具	装饰品	陶器	分布	分期	合计（座）
20	乙（A）	女	铜削刀 1、骨柄铜锥 1、木柄铜锥 1、铜锥（针）管具 1				覆面铜扣 3、铜丝耳环 2、双联小铜扣项链 1 串（152）、匕形铜坠饰 1、绿松石坠珠 8、玛瑙珠、绿松石管、白石管项链 1 串（玛瑙珠 26、绿松石管 26、白石管 4）、石珠项链、串（小白石珠 15、小黑石珠 76）	夹砂红陶罐 1	北Ⅰ中	春秋早期	6
35	乙（B）	女	铜削刀 1、铜锥 1、铜锥（针）管具 1、赤铁矿砺石 1	铷 1			覆面铜扣 3、铜丝耳环 2、双联小铜扣项链 1 串（151）、匕形铜坠饰 1、联珠棍形铜坠饰 12、绿松石坠珠 8、白石管 1、石珠项链 1 串（绿松石珠 6、小黑石珠 319）	夹砂褐陶罐 1			
3	乙（B）	女	铜削刀 1				覆面铜扣 3、铜丝耳环 2、双联小铜扣项链 1 串（200）、匕形铜坠饰 1、铜环 1、服饰铜扣 1、绿松石坠珠 9、石珠项链 1 串（小黑石珠 397、小白石珠 4）、骨珠 1	夹砂红陶罐 1			
383	丁	不详	铜削刀 1				铜丝耳环 2、虎形铜牌饰 1、服饰铜扣 8、小铜珠项链 1 串（53）、石珠项链 1 串（小黑石珠 78、小白石珠 167）		北Ⅰ西		
5	丙（C）	男	铜削刀 1、骨柄铜锥 1、铜盒形器 1、赤铁矿砺石 1		铜镞 1 骨镞 3		覆面铜扣 1、铜丝耳环 2、铜带扣 1、服饰铜泡 1、服饰铜扣 1、联珠形铜饰 25、小铜珠项链 1 串（11）小铜珠串饰 1 串（17）、玛瑙珠 1、绿松石坠珠 1	夹砂褐陶罐 1	北Ⅰ中		

附表 209－2　玉皇庙墓地第四类器类组合——以青铜削刀为代表的器类组合（含只有单件削刀者）统计表

墓号（YYM）	墓葬规格级别	性别	工具	单件青铜礼器	兵器	马具	装饰品	陶器	分布	分期	合计（座）
10	乙（B）	女	铜削刀 1、铜锥 1、铜锥（针）管具 1				覆面铜扣 1、铜丝耳环 2、双联小铜扣项链 1 串（155）、匕形铜坠饰 1、石珠项链 1 串（绿松石珠 1、小白石珠 103）、小黑石珠项链 1 串（124）、小白石珠项链 1 串（108）	夹砂红陶罐 1	北Ⅰ中	春秋早期	
280	乙（A）	女	铜削刀 1、铜锥 1、铜锥（针）管具 1				覆面铜扣 2、铜丝耳环 2、铜珠项链 1 串（粟粒形 12、双联小铜扣 192）、匕形铜坠饰 1、联珠棍形铜坠饰 7、白石管 3、石珠项链 1 串（玛瑙珠 5、绿松石珠 11、小黑石珠 215）	夹砂红陶罐 1			
283	丁	女	铜削刀 1、铜锥 1				覆面铜扣 2、铜丝耳环 1、人字形铜坠饰 1、小白石珠 1				
285	丁	女	铜削刀 1				匕形铜坠饰 1、联珠棍形铜坠饰 11、双联小铜扣 22、绿松石珠 4、蚌珠 1		北Ⅱ北	春秋早中期	
37	丙（C）	女	铜削刀 1				覆面铜扣 2、铜丝耳环 2、小铜扣项链 1 串（56）、匕形铜坠饰 1、石珠项链 1 串（绿松石珠 2、白石管 5、小白石珠 48、小黑石珠 36）	夹砂红陶罐 1			
98	丙（A）	女	铜削刀 1、铜锥 1、铜锥（针）管具 1				覆面铜扣 3、铜丝耳环 2、双联小铜扣项链 1 串（125）、匕形铜坠饰 1、联珠棍形铜坠饰 15、石珠项链 1 串（绿松石珠 6、小白石珠 51）、小黑石珠项链 1 串（190）、绿松石坠珠 12	夹砂红陶罐 1			
282	丙（A）	男	铜削刀 1、铜锥 1、铜锥（针）管具 1		铜镞 3 骨镞 9		覆面铜扣 5、虎形铜牌饰 1、铜带钩 1、兽纹铜带饰（虎食鹿）11、小鹿形铜带饰 49、服饰铜泡 4、石珠项链 1 串（绿松石珠 5、小黑石珠 39）、骨环小骨珠 1	夹砂红陶罐 1			

附表209－3　　玉皇庙墓地第四类器类组合——以青铜削刀为代表的器类组合（含只有单件削刀者）统计表

墓号（YYM）	墓葬规格级别	性别	工具	兵器	马具	装饰品	陶器	分布	分期	合计（座）
229	乙（B）	男	铜削刀1、铜锛1、铜凿1、铜锥1、赤铁故砺石1	铜镞1、骨镞4、骨鸣镝5		铜丝耳环2、铜带钩1、三鸟头纹铜带饰82、服饰铜泃4、绿松石管1、绿松石坠珠1、算珠形骨珠1	夹砂红陶罐1	北Ⅱ北	春秋早中期	12
233	乙（B）	男	铜削刀1、骨柄铜锥1、铜锥（针）管具1、赤铁矿砺石1	骨镞3、骨镞13		覆面铜扣3、铜丝耳环2、虎形铜版饰1、小鹿形铜带饰27、服饰铜泡2、喇叭形管状铜饰1、绿松石坠珠10、白石管4	夹砂红陶罐1			
228	乙（B）	男	铜削刀1	骨鸣镝1		覆面铜扣1、铜丝耳环2、虎形铜版饰1、铜带钩1	夹砂红陶罐1			
276	乙（B）	男	铜削刀1、铜锥1	铜镞1、骨镞6	四通式铜节约2	铜丝耳环2、三鸟头纹铜带饰42、石珠项链1串（白石管1、小白石珠180）	夹砂红陶罐1			
99	丁	女	铜削刀1、铜锥1、铜锥（针）管具1			铜丝耳环2、铜珠项链1串（46）、匕形铜坠饰1、联珠棍形铜坠饰12、绿松石坠珠3、小黑石珠项链1串（316）、小白石珠串饰1串（74）				
252	丙（A）	男	铜削刀1、铜锥1、铜锥（针）管具1、铜盒形器1	铜镞1、骨镞5		覆面铜扣2、铜丝耳环1、虎形铜版饰1、服饰铜泃2、服饰铜扣2、绿松石坠珠1	夹砂红褐陶罐1			
42	丙（C）	少儿	铜削刀1、铜锥（针）管具1			覆面铜扣1、铜丝耳环2、虎形铜版饰1、小铜箍形带卡4、小鹿形铜带饰6、服饰铜泡2、服饰小铜扣15、白石管3	夹砂红陶罐1	北Ⅱ中	春秋中期	12
256	乙（A）	女	铜削刀1、铜针1、铜锥（针）管具1			铜丝耳环2、双联小铜扣项链1串（282）、匕形铜坠饰1、联珠棍形铜坠饰9、人字形铜坠饰6、绿松石坠珠20、小绿松石珠11、玛瑙珠、绿松石管项链1串（玛瑙珠15、绿松石管7）、小黑石珠项链1串（107）、白石管2	夹砂红褐陶罐1			
49	丙（A）	女	铜削刀1、铜针1、铜锥（针）管具1、赤铁矿砺石1			覆面铜扣1、铜丝耳环4、小铜珠项链1串（1250）、匕形铜坠饰1、联珠棍形铜坠饰17、小铜珠串饰1串（312）、人字形铜坠饰11、小黑石珠项链1串（221）	夹砂红陶罐1			
90	丙（C）	少儿	铜削刀1			涡纹服饰铜扣20				
271	乙（B）	男	铜削刀1、铜锥2、骨管1			覆面铜扣2、铜丝耳环1、骨环1				
260	丙（A）	男	铜销刀1、铜锥1			覆面铜扣2	夹砂红陶罐1			
65	乙（B）	男	铜削刀、铜针1	铜镞6、骨镞3		覆面铜扣9、铜丝耳环2、马形铜牌饰1、铜铃形饰1、铜环1、服饰铜泡4、绿松石坠珠1				

附表 209－4　　玉皇庙墓地第四类器类组合——以青铜削刀为代表的器类组合（含只有单件削刀者）统计表

墓号（YYM）	墓葬规格级别	性别	工具	兵器	马具	装饰品	陶器	分布	分期	合计（座）
26	乙（B）	女	铜削刀 1			覆面铜扣 5、铜丝耳环 2、双联小铜扣项链 1 串（17）、小黑石珠项链 1 串（221）、白石管串珠（7）	夹砂红陶罐 1			
297	丙（B）	男	铜削刀 1			铜丝耳环 2、石珠项链 1 串（小白石珠 64、小黑石珠 14）、算珠形石珠 1	夹砂红陶罐 1			
293	丁	婴儿	铜削刀 1			铜丝耳环 2、服饰铜泡 2、服饰小铜扣 17、小白石珠项链 1 串（80）、小黑石珠项链 1 串（74）	夹砂红陶罐 1	北Ⅰ北	春秋中期	
299	丙（B）	少儿	铜削刀 1			覆面铜扣 3、铜丝耳环 2、马形铜牌饰 1、服饰铜扣 2、小白石珠项链 1 串（30）、小黑石珠项链 1 串（116）				
23	丙（A）	男	铜削刀 1、铜锥 1			覆面铜扣 3、铜丝耳环 2、服饰铜泡 2、服饰小铜扣 2、绿松石坠珠 4、小白石珠项链 1 串（186）、白石管 7、骨环 1	夹砂红陶罐 1	北Ⅰ中		
192	丙（B）	男	铜削刀 1	铜镞 2、骨镞 3、骨鸣镝 1		覆面铜扣 2、服饰铜扣 1、石珠项链 1 串（绿松石珠 1、小白石珠 18、小黑石珠 7）	夹砂红陶罐 1			
58	乙（B）	男	铜削刀 1、铜锥 1	骨镞 13		覆面铜扣 2、铜丝耳环 2、小鹿形铜带饰 49、小铜珠、石珠项链 1 串（小铜珠 8、白石管 1、绿松石珠 17）、绿松石坠珠 2、小黑石珠项链 1 串（190）	夹砂红陶罐 1	北Ⅱ中	春秋中晚期	4
69	丙（A）	男	铜削刀 1、铜锥 1			铜带钩 1、服饰铜扣 1、绿松石坠珠 2	夹砂红陶罐 1			
63	乙（B）	男	铜削刀 1			铜带钩 1	夹砂红陶罐 1			

附表209－5　**玉皇庙墓地第四类器类组合——以青铜削刀为代表的器类组合（含只有单件削刀者）统计表**

墓号（YYM）	墓葬规格级别	性别	工具	兵器	马具	装饰品	陶器	分布	分期	合计（座）
217	甲（B）	男	铜削刀1、铜锛1、铜凿1、穿孔砺石1	铜镞1、骨镞5	马具铜泡6	铜丝耳环2、马形铜牌饰1、长方形卷云纹铜带卡27、服饰铜泡1、绿松石坠珠4	夹砂红陶罐1	南区北	春秋晚期前段	
203	乙（B）	男	铜削刀1、铜锥1	骨镞4		覆面铜扣2、铜丝耳环2、服饰铜泡2	夹砂红陶罐1			
220	乙（B）	女	铜削刀1、铜锥（针）管具1			覆面铜扣3、铜丝耳环2、铜铃形饰1、匕形铜坠饰1、人字形铜坠饰19、铜珠、玛瑙珠、绿松石珠项链1串（铜珠9、玛瑙珠3、绿松石珠28）、绿松石坠珠14、小黑石珠项链1串（731）	夹砂红陶罐1			
214	乙（B）	男	铜削刀1				泥质灰陶豆盘1			
205	乙（B）	男	铜削刀1、铜锥1	铜镞2、骨镞5		覆面铜扣1、马形铜牌饰1、骨环1	夹砂红陶罐1			
178	乙（B）	女	铜削刀1、铜锥1、铜锥（针）管具1			覆面铜扣2、铜丝耳环2、双联小铜扣项链1串（166）、铜珠项链1串（30）、匕形铜坠饰1、联珠棍形铜坠饰12、服饰小铜扣30、绿松石坠珠6、绿松石、玛瑙珠项链1串（绿松石管4、绿松石珠9、玛瑙珠45）、小黑石珠项链1串（69）、白石管4	夹砂红陶罐1			
177	丁	婴儿	铜削刀1			铜丝耳环2、小铜扣1、石珠项链1串（绿松石珠1、小黑石珠40）				

附表 209 - 6　玉皇庙墓地第四类器类组合——以青铜削刀为代表的器类组合（含只有单件削刀者）统计表

墓号（YYM）	墓葬规格级别	性别	工具	兵器	马具	装饰品	陶器	分布	分期	合计（座）
153	丙（A）	女	铜削刀1、铜锥（针）管具1			覆面铜扣2、铜丝耳环2、铜珠项链1串（17）、铜环1、匕形铜坠饰1、人字形铜坠饰19、绿松石坠珠12、玛瑙珠、绿松石管、蚌饰项链1串（玛瑙珠95、绿松石管6、蚌珠1、蚌坠1）、小黑石珠项链1串（377）、小白石珠项链1串（81）、白石管9	夹砂灰褐陶罐1	南区北	春秋晚期前段	12
112▲	丁	女	铜削刀1							
312	丙（C）	男	铜削刀1、铜锥（针）管具1			铜丝耳环2、马踏单环形铜饰1、服饰铜泡9	夹砂红褐陶罐1	西区		
315▲	丙（B）	男	铜削刀1							
313	丁	男	铜削刀1			铜丝耳环2、铜带钩1	泥质灰陶罐1			
127	丙（C）	男	铜削刀1	骨镞3		覆面铜扣2、铜丝耳环2、马形铜牌饰1、绿松石坠珠2	泥质黑陶折肩罐1	南区南	春秋晚期后段	6
110	丙（B）	男	铜削刀1、铜锥1	骨镞4		覆面铜扣2、铜丝耳环1、马形铜带饰2	夹砂褐陶四疣罐1			
345	丙（A）	男	铜削刀1	铜镞1、骨镞1、骨鸣镝1		覆面铜扣1、铜丝耳环2	泥质灰陶折肩罐1			

附表 209－7　　**玉皇庙墓地第四类器类组合——以青铜削刀为代表的器类组合（含只有单件削刀者）统计表**

墓号（YYM）	墓葬规格级别	性别	工具	兵器	马具	装饰品	陶器	分布	分期	合计（座）
358	丁	男	铜削刀 1、铜锥 1	骨鸣镝 3		覆面铜扣 3、铜丝耳环 2、尖首刀币柄首坠饰 1	夹砂黑陶罐 1	南区南	春秋晚期后段	
325	丁	男	铜削刀 1			铜丝耳环 2、铜带钩 1、服饰铜泡 1	泥质灰陶折肩罐 1			
376	丙（A）	男	铜削刀 1、铜锥 1	铜镞 1		覆面铜扣 3、铜丝耳环 1、虎形铜牌饰 2、绿松石坠珠 1	泥质灰陶高颈壶 1			
合计	甲（B） 1 乙（A） 4 乙（B） 15 丙（A） 10 丙（B） 5 丙（C） 6 丁 11	男 30 女 16 少儿 3 婴儿 2 不详 1								52

注：带▲符号者，为只有单件削刀者

此类器类组合，较前述四类器类组合在器类上又降低一等，既无青铜礼器、金器、青铜马具，也无青铜兵器和青铜削刀及青铜锛、凿等大件青铜工具，其最突出的特点是，每墓均随葬有青铜锥（针）管具和陶器各一件，还有一些小件装饰品，如大多数墓中都随葬覆面铜扣和铜丝耳环，以及各种项链和青铜坠饰等。

随葬铜锥（针）管具的墓葬，在玉皇庙墓地共有92座（每墓各出1件，共计92件），即除了以上此类器类组合的16座墓随葬的16件以外，还有另外76件分别出于前述的第一类组合中的3座墓（YYM2、18、250）3件，第二类器类组合中的6座墓（YYM300、230、52、151、156、174）6件和第三类器类组合中的51座墓（YYM22、32、34、19、17、13、11、264、226、275、261、48、95、190、188、54、102、212、86、83、148、213、210、209、179、142、145、143、117、105、74、158、168、134、131、122、124、111、171、108、164、160、175、161、129、334、344、348、349、373、370）51件（第三类器类组合中的另外27座墓未随葬青铜锥（针）管具），及第四类器类组合中的16座墓（YYM20、35、10、280、98、282、233、99、252、42、256、49、220、178、153、312）16件（第四类器类组合中的另外36座墓未随葬青铜锥（针）管具）。

由于青铜锥（针）管具在玉皇庙文化中是专门用来盛装青铜锥、针的工具，需随身携带，也算是较大件的青铜工具之一，是该文化部族成员日常生活中必备的主要生活工具之一，所以上至第一类和第二类最高级和高级器类组合，都无一例外地将其列为必备的配套器类之中，下及第三类器类组合中的大多数墓葬（占65.4%），还有第四类器类组合中接近1/3的墓葬（占30.8%）也都随葬有此类器物。这表明，此类器类组合不但与前述四类器类组合存在密切的联系，而且与前述的青铜削刀一样，同样具有难以断然切割的文化级差的连续性，所以，此器类组合在玉皇庙墓地虽然规格偏低或较低，但仍是继前述四类器类组合之后的一种较重要的器类组合。

从性别看，在玉皇庙墓地随葬青铜锥（针）管具的墓葬，在前三类器类组合中，除第一类器类组合中YYM2是1座女性墓葬外，其余59座均属男性墓葬，即拥有青铜锥（针）管具者在高规格和较高规格的器类组合中，男性是占绝对多数的（占98.33%），女性只是个别特例（仅占1.67%）。但在第四类器类组合中拥有青铜锥（针）管具者的性别比例，却发生了逆转，女性为10例，男性为5例，还有少儿1例，女性所占比例超过了男性1倍。及至第五类器类组合，男、女性别比例之差，则更随着第四类器类组合的趋势继续扩大，变为女性15例，男性1例，女性占93.75%，男性仅占6.25%。这表明，器类组合规格高的和较高的，基本上都为男性所霸占或独占，只有规格较低的器类组合，才在性别比例上出现松动，即才给女性留出一定空间。第五类器类组合的男、女比例出现1：15的结果，这与该器类组合规格级别偏低或较低，前四类器类组合规格较高、并将大多数随葬青铜锥（针）管具的墓例份额已经占据有直接关系。

从墓葬规格级别看，此类器类组合的墓葬中，无甲级墓，乙（A）级墓只有1座（YYM266），乙（B）级墓6座（YYM231、241、263、197、167、133），乙级墓合计共7座，占此类器类组合墓葬总数的43.75%；丙（A）级墓5座（YYM272、6、206、202、126），丙（B）级墓2座（YYM75、YYM176），丙（C）级墓1座（YYM76），丁级墓1座（YYM125），丙、丁级较低或最低规格的墓合计共9座，占此类器类组合墓葬总数的56.25%，这一统计结果表明，第五类器类组合——以青铜锥（针）管具为代表的器类组合，在玉皇庙墓地是属于中低级到低级规格的一种器类组合。

从殉牲配伍组合看，第五类器类组合的16座墓葬，这里面有4座无殉牲墓，其中有2座是被破坏的墓（YYM125、YYM6），占第五类器类组合墓葬总数的12.5%，另2座为原本无殉牲墓（YYM76、YYM202）。其余12座墓为有殉牲墓。属第一类高级殉牲配伍组合的墓无；属第二类第Ⅵ种殉牲配伍组合者5例（YYM241、75、176、167、133），属第二类第Ⅶ种殉牲配伍组合者2例（YYM263、YYM266），属第三类第Ⅹ种殉牲配伍组合者1例（YYM126）；属第四类第Ⅻ种殉牲配伍组合者4例（YYM231、272、206、197）。合计属第二类殉牲配伍组合者共7例，属第三和第四类殉牲配伍组合者共5例，再加上原本无殉牲的墓2例，共计7例，即以大牲畜牛为中心的较高级殉牲配伍组合的墓例与以小牲畜羊或狗为中心的较低级殉牲配伍组合及原本无殉牲的墓例，各占第五类器类组合墓葬总数的43.75%。这一结果，与上述关于该器类组合墓葬规格级别的统计与分析基本上是一致的。

从年代分期看，第五类器类组合的16座墓葬，包括春秋早中期墓2座（YYM231、241），春秋中期墓5座（YYM263、266、272、125、6），春秋晚期前段墓9座（YYM206、197、75、76、202、176、167、133、126）。其中缺少春秋早期墓，这是因为春秋早期随葬青铜锥（针）管具的墓，已被前述第一类、第二类、第三类和第四类器类组合全部占完；缺少春秋晚期后段墓，则是因为此期随葬青铜锥（针）管具的墓已被前述第二类和第三类器类组合全部占完，到第四类器类组合时已经不见其踪迹，当然更不可能在第五类器类组合中再出现。

参见附表210。

六　第六类器类组合——以1件（个别的有2件）陶器为代表的器类组合

此类器类组合，在玉皇庙墓地共有119例，墓葬编号为：YYM31、29、16、15、4、9、248、249、278、279、277、251、232、97、38、240、265、96、47、43、225、273、44、237、258、191、100、66、67、298、294、291、12、8、101、208、187、196、185、60、184、149、64、72、84、81、223、222、221、219、216、215、211、204、198、170、200、183、150、144、138、137、116、118、119、104、154、120、114、113、106、80、77、79、78、332、321、317、306、172、163、128、353、340、352、351、354、346、339、341、338、350、355、347、366、381、379、382、377、378、374、375、372、371、368、369、364、361、396、389、391、397、398、392、399、393、394、400、395，占该墓地有随葬品墓葬总数的32.6%。

此类器类组合，较前述五类器类组合在器类组合上又低一等，既无青铜礼器、金器、青铜马具，也无大件青铜兵器和工具，只有少数墓随葬铜镞和骨镞之类小件兵器，或铜针、砺石之类小件生活工具。其最突出的特点是，每墓均随葬1件（个别的有两件）陶器，与此同时大多数墓还随葬有覆面铜扣、铜丝耳环、不同质料的项链和青铜坠饰等小件装饰品。

随葬陶器的墓葬，在玉皇庙墓地共有278座，总共出土陶器279件（其中277座墓每墓均随葬1件，只有YYM221随葬2件）。在前述五类器类组合中已有141座墓随葬了141件（其中第一类器类组合1件，第二类器类组合6件，第三类器类组合76件，第四类器类组合42件，第五类器类组合16件），此器类组合的119座墓，共随葬陶器120件（YYM221随葬2件），再加上下面将要介绍的第七类器类组合的18座墓随葬的18件，总计恰好为278座墓，随葬279件。这表明，陶器是玉皇庙文化较普通，但却是最主要的、不可缺少的生活器具之一，用量较大，涉及的人群较广，上至地位较高的贵族阶层，下至地位较低的平民阶层，一般都要使用，或都能使用，因此，陶器存在于该文化多个规格

附表210－1　玉皇庙墓地第五类器类组合——以青铜锥（针）管具为代表的器类组合统计表

墓号（YYM）	墓葬规格级别	性别	工具	装饰品	陶器	分布	分期	合计（座）
231	乙（B）	女	铜锥（针）管具1	铜丝耳环2、小铜珠项链1串（79）、匕形铜坠饰1、联珠棍形铜坠饰10、服饰小铜扣3、小黑石珠项链1串（149）、绿松石坠珠3、白石管串饰（5）	夹砂红陶罐1	北Ⅱ北	春秋早中期	2
241	乙（B）	女	铜锥（针）管具1	铜丝耳环2、匕形铜坠饰1、联珠棍形铜坠饰20、铜环1、小铜扣项链1串（100）、玛瑙珠、绿松石管、蚌珠、白石管项链1串（玛瑙珠54、绿松石管10、蚌珠11、白石管2）、绿松石珠项链1串（166）、小黑石珠项链1串（268）、绿松石坠珠4	夹砂红褐陶罐1			
263	乙（B）	男	铜锥（针）管具1	覆面铜扣2、铜丝耳环2、服饰小铜扣28、服饰双联小铜扣47、匕形铜坠饰1、联珠棍形铜坠饰10、绿松石坠珠1、小白石珠项链1串（26）、小黑石珠项链1串（192）、白石管4	夹砂红陶罐1	北Ⅱ中	春秋中期	5
266	乙（A）	女	铜锥（针）管具1、铜锥1、赤铁矿砺石1	覆面铜扣3、小铜珠项链1串（142）、匕形铜坠饰1、小黑石珠项链1串（48）、绿松石坠珠2、小白石珠串饰1串（61）	夹砂红陶罐1			
272	丙（A）	女	铜锥（针）管具1	覆面铜扣2、铜丝耳环2、双联小铜扣项链1串（20）、匕形铜坠饰1、绿松石珠1、小白石珠串饰1串（57）	夹砂红陶罐1			
125	丁	女	铜锥（针）管具1	覆面铜扣3、铜丝耳环2、双联小铜扣项链2串（其一79枚，其二9枚）、匕形铜坠饰1、人字形铜坠饰26、服饰铜泡2、绿松石坠珠6、绿松石珠13、小白石珠22、小黑石珠36	夹砂红褐陶罐1			

附表 210－2

玉皇庙墓地第五类器类组合——以青铜锥（针）管具为代表的器类组合统计表

墓号（YYM）	墓葬规格级别	性别	工具	装饰品	陶器	分布	分期	合计（座）
6	丙（A）	女	铜锥（针）管具 1	覆面铜扣 13、铜丝耳环 2、小白石珠项链 1 串（84）、小黑石珠项链 1 串（130）、杂珠串饰 1 串（小黑石珠 525、小白石珠 20、玛瑙珠 2、蚌珠 2）	夹砂褐陶罐 1	北Ⅰ南	春秋中期	
206	丙（A）	女	铜锥（针）管具 1	覆面铜扣 3、小铜珠项链 1 串（144）、匕形铜坠饰 1、绿松石坠珠 2、白石管 5	夹砂红褐陶罐 1	南区北	春秋晚期前段	9
197	乙（B）	女	铜锥（针）管具 1	覆面铜扣 3、铜丝耳环 2、匕形铜坠饰 1、绿松石坠珠 2、白石管 2	泥质灰陶折肩罐 1			
75	丙（B）	女	铜锥（针）管具 1、铜锥 1	覆面铜扣 3、铜丝耳环 2、铜珠项链 1 串（135）、匕形铜坠饰 1、人字形铜坠饰 9、绿松石坠珠 9、杂珠项链 1 串（玛瑙珠 62、绿松石管 1、小白石珠 2）、小黑石珠项链 1 串（267）	泥质灰陶罐 1			
76	丙（C）	女	铜锥（针）管具 1	铜丝耳环 2、铜珠项链 1 串（76）、匕形铜坠饰 1、联珠棍形铜坠饰 10、人字形铜坠饰 3、杂珠项链 1 串（玛瑙珠 38、绿松石珠 27、绿松石管 8、小白石珠 11；骨珠 1）、小黑石珠项链 1 串（394）	夹砂红陶罐 1			
202	丙（A）	女	铜锥（针）管具 1	覆面铜扣 3、铜丝耳环 2、小铜珠项链 1 串（9）、铜铃形饰 8、绿松石坠珠 4、杂珠项链 1 串（玛瑙珠 2、绿松石珠 1、蚌珠 2、小黑石珠 27、小白石珠 2）	夹砂褐陶罐 1	南区中		
176	丙（B）	女	铜锥（针）管具 1	覆面铜扣 2、铜丝耳环 2、人字形铜坠饰 10、杂珠项链 1 串（玛瑙珠 19、蚌珠 1、白石管 1）、绿松石坠珠 2、小白石珠项链 1 串（125），小黑石珠项链 1 串（319）	夹砂褐陶罐 1			
167	乙（B）	女	铜锥（针）管具 1、铜盒形器 1	覆面铜扣 3、铜丝耳环 2、铜环 1、人字形铜坠饰 26、玛瑙珠项链 1 串（179）、绿松石珠项链 1 串（221）、杂珠项链 1 串（绿松石管 11、小黑石珠 72、贝壳 6）、绿松石坠珠 16、小白石珠项链 1 串（1112）	夹砂红陶罐 1			

附表 210－3　**玉皇庙墓地第五类器类组合——以青铜锥（针）管具为代表的器类组合统计表**

墓号（YYM）	墓葬规格级别	性别	工具	装饰品	陶器	分布	分期	合计（座）
133	乙（B）	女	铜锥（针）管具1	覆面铜扣3、铜丝耳环2、铜珠项链1串（258）、匕形铜坠饰1、铜环1、人字形铜坠饰16、玛瑙珠、绿松石管项链1串（玛瑙珠72、绿松石管4）、绿松石坠珠22、小黑石珠项链1串（74）	泥质灰陶折肩罐1	南区中	春秋晚期前段	9
126	丙（A）	女	铜锥（针）管具1	覆面铜扣2、铜丝耳环2、小铜珠串饰1串（60）、绿松石坠珠6、石珠项链1串（玛瑙珠5、白石管1、小白石珠297）	夹砂红陶罐1			
合计	乙（A）1 乙（B）6 丙（A）5 丙（B）2 丙（C）1 丁 1	女 15 男 1						16

级别的器类组合之中是很自然的。

从性别看，此类器类组合这119座墓葬，女性墓有86例，占此类器类组合墓葬总数的72.3%；男性墓为26例，占此类器类组合墓葬总数的21.8%；少儿墓7例，占此类器类组合墓葬总数的5.9%。这里男性所占比例较低的主要原因是由于在前述第二、第三、第四3个较高规格的器类组合中男性比例过高，他们已占有过随葬陶器的份额，故到了规格较低的第六类器类组合时，便把大多数份额留给了地位较低的女性。

从墓葬规格级别看，此类器类组合中包括乙（A）级3座（YYM258、339、338），乙（B）级27座（YYM279、251、240、225、44、237、66、196、60、64、81、223、216、211、204、198、170、150、163、128、346、350、347、366、374、369、394），丙（A）级32座（YYM29、4、278、277、232、38、265、96、43、273、191、294、208、187、185、84、221、219、200、144、138、137、119、113、340、341、379、377、378、372、400、395），丙（B）级17座（YYM31、97、8、101、184、149、222、215、183、118、104、120、114、77、382、364、399），丙（C）级19座（YYM16、9、248、249、47、67、72、154、332、352、375、371、368、396、389、391、397、398、393），丁级21座（YYM15、100、298、291、12、116、106、80、79、78、321、317、306、172、353、351、354、355、381、361、392）。乙（A）级仅占此类器类组合墓葬总数的2.5%，乙（B）级占22.7%，二者合计共占25.2%，相当1/4；而丙、丁级低级小型墓合计为89座，共占此类器类组合墓葬总数的74.8%，将近3/4。这一统计结果表明，第六类器类组合的规格级别确实偏低，在玉皇庙墓地是属于较低级到低级规格的一种器类组合。这一结果，与上述关于性别的统计分析结果，是相合不悖的。

从殉牲配伍组合看，第六类器类组合的119座墓葬，这里面有41座无殉牲墓，其中有11座是被破坏的墓（YYM16、4、9、38、100、12、8、101、72、79、78），占第六类器类组合墓葬总数的9.2%，另30座为原本无殉牲墓（YYM31、15、248、249、97、67、298、291、187、64、104、106、80、77、317、172、353、352、351、354、350、355、347、381、377、396、389、391、397、398），其余78座为有殉牲墓。这78座有殉牲墓中，无第一类高级殉牲配伍组合墓；属第二类第Ⅵ种殉牲配伍组合者有5例（YYM278、279、138、137、128），属第二类第Ⅶ种殉牲配伍组合者有7例（YYM251、258、208、196、332、321、394），属第三类第Ⅹ种殉牲配伍组合者有11例（YYM277、294、233、222、221、204、144、114、338、366、372），属第四类第Ⅻ种殉牲配伍组合者有55例（YYM29、232、240、265、96、47、43、225、273、44、237、191、66、185、60、184、149、84、81、219、216、215、211、198、170、200、183、150、116、118、119、154、120、113、306、163、340、346、339、341、379、382、378、374、375、371、368、369、364、361、392、399、393、400、395）。合计属第二类以大牲畜牛为中心的较高级殉牲配伍组合者共12例，占第六类器类组合墓葬总数的10.1%；属第三类和第四类以小牲畜羊或狗为中心的较低级殉牲配伍组合共66例，再加上原本无殉牲的墓30例，总计为96例，三项共占第六类器类组合墓葬总数的80.7%。这一结果，与上述关于该器类组合墓葬规格级别的统计与分析是相符的。

从年代分期看，第六类器类组合的119座墓葬，包括春秋早期墓6座（YYM31、29、16、15、4、9），占此期墓葬总数（34座）的17.6%；春秋早中期墓葬13座（YYM248、249、278、279、277、251、232、97、38、240、265、96、47），占此期墓葬总数（43座）的30.2%；春秋中期墓16座

（YYM43、225、273、44、237、258、191、100、66、67、298、294、291、12、8、101），占此期墓葬总数（78 座）的 20.5%；春秋中晚期墓 11 座（YYM208、187、196、185、60、184、149、64、72、84、81），占此期墓葬总数（39 座）的 28.2%；春秋晚期前段墓 33 座（YYM223、222、221、219、216、215、211、204、198、170、200、183、150、144、138、137、116、118、119、104、154、120、114、113、106、80、77、79、78、332、321、317、306），占此期墓葬总数（126 座）的 26.2%；春秋晚期后段墓 40 座（YYM173、163、128、353、340、352、351、354、346、339、341、338、350、355、347、366、381、379、382、377、378、374、375、372、371、368、369、364、361、396、389、391、397、398、392、399、393、394、400、395），占此期墓葬总数（80 座）的 50%。这一统计结果表明，第六类器类组合在玉皇庙墓地各个历史阶段都持续存在，惟各期墓例数额有所不同，早期数量较少，所占同期墓葬总数的百分比较低，而晚期墓例数量明显增多，所占同期墓葬总数的百分比也明显增高，到春秋晚期后段尤为突出，已达到 50% 的高比例。

显然第六类器类组合的分布与覆盖面，主要部分在春秋中、晚期，而重心更倾向于春秋晚期。这一事实体现了两方面的意义，一是说明该墓地春秋晚期阶段的墓葬规格总体偏低，级别较低的小型墓数量较多；二是反映出第六类器类组合在该墓地确属规格较低的一种器类组合。

参见附表 211。

七　第七类器类组合——仅有 1 件陶器者

墓中仅随葬 1 件陶器，别无其他伴存器物，本不存在所谓组合问题。但考虑到这种情况也是玉皇庙墓地随葬品组合中的一种特别形式，且与比它规格高的器类组合或比它规格低的器类组合之间存在一定联系，故只好将其一并列在器类组合中，以便对此项问题作综合比较与分析。

墓中仅随葬 1 件陶器者，在玉皇庙墓地共有 18 例，墓葬编号为：YYM1、245、254、268、270、103、189、87、62、207、139、181、180、169、121、130、357、360，占该墓地有随葬品墓葬总数的 4.9%。除 1 件陶器外，再无其他任何小件随葬品，这是此类器类组合最突出的特点。

此类器类组合较前述第六类器类组合在规格级别上又低了一等。

从性别看，第七类器类组合这 18 座墓葬，女性墓有 11 例（YYM245、254、268、189、87、139、180、169、130、357、360），占此类器类组合墓葬总数的 61.1%；男性墓有 5 例（YYM270、62、207、181、121），占此类器类组合墓葬总数的 27.8%；另有性别不详者 2 例（YYM1、YYM103）。女性数量和所占比例超过男性 1 倍多。这与该器类组合规格较低是直接相关的。

从墓葬规格级别看，此类器类组合中已无乙（A）级墓，而只有乙（B）级墓 6 座（YYM254、270、87、207、169、130），丙（A）级墓 6 座（YYM245、268、189、139、18、180），丙（C）级墓 2 座（YYM62、YYM121），丁级墓 3 座（YYM103、357、360），还有 1 座因被破坏规格级别不详者（YYM1）。乙（B）级墓的数量只占该器类组合墓葬总数的 1/3，而丙（A）、丙（B）及丁级低规格级别的小型墓的数量共占该器类组合墓葬总数的 61.1%，接近 2/3。这一统计结果表明，此类器类组合在玉皇庙墓地是属于低级规格的器类组合，这与上述关于性别的统计结果是相符的。

从殉牲配伍组合看，第七类器类组合的 18 座墓葬，这里面有 5 座无殉牲墓，其中有 2 座是被破坏的墓（YYM1、YYM103），占此类器类组合墓葬总数的 11.1%，另 3 座为原本无殉牲墓（YYM169、357、360），占此类器类组合墓葬总数的 16.7%，其余 13 座为有殉牲墓。这 13 座有殉牲墓中，无第一

附表 211－1　　玉皇庙墓地第六类器类组合——以 1 件（个别的有两件）陶器为代表的器类组合统计表

墓号（YYM）	墓葬规格级别	性别	陶器	兵器	工具	装饰品	分布	分期	合计（座）
31	丙（B）	男	夹砂红陶罐 1			覆面铜扣 2、铜丝耳环 2、铜饰件 1、石珠项链 1 串（白石管 1、小白石珠 152）、石珠串饰 1 串（白石管 1、小白石珠 4）	北Ⅰ中	春秋早期	6
29	丙（A）	女	夹砂红褐陶罐 1			覆面铜扣 22、铜丝耳环 2、铜珠项链 1 串（16）、玛瑙珠、绿松石管项链 1 串（玛瑙珠 15、绿松石管 9）、石珠项链 1 串（小黑石珠 253、小白石珠 1）、绿松石坠珠 8			
16	丙（C）	男	夹砂红陶罐 1			算珠形石珠 1			
15	丁	少儿	夹砂红陶罐 1			覆面铜扣 3、铜丝耳环 2、卷云纹三联珠形铜饰项链 1 串（25）、人字形铜坠饰 4、绿松石坠珠 3、绿松石管、白石管项链 1 串（绿松石管 6、白石管 3）、小白石珠项链 1 串（357）、小黑石珠项链 1 串（92）			
4	丙（A）	女	夹砂褐陶罐 1		铜针 1	覆面铜扣 1、铜丝耳环 2、小铜扣项链 1 串（88）、白石管 4、小黑石珠项链 1 串（271）			
9	丙（C）	女	泥质红陶绳纹罐 1		铜针 1	覆面铜扣 3、铜丝耳环 2、服饰铜扣 1、杂珠项链 1 串（玛瑙珠 1、白石管 1、小白石珠 521、小黑石珠 1）			
248	丙（C）	女	夹砂灰陶罐 1			铜丝耳环 2、薄壳小铜管饰 1	北Ⅱ中	春秋早中期	13
249	丙（C）	女	夹砂红陶罐 1			铜丝耳环 9、服饰铜泡 1、白石管 4、小白石珠 1 串（190）			
278	丙（A）	男	夹砂红陶罐 1			覆面铜扣 3、绿松石坠珠 64			
279	乙（B）	女	夹砂红陶罐 1		铜针 1	铜丝耳环 2、双联小铜扣项链 1 串（82）、匕形铜坠饰 1、绿松石坠珠 7、白石管 4、小黑石珠项链 1 串（187）			

附表211－2　玉皇庙墓地第六类器类组合——以1件（个别的有两件）陶器为代表的器类组合统计表

墓号（YYM）	墓葬规格级别	性别	陶器	兵器	工具	装饰品	分布	分期	合计（座）
277	丙（A）	男	夹砂红陶罐1	铜镞1、骨镞2	赤铁矿砺石1	覆面铜扣3、铜丝耳环2、虎形铜牌饰1、绿松石坠珠2	北Ⅱ中	春秋早中期	13
251	乙（B）	女	夹砂红陶罐1			覆面铜扣1、铜丝耳环2、铜珠项链1串（185）、匕形铜坠饰1、联珠棍形铜坠饰14、绿松石珠、白石管项链1串（绿松石珠49、白石管4）、绿松石坠珠4、小黑石珠项链1串（107）			
232	丙（A）	女	泥质灰陶壶1			铜丝耳环1、匕形铜坠饰1、白石管4			
97	丙（B）	女	夹砂红陶罐1		铜针1、赤铁矿砺石1	铜丝耳环2、铜珠项链1串（37）、匕形铜坠饰1、服饰铜扣1、小黑石珠项链（205）			
38	丙（A）	男	夹砂红陶罐1		赤铁矿砺石1	小铜珠1			
240	乙（B）	女	夹砂红陶罐1			覆面铜扣3、铜丝耳环2、鸟形铜坠饰2、开裆铃形铜饰件1、扁片式铃形铜饰件4、铃形铜饰件6、绿松石坠珠6、杂珠项链1串（玛瑙珠16、绿松石管5、白石管7）、小白石珠项链1串（217）			
265	丙（A）	女	夹砂红陶罐1			覆面铜扣3、铜丝耳环2			
96	丙（A）	女	夹砂红陶罐1		赤铁矿砺石1	覆面铜扣1、铜丝耳环2、石珠项链1串（白石管4、小白石珠166）、小黑石珠项链1串（254）			
47	丙（C）	女	泥质灰陶溜肩鼓腹罐1			覆面铜扣3、铜丝耳环2、小铜珠、双联小铜扣项链1串（小铜珠102、双联小铜扣12）、匕形铜坠饰1、服饰小铜扣29、杂珠项链1串（玛瑙珠1、绿松石珠3、小黑石珠94）、石珠项链1串（白石管2、小白石珠359）			

附表 211－3　玉皇庙墓地第六类器类组合——以 1 件（个别的有两件）陶器为代表的器类组合统计表

墓号（YYM）	墓葬规格级别	性别	陶器	兵器	工具	装饰品	分布	分期	合计（座）
43	丙（A）	男	夹砂红陶罐 1		骨管 1、赤铁矿砺石 1		北Ⅱ中	春秋中期	16
225	乙（B）	女	夹砂红陶罐 1			铜丝耳环 2			
273	丙（A）	女	夹砂褐陶折肩罐 1		骨锥 1	覆面铜扣 3、杂珠项链 1 串（绿松石珠 2、白石管 8）			
44	乙（B）	男	夹砂红陶罐 1			铜丝耳环 2、杂珠项链 1 串（玛瑙珠 7、小铜箍形铜珠 2、白石管 3）、匕形铜坠饰 1、玛瑙珠 1、小白石珠项链 1 串（267）	北Ⅱ中		
237	乙（B）	女	夹砂红陶罐 1			覆面铜扣 3、铜丝耳环 2、匕形铜坠饰 1、联珠棍形铜坠饰 12、绿松石坠珠 8			
258	乙（A）	女	夹砂红陶罐 1			覆面铜扣 3、铜丝耳环 4、双联小铜扣项链 1 串（83）、匕形铜坠饰 1、联珠棍形铜坠饰 4、服饰铜扣 1、杂珠项链 1 串（玛瑙珠 6、小白石珠 7、绿松石管 2、白石管 1）、绿松石坠珠 8、小黑石珠项链 1 串（207）			
191	丙（A）	女	夹砂褐陶罐 1			覆面铜扣 5、铜丝耳环 2、小白石珠项链 1 串（64）			
100	丁	女	夹砂红陶罐 1			铜丝耳环 2、白石管 1			
66	乙（B）	女	夹砂红陶罐 1			覆面铜扣 3、铜丝耳环 2、白石管 1			
67	丙（C）	少儿	夹砂褐陶罐 1			铜丝耳环 2、服饰铜扣 2、白石管 3			
298	丁	女	夹砂红褐陶罐 1			铜丝耳环 2、石珠项链 1 串（白石管 1、小白石珠 11、小黑石珠 157）	北Ⅰ北		
294	丙（A）	女	夹砂红陶罐 1			铜丝耳环 2、服饰小铜扣 1、石珠项链 1 串（白石管 1、小黑石珠 158）、白石管 4			
291	丁	少儿	夹砂红陶盂 1			铜丝耳环 2、小白石珠项链 3			

附表211－4　　玉皇庙墓地第六类器类组合——以1件（个别的有两件）陶器为代表的器类组合统计表

墓号（YYM）	墓葬规格级别	性别	陶器	兵器	工具	装饰品	分布	分期	合计（座）
12	丁	女	夹砂红陶罐1			覆面铜扣1、铜丝耳环2、石珠项链1串（小白石珠29、小黑石珠24）	北Ⅱ中	春秋中期	16
8	丙（B）	女	夹砂褐陶罐1			铜丝耳环2、白石管项链1串（20）			
101	丙（B）	女	夹砂红陶罐1			小白石珠项链1串（33）			
208	丙（A）	女	泥质灰陶折肩罐1			覆面铜扣1、铜丝耳环1、匕形铜坠饰1、绿松石坠珠1、小白石珠2	北Ⅰ南	春秋中晚期	11
187	丙（A）	女	夹砂红陶罐1			覆面铜扣2			
196	乙（B）	女	夹砂红褐陶罐1			铜丝耳环2、小铜扣项链1串（132）、铜珠项链1串（29）、绿松石坠珠6、小黑石珠项链1串（42）、白石管4			
185	丙（A）	女	夹砂褐陶罐1			覆面铜扣1、白石管1			
60	乙（B）	男	泥质灰陶折肩罐1		铜锥1、砂岩穿孔砺石1	小铜凿坠饰1、骨环1			
184	丙（B）	少儿	泥质黑陶高领壶1			覆面铜扣3、铜丝耳环1、杂珠项链1串（绿松石管3、绿松石珠4、白石管25、骨贝2）			
149	丙（B）	女	泥质灰陶折肩罐1			覆面铜扣2、铜丝耳环2、弹簧形铜饰4、铜镜形饰1、服饰铜泡3、圆锥形铜坠饰1、服饰铜扣1、人字形铜坠饰4、铜箍形串珠9、双环形铜饰1、白石管7、蚌珠1、蚌刻贝饰1			
64	乙（B）	女	夹砂红陶罐1			铜丝耳环2、绿松石坠珠6、杂珠项链1串（玛瑙珠4、绿松石管4、白石管2）			
72	丙（C）	男	泥质灰陶豆盘1	铜镞1、骨镞5		铜丝耳环2、铜带钩1			

附表 211－5　　玉皇庙墓地第六类器类组合——以 1 件（个别的有两件）陶器为代表的器类组合统计表

墓号（YYM）	墓葬规格级别	性别	陶器	兵器	工具	装饰品	分布	分期	合计（座）
84	丙（A）	女	夹砂红陶罐 1			覆面铜扣 1、铜丝耳环 2	北Ⅱ南	春秋中晚期	11
81	乙（B）	女	夹砂红陶罐 1		铜针 1	铜丝耳环 2、白石管 1			
223	乙（B）	女	夹砂红陶罐 1			覆面铜扣 3、铜丝耳环 2	南区北	春秋晚期前段	
222	丙（B）	女	夹砂红陶罐 1			覆面铜扣 3、铜丝耳环 2、双联小铜扣项链 1 串（95）、匕形铜坠饰 1、联珠棍形铜坠饰 10、石珠项链 1 串（白石管 1、小白石珠 12）、小黑石珠项链 1 串（122）			
221	丙（A）	女	泥质灰陶壶 1 泥质黑陶盂 1			覆面铜扣 3、三联珠形铜坠饰 1、小白石珠项链 1 串（92）、小黑石珠项链 1 串（83）			
219	丙（A）	女	泥质灰陶折肩罐 1			绿松石珠 6			
216	乙（B）	女	夹砂红褐陶罐 1			覆面铜扣 2、铜丝耳环 2、石珠项链 1 串（白石管 3、小白石珠 93）			
215	丙（B）	女	夹砂红陶罐 1			覆面铜扣 3、铜丝耳环 2、铜铃形饰 8、绿松石坠珠 3、杂珠项链 1 串（玛瑙珠 4、小黑石珠 64）、小白石珠项链 1 串（33）			
211	乙（B）	女	夹砂褐陶罐 1			覆面铜扣 2、铜丝耳环 6、铜镜形饰 1			
204	乙（B）	女	夹砂红陶罐 1			覆面铜扣 3、铜丝耳环 2、“人”字形铜饰 1、服饰铜泡 1			
198	乙（B）	女	泥质灰陶罐 1			覆面铜扣 3、铜丝耳环 2、绿松石坠珠 16、杂珠项链 1 串（玛瑙珠 3、绿松石管 9、白石管 8、大白石珠 1、蚌珠 1）、小白石珠项链 1 串（160）			
170	乙（B）	男	夹砂红陶罐 1			覆面铜扣 3			
200	丙（A）		泥质灰陶壶 1			覆面铜扣 3、铜丝耳环 2、小白石珠项链 1 串（30）、小黑石珠项链 1 串（176）			

附表 211－6　玉皇庙墓地第六类器类组合——以 1 件（个别的有两件）陶器为代表的器类组合统计表

墓号（YYM）	墓葬规格级别	性别	陶器	兵器	工具	装饰品	分布	分期	合计（座）
183	丙（B）	女	泥质灰陶折肩罐 1			覆面铜扣 3	南区北	春秋晚期前段	
150	乙（B）	女	夹砂红陶罐 1			覆面铜扣 2、铜丝耳环 4、铜珠项链 1 串（742）、匕形铜坠饰 1、联珠棍形铜坠饰 12、绿松石坠珠 11、小黑石珠项链 1 串（125）、白石管 1			
144	丙（A）	女	夹砂黑褐陶罐 1			覆面铜扣 3、铜丝耳环 2、铜珠项链 1 串（265）、三环式铜坠饰 1、绿松石坠珠 37、小白石珠项链 1 串（83）、小黑石珠项链 1 串（88）			
138	丙（A）	女	泥质灰陶折肩罐 1		骨镞 2	覆面铜扣 2、铜丝耳环 2、尖首刀币柄首坠 1、人字形铜坠饰 8、绿松石坠珠 25、玛瑙珠项链 1 串（146）、小黑石珠项链 1 串（312）、白石管 1			
137	丙（A）	女	夹砂红陶罐 1			覆面铜扣 2、铜丝耳环 2、铜珠项链 1 串（70）、石珠项链 1 串（白石管 2、小白石珠 264）			
116	丁	少儿	泥质灰陶折肩罐 1			服饰铜泡 1			
118	丙（B）	女	泥质灰陶折肩罐 1			覆面铜扣 3、铜丝耳环 2、铜镜形饰 1、服饰铜泡 1、小铜凿坠饰 1、小白石珠项链 1 串（97）			
119	丙（A）	女	夹砂红陶罐 1			覆面铜扣 3、铜丝耳环 2、“人”字形铜坠饰 6、白石管 2、小白石珠 1 串（15）			
104	丙（B）	女	泥质灰陶壶 1			覆面铜扣 2、铜丝耳环 2、绿松石坠珠 2、石珠项链 1 串（白石管 1、小黑石珠 168）			
154	丙（C）	男	泥质灰陶折肩罐 1			铜丝耳环 2、犬形铜带饰 1、服饰铜泡 2、绿松石珠 1、玛瑙珠 1、小白石珠项链 1 串（285）	南区中		

附表 211－7　**玉皇庙墓地第六类器类组合——以 1 件（个别的有两件）陶器为代表的器类组合统计表**

墓号（YYM）	墓葬规格级别	性别	陶器	兵器	工具	装饰品	分布	分期	合计（座）
120	丙（B）	少儿	夹砂红陶罐 1			覆面铜扣 3、铜丝耳环 2、绿松石坠珠 6、玛瑙珠 3、贝饰 1	南区中	春秋晚期前段	33
114	丙（B）	女	泥质灰陶折肩罐 1			铜丝耳环 2、铜珠项链 1 串（166）、联珠棍形铜坠饰 10、绿松石坠珠 4、杂珠项链 1 串（玛瑙珠 75、蚌珠 2）、石珠项链 1 串（白石管 1、绿松石珠 33）			
113	丙（A）	女	泥质红陶折肩罐 1			覆面铜扣 3、铜丝耳环 2、铜珠项链 1 串（112）、联珠棍形铜坠饰 8、绿松石坠珠 4、杂珠项链 1 串（玛瑙珠 27、绿松石珠 19、绿松石管 4、贝饰 1）、小白石珠项链 1 串（70）、小黑石珠项链 1 串（230）			
106	丁	少儿	泥质灰陶折肩罐 1			覆面铜扣 3、铜丝耳环 2、石珠项链 1 串（绿松石珠 2、白松石珠 4、小白石珠 152）			
80	丁	女	泥质灰陶折肩罐 1			铜丝耳环 2、“人”字形铜坠饰 8、绿松石坠珠 4、绿松石珠项链 1 串（50）、石珠项链 1 串（小白石珠 274、小黑石珠 27）			
77	丙（B）	男	夹砂红陶罐 1			覆面铜扣 2、铜丝耳环 2、匕形铜坠饰 1、杂珠项链 1 串（绿松石珠 1、小白石珠 69、小黑石珠 85）			
79	丁	男	泥质灰陶罐 1		赤铁矿砺石 2	覆面铜扣 3、铜丝耳环 2、铜珠 4、杂珠项链 1 串（绿松石管 2、绿松石珠 1、白石管 2、小白石珠 27、小黑石珠 48）			
78	丁	女	泥质灰陶折肩罐 1			覆面铜扣 1、铜丝耳环 2、服饰铜泡 1、杂珠项链 1 串（玛瑙珠 3、绿松石珠 3、小白石珠 294）			
332	丙（C）	男	夹砂红褐陶罐 1	铜镞3、骨镞3		铜丝耳环 1	西区		

附表211－8　玉皇庙墓地第六类器类组合——以1件（个别的有两件）陶器为代表的器类组合统计表

墓号（YYM）	墓葬规格级别	性别	陶器	兵器	工具	装饰品	分布	分期	合计（座）
321	丁	男	泥质褐陶盂1	铜镞3、骨镞2			西区	春秋晚期前段	
317	丁	女	泥质灰陶折肩罐1			铜丝耳环2、铜镜形饰1、铜泡形镜形饰1、小铜凿坠饰1、白石管1			
306	丁	女	夹砂红褐陶罐1			铜丝耳环2			
172	丁	男	泥质灰陶折肩罐1			铜丝耳环2、绿松石管2、绿松石坠珠1、尖首刀币1	南区	春秋晚期后段	
163	乙（B）	女	夹砂红褐陶罐1			铜丝耳环4、铜珠16、服饰小铜扣7、人字形铜坠饰3、小铜环2、小白石珠项链1串（31）			
128	乙（B）	女	泥质灰陶折肩罐1			覆面铜扣2、铜丝耳环2、铜珠项链1串（69）、匕形铜坠饰1、人字形铜坠饰8、绿松石坠珠5、杂珠项链1串（玛瑙珠2、白石管1、小黑石珠68）			
353	丁	女	夹砂红陶罐1			铜丝耳环2、人字形铜坠饰6、石珠项链1串（小白石珠61、小黑石珠3）			
340	丙（A）	女	夹砂褐陶罐1			覆面铜扣3、铜丝耳环2、铜环1、人字形铜坠饰2、绿松石坠珠2、小白石珠项链2串（其一1025、其二32）			
352	丙（C）	女	泥质灰陶折肩罐1			覆面铜扣3、铜丝耳环2、绿松石坠珠3、石珠项链1串（白石管1、小白石珠126、小黑石珠40）			
351	丁	男	夹砂黑陶罐1			覆面铜扣3、铜丝耳环2、人字形铜坠饰6、石珠项链1串（绿松石珠1、白石管1、小黑石珠118）			
354	丁	女	夹砂褐陶罐1			覆面铜扣3、铜丝耳环2、玛瑙珠、绿松石珠项链1串（玛瑙珠140、绿松石珠27）、石珠项链1串（绿松石珠6、小黑石珠636）、绿松石坠珠6			

附表 211－9　玉皇庙墓地第六类器类组合——以 1 件（个别的有两件）陶器为代表的器类组合统计表

墓号（YYM）	墓葬规格级别	性别	陶器	兵器	工具	装饰品	分布	分期	合计（座）
346	乙（B）	女	泥质灰陶折肩罐 1			覆面铜扣 2、小黑石珠项链 1 串（1565）	南区南	春秋晚期后段	
339	乙（A）	女	泥质灰陶折肩罐 1			覆面铜扣 3、铜丝耳环 2、匕形铜坠饰 1、人字形铜坠饰 8、白石管 1			
341	丙（A）	女	泥质灰陶折肩罐 1			覆面铜扣 1、服饰铜泡 1、小黑石珠项链 1 串（2363）			
338	乙（A）	女	泥质灰陶折肩罐 1			覆面铜扣 3、铜丝耳环 2、杂珠项链 1 串（小铜珠 7、玛瑙珠 4、黑灰色石珠 568）、匕形铜坠饰 1、人字形铜坠饰 8、绿松石坠珠 8、小白石珠串饰 1 串（33）			
350	乙（B）	男	夹砂红褐陶罐 1			覆面铜扣 3、双联珠双尾形铜坠饰 1、小白石珠项链 1 串（220）			
355	丁	女	泥质灰陶折肩罐 1			覆面铜扣 1、服饰小铜扣 1、小白石珠 5、蚌珠 1			
347	乙（B）	女	泥质灰陶折肩罐 1			铜丝耳环 1、绿松石珠 1、小白石珠 2			
366	乙（B）	女	泥质灰陶折肩罐 1			覆面铜扣 1、铜丝耳环 2、石珠项链 1 串（白石管 1、小白石珠 258）			
381	丁	男	泥质黑陶折肩罐 1			覆面铜扣 2、铜丝耳环 2、尖首刀币柄首坠 1、野猪形铜坠饰 4、绿松石坠珠 10、石珠项链 1 串（玛瑙珠 50、绿松石珠 2、小白石珠 3、小黑石珠 218）			
379	丙（A）	男	夹砂黑陶罐 1			覆面铜扣 2、铜丝耳环 2、石珠项链 1 串（绿松石珠 2、小白石珠 35）			
382	丙（B）	女	夹砂褐陶罐 1			铜丝耳环 2、双尾形铜坠饰 1、杂珠项链 1 串（双联小铜扣 2、白石管 2、小白石珠 98）			
377	丙（A）	女	泥质灰陶折肩罐 1			铜丝耳环 2			

附表211－10　玉皇庙墓地第六类器类组合——以1件（个别的有两件）陶器为代表的器类组合统计表

墓号（YYM）	墓葬规格级别	性别	陶器	装饰品	分布	分期	合计（座）
378	丙（A）	女	泥质灰陶折肩罐1	覆面铜扣3、铜丝耳环2、小白石珠项链1串（13）	南区南	春秋晚期后段	44
374	乙（B）	女	夹砂褐陶罐1	覆面铜扣3、铜丝耳环2、双联小铜扣项链1串（242）、人字形铜坠饰3、小铜凿坠饰1、“人”形铜饰、服饰铜泡1、绿松石坠珠6、杂珠项链1串（玛瑙珠3、白石管1、小黑石珠103）、小白石珠项链1串（109）			
375	丙（C）	女	夹砂红陶罐1	覆面铜扣3、铜丝耳环2、杂珠项链1串（小铜珠22、玛瑙珠3、绿松石管1、绿松石珠1、白石管1）、尖首刀币柄形坠1、人字形铜坠饰10、小黑石珠项链1串（283）			
372	丙（A）	女	夹砂红陶罐1	覆面铜扣3、铜丝耳环2、马形铜带饰4、人字形铜坠饰11、绿松石坠珠2、小白石珠项链1串（113）			
371	丙（C）	女	泥质灰陶折肩罐1	铜丝耳环2、绿松石坠珠3、杂珠项链1串（小铜珠2、小白石珠43）			
368	丙（C）	女	泥质黑陶罐1	覆面铜扣3、铜丝耳环2、杂珠项链1串（玛瑙珠8、绿松石珠7、白石管9、小白石珠7）、小黑石珠项链1串（254）			
369	乙（B）	女	夹砂红褐陶罐1	覆面铜扣2、铜丝耳环1、绿松石坠珠1、杂珠项链1串（小铜珠4、玛瑙珠7、绿松石珠3）、小白石珠项链1串（132）、小黑石珠项链1串（198）			
364	丙（B）	女	夹砂褐陶罐1	覆面铜扣1、铜丝耳环2、绿松石坠珠85、杂珠项链1串（玛瑙珠46、绿松石珠1）、小黑石珠项链1串（32）、小白石珠项链1串（61）			
361	丁	男	夹砂褐陶罐1	覆面铜扣2、圆锥形铜坠饰1、杂珠项链1串（玛瑙珠1、绿松石珠1、小白石珠1）			

附表 211 - 11　　玉皇庙墓地第六类器类组合——以 1 件（个别的有两件）陶器为代表的器类组合统计表

墓号（YYM）	墓葬规格级别	性别	陶器	装饰品	分布	分期	合计（座）
396	丙（C）	女	夹砂黑陶罐 1	铜丝耳环 2、石珠项链 1 串（小白石珠 46、小黑石珠 101）	南区南	春秋晚期后段	40
389	丙（C）	男	泥质灰陶折肩罐 1	覆面铜扣 1			
391	丙（C）	女	泥质灰陶折肩罐 1	覆面铜扣 2、铜丝耳环 2、服饰铜扣 1			
397	丙（C）	女	泥质灰陶折肩罐 1	覆面铜扣 3、铜丝耳环 2、绿松石坠珠 4、杂珠项链 1 串（小铜珠 2、玛瑙珠 1、小白石珠 55）、小黑石珠项链 1 串（350）			
398	丙（C）	女	夹砂红褐陶罐 1	覆面铜扣 3、铜丝耳环 2、杂珠项链 1 串（小白石珠 99、蚌珠 2）			
392	丁	女	泥质灰陶折肩罐 1	覆面铜扣 3、铜丝耳环 2、绿松石坠珠 6、杂珠项链 1 串（玛瑙珠 31、白石管 6）、人字形铜坠饰 11、小黑石珠项链 1 串（242）			
399	丙（B）	男	泥质黑陶折肩罐 1	覆面铜扣 1、铜丝耳环 2			
393	丙（C）	男	泥质黑陶罐 1	铜丝耳环 2、铜带钩 1、石珠项链 1 串（白石管 1、小白石珠 57、小黑石珠 16）			
394	乙（B）	女	泥质灰陶折肩罐 1	覆面铜扣 3、杂珠项链 1 串（玛瑙珠 14、绿松珠 26、小白石珠 11）、小黑石珠项链 1 串（389）			
400	丙（A）	男	泥质黑陶折肩罐 1	铜丝耳环 2、绿松石坠饰 2、小白石珠项链 1 串（40）、小黑石珠项链 1 串（348）			
395	丙（A）	男	泥质黑陶折肩罐 1	覆面铜扣 2、铜丝耳环 2、小黑石珠项链 1 串（339）			
合计	乙（A）3 乙（B）27 丙（A）32 丙（B）17 丙（C）19 丁　21	女 86 男 26 少儿 7	120 件				119（座）

类和第二类以大牲畜马和牛为中心的高级殉牲配伍组合墓；只有第三类和第四类以小牲畜羊和狗为中心的殉牲配伍组合，而属第三类第Ⅹ种殉牲组合者也只有2例（YYM270、YYM87），其余11例均属第四类第Ⅻ种殉牲组合（YYM245、254、268、189、62、207、139、181、180、121、130）。第三类和第四类殉牲配伍组合墓例共计13例，占此类器类组合墓葬总数的72.2%。此统计结果表明，此类器类组合的殉牲配伍组合，皆属较低级和低级规格者，或属最低级无殉牲者。这一情况，与上述关于性别和墓葬规格级别的统计与分析是一致的。

从年代分期看，第七类器类组合的18座墓葬，包括春秋早期墓1座（YYM1），春秋早中期墓1座（YYM245），春秋中期墓4座（YYM254、268、270、103），春秋中晚期墓3座（YYM189、87、62），春秋晚期前段墓6座（YM207、139、181、180、169、121），春秋晚期后段墓3座（YYM130、357、360）。春秋早期至中期阶段，合计为6座，占该器类组合墓葬总数的1/3；春秋中晚期以后至春秋晚期阶段，合计为12座，占该器类组合墓葬总数的2/3。这一统计结果表明，第七类器类组合在玉皇庙墓地自始至终都存在，惟早期的数量和所占比例较小，晚期的数量和所占比例较大。这一情况与第六类器类组合比较相似，同样是该器类组合规格较低在墓葬分布上的反映。

参见附表212。

附表212　　**玉皇庙墓地第七类器类组合——仅有1件陶器者统计表**

序号	墓号（YYM）	墓葬规格级别	性别	陶器	分布	分期	合计（座）
1	1	不详	不详	夹砂红陶罐1（残）	北Ⅰ中	春秋早期	1
2	245	丙（A）	女	夹砂红褐陶罐1	北Ⅱ北	春秋早中期	1
3	254	乙（B）	女	夹砂红陶罐1	北Ⅱ中	春秋中期	
4	268	丙（A）	女	夹砂红陶罐1			
5	270	乙（B）	男	夹砂红陶罐1			
6	103	丁	不详	泥质灰陶罐1	北Ⅰ南		
7	189	丙（A）	女	夹砂红陶罐1	北Ⅱ南	春秋中晚期	3
8	87	乙（B）	女	夹砂红陶罐1			
9	62	丙（C）	男	泥质灰陶折肩罐1			
10	207	乙（B）	男	夹砂红陶罐1	南区北	春秋晚期前段	6
11	139	丙（A）	女	泥质灰陶折肩罐1			
12	181	丙（A）	男	夹砂红陶罐1			
13	180	丙（A）	女	夹砂红陶罐1			
14	169	乙（B）	女	夹砂褐陶双耳罐1			
15	121	丙（C）	男	夹砂褐陶罐1	南区中		
16	130	乙（B）	女	夹砂红褐陶罐1	南区南	春秋晚期后段	3
17	357	丁	女	夹砂褐陶罐1			
18	360	丁	女	泥质灰陶折肩罐1			
合计		乙（B）6 丙（A）6 丙（C）2 丁　3 不详　1	女　11 男　5 不详2	18（件）			18（座）

八　第八类器类组合——以铜镞、骨镞为代表的器类组合

此类器类组合，在玉皇庙墓地共有5例，墓葬编号为：YYM33、320、316、173、343，占该墓地有随葬品墓葬总数的1.4%，数量很少。

此类器类组合在该墓地属低级规格的器类组合，既无青铜礼器、金器、青铜马具，也无大件青铜兵器和青铜工具，甚至连1件陶器都未有。最突出的特点是，每墓都随葬有1~2件铜镞，或2~4件骨镞之类小件兵器，个别墓还附带随葬铜凿1件和服饰铜扣，或铜丝耳环，或铜带钩等零星小件装饰品。

从性别看，此类器类组合这5座墓葬，男性墓有3例（YYM320、173、343），女性墓有1例（YYM316），因被破坏性别不详的墓1例（YYM33）。在这里，男性的数量和所占比例超过女性，体现出以男性为主。此类墓葬皆以随葬小件兵器铜镞和骨镞为代表，而在正常情况下，男性本来就应该是铜镞和骨镞的主要拥有者和使用者。这是该器类组合在性别方面的明显特点。

从墓葬规格级别看，此类器类组合中只包括丙（A）级2例（YYM33、YYM343），丙（B）级1例（YYM320），丙（C）级1例（YYM173），及丁级1例（YYM316）。不见乙（B）级以上的墓葬，皆为丙、丁级低规格级别的小型墓。这表明，此类器类组合确属低级规格的器类组合。

从殉牲配伍组合看，第八类器类组合的5座墓葬，除1座因被破坏无殉牲（YYM33）以外，其余4座为有殉牲墓。这4座有殉牲墓中，包括第二类第Ⅵ种殉牲组合1例（YYM320），第四类第Ⅻ种殉牲组合2例（YYM316、YYM343），以及第五类第XⅢ种殉牲组合1例（YYM173）。1例第二类第Ⅵ种殉牲组合，仅占第八类器类组合墓葬总数1/5；而第四类第Ⅻ种和第五类第XⅢ种殉牲组合合计为3例，占第八类器类组合墓葬总数的3/5。显然低级规格的殉牲配伍组合是该器类组合的主体，标志着此类器类组合在殉牲配伍组合上规格较低，这一情况与该器类组合本身的规格级别应该说基本上是一致的。

从年代分期看，第八类器类组合的5座墓葬，包括春秋早期墓1例（YYM33），春秋晚期前段墓2例（YYM320、YYM316），春秋晚期后段墓2例（YYM173、YYM343）。春秋早期和春秋晚期墓例数量分别各占该器类组合墓葬总数的1/5和4/5，晚期墓例数量是早期的4倍。这一情况与上述该器类组合的墓葬规格级别及殉牲配伍组合的统计结果基本上是统一的。

参见附表213。

九　第九类器类组合——仅有零星小件器物者

此类器类组合，在玉皇庙墓地共有68例，墓葬编号为：YYM21、30、25、14、387、39、239、253、274、45、238、255、267、94、89、259、269、296、289、290、24、53、55、56、59、91、85、92、141、194、195、157、147、136、135、201、155、286、132、123、115、159、165、166、107、331、323、319、329、327、324、322、310、308、305、301、302、109、162、337、335、336、380、356、342、367、359、363，占该墓地有随葬品墓葬总数的18.6%。

从器类看，此类器类组合既无青铜礼器、金器、青铜马具、青铜兵器，也无青铜工具和青铜带饰及陶器。最突出的特点是，每墓只随葬有少数零星的、或只有1件小件装饰品，或石、骨器一类器物。从随葬品的类别、数量和组合关系看，此类器类组合应是玉皇庙墓地规格最低的一种器类组合。

从性别看，此类器类组合这68座墓葬，女性墓有15例（YYM21、25、14、387、39、296、331、327、

附表213　**玉皇庙墓地第八类器类组合——以铜镞、骨镞为代表的器类组合统计表**

序号	墓号（YYM）	墓葬规格级别	性别	兵器	工具	装饰品	分布	分期	合计（座）
1	33	丙（A）	不详	骨镞3	铜凿1	服饰铜扣2	北Ⅰ中	春秋早期	1
2	320	丙（B）	男	铜镞1 骨镞3			西区	春秋晚期前段	2
3	316	丁	女	铜镞1		铜丝耳环2、小黑石珠项链1串（22）			
4	173	丙（C）	男	铜镞3 骨镞4	铜带钩1		南区南	春秋晚期后段	2
5	343	丙（A）	男	铜镞2 骨镞2					
合计		丙（A）2 丙（B）1 丙（C）1 丁 1	男 3 不详 1 女 1						5

324、305、301、302、109、162、367），占女性墓葬总数（156座）的9.6%；男性墓有14例（YYM30、45、269、290、107、323、319、329、322、308、336、380、356、342），占男性墓葬总数（177座）的7.9%；少儿墓有25例（YYM239、274、238、255、94、259、289、24、55、56、59、91、92、157、136、135、201、155、132、115、165、166、337、359、363），占少儿墓葬总数（37座）的67.6%；婴儿墓13例（YYM253、267、53、85、141、194、195、147、286、123、159、310、335），占婴儿墓葬总数（20座）的65%；另有因被破坏性别不详的墓1例（YYM89），占性别不详者墓葬总数（7座）的14.3%。很明显，少儿和婴儿在该器类组合中的墓例数量，所占各自群体墓葬总数的比例，已分别超过2/3或接近2/3，这个比例是相当高的。成年男女所占的比例，皆低于孩童，但女性所占的比例略高于男性。这一统计结果，与该器类组合本身的器类内涵及其规格级别是相符的。

从墓葬规格级别看，此类器类组合的68座墓中只包括情况特殊的乙（B）级墓1例（YYM89，此墓因遭破坏，仅残存白石管2枚，才被定为此类器类组合，否则，以此墓规格将不会属于此器类组合），占该器类组合墓葬总数的1.4%；丙（A）级4例（YYM25、45、336、342，其中YYM25遭破坏，情况与上述YYM89相同），占该器类组合墓葬总数的5.9%；丙（B）级7例（YYM21、274、267、269、296、319、301），占该器类组合墓葬总数的10.3%；丙（C）级21例（YYM30、39、239、238、94、259、290、55、194、195、157、136、135、132、123、166、323、305、302、109、337），占该器类组合墓葬总数的30.9%；还有丁级35例（YYM14、387、253、255、289、24、53、56、59、91、85、92、141、147、201、155、286、115、159、165、107、331、329、327、324、322、310、308、162、335、380、356、367、359、363），占该器类组合墓葬总数的51.5%。这一统计结果表明，此类器类组合的墓葬成分，基本上全由丙级和丁级之类较低级和最低级规格的小型墓组成，尤其是属于低级规格的丙（C）级墓和属于最低级规格的丁级墓的数量在该器类组合墓葬总数中所占的比例，已分别达到30.9%和51.5%，二者合计共占82.4，这样的比例情况，是该墓地九类器类组合中仅有的。这清楚地表明，第九类器类组合确属玉皇庙墓地规格级别最低的一种器类组合。

从殉牲配伍组合看，第九类器类组合的68座墓葬，这里面有38座无殉牲墓，其中有4座是被破坏的墓（YYM39、290、91、92）占此类器类组合墓葬总数的5.9%，另34座为原本无殉牲墓（YYM45、21、274、269、30、239、157、323、14、387、253、255、289、24、53、56、85、147、201、155、286、159、165、107、327、324、322、310、308、380、356、367、359、363），占此类器类组合墓葬总数的50%；其余30座为有殉牲墓。这30座有殉牲墓中，无第一类殉牲配伍组合；第二类殉牲配伍组合如果从表面看，而不作具体考察的话，可算3例，即YYM25属第二类第Ⅵ种，YYM89和YYM301属第二类第Ⅶ种，但其中YYM25和YYM89二例已如前述属特殊情况，二者是否应该被确定属于此类器类组合都还是个问题，故暂可不计在内。那么在此类器类组合中可以确定有第二类第Ⅶ种殉牲配伍组合者实际上只有1例（YYM301）；属第三类第Ⅹ种殉牲配伍组合者有4例（YYM296、136、132、166）；属第四类第Ⅻ种殉牲配伍组合者有23例（YYM336、342、267、319、238、94、259、55、194、195、135、123、305、302、109、337、59、141、115、331、329、162、335）。第三类和第四类以小牲畜羊和狗为中心的较低级和低级规格的殉牲配伍组合墓例合计为27例，占此类器类组合墓葬总数的39.7%，再加上最低级原本无殉牲墓34例所占比例（50%），三项总计占此类器类组合墓葬总数的百分比为89.7%。这一比例较前述规格较低的第六类、第七类和第八类器类组合的同类情况所占比例都还高出很多。这一统计结果，与前述关于墓葬规格级别的统计与分析是完全一致的。故从殉牲配伍组合的角度考察，第九类器类组合也无疑问是玉皇庙墓地最低规格的一种器类组合。

从年代分期看，第九类器类组合的68座墓葬，包括春秋早期墓4座（YYM21、30、25、14），春秋早中期墓2座（YYM387、YYM39），春秋中期墓15座（YYM239、253、274、45、238、255、267、94、89、259、269、296、289、290、24），春秋中晚期8座（YYM53、55、56、59、91、85、92、141），春秋晚期前段28座（YYM194、195、157、147、136、135、201、155、286、132、123、115、159、165、166、107、331、323、319、329、327、324、322、310、308、305、301、302），春秋晚期后段11座（YYM109、162、337、335、336、380、356、342、367、359、363）。春秋早期至春秋中期阶段，合计为21座，占该器类组合墓葬总数的30.9%，不足1/3；春秋中晚期以后至春秋晚期阶段，合计为47座，占该器类组合墓葬总数的69.1%，超过2/3，（其中单是春秋晚期阶段就有39座，占该器类组合墓葬总数的百分比即高达57.4%）。这一统计结果表明，第九类器类组合虽然在玉皇庙墓地从早到晚一直持续存在，但在不同历史阶段在数量和所占比例上却有一定差别，早期阶段的数量和所占比例较小，晚期阶段的数量和所占比例较大。这一情况与上述关于该器类组合的墓葬规格级别和殉牲配伍组合的统计结果是密切相关的，与前述第六类和第七类器类组合的情况颇为相近，这同样是该器类组合的规格档次较低（实际为最低）在墓葬分布上的客观反映。

参见附表214。

附表 214－1　　玉皇庙墓地第九类器类组合——仅有零星小件器物者统计表

序号	墓号（YYM）	墓葬规格级别	性别	装饰品	分布	分期	合计（座）
1	21	丙（B）	女	铜丝耳环 2、小铜珠 2、石珠项链 1 串（小白石珠 131、小黑石珠 9）	北Ⅰ中	春秋早期	4
2	30	丙（C）	男	覆面铜扣 2、铜丝耳环 2、白石管 3、小白石珠串饰（4）			
3	25	丙（A）	女	双联小铜扣 16、小黑石珠 4、小白石珠 1			
4	14	丁	女	覆面铜扣 2			
5	387	丁	女	覆面铜扣 1、玛瑙珠 1、白石管 1	北Ⅱ北	春秋早中期	2
6	39	丙（C）	女	赤铁矿砺石 1			
7	239	丙（C）	少儿	小铜珠项链 1 串（12）、绿松石珠项链 1 串（29）、小黑石珠项链 1 串（60）	北Ⅱ中	春秋中期	15
8	253	丁	婴儿	小铜珠项链 1 串（66）、联珠棍形铜坠饰 1、绿松石珠 1			
9	274	丙（B）	少儿	铜丝耳环 1、玛瑙珠、绿松石珠项链 1 串（玛瑙珠 6、绿松石珠 1）、石珠项链 1 串（白石管 4、小白石珠 16、小黑石珠 28）			
10	45	丙（A）	男	铜丝耳环 1			
11	238	丙（C）	少儿	服饰铜泡 4、服饰铜扣 2			
12	255	丁	少儿	小铜箍带卡 10、石珠项链 1 串（绿松石珠 10、小黑石珠 83）			
13	267	丙（B）	婴儿	铜丝耳环 2、马形铜牌饰 1、铜箍形串珠 7、小铜珠 3、小白石珠项链 1 串（175）			
14	94	丙（C）	少儿	铜丝耳环 2、杂珠项链 1 串（玛瑙珠 6、黑石管 6、小白石珠 31）			
15	89	乙（B）	不详	白石管 2			
16	259	丙（C）	少儿	铜丝耳环 1			
17	269	丙（B）	男	梳形骨器 1			
18	296	丙（B）	女	铜丝耳环 4、小白石珠项链 1 串（290）			
19	289	丁	少儿	铜丝耳环 2	北Ⅱ北		
20	290	丙（C）	男	服饰铜泡 2			
21	24	丁	少儿	铜丝耳环 2、小铜饰 1、石珠项链 1 串（白石管 1、小白石珠 73、小黑石珠 2）	北Ⅰ中		
22	53	丁	婴儿	铜丝耳环 2	北Ⅱ南	春秋中晚期	

附表 214－2　　**玉皇庙墓地第九类器类组合——仅有零星小件器物者统计表**

序号	墓号（YYM）	墓葬规格级别	性别	装饰品	分布	分期	合计（座）
23	55	丙（C）	少儿	石珠项链 1 串（小白石珠 4、小黑石珠 2）	北Ⅱ南	春秋中晚期	8
24	56	丁	少儿	覆面铜扣 3			
25	59	丁	少儿	铜丝耳环 2、石珠项链 1 串（白石管 1、小白石珠 60）、小黑石珠项链 1 串（112）			
26	91	丁	少儿	铜丝耳环 2、小白石珠项链 1 串（93）			
27	85	丁	婴儿	白石管 1、铜珠 1			
28	92	丁	少儿	铜丝耳环 1、马形铜牌饰 1			
29	141	丁	婴儿	小黑石珠项链 1 串（6）			
30	194	丙（C）	婴儿	石珠项链 1 串（绿松石管 1、小黑石珠 78）	南区北	春秋晚期前段	
31	195	丙（C）	婴儿	铜丝耳环 2、马形铜牌饰 1			
32	157	丙（C）	少儿	铜丝耳环 2、马形铜牌饰 1、服饰铜泡 9、绿松石坠珠 2、石珠项链 1 串（白石管 9、黑石管 7）			
33	147	丁	婴儿	虎形铜牌饰 1、服饰铜泡 1、铜珠项链 1 串（12）、石珠项链 1 串（白石管 2、绿松石 4、小白石珠 6）			
34	136	丙（C）	少儿	铜丝耳环 2、人字形铜坠饰 6、绿松石坠珠 4、玛瑙珠、绿松石珠项链 1 串（玛瑙珠 12、绿松石珠 12）、小白石珠项链 1 串（87）、小黑石珠项链 1 串（60）			
35	135	丙（C）	少儿	铜丝耳环 2、小白石珠项链 1 串（33）、小黑石珠项链 1 串（77）	南区中		
36	201	丁	少儿	覆面铜扣 3、铜丝耳环 2、马形铜牌 1、服饰铜泡 4、小黑石珠项链 1 串（140）			
37	155	丁	少儿	铜丝耳环 2、绿松石珠 2、杂珠项链 1 串（玛瑙珠 1、小白石珠 45）、小黑石珠项链 1 串（60）			
38	286	丁	婴儿	杂珠项链 1 串（绿松石珠 7、小黑石珠 219）			
39	132	丙（C）	少儿	覆面铜扣 2、铜丝耳环 2、铜珠项链 1 串（12）、绿松石坠珠 2、玛瑙珠、绿松石珠项链 1 串（玛瑙珠 3、绿松石珠 15）、小白石珠项链 1 串（41）、小黑石珠项链 1 串（150）			

附表214－3 玉皇庙墓地第九类器类组合——仅有零星小件器物者统计表

序号	墓号（YYM）	墓葬规格级别	性别	装饰品	分布	分期	合计（座）
40	123	丙（C）	婴儿	马形铜牌饰1、小白石珠项链1串（118）	南区北	春秋晚期前段	28
41	115	丁	少儿	铜丝耳环2、小黑石珠项链1串（160）			
42	159	丁	婴儿	虎头形铜牌饰2、石珠项链1串（绿松石管2、小白石珠102）			
43	165	丁	少儿	铜丝耳环2、铜珠项链1串（9）、小铜箍铜串珠7、杂珠项链1串（玛瑙珠2、小白石珠9、小黑石珠13）	南区中		
44	166	丙（C）	少儿	铜丝耳环2、马形铜牌饰1、石珠项链1串（绿松石珠1、小白石珠99）			
45	107	丁	男	穿孔砺石1			
46	331	丁	女	铜丝耳环2、白石管3	西区		
47	323	丙（C）	男	铜丝耳环2、双联小铜扣8、杂珠项链1串（玛瑙珠1、绿松石管8、绿松石珠20、白石管1、小铜箍2）、小白石珠项链1串（48）			
48	319	丙（B）	男	铜丝耳环2			
49	329	丁	男	覆面铜扣1、铜丝耳环2、服饰小铜扣13、石珠项链1串（白石管1、小白石珠178）			
50	327	丁	女	铜丝耳环4、铜镜形饰1、			
51	324	丁	女	覆面铜扣4、铜丝耳环2、圆锥形铜坠饰2、石珠项链1串（白石管12、小白石珠53）			
52	322	丁	男	铜丝耳环2、圆锥形铜坠饰1、杂珠项链1串（绿松石珠37、蚌珠2）			
53	310	丁	婴儿	覆面铜扣3、白石管1			
54	308	丁	男	覆面铜扣3、铜丝耳环2、铜珠串饰1串（44）、铜铃形饰3、绿松石坠珠1、杂珠项链1串（玛瑙珠3、小黑石珠33、小白石珠27）			
55	305	丙（C）	女	铜丝耳环2、铜镜形饰2、铜泡挂件14、小铜凿坠饰2			
56	301	丙（B）	女	铜丝耳环4			
57	302	丙（C）	女	覆面铜扣14、铜丝耳环4、服饰铜泡1、粟粒形铜珠项链1串（264）、纺锤形铜珠1串（227）、铜铃形饰20、铜环5、杂珠项链1串（玛瑙珠4、白石管21）小白石珠1串（33），还有骨锥1件			

附表 214－4 **玉皇庙墓地第九类器类组合——仅有零星小件器物者统计表**

序号	墓号（YYM）	墓葬规格级别	性别	装饰品	分布	分期	合计（座）
58	109	丙（C）	女	铜丝耳环 2、石珠项链 1 串（小白石珠 19、小黑石珠 6）	南区南	春秋晚期后段	11
59	162	丁	女	铜丝耳环 2			
60	337	丙（C）	少儿	石珠项链 1 串（白石管 1、小白石珠 75）			
61	335	丁	婴儿	铜丝耳环 2、服饰小铜扣 10、小白石珠项链 1 串（172）			
62	336	丙（A）	男	覆面铜扣 3、铜丝耳环 2			
63	380	丁	男	尖首刀币 1、石珠项链 1 串（小白石珠 66、小黑石珠 2）			
64	356	丁	男	铜带钩 1			
65	342	丙（A）	男	铜丝耳环 2、小白石珠项链 1 串（134）			
66	367	丁	女	小铜珠 3			
67	359	丁	少儿	铜丝耳环 2、石珠项链 1 串（白石管 1、小白石珠 17）			
68	363	丁	少儿	铜丝耳环 2、石珠项链 1 串（绿松石珠 1、小黑石珠 67）			
合计		乙(B)1 丙(A)4 丙(B)7 丙(C)21 丁 35	男 14 女 15 少儿 25 婴儿 13 不详 1				68

鉴于玉皇庙墓地保存状况较好，又是一处由考古工作者主动开展调查、并进行科学发掘的古代墓地，所获考古资料系统而完整，以此为基础，才有了以上对该墓地器类组合问题较为全面和系统的探讨。

综观玉皇庙墓地的九种器类组合，不仅涵盖了该墓地随葬品的全部内容，而且按各墓随葬品器类组合成分与结构的差异，将该墓地有随葬品的 365 座墓葬区分出九个高低不同的规格等级。为了较全面和立体地考察各类器类组合本身的文化内涵与彼此之间的关系差别，进而总结出其中的规律性特点，我们又对各类器类组合墓葬相关的性别、墓葬规格级别、殉牲配伍组合及年代分期几方面情况作了进一步的统计和比较，目的是通过这样较全面的综合考察，做到对每一种器类组合在该墓地所处的地位和作用，有一个比较准确的把握。经过上述努力之后，现在可以认为：

第一类器类组合——以成组青铜礼器和金器为代表的器类组合，在玉皇庙墓地属最高规格和最高级别的器类组合。属于此类器类组合的墓例为数极少（在玉皇庙墓地只有占该墓地墓葬总数的 0.75% 的比例），其死者身份或为拥有至高无上权力的一代部落酋王（如 YYM18），或为重要的部落首领级人物（如 YYM250），或为身份特殊、地位显赫的上层贵族人物（如 YYM2）。

第二类器类组合——以青铜马具铜衔为代表的器类组合，在玉皇庙墓地是属于仅低于第一类器类组合的、排位第二的较高规格的器类组合，其死者身份均应为高级男性武士。

第三类器类组合——以直刃匕首式青铜短剑为代表的器类组合，在玉皇庙墓地是仅低于第二类器类组合的、排位第三的较高规格的器类组合，其死者身份皆为男性武士。

第四类器类组合——以青铜削刀为代表的器类组合（含只有单件削刀者），在玉皇庙墓地是低于第三类器类组合的、排位第四的、属于中级到低级规格的器类组合，其死者身份应为平民，即该部族普通氏族成员（既有男性，也有女性，还包括少数孩童）。

第五类器类组合——以青铜锥（针）管具为代表的器类组合，在玉皇庙墓地是低于第四类器类组合的、属于中低级到低级规格的器类组合，其死者身份应同于上述第四类器类组合，即属于平民（普通氏族成员）。在此类组合中，女性所占比例明显高于男性。

第六类器类组合——以1件（个别的2件）陶器为代表的器类组合，在玉皇庙墓地是低于第五类器类组合的、排位第六的、属于较低级到低级规格的器类组合。其死者身份应属于低于平民的、低级氏族成员。

第七类器类组合——仅有1件陶器者，在玉皇庙墓地是低于第六类器类组合的、排位第七的、属于低级规格的器类组合。其死者身份也是属于低级氏族成员，与第六类器类组合的死者身份相近。

第八类器类组合——以铜镞、骨镞为代表的器类组合，在玉皇庙墓地也是属于低级规格的器类组合，低于第六类器类组合，而基本与第七类器类组合的规格相当，可并列第七位。其死者身份也应属于低级氏族成员。

第九类器类组合——仅有零星小件器物者，在玉皇庙墓地是属于低于前八器类组合的、排位第九、即最末位的、最低规格的一种器类组合，其死者身份无疑也是属于低级氏族成员，大致与第七类和第八类器类组合的死者身份相近，或更低。

此外，在玉皇庙墓地还存在一个被排除在九种器类组合之外的、然而比第九类器类组合的死者身份更为低贱的群体，那就是35例无任何随葬品的墓葬的死者，其中大多数为成年男女，只有少数为孩童（参见本书第二章肆附表104）。这群一无所有的人，与有随葬品的365人葬在同一墓地，表明他们是这支部族中身份最卑贱的人，是被压在最底层的奴隶阶级。

玉皇庙墓地所排出的九种器类组合，不但在经过科学发掘的军都山三处墓地是最为丰富、全面和系统的器类组合阵容，而且在迄今整个冀北山地以含直刃匕首式青铜短剑为其主要文化因素之一的玉皇庙文化中，也是第一个最为丰富、全面和系统的器类组合阵容。这对于全面考察和深入探讨玉皇庙文化中的器类组合问题，初步竖立了一根标尺，具有重要的参考意义。

陆　断代分期

玉皇庙墓地北区墓葬的墓圹，均开口于属更新世晚期的老“黄土质砂质黏土层”，而南区墓葬的墓圹，皆挖在叠压于黄土质黏土层之上的淤积夹砂层（即第一次泥石流形成的堆积层），这就从地层上证明玉皇庙墓地北区墓葬的年代早于南区墓葬。在这一前提下，我们可分别就玉皇庙墓地北区和南区及西区墓葬的相对年代问题，作进一步的分析。

北区墓葬的年代。首先考察北Ⅰ区的年代。北Ⅰ区 YYM2、YYM18 出有成组中原式青铜礼器，YYM2 的重环纹、马蹄足铜鼎，垂鳞纹加勾云纹的铜盘，盖顶带捉手的铜敦，饰勾云纹配夔龙鋬手加四兽足的铜匜，都与洛阳中州路东周第一期墓葬 2415 号墓出土的同类器物形制基本一致，尤其铜匜，更酷似不二（中国科学院考古所编：《洛阳中州路》（西工段），《中国田野考古报告集》考古学专刊丁种第四号，科学出版社，1959 年 1 月。图版肆伍。本文称敦者，《洛阳中州路》中称“簋”）。YYM18 与 YYM2 邻近，所出铜罍、铜敦形制与 YYM2 出土者一致，所出勾云纹铜铆，则一如洛阳中州路 M2415 所出之铜舟形制（《洛阳中州路》，图版肆伍，5。本文称铆者，《洛阳中州路》称舟）。还有，YYM34 所出铜戈的形制也与洛阳中州路 M2415∶10 号铜戈（《洛阳中州路》，图版肆柒，5）的形制比较接近。故有理由认为 YYM2、YYM18、YYM34 等墓葬的年代，应与洛阳中州路 M2415 的年代相当。此外，在玉皇庙墓地北Ⅰ区，还有较 YYM2、YYM18、YYM34 更早一些的墓葬，它们都分布于更偏北侧、坡度更高一些的地方，皆出有成组的陶器、青铜兵器、工具和装饰品，唯未随葬青铜礼器与铜戈，但从其陶器形制、直刃匕首式青铜短剑与铜削刀的型式考察，确应比 YYM2、YYM18、YYM34 等墓的年代更偏早一些（如 YYM22 等），可作为玉皇庙北Ⅰ区早期墓葬的代表。故玉皇庙墓地北Ⅰ区墓葬的年代上限，以断在春秋初和春秋早期为宜。

从墓地布局看，玉皇庙北Ⅰ区和北Ⅱ区墓葬，基本上是连作一片的，因此，北Ⅰ区墓葬的年代下限，应与北Ⅱ区墓葬的年代上限彼此衔接。今以位于北Ⅱ区坡顶的 YYM250 为代表，考察北Ⅰ区墓葬的年代下限和北Ⅱ区墓葬年代上限问题。YYM250 出土一组中原式青铜礼器、铜戈，还有铜鍑，以及其他兵器、马具、工具、装饰品等，是北Ⅱ区规格最高的一座首领级人物墓葬。其中最具断代意义的是 YYM250 的三穿铜戈，其形制与洛阳中州路第二期墓葬第 4 号和第 6 号墓出土的三穿铜戈（《洛阳中州路》，图版伍壹，2、9），以及中州路同期墓 M213：15 号铅戈之形制（《洛阳中州路》，图版伍叁，2），非常近似，而比较中州路同期墓 M216：2 号铜戈（《洛阳中州路》，图版伍叁，6），显得略早；此外，YYM250 所出铜罍的形制，也较中州路 M4：36 号铜罍（《洛阳中州路》，图版伍贰，2），显得稍早。洛阳中州路第二期墓葬断为春秋中期，据此，我们认为 YYM250 的年代，以断在春秋早中期为宜。这一年代界限，既是玉皇庙墓地北Ⅰ区墓葬年代之下限，也是北Ⅱ区墓葬年代之上限。

至于北Ⅱ区墓葬年代的下限，据地质学专家组勘察认为：北Ⅱ区墓葬从墓区东半部北侧坡顶，一直绵延至山坡中段偏低处——被突发的第一期（前期）泥石流全面覆盖的地界，其间至少经历了上百年时间；这期泥石流，是在玉皇庙这支部族生活的中期闯入该区的，发生的时间，根据北京地区古代水文资料，应在距今2500年至2600年之间。据此，我们推断北Ⅱ区墓葬年代的下限，应在春秋中期末叶至春秋中晚期。这一年限，既是第一期（前期）泥石流发生的年代，也可作为玉皇庙墓地南区墓葬年代的上限。

南区墓葬的年代下限，南区墓葬均依次在第一期（前期）泥石流覆盖的山前坡下“淤积夹砂石层”中挖圹埋葬。其间至少也要经历数十年或上百年时间。此区诸多种器物的特征，都较前发生了显著变化，陶器已变为以泥质灰陶为主导，折肩罐成为主角；兵器中的直刃匕首式青铜短剑变为以双环首、双蛇合首纹为主；马具中的青铜马衔，以由单环孔变为封闭式的双环孔；工具中的青铜削刀则变为以扣环首为主导，其晚期型式已可与尖首刀币的形制直接衔接。而在YYM164、YYM381等墓葬中，又确有尖首刀币随葬。综上所述，有理由将南区墓葬的年代下限，推定在春秋晚期。

西区墓葬的年代，根据该区墓葬的地层堆积，并联系该区墓葬所出陶器、青铜短剑、青铜削刀、带钩，以及尖首刀币等多种器物的形式特点，多与南区墓葬出土同类器物相似，故可判定其相对年代应与南区相当，即应属春秋晚期。

总之，玉皇庙墓地的年代，上起春秋初期，下迄春秋晚期，包括了整个春秋时代。上未入西周，下未进战国，前后相延了约300年左右。

柒　小结

一　墓址的选择与墓葬布局，具有筹划与管理的特点

玉皇庙墓地选择在延庆盆地西北部边缘、军都山南麓的一块台地上，北高南低，海拔高度在550~530米之间，北倚海坨山，南临妫水河和约600平方公里的延庆草原，再往南即为纵深30余公里的八达岭和居庸关天险。这道天然屏障，将盘踞在北方（延庆盆地和军都山地带）的玉皇庙文化部族与南边（昌平以南地域）的燕国势力隔离开来，形成了一道自然的双边军事防线。如此看来，玉皇庙文化部族将自己的氏族部落墓地选择在其日常活动区域的北部、地形较为隐蔽的玉皇庙山前，在安全上是经过周密考虑的。同时在墓地的开辟和使用方面，也是经过筹划的。如整个墓地从早到晚基本上是遵循由北向南的次序埋葬的。另外，所发现的400座墓葬，延续了约300年时间，虽然墓上并无封树，有很多墓葬排列相当密集，间距很近，但却无一例相互打破或叠压现象，这又表明该墓地是有管理制度和管理措施的。

二　北、南两大墓区及西区的墓葬开口层位存在差异，具有明确的早晚地层分期特点

玉皇庙墓地北区与南区及西区的墓圹开口层位，存在明显差异。北区墓葬开口层位，均在中层早期泥石流堆积层之下，墓圹均打破下层更新世晚期形成的老黄土质砂质黏土层；南区和西区墓葬开口层位，则在上层晚期泥石流堆积层之下，墓圹打破中层早期泥石流堆积层，较深的墓，圹底则继续打破下层更新世晚期老黄土质砂质黏土层。就是说北区与南区墓葬在开口层位上，相差了一个地层单位，表明玉皇庙北区墓葬在年代上早于南区和西区，这一点在地层学上已获得了明确可靠的依据。

三　葬制与葬俗方面具有若干独特特点

（一）墓向与头向特点

玉皇庙墓地的墓向和死者头向绝大多数呈东向。在400座墓葬中共有366例东向者，占玉皇庙墓地墓葬和死者总数的91.5%。这清楚地表明，东向是玉皇庙文化固有的一种葬俗传统，它世代相袭，是构成玉皇庙文化埋葬制度与葬俗的主要特征之一。

（二）墓葬形制特点

按平面形状可分5种，其中第一种抹角梯形竖穴土坑墓和第二种凸字形竖穴土坑墓，数量较少，总共不过13座，在玉皇庙墓地是属于规格级别较高的大、中型墓葬的主要形制。第三种曲尺形竖穴土坑墓和第四种抹角长方形竖穴土坑掏洞墓，属于数量极少或个别孤例，不具代表意义。只有第五种抹角长方形竖穴土坑墓是数量最多，所占比例最大的一种墓葬形制，共有292座，占该墓地墓葬总数的73%，是涵盖面较宽、较为普及的一种墓葬形制（既包括较高规格级别的墓葬，也包括有丙（C）级以上的大多数中、小型墓葬），在玉皇庙墓地和整个玉皇庙文化中是属于主要的和占主导地位的一种墓葬形制。

（三）墓葬规格特点

玉皇庙墓地的墓葬可划分8个规格级别，等级森严，内容系统，其中包括甲级大型墓8座，乙级

中型墓 111 座，二者合计为 119 座，占该墓地墓葬总数的 29.75%，接近 1/3。这个比例是较高的，表明玉皇庙墓地是一处重要的规格级别较高的氏族部落墓地，这在已知的玉皇庙文化遗存中是仅见的。

（四）葬具类型特点

玉皇庙墓地的葬具类型可分 9 种，其中数量最多和所占比例最大的属第一种和第二种，即享用木椁（1 椁）者或有木质葬具痕迹者，二者总计为 293 例，占该墓地墓葬总数的 73.25%，超过 2/3，这是玉皇庙墓地主要的和占主导地位的葬具类型；而无任何葬具者为 94 例，占该墓地墓葬总数的 23.5%。不足 1/4。这一比例，也从一个侧面反映出玉皇庙墓地是一处重要的，总体规格级别较高的氏族部落墓地。木椁形制的特点是，东、西两端堵板分别插在南、北侧板之间，侧板的两头均长出堵板一段，底板作东西向顺铺，盖板呈南北向横搭在侧板之上。

（五）葬式特点

玉皇庙墓地死者的葬式共有 6 种形式，其中数量最多、占比例最大的属仰身直肢葬式，共有 371 例，占该墓地墓葬总数的 92.75%，表明仰身直肢葬式是玉皇庙墓地主要的、最具代表意义的葬式，而其他葬式都只是少数或个别的，均属次要或特殊情况。

（六）死者性别与年龄结构特点

玉皇庙墓地男性死者共 177 例，女性死者 156 例，少儿死者 37 例，婴儿死者 20 例，性别不详者 7 例，另有无人墓 3 例。男性死者数量略多于女性，少儿与婴儿死者的数量比成年男女少得多，二者相加尚不抵成年男女死者总数的 1/5。经测算，该墓地男性死者的平均寿命为 36.7 岁，女性死者的平均寿命为 34.5 岁，低于男性。少儿死者的平均年龄为 5.6 岁，婴儿死者的平均年龄只有 1.6 岁。这个生命平均值是较低的，表明玉皇庙氏族部落成员的生活并不稳定与安宁，抵御自然灾害和各种疫病的能力很低，医药及营养条件很差，生命没有保障。

（七）覆面葬俗特点

玉皇庙墓地存在覆面葬俗。400 座墓葬中有 207 座墓葬死者面部或头骨近前发现有覆面铜扣饰物，占该墓地墓葬总数的 51.75%，超过半数。覆面铜扣出土数量多少不等，一般为 1～3 枚，4 枚以上者为数很少。这类铜扣背面的穿鼻内往往遗有麻线痕迹，表明此类铜扣原应为死者覆面巾上的饰物。经统计，覆面葬俗不分性别与年龄，大多也不论死者身份高低，具有普遍性特点。这种以麻布为覆面巾，表面缀饰小铜扣，将死者头部蒙盖起来的葬俗，无疑是玉皇庙部族信仰灵魂不死原始宗教观念的反映，同时也是玉皇庙文化区别于其他文化的独特葬俗特点之一。

（八）殉牲特点

玉皇庙墓地有殉牲的墓共 254 座，占该墓地墓葬总数的 63.5%，接近 2/3，具有普遍性。殉牲位置，绝大多数都将殉牲摆放在圹内东端、木椁盖板之上的填土中，与死者头向保持一致；少数将殉牲置于圹内西端者，则该墓死者的头向也必是朝西的。殉牲位置取决于死者头向，二者基本上是统一的，这是玉皇庙墓地殉牲制度的规律性特点之一。

殉牲种类，主要为马、牛、羊、狗 4 种家畜。殉牲配伍组合，共有 5 类 13 种形式，其中以大牲畜马为核心的配伍组合形式为最高规格的组合形式，其次是以大牲畜牛为核心的配伍组合形式，再次是以小牲畜羊为核心的配伍组合形式，最低规格的是单纯殉狗者。玉皇庙墓地以大牲畜马为核心的最高规格的殉牲配伍组合墓葬共有 17 座，以大牲畜牛为核心的较高规格的殉牲配伍组合墓葬共有 82 座，这样的殉牲规格和数量规模，是军都山另外两处墓地——葫芦沟与西梁垙墓地远远不及的，也是迄今已发现的玉皇庙文化所有遗存中所仅有的，这又从另一个侧面反映出玉皇庙墓地是一处重要的、总体规格级别较高的氏族部落墓地。

殉牲形式与牲吻朝向，玉皇庙墓地的殉牲均不用全牲，而是以肢解后的马、牛、羊、狗的头和肱骨，作象征性祭祀，肱骨一般置于下面，牲头多置于肱骨之上，牲吻绝大多数均随死者头向朝东。大牲畜中的马头，绝大多数被完整保留，但牛头、羊头和狗头，则大多被拆解开，即将上、下颌拆开后，再分别摆放。这是玉皇庙墓地殉牲形式的突出特点之一。此外，玉皇庙墓地殉牲的摆放型式与布局，多有象征性模拟日常放牧和狩猎生活实际场景和阵势的做法与含义，这是玉皇庙墓地在殉牲习俗上有别于其他文化的又一突出特点。如狗在有二畜以上殉牲组合的配伍中，总是首当其冲位居圹内最东端，即位居整个畜群最前沿的位置；或是扼守东、西两端，以前后兼顾，或是扼守东端和畜群外围方位，或是平面呈三角形布局，布置于最东端、西南角和西北角，而让牛、羊牲置于狗牲中间，其中尤以羊牲置于狗牲中间的情况最为普遍，以实施狗对弱势和最弱势畜群的警戒与安全护卫职责。这就真实地勾勒和再现了山戎部族以畜牧和游牧为生的生产方式和生活方式的特点。

在有无殉牲、殉牲数量和殉牲墓的规格级别及其殉牲种类配伍组合方面，玉皇庙墓地不同死者之间，存在着明显的等级差别。男性在占有殉牲的数量和比例上明显超过女性，而成年男、女，又大大超过孩童。在殉牲数量上，不论在殉牲总数，还是各类殉牲单项指标上，男性的占有量都占绝对统治地位，而女性则居于次要的附属地位，少儿和婴儿只有少数幸运儿才享有数量很少、殉牲种类级别较低的羊、狗之类小家畜殉牲。在殉牲墓规格级别和殉牲种类组合等级礼遇方面，男性均显著地高于和优于女性，而女性又明显地高于和优于孩童。

家畜对于靠游牧和畜牧为生的玉皇庙部族来说，无疑是最主要的生产资料和生活资料，当然也是其最主要的财产和财富的一部分。家畜被当作殉牲随葬在墓中，无疑具有代表和显示墓主人生前拥有财产和财富的意义，从这个意义上说，玉皇庙墓地男性死者所拥有的财产和财富的数量，总体看来远远地超过女性，而且差距相当悬殊，这种差别归根结底是一种阶级差别。因此，通过对玉皇庙墓地的殉牲制度的考察，将有助于深入探讨该墓地乃至整个玉皇庙文化的社会性质问题。

（九）圹内积石、镇墓石及封顶石的特点

在玉皇庙墓地部分墓葬中，发现圹内有积石，或置镇墓石，或在圹内上层填土及顶部放置封顶石，此种情况从早到晚一直延续存在。积石墓的死者多为男性，也有女性，无孩童墓；圹内置镇墓石者，也是男性居多，女性较少，另有少儿墓 2 例；墓顶放置封顶石者，则男、女比例相当，也有少儿墓 2 例。但上述 3 种情况均不包括婴儿。此种葬俗也是玉皇庙墓地葬制与葬俗特点之一。

（一〇）主要随葬品陈放位置的特点

1. 陶器，绝大多数置于木椁内死者头部附近，只有少数置于死者胸部，或个别特殊者被置于死者腹部或足部。

2. 青铜礼器，陈放位置分两类情况，一类被置于木椁外；另一类则置于木椁内。

YYM2 女主人随葬的 11 件青铜礼器，均被陈放于木椁外象征性“头箱中”。而 YYM18、YYM250 等其他 6 座墓的青铜礼器，则均置于木椁内死者身旁。该墓地的青铜礼器为何在墓中陈放位置出现两种情况的差别，是与随葬品的来历有关，还是与墓主人的性别和背景有关，目前尚难以说明。

3. 青铜戈，玉皇庙墓地共有4座墓出土青铜戈，每墓各出1件。戈在墓中均被顺置于死者身体一侧，戈头朝上，位于死者上肢内侧或外侧，戈柲朝下。

4. 青铜短剑，均出于死者腰间，其中多数出自死者右侧腰间，少数出于左侧腰间；剑锋朝下或朝斜下方者居多，剑锋朝上或朝斜上方者较少。

5. 青铜镞，绝大多数出于死者下肢部位。

6. 青铜削刀，绝大多数出于死者腰间，出于右侧腰间者较多，出于左侧腰间者较少。

7. 青铜锛、凿，绝大多数出于死者骨盆以下至下肢部位。

8. 青铜锥，绝大多数出于死者腰部以下至下肢部位。

9. 青铜锥（针）管具，绝大多数出于死者左、右腰间、骨盆及左、右股骨部位。

10. 青铜牌饰，皆出于死者颈下与胸部之间。

11. 青铜带钩、带扣，绝大多数出于死者腰部至骨盆之间。

12. 青铜带卡、带饰，主要集中出于死者腰际、骨盆至左、右股骨之间。

玉皇庙墓地出土的青铜带钩、带扣和带卡、带饰的出土部位为考察玉皇庙部族男性武士的服饰特点，进而探讨古代胡服问题提供了可靠的实证资料。

13. 青铜马具，大多数置于死者胫骨至足骨部位，少数置于死者左、右股骨下端至腰部，或置于死者腰际至骨盆部位。

四 器类组合的特点

玉皇庙墓地有随葬品的墓葬共365座，按各墓随葬品器类中成分与结构的差异，可将该墓地的器类组合区分为九个不同规格等级。

第一类器类组合，是以成组青铜礼器和金器为代表的器类组合，在玉皇庙墓地属最高级别的器类组合。属此类器类组合的墓数量很少，死者身份或为部落酋王（如YYM18），或为重要的部落首领级人物（如YYM250），或为身份特殊、地位显赫的上层贵族人物（如YYM2）。

第二类器类组合，是以拥有青铜马具铜衔为代表的器类组合，这是排位第二的较高规格的器类组合，其死者身份均属高级男性武士。

第三类器类组合，是以直刃匕首式青铜短剑为代表的器类组合，这是排位第三的较高规格的器类组合，其死者身份应为男性武士。

第四类器类组合，是以青铜削刀为代表的器类组合，这是排位第四的属于中级到低级规格的器类组合，其死者身份应属平民。

第五类器类组合，是以青铜锥（针）管具为代表的器类组合，这是排位第五的属于中低级到低级规格的器类组合，其死者身份应同于第四类器类组合者。

第六类器类组合，是以1件（个别的2件）陶器为代表的器类组合，这是排位第六的属于较低级到低级规格的器类组合，其死者身份应属低级氏族成员。

第七类器类组合，为仅有1件陶器者。

第八类器类组合，是以铜镞、骨镞为代表的器类组合。其规格与第七类器类组合基本相当，可并列第七位，其死者身份均应同于第六类器类组合者，即应属低级氏族成员。

第九类器类组合，是仅有零星小件器物者，这是最低规格的一种器类组合，其死者身份也必为低级氏族成员。

玉皇庙墓地的这九类器类组合，是迄今已发现的玉皇庙文化遗存中内容最为丰富和系统的器类组合，这对于探讨玉皇庙文化的社会性质问题，具有十分重要的意义。

五　器物群发展变化的规律性特点

在玉皇庙墓地，不是一、两种器物，而是八、九种有代表性的主要器物，如陶器、青铜马衔、青铜短剑、青铜削刀、青铜锛、凿、青铜牌饰、青铜带钩，以及青铜锥（针）管具等，在发展过程中，都表现出早、晚不同的变化特点，遂形成玉皇庙墓地主要器物群同步发展变化的规律性特点。这样系统的规律性特点的发现，不但在经过科学发掘的军都山3处墓地中是唯一的，而且在整个冀北山地迄今已知的所有玉皇庙文化遗存中也是唯一的。归纳这些器物的发展变化规律，不但有助于推进玉皇庙文化的断代分期问题研究，而且也有助于深入思考玉皇庙文化其他相关问题。

（一）陶器

玉皇庙墓地存在两大陶系，一是夹砂陶系，二是泥质陶系。从春秋早期至春秋中晚期，一直由夹砂系陶器占据主导和统治地位；泥质系陶器虽然自春秋早期就已出现，但一直数量很少，不成气候，直至春秋中晚期，由于泥质系陶器的制作采用了中原式的慢轮加工技术，才得到较快发展，到了春秋晚期前段，泥质灰陶折肩罐在种类和数量上，方与夹砂系陶罐相抗衡，至春秋晚期后段，泥质系陶器终于胜出夹砂系陶器，在玉皇庙墓地占据了主导和统治地位。

<1>夹砂系陶器中具有形式早晚发展变化规律的器形，主要是罐类。

1. Ⅰ型　夹砂红、褐陶椭圆腹罐

自春秋早期至春秋晚期前段，共分4式。从早到晚，其型式发展演变的规律特点是：腹腔横径由特大逐渐变小，其腹径与器高之比值，由早期Ⅰ式的1.45（YYM22∶1），逐渐收敛到晚期Ⅳ式的1.2（YYM213∶1）。

2. Ⅱ型　夹砂褐、红陶垂腹罐

自春秋早期至春秋早中期，共分2式。从早到晚，其型式发展变化的特点是：腹腔由横向椭圆、重心略偏下，变为腹腔呈沉袋形，垂腹程度愈加显著，重心更趋偏下。如早期Ⅰ式标本（YYM32∶1），其重心位于距器底高约1/4处，而晚期Ⅱ式标本（YYM241∶1和YYM278∶1），其重心位置已变为距器底高约1/6和1/10处。

3. Ⅲ型　夹砂红陶圆折腹罐

自春秋早期至春秋晚期前段，共分Ⅲ式。从早到晚，其型式发展演变的规律特点是：口径由较小逐渐变大，腹径由较大，逐渐收敛变小，整个器形，由较粗矮，变为较瘦高。如早期Ⅰ式标本（YYM31：1等5件），其口径与腹径之比的平均值为0.65，腹径与器高之比的平均值为1.17；晚期Ⅲ式标本（YYM69：1等2件），其口径与腹径之比的平均值为0.76，腹径与器高之比的平均值为1.015。

4. Ⅳ型　夹砂红、褐陶带疣罐

自春秋早期至春秋晚期后段，共分9式。样式繁多，从早到晚，其型式变化有两个特点值得注意：其一，自春秋早期至春秋晚期前段，器形比较高大一些，而到春秋晚期后段，器体明显矮小；其二，早期标本皆饰以单乳突形疣耳，而不见联体双乳突形疣耳，中、晚期标本，则多为联体双乳突形疣耳，而罕见单乳突形疣耳。

5. Ⅴ型　夹砂红、褐陶球腹罐

自春秋早期至春秋晚期前段，共分4式。从早到晚，其型式发展演变的规律特点是：口径由相对较小，逐渐变得相对较大，腹径与器高之比值，也由相对较小，逐渐变得相对较大。如早期Ⅰ式标本（YYM19∶1等10件标本），其口径与腹径之比的平均值为0.52，腹径与器高之比的平均值为1.05；晚期Ⅳ式标本（YYM105∶1等3件），其口径与腹径之比的平均值为0.68，腹径与器高之比的平均值为1.08。

6. Ⅵ型　夹砂红、褐陶鼓肩大腹罐

自春秋早中期至春秋晚期前段，共分3式。从早到晚，其型式发展演变的规律特点是：口径由较小逐渐变得较大，腹腔由膨大而变得收敛，底径由略大变为小平底。如早期Ⅰ式标本（YYM280∶1等7件），其口径与腹径之比的平均值为0.56，到中、晚期的Ⅱ式（YYM188∶1等2件）和Ⅲ式（YYM150∶1）标本，其比值便上升到0.62和0.57；底径与口径之比值，则由Ⅰ式的0.79（平均值），减少到Ⅱ式和Ⅲ式的0.69和0.6。

7. Ⅶ型　夹砂红、褐陶弧肩鼓腹罐

自春秋早中期至春秋晚期后段，共分4式。从早到晚，其型式发展演变的规律特点是：腹腔由膨大逐渐变为收敛，器体由矮胖变为较高，重心由居中变为偏上。如早期Ⅰ式标本（YYM277；1等4件），其腹径与器高之比的平均值为1.11，到晚期Ⅳ式标本（YYM196∶1等4件），其比值减少到1.055（平均值）；最大腹径水平线距器底高度与器高之比值，由早期Ⅰ式标本的0.5（平均值），上升到晚期Ⅳ式标本的0.55（平均值）。

8. Ⅷ型　夹砂红、褐陶高体鼓腹罐

自春秋早中期至春秋晚期后段，共分3式。从早到晚，其型式发展演变的规律特点是：口径由较小逐渐增大，重心由偏上，逐渐下移居中。如早期Ⅰ式标本（YYM251∶1等6件），其口径与腹径之比的平均值为0.62，到晚期Ⅲ式标本（YYM164∶1）已增大到0.72；最大腹径水平线距器底高度与器高之比值，早期Ⅰ式标本的平均值为0.57（重心明显偏上），到晚期Ⅲ式标本，此比值降低为0.53（重心居中）。

9. Ⅸ型　夹砂红、褐陶大口鼓腹罐

自春秋中期至春秋晚期后段，共分5式。从早到晚，其型式发展演变的规律特点是：口径逐渐变大，腹腔由外鼓显著变为逐渐收敛，重心由明显偏上变为下移居中，如早期Ⅰ式标本（YYM263∶1等2件），其口径与腹径之比的平均值为0.73，到晚期Ⅴ式标本（YYM361∶1），此比值已增大到0.86；最大腹径水平线距器底高度与器高之比值，早期Ⅰ式标本的平均值为0.6，而到晚期Ⅴ式标本，此比值已降到0.52。

10. Ⅹ型　夹砂红、褐陶筒形罐

自春秋中期至春秋晚期后段，共分2式。从早到晚，由Ⅰ式（YYM254∶1）到Ⅱ式（YYM340∶1），其型式变化特点是：口径由较小变为较大，器底由相对较大，变为相对较小（成为小平底），口沿由圆唇不外叠，变为外叠唇，器壁由较厚变为较薄。这两式之间，分布茔域相距较远，时间差距较大，中间尚存在缺环，其变化轨迹，尚缺乏规律性的内在联系。

11. Ⅺ型　夹砂红、褐陶折肩罐

自春秋中期至春秋晚期后段，共分 2 式。Ⅰ式标本（YYM273∶1），出于北Ⅱ区中部，Ⅱ式标本（YYM163∶1）出于南区南部，二者在时、空两个方面，都存在较大差距，情况与Ⅹ型者相似。从器型上考察，除了二者都具有折肩的特点之外，别的特点几乎没有必然的内在联系，故不存在器型发展演变规律特点的归纳问题。不过，在此值得指出的是，YYM273∶1 号标本，属春秋中期，是该墓地出现年代最早的折肩罐标本，而且是采用前所未有的手制与轮制相结合的方式制作出来的，虽然它不是泥质灰陶器，而是夹砂褐陶器，且只出有 1 件，但它本身的年代特征，及其所反映的该文化制陶工艺技术从此开始发生重要变革的信息，却是颇具历史意义的。

12. Ⅻ型　夹砂红、褐陶矮身鼓腹小罐

自春秋中期至春秋晚期后段，共分 9 式。从早到晚，其型式发展变化的大致特点是：口径由略大变为较小，器身由较矮变为更加矮扁。如偏早的Ⅰ式标本（YYM100∶1 等 4 件），其口径与腹径之比的平均值为 0.74，到晚期Ⅸ式标本（YYM351∶1），此比值已减小至 0.61；器高与腹径之比值，Ⅰ式标本的平均值为 0.88，而到晚期Ⅸ式标本，此比值已降至 0.7。

<2>泥质系陶器中的非折肩罐、折肩罐和陶壶，这 3 种器型的型式（包括纹饰）从早到晚，也都有明显的规律性的变化。

1. 非折肩罐

其型式发展从早到晚的变化特点大致是：

（1）口沿由斜侈口逐渐变作口沿斜敞和外展；（2）颈部由短颈（或较短）逐渐变作略高或较高；（3）肩部由溜肩逐渐变为鼓肩、弧肩或圆折肩；（4）器底由早期的平底，到中、晚期变为凹底；（5）制法，早、中期皆为手制，自中晚期以后，皆变为手制与轮制相结合，口沿、颈部、肩部，均以慢轮加工，器形变得规整、对称、美观，并于多数器物的口沿和肩部，以慢轮加工出阴刻弦纹。进入春秋晚期以后，在加工工艺和施纹方式上，已趋同于泥质灰陶折肩罐。

2. 折肩罐

其多数器型从早到晚的发展变化，具有一定规律特点。

器形规格，年代较早或偏早者，多相对高大一些，而年代偏晚或较晚者，则相对矮小，如Ⅵ型、Ⅶ型、Ⅷ型、Ⅸ型、Ⅹ型，即大致如此。

纹饰特点，年代较早或偏早者，一般仅在口沿内侧外缘与折肩部位，各施阴刻弦纹一周，而年代偏晚或较晚的标本，则往往还要复杂一些，即除了在口沿内侧外缘施阴刻弦纹一周之外，还多在方唇中间，也施阴刻弦纹一周，在折肩部位，往往要施阴刻弦纹 2 周，另外还要在折肩部位弦纹之下或两道弦纹中间，再加刻细绹纹，或指甲纹，或楔形纹一周，如Ⅵ型、Ⅶ型、Ⅸ型、Ⅺ型、Ⅻ型，即基本如此。

3. 陶壶

其型式发展从早到晚的变化特点大致是：

肩部由鼓肩（Ⅰ型Ⅰ式 YYM232∶1）、溜肩（Ⅰ型Ⅱ式 YYM86∶1）或圆肩（Ⅰ型Ⅲ式 YYM200∶1、104∶1），发展到圆折肩（Ⅱ型Ⅰ式 YYM184∶1、221∶1），最后再发展到折肩（Ⅲ型Ⅰ式 YYM175∶1）。

器体与腹腔，由小变大，由矮变高。

最大腹径或最大肩径，由低到高，重心逐渐上移。

（二）青铜马衔

玉皇庙墓地出土的青铜马衔，从早到晚经历了由单环孔到联环孔，然后再向双环孔发展变化这样一个过程。

春秋早期，马衔两端均为单环孔，平面形状呈“口”字形；春秋早中期，孔形变为联通式双环孔，平面形状呈“凸”字形，不久以后又出现封闭式的双环孔，平面形状呈“吕”字形。到春秋晚期阶段，平面形状呈“吕”字形的双环孔马衔成为定型。

（三）青铜短剑

玉皇庙墓地出土的青铜短剑从春秋早期到春秋晚期型式发展变化有如下特点：

1. 剑体由偏长型逐渐向短型发展、演变：春秋早期以27～30厘米的短剑居多，春秋晚期后段以25厘米以下的短剑为主。

2. 剑身逐渐缩短，剑柄逐渐加长：春秋早期，短剑身长与通长之比在0.65～0.7之间者最多，春秋晚期后段，该数值在0.5～0.6之间者最多。

3. 剑格由垂肩式逐渐向平肩和翘肩式发展；下垂式剑格60%以上集中于春秋早期和中期，平行式和上翘式剑格主要集中于春秋晚期。

4. 剑柄剖面逐渐统一为扁长方形：春秋中晚期以前，剑柄剖面形式复杂多样，到春秋晚期，占主导地位的剖面形式统归为扁长方形。

5. 剑首形式由双羊角形向双环蛇形演变：剑首形式在不同时期也有变化，最突出的变化是，在春秋早期至中晚期流行的双羊角形、联体双目形剑首，至春秋晚期变为双环蛇形剑首。

6. 剑首纹饰特征：春秋早期以羊角纹、兽面纹、嵌窝纹、为主，春秋中期以镂空球纹、镂空羊首纹、镂空网格纹为典型特征，春秋晚期以羊目纹、蛇纹为主。

（四）青铜削刀

玉皇庙墓地出土的青铜削刀从春秋早期到春秋晚期型式发展变化有如下特点：

1. 刀首形状由多元化逐渐向一元化转变：非环首形式春秋早期最多，春秋晚期后段消失，全部变为环首形式。

2. 环首形式由凸环首向扣环首演变，自春秋早期至春秋中晚期，凸环首削刀一直占主导和统治地位；至春秋晚期前段，扣环首削刀呈现快速发展势头，在数量上已逼近凸环首削刀；到春秋晚期后段扣环首削刀最终在数量上以绝对压倒优势取代了凸环首削刀的主导地位。

3. 刀柄与刀身夹角由钝角向直角再向锐角演变：钝角近70%出现于春秋中期以前，直角和锐角80%以上出现于春秋晚期。

4. 环首削刀最大环外径与柄均宽的比值由小变大：春秋中晚期以前该比值在1～2之间者居多；春秋晚期前段该比值在3～4之间者数量较多。

5. 刀身与刀柄长度比值逐渐变小：春秋中期以前该比值超过2.5者较多，小于2.5者多在春秋晚期出现。

6. 纹饰从春秋早期到春秋晚期同样呈现出规律性变化：即由繁入简，由斜线、曲线、折线向直线转化；由纯装饰功能向兼有装饰、实用功能转化；由单一式向复合式转化。

（五）青铜锛、凿

玉皇庙墓地出土的青铜锛、凿，春秋早期到春秋晚期型式发展变化最显著的特点是，春秋早期至春秋中期銎口下多有箍，到春秋晚期銎口下多无箍。

（六）青铜牌饰

玉皇庙墓地出土的青铜牌饰，以虎形牌饰出现最早，延续时间最长，即从春秋早期一直延续到春秋晚期；马形牌饰次之，出现于春秋早中期，延续到春秋晚期；犬形和鹿形牌饰出现的时间最晚，均属春秋晚期。

（七）青铜带钩

横向构图者绝大多数为双钮，出现于春秋早期，延续发展到春秋晚期前段；纵向构图者皆为单钮，春秋早中期始见，一直延续到春秋晚期后段。故横向构图者年代偏早，纵向构图者年代偏晚；钩钮形式，从早到晚，有从双钮向单钮发展演变的规律性特点。

（八）青铜锥（针）管具

玉皇庙墓地出土的青铜锥（针）管具，虽然造型变化不明显，但其纹饰却存在早晚变化的显著特点。春秋早期以虎纹、变体马纹为主；至春秋中期开始出现犬纹、人字纹；春秋晚期，则以波折纹为主。

一　玉皇庙墓地墓葬登记总表

墓号(YYM)	性别年龄		墓向	头向	葬式	墓葬规格		分区	葬具类型	殉牲			保存状况
	性别	年龄				级别	墓长宽深(米)			位置	种类及数量	形式	
1	不详		东偏南7°	不详	不详	不详	残长2.2×0.7-1.6	北Ⅰ中	不详				完整
2	女	30~35	东偏南9°	同墓向	仰直	甲(B)	3.1×1.26/1.2-4	北Ⅰ中	木椁	圹内东端填土中	残存马头2,马腿骨2,牛下颌骨1副,牛肱骨2,狗头1,狗肱骨1,狗下颌骨1副	牛下颌及狗头吻部,一律朝东	殉牲已遭破坏
3	女	35±	东偏北3°	同墓向	仰直	乙(B)	残长2.42×0.82-0.8	北Ⅰ中	木椁		不详		上层圹口被破坏
4	女	30±	东偏北4°	同墓向	仰直	丙(A)	残长2.37×0.72-0.8	北Ⅰ中	木椁		不详		上层圹口被破坏
5	男	16~17	东偏北12°	同墓向	仰直	丙(C)	残长2.2×0.72-0.6	北Ⅰ中	苇席		不详		上层圹口被破坏
6	女	18~19	东偏北21°	同墓向	仰直	丙(A)	残长2.1×0.84-0.6	北Ⅰ南	无葬具		不详		上层圹口被破坏
7	男	40±	东偏北9°	同墓向	仰直	丙(C)	残长2.7×1.07/0.92-0.74	北Ⅰ南	木椁		不详		上层圹口被破坏
8	女	35±	东偏北34°	同墓向	仰直	丙(B)	残长2.35×0.77/0.75-0.56	北Ⅰ南	木椁		不详		死者两股骨之间有婴儿遗骨
9	女	30±	东偏北10°	同墓向	仰直	丙(C)	残长2.44×0.92-0.7	北Ⅰ中	无葬具		不详		上层圹口被破坏
10	女	22~24	东偏南3°	同墓向	仰直	乙(B)	2.52×0.96/0.8-1.66	北Ⅰ中	木椁	圹内东端中间上层填土中	牛头1,牛肱骨1,羊头1,羊肱骨1	牛、羊肱骨在下,牛、羊头骨并排叠置于肱骨之上,吻部一律朝东	完整

续表

墓号(YYM)	性别年龄		墓向	头向	葬式	墓葬规格		分区	葬具类型	殉牲			保存状况
	性别	年龄				级别	墓长宽深(米)			位置	种类及数量	形式	
11	男	35～40	东偏南3°	同墓向	仰直	乙(A)	残长2.8×0.98/0.94－1.5	北Ⅰ中	木椁	圹内东端上层填土中	马头3,马肱骨6,狗头3,狗肱骨3	马肱骨在下,蹄朝东,马头叠置其上,吻部皆朝东;马头之上埋10厘米一层填土,然后顺摆狗肱骨3只,再将3狗头叠置其上,吻部皆朝东	上层圹口被破坏
12	女	50～55	西偏南10°	同墓向	仰直	丁	残长0.8×0.55/0.7－0.15	北Ⅰ南	无葬具	不详			墓圹东半部被破坏
13	男	50～55	东偏北7°	同墓向	仰直	乙(A)	残长2.82×1.4/1.2－1.5	北Ⅰ中	木椁	圹内东端上层填土中	马头1,马下颌骨1副,马肱骨(连蹄)6只,牛肱骨2只,狗头1个	分作南、北两组,南组由马下颌骨1副,马肱骨(连蹄)2只,牛肱骨2只和狗头1个组成;北组由马头1个与马肱骨4只(连蹄)组成。皆按东西向顺置,马头置于肱骨之上。两组殉牲中的马头与狗头的吻部,均朝东	上层圹口被破坏
14	女	12～13	东偏北4°	同墓向	仰直	丁	1.8×0.52－0.36	北Ⅰ中	无葬具				完整
15	少儿	6～7	东偏南2°	同墓向	仰直	丁	1.6×0.6/0.58－0.3	北Ⅰ中	零星石块				完整
16	男	20～22	东偏南12°	同墓向	仰直	丙(C)	残长1.34×0.66/0.76－1	北Ⅰ中	零星石块				墓圹西端被山水冲坏
17	无人		西偏北10°	不详	不详	乙(B)	3×0.94/0.92－1.3	北Ⅰ中	无葬具	圹内东端中上层填土中	马头2,马肱骨2(连蹄)	马肱骨叠置在下,马头置其上,吻部皆朝东	完整

续表

墓号(YYM)	性别年龄		墓向	头向	葬式	墓葬规格		分区	葬具类型	殉牲			保存状况
	性别	年龄				级别	墓长宽深(米)			位置	种类及数量	形式	
18	男	40±	东偏北6°	同墓向	仰直	甲(A)	3.6 × 1.6/3.23-2.66	北Ⅰ中	木椁	圹内东端活土二层台及生土二层台上	马头16,马腿骨16(连蹄);牛头3,牛肱骨16;羊头7,羊肱骨5;狗头4,狗肱骨6	分上、中、下3层。下层摆马腿骨12,蹄朝东,马头6个,叠置其上,吻部一律朝东;中层摆马腿骨6、马头10、牛肱骨10,马头置于马腿骨之上,马蹄与马吻部皆朝东;上层叠压牛肱骨6、牛头3、羊肱骨5、羊头7、狗肱骨6、狗头4,交错摆放,吻部朝东	完整
19	男	35~40	东偏北4°	同墓向	仰直	乙(B)	残长2.42×0.88/0.86-1.54	北Ⅰ中	木椁		不详		上层圹口被破坏
20	女	22~24	东偏北9°	同墓向	仰直	乙(A)	2.74×1.12/1.02-1.8	北Ⅰ中	木椁	圹内东端中间中层填土中	牛头1;牛肱骨2;山羊头2;狗头3,狗肱骨3	平面呈三角形布局,牛头居南,狗牲居东北,羊牲居西北,牛、羊、狗头的吻部,一律朝东	完整
21	女	30~35	西偏南8°	同墓向	仰直	丙(B)	2.65×0.9/0.8-0.97	北Ⅰ中	木椁				完整
22	男	22~24	东偏南7°	同墓向	仰直	甲(B)	3.3×1.3/1.52-2.45	北Ⅰ中	木椁	圹内东端中层填土中	牛头1,山羊头1,羊肱骨1;狗头3,狗肱骨3	牛牲居北,狗、羊牲居南,牲头皆被拆解开,吻部一律朝东	完整
23	男	25~30	东偏北10°	同墓向	仰直	丙(A)	2.42×0.98/0.92-1.17	北Ⅰ中	木椁	圹内东端中上层填土中	牛头1,牛肱骨1;狗头2,狗肱骨2	牛牲居南,狗牲居北,牲头皆被拆解开,吻部朝东	完整
24	少儿	3~4	东偏北12°	同墓向	仰直	丁	1.54×0.58/0.54-0.3	北Ⅰ中	零星石块				完整

续表

墓号(YYM)	性别年龄		墓向	头向	葬式	墓葬规格		分区	葬具类型	殉牲			保存状况
	性别	年龄				级别	墓长宽深(米)			位置	种类及数量	形式	
25	女	成年	西偏南4°	同墓向	仰直	丙(A)	残长1.46×1.08－1.9	北Ⅰ中	木椁	圹内东端中间上层填土中	牛头1;羊头1,羊肱骨1;狗头4,狗肱骨4	将牛、羊、狗头上、下颌拆解开后,按东西方向,作同层、相邻摆放。牛牲居南,狗、羊牲居北,吻部朝东北或东	墓圹西半部被破坏
26	女	50±	东偏北4°	同墓向	仰直	乙(B)	2.7×1.26/1.14－1.5	北Ⅰ北	木椁	圹内东端中间上层填土中	牛头1,牛肱骨1	牛头未加拆解,按东西方向顺摆,吻部朝东,牛肱骨顺置其南侧	完整
27	不详	不详	东偏北2°	不详	不详	丙(B)	2.8×1－0.8	北Ⅰ中	无葬具	圹内东端上层填土中	牛头1,牛肱骨3;羊头3,羊肱骨3;狗头3,狗肱骨3	将牛、羊、狗头上、下颌拆解开,按东西方向,作同层、相邻摆放,牛牲居北,狗、羊牲居南,吻部皆朝东	墓圹中间被破坏,人骨、随葬品皆无存
28	不详	不详	东偏北5°	不详	不详	丙(A)	残长1×0.96－2.06	北Ⅰ中	无葬具	圹内东端中下层填土中	牛头1,牛肱骨1;狗头3,狗肱骨3	将牛、狗头上、下颌拆解开,按东西方向,作同层、相邻摆放,牛牲居北,狗牲居南,吻部皆朝东	墓圹中、西部被破坏,人骨随葬品皆无存
29	女	25～30	东偏南8°	同墓向	仰直	丙(A)	2.65×1.2/1.14－1	北Ⅰ中	木椁	圹内东端中间上层填土中	狗头3	将狗头上、下颌拆解开,按东西方向顺序摆放,互不叠压,吻部一律朝东	墓圹中间被破坏,人骨仅存上半身
30	男	45～50	东偏南9°	同墓向	仰直	丙(C)	1.86×0.6/0.72－0.6	北Ⅰ中	无葬具				完整
31	男	成年	东偏北5°	同墓向	仰直	丙(B)	2.7×0.9/1.08－0.9	北Ⅰ中	木椁				完整
32	无人		东偏北6°	不详	不详	丙(A)	2.1×0.8－1	北Ⅰ中	无葬具				完整

续表

墓号(YYM)	性别年龄		墓向	头向	葬式	墓葬规格		分区	葬具类型	殉牲			保存状况
	性别	年龄				级别	墓长宽深(米)			位置	种类及数量	形式	
33	不详	不详	东偏南3°	同墓向	不详	丙(A)	残长0.46×0.76–1.1	北Ⅰ中	木椁		不详		墓圹东、西两端均被破坏,仅残存中间一小部分
34	无人		东偏北3°	不详	不详	丙(B)	1.9×0.61/0.75–1.26	北Ⅰ中	无葬具				墓圹东端中部以上被破坏
35	女	45~50	东偏南1°	同墓向	仰直	乙(B)	残长2.6×0.8–0.96	北Ⅰ中	木椁		不详		上层圹口被破坏
36	男	35~40	东偏南9°	同墓向	仰直	乙(B)	残长2.5×0.92–1	北Ⅰ北	木椁		不详		上层圹口被破坏
37	女	50~55	东偏南3°	同墓向	仰直	丙(C)	残长1.28×0.8–0.7	北Ⅱ北	木椁				墓圹西半部被破坏
38	男	22~24	东偏南26°	同墓向	仰直	丙(A)	残长2.2×0.8/0.7–1	北Ⅱ北	木椁				墓圹南壁和西北角被破坏
39	女	成年	东偏南14°	同墓向	仰直	丙(C)	残长2.2×0.72–0.6	北Ⅱ北	无葬具				墓圹东半部被破坏
40	女	成年	东偏南6°	同墓向	仰直	丙(A)	残长2.3×0.92–1	北Ⅱ北	木椁				怀里有婴儿遗骨
41	男	40~45	东偏南2°	同墓向	仰直	乙(B)	残长1.74×1–1.5	北Ⅱ中	木椁	圹内东端上层填土中	牛头1,牛肱骨1;羊头1,羊肱骨1;狗头2,狗肱骨2	将牛、羊、狗头的上下颌拆解开,按东西方向,作南北相邻、同层摆放,羊牲居北,养牲居中,狗牲居南,三牲吻部皆朝东	墓圹西端被破坏
42	少儿	5.5~6	东偏北12°	同墓向	仰直	丙(C)	2×0.78/0.7–0.66	北Ⅱ中	无葬具				完整
43	男	45±	东偏南11°	同墓向	仰直	丙(A)	2.2×0.96–1.1	北Ⅱ中	木椁	圹内东端中间上层填土中	狗头2	狗头未加拆解,按东西方向,将2狗头作同层、并列摆放,吻部均朝东	完整

续表

墓号(YYM)	性别年龄		墓向	头向	葬式	墓葬规格		分区	葬具类型	殉牲			保存状况
	性别	年龄				级别	墓长宽深(米)			位置	种类及数量	形式	
44	男	40±	东偏南7°	同墓向	仰直	乙(B)	2.86×1.2/0.7–1.5	北II中	木椁	圹内东端偏南侧的上层填土中	狗头2，狗肱骨2	将2狗头上、下颌拆解开，按东西方向，作同层、并列摆放，肱骨在下，头骨在上，吻部均朝东	完整
45	男	40～45	西偏南3°	同墓向	仰直	丙(A)	2.24×0.8/0.88–1.2	北II中	木椁				完整
46	男	22～24	东偏南2°	同墓向	仰直	乙(B)	存长2.46×1/0.9–1.7	北II中	木椁	圹内东端中间中上层填土中	狗头2，狗肱骨1	将2狗头上、下颌拆解开后分上、下二层零散殉祭，下颌骨吻部朝东，上颌骨吻部朝西南	完整
46	男	22～24	东偏南2°	同墓向	仰直	乙(B)	存长2.46×1/0.9–1.7	北II中	木椁	圹内东端中间中上层填土中	狗头2，狗肱骨1	将2狗头上、下颌拆解开后分上、下二层零散殉祭下颌骨吻部朝东，上颌骨吻部朝西南	完整
47	女	14～15	东偏南20°	同墓向	仰直	丙(C)	存长1.9×0.7/0.5–0.75	北II北	木椁	圹内东端偏南侧的上层填土中	狗头1，狗肱骨1	将狗头上、下颌拆解开后，按东西方向顺摆，狗肱骨斜插在下，狗头骨置其上，吻部朝东。	完整
48	男	22～24	东偏北6°	同墓向	仰直	丙(A)	2.8×0.92–1.22	北II中	木椁	圹内东端中间中层填土中	牛头1，牛肱骨1；羊头2，羊肱骨2；狗头3，狗肱骨3	将牛、羊、狗头上下颌拆解开后，按东西方向，分上、下两层摆放，牛头骨居上层，其余为下层，吻部朝东	完整

续表

墓号(YYM)	性别年龄		墓向	头向	葬式	墓葬规格		分区	葬具类型	殉牲			保存状况
	性别	年龄				级别	墓长宽深(米)			位置	种类及数量	形式	
49	男	30~35	东偏南4°	同墓向	仰直	丙(A)	2.7×0.96/0.92-1.2	北Ⅱ中	木椁	圹内东端中间上层填土中	牛头1;羊头2;狗头4,狗肱骨4	将牛、羊、狗头的上下颌拆解开后,按东西方向,作南北相邻、同层摆放,牛牲居南,狗牲居北,羊牲居中。三牲吻部皆朝东	完整
50	女	45~50	东偏北21°	同墓向	仰直	丙(C)	2.1×0.68/0.72-0.8	北Ⅱ中	木椁	圹内东端上层填土中	山羊头1,羊肱骨2	将山羊头上、下颌拆解开后,分开作同层错向摆放	完整
51	男	20~22	东偏北8°	同墓向	仰直	乙(A)	2.8×1.03/0.88-1.81	北Ⅱ中	木椁	圹内东端中间及南侧的中层填土中	牛头1,牛肱骨1;羊头3,羊肱骨3;狗头5,狗肱骨5	将牛、羊、狗头上、下颌拆解开后,按东西方向,作南北相邻、同层摆放,牛牲居北,羊牲居中,狗牲居南和居东,三牲吻部大部分朝东	完整
52	男	56±	东偏南1°	同墓向	仰直	甲(B)	3.34×1.06/1.3-2	北Ⅱ中	木椁加石椁	圹内东端中、上层填土中	马头3,马肱骨3;羊头1,羊肱骨1;狗头4,狗肱骨4	羊、狗头上、下颌被拆解,马头完整,分两组摆放,第一组由狗头3,狗肱骨3,山羊头1,羊肱骨1,马肱骨3组成;第二组由狗头1,狗肱骨1,马头3组成。二组祭牲中的牲吻皆朝东	完整
53	婴儿	2±	东偏南18°	同墓向	仰直	丁	1.18×0.68/0.39-0.5	北Ⅱ南	无葬具				完整
54	男	25~30	东偏北4°	同墓向	仰直	乙(A)	2.7×1/0.92-2.1	北Ⅱ中	木椁	圹内东端偏南侧的中上层填土中	牛头1,牛肱骨1;狗头3,狗肱骨3	将牛、狗头上、下颌拆解开后,按东西方向,作同层相邻摆放。牛牲居南,偏西;狗牲居东,偏北。牛、狗牲吻部,均朝东,或略偏东北	墓圹东北角上层,被破坏

续表

墓号(YYM)	性别年龄		墓向	头向	葬式	墓葬规格		分区	葬具类型	殉牲			保存状况
	性别	年龄				级别	墓长宽深(米)			位置	种类及数量	形式	
55	少儿	2.5～3	东偏南7°	同墓向	仰直	丙(C)	2.3×0.68/0.6－1	北II南	木椁	圹内东端中间上层填土中	狗头1,狗肱骨2	将狗头上、下颌拆解开,按东西方向分开,作同层、南北相邻摆放,狗牲居南,吻部朝东	完整
56	少儿	3～4	西偏北1°	同墓向	仰直	丁		北II南	无葬具				完整
57	男	25～30	正西(270°)	同墓向	仰直	乙(B)	3.3×0.88/0.84－1.4	北II南	木椁	圹内东西两端和中间的中上层填土中	马肱骨4;牛头1,牛肱骨1,牛胫骨1;狗头3,狗肱骨3	牛狗头上、下颌被拆解开,全部殉牲分3组,分放3处,第一组,在圹内东端,有牛头1,牛肱骨1,牛胫骨1,狗头1,狗肱骨1,牛头居中,其吻部与狗上颌吻部,皆朝东;第二组在圹内中间,马肱骨4;第三组在圹内西端,有狗头2,狗肱骨2,狗的吻部朝东南	完整
58	男	50±	东偏北9°	同墓向	仰直	乙(B)	2.7×0.92－1.4	北II南	木椁	圹内东端中间上层填中土	牛头1,牛肱骨1;狗头2,狗肱骨4	牛、狗头上、下颌被拆解开,牛、狗牲作同层、相邻、聚堆摆放,牛牲吻部朝东北,狗牲吻部1个朝东,另1个朝西南	完整
59	少儿	4±	东偏南15°	同墓向	仰直	丁	1.5×0.6/0.52－0.54	北II南	木椁	圹内东端中间上层填土中	狗头1,狗肱骨1	将狗头上、下颌拆解开,狗肱骨在下,狗头骨叠置其上,吻部朝东	完整

续表

墓号(YYM)	性别年龄		墓向	头向	葬式	墓葬规格		分区	葬具类型	殉牲			保存状况
	性别	年龄				级别	墓长宽深(米)			位置	种类及数量	形式	
60	男	35±	东偏南7°	同墓向	仰直	乙(B)	2.6×1.08/0.97－1.7	北Ⅱ南	木椁	圹内东端中间略偏南侧上层填土中	狗头2,狗肱骨2	将狗头上、下颌拆解开,2狗头呈东北—西南方向,一前一后顺摆,吻部皆朝东	完整
61	男	22～24	东偏南15°	同墓向	仰直	乙(B)	2.8×0.78/0.9－1.6	北Ⅱ南	木椁	圹内东端中间略偏北侧的上层填土中	狗头5,狗肱骨5	将狗头上、下颌均拆解开,分上、下两层摆放。狗肱骨在下,狗头骨叠置其上。下层4狗头的吻部皆朝东;上层的1个狗头吻部朝北	完整
62	男	成年	东偏南23°	同墓向	仰直	丙(C)	2.32×0.84/0.78－0.76	北Ⅱ南	木椁	圹内东端中间上层填土中	狗头1,狗肱骨1	将狗头上、下颌拆解开,分开摆放,肱骨在下,下颌骨叠置其上,吻部朝西,上颌骨侧置在西侧,吻部朝南	完整
63	男	40±	东偏南3°	同墓向	仰直	乙(B)	1.8×0.8－1.3	北Ⅱ南	木椁	圹内东端中间上层填土中	狗头2,狗肱骨2	将狗头上、下颌拆解开,按东西方向,作同层、纵向摆放,狗头吻部,1个朝东,另1个朝东北	完整
64	女	30±	西偏北7°	同墓向	仰直	乙(B)	2.4×0.88－1.7	北Ⅱ南	木椁				完整
65	男	17～18	西偏北5°	同墓向	仰直	乙(B)	2.6×0.92－1.4	北Ⅱ中	木椁	圹内西端略偏南侧的上层填土中	小号狗头1	将狗头上、下颌拆解开,按西东方向,分开作同层相邻摆放,吻部皆朝西	完整
66	女	35±	西偏北8°	同墓向	仰直	乙(B)	2.7×1－1.5	北Ⅱ中	木椁	圹内西端中间上层填土中	狗头4,狗肱骨4	将狗头上、下颌拆解开后,与狗肱骨一起分西、东两组,作同层相邻摆放,肱骨在下、头骨叠置其上,吻部皆朝东	完整

续表

墓号(YYM)	性别年龄		墓向	头向	葬式	墓葬规格		分区	葬具类型	殉牲			保存状况
	性别	年龄				级别	墓长宽深(米)			位置	种类及数量	形式	
67	少儿	6~7	东偏北7°	同墓向	仰直	丙(C)	1.26×0.64/0.6-0.6	北Ⅱ中	无葬具				完整
68	女	22~24	西偏北4°	同墓向	仰直	丙(C)	2.1×0.68/0.64-0.6	北Ⅱ中	像征性石椁	圹内东端中间略偏北侧的上层填土中	狗头1	将狗头上、下颌拆解开，按东西方向顺摆，使上、下颌骨前后错位，不相咬合，吻部朝东	完整
69	男	35±	东偏南5°	同墓向	仰直	丙(A)	2.5×1.12/1-1.2	北Ⅱ南	木椁	圹内东端中间略偏北侧的上层填土中	狗头1，狗肱骨1	将狗头上、下颌拆解开，并列顺摆，肱骨压在上颌骨之下，吻部皆朝东	完整
70	男	35±	东偏南2°	同墓向	仰直	乙(B)	2.8×1.12/1-1.38	北Ⅱ南	木椁		不详		墓圹上层被破坏
71	男	45~50	东偏南1°	同墓向	仰直	丙(C)	残长2.7×0.81-0.45	北Ⅱ南	木椁		不详		墓圹上层被破坏
72	男	45~50	东偏南2°	同墓向	仰直	丙(C)	残长2.24×0.78/0.88-0.71	北Ⅱ南	木椁		不详		墓圹上层被破坏
73	女	20~22	东偏北3°	同墓向	仰直	丙(C)	2.5×0.82/0.79-0.72	北Ⅱ南	木椁				完整
74	男	45~50	东偏南6°	同墓向	仰直	乙(A)	3.8×1.04/1-1.85	南区北	木椁	圹内东端中、上层填土中	马头2，马肱骨2；牛头1，牛肱骨1；羊头4，羊肱骨4；狗头4，狗肱骨4	将全部牲头上、下颌均拆解开分作2组摆放，第一组由大牲畜马、牛牲组成，吻部皆朝东；第二组由小牲畜羊、狗牲组成，吻部朝向多不一致	完整
75	女	30±	东偏南6°	同墓向	仰直	丙(B)	2.47×0.9/0.8-0.87	南区北	木椁	圹内东端中间上层填土中	牛头1；羊头3，羊肱骨3；狗头2，狗肱骨2	将牛、羊、狗头上下颌均拆解开，按东西方向，作同层相邻聚堆摆放。狗牲居东和西北，牛牲居南，吻部皆朝东；羊牲居中，吻部朝向不一	完整

续表

墓号(YYM)	性别年龄		墓向	头向	葬式	墓葬规格		分区	葬具类型	殉牲			保存状况
	性别	年龄				级别	墓长宽深(米)			位置	种类及数量	形式	
76	女	25～30	东偏南3°	同墓向	仰直	丙(C)	2.5×0.96/0.9－0.67	南区北	木椁				完整
77	男	30～35	东偏北2°	同墓向	仰直	丙(B)	2.65×0.95/1.1－0.9	南区中	木椁				完整
78	女	45～50	东偏北30°	同墓向	仰直	丁	2.3×0.66/0.78－0.25	南区中	无葬具		不详		墓圹上层被破坏
79	男	50～55	东偏北3°	同墓向	仰直	丁	残存2.1×0.77/0.66－0.15	南区中	像征性石椁		不详		墓圹上层被破坏
80	女	22～24	东偏北15°	同墓向	仰直	丁	2.14×0.76/0.74－0.36	南区中	无葬具				完整
81	女	56＋	东偏南2°	同墓向	仰直	乙(B)	2.4×0.96/0.92－1.3	北Ⅱ南	木椁	圹内东端中间上层填土中	狗头5,狗肱骨5	将狗头上、下颌全部拆解开,与狗肱骨作同层聚堆摆放,狗肱骨在下,头骨在上,其中2狗头居东,吻部朝东;另3个居西,1个吻部朝北,另2个吻部朝东	完整
82	男	45～50	东偏北4°	同墓向	仰直	丙(A)	2.6×0.92－1	北Ⅰ西	木椁		不详		墓圹上层被破坏
83	男	25～30	东偏南12°	同墓向	仰直	丙(A)	2.34×0.84－1.06	北Ⅱ南	木椁	圹内东端中间中上层填土中	狗头5,狗肱骨5	将狗头上、下颌全部拆解开后,按东西方向,作同层、纵向摆放。狗肱骨在下,狗头在上,最东端并列2狗头,其两侧依次纵摆狗头3个,吻部一律朝东	完整

续表

墓号(YYM)	性别年龄		墓向	头向	葬式	墓葬规格		分区	葬具类型	殉牲			保存状况
	性别	年龄				级别	墓长宽深(米)			位置	种类及数量	形式	
84	女	45~50	东偏南8°	同墓向	仰直	丙(A)	2.46×1/1.1-1.16	北II南	木椁	圹内东端中间上层填土中	狗头5,狗肱骨5	将狗头上、下颌全部拆解开,大体按东南—西北方向,作纵向“一”字摆放。狗肱骨在下,头骨在上,上颌骨吻部4个朝东,1个朝南;下颌骨吻部朝向多不一致	完整
85	婴儿	1~1.5	东偏南13°	同墓向	仰直	丁	0.9×0.32/0.34-0.5	北II南	无葬具				完整
86	男	45±	东偏南6°	同墓向	仰直	乙(A)	2.57×1.16/1-1.75	北II南	木椁	圹内东端中间上层填土中	牛头1,牛肱骨1;狗头4,狗肱骨4	将牛、狗头上下颌全拆解开后,以牛牲为主,上下叠置,聚堆摆放。牛头吻部朝东,狗牲吻部有的朝东,有的朝北,有的朝南	完整
87	女	40~45	东偏南6°	同墓向	仰直	乙(B)	2.6×0.84/0.86-1.3	北II南	木椁	圹内东端中间上层填土中	羊头1,羊肱骨1;狗头3,狗肱骨3	将羊、狗头上、下颌全部拆解开,按东西方向,作同层相邻,聚堆摆放,吻部一律朝东,狗牲居东、南、北,羊牲居西	完整
88	女	25~30	东偏北3°	同墓向	仰直	丙(B)	2×0.8-1	北II中	木椁				完整
89	不详	成年	东偏南7°	同墓向	仰直	乙(B)	2.9×1-1.3	北II中	木椁	圹内东端中间上层填中	牛头1,牛肱骨1;狗头3,狗肱骨3	将牛、狗头上、下颌均拆解开,按东西方向,同层相邻、聚堆摆放。牛牲居南,狗牲居东居北,牛牲与3个狗上颌骨吻部,均朝东;狗下颌的吻部朝向不相一致	墓圹中间被破坏,人骨大部残缺,随葬品基本无存

续表

墓号(YYM)	性别年龄		墓向	头向	葬式	墓葬规格		分区	葬具类型	殉牲			保存状况
	性别	年龄				级别	墓长宽深(米)			位置	种类及数量	形式	
90	少儿	年龄不详	东偏北8°	同墓向	不详	丙(C)	残长0.7×0.7－0.7	北Ⅱ中	无葬具				墓圹东西两端被破坏
91	少儿	5～6	东偏南26°	同墓向	仰直	丁	1.44×0.54/0.5－0.15	北Ⅱ南	无葬具				墓圹上层被破坏
92	少儿	3±	东偏南5°	同墓向	仰直	丁	1.36×0.5－0.13	北Ⅱ南	无葬具				墓圹上层被破坏
93	男	20～22	东偏南20°	同墓向	仰直	丙(A)	2.36×0.8－1.1	北Ⅱ南	木椁				完整
94	少儿	3±	正东(90°)	同墓向	仰直	丙(C)	1.7×0.56/0.52－0.9	北Ⅱ中	木椁	圹内东端略偏南侧的上层填土中	狗头1,狗肱骨1	将狗头上、下颌拆解开后,与狗肱骨一块,作同层、聚堆摆放,但互不叠压。狗上颌吻部朝东,下颌吻部朝东北	完整
95	男	35±	东偏南3°	同墓向	仰直	乙(A)	2.92×0.88－1.8	北Ⅱ中	木椁	圹内东端上层填土中	牛头1,牛肱骨1;羊头3,羊肱骨3;狗头7,狗肱骨7	牛头未拆解,正置于南侧,吻部朝东,羊、狗头上、下颌均被拆解开,7套狗牲摆在东端,自南而北分布,狗肱骨在下,狗头骨在上,狗上颌的吻部皆朝东,狗下颌的吻部朝向不尽一致。羊牲置于狗牲之西侧,吻部朝向不一	墓圹西端上层被破坏
96	女	40±	东偏南12°	同墓向	仰直	丙(A)	2.64×0.92/1－1.28	北Ⅱ北	木椁	圹内东端东南角上层填土中	狗头1,狗肱骨1	将狗头上、下颌拆解开后,与狗肱骨一起作同层、聚堆摆放,但互不叠压,狗上颌吻部朝东南,下颌吻部朝东	完整

续表

墓号(YYM)	性别年龄		墓向	头向	葬式	墓葬规格		分区	葬具类型	殉牲			保存状况
	性别	年龄				级别	墓长宽深(米)			位置	种类及数量	形式	
97	女	45±	东偏南7°	同墓向	仰直	丙(B)	2.5×0.88/0.92－0.9	北II北	木椁				完整
98	女	22～24	东偏北3°	同墓向	仰直	丙(A)	2.7×0.82/1.04－1.16	北II北	木椁				完整
99	女	35～40	东偏南2°	同墓向	仰直	丁	2.6×0.95/1－0.4	北II北	木椁				完整
100	女	50～55	东偏北8°	同墓向	仰直	丁	2.25×0.69/0.6－0.16	北II中	无葬具				墓圹上层被破坏
101	女	50±	东偏北20°	同墓向	仰直	丙(B)	残存1.88×0.72/0.68－1.1	北I南	木椁		不详		墓圹东端被破坏
102	男	18±	东偏北20°	同墓向	仰直	丙(B)	存长2.5×0.9/0.86－0.8	北I南	木椁		不详		墓圹上层被破坏
103	不详	不详	东偏北30°	同墓向	仰直	丁	残长2.35×0.72/0.67－0.4	北I南	无葬具		不详		墓圹上半部被破坏
104	女	22～24	东偏南6°	同墓向	仰直	丙(B)	2.22×0.96/0.82－0.82	南区北	木椁				完整
105	男	35～40	东偏南19°	同墓向	仰直	丙(C)	2.77×0.96/0.98－0.7	南区北	木椁				墓圹上层被破坏
106	少儿	6～7	东偏北8°	同墓向	仰直	丁	1.82×0.73/0.71－0.3	南区中	木椁				完整
107	男	25～30	东偏南8°	同墓向	仰直	丁	2.05×0.74/0.6－0.25	南区中	无葬具				完整
108	男	45±	东偏北11°	同墓向	仰直	丙(C)	2.39×0.53/0.7－0.95	南区中	木椁	圹内东端中间上层填土中	狗头4，狗肱骨4	将狗头上、下颌全部拆解开，自东而西作同层、依次摆放。吻部一律朝东	完整
109	女	30±	东偏北7°	同墓向	仰直	丙(C)	2.05×0.66/0.74－0.6	南区南	木椁	圹内东端中间上层填土中	狗头2，狗肱骨2	将狗头上、下颌全部拆解开后，按东西方向，将2套狗牲作同层、东西相邻纵向摆放，吻部一律朝东	完整

续表

墓号(YYM)	性别年龄		墓向	头向	葬式	墓葬规格		分区	葬具类型	殉牲			保存状况
	性别	年龄				级别	墓长宽深(米)			位置	种类及数量	形式	
110	男	35~40	东偏北5°	同墓向	仰直	丙(B)	2.28×0.87/0.8-0.9	南区南	木椁	扩内东端偏北侧的上层填土中	羊头2,羊肱骨2;狗头2,狗肱骨2	将羊、狗头上、下颌全拆解开,作东、西相邻同层摆放。狗牲居东、偏北,羊牲居西、偏南。狗牲吻部皆朝东,羊牲吻部朝东或东北	完整
111	男	30±	东偏北1°	同墓向	仰直	丙(A)	2.45×0.85/0.92-1.2	南区中	木椁	扩内东端中间上层填土中	羊头2,羊肱骨2;狗头2,狗肱骨2	将羊、狗头的上、下颌全拆解开,按东西方向,作同层依次摆放。狗牲居东、西两端,羊牲居中。羊、狗牲的吻部,一律朝东	完整
112	女	22~24	东偏南1°	同墓向	仰直	丁	残长1.43×0.56-0.2	南区北	无葬具				墓扩西端被破坏
113	女	22~24	正东(90°)	同墓向	仰直	丙(A)	2.25×1.02/0.92-1.17	南区中	木椁	扩内东端中间上层填土中	狗头2,狗肱骨2	将狗头上、下颌拆解开后,按东西方向,作分开、同层聚堆摆放,吻部皆朝东	完整
114	女	20~22	东偏北1°	同墓向	仰直	丙(B)	2.42×0.92/0.9-0.88	南区中	木椁	扩内东端中间上层填土中	羊头1,羊肱骨1;狗头4,狗肱骨4	将羊、狗头的上、下颌全部拆解开,置狗牲于东北、南、西南,置羊牲于西北角,作同层相邻、聚堆摆放。狗牲吻部朝东或朝北,羊牲吻部朝东或朝南	完整
115	少儿	3±	东偏南17°	同墓向	仰直	丁	残长1.26×0.78-0.4	南区中	无葬具	扩内东端中间上层填土中	狗头1,狗肱骨1	将狗头上、下颌拆解开后,与狗肱骨一块,作同层聚堆摆放,但互不叠压。因狗头骨残碎,吻部朝向不能确指	墓扩西端被破坏

续表

墓号(YYM)	性别年龄		墓向	头向	葬式	墓葬规格		分区	葬具类型	殉牲			保存状况
	性别	年龄				级别	墓长宽深(米)			位置	种类及数量	形式	
116	少儿	6～7	东偏南5°	同墓向	仰直	丁	残长1.13×0.8/0.7－0.22	南区北	无葬具	圹内东端中间和稍偏南侧的上层填土中	狗头2,狗肱骨2	将完整的狗头2,狗肱骨2,按东西方向,依次顺摆,吻部皆朝东	墓圹西端被破坏
117	男	35～40	东偏南17°	同墓向	仰直	丙(A)	2.61×0.88/0.92－1.04	南区北	木椁	圹内东端至中部椁室以上的填土中	牛头1,牛肱骨1;羊头3,羊肱骨3;狗头3,狗肱骨3	将牛、羊、狗头的上、下颌全部拆解开,自东而西作纵向前、中、后三组同层摆放,前组为牛、狗牲,中、后组均为狗、羊牲,所有牲吻皆朝东	完整
118	女	30±	东偏北2°	同墓向	仰直	丙(B)	2.4×0.95/1.16－0.82	南区北	木椁	圹内东端中间上层填土中	狗头2,狗肱骨2	将狗头上、下颌均拆解开,按东西方向,作同层前后依次摆放。2上颌吻部朝东,2下颌吻部朝东南	完整
119	女	35±	东偏南6°	同墓向	仰直	丙(A)	2.4×0.84/0.8－1.05	南区北	木椁	圹内东端中间略偏北侧的上层填土中	狗头3,狗肱骨3	将狗头上、下颌均拆解开,按东西方向,作同层聚堆摆放。上、下颌的吻部,皆朝东或东北	完整
120	少儿	6±	东偏南7°	同墓向	仰直	丙(B)	1.9×0.8/0.84－0.89	南区中	木椁	圹内东端中间上层填土中	狗头1,狗肱骨1	将完整狗头1个及狗肱骨1只,按东西方向,顺置,肱骨在下,头骨叠置其上,吻部朝东	完整
121	男	40±	东偏北20°	同墓向	二次葬	丙(C)	1.6×0.5/0.52－0.65	南区中	木椁	圹内东端中间略偏南侧的上层填土中	狗头1,狗肱骨1	将狗头上、下颌拆解开后,按东西方向顺置,肱骨在下,上颌骨叠置其上,下颌骨傍其北侧,吻部皆朝东	完整

续表

墓号(YYM)	性别年龄		墓向	头向	葬式	墓葬规格		分区	葬具类型	殉牲			保存状况
	性别	年龄				级别	墓长宽深(米)			位置	种类及数量	形式	
122	男	40~45	正东(90°)	同墓向	仰直	丙(A)	2.65×1/1.1-1.67	南区中	木椁	圹内东端中间上层填土中	牛头1,牛肱骨1;羊头3,羊肱骨3;狗头4,狗肱骨4	将牛头上、下颌拆解开,狗头完整,置牛牲于东端中间,狗牲置其北侧,羊牲置其西侧,最西端又置狗牲1套,三牲吻部一律朝东	完整
123	婴儿	2±	东偏北14°	同墓向	侧身直肢	丙(C)	1.43×0.48/0.54-0.78	南区中	无葬具	圹内东北角上层填土中	小号狗头1,狗肱骨1	将狗头上、下颌拆解开,与肱骨一起,作同层摆放,肱骨在下,上、下颌骨叠置其上,吻部朝东北	完整
124	男	56±	东偏北8°	同墓向	仰直	乙(B)	2.5×0.9/0.88-1.44	南区中	木椁	圹内东端偏东南角中部填土中	牛头1,牛肱骨1;羊头6,羊肱骨6;狗头3,狗肱骨3	将羊狗头上、下颌全拆解开,牛头完整。牛牲居东端中间,狗牲居东南角,羊牲居西侧。牛、狗牲吻部皆朝东,羊牲吻部4套朝东,2套朝南	完整
125	女	22~24	东偏北5°	同墓向	仰直	丁	2.35×0.74/0.78-0.3	北II中	无葬具				墓圹上层被破坏
126	女	22~24	正东(90°)	同墓向	仰直	丙(A)	2.50×0.9/0.96-1.2	南区中	木椁	圹内东端中间上层填土中	羊头1,羊肱骨1;狗头5,狗肱骨5	将狗头上、下颌拆解开后,按东西方向,狗牲围绕羊牲,作同层相邻摆放,羊牲居中,狗牲居东、南、西三面。吻部朝向,除1例狗下颌朝西北外,其余狗、羊牲吻部皆朝东	完整

续表

墓号(YYM)	性别年龄		墓向	头向	葬式	墓葬规格		分区	葬具类型	殉牲			保存状况
	性别	年龄				级别	墓长宽深(米)			位置	种类及数量	形式	
127	男	22～24	东偏北19°	同墓向	仰直	丙(C)	2.2×0.76－0.72	南区南	木椁	圹内东端中间上层填土中	羊头1,羊肱骨1;狗头3,狗肱骨3	将羊、狗头上下颌全部拆解开,以狗牲居东、西北和东南,羊牲居西南的布局,作同层相邻摆放。狗、羊牲的吻部,均一律朝东	完整
128	女	35～40	东偏北15°	同墓向	仰直	乙(B)	2.65×0.84/0.76－1.49	南区南	木椁	圹内东端中间上层填土中	牛头1,牛肱骨1;羊头4,羊肱骨4;狗头6,狗肱骨6	将牛、羊、狗头的上下颌全部拆解开后,自东而西作同层依次摆放。东北、西、北三面为狗牲,南面为牛牲,中间为羊牲。所有牲吻,除1套狗牲朝北外,余者皆朝东	完整
129	男	50±	东偏北10°	同墓向	仰直	乙(A)	2.9×0.9/0.86－1.75	南区南	木椁	圹内东端上层填土中	牛头1,牛肱骨1;羊头4,羊肱骨4;狗头6,狗肱骨6	3种牲头均完整保留,未加拆解,羊、狗在南,牛牲居北,吻部一律朝东	完整
130	女	25±	东偏南3°	同墓向	仰直	乙(B)	2.55×0.86－1.35	南区南	木椁	圹内东端中间上层填土中	狗头3,狗肱骨3	将狗头上、下颌均拆解开,作同层聚堆摆放,肱骨在下,上、下颌骨在上,吻部朝向,不相一致	完整
131	男	56+	西偏南6°	同墓向	仰直	丙(A)	2.7×0.85/0.98－1.05	南区中	木椁	圹内东端中间上层填土中	牛头1,牛肱骨1;羊头1,羊肱骨1;狗头2,狗肱骨2	将羊、狗头上、下颌拆解开,牛头保持完整,按西东方向,作同层、南北相邻摆放。牛牲居西端中间,狗、羊牲居其北侧,牲吻一律朝西	完整

续表

墓号(YYM)	性别年龄		墓向	头向	葬式	墓葬规格		分区	葬具类型	殉牲			保存状况
	性别	年龄				级别	墓长宽深(米)			位置	种类及数量	形式	
132	少儿	10±	东偏南13°	同墓向	仰直	丙(C)	1.92×0.68/0.7-0.65	南区中	木椁	圹内东端中间上层填土中	羊头2,羊肱骨2;狗头1,狗肱骨1	将羊、狗头上下颌拆解开,按东西方向,作狗东羊西同层相邻摆放,吻部皆朝东	完整
133	女	50~55	东偏南4°	同墓向	仰直	乙(B)	2.6×0.9-1.45	南区中	木椁	圹内东端上层填土中	牛头1,牛肱骨1;羊头5,羊肱骨5;狗头4,狗肱骨4	将牛、羊、狗头的上下颌拆解开,按东西方向,作南北相邻、同层摆放。牛牲居南,吻部朝东;狗牲居北、居西、羊牲居中。狗羊牲的吻部大多朝东,也有少数朝南或西南者	完整
134	男	35~40	东偏北8°	同墓向	仰直	乙(B)	2.5×0.81/0.85-1.56	南区中	木椁	圹内东端中间上层填土中	牛头1,牛肱骨1;羊头1,羊肱骨1;狗头4,狗肱骨4	牛头完整保留,将羊、狗头上下颌拆解开后,与牛牲作南北相邻,同层摆放。牛牲居南,吻部朝东;狗牲居北、居东、居西,羊牲居中。羊牲吻部朝东,狗牲有的朝东,有的朝南或朝北	完整
135	少儿	2~2.5	东偏北8°	同墓向	仰直	丙(C)	1.8×0.8/0.78-0.74	南区北	木椁	圹内东端中间上层填土中	狗头2,狗肱骨2	将2狗头上、下颌拆解开后,按东西方向,作同层纵列摆放,吻部皆朝东	完整
136	少儿	2~3	东偏北15°	同墓向	仰直	丙(C)	1.52×0.5/0.38-0.57	南区北	无葬具	圹内东端中间上层填土中	羊头1,羊肱骨1;狗头1,狗肱骨1	将羊、狗头上、下颌拆解开后,按东西方向,作狗东羊西,同层相邻纵向摆放。羊、狗牲吻部皆朝东	完整

续表

墓号(YYM)	性别年龄		墓向	头向	葬式	墓葬规格		分区	葬具类型	殉牲			保存状况
	性别	年龄				级别	墓长宽深(米)			位置	种类及数量	形式	
137	女	成年	东偏南13°	同墓向	仰直	丙(A)	2.4×0.89/0.84-1.15	南区北	木椁	圹内东端中间略偏北侧的上层填土中	牛头1,牛肱骨1;羊头3,羊肱骨3;狗头3,狗肱骨3	将牛、羊、狗头上、下颌全部拆解开后,按东西方向,作南北相邻、同层依次摆放。狗牲居北,羊牲居西,牛牲居南。牛、狗牲吻部,皆朝东,羊牲吻部2套朝东。1套朝东南	完整
138	女	25~30	东偏南12°	同墓向	仰直	丙(A)	2.6×1.05/1.06-1.21	南区北	木椁	圹内东端木椁以上的中、上层填土中	牛头1,牛肱骨1;羊头4,羊肱骨5;狗头10,狗肱骨12	牛头完整保留,将羊、狗头上、下颌拆解开后,与牛牲作南、北并列摆放。狗牲居东、西南和西侧,羊牲居中,牛牲居北。牛、羊牲吻部一律朝东,狗牲吻部多数朝东,少数朝向不一	完整
139	女	56+	东偏南9°	同墓向	仰直	丙(A)	2.77×0.89/0.9-1	南区北	木椁	圹内东端中间上层填土中	狗头2,狗肱骨2	将狗头上、下颌拆解开后,按东西方向,作分开、同层、聚堆摆放,上、下颌吻部一律朝东	完整
140	少儿	6±	东偏南18°	同墓向	仰直	丁	1.83×0.62/0.63-0.43	北II南	木椁				完整
141	婴儿	1.5~2	东偏南20°	同墓向	仰直	丁	1.35×0.4/0.41-0.44	北II南	木椁	圹内东端中间上层填土中	狗头1,狗肱骨1	将狗头上、下颌拆解开,按东西方向顺摆,肱骨在下,头骨叠置其上,吻部朝东	完整

续表

墓号(YYM)	性别年龄		墓向	头向	葬式	墓葬规格		分区	葬具类型	殉牲			保存状况
	性别	年龄				级别	墓长宽深(米)			位置	种类及数量	形式	
142	男	22~24	东偏南13°	同墓向	仰直	丙(A)	2.3×0.89/0.85-1.27	南区北	木椁	圹内东端至中西部上层填土中	牛头1,牛肱骨1;羊头4,羊肱骨4;狗头3,狗肱骨3	将牛、羊、狗头的上、下颌拆解开后,按东西方向,作同层纵向摆放。牛牲居东,狗牲居东北与西北,羊牲居中。狗牲、羊牲吻部,朝向不一,牛牲吻部朝东	完整
143	男	56+	东偏南14°	同墓向	仰直	丙(A)	2.64×0.85/0.96-0.9	南区北	木椁	圹内东端中间上层填土中	牛头1,牛肱骨1;羊头4,羊肱骨1;狗头6,狗肱骨6	将牛、羊、狗头上、下颌拆解开后,作南、北相邻同层摆放。牛牲居南,吻部朝东;狗牲居东、居西,羊牲居中,吻部亦皆朝东	完整
144	女	30~35	西偏北22°	同墓向	仰直	丙(A)	2.65×0.9/1-1.13	南区北	木椁	圹内西端中间上层填土中	羊头2,羊肱骨2;狗头4,狗肱骨4	将羊、狗上、下颌骨拆解开后,按西东方向,作南、北相邻同层摆放。狗牲居西、东两端,羊牲居北及狗牲中间,羊牲吻部朝西,狗牲吻部朝西或西北	完整
145	男	50±	东偏南26°	同墓向	仰直	丙(A)	2.67×0.8-1.07	南区北	木椁				墓圹上部被破坏
146	婴儿	1~1.5	东偏南15°	同墓向	仰直	丁	1.07×0.34-0.22	南区北	无葬具				完整
147	婴儿	1~1.5	东偏南21°	同墓向	不详	丁	1.33×0.41/0.4-0.18	南区北	无葬具				完整

续表

墓号(YYM)	性别年龄		墓向	头向	葬式	墓葬规格		分区	葬具类型	殉牲			保存状况
	性别	年龄				级别	墓长宽深(米)			位置	种类及数量	形式	
148	男	35±	东偏南10°	同墓向	仰直	丙(A)	2.39×0.83/0.82-1.2	北II南	木椁	圹内东端中间上层填中	牛头1,牛肱骨1;羊头2,羊肱骨2;狗头2,狗肱骨2	将牛、羊、狗头上、下颌全部拆解开后,按东西方向,作同层、交错摆放。牛牲居南,狗牲居东、居西,羊牲居中。牛牲吻部朝东,狗、羊牲吻部有的朝东,有的朝向不一	完整
149	女	40~45	东偏北8°	同墓向	仰直	丙(B)	2.45×1.02/1-0.86	北II南	木椁	圹内东端略偏南侧的上层填土中	狗头4,狗肱骨4	将狗头上、下颌拆解开后,按东西方向,作同层聚堆摆放,吻部有2套朝东,还有1套朝东南,另有1副,上颌骨朝东南、下颌骨朝北	完整
150	女	30~35	东偏南28°	同墓向	仰直	乙(B)	2.7×0.91/0.92-1.61	南区北	木椁	圹内东端中间上层填中	狗头5,狗肱骨5	将狗头上、下颌均拆解开后,按东西方向,作同层前后2组摆放。前组(东端)2套,后组(西侧)3套(呈"品"字形布局)。吻部朝向,前组皆朝东,后组除1套朝北外,其余2套也均朝东	完整
151	男	35±	东偏南22°	同墓向	仰直	甲(B)	3.91×1.2/1.7-2.1	南区北	木椁	圹内东端生土二层台上和木椁东端盖板以上上层填土中	马头2,马肱骨2;牛头1,牛肱骨1;羊头3,羊肱骨3;狗头6,狗肱骨6	马、牛头完整保留,狗、羊头均被拆解开。狗牲1套加马、牛牲,摆在东端生土二层台上,马、牛牲吻部朝东;羊牲及其余5套狗牲,摆在木椁东端盖板以上填土中,吻部朝向多不统一	完整

续表

墓号(YYM)	性别年龄		墓向	头向	葬式	墓葬规格		分区	葬具类型	殉牲			保存状况
	性别	年龄				级别	墓长宽深(米)			位置	种类及数量	形式	
152	婴儿		东偏南26°	同墓向	仰直	丁	1.35×0.5/0.42-0.4	南区北	木椁				完整
153	女	成年	东偏南38°	同墓向	仰直	丙(A)	2.36×0.95/0.74-1.2	南区北	木椁	圹内东南端中、北侧上层填土中	牛头1,牛肱骨1;羊头3,羊肱骨3;狗头4,狗肱骨4	将牛、羊、狗头的上、下颌全部拆解开,按东南—西北方向,作南北相邻、同层依次摆放。牛牲居北,羊牲居南,狗牲居东、居西。牛、羊牲吻部皆朝东;狗牲除1套上、下颌朝东南和东北以外,其余3套亦皆朝东	完整
154	男	13~14	东偏南35°	同墓向	仰直	丙(C)	1.96×0.64/0.66-0.6	南区中	木椁	圹内东端中间略偏南侧的上层填土中	狗头3,狗肱骨3	将狗头上、下颌均拆解开,然后与狗肱骨一起,按东南—西北方向,作同层相邻平面呈三角形布局摆放,吻部一律朝东南	完整
155	少儿	5~6	东偏南23°	同墓向	仰直	丁	1.55×0.52/0.5-0.3	南区中	木椁				完整
156	男	50~55	东偏北6°	同墓向	仰直	乙(A)	3.4×0.84/0.82-1.7	南区中	木椁	圹内东端木椁盖板以上部分的上层填土中	马头4;牛头1,牛肱骨5;羊头6,羊肱骨9;狗头4,狗肱骨4	将4种祭牲的头上、下颌全部拆解开,作同层、分前后两组摆放。第一组,在圹内东端,顺摆马头4,狗下颌1副,吻部皆朝东;第二组,在第一组祭牲西侧,摆牛、羊牲及其余狗牲,羊、狗牲吻部朝向不统一,牛牲吻部朝东	完整
157	少儿	10±	东偏南25°	同墓向	仰直	丙(C)	1.75×0.56/0.58-0.75	南区北	木椁				完整

续表

墓号(YYM)	性别年龄		墓向	头向	葬式	墓葬规格		分区	葬具类型	殉牲			保存状况
	性别	年龄				级别	墓长宽深(米)			位置	种类及数量	形式	
158	男	50～55	西偏南3°	同墓向	仰直	乙(B)	2.4×0.93/1－1.4	南区中	木椁	圹内西端上层填土中	牛头1,牛肱骨1;羊头1,羊肱骨1;狗头5,狗肱骨5	牛头完整保留,狗、羊头的上下颌均被拆解开。按西东方向,分上、下二层摆放,下层为狗、羊牲,上层为牛牲。牲吻朝向,除下层偏东侧2狗头因随填土下沉造成扭向外,其余狗牲、羊牲与牛牲,吻部一律朝西	完整
159	婴儿	1±	东偏南3°	同墓向	仰直	丁	0.98×0.4/0.5－0.4	南区中	无葬具				完整
160	男	35～40	西偏南4°	同墓向	仰直	乙(B)	2.51×0.93/0.9－1.42	南区南	木椁	圹内西端中间上层填土中	牛头1,牛肱骨1;羊头1,羊肱骨1;狗头2,狗肱骨2	将牛、羊、狗头的上、下颌全部拆解开,按西东方向,自西向东作同层依次摆放。狗牲居西,牛牲居北,羊牲居东。三牲吻部,一律朝西	完整
161	男	成年	东偏北1°	同墓向	仰直	乙(A)	2.65×0.9/0.81－1.7	南区南	木椁	圹内东端中间上层填土中	狗头5,狗肱骨5	将狗头上、下颌均拆解开,作同层、由东而西呈纵向依次摆放。吻部一律朝东	完整
162	女	25～30	东偏北27°	同墓向	仰直	丁	2.1×0.74/0.72－0.45	南区南	木椁	圹内东端靠近中间的上层填土中	狗下颌骨1副	下颌骨的吻部朝东北	完整
163	女	40～45	正东(90°)	同墓向	仰直	乙(B)	2.55×0.92/0.97－1.45	南区南	木椁	圹内东端中间上层填土中	狗头3,狗肱骨3	将狗头上、下颌拆解开后,按东西方向,作同层聚堆摆放。居中的大号狗头与西南侧的中号狗头,吻部朝东;居东南侧的小号狗头,吻部朝东北	完整

续表

墓号(YYM)	性别年龄		墓向	头向	葬式	墓葬规格		分区	葬具类型	殉牲			保存状况
	性别	年龄				级别	墓长宽深(米)			位置	种类及数量	形式	
164	男	成年	东偏北5°	同墓向	仰直	丙(B)	2.4×0.7/0.91-0.9	南区南	木椁	圹内东端中间上层填土中	羊头1,羊肱骨1;狗头2,狗肱骨2	将狗、羊头上、下颌拆解开,作同层、由东而西依次摆放,狗在两端,羊居中间。狗、羊牲吻部一律朝东	完整
165	少儿	3~4	东偏北16°	同墓向	仰直	丁	1.56×0.66-0.2	南区中	无葬具				完整
166	少儿	6~7	东偏南15°	同墓向	仰直	丙(C)	1.75×0.76/0.7-0.7	南区中	无葬具	圹内东端中间上层填土中	羊头1,羊肱骨1;狗头1,狗肱骨1	将狗、羊头上、下颌拆解开后,按东西方向,作同层、相邻摆放。狗牲吻部朝东南,羊牲吻部朝东	完整
167	女	20±	东偏北22°	同墓向	仰直	乙(B)	2.63×0.88/1.05/0.95-1.4	南区中	木椁	圹内东端中间上层填土中	牛头1,牛肱骨1;羊头3,羊肱骨3;狗头5,狗肱骨5	将牛、羊、狗头上、下颌均解开,按东西方向,作南北相邻、同层摆放。狗牲居东、居西,牛牲居北,羊牲居中。牛、羊牲吻部皆朝东;狗牲除1套朝北外,其余5套亦皆朝东	完整
168	男	50~55	东偏南30°	同墓向	仰直	丙(B)	2.55×0.84/0.7-0.88	南区中	木椁	圹内东端中间略偏北侧的上层填土中	牛头1,牛肱骨1;狗头7,狗肱骨7	牛头完整保留,将狗头上、下颌拆解开后,按东西方向,与牛牲作南、北相邻、同层摆放。狗牲居东、居南,牛牲居北。所有牲吻,一律朝东	完整
169	女	25~30	东偏南20°	同墓向	仰直	乙(B)	2.7×0.89/0.9-1.3	南区北	木椁				完整
170	男	35~40	东偏南14°	同墓向	仰直	乙(B)	2.69×1.06/1.02-1.36	南区北	木椁	圹内东端中间上层填土中	狗头2,狗肱骨2	将狗头上、下颌拆解开后,按东西方向,作上、下错位摆放,吻部皆朝东	完整

续表

墓号(YYM)	性别年龄		墓向	头向	葬式	墓葬规格		分区	葬具类型	殉牲			保存状况
	性别	年龄				级别	墓长宽深(米)			位置	种类及数量	形式	
171	男	45～50	东偏南7°	同墓向	仰直	丙(A)	2.5×0.88/0.95－1.08	南区中	木椁	圹内东端中间上层填土中	牛头1,牛肱骨1;羊头5,羊肱骨5;狗头12,狗肱骨12	将牛、羊、狗头上、下颌全部拆解开,按东西方向,作南北相邻、同层摆放。狗牲居东、居北,牛牲居南,羊牲居中。三牲吻部一律朝东	完整
172	男	22～24	东偏北15°	同墓向	仰直	丁	2×0.64/0.6－0.4	南区南	无葬具				完整
173	男	50～55	东偏北13°	同墓向	仰直	丙(C)	2.6×0.89/0.77－0.6	南区南	无葬具	圹内东端偏北侧的上层填土中	猪头1;狗头1,狗肱骨1	将猪、狗头的上、下颌均拆解开,按东西方向,猪牲居东,狗牲居西,作同层、纵向摆放。猪、狗牲吻部一律朝东	完整
174	男	40～45	东偏北3°	同墓向	仰直	乙(B)	2.75×1.1/1.75－1.52	南区南	木椁	圹内东端木椁盖板以上的上层填土中	马头2;牛头1,牛肱骨3;羊头8,羊肱骨8;狗头5,狗肱骨5	马、牛头完整保留,狗、羊头上、下颌均被拆解开,分上、下两层略作前、后错位摆放。下层,顺摆马头2,牛肱骨2,羊肱骨2,羊头2,狗肱骨2,狗头2;上层摆放狗肱骨3,狗头3,羊肱骨6,羊头6,牛肱骨1,牛头1,马、牛吻部一律朝东;狗、羊吻部多数朝东,少数朝向有别	完整

续表

墓号(YYM)	性别年龄		墓向	头向	葬式	墓葬规格		分区	葬具类型	殉牲			保存状况
	性别	年龄				级别	墓长宽深(米)			位置	种类及数量	形式	
175	男	40～45	东偏北4°	同墓向	仰直	丙(A)	2.5×1.2/1－1.15	南区南	木椁	圹内东端略偏南侧的上层填土中	牛头1,牛肱骨1;羊头1,羊肱骨1;狗头6,狗肱骨6	将牛、羊、狗头的上、下颌均拆解开,按东西方向,作南北相邻、同层摆放。狗牲居东、居西,牛牲居南,羊牲居中。三牲吻部,一律朝东	完整
176	女	30～35	东偏南31°	同墓向	仰直	丙(B)	2.43×0.7/0.61－0.99	南区中	木椁	圹内东端中、南侧上层填土中	牛头1,牛肱骨1;羊头2,羊肱骨2;狗头1,狗肱骨1	将牛、羊、狗头的上、下颌均拆解开,按东西方向,作南北相邻、同层摆放。狗牲居东,羊牲居西,牛牲居南。除1副羊下颌骨吻部朝南以外,其余殉牲吻部均朝东	完整
177	婴儿	1～1.5	东偏南10°	同墓向	仰直	丁	1.5×0.59/0.56－0.5	南区北	无葬具	圹内东端中间上层填土中	狗头1,狗肱骨1	将狗头上、下颌拆解开,与狗肱骨一起,按东西方向,顺摆。肱骨在下,上颌骨叠置其上,吻部朝东,下颌骨置于北侧,吻部朝东南	完整
178	女	40±	东偏南14°	同墓向	仰直	乙(B)	2.6×1.24/1－1.69	南区北	木椁	圹内东端中间上层填土中	牛头1,牛肱骨1;羊头1,羊肱骨1;狗头5,狗肱骨5	将牛、羊、狗头上、下颌均拆解开,按东西方向,作南北相邻、同层摆放。狗牲居东、东南和西侧,牛牲居北,羊牲居中。牛牲及居东的狗头,吻部皆朝东;其余狗、羊牲的吻部,朝向不一	完整

续表

墓号(YYM)	性别年龄		墓向	头向	葬式	墓葬规格		分区	葬具类型	殉牲			保存状况
	性别	年龄				级别	墓长宽深(米)			位置	种类及数量	形式	
179	男	40～45	东偏南15°	同墓向	仰直	乙(B)	2.65×0.94/0.9－1.5	南区北	木椁	圹内东端中间木椁以上的中部填土中	羊头1,羊肱骨2;狗头3,狗肱骨3	将狗、羊头上、下颌均拆解开后,自东而西作同层依次摆放。狗牲居东、居西,羊牲居中。狗、羊牲吻部朝向,多不统一	完整
180	女	22～24	东偏南10°	同墓向	仰直	丙(A)	2.45×0.96/0.9－1.28	南区北	木椁	圹内东端略偏北侧的上层填土中	狗头2,狗肱骨2	将狗头上、下颌拆解开后,按东西方向,分2组,作同层相邻、聚堆摆放。每组各有狗上、下颌骨和肱骨1套,吻部皆朝东	完整
181	男	50～55	东偏南15°	同墓向	仰直	丙(A)	2.35×0.86/0.8－1.33	南区北	木椁	圹内东端中间稍偏南侧的上层填土中	狗头1,狗肱骨1	将狗头上、下颌拆解开,按东西方向,分开摆放,互不叠压,上、下颌吻部,皆朝东	完整
182	男	50±	东偏南4°	同墓向	仰直	乙(B)	2.6×0.97/1.13/0.99－1.44	南区北	木椁	圹内东端中间上层填土中	狗头4,狗肱骨4	将狗头上、下颌均拆解开,按东西方向,作前后2组同层并列摆放。每组各有2套狗上、下颌骨和2只狗肱骨。吻部一律朝东	完整
183	女	15±	东偏北3°	同墓向	仰直	丙(B)	2.02×0.8－1.25	南区北	木椁	圹内东端中层填土中	狗头5,狗肱骨5	将狗头上、下颌均拆解开,与狗肱骨作分开、同层聚堆摆放。肱骨、下颌骨在下,上颌骨置其上,吻部朝向不统一	完整

续表

墓号(YYM)	性别年龄		墓向	头向	葬式	墓葬规格		分区	葬具类型	殉牲			保存状况
	性别	年龄				级别	墓长宽深(米)			位置	种类及数量	形式	
184	少儿	10~11	东偏北3°	同墓向	仰直	丙(B)	2.02×0.8/0.86-1.07	北Ⅱ南	木椁	圹内东端中间上层填土中	狗头3,狗肱骨3	将狗头上、下颌拆解开,与狗肱骨作同层聚堆摆放。狗肱骨与下颌骨在下,上颌骨叠置其上,吻部朝向多不一致	完整
185	女	45~50	东偏南4°	同墓向	仰直	丙(A)	2.65×0.96/0.98-1.2	北Ⅱ南	木椁	圹内东端中间上层填土中	狗头4,狗肱骨4	将狗头上、下颌均拆解开,作上、下吻部相颠倒,不拘方向,与狗肱骨一块,同层、聚堆摆放	完整
186	男	30~35	东偏北13°	同墓向	仰直	乙(B)	2.9×1.1/1.3-1.65	北Ⅱ南	木椁	圹内东南角上层填土中	牛头1,牛肱骨1;狗头4,狗肱骨4	将牛、狗头上、下颌均拆解开,按东西方向,作南、北相邻、同层摆放。牛牲在南,狗牲居北,牛牲及居东的2套狗牲的吻部,皆朝东;另2套狗牲吻部朝西北	完整
187	女	50~55	东偏北6°	同墓向	仰直	丙(A)	2.52×0.85/0.9-1.08	北Ⅱ南	木椁				完整
188	男	22~24	东偏北22°	同墓向	仰直	乙(B)	2.8×0.94-1.47	北Ⅱ中	木椁	圹内东端略偏南侧的中上层填土中	牛头1,牛肱骨1;羊头2,羊肱骨2;狗头8,狗肱骨8	将牛、羊、狗头的上、下颌均拆解开,按东西方向,作南、北相邻同层摆放。牛牲居北侧,山羊牲居南侧东端,绵羊牲居南侧中间,狗牲居西侧。牲吻朝向,除西侧狗牲吻部朝向不一之外,其余牛、羊、狗牲吻部均一律朝东	完整

续表

墓号(YYM)	性别年龄		墓向	头向	葬式	墓葬规格		分区	葬具类型	殉牲			保存状况
	性别	年龄				级别	墓长宽深(米)			位置	种类及数量	形式	
189	女	15±	东偏北2°	同墓向	仰直	丙(A)	2.36×0.9/0.89－0.98	北Ⅱ南	木椁	圹内东端中间与层填土中	狗头5;狗肱骨2	将狗头上、下颌均拆解开,作分开、同层聚堆摆放。2上颌骨东、西相对,吻部1个朝西,另一个朝东南	完整
190	男	40~45	西偏北3°	同墓向	仰直	乙(B)	2.63×0.95/0.92－1.53	北Ⅱ中	木椁	圹内西端偏北侧木椁以上的中部填土中	牛头1,牛肱骨1;羊头1,羊肱骨1;狗头2,狗肱骨2	将牛、羊、狗头的上、下颌均拆解开,按西东方向,作南北相邻同层摆放。牛牲居北,狗牲居南,羊牲居东。牛牲与狗上颌骨吻部均朝西	完整
191	女	56+	东偏南2°	同墓向	仰直	丙(A)	2.55×0.9/0.88－1.25	北Ⅱ中	木椁	圹内东端略偏南侧的上层填土中	狗头3,狗肱骨3	将狗头上、下颌拆解开后,按东西方向,作东西相邻同层摆放。除1副下颌骨朝西北外,余者皆朝东和东北	完整
192	男	18±	东偏南4°	同墓向	侧身屈肢	丙(B)	2×0.86/0.84－1.03	北Ⅱ南	木椁	圹内东端偏南侧的中层填土中	狗头3,狗肱骨3	将狗头上、下颌拆解开后,分上、下两层聚堆摆放。下层顺摆狗牲1套,吻部朝东,上层在东西两侧各摆狗牲1套,上、下颌吻部或朝西北,或朝西,或朝东北	完整

续表

墓号(YYM)	性别年龄		墓向	头向	葬式	墓葬规格		分区	葬具类型	殉牲			保存状况
	性别	年龄				级别	墓长宽深(米)			位置	种类及数量	形式	
193	婴儿	1±	正东(90°)	同墓向	仰直	丁	1.75×0.76/0.56-0.51	北Ⅱ南	木椁				完整
194	婴儿	1.5~2	东偏南8°	同墓向	仰直	丙(C)	1.15×0.42/0.44-0.6	南区北	无葬具	圹内东端中间上层填土中	狗头1,狗肱骨1	将狗头上、下颌拆解开后,按东西方向顺摆,肱骨在下,上颌叠其上,下颌骨侧置,吻部皆朝东	完整
195	婴儿	2±	东偏南6°	同墓向	仰直	丙(C)	1.6×0.9-0.59	南区北	木椁	圹内东端中间上层填土中	狗头1,狗肱骨1	将狗头上、下颌拆解开后,按东西方向,作同层、分开顺摆,吻部朝东	完整
196	女	45~50	东偏南10°	同墓向	仰直	乙(B)	2.47×1.18/0.8-1.5	北Ⅱ南	木椁	圹内东端中间上层填土中	牛头1,牛肱骨1;狗头3,狗肱骨3	将牛和狗头上、下颌拆解开后,按东西方向,作南、北相邻同层摆放。狗牲居东、居西,牛牲居南。居东的2套狗牲和居南侧的牛牲,吻部朝东;居西的1套狗牲,吻部朝东北	完整
197	女	30~35	东偏南10°	同墓向	仰直	乙(B)	2.55×0.9/0.97-1.6	南区北	木椁	圹内东端中间上层填土中	狗头4,狗肱骨4	将狗头上、下颌拆解开后,作前、后2组同层并列摆放,肱骨在下,头骨叠置其上。前组(东端)2套狗牲,吻部朝向不一;后组(西侧)2套狗牲,吻部朝东	完整

续表

墓号(YYM)	性别年龄		墓向	头向	葬式	墓葬规格		分区	葬具类型	殉牲			保存状况
	性别	年龄				级别	墓长宽深(米)			位置	种类及数量	形式	
198	女	30～35	东偏南12°	同墓向	仰直	乙(B)	2.5×0.8/0.82－1.45	南区北	木椁	圹内东端中间上层填土中	狗头4，狗肱骨4	将狗头上、下颌拆解开后，作前、后2组同层并列摆放，肱骨在下，头骨叠置其上。前组(东端)2套狗牲，吻部皆朝东；后组(偏西侧)2套狗牲，因下陷错位吻部朝向不一	完整
199	男	40±	东偏南21°	同墓向	仰直	丙(A)	2.35×0.85/0.88－1.1	南区北	木椁	圹内东端中间，上层填土中	牛头1，牛肱骨1；羊头1，羊肱骨1，狗头2，狗肱骨2	将牛、羊、狗头上、下颌均拆解开，按东西方向，作南、北相邻同层摆放。狗牲居南侧东端，羊牲居南侧西端，牛牲居北侧。牛、狗牲吻部均朝东；羊牲吻部朝北	完整
200	女	25～30	东偏南10°	同墓向	仰直	丙(A)	2.5×1－1.27	南区北	木椁	圹内东端偏北侧上层填土中	狗头1，狗肱骨1	将狗头上、下颌拆解后，作同层、分开摆放，吻部朝南	完整
201	少儿	8～9	东偏南25°	同墓向	仰直	丁	1.97×0.71/0.67－0.37	南区中	木椁				完整
202	女	25～30	东偏南24°	同墓向	仰直	丙(A)	2.25×0.87/0.9－83	南区中	木椁				完整

续表

墓号(YYM)	性别年龄		墓向	头向	葬式	墓葬规格		分区	葬具类型	殉牲			保存状况
	性别	年龄				级别	墓长宽深(米)			位置	种类及数量	形式	
203	男	50～55	东偏北5°	同墓向	仰直	乙(B)	2.45×0.98/1－1.66	南区北	木椁	圹内东端中间稍偏南侧中部填土中	牛头1,牛肱骨1;羊头1,羊肱骨1;狗头4,狗肱骨4	将牛、羊、狗头上、下颌拆解开后,按东西方向,作南北相邻、同层摆放。牛牲居南,狗牲居东、居西,羊牲居牛、狗牲中间。牲吻朝向,除羊牲朝东南之外,牛、狗牲的吻部均朝东	完整
204	女	30～35	东偏南20°	同墓向	仰直	乙(B)	2.7×0.96/1－1.62	南区北	木椁	圹内东端中间上层填土中	羊头1,羊肱骨1;狗头2,狗肱骨2	将羊和狗头的上、下颌拆解开后,作狗东羊西错层摆放。羊牲吻部朝南和朝北;狗牲吻部朝南或朝东	完整
205	男	30±	东偏南19°	同墓向	仰直	乙(B)	2.72×0.9/1.05－1.3	南区北	木椁	圹内东端中间上层填土中	狗头4,狗肱骨4	将狗头上、下颌均拆解开后,自东而西作同层聚堆摆放,狗肱骨在下,狗头骨叠置其上,吻部朝向不一	完整
206	女	40～45	东偏南23°	同墓向	仰直	丙(A)	2.5×0.95－1.15	南区北	木椁	圹内东端中间上层填土中	狗头1,狗肱骨1	将狗头上、下颌拆解开,狗肱骨在下,上颌骨叠置其上,吻部朝东,下颌骨稍偏北侧,吻部朝东南	完整
207	男	35～40	东偏南8°	同墓向	仰直	乙(B)	2.64×1.03/0.95－1.35	南区北	木椁	圹内东端中间略偏北侧的上层填土中	狗头3,狗肱骨3	将狗头上、下颌拆解开后,3套狗牲作南北相邻、同层并列摆放,肱骨在下,头骨叠置其上。吻部朝向,除1副朝北之外,余者皆朝东	完整

续表

墓号(YYM)	性别年龄		墓向	头向	葬式	墓葬规格		分区	葬具类型	殉牲			保存状况
	性别	年龄				级别	墓长宽深(米)			位置	种类及数量	形式	
208	女	30～35	东偏南20°	同墓向	仰直	丙(A)	2.75×1.07/1.12－1.24	北II南	木椁	圹内东端中间上层填土中	牛头1,牛肱骨1,狗头2,狗肱骨2	将牛、狗头上、下颌拆解开后,按东西方向,牛牲与狗牲作上、下叠压聚堆摆放。牛牲吻部朝东;狗牲吻部1个朝东,另1个朝东北	完整
209	男	45～50	东偏南9°	同墓向	仰直	乙(A)	2.9×1.1/1.18－1.75	南区北	木椁	圹内东端中间中部填土中	牛头1,牛肱骨1;羊头4,羊肱骨4;狗头9,狗肱骨9	牛头完整保留,将狗、羊牲头的上、下颌拆解开后,与牛牲分上、下层摆放。牛牲在上,吻部朝东;狗、羊牲在下,狗牲居东、南、西、北,羊牲居中。居东的7套狗牲与中间的羊牲,吻部均朝东;居南和居西的狗牲,吻部1个朝南,另1个朝西	完整
210	男	40～45	东偏南12°	同墓向	仰直	乙(A)	2.8×0.99/0.98－1.8	南区北	木椁	圹内东端中间中部填土中	牛头2,牛肱骨2;羊头1,羊肱骨1;狗头6,狗肱骨6	2牛头完整保留,将狗、羊牲头的上、下颌拆解开后,与牛牲作南北相邻摆放。牛牲居南,2牛头上、下层相叠压、吻部皆朝东;狗、羊牲居北,其中4套狗牲吻部朝东,另2套狗牲与牲羊,吻部朝向不一	完整
211	女	55+	东偏南2°	同墓向	仰直	乙(B)	2.47×0.87/0.93－1.55	南区北	木椁	圹内东端中间的上层填土中	狗头3,狗肱骨3	将狗头上、下颌均拆解开,3套狗牲作南北“一”字并列,同层顺摆,肱骨在下,头骨叠置其上,吻部皆朝东	完整

续表

墓号(YYM)	性别年龄		墓向	头向	葬式	墓葬规格		分区	葬具类型	殉牲			保存状况
	性别	年龄				级别	墓长宽深(米)			位置	种类及数量	形式	
212	男	成年	东偏南22°	同墓向	仰直	乙(B)	2.85×0.95/1.18－1.3	北Ⅱ南	木椁	圹内东端正中活土二层台以上的填土中	马头1,马肱骨1;羊头2,羊肱骨1;狗头6,狗肱骨6	将马、羊、狗头的上、下颌均拆解开,分上、下两层叠压摆放。下层东端摆狗牲5套,西南侧摆羊牲2套;上层摆马牲1套,狗牲1套。三牲吻部,一律朝东	完整
213	男	22～24	东偏南6°	同墓向	仰直	乙(B)	2.46×0.98/0.95－1.5	南区北	木椁	圹内东端中间和偏南侧的上层填土中	牛头1,牛肱骨1;狗头3,狗肱骨3	将牛、狗头上、下颌拆解开后,按东西方向,作南北相邻同层摆放。牛牲居北,狗牲居南。牛牲吻部朝东,狗牲吻部朝向不一	完整
214	男	50±	东偏南13°	同墓向	仰直	乙(B)	2.85×1/1.1－1.5	南区北	木椁				完整
215	女	20～22	东偏南13°	同墓向	仰直	丙(B)	2.35×0.86/0.84－0.92	南区北	木椁	圹内东端中间稍偏南侧的上层填土中	狗头1,狗肱骨1	将狗头上、下颌拆解开,并列顺摆,肱骨在下,上颌骨叠置其上,下颌居北。上、下颌吻部皆朝东	完整
216	女	35±	东偏南11°	同墓向	仰直	乙(B)	2.7×1/1.05－1.45	南区北	木椁	圹内东端中间上层填土中	狗头6,狗肱骨6	将狗头上、下颌拆解后,按东西方向,纵向同层依次摆放。位居东端和西端的2套狗牲,吻部皆朝东;位居中间的4套狗牲,吻部朝向不统一	完整

续表

墓号(YYM)	性别年龄		墓向	头向	葬式	墓葬规格		分区	葬具类型	殉牲			保存状况
	性别	年龄				级别	墓长宽深(米)			位置	种类及数量	形式	
217	男	35~40	东偏南12°	同墓向	仰直	甲(B)	3.72×1.4/2.9-2	南区北	木椁	圹内东端生土二层台殉牲台上	马头2,马肱骨2;狗头8,狗肱骨8	马头完整保留,狗头均经拆解。马、狗牲作同层集中摆放于圹内东端殉牲台中间部位。2套马牲并列,居南、居中;狗牲居东和东北。马牲吻部皆朝东,狗牲吻部朝向不一	完整
218	女	35±	东偏南18°	同墓向	仰直	丙(A)	2.15×0.77/0.7-1.1	南区北	木椁	圹内东端中间上层填土中	狗头2,狗肱骨2	将狗头上、下颌均拆解开,按东西方向,2套狗牲作纵向、同层依次摆放。肱骨在下,头骨叠置其上,吻部均朝东	完整
219	女	30~35	东偏南7°	同墓向	仰直	丙(A)	2.3×0.99/0.85-1.05	南区北	木椁	圹内东端偏南侧的上层填土中	狗头2,狗肱骨2	将狗头上、下颌拆解开,作同层相邻摆放于木椁东南角上层填土中,肱骨在下,上、下颌骨叠置其上。吻部1个朝西,另1个因残碎,难以确定	完整
220	女	30~35	东偏南11°	同墓向	仰直	乙(B)	2.5×0.91/0.92-1.45	南区北	木椁	圹内东端中间上层填土中	牛头1,牛肱骨1;羊头4,羊肱骨4;狗头4,狗肱骨4	将牛、羊、狗头上、下颌均拆解后,按东西方向,牛牲居南,狗、羊牲居北、居西,作同层相邻摆放。三牲吻部,一律朝东	完整

续表

墓号(YYM)	性别年龄		墓向	头向	葬式	墓葬规格		分区	葬具类型	殉牲			保存状况
	性别	年龄				级别	墓长宽深(米)			位置	种类及数量	形式	
221	女	40~45	东偏南7°	同墓向	仰直	丙(A)	2.17×0.84/0.8-1.15	南区北	木椁	圹内东端中间上层填土中	羊头1,羊肱骨1;狗头4,狗肱骨4	将羊、狗头上、下颌均拆解开,按东西方向,作狗牲居东、居南,羊牲居西,同层摆放。除居南的1套狗牲吻部朝西以外,其余狗牲与羊牲,吻部皆朝东	完整
222	女	50~55	东偏南7°	同墓向	仰直	丙(B)	2.2×0.7/0.74-0.95	南区北	木椁	圹内东端偏南侧上层填土中	羊头1,羊肱骨1;狗头3,狗肱骨3	将羊、狗头上、下颌均拆解开,按东西方向,作狗东羊西同层依次摆放。狗、羊牲的吻部,一律朝东	完整
223	女	35~40	东偏南12°	同墓向	仰直	乙(B)	2.65×0.99/1.08-1.5	南区北	木椁	圹内东南隅上层填土中	羊头1,羊肱骨1;狗头2,狗肱骨2	将狗、羊头上、下颌均拆解开,按东西方向,作南、北相邻同层摆放。狗牲居北,羊牲居西南。二牲吻部均朝东	完整
224	男	45±	东偏北1°	同墓向	仰直	丙(A)	2.25×0.82/0.84-1.23	南区北	木椁	圹内东端中间上层填土中	羊头3,羊肱骨3;狗头3,狗肱骨3	将狗、羊头上、下颌均拆解开,按东西方向,作南北相邻、同层摆放。狗牲居北和东南,羊牲居南。羊牲与居北的2套狗牲,吻部朝东;居东南的1套狗牲,吻部朝北	完整

续表

墓号(YYM)	性别年龄		墓向	头向	葬式	墓葬规格		分区	葬具类型	殉牲			保存状况
	性别	年龄				级别	墓长宽深(米)			位置	种类及数量	形式	
225	女	55+	东偏南12°	同墓向	仰直	乙(B)	2.6×0.94–1.4	北II中	木椁	圹内东端中间稍偏南侧上层填土中	狗头3,狗肱3	将狗头上、下颌拆解开后,分上、下两层摆放。下层摆狗牲1套,吻部朝北;上层摆狗牲2套,吻部朝东北和朝西。上、下层之间,有10厘米厚填土相隔	完整
226	男	35~40	东偏南15°	同墓向	仰直	乙(B)	2.95×1.2/1.06–1.82	北II北	木椁	圹内东端活土二层台中间	牛头1,牛肱骨1;狗头10,狗肱骨10	将牛、狗头上、下颌拆解开,按东西方向,分上、下两层叠置。下层,摆狗肱骨10,狗头6,吻部皆朝东;上层摆牛头1,牛肱骨1,狗头4,其中牛头与1个狗头,吻部朝东,另外3个狗头吻部朝西	完整
227	男	40±	东偏南12°	同墓向	仰直	乙(A)	2.6×1.1/1.14–1.8	北II北	木椁	圹内东端上层填土中	牛头1,牛肱骨1;狗头2,狗肱骨2	将牛、狗头上、下颌均拆解开,按东西方向,作同层摆放。牛下颌骨及狗牲居西。牛、狗牲的吻部一律朝东	完整

续表

墓号(YYM)	性别年龄		墓向	头向	葬式	墓葬规格		分区	葬具类型	殉牲			保存状况
	性别	年龄				级别	墓长宽深(米)			位置	种类及数量	形式	
228	男	16~18	东偏南15°	同墓向	仰直	乙(B)	2.71×1.02/1.06-1.5	北Ⅱ北	木椁	圹内东端中间上层填土中	羊头1,羊肱骨1;狗头2,狗肱骨2	将狗、羊头上、下颌均拆解开,作同层交错摆放。2个狗上颌骨居东,吻部1个朝北,另1个朝东北,西侧摆放羊牲和狗下颌骨及狗肱骨。其中羊上颌骨吻部朝东	完整
229	男	45±	东偏南12°	同墓向	仰直	乙(A)	2.78×0.93/0.98-1.8	北Ⅱ北	木椁	圹内东端中间上层填土中	牛头1,牛肱骨1;羊头1,羊肱骨1;狗头3,狗肱骨2	将牛、羊、狗头的上、下颌均拆解开,按东西方向,作同层交错插放。牛上颌骨居东端正中,牛下颌骨侧置其北,吻部朝东;在牛上、下颌骨北侧的牛肱骨上,插放羊、狗牲,除1套狗牲的吻部朝北以外,其余狗、羊牲吻部,一律朝东	完整

续表

墓号(YYM)	性别年龄		墓向	头向	葬式	墓葬规格		分区	葬具类型	殉牲			保存状况
	性别	年龄				级别	墓长宽深(米)			位置	种类及数量	形式	
230	男	50～55	东偏南1°	同墓向	仰直	甲(A)	3.78×1.2/3.1－2.44	北Ⅱ北	木椁	圹内东侧活土二层台祭牲台上和木椁东端盖板以上的填土中	马头2,马腿骨8;牛头1,牛肱骨2;羊头3,羊肱骨3;狗头4,狗肱骨4	2马头完整保留,牛、羊、狗牲的上、下颌均被拆解开。分上、下两层殉祭。下层祭牲,按东西方向,顺摆马牲2套,吻部皆朝东;在南、北两侧,各顺摆牛肱骨1只。上层祭牲,为羊牲、狗牲与牛头,因随填土发生陷落、错位,故上层祭牲吻部朝向多不一致	完整
231	女	30～35	东偏南16°	同墓向	仰直	乙(B)	2.7×1/1.05－1.62	北Ⅱ北	木椁	圹内东端中间上层填土中	狗头2,狗肱骨2	将狗头上、下颌均拆解开,自东而西,上、下颌及肱骨呈无规律插摆状,吻部朝向不一	完整
232	女	25±	东偏南4°	同墓向	仰直	丙(A)	2.95×1.04/0.9－1.26	北Ⅱ北	木椁	圹内东端中间上层填土中	狗头5,狗肱骨5	将狗头上、下颌均拆解开,自东而西依次摆放。摆在东端的,是1个大号狗头,其西侧为4套较小的狗牲。吻部朝东或东北	完整
233	男	30～35	东偏南12°	同墓向	仰直	乙(B)	2.95×1.2/1.09－1.56	北Ⅱ北	木椁	圹内东端中间上层填土中	牛头1,牛肱骨1;狗头9,狗肱骨5	牛头完整保留,将狗头上、下颌均拆解开,与牛牲作南、北同层摆放。牛牲居南,狗牲居北。牛、狗牲的吻部,一律朝东	完整

续表

墓号(YYM)	性别年龄		墓向	头向	葬式	墓葬规格		分区	葬具类型	殉牲			保存状况
	性别	年龄				级别	墓长宽深(米)			位置	种类及数量	形式	
234	男	40~45	东偏南31°	同墓向	仰直	乙(B)	2.6×0.94/0.81-1.65	北Ⅱ中	木椁	圹内东端中间上层填土中	牛头1,牛肱骨1;狗头5,狗肱骨5	牛头完整保留,将狗头上、下颌均拆解开,按东西方向,作同层南北相邻摆放。牛牲居南,吻部朝东,狗牲居北,吻部朝向不统一	完整
235	婴儿	2~2.5	东偏南10°	同墓向	仰直	丁	1.3×0.48-0.45	北Ⅱ中	木椁				完整
236	男	22~24	东偏南15°	同墓向	仰直	乙(A)	2.67×1/1.1-1.7	北Ⅱ中	木椁	圹内东端中间上层填土中	牛头1,牛肱骨1,羊头1,羊肱骨1;狗头4,狗肱骨4	牛头完整保留,将羊、狗头上、下颌均拆解开,按东西方向,与牛牲作南北相邻、同层摆放。狗、羊牲居南侧,牛牲在北侧,其中狗牲摆在羊牲之东,羊牲位于牛牲之南、狗牲之西。吻部朝向,牛牲朝东,狗、羊牲多不统一	完整
237	女	20~22	东偏南12°	同墓向	仰直	乙(B)	2.78×1/1.08-1.55	北Ⅱ中	木椁	圹内东端中间上层填土中	狗头3,狗肱骨1	将狗头上、下颌拆解开,下颌骨在东,上颌骨在西,作相邻聚堆摆放。下颌吻部朝北,上颌吻部有2个朝北,1个朝西	完整

续表

墓号(YYM)	性别年龄		墓向	头向	葬式	墓葬规格		分区	葬具类型	殉牲			保存状况
	性别	年龄				级别	墓长宽深(米)			位置	种类及数量	形式	
238	少儿	4～5	东偏南16°	同墓向	仰直	丙(C)	1.57×0.6/0.58－0.75	北II中	无葬具	圹内东端偏南侧的上层填土中	狗头1,狗肱骨1	将狗头上、下颌均拆解开后,呈交叉覆扣状,下颌吻部朝北,上颌吻部朝东南,肱骨顺置其北侧	完整
239	少儿	4～5	东偏北7°	同墓向	仰直	丙(C)	1.65×0.62/0.58－0.5	北II中	木椁				完整
240	女	17～18	东偏北2°	同墓向	侧身左腿屈肢	乙(B)	2.8×0.94－1.4	北II北	木椁	圹内东端中间上层填土中	狗头1,狗肱骨1	将狗头上、下颌拆解开后,作分开、同层聚堆摆放。下颌骨吻部朝东,上颌骨吻部朝北	完整
241	女	20～22	东偏南7°	同墓向	仰直	乙(B)	2.85×1－1.6	北II北	木椁	圹内东端北侧中部填土中	牛头1,牛肱骨1;羊头2,羊肱骨2;狗头5,狗肱骨5	将牛、羊、狗头的上、下颌均拆解开,按东西方向,作南、北相邻同层依次摆放。牛牲居北,狗、羊牲居南。三牲吻部,一律朝东	完整
242	少儿	10～11	北偏东34°	同墓向	仰直	丁	1.24×0.55/0.5－0.2	北II北	无葬具				完整
243	男	35±	北偏东6°	同墓向	仰直	丁	2.05×0.5/0.52－0.37	北II北	无葬具				完整
244	男	40～45	北偏西5°	同墓向	仰直	丙(B)	2×0.82/0.72－0.82	北II北	木椁				完整
245	女	50～55	东偏南2°	同墓向	仰直	丙(A)	2.6×0.84/0.83－1	北II北	木椁	圹内东端偏北侧上层填土中	狗头3,狗肱骨2	将狗头上、下颌拆解开后,按东西方向,分上、下两层摆放,吻部一律朝东	完整

续表

墓号(YYM)	性别年龄		墓向	头向	葬式	墓葬规格		分区	葬具类型	殉牲			保存状况
	性别	年龄				级别	墓长宽深(米)			位置	种类及数量	形式	
246	男	25～30	东偏北30°	同墓向	俯直	丁	1.76×0.6/0.56－0.23	北Ⅱ北	无葬具				完整
247	男	22～24	东偏南11°	同墓向	仰直	乙(B)	2.55×0.96/0.81－1.55	北Ⅱ中	木椁	扩内东端中间上层填土中	狗头3,狗肱骨3	将狗头上、下颌拆解开后,作同层聚堆摆放。吻部朝向,1套大号狗牲朝东;另2套朝东南	完整
248	女	22～24	东偏北3°	同墓向	仰直	丙(C)	2.25×0.76/0.82－0.6	北Ⅱ北	无葬具				完整
249	女	40～45	西偏北7°	同墓向	仰直	丙(C)	2×0.68/0.7－0.74	北Ⅱ北	无葬具				完整
250	男	25±	东偏北7°	同墓向	仰直	甲(A)	3.55×1.15/3.3－2.16	北Ⅱ北	木椁	扩内东端活土二层台上和木椁东端盖板以上填土中	马头7,马腿骨10;牛上颌骨2,牛下颌骨8副,牛肱骨9;羊上颌骨4,羊下颌骨3副,羊肱骨4;狗上颌骨4,狗下颌骨5副,狗肱骨5	马头完整保留,牛、羊、狗头的上、下颌均被拆解开。分上、下两层殉祭,下层按东西方向。顺摆马头6个,牛下颌骨1副,马腿8只,马、牛吻部皆朝东;其余马、牛、羊、狗牲,皆摆放于上层,因下面木椁腐朽塌陷,致使上层祭牲发生错位,吻部朝向不一	完整
251	女	22～24	东偏北5°	同墓向	仰直	乙(B)	2.6×0.8－1.7	北Ⅱ北	木椁	扩内东端中间上层填土中	牛头1,牛肱骨1;狗头5,狗肱骨5	将牛、狗头上、下颌均拆解开,作南北相邻同层摆放。牛头居南,吻部朝东;狗牲插放牛牲之间,其中2套狗牲吻部朝北,3套朝东	完整

续表

墓号(YYM)	性别年龄		墓向	头向	葬式	墓葬规格		分区	葬具类型	殉牲			保存状况
	性别	年龄				级别	墓长宽深(米)			位置	种类及数量	形式	
252	男	18±	东偏南16°	同墓向	仰直	丙(A)	2.4×0.87/0.83－1.25	北Ⅱ北	木椁	圹内东端中间上层填土中	山羊头1,羊肱骨1;狗头2,狗肱骨2	将山羊和狗头上、下颌拆解开后,作东、西相邻同层摆放。山羊牲居东,吻部朝东;狗牲居西,1套吻部朝东,另1套朝东北	完整
253	婴儿	1.5～2	东偏北1°	同墓向	仰直	丁	1×0.35－0.2	北Ⅱ中	无葬具				完整
254	女	55+	东偏南10°	同墓向	仰直	乙(B)	2.55×0.9/1－1.32	北Ⅱ中	木椁	圹内东端略偏南侧上层填土中	狗头2,狗肱骨2	将狗头上、下颌拆解开后,作南北并列、同层摆放。其中1副下颌骨吻部朝南,余者均朝东	完整
255	少儿	4±	东偏南25°	同墓向	仰直	丁	0.98×0.38－0.18	北Ⅱ中	无葬具				完整
256	女	22～24	东偏南8°	同墓向	仰直	乙(A)	2.95×1.1/1.2－1.93	北Ⅱ中	木椁	圹内东端上层填土中	牛头1,牛肱骨1;羊头3,羊肱骨3;狗头5,狗肱骨5	将牛、羊、狗头上、下颌拆解开后,作南北相邻、同层摆放。牛牲居南,狗、羊牲居北。牛、羊牲吻部朝东;狗牲吻部,绝大多数朝东	完整
257	男	40～45	东偏南8°	同墓向	仰直	乙(B)	3.05×0.9/1.03－1.45	北Ⅱ中	木椁	圹内东端上层填土中	马头1,马肱骨1;羊头,羊肱骨1;狗头6,狗肱骨6	马、羊、狗头的上、下颌均被拆解开,作同层交错摆放。狗牲居东、西北与西南,羊牲与马牲居中。三牲吻部朝向,多不一致	完整

续表

墓号(YYM)	性别年龄		墓向	头向	葬式	墓葬规格		分区	葬具类型	殉牲			保存状况
	性别	年龄				级别	墓长宽深(米)			位置	种类及数量	形式	
258	女	35~40	东偏南8°	同墓向	仰直	乙(A)	3.1×1.12/1.14-1.7	北Ⅱ中	木椁	圹内东端中间上层填土中	牛头1,牛肱骨1;狗头5,狗肱骨5	牛头完整保留,狗头上、下颌均被拆解开,与牛牲作南北相邻、同层摆放。牛牲居南,吻部朝东;狗牲居东北,吻部朝向不统一	完整
259	少儿	4±	东偏南20°	同墓向	仰直	丙(C)	1.4×0.63/0.6-0.57	北Ⅱ中	木椁	圹内东端中部填土中	狗头1,狗肱骨2	将狗头上、下颌拆解开,2肱骨顺置在下、上颌骨叠置其上,吻部朝东南,下颌1副置于南侧,吻部朝西南	完整
260	男	40~45	正东(90°)	同墓向	仰直	丙(A)	2.47×0.96/1.01-1.12	北Ⅱ中	木椁	圹内东端中间上层填土中	狗头1,狗肱骨1	将狗头上、下颌拆解开,作分开、同层摆放。肱骨斜置中间,上、下颌骨分放北、南两侧,吻部分别朝向东南和西北	完整
261	男	55+	东偏南15°	同墓向	仰直	乙(A)	3.1×1.5/1.32-1.8	北Ⅱ中	木椁	圹内东端中间上层填土中	牛头1,牛肱骨1;羊头5,羊肱骨5;狗头6,狗肱骨6	牛头完整保留,狗、羊头的上、下颌均被拆解开,按东西方向,作南、北相邻、同层摆放。牛牲居南,吻部朝东;狗、羊牲居北,其中狗牲在东端,羊牲在狗牲西侧。羊牲吻部朝东,狗牲除1个上颌骨吻部朝西以外,余者均朝东	完整

续表

墓号(YYM)	性别年龄		墓向	头向	葬式	墓葬规格		分区	葬具类型	殉牲			保存状况
	性别	年龄				级别	墓长宽深(米)			位置	种类及数量	形式	
262	婴儿	1.5~2	东偏南15°	同墓向	不详	丙(C)	1.49×0.56-0.88	北II中	木椁	圹内东端中上层填土中	狗头1,狗肱骨1	狗头完整保留,按东西方向顺摆,肱骨在下,头骨叠置其上,吻部朝东	完整
263	男	40±	东偏南15°	同墓向	仰直	乙(B)	3.17×1.1/1.03-1.62	北II中	木椁	圹内东端中间上层填土中	牛头1,牛肱骨1;狗头3,狗肱骨3	将牛、狗头上、下颌均拆解开,作南北相邻、同层摆放,狗牲居南,靠东端的2套狗牲,吻部朝东,偏西南侧的1套,上颌吻部朝西南,下颌吻部朝东南;牛牲居北,吻部朝东	完整
264	男	25±	正东(90°)	同墓向	仰直	丙(A)	2.43×1.02/0.97-1.26	北II北	木椁	圹内东端中间上层填土中	牛头1,牛肱骨1;狗头5,狗肱骨5	牛头完整保留,将狗头上、下颌拆解开后,与牛牲作南北相邻、同层摆放。狗牲居南,其中4套吻部朝东,1套吻部朝北;牛牲居北,吻部朝东	完整
265	女	55+	东偏北1°	同墓向	仰直	丙(A)	2.55×0.94/0.98-1.25	北II北	木椁	圹内东端偏南侧的上层填土中	狗头2,狗肱骨2	将狗头上、下颌拆解开后,作分开、同层、聚堆摆放。上、下颌骨或覆扣,或侧置,吻部朝向不一	完整
266	女	40±	东偏南10°	同墓向	仰直	乙(A)	3.15×0.96/1-1.85	北II中	木椁	圹内东端中间上层填土中	牛头1,牛肱骨1;狗头3,狗肱骨3	牛头完整保留,将狗头上、下颌拆解开后,与牛牲作南北相邻、同层摆放。牛牲居北,吻部朝东;狗牲居南,吻部朝向不一	完整

续表

墓号 (YYM)	性别年龄		墓向	头向	葬式	墓葬规格		分区	葬具类型	殉牲			保存状况
	性别	年龄				级别	墓长宽深(米)			位置	种类及数量	形式	
267	婴儿	1.5～2	东偏南9°	同墓向	仰直	丙(B)	2.06×0.96/0.9－1.08	北Ⅱ中	木椁	圹内东端中间稍偏北侧的上层填土中	狗头2,狗肱骨2	将狗头上、下颌拆解开,呈覆扣状,作同层、聚堆摆放。吻部朝向,1套朝向东南,另1套朝向东北	完整
268	女	25～30	东偏南2°	同墓向	侧直	丙(A)	2.3×0.68/0.85/0.58－1.1	北Ⅱ中	木椁	圹内东端中间中层填土中	狗头2,狗肱骨2	将狗头上、下颌拆解开后,2上颌骨作南、北相邻、同层反向摆放,1个吻部朝东,1个吻部朝西北;下颌骨与上颌骨分开放置,吻部朝东南或南	完整
269	男	25±	东偏南14°	同墓向	仰直	丙(B)	2.4×0.63/0.7－0.86	北Ⅱ中	木椁				完整
270	男	30±	东偏北3°	同墓向	仰直	乙(B)	2.7×1.2/1.17－1.4	北Ⅱ中	木椁	圹内东端中间上层填土中	羊头1,羊肱骨1;狗头1,狗肱骨1	将羊和狗头上、下颌拆解开后,按东西方向,作南、北相邻、同层摆放。狗牲居南,羊牲居北。狗牲下颌吻部朝北,上颌朝东;羊牲吻部朝东	完整
271	男	45～50	东偏北4°	同墓向	仰直	乙(B)	2.5×0.83－1.48	北Ⅱ中	木椁	圹内东端、北侧中部填土中	羊头2,羊肱骨2;狗头1,狗肱骨1	将羊、狗头上、下颌拆解开后,作南、北相邻同层摆放。狗牲居北。羊牲居南。其吻部皆朝东	完整

续表

墓号(YYM)	性别年龄		墓向	头向	葬式	墓葬规格		分区	葬具类型	殉牲			保存状况
	性别	年龄				级别	墓长宽深(米)			位置	种类及数量	形式	
272	女	20～22	东偏南3°	同墓向	仰直	丙(A)	2.5×0.96/0.9－1.1	北Ⅱ中	木椁	圹内东端中间上层填土中	狗头2，狗肱骨2	将狗头上、下颌拆解开后，按东西方向，作同层、并列聚堆摆放。2上颌骨作南、北并列，吻部朝东；下颌骨与上颌骨分开摆放，1副吻部朝西，另1副吻部朝东	完整
273	女	40±	东偏北7°	同墓向	仰直	丙(A)	2.2×0.74/0.82－1	北Ⅱ中	木椁	圹内东端中间略偏南侧中层填土中	狗头2，狗肱骨2	将狗头上、下颌拆解开后，2套狗牲作南北相邻、同层聚堆摆放。肱骨被压在上颌骨之下，上、下颌吻部朝向不统一	完整
274	少儿	4～5	东偏南1°	同墓向	仰直	丙(B)	2.2×0.62/0.72－0.86	北Ⅱ中	木椁				完整
275	男	40～45	东偏北5°	同墓向	仰直	乙(A)	3×1/1.05－1.8	北Ⅱ北	木椁	圹内东端中间上层填土中	牛头1，牛肱骨1；羊头2，羊肱骨2；狗头2，狗肱骨2	牛头完整保留，狗、羊头的上下颌均被拆解开，与牛牲作南北相邻、同层摆放。狗、羊牲偏北，牛牲偏南。牛牲吻部朝东；狗、羊牲吻部朝向不统一	完整
276	男	25～30	西偏北6°	同墓向	仰直	丁	2.33×0.71－0.3	北Ⅱ北	无葬具				完整
277	男	20±	正东(90°)	同墓向	仰直	丙(A)	残长2.2×0.89/0.74－1.1	北Ⅱ北	无葬具	圹内东端中间略偏南侧上层填土中	山羊头1，羊肱骨1；狗头1	将山羊头与狗头上、下颌均拆解开，按东西方向，作南、北相邻同层并列摆放。狗牲在南侧，山羊牲在狗牲之北侧，吻部皆朝东	墓圹西端被破坏

续表

墓号(YYM)	性别年龄		墓向	头向	葬式	墓葬规格		分区	葬具类型	殉牲			保存状况
	性别	年龄				级别	墓长宽深(米)			位置	种类及数量	形式	
278	男	30～35	东偏南3°	同墓向	仰直	丙(A)	2.45×0.82－1.22	北Ⅱ北	木椁	圹内东端中间上层填土中	牛头1,牛肱骨1;羊头2,羊肱骨2;狗头2,狗肱骨2	牛头完整保留,羊狗头上、下颌均被拆解开,狗牲分居南、北两侧,牛、羊牲位居中间和西侧,作同层、相邻摆放。牲吻朝向,牛羊牲及1套狗牲的吻部,皆朝东;另1套狗牲上、下颌吻部朝向不一	完整
279	女	30±	东偏南5°	同墓向	仰直	乙(B)	2.55×0.85/0.92－1.6	北Ⅱ北	木椁	圹内东端中间上层填土中	牛头1,牛肱骨1;羊头2,羊肱骨1;狗头5,狗肱骨2	牛头完整保留,将狗、羊头上、下颌均拆解开,与牛牲作同层、错位摆放。狗牲居东,羊牲居中,牛牲居西,吻部皆朝东	完整
280	女	56±	东偏南5°	同墓向	仰直	乙(A)	3.04×0.85/1－1.7	北Ⅱ北	木椁	圹内东端中间上层填土中	牛头1,牛肱骨1;羊头3,羊肱骨3;狗头8,狗肱骨8	将牛、羊、狗头上、下颌均拆解开,按东西方向,作同层相邻摆放。牛牲居南,狗牲居东北,羊牲居狗牲西侧及牛牲北侧。牛牲吻部朝东;狗、羊牲吻部,大多数朝东,只有少数吻部朝向不一	完整
281	男	14～15	东偏南15°	同墓向	仰直	丁	2.1×0.68/0.62－0.24	北Ⅱ北	无葬具				完整
282	男	40±	东偏南9°	同墓向	仰直	丙(A)	2.55×0.91－1.23	北Ⅱ北	木椁	圹内东端中间上层填土中	牛头1,牛肱骨1;羊头1,羊肱骨1;狗头4,狗肱骨1	将牛、羊、狗头上、下颌全部拆解开,分上、下两层摆放。牛牲顺置于下层,吻部朝东;狗、羊牲堆插于上层,即牛上颌东端和北侧,吻部朝向不统一	完整

续表

墓号	性别年龄		墓向	头向	葬式	墓葬规格		分区	葬具类型	殉牲			保存状况
(YYM)	性别	年龄				级别	墓长宽深(米)			位置	种类及数量	形式	
283	女	30±	正东(90°)	稍偏东南	俯直	丁	2.2×0.78/0.74－0.3	北Ⅱ北	无葬具				已被破坏和扰乱
284	男	22～24	东偏南10°	不详	不详	丁	1.8×0.64/0.78－0.3	北Ⅱ北	无葬具				已被破坏和扰乱
285	女	成年	东偏南3°	同墓向	二次葬	丁	1.1×0.42/0.36－0.2	北Ⅱ北	无葬具				完整
286	婴儿	1.5～2	东偏南26°	同墓向	仰直	丁	0.9×0.44－0.18	南区中	无葬具				完整
287	女	30～35	东偏南6°	同墓向	不详	丁	0.8×0.34/0.34－0.18	北Ⅰ北	无葬具				完整
288	女	50～55	东偏南3°	同墓向	仰直	丙(C)	2×0.74/0.54－1.28	北Ⅰ北	木椁				完整
289	少儿	3～4	东偏北5°	同墓向	俯直	丁	1.35×0.54/0.6－0.55	北Ⅰ北	无葬具				完整
290	男	25～30	正东(90°)	同墓向	侧直	丙(C)	1.88×0.56/0.6－0.78	北Ⅰ北	无葬具				完整
291	少儿	10～11	东偏北4°	同墓向	俯直	丁	1.75×0.62/0.56－0.25	北Ⅰ北	木椁				完整
292	女	30～35	东偏南5°	同墓向	仰直	丁	2.2×0.74/0.78－0.5	北Ⅰ北	无葬具				完整
293	婴儿	1.5～2	西偏南20°	同墓向	仰直	丁	1.9×0.74/0.78－0.24	北Ⅰ北	无葬具				完整
294	女	25～30	东偏北15°	同墓向	仰直	丙(A)	2.55×0.72/0.84－1.07	北Ⅰ北	木椁	圹内东端中间上层填土中	羊头1，羊肱骨1；狗头2，狗肱骨2	将羊、狗头的上、下颌皆拆解开，作上、下聚堆摆放。狗牲2上颌骨并列在下，吻部朝东；羊牲与其余狗牲在上，吻部朝向不统一	完整

续表

墓号	性别年龄		墓向	头向	葬式	墓葬规格		分区	葬具类型	殉牲			保存状况
(YYM)	性别	年龄				级别	墓长宽深(米)			位置	种类及数量	形式	
295	男	40~45	西偏北5°	同墓向	仰直	乙(A)	2.64×1.02/1.07-1.7	北Ⅰ北	木椁	圹内东、西两端活土二层台之上的中部填土中	羊头1,羊肱骨1;狗头1,狗肱骨1	将狗、羊头上、下颌均拆解开,分置西、东两端,吻部朝向相反。即西端摆放狗牲1套,吻部朝西;东端摆放羊牲1套,吻部朝东	完整
296	女	35±	正东(90°)	同墓向	仰直	丙(B)	2.25×0.9/0.74-0.81	北Ⅰ北	木椁	圹内东南角及南侧东半部上层填土中	羊头1,狗头5	将羊和狗头上、下颌拆解开后,按东西方向,作同层纵向摆放。2个大号狗头摆在圹内东南角,吻部朝东北;其余3个小号狗头与羊牲,呈纵向排列在南侧东半部,狗牲居东,羊牲居西,吻部皆朝东	完整
297	男	22~24	西偏北9°	同墓向	仰直	丙(B)	2.1×0.78/0.8-0.87	北Ⅰ北	木椁	圹内西端偏南侧的中层土中	狗头1,狗肱骨1	狗头完整保留,顺摆于圹内西端,吻部朝西,肱骨横置于狗头骨西侧之下	完整
298	女	45±	西偏北10°	同墓向	仰直	丁	2.08×0.62/0.7-0.32	北Ⅰ北	木椁				完整
299	少儿	6±	东偏南5°	同墓向	俯直	丙(B)	2×0.84/0.74-0.96	北Ⅰ北	木椁				完整
300	男	30~35	东偏南10°	同墓向	仰直	乙(A)	存长3.15×1.12/1.1-1.4	北Ⅰ西	木椁	圹内东端活土二层台以上填土中	残存马肱骨及蹄骨4	马肱骨与蹄骨被拆开单放,皆作东西向顺摆	墓圹上层被破坏

续表

墓号(YYM)	性别年龄		墓向	头向	葬式	墓葬规格		分区	葬具类型	殉牲			保存状况
	性别	年龄				级别	墓长宽深(米)			位置	种类及数量	形式	
301	女	55+	东偏南2°	同墓向	仰直	丙(B)	2.3×0.86/0.99/0.84-0.92	西区	木椁	圹内东端偏南侧的上层填土中	牛头1;狗头3	将牛和狗头上、下颌拆解开后,按东西方向,作同层相邻,牛东狗西,呈纵向"一"字排列,牛、狗牲吻皆朝东	完整
302	女	16~18	东偏南3°	同墓向	仰直	丙(C)	2.05×0.8/0.72-0.77	西区	木椁	圹内东端偏南侧上层填土中	狗头5	狗头完整保留,按东西方向,自东而西,呈纵向作同层相邻、"一"字排列,正置,吻部一律朝东	完整
303	男	50~55	东偏北15°	同墓向	仰直	丁	2.05×0.8/0.84-0.55	西区	木椁	圹内中间自东端至西半部的上层填土中	牛头1,狗头11	将牛、狗头上、下颌均拆解开,按东西方向,作同层相邻、牛东狗西,呈纵向"一"字排列,吻部一律朝东	完整
304	女	35~40	东偏北11°	同墓向	仰直	丙(C)	2.5×1-0.7	西区	木椁	圹内东端偏南侧上层填土中	狗头6(皆小狗头)	狗头完整保留,按东西方向,自东而西,作同层、纵向"一"字排列,吻部一律朝东	完整
305	女	40~45	东偏北11°	同墓向	仰直	丙(C)	2.35×0.92/0.74-0.65	西区	木椁	圹内东端偏南侧的上层填土中	狗头1(残碎)	因破碎严重,吻部朝向不详	完整

续表

墓号(YYM)	性别年龄		墓向	头向	葬式	墓葬规格		分区	葬具类型	殉牲			保存状况
	性别	年龄				级别	墓长宽深(米)			位置	种类及数量	形式	
306	女	40～45	东偏北15°	同墓向	仰直	丁	2.25×0.84/0.88－0.4	西区	木椁	圹内东端偏北侧的上层填土中	狗头1(残碎)	吻部朝东	完整
307	男	35～40	东偏北5°	同墓向	仰直	丁	2.35×0.84/0.82－0.24	西区	无葬具				完整
308	男	20～32	东偏北12°	同墓向	仰直	丁	2.05×0.8/0.72－0.45	西区	木椁				完整
309	男	18～20	东偏南1°	同墓向	仰直	丁	1.95×0.8/0.78－0.35	西区	无葬具				完整
310	婴儿	1.5±	东偏南1°	同墓向	俯身直肢	丁	0.9×0.36/0.33－0.13	西区	无葬具				完整
311	男	50～55	东偏北28°	同墓向	仰直	丙(C)	1.85×0.78－0.62	西区	无葬具				完整
312	男	16+	东偏北7°	同墓向	仰直	丙(C)	2.05×0.9/0.74－0.65	西区	无葬具	圹内南侧上层填土中	狗头3	狗头完整保留,按东西方向,自东向西,作同层纵向"一"字排列。狗头吻部,一律朝东	完整
313	男	56+	东偏北21°	同墓向	仰直	丁	2×0.71/0.72－0.4	西区	无葬具				完整
314	男	30±	东偏北25°	同墓向	仰直	丙(C)	2.5×0.9/0.79－0.7	西区	无葬具	圹内东南角上层填土中	牛头1,狗头2	牛头、狗头均完整保留,按东西方向,牛东狗西,自圹内东南角向西北侧,呈纵向"一"字排列。牛、狗牲吻部,一律朝东	完整
315	男	45±	东偏北4°	同墓向	仰直	丙(B)	2.05×0.8/0.78－0.8	西区	无葬具	圹内东南角上层填土中	狗头3	狗头完整保留,按东西方向,自东而西,作同层、纵向"一"字排列。大号狗头居东,中号狗头居中,小号狗头居西。吻部一律朝东	完整

续表

墓号(YYM)	性别年龄		墓向	头向	葬式	墓葬规格		分区	葬具类型	殉牲			保存状况
	性别	年龄				级别	墓长宽深(米)			位置	种类及数量	形式	
316	女	18～20	东偏南13°	同墓向	仰直	丁	1.87×0.8/0.74－0.3	西区	无葬具	圹内东端上层填土中	狗头1	狗头完整,吻部朝东	完整
317	女	45±	东偏北6°	同墓向	仰直	丁	2.3×0.82/0.85－0.4	西区	无葬具				完整
318	男	20～22	东偏南43°	同墓向	仰直	丙(C)	2.15×0.78/0.74－0.7	西区	木椁	圹内东南角上层填土中	狗头2	狗头完整保留,按东西方向,一前一后,作同层纵向排列,大号狗头居东,小号狗头居西,吻部皆朝东	完整
319	男	22～24	东偏南22°	同墓向	仰直	丙(B)	2.65×0.92/0.8－0.8	西区	无葬具	圹内南侧中上层填土中	狗头14	狗头均完整保留,按东西方向,自东而西,呈纵向"一"字排列。东端为首者,为一大号狗头,层位偏上,其西侧者,皆为小号狗头。吻部一律朝东	完整
320	男	50～55	东偏南30°	同墓向	仰直	丙(B)	2.35×0.8/0.7－0.95	西区	木椁	圹内东南角上层填土中	牛头1;羊头1;狗头1	将牛、羊、狗头,上下颌均拆解开,按东西方向,自东而西,牛居东,狗居中,羊居西,作同层纵向"一"字排列。三牲吻部一律朝东	完整
321	男	45±	东偏南40°	同墓向	仰直	丁	2.2×0.75/0.81－0.4	西区	无葬具	圹内东端中间和南侧西部上层填土中	牛头1;狗下颌骨1副	牛头完整保留,顺摆于圹内东端中间,正置、吻部朝东;狗下颌骨1副,侧置于圹内南侧西部,吻部亦朝东	完整
322	男	25±	东偏南45°	同墓向	仰直	丁	2.25×0.9/0.95－0.4	西区	无葬具				完整

续表

墓号(YYM)	性别年龄		墓向	头向	葬式	墓葬规格		分区	葬具类型	殉牲			保存状况
	性别	年龄				级别	墓长宽深(米)			位置	种类及数量	形式	
323	男	22~24	东偏南20°	同墓向	仰直	丙(C)	2.65×0.89/0.8-0.55	西区	无葬具				完整
324	女	50~55	东偏南11°	同墓向	仰直	丁	2.4×0.88/0.87-0.5	西区	像征性石椁				完整
325	男	45±	北偏东22°	同墓向	仰直	丁	2.4×0.78/0.7-0.4	西区	无葬具	圹内南侧中部上层填土中	狗头1,狗下颌骨1副	狗头未经拆解,顺置,吻部朝东北;狗下颌骨1副,置于其同层,西侧,吻部亦朝东北	完整
326	男	30~35	东偏南13°	同墓向	仰直	丙(C)	2.5×1.1/0.84-0.7	西区	木椁				完整
327	女	40~45	东偏北1°	同墓向	仰直	丁	2.1×1.04/0.9-0.4	西区	无葬具				完整
328	男	35~40	东偏北23°	同墓向	仰直	丙(A)	2.1×0.72-1.25	南区南	木椁	圹内东端中间上层填土	狗头1,狗肱骨1	将狗头上、下颌拆解开后,按东西方向,聚堆摆放。上颌骨倒置于南侧,下颌骨在北侧,吻部皆朝东,肱骨斜搭在上、下颌骨之上,吻部朝西	完整
329	男	20~22	东偏南6°	同墓向	仰直	丁	2.05×0.83/0.82-0.2	西区	无葬具	圹内南侧中间略偏西侧填土中	狗下颌骨1块	平置,吻部朝西,已残	完整
330	男	35±	北偏东16°	同墓向	侧身直肢	丁	2.1×0.94/0.92-0.22	西区	无葬具				完整
331	女	45~50	东偏南14°	同墓向	仰直	丁	2.1×0.87/0.86-0.55	西区	无葬具	圹内南侧西部上层填土中	狗头2	狗头完整保留,按东西方向,一东一西,作同层、相邻、纵向错位排列,吻部皆朝东南	完整

续表

墓号(YYM)	性别年龄		墓向	头向	葬式	墓葬规格		分区	葬具类型	殉牲			保存状况
	性别	年龄				级别	墓长宽深(米)			位置	种类及数量	形式	
332	男	50~55	东偏南35°	同墓向	仰直	丙(C)	2.2×0.72/0.78-0.75	西区	无葬具	圹内中间略偏南侧的上层填土中	牛头1,狗头3	牛头完整保留,狗头上、下颌均拆解开,按东西方向,自东而西,先牛后狗,作同层相邻呈纵向"一"字排列。牛、狗牲吻部,一律朝东	完整
333	男	45±	东偏南25°	同墓向	仰直	丙(B)	2.35×1.02/0.95-0.9	西区	像征性石椁	圹内东南角及南侧一线上层填土中	牛头1,狗头11	牛、狗头均完整保留,按东西方向,自东而西,先牛后狗,呈纵向"一"字排列。牛、狗牲吻部,一律朝东	完整
334	男	20~22	东偏北9°	同墓向	仰直	乙(A)	2.7×1-1.8	南区南	木椁	圹内东端中间中上层填土中	牛头1,牛肱骨1;羊头3,羊肱骨1;狗头4,狗肱骨1	将牛、羊、狗头上、下颌均拆解开,作南、北相邻摆放。狗牲居东、居南;牛牲居北;羊牲叠置于南侧狗牲之上。三牲吻部,皆朝东	完整
335	婴儿	1.5~2	正东(90°)	同墓向	侧身屈肢	丁	1.5×0.48/0.5-0.35	南区南	木椁	圹内东端中间上层填土中	狗头1,狗肱骨1	将狗头上、下颌拆解开后,按东西方向,作同层、分开、顺摆,互不叠压,吻部皆朝东	完整
336	男	56+	东偏北2°	同墓向	仰直	丙(A)	2.5×0.9/0.85-1.1	南区南	木椁	圹内东端中间中部填土中	狗头2,狗肱骨1	将狗头上、下颌拆解开后,按东西方向,作同层并列聚堆摆放。上颌骨吻部朝东,下颌骨1副朝东,另1副朝北	完整

续表

墓号(YYM)	性别年龄		墓向	头向	葬式	墓葬规格		分区	葬具类型	殉牲			保存状况
	性别	年龄				级别	墓长宽深(米)			位置	种类及数量	形式	
337	少儿	3～4	正东(90°)	同墓向	仰直	丙(C)	1.66×0.8/0.7－0.65	南区南	木椁	圹内东端中间中上层填土中	狗头1,狗肱骨1	将狗头上、下颌拆解开后,按东西方向,作同层、分开,顺摆。上、下颌吻部皆朝东	完整
338	女	35～40	东偏北1°	同墓向	仰直	乙(A)	2.75×0.9/0.88－1.84	南区南	木椁	圹内东端中间中部填土中	羊头2,羊肱骨2;狗头7,狗肱骨7	将狗、羊头的上、下颌均拆解开,作东、西同层交错摆放。狗牲居东和西北,羊牲居西南。居东的2个大号狗头与羊牲的吻部,皆朝东;居西北的狗牲,有4套吻部朝东,只有1套吻部朝向不一	完整
339	女	45~50	东偏北1°	同墓向	仰直	乙(A)	2.65×1.15/1.2－1.9	南区南	木椁	圹内东端中间中部填土中	狗头3,狗肱骨1	将狗头上、下颌均拆解开,自东而西呈纵向、同层摆放,吻部皆朝东	完整
340	女	18±骨盆内有遗婴儿骨架1具	东偏北13°	同墓向	仰直	丙(A)	2.35×0.86/0.76－1	南区南	木椁	圹内东端中间上层填土中	狗头2	狗头未经拆解,按东西方向,将2狗头自东而西作同层依次摆放,吻部皆朝东	完整
341	女	35～40	东偏北17°	同墓向	仰直	丙(A)	2.8×1.14/1.08－1.5	南区南	木椁	圹内东端中间上层填土中	狗头2,狗肱骨1	将狗头上、下颌拆解开后,按东西方向,分开、同层聚堆摆放,吻部朝东北或朝东	完整

续表

墓号(YYM)	性别年龄		墓向	头向	葬式	墓葬规格		分区	葬具类型	殉牲			保存状况
	性别	年龄				级别	墓长宽深(米)			位置	种类及数量	形式	
342	男	45~50	东偏北14°	同墓向	仰直	丙(A)	2.2×0.78-1.4	南区南	木椁	圹内东端偏南侧的上层填土中	狗头2,狗肱骨1	将狗头上、下颌拆解开后,作东西相间同层摆放。吻部朝向,1副下颌骨朝北,其余上、下颌皆朝东	完整
343	男	50±	东偏北5°	同墓向	仰直	丙(A)	2.2×0.74-1.15	南区南	无葬具	圹内东端中间上层填土中	狗头3,狗肱骨2	将狗头上、下颌均拆解开,按东西方向,依次摆放,吻部皆朝东	完整
344	男	45±	东偏北10°	同墓向	仰直	乙(A)	2.9×1.1/1.2-1.82	南区南	木椁	圹内东端至中部上层填土中	牛头1,牛肱骨1;羊头3,羊肱骨3;狗头7,狗肱骨4	将牛、羊、狗头的上下颌均拆解开,牛牲居北,狗牲居东、居西,羊牲居狗牲中间。三牲吻部,一律朝东	完整
345	男	25~30	东偏北25°	同墓向	仰直	丙(A)	2.35×0.85/0.79-1.1	南区南	木椁	圹内东端中间上层填土中	狗头3,狗肱骨3	将狗头上、下颌拆解开后,顺墓圹方向,分东—西两组,作同层相邻摆放。吻部皆朝东南	完整
346	女	18~19	东偏北20°	同墓向	仰直	乙(B)	2.4×0.83/0.8-1.4	南区南	木椁	圹内东端中间上层填土中	狗头2,狗肱骨1	将狗头上、下颌拆解开,按南北方向并列摆放,2上颌骨分摆东西两侧,下颌骨居中,吻部均朝北	完整
347	女	56+	东偏北10°	同墓向	仰直	乙(B)	2.45×0.85/0.8-1.5	南区南	木椁				完整
348	男	45~50	东偏南5°	同墓向	仰直	乙(B)	2.4×0.8-1.5	南区南	木椁	圹内东端中间上层填土中	狗头3,狗肱骨2	将狗头上、下颌拆解开后,按东西方向分开,同层聚堆摆放,吻部皆朝东	完整

续表

墓号(YYM)	性别年龄		墓向	头向	葬式	墓葬规格		分区	葬具类型	殉牲			保存状况
	性别	年龄				级别	墓长宽深(米)			位置	种类及数量	形式	
349	男	40~45	东偏北10°	同墓向	仰直	乙(B)	2.58×0.96/1-1.7	南区南	木椁	圹内东端中间上层填土中	牛头1,牛肱骨1;羊头3,羊肱骨3;狗头6,狗肱骨6	将牛、羊、狗头上、下颌均拆解开,按东西方向,作南北相邻、同层摆放,狗牲居外围,即居东、西北与西南,牛、羊牲居狗牲中间,牛牲居北,羊牲居南。牲吻朝向,除西北、西南狗牲,因塌陷造成错位,吻部朝向不一外,其余牲吻皆朝东	完整
350	男	45±	东偏北15°	同墓向	仰直	乙(B)	2.5×0.84/0.9-1.3	南区南	木椁				完整
351	男	45~50	东偏北13°	同墓向	仰直	丁	2.03×0.65/0.64-0.55	南区南	木椁				完整
352	女	22~24	东偏北7°	同墓向	侧直	丙(C)	2.45×0.82/0.7-0.35	南区南	木椁				完整
353	女	20±	东偏北32°	同墓向	仰直	丁	2.04×0.66/7-0.2	南区南	无葬具				完整
354	女	30~35	东偏北14°	同墓向	仰直	丁	2.04×0.61/0.64-0.21	南区南	无葬具				完整
355	女	25±	东偏北5°	同墓向	仰直	丁	2×0.5/0.48-0.28	南区南	无葬具				完整
356	男	40~45	东偏北30°	同墓向	仰直	丁	2.04×0.45/0.48-0.2	南区南	无葬具				完整
357	女	35±	东偏北20°	同墓向	仰直	丁	2.3×0.76/0.75×0.53	南区南	木椁				完整
358	男	50~55	东偏北25°	同墓向	仰直	丁	2.3×0.67/0.64-0.32	南区南	木椁				完整

续表

墓号(YYM)	性别年龄		墓向	头向	葬式	墓葬规格		分区	葬具类型	殉牲			保存状况
	性别	年龄				级别	墓长宽深(米)			位置	种类及数量	形式	
359	少儿	7～8	西偏南28°	同墓向	仰直	丁	1.7×0.5/0.51－0.15	南区南	无葬具				完整
360	女	30～35	东偏北25°	同墓向	仰直	丁	1.92×0.55/0.43－0.2	南区南	无葬具				完整
361	男	40～45	东偏北20°	同墓向	仰直	丁	1.9×0.67/0.63－0.6/0.5	南区南	无葬具	圹内东端中间上层填土中	狗肱骨1	作东南—西北顺置	完整
362	男	成年	西偏南24°	同墓向	仰直	丁	2.5×0.52/0.6－0.23/0.12	南区南	无葬具				死者上半身已无存
363	少儿	7～8	东偏北30°	同墓向	仰直	丁	1.65×0.55/0.5－0.4	南区南	无葬具				完整
364	女	16～18	东偏北20°	同墓向	仰直	丙(B)	2.15×0.65/0.66－0.88	南区南	木椁	圹内东端中间上层填土中	狗头1,狗下颌骨1副,狗肱骨2	将狗头上、下颌拆解开后,作同层、聚堆摆放,吻部朝东南或东北	完整
365	男	35±	北偏西13°	同墓向	仰直	丁	1.75×0.68/0.69－0.35	南区南	无葬具	圹内北端中间上层填土中	羊肩胛骨1,羊肱骨1	二者错位摆放,不相叠压	完整
366	女	25±	东偏北13°	同墓向	仰直	乙(B)	2.7×0.85/0.82－1.38	南区南	木椁	圹内东端偏北侧的上层填土中	羊头2;狗头1,狗肱骨1	将羊和狗头上、下颌拆解开后,按东西方向,作狗东羊西同层相邻摆放。羊、狗牲的吻部皆朝东	完整
367	女	25±	东偏北19°	同墓向	仰直	丁	2.1×0.5/0.4－0.2	南区南	无葬具				完整

续表

墓号(YYM)	性别年龄		墓向	头向	葬式	墓葬规格		分区	葬具类型	殉牲			保存状况
	性别	年龄				级别	墓长宽深(米)			位置	种类及数量	形式	
368	女	35~40	东偏南1°	同墓向	仰直	丙(C)	2.35×0.8/0.72-1.1	南区南	木椁	圹内东端中间略偏北侧的上层填土中	狗头5	将狗头上、下颌均折解开,按东西方向,作同层聚堆摆放,吻部皆朝东	完整
369	女	25±	东偏北1°	同墓向	仰直	乙(B)	2.9×0.92/0.89-1.6	南区南	木椁	圹内东端中间上层填土中	狗头5,狗肱骨5	将狗头上、下颌均折解开,基本上按东西方向和东北—西南方向,作同层聚堆摆放。其中2套狗牲吻部朝东;另3套吻部朝向不统一	完整
370	男	35~40	东偏北5°	同墓向	仰直	丙(B)	2.37×0.72/0.67-1.08	南区南	木椁	圹内东端中间上层填土中	羊头3,羊肱骨3;狗头1,狗肱骨1	将羊和狗头上、下颌均拆解开,按东西方向,作狗东羊西、同层相邻摆放,羊狗牲吻部,一律朝东	完整
371	女	50±	东偏北12°	同墓向	仰直	丙(C)	2.22×0.6-1	南区南	木椁	圹内东部中间上层填土中	狗头2,狗肱骨1	将狗头上、下颌拆解开后,按东西方向,自东而西依次摆放,吻部均朝东	完整
372	女	50±	东偏北18°	同墓向	仰直	丙(A)	2.35×0.84/0.73-1.2	南区南	木椁	圹内东端中间上层填土中	羊下颌骨1副;狗下颌骨3副,狗肱骨2	将狗牲摆在东、西两端,羊牲置于狗牲中间。即于东端,摆狗下颌骨1块及狗肱骨1只,西端摆狗肱骨1只及狗下颌骨2副,中间置羊下颌骨1副	完整

续表

墓号(YYM)	性别年龄		墓向	头向	葬式	墓葬规格		分区	葬具类型	殉牲			保存状况
	性别	年龄				级别	墓长宽深(米)			位置	种类及数量	形式	
373	男	40～45	东偏北15°	同墓向	仰直	乙(B)	2.7×0.86/0.81－1.54	南区南	木椁	圹内东端中间上层填土中	羊头2，羊肱骨2；狗头3，狗肱骨3	将羊和狗头上、下颌均拆解开，按东西方向，自东而西纵列，作同层相邻摆放。狗牲居东、西两端，羊牲居中间。羊、狗牲吻部一律朝东	完整
374	女	40±	东偏北5°	同墓向	仰直	乙(B)	2.5×0.98/0.94－1.5	南区南	木椁	圹内东端中间上层填土中	狗上颌2，狗下颌3副，狗肱骨2	将狗头上、下颌拆解开后，按东西方向，分开、同层聚堆摆放。除1副下颌骨吻部朝西南外，余者吻部均朝东	完整
375	女	40～45	西偏南12°	同墓向	仰直	丙(C)	2.3×0.6/0.65－1.17	南区南	木椁	圹内西端南侧上层填土中	狗下颌骨1副，狗肱骨1	狗肱骨顺置在下，狗下颌骨叠置其上，吻部朝东北	完整
376	男	45±	东偏北11°	同墓向	仰直	丙(A)	2.2×0.78/0.72－0.98	南区南	木椁	圹内东端中间上层填土中	狗上颌骨6，狗下颌骨4副，狗肱骨4	将狗头上、下颌拆解开后，基本上按东西方向，自东而西，作同层依次摆放。除东端的1个上颌骨吻部朝东南以外，余者均朝东和东北	完整
377	女	45±	东偏北5°	同墓向	仰直	丙(A)	2.7×0.78/0.7－1.4	南区南	木椁				完整
378	女	35～40	东偏北11°	同墓向	仰直	丙(A)	2.25×0.79/0.89－1.7	南区南	木椁	圹内东端中间略偏南侧的上层填土中	狗头2，狗肱骨1	将狗头上、下颌拆解开后，按东西方向，依次摆放，吻部均朝东	完整

续表

墓号(YYM)	性别年龄		墓向	头向	葬式	墓葬规格		分区	葬具类型	殉牲			保存状况
	性别	年龄				级别	墓长宽深(米)			位置	种类及数量	形式	
379	男	17～18	东偏北10°	同墓向	仰直	丙(A)	2.25×0.73/0.74－1.1	南区南	木椁	圹内东端中间稍偏南侧的上层填土中	狗下颌骨1块	吻部朝向东北	完整
380	男	22～24	东偏北11°	同墓向	仰直	丁	2.25×0.76/0.71－0.35	南区南	木椁				完整
381	男	40～45	东偏北6°	同墓向	仰直	丁	2.22×0.67/0.7－0.4	南区南	无葬具				完整
382	女	40±	东偏北21°	同墓向	仰直	丙(B)	2.3×0.8/0.77－0.95	南区南	木椁	圹内东端中间上层填土中	狗头1	将狗头上、下颌拆解开，顺摆，吻部朝东	完整
383	腐朽严重不详	不详	东偏南5°	同墓向	仰直	丁	存长2×0.49/0.5－0.1	北Ⅰ西	无葬具			不详	墓圹西端被破坏
384	男	45±	东偏南4°	同墓向	仰直	乙(B)	存长2.65×1/0.9－1.6	北Ⅰ西	木椁	圹内东端中间偏南侧的上层填土中	牛头1，牛肱骨1；羊头2，羊肱骨2；狗头3，狗肱骨3	将牛、羊、狗头上、下颌拆解开后，作南、北相邻、同层依次摆放。牛牲居北，狗、羊牲居南。牛牲吻部朝东，狗、羊牲吻部朝向不一	墓圹西端被破坏
385	男	40～45	东偏南11°	同墓向	侧身屈肢	丙(C)	存长2.7×0.84/0.8－0.6	北Ⅰ西	木椁		不详		墓圹上部被破坏
386	男	35～40	东偏北8°	同墓向	仰直	丙(C)	存长2.7×0.86－0.6/0.5	北Ⅰ西	木椁		不详		墓圹上部被破坏
387	女	40±	东偏南5°	同墓向	仰直	丁	2.2×0.73/0.8－0.4	北Ⅱ北	木椁				完整
388	女	30～35	东偏北26°	同墓向	仰直	丁	2.05×0.52/0.56－0.34	南区南	无葬具				完整

续表

墓号(YYM)	性别年龄		墓向	头向	葬式	墓葬规格		分区	葬具类型	殉牲			保存状况
	性别	年龄				级别	墓长宽深(米)			位置	种类及数量	形式	
389	男	45±	东偏北22°	同墓向	上仰下屈	丙(C)	2.17×0.7/0.75－0.64	南区南	木椁				完整
390	男	25～30	东偏北13°	同墓向	仰直	丙(C)	2.15×0.6/0.71－0.68	南区南	木椁				完整
391	女	25±	东偏北25°	同墓向	仰直	丙(C)	2.4×0.67/0.7－0.7	南区南	木椁				完整
392	女	56+	东偏北7°	同墓向	仰直	丁	2.3×0.66/0.65－0.47	南区南	木椁	圹内东端中间略偏北侧的上层填土中	狗头2,狗肱骨2	将狗头上、下颌拆解开后,作分开、同层相邻摆放。较大号狗头居东,吻部朝东;较小号狗头居西,吻部朝东北	完整
393	男	25±	东偏北17°	同墓向	仰直	丙(C)	2.4×0.61/0.63－0.9	南区南	象征性石椁	圹内东端中间上层填土中	狗头1,狗肱骨1	将狗头上、下颌拆解开后,与肱骨一起,顺摆,不相叠压,上、下颌吻部均朝东	完整
394	女	30±	东偏北12°	同墓向	仰直	乙(B)	2.58×0.8/0.84－1.66	南区南	木椁	圹内东端中间上层填土中	牛头1,牛肱骨1;狗头4,狗肱骨4	将牛和狗头的上、下颌拆解开后,按东西方向,作南北相邻、同层摆放。牛牲居北,狗牲居东、居南。牛牲吻部朝东;狗牲除1块下颌吻部朝西北外,余者吻部皆朝东	完整
395	男	40～45	西偏南20°	同墓向	仰直	丙(A)	2.35×0.75/0.8－1.37	南区南	木椁	圹内西端中间略偏北侧的中部填土中	狗头2,狗肱骨2	将狗头上、下颌拆解开后,按西东方向,作同层摆放。大号狗头居西,其上颌骨吻部朝西,下颌骨吻部朝东南;小号狗头居东,上、下颌骨吻部皆朝西	完整

续表

墓号(YYM)	性别年龄		墓向	头向	葬式	墓葬规格		分区	葬具类型	殉牲			保存状况
	性别	年龄				级别	墓长宽深(米)			位置	种类及数量	形式	
396	女	30±	东偏北24°	同墓向	仰直	丙(C)	存长1.7×0.68－0.8	南区南	木椁				墓圹西端被破坏
397	女	22～24	西偏南25°	同墓向	仰直	丙(C)	2.4×0.8/0.72－0.6	南区南	木椁				左腹部有初生婴儿遗骨一具
398	女	56＋	东偏北16°	同墓向	仰直	丙(C)	2.4×0.82/0.85－0.75	南区南	木椁				完整
399	男	35±	东偏北17°	同墓向	仰直	丙(B)	2.55×0.82/0.8－0.88	南区南	木椁	圹内东端中间略偏北侧的上层填土中	狗头2,狗肱骨2	将狗头上、下颌拆解开后,作分开、同层相邻摆放。大号狗头居东,小号狗头居西,吻部朝向不一	完整
400	男	25±	东偏北21°	同墓向	仰直	丙(A)	2.35×0.7/0.78－1.28	南区南	木椁	圹内东端中间及偏北侧的上层填土中	狗头2,狗肱骨1	将狗头上、下颌拆解开后,作分开、同层相邻摆放,大号狗头居东上、下颌吻部朝东;小号狗头居北,吻部朝东北	完整

二　玉皇庙墓地出土器物编号登计总表

墓号(YYM)	分区	规格级别	性别	随葬器物		数量	年代
				名称	编号		
1	北Ⅰ中	不详	不详	夹砂红陶罐(残碎)	1	1	春秋早期
2	北Ⅰ中	甲(B)	女	铜鼎	1	1	春秋早期
				铜敦	2	1	
				铜钵	3	1	
				铜匕	4	1	
				铜罍	5	1	
				铜斗	6	1	
				铜盘	7	1	
				铜匜	8	1	
				铜铷	9	1	
				铜兽耳三足杯	10	1	
				铜兽耳三足杯	11	1	
				金丝耳环	12	2	
				绿松石坠珠	13	8	
				玛瑙珠、绿松石珠和金串珠项链	14	1串(玛瑙珠153、绿松石珠60、金串珠2)	
				包金铜贝	15	10	
				联珠棍形铜坠饰	16	24	
				“人”字形铜坠饰	17	113	
				铜柄铁刀	18	1	
				长方形铜锥(针)管具	19	1	
				铜盒形器	20	1	
				三通式铜节约	21	2	
				铜衔	22	2副	
				铜镳	23	6件	
				马具铜泡	24	20	
				双联小铜扣	25	511	
				夹砂褐陶细绳纹单耳杯	26	1	
				皮条残件	27	2	
				小铜环	28	1	
				小件竹制品	29	3	
				竹签	30	35	
				赤铁矿砺石	31	1	
3	北Ⅰ中	乙(B)	女	夹砂红陶罐	1	1	春秋早期
				覆面铜扣	2	3	
				青铜削刀	3	1	
				铜丝耳环	4	2	
				绿松石坠珠	5	9	
				石珠项链	6	1串(小黑石珠397、小白石珠4)	
				双联小铜扣项链	7	1串(200)	
				匕形铜坠饰	8	1	
				铜环	9	1	
				骨珠	10	1	
				服饰铜扣	11	1	

续表

墓号(YYM)	分区	规格级别	性别	随葬器物		数量	年代
				名称	编号		
4	北Ⅰ中	丙(A)	女	夹砂褐陶罐	1	1	春秋早期
				覆面铜扣	2	1	
				小黑石珠项链	3	1串(271)	
				小铜扣项链	4	1串(88)	
				铜针	5	1	
				白石管	6	4	
				铜丝耳环	7	2	
5	北Ⅰ中	丙(C)	男	夹砂褐陶罐(残碎)	1	1	春秋早期
				铜带扣	2	1	
				青铜削刀	3	1	
				骨柄铜锥	4	1	
				铜盒形器	5	1	
				赤铁矿砺石	6	1	
				铜丝耳环	7	2	
				覆面铜扣	8	1	
				素面服饰铜泡	9	1	
				粟粒纹服饰铜扣	10	1	
				小铜珠项链	11	1串(11)	
				小铜珠串饰	12	1串(17)	
				双联小铜扣	13	25	
				铜镞	14	1	
				骨镞	15	3	
				驼色玛瑙珠	16	1	
				绿松石坠珠(右耳环下)	17	1	
6	北Ⅰ南	丙(A)	女	夹砂褐陶罐	1	1	春秋中期
				铜丝耳环	2	2	
				覆面铜扣	3	13	
				小黑石珠项链	4	1串(130)	
				小白石珠项链	5	1串(84)	
				石珠串饰(腰部)	6	1串(黑石珠525、白石珠20、玛瑙珠2、蚌珠2)	
				长方形铜锥(针)管具	7	1	
7	北Ⅰ南	丙(C)	男	夹砂褐陶罐	1	1	春秋中期
				青铜短剑	2	1	
				青铜削刀	3	1	
				铜带钩	4	1	
				骨柄铜锥	5	1	
				铜锛	6	1	
				铜凿	7	1	
				覆面铜扣	8	4	
				铜丝耳环	9	2	
				石珠项链	10	1串(白石管1、绿松石珠1、小白石珠97)	

续表

墓号(YYM)	分区	规格级别	性别	随葬器物		数量	年代
				名称	编号		
7	北Ⅰ南	丙(C)	男	小黑石珠项链	11	1串(134)	春秋中期
				蜷身动物纹服饰铜扣	12	2	
				辐射纹服饰铜泡	13	2	
				服饰小铜扣	14	91	
				马形铜带饰	15	37	
8	北Ⅰ南	丙(B)	女	夹砂褐陶罐	1	1	春秋中期
				铜丝耳环	2	2	
				白石管项链	3	1串(20)	
9	北Ⅰ中	丙(C)	女	泥质红陶罐	1	1	春秋早期
				铜丝耳环	2	2	
				覆面铜扣	3	3	
				小白石珠、小黑石珠、白石管、玛瑙珠项链	4	1串(白石珠521、黑石珠1、白石管1、玛瑙珠1)	
				服饰铜扣	5	1	
				铜针(残)	6	1	
10	北Ⅰ中	乙(B)	女	夹砂红陶罐	1	1	春秋早期
				铜丝耳环	2	2	
				青铜削刀	3	1	
				覆面铜扣	4	1	
				小黑石珠项链	5	1串(124)	
				绿松石珠和小白石珠项链	6	1串(绿松石珠1、小白石珠103)	
				双联小铜扣项链	7	1串(155)	
				匕形铜坠饰	8	1	
				长方形铜锥(针)管具	9	1	
				铜锥(装于管具内)	10	1	
				小白石珠串饰	11	1串(108)	
11	北Ⅰ中	乙(A)	男	夹砂红陶罐	1	1	春秋早期
				青铜短剑	2	1	
				青铜削刀	3	1	
				铜锥	4	1	
				长方形铜锥(针)管具	5	1	
				铜凿	6	1	
				覆面铜扣	7	3	
				铜丝耳环	8	2	
				绿松石坠珠	9	1	
				虎形铜牌饰	10	2	
				石珠项链	11	1串(小白石珠122、小黑石珠119、绿松石管1)	
				长方形卷云纹铜带卡	12	30	
				反S形铜带卡	13	30	
				服饰小铜扣	14	66	
				服饰铜扣	15	3	
				辐射纹服饰铜泡	16	4	

续表

墓号(YYM)	分区	规格级别	性别	随葬器物 名称	编号	数量	年代
11	北Ⅰ中	乙(A)	男	白石管(压于管具下)	17	1	春秋早期
				骨针(盛装于管具内)	18	1	
12	北Ⅰ南	丁	女	夹砂红陶罐	1	1	春秋中期
				铜丝耳环	2	2	
				覆面铜扣	3	1	
				小白石珠、小黑石珠项链	4	1串(小白石珠29、小黑石珠24)	
13	北Ⅰ中	乙(A)	男	夹砂红褐陶罐	1	1	春秋早期
				青铜短剑	2	1	
				青铜削刀	3	1	
				铜带扣	4	1	
				铜斧	5	1	
				铜锥	6	1	
				长方形铜锥(针)管具	7	1	
				短铜管	8	1	
				铜凿	9	1	
				铜丝耳环	10	2	
				覆面铜扣	11	3	
				石珠项链	12	1串(绿松石珠1、白石珠59、黑石珠230)	
				白石管、小白石珠串饰	13	1串(白石管3、小白石珠7)	
				铜镜形饰	14	1	
				小铜扣	15	2	
				辐射纹服饰铜泡	16	4	
				羊形铜带饰	17	45	
				马具铜泡	18	6	
				单鋬石杯	19	1	
				铜瓶形器	20	1	
				骨环	21	1	
				骨针(盛于管具内)	22	1	
14	北Ⅰ中	丁	女	覆面铜扣	1	2	春秋早期
15	北Ⅰ中	丁	少儿	夹砂红陶罐(残碎)	1	1	春秋早期
				铜丝耳环	2	2	
				绿松石坠珠	3	3	
				覆面铜扣	4	3	
				小黑石珠项链	5	1串(92)	
				小白石珠项链	6	1串(357)	
				绿松石管、白石管项链	7	1串(绿松石管6、白石管3)	
				卷云纹三联珠形铜饰项链	8	1串(25)	
				人字形铜坠饰	9	4	
16	北Ⅰ中	丙(C)	男	夹砂红陶罐(残碎)	1	1	春秋早期
				算珠形石珠(白色)	2	1	

续表

墓号(YYM)	分区	规格级别	性别	随葬器物		数量	年代
				名称	编号		
17	北Ⅰ中	乙(B)	无人	夹砂褐陶罐(残碎)	1	1	春秋早期
				青铜短剑	2	1	
				青铜削刀	3	1	
				铜丝耳环	4	2	
				石珠项链	5	1串(小黑石珠103、绿松石珠3)	
				铜锛	6	1	
				三鸟头纹铜带饰	7	73	
				辐射纹服饰铜泡	8	2	
				涡纹服饰铜扣	9	4	
				铜铃形饰	10	1	
				服饰小铜扣	11	4	
				铜锥	12	1	
				铜锥(针)管具	13	1	
				铜镞	14	12	
				骨镞	15	21	
				骨鸣镝	16	1	
				白石管	17	3	
18	北Ⅰ中	甲(A)	男	铜鍑	1	1	春秋早期
				铜敦	2	1	
				铜罍	3	1	
				铜铆(装在铜敦内)	4	1	
				金虎牌饰	5	1	
				金丝耳环	6	2	
				铜戈	7	1	
				青铜短剑	8	1	
				青铜削刀	9	1	
				铜带钩	10	1	
				铜环	11	7	
				服饰铜扣	12	9	
				绿松石坠珠	13	16	
				绿松石珠	14	169	
				服饰双联小铜扣	15	416	
				长方形铜带卡	16	1	
				野猪形铜带饰	17	89	
				野猪形铜坠饰	18	12	
				铜锛	19	1	
				铜锥(针)管具	20	1	
				铜锥	21	1	
				铜凿	22	1	
				赤铁矿砺石	23	1	
				铜衔	24	2	
				铜镳	25	8	
				马具铜泡	26	18	

续表

墓号(YYM)	分区	规格级别	性别	随葬器物 名称	编号	数量	年代
18	北Ⅰ中	甲(A)	男	三通式铜节约	27	2	春秋早期
				马具铜箍	28	39	
				马具铜环箍	29	1	
				铜镞	30	61	
				马具铜环	31	2	
				三环孔马具铜环	32	4	
				人字形铜坠饰	33	59	
				骨绞具	34	4	
				马具骨环	35	8	
				小长方形铜盒形器器盖	36	1	
				铜盒形器	37	1	
19	北Ⅰ中	乙(B)	男	夹砂红陶罐	1	1	春秋早期
				青铜短剑	2	1	
				青铜削刀	3	1	
				铜丝耳环	4	2	
				绿松石坠珠	5	1	
				覆面铜扣	6	3	
				小黑石珠项链	7	1串(179)	
				小白石珠、白石管项链	8	1串(小白石珠34、白石管2)	
				服饰双联小铜扣	9	30	
				大号辐射纹服饰铜泡	10	2	
				小号辐射纹服饰铜泡	11	1	
				涡纹服饰铜扣	12	2	
				骨柄铜锥	13	1	
				长方形铜锥(针)管具	14	1	
				铜凿	15	1	
				铜锛	16	1	
				铜镞	17	2	
				骨镞	18	6	
				长方形卷云纹铜带卡	19	26	
				铜铃形饰(压于左髋骨下面)	18	1	
				服饰小铜扣(左尺骨两侧、左髋骨之下)	21	7	
20	北Ⅰ中	乙(A)	女	夹砂红陶罐	1	1	春秋早期
				覆面铜扣	2	3	
				青铜削刀	3	1	
				铜丝耳环	4	4	
				绿松石坠珠	5	8	
				黑白石珠项链	6	1串(小黑石珠76、小白石珠15)	
				玛瑙珠、绿松石管、白石管项链	7	1串(玛瑙珠26、绿松石管26、白石管4)	
				双联小铜扣项链	8	1串(152)	

续表

墓号(YYM)	分区	规格级别	性别	随葬器物		数量	年代
				名称	编号		
20	北Ⅰ中	乙(A)	女	匕形铜坠饰	9	1	春秋早期
				骨柄铜锥	10	1	
				木柄铜锥	11	1	
				长方形铜锥(针)管具	12	1	
21	北Ⅰ中	丙(B)	女	铜丝耳环	1	2	春秋早期
				小白石珠、小黑石珠项链	2	1串(小白石珠130、小黑石珠9)	
				小铜珠	3	2	
22	北Ⅰ中	甲(B)	男	夹砂红陶罐	1	1	春秋早期
				青铜短剑	2	1	
				青铜削刀	3	1	
				铜丝耳环(残)	4	2	
				绿松石坠珠	5	2	
				覆面铜扣	6	2	
				绿松石珠、小黑石珠项链	7	1串(绿松石1、小黑石珠226)	
				白石管	8	7	
				犬纹铜带卡	9	39	
				铜铃形饰	10	1	
				辐射纹服饰铜泡	11	1	
				服饰小铜扣	12	26	
				铜锛	13	1	
				铜凿	14	1	
				骨镞	15	12	
				铜锥(压在右尺骨下)	16	1	
				铜锥(针)管具(压在右尺骨下)	17	1	
				骨针(装在铜管具内)	18	1	
23	北Ⅰ中	丙(A)	男	夹砂红陶罐	1	1	春秋中期
				覆面铜扣	2	3	
				青铜削刀	3	1	
				小白石珠项链	4	1串(186)	
				白石管	5	7	
				服饰小铜扣	6	2	
				铜锥	7	1	
				骨环	8	1	
				服饰铜泡	9	2	
				铜丝耳环	10	2	
				绿松石坠珠	11	4	
24	北Ⅰ中	丁	少儿	铜丝耳环	1	2	春秋中期
				白石管、小白石珠、小黑石珠项链	2	1串(白石管1、小白石珠73、小黑石珠2)	
25	北Ⅰ中	丙(A)		双联小铜扣	1	16	春秋早期
				小黑石珠	2	4	
				小白石珠	3	1	

续表

墓号(YYM)	分区	规格级别	性别	随葬器物 名称	编号	数量	年代
26	北Ⅰ北	乙(B)	女	夹砂红陶罐(残碎)	1	1	春秋中期
				覆面铜扣	2	5	
				青铜削刀	3	1	
				铜丝耳环	4	2	
				小黑石珠项链	5	1串(221)	
				双联小铜扣	6	1串(17)	
				白石管串珠	7	1串(10)	
27	北Ⅰ中	丙(B)	不详	无随葬品			春秋早期
28	北Ⅰ中	丙(A)	不详	小块赤铁矿砺石	1	2	春秋早期
29	北Ⅰ中	丙(A)	女	夹砂红褐陶罐	1	1	春秋早期
				铜丝耳环	2	2	
				绿松石坠珠左4右4	3	8	
				覆面铜扣	4	22	
				项链玛瑙珠、绿松石管	5	1串(玛瑙珠15、绿松石管9)	
				小黑石珠、小白石珠项链	6	1串(小黑石珠253、小白石珠1)	
				小铜珠项链	7	1串(16)	
30	北Ⅰ中	丙(C)	男	铜丝耳环	1	2	春秋早期
				覆面铜扣	2	2	
				白石管	3	3	
				小白石珠串饰	4	1串(4)	
31	北Ⅰ中	丙(B)	男	夹砂红陶罐	1	1	春秋早期
				铜丝耳环	2	2	
				覆面铜扣	3	2	
				白石管、小白石珠项链	4	1串(白石管1、小白石珠152)	
				小白石珠串饰	5	1串(4)	
				亚腰形铜饰件	6	1	
32	北Ⅰ中	丙(A)	无人	夹砂褐陶罐	1	1	春秋早期
				青铜短剑	2	1	
				青铜削刀	3	1	
				铜戈	4	1	
				铜锥	5	1	
				长方形铜锥(针)管具	6	1	
				砂岩穿孔砺石	7	1	
				铜丝耳环	8	2	
				覆面铜扣	9	3	
				动物纹服饰铜扣	10	2	
				辐射纹服饰铜泡	11	6	
				小鹿形铜带饰	12	30	
				白石管	13	3	
				人形铜饰件	14	1	
				铜镞	15	4	

续表

墓号(YYM)	分区	规格级别	性别	随葬器物		数量	年代
				名称	编号		
32	北Ⅰ中	丙(A)	无人	骨镞	16	16	春秋早期
				骨鸣镝	17	1	
				马头形铜带饰	18	2	
				小白石珠	19	1	
33	北Ⅰ中	丙(A)	不详	动物纹服饰铜扣	1	2	春秋早期
				骨镞	2	3	
				铜凿	3	1	
34	北Ⅰ中	丙(B)	无人	夹砂红陶罐(残碎)	1	1	春秋早期
				青铜短剑	2	1	
				青铜削刀	3	1	
				铜戈	4	1	
				铜丝耳环	5	2	
				虎形铜牌饰	6	1	
				铜锥	7	1	
				长方形铜锥(针)管具	8	1	
				长方形反S纹铜带卡	9	24	
				小鹿形铜带饰	10	26	
				三鸟头纹铜带饰	11	2	
				铜铃形饰	12	1	
				粟粒纹服饰铜扣	13	1	
				铜镞	14	8	
				骨镞	15	21	
35	北Ⅰ中	乙(B)	女	夹砂褐陶罐(残碎)	1	1	春秋早期
				铜铆	2	1	
				青铜削刀	3	1	
				铜锥	4	1	
				长方形铜锥(针)管具	5	1	
				铜丝耳环	6	2	
				绿松石坠珠	7	8	
				覆面铜扣	8	3	
				双联小铜扣项链	9	1串(151)	
				匕形铜坠饰	10	1	
				石珠项链	11	1串(绿松石珠6、小黑石珠319)	
				联珠棍形铜坠饰	12	12	
				白石管	13	1	
				赤铁矿砺石	14	1	
36	北Ⅰ北	乙(B)	男	夹砂红陶罐(残碎)	1	1	春秋中期
				青铜短剑	2	1	
				青铜削刀	3	1	
				铜镞	4	1	
				骨镞	5	6	
				铜丝耳环	6	2	

续表

墓号(YYM)	分区	规格级别	性别	随葬器物		数量	年代
				名称	编号		
36	北Ⅰ北	乙(B)	男	覆面铜扣	7	3	春秋中期
				石珠项链	8	1串(小白珠34、小黑珠1)	
				辐射纹服饰铜泡	9	2	
				涡纹服饰铜扣	10	1	
37	北Ⅱ北	丙(C)	女	夹砂红陶罐	1	1	春秋早中期
				覆面铜扣	2	2	
				青铜削刀	3	1	
				铜丝耳环	4	2	
				石珠项链	5	1串(绿松石珠2、白石管5、白石珠48、黑石珠36)	
				小铜扣项链	6	1串(56)	
				匕形铜坠饰	7	1	
38	北Ⅱ北	丙(A)	男	夹砂红陶罐	1	1	春秋早中期
				小铜珠(左耳处)	2	1	
39	北Ⅱ北	丙(C)	女	赤铁矿砺石	1	1	春秋早中期
40	北Ⅱ北	丙(A)	女	无随葬品			春秋早中期
41	北Ⅱ中	乙(B)	男	夹砂红陶罐(残碎)	1	1	春秋中期
				青铜短剑	2	1	
				青铜削刀	3	1	
				铜锛	4	1	
				铜锥	5	1	
				覆面铜扣	6	1	
				服饰铜泡	7	1	
				白石管	8	1	
				三鸟头纹铜带饰	9	37	
				铜丝耳环	10	2	
42	北Ⅱ中	丙(C)	少儿	夹砂红陶罐	1	1	春秋中期
				铜丝耳环	2	2	
				青铜削刀	3	1	
				虎形铜牌饰	4	1	
				白石管	5	3	
				服饰小铜扣	6′	15	
				长方形铜锥(针)管具	7	1	
				小鹿形铜带饰	8	6	
				小铜箍形带卡	9	4	
				辐射纹服饰铜泡	10	2	
				覆面铜扣(左颞骨处,遮挡)	11	1	
43	北Ⅱ中	丙(A)	男	夹砂红陶罐	1	1	春秋中期
				骨管	2	1	
				赤铁矿砺石(压在右髋骨下面)	3	1	
44	北Ⅱ中	乙(B)	男	夹砂红陶罐	1	1	春秋中期
				铜丝耳环	2	2	

续表

墓号(YYM)	分区	规格级别	性别	随葬器物		数量	年代
				名称	编号		
44	北Ⅱ中	乙(B)	男	小白石珠项链	3	1串(269)	春秋中期
				白石管、玛瑙珠、绿松石珠、小铜箍串饰	4	1串(白石管3、玛瑙珠6、绿松石珠2、小铜箍2)	
				匕形铜坠饰	5	1	
				玛瑙珠	6	1	
45	北Ⅱ中	丙(A)	男	铜丝耳环(右耳、被面骨遮挡)	1	1	春秋中期
46	北Ⅱ中	乙(B)	男	夹砂灰褐陶罐	1	1	春秋中期
				青铜短剑	2	1	
				青铜削刀	3	1	
				铜锥	4	1	
				铜丝耳环	5	2	
				覆面铜扣	6	2	
				虎形铜牌饰	7	1	
				小铜珠项链	8	1串(19)	
				石珠项链	9	1串(小黑石珠118、小白石珠55)	
				服饰铜扣	10	18(粟粒纹17、涡纹1)	
				服饰铜泡	.11	2	
				白石管、小白石珠串饰	12	1串(白石管2、小白珠101)	
47	北Ⅱ北	丙(C)	女	泥质灰陶罐	1	1	春秋早中期
				铜丝耳环	2	2	
				覆面铜扣	3	3	
				玛瑙珠、绿松石珠、小黑石珠项链	4	1串(玛瑙珠1、绿松石珠3、小黑石珠94)	
				粟粒小铜珠、双联小铜扣项链	5	1串(粟粒小铜珠103、双联小铜扣12)	
				匕形铜坠饰	6	1	
				白石管、小白石珠项链	7	1串(白石管2、小白石珠359)	
				服饰小铜扣	8	29	
				联珠棍形铜坠饰	9	14	
48	北Ⅱ中	丙(A)	男	夹砂红陶罐	1	1	春秋中期
				青铜短剑	2	1	
				青铜削刀	3	1	
				铜锥	4	1	
				长方形铜锥(针)管具	5	1	
				铜丝耳环	6	2	
				绿松石坠珠	7	6	
				覆面铜扣	8	2	
				虎形铜牌饰	9	1	
				白石管	10	5	
				铜带钩	11	1	
				服饰双联小铜扣	12	38	
				小铜箍	13	32	

续表

墓号(YYM)	分区	规格级别	性别	随葬器物			年代
				名称	编号	数量	
48	北Ⅱ中	丙(A)	男	辐射纹服饰铜泡	14	4	春秋中期
				铜镞	15	3	
				骨镞	16	12	
				骨鸣镝	17	1	
49	北Ⅱ中	丙(A)	男	夹砂红陶罐	1	1	春秋中期
				铜丝耳环	2	4	
				青铜削刀	3	1	
				小黑石珠项链	4	1串(221)	
				小铜珠项链	5	1串(1250)	
				匕形铜坠饰	6	1	
				覆面铜扣(滑落于左锁骨处)	7	1	
				联珠棍形铜坠饰	8	17	
				小铜珠串饰	9	1串(312)	
				铜锥	10	1	
				长方形铜锥(针)管具	11	1	
				赤铁矿砺石	12	1	
				"人"字形铜坠饰	13	11	
50	北Ⅱ中	丙(C)	女	无随葬品			春秋中期
51	北Ⅱ中	乙(A)	男	夹砂红陶罐(残)	1	1	春秋中期
				青铜短剑	2	1	
				青铜削刀	3	1	
				铜锥	4	1	
				骨针	5	1	
				铜镞	6	3	
				骨镞	7	10	
				铜丝耳环	8	2	
				绿松石坠珠	9	6	
				覆面铜扣	10	3	
				石珠项链	11	1串(白石管5、小白石珠198)	
				长方形卷云纹铜带卡	12	21	
				服饰小铜扣	13	8	
				辐射纹服饰铜泡	14	2	
				涡纹服饰铜扣	15	1	
				铜盒形器(右髋骨之下)	16	1	
52	北Ⅱ中	甲(B)	男	夹砂红陶罐(残碎)	1	1	春秋中期
				青铜短剑	2	1	
				青铜削刀	3	1	
				铜锛	4	1	
				铜凿	5	1	
				铜锥	6	1	
				长方形铜锥(针)管具	7	1	
				铜衔	8	2	

续表

墓号(YYM)	分区	规格级别	性别	随葬器物		数量	年代
				名称	编号		
52	北Ⅱ中	甲(B)	男	马具铜泡	9	10	春秋中期
				铜镞	10	10	
				骨镞	11	16	
				铜丝耳环	12	2	
				绿松石坠珠	13	8	
				覆面铜扣	14	3	
				石珠项链	15	1串(绿松石珠10、白石管1、小黑石珠156)	
				服饰小铜扣	16	1	
				赤铁矿砺石	17	1	
				小铜箍	18	2	
				野猪形铜环带饰	19	5	
				小鹿形铜带饰	20	57	
				三鸟头纹铜带饰	21	81	
				服饰小铜泡	22	1	
				涡纹服饰铜扣	23	1	
				骨环	24	1	
53	北Ⅱ南	丁	婴儿	铜丝耳环	1	2	春秋中晚期
54	北Ⅱ中	乙(A)	男	夹砂红陶罐(残)	1	1	春秋中期
				青铜短剑	2	1	
				青铜削刀	3	1	
				铜锛	4	1	
				铜锥	5	1	
				长方形铜锥(针)管具	6	1	
				铜丝耳环	7	2	
				绿松石坠珠	8	1	
				覆面铜扣	9	3	
				马形铜牌饰	10	1	
				长方形卷云纹铜带卡	11	34	
				小鹿形铜带饰	12	39	
				骨锥	13	1	
				骨鸣镝	14	1	
				骨弓弭	15	2	
				骨镞	16	5	
				辐射纹服饰铜泡	17	2	
				算珠形石珠	18	1	
55	北Ⅱ南	丙(C)	少儿	小白石珠、小黑石珠项链	1	1串(小白石珠4、小黑石珠2)	春秋中晚期
56	北Ⅱ南	丁	少儿	覆面铜扣	1	3	春秋中晚期
57	北Ⅱ南	乙(B)	男	泥质黑褐陶罐	1	1	春秋中晚期
				青铜短剑	2	1	
				青铜削刀	3	1	
				铜锥	4	1	

续表

<table>
<tr><th rowspan="2">墓号(YYM)</th><th rowspan="2">分区</th><th rowspan="2">规格级别</th><th rowspan="2">性别</th><th colspan="2">随葬器物</th><th rowspan="2">数量</th><th rowspan="2">年代</th></tr>
<tr><th>名称</th><th>编号</th></tr>
<tr><td rowspan="12">57</td><td rowspan="12">北Ⅱ南</td><td rowspan="12">乙(B)</td><td rowspan="12">男</td><td>铜丝耳环</td><td>5</td><td>2</td><td rowspan="12">春秋中晚期</td></tr>
<tr><td>绿松石坠珠</td><td>6</td><td>8</td></tr>
<tr><td>小白石珠项链</td><td>7</td><td>1串(88粒)</td></tr>
<tr><td>蚌环</td><td>8</td><td>1</td></tr>
<tr><td>双联“S”形铜带卡</td><td>9</td><td>30</td></tr>
<tr><td>服饰铜扣</td><td>10</td><td>1</td></tr>
<tr><td>辐射纹服饰铜泡</td><td>11</td><td>2</td></tr>
<tr><td>铜镞</td><td>12</td><td>11</td></tr>
<tr><td>骨镞</td><td>13</td><td>11</td></tr>
<tr><td>赤铁矿砺石</td><td>14</td><td>1</td></tr>
<tr><td>(头骨下面)玛瑙环(已残)</td><td>15</td><td>1</td></tr>
<tr><td>开口骨器(在尺骨下面)</td><td>16</td><td>1</td></tr>
<tr><td rowspan="10">58</td><td rowspan="10">北Ⅱ南</td><td rowspan="10">乙(B)</td><td rowspan="10">男</td><td>夹砂红陶罐(已残碎)</td><td>1</td><td>1</td><td rowspan="10">春秋中晚期</td></tr>
<tr><td>覆面铜扣</td><td>2</td><td>2</td></tr>
<tr><td>青铜削刀</td><td>3</td><td>1</td></tr>
<tr><td>铜丝耳环</td><td>4</td><td>2</td></tr>
<tr><td>绿松石坠珠</td><td>5</td><td>2</td></tr>
<tr><td>小黑石珠项链</td><td>6</td><td>1串(190)</td></tr>
<tr><td>铜、石珠项链</td><td>7</td><td>1串(小铜珠8、白石管1、绿松石珠17)</td></tr>
<tr><td>小鹿形铜带饰</td><td>8</td><td>49</td></tr>
<tr><td>铜锥</td><td>9</td><td>1</td></tr>
<tr><td>骨镞</td><td>10</td><td>13</td></tr>
<tr><td rowspan="3">59</td><td rowspan="3">北Ⅱ南</td><td rowspan="3">丁</td><td rowspan="3">少儿</td><td>铜丝耳环</td><td>1</td><td>2</td><td rowspan="3">春秋中晚期</td></tr>
<tr><td>白石管、小白石珠项链</td><td>2</td><td>1串(白石管1、小白石珠60)</td></tr>
<tr><td>小黑石珠项链</td><td>3</td><td>1串(112)</td></tr>
<tr><td rowspan="5">60</td><td rowspan="5">北Ⅱ南</td><td rowspan="5">乙(B)</td><td rowspan="5">男</td><td>泥质灰陶折肩罐</td><td>1</td><td>1</td><td rowspan="5">春秋中晚期</td></tr>
<tr><td>小铜凿坠饰(压在下颌骨下面)</td><td>2</td><td>1</td></tr>
<tr><td>砂岩穿孔砺石</td><td>3</td><td>1</td></tr>
<tr><td>骨环(压在右股骨下面)</td><td>4</td><td>1</td></tr>
<tr><td>(双翼)铜镞(出于圹内上层填土中)</td><td>5</td><td>1</td></tr>
<tr><td rowspan="6">61</td><td rowspan="6">北Ⅱ南</td><td rowspan="6">乙(B)</td><td rowspan="6">男</td><td>夹砂红陶罐</td><td>1</td><td>1</td><td rowspan="6">春秋中晚期</td></tr>
<tr><td>青铜短剑</td><td>2</td><td>1</td></tr>
<tr><td>青铜削刀</td><td>3</td><td>1</td></tr>
<tr><td>覆面铜扣</td><td>4</td><td>2</td></tr>
<tr><td>小白石珠项链</td><td>5</td><td>1串(137)</td></tr>
<tr><td>铜锥(右手骨下面)</td><td>6</td><td>1</td></tr>
<tr><td>62</td><td>北Ⅱ南</td><td>丙(C)</td><td>男</td><td>泥质灰陶折肩罐</td><td>1</td><td>1</td><td>春秋中晚期</td></tr>
<tr><td rowspan="3">63</td><td rowspan="3">北Ⅱ南</td><td rowspan="3">乙(B)</td><td rowspan="3">男</td><td>夹砂红陶罐</td><td>1</td><td>1</td><td rowspan="3">春秋中晚期</td></tr>
<tr><td>铜带钩</td><td>2</td><td>1</td></tr>
<tr><td>青铜削刀</td><td>3</td><td>1</td></tr>
</table>

续表

墓号(YYM)	分区	规格级别	性别	随葬器物		数量	年代
				名称	编号		
64	北Ⅱ南	乙(B)	女	夹砂红陶罐	1	1	春秋中晚期
				铜丝耳环	2	2	
				绿松石坠珠	3	6	
				小白石珠项链	4	1串(84)	
				玛瑙珠、绿松石管、白石管项链	5	1串(玛瑙珠14、绿松石管4、白石管2)	
65	北Ⅱ中	乙(B)	男	马形铜牌饰	1	1	春秋中期
				铜针	2	1	
				青铜削刀	3	1	
				覆面铜扣	4	9	
				铜丝耳环	5	2	
				绿松石坠珠	6	1	
				铜铃形饰	7	1	
				铜环	8	1	
				服饰铜泡	9	4	
				铜镞	10	6	
				骨镞	11	3	
66	北Ⅱ中	乙(B)	女	夹砂红陶罐(残碎)	1	1	春秋中期
				覆面铜扣	2	3	
				铜丝耳环	3	2	
				白石管	4	1	
67	北Ⅱ中	丙(C)	少儿	夹砂褐陶罐(残碎)	1	1	春秋中期
				铜丝耳环	2	2	
				白石管	3	3	
				服饰铜扣	4	2	
68	北Ⅱ中	丙(C)	女	无随葬品			春秋中期
69	北Ⅱ南	丙(A)	男	夹砂红陶罐	1	1	春秋中晚期
				绿松石坠珠	2	2	
				青铜削刀	3	1	
				铜带钩	4	1	
				服饰铜扣	5	1	
				铜锥	6	1	
70	北Ⅱ南	乙(B)	男	泥质灰陶豆盘	1	1	春秋中晚期
				青铜短剑	2	1	
				青铜削刀	3	1	
71	北Ⅱ南	丙(C)	男	泥质灰陶豆盘	1	1	春秋中晚期
				青铜短剑	2	1	
				青铜削刀	3	1	
				服饰铜泡	4	1	
				铜镞	5	3	
				骨镞	6	2	

续表

墓号(YYM)	分区	规格级别	性别	随葬器物		数量	年代
				名称	编号		
72	北Ⅱ南	丙(C)	男	泥质灰陶豆盘	1	1	春秋中晚期
				铜丝耳环	2	2	
				铜带钩	3	1	
				铜镞	4	1	
				骨镞	5	5	
73	北Ⅱ南	丙(C)	女	无随葬品			春秋中晚期
74	南区北	乙(A)	男	夹砂红陶罐	1	1	春秋晚期前段
				青铜短剑	2	1	
				青铜削刀	3	1	
				铜丝耳环	4	2	
				绿松石坠珠	5	2	
				覆面铜扣	6	2	
				骨弓弭	7	2	
				开口骨器	8	1	
				铜盒形器	9	1	
				长方形铜锥(针)管具	10	1	
				铜锛	11	1	
				铜凿	12	2	
				骨柄铜锥	13	1	
				动物纹服饰铜扣	14	4	
				铜镞	15	6	
				骨镞	16	12	
				反S形铜带卡	17	23	
				马形铜带饰	18	65	
				石珠项链	19	1串(玛瑙珠1、小白石珠48)	
				马具铜环	20	1	
				马具铜泡	21	9	
				马具骨环	22	3	
				骨鸣镝	23	1	
75	南区北	丙(B)	女	泥质灰陶罐	1	1	春秋晚期前段
				覆面铜扣	2	3	
				铜丝耳环	3	2	
				绿松石坠珠	4	9	
				小黑石珠项链	5	1串(267)	
				玛瑙珠、绿松石管、小白石珠项链	6	1串(玛瑙珠62、绿松石管1、小白石珠2)	
				纺锤形铜珠项链	7	1串(135)	
				匕形铜坠饰	8	1	
				人字形铜坠饰	9	9	
				铜锥	10	1	
				长方形铜锥(针)管具	11	1	

续表

墓号(YYM)	分区	规格级别	性别	随葬器物		数量	年代
				名称	编号		
76	南区北	丙(C)	女	夹砂红陶罐	1	1	春秋晚期前段
				铜丝耳环	2	2	
				小黑石珠项链	3	1串(394)	
				玛瑙珠、绿松石珠、绿松石管、小白石珠、骨珠1串	4	1串(玛瑙珠38、绿松石珠27、绿松石管8、小白珠11、骨珠2)	
				纺锤形铜珠项链	5	1串(76)	
				匕形铜坠饰	6	1	
				联珠棍形铜坠饰	7	10	
				长方形铜锥(针)管具	8	1	
				人字形铜坠饰	9	3	
77	南区中	丙(B)	男	夹砂红陶罐	1	1	春秋晚期前段
				铜丝耳环	2	2	
				覆面铜扣	3	2	
				绿松石珠、小白珠、小黑珠项链	4	1串(绿松石珠1、白石珠69、小黑珠85)	
				匕形铜坠饰	5	1	
78	南区中	丁	女	泥质灰陶折肩罐	1	1	春秋晚期前段
				铜丝耳环	2	2	
				覆面铜扣	3	1	
				玛瑙珠、绿松石珠、小白石珠项链	4	1串(玛瑙珠3、绿松石珠3、小白石珠294)	
				开口骨器	5	1	
				服饰铜泡(压于头骨下)	6	1	
79	南区中	丁	男	泥质灰陶罐(残碎)	1	1	春秋晚期前段
				铜珠	2	4	
				绿松石管、绿松石珠、小黑珠、小白石珠、白石管项链	3	1串(绿松石管2、绿松石珠1、小黑珠48、小白石珠27、白石管2)	
				铜丝耳环	4	2	
				赤铁矿砺石	5	2	
80	南区中	丁	女	泥质灰陶折肩罐	1	1	春秋晚期前段
				绿松石珠项链	2	1串(50)	
				小黑石珠、小白石珠项链	3	1串(小黑石珠27、小白石珠274)	
				人字形铜坠饰	4	8	
				铜丝耳环	5	2	
				绿松石坠珠(右)	6	4	
81	北Ⅱ南	乙(B)	女	夹砂红陶罐	1	1	春秋中晚期
				白石管	2	1	
				铜针	3	1	
				铜丝耳环(大号)	4	2(残)	
82	北Ⅰ西	丙(A)	男	泥质灰陶罐	1	1	春秋早期
				青铜短剑	2	1	
				青铜削刀	3	1	

续表

墓号(YYM)	分区	规格级别	性别	随葬器物 名称	编号	数量	年代
82	北Ⅰ西	丙(A)	男	铜锥	4	1	春秋早期
				骨环	5	1	
				铜丝耳环	6	2	
				覆面铜扣	7	2	
				砂岩穿孔砺石	8	1	
83	北Ⅱ南	丙(A)	男	夹砂红陶罐(残碎)	1	1	春秋中晚期
				青铜短剑	2	1	
				青铜削刀	3	1	
				覆面铜扣	4	3	
				铜丝耳环	5	2	
				绿松石坠珠(左)	6	1	
				长方形铜锥(针)管具	7	1	
				骨镞	8	5	
84	北Ⅱ南	丙(A)	女	夹砂红陶罐	1	1	春秋中晚期
				铜丝耳环	2	2	
				覆面铜扣	3	1	
85	北Ⅱ南	丁	婴儿	白石管	1	1	春秋中晚期
				铜珠	2	1	
86	北Ⅱ南	乙(A)	男	泥质灰陶高颈壶	1	1	春秋中晚期
				青铜短剑	2	1	
				青铜削刀	3	1	
				覆面铜扣	4	3	
				铜丝耳环	5	2	
				绿松石坠珠	6	10	
				服饰铜泡	7	3	
				铜带钩	8	1	
				铜锥	9	1	
				长方形铜锥(针)管具	10	1	
				铜环(压于短剑下面)	11	1	
				小铜箍(压于短剑下面)	12	1	
87	北Ⅱ中	乙(B)	女	夹砂红陶罐(残)	1	1	春秋中晚期
88	北Ⅱ中	丙(B)	女	无随葬品			春秋中期
89	北Ⅱ中	乙(B)	不详	白石管	1	2	春秋中期
90	北Ⅱ中	丙(C)	少儿	青铜削刀	1	1	春秋中期
				涡纹服饰铜扣	2	20	
91	北Ⅱ南	丁	少儿	铜丝耳环	1	2	春秋中晚期
				灰白小石珠项链	2	1串(93)	
92	北Ⅱ南	丁	少儿	铜丝耳环	1	1	春秋中晚期
				马形铜牌饰	2	1	
93	北Ⅱ南	丙(A)	男	无随葬品			春秋中晚期
94	北Ⅱ中	丙(C)	少儿	铜丝耳环	1	2	春秋中期
				玛瑙珠、黑石管、小白石珠1串	2	1串(玛瑙珠6、黑石管6、小白石珠31)	

续表

墓号(YYM)	分区	规格级别	性别	随葬器物		数量	年代
				名称	编号		
95	北Ⅱ中	乙(A)	男	夹砂红陶罐(残)	1	1	春秋中期
				青铜短剑	2	1	
				青铜削刀	3	1	
				铜锛	4	1	
				铜锥	5	1	
				长方形铜锥(针)管具	6	1	
				铜丝耳环	7	2	
				绿松石坠珠	8	18	
				覆面铜扣	9	3	
				马形铜牌饰	10	1	
				石珠项链	11	1串(黑石珠42、白石珠2)	
				铜珠项链	12	1串(4)	
				铜带钩	13	1	
				双联S形卷云纹铜带卡	14	22	
				小鹿形铜带饰	15	56	
				服饰铜泡	16	3	
				铜镞	17	6	
				骨镞	18	15	
				骨环	19	1	
				骨弓弭	20	1	
				竹篾簧片	21	1	
96	北Ⅱ北	丙(A)	女	夹砂红陶罐	1	1	春秋早中期
				铜丝耳环	2	2	
				覆面铜扣	3	1	
				白石管、小白石珠项链	4	1串(白石管4、小白石珠166)	
				小黑石珠项链	5	1串(254)	
				赤铁矿砺石	6	1	
97	北Ⅱ北	丙(B)	女	夹砂红陶罐	1	1	春秋早中期
				铜丝耳环	2	2	
				小黑石珠项链	3	1串(205)	
				铜珠项链	4	1串(37)	
				匕形铜坠饰	5	1	
				铜针	6	1	
				赤铁矿砺石	7	1	
				服饰铜扣(压在左尺骨下)	8	1	
98	北Ⅱ北	丙(A)	女	夹砂红陶罐(残碎)	1	1	春秋早中期
				覆面铜扣	2	3	
				青铜削刀	3	1	
				铜丝耳环	4	2	
				绿松石坠珠	5	12	
				小黑石珠项链	6	1串(190)	
				绿松石与小白石珠项链	7	1串(绿松石6、小白珠51)	
				双联小铜扣项链	8	1串(125)	

续表

<table>
<tr><th rowspan="2">墓号(YYM)</th><th rowspan="2">分区</th><th rowspan="2">规格级别</th><th rowspan="2">性别</th><th colspan="2">随葬器物</th><th rowspan="2">数量</th><th rowspan="2">年代</th></tr>
<tr><th>名称</th><th>编号</th></tr>
<tr><td rowspan="4">98</td><td rowspan="4">北Ⅱ北</td><td rowspan="4">丙(A)</td><td rowspan="4">女</td><td>匕形铜坠饰</td><td>9</td><td>1</td><td rowspan="4">春秋早中期</td></tr>
<tr><td>联珠棍形铜坠饰</td><td>10</td><td>15</td></tr>
<tr><td>长方形铜锥(针)管具</td><td>11</td><td>1</td></tr>
<tr><td>铜锥</td><td>12</td><td>1</td></tr>
<tr><td rowspan="11">99</td><td rowspan="11">北Ⅱ北</td><td rowspan="11">丁</td><td rowspan="11">女</td><td>夹砂红陶罐</td><td>1</td><td>1</td><td rowspan="11">春秋早中期</td></tr>
<tr><td>铜丝耳环</td><td>2</td><td>2</td></tr>
<tr><td>青铜削刀</td><td>3</td><td>1</td></tr>
<tr><td>绿松石坠珠</td><td>4</td><td>3</td></tr>
<tr><td>小黑石珠项链</td><td>5</td><td>1串(316)</td></tr>
<tr><td>铜珠项链</td><td>6</td><td>1串(46)</td></tr>
<tr><td>匕形铜坠饰</td><td>7</td><td>1</td></tr>
<tr><td>联珠棍形铜坠饰</td><td>8</td><td>6</td></tr>
<tr><td>铜锥</td><td>9</td><td>1</td></tr>
<tr><td>长方形铜锥(针)管具</td><td>10</td><td>1</td></tr>
<tr><td>小白石珠串饰</td><td>11</td><td>1串(74)</td></tr>
<tr><td rowspan="3">100</td><td rowspan="3">北Ⅱ中</td><td rowspan="3">丁</td><td rowspan="3">女</td><td>夹砂红陶罐(残碎)</td><td>1</td><td>1</td><td rowspan="3">春秋中期</td></tr>
<tr><td>铜丝耳环</td><td>2</td><td>2</td></tr>
<tr><td>白石管</td><td>3</td><td>1</td></tr>
<tr><td rowspan="2">101</td><td rowspan="2">北Ⅰ南</td><td rowspan="2">丙(B)</td><td rowspan="2">女</td><td>夹砂红陶罐</td><td>1</td><td>1</td><td rowspan="2">春秋中期</td></tr>
<tr><td>小白石珠项链</td><td>2</td><td>1串(33)</td></tr>
<tr><td rowspan="15">102</td><td rowspan="15">北Ⅰ南</td><td rowspan="15">丙(B)</td><td rowspan="15">男</td><td>泥质灰陶束颈折肩罐</td><td>1</td><td>1</td><td rowspan="15">春秋中期</td></tr>
<tr><td>青铜短剑</td><td>2</td><td>1</td></tr>
<tr><td>青铜削刀</td><td>3</td><td>1</td></tr>
<tr><td>覆面铜扣</td><td>4</td><td>2</td></tr>
<tr><td>铜丝耳环</td><td>5</td><td>2</td></tr>
<tr><td>绿松石坠珠(右)</td><td>6</td><td>1</td></tr>
<tr><td>石珠项链</td><td>7</td><td>1串(小黑石珠228、
小白珠67、白石管3)</td></tr>
<tr><td>铜带钩</td><td>8</td><td>1</td></tr>
<tr><td>竹篾簧片</td><td>9</td><td>1</td></tr>
<tr><td>服饰小铜扣</td><td>10</td><td>7</td></tr>
<tr><td>服饰铜泡</td><td>11</td><td>1</td></tr>
<tr><td>服饰铜扣</td><td>12</td><td>2</td></tr>
<tr><td>铜锥(右髋骨下面)</td><td>13</td><td>1</td></tr>
<tr><td>圆筒形铜锥(针)管具(压于左尺骨下面)</td><td>14</td><td>1</td></tr>
<tr><td>铜铃形饰</td><td>15</td><td>1</td></tr>
<tr><td>103</td><td>北Ⅰ南</td><td>丁</td><td>不详</td><td>泥质灰陶罐</td><td>1</td><td>1</td><td>春秋中期</td></tr>
<tr><td rowspan="5">104</td><td rowspan="5">南区北</td><td rowspan="5">丙(B)</td><td rowspan="5">女</td><td>泥质灰陶罐</td><td>1</td><td>1</td><td rowspan="5">春秋晚期前段</td></tr>
<tr><td>铜丝耳环</td><td>2</td><td>2</td></tr>
<tr><td>绿松石坠珠</td><td>3</td><td>2</td></tr>
<tr><td>覆面铜扣</td><td>4</td><td>2</td></tr>
<tr><td>白石管、黑石珠项链</td><td>5</td><td>1串(白石管1、黑石珠168)</td></tr>
</table>

续表

墓号(YYM)	分区	规格级别	性别	随葬器物		数量	年代
				名称	编号		
105	南区北	丙(C)	男	夹砂红陶罐	1	1	春秋晚期前段
				青铜短剑	2	1	
				青铜削刀	3	1	
				覆面铜扣	4	2	
				铜丝耳环	5	2	
				绿松石坠珠	6	4	
				马形铜牌饰	7	1	
				铜锥	8	1	
				长方形铜锥(针)管具	9	1	
				辐射纹服饰铜泡	10	4	
				铜镞	11	5	
				骨镞	12	2	
				马形铜带饰	13	69	
				犬形铜带卡	14	23	
				骨珠	15	1	
106	南区中	丁	少儿	泥质灰陶折肩罐	1	1	春秋晚期前段
				铜丝耳环	2	2	
				覆面铜扣	3	3	
				绿松石珠、白松石、小白石珠项链	4	1串(绿松石珠6、白松石4、小白石珠152)	
107	南区中	丁	男	穿孔砺石	1	1	春秋晚期前段
108	南区中	丙(C)	男	泥质灰陶折肩罐	1	1	春秋晚期前段
				青铜短剑	2	1	
				青铜削刀	3	1	
				铜锥	4	1	
				长方形铜锥(针)管具	5	1	
				覆面铜扣	6	3	
				铜丝耳环	7	2	
				马形铜牌饰	8	1	
				钩形铜饰	9	1	
				马形铜带饰	10	44	
109	南区南	丙(C)	女	铜丝耳环	1	2	春秋晚期后段
				黑白石珠项链	2	1串(黑珠6、白珠19)	
110	南区南	丙(B)	男	夹砂褐陶四疣罐	1	1	春秋晚期后段
				覆面铜扣	2	2	
				青铜削刀	3	1	
				马形铜带饰(出于兄部,作牌饰用)	4	2	
				骨镞	5	4	
				铜锥(压在骨盆下面)	6	1	
				铜丝耳环(左耳)(被面骨遮挡)	7	1	
111	南区中	丙(A)	男	泥质灰陶折肩罐	1	1	春秋晚期前段
				青铜短剑	2	1	
				青铜削刀	3	1	

续表

<table>
<tr><th rowspan="2">墓号(YYM)</th><th rowspan="2">分区</th><th rowspan="2">规格级别</th><th rowspan="2">性别</th><th colspan="2">随葬器物</th><th rowspan="2">数量</th><th rowspan="2">年代</th></tr>
<tr><th>名称</th><th>编号</th></tr>
<tr><td rowspan="10">111</td><td rowspan="10">南区中</td><td rowspan="10">丙(A)</td><td rowspan="10">男</td><td>覆面铜扣</td><td>4</td><td>2</td><td rowspan="10">春秋晚期前段</td></tr>
<tr><td>铜丝耳环</td><td>5</td><td>2</td></tr>
<tr><td>绿松石坠珠</td><td>6</td><td>4</td></tr>
<tr><td>虎形铜牌饰</td><td>7</td><td>1</td></tr>
<tr><td>长方形铜锥(针)管具</td><td>8</td><td>1</td></tr>
<tr><td>铜锥</td><td>9</td><td>1</td></tr>
<tr><td>骨镞</td><td>10</td><td>6</td></tr>
<tr><td>骨鸣镝</td><td>11</td><td>1</td></tr>
<tr><td>白石管(压在头骨下面)</td><td>12</td><td>1</td></tr>
<tr><td>小铜扣</td><td>13</td><td>1</td></tr>
<tr><td>112</td><td>南区北</td><td>丁</td><td>女</td><td>青铜削刀</td><td>1</td><td>1</td><td>春秋晚期前段</td></tr>
<tr><td rowspan="9">113</td><td rowspan="9">南区中</td><td rowspan="9">丙(A)</td><td rowspan="9">女</td><td>泥质红陶折肩罐(残)</td><td>1</td><td>1</td><td rowspan="9">春秋晚期前段</td></tr>
<tr><td>铜丝耳环</td><td>2</td><td>2</td></tr>
<tr><td>绿松石坠珠</td><td>3</td><td>4</td></tr>
<tr><td>覆面铜扣</td><td>4</td><td>3</td></tr>
<tr><td>纺锤形铜珠项链</td><td>5</td><td>1串(112)</td></tr>
<tr><td>玛瑙珠、绿松石珠、绿松石管、贝饰项链</td><td>6</td><td>1串(玛瑙珠27、绿松石珠19、绿松石管4、贝饰1)</td></tr>
<tr><td>小白石珠项链</td><td>7</td><td>1串(70)</td></tr>
<tr><td>小黑石珠项链</td><td>8</td><td>1串(230)</td></tr>
<tr><td>联珠棍形铜坠饰</td><td>9</td><td>8</td></tr>
<tr><td rowspan="7">114</td><td rowspan="7">南区中</td><td rowspan="7">丙(B)</td><td rowspan="7">女</td><td>泥质灰陶折肩罐</td><td>1</td><td>1</td><td rowspan="7">春秋晚期前段</td></tr>
<tr><td>铜丝耳环</td><td>2</td><td>2</td></tr>
<tr><td>绿松石坠珠</td><td>3</td><td>4</td></tr>
<tr><td>白石管、绿松石珠项链</td><td>4</td><td>1串(白石管1、绿松石珠33)</td></tr>
<tr><td>玛瑙珠、蚌珠项链</td><td>5</td><td>1串(玛瑙珠75、蚌珠2)</td></tr>
<tr><td>纺锤形同珠项链</td><td>6</td><td>1串(166)</td></tr>
<tr><td>联珠棍形铜坠饰</td><td>7</td><td>10</td></tr>
<tr><td rowspan="2">115</td><td rowspan="2">南区中</td><td rowspan="2">丁</td><td rowspan="2">少儿</td><td>铜丝耳环</td><td>1</td><td>2</td><td rowspan="2">春秋晚期前段</td></tr>
<tr><td>小黑石珠项链</td><td>2</td><td>1串(160)</td></tr>
<tr><td rowspan="2">116</td><td rowspan="2">南区北</td><td rowspan="2">丁</td><td rowspan="2">少儿</td><td>泥质灰陶折肩罐</td><td>1</td><td>1</td><td rowspan="2">春秋晚期前段</td></tr>
<tr><td>辐射纹服饰铜泡(压在颈椎骨下面)</td><td>2</td><td>1</td></tr>
<tr><td rowspan="11">117</td><td rowspan="11">南区北</td><td rowspan="11">丙(A)</td><td rowspan="11">男</td><td>夹砂红陶罐(残碎)</td><td>1</td><td>1</td><td rowspan="11">春秋晚期前段</td></tr>
<tr><td>青铜短剑</td><td>2</td><td>1</td></tr>
<tr><td>青铜削刀</td><td>3</td><td>1</td></tr>
<tr><td>覆面铜扣</td><td>4</td><td>3</td></tr>
<tr><td>铜丝耳环</td><td>5</td><td>2</td></tr>
<tr><td>绿松石坠珠</td><td>6</td><td>5</td></tr>
<tr><td>马形铜牌饰</td><td>7</td><td>1</td></tr>
<tr><td>长方形铜锥(针)管具</td><td>8</td><td>1</td></tr>
<tr><td>铜锛</td><td>9</td><td>1</td></tr>
<tr><td>铜凿</td><td>10</td><td>1</td></tr>
<tr><td>铜镞</td><td>11</td><td>5</td></tr>
</table>

续表

墓号(YYM)	分区	规格级别	性别	随葬器物		数量	年代
				名称	编号		
117	南区北	丙(A)	男	骨镞	12	2	春秋晚期前段
				马形铜带饰	13	74	
				虎食鹿纹形带卡	14	10	
				铜锥(压于左髋骨之下)	15	1	
				铜环(压于左尺骨之下)	16	1	
118	南区北	丙(B)	女	泥质灰陶折肩罐	1	1	春秋晚期前段
				铜丝耳环	2	2	
				覆面铜扣	3	3	
				小白石珠项链	4	1串(97)	
				铜镜形饰	5	1	
				服饰铜泡	6	1	
				小铜凿坠饰	7	1	
119	南区北	丙(A)	女	夹砂红陶罐	1	1	春秋晚期前段
				铜丝耳环	2	2	
				覆面铜扣	3	3	
				小白石珠	4	1串(15)	
				白石管	5	2	
				人字形铜坠饰	6	6	
120	南区中	丙(B)	少儿	夹砂红陶罐	1	1	春秋晚期前段
				铜丝耳环	2	2	
				绿松石坠珠	3	6	
				覆面铜扣	4	3	
				贝饰	5	1	
				玛瑙珠	6	3	
121	南区中	丙(C)	男	夹砂褐陶罐	1	1	春秋晚期前段
122	南区中	丙(A)	男	夹砂红陶罐	1	1	春秋晚期前段
				青铜短剑	2	1	
				青铜削刀	3	1	
				铜锥	4	1	
				长方形铜锥(针)管具	5	1	
				覆面铜扣	6	3	
				马形铜牌饰	7	1	
				铜带钩	8	1	
				辐射纹服饰铜泡	9	9	
				犬纹铜带卡	10	77	
				马形铜带饰	11	48	
				铜锛	12	1	
				铜凿	13	1	
				铜镞	14	2	
				铜环	15	2	
				铜丝耳环(压于右尺骨下面)	16	2	
				砂岩穿孔砺石	17	1	

续表

墓号(YYM)	分区	规格级别	性别	随葬器物		数量	年代
				名称	编号		
123	南区中	丙(C)	婴儿	马形铜牌饰	1	1	春秋晚期前段
				小白石珠项链	2	1串(118)	
124	南区中	乙(B)	男	夹砂红陶罐	1	1	春秋晚期前段
				青铜短剑	2	1	
				青铜削刀	3	1	
				覆面铜扣	4	3	
				铜丝耳环	5	2	
				绿松石坠珠	6	3	
				虎形铜牌饰	7	2	
				铜带钩	8	1	
				反S形铜带卡	9	39	
				马形铜带饰	10	78	
				涡纹服饰铜扣	11	5	
				铜锛	12	1	
				铜凿	13	1	
				铜镞	14	1	
				骨镞	15	4	
				铜锥	16	1	
				长方形铜锥(针)管具	17	1	
				服饰铜泡	18	1	
125	北Ⅱ中	丁	女	夹砂红褐陶罐(残碎)	1	1	春秋中期
				绿松石坠珠	2	6	
				绿松石珠	3	13	
				小白石珠	4	22	
				小黑石珠	5	36	
				双联小铜扣项链	6	9	
				匕形铜坠饰	7	1	
				铜丝耳环	8	2	
				覆面铜扣	9	3	
				辐射纹服饰铜泡	10	2	
				人字形铜坠饰	11	26	
				双联小铜扣项链	12	79	
				蚌珠	13	2	
				长方形铜锥(针)管具(压于左髌骨下)	14	1	
126	南区中	丙(A)	女	夹砂红陶罐(残碎)	1	1	春秋晚期前段
				铜丝耳环	2	2	
				绿松石坠珠	3	6	
				覆面铜扣	4	2	
				石珠项链	5	1串(玛瑙珠5、白石管1、小白石珠297)	
				纺锤形铜珠串饰	6	1串(60)	
				长方形铜锥(针)管具	7	1	

续表

墓号(YYM)	分区	规格级别	性别	随葬器物		数量	年代
				名称	编号		
127	南区南	丙(C)	男	泥质黑陶折肩罐	1	1	春秋晚期后段
				覆面铜扣	2	2	
				青铜削刀	3	1	
				铜丝耳环	4	2	
				绿松石坠珠	5	2	
				马形铜牌饰	6	1	
				骨镞	7	3	
128	南区南	乙(B)	女	泥质灰陶折肩罐	1	1	春秋晚期后段
				覆面铜扣	2	2	
				纺锤形铜珠项链	3	1串(69)	
				匕形铜坠饰	4	1	
				玛瑙珠、白石管、小黑石珠项链	5	1串(玛瑙珠2、白石管1、小黑石珠68)	
				人字形铜坠饰	6	8	
				铜丝耳环(被陶罐遮挡)	7	2	
				绿松石坠珠(被陶罐遮挡)	8	5	
129	南区南	乙(A)	男	泥质灰陶折肩罐	1	1	春秋晚期后段
				青铜短剑	2	1	
				青铜削刀	3	1	
				覆面铜扣	4	3	
				马形铜牌饰	5	1	
				铜锥	6	1	
				长方形铜锥(针)管具	7	1	
				反S形铜带卡	8	28	
				马形铜带饰	9	73	
				铜镞	10	1	
				骨镞	11	1	
				铜丝耳环	12	2	
				绿松石坠珠	13	6	
				服饰铜泡(压在右尺骨下)	14	3	
130	南区南	乙(B)	女	夹砂红褐陶罐	1	1	春秋晚期后段
131	南区中	丙(A)	男	夹砂红陶罐	1	1	春秋晚期前段
				青铜短剑	2	1	
				青铜削刀	3	1	
				铜锥	4	1	
				长方形铜锥(针)管具	5	1	
				铜丝耳环	6	2	
				绿松石坠珠	7	6	
				覆面铜扣	8	1	
				绿松石管	9	1	
				犬形铜牌饰	10	1	
				骨珠	11	1	
				反S形铜带卡	12	20	

续表

墓号(YYM)	分区	规格级别	性别	随葬器物		数量	年代
				名称	编号		
131	南区中	丙(A)	男	马形铜带饰	13	43	春秋晚期前段
				铜镞	14	1	
132	南区中	丙(C)	少儿	铜丝耳环	1	2	春秋晚期前段
				绿松石坠珠	2	2	
				覆面铜扣	3	2	
				纺锤形铜珠	4	1串(12)	
				玛瑙珠、绿松石珠项链	5	1串(玛瑙珠3、绿松石珠15)	
				小黑石珠项链	6	1串(150)	
				小白石珠项链	7	1串(41)	
133	南区中	乙(B)	女	泥质灰陶折肩罐	1	1	春秋晚期前段
				铜丝耳环	2	2	
				绿松石坠珠	3	22	
				覆面铜扣	4	3	
				小黑石珠项链	5	1串(74)	
				玛瑙珠、绿松石管项链	6	1串(玛瑙珠72、绿松石管4)	
				纺锤形铜珠项链	7	1串(258)	
				匕形铜坠饰	8	1	
				铜环	9	1	
				人字形铜坠饰	10	16	
				长方形铜锥(针)管具	11	1	
134	南区中	乙(B)	男	泥质灰陶折肩罐	1	1	春秋晚期前段
				青铜短剑	2	1	
				青铜削刀	3	1	
				铜锥	4	1	
				长方形铜锥(针)管具	5	1	
				覆面铜扣	6	3	
				铜丝耳环	7	2	
				三联珠形铜饰件	8	1	
				铜环	9	3	
				服饰铜泡	10	2	
				铜镞	11	2	
				骨镞	12	2	
				马形铜带饰	13	45	
135	南区北	丙(C)	少儿	铜丝耳环	1	2	春秋晚期前段
				小白石珠项链	2	1串(33)	
				小黑石珠项链	3	1串(77)	
136	南区北	丙(C)	少儿	铜丝耳环	1	2	春秋晚期前段
				绿松石坠珠	2	4	
				人字形铜坠饰	3	6	
				玛瑙珠、绿松石珠项链	4	1串(玛瑙珠12、绿松石珠12)	
				小白石珠项链	5	1串(87)	
				小黑石珠项链	6	1串(60)	

续表

墓号(YYM)	分区	规格级别	性别	随葬器物		数量	年代
				名称	编号		
137	南区北	丙(A)	女	夹砂红陶罐(残碎)	1	1	春秋晚期前段
				覆面铜扣	2	2	
				铜丝耳环	3	2	
				小白石珠、白石管链	4	1串(白石珠264、白石管2)	
				纺锤形铜珠项链	5	1串(70)	
138	南区北	丙(A)	女	泥质灰陶折肩罐	1	1	春秋晚期前段
				铜丝耳环	2	2	
				绿松石坠珠	3	25	
				覆面铜扣	4	2	
				玛瑙珠项链	5	1串(146)	
				尖首刀币柄形坠	6	1	
				小黑石珠项链	7	1串(312)	
				骨镞	8	2	
				人字形铜坠饰	9	8	
				白石管	10	1	
139	南区北	丙(A)	女	泥质灰陶折肩罐	1	1	春秋晚期前段
140	北Ⅱ南	丁	少儿	无随葬品			春秋中晚期
141	北Ⅱ南	丁	婴儿	小黑石珠项链	1	1串(6)	春秋中晚期
142	南区北	丙(A)	男	夹砂红褐陶罐	1	1	春秋晚期前段
				青铜短剑	2	1	
				青铜削刀(压在剑身下面)	3	1	
				铜丝耳环	4	2	
				绿松石坠珠	5	6	
				覆面铜扣	6	2	
				马形铜牌饰	7	1	
				马形铜带饰	8	29	
				犬形铜带饰	9	14	
				铜环(出于骨盆表面)	10	1	
				骨镞	11	5	
				白石管(压于左耳骨下)	12	1	
				铜锥(压于左手指骨下面)	13	1	
				铜盒形器	14	1	
				长方形铜锥(针)管具(压于左髋骨下面)	15	1	
				贝饰	16	2	
143	南区北	丙(A)	男	泥质灰陶折肩罐	1	1	春秋晚期前段
				青铜短剑	2	1	
				青铜削刀	3	1	
				铜丝耳环	4	2	
				绿松石坠珠	5	6	
				覆面铜扣	6	2	
				马形铜牌饰	7	1	
				长方形铜锥(针)管具	8	1	
				铜锛	9	1	

续表

<table>
<tr><th rowspan="2">墓号(YYM)</th><th rowspan="2">分区</th><th rowspan="2">规格级别</th><th rowspan="2">性别</th><th colspan="2">随葬器物</th><th rowspan="2">数量</th><th rowspan="2">年代</th></tr>
<tr><th>名称</th><th>编号</th></tr>
<tr><td rowspan="7">143</td><td rowspan="7">南区北</td><td rowspan="7">丙(A)</td><td rowspan="7">男</td><td>铜凿</td><td>10</td><td>1</td><td rowspan="7">春秋晚期前段</td></tr>
<tr><td>反S形铜带卡</td><td>11</td><td>25</td></tr>
<tr><td>马形铜带饰</td><td>12</td><td>70</td></tr>
<tr><td>铜锥(压于右尺骨下面)</td><td>13</td><td>1</td></tr>
<tr><td>服饰铜泡(压于右尺骨下面)</td><td>14</td><td>2</td></tr>
<tr><td>骨珠(压于右尺骨下面)</td><td>15</td><td>1</td></tr>
<tr><td>开口骨器(压于右尺骨下面)</td><td>16</td><td>1</td></tr>
<tr><td rowspan="8">144</td><td rowspan="8">南区北</td><td rowspan="8">丙(A)</td><td rowspan="8">女</td><td>夹砂黑褐陶罐</td><td>1</td><td>1</td><td rowspan="8">春秋晚期前段</td></tr>
<tr><td>铜丝耳环</td><td>2</td><td>2</td></tr>
<tr><td>绿松石坠珠</td><td>3</td><td>37</td></tr>
<tr><td>覆面铜扣</td><td>4</td><td>3</td></tr>
<tr><td>纺锤形铜珠项链</td><td>5</td><td>1串(265)</td></tr>
<tr><td>三环式铜坠饰</td><td>6</td><td>1</td></tr>
<tr><td>小白石珠项链</td><td>7</td><td>1串(83)</td></tr>
<tr><td>小黑石珠项链</td><td>8</td><td>1串(88)</td></tr>
<tr><td rowspan="15">145</td><td rowspan="15">南区北</td><td rowspan="15">丙(A)</td><td rowspan="15">男</td><td>夹砂褐陶罐(残碎)</td><td>1</td><td>1</td><td rowspan="15">春秋晚期前段</td></tr>
<tr><td>青铜短剑</td><td>2</td><td>1</td></tr>
<tr><td>青铜削刀</td><td>3</td><td>1</td></tr>
<tr><td>覆面铜扣</td><td>4</td><td>1</td></tr>
<tr><td>铜丝耳环</td><td>5</td><td>2</td></tr>
<tr><td>绿松石坠珠</td><td>6</td><td>6</td></tr>
<tr><td>马形铜牌饰</td><td>7</td><td>1</td></tr>
<tr><td>铜锥</td><td>8</td><td>1</td></tr>
<tr><td>长方形铜锥(针)管具</td><td>9</td><td>1</td></tr>
<tr><td>服饰铜泡</td><td>10</td><td>4</td></tr>
<tr><td>铜锛</td><td>11</td><td>1</td></tr>
<tr><td>铜凿</td><td>12</td><td>1</td></tr>
<tr><td>铜镞</td><td>13</td><td>2</td></tr>
<tr><td>马形铜带饰</td><td>14</td><td>40</td></tr>
<tr><td>反S形铜带卡</td><td>15</td><td>27</td></tr>
<tr><td>146</td><td>南区北</td><td>丁</td><td>婴儿</td><td>无随葬品</td><td></td><td></td><td>春秋晚期前段</td></tr>
<tr><td rowspan="4">147</td><td rowspan="4">南区北</td><td rowspan="4">丁</td><td rowspan="4">婴儿</td><td>虎形铜牌饰</td><td>1</td><td>1</td><td rowspan="4">春秋晚期前段</td></tr>
<tr><td>纺锤形铜珠项链</td><td>2</td><td>1串(12)</td></tr>
<tr><td>白石管、绿松石珠、小白珠项链</td><td>3</td><td>1串(白石管2、绿松石珠4、小白石珠6)</td></tr>
<tr><td>服饰铜泡</td><td>4</td><td>1</td></tr>
<tr><td rowspan="7">148</td><td rowspan="7">北Ⅱ南</td><td rowspan="7">丙(A)</td><td rowspan="7">男</td><td>夹砂黑褐陶罐</td><td>1</td><td>1</td><td rowspan="7">春秋中晚期</td></tr>
<tr><td>青铜短剑</td><td>2</td><td>1</td></tr>
<tr><td>青铜削刀</td><td>3</td><td>1</td></tr>
<tr><td>铜丝耳环</td><td>4</td><td>2</td></tr>
<tr><td>覆面铜扣</td><td>5</td><td>1</td></tr>
<tr><td>铜带钩</td><td>6</td><td>1</td></tr>
<tr><td>骨环</td><td>7</td><td>1</td></tr>
</table>

续表

墓号(YYM)	分区	规格级别	性别	随葬器物		数量	年代
				名称	编号		
148	北Ⅱ南	丙(A)	男	长方形铜锥(针)管具	8	1	春秋中晚期
				铜镞	9	2	
				骨镞	10	3	
				铜锥(压于短剑之下)	11	1	
149	北Ⅱ南	丙(B)	女	泥质灰陶折肩罐	1	1	春秋中晚期
				铜丝耳环	2	2	
				覆面铜扣	3	2	
				弹簧形铜饰	4	4	
				小铜箍	5	9	
				小白石珠项链	6	1 串(921)	
				铜镜形饰	7	1	
				服饰铜泡	8	3	
				圆锥形铜坠饰	9	1	
				蚌刻贝饰(压在左股骨下)	10	1	
				服饰铜扣	11	1	
				人字形铜坠饰(压在头骨下)	12	4	
				蚌珠(颈部左侧)	13	1	
				白石管(颈部左侧)	14	7	
				双环形铜饰(胸部)	15	1	
150	南区北	乙(B)	女	夹砂红陶罐	1	1	春秋晚期前段
				铜丝耳环	2	4	
				绿松石坠珠	3	11	
				覆面铜扣	4	2	
				小黑石珠项链	5	1 串(125)	
				粟粒形铜珠项链	6	1 串(742)	
				匕形铜坠饰	7	1	
				白石管	8	1	
				联珠棍形铜坠饰	9	12	
151	南区北	甲(B)	男	夹砂红陶罐	1	1	春秋晚期前段
				青铜短剑	2	1	
				青铜削刀	3	1	
				覆面铜扣	4	2	
				铜丝耳环	5	2	
				绿松石坠珠	6	4	
				金璜形饰	7	1	
				铜锥	8	1	
				长方形铜锥(针)管具	9	1	
				开口骨器	10	1	
				铜锛	11	1	
				铜凿	12	1	
				铜镞	13	9	
				骨镞	14	4	
				铜衔	15	2	

续表

墓号(YYM)	分区	规格级别	性别	随葬器物 名称	编号	数量	年代
151	南区北	甲(B)	男	马具铜泡	16	6	春秋晚期前段
				马形铜带饰	17	55	
				反S形铜带卡	18	25	
				服饰铜扣(骨盆之下)	19	2	
				马具骨环	20	1	
				辐射纹服饰铜泡	21	2	
152	南区北	丁	婴儿	无随葬品			春秋晚期前段
153	南区北	丙(A)	女	夹砂灰褐陶罐	1	1	春秋晚期前段
				铜环	2	1	
				青铜削刀	3	1	
				长方形铜锥(针)管具	4	1	
				覆面铜扣	5	2	
				铜丝耳环	6	3	
				绿松石坠珠	7	12	
				小黑石珠项链	8	1串(377)	
				小白石珠项链	9	1串(81)	
				玛瑙珠、绿松石管、蚌珠、蚌坠项链	10	1串(玛瑙珠95、绿松石管6、蚌珠1、蚌坠1)	
				纺锤形铜珠项链	11	1串(17)	
				匕形铜坠饰	12	1	
				白石管	13	1串(9)	
				人字形铜坠饰	14	19	
154	南区中	丙(C)	男	泥质灰陶折肩罐	1	1	春秋晚期前段
				铜丝耳环	2	2	
				犬形铜牌饰	3	1	
				服饰铜泡	4	2	
				绿松石珠	5	1	
				玛瑙珠	6	1	
				小白石珠项链	7	1串(285)	
155	南区中	丁	少儿	铜丝耳环	1	2	春秋晚期前段
				小黑石珠项链	2	1串(60)	
				小白石珠、玛瑙珠项链	3	1串(小白石珠45、玛瑙珠1)	
				绿松石珠	4	2	
156	南区中	乙(A)	男	泥质灰陶高颈壶	1	1	春秋晚期前段
				青铜短剑	2	1	
				青铜削刀	3	1	
				覆面铜扣	4	2	
				金耳环	5	2	
				绿松石坠珠	6	6	
				马形铜牌饰	7	2	
				竹篾簧片	8	1	
				圆筒形铜锥(针)管具	9	1	
				辐射纹服饰铜泡	10	4	

续表

墓号(YYM)	分区	规格级别	性别	随葬器物		数量	年代
				名称	编号		
156	南区中	乙(A)	男	铜鉚	11	1	春秋晚期前段
				铜锥	12	1	
				蚌环	13	2	
				铜衔	14	2	
				铜镳	15	4 件	
				四通式铜节约	16	4	
				三鹿纹马具铜泡	17	6	
				素面马具铜泡	18	2	
				算珠形马具铜环	19	2	
				铜锛	20	1	
				铜镞	21	3	
				骨镞	22	6	
				犬纹铜带卡	23	105	
				马形铜带饰	24	94	
				铜凿(压于铜鉚下面)	25	1	
				服饰铜扣(压于颈骨下面)	26	1	
				长条梳齿形骨器(削刀表面)	27	1	
				马具骨环(在殉牲马骨部位)	28	5	
157	南区北	丙(C)	少儿	铜丝耳环	1	2	春秋晚期前段
				绿松石坠珠	2	2	
				马形铜牌饰	3	1	
				白石管、黑石管项链	4	1 串(白石管 9、黑石管 7)	
				服饰铜泡	5	9	
158	南区中	乙(B)	男	夹砂红褐陶罐	1	1	春秋晚期前段
				青铜短剑	2	1	
				青铜削刀	3	1	
				长方形铜锥(针)管具	4	1	
				螭龙纹铜带钩	5	1	
				覆面铜扣	6	2	
				铜丝耳环	7	2	
				绿松石坠珠	8	2	
				马形铜牌饰	9	1	
				红玛瑙珠	10	1	
				白石管	11	1	
				服饰铜扣	12	1	
				马形铜带饰	13	83	
				双马头相背纹铜带饰	14	39	
				铜镞	15	1	
				骨镞	16	2	
				蚌片	17	1	
				铜锥(剑、刀之间)	18	1	
				斗笠形服饰铜泡(压在右髋骨下)	19	2	
				辐射纹服饰铜泡(右股骨内、外侧)	20	2	

续表

墓号(YYM)	分区	规格级别	性别	随葬器物 名称	编号	数量	年代
159	南区中	丁	婴儿	虎头形铜牌饰	1	2	春秋晚期前段
				绿松石管、小白石珠项链	2	1串(绿松石管2、小白石珠102)	
160	南区南	乙(B)	男	泥质灰陶折肩罐	1	1	春秋晚期后段
				青铜短剑	2	1	
				青铜削刀	3	1	
				覆面铜扣	4	2	
				铜丝耳环	5	2	
				马形铜牌饰	6	1	
				铜锥	7	1	
				马形铜带饰	8	26	
				长方形铜锥(针)管具(压于右髋骨下)	9	1	
161	南区南	乙(A)	男	泥质黑陶折肩罐	1	1	春秋晚期后段
				青铜短剑	2	1	
				青铜削刀	3	1	
				虎形铜牌饰	4	1	
				长方形铜锥(针)管具	5	1	
				铜锥(压在左股骨下)	6	1	
				铜丝耳环(被陶罐遮挡)	7	2	
				绿松石坠珠	8	2	
				白石管(压在罐下)	9	1	
162	南区南	丁	女	铜丝耳环	1	2	春秋晚期后段
163	南区南	乙(B)	女	夹砂红褐陶罐	1	1	春秋晚期后段
				铜丝耳环	2	4	
				小白石珠项链	3	1串(31)	
				纺锤形铜珠	4	1串(16)	
				服饰小铜扣	5	7	
				小铜环	6	2	
				人字形铜坠饰	7	3	
164	南区南	丙(B)	男	夹砂红褐陶罐	1	1	春秋晚期后段
				青铜短剑	2	1	
				尖首刀币	3	1	
				铜锥	4	1	
				长方形铜锥(针)管具	5	1	
				铜丝耳环	6	2	
				绿松石坠珠	7	2	
				覆面铜扣	8	3	
				双足形铜饰件	9	1	
165	南区中	丁	少儿	铜丝耳环	1	2	春秋晚期前段
				玛瑙珠、小白石珠、小黑石珠项链	2	1串(玛瑙珠2、小白石珠9、小黑石珠13)	
				纺锤形铜珠项链	3	1串(9)	
				小铜箍	4	7	

续表

墓号(YYM)	分区	规格级别	性别	随葬器物		数量	年代
				名称	编号		
166	南区中	丙(C)	少儿	铜丝耳环	1	2	春秋晚期前段
				马形铜牌饰	2	1	
				绿松石珠、小白石珠项链	3	1串(绿松石珠1、小白石珠99)	
167	南区中	乙(B)	女	夹砂红陶罐	1	1	春秋晚期前段
				铜丝耳环	2	2	
				绿松石坠珠	3	16	
				覆面铜扣	4	3	
				玛瑙珠项链	5	1串(179)	
				绿松石珠项链	6	1串(221)	
				小白石珠项链	7	1串(1112)	
				绿松石管、贝壳、小黑石珠项链	8	1串(绿松石管11、贝壳6、小黑石珠72)	
				铜盒形器	9	1	
				长方形铜锥(针)管具	10	1	
				人字形铜坠饰	11	26	
				铜环(压在陶罐下)	12	1	
168	南区中	丙(B)	男	夹砂红褐陶罐	1	1	春秋晚期前段
				青铜短剑	2	1	
				青铜削刀	3	1	
				铜丝耳环	4	2	
				绿松石坠珠	5	6	
				虎形铜牌饰	6	1	
				铜环	7	1	
				服饰铜泡	8	2	
				铜锥	9	1	
				长方形铜锥(针)管具	10	1	
				马形铜带饰	11	93	
				骨珠	12	1	
				覆面铜扣	13	3	
169	南区北	乙(B)	女	夹砂褐陶双耳罐(残)	1	1	春秋晚期前段
170	南区北	乙(B)	男	夹砂红陶罐(残碎)	1	1	春秋晚期前段
				覆面铜扣	2	3	
171	南区中	丙(A)	男	夹砂红褐陶罐	1	1	春秋晚期前段
				青铜短剑	2	1	
				青铜削刀	3	1	
				铜铆	4	1	
				铜丝耳环	5	2	
				绿松石坠珠	6	8	
				覆面铜扣	7	4	
				虎形铜牌饰	8	1	
				长方形铜锥(针)管具	9	1	
				铜锥	10	1	
				服饰铜泡	11	2	

续表

墓号(YYM)	分区	规格级别	性别	随葬器物		数量	年代
				名称	编号		
171	南区中	丙(A)	男	反S形铜带卡	12	69	春秋晚期前段
				马形铜带饰	13	91	
				铜锛	14	1	
				粟粒纹服饰铜扣	15	1	
172	南区南	丁	男	泥质灰陶折肩罐	1	1	春秋晚期后段
				铜丝耳环	2	2	
				尖首刀币	3	1	
				绿松石管	4	2	
				绿松石坠珠(被面骨遮挡)	5	1	
173	南区南	丙(C)	男	铜带钩	1	1	春秋晚期后段
				铜镞	2	3	
				骨镞	3	4	
174	南区南	乙(B)	男	泥质灰陶折肩罐	1	1	春秋晚期后段
				青铜短剑	2	1	
				青铜削刀	3	1	
				覆面铜扣	4	3	
				金丝耳环	5	2	
				绿松石坠珠	6	6	
				金璜形饰	7	1	
				鹿形铜带饰	8	16	
				马形铜带饰	9	77	
				圆筒形竹节状铜锥(针)管具	10	1	
				铜衔	11	2	
				骨镳	12	2	
				铜铆	13	1	
				铜锛	14	1	
				铜凿	15	1	
				铜锥	16	1	
				铜镞	17	4	
				骨镞	18	3	
				双环孔形铜饰件	19	4	
				铜扣(压在短剑下面)	20	2	
175	南区南	丙(A)	男	泥质灰陶壶	1	1	春秋晚期后段
				青铜短剑	2	1	
				青铜削刀	3	1	
				覆面铜扣	4	2	
				铜丝耳环	5	2	
				绿松石坠珠	6	6	
				鹿形铜牌饰	7	2	
				绿松石珠	8	3	
				长方形铜锥(针)管具	9	1	
				铜锥	10	1	
				铜铃形饰	11	1	

续表

墓号(YYM)	分区	规格级别	性别	随葬器物		数量	年代
				名称	编号		
175	南区南	丙(A)	男	动物纹服饰铜扣	12	5	春秋晚期后段
				鹿形铜带饰	13	23	
				马形铜带饰	14	33	
176	南区中	丙(B)	女	夹砂褐陶罐(残碎)	1	1	春秋晚期前段
				铜丝耳环	2	2	
				绿松石坠珠	3	2	
				覆面铜扣	4	2	
				玛瑙珠、蚌珠、白石管项链	5	1串(玛瑙珠19、蚌珠1、白石管1)	
				小白石珠项链	6	1串(125)	
				小黑石珠项链	7	1串(319)	
				人字形铜坠饰	8	10	
				长方形铜锥(针)管具	9	1	
177	南区北	丁	婴儿	铜丝耳环	1	2	春秋晚期前段
				石珠项链	2	1串(绿松石珠1、小黑石珠40)	
				青铜削刀	3	1	
178	南区北	乙(B)	女	夹砂红陶罐(残碎)	1	1	春秋晚期前段
				覆面铜扣	2	2	
				青铜削刀	3	1	
				铜丝耳环	4	2	
				绿松石坠珠	5	6	
				小黑石珠项链	6	1串(69)	
				铜珠项链	7	1串(粟粒形珠28、纺锤形珠2)	
				绿松石珠、玛瑙珠、绿松石管项链	8	1串(绿松石珠9、玛瑙珠45、绿松石管4)	
				匕形铜坠饰	9	1	
				双联服饰小铜扣	10	166	
				联珠棍形铜坠饰	11	12	
				服饰小铜扣	12	30	
				长方形铜锥(针)管具	13	1	
				铜锥	14	1	
				白石管	15	4	
179	南区北	乙(B)	男	夹砂红褐陶罐	1	1	春秋晚期前段
				青铜短剑	2	1	
				青铜削刀	3	1	
				铜锥	4	1	
				长方形铜锥(针)管具	5	1	
				开口骨器	6	1	
				骨镞	7	6	
				骨针(装于管具内)	8	1	
				铜丝耳环(压下罐下)	9	1	
				骨鸣镝	10	1	
180	南区北	丙(A)	女	夹砂红陶罐	1	1	春秋晚期前段

续表

<table>
<tr><th rowspan="2">墓号(YYM)</th><th rowspan="2">分区</th><th rowspan="2">规格级别</th><th rowspan="2">性别</th><th colspan="2">随葬器物</th><th rowspan="2">数量</th><th rowspan="2">年代</th></tr>
<tr><th>名称</th><th>编号</th></tr>
<tr><td>181</td><td>南区北</td><td>丙(A)</td><td>男</td><td>夹砂红陶罐</td><td>1</td><td>1</td><td>春秋晚期前段</td></tr>
<tr><td rowspan="8">182</td><td rowspan="8">南区北</td><td rowspan="8">乙(B)</td><td rowspan="8">男</td><td>泥质灰陶折肩罐(残碎)</td><td>1</td><td>1</td><td rowspan="8">春秋晚期前段</td></tr>
<tr><td>青铜短剑</td><td>2</td><td>1</td></tr>
<tr><td>青铜削刀</td><td>3</td><td>1</td></tr>
<tr><td>覆面铜扣</td><td>4</td><td>3</td></tr>
<tr><td>铜丝耳环</td><td>5</td><td>2</td></tr>
<tr><td>绿松石坠珠</td><td>6</td><td>2</td></tr>
<tr><td>白石管</td><td>7</td><td>1</td></tr>
<tr><td>铜锥</td><td>8</td><td>1</td></tr>
<tr><td rowspan="2">183</td><td rowspan="2">南区北</td><td rowspan="2">丙(B)</td><td rowspan="2">女</td><td>泥质灰陶折肩罐</td><td>1</td><td>1</td><td rowspan="2">春秋晚期前段</td></tr>
<tr><td>覆面铜扣</td><td>2</td><td>2</td></tr>
<tr><td rowspan="4">184</td><td rowspan="4">北Ⅱ南</td><td rowspan="4">丙(B)</td><td rowspan="4">少儿</td><td>泥质黑陶高领壶(残)</td><td>1</td><td>1</td><td rowspan="4">春秋中晚期</td></tr>
<tr><td>铜丝耳环</td><td>2</td><td>1</td></tr>
<tr><td>覆面铜扣</td><td>3</td><td>3</td></tr>
<tr><td>绿松石珠、绿松石管、白石管、骨贝项链</td><td>4</td><td>1串(绿松石珠4、绿松石管3、白石管25、骨贝2)</td></tr>
<tr><td rowspan="3">185</td><td rowspan="3">北Ⅱ南</td><td rowspan="3">丙(A)</td><td rowspan="3">女</td><td>夹砂褐陶罐</td><td>1</td><td>1</td><td rowspan="3">春秋中晚期</td></tr>
<tr><td>覆面铜扣</td><td>2</td><td>1</td></tr>
<tr><td>白石管</td><td>3</td><td>1</td></tr>
<tr><td rowspan="12">186</td><td rowspan="12">北Ⅱ南</td><td rowspan="12">乙(B)</td><td rowspan="12">男</td><td>夹砂红陶罐</td><td>1</td><td>1</td><td rowspan="12">春秋中晚期</td></tr>
<tr><td>青铜短剑</td><td>2</td><td>1</td></tr>
<tr><td>青铜削刀</td><td>3</td><td>1</td></tr>
<tr><td>铜锥</td><td>4</td><td>1</td></tr>
<tr><td>覆面铜扣</td><td>5</td><td>1</td></tr>
<tr><td>铜丝耳环</td><td>6</td><td>2</td></tr>
<tr><td>绿松石坠珠</td><td>7</td><td>2</td></tr>
<tr><td>白石管</td><td>8</td><td>1</td></tr>
<tr><td>服饰铜泡</td><td>9</td><td>3</td></tr>
<tr><td>算珠形石珠</td><td>10</td><td>1</td></tr>
<tr><td>铜镞</td><td>11</td><td>1</td></tr>
<tr><td>骨镞</td><td>12</td><td>2</td></tr>
<tr><td rowspan="2">187</td><td rowspan="2">北Ⅱ南</td><td rowspan="2">丙(A)</td><td rowspan="2">女</td><td>夹砂红陶罐</td><td>1</td><td>1</td><td rowspan="2">春秋中晚期</td></tr>
<tr><td>覆面铜扣</td><td>2</td><td>2</td></tr>
<tr><td rowspan="10">188</td><td rowspan="10">北Ⅱ中</td><td rowspan="10">乙(B)</td><td rowspan="10">男</td><td>夹砂红陶罐</td><td>1</td><td>1</td><td rowspan="10">春秋中期</td></tr>
<tr><td>青铜短剑</td><td>2</td><td>1</td></tr>
<tr><td>青铜削刀</td><td>3</td><td>1</td></tr>
<tr><td>覆面铜扣</td><td>4</td><td>2</td></tr>
<tr><td>铜丝耳环</td><td>5</td><td>2</td></tr>
<tr><td>绿松石坠珠</td><td>6</td><td>2</td></tr>
<tr><td>马形铜牌饰</td><td>7</td><td>1</td></tr>
<tr><td>铜带钩</td><td>8</td><td>1</td></tr>
<tr><td>服饰小铜扣</td><td>9</td><td>15</td></tr>
<tr><td>服饰铜泡</td><td>10</td><td>2</td></tr>
</table>

续表

墓号(YYM)	分区	规格级别	性别	随葬器物		数量	年代
				名称	编号		
188	北Ⅱ中	乙(B)	男	小鹿形铜带饰	11	68	春秋中期
				长方形铜锥(针)管具	12	1	
				铜凿	13	1	
				铜锛	14	1	
				铜镞	15	1	
				骨镞	16	11	
				骨鸣镝	17	3	
				铜锥	18	2	
				铜铃形饰	19	1	
				骨珠	20	1	
189	北Ⅱ南	丙(A)	女	夹砂红陶罐(残碎)	1	1	春秋中晚期
190	北Ⅱ中	乙(B)	男	夹砂红陶罐	1	1	春秋中期
				青铜短剑	2	1	
				青铜削刀	3	1	
				覆面铜扣	4	3	
				铜丝耳环	5	2	
				绿松石坠珠	6	10	
				马形铜牌饰	7	1	
				铜锥	8	1	
				长方形铜锥(针)管具	9	1	
				穿孔砺石	10	1	
				服饰小铜扣	11	3	
				涡纹服饰铜扣	12	1	
				辐射纹服饰铜泡	13	4	
				小鹿形铜带饰	14	18	
				长方形反S纹铜带卡	15	30	
				铜锛	16	1	
				铜凿	17	1	
				铜镞	18	8	
				骨镞	19	3	
				赤铁矿砺石	20	1	
191	北Ⅱ中	丙(A)	女	夹砂褐陶罐(残碎)	1	1	春秋中期
				铜丝耳环	2	2	
				覆面铜扣	3	5	
				小白石珠项链	4	1串(64)	
192	北Ⅱ南	丙(B)	男	夹砂红陶罐	1	1	春秋中晚期
				覆面铜扣	2	2	
				青铜削刀	3	1	
				石珠项链	4	1串(绿松石珠1、小白石珠18、小黑石珠7)	
				服饰铜扣	5	1	
				骨鸣镝	6	1	
				铜镞	7	2	

续表

墓号(YYM)	分区	规格级别	性别	随葬器物		数量	年代
				名称	编号		
192	北Ⅱ南	丙(B)	男	骨镞	8	5	春秋中晚期
193	北Ⅱ南	丁	婴儿	无随葬品			春秋中晚期
194	南区北	丙(C)	婴儿	绿松石管、小黑石珠项链	1	1串(绿松石管1、小黑石珠78)	春秋晚期前段
195	南区北	丙(C)	婴儿	铜丝耳环	1	2	春秋晚期前段
				马形铜牌饰	2	1	
196	北Ⅱ南	乙(B)	女	夹砂红褐陶罐	1	1	春秋中晚期
				铜丝耳环	2	2	
				绿松石坠珠	3	6	
				小铜扣项链	4	1串(132)	
				铜珠项链	5	1串(29)	
				小黑石珠项链	6	1串(42)	
				白石管	7	4	
197	南区北	乙(B)	女	泥质灰陶折肩罐	1	1	春秋晚期前段
				铜丝耳环	2	2	
				绿松石坠珠	3	2	
				覆面铜扣	4	3	
				白石管	5	2	
				匕形铜坠饰	6	1	
				长方形铜锥(针)管具(压于右髋骨下)	7	1	
198	南区北	乙(B)	女	泥质灰陶罐	1	1	春秋晚期前段
				铜丝耳环	2	2	
				绿松石坠珠	3	16	
				覆面铜扣	4	3	
				玛瑙珠、绿松石管、白石管、蚌珠串饰	5	1串(玛瑙珠3、绿松石管9、白石管8、蚌珠1)	
				小白石珠项链	6	1串(160)	
				双联珠形小铜扣项链	7	1串(120)	
				铜铃形饰	8	4	
				联珠棍形铜坠饰	9	10	
199	南区北	丙(A)	男	夹砂黑褐陶罐	1	1	春秋晚期前段
				青铜短剑	2	1	
				青铜削刀	3	1	
				铜锥	4	1	
				铜带钩	5	1	
				辐射纹服饰铜泡	6	2	
				铜镞	7	2	
				骨镞	8	3	
				铜丝耳环	9	2	
				绿松石坠珠(右)	10	1	
				覆面铜扣	11	3	
				石珠项链(压在陶罐下)	12	1串(小白珠50、小黑珠47)	

续表

墓号(YYM)	分区	规格级别	性别	随葬器物		数量	年代
				名称	编号		
200	南区北	丙(A)	女	泥质灰陶壶	1	1	春秋晚期前段
				覆面铜扣	2	3	
				铜丝耳环	3	2	
				小白石珠项链	4	1串(30)	
				小黑石珠项链	5	1串(176)	
201	南区中	丁	少儿	覆面铜扣	1	3	春秋晚期前段
				铜丝耳环	2	2	
				马形铜牌饰	3	1	
				小黑石珠项链	4	1串(140)	
				辐射纹服饰铜泡	5	4	
202	南区中	丙(A)	女	夹砂红陶罐(残)	1	1	春秋晚期前段
				铜丝耳环	2	2	
				绿松石坠珠	3	4	
				覆面铜扣	4	3	
				小铜珠项链	5	1串(9)	
				杂珠项链1串	6	玛瑙珠2、绿松石珠1、蚌珠2、黑石珠27、白石珠2	
				铜铃形饰	7	8	
				长方形铜锥(针)管具(压于左手指骨下)	8	1	
203	南区北	乙(B)	男	夹砂红陶罐	1	1	春秋晚期前段
				覆面铜扣	2	2	
				青铜削刀	3	1	
				铜丝耳环	4	2	
				辐射纹服饰铜泡	5	2	
				骨镞	6	4	
				铜锥	7	1	
204	南区北	乙(B)	女	夹砂红陶罐(残碎)	1	1	春秋晚期前段
				覆面铜扣	2	3	
				铜丝耳环	3	2	
				人形铜饰	4	1	
				辐射纹服饰铜泡	5	1	
205	南区北	乙(B)	男	夹砂红陶罐	1	1	春秋晚期前段
				覆面铜扣	2	1	
				青铜削刀	3	1	
				马形铜牌饰	4	1	
				骨环	5	1	
				铜锥	6	1	
				铜镞	7	2	
				骨镞	8	5	
206	南区北	丙(A)	女	夹砂红褐陶罐	1	1	春秋晚期前段
				覆面铜扣	2	3	

续表

墓号(YYM)	分区	规格级别	性别	随葬器物		数量	年代
				名称	编号		
206	南区北	丙(A)	女	绿松石坠珠	3	2	春秋晚期前段
				小铜珠项链	4	1串(144)	
				匕形铜坠饰	5	1	
				白石管	6	5	
				长方形铜锥(针)管具(压在右髋骨下)	7	1	
207	南区北	乙(B)	男	夹砂红陶罐	1	1	春秋晚期前段
208	北Ⅱ南	丙(A)	女	泥质灰陶折肩罐	1	1	春秋中晚期
				覆面铜扣	2	1	
				铜丝耳环(右)	3	1	
				绿松石坠珠(右)	4	1	
				小白石珠	5	2	
				匕形铜坠饰	6	1	
209	南区北	乙(A)	男	夹砂红陶罐(残碎)	1	1	春秋晚期前段
				青铜短剑	2	1	
				青铜削刀	3	1	
				覆面铜扣	4	4	
				铜丝耳环	5	2	
				绿松石坠珠	6	5	
				马形铜牌饰	7	1	
				骨环	8	1	
				铜带钩	9	1	
				铜凿	10	1	
				铜锛	11	1	
				铜镞	12	5	
				骨镞	13	6	
				服饰铜扣	15	2	
				辐射纹服饰铜泡	14	1	
				赤铁矿砺石	16	1	
				小鹿形铜带饰	17	95	
				铜锥(压于右髋骨下)	18	1	
				长方形铜锥(针)管具(压于右髋骨下)	19	1	
210	南区北	乙(A)	男	夹砂黑褐陶罐	1	1	春秋晚期前段
				青铜短剑	2	1	
				青铜削刀	3	1	
				马形铜牌饰	4	1	
				长方形铜锥(针)管具	5	1	
				铜锥	6	1	
				铜镞	7	5	
				骨镞	8	11	
				三鸟头纹铜带饰	9	40	
				小鹿形铜带饰	10	53	

续表

墓号(YYM)	分区	规格级别	性别	随葬器物		数量	年代
				名称	编号		
211	南区北	乙(B)	女	夹砂褐陶罐	1	1	春秋晚期前段
				大号铜丝耳环	2	6	
				铜镜形饰	3	1	
				覆面铜扣	4	2	
212	北Ⅱ南	乙(B)	男	泥质灰陶罐	1	1	春秋中晚期
				青铜短剑	2	1	
				青铜削刀	3	1	
				覆面铜扣	4	3	
				铜丝耳环	5	2	
				绿松石坠珠	6	2	
				马形铜牌饰	7	1	
				长方形铜锥(针)管具	8	1	
				服饰小铜扣	9	82	
				羊形铜带饰	10	73	
				铜锛	11	1	
				铜凿	12	1	
				铜锥(压在右尺骨下)	13	1	
213	南区北	乙(B)	男	夹砂褐陶圆折腹罐	1	1	春秋晚期前段
				青铜短剑	2	1	
				青铜削刀	3	1	
				铜锥	4	1	
				长方形铜锥(针)管具	5	1	
				铜丝耳环	6	2	
				绿松石坠珠	7	5	
				覆面铜扣	8	3	
				小白石珠项链	9	1 串(128)	
				虎形铜牌饰	10	1	
				铜带钩	11	1	
				铜镞	12	2	
				骨镞	13	6	
				铜铃形饰	14	1	
214	南区北	乙(B)	男	泥质灰陶豆盘	1	1	春秋晚期前段
				青铜削刀	2	1	
215	南区北	丙(B)	女	夹砂红陶罐	1	1	春秋晚期前段
				覆面铜扣	2	3	
				铜丝耳环	3	2	
				绿松石坠珠	4	3	
				玛瑙珠、小黑石珠项链	5	1 串(玛瑙珠 4、小黑石珠 64)	
				小白石珠项链	6	1 串(33)	
				铜铃形饰	7	8	
216	南区北	乙(B)	女	夹砂红褐陶罐	1	1	春秋晚期前段
				覆面铜扣	2	2	
				铜丝耳环	3	2	

续表

墓号(YYM)	分区	规格级别	性别	随葬器物		数量	年代
				名称	编号		
216	南区北	乙(B)	女	白石管、小白石珠项链	4	1串(白石管3、小白石珠93)	春秋晚期前段
217	南区北	甲(B)	男	夹砂红陶罐(残碎)	1	1	春秋晚期前段
				马形铜牌饰	2	1	
				青铜削刀	3	1	
				铜丝耳环	4	2	
				绿松石坠珠	5	4	
				服饰铜泡	6	1	
				长方形卷云纹铜带卡	7	27	
				铜凿	8	1	
				铜锛	9	1	
				铜镞	10	1	
				骨镞	11	5	
				马具铜泡	12	6	
				穿孔砺石	13	1	
218	南区北	丙(A)	女	无随葬品			春秋晚期前段
219	南区北	丙(A)	女	泥质灰陶抹棱折肩罐	1	1	春秋晚期前段
				绿松石珠(压于头骨下)	2	6	
220	南区北	乙(B)	女	夹砂红陶罐	1	1	春秋晚期前段
				覆面铜扣	2	3	
				青铜削刀	3	1	
				铜丝耳环	4	2	
				绿松石坠珠	5	14	
				玛瑙珠、纺锤形铜珠、绿松石珠串饰	6	1串(玛瑙珠3、纺锤形铜珠9、绿松石珠78)	
				匕形铜坠饰	7	1	
				小黑石珠项链	8	1串(731)	
				长方形铜锥(针)管具	9	1	
				铜铃形饰	10	1	
				人字形铜坠饰	11	19	
221	南区北	丙(A)	女	泥质灰陶壶	1	1	春秋晚期前段
				泥质黑陶盂(压在陶壶下)	2	1	
				覆面铜扣	3	3	
				小白石珠项链	4	1串(92)	
				小黑石珠项链	5	1串(83)	
				三联珠形铜坠饰	6	1	
222	南区北	丙(B)	女	夹砂红陶罐(残碎)	1	1	春秋晚期前段
				覆面铜扣	2	3	
				铜丝耳环	3	2	
				白石管、小白石珠项链	4	1串(白石管1、小白石珠12)	
				小黑石珠项链	5	1串(122)	
				双联小铜扣项链	6	1串(95)	
				匕形铜坠饰	7	1	

续表

墓号（YYM）	分区	规格级别	性别	随葬器物		数量	年代
				名称	编号		
223	南区北	乙（B）	女	夹砂红陶罐	1	1	春秋晚期前段
				覆面铜扣	2	3	
				铜丝耳环	3	2	
224	南区北	丙（A）	男	泥质黑陶折肩罐	1	1	春秋晚期前段
				青铜短剑	2	1	
				青铜削刀	3	1	
				覆面铜扣	4	3	
				铜丝耳环	5	2	
				铜丝耳环	5	2	
				马形铜牌饰	6	1	
				白石管（压在头骨下）	7	1	
225	北Ⅱ中	乙（B）	女	夹砂红陶罐	1	1	春秋中期
				铜丝耳环	2	2	
226	北Ⅱ北	乙（B）	男	夹砂红陶罐	1	1	春秋早中期
				青铜短剑	2	1	
				青铜削刀	3	1	
				铜锥	4	1	
				长方形铜锥（针）管具	5	1	
				马形铜牌饰	6	1	
				铜带钩	7	1	
				铜斧	8	1	
				铜镞	9	5	
				骨镞	10	10	
				覆面铜扣	11	4	
				粟粒纹服饰铜扣	12	2	
				螭龙纹铜带卡	13	33	
				赤铁矿砺石	14	1	
				铜丝耳环	15	2	
				绿松石坠珠	16	6	
				白石管（压在头骨下）	17	1	
227	北Ⅱ北	乙（A）	男	夹砂红褐陶罐	1	1	春秋早中期
				青铜短剑	2	1	
				青铜削刀	3	1	
				铜锥	4	1	
				马形铜牌饰	5	1	
				铜带钩	6	1	
				覆面铜扣	7	3	
				铜丝耳环	8	2	
				绿松石坠珠	9	12	
				服饰铜扣	10	1	
				山羊形铜带饰	11	29	
				铜镞	12	1	
				骨镞	13	10	

续表

墓号(YYM)	分区	规格级别	性别	随葬器物 名称	编号	数量	年代
228	北Ⅱ北	乙(B)	男	夹砂红陶罐	1	1	春秋早中期
				覆面铜扣	2	1	
				青铜削刀	3	1	
				铜丝耳环	4	2	
				虎形铜牌饰	5	1	
				铜带钩	6	1	
				骨鸣镝	7	1	
229	北Ⅱ北	乙(A)	男	夹砂红陶罐	1	1	春秋早中期
				铜带钩	2	1	
				青铜削刀	3	1	
				铜丝耳环	4	2	
				绿松石管	5	1	
				辐射纹服饰铜泡	6	4	
				不规则形赤铁矿砺石	7	1	
				铜凿	8	1	
				铜锛	9	1	
				铜镞	10	1	
				骨镞	11	4	
				骨鸣镝	12	5	
				三鸟头纹铜带饰	13	82	
				铜锥	14	1	
				算珠形骨珠	15	1	
				绿松石坠珠	16	1	
230	北Ⅱ北	甲(A)	男	夹砂红陶罐	1	1	春秋早中期
				青铜短剑	2	1	
				青铜削刀	3	1	
				铜锥	4	1	
				长方形铜锥(针)管具	5	1	
				铜凿	6	1	
				铜镞	7	2	
				骨镞	8	4	
				铜衔	9	2	
				马具铜泡	10	6	
				铜丝耳环	11	2	
				绿松石坠珠	12	6	
				覆面铜扣	13	3	
				虎形铜牌饰	14	2	
				纺锤形小铜珠及黑石珠项链	15	1串(铜珠28、黑石珠37)	
				铜铃形饰	16	1	
				喇叭形管状铜饰	17	1	
				服饰铜泡(大号)	18	2	
				服饰铜泡(中号)	19	5	
				小鹿形铜带饰	20	49	

续表

墓号(YYM)	分区	规格级别	性别	随葬器物名称	编号	数量	年代
230	北Ⅱ北	甲(A)	男	双联S纹铜带卡	21	17	春秋早中期
				骨环	22	1	
				穿孔砺石	23	1	
				赤铁矿砺石	24	1	
				骨镳	25	1	
				马具骨环	26	2	
				铜锛(圹内填土中出土)	27	1	
231	北Ⅱ北	乙(B)	女	夹砂红陶罐	1	1	春秋早中期
				铜丝耳环	2	2	
				绿松石坠珠	3	3	
				小铜珠项链	4	1串(79)	
				匕形铜坠饰	5	1	
				小黑石珠项链	6	1串(149)	
				联珠棍形铜坠饰	7	10	
				服饰小铜扣	8	3	
				白石管串饰	9	5	
				长方形铜锥(针)管具	10	1	
232	北Ⅱ北	丙(A)	女	泥质灰陶壶	1	1	春秋早中期
				白石管	2	4	
				匕形铜坠饰	3	1	
				铜丝耳环(被面骨遮挡)	4	1	
233	北Ⅱ北	乙(B)	男	夹砂红陶罐	1	1	春秋早中期
				虎形铜牌饰	2	1	
				青铜削刀	3	1	
				骨柄铜锥	4	1	
				长方形铜锥(针)管具	5	1	
				覆面铜扣	6	3	
				绿松石坠珠	7	10	
				白石管	8	4	
				喇叭形管状铜饰	9	1	
				小鹿形铜带饰	10	27	
				服饰铜泡	11	2	
				铜镞	12	3	
				骨镞	13	13	
				铜丝耳环(压在头骨下)	14	2	
				赤铁矿砺石(压在右股骨和右胫骨下)	15	2	
234	北Ⅱ中	乙(B)	男	夹砂红陶罐	1	1	春秋中期
				青铜短剑	2	1	
				青铜削刀	3	1	
				铜锥	4	1	
				覆面铜扣	5	3	
				铜丝耳环	6	2	

续表

墓号(YYM)	分区	规格级别	性别	随葬器物名称	编号	数量	年代
234	北Ⅱ中	乙(B)	男	马形铜牌饰	7	1	春秋中期
				绿松石、小白石珠串饰	8	1串(绿松石9、小白珠30)	
				赤铁矿砺石	9	1	
				辐射纹服饰铜泡	10	1	
				反S形铜带卡	11	19	
				骨镞	12	7	
235	北Ⅱ中	丁	婴儿	无随葬品			春秋中期
236	北Ⅱ中	乙(A)	男	夹砂红陶罐	1	1	春秋中期
				青铜短剑	2	1	
				青铜削刀	3	1	
				铜锥	4	1	
				铜锛	5	1	
				铜凿	6	1	
				铜镞	7	1	
				骨镞	8	11	
				覆面铜扣	9	3	
				铜丝耳环	10	2	
				绿松石坠珠	11	3	
				马形铜牌饰	12	1	
				羊形铜带饰	13	16	
				服饰铜泡(压于左髋骨下)	14	1	
				开口骨器(压于右尺骨下面)	15	1	
237	北Ⅱ中	乙(B)	女	夹砂红陶罐	1	1	春秋中期
				铜丝耳环	2	2	
				绿松石坠珠	3	8	
				覆面铜扣	4	3	
				匕形铜坠饰	5	1	
				联珠棍形铜坠饰	6	12	
238	北Ⅱ中	丙(C)	少儿	服饰铜扣	1	2	春秋中期
				辐射纹服饰铜泡	2	4	
239	北Ⅱ中	丙(C)	少儿	小黑石珠项链	1	1串(60)	春秋中期
				绿松石珠项链	2	1串(29)	
				纺锤形铜珠项链	3	1串(12)	
240	北Ⅱ北	乙(B)	女	夹砂红陶罐	1	1	春秋早中期
				铜丝耳环	2	2	
				绿松石坠珠	3	6	
				覆面铜扣	4	3	
				玛瑙珠、绿松石管、白石管项链	5	1串(玛瑙珠16、绿松石管5、白石管7)	
				小白石珠项链	6	1串(217)	
				鸟形铜坠饰	7	2	
				开裆铃形铜饰	8	1	
				扁片式铃形铜饰件	9	4	
				铜铃形饰	10	6	

续表

墓号(YYM)	分区	规格级别	性别	随葬器物		数量	年代
				名称	编号		
240	北Ⅱ北	乙(B)	女	赤铁矿砺石(右股骨内侧)	11	1	春秋早中期
241	北Ⅱ北	乙(B)	女	夹砂红褐陶罐	1	1	春秋早中期
				铜丝耳环	2	2	
				绿松石坠珠	3	4	
				小铜扣项链	4	1串(100)	
				玛瑙珠、绿松石管、蚌珠、白石管项链	5	1串(玛瑙珠54、绿松石管10、蚌珠11、白石管2)	
				匕形铜坠饰	6	1	
				绿松石珠项链	7	1串(166)	
				小黑石珠项链	8	1串(268)	
				铜环	9	1	
				联珠棍形铜坠饰	10	20	
				菱形铜锥(针)管具(压在左髋骨下)	11	1	
242	北Ⅱ北	丁	少儿	无随葬品			春秋早中期
243	北Ⅱ北	丁	男	无随葬品			春秋早中期
244	北Ⅱ北	丙(B)	男	无随葬品			春秋早中期
245	北Ⅱ北	丙(A)	女	夹砂红褐陶罐	1	1	春秋早中期
246	北Ⅱ北	丁	男	无随葬品			春秋早中期
247	北Ⅱ中	乙(B)	男	夹砂红陶罐	1	1	春秋中期
				青铜短剑	2	1	
				青铜削刀(压在左髋骨下)	3	1	
				铜锥	4	1	
				覆面铜扣	5	3	
				铜丝耳环	6	2	
				绿松石坠珠	7	4	
				玛瑙珠	8	1	
				虎形铜牌饰	9	1	
				服饰铜泡	10	2	
				铜镞	11	1	
				骨镞	12	8	
				马形铜带饰	13	39	
				细石器	14	1	
248	北Ⅱ北	丙(C)	女	夹砂灰陶罐(残碎)	1	1	春秋早中期
				铜丝耳环	2	2	
				薄壳小铜管	3	1	
249	北Ⅱ北	丙(C)	女	夹砂红陶罐	1	1	春秋早中期
				大号铜丝耳环	2	8	
				白石管	3	4	
				小白石珠项链	4	1串(190)	
				服饰铜泡	5	1	
250	北Ⅱ北	甲(A)	男	铜鍑	1	1	春秋早中期
				铜罍	2	1	
				铜铆	3	1	

续表

墓号(YYM)	分区	规格级别	性别	随葬器物		数量	年代
				名称	编号		
250	北Ⅱ北	甲(A)	男	金耳环	4	2	春秋早中期
				金璜形饰	5	1	
				铜戈	6	1	
				青铜短剑	7	1	
				青铜削刀	8	1	
				铜锥	9	1	
				铜锥	10	1	
				赤铁矿砺石	11	1	
				铜锛	12	1	
				铜带钩	13	1	
				砂岩串孔砺石	14	1	
				圆筒形铜锥(针)管具	15	1	
				铜镞	16	29	
				骨镞	17	36	
				铜凿	18	1	
				铜衔	19	2	
				铜镳	20	1	
				马具铜泡(大号)	21	14	
				马具铜泡(小号)	22	14	
				绿松石坠珠	23	6	
				铜环	24	1	
				蜷身动物纹铜扣	25	3	
				亚腰形铜饰件	26	1	
				服饰铜扣	27	3	
				服饰铜泡	28	1	
				骨环	29	1	
				小鹿形铜带饰	30	55	
				野猪形铜坠饰	31	7	
				服饰双联小铜扣	32	186	
				骨针	33	1	
				骨镳	34	1	
				马具骨环(马牲头部)	35	6	
251	北Ⅱ北	乙(B)	女	夹砂红陶罐	1	1	春秋早中期
				覆面铜扣	2	1	
				粟粒铜珠项链	3	1串(185)	
				匕形铜坠饰	4	1	
				绿松石珠、白石管项链	5	1串(绿松石珠49、白石管4)	
				小黑石珠项链	6	1串(107)	
				联珠棍形铜坠饰	7	14	
				铜丝耳环	8	2	
				绿松石坠珠	9	4	
252	北Ⅱ北	丙(A)	男	夹砂红褐陶罐	1	1	春秋早中期
				覆面铜扣	2	2	

续表

墓号(YYM)	分区	规格级别	性别	随葬器物		数量	年代
				名称	编号		
252	北Ⅱ北	丙(A)	男	青铜削刀	3	1	春秋早中期
				铜锥	4	1	
				铜丝耳环	5	1(残)	
				绿松石坠珠	6	1	
				涡纹服饰铜扣	7	2	
				服饰铜泡	8	2	
				铜镞	9	1	
				骨镞	10	5	
				虎形铜牌饰(压在陶罐下)	11	1	
				长方形铜锥(针)管具(压在右髋骨下)	12	1	
				铜盒形器(压在削刀下)	13	1	
253	北Ⅱ中	丁	婴儿	绿松石珠	1	1	春秋中期
				铜珠项链	2	1 串(粟粒铜珠 60、纺锤形铜珠 6)	
				联珠棍形铜坠饰	3	1	
254	北Ⅱ中	乙(B)	女	夹砂红陶罐	1	1	春秋中期
255	北Ⅱ中	丁	少儿	绿松石珠、小黑石珠项链	1	1 串(绿松石珠 10、小黑石珠 83)	春秋中期
				小铜箍带卡	2	10	
256	北Ⅱ中	乙(A)	女	夹砂红褐陶罐	1	1	春秋中期
				铜针	2	1	
				青铜削刀	3	1	
				铜丝耳环	4	2	
				绿松石坠珠	5	20	
				双联小铜扣	6	282	
				小绿松石珠	7	11	
				玛瑙珠、绿松石管串饰	8	1 串(玛瑙珠 15、绿松石管 7)	
				小黑石珠项链	9	1 串(107)	
				匕形铜坠饰	10	1	
				联珠棍形铜坠饰	11	9	
				人字形铜坠饰	12	6	
				白石管	13	2	
				长方形铜锥(针)管具(压在右髋骨下)	14	1	
257	北Ⅱ中	乙(B)	男	夹砂褐陶罐	1	1	春秋中期
				青铜短剑	2	1	
				青铜削刀	3	1	
				铜锥	4	1	
				铜丝耳环	5	2	
				覆面铜扣	6	3	
				铜镞	7	5	
				骨镞	8	1	
				服饰小铜泡(右肩胛骨)	9	3	
258	北Ⅱ中	乙(A)	女	夹砂红陶罐	1	1	春秋中期
				铜丝耳环	2	4	

续表

墓号(YYM)	分区	规格级别	性别	随葬器物 名称	编号	数量	年代
258	北Ⅱ中	乙(A)	女	绿松石坠珠	3	8	春秋中期
				覆面铜扣	4	3	
				小黑石珠项链	5	1串(207)	
				玛瑙珠、小白石珠、白石管、绿松石管项链	6	1串(玛瑙珠6、小白石珠7、白石管1、绿松石管2)	
				双联小铜扣项链	7	1串(83)	
				匕形铜坠饰	8	1	
				联珠棍形铜坠饰	9	4	
				服饰铜扣(右肋骨上)	10	1	
259	北Ⅱ中	丙(C)	少儿	铜丝耳环(左)	1	1	春秋中期
260	北Ⅱ中	丙(A)	男	夹砂红陶罐	1	1	春秋中期
				覆面铜扣	2	2	
				青铜削刀	3	1	
				铜锥	4	1	
261	北Ⅱ中	乙(A)	男	夹砂红陶罐	1	1	春秋中期
				青铜短剑	2	1	
				青铜削刀	3	1	
				铜丝耳环	4	2	
				绿松石坠珠	5	4	
				覆面铜扣	6	3	
				虎形铜牌饰	7	1	
				服饰双联小铜扣	8	1串(7)	
				服饰小铜扣	9	31	
				铜带扣	10	1	
				铜环	11	1	
				白石管与小白石珠串饰	12	1串(白石管1、小白石珠63)	
				铜锥	13	1	
				铜锛	14	1	
				铜凿	15	1	
				铜镞	16	2	
				骨镞	17	1	
				涡纹服饰铜扣	18	6	
				辐射纹服饰铜泡	19	4	
				三鸟头纹铜带饰	20	70	
				小鹿形铜带饰	21	31	
				赤铁矿砺石	22	1	
				长方形铜锥(针)管具	23	1(压在削刀与三鸟头纹带饰下)	
262	北Ⅱ中	丙(C)	婴儿	无随葬品			春秋中期
263	北Ⅱ中	乙(B)	男	夹砂红陶罐	1	1	春秋中期
				铜丝耳环	2	2	
				绿松石坠珠(左)	3	1	
				覆面铜扣	4	2	
				小黑石珠项链	5	1串(192)	

续表

墓号(YYM)	分区	规格级别	性别	随葬器物		数量	年代
				名称	编号		
263	北Ⅱ中	乙(B)	男	小白石珠项链	6	1串(26)	春秋中期
				白石管	7	4	
				服饰双联小铜扣	8	47	
				服饰小铜扣	9	28	
				匕形铜坠饰	10	1	
				联珠棍形铜坠饰	11	10	
				长方形铜锥(针)管具	12	1	
264	北Ⅱ北	丙(A)	男	夹砂红陶罐	1	1	春秋早中期
				青铜短剑	2	1	
				青铜削刀	3	1	
				铜凿	4	1	
				铜锛	5	1	
				铜锛	6	1	
				铜锥	7	1	
				长方形铜锥(针)管具	8	1	
				铜丝耳环	9	2	
				绿松石坠珠	10	2	
				覆面铜扣	11	3	
				马形铜牌饰	12	1	
				小铜环	13	4	
				服饰铜泡(压在小铜环下)	14	1	
				粟粒纹服饰铜扣	15	3	
				服饰小铜扣	16	29	
				铜镞	17	10	
				马形铜带饰	18	14	
				回首双兽形铜带卡	19	39	
				赤铁矿砺石	20	1	
				骨鸣镝	21	1	
				竹篾簧片(压在刀下)	22	1	
				长方形云纹铜带卡(压在骨盆下)	23	16	
265	北Ⅱ北	丙(A)	女	夹砂红陶罐	1	1	春秋早中期
				覆面铜扣	2	3	
				铜丝耳环	3	2	
266	北Ⅱ中	乙(A)	女	夹砂红陶罐	1	1	春秋中期
				铜丝耳环	2	2	
				绿松石坠珠	3	2	
				覆面铜扣	4	3	
				小黑石珠项链	5	1串(48)	
				小铜珠项链	6	1串(142)	
				匕形铜坠饰	7	1	
				小白石珠项链	8	1串(61)	

续表

墓号(YYM)	分区	规格级别	性别	随葬器物		数量	年代
				名称	编号		
266	北Ⅱ中	乙(A)	女	铜锥	9	1	春秋中期
				长方形铜锥(针)管具	10	1	
				赤铁矿砺石	11	1	
267	北Ⅱ中	丙(B)	婴儿	铜丝耳环	1	2	春秋中期
				马形铜牌饰	2	1	
				小白石珠、绿松石珠项链	3	1串(小白石珠175、绿松石珠7)	
				小铜箍	4	7	
				小铜珠(压于头骨下)	5	3	
268	北Ⅱ中	丙(A)	女	夹砂红陶罐	1	1	春秋中期
269	北Ⅱ中	丙(B)	男	梳形骨器	1	1	春秋中期
270	北Ⅱ中	乙(B)	男	夹砂黑陶罐(残碎)	1	1	春秋中期
271	北Ⅱ中	乙(B)	男	铜丝耳环(左)	1	1	春秋中期
				覆面铜扣	2	2	
				青铜削刀	3	1	
				骨管	4	1	
				铜锥	5	2	
				骨环	6	1	
272	北Ⅱ中	丙(A)	女	夹砂红陶罐	1	1	春秋中期
				绿松石珠	2	1	
				双联小铜扣项链	3	1串(20)	
				匕形铜坠饰	4	1	
				小白石珠串饰	5	1串(57)	
				长方形铜锥(针)管具	6	1	
				覆面铜扣	7	2	
273	北Ⅱ中	丙(A)	女	夹砂褐陶折肩罐	1	1	春秋中期
				覆面铜扣	2	3	
				绿松石珠、白石管项链	3	1串(绿松石珠2、白石管8)	
				骨锥	4	1	
274	北Ⅱ中	丙(B)	少儿	铜丝耳环(左)	1	1	春秋中期
				白石管、小黑石珠、小白石珠项链	2	1串(白石管4、小黑石珠28、小白石珠16)	
				绿松石珠、玛瑙珠项链	3	1串(绿松石珠1、玛瑙珠6)	
275	北Ⅱ北	乙(A)	男	夹砂褐陶罐	1	1	春秋早中期
				青铜短剑	2	1	
				青铜削刀	3	1	
				铜锥	4	1	
				覆面铜扣	5	3	
				铜丝耳环	6	2	
				绿松石坠珠	7	2	
				小铜扣、小铜珠、小黑石珠项链	8	1串(小铜扣20、铜珠6、黑石珠206)	
				马形铜牌饰	9	1	
				马形铜带钩	10	1	
				服饰双联小铜扣	11	166	

续表

墓号(YYM)	分区	规格级别	性别	随葬器物		数量	年代
				名称	编号		
275	北Ⅱ北	乙(A)	男	涡纹服饰铜扣	12	2	春秋早中期
				铜铃形饰	13	1	
				辐射纹服饰铜泡	14	3	
				铜锛	15	1	
				铜镞	16	5	
				骨镞	17	12	
				骨鸣镝	18	1	
				长方形云纹铜带卡	19	18	
				马形铜带饰	20	38	
				小白石珠串饰	21	36	
				长方形铜锥(针)管具	22	1(压于右股骨上端下面)	
276	北Ⅱ北	丁	男	夹砂红陶罐(残碎)	1	1	春秋早中期
				铜丝耳环	2	2	
				青铜削刀	3	1	
				铜锥	4	1	
				白石管与白石珠项链	5	1 串(白石管 1、白石珠 180)	
				三鸟头纹铜带饰	6	42	
				铜镞	7	1	
				骨镞	8	6	
				四通式铜节约(压在右髋骨外缘下面)	9	2	
277	北Ⅱ北	丙(A)	男	夹砂红陶罐	1	1	春秋早中期
				铜丝耳环	2	2	
				绿松石坠珠	3	2	
				覆面铜扣	4	3	
				虎形铜牌饰	5	1	
				赤铁矿砺石	6	1	
				铜镞	7	1	
				骨镞	8	2	
278	北Ⅱ北	丙(A)	男	夹砂红陶罐	1	1	春秋早中期
				覆面铜扣	2	3	
				绿松石坠珠	3	64	
279	北Ⅱ北	乙(B)	女	夹砂红陶罐	1	1	春秋早中期
				铜丝耳环	2	2	
				绿松石坠珠(左)	3	7	
				双联小铜扣项链	4	1 串(82)	
				匕形铜坠饰	5	1	
				小黑石珠项链	6	1 串(187)	
				铜针	7	1	
				白石管	8	4	
280	北Ⅱ北	乙(A)	女	夹砂红陶罐	1	1	春秋早中期
				覆面铜扣	2	2	
				青铜削刀	3	1	

续表

墓号(YYM)	分区	规格级别	性别	随葬器物		数量	年代
				名称	编号		
280	北Ⅱ北	乙(A)	女	铜丝耳环	4	2	春秋早中期
				铜珠项链	5	1串(粟粒形12、双联小铜扣192)	
				匕形铜坠饰	6	1	
				联珠棍形铜坠饰	7	7	
				石珠项链	8	1串(玛瑙珠5、绿松石珠11、小黑石珠215)	
				白石管	9	3	
				铜锥	10	1	
				长方形铜锥(针)管具	11	1	
281	北Ⅱ北	丁	男	夹砂红陶罐(残)	1	1	春秋早中期
				青铜短剑	2	1	
				青铜削刀	3	1	
				铜锥	4	1	
				铜丝耳环	5	2	
				覆面铜扣	6	3	
				白石管、小白石珠项链	7	1串(白石管1、白石珠210)	
				辐射纹服饰铜泡	8	1	
				小铜箍	9	17	
				素面服饰铜泡	10	1	
282	北Ⅱ北	丙(A)	男	夹砂红陶罐	1	1	春秋早中期
				虎形铜牌饰	2	1	
				青铜削刀	3	1	
				铜锥	4	1	
				长方形铜锥(针)管具	5	1	
				覆面铜扣	6	5	
				石珠项链	7	1串(绿松石珠5、小黑石珠39)	
				铜带钩	8	1	
				兽纹铜带饰(虎食羊)	9	11	
				小鹿形铜带饰	10	49	
				辐射纹服饰铜泡	11	4	
				铜镞	12	3	
				骨镞	13	9	
				骨环	14	1	
				骨珠	15	1	
283	北Ⅱ北	丁	女	覆面铜扣	1	2	春秋早中期
				铜丝耳环	2	1	
				青铜削刀	3	1	
				铜锥	4	1	
				人字形铜坠饰	5	1	
				小白石珠	6	1	
284	北Ⅱ北	丁	男	无随葬品			春秋早中期
285	北Ⅱ北	丁	女	绿松石珠	1	4	春秋早中期
				双联小铜扣	2	22	

续表

墓号(YYM)	分区	规格级别	性别	随葬器物		数量	年代
				名称	编号		
285	北Ⅱ北	丁	女	青铜削刀	3	1	春秋早中期
				蚌珠	4	1	
				匕形铜坠饰	5	1	
				联珠棍形铜坠饰	6	11	
286	南区中	丁	婴儿	绿松石珠、小黑石珠项链	1	1串(绿松石珠7、小黑石珠219)	春秋晚期前段
287	北Ⅰ北	丁	女	无随葬品			春秋中期
288	北Ⅰ北	丙(C)	女	无随葬品			春秋中期
289	北Ⅰ北	丁	少儿	铜丝耳环	1	2	春秋中期
290	北Ⅰ北	丙(C)	男	服饰铜泡	1	2	春秋中期
291	北Ⅰ北	丁	少儿	夹砂红陶盂	1	1	春秋中期
				铜丝耳环	2	2	
				小白石珠项链	3	1串(53)	
292	北Ⅰ北	丁	女	无随葬品			春秋中期
293	北Ⅰ北	丁	婴儿	夹砂红陶罐	1	1	春秋中期
				铜丝耳环	2	2	
				青铜削刀	3	1	
				小黑石珠项链	4	1串(74)	
				小白石珠项链	5	1串(80)	
				服饰小铜扣	6	17	
				服饰铜泡	7	2	
294	北Ⅰ北	丙(A)	女	夹砂红陶罐	1	1	春秋中期
				铜丝耳环	2	2	
				小黑石珠项链	3	1串(158)	
				白石管	4	4	
				服饰小铜扣	5	1	
295	北Ⅰ北	乙(A)	男	夹砂红褐陶罐	1	1	春秋中期
				青铜短剑	2	1	
				青铜削刀	3	1	
				铜丝耳环	4	2	
				小黑石珠项链	5	1串(241)	
				铜锥	6	1	
				马头形铜带饰	7	27	
				蚌环	8	1	
				白石管串饰(压在短剑与带饰下)	9	3	
296	北Ⅰ北	丙(B)	女	铜丝耳环(大号)	1	1	春秋中期
				铜丝耳环(中号)	2	2	
				铜丝耳环(小号)	3	1	
				小白石珠项链	4	1串(290)	
297	北Ⅰ北	丙(B)	男	夹砂红陶罐	1	1	春秋中期
				铜丝耳环	2	2	
				青铜削刀	3	1	
				石珠项链	4	1串(黑石珠14、白石珠64)	
				算珠形石珠	5	1	

续表

墓号(YYM)	分区	规格级别	性别	随葬器物		数量	年代
				名称	编号		
298	北Ⅰ北	丁	女	夹砂红陶罐	1	1	春秋中期
				铜丝耳环	2	2	
				白石管、小白石珠、小黑石珠项链	3	1串(白石管1、小白石珠11、小黑石珠157)	
299	北Ⅰ北	丙(B)	少儿	铜丝耳环	1	2	春秋中期
				覆面铜扣	2	3	
				青铜削刀	3	1	
				马形铜牌饰	4	1	
				小黑石珠项链	5	1串(116)	
				小白石珠项链	6	1串(30)	
				服饰铜扣	7	2	
300	北Ⅰ西	乙(A)	男	夹砂红陶罐	1	1	春秋早期
				青铜短剑	2	1	
				青铜削刀	3	1	
				铜锛	4	1	
				铜锥	5	2	
				铜凿	6	1	
				铜镞	7	1	
				铜衔	8	2	
				覆面铜扣	9	3	
				铜丝耳环	10	2	
				绿松石坠珠	11	4	
				小黑石珠项链	12	1串(272)	
				羊头形铜饰(压于左尺骨下)	13	1	
				兽纹铜扣	14	6	
				涡纹铜扣	15	6	
				双联服饰小铜扣	16	63	
				三菱形铜带卡	17	54	
				小鹿形铜带饰	18	50	
				小白石珠串饰	19	1串(60)	
				喇叭形管状铜饰	20	1	
				长方形铜锥(针)管具	21	1	
				骨镳	22	2(残)	
				铜针(装在管具内)	23	1	
301	西区	丙(B)	女	铜丝耳环(大、中号)	1	4	春秋晚期前段
302	西区	丙(C)	女	铜丝耳环	1	4	春秋晚期前段
				覆面铜扣	2	14	
				小白石珠串饰	3	1串(33)	
				服饰铜泡	4	1	
				骨锥(残)	5	1	
				玛瑙珠、白石管项链	6	1串(玛瑙珠4、白石管21)	
				粟粒形铜珠项链	7	1串(267)	
				铜环	8	5	
				纺锤形铜珠项链	9	1串(227)	

续表

墓号(YYM)	分区	规格级别	性别	随葬器物		数量	年代
				名称	编号		
302	西区	丙(C)	女	铜铃形饰	10	20	春秋晚期前段
303	西区	丁	男	夹砂灰褐陶罐(残碎)	1	1	春秋晚期前段
				青铜短剑	2	1	
				青铜削刀	3	1	
				铜丝耳环	4	2	
				穿孔砺石	5	1	
				铜带钩	6	1	
				服饰铜泡	7	1	
				长方形骨管	8	1	
				铜镞	9	4	
				骨镞	10	4	
304	西区	丙(C)	女	无随葬品			春秋晚期前段
305	西区	丙(C)	女	铜丝耳环	1	2	春秋晚期前段
				铜泡掛件	2	14	
				铜镜形饰	3	2	
				小铜凿坠饰(压在铜泡和铜镜下)	4	2	
306	西区	丁	女	夹砂红褐陶罐(残碎)	1	1	春秋晚期前段
				铜丝耳环	2	2	
307	西区	丁	男	无随葬品			春秋晚期前段
308	西区	丁	男	铜丝耳环	1	2	春秋晚期前段
				绿松石坠珠(左)	2	1	
				玛瑙珠、小黑石珠、小白石珠项链	3	1 串(玛瑙珠 3、小黑石珠 33、小白石珠 27)	
				纺锤形铜珠串饰	4	1 串(44)	
				铜铃形饰	5	3	
				覆面铜扣	6	3	
309	西区	丁	男	无随葬品			春秋晚期前段
310	西区	丁	婴儿	覆面铜扣	1	3	春秋晚期前段
				白石管	2	1	
311	西区	丙(C)	男	无随葬品			春秋晚期前段
312	西区	丙(C)	男	夹砂红褐陶罐(残碎)	1	1	春秋晚期前段
				铜丝耳环	2	2	
				青铜削刀	3	1	
				马踏单环形铜饰	4	1	
				长方形铜锥(针)管具	5	1	
				服饰铜泡	6	9	
313	西区	丁	男	泥质灰陶罐	1	1	春秋晚期前段
				铜丝耳环	2	2	
				青铜削刀	3	1	
				铜带钩	4	1	
314	西区	丙(C)	男	青铜短剑	1	1	春秋晚期前段
				青铜削刀	2	1	
315	西区	丙(B)	男	青铜削刀	1	1	春秋晚期前段

续表

<table>
<tr><td rowspan="2">墓号(YYM)</td><td rowspan="2">分区</td><td rowspan="2">规格级别</td><td rowspan="2">性别</td><td colspan="2">随葬器物</td><td rowspan="2">数量</td><td rowspan="2">年代</td></tr>
<tr><td>名称</td><td>编号</td></tr>
<tr><td rowspan="3">316</td><td rowspan="3">西区</td><td rowspan="3">丁</td><td rowspan="3">女</td><td>铜丝耳环</td><td>1</td><td>2</td><td rowspan="3">春秋晚期前段</td></tr>
<tr><td>小黑石珠项链</td><td>2</td><td>1串(22)</td></tr>
<tr><td>铜镞</td><td>3</td><td>1</td></tr>
<tr><td rowspan="6">317</td><td rowspan="6">西区</td><td rowspan="6">丁</td><td rowspan="6">女</td><td>泥质灰陶折肩罐</td><td>1</td><td>1</td><td rowspan="6">春秋晚期前段</td></tr>
<tr><td>铜丝耳环</td><td>2</td><td>2</td></tr>
<tr><td>铜泡形镜形饰</td><td>3</td><td>1</td></tr>
<tr><td>铜镜形饰</td><td>4</td><td>1</td></tr>
<tr><td>小铜凿坠饰</td><td>5</td><td>1</td></tr>
<tr><td>白石管</td><td>6</td><td>1</td></tr>
<tr><td>318</td><td>西区</td><td>丙(C)</td><td>男</td><td>无随葬品</td><td></td><td></td><td>春秋晚期前段</td></tr>
<tr><td>319</td><td>西区</td><td>丙(B)</td><td>男</td><td>铜丝耳环</td><td>1</td><td>2</td><td>春秋晚期前段</td></tr>
<tr><td rowspan="2">320</td><td rowspan="2">西区</td><td rowspan="2">丙(B)</td><td rowspan="2">男</td><td>铜镞</td><td>1</td><td>1</td><td rowspan="2">春秋晚期前段</td></tr>
<tr><td>骨镞</td><td>2</td><td>3</td></tr>
<tr><td rowspan="3">321</td><td rowspan="3">西区</td><td rowspan="3">丁</td><td rowspan="3">男</td><td>泥质褐陶盂(残)</td><td>1</td><td>1</td><td rowspan="3">春秋晚期前段</td></tr>
<tr><td>铜镞</td><td>2</td><td>3</td></tr>
<tr><td>骨镞</td><td>3</td><td>2</td></tr>
<tr><td rowspan="3">322</td><td rowspan="3">西区</td><td rowspan="3">丁</td><td rowspan="3">男</td><td>铜丝耳环</td><td>1</td><td>2</td><td rowspan="3">春秋晚期前段</td></tr>
<tr><td>绿松石珠、蚌珠项链</td><td>2</td><td>1串(绿松石珠37、蚌珠2)</td></tr>
<tr><td>圆锥形铜坠饰</td><td>3</td><td>1</td></tr>
<tr><td rowspan="4">323</td><td rowspan="4">西区</td><td rowspan="4">丙(C)</td><td rowspan="4">男</td><td>铜丝耳环</td><td>1</td><td>2</td><td rowspan="4">春秋晚期前段</td></tr>
<tr><td>双联小铜扣</td><td>2</td><td>8</td></tr>
<tr><td>玛瑙珠、蚌珠、绿松石管、
白石管、绿松石珠、小铜箍项链</td><td>3</td><td>1串(玛瑙珠1、蚌珠1、绿松石管8、
白石管1、绿松石珠20、小铜箍2)</td></tr>
<tr><td>小白石珠项链</td><td>4</td><td>1串(48)</td></tr>
<tr><td rowspan="4">324</td><td rowspan="4">西区</td><td rowspan="4">丁</td><td rowspan="4">女</td><td>铜丝耳环</td><td>1</td><td>2</td><td rowspan="4">春秋晚期前段</td></tr>
<tr><td>圆锥形铜坠饰</td><td>2</td><td>2</td></tr>
<tr><td>覆面铜扣</td><td>3</td><td>4</td></tr>
<tr><td>白石管、小白石珠项链</td><td>4</td><td>1串(白石管17、小白石珠53)</td></tr>
<tr><td rowspan="5">325</td><td rowspan="5">西区</td><td rowspan="5">丁</td><td rowspan="5">男</td><td>泥质灰陶折肩罐</td><td>1</td><td>1</td><td rowspan="5">春秋晚期后段</td></tr>
<tr><td>铜丝耳环</td><td>2</td><td>2</td></tr>
<tr><td>青铜削刀</td><td>3</td><td>1</td></tr>
<tr><td>铜带钩</td><td>4</td><td>1</td></tr>
<tr><td>服饰铜泡</td><td>5</td><td>1</td></tr>
<tr><td>326</td><td>西区</td><td>丙(C)</td><td>男</td><td>无随葬品</td><td></td><td></td><td>春秋晚期前段</td></tr>
<tr><td rowspan="2">327</td><td rowspan="2">西区</td><td rowspan="2">丁</td><td rowspan="2">女</td><td>大号铜丝耳环</td><td>1</td><td>4</td><td rowspan="2">春秋晚期前段</td></tr>
<tr><td>铜镜形饰</td><td>2</td><td>1</td></tr>
<tr><td>328</td><td>南区南</td><td>丙(A)</td><td>男</td><td>无随葬品</td><td></td><td></td><td>春秋晚期后段</td></tr>
<tr><td rowspan="4">329</td><td rowspan="4">西区</td><td rowspan="4">丁</td><td rowspan="4">男</td><td>铜丝耳环</td><td>1</td><td>2</td><td rowspan="4">春秋晚期前段</td></tr>
<tr><td>覆面铜扣</td><td>2</td><td>1</td></tr>
<tr><td>白石管、小白石珠项链</td><td>3</td><td>1串(白石管1、小白石珠178)</td></tr>
<tr><td>服饰小铜扣</td><td>4</td><td>13</td></tr>
<tr><td>330</td><td>西区</td><td>丁</td><td>男</td><td>无随葬品</td><td></td><td></td><td>春秋晚期后段</td></tr>
</table>

续表

墓号(YYM)	分区	规格级别	性别	随葬器物		数量	年代
				名称	编号		
331	西区	丁	女	铜丝耳环	1	2	春秋晚期前段
				白石管	2	3	
332	西区	丙(C)	男	夹砂褐陶罐	1	1	春秋晚期前段
				铜镞	2	3	
				骨镞	3	3	
				铜丝耳环	4	1	
333	西区	丙(B)	男	铜镞	1	3	春秋晚期前段
				青铜短剑	2	1	
				骨镞	3	5	
334	南区南	乙(A)	男	夹砂黑褐陶罐(残碎)	1	1	春秋晚期后段
				青铜短剑	2	1	
				青铜削刀	3	1	
				长方形铜锥(针)管具	4	1	
				覆面铜扣	5	1	
				铜丝耳环	6	2	
				绿松石坠珠	7	2	
				虎形铜牌饰	8	1	
				绿松石管	9	1	
				铜镞	10	1	
335	南区南	丁	婴儿	铜丝耳环	1	2	春秋晚期后段
				小白石珠项链	2	1串(172)	
				服饰小铜扣	3	10	
336	南区南	丙(A)	男	铜丝耳环	1	2	春秋晚期后段
				覆面铜扣	2	3	
337	南区南	丙(C)	少儿	石珠项链	1	1串(白石管1、小白石珠75)	春秋晚期后段
338	南区南	乙(A)	女	泥质灰陶折肩罐	1	1	春秋晚期后段
				铜丝耳环	2	2	
				绿松石坠珠	3	8	
				覆面铜扣	4	3	
				小黑石珠、玛瑙珠、小铜珠项链	5	1串(小黑石珠568、玛瑙珠4、小铜珠7)	
				匕形铜坠饰	6	1	
				人字形铜坠饰	7	8	
				小白石珠串饰	8	1串(33)	
339	南区南	乙(A)	女	泥质灰陶折肩罐	1	1	春秋晚期后段
				铜丝耳环	2	2	
				覆面铜扣	3	3	
				白石管	4	1	
				匕形铜坠饰	5	1	
				人字形铜坠饰	6	8	
340	南区南	丙(A)	女	夹砂褐陶罐	1	1	春秋晚期后段
				铜丝耳环	2	2	
				绿松石坠珠	3	2	

续表

墓号(YYM)	分区	规格级别	性别	随葬器物名称	编号	数量	年代
340	南区南	丙(A)	女	覆面铜扣	4	3	春秋晚期后段
				小白石珠项链	5	1串(1025)	
				铜环	6	1	
				人字形铜坠饰	7	2	
				小白石珠项链	8	1串(32)	
341	南区南	丙(A)	女	泥质灰陶折肩罐	1	1	春秋晚期后段
				覆面铜扣	2	1	
				小黑石珠项链	3	1串(2363)	
				服饰铜泡	4	1	
342	南区南	丙(A)	男	铜丝耳环	1	2	春秋晚期后段
				小白石珠项链(压在头骨下面)	2	1串(134)	
343	南区南	丙(A)	男	铜镞	1	2	春秋晚期后段
				骨镞	2	2	
344	南区南	乙(A)	男	泥质灰陶折肩罐	1	1	春秋晚期后段
				青铜短剑	2	1	
				青铜削刀	3	1	
				覆面铜扣	4	3	
				铜丝耳环	5	2	
				绿松石坠珠	6	4	
				马形铜牌饰	7	1	
				铜锥	8	1	
				铜环	9	2	
				长方形铜锥(针)管具	10	1	
				铜凿	11	1	
				铜锛	12	1	
				铜镞	13	1	
				骨镞	14	3	
				长方形铜带卡	15	29	
				马形铜带饰	16	95	
				骨珠	17	1	
				开口骨器	18	1	
345	南区南	丙(A)	男	泥质灰陶折肩罐	1	1	春秋晚期后段
				铜丝耳环	2	2	
				青铜削刀	3	1	
				覆面铜扣	4	1	
				铜镞	5	1	
				骨镞	6	3	
				骨鸣镝	7	1	
346	南区南	乙(B)	女	泥质灰陶折肩罐	1	1	春秋晚期后段
				小白石珠项链	2	1串(1565)	
				覆面铜扣			
347	南区南	乙(B)	女	泥质灰陶折肩罐	1	1	春秋晚期后段
				绿松石珠	2	1	

续表

墓号（YYM）	分区	规格级别	性别	随葬器物		数量	年代
				名称	编号		
347	南区南	乙（B）	女	小白石珠	3	2	春秋晚期后段
				铜丝耳环（被面骨遮挡）	4	1	
348	南区南	乙（B）	男	夹砂红陶罐（残碎）	1	1	春秋晚期后段
				青铜短剑	2	1	
				青铜削刀	3	1	
				铜丝耳环	4	2	
				覆面铜扣	5	2	
				犬形铜牌饰	6	1	
				长方形铜锥（针）管具	7	1	
349	南区南	乙（B）	男	夹砂红陶罐	1	1	春秋晚期后段
				青铜短剑	2	1	
				青铜削刀	3	1	
				覆面铜扣	4	3	
				铜丝耳环	5	2	
				绿松石坠珠	6	4	
				犬形铜牌饰	7	1	
				长方形铜锥（针）管具	8	1	
				铜锥	9	1	
				椭圆形骨柄饰	10	1	
				反 S 形铜带卡	11	20	
				马形铜带饰	12	49	
				铜镞	13	2	
350	南区南	乙（B）	男	夹砂红褐陶罐	1	1	春秋晚期后段
				覆面铜扣	2	3	
				小白石珠项链	3	1 串（220）	
				双联珠双尾形铜坠饰	4	1	
351	南区南	丁	男	夹砂黑陶罐	1	1	春秋晚期后段
				铜丝耳环	2	2	
				覆面铜扣	3	3	
				石珠项链	4	1 串（绿松石珠 1、白石管 1、小黑石珠 118）	
				人字形铜坠饰	5	6	
352	南区南	丙（C）	女	泥质灰陶折肩罐	1	1	春秋晚期后段
				铜丝耳环	2	2	
				绿松石坠珠（左）	3	3	
				覆面铜扣	4	3	
				石珠项链	5	1 串（白石管 1、白石珠 126、小黑石珠 40）	
353	南区南	丁	女	夹砂红陶罐（残碎）	1	1	春秋晚期后段
				铜丝耳环	2	2	
				石珠项链	3	1 串（小黑石珠 3、小白石珠 61）	
				人字形铜坠饰	4	6	

续表

墓号(YYM)	分区	规格级别	性别	随葬器物		数量	年代
				名称	编号		
354	南区南	丁	女	夹砂红褐陶罐	1	1	春秋晚期后段
				覆面铜扣	2	3	
				玛瑙珠、绿松石珠项链	3	1串(玛瑙珠140、绿松石珠27)	
				绿松石珠、小黑石珠项链	4	1串(绿松石珠6、小黑石珠636)	
				铜丝耳环	5	2	
				绿松石坠珠	6	6	
355	南区南	丁	女	泥质灰陶折肩罐	1	1	春秋晚期后段
				覆面铜扣	2	1	
				蚌珠	3	1	
				小白石珠	4	5	
				服饰小铜扣	5	1	
356	南区南	丁	男	铜带钩	1	1	春秋晚期后段
357	南区南	丁	女	夹砂褐陶罐(残碎)	1	1	春秋晚期后段
358	南区南	丁	男	夹砂黑陶罐	1	1	春秋晚期后段
				覆面铜扣	2	3	
				青铜削刀	3	1	
				铜丝耳环	4	2	
				尖首刀币环首坠饰	5	1	
				铜锥	6	1	
				骨鸣镝	7	3	
359	南区南	丁	少儿	铜丝耳环	1	2	春秋晚期后段
				白石管、小白石珠项链	2	1串(白石管1、小白石珠17)	
360	南区南	丁	女	泥质灰陶折肩罐	1	1	春秋晚期后段
361	南区南	丁	男	夹砂褐陶罐	1	1	春秋晚期后段
				覆面铜扣	2	2	
				玛瑙珠、绿松石珠、小白石珠项链	3	1串(玛瑙珠1、绿松石珠1、小白石珠1)	
362	南区南	丁	男	无随葬品			春秋晚期后段
363	南区南	丁	少儿	铜丝耳环	1	2	春秋晚期后段
				绿松石珠、小黑石珠项链	2	1串(绿松石珠1、小黑石珠67)	
364	南区南	丙(B)	女	夹砂褐陶罐	1	1	春秋晚期后段
				覆面铜扣	2	1	
				铜丝耳环	3	2	
				绿松石坠珠	4	85	
				玛瑙珠、绿松石珠项链	5	1串(玛瑙珠46、绿松石珠1)	
				小黑石珠项链	6	1串(32)	
				小白石珠项链	7	1串(61)	
365	南区南	丁	男	无随葬品			春秋晚期后段
366	南区南	乙(B)	女	泥质灰陶折肩罐	1	1	春秋晚期后段
				覆面铜扣	2	1	
				铜丝耳环	3	2	
				白石管、小白石珠项链	4	1串(白石管1、小白石珠258)	
367	南区南	丁	女	小铜珠(头骨下面)	1	3	春秋晚期后段

续表

墓号（YYM）	分区	规格级别	性别	随葬器物		数量	年代
				名称	编号		
368	南区南	丙（C）	女	泥质黑陶罐	1	1	春秋晚期后段
				覆面铜扣	2	3	
				铜丝耳环	3	2	
				小黑石珠项链	4	1 串（254）	
				玛瑙珠、绿松石珠、白石管、白石珠项链	5	1 串（玛瑙珠 8、绿松石珠 7、白石管 9、白石珠 7）	
369	南区南	乙（B）	女	夹砂红褐陶罐（残碎）	1	1	春秋晚期后段
				铜丝耳环（右残）	2	1	
				绿松石坠珠	3	1	
				覆面铜扣	4	2	
				纺锤形铜珠、玛瑙珠、绿松石珠项链	5	1 串（铜珠 4、玛瑙珠 7、绿松石珠 3）	
				小白石珠项链	6	1 串（132）	
				小黑石珠项链	7	1 串（198）	
370	南区南	丙（B）	男	夹砂红褐陶罐（残碎）	1	1	春秋晚期后段
				青铜短剑	2	1	
				青铜削刀	3	1	
				覆面铜扣	4	1	
				铜丝耳环	5	2	
				犬形铜牌饰	6	1	
				长方形铜锥（针）管具	7	1	
				反 S 形铜带卡	8	18	
				马形铜带饰	9	68	
371	南区南	丙（C）	女	泥质灰陶折肩罐	1	1	春秋晚期后段
				铜丝耳环	2	2	
				绿松石坠珠（左）	3	3	
				铜珠、小白石珠项链	4	1 串（铜珠 2、小白石珠 43）	
372	南区南	丙（A）	女	夹砂红陶罐（残碎）	1	1	春秋晚期后段
				覆面铜扣	2	3	
				铜丝耳环	3	2	
				绿松石坠珠	4	2	
				小白石项链	5	1 串（113）	
				“人”字形铜坠饰	6	11	
				马形铜带饰（压在右髋骨下面）	7	4	
373	南区南	乙（B）	男	夹砂红褐陶罐（残碎）	1	1	春秋晚期后段
				青铜短剑	2	1	
				青铜削刀	3	1	
				铜丝耳环	4	2	
				玛瑙珠（压在右尺骨下面）	5	1	
				覆面铜扣	6	3	
				马形铜牌饰	7	1	
				铜锥	8	1	
				长方形铜锥（针）管具	9	1	
				马形铜带饰	10	29	

续表

墓号(YYM)	分区	规格级别	性别	随葬器物		数量	年代
				名称	编号		
374	南区南	乙(B)	女	夹砂褐陶罐	1	1	春秋晚期后段
				铜丝耳环	2	2	
				绿松石坠珠	3	6	
				覆面铜扣	4	3	
				小白石珠项链	5	1串(109)	
				玛瑙珠、白石管、小黑石珠串饰	6	1串(玛瑙珠3、白石管1、小黑珠103)	
				双联小铜扣项链	7	1串(242)	
				人字形铜坠饰	8	3	
				小铜凿坠饰	9	1	
				人形铜饰	10	1	
				服饰铜泡	11	1	
375	南区南	丙(C)	女	夹砂红陶罐	1	1	春秋晚期后段
				铜丝耳环	2	2	
				覆面铜扣	3	3	
				小黑石珠项链	4	1串(283)	
				铜珠、玛瑙珠、绿松石珠、绿松石管、白石管串饰	5	1串(铜珠22、玛瑙珠3、绿松石珠1、绿松石管1、白石管1)	
				尖首刀币柄形坠	6	1	
				人字形铜坠饰	7	10	
376	南区南	丙(A)	男	泥质灰陶束颈弧肩鼓腹罐	1	1	春秋晚期后段
				铜丝耳环	2	2	
				青铜削刀	3	1	
				绿松石坠珠	4	1	
				覆面铜扣	5	3	
				虎形铜牌饰	6	1	
				铜锥	7	1	
				铜镞	8	1	
377	南区南	丙(A)	女	泥质灰陶折肩罐	1	1	春秋晚期后段
				铜丝耳环	2	2	
378	南区南	丙(A)	女	泥质灰陶折肩罐	1	1	春秋晚期后段
				覆面铜扣	2	3	
				铜丝耳环	3	2	
				小白石珠项链	4	1串(13)	
379	南区南	丙(A)	男	夹砂黑陶罐	1	1	春秋晚期后段
				覆面铜扣	2	2	
				铜丝耳环	3	2	
				绿松石珠、白石珠项链(压在头骨下)	4	1串(绿松石珠1、白石珠35)	
380	南区南	丁	男	石珠项链	1	1串(小黑珠2、小白珠66)	春秋晚期后段
				尖首刀币	2	1	
381	南区南	丁	男	泥质黑陶折肩罐	1	1	春秋晚期后段
				铜丝耳环	2	2	
				绿松石坠珠	3	10	

续表

墓号(YYM)	分区	规格级别	性别	随葬器物		数量	年代
				名称	编号		
381	南区南	丁	男	覆面铜扣	4	2	春秋晚期后段
				石珠项链	5	1 串(玛瑙珠 50、绿松石珠 2、白石珠 3、黑石珠 218)	
				尖首刀币柄形坠	6	1	
				野猪形铜坠饰	7	4	
382	南区南	丙(B)	女	夹砂褐陶罐(残碎)	1	1	春秋晚期后段
				铜丝耳环	2	2	
				双联小铜扣、白石管、小白石珠项链	3	1 串(小铜扣 2、白石管 2、小白石珠 98)	
				双尾形铜坠饰	4	1	
383	北Ⅰ西	丁	不详	虎形铜牌饰	1	1	春秋早期
				铜丝耳环	2	2	
				青铜削刀	3	1	
				石珠项链	4	1 串(小黑石珠 78、小白石珠 167)	
				小铜珠项链	5	1 串(53)	
				服饰铜扣	6	8	
384	北Ⅰ西	乙(B)	男	夹砂红陶罐	1	1	春秋早期
				青铜短剑	2	1	
				青铜削刀	3	1	
				铜锛	4	1	
				铜锥	5	1	
				铜丝耳环	6	2	
				覆面铜扣	7	2	
				石珠项链	8	1 串(白石管 1、白石珠 224)	
				涡纹服饰铜扣	9	2	
				铜镞	10	1	
385	北Ⅰ西	丙(C)	男	夹砂红陶罐	1	1	春秋早期
				青铜短剑	2	1	
				青铜削刀	3	1	
				铜锥	4	1	
				铜丝耳环	5	2	
				覆面铜扣	6	3	
				小黑石珠项链	7	1 串(141)	
				小白石珠项链	8	1 串(127)	
				算珠形石珠	9	1	
				服饰小铜扣	10	15	
386	北Ⅰ西	丙(C)	男	夹砂红陶罐	1	1	春秋早期
				青铜短剑	2	1	
				青铜削刀	3	1	
				铜锛	4	1	
				铜锥	5	1	
				铜丝耳环	6	2	
				覆面铜扣	7	2	

续表

墓号(YYM)	分区	规格级别	性别	随葬器物			年代
				名称	编号	数量	
386	北Ⅰ西	丙(C)	男	小白石珠项链	8	1串(239)	春秋早期
				涡纹铜扣	9	2	
				花边动物纹铜扣	10	2	
				蜷身动物纹铜扣	11	2	
387	北Ⅱ北	丁	女	玛瑙珠	1	1	春秋早中期
				白石管	2	1	
				覆面铜扣	3	1	
388	南区南	丁	女	无随葬品			春秋晚期后段
389	南区南	丙(C)	男	泥质灰陶折肩罐(残碎)	1	1	春秋晚期后段
				覆面铜扣	2	1	
390	南区南	丙(C)	男	无随葬品			春秋晚期后段
391	南区南	丙(C)	女	泥质灰陶折肩罐	1	1	春秋晚期后段
				铜丝耳环	2	2	
				覆面铜扣	3	2	
				服饰铜扣	4	1	
392	南区南	丁	女	泥质灰陶折肩罐	1	1	春秋晚期后段
				铜丝耳环	2	2	
				绿松石坠珠	3	6	
				覆面铜扣	4	3	
				玛瑙珠、白石管项链	5	1串(玛瑙珠31、白石管6)	
				小黑石珠项链	6	1串(242)	
				人字形铜坠饰	7	11	
393	南区南	丙(C)	男	泥质黑陶罐(残碎)	1	1	春秋晚期后段
				铜丝耳环	2	2	
				白石管、小白石珠、小黑石珠项链	3	1串(白石管1、小白石珠56、小黑石珠16)	
				铜带钩	4	1	
394	南区南	乙(B)	女	泥质灰陶折肩罐	1	1	春秋晚期后段
				覆面铜扣	2	3	
				小黑石珠项链	3	1串(389)	
				玛瑙珠、绿松石珠、小白石珠项链	4	1串(玛瑙珠14、绿松石珠26、小白石珠11)	
395	南区南	丙(A)	男	泥质黑陶折肩罐(残碎)	1	1	春秋晚期后段
				铜丝耳环	2	2	
				覆面铜扣	3	2	
				小黑石珠项链	4	1串(339)	
396	南区南	丙(C)	女	夹砂黑陶罐	1	1	春秋晚期后段
				铜丝耳环	2	2	
				小白石珠、小黑石珠项链	3	1串(小白石珠46、小黑石珠101)	
397	南区南	丙(C)	女	泥质灰陶折肩罐	1	1	春秋晚期后段
				覆面铜扣	2	3	
				铜丝耳环	3	2	
				绿松石坠珠	4	4	

续表

墓号（YYM）	分区	规格级别	性别	随葬器物		数量	年代
				名称	编号		
397	南区南	丙（C）	女	铜珠、玛瑙珠、小白石珠项链	5	1串（铜珠2、玛瑙珠1、小白石珠55）	春秋晚期后段
				小黑石珠项链	6	1串（350）	
398	南区南	丙（C）	女	夹砂红褐陶罐	1	1	春秋晚期后段
				覆面铜扣	2	3	
				铜丝耳环	3	2	
				小白石珠、蚌珠项链	4	1串（小白石珠99、蚌珠2）	
399	南区南	丙（B）	男	泥质黑陶折肩罐	1	1	春秋晚期后段
				铜丝耳环	2	2	
				覆面铜扣	3	1	
400	南区南	丙（A）	男	泥质黑陶折肩罐	1	1	春秋晚期后段
				铜丝耳环	2	2	
				绿松石坠珠	3	2	
				小白石珠项链	4	1串（40）	
				小黑石珠项链	5	1串（348）	

三　玉皇庙墓地随葬器物登记总表

墓号（YYM）	陶器				金器	青铜器	兵器					
	夹砂系		泥质系		金饰品	礼器	戈		短剑		镞	
	型	式	型	式			型	式	型	式	型	式
1	罐（残碎）											
2	杯Ⅰ	Ⅰ			耳环Ⅰ型（2） 包金铜贝（10） 串珠（2）	鼎、敦、钵 匕、罍 杯（2）、斗 盘、匜、鉌						
3	罐Ⅰ	Ⅲ										
4	罐Ⅰ	Ⅲ										
5	罐（残碎）										Ⅰa	Ⅰ
6	罐Ⅰ	Ⅲ										
7	罐Ⅰ	Ⅱ							Ⅳ	Ⅱ		
8	罐Ⅶ	Ⅱ										
9			罐Ⅲ	Ⅰ								
10	罐Ⅴ	Ⅰ										
11	罐Ⅰ	Ⅱ							Ⅰ	Ⅲ		
12	罐Ⅶ	Ⅰ										
13	罐Ⅰ	Ⅱ							Ⅴ	Ⅱ		
14												
15	罐（残碎）											
16	罐（残碎）											
17	罐（残碎）								Ⅳ	Ⅰ	Ⅱa Ⅴ 残（5）	Ⅰ（6） Ⅰ
18					耳环Ⅰ型（2） 虎牌	敦、罍 鉌、鍑	Ⅱ		Ⅴ	Ⅰ	Ⅰa Ⅰ（b） Ⅱa Ⅱb（1） Ⅵa（1） Ⅵb Ⅶa（2） Ⅶb（4） Ⅶc（1） 残（1）	Ⅰ（14） Ⅰ（4） Ⅰ（25） Ⅰ（8）
19	罐Ⅴ	Ⅰ							Ⅰ	Ⅱ	Ⅰa Ⅰb	Ⅰ Ⅰ
20	罐Ⅰ	Ⅱ										
21												
22	罐Ⅰ	Ⅰ							Ⅰ	Ⅰ		
23	罐Ⅰ	Ⅱ										
24												
25												
26	罐（残碎）											
27												
28												
29	罐Ⅳ	Ⅰ										
30												
31	罐Ⅲ	Ⅰ										
32	罐Ⅱ	Ⅰ					Ⅰ	Ⅱ	Ⅱ	Ⅰ	Ⅰa Ⅱa	Ⅰ（3） Ⅰ

续表

墓号（YYM）	青铜器														
	工具														
	削刀		锛		斧	凿		锥		针	锥(针)管		盒形器		瓶形器
	型	式	型	式		型	式	型	式		型	式	型	式	
1															
2	Ⅲ	Ⅰ									Ⅰa		Ⅰ		
3	Ⅲ	Ⅰ													
4										1					
5	Ⅲ	Ⅰ						Ⅰa					Ⅱ	Ⅰ	
6											Ⅰb				
7	Ⅲ	Ⅰ	Ⅰ	Ⅰ		Ⅰ	Ⅰ	Ⅰa							
8															
9										1					
10	残							残			Ⅰa				
11	Ⅲ	Ⅱ				Ⅰ	Ⅰ	Ⅰb	Ⅱ		Ⅰa				
12															
13	Ⅰ	Ⅱ			Ⅰ	Ⅰ	Ⅰ	Ⅰb	Ⅱ		Ⅰa				1
14															
15															
16															
17	Ⅵ		Ⅰ	Ⅰ				Ⅰb	Ⅰ		Ⅱ	Ⅰ			
18	Ⅶ		Ⅰ	Ⅰ		Ⅰ	Ⅰ	Ⅰb	Ⅰ		Ⅰc		Ⅰ 残		
19	Ⅵ		Ⅰ	Ⅰ		Ⅰ	Ⅰ	Ⅰa			Ⅰb				
20	Ⅱ	Ⅰ						Ⅰa			Ⅰa				
								Ⅰb	Ⅰ						
21															
22	Ⅰ	Ⅰ	Ⅰ	Ⅰ		Ⅰ	Ⅰ	Ⅰb	Ⅰ		Ⅰa				
23	Ⅲ	Ⅱ						Ⅰb	Ⅰ						
24															
25															
26	Ⅹ	Ⅱ													
27															
28															
29															
30															
31															
32	Ⅳ							Ⅰb	Ⅰ		Ⅰb				

续表

墓号(YYM)	青铜器											
	马具								装饰品			
	衔	镳		节约	泡	串饰	环	环	耳环	牌饰		镜形饰
	式	型	式	型	型	箍	型	箍	型	型	式	型
1												
2	Ⅰ(2)	Ⅰ Ⅱ	Ⅰ(5) Ⅰ(1)	Ⅰ(2)	Ⅰa(13) Ⅰb(7)							
3									Ⅰ(2)			
4									Ⅰ(2)			
5									Ⅰ(2)			
6									Ⅰ(2)			
7									Ⅰ(2)			
8									Ⅰ(2)			
9									Ⅰ(2)			
10									Ⅰ(2)			
11									Ⅰ(2)	Ⅰ	Ⅱ(2)	
12									Ⅰ(2)			
13					Ⅰa(3) Ⅰb(3)				Ⅰ(2)			Ⅰ
14												
15									Ⅰ(2)			
16												
17									Ⅰ(2)			
18	Ⅰ(2)	Ⅰ	Ⅱ(8)	Ⅰ(2)	Ⅰa(3) Ⅰb(15)	39	Ⅰ(2) Ⅱ(4)	1				
19									Ⅰ(2)			
20									Ⅰ(4)			
21									Ⅰ(2)			
22									Ⅰ(2)			
23									Ⅰ(2)			
24									Ⅰ(2)			
25												
26									Ⅰ(2)			
27												
28												
29									Ⅰ(2)			
30									Ⅰ(2)			
31									Ⅰ(2)			
32									Ⅰ(2)			

续表

墓号（YYM）	青铜器										
	装饰品										
	小铜珠	铃形饰	小铜箍	坠饰		三联珠形铜饰	带钩		带扣	带　卡	
	型	型	型	型	式		型	式	型	型	式
1											
2				Ⅱa Ⅲ（113）	Ⅱ（24）						
3				Ⅰa	Ⅰ						
4											
5	Ⅰ（28）								Ⅰb		
6											
7							Ⅰf				
8											
9											
10				Ⅰb	Ⅰ		Ⅰf				
11										Ⅲ Ⅴ	Ⅰ（30） Ⅰ（30）
12											
13									Ⅰa	Ⅲ	Ⅰ（30）
14											
15				Ⅲ（4）		25				Ⅲ	Ⅰ（30）
16											
17		Ⅰ									
18				Ⅲ（59） Ⅳ（12）			Ⅰa			Ⅲ	Ⅰ
19		Ⅰ							Ⅲ	Ⅰ（26）	
20				Ⅰa	Ⅰ						
21	Ⅰ（2）										
22		Ⅰ							Ⅰ（39）		
23											
24											
25											
26											
27											
28											
29	Ⅰ（16）										
30											
31											
32											

续表

墓号（YYM）	青铜器									
	装饰品									货币
	带饰		铜环		服饰铜泡	大铜扣	小铜扣	双联小铜扣	其他铜饰件	尖首刀币
	型	式	型	式	型	型				
1										
2			Ⅰ					511		
3			Ⅱ	Ⅰ		Ⅳ	3	200		
4							89			
5					Ⅰb	Ⅲ	1	25		
6							13			
7	Ⅵ	Ⅱ(37)			Ⅰa(2)	Ⅰb Ⅰf	95			
8										
9						Ⅱ	3			
10							1	155		
11					Ⅰa(4)	Ⅰb Ⅱ(2)	69			
12							1			
13	Ⅴ	Ⅰ(45)			Ⅰa(4)		5		短铜管	
14							2			
15							3			
16										
17	Ⅲ(73)				Ⅰa(2)	Ⅱ(4)	4			
18	Ⅳ	Ⅰ(89)	Ⅰ(7)			Ⅰc Ⅰd Ⅰe(6) Ⅱ		416		
19					Ⅰa(3)	Ⅱ(2)	10	30		
20							3	152		
21										
22					Ⅰa		28			
23					Ⅰa(2)		5			
24										
25								16		
26							5	17		
27										
28										
29							22			
30							2			
31							2		亚腰形	
32	Ⅰ Ⅱ	Ⅰ(30) Ⅰ(2)			Ⅰa(6)	Ⅰa(2)	3		人形	

续表

墓号（YYM）	石、玛瑙、绿松石制品											
	石器与石制品								玛瑙制品		绿松石制品	
	生产工具		其他制品		装饰品				装饰品		装饰品	
	砺石	细石器	杯	珠	白石管	小白石珠	黑石管	小黑石珠	玛瑙环	玛瑙珠	绿松石管	绿松石珠
	型					型				型		型
1												
2	Ⅰ									Ⅰ（91）		Ⅰ（63）
										Ⅱ（61）		Ⅱ
										Ⅲ		Ⅲ（2）
												Ⅳ（2）
3						Ⅱ（4）		397				Ⅰ（8）
												Ⅴ
4					4			271				
5	Ⅰ									Ⅳ		Ⅰ
6						Ⅱ（104）		655		Ⅱ（2）		
7					1	Ⅱ（97）		134				Ⅱ
8					20							
9					1	Ⅱ（521）		1		Ⅱ		
10						Ⅰ（161）		124				Ⅰ
						Ⅱ（50）						
11					1	Ⅰ（70）		119			1	Ⅰ
						Ⅱ（52）						
12						Ⅱ（29）		24				
13			1		3	Ⅰ（32）		230				Ⅰ
						Ⅱ（34）						
14												
15					3	Ⅰ（180）		92			6	Ⅰ（3）
						Ⅱ（177）						
16				1								
17					3			103				Ⅰ（3）
18	Ⅰ											Ⅰ（185）
19					2	Ⅱ（34）		179				Ⅰ
20					4	Ⅰ（7）		76		Ⅰ（22）	26	Ⅰ（7）
						Ⅱ（8）				Ⅱ（4）		Ⅲ
21						Ⅱ（130）		9				
22					7			226				Ⅰ（2）
												Ⅱ
23					7	Ⅱ（186）						Ⅰ（4）
24					1	Ⅰ（27）		2				
						Ⅱ（46）						
25						Ⅱ		4				
26					10			221				
27												
28	Ⅰ（2）											
29						Ⅰ		253		Ⅱ（15）	9	Ⅰ（8）
30					3	Ⅱ（4）						
31					1	Ⅱ（156）						
32	Ⅱ				3	Ⅱ						

续表

墓号（YYM）	骨器														
	兵器			马具		生产工具			装饰品				其他制品		
	弓弭	镞型	鸣镝	镳	环型	针	锥	绞具	贝	珠	环型	管型	柄饰	开口骨器	梳形器
1															
2															
3										1					
4															
5		Ⅰb Ⅱa(2)													
6															
7															
8															
9															
10															
11						1									
12															
13						1					Ⅰ				
14															
15															
16															
17		Ⅰa Ⅱb(12) Ⅲb(2) Ⅲc(3) 残(2)	1												
18					Ⅰ(4) Ⅱ(4)			4							
19		Ⅱa(2) 残(4)													
20															
21															
22		Ⅱa 残(11)				1									
23											Ⅱ				
24															
25															
26															
27															
28															
29															
30															
31															
32		Ⅱa 残(15)	1												

续表

墓号（YYM）	蚌、贝饰品						竹制品			革制品	合计（件）
	蚌饰品					贝饰品	竹篾篾片	竹签	小件制品	皮革残件	
	环型	珠	蚌刻贝	坠饰	蚌片						
1											1
2								35	3	2	970
3											621
4											368
5											75
6		2									779
7											378
8											23
9											532
10											499
11											391
12											57
13											376
14											2
15											496
16											2
17											230
18											945
19											305
20											320
21											143
22											327
23											210
24											78
25											21
26											257
27											0
28											2
29											327
30											11
31											163
32											78

三 玉皇庙墓地随葬器物登记总表(续1)

墓号(YYM)	陶器				金器	青铜器						
	夹砂系		泥质系		金饰品	礼器	兵器					
							戈		短剑		镞	
	型	式	型	式			型	式	型	式	型	式
33												
34	罐(残碎)						Ⅰ	Ⅰ	Ⅲ		Ⅰa	Ⅰ
											Ⅱa	Ⅰ(2)
											Ⅲa	Ⅰ
											Ⅳa(1)	
											残3	
35	罐(残碎)					铆						
36	罐(残碎)								Ⅰ	Ⅴ	Ⅲa	Ⅲ
37	罐(残碎)											
38	罐Ⅶ	Ⅱ										
39												
40												
41	罐(残碎)								Ⅺ			
42	罐Ⅶ	Ⅲ										
43	罐Ⅶ	Ⅱ										
44	罐Ⅷ	Ⅰ										
45												
46	罐Ⅶ	Ⅱ							Ⅸ	Ⅱ		
47			罐Ⅰ	Ⅱ								
48	罐Ⅴ	Ⅱ							XⅢ	Ⅱ	Ⅰa	Ⅰ(2)
											Ⅱa	Ⅰ
49	罐Ⅵ	Ⅰ										
50												
51	罐Ⅶ	Ⅰ							Ⅸ	Ⅱ	Ⅱa	Ⅱ
											Ⅲb	Ⅰ
											残(1)	
52	罐残碎								Ⅳ	Ⅱ	Ⅱa	Ⅰ(2)
											Ⅱa	Ⅲ
											Ⅳ	
											Ⅵb	Ⅱ(2)
											Ⅹ	Ⅰ(2)
											残(2)	
53												
54	罐Ⅸ	Ⅱ							ⅤⅠ	Ⅰ		
55												
56												
57			罐Ⅴ	Ⅰ					Ⅰ	Ⅲ	Ⅰa	Ⅰ(10)
											残(1)	
58	罐(残碎)											
59												
60			罐Ⅷ	Ⅰ							Ⅲb	Ⅰ
61	罐Ⅴ	Ⅰ							XⅡ	Ⅰ		
62			罐Ⅹ	Ⅰ								
63	罐Ⅸ	Ⅱ										
64	罐Ⅶ	Ⅱ										

续表

墓号（YYM）	青铜器														
	工具														
	削刀		锛		斧	凿		锥		针	锥（针）管		盒形器		瓶形器
	型	式	型	式		型	式	型	式		型	式	型	式	
33						Ⅰ	Ⅰ								
34	Ⅴ							Ⅰb	Ⅰ		Ⅰa				
35	Ⅲ	Ⅰ						Ⅱa	Ⅰ		Ⅰa				
36	Ⅲ	Ⅱ													
37	Ⅲ	Ⅰ													
38															
39															
40															
41	Ⅲ	Ⅰ	Ⅰ	Ⅰ				Ⅰb	Ⅰ						
42	Ⅴ										Ⅰf				
43															
44															
45															
46	Ⅲ	Ⅰ						Ⅰb	Ⅱ						
47															
48	Ⅱ	Ⅱ						Ⅰa			Ⅰd				
49	Ⅲ	Ⅰ						Ⅰb	Ⅱ		Ⅰa				
50															
51	Ⅲ	Ⅰ						Ⅰb	Ⅱ				Ⅲ	Ⅰ	
52	Ⅲ	Ⅰ	Ⅰ	Ⅰ		Ⅰ	Ⅰ	Ⅰa			Ⅰg				
53															
54	ⅩⅣ	Ⅰ	Ⅰ	Ⅱ				Ⅰb	Ⅱ		Ⅰh	Ⅱ			
55															
56															
57	Ⅲ	Ⅰ						Ⅰb							
58	ⅩⅣ	Ⅱ						Ⅰb	Ⅰ						
59															
60															
61	Ⅲ	Ⅱ						Ⅰa							
62															
63	残														
64															

续表

墓号(YYM)	青铜器											
	马具								装饰品			
	衔	镳		节约	泡	串饰	环	环箍	耳环	牌饰		镜形饰
	式	型	式	型	型	箍	型		型	型	式	型
33									Ⅰ(2)	Ⅰ	Ⅰ	
34												
35									Ⅰ(2)			
36									Ⅰ(2)			
37									Ⅰ(2)			
38												
39												
40												
41									Ⅰ(2)			
42									Ⅰ(2)	Ⅰ	Ⅰ	
43												
44									Ⅰ(2)			
45									Ⅰ(1)			
46									Ⅰ(2)	Ⅰ	Ⅰ	
47									Ⅰ(2)			
48									Ⅰ(2)	Ⅰ	Ⅱ	
49												
50												
51									Ⅰ(2)			
52	Ⅰ(2)				Ⅰa(10)				Ⅰ(2)			
53									Ⅰ(2)			
54									Ⅰ(2)	Ⅱ	Ⅰ	
55												
56												
57									Ⅰ(2)			
58									Ⅰ(2)			
59									Ⅰ(2)			
60												
61												
62												
63												
64									Ⅰ(2)			

续表

墓号（YYM）	青铜器										
	装饰品										
	小铜珠	铃形饰	小铜箍	坠饰		三联珠形铜饰	带钩		带扣	带　卡	
	型	型	型	型	式		型	式	型	型	式
33											
34		Ⅰ								Ⅱ（24）	
35				Ⅰa	Ⅰ						
				Ⅱa	Ⅰ（12）						
36											
37				Ⅰb	Ⅰ						
38	Ⅰ										
39											
40											
41											
42										Ⅸa	Ⅰ（4）
43											
44			Ⅰ（2）	Ⅰa	Ⅰ						
45											
46	Ⅰ（19）										
47	Ⅰ（103）			Ⅰa	Ⅰ						
				Ⅱa	Ⅱ（14）						
48			Ⅰ（32）				Ⅰe	Ⅰ			
49	Ⅰ（1562）			Ⅰa	Ⅱ						
				Ⅱa	Ⅱ（17）						
				Ⅲ（11）							
50											
51										Ⅲ	Ⅰ（19）
										Ⅲ	Ⅱ
										Ⅹ	
52				Ⅰ（2）							
53											
54										Ⅲ	Ⅳ（34）
55											
56											
57										Ⅺ（30）	
58	Ⅰ（8）										
59											
60				Ⅵ							
61											
62											
63							Ⅰe	Ⅱ			
64											

续表

墓号（YYM）	青铜器									
	装饰品									货币
	带饰		铜环		铜泡	大铜扣	小铜扣	双联小铜扣	其他铜饰件	尖首刀币
	型	式	型	式	型	型				
33						Ⅰb(2)				
34	Ⅰ	Ⅰ(26)				Ⅲ				
	Ⅲ(2)									
35							3	151		
36					Ⅰa(2)	Ⅱ	3			
37							58			
38										
39										
40						Ⅱ(2)				
41	Ⅲ(37)				Ⅲa		1			
42	Ⅰ	Ⅰ(6)			Ⅰa(2)		16			
43										
44										
45										
46					Ⅰa(2)	Ⅱ	2			
						Ⅲ(17)				
47							32	12		
48					Ⅰa(4)		2	38		
49							1			
50										
51					Ⅰa(2)	Ⅱ	11			
52	Ⅰ	Ⅰ(57)			Ⅲa	Ⅱ	4			
	Ⅲ(81)									
	Ⅳ	Ⅱ(5)								
53										
54	Ⅰ	Ⅰ(39)			Ⅰa(2)		3			
55										
56							3			
57					Ⅰa(2)	Ⅵ				
58	Ⅰ	Ⅰ(49)					2			
59										
60										
61							2			
62										
63										
64										

续表

墓号（YYM）	石、玛瑙、绿松石制品											
	石器与石制品								玛瑙制品		绿松石制品	
	生产工具		其他制品		装饰品				装饰品		装饰品	
	砺石	细石器	杯	珠	白石管	小白石珠	黑石管	小黑石珠	玛瑙环	玛瑙珠	绿松石管	绿松石珠
	型					型				型		型
33												
34												
35	Ⅰ				1			319				Ⅰ（14）
36						Ⅱ（34）		1				
37					5	Ⅱ（48）		36				Ⅰ（2）
38												
39	Ⅰ											
40												
41					1							
42					3							
43	Ⅰ											
44					3	Ⅰ（139） Ⅱ（130）				Ⅰ Ⅱ（5） Ⅴ		Ⅰ（2）
45												
46					2	Ⅰ（87） Ⅱ（69）		118				
47					2	Ⅰ（163） Ⅱ（196）		94		Ⅱ		Ⅰ（3）
48					5							Ⅰ（6）
49	Ⅰ							221				
50												
51					5	Ⅰ（111） Ⅱ（87）						Ⅰ（6）
52	Ⅰ				1			156				Ⅰ（8） Ⅱ（3） Ⅲ（7）
53												
54				1								Ⅰ
55						Ⅱ（4）		2				
56												
57	Ⅰ					Ⅱ（88）			1			Ⅰ（8）
58					1			190				Ⅰ（17） Ⅱ Ⅲ
59					1	Ⅱ（60）		112				
60	Ⅱ											
61						Ⅱ（137）						
62												
63												
64					2	Ⅱ（84）				Ⅰ（14）	4	Ⅰ（5） Ⅲ

续表

墓号（YYM）	骨器														
	兵器			马具		生产工具			装饰品			其他制品			
	弓弭	镞型	鸣镝	镳	环型	针	锥	绞具	贝	珠	环型	管型	柄饰	开口骨器	梳形器
33		残(3)													
34		Ⅰa Ⅱa(2) Ⅱb(2) Ⅲa Ⅲb(2) 残(13)													
35															
36		Ⅱb 残(5)													
37															
38															
39															
40															
41															
42															
43												Ⅰ			
44															
45															
46															
47															
48		Ⅱa 残(11)	1												
49															
50															
51		Ⅰb Ⅱa 残(8)				1									
52		Ⅱb(4) Ⅲb Ⅲc 残(10)									Ⅰ				
53															
54	2	Ⅱa(2) 残(3)	1				1								
55															
56															
57		Ⅰa Ⅱa(2) Ⅱb 残(7)												1	
58		Ⅱb(2) Ⅲd 残(10)													
59															
60											Ⅱ				
61															
62															
63															
64															

续表

墓号（YYM）	蚌、贝饰品						竹制品			革制品	合计（件）
	蚌饰品					贝饰品	竹篾簧片	竹签	小件制品	皮革残件	
	环 型	珠	蚌刻贝	坠饰	蚌片						
33											
34											92
35											509
36											53
37											154
38											2
39											1
40											2
41											47
42											37
43											3
44											287
45											1
46											324
47											624
48											112
49											1822
50											0
51											265
52											375
53											2
54											98
55											6
56											3
57	Ⅱ										161
58											287
59											175
60											5
61											143
62											1
63											3
64											113

三 玉皇庙墓地随葬器物登记总表(续2)

墓号(YYM)	陶器				金器	青铜器						
	夹砂系		泥质系		金饰品	礼器	兵器					
							戈		短剑		镞	
	型	式	型	式			型	式	型	式	型	式
65											Ⅰa 残(5)	Ⅰ
66	罐(残碎)											
67	罐(残碎)											
68												
69	罐Ⅲ	Ⅲ										
70			豆Ⅰ	Ⅰ					Ⅰ	Ⅲ		
71			豆Ⅰ	Ⅰ					Ⅸ	Ⅱ	Ⅰa 残(2)	Ⅰ
72			豆Ⅰ	Ⅰ							残(1)	
73									Ⅸ	Ⅱ		
74	罐Ⅳ	Ⅳ									残(6)	
75			罐Ⅱ	Ⅰ								
76	罐Ⅵ	Ⅱ										
77	罐ⅩⅡ	Ⅰ										
78			罐ⅩⅡ	Ⅲ								
79			罐(残碎)									
80			罐ⅩⅠ	Ⅲ								
81	罐Ⅳ	Ⅴ										
82			罐Ⅰ	Ⅰ					Ⅰ	Ⅲ		
83	罐(残碎)								Ⅱ	Ⅱ		
84	罐Ⅴ	Ⅳ										
85												
86			壶Ⅰ	Ⅱ					ⅩⅢ	Ⅰ		
87	罐Ⅶ	Ⅲ										
88												
89												
90												
91												
92												
93												
94												
95	罐Ⅰ	Ⅱ							ⅩⅣ	Ⅰ	Ⅰa 残(5)	Ⅰ
96	罐Ⅷ	Ⅱ										
97	罐Ⅵ	Ⅰ										
98	罐(残碎)											
99	罐Ⅷ	Ⅰ										
100	罐ⅩⅡ	Ⅰ										
101	罐(残碎)											
102			罐Ⅵ	Ⅰ					Ⅳ	Ⅲ		
103			罐Ⅱ	Ⅰ								
104			壶Ⅰ	Ⅲ								
105	罐Ⅴ	Ⅳ							ⅩⅥ	Ⅰ	Ⅰa Ⅹ	Ⅰ(4) Ⅱ
106			罐Ⅸ	Ⅰ								
107												
108			罐Ⅷ	Ⅱ					Ⅷ	Ⅴ		
109												
110	罐Ⅳ	Ⅷ										

续表

墓号（YYM）	青铜器														
	工具														
	削刀		锛		斧	凿		锥		针	锥（针）管		盒形器		瓶形器
	型	式	型	式		型	式	型	式		型	式	型	式	
65	残									1	残(5)				
66															
67											Ⅰb				
68															
69	残							Ⅰb	Ⅱ						
70	残														
71	Ⅲ	Ⅰ													
72															
73															
74	ⅩⅣ	Ⅳ	Ⅰ	Ⅲ		Ⅰ Ⅰ	Ⅰ Ⅱ	Ⅰa			Ⅰi		Ⅲ	Ⅱ	
75								残			Ⅰa				
76											Ⅰi				
77															
78															
79															
80															
81										1					
82	Ⅷ							Ⅰb	Ⅰ						
83	Ⅲ	Ⅳ									Ⅰb				
84															
85															
86	Ⅲ	Ⅰ						Ⅰb	Ⅰ		Ⅰb				
87															
88															
89															
90	残														
91															
92															
93															
94															
95	残		Ⅰ	Ⅰ				Ⅱb			Ⅰb				
96															
97										1					
98	残							Ⅰb	Ⅱ		Ⅰa				
99	Ⅻ							Ⅰb	Ⅱ		Ⅰa				
100															
101															
102	Ⅲ	Ⅱ						Ⅰc			Ⅱ	Ⅰ			
103															
104															
105	ⅩⅣ	Ⅲ						Ⅰb	Ⅱ		Ⅰd				
106															
107															
108	ⅩⅣ	Ⅷ						Ⅰb	Ⅰ		Ⅰi				
109															
110	ⅩⅣ	Ⅶ						Ⅰb	Ⅰ						

续表

墓号(YYM)	青铜器											
	马具								装饰品			
	衔	镳		节约	泡	串饰	环	环	耳环	牌饰		镜形饰
	式	型	式	型	型	箍	型	箍	型	型	式	型
65									Ⅰ(2)	Ⅱ	Ⅳ 残(5)	
66									Ⅰ(2)			
67									Ⅰ(2)			
68												
69												
70												
71												
72									Ⅰ(2)			
73												
74					Ⅲa(9)		Ⅰ		Ⅰ(2)			
75									Ⅰ(2)			
76									Ⅰ(2)			
77									Ⅰ(2)			
78									Ⅰ(2)			
79									Ⅰ(2)			
80									Ⅰ(2)			
81									Ⅰ(2)			
82									Ⅰ(2)			
83									Ⅰ(2)			
84									Ⅰ(2)			
85												
86									Ⅰ(2)			
87												
88												
89												
90												
91									Ⅰ(2)			
92									Ⅰ(1)	Ⅱ	Ⅰ	
93												
94									Ⅰ(2)			
95									Ⅰ(2)	Ⅱ	Ⅰ	
96									Ⅰ(2)			
97									Ⅰ(2)			
98									Ⅲ(2)			
99									Ⅰ(2)			
100									Ⅰ(2)			
101												
102									Ⅰ(2)			
103												
104									Ⅰ(2)			
105									Ⅰ(2)	Ⅱ	Ⅰ	
106									Ⅰ(2)			
107												
108									Ⅰ(2)	Ⅱ	Ⅰ	
109									Ⅰ(2)			
110									Ⅰ(1)			

续表

墓号（YYM）	青铜器										
	装饰品										
	小铜珠	铃形饰	小铜箍	坠饰		三联珠形铜饰	带钩		带扣	带　卡	
	型	型	型	型	式		型	式	型	型	式
65		Ⅰ									
66											
67											
68											
69							Ⅰb	Ⅱ			
70											
71											
72							Ⅰb	Ⅲ			
73											
74										Ⅴ	Ⅱ（23）
75	Ⅱ（135）			匕形 Ⅲ（9）	残						
76	Ⅱ（76）			匕形 Ⅱa Ⅲ（3）	残 Ⅳ（10）						
77				匕形	残						
78											
79	Ⅰ（4）										
80				Ⅲ（8）							
81											
82											
83											
84											
85	Ⅰ										
86			Ⅰ				残				
87											
88											
89											
90											
91											
92											
93											
94											
95	Ⅰ（3） Ⅱ						Ⅰc			Ⅵ（22）	
96											
97	Ⅰ（37）			Ⅰb	Ⅰ						
98				Ⅰa Ⅱa	Ⅰ Ⅲ（15）						
99	Ⅰ（46）			匕形 Ⅱa	残 Ⅲ（6）						
100											
101											
102		Ⅰ					Ⅰg				
103											
104											
105										Ⅰ（23）	
106											
107											
108											
109											
110											

续表

墓号(YYM)	青铜器									货币
	装饰品									
	带饰		服饰铜环		服饰铜泡	大铜扣	小铜扣	双联小铜扣	其他铜饰件	尖首刀币
	型	式	型	式	型	型				
65			Ⅱ	Ⅰ		Ⅰb(4)		9		
66							3			
67						Ⅱ(2)				
68										
69						Ⅵ				
70										
71					Ⅰb					
72										
73										
74	Ⅶ	Ⅱ(65)				Ⅸa(4)	2			
75							3			
76										
77							2			
78					Ⅰb		1			
79										
80										
81										
82							2			
83							3			
84							1			
85										
86			Ⅱ	Ⅰ	Ⅲb(3)		3			
87										
88										
89										
90						Ⅱ(20)				
91										
92										
93										
94										
95	Ⅰ	Ⅰ(56)			Ⅲa Ⅰb(2)		3			
96							1			
97						Ⅰb				
98							3	125		
99										
100										
101										
102					Ⅰb	Ⅱ(2)	9			
103										
104							2			
105	Ⅶ	Ⅱ(69)			Ⅰa(3) Ⅰb		2			
106							3			
107										
108	Ⅶ	Ⅱ(44)					3		钩形	
109										
110	Ⅶ	Ⅱ(2)					2			

续表

墓号（YYM）	石、玛瑙、绿松石制品											
	石器与石制品								玛瑙制品		绿松石制品	
	生产工具		其他制品		装饰品				装饰品		装饰品	
	砺石	细石器	杯	珠	白石管	小白石珠	黑石管	小黑石珠	玛瑙环	玛瑙珠	绿松石管	绿松石珠
	型					型				型		型
65												
66					1							
67					3							
68												
69												Ⅰ（2）
70												
71												
72												
73												
74						Ⅱ（48）				Ⅰ		Ⅰ（2）
75						Ⅱ（2）		267		Ⅰ（62）	1	Ⅰ（9）
76						Ⅱ（11）		394		Ⅰ（38）	8	Ⅰ（27）
77						Ⅱ（69）		85				Ⅰ
78						Ⅱ（294）				Ⅰ（3）		Ⅰ（3）
79	Ⅰ（2）				2	Ⅱ（27）		48			2	Ⅰ
80						Ⅱ（274）		27				Ⅰ（54）
81					1							
82	Ⅱ											
83												Ⅰ
84												
85					1							
86												Ⅰ（10）
87												
88												
89					2							
90												
91						Ⅱ（93）						
92												
93												
94						Ⅰ（16） Ⅱ（15）	6			Ⅰ（6）		
95						Ⅱ（2）		42				Ⅰ（3） Ⅱ（15）
96	Ⅰ				4	Ⅱ（166）		254				
97	Ⅰ							205				
98						Ⅱ（51）		190				Ⅰ（18）
99						Ⅱ（74）		316				Ⅰ（3）
100					1							
101						Ⅱ（33）						
102					3	Ⅱ（67）		228				Ⅰ
103												
104					1			168				Ⅰ（2）
105												Ⅰ（4）
106						Ⅱ（152）						Ⅰ（6）
107	Ⅱ											
108												
109						Ⅱ（19）		6				
110												

续表

墓号（YYM）	骨器														
	兵器			马具		生产工具			装饰品				其他制品		
	弓弭	镞型	鸣镝	镳	环型	针	锥	绞具	贝	珠	环型	管型	柄饰	开口骨器	梳形器
65		Ⅱa 残(2)													
66															
67															
68															
69															
70															
71		Ⅱa(2)													
72		残(5)													
73															
74	2	残(12)	1		Ⅰ(3)									1	
75															
76										2					
77															
78															
79															
80															
81															
82															
83		Ⅱa 残(4)													
84															
85															
86															
87															
88															
89															
90															
91															
92															
93															
94															
95	1	Ⅰb Ⅱa 残(13)									Ⅰ				
96															
97															
98															
99															
100															
101															
102															
103															
104															
105		Ⅲd 残(1)								1					
106															
107															
108															
109															
110		Ⅰa Ⅱa(3)													

续表

墓号（YYM）	蚌、贝饰品						竹制品			革制品	合计（件）
	蚌饰品					贝饰品	竹篾簧片	竹签	小件制品	皮革残件	
	环型	珠	蚌刻贝	坠饰	蚌片						
65											31
66											7
67											9
68											0
69											7
70											3
71											9
72											10
73											1
74											190
75											494
76											574
77											161
78											306
79											89
80											366
81											5
82											10
83											15
84											4
85											2
86											26
87											1
88											0
89											2
90											21
91											95
92											2
93											0
94											45
95							1				184
96											429
97											249
98											409
99											452
100											4
101											34
102							1				321
103											1
104											176
105											118
106											164
107											1
108											56
109											27
110											12

三　玉皇庙墓地随葬器物登记总表(续3)

墓号（YYM）	陶器65				金器	青铜器						
	夹砂系		泥质系		金饰品	礼器	兵器					
							戈		短剑		镞	
	型	式	型	式			型	式	型	式	型	式
111			罐Ⅶ	Ⅲ					XⅥ	Ⅰ		
112												
113			罐Ⅶ	Ⅲ								
114			罐Ⅶ	Ⅲ								
115												
116			罐Ⅷ	Ⅱ								
117	罐(残碎)								Ⅷ	Ⅳ	Ⅰa 残(1)	Ⅰ(4)
118			罐Ⅻ	Ⅱ								
119	罐Ⅻ	Ⅶ										
120	罐Ⅻ	Ⅶ										
121	罐Ⅻ	Ⅰ										
122	罐Ⅻ	Ⅷ							XⅥ	Ⅱ	Ⅰa Ⅲb	Ⅰ Ⅱ
123												
124	罐Ⅶ	Ⅲ							XⅣ	Ⅲ	Ⅰa	Ⅰ
125	罐(残碎)											
126	罐(残碎)											
127			罐Ⅸ	Ⅲ								
128			罐Ⅷ	Ⅳ								
129			罐Ⅺ	Ⅳ					XⅥ	Ⅰ	Ⅰa	Ⅱ
130	罐Ⅻ	Ⅳ										
131	罐Ⅶ	Ⅳ							XⅥ	Ⅱ	残(1)	
132												
133			罐Ⅺ	Ⅱ								
134			罐Ⅶ	Ⅰ					XⅥ	Ⅱ	Ⅰa Ⅰa	Ⅰ Ⅱ
135												
136												
137	罐(残碎)											
138			罐Ⅵ	Ⅱ								
139			罐Ⅵ	Ⅰ								
140												
141												
142	罐Ⅶ	Ⅲ							Ⅲ			
143			罐Ⅻ	Ⅰ					Ⅸ	Ⅲ		
144	罐Ⅶ	Ⅲ										
145	罐(残碎)								XⅣ	Ⅱ	Ⅰa	Ⅰ(2)
146												
147												
148	罐Ⅷ	Ⅰ							Ⅱ	Ⅱ	Ⅰa Ⅺ	Ⅰ

续表

墓号(YYM)	青铜器														
	工具														
	削刀		锛		斧	凿		锥		针	锥(针)管		盒形器		瓶形器
	型	式	型	式		型	式	型	式		型	式	型	式	
111	Ⅲ	Ⅴ						Ⅰb	Ⅰ		Ⅰn				
112	ⅩⅣ	Ⅳ													
113															
114															
115															
116															
117	Ⅲ	Ⅱ	Ⅰ	Ⅱ		Ⅰ	Ⅱ	Ⅰb	Ⅰ		Ⅰl				
118															
119															
120															
121															
122	Ⅲ	Ⅲ	Ⅰ	Ⅲ		Ⅰ	Ⅰ	Ⅰb	Ⅱ		Ⅰg				
123															
124	ⅩⅣ	Ⅳ	Ⅰ	Ⅲ		Ⅰ	Ⅰ	Ⅰb	Ⅰ		Ⅰj				
125											Ⅰd				
126											Ⅰi				
127	ⅩⅣ	Ⅲ													
128															
129	ⅩⅣ	Ⅳ						Ⅰb	Ⅱ		Ⅰg				
130															
131	Ⅲ	Ⅱ						Ⅰb	Ⅰ		Ⅰj				
132															
133											Ⅰf				
134	ⅩⅣ	Ⅴ						Ⅰb	Ⅰ		Ⅱ	Ⅲ			
135															
136															
137															
138															
139															
140															
141															
142	ⅩⅣ	Ⅴ						Ⅰb	Ⅱ		Ⅰb		Ⅱ	Ⅱ	
143	ⅩⅣ	Ⅷ	Ⅰ	Ⅱ		Ⅰ	Ⅰ	Ⅰb	Ⅱ		Ⅰm				
144															
145	ⅩⅣ	Ⅳ	Ⅰ	Ⅱ		Ⅰ	Ⅰ	Ⅰb	Ⅱ		Ⅰi				
146															
147															
148	Ⅲ	Ⅱ						Ⅰb	Ⅱ		Ⅰf				

续表

墓号（YYM）	青铜器											
	马具								装饰品			
	衔	镳		节约	泡	串饰	环	环	耳环	牌饰		镜形饰
	式	型	式	型	型	箍	型	箍	型	型	式	型
111									Ⅰ(2)	Ⅰ	Ⅱ	
112												
113									Ⅰ(2)			
114									Ⅲ(2)			
115									Ⅰ(2)			
116												
117									Ⅰ(2)	Ⅱ	Ⅰ	
118									Ⅰ(2)			Ⅰ
119									Ⅰ(2)			
120									Ⅰ(2)			
121												
122									Ⅰ(2)	Ⅱ	Ⅰ	
123										Ⅱ	Ⅰ	
124									Ⅰ(2)	Ⅰ	Ⅱ(2)	
125									Ⅰ(2)			
126									Ⅰ(2)			
127									Ⅰ(2)	Ⅱ	Ⅰ	
128									Ⅰ(2)			
129									Ⅲ(2)	Ⅱ	Ⅰ	
130												
131									Ⅰ(2)	Ⅲ	Ⅰ	
132									Ⅰ(2)			
133									Ⅰ(2)			
134									Ⅲ(2)			
135									Ⅲ(2)			
136									Ⅰ(2)			
137									Ⅰ(2)			
138									Ⅲ(2)			
139												
140												
141												
142									Ⅰ(2)	Ⅱ	Ⅰ	
143									Ⅰ(2)	Ⅱ	Ⅰ	
144									Ⅰ(2)			
145									Ⅲ(2)	Ⅱ	Ⅰ	
146												
147										Ⅰ	Ⅱ	
148									Ⅰ(2)			

三　玉皇庙墓地随葬器物登记总表

墓号（YYM）	青铜器										
	装饰品										
	小铜珠	铃形饰	小铜箍	坠饰		三联珠形铜饰	带钩		带扣	带　卡	
	型	型	型	型	式		型	式	型	型	式
111											
112											
113	Ⅱ（112）			Ⅱa	Ⅳ（8）						
114	Ⅱ（166）			Ⅱa	Ⅲ（10）						
115											
116											
117										ⅩⅢ（10）	
118				Ⅵ							
119				Ⅲ（6）							
120											
121											
122							Ⅱb	Ⅰ		Ⅰ（77）	
123											
124							残			Ⅴ	Ⅱ（39）
125				Ⅰb Ⅲ（26）	Ⅱ						
126	Ⅱ（60）										
127											
128	Ⅱ（69）			Ⅰb Ⅲ（8）	Ⅲ						
129										Ⅴ	Ⅱ（28）
130											
131										Ⅴ	Ⅱ（20）
132	Ⅱ（12）										
133	Ⅱ（258）			Ⅰa Ⅲ（16）	Ⅰ						
134											
135											
136				Ⅲ（6）							
137	Ⅱ（70）										
138				Ⅲ（8） Ⅹ							
139											
140											
141											
142											
143										Ⅴ	Ⅱ（25）
144	Ⅱ（265）			Ⅸ							
145										Ⅴ	Ⅱ（27）
146											
147	Ⅱ（12）										
148							Ⅱb	Ⅰ			

续表

墓号（YYM）	青铜器									
	装饰品									货币
	带饰		服饰铜环		服饰铜泡	大铜扣	小铜扣	双联小铜扣	其他铜饰件	尖首刀币
	型	式	型	式	型	型				
111							3			
112										
113							3			
114										
115										
116					Ⅰa					
117	Ⅶ	Ⅱ(74)	Ⅱ	Ⅱ			3			
118					Ⅰc		3			
119							3			
120							3			
121										
122	Ⅶ	Ⅱ(48)	Ⅱ	Ⅱ(2)	Ⅰa(9)		3			
123										
124	Ⅶ	Ⅱ(78)			Ⅰb	Ⅱ(5)	3			
125					Ⅰa(2)		3	88		
126							2			
127							2			
128							2			
129	Ⅶ	Ⅱ(73)			Ⅰa(2) Ⅰb		3			
130										
131	Ⅶ	Ⅱ(43)					1			
132							2			
133			Ⅱ	Ⅰ			3			
134	Ⅶ	Ⅱ(45)	Ⅱ	Ⅰ(3)			3		三联珠形	
135										
136										
137							2			
138							2			
139										
140										
141										
142	Ⅶ Ⅶ(14)	Ⅱ(29)	Ⅱ	Ⅱ			2			
143	Ⅶ	Ⅱ(70)			Ⅰb(2)		2			
144							3			
145	Ⅶ	Ⅱ(40)			Ⅰa(4)		1			
146										
147					Ⅰb					
148							1			

续表

墓号（YYM）	石、玛瑙、绿松石制品											
	石器与石制品								玛瑙制品		绿松石制品	
	生产工具		其他制品		装饰品				装饰品		装饰品	
	砺石	细石器			白石管	小白石珠	黑石管	小黑石珠	玛瑙环	玛瑙珠	绿松石管	绿松石珠
	型		杯	杯		型				型		型
111					1							Ⅰ(4)
112												
113						Ⅱ(70)		230		Ⅰ Ⅱ(26)	4	Ⅰ(23)
114					1					Ⅰ(63) Ⅱ(11) Ⅲ		Ⅰ(37)
115								160				
116												
117												Ⅰ(5)
118						Ⅰ(52) Ⅱ(45)						
119					2	Ⅰ(15)						
120										Ⅱ(3)		Ⅰ(6)
121												
122	Ⅱ											
123						Ⅱ(118)						
124												Ⅰ(3)
125						Ⅱ(22)		36				Ⅰ(19)
126					1	Ⅱ(297)				Ⅰ(5)		Ⅰ(6)
127												Ⅰ(2)
128					1			68		Ⅱ(2)		Ⅰ(5)
129												Ⅰ(6)
130												
131											1	Ⅰ(6)
132						Ⅱ(41)		150		Ⅱ(3)		Ⅰ(4) Ⅳ(13)
133								74		Ⅱ(72)	4	Ⅰ(22)
134												
135						Ⅱ(33)		77				
136						Ⅱ(87)		60		Ⅱ(12)		Ⅰ(4) Ⅲ(12)
137					2	Ⅱ(264)						
138					1			312		Ⅱ(146)		Ⅰ(25)
139												
140												
141								6				
142					1							Ⅰ(6)
143												Ⅰ(6)
144						Ⅱ(83)		88				Ⅰ(37)
145												Ⅰ(6)
146												
147					2	Ⅰ(3) Ⅱ(3)						Ⅱ(3) Ⅳ
148												

续表

墓号（YYM）	骨器														
	兵器			马具		生产工具			装饰品				其他制品		
	弓弭	镞型	鸣镝	镳	环型	针	锥	绞具	贝	珠	环型	管型	柄饰	开口骨器	梳形器
111		Ⅰa Ⅱa(2) 残(3)	1												
112															
113															
114															
115															
116															
117		Ⅰb(2)													
118															
119															
120															
121															
122															
123															
124		残(4)													
125															
126															
127		Ⅰa 残(2)													
128															
129		残(1)													
130															
131										1					
132															
133															
134		Ⅰa													
135															
136															
137															
138		残(2)													
139															
140															
141															
142		Ⅱa 残(4)													
143										1				1	
144															
145															
146															
147															
148		Ⅰb Ⅲb 残(1)									Ⅱ				

续表

墓号（YYM）	蚌、贝饰品						竹制品			革制品	合计（件）
	蚌饰品					贝饰品	竹篾簧片	竹签	小件制品	皮革残件	
	环型	珠	蚌刻贝	坠饰	蚌片						
111											23
112											1
113						1					481
114		2									294
115											162
116											2
117											110
118											106
119											29
120						1					16
121											1
122											153
123											119
124											146
125		2									203
126											375
127											12
128											159
129											123
130											1
131											81
132											277
133											455
134											63
135											112
136											183
137											341
138											500
139											1
140											0
141											6
142						2					69
143											117
144											480
145											90
146											0
147											26
148											15

三　玉皇庙墓地随葬器物登记总表(续4)

墓号(YYM)	陶器 夹砂系 型	陶器 夹砂系 式	陶器 泥质系 型	陶器 泥质系 式	金器 金饰品	青铜器 礼器	青铜器 兵器 戈 型	青铜器 兵器 戈 式	青铜器 兵器 短剑 型	青铜器 兵器 短剑 式	青铜器 兵器 镞 型	青铜器 兵器 镞 式
149			罐Ⅸ	Ⅰ								
150	罐Ⅵ	Ⅲ										
151	罐Ⅵ	Ⅰ			璜形饰				Ⅸ	Ⅱ	Ⅰa Ⅰb	Ⅰ(8) Ⅱ
152												
153	罐Ⅶ	Ⅱ										
154			罐Ⅸ	Ⅱ								
155												
156			壶Ⅱ	Ⅱ	耳环Ⅱ型(2)	钘			XⅦ		Ⅰa Ⅰb Ⅰb	Ⅰ Ⅰ Ⅱ
157												
158	罐Ⅸ	Ⅲ							XⅢ	Ⅰ	Ⅰa	Ⅰ
159												
160			罐Ⅸ	Ⅳ					XⅥ	Ⅰ		
161			罐Ⅷ	Ⅲ					XⅥ	Ⅲ		
162												
163	罐Ⅺ	Ⅱ										
164	罐Ⅷ	Ⅲ							XⅥ	Ⅲ		
165												
166												
167	罐Ⅴ	Ⅱ										
168	罐Ⅸ	Ⅲ							XⅥ	Ⅰ		
169	罐XⅢ	Ⅰ										
170	罐(残碎)											
171	罐Ⅶ	Ⅳ				钘			XⅥ	Ⅱ		
172			罐Ⅸ	Ⅱ								
173											Ⅰa Ⅰa 残(1)	Ⅰ Ⅱ
174			罐Ⅵ	Ⅲ	耳环Ⅰ型(2) 璜形饰	钘			XⅣ	Ⅱ	Ⅰa Ⅲa Ⅻ(1)	Ⅰ(2) Ⅲ
175			壶Ⅲ	Ⅰ					XⅦ			
176	罐(残碎)											
177												
178	罐(残碎)											
179	罐Ⅳ	Ⅵ							Ⅰ	Ⅲ		
180	罐XⅡ	Ⅵ										
181	罐Ⅶ	Ⅲ										
182			罐(残碎)						Ⅻ	Ⅱ		
183			罐Ⅶ	Ⅲ								
184			壶Ⅱ	Ⅰ								
185	罐XⅡ	Ⅲ										
186	罐Ⅴ	Ⅱ							Ⅷ	Ⅲ	X	Ⅱ
187	罐Ⅸ	Ⅱ										

续表

墓号（YYM）	青铜器														
	工具														
	削刀		锛		斧	凿		锥		针	锥（针）管		盒形器		瓶形器
	型	式	型	式		型	式	型	式		型	式	型	式	
149															
150															
151	ⅩⅣ	Ⅳ	Ⅰ	Ⅲ		Ⅱ		Ⅰb	Ⅰ		Ⅰf				
152															
153	Ⅲ	Ⅰ									Ⅰd				
154															
155															
156	ⅩⅣ	Ⅵ	Ⅰ	Ⅱ		Ⅱ		Ⅱa	Ⅲ		Ⅱ	Ⅱ			
157															
158	Ⅲ	Ⅴ						Ⅰa			Ⅰi				
159															
160	ⅩⅣ	Ⅳ						Ⅰb	Ⅱ		Ⅰn				
161	ⅩⅣ	Ⅳ						Ⅰb	Ⅰ		Ⅰi				
162															
163															
164								Ⅱa	Ⅳ		Ⅰg				
165															
166															
167											Ⅰi		Ⅲ	Ⅲ	
168	ⅩⅣ	Ⅳ					Ⅰb	Ⅱ		Ⅰg					
169															
170															
171	ⅩⅣ	Ⅳ	Ⅰ	Ⅱ				Ⅰb	Ⅱ		Ⅰi				
172															
173															
174	ⅩⅣ	Ⅳ	Ⅰ	Ⅱ		Ⅰ	Ⅰ	Ⅱd			Ⅱ	Ⅲ			
175	ⅩⅣ	Ⅳ						Ⅰb	Ⅰ		Ⅰe				
176											Ⅰi				
177	Ⅲ	Ⅳ													
178	Ⅲ	Ⅰ						Ⅰc			Ⅰb				
179	Ⅲ	Ⅳ						Ⅰc			Ⅰb				
180															
181															
182	Ⅲ	Ⅰ						Ⅰb	Ⅰ						
183															
184															
185															
186	Ⅲ	Ⅱ						Ⅰb	Ⅳ						
187															

续表

墓号（YYM）	青铜器											
	马具								装饰品			
	衔	镳		节约	泡	串饰	环	环	耳环	牌饰		镜形饰
	式	型	式	型	型	箍	型	箍	型	型	式	型
149									Ⅰ(2)			Ⅱ
150									Ⅰ(4)			
151	Ⅲ(2)				Ⅰa(3) Ⅰb(3)				Ⅰ(2)			
152												
153									Ⅰ(3)			
154									Ⅲ(2)	Ⅲ	Ⅰ	
155					Ⅰa(2)				Ⅲ(2)			
156	Ⅱ Ⅲ	Ⅰ Ⅱ	Ⅲ(2) Ⅱ(2)	Ⅲ(4)	Ⅲa(2) Ⅲb(4)		Ⅲ(2)			Ⅱ	Ⅰ(2)	
157									Ⅰ(2)	Ⅱ	Ⅰ	
158									Ⅰ(2)	Ⅱ	Ⅰ	
159										Ⅰ	Ⅲ(2)	
160									Ⅰ(2)	Ⅱ	Ⅰ	
161									Ⅰ(2)	Ⅰ	Ⅱ	
162									Ⅰ(2)			
163									Ⅰ(4)			
164									Ⅰ(2)			
165									Ⅰ(2)			
166									Ⅰ(2)	Ⅱ	Ⅴ	
167									Ⅲ(2)			
168									Ⅰ(2)	Ⅰ	Ⅱ	
169												
170												
171									Ⅰ(2)	Ⅰ	Ⅱ	
172									Ⅰ(2)			
173												
174	Ⅲ(2)											
175									Ⅰ(2)	Ⅳ(2)		
176									Ⅲ(2)			
177									Ⅰ(2)			
178									Ⅰ(2)			
179									Ⅲ(1)			
180												
181												
182									Ⅰ(2)			
183												
184									Ⅰ(1)			
185												
186									Ⅰ(2)			
187												

续表

墓号（YYM）	青铜器										
	装饰品										
	小铜珠	铃形饰	小铜箍	坠饰		三联珠形铜饰	带钩		带扣	带　卡	
	型	型	型	型	式		型	式	型	型	式
149			Ⅰ（9）	Ⅲ（4）							
				Ⅶ							
150	Ⅰ（742）			Ⅰa	Ⅱ						
				Ⅱa	Ⅰ（12）						
151										Ⅻ（25）	
152											
153	Ⅱ（17）			Ⅰa	Ⅰ						
				Ⅲ（19）							
154											
155											
156										Ⅰ（105）	
157											
158							Ⅰh				
159											
160											
161											
162											
163	Ⅱ（16）			Ⅲ（3）							
164											
165	Ⅱ（9）		Ⅱ（7）								
166											
167				Ⅲ（26）							
168											
169											
170											
171										Ⅴ	Ⅱ（69）
172											
173							Ⅱa	Ⅱ			
174											
175		Ⅰ									
176				Ⅲ（10）							
177											
178	Ⅰ（28）			Ⅰa	Ⅱ						
	Ⅱ（2）			Ⅱa	Ⅲ（12）						
179											
180											
181											
182											
183											
184											
185											
186											
187											

续表

墓号（YYM）	青铜器									货币
	装饰品									
	带饰		服饰铜环		服饰铜泡	大铜扣	小铜扣	双联小铜扣	其他铜饰件	尖首刀币
	型	式	型	式	型	型				
149					Ⅰb(3)	Ⅵ	2		弹簧形(4) 双环形	
150							2			
151	Ⅶ	Ⅱ(55)			Ⅰa(2)	Ⅱ(2)	2			
152										
153			Ⅱ	Ⅰ			2			
154					Ⅰe(2)					
155										
156	Ⅶ	Ⅱ(94)			Ⅰa(4)	Ⅱ	2			
157					Ⅰb(9)					
158	Ⅱ Ⅶ	Ⅱ(39) Ⅱ(83)			Ⅰa(2) Ⅲa Ⅲb	Ⅹ	2			
159										
160	Ⅶ	Ⅱ(26)					2			
161										
162										
163			Ⅱ	Ⅰ(2)			7			
164							3		双足形	1
165										
166										
167			Ⅱ	Ⅰ			3			
168	Ⅶ	Ⅱ(93)	Ⅱ	Ⅰ	Ⅰb(2)		3			
169										
170							2			
171	Ⅶ	Ⅱ(91)			Ⅰa Ⅰb	Ⅲ	4			
172										1
173										
174	Ⅰ Ⅶ	Ⅲ(16) Ⅱ(77)				Ⅱ(2)	3		双环孔形(4)	
175	Ⅰ Ⅶ	Ⅱ(23) Ⅱ(33)				Ⅸb(5)	2			
176							2			
177										
178							32	166		
179										
180										
181										
182							3			
183							2			
184							3			
185							1			
186					Ⅰa(2) Ⅰb		1			
187							2			

续表

墓号（YYM）	石、玛瑙、绿松石制品											
	石器与石制品								玛瑙制品		绿松石制品	
	生产工具		其他制品		装饰品				装饰品		装饰品	
	砺石	细石器	杯	杯	白石管	小白石珠	黑石管	小黑石珠	玛瑙环	玛瑙珠	绿松石管	绿松石珠
	型					型				型		型
149					7	Ⅰ（460）						
						Ⅱ（461）						
150					1			125				Ⅰ（11）
151												
												Ⅰ（4）
152												
153					9	Ⅰ（51）		377		Ⅰ（93）	6	Ⅰ（12）
						Ⅱ（30）				Ⅲ（2）		
154						Ⅱ（285）				Ⅰ		Ⅰ
155						Ⅱ（45）		60		Ⅱ		Ⅰ（2）
156												Ⅰ（6）
157					9		7					Ⅰ（2）
158					1					Ⅰ		Ⅰ（2）
159						Ⅱ（102）					2	
160												
161					1							Ⅰ（2）
162												
163						Ⅱ（31）						
164												Ⅰ（2）
165						Ⅱ（9）		13		Ⅱ（2）		
166						Ⅱ（99）						Ⅰ
167						Ⅱ（1112）		72		Ⅰ（172）	11	Ⅰ（16）
										Ⅲ（4）		Ⅱ（221）
										Ⅶ（3）		
168												Ⅰ（6）
169												
170												
171												Ⅰ（7）
												Ⅱ
172											2	Ⅰ
173												
174												Ⅰ（6）
175												Ⅰ（9）
176					1	Ⅱ（125）		319		Ⅰ（2）		Ⅱ（2）
										Ⅱ（16）		
										Ⅵ		
177								40				Ⅰ
178					4			69		Ⅰ（45）	4	Ⅰ（14）
												Ⅲ
179												
180												
181												
182					1							Ⅰ（2）
183												
184					25						3	Ⅰ（4）
185					1							
186				1	1							Ⅰ（2）
187												

续表

墓号(YYM)	骨器														
	兵器			马具		生产工具			装饰品				其他制品		
	弓弭	镞型	鸣镝	镳	环型	针	锥	绞具	贝	珠	环型	管型	柄饰	开口骨器	梳形器
149															
150															
151		残(4)			Ⅱ									1	
152															
153															
154															
155															
156		残(6)			Ⅰ(4) Ⅱ										1
157															
158		残(2)													
159															
160															
161															
162															
163															
164															
165															
166															
167															
168										1					
169															
170															
171															
172															
173		残(4)													
174		Ⅱa 残(2)		2											
175															
176															
177															
178															
179		残(6)	1			1								1	
180															
182															
183															
184									2						
185															
186		残(2)													
187															

续表

墓号（YYM）	蚌、贝饰品						竹制品			革制品	合计（件）
	蚌饰品					贝饰品	竹篾簧片	竹签	小件制品	皮革残件	
	环 型	珠	蚌刻贝	坠饰	蚌片						
149		1	1								958
150											899
151											121
152											0
153		1		1							628
154											293
155											110
156	Ⅱ(2)						1				262
157											30
158					1						146
159											106
160											34
161											11
162											4
163											64
164											13
165											42
166											103
167						6					1652
168											114
169											1
170											3
171											185
172											7
173											8
174											130
175											82
176		1									483
177											44
178											384
179											15
180											1
181											1
182											12
183											3
184											39
185											3
186											17
187											123

三 玉皇庙墓地随葬器物登记总表(续5)

墓号(YYM)	陶器				金器	青铜器						
	夹砂系		泥质系		金饰品	礼器	兵器					
							戈		短剑		镞	
	型	式	型	式			型	式	型	式	型	式
188	罐Ⅵ	Ⅱ							Ⅰ	Ⅲ	Ⅲa	Ⅱ
189	罐(残碎)											
190	罐Ⅷ	Ⅱ							Ⅰ	Ⅳ	Ⅰa 残(4)	Ⅰ(4)
191	罐(残碎)											
192	罐ⅩⅡ	Ⅱ									Ⅰa 残(1)	Ⅰ
193												
194												
195												
196	罐Ⅶ	Ⅳ										
197			罐Ⅹ	Ⅲ								
198			罐Ⅱ	Ⅱ								
199	罐Ⅸ	Ⅱ							Ⅱ	Ⅱ	Ⅰa Ⅲa	Ⅰ Ⅲ
200			壶Ⅰ	Ⅲ								
201												
202	罐Ⅸ	Ⅲ										
203	罐Ⅲ	Ⅲ										
204	罐Ⅶ	Ⅳ										
205	罐Ⅴ	Ⅱ									Ⅰa	Ⅰ(2)
206	罐Ⅴ	Ⅱ										
207	罐ⅩⅡ	Ⅳ										
208			罐Ⅶ	Ⅰ								
209	罐(残碎)								ⅩⅣ	Ⅱ	Ⅰa Ⅴ 残(1)	Ⅰ(3) Ⅲ
210	罐Ⅷ	Ⅰ							ⅩⅢ	Ⅱ	Ⅰa 残(1)	Ⅰ(4)
211	罐ⅩⅡ	Ⅴ										
212			罐Ⅳ	Ⅱ					Ⅷ	Ⅱ		
213	罐Ⅰ	Ⅳ							Ⅸ	Ⅱ	Ⅰa Ⅹ	Ⅱ Ⅲ
214			豆Ⅰ	Ⅰ								
215	罐ⅩⅡ	Ⅰ										
216	罐Ⅴ	Ⅲ										
217	罐(残碎)										Ⅰa	Ⅰ
218												
219			罐Ⅹ	Ⅱ								
220	罐Ⅴ	Ⅳ										
221			盂Ⅰ 壶Ⅱ	Ⅰ Ⅱ								
222	罐(残碎)											
223	罐Ⅸ	Ⅱ										
224			罐Ⅶ	Ⅱ					ⅩⅤ			
225	罐Ⅸ	Ⅰ										
226	罐Ⅴ	Ⅰ							Ⅷ	Ⅰ	Ⅰ(a)	Ⅰ(5)

续表

墓号（YYM）	青铜器														
	工具														
	削刀		锛		斧	凿		锥		针	锥(针)管		盒形器		瓶形器
	型	式	型	式		型	式	型	式		型	式	型	式	
188	Ⅲ	Ⅱ	Ⅰ	Ⅱ		Ⅰ	Ⅰ	Ⅰb Ⅱc	Ⅱ		Ⅰb				
189															
190	Ⅲ	Ⅰ	Ⅰ	Ⅱ		Ⅰ	Ⅰ	Ⅰb	Ⅰ		Ⅰb				
191															
192	Ⅰ	Ⅲ													
193															
194															
195															
196															
197											Ⅰl				
198															
199	Ⅲ	Ⅰ						Ⅰb	Ⅰ						
200															
201															
202											Ⅰi				
203	Ⅲ	Ⅳ						Ⅰb	Ⅱ						
204															
205	Ⅺ	Ⅱ						Ⅰb	Ⅱ						
206											Ⅰj				
207															
208															
209	ⅩⅣ	Ⅲ	Ⅰ	Ⅱ		Ⅰ	Ⅰ	Ⅰb	Ⅱ		Ⅰk				
210	ⅩⅢ	Ⅱ						Ⅰb	Ⅱ		Ⅰf				
211															
212	Ⅺ	Ⅱ	Ⅰ	Ⅱ		Ⅰ	Ⅱ	Ⅰa			Ⅰh				
213	Ⅲ	Ⅱ						Ⅰb	Ⅰ		Ⅰj				
214	ⅩⅣ	Ⅲ													
215															
216															
217	Ⅲ	Ⅲ	Ⅰ	Ⅰ		Ⅰ	Ⅰ								
218															
219															
220	Ⅲ	Ⅳ									Ⅰi				
221															
222															
223															
224	ⅩⅣ	Ⅲ													
225															
226	Ⅲ	Ⅰ			1			残			Ⅱ	Ⅰ			

续表

墓号	青铜器											
	马具								装饰品			
(YYM)	衔	镳		节约	泡	串饰	环	环	耳环	牌饰		镜形饰
	式	型	式	型	型	箍	型	箍	型	型	式	型
									Ⅲ(2)	Ⅱ	Ⅰ	
188												
189												
190									Ⅰ(1) Ⅱ(1)	Ⅱ	Ⅱ	
191									Ⅰ(2)			
192												
193												
194												
195									Ⅰ(2)	Ⅱ	Ⅰ	
196									Ⅰ(2)			
197									Ⅰ(2)			
198									Ⅰ(2)			
199									Ⅰ(2)			
200									Ⅰ(2)			
201									Ⅰ(2)	Ⅱ	Ⅰ	
202									Ⅰ(2)			
203									Ⅰ(2)			
204									Ⅰ(2)			
205										Ⅱ	Ⅰ	
206												
207												
208									Ⅰ(1)			
209									Ⅰ(2)	Ⅱ	Ⅰ	
210										Ⅱ	Ⅰ	
211									Ⅰ(6)			Ⅰ
212									Ⅰ(2)	Ⅱ	Ⅰ	
213									Ⅰ(2)	Ⅰ	Ⅱ	
214												
215									Ⅰ(2)			
216									Ⅰ(2)			
217					Ⅰa(2) Ⅰb(4)				Ⅰ(2)	Ⅱ	Ⅱ	
218												
219												
220									Ⅰ(2)			
221												
222									Ⅰ(2)			
223									Ⅰ(2)			
224									Ⅰ(2)	Ⅱ	Ⅲ	
225									Ⅰ(2)			
226									Ⅰ(2)	Ⅱ	Ⅱ	

续表

墓号（YYM）	青铜器·装饰品·小铜珠 型	铃形饰 型	小铜箍 型	坠饰 型	坠饰 式	三联珠形铜饰	带钩 型	带钩 式	带扣 型	带卡 型	带卡 式
188		Ⅰ					残				
189											
190										Ⅱ(30)	
191											
192											
193											
194											
195											
196	Ⅰ(29)										
197				Ⅰd							
198		Ⅰ(4)		Ⅱa	Ⅳ(10)						
199							Ⅱb	Ⅰ			
200											
201											
202	Ⅰ(9)	Ⅰ(8)									
203											
204											
205											
206	Ⅰ(144)			Ⅰa	Ⅰ						
207											
208				Ⅰa	Ⅰ						
209							Ⅰc				
210											
211											
212											
213		Ⅰ					Ⅱb	Ⅱ			
214											
215		Ⅱ(8)									
216											
217										Ⅲ	Ⅰ(27)
218											
219											
220	Ⅱ(9)	Ⅰ		Ⅰa Ⅲ(19)	Ⅲ						
221				Ⅷ							
222				Ⅰa	Ⅰ						
223											
224											
225											
226							残			Ⅷ(33)	

续表

墓号（YYM）	青铜器									
	装饰品									货币
	带饰		服饰铜环		服饰铜泡	大铜扣	小铜扣	双联小铜扣	其他铜饰件	尖首刀币
	型	式	型	式	型	型				
188	Ⅰ	Ⅰ(68)			Ⅰa Ⅲa		17			
189										
190	Ⅰ	Ⅰ(18)			Ⅰa(4)	Ⅱ	6			
191							5			
192						Ⅶ	2			
193										
194										
195										
196							132			
197							3			
198							3	120		
199					Ⅰa(2)		3			
200							3			
201					Ⅰa(2) Ⅰd(2)		3			
202							3			
203					Ⅰa(2)		2			
204					Ⅰa		3		“人”形	
205							1			
206							3			
207										
208							1			
209	Ⅰ	Ⅰ(95)			Ⅰa	Ⅷ(2)	4			
210	Ⅰ Ⅲ(40)	Ⅰ(53)								
211							2			
212	Ⅴ	Ⅱ(73)					85			
213							3			
214										
215							3			
216							2			
217					Ⅲa					
218										
219										
220							3			
221							3			
222							3	95		
223							3			
224							3			
225										
226						Ⅲ(2)	4			

续表

墓号（YYM）	石、玛瑙、绿松石制品											
	石器与石制品								玛瑙制品		绿松石制品	
	生产工具		其他制品		装饰品				装饰品		装饰品	
	砺石型	细石器	杯	珠	白石管	小白石珠型	黑石管	小黑石珠	玛瑙环	玛瑙珠型	绿松石管	绿松石珠型
188												Ⅰ(2)
189												
190	Ⅰ Ⅱ											Ⅰ(10)
191						Ⅱ(64)						
192						Ⅱ(18)		7				Ⅰ
193												
194								78			1	
195												
196					4			42				Ⅰ(6)
197					2							Ⅰ(2)
198					8	Ⅰ(90) Ⅱ(70)				Ⅰ(3)	9	Ⅰ(16)
199						Ⅱ(50)		47				Ⅰ
200						Ⅱ(30)		176				
201								140				
202						Ⅱ(2)		27		Ⅰ(2)		Ⅰ(5)
203												
204												
205												
206					5							Ⅰ(2)
207												
208						Ⅱ(2)						Ⅱ(1)
209	Ⅰ											Ⅰ(5)
210												
211												
212												Ⅰ(2)
213						Ⅰ(80) Ⅱ(48)						Ⅰ(5)
214												
215						Ⅱ(33)		64		Ⅱ(4)		Ⅰ(3)
216					3	Ⅰ(53) Ⅱ(40)						
217	Ⅱ											Ⅰ(4)
218												
219												Ⅰ(6)
220								731		Ⅱ(3)		Ⅰ(14) Ⅱ(78)
221						Ⅱ(92)		83				
222					1	Ⅰ(6) Ⅱ(6)		122				
223											8	
224					1							
225												
226	Ⅰ				1							Ⅰ(5) Ⅳ

续表

墓号 (YYM)	骨器														
	兵器			马具		生产工具			装饰品				其他制品		
	弓弭	镞型	鸣镝	镳	环型	针	锥	绞具	贝	珠	环型	管型	柄饰	开口骨器	梳形器
188		Ⅰa Ⅰb(3) Ⅱa(2) 残(5)	3							1	1				
189															
190		残(3)													
191															
192		残(5)	1												
193															
194															
195															
196															
197															
198															
199		残(3)													
200															
201															
202															
203		Ⅰa 残(3)													
204															
205		残(5)									Ⅱ				
206															
207															
208															
209		Ⅲa(2) 残(4)									Ⅱ				
210		Ⅱa(11)													
211															
212															
213		残(6)													
214															
215															
216															
217		Ⅰa 残(4)													
218															
219															
220															
221															
222															
223															
224															
225															
226		Ⅰa(4) Ⅱa Ⅱb Ⅲd													

续表

墓号（YYM）	蚌、贝饰品						竹制品			革制品	合计（件）
	蚌饰品					贝饰品					
	环型	珠	蚌刻贝	坠饰	蚌片		竹篾簧片	竹签	小件制品	皮革残件	
188											118
189											1
190											92
191											72
192											39
193											0
194											79
195											3
196											216
197											12
198		1									217
199											115
200											212
201											150
202		2									62
203											13
204											8
205											13
206											157
207											1
208											7
209											131
210											115
211											10
212											170
213											154
214											2
215											118
216											101
217											52
218											0
219											7
220											864
221											181
222											237
223											14
224											10
225											3
226											72

三 玉皇庙墓地随葬器物登记总(续6)

墓号(YYM)	陶器				金器	青铜器						
	夹砂系		泥质系		金饰品	礼器	兵器					
							戈		短剑		镞	
	型	式	型	式			型	式	型	式	型	式
226												
227	罐Ⅰ	Ⅱ							Ⅳ	Ⅰ	Ⅰa	Ⅰ
228	罐Ⅰ	Ⅲ										
229	罐Ⅰ	Ⅱ									Ⅰa	Ⅰ
230	罐Ⅴ	Ⅰ							Ⅵ	Ⅱ	Ⅰb 残(1)	Ⅰ
231	罐Ⅰ	Ⅱ										
232			壶Ⅰ	Ⅰ								
233	罐Ⅰ	Ⅲ									Ⅰa Ⅲb 残(1)	Ⅰ Ⅰ
234	罐Ⅷ	Ⅰ							Ⅹ			
235												
236	罐Ⅲ	Ⅰ							Ⅻ	Ⅰ	Ⅰa	Ⅰ
237	罐Ⅵ	Ⅰ										
238												
239												
240	罐Ⅴ	Ⅱ										
241	罐Ⅱ	Ⅱ										
242												
243												
244												
245	罐Ⅲ	Ⅰ										
246												
247	罐Ⅲ	Ⅰ							Ⅻ	Ⅱ	Ⅰa	Ⅰ
248	罐(残碎)											
249	罐Ⅰ	Ⅱ										
250					耳环Ⅰ型(2) 璜形饰	鍑 罍 铆	Ⅰ	Ⅲ	Ⅵ	Ⅰ	Ⅰa Ⅳ Ⅴ Ⅵ(b) Ⅸ(4) 残(19)	Ⅰ Ⅱ(2) Ⅱ(2)
251	罐Ⅷ	Ⅰ										
252	罐Ⅴ	Ⅰ									Ⅱa	Ⅰ
253												
254	罐Ⅹ	Ⅰ										
255												
256	罐Ⅰ	Ⅱ										
257	罐Ⅵ	Ⅰ							Ⅻ	Ⅰ	Ⅰa 残(2)	Ⅰ(3)
258	罐Ⅴ	Ⅰ										

续表

墓号（YYM）	青铜器														
	工具														
	削刀		锛		斧	凿		锥		针	锥(针)管		盒形器		瓶形器
	型	式	型	式		型	式	型	式		型	式	型	式	
226															
227	Ⅰ	Ⅱ						Ⅰb	Ⅰ						
228	Ⅲ	Ⅰ													
229	Ⅰ	Ⅲ	Ⅰ	Ⅰ		Ⅰ	Ⅰ	Ⅰb	Ⅱ						
230	Ⅲ	Ⅰ	Ⅱ			Ⅰ	Ⅰ	Ⅰb	Ⅱ		Ⅰb				
231											Ⅰe				
232															
233	Ⅲ	Ⅰ						Ⅰa			Ⅰd				
234	Ⅰ	Ⅲ						Ⅰb	Ⅱ						
235															
236	Ⅲ	Ⅲ	Ⅰ	Ⅱ		Ⅰ	Ⅰ	Ⅰb	Ⅰ						
237															
238															
239															
240															
241											Ⅲ				
242															
243															
244															
245															
246															
247	Ⅲ	Ⅰ						Ⅰb	Ⅰ						
248															
249															
250	Ⅲ	Ⅰ	Ⅰ	Ⅰ		Ⅰ	Ⅰ	Ⅰb Ⅱa	Ⅰ Ⅱ		Ⅱ	Ⅰ			
251															
252	Ⅲ	Ⅰ						Ⅰb	Ⅰ		Ⅰb		Ⅱ	Ⅰ	
253															
254															
255															
256	Ⅲ	Ⅰ								1	Ⅰd				
257	Ⅲ	Ⅱ						Ⅰb	Ⅰ						
258															

续表

墓号（YYM）	青铜器											
	马具								装饰品			
	衔	镳		节约	泡	串饰	环	环	耳环	牌饰		镜形饰
	式	型	式	型	型	箍	型	箍	型	型	式	型
226												
227									Ⅰ(2)	Ⅱ	Ⅰ	
228									Ⅰ(2)	Ⅰ	Ⅱ	
229									Ⅰ(2)			
230	Ⅲ(2)				Ⅰa(6)				Ⅰ(2)	Ⅰ	Ⅰ(2)	
231									Ⅰ(2)			
232									Ⅰ(1)			
233									Ⅰ(2)	Ⅰ	Ⅱ	
234									Ⅰ(2)	Ⅱ	Ⅲ	
235												
236									Ⅰ(2)	Ⅱ	Ⅰ	
237									Ⅰ(2)			
238												
239												
240									Ⅰ(2)			
241									Ⅰ(2)			
242												
243												
244												
245												
246												
247									Ⅰ(2)	Ⅰ	Ⅱ	
248									Ⅰ(2)			
249									Ⅰ(2) Ⅱ(6)			
250	Ⅱ(2)	Ⅰ	Ⅰ		Ⅰb(14) Ⅱa(1) Ⅱb(13)							
251									Ⅰ(2)			
252									Ⅰ(1)	Ⅰ	Ⅱ	
253												
254												
255												
256									Ⅰ(2)			
257									Ⅰ(2)			
258									Ⅰ(4)			

续表

墓号（YYM）	青铜器										
	装饰品										
	小铜珠	铃形饰	小铜箍	坠饰		三联珠形铜饰	带钩		带扣	带卡	
	型	型	型	型	式		型	式	型	型	式
226											
227							Ⅰc				
228							Ⅰb	Ⅱ			
229							Ⅰb	Ⅱ			
230	Ⅱ(28)	Ⅰ								Ⅵ(17)	
231	Ⅰ(79)			Ⅰa Ⅱa	Ⅰ Ⅲ(10)						
232				Ⅰa	Ⅰ						
233											
234										Ⅴ	Ⅱ(19)
235											
236											
237				Ⅰd Ⅱa	 Ⅰ(12)						
238											
239	Ⅱ(12)										
240		Ⅰ(6)		Ⅴ(2)							
241				Ⅰa Ⅱa	Ⅰ Ⅱ(20)						
242											
243											
244											
245											
246											
247											
248											
249											
250				Ⅳ(7)			Ⅱa	Ⅰ			
251	Ⅰ(185)			Ⅰa Ⅱa	Ⅰ Ⅱ(14)						
252											
253	Ⅰ(60) Ⅱ(6)			 Ⅱb							
254											
255										Ⅸb(10)	
256				Ⅰa Ⅱa Ⅲ(6)	Ⅱ Ⅲ(18)						
257											
258				Ⅰa Ⅱa	Ⅱ Ⅰ(4)						

续表

墓号(YYM)	青铜器									
	装饰品									货币
	带饰		服饰铜环		服饰铜泡	大铜扣	小铜扣	双联小铜扣	其他铜饰件	尖首刀币
	型	式	型	式	型	型				
226										
227	Ⅴ	Ⅱ(29)				Ⅴ	3			
228							1			
229	Ⅲ(82)				Ⅰa(4)					
230	Ⅰ	Ⅰ(49)			Ⅱ(2) Ⅲa(5)		3		喇叭形管状	
231							3			
232										
233	Ⅰ	Ⅰ(27)			Ⅲa(2)		3		喇叭形管状	
234					Ⅰa		3			
235										
236	Ⅴ	Ⅱ(16)			Ⅰa		3			
237							3			
238					1a(4)	Ⅲ(2)				
239										
240							3		开裆铃形 扁形铃形(4)	
241			Ⅱ	Ⅰ			100			
242										
243										
244										
245										
246										
247	Ⅶ	Ⅰ(39)			Ⅰb Ⅲb		3			
248									薄壳小铜管	
249					Ⅱ					
250	Ⅰ	Ⅰ(55)	Ⅱ	Ⅰ	Ⅱ	Ⅰe(3) Ⅱ(3)		186	亚腰形	
251							1			
252					Ⅰb(2)	Ⅱ(2)	2			
253										
254										
255										
256								282		
257					Ⅰa(3)		3			
258						Ⅱ	3	83		

续表

墓号（YYM）	石、玛瑙、绿松石制品											
	石器与石制品								玛瑙制品		绿松石制品	
	生产工具		其他制品		装饰品				装饰品		装饰品	
	砺石	细石器	其他制品		白石管	小白石珠	黑石管	小黑石珠	玛瑙环	玛瑙珠	绿松石管	绿松石珠
	型		杯	珠		型				型		型
226												
227												Ⅰ（12）
228												
229	Ⅰ										1	Ⅰ（1）
230	Ⅰ							37				Ⅰ（6）
	Ⅱ											
231					5			149				Ⅰ（3）
232					4							
233	Ⅰ（2）				4							Ⅰ（10）
234	Ⅰ					Ⅰ（18）						Ⅰ（9）
						Ⅱ（12）						
235												
236												Ⅰ（3）
237												Ⅰ（8）
238												
239								60				Ⅰ（29）
240	Ⅰ				7	Ⅰ（101）				Ⅱ（16）	5	Ⅰ（4）
	Ⅱ					Ⅱ（116）						
												Ⅲ
241					2			268		Ⅱ（54）	10	Ⅰ（19）
												Ⅲ（150）
												Ⅳ
242												
243												
244												
245												
246												
247		1								Ⅱ		Ⅰ（4）
248												
249					4	Ⅰ（150）						
						Ⅱ（40）						
250	Ⅰ											Ⅰ（6）
	Ⅱ											
251					4			107				Ⅰ（53）
252												Ⅰ
253												Ⅰ
254												
255								83				Ⅱ（10）
256					2			107		Ⅰ	7	Ⅰ（20）
										Ⅱ（13）		Ⅱ（5）
										Ⅲ		Ⅲ（6）
257												
258					1	Ⅰ		207		Ⅱ（6）	2	Ⅰ（8）
						Ⅱ（6）						

续表

墓号（YYM）	骨器														
	兵器			马具		生产工具			装饰品				其他制品		
	弓弭	镞型	鸣镝	镳	环型	针	锥	绞具	贝	珠	环型	管型	柄饰	开口骨器	梳形器
226		残(3)													
227		残(10)													
228			1												
229		Ⅱa 残(3)	5							1					
230		Ⅱa 残(3)		1	Ⅰ(2)						Ⅱ				
231															
232															
233		Ⅱa 残(12)													
234		Ⅱa 残(6)													
235															
236		Ⅱa 残(10)												1	
237															
238															
239															
240															
241															
242															
243															
244															
245															
246															
247		残(8)													
248															
249															
250		Ⅱa Ⅱb(2) 残(33)		1	Ⅰ(5) Ⅱ	1					Ⅰ				
251															
252		Ⅱa Ⅱb(2) 残(2)													
253															
254															
255															
256															
257		残													
258															

续表

墓号（YYM）	蚌、贝饰品						竹制品			革制品	合计（件）
	蚌饰品					贝饰品					
	环型	珠	蚌刻贝	坠饰	蚌片		竹篾簧片	竹签	小件制品	皮革残件	
226											72
227											64
228											8
229											108
230											180
231											254
232											7
233											72
234											77
235											0
236											45
237											27
238											6
239											101
240											271
241		11									641
242											0
243											0
244											0
245											1
246											0
247											58
248											12
249											204
250											385
251											368
252											20
253											68
254											1
255											103
256											475
257											18
258											327

三　玉皇庙墓地随葬器物登记总表(续7)

墓号(YYM)	陶器				金器	青铜器						
	夹砂系		泥质系		金饰品	礼器	兵器					
							戈		短剑		镞	
	型	式	型	式			型	式	型	式	型	式
259												
260	罐Ⅴ	Ⅱ										
261	罐Ⅲ	Ⅰ							Ⅻ	Ⅰ	Ⅱa	Ⅰ(2)
262												
263	罐Ⅸ	Ⅰ										
264	罐Ⅵ	Ⅰ							Ⅶ		Ⅰa	Ⅰ(10)
265	罐Ⅴ	Ⅱ										
266	罐Ⅴ	Ⅰ										
267												
268	罐Ⅳ	Ⅳ										
269												
270	罐(残碎)											
271												
272	罐Ⅶ	Ⅰ										
273	罐Ⅺ	Ⅰ										
274												
275	罐Ⅴ	Ⅲ							Ⅸ	Ⅰ	Ⅰa Ⅲb	Ⅰ(4) Ⅱ
276	罐(残碎)										Ⅲb	Ⅱ
277	罐Ⅶ	Ⅰ									Ⅱa	Ⅰ
278	罐Ⅱ	Ⅱ										
279	罐Ⅱ	Ⅰ										
280	罐Ⅵ	Ⅰ										
281	罐Ⅴ	Ⅱ							Ⅱ	Ⅰ		
282	罐Ⅳ	Ⅲ									Ⅰa 残(2)	Ⅰ
283												
284												
285												
286												
287												
288												
289												
290												
291	盂Ⅰ	Ⅰ										
292												
293	罐Ⅲ	Ⅱ										
294	罐Ⅴ	Ⅰ										
295	罐Ⅴ	Ⅰ							ⅩⅢ	Ⅰ		
296												
297	罐Ⅷ	Ⅱ										
298	罐Ⅰ	Ⅱ										
299												
300	罐Ⅰ	Ⅱ							Ⅴ	Ⅰ	Ⅲb	Ⅰ

续表

墓号（YYM）	青铜器														
	工具														
	削刀		锛		斧	凿		锥		针	锥（针）管		盒形器		瓶形器
	型	式	型	式		型	式	型	式		型	式	型	式	
259															
260	Ⅲ	Ⅰ						Ⅰb	Ⅰ						
261	ⅩⅢ	Ⅰ	Ⅱ			Ⅰ	Ⅰ	Ⅰb	Ⅰ		Ⅰb				
262															
263											Ⅰa				
264	Ⅹ	Ⅰ	Ⅱ Ⅲ			Ⅰ	Ⅰ	Ⅱa	Ⅱ		Ⅰb				
265															
266								Ⅰc			Ⅰb				
367															
268															
269															
270															
271	Ⅹ	Ⅰ						Ⅰb Ⅰb	Ⅲ Ⅲ						
272											Ⅰa				
273															
274															
275	Ⅱ	Ⅰ	Ⅰ	Ⅰ				Ⅰb	Ⅰ		Ⅰa				
276	Ⅲ	Ⅰ						Ⅰb	Ⅱ						
277															
278															
279										1					
280	Ⅲ	Ⅰ						Ⅰb	Ⅰ		Ⅰa				
281	Ⅲ	Ⅰ						Ⅰb	Ⅱ						
282	Ⅲ	Ⅰ						Ⅰb	Ⅱ		Ⅰb				
283	Ⅰ	Ⅰ						Ⅰb	Ⅱ						
284															
285	Ⅻ														
286															
287															
288															
289															
290															
291															
292															
293	Ⅲ	Ⅰ													
294															
295	Ⅹ	Ⅱ						Ⅰb	Ⅰ						
296															
297	Ⅲ	Ⅰ													
298															
299	Ⅹ	Ⅱ													
300	Ⅰ	Ⅲ	Ⅰ	Ⅰ		Ⅰ	Ⅰ	Ⅰb Ⅰb	Ⅰ Ⅰ	1	Ⅰa				

续表

墓号（YYM）	青铜器											
	马具								装饰品			
	衔	镳		节约	泡	串饰	环	环	耳环	牌饰		镜形饰
	式	型	式	型	型	箍	型	箍	型	型	式	型
259									Ⅰ(1)			
260												
261									Ⅰ(2)	Ⅰ	Ⅱ	
262												
263									Ⅰ(2)			
264									Ⅰ(2)	Ⅱ	Ⅰ	
265									Ⅰ(2)			
266									Ⅰ(2)			
267									Ⅰ(2)	Ⅱ	Ⅲ	
268												
269												
270												
271									Ⅰ(1)			
272												
273												
274									Ⅰ(1)			
275									Ⅰ(2)	Ⅱ	Ⅱ	
276				Ⅱ(2)					Ⅰ(2)			
277									Ⅰ(2)	Ⅰ	Ⅱ	
278												
279									Ⅰ(2)			
280									Ⅰ(2)			
281									Ⅰ(2)			
282										Ⅰ	Ⅱ	
283									Ⅰ(1)			
284												
285												
286												
287												
288												
289									Ⅰ(2)			
290												
291									Ⅰ(2)			
292												
293									Ⅰ(2)			
294									Ⅰ(2)			
295									Ⅰ(2)			
296									Ⅰ(3) Ⅳ(1)			
297									Ⅰ(2)			
298									Ⅰ(2)			
299									Ⅰ(2)	Ⅱ	Ⅲ	
300	Ⅰ(2)								Ⅰ(2)			

续表

墓号(YYM)	青铜器										
	装饰品										
	小铜珠	铃形饰	小铜箍	坠饰		三联珠形铜饰	带钩		带扣	带卡	
	型	型	型	型	式		型	式	型	型	式
259											
260											
261									Ⅱ		
262											
263				Ⅰa Ⅱa	Ⅰ Ⅰ(10)						
264										Ⅲ Ⅶ(39)	Ⅱ(16)
265											
266	Ⅰ(142)			Ⅰa	Ⅰ						
267	Ⅰ(3)		Ⅰ(7)								
268											
269											
270											
271											
272				Ⅰa	Ⅰ						
273											
274											
275	Ⅰ(6)	Ⅰ					Ⅰd			Ⅲ Ⅲ	Ⅰ(10) Ⅲ(8)
276											
277											
278											
279				Ⅰc	Ⅰ						
280	Ⅰ(12)			Ⅰa Ⅱa	Ⅰ Ⅱ(7)						
281			Ⅰ(17)								
282							Ⅰb	Ⅰ			
283				Ⅲ							
284											
285				Ⅰa Ⅱa	Ⅰ Ⅱ(11)						
286											
287											
288											
289											
290											
291											
292											
293											
294											
295											
296											
297											
298											
299											
300										Ⅳ(54)	

续表

墓号（YYM）	青铜器									
	装饰品									货币
	带饰		服饰铜环		服饰铜泡	大铜扣	小铜扣	双联小铜扣	其他铜饰件	尖首刀币
	型	式	型	式	型	型				
259										
260							2			
261	Ⅰ Ⅲ(70)	Ⅰ(31)	Ⅱ	Ⅰ	Ⅰa(3) Ⅱ	Ⅱ(6)	34	7		
262										
263							30	47		
264	Ⅶ	Ⅰ(14)	Ⅱ	Ⅰ(4)	Ⅲ(a)	Ⅲ(3)	32			
265							3			
266							3			
267										
268										
269										
270										
271							2			
272							2	20		
273							3			
274										
275	Ⅶ	Ⅰ(38)			Ⅰa(3)	Ⅱ(2)	3	186		
276	Ⅲ(42)									
277							3			
278							3			
279								82		
280							2	192		
281					Ⅰa Ⅲa		3			
282	Ⅰ Ⅵ	Ⅰ(49) Ⅰ(11)			Ⅰa(4)		5			
283							2			
284										
285								22		
286										
287										
288										
289										
290					Ⅰa(2)					
291										
292										
293					Ⅲa(2)		17			
294							1			
295	Ⅱ	Ⅰ(27)								
296										
297										
298										
299						Ⅵ(2)	3			
300	Ⅰ	Ⅰ(50)				Ⅰb(6) Ⅱ(2)	3	63	喇叭形管状 羊头形	

续表

墓号（YYM）	石、玛瑙、绿松石制品											
	石器与石制品								玛瑙制品		绿松石制品	
	生产工具		其他制品		装饰品				装饰品		装饰品	
	砺石	细石器	杯	珠	白石管	小白石珠	黑石管	小黑石珠	玛瑙环	玛瑙珠	绿松石管	绿松石珠
	型					型				型		型
259												
260												
261	Ⅰ				1	Ⅰ（33） Ⅱ（30）						Ⅰ（3） Ⅲ
262												
263					4	Ⅰ（26）		192				Ⅰ
264	Ⅰ											Ⅰ（2）
265												
266	Ⅰ					Ⅱ（61）		48				Ⅰ（2）
267						Ⅱ（175）						Ⅰ（7）
268												
269												
270												
271												
272						Ⅰ（31） Ⅱ（26）						Ⅰ
273					8							Ⅰ（2）
274					4	Ⅰ（8） Ⅱ（8）		28		Ⅰ（6）		Ⅰ
275						Ⅱ（36）		206				Ⅰ（2）
276					1	Ⅰ（82） Ⅱ（98）						
277	Ⅰ											Ⅰ（2）
278												Ⅰ（4） Ⅱ（60）
279					4			187				Ⅰ（7）
280					3			215		Ⅰ（5）		Ⅰ（11）
281					1	Ⅱ（210）						
282								39				Ⅰ（5）
283						Ⅱ						
284												
285												Ⅰ（4）
286								219				Ⅰ（7）
287												
288												
289												
290												
291						Ⅱ（53）						
292												
293						Ⅱ（80）		74				
294					4			158				
295					3			241				
296						Ⅰ（290）						
297				1		Ⅱ（64）		14				
298					1	Ⅱ（11）		157				
299						Ⅱ（30）		116				
300						Ⅱ（60）		272				Ⅰ（4）

续表

墓号（YYM）	骨器														
	兵器			马具		生产工具			装饰品				其他制品		
	弓弭	镞型	鸣镝	镳	环型	针	锥	绞具	贝	珠	环型	管型	柄饰	开口骨器	梳形器
259															
260															
261		残													
262															
263															
264			1												
265															
266															
267															
268															
269															1
270															
271											Ⅱ	Ⅱ			
272															
273							1								
274															
275		Ⅰa(2) Ⅱa 残(9)	1												
276		Ⅱa(2) 残(4)													
277		残(2)													
278															
279															
280															
281															
282		Ⅰa Ⅱa(2) 残(6)									1	Ⅰ			
283															
284															
285															
286															
287															
288															
289															
290															
291															
292															
293															
294															
295															
296															
297															
298															
299															
300				2											

续表

墓号（YYM）	蚌、贝饰品						竹制品			革制品	合计（件）
	蚌饰品					贝饰品	竹篾簧片	竹签	小件制品	皮革残件	
	环型	珠	蚌刻贝	坠饰	蚌片						
259											1
260											5
261											236
262											0
263											315
264							1				135
265											6
266											263
267											195
268											1
269											1
270											1
271											8
272											83
273											15
274											56
275											529
276											237
277											13
278											68
279											285
280											454
281											239
282											133
283											5
284											0
285		1									40
286											227
287											0
288											0
289											2
290											2
291											56
292											0
293											177
294											166
295	I										278
296											294
297											83
298											172
299											155
300											536

三 玉皇庙墓地随葬器物登记总表(续8)

墓号(YYM)	陶器				金器	青铜器						
	夹砂系		泥质系		金饰品	礼器	兵器					
							戈		短剑		镞	
	型	式	型	式			型	式	型	式	型	式
301												
302												
303	罐(残碎)								Ⅱ	Ⅱ	Ⅰa Ⅲb	Ⅰ(2) Ⅰ(2)
304												
305												
306	罐(残碎)											
307												
308												
309												
310												
311												
312	罐(残碎)											
313		罐Ⅳ	Ⅲ									
314									Ⅱ	Ⅱ		
315												
316											Ia	Ⅰ
317			罐ⅩⅢ	Ⅰ								
318												
319												
320											Ia	Ⅰ
321			盂Ⅱ	Ⅱ							Ia	Ⅰ(3)
322												
323												
324												
325			罐ⅩⅣ	Ⅰ								
326												
327												
328												
329												
330												
331												
332	罐Ⅳ	Ⅶ									Ia 残(1)	Ⅰ(2)
333									Ⅸ	Ⅳ	Ia Ⅹ	Ⅰ(2) Ⅱ
334	罐(残碎)								ⅩⅣ	Ⅰ	残(1)	
335												
336												
337												
338			罐Ⅻ	Ⅳ								
339			罐ⅩⅢ	Ⅱ								
340	罐Ⅹ	Ⅱ										
341			罐Ⅵ	Ⅳ								
342												

续表

墓号(YYM)	青铜器														
	工具														
	削刀		锛		斧	凿		锥		针	锥(针)管		盒形器		瓶形器
	型	式	型	式		型	式	型	式		型	式	型	式	
301															
302															
303	XⅣ	Ⅶ													
304															
305															
306															
307															
308															
309															
310															
311															
312	Ⅲ	Ⅰ									Ⅰi				
313	Ⅲ	Ⅳ													
314	Ⅲ	Ⅱ													
315	Ⅲ	IV													
316															
317															
318															
319															
320															
321															
322															
323															
324															
325	XIV	V													
326															
327															
328															
329															
330															
331															
332															
333															
334	XIV	IV									Ig				
335															
336															
337															
338															
339															
340															
341															
342															

续表

墓号（YYM）	青铜器											
	马具								装饰品			
	衔	镳		节约	泡	串饰	环	环	耳环	牌饰		镜形饰
	式	型	式	型	型	箍	型	箍	型	型	式	型
301									Ⅰ(3) Ⅱ(1)			
302									Ⅰ(4)			
303									Ⅰ(2)			
304												
305									Ⅰ(2)			Ⅰ(2)
306									Ⅰ(2)			
307												
308									Ⅰ(2)			
309												
310												
311												
312									Ⅰ(2)			
313									Ⅰ(2)			
314												
315												
316									Ⅰ(2)			
317									Ⅰ(2)			Ⅰ Ⅱ
318												
319									Ⅰ(2)			
320												
321												
322									Ⅰ(2)			
323									Ⅰ(2)			
324									Ⅰ(1) Ⅱ(1)			
325									Ⅰ(2)			
326												
327									Ⅰ(4)			Ⅰ
328												
329									Ⅰ(2)			
330												
331									Ⅰ(2)			
332									Ⅰ(1)			
333												
334									Ⅰ(2)	Ⅰ	Ⅱ	
335									Ⅲ(2)			
336									Ⅲ(2)			
337												
338									Ⅰ(2)			
339									Ⅰ(2)			
340									Ⅲ(2)			
341												
342									Ⅰ(2)			

续表

墓号（YYM）	青铜器										
	装饰品										
	小铜珠	铃形饰	小铜箍	坠饰		三联珠形铜饰	带钩		带扣	带 卡	
	型	型	型	型	式		型	式	型	型	式
301											
302	Ⅰ(267) Ⅱ(227)	Ⅰ(12) Ⅱ(7) Ⅲ									
303							Ⅱb	Ⅰ			
304											
305				Ⅵ(2)							
306											
307											
308	Ⅱ(44)	Ⅰ(3)									
309											
310											
311											
312											
313							Ⅰi				
314											
315											
316											
317				Ⅵ							
318											
319											
320											
321											
322				Ⅶ							
323			Ⅰ(2)								
324				Ⅶ(2)							
325							Ⅰj				
326											
327											
328											
329											
330											
331											
332											
333											
334											
335											
336											
337											
338	Ⅱ(7)			匕形 Ⅲ(8)	残						
339				Ⅰc Ⅲ(8)	Ⅱ						
340				Ⅲ(2)							
341											
342											

续表

墓号（YYM）	青铜器									
	装饰品									货币
	带饰		服饰铜环		服饰铜泡	大铜扣	小铜扣	双联小铜扣	其他铜饰件	尖首刀币
	型	式	型	式	型	型				
301										
302			Ⅱ	Ⅰ(4)	Ⅰf		14			
			Ⅱ	Ⅱ						
303					Ⅰb					
304										
305					Ⅰa(13)					
					Ⅰb					
306										
307										
308							3			
309										
310							3			
311										
312					Ⅰb(9)				马踏单环形	
313										
314										
315										
316										
317										
318										
319										
320										
321										
322										
323								8		
324							4			
325					Ⅰa					
326										
327										
328										
329							14			
330										
331										
332										
333										
334							1			
335							10			
336							3			
337										
338							3			
339							3			
340			Ⅱ	Ⅱ			3			
341					Ⅲa		1			
342										

续表

墓号（YYM）	石、玛瑙、绿松石制品											
	石器与石制品								玛瑙制品		绿松石制品	
	生产工具		其他制品		装饰品				装饰品		装饰品	
	砺石	细石器	杯	珠	白石管	小白石珠	黑石管	小黑石珠	玛瑙环	玛瑙珠	绿松石管	绿松石珠
	型					型				型		型
301												
302					21	Ⅰ(10) Ⅱ(23)				Ⅱ(4)		
303	Ⅱ											
304												
305												
306												
307												
308						Ⅱ(27)		33		Ⅰ(3)		Ⅰ
309												
310					1							
311												
312												
313												
314												
315												
316								22				
317					1							
318												
319												
320												
321												
322												Ⅰ(37)
323					1	Ⅱ(48)				Ⅱ		Ⅰ(19) Ⅱ
324					17	Ⅰ(30) Ⅱ(23)						
325												
326												
327												
328												
329					1	Ⅰ(170) Ⅱ(8)						
330												
331					3							
332												
333												
334											1	Ⅰ(2)
335						Ⅱ(172)						
336												
337					1	Ⅱ(75)						
338						Ⅱ(33)		568		Ⅰ(4)		Ⅰ(8)
339					1							
340						Ⅱ(1057)						Ⅰ(2)
341								2363				
342						Ⅱ(134)						

续表

墓号(YYM)	骨器														
	兵器			马具		生产工具			装饰品				其他制品		
	弓弭	镞型	鸣镝	镳	环型	针	锥	绞具	贝	珠	环型	管型	柄饰	开口骨器	梳形器
301															
302							1								
303		Ⅰb Ⅱa 残(2)										Ⅲ			
304															
305															
306															
307															
308															
309															
310															
311															
312															
313															
314															
315															
316															
317															
318															
319															
320		Ⅱa 残(2)													
321		残(2)													
322															
323															
324															
325															
326															
327															
328															
329															
330															
331															
332		Ⅱa(3)													
333		Ⅱa(4) 残(1)													
334															
335															
336															
337															
338															
339															
340															
341															
342															

续表

墓号（YYM）	蚌、贝饰品						竹制品			革制品	合计（件）
	蚌饰品					贝饰品	竹篾簧片	竹签	小件制品	皮革残件	
	环型	珠	蚌刻贝	坠饰	蚌片						
301											4
302											597
303											17
304											0
305											20
306											3
307											0
308											116
309											0
310											4
311											0
312											15
313											5
314											2
315											1
316											25
317											7
318											0
319											2
320											4
321											6
322		2									42
323		1									83
324											78
325											6
326											0
327											5
328											0
329											195
330											0
331											5
332											8
333											9
334											12
335											184
336											5
337											76
338											635
339											16
340											1068
341											2366
342											136

三　玉皇庙墓地随葬器物登记总表(续9)

墓号(YYM)	陶器				金器	青铜器						
	夹砂系		泥质系		金饰品	礼器	兵器					
							戈		短剑		镞	
	型	式	型	式			型	式	型	式	型	式
343											Ⅰa	Ⅰ(2)
344			罐Ⅵ	Ⅴ					XⅥ	Ⅳ	Ⅰa	Ⅰ
345			罐Ⅻ	Ⅴ							残(1)	
346			罐Ⅺ	Ⅴ								
347			罐Ⅻ	Ⅴ								
348	罐(残碎)								XⅥ	Ⅲ		
349	罐Ⅸ	Ⅳ							XⅥ	Ⅲ	残(2)	
350	罐Ⅶ	Ⅲ										
351	罐Ⅶ	Ⅶ										
352			罐Ⅵ	Ⅳ								
353	罐(残碎)											
354	罐Ⅻ	Ⅲ										
355			罐Ⅵ	Ⅵ								
356												
357	罐(残碎)											
358	罐Ⅳ	Ⅸ										
359												
360			罐ⅩⅡⅠ	Ⅳ								
361	罐Ⅸ	Ⅴ										
362												
363												
364	罐Ⅶ	Ⅲ										
365												
366			罐ⅩⅢ	Ⅲ								
367												
368			罐Ⅱ	Ⅱ								
369	罐(残碎)											
370	罐(残碎)								XⅥ	Ⅲ		
371			罐Ⅸ	Ⅱ								
372	罐(残碎)											
373	罐(残碎)								XⅧ			
374	罐Ⅻ	Ⅲ										
375	罐Ⅻ	Ⅴ										
376			罐Ⅱ	Ⅲ							Ⅴ	Ⅳ
377			罐Ⅷ	Ⅵ								
378			罐Ⅶ	Ⅱ								
379	罐Ⅻ	Ⅲ										
380												
381			罐Ⅷ	Ⅴ								
382	罐(残碎)											
383												
384	罐Ⅰ	Ⅱ							Ⅴ	Ⅰ	Ⅷ	
385	罐Ⅳ	Ⅱ							Ⅰ	Ⅲ		
386	罐Ⅰ	Ⅲ							Ⅳ	Ⅰ		
387												

续表

墓号(YYM)	青铜器														
	工具														
	削刀		锛		斧	凿		锥		针	锥(针)管		盒形器		瓶形器
	型	式	型	式		型	式	型	式		型	式	型	式	
343															
344	XIV	IV	I	II		I	I	Ib	I		Ig				
345	XIV	XIII													
346															
347															
348	III	V									Ii				
349	XIV	IV						Ib	I		Ig				
350															
351															
352															
353															
354															
355															
356															
357															
358	XIV	V						残							
359															
360															
361															
362															
363															
364															
365															
366															
367															
368															
369															
370	XIV	VIII									Ig				
371															
372															
373	XI	II						Ib	I		Ig				
374															
375															
376	XIV	VIII						Ib	I						
377															
378															
379															
380															
381															
382															
383	XI	I													
384	X	I	I	I				Ib	II						
385	X	I						Ib	I						
386	IX		I	I				Ib	II						
387															

续表

墓号（YYM）	青铜器											
	马具								装饰品			
	衔	镳		节约	泡	串饰	环	环	耳环	牌饰		镜形饰
	式	型	式	型	型	箍	型	箍	型	型	式	型
343												
344									Ⅰ(2)	Ⅱ	Ⅰ	
345									Ⅰ(2)			
346												
347									Ⅰ(1)			
348									Ⅲ(2)	Ⅲ	Ⅱ	
349									Ⅰ(2)	Ⅲ	Ⅰ	
350												
351									Ⅰ(2)			
352									Ⅲ(2)			
353									Ⅰ(2)			
354									Ⅰ(2)			
355												
356												
357												
358									Ⅲ(2)			
359									Ⅰ(2)			
360												
361												
362												
363									Ⅰ(2)			
364									Ⅰ(2)			
365												
366									Ⅰ(2)			
367												
368									Ⅰ(2)			
369									Ⅰ(1)			
370									Ⅰ(2)	Ⅲ	Ⅰ	
371									Ⅲ(2)			
372									Ⅲ(2)			
373									Ⅲ(2)	Ⅱ	Ⅰ	
374									Ⅰ(2)			
375									Ⅰ(2)			
376									Ⅰ(2)	Ⅰ	Ⅱ	
377									Ⅰ(2)			
378									Ⅰ(2)			
379									Ⅰ(1) Ⅲ(1)			
380												
381									Ⅲ(2)			
382									Ⅰ(2)			
383									Ⅰ(2)	Ⅰ	Ⅰ	
384									Ⅰ(2)			
385									Ⅰ(2)			
386									Ⅰ(2)			
387												

续表

墓号（YYM）	青铜器										
	装饰品										
	小铜珠	铃形饰	小铜箍	坠饰		三联珠形铜饰	带钩		带扣	带卡	
	型	型	型	型	式		型	式	型	型	式
343											
344										ⅡI XIV(21)	ⅡI(8)
345											
346											
347											
348											
349										Ⅴ	Ⅱ(20)
350				Ⅺ	Ⅰ						
351				Ⅲ(6)							
352											
353				Ⅲ(6)							
354											
355											
356							Ⅱa	Ⅱ			
357											
358				Ⅹ							
359											
360											
361											
362											
363											
364											
365											
366											
367	Ⅰ(3)										
368											
369	Ⅱ(4)										
370										Ⅴ	Ⅱ(18)
371	Ⅱ(2)										
372				Ⅲ(11)							
373											
374				Ⅲ(3) Ⅵ							
375	Ⅰ(22)			Ⅲ(10) Ⅹ							
376											
377											
378											
379											
380											
381				Ⅳ(4) Ⅹ							
382				Ⅺ	Ⅱ						
383	Ⅱ(53)										
384											
385											
386											
387											

续表

墓号(YYM)	青铜器									
	装饰品									货币
	带饰		服饰铜环		服饰铜泡	大铜扣	小铜扣	双联小铜扣	其他铜饰件	尖首刀币
	型	式	型	式	型	型				
343										
344	Ⅶ	Ⅱ(95)	Ⅱ Ⅱ	Ⅰ Ⅱ			3			
345							1			
346							2			
347										
348							2			
349	Ⅶ	Ⅱ(49)					3			
350							3			
351							3			
352							3			
353										
354							3			
355							2			
356										
357										
358							3			
359										
360										
361							2			
362										
363										
364							1			
365										
366							1			
367										
368							3			
369							2			
370	Ⅶ	Ⅱ(68)					1			
371										
372	Ⅶ	Ⅱ(4)					3			
373	Ⅶ	Ⅱ(29)					3			
374					Ⅰb		3	242	“人”形	
375							3			
376							3			
377										
378							3			
379							2			
380										1
381							2			
382								2		
383						Ⅰb(2) Ⅱ(6)				
384						Ⅱ(2)	2			
385							18			
386						Ⅰb(2) Ⅰf(2) Ⅱ(2)	2			
387							1			

续表

墓号（YYM）	石、玛瑙、绿松石制品											
	石器与石制品								玛瑙制品		绿松石制品	
	生产工具		其他制品		装饰品				装饰品		装饰品	
	砺石	细石器	杯	珠	白石管	小白石珠	黑石管	小黑石珠	玛瑙环	玛瑙珠	绿松石管	绿松石珠
	型					型				型		型
343												
344												Ⅰ(4)
345												
346						Ⅱ(1565)						
347						Ⅱ(2)						Ⅰ
348												
349												Ⅰ(4)
350						Ⅱ(220)						
351					1			118				Ⅰ
352					1	Ⅱ(126)		40				Ⅰ(3)
353						Ⅱ(61)		3				
354								636		Ⅱ(138) Ⅲ(2)		Ⅰ(6) Ⅳ(30) Ⅵ(3)
355						Ⅱ(5)						
356												
357												
358												
359					1	Ⅱ(17)						
360												
361						Ⅱ				Ⅱ		Ⅰ
362												
363								67				Ⅰ
364						Ⅱ(61)		32		Ⅱ(46)		Ⅰ Ⅱ(85)
365												
366					1	Ⅱ(258)						
367												
368					9	Ⅱ(7)		254		Ⅰ(7) Ⅱ		Ⅰ(7)
369						Ⅱ(132)		198		Ⅱ(7)		Ⅰ(4)
370												
371						Ⅰ(18) Ⅱ(25)						Ⅰ(3)
372						Ⅱ(113)						Ⅰ(2)
373										Ⅳ		
374					1	Ⅱ(109)		103		Ⅱ(2) Ⅲ		Ⅰ(6)
375					1			283		Ⅱ(3)	1	Ⅰ
376												Ⅰ
377												
378						Ⅱ(13)						
379						Ⅱ(35)						Ⅰ
380						Ⅱ(66)		2				
381						Ⅱ(3)		218		Ⅱ(50)		Ⅰ(12)
382					2	Ⅱ(98)						
383						Ⅱ(167)		78				
384					1	Ⅱ(224)						
385				1		Ⅰ(60) Ⅱ(67)		141				
386						Ⅱ(239)						
387					1					Ⅳ		

续表

<table>
<tr><th rowspan="3">墓号
（YYM）</th><th colspan="15">骨器</th></tr>
<tr><th colspan="3">兵器</th><th colspan="2">马具</th><th colspan="3">生产工具</th><th colspan="4">装饰品</th><th colspan="3">其他制品</th></tr>
<tr><th>弓弭</th><th>镞
型</th><th>鸣镝</th><th>镳</th><th>环
型</th><th>针</th><th>锥</th><th>纹具</th><th>贝</th><th>珠</th><th>环
型</th><th>管
型</th><th>柄饰</th><th>开口
骨器</th><th>梳形器</th></tr>
<tr><td>343</td><td></td><td>Ⅱa
残（1）</td><td></td><td></td><td></td><td></td><td></td><td></td><td></td><td></td><td></td><td></td><td></td><td></td><td></td></tr>
<tr><td>344</td><td></td><td>残（3）</td><td></td><td></td><td></td><td></td><td></td><td></td><td></td><td>1</td><td></td><td></td><td></td><td>1</td><td></td></tr>
<tr><td>345</td><td></td><td>残（3）</td><td>1</td><td></td><td></td><td></td><td></td><td></td><td></td><td></td><td></td><td></td><td></td><td></td><td></td></tr>
<tr><td>346</td><td></td><td></td><td></td><td></td><td></td><td></td><td></td><td></td><td></td><td></td><td></td><td></td><td></td><td></td><td></td></tr>
<tr><td>347</td><td></td><td></td><td></td><td></td><td></td><td></td><td></td><td></td><td></td><td></td><td></td><td></td><td></td><td></td><td></td></tr>
<tr><td>348</td><td></td><td></td><td></td><td></td><td></td><td></td><td></td><td></td><td></td><td></td><td></td><td></td><td></td><td></td><td></td></tr>
<tr><td>349</td><td></td><td></td><td></td><td></td><td></td><td></td><td></td><td></td><td></td><td></td><td></td><td></td><td>1</td><td></td><td></td></tr>
<tr><td>350</td><td></td><td></td><td></td><td></td><td></td><td></td><td></td><td></td><td></td><td></td><td></td><td></td><td></td><td></td><td></td></tr>
<tr><td>351</td><td></td><td></td><td></td><td></td><td></td><td></td><td></td><td></td><td></td><td></td><td></td><td></td><td></td><td></td><td></td></tr>
<tr><td>352</td><td></td><td></td><td></td><td></td><td></td><td></td><td></td><td></td><td></td><td></td><td></td><td></td><td></td><td></td><td></td></tr>
<tr><td>353</td><td></td><td></td><td></td><td></td><td></td><td></td><td></td><td></td><td></td><td></td><td></td><td></td><td></td><td></td><td></td></tr>
<tr><td>354</td><td></td><td></td><td></td><td></td><td></td><td></td><td></td><td></td><td></td><td></td><td></td><td></td><td></td><td></td><td></td></tr>
<tr><td>355</td><td></td><td></td><td></td><td></td><td></td><td></td><td></td><td></td><td></td><td></td><td></td><td></td><td></td><td></td><td></td></tr>
<tr><td>356</td><td></td><td></td><td></td><td></td><td></td><td></td><td></td><td></td><td></td><td></td><td></td><td></td><td></td><td></td><td></td></tr>
<tr><td>357</td><td></td><td></td><td></td><td></td><td></td><td></td><td></td><td></td><td></td><td></td><td></td><td></td><td></td><td></td><td></td></tr>
<tr><td>358</td><td></td><td></td><td>3</td><td></td><td></td><td></td><td></td><td></td><td></td><td></td><td></td><td></td><td></td><td></td><td></td></tr>
<tr><td>359</td><td></td><td></td><td></td><td></td><td></td><td></td><td></td><td></td><td></td><td></td><td></td><td></td><td></td><td></td><td></td></tr>
<tr><td>360</td><td></td><td></td><td></td><td></td><td></td><td></td><td></td><td></td><td></td><td></td><td></td><td></td><td></td><td></td><td></td></tr>
<tr><td>361</td><td></td><td></td><td></td><td></td><td></td><td></td><td></td><td></td><td></td><td></td><td></td><td></td><td></td><td></td><td></td></tr>
<tr><td>362</td><td></td><td></td><td></td><td></td><td></td><td></td><td></td><td></td><td></td><td></td><td></td><td></td><td></td><td></td><td></td></tr>
<tr><td>363</td><td></td><td></td><td></td><td></td><td></td><td></td><td></td><td></td><td></td><td></td><td></td><td></td><td></td><td></td><td></td></tr>
<tr><td>364</td><td></td><td></td><td></td><td></td><td></td><td></td><td></td><td></td><td></td><td></td><td></td><td></td><td></td><td></td><td></td></tr>
<tr><td>365</td><td></td><td></td><td></td><td></td><td></td><td></td><td></td><td></td><td></td><td></td><td></td><td></td><td></td><td></td><td></td></tr>
<tr><td>366</td><td></td><td></td><td></td><td></td><td></td><td></td><td></td><td></td><td></td><td></td><td></td><td></td><td></td><td></td><td></td></tr>
<tr><td>367</td><td></td><td></td><td></td><td></td><td></td><td></td><td></td><td></td><td></td><td></td><td></td><td></td><td></td><td></td><td></td></tr>
<tr><td>368</td><td></td><td></td><td></td><td></td><td></td><td></td><td></td><td></td><td></td><td></td><td></td><td></td><td></td><td></td><td></td></tr>
<tr><td>369</td><td></td><td></td><td></td><td></td><td></td><td></td><td></td><td></td><td></td><td></td><td></td><td></td><td></td><td></td><td></td></tr>
<tr><td>370</td><td></td><td></td><td></td><td></td><td></td><td></td><td></td><td></td><td></td><td></td><td></td><td></td><td></td><td></td><td></td></tr>
<tr><td>371</td><td></td><td></td><td></td><td></td><td></td><td></td><td></td><td></td><td></td><td></td><td></td><td></td><td></td><td></td><td></td></tr>
<tr><td>372</td><td></td><td></td><td></td><td></td><td></td><td></td><td></td><td></td><td></td><td></td><td></td><td></td><td></td><td></td><td></td></tr>
<tr><td>373</td><td></td><td></td><td></td><td></td><td></td><td></td><td></td><td></td><td></td><td></td><td></td><td></td><td></td><td></td><td></td></tr>
<tr><td>374</td><td></td><td></td><td></td><td></td><td></td><td></td><td></td><td></td><td></td><td></td><td></td><td></td><td></td><td></td><td></td></tr>
<tr><td>375</td><td></td><td></td><td></td><td></td><td></td><td></td><td></td><td></td><td></td><td></td><td></td><td></td><td></td><td></td><td></td></tr>
<tr><td>376</td><td></td><td></td><td></td><td></td><td></td><td></td><td></td><td></td><td></td><td></td><td></td><td></td><td></td><td></td><td></td></tr>
<tr><td>377</td><td></td><td></td><td></td><td></td><td></td><td></td><td></td><td></td><td></td><td></td><td></td><td></td><td></td><td></td><td></td></tr>
<tr><td>378</td><td></td><td></td><td></td><td></td><td></td><td></td><td></td><td></td><td></td><td></td><td></td><td></td><td></td><td></td><td></td></tr>
<tr><td>379</td><td></td><td></td><td></td><td></td><td></td><td></td><td></td><td></td><td></td><td></td><td></td><td></td><td></td><td></td><td></td></tr>
<tr><td>380</td><td></td><td></td><td></td><td></td><td></td><td></td><td></td><td></td><td></td><td></td><td></td><td></td><td></td><td></td><td></td></tr>
<tr><td>381</td><td></td><td></td><td></td><td></td><td></td><td></td><td></td><td></td><td></td><td></td><td></td><td></td><td></td><td></td><td></td></tr>
<tr><td>382</td><td></td><td></td><td></td><td></td><td></td><td></td><td></td><td></td><td></td><td></td><td></td><td></td><td></td><td></td><td></td></tr>
<tr><td>383</td><td></td><td></td><td></td><td></td><td></td><td></td><td></td><td></td><td></td><td></td><td></td><td></td><td></td><td></td><td></td></tr>
<tr><td>384</td><td></td><td></td><td></td><td></td><td></td><td></td><td></td><td></td><td></td><td></td><td></td><td></td><td></td><td></td><td></td></tr>
<tr><td>385</td><td></td><td></td><td></td><td></td><td></td><td></td><td></td><td></td><td></td><td></td><td></td><td></td><td></td><td></td><td></td></tr>
<tr><td>386</td><td></td><td></td><td></td><td></td><td></td><td></td><td></td><td></td><td></td><td></td><td></td><td></td><td></td><td></td><td></td></tr>
<tr><td>387</td><td></td><td></td><td></td><td></td><td></td><td></td><td></td><td></td><td></td><td></td><td></td><td></td><td></td><td></td><td></td></tr>
</table>

续表

墓号（YYM）	蚌、贝饰品						竹制品			革制品	合计（件）
	蚌饰品					贝饰品	竹篾簧片	竹签	小件制品	皮革残件	
	环型	珠	蚌刻贝	坠饰	蚌片						
343											4
344											149
345											10
346											1568
347											5
348											9
349											88
350											225
351											132
352											176
353											73
354											821
355		1									9
356											1
357											1
358											12
359											20
360											1
361											6
362											0
363											70
364											229
365											0
366											263
367											3
368											291
369											349
370											94
371											51
372											136
373											41
374											476
375											328
376											11
377											3
378											19
379											41
380											69
381											293
382											106
383											312
384											237
385											293
386											254
387											3

三 玉皇庙墓地随葬器物登记总表(续10)

墓号(YYM)	陶器65				金器	青铜器						
	夹砂系		泥质系		金饰品	礼器	兵器					
							戈		短剑		镞	
	型	式	型	式			型	式	型	式	型	式
388												
389			罐(残碎)									
390												
391			罐Ⅻ	Ⅵ								
392			罐Ⅻ	Ⅶ								
393			罐(残碎)									
394			罐Ⅶ	Ⅴ								
395			罐(残碎)									
396	罐ⅩⅣ	Ⅰ										
397			罐Ⅹ	Ⅳ								
398	罐ⅩⅡ	Ⅷ										
399			罐Ⅺ	Ⅵ								
400			罐Ⅹ	Ⅴ								
合计(件)	195		84		26	22	4		86		305	

续表

墓号(YYM)	青铜器														
	工具														
	削刀		锛		斧	凿		锥		针	锥(针)管		盒形器		瓶形器
	型	式	型	式		型	式	型	式		型	式	型	式	
388															
389															
390															
391															
392															
393															
394															
395															
396															
397															
398															
399															
400															
合计(件)	137		36		2	31		108		8	92		9		1

续表

墓号（YYM）	青铜器											
	马具							装饰品			
	衔	镳		节约	泡	串饰	环	环箍	耳环	牌饰		镜形饰
	式	型	式	型	型	箍	型		型	型	式	型
388												
389												
390												
391									Ⅲ（2）			
392									Ⅰ（2）			
393									Ⅰ（2）			
394												
395									Ⅰ（2）			
396									Ⅲ（2）			
397									Ⅰ（2）			
398									Ⅰ（2）			
399									Ⅰ（2）			
400									Ⅰ（2）			
合计（件	18	19		10	117	39	9	1	556	75		9

续表

墓号（YYM）	青铜器										
	装饰品										
	小铜珠	铃形饰	小铜箍	坠饰		三联珠形铜饰	带钩		带扣	带　卡	
	型	型	型	型	式		型	式	型	型	式
388											
389											
390											
391											
392				Ⅲ（11）							
393							残				
394											
395											
396											
397	I（2）										
398											
399											
400											
合计（件）	5235	61	79	770		25	30		3	1062	

续表

墓号（YYM）	青铜器									货币
	装饰品									尖首刀币
	带饰		服饰铜环		服饰铜泡	大铜扣	小铜扣	双联小铜扣	其他铜饰件	
	型	式	型	式	型	型				
388										
389							1			
390										
391						Ⅱ	2			
392							3			
393										
394							3			
395							2			
396										
397							3			
398							3			
399							1			
400										
合计（件）	3179		39		206	158	1478	3739	29	3

续表

墓号（YYM）	石、玛瑙、绿松石制品											
	石器与石制品								玛瑙制品		绿松石制品	
	生产工具		其他制品		装饰品				装饰品		装饰品	
	砺石	细石器	杯	珠	白石管	小白石珠	黑石管	小黑石珠	玛瑙环	玛瑙珠	绿松石管	绿松石珠
	型					型				型		型
388												
389												
390												
391												
392					6			242		Ⅱ(31)		Ⅰ(6)
393					1	Ⅱ(56)		16				
394						Ⅱ(11)		389		Ⅰ(14)		Ⅰ(11) Ⅵ(15)
395								339				
396						Ⅱ(46)		101				
397						Ⅱ(55)		350		Ⅱ		Ⅰ(4)
398						Ⅱ(99)						
399												
400						Ⅱ(40)		348				Ⅰ(2)
合计（件）	39	1	1	5	363	17255	13	20580	1	1451	139	2095

续表

墓号（YYM）	骨器														
	兵器			马具		生产工具			装饰品			其他制品			
	弓弭	镞 型	鸣镝	镳	环 型	针	锥	绞具	贝	珠	环 型	管 型	柄饰	开口骨器	梳形器
388															
389															
390															
391															
392															
393															
394															
395															
396															
397															
398															
399															
400															
合计（件）	5	481	23	6	25	6	3	4	2	11	13	3	1	8	2

续表

墓号（YYM）	蚌、贝饰品						竹制品			革制品	合计（件）
	蚌饰品					贝饰品	竹篾簧片	竹签	小件制品	皮革残件	
	环 型	珠	蚌刻贝	坠饰	蚌片						
388											0
389											2
390											0
391											6
392											302
393											77
394											444
395											344
396											150
397											418
398		2									107
399											4
400											393
合计（件）	4	30	1	1	1	10	4	35	3	2	60722

Abstract

In order to yield a better understanding of the Eastern Zhou 周 period cultural remains in the mountain areas in northern Hebei 河北 characterized by straight - blade short bronze sword, the Jundushan 军都 Mountains Archaeological Team of the Beijing 北京 City Institute of Cultural Relics had conducted several field surveys in the Jundu Mountains in the Yanqing 延庆 County, Beijing and excavated three cemeteries at Hulugou 葫芦沟, Xiliangguang 西梁垙 and Yuhuangmiao 玉皇庙 from 1985 to 1991. Totally 594 burials had been unearthed together with more than 60,000 pieces of burial offerings. The Yuhuangmiao cemetery is the largest, with 400 burials dating from the early to the late Spring and Autumn period. Within the Hulugou cemetery, were found 153 burials dating from the middle Spring and Autumn period to the early Warring States period. The 41 burials found in the Xiliangguang cemetery can also be dated to from middle Spring and Autumn period to the early Warring States period. This monograph is a report on the excavations and primary researches of the three cemeteries.

The relatively well - preserved Yuhuangmiao cemetery provides us the most complete data. Large and middle size burials in this cemetery exhibit the characteristic systems of burying, sacrifice and the burial offering. Stratigraphic relationship of the burials in the conjunctive area of the northern and southern parts of the cemetery offers reliable evidence for dividing the burials into different phases. Artifacts from the burials, including ceramic vessel and bronze bit, straight - blade short sward, scraper, adze, chisel, awl, belt - hook, plaque ornament, had regularly changed from the early to the late phase. These changes not only establish a chronological standard for the burials in the three cemeteries, but also important for the periodization of similar cultural assemblages found in the mountain areas of in north Hebei.

Analysis on the abundant data from the well - preserved Yuhuangmiao cemetery encourages us to name similar cultural assemblages with bronze straight - blade short sward in northern Hebei the Yuhuangmiao culture. A special name of these assemblages is significant to interpret them as a independent archaeological culture which is different from the Upper Xiajiadian 夏家店 culture and the Huns culture.

All the three cemeteries are typical assemblages of the Yuhuangmiao culture.

The cemeteries show similar burial customs. Most of the deceases, except for some in the late phase burials, head to the east. Heads and legs of sacrificed animals, including horse, caw, goat and dog, were found in many burials. Elite burials usually contain all the four types of sacrificed animals in large number. Low – class burials often just have a small number of goats or dogs, or even nothing. Animal skeletons were usually found in the filling earth near the east end of the burial pit with their mouths toward the east – the same orientation of the head of the deceased. Cloth mask with bronze holed buttons at the positions of eyes and nostrils were popular in the many burials, no matter the deceased is male or female, young or old.

Typical artifacts of the culture include red and brown sandy ware round – belly pot (in the early and middle phases) and grey fine clay curved – shoulder pot (in the late phase), bronze bared surface fu 鍑 vessel, straight – blade short sward, scraper, belt – hook and animal – shaped plaque. All the artifacts show clear characteristics of the Steppe tradition.

Males and females can be easily recognized from their dress and ornament. High – rank male warriors have bronze tiger or horse – shaped bronze plaque under the neck, bronze straight – blade short sward, scraper, belt – hook and belt – buckle near the waist, bronze lace of animal figurines between the waist and the knees, and bonze adze, chisel, awl, noodle and whetstone beside body. A few headmen have gold tiger – shaped plaque or huang 璜 – shaped ornament and set of bronze horse utensils. Females usually have small ornaments such as earring, necklace and pendant, none has bronze animal – shaped plaque, straight – blade short sward, arrowhead, belt – hood and belt – buckle, only a few have bronze lace. A small number of female have small bronze tools such as scraper, awl and noodle, yet large bronze tools such like adze and chisel are just found in male burials. It seems that there might be the social specialization based on gender.

The Yuhuangmiao culture represented by the three cemeteries in the Jundu Mountains is the remains of the active nomadic people in the Eastern Zhou period. No inscriptions have been found on the bonze objects from the cemeteries and we have no direct evidence to tell the name of the people. Yet the cultural style, the nomadic economy indicated by the sacrificed animals, the time period and the location strongly suggest that this people might be the Shanrong 山戎 people recorded in Shiji · Xuongnuliezhuang 史记·匈奴列传. According the record, Shanrong people had occupied the Yanbei area 燕北 before the Tangyu 唐虞 period. During the Spring and Autumn period, the strong nomadic people had attacked the Yan 燕, Qi 齐 and Zheng 郑 states, and even become the main danger of Yan. The attacks resulted in a punitive expedition leaded by the powerful Duke Huan of the Qi State 齐桓公.

Excavations at of the three cemeteries prove that the Jundu Mountains to the north of Beijing, as the mountain areas in north Hebei, had been occupied by the Shanrong people during the Eastern Zhou period. Now we have a more complete map of the distribution and landscape of the Shanrong remains.

The excavations make archaeologists realize that the Yuhuangmiao culture is an independent culture, which is quite different from the Yan culture, the Central Plains culture, the Upper Xiajiadian culture and the Ordos bronze culture on basic cultural elements and burial custom, and has its own developmental trajectory.

The appendixes of the monograph are more than 10 reports on scientific analyses on the remains of the cemeteries. The results of the multi - disciplines researches have enlarged our knowledge of the Shanrong people.

In conclusion, the excavations of the three cemeteries, the discovery of the stratigraphic relationship of the burials of the northern and southern parts of the Yuhuangmiao cemetery, the realization of the regular changes of Yuhuangmiao assemblage from the early to the late phases, the establishment of a chronological framework of the assemblages, the recognition of the characteristics of the assemblages, the nomination of Yuhuangmiao culture, the identification of the culture as the remains of the Shanrong people, and the multi - disciplines scientific researches, are all significant for a comprehensive understanding of the bronze age cultures in north China.

The monograph aims to provide the firsthand data for the interpretation of the origin, economic and social structure, military power, religion, productivity and clan system of the Shanrong people who disappeared about 2300 years ago. The data will also benefit the study on nomadic history, technology history, weapon history and art history of ancient China.

北京文物与考古系列丛书

军都山墓地

——玉皇庙

北京市文物研究所　编著

文物出版社
北京·2007

第　四　册

彩版目录

彩版一　军都山玉皇庙墓地远景

彩版二　军都山玉皇庙墓地俯瞰

彩版三　玉皇庙墓地考古工作现场

1．玉皇庙墓地1986年夏季发掘现场　2．玉皇庙墓地1987年7月进行热气球高空摄影作业

彩版四　玉皇庙墓地北Ⅰ区春秋早期墓葬

1．YYM2被破坏的墓圹与保存的椁室及遗物（西→东）　2．YYM2　椁室人骨痕迹及遗物分布（俯摄）

彩版五　玉皇庙墓地北Ⅰ区春秋早期墓葬

1．YYM2青铜礼器出土情形（南→北）　2．YYM 300死者腰、膝间遗物分布（西→东）

3．YYM18墓圹形制、椁室上部的塌陷坑及东端殉牲（西→东）

彩版六　玉皇庙墓地北Ⅰ区春秋早期墓葬

1．YYM18青铜礼器取出后的椁室遗物（俯摄）　2．YYM385死者腰部至股骨间遗物分布（西→东）　3．YYM383遗物分布（西→东）

彩版七　玉皇庙墓地北Ⅱ区北部春秋早中期墓葬

1．YYM280墓圹形制、椁室及东端殉牲（西→东）　2．YYM280死者头骨表面遗留的覆面铜扣（西→东）　3．YYM280椁室东端堵板板灰及遗物分布（西→东）

彩版八　玉皇庙墓地北Ⅱ区北部春秋早中期墓葬

YYM250墓圹形制、椁室及东端殉牲（西→东）

彩版九　玉皇庙墓地北Ⅱ区北部春秋早中期墓葬

1．YYM250椁室及东端殉牲（西→东）　2．YYM250椁室人骨及遗物分布（西→东）

彩版一〇　玉皇庙墓地北Ⅱ区北部春秋早中期墓葬

1．YYM250死者头部青铜器、金器出土情形（西→东）　2．YYM250死者腰、膝间遗物分布（西→东）

彩版一一　玉皇庙墓地北Ⅱ区北部春秋早中期墓葬

1．YYM282 墓圹形制、椁室及东端殉牲（北→南）　2．YYM282椁室人骨及遗物分布（西→东）　3．YYM282死者头骨表面遗留的覆面铜扣（西→东）　4．YYM282死者腰际以下至膝部出土遗物（西→东）

彩版一二　玉皇庙墓地北Ⅱ区北部春秋早中期墓葬

1．YYM230墓圹形制、木椁板灰及东端殉牲（西→东）　2．YYM230木椁板灰及东端殉牲（西→东）

彩版一三　玉皇庙墓地北Ⅱ区北部春秋早中期墓葬

1．YYM229墓圹形制、椁室及东端殉牲（西→东）　2．YYM229椁室人骨及遗物分布（西→东）

彩版一四　玉皇庙墓地北Ⅱ区北部春秋早中期墓葬

1．YYM233墓圹形制、椁室及东端殉牲（北→南）　2．YYM233死者腰际以下至股骨之间遗物分布（西→东）　3．YYM228墓圹形制、椁室及东端殉牲（西→东）

彩版一五　玉皇庙墓地北Ⅱ区北部春秋早中期墓葬

1．YYM281死者腰际以下至骨盆部位出土遗物（西→东）　2．YYM251死者头部及上身遗物分布（西→东）　3．YYM241椁室人骨及遗物分布（西→东）

彩版一六　玉皇庙墓地北Ⅱ区北部春秋早中期墓葬

YYM264椁室人骨及遗物分布（西→东）

彩版一七　玉皇庙墓地北Ⅱ区北部春秋早中期墓葬

1．YYM226椁室人骨及遗物分布（西→东）　2．YYM226陶罐与铜牌饰出土情形（西→东）

3．YYM226死者腰际至股骨间出土遗物（西→东）

彩版一八　玉皇庙墓地北Ⅱ区北部春秋早中期墓葬

1．YYM275椁室人骨及遗物分布（西→东）　2．YYM275死者腰、膝间遗物分布（西→东）

彩版一九　玉皇庙墓地北Ⅱ区中部春秋中期墓葬

1．YYM263椁室人骨及遗物分布（西→东）　2．YYM263死者头部及上身遗物（西→东）

3．YYM266死者头部及上身遗物（西→东）

彩版二〇　玉皇庙墓地北Ⅱ区中部春秋中期墓葬

1．YYM261椁室人骨及遗物分布（西→东）　2．YYM261死者腰、膝部遗物分布（西→东）

彩版二一　玉皇庙墓地北Ⅱ区中部春秋中期墓葬

YYM257椁室人骨及遗物分布（西→东）

彩版二二　玉皇庙墓地北Ⅰ区北部和北Ⅱ区中部春秋中期墓葬

1．YYM295椁室人骨及遗物分布（东→西）　2．YYM295死者腰际以下至股骨间遗物分布（东→西）　3．YYM190死者头、胸部出土遗物（东→西）

彩版二三　玉皇庙墓地北Ⅰ区北部春秋中期墓葬和北Ⅱ区南部春秋中晚期墓葬

1．YYM299椁室人骨及遗物分布（西→东）　2．YYM57椁室人骨及遗物分布（东→西）

3．YYM57死者腰部至股骨上端出土遗物（东→西）

彩版二四　玉皇庙墓地北Ⅱ区南部春秋中晚期墓葬和南区北部春秋晚期前段墓葬

1．YYM86椁室人骨及遗物分布（西→东）　2．YYM86死者腰部至股骨间遗物分布（西→东）

3．YYM199椁室人骨及遗物分布（西→东）　4．YYM200死者头骨表面遗留的覆面铜扣（西→东）

彩版二五　玉皇庙墓地南区北部春秋晚期前段墓葬

YYM151墓圹形制、椁室及东端殉牲（西→东）

彩版二六　玉皇庙墓地南区北部春秋晚期前段墓葬
1．YYM151椁室人骨及遗物分布（西→东）　2．YYM151金璜形饰出土部位（西→东）

彩版二七　玉皇庙墓地南区北部春秋晚期前段墓葬
1．YYM151死者腰、膝间遗物分布（西→东）　2．YYM157墓圹形制、人骨及遗物（西北→东南）

彩版二八　玉皇庙墓地南区中部春秋晚期前段墓葬
YYM156墓圹形制、椁室及东端殉牲（西→东）

彩版二九　玉皇庙墓地南区中部春秋晚期前段墓葬
1．YYM156死者腰部至股骨间遗物分布（西→东）　2．YYM156椁室人骨及遗物分布（西→东）

彩版三〇　玉皇庙墓地南区中部春秋晚期前段墓葬
1．YYM158死者腰际以下至膝部遗物分布（东→西）　2．YYM124椁室人骨及遗物分布（西→东）

彩版三一　玉皇庙墓地南区中部春秋晚期前段墓葬
1．YYM114死者头部及上身遗物分布（西→东）　2．YYM113死者头部及上身遗物分布（西→东）

彩版三二　玉皇庙墓地南区中部春秋晚期前段墓葬
1．YYM171墓葬形制、椁室及遗物分布（西→东）　2．YYM171椁室人骨及遗物分布（西→东）

彩版三三　玉皇庙墓地西区春秋晚期前段墓葬
1．YYM333墓圹形制、人骨与镇墓石及殉牲（西→东）　2．YYM333青铜短剑、铜镞及骨镞出土情形（西→东）　3．YYM323死者头、颈部遗物（西→东）　4．YYM327死者头、颈部遗物（西→东）

彩版三四　玉皇庙墓地西区春秋晚期前段墓葬
1．YYM324死者头、颈部遗物（西→东）　2．YYM322死者头、颈部遗物（西北→东南）
3．YYM312墓圹形制、殉牲、人骨及遗物分布（西→东）　4．YYM312死者左侧腰部至股骨间遗物分布（西→东）

彩版三五　玉皇庙墓地西区春秋晚期前段墓葬
1．YYM314墓圹形制、殉牲、人骨及遗物分布（西→东）　2．YYM315墓圹形制、殉牲、人骨及遗物分布（西→东）　3．YYM315青铜削刀出土部位（西→东）

彩版三六　玉皇庙墓地西区春秋晚期前段墓葬
1．YYM317墓圹形制、人骨及遗物分布（西→东）　2．YYM317死者头、胸部遗物分布（西→东）　3．YYM303墓圹形制、人骨及遗物分布（西→东）　4．YYM303死者胸下至腰间遗物分布（西→东）

彩版三七　玉皇庙墓地西区春秋晚期前段墓葬

1．YYM305墓圹形制、人骨及遗物分布（西→东） 2．YYM305死者头、胸部遗物分布（西→东）

彩版三八 玉皇庙墓地西区春秋晚期前段墓葬

YYM302死者头部至股骨上端遗物分布（西→东）

彩版三九 玉皇庙墓地南区南部春秋晚期后段墓葬

1．YYM164死者腰间出土遗物（西→东） 2．YYM175墓圹形制、椁室及东端殉牲（西→东）

彩版四〇 玉皇庙墓地南区南部春秋晚期后段墓葬

1．YYM175椁室人骨及遗物分布（西→东） 2．YYM175死者头部与颈下遗物（西→东）

3．YYM175死者腰际以下至膝部遗物分布（西→东）

彩版四一 玉皇庙墓地南区南部春秋晚期后段墓葬

YYM174墓圹形制及椁室（西→东）

彩版四二 玉皇庙墓地南区南部春秋晚期后段墓葬

1．YYM174椁室人骨及遗物分布（西→东） 2．YYM174死者头部至膝间遗物分布（西→东）

彩版四三 玉皇庙墓地南区南部春秋晚期后段墓葬

1．YYM334死者头部及腰间遗物（西→东） 2．YYM354死者头部及颈胸部遗物（西→东）

3．YYM335死者头部和腰下饰物（西→东） 4．YYM348死者头部及腰间遗物（西→东）

彩版四四 玉皇庙墓地南区南部春秋晚期后段墓葬

1．YYM344墓圹形制、椁室、人骨及遗物分布（西→东） 2．YYM344死者腰间至股骨部位遗物分布（西→东）

彩版四五 玉皇庙墓地出土夹砂陶器

1．Ⅰ型Ⅱ式红陶椭圆腹罐（YYM300：1） 2．Ⅳ型Ⅱ式红陶带疣罐（YYM385：1）

彩版四六 玉皇庙墓地出土陶器

1．Ⅰ型Ⅱ式红陶椭圆腹罐（YYM384：1） 2．Ⅲ型Ⅰ式红陶圆折腹罐（YYM236：1）

3．Ⅰ型Ⅱ式灰陶壶（YYM86：1） 4．Ⅵ型Ⅳ式灰陶折肩罐 （YYM352：1）

彩版四七 玉皇庙墓地出土金虎牌饰

1．金虎牌饰（YYM18：5背面） 2．金虎牌饰（YYM18：5正面）

彩版四八 玉皇庙墓地出土金饰品

1～3．金璜形饰（YYM151：7、2．YYM174：7、YYM250：5）

彩版四九 玉皇庙墓地出土金饰品

1．包金铜贝（ YYM2：15） 2．金丝耳环 （YYM250：4） 3．金耳环 （YYM156：5）

彩版五〇 玉皇庙墓地出土青铜镀

铜镀 （YYM18：1）

彩版五一 玉皇庙墓地出土青铜礼器

1．铜镀 （YYM250：1） 2．铜鼎（YYM2：1）

彩版五二　玉皇庙墓地出土青铜礼器
1．铜罍（YYM2：5）
彩版五三　玉皇庙墓地出土青铜礼器
2．铜罍（YYM18：3）
彩版五四　玉皇庙墓地出土青铜礼器
1．铜匜（YYM2：8）　2．铜盘（YYM2：7）
彩版五五　玉皇庙墓地出土青铜礼器
1．铜鉌（YYM18：4）　2．铜敦（YYM18：2）
彩版五六　玉皇庙墓地出土青铜短剑
1．XI型（正面）（YYM41：2）　2．XIV型Ⅰ式（正面）（YYM95：2）　3．XIV型Ⅱ式（正面）（YYM145：2）
彩版五七　玉皇庙墓地出土青铜短剑
1．Ⅰ型Ⅲ式（正面）（YYM57：2）　2．XV型（正面）（YYM224：2）　3．XVII型（正面）（YYM156：2）
彩版五八　玉皇庙墓地出土青铜短剑
1．XIV型Ⅱ式（正面）（YYM209：2）　2．XVII型（正面）（YYM175：2）　3．XVI型Ⅱ式（正面）（YYM122：2）
彩版五九　玉皇庙墓地青铜短剑剑柄及剑首纹饰
1．XII型Ⅰ式（正面）（YYM257：2）　2．XVII型（正面）（YYM156：2）　3．XVI型Ⅱ式（正面）（YYM122：2）　4．XIV型Ⅱ式（正面）（YYM209：2）　5．XIV型Ⅱ式（背面）（YYM209：2）　6．XIV型Ⅱ式（正面）（YYM145：2）
彩版六〇　玉皇庙墓地出土青铜削刀
1．VI型（YYM19：3）　2．VII型（YYM18：9）　3．Ⅲ型Ⅰ式（YYM2：18 铜柄铁刀）
彩版六一　玉皇庙墓地出土青铜锥（针）管具
1．Ia型（YYM13：7）　2．Ia型（YYM10：9）　3．Ia型（YYM300：1）　4．If型（YYM42：7）
彩版六二　玉皇庙墓地出土青铜锥（针）管具
1．Ib型（YYM32：6）　2．Ib型（YYM95：6）　3．Ih型（YYM212：8）　4．Ij型（YYM206：7）　5．Il型（YYM197：7）
彩版六三　玉皇庙墓地出土青铜锥（针）管具
1．Ⅱ型Ⅲ式（YYM174：10）　2．Ⅱ型Ⅰ式（YYM17：13）　3．Ⅱ型Ⅲ式（YYM134：5）　4．Ⅱ型Ⅱ式（YYM156：9）　5．Ⅲ型（YYM241：11）
彩版六四　玉皇庙墓地出土青铜牌饰
1．Ⅱ型Ⅱ式（YYM226：6）　2．Ⅱ型Ⅳ式（YYM65：1）　3．Ⅰ型Ⅱ式（YYM261：7）
彩版六五　玉皇庙墓地出土青铜带钩
1．Ia型（YYM18：10）　2．Id型（YYM275：10）　3．Ic型（YYM209：9）　4．Ig型（YYM102：8）　5．Ib型Ⅰ式（YYM282：8）
彩版六六　玉皇庙墓地出土青铜带钩

1. Ⅰh型（YYM158：5）　2. Ⅰf型（YYM7：4）

彩版六七　玉皇庙墓地出土青铜带饰

1. Ⅰ型Ⅰ式（YYM233：11）　2. Ⅰ型Ⅰ式（YYM174：8-1）　3. Ⅱ型Ⅰ式（YYM295：7）

彩版六八　玉皇庙墓地出土青铜带饰

Ⅳ型Ⅰ式（YYM18：17）

彩版六九　玉皇庙墓地出土玛瑙珠、绿松石珠项链

YYM2：14

彩版七〇　玉皇庙墓地出土项链

1. 小白石珠项链（YYM346：2）　2. 玛瑙珠、绿松石珠项链（YYM354：3）　3. 小黑石珠、绿松石珠项链（YYM354：4）

彩版七一　玉皇庙墓地出土酒糟炭化物与羊毛毡残块

1. YYM2铜罍田内遗留的酒糟炭化物　2. YYM18死者身下遗存的羊毛毡残块

彩版七二　玉皇庙墓地青铜器物上的纺织痕迹

1.铜敦（YYM18：2）腹壁表面遗有多层纺织物痕迹　2.羊形铜带饰（YYM212：10）背面粘附的粗麻布遗痕　3.纺锤形铜珠（YYM114：6）穿孔内遗有多股麻线

图 版 目 录

图版一 玉皇庙墓地北Ⅰ区中部春秋早期墓葬
1．YYM22墓圹形制、椁室人骨及东端殉牲（西→东） 2．YYM21墓圹形制及椁室人骨（西→东）
图版二 玉皇庙墓地北Ⅰ区中部春秋早期墓葬
1．YYM20墓圹形制、木椁板灰及东端殉牲（西→东） 2．YYM20椁室人骨、遗物及东端殉牲（西→东）
图版三 玉皇庙墓地北Ⅰ区中部春秋早期墓葬
1．YYM18墓圹形制、木椁上部塌陷坑及东端上层殉牲（西→东） 2．YYM18圹内东端上层殉牲（西→东）
图版四 玉皇庙墓地北Ⅰ区中部春秋早期墓葬
1．YYM18圹内东端下层殉牲（西→东） 2．YYM18圹内东端下层殉牲（东→西俯摄）
图版五 玉皇庙墓地北Ⅰ区中部春秋早期墓葬
1．YYM18三环孔马具铜环出土部位（东→西俯摄） 2．YYM18马具骨环出土部位（东→西俯摄）
图版六 玉皇庙北Ⅰ区中部春秋早期墓葬
YYM18墓圹形制、椁室及东端下层殉牲（南→北）
图版七 玉皇庙墓地北Ⅰ区中部春秋早期墓葬
1．YYM18椁室东部出土铜罍等遗物（西→东） 2．YYM18椁室西部出土铜鍑、铜敦等遗物（东→西）
图版八 玉皇庙墓地北Ⅰ区中部春秋早期墓葬
YYM13墓圹形制、椁室及遗物分布（西→东）
图版九 玉皇庙墓地北Ⅰ区西部春秋早期墓葬
1．YYM82死者腰间遗物（西→东） 2．YYM82墓圹形制、人骨及遗物分布（西→东）
图版一〇 玉皇庙墓地北Ⅰ区西部春秋早期墓葬
1．YYM386死者头部至股骨间遗物分布（西→东） 2．YYM386死者头、颈、胸部遗物（西→东） 3．YYM386青铜短剑、铜锥、服饰铜扣等出土部位（西→东）
图版一一 玉皇庙墓地北Ⅰ区西部春秋早期墓葬
1．YYM385墓圹形制、椁室及遗物分布（西→东） 2．YYM385死者腰间遗物（西→东）
3．YYM383死者颈部、腰间及骨盆部位遗物（西→东）
图版一二 玉皇庙墓地北Ⅰ区西部春秋早期墓葬
1．YYM384墓圹形制、封顶石及东端殉牲（西→东） 2．YYM384圹内东端殉牲

图版一三 玉皇庙墓地Ⅱ区北部春秋早中期墓葬

1．YYM248墓圹形制、人骨及残陶罐等（西→东） 2．YYM249墓圹形制、人骨及陶罐等（西→ 东） 3．YYM278墓圹形制、椁室人骨及东端殉牲（西→东）

图版一四 玉皇庙墓地北Ⅱ区北部春秋早中期墓葬

1．YYM281墓圹形制、人骨及遗物分布（西→东） 2．YYM281死者头骨表面遗留的覆面铜扣 3．YYM281青铜短剑、铜锥等出土部位（西→东）

图版一五 玉皇庙墓地北Ⅱ区北部春秋早中期墓葬

1．YYM279墓圹形制、椁室及东端殉牲（西→东） 2．YYM244墓圹形制及人骨（南→北） 3．YYM280墓圹形制、椁室及东端殉牲（西→东）

图版一六 玉皇庙墓地北Ⅱ区北部春秋早中期墓葬

1．YYM280木椁东端堵板板灰及人骨、遗物（西→东） 2．YYM280死者头骨表面遗留的覆面铜扣（西→东） 3．YYM283墓圹形制及被扰动的人骨（西→东）

图版一七 玉皇庙墓地北Ⅱ区北部春秋早中期墓葬

1．YYM277墓圹形制、被扰人骨及东端殉牲 2．YYM285墓圹形制、残存人骨及遗物（西→东） 3．YYM277死者头、颈部遗物（西→东）

图版一八 玉皇庙墓地北Ⅱ区北部春秋早中期墓葬

YYM250墓圹形制、椁室及东端殉牲（西→东）

图版一九 玉皇庙墓地北Ⅱ区北部春秋早中期墓葬

1．YYM250椁室及圹内东端上层殉牲（西→东） 2．YYM250圹内东端上层殉牲（西→东俯摄）

图版二〇 玉皇庙墓地北Ⅱ区北部早中期墓

YYM250圹内东部上层殉牲、椁室人骨及遗物分布（西→东）

图版二一 玉皇庙墓地北Ⅱ区北部早中期墓

1．YYM250圹内下层殉牲（东→西俯摄） 2．YYM250死者头部出土的金饰品和青铜器（西→东）

图版二二 玉皇庙墓地北Ⅱ区北部春秋早中期墓葬

1．YYM250死者腰际以下至膝部遗物分布（西→东） 2．YYM282墓圹形制、椁室及东端殉牲（北→南）

图版二三 玉皇庙墓地北Ⅱ区北部春秋早中期墓葬

1．YYM282死者头骨表面遗留的覆面铜扣（西→东） 2．YYM282死者腰际以下至膝部遗物分布（西→东）

图版二四 玉皇庙墓地北Ⅱ区北部春秋早中期墓葬

1．YYM251墓圹形制、椁室及东端殉牲（西→东） 2．YYM251椁室人骨及遗物分布（西→东）

图版二五 玉皇庙墓地北Ⅱ区北部春秋早中期墓葬

YYM230墓圹、木椁板灰及圹内东端上层殉牲（西→东）

图版二六 玉皇庙墓地北Ⅱ区北部春秋早中期墓葬

1．YYM230圹内东端下层殉牲（西→东） 2．YYM230椁室人骨及遗物分布（北→南）

图版二七　玉皇庙墓地北Ⅱ区北部春秋早中期墓葬
1．YYM230死者右膝外侧至足部遗物分布（西→东）　2．YYM230死者腰部至股骨间遗物分布（西→东）
图版二八　玉皇庙墓地北Ⅱ区北部春秋早中期墓葬
1．YYM229墓圹形制、椁室及东端殉牲（西→东）　2．YYM229椁室人骨及遗物分布（西→东）　3．YYM229死者腰下至股骨上段遗物分布（西→东）
图版二九　玉皇庙墓地北Ⅱ区北部春秋早中期墓葬
1．YYM233墓圹形制、椁室及东端殉牲（北→南）　2．YYM233死者腰际以下至股骨间遗物分布（西→东）　3．YYM231墓圹形制、椁室及东端殉牲（西→东）
图版三〇　玉皇庙墓地北Ⅱ区北部春秋早中期墓葬
1．YYM228墓圹形制、椁室及东端殉牲（西→东）　2．YYM232墓圹形制、椁室及东端殉牲（西→东）
图版三一　玉皇庙墓地北Ⅱ区北部春秋早中期墓葬
1．YYM227墓圹形制、椁室及东端殉牲（西→东）　2．YYM227死者头部至股骨间遗物分布（西→东）
图版三二　玉皇庙墓地北Ⅱ区北部春秋早中期墓葬
1．YYM241墓圹形制、椁室及东端殉牲（西→东）　2．YYM241墓圹形制、椁室人骨及遗物分布（西→东）
图版三三　玉皇庙墓地北Ⅱ区北部春秋早中期墓葬
1．YYM241死者头部至骨盆间遗物分布（西→东）　2．YYM264墓圹形制、椁室及东端殉牲（西→东）
图版三四　玉皇庙墓地北Ⅱ区北部春秋早中期墓葬
1．YYM264椁室人骨及遗物分布（西→东）　2．YYM264铜牌饰出土部位　3．YYM264死者腰际以下至膝部遗物分布（西→东）
图版三五　玉皇庙墓地北Ⅱ区北部春秋早中期墓葬
1．YYM276墓圹形制、人骨及遗物分布（东→西）　2．YYM276死者腰际以下遗物分布（东→西）
图版三六　玉皇庙墓地北Ⅱ区北部春秋早中期墓葬
1．YYM99墓圹形制、椁室人骨及遗物分布（西→东）　2．YYM226墓圹形制、椁室及东端殉牲（西→东）
图版三七　玉皇庙墓地北Ⅱ区北部春秋早中期墓葬
1．YYM226椁室人骨及遗物分布（西→东）　2．YYM226死者腰际以下至股骨上段遗物分布（西→东）
图版三八　玉皇庙墓地北Ⅱ区北部春秋早中期墓葬
1．YYM240墓圹形制、椁室及东端殉牲（西→东）　2．YYM240死者腰际以下至股骨间遗物分布（西→东）
图版三九　玉皇庙墓地北Ⅱ区北部春秋早中期墓葬

1．YYM252 墓圹形制、椁室及东端殉牲（西→东） 2．YYM252 椁室人骨及遗物分布（西→东）

图版四〇 玉皇庙墓地北Ⅱ区北部春秋早中期墓葬

1．YYM265 墓圹形制、椁室及东端殉牲（西→东） 2．YYM275 墓圹形制、椁室及东端殉牲（西→东）

图版四一 玉皇庙墓地北Ⅱ区北部春秋早中期墓葬

1．YYM275 椁室人骨及遗物分布（西→东） 2．YYM47 死者头、颈、胸部遗物（西→东） 3．YYM47 墓圹形制、椁室及东端殉牲（西→东）

图版四二 玉皇庙墓地北Ⅱ区中部春秋中期墓葬

1．YYM234 墓圹形制、椁室及东端殉牲（西→东） 2．YYM239 墓圹形制及儿童遗骨

图版四三 玉皇庙墓地北Ⅱ区中部春秋中期墓葬

1．YYM253 墓圹形制及婴儿遗骨（西→东） 2．YYM263 墓圹形制、椁室及东端殉牲（西→东） 3．YYM263 死者头部至股骨间遗物分布（西→东）

图版四四 玉皇庙墓地北Ⅱ区中部春秋中期墓葬

1．YYM274 墓圹形制及儿童遗骨（西→东） 2．YYM43 墓圹形制、人骨及遗物分布（西→东） 3．YYM225 墓圹形制、椁室及东端殉牲（西→东）

图版四五 玉皇庙墓地北Ⅱ区中部春秋中期墓葬

1．YYM262 墓圹形制、婴儿遗骨及东端殉牲（西→东） 2．YYM254 墓圹形制、木椁及东端殉牲（西→东） 3．YYM254 木椁板灰及显露的人骨与陶罐（西→东）

图版四六 玉皇庙墓地北Ⅱ区中部春秋中期墓葬

1．YYM266 墓圹形制、椁室及东端殉牲（西→东） 2．YYM266 死者头、颈、胸部遗物（西→东） 3．YYM273 墓圹形制、椁室及东端殉牲（西→东）

图版四七 玉皇庙墓地北Ⅱ区中部春秋中期墓葬

1．YYM236 墓圹形制、椁室及东端殉牲（西→东） 2．YYM238 墓圹形制、儿童遗骨及东端殉牲（西→东） 3．YYM255 墓圹形制及儿童遗骨（西北→东南）

图版四八 玉皇庙墓地北Ⅱ区中部春秋中期墓葬

1．YYM237 墓圹形制、椁室及东端殉牲（西→东） 2．YYM237 死者头部及上身遗物分布（西→东）

图版四九 玉皇庙墓地北Ⅱ区中部春秋中期墓葬

1．YYM256 墓圹形制、椁室及东端殉牲（西→东） 2．YYM256 椁室人骨及遗物分布（西→东）

图版五〇 玉皇庙墓地北Ⅱ区中部春秋中期墓葬

1．YYM261 墓圹形制、椁室及东端殉牲（西→东） 2．YYM261 椁室人骨及遗物分布（西→东） 3．YYM261 死者腰、膝间遗物分布（西→东）

图版五一 玉皇庙墓地北Ⅱ区中部春秋中期墓葬

1．YYM267 墓圹形制、婴儿遗骨及东端殉牲（西→东） 2．YYM267 婴儿遗骨及遗物分布（西→东） 3．YYM94 墓圹形制、儿童遗骨及东端殉牲（西→东）

图版五二 玉皇庙墓地北Ⅱ区中部春秋中期墓葬

1．YYM272 墓圹形制、椁室及东端殉牲（西→东） 2．YYM272 椁室人骨及遗物分布（西→东）

图版五三　玉皇庙墓地北Ⅱ区中部春秋中期墓葬

1．YYM257墓圹形制、椁室及东端殉牲（西→东）　2．YYM247墓圹形制、椁室及东端殉牲（西→东）　3．YYM268墓圹形制、椁室及东端殉牲（西→东）

图版五四　玉皇庙墓地北Ⅱ区中部春秋中期墓葬

1．YYM270墓圹形制、椁室及东端殉牲（西→东）　2．YYM271墓圹形制、椁室及东端殉牲（西→东）　3．YYM271椁室人骨及遗物分布（西→东）

图版五五　玉皇庙墓地北Ⅱ区中部春秋中期墓葬

1．YYM258墓圹形制、椁室及东端殉牲（西→东）　2．YYM260墓圹形制、椁室及东端殉牲（西→东）

图版五六　玉皇庙墓地北Ⅱ区中部春秋中期墓葬

1．YYM269墓圹形制、椁室人骨及遗物（西→东）　2．YYM51墓圹形制、椁室及东端殉牲（西→东）　3．YYM51椁室人骨及遗物分布（西→东）

图版五七　玉皇庙墓地北Ⅱ区中部春秋中期墓葬

1．YYM50墓圹形制、人骨及东端殉牲（西→东）　2．YYM65墓圹形制、椁室及西端殉牲（东→西）

图版五八　玉皇庙墓地北Ⅱ区中部春秋中期墓葬

1．YYM191墓圹形制、椁室及东端殉牲（西→东）　2．YYM191死者头骨表面遗留的覆面铜扣（西→东）

图版五九　玉皇庙墓地北Ⅱ区中部春秋中期墓葬

1．YYM190墓圹形制、椁室及西端殉牲（东→西）　2．YYM190椁室人骨及遗物分布（东→西）

图版六〇　玉皇庙墓地北Ⅱ区中部春秋中期墓葬

1．YYM125墓圹形制及被扰乱的人骨（西→东）　2．YYM188墓圹形制、椁室及东端殉牲（西→东）

图版六一　玉皇庙墓地北Ⅱ区中部春秋中期墓葬

1．YYM54墓圹形制、椁室及东端殉牲（西→东）　2．YYM100墓圹形制、人骨及残陶罐（西→东）

图版六二　玉皇庙墓地北Ⅰ区北部春秋中期墓葬

1．YYM296墓圹形制、人骨及东南角殉牲（西→东）　2．YYM298墓圹形制、人骨及遗物（东→西）　3．YYM291墓圹形制及儿童遗骨（西→东）

图版六三　玉皇庙墓地北Ⅰ区北部春秋中期墓葬

1．YYM293墓圹形制及残存婴儿遗骨等（东→西）　2．YYM293残存婴儿遗骨及遗物（东→西）　3．YYM290墓圹形制及人骨（西→东）

图版六四　玉皇庙墓地北Ⅰ区南部春秋中期墓葬及北Ⅱ区南部春秋中晚期墓葬

1．YYM12残存墓圹、人骨及陶罐（东→西）　2．YYM212墓圹形制、椁室及东端殉牲（西→东）

图版六五　玉皇庙墓地北Ⅱ区南部春秋中晚期墓葬

1．YYM208墓圹形制、椁室及东端殉牲（西→东）　2．YYM193墓圹形制及婴儿遗骨（西→东）

图版六六　玉皇庙墓地北Ⅱ区南部春秋中晚期墓葬

1．YYM192墓圹形制、屈肢人骨及东端殉牲（西→东）　2．YYM189墓圹形制、椁室及东端殉牲（西→东）

图版六七　玉皇庙墓地北Ⅱ区南部春秋中晚期墓葬

1．YYM187墓圹形制、木椁板灰及显露的人骨与陶罐（西→东）　2．YYM53墓圹形制及婴儿遗骨（西→东）

图版六八　玉皇庙墓地北Ⅱ区南部春秋中晚期墓葬

1．YYM196墓圹形制、椁室及东端殉牲（西→东）　2．YYM186墓圹形制、椁室及东端殉牲（西→东）

图版六九　玉皇庙墓地北Ⅱ区南部春秋中晚期墓葬

1．YYM87墓圹形制、椁室及东端殉牲（西→东）　2．YYM57墓圹形制、椁室及东、西两端殉牲（东→西）

图版七〇　玉皇庙墓地北Ⅱ区南部春秋中晚期墓葬

1．YYM57死者腰间至股骨上端遗物分布（东→西）　2．YYM185墓圹形制、椁室及东端殉牲（西→东）　3．YYM185木椁东端板灰、人骨及陶罐（西→东）

图版七一　玉皇庙墓地北Ⅱ区南部春秋中晚期墓葬

1．YYM86墓圹形制、椁室及东端殉牲（西→东）　2．YYM86木椁板灰、人骨、陶罐等（西→东）

图版七二　玉皇庙墓地北Ⅱ区南部春秋中晚期墓葬

1．YYM86死者头骨表面遗留的覆面铜扣（西→东）　2．YYM86青铜短剑和青铜削刀出土部位（西→东）　3．YYM71墓圹形制、椁室人骨及遗物分布（西→东）

图版七三　玉皇庙墓地北Ⅱ区南部春秋中晚期墓葬

1．YYM184墓圹形制、椁室及端殉牲（西→东）　2．YYM149墓圹形制、椁室及东端殉牲（西→东）

图版七四　玉皇庙墓地北Ⅱ区南部春秋中晚期墓葬

1．YYM64墓圹形制、椁室人骨及陶罐等（东→西）　2．YYM72墓圹形制、椁室人骨及灰陶豆盘等（西→东）

图版七五　玉皇庙墓地北Ⅱ区南部春秋中晚期墓葬

1．YYM83墓圹形制、椁室及东端殉牲（西→东）　2．YYM83椁室人骨及遗物分布（西→东）

图版七六　玉皇庙墓地北Ⅱ区南部春秋中晚期墓葬

1．YYM62墓圹形制、压在死者骨盆上方的镇墓石及东端殉牲（西→东）　2．YYM63墓圹西端掏洞、东端殉牲（东→西）

图版七七　玉皇庙墓地北Ⅱ区南部春秋中晚期墓葬

1．YYM148墓圹形制、椁室及东端殉牲（西→东）　2．YYM148死者头部至股骨上端遗物分布（西→东）

图版七八　玉皇庙墓地北Ⅱ区南部春秋中晚期墓葬

1．YYM140墓圹形制及儿童遗骨（西→东）　2．YYM141墓圹形制、幼儿遗骨及东端殉牲（西→东）　3．YYM73墓圹形制及椁室人骨（西→东）

图版七九　玉皇庙墓地南区北部春秋晚期前段墓葬

1．YYM217墓圹形制、椁室及东端殉牲（西→东）　2．YYM207墓圹形制、椁室及东端殉牲（西→东）

图版八〇　玉皇庙墓地南区北部春秋晚期前段墓葬
1．YYM224墓圹形制、椁室及东端殉牲（西→东）　2．YYM224青铜短剑、青铜削刀出土部位（西→东）　3．YYM194墓圹形制、婴儿遗骨及东端殉牲（西→东）
图版八一　玉皇庙墓地南区北部春秋晚期前段墓葬
1．YYM182墓圹形制、椁室及东端殉牲（西→东）　2．YYM139墓圹形制、椁室及东端殉牲（西→东）
图版八二　玉皇庙墓地南区北部春秋晚期前段墓葬
1．YYM203墓圹形制、椁室及东端殉牲（西→东）　2．YYM223墓圹形制、椁室及东南角殉牲（西→东）
图版八三　玉皇庙墓地南区北部春秋晚期前段墓葬
1．YYM222墓圹形制、椁室及东端殉牲（西→东）　2．YYM221墓圹形制、椁室及东端殉牲（西→东）
图版八四　玉皇庙墓地南区北部春秋晚期前段墓葬
1．YYM220墓圹形制、椁室及东端殉牲（西→东）　2．YYM220死者胸部以下至股骨间遗物分布（西→东）
图版八五　玉皇庙墓地南区北部春秋晚期前段墓葬
1．YYM219墓圹形制、椁室及东端殉牲（西→东）　2．YYM218墓圹形制、椁室及东端殉牲（西→东）
图版八六　玉皇庙墓地南区北部春秋晚期前段墓葬
1．YYM216墓圹形制、椁室及东端殉牲（西→东）　2．YYM215墓圹形制、椁室及东端殉牲（西→东）
图版八七　玉皇庙墓地南区北部春秋晚期前段墓葬
1．YYM214墓圹形制及椁室人骨（西→东）　2．YYM211墓圹形制、椁室及东端殉牲（西→东）
图版八八　玉皇庙墓地南区北部春秋晚期前段墓葬
1．YYM213墓圹形制、椁室及东端殉牲（西→东）　2．YYM213青铜短剑、青铜削刀出土部位（西→东）　3．YYM213 铜镞、骨镞出土部位（西→东）
图版八九　玉皇庙墓地南区北部春秋晚期前段墓葬
1．YYM210墓圹形制、椁室及东端殉牲（西→东）　2．YYM209墓圹形制、椁室及东端殉牲（西→东）　3．YYM209死者腰、膝间遗物分布（西→东）
图版九〇　玉皇庙墓地南区北部春秋晚期前段墓葬
1．YYM195墓圹形制、婴儿遗骨及东端殉牲（西→东）　2．YYM206墓圹形制、椁室及东端殉牲（西→东）
图版九一　玉皇庙墓地南区北部春秋晚期前段墓葬
1．YYM205墓圹形制、椁室及东端殉牲（西→东）　2．YYM205死者头部至股骨间遗物分布（西→东）
图版九二　玉皇庙墓地南区北部春秋晚期前段墓葬

1．YYM204 墓圹形制、椁室及东端殉牲（西→东） 2．YYM204 死者头骨表面遗留的覆面铜扣（西→东）

图版九三 玉皇庙墓地南区北部春秋晚期前段墓葬

1．YYM197 墓圹形制、椁室及东端殉牲（西→东） 2．YYM198 墓圹形制、椁室及东端殉牲（西→东）

图版九四 玉皇庙墓地南区北部春秋晚期前段墓葬

1．YYM170 墓圹形制、椁室及东端殉牲（西→东） 2．YYM200 墓圹形制、椁室及东端殉牲（西→东）

图版九五 玉皇庙墓地南区北部春秋晚期前段墓葬

1．YYM199 墓圹形制、椁室及东端殉牲（西→东） 2．YYM199 死者头部至股骨上端遗物分布（西→东） 3．YYM199 死者头骨表面遗留的覆面铜扣（西→东）

图版九六 玉皇庙墓地南区北部春秋晚期前段墓葬

1．YYM183 墓圹形制、椁室及东端殉牲（西→东） 2．YYM181 墓圹形制、椁室及东端殉牲（西→东） 3．YYM180 墓圹形制、椁室及东端殉牲（西→东）

图版九七 玉皇庙墓地南区北部春秋晚期前段墓葬

1．YYM179 墓圹形制、椁室及东端殉牲（西→东） 2．YYM179 椁室人骨及遗物分布（西→东） 3．YYM179 死者腰下至股骨间遗物分布（西→东）

图版九八 玉皇庙墓地部南区北春秋晚期前段墓葬

1．YYM169墓圹形制及椁室人骨（西→东） 2．YYM169陶罐出土部位（西→东） 3．YYM178 墓圹形制、椁室及东端殉牲（西→东）

图版九九 玉皇庙墓地南区北部春秋晚期前段墓葬

1．YYM177 墓圹形制、婴儿遗骨及东端殉牲（西→东） 2．YYM150 墓圹形制、椁室及东端殉牲（西→东） 3．YYM150 死者头部至骨盆间遗物分布（西→东）

图版一〇〇 玉皇庙墓地南区北部春秋晚期前段墓葬

YYM151 墓圹形制、椁室及东端殉牲（西→东）

图版一〇一 玉皇庙墓地南区北部春秋晚期前段墓葬

YYM151 椁室人骨及遗物分布（西→东）

图版一〇二 玉皇庙墓地南区北部春秋晚期前段墓葬

1．YYM151 死者头部遗物（西→东） 2．YYM151 死者腰、膝间遗物（西→东）

图版一〇三 玉皇庙墓地南区北部春秋晚期前段墓葬

1．YYM152 墓圹形制及婴儿遗骨（西→东） 2．YYM153 墓圹形制及东端殉牲（西→东） 3．YYM153 墓圹形制与椁室（西→向）

图版一〇四 玉皇庙墓地南区北部春秋晚期前段墓葬

1．YYM153 椁室人骨及遗物分布（西→东） 2．YYM146 墓圹形制及婴儿遗骨（西→东）

图版一〇五 玉皇庙墓地南区北部春秋晚期前段墓葬

1．YYM142 墓圹形制与殉牲分布（西→东） 2．YYM142 墓圹形制及椁室（西→东）

图版一〇六　玉皇庙墓地南区北部春秋晚期前段墓葬
1．YYM142 椁室人骨及遗物分布（西→东）　2．YYM142 青铜短剑、铜环等出土部位　3．YYM145 墓圹形制及椁室人骨（西→东）

图版一〇七　玉皇庙墓地南区北部春秋晚期前段墓葬
1．YYM143 墓圹形制、椁室及东端殉牲（西→东）　2．YYM143 椁室人骨及遗物分布（西→东）

图版一〇八　玉皇庙墓地南区北部春秋晚期前段墓葬
1．YYM144 墓圹形制、椁室及西端殉牲（东→西）　2．YYM144 椁室人骨及死者头部与上身遗物分布（东→西）

图版一〇九　玉皇庙墓地南区北部春秋晚期前段墓葬
1．YYM138 墓圹形制、椁室及东端殉牲（西→东）　2．YYM137 墓圹形制、椁室及东端殉牲（西→东）

图版一一〇　玉皇庙墓地南区北部春秋晚期前段墓葬
1．YYM136 墓圹形制及儿童遗骨（西→东）　2．YYM135 墓圹形制及儿童遗骨（西→东）

图版一一一　玉皇庙墓地南区北部春秋晚期前段墓葬
1．YYM117 墓圹形制、椁室及东端殉牲（西→东）　2．YYM116 墓圹形制及儿童遗骨（西→东）

图版一一二　玉皇庙墓地南区北部春秋晚期前段墓葬
1．YYM118 墓圹形制、椁室及东端殉牲（西→东）　2．YYM118 死者头、胸部遗物（西→东）　3．YYM119 墓圹形制、椁室及东端殉牲（西→东）

图版一一三　玉皇庙墓地南区北部春秋晚期前段墓葬
1．YYM104 墓圹形制及椁室人骨（西→东）　2．YYM105 墓圹形制及椁室人骨（西→东）　3．YYM105 椁室人骨及遗物分布（西→东）

图版一一四　玉皇庙墓地南区北部春秋晚期前段墓葬
1．YYM74 墓圹形制及东端殉牲（西→东）　2．YYM74 椁室人骨及遗物分布（西→东）

图版一一五　玉皇庙墓地南区北部春秋晚期前段墓葬
1．YYM75 墓圹形制、椁室及东端殉牲（西→东）　2．YYM76 墓圹形制及椁室人骨（西→东）　3．YYM76 死者头部及上身遗物分布（西→东）

图版一一六　玉皇庙墓地南区中部春秋晚期前段墓葬
1．YYM202 墓圹形制及椁室人骨（西→东）　2．YYM176 墓圹形制、椁室及东端殉牲（西→东）　3．YYM154 墓圹形制、椁室及东端殉牲（西→东）

图版一一七　玉皇庙墓地南区中部春秋晚期前段墓葬
1．YYM155 墓圹形制及儿童遗骨（西→东）　2．YYM286 墓圹形制及婴儿遗骨（西→东）　3．YYM156 墓圹形制及殉牲分布（西→东）

图版一一八　玉皇庙墓地南区中部春秋晚期前段墓葬
YYM156 墓圹形制、椁室及东端马牲（西→东）

图版一一九　玉皇庙墓地南区中部春秋晚期前段墓葬
YYM156 椁室人骨及遗物分布

图版一二〇 玉皇庙墓地南区中部春秋晚期前段墓葬

1．YYM158 墓圹形制、椁室及西端殉牲（东→西） 2．YYM158 青铜短剑、铜带饰等遗物分布（东→西）

图版一二一 玉皇庙墓地南区中部春秋晚期前段墓葬

1．YYM167 墓圹形制、椁室及东端殉牲（西→东） 2．YYM167 死者头、颈、胸部遗物（西→东）

图版一二二 玉皇庙墓地南区中部春秋晚期前段墓葬

1．YYM168 墓圹形制及东端殉牲（西→东） 2．YYM168 墓圹形制及椁室人骨（西→东） 3．YYM168 死者腰际至股骨间遗物分布（西→东）

图版一二三 玉皇庙墓地南区中部春秋晚期前段墓葬

1．YYM134 墓圹形制、椁室及东端殉牲（西→东） 2．YYM133 墓圹形制、椁室及东端殉牲（西→东） 3．YYM133 死者头部至股骨间遗物分布（西→东）

图版一二四 玉皇庙墓地南区中部春秋晚期前段墓葬

1．YYM132 墓圹形制、儿童遗骨及东端殉牲（西→东） 2．YYM131 墓圹形制、椁室及西端殉牲（东→西） 3．YYM131 死者颈下、腰际至股骨间遗物分布（东→西）

图版一二五 玉皇庙墓地南区中部春秋晚期前段墓葬

1．YYM122 墓圹形制、椁室及东端殉牲（西→东） 2．YYM122 死者颈下至股骨间遗物分布（西→东）

图版一二六 玉皇庙墓地南区中部春秋晚期前段墓葬

1．YYM123 墓圹形制、婴儿遗骨及东北角殉牲（西→东） 2．YYM123 死者颈部出土的马形铜牌饰及小白石珠项链（西→东） 3．YYM124 墓圹形制、椁室及东南角殉牲（西→东）

图版一二七 玉皇庙墓地南区中部春秋晚期前段墓葬

1．YYM124 椁室人骨及遗物分布（西→东） 2．YYM126 墓圹形制、椁室及东端殉牲（西→东）

图版一二八 玉皇庙墓地南区中部春秋晚期前段墓葬

1．YYM120 墓圹形制、儿童遗骨及东端殉牲（西→东） 2．YYM121 墓圹形制、人骨及东端殉牲（西→东） 3．YYM121 无头二次葬人骨及陶罐（西→东）

图版一二九 玉皇庙墓地南区中部春秋晚期前段墓葬

1．YYM115 墓圹形制、儿童遗骨及东端殉牲（西→东） 2．YYM114 墓圹形制、椁室及东端殉牲（西→东） 3．YYM114 死者头部至骨盆间遗物分布（西→东）

图版一三〇 玉皇庙墓地南区中部春秋晚期前段墓葬

1．YYM113 墓圹形制、椁室及东端殉牲（西→东） 2．YYM113 死者头部及上身遗物（西→东）

图版一三一 玉皇庙墓地南区中部春秋晚期前段墓葬

1．YYM111 墓圹形制、椁室及东端殉牲（西→东） 2．YYM111 死者头部至骨盆间遗物（西→东）

图版一三二 玉皇庙墓地南区中部春秋晚期前段墓葬

1．YYM159 墓圹形制及婴儿遗骨（西→东） 2．YYM159 死者颈部遗物（西→东） 3．YYM165 墓圹形制及儿童遗骨（西→东）

图版一三三　玉皇庙墓地南区中部春秋晚期前段墓葬

1．YYM166墓圹形制、残存儿童遗骨及东端的镇墓石（西→东）　2．YYM106墓圹形制、儿童遗骨及陶罐等（西→东）

图版一三四　玉皇庙墓地南区中部春秋晚期前段墓葬

1．YYM171墓圹形制、填土中的镇墓石及东端殉牲（西→东）　2．YYM171墓圹形制及椁室（西→东）

图版一三五　玉皇庙墓地南区中部春秋晚期前段墓葬

1．YYM171椁室人骨及遗物分布（西→东）　2．YYM171死者腰部至股骨间遗物分布（西→东）

图版一三六　玉皇庙墓地南区中部春秋晚期前段墓葬

1．YYM108墓圹形制、椁室及东端殉牲（西→东）　2．YYM108死者头部至股骨上端遗物分布（西→东）　3．YYM107墓圹形制、人骨及随葬的砺石（西→东）

图版一三七　玉皇庙墓地西区春秋晚期前段墓葬

1．YYM332墓圹形制、人骨及东部殉牲（西→东）　2．YYM333墓圹形制、人骨、镇墓石及东南角与南侧上层的殉牲（西→东）　3．YYM333镇墓石压在死者头、颈、胸之上（西→东）

图版一三八　玉皇庙墓地西区春秋晚期前段墓葬

1．YYM333青铜短剑、铜镞、骨镞出土部位（西→东）　2．YYM331墓圹形制、人骨及南侧西部上层殉牲（西→东）　3．YYM323墓圹形制及人骨（西→东）　4．YYM323死者头、颈部饰物（西→东）

图版一三九　玉皇庙墓地西区春秋晚期前段墓葬

1．YYM319墓圹形制、人骨及南侧狗牲（西→东）　2．YYM329死者头、颈部饰物（西→东）　3．YYM327死者耳骨旁与颈下出土的大号铜丝耳环和铜镜形饰（西→东）

图版一四〇　玉皇庙墓地西区春秋晚期前段墓葬

1．YYM326墓圹形制及东端封顶石（西→东）　2．YYM324墓圹形制、石椁及人骨（西→东）　3．YYM324铜耳环及圆锥形铜坠饰出土部位（西→东）

图版一四一　玉皇庙墓地西区春秋晚期前段墓葬

1．YYM322墓圹形制及人骨（西北→东南）　2．YYM322死者头、颈部饰物　3．YYM321墓圹形制、人骨及东端和南侧西部殉牲（西北→东南）　4．YYM321死者左股骨下端外侧出土铜镞和骨镞

图版一四二　玉皇庙墓地西区春秋晚期前段墓葬

1．YYM320墓圹形制、人骨及东南角殉牲（西北→东南）　2．YYM318墓圹形制、人骨及东南角殉牲（西北→东南）　3．YYM316墓圹形制、人骨及东端殉牲（西→东）

图版一四三　玉皇庙墓地西区春秋晚期前段墓葬

1．YYM311墓圹形制及人骨（西南→东北）　2．YYM310墓圹形制及婴儿遗骨（西→东）　3．YYM314墓圹形制、人骨及东南角殉牲（西→东）

图版一四四　玉皇庙墓地西区春秋晚期前段墓葬

1．YYM312墓圹形制、人骨及南侧殉牲（西→东）　2．YYM312死者腰部左侧至左股骨间

遗物分布（西→东）

图版一四五　玉皇庙墓地西区春秋晚期前段墓葬

1. YYM315墓圹形制、人骨及东南角殉牲（西→东）　2. YYM313墓圹形制及人骨、陶罐等（西→东）　3. YYM313死者左股骨外侧出土青铜削刀（西→东）

图版一四六　玉皇庙墓地西区春秋晚期前段墓葬

1. YYM309墓圹形制及人骨（西→东）　2.YYM307墓圹形制及人骨（西→东）　3. YYM308墓圹形制、人骨及镇墓石（西→东）

图版一四七　玉皇庙墓地西区春秋晚期前段墓葬

1. YYM317墓圹形制及人骨（西→东）　2. YYM317死者头、胸部遗物（西→东）　3. YYM303墓圹形制及殉牲分布（西→东）

图版一四八　玉皇庙墓地西区春秋晚期前段墓葬

1. YYM304墓圹形制及人骨（西→东）　2. YYM301墓圹形制及人骨（西→东）　3. YYM301死者耳骨处出土的铜丝耳环（西→东）

图版一四九　玉皇庙墓地西区春秋晚期前段墓葬

1. YYM303墓圹形制、人骨及遗物分布（西→东）　2. YYM305墓圹形制及人骨（西→东）　3. YYM305死者头、颈、胸部遗物（西→东）

图版一五〇　玉皇庙墓地西区春秋晚期前段墓葬

1. YYM302墓圹形制及人骨（西→东）　2. YYM302死者头、颈、胸部遗物（西→东）　3. YYM302死者腰下至股骨上端外侧出土铜铃形饰（西→东）

图版一五一　玉皇庙墓地南区南部春秋晚期后段墓葬

1. YYM164墓圹形制、椁室及东端殉牲（西→东）　2. YYM164青铜短剑与尖首刀币等出土部位（西→东）

图版一五二　玉皇庙墓地南区南部春秋晚期后段墓葬

1. YYM127墓圹形制、椁室及东端殉牲（西→东）　2. YYM110墓圹形制、镇墓石分布及东北角殉牲（西→东）　3. YYM110墓圹形制及椁室人骨（西→东）

图版一五三　玉皇庙墓地南区南部春秋晚期后段墓葬

1. YYM110死者头、胸及骨盆下端遗物（西→东）　2. YYM172墓圹形制及人骨（西→东）　3. YYM172泥质灰陶折肩罐与尖首刀币出土部位（西→东）

图版一五四　玉皇庙墓地南区南部春秋晚期后段墓葬

1. YYM163墓圹形制、椁室及东端殉牲（西→东）　2. YYM160墓圹形制、镇墓石及西端殉牲（东→西）

图版一五五　玉皇庙墓地南区南部春秋晚期后段墓葬

1. YYM160墓圹形制及椁室（东→西）　2. YYM160椁室人骨及遗物分布（东→西）

图版一五六　玉皇庙墓地南区南部春秋晚期后段墓葬

1. YYM130墓圹形制、椁室及东端殉牲（西→东）　2. YYM175墓圹形制、椁室人骨及东端殉牲（西→东）

图版一五七　玉皇庙墓地南区南部春秋晚期后段墓葬
1. YYM175椁室人骨及遗物分布（西→东）　2. YYM175死者头、颈、胸部遗物（西→东）
图版一五八　玉皇庙墓地南区南部春秋晚期后段墓葬
1. YYM173墓圹形制、人骨、东端镇墓石及殉牲（西→东）　2. YYM161墓圹形制、椁室及东端殉牲（西→东）　3. YYM161青铜短剑与青铜削刀出土部位（西→东）
图版一五九　玉皇庙墓地南区南部春秋晚期后段墓葬
1. YYM129墓圹形制、椁室及东端殉牲（西→东）　2. YYM129椁室人骨及遗物分布（西→东）
图版一六〇　玉皇庙墓地南区南部春秋晚期后段墓葬
1. YYM128墓圹形制、椁室及东端殉牲（西→东）　2. YYM109墓圹形制、人骨及东端殉牲（西→东）　3. YYM162墓圹形制及人骨（西南→东北）
图版一六一　玉皇庙墓地南区南部春秋晚期后段墓葬
1. YYM353墓圹形制及人骨（西南→东北）　2. YYM174墓圹形制及东端殉牲（西→东）
图版一六二　玉皇庙墓地南区南部春秋晚期后段墓葬
YYM174墓圹形制及椁室（西→东）
图版一六三　玉皇庙墓地南区南部春秋晚期后段墓葬
1. YYM174椁室人骨及遗物分布（西→东）　2. YYM174死者腰、膝间遗物分布（西→东）
图版一六四　玉皇庙墓地南区南部春秋晚期后段墓葬
1. YYM340墓圹形制、椁室及东端殉牲（西→东）　2. YYM340母婴遗骨及遗物（西→东）
图版一六五　玉皇庙墓地南区南部春秋晚期后段墓葬
1. YYM337墓圹形制、人骨及东端镇墓石（西→东）　2. YYM334墓圹形制及东端殉牲（西→东）　3. YYM334东端殉牲（西→东）
图版一六六　玉皇庙墓地南区南部春秋晚期后段墓葬
1. YYM334墓圹形制及椁室（西→东）　2. YYM334椁室人骨及遗物（西→东）
图版一六七　玉皇庙墓地南区南部春秋晚期后段墓葬
1. YYM328墓圹形制、椁室、镇墓石及东端殉牲（西→东）　2. YYM352墓圹形制及椁室人骨（西→东）　3. YYM352死者头部出土的泥质灰陶折肩罐及铜丝耳环（西→东）
图版一六八　玉皇庙墓地南区南部春秋晚期后段墓葬
1. YYM351墓圹形制及椁室人骨（西→东）　2. YYM351死者左眼眶内和上颌骨左侧遗留的覆面铜扣
图版一六九　玉皇庙墓地南区南部春秋晚期后段墓葬
1. YYM354墓圹形制及人骨（西→东）　2. YYM354死者头、颈、胸部遗物（西→东）
图版一七〇　玉皇庙墓地南区南部春秋晚期后段墓葬
1. YYM345墓圹形制、椁室及东端殉牲（西南→东北）　2. YYM345椁室人骨及遗物分布（西南→东北）
图版一七一　玉皇庙墓地南区南部春秋晚期后段墓葬
1. YYM346墓圹形制及椁室人骨（西→东）　2. YYM344墓圹形制、椁室及东端殉牲（西→东）

图版一七二　玉皇庙墓地南区南部春秋晚期后段墓葬
1. YYM344圹内东端殉牲（西→东）　2. YYM344墓圹形制、椁室人骨及遗物分布（西→东）

图版一七三　玉皇庙墓地南区南部春秋晚期后段墓葬
YYM344死者腰际至股骨间遗物分布（西→东）

图版一七四　玉皇庙墓地南区南部春秋晚期后段墓葬
1. YYM343墓圹形制及东端殉牲（西→东）　2. YYM343墓圹形制及人骨（西→东）

图版一七五　玉皇庙墓地南区南部春秋晚期后段墓葬
1. YYM339墓圹形制、椁室及东端殉牲（西→东）　2. YYM341墓圹形制、椁室及东端殉牲（西→东）

图版一七六　玉皇庙墓地南区南部春秋晚期后段墓葬
1. YYM338圹内东端殉牲（西→东）　2. YYM338墓圹形制及东端殉牲（西→东）
3. YYM338 墓圹形制及椁室人骨（西→东）

图版一七七　玉皇庙墓地南区南部春秋晚期后段墓葬
1. YYM348墓圹形制、椁室及东端殉牲（西→东）　2. YYM348椁室人骨及遗物分布（西→东）

图版一七八　玉皇庙墓地南区南部春秋晚期后段墓葬
1. YYM335墓圹形制、婴儿遗骨及东端殉牲（西→东）　2. YYM335婴儿遗骨及遗物（西→东）

图版一七九　玉皇庙墓地南区南部春秋晚期后段墓葬
1. YYM336墓圹形制、椁室及东端殉牲（西→东）　2. YYM336墓圹形制及椁室人骨（西→东）

图版一八〇　玉皇庙墓地南区南部春秋晚期后段墓葬
1. YYM349墓圹形制及椁室人骨（西→东）　2. YYM349椁室人骨及遗物分布（西→东）

图版一八一　玉皇庙墓地南区南部春秋晚期后段墓葬
1. YYM349死者头、颈部遗物（西→东）　2. YYM349死者腰部至股骨间遗物分布（西→东）

图版一八二　玉皇庙墓地南区南部春秋晚期后段墓葬
1. YYM380墓圹形制及椁室人骨（西→东）　2. YYM380死者左胸部出土尖首刀币（西→东）

图版一八三　玉皇庙墓地南区南部春秋晚期后段墓葬
1. YYM350墓圹形制及椁室人骨（西→东）　2. YYM350木椁板灰、人骨及头、颈、胸部遗物（西→东）

图版一八四　玉皇庙墓地南区南部春秋晚期后段墓葬
1. YYM355墓圹形制及人骨（西→东）　2. YYM355死者胸部出土的泥质灰陶折肩罐（西→东）　3. YYM357墓圹形制、椁室人骨及陶罐（西→东）

图版一八五　玉皇庙墓地南区南部及西区春秋晚期后段墓葬
1. YYM358墓圹形制及椁室人骨（西南→东北）　2. YYM330(西区)墓圹形制及人骨（南→北）

图版一八六　玉皇庙墓地西区春秋晚期后段墓葬
1. YYM325墓圹形制、人骨及东侧殉牲（南→北）　2. YYM325死者头部出土的泥质灰陶折肩罐（南→北）　3. YYM325死者左髋骨下端出土铜带钩（南→北）

图版一八七　玉皇庙墓地南区南部春秋晚期后段墓葬

1．YYM356墓圹形制及人骨（西南→东北） 2．YYM356死者左髋骨外缘下端出土铜带钩（西南→东北） 3．YYM347墓圹形制及椁室人骨（西→东）

图版一八八 玉皇庙墓地南区南部春秋晚期后段墓葬

1．YYM342墓圹形制、椁室人骨及东端殉牲（西→东） 2．YYM373墓圹形制及椁室人骨（西→东） 3．YYM373椁室人骨及遗物分布（西→东）

图版一八九 玉皇庙墓地南区南部春秋晚期后段墓葬

1．YYM373死者头部及颈下遗物（西→东） 2．YYM373死者腰间至股骨上端遗物分布（西→东） 3．YYM366墓圹形制、椁室人骨及东端殉牲（西→东）

图版一九〇 玉皇庙墓地南区南部春秋晚期后段墓葬

1．YYM367墓圹形制及人骨（西→东） 2．YYM359墓圹形制及儿童遗骨（东北→西南） 3．YYM360墓圹形制、人骨及陶罐（西南→东北）

图版一九一 玉皇庙墓地南区南部春秋晚期后段墓葬

1．YYM381墓圹形制及人骨（西→东） 2．YYM381死者头部及上身遗物分布（西→东）

图版一九二 玉皇庙墓地南区南部春秋晚期后段墓葬

1．YYM379墓圹形制及人骨、陶罐等（西→东） 2．YYM382墓圹形制、人骨及东端殉牲（西→东） 3．YYM377墓圹形制及人骨、陶罐等（西→东）

图版一九三 玉皇庙墓地南区南部春秋晚期后段墓葬

1．YYM378墓圹形制、人骨及东端殉牲（西→东） 2．YYM376墓圹形制、椁室及东端殉牲（西→东） 3．YYM376圹内东端殉牲

图版一九四 玉皇庙墓地南区南部春秋晚期后段墓葬

1．YYM376墓圹形制及椁室人骨（西→东） 2．YYM376人骨及遗物分布（西→东）

图版一九五 玉皇庙墓地南区南部春秋晚期后段墓葬

1．YYM374墓圹形制、椁室及东端殉牲（西→东） 2．YYM375墓圹形制及人骨（东→西） 3．YYM375死者头部及上身遗物分布（东→西）

图版一九六 玉皇庙墓地南区南部春秋晚期后段墓葬

1．YYM372墓圹形制及椁室人骨（西→东） 2．YYM371墓圹形制、人骨及东端殉牲（西→东） 3．YYM371死者头部遗物（西→东）

图版一九七 玉皇庙墓地南区南部春秋晚期后段墓葬

1．YYM368墓圹形制、椁室及东端殉牲（西→东） 2．YYM369墓圹形制、椁室及东端殉牲（西→东） 3．YYM370墓圹形制及椁室人骨（西→东）

图版一九八 玉皇庙墓地南区南部春秋晚期后段墓葬

1．YYM370椁室人骨及遗物分布（西→东） 2．YYM370死者腰际以下至股骨间遗物分布（西→东）

图版一九九 玉皇庙墓地南区南部春秋晚期后段墓葬

1．YYM365墓圹形制及无头人骨（南→北） 2．YYM364墓圹形制、椁室及东端殉牲（西→东） 3．YYM364死者头、颈部遗物（西→东）

图版二〇〇 玉皇庙墓地南区南部春秋晚期后段墓葬

1．YYM363 墓圹形制及儿童遗骨（西南→东北） 2．YYM361 墓圹形制及人骨（西→东） 3．YYM361 死者头、颈部遗物（西→东）

图版二〇一 玉皇庙墓地南区南部春秋晚期后段墓葬

1．YYM362 墓圹形制及残存人骨（西→东） 2．YYM396 墓圹形制及人骨（西→东） 3．YYM389 墓圹形制及人骨（西→东）

图版二〇二 玉皇庙墓地南区南部春秋晚期后段墓葬

1．YYM390 墓圹形制及椁室人骨（西→东） 2．YYM391 墓圹形制及人骨、陶罐等（西→东）

图版二〇三 玉皇庙墓地南区南部春秋晚期后段墓葬

1．YYM388 墓圹形制及人骨（西南→东北） 2．YYM397 墓圹形制及母婴遗骨（东北→西南） 3．YYM398 墓圹形制、积石及人骨（西→东）

图版二〇四 玉皇庙墓地南区南部春秋晚期后段墓葬

1．YYM392 墓圹形制、人骨及东端殉牲（西→东） 2．YYM392 墓圹形制、人骨及周边围砌的石块（西→东）

图版二〇五 玉皇庙墓地南区南部春秋晚期后段墓葬

1．YYM399 墓圹形制、人骨及东端殉牲（西→东） 2．YYM393 墓圹形制及东端殉牲（西→东） 3．YYM393 墓圹形制、象征性石椁及人骨（西→东）

图版二〇六 玉皇庙墓地南区南部春秋晚期后段墓葬

1．YYM394 墓圹形制及东端殉牲（西→东） 2．YYM400 墓圹形制、人骨及东端殉牲（西→东）

图版二〇七 玉皇庙墓地南区南部春秋晚期后段墓葬

1．YYM395 墓圹形制及西端殉牲（东→西） 2．YYM395 墓圹形制及人骨（东→西）

图版二〇八 玉皇庙墓地出土夹砂陶器

1．Ⅰ型Ⅰ式红陶椭圆腹罐（YYM22：1） 2．Ⅰ型Ⅱ式红陶椭圆腹罐（YYM20：1）
3．Ⅰ型Ⅱ式红陶椭圆腹罐（YYM300：1） 4．Ⅰ式Ⅱ式红陶椭圆腹罐（YYM384：1）
5．Ⅰ型Ⅱ式红陶椭圆腹罐（YYM13：1） 6．Ⅰ型Ⅱ式红陶椭圆腹罐（YYM11：1）

图版二〇九 玉皇庙墓地出土夹砂陶器

1．Ⅰ型Ⅱ式红陶椭圆腹罐（YYM249：1） 2．Ⅰ型Ⅱ式红陶椭圆腹罐（YYM229：1）
3．Ⅰ型Ⅱ式红陶椭圆腹罐（YYM231：1） 4．Ⅰ型Ⅱ式红褐椭圆腹罐（YYM227：1）
5．Ⅰ型Ⅱ式红陶椭圆腹罐（YYM95：1） 6．Ⅰ型Ⅱ式红陶椭圆腹罐（YYM256：1）

图版二一〇 玉皇庙墓地出土夹砂陶器

1．Ⅰ型Ⅱ式红褐陶椭圆腹罐（YYM23：1） 2．Ⅰ型Ⅱ式红陶椭圆腹罐（YYM298：1）
3．Ⅰ型Ⅱ式红褐陶椭圆腹罐（YYM7：1） 4．Ⅰ型Ⅲ式红陶椭圆腹罐（YYM3：1）
5．Ⅰ型Ⅲ式黑褐陶椭圆腹罐（YYM4：1） 6．Ⅰ型Ⅲ式褐陶椭圆腹罐（YYM386：1）

图版二一一 玉皇庙墓地出土夹砂陶器

1．Ⅰ型Ⅲ式红陶椭圆腹罐（YYM233：1） 2．Ⅰ型Ⅲ式红陶椭圆腹罐（YYM228：1）
3．Ⅰ型Ⅲ式褐陶椭圆腹罐（YYM6：1） 4．Ⅰ型Ⅳ式褐陶椭圆腹罐（YYM213：1）

5．Ⅱ型Ⅰ式褐陶垂腹罐（YYM32：1） 6．Ⅱ型Ⅰ式红陶垂腹罐（YYM279：1）

图版二一二 玉皇庙墓地出土夹砂陶器

1．Ⅱ型Ⅱ式红陶垂腹罐（YYM278：1） 2．Ⅱ型Ⅱ式红陶垂腹罐（YYM241：1）

3．Ⅲ型Ⅰ式红陶圆折腹罐（YYM236：1） 4．Ⅲ型Ⅰ式红陶圆折腹罐（YYM261：1）

5．Ⅲ型Ⅰ式红陶圆折腹罐（YYM247：1） 6．Ⅲ型Ⅱ式红陶圆折腹罐（YYM293：1）

图版二一三 玉皇庙墓地出土夹砂陶器

1．Ⅲ型Ⅲ式红陶圆折腹罐（YYM203：1） 2．Ⅳ型Ⅰ式红陶带疣罐（YYM29：1）

3．Ⅳ型Ⅱ式红陶带疣罐（YYM385：1） 4．Ⅳ型Ⅲ式红陶带疣罐（YYM282：1）

图版二一四 玉皇庙墓地出土夹砂陶器

1．Ⅳ型Ⅳ式红陶带疣罐（YYM268：1） 2．Ⅳ型Ⅳ式红陶带疣罐（YYM74：1） 3．Ⅳ型Ⅴ式红陶带疣罐（YYM81：1） 4．Ⅳ型Ⅵ式红褐陶带疣罐（YYM179：1） 5．Ⅳ型Ⅶ式褐陶带疣罐（YYM332：1） 6．Ⅳ型Ⅷ式褐陶带疣罐（YYM110：1）

图版二一五 玉皇庙墓地出土夹砂陶器

1．Ⅳ型Ⅸ式褐陶带疣罐（YYM358：1） 2．Ⅴ型Ⅰ式红陶球腹罐（YYM19：1） 3．Ⅴ型Ⅰ式红陶球腹罐（YYM10：1） 4．Ⅴ型Ⅰ式红陶球腹罐（YYM230：1） 5．Ⅴ型Ⅰ式红陶球腹罐（YYM226：1） 6．Ⅴ型Ⅰ式红褐陶球腹罐（YYM252：1）

图版二一六 玉皇庙墓地出土夹砂陶器

1．Ⅴ型Ⅰ式红陶球腹罐（YYM266：1） 2．Ⅴ型Ⅰ式红陶球腹罐（YYM258：1） 3．Ⅴ型Ⅰ式红陶球腹罐（YYM295：1） 4．Ⅴ型Ⅰ式褐陶球腹罐（YYM294：1） 5．Ⅴ型Ⅰ式红陶球腹罐（YYM61：1） 6．Ⅴ型Ⅱ式红陶球腹罐（YYM240：1）

图版二一七 玉皇庙墓地出土夹砂陶器

1．Ⅴ型Ⅱ式红陶球腹罐（YYM265：1） 2．Ⅴ型Ⅱ式红陶球腹罐（YYM48：1） 3．Ⅴ型Ⅱ式褐陶球腹罐（YYM260：1） 4．Ⅴ型Ⅱ式红陶球腹罐（YYM186：1） 5．Ⅴ型Ⅱ式红陶球腹罐（YYM206：1） 6．Ⅴ型Ⅱ式褐陶球腹罐（YYM205：1）

图版二一八 玉皇庙墓地出土夹砂陶器

1．Ⅴ型Ⅱ式红褐陶球腹罐（YYM167：1） 2．Ⅴ型Ⅲ式褐陶球腹罐（YYM275：1） 3．Ⅴ型Ⅲ式红陶球腹罐（YYM216：1） 4．Ⅴ型Ⅳ式褐陶球腹罐（YYM84：1） 5．Ⅴ型Ⅳ式红陶球腹罐（YYM220：1） 6．Ⅴ型Ⅳ式红陶球腹罐（YYM105：1）

图版二一九 玉皇庙墓地出土夹砂陶器

1．Ⅵ型Ⅰ式红陶鼓肩大腹罐（YYM280：1） 2．Ⅵ型Ⅰ式红陶鼓肩大腹罐（YYM264：1）

3．Ⅵ型Ⅰ式红陶鼓肩大腹罐（YYM97：1） 4．Ⅵ型Ⅰ式红陶鼓肩大腹罐（YYM237：1）

5．Ⅵ型Ⅰ式红陶鼓肩大腹罐（YYM49：1） 6．Ⅵ型Ⅰ式灰褐陶鼓肩大腹罐（YYM257：1）

图版二二〇 玉皇庙墓地出土夹砂陶器

1．Ⅵ型Ⅰ式红陶鼓肩大腹罐（YYM151：1） 2．Ⅵ型Ⅱ式红陶鼓肩大腹罐（YYM188：1）

3．Ⅵ型Ⅱ式红陶鼓肩大腹罐（YYM76：1） 4．Ⅵ型Ⅲ式红褐陶鼓肩大腹罐（YYM150：1）

5．Ⅶ型Ⅰ式红陶弧肩鼓腹罐（YYM277 ：1） 6．Ⅶ型Ⅰ式红陶弧肩鼓腹罐（YYM272：1）

图版二二一　玉皇庙墓地出土夹砂陶器

1. Ⅶ型Ⅰ式红陶弧肩鼓腹罐（YYM51：1）　2. Ⅶ型Ⅰ式红陶弧肩鼓腹罐（YYM12：1）
3. Ⅶ型Ⅱ式红陶弧肩鼓腹罐（YYM43：1）　4. Ⅶ型Ⅱ式褐陶弧肩鼓腹罐（YYM46：1）
5. Ⅶ型Ⅱ式红陶弧肩鼓腹罐（YYM8：1）　6. Ⅶ型Ⅱ式灰褐陶弧肩鼓腹罐（YYM153：1）

图版二二二　玉皇庙墓地出土夹砂陶器

1. Ⅶ型Ⅲ式红陶弧肩鼓腹罐（YYM42：1）　2. Ⅶ型Ⅲ式红陶弧肩鼓腹罐（YYM87：1）
3. Ⅶ型Ⅲ式红陶弧肩鼓腹罐（YYM181：1）　4. Ⅶ型Ⅲ式红陶弧肩鼓腹罐（YYM142：1）
5. Ⅶ型Ⅲ式褐陶弧肩鼓腹罐（YYM144：1）　6. Ⅶ型Ⅲ式红褐陶弧肩鼓腹罐（YYM124：1）

图版二二三　玉皇庙墓地出土夹砂陶器

1. Ⅶ型Ⅲ式红陶弧肩鼓腹罐（YYM350：1）　2. Ⅶ型Ⅲ式褐陶弧肩鼓腹罐（YYM364：1）
3. Ⅶ型Ⅳ式红陶弧肩鼓腹罐（YYM196：1）　4. Ⅶ型Ⅳ式红褐陶弧肩鼓腹罐（YYM204：1）
5. Ⅶ型Ⅳ式红陶弧肩鼓腹罐（YYM131：1）　6. Ⅶ型Ⅳ式红褐陶弧肩鼓腹罐（YYM171：1）

图版二二四　玉皇庙墓地出土夹砂陶器

1. Ⅷ型Ⅰ式红陶高体鼓腹罐（YYM251：1）　2. Ⅷ型Ⅰ式红陶高体鼓腹罐（YYM99：1）
3. Ⅷ型Ⅰ式红陶高体鼓腹罐（YYM234：1）　4. Ⅷ型Ⅰ式红陶高体鼓腹罐（YYM44：1）
5. Ⅷ型Ⅰ式褐陶高体鼓腹罐（YYM148：1）　6. Ⅷ型Ⅰ式褐陶高体鼓腹罐（YYM210：1）

图版二二五　玉皇庙墓地出土夹砂陶器

1. Ⅷ型Ⅱ式红褐陶高体鼓腹罐（YYM96：1）　2. Ⅷ型Ⅱ式红陶高体鼓腹罐（YYM190：1）
3. Ⅷ型Ⅱ式红陶高体鼓腹罐（YYM297：1）　4. Ⅷ型Ⅱ式红陶高体鼓腹罐（YYM164：1）
5. Ⅸ型Ⅰ式 红陶大口鼓腹罐（YYM263：1）　6. Ⅸ型Ⅰ式 红陶大口鼓腹罐（YYM225：1）

图版二二六　玉皇庙墓地出土夹砂陶器

1. Ⅸ型Ⅱ式红陶大口鼓腹罐（YYM54：1）　2. Ⅸ型Ⅱ式红陶大口鼓腹罐（YYM187：1）
3. Ⅸ型Ⅱ式褐陶大口鼓腹罐（YYM63：1）　4. Ⅸ型Ⅱ式红陶大口鼓腹罐（YYM223：1）
5. Ⅸ型Ⅱ式灰褐陶大口鼓腹罐（YYM199：1）　6. Ⅸ型Ⅲ式褐陶大口鼓腹罐（YYM202：1）

图版二二七　玉皇庙墓地出土夹砂陶器

1. Ⅸ型Ⅲ式褐陶大口鼓腹罐（YYM168：1）　2. Ⅸ型Ⅲ式褐陶大口鼓腹罐（YYM158：1）
3. Ⅸ型Ⅳ式红陶大口鼓腹罐（YYM349：1）　4. Ⅸ型Ⅴ式黑褐陶大口鼓腹罐（YYM361：1）
5. Ⅹ型Ⅰ式红陶筒形罐（YYM254：1）　6. Ⅹ型Ⅱ式褐陶筒形罐（YYM340：1）

图版二二八　玉皇庙墓地出土夹砂陶器

1. Ⅺ型Ⅰ式褐陶折肩罐（YYM273：1）　2. Ⅺ型Ⅱ式红陶折肩罐（YYM163：1）　3. Ⅻ型Ⅰ式红褐陶矮身鼓腹小罐（YYM100：1）　4. Ⅻ型Ⅰ式红陶矮身鼓腹小罐（YYM215：1）
5. Ⅻ型Ⅰ式褐陶矮身鼓腹小罐（YYM121：1）　6. Ⅻ型Ⅰ式红褐陶矮身鼓腹小罐（YYM77：1）

图版二二九　玉皇庙墓地出土夹砂陶器

1. Ⅻ型Ⅱ式红陶矮身鼓腹小罐（YYM192：1）　2. Ⅻ型Ⅲ式褐陶矮身鼓腹小罐（YYM185：1）
3. Ⅻ型Ⅲ式灰褐陶矮身鼓腹小罐（YYM354：1）　4. Ⅻ型Ⅲ式褐陶矮身鼓腹小罐（YYM374：1）
5. Ⅻ型Ⅳ式红陶矮身鼓腹小罐（YYM207：1）　6. Ⅻ型Ⅳ式红陶矮身鼓腹小罐（YYM130：1）

图版二三〇　玉皇庙墓地出土夹砂陶器

1．XⅡ型Ⅴ式褐陶矮身鼓腹小罐（YYM211∶1）　2．XⅡ型Ⅴ式红陶矮身鼓腹小罐（YYM375∶1）　3．XⅡ型Ⅵ式红褐陶矮身鼓腹小罐（YYM180∶1）　4．XⅡ型Ⅶ式红陶矮身鼓腹小罐（YYM119∶1）　5．XⅡ型Ⅶ式红陶矮身鼓腹小罐（YYM120∶1）　6．XⅡ型Ⅷ式红陶矮身鼓腹小罐（YYM122∶1）

图版二三一　玉皇庙墓地出土夹砂陶器

1．XⅡ型Ⅸ式褐陶矮身鼓腹小罐（YYM351∶1）　2．XⅢ型Ⅰ式褐陶双耳罐（YYM169∶1）（双耳残）　3．XⅣ型Ⅰ式褐陶单耳小罐（YYM396∶1）（耳残）　4．Ⅰ型Ⅰ式红陶盂（YYM291∶1）　5．Ⅰ型Ⅰ式褐陶细绳纹单耳杯（YYM2∶26）

图版二三二　玉皇庙墓地出土泥质陶器

1．Ⅰ型Ⅰ式灰陶手制溜肩深腹小平底罐（YYM82∶1）　2．Ⅰ型Ⅱ式灰陶手制溜肩深腹小平底罐（YYM47∶1）　3．Ⅱ型Ⅰ式灰陶束颈弧肩鼓腹罐（YYM103∶1）　4．Ⅱ型Ⅰ式灰陶束颈弧肩鼓腹罐（YYM75∶1）　5．Ⅱ型Ⅱ式灰陶束颈弧肩鼓腹罐（YYM198∶1）　6．Ⅱ型Ⅱ式灰陶束颈弧肩鼓腹罐（YYM368∶1）

图版二三三　玉皇庙墓地出土泥质陶器

1．Ⅱ型Ⅲ式黑褐陶束颈弧肩鼓腹罐（YYM376∶1）　2．Ⅲ型Ⅰ式红褐陶手制圆折肩绳纹罐（YYM9∶1）　3．Ⅳ型Ⅱ式红陶束颈圆折肩罐（YYM212∶1）　4．Ⅳ型Ⅲ式灰陶束颈圆折肩罐（YYM313∶1）

图版二三四　玉皇庙墓地出土泥质陶器

1．Ⅴ型Ⅰ式黑陶卷唇敛口鼓腹小罐（YYM57∶1）　2．Ⅵ型Ⅰ式灰陶束颈广肩斜折罐（YYM102∶1）　3．Ⅵ型Ⅱ式灰褐陶束颈广肩斜折罐（YYM138∶1）　4．Ⅵ型Ⅲ式灰陶束颈广肩斜折罐（YYM174∶1）　5．Ⅵ型Ⅳ式灰陶束颈广肩斜折罐（YYM352∶1）　6．Ⅵ型Ⅳ式灰陶束颈广肩斜折罐（YYM341∶1）

图版二三五　玉皇庙墓地出土泥质陶器

1．Ⅵ型Ⅴ式灰陶束颈广肩斜折罐（YYM344∶1）　2．Ⅵ型Ⅵ式灰陶束颈广肩斜折罐（YYM355∶1）　3．Ⅶ型Ⅰ式灰陶短颈广肩斜折罐（YYM208∶1）　4．Ⅶ型Ⅰ式灰陶短颈广肩斜折罐（YYM134∶1）　5．Ⅶ型Ⅱ式黑陶短颈广肩斜折罐（YYM224∶1）　6．Ⅶ型Ⅱ式灰陶短颈广肩斜折罐（YYM378∶1）

图版二三六　玉皇庙墓地出土泥质陶器

1．Ⅶ型Ⅲ式灰陶短颈广肩斜折罐（YYM183∶1）　2．Ⅶ型Ⅲ式浅红陶短颈广肩斜折罐（YYM113∶1）　3．Ⅶ型Ⅲ式灰陶短颈广肩斜折罐（YYM114∶1）　4．Ⅶ型Ⅲ式 黑陶短颈广肩斜折罐（YYM111∶1）　5．Ⅶ型Ⅴ式灰陶短颈广肩斜折罐（YYM394∶1）

图版二三七　玉皇庙墓地出土泥质陶器

1．Ⅷ型Ⅰ式灰陶短颈垂肩斜折罐（YYM60∶1）　3．Ⅷ型Ⅱ式灰陶短颈垂肩斜折罐（YYM108∶1）　5．Ⅷ型Ⅳ式灰褐陶短颈垂肩斜折罐（YYM128∶1）　2．Ⅷ型Ⅱ式灰陶短颈垂肩斜折罐（YYM116∶1）　4．Ⅷ型Ⅲ式黑陶短颈垂肩斜折罐（YYM161∶1）　6．Ⅷ型Ⅵ式灰陶短颈垂肩斜折罐（YYM377∶1）

图版二三八 玉皇庙墓地出土泥质陶器

1．Ⅷ型Ⅴ式灰陶短颈垂肩斜折罐（YYM381：1） 2．Ⅸ型Ⅰ式灰陶短颈窄肩斜折罐（YYM149：1） 3．Ⅸ型Ⅰ式灰陶短颈窄肩斜折罐（YYM106：1） 4．Ⅸ型Ⅱ式灰陶短颈窄肩斜折罐（YYM154：1） 5．Ⅸ型Ⅱ式灰陶短颈窄肩斜折罐（YYM172：1） 6．Ⅸ型Ⅱ式灰陶短颈窄肩斜折罐（YYM371：1）

图版二三九 玉皇庙墓地出土泥质陶器

1．Ⅸ型Ⅲ式灰陶短颈窄肩斜折罐（YYM127：1） 2．Ⅸ型Ⅳ式黑陶短颈窄肩斜折罐（YYM160：1） 3．Ⅹ型Ⅰ式灰陶短颈抹棱斜折肩罐（YYM62：1） 4．Ⅹ型Ⅱ式灰陶短颈抹棱斜折肩罐（YYM219：1） 5．Ⅹ型Ⅲ式灰陶短颈抹棱折肩罐（YYM197：1） 6．Ⅹ型Ⅳ式灰陶短颈抹棱斜折肩罐（YYM397：1）

图版二四〇 玉皇庙墓地出土泥质陶器

1．Ⅹ型Ⅴ式灰黑陶短颈抹棱斜折肩罐（YYM400：1） 2．Ⅺ型Ⅰ式灰陶短颈斜折肩罐（YYM139：1） 3．Ⅺ型Ⅱ式灰陶短颈斜折肩罐（YYM133：1） 4．Ⅺ型Ⅲ式黑陶短颈斜折肩罐（YYM80：1） 5．Ⅺ型Ⅳ式灰陶短颈斜折肩罐（YYM129：1） 6．Ⅺ型Ⅴ式灰陶短颈斜折肩罐（YYM346：1）

图版二四一 玉皇庙墓地出土泥质陶器

1．Ⅺ型Ⅵ式黑陶短颈斜折肩罐（YYM399：1） 2．Ⅻ型Ⅰ式灰陶短束颈垂肩斜折罐（YYM143：1） 3．Ⅻ型Ⅱ式灰陶短束颈垂肩斜折罐（YYM118：1） 4．Ⅻ型Ⅲ式灰陶短束颈垂肩斜折罐（YYM78：1） 5．Ⅻ型 Ⅳ式灰陶短束颈垂肩斜折罐（YYM338：1） 6．Ⅻ型Ⅴ式灰陶短束颈垂肩斜折罐（YYM345：1）

图版二四二 玉皇庙墓地出土泥质陶器

1．Ⅻ型Ⅴ式灰陶短束颈垂肩斜折罐（YYM347：1） 2．Ⅻ型Ⅶ式灰陶短束颈垂肩斜折罐（YYM392：1） 3．ⅩⅢ 型Ⅰ式灰陶肩饰戳压小圆圈纹折肩小罐（YYM317：1） 4．ⅩⅢ型Ⅱ式灰陶肩饰戳压小圆圈纹折肩小罐（YYM339：1） 5．ⅩⅢ 型Ⅲ式黑陶肩饰戳压小圆圈纹折肩小罐（YYM366：1） 6．ⅩⅢ 型Ⅳ式黑陶肩饰戳压小圆圈纹折肩小罐（YYM360：1）

图版二四三 玉皇庙墓地出土泥质陶器

1．ⅪⅤ型Ⅰ式褐陶直口直颈垂肩斜折小罐（YYM325：1） 2．Ⅰ型Ⅰ式灰陶高颈鼓腹壶（YYM232：1） 3．Ⅰ型Ⅱ式灰褐陶高颈鼓腹壶（YYM86：1） 4．Ⅰ型Ⅲ式灰陶高颈鼓腹壶（YYM200：1） 5．Ⅰ型Ⅲ式灰陶高颈鼓腹壶（YYM104：1）

图版二四四 玉皇庙墓地出土泥质陶器

1．Ⅱ型Ⅰ式灰黑陶高颈圆折肩壶（YYM184：1） 2．Ⅱ型Ⅱ式灰陶高颈圆折肩壶（YYM221：1） 3．Ⅱ型Ⅱ式灰陶高颈圆折肩壶（YYM156：1） 4．Ⅲ型Ⅰ式灰陶高颈折肩壶（YYM175：1）

图版二四五 玉皇庙墓地泥质陶器

1．Ⅰ型Ⅰ式灰陶豆盘（YYM71：1） 2．Ⅰ型Ⅰ式灰陶豆盘（YYM72：1） 3．Ⅰ型Ⅰ式灰褐陶豆盘（YYM214：1） 4．Ⅰ型Ⅰ式黑陶盂（YYM221：2） 5．Ⅱ型Ⅱ式褐陶盂

（YYM321：1）
图版二四六 玉皇庙墓地出土青铜礼器
1. 铆（YYM35：2） 2. 铆（YYM2：9） 3. 铆（YYM250：3）
图版二四七 玉皇庙墓地出土青铜礼器
1. 螭龙耳三足杯（YYM2：10） 2. 兽形耳三足杯（YYM2：11） 3. 匕（YYM2：4）
图版二四八 玉皇庙墓地出土青铜戈
1. Ⅰ型Ⅰ式（YYM34：4） 2. Ⅰ型Ⅱ式（YYM32：4） 3. Ⅱ型（YYM18：7）
4. Ⅰ型Ⅲ式（YYM250：6）
图版二四九 玉皇庙墓地出土青铜短剑
1. Ⅰ型Ⅰ式（正、侧面）（YYM22：2） 2. Ⅰ型Ⅱ式（正、侧面）（YYM19：2）
3. Ⅰ型Ⅲ式（正、侧面）（YYM82：2）
图版二五〇 玉皇庙墓地出土青铜短剑
1. Ⅰ型Ⅲ式（正、侧面）（YYM385：2） 2. Ⅰ型Ⅲ式（正、侧面）（YYM11：2）
3. Ⅰ型Ⅲ式（正面）（YYM188：2）
图版二五一 玉皇庙墓地出土青铜短剑
1. Ⅰ型Ⅲ式（正、侧面）（YYM57：2） 2. Ⅰ型Ⅲ式（正面）（YYM70：2）
3. Ⅰ型Ⅲ式（正、侧面）（YYM179：2）
图版二五二 玉皇庙墓地出土青铜短剑
1. Ⅰ型Ⅳ式（正、侧面）（YYM190：2） 2. Ⅰ型Ⅴ式（正、侧面）（YYM36：2）
3. Ⅱ型Ⅰ式（正面）（YYM32：2）
图版二五三 玉皇庙墓地出土青铜短剑
1. Ⅱ型Ⅰ式（正面）（YYM281：2） 2. Ⅱ型Ⅱ式（正面）（YYM83：2）
3. Ⅱ型Ⅱ式（正、侧面）（YYM199：2）
图版二五四 玉皇庙墓地出土青铜短剑
1. Ⅱ型Ⅱ式（正、侧面）（YYM314：1） 2. Ⅱ型Ⅱ式（正面）（YYM303：2）
3. Ⅲ型（正面）（YYM34：2）
图版二五五 玉皇庙墓地出土青铜短剑
1. Ⅲ型（正面）（YYM142：2） 2. Ⅳ型Ⅰ式（正面）（YYM17：2）
3. Ⅳ型Ⅰ式（正、侧面）（YYM386：2） 4. Ⅳ型Ⅰ式（正面）（YYM227：2）
图版二五六 玉皇庙墓地出土青铜短剑
1. Ⅳ型Ⅱ式（正面）（YYM52：2） 2. Ⅳ型Ⅱ式（正面）（YYM7：2） 3. Ⅳ型Ⅲ式（正面）（YYM102：2） 4. Ⅴ型Ⅰ式（正面）（YYM18：8） 5. Ⅴ型Ⅰ式（正面）（YYM300：2）
图版二五七 玉皇庙墓地出土青铜短剑
1. Ⅴ型Ⅰ式（正面）（YYM384：2） 2. Ⅴ型Ⅱ式（正面）（YYM13：2）
3. Ⅵ型Ⅰ式（正、侧面）（YYM250：7）
图版二五八 玉皇庙墓地出土青铜短剑

1. Ⅵ型Ⅰ式（正、侧面）（YYM54：2） 2. Ⅵ型Ⅱ式（正、侧面）（YYM230：2）
3. Ⅶ型（正、侧面）（YYM264：2）

图版二五九 玉皇庙墓地出土青铜短剑
1. Ⅷ型Ⅰ式（正、侧面）（YYM226：2） 2. Ⅷ型Ⅱ式（正、侧面）（YYM212：2）
3. Ⅷ型Ⅲ式（正、侧面）（YYM186：2）

图版二六〇 玉皇庙墓地出土青铜短剑
1. Ⅷ型Ⅳ式（正、侧面）（YYM117：2） 2. Ⅷ型Ⅴ式（正、侧面）（YYM108：2）
3. Ⅸ型Ⅰ式（正、侧面）（YYM275：2）

图版二六一 玉皇庙墓地出土青铜短剑
1. Ⅸ型Ⅱ式（正、侧面）（YYM46：2） 2. Ⅸ型Ⅱ式（正面）（YYM51：2）
3. Ⅸ型Ⅱ式（正面）（YYM71：2）

图版二六二 玉皇庙墓地出土青铜短剑
1. Ⅸ型Ⅱ式（正面）（YYM213：2） 2. Ⅸ型Ⅱ式（正面）（YYM151：2）
3. Ⅸ型Ⅱ式（正、侧面）（YYM74：2）

图版二六三 玉皇庙墓地出土青铜短剑
1. Ⅸ型Ⅲ式（正、侧面）（YYM143：2） 2. Ⅸ型Ⅳ式（正面）（YYM333：2）
3. Ⅹ型（正、侧面）（YYM234：2）

图版二六四 玉皇庙墓地出土青铜短剑
1. Ⅺ型（正、侧面）（YYM41：2） 2. Ⅻ型Ⅰ式（正、侧面）（YYM257：2）

图版二六五 玉皇庙墓地出土青铜短剑
1. Ⅻ型Ⅰ式（正面）（YYM236：2） 2. Ⅻ型Ⅰ式（正、侧面）（YYM61：2）
3. Ⅻ型Ⅱ式（正面）（YYM247：2）

图版二六六 玉皇庙墓地出土青铜短剑
1. Ⅻ型Ⅱ式（正面）（YYM182：2） 2. XIII型Ⅰ式（正面）（YYM261：2）
3. XIII型Ⅰ式（正、侧面）（YYM295：2）

图版二六七 玉皇庙墓地出土青铜短剑
1. XIII型Ⅰ式（正、侧面）（YYM86：2） 2. XIII型Ⅰ式（正、侧面）（YYM158：2）
3. XIII型Ⅱ式（正面）（YYM48：2）

图版二六八 玉皇庙墓地出土青铜短剑
1. XIII型Ⅱ式（正、侧面）（YYM210：2） 2. ⅪⅤ型Ⅰ式（正面）（YYM95：2）
3. ⅪⅤ型Ⅱ式（正、侧面）（YYM145：2）

图版二六九 玉皇庙墓地出土青铜短剑
1. ⅪⅤ型Ⅱ式（正面）（YYM209：2） 2. ⅪⅤ型Ⅱ式（正、侧面）（YYM174：2）
3. ⅪⅤ型Ⅲ式（正、侧面）（YYM124：2）

图版二七〇 玉皇庙墓地出土青铜短剑
1. XⅤ型（正面）（YYM224：2） 2. XⅥ型Ⅰ式（正面）（YYM105：2）

3．XⅥ型Ⅰ式（正面）（YYM168：2）

图版二七一　玉皇庙墓地出土青铜短剑

1．XⅥ型Ⅰ式（正、侧面）（YYM111：2）　2．XⅥ型Ⅰ式（正、侧面）（YYM160：2）

3．XⅥ型Ⅰ式（正、侧面）（YYM129：2）

图版二七二　玉皇庙墓地出土青铜短剑

1．XⅥ型Ⅰ式（正面）（YYM334：2）　2．XⅥ型Ⅱ式（正、侧面）（YYM134：2）

3．XⅥ型Ⅱ式（正面）（YYM131：2）

图版二七三　玉皇庙墓地出土青铜短剑

1．XⅥ型Ⅱ式（正面）（YYM122：2）　2．XⅥ型Ⅱ式（正、侧面）（YYM171：2）

3．XⅥ型Ⅲ式（正面）（YYM164：2）

图版二七四　玉皇庙墓地出土青铜短剑

1．XⅥ型Ⅲ式（正面）（YYM161：2）　2．XⅥ型Ⅲ式（正面）（YYM348：2）

3．XⅥ型Ⅲ式（正面）（YYM349：2）

图版二七五　玉皇庙墓地出土青铜短剑

1．XⅥ型Ⅲ式（正面）（YYM370：2）　2．XⅥ型Ⅳ型（正、侧面）（YYM344：2）

3．XVII型（正、侧面）（YYM156：2）　4．XVIII式（正面）（YYM373：2）

图版二七六　玉皇庙墓地出土青铜镞

1．YYM18：30各式铜镞　2．YYM250：16各式铜镞　3．YYM52：10各式铜镞

图版二七七　玉皇庙墓地出土青铜镞

1～18．Ia型Ⅰ式(YYM18:30−14、YYM250:16−1、YYM282:12−1、YYM227:12、YYM264:17−1、YYM226：9−2、YYM247：11、YYM275：16−2、YYM190：18、YYM57：12−8、YYM151：13−5、YYM145：13−1、YYM117：11−1、YYM332：2−1、YYM333：1−1、YYM321：2−1、YYM344：13、YYM343：1−1）

图版二七八　玉皇庙墓地出土青铜镞

1～4．Ia型Ⅱ式（YYM213：12−1、YYM134：11−1、YYM173：2−2、YYM129：10）　5、6．Ib型Ⅰ式（YYM19：17−2、YYM18：30−5）　7．Ib型Ⅱ式(YYM156：21−3)　8～11．IIa型Ⅰ式（YYM18：30−32、YYM277：7、YYM261：16−2、YYM52：10−5）　12．IIa型Ⅲ式（YYM52：10−2）　13．Ⅲa型Ⅱ式（YYM188：15）　14．Ⅲa型Ⅲ式(YYM36：4)

图版二七九　玉皇庙墓地出土青铜镞

1～3．Ⅲb型Ⅰ式（YYM60：5、YYM303：9−4、YYM303：9−3）　4～6．Ⅲb型Ⅱ式（YYM276：7、YYM275：16−5、YYM122：14−2）　7、8．Ⅳ型（YYM250：16−10、YYM52：10−1）　9．Ⅴ型Ⅰ式（YYM 17：14−7）　10、11．Ⅴ型Ⅱ式（YYM250：16−4、5）　12．Ⅴ型Ⅲ式（YYM209：12−6）、　13、14．Ⅴ型Ⅳ式（YYM376：8［正、背面］）15～17．Ⅵb型Ⅰ式（YYM18：30−30、45、48）

图版二八〇　玉皇庙墓地出土青铜镞

1．Ⅵa型（YYM18：30−44）　2、3．Ⅵb型Ⅱ式（YYM52：10−6、YYM250：16−3）4．

Ⅶa型（YYM18：30–52） 5～7. Ⅶb型（YYM18：30–54、55、56） 8. Ⅶc型（YYM18：30–58） 9. Ⅷ型（YYM 384：10） 10、11. Ⅸ型（YYM250：16–6 、YYM250：16–8） 12. Ⅹ型Ⅰ式 （YYM52：10–3） 13. Ⅹ型Ⅱ式（YYM333：1–3） 14. Ⅹ型Ⅲ式（YYM213：12–2） 15. Ⅺ型（YYM148：9–2） 16. Ⅻ型（YYM174：17–3）

图版二八一 玉皇庙墓地出土青铜削刀

1、2. Ⅰ型Ⅰ式（YYM22：3、YYM283：3） 3、4. Ⅰ型Ⅱ式（YYM13：3、YYM227：3） 5. Ⅰ型Ⅲ式（YYM300：3）

图版二八二 玉皇庙墓地出土青铜削刀

1～3. Ⅰ型Ⅲ式（YYM229：3.YYM234：3.YYM192：3） 4、5. Ⅱ型Ⅰ式（YYM20：3、YYM275：3）

图版二八三 玉皇庙墓地出土青铜削刀

1. Ⅱ型Ⅱ式（YYM48：3） 2、3. Ⅲ型Ⅰ式（YYM35：3 、YYM2：18）铜柄铁刀［正面］ 4. （YYM2：18）铁质刀身仰视 5. （YYM2：18）铜质刀柄与铁质刀身结合部位特写

图版二八四 玉皇庙墓地出土青铜削刀

1～5. Ⅲ型Ⅰ式（YYM3：3、YYM5：3、YYM37：3、YYM281：3［正面］、YYM281：3［背面］）

图版二八五 玉皇庙墓地出土青铜削刀

1～5. Ⅲ型Ⅰ式（YYM280：3、YYM282：3、YYM250：8、YYM230：3、YYM233：3）

图版二八六 玉皇庙墓地出土青铜削刀

1～5. Ⅲ型Ⅰ式（YYM276：3、YYM226：3［正面木鞘痕迹］、YYM226：3［背面木鞘痕迹］、 YYM252：3、YYM41：3）

图版二八七 玉皇庙墓地出土青铜削刀

1～5. Ⅲ型Ⅰ式（YYM46：3、YYM49：3、YYM256：3［正面］、YYM256：3［背面］、YYM247：3）

图版二八八 玉皇庙墓地出土青铜削刀

1～5. Ⅲ型Ⅰ式（YYM260：3、YYM51：3、YYM190：3、YYM52：3、YYM297：3）

图版二八九 玉皇庙墓地出土青铜削刀

1～5. Ⅲ型Ⅰ式（YYM293：3、YYM7：3、YYM57：3、YYM86：3［正面］、YYM86：3［背面］）

图版二九〇 玉皇庙墓地出土青铜削刀

1～5. Ⅲ型Ⅰ式（YYM71：3、YYM182：3、YYM199：3、YYM178：3、YYM153：3）

图版二九一 玉皇庙墓地出土青铜削刀

1. Ⅲ型Ⅰ式（YYM312：3） 2～5. Ⅲ型Ⅱ式（YYM11：3、YYM257：3、YYM188：3、YYM36：3）

图版二九二 玉皇庙墓地出土青铜削刀

1～5. Ⅲ型Ⅱ式（YYM23：3、YYM102：3、YYM186：3、YYM61：3、YYM148：3）

图版二九三 玉皇庙墓地出土青铜削刀

1～4．Ⅲ型Ⅱ式（YYM213：3、YYM117：3、YYM314：3、YYM131：3） 5．Ⅲ型Ⅲ式（YYM217：3）

图版二九四 玉皇庙墓地出土青铜削刀

1．Ⅲ型Ⅲ式（YYM122：3） 2～5．Ⅲ型Ⅳ式（YYM83：3、YYM203：3、YYM179：3、YYM220：3）

图版二九五 玉皇庙墓地出土青铜削刀

1～3．Ⅲ型Ⅳ式（YYM177：3、YYM315：3、YYM313：3） 4、5．Ⅲ型Ⅴ式（YYM158：3、YYM111：3）

图版二九六 玉皇庙墓地出土青铜削刀

1．Ⅲ型Ⅴ式（YYM348：3） 2、3．Ⅴ型（YYM34：3、YYM42：3） 4、5．Ⅵ型（YYM19：3、YYM17：3）

图版二九七 玉皇庙墓地出土青铜削刀

1．Ⅶ型（YYM18：9） 2．Ⅷ型（YYM82：3） 3．Ⅸ型（YYM386：3） 4、5．Ⅹ型Ⅰ式（YYM385：3、YYM384：3）

图版二九八 玉皇庙墓地出土青铜削刀

1、2．Ⅹ型Ⅰ式（YYM264：3、YYM271：3） 3～5．Ⅹ型Ⅱ式（YYM26：3、YYM295：3、YYM299：3）

图版二九九 玉皇庙墓地出土青铜削刀

1．Ⅺ型Ⅰ式（YYM383：3） 2～4．Ⅺ型Ⅱ式（YYM212：3、YYM205：3、YYM373：3） 5．Ⅻ型（YYM285：3）

图版三〇〇 玉皇庙墓地出土青铜削刀

1．Ⅻ型（YYM99：3） 2．ⅩⅢ型Ⅰ式（YYM261：3） 3．ⅩⅢ型Ⅱ式（YYM210：3） 4．ⅩⅣ型Ⅰ式（YYM54：3） 5．ⅩⅣ型Ⅱ式（YYM58：3）

图版三〇一 玉皇庙墓地出土青铜削刀

1～5．ⅩⅣ型Ⅲ式（YYM224：3、YYM214：3［正面］、YYM214：3［背面］、YYM209：3、YYM105：3）

图版三〇二 玉皇庙墓地出土青铜削刀

1．ⅩⅣ型Ⅲ式（YYM127：3） 2～5．ⅩⅣ型Ⅳ式（YYM168：3、YYM151：3、YYM145：3［正面］、YYM145：3［背面］）

图版三〇三 玉皇庙墓地出土青铜削刀

1～5．ⅩⅣ型Ⅳ式（YYM74：3、YYM124：3［正面］、YYM124：3［背面］、YYM171：3、YYM174：3）

图版三〇四 玉皇庙墓地出土青铜削刀

1～5．ⅩⅣ型Ⅳ式（YYM112：3、YYM175：3、YYM161：3、YYM129：3［正面］、YYM129：3［背面］）

图版三〇五 玉皇庙墓地出土青铜削刀

1～3．XⅣ型Ⅳ式（YYM334:3、YYM344:3、YYM349:3） 4、5．XⅣ型Ⅴ式（YYM142:3、YYM134:3）

图版三〇六 玉皇庙墓地出土青铜削刀

1、2．XⅣ型Ⅴ式（YYM358:3、YYM325:3） 3～5．XⅣ型Ⅵ式（YYM143:3、YYM108:3、YYM345:3）

图版三〇七 玉皇庙墓地出土青铜削刀

1、2．XⅣ型Ⅵ式（YYM376:3、YYM370:3） 3．XⅣ型Ⅶ式（YYM156:3）

4、5．XⅣ型Ⅷ式（YYM303:3、YYM110:3）

图版三〇八 玉皇庙墓地出土青铜锛

1～6．Ⅰ型Ⅰ式（YYM22:13、YYM19:16、YYM300:4、YYM17:6、YYM18:19、YYM386:4）

图版三〇九 玉皇庙墓地出土青铜锛

1～6．Ⅰ型Ⅰ式（YYM384:4、YYM250:12、YYM229:9、YYM275:15、YYM95:4、YYM52:4）

图版三一〇 玉皇庙墓地出土青铜锛

1、2．Ⅰ型Ⅰ式（YYM7:6、YYM217:9） 3～6．Ⅰ型Ⅱ式（YYM190:16、YYM236:5、YYM188:14、YYM212:11）

图版三一一 玉皇庙墓地出土青铜锛

1～4．Ⅰ型Ⅱ式（YYM209:11、YYM145:11、YYM143:9、YYM171:14）

5、6．Ⅰ型Ⅲ式（YYM122:12、YYM151:11）

图版三一二 玉皇庙墓地出土青铜锛

1．Ⅰ型Ⅱ式（344:12） 2．Ⅰ型Ⅲ式（124:12） 3～6．Ⅱ型（YM230:27 [正、侧面]、YYM261:14 [正、侧面]）

图版三一三 玉皇庙墓地出土青铜锛、斧、凿

1．Ⅲ型锛（YYM264:6） 2、3．斧（YYM226:8）[正、侧面] 4～8．Ⅰ型Ⅰ式凿（YYM261:15、YYM19:16、YYM33:3、YYM13:9、YYM11:6）

图版三一四 玉皇庙墓地出土青铜凿

1～11．Ⅰ型Ⅰ式（YYM18:22、YYM300:6、YYM230:6、YYM229:8、YYM188:13、YYM143:10、YYM236:6 [正、侧面]、YYM264:4、YYM174:15、YYM74:12-1）

图版三一五 玉皇庙墓地出土青铜凿

1～5．Ⅰ型Ⅰ式（YYM190:17 [正、侧面]、YYM52:5 [正、侧面]、YYM344:11） 6～8．Ⅰ型Ⅱ式（YYM212:12、YYM117:10、YYM74:12-2） 9～10．Ⅱ型（YYM156:25、YYM151:12）

图版三一六 玉皇庙墓地出土骨柄铜锥

1～13．Ⅰa型（YYM20:10、YYM7:5、YYM5:4、YYM19:13、YYM233:4、YYM48:5、YYM52:6、YYM61:6、YYM74:13、YYM212:13 [正、背面]、YYM158:18 [正、背面]）

图版三一七 玉皇庙墓地出土青铜锥

1～12. Ib型I式（YYM58：9、18：21、20：11、300：5–2、250：9、227：4、41：5、295：6、117：15、124：16、376：7、110：6） 13～16. Ib型II式（YYM384：5、13：6、276：4、281：4）

图版三一八 玉皇庙墓地出土青铜锥

1～6. Ib型II式（46：4、234：4、57：4、148：11、210：6、203：7） 7. Ib型IV式（YYM186：4） 8～10、12～14. Ib型I式（YYM213：4、YYM134：4、YYM86：9、YYM32：5、YYM261：13、YYM182：8） 11、16、17. Ib型II式（YYM188：18–1、283：4、51：4） 15. IIc型（YYM188：18–2）

图版三一九 玉皇庙墓地出土青铜锥

1、2、4、9、11. Ib型II式（YYM160：7、YYM122：4、YYM205：6、YYM143：13、99：9） 3、5、7、8. Ib型I式（YYM300：5–1、YYM260：4、YYM190：8、YYM131：4） 6. Ib型III式（YYM271：5–1） 10、12. Ic型（YYM179：4、266：9） 13. IIa型IV式（YYM164：4） 14. IIa型I式（YYM35：4）

图版三二〇 玉皇庙墓地出土青铜锥与青铜针

1、3. IIa型II式（YYM250：10、264：7） 2. IIa型III式（YYM156：12） 4. IIb型（YYM95：5） 5. IId型（YYM174：16） 8～11. 青铜针（YYM4：5、YYM9：6、YYM97：6、YYM256：2）

图版三二一 玉皇庙墓地出土青铜锥（针）管具

1～7. Ia型（YYM13：7、YYM10：9、YYM34：8、YYM275：22、YYM22：17、YYM272：6、YYM75：11）

图版三二二 玉皇庙墓地出土青铜锥（针）管具

1～4、6～8. Ia型（YYM20：12、YYM263：12、YYM300：21、YYM49：11、YYM280：11、YYM99：10、YYM35：5） 5. Id型（YYM48：5）

图版三二三 玉皇庙墓地出土青铜锥（针）管具

1～7. Ib型（YYM190：9、YYM19：14、YYM252：12、YYM261：23、YYM188：12、YYM178：13、YYM83：7）

图版三二四 玉皇庙墓地出土青铜锥（针）管具

1～5、7. Ib型（YYM266：10、YYM95：6、YYM86：10、YYM6：7、YYM264：8、YYM179：5） 6、8. Id型（YYM125：14、YYM256：14）

图版三二五 玉皇庙墓地出土青铜锥（针）管具

1. Id型（YYM153：4） 2～4. If型（YYM42：7、YYM151：9、YYM210：5） 5～8. Ig型（YYM52：7、YYM122：5、YYM168：10、YYM164：5）

图版三二六 玉皇庙墓地出土青铜锥（针）管具

1～3. Ig型（YYM129：7、YYM344：10、YYM373：9） 4、5. Ih型（YYM54：6、YYM212：8） 6～8. Ii型（YYM220：9、YYM176：9、YYM124：17）

图版三二七 玉皇庙墓地出土青铜锥（针）管具

1～8. Ii型（YYM202：8、YYM126：7、YYM171：9、YYM74：10、YYM158：4、YYM131：11、

YYM167：10、YYM108：5）

图版三二八 玉皇庙墓地出土青铜锥（针）管具

1、2．Ii型（YYM76：8、YYM161：5） 3、4．Ij型（YYM213：5、YYM206：7） 5、6．Il型（YYM197：7、YYM117：8） 7、8．In型（YYM111：8、YYM160：9）

图版三二九 玉皇庙墓地出土青铜锥（针）管具

1、2、4．Ⅱ型Ⅰ式（YYM226：5、YYM102：14、YYM17：13） 6．Ⅱ型Ⅱ式（YYM156：9） 3、5．Ⅱ型Ⅲ式（YYM174：10、YYM134：5） 7．Ⅲ型（YYM241：11）

图版三三〇 玉皇庙墓地出土铜盒形器、瓶形器

1、2．Ⅰ型（YYM2：20、YYM18：37） 3．铜盒形器器盖（背面）（YYM18：36） 4、5．Ⅱ型Ⅰ式（YYM5：5、252：13） 6．Ⅱ型Ⅱ式（YYM142：14） 7．Ⅲ 型Ⅰ式（YYM51：16） 8．Ⅲ型Ⅲ式（YYM167：9） 9．铜瓶形器（YYM13：20）

图版三三一 玉皇庙墓地出土青铜马具

1.Ⅰ式铜衔（YYM2：22－1）Ⅰ型Ⅰ式铜镳（YYM2：23－1） 2.Ⅰ式铜衔（YYM18：24－1）Ⅰ型Ⅱ式铜镳 （YYM18：25－1） 3.Ⅰ式铜衔 （YYM52：8－1、2） 4.Ⅱ式铜衔（YYM250：19－1）Ⅰ型Ⅰ式铜镳（YYM250：20） 5.Ⅲ式铜衔（YYM230：9－1）

图版三三二 玉皇庙墓地出土青铜马具

1.Ⅰ型三通式铜节约（YYM18：27） 2.Ⅱ型四通式铜节约（YYM276：9－1） 3.Ⅲ型四通式铜节约（YYM156：16） 4.Ia型马具铜泡（背面）（YYM13：18） 5.Ib型马具铜泡（正、背面）（YYM2：24－14～20）

图版三三三 玉皇庙墓地出土青铜马具

1．马具铜泡（正面）（YYM18：26） 2．马具铜泡（背面）（YYM18：26）

图版三三四 玉皇庙墓地出土青铜马具

1～3．Ia型马具铜泡（正、背面）（YYM217：12－1、2、 YYM151：16、YYM2：24－1～13 ）4．Ⅰb型马具铜泡（正、背面）（YYM13：18－4～6）

图版三三五 玉皇庙墓地出土青铜马具

1、2．Ib型马具铜泡（正、背面）（YYM217：12、YYM151：16） 3．Ⅱa型马具铜泡（正、背面）（YYM250：22－15） 4．Ⅱb型马具铜泡（正、背面）（YYM250：22－16～28）

图版三三六 玉皇庙墓地出土青铜马具

1．Ⅲb型马具铜泡（YYM156：17－5～8） 2．Ⅲ型马具铜环（YYM156：19） 3．马具铜环箍（YYM18：29） 4．Ⅰ型马具铜环（YYM18：31） 5．马具铜箍（YYM18：28）

图版三三七 玉皇庙墓地出土铜丝耳环

1．Ⅰ型大号（YYM249：2－1） 2．Ⅰ型大号（YYM211：2－4） 3．Ⅰ型大号（YYM211：2－5） 4．Ⅰ型大号（YYM301：1－3） 5．Ⅰ型大号（YYM327：1－1、YYM327：1－3）

图版三三八 玉皇庙墓地出土铜丝耳环

1．Ⅰ型中号（YYM191：2－1、YYM191：2－2） 2．Ⅰ型中号（YYM306：2－1）3～5．Ⅰ型小号（YYM35：6－1、YYM35：6－2、YYM34：5－1、YYM34：5－2、YYM31：2－1、

YYM31：2−2）

图版三三九　玉皇庙墓地出土铜丝耳环

1～7．Ⅰ型小号（YYM230：11−1、YYM233：14、YYM231：2−1、YYM279：4−1、YYM228：4−1、YYM228：4−2、YYM232：4−1、YYM148：4−1）　8．Ⅰ型小号（YYM13：10−1）9～11．Ⅲ型（YYM391：2−1、YYM391：2−2、YYM396：2−1、YYM396：2−2、YYM340：2−1）12～15．Ⅰ型中号（YYM344：5−1、2、322：1−1、YYM322：1−2、YYM325：2−1、YYM324：1−2）

图版三四〇　玉皇庙墓地出土铜丝耳环

1、2．Ⅱ型大号（YYM249：2−3、YYM301：1−4）3．Ⅱ型小号（YYM190：5−1）4～6．Ⅲ型小号（YYM138：2−1、YYM138：2−2、YYM167：2−1、YYM167：2−2、YYM114：2−1、YYM114：2−2）

图版三四一　玉皇庙墓地出土青铜牌饰

1～4、6．Ⅰ型Ⅰ式（YYM34：6［正、背面］、YYM383：1［正面］、（YYM230：14−1）［正面］、YYM46：7［正面］、YYM42：4［正、背面］）　5、7．Ⅰ型Ⅱ式（YYM11：10−2［正面］、YYM282：2［正、背面］）

图版三四二　玉皇庙墓地出土青铜牌饰

1～5．Ⅰ型Ⅱ式（YYM233：2［正、背面］、YYM228：5［正面］、YYM261：7［正面］YYM213：10［正、背面］、YYM147：1［正、背面］）

图版三四三　玉皇庙墓地出土青铜牌饰

1～5．Ⅰ型Ⅱ式（YYM168：6［正面］、YYM161：4［正面］、YYM171：8［正、背面］、YYM334：8［正、背面］、YYM376：6［正面］）　6．Ⅱ型Ⅰ式（YYM264：12［正面］）

图版三四四　玉皇庙墓地出土青铜牌饰

1～7．Ⅱ型Ⅰ式（YYM95：10［正面］、YYM188：7［正面］、YYM217：2［正、背面］、YYM210：11［正面］、YYM157：3［正面］、YYM195：2［正面］、YYM201：3［正、背面］）

图版三四五　玉皇庙墓地出土青铜牌饰

1～4．Ⅱ型Ⅰ式（正、背面）（YYM156：7−1、YYM156：7−2、YYM158：9、YYM108：8）

图版三四六　玉皇庙墓地出土青铜牌饰

1～4．Ⅱ型Ⅰ式（YYM127：6［正、背面］、YYM344：7［正面］、YYM129：5［正面］、YYM373：7［正面］）　5、6．Ⅱ型Ⅱ式（YYM226：6［正面］、YYM190：7［正面］）　7、8．Ⅱ型Ⅲ式（YYM234：7、YYM267：2［正面］）

图版三四七　玉皇庙墓地出土青铜牌饰及铜镜形饰

1．Ⅲ型Ⅰ式青铜牌饰（YYM154：3）　2．Ⅲ型Ⅰ式青铜牌饰（YYM349：7）　3．Ⅲ型Ⅱ式青铜牌饰（YYM348：6）　4．Ⅳ型青铜牌饰（YYM175：7−1［正面］）　5～7．Ⅰ型铜镜形饰（YYM13：14、YYM211：3［正、背面］、YYM118：5［正、背面］）

图版三四八　玉皇庙墓地出土铜镜形饰

1～3．Ⅰ型（正、背面）（YYM327：2、YYM317：4、YYM305：3−2）

图版三四九　玉皇庙墓地出土铜镜形饰

1. Ⅰ型（正、背面）（YYM305：3-1）　2、3. Ⅱ型（正、背面）（YYM149：7、YYM317：3）

图版三五〇　玉皇庙墓地出土粟粒形小铜珠项链

1. Ⅰ型（YYM383：5）　2. Ⅰ型（YYM251：3）　3. Ⅰ型（YYM253：2）　4. Ⅰ型（YYM150：6）

图版三五一　玉皇庙墓地出土小铜珠项链

1. Ⅰ型（YYM266：6）　2. Ⅱ型（YYM153：11）　3. Ⅱ型（YYM137：5）　4. Ⅱ型（YYM：133：7、YYM128：3）

图版三五二　玉皇庙墓地出土纺锤形铜珠项链

1. Ⅱ型（YYM113：5）　2. Ⅱ型（YYM308：4）　3. Ⅱ型（YYM302：9）

图版三五三　玉皇庙墓地出土小铜箍串珠及铜铃形饰

1. Ⅰ型小铜箍串珠（YYM48：13）　2. Ⅰ型小铜箍串饰（左YYM281：9、右YYM149：5）　3. Ⅱ型小铜箍串饰（YYM165:4）　4. Ⅰ型铜铃形饰（YYM275:13、YYM188:19、YYM220:10、YYM213：14、YYM175：11）

图版三五四　玉皇庙墓地出土铜铃形饰

1. Ⅰ型（YYM17：10、YYM65：7、YYM19：20、YYM34：12、YYM22：10、YYM102：15）　2. Ⅰ型（YYM240：10）　3. Ⅰ型（YYM202：7）

图版三五五　玉皇庙墓地出土铜铃形饰

1. Ⅰ型（YYM198：8）　2. Ⅰ型（YYM302：10-1、2）　3. Ⅱ型（YYM215：17）　4. YYM302出土的各型（Ⅰ、Ⅱ、Ⅲ型）　5. Ⅱ型（YYM302：10-13～16）　6. Ⅲ型（YYM302：10-20）

图版三五六　玉皇庙墓地出土匕形铜坠饰

1～11. Ia型Ⅰ式（YYM35：10、YYM280：6、YYM285：5、YYM47：6、YYM231：5、YYM251：4、YYM44：5、YYM232：3、YYM241：6、YYM263：10、YYM272：4）

图版三五七　玉皇庙墓地出土匕形铜坠饰

1～6. Ia型Ⅰ式（YYM266：7、YYM208:6、YYM222:7、YYM206:5、YYM153:12、YYM133:8）　7～11. Ia型Ⅱ式（3:YYM49：6、YYM256：10、YYM258：8、YYM178：9、YYM150：7）

图版三五八　玉皇庙墓地出土匕形铜坠饰

1. Ia型Ⅲ式（YYM220：7）2、3. Ib型Ⅰ式（YYM10：8、YYM37：7）　4. Ib型Ⅱ式（YYM125：7）　5. Ib型Ⅲ式（YYM128：4）6. IC型Ⅰ式（YYM279：5）　7. IC型Ⅱ式（YYM339：5）　8、9. Id型（左YYM197：6、YYM237：5）

图版三五九　玉皇庙墓地出土联珠棍形铜坠饰

1. Ⅱa型Ⅰ式（YYM35：12）　2. Ⅱa型Ⅱ式（YYM280：7）　3. Ⅱa型Ⅱ式（YYM2：16）　4. Ⅱa型Ⅲ式（YYM231：7-1）

图版三六〇　玉皇庙墓地出土联珠棍形铜坠饰

1. Ⅱa型Ⅰ式（YYM263：11）　2. Ⅱa型Ⅲ式（YYM256：11）　3. Ⅱa型Ⅳ式（YYM198：9）

4. Ⅱb型（YYM253：3）

图版三六一　玉皇庙墓地出土“人”字形铜坠饰

1. Ⅲ型（YYM2：17）　2. Ⅲ型（YYM18：33）　3. Ⅲ型（YYM153：14）　4. Ⅲ型（YYM392：7）

图版三六二　玉皇庙墓地出土青铜坠饰

1～6. Ⅳ型 野猪形坠饰（YYM18：18-1、YYM18：18-2、YYM250：31-1、YYM250：31-12、YYM381：7-1、YYM381：7-2）　7、8. Ⅴ型鸟形坠饰（YYM240：7-1、YYM240：7-2）　9～14. Ⅵ型小铜凿形坠饰（YYM60：2、YYM118：7、YYM317：5、YYM305：4-1、YYM305：4-2、YYM374：9）

图版三六三　玉皇庙墓地出土青铜坠饰

1. Ⅶ型圆锥形坠饰（YYM149：9、YYM324：2-1、YYM324：2-2、YYM322：3）　2. Ⅷ型三联珠形坠饰（YYM221：6）　3. Ⅸ型三环形坠饰（YYM144：6）　4～7. Ⅹ型尖首刀币柄形坠（YYM138：6、YYM358：5、YYM381：6、YYM375：6）　8. Ⅺ型Ⅰ式双联珠双尾形坠饰（正、背面）（YYM350：4）　9. Ⅺ型Ⅱ式三联珠双尾形坠饰（正、背面）（YYM382：4）

图版三六四　玉皇庙墓地出土其他铜饰件

1. 人形铜饰（YYM32：14、YYM204：4、YYM374：10）　2. 羊头铜饰（YYM300：13）　3. 马踏单环铜饰（正、背面）（YYM312：4）　4.（左）亚腰形铜饰（YYM31：6）（右）喇叭形管状铜饰（YYM300：20）　5.（左）薄壳小铜管（YYM248：3）（中）钩形铜饰（YYM108：9）（右）短铜管（YYM13：8）　6. 三联珠形铜饰（正、背面）（YYM134：8）

图版三六五　玉皇庙墓地出土其他铜饰件

1. 双环形铜饰（YYM149：15）　2. 弹簧形铜饰（YYM149：4）　3. 双环孔形铜饰（YYM174：19）　4. 开裆铃形铜饰（YYM240：8）　5. 扁片式铃形铜饰（YYM240：9）　6. 双足形铜饰（YYM164：9）

图版三六六　玉皇庙墓地出土青铜带钩

1. Ⅰa型（YYM18：10）　2. Ⅰc型（YYM227：6）　3. Ⅰb型Ⅰ式（YYM282：8）　4. Ⅰb型Ⅱ式（YYM229：2）　5. Ⅰb型Ⅲ式（YYM72：3）　6、7. Ⅰc型（YYM95：13、YYM209：9）

图版三六七　玉皇庙墓地出土青铜带钩

1. Ⅰd型（YYM275：10）　2. Ⅰg型（YYM102：8）　3. Ⅱa型Ⅱ式（YYM173：1）　4. Ⅰi型（YYM313：4）　5. Ⅰj型（YYM325：4）　6. Ⅱa型Ⅰ式（YYM250：13）　7. Ⅰe型Ⅰ式（YYM48：11）　8. Ⅱb型Ⅰ式（YYM303：6）　9. Ⅱb型Ⅰ式（YYM199：5）

图版三六八　玉皇庙墓地出土青铜带钩及带扣

1. 青铜带钩Ⅱb型Ⅱ式（正、侧面）（YYM213：11）　2. Ⅰa型青铜带扣（YYM13：4）　3. Ⅰb型青铜带扣（YYM5：2）　4. Ⅱ型青铜带扣（YYM261：10）

图版三六九　玉皇庙墓地出土服饰铜环

1、2. Ⅰ型（YYM18：11-1、YYM18：11-2）　3～12. Ⅱ型Ⅰ式（YYM86：11、YYM153：2、YYM167：12、YYM168：7、YYM134：9、YYM133：3、YYM344：9-2、YYM3：9、

YYM241∶9、YYM264∶13） 13～17. Ⅱ型Ⅱ式（YYM142∶10、YYM117∶16、YYM122∶15、340∶6、YYM344∶9-1）

图版三七〇 玉皇庙墓地出土青铜带卡

1. Ⅰ型（YYM105∶14） 2. Ⅰ型（YYM122∶10）

图版三七一 玉皇庙墓地出土青铜带卡

Ⅰ型（YYM156∶23）

图版三七二 玉皇庙墓地出土青铜带卡

1. Ⅱ型（YYM34∶9） 2. Ⅲ型Ⅳ式（YYM54∶11） 3. Ⅴ型Ⅱ式（YYM143∶11）

图版三七三 玉皇庙墓地出土青铜带卡

Ⅳ型（YYM300∶17）

图版三七四 玉皇庙墓地出土青铜带卡

1. Ⅴ型Ⅱ式（YYM145∶15） 2. Ⅴ型Ⅱ式（YYM131∶12）

图版三七五 玉皇庙墓地出土青铜带卡

1. Ⅴ型Ⅱ式（YYM124∶9） 2. Ⅴ型Ⅱ式（YYM171∶12）

图版三七六 玉皇庙墓地出土青铜带卡

1. Ⅴ型Ⅱ式（YYM129∶8） 2. ⅤⅢ 型（正、背面）（YYM226∶13-1） 3、4. Ⅵ型（YYM230∶21-1、YYM95∶14） 5. ⅩⅢ型（正、背面）（YYM117∶14-1）

图版三七七 玉皇庙墓地出土青铜带卡

1. Ⅷ型（YYM226∶13） 2. Ⅶ型（YYM264∶19）

图版三七八 玉皇庙墓地出土青铜带卡

1. Ⅸa型（YYM42∶9） 2. Ⅸb型（YYM255∶2） 3. Ⅺ型（YYM57∶9） 4. ⅩⅢ型（YYM117∶14）

图版三七九 玉皇庙墓地出土青铜带卡

1. Ⅻ型（YYM151∶18） 2. ⅥⅨ型（YYM344∶15）

图版三八〇 玉皇庙墓地出土青铜带饰

1. Ⅰ型Ⅰ式（YYM32∶12） 2. Ⅰ型Ⅰ式（YYM250∶30） 3. Ⅰ型Ⅰ式（YYM282∶9-1、2） 4. Ⅰ型Ⅰ式（YYM233∶10-1、2）

图版三八一 玉皇庙墓地出土青铜带饰

Ⅰ型Ⅰ式（YYM261∶21）

图版三八二 玉皇庙墓地出土青铜带饰

Ⅰ型Ⅰ式（YYM58∶8）

图版三八三 玉皇庙墓地出土青铜带饰

1. Ⅰ型Ⅰ式（YYM210∶10-1、2） 2. Ⅰ型Ⅰ式（YYM210∶10）

图版三八四 玉皇庙墓地出土青铜带饰

1. Ⅰ型Ⅱ式（YYM175∶13） 2. Ⅰ型Ⅱ式（YYM175∶13-1、2）

图版三八五 玉皇庙墓地出土青铜带饰

Ⅰ型Ⅲ式（YYM174：8）

图版三八六　玉皇庙墓地出土青铜带饰

1．Ⅰ型Ⅲ式（正面）（YYM174：8-1、2）　2．Ⅰ型Ⅲ式（背面）（YYM174：8-1、2）

3．Ⅱ型Ⅰ式（YYM 32：18-1～2）（正、背面）　4．Ⅱ型Ⅰ式（295：7）

图版三八七　玉皇庙墓地出土青铜带饰

Ⅱ型Ⅱ式（YYM158：14）

图版三八八　玉皇庙墓地出土青铜带饰

Ⅲ型（YYM17：7）

图版三八九　玉皇庙墓地出土青铜带饰

1．Ⅲ型（YYM229：13）　2．Ⅲ型（YYM34：11-1、YYM34：11-2、YYM210：9-1）

图版三九〇　玉皇庙墓地出土青铜带饰

1．Ⅲ型（YYM276：6）　2．Ⅲ型（YYM210：9）

图版三九一　玉皇庙墓地出土青铜带饰

1．Ⅲ型（YYM41：9）　2．Ⅲ型（YYM261：20）

图版三九二　玉皇庙墓地出土青铜带饰

1．Ⅲ型（YYM52：21）　2．Ⅳ型Ⅱ式（YYM52：19）

图版三九三　玉皇庙墓地出土青铜带饰

1．Ⅳ型Ⅰ式（YYM18：17）（[下附野猪形铜坠饰一排12件] YYM18：18）　2．Ⅳ型Ⅱ式（正、背面）（YYM52：19-1）　3．Ⅴ型Ⅰ式（YYM13：17-1、2）

图版三九四　玉皇庙墓地出土青铜带饰

1．Ⅴ型Ⅰ式（YYM13：17）　2．Ⅴ型Ⅱ式（YYM227：11）　3．Ⅴ型Ⅱ式（YYM236：13）

图版三九五　玉皇庙墓地出土青铜带饰

Ⅴ型Ⅱ式（YYM212：10）

图版三九六　玉皇庙墓地出土青铜带饰

1．Ⅵ型Ⅰ式（YYM282：9）　2．YYM282：9-1（正、背面）　3．Ⅶ型Ⅱ式（YYM151：17）

图版三九七　玉皇庙墓地出土青铜带饰

1．Ⅶ型Ⅱ式（YYM142：8）　2．Ⅶ型Ⅱ式（YYM145：14）

图版三九八　玉皇庙墓地出土青铜带饰

Ⅶ型Ⅱ式（YYM143：12）

图版三九九　玉皇庙墓地出土青铜带饰

1．Ⅶ型Ⅱ式（YYM117：13）　2．Ⅶ型Ⅱ式（YYM105：13）

图版四〇〇　玉皇庙墓地出土青铜带饰

Ⅶ型Ⅱ式（YYM156：24）

图版四〇一　玉皇庙墓地出土青铜带饰

Ⅶ型Ⅱ式（YYM158：13）

图版四〇二　玉皇庙墓地出土青铜带饰

1. Ⅶ型Ⅱ式（YYM168：11） 2. Ⅶ型Ⅱ式（YYM122：11） 3. Ⅶ型Ⅱ式（YYM344：16）

图版四〇三 玉皇庙墓地出土青铜带饰

Ⅶ型Ⅱ式（YYM124：10）

图版四〇四 玉皇庙墓地出土青铜带饰

Ⅶ型Ⅱ式（YYM171：13）

图版四〇五 玉皇庙墓地出土青铜带饰

Ⅶ型Ⅱ式（YYM160：8）

图版四〇六 玉皇庙墓地出土青铜带饰

Ⅶ型Ⅱ式（YYM129：9）

图版四〇七 玉皇庙墓地出土青铜带饰

Ⅶ型Ⅱ式（YYM174：9）

图版四〇八 玉皇庙墓地出土服饰铜泡

1～3. Ia型（正、背面）（YYM234：10、YYM42：10-1、YYM236：14） 4～6. Ia型（正、背面）（YYM238：2-1、YYM261：19-1、YYM257：9-1） 7～10. Ia型（背面）（YYM209：14、YYM201：5-1、YYM156：10-1、YYM158：20-2）

图版四〇九 玉皇庙墓地出土服饰铜泡

1～3. Ia型（正、背面）（YYM51：14-1、YYM190：13-1、YYM7：13-1） 4～7. Ia型（正、背面）（YYM281：8、YYM282：11-1、YYM229：6-3、YYM275：14-1）

图版四一〇 玉皇庙墓地出土服饰铜泡

1～4. Ia型（正、背面）（YYM171：11-1、YYM305：2-13、YYM129：14-2、YYM325：5） 5～9. Ib型（正、背面）（YYM5：9、YYM252：8-1、YYM143：14-1、YYM186：9-3、YYM149：8-1）

图版四一一 玉皇庙墓地出土服饰铜泡

1～5. Ib型（正、背面）（YYM147：4、YYM105：10-4、YYM168：8-1、YYM124：18、YYM171：11-2） 6～9. Ib型（正、背面）（YYM305：2-14、YYM129：14-1、YYM247：10-2、YYM374：11）

图版四一二 玉皇庙墓地出土服饰铜泡

1～3. Ⅱ型（正、背面）（YYM249：5、YYM230：18-2、YYM261：19-4） 4～7. Ⅲa型（正、背面）（YYM281：10、YYM230：19-1、YYM233：11-1、YYM41：7） 8～10. Ⅲa型（背面）（YYM264：14、YYM188：10、YYM52：22）

图版四一三 玉皇庙墓地出土服饰铜泡与服饰铜扣

1.服饰铜泡Ⅲa型（背面）(YYM293：7-1、YYM217：6、YYM158：19-1、YYM341：4) 2.Ⅲb型服饰铜泡(正、背面)（YYM247：10-1） 3.Ⅲb型服饰铜泡(正、背面)（YYM158：19-2） 4. Ia型服饰铜扣（正、背面）（YYM32：10-1） 5. Ib型服饰铜扣（正、背面）（YYM383：6-2）

图版四一四 玉皇庙墓地出土服饰铜扣

1．Ⅰb型（正、背面）（YYM300：14−1、2，YYM386：11−1、2，YYM7：12−2） 2．Ⅰc型（正面）（YYM18：12−1） 3．Ⅰd型（正、背面）（YYM18：12−2）

图版四一五 玉皇庙墓地出土服饰铜扣

1．Ⅰe型（正、背面）（YYM18：12−3） 2．Ⅰe型（正、背面）（YYM250：25−1） 3．Ⅰf型（正、背面）（YYM7：12−2）

图版四一六 玉皇庙墓地出土服饰铜扣

1．Ⅱ型（正、背面）（YYM19：2−1、YYM17：9−1、YYM18：12−9、YYM386：9−1）

2．Ⅱ型（正、背面）（YYM300：15−1、YYM383：6−1、YYM384：9−1、YYM11：15−1）

3．Ⅱ型（正面）（YYM275：12−1、YYM252：7−1、YYM261：18−1、YYM51：15）

图版四一七 玉皇庙墓地出土服饰铜扣

1．Ⅱ型（背面）（YYM275：12−1、YYM252：7−1、YYM261：18−1、YYM51：15）

2．Ⅱ型（正、背面）（YYM36：10、YYM151：19−1、YYM124：11−1） 3．Ⅲ型（正、背面）（YYM34：13、YYM264：15−1、YYM226：12−1）

图版四一八 玉皇庙墓地出土服饰铜扣

1．Ⅲ型（正、背面）（YYM46：10−1、YYM238：1−1、YYM171：15） 2左．Ⅳ型（正、背面）（YYM3：11） 2中．Ⅶ型（正、背面）（YYM192：5） 2右．Ⅷ型（正、背面）（YYM209：15−1）

图版四一九 玉皇庙墓地出土服饰铜扣

1．Ⅴ型（正、背面）（YYM227：10） 2．Ⅸa型（正、背面）（YYM74：14−1） 3．Ⅸb型（正面）（YYM175：12−1） 4．Ⅹ型（正面）（YYM158：12）

图版四二〇 玉皇庙墓地出土覆面铜扣

1．YYM20：2−1～3（正、背面） 2．YYM233：6−1～3（正、背面） 3．YYM234：5−1～3（正、背面） 4．YYM106：3−1～3（正、背面） 5．YYM164：8−1～3（正、背面）

图版四二一 玉皇庙墓地出土覆面铜扣及铜饰项链

1．覆面铜扣（正、背面）（YYM230：2−1、2） 2．覆面铜扣（正、背面）（YYM283：1−1、2） 3．覆面铜扣（正、背面）（YYM142：6−1、2） 4．覆面铜扣（YYM391：3−1、2） 5．卷云纹三联珠形铜饰项链（YYM15：8）

图版四二二 玉皇庙墓地出土服饰小铜扣

1．YYM19：21（正面） 2．YYM264：16（正、背面） 3．YYM263：9（正、背面）4．YYM335：3（正、背面）

图版四二三 玉皇庙墓地出土小铜扣项链

1．YYM4：4 2．YYM37：6

图版四二四 玉皇庙墓地出土服饰双联小铜扣

YYM18：15

图版四二五 玉皇庙墓地出土服饰双联小铜扣

1．YYM222∶6 2．YYM275∶11

图版四二六 玉皇庙墓地出土尖首刀币及铜饰项链

1．尖首刀币（正、背面）（YYM172∶3） 2．尖首刀币（正、背面）（YYM164∶3） 3．尖首刀币（YYM380∶2）

图版四二七 玉皇庙墓地出土赤铁矿砺石

1．Ⅰ型（YYM35∶14 2．Ⅰ型（YYM28∶1） 3．Ⅰ型（YYM2∶31） 4．Ⅰ型（YYM18∶23） 5．Ⅰ型（YYM277∶6） 6．Ⅰ型（YYM250∶11） 7．Ⅰ型（YYM264∶20） 8．Ⅰ型（YYM39∶1） 9．Ⅰ型（YYM266∶11）

图版四二八 玉皇庙墓地出土赤铁矿砺石

1．Ⅰ型（YYM226∶14） 2．Ⅰ型（YYM97∶7） 3．Ⅰ型（YYM240∶11） 4．Ⅰ型（YYM43∶3） 5．Ⅰ型（YYM190∶20） 6．Ⅰ型（YYM79∶5–1） 7．Ⅰ型YYM49∶12 8．Ⅰ型YYM52∶17

图版四二九 玉皇庙墓地出土砂岩穿孔砺石

1．Ⅱ型（YYM32∶7、YYM122∶17、YYM82∶8、YYM60∶3） 2．Ⅱ型（YYM190∶10、YYM217∶13、YYM107∶1、YYM303∶5）

图版四三〇 玉皇庙墓地出土石杯和算珠形石珠及白石管项链

1．石杯（YYM13∶19） 2．算珠形石珠（YYM16∶2、YYM385∶9、YYM186∶10） 3．白石管项链（YYM8∶3） 4．白石管项链（YYM184∶4）

图版四三一 玉皇庙墓地出土细石器及白石管、小白石珠项链

1．白石管、玛瑙珠项链（YYM302∶6） 2．细石器（YYM247∶14） 3．小白石珠项链（YYM144∶7） 4．小白石珠项链（YYM149∶6）

图版四三二 玉皇庙墓地出土小白石珠项链

1．YYM137∶4 2．YYM167∶7

图版四三三 玉皇庙墓地出土小白石珠项链

1．YYM126∶5 2．YYM106∶4

图版四三四 玉皇庙墓地出土小黑石珠项链

1．YYM138∶7 2．YYM150∶5

图版四三五 玉皇庙墓地出土小黑石珠项链

YYM153∶8

图版四三六 玉皇庙墓地出土小黑石珠项链

YYM220∶8

图版四三七 玉皇庙墓地出土小黑石珠等杂珠项链

YYM338∶5

图版四三八 玉皇庙墓地出土玛瑙珠项链

1．YYM138∶5　2．YYM114∶5　3．YYM113∶6

图版四三九　玉皇庙墓地出土绿松石管项链

1．YYM323∶3　2．YYM20∶7

图版四四〇　玉皇庙墓地出土绿松石珠项链

1．YYM18∶14　2．YYM167∶6

图版四四一　玉皇庙墓地出土骨鸣镝

1～10．YYM32∶17、YYM17∶16、YYM275∶18、YYM229∶12–1、YYM228∶7、YYM264∶21、YYM188∶17、YYM54∶14、YYM192∶6、YYM111∶11

图版四四二　玉皇庙墓地出土骨镞

1～3．Ⅰa型（YYM134∶12–1、YYM34∶15–1、YYM226∶10–1）　4～7．Ⅰb型（YYM188∶16–4、YYM117∶12–1、YYM303∶10–1、YYM148∶10–1）　8～18．Ⅱa型(YYM32∶16–1、YYM34∶15–2、YYM234∶12–1、YYM250∶17–1、YYM282∶13–2、YYM276∶8、YYM226∶10–5、YYM252∶10–1、YYM275∶17–3、YYM236∶8、YYM48∶16–1）

图版四四三　玉皇庙墓地出土骨镞

1～9．Ⅱa型（YYM188∶16–5、YYM54∶16–1、YYM210∶8–1、YYM111∶10–2、YYM332∶3–1、YYM333∶3–1、YYM110∶5–2、YYM174∶18、YYM343∶2）　10～15．Ⅱb型（YYM34∶15–4、YYM34∶15–5、YYM17∶15–3、YYM250∶17–2、YYM226∶10–6、YYM252∶10–2）　16、17．Ⅲb型（YYM148∶10–2、YYM34∶15–7）18．Ⅲa型（YYM34∶15–6）　19、20．Ⅲd型（YYM105∶12–1、YYM226∶10–7）

图版四四四　玉皇庙墓地出土骨器

1．Ⅰ型马具骨环（YYM18∶35–1、YYM250∶35–1、YYM230∶26–1、YYM74∶22–1、YYM156∶28–1）　2．Ⅱ型马具骨环（YYM18∶35–5、YYM250∶35–6、YYM156∶28–3）　3．骨弓弭（YYM74∶7–1）　4．上：蚌刻贝饰（YYM149∶10）　下：贝饰（YYM120∶5）　5．骨锥（YYM273∶4）　6．骨管（YYM43∶2）　7．长方形骨管（YYM303∶8）

图版四四五　玉皇庙墓地出土骨器

1．梳齿形骨器（YYM269∶1）　2．骨珠：a～g（YYM3∶10、YYM188∶20、YYM105∶15、YYM143∶15、YYM168∶12、YYM131∶11、YYM344∶17）　3．梨形骨柄饰（YYM349∶10）　4．Ⅰ型服饰骨环（YYM13∶21、YYM95∶19）　5．Ⅱ型服饰骨环（YYM148∶7）　6．骨贝（正、背面）（YYM184∶4–33、34）

图版四四六　玉皇庙墓地出土骨器

1．Ⅱ型服饰骨环（YYM271∶6、YYM205∶5）　2．开口骨器（YYM236∶15、YYM179∶6）　3．开口骨器（YYM151∶10、YYM143∶16、YYM344∶18）　4．骨针（YYM13∶22、11∶18、250∶33、179∶8）　5．骨绞具（YYM18∶34–1～4）

图版四四七　玉皇庙墓地出土蚌饰品

1．蚌环（YYM295∶8、YYM57∶8、YYM156∶13–1、YYM156∶13–2）　2．蚌珠YYM149∶13　3．

蚌珠（YYM241∶5-65～75） 4. 蚌珠（YYM125∶13-1、2） 5. 蚌坠（YYM153∶10-103） 6. 蚌珠（YYM6∶6-548、549、YYM355∶3、YYM176∶5-20 、YYM153∶10-1） 7. 贝饰（YYM167∶8-12～17）

图版四四八 玉皇庙墓地出土竹、皮革制品残件

1. 竹篾簧片（YYM264∶22、YYM95∶21） 2. 竹片制品（YYM2∶29-2、3） 3. 皮条残件（YYM2∶27）

图版四四九 玉皇庙墓地出土竹制品

1. 竹签（YYM2∶30） 2. 竹板制品（YYM2∶29-1）

军都山玉皇庙墓地远景

军都山玉皇庙墓地俯瞰

1. 玉皇庙墓地 1986 年夏季发掘现场

2. 玉皇庙墓地 1987 年 7 月进行热气球高空摄影作业

玉皇庙墓地考古工作现场

1. YYM2 被破坏的墓圹与保存的椁室及遗物（西→东）（标注的均为拍摄方向，后同）

2. YYM2 椁室人骨痕迹及遗物分布（俯摄）

玉皇庙墓地北Ⅰ区春秋早期墓葬

1. YYM2 青铜礼器出土情形（南→北）

2. YYM 300 死者腰、膝间遗物分布（西→东）

3. YYM18墓圹形制、椁室上部的塌陷坑及东端殉牲（西→东）

玉皇庙墓地北Ⅰ区春秋早期墓葬

1. YYM18 青铜礼器取出后的椁室遗物（俯摄）

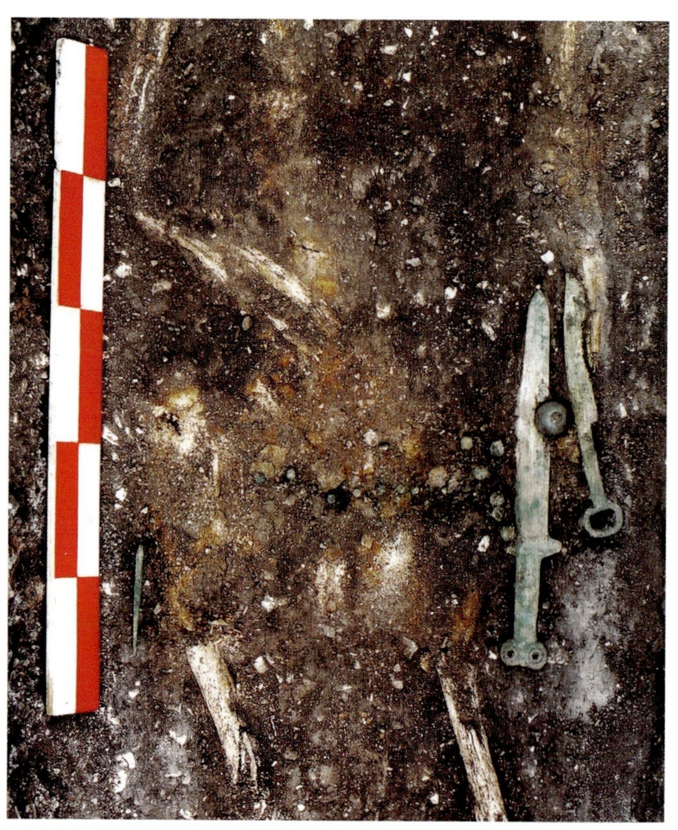

2. YYM385 死者腰部至股骨间遗物分布（西→东）

3. YYM383 遗物分布（西→东）

玉皇庙墓地北Ⅰ区春秋早期墓葬

1. YYM280 墓圹形制、椁室及东端殉牲（西→东）

2. YYM280 死者头骨表面遗留的覆面铜扣（西→东）

3. YYM280 椁室东端堵板板灰及遗物分布（西→东）

玉皇庙墓地北Ⅱ区北部春秋早中期墓葬

YYM250 墓圹形制、椁室及东端殉牲（西→东）

玉皇庙墓地北Ⅱ区北部春秋早中期墓葬

1. YYM250 椁室及东端殉牲（西→东）

2. YYM250 椁室人骨及遗物分布（西→东）

玉皇庙墓地北Ⅱ区北部春秋早中期墓葬

1. YYM250 死者头部青铜器、金器出土情形（西→东）

2. YYM250 死者腰、膝间遗物分布（西→东）

玉皇庙墓地北Ⅱ区北部春秋早中期墓葬

1. YYM282 墓圹形制、椁室及东端殉牲（北→南）

2. YYM282 椁室人骨及遗物分布（西→东）

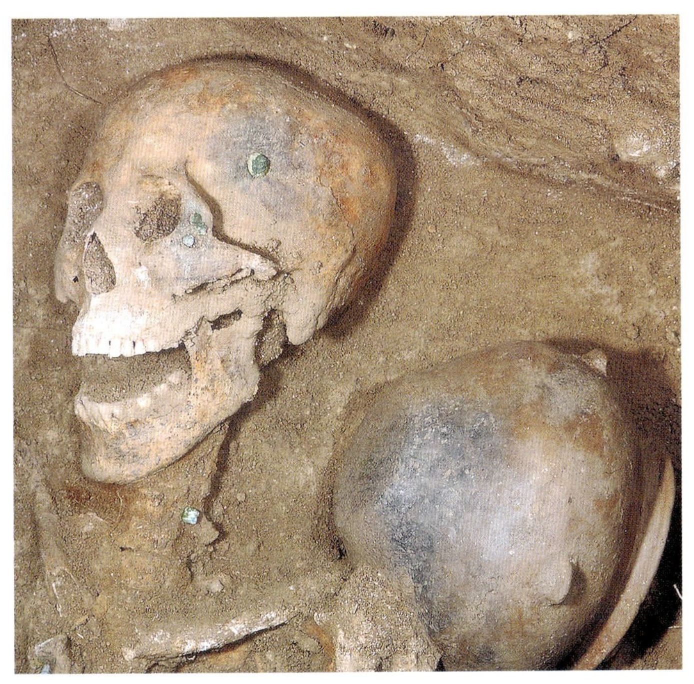

3. YYM282 死者头骨表面遗留的覆面铜扣（西→东）

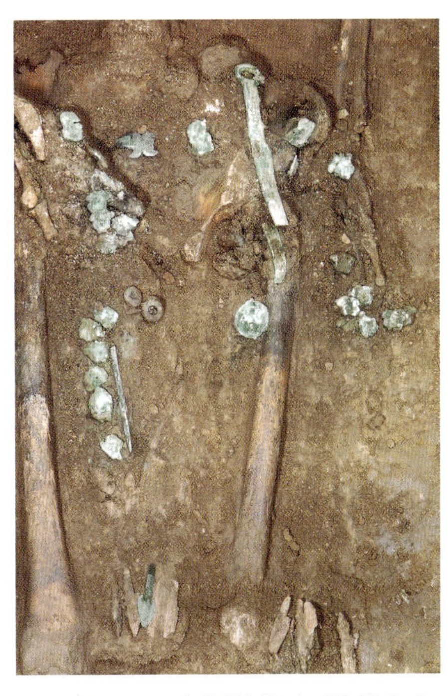

4. YYM282 死者腰际以下至膝部出土遗物（西→东）

玉皇庙墓地北Ⅱ区北部春秋早中期墓葬

1. YYM230 墓圹形制、木椁板灰及东端殉牲（西→东）

2. YYM230 木椁板灰及东端殉牲（西→东）

玉皇庙墓地北Ⅱ区北部春秋早中期墓葬

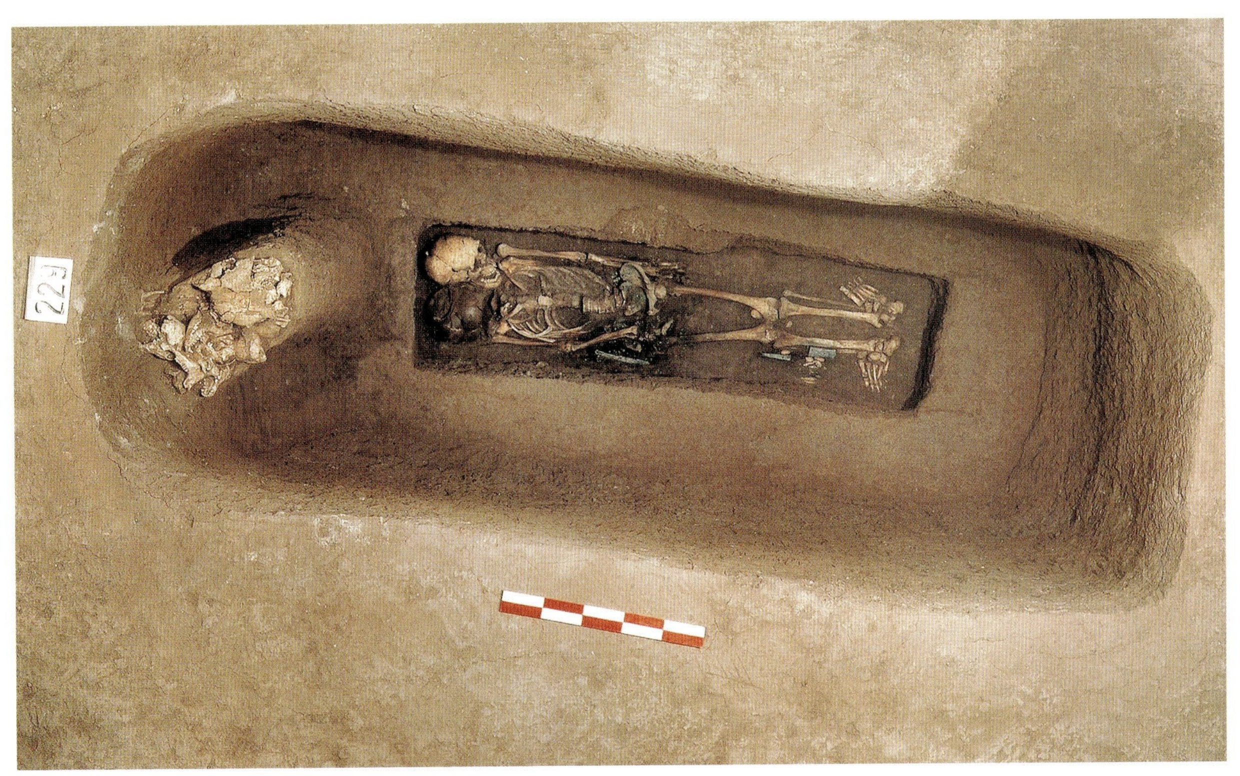

1. YYM229 墓圹形制、椁室及东端殉牲（西→东）

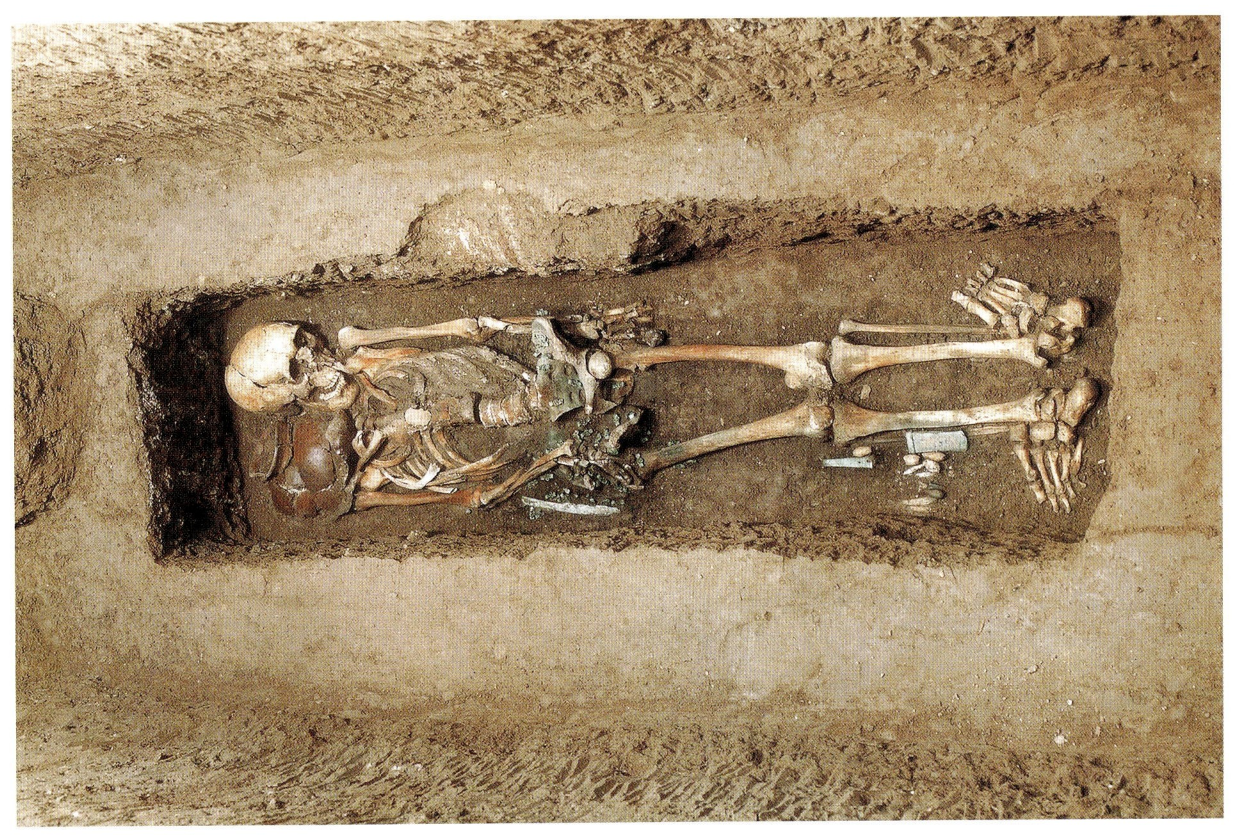

2. YYM229 椁室人骨及遗物分布（西→东）

玉皇庙墓地北Ⅱ区北部春秋早中期墓葬

1. YYM233 墓圹形制、椁室及东端殉牲（北→南）

2. YYM233 死者腰际以下至股骨之间遗物分布（西→东）

3. YYM228 墓圹形制、椁室及东端殉牲（西→东）

玉皇庙墓地北Ⅱ区北部春秋早中期墓葬

1. YYM281 死者腰际以下至骨盆部位出土遗物（西→东）

2. YYM251 死者头部及上身遗物分布（西→东）

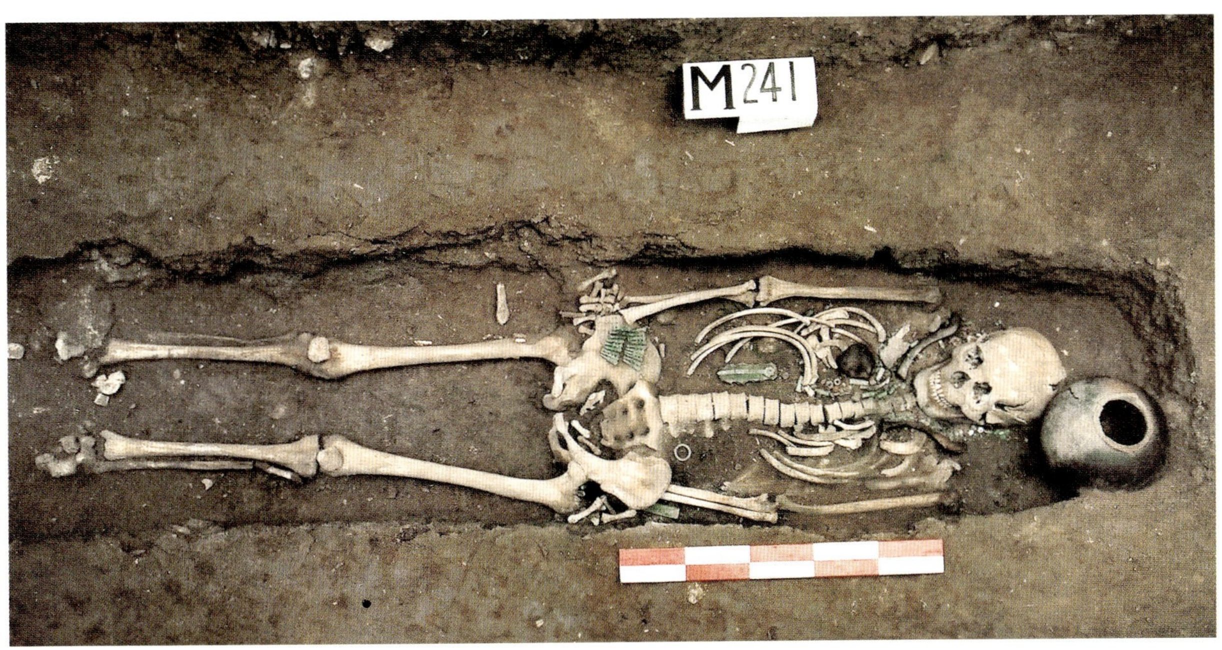

3. YYM241 椁室人骨及遗物分布（西→东）

玉皇庙墓地北Ⅱ区北部春秋早中期墓葬

YYM264 椁室人骨及遗物分布（西→东）

玉皇庙墓地北Ⅱ区北部春秋早中期墓葬

1. YYM226 椁室人骨及遗物分布（西→东）

2. YYM226 陶罐与铜牌饰出土情形（西→东）

3. YYM226 死者腰际至股骨间出土遗物（西→东）

玉皇庙墓地北Ⅱ区北部春秋早中期墓葬

1. YYM275 椁室人骨及遗物分布（西→东）

2. YYM275 死者腰、膝间遗物分布（西→东）

玉皇庙墓地北Ⅱ区北部春秋早中期墓葬

1. YYM263 椁室人骨及遗物分布（西→东）

2. YYM263 死者头部及上身遗物（西→东）

3. YYM266 死者头部及上身遗物（西→东）

玉皇庙墓地北Ⅱ区中部春秋中期墓葬

1. YYM261 椁室人骨及遗物分布（西→东）

2. YYM261 死者腰、膝部遗物分布（西→东）

玉皇庙墓地北Ⅱ区中部春秋中期墓葬

YYM257 椁室人骨及
遗物分布（西→东）

玉皇庙墓地北Ⅱ区中部春秋中期墓葬

1. YYM295 椁室人骨及遗物分布（东→西）

2. YYM295 死者腰际以下至股骨间遗物分布（东→西）

3. YYM190 死者头、胸部出土遗物（东→西）

玉皇庙墓地北Ⅰ区北部和北Ⅱ区中部春秋中期墓葬

1. YYM299 椁室人骨及遗物分布（西→东）

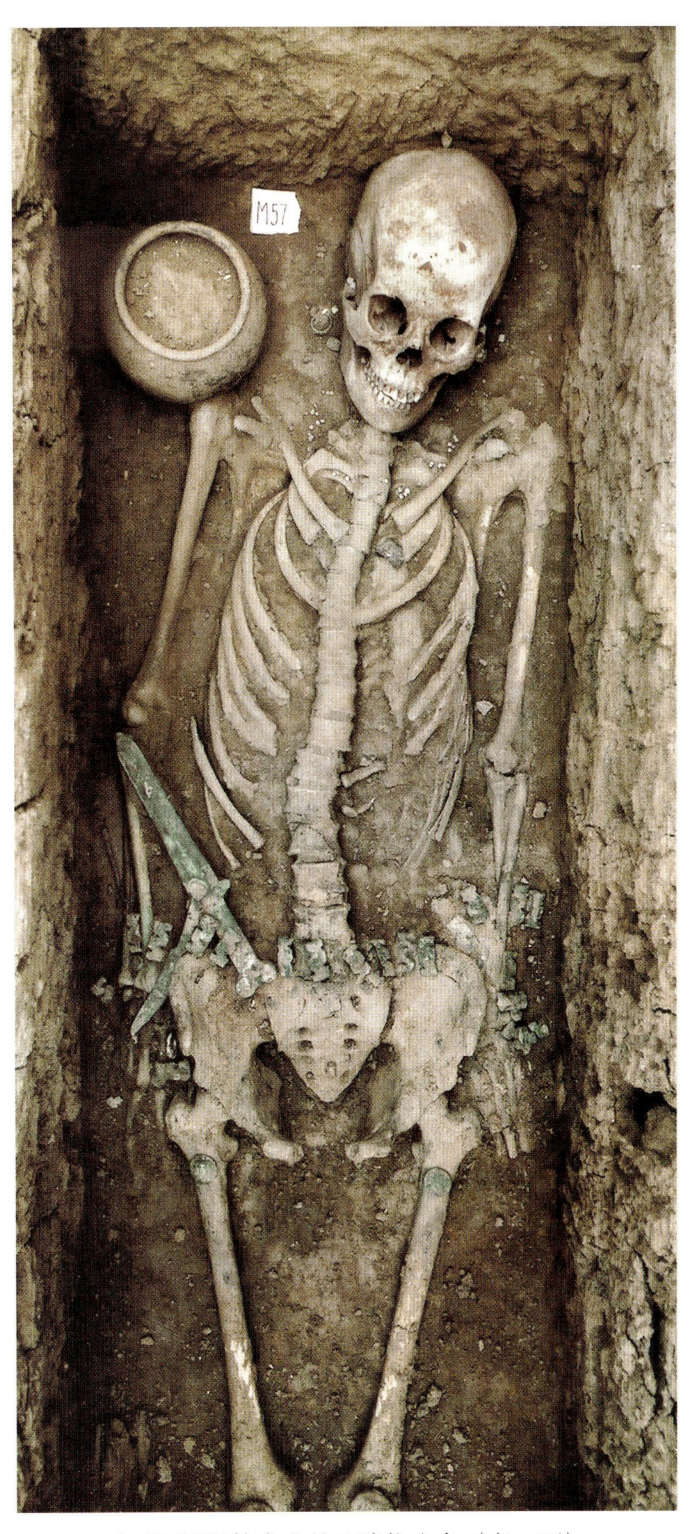

2. YYM57 椁室人骨及遗物分布（东→西）

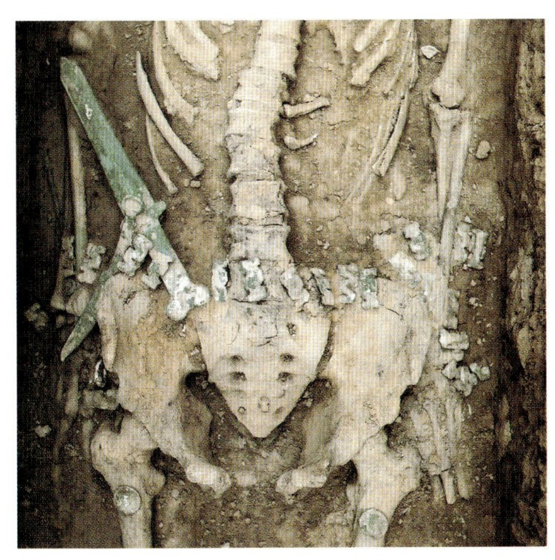

3. YYM57 死者腰部至股骨上端出土遗物（东→西）

玉皇庙墓地北Ⅰ区北部春秋中期墓葬和北Ⅱ区南部春秋中晚期墓葬

1. YYM86 椁室人骨及遗物分布（西→东）

3. YYM199 椁室人骨及遗物分布（西→东）

2. YYM86 死者腰部至股骨间遗物分布（西→东）

4. YYM200 死者头骨表面遗留的覆面铜扣（西→东）

玉皇庙墓地北Ⅱ区南部春秋中晚期墓葬和南区北部春秋晚期前段墓葬

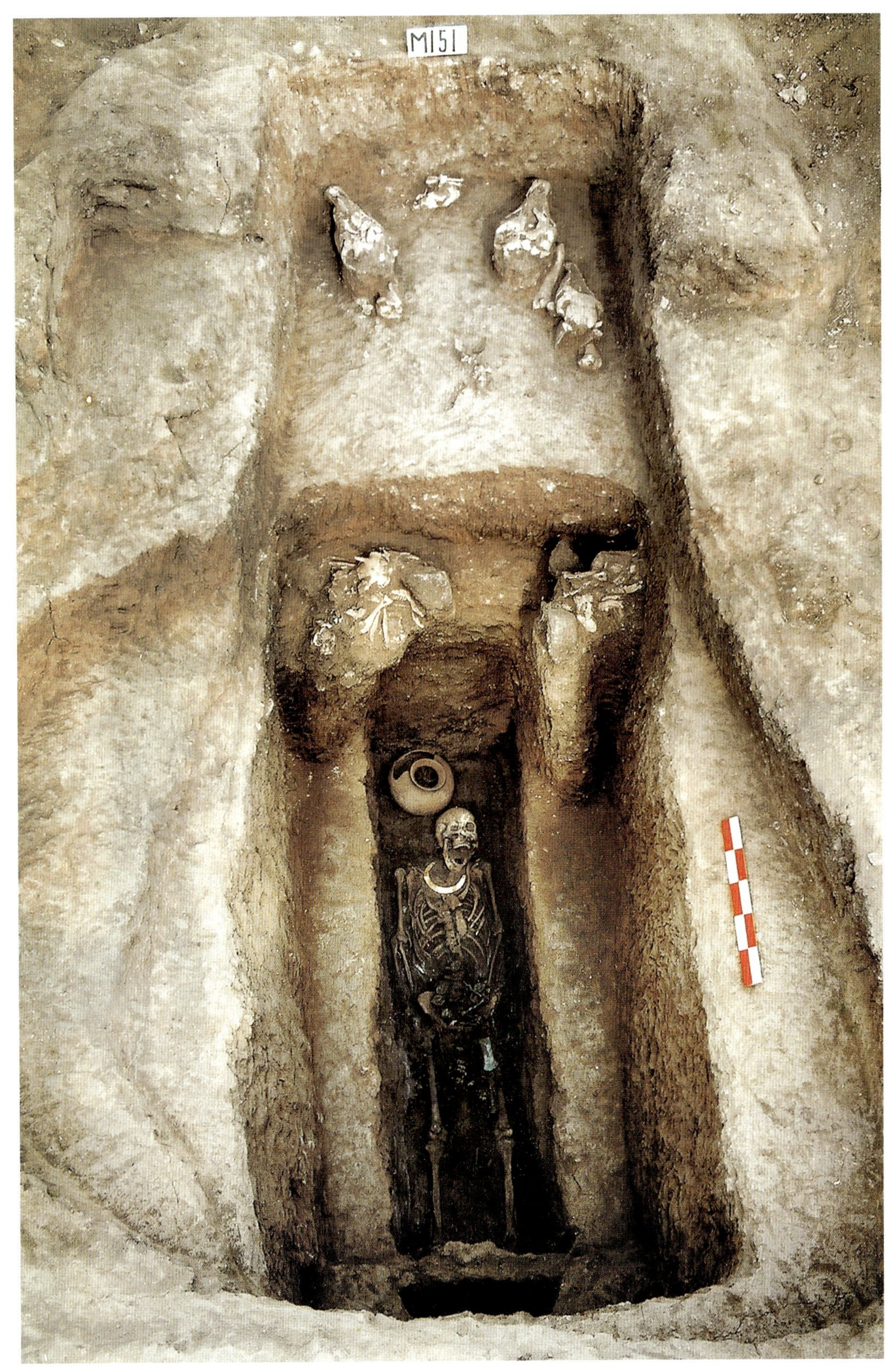

YYM151 墓圹形制、椁室及东端殉牲（西→东）

玉皇庙墓地南区北部春秋晚期前段墓葬

1. YYM151 椁室人骨及遗物分布（西→东）

2. YYM151 金璜形饰出土部位（西→东）

玉皇庙墓地南区北部春秋晚期前段墓葬

1. YYM151 死者腰、膝间遗物分布（西→东）

2. YYM157 墓圹形制、人骨及遗物（西北→东南）

玉皇庙墓地南区北部春秋晚期前段墓葬

YYM156 墓圹形制、椁室及东端殉牲（西→东）

玉皇庙墓地南区中部春秋晚期前段墓葬

1. YYM156 死者腰部至股骨间遗物分布（西→东）

2. YYM156 椁室人骨及遗物分布（西→东）

玉皇庙墓地南区中部春秋晚期前段墓葬

1. YYM158 死者腰际以下至膝部遗物分布（东→西）

2. YYM124 椁室人骨及遗物分布（西→东）

玉皇庙墓地南区中部春秋晚期前段墓葬

1. YYM114 死者头部及上身遗物分布（西→东）

2. YYM113 死者头部及上身遗物分布（西→东）

玉皇庙墓地南区中部春秋晚期前段墓葬

1. YYM171 墓葬形制、椁室及遗物分布（西→东）

2. YYM171 椁室人骨及遗物分布（西→东）

玉皇庙墓地南区中部春秋晚期前段墓葬

1. YYM333 墓圹形制、人骨与镇墓石及殉牲（西→东）

2. YYM333 青铜短剑、铜镞及骨镞出土情形（西→东）

3. YYM323 死者头、颈部遗物（西→东）

4. YYM327 死者头、颈部遗物（西→东）

玉皇庙墓地西区春秋晚期前段墓葬

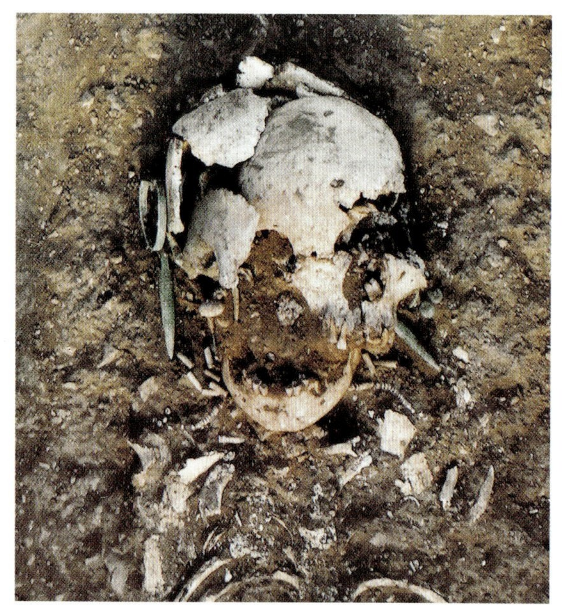

1. YYM324 死者头、颈部遗物（西→东）

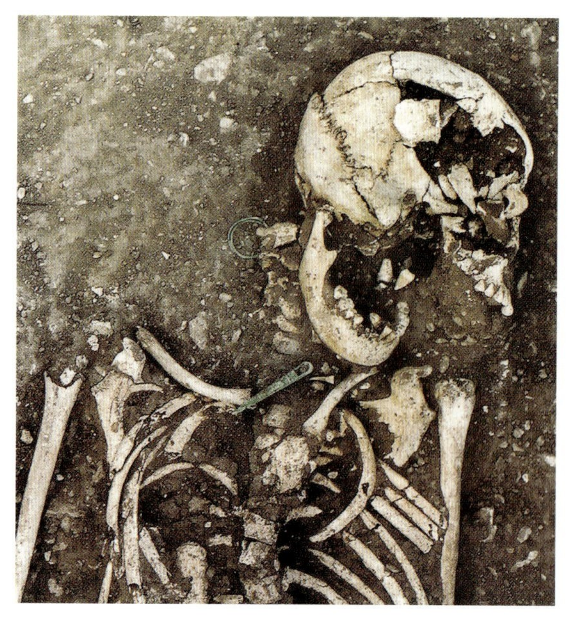

2. YYM322 死者头、颈部遗物（西北→东南）

3. YYM312 墓圹形制、殉牲、人骨及遗物分布（西→东）

4. YYM312 死者左侧腰部至股骨间遗物分布（西→东）

玉皇庙墓地西区春秋晚期前段墓葬

1. YYM314 墓圹形制、殉牲、人骨及遗物分布（西→东）

2. YYM315 墓圹形制、殉牲、人骨及遗物分布（西→东）

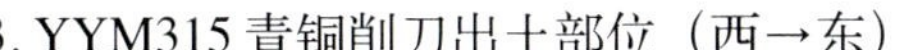
3. YYM315 青铜削刀出土部位（西→东）

玉皇庙墓地西区春秋晚期前段墓葬

1. YYM317 墓圹形制、人骨及遗物分布（西→东）

3. YYM303 墓圹形制、人骨及遗物分布（西→东）

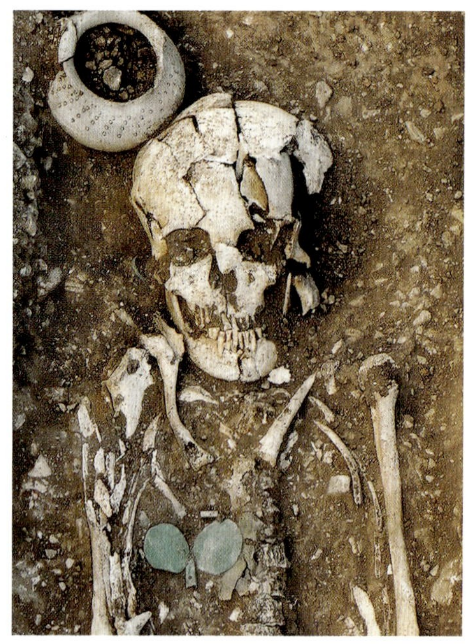

2. YYM317 死者头、胸部遗物分布（西→东）

4. YYM303 死者胸下至腰间遗物分布（西→东）

玉皇庙墓地西区春秋晚期前段墓葬

1. YYM305 墓圹形制、人骨及遗物分布（西→东）

2. YYM305 死者头、胸部遗物分布（西→东）

玉皇庙墓地西区春秋晚期前段墓葬

YYM302 死者头部至股骨上端遗物分布（西→东）

玉皇庙墓地西区春秋晚期前段墓葬

1. YYM164 死者腰间出土遗物（西→东）

2. YYM175 墓圹形制、椁室及东端殉牲（西→东）

玉皇庙墓地南区南部春秋晚期后段墓葬

1. YYM175 椁室人骨及遗物分布（西→东）

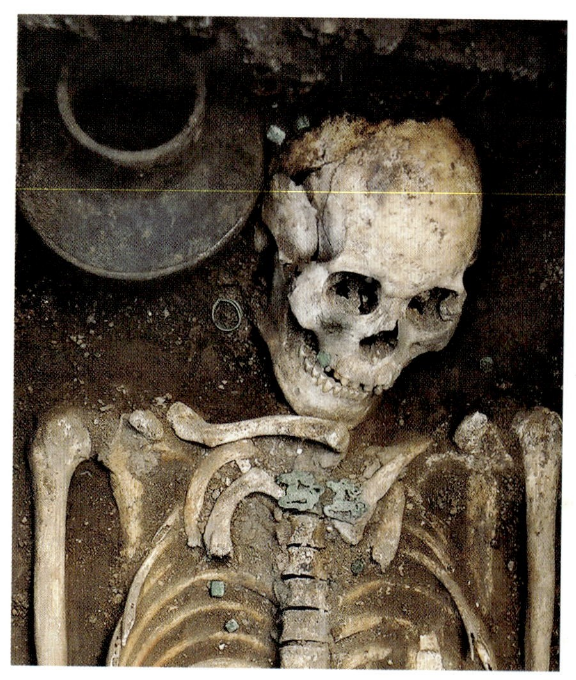

2. YYM175 死者头部与颈下遗物（西→东）

3. YYM175 死者腰际以下至膝部遗物分布（西→东）

玉皇庙墓地南区南部春秋晚期后段墓葬

YYM174 墓圹形制及椁室（西→东）

玉皇庙墓地南区南部春秋晚期后段墓葬

1. YYM174椁室人骨及遗物分布（西→东）

2. YYM174死者头部至膝间遗物分布（西→东）

玉皇庙墓地南区南部春秋晚期后段墓葬

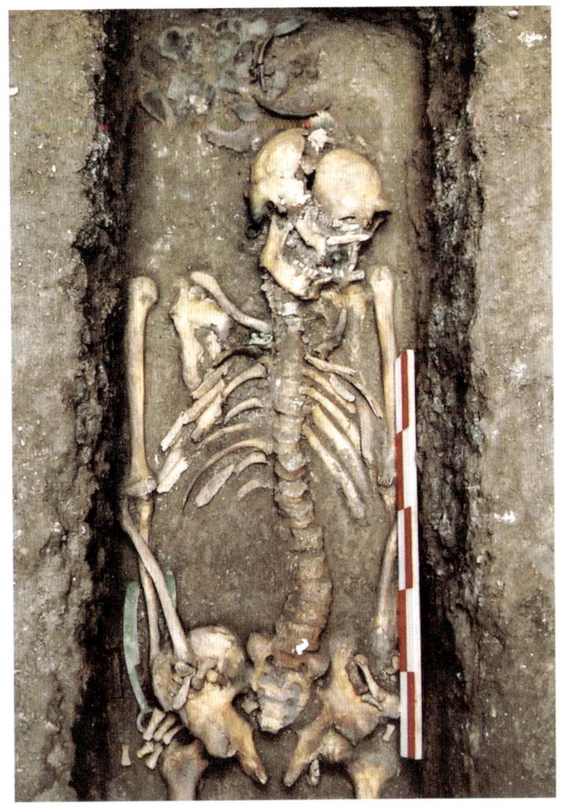

1. YYM334 死者头部及腰间遗物（西→东）

2. YYM354 死者头部及颈胸部遗物（西→东）

3. YYM335 死者头部和腰下饰物（西→东）

4. YYM348 死者头部及腰间遗物（西→东）

玉皇庙墓地南区南部春秋晚期后段墓葬

1. YYM344墓圹形制、椁室、人骨及遗物分布（西→东）

2. YYM344死者腰间至股骨部位遗物分布（西→东）

1. Ⅰ型Ⅱ式红陶椭圆腹罐（YYM300:1）

2. Ⅳ型Ⅱ式红陶带疣罐（YYM385:1）

玉皇庙墓地出土夹砂陶器

1. Ⅰ型 Ⅱ式红陶椭圆腹罐（YYM384:1）

2. Ⅲ型 Ⅰ式红陶圆折腹罐（YYM236:1）

3. Ⅰ型Ⅱ式 灰陶壶（YYM86:1 ）

4. Ⅵ型Ⅳ式灰陶折肩罐 （YYM352:1 ）

玉皇庙墓地出土陶器

1. 金虎牌饰（YYM18:5 正面）

2. 金虎牌饰（YYM18:5 背面）

玉皇庙墓地出土金虎牌饰

1～3. 金璜形饰（YYM151:7、2. YYM174:7、YYM250:5）

玉皇庙墓地出土金饰品

1. 包金铜贝（YYM2:15）

2. 金丝耳环 （YYM250:4）

3. 金耳环 （YYM156:5）

玉皇庙墓地出土金饰品

铜　鍑（YYM18:1）

玉皇庙墓地出土青铜鍑

1. 铜　镀（YYM250:1）

2. 铜　鼎（YYM2：1）

玉皇庙墓地出土青铜礼器

1. 铜　罍（YYM2 : 5）

玉皇庙墓地出土青铜礼器

2.铜 罍（YYM18：3）

1. 铜　匜（YYM2：8）

2. 铜　盘（YYM2：7）

玉皇庙墓地出土青铜礼器

1.铜　�билмас（YYM18：4）

2.铜　敦（YYM18：2）

玉皇庙墓地出土青铜礼器

1. XI型（正面）
（YYM41：2）

2. XIV型Ⅰ式（正面）
（YYM95：2）

3. XIV型Ⅱ式（正面）
（YYM145：2）

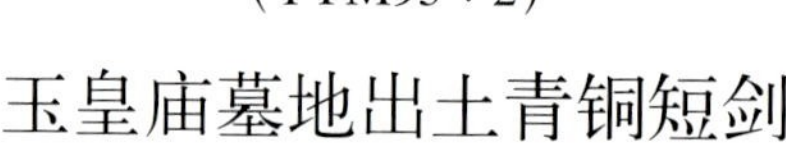

玉皇庙墓地出土青铜短剑

1. Ⅰ型Ⅲ式（正面）
（YYM57：2）

2. XV型（正面）
（YYM224：2）

3. XⅦ型（正面）
（YYM156：2）

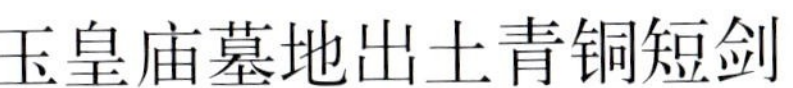

玉皇庙墓地出土青铜短剑

1. XIV型Ⅱ式（正面）
（YYM209：2）

2. XVII型（正面）
（YYM175：2）

3. XVI型Ⅱ式（正面）
（YYM122：2）

玉皇庙墓地出土青铜短剑

1. XⅡ型Ⅰ式（正面）（YYM257：2）

2. XⅦ型（正面）（YYM156：2）

3. XⅥ型Ⅱ式（正面）（YYM122：2）

4. XⅣ型Ⅱ式（正面）
（YYM209：2）

5. XⅣ型Ⅱ式（背面）
（YYM209：2）

6. XⅣ型Ⅱ式（正面）
（YYM145：2）

玉皇庙墓地青铜短剑剑柄及剑首纹饰

1. Ⅵ型（YYM19：3）

2. Ⅶ型（YYM18：9）

3. Ⅲ型Ⅰ式（YYM2：18铜柄铁刀）

玉皇庙墓地出土青铜削刀

1. Ia 型（YYM13：7）

2. Ia 型（YYM10：9）

3. Ia 型（YYM300：1）

4. If 型（YYM42：7）

玉皇庙墓地出土青铜锥（针）管具

1. Ib型（YYM32：6）

2. Ib型（YYM95：6）

3. Ih型（YYM212：8）

4. Ij型（YYM206：7）

5. Il型（YYM197：7）

玉皇庙墓地出土青铜锥（针）管具

1　　2　　3　　4

1. Ⅱ型Ⅲ式（YYM174 : 10）2. Ⅱ型Ⅰ式（YYM17 : 13）3. Ⅱ型Ⅲ式（YYM134 : 5）4. Ⅱ型Ⅱ式(YYM156 : 9)

5

5. Ⅲ型（YYM241 : 11）

玉皇庙墓地出土青铜锥（针）管具

1. Ⅱ型Ⅱ式（YYM226：6）

2. Ⅱ型Ⅳ式（YYM65：1）

3. Ⅰ型Ⅱ式（YYM261：7）

玉皇庙墓地出土青铜牌饰

1. Ia 型（YYM18：10）

2. Id 型（YYM275：10）

3. Ic 型（YYM209：9）

4. Ig 型（YYM102：8）

玉皇庙墓地出土青铜带钩

5. Ib 型Ⅰ式（YYM282：8）

1. Ih 型（YYM158：5）

2. If 型（YYM7：4）

玉皇庙墓地出土青铜带钩

1. Ⅰ型Ⅰ式（YYM233：11）

2. Ⅰ型Ⅲ式（YYM174：8-1）

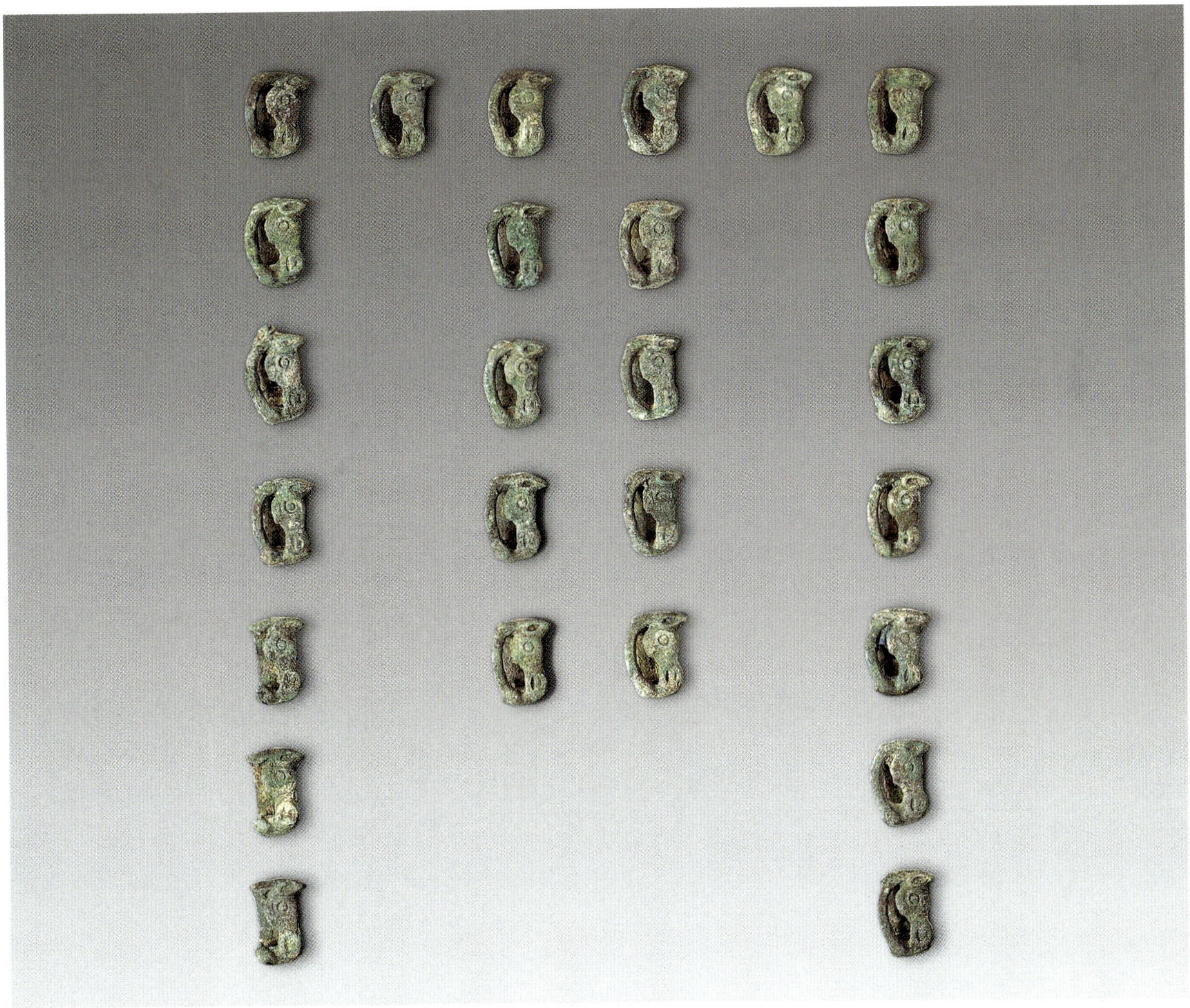

3. Ⅱ型Ⅰ式（YYM295：7）

玉皇庙墓地出土青铜带饰

Ⅳ型 Ⅰ式（YYM18：17）

玉皇庙墓地出土青铜带饰

YYM2：14

玉皇庙墓地出土玛瑙珠、绿松石珠项链

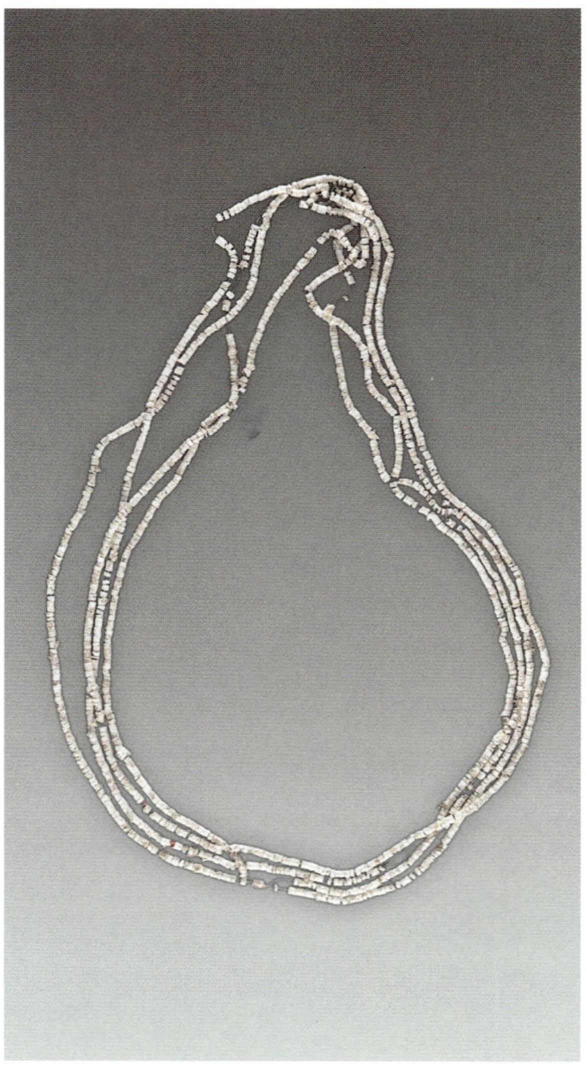

1. 小白石珠项链（YYM346：2）

2. 玛瑙珠、绿松石珠项链（YYM354：3）

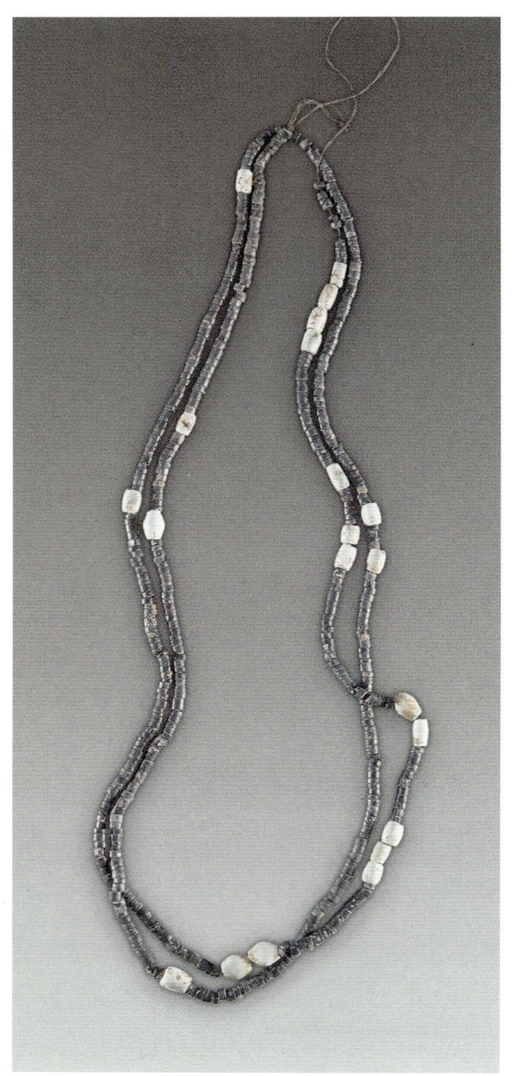

3. 小黑石珠、绿松石珠项链（YYM354：4）

玉皇庙墓地出土项链

1. YYM2 铜罍内遗留的酒糟炭化物

2. YYM18 死者身下遗存的羊毛毡残块

玉皇庙墓地出土酒糟炭化物与羊毛毡残块

1. 铜敦（YYM18：2）腹壁表面遗有多层纺织物痕迹

2. 羊形铜带饰（YYM212：10）背面粘附的粗麻布遗痕

3. 纺锤形铜珠（YYM114：6）穿孔内遗有多股麻线

玉皇庙墓地青铜器物上的纺织痕迹

1. YYM22 墓圹形制、椁室人骨及东端殉牲（西→东）

2. YYM21 墓圹形制及椁室人骨（西→东）

玉皇庙墓地北Ⅰ区中部春秋早期墓葬

1. YYM20 墓圹形制、木椁板灰及东端殉牲（西→东）

2. YYM20 椁室人骨、遗物及东端殉牲（西→东）

玉皇庙墓地北Ⅰ区中部春秋早期墓葬

1. YYM18 墓圹形制、木椁上部塌陷坑及东端上层殉牲（西→东）

2. YYM18 圹内东端上层殉牲（西→东）

玉皇庙墓地北Ⅰ区中部春秋早期墓葬

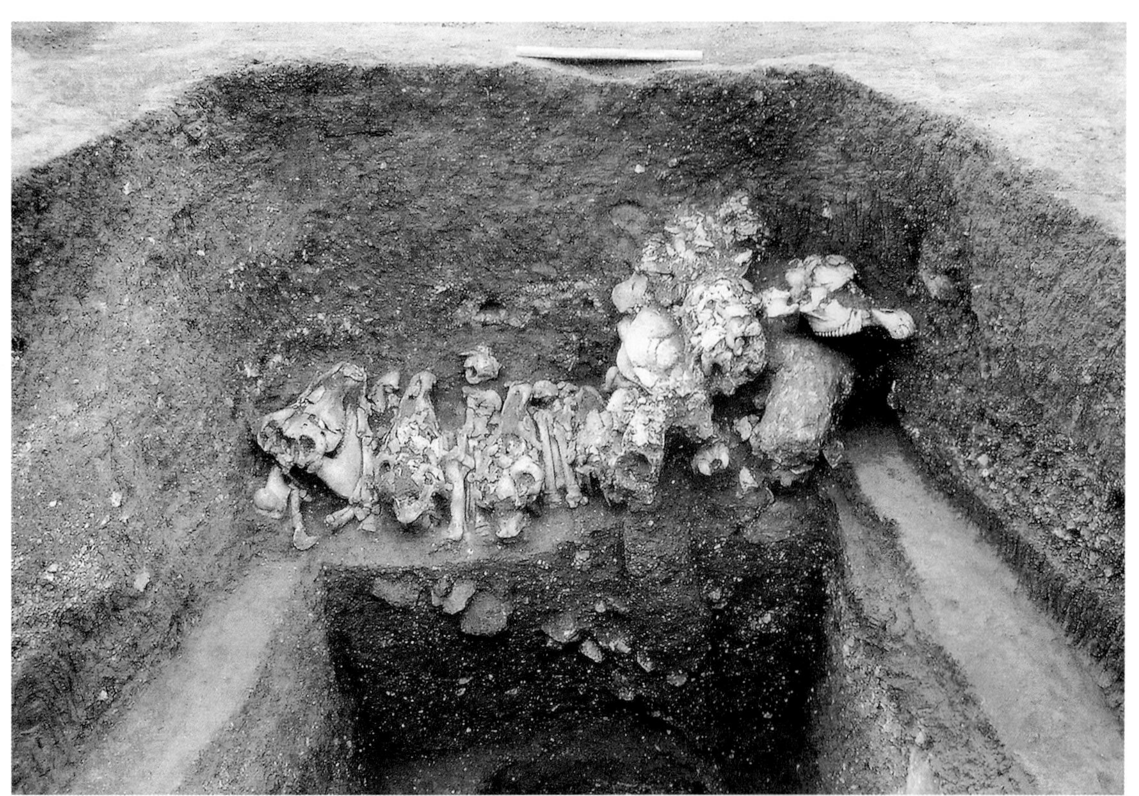

1. YYM18圹内东端下层殉牲（西→东）

2. YYM18圹内东端下层殉牲（东→西俯摄）

玉皇庙墓地北Ⅰ区中部春秋早期墓葬

1. YYM18三环孔马具铜环出土部位（东→西俯摄）

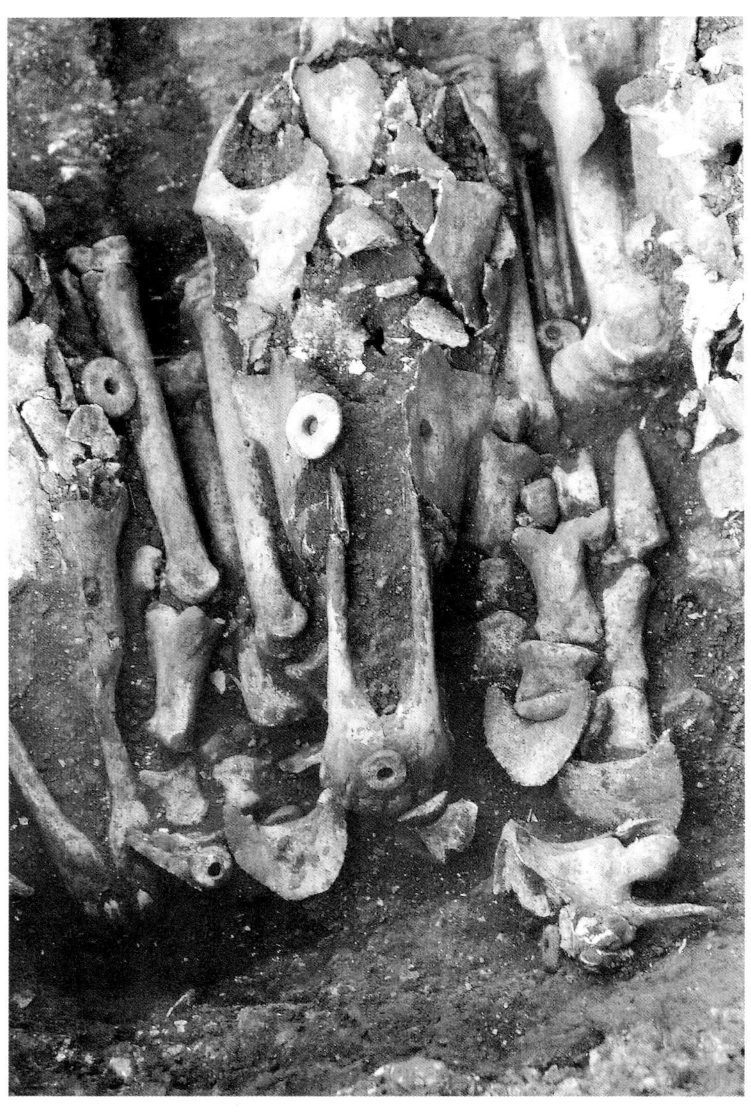

2. YYM18马具骨环出土部位（东→西俯摄）

玉皇庙墓地北Ⅰ区中部春秋早期墓葬

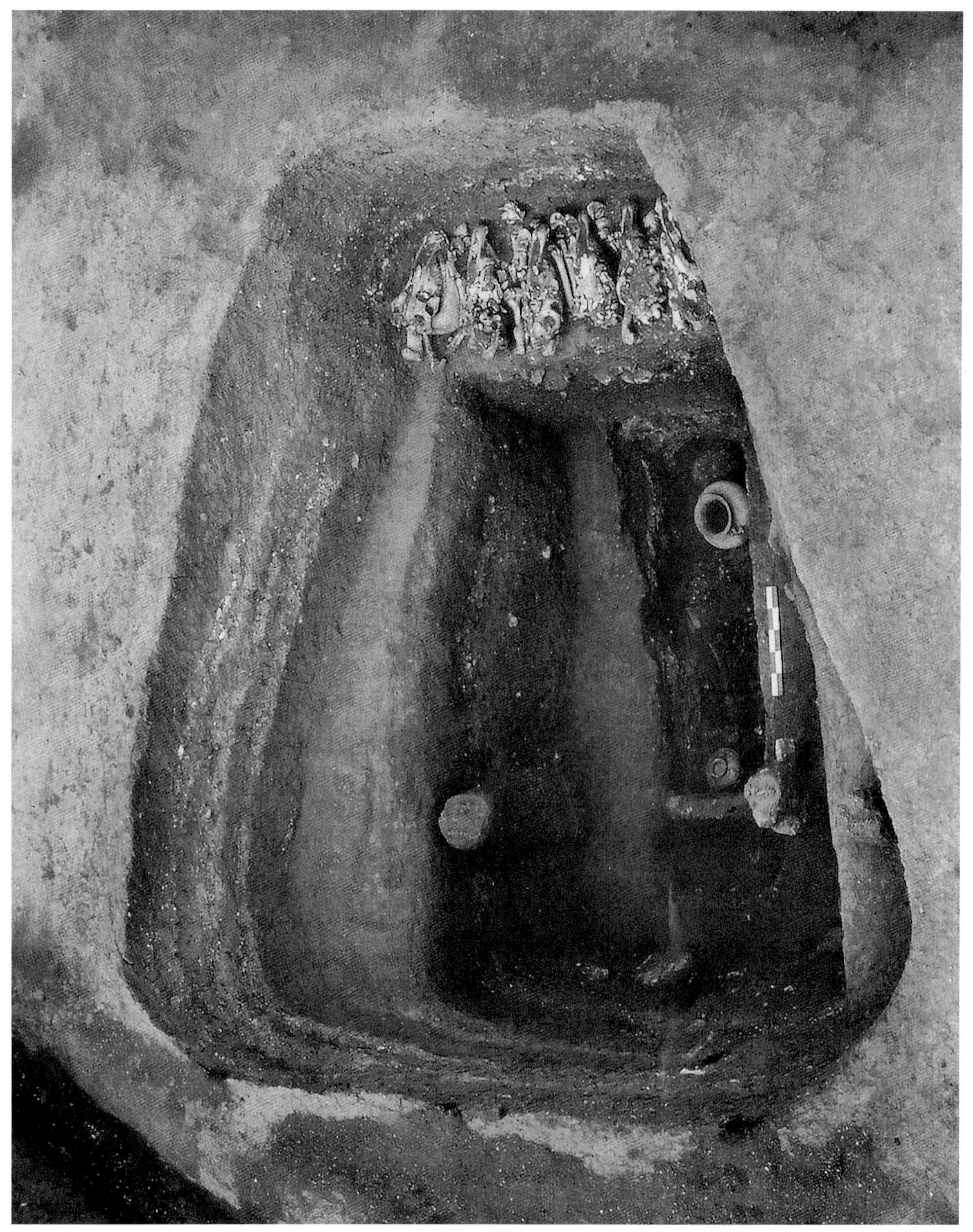

YYM18 墓圹形制、椁室及东端下层殉牲（南→北）

玉皇庙墓地北Ⅰ区中部春秋早期墓葬

1. YYM18 椁室东部出土铜罍等遗物（西→东）

2. YYM18 椁室西部出土铜镀、铜敦等遗物（东→西）

YYM13 墓圹形制、椁室及遗物分布（西→东）

玉皇庙墓地北Ⅰ区中部春秋早期墓葬

1. YYM82 死者腰间遗物（西→东）

2. YYM82 墓圹形制、人骨及遗物分布（西→东）

玉皇庙墓地北Ⅰ区西部
春秋早期墓葬

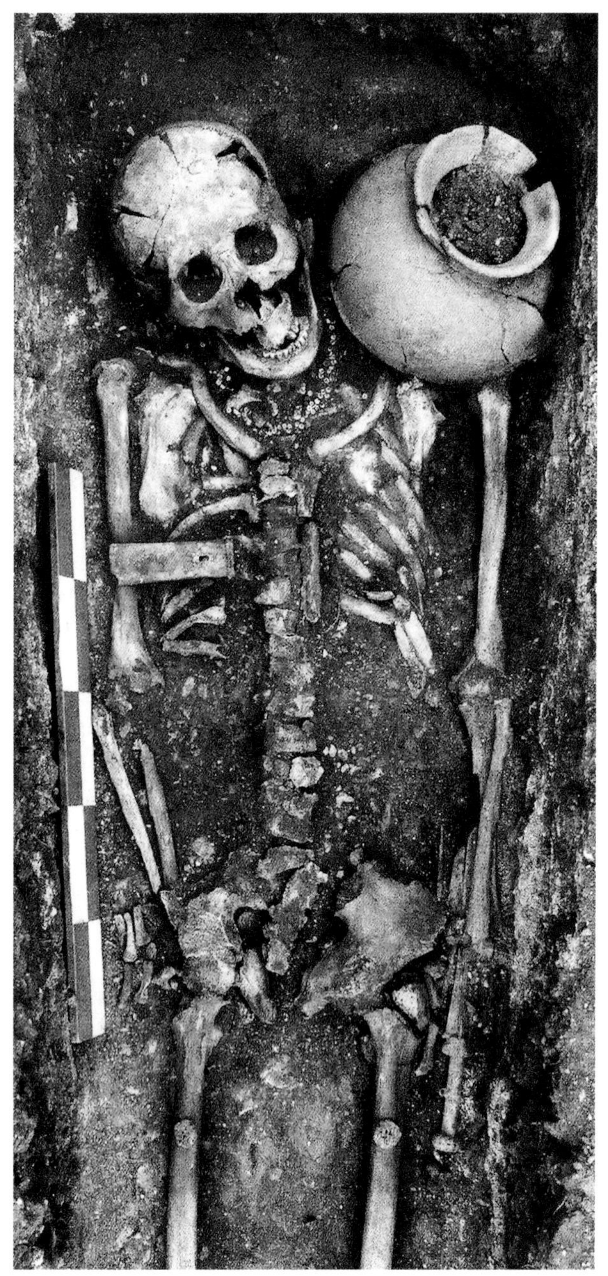

1. YYM386 死者头部至股骨间遗物分布（西→东）

2. YYM386 死者头、颈、胸部遗物（西→东）

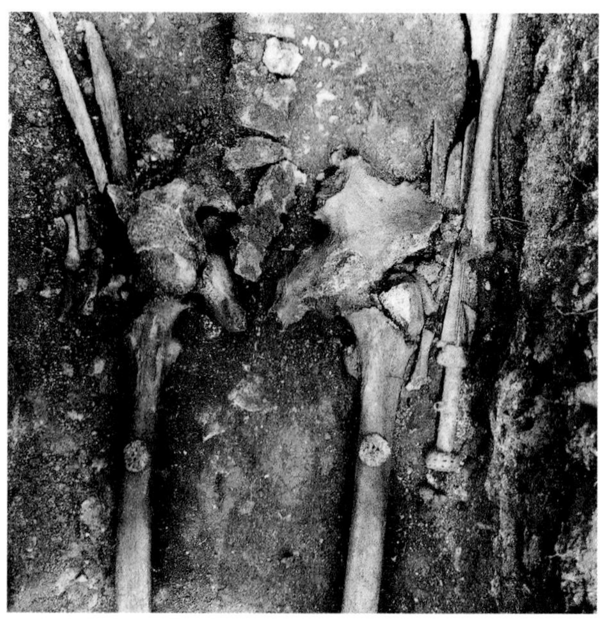

3. YYM386 青铜短剑、铜锥、服饰铜扣等出土部位（西→东）

玉皇庙墓地北Ⅰ区西部
春秋早期墓葬

1. YYM385 墓圹形制、椁室及遗物分布（西→东）

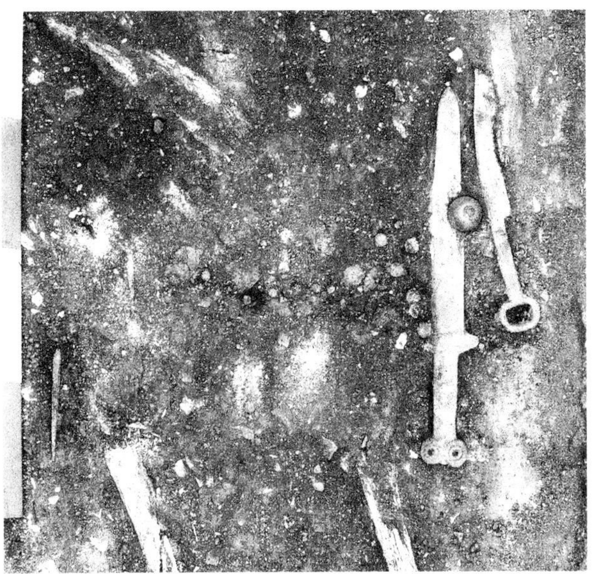

2. YYM385 死者腰间遗物（西→东）

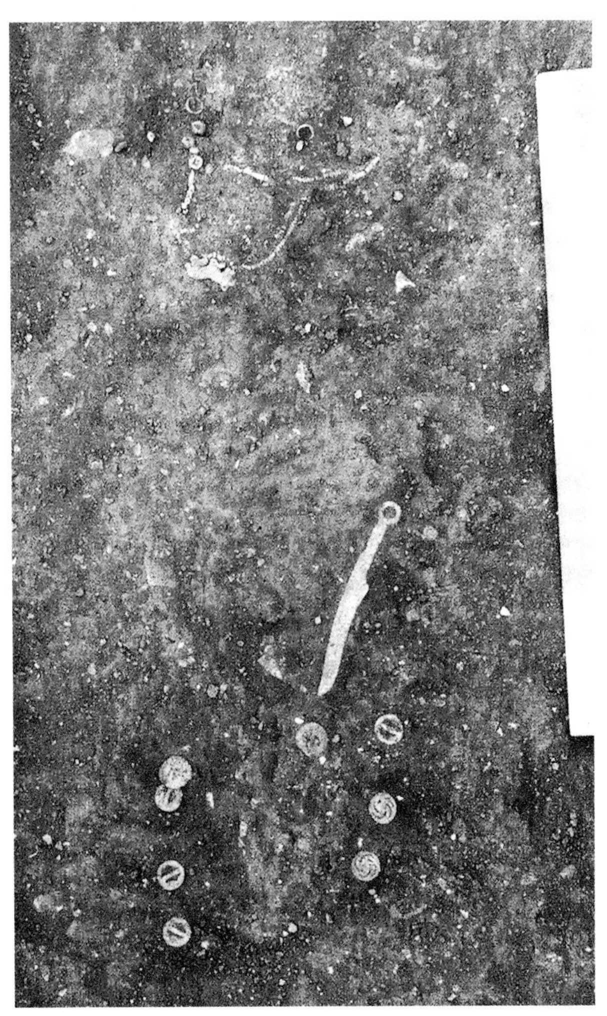

3. YYM383 死者颈部、腰间及骨盆部位遗物（西→东）

玉皇庙墓地北Ⅰ区西部春秋早期墓葬

1. YYM384 墓圹形制、封顶石及东端殉牲（西→东）

2. YYM384 圹内东端殉牲

玉皇庙墓地北Ⅰ区西部春秋早期墓葬

1. YYM248 墓圹形制、人骨及残陶罐等（西→东）

玉皇庙墓地Ⅱ区北部春秋早中期墓葬

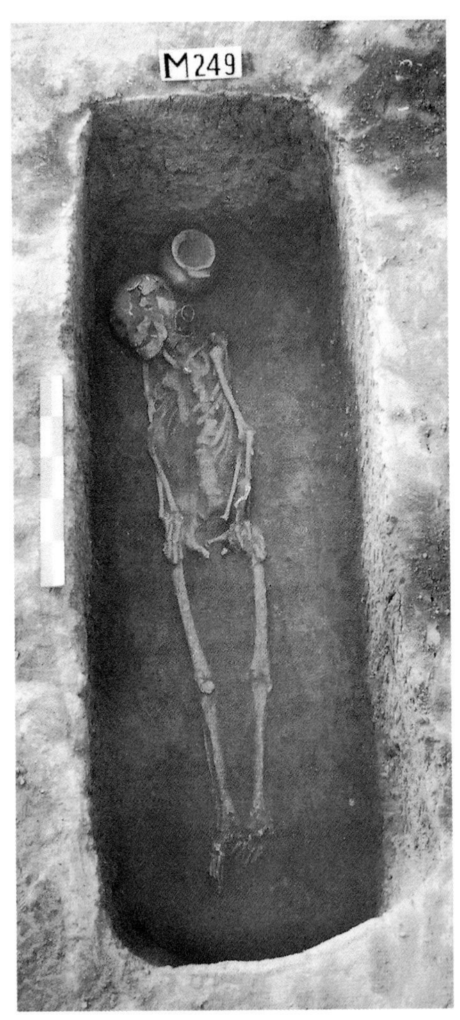

2. YYM249 墓圹形制、人骨及陶罐等（西→ 东）

3. YYM278 墓圹形制、椁室人骨及东端殉牲（西→东）

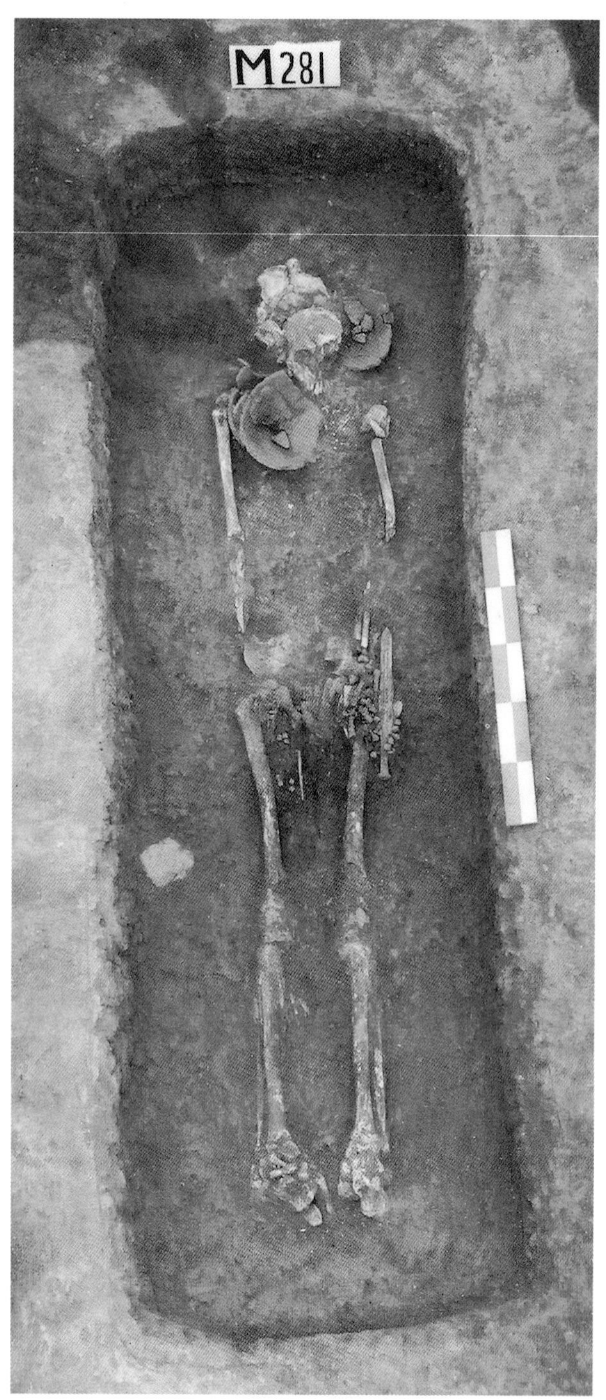

1. YYM281 墓圹形制、人骨及遗物分布（西→东）

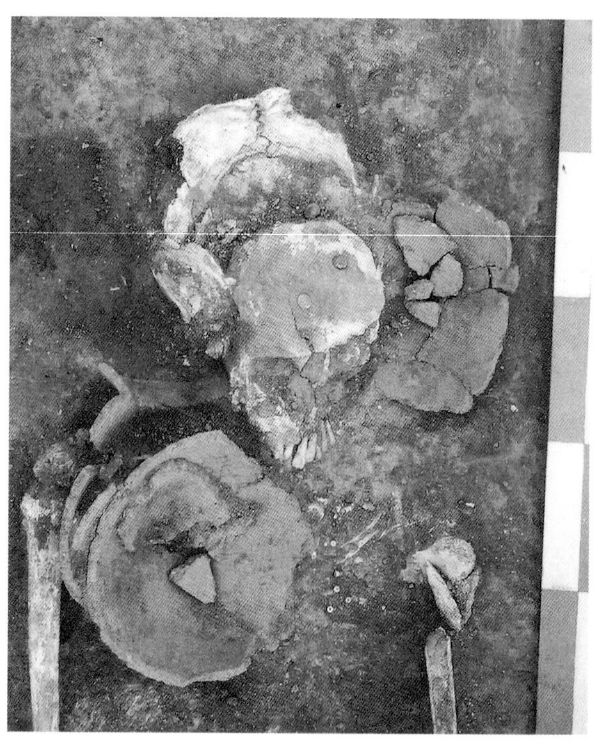

2. YYM281 死者头骨表面遗留的覆面铜扣

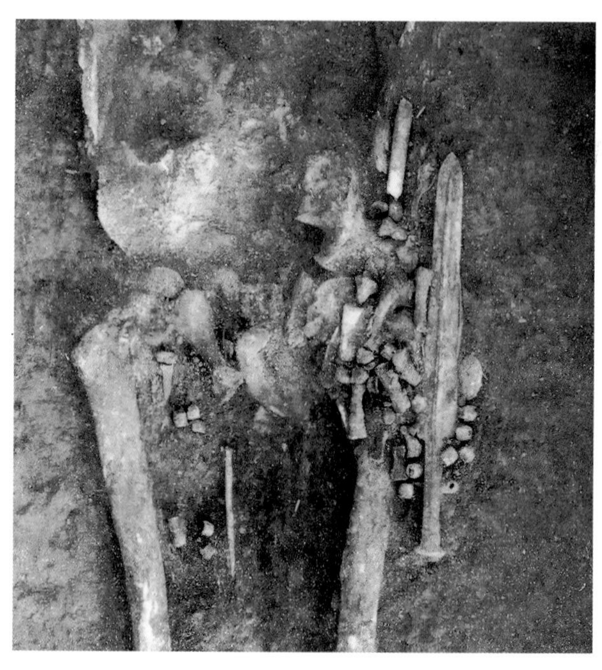

3. YYM281 青铜短剑、铜锥等出土部位（西→东）

玉皇庙墓地北Ⅱ区北部春秋早中期墓葬

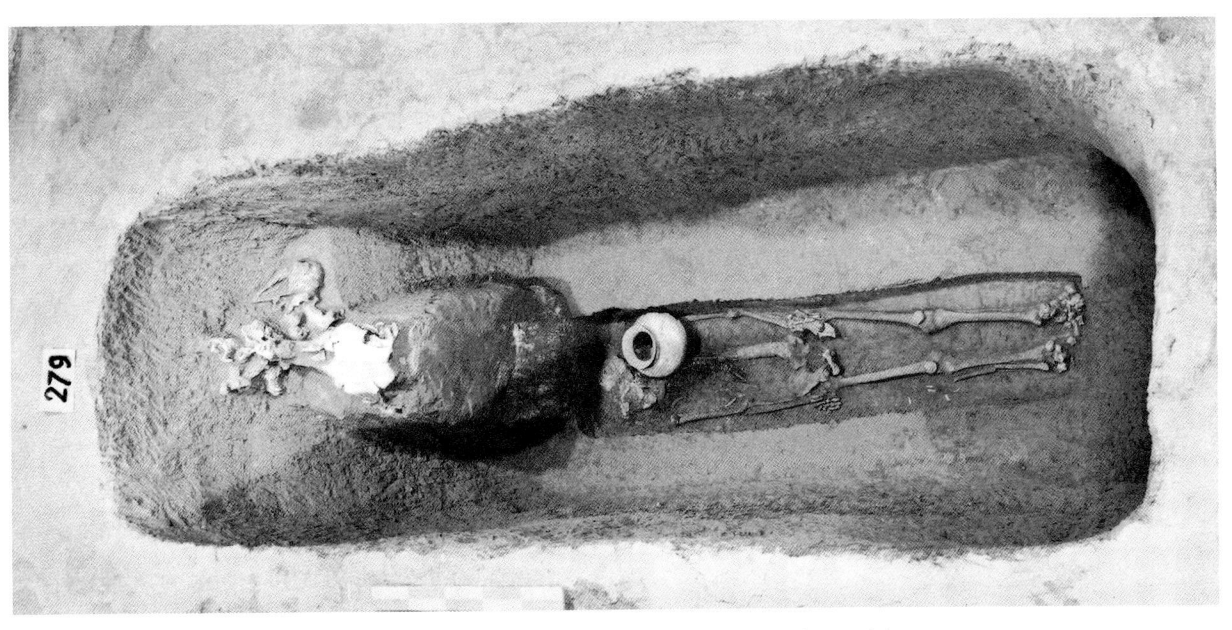

1. YYM279 墓圹形制、椁室及东端殉牲（西→东）

玉皇庙墓地北Ⅱ区北部春秋早中期墓葬

2. YYM244 墓圹形制及人骨（南→北）

3. YYM280 墓圹形制、椁室及东端殉牲（西→东）

1. YYM280 木椁东端堵板板灰及人骨、遗物（西→东）

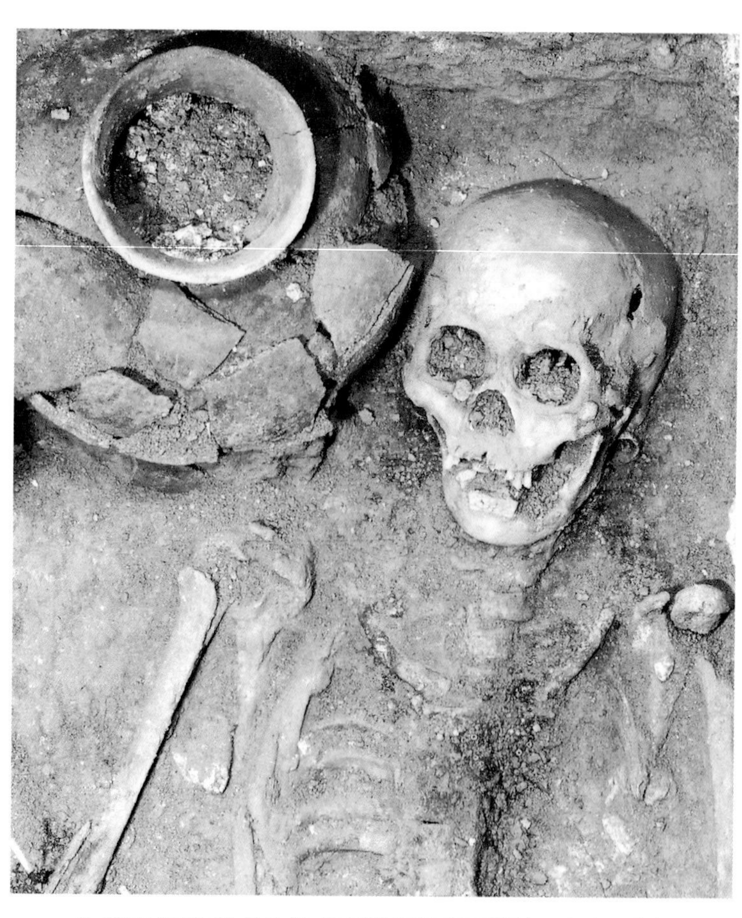

2. YYM280 死者头骨表面遗留的覆面铜扣（西→东）

3. YYM283 墓圹形制及被扰动的人骨（西→东）

玉皇庙墓地北Ⅱ区北部春秋早中期墓葬

1. YYM277 墓圹形制、被扰人骨及东端殉牲

2. YYM285 墓圹形制、残存人骨及遗物（西→东）

3. YYM277 死者头、颈部遗物（西→东）

玉皇庙墓地北Ⅱ区北部春秋早中期墓葬

YYM250 墓圹形制、椁室及东端殉牲（西→东）

玉皇庙墓地北Ⅱ区北部春秋早中期墓葬

玉皇庙墓地北Ⅱ区北部春秋早中期墓葬

1. YYM250椁室及圹内东端上层殉牲（西→东）

2. YYM250圹内东端上层殉牲（西→东俯摄）

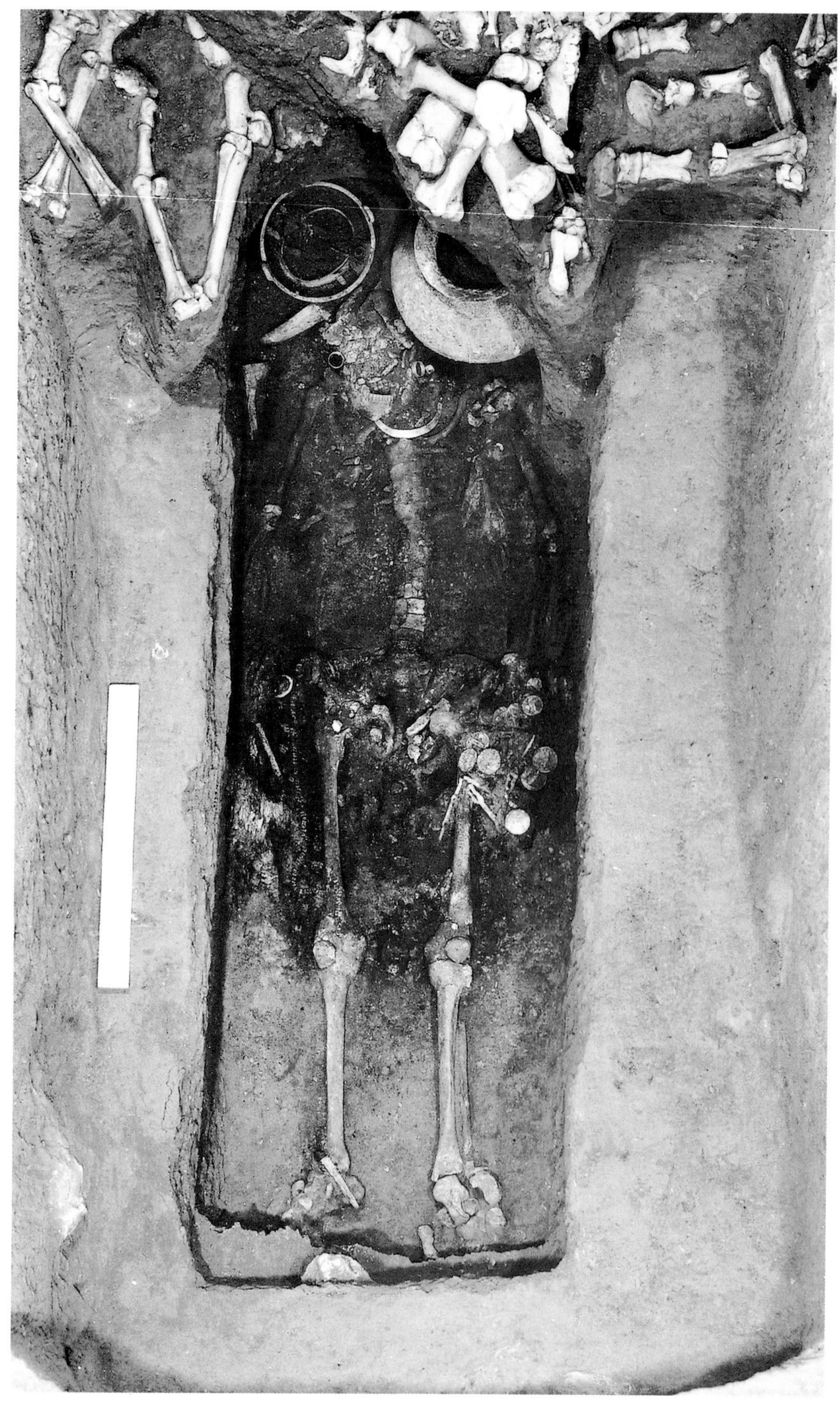

YYM250圹内东部上层殉牲、椁室人骨及遗物分布（西→东）

玉皇庙墓地北Ⅱ区北部早中期墓

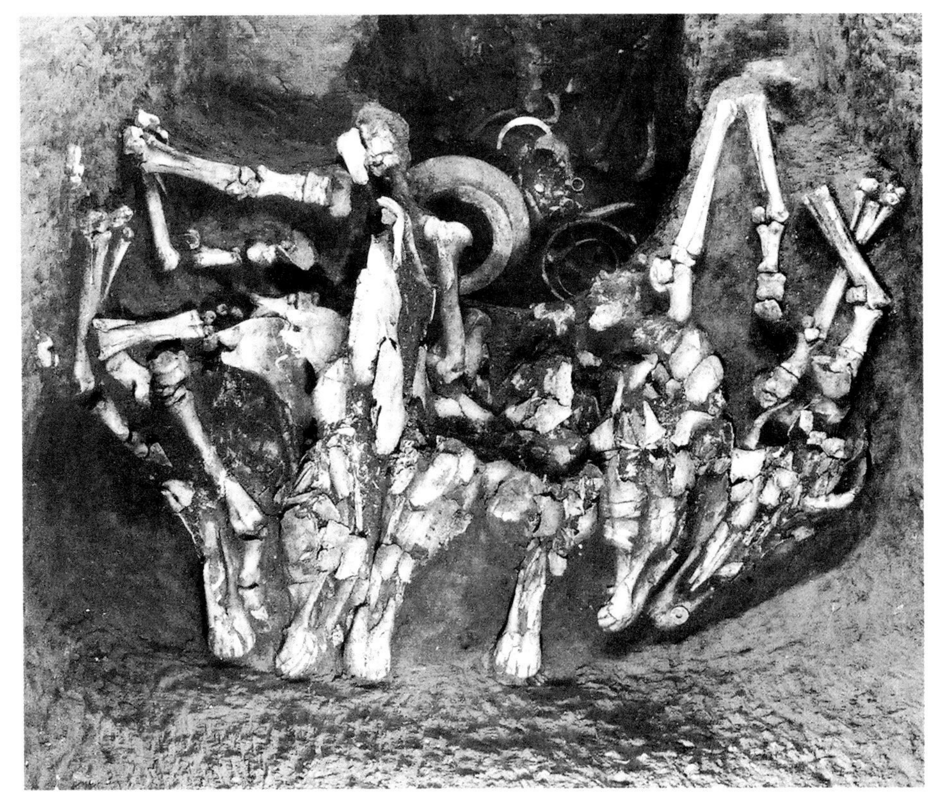

1. YYM250圹内下层殉牲（东→西俯摄）

2. YYM250死者头部出土的金饰品和青铜器（西→东）

玉皇庙墓地北Ⅱ区北部早中期墓

1. YYM250 死者腰际以下至膝部遗物分布（西→东）

2. YYM282 墓圹形制、椁室及东端殉牲（北→南）

玉皇庙墓地北Ⅱ区北部春秋早中期墓葬

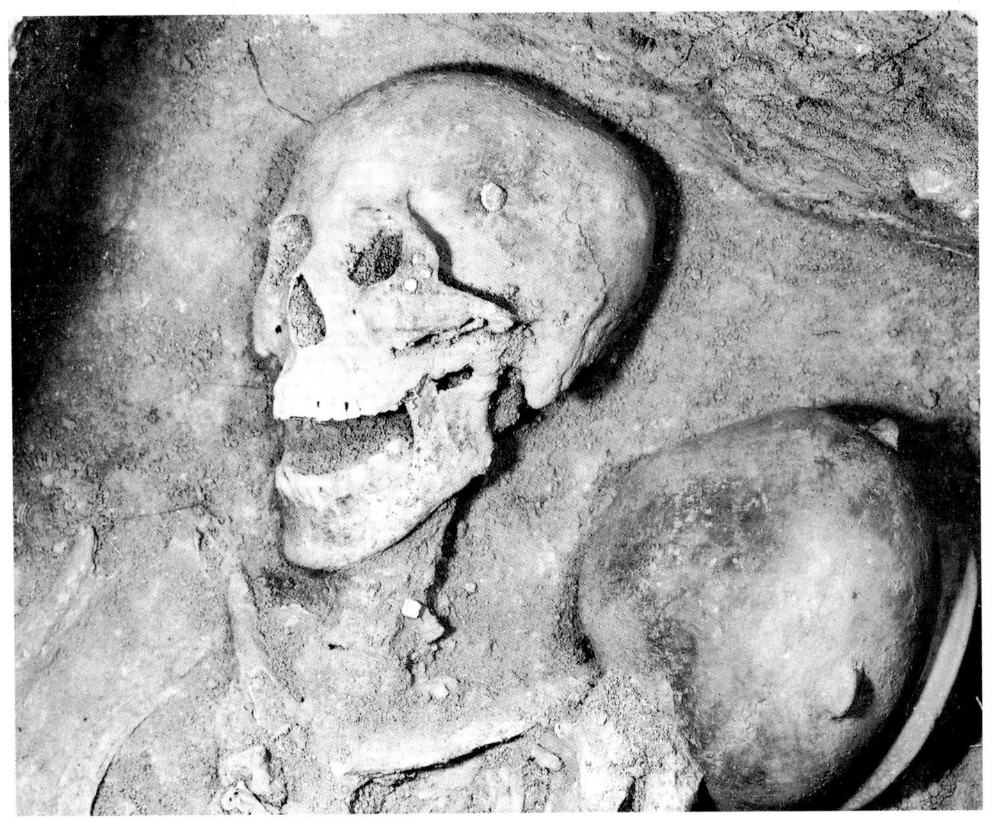

1. YYM282 死者头骨表面遗留的覆面铜扣（西→东）

玉皇庙墓地北Ⅱ区北部春秋早中期墓葬

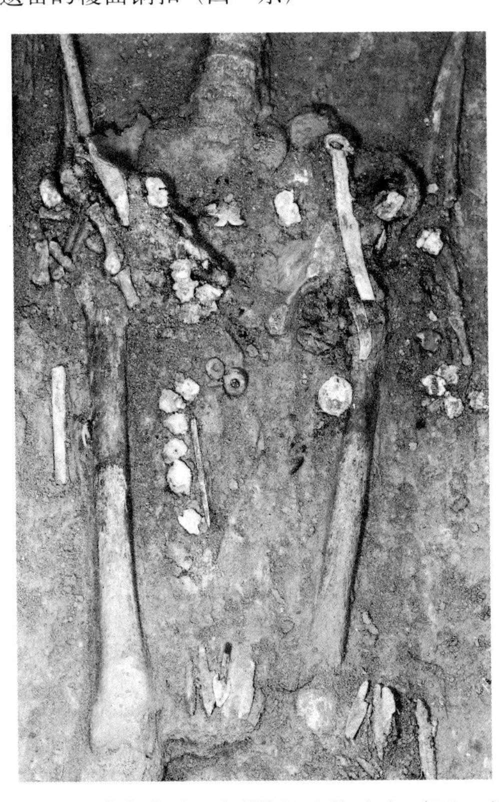

2. YYM282 死者腰际以下至膝部遗物分布（西→东）

1. YYM251 墓圹形制、椁室及东端殉牲（西→东）

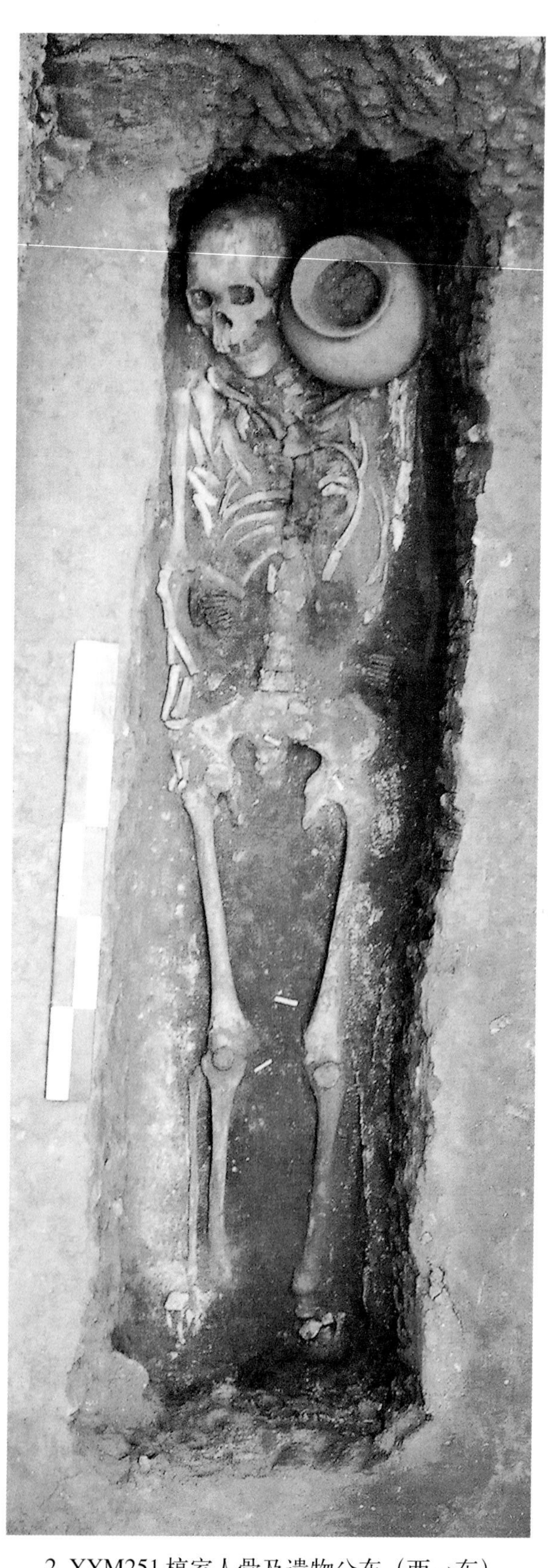

2. YYM251 椁室人骨及遗物分布（西→东）

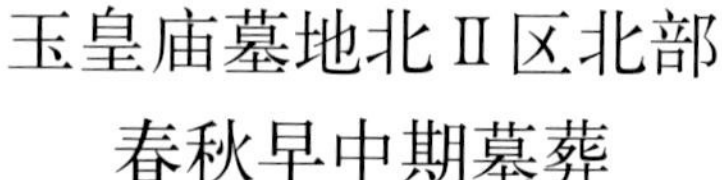

玉皇庙墓地北Ⅱ区北部
春秋早中期墓葬

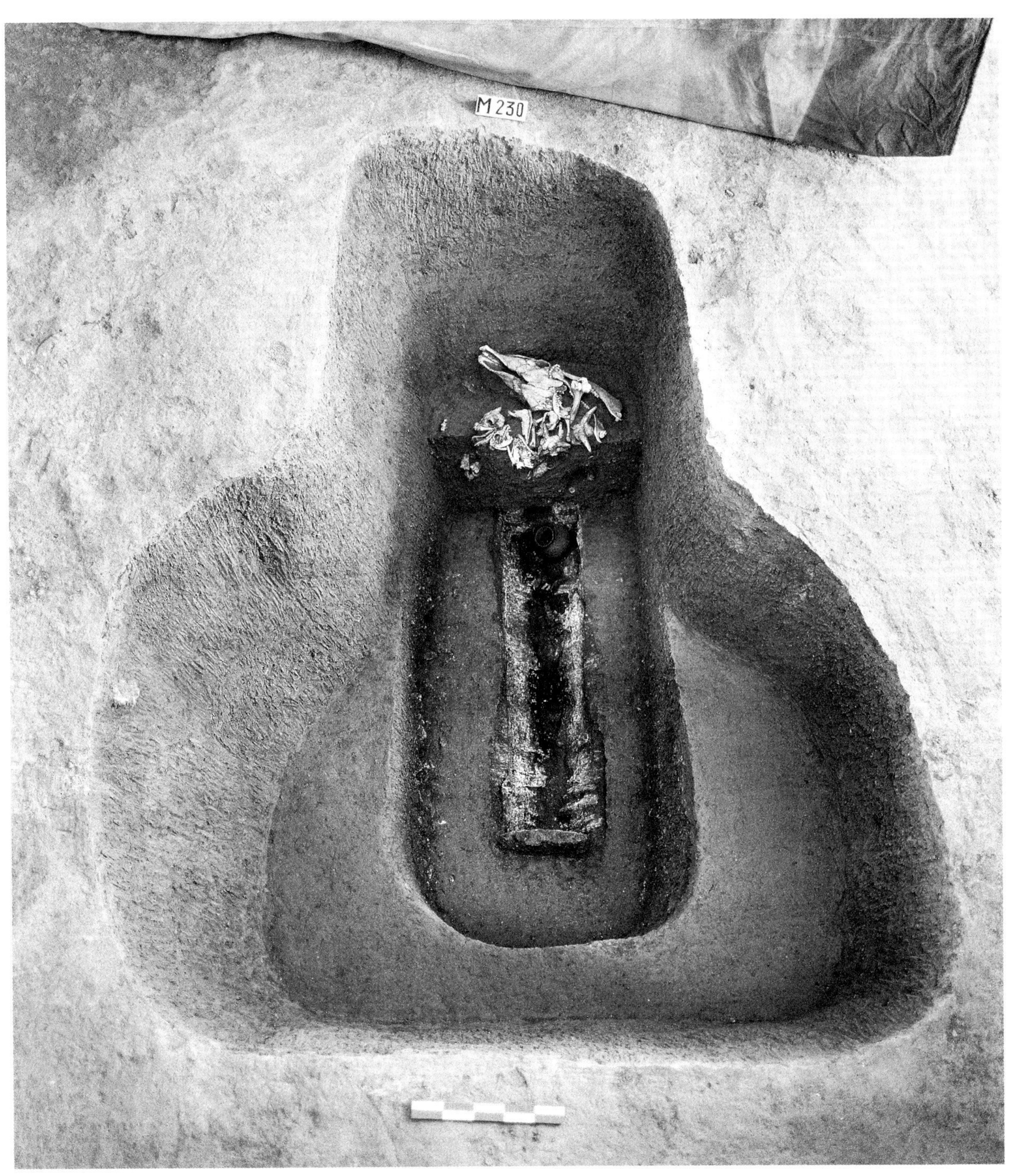

YYM230 墓圹、木椁板灰及圹内东端上层殉牲（西→东）

玉皇庙墓地北Ⅱ区北部春秋早中期墓葬

1. YYM230 圹内东端下层殉牲（西→东）

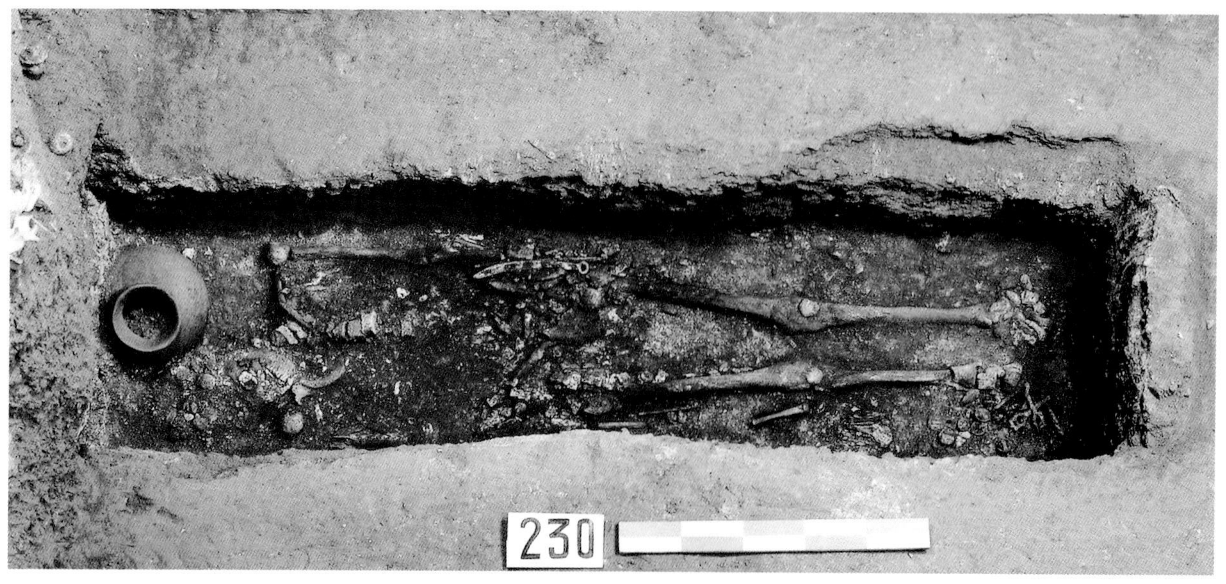

2. YYM230 椁室人骨及遗物分布（北→南）

玉皇庙墓地北Ⅱ区北部春秋早中期墓葬

1. YYM230死者右膝外侧至足部遗物分布（西→东）

2. YYM230死者腰部至股骨间遗物分布（西→东）

玉皇庙墓地北Ⅱ区北部春秋早中期墓葬

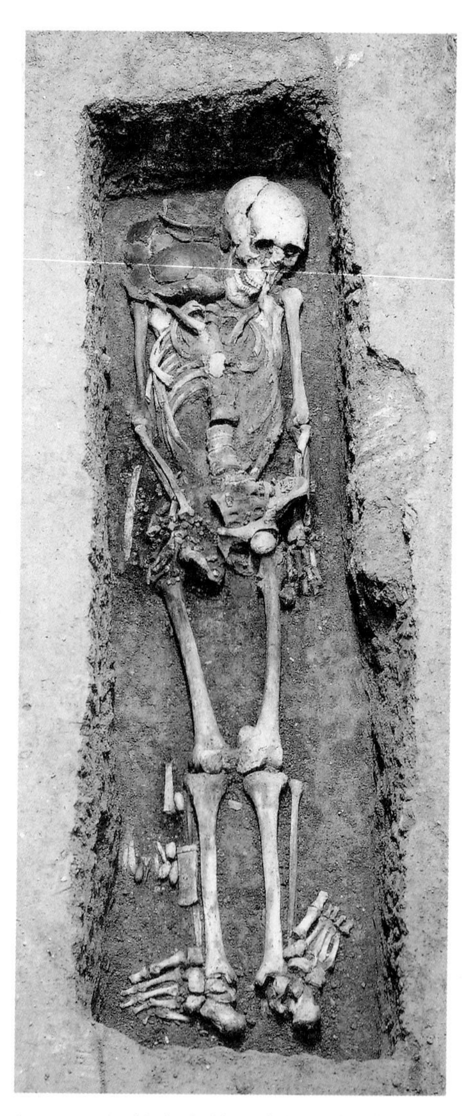

2. YYM229 椁室人骨及遗物分布（西→东）

1. YYM229 墓圹形制、椁室及东端殉牲（西→东）

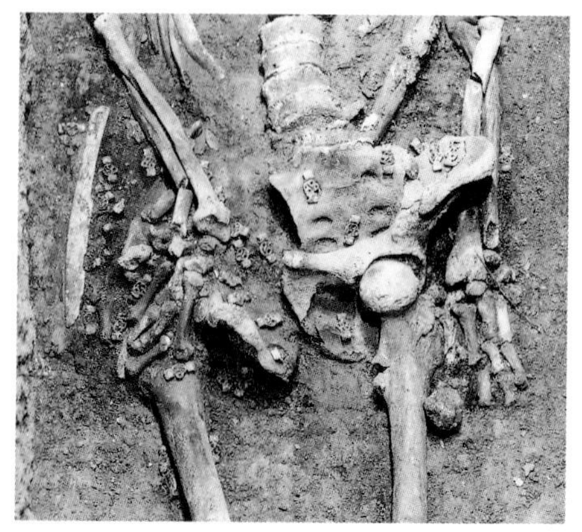

3. YYM229 死者腰下至股骨上段遗物分布（西→东）

玉皇庙墓地北Ⅱ区北部春秋早中期墓葬

1. YYM233 墓圹形制、椁室及东端殉牲（北→南）

2. YYM233 死者腰际以下至股骨间遗物分布（西→东）

3. YYM231 墓圹形制、椁室及东端殉牲（西→东）

玉皇庙墓地北Ⅱ区北部春秋早中期墓葬

1. YYM228 墓圹形制、椁室及东端殉牲（西→东）　　2. YYM232 墓圹形制、椁室及东端殉牲（西→东）

玉皇庙墓地北Ⅱ区北部春秋早中期墓葬

1. YYM227 墓圹形制、椁室及东端殉牲（西→东）

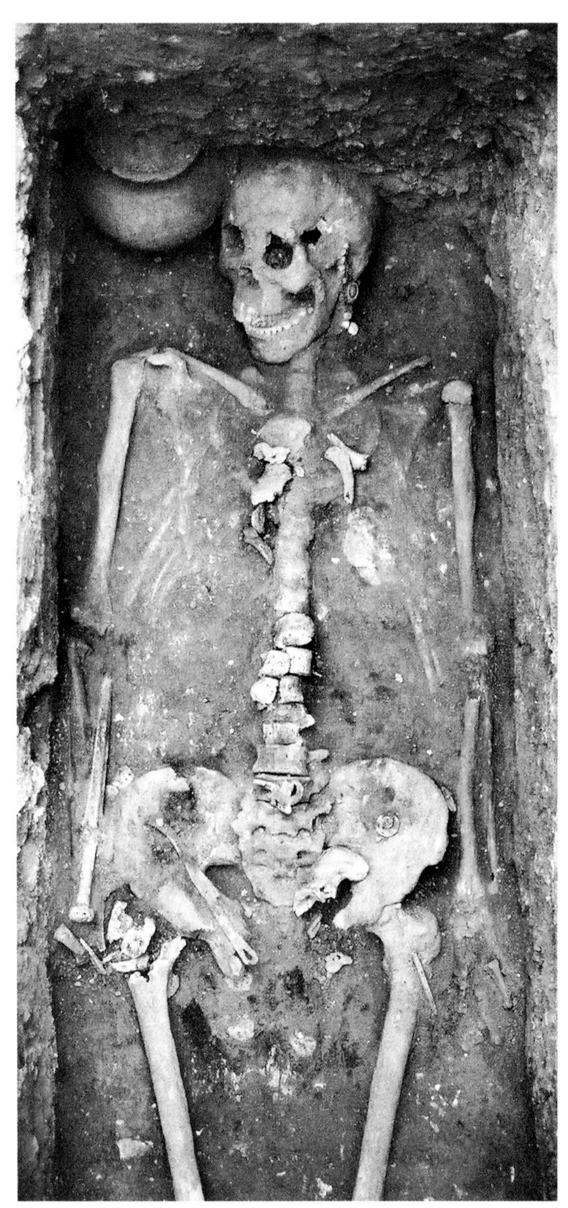

2. YYM227 死者头部至股骨间遗物分布（西→东）

玉皇庙墓地北Ⅱ区北部春秋早中期墓葬

1. YYM241 墓圹形制、椁室及东端殉牲（西→东）

2. YYM241 墓圹形制、椁室人骨及遗物分布（西→东）

玉皇庙墓地北Ⅱ区北部春秋早中期墓葬

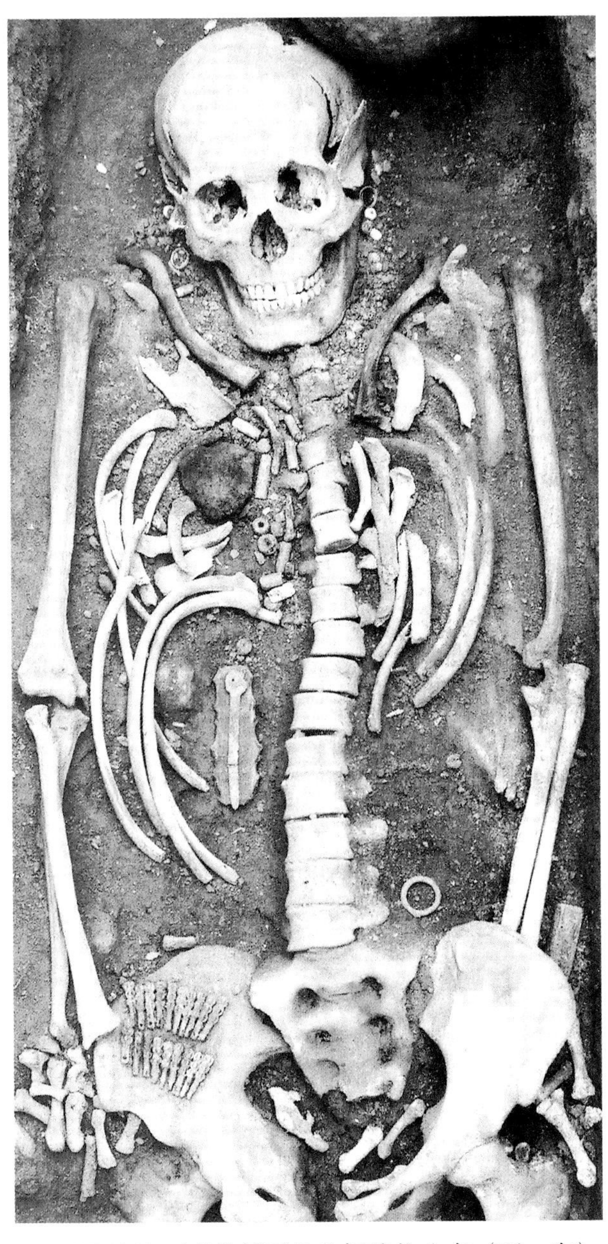

1. YYM241 死者头部至骨盆间遗物分布（西→东）

2. YYM264 墓圹形制、椁室及东端殉牲（西→东）

玉皇庙墓地北Ⅱ区北部春秋早中期墓葬

1. YYM264 椁室人骨及遗物分布（西→东）

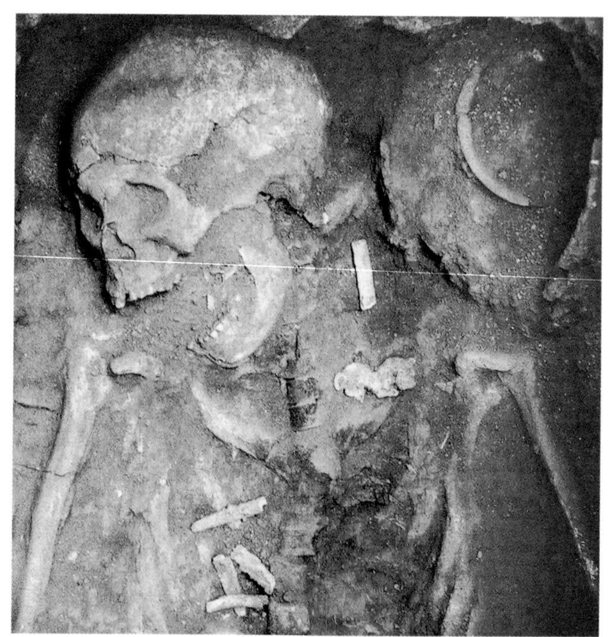

2. YYM264 铜牌饰出土部位

3. YYM264 死者腰际以下至膝部遗物分布（西→东）

玉皇庙墓地北Ⅱ区北部春秋早中期墓葬

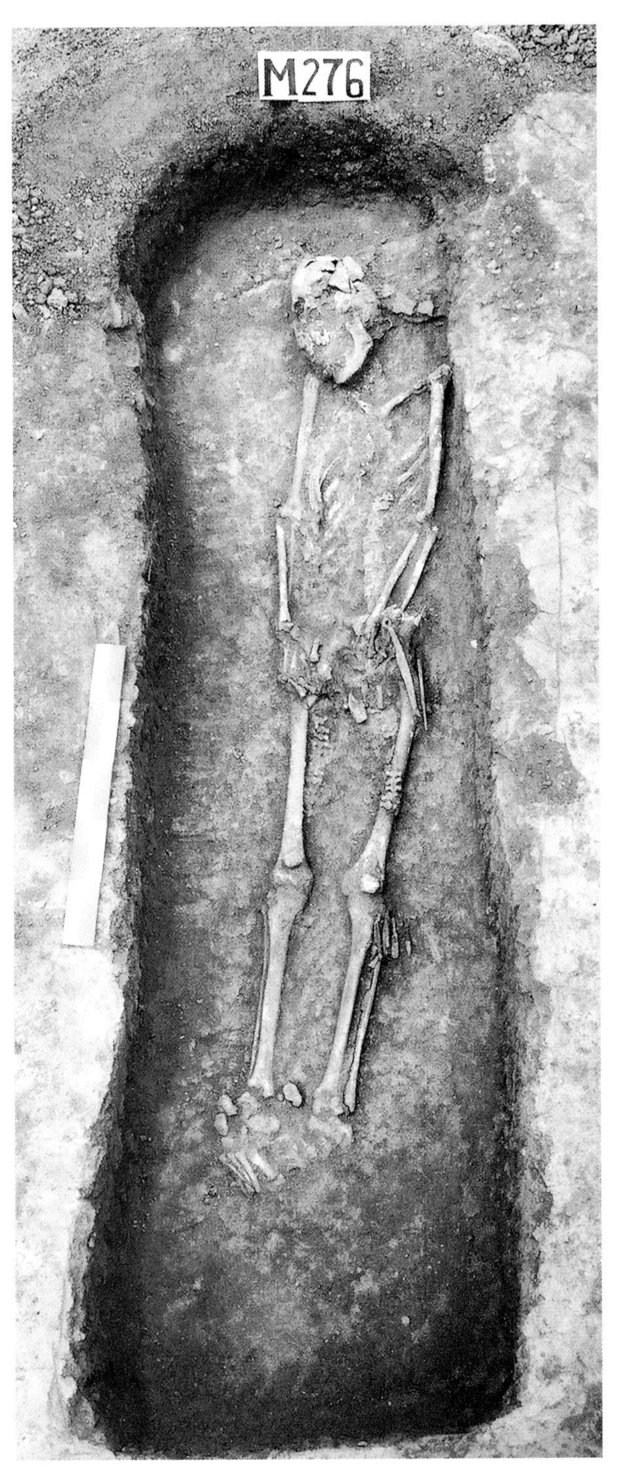

1. YYM276 墓圹形制、人骨及遗物分布（东→西）

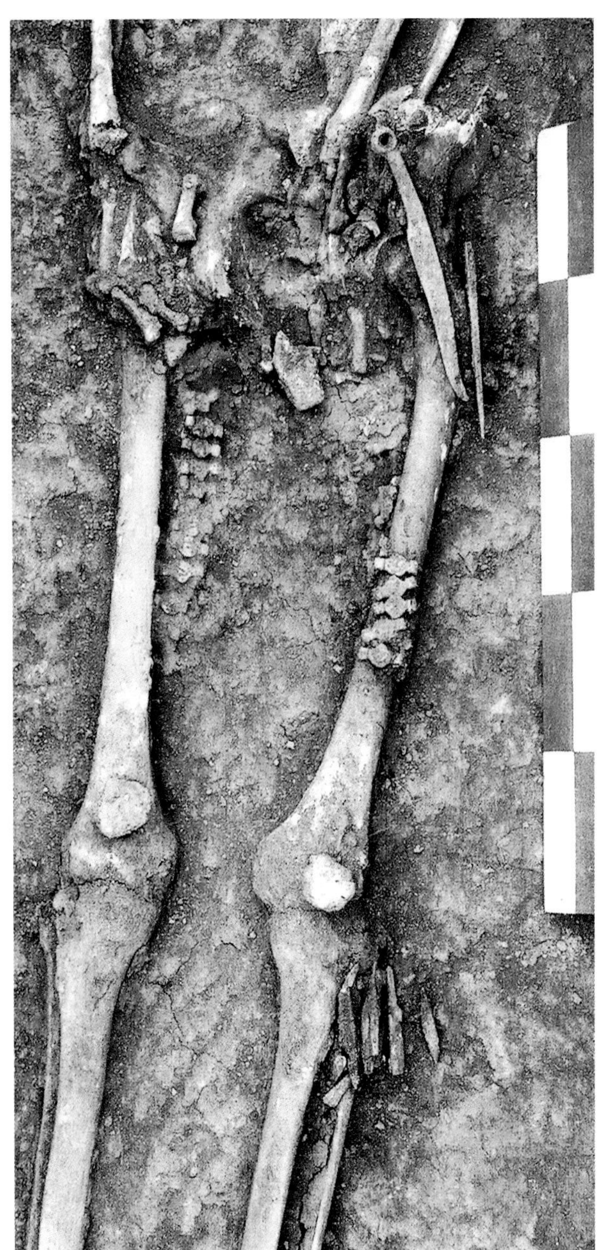

2. YYM276 死者腰际以下遗物分布（东→西）

玉皇庙墓地北Ⅱ区北部春秋早中期墓葬

图版三六

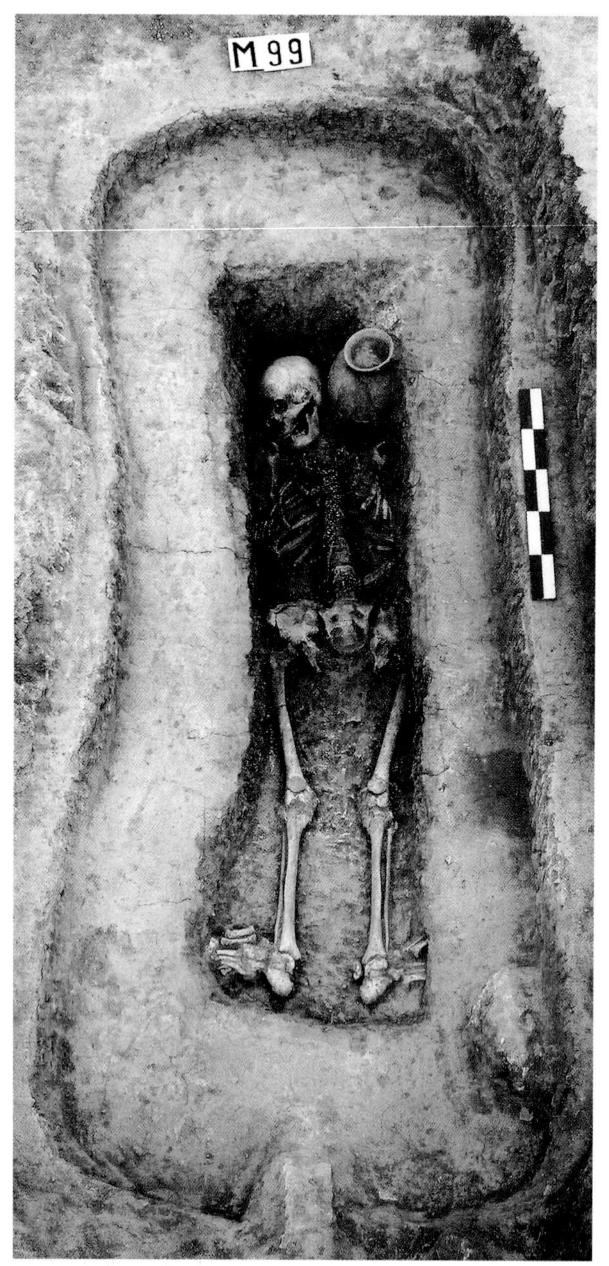

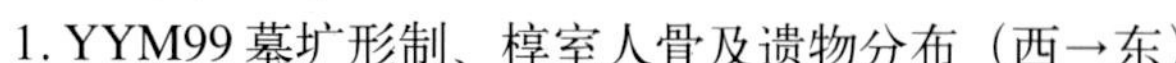

1. YYM99 墓圹形制、椁室人骨及遗物分布（西→东）

2. YYM226 墓圹形制、椁室及东端殉牲（西→东）

玉皇庙墓地北Ⅱ区北部春秋早中期墓葬

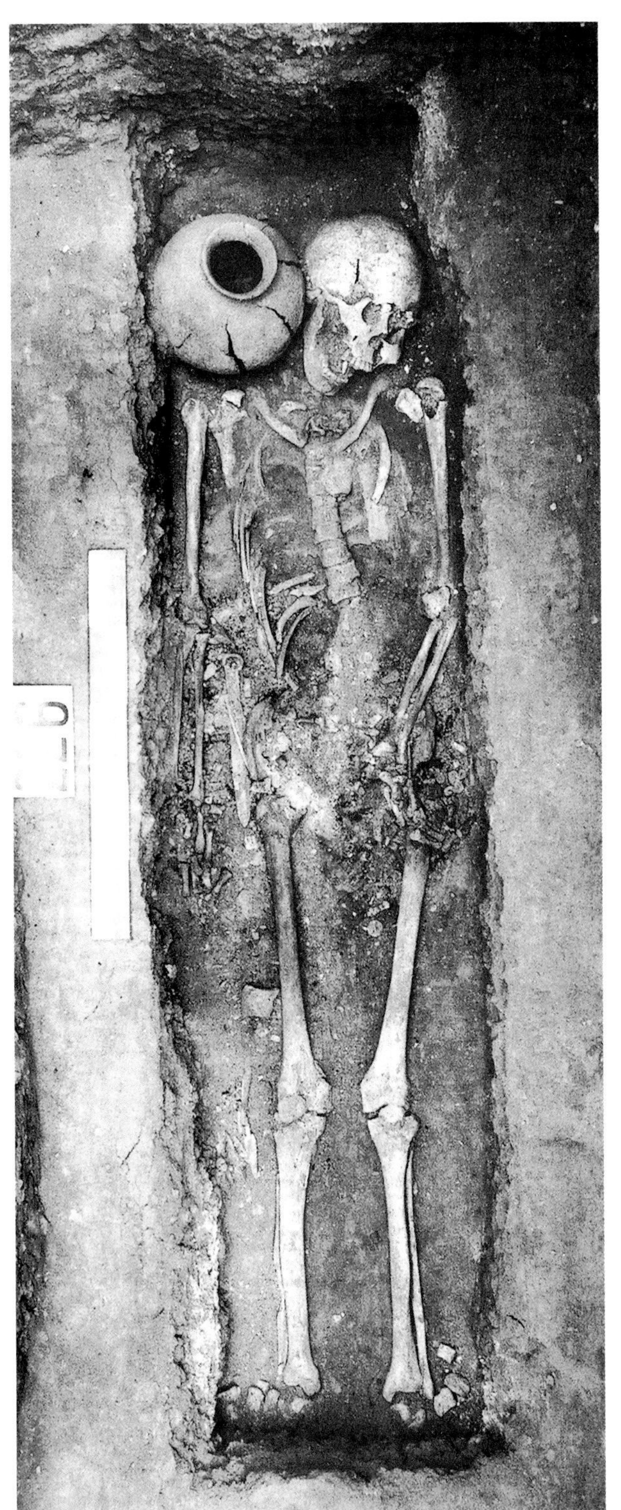

2. YYM226 死者腰际以下至股骨上段遗物分布（西→东）

1. YYM226 椁室人骨及遗物分布（西→东）

玉皇庙墓地北Ⅱ区北部春秋早中期墓葬

1. YYM240 墓圹形制、椁室及东端殉牲（西→东）

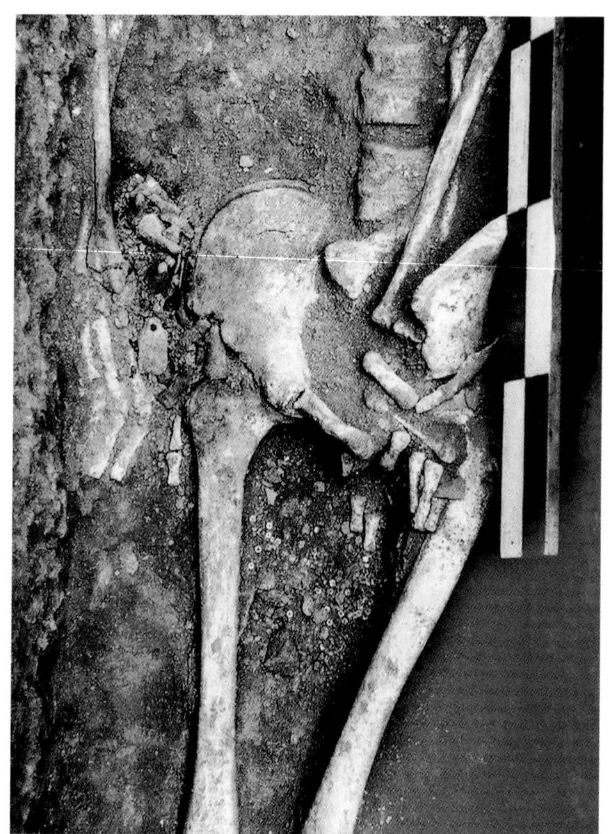

2. YYM240 死者腰际以下至股骨间遗物分布（西→东）

玉皇庙墓地北Ⅱ区北部
春秋早中期墓葬

1. YYM252 墓圹形制、椁室及东端殉牲（西→东）

2. YYM252 椁室人骨及遗物分布（西→东）

玉皇庙墓地北Ⅱ区北部春秋早中期墓葬

1. YYM265 墓圹形制、椁室及东端殉牲（西→东）

2. YYM275 墓圹形制、椁室及东端殉牲（西→东）

玉皇庙墓地北Ⅱ区北部春秋早中期墓葬

玉皇庙墓地北Ⅱ区北部春秋早中期墓葬

1. YYM275 椁室人骨及遗物分布（西→东）

2. YYM47 死者头、颈、胸部遗物（西→东）

3. YYM47 墓圹形制、椁室及东端殉牲（西→东）

1. YYM234 墓圹形制、椁室及东端殉牲（西→东）

2. YYM239 墓圹形制及儿童遗骨

玉皇庙墓地北Ⅱ区中部春秋中期墓葬

1. YYM253 墓圹形制及婴儿遗骨（西→东）

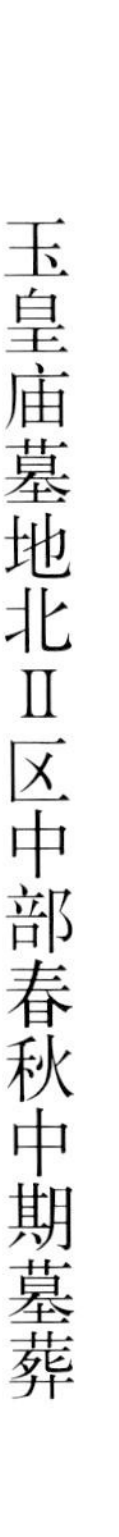

玉皇庙墓地北Ⅱ区中部春秋中期墓葬

2. YYM263 墓圹形制、椁室及东端殉牲（西→东）

3. YYM263 死者头部至股骨间遗物分布（西→东）

1. YYM274 墓圹形制及儿童遗骨（西→东）

2. YYM43 墓圹形制、人骨及遗物分布（西→东）

3. YYM225 墓圹形制、椁室及东端殉牲（西→东）

玉皇庙墓地北Ⅱ区中部春秋中期墓葬

1. YYM262 墓圹形制、婴儿遗骨及东端殉牲（西→东）

2. YYM254 墓圹形制、木椁及东端殉牲（西→东）

3. YYM254 木椁板灰及显露的人骨与陶罐（西→东）

玉皇庙墓地北Ⅱ区中部春秋中期墓葬

1. YYM266 墓圹形制、椁室及东端殉牲（西→东）

2. YYM266 死者头、颈、胸部遗物（西→东）

3. YYM273 墓圹形制、椁室及东端殉牲（西→东）

玉皇庙墓地北Ⅱ区中部春秋中期墓葬

1. YYM236 墓圹形制、椁室及东端殉牲（西→东）

2. YYM238 墓圹形制、儿童遗骨及东端殉牲（西→东）

玉皇庙墓地北Ⅱ区中部春秋中期墓葬

3. YYM255 墓圹形制及儿童遗骨（西北→东南）

1. YYM237 墓圹形制、椁室及东端殉牲（西→东）

2. YYM237 死者头部及上身遗物分布（西→东）

玉皇庙墓地北Ⅱ区中部春秋中期墓葬

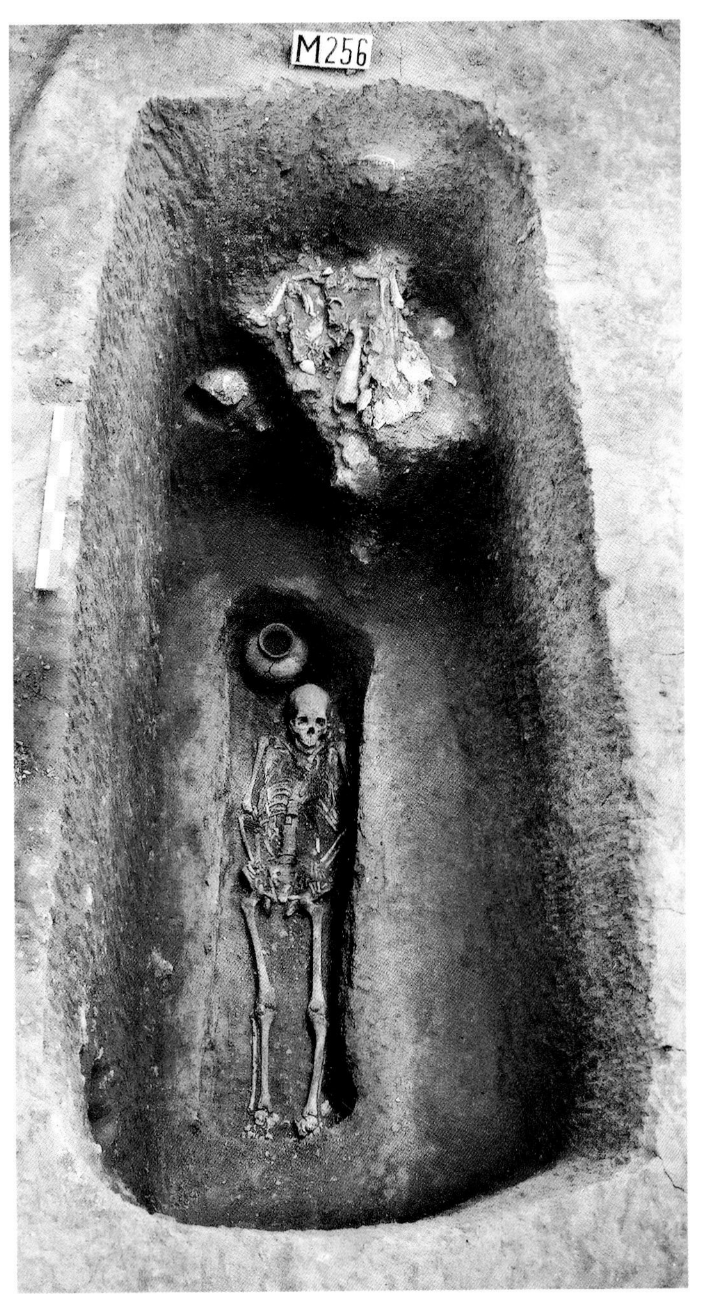

1. YYM256 墓圹形制、椁室及东端殉牲（西→东）

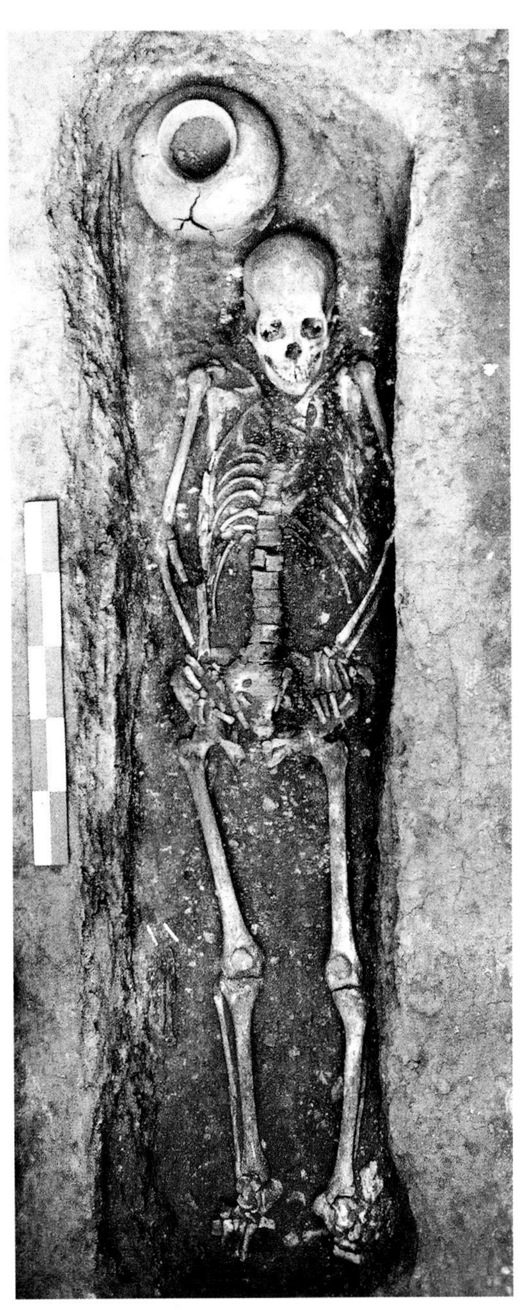

2. YYM256 椁室人骨及遗物分布（西→东）

玉皇庙墓地北Ⅱ区中部春秋中期墓葬

1. YYM261 墓圹形制、椁室及东端殉牲（西→东）

2. YYM261 椁室人骨及遗物分布（西→东）

3. YYM261 死者腰、膝间遗物分布（西→东）

玉皇庙墓地北Ⅱ区中部春秋中期墓葬

1. YYM267 墓圹形制、婴儿遗骨及东端殉牲（西→东）

2. YYM267 婴儿遗骨及遗物分布（西→东）

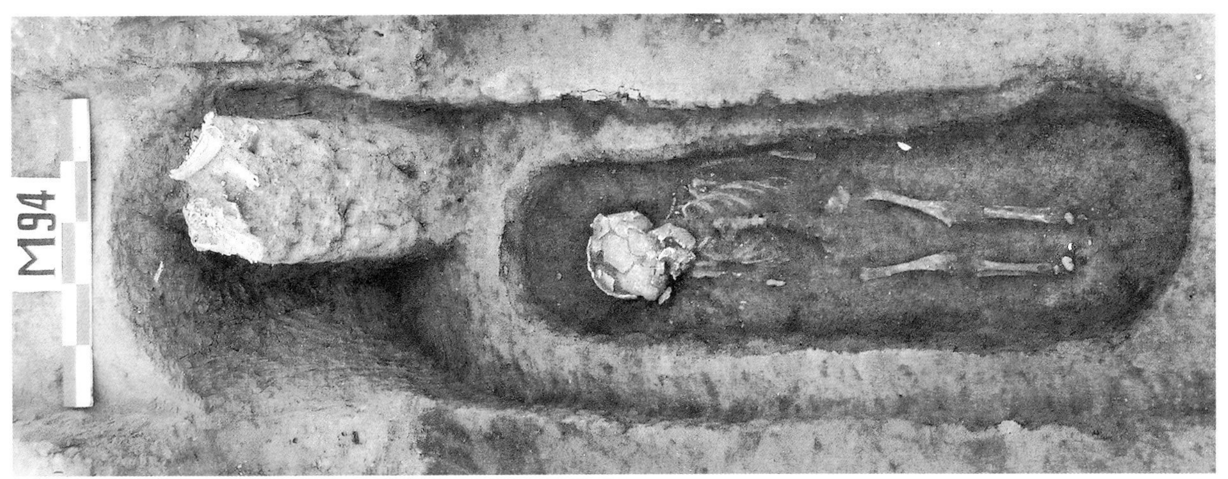

3. YYM94 墓圹形制、儿童遗骨及东端殉牲（西→东）

玉皇庙墓地北Ⅱ区中部春秋中期墓葬

1. YYM272 墓圹形制、椁室及东端殉牲（西→东）

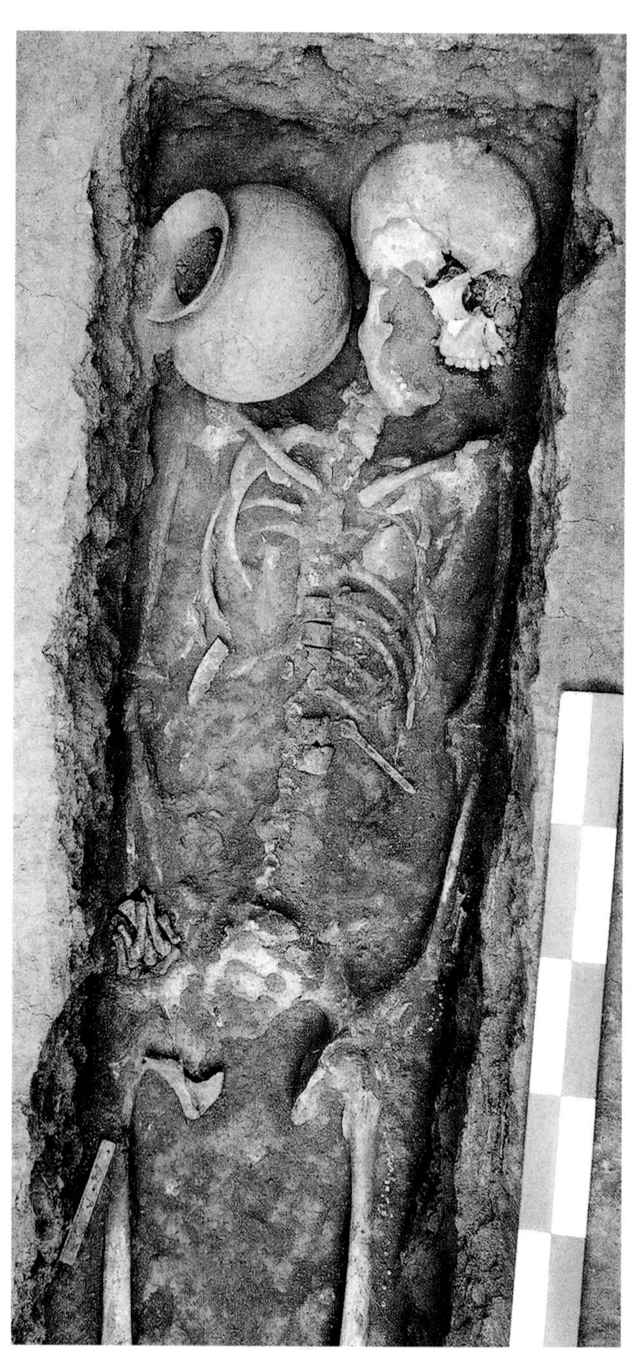

2. YYM272 椁室人骨及遗物分布（西→东）

玉皇庙墓地北Ⅱ区中部春秋中期墓葬

1. YYM257 墓圹形制、椁室及东端殉牲（西→东）

2. YYM247 墓圹形制、椁室及东端殉牲（西→东）

3. YYM268 墓圹形制、椁室及东端殉牲（西→东）

玉皇庙墓地北Ⅱ区中部春秋中期墓葬

1. YYM270 墓圹形制、椁室及东端殉牲（西→东）

2. YYM271 墓圹形制、椁室及东端殉牲（西→东）

玉皇庙墓地北Ⅱ区中部春秋中期墓葬

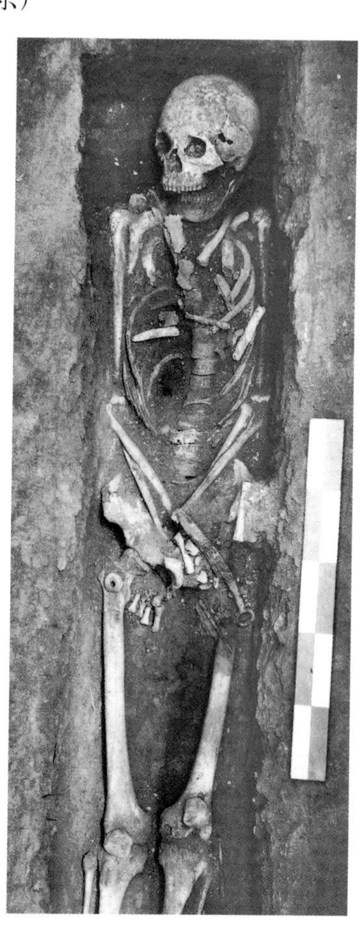

3. YYM271 椁室人骨及遗物分布（西→东）

1. YYM258 墓圹形制、椁室及东端殉牲（西→东）

2. YYM260 墓圹形制、椁室及东端殉牲（西→东）

玉皇庙墓地北Ⅱ区中部春秋中期墓葬

1. YYM269 墓圹形制、椁室人骨及遗物（西→东）

玉皇庙墓地北Ⅱ区中部春秋中期墓葬

2. YYM51 墓圹形制、椁室及东端殉牲（西→东）

3. YYM51 椁室人骨及遗物分布（西→东）

1. YYM50 墓圹形制、人骨及东端殉牲（西→东）

2. YYM65 墓圹形制、椁室及西端殉牲（东→西）

玉皇庙墓地北Ⅱ区中部春秋中期墓葬

1. YYM191 墓圹形制、椁室及东端殉牲（西→东）

2. YYM191 死者头骨表面遗留的覆面铜扣（西→东）

玉皇庙墓地北Ⅱ区中部
春秋中期墓葬

1. YYM190 墓圹形制、椁室及西端殉牲（东→西）

2. YYM190 椁室人骨及遗物分布（东→西）

玉皇庙墓地北Ⅱ区中部春秋中期墓葬

1. YYM125 墓圹形制及被扰乱的人骨（西→东）

2. YYM188 墓圹形制、椁室及东端殉牲（西→东）

玉皇庙墓地北Ⅱ区中部春秋中期墓葬

1. YYM54 墓圹形制、椁室及东端殉牲（西→东）

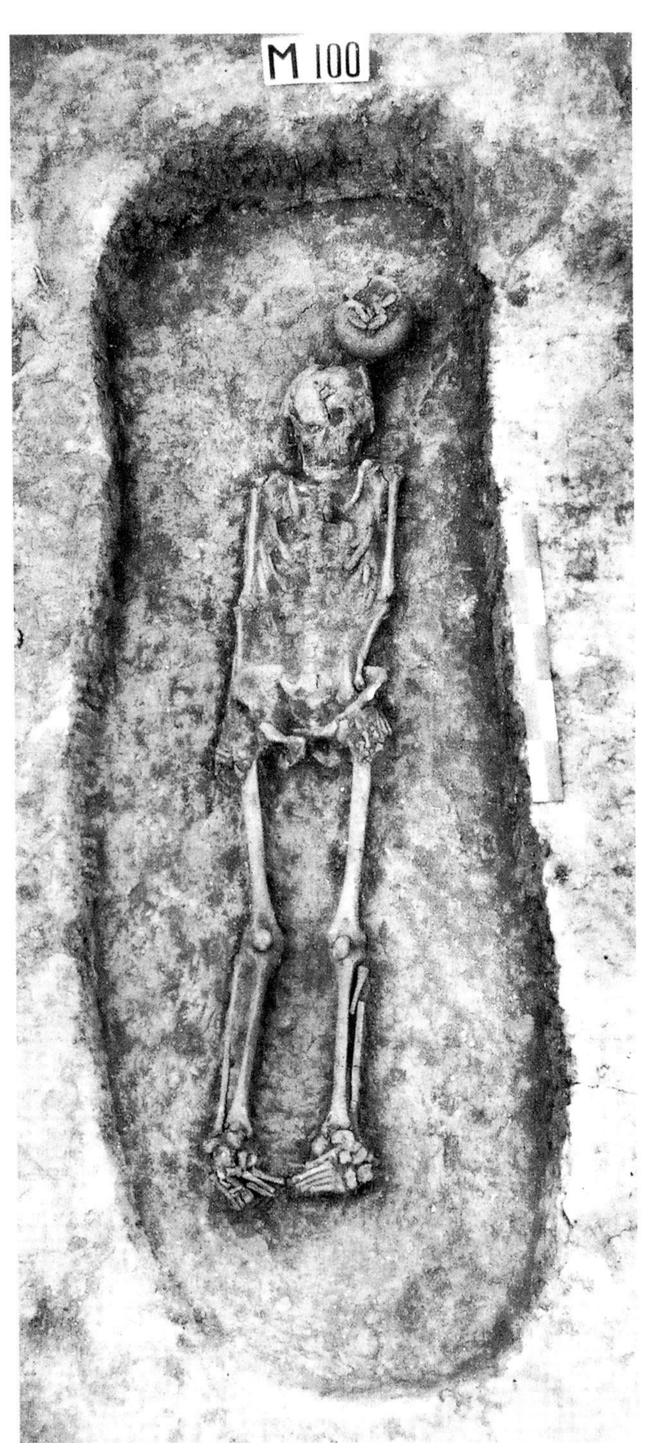

2. YYM100 墓圹形制、人骨及残陶罐（西→东）

玉皇庙墓地北Ⅱ区中部春秋中期墓葬

1. YYM296 墓圹形制、人骨及东南角殉牲（西→东）

2. YYM298 墓圹形制、人骨及遗物（东→西）

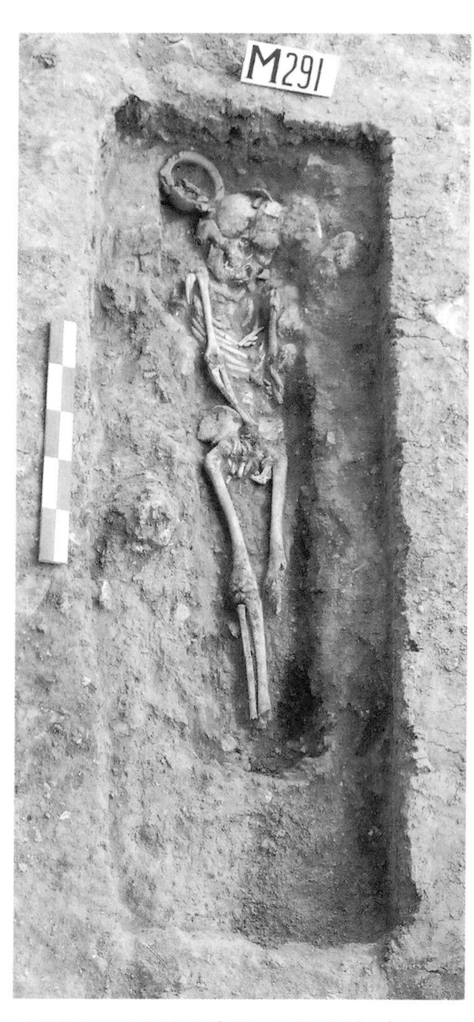

3. YYM291 墓圹形制及儿童遗骨（西→东）

玉皇庙墓地北Ⅰ区北部春秋中期墓葬

1. YYM293 墓圹形制及残存婴儿遗骨等（东→西）

2. YYM293 残存婴儿遗骨及遗物（东→西）

3. YYM290 墓圹形制及人骨（西→东）

玉皇庙墓地北Ⅰ区北部春秋中期墓葬

1. YYM12 残存墓圹、人骨及陶罐（东→西）

2. YYM212 墓圹形制、椁室及东端殉牲（西→东）

玉皇庙墓地北Ⅰ区南部春秋中期墓葬及北Ⅱ区南部春秋中晚期墓葬

玉皇庙墓地北Ⅱ区南部春秋中晚期墓葬

1. YYM208 墓圹形制、椁室及东端殉牲（西→东）

2. YYM193 墓圹形制及婴儿遗骨（西→东）

玉皇庙墓地北Ⅱ区南部春秋中晚期墓葬

1. YYM192 墓圹形制，屈肢人骨及东端殉牲（西→东）

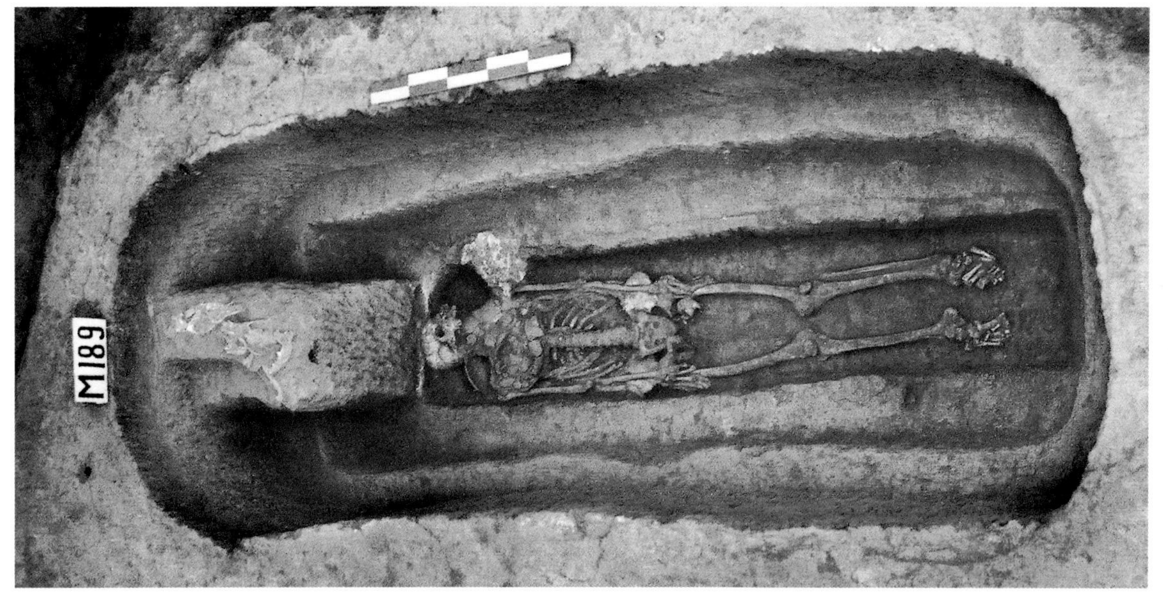

2. YYM189 墓圹形制，椁室及东端殉牲（西→东）

1. YYM187 墓圹形制、木椁板灰及显露的人骨与陶罐（西→东）

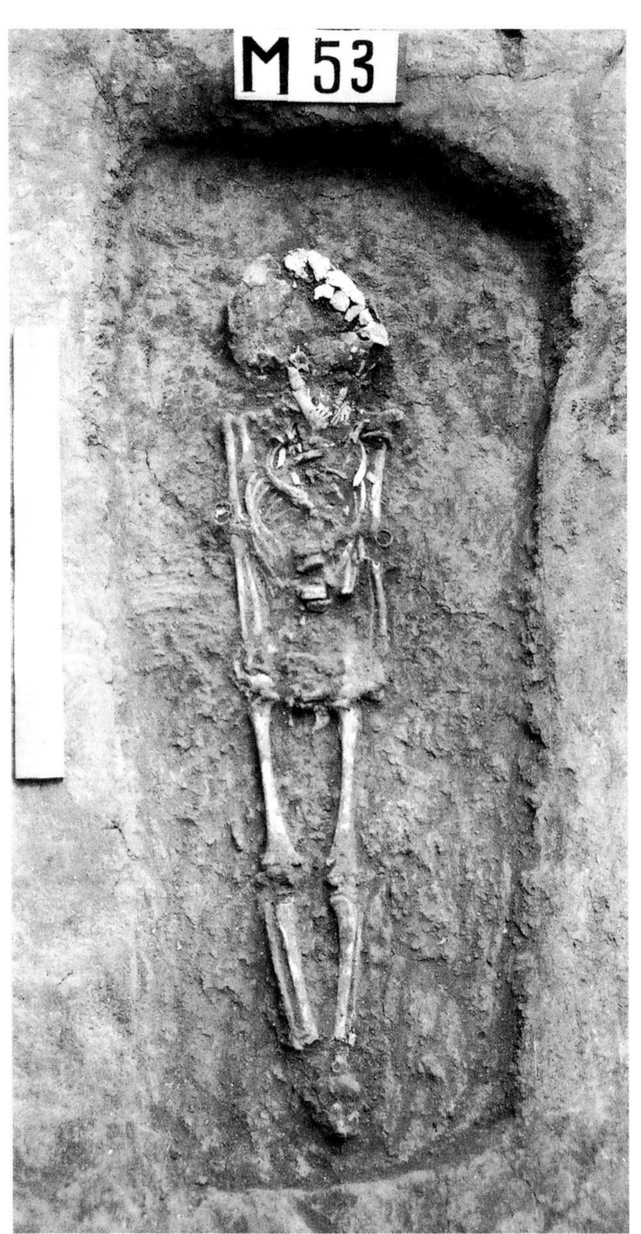

2. YYM53 墓圹形制及婴儿遗骨（西→东）

玉皇庙墓地北Ⅱ区南部
春秋中晚期墓葬

玉皇庙墓地北Ⅱ区南部春秋中晚期墓葬

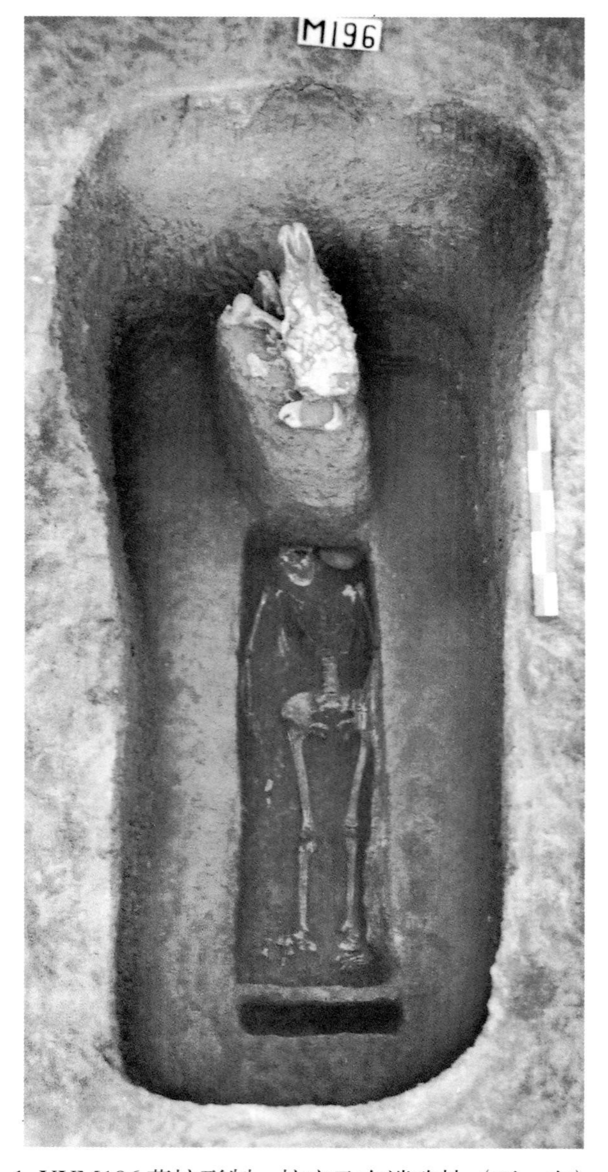

1. YYM196墓圹形制、椁室及东端殉牲（西→东）

2. YYM186墓圹形制、椁室及东端殉牲（西→东）

1. YYM87 墓圹形制、椁室及东端殉牲（西→东）

2. YYM57 墓圹形制、椁室及东、西两端殉牲（东→西）

玉皇庙墓地北Ⅱ区南部春秋中晚期墓葬

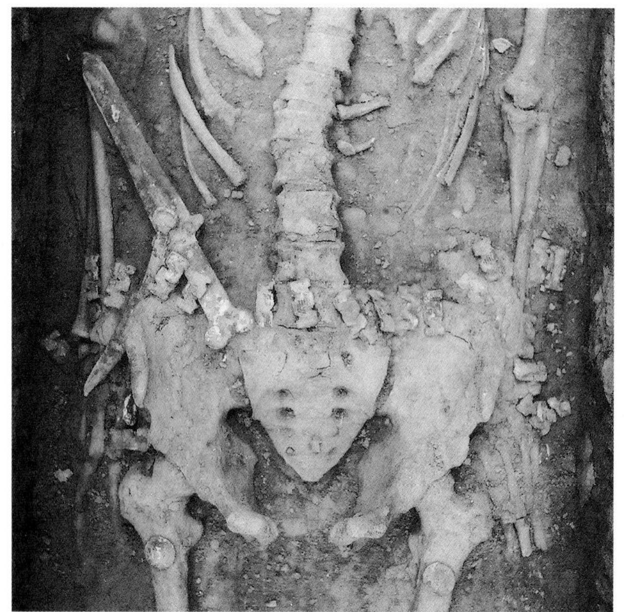

1. YYM57 死者腰间至股骨上端遗物分布（东→西）

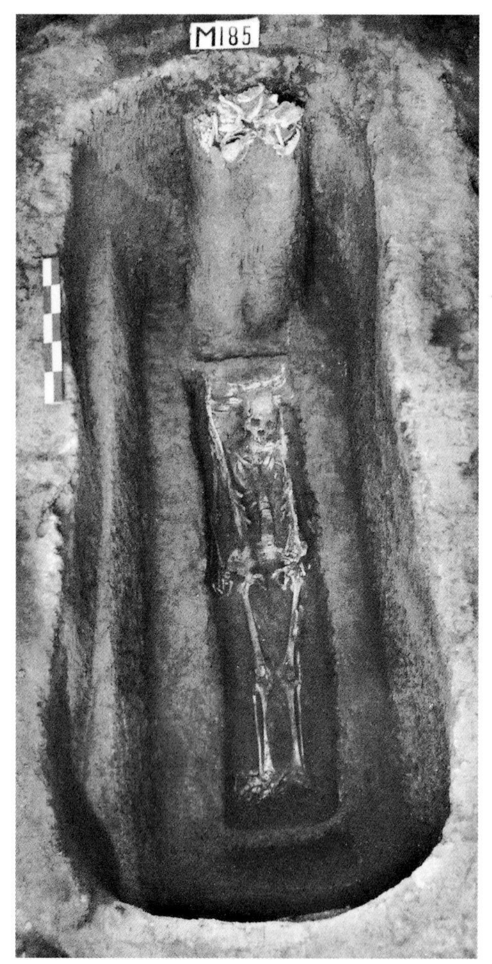

2. YYM185 墓圹形制、椁室及东端殉牲（西→东）

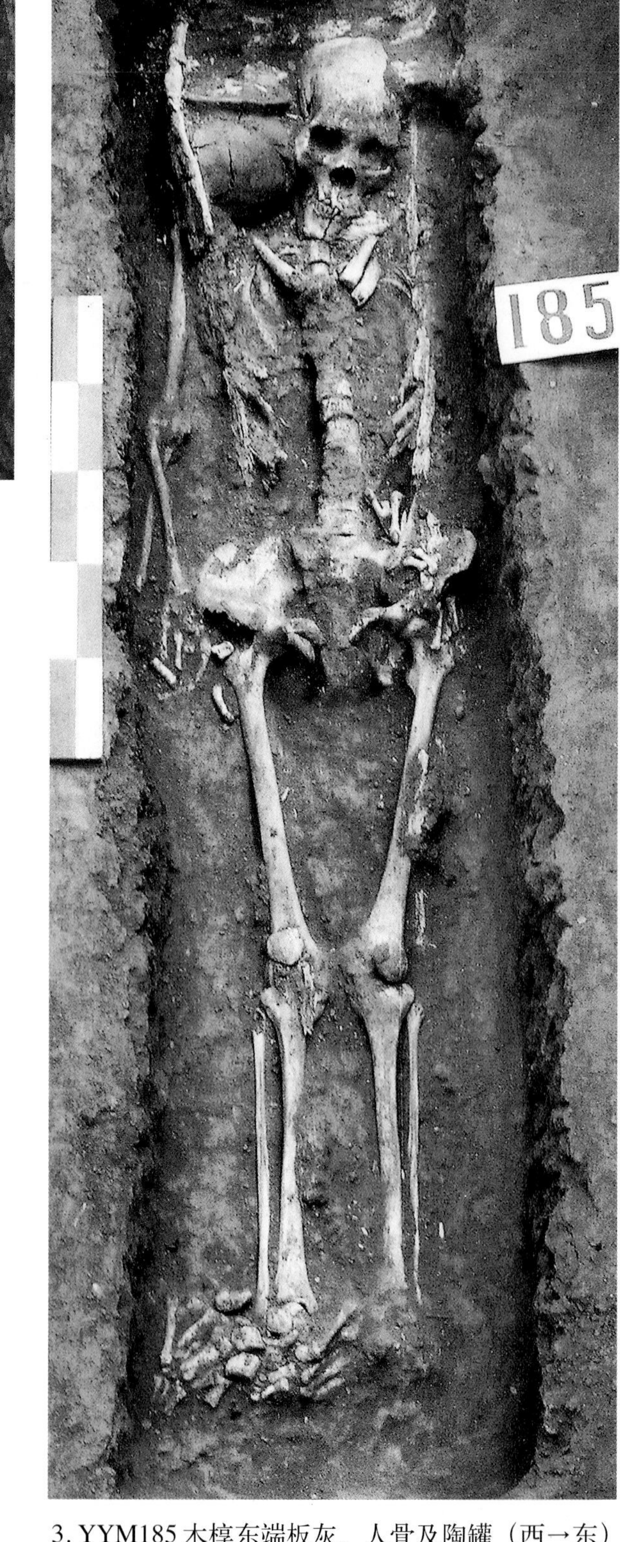

3. YYM185 木椁东端板灰、人骨及陶罐（西→东）

玉皇庙墓地北Ⅱ区南部春秋中晚期墓葬

1. YYM86 墓圹形制、椁室及东端殉牲（西→东）

2. YYM86 木椁板灰、人骨、陶罐等（西→东）

玉皇庙墓地北Ⅱ区南部
春秋中晚期墓葬

1. YYM86死者头骨表面遗留的覆面铜扣（西→东）

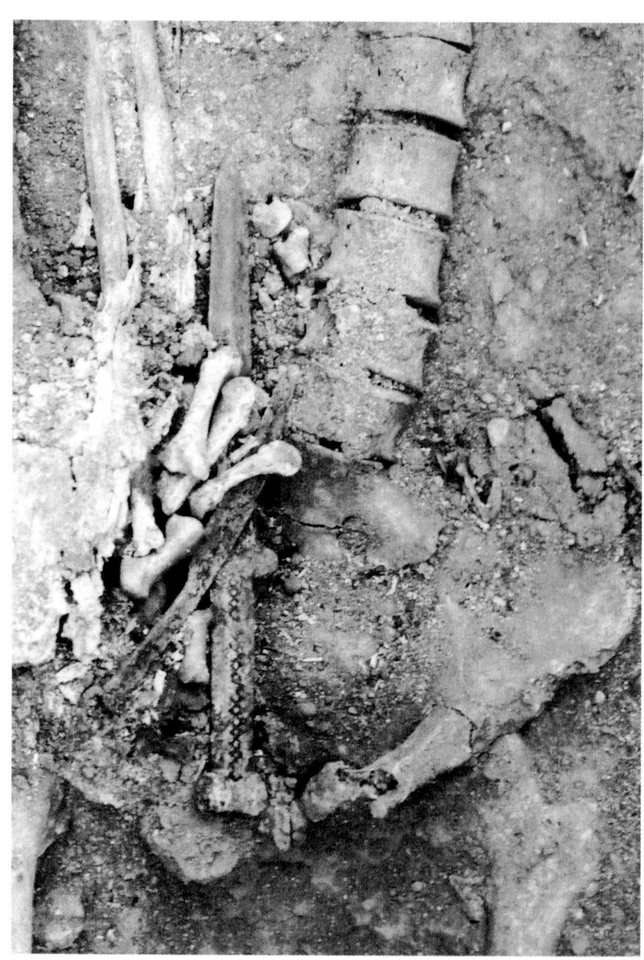

2. YYM86青铜短剑和青铜削刀出土部位（西→东）

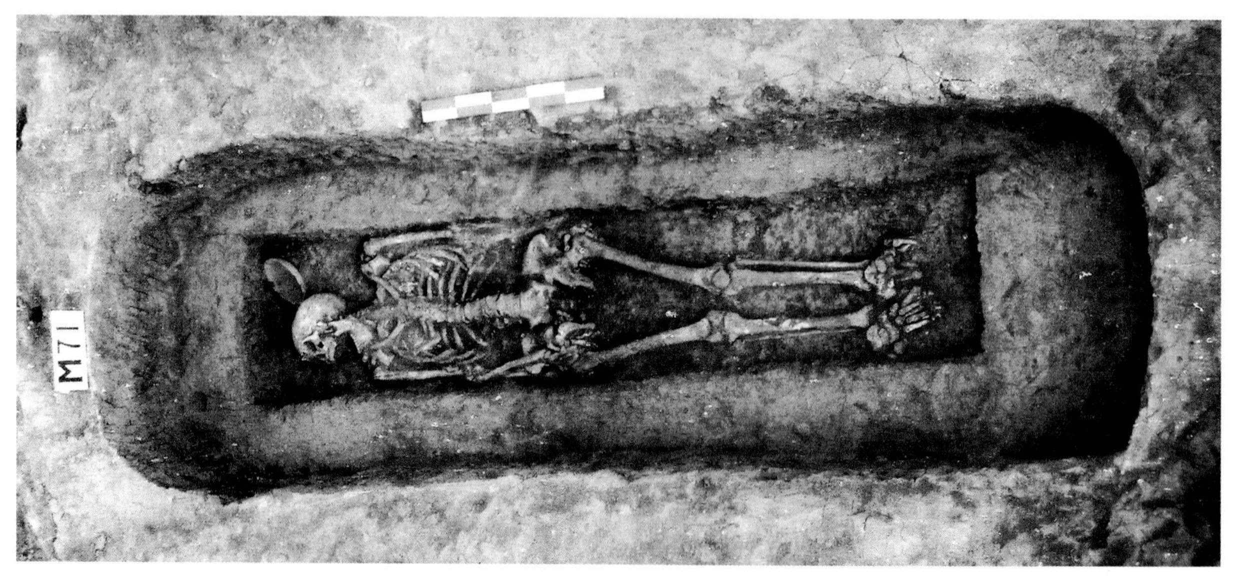

3. YYM71墓圹形制、椁室人骨及遗物分布（西→东）

玉皇庙墓地北Ⅱ区南部春秋中晚期墓葬

玉皇庙墓地北Ⅱ区南部春秋中晚期墓葬

1. YYM184墓圹形制、椁室及端殉牲（西→东）

2. YYM149墓圹形制、椁室及东端殉牲（西→东）

1. YYM64 墓圹形制、椁室人骨及陶罐等（东→西）

2. YYM72 墓圹形制、椁室人骨及灰陶豆盘等（西→东）

玉皇庙墓地北Ⅱ区南部春秋中晚期墓葬

1. YYM83 墓圹形制、椁室及东端殉牲（西→东）

2. YYM83 椁室人骨及遗物分布（西→东）

玉皇庙墓地北Ⅱ区南部春秋中晚期墓葬

1. YYM62 墓圹形制、压在死者骨盆上方的镇墓石及东端殉牲（西→东）

玉皇庙墓地北II区南部春秋中晚期墓葬

2. YYM63 墓圹西端掏洞、东端殉牲（东→西）

1. YYM148 墓圹形制、椁室及东端殉牲（西→东）

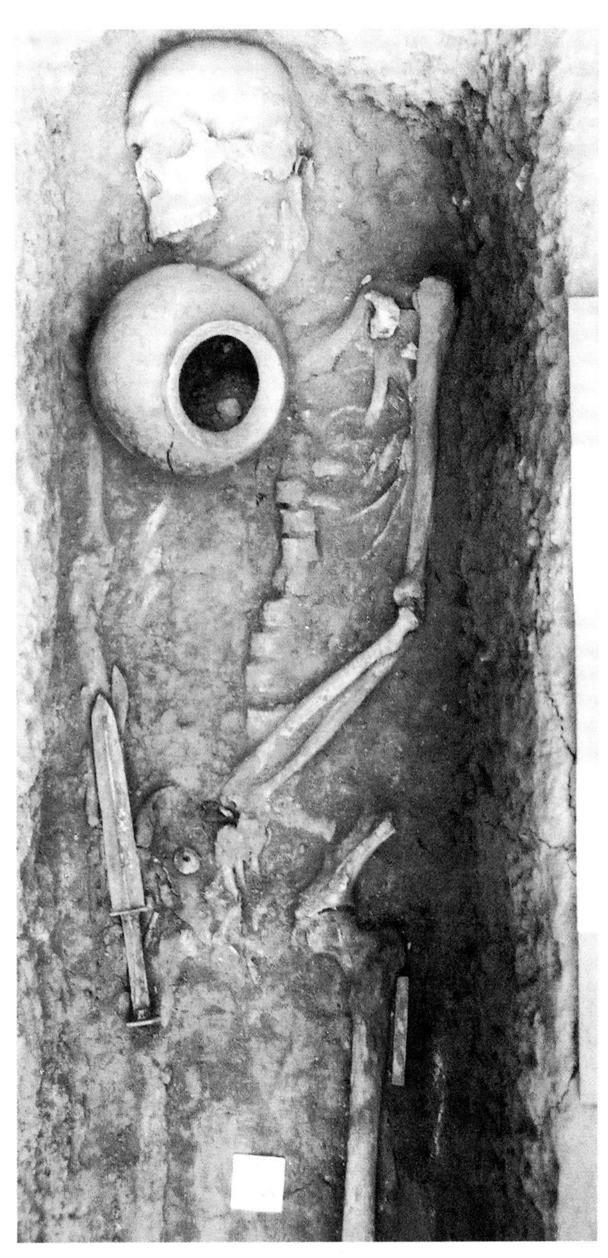

2. YYM148 死者头部至股骨上端遗物分布（西→东）

玉皇庙墓地北Ⅱ区南部春秋中晚期墓葬

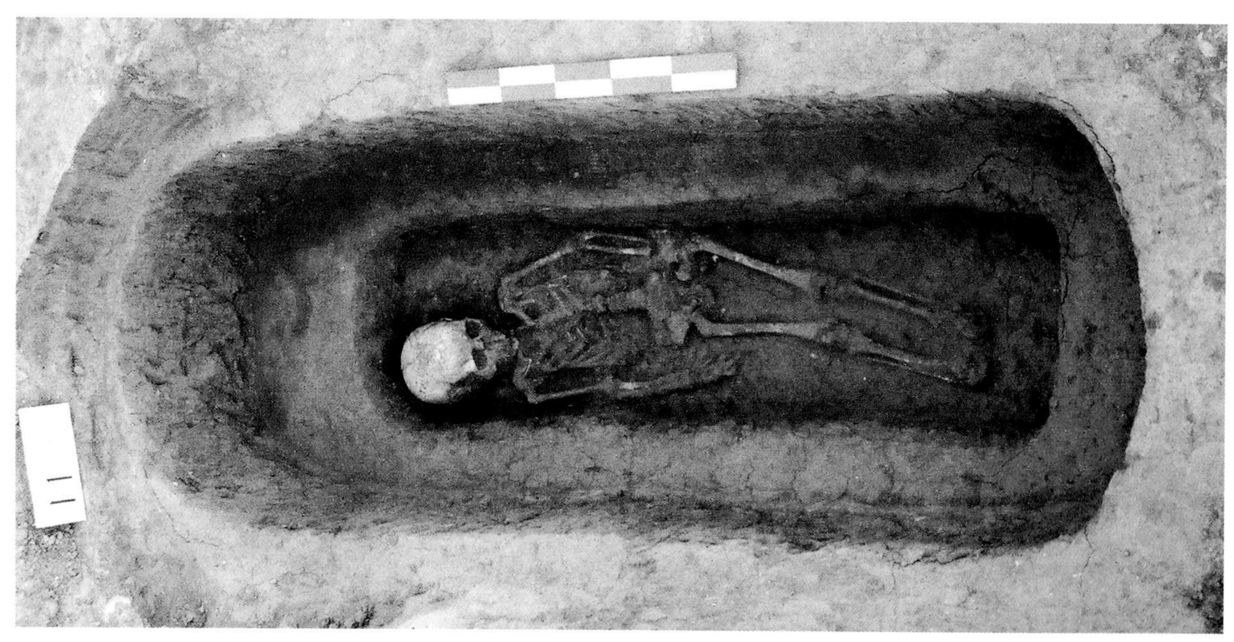

1. YYM140 墓圹形制及儿童遗骨（西→东）

2. YYM141 墓圹形制、幼儿遗骨及东端殉牲（西→东）

玉皇庙墓地北Ⅱ区南部春秋中晚期墓葬

3. YYM73 墓圹形制及椁室人骨（西→东）

玉皇庙墓地南区北部

春秋晚期前段墓葬

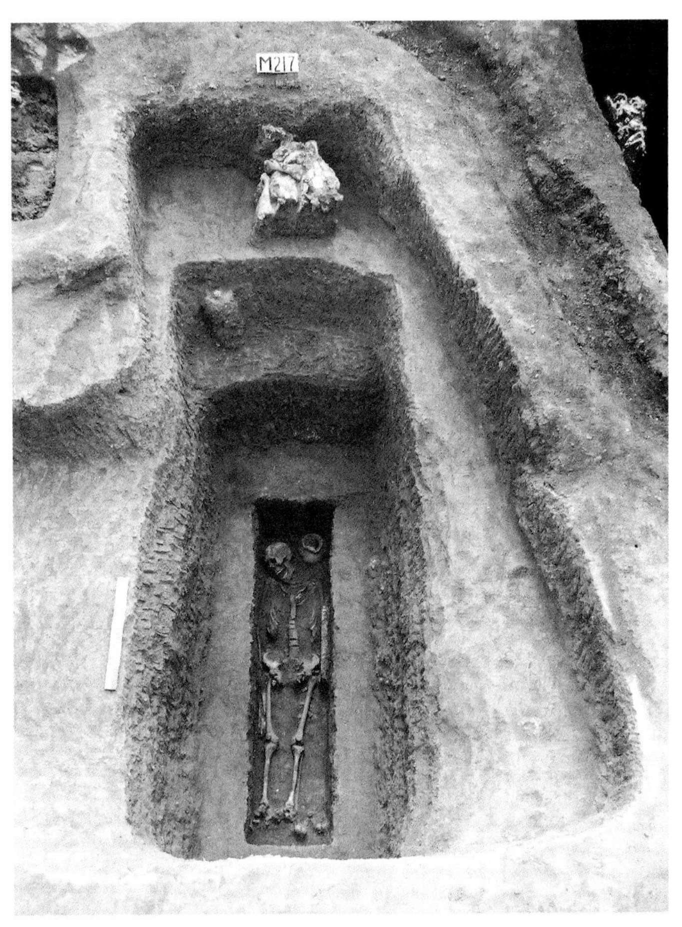

1. YYM217 墓圹形制、椁室及东端殉牲（西→东）

2. YYM207 墓圹形制、椁室及东端殉牲（西→东）

1. YYM224 墓圹形制、椁室及东端殉牲（西→东）

2. YYM224 青铜短剑、青铜削刀出土部位（西→东）

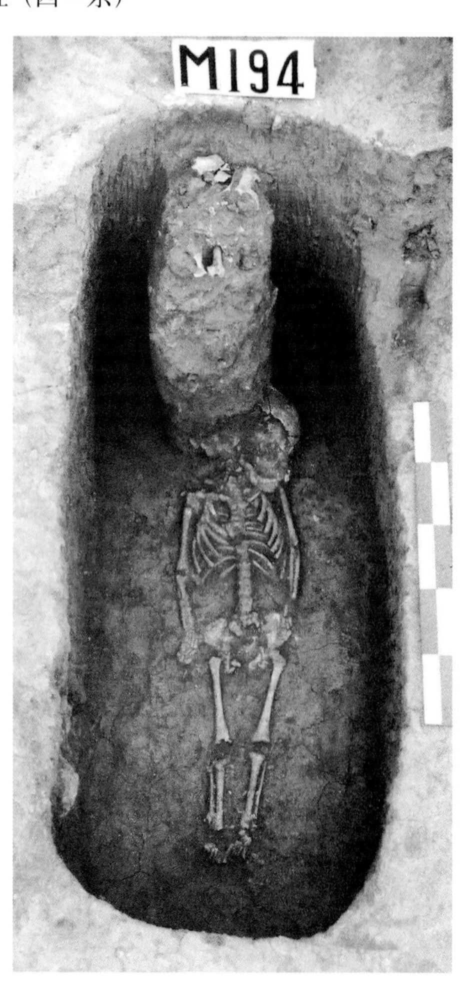

3. YYM194 墓圹形制、婴儿遗骨及东端殉牲（西→东）

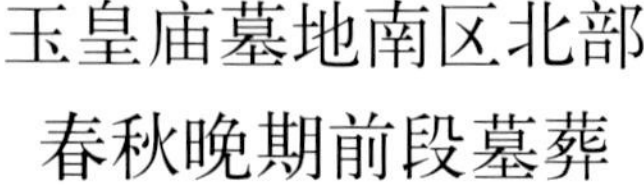

玉皇庙墓地南区北部
春秋晚期前段墓葬

1. YYM182 墓圹形制、椁室及东端殉牲（西→东）

2. YYM139 墓圹形制、椁室及东端殉牲（西→东）

玉皇庙墓地南区北部春秋晚期前段墓葬

1. YYM203 墓圹形制、椁室及东端殉牲（西→东）

2. YYM223 墓圹形制、椁室及东南角殉牲（西→东）

玉皇庙墓地南区北部春秋晚期前段墓葬

1. YYM222 墓圹形制、椁室及东端殉牲（西→东）

2. YYM221 墓圹形制、椁室及东端殉牲（西→东）

玉皇庙墓地南区北部春秋晚期前段墓葬

1. YYM220 墓圹形制、椁室及东端殉牲（西→东）

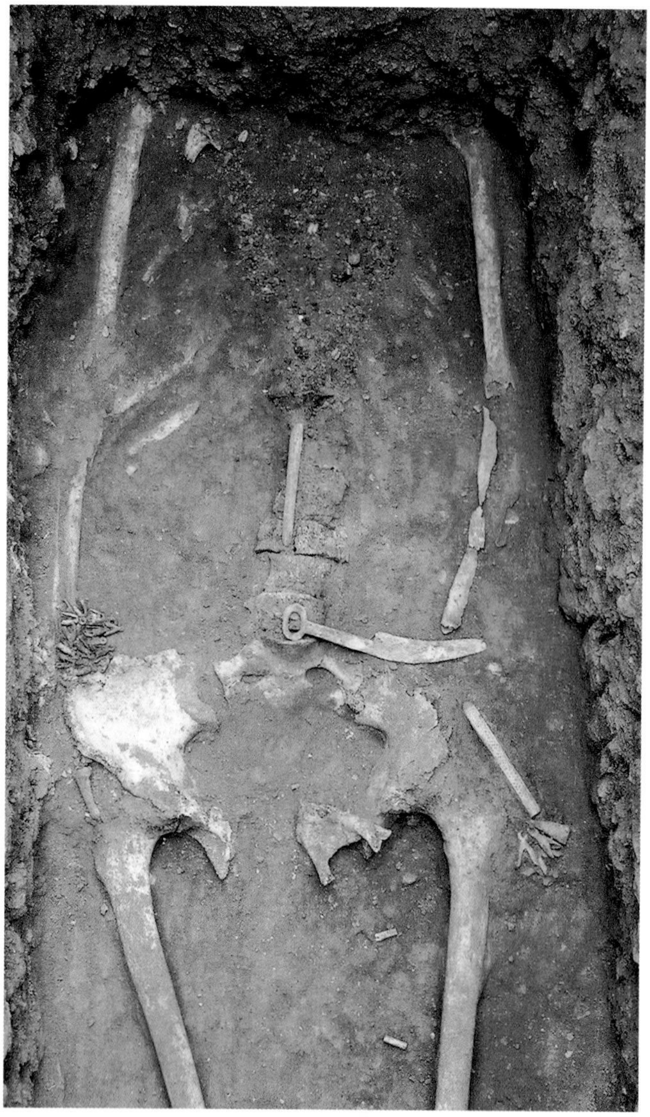

2. YYM220 死者胸部以下至股骨间遗物分布（西→东）

玉皇庙墓地南区北部春秋晚期前段墓葬

1. YYM219 墓圹形制、椁室及东端殉牲（西→东）

2. YYM218 墓圹形制、椁室及东端殉牲（西→东）

玉皇庙墓地南区北部春秋晚期前段墓葬

1. YYM216 墓圹形制、椁室及东端殉牲（西→东）

2. YYM215 墓圹形制、椁室及东端殉牲（西→东）

玉皇庙墓地南区北部春秋晚期前段墓葬

1. YYM214 墓圹形制及椁室人骨（西→东）

2. YYM211 墓圹形制、椁室及东端殉牲（西→东）

玉皇庙墓地南区北部春秋晚期前段墓葬

1. YYM213 墓圹形制、椁室及东端殉牲（西→东）

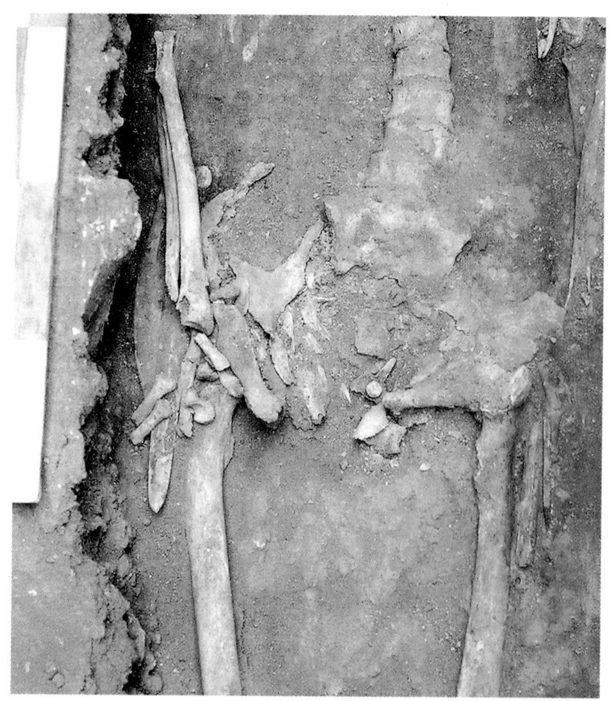

2. YYM213 青铜短剑、青铜削刀出土部位（西→东）

3. YYM213 铜镞、骨镞出土部位（西→东）

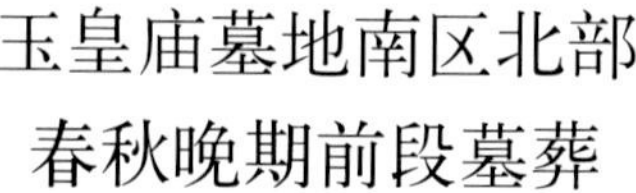

玉皇庙墓地南区北部
春秋晚期前段墓葬

1. YYM210 墓圹形制、椁室及东端殉牲（西→东）

玉皇庙墓地南区北部春秋晚期前段墓葬

2. YYM209 墓圹形制、椁室及东端殉牲（西→东）

3. YYM209 死者腰、膝间遗物分布（西→东）

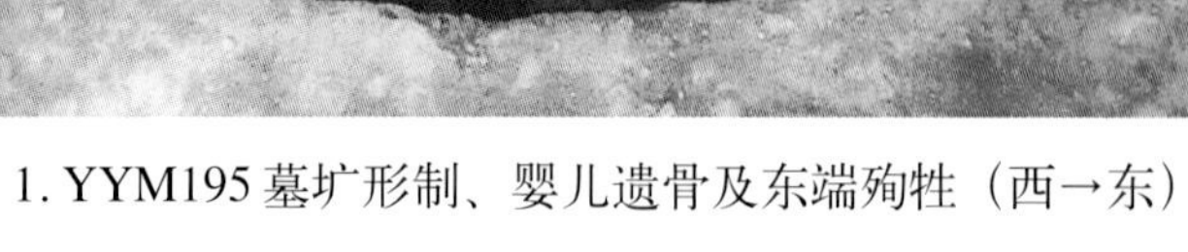
1. YYM195 墓圹形制、婴儿遗骨及东端殉牲（西→东）

2. YYM206 墓圹形制、椁室及东端殉牲（西→东）

玉皇庙墓地南区北部春秋晚期前段墓葬

1. YYM205 墓圹形制、椁室及东端殉牲（西→东）

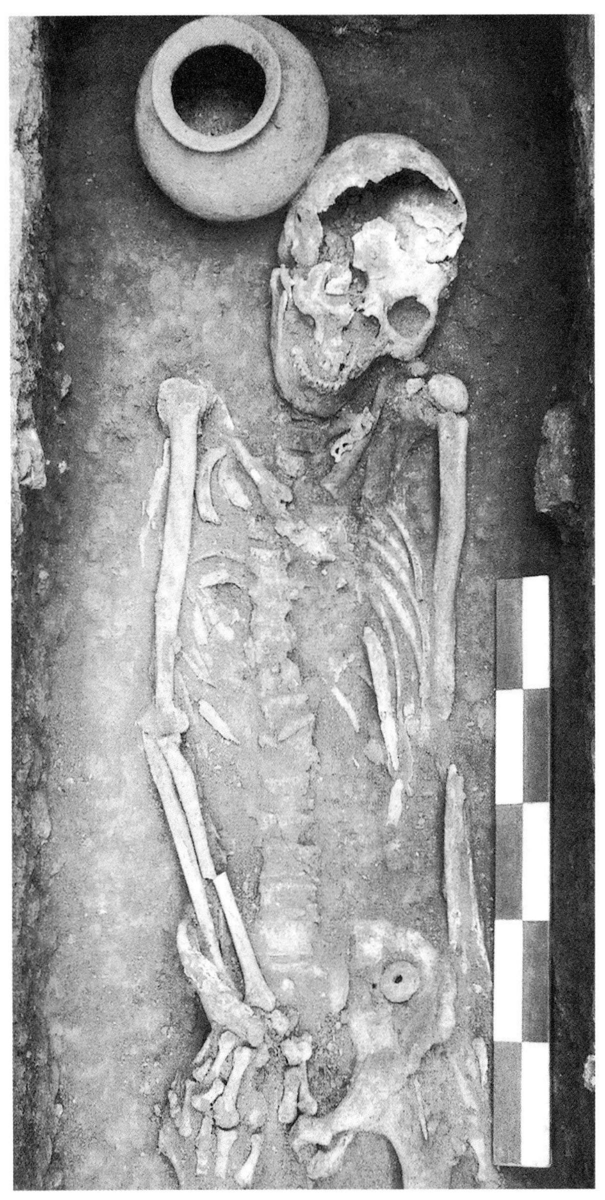

2. YYM205 死者头部至股骨间遗物分布（西→东）

玉皇庙墓地南区北部春秋晚期前段墓葬

1. YYM204 墓圹形制、椁室及东端殉牲（西→东）

2. YYM204 死者头骨表面遗留的覆面铜扣（西→东）

玉皇庙墓地南区北部春秋晚期前段墓葬

1. YYM197 墓圹形制、椁室及东端殉牲（西→东）

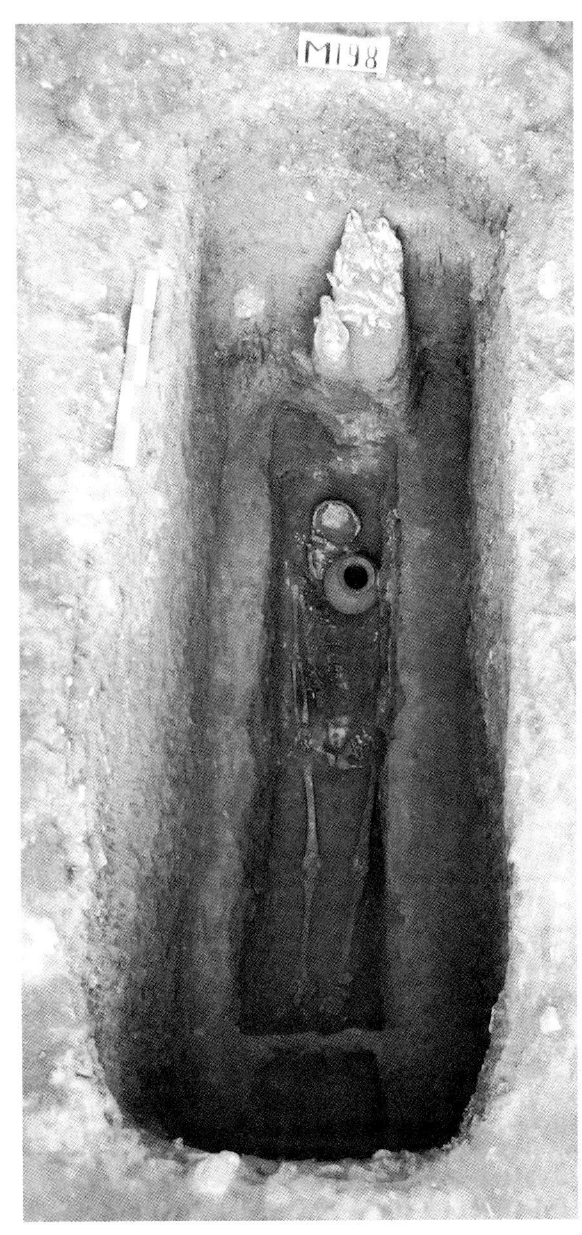

2. YYM198 墓圹形制、椁室及东端殉牲（西→东）

玉皇庙墓地南区北部春秋晚期前段墓葬

1. YYM170 墓圹形制、椁室及东端殉牲（西→东）

2. YYM200 墓圹形制、椁室及东端殉牲（西→东）

玉皇庙墓地南区北部春秋晚期前段墓葬

1. YYM199 墓圹形制、椁室及东端殉牲（西→东）

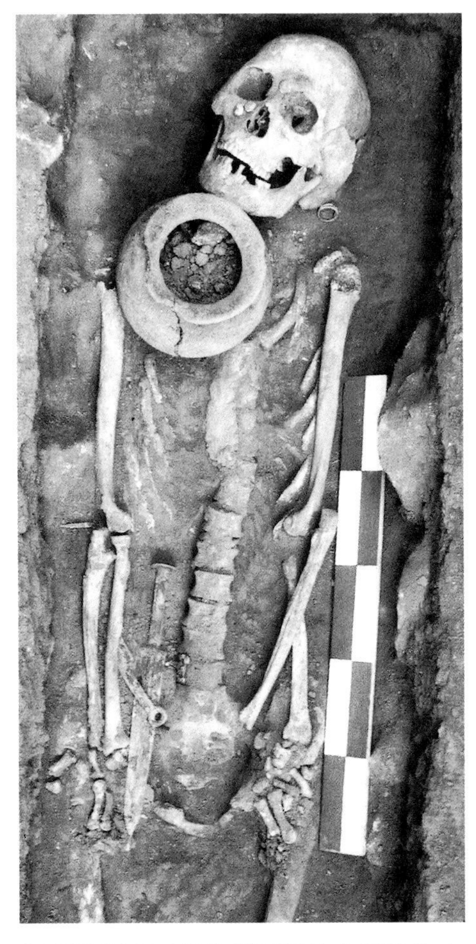

2. YYM199 死者头部至股骨上端遗物分布（西→东）

3. YYM199 死者头骨表面遗留的覆面铜扣（西→东）

玉皇庙墓地南区北部春秋晚期前段墓葬

1. YYM183 墓圹形制、椁室及东端殉牲（西→东）

玉皇庙墓地南区北部春秋晚期前段墓葬

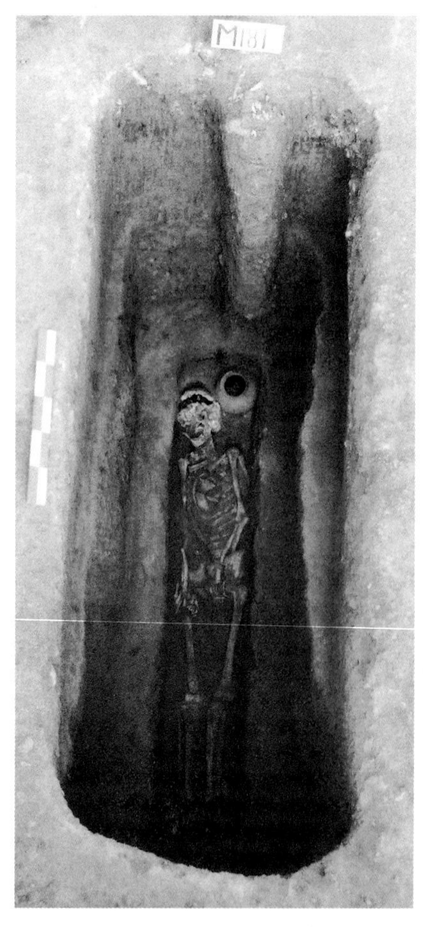

2. YYM181 墓圹形制、椁室及东端殉牲（西→东）

3. YYM180 墓圹形制、椁室及东端殉牲（西→东）

1. YYM179 墓圹形制、椁室及东端殉牲（西→东）

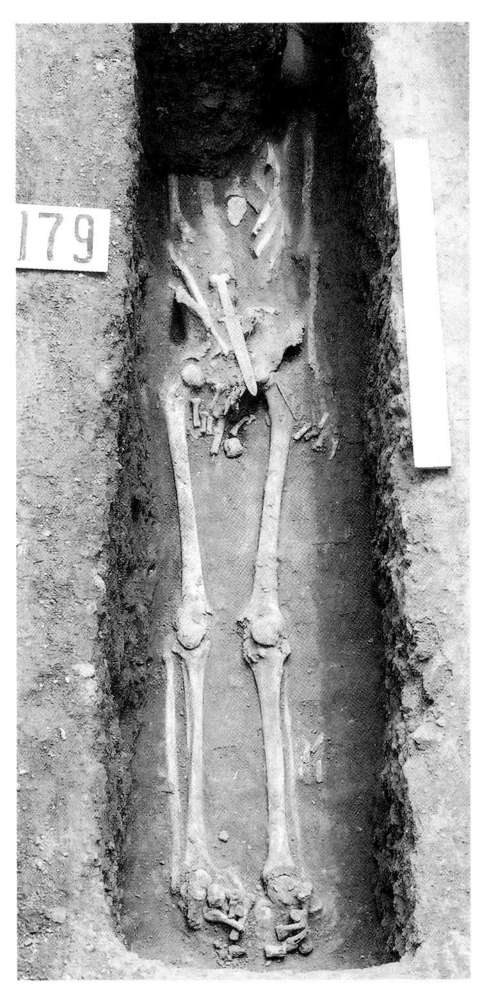

2. YYM179 椁室人骨及遗物分布（西→东）

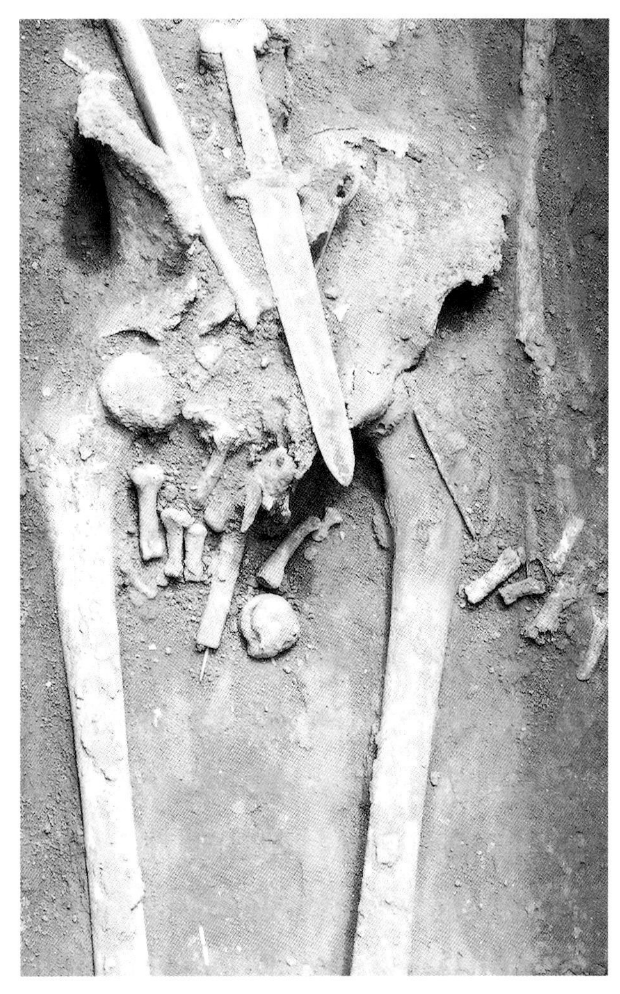

3. YYM179 死者腰下至股骨间遗物分布（西→东）

玉皇庙墓地南区北部春秋晚期前段墓葬

1. YYM169 墓圹形制及椁室人骨（西→东）

2. YYM169 陶罐出土部位（西→东）

3. YYM178 墓圹形制、椁室及东端殉牲（西→东）

玉皇庙墓地部南区北春秋晚期前段墓葬

1. YYM177 墓圹形制、婴儿遗骨及东端殉牲（西→东）

玉皇庙墓地南区北部春秋晚期前段墓葬

2. YYM150 墓圹形制、椁室及东端殉牲（西→东）

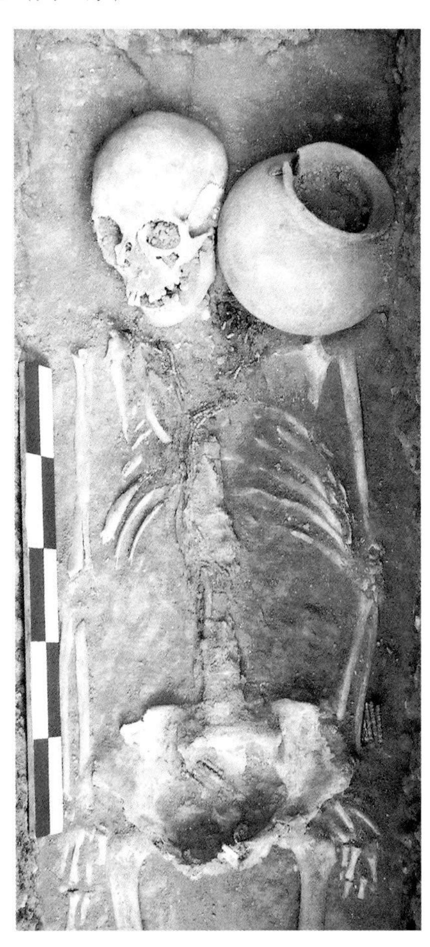

3. YYM150 死者头部至骨盆间遗物分布（西→东）

YYM151 墓圹形制、椁室及东端殉牲（西→东）

玉皇庙墓地南区北部春秋晚期前段墓葬

YYM151 椁室人骨及遗物分布（西→东）

玉皇庙墓地南区北部春秋晚期前段墓葬

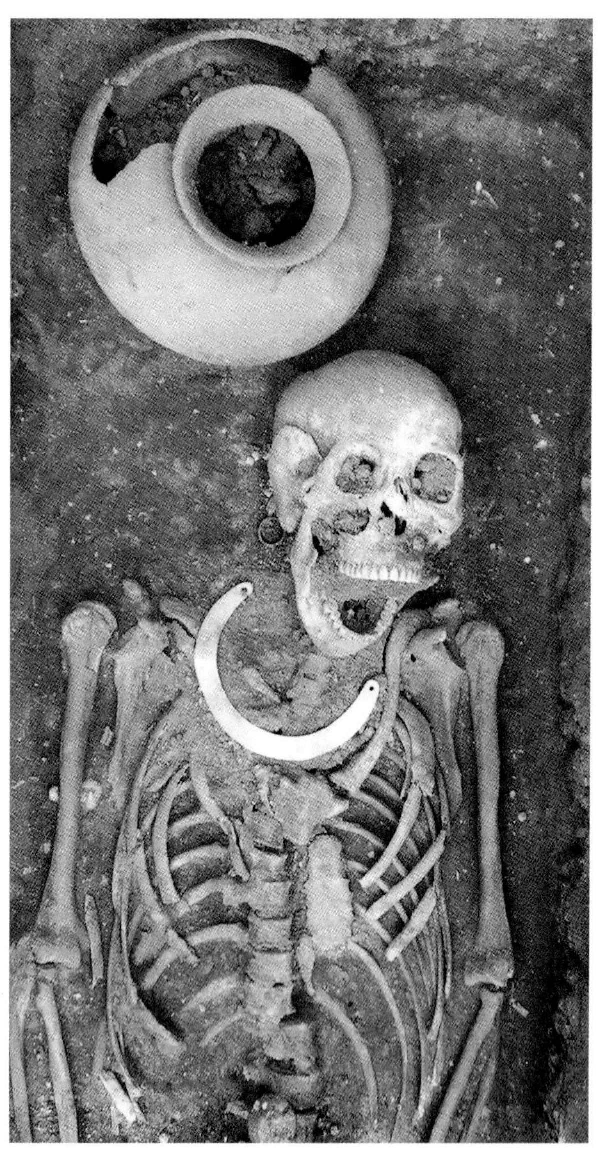

1. YYM151 死者头部遗物（西→东）

2. YYM151 死者腰、膝间遗物（西→东）

玉皇庙墓地南区北部春秋晚期前段墓葬

玉皇庙墓地南区北部春秋晚期前段墓葬

1. YYM152 墓圹形制及婴儿遗骨（西→东）

2. YYM153 墓圹形制及东端殉牲（西→东）

3. YYM153 墓圹形制与椁室（西→东）

1. YYM153 椁室人骨及遗物分布（西→东）

2. YYM146 墓圹形制及婴儿遗骨（西→东）

玉皇庙墓地南区北部春秋晚期前段墓葬

1. YYM142 墓圹形制与殉牲分布（西→东）

2. YYM142 墓圹形制及椁室（西→东）

玉皇庙墓地南区北部春秋晚期前段墓葬

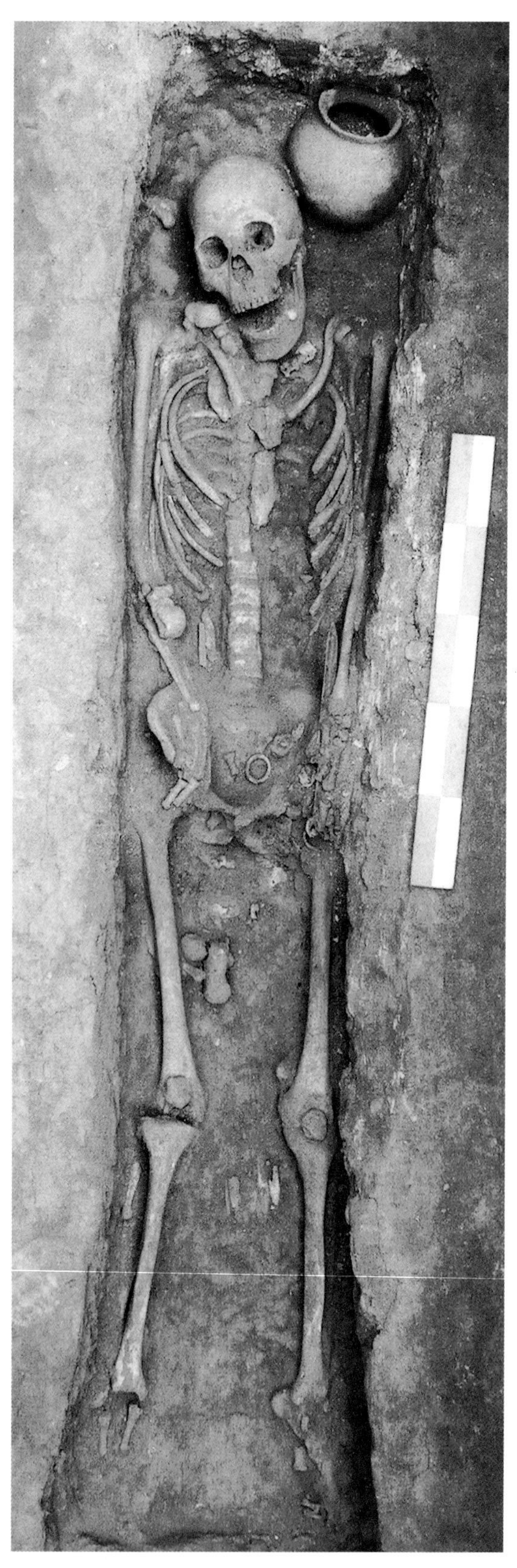

1. YYM142 椁室人骨及遗物分布（西→东）

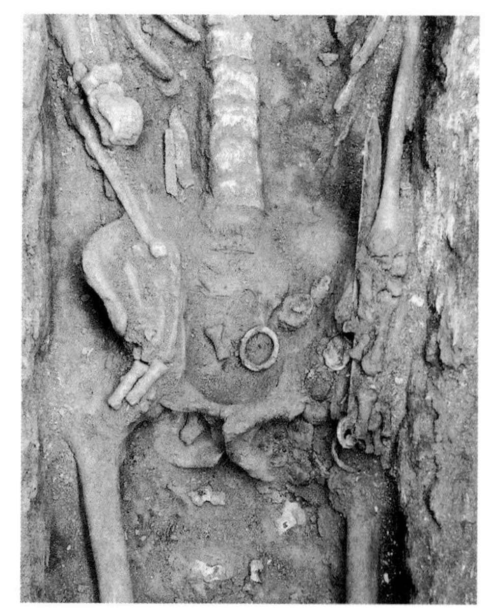

2. YYM142 青铜短剑、铜环等出土部位

3. YYM145 墓圹形制及椁室人骨（西→东）

玉皇庙墓地南区北部春秋晚期前段墓葬

1. YYM143 墓圹形制、椁室及东端殉牲（西→东）

2. YYM143 椁室人骨及遗物分布（西→东）

玉皇庙墓地南区北部春秋晚期前段墓葬

1. YYM144 墓圹形制、椁室及西端殉牲（东→西）

2. YYM144 椁室人骨及死者头部与上身遗物分布（东→西）

玉皇庙墓地南区北部春秋晚期前段墓葬

1. YYM138 墓圹形制、椁室及东端殉牲（西→东）

2. YYM137 墓圹形制、椁室及东端殉牲（西→东）

玉皇庙墓地南区北部春秋晚期前段墓葬

1. YYM136 墓圹形制及儿童遗骨（西→东）

2. YYM135 墓圹形制及儿童遗骨（西→东）

玉皇庙墓地南区北部春秋晚期前段墓葬

1. YYM117 墓圹形制、椁室及东端殉牲（西→东）

2. YYM116 墓圹形制及儿童遗骨（西→东）

玉皇庙墓地南区北部春秋晚期前段墓葬

1. YYM118 墓圹形制、椁室及东端殉牲（西→东）

2. YYM118 死者头、胸部遗物（西→东）

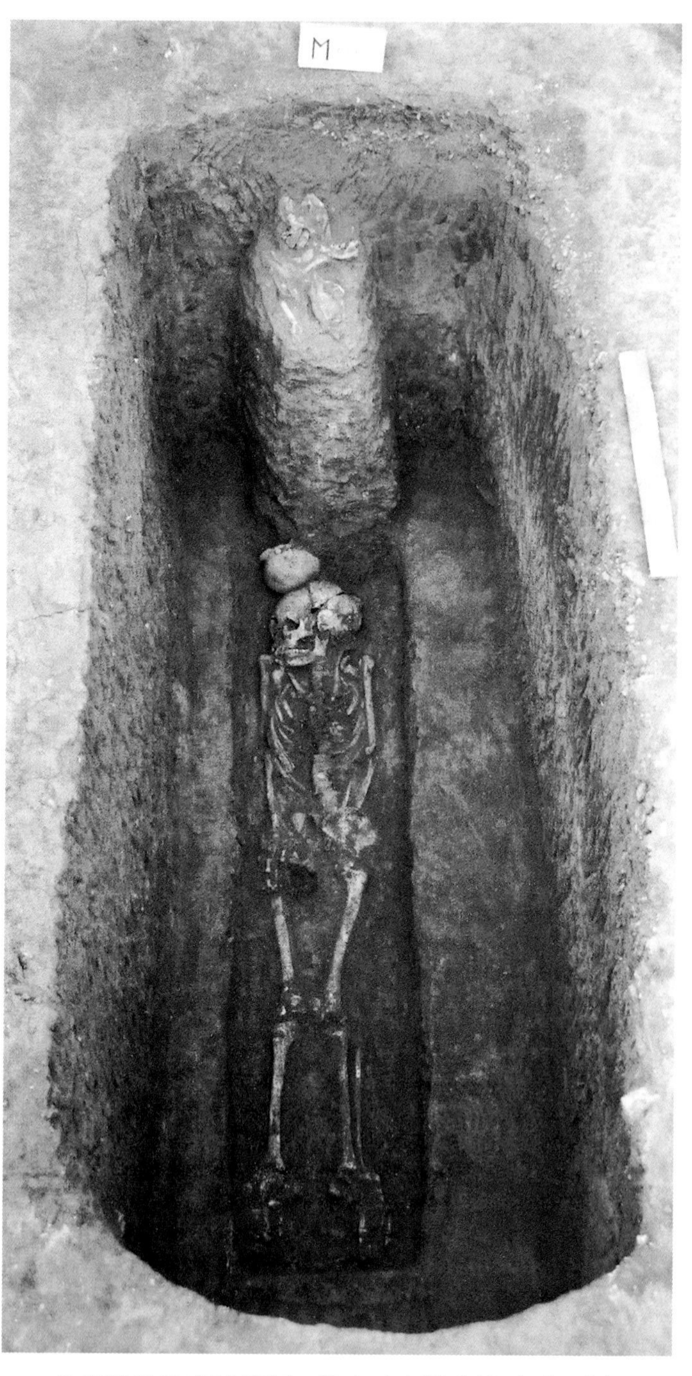

3. YYM119 墓圹形制、椁室及东端殉牲（西→东）

玉皇庙墓地南区北部春秋晚期前段墓葬

1. YYM104 墓圹形制及椁室人骨（西→东）

2. YYM105 墓圹形制及椁室人骨（西→东）

玉皇庙墓地南区北部春秋晚期前段墓葬

3. YYM105 椁室人骨及遗物分布（西→东）

1. YYM74 墓圹形制及东端殉牲（西→东）

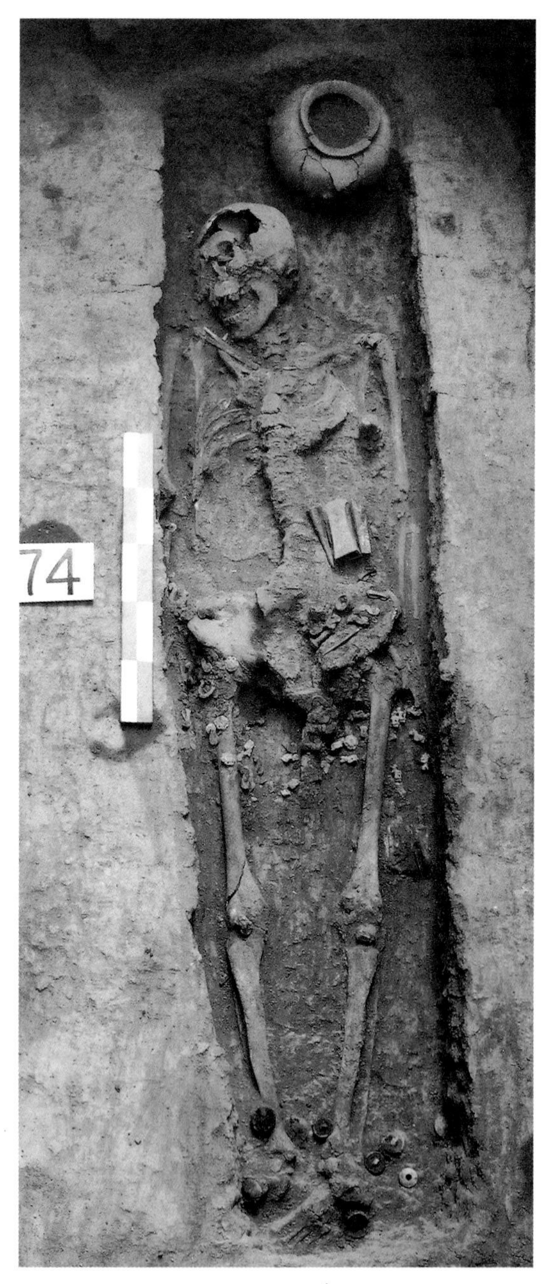

2. YYM74 椁室人骨及遗物分布（西→东）

玉皇庙墓地南区北部春秋晚期前段墓葬

1. YYM75 墓圹形制、椁室及东端殉牲（西→东）

玉皇庙墓地南区北部春秋晚期前段墓葬

2. YYM76 墓圹形制及椁室人骨（西→东）

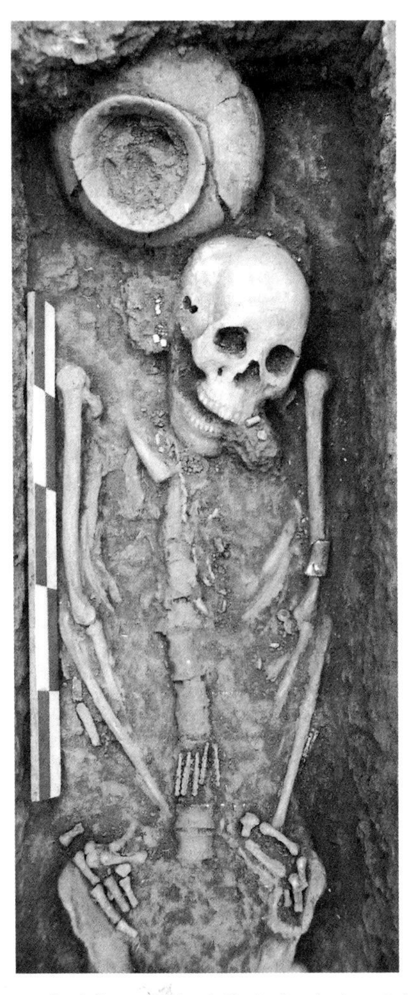

3. YYM76 死者头部及上身遗物分布（西→东）

1. YYM202 墓圹形制及椁室人骨（西→东）

2. YYM176 墓圹形制、椁室及东端殉牲（西→东）

玉皇庙墓地南区中部春秋晚期前段墓葬

3. YYM154 墓圹形制、椁室及东端殉牲（西→东）

1. YYM155 墓圹形制及儿童遗骨（西→东）

玉皇庙墓地南区中部春秋晚期前段墓葬

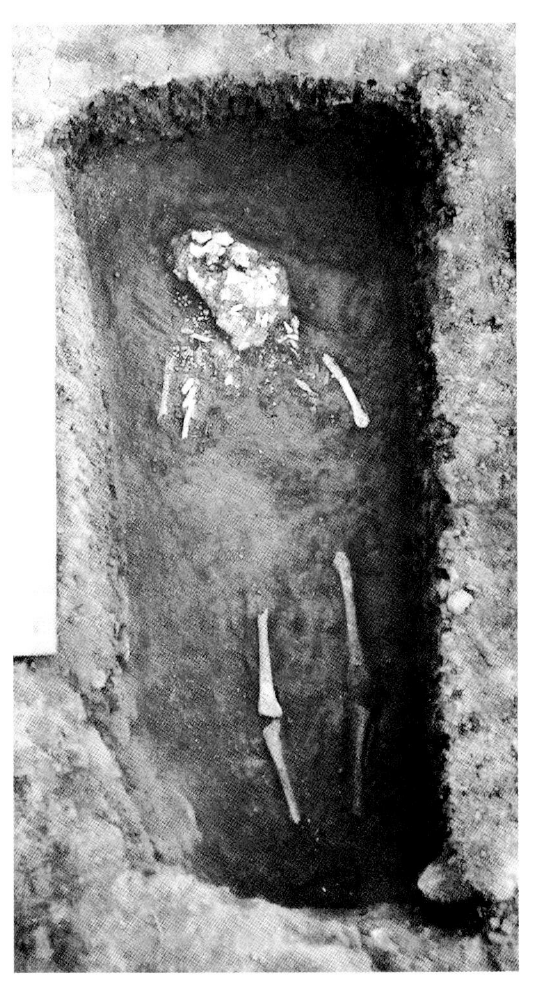

2. YYM286 墓圹形制及婴儿遗骨（西→东）

3. YYM156 墓圹形制及殉牲分布（西→东）

YYM156 墓圹形制、椁室及东端马牲（西→东）

玉皇庙墓地南区中部春秋晚期前段墓葬

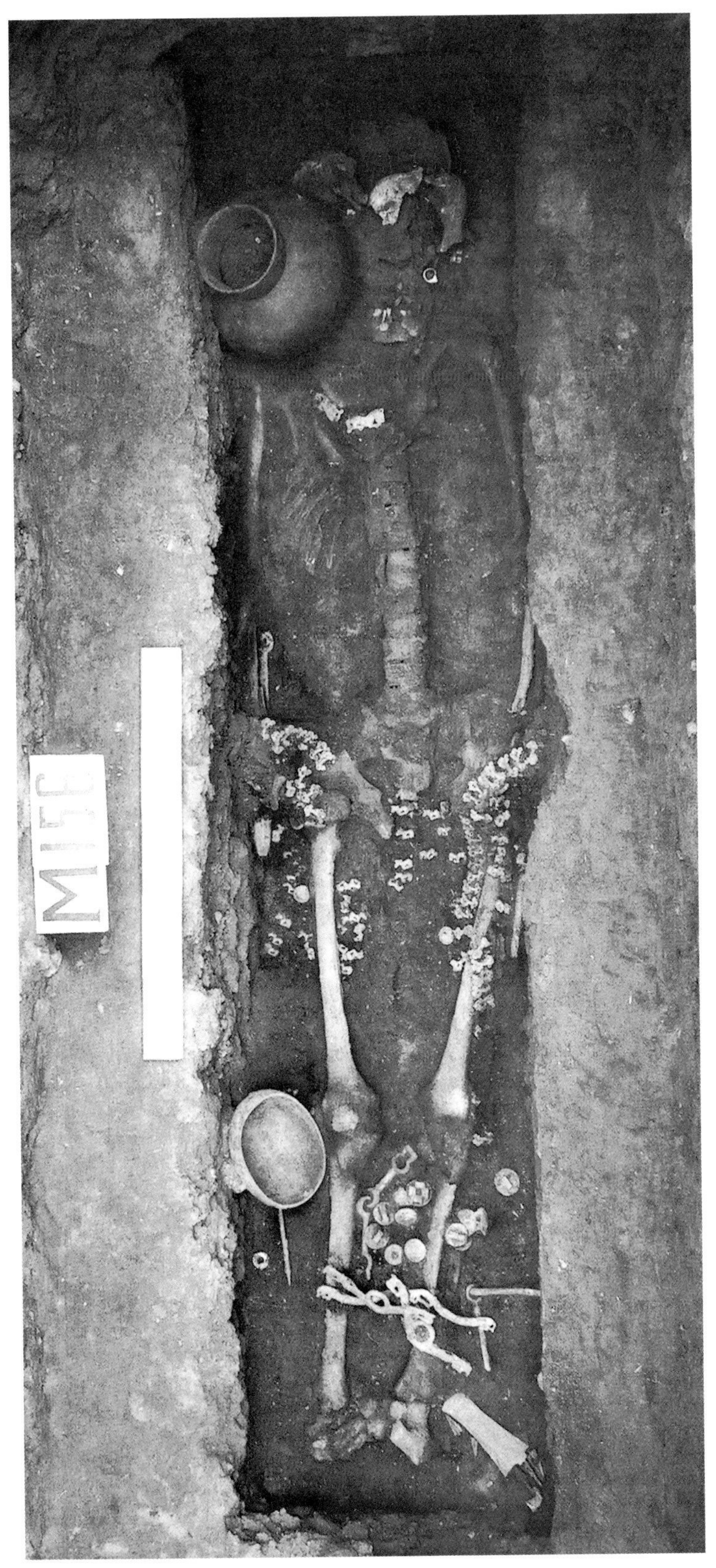

YYM156椁室人骨及遗物分布

玉皇庙墓地南区中部春秋晚期前段墓葬

1. YYM158 墓圹形制、椁室及西端殉牲（东→西）

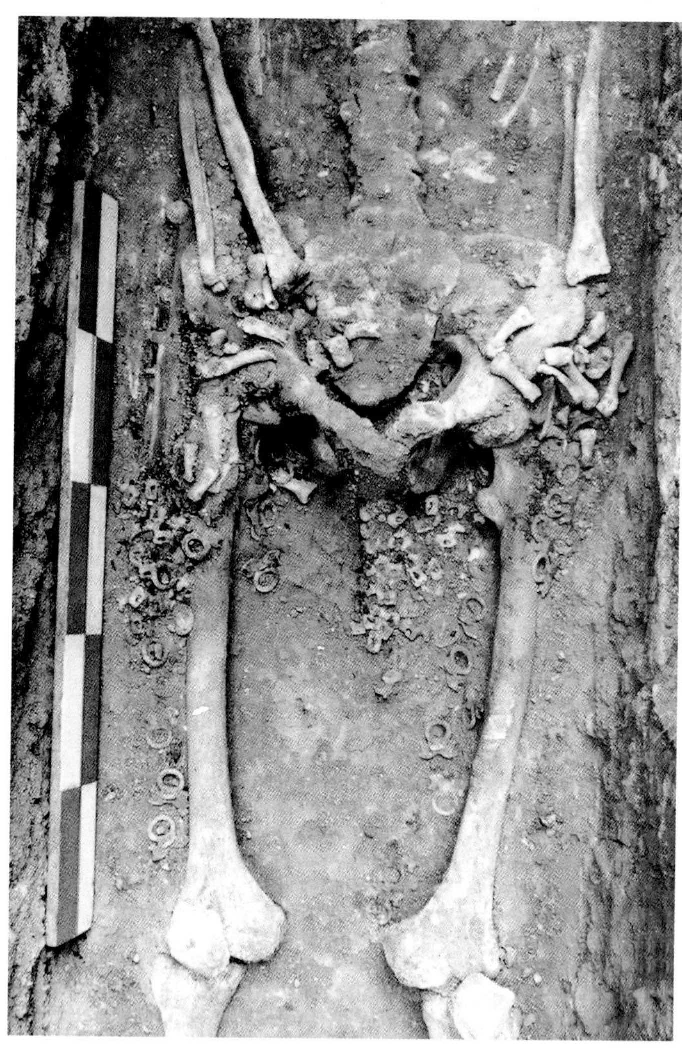

2. YYM158 青铜短剑、铜带饰等遗物分布（东→西）

玉皇庙墓地南区中部春秋晚期前段墓葬

1. YYM167 墓圹形制、椁室及东端殉牲（西→东）

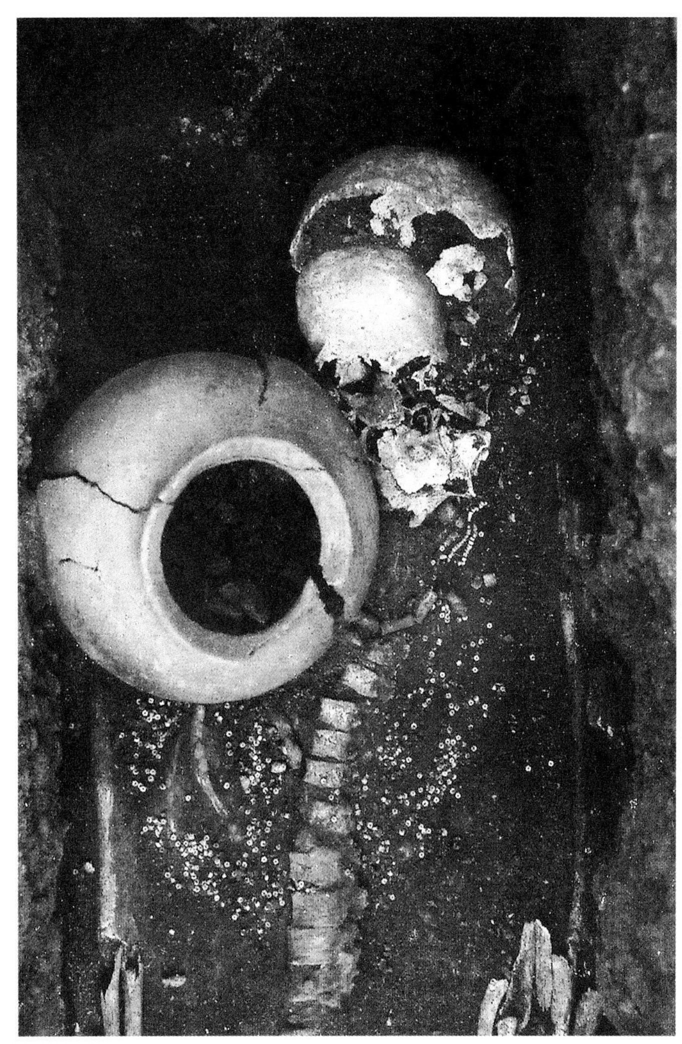

2. YYM167 死者头、颈、胸部遗物（西→东）

玉皇庙墓地南区中部春秋晚期前段墓葬

1. YYM168 墓圹形制及东端殉牲（西→东）

2. YYM168 墓圹形制及椁室人骨（西→东）

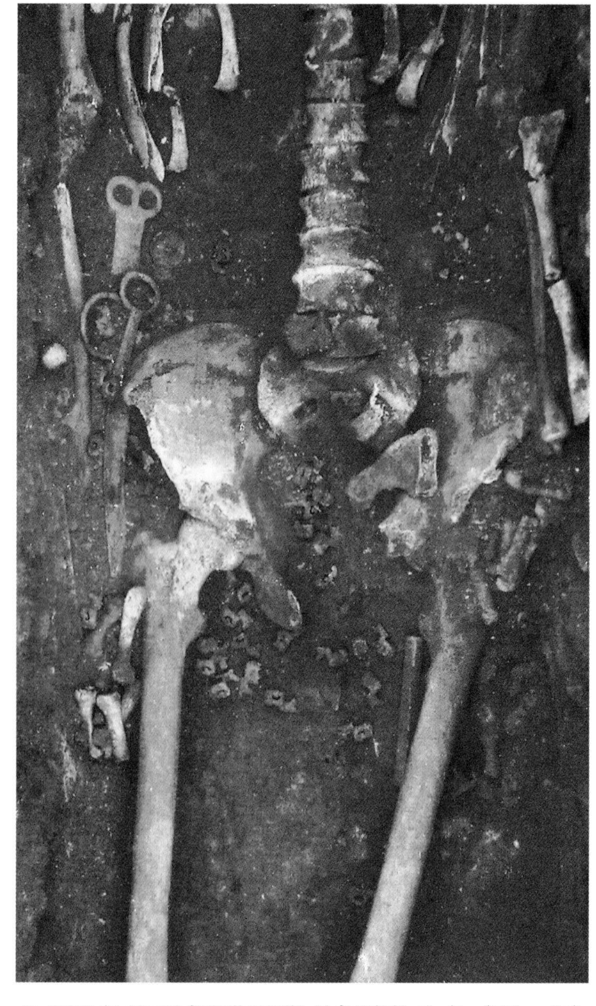

3. YYM168 死者腰际至股骨间遗物分布（西→东）

玉皇庙墓地南区中部春秋晚期前段墓葬

1. YYM134 墓圹形制、椁室及东端殉牲（西→东）

玉皇庙墓地南区中部春秋晚期前段墓葬

2. YYM133 墓圹形制、椁室及东端殉牲（西→东）

3. YYM133 死者头部至股骨间遗物分布（西→东）

1. YYM132 墓圹形制、儿童遗骨及东端殉牲（西→东）

玉皇庙墓地南区中部春秋晚期前段墓葬

2. YYM131 墓圹形制、椁室及西端殉牲（东→西）

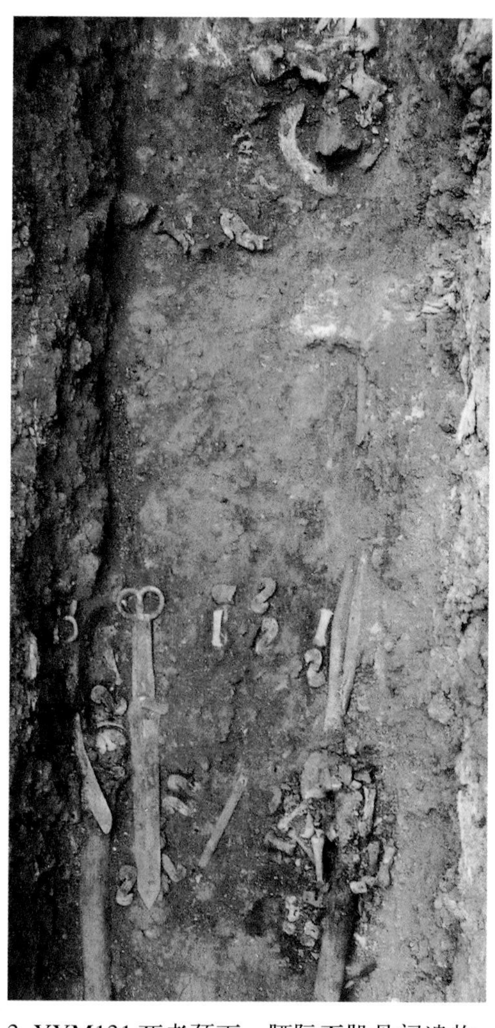

3. YYM131 死者颈下、腰际至股骨间遗物分布（东→西）

1. YYM122 墓圹形制、椁室及东端殉牲（西→东）

2. YYM122 死者颈下至股骨间遗物分布（西→东）

玉皇庙墓地南区中部春秋晚期前段墓葬

1. YYM123 墓圹形制、婴儿遗骨及东北角殉牲（西→东）

2. YYM123 死者颈部出土的马形铜牌饰及小白石珠项链（西→东）

3. YYM124 墓圹形制、椁室及东南角殉牲（西→东）

玉皇庙墓地南区中部春秋晚期前段墓葬

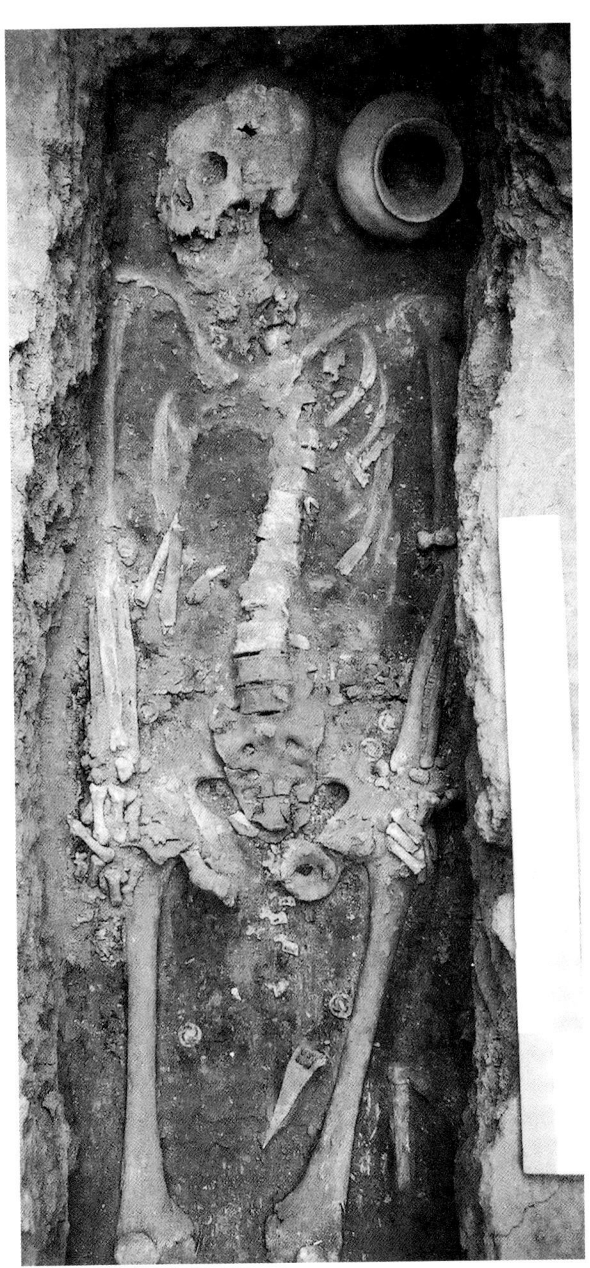

1. YYM124 椁室人骨及遗物分布（西→东）

2. YYM126 墓圹形制、椁室及东端殉牲（西→东）

玉皇庙墓地南区中部春秋晚期前段墓葬

1. YYM120 墓圹形制、儿童遗骨及东端殉牲（西→东）

玉皇庙墓地南区中部春秋晚期前段墓葬

2. YYM121 墓圹形制、人骨及东端殉牲（西→东）

3. YYM121 无头二次葬人骨及陶罐（西→东）

1. YYM115 墓圹形制、儿童遗骨及东端殉牲（西→东）

玉皇庙墓地南区中部春秋晚期前段墓葬

2. YYM114 墓圹形制、椁室及东端殉牲（西→东）

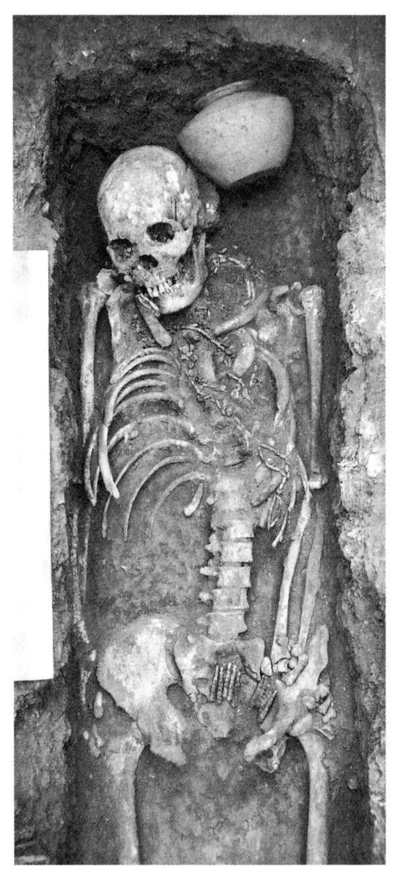

3. YYM114 死者头部至骨盆间遗物分布（西 →东）

1. YYM113 墓圹形制、椁室及东端殉牲（西→东）

2. YYM113 死者头部及上身遗物（西→东）

玉皇庙墓地南区中部春秋晚期前段墓葬

1. YYM111 墓圹形制、椁室及东端殉牲（西→东）

2. YYM111 死者头部至骨盆间遗物（西→东）

玉皇庙墓地南区中部春秋晚期前段墓葬

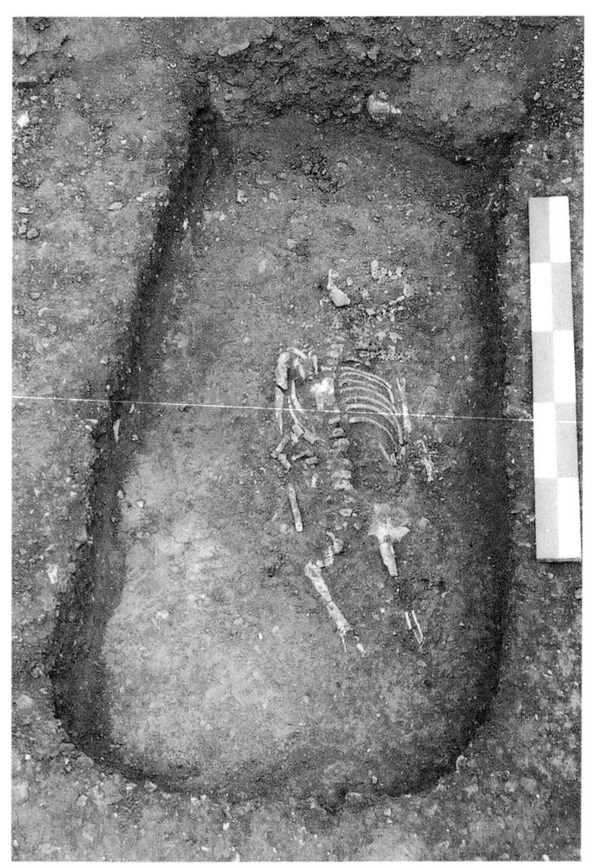

1. YYM159 墓圹形制及婴儿遗骨（西→东）

2. YYM159 死者颈部遗物（西→东）

3. YYM165 墓圹形制及儿童遗骨（西→东）

玉皇庙墓地南区中部春秋晚期前段墓葬

1. YYM166 墓圹形制、残存儿童遗骨及东端的镇墓石（西→东）

2. YYM106 墓圹形制、儿童遗骨及陶罐等（西→东）

玉皇庙墓地南区中部春秋晚期前段墓葬

1. YYM171 墓圹形制、填土中的镇墓石及东端殉牲（西→东）

2. YYM171 墓圹形制及椁室（西→东）

1. YYM171 椁室人骨及遗物分布（西→东）

2. YYM171 死者腰部至股骨间遗物分布（西→东）

玉皇庙墓地南区中部春秋晚期前段墓葬

玉皇庙墓地南区中部春秋晚期前段墓葬

1. YYM108 墓圹形制、椁室及东端殉牲（西→东）

2. YYM108 死者头部至股骨上端遗物分布（西→东）

3. YYM107 墓圹形制、人骨及随葬的砺石（西→东）

1. YYM332 墓圹形制、人骨及东部殉牲（西→东）

3. YYM333 镇墓石压在死者头、颈、胸之上（西→东）

2. YYM333 墓圹形制、人骨、镇墓石及东南角与南侧上层的殉牲（西→东）

玉皇庙墓地西区春秋晚期前段墓葬

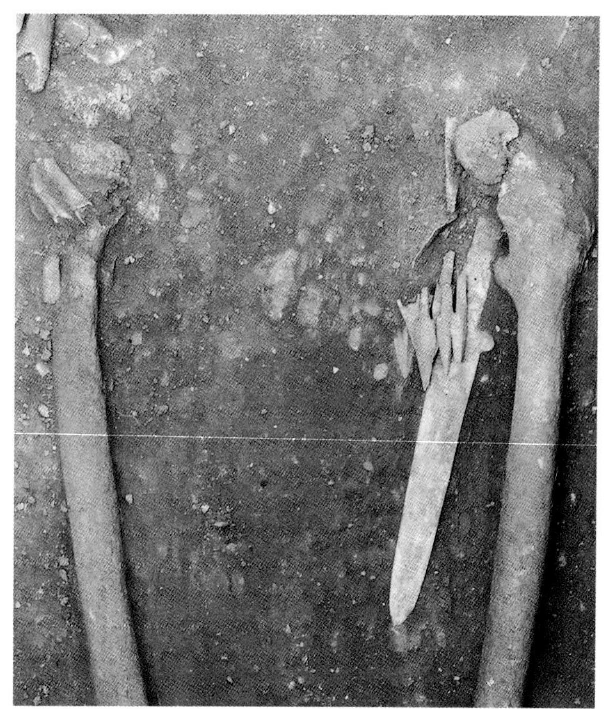

1. YYM333 青铜短剑、铜镞、骨镞出土部位（西→东）

2. YYM331 墓圹形制、人骨及南侧西部上层殉牲（西→东）

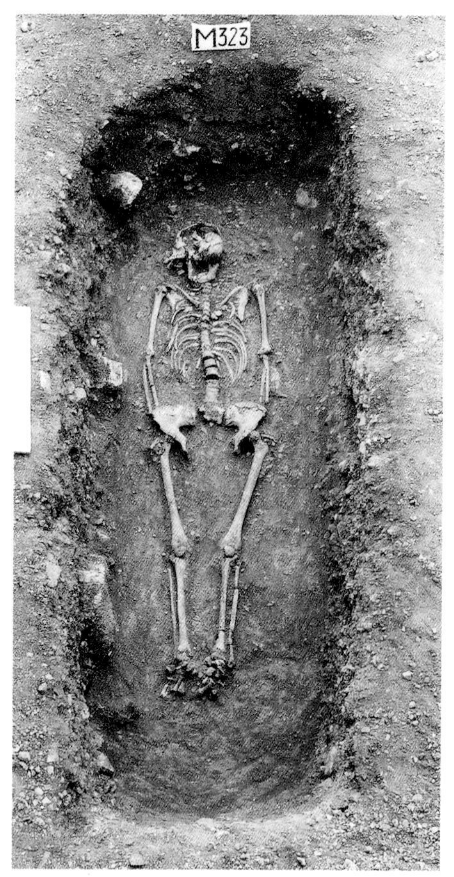

3. YYM323 墓圹形制及人骨（西→东）

玉皇庙墓地西区春秋晚期前段墓葬

4. YYM323 死者头、颈部饰物（西→东）

1. YYM319 墓圹形制、人骨及南侧狗牲（西→东）

2. YYM329 死者头、颈部饰物（西→东）

3. YYM327 死者耳骨旁与颈下出土的大号铜丝耳环和铜镜形饰（西→东）

玉皇庙墓地西区
春秋晚期前段墓葬

1. YYM326 墓圹形制及东端封顶石（西→东）

2. YYM324 墓圹形制、石椁及人骨（西→东）

3. YYM324 铜耳环及圆锥形铜坠饰出土部位（西→东）

玉皇庙墓地西区春秋晚期前段墓葬

玉皇庙墓地西区春秋晚期前段墓葬

1. YYM322 墓圹形制及人骨（西北→东南）

3. YYM321 墓圹形制、人骨及东端和南侧西部殉牲（西北→东南）

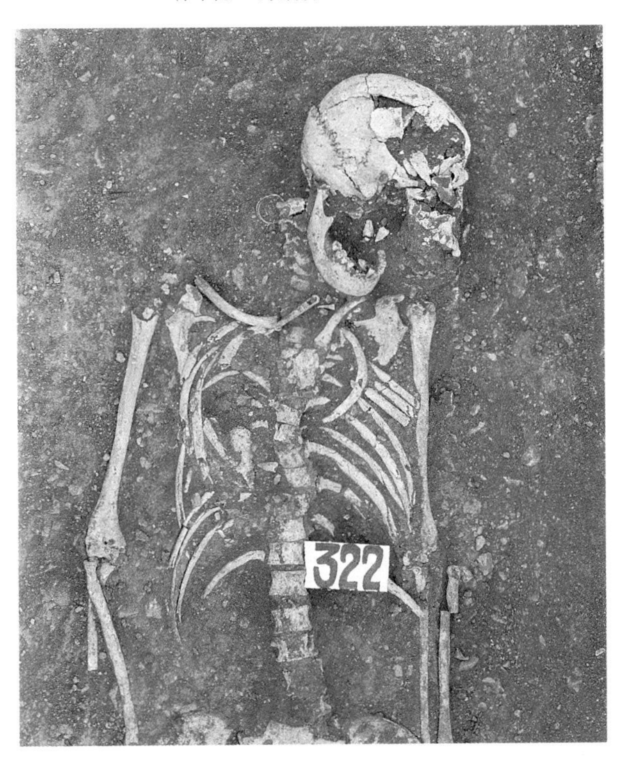

2. YYM322 死者头、颈部饰物

4. YYM321 死者左股骨下端外侧出土铜镞和骨镞

1. YYM320 墓圹形制、人骨及东南角殉牲（西北→东南）

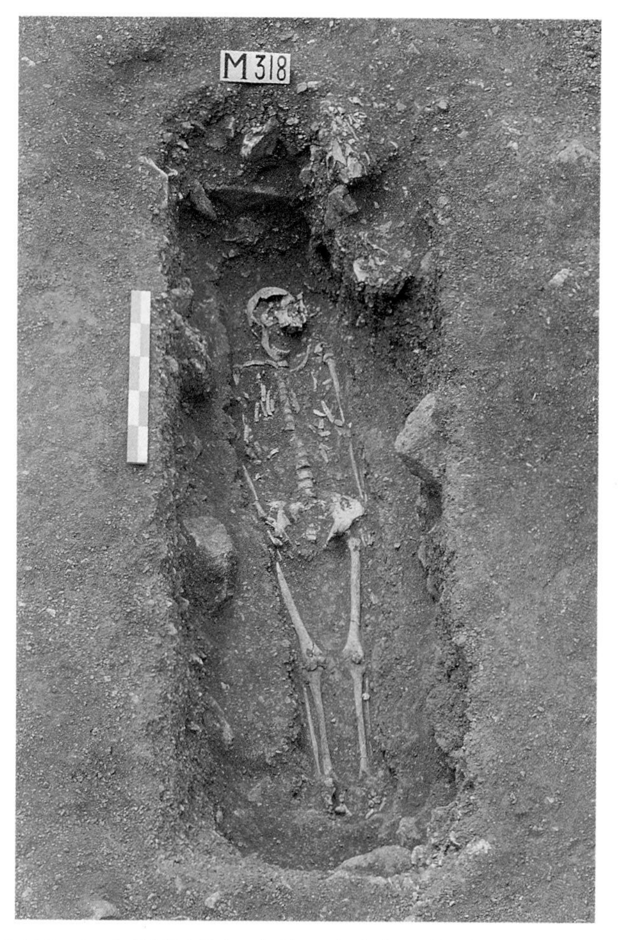

2. YYM318 墓圹形制、人骨及东南角殉牲（西北→东南）

3. YYM316 墓圹形制、人骨及东端殉牲（西→东）

玉皇庙墓地西区春秋晚期前段墓葬

1. YYM311 墓圹形制及人骨（西南→东北）

2. YYM310 墓圹形制及婴儿遗骨（西→东）

3. YYM314 墓圹形制、人骨及东南角殉牲（西→东）

玉皇庙墓地西区春秋晚期前段墓葬

1. YYM312 墓圹形制、人骨及南侧殉牲（西→东）

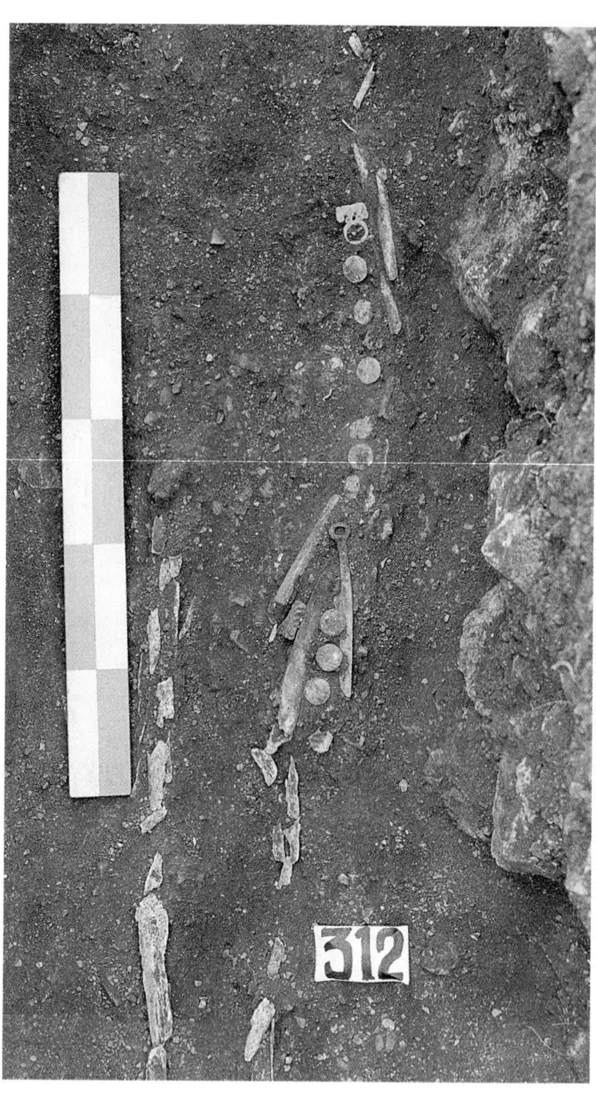

2. YYM312 死者腰部左侧至左股骨间遗物分布（西→东）

玉皇庙墓地西区春秋晚期前段墓葬

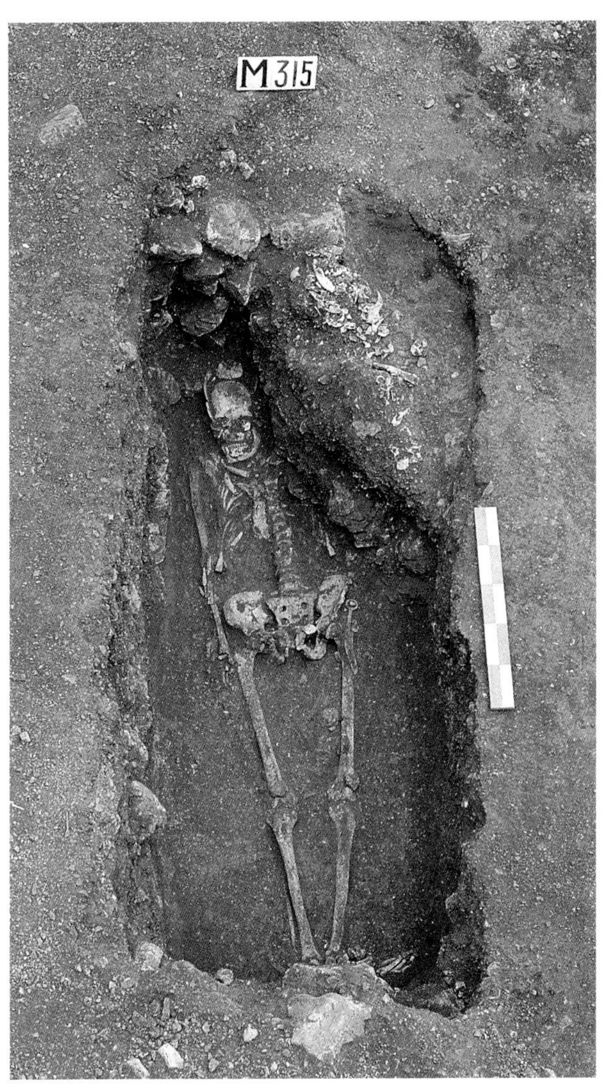

1. YYM315 墓圹形制、人骨及东南角殉牲（西→东）

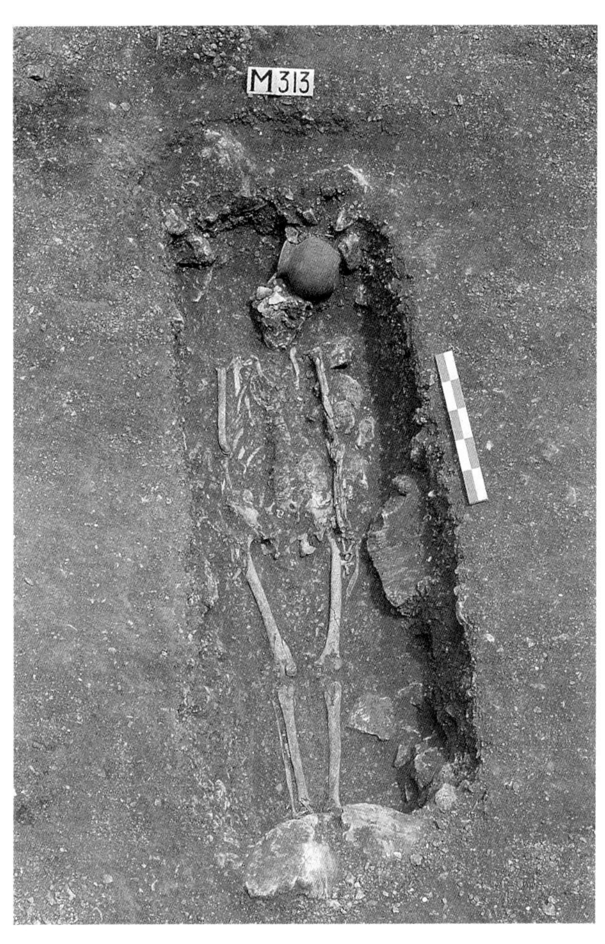

2. YYM313 墓圹形制及人骨、陶罐等（西→东）

3. YYM313 死者左股骨外侧出土青铜削刀（西→东）

玉皇庙墓地西区
春秋晚期前段墓葬

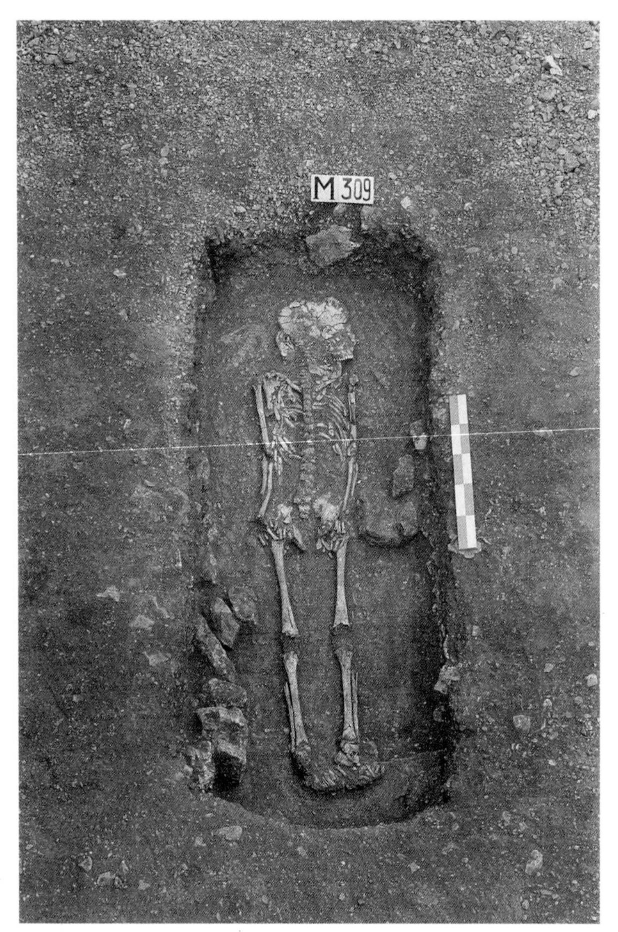

1. YYM309 墓圹形制及人骨（西→东）

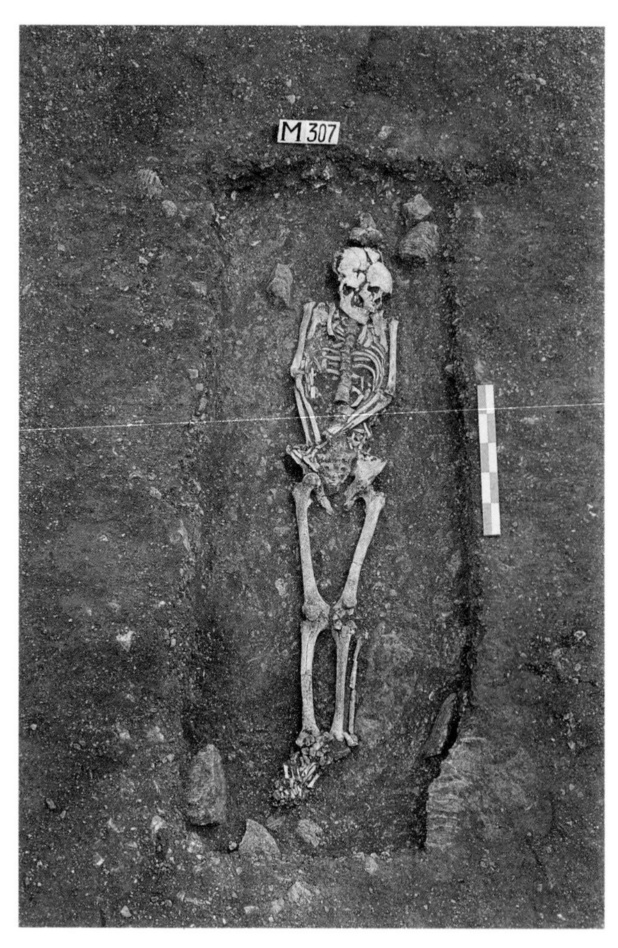

2. YYM307 墓圹形制及人骨（西→东）

3. YYM308 墓圹形制、人骨及镇墓石（西→东）

玉皇庙墓地西区春秋晚期前段墓葬

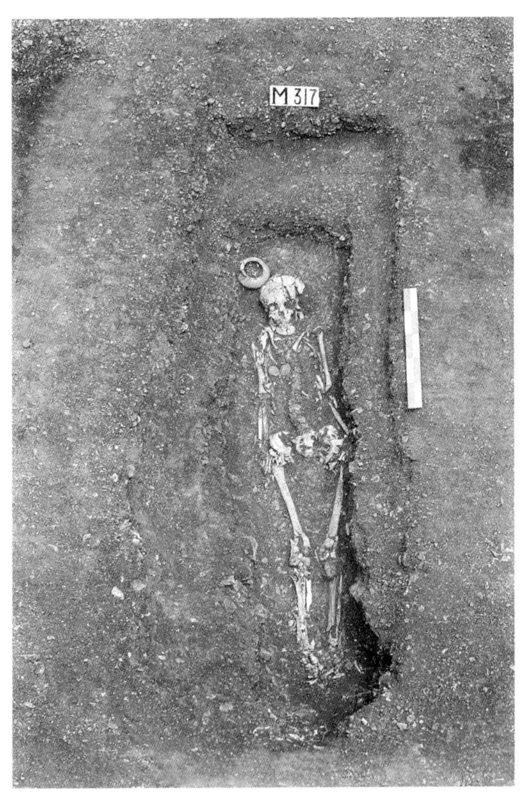

1. YYM317 墓圹形制及人骨（西→东）

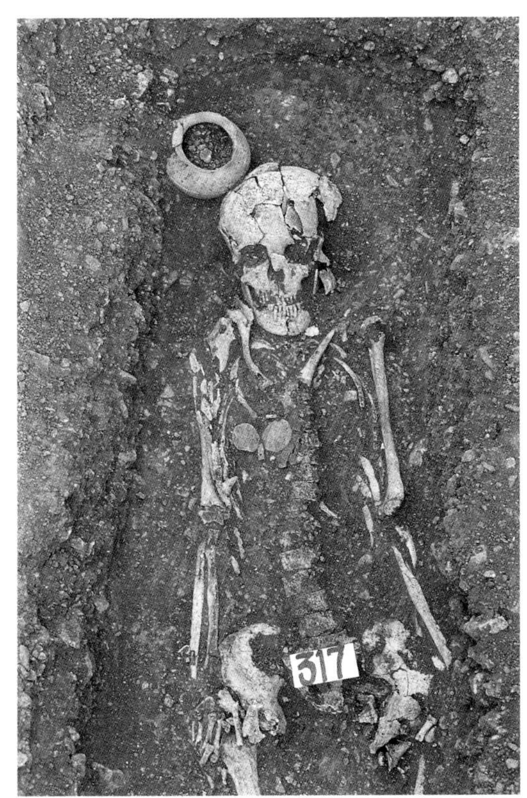

2. YYM317 死者头、胸部遗物（西→东）

3. YYM303 墓圹形制及殉牲分布（西→东）

玉皇庙墓地西区
春秋晚期前段墓葬

1. YYM304 墓圹形制及人骨（西→东）

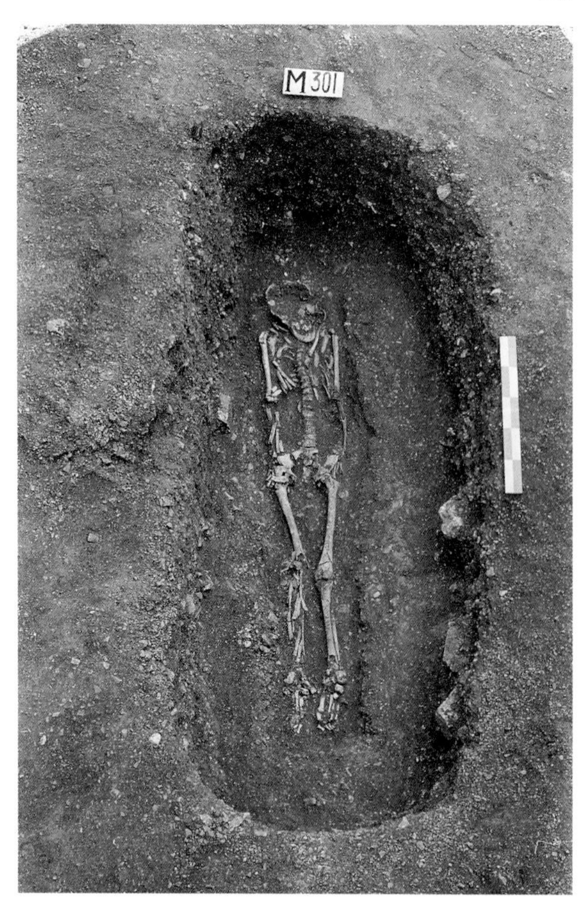

2. YYM301 墓圹形制及人骨（西→东）

3. YYM301 死者耳骨处出土的铜丝耳环（西→东）

玉皇庙墓地西区春秋晚期前段墓葬

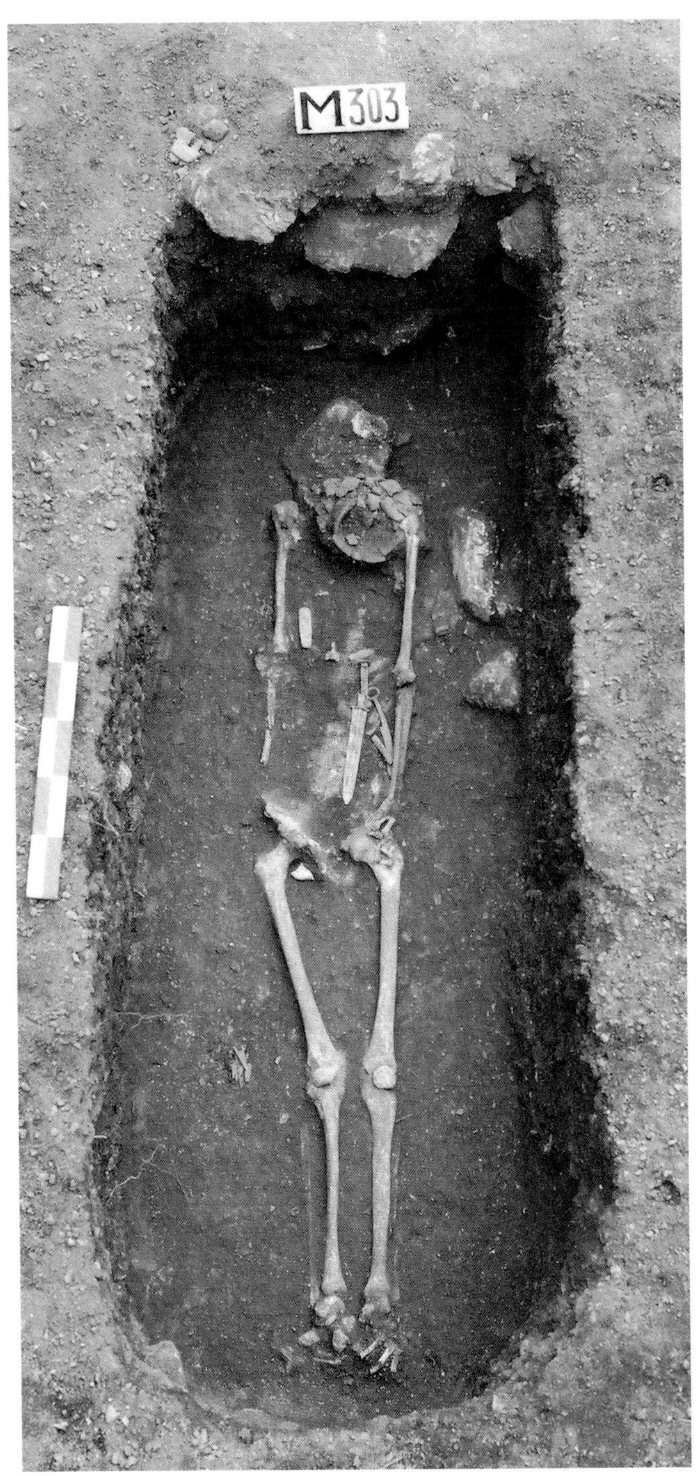

1. YYM303 墓圹形制、人骨及遗物分布（西→东）

2. YYM305 墓圹形制及人骨（西→东）

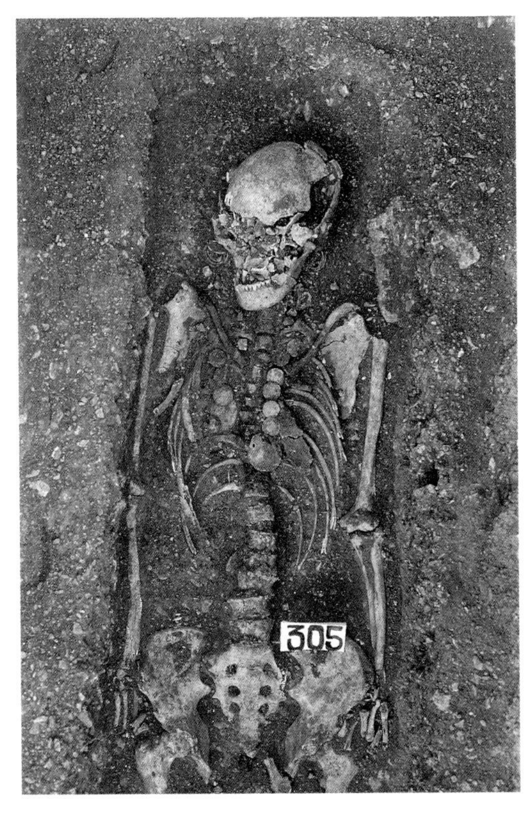

3. YYM305 死者头、颈、胸部遗物（西→东）

玉皇庙墓地西区春秋晚期前段墓葬

1. YYM302 墓圹形制及人骨（西→东）

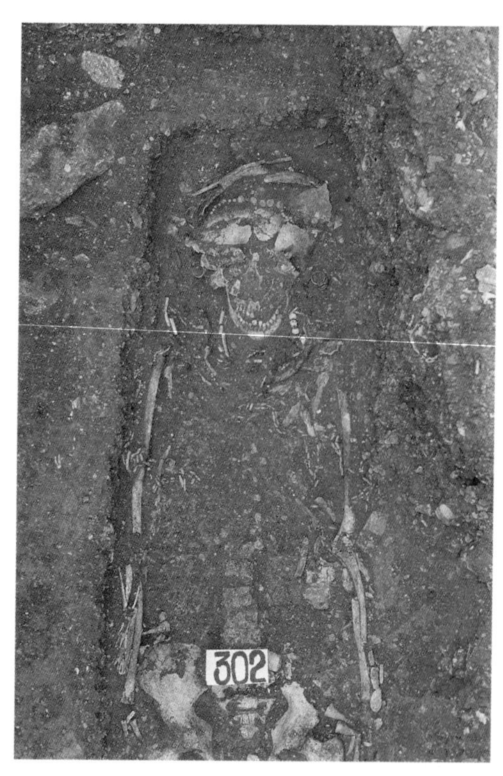

2. YYM302 死者头、颈、胸部遗物（西→东）

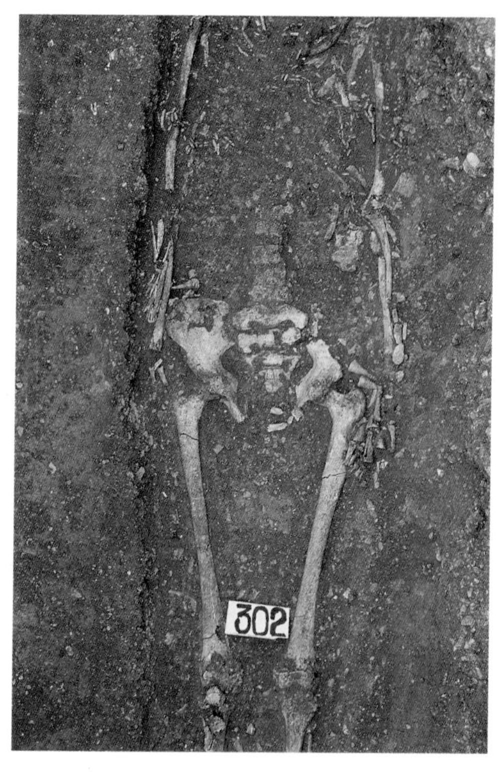

3. YYM302 死者腰下至股骨上端外侧出土铜铃形饰（西→东）

玉皇庙墓地西区春秋晚期前段墓葬

1. YYM164 墓圹形制、椁室及东端殉牲（西→东）

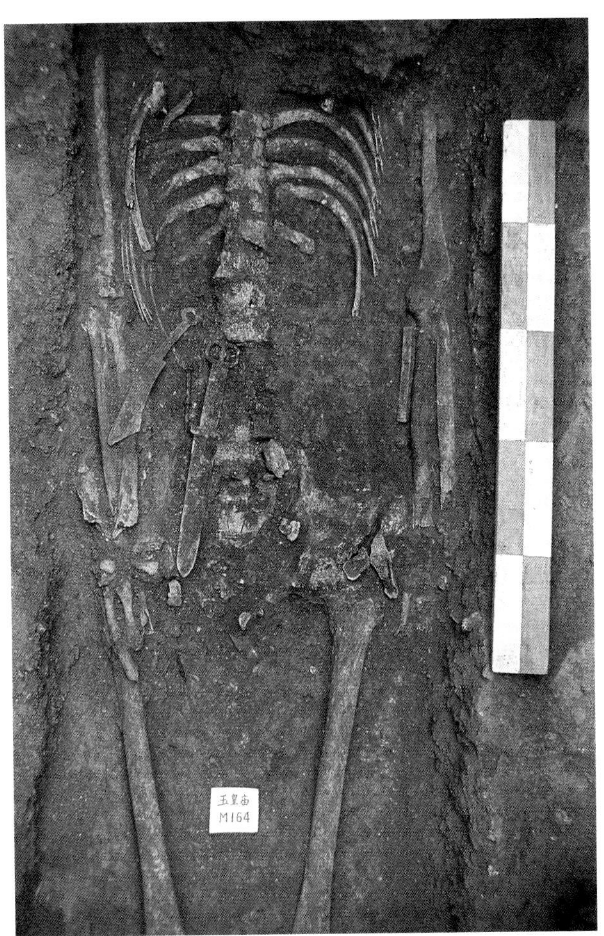

2. YYM164 青铜短剑与尖首刀币等出土部位（西→东）

玉皇庙墓地南区南部春秋晚期后段墓葬

1. YYM127 墓圹形制、椁室及东端殉牲（西→东）

2. YYM110 墓圹形制、镇墓石分布及东北角殉牲（西→东）

3. YYM110 墓圹形制及椁室人骨（西→东）

玉皇庙墓地南区南部春秋晚期后段墓葬

1. YYM110 死者头、胸及骨盆下端遗物（西→东）

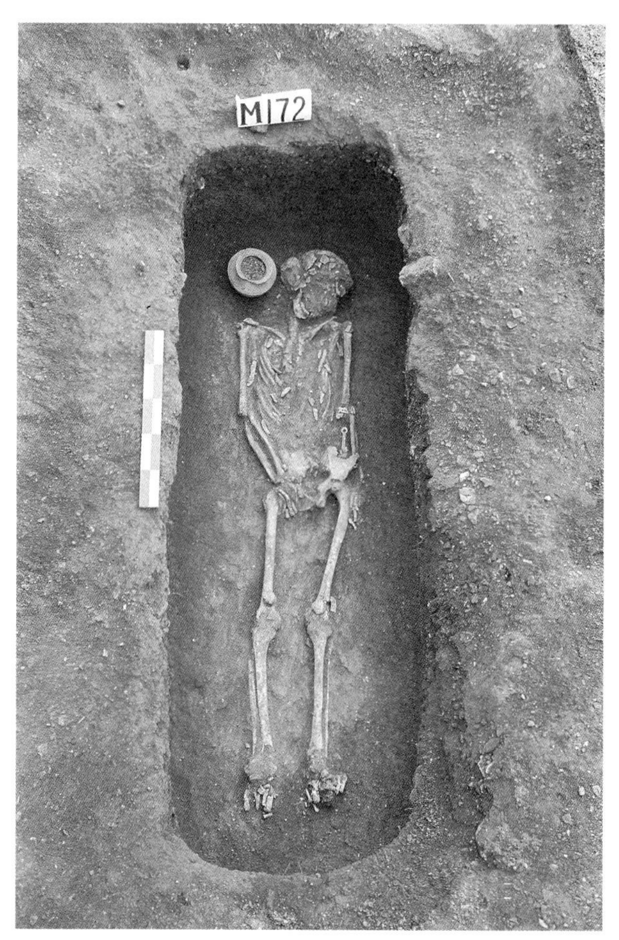

2. YYM172 墓圹形制及人骨（西→东）

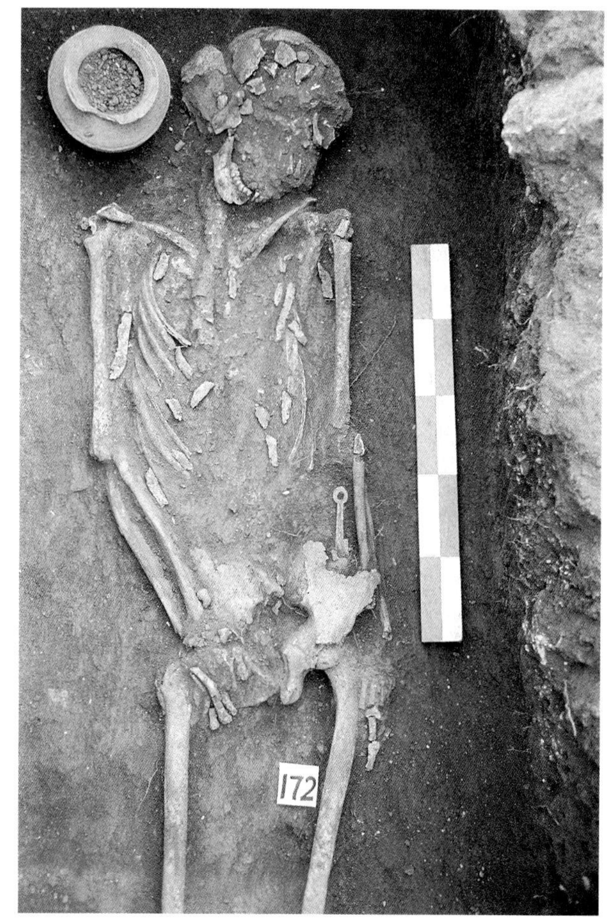

3. YYM172 泥质灰陶折肩罐与尖首刀币出土部位（西→东）

玉皇庙墓地南区南部春秋晚期后段墓葬

1. YYM163 墓圹形制、椁室及东端殉牲（西→东）

2. YYM160 墓圹形制、镇墓石及西端殉牲（东→西）

玉皇庙墓地南区南部春秋晚期后段墓葬

1. YYM160 墓圹形制及椁室（东→西）

2. YYM160 椁室人骨及遗物分布（东→西）

玉皇庙墓地南区南部春秋晚期后段墓葬

1. YYM130 墓圹形制、椁室及东端殉牲（西→东）

2. YYM175 墓圹形制、椁室人骨及东端殉牲（西→东）

玉皇庙墓地南区南部春秋晚期后段墓葬

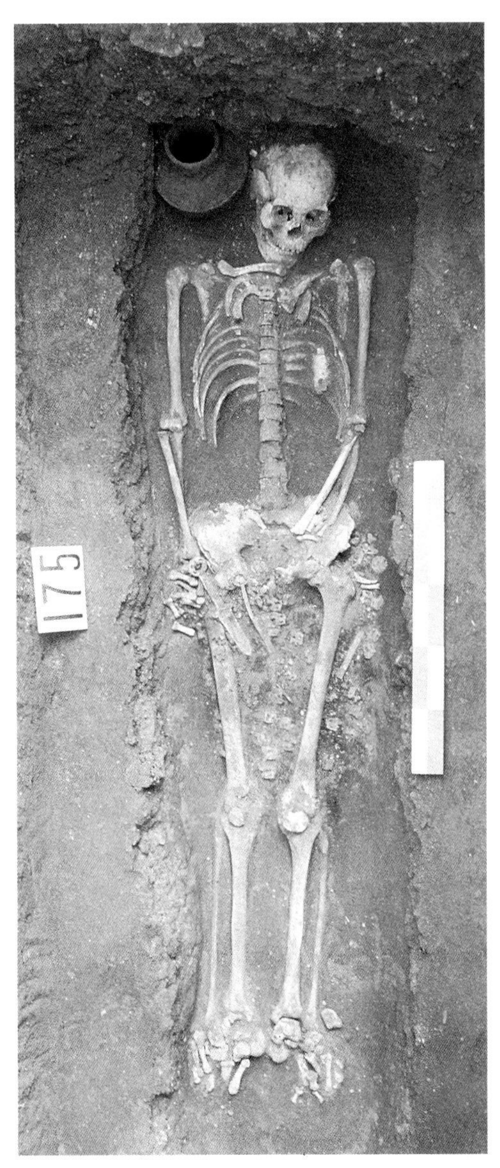

1. YYM175 椁室人骨及遗物分布（西→东）

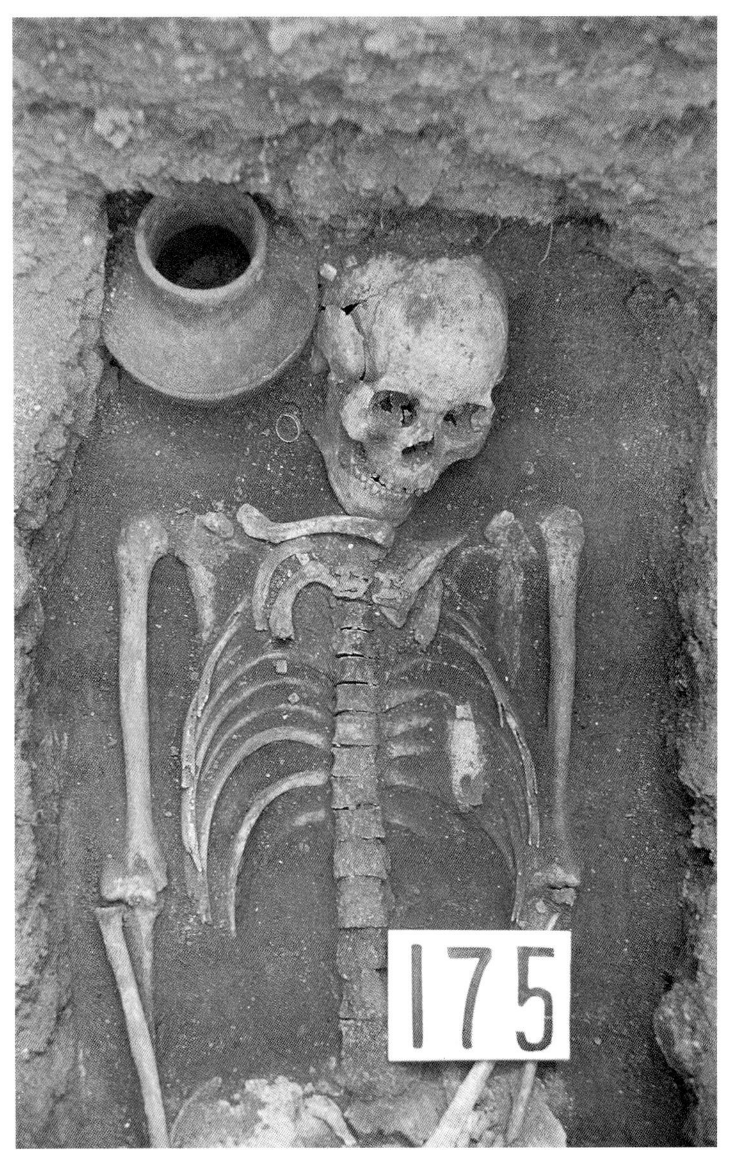

2. YYM175 死者头、颈、胸部遗物（西→东）

玉皇庙墓地南区南部春秋晚期后段墓葬

1. YYM173墓圹形制、人骨、东端镇墓石及殉牲（西→东）

2. YYM161墓圹形制、椁室及东端殉牲（西→东）

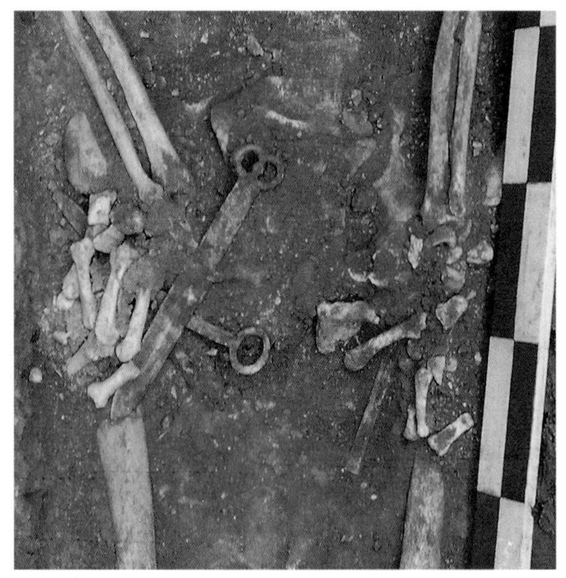

3. YYM161青铜短剑与青铜削刀出土部位（西→东）

玉皇庙墓地南区南部春秋晚期后段墓葬

1. YYM129 墓圹形制、椁室及东端殉牲（西→东）

2. YYM129 椁室人骨及遗物分布（西→东）

玉皇庙墓地南区南部春秋晚期后段墓葬

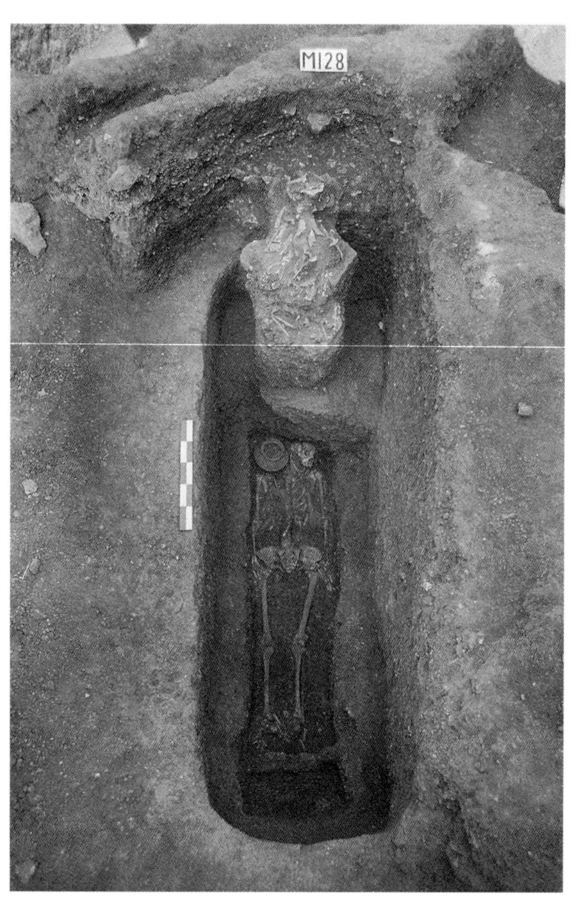

1. YYM128 墓圹形制、椁室及东端殉牲（西→东）

2. YYM109 墓圹形制、人骨及东端殉牲（西→东）

3. YYM162 墓圹形制及人骨（西南→东北）

玉皇庙墓地南区南部春秋晚期后段墓葬

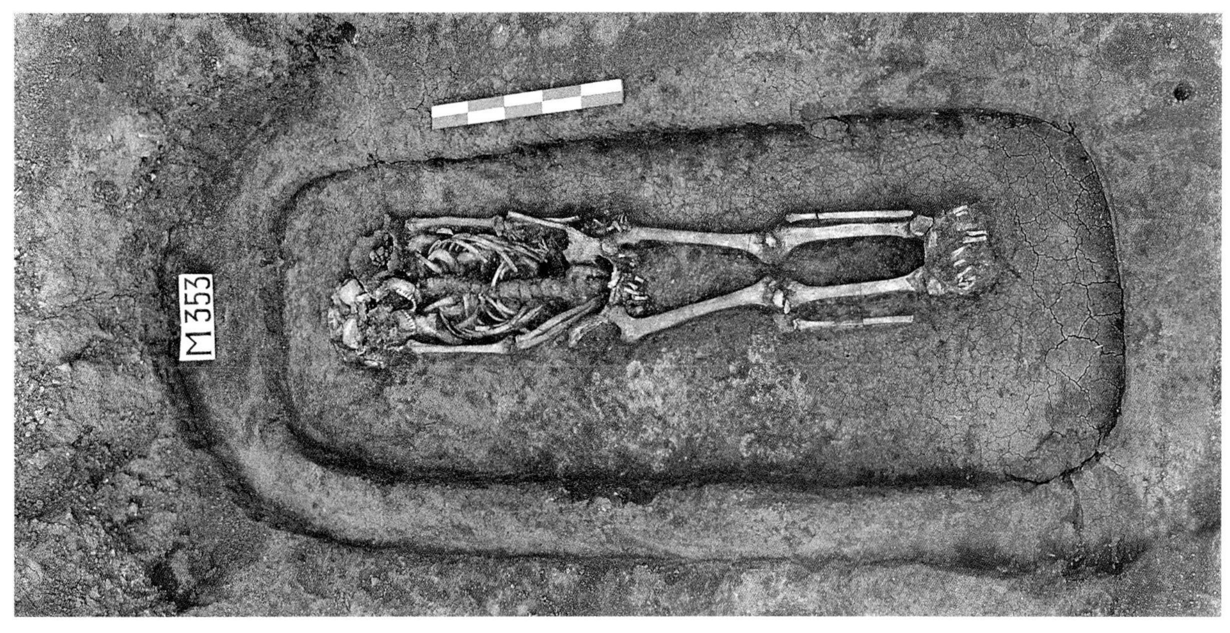

1. YYM353 墓圹形制及人骨（西南→东北）

玉皇庙墓地南区南部春秋晚期后段墓葬

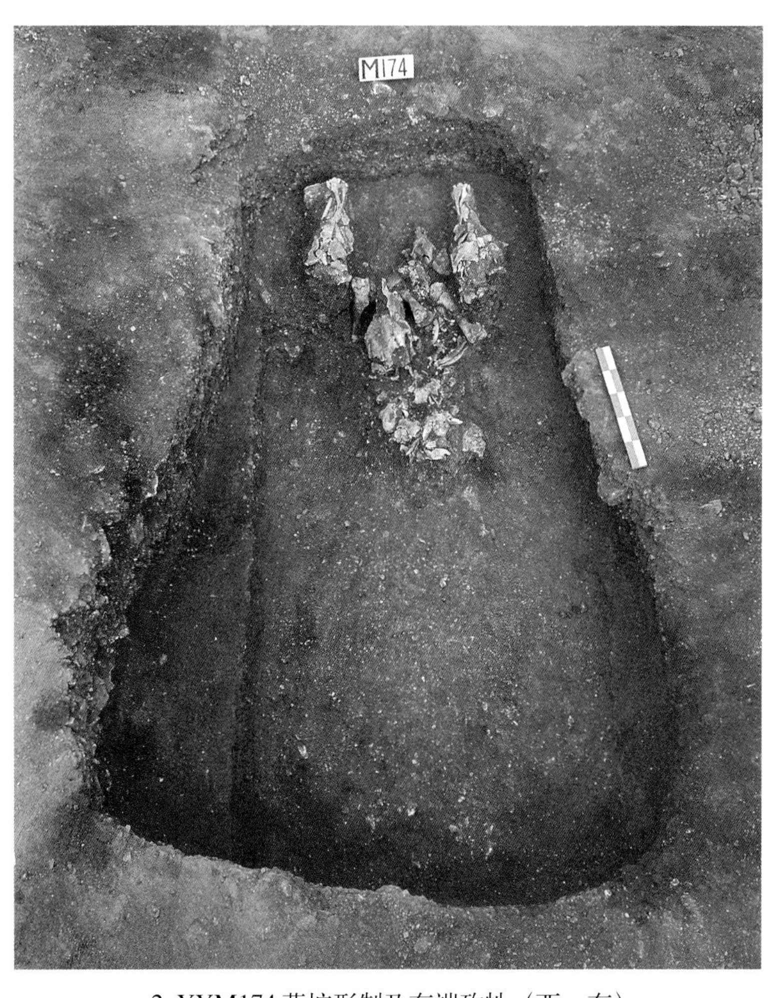

2. YYM174 墓圹形制及东端殉牲（西→东）

YYM174 墓圹形制及椁室（西→东）

玉皇庙墓地南区南部春秋晚期后段墓葬

1. YYM174 椁室人骨及遗物分布（西→东）

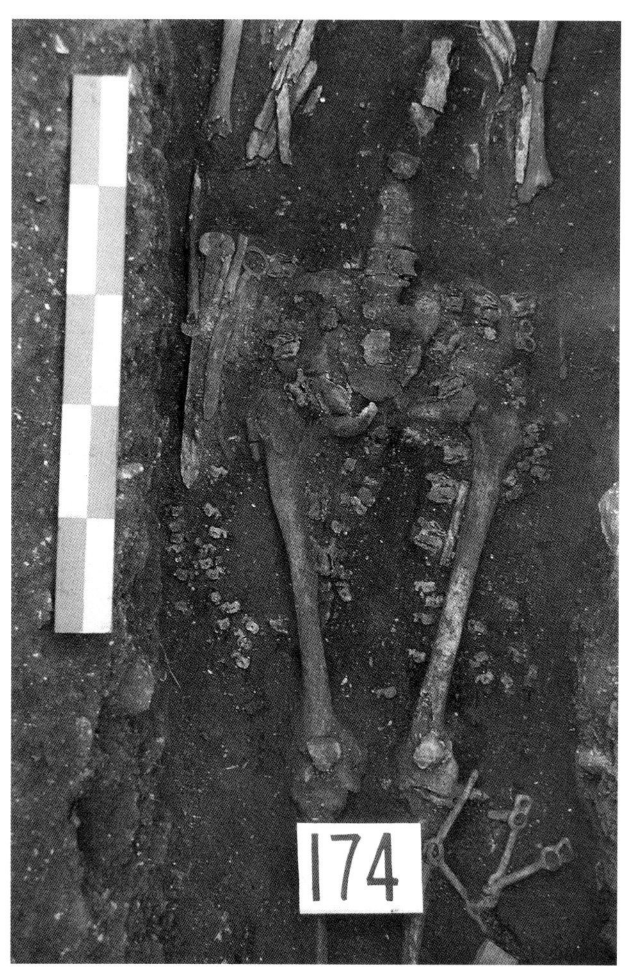

2. YYM174 死者腰、膝间遗物分布（西→东）

玉皇庙墓地南区南部
春秋晚期后段墓葬

1. YYM340 墓圹形制、椁室及东端殉牲（西→东）

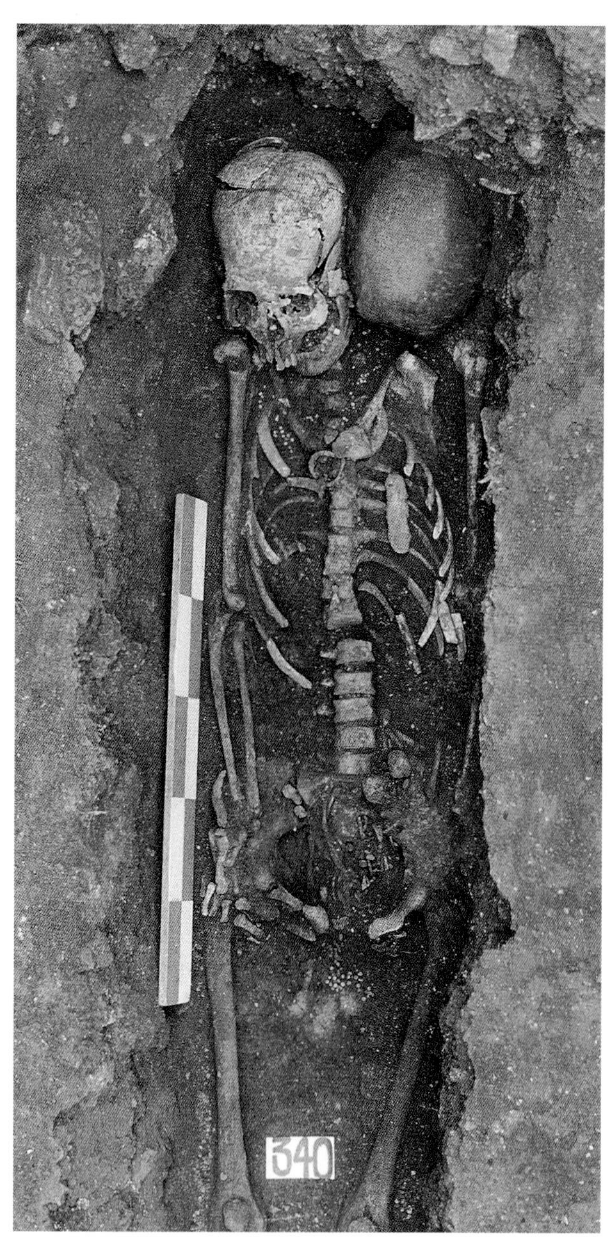

2. YYM340 母婴遗骨及遗物（西→东）

玉皇庙墓地南区南部春秋晚期后段墓葬

1. YYM337 墓圹形制、人骨及东端镇墓石（西→东）

玉皇庙墓地南区南部春秋晚期后段墓葬

2. YYM334 墓圹形制及东端殉牲（西→东）

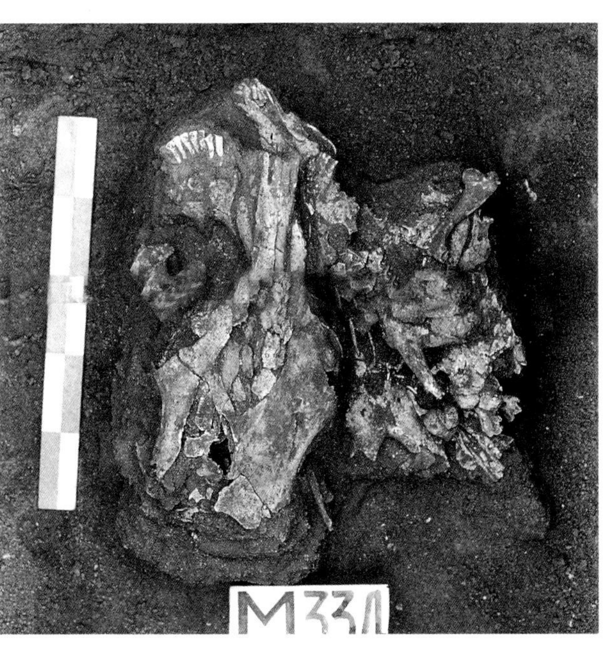

3. YYM334 东端殉牲（西→东）

1. YYM334 墓圹形制及椁室（西→东）

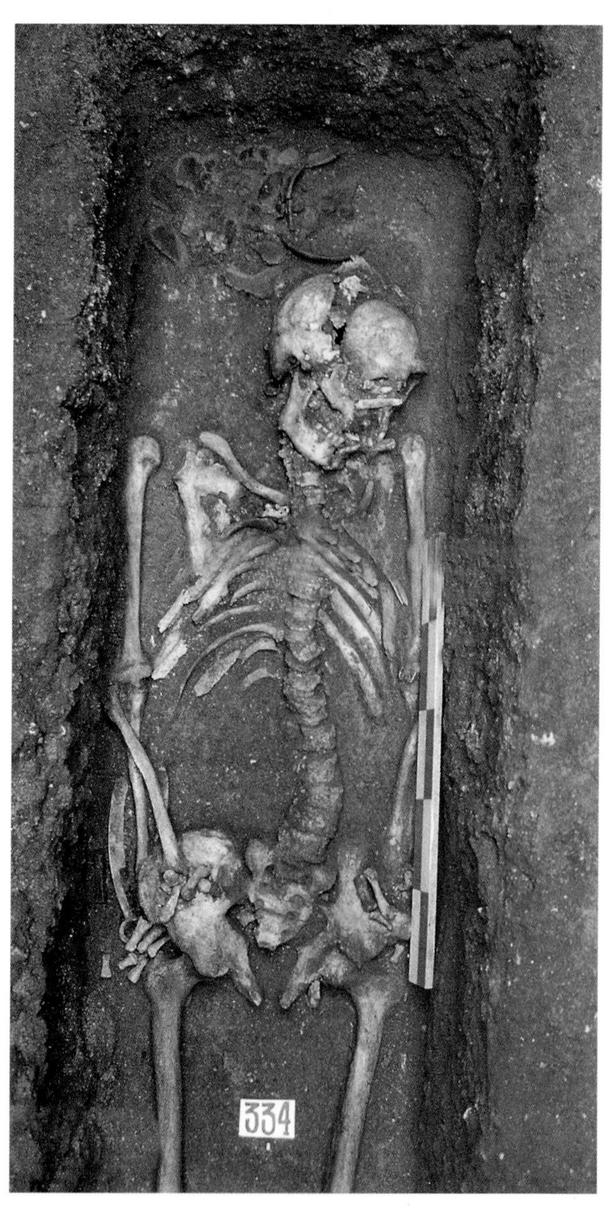

2. YYM334 椁室人骨及遗物（西→东）

玉皇庙墓地南区南部春秋晚期后段墓葬

1. YYM328 墓圹形制、椁室、镇墓石及东端殉牲（西→东）

2. YYM352 墓圹形制及椁室人骨（西→东）

3. YYM352 死者头部出土的泥质灰陶折肩罐及铜丝耳环（西→东）

玉皇庙墓地南区南部
春秋晚期后段墓葬

1. YYM351 墓圹形制及椁室人骨（西→东）

2. YYM351 死者左眼眶内和上颌骨左侧遗留的覆面铜扣

玉皇庙墓地南区南部
春秋晚期后段墓葬

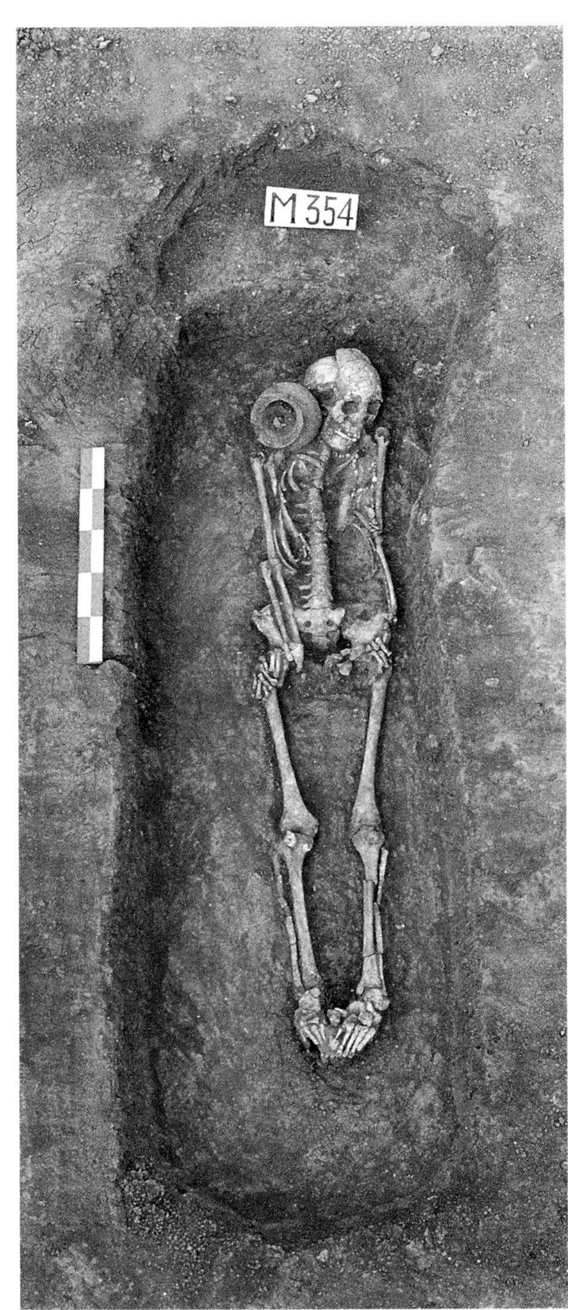

1. YYM354 墓圹形制及人骨（西→东）

2. YYM354 死者头、颈、胸部遗物（西→东）

玉皇庙墓地南区南部春秋晚期后段墓葬

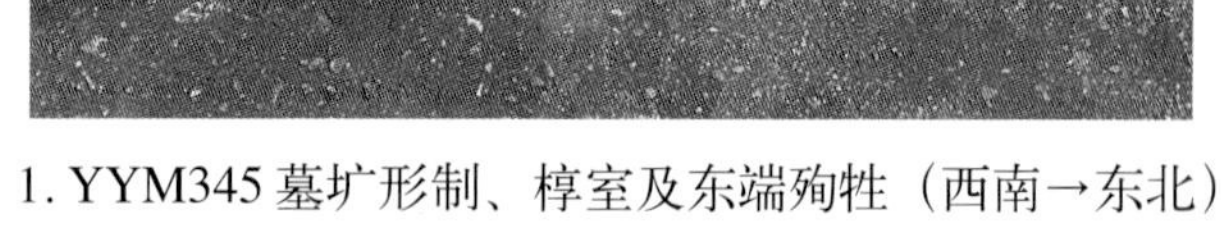
1. YYM345 墓圹形制、椁室及东端殉牲（西南→东北）

2. YYM345 椁室人骨及遗物分布（西南→东北）

玉皇庙墓地南区南部春秋晚期后段墓葬

1. YYM346 墓圹形制及椁室人骨（西→东）

2. YYM344 墓圹形制、椁室及东端殉牲（西→东）

玉皇庙墓地南区南部春秋晚期后段墓葬

1. YYM344 圹内东端殉牲（西→东）

2. YYM344 墓圹形制、椁室人骨及遗物分布（西→东）

玉皇庙墓地南区南部春秋晚期后段墓葬

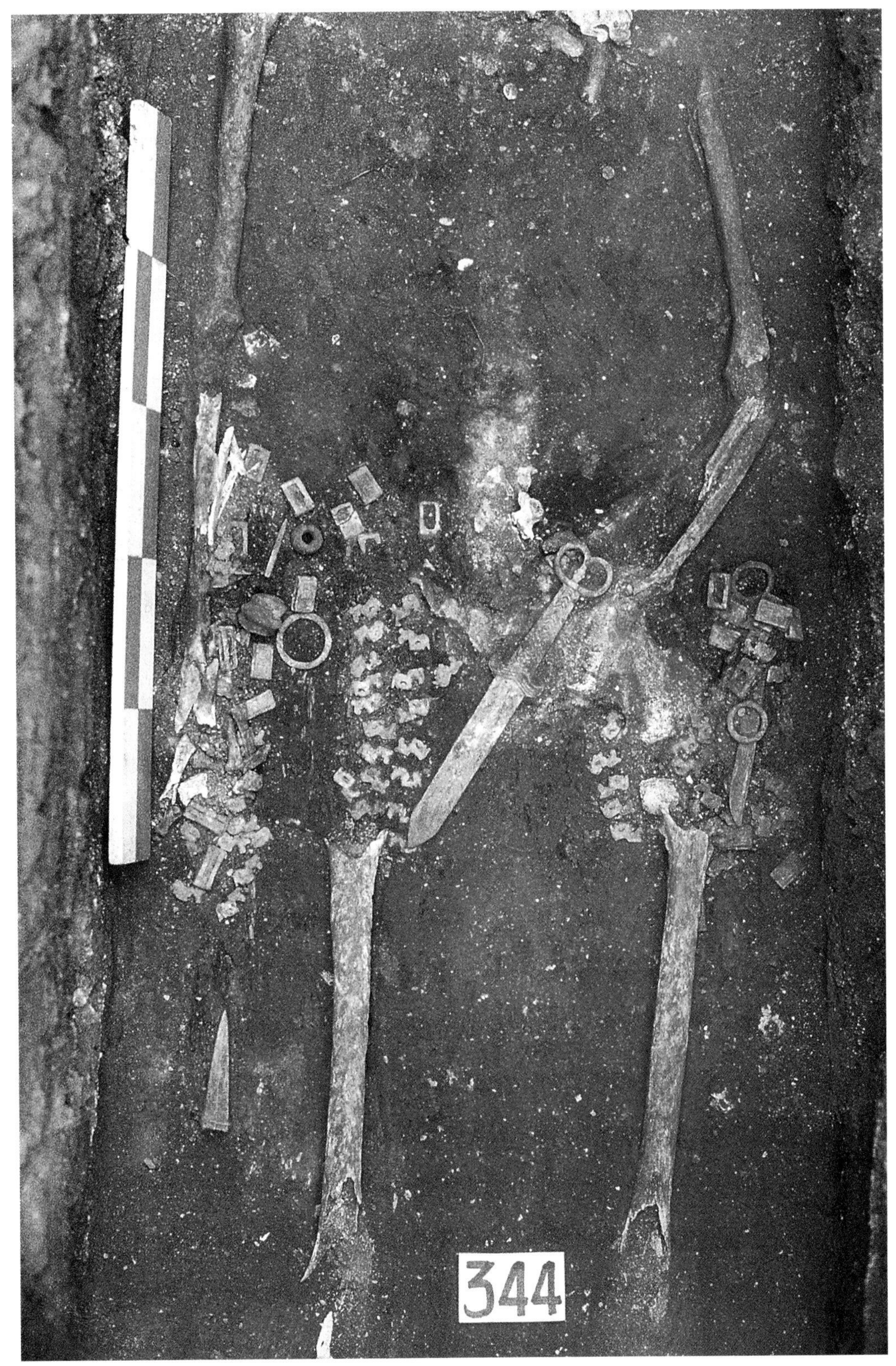

YYM344 死者腰际至股骨间遗物分布（西→东）

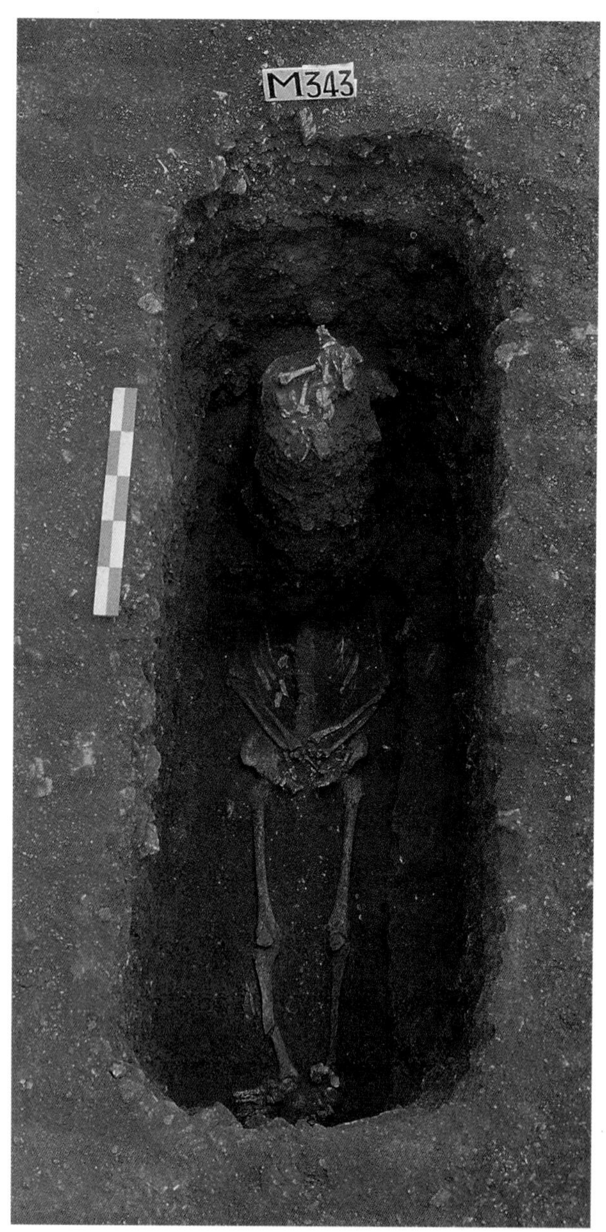

1. YYM343 墓圹形制及东端殉牲（西→东）

2. YYM343 墓圹形制及人骨（西→东）

玉皇庙墓地南区南部春秋晚期后段墓葬

1. YYM339 墓圹形制、椁室及东端殉牲（西→东）

2. YYM341 墓圹形制、椁室及东端殉牲（西→东）

玉皇庙墓地南区南部春秋晚期后段墓葬

1. YYM338 圹内东端殉牲（西→东）

2. YYM338 墓圹形制及东端殉牲（西→东）

玉皇庙墓地南区南部春秋晚期后段墓葬

3. YYM338 墓圹形制及椁室人骨（西→东）

1. YYM348 墓圹形制、椁室及东端殉牲（西→东）

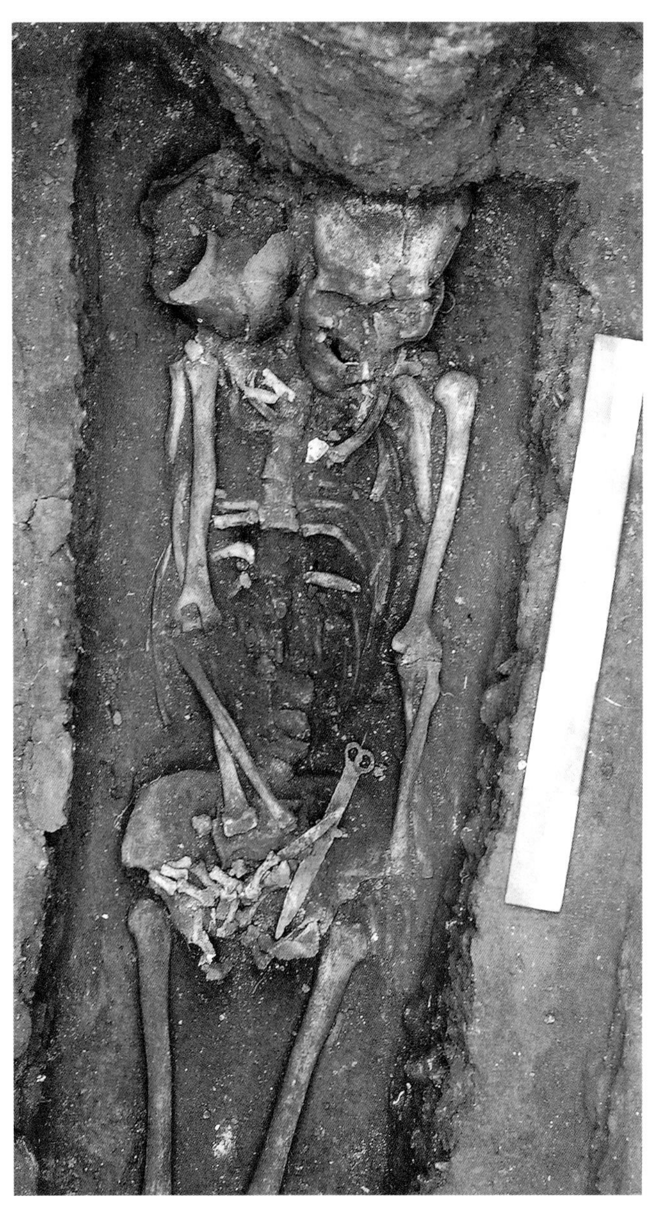

2. YYM348 椁室人骨及遗物分布（西→东）

玉皇庙墓地南区南部春秋晚期后段墓葬

1. YYM335 墓圹形制、婴儿遗骨及东端殉牲（西→东）

2. YYM335 婴儿遗骨及遗物（西→东）

玉皇庙墓地南区南部春秋晚期后段墓葬

1. YYM336 墓圹形制、椁室及东端殉牲
（西→东）

2. YYM336 墓圹形制及椁室人骨（西→东）

1. YYM349 墓圹形制及椁室人骨（西→东）

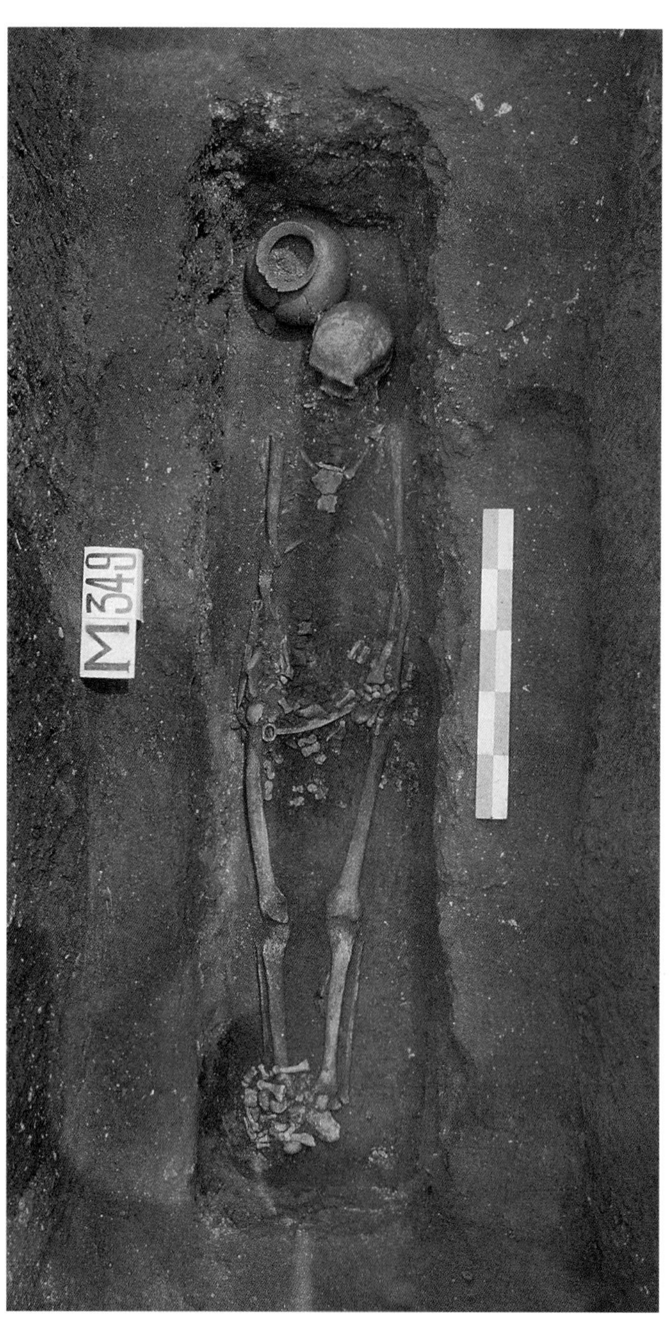

2. YYM349 椁室人骨及遗物分布（西→东）

玉皇庙墓地南区南部春秋晚期后段墓葬

1. YYM349 死者头、颈部遗物（西→东）

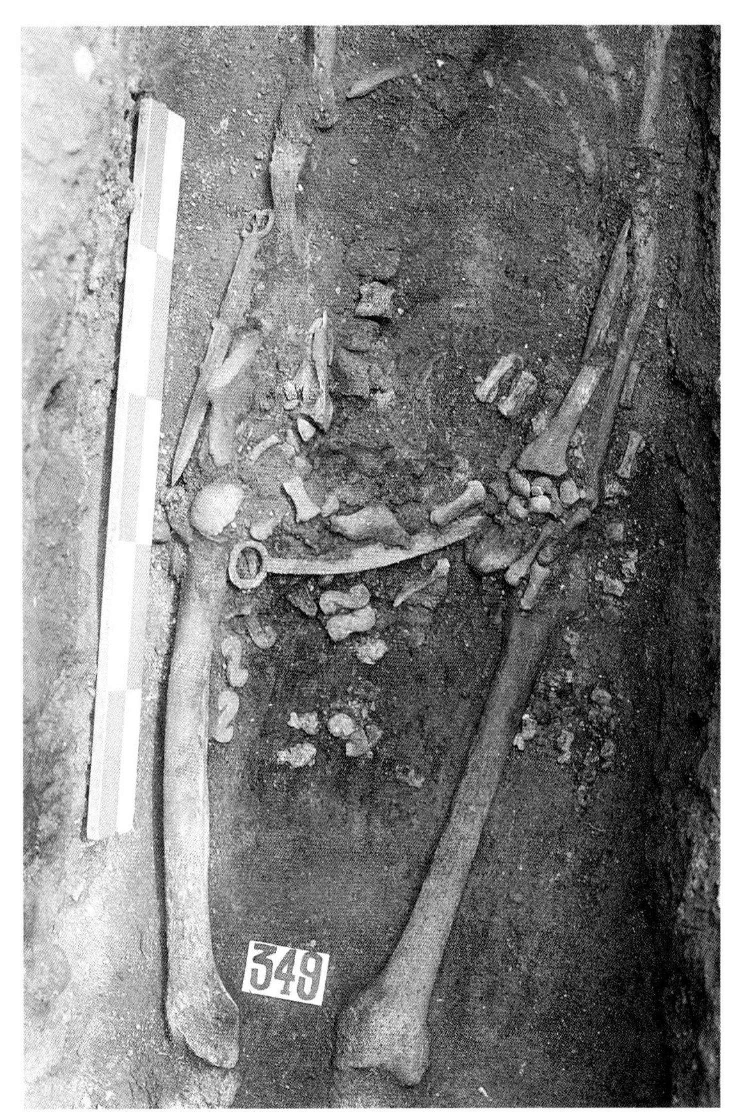

2. YYM349 死者腰部至股骨间遗物分布（西→东）

玉皇庙墓地南区南部春秋晚期后段墓葬

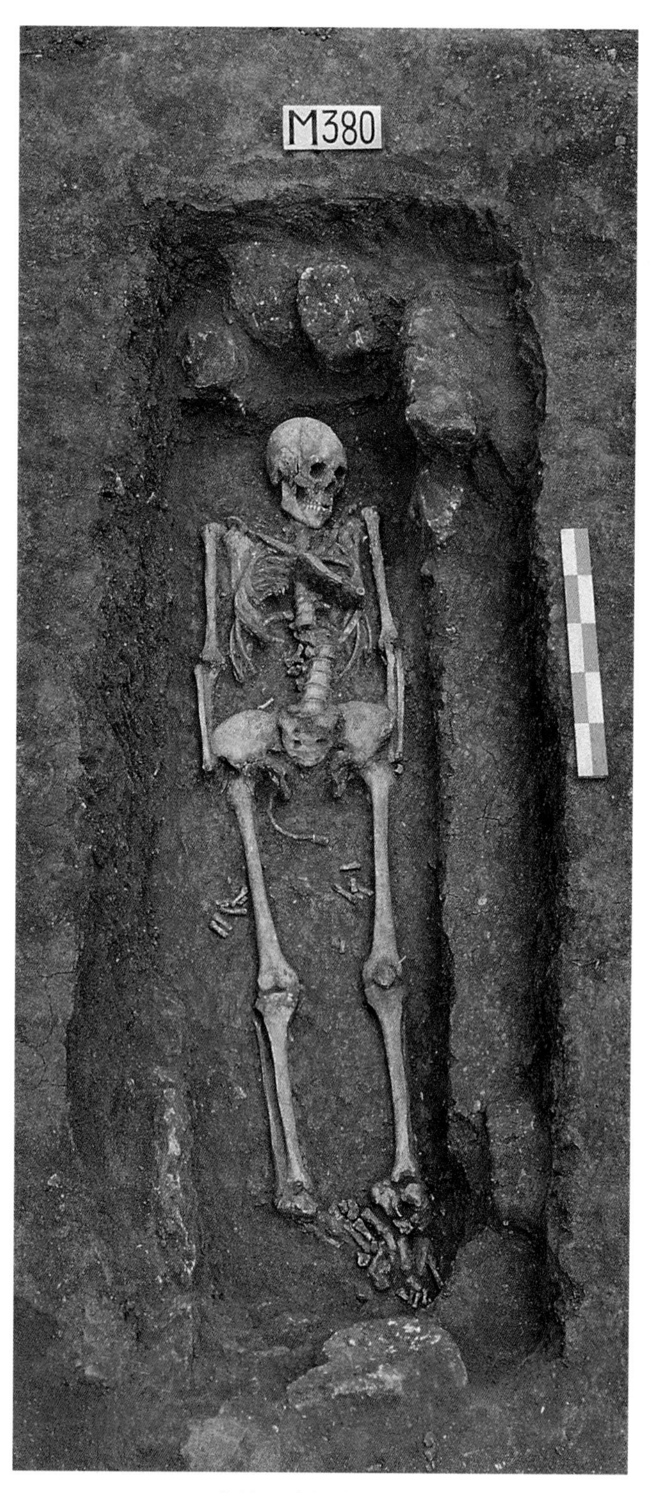

1. YYM380 墓圹形制及椁室人骨（西→东）

2. 死者左胸部出土尖首刀币（西→东）

玉皇庙墓地南区南部
春秋晚期后段墓葬

1. YYM350 墓圹形制及椁室人骨（西→东）

2. YYM350 木椁板灰、人骨及头、颈、胸部遗物（西→东）

玉皇庙墓地南区南部春秋晚期后段墓葬

1. YYM355 墓圹形制及人骨（西→东）

2. YYM355 死者胸部出土的泥质灰陶折肩罐（西→东）

3. YYM357 墓圹形制、椁室人骨及陶罐（西→东）

玉皇庙墓地南区南部
春秋晚期后段墓葬

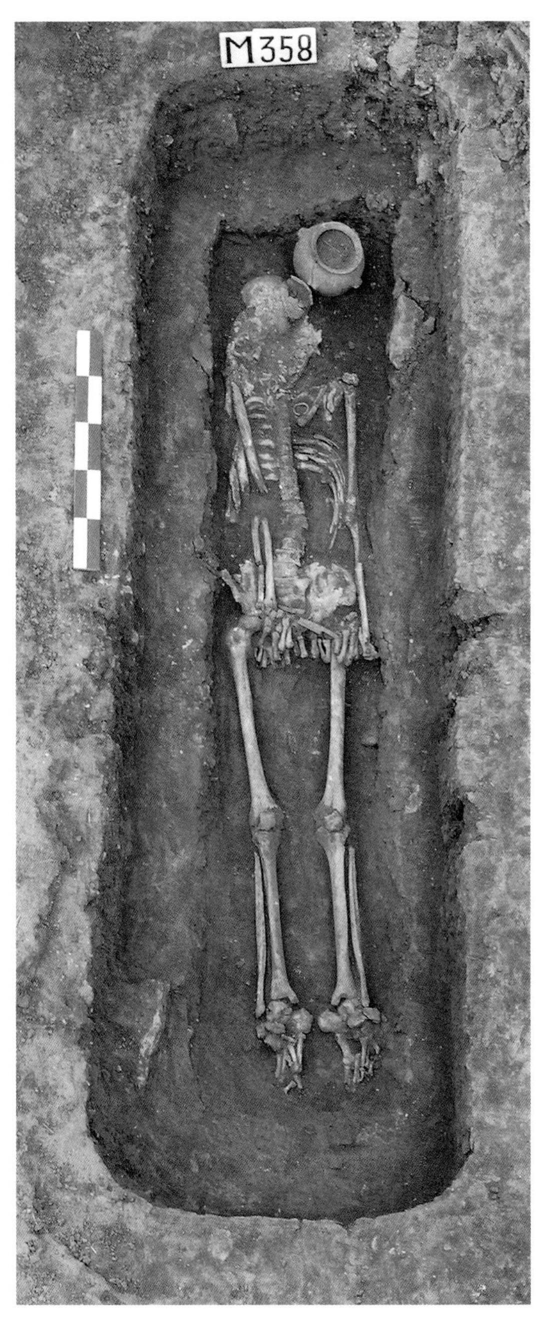

1. YYM358 墓圹形制及椁室人骨（西南→东北）

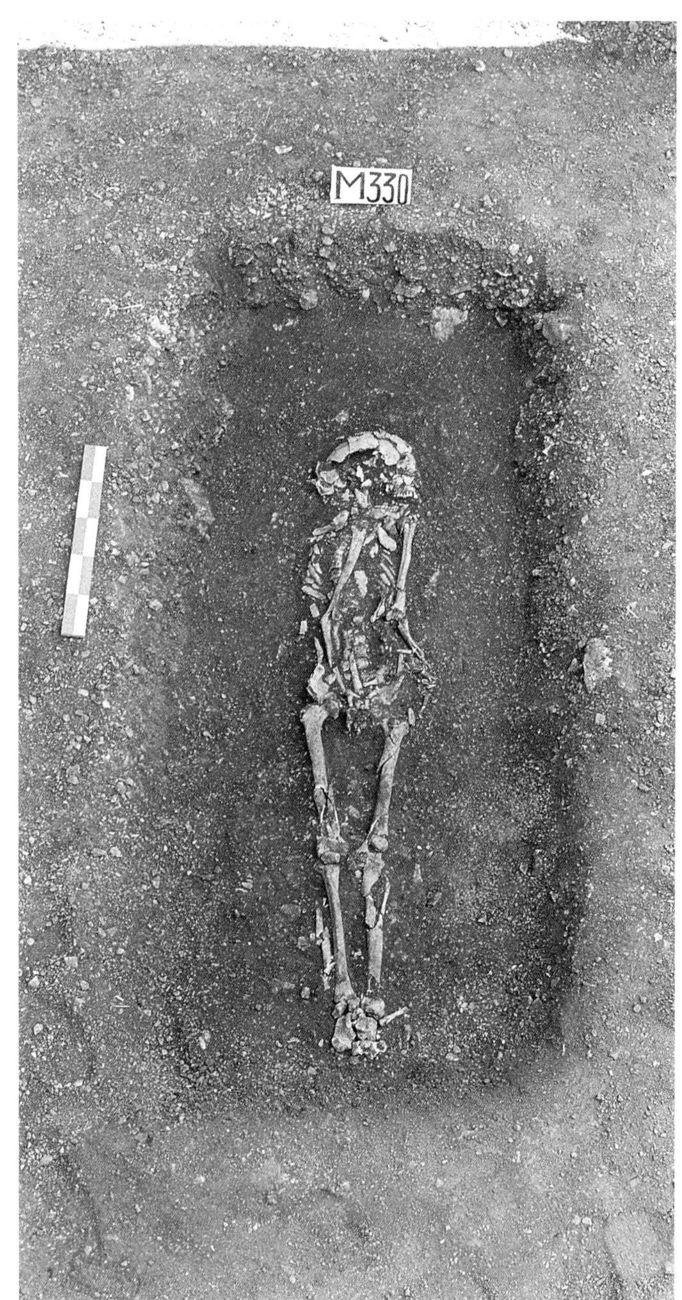

2. YYM330（西区）墓圹形制及人骨（南→北）

玉皇庙墓地南区南部及西区春秋晚期后段墓葬

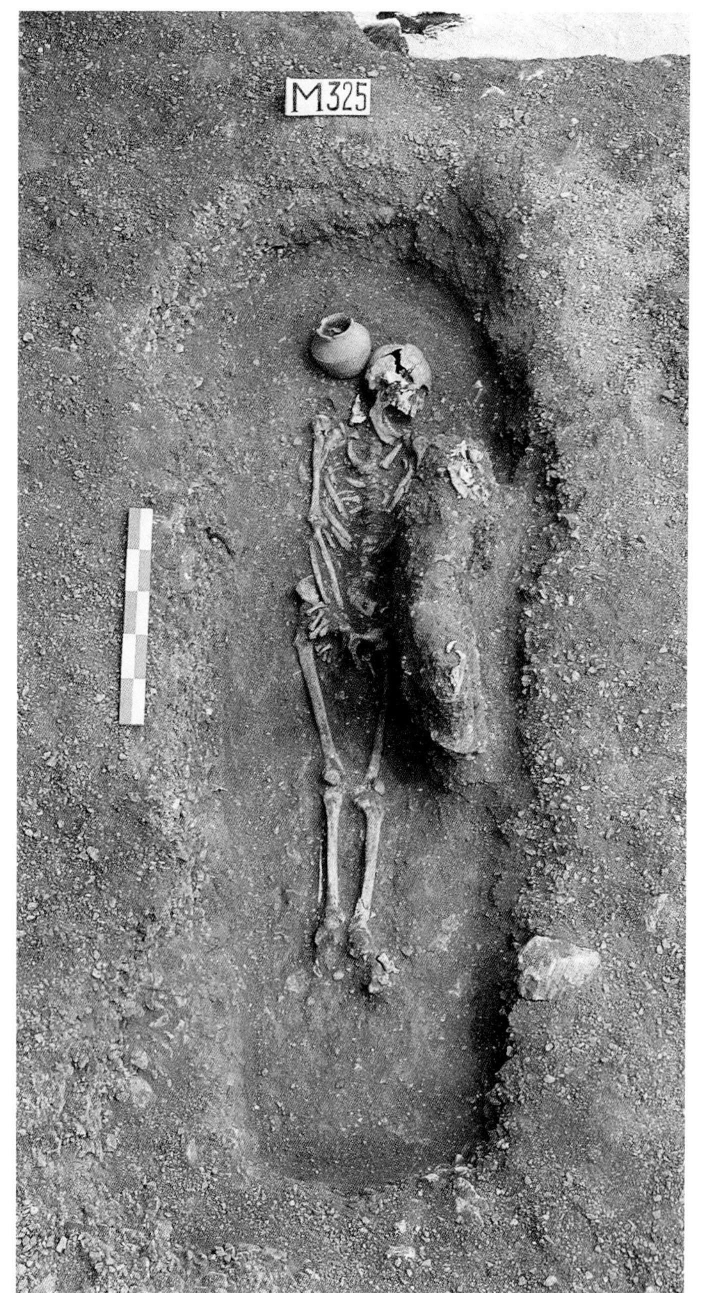

1. YYM325 墓圹形制、人骨及东侧殉牲（南→北）

2. YYM325 死者头部出土的泥质灰陶折肩罐（南→北）

3. YYM325 死者左髋骨下端出土铜带钩（南→北）

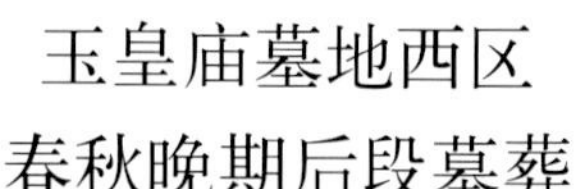

玉皇庙墓地西区
春秋晚期后段墓葬

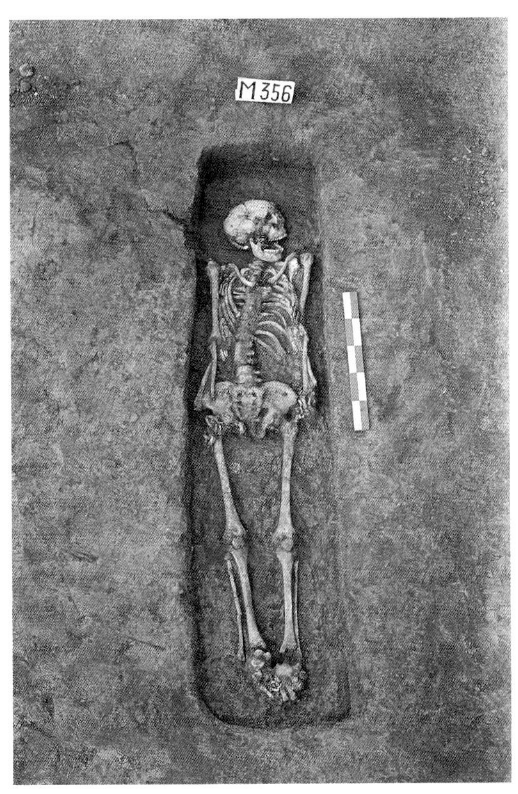

1. YYM356 墓圹形制及人骨（西南→东北）

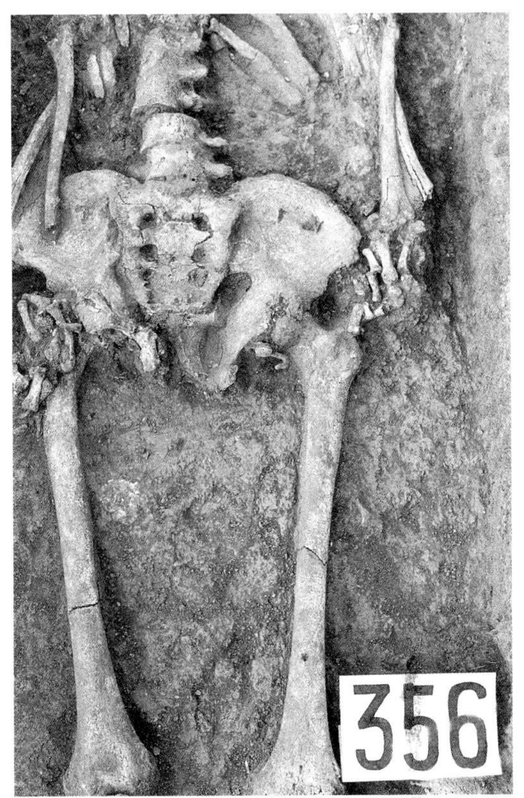

2. YYM356 死者左髋骨外缘下端出土铜带钩（西南→东北）

3. YYM347 墓圹形制及椁室人骨（西→东）

玉皇庙墓地南区南部
春秋晚期后段墓葬

1. YYM342 墓圹形制、椁室人骨及东端殉牲（西→东）

2. YYM373 墓圹形制及椁室人骨（西→东）

玉皇庙墓地南区南部春秋晚期后段墓葬

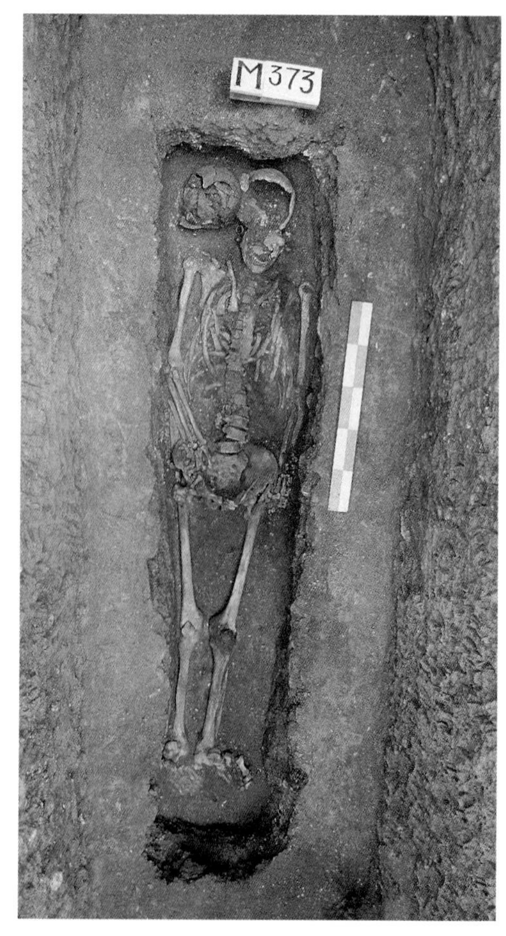

3. YYM373 椁室人骨及遗物分布（西→东）

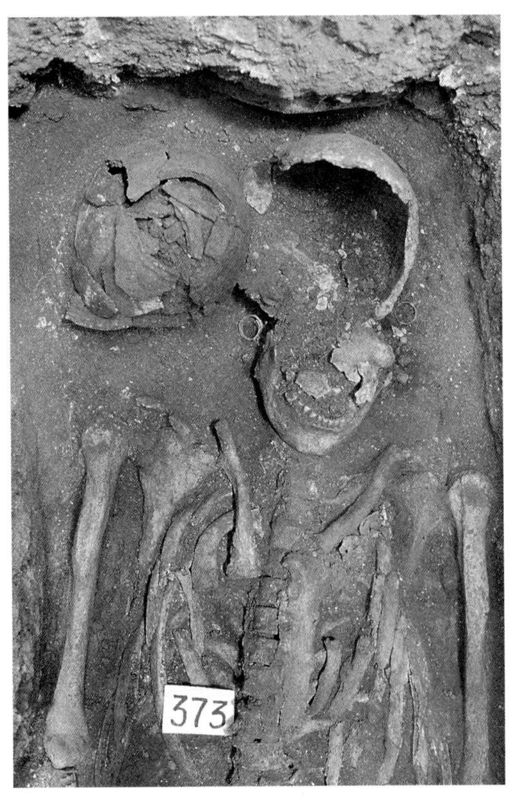

1. YYM373 死者头部及颈下遗物（西→东）

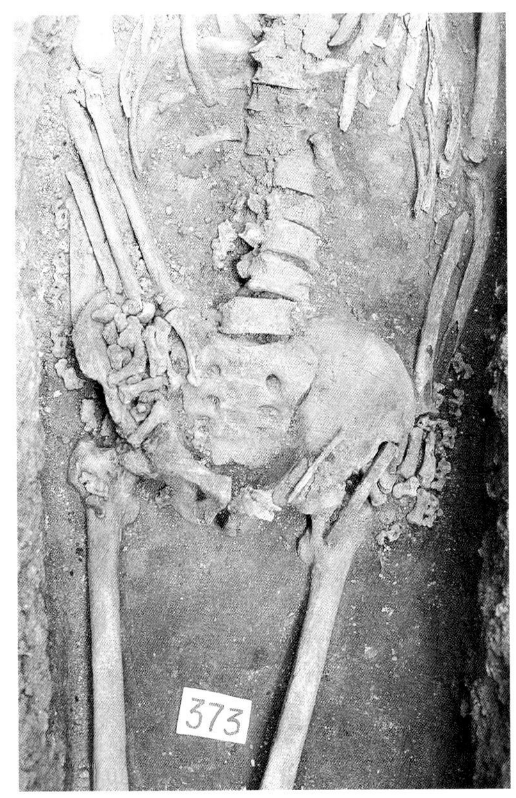

2. YYM373 死者腰间至股骨上端遗物分布（西→东）

3. YYM366 墓圹形制、椁室人骨及东端殉牲（西→东）

玉皇庙墓地南区南部
春秋晚期后段墓葬

1. YYM367 墓圹形制及人骨（西→东）

玉皇庙墓地南区南部春秋晚期后段墓葬

2. YYM359 墓圹形制及儿童遗骨（东北→西南）

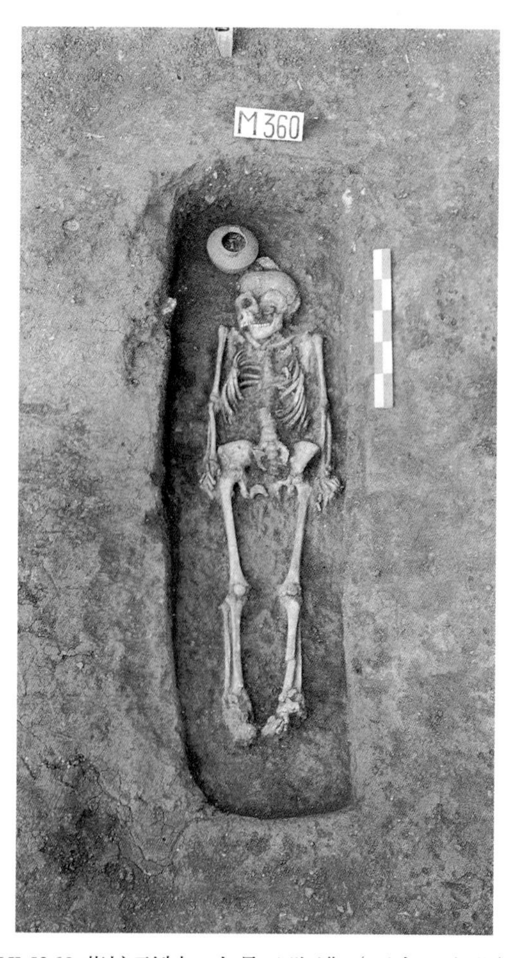

3. YYM360 墓圹形制、人骨及陶罐（西南→东北）

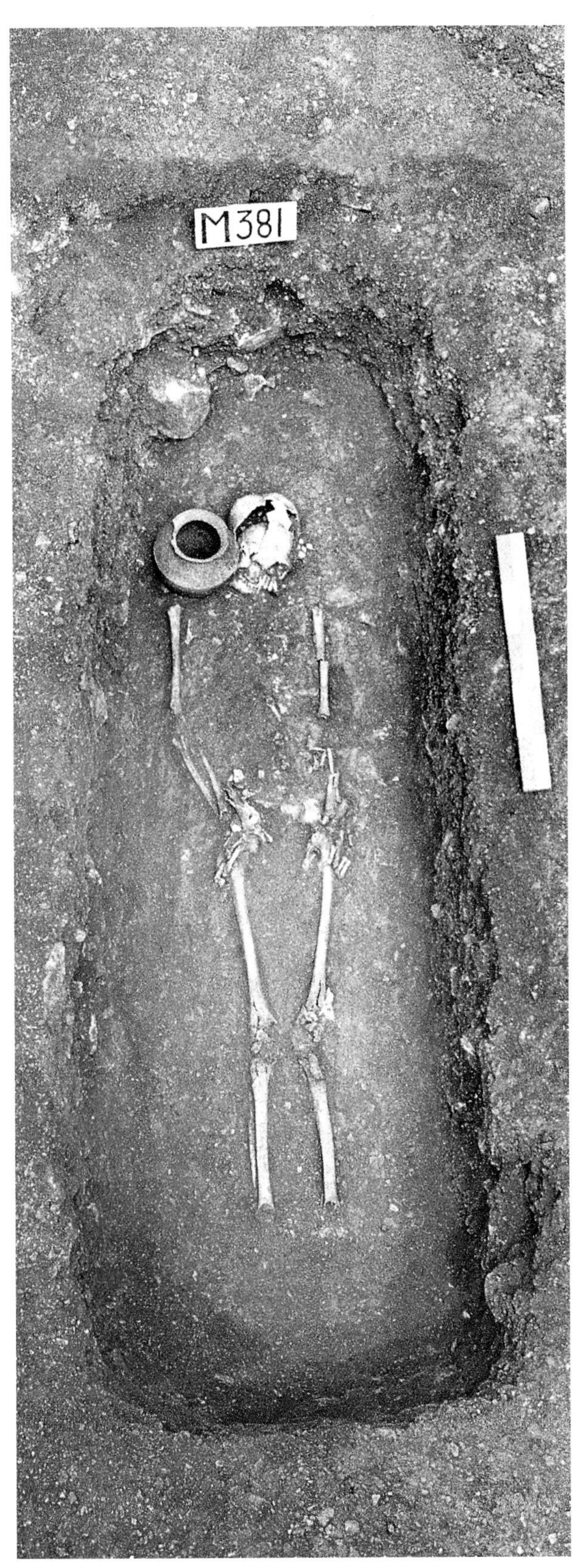

1. YYM381 墓圹形制及人骨（西→东）

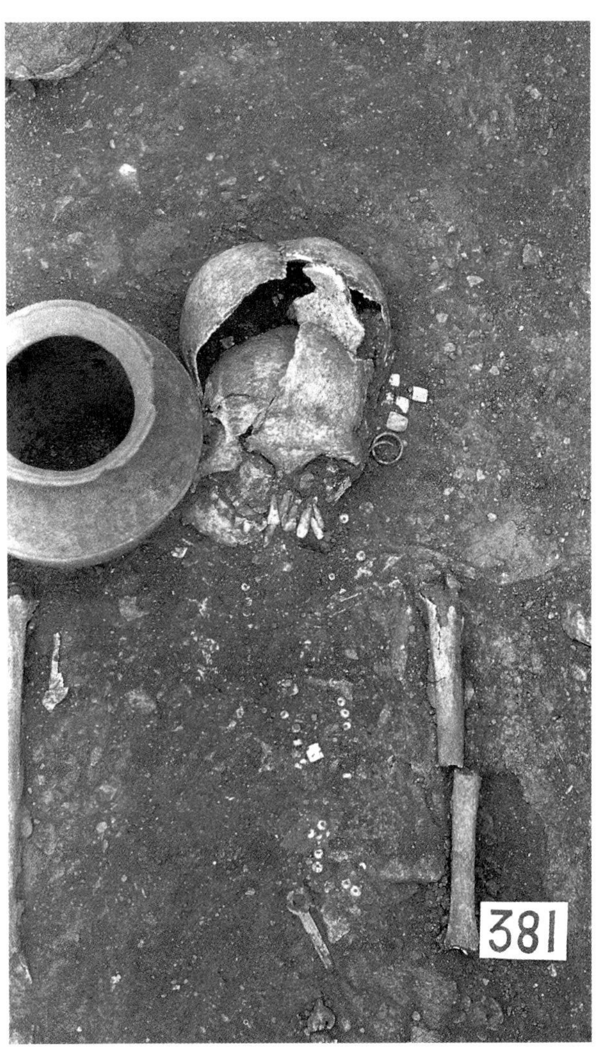

2. YYM381 死者头部及上身遗物分布（西→东）

玉皇庙墓地南区南部
春秋晚期后段墓葬

1. YYM379 墓圹形制及人骨、陶罐等（西→东）

2. YYM382 墓圹形制、人骨及东端殉牲（西→东）

3. YYM377 墓圹形制及人骨、陶罐等（西→东）

玉皇庙墓地南区南部春秋晚期后段墓葬

1. YYM378 墓圹形制、人骨及东端殉牲（西→东）

玉皇庙墓地南区南部春秋晚期后段墓葬

2. YYM376 墓圹形制、椁室及东端殉牲（西→东）

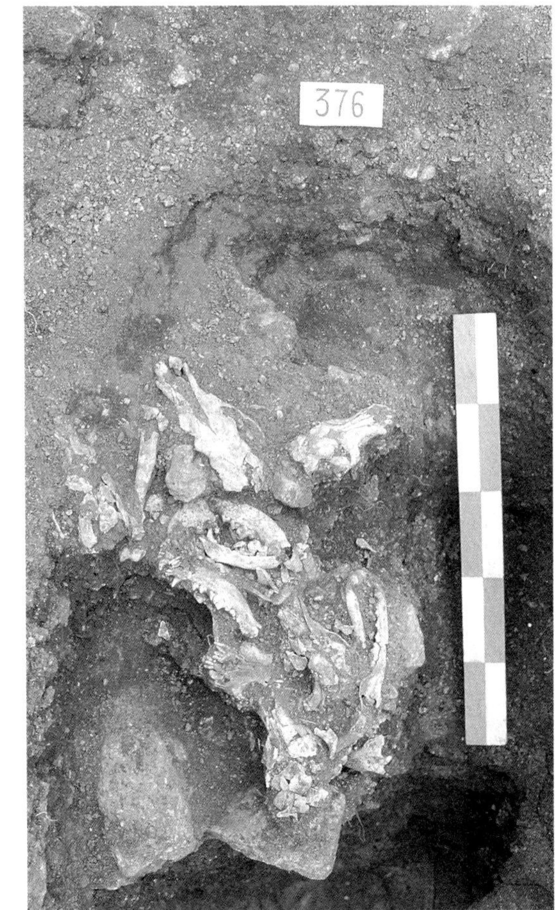

3. YYM376 墓圹内东端殉牲

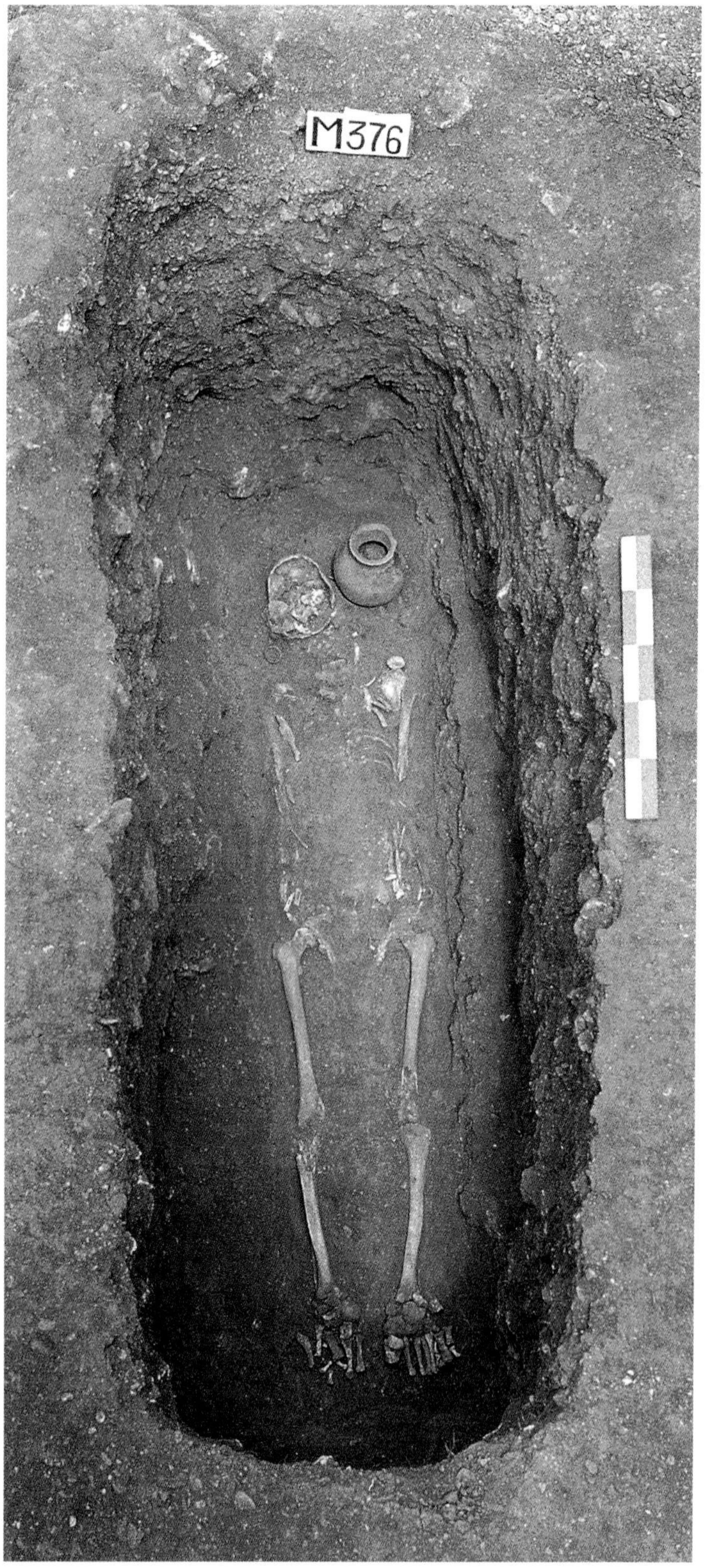

1. YYM376 墓圹形制及椁室人骨（西→东）

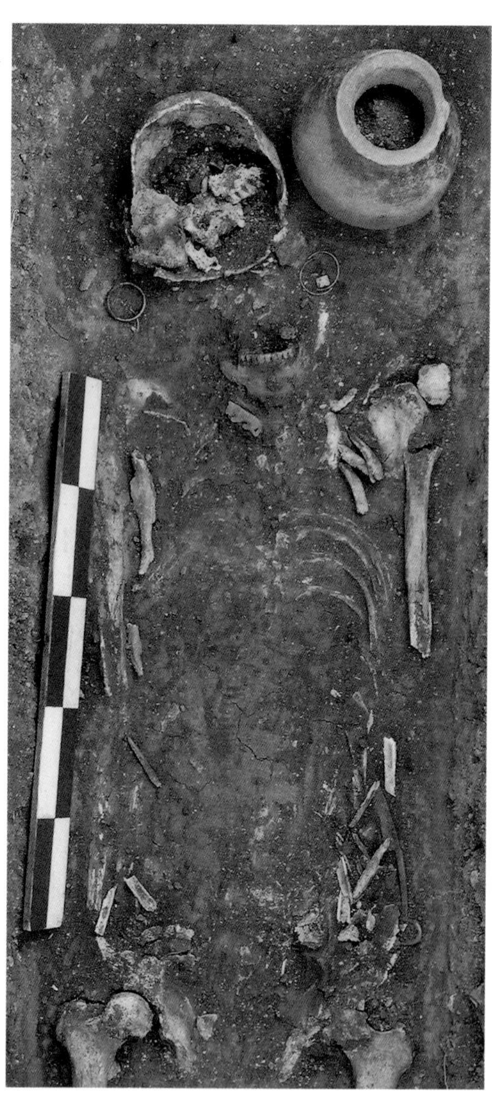

2. YYM376 人骨及遗物分布（西→东）

玉皇庙墓地南区南部
春秋晚期后段墓葬

1. YYM374 墓圹形制、椁室及东端殉牲（西→东）

玉皇庙墓地南区南部春秋晚期后段墓葬

2. YYM375 墓圹形制及人骨（东→西）

3. YYM375 死者头部及上身遗物分布（东→西）

1. YYM372 墓圹形制及椁室人骨（西→东）

玉皇庙墓地南区南部春秋晚期后段墓葬

2. YYM371 墓圹形制、人骨及东端殉牲（西→东）

3. YYM371 死者头部遗物（西→东）

1. YYM368 墓圹形制、椁室及东端殉牲（西→东）

2. YYM369 墓圹形制、椁室及东端殉牲（西→东）

玉皇庙墓地南区南部春秋晚期后段墓葬

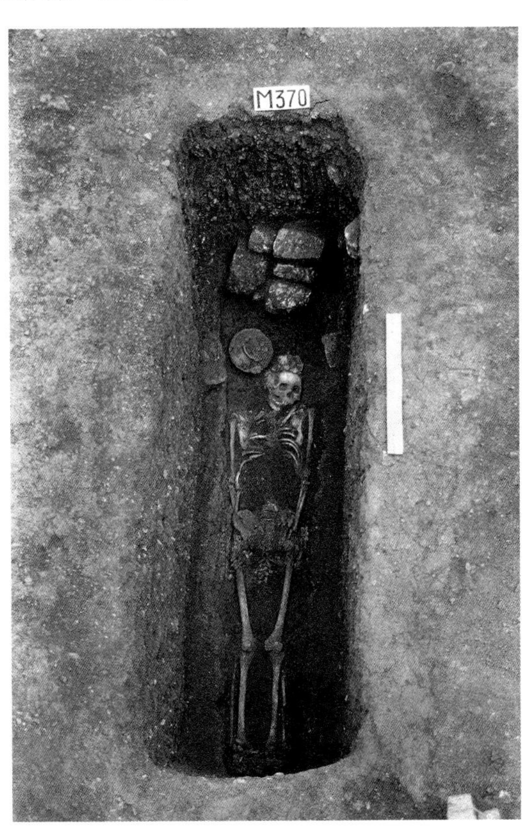

3. YYM370 墓圹形制及椁室人骨（西→东）

1. YYM370 椁室人骨及遗物分布（西→东）

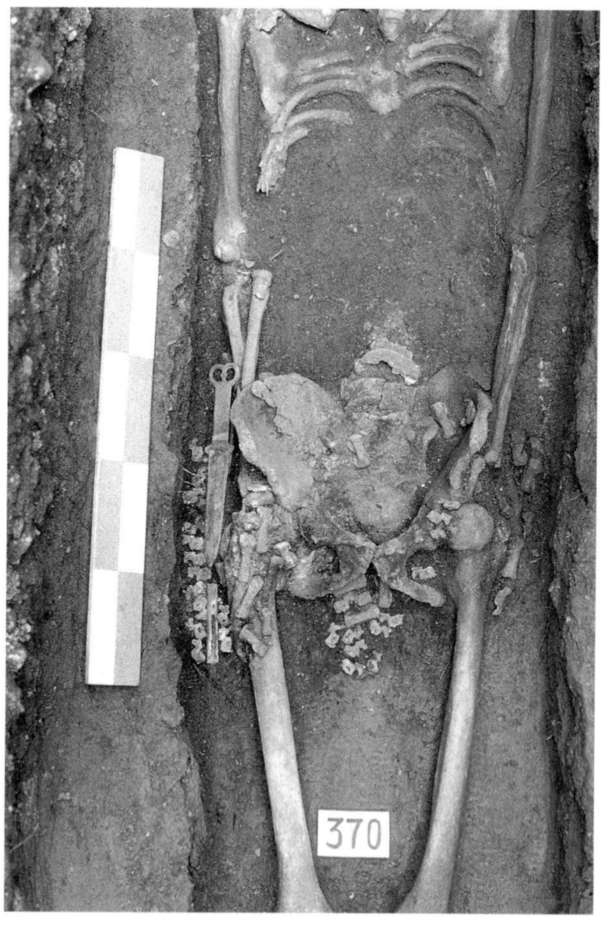

2. YYM370 死者腰际以下至股骨间遗物分布（西→东）

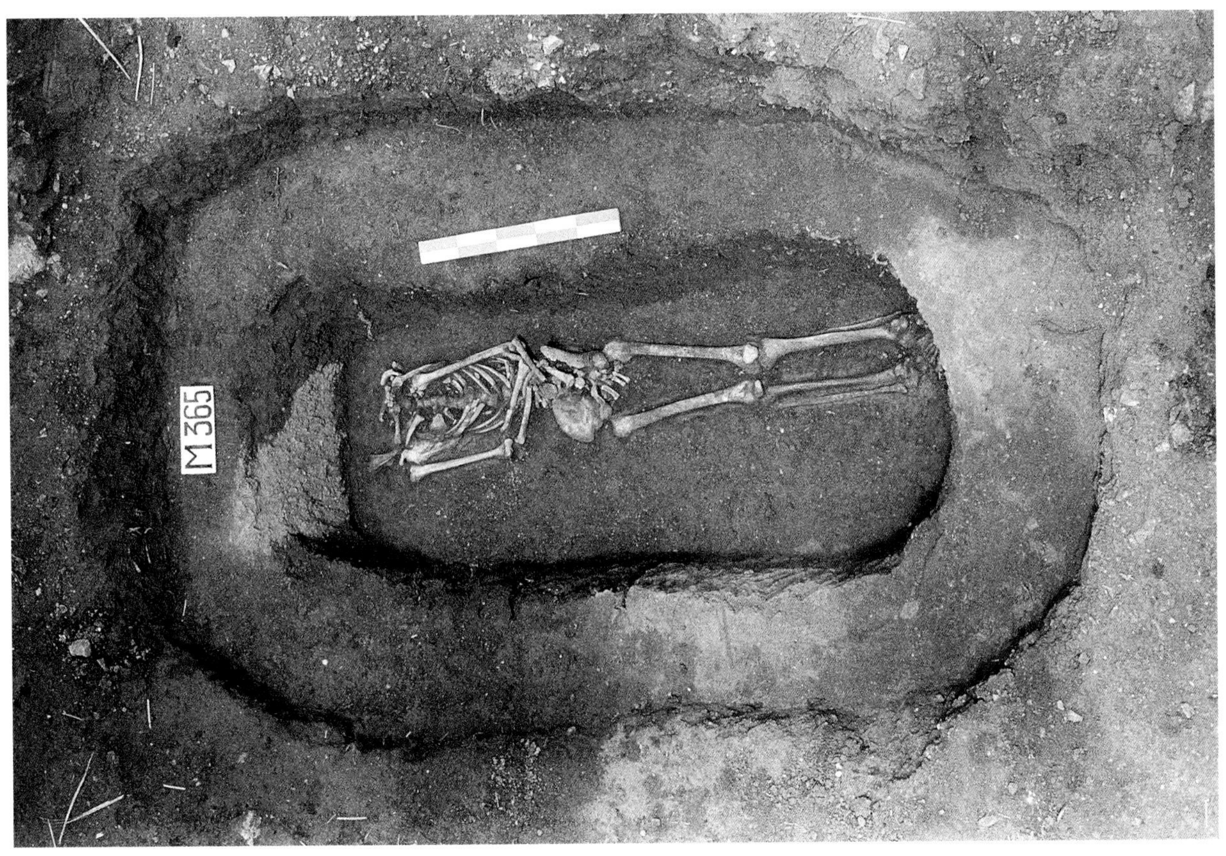

1. YYM365 墓圹形制及无头人骨（南→北）

玉皇庙墓地南区南部春秋晚期后段墓葬

2. YYM364 墓圹形制、椁室及东端殉牲（西→东）

3. YYM364 死者头、颈部遗物（西→东）

1. YYM363 墓圹形制及儿童遗骨（西南→东北）

玉皇庙墓地南区南部春秋晚期后段墓葬

2. YYM361 墓圹形制及人骨（西→东）

3. YYM361 死者头、颈部遗物（西→东）

1. YYM362 墓圹形制及残存人骨（西→东）

玉皇庙墓地南区南部春秋晚期后段墓葬

2. YYM396 墓圹形制及人骨（西→东）

3. YYM389 墓圹形制及人骨（西→东）

1. YYM390 墓圹形制及椁室人骨（西→东）

2. YYM391 墓圹形制及人骨、陶罐等（西→东）

玉皇庙墓地南区南部春秋晚期后段墓葬

1. YYM388 墓圹形制及人骨（西南→东北）

2. YYM397 墓圹形制及母婴遗骨（东北→西南）

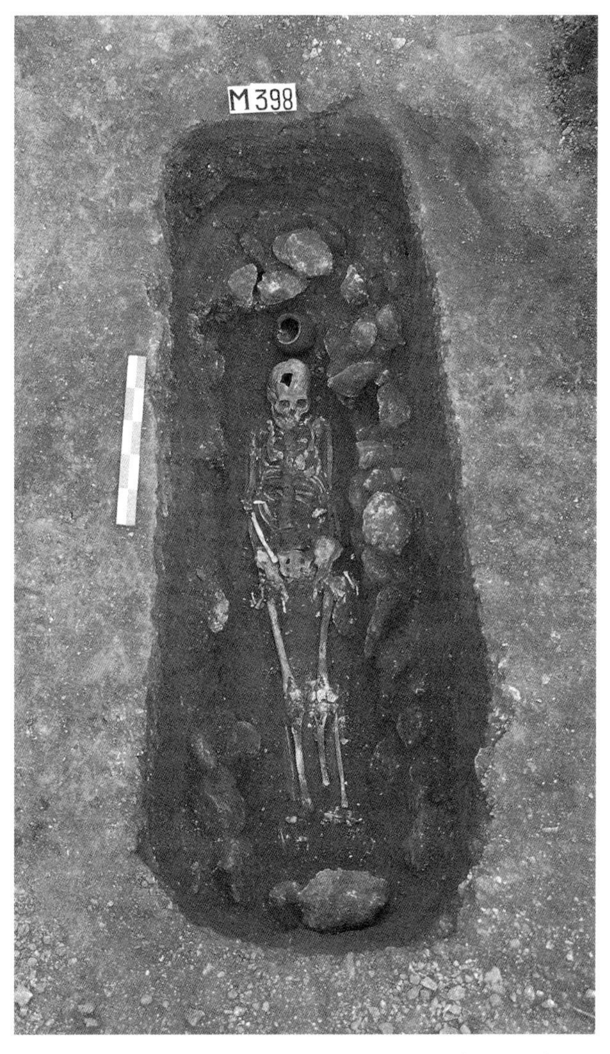

3. YYM398 墓圹形制、积石及人骨（西→东）

玉皇庙墓地南区南部春秋晚期后段墓葬

1. YYM392墓圹形制、人骨及东端殉牲（西→东）

2. YYM392墓圹形制、人骨及周边围砌的石块（西→东）

玉皇庙墓地南区南部春秋晚期后段墓葬

1. YYM399 墓圹形制、人骨及东端殉牲（西→东）

玉皇庙墓地南区南部春秋晚期后段墓葬

2. YYM393 墓圹形制及东端殉牲（西→东）

3. YYM393 墓圹形制、象征性石椁及人骨（西→东）

1. YYM394 墓圹形制及东端殉牲（西→东）

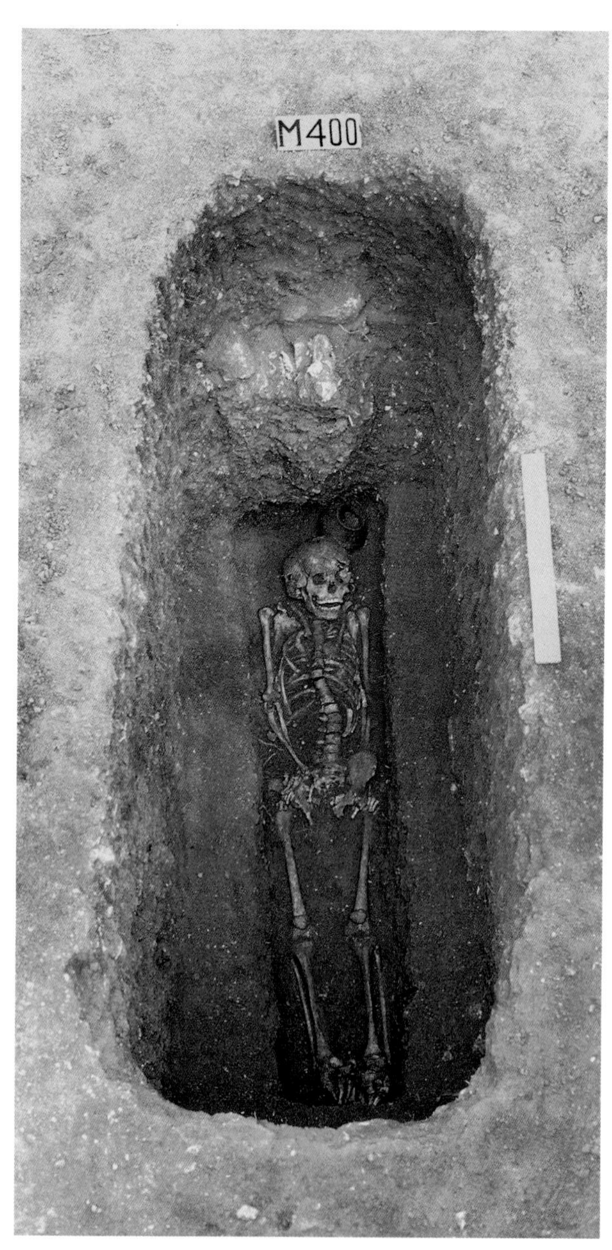

2. YYM400 墓圹形制、人骨及东端殉牲（西→东）

1. YYM395 墓圹形制及西端殉牲（东→西）

2. YYM395 墓圹形制及人骨（东→西）

玉皇庙墓地南区南部春秋晚期后段墓葬

1. Ⅰ型Ⅰ式红陶椭圆腹罐（YYM22：1）

2. Ⅰ型Ⅱ式红陶椭圆腹罐（YYM20：1）

3. Ⅰ型Ⅱ式红陶椭圆腹罐（YYM300：1）

4. Ⅰ式Ⅱ式红陶椭圆腹罐（YYM384：1）

5. Ⅰ型Ⅱ式红陶椭圆腹罐（YYM13：1）

6. Ⅰ型Ⅱ式红陶椭圆腹罐（YYM11：1）

玉皇庙墓地出土夹砂陶器

1. Ⅰ型Ⅱ式红陶椭圆腹罐（YYM249：1）

2. Ⅰ型Ⅱ式红陶椭圆腹罐（YYM229：1）

3. Ⅰ型Ⅱ式红陶椭圆腹罐（YYM231：1）

4. Ⅰ型Ⅱ式红褐椭圆腹罐（YYM227：1）

5. Ⅰ型Ⅱ式红陶椭圆腹罐（YYM95：1）

6. Ⅰ型Ⅱ式红陶椭圆腹罐（YYM256：1）

玉皇庙墓地出土夹砂陶器

1. Ⅰ型Ⅱ式红褐陶椭圆腹罐（YYM23：1）

2. Ⅰ型Ⅱ式红陶椭圆腹罐（YYM298：1）

3. Ⅰ型Ⅱ式红褐陶椭圆腹罐（YYM7：1）

4. Ⅰ型Ⅲ式红陶椭圆腹罐（YYM3：1）

5. Ⅰ型Ⅲ式黑褐陶椭圆腹罐（YYM4：1）

6. Ⅰ型Ⅲ式褐陶椭圆腹罐（YYM386：1）

玉皇庙墓地出土夹砂陶器

1. Ⅰ型Ⅲ式红陶椭圆腹罐（YYM233：1）

2. Ⅰ型Ⅲ式红陶椭圆腹罐（YYM228：1）

3. Ⅰ型Ⅲ式褐陶椭圆腹罐（YYM6：1）

4. Ⅰ型Ⅳ式褐陶椭圆腹罐（YYM213：1）

5. Ⅱ型Ⅰ式褐陶垂腹罐（YYM32：1）

6. Ⅱ型Ⅰ式红陶垂腹罐（YYM279：1）

玉皇庙墓地出土夹砂陶器

1. Ⅱ型Ⅱ式红陶垂腹罐（YYM278：1）

2. Ⅱ型Ⅱ式红陶垂腹罐（YYM241：1）

3. Ⅲ型Ⅰ式红陶圆折腹罐（YYM236：1）

4. Ⅲ型Ⅰ式红陶圆折腹罐（YYM261：1）

5. Ⅲ型Ⅰ式红陶圆折腹罐（YYM247：1）

6. Ⅲ型Ⅱ式红陶圆折腹罐（YYM293：1）

玉皇庙墓地出土夹砂陶器

1. Ⅲ型Ⅲ式红陶圆折腹罐（YYM203：1）

2. Ⅳ型Ⅰ式红陶带疣罐（YYM29：1）

3. Ⅳ型Ⅱ式红陶带疣罐（YYM385：1）

4. Ⅳ型Ⅲ式红陶带疣罐（YYM282：1）

玉皇庙墓地出土夹砂陶器

1. Ⅳ型Ⅳ式红陶带疣罐（YYM268∶1）

2. Ⅳ型Ⅳ式红陶带疣罐（YYM74∶1）

3. Ⅳ型Ⅴ式红陶带疣罐（YYM81∶1）

4. Ⅳ型Ⅵ式红褐陶带疣罐（YYM179∶1）

5. Ⅳ型Ⅶ式褐陶带疣罐（YYM332∶1）

6. Ⅳ型Ⅷ式褐陶带疣罐（YYM110∶1）

玉皇庙墓地出土夹砂陶器

1. Ⅳ型Ⅸ式褐陶带疣罐（YYM358：1）

2. Ⅴ型Ⅰ式红陶球腹罐（YYM19：1）

3. Ⅴ型Ⅰ式红陶球腹罐（YYM10：1）

4. Ⅴ型Ⅰ式红陶球腹罐（YYM230：1）

5. Ⅴ型Ⅰ式红陶球腹罐（YYM226：1）

6. Ⅴ型Ⅰ式红褐陶球腹罐（YYM252：1）

玉皇庙墓地出土夹砂陶器

1. Ⅴ型Ⅰ式红陶球腹罐（YYM266：1）

2. Ⅴ型Ⅰ式红陶球腹罐（YYM258：1）

3. Ⅴ型Ⅰ式红陶球腹罐（YYM295：1）

4. Ⅴ型Ⅰ式褐陶球腹罐（YYM294：1）

5. Ⅴ型Ⅰ式红陶球腹罐（YYM61：1）

6. Ⅴ型Ⅱ式红陶球腹罐（YYM240：1）

玉皇庙墓地出土夹砂陶器

1. Ⅴ型Ⅱ式红陶球腹罐（YYM265：1）

2. Ⅴ型Ⅱ式红陶球腹罐（YYM48：1）

3. Ⅴ型Ⅱ式褐陶球腹罐（YYM260：1）

4. Ⅴ型Ⅱ式红陶球腹罐（YYM186：1）

5. Ⅴ型Ⅱ式红陶球腹罐（YYM206：1）

6. Ⅴ型Ⅱ式褐陶球腹罐（YYM205：1）

玉皇庙墓地出土夹砂陶器

1. V型Ⅱ式红褐陶球腹罐（YYM167：1）

2. V型Ⅲ式褐陶球腹罐（YYM275：1）

3. V型Ⅲ式红陶球腹罐（YYM216：1）

4. V型Ⅳ式褐陶球腹罐（YYM84：1）

5. V型Ⅳ式红陶球腹罐（YYM220：1）

6. V型Ⅳ式红陶球腹罐（YYM105：1）

玉皇庙墓地出土夹砂陶器

1. Ⅵ型Ⅰ式红陶鼓肩大腹罐（YYM280：1）

2. Ⅵ型Ⅰ式红陶鼓肩大腹罐（YYM264：1）

3. Ⅵ型Ⅰ式红陶鼓肩大腹罐（YYM97：1）

4. Ⅵ型Ⅰ式红陶鼓肩大腹罐（YYM237：1）

5. Ⅵ型Ⅰ式红陶鼓肩大腹罐（YYM49：1）

6. Ⅵ型Ⅰ式灰褐陶鼓肩大腹罐（YYM257：1）

玉皇庙墓地出土夹砂陶器

1. Ⅵ型Ⅰ式红陶鼓肩大腹罐（YYM151：1）

2. Ⅵ型Ⅱ式红陶鼓肩大腹罐（YYM188：1）

3. Ⅵ型Ⅱ式红陶鼓肩大腹罐（YYM76：1）

4. Ⅵ型Ⅲ式红褐陶鼓肩大腹罐（YYM150：1）

5. Ⅶ型Ⅰ式红陶弧肩鼓腹罐（YYM277 ：1）

6. Ⅶ型Ⅰ式红陶弧肩鼓腹罐（YYM272：1）

玉皇庙墓地出土夹砂陶器

1. Ⅶ型Ⅰ式红陶弧肩鼓腹罐（YYM51：1）

2. Ⅶ型Ⅰ式红陶弧肩鼓腹罐（YYM12：1）

3. Ⅶ型Ⅱ式红陶弧肩鼓腹罐（YYM43：1）

4. Ⅶ型Ⅱ式褐陶弧肩鼓腹罐（YYM46：1）

5. Ⅶ型Ⅱ式红陶弧肩鼓腹罐（YYM8：1）

6. Ⅶ型Ⅱ式灰褐陶弧肩鼓腹罐（YYM153：1）

玉皇庙墓地出土夹砂陶器

1. Ⅶ型Ⅲ式红陶弧肩鼓腹罐（YYM42：1）

2 . Ⅶ型Ⅲ式红陶弧肩鼓腹罐（YYM87：1）

3. Ⅶ型Ⅲ式红陶弧肩鼓腹罐（YYM181：1）

4. Ⅶ型Ⅲ式红陶弧肩鼓腹罐（YYM142：1）

5. Ⅶ型Ⅲ式褐陶弧肩鼓腹罐（YYM144：1）

6. Ⅶ型Ⅲ式红褐陶弧肩鼓腹罐（YYM124：1）

玉皇庙墓地出土夹砂陶器

1. Ⅶ型Ⅲ式红陶弧肩鼓腹罐（YYM350：1）

2. Ⅶ型Ⅲ式褐陶弧肩鼓腹罐（YYM364：1）

3. Ⅶ型Ⅳ式红陶弧肩鼓腹罐（YYM196：1）

4. Ⅶ型Ⅳ式红褐陶弧肩鼓腹罐（YYM204：1）

5. Ⅶ型Ⅳ式红陶弧肩鼓腹罐（YYM131：1）

6. Ⅶ型Ⅳ式红褐陶弧肩鼓腹罐（YYM171：1）

玉皇庙墓地出土夹砂陶器

1. Ⅷ型Ⅰ式红陶高体鼓腹罐（YYM251：1）

2. Ⅷ型Ⅰ式红陶高体鼓腹罐（YYM99：1）

3. Ⅷ型Ⅰ式红陶高体鼓腹罐（YYM234：1）

4. Ⅷ型Ⅰ式红陶高体鼓腹罐（YYM44：1）

5. Ⅷ型Ⅰ式褐陶高体鼓腹罐（YYM148：1）

6. Ⅷ型Ⅰ式褐陶高体鼓腹罐（YYM210：1）

玉皇庙墓地出土夹砂陶器

1. Ⅷ型Ⅱ式红褐陶高体鼓腹罐（YYM96：1）

2. Ⅷ型Ⅱ式红陶高体鼓腹罐（YYM190：1）

3. Ⅷ型Ⅱ式红陶高体鼓腹罐（YYM297：1）

4. Ⅷ型Ⅱ式红陶高体鼓腹罐（YYM164：1）

5. Ⅸ型Ⅰ式 红陶大口鼓腹罐（YYM263：1）

6. Ⅸ型Ⅰ式 红陶大口鼓腹罐（YYM225：1）

玉皇庙墓地出土夹砂陶器

1. Ⅸ型Ⅱ式红陶大口鼓腹罐（YYM54：1）

2. Ⅸ型Ⅱ式红陶大口鼓腹罐（YYM187：1）

3. Ⅸ型Ⅱ式褐陶大口鼓腹罐（YYM63：1）

4. Ⅸ型Ⅱ式红陶大口鼓腹罐（YYM223：1）

5. Ⅸ型Ⅱ式灰褐陶大口鼓腹罐（YYM199：1）

6. Ⅸ型Ⅲ式褐陶大口鼓腹罐（YYM202：1）

玉皇庙墓地出土夹砂陶器

1. Ⅸ型Ⅲ式褐陶大口鼓腹罐（YYM168：1）

2. Ⅸ型Ⅲ式褐陶大口鼓腹罐（YYM158：1）

3. Ⅸ型Ⅳ式红陶大口鼓腹罐（YYM349：1）

4. Ⅸ型Ⅴ式黑褐陶大口鼓腹罐（YYM361：1）

5. Ⅹ型Ⅰ式红陶筒形罐（YYM254：1）

6. Ⅹ型Ⅱ式褐陶筒形罐（YYM340：1）

玉皇庙墓地出土夹砂陶器

1. XI型Ⅰ式褐陶折肩罐（YYM273：1）

2. XI型Ⅱ式红陶折肩罐（YYM163：1）

3. XII型Ⅰ式红褐陶矮身鼓腹小罐（YYM100：1）

4. XII型Ⅰ式红陶矮身鼓腹小罐（YYM215：1）

5. XII型Ⅰ式褐陶矮身鼓腹小罐（YYM121：1）

6. XII型Ⅰ式红褐陶矮身鼓腹小罐（YYM77：1）

玉皇庙墓地出土夹砂陶器

1. XII型II式红陶矮身鼓腹小罐（YYM192：1）

2. XII型III式褐陶矮身鼓腹小罐（YYM185：1）

3. XII型III式灰褐陶矮身鼓腹小罐（YYM354：1）

4. XII型III式褐陶矮身鼓腹小罐（YYM374：1）

5. XII型IV式红陶矮身鼓腹小罐（YYM207：1）

6. XII型IV式红陶矮身鼓腹小罐（YYM130：1）

玉皇庙墓地出土夹砂陶器

1. XII型V式褐陶矮身鼓腹小罐（YYM211：1）

2. XII型V式红陶矮身鼓腹小罐（YYM375：1）

3. XII型VI式红褐陶矮身鼓腹小罐（YYM180：1）

4. XII型VII式红陶矮身鼓腹小罐（YYM119：1）

5. XII型VII式红陶矮身鼓腹小罐（YYM120：1）

6. XII型VIII式红陶矮身鼓腹小罐（YYM122：1）

玉皇庙墓地出土夹砂陶器

1. Ⅻ型Ⅸ式褐陶矮身鼓腹小罐（YYM351：1）

2. XⅢ型Ⅰ式褐陶双耳罐（YYM169：1）（双耳残）

3. XⅣ型Ⅰ式褐陶单耳小罐（YYM396：1）（耳残）

4. Ⅰ型Ⅰ式红陶盂（YYM291：1）

玉皇庙墓地出土夹砂陶器

5. Ⅰ型Ⅰ式褐陶细绳纹单耳杯（YYM2：26）

1. Ⅰ型Ⅰ式灰陶手制溜肩深腹小平底罐（YYM82：1）

2. Ⅰ型Ⅱ式灰陶手制溜肩深腹小平底罐（YYM47：1）

3. Ⅱ型Ⅰ式灰陶束颈弧肩鼓腹罐（YYM103：1）

4. Ⅱ型Ⅰ式灰陶束颈弧肩鼓腹罐（YYM75：1）

5. Ⅱ型Ⅱ式灰陶束颈弧肩鼓腹罐（YYM198：1）

6. Ⅱ型Ⅱ式灰陶束颈弧肩鼓腹罐（YYM368：1）

玉皇庙墓地出土泥质陶器

1. Ⅱ型Ⅲ式黑褐陶束颈弧肩鼓腹罐（YYM376：1）

2. Ⅲ型Ⅰ式红褐陶手制圆折肩绳纹罐（YYM9：1）

3. Ⅳ型Ⅱ式红陶束颈圆折肩罐（YYM212：1）

4. Ⅳ型Ⅲ式灰陶束颈圆折肩罐（YYM313：1）

玉皇庙墓地出土泥质陶器

1. Ⅴ型Ⅰ式黑陶卷唇敛口鼓腹小罐（YYM57：1）

2. Ⅵ型Ⅰ式灰陶束颈广肩斜折罐（YYM102：1）

3. Ⅵ型Ⅱ式灰褐陶束颈广肩斜折罐（YYM138：1）

4. Ⅵ型Ⅲ式灰陶束颈广肩斜折罐（YYM174：1）

5. Ⅵ型Ⅳ式灰陶束颈广肩斜折罐（YYM352：1）

6. Ⅵ型Ⅳ式灰陶束颈广肩斜折罐（YYM341：1）

玉皇庙墓地出土泥质陶器

1. Ⅵ型Ⅴ式灰陶束颈广肩斜折罐（YYM344：1）

2. Ⅵ型Ⅵ式灰陶束颈广肩斜折罐（YYM355：1）

3. Ⅶ型Ⅰ式灰陶短颈广肩斜折罐（YYM208：1）

4. Ⅶ型Ⅰ式灰陶短颈广肩斜折罐（YYM134：1）

5. Ⅶ型Ⅱ式黑陶短颈广肩斜折罐（YYM224：1）

6. Ⅶ型Ⅱ式灰陶短颈广肩斜折罐（YYM378：1）

玉皇庙墓地出土泥质陶器

1. Ⅶ型Ⅲ式灰陶短颈广肩斜折罐 （YYM183：1）

2. Ⅶ型Ⅲ式浅红陶短颈广肩斜折罐 （YYM113：1）

3. Ⅶ型Ⅲ式灰陶短颈广肩斜折罐 （YYM114：1）

4. Ⅶ型Ⅲ式 黑陶短颈广肩斜折罐（YYM111：1）

5. Ⅶ型Ⅴ式灰陶短颈广肩斜折罐（YYM394：1）

玉皇庙墓地出土泥质陶器

1. Ⅷ型Ⅰ式灰陶短颈垂肩斜折罐（YYM60：1）

2. Ⅷ型Ⅱ式灰陶短颈垂肩斜折罐（YYM116：1）

3. Ⅷ型Ⅱ式灰陶短颈垂肩斜折罐（YYM108：1）

4. Ⅷ型Ⅲ式黑陶短颈垂肩斜折罐（YYM161：1）

5. Ⅷ型Ⅳ式灰褐陶短颈垂肩斜折罐（YYM128：1）

6. Ⅷ型Ⅵ式灰陶短颈垂肩斜折罐（YYM377：1）

玉皇庙墓地出土泥质陶器

1. Ⅷ型Ⅴ式灰陶短颈垂肩斜折罐（YYM381：1）

2. Ⅸ型Ⅰ式灰陶短颈窄肩斜折罐（YYM149：1）

3. Ⅸ型Ⅰ式灰陶短颈窄肩斜折罐（YYM106：1）

4. Ⅸ型Ⅱ式灰陶短颈窄肩斜折罐（YYM154：1）

5. Ⅸ型Ⅱ式灰陶短颈窄肩斜折罐（YYM172：1）

6. Ⅸ型Ⅱ式灰陶短颈窄肩斜折罐（YYM371：1）

玉皇庙墓地出土泥质陶器

1. Ⅸ型Ⅲ式灰陶短颈窄肩斜折罐（YYM127：1）

2. Ⅸ型Ⅳ式黑陶短颈窄肩斜折罐（YYM160：1）

3. Ⅹ型Ⅰ式灰陶短颈抹棱斜折肩罐（YYM62：1）

4. Ⅹ型Ⅱ式灰陶短颈抹棱斜折肩罐（YYM219：1）

5. Ⅹ型Ⅲ式灰陶短颈抹棱折肩罐（YYM197：1）

6. Ⅹ型Ⅳ式灰陶短颈抹棱斜折肩罐（YYM397：1）

玉皇庙墓地出土泥质陶器

1. X型V式灰黑陶短颈抹棱斜折肩罐（YYM400：1）

2. XI型Ⅰ式灰陶短颈斜折肩罐（YYM139：1）

3. XI型Ⅱ式灰陶短颈斜折肩罐（YYM133：1）

4. XI型Ⅲ式黑陶短颈斜折肩罐（YYM80：1）

5. XI型Ⅳ式灰陶短颈斜折肩罐（YYM129：1）

6. XI型V式灰陶短颈斜折肩罐（YYM346：1）

玉皇庙墓地出土泥质陶器

1. XI型VI式黑陶短颈斜折肩罐（YYM399：1）

2. XII型Ⅰ式灰陶短束颈垂肩斜折罐（YYM143：1）

3. XII型Ⅱ式灰陶短束颈垂肩斜折罐（YYM118：1）

4. XII型Ⅲ式灰陶短束颈垂肩斜折罐（YYM78：1）

5. XII型Ⅳ式灰陶短束颈垂肩斜折罐（YYM338：1）

6. XII型Ⅴ式灰陶短束颈垂肩斜折罐（YYM345：1）

玉皇庙墓地出土泥质陶器

图版二四二

1. XII型V式灰陶短束颈垂肩斜折罐（YYM347：1）

2. XII型VII式灰陶短束颈垂肩斜折罐（YYM392：1）

3. XIII型I式灰陶肩饰戳压小圆圈纹折肩小罐（YYM317：1）

4. XIII型II式灰陶肩饰戳压小圆圈纹折肩小罐（YYM339:1）

5. XIII型III式黑陶肩饰戳压小圆圈纹折肩小罐（YYM366：1）

6. XIII型IV式黑陶肩饰戳压小圆圈纹折肩小罐（YYM360：1）

玉皇庙墓地出土泥质陶器

1. XIV型Ⅰ式褐陶直口直颈垂肩斜折小罐（YYM325：1）

2. Ⅰ型Ⅰ式灰陶高颈鼓腹壶（YYM232：1）

3. Ⅰ型Ⅱ式灰褐陶高颈鼓腹壶（YYM86：1）

4. Ⅰ型Ⅲ式灰陶高颈鼓腹壶（YYM200：1）

玉皇庙墓地出土泥质陶器

5. Ⅰ型Ⅲ式灰陶高颈鼓腹壶（YYM104：1）

1. Ⅱ型Ⅰ式灰黑陶高颈圆折肩壶（YYM184：1）

2. Ⅱ型Ⅱ式灰陶高颈圆折肩壶（YYM221：1）

3. Ⅱ型Ⅱ式灰陶高颈圆折肩壶（YYM156：1）

4. Ⅲ型Ⅰ式灰陶高颈折肩壶（YYM175：1）

玉皇庙墓地出土泥质陶器

1. Ⅰ型Ⅰ式灰陶豆盘（YYM71：1） 2. Ⅰ型Ⅰ式灰陶豆盘（YYM72：1） 3. Ⅰ型Ⅰ式灰褐陶豆盘（YYM214：1） 4. Ⅰ型Ⅰ式黑陶盂（YYM221：2） 5. Ⅱ型Ⅱ式褐陶盂（YYM321：1）

玉皇庙墓地出土泥质陶器

1. 钾（YYM35：2）

2. 钾（YYM2：9）

3. 钾（YYM250：3）

玉皇庙墓地出土青铜礼器

1. 螭龙耳三足杯
（YYM2：10）

2. 兽形耳三足杯
（YYM2：11）

3.匕（YYM2：4）

玉皇庙墓地出土青铜礼器

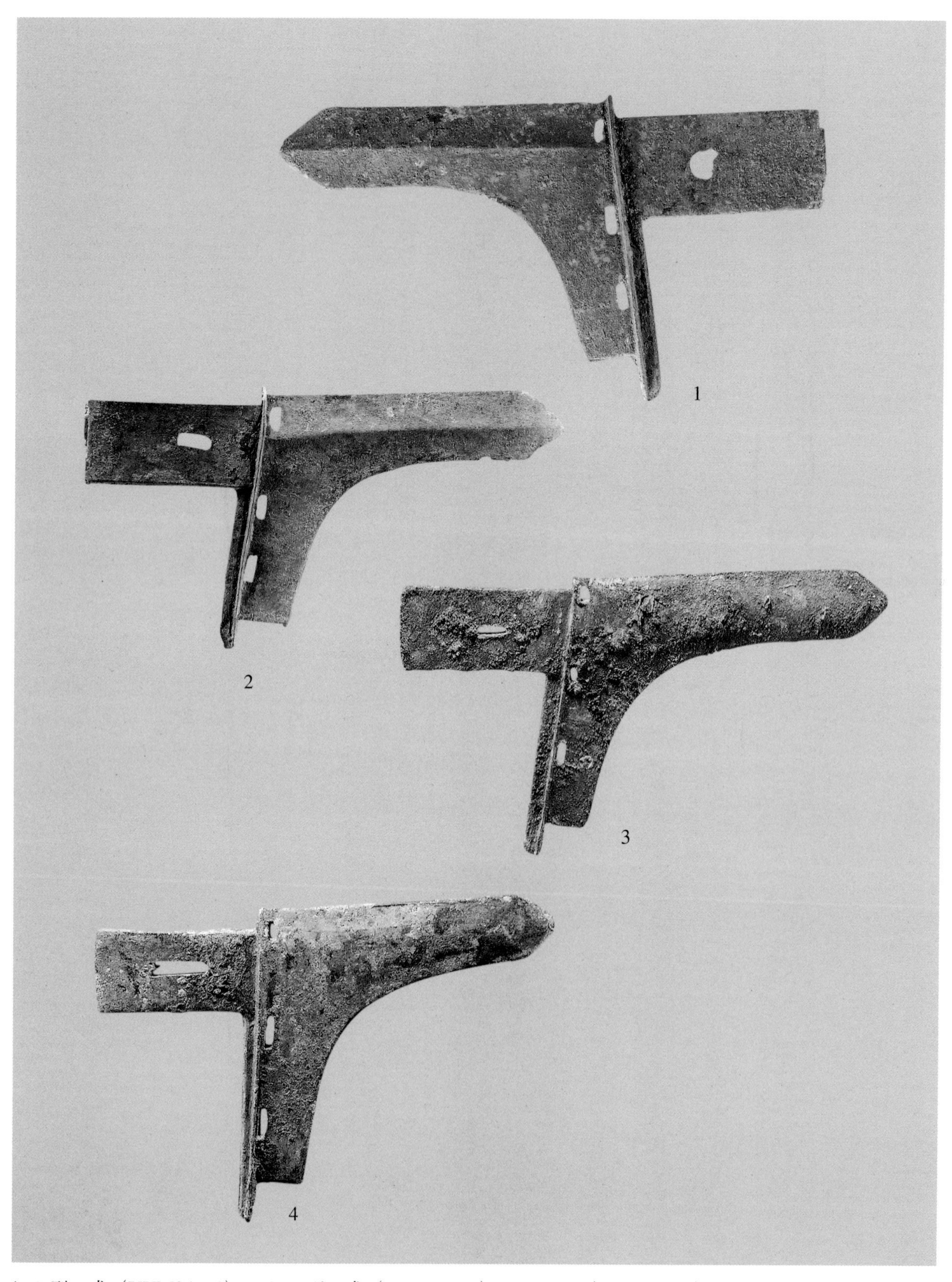

1. Ⅰ型Ⅰ式（YYM34：4） 2. Ⅰ型Ⅱ式（YYM32：4） 3. Ⅱ型（YYM18：7） 4. Ⅰ型Ⅲ式（YYM250：6）

玉皇庙墓地出土青铜戈

1. Ⅰ型Ⅰ式（正、侧面）（YYM22：2） 2. Ⅰ型Ⅱ式（正、侧面）（YYM19：2） 3. Ⅰ型Ⅲ式（正、侧面）（YYM82：2）

玉皇庙墓地出土青铜短剑

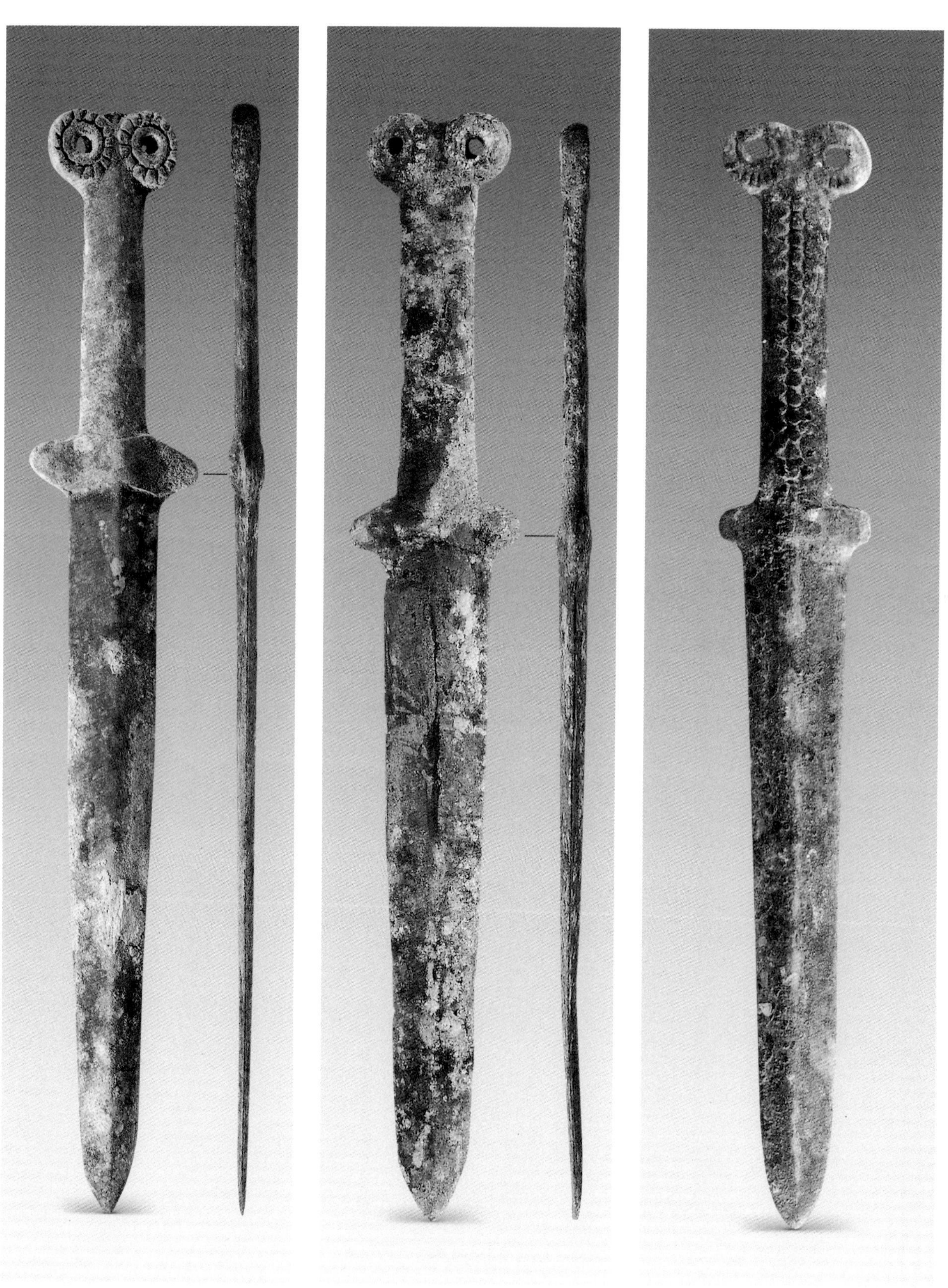

1. Ⅰ型Ⅲ式（正、侧面）（YYM385：2） 2. Ⅰ型Ⅲ式（正、侧面）（YYM11：2） 3. Ⅰ型Ⅲ式（正面）（YYM188：2）

玉皇庙墓地出土青铜短剑

1. Ⅰ型Ⅲ式（正、侧面）（YYM57：2）　2. Ⅰ型Ⅲ式（正面）（YYM70：2）　3. Ⅰ型Ⅲ式（正、侧面）（YYM179：2）

玉皇庙墓地出土青铜短剑

1. Ⅰ型Ⅳ式（正、侧面）
（YYM190：2）

2. Ⅰ型Ⅴ式（正、侧面）
（YYM36：2）

3. Ⅱ型Ⅰ式（正面）
（YYM32：2）

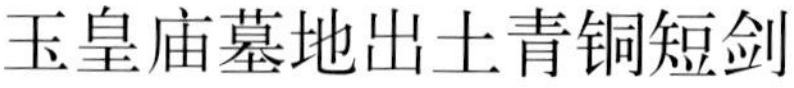

玉皇庙墓地出土青铜短剑

1. Ⅱ型Ⅰ式（正面）（YYM281：2）

2. Ⅱ型Ⅱ式（正面）（YYM83：2）

3. Ⅱ型Ⅱ式（正、侧面）（YYM199：2）

玉皇庙墓地出土青铜短剑

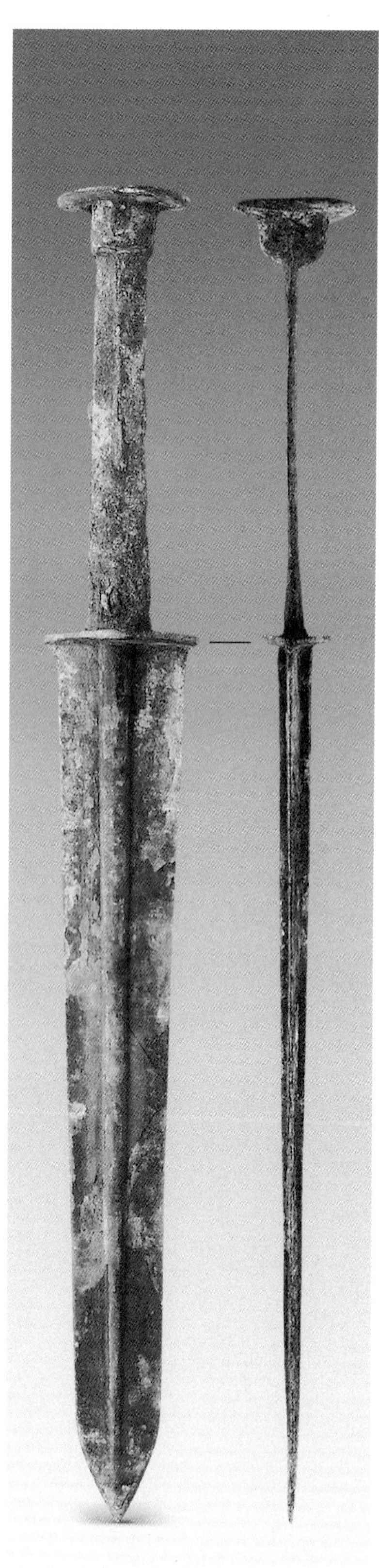

1. Ⅱ型Ⅱ式（正、侧面）
（YYM314：1）

2. Ⅱ型Ⅱ式（正面）
（YYM303：2）

3. Ⅲ型（正面）
（YYM34：2）

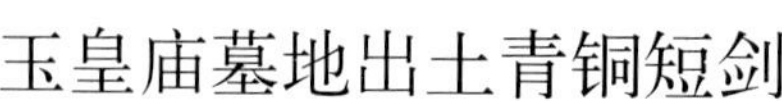

玉皇庙墓地出土青铜短剑

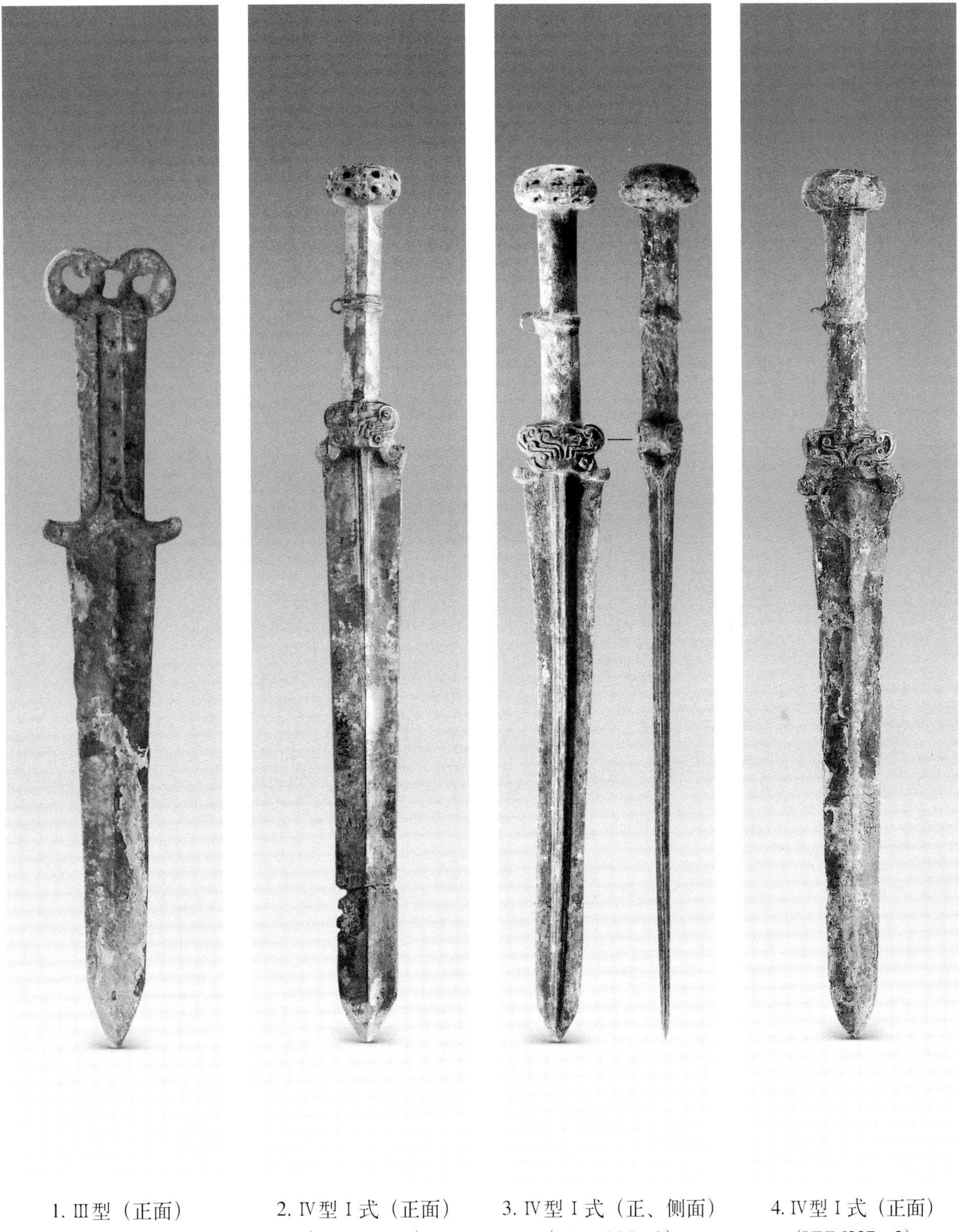

1. Ⅲ型（正面）
（YYM142：2）

2. Ⅳ型Ⅰ式（正面）
（YYM17：2）

3. Ⅳ型Ⅰ式（正、侧面）
（YYM386：2）

4. Ⅳ型Ⅰ式（正面）
（YYM227：2）

玉皇庙墓地出土青铜短剑

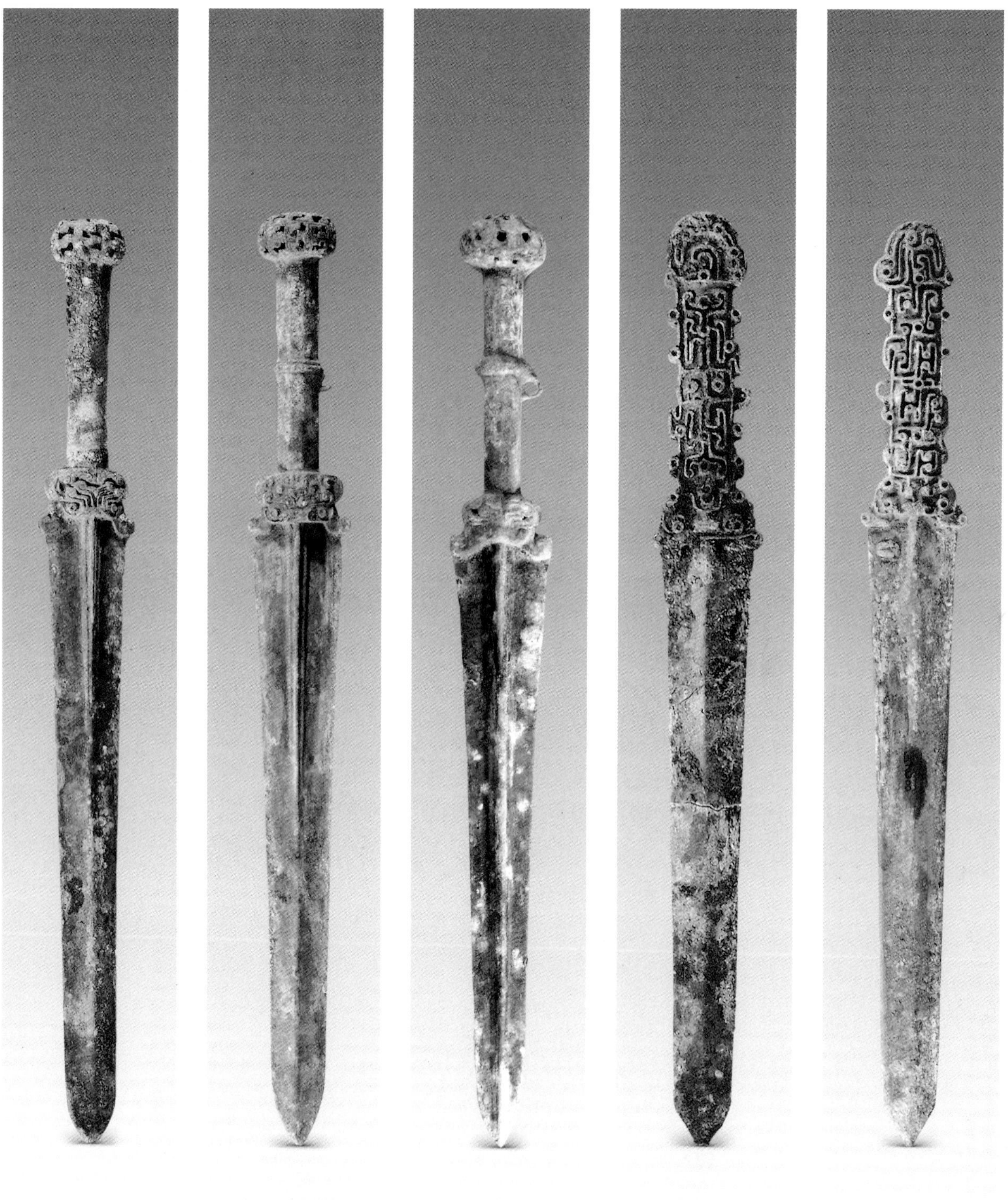

1. Ⅳ型Ⅱ式（正面）（YYM52：2） 2. Ⅳ型Ⅱ式（正面）（YYM7：2） 3. Ⅳ型Ⅲ式（正面）（YYM102：2） 4. Ⅴ型Ⅰ式（正面）（YYM18：8） 5. Ⅴ型Ⅰ式（正面）（YYM300：2）

玉皇庙墓地出土青铜短剑

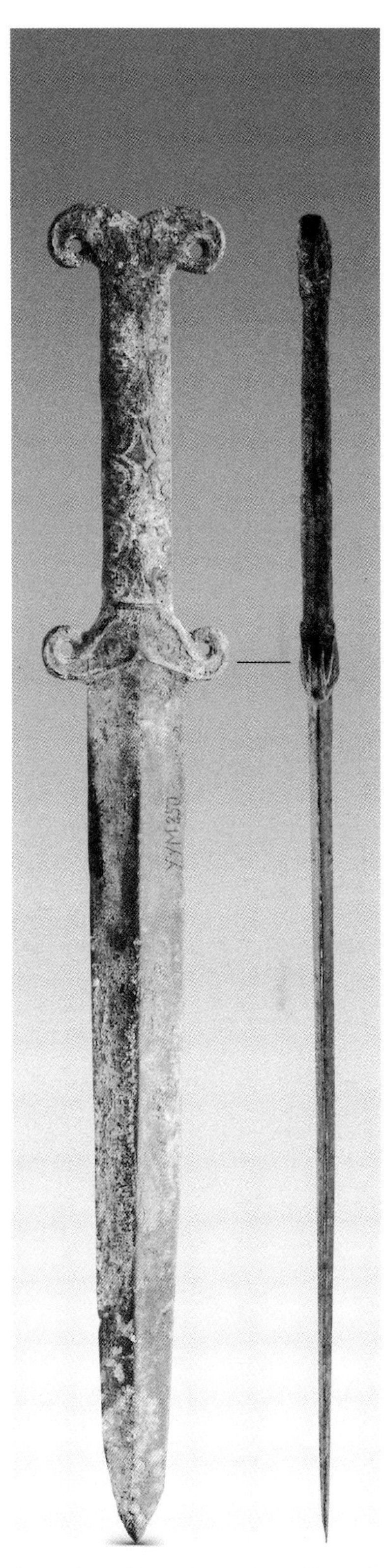

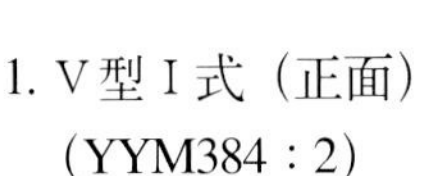

1. Ⅴ型Ⅰ式（正面）
（YYM384：2）

2. Ⅴ型Ⅱ式（正面）
（YYM13：2）

3. Ⅵ型Ⅰ式（正、侧面）
（YYM250：7）

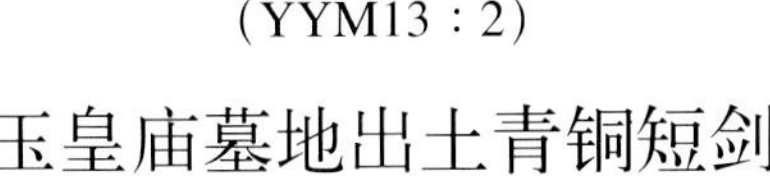

玉皇庙墓地出土青铜短剑

1. Ⅵ型Ⅰ式（正、侧面）
（YYM54：2）

2. Ⅵ型Ⅱ式（正、侧面）
（YYM230：2）

3. Ⅶ型（正、侧面）
（YYM264：2）

玉皇庙墓地出土青铜短剑

1. Ⅷ型Ⅰ式（正、侧面）
（YYM226：2）

2. Ⅷ型Ⅱ式（正、侧面）
（YYM212：2）

3. Ⅷ型Ⅲ式（正、侧面）
（YYM186：2）

玉皇庙墓地出土青铜短剑

1. Ⅷ型Ⅳ式（正、侧面）
（YYM117：2）

2. Ⅷ型Ⅴ式（正、侧面）
（YYM108：2）

3. Ⅸ型Ⅰ式（正、侧面）
（YYM275：2）

玉皇庙墓地出土青铜短剑

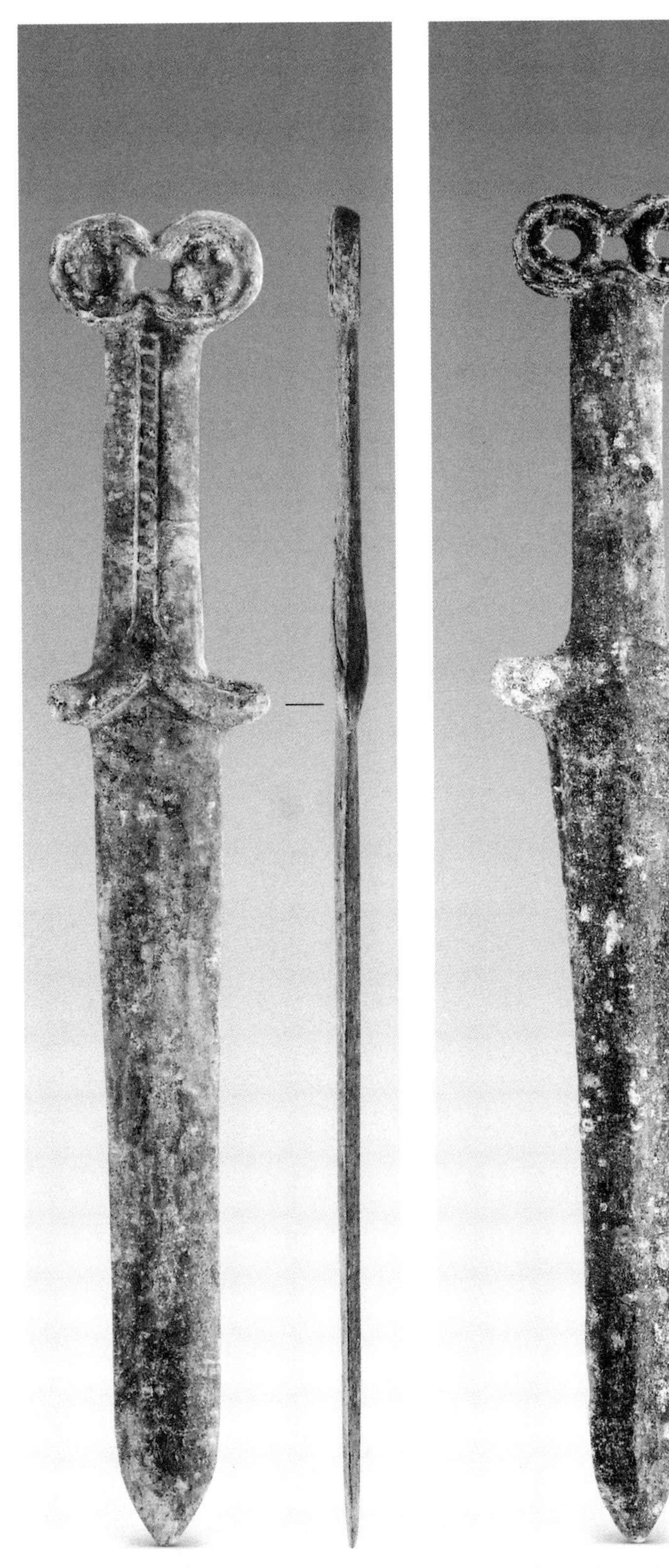

1. Ⅸ型Ⅱ式（正、侧面）
（YYM46：2）

2. Ⅸ型Ⅱ式（正面）
（YYM51：2）

3. Ⅸ型Ⅱ式（正面）
（YYM71：2）

玉皇庙墓地出土青铜短剑

1. Ⅸ型Ⅱ式（正面）
（YYM213：2）

2. Ⅸ型Ⅱ式（正面）
（YYM151：2）

3. Ⅸ型Ⅱ式（正、侧面）
（YYM74：2）

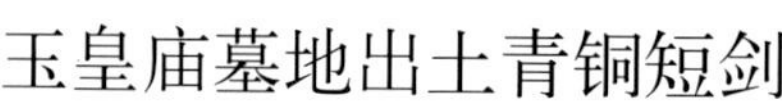

玉皇庙墓地出土青铜短剑

1. Ⅸ型Ⅲ式（正、侧面）
（YYM143：2）

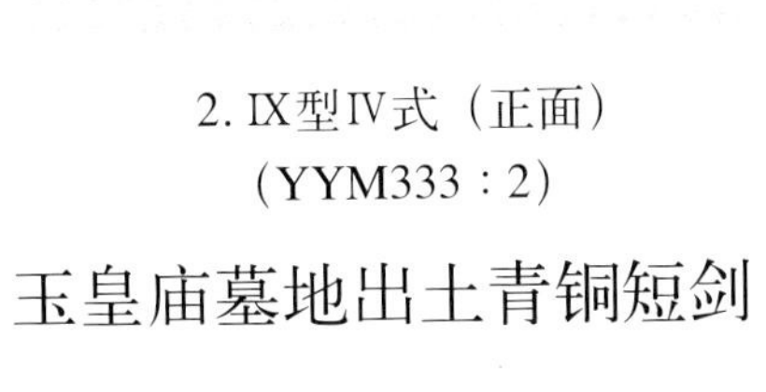

2. Ⅸ型Ⅳ式（正面）
（YYM333：2）

3. Ⅹ型（正、侧面）
（YYM234：2）

玉皇庙墓地出土青铜短剑

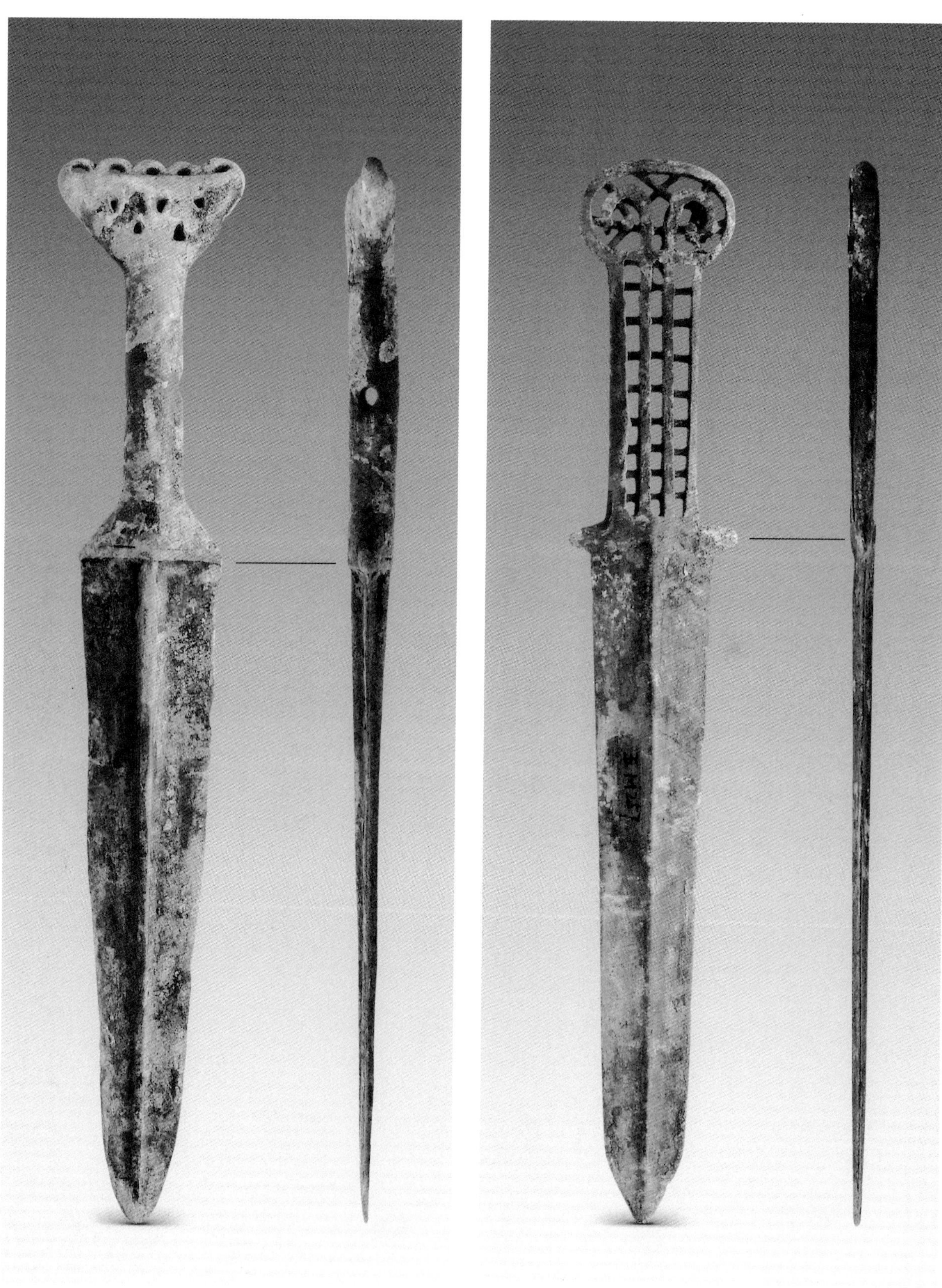

1. XI型（正、侧面）
（YYM41：2）

2. XII型Ⅰ式（正、侧面）
（YYM257：2）

玉皇庙墓地出土青铜短剑

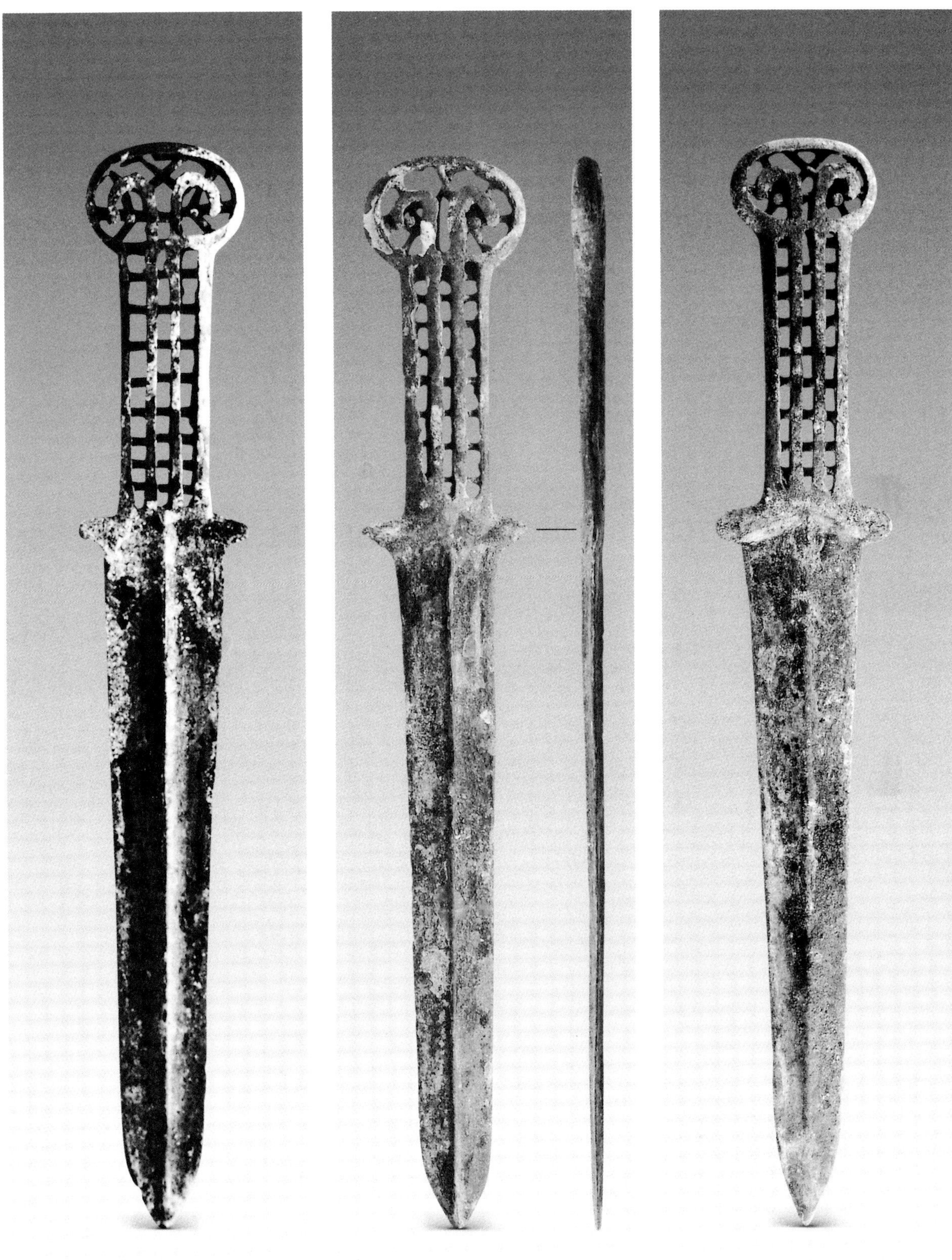

1. XII型 I 式（正面）
（YYM236∶2）

2. XII型 I 式（正、侧面）
（YYM61∶2）

3. XII型 II 式（正面）
（YYM247∶2）

玉皇庙墓地出土青铜短剑

1. Ⅻ型Ⅱ式（正面）
（YYM182：2）

2. XIII 型Ⅰ式（正面）
（YYM261：2）

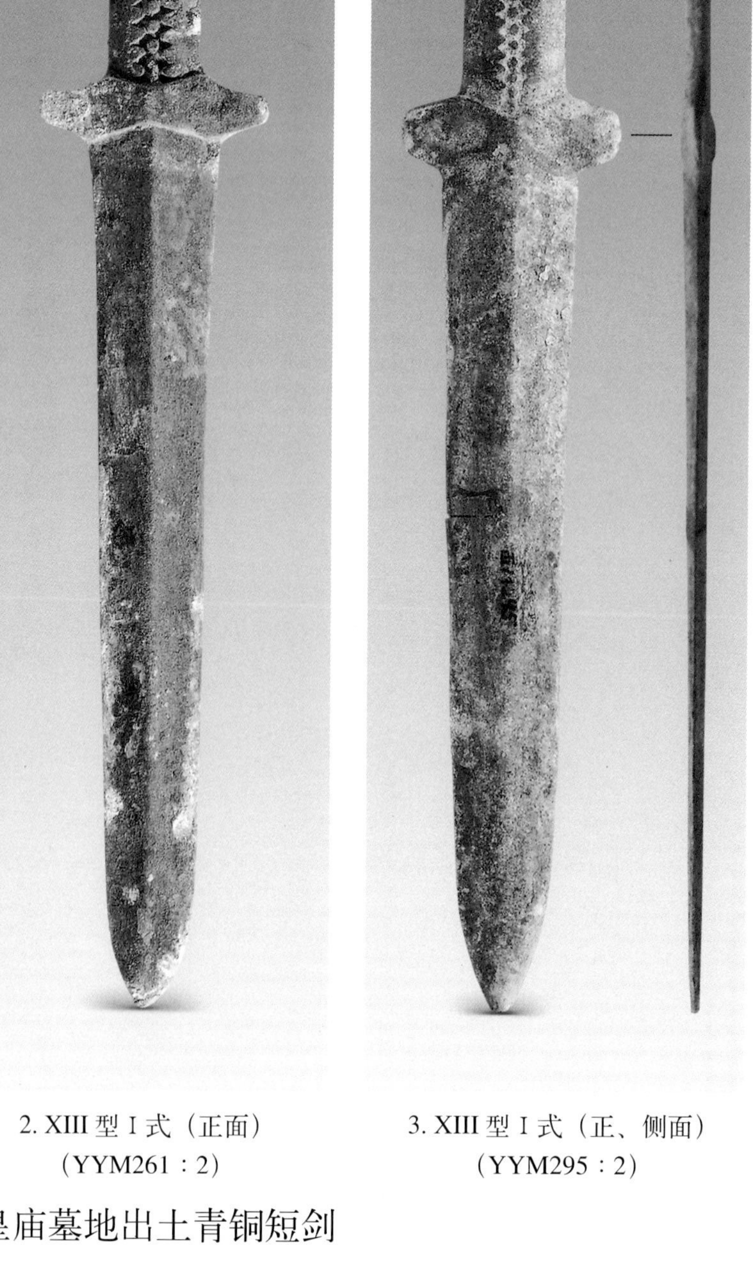

3. XIII 型Ⅰ式（正、侧面）
（YYM295：2）

玉皇庙墓地出土青铜短剑

1. XIII型 I 式（正、侧面）
（YYM86：2）

2. XIII型 I 式（正、侧面）
（YYM158：2）

3. XIII型 II 式（正面）
（YYM48：2）

玉皇庙墓地出土青铜短剑

1. XIII型Ⅱ式（正、侧面）
（YYM210：2）

2. XIV型Ⅰ式（正面）
（YYM95：2）

3. XIV型Ⅱ式（正、侧面）
（YYM145：2）

玉皇庙墓地出土青铜短剑

1. XIV型Ⅱ式（正面）
（YYM209：2）

2. XIV型Ⅱ式（正、侧面）
（YYM174：2）

3. XIV型Ⅲ式（正、侧面）
（YYM124：2）

玉皇庙墓地出土青铜短剑

1. XV 型（正面）
（YYM224：2）

2. XVI型 I 式（正面）
（YYM105：2）

3. XVI型 I 式（正面）
（YYM168：2）

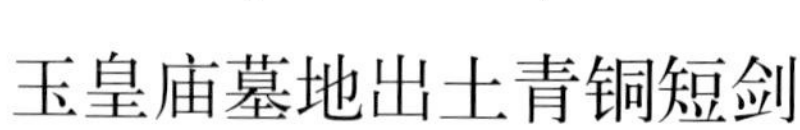

玉皇庙墓地出土青铜短剑

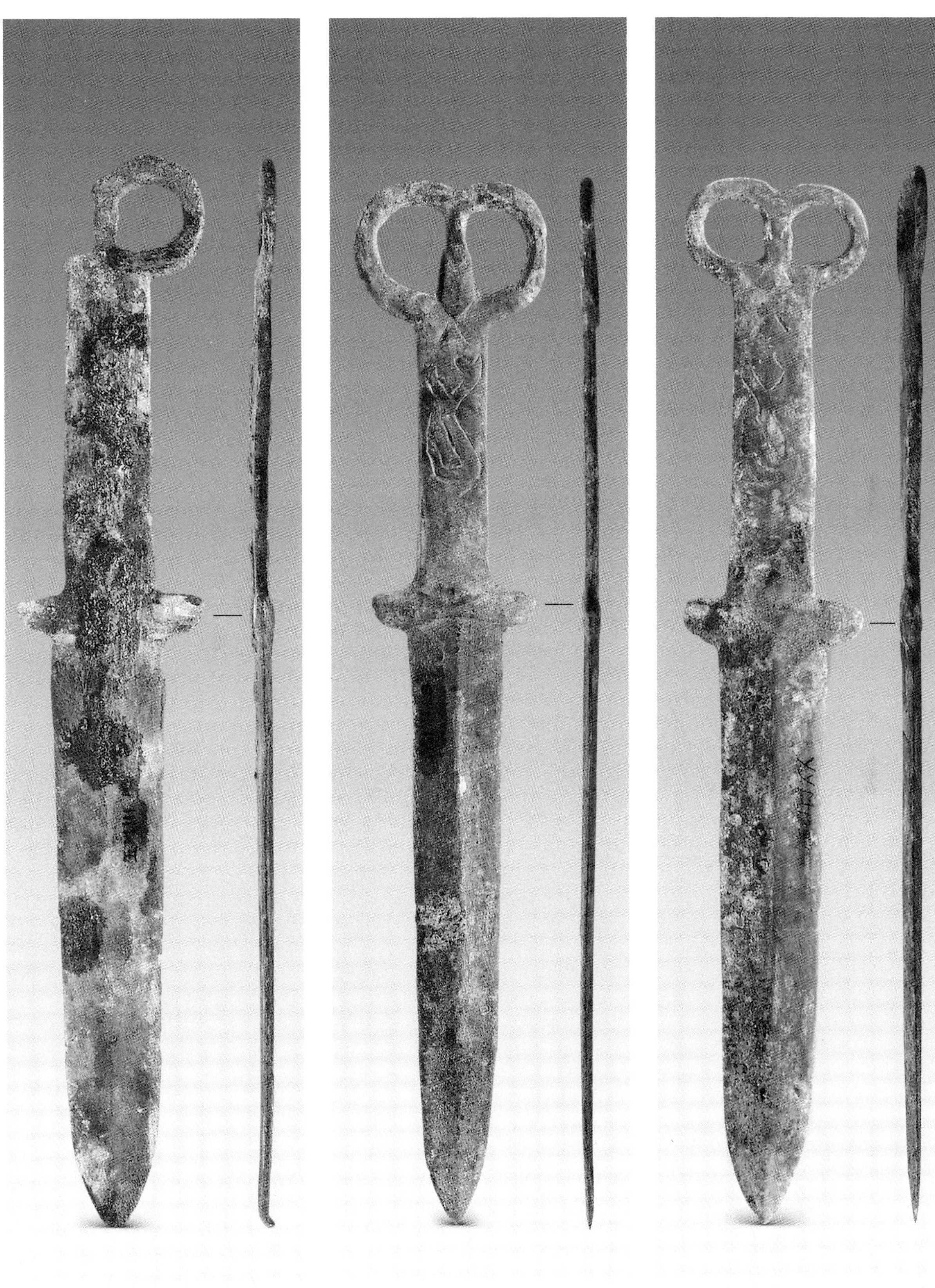

1. XⅥ型Ⅰ式（正、侧面）（YYM111：2）　2. XⅥ型Ⅰ式（正、侧面）（YYM160：2）　3. XⅥ型Ⅰ式（正、侧面）（YYM129：2）

玉皇庙墓地出土青铜短剑

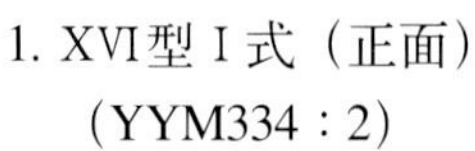

1. XⅥ型Ⅰ式（正面）
（YYM334：2）

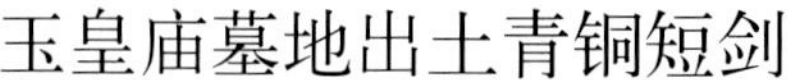

2. XⅥ型Ⅱ式（正、侧面）
（YYM134：2）

3. XⅥ型Ⅱ式（正面）
（YYM131：2）

玉皇庙墓地出土青铜短剑

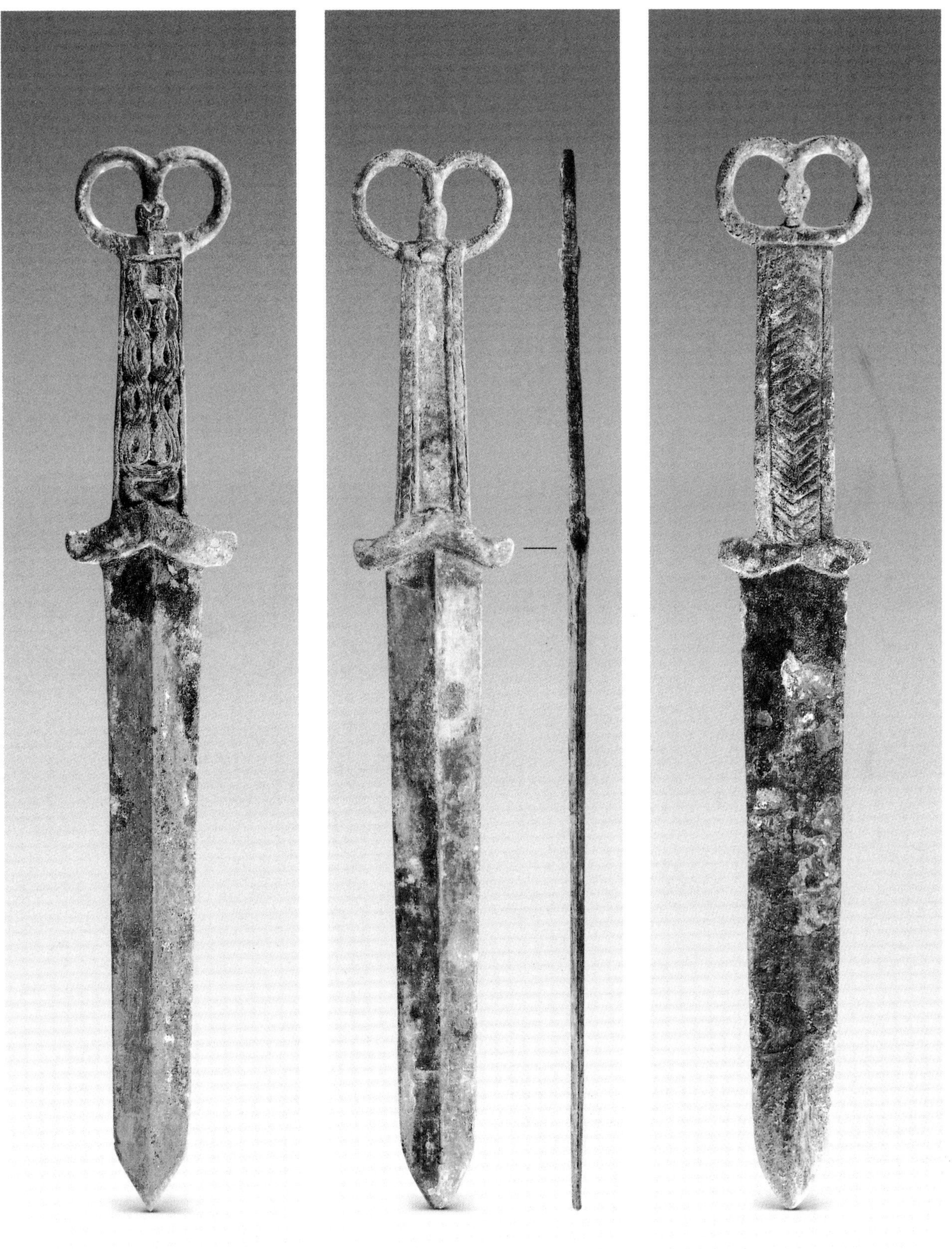

1. XⅥ型Ⅱ式（正面）（YYM122：2）　2. XⅥ型Ⅱ式（正、侧面）（YYM171：2）　3. XⅥ型Ⅲ式（正面）（YYM164：2）

玉皇庙墓地出土青铜短剑

图版二七四

1. XⅥ型Ⅲ式（正面）
（YYM161：2）

2. XⅥ型Ⅲ式（正面）
（YYM348：2）

3. XⅥ型Ⅲ式（正面）
（YYM349：2）

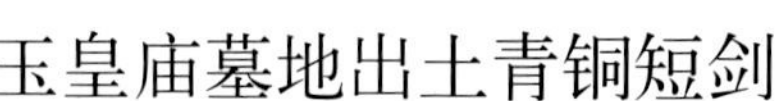

玉皇庙墓地出土青铜短剑

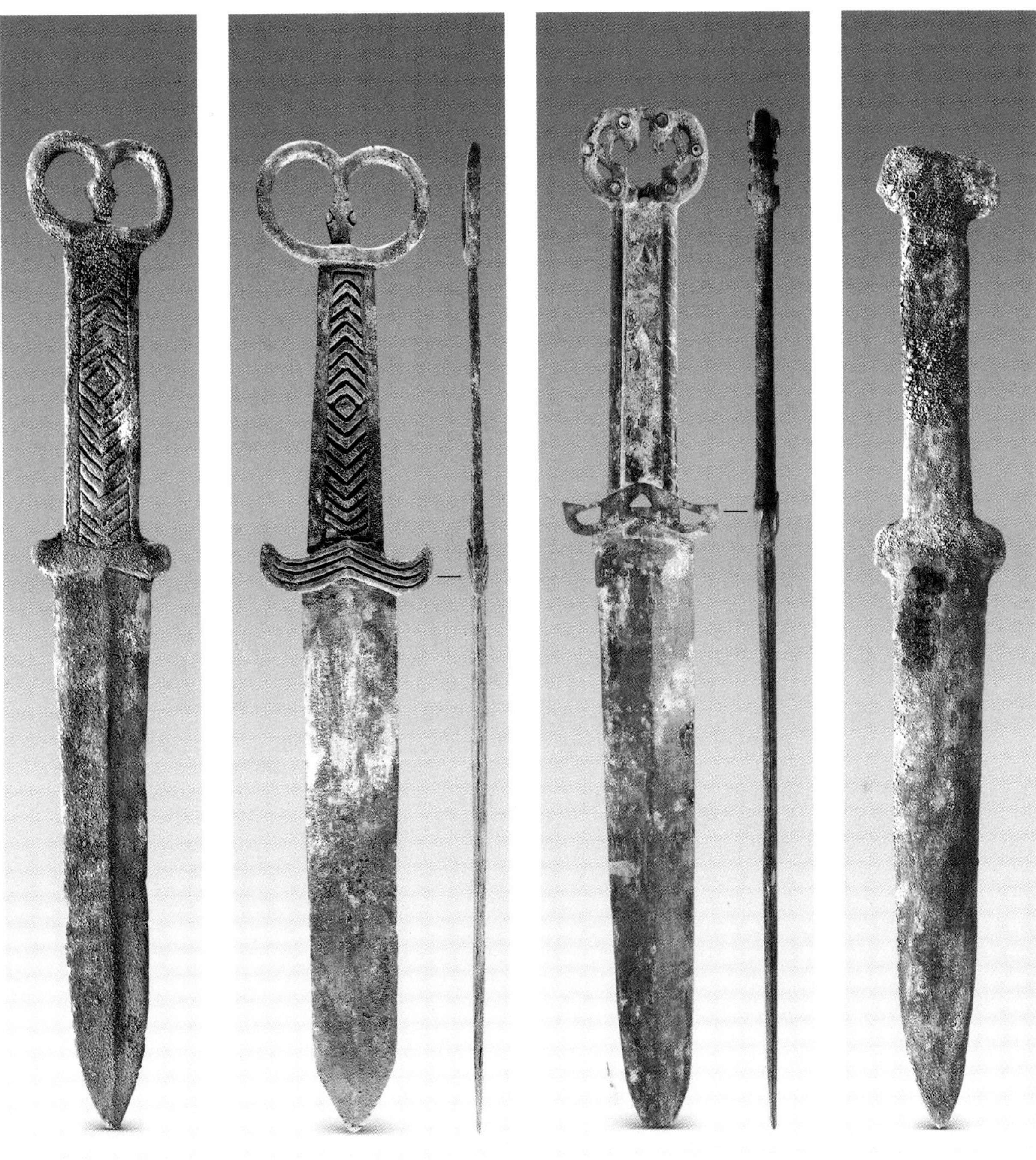

1. XⅥ型Ⅲ式（正面）（YYM370：2） 2. XⅥ型Ⅳ型（正、侧面）（YYM344：2） 3. XVII型（正、侧面）（YYM156：2） 4. XVIII式（正面）（YYM373：2）

玉皇庙墓地出土青铜短剑

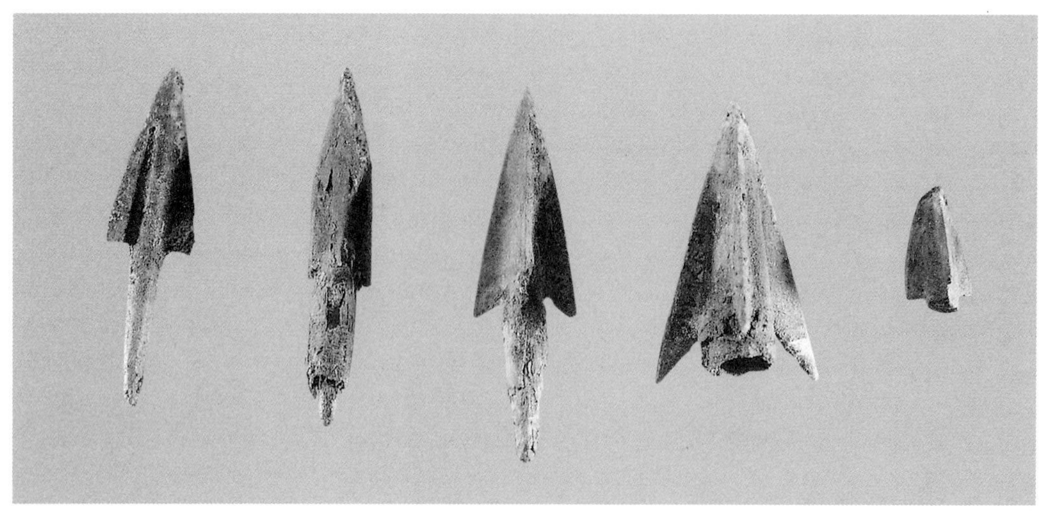

1. YYM18：30 各式铜镞

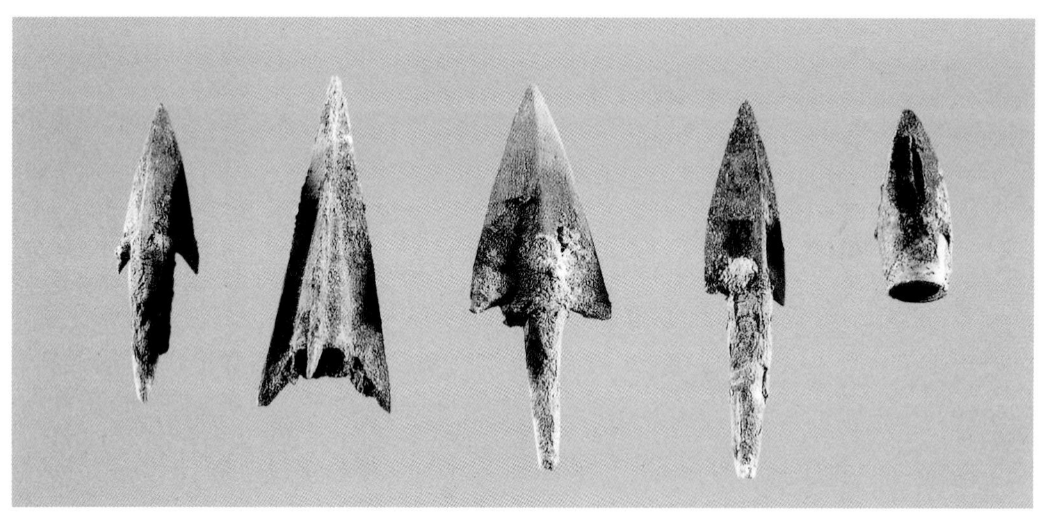

2. YYM250：16 各式铜镞

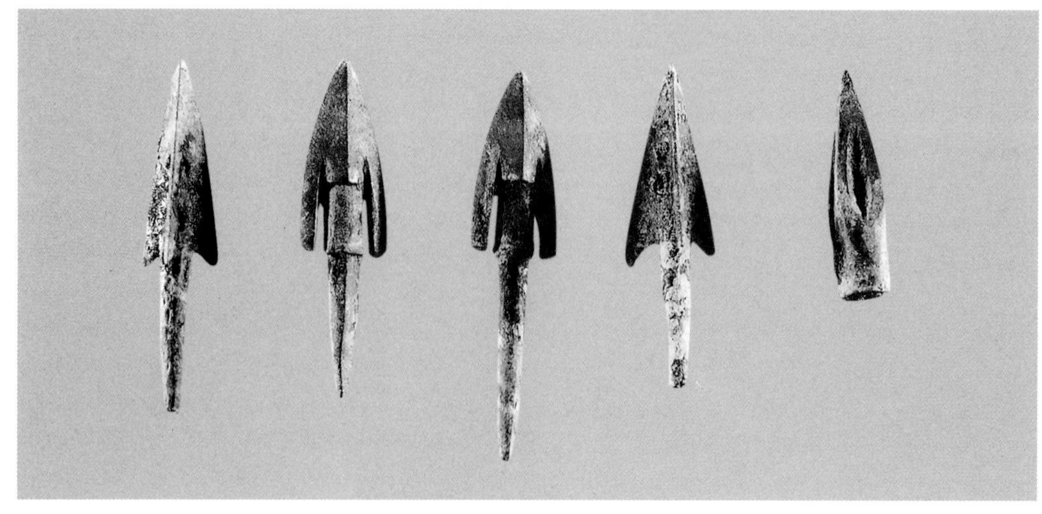

3. YYM52：10 各式铜镞

玉皇庙墓地出土青铜镞

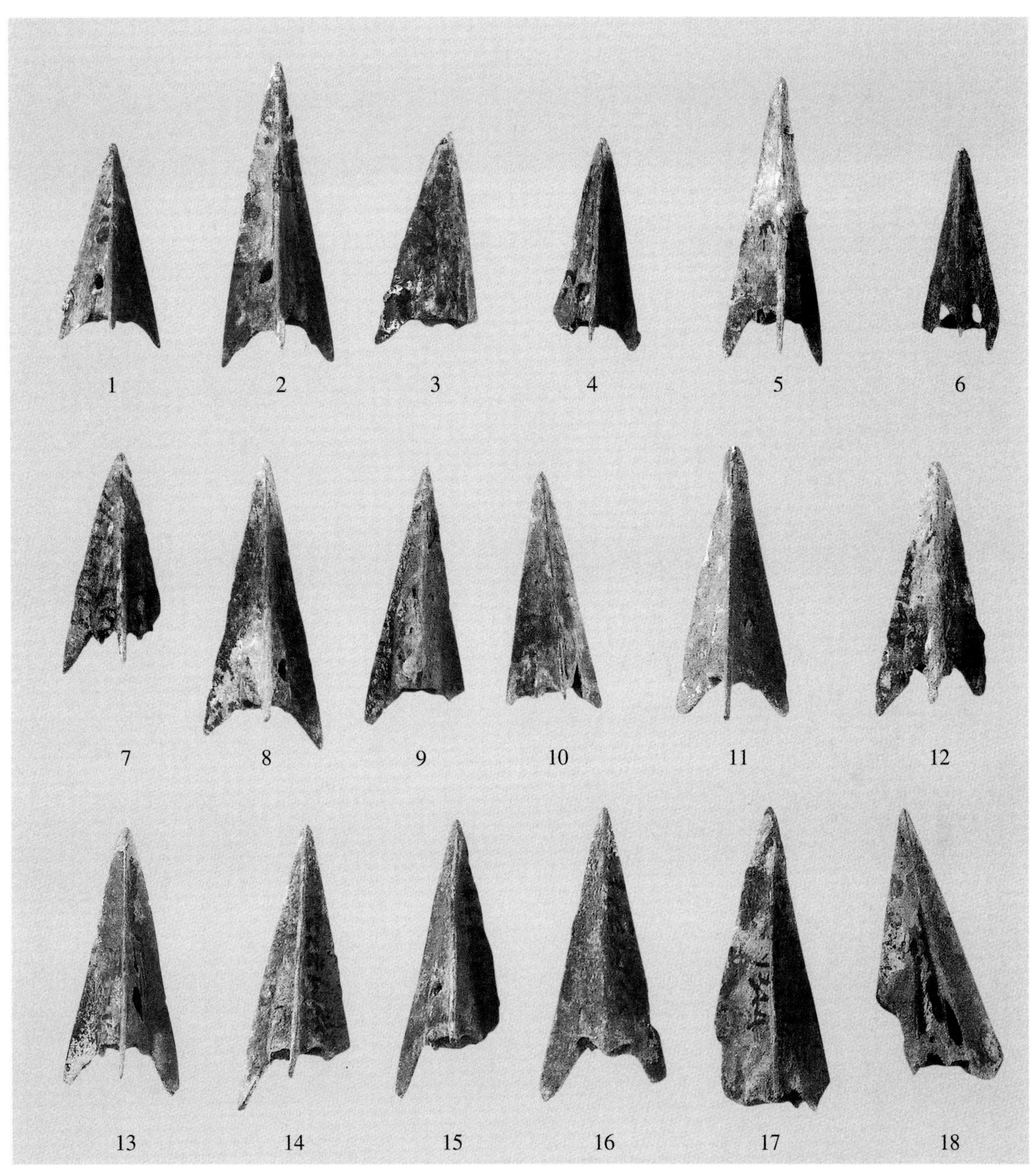

1～18. Ia型Ⅰ式（YYM18：30-14、YYM250：16-1、YYM282：12-1、YYM227：12、YYM264：17-1、YYM226：9-2、YYM247：11、YYM275：16-2、YYM190：18、YYM57：12-8、YYM151：13-5、YYM145：13-1、YYM117：11-1、YYM332：2-1、YYM333：1-1、YYM321：2-1、YYM344：13、YYM343：1-1）

玉皇庙墓地出土青铜镞

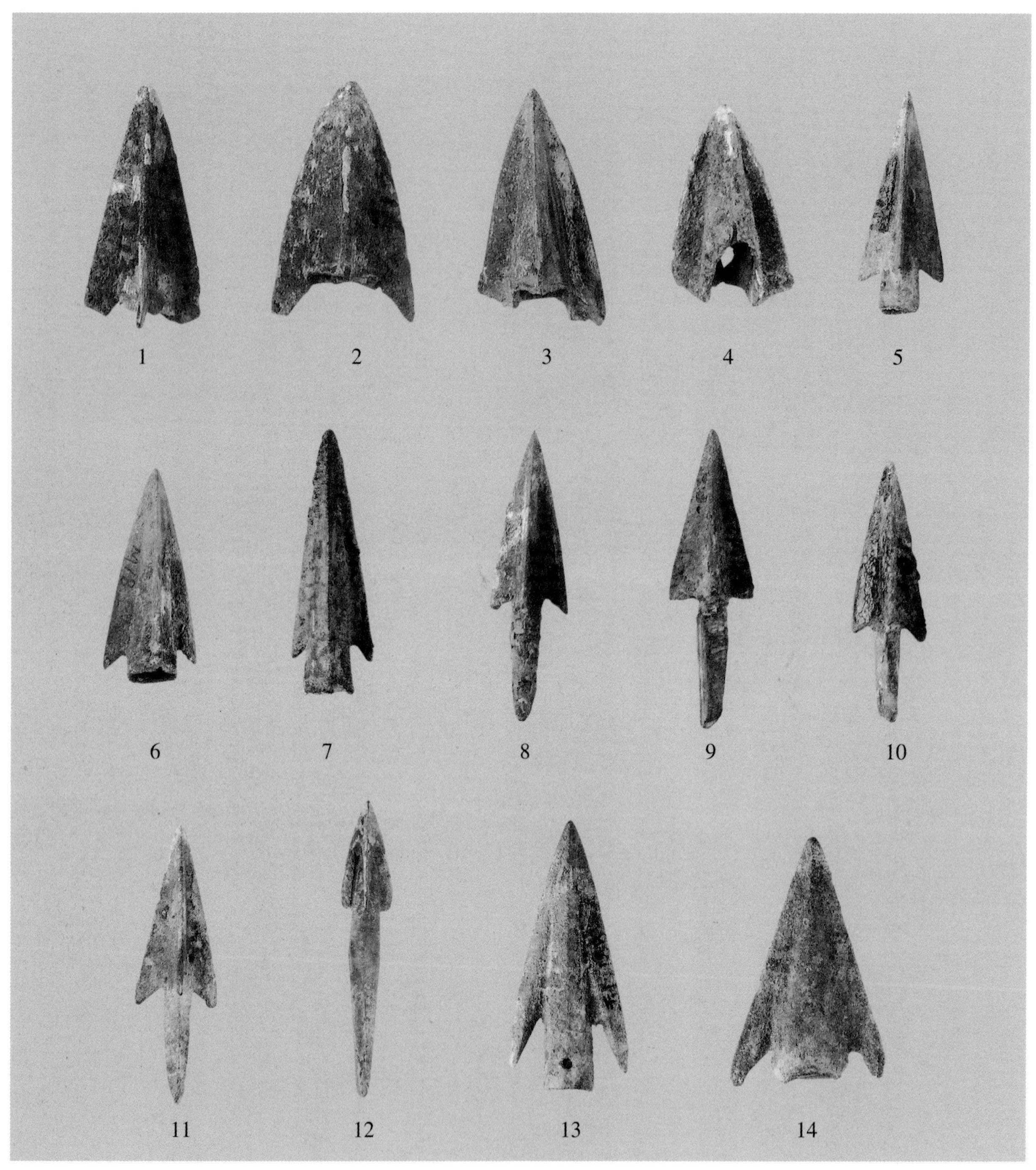

1～4. Ia 型Ⅱ式（YYM213：12-1、YYM134：11-1、YYM173：2-2、YYM129：10）
5、6. Ib 型Ⅰ式（YYM19：17-2、YYM18：30-5） 7. Ib 型Ⅱ式(YYM156：21-3)
8～11. IIa 型Ⅰ式（YYM18：30-32、YYM277：7、YYM261：16-2、YYM52：10-5）
12. IIa 型Ⅲ式（YYM52：10-2） 13.Ⅲa 型Ⅱ式（YYM188：15)14.Ⅲa 型Ⅲ式(YYM36：4)

玉皇庙墓地出土青铜镞

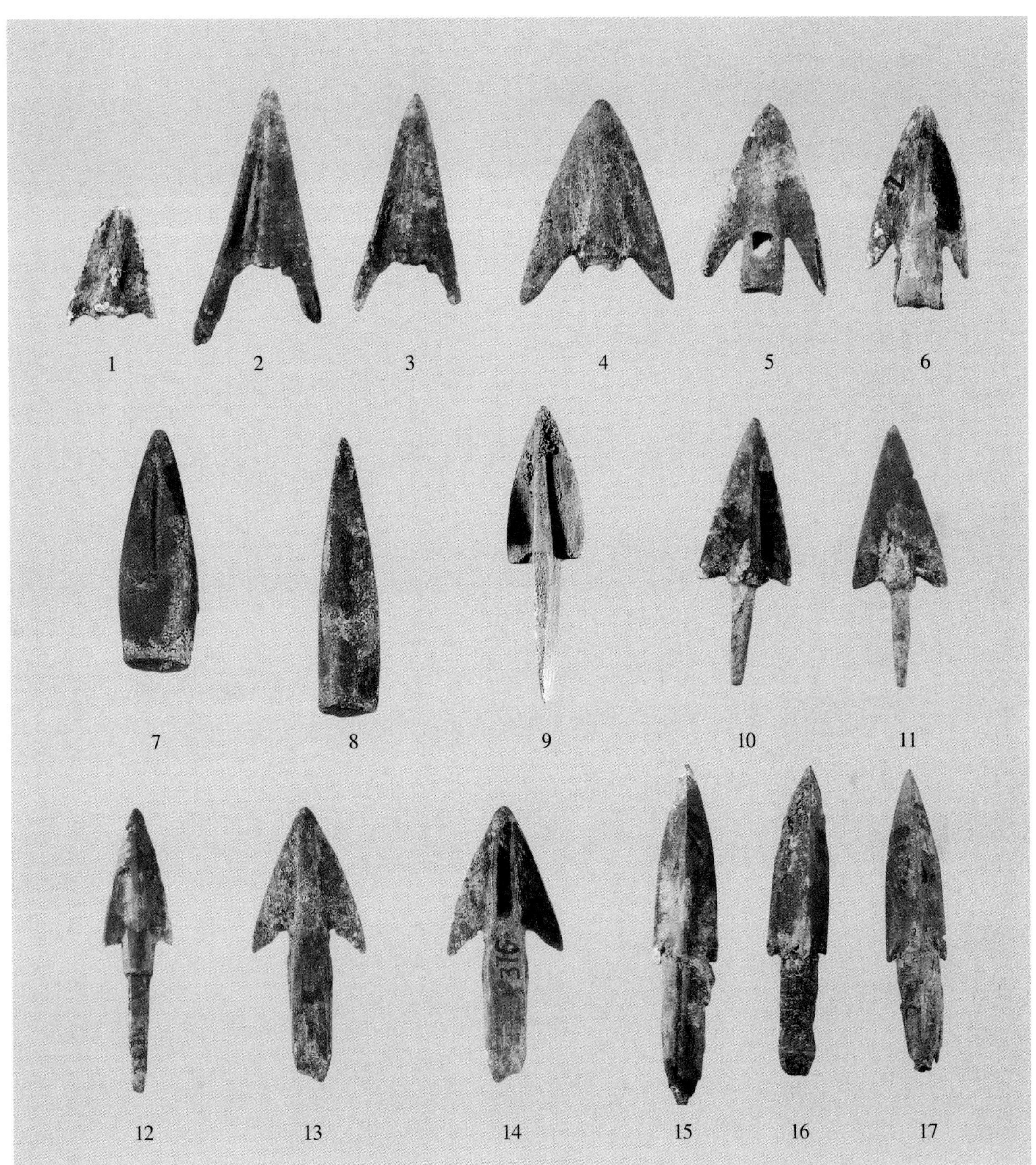

1～3. Ⅲb型Ⅰ式（YYM60：5、YYM303：9-4、YYM303：9-3） 4～6. Ⅲb型Ⅱ式（YYM 276：7、YYM275：16-5、YYM122：14-2） 7、8. Ⅳ型（YYM250：16-10、YYM52：10-1）、9. Ⅴ型Ⅰ式（YYM 17：14-7） 10、11. Ⅴ型Ⅱ式（YYM250：16-4、5） 12. Ⅴ型Ⅲ式（YYM209：12-6）、13、14. Ⅴ型Ⅳ式（YYM376：8［正、背面］） 15～17. Ⅵb型Ⅰ式（YYM18：30-30、45、48）

玉皇庙墓地出土青铜镞

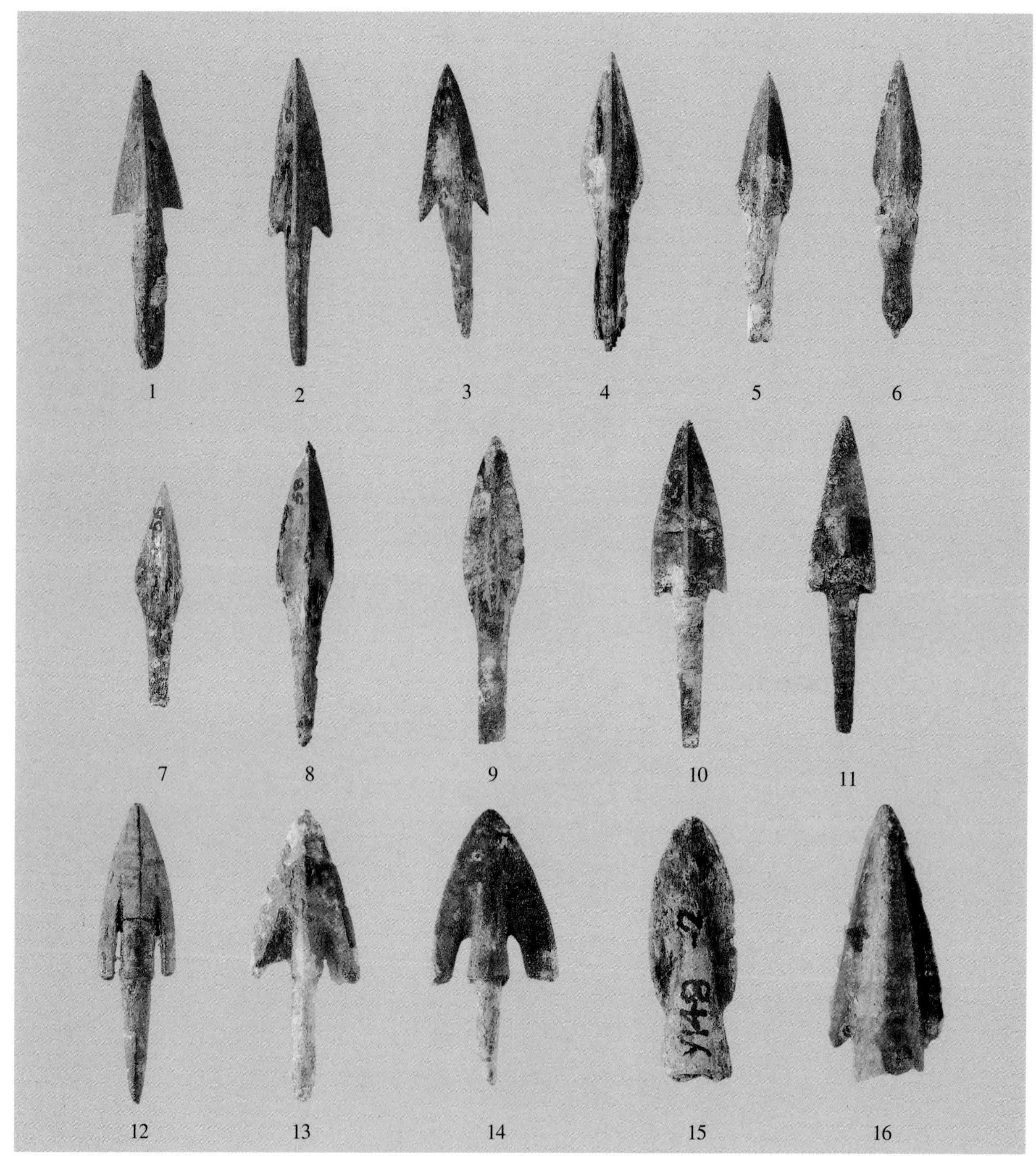

1. Ⅵa型（YYM18：30-44） 2、3. Ⅵb型Ⅱ式（YYM52：10-6、YYM250：16-3） 4. Ⅶa型（YYM18：30-52）
5～7. Ⅶb型（YYM18：30-54、55、56） 8. Ⅶc型（YYM18：30-58） 9. Ⅷ型（YYM 384：10）
10、11. Ⅸ型（YYM250：16-6、YYM 250：16-8） 12. Ⅹ型Ⅰ式（YYM52：10-3）
13. Ⅹ型Ⅱ式（YYM333：1-3） 14. Ⅹ型Ⅲ式（YYM213：12-2）
15. Ⅺ型（YYM148：9-2） 16. Ⅻ型（YYM174：17-3）

玉皇庙墓地出土青铜镞

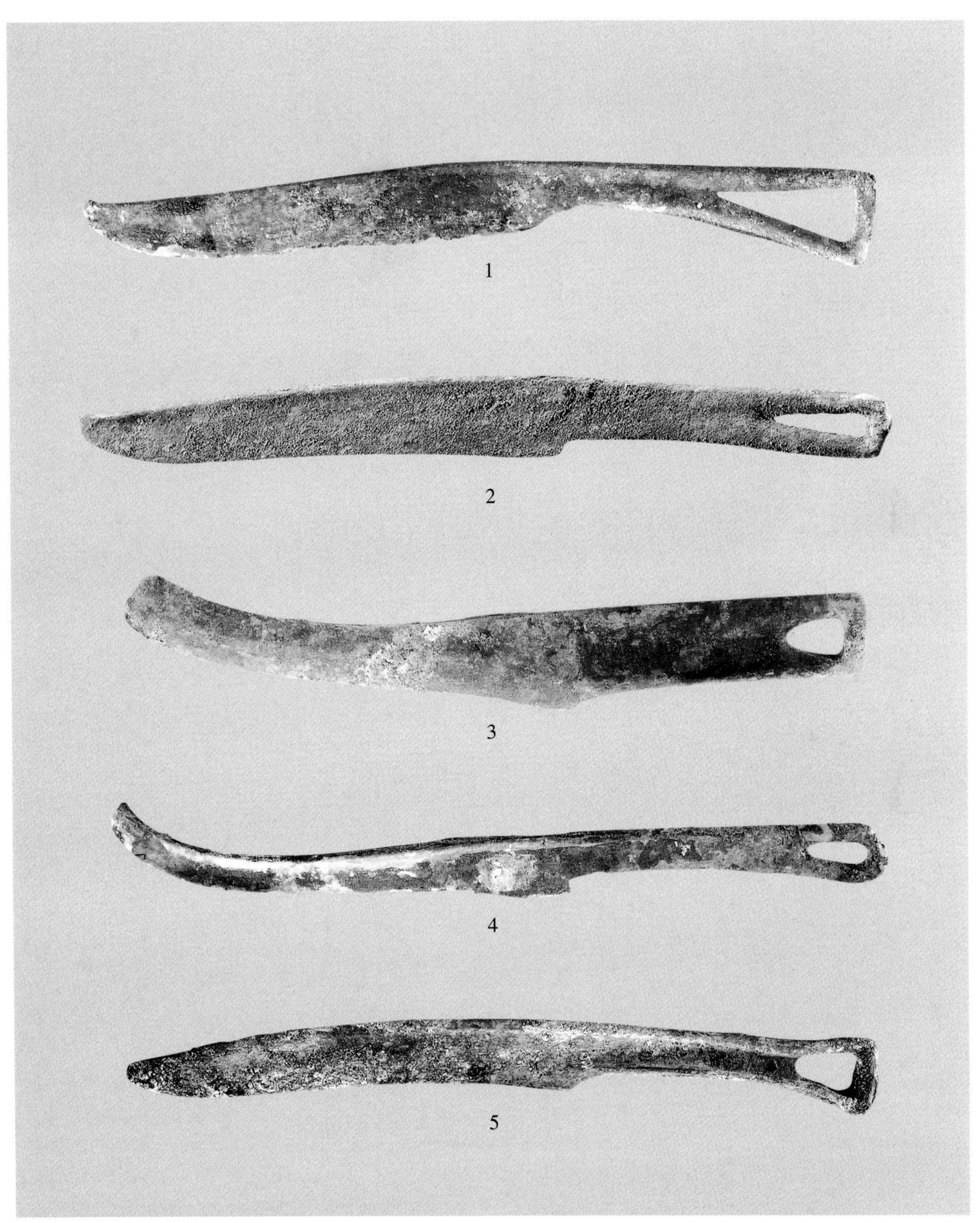

1、2. Ⅰ型Ⅰ式（YYM22：3、YYM283：3） 3、4. Ⅰ型Ⅱ式（YYM13：3、YYM227：3）
5. Ⅰ型Ⅲ式（YYM300：3）

玉皇庙墓地出土青铜削刀

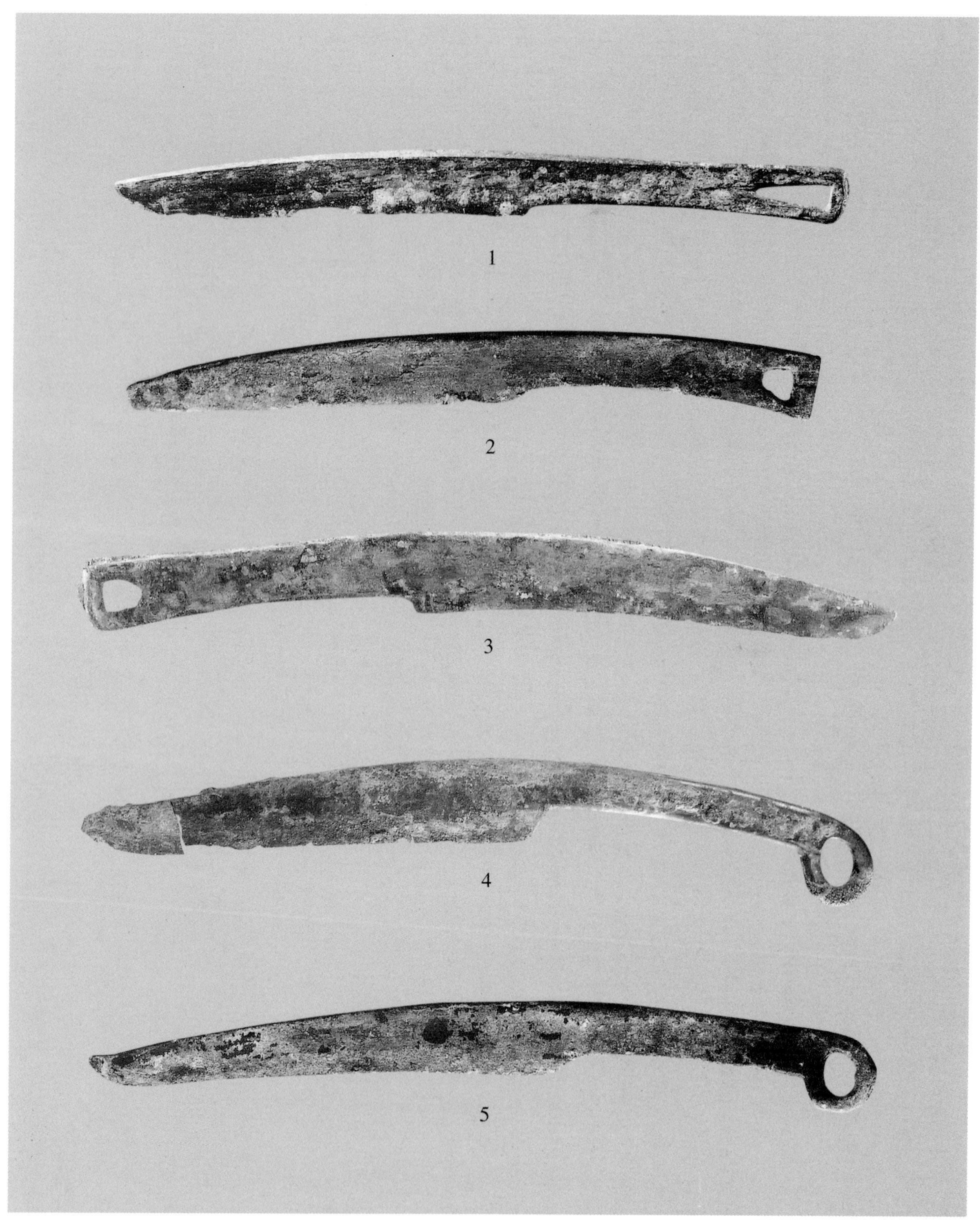

1～3. Ⅰ型Ⅲ式（YYM229：3.YYM234：3.YYM192：3） 4、5. Ⅱ型Ⅰ式（YYM20：3、YYM275：3）

玉皇庙墓地出土青铜削刀

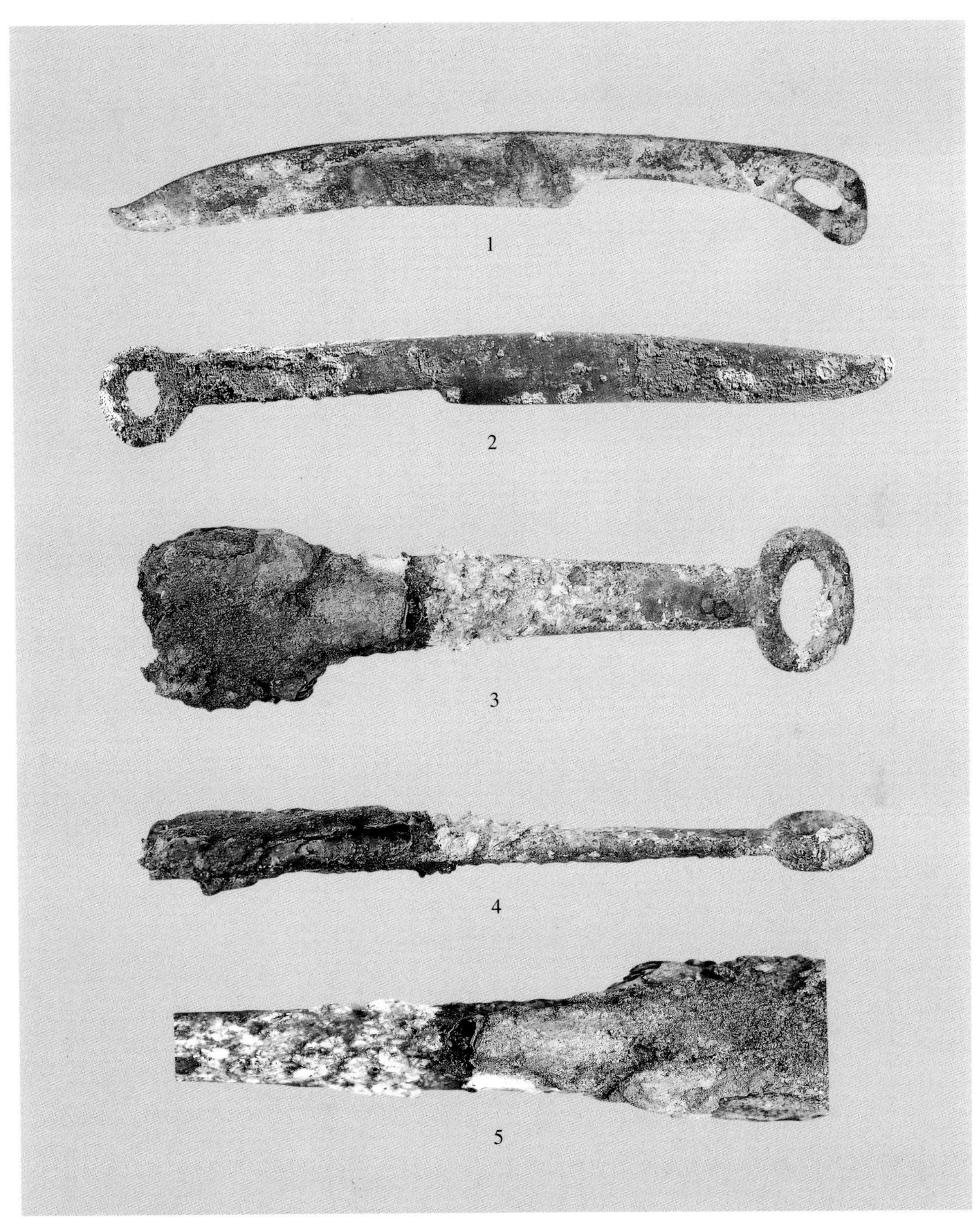

1. Ⅱ型Ⅱ式（YYM48：3） 2、3. Ⅲ型Ⅰ式（YYM35：3、YYM2：18）铜柄铁刀［正面］
4.（YYM2：18）铁质刀身仰视 5.（YYM2：18）铜质刀柄与铁质刀身结合部位特写

玉皇庙墓地出土青铜削刀

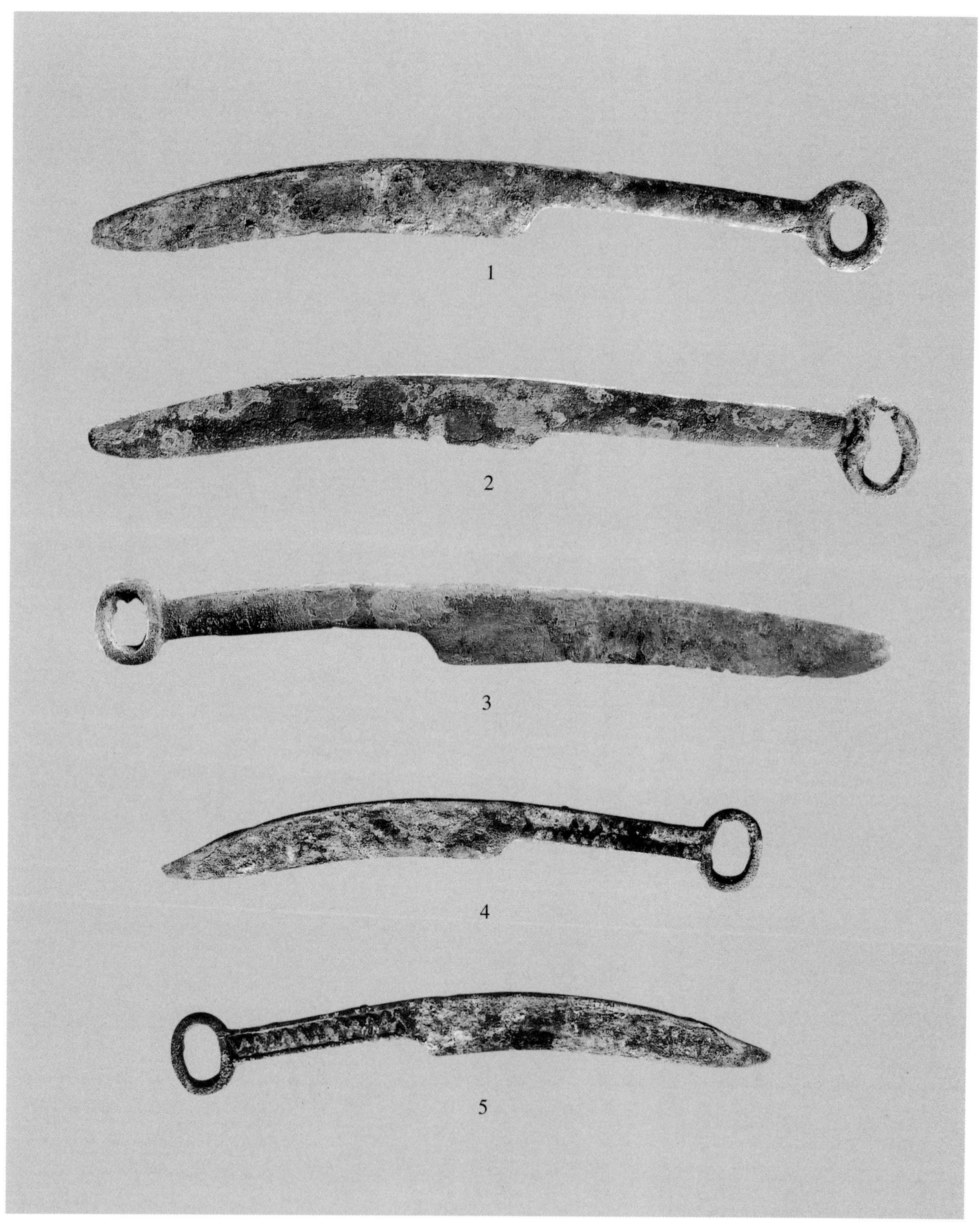

1～5. Ⅲ型Ⅰ式（YYM3：3、YYM5：3、YYM37：3、YYM281：3［正面］、YYM281：3［背面］）

玉皇庙墓地出土青铜削刀

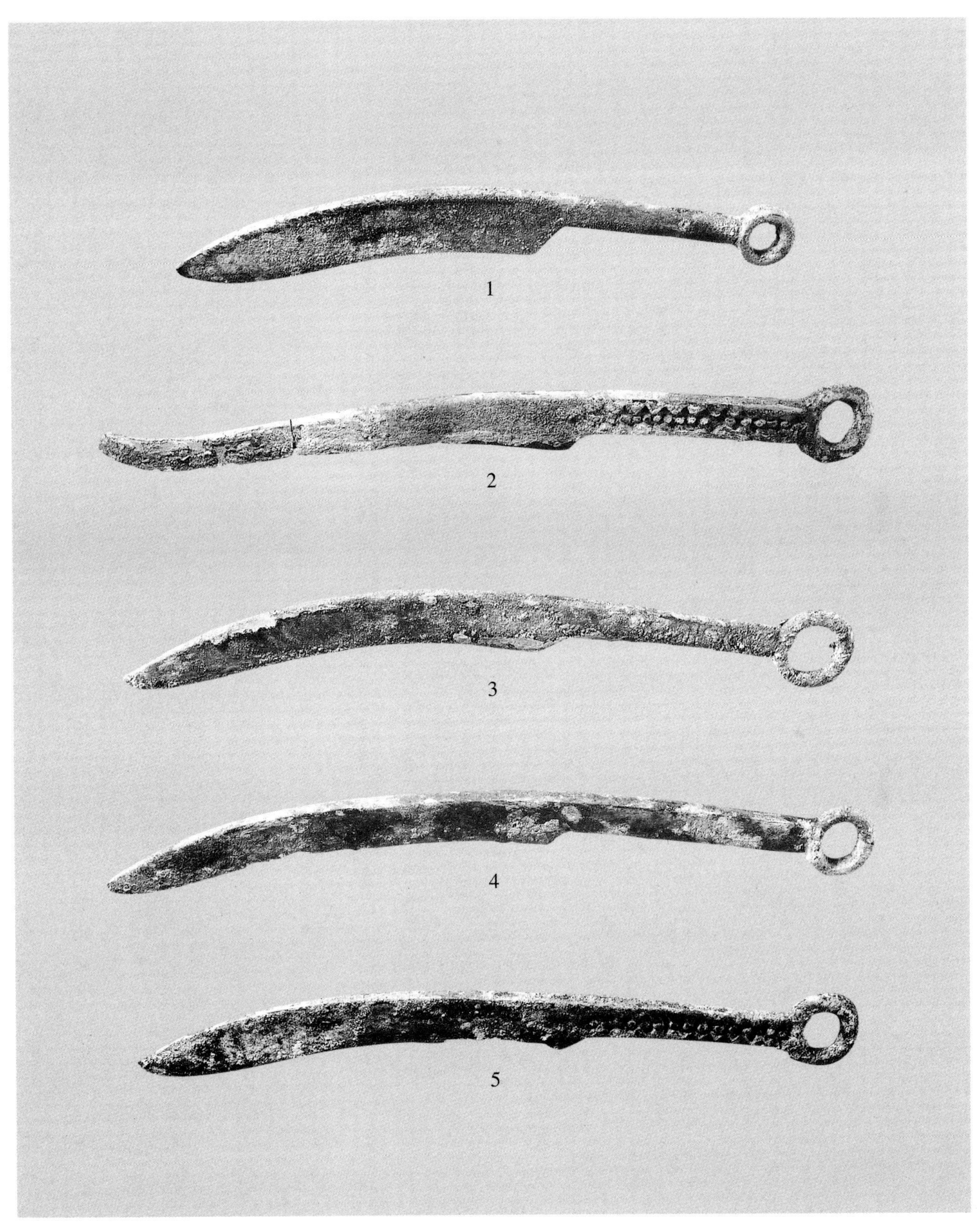

1～5. Ⅲ型Ⅰ式（YYM280：3、YYM282：3、YYM250：8、YYM230：3、YYM233：3）

玉皇庙墓地出土青铜削刀

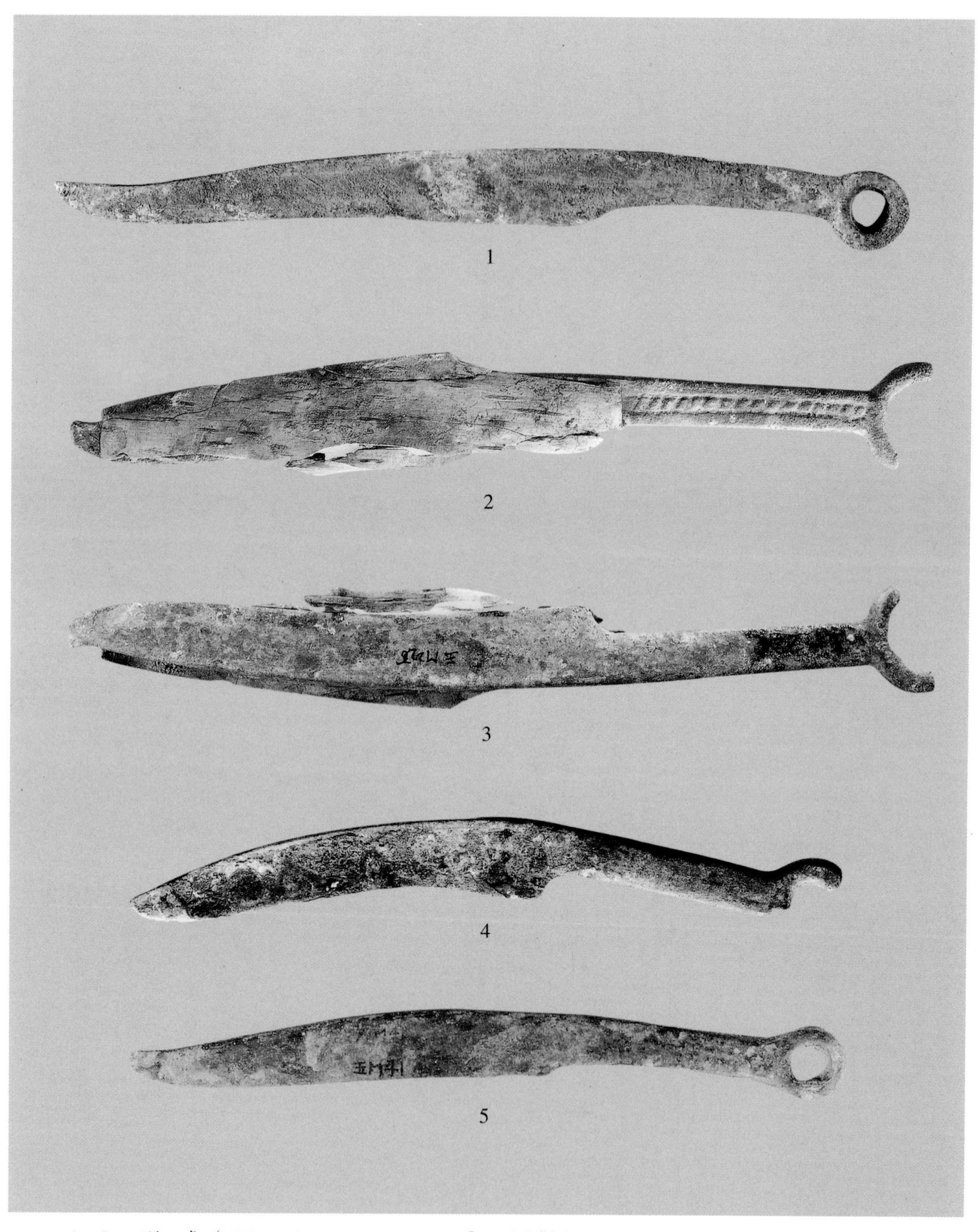

1～5. Ⅲ型Ⅰ式（YYM276∶3、YYM226∶3［正面木鞘痕迹］、YYM226∶3［背面木鞘痕迹］、YYM252∶3、YYM41∶3）

玉皇庙墓地出土青铜削刀

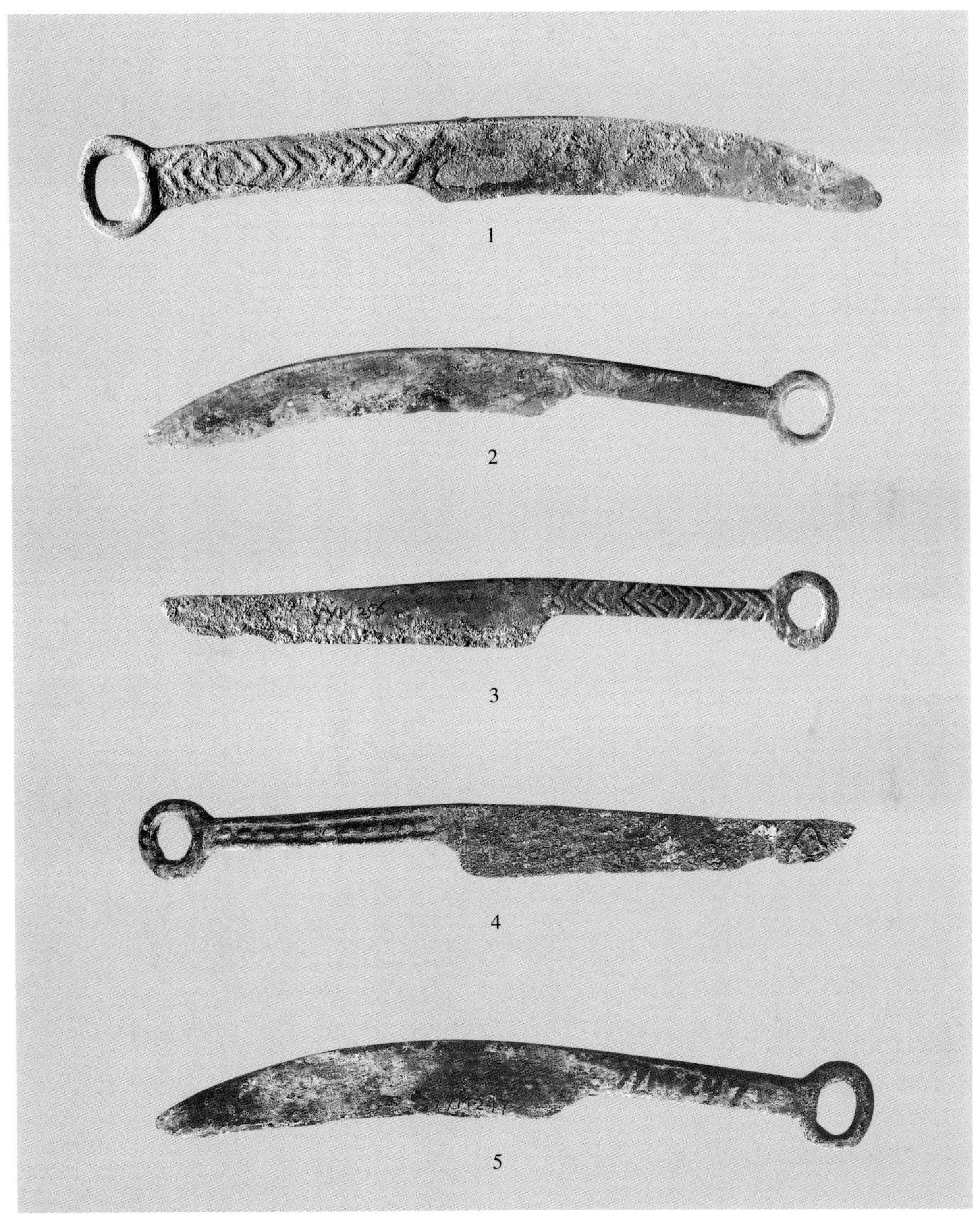

1～5. Ⅲ型Ⅰ式（YYM46：3、YYM49：3、YYM256：3［正面］、YYM256：3［背面］、YYM247：3）

玉皇庙墓地出土青铜削刀

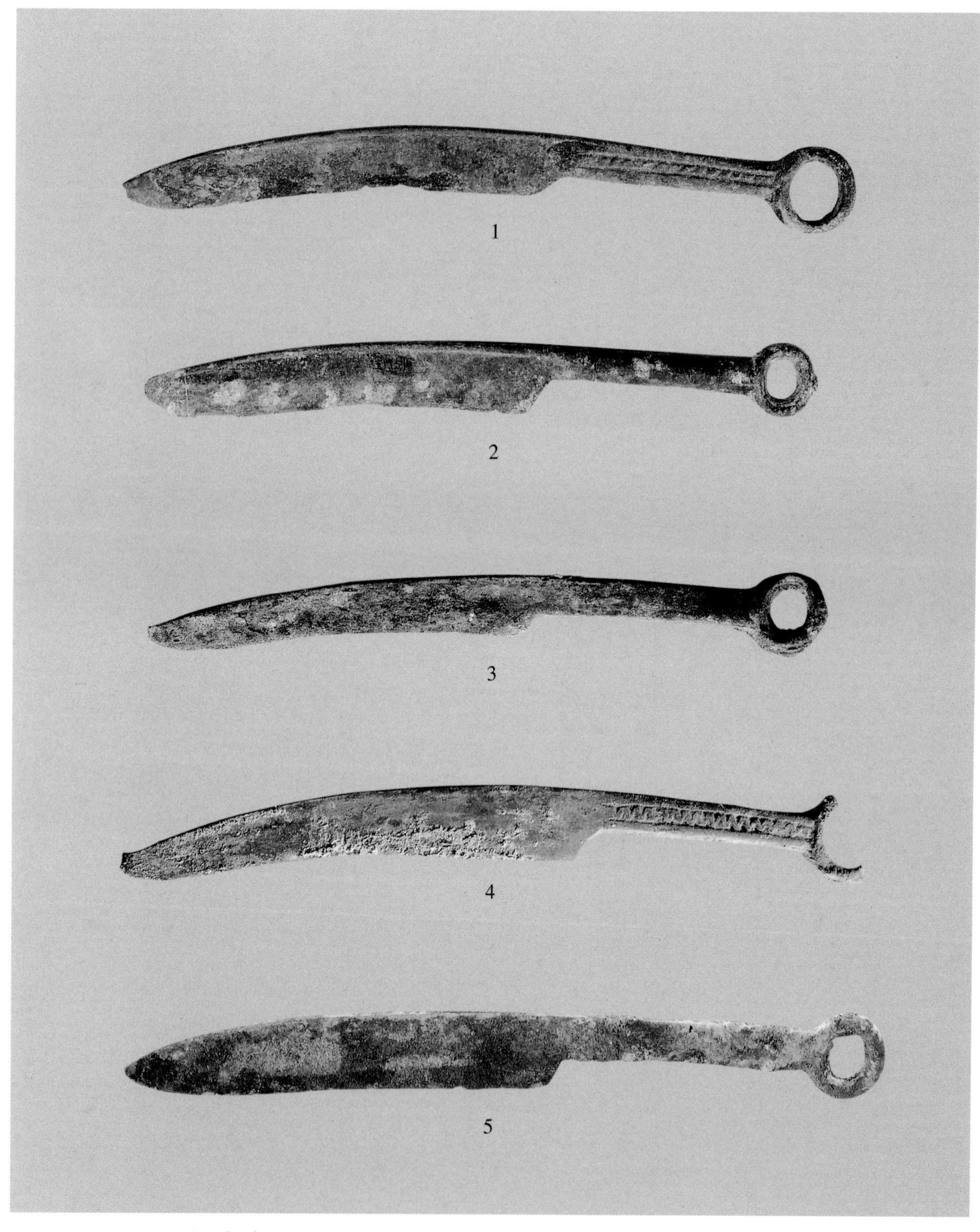

1～5. Ⅲ型Ⅰ式（YYM260：3、YYM51：3、YYM190：3、YYM52：3、YYM297：3）

玉皇庙墓地出土青铜削刀

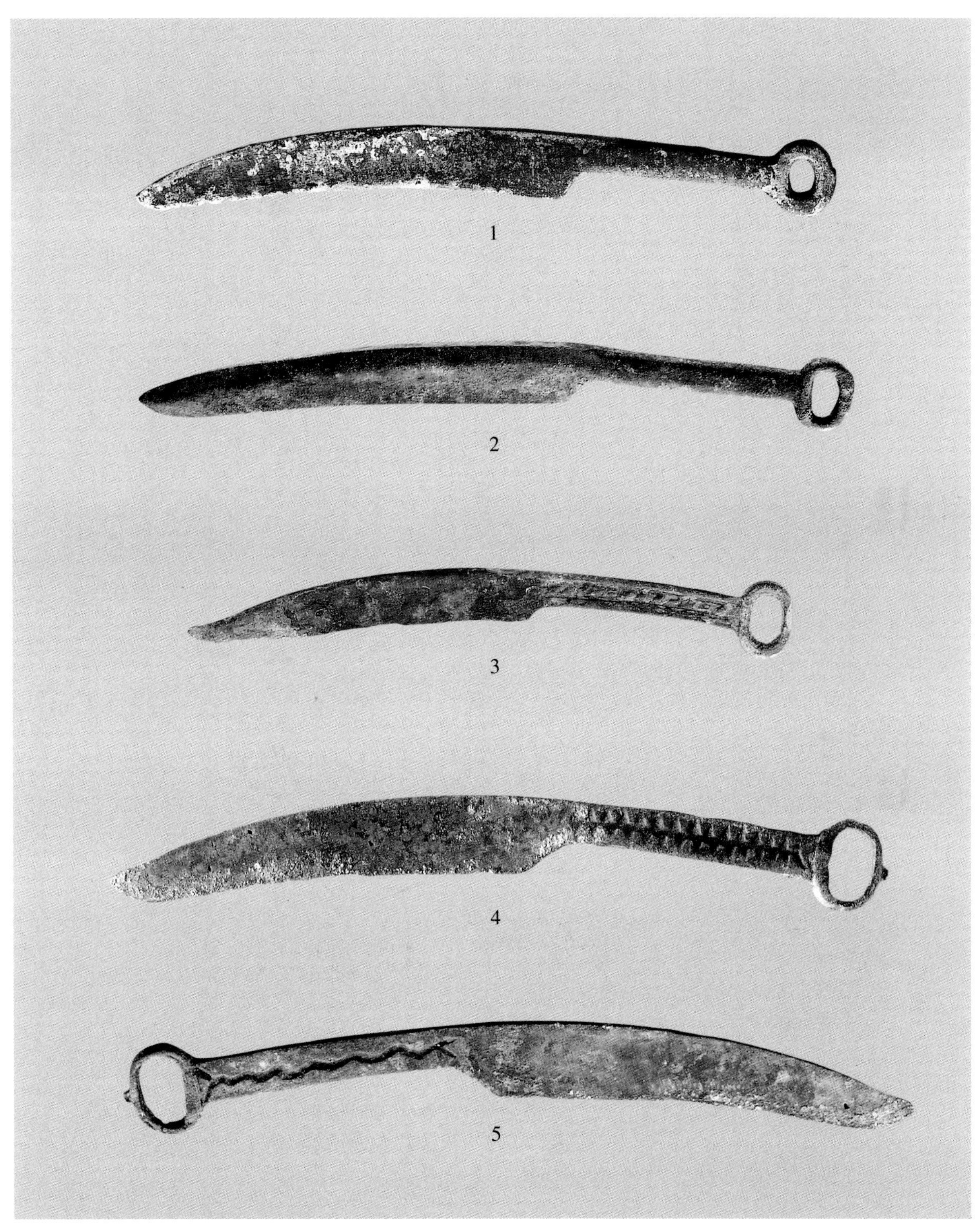

1～5. Ⅲ型Ⅰ式（YYM293：3、YYM7：3、YYM57：3、YYM86：3［正面］、YYM86：3［背面］）

玉皇庙墓地出土青铜削刀

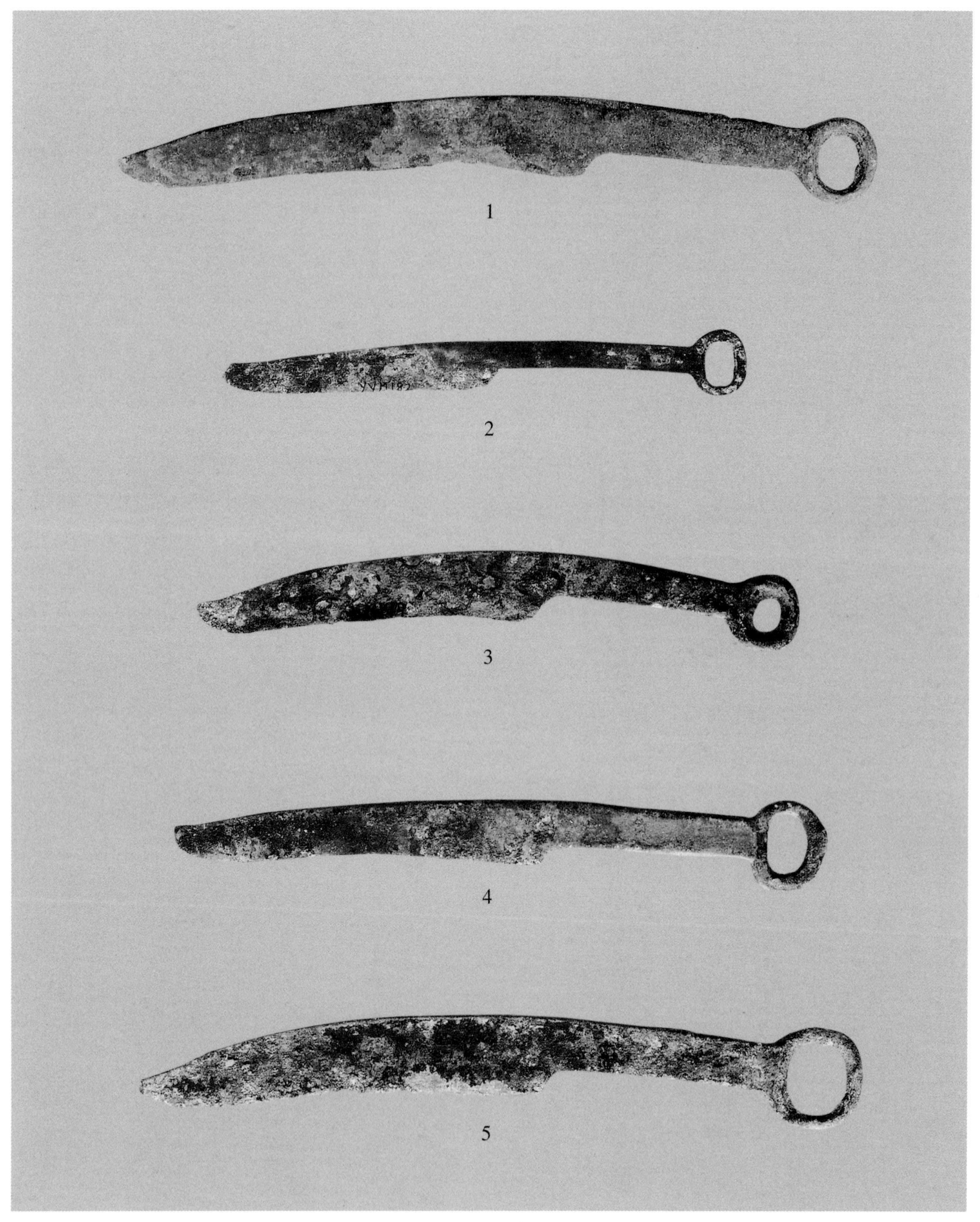

1～5. Ⅲ型Ⅰ式（YYM71：3、YYM182：3、YYM199：3、YYM178：3、YYM153：3）

玉皇庙墓地出土青铜削刀

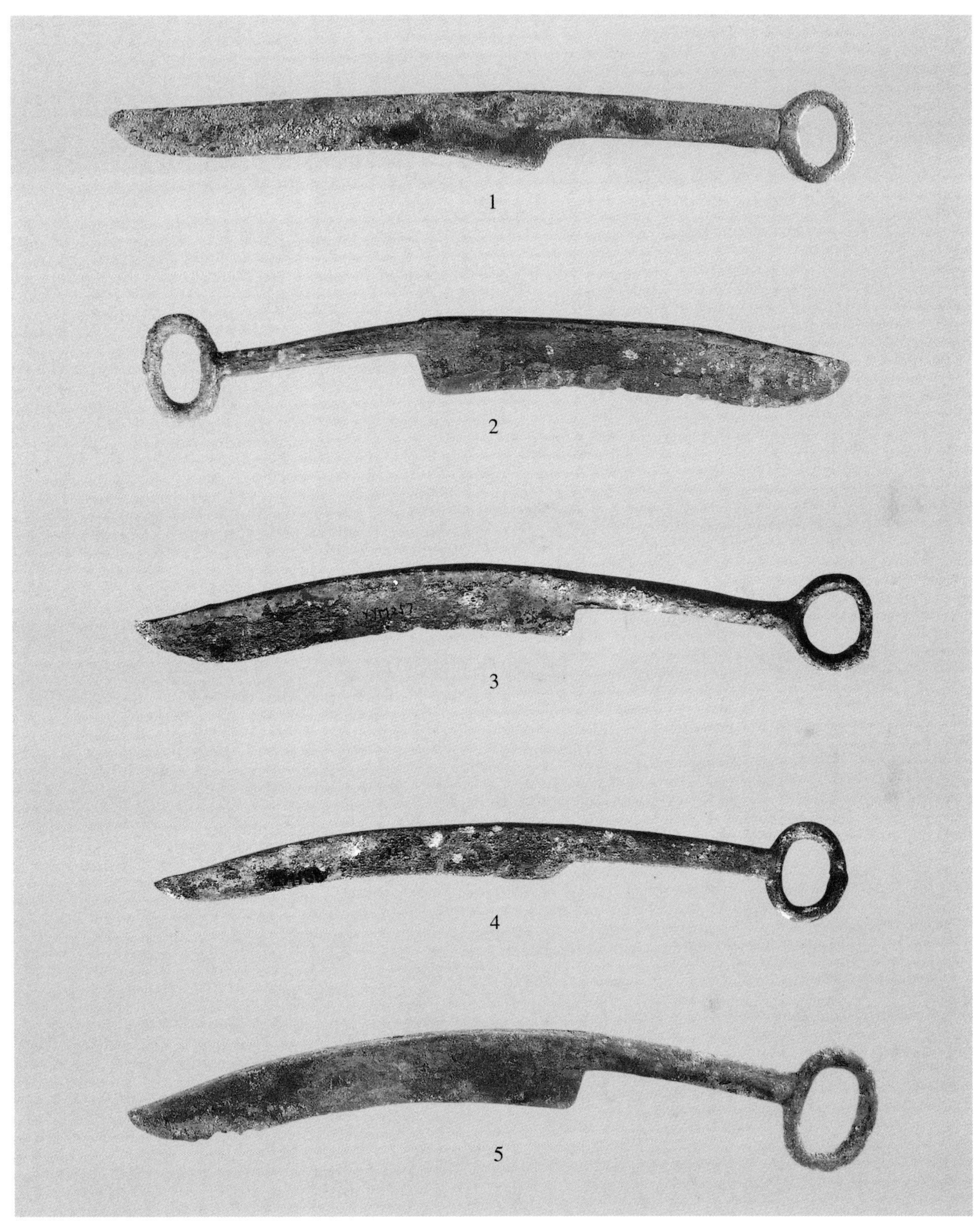

1. Ⅲ型Ⅰ式（YYM312∶3） 2～5. Ⅲ型Ⅱ式（YYM11∶3、YYM257∶3、YYM188∶3、YYM36∶3）

玉皇庙墓地出土青铜削刀

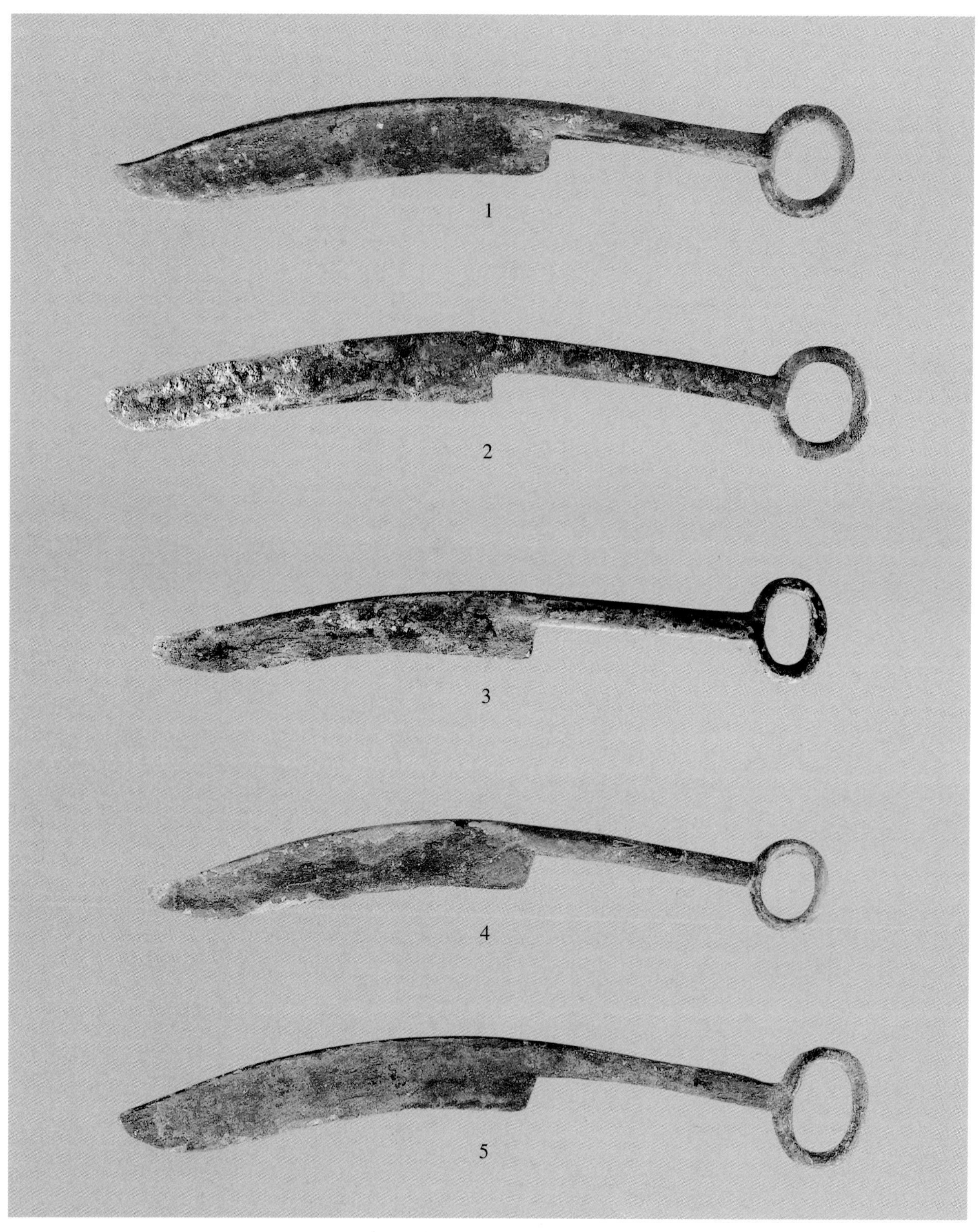

1～5. Ⅲ型Ⅱ式（YYM23：3、YYM102：3、YYM186：3、YYM61：3、YYM148：3）

玉皇庙墓地出土青铜削刀

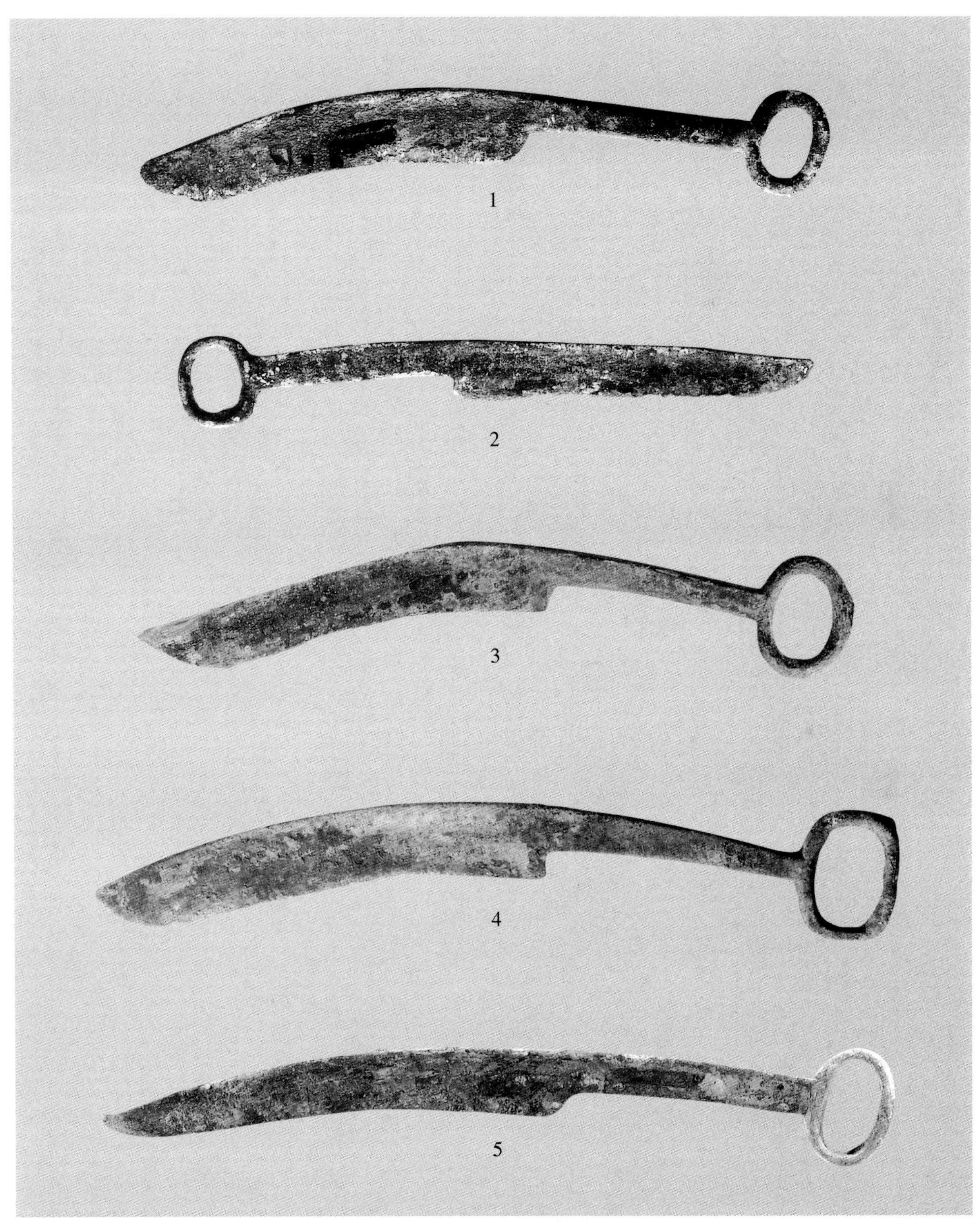

1～4. Ⅲ型Ⅱ式（YYM213∶3、YYM117∶3、YYM314∶3、YYM131∶3） 5. Ⅲ型Ⅲ式（YYM217∶3）

玉皇庙墓地出土青铜削刀

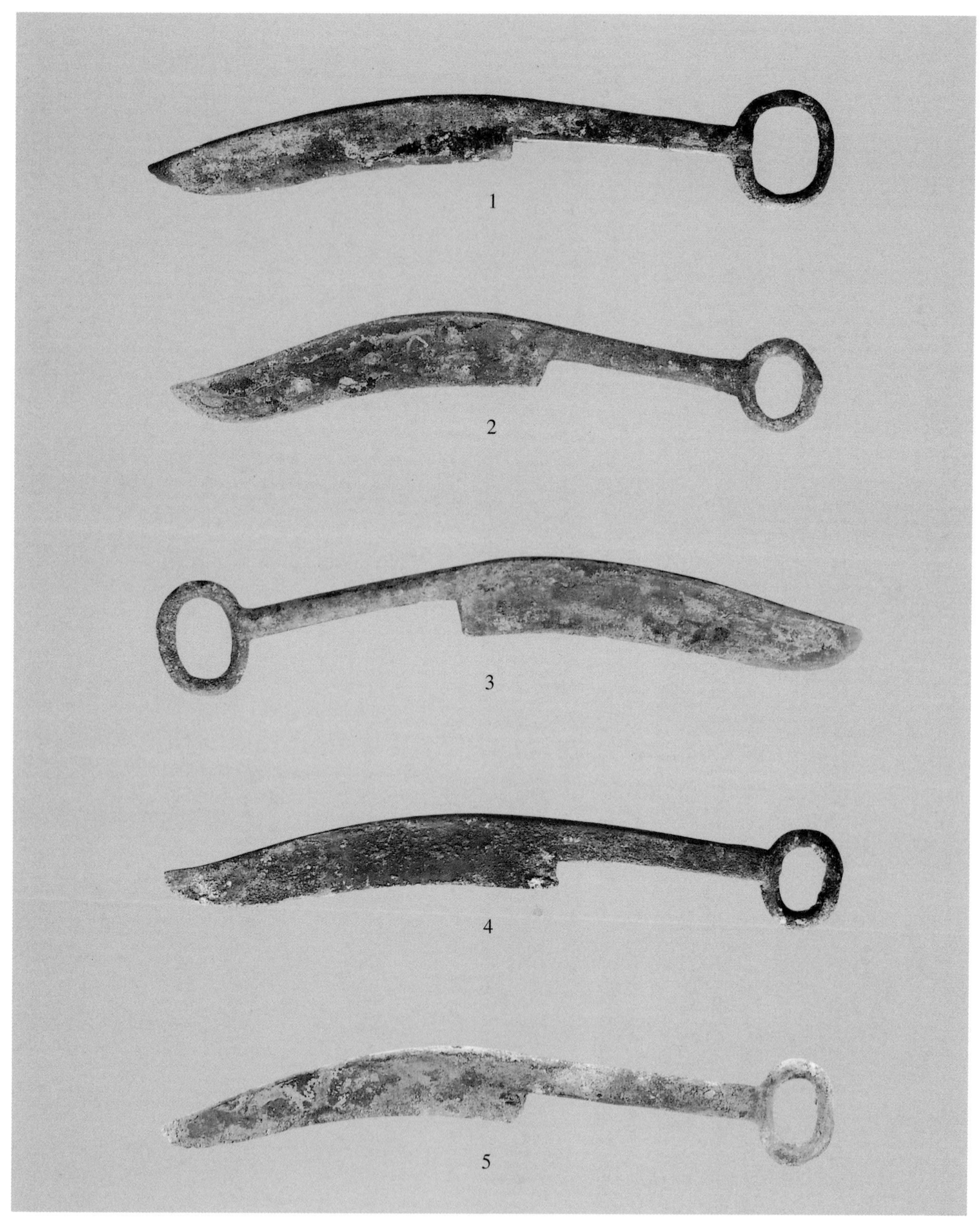

1. Ⅲ型Ⅲ式（YYM122：3） 2～5. Ⅲ型Ⅳ式（YYM83：3、YYM203：3、YYM179：3、YYM220：3）

玉皇庙墓地出土青铜削刀

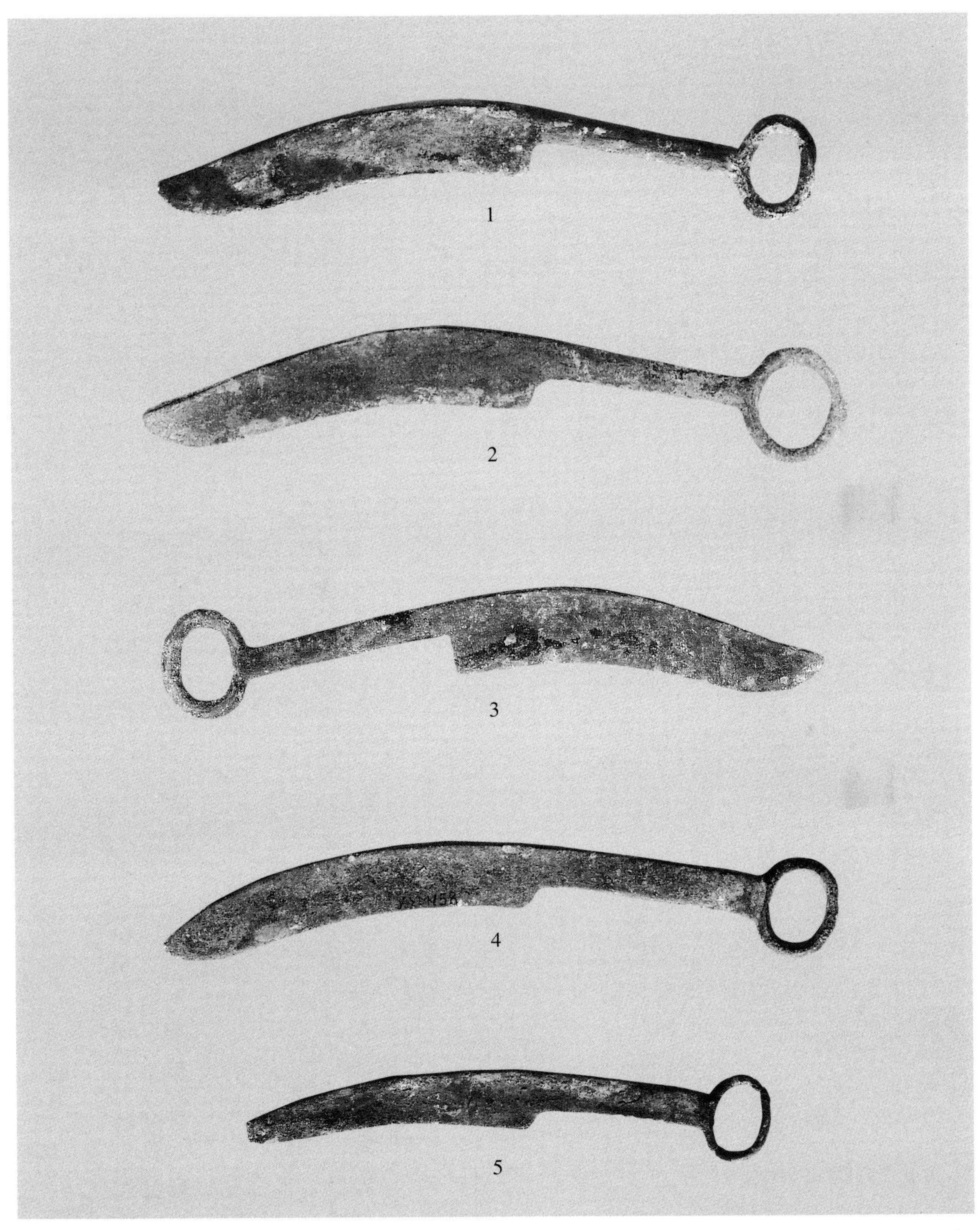

1～3. Ⅲ型Ⅳ式（YYM177：3、YYM315：3、YYM313：3） 4、5. Ⅲ型Ⅴ式（YYM158：3、YYM111：3）

玉皇庙墓地出土青铜削刀

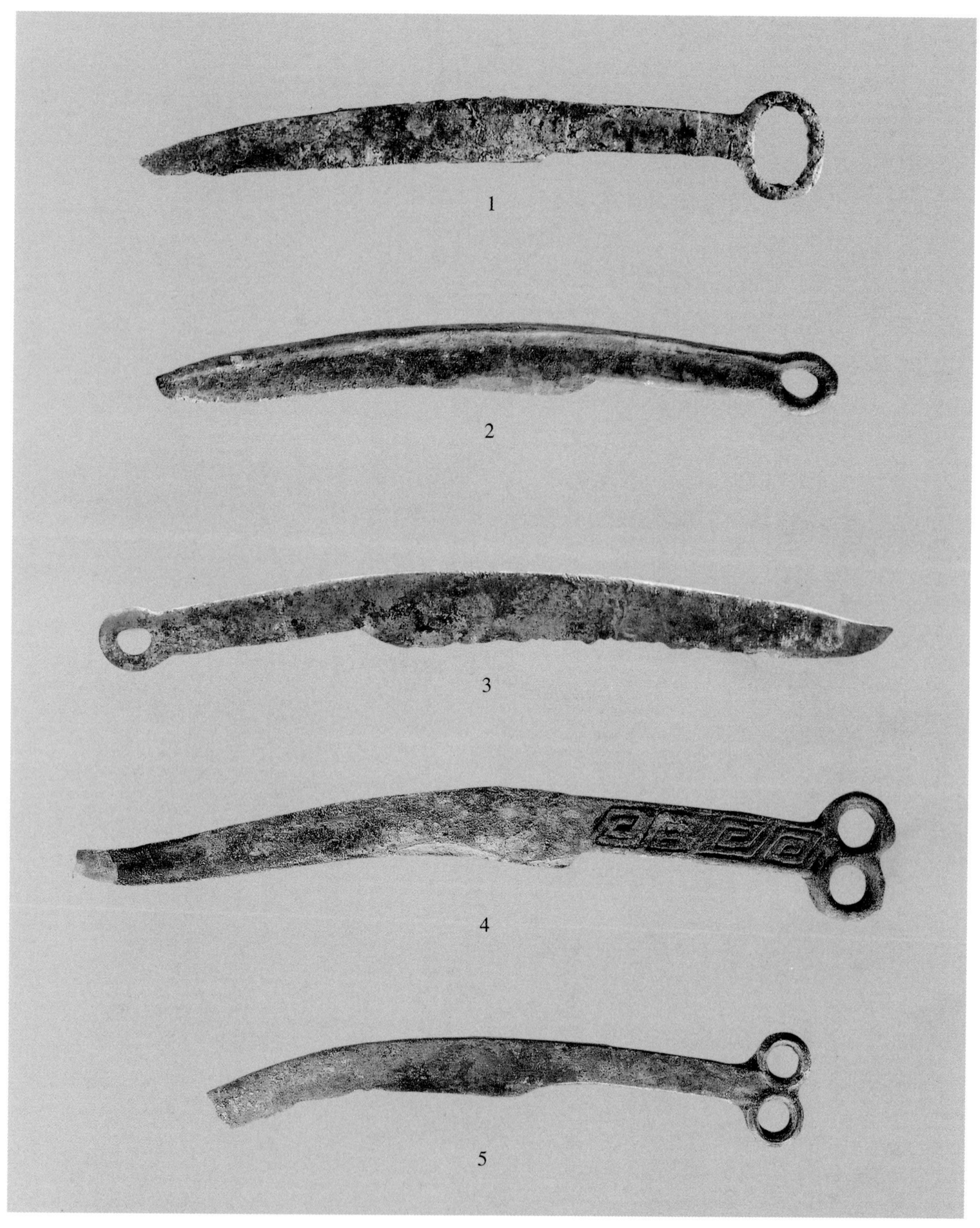

1. Ⅲ型Ⅴ式（YYM348 : 3） 2、3. Ⅴ型（YYM34 : 3、YYM42 : 3） 4、5. Ⅵ型（YYM19 : 3、YYM17 : 3）

玉皇庙墓地出土青铜削刀

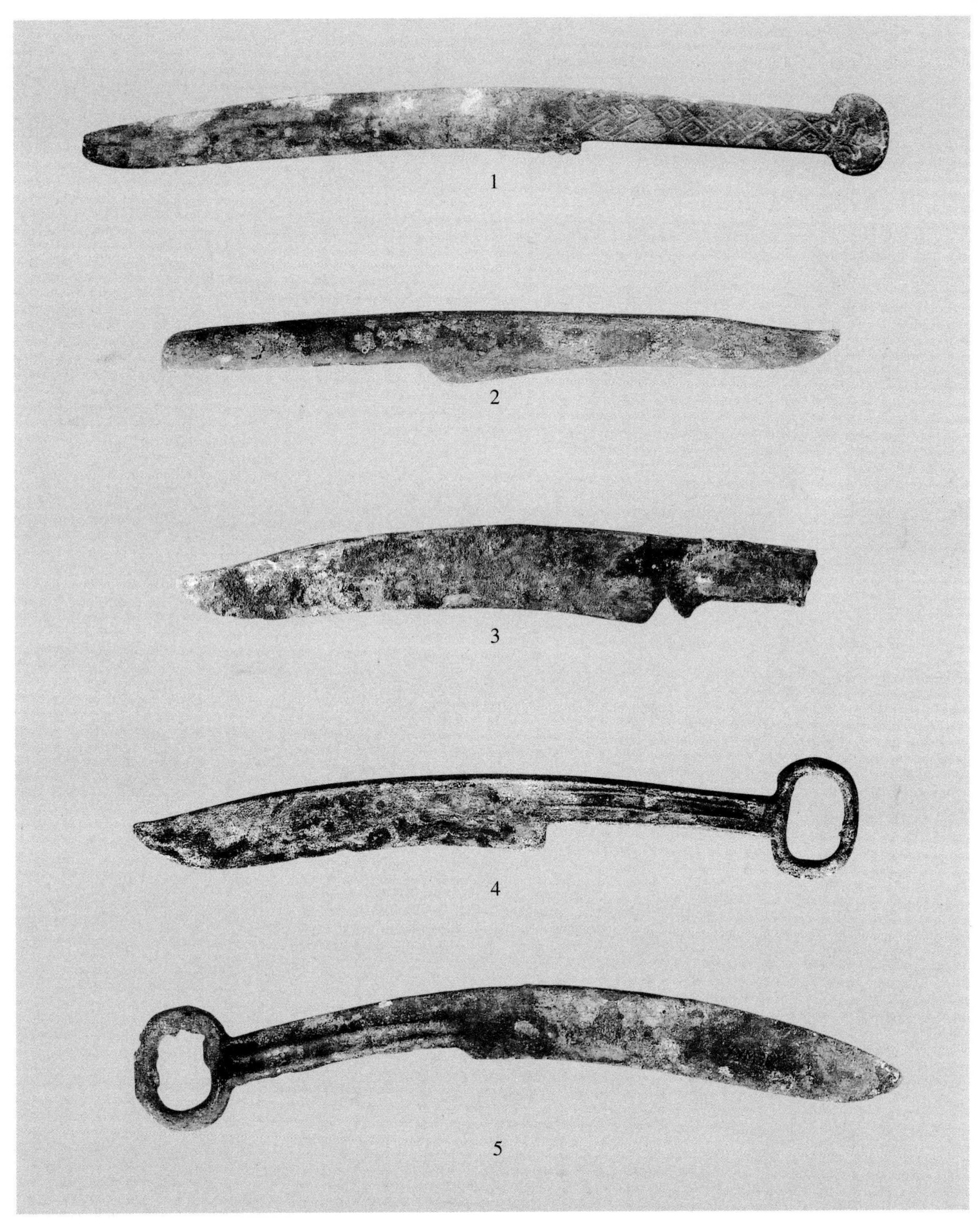

1. Ⅶ型（YYM18：9） 2. Ⅷ型（YYM82：3） 3. Ⅸ型（YYM386：3）
4、5. Ⅹ型Ⅰ式（YYM385：3、YYM384：3）

玉皇庙墓地出土青铜削刀

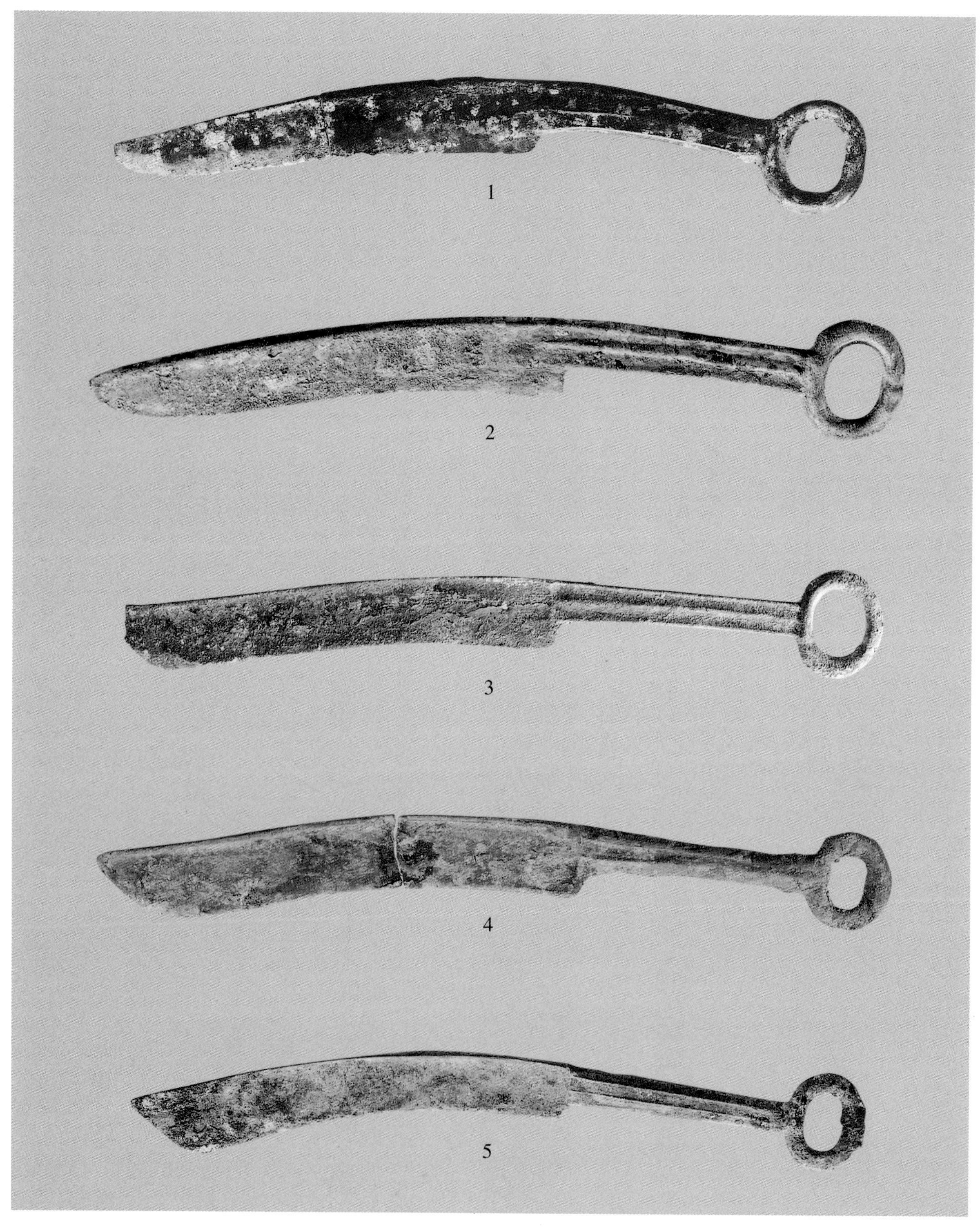

1、2. X型Ⅰ式（YYM264∶3、YYM271∶3） 3～5. X型Ⅱ式（YYM26∶3、YYM295∶3、YYM299∶3）

玉皇庙墓地出土青铜削刀

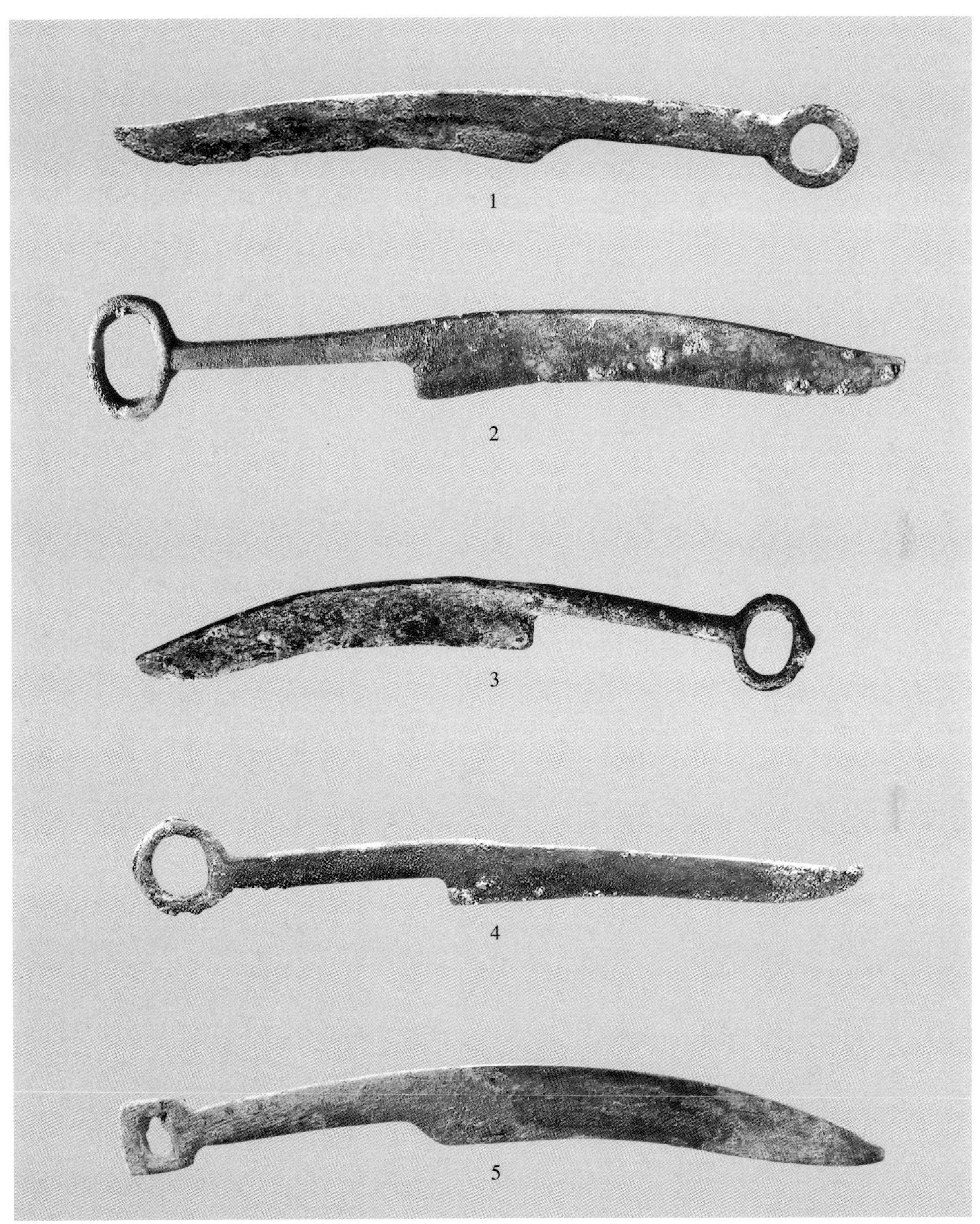

1. XI型 I 式（YYM383：3） 2～4. XI型 II 式（YYM212：3、YYM205：3、YYM373：3）
5. XII型（YYM285：3）

玉皇庙墓地出土青铜削刀

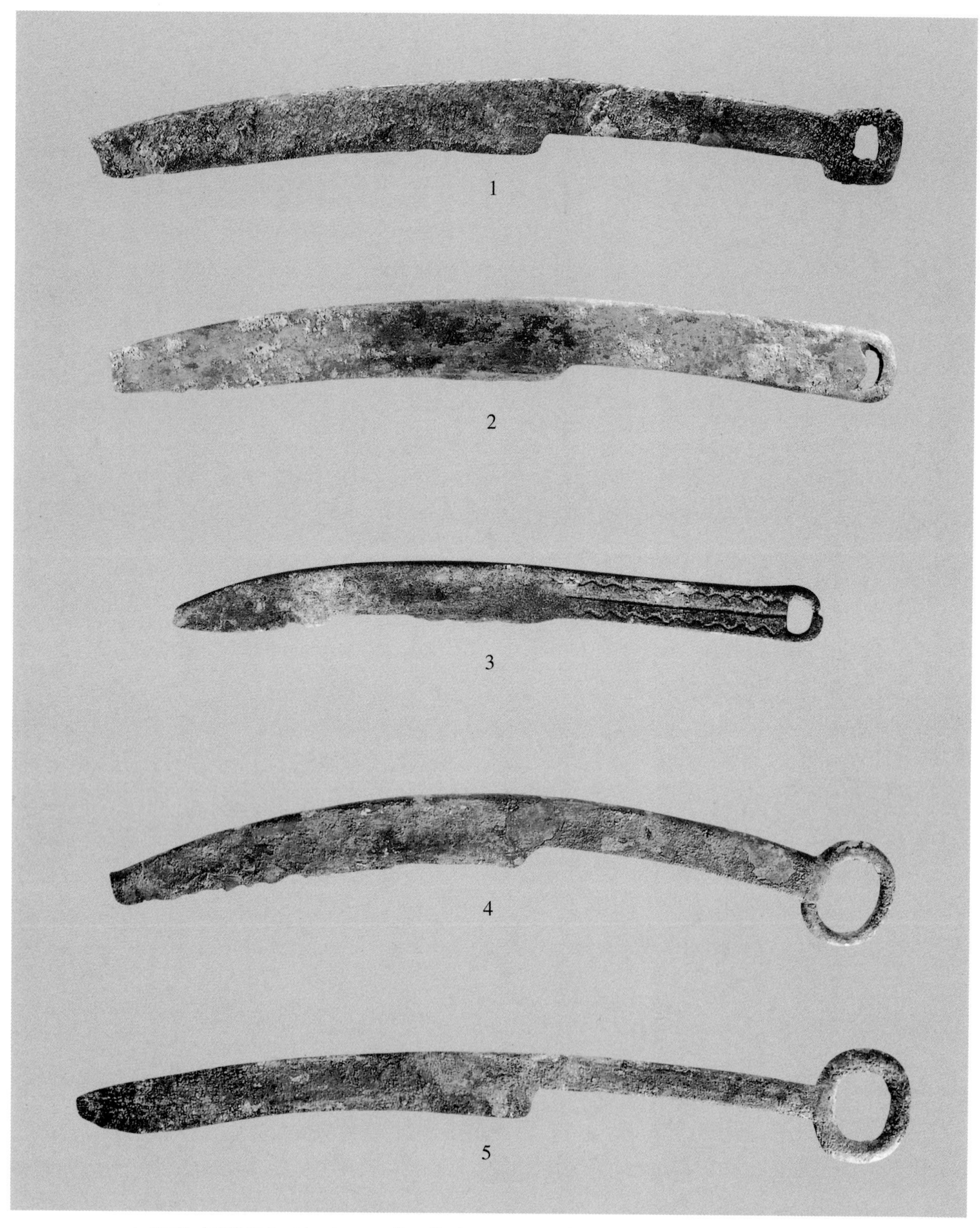

1. XII型（YYM99：3） 2. XIII型Ⅰ式（YYM261：3） 3. XIII型Ⅱ式（YYM210：3）
4. XIV型Ⅰ式（YYM54：3） 5. XIV型Ⅱ式（YYM58：3）

玉皇庙墓地出土青铜削刀

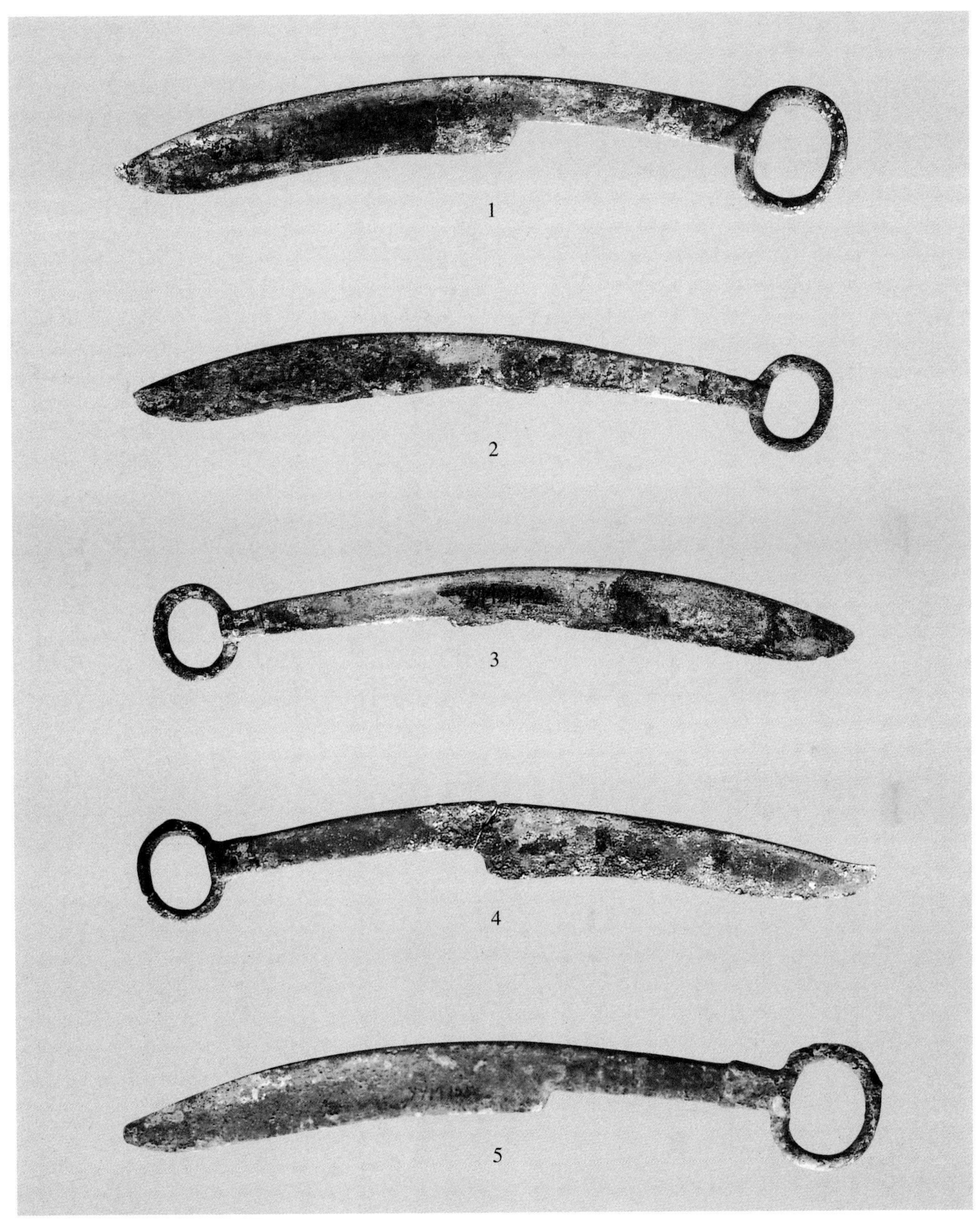

1～5. XⅣ型Ⅲ式（YYM 224：3、YYM214：3［正面］、YYM214：3［背面］YYM209：3、YYM105：3）

玉皇庙墓地出土青铜削刀

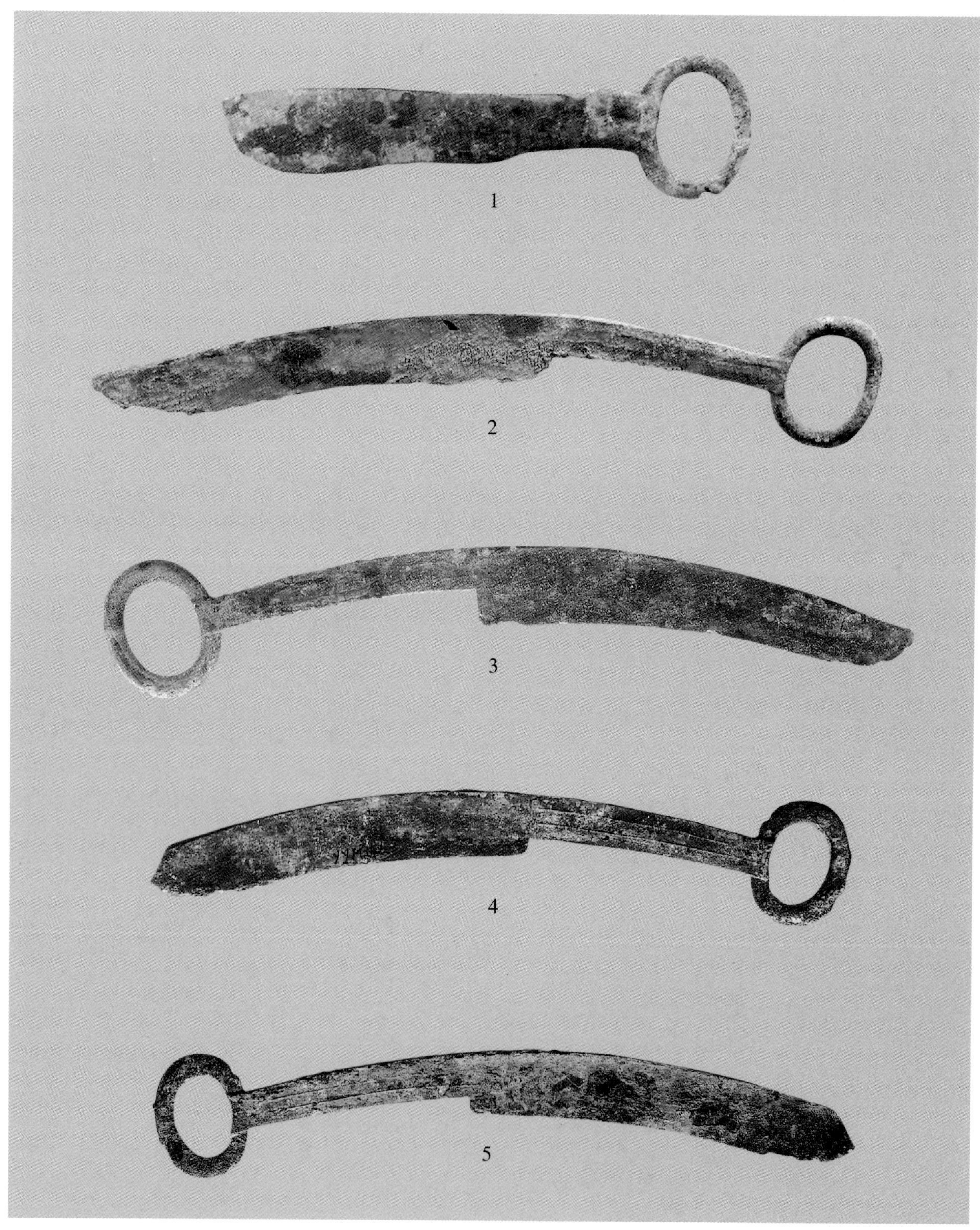

1. XⅣ型Ⅲ式（YYM127：3）2～5. XⅣ型Ⅳ式（YYM168：3、YYM151：3、YYM145：3［正面］、YYM145：3［背面］）

玉皇庙墓地出土青铜削刀

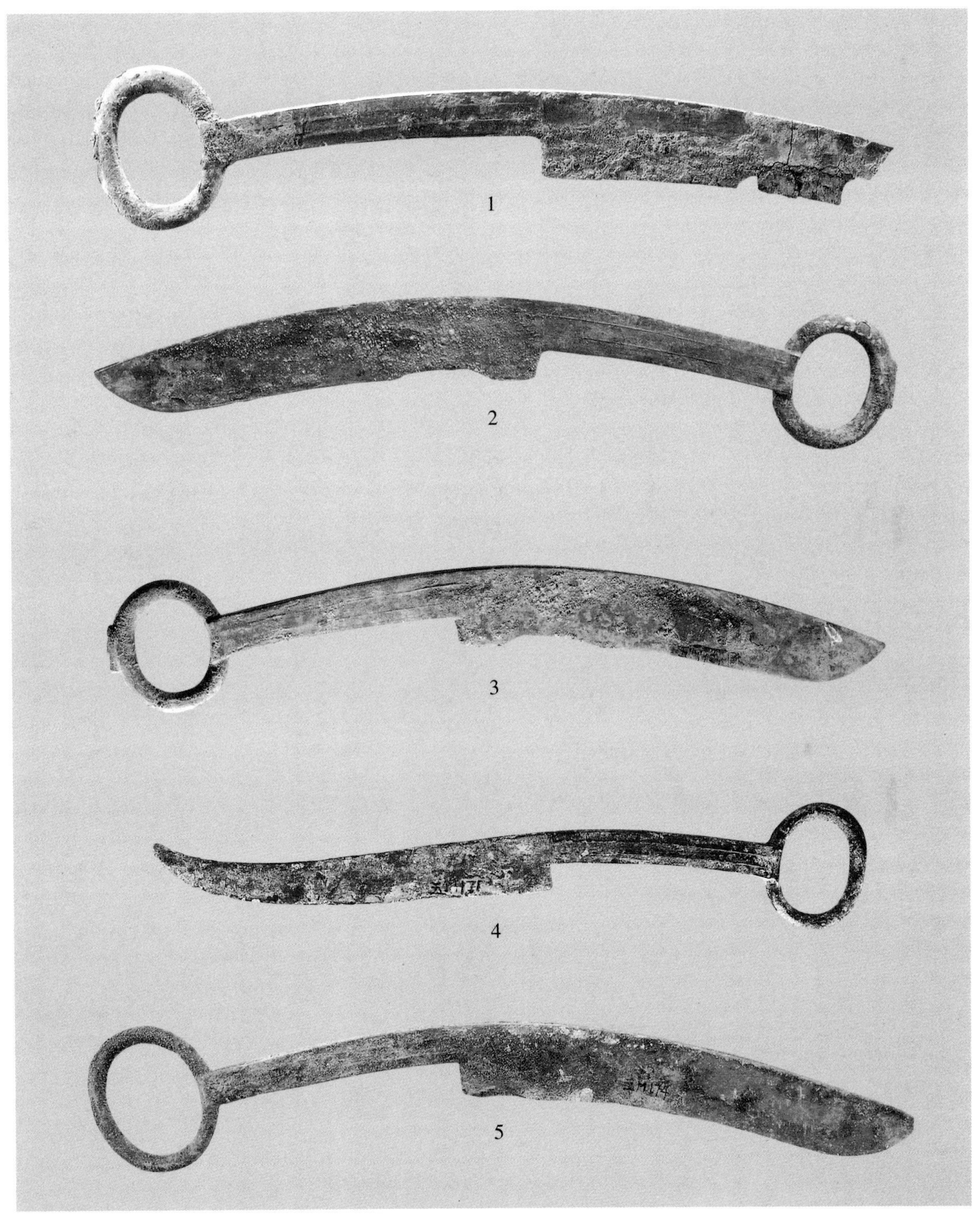

1～5. XⅣ型Ⅳ式（YYM74：3、YYM124：3［正面］、YYM124：3［背面］、YYM171：3、YYM174：3）

玉皇庙墓地出土青铜削刀

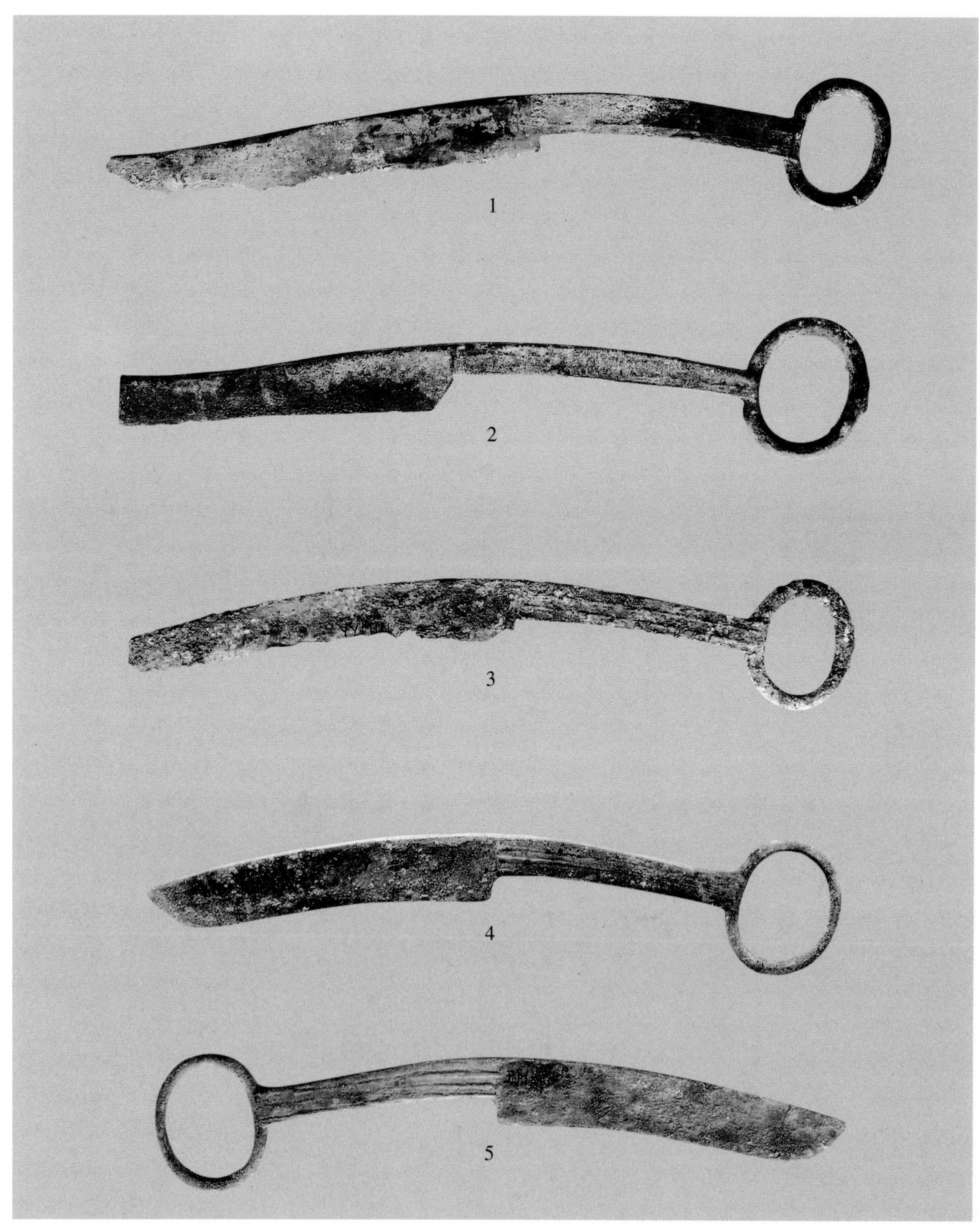

1～5. XⅣ型Ⅳ式（YYM112：3、YYM175：3、YYM161：3、YYM129：3［正面］、YYM129：3［背面］）

玉皇庙墓地出土青铜削刀

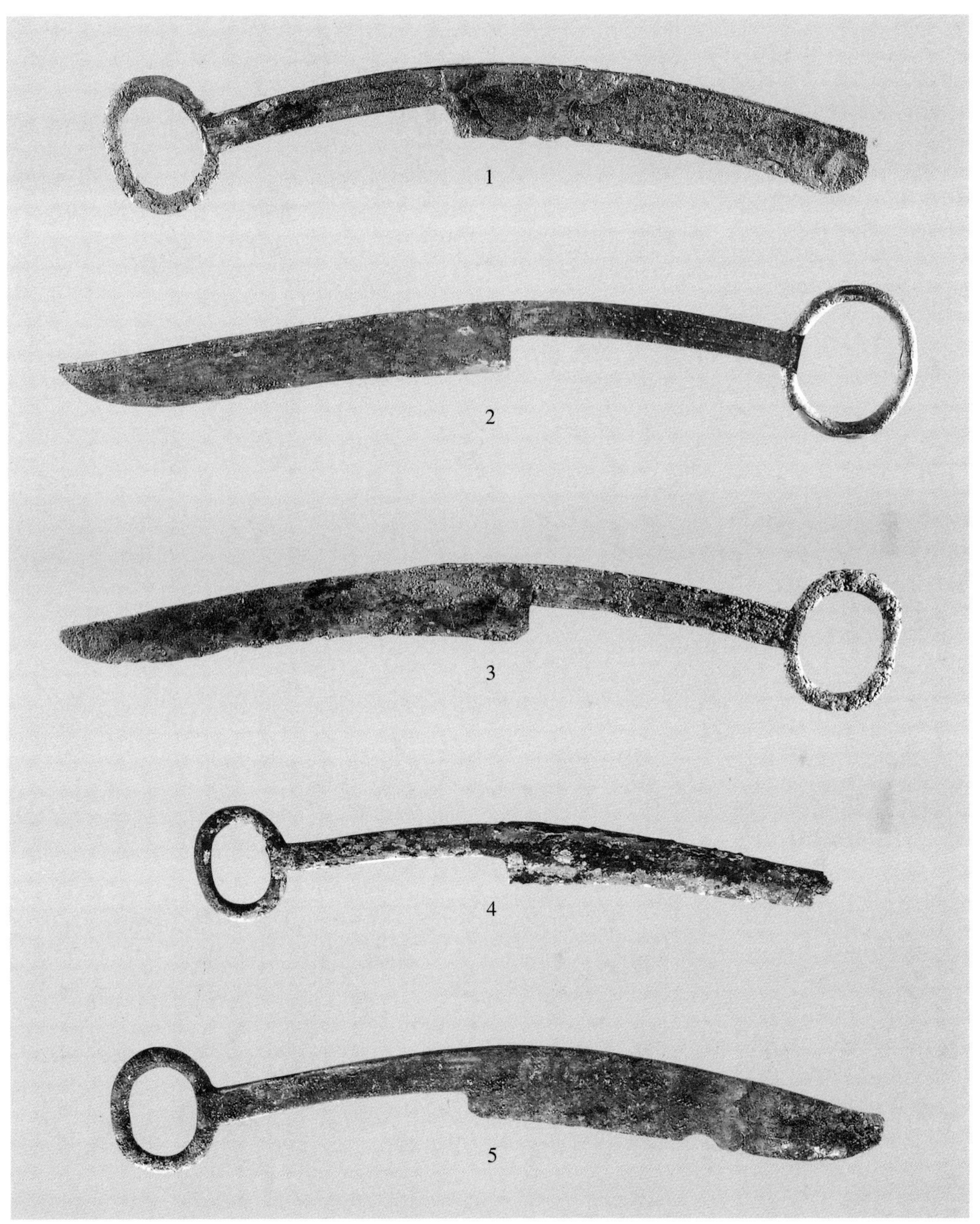

1～3. XⅣ型Ⅳ式（YYM334：3、YYM344：3、YYM349：3） 4、5. XⅣ型Ⅴ式（YYM142：3、YYM134：3）

玉皇庙墓地出土青铜削刀

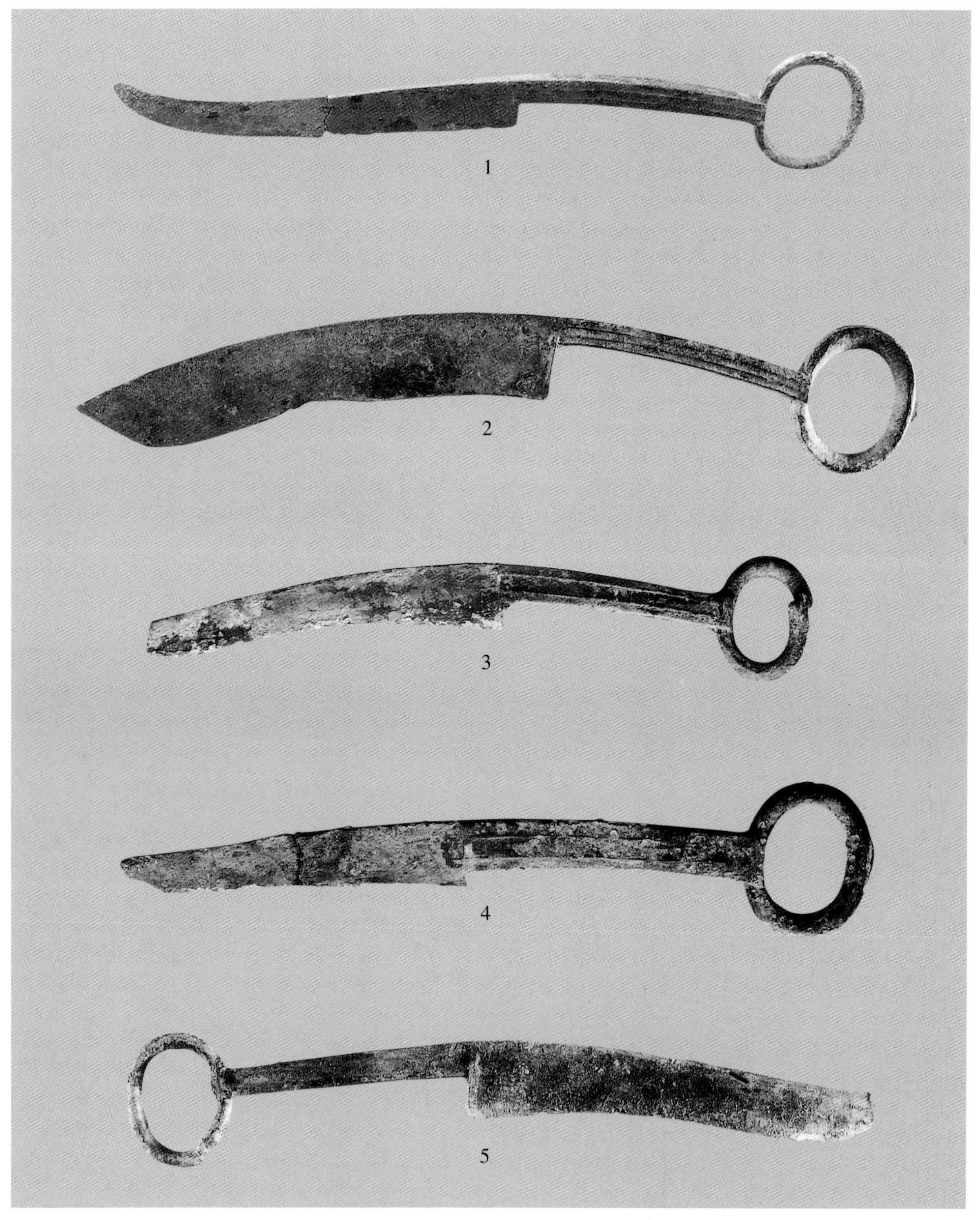

1、2. XⅣ型Ⅴ式（YYM358：3、YYM325：3） 3～5. XⅣ型Ⅵ式（YYM143：3、YYM108：3、YYM345：3）

玉皇庙墓地出土青铜削刀

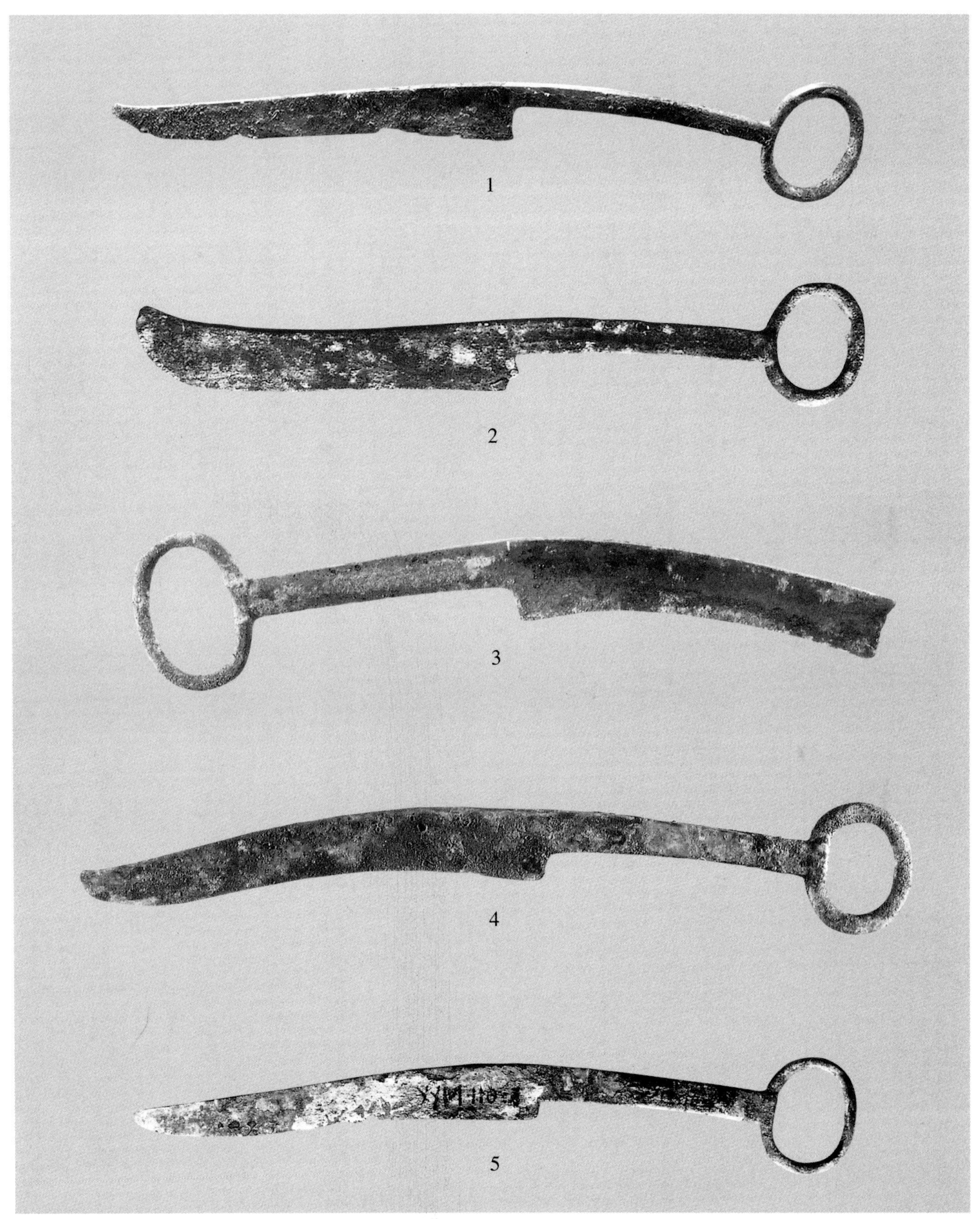

1、2. X Ⅳ型Ⅵ式（YYM376：3、YYM370：3） 3. X Ⅳ型Ⅶ式（YYM156：3）
4、5. XⅣ型Ⅷ式：（YYM303：3、YYM110：3）

玉皇庙墓地出土青铜削刀

1~6. Ⅰ型Ⅰ式（YYM22：13、YYM19：16、YYM300：4、YYM17：6、YYM18：19、YYM386：4）

玉皇庙墓地出土青铜锛

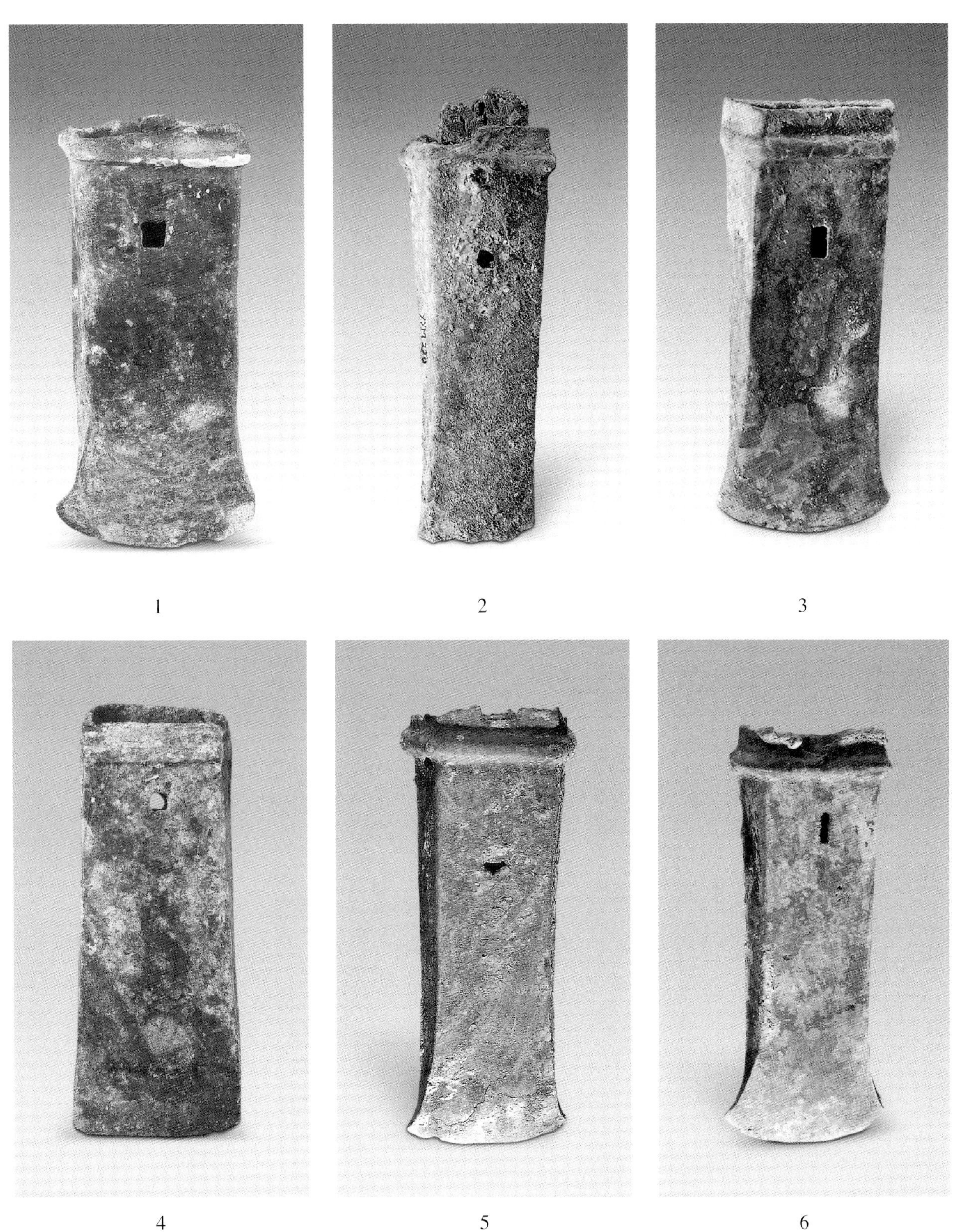

1　　2　　3

4　　5　　6

1～6. Ⅰ型Ⅰ式（YYM384：4、YYM250：12、YYM229：9、YYM275：15、YYM95：4、YYM52：4）

玉皇庙墓地出土青铜锛

1、2. Ⅰ型Ⅰ式（YYM7：6、YYM217：9） 3～6. Ⅰ型Ⅱ式（YYM190：16、YYM236：5、YYM188：14、YYM212：11）

玉皇庙墓地出土青铜锛

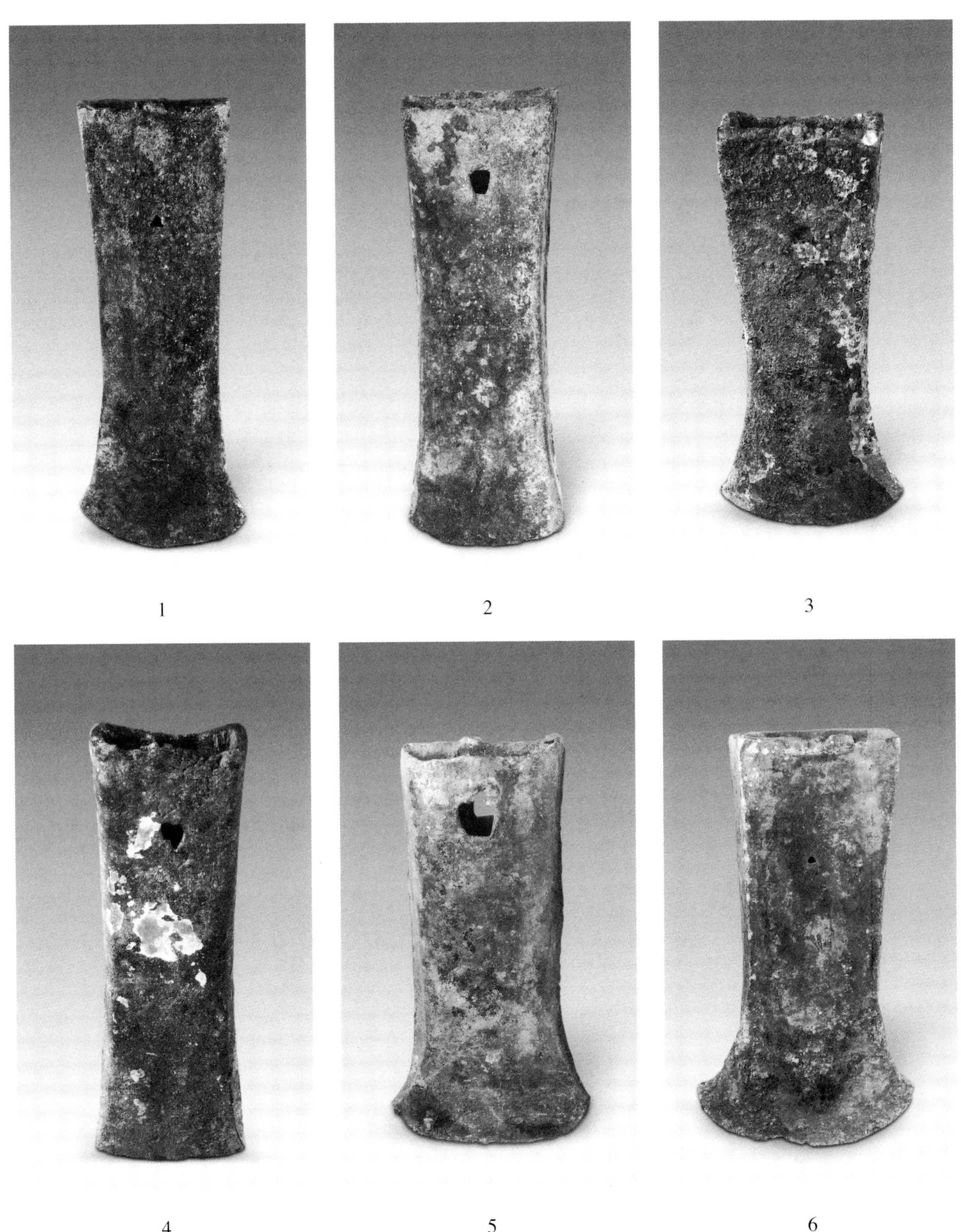

1～4. Ⅰ型Ⅱ式（YYM209：11、YYM145：11、YYM143：9、YYM171：14）
5、6. Ⅰ型Ⅲ式（YYM122：12、YYM151：11）

玉皇庙墓地出土青铜锛

1. Ⅰ型Ⅱ式（344：12） 2. Ⅰ型Ⅲ式（124：12） 3～6. Ⅱ型（YM230：27［正、侧面］、YYM261：14［正、侧面］）

玉皇庙墓地出土青铜锛

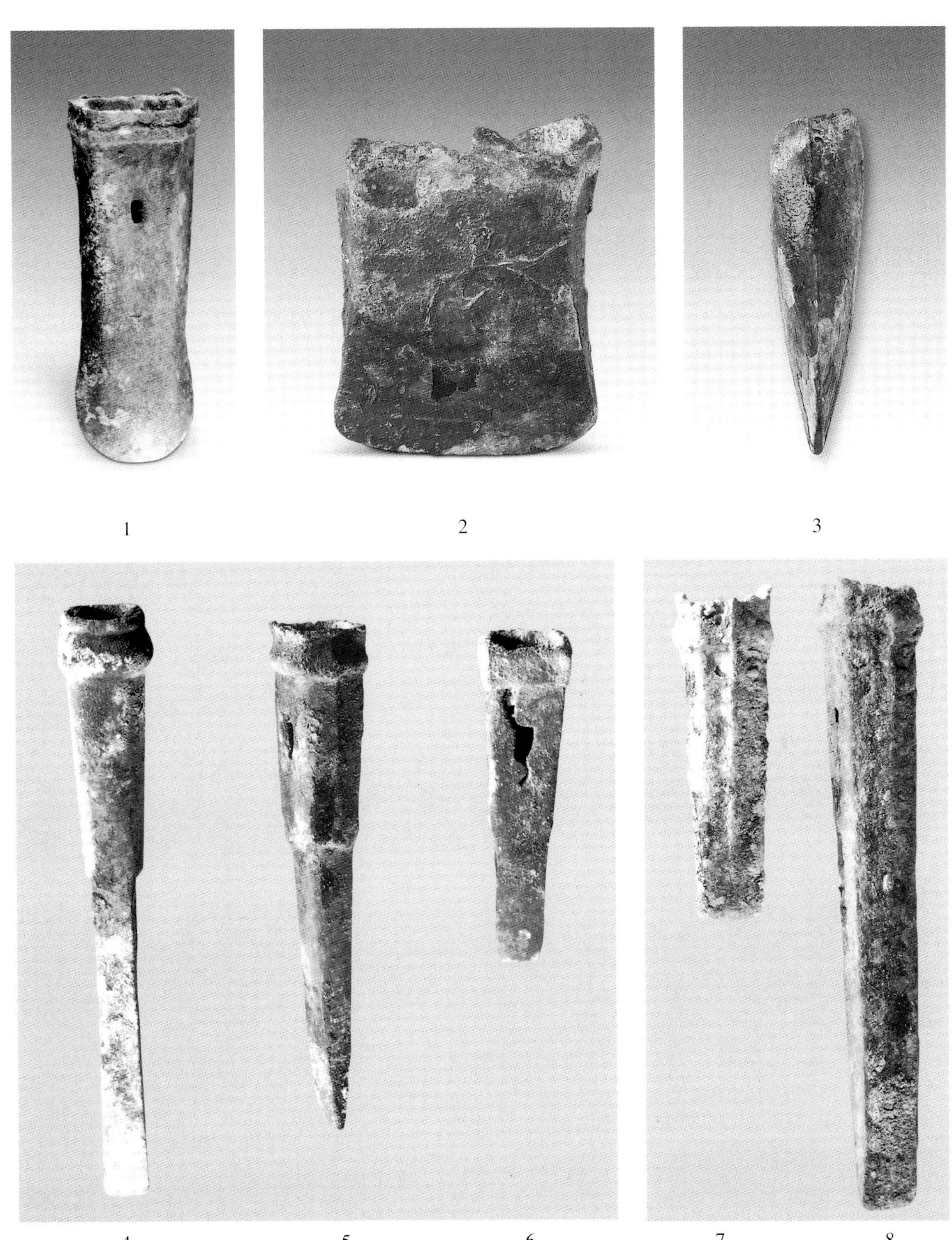

1. Ⅲ型锛（YYM264：6） 2、3. 斧（YYM226：8）[正、侧面]
4～8. Ⅰ型Ⅰ式凿（YYM261：15、YYM19：16、YYM33：3、YYM13：9、YYM11：6）

玉皇庙墓地出土青铜锛、斧、凿

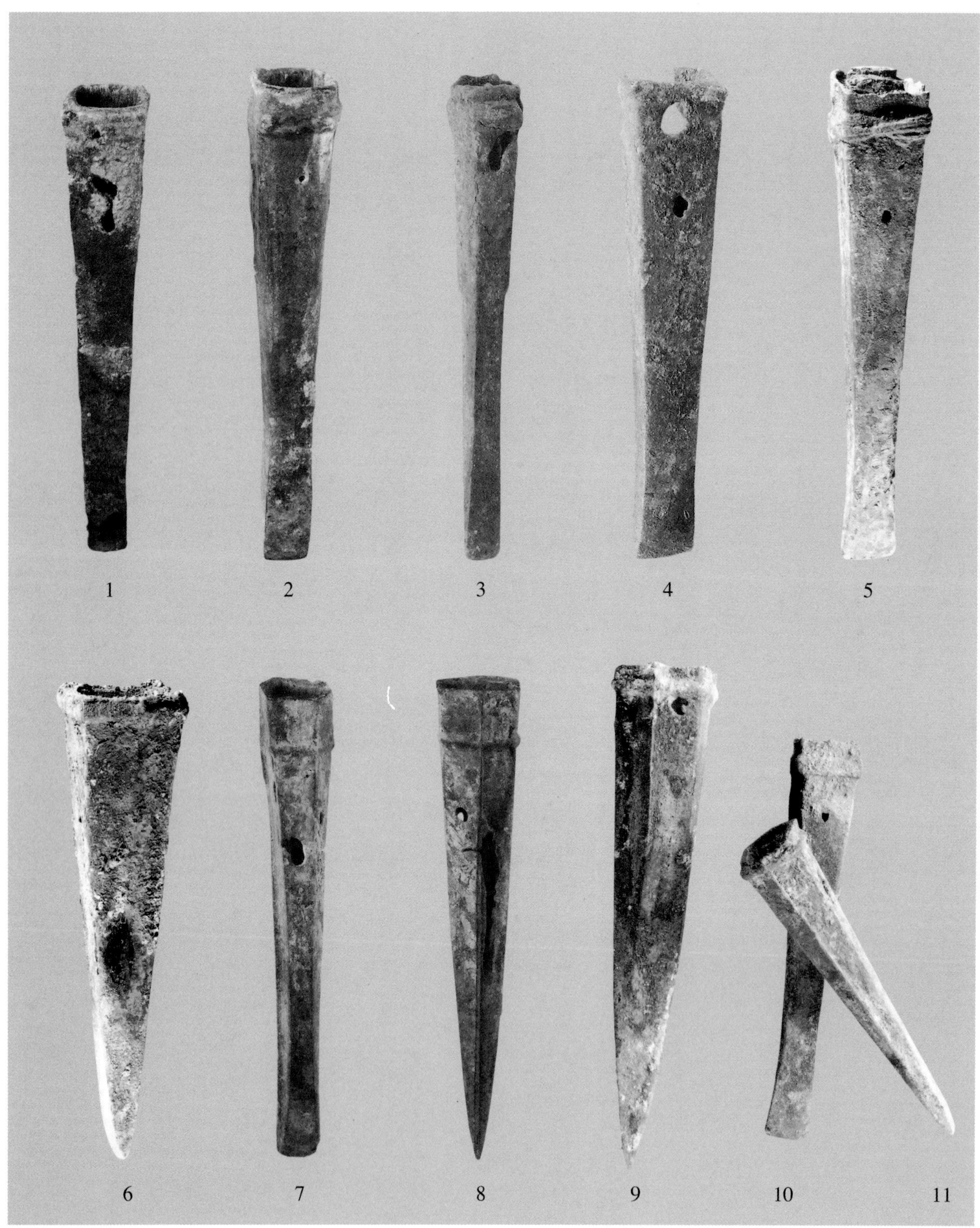

1～11. Ⅰ型Ⅰ式（YYM18：22、YYM300：6、YYM230：6、YYM229：8、YYM188：13、YYM143：10、YYM236：6［正、侧面］、YYM264：4、YYM174：15、YYM74：12-1）

玉皇庙墓地出土青铜凿

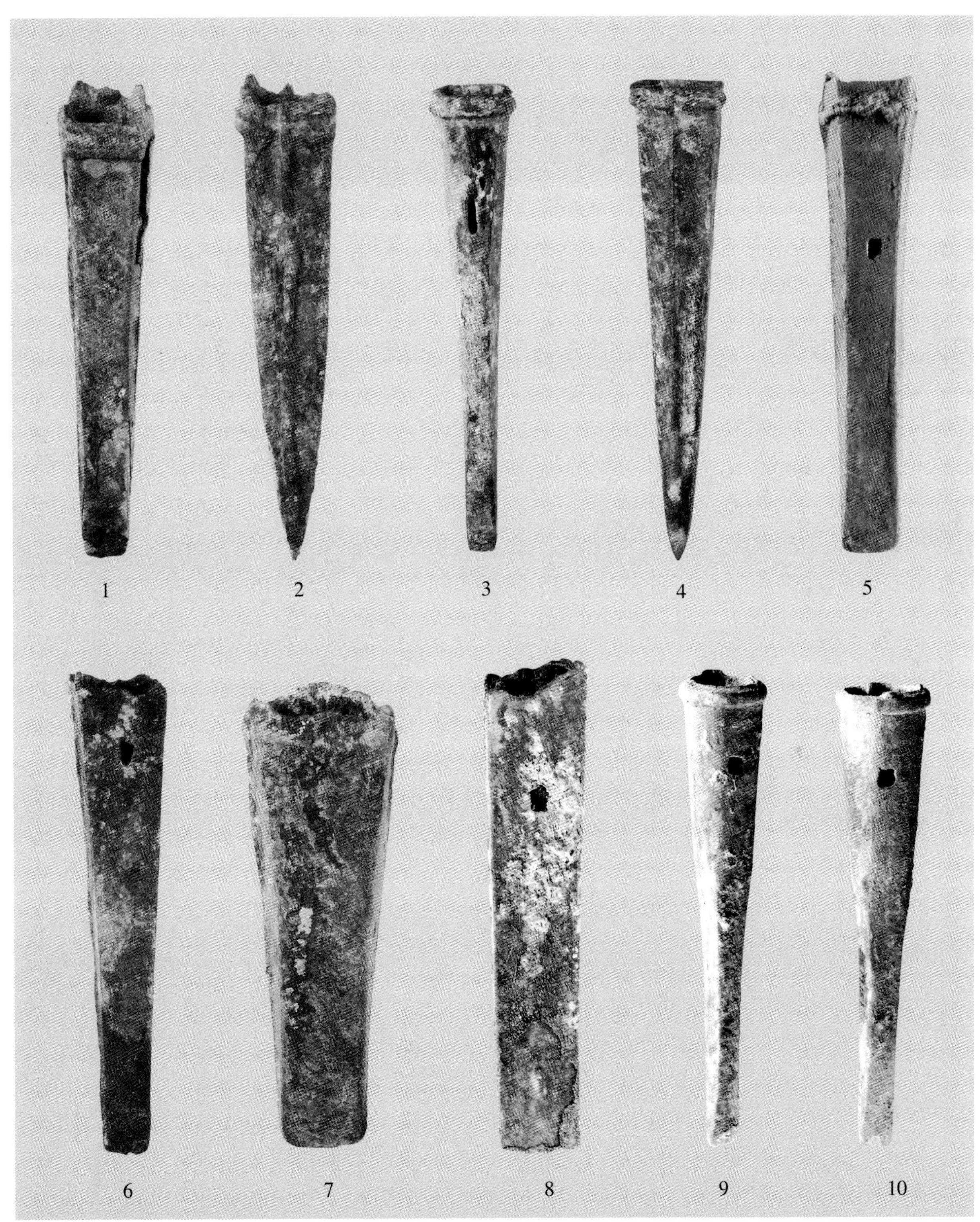

1～5. Ⅰ型Ⅰ式（YYM190：17［正、侧面］、YYM52：5［正、侧面］、YYM344：11） 6～8. Ⅰ型Ⅱ式（YYM212：12、YYM117：10、YYM74：12-2） 9～10. Ⅱ型（YYM156：25、YYM151：12）

玉皇庙墓地出土青铜凿

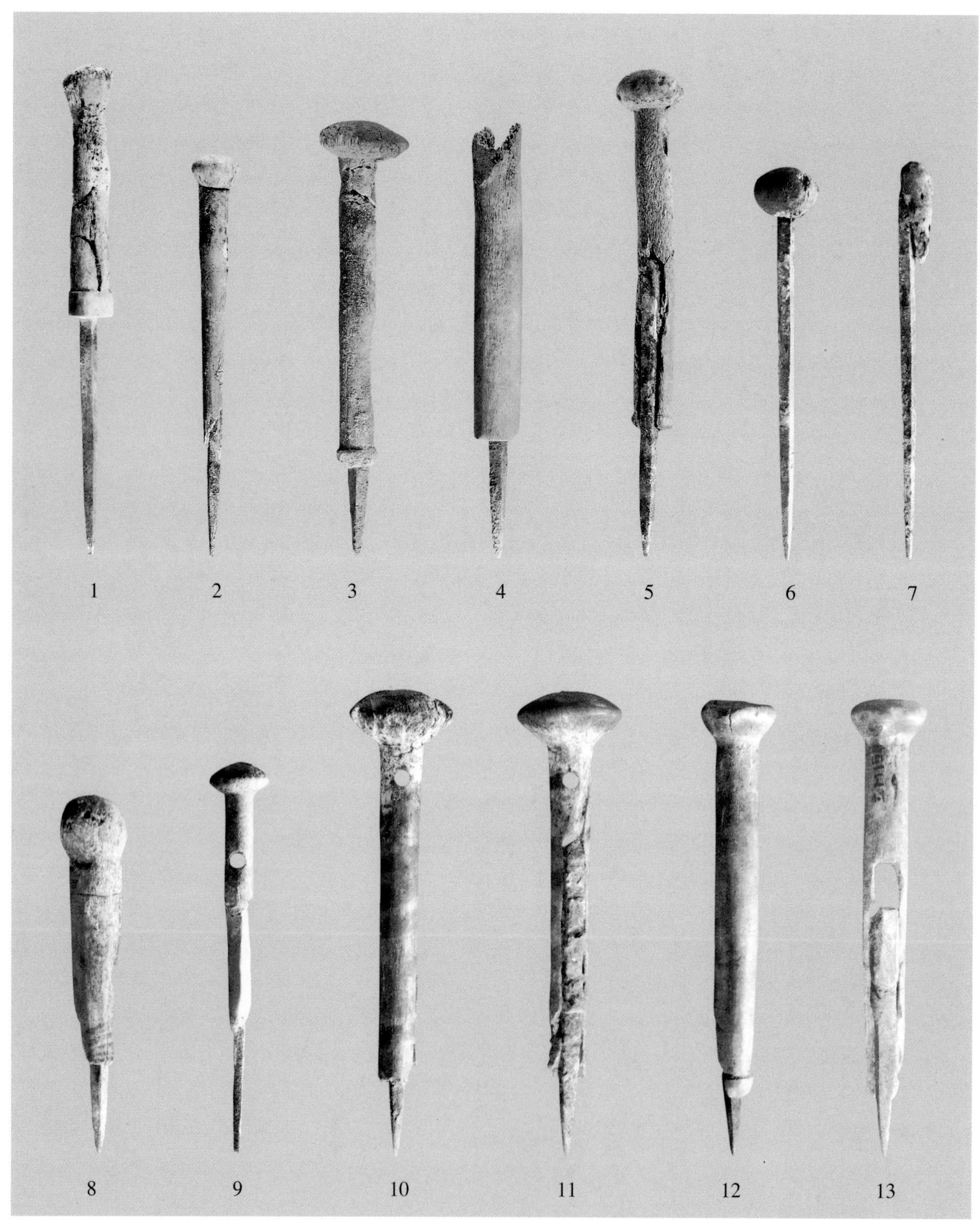

1～13. Ia型（YYM20：10、YYM7：5、YYM5：4、YYM19：13、YYM233：4、YYM48：5、YYM52：6、YYM61：6、YYM74：13、YYM212：13［正、背面］、YYM158：18［正、背面］）

玉皇庙墓地出土骨柄铜锥

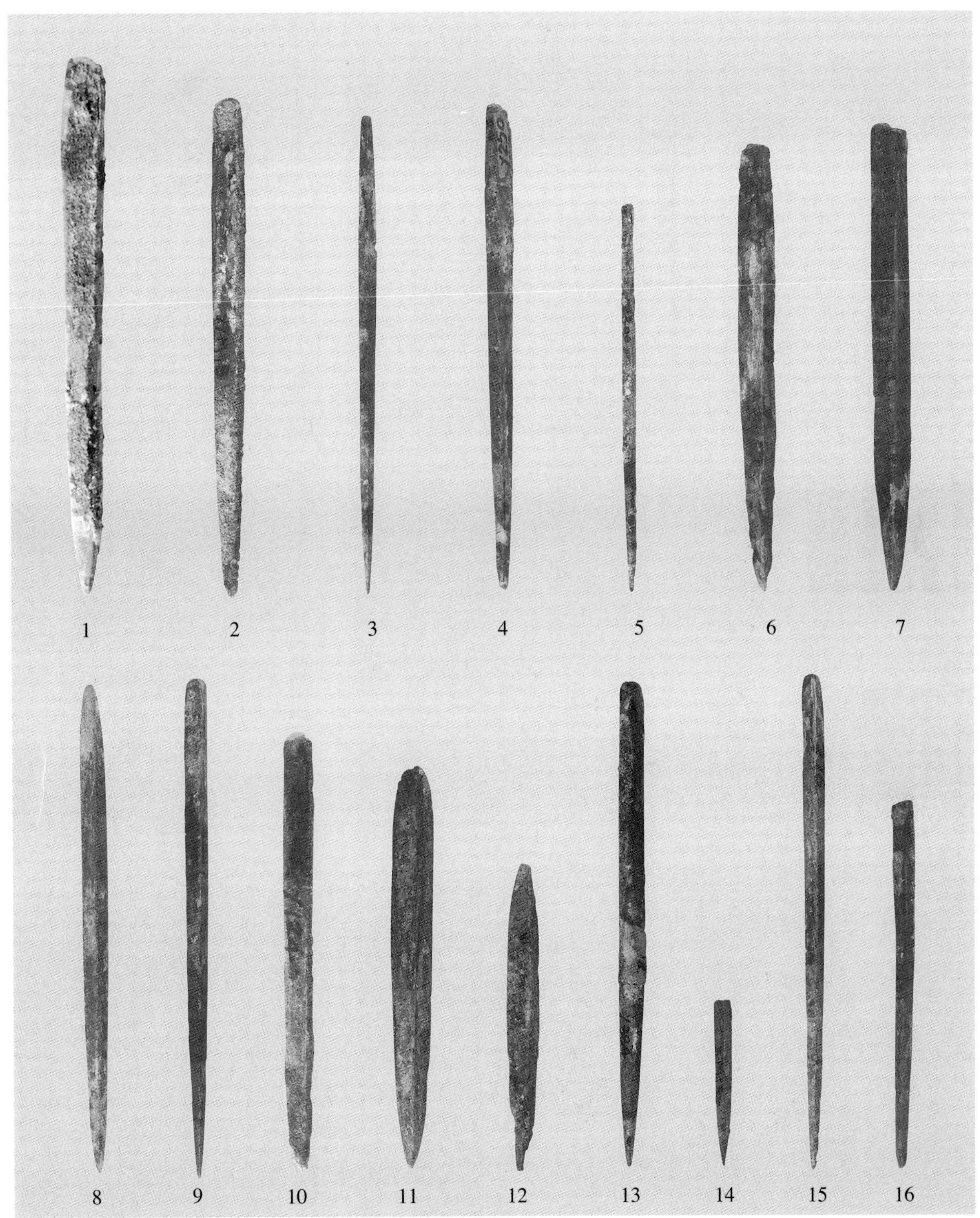

1～12. Ⅰb型Ⅰ式（YYM58：9、18：21、20：11、300：5-2、250：9、227：4、41：5、295：6、117：15、124：16、376：7、110：6） 13～16. Ⅰb型Ⅱ式（YYM384：5、13：6、276：4、281：4）

玉皇庙墓地出土青铜锥

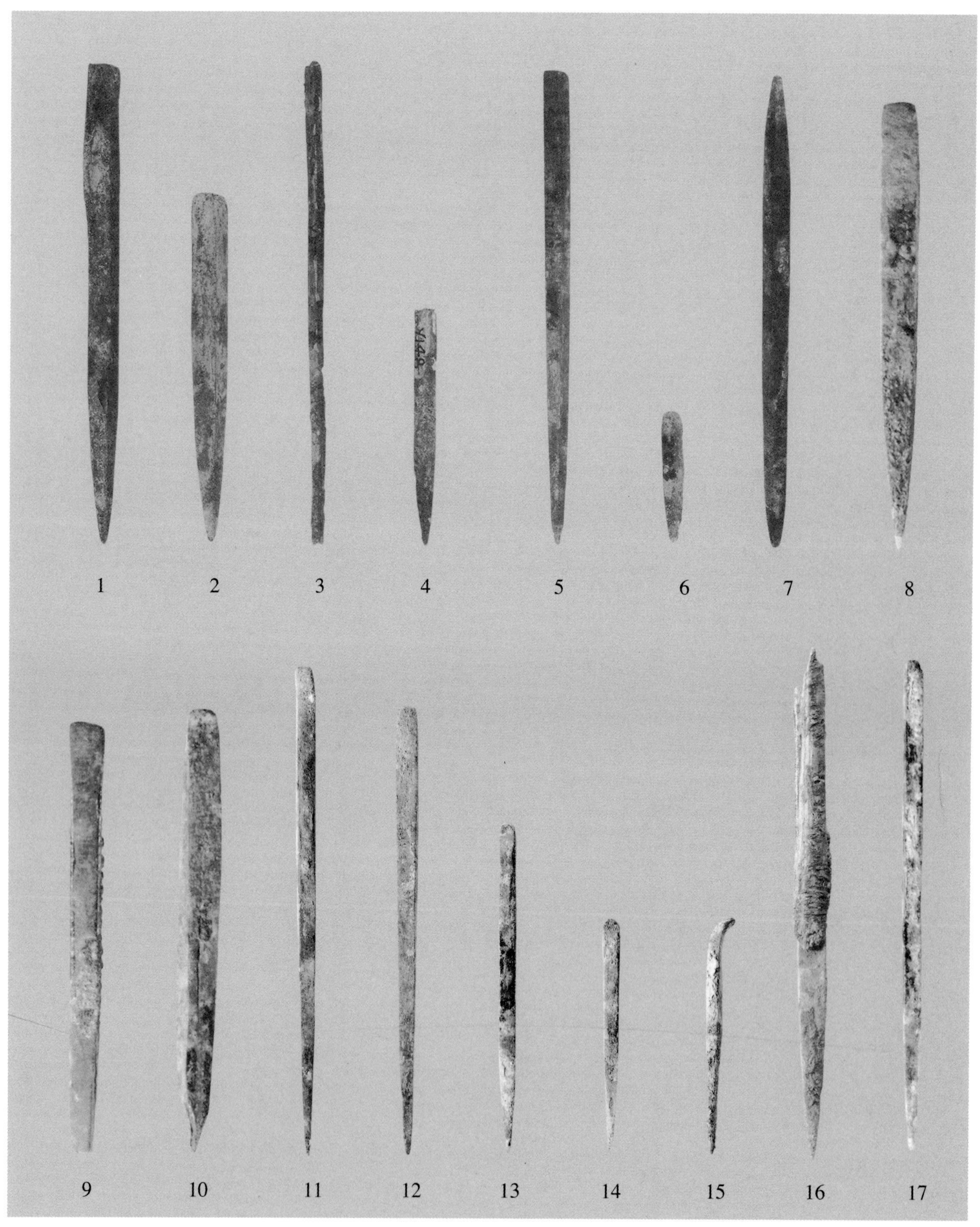

1～6. Ⅰb型Ⅱ式（46：4、234：4、57：4、148：11、210：6、203：7） 7. Ⅰb型Ⅳ式（YYM186：4）
8～10、12～14. Ⅰb型Ⅰ式（YYM213：4、YYM134：4、YYM86：9、YYM32：5、YYM261：13、YYM182：8） 11、16、17. Ⅰb型Ⅱ式（YYM188：18-1、283：4、51：4） 15. Ⅱc型（YYM188：18-2）

玉皇庙墓地出土青铜锥

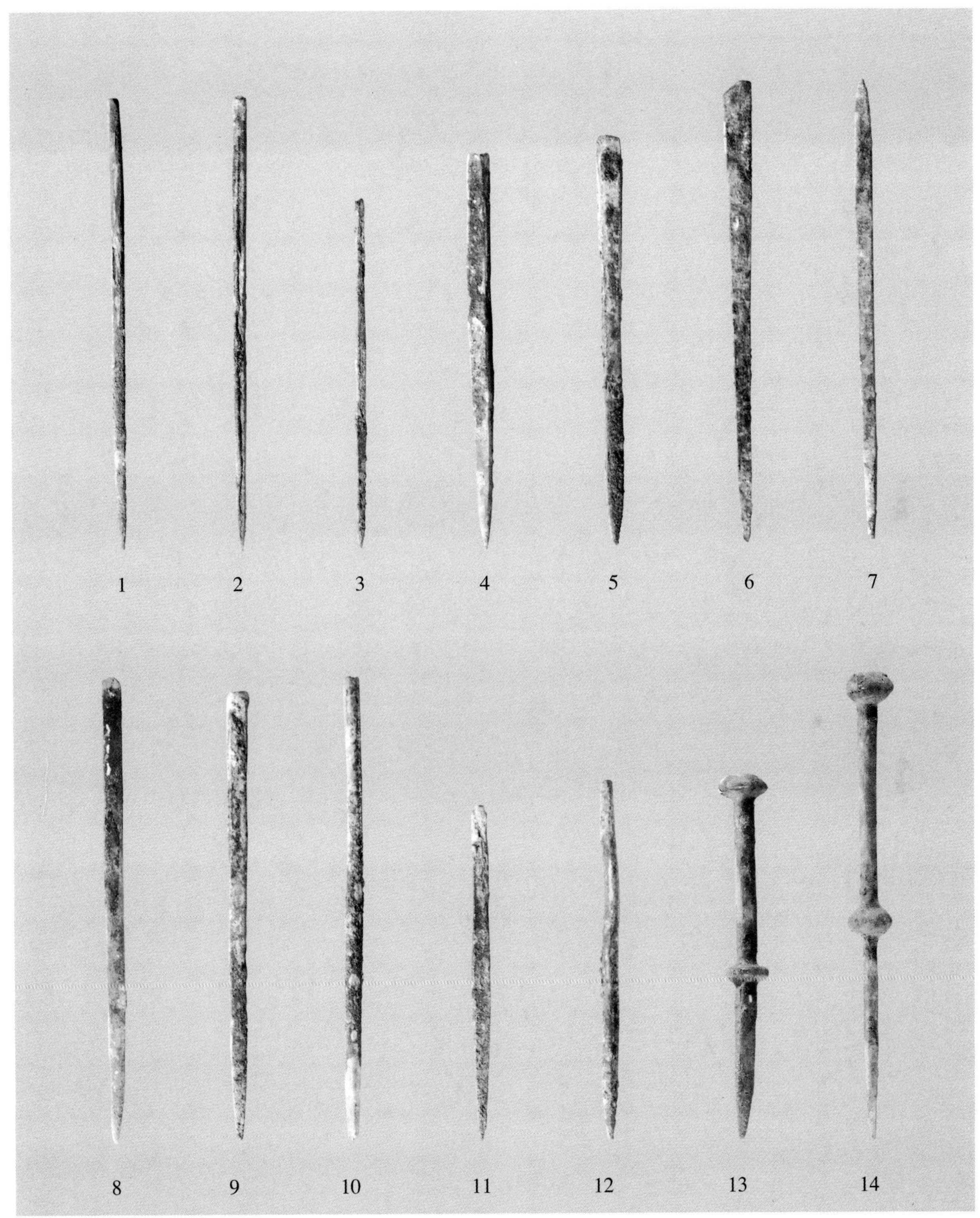

1、2、4、9、11. Ib型Ⅱ式（YYM160：7、YYM122：4、YYM205：6、YYM143：13、99：9） 3、5、7、8. Ib型Ⅰ式（YYM300：5-1、YYM260：4、YYM190：8、YYM131：4） 6. Ib型Ⅲ式（YYM271：5-1） 10、12. Ic型（YYM179：4、266：9） 13. Ⅱa型Ⅳ式（YYM164：4） 14. Ⅱa型Ⅰ式（YYM35：4）

玉皇庙墓地出土青铜锥

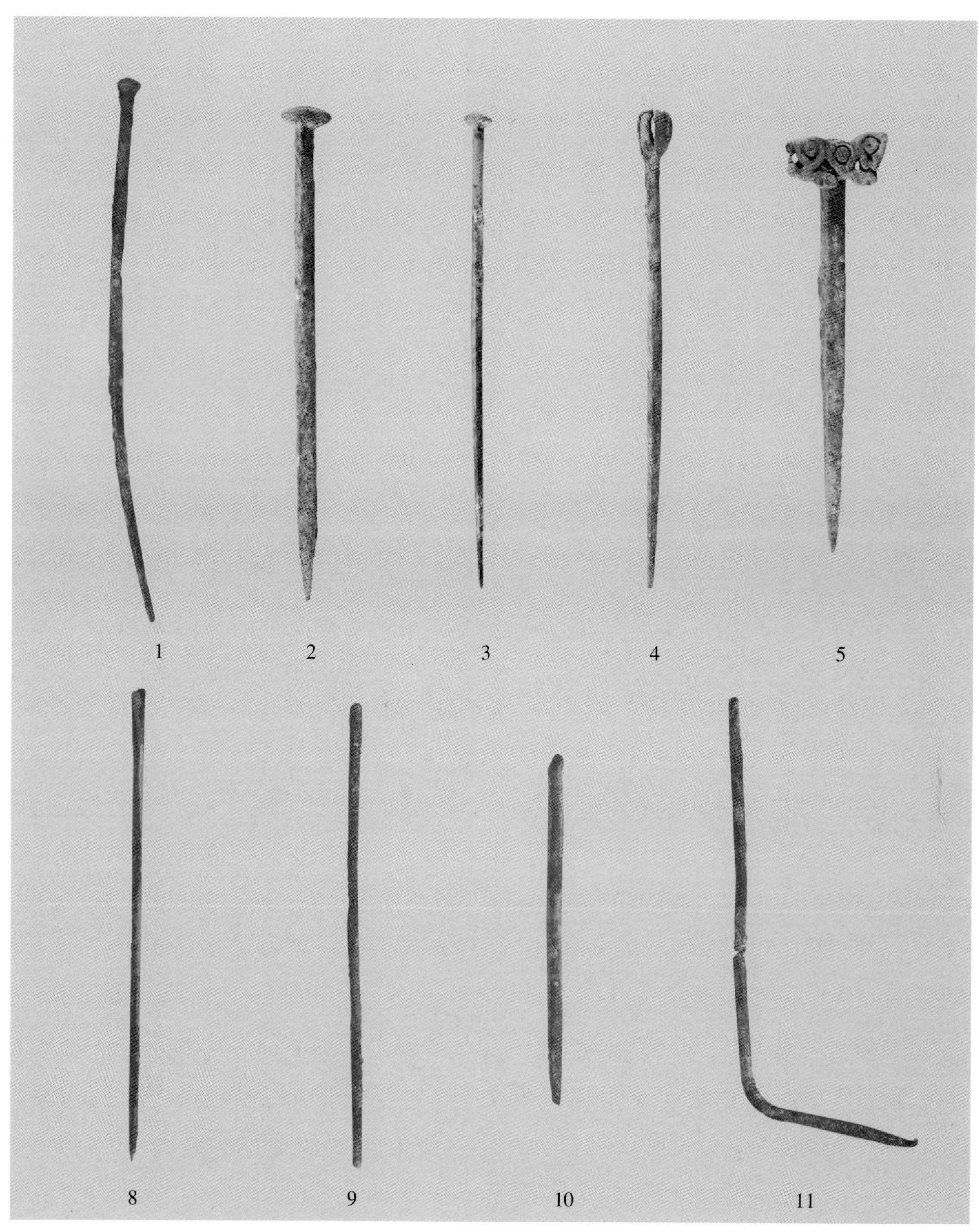

1、3. Ⅱa型Ⅱ式（YYM250：10、264：7） 2. Ⅱa型Ⅲ式（YYM156：12） 4. Ⅱb型（YYM95：5）
5. Ⅱd型（YYM174：16） 8～11. 青铜针（YYM4：5、YYM9：6、YYM97：6、YYM256：2）

玉皇庙墓地出土青铜锥与青铜针

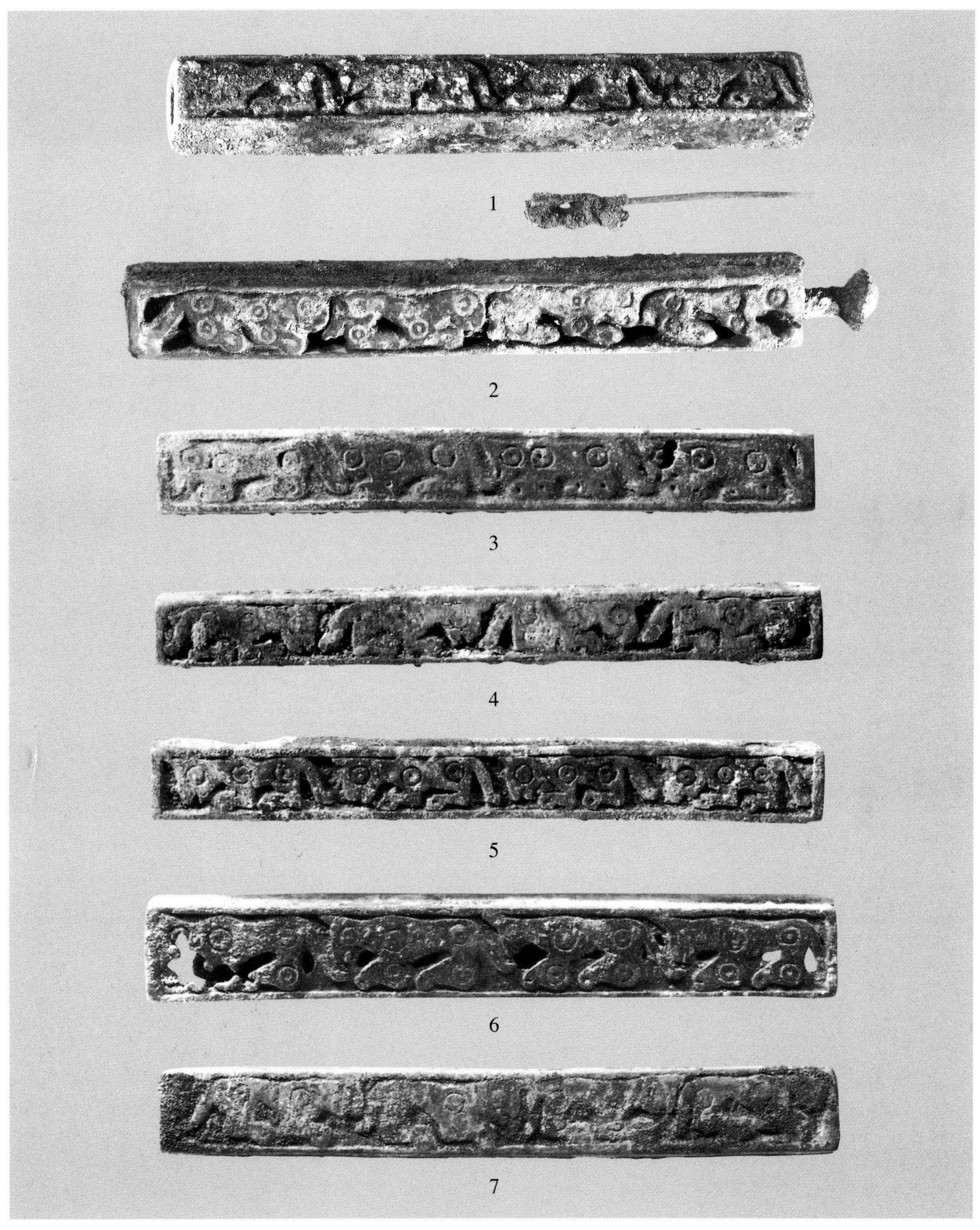

1～7. Ⅰa型（YYM13：7［附管内盛装的骨针1件］、YYM10：9［管内插装铜锥1件］、YYM34：8、YYM275：22、YYM22：17、YYM272：6、YYM75：11）

玉皇庙墓地出土青铜锥（针）管具

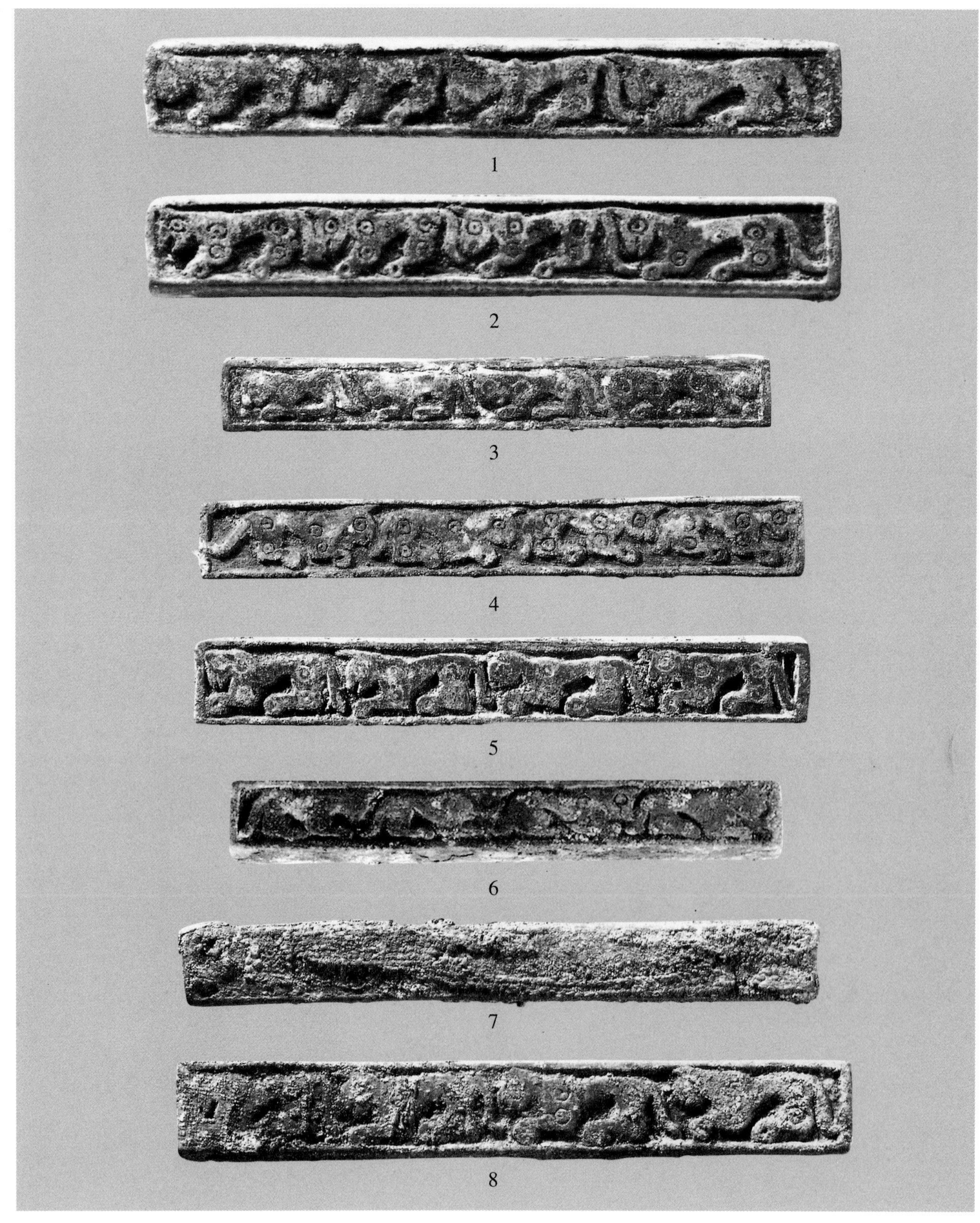

1～4、6～8. Ia型（YYM20：12、YYM263：12、YYM300：21、YYM49：11、YYM280：11、YYM99：10、YYM35：5） 5. Id型（YYM48：5）

玉皇庙墓地出土青铜锥（针）管具

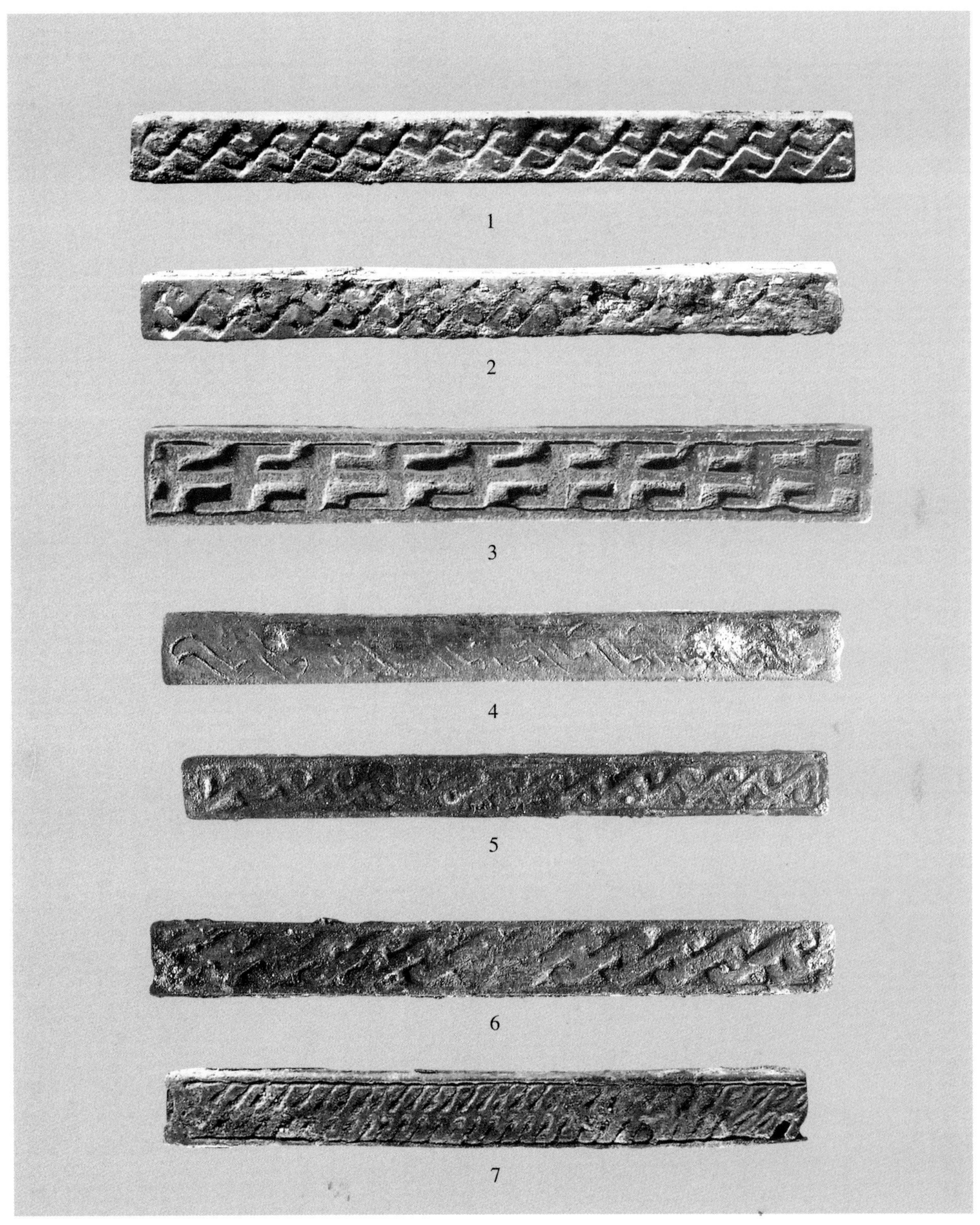

1~7. Ib型（YYM190：9、YYM19：14、YYM252：12、YYM261：23、YYM188：12、YYM178：13、YYM83：7）

玉皇庙墓地出土青铜锥（针）管具

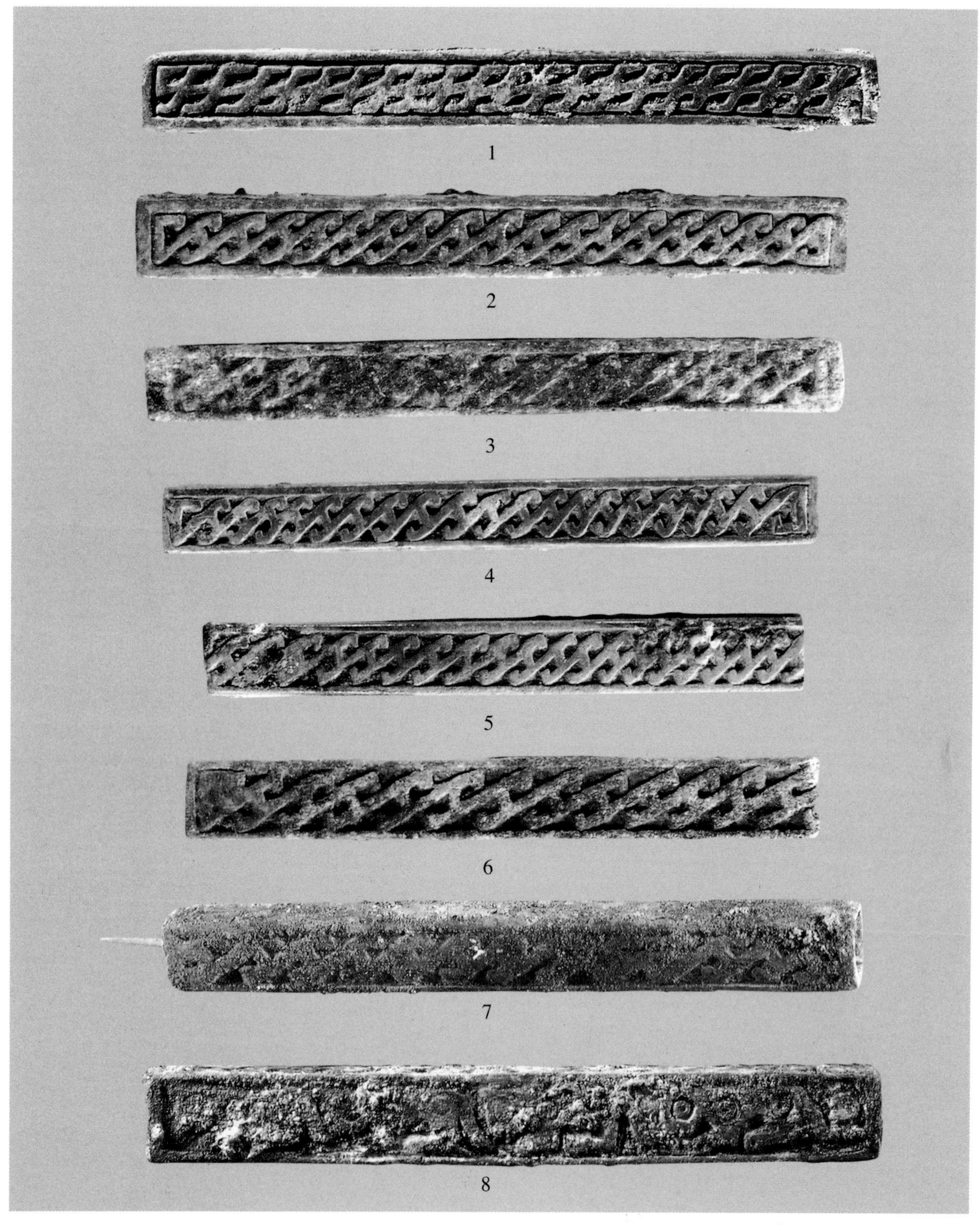

1～5、7. Ib 型（YYM266：10、YYM95：6、YYM86：10、YYM6：7、YYM264：8、YYM179：5）
6、8. Id 型（YYM125：14、YYM256：14）

玉皇庙墓地出土青铜锥（针）管具

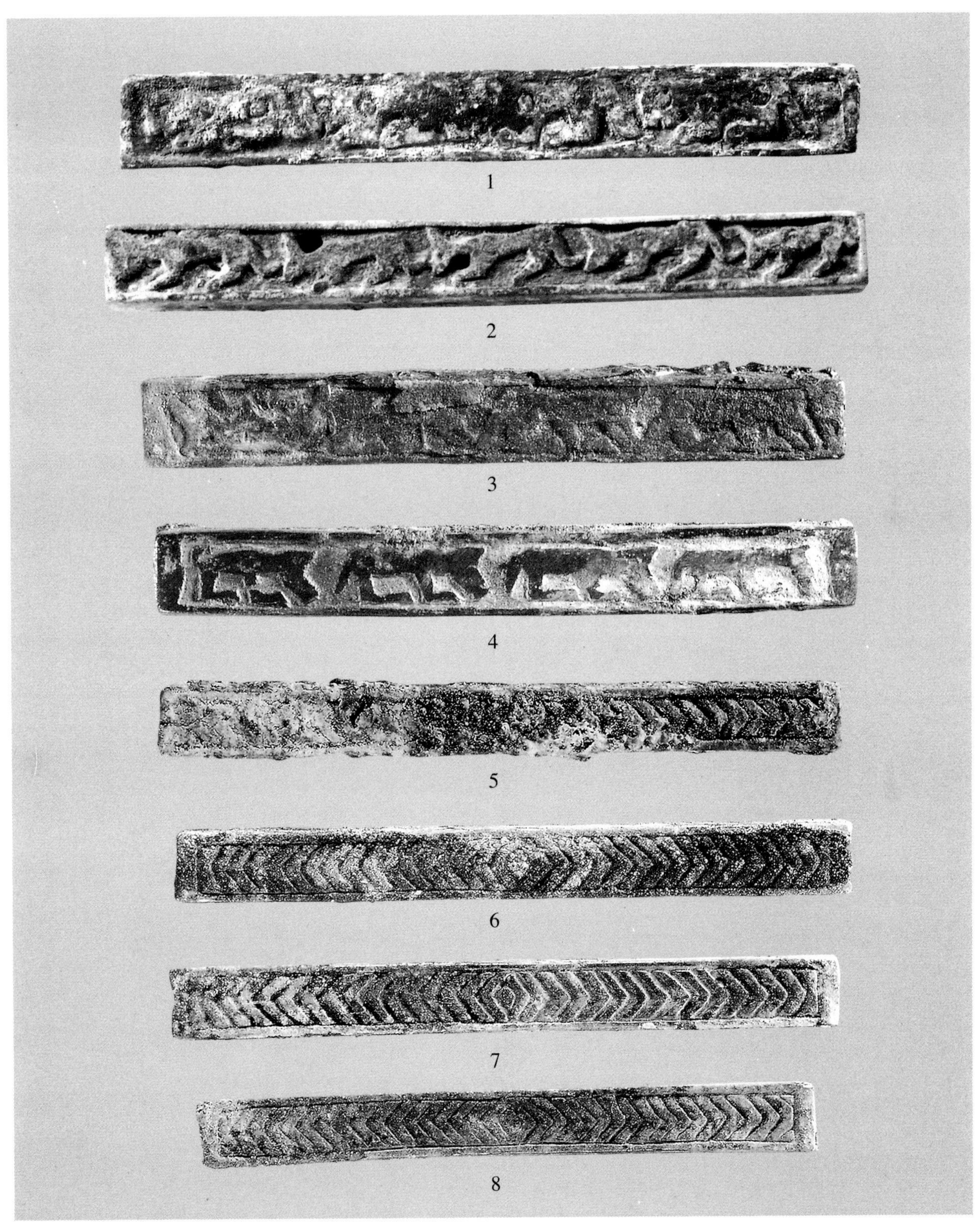

1. Id 型（YYM153：4） 2～4. If 型（YYM42：7、YYM151：9、YYM210：5）
5～8. Ig 型（YYM52：7、YYM122：5、YYM168：10、YYM164：5）

玉皇庙墓地出土青铜锥（针）管具

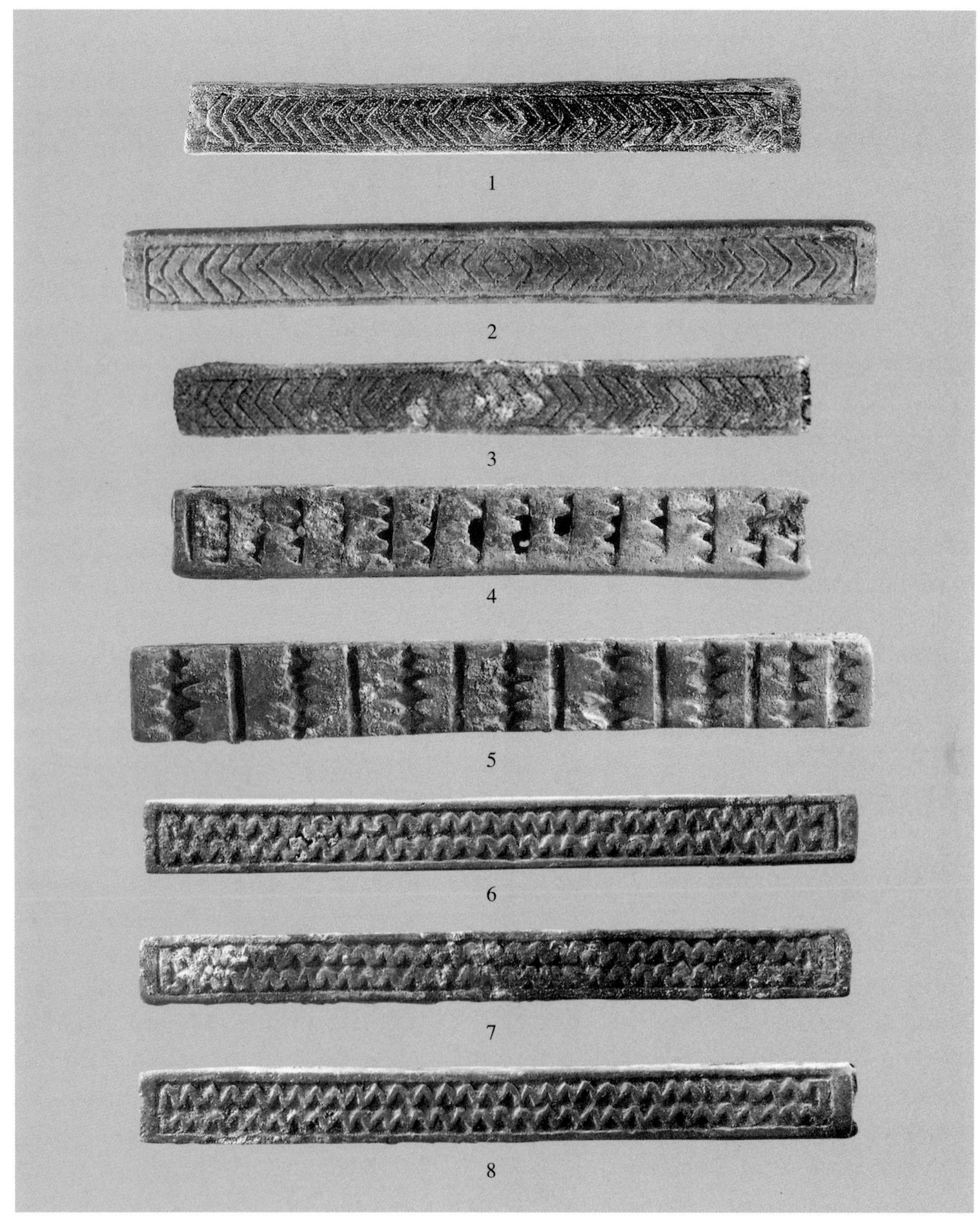

1～3. Ig型（YYM129：7、YYM344：10、YYM373：9） 4、5. Ih型（YYM54：6、YYM212：8）
6～8. Ii型（YYM220：9、YYM176：9、YYM124：17）

玉皇庙墓地出土青铜锥（针）管具

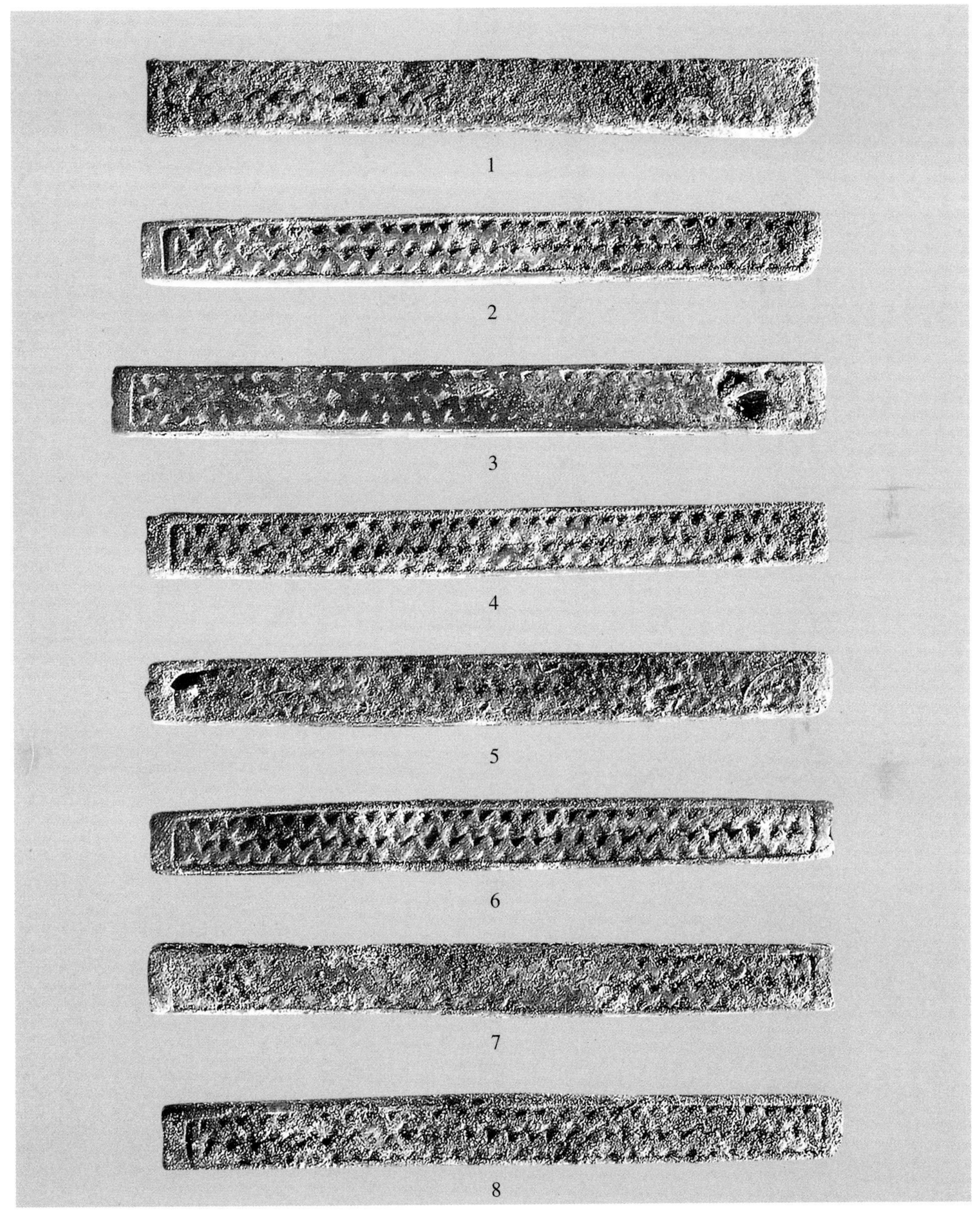

1～8. Ii型（YYM202：8、YYM126：7、YYM171：9、YYM74：10、YYM158：4、YYM131：11、YYM167：10、YYM108：5）

玉皇庙墓地出土青铜锥（针）管具

1、2. Ii型（YYM76：8、YYM161：5） 3、4. Ij型（YYM213：5、YYM206：7）
5、6. Il型（YYM197：7、YYM117：8） 7、8. In型（YYM111：8、YYM160：9）

玉皇庙墓地出土青铜锥（针）管具

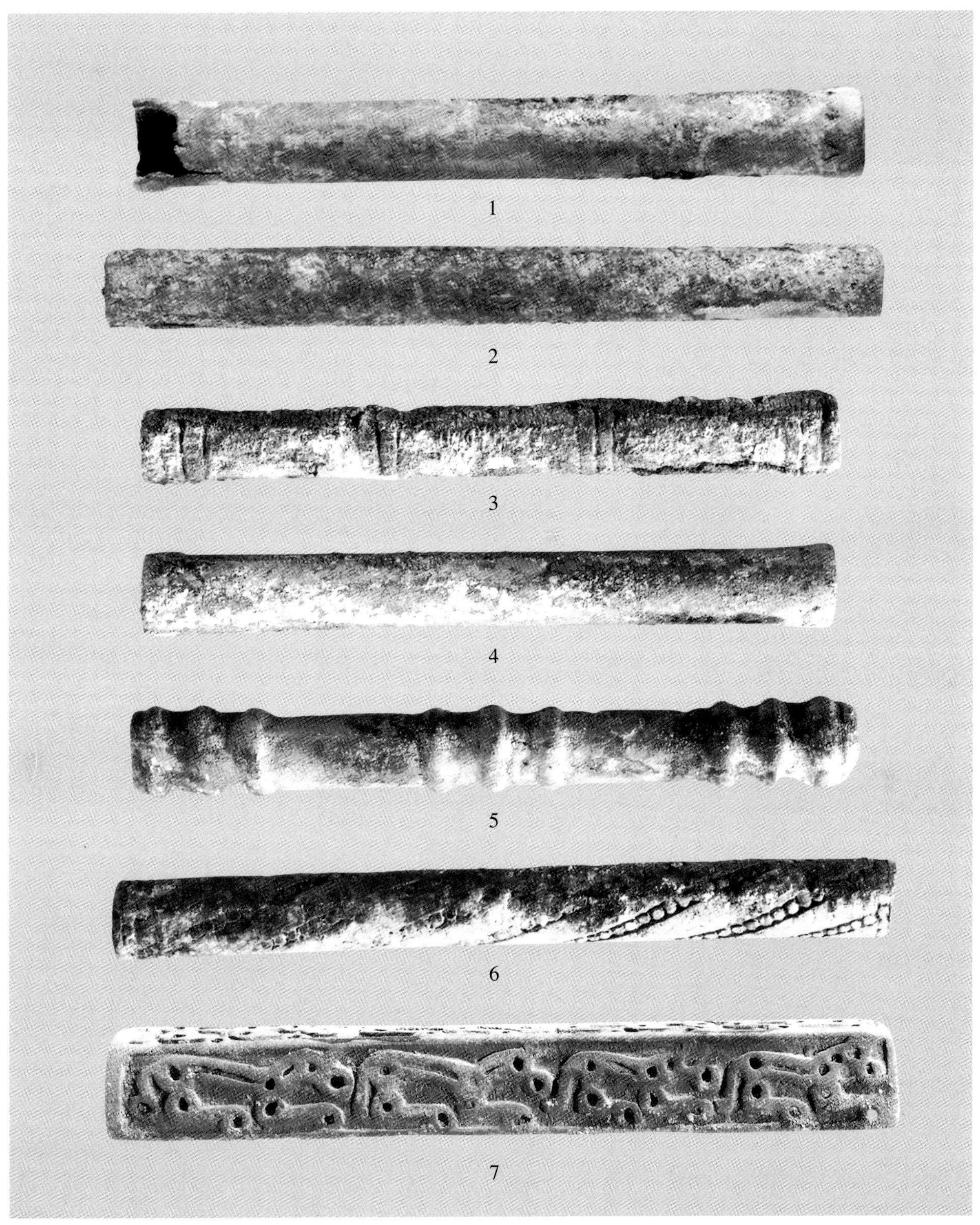

1、2、4. Ⅱ型Ⅰ式（YYM226：5、YYM102：14、YYM17：13） 6. Ⅱ型Ⅱ式（YYM156：9）
3、5. Ⅱ型Ⅲ式（YYM174：10、YYM134：5） 7. Ⅲ型（YYM241：11）

玉皇庙墓地出土青铜锥（针）管具

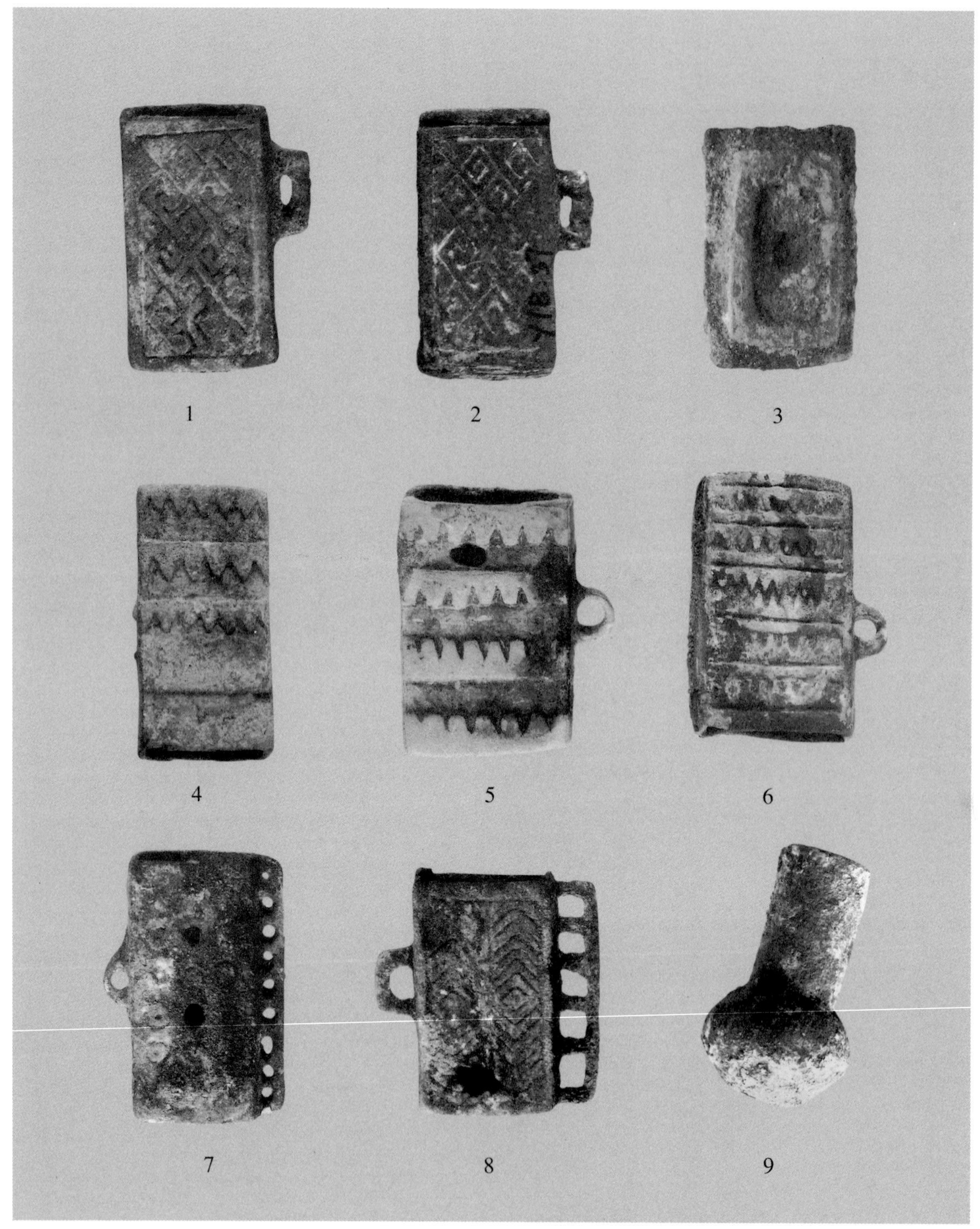

1、2. Ⅰ型（YYM2 : 20、YYM18 : 37） 3. 铜盒形器器盖（背面）（YYM18 : 36）
4、5. Ⅱ型Ⅰ式（YYM5 : 5、252 : 13） 6. Ⅱ型Ⅱ式（YYM142 : 14）
7. Ⅲ 型Ⅰ式（YYM51 : 16） 8. Ⅲ型Ⅲ式（YYM167 : 9） 9. 铜瓶形器（YYM13 : 20）

玉皇庙墓地出土铜盒形器、瓶形器

1. Ⅰ式铜衔（YYM2：22-1）
Ⅰ型Ⅰ式铜镳（YYM2：23-1）

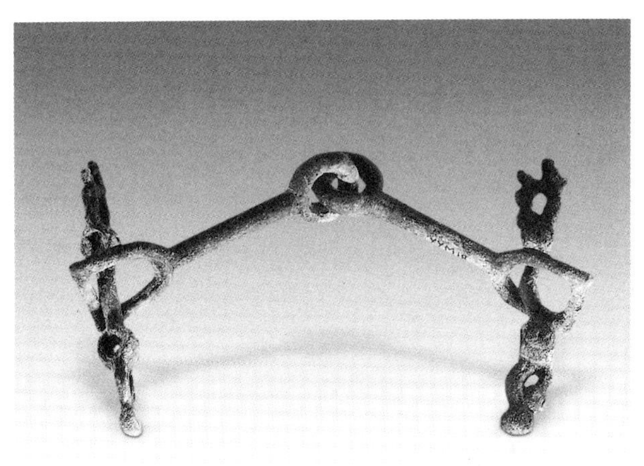

2. Ⅰ式铜衔（YYM18：24-1）
Ⅰ型Ⅱ式铜镳（YYM18：25-1）

3. Ⅰ式铜衔（YYM52：8-1、2）

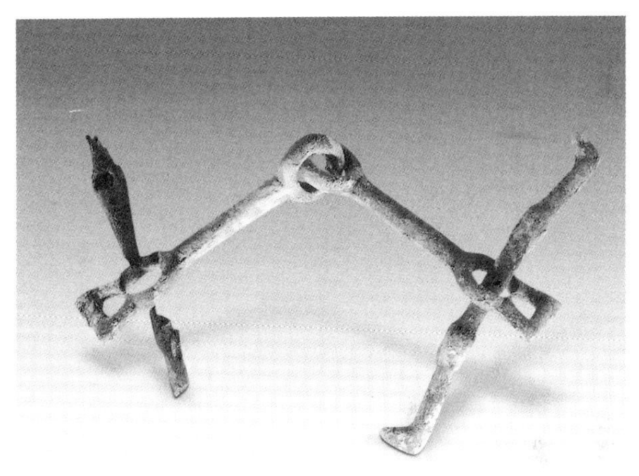

4. Ⅱ式铜衔（YYM250：19-1）
Ⅰ型Ⅰ式铜镳（YYM250：20）

5. Ⅲ式铜衔
（YYM230：9-1）

玉皇庙墓地出土青铜马具

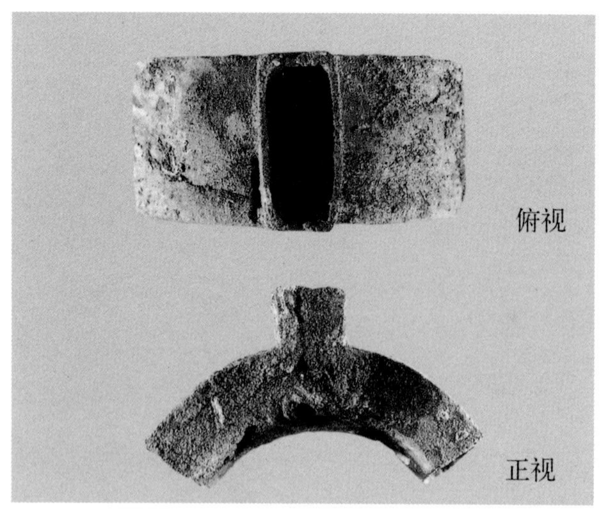

1. Ⅰ型三通式铜节约（YYM18：27）

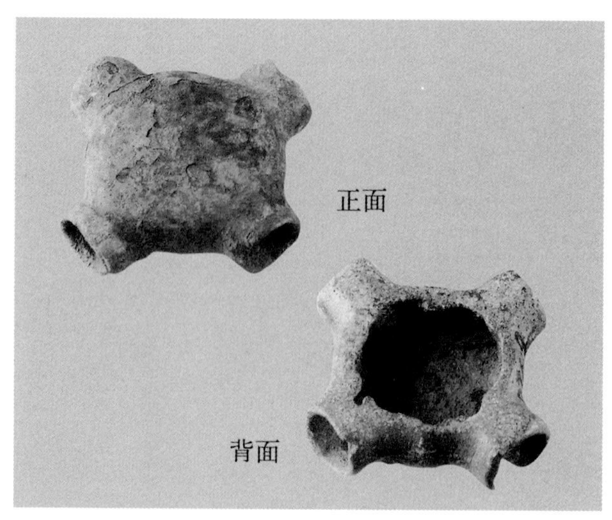

2. Ⅱ型四通式铜节约（YYM276：9-1）

3. Ⅲ型四通式铜节约（YYM156：16）

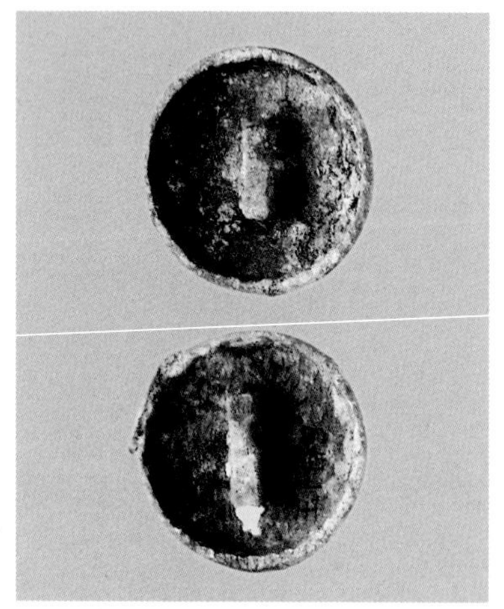

4. Ia 型马具铜泡（背面）（YYM13：18）

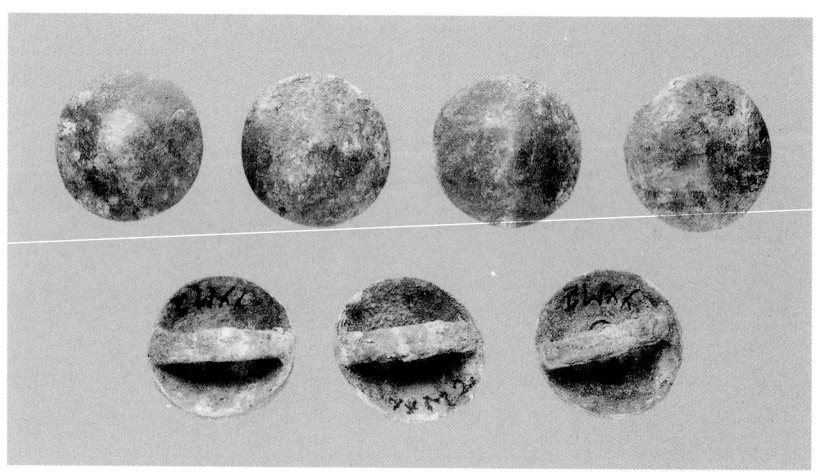

5. Ib 型马具铜泡（正、背面）（YYM2：24-14～20）

玉皇庙墓地出土青铜马具

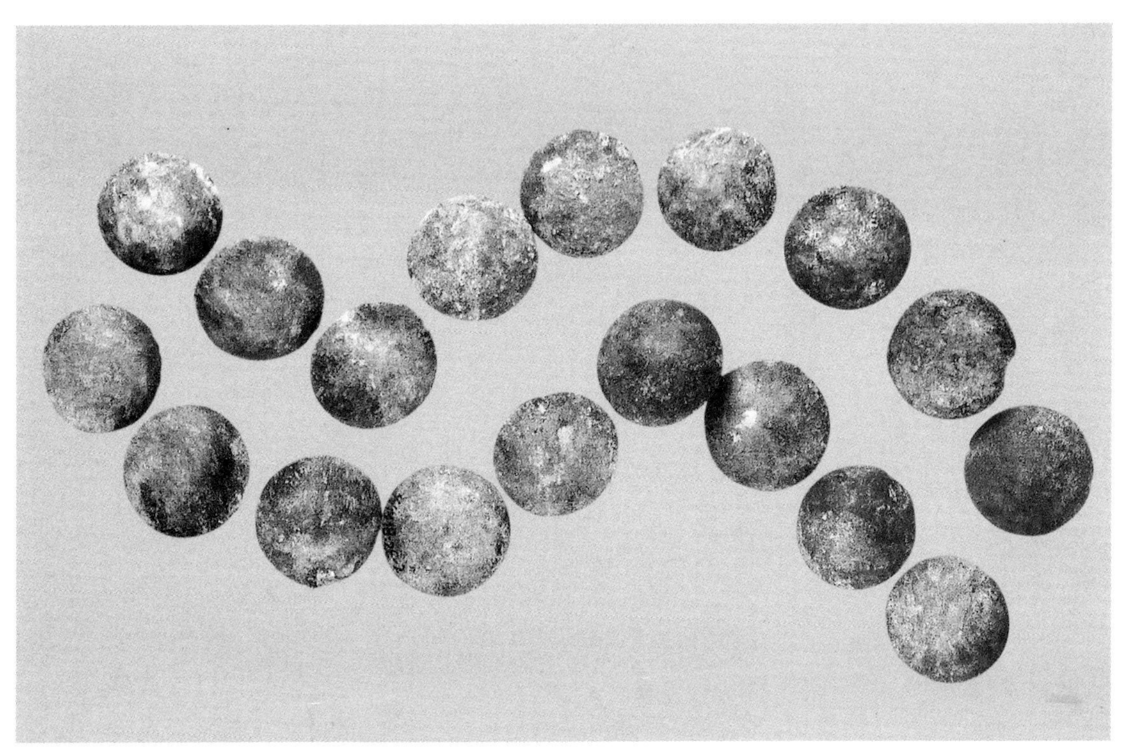

1. 马具铜泡（正面）（YYM18：26）

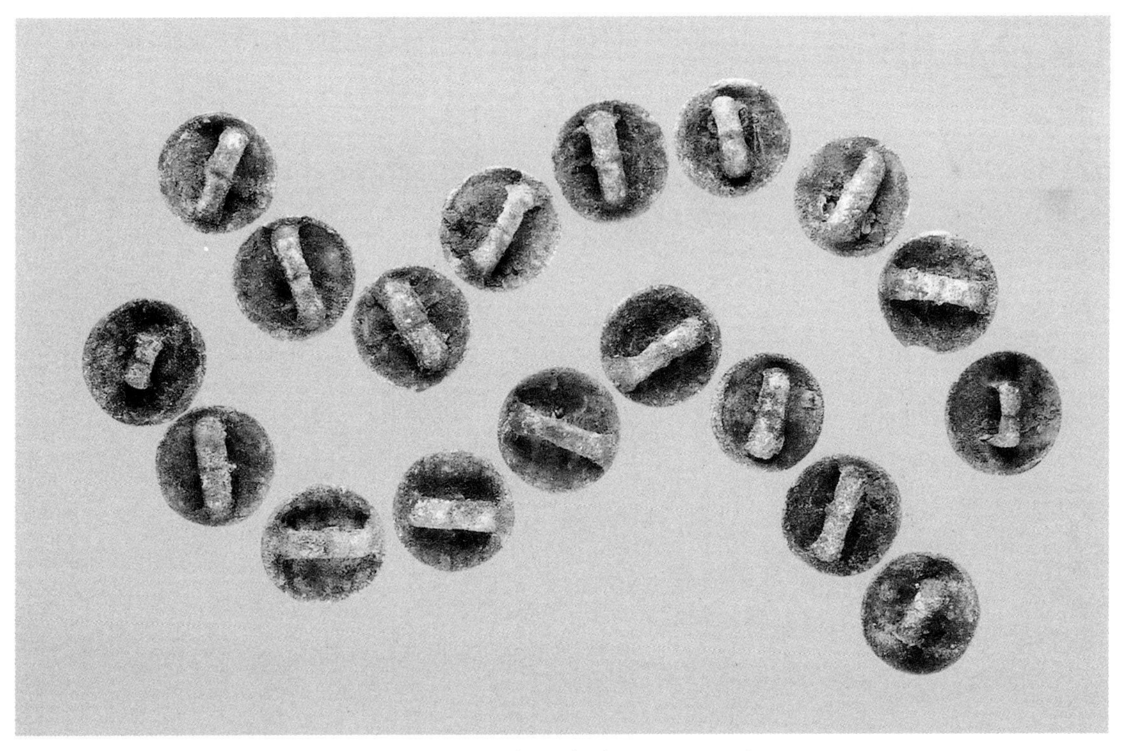

2. 马具铜泡（背面）（YYM18：26）

玉皇庙墓地出土青铜马具

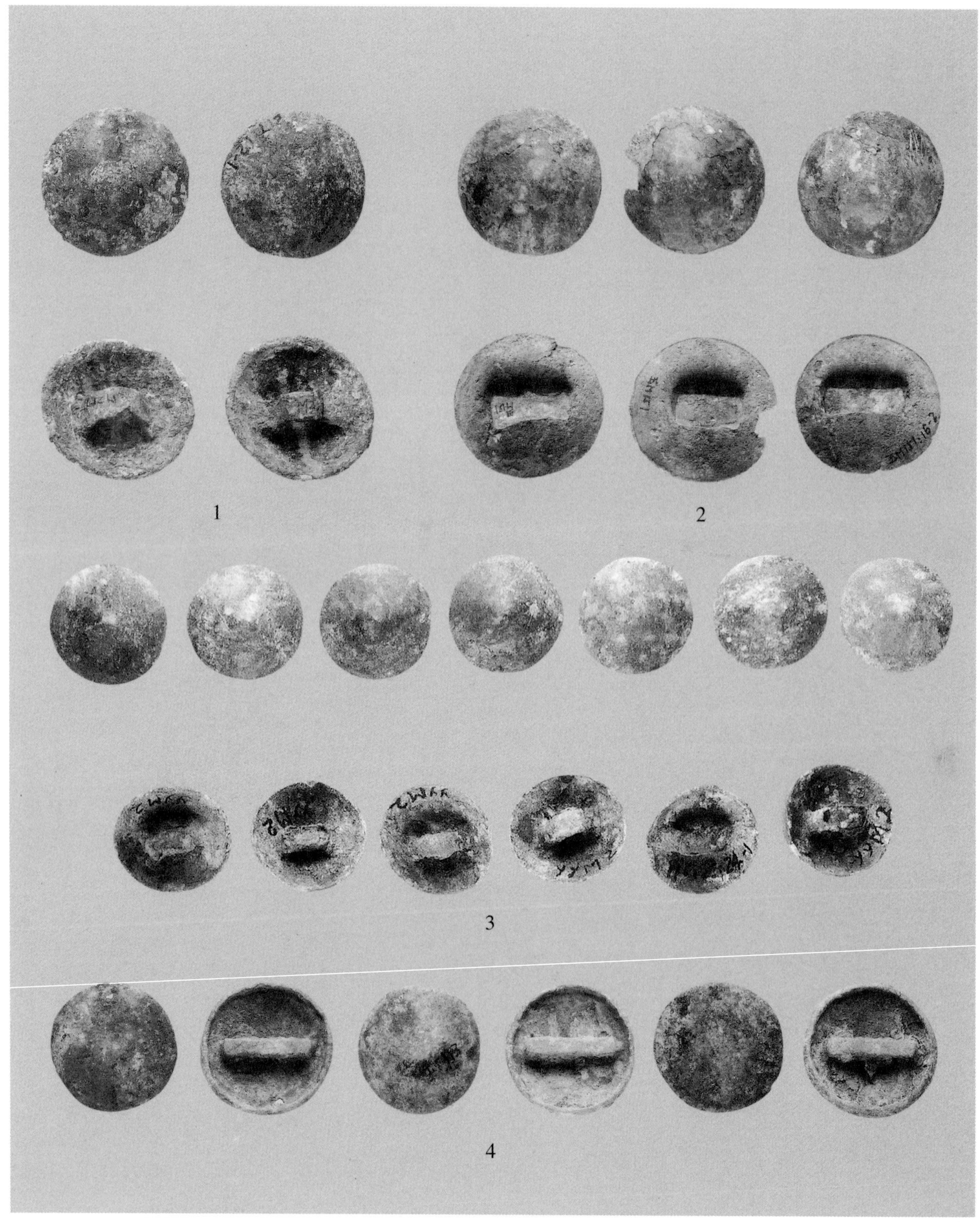

1～3. Ia 型马具铜泡（正、背面）（YYM217：12-1、2、 YYM151：16、YYM2：24-1～13 ）
4. Ib 型马具铜泡（正、背面）（YYM13：18-4～6）

玉皇庙墓地出土青铜马具

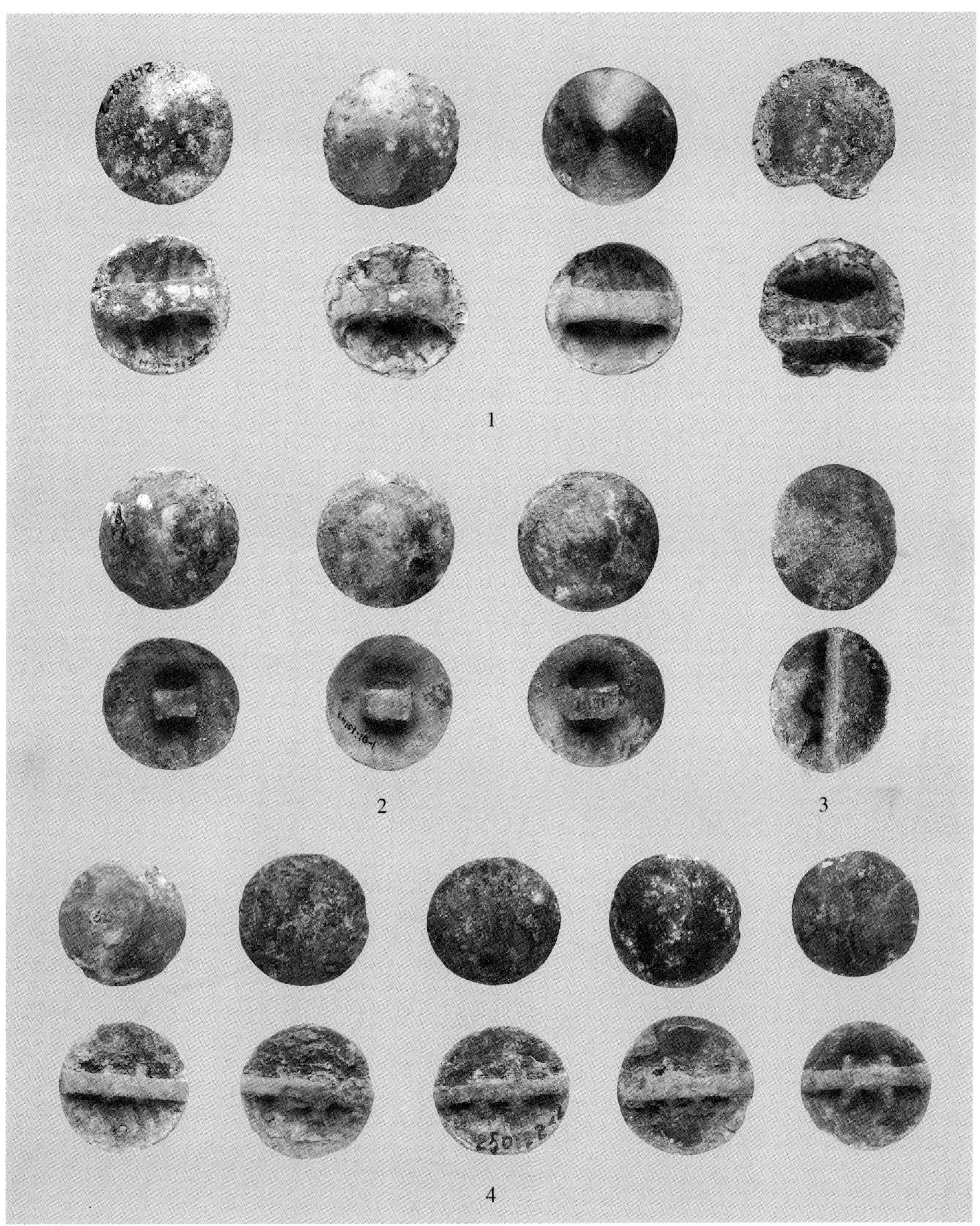

1、2. Ⅰb 型马具铜泡（正、背面）（YYM217：12、YYM151：16）
3. Ⅱa 型马具铜泡（正、背面）（YYM250：22-15）　4. Ⅱb 型马具铜泡（正、背面）（YYM250：22-16～28）

玉皇庙墓地出土青铜马具

1. Ⅲb型马具铜泡（YYM156：17-5～8）

2. Ⅲ型马具铜环（YYM156：19）

3. 马具铜环箍（YYM18：29）

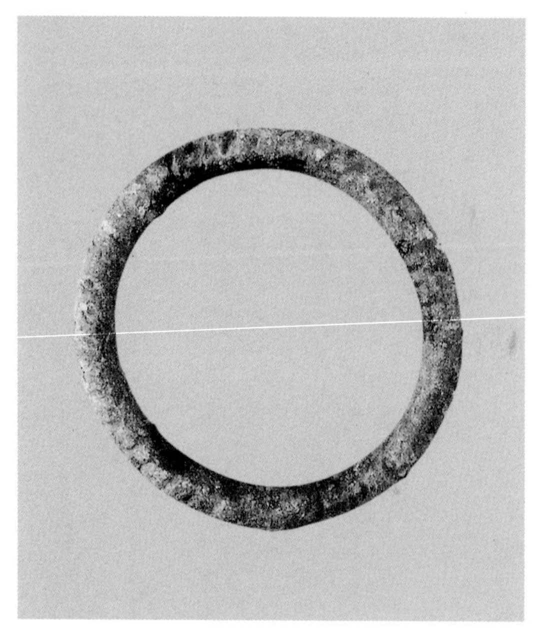

4. Ⅰ型马具铜环（YYM18：31）

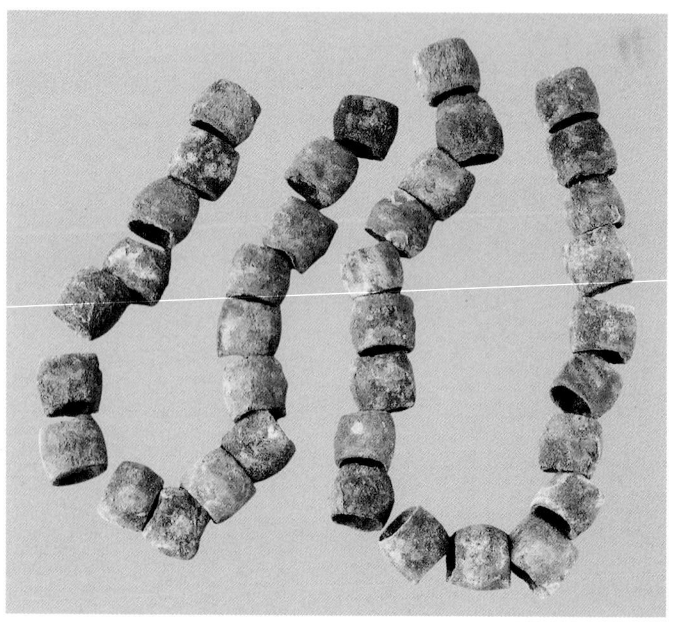

5. 马具铜箍（YYM18：28）

玉皇庙墓地出土青铜马具

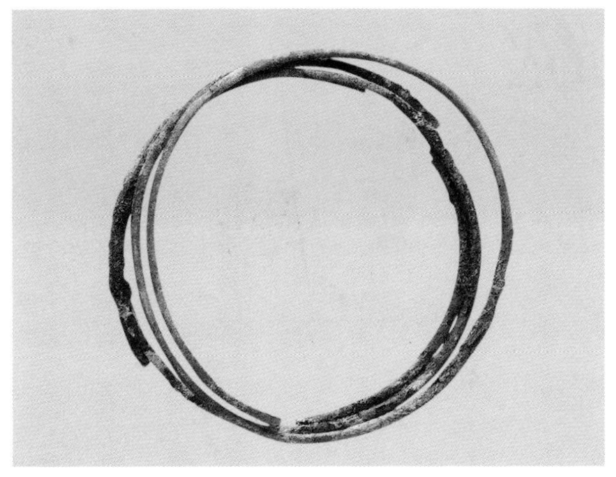

1. Ⅰ型大号（YYM249：2-1）

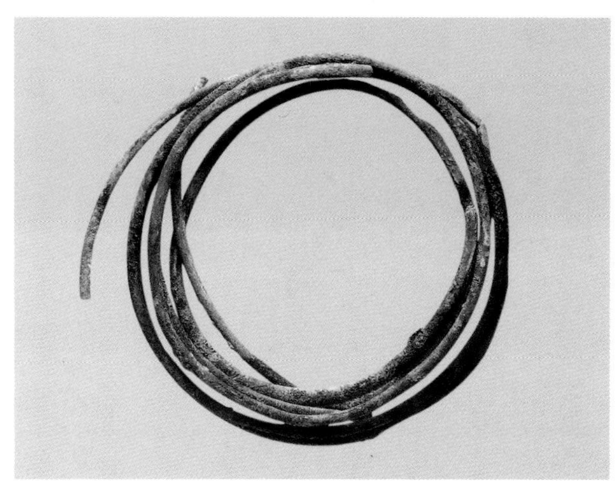

2. Ⅰ型大号（YYM211：2-4）

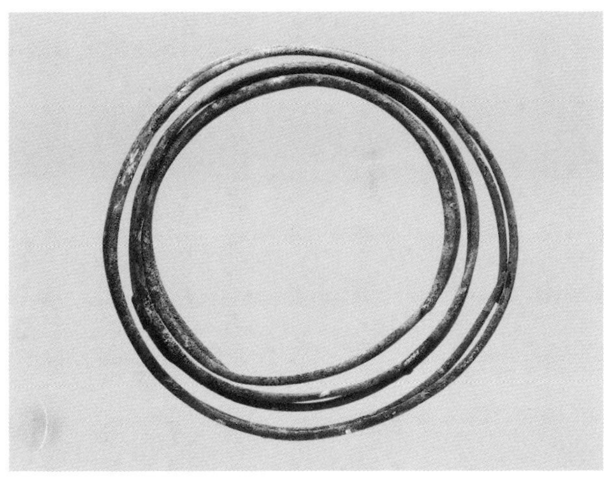

3. Ⅰ型大号（YYM211：2-5）

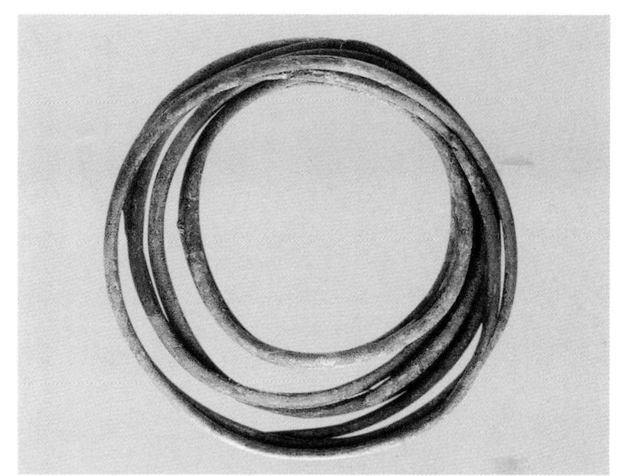

4. Ⅰ型大号（YYM301：1-3）

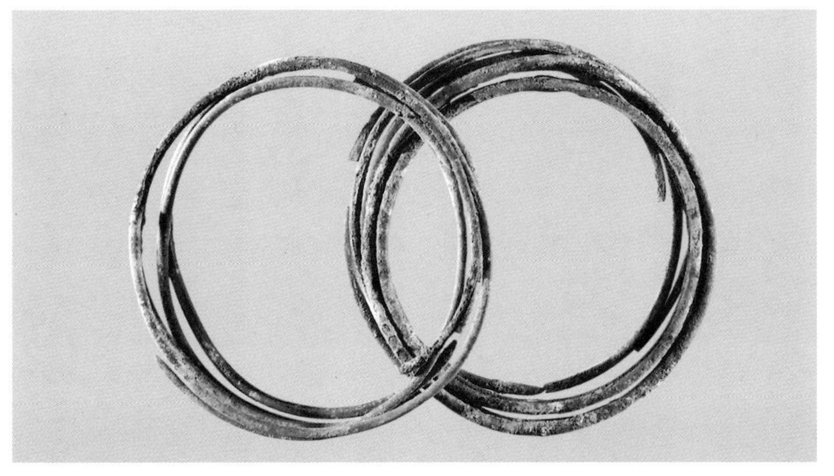

5. Ⅰ型大号（YYM327：1-1、YYM327：1-3）

玉皇庙墓地出土铜丝耳环

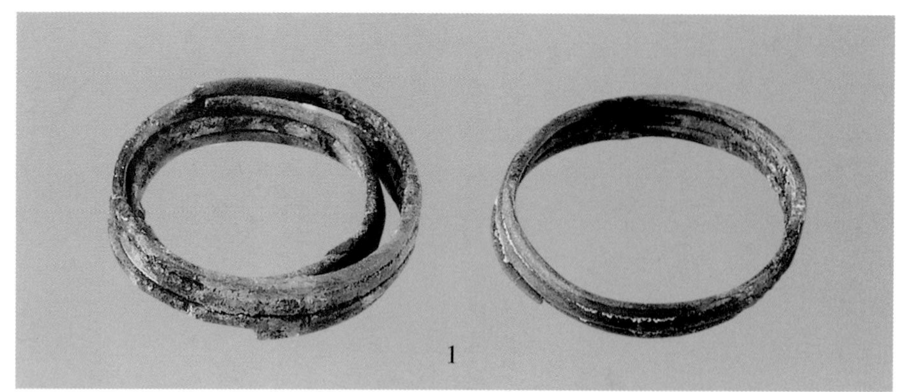

1. Ⅰ型中号（YYM191：2-1、YYM191：2-2）

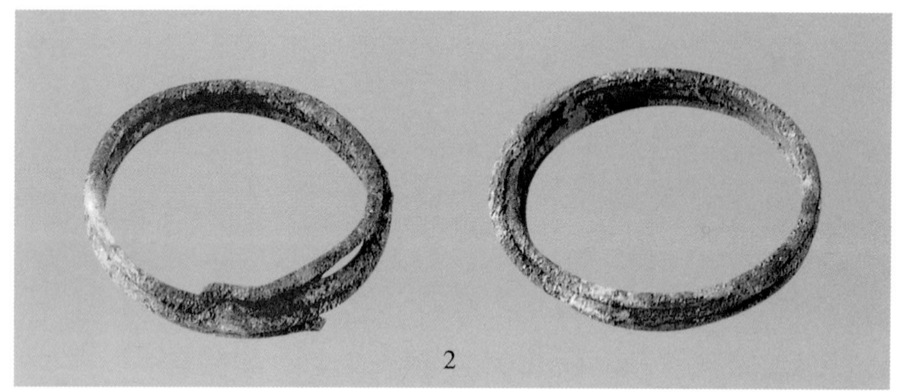

2. Ⅰ型中号（YYM306：2-1）

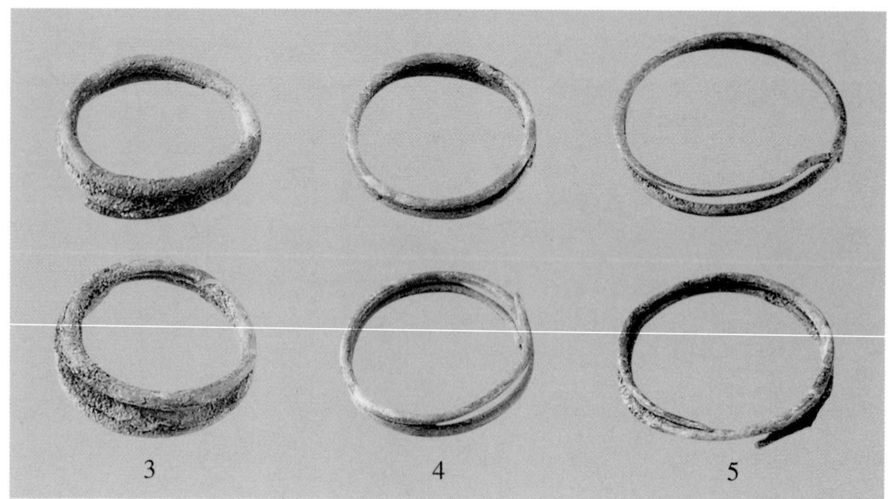

3～5. Ⅰ型小号（YYM35：6-1、YYM35：6-2、YYM34：5-1、YYM34：5-2、YYM31：2-1、YYM31：2-2）

玉皇庙墓地出土铜丝耳环

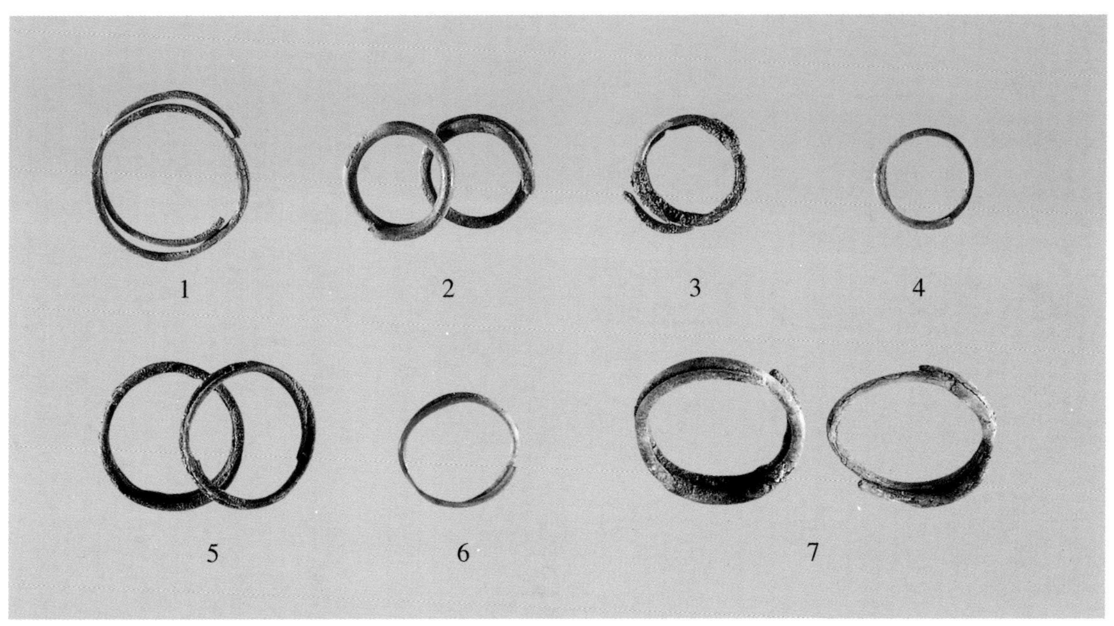

1~7. Ⅰ型小号（YYM230：11-1、YYM233：14、YYM231：2-1、YYM279：4-1、YYM228：4-1、YYM228：4-2、YYM232：4-1、YYM148：4-1、

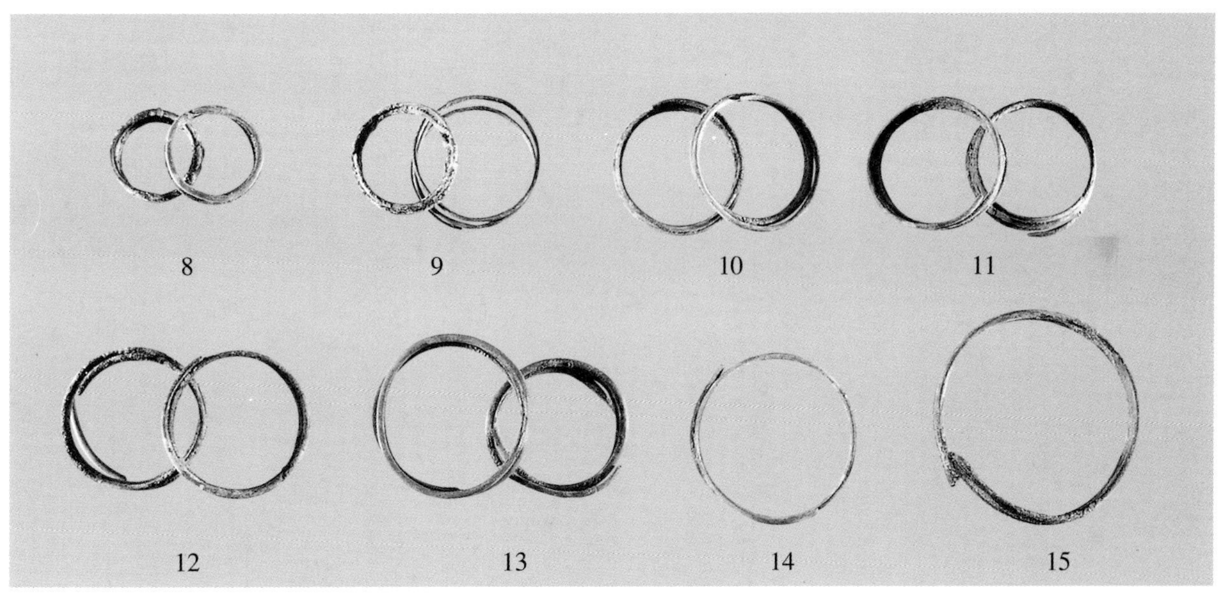

8. Ⅰ型小号（YYM13：10-1） 9～11. Ⅲ型（YYM391：2-1、YYM391：2-2、YYM396：2-1、YYM396：2-2、YYM340：2-1） 12～15. Ⅰ型中号（YYM344：5-1、2、322：1-1、YYM322：1-2、YYM325：2-1、YYM324：1-2）

玉皇庙墓地出土铜丝耳环

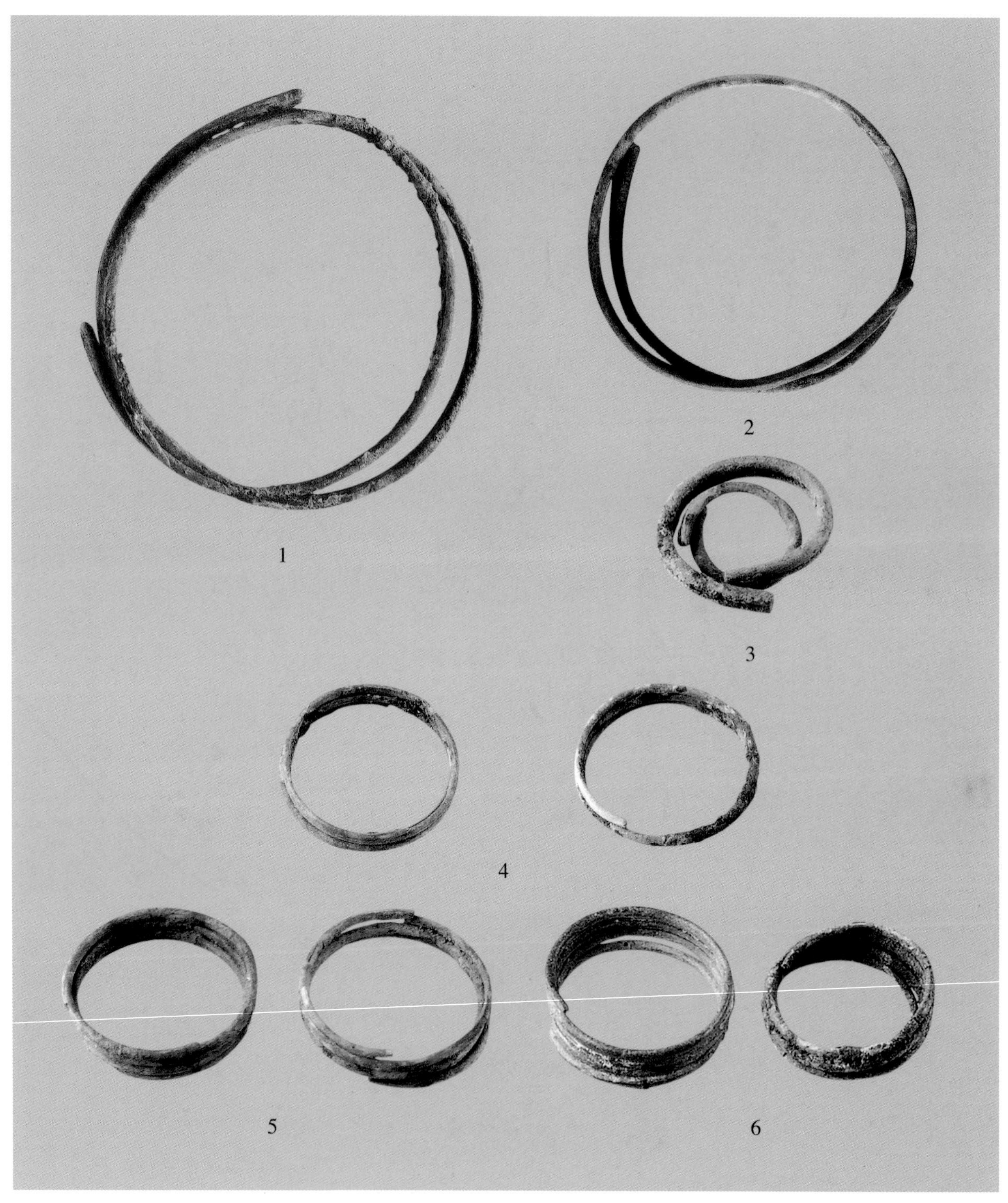

1、2. Ⅱ型大号（YYM249：2-3、YYM301：1-4） 3. Ⅱ型小号（YYM190：5-1） 4～6. Ⅲ型小号（YYM138：2-1、YYM138：2-2、YYM167：2-1、YYM167：2-2、YYM114：2-1、YYM114：2-2）

玉皇庙墓地出土铜丝耳环

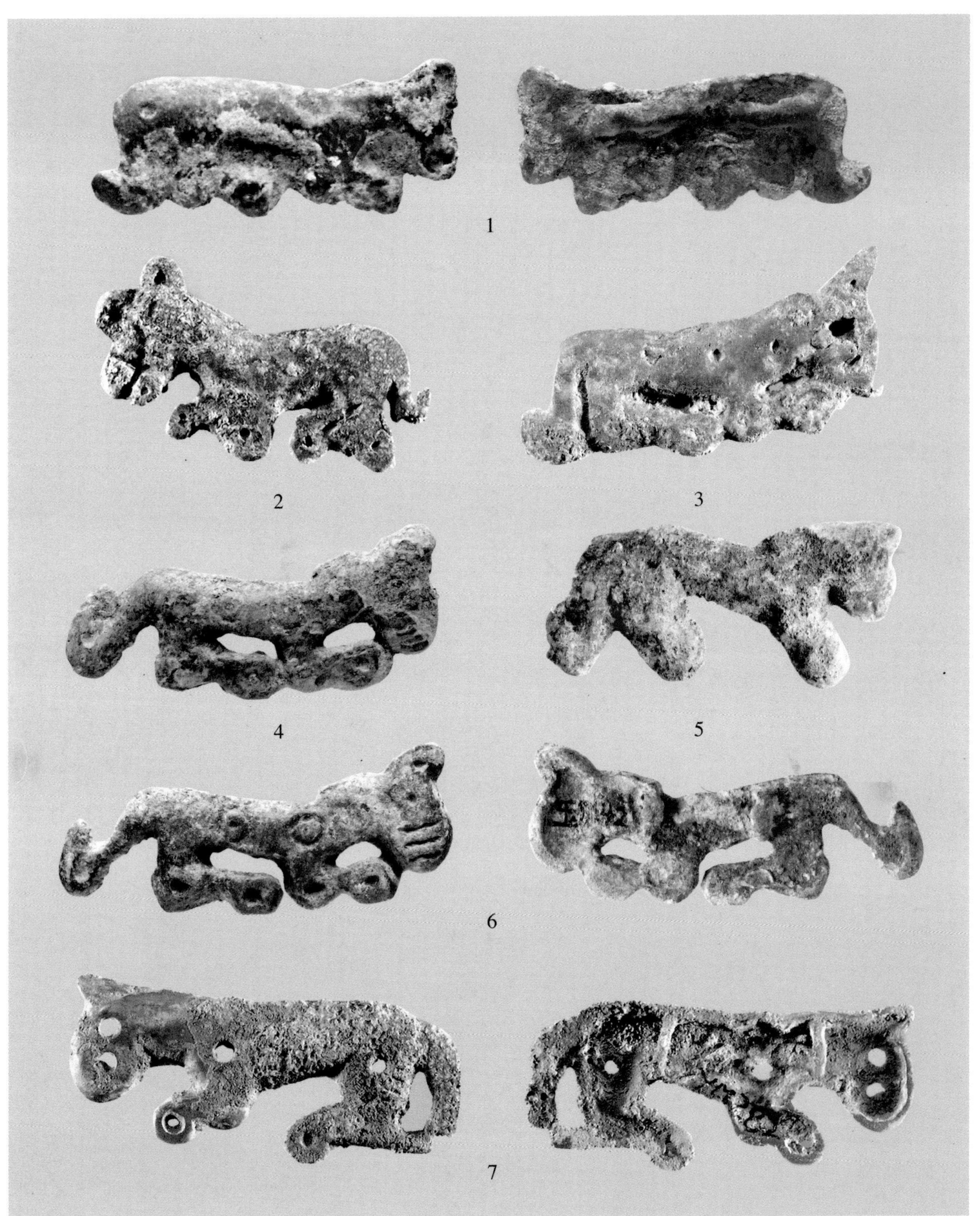

1～4、6. Ⅰ型Ⅰ式（YYM34：6［正、背面］、YYM383：1［正面］、（YYM230：14-1）［正面］、YYM46：7［正面］、YYM42：4［正、背面］）
5、7. Ⅰ型Ⅱ式（YYM11：10-2［正面］、YYM282：2［正、背面］）

玉皇庙墓地出土青铜牌饰

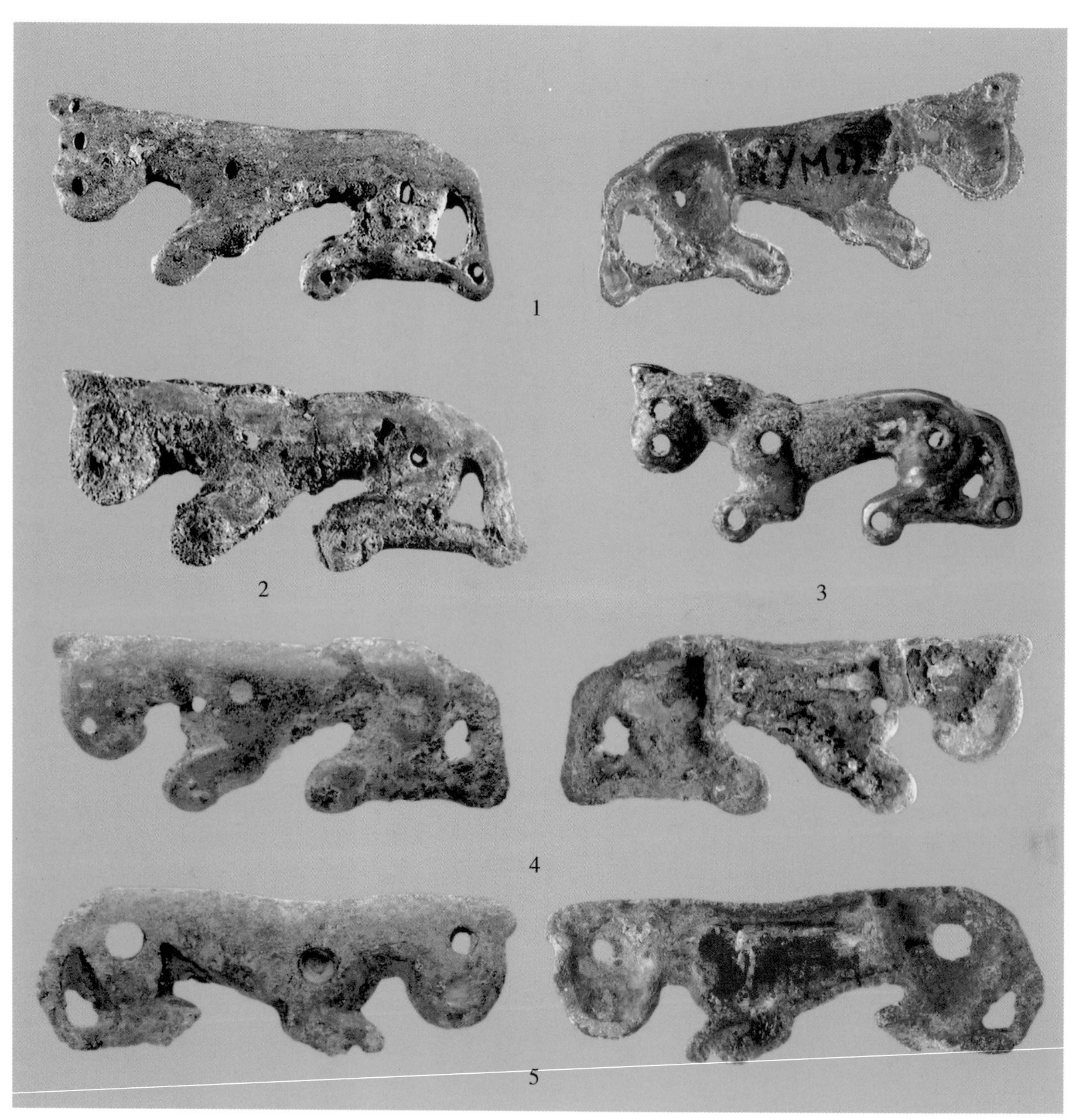

1~5. Ⅰ型Ⅱ式（YYM233：2［正、背面］、YYM228：5［正面］、YYM261：7［正面］
YYM213：10［正、背面］、YYM147：1［正、背面］）

玉皇庙墓地出土青铜牌饰

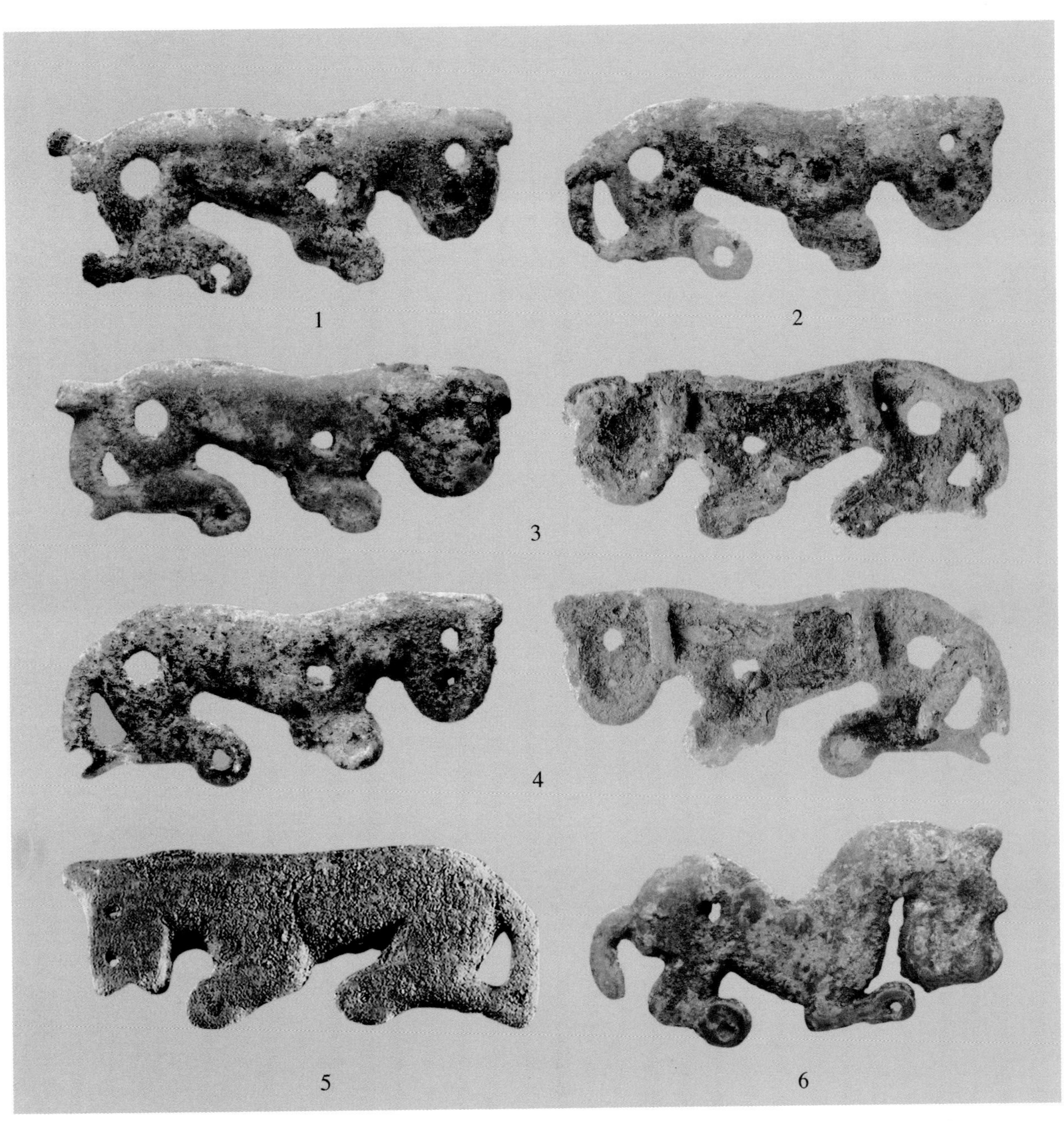

1～5. Ⅰ型Ⅱ式（YYM168：6［正面］、YYM161：4［正面］、YYM171：8［正、背面］、YYM334：8［正、背面］、YYM376：6［正面］） 6. Ⅱ型Ⅰ式（YYM264：12［正面］）

玉皇庙墓地出土青铜牌饰

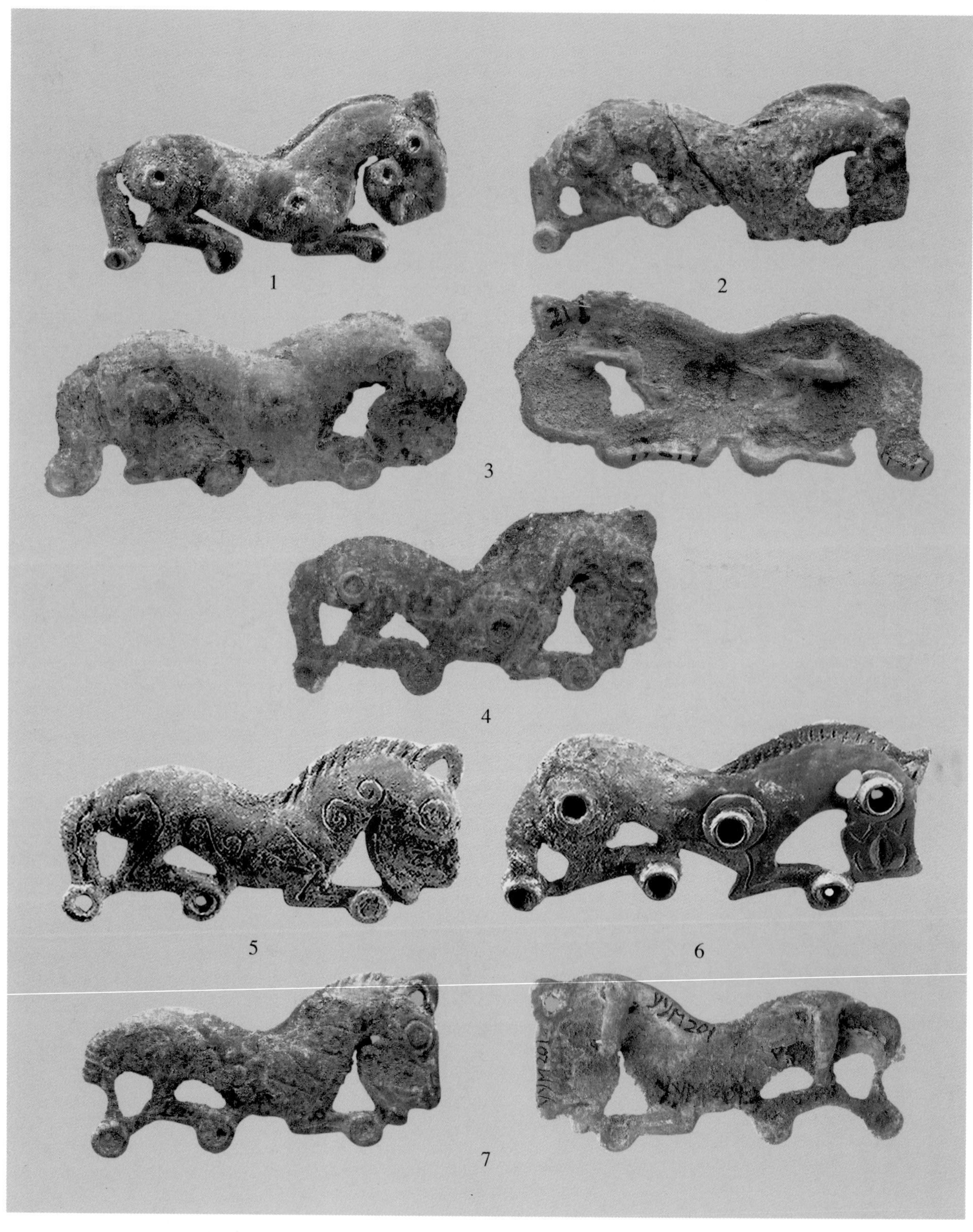

1～7. Ⅱ型Ⅰ式（YYM95：10［正面］、YYM188：7［正面］、YYM217：2［正、背面］、YYM210：11［正面］、YYM157：3［正面］、YYM195：2［正面］、YYM201：3［正、背面］）

玉皇庙墓地出土青铜牌饰

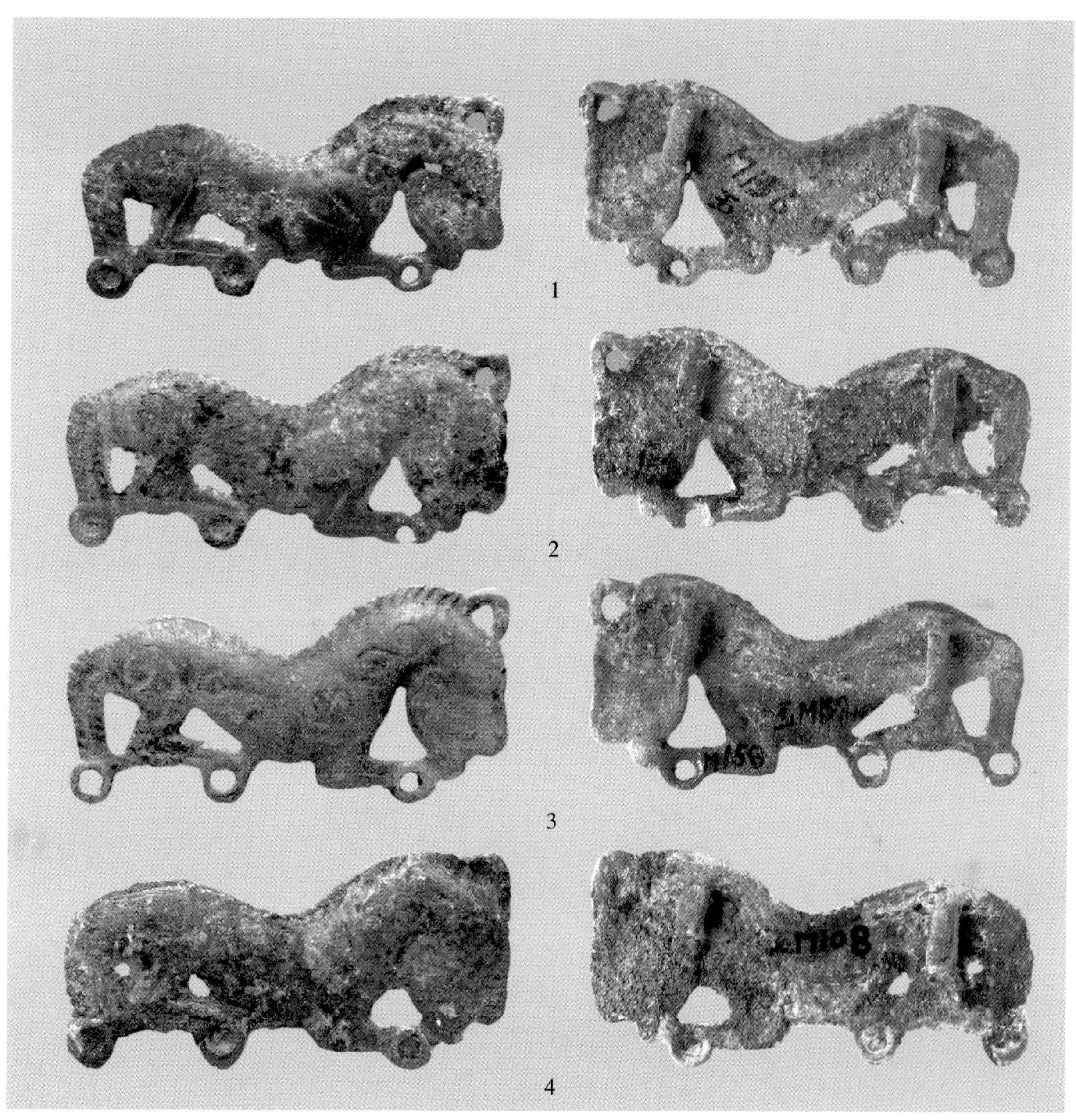

1～4. Ⅱ型Ⅰ式（正、背面）（YYM156：7-1、YYM156：7-2、YYM158：9、YYM108：8）

玉皇庙墓地出土青铜牌饰

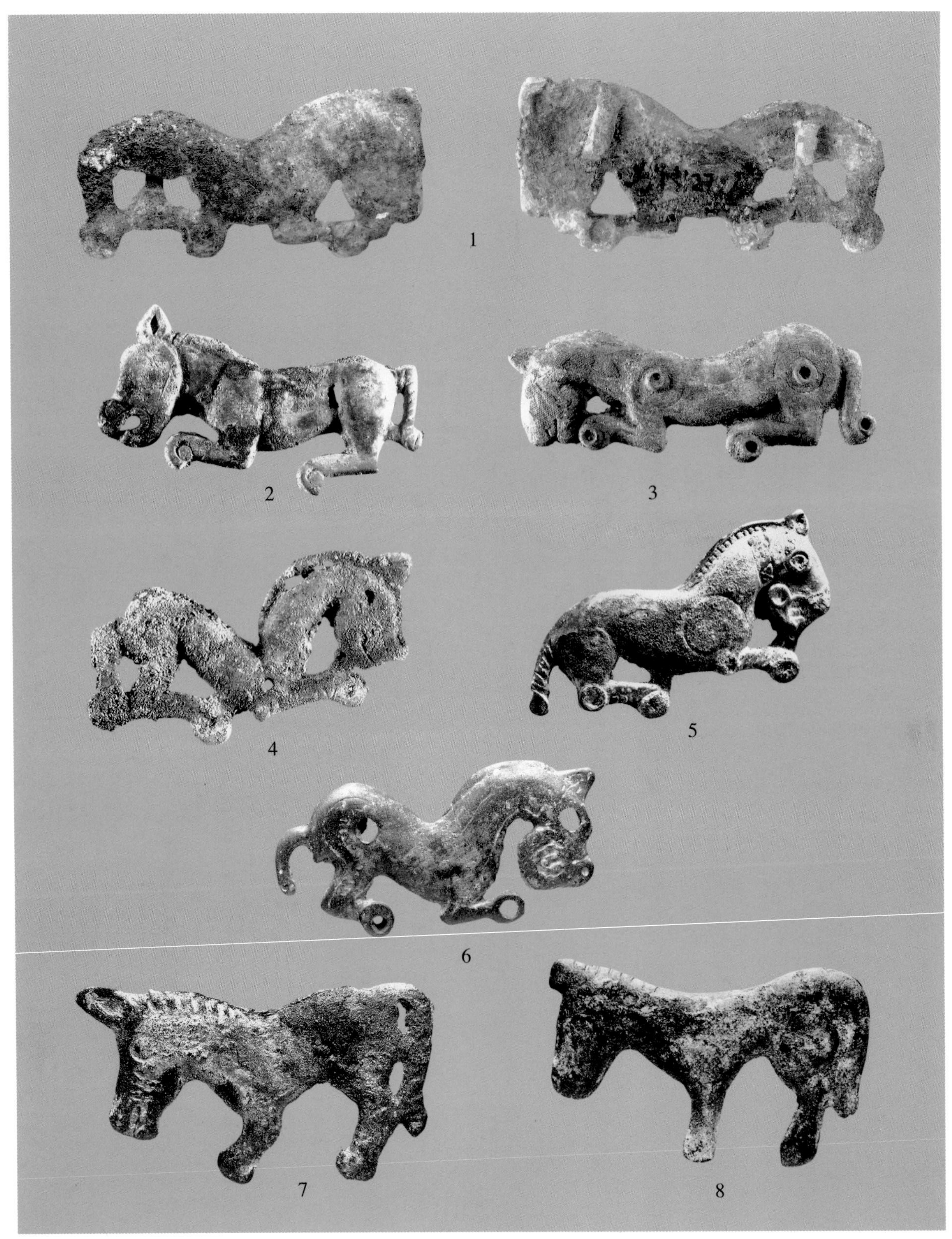

1～4. Ⅱ型Ⅰ式（YYM127：6［正、背面］、YYM344：7［正面］、YYM129：5［正面］、YYM373：7［正面］） 5、6. Ⅱ型Ⅱ式（YYM226：6［正面］、YYM190：7［正面］） 7、8. Ⅱ型Ⅲ式（YYM234：7、YYM267：2［正面］）

玉皇庙墓地出土青铜牌饰

1. Ⅲ型Ⅰ式青铜牌饰（YYM154：3）

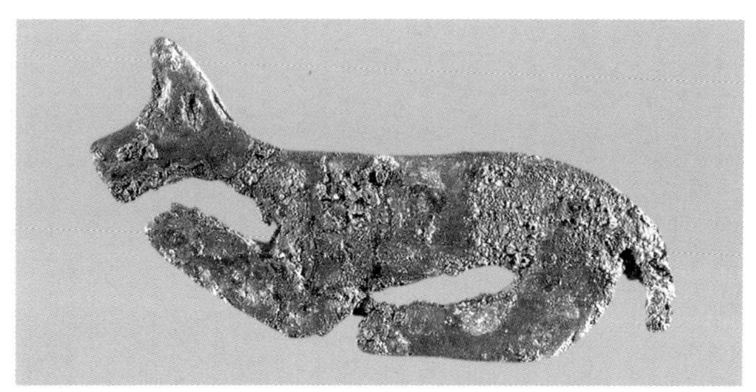

2. Ⅲ型Ⅰ式青铜牌饰（YYM349：7）

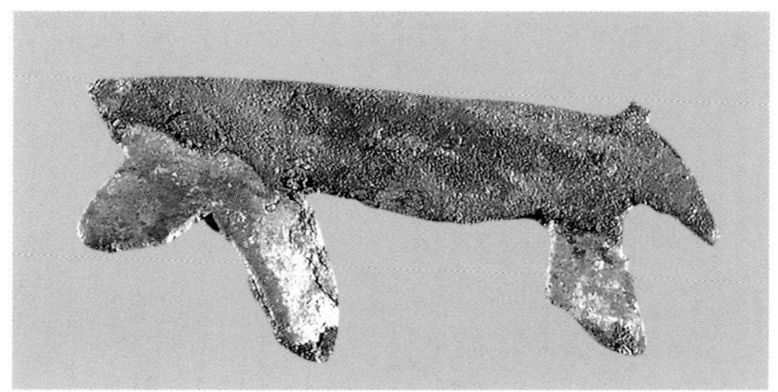

3. Ⅲ型Ⅱ式青铜牌饰（YYM348：6）

4. Ⅳ型青铜牌饰（YYM175：7-1［正面］）

5

6

7

5～7. Ⅰ型铜镜形饰（YYM13：14、YYM211：3［正、背面］、YYM118：5［正、背面］）

玉皇庙墓地出土青铜牌饰及铜镜形饰

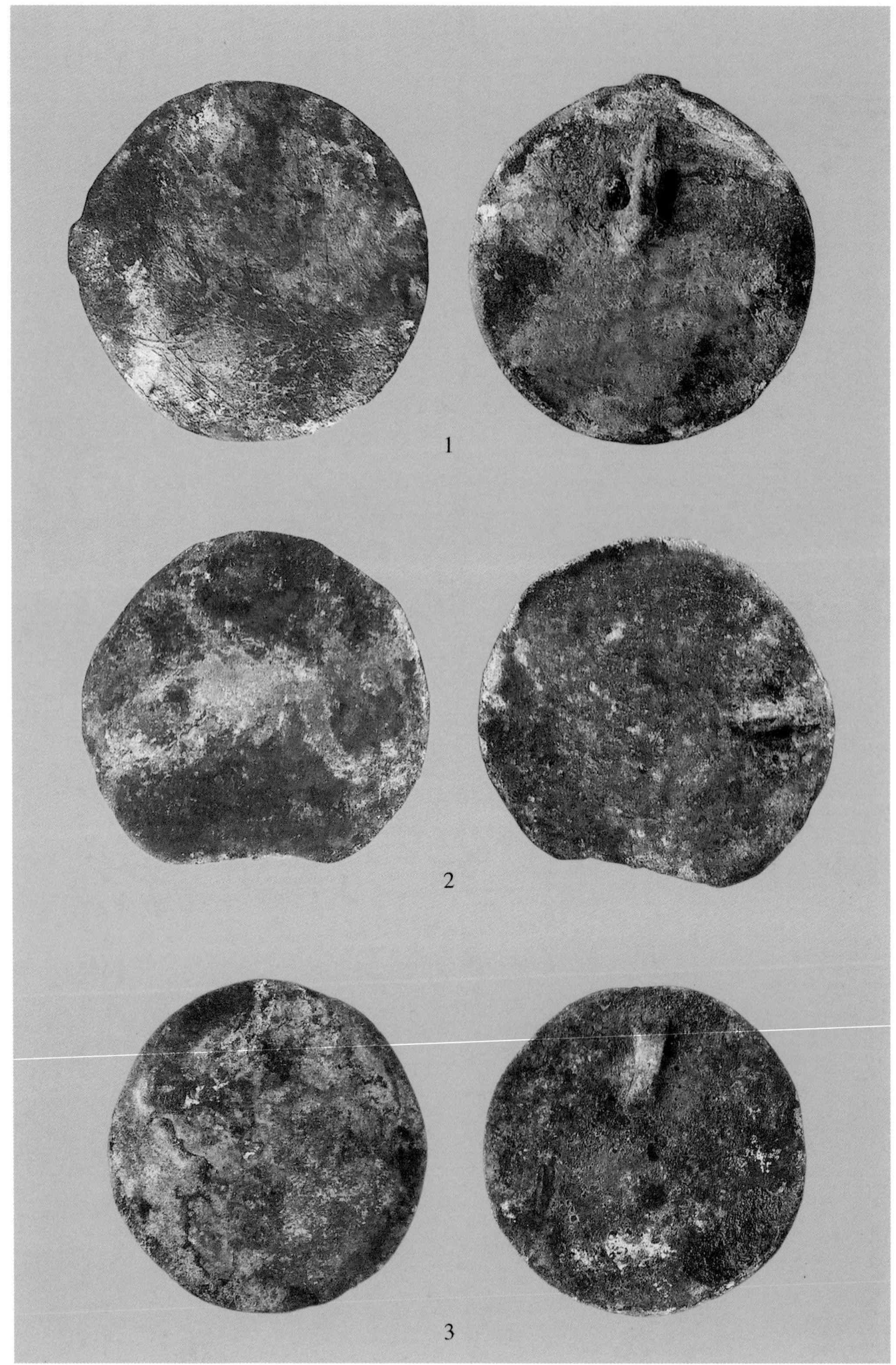

1～3. Ⅰ型（正、背面）（YYM327∶2、YYM317∶4、YYM305∶3-2）

玉皇庙墓地出土铜镜形饰

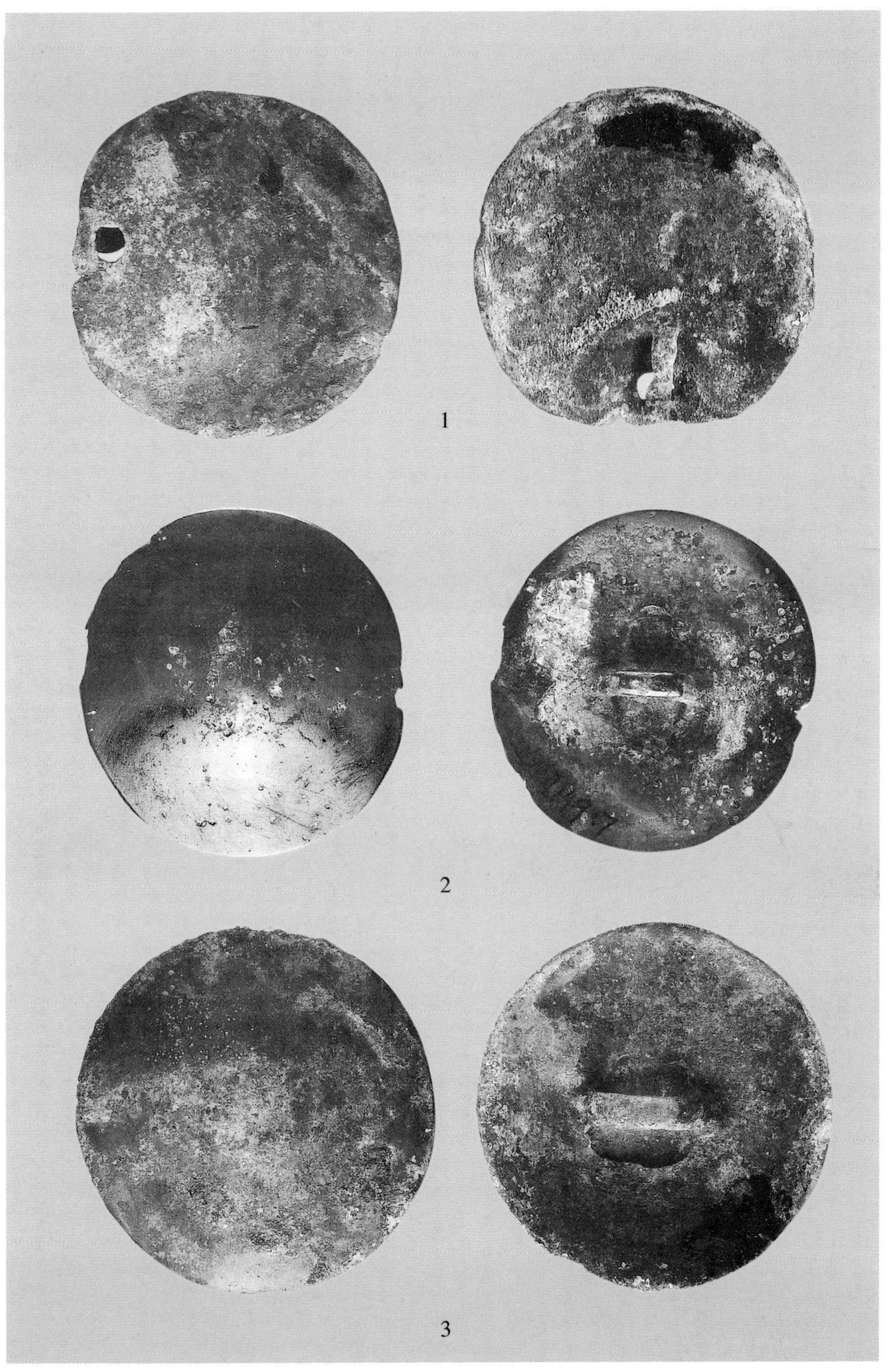

1. Ⅰ 型（YYM305：3-1［正、背面］） 2. Ⅱ型（YYM149：7［正、背面］） 3. Ⅱ型（YYM317：3［正、背面］）

玉皇庙墓地出土铜镜形饰

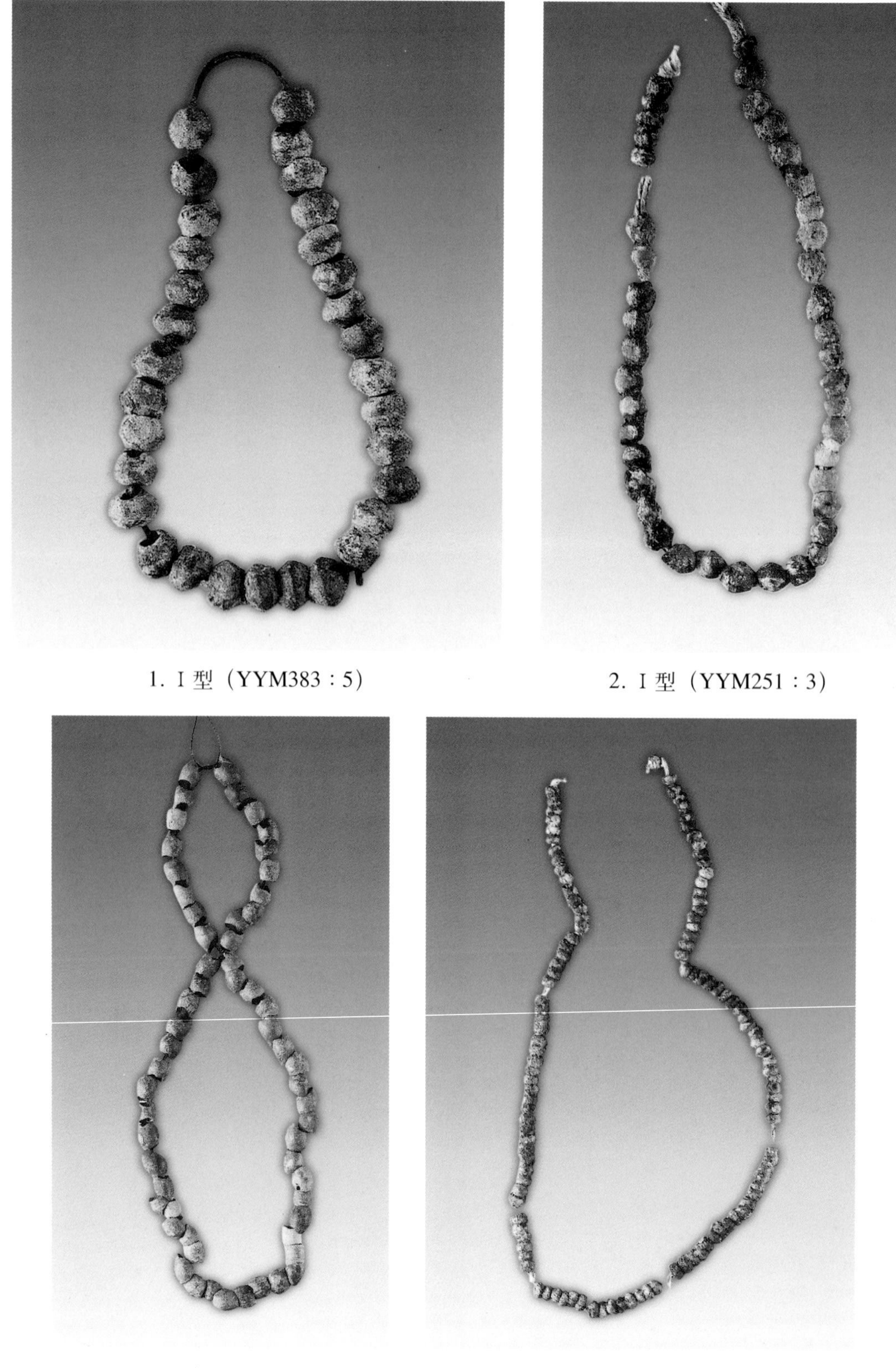

1. Ⅰ型（YYM383：5）

2. Ⅰ型（YYM251：3）

3. Ⅰ型（YYM253：2）

4. Ⅰ型（YYM150：6）

玉皇庙墓地出土粟粒形小铜珠项链

1. Ⅰ型（YYM266：6）

2. Ⅱ型（YYM153：11）

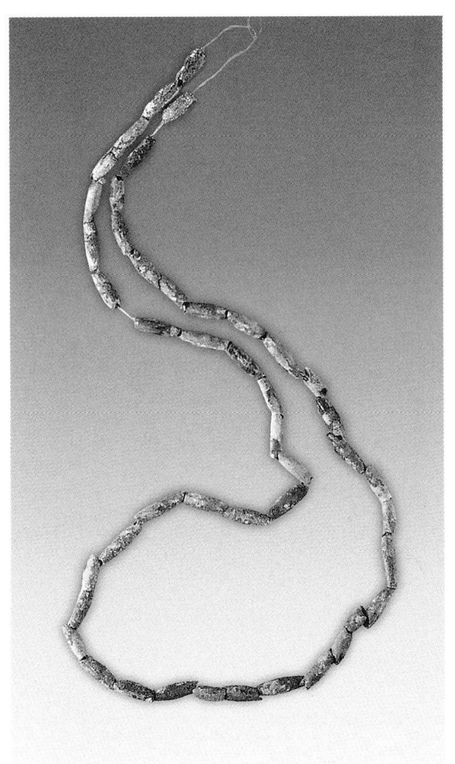

3. Ⅱ型（YYM137：5）

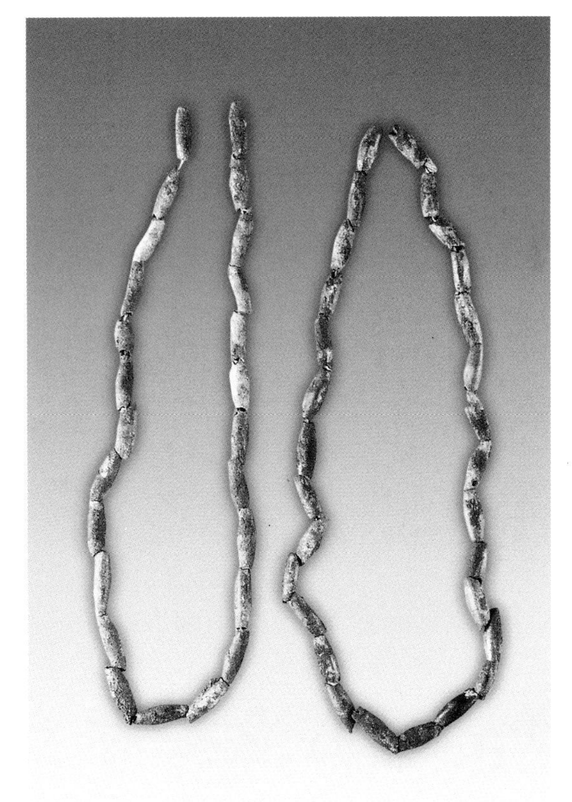

4. Ⅱ型（YYM：133：7、YYM128： 3）

玉皇庙墓地出土小铜珠项链

1. Ⅱ型（YYM113：5）

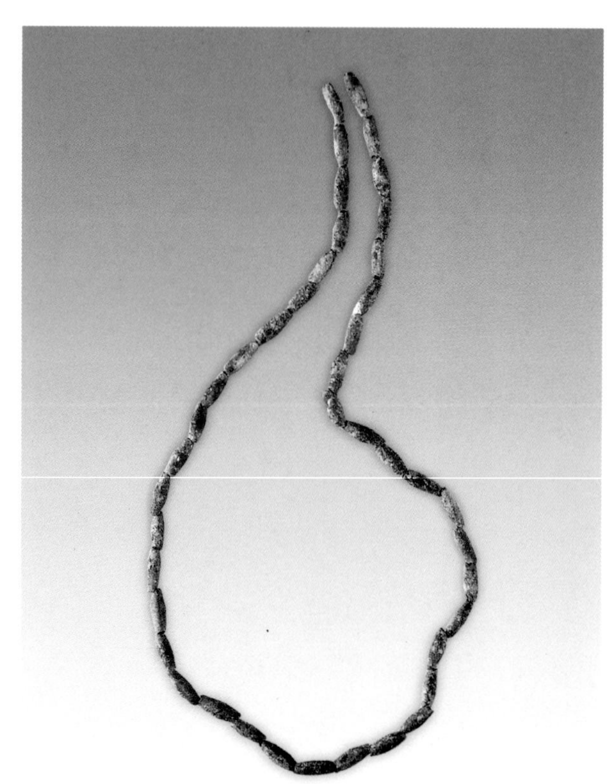

2. Ⅱ型（YYM308：4）

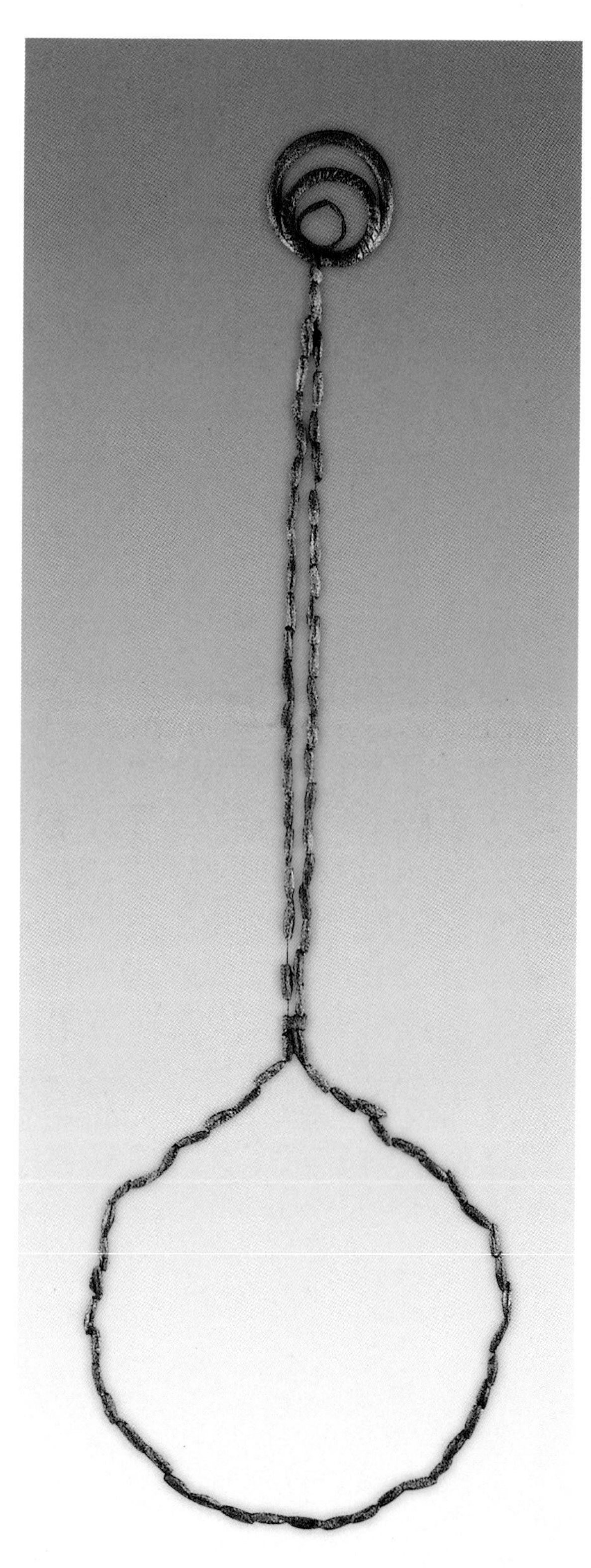

3. Ⅱ型（YYM302 : 9）

玉皇庙墓地出土纺锤形铜珠项链

1. Ⅰ型小铜箍串珠（1. YYM48：13）

2. Ⅰ型小铜箍串饰（左 YYM281：9、右 YYM149：5）

3. Ⅱ型小铜箍串饰（YYM165：4）

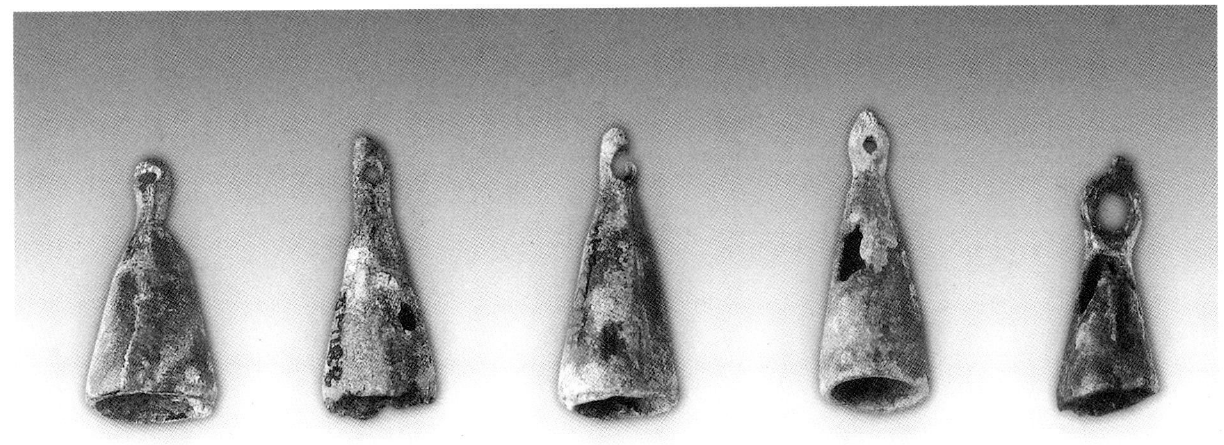

4. Ⅰ型铜铃形饰（YYM275：13、YYM188：19 、YYM220：10、YYM213：14、YYM175：11）

玉皇庙墓地出土小铜箍串珠及铜铃形饰

1. Ⅰ型（YYM17：10、YYM65：7、YYM19：20、YYM34：12、YYM22：10、YYM102：15）

2. Ⅰ型（YYM240：10）

3. Ⅰ型（YYM202：7）

玉皇庙墓地出土铜铃形饰

1. Ⅰ型（YYM198：8）

2. Ⅰ型（YYM302：10-1、2）

3. Ⅱ型（YYM215：17）

4. YYM302出土的各型（Ⅰ、Ⅱ、Ⅲ型）铜铃形饰

5. Ⅱ型（YYM302：10-13～16）

6. Ⅲ型（YYM302：10-20）

玉皇庙墓地出土铜铃形饰

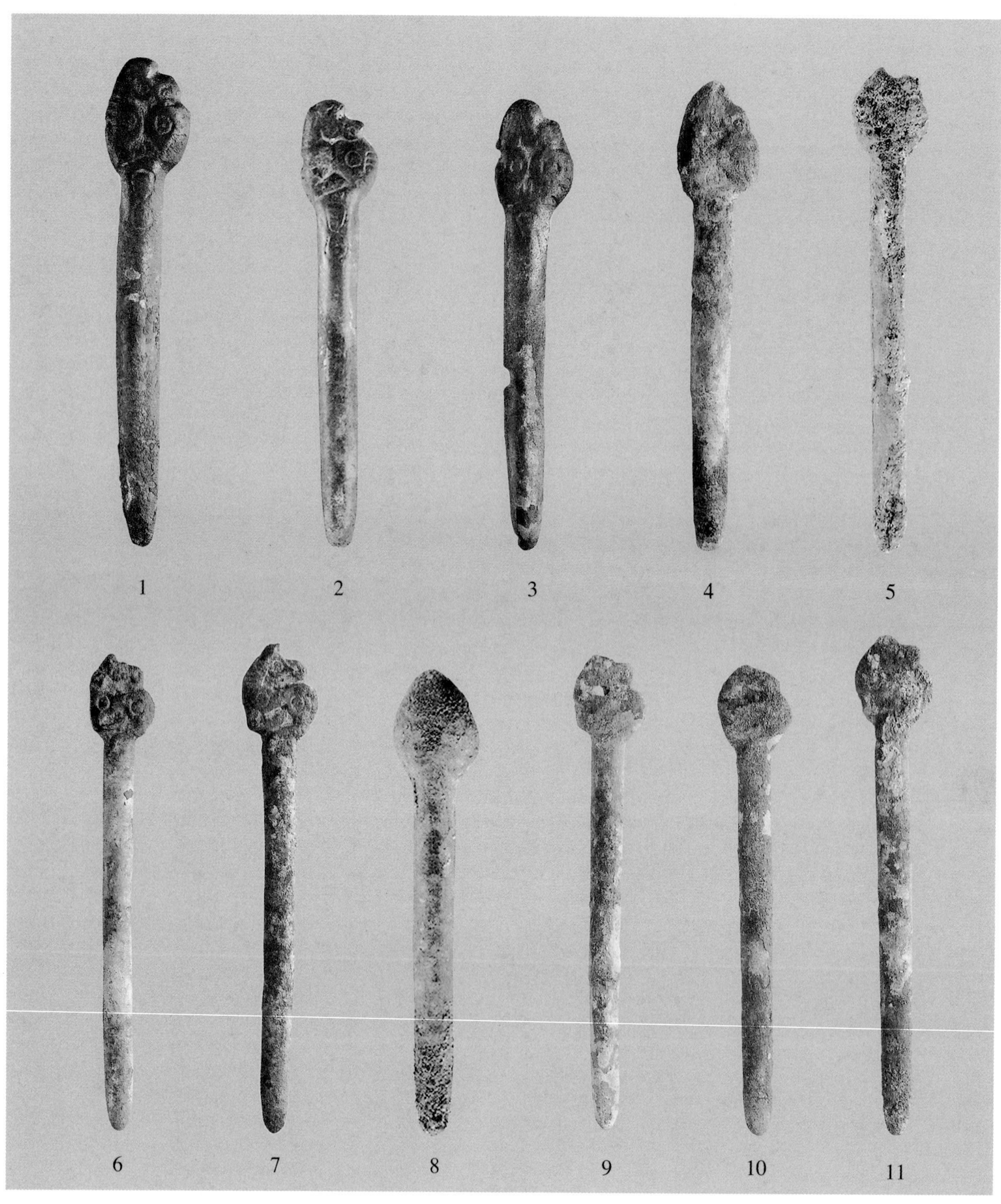

1～11. Ia型Ⅰ式（YYM35：10、YYM280：6、YYM285：5、YYM47：6、YYM231：5、YYM251：4、YYM44：5、YYM232：3、YYM241：6、YYM263：10、YYM272：4）

玉皇庙墓地出土匕形铜坠饰

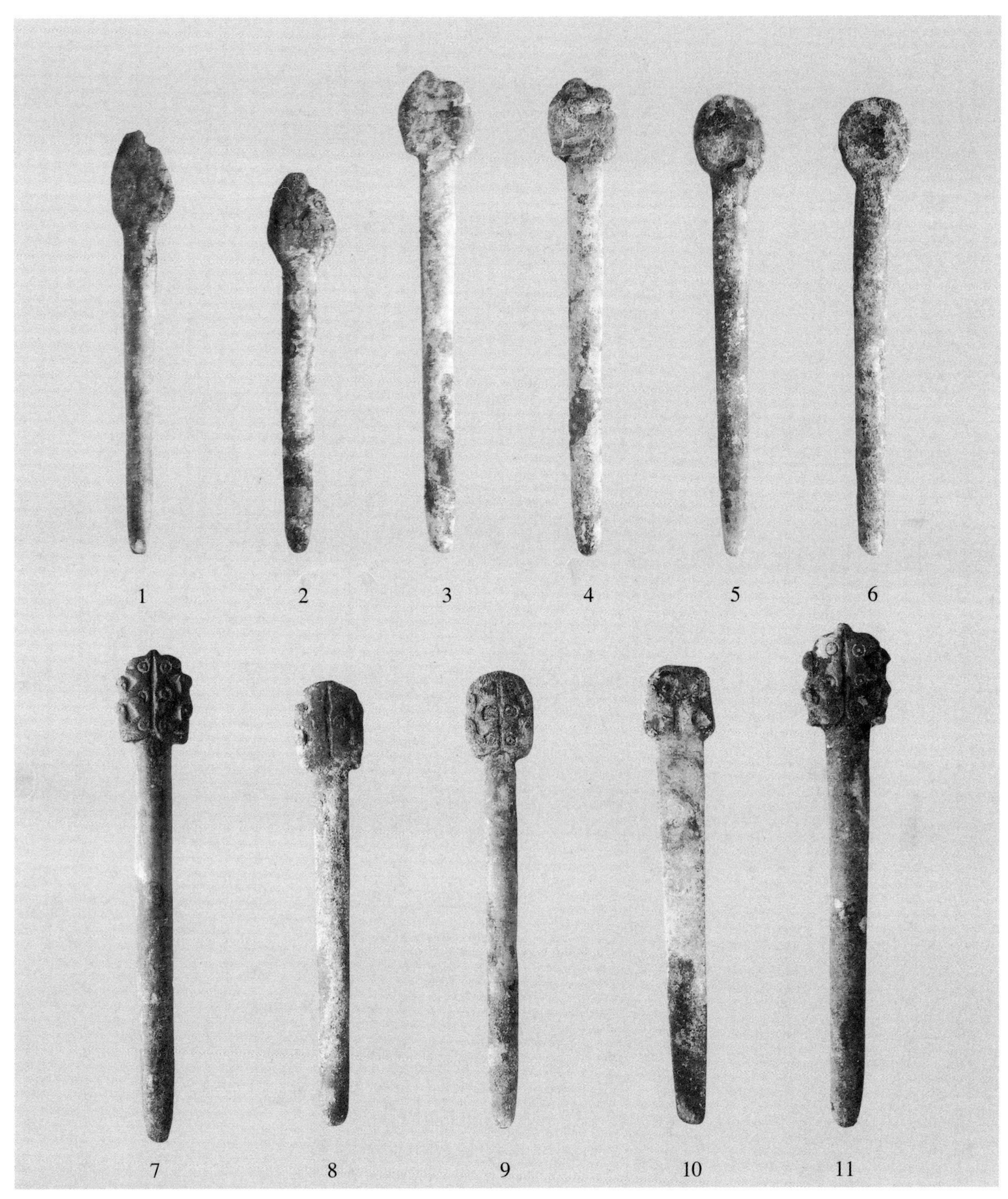

1～6. Ia型Ⅰ式（YYM266： 7 、YYM208 : 6、YYM222 : 7 、YYM206 : 5、YYM153 : 12、YYM133 : 8）
7～11. Ia型Ⅱ式（3:YYM49 : 6、YYM256 : 10、YYM258 : 8、YYM178 : 9、YYM150 : 7）

玉皇庙墓地出土 匕形铜坠饰

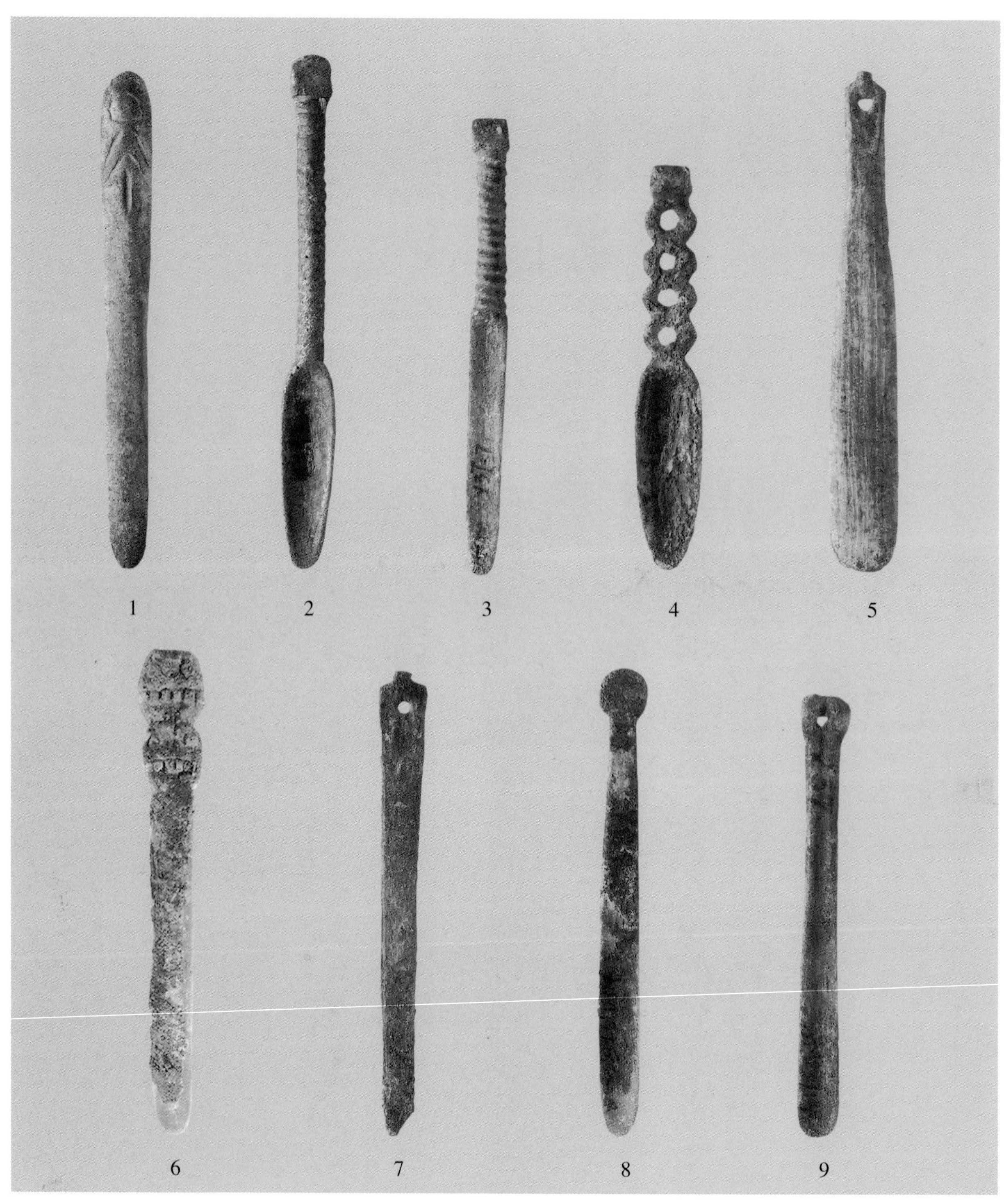

1. Ia 型Ⅲ式（YYM220：7） 2、3. Ib 型Ⅰ式（YYM10：8、YYM37：7） 4. Ib 型Ⅱ式（YYM125：7）
5. Ib 型Ⅲ式（YYM128：4） 6. IC 型Ⅰ式（YYM279：5） 7. IC 型Ⅱ式（YYM339：5）
8、9. Id 型（左 YYM197：6、YYM237：5）

玉皇庙墓地出土匕形铜坠饰

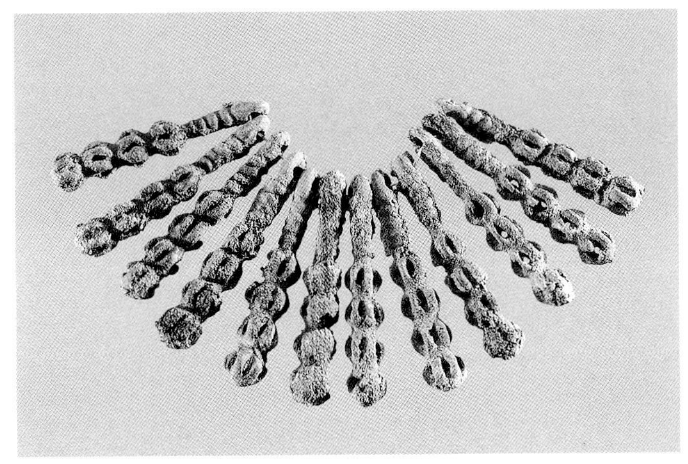

1. Ⅱa型Ⅰ式（YYM35：12）

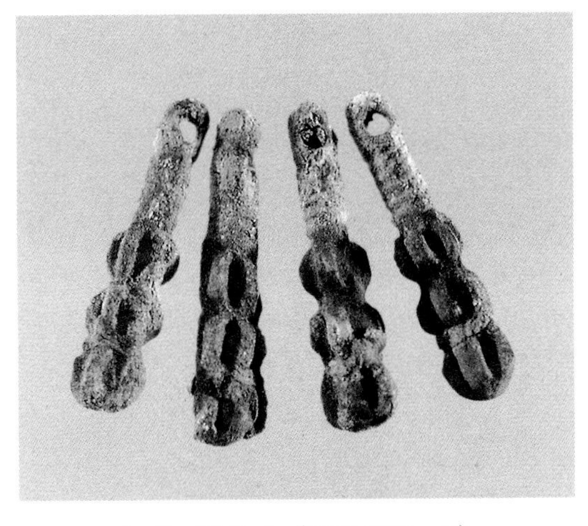

2. Ⅱa型Ⅱ式（YYM280：7）

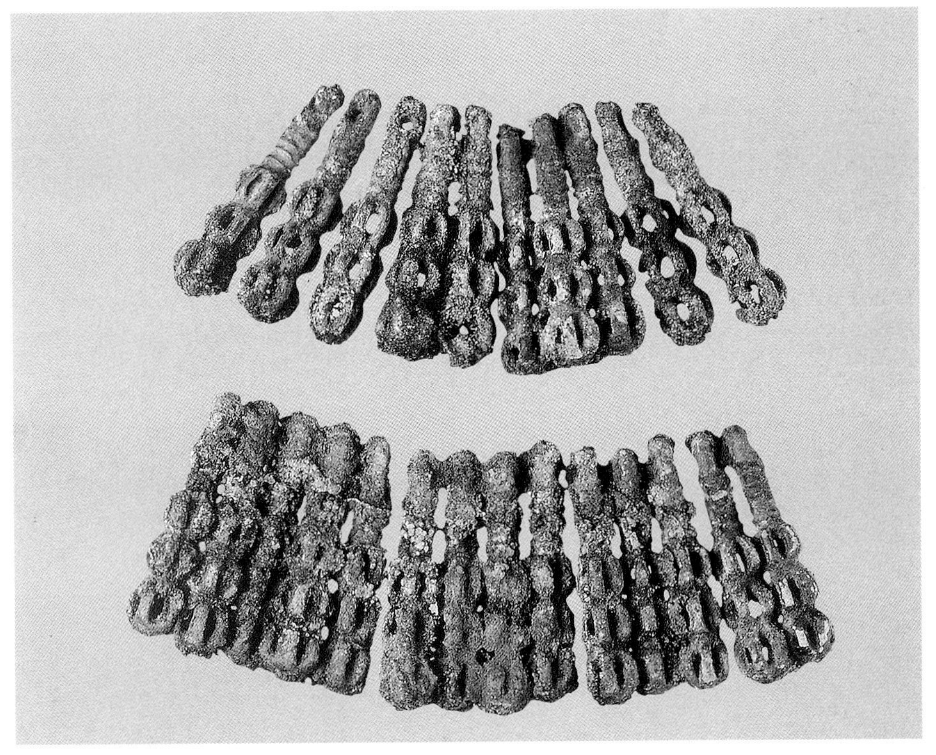

3. Ⅱa型Ⅱ式（YYM2：16）

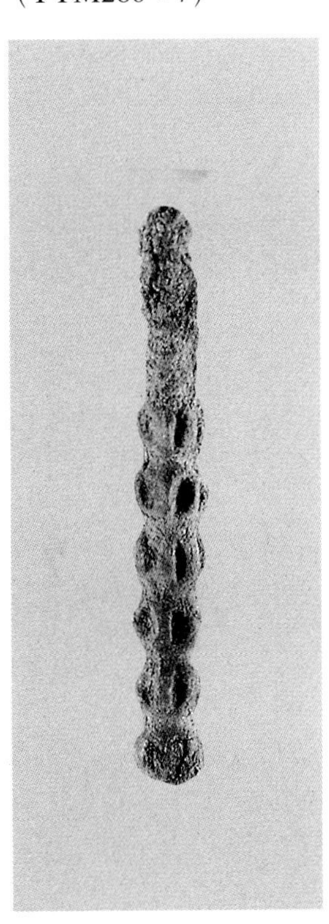

4. Ⅱa型Ⅲ式（YYM231：7-1）

玉皇庙墓地出土联珠棍形铜坠饰

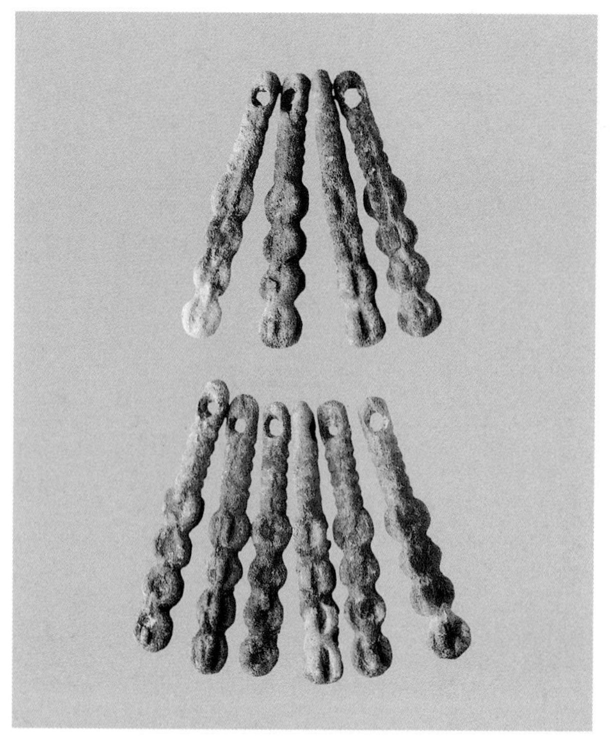

1. Ⅱa 型Ⅰ式（YYM263：11）

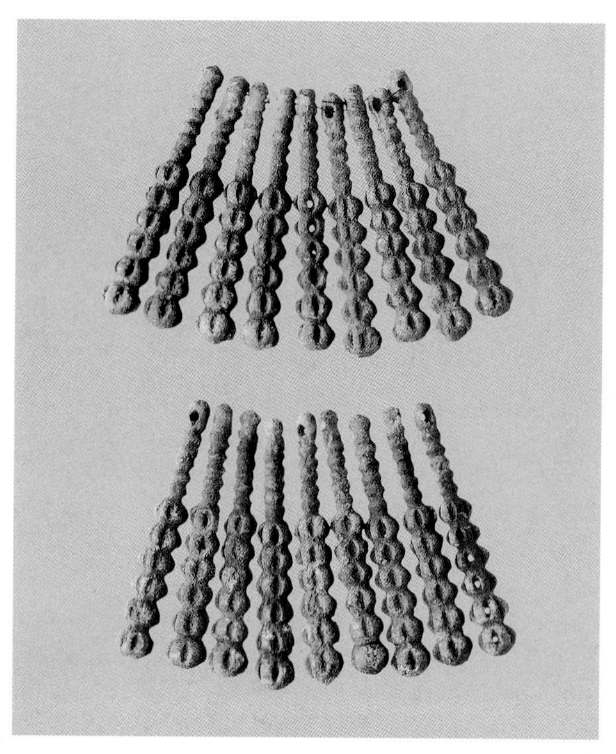

2. Ⅱa 型Ⅲ式（YYM256：11）

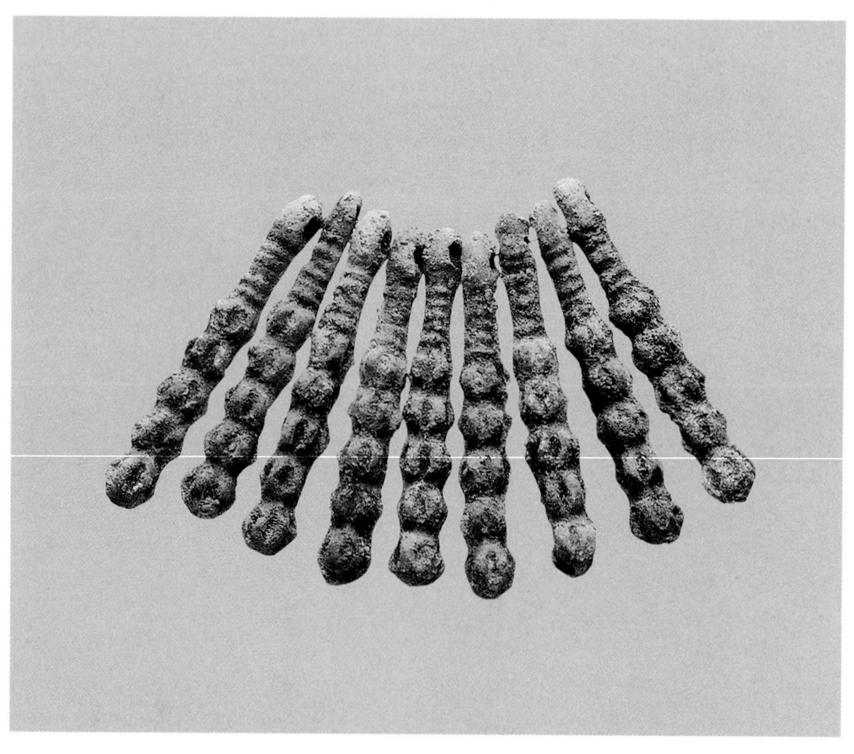

3. Ⅱa 型Ⅳ式（YYM198：9）

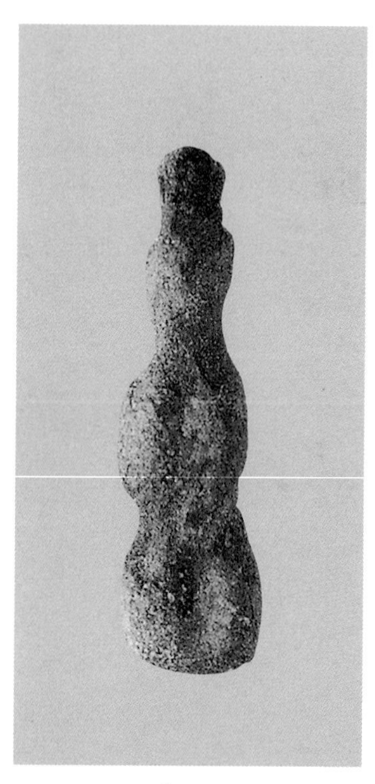

4. Ⅱb 型（YYM253：3）

玉皇庙墓地出土联珠棍形铜坠饰

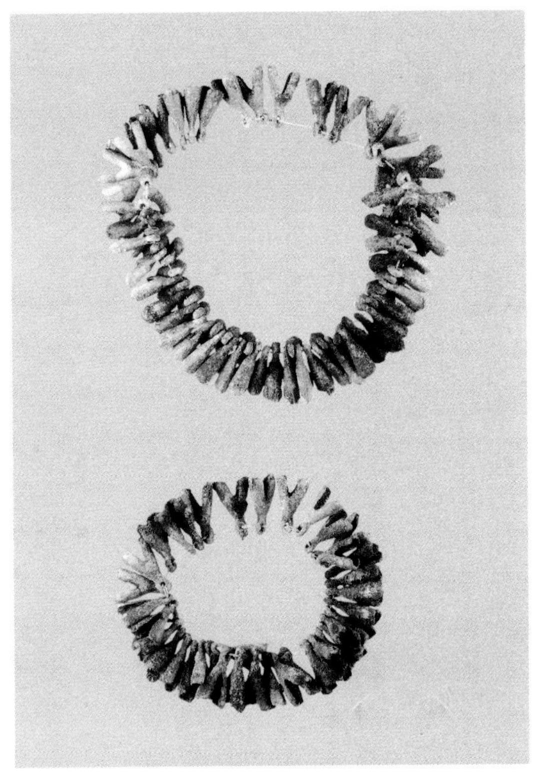

1. Ⅲ型（YYM2：17）

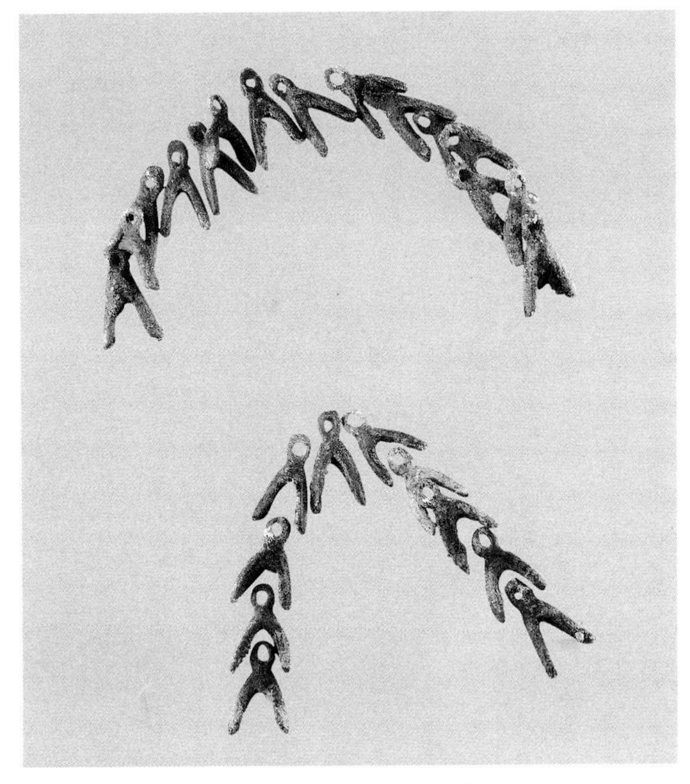

2. Ⅲ型（YYM18：33）

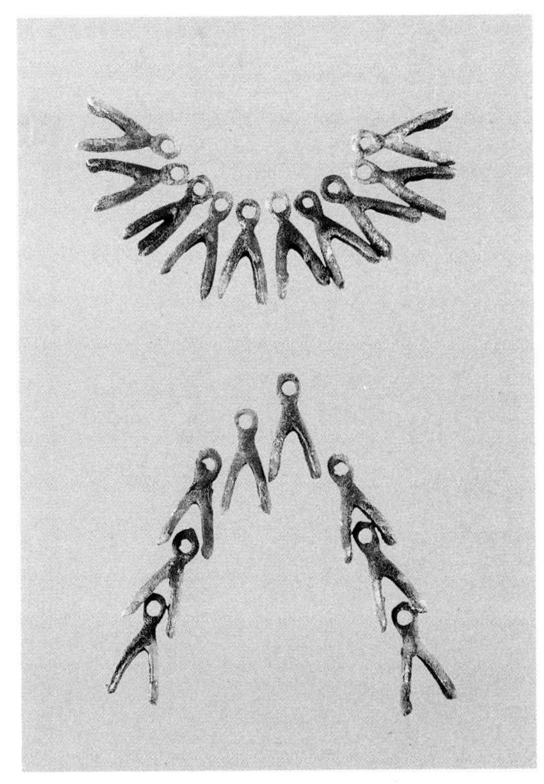

3. Ⅲ型（YYM153：14）

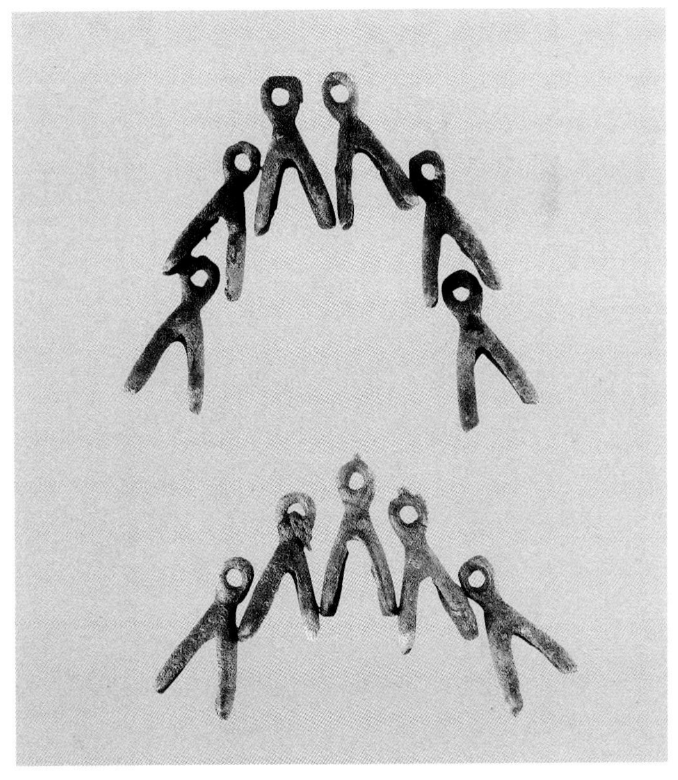

4. Ⅲ型（YYM392：7）

玉皇庙墓地出土人字形铜坠饰

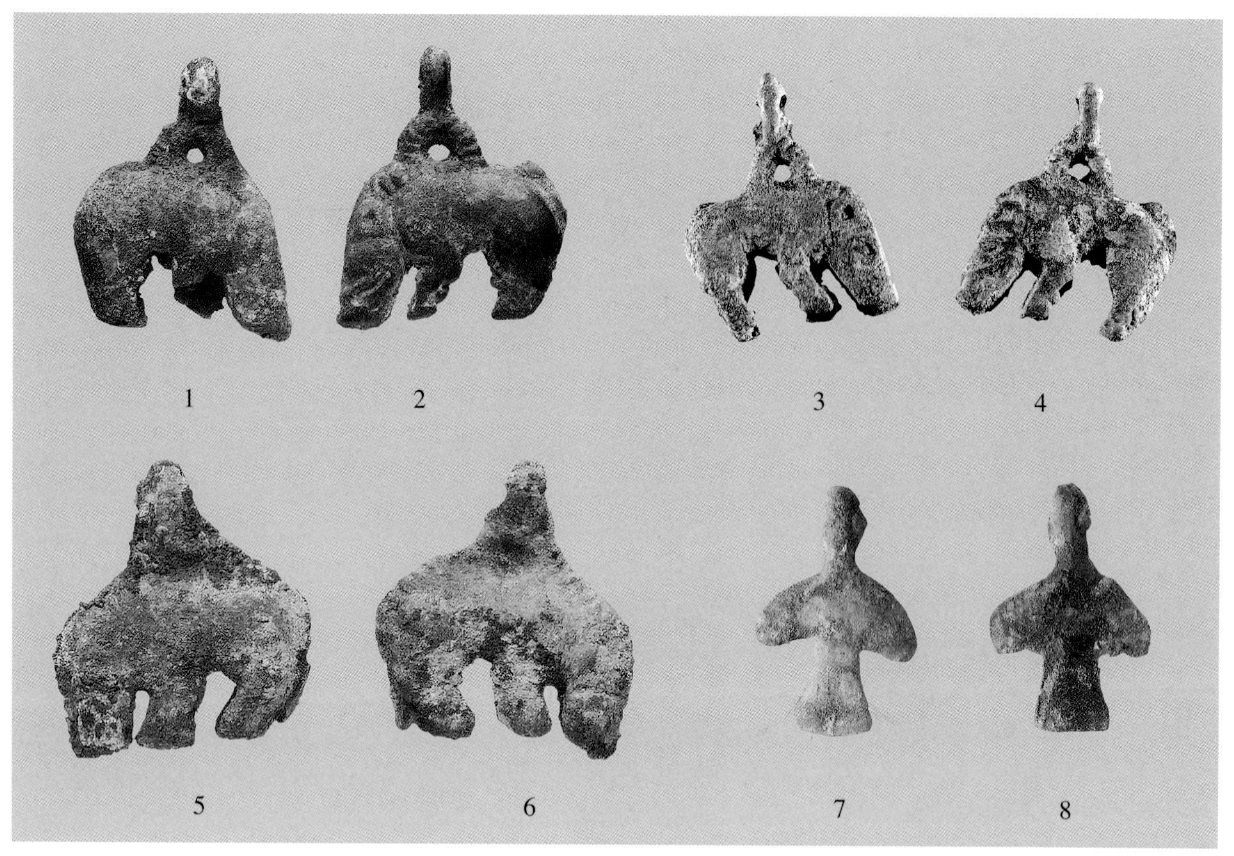

1～6. Ⅳ型 野猪形坠饰（YYM18：18-1、YYM18：18-2、YYM250：31-1、YYM250：31-12、YYM381：7-1、YYM381：7-2） 7、8. Ⅴ型 鸟形坠饰（YYM240：7-1、YYM240：7-2）

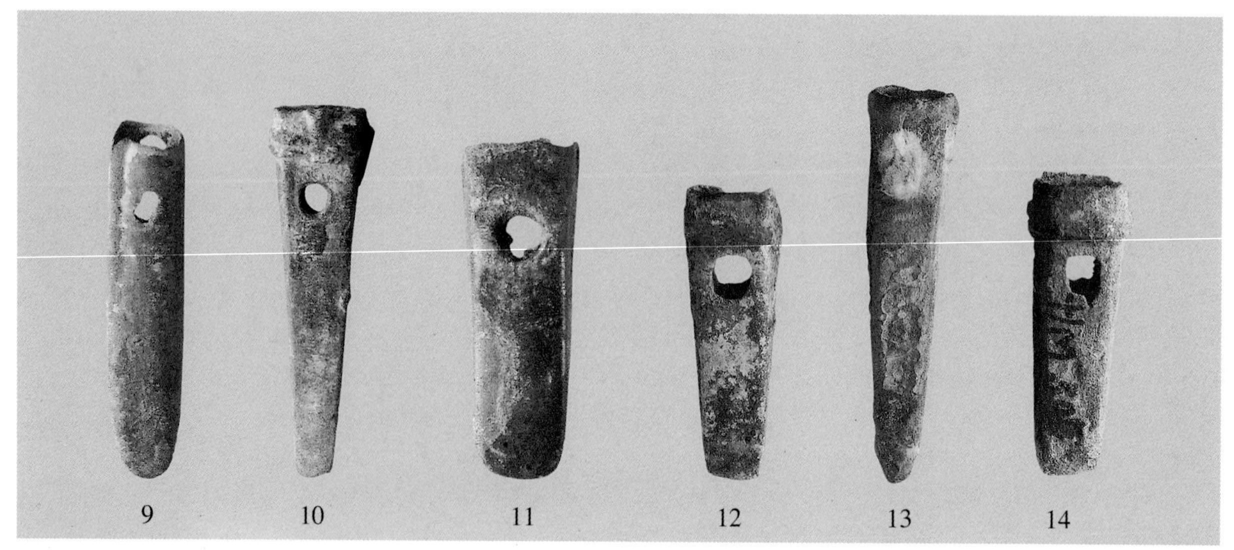

9～14. Ⅵ型小铜凿形坠饰 （YYM60：2、YYM118：7、YYM317：5、YYM305：4-1、YYM305：4-2、YYM374：9）

玉皇庙墓地出土青铜坠饰

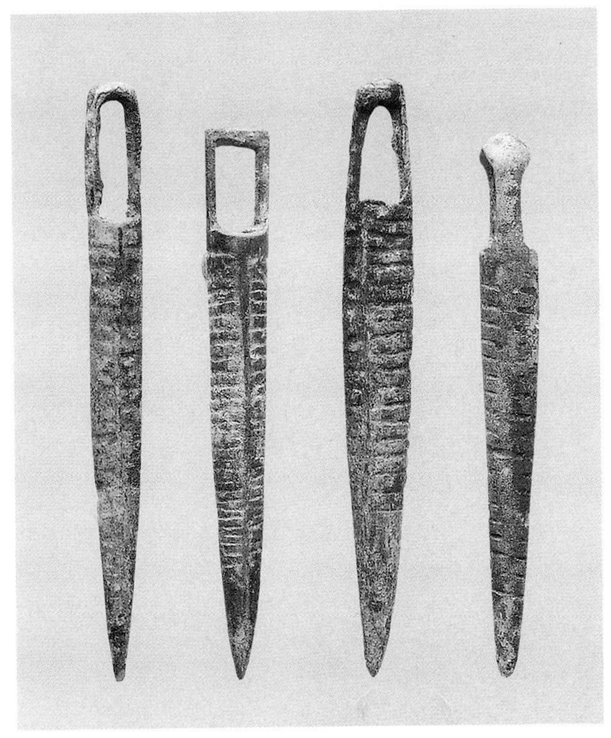

1. Ⅶ型 圆锥形坠饰（YYM149：9、YYM324：2-1、YYM324：2-2、YYM322：3）

2. Ⅷ型 三联珠形坠饰（YYM221：6）

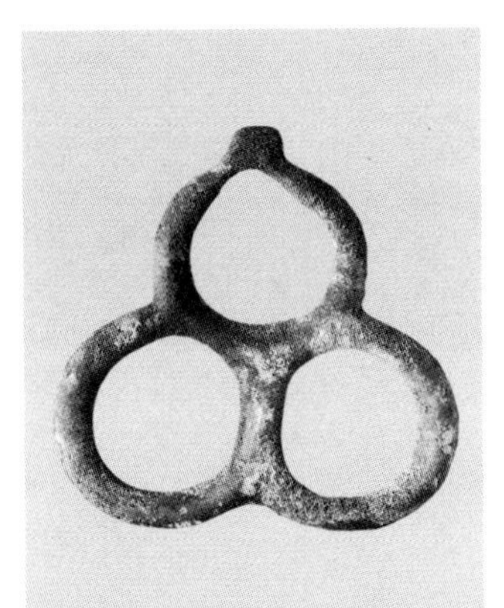

3. Ⅸ型三环形坠饰（YYM144：6）

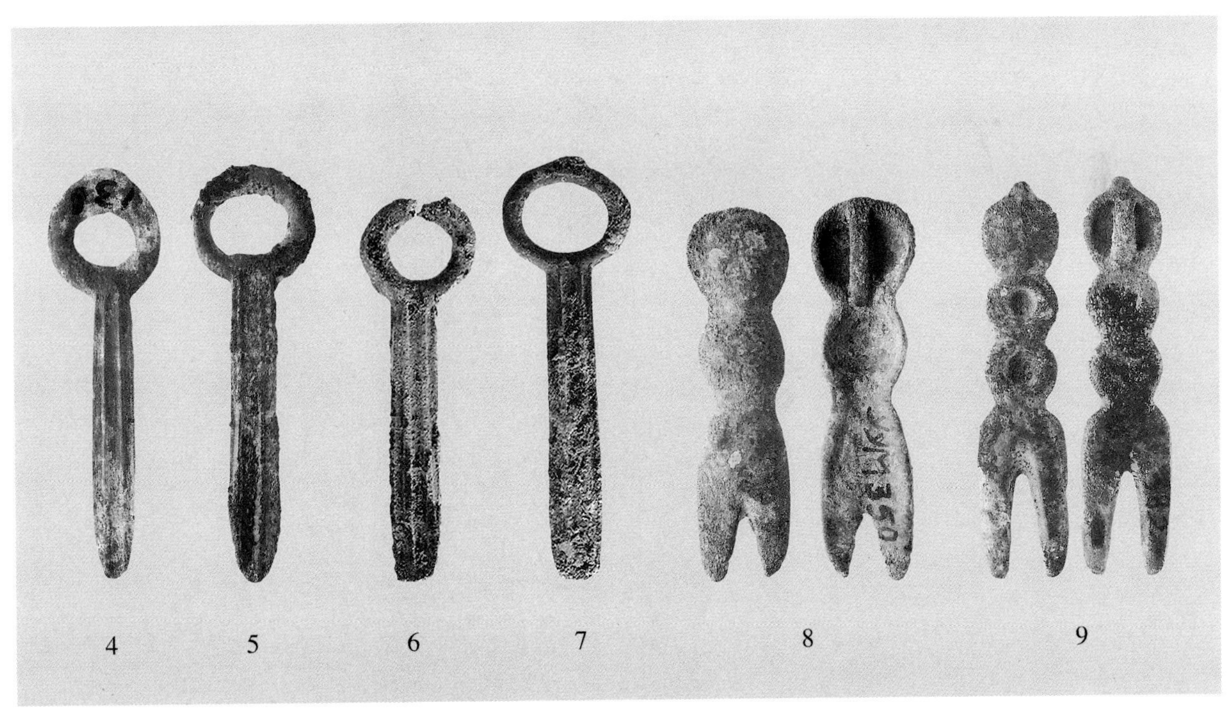

4～7. Ⅹ型尖首刀币柄形坠（YYM138：6、YYM358：5、YYM381：6、YYM375：6）

8. Ⅺ型Ⅰ式双联珠双尾形坠饰（正、背面）（YYM350：4）

9. Ⅺ型Ⅱ式三联珠双尾形坠饰（正、背面）（YYM382：4）

玉皇庙墓地出土青铜坠饰

1. 人形铜饰（YYM32：14、YYM204：4、YYM374：10）

2. 羊头铜饰（YYM300：13）

3. 马踏单环铜饰（正、背面）（YYM312：4）

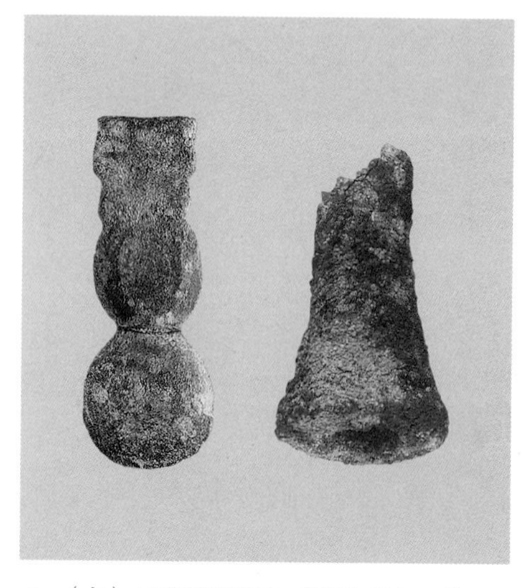

4. （左）亚腰形铜饰（YYM31：6）
（右）喇叭形管状铜饰（YYM300：20）

5. （左）薄壳小铜管（YYM248：3）
（中）钩形铜饰（YYM108：9）　（右）短铜管（YYM13：8）

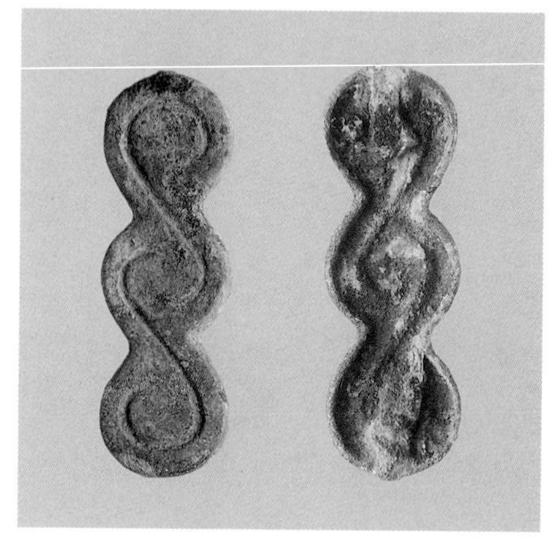

6. 三联珠形铜饰（正、背面）
（YYM134：8）

玉皇庙墓地出土其他铜饰件

1. 双环形铜饰（YYM149：15）

2. 弹簧形铜饰（YYM149：4）

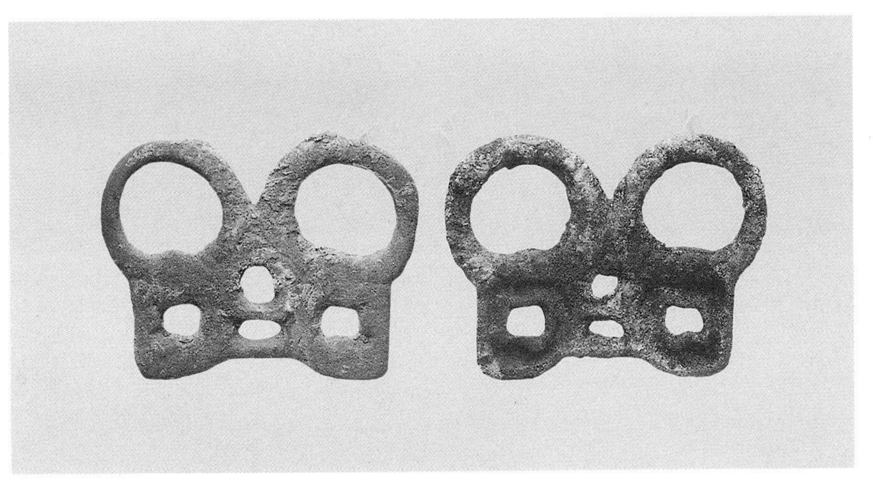

3. 双环孔形铜饰（YYM174：19）

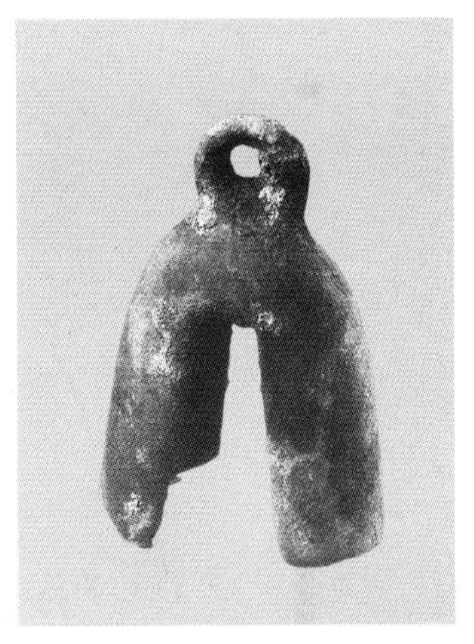

4. 开裆铃形铜饰（YYM240：8）

5. 扁片式铃形铜饰（YYM240：9）

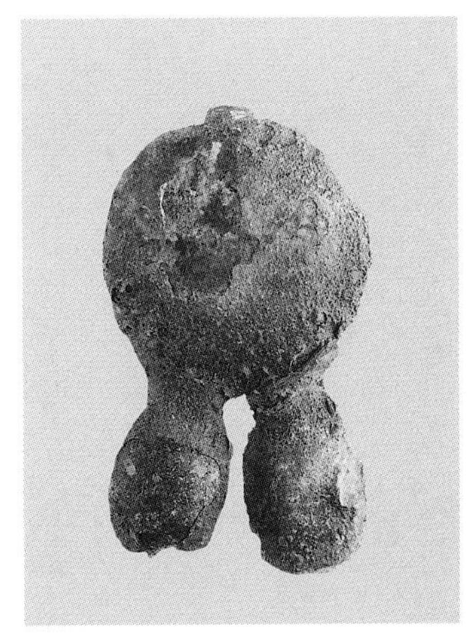

6. 双足形铜饰（YYM164：9）

玉皇庙墓地出土其他铜饰件

1. Ia型（YYM18：10） 2. Ic型（YYM227：6） 3. Ib型Ⅰ式（YYM282：8） 4. Ib型Ⅱ式（YYM229：2）
5. Ib型Ⅲ式（YYM72：3） 6、7. Ic型（YYM95：13、YYM209：9）

玉皇庙墓地出土青铜带钩

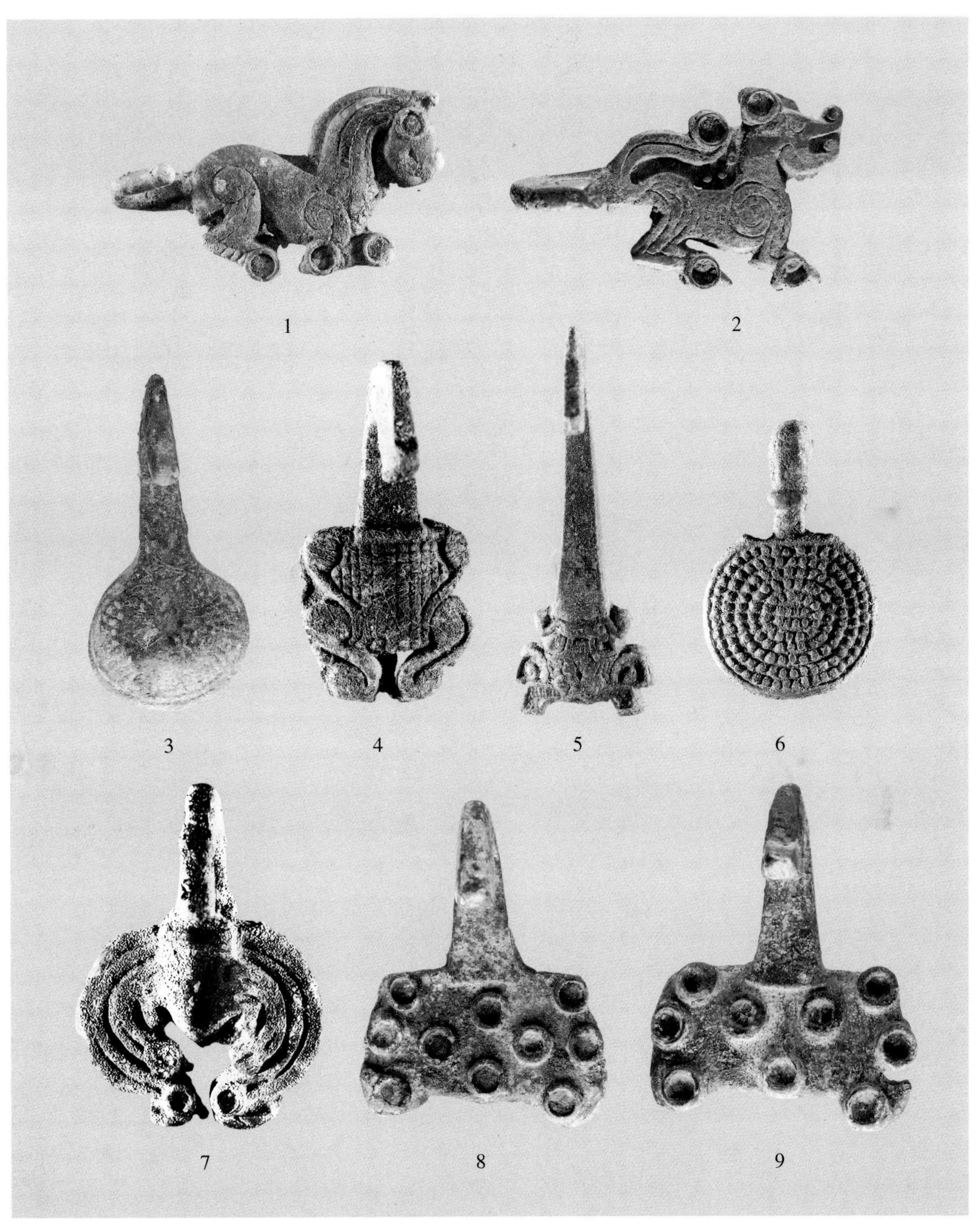

1. Id型（YYM275：I0） 2. Ig型（YYM102：8） 3. Ⅱa型Ⅱ式（YYM173：1） 4. Ii型（YYM313：4）
5. Ij型（YYM325：4） 6. Ⅱa型Ⅰ式（YYM250：13） 7. Ie型Ⅰ式（YYM48：11）
8. Ⅱb型Ⅰ式（YYM303：6） 9. Ⅱb型Ⅰ式（YYM199：5）

玉皇庙墓地出土青铜带钩

1. 青铜带钩Ⅱb型Ⅱ式（正、侧面）（YYM213：11）

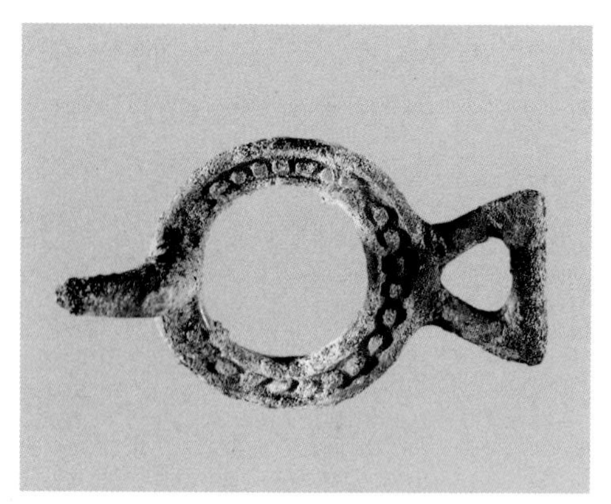

2. Ia型青铜带扣（YYM13：4）

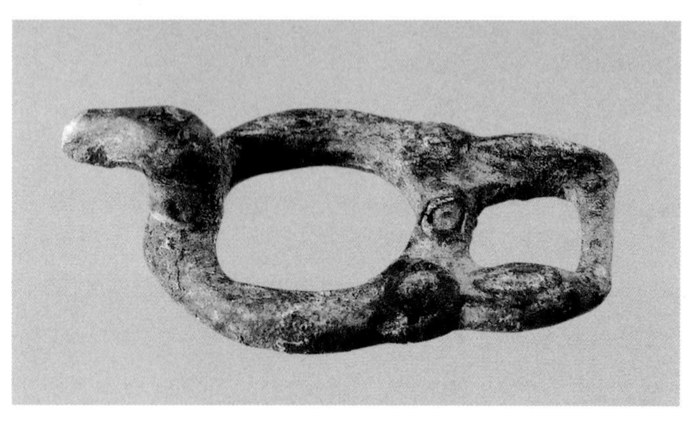

3. Ib型青铜带扣（YYM5：2）

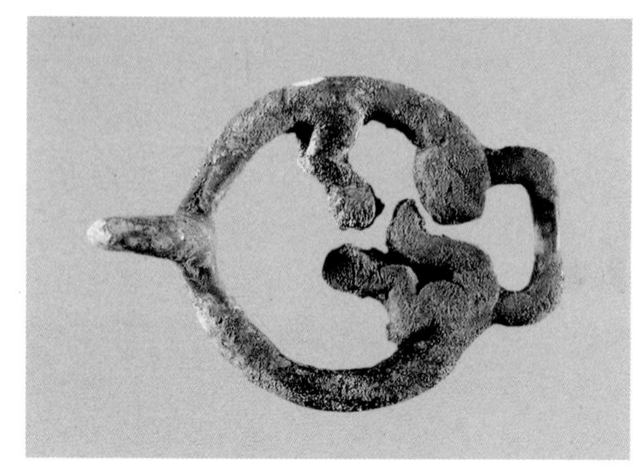

4. Ⅱ型青铜带扣（YYM261：10）

玉皇庙墓地出土青铜带钩及带扣

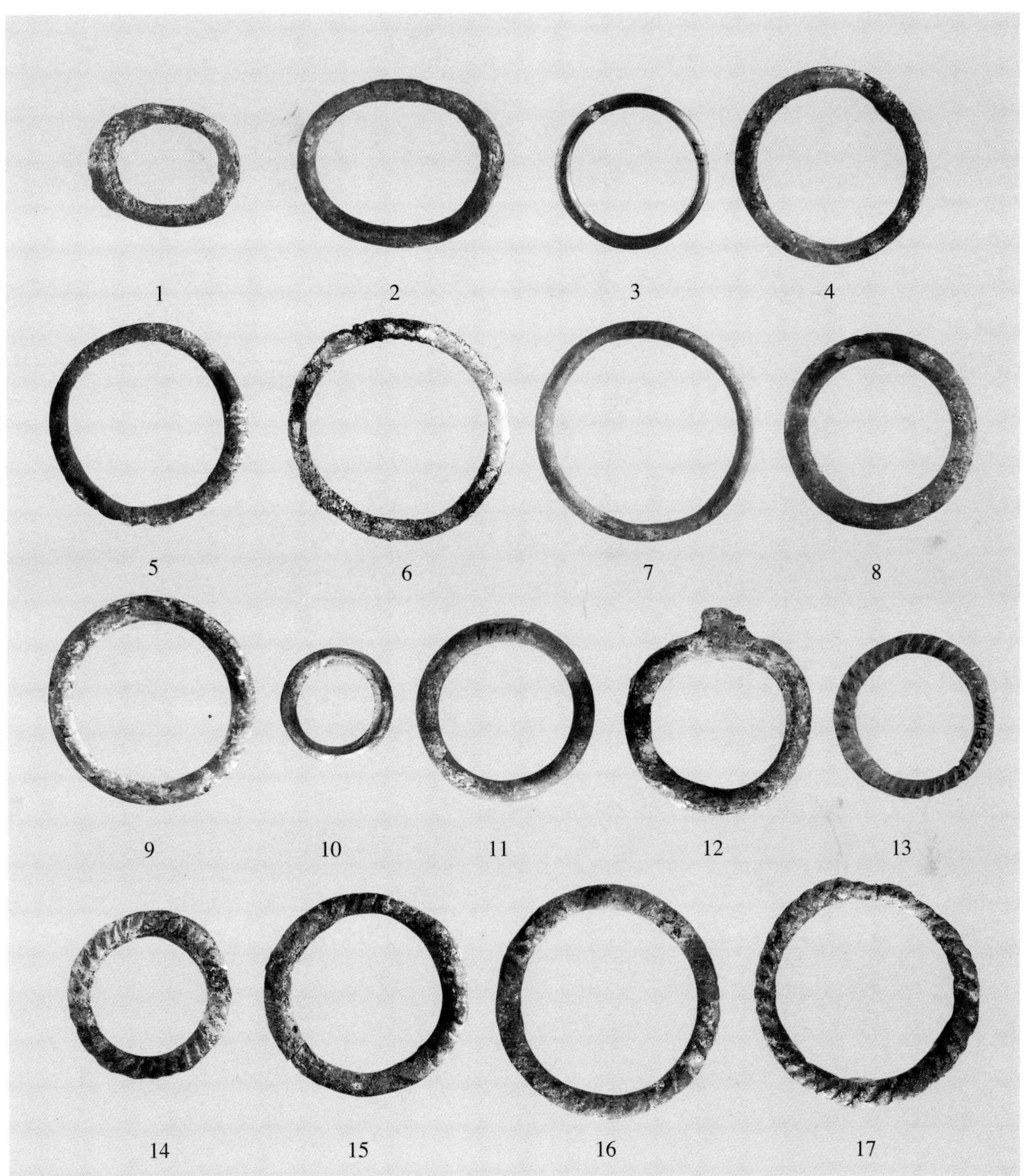

1、2. Ⅰ型（YYM18：11-1、YYM18：11-2） 3～12. Ⅱ型Ⅰ式（YYM86：11、YYM153：2、YYM167：12、YYM168：7、YYM134：9、YYM133：3、YYM344：9-2、YYM3：9、YYM241：9、YYM264：13）
13～17. Ⅱ型Ⅱ式（YYM142：10、YYM117：16、YYM122：15、340：6、YYM344：9-1）

玉皇庙墓地出土服饰铜环

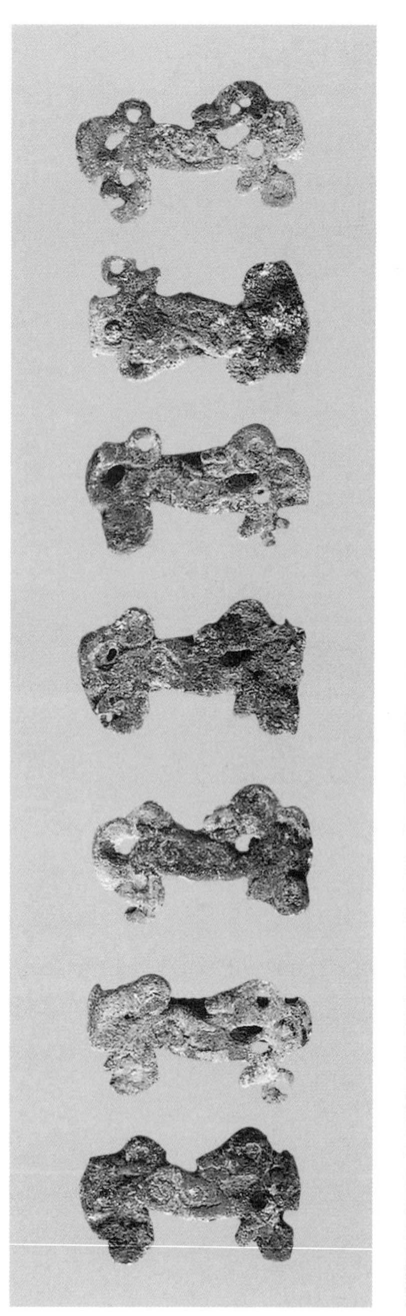

1. Ⅰ型（YYM105：14）

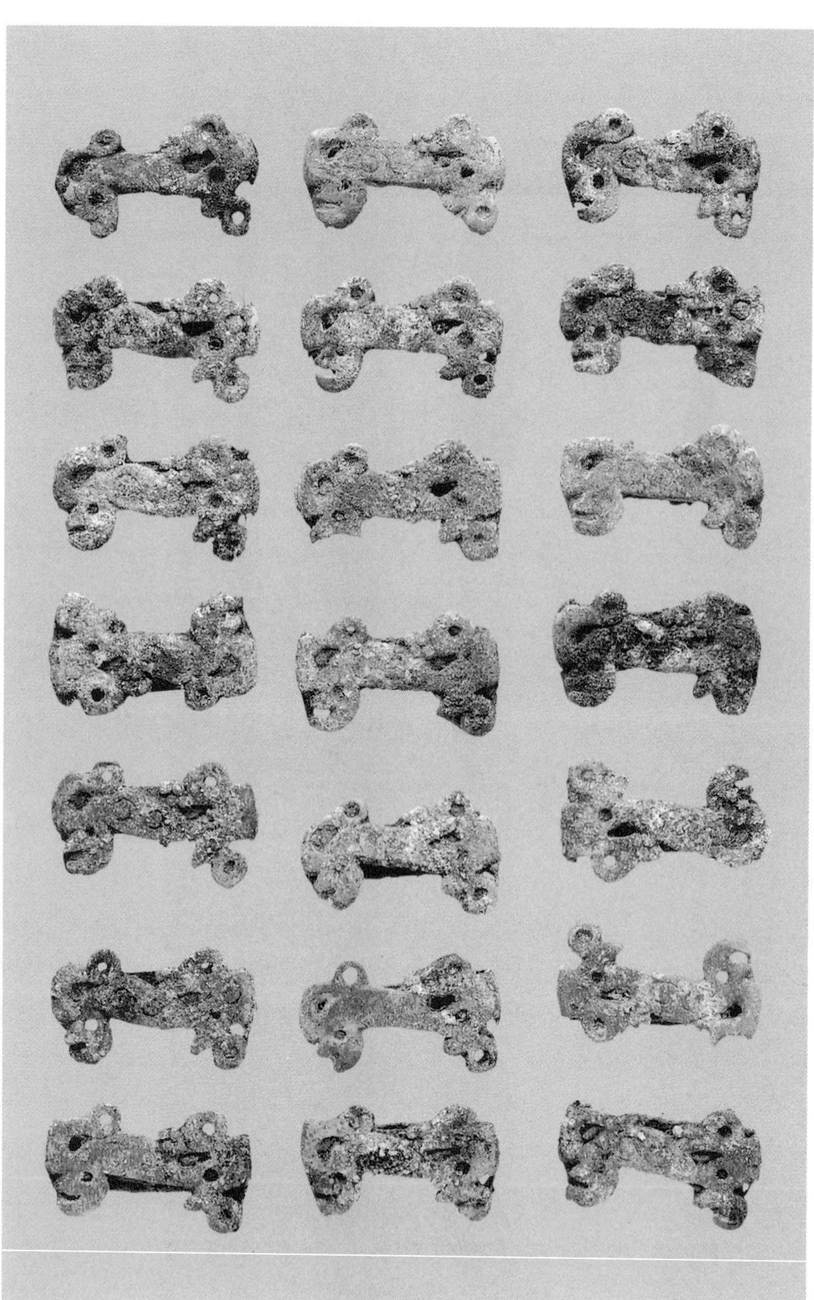

2. Ⅰ型（YYM122：10）

玉皇庙墓地出土青铜带卡

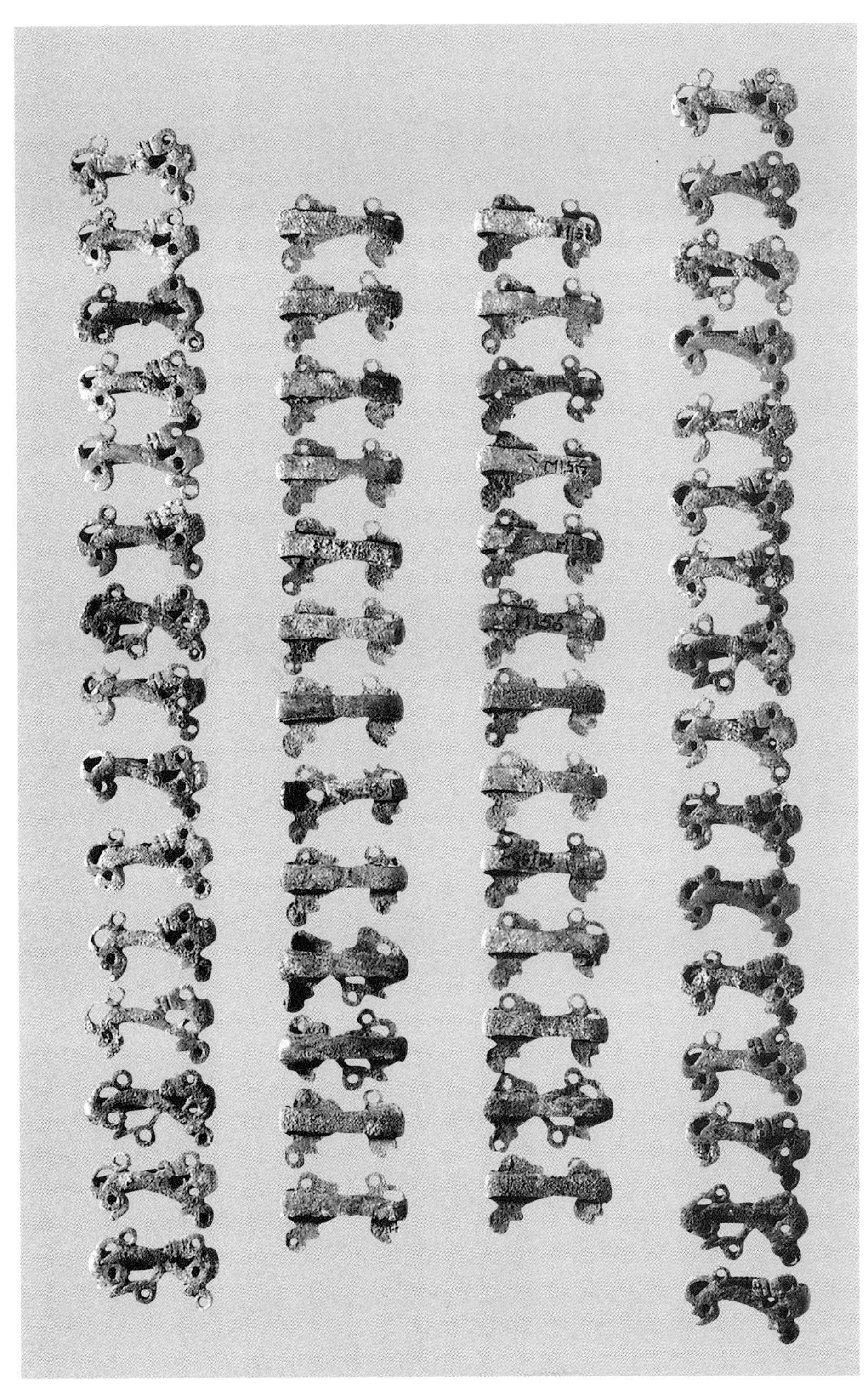

Ⅰ型（YYM156：23）

玉皇庙墓地出土青铜带卡

1

2

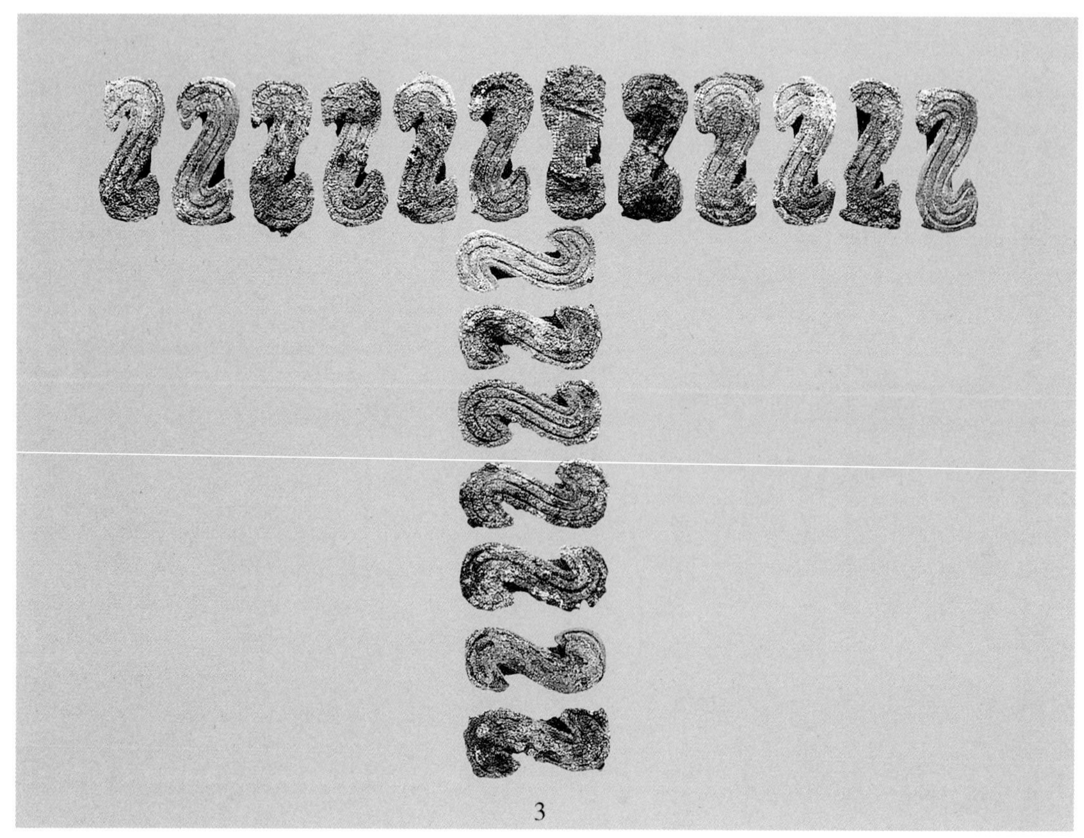

3

1. Ⅱ型（YYM34 : 9） 2. Ⅲ型Ⅳ式（YYM54 : 11） 3. Ⅴ型Ⅱ式（YYM143 : 11）

玉皇庙墓地出土青铜带卡

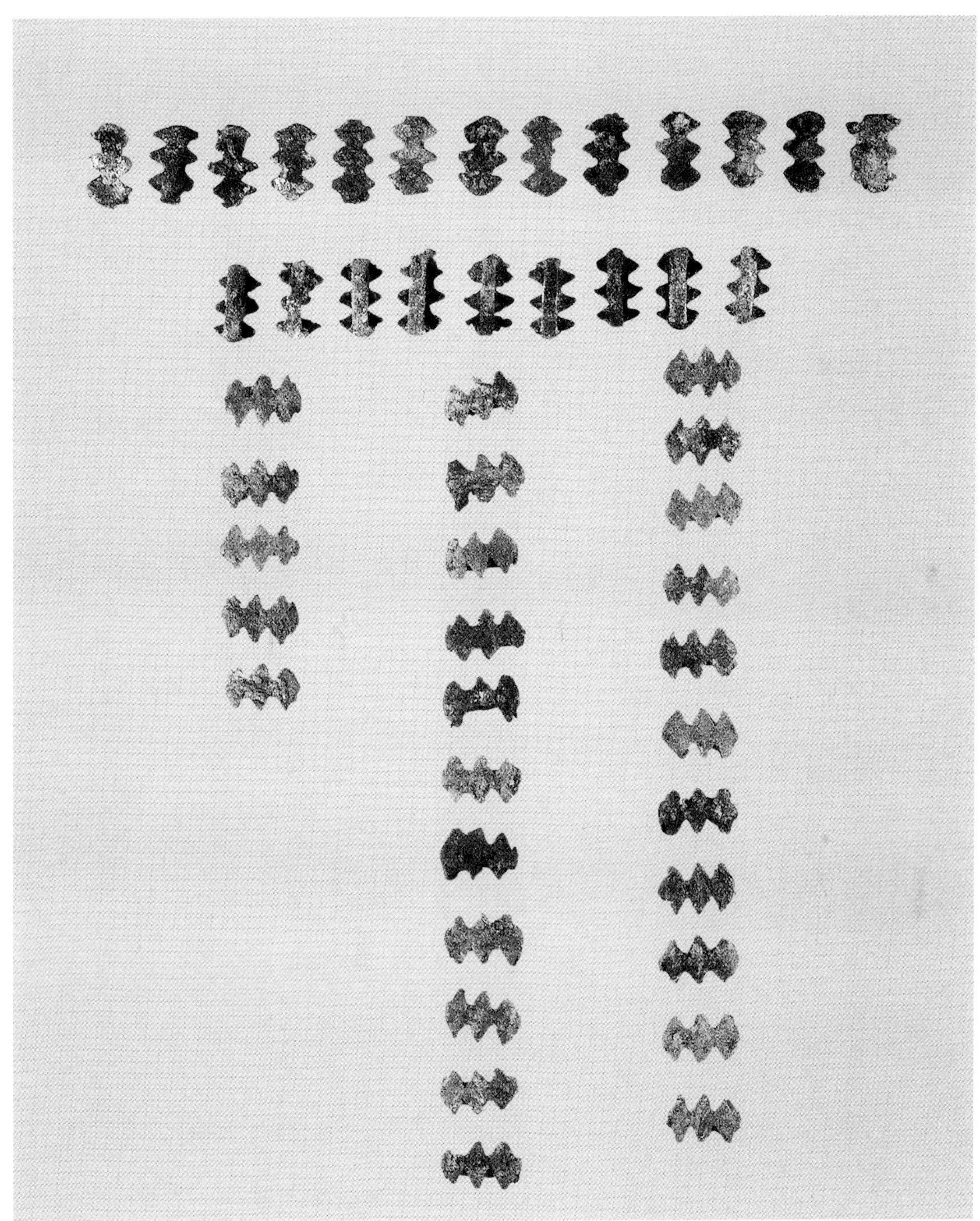

Ⅳ型（YYM300：17）

玉皇庙墓地出土青铜带卡

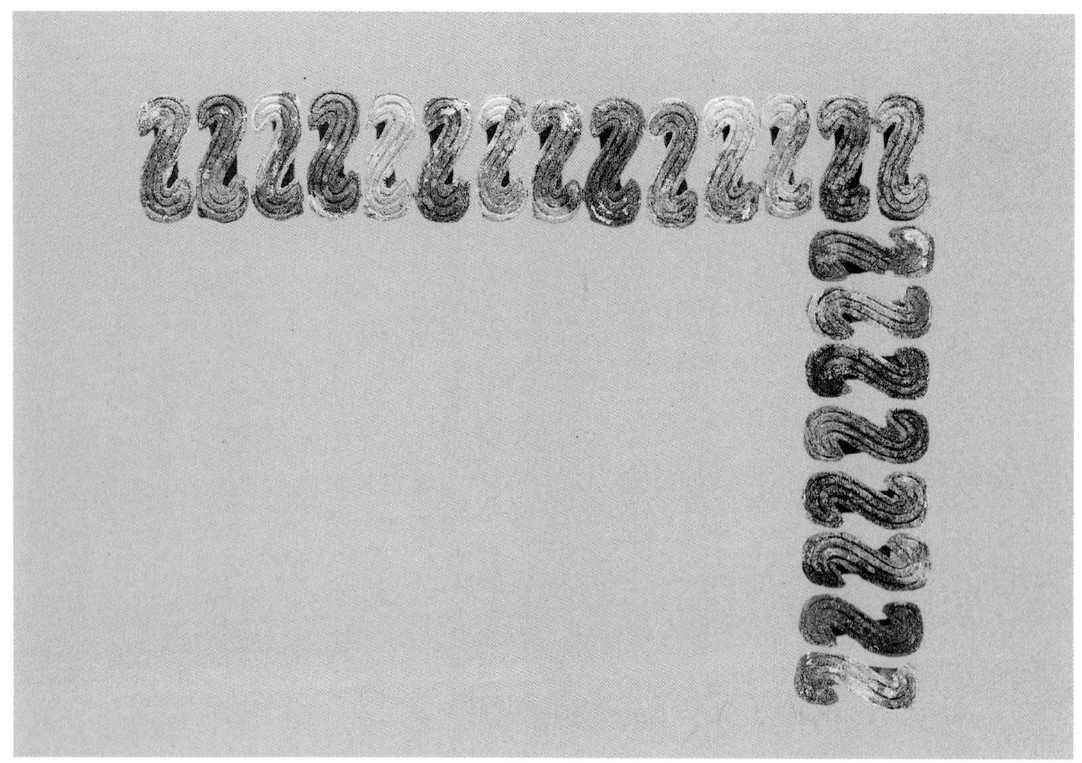

1. Ⅴ型Ⅱ式（YYM145：15）

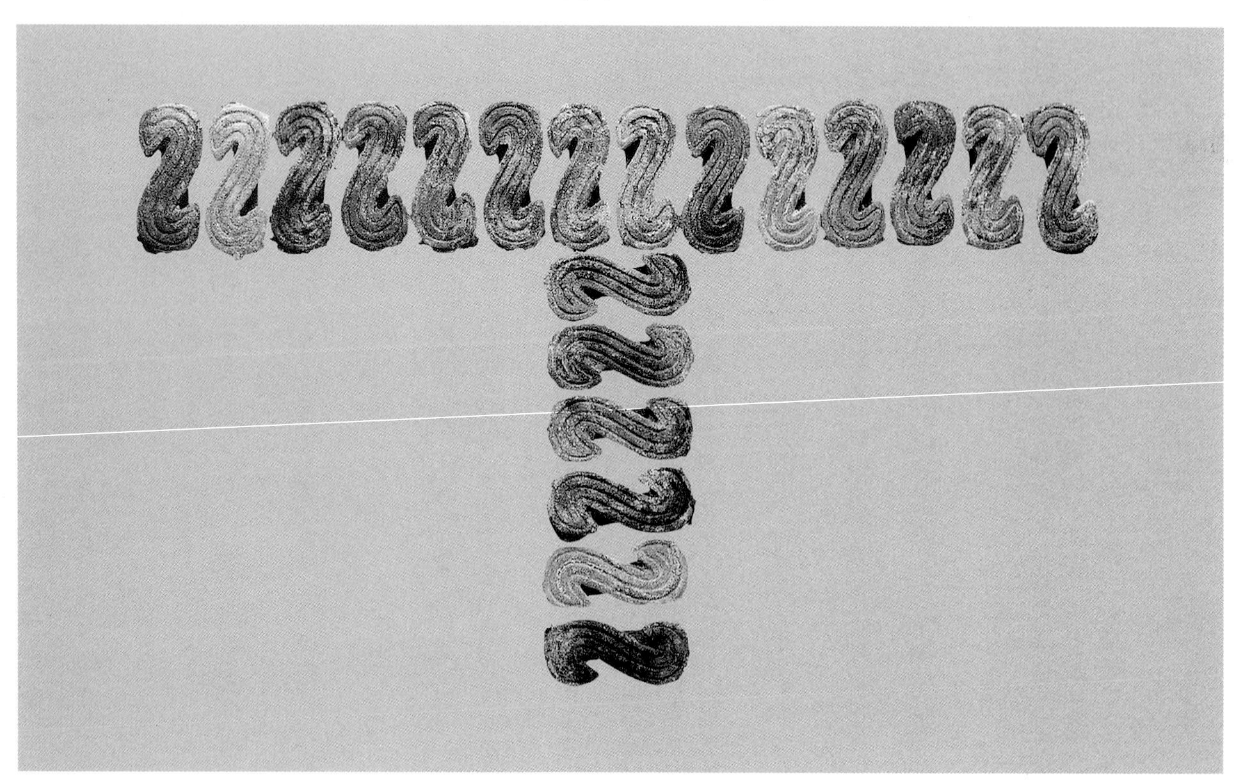

2. Ⅴ型Ⅱ式（YYM131：12）

玉皇庙墓地出土青铜带卡

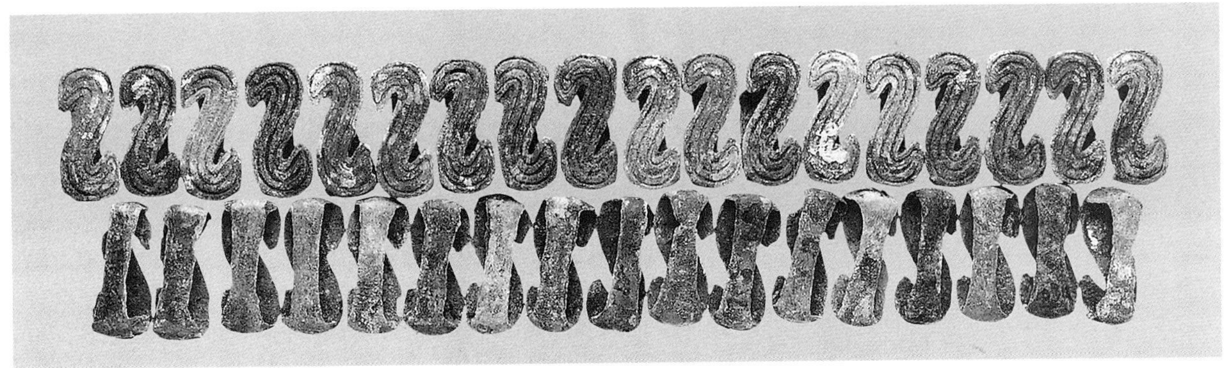

1. Ⅴ型Ⅱ式（YYM124：9）

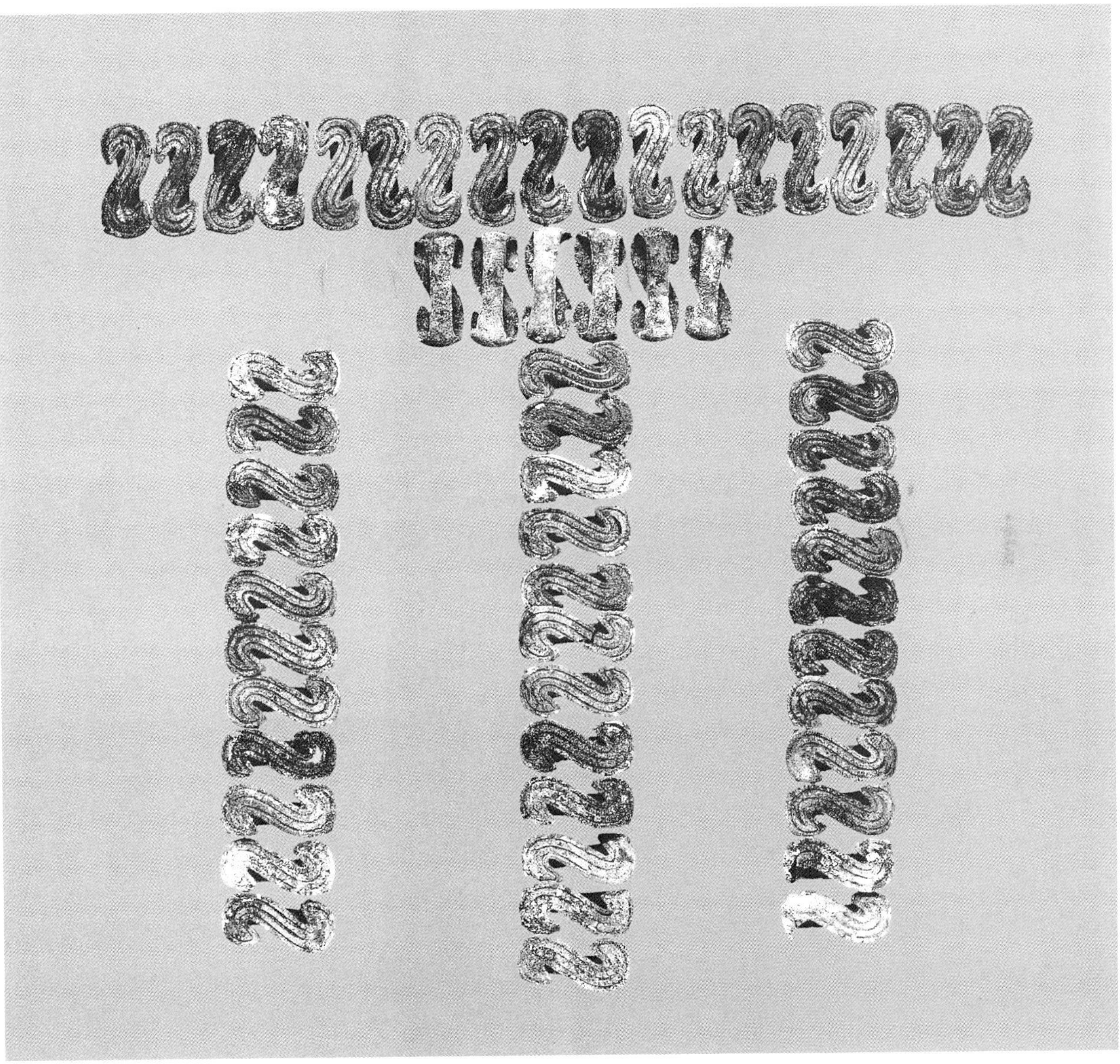

2. Ⅴ型Ⅱ式（YYM171：12）

玉皇庙墓地出土青铜带卡

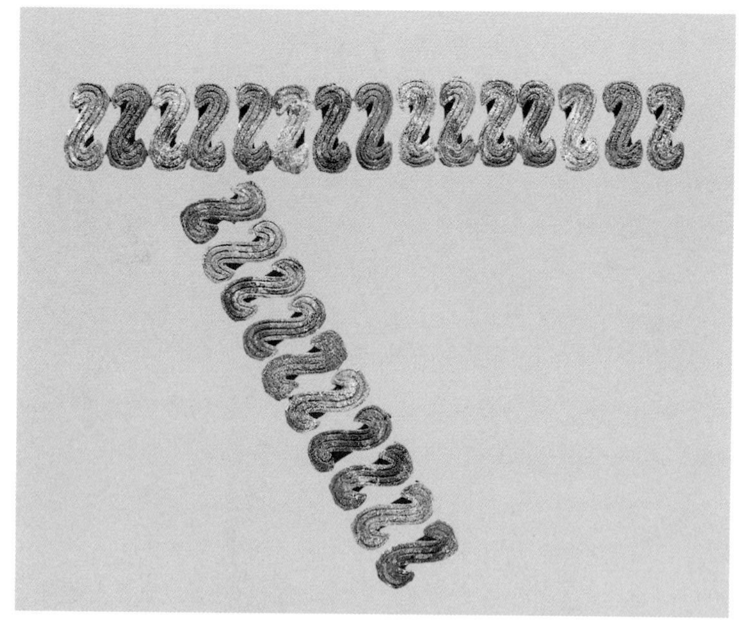

1. Ⅴ型Ⅱ式（YYM129：8）

2. Ⅷ型（正、背面）（YYM226：13-1）

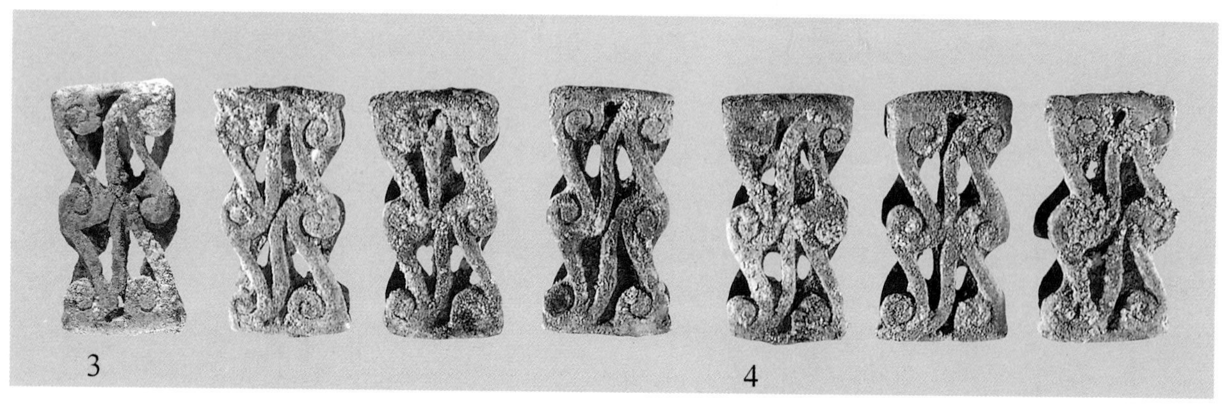

3、4. Ⅵ型（YYM230：21-1、YYM95：14）

5. XⅢ型（正、背面）（YYM117：14-1）

玉皇庙墓地出土青铜带卡

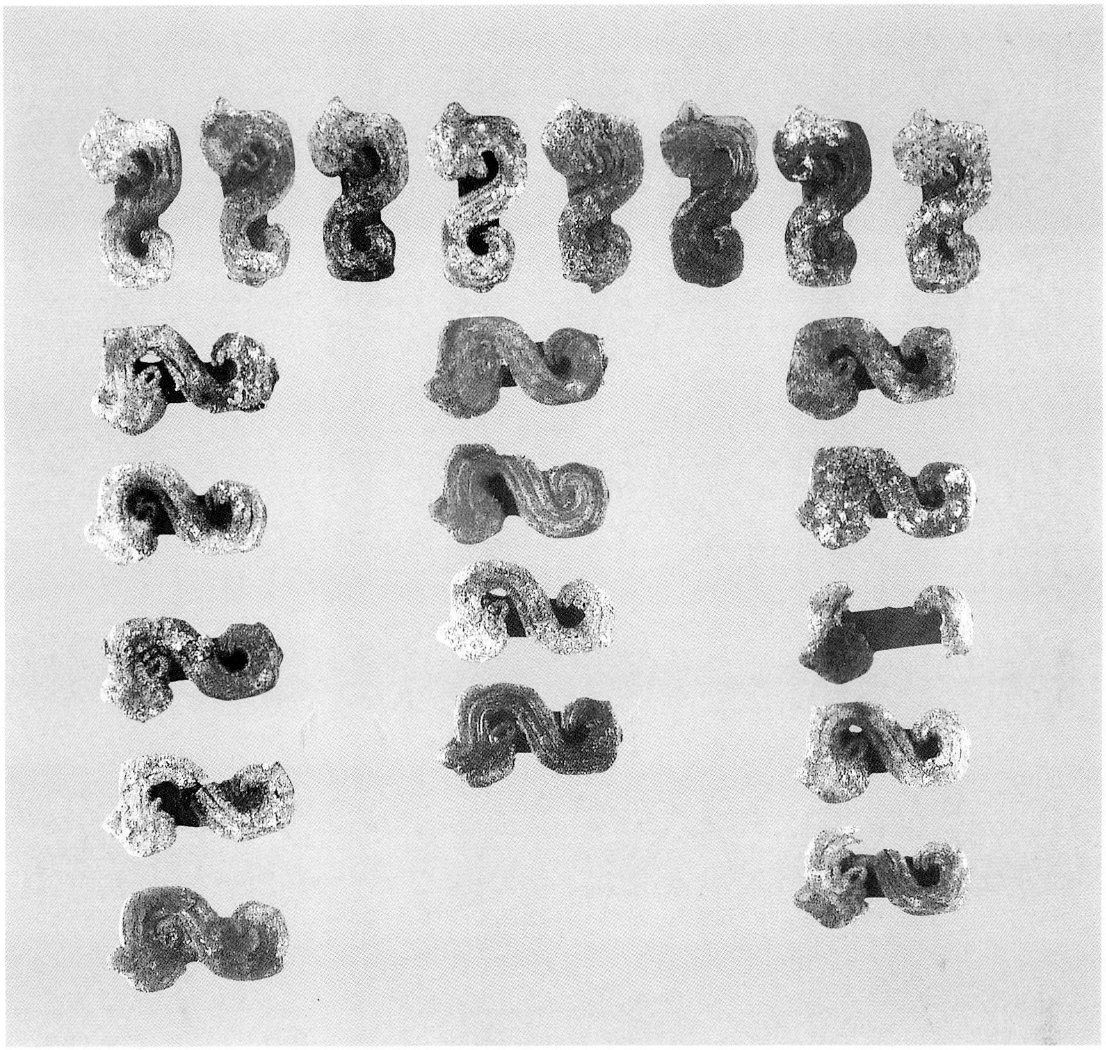

1. Ⅷ型（YYM226：13）

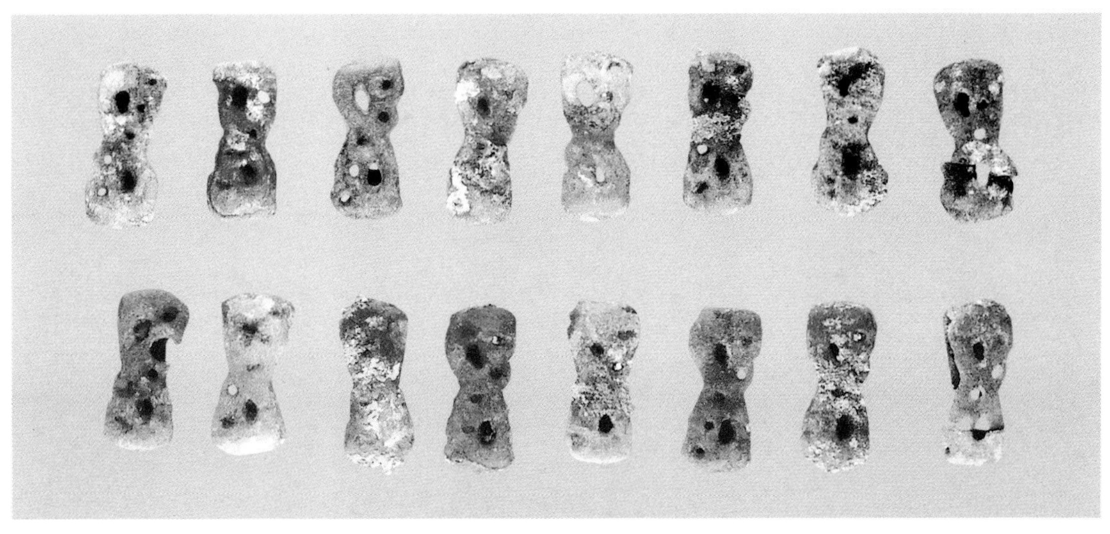

2. Ⅶ型（YYM264：19）

玉皇庙墓地出土青铜带卡

1. Ⅸa型（YYM42：9）

2. Ⅸb型（YYM255：2）

3. Ⅺ型（YYM57：9）

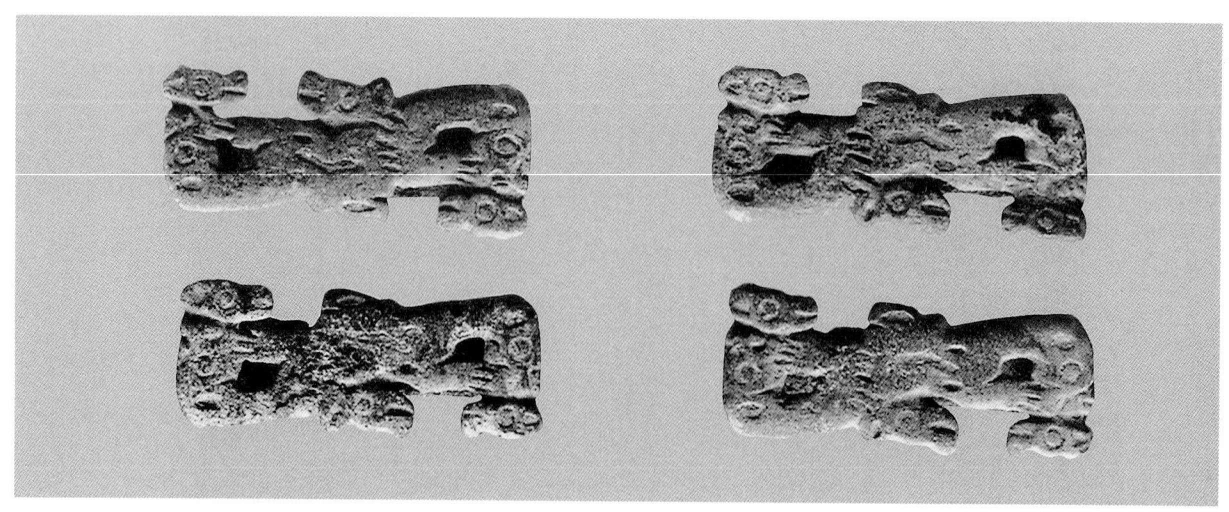

4. ⅩⅢ型（YYM117：14）

玉皇庙墓地出土青铜带卡

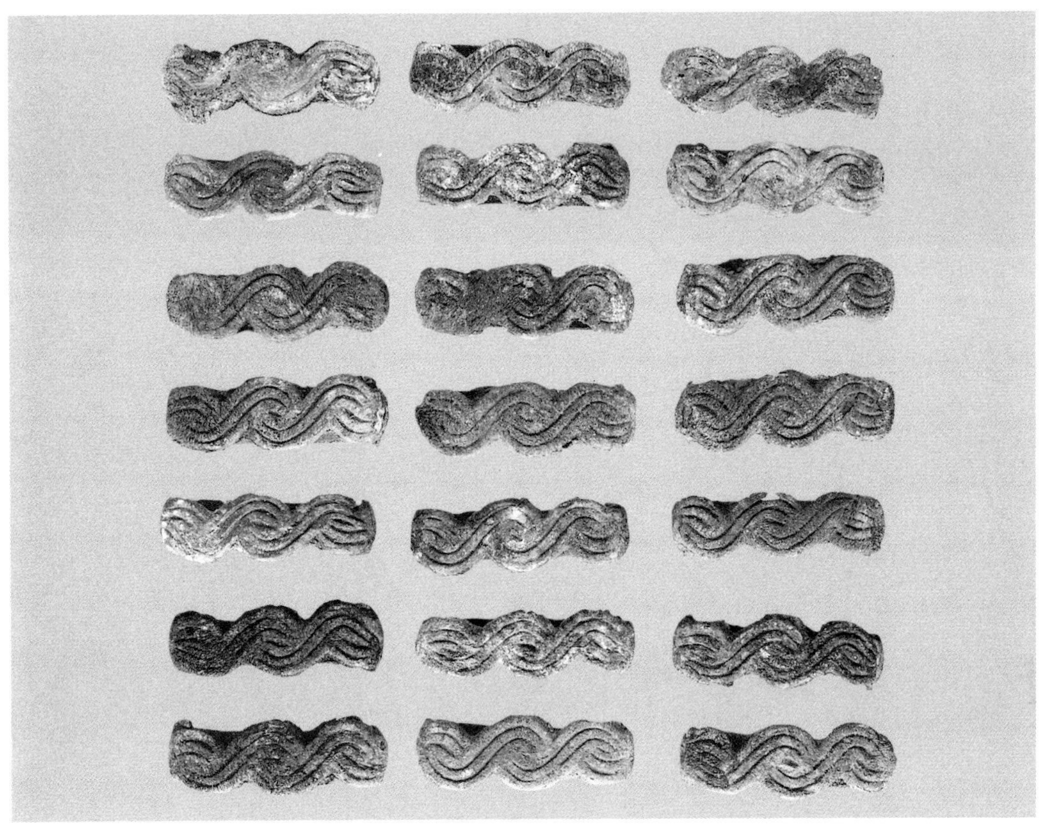

1. XII型（YYM151：18）

2. XIV型（YYM344：15）

玉皇庙墓地出土青铜带卡

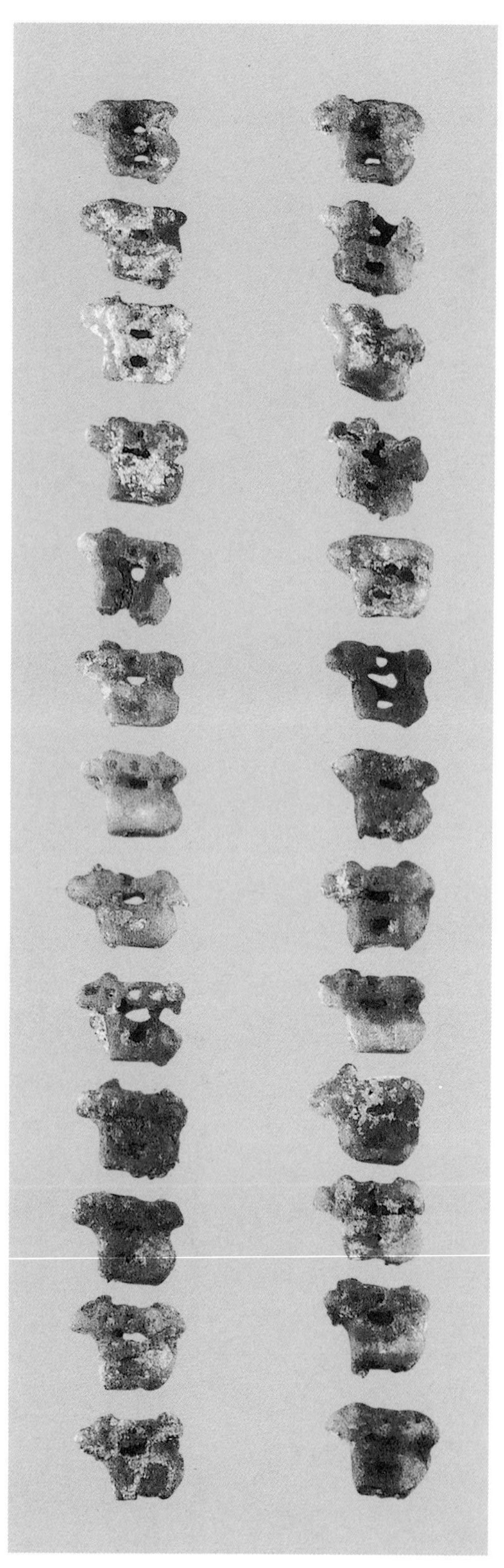

1. I型I式（YYM32：12）

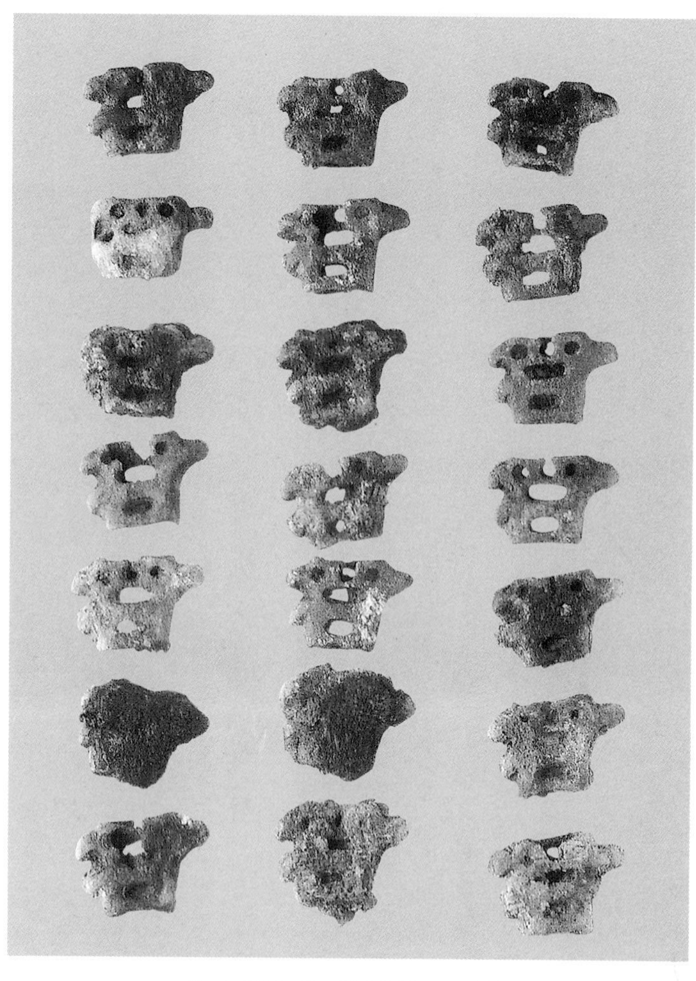

2. I型I式（YYM250：30）

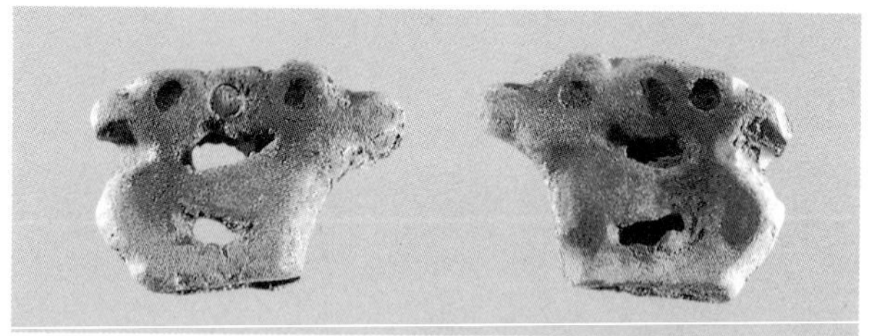

3. I型I式（YYM282：9-1、2）

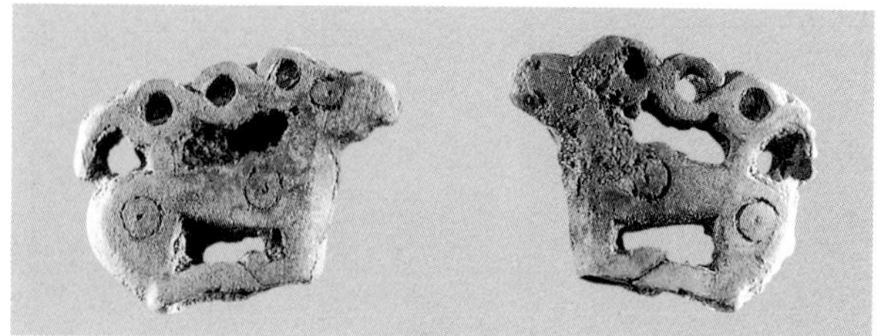

4. I型I式（YYM233：10-1、2）

玉皇庙墓地出土青铜带饰

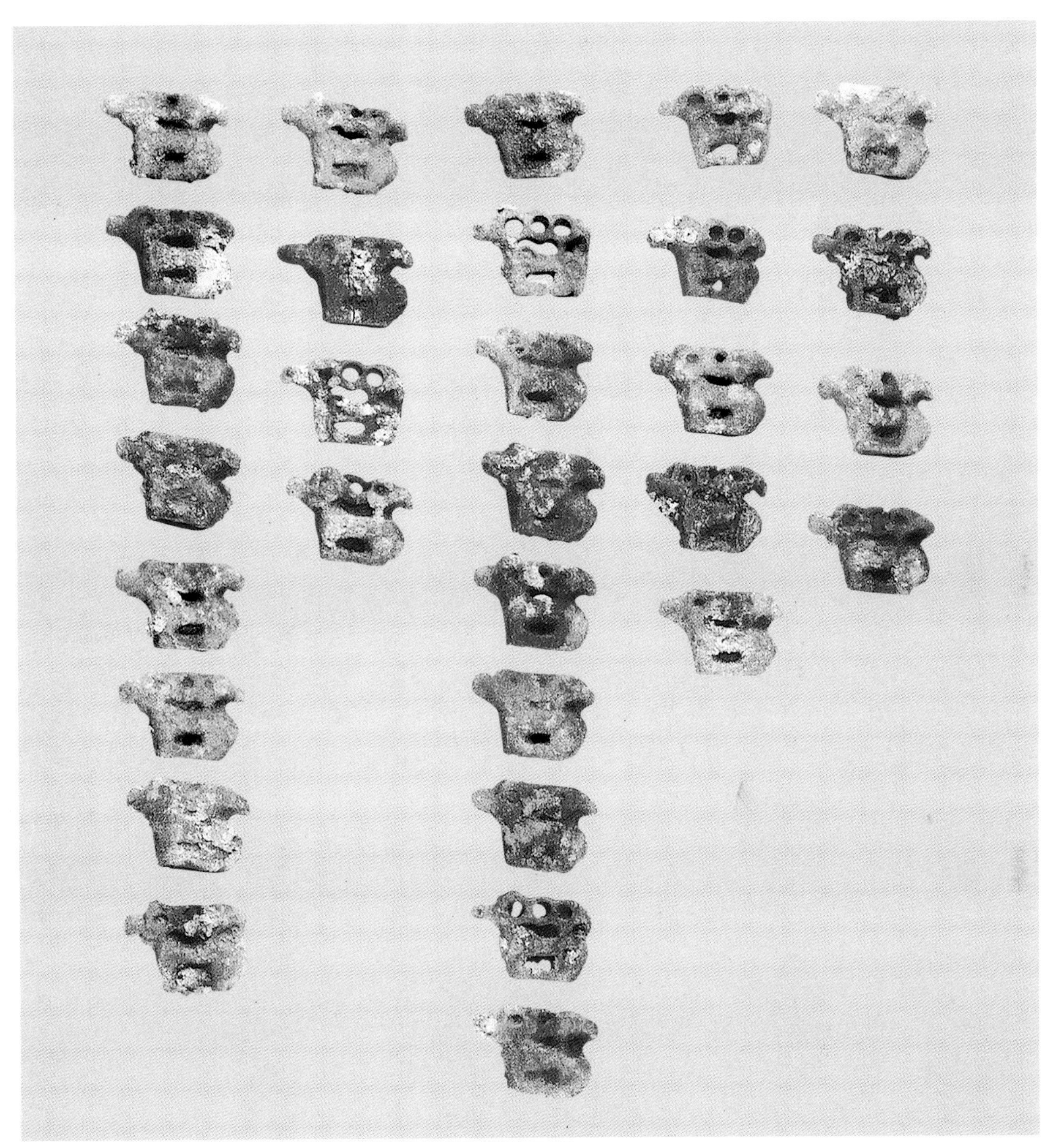

Ⅰ型Ⅰ式（YYM261：21）

玉皇庙墓地出土青铜带饰

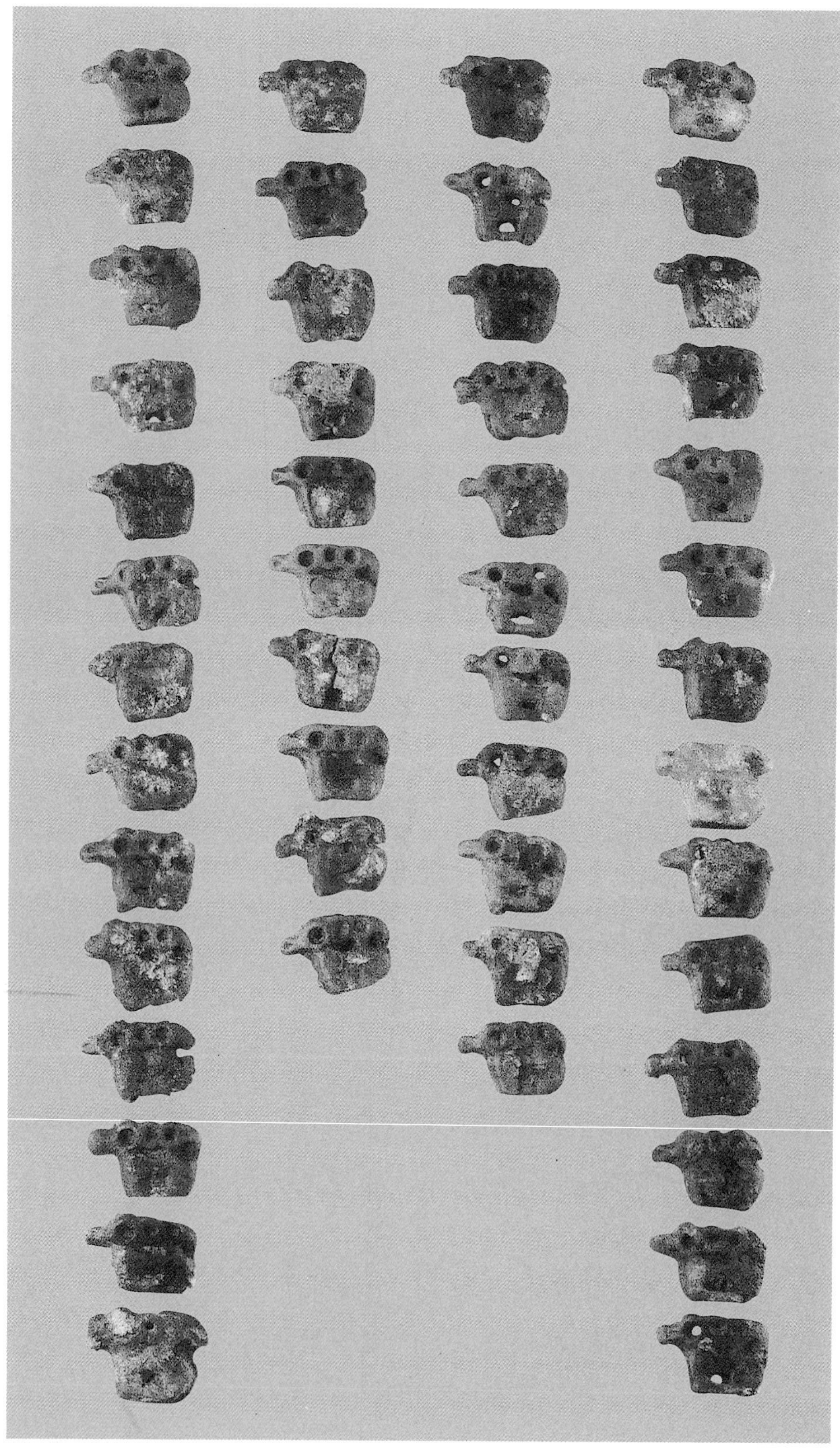

Ⅰ型Ⅰ式（YYM58：8）

玉皇庙墓地出土青铜带饰

1. Ⅰ型Ⅰ式
（YYM210：10-1、2）

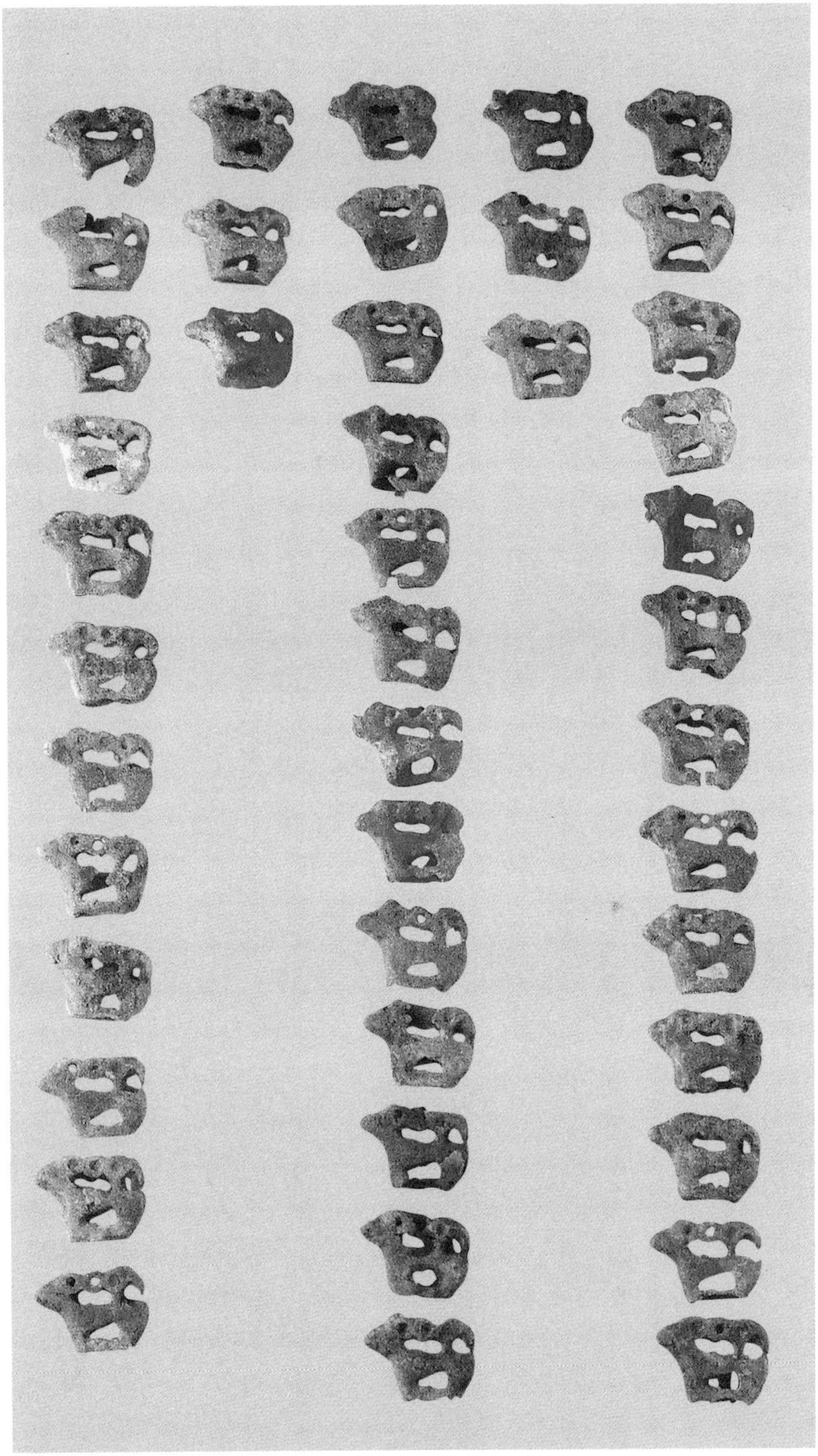

2. Ⅰ型Ⅰ式（YYM210：10）

玉皇庙墓地出土青铜带饰

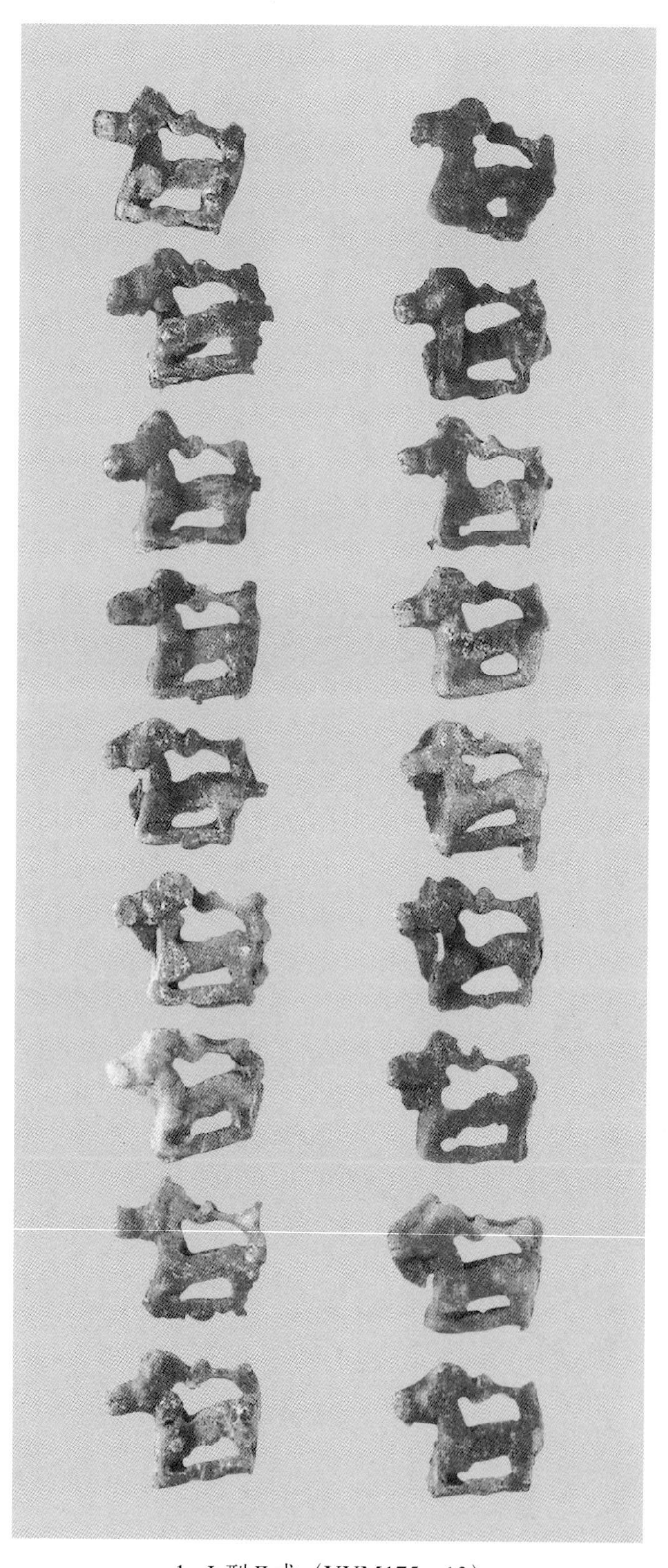

1. Ⅰ型Ⅱ式（YYM175：13）

2. Ⅰ型Ⅱ式（YYM175：13-1、2）

玉皇庙墓地出土青铜带饰

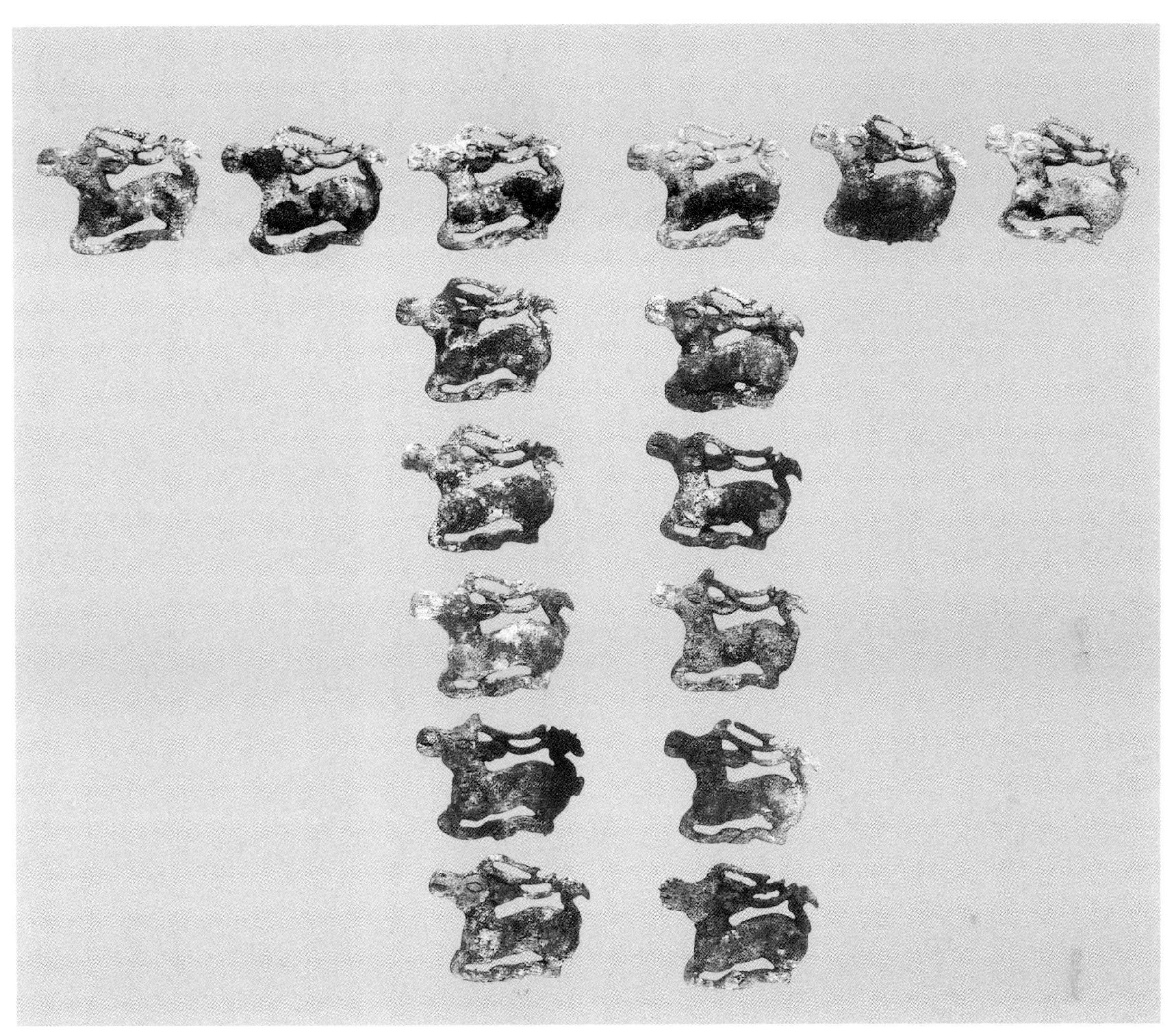

Ⅰ型Ⅲ式（YYM174：8）

玉皇庙墓地出土青铜带饰

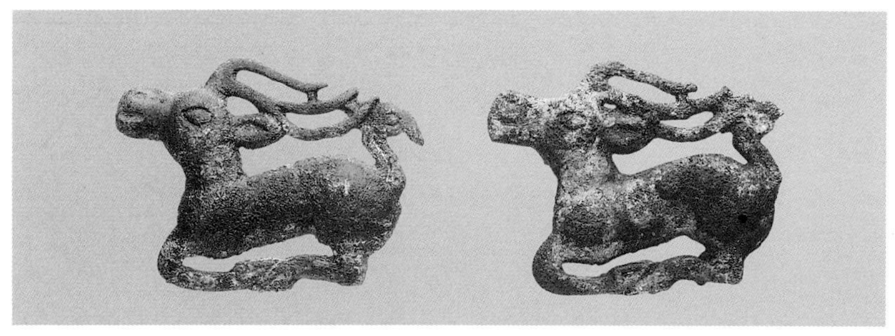

1. Ⅰ型Ⅲ式（正面）（YYM174：8-1、2）

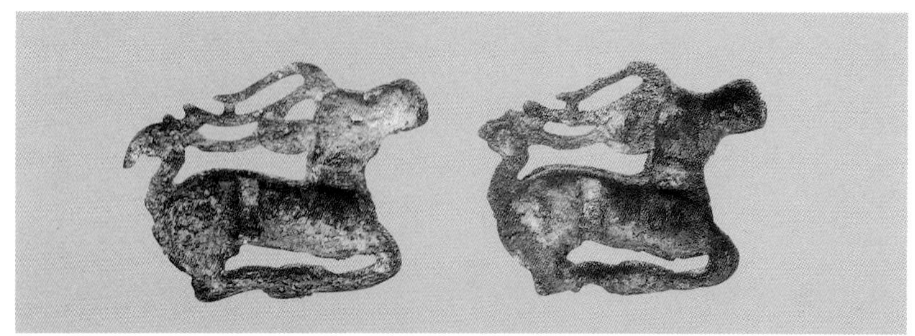

2. Ⅰ型Ⅲ式（背面）（YYM174：8-1、2）

3. Ⅱ型Ⅰ式（YYM 32：18-1～2）
（正、背面）

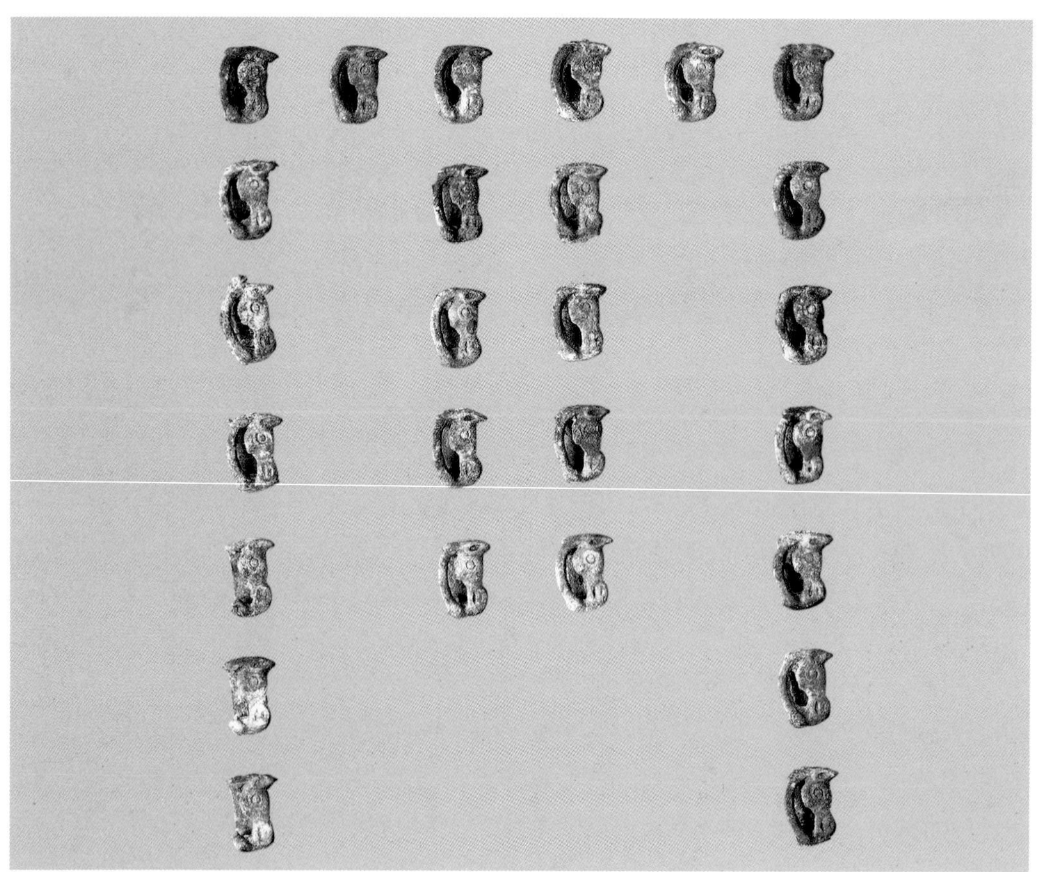

4. Ⅱ型Ⅰ式（295：7）

玉皇庙墓地出土青铜带饰

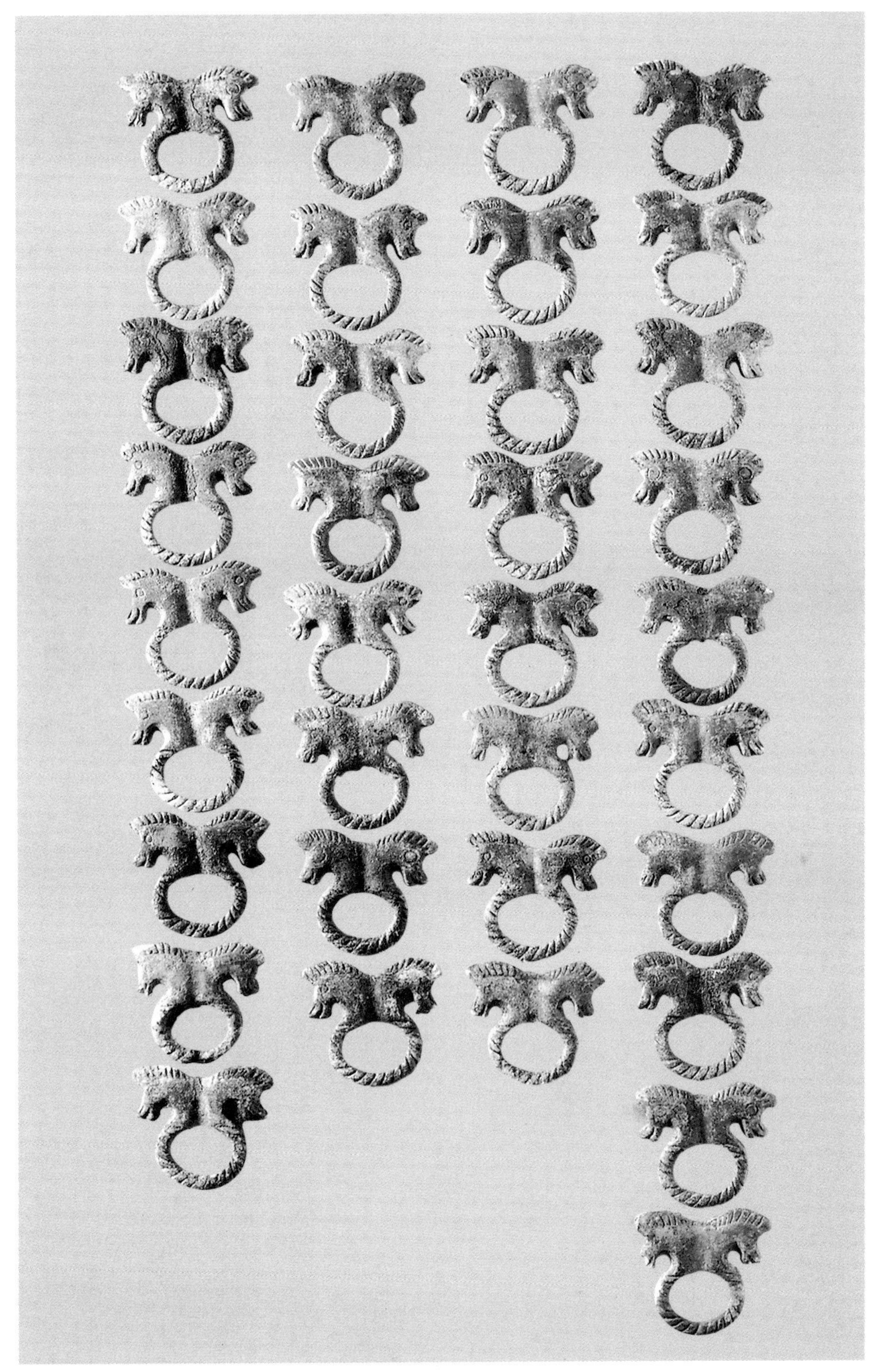

Ⅱ型Ⅱ式（YYM158：14）

玉皇庙墓地出土青铜带饰

Ⅲ型（YYM17：7）

玉皇庙墓地出土青铜带饰

1. Ⅲ型（YYM229：13）

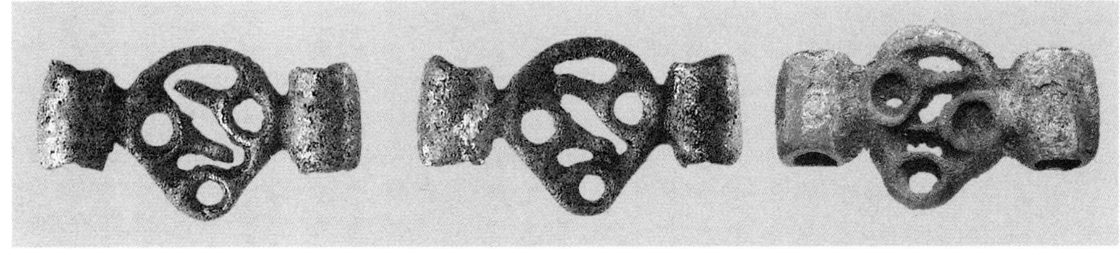

2. Ⅲ型（YYM34：11-1、YYM34：11-2、YYM210：9-1）

玉皇庙墓地出土青铜带饰

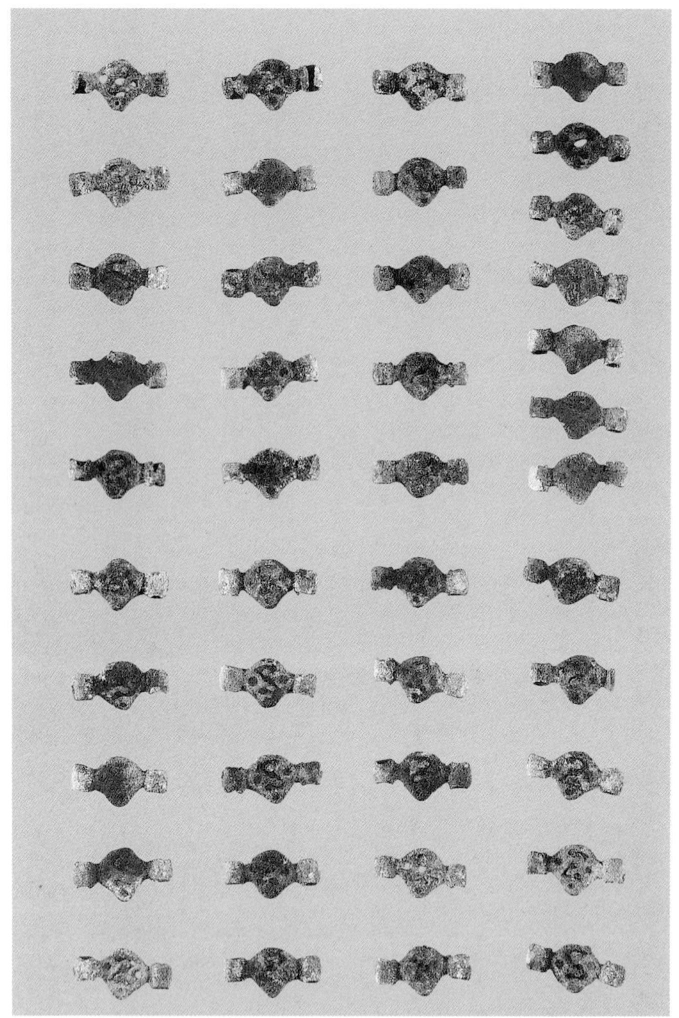

1. Ⅲ型（YYM276：6）

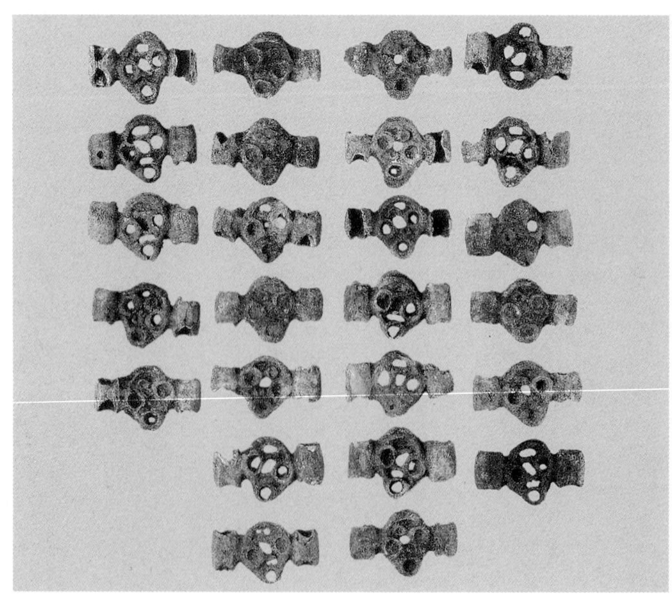

2. Ⅲ型（YYM210：9）

玉皇庙墓地出土青铜带饰

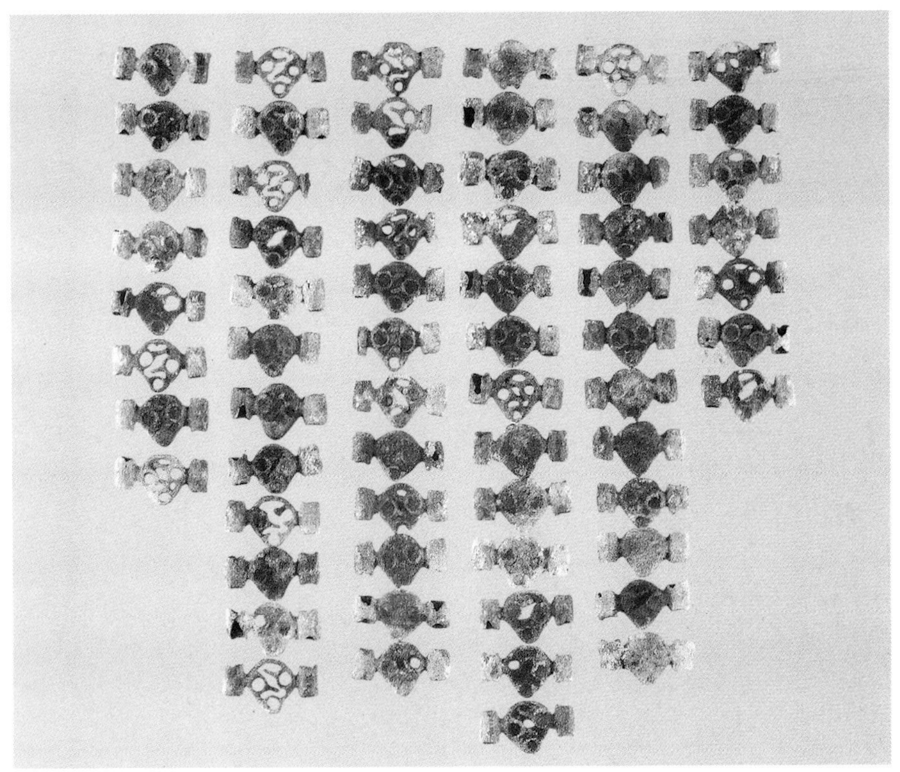

1. Ⅲ型（YYM41：9）

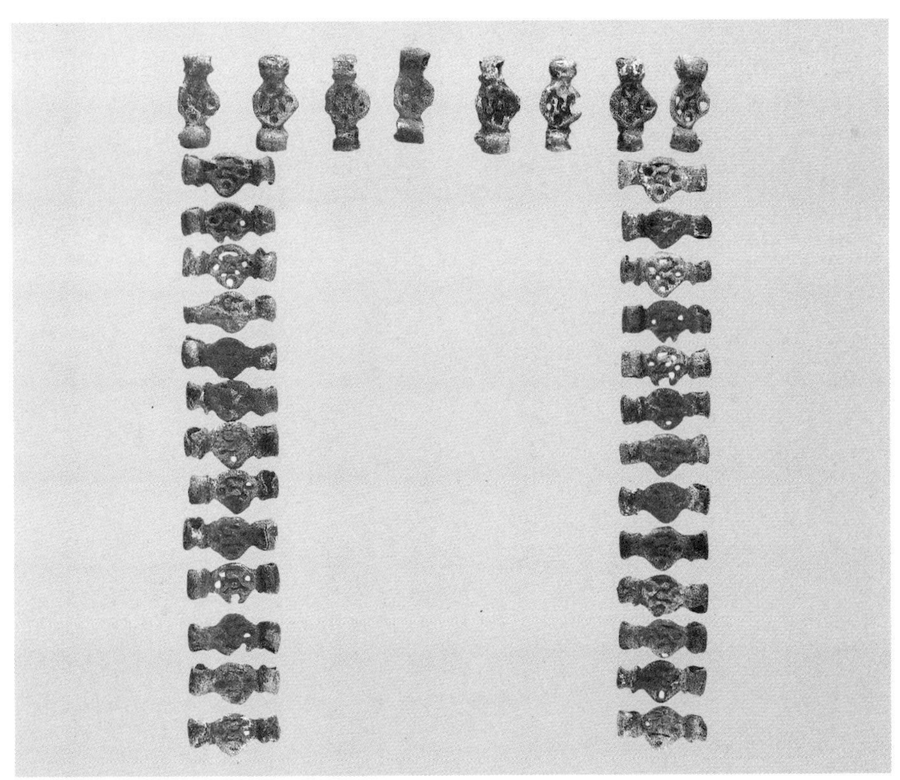

2. Ⅲ型（YYM261：20）

玉皇庙墓地出土青铜带饰

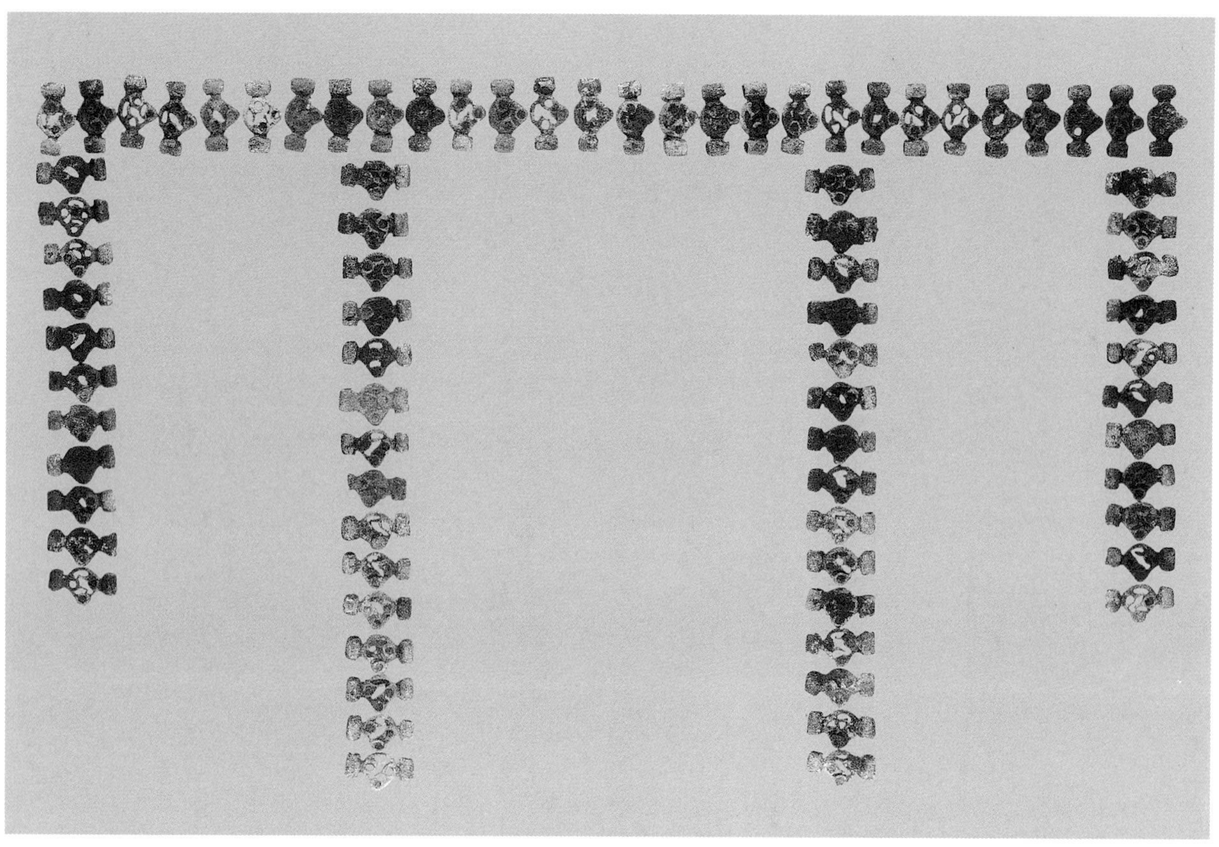

1. Ⅲ型（YYM52：21）

2. Ⅳ型Ⅱ式（YYM52：19）

玉皇庙墓地出土青铜带饰

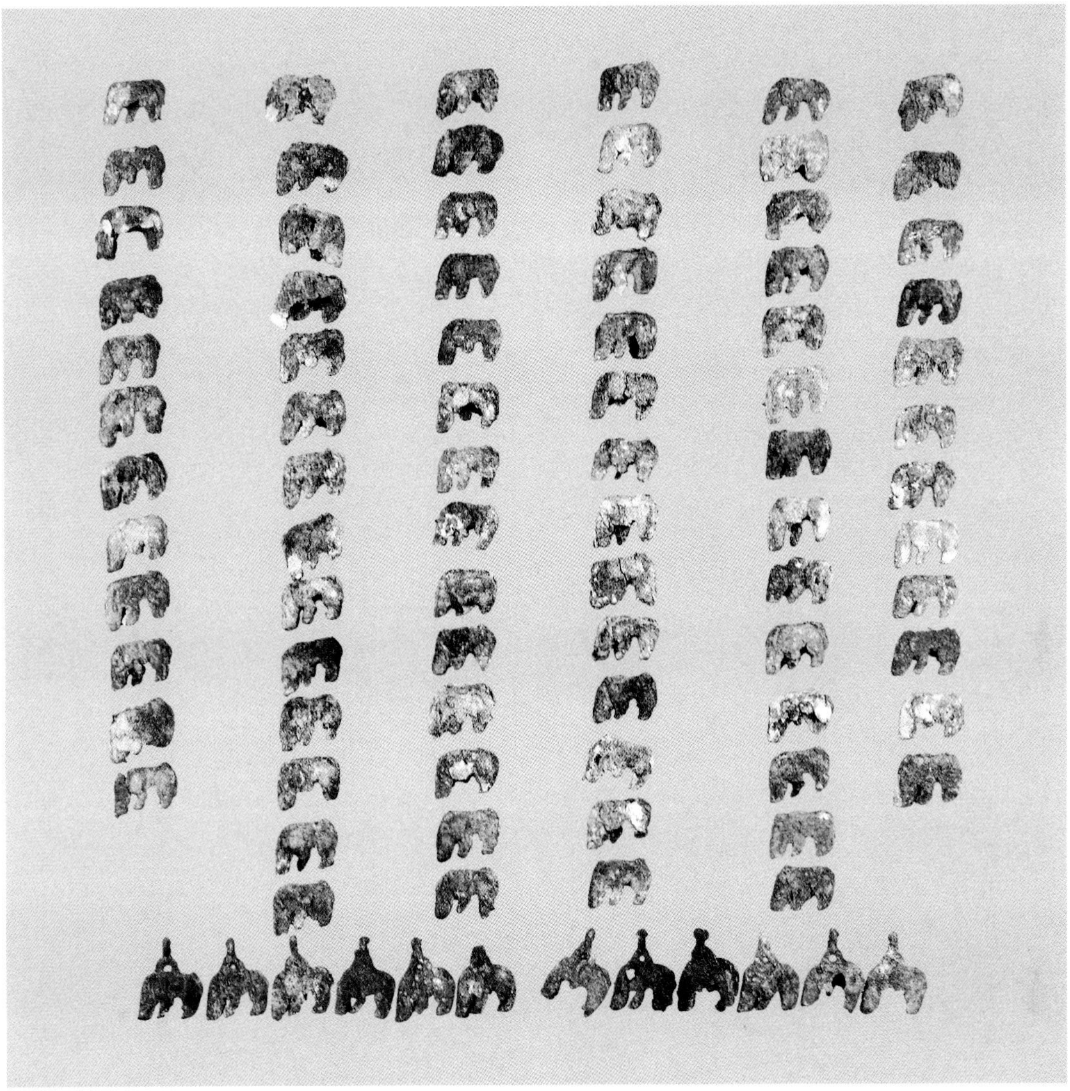

1. Ⅳ型Ⅰ式（YYM18：17）（[下附野猪形铜坠饰一排12件] YYM18：18）

2. Ⅳ型Ⅱ式（正、背面）（YYM52：19-1）

3. Ⅴ型Ⅰ式（YYM13：17-1、2）

玉皇庙墓地出土青铜带饰

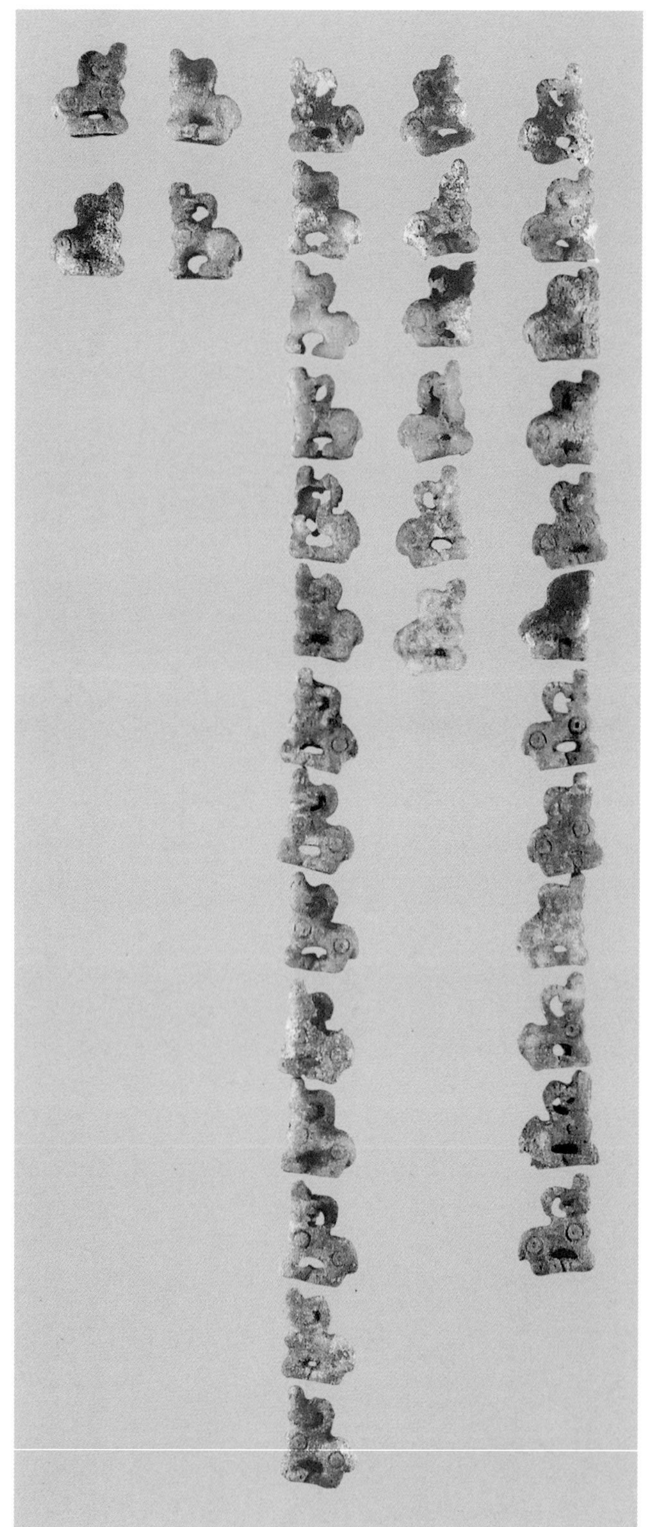

1. Ⅴ型Ⅰ式（YYM13：17）

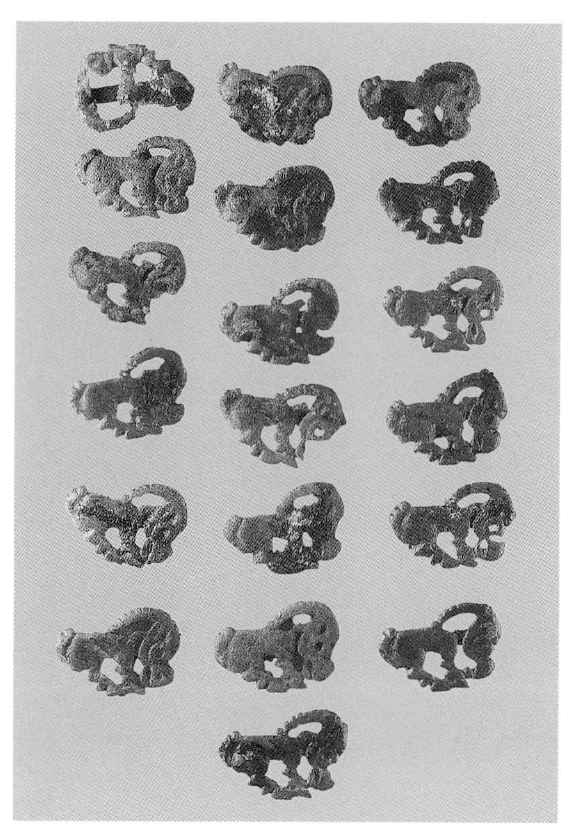

2. Ⅴ型Ⅱ式（YYM227：11）

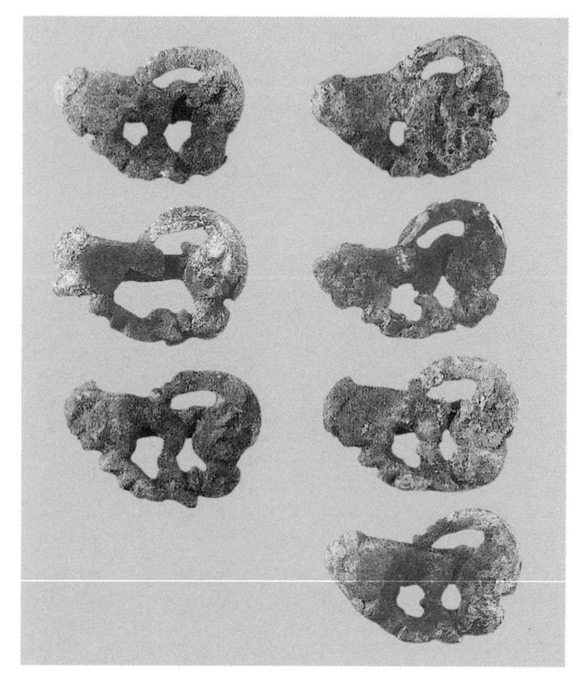

3. Ⅴ型Ⅱ式（YYM236：13）

玉皇庙墓地出土青铜带饰

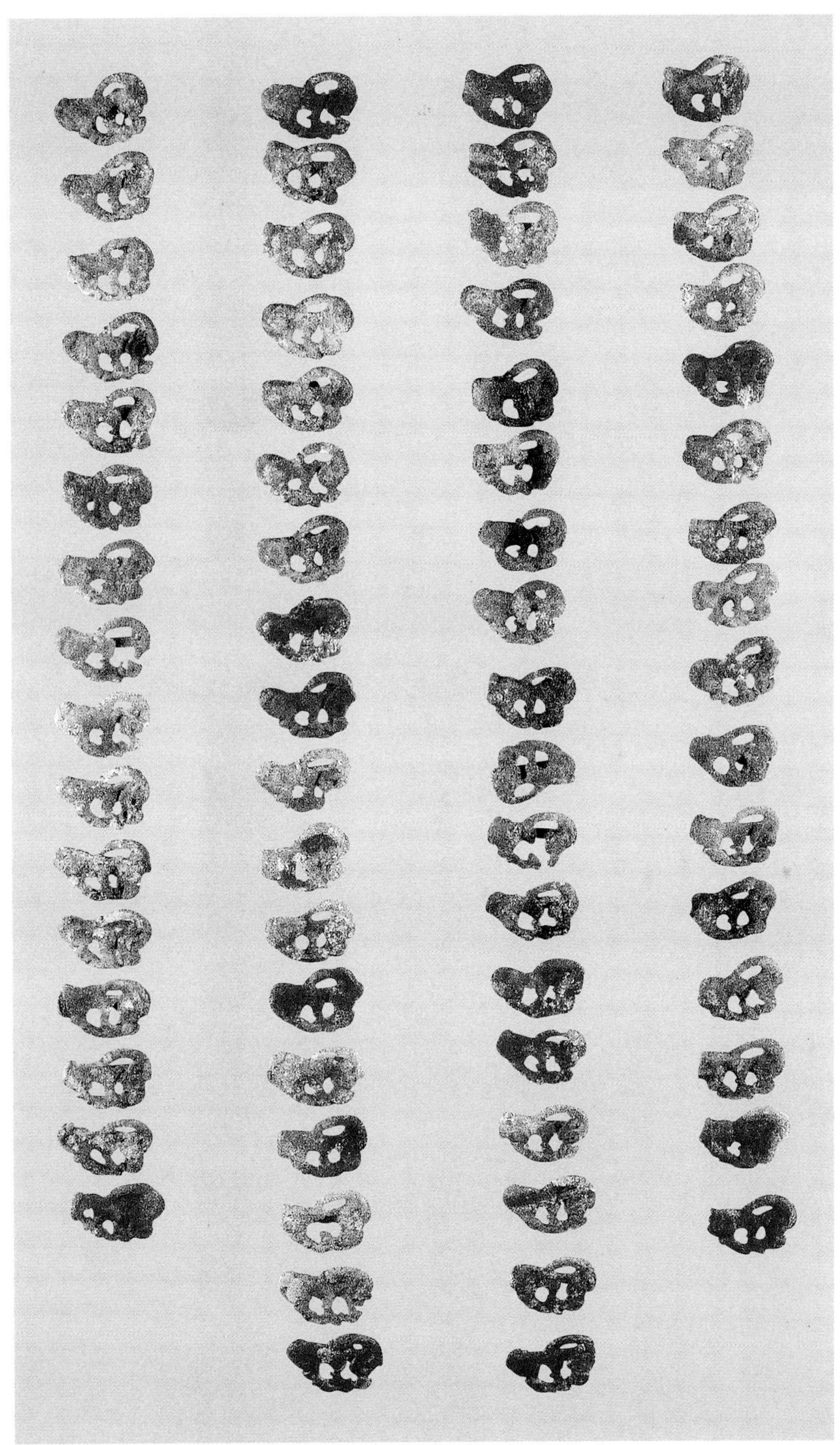

Ⅴ型Ⅱ式（YYM212：10）

玉皇庙墓地出土青铜带饰

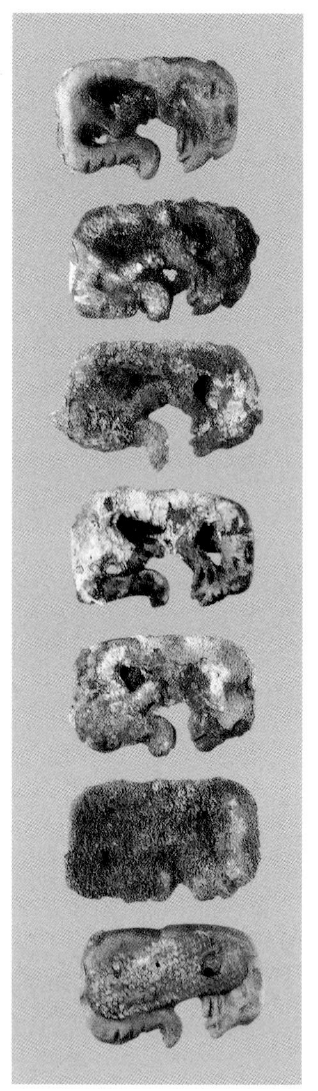

1. Ⅵ型Ⅰ式（YYM282：9）

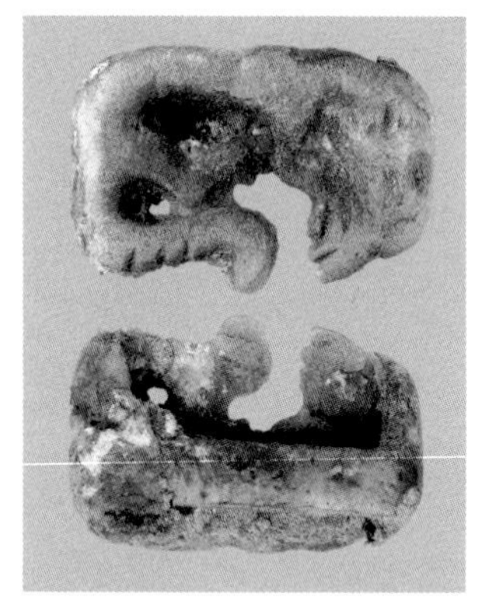

2. YYM282：9-1
（正、背面）

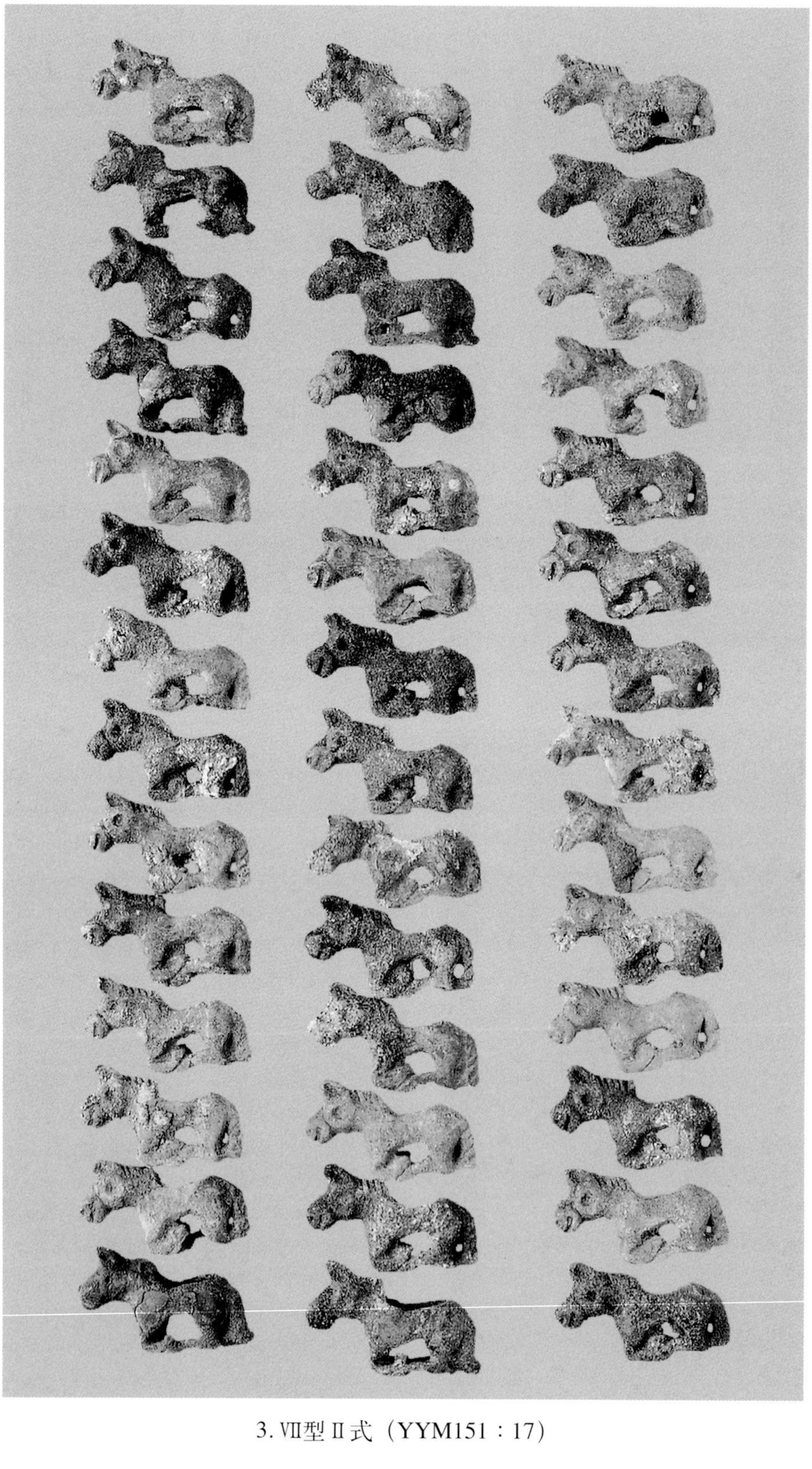

3. Ⅶ型Ⅱ式（YYM151：17）

玉皇庙墓地出土青铜带饰

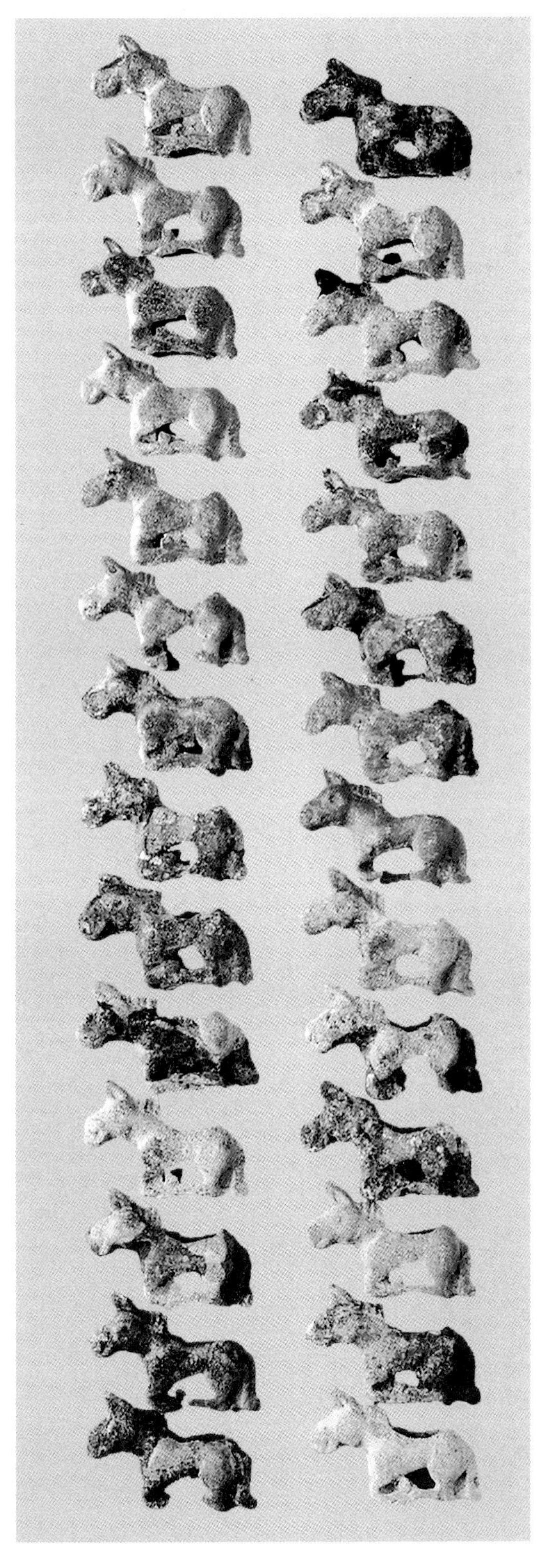

1. Ⅶ型Ⅱ式（YYM142∶8）

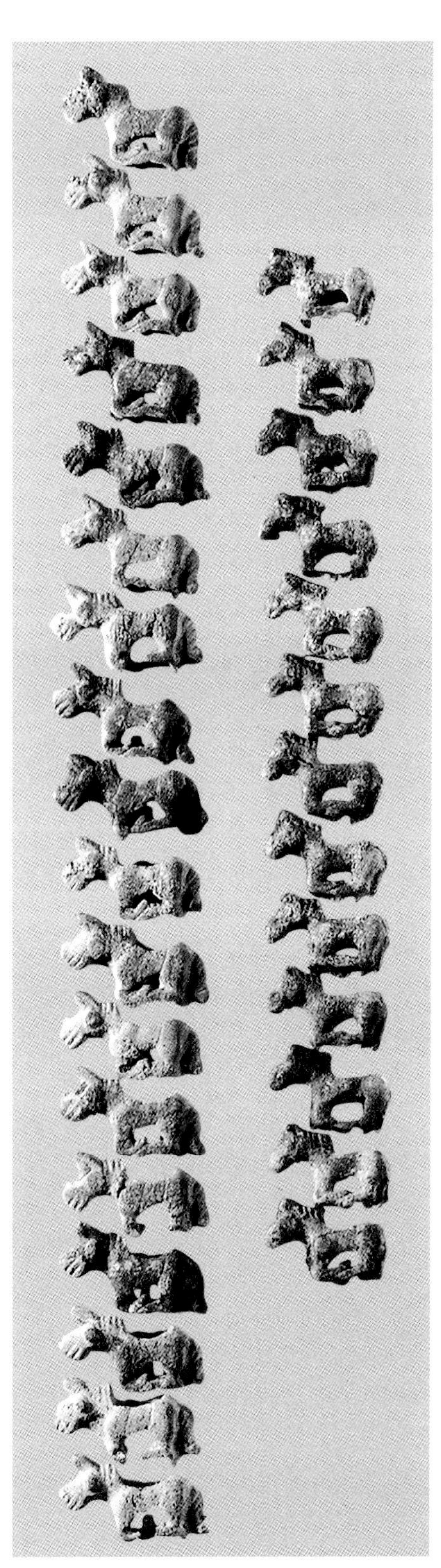

2. Ⅶ型Ⅱ式（YYM145∶14）

玉皇庙墓地出土青铜带饰

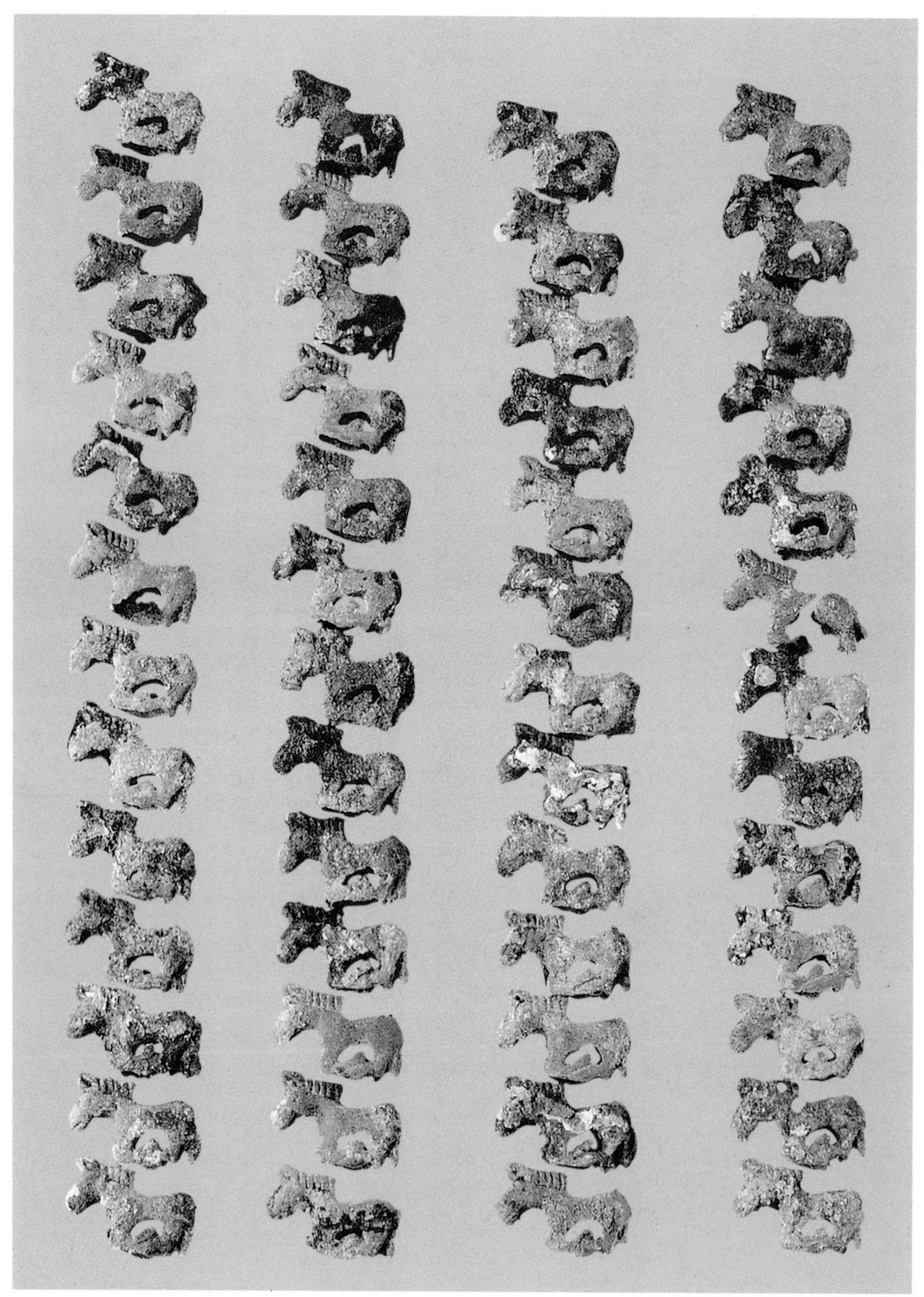

Ⅶ型Ⅱ式（YYM143：12）

玉皇庙墓地出土青铜带饰

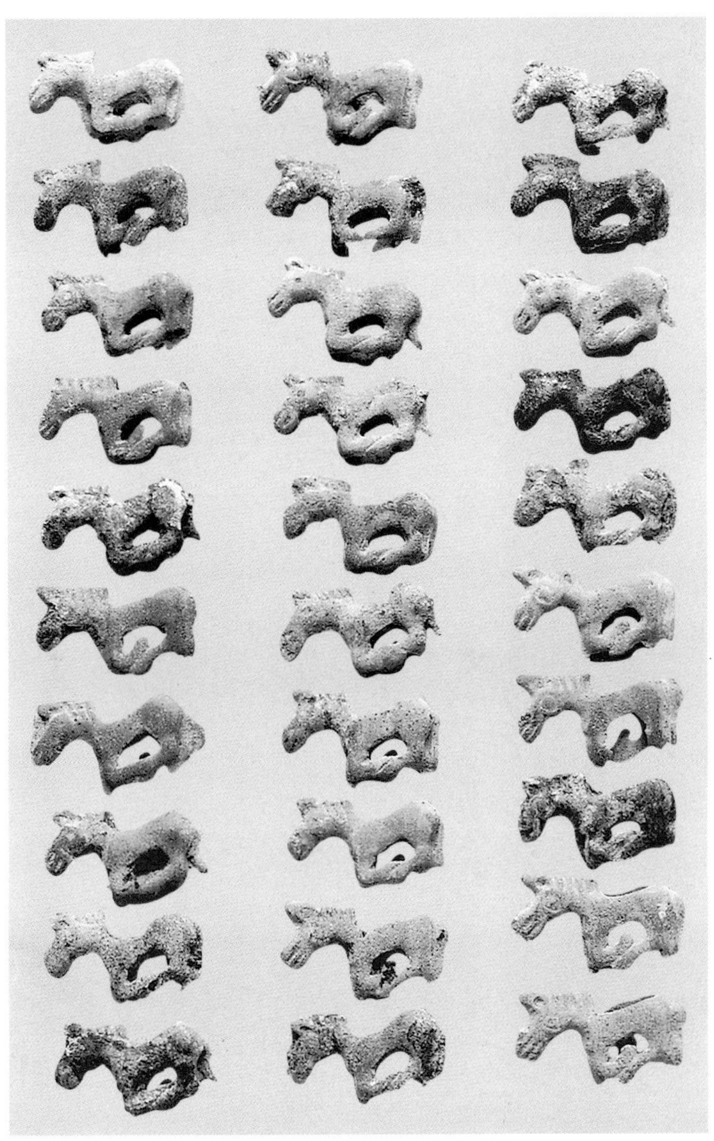

1. Ⅶ型Ⅱ式（YYM117：13）

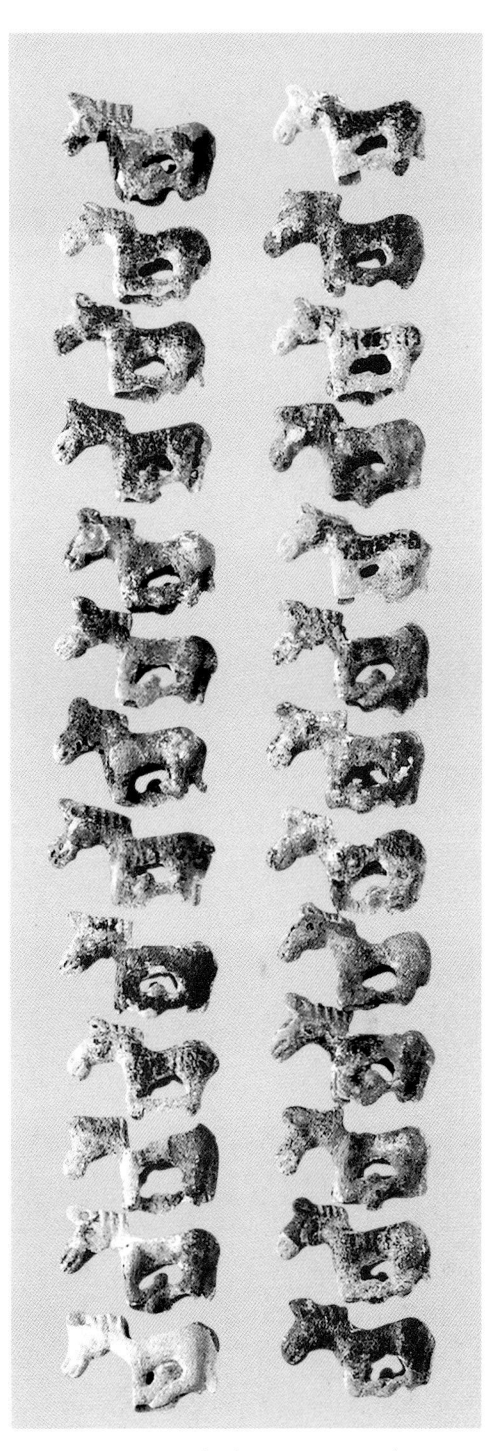

2. Ⅶ型Ⅱ式（YYM105：13）

玉皇庙墓地出土青铜带饰

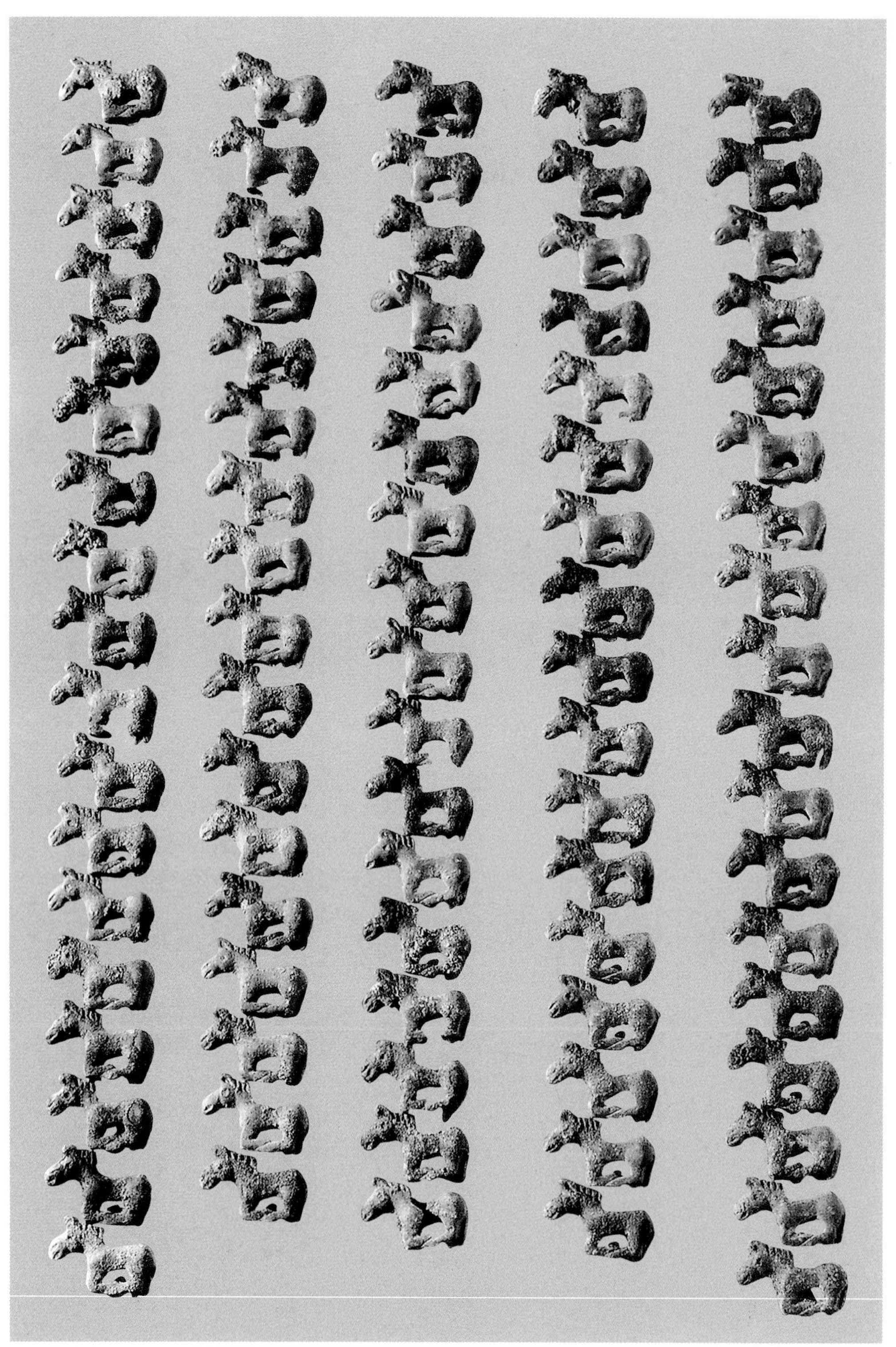

Ⅶ型Ⅱ式（YYM156：24）

玉皇庙墓地出土青铜带饰

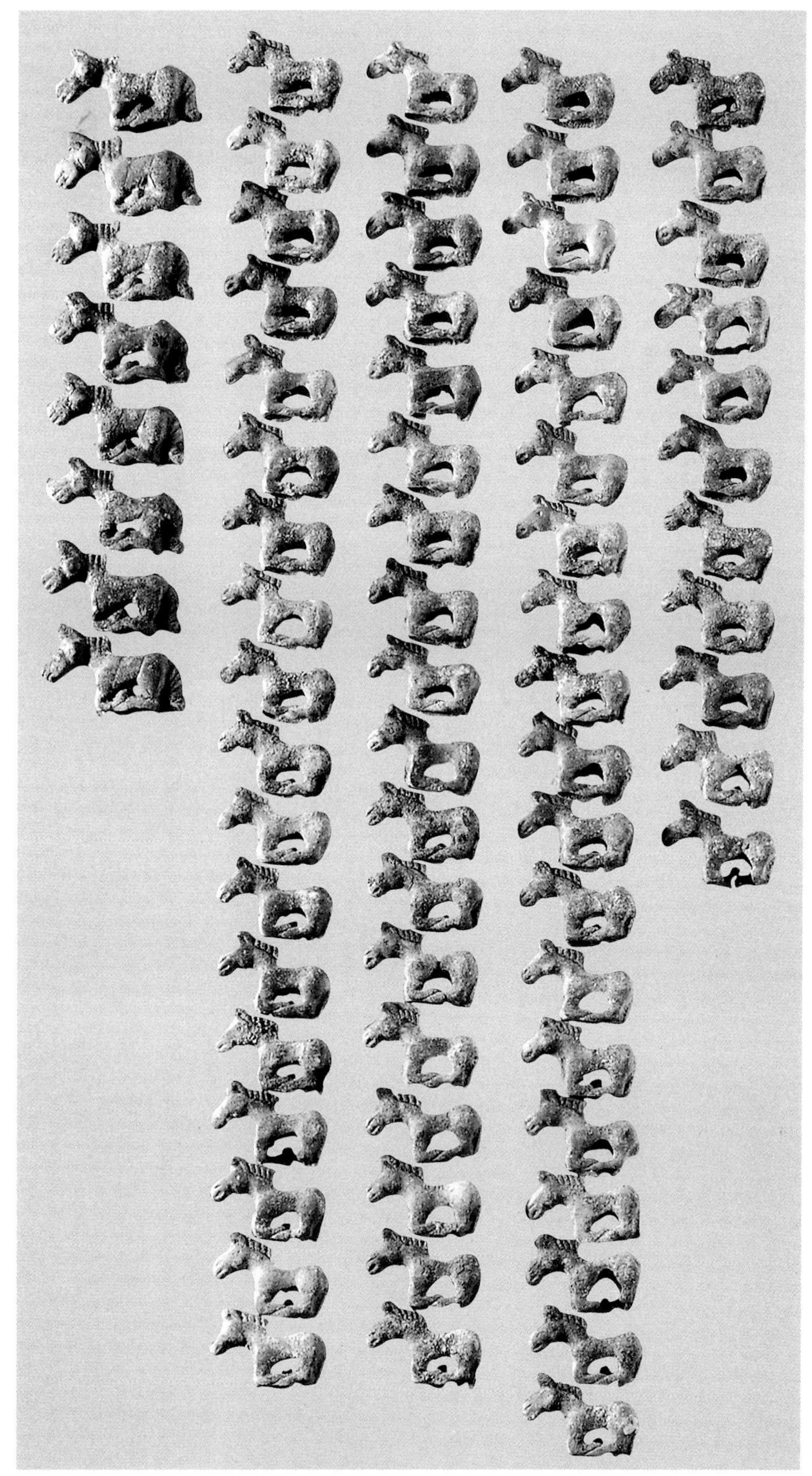

Ⅶ型Ⅱ式（YYM158：13）

玉皇庙墓地出土青铜带饰

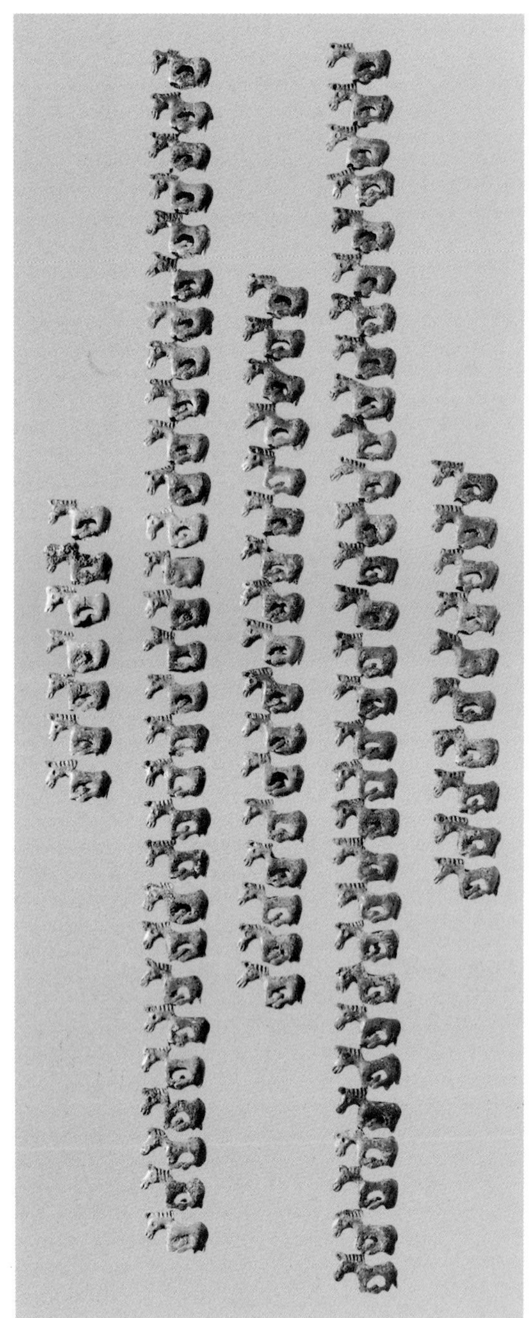

1. Ⅶ型Ⅱ式（YYM168：11）

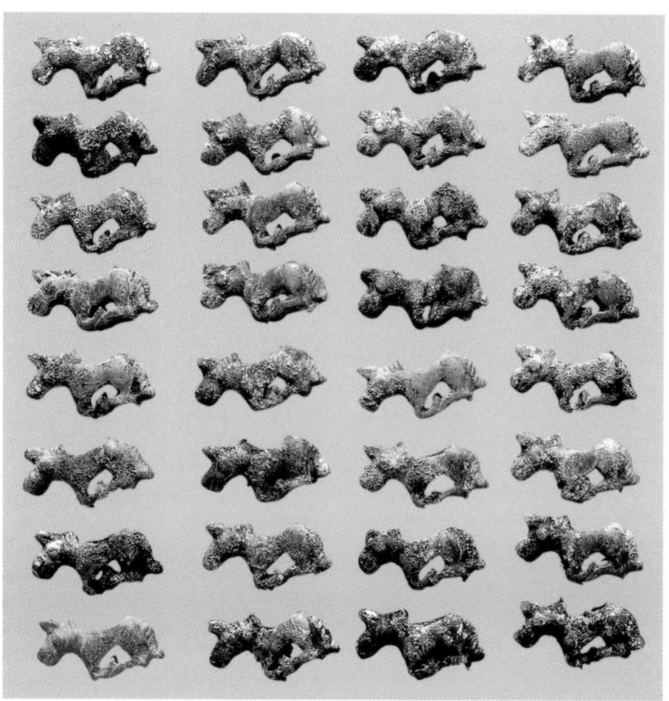

2. Ⅶ型Ⅱ式（YYM122：11）

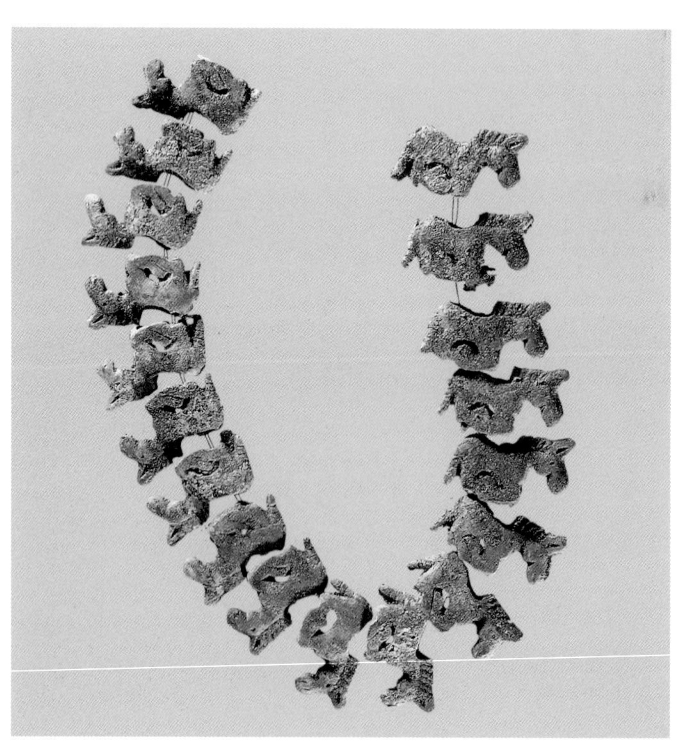

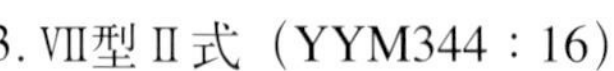

3. Ⅶ型Ⅱ式（YYM344：16）

玉皇庙墓地出土青铜带饰

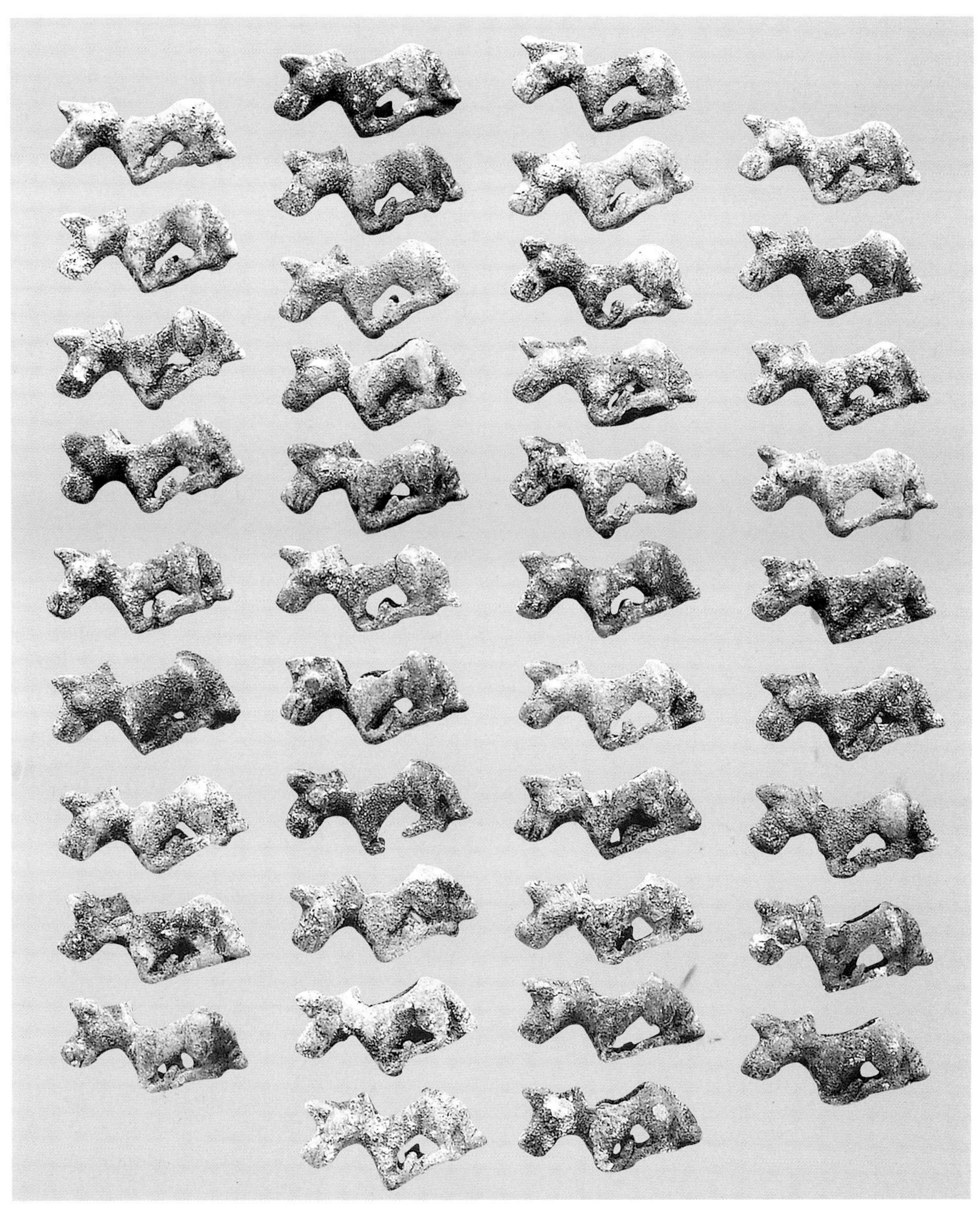

Ⅶ型Ⅱ式（YYM124：10）

玉皇庙墓地出土青铜带饰

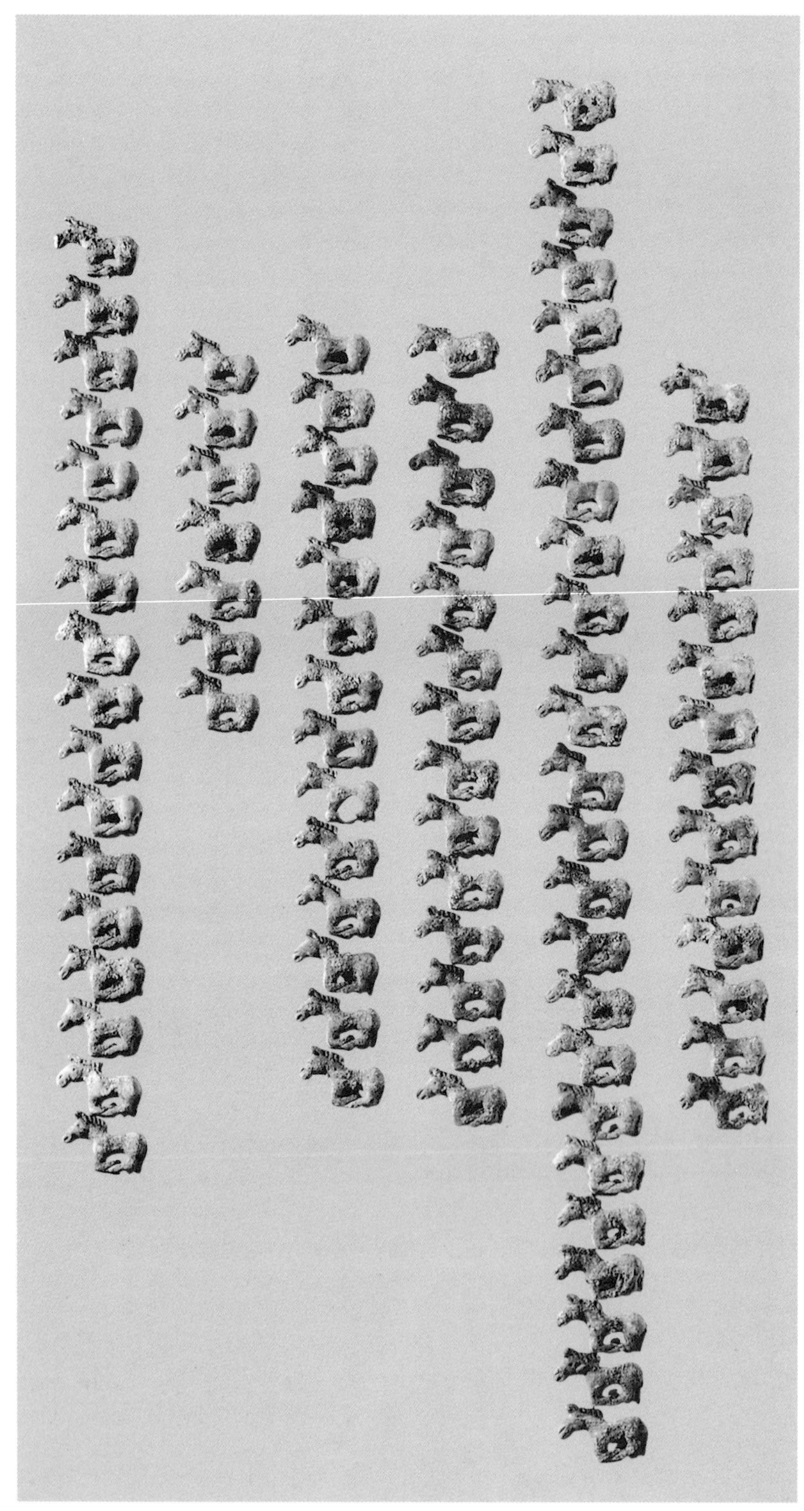

Ⅶ型Ⅱ式（YYM171：13）

玉皇庙墓地出土青铜带饰

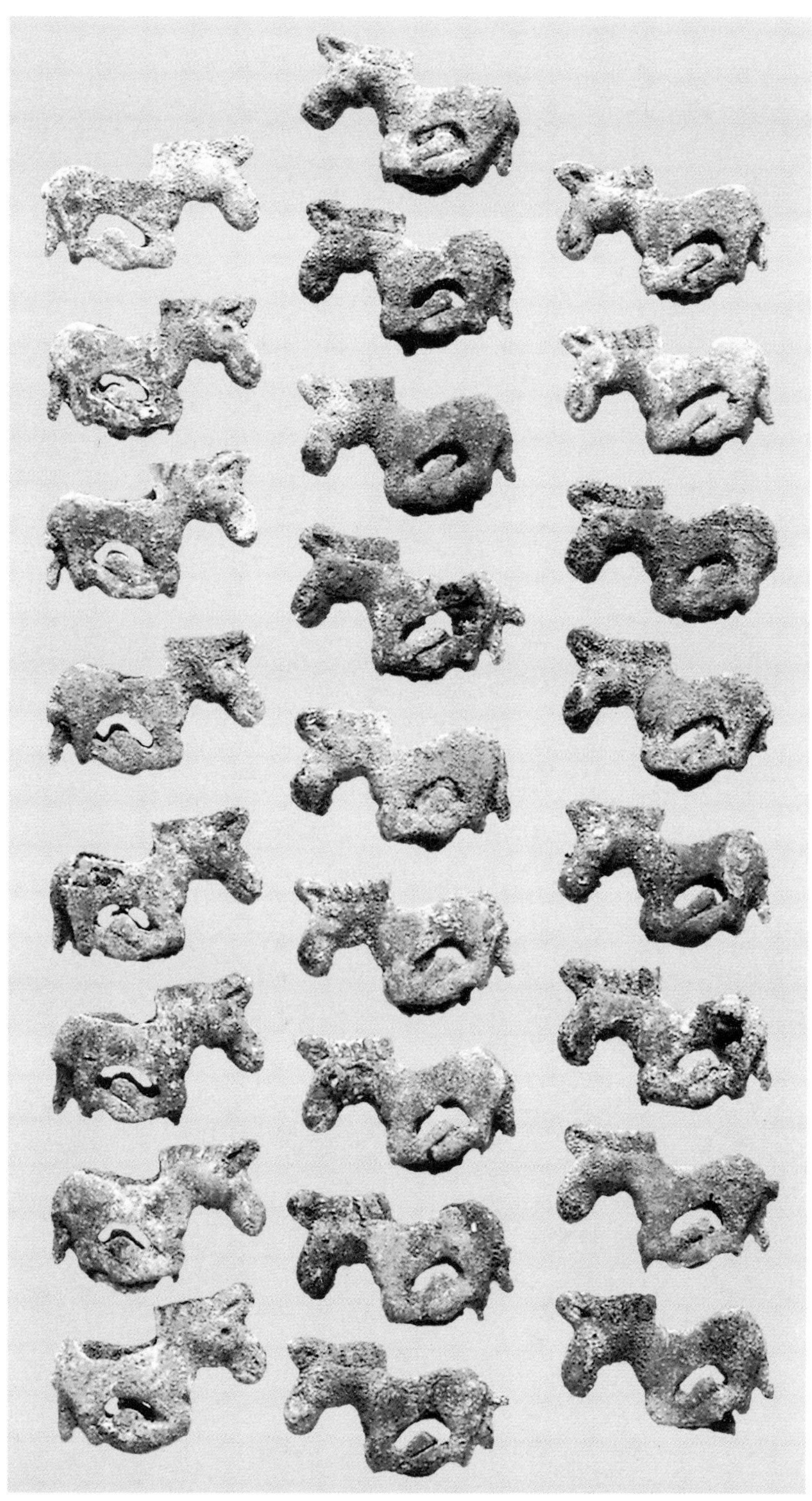

Ⅶ型Ⅱ式（YYM160：8）

玉皇庙墓地出土青铜带饰

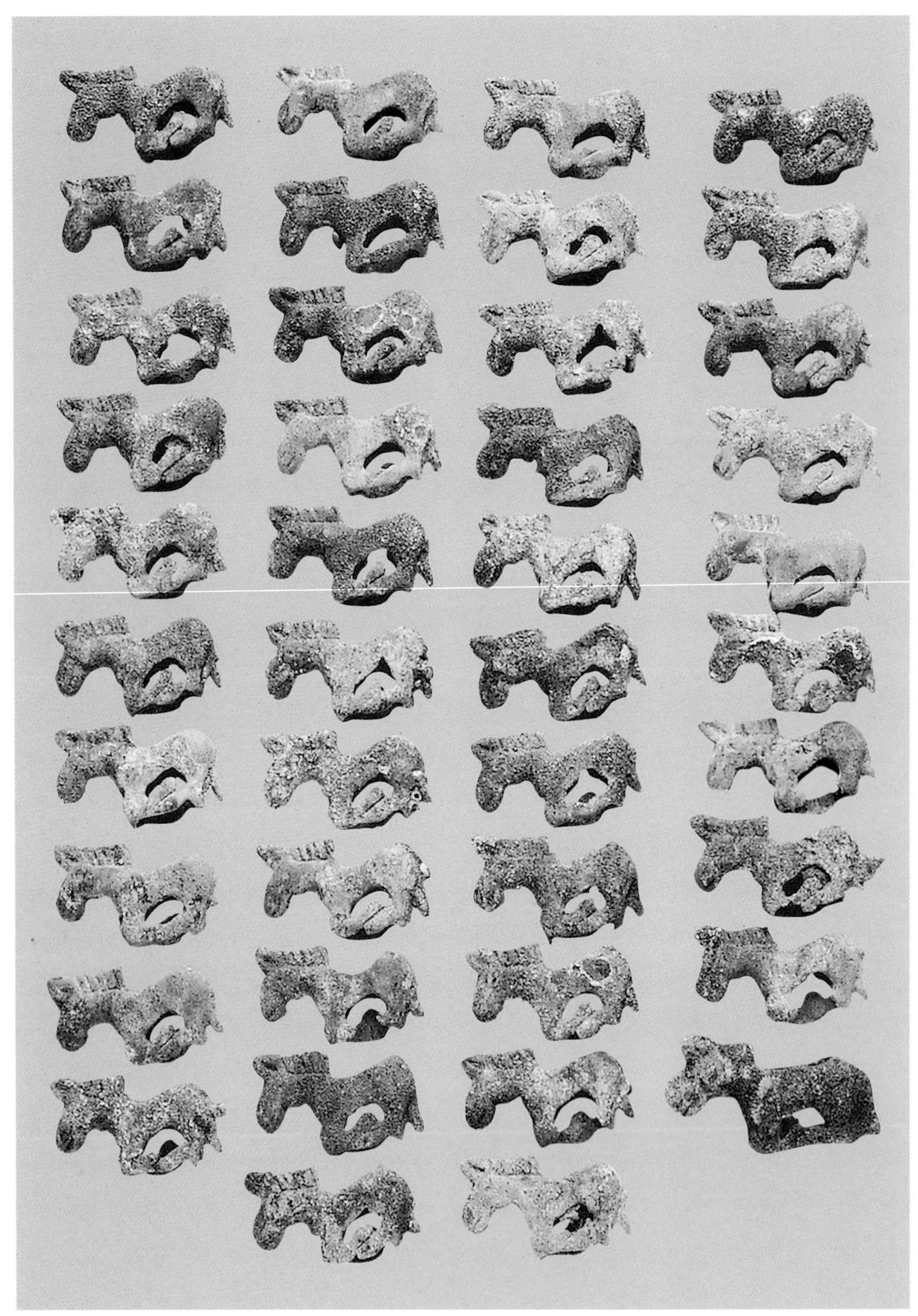

Ⅶ型Ⅱ式（YYM129：9）

玉皇庙墓地出土青铜带饰

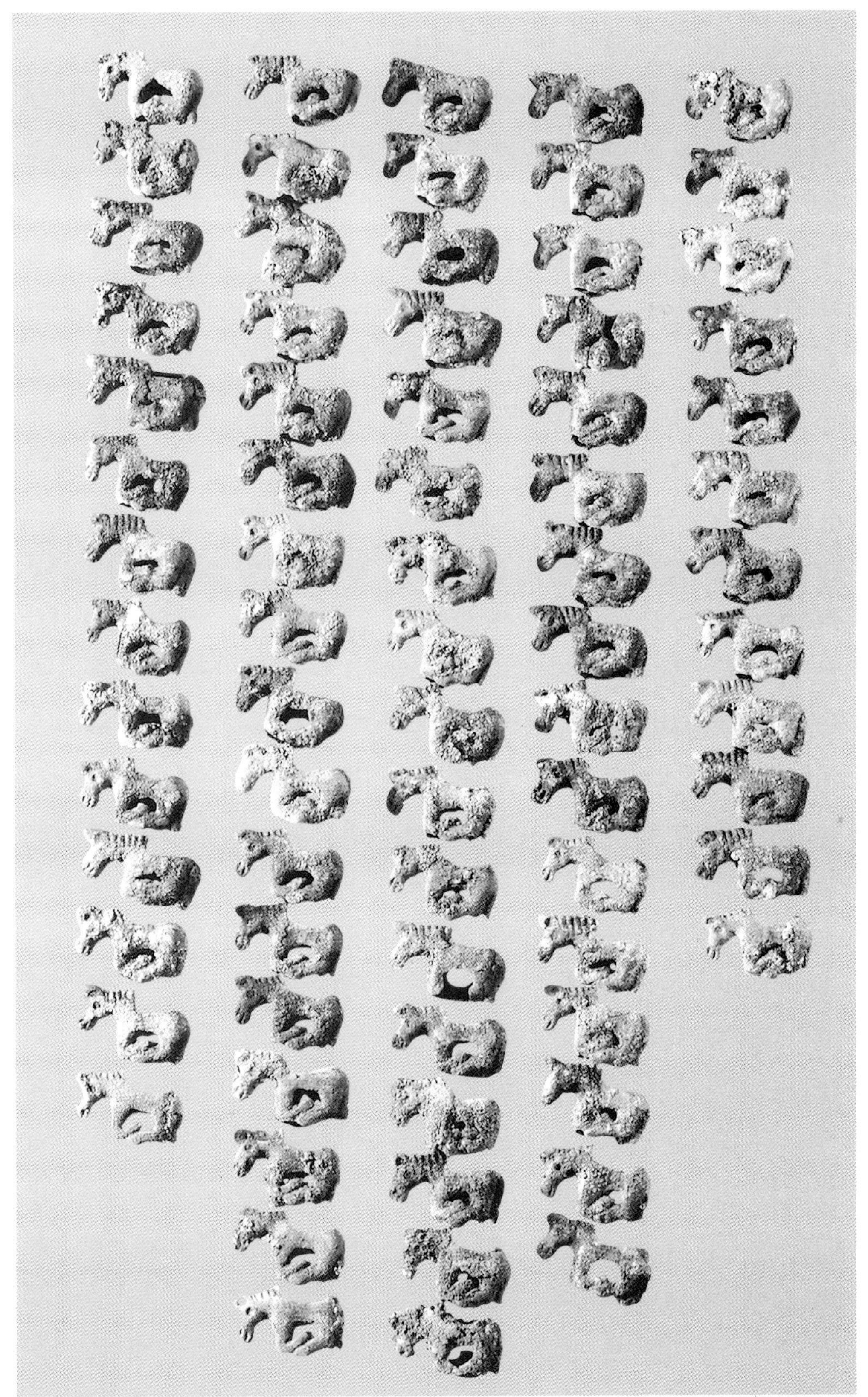

Ⅶ型Ⅱ式（YYM174：9）

玉皇庙墓地出土青铜带饰

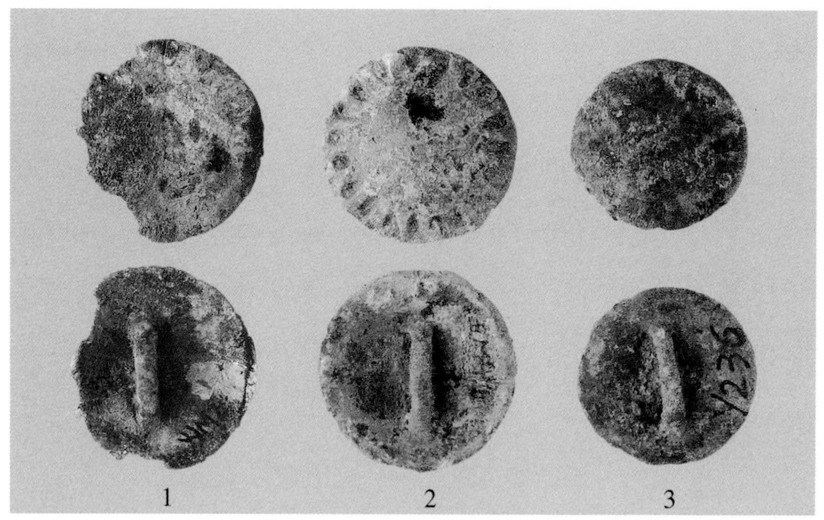

1～3. Ia型（正、背面）（YYM234：10、YYM42：10-1、YYM236：14）

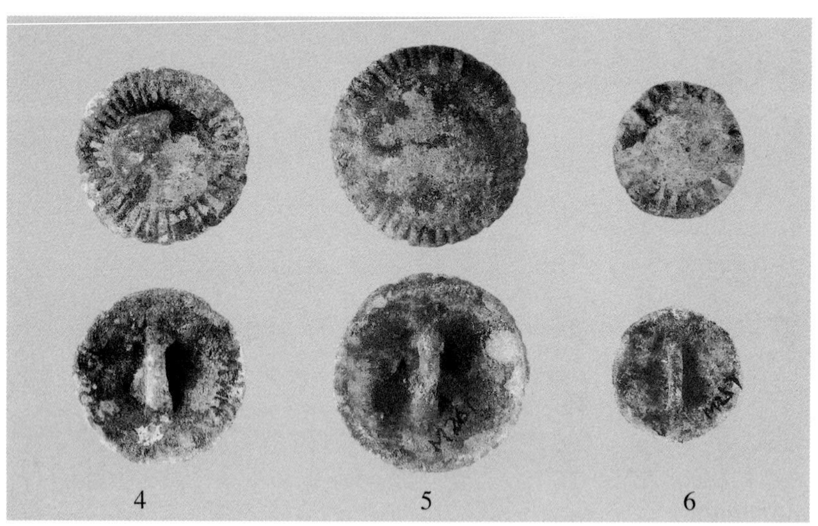

4～6. Ia型（正、背面）（YYM238：2-1、YYM261：19-1、YYM257：9-1）

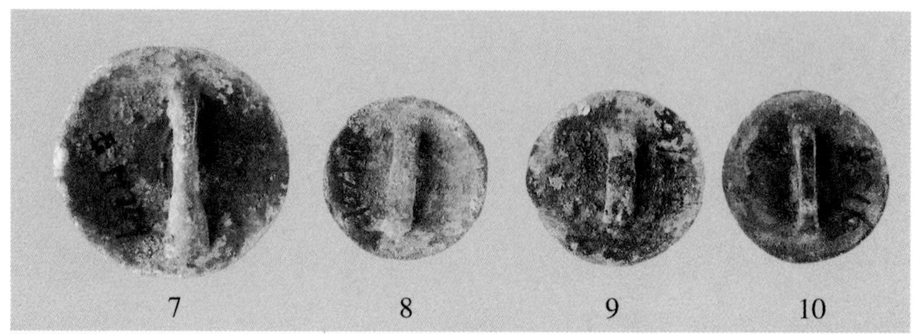

7～10. Ia型（背面）（YYM209：14、YYM201：5-1、YYM156：10-1、YYM158：20-2）

玉皇庙墓地出土服饰铜泡

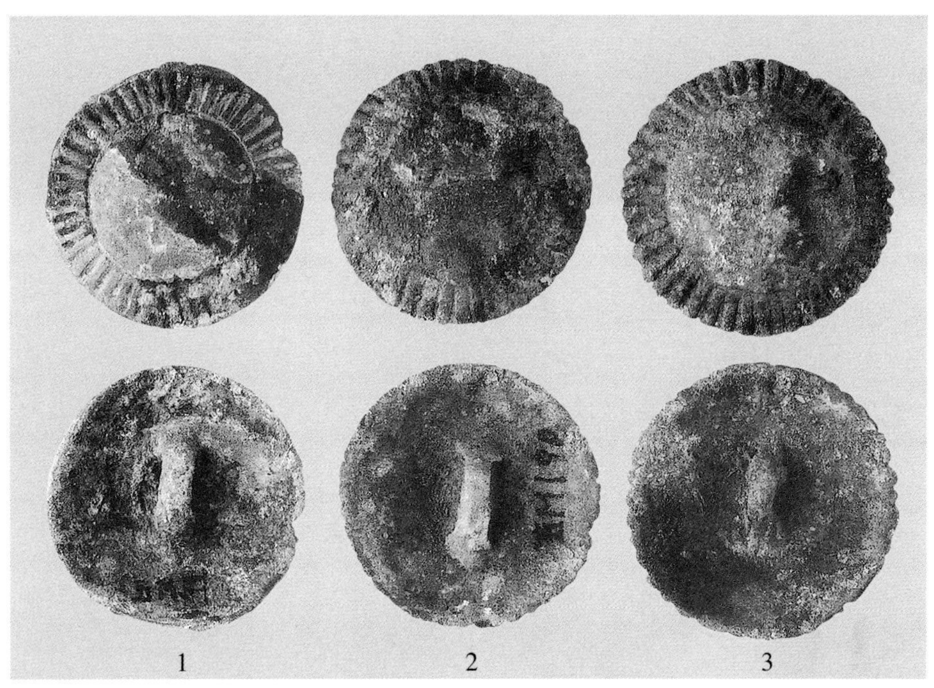

1～3. Ia 型（正、背面）（YYM51：14-1、YYM190：13-1、YYM7：13-1）

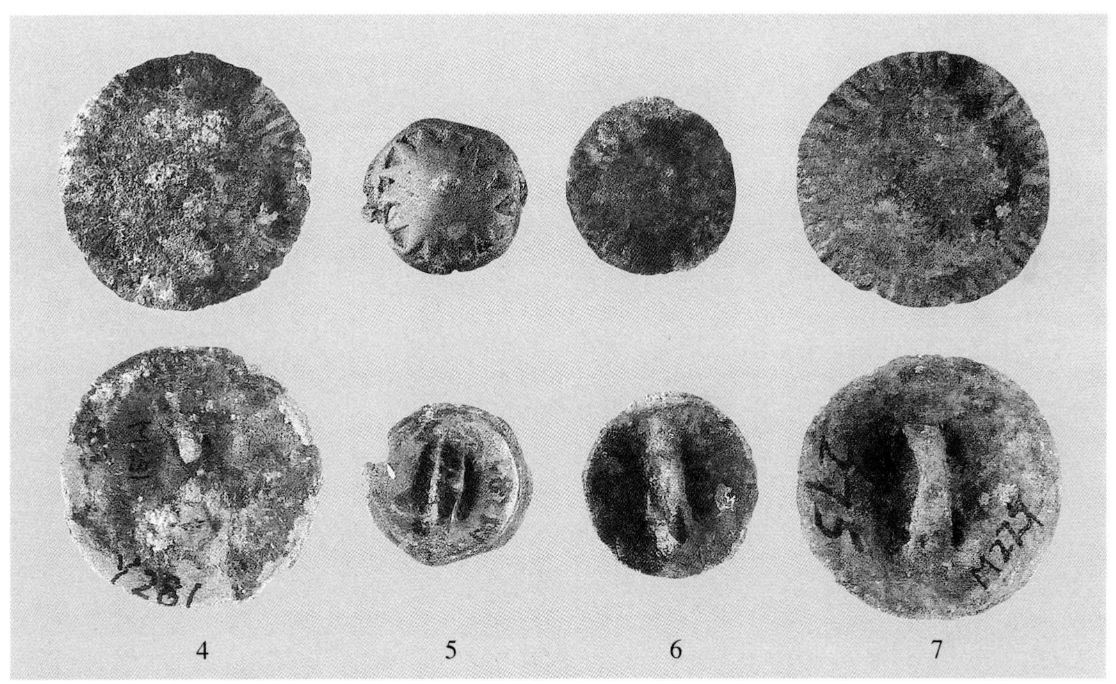

4～7. Ia 型（正、背面）（YYM281：8、YYM282：11-1、YYM229：6-3、YYM275：14-1）

玉皇庙墓地出土服饰铜泡

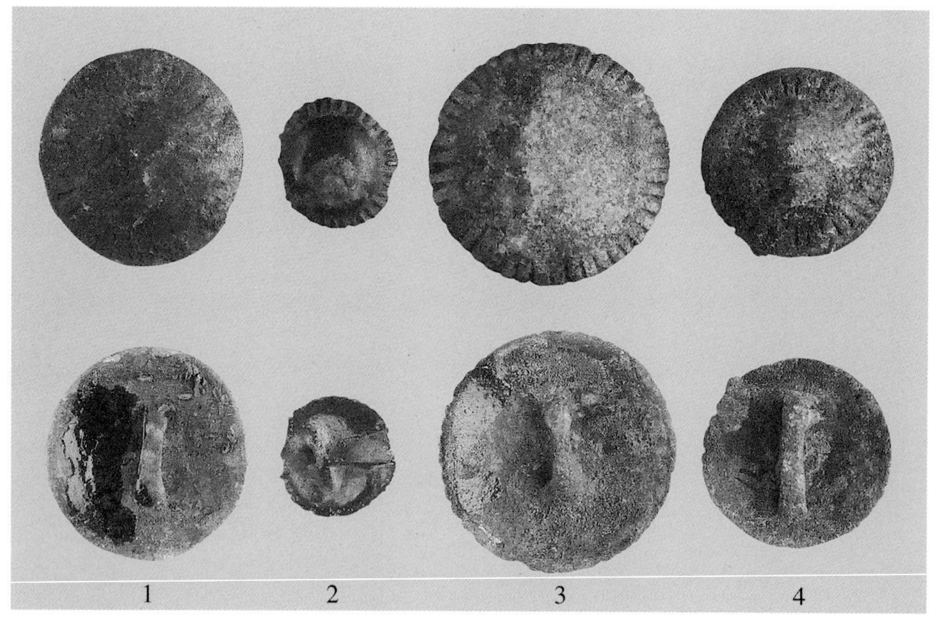

1~4. Ia 型（正、背面）（YYM171：11-1、YYM305：2-13、YYM129：14-2、YYM325：5）

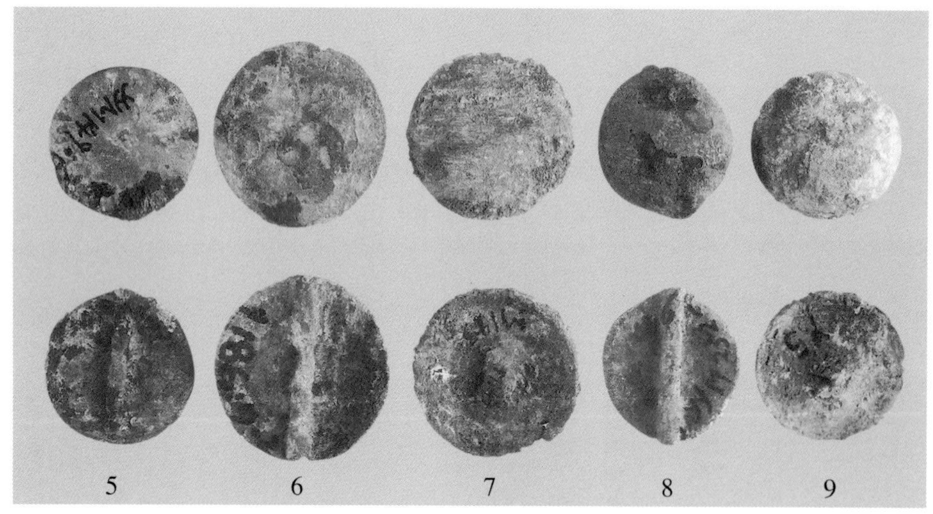

5~9. Ib 型（正、背面）（YYM5：9、YYM252：8-1、YYM143：14-1、YYM186：9-3、YYM149：8-1）

玉皇庙墓地出土服饰铜泡

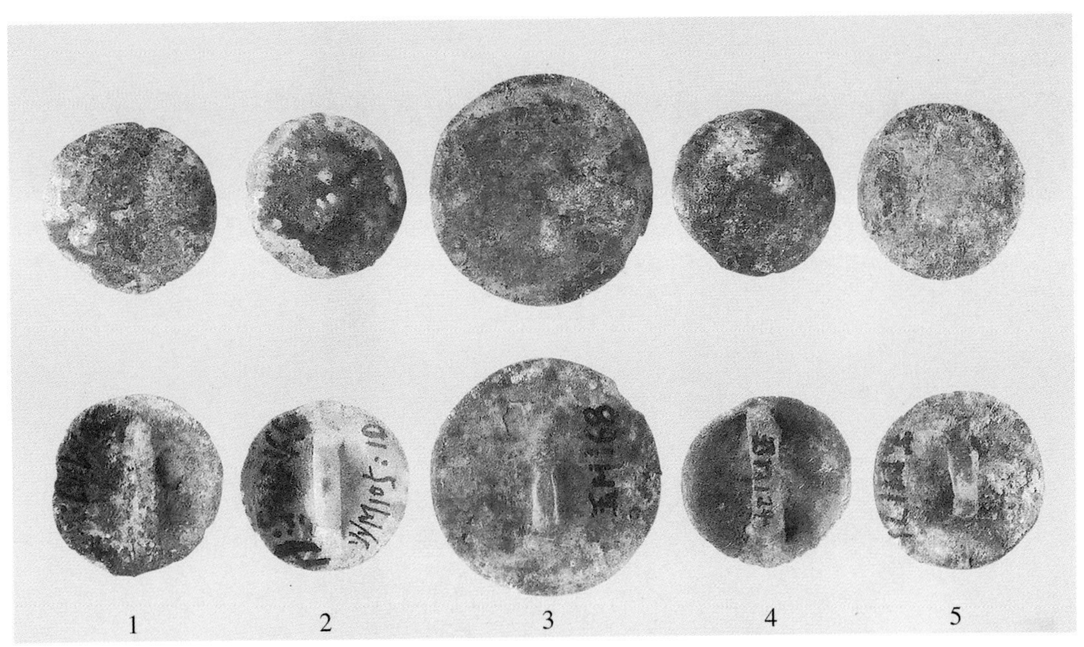

1～5. Ib型 （正、背面）（YYM147：4、YYM105：10-4、YYM168：8-1、YYM124：18、YYM171：11-2）

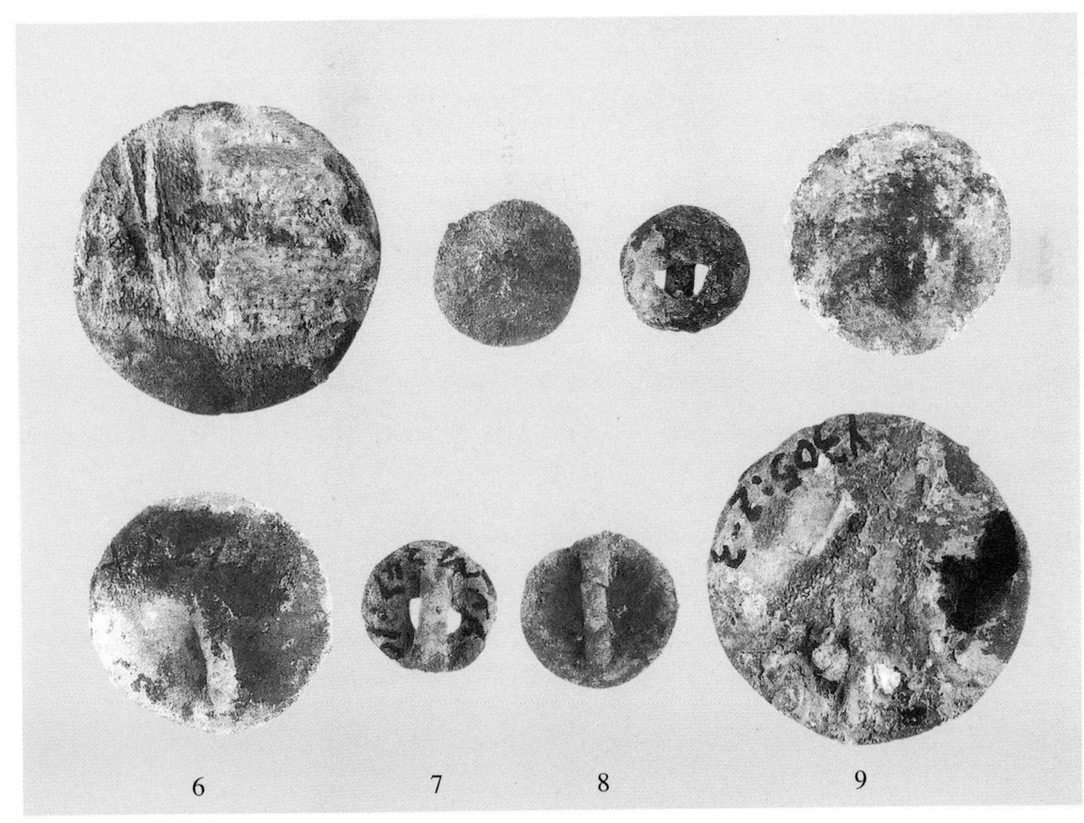

6～9. Ib型（正、背面）（YYM305：2-14、YYM129：14-1、YYM247：10-2、YYM374：11）

玉皇庙墓地出土服饰铜泡

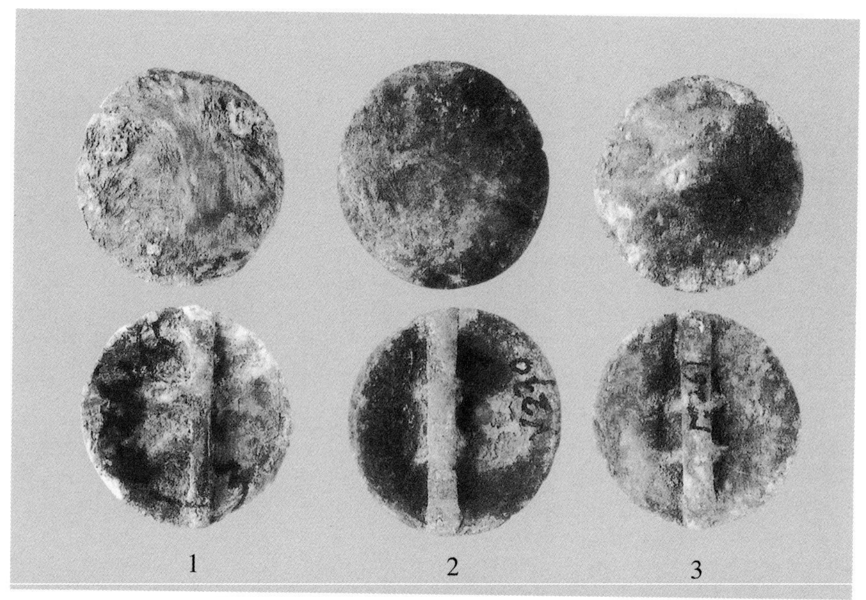

1～3. Ⅱ型（正、背面）（YYM249：5、YYM230：18-2、YYM261：19-4）

4～7. Ⅲa型（正、背面）（YYM281：10、YYM230：19-1、YYM233：11-1、YYM41：7）

8～10. Ⅲa型（背面）（YYM264：14、YYM188：10、YYM52：22）

玉皇庙墓地出土服饰铜泡

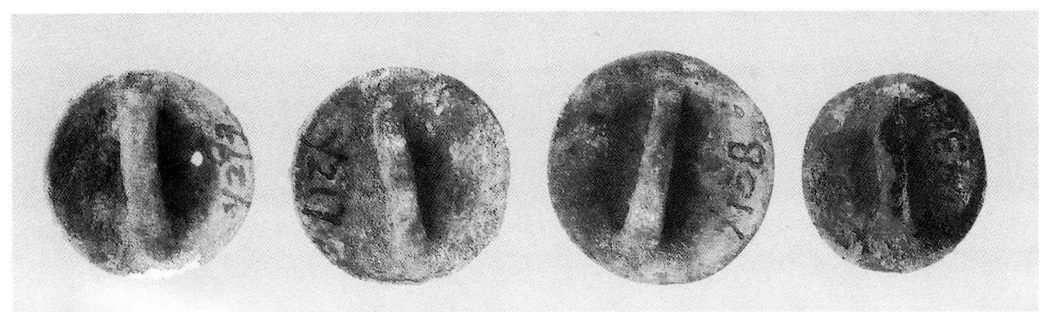

1. 服饰铜泡Ⅲa 型（背面）（YYM293：7-1、YYM217：6、YYM158：19-1、YYM341：4）

2. Ⅲb 型服饰铜泡（正、背面）（YYM247：10-1）

3. Ⅲb 型服饰铜泡（正、背面）（YYM158：19-2）

4. Ia 型服饰铜扣（正、背面）（YYM32：10-1）

5. Ib 型服饰铜扣（正、背面）（YYM383：6-2）

玉皇庙墓地出土服饰铜泡与服饰铜扣

1. Ib型（正、背面）（YYM300：14-1、2，YYM386：11-1、2，YYM7：12-2）

2. Ic型（正面）（YYM18：12-1）

3. Id型（正、背面）（YYM18：12-2）

玉皇庙墓地出土服饰铜扣

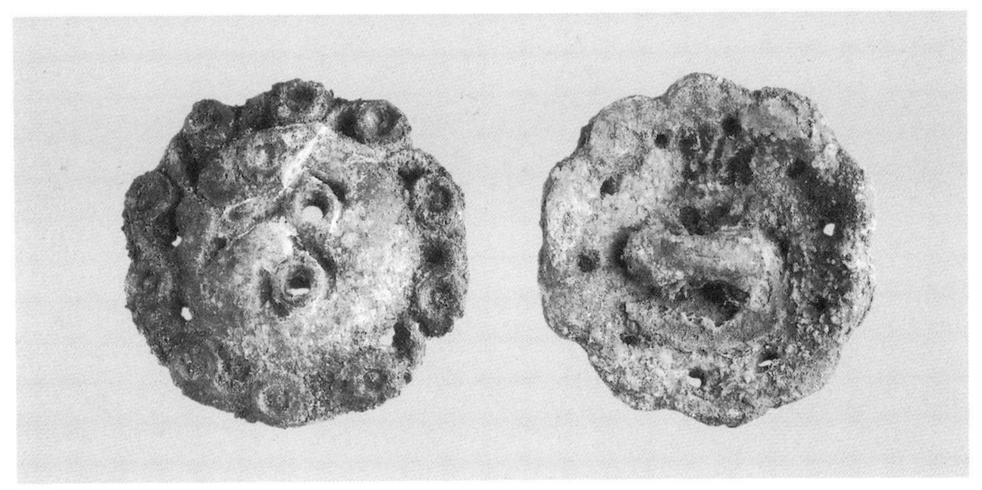

1. Ie 型（正、背面）（YYM18：12-3）

2. Ie 型（正、背面）（YYM250：25-1）

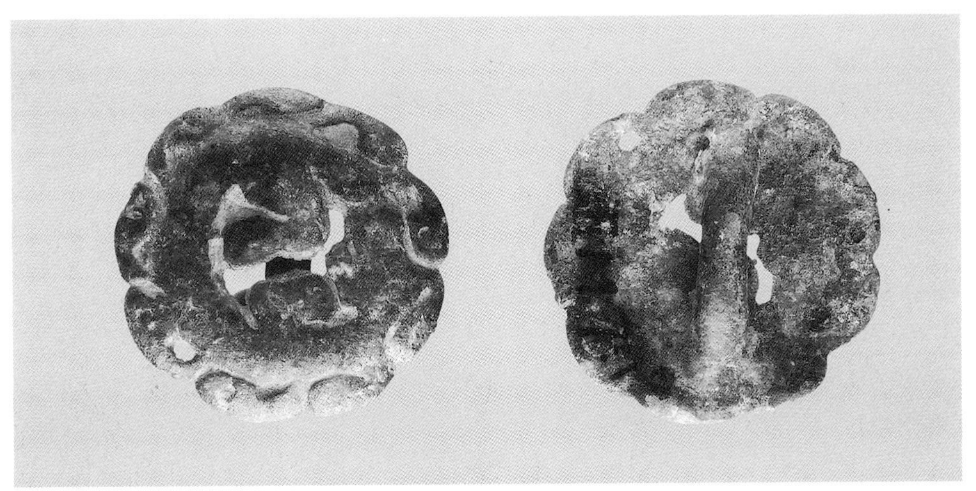

3. If 型（正、背面）（YYM7：12-2）

玉皇庙墓地出土服饰铜扣

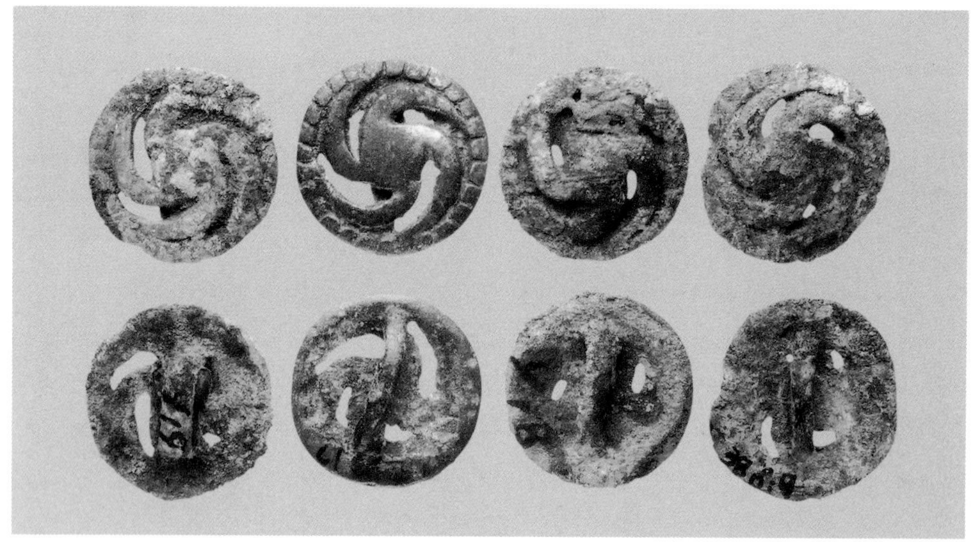

1. Ⅱ型（正、背面）（YYM19：2-1、YYM17：9-1、YYM18：12-9、YYM386：9-1）

2. Ⅱ型（正、背面）（YYM300：15-1、YYM383：6-1、YYM384：9-1、YYM11：15-1）

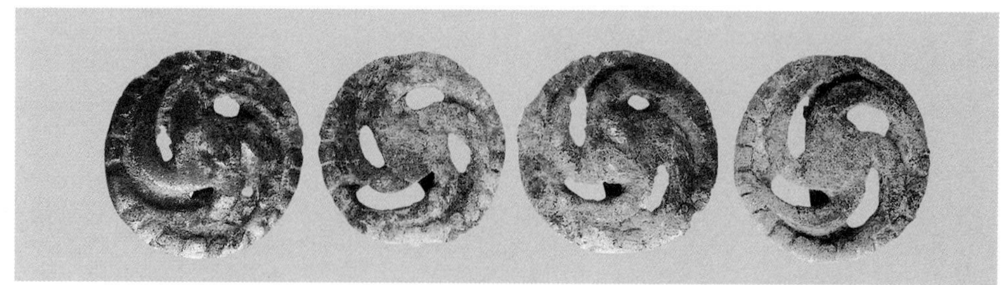

3. Ⅱ型（正面）（YYM275：12-1、YYM252：7-1、YYM261：18-1、YYM51：15）

玉皇庙墓地出土服饰铜扣

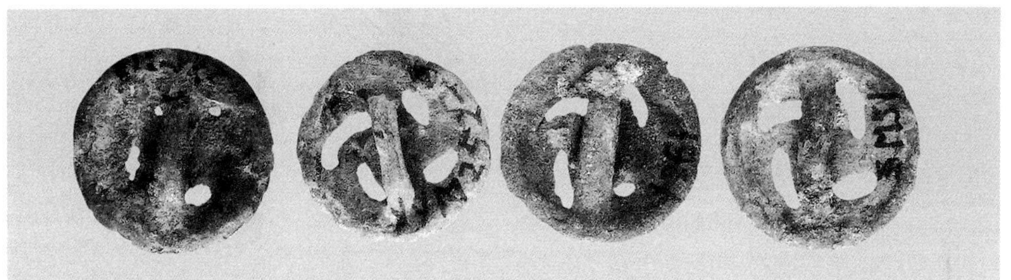

1. Ⅱ型（背面）（YYM275：12-1、YYM252：7-1、YYM261：18-1、YYM51：15）

2. Ⅱ型（正、背面）（YYM36：10、YYM151：19-1、YYM124：11-1）

3. Ⅲ型（正、背面）（YYM34：13、YYM264：15-1、YYM226：12-1）

玉皇庙墓地出土服饰铜扣

1. Ⅲ型（正、背面）（YYM46：10-1、YYM238：1-1、YYM171：15）

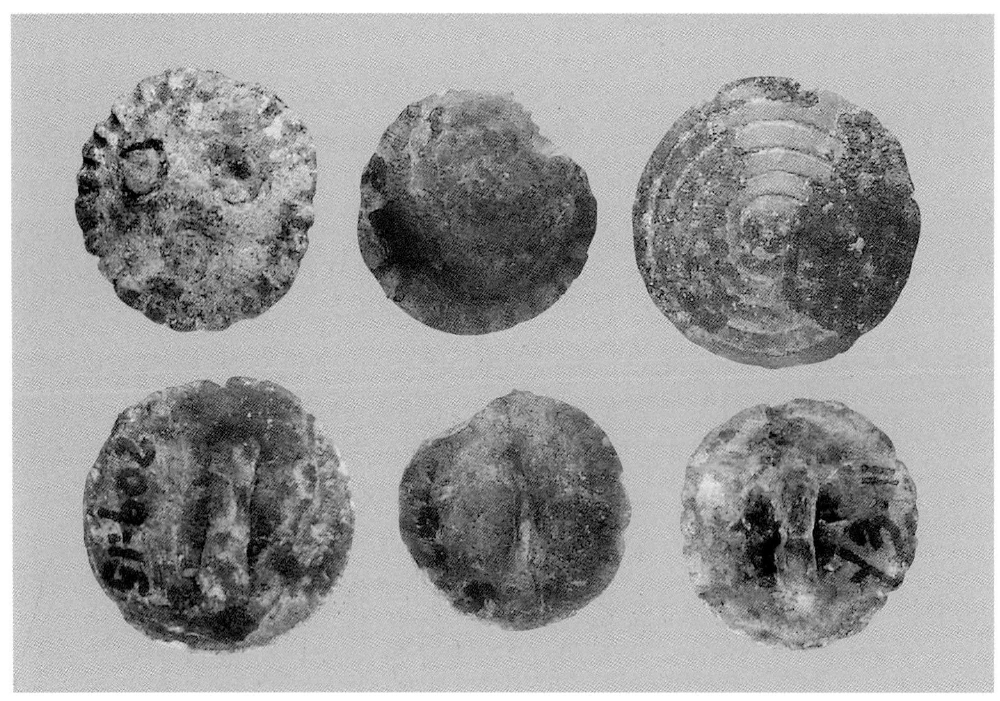

2左. Ⅳ型（正、背面）（YYM3：11） 2中. Ⅶ型（正、背面）（YYM192：5）
2右. Ⅷ型（正、背面）（YYM209：15-1）

玉皇庙墓地出土服饰铜扣

1. V型（正、背面）（YYM227：10）

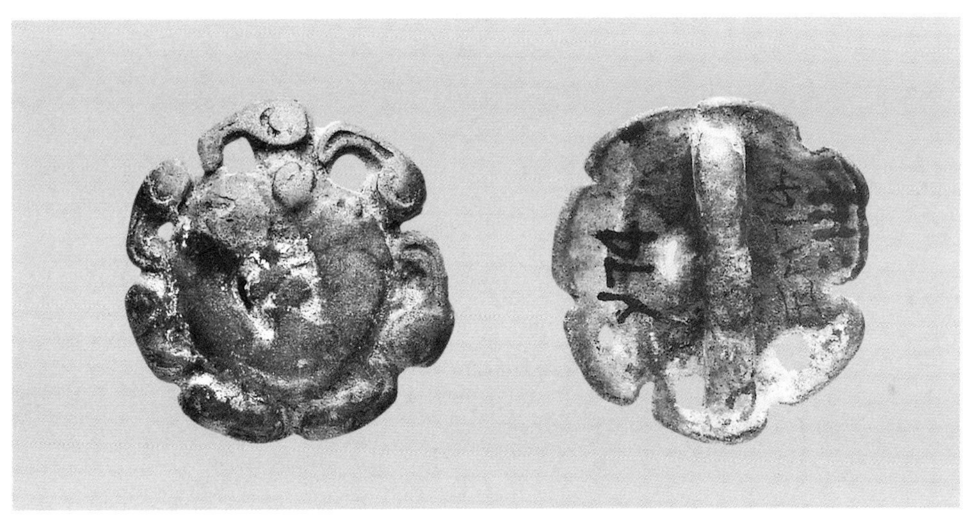

2. IXa型（正、背面）（YYM74：14-1）

3. IXb型（正面）（YYM175：12-1）

4. X型（正面）（YYM158：12）

玉皇庙墓地出土服饰铜扣

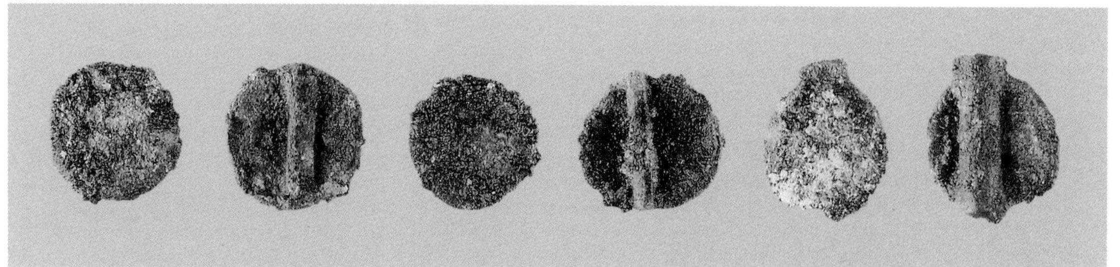

1. YYM20：2-1～3（正、背面）

2. YYM233：6-1～3（正、背面）

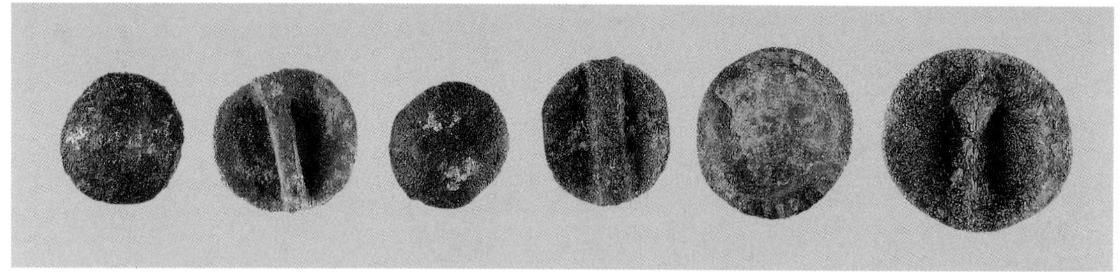

3. YYM234：5-1～3（正、背面）

4. YYM106：3-1～3（正、背面）

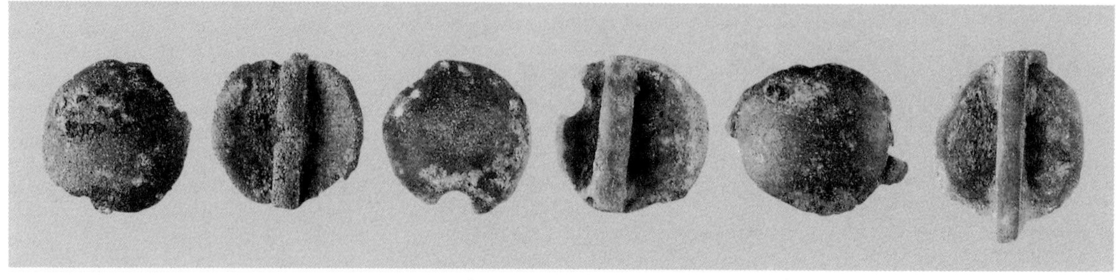

5. YYM164：8-1～3（正、背面）

玉皇庙墓地出土覆面铜扣

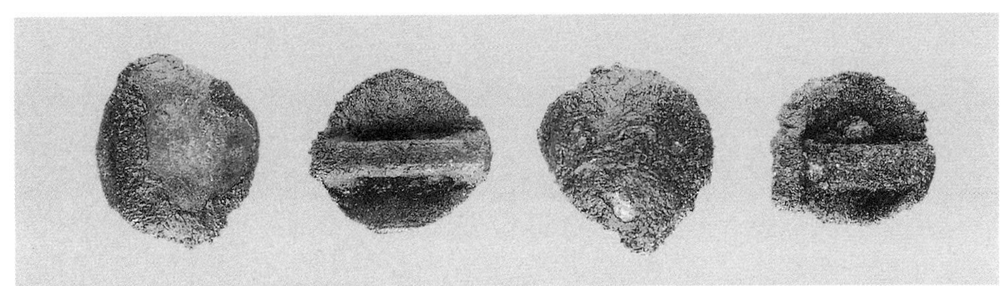

1. 覆面铜扣（正、背面）（YYM230：2-1、2）

2. 覆面铜扣（正、背面）（YYM283：1-1、2）

3. 覆面铜扣（正、背面）（YYM142：6-1、2）　4. 覆面铜扣（YYM391：3-1、2）

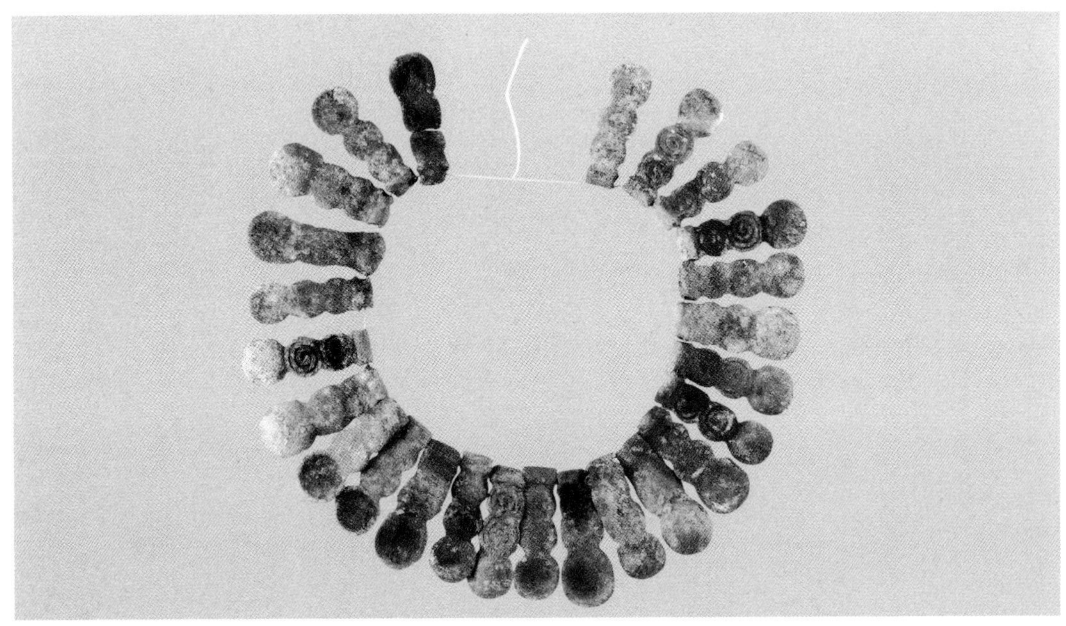

5. 卷云纹三联珠形铜饰项链（YYM15：8）

玉皇庙墓地出土覆面铜扣及铜饰项链

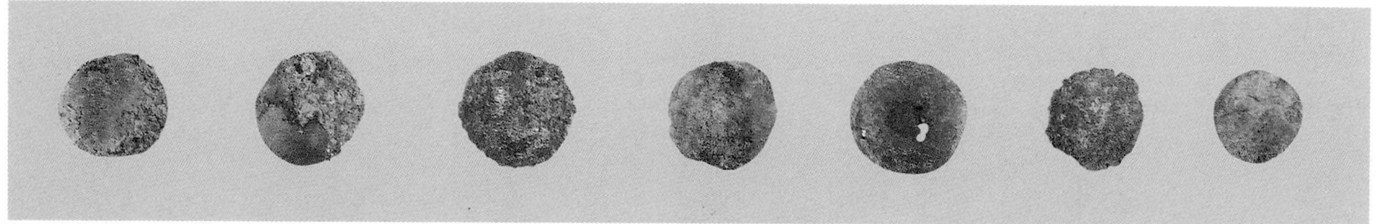

1. YYM19：21（正面）

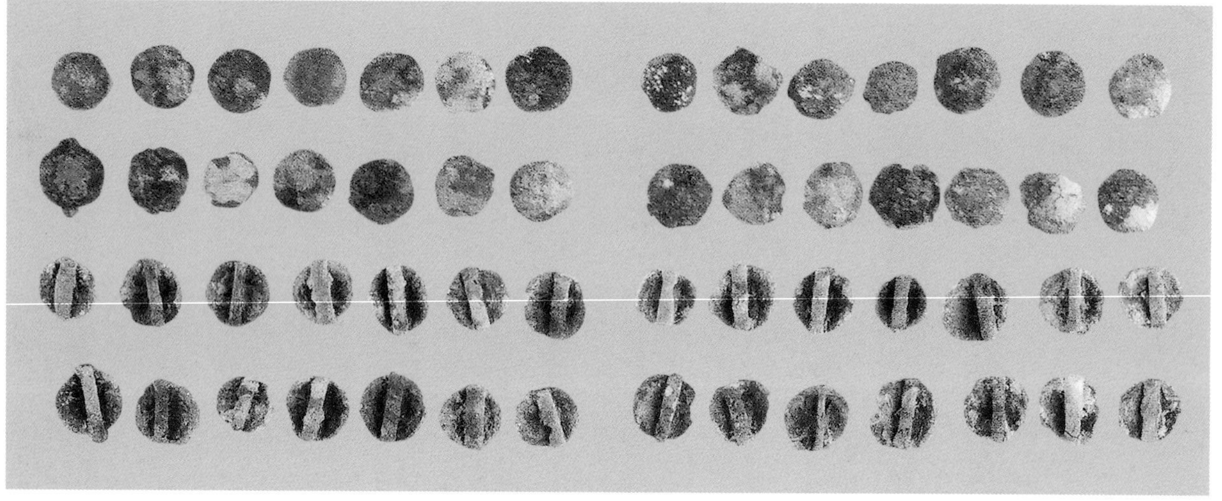

2. YYM264：16（正、背面）

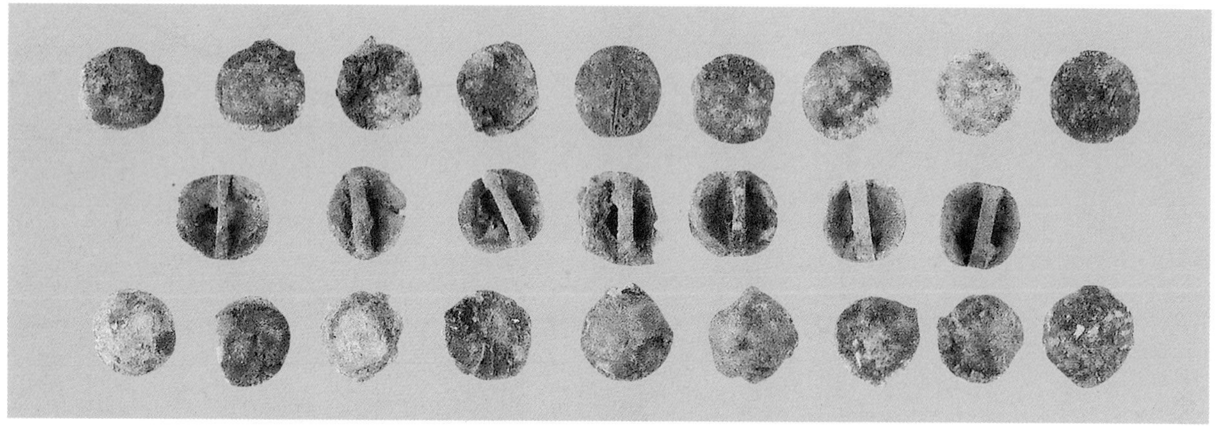

3. YYM263：9（正、背面）

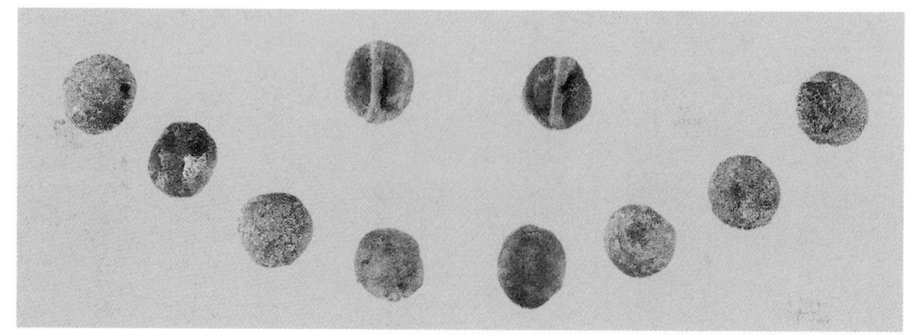

4. YYM335：3（正、背面）

玉皇庙墓地出土服饰小铜扣

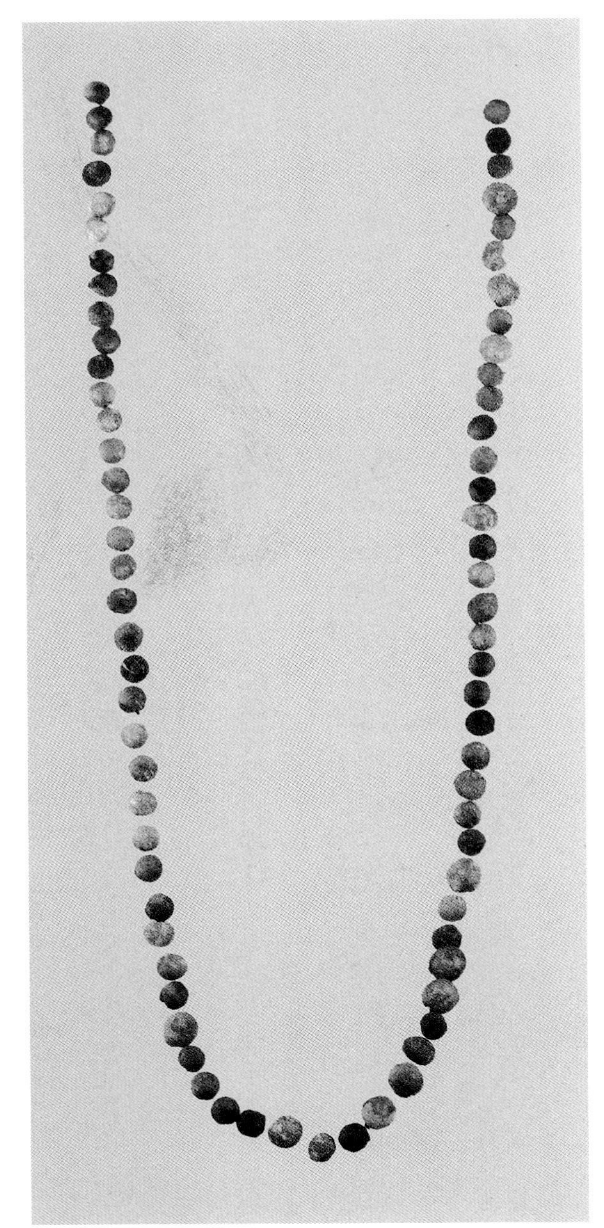

1. YYM4 : 4

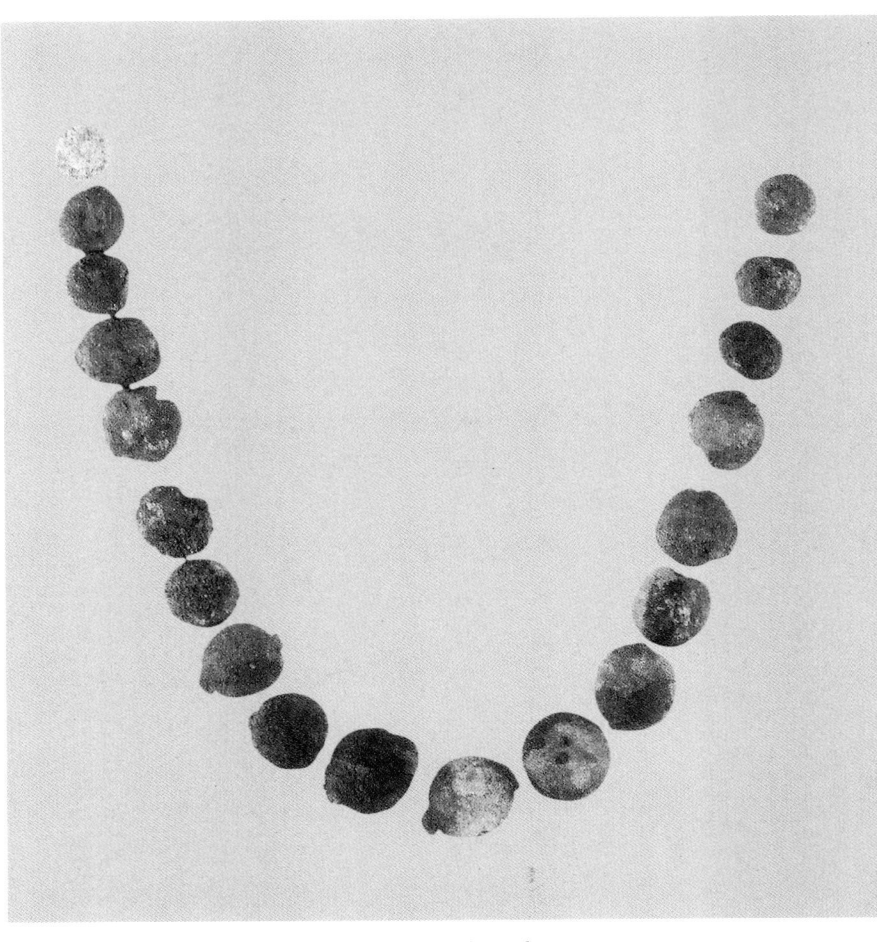

2. YYM37 : 6

玉皇庙墓地出土小铜扣项链

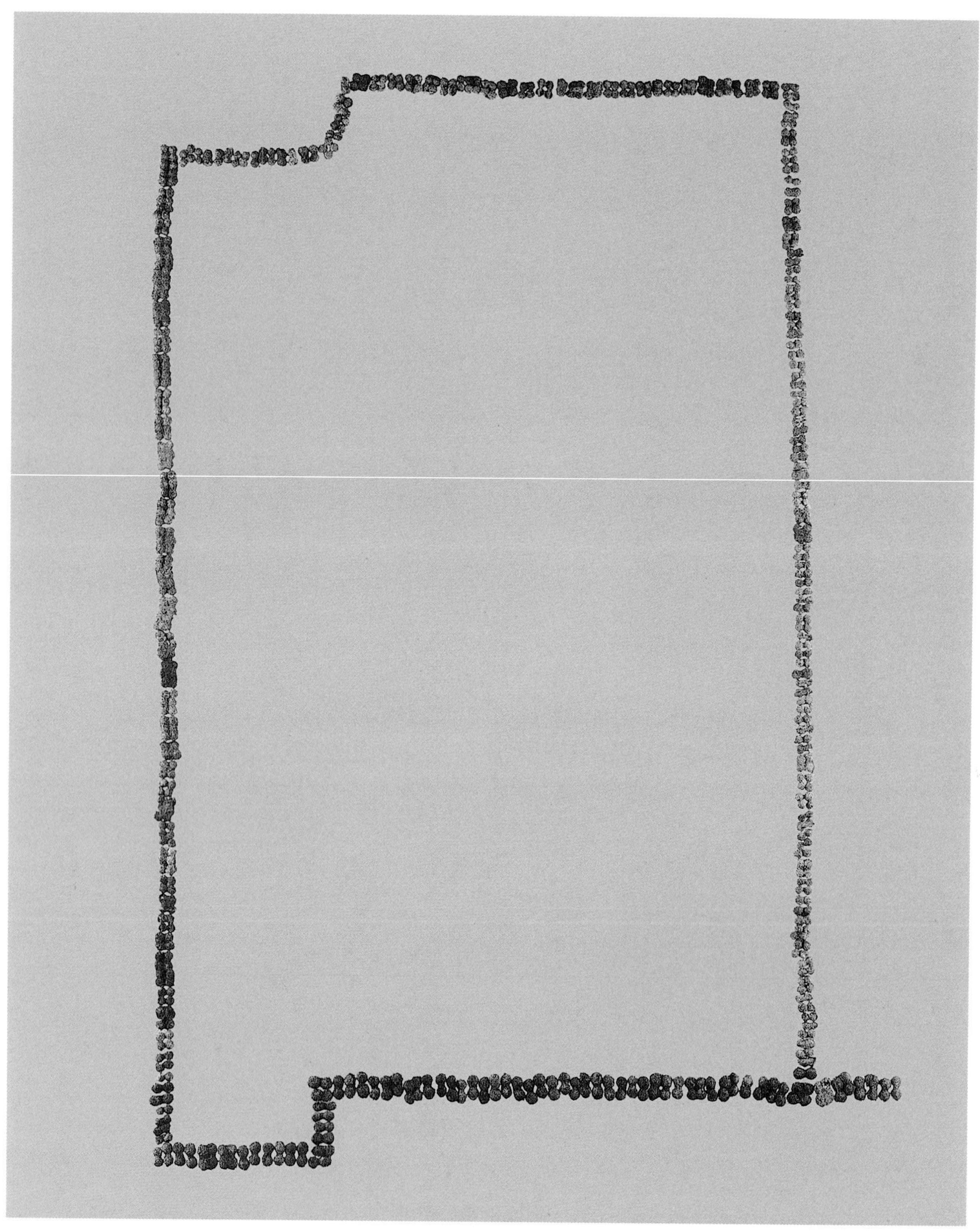

YYM18：15

玉皇庙墓地出土服饰双联小铜扣

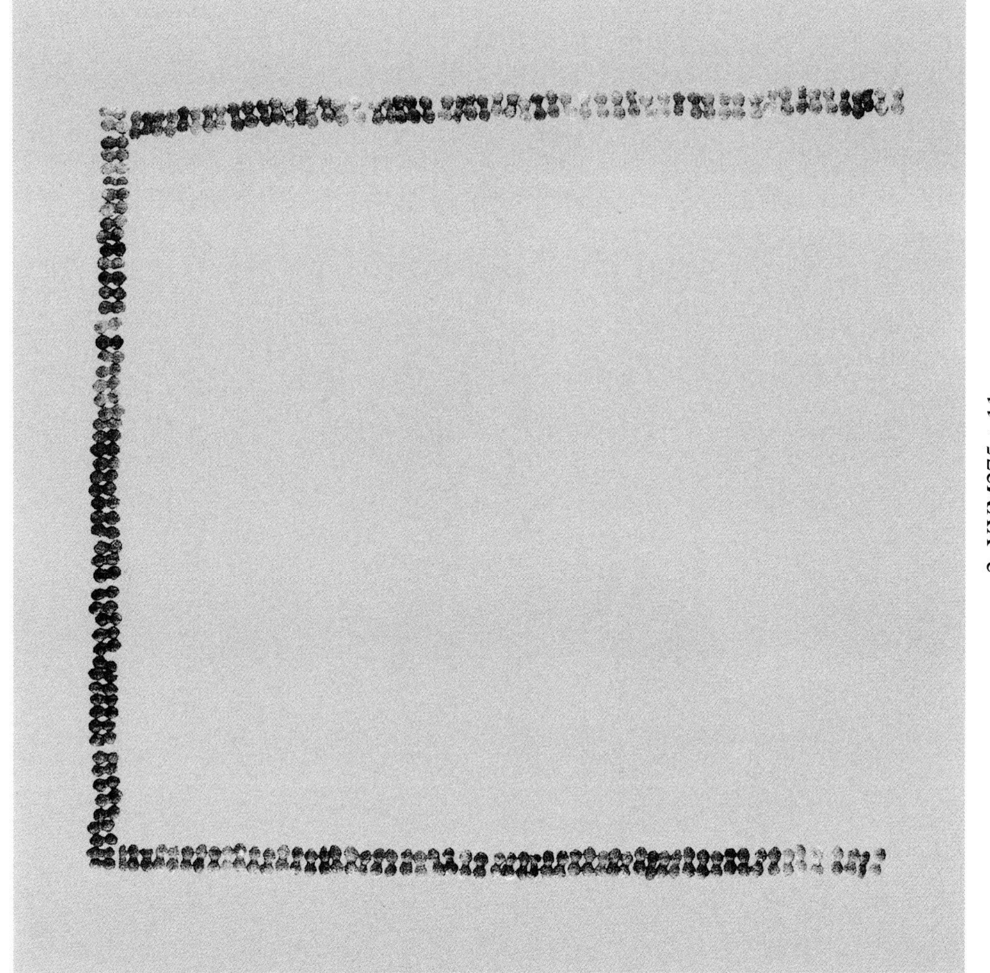

2. YYM275 : 11

1. YYM222 : 6

王皇庙墓地出土服饰双联小铜扣

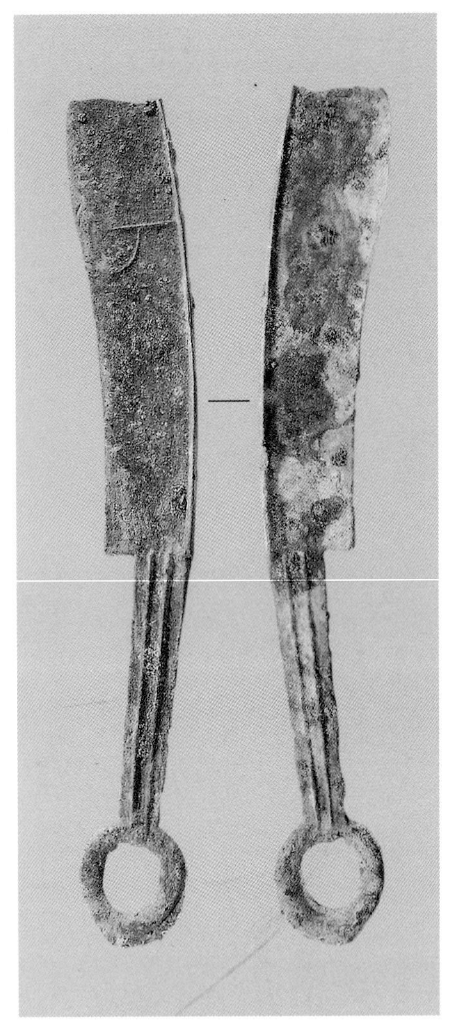

1. 尖首刀币（正、背面）
（YYM172：3）

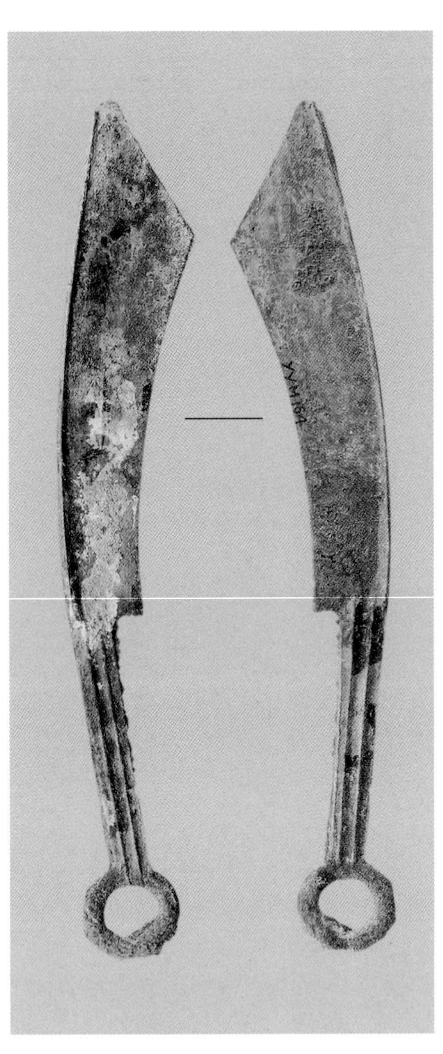

2. 尖首刀币（正、背面）
（YYM164：3）

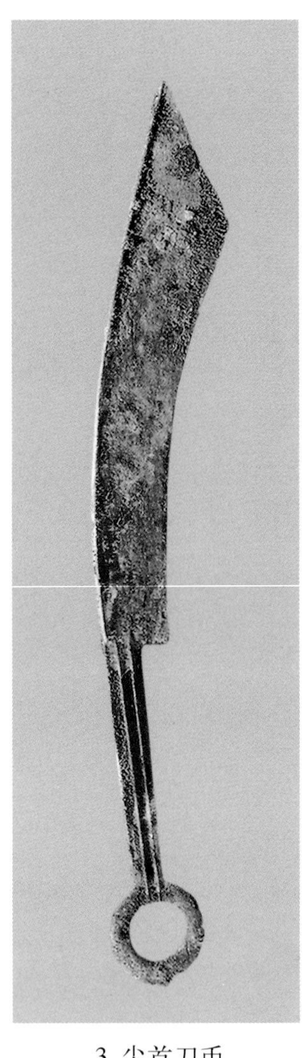

3. 尖首刀币
（YYM380：2）

玉皇庙墓地出土尖首刀币及铜饰项链

1. Ⅰ型（YYM35：14）　2. Ⅰ型（YYM28：1）　3. Ⅰ型（YYM2：31）

4. Ⅰ型（YYM18：23）　5. Ⅰ型（YYM277：6）　6. Ⅰ型（YYM250：11）

7. Ⅰ型（YYM264：20）　8. Ⅰ型（YYM39：1）　9. Ⅰ型（YYM266：11）

玉皇庙墓地出土赤铁矿砺石

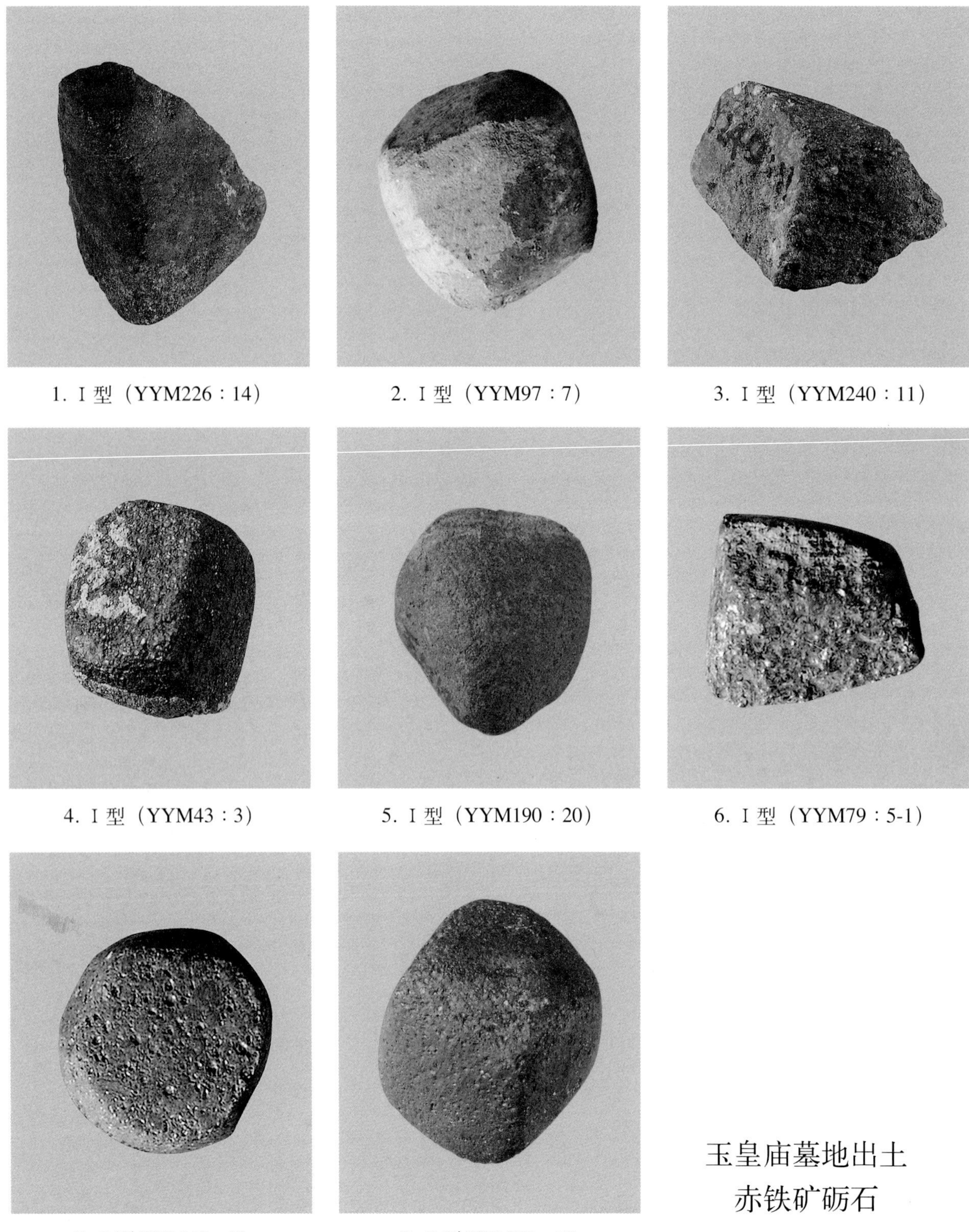

1. Ⅰ型（YYM226：14）

2. Ⅰ型（YYM97：7）

3. Ⅰ型（YYM240：11）

4. Ⅰ型（YYM43：3）

5. Ⅰ型（YYM190：20）

6. Ⅰ型（YYM79：5-1）

7. Ⅰ型 YYM49：12

8. Ⅰ型 YYM52：17

玉皇庙墓地出土
赤铁矿砺石

1. Ⅱ型（YYM32：7、YYM122：17、YYM82：8、YYM60：3）

2. Ⅱ型（YYM190：10、YYM217：13、YYM107：1、YYM303：5）

玉皇庙墓地出土砂岩穿孔砺石

1. 石杯（YYM13：19）

2. 算珠形石珠（YYM16：2、YYM385：9、YYM186：10）

3. 白石管项链（YYM8：3）

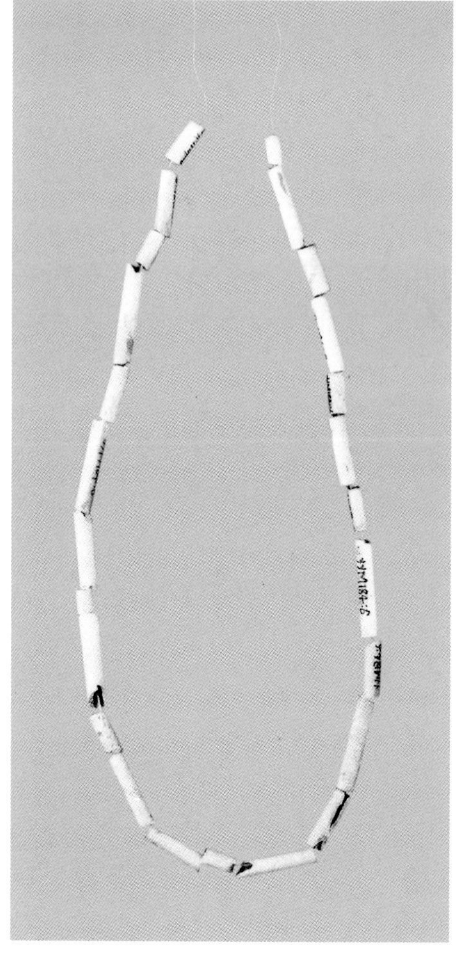

4. 白石管项链（YYM184：4）

玉皇庙墓地出土石杯和算珠形石珠及白石管项链

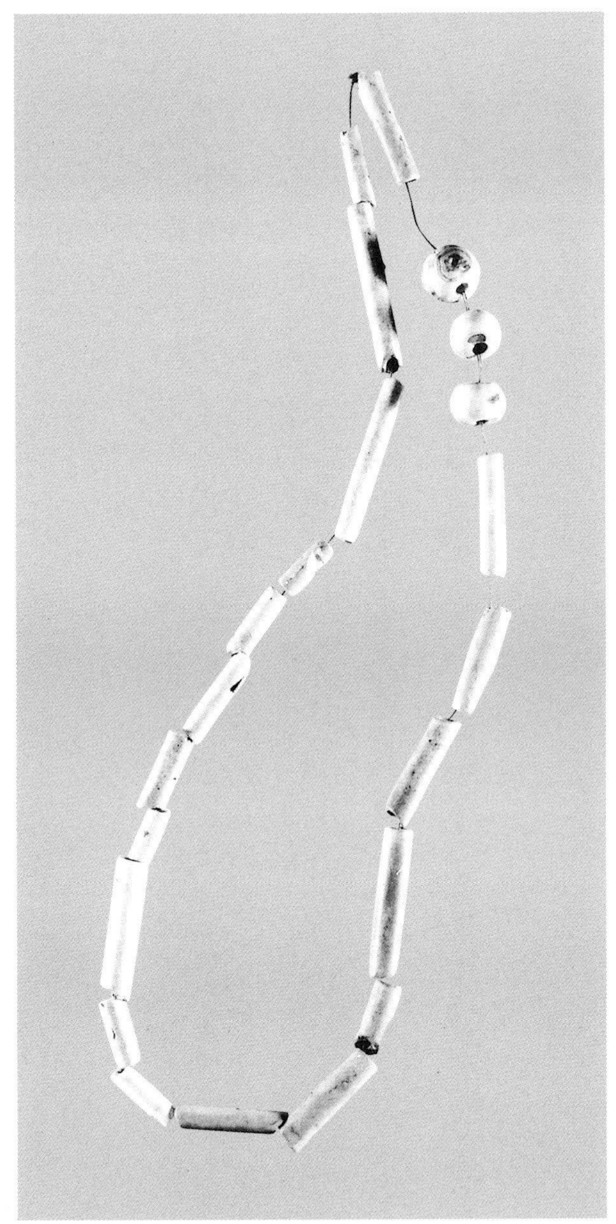

1. 白石管、玛瑙珠项链（YYM302：6）

2. 细石器（YYM247：14）

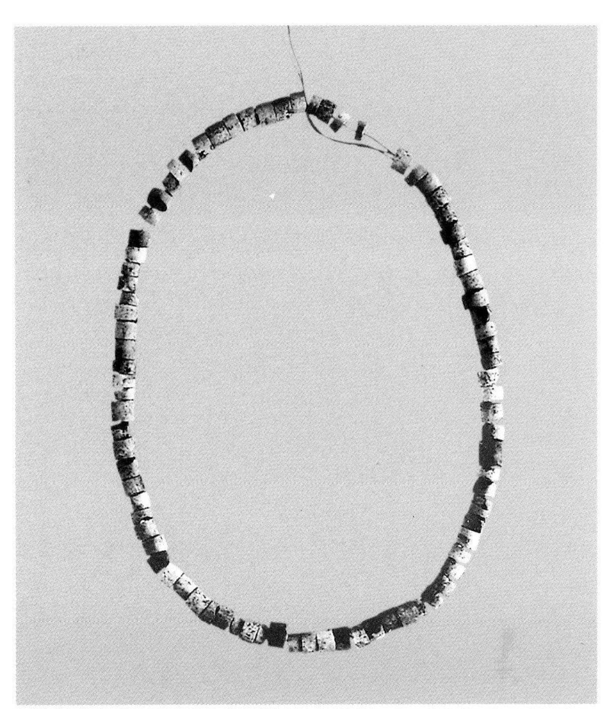

3. 小白石珠项链（YYM144：7）

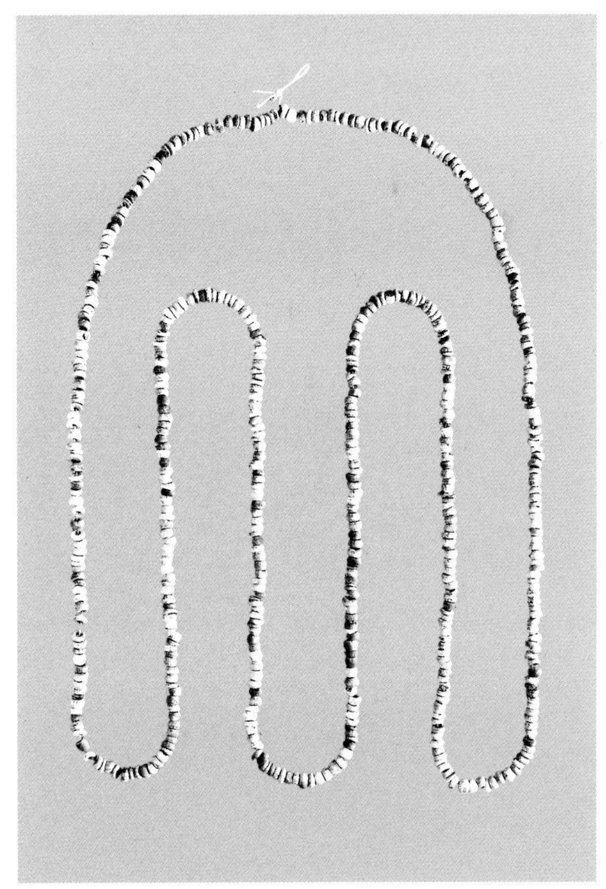

4. 小白石珠项链（YYM149：6）

玉皇庙墓地出土细石器及白石管、小白石珠项链

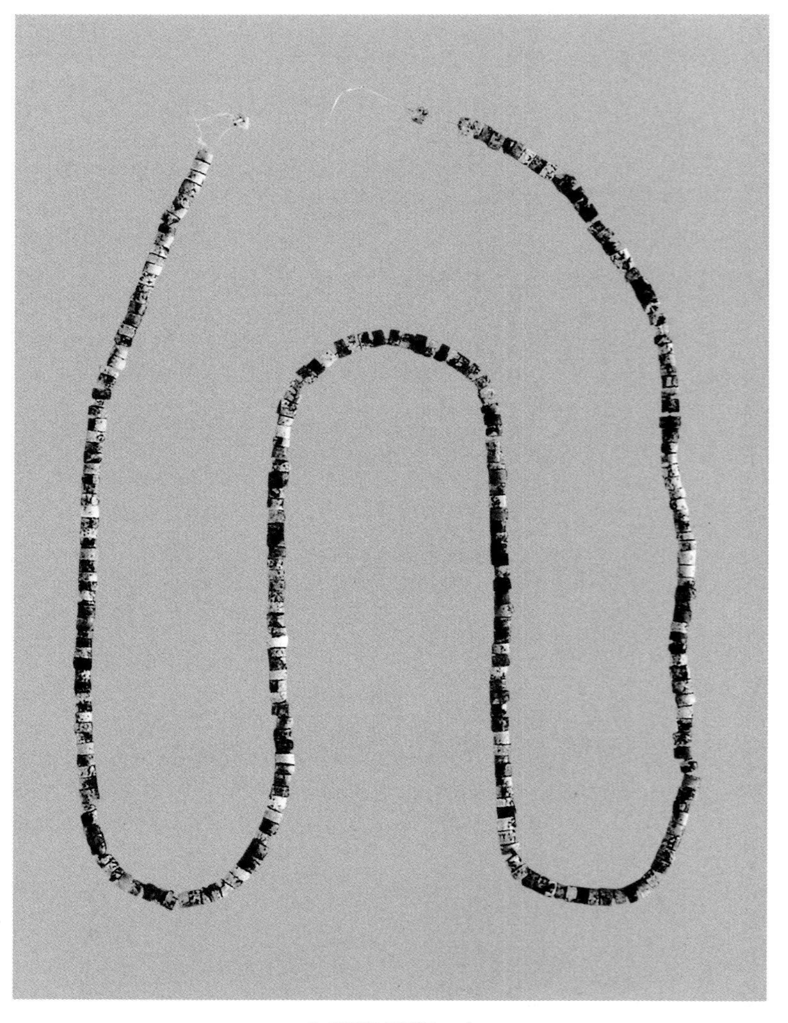

1. YYM137：4

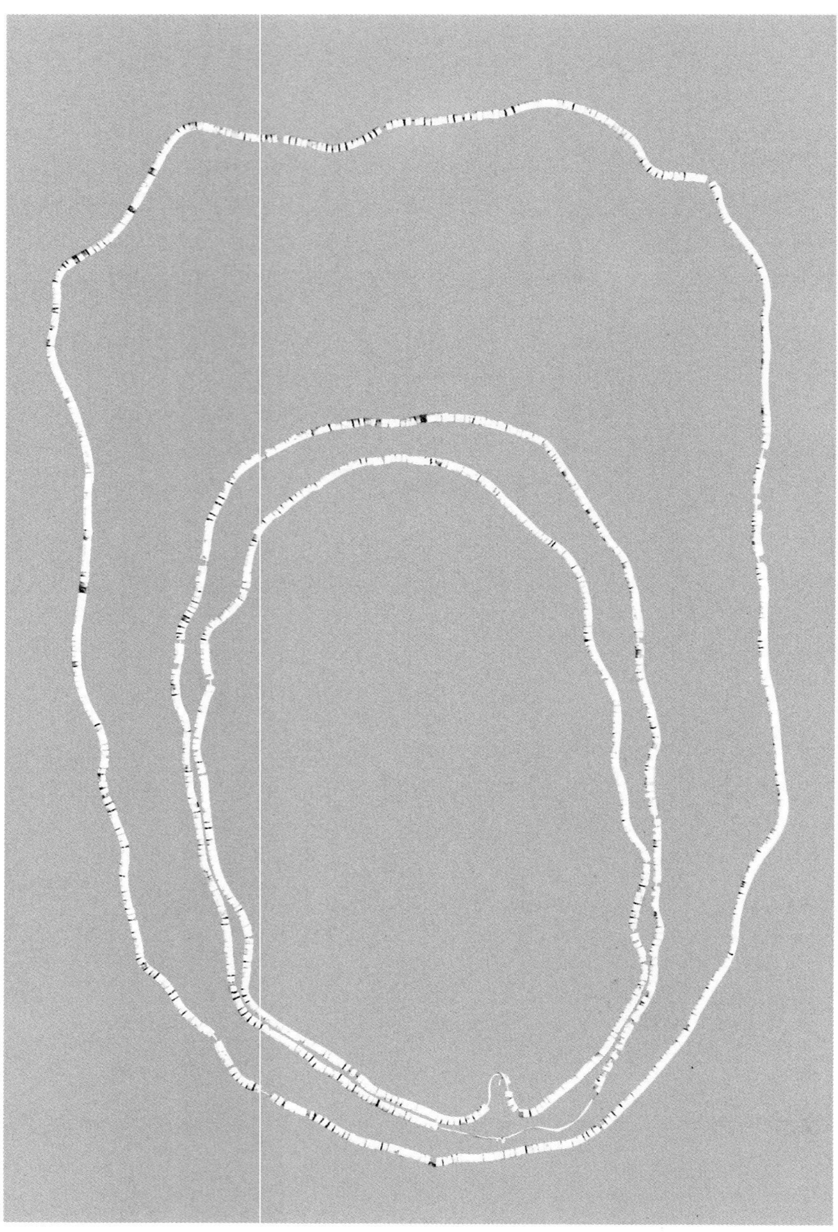

2. YYM167：7

玉皇庙墓地出土小白石珠项链

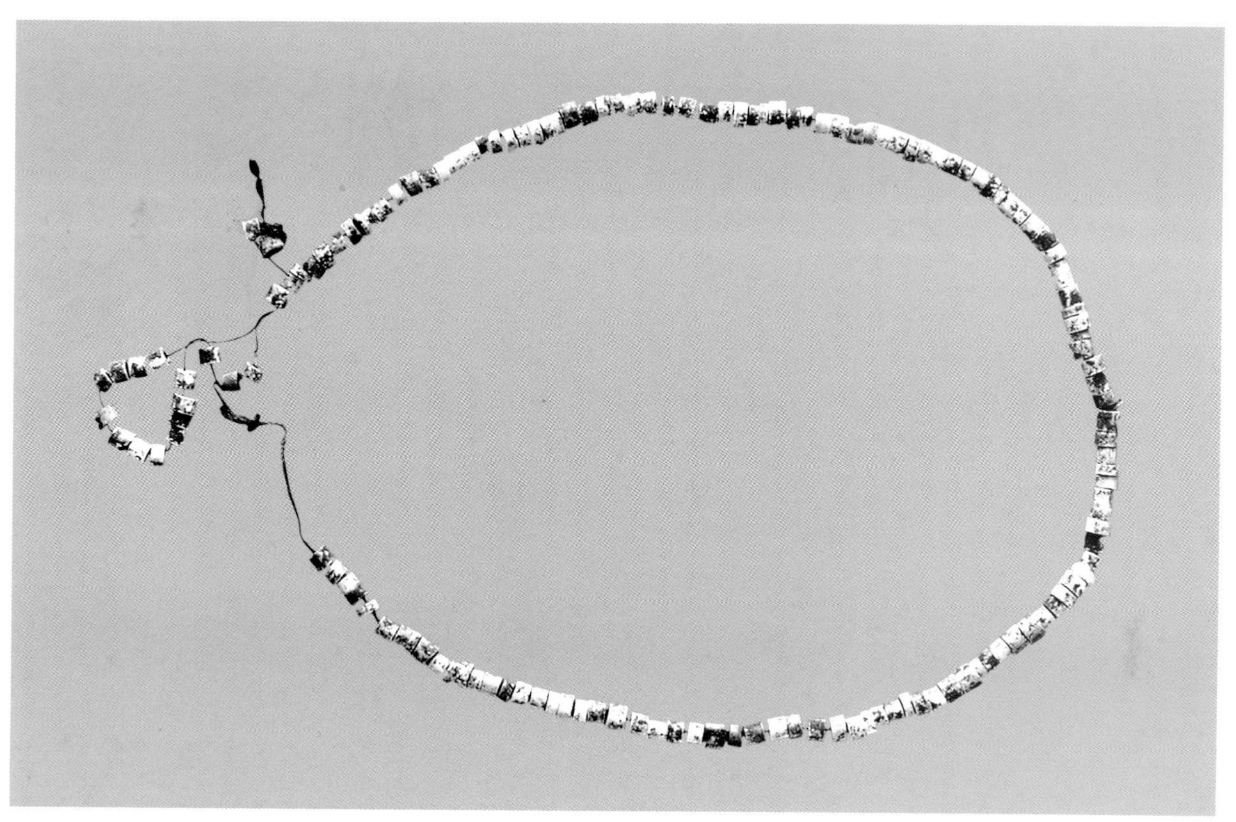
2. YYM106 : 4

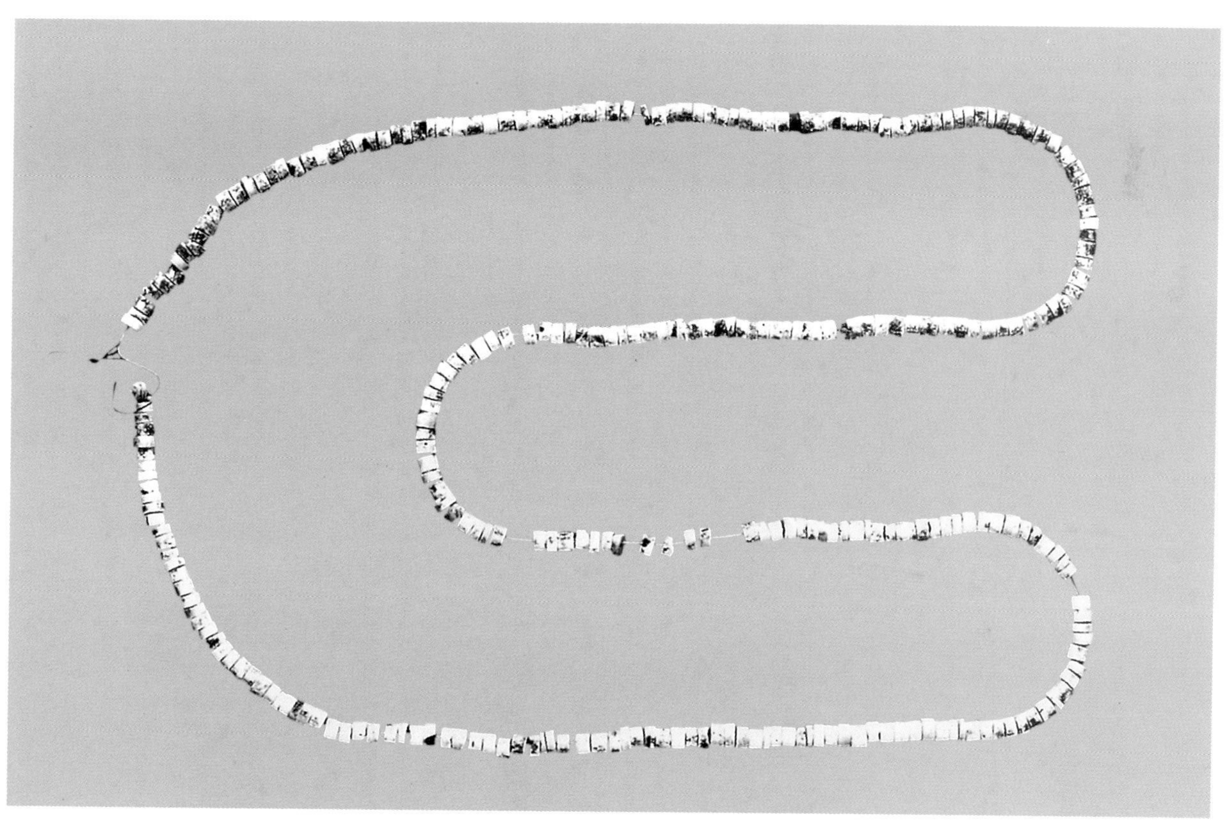
1. YYM126 : 5

玉皇庙墓地出土小白石珠项链

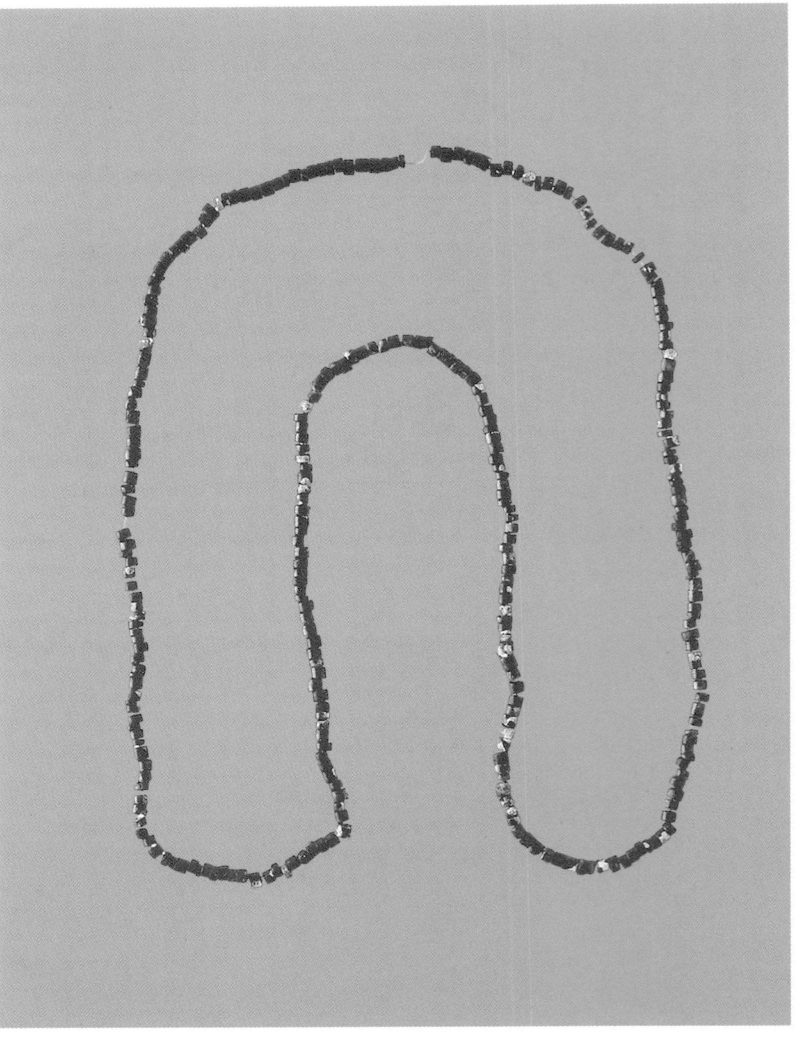

1. YYM138 : 7

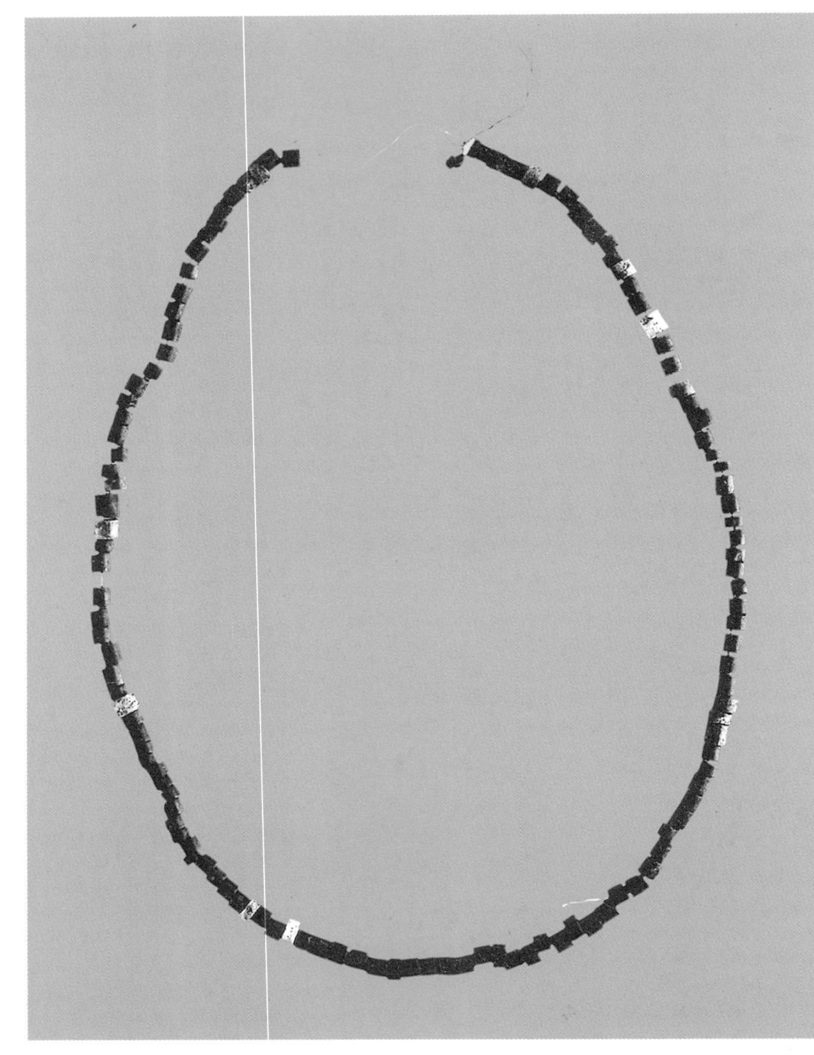

2. YYM150 : 5

玉皇庙墓地出土小黑石珠项链

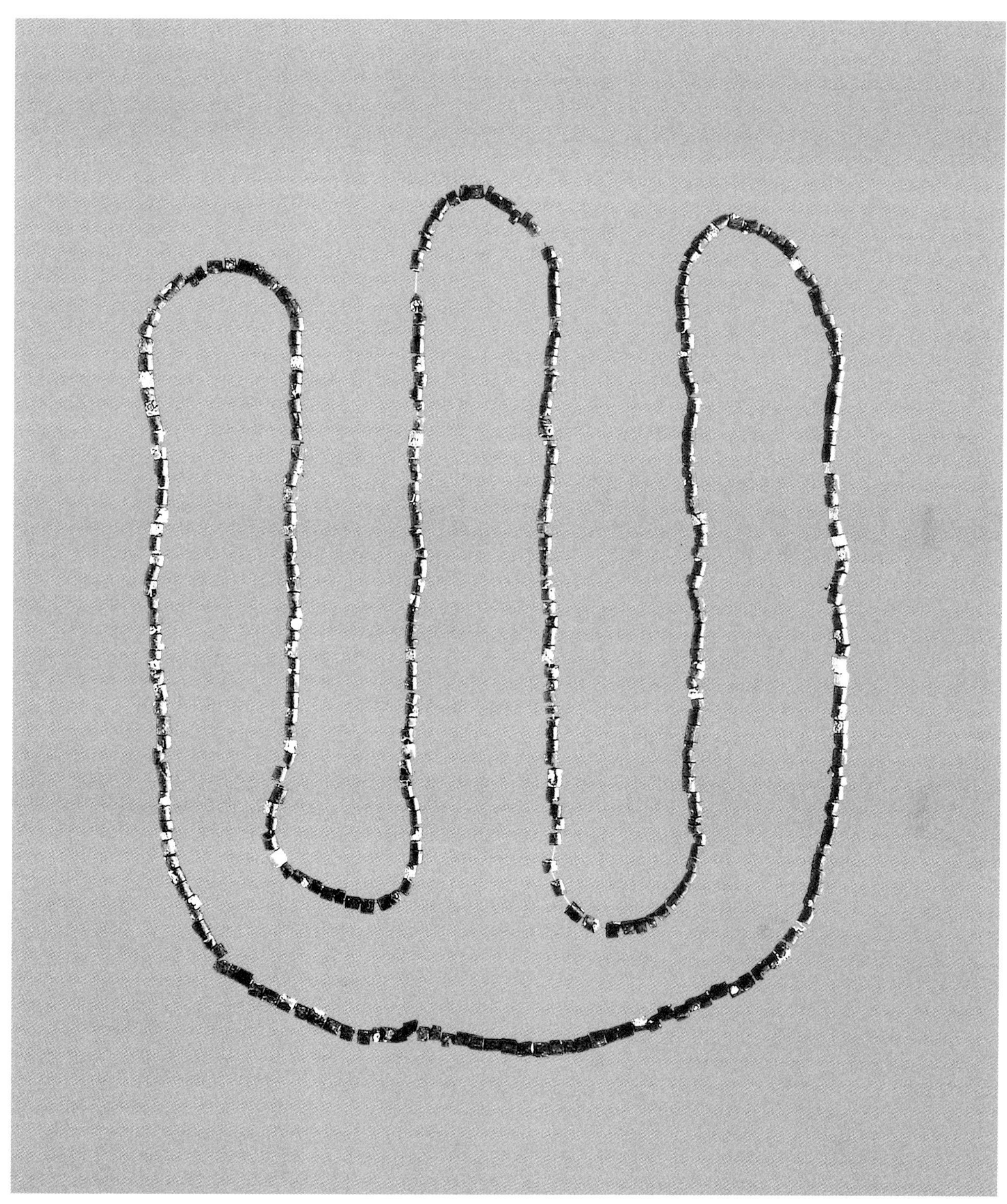

YYM153：8

玉皇庙墓地出土小黑石珠项链

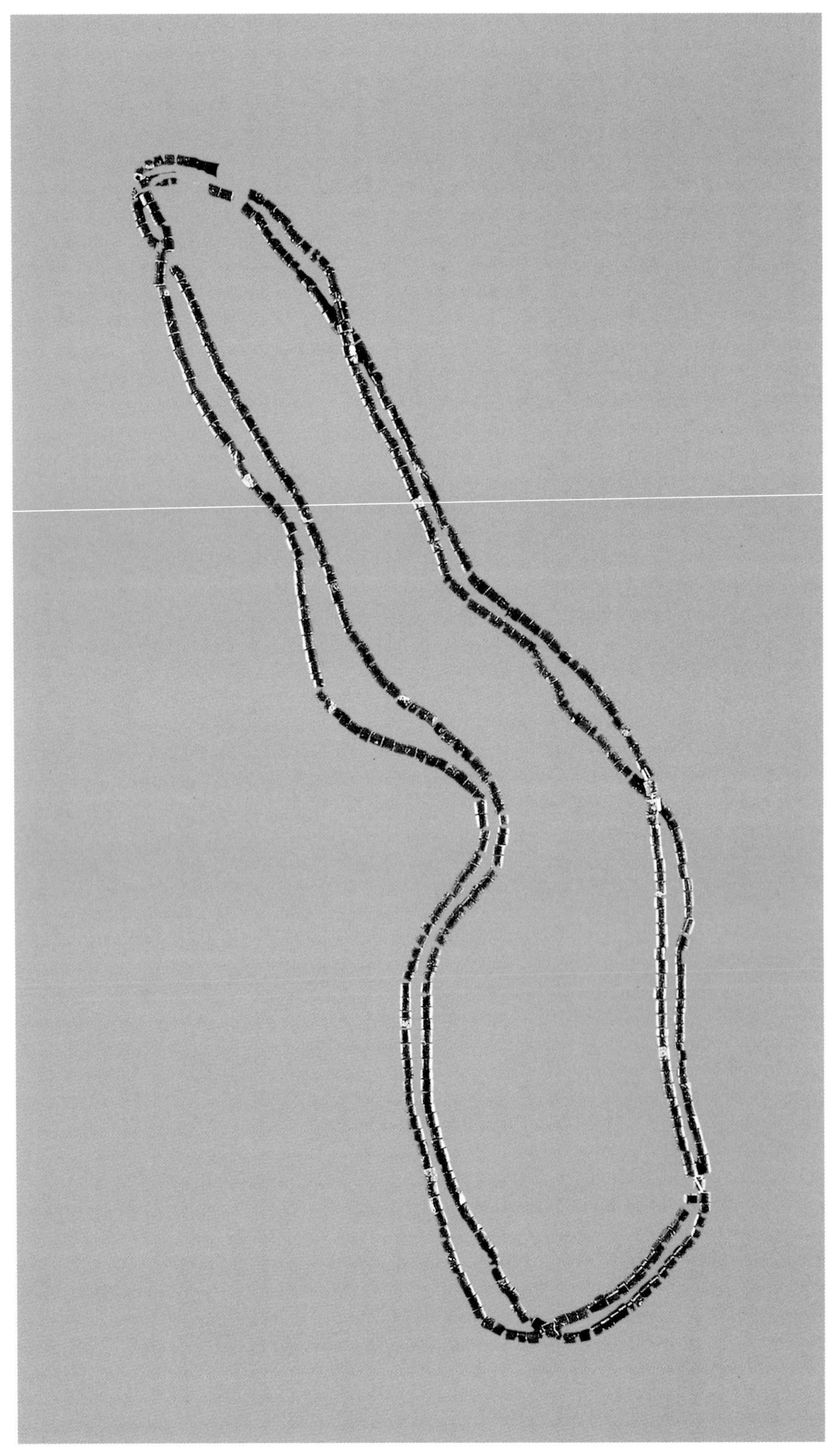

YYM220：8

玉皇庙墓地出土小黑石珠项链

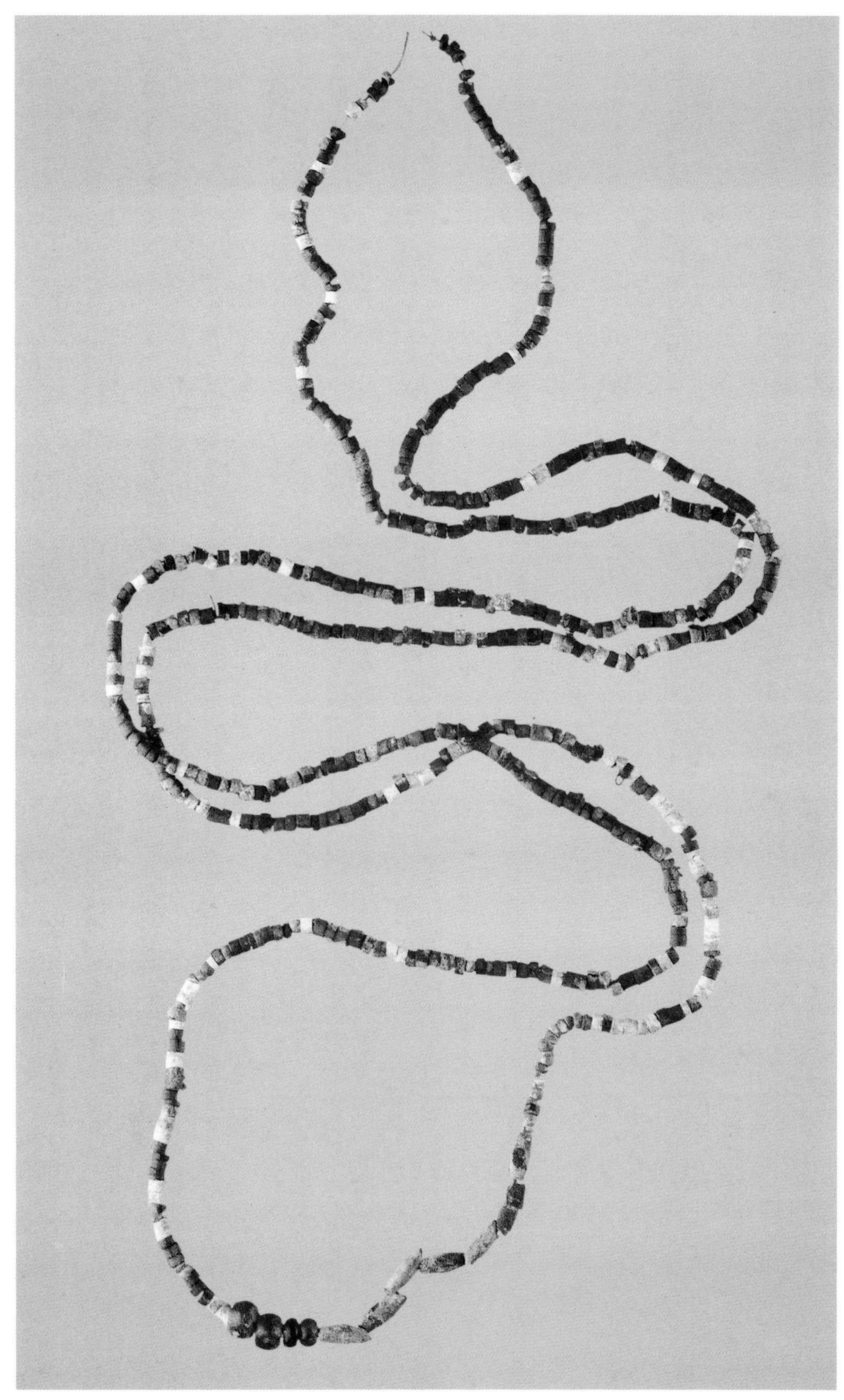

YYM338：5

玉皇庙墓地出土小黑石珠等杂珠项链

图版四三八

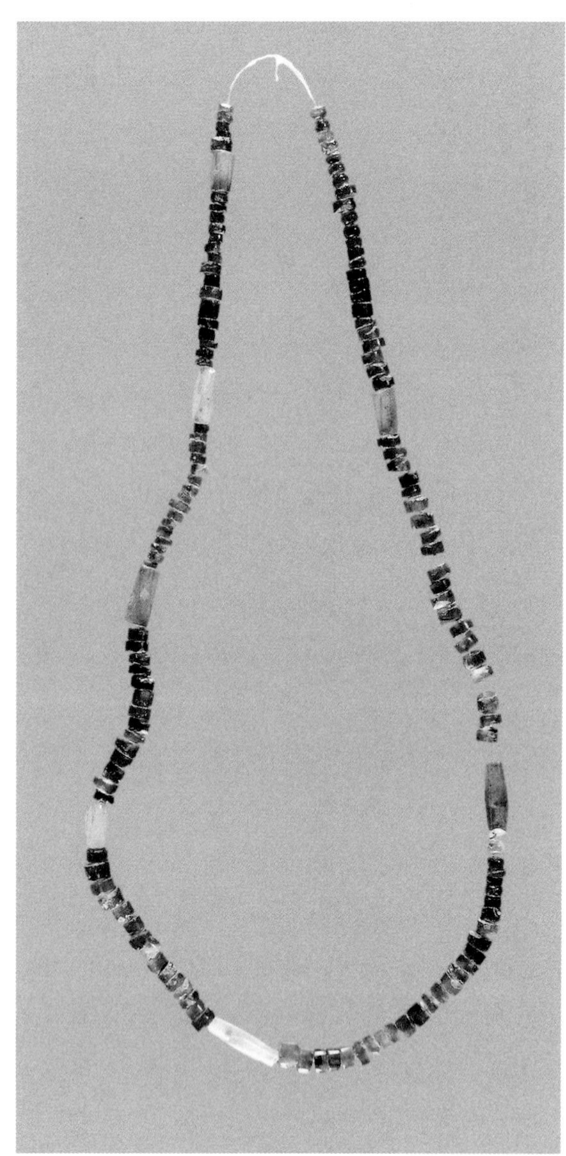

1. YYM138：5

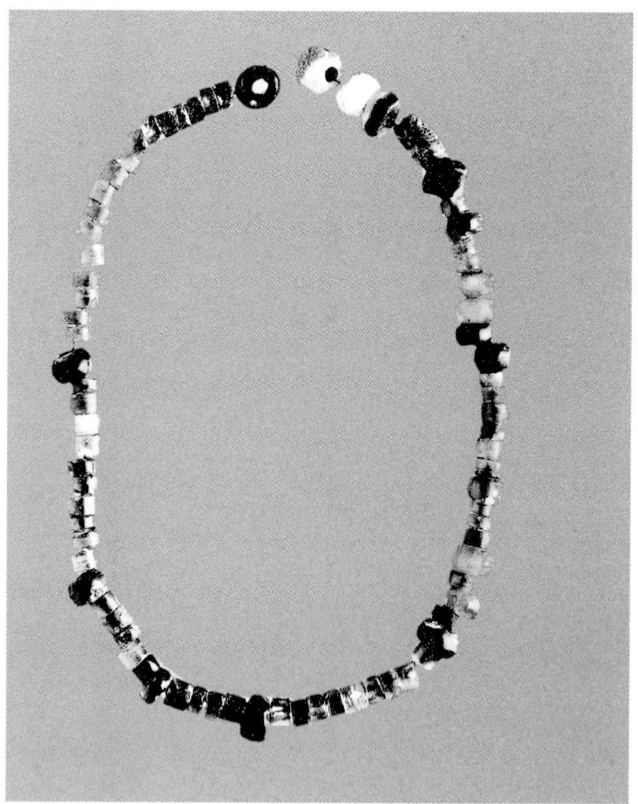

2. YYM114：5

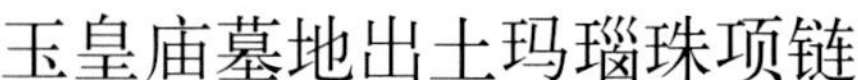

玉皇庙墓地出土玛瑙珠项链

3. YYM113：6

1. YYM323：3

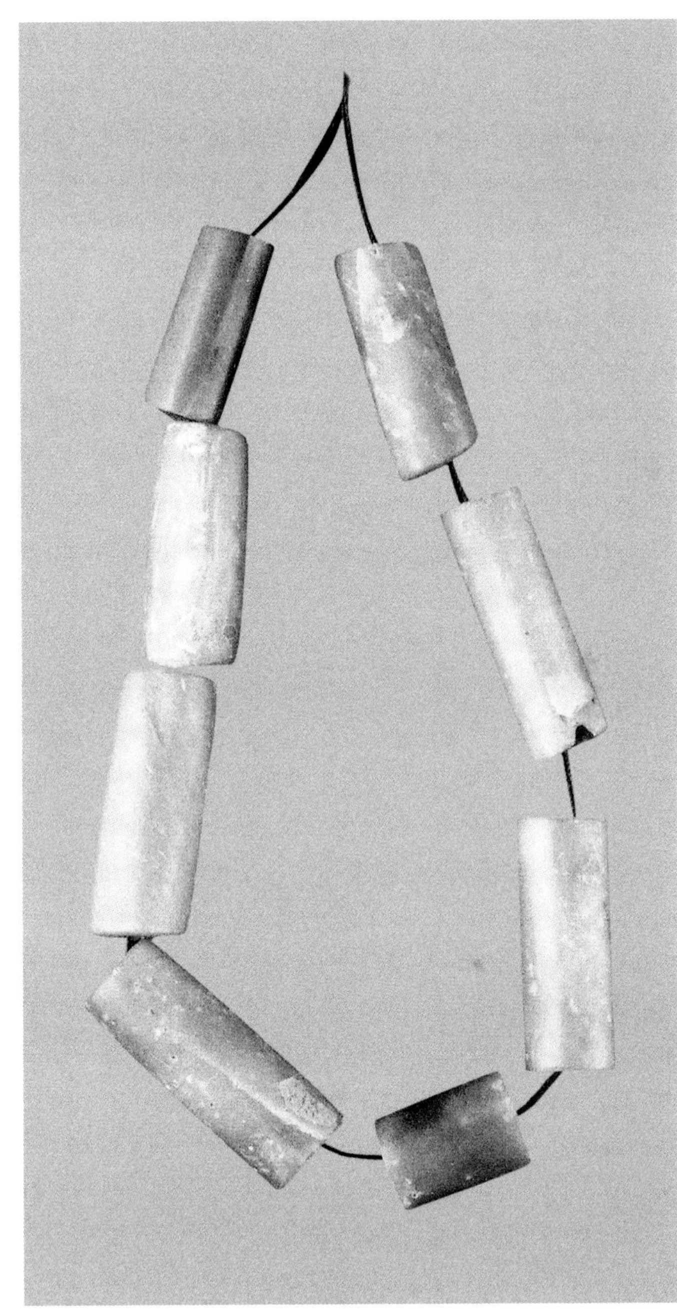

2. YYM20：7

玉皇庙墓地出土绿松石管项链

1. YYM18：14

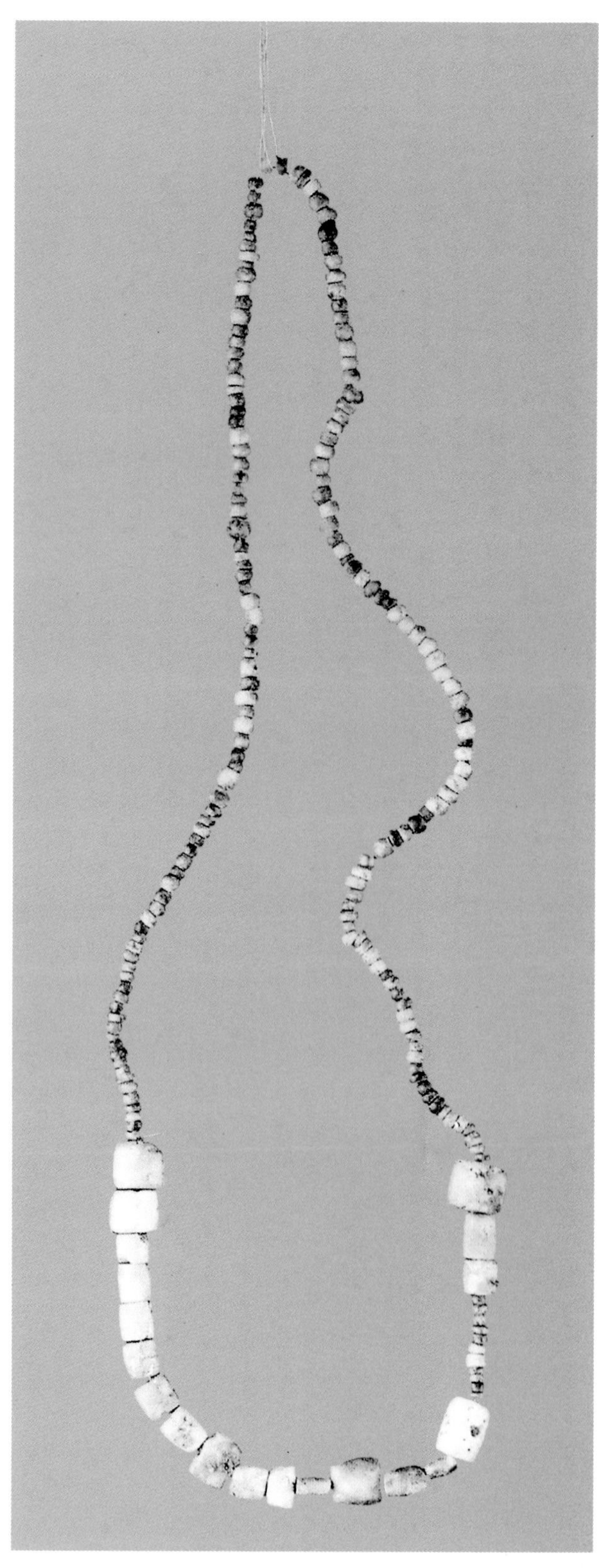

2. YYM167：6

玉皇庙墓地出土绿松石珠项链

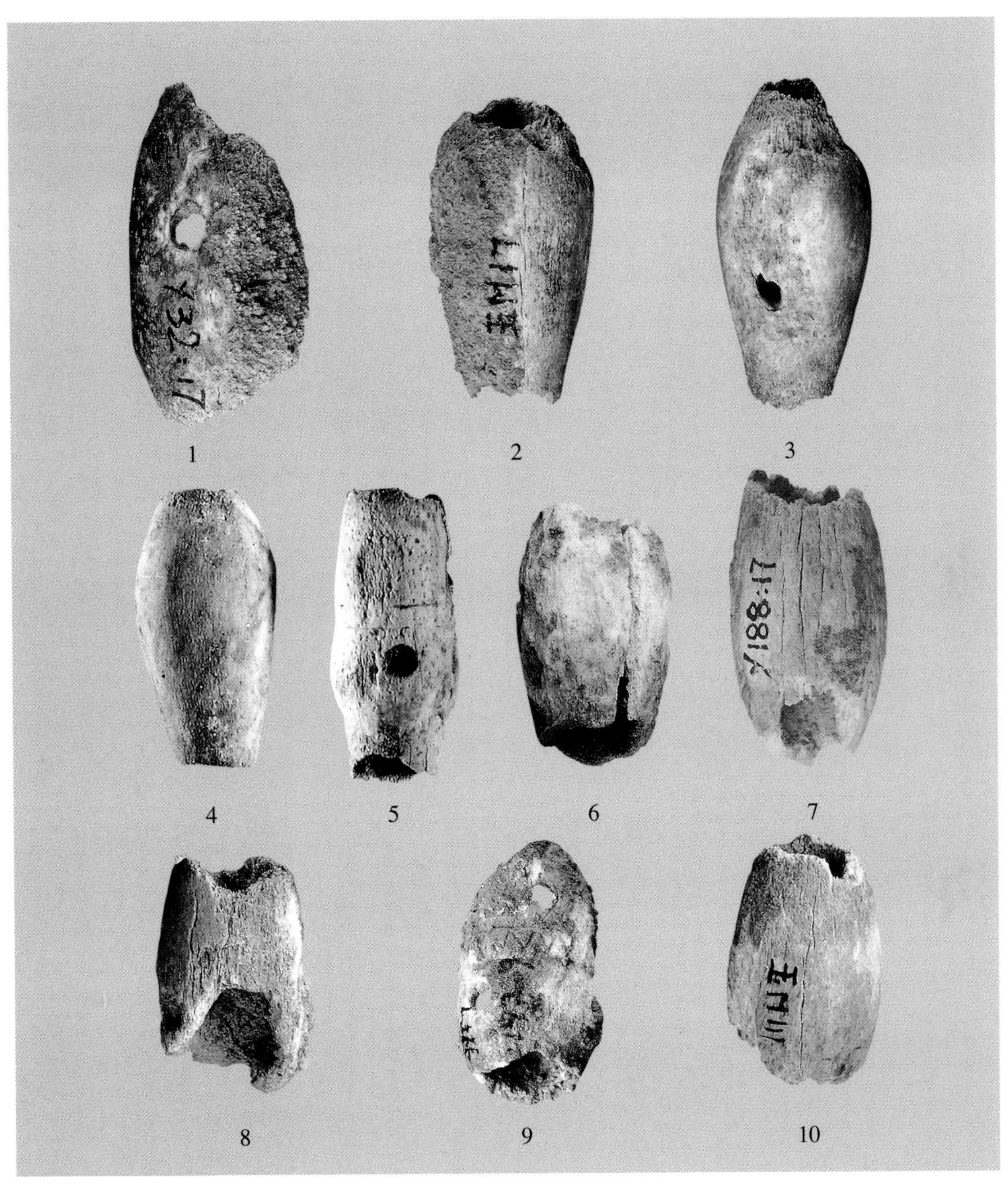

1～10. YYM32：17、YYM17：16、YYM275：18、YYM229：12-1、YYM228：7、YYM264：21、YYM188：17、YYM54：14、YYM192：6、YYM111：11

玉皇庙墓地出土骨鸣镝

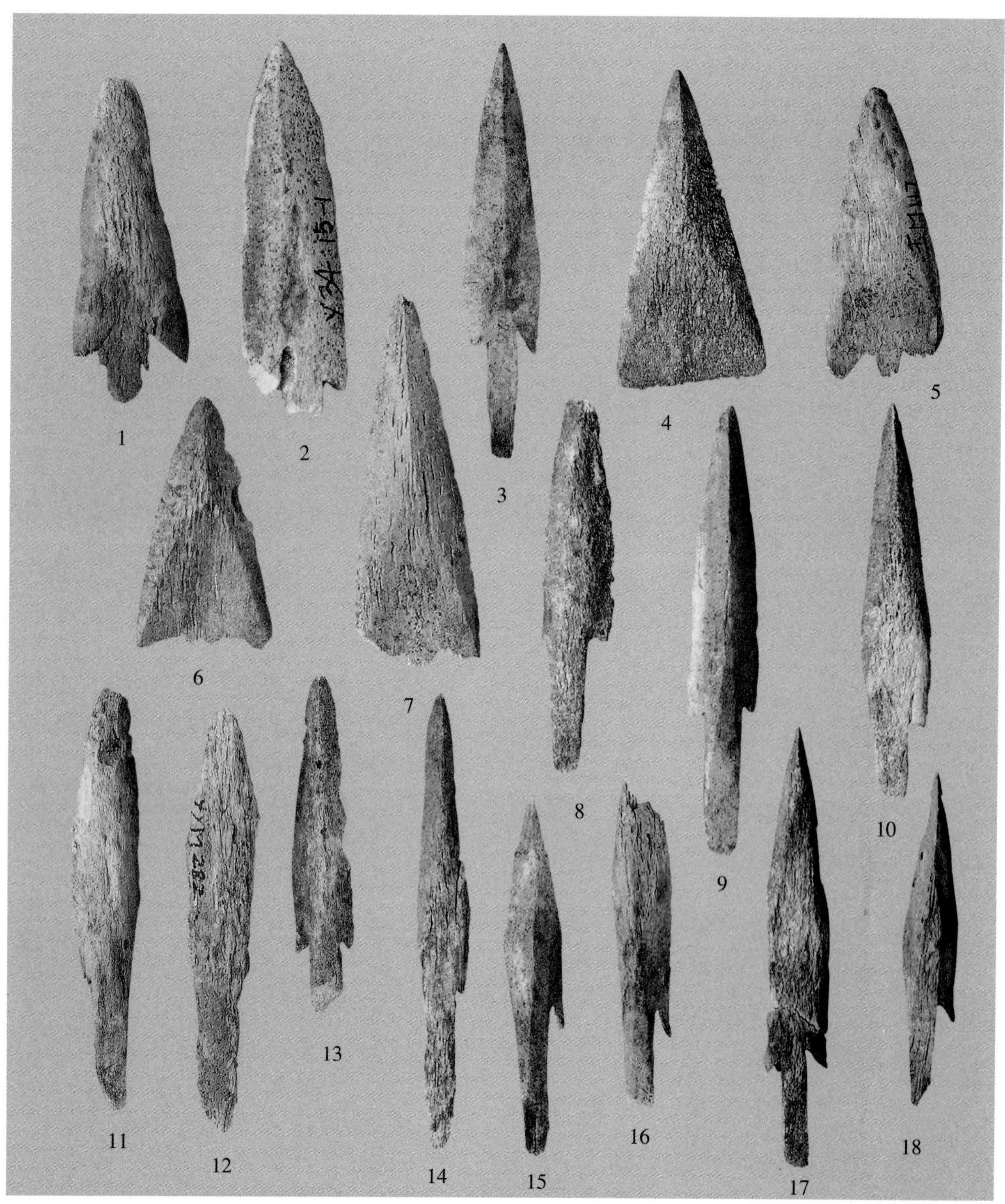

1～3. Ia 型（YYM134：12-1、YYM34：15-1、YYM226：10-1） 4～7. Ib 型（YYM188：16-4、YYM117：12-1、YYM303：10-1、YYM148：10-1） 8～18. Ⅱa 型(YYM32：16-1、YYM34：15-2、YYM234：12-1、YYM250：17-1、YYM282：13-2、YYM276：8、YYM226：10-5、YYM252：10-1、YYM275：17-3、YYM236：8、YYM48：16-1)

玉皇庙墓地出土骨镞

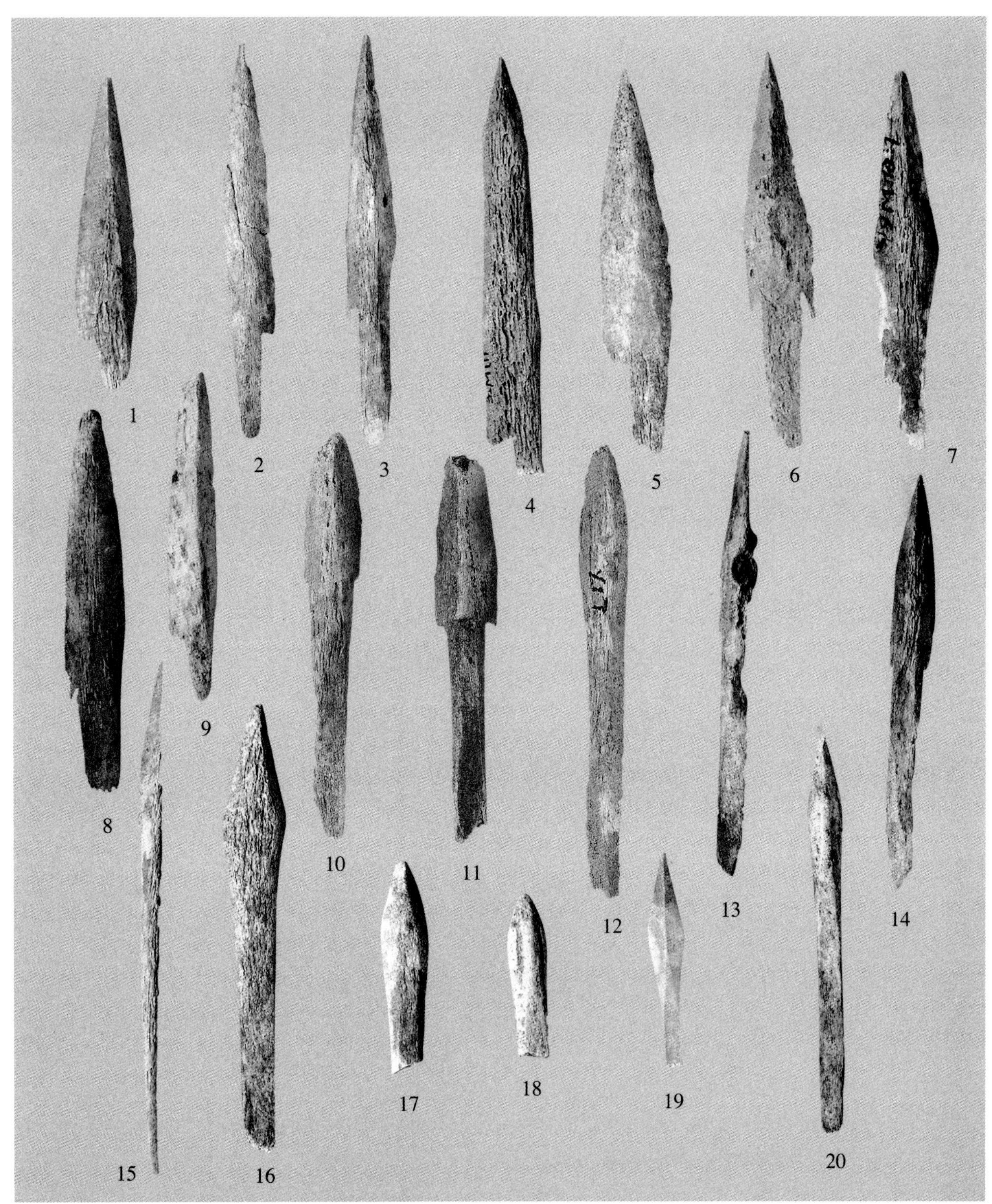

1～9. Ⅱa型（YYM188：16-5、YYM54：16-1、YYM210：8-1、YYM111：10-2、YYM332：3-1、YYM333：3-1、YYM110：5-2、YYM174：18、YYM343：2） 10～15. Ⅱb型（YYM34：15-4、YYM34：15-5、YYM17：15-3、YYM250：17-2、YYM226：10-6、YYM252：10-2） 16、17. Ⅲb型（YYM148：10-2、YYM34：15-7） 18. Ⅲa型（YYM34：15-6） 19、20. Ⅲd型（YYM105：12-1、YYM226：10-7）

玉皇庙墓地出土骨镞

1. Ⅰ型马具骨环（YYM18：35-1、YYM250：35-1、YYM230：26-1、YYM74：22-1、YYM156：28-1）

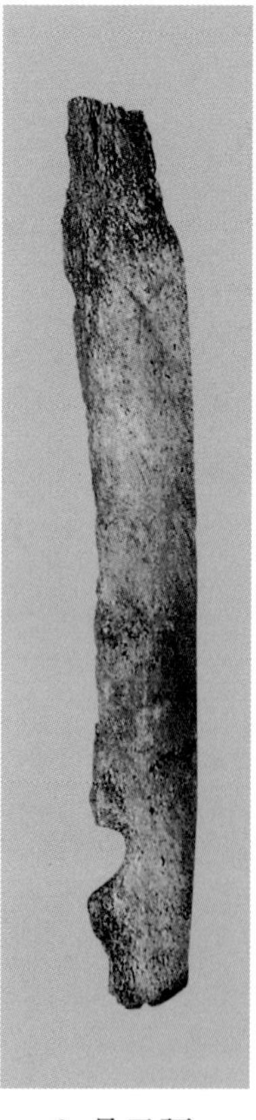

3. 骨弓弭（YYM74：7-1）

2. Ⅱ型马具骨环（YYM18：35-5、YYM250：35-6、YYM156：28-3）

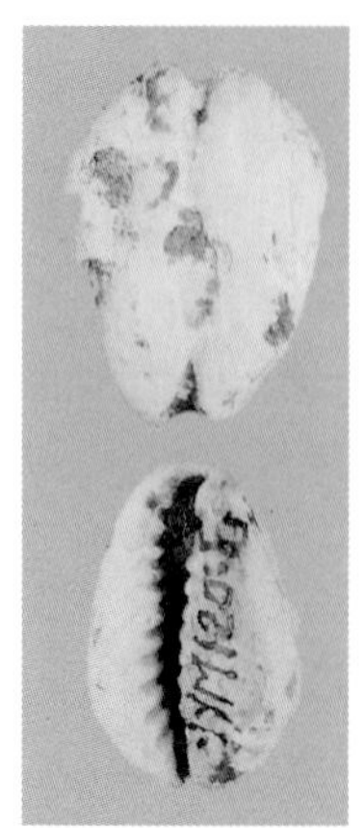

5. 骨锥（YYM273：4）

4. 上：蚌刻贝饰（YYM149：10）

下：贝饰（YYM120：5）

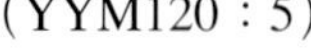

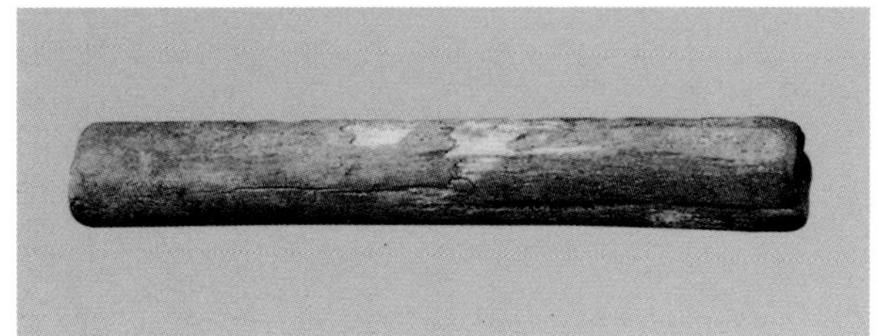

6. 骨管（YYM43：2）

7. 长方形骨管（YYM303：8）

玉皇庙墓地出土骨器

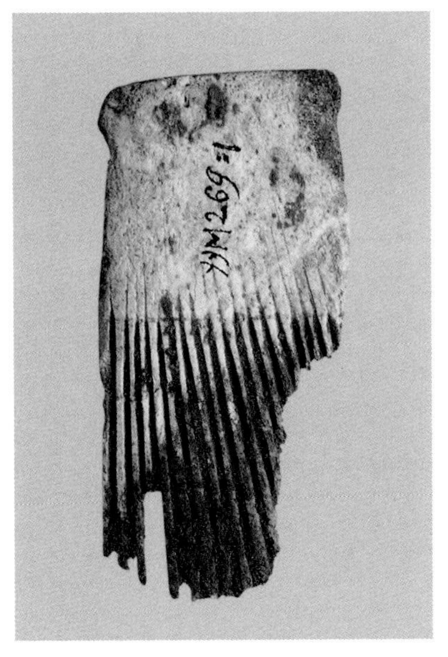

1. 梳齿形骨器（YYM269：1）

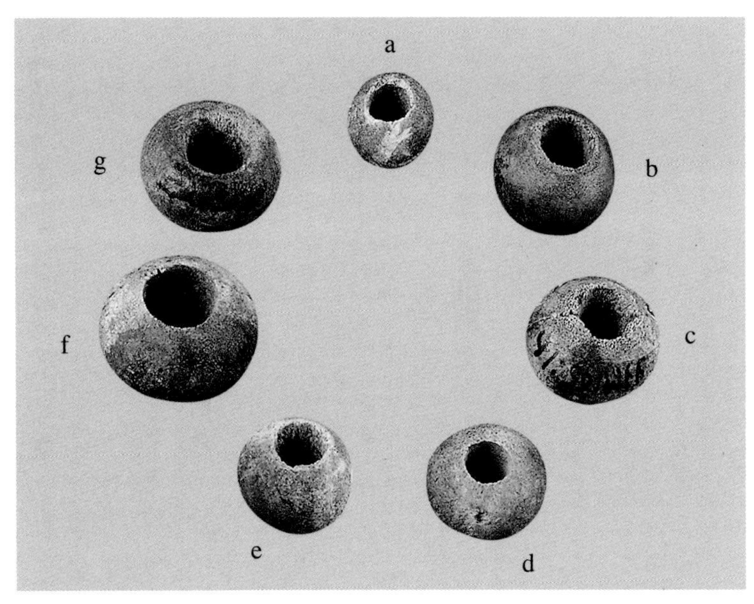

2. 骨珠：a～g（YYM3：10、YYM188：20、YYM105：15、YYM143：15、YYM168：12、YYM131：11、YYM344：17）

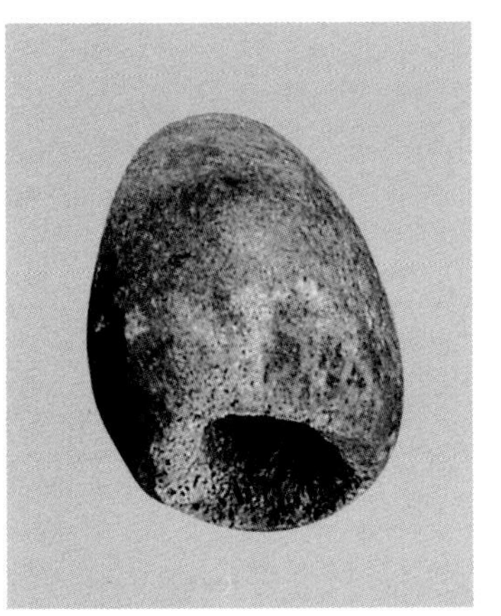

3. 梨形骨柄饰（YYM349：10）

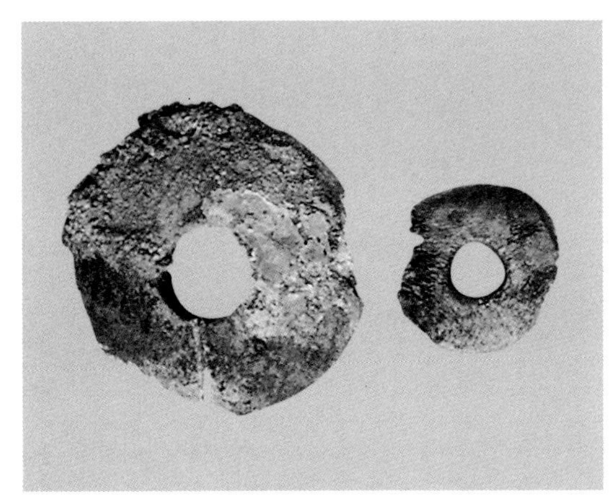

4. Ⅰ型服饰骨环（YYM13：21、YYM95：19）

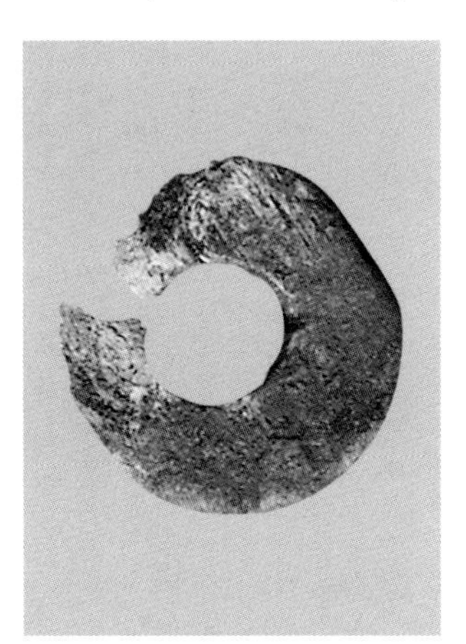

5. Ⅱ型服饰骨环（YYM148：7）

6. 骨贝（正、背面）（YYM184：4-33、34）

玉皇庙墓地出土骨器

1. Ⅱ型服饰骨环（YYM271：6、YYM205：5）

2. 开口骨器（YYM236：15、YYM179：6）

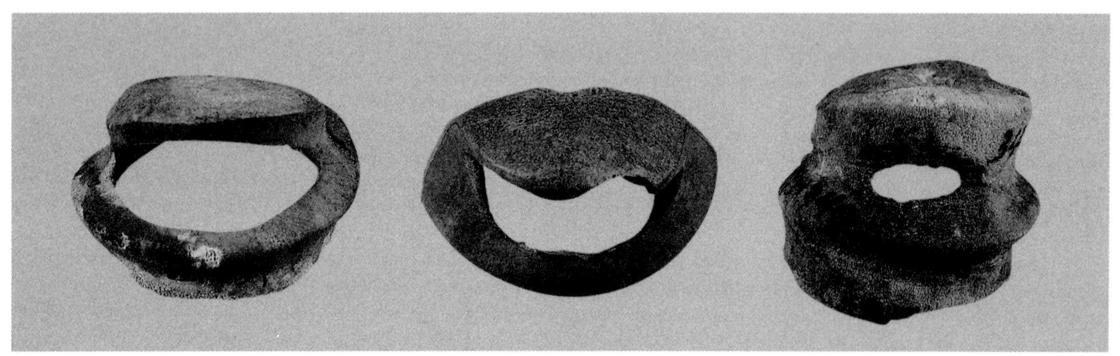

3. 开口骨器（YYM151：10、YYM143：16、YYM344：18）

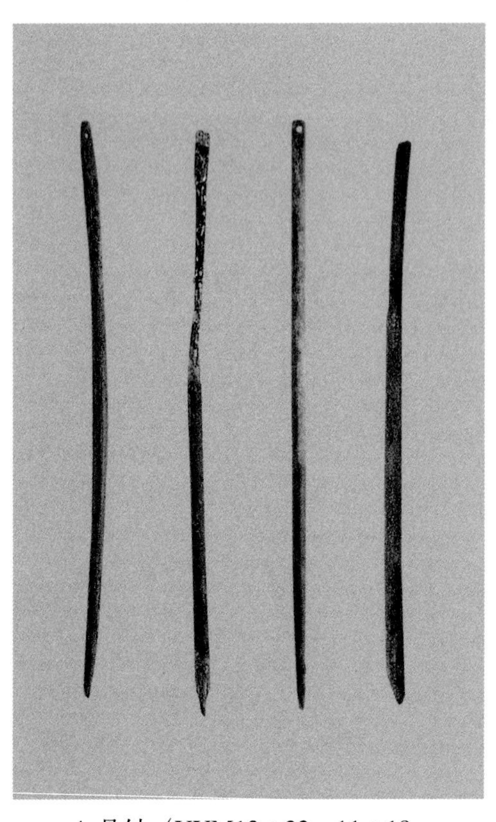

4. 骨针（YYM13：22、11：18、250：33、179：8）

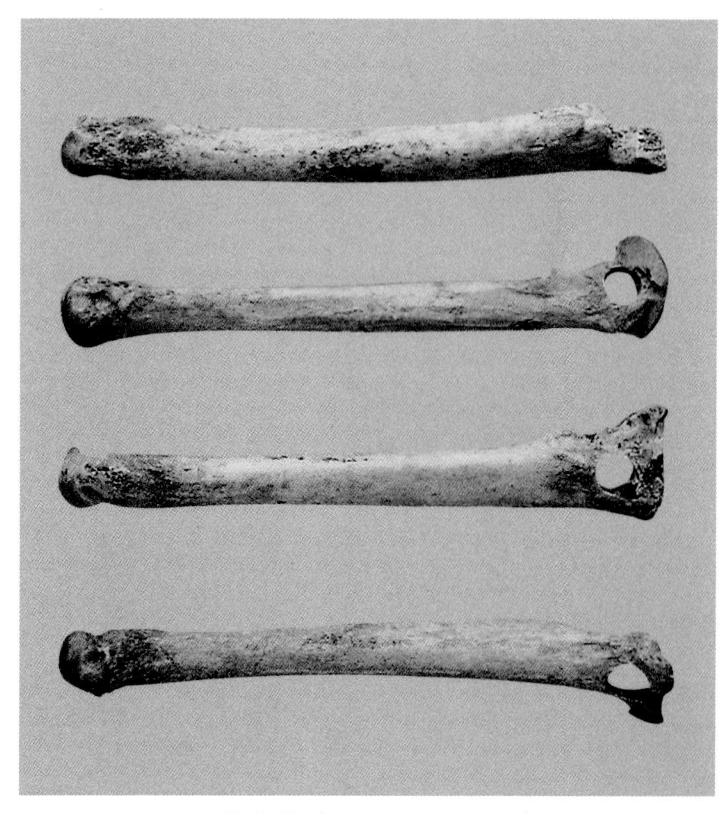

5. 骨绞具（YYM18：34-1～4）

玉皇庙墓地出土骨器

1. 蚌环（YYM295：8、YYM57：8、YYM156：13-1、YYM156：13-2）

2. 蚌珠（YYM149：13）

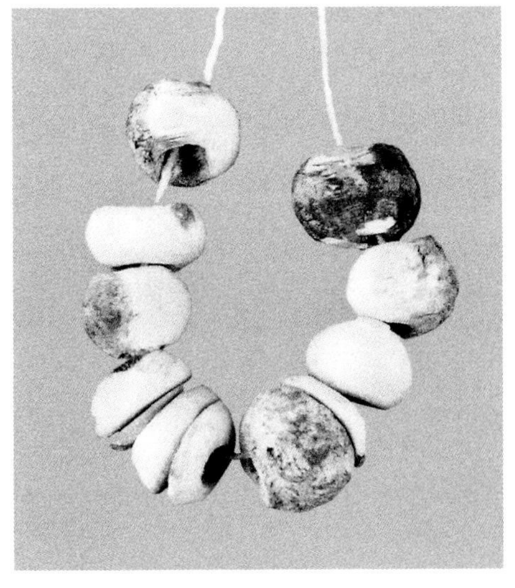

3. 蚌珠（YYM241：5-65～75）

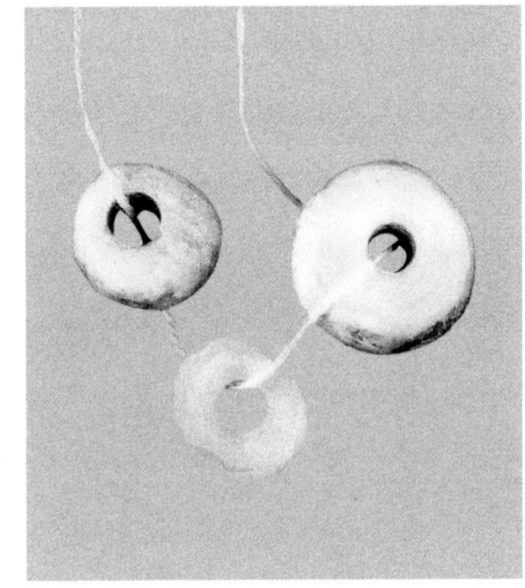

4. 蚌珠（YYM125：13-1、2）

5. 蚌坠（YYM153：10-103）

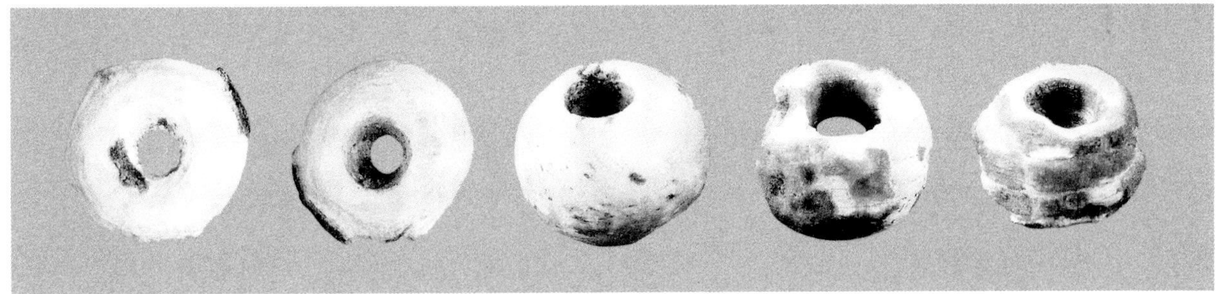

6. 蚌珠（YYM6：6-548、549、YYM355：3、YYM176：5-20 、YYM153：10-1）

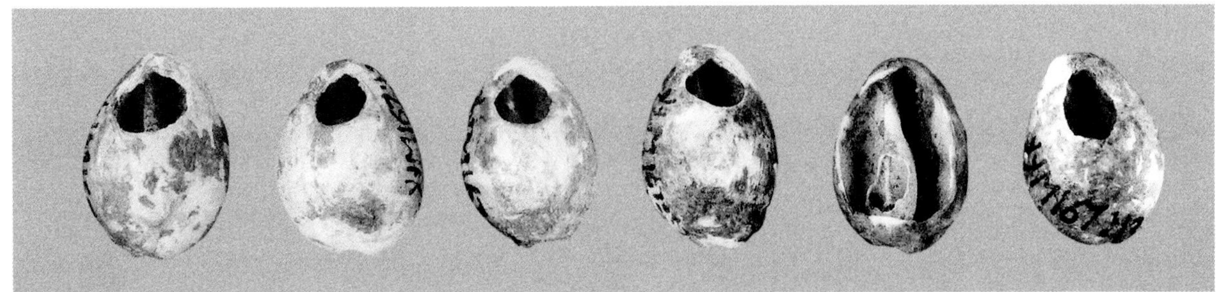

7. 贝饰（YYM167：8-12～17）

玉皇庙墓地出土蚌饰品

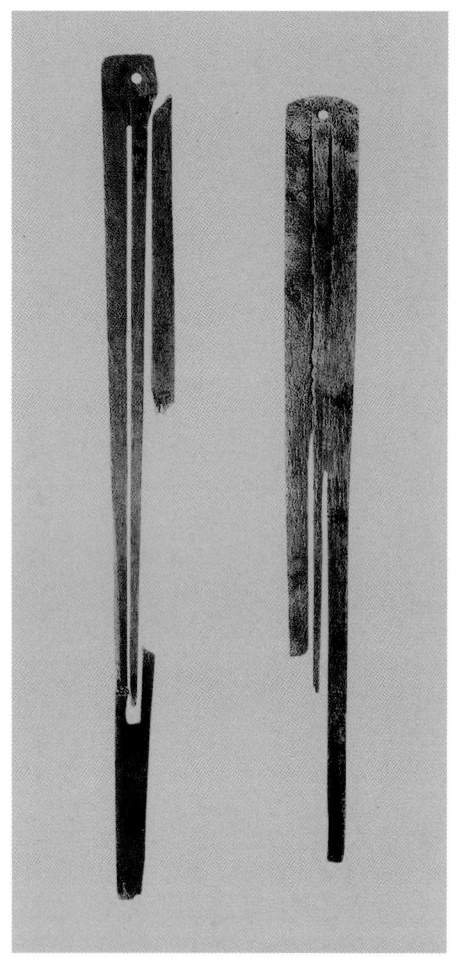

1. 竹篾簧片（YYM264：22、YYM95：21）

2. 竹片制品（YYM2：29-2、3）

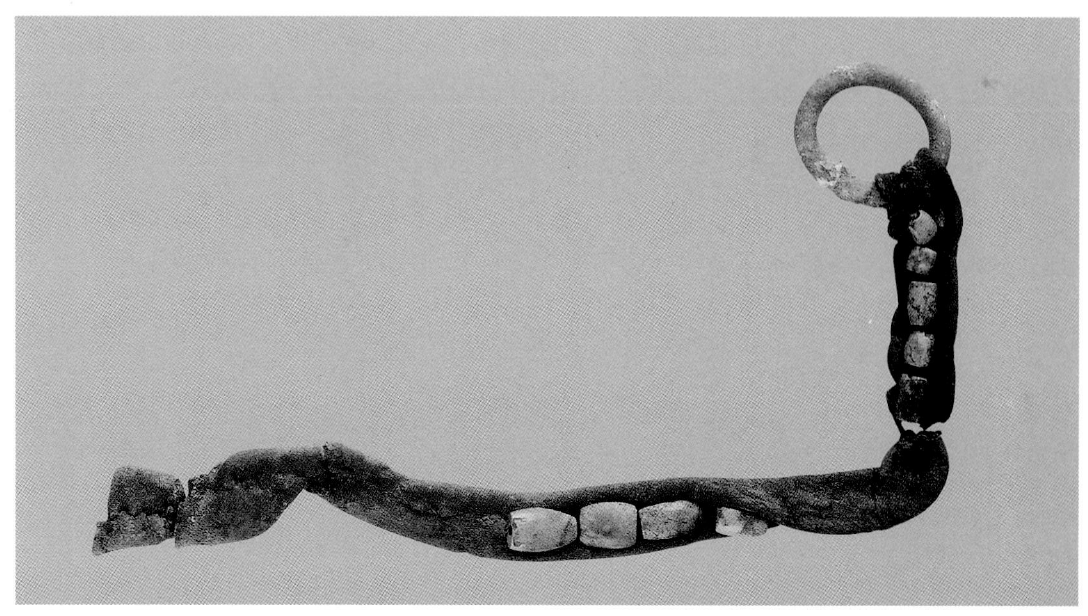

3. 皮条残件（YYM2：27）

玉皇庙墓地出土竹、皮革制品残件

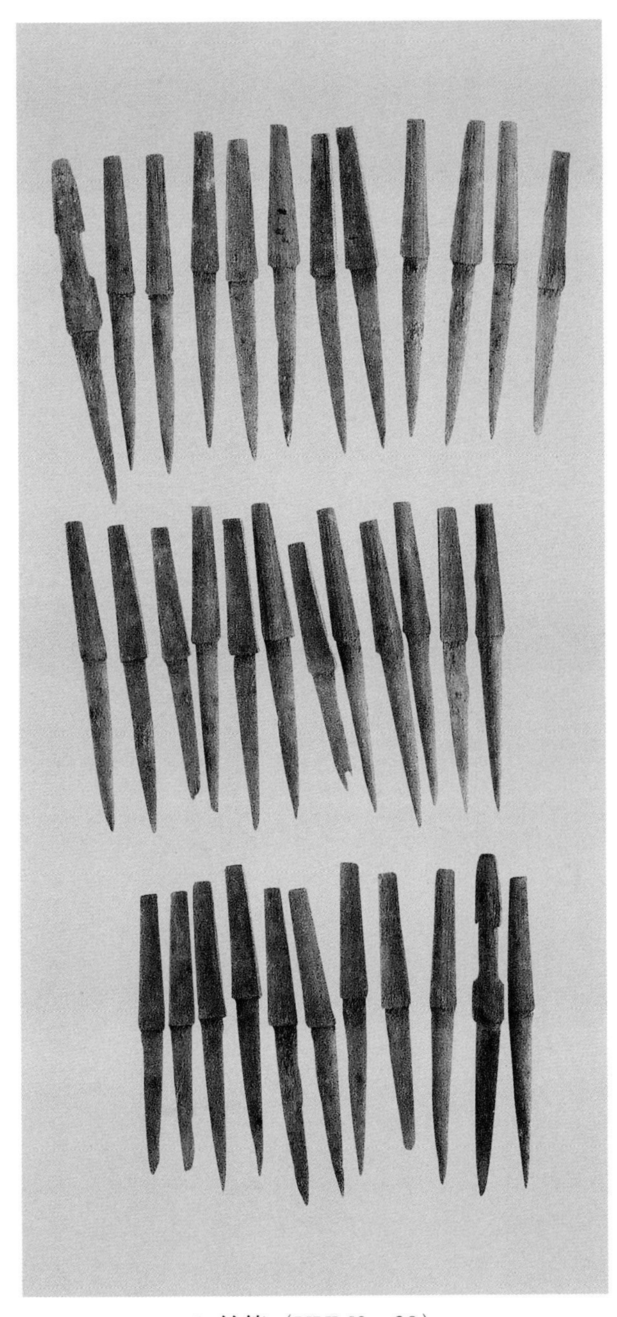

1. 竹签（YYM2：30）

2. 竹板制品（YYM2：29-1）

玉皇庙墓地出土竹制品